© Éditions Complexe 1995
ISBN 2-87027-550-1
D/1638/1995/3

Histoire de la France
au XXe siècle

Des mêmes auteurs

Serge Berstein est l'auteur de : *Le modèle Républicain*, sous la direction de S. Berstein et O. Rudelle, PUF, Paris, 1992 ; *Démocraties, régimes autoritaires et totalitarismes au XXe siècle*, Hachette, Paris, 1992; *Paul Ramadier. La République et le Socialisme*, sous la direction de S. Berstein (coll.), Complexe, Bruxelles, 1990 ; *Victoire et frustration (1914-1929)*, en collaboration avec J.-J. Becker, Le Seuil, Paris, 1990 ; *La France de l'expansion*, Le Seuil, Paris, 1994 ; *La troisième République*, en collaboration avec G. Berstein, M.A., Paris, 1987 ; *Histoire de l'anticommunisme en France, Tome I (1917-1940)*, en collaboration avec J.-J. Becker, Olivier Orban, Paris, 1987 ; *Le 6 février 1934*, Gallimard-Julliard, Paris, 1975.

Pierre Milza a écrit : *Voyage en Ritalie*, Plon, Paris, 1993; *Fascisme français. Passé et présent*, Flammarion, Paris, 1991 (réédition de 1987) ; *L'immigration en France au XXe siècle*, en collaboration avec M. Amar, Armand Colin, Paris, 1990 ; *Les relations internationales de 1871 à 1914*, Armand Colin, collection « Cursus », Paris, 1990 (réédition de l'ouvrage paru en 1968 dans la coll. U2, mis à jour et complété) ; *Le fascisme italien et la presse française, 1920-1940*, Complexe, Bruxelles, 1987 ; *Les fascismes*, Imprimerie nationale, collection « Notre siècle », Paris, 1985 (réédité en livre de poche, « Points Histoire » au Seuil, Paris 1991) ; *Le nouveau désordre mondial*, Flammarion, Paris, 1983 ; *Français et Italiens à la fin du XIXe siècle*, 2 vol., École française de Rome, Rome, 1981.

Ensemble, ils ont publié : *Histoire du XIXe siècle*, Hatier, Paris, 1994 ; *Histoire de l'Europe* (I : *L'Héritage antique*, II : *De l'Empire romain à l'Europe*, III : *États et identité européenne, XIVe siècle-1815*), Hatier, Paris, 1994 ; *Dictionnaire des fascismes et du nazisme*, Complexe, Bruxelles, 1992 ; *Histoire de l'Europe contemporaine*, 2 vol., Hatier, Paris, 1992 ; *Histoire du XXe siècle*, 2 vol., Hatier, Paris, 1984 ; *Le fascisme italien*, Seuil, Paris, 1980.

Serge Berstein et Pierre Milza

Histoire de la France au XXe siècle

Bibliothèque Complexe

Sommaire

PREMIÈRE PARTIE
1900-1930

AVANT-PROPOS 21

I – LA VIE POLITIQUE EN FRANCE AU DÉBUT DU XXe SIÈCLE 25

Des structures politiques héritées de l'histoire 25
La crise du 16 mai 1877 et le triomphe du parlementarisme 27
La crise boulangiste et la hantise du césarisme 28
L'Affaire Dreyfus et la nouvelle conception
 de « l'esprit républicain » 30
Structures politiques de la France au début du XXe siècle 31
La culture politique de la France des débuts du XXe siècle 33
L'échec des adversaires de la République :
 nationalistes et syndicalistes révolutionnaires 35
Des forces politiques qui acceptent le régime : la droite 38
Au centre-droit, un parti de gouvernement :
 l'Alliance républicaine-démocratique 39
Un grand parti de gauche :
 le Parti républicain, radical et radical-socialiste 40
A l'extrême gauche, le Parti socialiste SFIO 41
Les radicaux au pouvoir et le conflit avec l'Eglise 43
La lutte contre la poussée révolutionnaire (1906-1910) 47
Le poids des problèmes extérieurs (1911-1914) 50
Les élections de 1914 53

II – L'ÉCONOMIE FRANÇAISE AU DÉBUT DU XXe SIÈCLE 57

La richesse française 58
Une agriculture protégée à la croissance lente 61
La croissance de l'industrie française 65
La bonne tenue des industries traditionnelles 67
Les industries dynamiques 69
Une démographie stagnante 72
Faiblesse de l'investissement et de la concentration 76

Le commerce extérieur de la France
à la veille de la Première Guerre mondiale 79

III – La « Belle Époque » —
Société et culture en France au début du XXe siècle 83

Le repli démographique :
prise de conscience tardive et enjeu politique 84
La présence étrangère 86
Notables et bourgeois 96
La France rurale 99
Prolétariat urbain et classes moyennes 103
La Raison et la Foi 112
Le foisonnement culturel de la Belle Époque 118
Décor, spectacles, culture de masse 126

IV – La France dans le monde de 1900 à 1914 135

Ethnocentrisme hexagonal 135
Les bases matérielles de la puissance française 140
Influences et rayonnement culturels 153
La « Grande politique » de Théophile Delcassé 158
Le Maroc entre la France et l'Allemagne 166
La marche à la guerre 172

V – La France en guerre (1914-1918) 181

La France entre en guerre 181
L'Union sacrée 183
L'échec de la guerre de mouvement 186
La guerre de position (1915-1917) 192
Les gouvernements de guerre 194
La remise en cause de la démocratie libérale 198
Naissance d'une économie de guerre 200
Les crises de 1917 205
Le gouvernement Clemenceau et la solution de la crise française 212
Les dernières alarmes et la victoire alliée 214

VI – Les désillusions de la Paix (1918-1932) 217

Bilan d'une victoire 218
Le Traité de Versailles 221
La France seule 230
La politique d'exécution 235
L'ère de la sécurité collective (1924-1929) 241
Les limites de la détente 251
La fin d'une époque 256

VII - Crises financières et prospérité économique (1919-1929) 259

La crise des finances publiques 259
La première crise des changes (mars 1919-1921) 262
La seconde crise des changes (1923-1924) 263
La troisième crise des changes (1925-1926) 265
La stabilisation Poincaré 267
La prospérité française des années vingt 270
La modernisation de l'appareil productif national 272
Les branches dynamiques de l'économie française 274
Persistance de la France des « petits » 277
La position internationale de la France 281
La crise avant la crise 283

VIII - Les mutations de la société 287

Combler les vides 288
Les pesanteurs du monde rural 299
Mutations du monde ouvrier 305
Bourgeoisie et classes moyennes 314

IX - Les « années folles » : culture et pratiques sociales des années vingt 323

Mutations citadines et air du temps 323
Classicismes et avant-gardes 327
Pratiques culturelles et loisirs de masse 335

X - Les incertitudes politiques de la France des années vingt (1919-1932) 339

Le poids de la guerre 339
Le gouvernement Clemenceau
et l'agitation sociale de l'après-guerre 342
Le Bloc national 345
Les élections de novembre 1919 et la Chambre « bleu horizon » 347
La politique du Bloc national :
politique d'Union sacrée ou politique de droite ? 350
L'éclatement du mouvement ouvrier français
et la naissance d'un courant communiste individualisé 353
Une secte de révolutionnaires intransigeants :
les communistes 355
Le Parti socialiste SFIO entre réforme et révolution 360
La reconquête de l'identité radicale
et la formation du Cartel des gauches 362
L'étrange victoire du Cartel des gauches 364
La politique du Cartel des gauches 366

L'échec du Cartel	370
Poincaré et l'Union nationale	374
La reprise des luttes politiques et la succession de Poincaré	376
La fermentation intellectuelle des années vingt : vers de nouvelles idées ?	380

CONCLUSION 387

DEUXIÈME PARTIE
1930-1945

AVANT-PROPOS 391

I – LA CRISE ÉCONOMIQUE ET SOCIALE EN FRANCE (1930-1935) 395

Un îlot de prospérité dans un monde en crise	395
La crise frappe la France	398
La crise agricole	400
La crise industrielle	403
La crise des finances publiques	405
La lutte contre la crise : protectionnisme et malthusianisme	407
La lutte contre la crise : la politique de déflation	410
La signification de la crise économique en France	412
Les effets sociaux de la crise économique	414

II – LA CULTURE DES ANNÉES TRENTE 421

Un nouveau rationalisme ?	422
Les intellectuels dans la mêlée	423
Tentations totalitaires	425
Diversités des courants littéraires	432
La création artistique	435
Loisirs et culture de masse	438

III – LA CRISE POLITIQUE EN FRANCE (1930-1936) 449

L'échec de la droite (1930-1932)	449
Les élections de 1932 et le retour de la gauche au pouvoir	452
L'échec des radicaux au pouvoir (1932-1934)	456
Les scandales et le discrédit du régime	458
La crise des forces politiques traditionnelles : la gauche	461
La crise des forces politiques traditionnelles : la droite	468
Le temps des ligues	470
La crise du 6 février 1934	474

La « Trêve » et l'échec du gouvernement Doumergue 478
L'impasse politique (1934-1936) 480

IV – Le Front populaire et l'agonie de la IIIe République
(1934-1939) 485

Les origines du Front populaire 485
La constitution du Front populaire 488
La victoire électorale du Front populaire 492
Léon Blum au pouvoir 495
Les grandes espérances de l'été 1936 497
Un gouvernement affronté à des oppositions violentes 501
Les difficultés de politique étrangère
  et le problème de la guerre d'Espagne 504
L'échec économique du gouvernement Blum 506
L'échec social du gouvernement Léon Blum
  et le passage à l'opposition des classes moyennes 509
La chute de Léon Blum 512
L'agonie du Front populaire :
  de Chautemps au second gouvernement Blum
  (juin 1937-avril 1938) 514
Daladier et la liquidation du Front populaire 518
La « dictature » de Daladier 520

V – La France à l'épreuve des turbulences internationales
(1932-1939) 525

Premières incidences de la « grande dépression » 526
Le problème du réarmement allemand
  et l'échec du Pacte à quatre 530
Barthou et la tentative d'encerclement du Reich 535
Laval et la constitution du « front » de Stresa 540
Le tournant de 1935-1936 543
Les retombées de la guerre civile espagnole 551
La France et le monde extérieur
  à la veille des crises de 1938-1939 558
Les dérobades de 1938 571
Vers la guerre 581

VI – Le choc de la Seconde Guerre mondiale (1939-1945) 589

Une guerre à reculons 589
La débâcle 593
La mort de la IIIe République : suicide ou assassinat ? 598
Le régime de Vichy et la Révolution nationale 601
La Révolution nationale en pratique : l'exclusion 605

La Révolution nationale en pratique : l'Ordre nouveau	608
Le poids de l'occupation	615
La vie quotidienne des Français sous l'occupation	619
La radicalisation du régime de Vichy et l'échec de la Révolution nationale	624
Qu'est-ce que la collaboration ?	626
Les mécomptes de la collaboration d'État	629
Naissance de la Résistance	633
Unification d'une force combattante	636
La Résistance, un contre-pouvoir étatique	637
La libération de la France	642
Quel pouvoir dans la France libérée ?	643

CONCLUSION 649

TROISIÈME PARTIE
1945-1958

VII - LA RECONSTRUCTION POLITIQUE DE LA FRANCE ET L'EXPÉRIENCE DE LA IVe RÉPUBLIQUE (1945-1954) ... 655

La France en 1945 : une situation de vide juridique et politique	655
La reconstitution des forces politiques traditionnelles	658
Le référendum et les élections du 21 octobre 1945	662
Le conflit entre le général de Gaulle et les partis (novembre 1945-janvier 1946)	665
La naissance du tripartisme et l'échec du premier projet constitutionnel (janvier-mai 1946)	667
La seconde Constituante et l'adoption des institutions de la IVe République (juin-octobre 1946)	671
L'éclatement du tripartisme	677
La constitution de la Troisième Force	683
Une politique dominée par l'anticommunisme et la crainte de l'URSS	689
Les élections de juin 1951 et la dislocation de la Troisième Force	695
Le centre-droit au pouvoir (1952-1954) : une politique de droite	698
Un facteur de paralysie pour la majorité de centre-droit : le problème de la CED	702
La catastrophe indochinoise et l'effondrement du centre-droit	704

VIII - Reconstruction et modernisation de l'économie française
sous la IVe République (1944-1958) 709

La France en 1944 709
Le cancer de l'inflation 712
Les réformes de structure : les nationalisations 715
Les réformes de structure : transformation
  de l'entreprise et de la condition salariale 720
Une reconstruction planifiée 722
Bilan de la reconstruction vers 1950 727
Un tournant libéral 730
Surchauffe et stabilisation : l'expérience Pinay 732
La crise structurelle de la société française 736
L'expansion dans la stabilité :
  la croissance française (1953-1957) 737
Les secteurs moteurs de la croissance 742
Les problèmes de la croissance française
  à la fin de la IVe République 745

IX – La France et le monde extérieur de 1945 à 1958 749

Les illusions de la victoire 749
Le syndrome allemand 756
Le choix atlantique 761
Espérances et incertitudes « européennes » 765
La crise de Suez 772
La France et la relance européenne 777

X – Les cultures de l'après-guerre 783

Le vertige de la liberté 783
Angoisse et engagement 787
Une culture de guerre froide 791
Arts et lettres dans la tourmente du « grand schisme » 796
« Éducation populaire » et culture de masse 801
Le sport 811

XI – Les crises de la IVe République (1954-1958) 817

Une expérience perturbatrice
  des pratiques de la IVe République 817
Une action gouvernementale dynamique 822
L'échec de l'expérience Mendès France
  et l'annonce de la crise du régime 826
Les élections du 2 janvier 1956
  et les débuts du gouvernement Guy Mollet 831
Origines et début de la guerre d'Algérie (1954-1956) 836

La guerre d'Algérie et ses conséquences internationales 840
Les conséquences financières, économiques
    et sociales de la guerre d'Algérie 843
La crise morale et l'impasse politique de la IVe République 847
L'état des forces en mai 1958 850
Le 13 mai et l'effondrement de la IVe République
    (13 mai-3 juin 1958) 854

CONCLUSION 861

QUATRIÈME PARTIE
1958-1974

AVANT-PROPOS 867

I – LA FONDATION DE LA Ve RÉPUBLIQUE
    ET LE TEMPS DU GAULLISME TRIOMPHANT (1958-1968) 871

Le ministère de Gaulle 871
La préparation des nouvelles institutions
    et le référendum de septembre 1958 872
La mise en place des nouvelles institutions 874
La constitution de la Ve République :
    un Président aux prérogatives renforcées 876
L'évolution politique du général de Gaulle
    sur l'affaire algérienne 879
Les retombées politiques de l'évolution
    du général de Gaulle sur l'Algérie 882
La guerre d'Algérie et l'évolution
    des institutions françaises de 1958 à 1962 886
La situation en avril 1962 889
Les défis du général de Gaulle 890
La rupture : la motion de censure d'octobre 1962 892
Le référendum du 28 octobre : la victoire de la
    lecture présidentielle de la Constitution 894
L'écrasement des partis politiques traditionnels 895
Les belles années de la République gaullienne (1962-1968) 897
La montée des mécontentements
    et la réorganisation de l'opposition 900
Les élections présidentielles de 1965 903
La réorganisation des forces politiques
    en vue des élections législatives de 1967 906
Les élections de mars 1967 :
    un nouvel affaiblissement du gaullisme 908

II – La crise du gaullisme et le quinquennat de Georges Pompidou (1968-1974) ... 915

La phase étudiante de la crise de mai 1968 ... 916
La phase sociale de la crise ... 918
Le pouvoir gaulliste dans la tourmente ... 920
Les élections de juin 1968 et la consolidation du gaullisme ... 922
Le gouvernement Couve de Murville ... 923
La réforme universitaire d'Edgar Faure ... 925
La réforme régionale de Jean-Marcel Jeanneney ... 927
La conjonction des oppositions
    au général de Gaulle en avril 1969 ... 928
L'échec du référendum et la démission du général de Gaulle ... 930
Les élections présidentielles de 1969 ... 931
La continuité et l'ouverture : le gouvernement Chaban-Delmas ... 933
La « nouvelle société » ... 935
Le malaise majoritaire et la démission de M. Chaban-Delmas ... 937
Le gouvernement Messmer et les élections de 1973 ... 939
Le septennat interrompu ... 941

III – Croissance et modernisation de l'économie française (1958-1974) ... 947

L'héritage de la IVe République ... 948
La politique économique du général de Gaulle ... 950
L'assainissement : le plan de redressement
    de l'économie française ... 954
Les facteurs d'impulsion de la croissance française ... 956
La croissance française et ses phases (1958-1974) ... 961
La révolution silencieuse de l'agriculture ... 965
La modernisation industrielle ... 968
Les ombres de la croissance : déséquilibres
    régionaux et déséquilibres sectoriels ... 971
Les ombres de la croissance : l'inflation
    et les fragilités du commerce extérieur ... 973

IV – Vers la société de consommation ... 977

Croissance démographique et immigration ... 977
Les nouvelles structures démographiques ... 985
La difficile maîtrise de l'espace urbain ... 988
Les difficultés du monde paysan et du petit patronat ... 992
Une « nouvelle classe ouvrière » ? ... 994
La classe dirigeante ... 1000
Une catégorie en expansion : la classe moyenne salariée ... 1002
La « société de consommation » ... 1004

V – Création, pratiques culturelles et culture de masse
à l'époque de la croissance 1009

    Les années algériennes 1010
    Coup de jeune 1017
    Nouveaux regards 1020
    Avant-gardes 1026
    Permanences 1030
    Crise du religieux 1032
    Génération 68 1034
    Pratiques sociales et culture de masse 1043

VI – Le grand dessein planétaire du général de Gaulle et ses aléas
(1958-1974) 1049

    La France et le monde dans la vision du général de Gaulle 1049
    La difficile levée de l'hypothèque algérienne 1053
    La décolonisation en douceur de l'Afrique Noire 1062
    L'OTAN contestée 1065
    Le défi technologique et économique 1069
    L'outil militaire 1073
    Europe intégrée ou Europe des Etats ? 1079
    Le « couple France-Allemagne » 1083
    Une politique mondiale 1084
    La succession 1090

Conclusion 1097

CINQUIÈME PARTIE
1974 à nos jours

I – La crise française depuis 1974: aspects et problèmes 1101
    Un phénomène mondial 1102
    Le premier choc pétrolier et la récession économique de 1974-1975   1104
    Le second choc pétrolier et les nouvelles conditions
    économiques (1979-1981) 1109
    Les conséquences du second choc pétrolier 1111
    Une reprise marquée par la désinflation
    et l'expansion financière (1983-1990) 1115
    La rechute (1990-1993) 1118

II – Le septennat de Valéry Giscard d'Estaing (1974-1981):
Une solution néo-libérale de la crise française ? 1123

    L'élection présidentielle de 1974 1123

Une ère nouvelle ?	1127
Le temps des réformes	1132
La politique de lutte contre la crise (1974-1976)	1134
Les difficultés politiques et la démission de Jaques Chirac	1136
Le gouvernement Barre : une nouvelle approche des problèmes du pouvoir (1976-1978)	1140
Les élections législatives de 1978	1145
L'échec de la politique de Raymond Barre (1978-1981)	1148
La crise politique de la majorité (1978-1981)	1150
L'élection présidentielle de 1981 et la défaite de Valéry Giscard d'Estaing	1153

III – L'ÉCHEC DE LA SOLUTION SOCIALISTE À LA CRISE (1981-1984) 1159

L'alternance	1159
Le changement	1163
Un traitement sociale de la crise	1167
La montée des difficultés	1169
L'échec économique et le tournant de 1983	1172
La crise politique et sociale de 1983-1984 et la démission de Pierre Mauroy	1175

IV – LA GESTION LIBÉRALE DE LA CRISE : LE TEMPS DES ALTERNANCES (1984-...) 1179

Une phase nouvelle de la vie politique française	1179
Le gouvernement Fabius et les débuts du social-libéralisme (1984-1986)	1180
Les élections de 1986 : l'alternance dans l'alternance	1185
La cohabitation : une rupture libérale ?	1188
La cohabitation : l'échec de l'expérience Chirac	1191
La réélection de François Mitterrand et le retour des socialistes au pouvoir	1195
Le gouvernement Rocard : une tentative de gestion sociale réformiste et consensuelle (1988-1991)	1198
La crise du pouvoir socialiste (1991-1993)	1201
Les élections législatives de mars 1993 et les débuts de la seconde cohabitation	1206

V – LA SOCIÉTÉ FRANÇAISE DEPUIS LE MILIEU DES ANNÉES 70 1215

Démographie, immigration et intégration des migrants	1216
Migrations internes et urbanisation	1227
Déclin et mutations du monde agricole	1233
La fin de la « classe ouvrière »	1237
Les couches moyennes	1242

    Aux extrêmes : élites et exclus 1244

VI – Pratiques sociales, croyances et cultures à l'épreuve de la crise 1251

    Individualisme et libéralisation des mœurs 1251
    Le choc de la crise 1256
    Une nouvelle religiosité 1261
    Politique et pratiques culturelles des Français 1267
    Une culture de masse 1271
    La vie intellectuelle et artistique 1280

VII – Les relations extérieures 1291

    Nouvelles équipe, nouveau style 1291
    La France giscardienne entre Washington et Moscou 1295
    La politique européenne à l'heure giscardienne 1303
    L'ouverture au Sud 1306
    1981 : Un tournant ? 1312
    Une monarchie nucléaire 1318
    Retour aux grands équilibres 1321
    Le chantier européen 1328
    La France dans le nouvel ordre international 1335

Conclusion 1341

Chronologie 1345

Bibliographie 1377

Index 1389

PREMIÈRE PARTIE
1900-1930

AVANT-PROPOS

Alors que le XXe siècle s'achève, le temps paraît venu de jeter sur l'évolution de la France depuis 1900 un regard synthétique. Depuis cette « Belle Époque » où s'exprime la naïve confiance en une stabilité politique enfin atteinte dans le cadre d'une République consensuelle et en une puissance garantie par la richesse financière, l'avance technique et le rôle pionnier de « phare de l'humanité » jusqu'en cette fin de siècle qui voit le pays entrer pas à pas dans une entité européenne aux contours encore incertains, se déroule la grande aventure de la modernisation.

C'est autour d'elle, de ses origines, de ses facteurs, des aléas qui en marquent la réalisation, des résistances qu'elle suscite qu'est organisé le présent ouvrage et c'est par conséquent sa mise en œuvre progressive qui en constitue le fil directeur.

Toutefois, la modernisation est la résultante de multiples facteurs : contraintes de l'environnement international et de la conjoncture économique, modification des structures sociales, évolution ou résistance des mentalités collectives en fonction de l'adaptation ou du refus d'adaptation aux circonstances, règles du jeu politique et institutionnel, volonté des hommes enfin qu'on aura garde de ne pas négliger. Si bien que rendre compte de la modernisation de la France au XXe siècle, c'est tenter d'évaluer le poids relatif de ces divers paramètres dans les lignes directrices de l'histoire récente. C'est pourquoi le présent ouvrage se veut une histoire complète de la France durant la période considérée, retenant les aspects politiques du devenir national, les données des structures, de la conjoncture et des politiques économiques, les cadres sociaux dans leurs aspects statistiques, mais aussi qualitatifs, les approches des mentalités et le rôle de ces lignes de force qui déterminent la psychologie collective d'un peuple à un moment donné de son histoire. Enfin, une large place est faite aux rapports de la France avec le reste du monde, non seulement à ces relations internationales qui, outre les rapports diplomatiques, embrassent les brassages des peuples à travers les migrations, le mouvement des idées, les déplacements de capitaux, mais aussi à cette relativisation constante de l'histoire nationale que représente la comparaison du poids de la France dans le monde avec celui des autres nations, par quoi se mesure la perception de la puissance.

Cet essai d'explication de la France au XXe siècle ne débouche évidemment pas sur une vision linéaire de la modernisation. Celle-ci, on le sait, est faite de brusques périodes d'accélération contrastant avec des coups d'arrêt non moins soudains. Elle n'est nullement, d'autre part, la mise en œuvre d'un projet clairement délibéré, mais le résultat d'un faisceau de causes diverses dont une partie au moins échappe à la volonté consciente des hommes. C'est en fonction de ces données complexes que l'ouvrage s'organise en cinq parties dont chacune nous paraît représenter une séquence cohérente de cette histoire de la modernisation française.

La première couvre les années 1900-1930 et montre comment le bouleversement dû à la Première Guerre mondiale, qui jette bas l'édifice de stabilité que la France avait cru atteindre à tous égards au début du XXe siècle, donne lieu tout à la fois à une tentative désespérée de retour à la « Belle Époque », aspiration suprême de l'opinion, et à un début de modernisation des structures économiques, des conditions de vie de la société, des idées et des pratiques culturelles. Sans en prendre clairement conscience la France change de siècle dans le cours des années vingt.

La période de perturbations profondes qui s'ouvre au début des années trente fait l'objet de la seconde partie. La modernisation commencée dans les années vingt subit un brusque coup d'arrêt sur le plan économique et social du fait de la crise économique. L'incertitude sur les formules politiques à adopter face aux besoins de modernisation, la réflexion rendue plus urgente encore par la crise sur la remise à jour des idées, accroissent le trouble d'un pays sans horizon net et où se déchire le consensus. Le choc de la Seconde Guerre mondiale paraît conduire à l'écroulement l'édifice branlant d'une France incertaine. L'effondrement n'est pas seulement militaire. La République abdique entre les mains d'un vieux maréchal en qui la France voit un protecteur et qui tente de jeter aux orties la culture républicaine pour créer un régime autoritaire, archaïque et incertain pendant que les Français subissent les rigueurs de l'occupation et voient se lever sur le pays l'ombre menaçante du facisme. Et l'heureuse et surprenante issue de la guerre par quoi débute la troisième partie, si elle permet au pays de revivre, ne lui rend pas d'un coup de baguette magique la stabilité perdue. L'inflation, la mutation des structures sociales, la décolonisation, le jeu de la guerre froide, l'inadéquation des institutions politiques aux problèmes posés font durer le temps des Troubles jusqu'au seuil des années soixante et à la chute de la IVe République.

C'est à ce moment, avec la grande croissance qui, dans tous les domaines, fait sentir ses effets qu'est pris le tournant irréversible vers la modernisation qui n'avait été qu'esquissé dans les années vingt et dont traite la quatrième partie. Cette modernisation atteint tous les aspects de la vie nationale. Elle touche bien entendu les structures économiques, elle modifie du tout au tout en un quart de siècle, le visage de la société française, elle bouleverse la vie quotidienne comme celle-ci ne l'avait jamais été à aucune époque de l'histoire, elle entraîne une transformation complète des cadres et des règles du jeu politique, elle fait sentir ses effets sur les mentalités, les pratiques culturelles et influence profondément la création elle-même. Cette mutation de grande ampleur va-t-elle être remise en cause par la crise que subit la France (comme le reste du monde) depuis 1974 et qui fait l'objet de la cinquième partie ? Si, dans un premier temps, on peut légitimement penser qu'il n'en sera rien et que le pays a les moyens de surmonter ses difficultés, les choix économiques opérés, les transformations d'une société où la précarité réapparaît, le climat de pessimisme qui marque la fin du siècle, conduisent à bon droit à s'interroger sur la pérennité du modèle français à l'aube du troisième millénaire.

I

LA VIE POLITIQUE EN FRANCE AU DÉBUT DU XXe SIÈCLE

La France des débuts du XXe siècle vit dans le cadre de structures et de forces politiques héritées de l'histoire récente du pays, et tout particulièrement des luttes qui ont marqué le dernier quart du XIXe siècle.

Des structures politiques héritées de l'histoire

Depuis 25 ans, la France de 1900 vit sous le régime de la IIIe République. Celle-ci a été proclamée le 4 septembre 1870 par les députés républicains de Paris, dans le cadre du traumatisme qui a suivi l'effondrement militaire de l'Empire à Sedan. Mais cette République n'apparaît longtemps que comme un régime provisoire, dans la mesure où les élections de février 1871 à l'Assemblée nationale ont donné une majorité monarchiste décidée à promouvoir la restauration royale. Ce n'est qu'en 1875, devant les divergences qui opposent les monarchistes entre eux qu'une partie de ceux-ci, les orléanistes, partisans d'une monarchie parlementaire s'entendent avec les républicains pour accepter provisoirement le régime, à condition de le doter d'une Constitution qui, le moment venu, pourrait convenir à un souverain. La IIIe République hérite donc d'une Constitution semi-monarchique. À côté de la Chambre des députés, élue au suffrage universel et qui représente la face démocratique des institutions, existent en effet deux organes qui apparaissent comme préfigurant une future monarchie, la présidence de la République et le Sénat.

Élu pour sept ans par les députés et les sénateurs réunis en congrès, le

Président de la République dispose de pouvoirs considérables. Chef du pouvoir exécutif, il nomme les ministres, désigne les titulaires des emplois civils et militaires et possède le droit de grâce. Il peut intervenir dans l'élaboration des lois en renvoyant au Parlement, pour une seconde lecture, une loi qu'il n'approuve pas. C'est lui qui reçoit les ambassadeurs étrangers et signe les traités internationaux, ce qui lui donne un poids prépondérant dans la définition de la politique étrangère du pays. Il est irresponsable, ce qui signifie que le Parlement ne peut lui demander compte de ses actes ni le renvoyer ; du même coup, tous ses actes doivent être contresignés par un ministre qui, lui, est responsable et peut être interpellé par les députés. Cette irresponsabilité a pour conséquence l'affirmation d'un personnage dont la Constitution n'avait pas prévu l'existence, le président du Conseil. Il s'agit d'un des ministres que le Président de la République charge de constituer le gouvernement, de mettre en œuvre sa politique générale et de la défendre devant les Chambres, de manière à y maintenir la confiance de la majorité des parlementaires sans laquelle le ministère ne pourrait gouverner. Le jour où l'action d'un des ministres est condamnée par une majorité de députés, le gouvernement tout entier doit démissionner en vertu du principe de la solidarité ministérielle qui veut qu'un acte d'un de ses membres engage le gouvernement tout entier. La responsabilité du gouvernement devant les Chambres fonde le caractère parlementaire du régime de la IIIe République. Mais, bien qu'irresponsable, le Président de la République n'est pas sans armes devant le Parlement. S'il est en désaccord avec la majorité de la Chambre des députés, il peut dissoudre celle-ci après avoir obtenu l'accord du Sénat et demander au corps électoral de trancher entre lui-même et les députés. Ces pouvoirs considérables font qu'il suffirait de remplacer dans la Constitution le terme de « Président de la République » par celui de « roi » pour que la France devienne une monarchie constitutionnelle. Et c'est pourquoi, aux origines de la IIIe République, les plus intransigeants des républicains, les radicaux, exigent la suppression de l'institution présidentielle.

C'est aussi en raison de son caractère monarchique et conservateur qu'ils réclament la suppression du Sénat. Celui-ci a en effet été conçu pour servir d'appui au futur souverain dans sa lutte éventuelle contre les députés élus au suffrage universel. Le Sénat dispose de fait de pouvoirs identiques à ceux de la Chambre, votant comme elle les lois et le budget — bien que, pour ce dernier, la Chambre doive se prononcer préalablement. En outre, le Sénat peut, à la demande du Président de la République, voter la dissolution de la Chambre. Enfin, constitué en Haute-Cour, il peut être amené à juger le Président de la République, les ministres et ceux qui sont accusés d'attentats commis contre la sûreté de l'État. Or cette Chambre puissante, constituée de 300 membres, n'est pas issue du suffrage universel. Elle comprend d'une part 75 sénateurs « inamovibles » (désignés à vie d'abord par l'Assemblée nationale, puis, après chaque décès, par le Sénat lui-même) et 225 sénateurs élus au second degré par des collèges électoraux dominés par les conseillers municipaux des communes rurales. Mode de désignation qui, dans l'esprit des constituants de 1875, devait garantir le caractère conservateur de cette assemblée et lui donner un rôle de contrepoids aux impulsions irréfléchies du suffrage universel.

Toutefois l'édifice ainsi construit devait trahir les espoirs de ses promoteurs dans la mesure où les luttes politiques de la fin du XIXe siècle modifient considérablement dans la pratique le jeu des institutions.

La crise du 16 mai 1877 et le triomphe du parlementarisme

Le premier problème que le texte constitutionnel avait posé sans le trancher était de savoir qui devait inspirer la politique du gouvernement : le Président de la République qui le nommait ou la majorité de la Chambre des députés, représentant le peuple souverain, devant qui il était responsable. Le premier terme de l'alternative conduisait à un régime présidentiel (en attendant une monarchie dont le souverain gouvernerait), le second à un régime parlementaire dans lequel la Chambre détiendrait la prépondérance. La crise du 16 mai 1877 qui voit le maréchal de Mac-Mahon, président de la République, renvoyer un gouvernement disposant de la confiance de la majorité de la Chambre pour lui substituer un ministère qui jouit de sa confiance personnelle porte le débat devant l'opinion. La Chambre ayant protesté contre la décision présidentielle et mis en minorité le nouveau gouvernement, le Président obtient l'accord du Sénat pour la dissoudre et organiser de nouvelles élections.

Le peuple est ainsi conduit à trancher entre la conception présidentielle et la conception parlementaire des institutions. Mais ce débat va se trouver faussé par la nature des forces qui s'opposent. Le Président de la République étant réputé monarchiste tandis que les champions du parlementarisme sont républicains, les termes du conflit vont se trouver réduits à un affrontement entre Monarchie et République : vouloir donner au Président de réels pouvoirs devient une attitude favorable à la monarchie ; affirmer la primauté du Parlement est perçu comme une preuve d'esprit républicain. Dans ces conditions, la victoire des républicains aux élections d'octobre 1877 va avoir d'incalculables conséquences sur l'évolution des institutions.

Elle aboutit en effet à modifier l'équilibre des pouvoirs tel que l'avait fixé la Constitution de 1875. Désormais, la prépondérance absolue du Parlement dans les institutions n'est plus contestée. Chacun s'accorde à considérer qu'il n'existe aucun pouvoir supérieur à celui des élus du peuple souverain. Corrélativement, le pouvoir exécutif reconnaît sa subordination. Après la démission de Mac-Mahon en 1879, son successeur à la présidence de la République, Jules Grévy, s'engagera à ne jamais entrer en conflit avec la majorité de la Chambre, c'est-à-dire, en d'autres termes, à lui laisser l'initiative politique et à admettre qu'elle inspire la politique gouvernementale. La « Constitution Grévy », ainsi qu'on a ironiquement dénommé cette lecture par le nouveau Président des lois constitutionnelles de 1875, aboutit à laisser tomber en désuétude les moyens dont dispose le chef de l'État par rapport à la Chambre : le droit de dissolution, celui de demander une seconde délibération des lois ne seront plus jamais utilisés jusqu'à la fin du régime, tant ces armes seront désormais tenues pour des moyens suspects, indignes d'un véritable républicain. Conséquence naturelle de cet effacement du Président de la République : le gouvernement cesse en fait de dépendre du chef de l'État pour devenir l'émanation de la majorité de la Chambre. Dans la culture politique des républicains, république et parlementarisme deviennent désormais synonymes.

Cette volonté de minorer le rôle du pouvoir exécutif va encore se trouver renforcée par les souvenirs de la crise boulangiste.

La crise boulangiste et la hantise du césarisme

Entre 1887 et 1889, alors que le pays connaît une grave crise économique, que les faillites se multiplient, que le chômage gagne, que les scandales ébranlent le régime (Grévy doit démissionner en 1887, son gendre Wilson ayant été convaincu de s'être livré, depuis l'Élysée, à un trafic de décorations), la vague boulangiste déferle sur la France. En lui-même, l'événement est mineur : un général engagé dans la politique (il a été ministre de la Guerre en 1886-1887) et qui a su se rendre populaire par quelques réformes démagogiques et en préconisant une guerre de revanche contre l'Allemagne, devient l'idole de tous les mécontents. Républicains d'extrême gauche, radicaux ou blanquistes, nationalistes, bonapartistes, monarchistes se rassemblent autour de lui en espérant l'utiliser, et ce d'autant plus que le général professe des idées vagues dans lesquelles chacun peut se reconnaître. Durant quelques mois, entre mars 1888 et janvier 1889, il engage dans le pays une campagne plébiscitaire. Mis à la retraite et redevenu civil, il peut désormais se présenter aux élections (ce qui était interdit à un militaire en activité) et se présente systématiquement à toutes les partielles, démissionnant sitôt élu pour recommencer ailleurs. Cette campagne atteint son point d'orgue avec son élection triomphale à Paris en janvier 1889. Accusé par les républicains d'être un nouveau Bonaparte, de méditer un dix-huit Brumaire, Boulanger a été tenu par l'historiographie du régime pour un ambitieux méditant d'étrangler la République. En fait, il a toujours protesté de ses sentiments républicains ; son programme « Dissolution-Révision-Constituante » propose une République à Exécutif renforcé ; enfin, en dépit des efforts de certains de ses partisans, il se refuse à tout coup d'État au soir de son élection à Paris le 27 janvier 1889. Il reste que, la crise passée, le boulangisme en plein déclin et la République consolidée (les élections de 1889 marquent le reflux du courant boulangiste), le mythe du « brave général » pèse sur la culture politique républicaine. Pour un régime fondé sur le rejet du césarisme bonapartiste, l'aventure boulangiste fait revivre les vieux fantômes que la République tente d'exorciser depuis 1870.

Elle semble montrer que le danger d'une dictature fondée sur le suffrage universel et la pratique plébiscitaire pèse toujours sur le pays. Renforçant les leçons tirées de la crise du 16 mai, le boulangisme marque durablement la tradition républicaine.

En premier lieu, il donne droit de cité dans le modèle politique républicain à un Sénat longtemps décrié. La campagne plébiscitaire du général a fait craindre aux républicains que les élections de 1889 ne représentent un triomphe pour les boulangistes qui ont prouvé leur aptitude à mobiliser en leur faveur le suffrage universel. Du coup, le Sénat, désigné par un électorat de notables moins sensibles aux mouvements impulsifs de l'opinion que le suffrage universel, est apparu comme une barrière efficace contre une tentative boulangiste, puisqu'il était en mesure de s'opposer à toute révision constitutionnelle comme à l'adoption de lois démagogiques par une Chambre supposée gagnée au général. Dès lors apparaît dans le vocabulaire l'expression « Sénat républicain » et l'attachement aux institutions de 1875 dans leur totalité constitue désormais un critère d'attachement à la République.

En second lieu, le boulangisme va créer dans l'opinion républicaine une véritable psychose du césarisme, faisant rejouer la vieille crainte du bonapartisme. À partir de là, toute tentative de renforcement du pouvoir exécutif fait figure d'attentat contre la République parlementaire et de volonté de restriction de la liberté des citoyens supposée garantie par la prépondérance d'un Parlement soumis au contrôle des électeurs. De proche en proche, on en vient à l'idée que seul un Exécutif faible laisse aux Français la marge de liberté jugée nécessaire dans un véritable État moderne. L'ouvrage du philosophe Alain, publié en 1925, mais constitué d'articles écrits pour la plupart avant 1914, *Le citoyen contre les pouvoirs*, traduit par son titre une des convictions républicaines les plus fortement ancrées au début du XXe siècle. La subordination du pouvoir exécutif n'est donc pas le seul résultat d'une perversion des institutions due à la conjoncture historique, mais une exigence de la culture politique républicaine telle qu'elle a été façonnée par les luttes politiques de la fin du XIXe siècle, en particulier par le boulangisme et la psychose du césarisme qu'il a fait naître.

L'Affaire Dreyfus et la nouvelle conception de « l'esprit républicain »

Être républicain au début du XXe siècle, c'est donc être non seulement un partisan inconditionnel du régime, mais encore un défenseur sourcilleux de ses institutions telles qu'on les pratique depuis le 16 mai et un adversaire résolu du pouvoir personnel, qu'il soit d'essence monarchique ou plébiscitaire. Mais cette définition large de l'esprit républicain ne serait pas complète si l'on n'y ajoutait les éléments supplémentaires que fait naître au tournant du siècle l'Affaire Dreyfus, qui représente pour toute une génération de républicains une expérience fondamentale (Pierre Birnbaum (s.l.d.), *La France de l'Affaire Dreyfus*, Gallimard 1993).

C'est en 1898 que la condamnation pour espionnage du capitaine Alfred Dreyfus en 1894 apparaît comme une erreur judiciaire et débouche sur une grave crise politique, opposant violemment les Français et coupant en deux la famille républicaine. D'un côté, les partisans de la révision du procès qui se recrutent surtout à gauche, parmi les socialistes et les radicaux et se rassemblent autour de la *Ligue des Droits de l'Homme*, fondée pour la circonstance, défendent les droits de l'individu au nom de la vérité et de la justice contre les tenants de la raison d'État. De l'autre, les adversaires traditionnels de la République, monarchistes et catholiques font bloc avec les républicains de droite et les nationalistes pour refuser toute révision du procès et accuser le *« syndicat juif »* de se saisir de l'occasion afin *« d'insulter l'armée »* en remettant en cause un procès jugé par elle. Le culte de l'armée, l'autorité de la chose jugée, le respect des valeurs et des traditions nationales inspirent cette droite antidreyfusarde qui est représentée dans ce combat par la vieille association nationaliste créée en 1882 par Paul Deroulède, la *Ligue des Patriotes*, sortie par l'Affaire Dreyfus d'une léthargie chronique, par la *Ligue de la Patrie française*, constituée par des intellectuels autour d'académiciens qui témoignent ainsi que l'intelligence ne se situe pas exclusivement dans le camp dreyfusard, mais aussi par des associations de combat comme la congrégation des Assomptionnistes et son journal *La Croix*, fer de lance d'un catholicisme militant violemment antisémite ou par la *Ligue antisémitique* de Jules Guérin qui attaque les Juifs de manière quasi-obsessionnelle. L'élection en 1899, à la présidence de la République, du modéré prudemment révisionniste Émile Loubet à la place de Félix Faure, également modéré mais violemment antirévisionniste, puis la formation du *Gouvernement de défense républicaine* de Waldeck-Rousseau, appuyé sur le *Bloc des gauches* rassemblant l'ensemble des dreyfusards, socialistes, radicaux, modérés révisionnistes, assure la victoire du camp dreyfusard qui conduit dès lors contre les adversaires de la révision, nationalistes, catholiques et militaires une politique vigoureuse « d'action républicaine ». À partir de là, le camp dreyfusard s'identifie à la République et en exclut ses adversaires, fussent-ils partisans du régime.

À partir de l'Affaire Dreyfus, être républicain, c'est donc aussi considérer que la défense des droits de l'homme passe avant la raison d'État, que la vérité et la justice constituent des priorités absolues qu'aucun impératif, si élevé soit-il, ne peut faire passer au second plan. C'est aussi se ranger dans le camp des dreyfusards contre leurs adversaires : un républicain est naturellement anticlérical et partisan d'une politique laïque qui devrait peu à peu aboutir à effacer la dimension religieuse de la conscience des citoyens, montrer une méfiance systématique envers les pouvoirs d'autorité, portés à aliéner en fonction de leurs intérêts les libertés des citoyens, en particulier l'armée et la justice, ce qui ne signifie pas, bien entendu, négliger la défense de la patrie ou les exigences du droit. D'une manière plus générale, c'est défendre les opprimés contre les puissances établies. L'Affaire Dreyfus achève ainsi d'assimiler le camp républicain au parti du progrès en situant à gauche la légitimité républicaine.

L'ensemble de cet héritage historique rend compte des traits fondamentaux revêtus par les structures du régime comme par la culture politique dont se réclame la majorité des Français au début du XXe siècle.

Structures politiques de la France au début du XXe siècle

La France des débuts du XXe siècle est donc le modèle-type des démocraties parlementaires. L'évolution, assumée par les présidents de la République qui se sont succédé depuis Jules Grévy va dans le sens d'un effacement croissant du chef de l'État. Seul Jean Casimir-Périer, élu à l'Élysée en juin 1894, a tenté de réagir contre les effets de la « Constitution Grévy », mais, mesurant son impuissance à remonter le courant, il a préféré se démettre sept mois plus tard. Dès lors tous ses successeurs accepteront de se cantonner dans un rôle purement décoratif, laissant au président du Conseil le soin de diriger la politique gouvernementale et contribuant tout au plus, par leurs voyages à l'étranger et la réception des chefs d'État et des ambassadeurs, à la mise en œuvre de la politique étrangère du pays. Encore Armand Fallières, successeur d'Émile Loubet en 1906 renonce-t-il même pratiquement à jouer un rôle dans ce domaine, faisant franchir une nouvelle étape à l'amenuisement de la fonction présidentielle.

Or, si le véritable chef de l'Exécutif est le président du Conseil, on a vu que, depuis l'issue de la crise du 16 mai, celui-ci est en fait l'émanation du Parlement qui, de ce fait, joue le rôle fondamental dans les institutions. En apparence, cette prépondérance du Parlement s'incarne dans la Chambre des députés dont les membres sont élus tous les quatre ans au suffrage universel direct. Depuis 1889 ces élections se font au scrutin uninominal majoritaire à deux tours dans le cadre de l'arrondissement. Au début du XXe siècle, ce mode de scrutin est de plus en plus attaqué : on dénonce en lui un type de scrutin favorisant les riches et permettant la corruption (en raison du nombre relativement réduit d'électeurs dans chaque circonscription), un scrutin qui conduit à se prononcer pour des personnalités (puisqu'il est uninominal) plutôt que pour des idées, enfin un scrutin qui pousse l'élu à défendre les intérêts exclusifs de la circonscription qui l'a désigné au lieu de prendre en compte les intérêts de la nation tout entière. Président du Conseil, Aristide Briand prononce en octobre 1909 à Périgueux un célèbre discours dans lequel il met en cause les *« mares stagnantes du suffrage universel »*. Une partie de la gauche (les socialistes) et la droite marquent leur préférence pour le scrutin de liste à la représentation proportionnelle, mais les radicaux (qui bénéficient des reports de voix des socialistes et des modérés) demeurent attachés au scrutin d'arrondissement dans lequel ils voient une des bases de leur puissance. Ces débats autour de la loi électorale s'expliquent en fait par le rôle fondamental des députés. Non seulement, ils votent les lois et le budget de l'État, mais encore ils dominent en fait la vie du gouvernement.

C'est en effet de la confiance de la majorité de la Chambre que dépend celle-ci : aussi le gouvernement est-il choisi dans cette majorité et la chute d'un ministère s'explique souvent, moins par des désaccords de fond sur la politique suivie que par des manœuvres et des ambitions personnelles de groupes de députés qui aspirent à entrer au gouvernement ou à y jouer un rôle fondamental. L'instabilité ministérielle apparaît ainsi comme la rançon du caractère parlementaire du régime et alimente dans le pays un courant endémique d'antiparlementarisme qui se manifeste de manière aiguë lors des grandes crises. Quant au gouvernement, sa marge d'initiative est limitée par sa préoccupation de ne pas perdre la confiance de la Chambre, ce qui aboutit à une certaine paralysie politique.

Pour être plus discret, le rôle du Sénat n'en est pas moins essentiel. La révision constitutionnelle de 1884 a quelque peu modifié ses traits initiaux. La catégorie des sénateurs inamovibles a été supprimée (par élection au décès de chacun d'entre eux) et le collège électoral quelque peu transformé pour tenir davantage compte de la population des grandes villes. Mais à ces correctifs près, les caractères de la Haute-Assemblée n'en ont été que peu modifiés. Elle demeure une assemblée dans laquelle le monde rural est largement surreprésenté. Toutefois, depuis 1876, ce monde rural s'étant largement rallié à la République, le Sénat est devenu républicain. Il n'en est pas moins resté profondément conservateur. Élus tous les neuf ans (avec renouvellement par tiers tous les trois ans) par des notables ruraux, les sénateurs se montrent peu sensibles aux fluctuations du suffrage universel et leur tendance naturelle est de se servir des pouvoirs considérables dont ils disposent pour corriger les tendances extrémistes de la Chambre issues du suffrage universel, qu'elles viennent de la droite ou de la gauche. À l'époque du boulangisme, le Sénat est apparu, on l'a vu, comme un possible brise-lames de la vague plébiscitaire. En 1896, il renverse le président du Conseil radical, Léon Bourgeois, lorsque celui-ci se propose d'établir l'impôt sur le revenu.

Au total, ces institutions républicaines apparaissent aux défenseurs du régime comme un modèle d'équilibre, en tous points conforme aux traits majeurs de la culture politique majoritaire dans la France de 1900.

La culture politique de la France des débuts du XXe siècle

Au cours des luttes politiques qui ont marqué la fin du XIXe siècle, les républicains n'ont cessé de défendre des valeurs qui ont, peu à peu, pris un caractère officiel, exaltées dans leurs discours par les dirigeants du régime, propagées par la presse, diffusées par l'école, reprises par les notables dans les cérémonies de distribution des prix, les allocutions du 14 juillet, les banquets républicains ou les réunions des comices agricoles (S. Bernstein et O. Rudelle (s.l.d.), *Le modèle républicain*, PUF, 1992).

Cette culture politique, largement admise par la majorité des Français, présente la IIIe République comme l'achèvement des promesses de la Révolution française et celle-ci comme le tournant majeur de l'histoire universelle. Avant la Révolution, c'est le temps de la longue nuit de l'histoire durant laquelle le peuple est opprimé par les Grands, la liberté confisquée par la monarchie absolue et l'arbitraire féodal, la raison tenue en lisière par l'autorité de la religion, les droits de l'homme foulés aux pieds par le bon plaisir des puissants. Avec la Révolution se lève une aube nouvelle où le peuple se libère de l'oppression qu'il subit, où la liberté est proclamée comme le bien suprême, où le privilège cède le pas à l'égalité devant la loi, où les droits de l'homme deviennent le postulat fondamental de l'organisation de l'État et de la société, où commence le long combat qui sera nécessairement victorieux pour le triomphe de la raison et de l'esprit scientifique sur les affirmations doctrinales de la théologie. Cette vision des choses donne donc à la Révolution et aux valeurs qu'elle a véhiculées une dimension éthique : la lutte pour la liberté, l'égalité devant la loi, les droits de l'homme, l'éducation qui fera pénétrer dans la population la raison et la science prennent une connotation morale ; ils sont le bien qu'il faut faire triompher. À l'inverse tous ceux qui apparaissent comme les adversaires de ces valeurs sont tenus par le discours officiel pour les représentants des forces du mal : partisans du césarisme qui méditent d'aliéner la liberté, tenants de la monarchie qui souhaitent en revenir aux temps des privilèges et de l'inégalité, catholiques qui affirment le primat de la Révélation sur la raison représentent autant d'éléments négatifs qu'il faut combattre pour que le bien l'emporte.

La République apparaît ainsi porteuse des valeurs de progrès alors que ses adversaires sont tenus pour des partisans des époques révolues, des « réactionnaires » qui entendent remettre en cause les acquis de la République. Celle-ci n'a-t-elle pas octroyé aux Français les libertés fondamentales que l'Empire lui mesurait, liberté individuelle, liberté de la presse, liberté de conscience, liberté de réunion, liberté d'association ? Ne les garantit-elle pas par la défense de ce régime parlementaire dont on a vu qu'il était considéré comme inséparable de la liberté ? Ne s'affirme-t-elle pas comme porteuse d'égalité en établissant l'école primaire, gratuite et obligatoire, promesse de diffusion des Lumières, mais aussi de promotion sociale, et en décidant de réaliser par étapes « l'école unique », fusion des deux filières parallèles du primaire, réservé aux enfants du peuple et du secondaire, apanage de la bourgeoisie ? Enfin n'est-elle pas porteuse d'un projet social que la législation républicaine favorise, celui de l'établissement d'une démocratie de petits propriétaires maîtres de leurs instruments de travail, individuellement ou en association ?

Cette culture politique républicaine trouve même à s'appuyer sur les enseignements de la philosophie. La morale sociale dont elle est porteuse se réclame des catégories universelles que le néokantisme remet à la mode et qui fournit des principes à l'action politique des républicains. Mais surtout, elle trouve des racines dans le positivisme et sa conviction que l'humanité est en marche vers un progrès qui la conduit vers l'âge scientifique au cours duquel la raison et la science gouverneront les sociétés, et où la connaissance des lois de la « physique sociale » permettra de les organiser en conciliant ordre et progrès pour le plus grand bien de tous.

On ne saurait sous-estimer le poids de cette culture politique républicaine dans la France des débuts du XXe siècle. Elle imprègne les esprits et les mentalités, constitue l'armature de la société française et convainc le plus grand nombre que, dans l'histoire de l'humanité, la France montre une fois de plus la voie en offrant au monde le modèle le plus parfait d'organisation politique et sociale, celui qu'adopteront nécessairement les peuples du monde entier, à mesure que le progrès des sociétés et des esprits leur permettra d'y parvenir. Culture politique optimiste, promettant aux Français une amélioration permanente de leur sort, elle possède un considérable pouvoir d'attraction sur la société et constitue pour celle-ci un élément d'intégration puissant. Elle explique, pour cette raison, que la République apparaisse comme un régime accepté par la très grande majorité des forces politiques, alors que ses adversaires deviennent progressivement marginaux. Dans les années qui précèdent la Première Guerre mondiale, les deux principales forces qui contestent la République parlementaire ont, en effet, clairement échoué dans leurs entreprises.

L'échec des adversaires de la République : nationalistes et syndicalistes révolutionnaires

C'est dans la droite nationaliste que la République a rencontré après la fondation du régime ses principaux adversaires. Les monarchistes, vaincus ou ralliés à la République, les adversaires royalistes du régime ne représentent plus, après 1880, que le groupe très minoritaire des « conservateurs ». En revanche, au carrefour de la tradition bonapartiste, autoritaire, plébiscitaire et qui entend faire appel directement au peuple par-dessus la tête des notables, et du courant d'affirmation nationale, assumé par la gauche jusqu'en 1871, mais revendiqué par la droite après la défaite, naît le nationalisme. Il trouve ses racines dans la volonté de revanche contre l'Allemagne qui a annexé l'Alsace-Lorraine en 1871. Objectif patriotique, défendu par la *Ligue des Patriotes*, fondée en 1882, par des hommes politiques républicains de mouvance gambettiste (l'historien Henri Martin, le futur président de la République Félix Faure) et qui est assurée dans un premier temps de l'appui du gouvernement. Mais les choses changent lorsque le principal dirigeant de la Ligue, Paul Déroulède, prenant conscience de la volonté des républicains d'éviter toute entreprise belliqueuse, affirme l'idée que le préalable indispensable à la Revanche est la modification du régime existant, le renversement de la République parlementaire, assimilée par lui au bavardage et à l'impuissance pour la remplacer par un régime fort, dirigé par un homme d'État autoritaire, et si possible un militaire, qui sera seul capable de redresser le pays et de le préparer efficacement à une guerre de revanche. Le courant nationaliste, et la *Ligue des Patriotes* en particulier, va constituer le fer de lance du mouvement boulangiste, et, après un certain déclin, connaît une seconde jeunesse avec l'Affaire Dreyfus, durant laquelle Déroulède tente d'entraîner un général à marcher sur l'Élysée. Mais ce nationalisme romantique dont le chantre est l'écrivain Maurice Barrès est en plein déclin au début du XXe siècle. La mort de Déroulède en 1914 (remplacé par Barrès à la présidence de la Ligue) lui porte un nouveau coup. À la veille de la guerre, la *Ligue des Patriotes* ne compte plus vraiment dans l'échiquier des forces politiques. À cette date, le relais du nationalisme a été pris par l'*Action française*.

C'est en 1898 que le journaliste Henri Vaugeois et l'écrivain Maurice Pujo fondent l'*Action française*, comité nationaliste qui rassemble des intellectuels hostiles à la République parlementaire. En 1899, ils sont rejoints par Charles Maurras qui va devenir le principal doctrinaire du mouvement et lui donner son originalité en réalisant ce qu'il appelle le « *nationalisme intégral* », c'est-à-dire la synthèse du nationalisme et de la monarchie. Si, d'accord avec les nationalistes, il juge la République irréformable, c'est parce qu'elle est issue de la Révolution qui, en affirmant la primauté de l'individu, a détruit le corps social et donné le pas à l'économique sur le politique. Pour redresser la nation, il faut donc restaurer la monarchie héréditaire qui mettra en place un régime autoritaire décentralisé et balaiera le parlementarisme. Il faut ensuite éliminer de la communauté nationale tous ceux qui y sont étrangers, les « *quatre États confédérés* », les Juifs, les Protestants, les Francs-Maçons et les « métèques » (les étrangers). Il faut enfin restaurer la puissance de l'Église catholique, élément constituant de la nation et que Maurras admire comme force d'ordre (alors qu'il repousse le message évangélique, œuvre de « quatre juifs obscurs »). Ces idées s'expriment à travers la revue *L'Action française*, fondée en juillet 1899 et qui paraît deux fois par mois jusqu'en 1908, date à laquelle elle devient un quotidien, dirigé par Maurras, Léon Daudet et l'historien Jacques Bainville. Le journal est délibérément violent, appelle à l'action directe contre la République, conduit des campagnes calomnieuses contre les Juifs ou les universitaires de gauche, mais bénéficie d'un réel prestige en raison de sa qualité littéraire. En dehors de cette influence intellectuelle qui est considérable, l'*Action française* se manifeste par une association politique, la *Ligue d'Action française* créée en 1905, un groupe d'action directe, les *Camelots du Roi*, fondé en 1908, et un cercle d'études né en 1906, l'*Institut d'Action française*.

Quelle est l'influence réelle de ce mouvement qui domine le courant nationaliste au début du XXe siècle ? Le poids de ses idées est considérable sur les écrivains, les académiciens, les étudiants et les milieux intellectuels en général. Mais politiquement son audience est faible. Elle conquiert les salons bien-pensants du faubourg Saint-Germain, convainc les étudiants en droit et domine le Quartier Latin où elle interdit de cours quelques professeurs qui ne partagent pas ses idées. Mais en dehors de cette aire restreinte, à quoi il faudrait ajouter quelques antennes en province dans les milieux aristocratiques nostalgiques de la monarchie, elle ne mord guère sur la masse de l'opinion. Offrant à une jeunesse privée de perspectives par la monotonie de la République installée une doctrine d'action violente destinée à déstabiliser le régime, elle est en mesure de provoquer ici ou là quelque trouble qui défraie la chronique, mais paraît hors d'état de constituer une véritable menace.

Il n'en va pas de même de l'opposition de gauche à la République parlementaire que constitue le syndicalisme révolutionnaire. Celui-ci naît dans les dernières années du siècle de la fusion entre le mouvement anarchiste et la pratique syndicale. À partir de 1892, le mouvement anarchiste se lance dans une vague d'attentats destinés à briser par la violence la République bourgeoise et qu'il baptise la « *propagande par le fait* ». Pourchassés par la police, les anarchistes se réfugient dans les syndicats pour échapper à la répression et pour toucher les masses ouvrières qui leur sont nécessaires pour atteindre leurs objectifs. En fait, ils vont découvrir dans le syndicalisme l'organisation la plus propre à réaliser la société de leurs rêves. Dès lors, les anarchistes proposent aux syndicats une pratique d'action directe destinée à abattre la société bourgeoise par la grève générale révolutionnaire, ultime assaut des travailleurs contre le capitalisme. Quant à la société future qui remplacera la société bourgeoise après son effondrement, ce sera une société constituée de petites cellules de production dont le syndicat offre déjà le modèle, cellules échangeant leurs produits dans les Bourses du Travail. Ce sont ces idées qui s'imposent peu à peu au mouvement syndical et que la CGT naissante adopte solennellement en 1906 dans la charte d'Amiens. Or, sur le premier point au moins, elles reçoivent un début d'application pratique. De 1906 à 1910, la France connaît une série de grèves brutales conduites par les syndicalistes révolutionnaires et qui sont autant de tentatives pour préparer le « *Grand soir* » de la révolution. Elles donnent lieu à des incidents violents, à des heurts avec la police au cours desquels on relève des morts et des blessés : grèves des fonctionnaires qui réclament le droit syndical, grève des ouviers des carrières de Draveil (trois morts), grève des cheminots de Villeneuve-Saint-Georges, grève générale des chemins de fer en octobre 1909. Mais le mouvement échoue : le gouvernement n'hésite pas à réprimer énergiquement l'agitation en dépit de l'indignation des socialistes, et surtout, le syndicalisme révolutionnaire n'entraîne qu'une minorité d'ouvriers. La grande majorité demeure attachée au syndicalisme réformiste qui s'accommode des promesses de promotion sociale de la République. Entre la révolution violente prônée par le syndicalisme révolutionnaire et l'amélioration graduelle offerte par le régime, il est clair que la majorité des salariés a choisi le second terme de l'alternative. Après 1910, la vague de grèves s'apaise. Le remplacement en 1911 au secrétariat général de la CGT de Victor Griffuelhes par Léon Jouhaux va être l'occasion d'une nouvelle orientation, plus prudente, de la confédération syndicale, qui, sans abandonner ouvertement le syndicalisme révolutionnaire, cesse d'en mettre les idées en pratique.

L'assaut de gauche contre la République parlementaire a donc échoué. La capacité d'intégration du régime a fait ses preuves. C'est elle qui explique que pratiquement toutes les grandes forces politiques acceptent la République à la veille de la Première Guerre mondiale.

Des forces politiques qui acceptent le régime : la droite

À droite de l'échiquier politique (si on met à part les conservateurs royalistes), les diverses forces que les républicains au pouvoir considèrent comme ne faisant pas partie de la famille républicaine (en particulier parce qu'elles ont choisi le camp antidreyfusard et qu'elles rejettent la politique d'anticléricalisme militant) acceptent en fait le régime.

Ainsi en va-t-il des catholiques ralliés à la République qui, sous la direction de Jacques Piou et Albert de Mun, constituent en 1902 l'*Action libérale populaire*. Appuyée sur un réseau de 1 500 comités, revendiquant 200 000 adhérents, elle souhaite une République libérale mettant en place la décentralisation, accordant la liberté du culte et de l'enseignement, et pratiquant une politique sociale grâce à une organisation professionnelle constituée sur la base de l'association. Considérée avec suspicion par les républicains qui voient en elle un parti clérical déguisé, elle est par ailleurs en butte aux attaques des partisans du nationalisme intégral ou de l'intégrisme catholique qui lui reprochent ses concessions au régime. N'entraînant qu'une minorité de catholiques, elle parvient néanmoins à faire élire en 1910 une quarantaine de députés.

Beaucoup plus importante est la *Fédération républicaine* créée en 1903 et qui rassemble des républicains modérés qui ont choisi le camp antidreyfusard et des catholiques ralliés, également antidreyfusards. La *Fédération républicaine* est ainsi, au début du XXe siècle, le grand parti de la droite conservatrice, hostile à la politique laïque, défenseur de la tradition catholique, proche du nationalisme en matière de politique étrangère, attaché à l'ordre social, bien qu'il existe dans ses rangs des catholiques sociaux. Si elle accepte la République et le régime parlementaire, sa confiance va surtout au Sénat (où siègent nombre de ses dirigeants) pour freiner les initiatives des députés élus par le suffrage universel.

Cette droite trouve ses bases les plus solides dans l'ouest de la France où le rôle des grands propriétaires et du clergé reste fondamental et où le maintien des liens hiérarchiques favorise la prépondérance des notables. Mais elle est également bien implantée dans l'est où elle s'appuie sur la vigueur du patriotisme et l'importance du nationalisme, dans l'ancienne région royaliste du sud-est du Massif central et dans certains quartiers des grandes villes, par exemple à Paris où la classe moyenne conservatrice vote très à droite.

Mais, jusqu'en 1914, cette droite dont le républicanisme est suspect à la majorité se trouve généralement écartée du pouvoir.

Au centre-droit, un parti de gouvernement : l'Alliance républicaine-démocratique

C'est en octobre 1901 que les modérés qui, au cours de l'Affaire Dreyfus, ont soutenu le gouvernement de Défense républicaine de Waldeck-Rousseau décident de constituer un parti autonome, l'*Alliance républicaine-démocratique* afin d'échapper à l'absorption par le *Parti républicain, radical et radical-socialiste* qui s'est créé en juin de la même année et qui affirme avoir vocation de rassembler tous les « républicains », (c'est-à-dire tous les dreyfusards). Moins qu'un parti, l'*Alliance démocratique* est un rassemblement fort lâche de personnalités de tout premier plan qui ont déjà exercé ou aspirent à exercer des fonctions ministérielles. Elle se donne deux présidents : Adolphe Carnot, frère de l'ancien Président de la République Sadi Carnot assassiné par un anarchiste italien en 1894, et l'ancien gouverneur général de la Banque de France, Magnin. On compte parmi ses membres Louis Barthou, Raymond Poincaré, Maurice Rouvier, Eugène Etienne, Henri Chéron, Jules Siegfried, Joseph Caillaux, Jean Dupuy. L'Alliance reçoit l'appui des milieux d'affaires qui se reconnaissent dans ces grands notables modérés et de la presse à grand tirage, *Le Petit parisien, Le Matin, Le Journal*. Jusqu'à la fin de la IIIe République, l'*Alliance démocratique* et les groupes qui gravitent autour d'elle, *Gauche radicale* ou groupes parlementaires des *Républicains de gauche* ou de la *Gauche républicaine-démocratique* vont constituer les formations dans lesquelles se recrutent les hommes de gouvernement modérés, attachés au régime. On est ici en présence d'un groupe de fervents républicains, fortement attachés à la prépondérance du Parlement, et de convictions laïques. Ce parti, libéral, proche de la droite d'affaires n'est pas hostile à une certaine évolution sociale, à condition qu'elle soit lente, graduelle, parfaitement maîtrisée, et qu'elle soit supportable pour le monde des petites entreprises qui constitue le tissu économique de la France. Aussi son hostilité au socialisme est-elle totale et sa grande ambition est de réaliser avec les radicaux, la concentration (la conjonction des centres) en les éloignant de la tentation de l'alliance avec les socialistes.

Un grand parti de gauche : le Parti républicain, radical et radical-socialiste

C'est en juin 1901 que, dans la perspective des élections de 1902, est constitué le *Parti républicain, radical et radical-socialiste*. Au vrai, il s'agit moins d'une création que de l'organisation en un parti constitué d'un courant radical né au milieu du XIXe siècle, avec comme objet d'instaurer en France, par la réforme, la démocratie politique et sociale. Courant d'extrême gauche au début de la IIIe République, le Parti radical est devenu au début du XXe siècle un parti de notables de gauche aspirant à gouverner le pays. Son congrès de fondation en juin 1901 rassemble 78 sénateurs, 201 députés, 476 comités, 155 loges maçonniques, 849 maires, conseillers généraux et d'arrondissement, 215 journaux. Le caractère ternaire de sa dénomination s'explique par sa volonté de rassembler en vue des futures élections tous les membres de la famille républicaine. C'est la raison pour laquelle il ne se donne qu'un programme vague et des structures lâches. Grand vainqueur des élections de 1902 et de la plupart des élections suivantes (il n'y a jamais moins de 200 députés radicaux), il devient la force politique sans laquelle on ne peut espérer gouverner la France, le principal constituant de toutes les majorités.

Incarnation de la culture républicaine des débuts du XXe siècle, il s'identifie à l'anticléricalisme militant de la période et, de fait, ses références philosophiques en font un parti violemment hostile à l'influence de la religion sur la société. Mais son programme, fixé à Nancy en 1907, repose sur trois piliers :

— la défense des institutions républicaines, telles que la pratique les a fixées, c'est-à-dire la prépondérance du Parlement.

— un réformisme social progressif qui rejette à la fois la lutte des classes et le libéralisme pur pour préconiser des nationalisations et l'intervention de l'État afin de corriger les inégalités de revenus et de parvenir à l'abolition du salariat et à l'extension à tous de la propriété.

— enfin une politique étrangère fondée sur le patriotisme et la défense nationale, mais rejetant les excès du nationalisme comme ceux de l'antipatriotisme professé par une partie de l'extrême gauche, et fondant ses espoirs sur l'institution d'un droit international, les conflits étant réglés par un tribunal et une « Société des Nations » constituant l'assemblée internationale permanente où seraient discutés les problèmes mondiaux.

Le succès du Parti radical, au-delà de son programme, s'explique surtout par son identification aux aspirations et aux valeurs de la classe moyenne française dont il est la formation la plus représentative. La lecture de la République proposée par le Parti radical assure son audience et fait de lui un parti-consensus dans lequel peuvent se reconnaître tous les Français soucieux d'une gestion pondérée et progressiste de la République parlementaire : ne se déclare-t-il pas l'héritier des idéaux de la Révolution française ? N'est-il pas le champion de la démocratie libérale à forme parlementaire qui apparaît comme la traduction institutionnelle des principes de la Révolution ? Ne se veut-il pas le défenseur des « petits », promettant aux Français l'avènement d'une démocratie de petits propriétaires dans laquelle la promotion sociale sera ouverte aux plus méritants ? Enfin, parti patriote, non cocardier, ne se montre-t-il pas soucieux de défendre tout à la fois la paix et la patrie ?

Par l'image qu'il offre aux Français, le Parti radical apparaît comme le parti de la légitimité républicaine, celui dont la place normale est au pouvoir.

À l'extrême gauche, le Parti socialiste SFIO

Si les radicaux s'identifient clairement à la République et à ses principes, les choses sont moins simples pour les socialistes. C'est qu'au début du XXe siècle, il n'existe pas moins de cinq formations politiques qui se réclament du socialisme. Face aux révolutionnaires (*Parti ouvrier français* conduit par Jules Guesde, qui se réclame d'un marxisme doctrinaire et quelque peu étroit, et *Blanquistes* qui, sous la direction d'Édouard Vaillant, s'efforcent d'adapter à la légalité républicaine les conceptions d'action directe insurrectionnelle préconisées jadis par Auguste Blanqui), les socialistes réformistes ne comptent pas moins de trois familles : Broussistes ou possibilistes qui préconisent un *« socialisme du possible »* reposant sur la théorie des services publics dans le cadre municipal, Allemanistes du *Parti ouvrier socialiste révolutionnaire* qui rejettent l'intellectualisme des précédents au profit d'un respect quasi-sacré de la spontanéité ouvrière, d'un antimilitarisme militant et d'un antiparlementarisme virulent, enfin *Socialistes indépendants* groupe hétérogène dominé par les brillantes personnalités d'Alexandre Millerand, Jean Jaurès, René Viviani, Aristide Briand, partisans d'une présence gouvernementale des socialistes pour améliorer la condition ouvrière.

C'est l'entrée de Millerand dans le gouvernement de Défense républicaine de Waldeck-Rousseau aux côtés du général de Galliffet qui dirigea en 1871 la répression contre la Commune qui va conduire à une clarification provisoire. Tandis que Guesde et les Blanquistes condamnent le *« ministérialisme »*, encore appelé *« millerandisme »*, Jaurès et les socialistes indépendants défendent la présence de Millerand au gouvernement. Cette crise va conduire à la constitution, en 1901, de deux partis socialistes rivaux : le Parti socialiste de France (PSDF) rassemblant les révolutionnaires et le Parti socialiste français (PSF) réunissant autour de Jaurès les réformistes, possibilistes et indépendants, cependant que les Allemanistes et diverses fédérations des autres partis demeurent autonomes. Finalement, le désir d'unification étant le plus fort, Guesde et Jaurès décident d'y recourir, en faisant l'Internationale socialiste juge de leurs différends sur la doctrine (marxisme ou socialisme réformiste) et la pratique (ministérialisme ou refus de participation). Le Congrès de l'Internationale réuni à Amsterdam en 1904 tranche en faveur de la non-participation des socialistes aux gouvernements bourgeois et aux majorités bourgeoises et de l'adoption de la doctrine marxiste de la lutte des classes. Guesde l'emporte donc sur Jaurès qui s'incline. C'est sur ces bases qu'a lieu l'unification, prononcée les 23-25 avril 1905 à la salle du Globe à Paris, des diverses familles socialistes, donnant naissance au Parti socialiste unifié, section française de l'Internationale ouvrière (SFIO), cependant qu'un certain nombre d'élus, comme Millerand ou Viviani, décident de suivre l'exemple de Briand qui a pris ses distances en 1902 et de demeurer indépendants.

C'est donc un parti révolutionnaire qui, en théorie, se fixe comme objectif d'abattre la République bourgeoise qui sort du congrès d'unification. En pratique, le Parti socialiste des débuts du XXe siècle connaît l'influence déterminante de Jean Jaurès dont la volonté de trouver une synthèse entre socialisme et République, l'effort pour donner des réponses adaptées aux problèmes de la France des débuts du XXe siècle, la chaude éloquence, l'audience que lui donne le quotidien qu'il a fondé en 1904, *L'Humanité*, en font le véritable leader de la SFIO face à un Guesde enfermé dans des formules rigides et sclérosées. Sans renoncer à ses engagements de 1905, Jaurès assortit le but lointain que constitue la révolution marxiste d'une tactique à court terme de réformisme dont le but est d'obtenir une amélioration immédiate du sort de la classe ouvrière. Ce réformisme de fait explique le succès croissant du socialisme dans un monde ouvrier avide d'améliorations, mais aussi dans une classe moyenne qui y retrouve le thème de la promotion républicaine défendue par le régime. D'élection en élection, le Parti socialiste progresse. Aux élections de 1914, il obtient 1 400 000 voix et fait élire une centaine de députés, devenant ainsi une force politique de premier plan.

Mais ces succès et la généreuse éloquence de Jaurès ne font que masquer le problème non résolu, posé par la naissance de la SFIO. Est-il le parti révolutionnaire qui se fixe comme objectif d'abattre la République bourgeoise que définissent ses statuts et que souhaitent une partie de ses membres ? S'accepte-t-il comme le parti réformiste qu'il est devenu en pratique et pour lequel votent les électeurs ?

La vérité est que l'unification de 1905 a fait coexister, au sein d'un parti théoriquement marxiste et révolutionnaire, des hommes qui se réclament de traditions divergentes et qui n'ont accepté de les taire que pour permettre le rassemblement des forces socialistes. Que se pose un problème fondamental, et les divergences se font jour. Les hésitations des socialistes dans l'attitude à adopter sur le problème de la guerre mettent en relief l'hétérogénéité du parti né en 1905.

En fait le jeu des forces politiques au début du XXe siècle s'opère autour de trois grands débats successifs qui mobilisent les Français du début du siècle à 1914 et éclairent la position des partis : le conflit avec l'Église, la lutte contre la tentative révolutionnaire, la perspective de la guerre.

Les radicaux au pouvoir et le conflit avec l'Église

La politique de défense républicaine mise en œuvre par le gouvernement Waldeck-Rousseau, arrivé au pouvoir en juin 1899, comprenait un volet tourné contre les congrégations qui avaient activement milité dans le camp antidreyfusard. Intentant un procès contre la congrégation des Assomptionnistes et son journal *La Croix*, le président du Conseil s'était défendu de vouloir attaquer l'Église, bornant son action à la lutte contre ceux qu'il avait appelés les « *moines d'affaires* » et les « *moines ligueurs* ». Il leur reproche leur richesse, mise au service d'une action politique antirépublicaine, leur influence sur la jeunesse qu'ils éduquent dans un sens antagoniste de celui de l'école publique, contribuant ainsi à compromettre l'unité nationale. Aussi décide-t-il de faire voter une loi permettant le contrôle des congrégations, la loi de 1901 sur les associations. Cette loi établit la liberté complète pour les associations civiles, mais exige pour les associations religieuses une autorisation délivrée par le Parlement, la congrégation devant par ailleurs tenir un état de ses dépenses et de ses recettes et dresser un inventaire de tous ses biens. Tout en déplorant le caractère de loi d'exception du texte à l'égard des congrégations, le pape Pie X, rassuré par les déclarations apaisantes de Waldeck-Rousseau qui promet la plus large tolérance dans l'application de la loi, permet aux congrégations non autorisées de solliciter l'agrément de la Chambre. 60 congrégations masculines, 400 congrégations féminines accomplissent la démarche exigée par la loi.

Le résultat des élections de 1902 va bouleverser l'équilibre envisagé par Waldeck-Rousseau. Elles vont se faire bloc contre bloc, Bloc des catholiques qui mène le combat contre les ennemis de la religion contre Bloc des gauches qui rassemble socialistes, radicaux et modérés de la nuance de Waldeck-Rousseau pour la « *défense de la République* ». Le scrutin est un véritable triomphe pour les seconds qui, avec 368 sièges contre 222 aux conservateurs et aux catholiques, remportent une écrasante victoire. Celle-ci modifie en outre l'équilibre des forces au sein du Bloc. Les radicaux qui ont fait campagne pour une application intransigeante de la loi de 1901 sont plus de 250 et dominent la majorité. Waldeck-Rousseau, déjà malade, démissionne en mai 1902 et conseille au président Loubet de lui donner pour successeur l'un des dirigeants du Parti radical, le sénateur de la Charente, Émile Combes. Pendant près de trois ans, de mai 1902 à janvier 1905, le ministère Combes va pratiquer une politique largement mise en œuvre sous la pression des députés radicaux et à laquelle on a donné le nom de « combisme ».

Le combisme est d'abord une politique d'action républicaine destinée à remplacer certains des cadres de l'État jugés d'esprit antirépublicain : membres des cabinets ministériels, préfets, sous-préfets, directeurs de préfecture ou de ministère, toute la haute fonction publique connaît une rigoureuse épuration qui permet aux radicaux de placer leurs amis aux postes-clés. L'épuration touche également l'armée. Ministre de la Guerre, le général André met à la retraite des officiers de sentiments monarchistes ou retarde leur promotion, alors qu'il favorise l'avancement des officiers réputés républicains. Sans aller jusqu'à supprimer l'inamovibilité des magistrats comme le demandent certains radicaux, le gouvernement se saisit des circonstances pour tenter de mettre en place une magistrature républicaine. Au total, c'est à un début de relève des cadres du pays que l'on assiste avec le gouvernement Combes. Celui-ci ne déclare-t-il pas dans une circulaire aux préfets après son arrivée au pouvoir que *« les faveurs dont la République dispose doivent être accordées à des personnages et des corps sincèrement dévoués au régime »* ?

Mais le combisme est avant tout marqué par une politique d'anticléricalisme militant que le président du Conseil avait annoncée dans sa déclaration ministérielle. Aux applaudissements des radicaux, mais à la colère de Waldeck-Rousseau, il transforme la loi de 1901, de loi de contrôle qu'elle était en loi d'exclusion. Le gouvernement fait fermer par décret les écoles non autorisées de congrégations autorisées. En juin 1901, les Chambres refusent en bloc toutes les demandes d'autorisation déposées par les congrégations qui doivent se disperser et fermer leurs établissements. Enfin, franchissant un pas de plus dans l'escalade anticléricale, Combes fait voter en 1904 une loi qui interdit d'enseignement les membres des congrégations, même autorisées, et leur donne dix ans pour fermer leurs écoles. Il s'agit donc clairement de briser le système éducatif de l'Église, porteur d'une influence considérable sur une partie de la population. Si la loi recueille l'adhésion d'une majorité parlementaire dominée par les radicaux, les socialistes et une partie des modérés, elle entraîne de fortes résistances de la population catholique. Des heurts se produisent devant les couvents, en particulier dans l'Ouest ; la troupe doit intervenir pour renforcer la gendarmerie lors des expulsions de religieux et des officiers préfèrent démissionner plutôt qu'obéir. De même, des juges se démettent refusant de faire appliquer une loi que leur conscience désapprouve. Enfin, même dans les milieux politiques républicains, certains déplorent le sectarisme dont le gouvernement fait preuve et regrettent les persécutions dont l'Église catholique est l'objet.

La politique d'anticléricalisme militant du combisme va avoir de graves conséquences : elle conduit la République à rompre ses relations avec le Vatican et mène à la séparation de l'Église et de l'État. L'application intransigeante de la loi de 1901 a, bien entendu, tendu les relations de la France avec le Saint-Siège mais la présence sur le trône de Saint-Pierre de Léon XIII, pape diplomate, permet qu'aucun acte irréparable ne soit accompli. Il en va différemment lorsqu'après la mort de Léon XIII, Pie X, beaucoup plus intransigeant, lui succède. Une série d'incidents aboutit à la dégradation d'une situation déjà mauvaise : en mars 1903, le Saint-Siège ayant protesté contre une visite du président Loubet au roi d'Italie, Victor-Emmanuel III, à Rome (que le pape considère toujours comme sa capitale, bien que l'Italie l'ait annexée en 1870), la France retire son ambassadeur auprès du Saint-Siège, proclamant sa volonté de ne plus respecter la « *fiction surannée d'un pouvoir temporel disparu depuis trente ans* » ; franchissant un pas de plus, Combes décide, en juillet 1904, la rupture totale des relations diplomatiques avec le Saint-Siège après que le Vatican eût convoqué à Rome, à l'insu du gouvernement, deux évêques républicains.

Cependant, cette rupture pose un grave problème juridique. Depuis 1801 le statut de l'Église de France est réglé par le Concordat qui suppose un accord entre le gouvernement et le Vatican pour la nomination des évêques. Combes aurait souhaité perpétuer cette situation qui permettait à l'État d'exercer un contrôle sur l'épiscopat. Mais la rupture avec le Vatican empêche le fonctionnement du système. Combes se résigne donc à proposer un projet de loi sur la séparation de l'Église et de l'État. Déposé en novembre 1904, le projet n'est finalement voté qu'en décembre 1905 après de longues discussions au sein d'une Commission nommée par la Chambre, dont le rapporteur est le socialiste indépendant Aristide Briand. En dépit de l'intransigeance du pape et de certains membres du clergé, des surenchères anticléricales d'une partie des députés, Briand, homme politique diplomate, partisan de l'apaisement, s'ingénie à proposer une loi qui ne soit pas une machine de guerre contre l'Église. Le texte finalement voté revêt effectivement ce caractère : la République assure la liberté de conscience et le libre exercice des cultes, mais ne reconnaît, ne salarie, ne subventionne aucune religion. Les biens ecclésiastiques sont transférés à des associations cultuelles qui ont la jouissance gratuite et perpétuelle des édifices publics. Toutefois, l'espoir de Briand de voir les catholiques accepter la loi sera déçu : en dépit de la volonté de conciliation de la plus grande partie des évêques, Pie X reste intraitable. L'encyclique *Vehementer* de février 1906 condamne la loi de Séparation et l'encyclique *Gravissimo Officii* de juillet 1906 interdit aux catholiques de constituer des associations culturelles. Dans ces conditions, le gouvernement décide d'appliquer la loi unilatéralement. Jusqu'en 1906, la situation reste tendue, l'inventaire des biens ecclésiastiques donnant lieu à de multiples incidents provoqués par les fidèles qui s'opposent à l'opération, ce qui nécessite l'intervention de la police et de l'armée. Pour arrêter l'agitation, Clemenceau, devenu président du Conseil en octobre 1906 décide de mettre fin aux inventaires.

La France sort donc de la crise du combisme avec un régime de séparation de l'Église et de l'État, les deux institutions apparaissant désormais comme totalement étrangères l'une à l'autre et la religion devenant une affaire purement privée.

Au moment où est votée la loi de Séparation, Combes a perdu le pouvoir. Sa majorité n'a cessé de s'affaiblir en raison des réticences de plus en plus vives que suscite sa politique anticléricale. Les modérés qui suivent Waldeck-Rousseau lui reprochent d'avoir dénaturé les intentions de ce dernier en durcissant la politique anticléricale. Une partie des socialistes, avec Jules Guesde, dénoncent dans la politique anticléricale un moyen d'éviter les réformes sociales indispensables. La gestion du ministère de la Marine par le redoutable polémiste radical Camille Pelletan entraîne la nomination d'une Commission d'enquête qui révèle que le ministre a provoqué la désorganisation de son département en favorisant nominations et promotions politiques, en soutenant les matelots insubordonnés, en témoignant d'une méfiance systématique envers les amiraux et en s'opposant à la construction de cuirassés. Le climat se dégrade encore lorsqu'éclate à l'automne 1904 « l'affaire des fiches » : les nationalistes révèlent que, pour démocratiser l'armée et favoriser les officiers républicains, le général André se sert de fiches établies par la franc-maçonnerie sur les opinions des officiers. Le scandale ébranle le gouvernement et une partie des radicaux se détache de lui. Clemenceau fustige le « *jésuitisme retourné* » que constitue le combisme et Paul Doumer prend la tête d'une opposition interne à la majorité. En janvier 1905, après l'élection de ce dernier comme président de la Chambre, Combes démissionne. Il est remplacé par le banquier modéré Maurice Rouvier qui aura pour tâche principale de faire voter la loi de Séparation de l'Église et de l'État.

La lutte contre la poussée révolutionnaire (1906-1910)

Jusqu'à la veille de la Première Guerre mondiale, la majorité de gauche issue du scrutin de 1902 ne cesse de se renforcer, ce qui explique son identification à la République elle-même. En 1906, les anciens partis du Bloc des gauches gagnent une soixantaine de sièges, rassemblant 411 députés sur 585 (dont 90 « républicains de gauche » et 247 radicaux, les socialistes SFIO passant de 41 à 54 et les socialistes indépendants de 14 à 20). En 1910, ils sont 449 (93 républicains de gauche, 252 radicaux, 74 SFIO et 30 socialistes indépendants). Cette écrasante domination des radicaux dans la majorité de gauche explique que l'on ait qualifié de « République radicale » cette période des débuts du XXe siècle.

Mais, depuis 1905, la majorité de « Bloc des gauches » a vécu. La chute de Combes d'abord, la formation du Parti socialiste SFIO avec sa doctrine révolutionnaire et anti-participationniste ont eu raison de la majorité du Bloc. En dépit des efforts de Jaurès, les socialistes se retirent de la majorité. Au même moment, la victoire du syndicalisme révolutionnaire au sein de la CGT fait naître la vague d'agitation sociale évoquée plus haut. Si bien qu'à partir de 1906 le conflit avec l'Église laisse place au premier rang des grands problèmes nationaux à la question sociale. C'est elle que devra affronter Georges Clemenceau qui devient président du Conseil d'octobre 1906 à juillet 1909. Considéré comme le chef de file des radicaux (bien qu'il n'appartienne pas au Parti radical), Clemenceau se situe résolument à gauche, politiquement et socialement. Il appelle au ministère de la Guerre le général Picquart, jadis sanctionné par la hiérarchie militaire pour avoir révélé les irrégularités et les faux qui ont abouti à la condamnation de Dreyfus. Il crée un ministère du Travail confié au socialiste indépendant René Viviani et annonce son intention de résoudre les problèmes sociaux par la réforme. Pour donner à l'État les moyens de cette intervention sociale, il charge son ministre des Finances, Joseph Caillaux, de mettre en place une nouvelle forme de fiscalité, l'impôt sur le revenu. Et surtout, il forme le projet de répondre à une vieille revendication syndicale en établissant la journée de huit heures.

La poussée d'agitation sociale, stimulée par le syndicalisme révolutionnaire ne lui en laissera pas le loisir. Avant même de devenir président du Conseil, Clemenceau, comme ministre de l'Intérieur, doit réprimer la manifestation organisée par la CGT pour le 1er mai 1906. Ensuite, et jusqu'en 1909, il devra, sans discontinuer, affronter grèves perlées, grèves partielles, sabotages, débrayages dans l'industrie de l'électricité, l'alimentation, le bâtiment, chez les inscrits maritimes, les fonctionnaires, les cheminots, les ouvriers des carrières etc. L'agitation la plus grave est celle qui se déroule en mai-juin 1907 dans le Midi viticole. La surproduction et l'effondrement des cours provoquent une véritable révolte qui aboutit à des affrontements sanglants à Narbonne, Perpignan, Béziers. La sous-préfecture de Narbonne est incendiée. Envoyé pour réprimer la révolte, le 17e de ligne, recruté dans la région, se mutine et prend fait et cause pour les émeutiers. Les populations soulevées dressent des barricades. Clemenceau ne réussit à rétablir la situation qu'en mêlant répression et manœuvres. Il envoie la troupe, fait arrêter quelques-uns des meneurs et discrédite le principal organisateur de l'agitation Marcelin Albert, avant de prendre des mesures de clémence et des mesures législatives qui permettront de ramener le calme.

Face à l'agitation sociale, Clemenceau n'hésite pas à utiliser la force pour combattre le désordre, provoquant dans le monde ouvrier une flambée de haine contre lui. Son ministère est désigné par affiches comme un « *gouvernement d'assassins* » et lui-même comme la « *bête rouge* » ou « *le premier flic de France* » (titre dont il se glorifie). Mais sa politique contribue un peu plus à disloquer ce qui reste du Bloc des gauches. Bien que, dans leur majorité, les socialistes désapprouvent les pratiques du syndicalisme révolutionnaire, ils combattent la répression gouvernementale par solidarité ouvrière et se font à la Chambre les porte-parole d'une opposition de gauche au gouvernement. Les joutes oratoires entre Clemenceau et Jaurès constituent les grands moments politiques de ces années 1906-1909, joutes au cours desquelles se heurtent les conceptions antagonistes de l'ordre et de la légalité républicaines d'une part, de la transformation sociale de l'autre. Les socialistes s'éloignent ainsi un peu plus de la majorité, cependant que les radicaux eux-mêmes s'inquiètent d'une politique répressive qui ne permet à aucune des grandes réformes envisagées d'aboutir et compromet la cohésion d'une gauche qui domine électoralement la France. C'est cette addition de haines et de méfiance qui provoque la chute, en juillet 1909, du gouvernement Clemenceau.

Son successeur Aristide Briand reste au pouvoir jusqu'en février 1911, constituant ainsi les deux premiers ministères de sa longue carrière. Affronté aux derniers soubresauts de la crise sociale, Briand en vient à bout par la fermeté et l'esprit de négociation. S'il brise les grèves (au grand scandale de ses anciens amis socialistes et syndicalistes qui se souviennent qu'il fut jadis le théoricien de la grève générale révolutionnaire), il le fait sans répandre une goutte de sang, ce dont il se flatte à la Chambre. Mais surtout, il entend, après les luttes qui ont opposé au début du siècle les républicains et les catholiques, pratiquer une politique d'apaisement qui permette de réintégrer ces derniers dans la République. Projet qui lui vaut les applaussissements du centre-droit, résolu, lui aussi, à réaliser l'apaisement, mais la méfiance soupçonneuse des radicaux qui jugent qu'il prend ses distances avec l'idéal « républicain ».

À l'automne 1910, les radicaux contraignent ainsi Briand à la démission, l'obligeant à reconstituer un nouveau gouvernement qui leur fasse une plus large place. En 1911, il se retire une nouvelle fois devant la mollesse du soutien qu'accorde à son ministère une fraction des radicaux qui n'acceptent pas sa politique d'apaisement et son œuvre de « *laïcité raisonnable, tolérante et respectueuse de toutes les religions* ». En fait Briand apparaît comme l'un des dirigeants d'un parti de républicains désireux de pratiquer une politique moins militante et plus consensuelle que celle des radicaux. La difficulté est que la composition de la Chambre contraint à avoir l'accord de ceux-ci pour rester au pouvoir.

Le ministère Briand apparaît ainsi comme la première étape du glissement à droite qui, à partir de 1910, affecte la direction de la République et que va considérablement accentuer le poids, sur la vie publique, des problèmes extérieurs qui dominent la vie politique du pays à partir de 1911.

Le poids des problèmes extérieurs (1911-1914)

Depuis la crise de Tanger en 1905 (voir chapitre IV), la multiplication des crises internationales fait peser sur le pays la menace d'une guerre possible. La prise de conscience de celle-ci entraîne un puissant mouvement patriotique accompagné d'une volonté de défense nationale qui modifie insensiblement la nature et la priorité des enjeux politiques. Cette mutation se greffe sur une évolution lente de la culture politique et des fondements philosophiques qui avaient assuré le succès de « *l'esprit républicain* ». Les découvertes scientifiques de la fin du XIXe ou du début du XXe siècle (théorie des quanta, travaux de Louis de Broglie sur la mécanique ondulatoire, théorie de la relativité d'Einstein) remettent en question la vision d'un monde stable, continu, linéaire, fondé sur un déterminisme scientifique rassurant. En même temps, les travaux de Freud dont on commence à parler, bien qu'ils ne soient pas directement connus en France, portent un coup à l'idée que l'homme serait une conscience mue par la raison. Ces remises en cause expliquent que les milieux intellectuels d'abord, une partie de l'opinion influencée par eux ensuite, abandonnent le rationalisme, le positivisme ou le scientisme qui dominaient le monde intellectuel pour réhabiliter l'intuition, le vécu intérieur, les données immédiates qualitatives. Ce nouveau courant qui connaît un vif succès dans les premières années du XXe siècle (sans cependant effacer le courant rationaliste qui continue à dominer l'Université et la pensée officielle) trouve ses fondements philosophiques avec Henri Bergson qui soutient en 1889 sa thèse intitulée *Essai sur les données immédiates de la conscience* et devient en 1900 professeur au Collège de France où ses cours constituent des événements intellectuels et mondains (voir chapitre III). Au niveau de l'esprit public, cette mutation se marque par la remise au premier plan de valeurs qui paraissaient quelque peu désuètes dans les dernières années du XIXe siècle positiviste telles que la mystique religieuse ou l'attachement à la patrie. Le catholicisme, libéré par la séparation de ses liens avec le pouvoir, y trouve une nouvelle vigueur. Mais surtout, la menace extérieure aidant, la patrie menacée devient une valeur à défendre et à exalter. Quelques conversions célèbres au patriotisme, celle du poète catholique et jusqu'alors socialiste, Charles Péguy, celle d'Ernest Psichari, petit-fils de Renan qui, après avoir publié son ouvrage *L'Appel des armes* abandonne l'université pour une carrière militaire illustrent un mouvement de vive renaissance patriotique qui marque l'ensemble de l'opinion et des forces politiques : de la droite aux radicaux, l'idée de défense nationale est affirmée avec force, les socialistes cherchent des moyens de concilier leur pacifisme de principe avec l'idée de défense nationale et, au sein de la CGT, le courant antipatriotique est en plein désarroi tant il est évident qu'il est à contre-sens de la majorité de l'opinion publique. Faut-il pour autant parler de poussée nationaliste ? Sans doute, dans cette volonté très générale de défense nationale, le nationalisme se trouve-t-il plus à l'aise quant à ses objectifs à long terme, mais rien dans l'évolution d'ensemble de l'opinion ne permet de constater la moindre adhésion aux objectifs de remise en cause de la République qui est le propre du nationalisme.

Enfin le retour aux valeurs patriotiques et la perspective de la guerre plongent le socialisme français dans l'embarras. Hostile à la guerre, le Parti socialiste SFIO s'interroge sur les moyens de l'empêcher et trois attitudes se font jour dans ses rangs. Jules Guesde considère pour sa part qu'il est vain de vouloir empêcher la guerre tant que le capitalisme ne sera pas vaincu et il préconise par conséquent l'inaction sur ce point, l'essentiel étant de préparer la révolution. À l'autre extrémité du parti, une aile d'ultra-gauche, antimilitariste et antipatriotique, conduite par Gustave Hervé, propose de répondre à la mobilisation par l'insurrection généralisée. Entre les deux, Jaurès toujours prodigue en propositions de synthèse, préconise d'empêcher la guerre par une action concertée de l'Internationale, mais ses déclarations sont contradictoires sur les moyens d'action à employer si cette tentative échoue. L'embarras des socialistes montre que la poussée patriotique et les risques de guerre sont sources de difficultés pour la gauche dont toute l'idéologie se situe dans le cadre d'une République paisible pouvant régler ses problèmes intérieurs sans participer aux affrontements internationaux. De fait, la transformation de l'esprit public et les dangers extérieurs jouent en faveur de la droite modérée.

La crise d'Agadir en 1911 (voir chapitre IV) constitue à cet égard un tournant et une illustration. Pour avoir voulu éviter la guerre en négociant avec l'Allemagne, le président du Conseil Joseph Caillaux est vivement critiqué par une opinion et un monde politique qui souhaitent une politique de fermeté vis-à-vis du Reich.

Contraint à la démission en janvier 1912 en raison de la politique suivie, Caillaux est remplacé à la présidence du Conseil par l'homme qui va désormais incarner cette fermeté souhaitée par l'opinion, le modéré

Raymond Poincaré. Lorrain, ayant vécu toute son enfance dans le souvenir de la guerre de 1870, froid, distant, intègre, il va s'appliquer à préparer diplomatiquement et militairement la France au conflit menaçant. En janvier 1913, il est élu à la présidence de la République à la fin du mandat d'Armand Fallières, en battant le candidat des groupes de gauche de la Chambre, le radical Pams. Président du Conseil ou Président de la République, il s'applique à renforcer les alliances françaises, en particulier l'alliance franco-russe (il fait deux voyages en Russie en 1912 et 1914) et s'efforce de donner un contenu concret à l'Entente Cordiale qui manifeste le rapprochement franco-britannique. Il encourage son ami Louis Barthou, qu'il appelle en janvier 1913 à la présidence du Conseil, à faire voter par la Chambre une loi portant à trois ans la durée du service militaire. Cette loi, qui lui apparaît comme une satisfaction donnée à la caste des officiers qu'elle soupçonne de méditer une guerre offensive, provoque le déchaînement de l'opposition rassemblant les socialistes et une partie des radicaux. Contre les « trois ans », celle-ci préconise un service plus bref, la défense du pays devant être assurée par la nation armée. C'est d'ailleurs l'armée de milice que préconise Jaurès dans son livre paru en 1913, *L'Armée nouvelle*. La gauche pardonne d'autant moins sa politique à Poincaré qu'il a tenté en 1912 de faire adopter une modification du mode de scrutin, la représentation proportionnelle, qui n'échoue que devant la ferme opposition du Sénat.

Il apparaît donc qu'entre les vues de la gauche, radicale ou socialiste, et la politique du Président de la République se creuse un véritable fossé. Si l'hostilité socialiste à Poincaré ne se dément pas, les radicaux, dans le courant de l'année 1913, se raidissent contre le chef de l'État. À leur congrès de Pau qui se réunit en octobre, ils se donnent le chef qui leur manquait jusqu'alors en portant à la présidence du Parti l'ancien président du Conseil Joseph Caillaux, jusqu'alors membre de l'*Alliance démocratique*, contre Camille Pelletan dont l'extrémisme verbal et l'éloquence de congrès commencent à lasser les membres du parti. D'autre part, afin de remédier au flou qui entoure encore les appartenances politiques, les radicaux décident que tous les députés inscrits au Parti radical-socialiste ou qui entendent se réclamer de lui lors des élections seront tenus de s'inscrire au même groupe parlementaire, lequel établira pour ses membres la discipline de vote, en particulier pour ce qui concerne le sort des ministères. Fort de cette réorganisation, Caillaux peut, en décembre 1913, renverser le ministère Barthou sur les questions fiscales. En fait, la chute du ministère Barthou apparaît comme une menace directe contre la loi de trois ans que le Parlement a adoptée quelques mois auparavant. Pour sauver la loi à laquelle il est attaché, Poincaré doit appeler au pouvoir le radical Gaston Doumergue qui a voté la loi de trois ans et qui forme un gouvernement de radicaux dans lequel Joseph Caillaux est ministre des Finances. Dès ce moment se trouve engagée la lutte qui s'annonce en vue des élections de 1914 entre les deux ailes du camp dreyfusard désormais séparées par leurs conceptions politiques, l'aile modérée qui suit la politique préconisée par Poincaré de renforcement militaire de la France et de prudence en matière fiscale, l'aile gauche qui entend abroger la loi de trois ans et instaurer l'impôt sur le revenu. La frontière entre les deux groupes passe au milieu de la nébuleuse radicale, Caillaux entendant pour sa part rassembler tous les adhérents de son parti dans l'opposition de gauche.

Les élections de 1914

Dès la fin de 1913, les deux camps s'organisent en vue de l'affrontement prévu pour le printemps suivant. Le camp poincariste est organisé par Louis Barthou et Aristide Briand qui fondent en décembre 1913 la *Fédération des gauches*. Ce nouveau parti se veut résolument laïque, partisan de la séparation de l'Église et de l'État. Il accepte l'impôt sur le revenu et les réformes sociales, se déclare partisan de la représentation proportionnelle et de la réforme administrative. Par rapport aux radicaux et aux socialistes, il se veut résolument libéral et entend regrouper les modérés dreyfusards de l'*Alliance démocratique* et l'aile droite du courant radical, hostile à l'alliance avec les socialistes et à la réorganisation du parti décidée par Caillaux. Face à la *Fédération des gauches*, radicaux et socialistes s'organisent pour l'emporter sous la direction respective de Caillaux et de Jaurès qui harmonisent leur propagande. La gauche a, dans la campagne électorale, deux chevaux de bataille : l'abrogation des trois ans et la réforme fiscale. Sur ce dernier point, elle peut se réclamer de l'action conduite par Caillaux au ministère des Finances : début 1914, il fait adopter par la Chambre un projet d'impôt sur le revenu et prépare un impôt sur le capital. Si ces projets se trouvent bloqués par l'hostilité du Sénat, leur impact électoral est considérable et paraît devoir favoriser la gauche. On évoque déjà pour le lendemain des élections un ministère Caillaux qui aurait l'appui des socialistes et auquel ceux-ci accepteraient peut-être même de participer. C'est alors qu'un fait divers semble devoir remettre en question la victoire attendue de la gauche. Le 17 mars 1914, Madame Caillaux assassine le directeur du *Figaro*, Gaston Calmette qui menait contre son mari une violente campagne, lui reprochant des interventions auprès de la Justice en faveur d'un escroc et n'hésitant pas à publier des lettres intimes du ministre à sa future épouse. Le scandale et la perspective d'un procès au cours duquel il aurait à apparaître comme témoin contraignent Caillaux à démissionner du ministère des Finances, cependant que Barthou, en le chargeant à la Chambre, s'applique à ruiner sa carrière politique.

En réalité, l'affaire Caillaux est sans conséquence sur le résultat des élections de 1914 difficiles à interpréter en raison de la séparation, désormais consommée entre radicaux-unifiés qui suivent Caillaux et radicaux qui refusent l'alliance avec les socialistes et rejoignent désormais les républicains de gauche. Globalement, on peut considérer que la gauche l'emporte, sans toutefois parvenir à rassembler la majorité absolue.

Les élections de 1914

Radicaux unifiés	136 députés
Socialistes SFIO	102 députés
Socialistes indépendants et Républicains socialistes	30 députés
Alliance démocratique	100 députés
Radicaux et républicains de gauche	102 députés
Fédération républicaine et républicains progressistes	54 députés
Action libérale	34 députés
Droite	26 députés
Indépendants	16 députés

Avec 268 députés, la gauche est à une trentaine de voix de cette majorité absolue, voix qu'elle pourrait trouver auprès des élus radicaux et républicains de gauche, relativement peu éloignés d'elle. En revanche, la droite est nettement battue, et la *Fédération des gauches* qui atteint tout juste 200 députés (sortants réélus pour la plupart) n'a pas réussi la percée espérée par ses promoteurs. Toutefois cette très relative victoire de la gauche mérite d'être nuancée. Si on se réfère aux grands problèmes posés aux électeurs, on s'aperçoit que seule la représentation proportionnelle a réuni une très nette majorité des élus : 352 d'entre eux s'en sont déclarés partisans. En revanche, l'impôt sur le revenu ne sort guère vainqueur du scrutin : 279 députés en sont partisans alors que 279 également se sont prononcés contre lui et que 42 ont des dispositions plus nuancées. Enfin, alors que 235 élus sont favorables à l'abrogation de la loi de trois ans, 308 souhaitent la maintenir. En d'autres termes, les nuances à l'intérieur des groupes radicaux et républicains socialistes font que si la gauche l'emporte en termes numériques globaux, ce sont plutôt les idées de la *Fédération des gauches* qui triomphent. Ce sont ces ambiguïtés qui vont permettre à Poincaré de sauver ce qui lui paraît être l'essentiel. Caillaux étant pour l'heure contraint à l'abstention en attendant le procès de son épouse, il peut appeler au pouvoir un membre de la majorité de gauche, mais qui s'est personnellement prononcé pour les trois ans, le républicain socialiste René Viviani. Sans doute Caillaux juge-t-il qu'il s'agit là d'un « *ministère de vacances* » et qu'à l'automne, le procès de sa femme étant achevé, il pourra constituer son propre gouvernement dans lequel il espère confier à Jaurès le ministère des Affaires étrangères.

Les présidents de la République au début du XXe siècle

Émile Loubet	février 1899 - janvier 1906
Armand Fallières	janvier 1906 - janvier 1913
Raymond Poincaré	janvier 1913 - janvier 1920

Les présidents du Conseil du début du XXe siècle

René Waldeck-Rousseau	juin 1899 - mai 1902
Émile Combes	mai 1902 - janvier 1905
Maurice Rouvier	janvier 1905 - février 1906
Jean-Marie Sarrien	mars 1906 - octobre 1906
Georges Clemenceau	octobre 1906 - juillet 1909
Aristide Briand	juillet 1909 - février 1911
Ernest Monis	mars 1911 - juin 1911
Joseph Caillaux	juin 1911 - janvier 1912
Raymond Poincaré	janvier 1912 - janvier 1913
Aristide Briand	janvier 1913 - mars 1913
Louis Barthou	mars 1913 - décembre 1913
Gaston Doumergue	décembre 1913 - juin 1914
René Viviani	juin 1914 - octobre 1915

Le destin en décidera autrement. Pendant que se noue la crise internationale qui va conduire au déclenchement de la Première Guerre mondiale, l'opinion se passionne pour le procès de Madame Caillaux qui a lieu en juillet 1914. Celle-ci est finalement acquittée, mais le verdict n'ouvre nullement à son époux les portes du pouvoir. Entre temps, alors que montent les tensions, Jaurès est mort assassiné le 31 juillet 1914, la France entre en guerre le 3 août et c'est au *« ministère de vacances »* de René Viviani qu'il appartiendra de conduire le pays dans l'épreuve qui s'annonce.

II

L'ÉCONOMIE FRANÇAISE AU DÉBUT DU XXe SIÈCLE

Dresser le tableau de l'économie française au début du XXe siècle n'est pas tâche aisée, tant s'accumulent les images contradictoires. Sans doute tout le monde est-il d'accord pour admettre qu'après la « *Grande dépression* » des années 1882-1896, la France entre, à l'aube du XXe siècle, dans une ère d'expansion et de croissance. Mais que faut-il retenir des données antagonistes qui présentent, pour les uns, une France prospère, économiquement équilibrée entre l'agriculture et l'industrie, ayant trouvé, grâce à l'émergence des classes moyennes, une structure sociale répondant à l'état de son économie, tandis que, pour les autres, il faut prendre en compte le retard industriel du pays, la faible productivité agricole, la sclérose des structures, l'absence de dynamisme démographique, la trop lente croissance des revenus, le « *bonheur dans la médiocrité* » que la France érigerait en idéal.

De ces images partielles, aucune n'est totalement fausse, mais ni l'une ni l'autre ne traduisent la réalité. En fait, leur juxtaposition appelle un jugement nuancé. Il est hors de doute que la France à la veille de la Première Guerre mondiale est un pays prospère qui touche les rentes de la révolution industrielle du XIXe siècle dont elle a été, avec un sensible retard sur le Royaume-Uni, l'un des pionniers européens. Mieux sans doute que le Royaume-Uni, elle prend au début du XXe siècle le tournant de la « *seconde révolution industrielle* ». Mais en même temps que s'affirment ces éléments positifs, on peut mettre en évidence des points noirs qui paraissent devoir compromettre l'avenir : le faible dynamisme démographique de la France, le caractère souvent archaïque de ses structures économiques, le déficit désormais chronique de sa balance commerciale. Il reste que si nous nous situons au début du XXe siècle, l'image que les contemporains retiennent de la France est celle d'un pays prospère, dont le trait dominant est une richesse financière qui fait l'admiration des autres pays du monde.

La richesse française

La conscience collective des Français au début du XXe siècle voit dans la France un pays riche, prospère, équilibré. C'est là l'origine même du thème de « *la Belle Époque* », concept né au lendemain de la Première Guerre mondiale, et qui, par contraste avec les souffrances et les misères subies entre 1914 et 1918, crée le mythe d'une France où il faisait bon vivre, où l'existence était aisée et le plaisir à la portée de tous. Pour simpliste qu'elle soit, l'image n'est pas sans fondement réel.

Elle repose d'abord sur l'accumulation d'or qui fait du franc germinal une monnaie stable sur laquelle on peut compter. L'or est devenu en fait, sinon en droit, l'étalon monétaire et c'est lui qui constitue l'essentiel de l'encaisse métallique de la Banque de France. Créé en Germinal an XI (1803), le franc est défini par un poids d'or fin de 322,5 mg. Le stock métallique de la Banque de France n'a cessé de s'élever, passant de 2 072 millions en 1878 à 3 292 en 1895 et 4 405 millions en 1914. À la même date, le plafond d'émission du papier-monnaie est de 7 325 millions (couverts à 60 % par le métal précieux), ce qui représente une situation d'inflation très modérée, adéquate à une période de forte expansion économique. Autre instrument de mesure de la richesse française, le stock monétaire (c'est-à-dire l'ensemble de la monnaie métallique, des billets et des chèques) qui permet d'évaluer l'ampleur des transactions, passe entre 1879 et 1913 de 15,4 milliards à 27 milliards. Sur ce total, la monnaie métallique représente alors 33 %, la monnaie fiduciaire — les billets — 21,2 % et la monnaie scripturale — les chèques — 45,5 %. Chiffres qui prouvent une importante modernisation des pratiques commerciales par l'expansion des formes nouvelles de la monnaie, billets de banque et chèques. Cette abondance monétaire a pour effet de rendre le crédit aisé, ce qui stimule l'activité économique. Le taux d'escompte de la Banque de France qui sert de base au calcul des taux d'intérêt demeure de ce fait extrêmement bas, même si la prospérité des années 1896-1913 le fait passer de 2 à 4 %.

Cette richesse financière de la France explique la prospérité des banques qui multiplient leurs succursales dans les années précédant la Première Guerre mondiale : en 1913, le *Crédit Lyonnais* compte 411 succursales et la *Société générale* 560. Sans qu'aucune disposition réglementaire n'impose une telle division, les établissements bancaires ont tendance à se spécialiser en banques de dépôts et banques d'affaires. Les premières draînent le capital des petits épargnants et pratiquent des opérations à court terme. Dans cette catégorie, on trouve le *Crédit Lyonnais*, première banque de dépôts de France et d'Europe avec un capital de 550 millions de francs, la *Société générale*, le *Comptoir national d'escompte*, le *Crédit industriel et commercial*. Les banques d'affaires qui travaillent avec les capitaux privés de gros et moyens actionnaires se spécialisent, pour leur part, dans les investissements à long terme. Les principales, au début du XXe siècle, sont la *Banque de Paris et des Pays-Bas*, la *Banque d'Indochine*, la *Banque française pour le commerce et l'industrie*, la *Banque de l'Union Parisienne*...

Dans les années qui précèdent le premier conflit mondial, toutes ces banques connaissent une prospérité considérable : les bilans sont très positifs, les profits distribués sont impressionnants. Le taux annuel de profit (c'est-à-dire le pourcentage de la masse des profits par rapport au capital investi) varie de 11% à 16% pour les banques de dépôts, de 35 à 60% pour les banques d'affaires !

À cette richesse financière, la plus visible et la plus frappante, s'ajoutent, pour dresser le constat de la prospérité française, les estimations de la croissance de la fortune nationale et du revenu national français.

La fortune nationale qui comprend la propriété foncière et la propriété mobilière (biens meubles, numéraire, valeurs françaises et étrangères) passerait d'un montant estimé à 110 ou 120 milliards de francs sous le Second Empire à 280 ou 310 milliards de francs en 1913, soit une croissance de l'ordre de 250 à 280 % en une quarantaine d'années. Fait caractéristique, la part de la propriété foncière, estimée en 1880 aux trois quarts environ de la fortune française, diminue rapidement après cette date. Vers 1913, elle n'en représente plus que 40 à 50 %, alors que pendant la même période, la fortune mobilière a été multipliée par 5 ou par 7, preuve que la France a modernisé les structures de son économie.

Le revenu national français présente le même type d'évolution. Sa croissance est constante (environ 250% depuis la fin du Second Empire) mais avec une hausse beaucoup plus forte du revenu mobilier que du revenu foncier.

Cette augmentation croissante de la fortune et du revenu national est évidemment le résultat d'une progression de la production de biens qui se mesure par l'indice du produit national. Les travaux de Maurice Lévy-Leboyer (en particulier « La croissance économique en France au XIXe

siècle », *Annales ESC*, Juillet-août 1968) ont montré qu'au cours du XIXe siècle, le produit national a triplé en France, mais avec des phases au rythme différent. Après la vigoureuse expansion de l'époque du Second Empire, le taux de croissance a subi un net ralentissement jusqu'en 1895, avant de connaître une nouvelle accélération à partir de cette date, accélération surtout marquée dans les années 1908-1913. Globalement, à la veille de la guerre de 1914, le Produit national brut français augmente vigoureusement. Entre 1896 et 1913, la croissance est de l'ordre de 1,6 à 1,8 % par an, ce qui place la France loin derrière les taux de croissance des États-Unis, de l'Allemagne (2,8 %) mais la rapproche de la Grande-Bretagne (2,1 %).

Évolution du Revenu National Brut
(en millions de francs)

	1859	1900	1913
Revenus fonciers et agricoles	9 500 (48,5 %)	13 500 (45,1 %)	18 000 (42 %)
Revenus industriels et banques	6 000 (30,7 %)	10 000 (33,4 %)	16 000 (37,3 %)
Commerce	1 500 (7,7 %)	2 000 (6,7 %)	3 000 (7 %)
Professions libérales	360 (1,8 %)	900 (3 %)	1 350 (3,2 %)
Fonctionnaires	2 200 (11,3 %)	3 500 (11,8 %)	4 500 (10,5 %)
Total	19 560	29 900	42 850

	Indices de la production globale (100 = moyenne 1815-1910)	Produit global par habitant
1880	119,9	114,7
1895	134,9	125,6
1900	149,6	137,7
1910	177,2	160,6

Corrigé au niveau du produit global par habitant, le taux de croissance de la France (1,4 %) est supérieur à celui de la Grande-Bretagne et légèrement inférieur à celui de l'Allemagne. Il est donc possible de conclure que l'image de la richesse française au début du XXe siècle est une réalité. Due à la croissance rapide et globale de la production française, elle se traduit par une augmentation de la fortune et du revenu national, une considérable richesse financière et l'abondance monétaire. Quels sont les secteurs économiques qui rendent compte de cette prospérité française ?

Une agriculture protégée à la croissance lente

L'agriculture qui profite de la période de croissance 1895-1914 voit cependant son rôle dans la constitution du produit national diminuer. En 1910, l'agriculture représente encore 35 % du revenu national et 42 % de la production globale (contre 54 % entre 1850 et 1880). L'indice de la production agricole connaît une réelle croissance entre 1880 et 1913 :

Indice 94 en 1880
Indice 100 en 1890
Indice 123 en 1913

Mais ces chiffres globaux doivent être nuancés en étudiant la valeur du produit agricole final dans sa croissance et dans sa productivité.

Produit agricole final
(en millions de francs)

	Produit agricole final	Croissance totale par décennie (en %)	Taux de croissance moyen annuel (en %)	Taux de croissance de la productivité
1885-1894	9 597	3,5	0,34	12
1895-1904	10 457	10,9	1,04	− 1
1905-1914	11 667	11,6	1,11	15

Le taux de croissance moyen annuel de l'agriculture est donc toujours inférieur à 1,5 % alors que le Produit national brut est, lui, toujours supérieur à 1,6 %. Il en résulte donc que l'agriculture concourt pour une part beaucoup plus faible que les autres secteurs économiques à la constitution du PNB. Ce moindre dynamisme de l'agriculture s'explique par une série de facteurs qui constituent autant de handicaps structurels pour ce secteur économique.

Le premier de ces facteurs est le morcellement de l'exploitation agricole française. Sans doute la grande propriété aristocratique ou bourgeoise se maintient-elle dans certaines régions, l'Ouest (et surtout l'Ouest intérieur), la Sologne, le Berry, le Bourbonnais. Au total, les propriétés de plus de 40 hectares qui représentent seulement 4 % des exploitations couvrent cependant 45 % de la surface du sol. Il reste que la petite et moyenne propriété est prépondérante en nombre. Les propriétés de 1 à 10 ha représentent 48 % des exploitations et couvrent 23 % du sol alors que la propriété inférieure à 1 ha est le lot de 38 % des exploitations mais ne couvre que 2 % du sol. Ce morcellement des structures agraires, résultat des partages successoraux et des ventes du XIXe siècle est en outre délibérément voulu par les gouvernements des débuts du XXe siècle. Dans le système de valeurs républicaines, le petit paysan propriétaire-exploitant représente l'idéal social de la démocratie égalitaire que les radicaux rêvent d'instaurer en France et qui correspond d'ailleurs aux vœux de la classe moyenne française. Une loi de 1910 prévoit par exemple des prêts de 3 000 F à faible intérêt pour les paysans qui voudraient acheter de petits lopins. Dans ces conditions, le faire-valoir direct est le lot de 60 % des exploitations contre 27 % en fermage et 13 % en métayage (surtout au sud de la Loire). Mais du même coup, la majorité des exploitations sont trop exiguës pour produire dans des conditions concurrentielles, à l'intention du marché.

L'utilisation de méthodes modernes, de machines et d'engrais supposerait des investissements que la plupart des paysans, ne disposant pas de capitaux, sont incapables de consentir. Ils ne peuvent davantage recourir aux crédits bancaires pour investir, car l'exiguïté de leurs exploitations ne leur permettrait pas d'amortir leurs emprunts. Dans ces conditions, l'archaïsme et la routine dominent l'agriculture française. Sans doute existe-t-il, dans le Bassin parisien une grande exploitation agricole de style capitaliste gérée par de riches fermiers. De même, les propriétés bourgeoises qui avoisinent les centres urbains industriels du Nord, la région lyonnaise (Dombes), les centres industriels de Rouen et du pays de Caux, les villes du Languedoc ceintes de vignobles, travaillent pour un large marché. Mais hormis ces cas d'espèce, la grande majorité des paysans français cultive avant tout pour se nourrir, vendant accessoirement les surplus de son exploitation. Aussi la polyculture qui répond à cet objet, mais interdit toute productivité grâce à la spécialisation puisqu'on produit un peu de tout, est-elle la règle dans la plus grande partie du pays. Il en résulte que le monde paysan français est, sauf les régions indiquées précédemment, un monde quasi-immobile. S'il serait faux de dire qu'il ne comporte aucune forme de modernisation, celle-ci reste excessivement lente.

C'est d'abord le cas de la mécanisation. Sans doute voit-on se dessiner au début du XXe siècle un mouvement d'acquisition de machines agricoles, en raison de la tendance à la hausse qui affecte les salaires des ouvriers agricoles, mais en 1910 on considère que l'agriculture française a besoin de 10 fois plus de machines qu'elle n'en possède. La même observation vaut pour la consommation d'engrais chimiques. Elle a été multipliée par 6 depuis 1886, mais elle reste très inférieure à celle des autres grands pays industriels du monde.

Ce retard structurel de l'agriculture française lui a posé de graves problèmes depuis la fin du XIXe siècle. Lorsqu'à partir des années 1880, les progrès des chemins de fer et de la navigation à vapeur permettent aux produits agricoles des pays neufs de se déverser sur le marché français, cette concurrence apparaît mortelle pour l'agriculture nationale. Pour y faire face, il n'est d'autre solution que de tenter d'isoler le marché agricole français du commerce mondial afin de protéger son agriculture de la concurrence étrangère. C'est le but vigoureusement poursuivi par Jules Méline, créateur de l'*Association de l'industrie et de l'agriculture française* qui prend la tête de la coalition protectionniste. Celle-ci l'emporte très largement aux élections de 1889 et fait triompher ses vues. Le « tarif Méline » adopté en 1892 comporte des droits sur les produits agricoles pouvant aller jusqu'à 20 %. En 1897, le tarif Méline est complété par la « loi du cadenas » qui autorise le gouvernement, en cas de surproduction, à augmenter les droits sur les céréales et la viande. Enfin, en 1910, de nouveaux barèmes de droits de douane, plus élevés, sont adoptés. Cette protection permet au revenu paysan de s'élever assez nettement dans la période de bonne conjoncture des années 1895-1913 grâce à l'extension de la demande de produits agricoles, mais cette situation globalement favorable ne doit pas faire illusion. Malgré sa participation à la croissance française de la période (les agriculteurs qui représentent encore 43 % de la population active de la France en 1913 jouent un rôle fondamental comme consommateurs de produits industriels), l'agriculture, artificiellement maintenue en vie par les barrières douanières, souffre d'une crise profonde due à son archaïsme, que le protectionnisme permet aussi de maintenir. Sa fragilité est attestée par les crises périodiques qui l'atteignent, crises accidentelles comme la maladie de la vigne, crises conjoncturelles comme les phénomènes de surproduction, crises structurelles comme celles dues à la concurrence des produits des pays neufs sur les marchés des céréales, de la viande ou des oléagineux...

Cette précarité se manifeste tout particulièrement par la crise des cultures traditionnelles qui sont aussi celles pratiquées sur le plus grand nombre d'exploitations et qui intéressent la majorité des paysans, les céréales et le vin, les deux produits-clés de l'agriculture française. La superficie cultivée en céréales a tendance à diminuer au début du XXe siècle (en particulier pour les céréales des régions pauvres, comme le seigle), mais, globalement la production augmente grâce à l'amélioration des rendements. En moyenne, pour les années 1895-1913, la production annuelle de blé est de 90 millions de quintaux, mais elle atteint 107 millions de quintaux l'année-record 1907. Les rendements qui étaient en moyenne de 10 quintaux à l'hectare sous le Second Empire sont désormais de 13 quintaux à l'hectare, voire même, dans un cas-limite comme la Beauce, de 19 quintaux à l'hectare. Mais comme on continue, du fait de la prépondérance de la polyculture, à produire du blé dans des régions peu favorables, on est loin des moyennes des pays voisins (Belgique ou Allemagne) généralement supérieures à 18 quintaux à l'hectare. Le second grand produit à connaître des difficultés permanentes est le vin. À partir de 1865, le vignoble français commence à être atteint par les effets du *phylloxera*, insecte venu d'Amérique et provoquant une maladie qui se propage à partir de 1880, faisant tomber de 500 000 hectares les surfaces plantées en vignes et détruisant les vignobles du Bassin parisien et de la Charente, tout en atteignant rudement les autres. En 1880, la production française est tombée à 30 millions d'hl et il faut importer du vin. La reconstitution du vignoble entreprise à partir de cette date va changer la nature de la crise. En effet dans les départements du Gard, de l'Aude, de l'Hérault et des Pyrénées orientales, on va utiliser des plants très productifs, plantés en plaine dans des terrains sableux ou inondables. Il en résulte une augmentation spectaculaire de la productivité (21 hl à l'hectare en 1875, 40 en 1890) et de la production (68 millions d'hl par an environ à partir de 1890), mais pour des vins à faible teneur en alcool. Dès le début du siècle, le Midi languedocien, particulièrement le département de l'Hérault, connaît surproduction et mévente, d'autant plus graves que, dans ce département, la vigne est pratiquement une monoculture. C'est cette crise qui est à l'origine directe de l'agitation des viticulteurs du Midi qui provoque les graves troubles de 1907 dont nous avons fait état au chapitre précédent.

De manière moins dramatique, en raison de leur rôle moindre dans la production agricole, des produits traditionnels comme le lin, le chanvre, le colza ou l'olivier sont également atteints par des difficultés dont les causes sont identiques à celles qui atteignent les céréales ou le vin, l'insuffisante adaptation aux conditions du marché. L'importance et le caractère chronique de la crise agricole ne doivent cependant pas faire oublier les tentatives pour trouver des solutions sous forme d'une diversification des productions et qui témoignent d'un début d'effort d'adaptation au marché, même si celui-ci est limité aux régions les plus ouvertes économiquement et ne parvient pas à entraîner, à cette date, la totalité de la paysannerie française. C'est ainsi que dans le Nord ou dans les riches terres céréalières du Bassin parisien se développe la culture de la betterave sucrière dont on s'est aperçu qu'elle constitue une excellente plante d'assolement pour le blé. En conséquence, la production de sucre croît rapidement, atteignant, en 1913, 880 000 tonnes (le triple de la production de 1872). Durant la même période, la consommation fait plus que doubler passant de 6 à 14 kilos par habitant et par an, ce qui permet néanmoins l'exportation d'un tiers environ de la production.

L'élevage est également l'un des moyens de la diversification de la production agricole entreprise. L'augmentation du niveau de vie au début du XXe siècle accroît la demande de lait et de viande, entraînant une hausse de prix de ces produits (la viande qui valait en moyenne 1,10 F le kilo vers 1860 vaut 1,50 F en 1900). Or la France ne fournissant pas de viande en quantité suffisante, il y a là un marché potentiel à conquérir. C'est à quoi contribue l'augmentation du troupeau bovin qui passe de 11 à 15 millions de têtes entre 1872 et 1910, en même temps que se produit une spécialisation dans les régions qui se vouent à l'élevage pour la commercialisation : le Charolais produit de la viande de boucherie, la Normandie et les Charentes des produits laitiers. En revanche, le cheptel ovin, caractéristique des régions pauvres où l'élevage ne joue qu'un rôle de complément dans un cadre d'autosubsistance, a tendance à diminuer.

À ce tableau de la diversification de l'agriculture dans la voie de la commercialisation de la production, il faudrait ajouter le démarrage des cultures maraîchères et fruitières.

Au total, l'agriculture française, en dépit de l'évolution limitée de certaines régions vers une forme d'agriculture plus moderne, demeure un îlot de retard technique et social qui pèse sur l'ensemble de l'économie du pays. Ce n'est pas là, mais dans le domaine industriel qu'il faut chercher l'origine de la richesse française du début du XXe siècle.

La croissance de l'industrie française

Les progrès de l'industrie française sont remarquables au début du XXe siècle. En 1913, l'industrie concourt pour 36 % à la formation du revenu national (contre 21 % sous le Second Empire) alors que l'agriculture n'y contribue que pour 35 %. Autrement dit, à cette date, l'industrie devient le secteur qui contribue le plus à l'enrichissement national. En ce qui concerne la production globale des années 1890-1910, l'industrie (sans le bâtiment) en représente 49 %. Et c'est surtout après 1900 que le taux de croissance industrielle s'avère particulièrement élevé.

Taux de croissance industrielle

1885-1890	1,94 %
1890-1895	2,20 %
1900-1905	2,64 %
1905-1910	4,57 %

Croissance spectaculaire de l'industrie que confirment les indices établis par Maurice Lévy-Leboyer pour les années 1880-1910 (*Revue Historique, avril-juin 1968*).

Indices de la production industrielle globale
(100 = moyenne 1815-1915)

1880	1885	1890	1895	1900	1905	1910
131,3	132,3	141,6	156,6	176	194,3	241,4

Toutefois, à ce tableau global d'une croissance de l'industrie dans son ensemble, il importe d'apporter des nuances. François Crouzet (*Annales ESC*, janvier-février 1970) considère qu'il convient de distinguer entre industries traditionnelles et industries dynamiques. D'après ses calculs, si la production industrielle d'ensemble des années 1905-1913 connaît une croissance globale de 3,56 % par an, le chiffre serait de 5,2 % pour les industries les plus dynamiques. Le véritable point de démarrage de la croissance industrielle des débuts du XXe siècle se situerait donc en 1905 et atteindrait son apogée dans les années 1910-1913 avec des taux de croissance rappelant ceux des débuts de la Monarchie de Juillet. Ces données sont confirmées par les études conduites en particulier par Jean Bouvier sur les taux de profit, qui révèlent que ceux des industries sidérurgiques sont au début du XXe siècle les plus élevés de leur histoire et que les dividendes distribués par ces industries sont assez intéressants pour que les banques offrent à leurs clients des titres industriels français.

Il reste que, comme on l'a vu, il convient, en ces débuts du XXe siècle, de faire la part entre la masse des industries traditionnelles employant le plus grand nombre de travailleurs et fournissant le gros de la production et les industries pionnières aux taux de croissance spectaculaires mais dont le rôle réel dans l'économie demeure encore limité.

La bonne tenue des industries traditionnelles

Parmi les industries traditionnelles, la plus importante est incontestablement le textile. Cette industrie qui s'est progressivement mécanisée emploie encore, avec les industries de transformation qui lui sont liées, 41 % de la population industrielle de la France. C'est dire que son importance est primordiale. Or son taux de croissance des années 1895-1913 apparaît relativement modeste (1,7 % en moyenne annuelle). En fait cette industrie est devenue tributaire du prix des matières premières et surtout des débouchés internationaux que son importance exige. Dans ces conditions, les secteurs qui n'ont pas su se moderniser connaissent une crise de mévente due à la concurrence internationale. Mais là aussi, il convient d'établir des nuances.

La stagnation est surtout évidente dans les industries les plus anciennes comme la laine, qui reste avant tout l'apanage de la région du Nord. Employant 170 000 ouvriers, cette industrie est un élément essentiel de l'économie française et, en dépit de la crise qui la frappe, l'industrie lainière française demeure la troisième exportatrice mondiale. Toutes proportions gardées, la situation est analogue pour le lin (la France en est le premier producteur du monde) et le chanvre. Bien meilleure est la situation du coton. Celui-ci, après l'annexion de 1871, a émigré d'Alsace vers les Vosges, le Nord, la Normandie et cette industrie a su se moderniser. Elle est en 1913 le troisième exportateur du monde derrière le Royaume-Uni et l'Allemagne. Enfin, en ce qui concerne l'industrie de la soie, la France demeure au premier rang mondial malgré la concurrence étrangère et l'apparition de la rayonne.

Seconde grande industrie traditionnelle dont la croissance apparaît médiocre en ce début du XXe siècle, l'extraction charbonnière. Sans doute la production a-t-elle fait de gigantesques progrès puisque les 19 millions de tonnes de houille extraites en 1880 sont devenues 42 millions en 1914.

Le taux d'augmentation annuelle de la production charbonnière en France est supérieur à celui de la Grande-Bretagne dans les premières années du XXe siècle, mais il demeure inférieur à celui de l'Allemagne et des États-Unis. Et surtout, deux remarques conduisent à nuancer le sentiment d'une industrie en pleine expansion. La première est la prise en compte de la croissance de la consommation de charbon en France. Elle passe de 28 millions de tonnes en 1880 à 64 millions en 1914. C'est dire que les besoins se sont accrus à un rythme beaucoup plus rapide que la production et que le déficit en charbon de la France s'est creusé. La seconde repose sur l'observation que le taux de croissance de l'industrie charbonnière a tendance à se ralentir dans la période 1896-1914 ce qui va à contre-courant de la tendance générale de l'économie.

Taux de croissance moyen annuel de la production de charbon

1874-1896	+ 2,4 %
1896-1914	+ 1,7 %

Encore convient-il de remarquer que cette croissance, pour ralentie qu'elle soit, est due à l'exploitation intensive, à partir de 1873, des bassins du Nord et du Pas-de-Calais, évinçant les vieux bassins du Massif central et fournissant en 1914 les trois quarts de la production charbonnière de la France. Au total, le problème du manque de charbon constitue une des faiblesses structurelles de l'économie française au début du XXe siècle.

Enfin, en dehors même du textile et du charbon, nombre d'autres industries traditionnelles connaissent une croissance ralentie, mais non négligeable : le bâtiment et les travaux publics (un peu moins de 2 % entre 1896 et 1914), le cuir (1 %), l'alimentation (1,9 %).

Certaines de ces industries résistent d'ailleurs au déclin relatif qui les frappe en s'adaptant aux conditions nouvelles du marché, soit par la concentration, soit par le recours à la mécanisation (dans la ganterie ou la confection par exemple), soit par la diversification.

Au total ces industries traditionnelles, même si elles s'essoufflent, sont celles qui constituent la base la plus solide de l'économie française et qui assurent la majorité des emplois industriels en France. Le bâtiment et les travaux publics emploient ainsi au début du siècle 500 000 travailleurs, les industries alimentaires 470 000, la boulangerie, secteur totalement artisanal, 200 000.

Mais c'est le secteur des industries les plus dynamiques qui rend compte de la vigueur de l'économie française des débuts du XXe siècle.

Les industries dynamiques

La croissance française des débuts du XXe siècle est fondée sur l'essor de la métallurgie qui connaît alors son âge d'or et sur le remarquable démarrage des industries neuves de la seconde révolution industrielle.

Le développement de l'industrie métallurgique est d'autant plus remarquable que cette industrie est gênée par le manque de charbon. Mais son dynamisme fait d'elle, dans les années 1900-1914, l'industrie la plus performante de l'ensemble industriel français. En 1914, on extrait 22 millions de tonnes de fer, quatre fois plus qu'en 1900, dix fois plus qu'en 1873. Grâce au procédé Thomas-Gilchrist qui permet de traiter les minerais phosphoreux, la Lorraine fournit 85 % de cette production. La France est ainsi devenue le troisième producteur mondial de fer, exportant, en 1914, 45 % de sa production. Cette production considérable permet dans les premières années du siècle, une spectaculaire croissance de la production de fonte et d'acier.

	Fonte	*Acier*
1896	2,3 millions de t.	1,2 millions de t.
1913	5 millions de t.	4,7 millions de t.
Accroissement annuel moyen	4,5 %	7,6 %

Cette période voit le triomphe de la sidérurgie lorraine qui fournit, à la veille de la guerre de 1914, les deux tiers de la fonte et près de la moitié de l'acier français, la principale firme lorraine, celle de la famille de Wendel dominant la production sidérurgique nationale. Pour survivre, les vieilles entreprises du Centre de la France ont dû se spécialiser et fabriquent désormais des aciers spéciaux à base d'alliages électriques. Ce dynamisme de l'industrie sidérurgique stimule à son tour l'ensemble des industries métallurgiques qui connaissent une remarquable période de prospérité : armements, machines à vapeur, locomotives, cycles, automobiles... Industrie-clé de la première révolution industrielle, la métallurgie, enrichie des multiples perfectionnements que lui a apportés la fin du XIXe siècle, parvient ainsi à son apogée avant la guerre de 1914.

Mais l'aspect le plus caractéristique du dynamisme économique français des débuts du XXe siècle est sans doute la manière dont le pays s'engage dans les voies de la seconde révolution industrielle, née dans les années 1880 et qui commence à transformer les structures économiques aux alentours de 1900. Fondée sur de nouvelles sources d'énergie, le pétrole et l'électricité, sur l'utilisation des métaux légers comme l'aluminium, sur le moteur à explosion qui donne naissance à l'automobile et sur le triomphe de la chimie, industrie motrice de cette nouvelle période d'industrialisation, elle jette les bases de l'économie de l'avenir. Or, dans tous les domaines concernés, la France se situe en excellente position.

C'est d'abord le cas pour l'électricité dont les emplois se multiplient après 1900. La puissance installée double entre 1898 et 1905 et quadruple entre 1905 et 1913. Dans les années qui précèdent la guerre, la consommation d'électricité croît de 11 % par an. L'électrification des villes et celle des tramways constitue de fructueux marchés qui suscitent les convoitises de multiples sociétés d'électricité. Pour fournir le matériel nécessaire à la forte demande qui se manifeste ainsi, se créent des firmes spécialisées : Thomson-Houston en 1893, Compagnie générale d'électricité en 1898, Compagnie électro-mécanique...

Parallèlement, l'électricité transforme des branches industrielles. Elle ouvre à la métallurgie le domaine nouveau de l'électrométallurgie (fabrication de ferro-alliages et d'aciers spéciaux). Les premières usines, installées à La Praz en 1900, à Ugine en 1908, fabriquent des aciers électriques. L'électricité permet également le développement de la toute nouvelle industrie de l'aluminium. Jusqu'alors, les importants gisements de bauxite possédés par la France dans le Var étaient traités grâce à un procédé chimique. À partir de 1886, l'aluminium est produit par électrolyse. Premier producteur du monde de bauxite avec 310 000 tonnes extraites en 1913, second producteur d'aluminium avec 13 000 tonnes la même année, la France joue dans ce domaine un rôle pionnier.

C'est également le cas pour l'industrie automobile. Les premières firmes sont nées à la fin du XIXe siècle, Panhard et Peugeot en 1890, Renault en 1898. En quelques années, l'automobile passe du stade de la curiosité à celui d'une industrie véritable. La production qui était de 300 véhicules en 1895 atteint 107 535 voitures en 1914, plaçant la France au premier rang européen et au second rang mondial derrière les États-Unis. Renault qui emploie 13 000 ouvriers sur un total de 35 000 et fabrique annuellement 7 000 véhicules est alors la première firme européenne. L'automobile stimule l'industrie mécanique et la métallurgie : moteurs, pistons, ressorts, essieux, roulements à billes, engrenages sont fabriqués par de multiples entreprises sous-traitantes. Enfin, de l'essor de cette industrie neuve dépend celle du pneumatique qui lui est liée. Michelin qui emploie 3 000 ouvriers dans son usine de Clermont-Ferrand fournit en pneus 80 % du marché français.

Plus encore que l'automobile, la chimie apparaît comme l'industrie la plus prometteuse de la seconde révolution industrielle. Elle occupe 127 000 salariés en 1910. Elle est dominée par le groupe Saint-Gobain qui, avec 24 usines et 20 000 ouvriers, est, en 1914, la première firme française. Les principaux secteurs sont ceux de la chimie minérale : la fabrication de la soude (grâce au procédé Solvay), celle des acides et des engrais. La pharmacie se développe, mais son succès est bien moindre qu'en Allemagne, et il en va de même des explosifs et des colorants. Dans un certain nombre de secteurs, l'industrie chimique française est à la pointe de l'innovation. Dès 1894, elle commence la fabrication de la soie artificielle, à base de cellulose. Dans un domaine voisin, elle se lance dans la production de celluloïd. Enfin, le cinéma, inventé en 1895 par les frères Lumière, devient une industrie dans les premières années du siècle avec les firmes Lumière, Pathé, Gaumont. En 1914, 90 % des films projetés dans le monde sont des films français.

L'image d'une réelle prospérité de la France de la « Belle Époque » est donc fondée, même si elle est à nuancer et si les progrès ne touchent pas de manière identique toutes les branches de l'économie. Il y a incontestablement croissance de l'économie française à la veille de la guerre de 1914 grâce à un certain nombre de secteurs industriels dynamiques, à la participation active de la France à la seconde révolution industrielle, à l'enrichissement global du pays. Si les historiens et quelques contemporains sont portés au pessimisme, c'est que cette croissance, pour réelle qu'elle soit, est cependant moindre que celle de nombre d'autres pays industriels et que, globalement, le poids économique de la France dans le monde a tendance à diminuer. La production industrielle française qui, à la fin du Second Empire, représentait 9 % de la production mondiale n'en représente plus en 1913 que 6 %. La France, longtemps seconde puissance industrielle mondiale derrière le Royaume-Uni est maintenant au quatrième rang, dépassée, non seulement par le Royaume-Uni, mais aussi par l'Allemagne et les États-Unis. Comment rendre compte de cette perte de poids relative ? L'économie française apparaît en effet hypothéquée par un certain nombre de faiblesses qui expliquent ce recul et qui apparaissent surtout inquiétantes pour l'avenir.

Une démographie stagnante

Les signes de stagnation démographique se sont manifestés en France dès 1850-1860, alors que le pays commençait une des périodes d'expansion les plus brillantes de son histoire. Ils se marquent par une quasi-absence de croissance de la population. Celle-ci est de 37,5 millions d'habitants en 1881 et elle n'atteint en 1914 que le chiffre de 39 605 000. En chiffres absolus, la France est certes beaucoup moins peuplée que l'Allemagne qui atteint les soixante millions d'habitants, mais elle l'est plus que l'Italie et autant que la Grande-Bretagne. Mais le principal problème, qui ne laisse pas d'être inquiétant pour l'avenir, est la stagnation quasi-totale de la croissance naturelle. Le rythme d'accroissement annuel qui était en moyenne de 75 000 habitants par an entre 1881 et 1900 tombe à 50 000 de 1900 à 1911, à 23 000 entre 1911 et 1913.

La démographie française de 1880 à 1910

	Taux de nuptialité (en ‰)	Taux de natalité (en ‰)	Taux de mortalité (en ‰)	Mortalité infantile (en ‰)
1881-1885	14,9	25	22,3	169
1886-1890	14,4	23,3	22	188
1891-1895	14,9	22,6	22,4	170
1896-1900	15,1	22,2	20,6	161
1901-1905	15,3	21,6	19,6	142
1906-1910	15,7	20,2	19,1	129

Le taux de reproduction de la population qui était de 1,02 en 1891 n'est plus que de 0,96 en 1911. La famille française qui comptait en moyenne 2,2 enfants à la fin du XIXe siècle n'en compte plus que 2 à la veille de la guerre.

Le taux de mortalité baisse peu jusqu'en 1895. Mais à partir de 1896 on voit rapidement diminuer le taux de mortalité générale et, plus encore, le taux de mortalité infantile. Cette très sensible diminution de la mortalité s'explique par la diffusion de l'asepsie et surtout la multiplication des vaccins et des sérums grâce aux découvertes de Pasteur et de ses disciples Roux, Calmette et Guérin. Les progrès de la scolarisation et le rôle de l'école dans la diffusion de l'hygiène jouent également un rôle important dans ce résultat. Toutefois, celui-ci ne doit pas faire illusion. Le taux de mortalité français demeure supérieur à celui des pays scandinaves, des pays anglo-saxons, de la Belgique, des Pays-Bas ou de la Suisse.

La responsabilité en incombe à la persistance de maladies qu'on ne sait comment enrayer (la tuberculose au premier chef) ou qui sont soignées trop tard (les maladies vénériennes, en particulier la syphilis), mais surtout à l'importance de l'alcoolisme. De surcroît, les statistiques révèlent une grande inégalité devant la mort en fonction des conditions sociales. Les chiffres de 1911-1913 donnent, par exemple, pour l'ensemble de la ville de Paris un taux moyen de mortalité de 16,5‰, mais dans les beaux quartiers du 8e, 16e ou 17e, ce taux tombe à 11‰ alors que dans les quartiers populaires de l'est de la capitale on atteint 22,4‰ et même 32,4‰ dans le 19e arrondissement.

Mais plus que ce taux de mortalité, plus élevé que celui des grands pays industriels européens, le phénomène véritablement inquiétant est la baisse continue de la natalité. Dès 1911, celle-ci tombe à 19‰. Cette année-là, comme cela avait déjà été le cas en 1900 et en 1907, le nombre des décès l'emporte sur celui des naissances. Et, fait nouveau par rapport au XIXe siècle où la natalité demeurait forte en milieu ouvrier, toutes les classes sociales et toutes les régions de France sont désormais touchées. Sans doute peut-on noter certaines différences en fonction de la pratique religieuse. La chute de la natalité est plus faible dans les régions demeurées fortement attachées au catholicisme comme la Bretagne, le Nord, ou l'est du Massif central, alors qu'elle est fortement marquée dans une zone très déchristianisée comme la vallée de la Garonne. Mais ces nuances étant notées, il faut remarquer que le phénomène touche l'ensemble du pays. Les causes dont aucune ne paraît suffire seule à fournir une explication satisfaisante sont multiples. En milieu rural, l'explication la plus convaincante tient aux problèmes de structures agraires : la crainte du morcellement du domaine et la volonté d'arrondir ses terres par mariage ou héritage, conduisent à la politique de l'enfant unique. Dans la petite et moyenne bourgeoisie la volonté de promotion sociale et l'aspiration à un meilleur niveau de vie conduisent à limiter le nombre d'enfants. Dans les milieux ouvriers se font sentir les effets d'un néo-malthusianisme répandu par l'anarchisme et le syndicalisme révolutionnaire : il s'agit de rendre la guerre plus difficile en refusant de créer de la « chair à canon » et de provoquer une augmentation des salaires en raréfiant la main-d'œuvre, « armée de réserve du capital ». Enfin, pour toutes les classes de la société, deux phénomènes essentiels jouent : la baisse de la pratique religieuse et le rôle nouveau de l'enfant dont l'importance croît dans la société et dont on veut assurer l'avenir.

Ce n'est donc pas la croissance naturelle qui explique l'augmentation

— sans doute très faible — de la population, mais deux phénomènes qui caractérisent la société française du début du XXe siècle, l'allongement de la durée de la vie et l'immigration. Le premier, joint à la faiblesse du taux de natalité se lit dans la pyramide des âges de 1901. Avec sa forme en cloche, sa base rétrécie qui témoigne du nombre réduit des naissances, le maintien de forts contingents de population pour les hommes et les femmes d'âge mûr qui montre l'allongement de la durée de vie, elle est significative d'une population en voie de vieillissement (voir le schéma, p. 88).

Non moins caractéristique est l'importance de l'immigration. Si les Français quittent peu leur pays, on compte, en 1911, 1 160 000 étrangers en France, chiffre qui ne donne qu'une idée minorée de l'ensemble du phénomène migratoire, car il y a eu entre 1872 et 1911 près d'un million de naturalisations. Les contingents les plus nombreux sont les Italiens (36 % du total des immigrés), surtout localisés sur le littoral méditerranéen, suivis des Belges (24 %) concentrés dans le nord de la France. C'est cette population immigrée qui permet le maintien d'un marché à peu près stable et d'une main-d'œuvre suffisante.

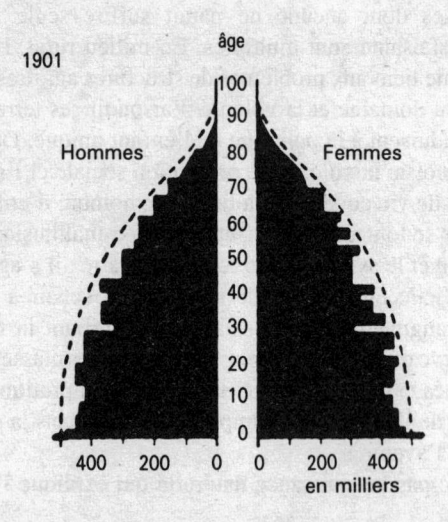

La population active atteint en effet son maximum en 1911, représentant 53 % de la population totale de la France. C'est que les effets de la stagnation démographique ne se font pas encore sentir. Les retraités sont encore peu nombreux et beaucoup de jeunes continuent à entrer dans la vie professionnelle, si bien qu'à cette date la France compte 21 millions d'actifs (dont 37 % de femmes). La stagnation démographique représente donc plus un signe inquiétant pour l'avenir qu'une source de préoccupations pour le présent. Au demeurant, *L'Alliance nationale pour l'accroissement de la population française*, fondée en 1896 par le Dr Bertillon ne parvient pas vraiment à provoquer une prise de conscience du problème par l'opinion et les pouvoirs publics.

L'évolution de la structure socio-professionnelle de la population active, telle qu'elle apparaît lors du recensement de 1906, traduit les lentes modifications de l'appareil économique français, sans vraiment remettre en cause la prépondérance d'une France rurale largement majoritaire.

Structure socio-professionnelle de la population active

	1881	1906
Secteur primaire	48 %	42,7 %
Secteur secondaire	27 %	30,6 %
Secteur tertiaire	25 %	26,7 %

Il faut en particulier noter les très faibles progrès des secteurs secondaire et tertiaire si on compare la situation française à celle du Royaume-Uni, de l'Allemagne ou de la Suisse. La France du début du XXe siècle demeure fondamentalement une nation paysanne.

L'étude de la répartition géographique de la population confirme les enseignements fournis par la répartition socio-professionnelle. La population rurale représente, encore au début du XXe siècle, 56 % de la population totale du pays. L'exode rural, thème de tant de discours et de livres larmoyants (*La terre qui meurt* de l'académicien René Bazin par exemple), est au total un phénomène lent et limité : en trente ans, la population rurale de la France n'a diminué que de 10 %. Les zones touchées par l'exode rural sont évidemment celles dont l'économie est peu performante, les régions montagneuses du Massif central ou des Alpes du sud, les bordures sud et est du Bassin parisien, l'Aquitaine... L'urbanisation reste lente et se fait surtout au profit des villes petites et moyennes. En

1911, la France n'a que seize villes de plus de 100 000 habitants (rassemblant 13 % de la population totale du pays) alors que le Royaume-Uni ou l'Allemagne en ont une cinquantaine. En dehors de Paris, ville hypertrophiée avec 2 880 000 habitants en 1914 (4 154 000 habitants pour le département de la Seine), seules Marseille et Lyon ont dépassé le seuil des 500 000 habitants alors que Lille et Bordeaux ont un peu plus de 200 000 habitants. Il est peu douteux que le faible dynamisme démographique français constitue un handicap pour l'économie, sinon dans l'immédiat au moins en ce qui concerne ses perspectives de développement. Il est difficile d'en mesurer les effets précis, car des correctifs ont joué. C'est ainsi que le déficit de main-d'œuvre dû à la faible croissance naturelle a été compensé par l'appel aux travailleurs étrangers, mais cette main-d'œuvre immigrée est de faible qualification technique à une époque où ce facteur est fondamental pour la modernisation de l'économie. La faiblesse de la croissance de la population a pour résultat une demande réduite. Cette restriction du marché constitue bien évidemment un faible encouragement à l'expansion, encore que l'augmentation du niveau de vie et l'urbanisation, génératrice de nouvelles habitudes de consommation, limitent les effets qu'aurait pu produire la stagnation du marché. Plus important sans doute est l'alourdissement du prélèvement fiscal qui ne pèse que sur un nombre restreint de têtes et diminue les disponibilités du marché. Il est enfin difficile de mesurer les effets du vieillissement de la population sur la psychologie des chefs d'entreprise, eux-même âgés et donc naturellement peu portés à prendre le risque de l'aventure dans un marché faiblement porteur.

L'étude des structures des entreprises françaises et des investissements met en évidence d'autres points de faiblesse de l'économie française.

Faiblesse de l'investissement et de la concentration

La considérable richesse financière de la France au début du XXe siècle constituait une chance pour l'économie française, celle de pouvoir moderniser son outillage et accroître sa capacité de production grâce aux investissements. En fait, il n'en est rien, surtout après 1900. Jusqu'en 1900 en effet, les émissions de titres français à la Bourse de Paris sont plus importantes que les émissions étrangères. De 1892 à 1900, on émet pour 6,4 milliards de titres français (2,8 milliards d'actions et 3,6 milliards d'obligations) ; durant la même période les souscriptions aux titres étrangers atteignent 5,4 milliards (dont 1,7 milliards pour les sociétés et 3,7 pour les fonds d'État).

À partir de 1900, les investissements à l'extérieur dépassent les placements en France qui progressent cependant. Entre 1900 et 1913, les placements en France atteignent 15 milliards (moitié en actions, moitié en obligations) alors que les placements étrangers montent à 17 milliards (7 milliards pour les sociétés, 10 milliards pour les fonds d'État). L'explication de cette poussée des fonds étrangers, outre ses aspects diplomatiques (voir chapitre IV) tient aux différences de loyer de l'argent : les placements en France ne dépassent guère un intérêt de 4 % alors qu'ils atteignent facilement 7,5 ou 8 % à l'étranger.

Le faible dynamisme du marché national, la répugnance de la plupart des entreprises à faire appel au marché financier, préférant de loin l'autofinancement pour conserver la maîtrise de leur destin, rendent également compte de cette faible participation du capital français à l'investissement économique en France. En chiffres cumulés, les investissements à l'extérieur représentent, en 1914, 45 % du total des investissements français. 7 % de la fortune nationale est ainsi placée à l'étranger. Il faut d'ailleurs remarquer que la moyenne du revenu national prélevée chaque année pour accroître le capital sous forme d'investissements reste au total très faible si on la compare à celle des autres grands pays industriels. Entre 1900 et 1910, c'est 5,7 % du revenu national français qui est ainsi investi (contre 13 % aux États-Unis pendant la même période).

On peut donc en conclure que le prélèvement pour l'investissement est globalement insuffisant et qu'il se dirige plus vers l'étranger que vers la France. Autrement dit, le capitalisme français se montre à la veille de la Première Guerre mondiale beaucoup plus dynamique à l'étranger qu'en France. Là encore on peut percevoir une réelle menace pour l'avenir dont les effets se feront sentir durant l'après-guerre.

Les remarques relatives à l'investissement, qui témoignent d'une médiocre participation aux formes les plus modernes de l'organisation capitaliste, se retrouvent au niveau du phénomène de concentration des entreprises. La France étant entrée très tôt dans le processus de la révolution industrielle, la concentration y a longtemps été extrêmement faible. Au cours du XIXe siècle le coût croissant des machines qui ne peuvent être amorties que dans les très grandes entreprises pousse à une certaine concentration au niveau des industries de base. Mais la dispersion reste la règle au stade de la transformation, ce qui pèse évidemment sur les coûts de production. Sans doute peut-on, en ce qui concerne l'industrie, noter des progrès dans la concentration depuis la fin du Second Empire.

	1866	1911
Nombre de salariés de l'industrie	3 054 000	3 540 000
Nombre d'employeurs	1 660 000	900 000

Mais la très petite entreprise demeure la règle de l'économie française. En 1906, 99 % des entreprises françaises ont moins de 50 ouvriers ; 90 % des ouvriers travaillent dans des entreprises de moins de 500 salariés et 75 % dans des entreprises de moins de 100 salariés. Dans les secteurs qui emploient les gros contingents d'ouvriers, la petite entreprise règne sans partage.

C'est le cas du bâtiment, de la confection, de la petite métallurgie et même des charbonnages. La concentration n'a de réelle importance que dans les deux secteurs de base moteurs de la seconde révolution industrielle et exigeant matériel lourd et gros investissements, la sidérurgie et la chimie. La sidérurgie est aux mains de sociétés qui, dans le contexte de l'époque, apparaissent comme des « géants » : de Wendel, Schneider, Aciéries de Longwy, Société de Pont-à-Mousson, Société de la Marine-Homécourt. Ces sociétés commencent à pratiquer, mais assez timidement, l'intégration verticale, les producteurs d'acier se lançant dans la fabrication de tubes ou de pièces mécaniques. De son côté, la chimie est dominée par cinq grandes sociétés qui diversifient leur production : Saint-Gobain, la plus importante, Solvay, Malétra, Péchiney, Kühlmann. Entre les grandes sociétés, les ententes sont encore rares. Le Comité des Forges, créé sous le Second Empire se développe assez peu jusqu'en 1900 et il en va de même du Comité des Houillères, créé en 1892. Ces organismes n'ont rien à voir avec les cartels allemands ou les pools américains qui s'entendent pour fixer les prix et se partager le marché en évitant les effets d'une concurrence ruineuse. Ce sont tout au plus des organismes d'information et de défense contre le syndicalisme ouvrier. On voit cependant naître à la veille de la guerre de 1914 quelques véritables cartels qui entendent contrôler le marché : le Comité du sel, le Cartel des verres et glaces animé par Saint-Gobain etc. Mais au total, il s'agit d'exceptions dans un paysage économique dominé par la petite entreprise individuelle ou familiale.

En ce qui concerne la concentration comme l'investissement, le capitalisme français est loin d'avoir atteint une maturité comparable à celle des autres grands pays industriels, Royaume-Uni, États-Unis, Allemagne. Sans doute existe-t-il des secteurs pionniers où se font sentir les effets de la modernisation comme la sidérurgie ou la chimie, mais en 1914, ils n'entraînent pas avec eux, tant s'en faut, l'ensemble de l'économie qui constitue une force d'inertie considérable.

Stagnation démographique, faiblesse des investissements à l'intérieur, lenteur et caractère partiel de la concentration, ces points noirs expliquent que la prospérité française des débuts du XXe siècle apparaisse comme une rente de situation, un héritage du passé. Le faible dynamisme du présent se reflète d'ailleurs dans la structure du commerce extérieur.

Le commerce extérieur de la France à la veille de la Première Guerre mondiale

Les caractères des structures économiques de la France au début du XXe siècle se lisent dans sa balance commerciale et sa balance des paiements avec l'étranger. Son développement industriel incontestable se marque par une croissance en volume des échanges, particulièrement accentuée durant les années 1900-1913, mais la croissance annuelle des exportations tombe au-dessous de celle des importations, et, surtout la balance commerciale qui était positive jusqu'en 1880 devient chroniquement déficitaire (sauf en 1905).

Commerce extérieur de la France
(en millions de francs)

	Importations	Exportations	Solde
1873	3 555	3 787	+ 232
1890	4 435	3 750	− 685
1900	4 700	4 110	− 590
1913	8 420	6 880	− 1 540

À cette détériotation s'ajoute le recul de la part représentée par le commerce français dans le monde. En 1880, la France, avec 11 % du commerce mondial, se situait au second rang derrière le Royaume-Uni (25 %), mais devant les États-Unis (10 %) et l'Allemagne (7 %). En 1913, la France ne fait plus que 8 % du commerce mondial et se situe au quatrième rang, devancée par le Royaume-Uni (14 %), l'Allemagne (12 %), les États-Unis (10 %). La structure du commerce extérieur de la France souligne au demeurant quelques-unes des faiblesses économiques déjà mises en évidence.

Structures du commerce extérieur de la France
(en %)

	Matières premières 1890	1900	1913	Produits manufacturés 1890	1900	1913	Denrées alimentaires 1890	1900	1913
Importations	53	64	58	14	18	20	33	18	22
Exportations	23	26	29	54	55	58	23	19	13

Des importations, constituées majoritairement de matières premières, et secondairement de denrées alimentaires, surtout tropicales ; des exportations où les produits manufacturés tiennent largement la tête, suivis d'assez loin des matières premières : la France a bien la structure commerciale d'un pays industriel développé. Toutefois, l'évolution qui se dessine entre 1890 et 1913 voit s'accroître les importations de produits manufacturés et diminuer les ventes de produits agricoles, ce qui implique une détérioration de la balance commerciale dans sa structure même.

Enfin, il faut remarquer que le commerce français ne se fait qu'à raison de 12 % avec les colonies. Pour plus de 50 % les échanges se font avec les pays européens. Les principaux fournisseurs de la France sont l'Allemagne et le Royaume-Uni, suivis des États-Unis, de la Belgique et de la Russie. Son meilleur client est le Royaume-Uni, suivi de la Belgique, de l'Allemagne, de l'Algérie et de la Suisse.

Préoccupant en lui-même, ce déficit de la balance commerciale est cependant comblé au niveau de la balance des paiements par divers postes positifs au niveau des revenus invisibles.

Balance des paiements de la France et de l'outre-mer en 1913
(en millions de francs)

Balance commerciale	− 1 540
Tourisme	+ 750
Fret-Assurances	+ 340
Revenus du capital	+ 1 775
Revenus du travail	− 29
Total	+ 1 296

On voit donc que, déficitaire sur le plan commercial, la France est en revanche bénéficiaire grâce aux revenus du tourisme, aux frets et assurances, mais par-dessus tout aux revenus des capitaux placés à l'étranger. Ce sont ces dernières rentrées qui permettent — et au-delà — d'équilibrer le déficit commercial.

Au total, si la prospérité française des débuts du XXe siècle est un fait indéniable, il convient d'en nuancer la portée. La France est un pays financièrement riche qui touche au début du XXe siècle les dividendes d'une précoce révolution industrielle. Son dynamisme est attesté par sa participation à l'innovation technique et la manière dont elle prend le tournant de la révolution industrielle. Mais elle ne parvient que malaisément à passer de l'invention à l'exploitation, de la prouesse technique à la production de masse rationalisée. L'explication des difficultés de ce passage aux conditions du capitalisme de la seconde révolution industrielle tient sans aucun doute à l'insuffisance de l'investissement dans l'industrie nationale et à la faible concentration des entreprises qui, de ce fait, manquent de moyens. Mais au-delà, l'une et l'autre ne sont-elles pas la conséquence de la stagnation démographique du pays qui, restreignant le marché, n'ouvre guère aux entreprises de perspectives bien enthousiasmantes qui les pousseraient dans l'aventure de l'investissement ? Le relais de plus en plus net que constitue pour le capitalisme français l'investissement à l'étranger plutôt qu'en France n'est-il pas, sur ce plan, révélateur ?

Il reste que les conséquences de cette situation sont inquiétantes pour l'avenir. La part croissante des produits manufacturés dans les importations prouve l'insuffisance du développement industriel. De même, le recul de la France en ce qui concerne son rang parmi les producteurs industriels du monde ou parmi les nations commerciales atteste un déclin relatif, même si le pays reste dans le peloton de tête des grands pays développés et si sa richesse financière lui donne d'incontestables atouts. Il est cependant clair qu'en 1913, la France dont l'avenir spécifique est menacé apparaît comme un pays rentier qui vit du travail des autres, engrangeant les revenus des capitaux placés à l'étranger. Que ce revenu vienne à disparaître, et c'est le fondement même de la prospérité française qui se trouvera atteint, révélant alors que la France vit sur une économie vieillie, insuffisamment renouvelée, sauf dans quelques secteurs de pointe. Or c'est précisément ce qui se produira durant la Première Guerre mondiale.

III

La « Belle Époque »
Société et vie culturelle en France au début du XXe siècle

La *Belle Époque* ? Il est de tradition aujourd'hui de placer entre guillemets cette expression forgée après le premier conflit mondial, dans une France fière de sa victoire certes, et pleine encore d'illusions quant aux chances de retrouver son rang dans la hiérarchie des puissances, mais consciente déjà des irréversibles changements que la guerre a fait accomplir à la société hexagonale. Que cette référence à un « âge d'or », qui se situerait à la charnière du XIXe et du XXe siècle, appartienne largement au domaine du mythe, cela ne fait guère de doute, mais en est-il jamais autrement au lendemain d'un grand événement perturbateur de l'ordre établi ? (Cf. R. Girardet, *Mythes et mythologies politiques*, Paris, Seuil, 1986, pp. 97 sq.)

Il reste qu'en dehors du clinquant de la *« vie parisienne »* qui entre probablement pour beaucoup dans cette mémoire collective du *« temps d'avant »*, un certain nombre de données objectives — la prospérité économique, le recul de la misère et des « mortalités » récurrentes, un incontestable mieux-être perçu par une majorité de Français à l'échelle d'une génération humaine, un fugitif mais précieux équilibre entre la permanence et la modernité, entre le travail et des « loisirs » simples, d'autant plus appréciés qu'ils sont encore distribués au plus grand nombre avec parcimonie — font que tout n'est pas reconstruction mentale pure et simple dans l'évocation, à vingt ou trente ans d'intervalle, du premier « avant-guerre ». « Belle Époque » pour tous, les quinze ou vingt années qui précèdent la grande hécatombe de 1914-1918 ? Certainement pas, mais, sans aucun doute, apogée d'une spectaculaire avancée sociale dont rend compte la culture du temps, et qui est à la fois tributaire des bouleversements techniques liés à la « seconde révolution industrielle » et des combats menés par les moins favorisés pour obtenir une amélioration de leur sort.

*Le repli démographique :
prise de conscience tardive et enjeu politique*

On ne saurait évoquer la société française de la « Belle Époque » sans prendre en compte la stagnation démographique qui la marque. Sans revenir sur l'importance du phénomène (évoquée au chapitre II), il s'agit ici d'en considérer les aspects d'enjeu politique et d'examiner la prise de conscience de l'opinion à son égard.

La réduction du nombre des naissances ne répond pas seulement à des choix individuels et à des stratégies d'ascension sociale. Elle devient au tout début du siècle un enjeu politique pour certains milieux d'extrême gauche. À l'origine de ce courant néo-malthusien on trouve notamment la *Ligue de la regénération humaine*, fondée en 1898 par Paul Robin, un ancien de la rue d'Ulm, professeur de lycée démissionnaire, devenu anarchiste et libre-penseur. Dans la revue qu'il publie de 1900 à 1902, *Regénération*, et à laquelle collaborent des médecins, des journalistes comme Gustave Téry, directeur de *L'Œuvre*, des hommes politiques comme Naquet, promoteur de la loi sur le divorce, on fait de la propagande et de la publicité pour les méthodes et pour le « matériel » anticonceptionnels. En 1908, l'entreprise est reprise par l'un des premiers collaborateurs de Robin, Eugène Humbert qui poursuit son action dans la même voie. En même temps, le mouvement gagne les bourses du travail, les syndicats et surtout le mouvement anarchiste où il trouve ses propagateurs les plus zélés. La gauche socialiste et révolutionnaire est loin d'ailleurs d'être unanime à partager les idées de Robin et de ses amis. À la SFIO, la majorité est même résolument hostile à la propagande néo-malthusienne, jugeant, écrit la *Revue socialiste*, qu'elle est *« une erreur et un danger »* ou estimant, avec Robert Hitz, que la dépopulation *« nuit plus au peuple que la forte natalité »* (*Socialisme et dépopulation*, Paris, 1910). Mais chez les anarchistes et chez beaucoup de syndicalistes révolutionnaires on fait valoir que la « grève des ventres », outre qu'elle doit permettre aux femmes de se libérer des « pièges de l'amour » et de la « tyrannie des hommes » (motion de la Fédération CGT des bûcherons, 1912), aura des effets ravageurs pour le capitalisme en raréfiant « l'armée de réserve » des travailleurs et en le privant de « chair a canons » pour les guerres à venir.

Populationnistes et néo-malthusiens ne s'affrontent pas seulement dans les milieux de la gauche socialiste et anarchiste (même chez les libertaires on trouve en effet des défenseurs du « droit à la maternité », comme Madeleine Vernet). Ils échangent également des arguments pour ou contre la limitation des naissances dans la presse « bourgeoise » et dans une foule de libelles, brochures et écrits en tout genre. Mais ici, ce sont les voix des « natalistes » qui sont les plus nombreuses et qui parlent le plus fort. Face à la petite légion de ceux qui jugent — comme Eugène d'Eichtal, Yves Guyot et Alexandre Ribot — que la France est plutôt bénéficiaire d'un équilibre démographique générateur de paix sociale, il se constitue au début du siècle une école « populationniste » dont les principaux représentants sont Roger Debury (auteur en 1896 d'un livre publié sous le pseudonyme de Georges Rossignol, *Un pays de célibataires et de fils uniques*), l'économiste Paul Leroy-Beaulieu et surtout Jacques Bertillon. Déjà en 1874 le père de celui-ci, Adolphe Bertillon, un médecin socialiste qui compte parmi les fondateurs de l'École d'anthropologie de Paris, avait lancé un cri d'alarme dans sa *Démographie figurée de la France*, sans grand succès auprès des pouvoirs publics. Une vingtaine d'années plus tard, Jacques Bertillon, chef du service de statistique de la Ville de Paris et auteur de très nombreux opuscules sur la question, fonde l'*Alliance nationale pour l'accroissement de la population française* et donne en 1911 aux avertissements de son père un écho amplifié dans *La dépopulation de la France*.

Jusqu'à la fin du siècle, le discours nataliste a eu peu de prise sur les responsables politiques français. Il avait pour la majorité républicaine un relent de « cléricalisme » qui ne se conciliait guère avec ses propres sentiments. Aussi les premiers efforts concrets pour freiner la chute de la natalité furent-ils l'œuvre de quelques patrons de l'Isère, du Nord ou de la Champagne qui, comme Léon Harmel, étaient inspirés par le catholicisme social et qui mirent en place dans leurs entreprises un dispositif de primes à la naissance et d'avantages divers pour les chefs de familles nombreuses. C'est seulement à partir de 1900 que les pouvoirs publics commencent à leur tour à se pencher sur le problème, accordant en 1900 des allocations aux postiers, autorisant en 1904 les Conseils généraux à verser des aides aux familles, puis généralisant les secours à toutes les familles d'au moins quatre enfants disposant de revenus modestes par la loi de 1913.

La présence étrangère

Dans le courant des années 1890, le déficit de la population est devenu en France monnaie courante. Il s'accompagne de migrations internes qui, dans certaines régions périphériques (notamment dans les Alpes du Sud), créent un véritable désert, jugé dangereux pour la sécurité de nos frontières. Ceci au moment où la France doit assurer le contrôle d'un vaste empire colonial, faire face aux périls croissants de la situation internationale et répondre aux besoins de main-d'œuvre suscités par la seconde révolution industrielle. Il en résulte une pénurie de bras qui va vite prendre, en France, un caractère structurel.

Dans ces conditions, l'appel à la main-d'œuvre étrangère était inévitable. Il correspond à un besoin essentiel de l'économie française à la fin du XIXe siècle et il s'inscrit dans une longue histoire qui fait de l'hexagone une terre d'accueil privilégiée pour les migrants en quête d'un refuge ou d'un emploi. « *Notre France* — pouvait-on lire au XVIIe siècle dans le *Mercure* — *est une mère commune de tout le monde qui ne refuse nourriture ni accroissement à personne.* » Il n'est pas dans notre propos de retracer ici le cheminement d'une identité française faite des apports successifs d'éléments allogènes lentement fondus dans un « creuset » fonctionnant à l'échelle du temps long. Retenons seulement que l'osmose s'est opérée le plus souvent par capillarité, à partir des noyaux façonnés par la migration frontalière (dans la mesure où l'on peut parler de « frontières » avant l'époque contemporaine) et par les migrations saisonnières, ceci dès le Moyen Age.

Le flux pluriséculaire et généralement très mince des migrants s'est ainsi à la fois dissous dans le corps social français et étendu de proche en proche à toute la périphérie continentale de la France, laquelle rassemble au milieu du XIXe siècle plus des deux tiers des étrangers recensés. Le reste se trouve dispersé entre divers pôles, dont Paris est de loin le plus important et où l'implantation des communautés allogènes s'est faite non par cheminement progressif à partir des zones frontalières, mais par le jeu de réseaux complexes, d'amplitude géographique beaucoup plus forte et d'origine parfois très ancienne.

Le plus souvent cependant — différence fondamentale avec celle des cent trente dernières années — cette immigration au long cours a été une immigration de « spécialistes » attirés en France, qui était alors la plus peuplée d'Europe, non pour combler un vide démographique, mais pour répondre à une demande en personnel hautement qualifié. C'est cela qui change au XIXe siècle : la géographie de l'immigration reste globalement la même, mais sa composition socio-professionnelle se modifie radicalement.

Bien que les statistiques soient d'une fiabilité incertaine (elles ne rendent compte ni de l'immigration sauvage, opérée en dehors de toute déclaration au départ ou à l'arrivée, ni des migrations de transit), on peut à partir de 1851 — date du premier recensement dans lequel figurent les étrangers — mesurer le caractère de masse de la présence étrangère en France. À cette date, il n'y a encore que 380 000 étrangers recensés (selon certaines sources non officielles, il y en aurait eu 800 000 à la veille de la crise de 1846-1848, plus environ 250 000 temporaires et gens de passage), soit un peu plus de 1 % de la population française. Il y en aura, toujours en chiffres officiels, 700 000 à la fin du Second Empire, un million en 1881, 1 126 000 dix ans plus tard et près de 1 160 000 en 1911, dernier recensement avant la guerre : ce qui représente un peu moins de 3 % de l'effectif recensé. En un demi-siècle, la population étrangère a donc triplé, alors que le nombre des autochtones a tout juste augmenté de 20 % (naturalisés compris). Il est clair que, dès cette période, l'accroissement — au demeurant bien modeste — de la population résidant dans l'hexagone, est pour une large part (40 % environ) due à l'afflux des migrants.

Ces premières vagues de l'immigration de masse concernent principalement, on le sait, les populations originaires des États proches voisins de la France et nourrissent des noyaux de peuplement qui — à l'exception de la nébuleuse parisienne — se situent dans les départements frontaliers, ou peu éloignés du pays de départ. Jusqu'aux toutes dernières années du XIXe siècle, les Belges viennent de loin en première position, avec en moyenne plus de 40 % des entrées. Mais, à partir de 1900, ce sont les Italiens qui forment la colonie la plus nombreuse et, à la veille du premier conflit mondial, ces deux nationalités réunies représentent encore plus des deux tiers de l'effectif immigré. Viennent ensuite les Allemands, les Espagnols, les Suisses, avec pour chaque nationalité un contingent à peu près égal représentant de 7 à 9 % de la population étrangère, puis les Britanniques, les Russes, les Luxembourgeois et les sujets de l'Empire austro-hongrois. Les autres pays de départ sont très peu représentés et la part des non-Européens est alors quasi nulle.

Au cours de la seconde moitié du XIXe siècle, la population étrangère résidant en France n'a pas seulement vu ses effectifs tripler. Elle a connu de fortes modifications structurelles, s'agissant notamment des activités exercées par les individus qui la composent. Certes, en 1860 comme en 1900 ou en 1914, ceux qui travaillent de leurs mains représentent au moins 90 % des allogènes. Mais les « techniciens » et les ouvriers hautement qualifiés (par exemple les « mécaniciens » belges dans les tissages du Nord, les lamineurs anglais à Montataire ou à Aubin), les praticiens des « vieux métiers » (ébénistes et orfèvres italiens, tailleurs britanniques et

87

*Proportion d'étrangers
dans la population active masculine
au début du XXe siècle*

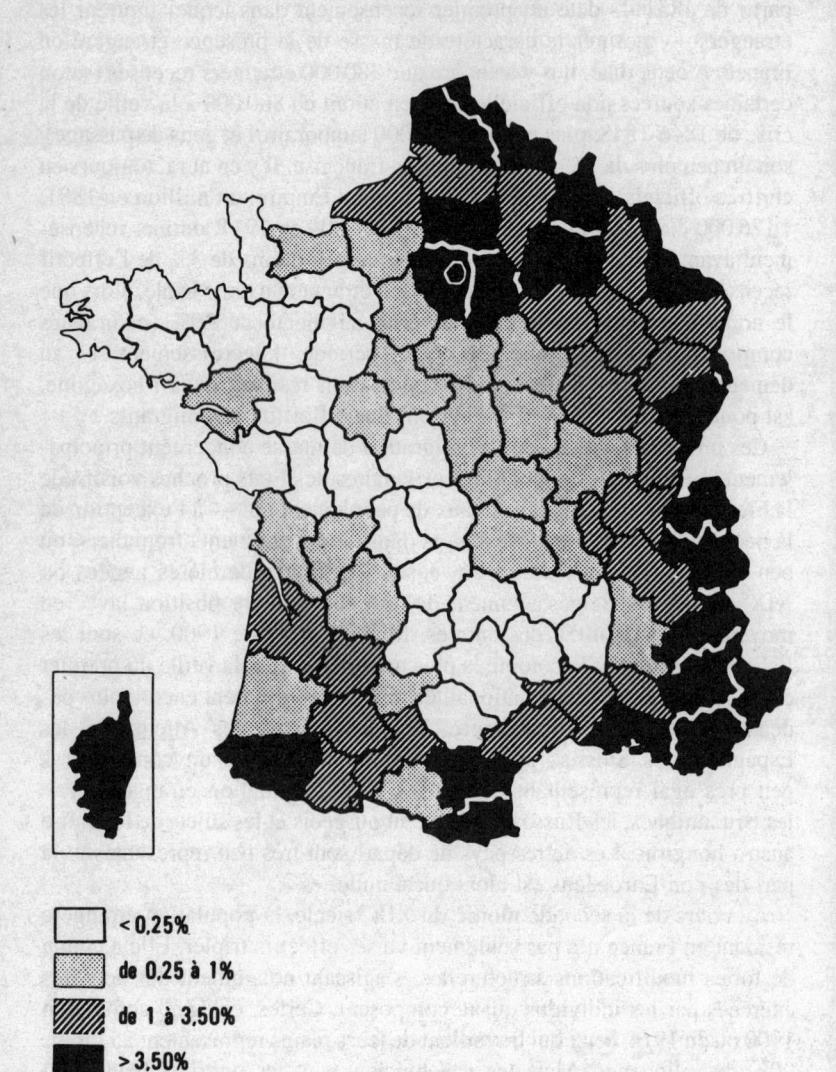

- < 0,25%
- de 0,25 à 1%
- de 1 à 3,50%
- > 3,50%

transalpins, horlogers suisses), les artisans et surtout le monde haut en couleurs des « petits métiers » et des gens du voyage (musiciens et comédiens ambulants, montreurs d'ours et de singes, rempailleurs de chaises, vendeurs de statuettes d'albâtre pour ne citer que ces activités plus ou moins monopolisées par les Italiens) ont vu leur proportion décroître au profit des travailleurs de l'industrie et des manœuvres agricoles.

L'économie française à l'heure de la seconde révolution industrielle est en effet essentiellement consommatrice de main-d'œuvre non qualifiée. D'abord parce que les besoins relevant de l'usine mécanisée, de la concentration dans de vastes unités de production, des grands travaux liés à la révolution des transports, vont dans ce sens. Ensuite parce que les travailleurs français sont de plus en plus enclins à abandonner aux migrants — quitte à vouloir les récupérer en temps de crise — les emplois les plus épuisants, les plus salissants et les moins bien rémunérés. Il en résulte un afflux massif d'étrangers dans les houillères (50% des 15 000 mineurs employés par la Compagnie d'Anzin sont Belges), dans les mines de fer et dans la sidérurgie (au cours des quinze années qui précèdent la guerre, la région de Briey devient une véritable enclave italienne en pays lorrain), dans les industries chimiques, dans les activités portuaires (plus de la moitié des dockers marseillais), sur les chantiers mobiles des grands travaux ferroviaires, ainsi que dans des régions où les tâches agricoles requièrent une main-d'œuvre saisonnière, peu exigeante et rompue aux besognes les plus rudes.

Tous ces facteurs concourent à façonner des « colonies » étrangères d'une grande diversité et qu'il est difficile de considérer comme un bloc. D'abord parce qu'il ne faut pas se représenter la migration comme une accumulation linéaire d'individus et de groupes venus se fixer en France à la suite d'un choix sans retour. Les chiffres fournis par les recensements quinquennaux ne sont rien d'autre que des « instantanés » qui mesurent, tant bien que mal, des « stocks » à un moment donné. L'important est dans le volume des flux, à l'entrée et à la sortie, et dans le rythme d'une rotation *(turn over)* qui s'accomplit en perdant à chaque fois un peu de sa substance. Autrement dit, ceux qui se fixent à la suite d'un ou de plusieurs séjours plus ou moins longs ne représentent que la partie émergée de l'immense iceberg migratoire. Quand on parle de la « colonie » italienne en 1900 ou en 1910, on ne parle que très partiellement des mêmes individus.

Ensuite parce que les groupes nationaux qui forment la masse des migrants ont une physionomie propre qui ne tient pas seulement à des caractères ethniques ou culturels. Admettons que certains soient plus « proches » que d'autres de ce qu'il est convenu d'appeler *les Français*, encore que cette proximité nous paraisse plus évidente qu'elle ne l'est apparue aux contemporains. Surtout, elle n'est pas seulement le résultat d'un voisinage géographique ou le produit d'une histoire croisée. Interviennent également des considérations temporelles qui font qu'au fil des décennies tel groupe qui présentait en début de parcours les traits d'une population « nomade » — c'est-à-dire composée en majorité de jeunes adultes mâles, de célibataires, d'itinérants passant facilement d'une région à l'autre, d'une activité à l'autre, du milieu rural au milieu urbain et réciproquement — tend à « mûrir » et à se sédentariser. Il en était ainsi dans le Paris du premier XIXe siècle, tel que le décrit Louis Chevalier (*Classes laborieuses et classes dangereuses à Paris pendant la première moitié du XIXe siècle*, Paris, Plon, 1958), pour les migrants de l'intérieur venus chercher une amélioration de leur sort dans la capitale. Il en est de même pour les ressortissants des pays voisins de la France jusqu'en 1914, puis de ceux venus d'horizons européens plus lointains, comme les Polonais dans l'entre-deux-guerres, en attendant les vagues originaires de l'Afrique du Nord et de l'Ouest.

Pour la période que nous examinons ici, on perçoit assez bien le relais qui s'effectue à la charnière du XIXe et du XXe siècle entre les colonies implantées de longue date, en particulier la colonie belge, et les représentants d'une immigration nouvelle, plus fortement porteuse des traits de « nomadisme » qui viennent d'être évoqués : les Espagnols, les ressortissants des pays de l'Europe centrale et orientale et les gros bataillons de l'immigration italienne récente. S'agissant de ces derniers, on assiste d'ailleurs à une transformation sensible au cours des dix ou quinze années qui précèdent le premier conflit mondial. Le taux de masculinité décroît, tout comme le nombre des célibataires. La structure par âges révèle un relatif vieillissement de la communauté transalpine. L'immigration temporaire diminue au profit des séjours de longue durée ou de l'implantation définitive. Autant de signes qui dénotent une plus grande stabilité et un début de sédentarisation, en particulier dans la région parisienne et dans les grandes zones de colonisation du Sud-Est.

On voit que le million d'étrangers qui résident dans l'hexagone au début du siècle ne constitue un ensemble homogène que pour les statisticiens. Pour le patronat français, qui a favorisé leur venue, s'ils représentent une force de travail nécessaire au fonctionnement de ses entreprises, ils occupent en même temps dans le dispositif économique une place qui se modifie au fur et à mesure que s'affirme la sédentarisation et l'intégration des divers groupes nationaux. Très globalement, les emplois les moins qualifiés, les plus rudes, les plus mal payés sont ainsi passés des autochtones aux Allemands et aux Belges avant 1880, puis aux « Piémontais » (disons aux Italiens du Nord) jusqu'aux toutes premières années du siècle, enfin à des Transalpins venus de régions plus lointaines et à d'autres catégories de migrants en fin de période. Il y a, comme l'ont bien montré les travaux de Gérard Noiriel, un lien organique profond entre la nature du travail manufacturier à l'époque de l'industrialisation triomphante, la stratégie du grand patronat et le fait migratoire qui perdure jusqu'aux années 1970 (G. Noiriel, *Longwy, immigrés et prolétaires, 1880-1890*, Paris, Seuil, 1980 et *Le Creuset français. Histoire de l'immigration, XIXe-XXe siècle*, Paris, Seuil, 1988).

Pour les populations d'accueil, qui perçoivent la présence étrangère en termes de contacts au quotidien, le clivage s'opère de la même manière entre représentants de l'ancienne et de la nouvelle immigration. Le rejet de l'autre, se traduisant par une animosité aux formes diverses, allant du mépris verbal aux violences collectives, est ainsi passé en un demi-siècle des migrants de l'intérieur (Bretons, Auvergnats, Savoyards dans le Paris de la Monarchie de Juillet) aux premiers représentants de la colonisation étrangère de masse — Suisses, Belges, Allemands — puis aux différentes vagues de l'immigration italienne. Plus tard viendra le tour des Espagnols, des Arméniens, des Polonais et des Nord-Africains.

Arrêtons-nous un instant sur le cas des Italiens qui constituent au début du XXe siècle la plus grande partie de l'immigration perçue comme *nouvelle* et concentrent de ce fait sur les groupes qu'ils composent les effets de la xénophobie ambiante. Vue avec un recul bientôt séculaire, leur intégration à la société française paraît aujourd'hui à certains s'être opérée dans les meilleures conditions du monde et il est fréquent de voir celle-ci considérée comme un « modèle » que l'on oppose aux difficultés rencontrées de nos jours par des groupes réputés « inassimilables ». Or les choses se sont passées de manière toute différente. Jugé à l'heure présente comme un proche parent européen, l'Italien a suscité jusqu'à l'extrême fin du XIXe siècle des réactions très hostiles qui ont fréquemment dépassé les frontières du verbe et de l'écrit. À Marseille en juin 1881, à Aigues-Mortes en août 1893, à Lyon l'année suivante, à la suite de l'assassinat du président Carnot par l'anarchiste Caserio, ainsi que dans nombre d'incidents moins spectaculaires, les Transalpins ont fait l'expérience cruelle de ce que nous appelons aujourd'hui « ratonnade », et ils ont payé de leur sang ces quelques dérapages de la solidarité prolétarienne. Certes il ne s'agit pas d'en exagérer le poids. Des « collisions », comme celle d'Aigues-Mortes (une « chasse à l'Italien » dans les salines de Camargue à la suite d'une rixe banale), qui a fait au bas mot une dizaine de morts, gardent un caractère exceptionnel et ne doivent pas occulter les nombreux exemples d'action solidaire entre les travailleurs des deux nationalités.

Mais il n'y a pas non plus eu de « miracle » dans la façon dont la première génération de migrants originaires de la péninsule s'est intégrée à la société française.

Il y a, à cette hostilité envers les Italiens, des raisons spécifiques, liées à de très anciennes rancœurs (en France un sentiment de supériorité, voire un mépris affiché pour un peuple longtemps dominé), à des différends plus récents (la question romaine) et à l'actualité internationale (l'appartenance de l'Italie à la Triplice), mais aussi des mobiles qui s'inscrivent dans un contexte plus large. L'italophobie n'est qu'un cas particulier de la xénophobie qui a gagné à la fin du XIXe siècle de vastes secteurs de l'opinion. L'une et l'autre ont des racines culturelles et expriment des tensions et des choix qui relèvent du politique, mais qui se développent en même temps sur fond de dépression économique et de saturation du marché de l'emploi : le discours nationaliste devenant, pour les travailleurs du cru aux prises avec la concurrence étrangère, un moyen de lutter contre celle-ci en mettant de leur côté toute une partie de la classe politique.

Les gouvernements de l'époque ont eu, dans les dernières années du XIXe siècle, à affronter ce problème. En principe, l'effectif global de la population étrangère n'était pas suffisamment élevé pour que, même en temps de basse conjoncture, l'économie française ne fût pas à même de l'absorber. Mais cela aurait impliqué une mobilité de la main-d'œuvre immigrée qui était loin d'être réalisée dans les faits. Cela était vrai pour la plupart des groupes nationaux dont les effectifs étaient généralement concentrés en quelques points bien déterminés du territoire, qu'il s'agisse des Italiens ou des Belges, qui ensemble représentaient les deux tiers des migrants, ou de groupes plus restreints mais très focalisés comme ces « Juifs de la Belle Époque » que Nancy Green a étudiés dans le beau livre qu'elle a consacré à leur insertion dans la société française (*Les Travailleurs immigrés juifs à la Belle Époque*, Paris, Fayard, 1985). Il en résultait, lorsque la situation économique devenait défavorable, une tension latente susceptible d'engendrer des heurts violents. Et aussi une opposition de plus en plus vigoureuse de certaines organisations ouvrières à la libre embauche des travailleurs étrangers, jugés responsables de la baisse des salaires.

L'examen des réponses adressées par les chambres syndicales au ministre du Commerce Dautresme, en 1887, est à cet égard très significatif. Nombre d'entre elles, en effet, ont élevé à cette occasion des protestations véhémentes contre la concurrence exercée sur le marché du travail par la main-d'œuvre étrangère, particulièrement par les Italiens. C'est le cas par exemple des maçons de Besançon ou des représentants du

Syndicat des bâtiments civils du Lot-et-Garonne à qui il apparaît « *utile d'imposer aux étrangers qui viennent travailler en France, à vil prix, souvent pour surprendre les procédés de nos industries, quand ce n'est pas pour des motifs plus dangereux encore, des charges assez fortes pour faire équilibre avec les impôts de toute nature qui pèsent sur nous* ». Plus directement encore dirigé contre les Transalpins, leurs principaux concurrents, le véritable pamphlet adressé au ministre du Commerce par les mouleurs en plâtre, statuaires et ornementistes français : ils y dénoncent le fait que les Italiens sont à Paris chargés de la décoration de tous les bâtiments officiels, alors que « *pour récompense de leur unité et de leur émancipation, qu'ils nous doivent* », ils seraient encore « *les premiers à nous donner le coup de pied de l'âne* ». Et l'on conclut : « *Notre cas n'est pas isolé, car dans toutes les branches de l'industrie la plaie italienne fait des progrès considérables.* »

Que l'on ne s'y trompe pas. Ce discours composite, mêlant à des préoccupations économiques des propos xénophobes que ne désavouerait pas la presse nationaliste, n'est pas seulement le fait des couches populaires précapitalistes, tout naturellement imprégnées dira-t-on de la mentalité « petite-bourgeoise ». On trouve, dans le prolétariat d'usines et jusque dans les milieux syndicalistes, l'écho de préoccupations identiques formulées dans un langage à peine différent. Michelle Perrot a clairement montré dans sa thèse (*Les ouvriers en grève, 1871-1890*, Paris, 1973) que, devant l'opposition parfois virulente des ouvriers et des syndicalistes locaux, les dirigeants internationalistes avaient dû à maintes reprises renoncer à faire prévaloir leurs thèses sur la solidarité avec les travailleurs étrangers. N'était-ce pas Jules Guesde lui-même qui, dans les éditoriaux du *Cri du Peuple* évoquait les « *800 000 étrangers qui, travaillant à bas prix, font outrageusement baisser les salaires, quand ils ne les suppriment pas complètement pour nos ouvriers expulsés des usines* » et qui dénonçait « *l'invasion des sarrasins* » venus d'au-delà des monts ?

Ces revendications ont trouvé un écho dans la presse et au Parlement où elles ont donné lieu, au cours des dix dernières années du siècle, à plusieurs projets d'inspiration nationaliste visant notamment à établir une taxe sur les ouvriers étrangers ou sur leurs employeurs français afin de protéger le « *travail national* ». Aucun n'aboutit, à l'exception du décret Floquet d'octobre 1888 qui obligeait les étrangers à faire une déclaration d'identité et qui, complété par des menaces de sanctions pour les employeurs qui embaucheraient des étrangers non déclarés, deviendra la loi du 8 août 1893.

Il fallut attendre 1899 pour que satisfaction fût donnée aux partisans de la restriction de la liberté d'embauche. Répondant aux vœux formulés par le rapporteur de la commission du travail de la Chambre, les décrets Millerand du 10 août 1899 fixaient en effet aux entreprises de travaux publics opérant pour le compte de l'État, des départements et des communes, un contingent maximum de travailleurs étrangers variant, selon les régions et la nature des travaux, de 5 à 30 % de l'effectif total. Mesure apparemment anodine mais dont la portée est en fait loin d'être négligeable. D'abord parce que les entreprises intéressées sont dans une large mesure celles qui emploient, pour la construction des routes, des voies ferrées, des installations portuaires, etc., les plus gros contingents de travailleurs étrangers. Ensuite parce que, faisant référence à ce premier texte réglementaire, nombre d'ouvriers français frappés par le chômage ou par la diminution des salaires vont s'efforcer d'obtenir de leurs employeurs que des dispositions analogues soient introduites dans des entreprises non directement visées par les décrets d'août 1899. Enfin, et ceci est le plus important, parce que les « décrets Millerand », aussi modeste que soit le champ de leur application, marquent la fin du laisser-faire à peu près intégral en matière d'immigration et d'emploi de la main-d'œuvre étrangère sur le territoire français.

Il est à noter que les décrets d'août 1899 ont été adoptés à un moment où, après la longue dépression des années 80 et 90, la tendance en France était à la reprise. Autrement dit, c'est à l'heure où les tensions sur le marché de l'emploi se faisaient globalement moins vives — ce qui ne veut pas dire qu'il ne subsistait pas des problèmes locaux, liés à une conjoncture régionale défavorable, comme à Marseille —, que le gouvernement Waldeck-Rousseau a choisi de satisfaire partiellement une revendication ouvrière formulée en des temps plus difficiles. Satisfaction d'autant plus aisée à consentir que les décrets Millerand ont été conçus pour être appliqués avec une grande souplesse. En fait, ils ne seront utilisés que de façon ponctuelle et temporaire, sans véritablement gêner les entreprises grosses consommatrices de main-d'œuvre immigrée.

Il est clair que les hommes du « Bloc des gauches », qui ont accédé au pouvoir à l'occasion de l'Affaire Dreyfus, ont eu pour objectif, en promulguant les décrets d'août 1899, moins de régler le problème déjà un peu dépassé de la concurrence étrangère, que de se concilier au meilleur prix une partie de la classe ouvrière. Pour cela, ils n'ont pas hésité à jouer sur le réflexe chauvin de masses gagnées par la fièvre nationaliste de la fin du siècle. La « défense républicaine » y a sûrement trouvé son compte. Aux dépens d'un idéal de solidarité internationale qui a décidément bien du mal à faire son chemin dans l'Europe de l'ère impérialiste.

Cela dit, les travailleurs étrangers eurent assez peu à souffrir de ces mesures discriminatoires. Soucieux de fournir à l'industrie une main-d'œuvre peu onéreuse et souvent compétente, le gouvernement français ne tenait pas à voir se tarir les courants d'immigration. Il veilla donc à ce que les conditions d'accueil et de travail des ouvriers étrangers ne fussent pas trop mauvaises. La loi du 9 avril 1898, qui établissait la responsabilité patronale en matière d'accidents du travail, prévoyait les conditions d'indemnisation des travailleurs étrangers et, dans certains cas, de leur famille. Par ailleurs les étrangers bénéficiaient normalement des grands services de l'État, qu'il s'agisse de l'Assistance publique à laquelle durent recourir nombre d'indigents ou des établissements d'enseignement qui étaient largement ouverts aux enfants étrangers, ceci avec une volonté évidente d'assimilation dont se plaignaient fréquemment les représentants diplomatiques et consulaires des pays intéressés.

Ce désir des pouvoirs publics d'intégrer les sujets étrangers à la communauté nationale apparaît surtout dans les lois adoptées en 1889 et 1891 et qui introduisent en France un régime de francisation quasi automatique pour la « seconde génération ». Aux termes de la loi, devient en effet automatiquement français tout individu né en France d'un étranger qui y est lui-même né ou celui qui, né d'un père étranger ne décline pas la qualité de Français à sa majorité. Peuvent d'autre part être naturalisés les étrangers ayant obtenu l'autorisation de fixer leur résidence en France après trois ans et ceux qui ont épousé une Française après un an de domicile. En 1900, on compte déjà dans l'hexagone plus de 220 000 naturalisés.

Est-ce à dire que l'intégration des étrangers a cessé d'être un problème dans la première décennie du XXe siècle ? Ce serait aller un peu vite en besogne. Toutefois, les signes ne manquent pas qui permettent de diagnostiquer une amélioration sensible par rapport aux vingt années qui précèdent. D'abord l'effectif étranger s'est stabilisé ce qui enlève une partie de sa charge émotionnelle au mythe de l'*invasion* manipulé par les médias de l'époque et par toute une littérature d'inspiration nationaliste (c'est le titre du livre de Louis Bertrand, paru en 1904, et dont la toile de fond est le port de Marseille au début du siècle). En second lieu, les instruments de l'assimilation que les républicains ont mis en place depuis qu'ils se sont effectivement saisis du pouvoir et qui avaient été primitivement conçus pour fabriquer des *Français* avec les produits disparates de cultures régionales encore bien vivantes, commencent à porter leurs fruits. Qu'il s'agisse de l'école publique ou de l'armée de conscription, il est clair qu'ils constituent déjà de puissants agents d'acculturation des générations issues de l'immigration.

Enfin, l'intégration par le travail et les parcours sociaux qu'elle implique ont également commencé à fonctionner. Sans doute parce que la masse des travailleurs étrangers, partis pour la majorité d'entre eux d'un niveau très bas de la hiérarchie des emplois — celui des journaliers agricoles ou des manœuvres sans qualification — ont entamé leur périple professionnel dans un contexte qui se modifiera peu jusqu'au milieu des années 1970 et qui est celui de l'industrialisation triomphante. Aussi dures qu'aient été les conditions faites à cette main-d'œuvre d'importation, celle-ci a eu la possibilité, pendant la période qui coïncide avec la migration de masse, de franchir les premières étapes du parcours plus ou moins long, plus ou moins difficile, de l'insertion sociale et de reproduire, avec un décalage de plusieurs décennies, l'évolution — en termes de statut professionnel, de niveau de vie et de place dans la société — de la classe ouvrière française.

Notables et bourgeois

Il s'est accompli, tout au long du XIXe siècle, une lente relève des classes dirigeantes qui se trouve à peu près achevée aux alentours de 1900. L'ancienne aristocratie n'a pas disparu mais son déclin, déjà manifeste à la fin de la Restauration, n'a cessé de s'accentuer au cours des deux derniers tiers du XIXe siècle. Dépossédée de son pouvoir politique au profit de la haute bourgeoisie, dont elle s'est d'ailleurs rapprochée par le jeu des stratégies matrimoniales, puis des « couches nouvelles », elle a dû fréquemment vendre une partie de ses terres pour « tenir son rang », ou simplement pour payer ses dettes. Dans l'ensemble, elle s'intéresse peu aux affaires, limitant son activité dans ce domaine à quelques secteurs : les mines, la métallurgie ou les assurances. Au début du XXe siècle, les « vrais nobles » — 3 000 ou 4 000 familles, alors qu'il existe une quinzaine de milliers de patronymes à particule n'ayant aucune signification mais tolérés par la législation en tant qu'« accessoires honorifiques du nom » —, ne jouent plus qu'un rôle de notables locaux. Certains d'entre eux, pas plus de quelques centaines, disposent d'une clientèle électorale, en général dans le cadre du canton, et jouissent encore d'un relatif prestige, lié aux pesanteurs du passé, plus rarement au maintien d'une assise foncière qui peut encore être considérable (mort en 1878, le marquis de Vibraye possédait avec son épouse une dizaine de milliers d'hectares répartis sur cinq départements), ainsi qu'aux derniers fastes de la vie aristocratique : château, chasse et existence oisive, y compris pour beaucoup de ces modestes hobereaux qui ont servi de modèles aux héros de Maupassant. Jusqu'en 1914, nombreux sont les descendants de familles aristocratiques qui continuent de faire carrière dans l'armée et dans la diplomatie.

Depuis le milieu du XIXe siècle, la bourgeoisie peut être considérée comme la véritable classe dirigeante. Elle est formée, sans que les clivages soient toujours très nets, de diverses « couches » qui se définissent par la fortune, par la nature des activités pratiquées et par le mode de vie, tout en gardant une unité, distincte à la fois de l'aristocratie foncière et du « peuple ».

Au sommet, on trouve, pour reprendre la distinction établie par Adeline Daumard, la bourgeoisie des *hauts notables* qui comprend de riches propriétaires fonciers vivant du revenu de leurs terres (dans le Loir-et-Cher, ils détiennent en 1900 le quart des terres pour moins de 20 % à la noblesse), et une « haute bourgeoisie » où se côtoient banquiers, manufacturiers, hauts fonctionnaires et magistrats, officiers supérieurs et représentants des professions libérales arrivés à la notoriété par leurs travaux et par leur fortune (notamment des médecins, des avocats, quelques écrivains et directeurs de journaux comme Arthur Meyer, patron du *Gaulois*). Cette grande bourgeoisie, qui a monopolisé le pouvoir politique jusqu'à la fin des années 1870, a dû céder la place, après cette date, aux représentants de catégories moins fortunées. Elle reste cependant fortement représentée dans les Chambres, trouve épisodiquement des défenseurs de ses intérêts — un Jules Méline, un Freycinet, un Maurice Rouvier — au plus haut niveau des responsabilités gouvernementales, et surtout elle garde le contrôle de l'économie et de la haute administration. En termes de niveaux de fortune, elle se situe dans la catégorie dont les gains annuels dépassent 50 000 francs-or, soit une vingtaine de milliers de personnes parmi lesquelles on compte environ 3 000 revenus supérieurs à 100 000 francs (Cf. J.-B. Duroselle, *La France et les Français, 1900-1914*, Paris, Éd. Richelieu, 1972, p. 68).

Formant de véritables « dynasties », maîtresses d'empires industriels et financiers (les de Wendel et les Schneider dans la sidérurgie, les Darblay dans l'industrie alimentaire, les Peugeot et les Japy dans l'industrie mécanique, en attendant la génération des « pionniers » comme Louis Renault et Marius Berliet), elle est volontiers libérale et tranche peu par ses conditions d'existence avec la noblesse fortunée qui constitue pour elle un modèle. Le « bourgeois conquérant » de la Belle Époque possède ainsi hôtel particulier (ou appartement) en ville, château à la campagne (peut-être 20 000 dans toute la France en 1914 selon J.-B. Duroselle), calèche et domesticité nombreuse. Son épouse tient salon à Paris ou dans les grandes villes de province et le cheminement des « préséances » passe fréquemment par ces lieux plus ou moins « fermés » que tout postulant à un cursus mondain sorti du rang rêve de voir s'ouvrir devant lui. Enfin il est parmi les premiers à fréquenter avec sa famille les plages à la mode (Deauville, Biarritz) et à se déplacer en automobile.

Au-dessous s'étendent les diverses couches de la moyenne ou, comme on le dit à l'époque, de la « *bonne bourgeoisie* » : chefs d'entreprise ou de négoce de moindre envergure, propriétaires aux revenus plus modestes, hauts fonctionnaires, professeurs, publicistes, rentiers et surtout membres des professions libérales. Au début du XXe siècle, les familles de « *bonne bourgeoisie* » — on en compte environ 200 000 — ont un revenu annuel compris entre 10 000 et 50 000 francs, ce qui leur permet d'être propriétaires ou locataires d'un appartement dans les « beaux quartiers », d'avoir deux ou trois domestiques, de passer des vacances à la campagne ou à la mer, plus rarement d'effectuer un voyage à l'étranger (Cf. Marguerite Perrot, *Le Mode de vie des familles bourgeoises*, Paris, 1961). Il est rare qu'elles ne possèdent pas quelques terres ou immeubles ainsi que des titres de rente et des actions.

Hauts notables et membres de la « *bonne bourgeoisie* » — au total environ un million de personnes à la fin du XIXe siècle, soit un Français sur quarante — ont en commun la conscience de constituer une *élite* qui se « distingue » des autres catégories sociales et cultive ses signes de reconnaissance. Elle dote ses filles et envoie ses fils au lycée. À quelques centaines d'unités près, en général des boursiers, les bacheliers (environ 7 000 par an entre 1905 et 1914) appartiennent tous à la bourgeoisie. Les études en effet coûtent cher. Un externe de « rhétorique » paie 450 francs par an dans un lycée parisien, 720 francs dans un établissement privé (or les jeunes filles sont un peu plus nombreuses que dans le passé à faire des études et en général elles ne fréquentent pas le lycée). La scolarité à l'École libre des Sciences politiques, lieu privilégié de formation de l'élite gestionnaire depuis la fondation de l'école en 1872 par Émile Boutmy, revient à environ 1 000 francs et celle de l'École centrale à 3 500 francs. C'est dire que sans le soutien d'une bourse un jeune homme issu de la classe moyenne, et a fortiori d'un milieu populaire n'a aucune chance d'accéder à l'enseignement supérieur.

« Vivre bourgeoisement » implique encore que l'on fréquente assidûment l'église ou le temple, que l'on pratique les « bonnes manières » — selon un code rigoureux inculqué dès l'enfance —, que l'on se marie « dans son milieu », que l'on exerce une activité qui ne soit ni manuelle ni « boutiquière » : bien qu'ayant accompli un parcours universitaire de haut niveau un pharmacien, explique J.-B. Duroselle, éprouve des difficultés à s'insérer dans la « *bonne bourgeoisie* ». Il faut également « tenir son rang » en dépit des revers de fortune, c'est-à-dire se loger convenablement, ou mieux se loger « au-dessus de sa condition », recevoir et afficher des « vertus bourgeoises » : la prudence, l'économie, la régularité du travail, une certaine rigueur morale non exempte d'hypocrisie et moins respectée chez les hauts notables côtoyant le « demi-monde » que dans la « *bonne bourgeoisie* ». Au total, une classe dirigeante sûre d'elle-même, fière de sa réussite, conformiste sans doute mais attachée à ses valeurs. Loin d'être une catégorie parasitaire, elle a fourni depuis les débuts de la IIIe République la quasi-totalité de l'élite intellectuelle du pays, et lors de la grande saignée de 1914-1918 elle lui donnera une partie de ses fils, mobilisés comme officiers, souvent dans l'infanterie, et subira donc de très lourdes pertes.

La France rurale

Défini en termes d'appartenance aux communes de moins de deux mille habitants, le monde des ruraux — 54,4 % de la population totale de la France en 1911 — se caractérise par une forte stabilité. Stabilité tout d'abord dans la répartition des terres. S'agissant de la propriété du sol, on constate à la fois une tendance au morcellement consécutive au jeu des partages successoraux — de 1842 à 1884 le nombre des propriétaires est passé de 6,9 à 8,4 millions — et la permanence d'une forte concentration au niveau des grands domaines fonciers. Ceci est vrai surtout dans le Sud-Ouest, le Sud-Est et le Centre où les domaines de plus de 100 hectares occupent souvent plus de 50 % du sol. Globalement, il ressort de la statistique de 1884 que si les propriétés de moins de 20 hectares couvrent la moitié du sol français, l'examen des cotes foncières (13 700 000 cotes inférieures à 20 hectares, 400 000 égales ou supérieures à ce seuil) permet de constater que 3 % des propriétaires détiennent à cette date à eux seuls autant de terre que les 97 autres (Cf. G. Dupeux, *La société française, 1789-1939*, Paris, Colin, 1964). Autrement dit, la grande propriété domine encore nettement en France même si elle a souvent changé de mains, passant de l'ancienne noblesse aux membres de l'oligarchie industrielle et financière et aux représentants les plus fortunés des professions libérales.

Cette forte concentration se trouve en partie corrigée par la répartition des exploitations. D'après l'enquête agricole de 1892, la seule à avoir été faite avant la Grande guerre, si l'on élimine les 2 200 000 « exploitations » inférieures à 1 hectare et qui ne représentent que 2,5 % de la surface cultivée (on a comptabilisé les jardinets de banlieue et autres lopins domestiques), on note que sur un total de 3,5 millions d'exploitations effectives, 53% contiennent de 1 à 5 hectares et 23% de 5 à 10 hectares. En revanche, si les exploitations supérieures à 40 hectares ne représentent en nombre que 4 % du total (139 000 exploitations dont 29 000 ont plus de 100 hectares et un millier environ plus de 400 hectares), elles rassemblent 47 % de la superficie. Ce qui signifie que près de la moitié du terroir cultivé et des forêts privées est occupée par les plus grandes unités d'exploitation.

Sur les 6 663 000 personnes classées, selon la même enquête, comme « travailleurs agricoles » (il y en a en fait plus de 8 millions si l'on compte les membres de la famille qui travaillent effectivement dans l'exploitation), on dénombre en chiffres arrondis 3 600 000 chefs d'exploitation parmi lesquels une majorité de propriétaires exploitant leurs terres en faire-valoir direct (2 200 000), un peu plus d'un million de fermiers et environ 345 000 métayers, un certain nombre de petits propriétaires ayant recours au fermage et au métayage pour arrondir leur lopin et rendre leur exploitation plus rentable. Il faut noter d'autre part que si les exploitations gérées par des fermiers (19 %) et des métayers (6 %) ne représentent ensemble que le quart des exploitations agricoles françaises, ces deux modes de faire-valoir indirect occupent presque la moitié de la superficie cultivée, ce qui corrige une fois encore l'image, largement mythique et pourtant quasi universellement admise à l'époque d'une France pays de la « démocratie rurale » où pour l'essentiel l'outil de travail serait entre les mains de petits exploitants propriétaires, travaillant avec l'aide de leur famille. Paul Deschanel ne proclamait-il pas en 1879 : *« La petite propriété fait vivre en tout ou en partie 16 millions de personnes »* ?

Quant au salariat agricole, si son effectif a fortement diminué avec l'exode rural, il reste encore relativement élevé : 1 200 000 journaliers (dont près de la moitié propriétaires d'un lopin minuscule et qui ont été classés dans cette catégorie par les services de la statistique pour ne pas faire double emploi), 1 832 000 « domestiques de ferme » et environ 16 000 régisseurs, soit au total plus de 3 millions de personnes et près de 46% des « travailleurs agricoles ». Tout ceci exprimant en chiffres globaux une réalité qui varie beaucoup d'une région à l'autre, qu'il s'agisse des modes de faire-valoir, des revenus ou des hiérarchies villageoises : en Bourbonnais, des régisseurs exploitent des métayers pour le compte des propriétaires, dans le Maine, des lignages de fermiers louent les terres qu'ils cultivent à une même famille noble, la Lorraine et le pays d'Auge ont des structures plus démocratiques, etc.

La stabilité du monde rural réside d'autre part dans le mode de vie. À l'exception d'un petit nombre de propriétaires aisés et de riches fermiers — dans les départements céréaliers du Bassin parisien certains d'entre eux exploitent souvent plus de 40 hectares de terroir fertile et disposent d'un revenu annuel de 12 000 à 15 000 francs —, les conditions d'existence restent difficiles. Dans l'ensemble certes, les revenus agricoles ont augmenté entre 1850 et 1914, mais avec de fortes disparités régionales et sectorielles et des variations très sensibles suivant les années. Les petits exploitants, surtout dans les zones déshéritées du Centre et du Midi, peuvent difficilement survivre, et ceci d'autant plus que, sauf dans de rares régions (Picardie, région lyonnaise), l'industrie rurale tend à disparaître, privant les agriculteurs d'une ressource d'appoint essentielle. Quant aux salariés, leur sort est infiniment plus précaire que celui des ouvriers d'industrie. Aux alentours de 1900, un journalier du Pays de Caux gagne 2 francs en hiver, 3 francs en été et travaille de 200 à 250 jours par an. Un domestique lorrain ou berrichon, qui mange à la table de son patron et couche à l'étable, perçoit des gages annuels de 400 à 500 francs.

Les conditions matérielles de l'existence paysanne restent tout à fait sommaires. Dans beaucoup de régions, la demeure est encore composée d'une pièce unique ou de deux pièces au sol de terre battue, et elle n'abrite qu'un mobilier modeste : une table, quelques chaises, une armoire, un ou plusieurs lits. Si l'on ne redoute plus les grandes famines qui sévissaient encore au début du XVIIIe siècle, et si la disette elle-même, accompagnatrice des années de mauvaise récolte, a fini par disparaître avec les progrès des moyens de transport (notamment le rail), l'alimentation quotidienne demeure frugale, à base de soupe, de pain, de pommes de terre et de lard. On consomme un peu plus de sucre. On boit un peu de vin (son usage, dans les régions non viticoles, s'est répandu avec le service militaire). Mais, sauf dans les catégories relativement à l'aise, la volaille et surtout la viande — essentiellement porc et mouton — sont réservées aux jours de fête. Enfin, l'existence quotidienne continue dans nombre de terroirs d'être partagée entre les rudes besognes de la terre et les loisirs traditionnels : longues veillées d'hiver, fêtes religieuses et familiales, danses et jeux du dimanche villageois ou de la foire, etc.

Le dernier tiers du XIXe siècle a toutefois été marqué par un sensible changement dans l'existence et dans la mentalité des populations rurales. Le développement des chemins de fer, la diffusion de la presse et de l'enseignement primaire, le service militaire obligatoire qui met les jeunes ruraux en contact avec d'autres horizons et avec d'autres milieux, les migrations temporaires du travail, ouvrent les campagnes à de nouvelles influences. L'habitat et l'alimentation s'améliorent lentement, de même que l'outillage avec la généralisation de la charrue perfectionnée, du semoir mécanique, de la moissonneuse, de la batteuse à vapeur, etc. Les progrès des moyens de communication atténuent les particularités régionales et renforcent l'unité de la nation française. La centralisation « jacobine » et les modèles culturels véhiculés par ces « hussards de la République » que sont les 120 000 maîtres de la « laïque » vont dans le même sens. Tout ceci tend à faire reculer la culture paysanne (danses, chansons, costumes) au profit des manières de vivre et de penser de la grande ville, et à circonscrire l'influence des langues régionales aux zones les plus isolées et les plus « retardées ». L'historien américain Eugen Weber a analysé cette mutation avec beaucoup de finesse dans un livre dont certaines conclusions ont été fortement discutées dans notre pays (*La fin des terroirs. La modernisation de la France rurale*, Paris, Fayard, 1983) mais qui a fortement stimulé la réflexion sur « l'invention de la France ». Les phénomènes de déculturation régionale et d'alignement sur un modèle centralisé dont il fait état ont bel et bien eu lieu, mais dans l'ensemble ils ont eu l'aval des populations intéressées, l'apprentissage et le maniement correct du français, le recul des patois et l'obtention d'un bagage scolaire doté du label de la République jacobine étant considérés comme des instruments de promotion sociale. Si bien qu'il paraît tout à fait excessif, et pour le moins anachronique, de parler d'« ethnocide culturel ».

Ajoutons à cela que, depuis la fin du Second Empire, de nouveaux notables — médecins, notaires et surtout instituteurs — ont pris progressivement le relais des anciens maîtres à penser et ont concouru à la conversion des ruraux aux idées de la bourgeoisie (libérale ou radicale). À la veille de la Première Guerre mondiale, la plus grande partie de la paysannerie française se trouve ainsi ralliée à la République et constitue même l'assise la plus solide du régime.

Néanmoins, la condition du monde rural demeure difficile au début du XXe siècle, notamment dans les régions du Centre, de l'Ouest et du Midi où la pauvreté alimente toujours un fort courant d'émigration vers les villes. Il en résulte une prise de conscience qui conduit certaines couches de la paysannerie — journaliers, mais aussi exploitants modestes et même petits propriétaires — à s'organiser en syndicats ou à se rallier au socialisme.

Les premiers efforts de regroupement sont venus toutefois de la fraction la plus aisée du monde rural. L'Union centrale des syndicats agricoles de France qui rassemble au début du siècle environ 1 400 organisations avec 500 000 adhérents (un million à la veille de la guerre), est tenue par les « agrariens », ces grands propriétaires nobles ou bourgeois dont Pierre Barral a étudié la place qu'ils ont occupée pendant trois quarts de siècle dans la société française (*Les agrariens français de Méline à Pisani*, Paris, Colin, 1968), et qui ont mis en place, pour reprendre l'heureuse expression de l'Américain Gordon Wright, un véritable « *syndicalisme des ducs* » (*La révolution rurale en France*, Paris, Colin, 1967), d'inspiration cléricale et paternaliste. Proche au contraire des républicains, la Fédération nationale de la mutualité et de la coopération agricole regroupe depuis 1910 des organisations animées par des représentants de cette nouvelle génération de notables évoquée plus haut : médecins, avocats, vétérinaires, etc. Elle compte environ 600 000 adhérents en 1914 et professe une grande modération.

Un troisième type d'organisations syndicales fait son apparition au cours des quinze années qui précèdent la guerre, celui-ci directement influencé par le socialisme ou par la démocratie-chrétienne. Il recrute ses troupes, encore peu nombreuses (quelques dizaines de milliers d'adhérents en 1914), dans les rangs des métayers de l'Allier (où se crée en décembre 1905 une « Fédération des travailleurs de la terre » dont Émile Guillaumin dirige le journal : *Le travailleur rural*) et des Landes, et surtout parmi les ouvriers agricoles, en particulier dans le Midi viticole (15 000 cotisants en 1903 dans la « Fédération des travailleurs agricoles et partis similaires du Midi »). De culture ouvrière, la CGT et la SFIO ont dans l'ensemble marqué un intérêt peu soutenu pour la question paysanne : cela n'a pas empêché certaines régions — le Midi viticole, la bordure du Massif central, le Sud-Ouest aquitain —, de transférer une partie de leurs voix des radicaux sur le jeune Parti socialiste.

Notons encore, pour conclure sur le monde rural, que même dans les régions riches et dans les couches relativement aisées, la prospérité paysanne repose souvent sur une véritable exploitation de la femme, qui doit assurer à la fois les soins aux enfants, les tâches ménagères et une part importante des travaux de la terre, ainsi que des adolescents, mis au travail dès leur treizième année.

Prolétariat urbain et classes moyennes

La France ne comptait en 1815 que 15 % de citadins résidant dans des villes de dimensions modestes. Un siècle plus tard, cette situation a radicalement changé du fait de la révolution industrielle et de l'exode rural concomitant. On compte en effet à la veille du premier conflit mondial 16 villes dépassant 100 000 habitants et l'on estime que 44 % des Français vivent dans des agglomérations de plus de 2 000 âmes. Marseille a maintenant 550 000 habitants, Lyon plus de 500 000 — soit pour ces deux villes une population multipliée par cinq en un siècle —, Lille et Bordeaux plus de 200 000. La croissance des grandes villes est toutefois moins forte que dans d'autres pays européens, le Royaume-Uni et l'Allemagne par exemple où l'on dénombre respectivement 43 et 45 agglomérations de plus de 100 000 habitants. Paris cependant compte désormais près de 2 900 000 habitants, plus de 4 millions avec sa banlieue, et a vu ses effectifs croître surtout entre 1830 et 1870, ce qui n'a pas été sans poser d'énormes problèmes d'installation, d'insertion, ou simplement de survie aux nouveaux arrivants. Au début du XXe siècle, ceux-ci ne sont pas complètement résolus, de même que ne sont pas globalement éliminées les graves difficultés qui tiennent à la condition matérielle des classes populaires urbaines. On enregistre néanmoins, dans cette fraction du corps social, une lente mais sensible amélioration.

Ces classes populaires urbaines forment une masse composite de 10 à 12 millions de personnes tout aussi hétérogène que le monde rural. Le noyau dur en est constitué par les salariés, autre nébuleuse dépourvue d'homogénéité sociale au sein de laquelle se dessinent plus nettement les contours d'une « classe ouvrière » dont les effectifs sont en pleine croissance au début du siècle. Après le tassement enregistré pendant la phase dépressive qui prend fin aux alentours de 1896, ils augmentent au cours des quinze années suivantes de 1 300 000 unités pour le seul secteur des ouvriers d'industrie.

Ces derniers ne représentent en effet qu'une fraction, la plus importante certes et la plus concentrée, de la classe ouvrière : 3 385 000 personnes en 1906 sur un total de 5,3 millions d'ouvriers. Les autres appartiennent au secteur des services (911 000), à celui des ouvriers à domicile (790 000), ou figurent dans les statistiques dans la catégorie des chômeurs (150 000) et des ouvriers de l'État (75 000). Sur ce total, la répartition par unités de production trahit une concentration encore modeste de l'industrie française par rapport à ses homologues allemande et américaine. Bien que le nombre des employeurs ait diminué de 43 % depuis le Second Empire, tandis que celui des salariés augmentait de 80 %, l'entreprise garde dans l'ensemble un gabarit modeste : en 1906 la moyenne est de 711 salariés par entreprise dans la métallurgie, 449 dans les mines, 96 dans la verrerie, mais le tiers des salariés français travaille dans des unités de moins de 10 ouvriers et l'on compte seulement 1 % d'entreprises employant plus de 50 ouvriers.

*Répartition des ouvriers
selon la dimension des établissements en 1896*

	Nombre d'établissements	Nombre d'ouvriers	Pourcentage des ouvriers
Établissements occupant			
de 1 à 4 salariés	489 970	806 627	25,91
de 5 à 50 salariés	78 105	913 976	29,34
plus de 50 salariés	7 456	1 392 000	44,75
Total	575 531	3 112 603	100

Ces distinctions sont importantes car la condition ouvrière, évaluée en termes d'horaires de travail, de salaire, de sécurité, voire de convivialité varie énormément selon que le salarié appartient à une petite, moyenne ou grande entreprise. Elle peut également varier dans des proportions considérables d'une branche à l'autre, d'une profession à l'autre et d'une région à une autre.

La législation en vigueur fixe, il est vrai, un cadre juridique qui est en principe le même pour tous mais qui est loin d'être toujours respecté. Des textes précis réglementent les conditions d'emploi et les horaires de travail en fonction du sexe et de l'âge des employés. La loi de 1892 porte ainsi l'interdiction du travail des enfants de 12 ans à 13 ans et réduit l'horaire à 10 heures pour les moins de 16 ans (avec plusieurs coupures dans la journée). La « loi Millerand », votée en mars 1900 prévoit de ramener par étapes à 10 heures en 1904 la durée du travail dans les ateliers mixtes. Un texte de 1905 réduit celle du mineur à 8 heures, un autre plus ancien (1874) interdit le travail de nuit aux garçons jusqu'à 16 ans, aux filles jusqu'à 21 ans et déclare illégal le travail souterrain pour les personnes du sexe féminin. L'obligation du repos hebdomadaire, supprimée en 1880 et rétablie en 1889 pour certaines catégories, est généralisée en 1906 pour tous les ouvriers et employés. Enfin, la loi du 9 avril 1898 rend le patron responsable des accidents du travail et prévoit l'indemnisation du travailleur accidenté, celle du 5 avril 1910 institue les retraites de vieillesse financées à part égale par le salarié et par l'employeur, avec un complément fourni par l'État.

Ces dispositions, on s'en doute, sont régulièrement tournées, souvent avec la complicité tacite des travailleurs qui redoutent des représailles patronales, cherchent à arrondir leur salaire ou se sentent simplement solidaires de l'entreprise, par exemple en période d'urgence des commandes (on peut travailler jusqu'à 15 heures par jour dans les ateliers de couture parisien). Là où le contrôle est difficile et où sévit l'embauche sauvage de travailleurs étrangers — c'est le cas dans les raffineries de sucre de la région parisienne, dans les verreries de l'Est, dans les huileries marseillaises —, les impératifs d'horaire et les conditions de sécurité sont complètement ignorés. Néanmoins la création de la Direction du travail et de la prévoyance sociale, la réorganisation du Conseil supérieur du travail et la mise en place d'un corps d'inspecteurs du travail par Millerand, lors de son passage au ministère du Commerce et de l'Industrie dans le cabinet Waldeck-Rousseau vont permettre de généraliser les contrôles et de mieux appliquer les textes en vigueur.

Depuis le milieu du XIXe siècle, le niveau de vie de la classe ouvrière s'est lentement mais sensiblement amélioré sous le double effet de l'enrichissement général et de la lutte menée par les travailleurs. De 1850 à 1880, le salaire réel (tenant compte de l'évolution du coût de la vie) a augmenté de 25 à 30 %. Il s'accroît de plus de 50 % au cours des trois décennies suivantes, ce qui se traduit par une amélioration de l'alimentation — on mange davantage de pain blanc, de viande, de sucre — et de l'habitat, encore que beaucoup de familles ouvrières vivent toujours au début du siècle dans des logements insalubres, exigus, mal éclairés, mal chauffés et éloignés du lieu de travail. Selon une enquête menée en 1906-1908 par le docteur J. Bertillon, 62 % des Français peuvent être considérés à cette date comme « mal logés » : 36 % habitent des logements « insuffisants » et 26 % des logements « surpeuplés » (plus de 2 personnes par pièce, la cuisine étant comptée comme une pièce).

De manière globale, les salaires, nous l'avons vu, ont augmenté sensiblement. Mais les données moyennes ne rendent compte ni des variations dans le temps, qui peuvent être importantes dans les activités saisonnières, en période de basse conjoncture ou lorsque l'employeur a à sa disposition des travailleurs de rechange — chômeurs, femmes, étrangers — plus enclins que les autres à accepter de médiocres rémunérations, ni des disparités sectorielles et régionales. Elles doivent d'autre part être rapportées aux horaires effectivement accomplis et au nombre de jours chômés. Ainsi, si l'ouvrier imprimeur, l'ébéniste ou le maçon parisiens gagnent en 1911 entre 0,80 et 1 franc de l'heure, leurs homologues ne perçoivent pour un travail identique que 0,40 ou 0,50 franc en province, le tailleur et le cordonnier entre 0,30 et 0,40 franc, le tisserand de 25 à 30 centimes. Et à travail égal les femmes touchent de 25 à 50 % de moins. Avec 600 ou 700 francs par an, en général pour un travail exténuant, nombre d'entre elles ne peuvent prétendre qu'à compléter le salaire d'un époux ou d'un fils adulte non marié : qu'elles se retrouvent seules et les voici plongées dans une misère extrême.

Mieux payés, mieux nourris, un peu moins mal logés qu'à l'époque du Second Empire, les ouvriers d'usine et les travailleurs à domicile ont dans l'ensemble cessé d'être ces « immigrés de l'intérieur » que la dure loi du libéralisme sauvage condamnait à vendre à un prix toujours plus bas leur force de travail et celle de leur famille. Le changement économique aidant, leur sort s'est rapproché de celui des ouvriers des « vieux métiers » et autres représentants d'un artisanat souvent en perte de vitesse par rapport aux progrès enregistrés par la grande industrie. Il en résulte, pour les uns et les autres, une lente modification de leur statut social. Ils tranchent moins avec les autres citadins. Ils cherchent fréquemment à imiter la petite bourgeoisie dans son habillement, dans son mobilier et dans ses distractions. Bénéficiaire lui aussi des progrès de l'enseignement élémentaire, l'ouvrier des villes lit le journal et l'almanach. Il profite de son jour de congé hebdomadaire pour cultiver un bout de jardin, pour fréquenter le « café concert » ou les guinguettes de la périphérie urbaine, ou encore pour conduire sa famille à la campagne. Il ne dispose cependant ni de congés payés, ni de couverture sociale — en dehors de celle que peuvent lui assurer les sociétés de secours mutuel, subventionnées ou non par l'État et les collectivités locales (4,5 millions de cotisants en 1913) —, et il doit souvent livrer de dures batailles pour préserver ou consolider les conquêtes du mouvement ouvrier.

Ce mouvement ouvrier n'est pas né avec la IIIe République. À la fin du XIXe siècle, il a derrière lui une longue histoire, ponctuée d'épisodes sanglants dont les plus dramatiques ont eu pour théâtre la capitale, en juin 1848 et en mai 1871. Après ce dernier événement, les organisations ouvrières ont mis une bonne quinzaine d'années à se reconstituer et à se doter d'une nouvelle élite dirigeante. La loi Waldeck-Rousseau, votée en mars 1884, leur permet de prendre un nouveau départ et de sortir de la semi-clandestinité dans laquelle elles se trouvaient placées depuis la répression de la Commune. Abrogeant la loi Le Chapelier qui interdisait depuis 1791 les coalitions professionnelles, elle autorise les travailleurs à se grouper en syndicats, à charge pour eux de déposer leurs statuts et d'indiquer les noms de leurs dirigeants.

Depuis cette date, le mouvement ouvrier s'est organisé autour de deux pôles distincts (en dehors des aspects plus strictement *politiques* examinés dans le chapitre suivant) : celui de la « Fédération nationale des syndicats », constituée en 1886, indirectement liée au socialisme et proche par conséquent du modèle allemand, et celui, beaucoup plus original des

« Bourses du Travail ». Animées par Fernand Pelloutier, un ancien élève du petit séminaire de Guérande originaire d'une famille monarchiste nantaise, passé du radicalisme au guesdisme, puis au socialisme libertaire, elles regroupent les ouvriers non d'après la profession comme les organisations précédentes, mais d'après le lieu de travail. En 1892 est créée une Fédération des Bourses du Travail qui regroupe une quarantaine d'organisations et environ 400 000 ouvriers : elle est majoritairement libertaire, hostile à l'inféodation du syndicalisme au guesdisme et elle tient la grève générale pour le moyen d'action privilégié de la classe ouvrière.

Entre ces deux bastions du syndicalisme français, les tentatives d'unification n'aboutissent qu'à une fusion partielle avec la création de la CGT (la Confédération générale du travail) en 1895. Pelloutier refuse en effet de noyer sa propre organisation dans une nébuleuse aux structures incertaines et n'acceptera qu'en 1897 la formation d'un Comité confédéral reliant, en leur laissant leur autonomie, les fédérations syndicales et les Bourses du Travail. La CGT ne regroupe donc, dans un premier temps, qu'un petit nombre de syndicats et de cotisants. Toutefois, la mort de Pelloutier en 1901 et la désignation la même année de Victor Griffuelhes comme secrétaire confédéral de la « centrale » ouvrière vont favoriser le rapprochement des syndicats et des bourses, autorisées en 1902 à fusionner dans la CGT, et vont marquer pour celle-ci le point de départ d'un essor qui devient surtout manifeste à partir de 1906.

L'originalité de la CGT française tient d'abord au fait qu'elle a fortement subi l'influence du courant libertaire. Convaincus de l'inefficacité des attentats terroristes, nombre de militants anarchistes ont en effet choisi à la fin des années 1890 d'entrer dans les syndicats et dans les Bourses du Travail afin de leur donner une orientation révolutionnaire (chapitre I). La personnalité de quelques dirigeants de haut vol joue dans le même sens — l'ancien blanquiste Griffuelhes, du syndicat des cuirs et peaux, l'ancien guesdiste Merrheim, secrétaire en 1909 de la Fédération des métaux, Pierre Monatte, animateur des syndicats de mineurs et fondateur de *La Vie ouvrière*, Émile Pouget passé lui aussi de l'anarchisme au syndicalisme révolutionnaire et devenu au début du siècle rédacteur en chef de *La Voix du peuple*, etc. —, et l'influence exercée sur un certain nombre de militants par le théoricien de la grève générale révolutionnaire, Georges Sorel, ancien polytechnicien et principal représentant en France d'un révisionnisme marxiste d'inspiration nettement gauchiste.

Autre trait spécifique du syndicalisme français, d'ailleurs fortement relié au premier, son indépendance à l'égard des organisations politiques.

Tel est le sens de la décision prise à la quasi-unanimité des délégués par le Congrès d'Amiens d'octobre 1906 : les organisations syndicales n'ont pas « *à se préoccuper des partis et des sectes, qui, en dehors et à côté, peuvent poursuivre, en toute liberté, la transformation sociale* ». En même temps, la « Charte d'Amiens » définit une stratégie offensive du mouvement syndical. « *Il prépare*, précise-t-elle, *l'émancipation intégrale qui ne peut se réaliser que par l'expropriation capitaliste ; il préconise comme moyen d'action la grève générale et il considère que le syndicat, aujourd'hui groupement de résistance, sera dans l'avenir le groupe de production et de répartition, base de la réorganisation sociale.* »

Cette stratégie révolutionnaire, élaborée en un moment où la tension était déjà très vive entre les syndicalistes, le patronat et le gouvernement — la catastrophe minière de Courrières, qui a fait 1 100 morts en mars 1906 a provoqué la colère des mineurs, soutenus par la CGT, et Clemenceau alors ministre de l'Intérieur a fait arrêter préventivement Griffuelhes à la veille du 1er mai —, débouche entre 1907 et 1909, sur des grèves violentes (électricité et ouvriers du bâtiment dans la région parisienne, mineurs, postiers, instituteurs, etc.), énergiquement réprimées par le ministère Clemenceau, et des affrontements sanglants.

En juin 1907, c'est la « révolte des gueux », qui a pour théâtre le Languedoc viticole et dont le principal épisode est la mutinerie du 17e régiment d'infanterie. En juillet 1908, de graves incidents à Draveil et à Villeneuve-Saint-Georges, dans lesquels Clemenceau engage la troupe, font plusieurs morts et des centaines de blessés. Choisissant, au nom de la défense de la légalité républicaine, d'être le « premier flic de France », le chef du gouvernement fait arrêter les principaux dirigeants de la CGT, tandis que celle-ci brandit l'étendard de la grève générale. « *C'est la guerre !* » titre l'organe du courant révolutionnaire de l'organisation socialiste. Mais la grève générale échoue et le mouvement retombe vite.

Après son échec, suivi en février 1909 de la démission de Griffuelhes, remplacé quelques mois plus tard par Léon Jouhaux, la CGT va s'orienter vers des positions plus réformistes. En 1914, sur le million de cotisants que rassemble le mouvement syndical (9 % des salariés contre 25 % en Grande-Bretagne, 28 % en Allemagne, 11 % en Italie), 700 000 environ sont à la CGT. Les autres se répartissent entre un embryon de syndicalisme chrétien (surtout représenté parmi les employés), et une poussière de syndicats locaux qui rassemblaient encore quelques années plus tôt la majorité des adhérents. Quant aux « *syndicats jaunes* » qui s'étaient constitués au début du siècle, d'abord parmi les mineurs d'Anzin et de Montceau-les-Mines, puis chez les sidérurgistes du Creusot et de Lorraine, enfin dans le Nord, dans l'Ouest et dans la région parisienne, s'ils ont un moment rassemblé autour de Pierre Biétry (un horloger de Belfort devenu député de Brest en 1906) une centaine de milliers d'adhérents, leurs liens manifestes avec le patronat ont fait qu'ils ont à peu près complètement disparu après la poussée révolutionnaire de 1906-1909. Leur éphémère et très relatif succès trahit simplement l'attraction exercée sur une partie du monde ouvrier, comme de la petite bourgeoisie citadine (le mouvement de Biétry et Lanoir recrute une partie de ses troupes chez les cafetiers, limonadiers, bouchers, restaurateurs, porteurs de journaux et chez les professeurs de l'enseignement libre), par le nationalisme ambiant, le syndicalisme « *jaune* »[1] se définissant par réaction à l'internationalisme et à *l'« invasion étrangère »*.

L'essor des villes et la complexité croissante des rouages de l'économie et de l'administration se sont accompagnés du développement des *classes moyennes*. Terme vague, autant que celui de *« couche sociale nouvelle »* employé par Gambetta dans son fameux discours de Grenoble, en 1872, et qui recouvre une réalité sociologique complexe dont l'effectif global peut être évalué à 5 millions de foyers : 4,5 millions appartenant à la population active et 500 000 petits rentiers, vivant du produit de leur épargne ou du revenu d'un modeste héritage.

Les limites de cette nébuleuse sont par définition difficiles à cerner. En effet, si les classes moyennes se distinguent du monde ouvrier et paysan, ainsi que des couches « supérieures » de la société, c'est moins par le niveau de leurs revenus — un commis de magasin ou un employé de bureau peut disposer d'un salaire inférieur à celui d'un ouvrier qualifié — que par le métier exercé, le mode de vie et surtout la volonté hautement affichée de ne pas être assimilées aux prolétaires.

« Bourgeois », les représentants de ces catégories sociales le sont un peu. Du moins s'efforcent-ils de le paraître et de le devenir, en faisant accéder leur famille à cette classe par un patient effort d'ascension où entrent l'accumulation du capital, des stratégies matrimoniales visant à accroître les revenus et les biens et surtout à faire s'élever leurs enfants dans la hiérarchie des statuts sociaux, l'éducation enfin qui reste, nous l'avons vu, à la veille de la guerre — du moins au niveau des

---

[1] Le mot lui-même a l'origine suivante. Au cours d'un mouvement de grève à Montceau-les-Mines, en 1899, des membres du syndicat non gréviste — le syndicat n° 2 — avaient été attaqués dans le café où ils tenaient leurs réunions par des mineurs grévistes. Ces derniers ayant brisé à coups de pierres les vitres du local, les assiégés les remplacèrent par des feuilles de papier jaune. Dès lors le local du syndicat n° 2 devint le siège du *« syndicat jaune »* et ses membres reçurent le surnom injurieux de « jaunes », revendiqué ensuite comme un titre de gloire par les syndicats *« indépendants »*.

enseignements secondaire et supérieur — un quasi-monopole de la bourgeoisie.

Leurs origines sont extrêment variées. Il existe tout d'abord une petite bourgeoisie rurale, qui se différencie difficilement du monde paysan. Même riche, l'agriculteur qui continue d'exercer sa profession reste un homme de la terre. Il peut commander à une légion de valets de ferme et de journaliers, posséder un domaine important et plusieurs maisons, faire de son fils un prêtre, un instituteur ou un sous-officier de carrière et marier sa fille à un petit notable, il n'en demeure pas moins lui-même un rural. En revanche, s'il loue son domaine à un fermier pour aller s'installer en ville et vivre du revenu de ses terres, il devient un rentier du sol, donc un petit bourgeois, première étape, pour certains, d'un parcours social qui peut conduire l'ancien paysan « parvenu » à la fortune, aux honneurs et à la considération intéressée de « notables » désargentés, en quête d'une bru largement dotée.

Mais c'est surtout avec les mutations technologiques et économiques de la seconde révolution industrielle que se sont développées ces catégories intermédiaires. Certaines d'entre elles reproduisent, à la charnière du XIXe et du XXe siècle, le modèle traditionnel de l'artisanat et de la boutique, mais les différences de revenus, de localisation géographique, de considération sociale attachée à telle profession plutôt qu'à telle autre, font que cette appellation recouvre une fois encore des situations extrêmement variées. Entre un petit patron d'industrie exerçant son activité dans une branche réputée « noble » (ébénisterie, imprimerie) et un tenancier d'estaminet installé dans un quartier populaire (il y a en France, en 1910, 480 000 débits de boisson), la distance sociale est grande, de même qu'entre un riche meunier et un épicier de village.

D'autres catégories sont plus directement liées aux changements apportés par l'industrialisation de la France, la concentration du capital et le gonflement du secteur administratif : fonctionnaires modestes (on dénombre en 1914 120 000 instituteurs, autant de postiers et de militaires de carrière de rang subalterne), employés du commerce et des activités de service (banque, assurances, chemins de fer, éclairage public, voierie, etc.), contremaîtres d'industrie, techniciens, etc. Les niveaux de rémunération sont eux aussi extrêmement variés. Un instituteur gagne annuellement 2 500 francs en fin de carrière et un facteur parisien un peu plus de 2 000 francs, moins qu'un compagnon ébéniste ou un ouvrier forgeron, mais il bénéficie d'une pension de retraite et de la sécurité de l'emploi (à condition de ne pas être révoqué pour fait de grève comme le seront plusieurs centaines de postiers en 1909). Un capitaine chargé de famille a une solde de 5 000 francs par an, alors qu'un agrégé parisien gagne plus de

9 000 francs en fin de carrière, un professeur d'université 15 000 francs ce qui lui permet de figurer parmi les représentants de la « bonne bourgeoisie » (il est vrai qu'il n'y en a guère plus d'un millier en 1910, pour toute la France et toutes disciplines confondues !)

Seule une minorité de représentants des classes moyennes peut se permettre de « vivre bourgeoisement ». Cela implique à la fois un minimum de revenus et une « éducation » qui n'est pas seulement intellectuelle mais relève de l'apprentissage d'un code social compliqué qui cherche moins à développer le mérite personnel des individus qu'à les « classer ». Les règles en sont parfois difficilement déchiffrables. Jean-Baptiste Duroselle fait ainsi remarquer que si l'on apprend en France au jeune enfant que l'on veut initier aux « bonnes manières » qu'il doit, lors des repas tenir les mains *sur* la table, en Angleterre on lui enseigne exactement le contraire (*op. cit.*, p. 75).

En général les membres de ces catégories sociales intermédiaires ne se distinguent des ouvriers les mieux payés que par de meilleures conditions de logement et d'alimentation — sauf quand il leur faut économiser sur la nourriture pour « tenir leur rang », ce qui est le cas par exemple de ces « prolétaires en col blanc » que sont les employés de commerce —, davantage de loisirs et surtout par un souci de différenciation qui se traduit au niveau de l'apparence vestimentaire, du langage, du mobilier et de pratiques éducatives empruntées à la « bonne société ». Pour les filles par exemple, l'apprentissage du piano tend à devenir un véritable « brevet de bourgeoisie ».

Enfin leurs choix politiques, quand ils ne sont pas franchement « réactionnaires » — par crainte d'une prolétarisation favorisée par les grandes mutations de l'ère industrielle — les inclinent moins vers le socialisme que vers les idéaux démocratiques et progressistes qu'incarne au début du XXe siècle le Parti radical.

La Raison et la Foi

La seconde moitié du XIXe siècle a été marquée en France par le triomphe du rationalisme hérité de l'idéologie des Lumières. Pendant au moins trente ans, le positivisme comtien a dominé la conception du monde professée par l'élite dirigeante et reposait à la fois sur les progrès indéfinis de la science et sur l'idée d'une perfectibilité infinie des sociétés humaines. Après Auguste Comte (mort en 1857), Renan — dont *L'Avenir de la Science*, écrit 40 ans plus tôt paraît en 1890 — et Taine, pour qui il ne peut être accordé de crédit *« qu'à l'observé, à l'expérimenté et au démontré »*, sont les grands prêtres d'une religion « scientiste » et « positive » qui imprègne à la fin du siècle toute la culture de la République triomphante, inspire son projet scolaire et nourrit la réflexion des grands maîtres de l'Université : un Lavisse en histoire, un Vidal de la Blache en géographie, un Théodule Ribot, père de la psychologie expérimentale et surtout un Durkheim en sociologie, véritable fondateur d'une « science des mœurs » libérée des impératifs catégoriques et reliant les obligations morales aux « faits sociaux » perçus comme existant en dehors des consciences individuelles.

La domination de l'école positiviste et scientiste continue de s'exercer au début du XXe siècle à tous les niveaux du système éducatif français. On en trouve trace aussi bien dans les programmes et les manuels de l'enseignement du premier et du second degré, que dans les livres les plus fréquemment décernés comme « prix » aux élèves des écoles et des lycées — Jules Verne publie ses derniers livres en 1896-1897 et meurt en 1905 mais son œuvre domine la « littérature pour la jeunesse » jusqu'à la guerre et au-delà — et dans les cours dispensés en Sorbonne par les maîtres déjà cités ou par leurs disciples, un Lévy-Brühl par exemple en sociologie, auteur en 1900 de *La Philosophie d'Auguste Comte* et surtout en 1903 de *La morale et la science des mœurs* qui s'inscrit dans le droit fil de la pensée dürkheimienne. La Sorbonne, le Collège de France, l'Institut, sont les bastions de cette philosophie officielle.

Pourtant un décalage apparaît dès la dernière décennie du XIXe siècle entre le culte de la raison et du progrès, qui nourrit la pensée universitaire et imprègne la culture politique des républicains — opportunistes ou radicaux — comme celle de la plupart des socialistes, et un « air du temps » qui ne relève pas seulement d'un rejet par lassitude de l'idéologie dominante mais s'inscrit dans une crise de civilisation qui dépasse de beaucoup les frontières de l'hexagone.

On assiste en effet, dans un contexte de rapide mutation économique et sociale caractéristique de la seconde révolution industrielle, à une contestation d'abord marginale, puis de plus en plus répandue, du rationalisme sur lequel avaient reposé les conceptions philosophiques de l'élite intellectuelle depuis le XVIIIe siècle. Cette crise n'est pas limitée à la France mais elle est ressentie d'autant plus fort dans notre pays que celui-ci a la prétention d'être, plus que tous les autres, la « Patrie des Lumières », et elle est d'autant plus grave qu'elle s'accompagne d'une remise en cause de la façon dont le monde apparaît aux savants, voire de la science elle-même. Jusqu'en 1890, l'édifice déterministe sur lequel étaient établies toutes les connaissances scientifiques demeurait à peu près inattaqué. Dans les quinze années qui suivent, il subit au contraire une série d'assauts qui en ébranlent fortement les fondations. Les travaux de pointe des physiciens bouleversent les conceptions traditionnelles concernant l'espace, le temps et la matière et les théories qu'ils élaborent, et qui nient l'absolu, la stabilité et la continuité des choses, portent un coup très dur à la foi dans la science, bienfaitrice de l'humanité et instrument du progrès des sociétés humaines. Romain Rolland évoquera « *le tremblement de terre des années 1900* » et « *les éruptions de pensée qui bouleversèrent l'esprit du siècle commençant* », tandis que le mathématicien Henri Poincaré admet que « *la science sera toujours imparfaite* », qu'elle n'est qu'« *une classification, une façon de rapprocher les faits que les apparences séparent* » (*La Valeur de la Science*, 1906).

La religion scientiste se trouve donc fortement ébranlée. Cela n'aboutit pas, la plupart du temps, à nier la science et à en proclamer la faillite. Simplement, on cherche moins à tirer d'elle des vérités absolues qu'à s'en servir comme d'un outil de progrès en mettant l'accent, comme le font les pragmatistes (en France, A. Rey, E. Le Roy, M. Pradines, L. Laberthonnière), sur l'utilité concrète du savoir. Surtout, c'est le déterminisme scientifique qui est remis en cause, et ceci au profit de l'affectivité et du culte de l'action.

Si la pensée de Nietzsche constitue, à l'échelle européenne, le brûlot le plus destructeur lancé contre le rationalisme et l'intellectualisme, en France où la réaction a commencé avec les écrits de Lachelier, de Renouvier et de son école « néo-criticiste » (Cf. *Le Personnalisme*, 1902), d'Émile Boutroux (*Science et religion dans la philosophie contemporaine*, 1908), les coups les plus rudes sont portés par Bergson. Lorsque commence le siècle, cet ancien condisciple de Jaurès à l'Ecole normale supérieure de la Rue d'Ulm (il est reçu premier à l'agrégation de philosophie en 1881, devançant le futur député de Carmaux) vient d'être élu au Collège de France. En 1889, il a publié son *Essai sur les données immédiates de la conscience* — sa thèse de doctorat — qui n'a pas tardé à révolutionner la philosophie de la connaissance en donnant un nouveau contenu à la notion d'intuition. En 1907, il aborde dans *L'Évolution créatrice* le problème de la vie, et s'il adopte l'hypothèse transformiste c'est pour rejeter aussitôt avec vigueur les conceptions mécanistes et positivistes.

En plaçant à l'origine de l'évolution des espèces un « *élan vital* » issu d'une conscience qui s'efforce de surmonter les résistances de la matière pour en faire un instrument de liberté, Bergson nie le caractère inéluctable des lois de l'évolution. Autrement dit, en même temps qu'il admet l'existence d'une puissance créatrice qui dépasse l'homme — ce qui est une manière de réhabiliter à la fois Dieu et l'instinct —, il reconnaît à l'espèce humaine et aux individus qui la composent une possibilité de libre choix qui leur permet d'échapper aux lois absolues du déterminisme. L'influence de Bergson est considérable et tout aussi ambivalente que celle de Nietzsche, en ce sens qu'elle s'étend aussi bien aux pragmatistes et à nombre d'artisans du renouveau spiritualiste qu'à Georges Sorel et à ses disciples « préfascistes ».

En effet, si les thèses bergsoniennes heurtaient de front à la fois les héritiers du criticisme kantien et les positivistes, elles débouchaient chez l'auteur de *Matière et mémoire* (1896) sur une conception profondément humaniste. Toutefois, détachées de leur contexte et mal assimilées, les notions d'élan vital, d'évolution créatrice et d'intuition — conçue comme une force profonde s'opposant à l'intelligence rationnelle — allaient apporter avant et après la guerre un outillage conceptuel sommaire aux théoriciens du nationalisme, de l'impérialisme et plus tard du fascisme. En tout cas, elles arrivaient à un moment où toute une fraction de la classe dirigeante, rompant avec sa propre culture, accueillait assez favorablement la réaction antipositiviste, la Raison et le Progrès si longtemps célèbres devenant à ses yeux des obstacles à ses ambitions conquérantes (le darwinisme et les philosophies vitalistes se prêtant mieux à la réalisation du projet impérial) et à son souci de préserver le statu quo social. « *Les femmes 'du monde'*, écrit Georges Dupeux, *qui se pressaient aux cours que Bergson donnait au Collège de France n'avaient sans doute pas la culture philosophique requise pour saisir la portée des leçons du maître ; mais leur présence, le snobisme aidant, témoignait de l'importance du nouveau climat* » (*La société française, 1789-1960, op. cit.*, p. 192).

Les assauts dirigés contre le rationalisme et le positivisme s'accompagnent-ils d'un réveil religieux susceptible de faire obstacle à la déchristianisation de masse observée depuis le milieu du XIXe siècle ? En fait, si le réveil religieux est indéniable, et s'il prend surtout la forme d'un retour en force du mysticisme, il n'affecte, semble-t-il, que des catégories bien circonscrites, aussi bien dans l'élite que dans les couches populaires et il est clair qu'il ne modifie pas radicalement, en termes de pratique religieuse, la tendance de longue durée.

Curieusement, il coïncide avec le désir manifesté par un certain nombre d'intellectuels catholiques, d'adapter la doctrine de l'Église aux données de la science moderne. Certes, une fois encore, la crise « moderniste » qui touche à la charnière du XIXe et du XXe siècle une partie de l'intelligentsia catholique n'est pas limitée à la France mais, comme l'écrit Roger Aubert, celle-ci en constitue « l'épicentre » (*Nouvelle Histoire de l'Église. 5/ L'Église dans le monde moderne*, Paris, Seuil, 1975, p. 206). C'est en effet dans l'hexagone que se manifeste le plus tôt et de la manière la plus forte la contestation moderniste, menée par des hommes comme le philosophe pragmatiste Édouard Le Roy, l'écrivain Alfred Loisy, professeur à l'Institut catholique, le théologien oratorien Lucien Laberthonnière (doctrinaire de l'«immanence» dans ses *Essais de philosophie religieuse*, 1903), ou le père Marcel Hébert, directeur de l'école Fénelon. Les uns et les autres entreprennent en effet dans le domaine de la philosophie religieuse, de l'exégèse biblique, de l'histoire du dogme, des recherches qui, fortement imprégnées d'esprit positiviste, appliquent aux Écritures les lois de la critique historique et finissent par interpréter les dogmes, non plus comme des vérités absolues et immuables, mais comme d'utiles symboles.

Ce courant «moderniste», s'il traduit une contamination de la pensée religieuse par l'idéologie dominante (à un moment où celle-ci se trouve elle-même battue en brèche), est cependant le fait d'individus isolés ou de groupes restreints. Il en est de même des idées démocrates-chrétiennes qui se développent dans la mouvance des cercles d'études animés par Marc Sangnier et autour de sa revue, *Le Sillon*, constituant un mouvement très militant auquel la hiérarchie catholique reproche moins son «modernisme» (il est en effet plutôt caractérisé par un attitude mystique) que son «démocratisme» et son indépendance à l'égard de l'Église. En fait, dès la fin du règne de Léon XIII, s'amorce une réaction qui s'affirme avec le pontificat de Pie X. Tandis que le pontife condamne solennellement en 1907 les erreurs des modernistes et les exclut du sacerdoce et de l'enseignement dans les séminaires, puis met fin en 1910 à l'entreprise sillonniste, il se développe dans l'Église un courant intégriste qui se réclame de l'intégrité de la foi et proclame son horreur de toute nouveauté.

Ce renouveau de la foi et des valeurs traditionnelles, s'opposant au culte de la raison et de la science, s'accompagne d'une poussée de mysticisme qui se manifeste à divers niveaux. Déçus par le positivisme, de nombreux intellectuels se tournent vers la religion. C'est le cas de François Coppée et de J.-K. Huysmans, de Ferdinand Brunetière et de Claudel, de Péguy surtout, passé du socialisme au mysticisme chrétien et en qui se mêlent étroitement la foi religieuse et l'amour de la Patrie. Se convertissent également un Francis Jammes, un Ernest Psichari, un Max Jacob, un Jacques Maritain, beaucoup d'autres jeunes intellectuels encore ou de peintres, comme Rouault. Dans la retombée de la vague moderniste ou en opposition militante à celle-ci, s'épanouit d'autre part un courant spiritualiste chrétien dont le principal représentant est Maurice Blondel, professeur à la faculté d'Aix et qui place l'action au centre de la vie spirituelle et intellectuelle des individus.

Mysticisme donc au niveau des élites, chez ces « *étranges canards couvés par des pères rationalistes* » évoqués par Madeleine Rébérioux (*La République radicale, 1898-1914*, Paris, Seuil, *Nouvelle Histoire de la France contemporaine*, 11, 1975) mais aussi à l'échelle des masses comme en témoignent la persistance au début du siècle de la dévotion au Sacré-Cœur, les progrès enregistrés dans les couches populaires par le culte de la Vierge et des saints, le succès croissant des pèlerinages, à Rome et surtout à Lourdes, la multiplication des associations de piété, etc. Certes, Jean-Marie Mayeur le souligne déjà pour la période immédiatement antérieure (*Les débuts de la IIIe République, 1871-1898*, Paris, Seuil, *Nouvelle Histoire de la France contemporaine*, 10, 1973, pp. 139 sq.), il n'y a pas globalement de reconquête chrétienne et dans l'ensemble le mouvement séculaire de déchristianisation se poursuit, mais il se trouve freiné, voire inversé ponctuellement, dans les régions où la pratique est demeurée vigoureuse : l'Ouest (surtout Morbihan, Maine-et-Loire, Vendée), la Flandre intérieure, le sud du Massif central et les Alpes du Nord. Et surtout la vitalité religieuse et la ferveur des fidèles ont augmenté dans ces pays de chrétienté. Ailleurs, dans les régions de simple conformisme saisonnier et dans celles où la pratique a fortement baissé depuis le début du XIXe siècle (Bassin parisien, Midi méditerranéen, Massif central, Aquitaine), l'évolution est à peine ralentie. Autrement dit, si renouveau religieux il y a dans la France de la « Belle Époque », il est plus qualitatif que quantitatif. Il renforce les clivages plus qu'il ne les estompe. Il oppose de plus en plus nettement une France radicale, laïque et anticléricale à une France ralliée certes majoritairement à la République depuis que Léon XIII l'a invitée à le faire (Encyclique « Au milieu des sollicitudes », 1892), mais relevant d'un catholicisme intransigeant, peu encline à assumer l'héritage de 89 et qui va s'engager à fond dans la défense de ses congrégations. Bref, il y a là l'un des mobiles profonds de ces « guerres franco-françaises » qui, jusqu'à une date récente, vont périodiquement dresser l'une contre l'autre les deux moitiés de la communauté nationale.

Chez les protestants — ils sont encore 600 000 en France malgré la perte de l'Alsace, calvinistes pour la plupart —, l'opposition est forte également entre « orthodoxes » et « libéraux », mais ici, si les premiers sont les plus nombreux, ce sont les seconds qui l'emportent par leur rayonnement intellectuel et leur influence (dans les milieux économiques, la haute administration, l'Université). Or la bourgeoisie protestante adhère largement au positivisme et au modernisme. Elle a joué un rôle majeur dans le développement en France des idéaux laïcs et républicains, plus proches de sa culture démocratique, anti-hiérarchique, accessibles à la raison et au libre examen, et a puissamment contribué à l'œuvre scolaire de la IIIe République.

Les 80 000 membres de la communauté israélite — dont une cinquantaine de mille résidant à Paris — sont également partagés entre une minorité bourgeoise, libérale, parfaitement assimilée à la société et à la culture françaises, fortement attachée à la République laïque et émancipatrice, et les immigrés récents, venus d'Europe de l'Est. Concentrés géographiquement dans les quartiers parisiens du centre et pratiquant majoritairement des activités artisanales se rattachant à l'industrie du vêtement (ils sont tailleurs, fourreurs, confectionneurs, etc.), ces derniers ont davantage conservé leurs traditions, leurs manières de vivre, de se vêtir, de parler (yiddish), de pratiquer leur religion. Dans le climat xénophobe de l'époque, ils sont les cibles les plus « visibles » d'un antisémitisme qui s'est étendu au cours des deux dernières décennies du XIXe siècle à l'ensemble de la communauté juive et qui est devenu avec l'Affaire Dreyfus l'une des composantes majeures de l'idéologie d'extrême droite en France.

Le foisonnement culturel de la Belle Époque

Les grands courants littéraires et artistiques du début du siècle traduisent à la fois les affrontements idéologiques qui opposent les diverses fractions de la classe dirigeante, et les retombées dans le champ culturel des grandes mutations scientifiques et techniques qui ont accompagné (ou produit) la seconde révolution industrielle.

Il y a d'abord un conformisme culturel des élites façonnées par la République positiviste : par l'école, par l'enseignement public secondaire, par les maîtres de l'Université, par la philosophie dominante et par son progressisme scientiste, majoritaire dans les générations établies et que la réaction spiritualiste commence tout juste à éroder. Il a produit un immense corpus d'œuvres en tout genre que la postérité n'a pu ignorer, dès lors qu'elles lui étaient imposées visuellement — par la monumentalité publique — ou transmises par le truchement de l'institution et de l'édition scolaires, mais qu'elle a longtemps brocardées avant d'admettre que l'art « pompier » et la littérature antiquisante pouvaient aussi, à leur manière, traduire la sensibilité de leur temps. La place légitimement occupée au musée d'Orsay par ce que l'art du XIXe siècle a conçu de plus académique est à cet égard significative.

Académisme et conformisme passent, à la fin du XIXe siècle, par un certain nombre d'institutions que la IIIe République n'a pas inventées, mais auxquelles elle a imprimé son esprit et qui lui fournissent en retour, par Grands Prix de Rome et Prix du Conservatoire interposés, les œuvres dont l'État et les collectivités locales ont passé commande. Les grandes écoles (Beaux-Arts, Conservatoire), la Villa Médicis, les Salons, les concerts des grandes sociétés philharmoniques, les diverses sections de l'Institut, le musée du Luxembourg où figurent de leur vivant les œuvres d'artistes bien en Cour, la Comédie-française pour les auteurs dramatiques en quête de reconnaissance sociale, jalonnent un parcours où se croisent maîtres et disciples dans un commun respect des règles, de la tradition et du « bon goût ».

L'art officiel de la République triomphante ne peut qu'exalter les vertus de la Raison, les conquêtes de la science, les heures de gloire d'une épopée nationale perçue comme initiatrice du progrès humain. Il sera donc « classique » dans son esprit, didactique dans sa destination, réaliste également à un moment où le réalisme a cessé de choquer et répond aux aspirations d'une bonne partie du corps social, éprise de concret et de positivité. Pascal Ory a fort bien montré (Cf. *Histoire des Français, XIXe-XXe siècles*, sous la direction d'Yves Lequin, T. III, *Les citoyens et la démocratie*, Paris, Colin, 1984, p. 230 sq.) comment ces tendances se croisaient et se complétaient dans les diverses manifestations d'un académisme omniprésent, dominé certes par la référence inlassable à l'Antiquité gréco-romaine, mais faisant aussi la part au Moyen Age et à la Renaissance (voir les fresques de la Sorbonne ou *L'excommunication de Robert le Pieux* de J.-P. Laurens), et à la reproduction quasi photographique du réel, telle qu'elle apparaît par exemple dans les toiles d'un Jean Béraud, peintre de l'intérieur et du loisir bourgeois (*Le Cercle*, 1904, *Les abonnés 1907, La partie de billard*, 1909) ou d'un Henri Gervex (*Le Bureau de bienfaisance*), ou encore dans la statuaire d'un Jules Dalou (notamment dans ses petites œuvres d'inspiration naturaliste, comme la très intimiste *Berceuse* du château d'Eaton).

L'inspiration antiquisante, la reproduction, pastichée ou non, du roman, du gothique, des modèles « byzantins » ou renaissance, ne fournissent pas seulement des sujets inépuisables aux concours académiques et aux commandes passées aux artistes officiels. Elles s'inscrivent dans un contexte culturel sur lequel pèsent fortement l'imprégnation des « humanités classiques » et le sentiment qu'ont les hommes de *l'establishment* républicain d'être les dépositaires d'un héritage dont il leur appartient de célébrer les moments les plus glorieux. En témoigne par exemple, dans le Paris du début du siècle, la toute jeune Sorbonne nouvelle, construite entre 1885 et 1901 par Henri-Paul Nénot et décorée par les grandes figures de l'art officiel — Henri Martin, Dagnan-Bouveret, Besnard, Roll, Lhermitte —

et par Puvis de Chavannes, peintre établi lui aussi et à qui n'ont pas manqué les commandes publiques (Panthéon, Hôtel de Ville de Paris, etc.) mais que son ingénuité tient à l'écart des froideurs moroses de l'académisme.

La réaction au conformisme ambiant vient de deux horizons opposés. Tout d'abord de ceux qui rejettent le catéchisme positiviste pour lui en substituer un autre, au nom du retour au spirituel ou de l'exaltation de l'élan vital. Dans le domaine littéraire, les premières années du siècle sont marquées par un repli précipité du naturalisme : ce produit de la science expérimentale appliquée au roman auquel Taine avait assigné comme objet de traiter des sentiments et des idées « *comme on fait des fonctions et des organes* ». Les premiers coups ont été portés de l'intérieur même du « groupe de Médan », par des écrivains qui avaient été les disciples de Zola — J.H. Rosny, Paul Margueritte, Lucien Descaves, signataires, en 1887, du *Manifeste des cinq* contre les excès de la « *littérature véridique* » incarnés à leurs yeux par la publication de *La Terre* — et qui proclament leur volonté de faire sortir l'art littéraire de la « *fange* ». L'évolution s'est ensuite manifestée à travers des auteurs et des œuvres qui ont soit rompu avec le naturalisme pour explorer de toutes autres voies (c'est le cas de Huysmans), soit cherché à infléchir celui-ci dans le sens d'un retour au réalisme flaubertien et à la peinture impitoyable des mœurs de leur temps comme Octave Mirbeau (*Le Journal d'une femme de chambre*, 1900) et Jules Renard. Une veine qui doit plus à Maupassant (mort en 1893 mais toujours beaucoup lu) et aux Goncourt qu'à l'auteur de *L'Assommoir*, lui-même converti à la fin de sa vie (il meurt en 1902) à un messianisme scientiste et progressiste qui tranche avec les sombres tableaux des *Rougon-Macquart* (*Fécondité*, 1899, *Travail*, 1901, *Vérité*, 1903).

Rejet du naturalisme donc, mais non rejet unanime de l'idéologie positiviste qui en a été le support. Anatole France, homme de gauche admiré par la droite pour son classicisme sans faille (« *quand il lance contre les religions révélées les plus radicales attaques*, écrit Pascal Ory, *il est toujours costumé à l'antique* », *op. cit.*, p. 233), véritable gloire nationale entrée de son vivant dans le panthéon littéraire et républicain peut bien dire son agacement des prétentions scientifiques du roman naturaliste et vitupérer la grossièreté lexicale dont il se pare, il n'en est pas moins attaché au patrimoine de raison et de progrès dont se sont réclamés, Zola en tête, les intellectuels dreyfusards. Impressionniste dans sa construction romanesque, subjectif dans sa peinture de l'homme à qui il concède une part nécessaire de mystère, il reste lui-même avant la lettre, comme le héros de son *Histoire contemporaine*, M. Bergeret, un « *homme de bonne volonté* ».

Avec Paul Bourget, l'opposition au naturalisme prend déjà un tout autre sens. Du dandy raffiné et dilettante des années 1880, il ne reste plus grand-chose au début du siècle. L'écrivain est entré à l'Académie française en 1894, à quarante-deux ans et a acquis avec *Le Disciple* (1889) une réputation de moraliste qui va s'affirmer avec *L'Étape* (1903), *Un Divorce* (1904) et *Le Démon de midi* (1914). Ici, autant que le naturalisme, ce sont les idées qui le sous-tendent — le culte de la raison, le positivisme, la démocratie — qui sont mises en cause et avec elles la société qui les a produites. Soucieux de porter remède aux « tares » sociales dont le roman naturaliste s'était délecté, Bourget passera de l'obsession de la décadence à l'idée que seul un retour à la tradition, à la famille, à la religion et à l'ordre moral est susceptible d'enrayer le mal et de rendre à la société contemporaine sa vigueur et sa santé. Un parcours littéraire et politique qui le conduira à côtoyer la famille maurrassienne et qui n'est pas sans rappeler celui de Barrès. Mêmes débuts tapageurs dans le dandysme fin de siècle, même rejet à l'âge mûr de la modernité corruptrice incarnée par la grande cité (c'est le thème des *Déracinés*, premier volet du *Roman de l'énergie nationale*, paru en 1903), et des idées corrosives que le rationalisme a engendrées, même vitalisme enfin débouchant, faute de mieux, sur un retour prosaïque aux valeurs traditionnelles et au conservatisme. Un conformisme chasse l'autre.

Par la brèche ouverte dans la citadelle positiviste, s'engouffre en ce début de siècle tout ce que la réaction anti-rationaliste et mystique, ou la réaction tout court, peut apporter de meilleur ou de pire. Le pire ? Outre le corpus gigantesque des écrits édifiants véhiculés par la presse cléricale et ultra-conservatrice, les opuscules à l'usage des « familles », les récits de pèlerinage à Rome, ou ailleurs, publiés à compte d'auteur par des ecclésiastiques pourtant désargentés, les innombrables libelles émanant des milieux nationalistes et antisémites, et aussi quelques *best sellers* dégoulinant de bons sentiments et de moralisme dont le prototype est *Le Maître de Forges* de Georges Ohnet, publié une vingtaine d'années plus tôt mais qui continue de faire pleurer dans les chaumières. Le meilleur vient sans doute des convertis de fraîche date, des chantres d'un spiritualisme chrétien qui s'épanouit dans la poésie de Péguy (*Le Mystère de la charité de Jeanne d'Arc*, 1911, *La Tapisserie de Notre-Dame*, 1913), dans le théâtre de Claudel (*Partage de Midi*, 1906, *L'Annonce faite à Marie*, 1912, *L'Otage*, 1913), dans les derniers romans de Huysmans (*L'Oblat*, 1903), dans les huit volumes du Journal de Léon Bloy ou dans les toiles de Georges Rouault.

Sur l'autre versant de la contestation du modèle dominant, on trouve tous ceux qui, en même temps qu'ils rejettent l'académisme de l'art officiel et le conformisme intellectuel des milieux dirigeants, se refusent à troquer un ordre établi pour un autre, surtout s'il s'agit de restaurer les modes traditionnels d'encadrement de la société et de sa culture. Les uns sont des isolés qui accomplissent leur propre destinée littéraire ou artistique à l'écart des grandes batailles culturelles. Les autres forment, vague après vague, les petites légions qui font entrer les arts et les lettres dans la « modernité » et auxquelles l'époque a donné un nom appelé à une immense fortune, avant et après la guerre, les « avant-gardes ».

Le glissement du figuratif au « moderne » ne s'est pas fait de manière brutale et il s'inscrit dans un contexte intellectuel déjà évoqué. Il est clair en effet que l'art et la littérature portent de bonne heure les traces de cette crise de la conscience européenne dont l'origine est à rechercher dans les grands bouleversements technologiques et scientifiques de la dernière décennie du XIXe siècle. L'accélération de l'Histoire et la dépression morale et intellectuelle qui l'accompagnent ont fait éclater les cadres traditionnels de la représentation esthétique du monde. Les écrivains et les artistes, comme les philosophes, ne sont pas seulement les témoins de la faillite d'un système de valeurs. Ils sont les artisans d'une recherche qui vise à adapter leurs moyens d'expression aux réalités mouvantes de la vie et à trouver une réponse aux problèmes que pose à leurs contemporains et à eux-mêmes l'ébranlement des certitudes qui reposaient sur la toute-puissance supposée de la Raison et l'érosion que les travaux des physiciens sont en train de faire subir aux représentations sécurisantes de l'univers, pratiquement inchangées depuis Galilée et Newton. L'émergence de la psychanalyse et l'intérêt que prend la considération du moi profond vont dans le même sens.

Ceci vaut pour les créateurs. S'agissant du public et des médiateurs (critiques d'art, critiques littéraires, éditeurs, marchands de tableaux), des changements interviennent également qui font que les avant-gardes, comme les novateurs isolés, trouvent épisodiquement un accueil moins hostile que les créateurs « maudits », ou simplement ignorés, appartenant aux générations précédentes. La bourgeoisie nous l'avons vu, notamment celle qui fait et défait les réputations parisiennes, a en partie basculé dans le camp anti-positiviste. Par snobisme, ou simplement parce que son « goût » s'est affiné, le public cultivé s'avère moins rétif que dans le passé à la novation.

Certes, tout ceci doit être relativisé. La critique, les visiteurs des Salons, le public du concert, restent majoritairement traditionalistes dans leurs jugements et sélectifs dans leurs applaudissements. Les institutions officielles continuent de bouder les impressionnistes trente ans après leurs premiers chefs-d'œuvre et alors que leur influence est devenue mondiale.

On refuse leurs toiles au Salon et, en 1897, le musée du Luxembourg repousse 27 des 65 tableaux légués par Caillebotte. *La Revue des Deux Mondes* et la *Revue de Paris* qui font l'opinion des gens du Monde réservent leurs louanges aux artistes officiels et aux créateurs établis. Les grands éditeurs s'en tiennent aux valeurs sûres et c'est à compte d'auteur que Marcel Proust publiera en 1913 *Du côté de chez Swann.*

Pourtant la modernité artistique et littéraire pénètre, à petites doses, dans les rouages de la diffusion culturelle. André Gide fonde en 1908, avec Jacques Copeau, Jean Schlumberger et Gaston Gallimard la *Nouvelle Revue Française*, qui s'ouvre aux avant-gardes littéraires et publie aussi bien Thibaudet, Jules Romains (*Les Copains*, 1913) et Roger Martin du Gard (*Jean Barois*) que Claudel (*L'Otage*), Paul Valéry (*La Jeune Parque*), Valéry-Larbaud, Jacques Rivière et Gide lui-même dont *Les Caves du Vatican*, parues en 1914, consacreront la rupture de l'écrivain avec ses amis catholiques. Des amateurs éclairés et de perspicaces marchands de tableaux, comme les Durand-Ruel ou Ambroise Vollard, donnent leur chance à de jeunes talents d'avant-garde. Le Théâtre libre d'Antoine a fait faillite en 1896, mais l'ancien employé de la Compagnie du gaz poursuit ses entreprises novatrices dans la salle du boulevard de Strasbourg qui deviendra le Théâtre-Antoine (on y joue de Curel, Brieux et Courteline), puis à l'Odéon dont il est directeur de 1906 à 1913. Lugné-Poe au Théâtre de l'Œuvre acclimate le public parisien aux grandes œuvres étrangères contemporaines (Ibsen, Strindberg, Gorki, d'Annunzio), tout en imposant une nouvelle génération dramatique francophone qui va de Maeterlinck à Henri Bataille en passant par Claudel, Romain Rolland et Jarry (*Ubu* roi, 1896). Jacques Rouché et son Théâtre des Arts accueillent, entre 1911 et la guerre, des auteurs lyriques et des artistes (Rouché renouvelle complètement l'art du décor) aussi peu conformistes que Ravel (*Ma Mère l'Oye*), Roussel (*Le Festin de l'araignée*) et Maurice Denis.

En peinture, le maître mot des avant-gardes a été donné quelques lustres auparavant par un homme qui n'a pourtant rien lui-même d'un révolutionnaire mais qui a eu parmi ses élèves Marquet, Matisse et Rouault. Gustave Moreau, qui est mort en 1898, ne disait-il pas en effet à ses disciples des Beaux-Arts qu'il n'y avait pour lui de *réalité* que celle de son sentiment intérieur ? Déjà, les impressionnistes avaient rompu, sinon avec le réel, du moins avec sa représentation photographique, en renonçant à rendre l'exactitude du sujet perçu et en cherchant à exprimer l'impression qu'il faisait naître en eux. Dans les années 1890, la tendance s'est accusée avec le néo-impressionnisme d'un Paul Signac ou d'un Georges Seurat qui décomposent la lumière en une multitude de petites taches de couleur (on parle encore à leur égard de « pointillisme » ou de « divisionnisme »). Mais, surtout, c'est Cézanne qui fait accomplir le pas décisif. En effet, tout en attachant une importance extrême à la couleur et au rendu de la lumière, ce qui fait de lui un impressionniste attardé, le peintre de *La Montagne Sainte-Victoire* et des *Joueurs de cartes* s'applique de plus en plus à privilégier la structure, à ordonner formes et volumes de façon rigoureuse en une reconstruction géométrique qui vise à traduire l'harmonie de la nature et qui annonce indiscutablement le cubisme.

Désormais l'important devient non plus de « *reproduire ce qui est visible, mais de rendre visible* » (selon l'expression de Paul Klee), c'est-à-dire de dégager la vérité intérieure des objets, comme le psychanalyste cherche à dégager la vérité intérieure de l'individu. Les « Fauves » — Matisse, Vlaminck, Derain, Dufy, Van Dongen, Friez — sont les premiers, après Cézanne, à voir le monde objectivement, ou si l'on préfère à faire passer « *la vérité avant l'exactitude* » (Matisse). Comme leurs précurseurs les « nabis », membres ou non de l'« École de Pont-Aven », une quinzaine d'années plus tôt (Gauguin, Paul Sérusier, Maurice Denis, Pierre Bonnard, Édouard Vuillard, Maxime Maufra, Gustave Loiseau, etc.), ils privilégient la couleur mais dans une perspective toute différente de celle des impressionnistes. Il s'agit moins de rendre la sensation visuelle que de traduire un état d'esprit et de provoquer un choc émotionnel par un emploi systématique de tons vifs (notamment le rouge et le jaune) sans rapport le plus souvent avec la « réalité » extérieure. Au Salon d'Automne de 1905, la salle où exposent ces artistes sera baptisée « Cage aux Fauves » par le critique Louis Vauxcelles : le scandale s'éteindra vite, mais le nom leur restera.

L'influence de l'« art nègre », très sensible dans le fauvisme, est également présente dans l'école qui prend le relais en 1906-1907 et dont *Les Demoiselles d'Avignon* de Picasso constitue en quelque sorte le manifeste pictural. Cézanne surtout a montré la voie, mais le cubisme va plus loin. À l'heure où la physique nouvelle enseigne que la matière, l'espace et l'énergie sont discontinus, il vise à découper le réel en éléments simples, à décomposer l'objet peint en volumes et en plans, en sphères, cylindres, cônes et cubes, de manière à ce que le spectateur puisse le reconstituer mentalement suivant sa propre vision intérieure. Transnational par l'appartenance de ses représentants — les Français Braque, Léger, Herbin, de la Fresnaye, Robert Delaunay, Jacques Villon, Marcel Duchamp, Lhote, les Espagnols Picasso et Juan Gris, le Russe Archipenko et le Hongrois Csáky, l'un et l'autre sculpteurs, etc. — mais parisien et même montmartrois par son implantation originelle, le cubisme a pour lui d'être de bonne heure soutenu par une partie de l'intelligentsia, de

Guillaume Apollinaire à André Salmon, de Max Jacob au marchand de tableaux Kahnweiler qui leur a ouvert sa galerie dès 1908.

Une avant-garde chasse l'autre, ou plutôt se fond dans la suivante car ce sont souvent les mêmes artistes que l'on retrouve d'un lustre à l'autre dans les vagues successives de la révolution esthétique. À peine celle du cubisme a-t-elle fait oublier la « provocation » fauve — elle domine le Salon des Indépendants de 1911 — que surgit, dans les remous de l'immédiat avant-guerre celle du premier art abstrait. Avec les toiles de Kupka et avec *L'Aficionado* de Picasso, exposés en 1912, l'évolution paraît en effet achevée. Le sujet étant éliminé, l'œuvre d'art est devenue une réalité autonome, indépendante du monde extérieur et créatrice de ses propres objets.

L'une des caractéristiques des avant-gardes du début du siècle est qu'elles font voler en éclats les frontières qui séparaient encore les arts plastiques, la littérature et la musique. Non seulement parce que d'étroites correspondances se nouent entre les écoles. Entre le symbolisme poétique et l'impressionnisme pictural. Entre ces deux courants et la musique d'un Gabriel Fauré et d'un Debussy. Le premier met en musique *La Bonne chanson* de Verlaine (1892). Le second emprunte à Mallarmé le thème de *L'Après-midi d'un faune* (1894) et tire de Maeterlinck le thème de son drame musical, *Pelléas et Mélisande*, qui soulève une tempête lors de sa première représentation en 1902. Entre le fauvisme et la sculpture vitaliste et tourmentée de Rodin (son Balzac date de 1897 mais devra attendre 1939 pour être installé au carrefour Vavin, alors que celui, très classique, de Falguière est en place, avenue de Friedland depuis 1902) et de Bourdelle (*Héraklès archer*, 1909, bas-reliefs du Théâtre des Champs-Élysées, 1910-1912). Entre la poésie d'Apollinaire et le cubisme.

Mais aussi parce que certaines œuvres, et non des moindres, se situent au croisement de plusieurs disciplines, aussi bien dans le théâtre lyrique — encore que la France n'a pas eu son Wagner — que dans la symphonie chorégraphique. La « première » de *Daphnis et Chloé* de Maurice Ravel au Châtelet, en 1912, avec les ballets russes de Serge de Diaghilev, livret et chorégraphie de Fokine, décors et costumes de Bakst, et Nijinski comme danseur-étoile, est un événement international, de même que celle du *Sacre du printemps* de Stravinsky, donnée l'année suivante au Théâtre des Champs-Élysées et dont la nouveauté agressive déchaîne la fureur du public. Peu de temps auparavant, le même Diaghilev a repris *L'Après-midi d'un faune*, avec un Nijinski dénudé mimant, avec une sensualité qui choque, le désir du faune. La chorégraphie et le décor trahissent l'influence de Bourdelle et des avant-gardes picturales, et, après le spectacle, Rodin vient remercier en pleurant le danseur vedette d'avoir « matérialisé ses rêves». Mais on a sifflé dans la salle et le lendemain, le *Figaro* réclame des excuses pour le public. Bel exemple du fossé qui sépare encore l'intelligentsia avant-gardiste de la «bonne société».

Décor, spectacles, culture de masse

Le Paris de la Belle Époque est au cœur de ce foisonnement culturel. Que l'ethnocentrisme hexagonal en fasse le centre du monde n'aurait qu'un intérêt de curiosité si des étrangers venus de tous les horizons ne s'accordaient à dire la même chose. À l'aube du siècle, Paris éveille en effet dans les esprits de ceux qui le visitent, qui y cherchent refuge ou qui en font le lieu privilégié de leur création (outre les artistes déjà nommés citons l'Italien Modigliani, le Russe Chagall, les Polonais Kisling et Marcoussis, le Suisse Le Corbusier, l'Anglais Redfern, l'Américaine Gertrude Stein, les frères Perret d'origine belge, comme Maeterlinck et Verhaeren), une mythologie double. Il est à la fois la ville des Lumières et la «ville-lumière» (encore que l'expression apparaisse plus tard). Entendons par là l'épicentre d'une culture de la liberté en perpétuel mouvement et la terre d'élection d'une vie réputée «facile».

Il attire en tout cas, pour des séjours plus ou moins prolongés, des représentants des classes dirigeantes venus du monde entier, et convie périodiquement l'*establishment* européen aux grandes manifestations de sa préséance culturelle. L'Exposition universelle de 1900 a été un immense succès. Les Salons artistiques (notamment les *Indépendants* et le *Salon d'Automne*) lancent les avant-gardes et consacrent les carrières internationales. La *NRF*, le *Mercure de France* et les revues de la «Rive gauche» font de même pour les jeunes talents et pour les nouvelles écoles de plume et de scène. Les cafés littéraires — *La Closerie des Lilas*, le *Napolitain*, *La Régence*, le *Café du croissant*, le *Weber* — les cabarets de Montmartre (*Le Lapin agile*), le «Quartier latin» et Montparnasse font partout rêver les candidats au pèlerinage parisien. C'est de Paris que F.T. Marinetti lance en 1909 son «Manifeste futuriste» (publié en français dans le *Figaro*), et aussi cosmopolite qu'elle soit, c'est le nom d'*École de Paris* qui est partout donné à la constellation d'artistes qui forment l'avant-garde picturale de l'immédiat avant-guerre.

La ville elle-même n'a suivi qu'épisodiquement et très ponctuellement les grandes tendances de la révolution culturelle. L'architecture en fer, qui avait donné une décennie plus tôt la tour Eiffel et la Galerie des machines, n'a pas poussé très loin ses audaces. On remarque encore dans son prolongement quelques constructions intéressantes comme le Pont Mirabeau (1896), la nef métallique de la chapelle de Saint-Honoré d'Eylau (1894) et Notre-Dame-du-Travail, mais dans l'ensemble les architectes et leurs commanditaires optent pour des solutions qui soustraient au regard l'infrastructure de métal. Du coup, celle-ci se trouve affligée d'une décoration de pierre démesurée qui gâte la finesse des parties métalliques et permet à l'imagination syncrétiste de l'époque de donner libre cours à ses fantasmes. Les deux « Palais » (Grand et Petit) édifiés, de même que le Pont Alexandre III, à l'occasion de l'« Expo » de 1900, témoignent du caractère composite et de l'indécision de l'architecture parisienne au seuil du XXe siècle. Quant à l'aménagement de l'espace urbain, il est à peu près aussi inexistant à Paris qu'en province. On continue de construire en pierre de taille dans les « beaux quartiers » des bâtiments cossus mais stéréotypés et on laisse les banlieues étendre leurs tentacules dans la plus totale anarchie.

Quelques réalisations novatrices tranchent avec la monotonie du néo-classicisme ambiant, ponctué de « hardiesses » romano-byzantines et des produits multipliés de la statuomanie républicaine (une centaine de statues édifiées dans la capitale entre 1871 et 1900). Malgré les résistances des diplômés des Beaux-Arts, méfiants à l'égard d'une technique qui leur paraissait relever de l'« ingénieur » plus que de l'« artiste », le béton fait son apparition dans le paysage urbain, employé par les frères Perret dans un immeuble de rapport de la rue Franklin et dans le garage de la rue de Ponthieu. En 1913, est inauguré le Théâtre des Champs-Élysées, édifié à l'initiative de Gabriel Astruc par Auguste et Gaston Perret : l'usage du béton et la nudité de la façade heurtent un peu le goût de l'époque mais la décoration, qui a été confiée à Bourdelle, Bonnard, Maurice Denis, Vuillard, enchante le « Tout-Paris » qui se presse aux spectacles des Ballets russes.

À ce moment, qui est celui de la veillée d'armes, le *Modern Style* est déjà quelque peu passé de mode. Il a fait son apparition dans les dernières années du XIXe siècle en réaction au néo-classique et à la vogue du faux gothique et du faux Henri II et il a pendant quelque temps colonisé les arts du décor avec ses formes contournées, ses volutes et son exubérance végétale. Style nouveau ou *remake* du Baroque décadent ? Le verdict a tardé et il a fallu attendre plus d'un demi-siècle pour que justice soit rendue à ses représentants les plus talentueux : Émile Gallé, ébéniste et verrier, principal animateur de l'École de Nancy et véritable promoteur du mouvement avec le peintre-décorateur Eugène Grasset, Hector Guimard, architecte et décorateur, connu surtout pour ses entrées du métro parisien, le verrier Paul Daum, le sculpteur et graveur Alexandre Charpentier, le décorateur Louis Majorelle, Victor Prouvé, successeur de Gallé à la présidence de l'École de Nancy, le Tchèque Alfons Mucha dont les affiches, les estampes, les panneaux décoratifs, les illustrations de livres (dont le *Clio* d'Anatole France) portent également la griffe du *Modern Style*, etc. Brocardé pour ses excès — on parlera de « pâtisseries », de « fioritures en saindoux » et surtout de « style nouille » —, ce dernier a surtout souffert après coup du discrédit qui a pesé sur l'architecture fin de siècle et sur les productions monumentales de l'Exposition universelle et il passera d'ailleurs très vite de mode, du moins dans les intérieurs les plus huppés. Dès 1905-1906, on préfère aux teintes sombres et aux représentations stylisées de la faune et de la flore marines qui avaient triomphé avec le style « moderne », la sobriété des tons pastels, des murs dépouillés, des meubles aux lignes plus simples (mais de bois précieux). Les bibelots se font plus rares et plus exotiques (paravents indiens et chinois, tables basses en laque rouge, brûle-parfums, estampes japonaises, etc.). On recherche avec obstination le meuble d'« époque » tandis que les couturiers de la rue de La Paix qui habillent le Tout-Paris féminin — Doucet, Rouff, Mme Paquin, Worth — impriment aux toilettes des « élégantes » une plus grande sévérité. Il est vrai qu'un retour feutré à l'ordre moral s'opère avec les tensions internationales. En 1912, l'archevêque de Paris n'a-t-il pas interdit le tango ?

Tout est spectacle dans ce décor urbain coincé entre deux siècles. Spectacle spontané, spectacle de la rue, à une époque où chaque carrefour voit encore se produire chanteurs et musiciens ambulants, montreurs d'animaux et bonimenteurs, leveurs de poids et amuseurs en tous genres. Mais aussi spectacles codifiés et socialement ciblés dont le théâtre, sous toutes ses formes, reste le principal vecteur.

Nous avons déjà évoqué quelques-unes de ses manifestations élitistes : le Théâtre libre d'Antoine, le Théâtre d'Art où Paul Fort adaptait pour la scène des œuvres de Rimbaud, Verlaine, Mallarmé ou Laforgue, les entreprises novatrices de Lugné-Poe et de Rouché. Elles se prolongent, à la veille de la guerre, avec Jacques Copeau, fondateur du Vieux-Colombier et promoteur d'un art renouvelé de la mise en scène théâtrale et du jeu d'acteur, plus dépouillé, plus austère que celui de Rouché. Théâtre d'intellectuels, de bourgeois éclairés, en tout cas réservé à un petit monde d'habitués comme les grandes salles destinées aux genres « nobles » : la Comédie-Française et l'Opéra, à un degré moindre l'Opéra-Comique et l'Odéon. Plus large, quoique essentiellement bourgeois, est le public qui fréquente le Théâtre Sarah-Bernhardt, le Théâtre Réjane, le Théâtre Antoine, et surtout les théâtres des boulevards — Gymnase, Renaissance, Porte-Saint-Martin, Nouveautés, Variétés, Vaudeville — dont les directeurs sont des puissances presque aussi importantes que les directeurs de journaux, et où s'élabore un répertoire composite et souvent médiocre d'où émergent d'indéniables talents et quelques œuvres qui font date : Georges Courteline dans le vaudeville et la farce, peintre sans concession des travers petit-bourgeois (*Boubouroche*, 1893, *La Paix chez soi*, 1903), Tristan Bernard (*Les pieds nickelés*, 1985, *Le Petit Café*, 1911), Henry Bernstein qui remporte d'éclatants succès avec *Samson* (1907), *Israël* (1908), *Le Secret* (1913) et dont l'œuvre scénique illustre le « théâtre psychologique », comme celle d'un Georges de Porto-Riche (*Le Vieil homme*, 1911), d'un Henry Bataille (*Les Flambeaux*, 1912), d'un Maurice Donnay (*La Patronne*, 1908), d'un Jules Lemaître ou de Flers et Caillavet (*Le Roi*, 1908, *Primerose*, 1913).

Ce « théâtre du boulevard » — qui se pique également de satire sociale et d'édification morale avec les pièces « à thèse » de Paul Hervieu (*Le Dédale*, 1903) et d'Eugène Brieux (*La Robe rouge*, 1900) — est appelé à une grande longévité et connaîtra son apogée dans l'entre-deux-guerres. Sa veine comique (Courteline, T. Bernard) et ses marivaudages bourgeois (Sacha Guitry) ont mieux résisté au temps que les œuvres « sérieuses » dont le psychologisme sommaire, la dramaturgie bavarde et les prétentions éthiques faisaient déjà sourire à l'époque sur la « Rive gauche ». *« Il prend son entérite pour un vice »*, disait Cocteau de Henry Bataille. Quoi qu'il en soit cette forme de spectacle voit son audience croître avant la guerre et pas seulement dans la « bonne bourgeoisie » parisienne. Pièces et auteurs sont connus de la province citadine et trouvent parfois, grâce au public populaire du « paradis » ou du « poulailler », une audience qui dépasse de beaucoup les frontières du monde bourgeois. Dans le contexte de montée des périls et de fièvre patriotique qui caractérise l'avant-guerre, porté par des acteurs prestigieux (Constant Coquelin, Sarah Bernhardt, Simone, Lucien Guitry, etc.), le flamboyant théâtre en vers d'Edmond Rostand (*Cyrano de Bergerac*, 1897, *L'Aiglon*, 1900, *Chanteclerc*, 1910) suscite par son panache un formidable enthousiasme.

Mais le monde composite des ouvriers, artisans, boutiquiers, employés, petits rentiers, fonctionnaires modestes, etc., qui forment les couches populaires et les classes moyennes citadines est surtout présent dans des lieux de spectacle moins élitistes que ne l'est encore le théâtre. En tête vient le Café Concert, le « Caf 'Conc' » dont la vogue est immense et dont le public s'étend à tous les milieux. Certes, les clivages sociaux existent. Le Casino Montparnasse, le Bataclan, l'Eldorado, sont plus populaires que l'Alhambra ou la Scala et nombreuses sont les « boîtes » de quartier que fréquentent les femmes « en cheveux », les ouvriers en bras de chemise et casquettes, voire d'authentiques « apaches ». Le répertoire varie également d'une salle à l'autre. Peu à peu cependant une évolution s'opère dans la diversification du public et des « numéros ». Le tour de chant — comique, avec Dranem, Fragson, Polin, Ouvrard, « réaliste » avec Damia et Fréhel — alterne avec le « monologue » volontiers égrillard et des prestations mêlant le chant, les contorsions et les claquettes. Déjà Maurice Chevalier et Mistinguett excellent dans ce genre nouveau qui va triompher au music-hall (Folies-Bergères, Olympia, Parisiana) où apparaît bientôt, relayant les spectacles de « variétés » (avec jongleurs, acrobates, prestidigitateurs), la revue à grand spectacle, avec ses plumes, ses boas et ses demi-nudités offertes à un parterre d'hôtes de passage : étrangers et provinciaux. Le cirque connaît lui aussi ses heures de gloire au début du siècle, renouvelé par quelques personnalités et dynasties étrangères (le Belge Fernando, l'Espagnol Medrano, les Italiens Fratellini et Bouglione) et le bal public se porte bien, surtout lorsqu'il agrémente ses matinées ou ses soirées — comme le Moulin-Rouge et Tabarin — de l'audace froufroutante de ses « quadrilles », de même que les « boîtes à chansons » et les « cabarets de Montmartre » (La Lune Rousse, Le Perchoir, etc.) où s'illustrent Aristide Bruant, Montéhus et déjà le jeune Saint-Granier. Enfin, petits bourgeois et « populaires » de la seconde galerie, que rebutent les grandes œuvres lyriques se pressent volontiers salle Favart ou à la Gaîté Lyrique aux représentations des « opérettes » et font un triomphe durable aux anciens (Charles Lecoq, Robert Planquette, Louis Varney) et aux nouveaux compositeurs : André Messager par exemple avec *Les P'tites Michu* en 1897, *Véronique* en 1898 et *Les Dragons de l'Impératrice* en 1905.

L'amélioration générale des conditions de vie et d'instruction, ainsi que les progrès des techniques de reproduction et de diffusion vont peu à peu transformer cette culture et ces loisirs populaires en une culture de masse qui accomplit ses premier pas avec le siècle commençant. La presse en est encore le principal support en ce sens qu'elle ne se contente pas de tenir son public informé des petits et grands événements du jour, mais publie déjà des « reportages », continue de débiter en « feuilletons » nombre d'œuvres romanesques et entretient toute une imagerie mentale qui concourt très fortement à façonner la façon dont les Français se représentent les autres peuples. Or le nombre des titres et les tirages des journaux, déjà considérable à la fin du XIXe siècle, ne cesse d'augmenter jusqu'à la guerre. Pour les seuls quotidiens on en compte en 1914 une soixantaine à Paris et au moins 250 en province représentant un tirage total tournant autour des dix millions d'exemplaires : soit un pour trois lecteurs adultes. À eux seuls les quatre géants de la presse parisienne — *Le Petit Parisien, Le Petit Journal, Le Matin* et *Le Journal* — totalisent quatre millions d'exemplaires vendus. C'est dire que, par le biais des critiques (littéraires, dramatiques, musicales, etc.) et des informations touchant à la vie des écrivains, des artistes, des « monstres sacrés » de la scène, le grand public est mis en contact avec la production culturelle du temps.

La technique de la chromolithographie, mise au point dans les années 1860 par Jules Chéret, a fait accomplir à l'art de l'affiche un pas décisif, permettant à des peintres de grand renom, un Toulouse-Lautrec, un Pierre Bonnard, un Steinleim, un Willette, de faire connaître leur graphisme à des millions de citadins, tandis que les progrès du phonographe — encore trop infidèle pour les mélomanes et trop cher pour les foyers populaires, mais apte déjà à familiariser le public des fêtes et des foires avec le dernier refrain à la mode — et le bas prix des partitions musicales offrent eux aussi une audience centuplée aux chanteurs et « fantaisistes » de tout poil.

La veine du « roman populaire » est bien antérieure à 1900, mais elle trouve, elle aussi, avec les avancées technologiques de la Belle Époque un second souffle qui permet à d'honorables maisons d'édition — Tallandier avec « Le Livre national », Fayard avec « Le Livre populaire », ou encore Flammarion — de lancer des collections à bon marché et de faire la fortune des premiers bénéficiaires du *best seller* à la française. Marcel Allain et Pierre Souvestre avec *Fantomas* (5 millions d'exemplaires vendus à partir de 1911), Maurice Leblanc avec *Arsène Lupin*, Gaston Leroux, journaliste au *Matin*, avec son héros-reporter, Rouletabille (*Le Mystère de la chambre jaune*, 1908), Michel Zevaco dans le roman de cape et d'épée (*Les Pardaillan*, 1907) prennent ainsi le relais des grands feuilletonnistes du XIXe siècle (Dumas, Eugène Sue, Ponson du Terrail) et de la littérature de colportage. Simplement la diffusion du rêve a changé d'échelle.

De plus en plus, elle bénéficie d'autre part du support de l'image. Sur les couvertures des périodiques et dans les pages d'illustration des livres, le « chromo » parfois signé des mêmes noms prestigieux que l'affiche tend à remplacer la gravure monochrome et commence tout juste à subir la concurrence de la photographie, surtout utilisée avant 1914 dans la production en grandes séries de cartes postales (les Imprimeries réunies à Nancy peuvent en tirer jusqu'à 500 000 par jour). La « bande dessinée » fait son apparition dans les périodiques pour enfants, faisant la fortune d'hebdomadaires comme *La Semaine de Suzette* et *L'Épatant* et apportant une renommée durable à quelques écrivains et dessinateurs imaginatifs comme Christophe (*La Famille Fenouillard, Le Sapeur Camember*), Forton (*Les Pieds nickelés*), Pinchon et Caumery (*Bécassine*).

Quant à cet art de masse par excellence que s'apprête à devenir le cinématographe, il accomplit entre sa mise au point par Louis Lumière en 1895 (première projection en public le 28 décembre au Grand Café, boulevard des Capucines) et le déclenchement de la guerre, des progrès vertigineux. D'abord simple spectacle forain, composé de courts métrages dans lesquels l'industriel lyonnais et ses épigones présentent soit des scènes de la vie quotidienne (la sortie des usines Lumière, l'arrivée d'un train), soit de brèves fictions comiques ou poétiques, soit encore des documents d'actualité (Lumière, toujours lui envoie ses opérateurs à Saint-Petersbourg, en 1896, pour filmer le couronnement de Nicolas II), le cinéma devient en dix ans un art et une industrie que dominent Méliès, Pathé, puis Gaumont. Le premier produit dans ses studios de Montreuil des films «hallucinatoires», destinés disait Apollinaire à «enchanter la vulgaire réalité» (*Voyage dans la lune*, 1902, *Quatre cents farces du diable*, 1906), mais son entreprise disparaît en 1912. Le second monte une véritable firme multinationale, avec des agences dans toutes les grandes capitales et des usines à New York, fabrique à Vincennes les premiers «cinéromans» réalisés par Heuzé et lance en 1909 le premier journal d'actualités cinématographiques. Léon Gaumont enfin fait construire de vastes studios aux Buttes-Chaumont, où seront tournés par Feuillade la série de *La Vie telle qu'elle est* et surtout la première grande série policière de l'avant-guerre : *Fantomas* (1913-1914).

Au cours des années qui précèdent la guerre le cinéma français subit durement la concurrence des grandes sociétés américaines et celle des cinématographies européennes (danoise, suédoise, allemande, italienne, britannique). Il conserve cependant de fortes positions grâce à la vogue du «film d'art», simple théâtre filmé qui fait défiler sur l'écran tout ce que la scène française compte de «vedettes», de Sarah Bernhardt à Mounet-Sully et de Le Bargy à Berthe Bovy — le «chef-d'œuvre» du genre est en 1908 *L'Assassinat du duc de Guise* —, et surtout grâce à son excellente école comique où s'illustrent l'acteur Prince dans le rôle de l'ahuri *Rigadin* et Max Linder, première *star* internationale du septième art et véritable précurseur de Chaplin.

Le cinéma fait courir les foules, pas encore le «sport» tel que le conçoivent au début du siècle les imitateurs français de ce mode de loisir importé d'outre-Manche. Du moins les progrès en sont-ils lents en dehors du petit monde aristocratique et grand-bourgeois qui fréquente depuis les années 1880 les pistes et les courts du Racing Club de France et du Stade Français. Pourtant, l'engouement pour les activités physiques gagne du terrain au cours de la décennie qui précède la guerre. Ne traduit-il pas en effet des besoins identiques à ceux que manifestent au même moment les philosophies irrationalistes : volonté de se dépasser soi-même et de vaincre ses propres limites, exaltation du moi ou au contraire aspiration à se fondre dans le groupe, culte de la vie et fascination du danger, goût du geste gratuit, de l'effort désintéressé et du « beau jeu » ? Simplement les masses ne sont gagnées que lentement aux pratiques des grands jeux d'équipe (football, rugby), de la natation, du ski et de l'athlétisme (il faut attendre 1912 pour qu'un Français, Jean Bouin, se hisse au rang international en gagnant le cross des Cinq Nations et en remportant la médaille d'argent du 5 000 mètres aux Jeux de Stockholm). L'idéal olympique, tel que l'a conçu le baron Pierre de Coubertin, restaurateur des Jeux Olympiques, reste fondamentalement aristocratique et les athlètes français sont d'ailleurs peu nombreux à pouvoir briguer les places d'honneur dans les grands rassemblements quadriennaux du sport international de haut niveau. Longtemps, la représentation populaire dans les disciplines du muscle s'est limitée aux sociétés de tir (un demi-million de pratiquants en 1914) et de gymnastique, terrains de prédilection d'une conception « patriotique » et paramilitaire de l'activité du corps.

La démocratisation des pratiques proprement sportives et la diffusion du sport-spectacle se sont opérées en France par le biais du cyclisme et de la compétition automobile. Sous l'impulsion du journaliste Henri Desgranges, fondateur du journal *L'Auto* et lui-même coureur à pied et cycliste; la *« petite reine »*, dont le prix a fortement diminué depuis l'époque où elle était l'apanage de quelques élégants fortunés pédalant dans les allées du Bois, a vu ses adeptes croître rapidement avec l'intérêt pour le Tour de France, créé en 1903 par le même Desgranges et successivement remporté par Maurice Garin et Petit-Breton. Le « vélo » et le tandem commencent à sillonner les routes des premières « vacances » pour les quelques centaines de milliers de privilégiés qui peuvent en prendre. L'automobile elle, est réservée aux *happy few* qui préfèrent ce mode de locomotion hautement périlleux et d'un total inconfort aux commodités bien rôdées du véhicule attelé, mais elle est, d'entrée de jeu, promue au rang d'instrument de compétition internationale et les Français y conquièrent une place de choix, acclamés par des foules enthousiastes. De même qu'ils monopolisent, avec l'ancien coureur cycliste Henri Farman (premier kilomètre en circuit fermé en 1908), Louis Blériot (traversée de la Manche en juillet 1909), Jules Védrines (vainqueur de la course Paris-Madrid, première grande épreuve aérienne internationale), Roland Garros (première traversée de la Méditerranée), etc., les exploits de la toute récente conquête des airs. Ne sont-ils pas, au moment où s'amoncellent les nuages annonciateurs de la grande tourmente de 1914, symboliques d'une France sûre d'elle-même et tournée vers l'avenir ?

IV

LA FRANCE DANS LE MONDE DE 1900 À 1914

Le jeune Français, candidat à la première partie du baccalauréat, qui ouvre au début de l'année scolaire 1902-1903 son manuel de géographie, peut lire ceci :

« *La modération du climat, la multiplicité des contacts, la symétrie des formes, la variété harmonieuse des golfes et des péninsules, des plaines et des montagnes, tout a contribué à faire de la France une région privilégiée, que, dans l'antiquité, le géographe Strabon admirait déjà. Les influences les plus diverses l'ont sollicitée et elle leur doit le développement précoce de sa civilisation : soumise tour à tour à la douce culture des peuples méditerranéens et à l'action plus rude des peuples germaniques, elle a été* l'intermédiaire naturel entre le monde barbare et le monde gréco-latin. *Le peuple de France a uni le sérieux des peuples du Nord au charme et à l'aisance des peuples du Midi ; à ces croisements la race a gagné une sociabilité facile et souriante, une largeur d'esprit qui la rendent sympathique aux étrangers, et la langue leur doit cette merveilleuse clarté qui longtemps a fait d'elle et qui malgré tout fait d'elle encore l'organe internationale par excellence* » (M. Falley et A. Mairey, *La France et ses colonies*, Classe de Première, Paris, Delagrave - Programme de 1902, p. 6).

Ethnocentrisme hexogonal

L'autosatisfaction que ce texte révèle n'est pas un cas isolé. Elle imprègne l'éducation des jeunes Français pendant toute la durée de leur cursus scolaire, avant de trouver d'innombrables relais dans les productions culturelles de toute nature qui sont censées entretenir chez les adultes la ferveur patriotique cultivée, depuis le plus jeune âge, sur les bancs de l'école élémentaire.

Familiers d'un *Tour de France* accompli en compagnie d'André et de Julien, les deux petits orphelins lorrains mis en scène dans le *best seller* de l'édition scolaire de l'époque (en 1905, le *Tour de France par deux enfants*, de G. Bruno, publié par Eugène Belin, en était déjà à sa 345e édition), les écoliers de neuf et dix ans qui fréquentent le « *cours moyen* » apprennent que leur pays est le fruit d'une conjonction de miracles, ou du moins de « *dons exceptionnels* ». Il est « *à mi-chemin du pôle et de l'équateur* ». Il s'inscrit « *harmonieusement dans un hexagone* » dont on apprend, cahier de cartographie à l'appui, à reproduire les contours réguliers. Il se partage, de manière quasi parfaite, entre les hautes terres heureusement repoussées à la périphérie (où elles constituent, avec le Rhin, les « *frontières naturelles* » de la France) et les zones de plaines et de collines tout naturellement offertes aux influences « *modératrices* » de l'Océan. Il jouit donc d'un climat exceptionnel, que Schrader et Gallouedéc décrivent en ces termes dans leur *Petit cours de géographie* à l'usage de l'enseignement primaire supérieur :

« *Le climat français se fait remarquer par son caractère général de modération. La France ne compte dans un siècle que six ou sept hivers vraiment rigoureux, et à peu près autant d'étés vraiment torrides. Or, les étés brûlants les hivers glacés, qui sont l'exception pour elle, sont l'état normal pour d'autres pays situés à la même distance de l'équateur* » (F. Schrader et L. Gallouedec, *Petit Cours de géographie*, à l'usage de l'enseignement primaire supérieur et des classes du certificat d'études, Paris, Hachette, édition de 1896, p. 265).

Que ces observations géographiques, auxquelles on pourrait ajouter à l'infini des remarques portant sur « l'heureuse répartition des pluies », sur « l'abondance et la régularité » des cours d'eau, sur la « variété » des paysages, « l'aisance » des communications, l'abondance et la complémentarité des ressources du sol et du sous-sol, soient objectivement fondées, cela ne fait guère de doute à condition d'en relativiser la leçon. Or le discours géographique du temps a plutôt tendance à tirer ces données dans le sens, non explicitement formulé on s'en doute (raison cartésienne et positivisme obligent !), de la prédestination des peuples et de la hiérarchisation des « tempéraments nationaux ».

À une époque où le déterminisme géographique imprègne encore très fortement le petit monde des sciences sociales, les manuels de l'enseignement primaire, comme ceux du second degré, en service dans les établissements publics, ne se contentent pas en effet de décrire et d'expliquer, en termes de stricte objectivité, les aspects physiques et humains des pays inscrits au programme. Ils ne se privent pas de porter en même temps des jugements de valeur sur les « qualités » et les « défauts » des populations qui vivent sur leurs territoires, sur la façon dont s'est, ou non, opérée leur mise en valeur, ainsi que sur leurs institutions politiques et leurs choix de politique étrangère. À côté de ces éléments conscients, clairement formulés, et qui visent au moins autant à donner aux élèves une « instruction civique », au sens large, que des connaissances proprement géographiques, ils véhiculent fréquemment des images et des mythes, qui échappent en général au contrôle de la conscience et trahissent des attitudes mentales bien caractéristiques de leur temps : un gallocentrisme omniprésent, le sentiment qu'il existe une hiérarchie des valeurs entre les races et entre les peuples, des jugements moraux portés sur telle ou telle communauté humaine, etc. Ces représentations mentales sont extrêmement importantes, dans la mesure où elles constituent des stéréotypes à peu près parfaits, réduits à quelques formules brèves, à des images hautement simplifiées et qui tendent d'autant plus à s'imposer comme des données objectives qu'elles émanent d'un discours porteur d'une double légitimité : celle de la *science* (la géographie à cet égard a meilleure presse que l'histoire), et celle de l'*école*.

 L'image de la France et de la place qu'occupe ce pays en Europe et dans le monde s'inscrit dans cette perspective qui relie directement le donné et le vécu, la *nature* et la *culture*, la géographie « physique » et la géographie « humaine ». Ainsi, dans l'ouvrage cité plus haut, tous les traits exposés dans la partie que Schrader et Gallouedéc consacrent aux « *conditions naturelles* » concourent-ils à faire de la France « *le pays de la juste mesure* ». Il ne faut donc point s'étonner si « *le peuple français se fait remarquer par un mélange harmonieux de qualités contradictoires, imagination et bon sens, esprit de poésie et de méthode, d'observation précise et de généralisation hardie* ». « *Le goût français* — ajoutent nos auteurs — *est apprécié du monde entier. La France marche ainsi à la tête de la civilisation. C'est au jugement des étrangers le pays où ils préfèrent vivre hors de leur patrie* » (*ibid.*, p. 290).

 À cette image, éminemment favorable, d'un pays ouvert sur le monde, s'oppose celle de l'insularité britannique, facteur de « repliement sur soi » autant que de « passion d'agir » et « d'ardeur des aventures », cause également des traits les plus déplaisants du « *tempérament de l'Anglais* » à qui l'on a « *maintes fois reproché et avec raison*, nous dit le *Petit Cours de géographie, son égoïsme, sa rapacité et l'étroitesse de son idéal, trop exclusivement borné à acquérir, à gagner de l'argent* » (*id.*, p. 210). Ou celle de l'autre adversaire traditionnel de notre pays. L'Allemagne en effet « *n'a de frontières naturelles qu'au nord, sur la Mer du Nord et la Baltique, et au sud, sur quelques points où elle touche aux Alpes* ». Ailleurs, ses bornes sont conventionnelles et se sont souvent déplacées : ce qui explique qu'elle « *se trouve sur les routes des grandes guerres européennes* », et qu'elle ait « *été souvent foulée par des armées de passage* » (*id.*, pp. 223-224). Ce qui revient à refuser au Reich son identité territoriale.

Les autres peuples ? On ne peut citer que quelques exemples glanés dans un panorama géographique soigneusement hiérarchisé et d'où il ressort que la petite tache rose des planisphères qui ornent les murs des locaux scolaires est légitimement au centre du monde. Les Italiens ? Leur pays n'ayant été longtemps qu'une « expression géographique », ils ne constituent pas encore une nation homogène, plutôt un conglomérat de populations mal brassées, forgées par des conditions naturelles « contrastées » (Cf., des mêmes auteurs : *Géographie de l'Europe*, Classe de seconde, Paris, Hachette, édition de 1896, pp. 163-164). Les Espagnols ? Laissons encore une fois la parole aux auteurs du plus répandu des ouvrages de géographie scolaire de l'époque. La citation vaut le détour :

« *C'est à ces mélanges multiples qu'on attribue la facilité qu'ont les Espagnols et les Portugais à s'acclimater dans les pays où les autres Européens ne peuvent vivre. Le peuple né de ce mélange est vraiment grand, viril, d'une originalité saisissante. Il a le sérieux, la fierté, le courage, la ténacité, l'amour ardent de sa patrie et de sa religion. Toutefois, ce sérieux dégénère souvent en sauvagerie, cette fierté en forfanterie, cette dignité en vanité, ce courage et cette conviction s'accompagnent de fanatisme et de férocité : nulle part les guerres civiles ne sont aussi promptes à éclater qu'en Espagne* » (*id.*, pp. 185-186).

Si la Russie est mieux traitée, ce n'est pas seulement parce qu'elle est devenue officiellement notre alliée quelques années plus tôt, c'est aussi parce que cette « *puissance militaire de premier ordre* », « *longtemps plus asiatique qu'européenne* », s'est mise à l'école de la France et a nourri sa modernisation de la manne hexagonale (*id.*, pp. 242-243). Ceci, pour ne parler que de quelques-uns des partenaires et adversaires potentiels de notre pays.

Est-ce-à-dire que l'image de la France qui ressort de ce type d'ouvrages, et d'une foule d'autres vecteurs qui prolongent et complètent leur action de façonnement des mentalités (manuels d'histoire, de lecture courante, d'instruction civique, « livres pour la jeunesse » distribués comme prix et qui pénètrent par ce biais la cellule familiale, almanachs en tous genres, périodiques illustrés comme le supplément du *Petit Journal*, récits et guides de voyages, etc.), est celle d'une « superpuissance », sûre de sa force et de son destin, première dans tous les domaines qui fondent la hiérarchie des acteurs internationaux, et promise de ce fait à une vocation hégémonique ? Certainement pas. On sait que, depuis la défaite de 1871, le sentiment national est devenu pour beaucoup de Français un sentiment de repli frileux et vaguement inquiet sur l'hexagone et — pour certains d'entre eux, pas pour tous —, sur ses prolongements au-delà des mers.

Au nationalisme utopiste, généreux, extraverti, qui était celui de la génération de 1848, s'est substitué dans toute une partie de l'opinion, un nationalisme de vaincus, tourné vers l'intérieur et qui a pris la forme d'un amour exclusif et jaloux pour la patrie humiliée. Qu'il soit « revanchiste », cela va de soi, que pour remplir la « mission sacrée » de récupération des provinces perdues, il veuille une France forte, capable de surmonter ses divisions internes et de triompher des forces « dissolvantes » qui la rongent, c'est indéniable : mais l'objectif à long terme reste celui de la conservation, ou dans le meilleur des cas du retour au statu quo. Il s'agit, dans un monde qui change et où se modifie rapidement la hiérarchie des puissants, de faire en sorte que la France garde son rang, non de lui assigner des objectifs de domination qu'elle n'est plus en mesure de réaliser.

Né à gauche, parmi les républicains avancés et les radicaux, ce nationalisme exacerbé et fondamentalement défensif — ce qui ne veut pas dire qu'il ne soit pas agressif — est passé à droite au cours des quinze dernières années du XIXe siècle, la mutation s'opérant à travers le boulangisme et le néo-bonapartisme ligueur qui s'est développé avec l'Affaire Dreyfus. Ainsi rejeté d'une extrémité à l'autre du spectre politique, il a fortement subi l'influence des idées conservatrices et s'est nourri des grands thèmes de la philosophie contre-révolutionnaire. Celui du déclin de la France par exemple, qui est à la base de la construction maurrassienne et au cœur du délire raciste d'un Vacher de Lapouge, d'un Jules Soury, ou d'un Drumont. Non que ce déclin soit irrémédiable. Il peut en effet être enrayé, si la France *réagit*, si elle trouve un nouveau souffle dans la tradition restaurée, si elle sait se débarrasser de l'« ennemi intérieur » (plus ou moins indistinctement le Juif, le « métèque », l'homme de gauche, le libéral, etc.), mais le but clairement affiché est de maintenir, non de conquérir.

Il en va différemment à gauche, chez les héritiers d'une tradition républicaine et jacobine qui se réclame des idéaux progressistes et optimistes des hommes de 1789. Pour eux, et c'est en leur sein que s'est développée l'idéologie ethnocentriste, dont les ouvrages scolaires cités plus haut portent la trace et véhiculent les thèmes majeurs, la destinée de la France, ou si l'on veut sa « mission », est de porter au monde le message des Lumières, d'aider les peuples opprimés à se libérer (lorsque l'oppresseur est Européen, et davantage encore s'il constitue un ennemi potentiel) et de « civiliser » ceux qui ne le sont pas.

Certes les hommes qui gouvernent la France entre 1880 et 1914, grands bourgeois opportunistes ou représentants des classes moyennes liés aux formations de la gauche républicaine et radicale, ne sont pas aveugles, de même que les « intellectuels » de tous calibres, qui ont lié leur sort au leur et qui produisent l'idéologie que l'école a mission de répandre. Les livres de géographie dont nous avons examiné le discours gallocentriste ne sont pas les derniers à marquer les limites de la puissance française, en termes de démographie, de ressources énergétiques, de potentiel industriel, de commerce extérieur, voire de force militaire. Ils savent que la France n'est pas *la* première puissance du monde et ils le disent. Ils n'ignorent pas que ses deux principales rivales — le Royaume-Uni et l'Allemagne — la dépassent dans quelques-uns des domaines qui fondent à l'ère industrielle la hiérarchie des États. Mais ils ne considèrent ni que les jeux sont faits, ni que l'influence et la place d'une nation dans la configuration des puissances se mesure, en tout cas de manière exclusive, en termes de millions de tonnes de charbon produites ou de volume des exportations.

Autrement dit, ils refusent l'idée de déclin qui imprègne au contraire profondément le « nationalisme des nationalistes » (pour reprendre l'heureuse formule de Raoul Girardet : Cf. *Le nationalisme français, 1871-1914*, Paris, Seuil, 1983), et ils fondent, s'agissant du rôle de la France dans le monde, leur optimisme (relatif) et leur autosatisfaction (évidente) sur deux données essentielles. D'une part le prestige, le poids moral et psychologique que notre pays tire de l'accomplissement de sa « mission historique » et du fait que, comme l'écrivent Schrader et Gallouedéc, la France marche « *à la tête de la civilisation* », et d'autre part, de manière plus tangible, le complément de force que lui apporte son Empire.

Les bases matérielles de la puissance française

Si du niveau des perceptions on passe à celui des réalités, on constate au début du siècle, dans un certain nombre de domaines, un repli relatif de la puissance française. Le plus manifeste est celui qui affecte la démographie hexagonale. Nous ne reviendrons ni sur les causes de la dépopulation française, ni sur les phénomènes d'ordre proprement démographique qui en découlent (cf. Chapitre II). Nous voudrions seulement nous arrêter un instant sur ses conséquences pour la France dans le champ des relations internationales.

Incontestablement, le poids numérique de la nation française, par rapport à celui de ses principaux partenaires et concurrents européens et extra-européens, a diminué au cours des quatre décennies qui précèdent la Première Guerre mondiale, et ceci de manière spectaculaire. Dans le temps où la population de l'hexagone augmentait de 9,7 % (entre 1872 et 1911), on enregistrait un accroissement de 51 % en Allemagne, de 48 % au Royaume-Uni, de 41 % en Italie, alors que ces trois pays avaient fourni de très forts contingents à l'émigration internationale. Résultat, la France de 1914 est un pays vieux, qui n'assure sa reproduction que grâce à la forte baisse de la mortalité et au million d'étrangers installés sur son sol. Comparée à ses partenaires, elle vient très nettement au dernier rang pour la proportion des moins de 20 ans, au premier pour celle des plus de 60 ans. Ce qui d'une part a des implications au demeurant contradictoires et pas toutes négatives (la proportion des actifs est supérieure à celle de l'Allemagne et de la Grande-Bretagne), d'autre part pose, en termes d'effectifs militaires et de défense des problèmes préoccupants.

Répartition de la population par groupes d'âges dans quatre pays occidentaux en 1914
(pour mille habitants)

	0-19 ans	20-59 ans	60 ans et +
France	339	535	126
Grande-Bretagne	401	514	85
Allemagne	437	484	79
Italie	477	461	62

En effet, comme le fait remarquer Maurice Garden, « *si les armées de la République et du Premier Empire avaient longtemps assuré leur domination sur l'Europe entre 1792 et 1810, elles le devaient largement à la vitalité de la population française de la fin du XVIIIe siècle, à cette position de première puissance de l'Europe par le nombre de ses habitants, position renforcée par le recours à la conscription de tous les jeunes hommes adultes* » (Postface à l'*Histoire de la population française. 3/De*

1789 à 1914, sous la direction de J. Dupâquier, Paris, PUF, 1988, p. 503). Cette situation, certes, ne s'est pas modifiée d'un coup. En 1870-1871, ce n'est pas le différentiel démographique qui a joué en faveur de la Prusse, mais bien davantage l'impréparation de l'armée française et les déficiences de son commandement, les classes en âge de servir étant alors sensiblement égales. Trente ans plus tard, et plus encore à la veille de la guerre, la situation s'est totalement modifiée en faveur de l'Allemagne dont la population atteint 65 millions d'habitants en 1914 contre un peu moins de 40 millions en France.

Est-ce à dire que le rapport des forces militaires entre les deux pays, au moment où va se déclencher le conflit le plus meurtrier de leur histoire, traduit fidèlement ce déséquilibre ? La réponse est de toute évidence négative, encore qu'en ce domaine la pesée des moyens potentiels et immédiatement utilisables soit toujours difficile à faire. En août 1914, l'Allemagne alignera, réparties sur deux fronts, 87 divisions d'infanterie et 11 divisions de cavalerie, contre les 73 divisions d'infanterie et les 10 divisions de cavalerie de l'armée française. Cela représente, en termes d'effectifs, une différence de moins de 20 % en faveur du Reich wilhelmien, alors que la population de cet État est de plus de 50 % supérieure à celle de la France. À moyen terme, le potentiel démographique de l'Allemagne ne peut pas ne pas jouer, et il jouera effectivement à partir de 1915 et jusqu'à l'arrivée des Américains, mais dans l'hypothèse d'une guerre courte — la seule qui soit retenue par les deux camps —, il y a incontestablement, sur le papier, équilibre des forces.

Pour pallier les insuffisances de ses réserves humaines, la France a accompli depuis la défaite de 1871, et plus particulièrement au cours des années qui précèdent immédiatement la guerre, un immense effort. En jouant sur la durée et sur le caractère plus ou moins universel du service militaire (5 ans en 1872 avec de nombreuses exemptions et un service de six mois pour le quart des conscrits, tirés au sort, 2 ans pour tout le monde à partir de 1905 et finalement 3 ans depuis juillet 1913), elle a réussi tant bien que mal à maintenir ou à rétablir la parité avec sa voisine d'outre-Rhin. L'écart des effectifs avec l'armée allemande, qui était légèrement inférieur à 100 000 hommes en 1900 et avait atteint les 165 000 en 1911, n'était plus que de 50 000 après l'adoption de la loi des trois ans. Mais bien sûr le rapport des forces entre les deux armées ne se mesure pas seulement en termes d'effectifs. La façon dont se déroulera la bataille des frontières en août-septembre 1914 montrera que les Allemands ont une infanterie mieux instruite, des réserves plus aptes que celles de l'armée française à être engagées d'entrée de jeu en première ligne, et une mobilité plus grande que celle de leurs adversaires. À quoi s'ajoute la supériorité écrasante de leur artillerie lourde, conséquence à la fois de la puissance de leur outil industriel et des choix opérés en ce domaine par le Haut-Commandement et par le gouvernement du Reich.

On conçoit dans ces conditions que la diplomatie française soit prudente lorsque se profile l'éventualité d'un conflit armé avec l'Allemagne. Joffre a beau répondre en 1912 à un interlocuteur qui lui demande s'il y aurait la guerre : « *Nous l'aurons, je la ferai, je la gagnerai* », ce bel optimisme ne suffit pas à rendre aveugles ceux qui ont à charge la conduite de la politique étrangère. L'année précédente, en pleine crise marocaine, le président du Conseil Joseph Caillaux n'avait-il pas demandé au même Joffre, tout fraîchement nommé au poste de chef d'État-Major général : « *On dit que Napoléon ne livrait bataille que lorsqu'il pensait avoir au moins 70 % de chances de succès. Les avons-nous, si la situation nous accule à la guerre ?* » La réponse ayant été négative, il avait tranché : « *C'est bien, alors nous négocierons.* »

Il est vrai que la France ne se réduit pas à l'hexagone. Lorsque commence le siècle, elle n'a pas encore établi son protectorat sur le Maroc, mais est déjà à la tête d'un Empire qui, avec ses 11 millions de km^2 et ses 43 millions d'habitants, vient au second rang des grandes constructions coloniales, après l'Empire britannique (30 millions de km^2 et 400 millions d'habitants) et loin devant celui de l'Allemagne (3 millions de km^2 et 16 millions d'habitants), cette dernière puissance étant intervenue tardivement dans le partage du monde. Maîtresse de nombreuses îles et de « comptoirs » éparpillés sur toutes les mers, entre l'Inde, l'Amérique et l'Océanie, la France détient surtout deux blocs compacts.

Le premier se situe en Afrique. Il comprend une partie importante du Maghreb — l'Algérie, « pacifiée » après 1830 et transformée en trois départements français (Alger, Oran, Constantine), la Tunisie, devenue protectorat à la suite d'une intervention militaire en 1881 (le Maroc subissant le même sort en 1911-1912) — et les immenses territoires, moins difficilement occupés de l'Afrique occidentale française (AOF, constituée en 1895) et de l'Afrique équatoriale française (l'AEF, qui regroupe sous ce nom en 1910 les colonies du Gabon, de l'Oubangui-Chari et du Tchad). Le second est en Extrême-Orient où l'Union indochinoise, qui a été constituée en 1887, regroupe le Cambodge et la Cochinchine, occupés sous le Second Empire, le Tonkin, difficilement conquis à l'époque de Jules Ferry, ainsi que le Laos et l'Annam, pénétrés sans grande résistance.

La plupart de ces territoires sont des *colonies*, administrées directement par la métropole, avec l'aide de cadres indigènes dotés de pouvoirs très limités. D'autres comme la Tunisie, le Tonkin ou le Cambodge sont soumis (comme plus tard le Maroc) au régime du *protectorat* — la France y est représentée par un résident général et se réserve la direction des affaires militaires et de la politique extérieure — mais conservent leur souverain et un semblant d'indépendance. La philosophie qui préside aux rapports entre la métropole et les territoires d'outre-mer relève d'une conception « romaine » de la colonisation, très différente du modèle pragmatique et décentralisé que constitue l'Empire britannique.

Longtemps combattu par de larges secteurs de l'opinion — nationalistes de droite et de gauche qui reprochaient à Jules Ferry et au « parti colonial » de détourner la France de sa véritable « mission » qui était de reconquérir les provinces perdues, puis socialistes, hostiles à l'impérialisme pour des raisons politiques et humanitaires — le projet colonial rencontre au début du XXe siècle des partisans de plus en plus nombreux et de plus en plus enthousiastes. En ce sens, il participe très largement de l'« air du temps » et se nourrit des courants vitalistes et néo-darwiniens qui, dans l'Europe tout entière, pénètrent des familles idéologiques aussi différentes que le nationalisme, le syndicalisme révolutionnaire, le libéralisme et même le marxisme. Mais en même temps, il trouve dans l'hexagone un point d'appui supplémentaire dans le désir qu'ont beaucoup de Français d'effacer l'humiliation de 1871 et de donner à leur pays, avec un surcroît de puissance, les moyens de prendre sa revanche sur l'Allemagne.

Cette espérance correspond-elle ou non à une réalité ? Les avis sur ce point divergent, selon qu'est mis en avant tel ou tel aspect de la colonisation. En termes de prestige international, de stratégie et d'influence à l'échelle planétaire, d'effet sécurisant et de satisfaction d'amour-propre pour des populations ayant fortement ressenti le traumatisme de la défaite, et en tant que mythe permettant de transcender les antagonismes sociaux, la colonisation a eu de toute évidence des résultats positifs. D'un point de vue politique, militaire et culturel, elle a incontestablement permis à la France d'acquérir, puis de maintenir, en dépit de son repli démographique et de sa relative stagnation économique, un statut de puissance mondiale. Mais sur au moins deux points majeurs la réponse est loin d'être aussi claire.

Économiquement tout d'abord. Les colonies ont-elles effectivement apporté un surcroît de puissance à la France ? Ont-elles — pour reprendre les termes dans lesquels Jacques Marseille pose la question — été « *une bonne affaire* » et pour qui ? (Cf. sa thèse « Empire colonial et capitalisme français, années 1880-années 1950 », et le livre qu'il en a tiré, *Histoire d'un divorce*, publié chez Albin Michel en 1984). La question n'est pas simple et appelle une réponse nuancée. À court terme, et dans la période qui nous intéresse ici, il est indéniable que le système de protection douanière qui a été appliqué au commerce avec les territoires d'outre-mer a permis à la France de pallier les effets de la dépression de la fin du siècle en créant des marchés réservés. À très long terme en revanche, il n'est pas moins patent que cette pratique protectionniste a eu pour l'économie métropolitaine des conséquences sclérosantes dont les effets seront surtout perceptibles après la Seconde Guerre mondiale.

Si l'on reste dans le cadre chronologique de ce chapitre, la question qui se pose est celle du coût de l'entreprise impériale et des profits qu'elle a permis de réaliser. Sur ce point, la réponse donnée par Jacques Marseille est sans équivoque. La France, écrit-il, a acquis son Empire « *pour une bouchée de pain* » : un milliard de francs-or environ, soit le cinquième des dépenses ordinaires de l'État pour la seule année 1913, ou encore deux années d'impôts indirects sur les boissons. Certes, il a fallu ensuite « pacifier » les territoires acquis, les administrer et y installer les infrastructures nécessaires au fonctionnement de l'économie de *traite*, laquelle consiste à drainer vers les ports de la colonie les produits bruts de l'intérieur et à répartir en sens inverse les produits fabriqués importés du pays colonisateur. Là encore, si l'on suit Jacques Marseille dans les évaluations très précises qu'il a faites des dépenses publiques financées par la métropole, les chiffres paraissent très modestes : 8 milliards de francs courants pour les dépenses militaires effectuées entre 1850 et 1913, et un peu plus de 4 milliards de francs pour les dépenses civiles sur l'ensemble de la période 1850-1930. La règle fixée par la loi du 13 avril 1900 étant que les colonies ne devaient rien coûter à la métropole et devaient s'autofinancer.

S'agissant des investissements privés, la colonisation n'a pas été non plus une mauvaise affaire. Certes, les Français n'ont pas été parmi les colonisateurs ceux qui ont réalisé les profits les plus juteux. Avec des investissements beaucoup plus modestes, particulièrement en matière d'infrastructures, les Belges et les Néerlandais ont tiré des avantages matériels beaucoup plus considérables du Congo et de l'Indonésie. Les Britanniques, eux, ont à la fois investi beaucoup (près de la moitié des capitaux placés hors de la métropole) et puissamment rentabilisé leurs placements, surtout en Inde où la mise a été beaucoup moins forte que dans les grandes colonies de peuplement blanc. La France se trouve dans une situation intermédiaire. Son investissement global a été de loin inférieur à celui de la Grande-Bretagne (de 4 à 6 milliards de francs-or selon les estimations à la veille de la guerre contre 47 milliards pour le Royaume-Uni), mais elle a concentré ses placements dans les zones les plus rémunératrices (l'Indochine et surtout l'Afrique du Nord), tout en consacrant des sommes non négligeables aux dépenses d'équipement financées par le budget. Ceci, avec des risques infiniment moins grands que dans les régions non soumises au contrôle politique de la métropole, et pour le plus grand bénéfice des groupes concernés. En 1913, le taux de profit de la Banque d'Indochine s'élevait ainsi à près de 70 %, celui de la Compagnie française d'Afrique occidentale à 41 %, celui des Charbonnages du Tonkin à 84,6 %, sans parler des gains spéculatifs réalisés sur les actions de ces sociétés (celles de la Banque d'Indochine, achetées 125 francs en 1901 pouvaient se vendre 1 680 francs dix ans plus tard).

Sur le plan militaire, l'appel à l'immense potentiel humain des colonies ne s'est fait que de manière tardive et dans la précipitation de la grande tuerie de 1914, si bien qu'en ce domaine l'aspect positif de la colonisation est essentiellement, semble-t-il, d'ordre psychologique. La possession d'un Empire que l'on suppose être un immense réservoir d'hommes, susceptible de pallier les carences démographiques de la métropole, rassure les habitants de l'hexagone, au même titre que l'alliance avec le « rouleau compresseur » russe. Encore faudrait-il que soit mise en place la structure d'accueil de ces éventuelles recrues. Cela implique du temps, de l'expérience, une lente accoutumance des populations autochtones à l'idée de leur participation à la défense métropolitaine. Or, les projets gouvernementaux pour créer une véritable « armée coloniale », formée de contingents levés dans les territoires d'outre-mer et d'engagés volontaires, sont restés lettre morte jusqu'au tout début du siècle, et ce n'est guère qu'à partir de 1900 que les unités de « tirailleurs » recrutées parmi les autochtones ont reçu un statut définitif.

En 1910, le général Mangin s'était illustré dans la célèbre campagne pour *La force noire*, mais les oppositions conjuguées des colons, des militaires métropolitains et des socialistes avaient réduit à bien peu de choses les grands projets de levée en masse des indigènes. Si bien que, même après l'adoption en 1912 de décrets facilitant les enrôlements volontaires, les effectifs des troupes coloniales ne dépasseront pas une trentaine de milliers d'hommes en Afrique du Nord et en AOF, et quelques milliers d'autres dispersés dans les autres territoires de l'Empire.

Cela n'empêchera pas la France de recourir, dès le début de la Guerre mondiale, aux contingents levés dans les colonies, d'abord par engagements volontaires (on avait simplement augmenté la prime d'enrôlement), puis par recrutement forcé. L'Empire fournira ainsi, entre 1914 et 1918, 600 000 hommes dont la moitié venus d'Afrique du Nord (175 000 pour la seule Algérie), le tiers d'Afrique noire, 50 000 d'Indochine et 40 000 de Madagascar. Globalement, les pertes (environ 10 % de l'effectif mobilisé) seront moins fortes que celles des troupes métropolitaines, mais là où les unités « indigènes » seront engagées, elles seront parfois effroyables : ainsi, 7 000 Sénégalais furent tués ou mis hors de combat au Chemin des Dames en 1917.

La place de la France dans le monde, à la charnière du XIXe et du XXe siècles, dépend également bien sûr, et au premier chef, de ses capacités économiques. En termes de production, et notamment de production industrielle, la très forte croissance qui caractérise les quinze années qui précèdent la guerre (de l'ordre de 5 % pour les secteurs les plus dynamiques selon les travaux de François Crouzet), et les spectaculaires progrès accomplis dans des branches telles que l'électro-métallurgie, l'électrochimie, les industries mécaniques, l'automobile, l'aéronautique, ne suffisent pas à empêcher que la France ne soit reléguée du second au quatrième rang des puissances industrielles, sa part dans la production industrielle mondiale tombant de 10 % en 1870 à 7 % en 1913, alors que celle de l'Allemagne est passée, dans la même période, de 12 à 15 % (et celle du Royaume-Uni de 32 % à 14 %).

Il en est de même du commerce extérieur, lui aussi en plein essor au début du siècle, après la forte récession qui a caractérisé la période 1880-1900, mais dont la progression est moins forte que celle de nos principaux concurrents. Si bien que là aussi il s'effectue une redistribution des cartes dont rend compte le tableau ci-dessous.

*Part relative des principaux pays exportateurs
dans les ventes mondiales d'articles manufacturés de 1876 à 1913
(en % du total mondial)*

	France	GB	All.	USA	Italie	Japon
1876-1880	16,2	37,7	—	4,0	—	—
1881-1885	14,5	38,2	17,8	4,2	1,7	—
1891-1895	14,2	34,4	18,2	4,7	1,3	0,5
1901-1905	13,0	29,4	20,0	8,0	2,1	1,0
1911-1913	11,8	27,5	21,4	9,2	2,7	1,3

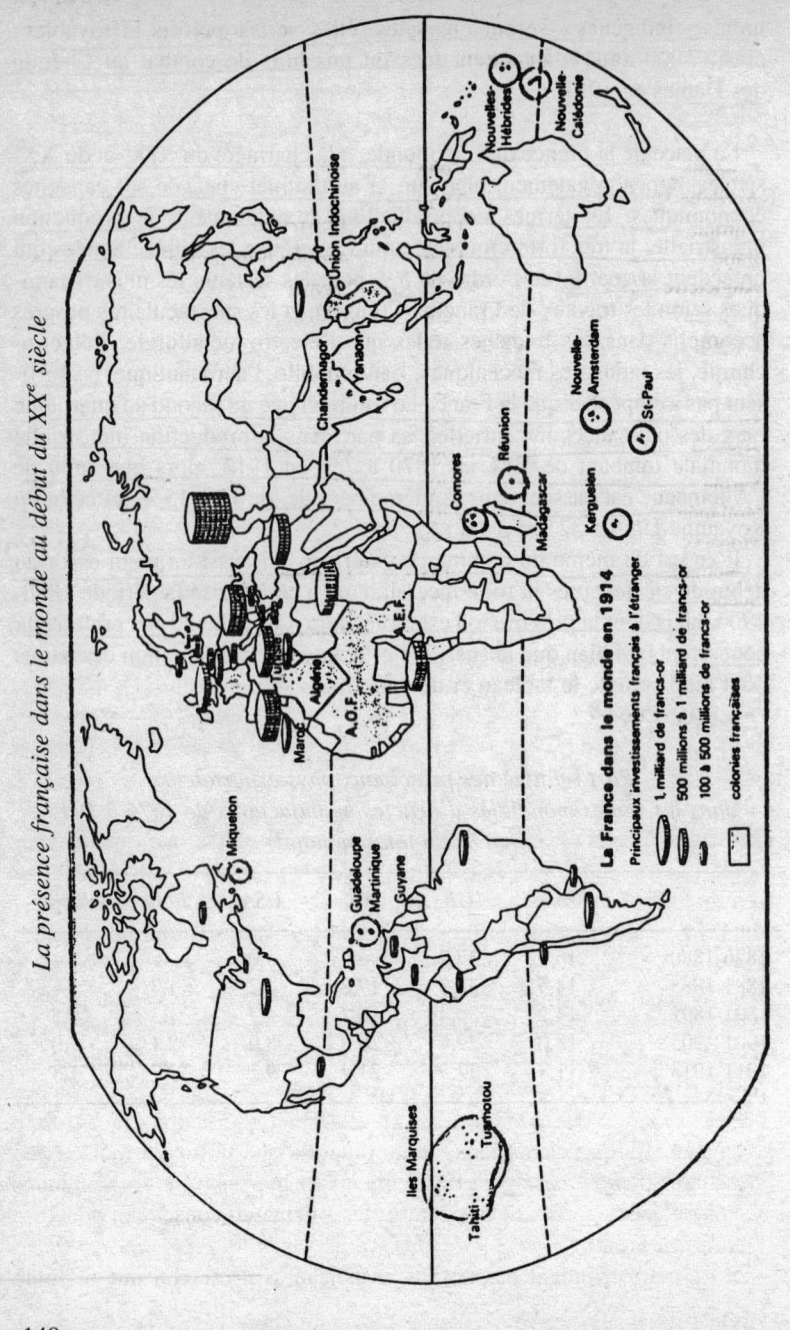

La présence française dans le monde au début du XXᵉ siècle

Les capitaux français placés à l'étranger
(d'après l'enquête de 1902, en millions de francs)

EUROPE		ASIE	
Russie	6 966	Chine	651
Espagne	2 974	Asie turque	354
Autriche-Hongrie	2 850		
Turquie	1 818	AFRIQUE	
Italie	1 430	Afrique britannique	1 592
Angleterre	1 000	Égypte	1 436
Portugal	900	Tunisie	512
Belgique	600		
Suisse	455	AMÉRIQUE	
Roumanie	438	Argentine	923
Norvège	290	Brésil	696
Grèce	283	États-Unis	600
Serbie	201	Mexique	300
Hollande	200	Colombie	246
Monaco	158	Chili	226
Danemark	131	Uruguay	219
Suède	123	Canada	138
		Venezuela	130
		Cuba	126
		Pérou	107

D'après R. Poidevin, *Les relations économiques et financières entre la France et l'Allemagne*, Colin, 1969.

Ce relatif repli en valeur relative du commerce extérieur de la France — infiniment moindre que celui de la Grande-Bretagne qui voit sa part diminuer de dix points en une quarantaine d'années — est essentiellement dû à la montée en puissance de ses autres concurrents européens et extra-européens : États-Unis et surtout Allemagne, dont la part, dans le commerce mondial, passe (tous trafics mêlés) de 9 % en 1880 à plus de 13 % à la veille de la guerre. Une percée que les Allemands doivent aux coûts relativement bas de leur production industrielle, à la hardiesse de leurs voyageurs de commerce et à l'excellence de leurs méthodes commerciales. Les consuls français en Amérique latine ou en Asie orientale expliquent ainsi dans leurs rapports que là où les maisons de commerce françaises exigent le paiement anticipé, les firmes britanniques se contentent du paiement comptant et les Allemands consentent de larges facilités de crédit.

Il ne faut cependant pas noircir le tableau. S'il est vrai que le solde

149

commercial français reste très nettement négatif en 1913 (d'environ 1,5 milliard de francs), la balance des paiements dégage un excédent de 1,3 milliard : somme considérable et qui marque de manière tangible l'enrichissement du pays (chap. II).

Cette richesse accumulée ne sert pas seulement à grossir le légendaire « bas de laine » du petit bourgeois français. Elle est à la base d'une puissance financière qui fait de Paris la première place boursière du monde dès les toutes premières années du siècle, et des habitants de l'hexagone les seconds investisseurs de la planète. À la veille de la guerre, face aux Britanniques qui détiennent de très loin le premier rang, avec un investissement de 95 milliards de francs-or, dont 47 % dans l'Empire, 41 % répartis à peu près également entre les deux Amériques et seulement 8 % en Europe, la France possède pour 45 milliards d'avoirs à l'étranger, représentant plus du tiers de sa fortune mobilière et se répartissant de façon très différente : 27,5 milliards dans les affaires européennes, dont 12,3 milliards pour la Russie, 6 milliards en Amérique latine, 2 en Amérique du Nord, 3,3 en Afrique et seulement 4 milliards dans les colonies.

L'expression « placements à l'étranger » recouvre en fait deux catégories d'investissements. La première englobe les achats de fonds d'État et d'autres valeurs à caractère public telles que les emprunts de municipalités ou les obligations de chemins de fer garanties par les États étrangers. Ce sont de loin ces placements dits « de pères de famille » qui constituent la part la plus importante du portefeuille français hors de l'hexagone, et ce sont eux qui ont fait à la fois la force du marché parisien des valeurs mobilières et la réputation durablement faite au capitalisme français d'être resté confiné dans une conception étriquée de l'investissement extérieur.

Or, s'il est vrai que la philosophie du rentier, porteur de titres au revenu modeste, mais réputés « sûrs », constitue effectivement la règle, surtout si l'on se réfère au nombre des prêteurs (pour la plupart de petits porteurs dont l'épargne, il est vrai, est drainée par les grandes banques d'affaires), il existe aussi des investissements directs, sous la forme de participations dans des sociétés industrielles ou commerciales, dont la possession implique de la part de leurs propriétaires un comportement plus dynamique et une stratégie moins passive que celle du simple « rentier ».

René Girault a clairement montré dans ses travaux (notamment dans sa thèse : *Emprunts russes et investissements français en Russie, 1887-1914*, Paris, A. Colin, 1973) que, dans le cas des placements en Russie, qui représentaient en 1914 à peu près le quart des avoirs français à l'étranger, sur les 12 milliards de francs (en chiffres arrondis) investis, 82 % environ l'étaient dans des fonds publics : pourcentage considérable, mais dont

René Girault explique qu'il a subi une baisse relative depuis 1900 (il était alors de 87 %) au dépens des investissements directs. De 1907 à 1914 ces derniers ont progressé annuellement de près de 9 %, contre 2,42 % pour la première catégorie. Avec comme conséquence tangible la multiplication des initiatives d'envergure de la part du capitalisme français :

« *Entre 1908 et 1913 — écrit Girault —, les entreprises françaises en Russie se multiplient : aménagement de chantiers navals, de ports de guerre, de voies ferrées, études pour le canal Don-Volga, le bassin du Kouznets, etc. Les visées les plus grandioses ont trait à l'élaboration d'un trust métallurgique à l'échelle de la Russie tout entière ; des pourparlers s'engagent entre capitalistes français avant 1914, ils se poursuivent pendant la Première Guerre mondiale, et seule la révolution de 1917 stoppera cet élan ; les promoteurs comme Pierre Darcy (fils du président du comité des Forges) et le banquier Villars (président de la Banque de l'Union parisienne) conçoivent alors des plans grandioses...* » (« Existe-t-il une bourgeoisie d'affaires dynamique en France avant 1914 ? », *Bulletin de la Société d'Histoire moderne*, n° 1, 1969, pp. 2-7).

Jacques Thobie fait des constatations analogues pour l'Empire ottoman où, entre 1881 et 1914, la valeur des placements publics a augmenté de 66 %, tandis que celle des investissements directs était multipliée par 7, avec une accélération particulièrement sensible dans le courant de la décennie 1890. Le tableau ci-dessous rend compte dans le détail de cette évolution.

Emprunts ottomans placés en France et capitaux français investis dans l'Empire de 1881 à 1914
(en millions de francs)

Au 31 déc.	Fonds publics	Investissements directs	Total
1881	1328,3	85,0	1413,3
1890	1543,4	134,2	1677,6
1900	1665,7	372,9	2038,6
1910	1606,5	525,5	2134,0
1914	2209,1	587,1	2796,2

Source : J. Thobie, « Placements et investissements français dans l'Empire ottoman, 1881-1914 », in *La position internationale de la France, aspects économiques et financiers, XIXe-XXe siècles*, Textes réunis et présentés par M. Lévy-Leboyer, Paris, PUF, 1977, pp. 288-289.

Enfin, les travaux de J.-F. Rippy sur l'Amérique latine ont établi que, dans cette partie du monde, les investissements français dans les entreprises privées et les achats de terres étaient, dès le début du siècle, très supérieurs aux placements publics.

Les investissements français en Amérique latine en 1902
(en millions de francs)

	Emprunts publics	Terres	Ch. de fer	Banques	Entreprises	Total
Argentine	310	366	100	53	94	923
Chili	8	80	—	—	138	226
Uruguay	48	138	—	8	103	297
Brésil	490	30	40	11	125	696
Mexique	—	100	—	20	180	300
Antilles	73	100	—	7	30	210
Am. centr.	—	—	—	—	47	47
Autres	32	170	18	39	295	554
Total	961	984	158	138	1 012	3 523

Source : J.-F. Rippy, « French Investments in Latin America », in *Inter-American Economic Affairs*, Washington, 1948.

L'image d'un capitalisme français entièrement absorbé par les « placements de pères de familles » relève donc du légendaire économique, et en tout cas mérite d'être fortement nuancée. Il n'en reste pas moins que, comparée aux stratégies britannique et allemande (le Reich vient en troisième position des pays investisseurs, avec 29 millions de francs-or placés principalement en Europe, aux États-Unis, en Amérique latine et dans l'Empire ottoman), davantage orientée vers les investissements directs et les concessions de zones économiques exclusives, celle de la France se caractérise par un dynamisme moindre et débouche sur des formes différentes d'utilisation de l'arme financière.

Quoi qu'il en soit, celle-ci offre à la diplomatie française des moyens d'action qui fonctionnent d'ailleurs tantôt à l'initiative du pouvoir, lorsque par exemple le Quai d'Orsay exerce une pression sur les intérêts privés pour que soient conclues des opérations auxquelles il attache une importance politique, tantôt en sens inverse, le gouvernement couvrant des initiatives privées, prises sans autre considération que celle du profit, mais dont les responsables politiques estiment qu'elles servent, d'une façon ou d'une autre, les intérêts de la nation.

La diplomatie du franc, les manœuvres exercées sur le marché des changes, les encouragements ou au contraire les moyens dissuasifs employés auprès de telle ou telle entreprise, de tel ou tel groupe financier, pour l'incliner ou non à s'engager hors de l'hexagone, l'« admission à la cote » de la Bourse de Paris des titres d'emprunts étrangers accordée ou refusée par les Affaires étrangères, toute la panoplie d'outils politico-financiers dont dispose le pouvoir seront ainsi utilisés par lui pour atteindre ses objectifs extérieurs, ou pour contrecarrer ceux des puissances concurrentes. C'est en ce sens que, pendant la période que nous examinons ici, le Quai d'Orsay usera de l'arme financière pour conclure et renforcer l'alliance avec la Russie, attirer dans l'orbite française de petits pays de l'Europe balkanique — Grèce, Serbie et Bulgarie —, incliner l'Italie à se détacher de la Triple Alliance, lier financièrement à la France des pays sur lesquels elle songe à établir progressivement une tutelle (le Maroc ou l'Éthiopie), ou encore préparer, par le biais de la pénétration économique et financière, la mise en place de zones d'influence : c'est le cas notamment en Chine et dans l'Empire ottoman.

Influences et rayonnement culturels

La place de la France dans le monde à l'aube du XXe siècle ne se mesure pas seulement en termes de puissance industrielle et financière, de force militaire ou de possessions coloniales. Elle traduit également l'universalité d'un modèle politique et culturel dont la diffusion s'opère par des moyens extrêmement divers.

C'est d'abord une certaine image d'elle-même que la France exporte dans le reste du monde, en Europe et hors d'Europe. Celle de la « nation-guide », porteuse des idéaux qui ont triomphé un siècle plus tôt sur son sol avec la « Grande Révolution ». La liberté, l'égalité devant la loi, le respect des droits de la personne humaine, l'idée d'un progrès infini apporté aux hommes par l'usage de la raison et les conquêtes de la science, la certitude que la démocratie est à la fois la condition et le produit du triomphe de l'intelligence sur les forces obscures de l'instinct et de la foi, tout cela constitue un système de valeurs dont les élites républicaines ont tendance à faire, de manière exclusive, le fondement de l'identité française et l'instrument d'une pénétration pacifique tous azimuts qui est assimilée par beaucoup à l'avancée de *la* Civilisation.

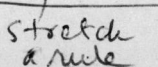

Quelles que soient les entorses qu'elle apporte à ses propres principes, par exemple dans la soumission des peuples « *indigènes* » — encore que sur ce point le discours « civilisateur » et « humanitaire » d'un Jules Ferry n'ait aucune difficulté à faire coexister domination coloniale et « *devoir de civiliser les races inférieures* » (Cf. sa déclaration à la Chambre du 28 juillet 1885) —, la France peut en effet tirer parti d'arguments objectivement recevables. Elle a joué, avec l'Angleterre, un rôle pionnier dans la suppression de l'esclavage. Elle a été la première en Europe à instituer le suffrage universel. Elle est, au début du siècle, le seul grand État moderne sur le vieux continent doté d'un régime républicain. Elle est incontestablement un refuge (pas le seul) et un symbole pour les exilés politiques du monde entier, ainsi qu'un modèle pour des peuples aspirant à plus de liberté et de représentativité.

La diplomatie française joue de la richesse et du poids de cette image. Elle lui sert à conforter des positions et à en conquérir d'autres. Ce qui n'est pas toujours facile, dans la mesure où le « modèle français » peut tout aussi bien constituer un repoussoir pour les oligarchies dirigeantes, qui le jugent subversif et dissolvant. Il a ainsi fallu de nombreuses années aux dirigeants républicains pour vaincre la répulsion du tsar à l'égard de la France « révolutionnaire », et le rapprochement franco-italien a longtemps buté sur les réticences du roi Humbert à traiter avec une puissance non respectueuse de « l'ordre » et qui accueillait sur son territoire tout ce que la couronne d'Italie comptait d'adversaires déclarés. Mais dans beaucoup de cas, la référence au modèle hexagonal a joué dans le sens d'un accroissement de l'influence française. En Amérique latine par exemple, dans une situation de forte dépendance à l'égard des grandes puissances du moment, il est fréquent de voir les États latino-américains, ou plus exactement les bourgeoisies créoles qui les dirigent, fonder leur identité culturelle sur des concepts de latinité et de *panlatinisme* qui se nourrissent largement d'influences françaises, jouant ainsi l'impérialisme faible que constitue, dans cette région du monde, celui de la France, contre les impérialismes forts et en particulier contre celui, tout proche, du grand voisin nord-américain.

C'est à bien des égards pour rendre son modèle politique et culturel plus facilement exportable que la République met l'accent, à partir de la dernière décennie du XIXᵉ siècle, sur la modération de ses objectifs intérieurs et extérieurs. En témoigne l'agencement de cette vitrine sur le monde qu'elle offre périodiquement à ses visiteurs avec les Expositions universelles. Celle de 1889 faisait encore figure de « provocation à la face de rois » lancée par un régime *avancé* (Cf. P. Ory, *Les Expositions universelles de Paris*, Paris, Ramsay, 1982 et *1889, L'expo universelle*,

Complexe, 1989). Des délégations d'étudiants venus de pays sous domination étrangère — Polonais, Tchèques, Croates — avaient transformé leur visite en manifestation nationale aux accents de *la Marseillaise*, et les monarchies avaient boudé la grande fête du Champ-de-Mars. En 1900 au contraire, alors que s'annonce paradoxalement, au lendemain de l'arrivée au pouvoir du Bloc des gauches, l'ère de la « république radicale », c'est l'économie, la science et la « philosophie du XXe siècle » qui sont mis en avant par les concepteurs de l'« Expo ». Symboliquement réintégrée dans le « concert des puissances », la France républicaine accueille sur les rives de la Seine les représentations des États les plus conservateurs du continent : Allemagne, Autriche-Hongrie et Russie en tête.

En cette époque de balbutiements du cinématographe où l'image se trouve encore réduite à son support de papier, le livre constitue le principal vecteur de l'influence culturelle et la langue l'instrument privilégié de la pénétration des esprits. Or, si l'anglais ne cesse de gagner du terrain à ses dépens, devenant à la fin du XIXe siècle l'outil international des affaires, le français conserve des positions solides. L'aire de la francophonie a même sensiblement progressé au Canada, en Afrique du Nord et en Afrique noire, en Syrie, au Liban et même en Extrême-Orient. D'autre part, le français demeure l'instrument de communication des diplomates, des savants et des hommes de lettres, ainsi qu'une langue véhiculaire de culture entre les représentants des élites du monde entier. Il en résulte que ceux-ci envoient encore fréquemment leurs fils étudier à Paris, même si la prépondérance exercée en ce domaine par l'université française tend de plus en plus à se réduire au profit des établissements universitaires britanniques et allemands.

L'heure a sonné en effet où, pour de larges secteurs des classes dirigeantes européennes et extra-européennes, le style d'éducation à l'anglaise et le modèle technico-scientifique allemand sont considérés comme plus valorisants que le modèle humaniste façonné par la vieille Sorbonne. Le succès international de l'École libre des Sciences politiques — que fréquentent les étudiants étrangers et dont s'inspirent, par exemple, les fondateurs de l'Université Bocconi de Milan — témoigne cependant d'une capacité de renouvellement et d'attraction qui est loin encore d'être épuisée à la veille de la guerre.

La diffusion de la langue et celle du modèle culturel français passent par le truchement d'établissements d'enseignement qui, à cette époque, dépendent encore très largement des congrégations religieuses. L'action de ces dernières ne se limite d'ailleurs pas au domaine scolaire. Elle relève d'une entreprise missionnaire dont s'accommode parfaitement la République laïque qui triomphe avec Jules Ferry, de même qu'elle voit d'un œil favorable le maintien du protectorat français sur les populations catholiques des Empires ottoman et chinois. Les républicains qui détiennent les leviers de commande de l'État et le Quai d'Orsay qui a à charge de gérer la question y voient un utile moyen pour écarter les influences étrangères. Si bien que, non seulement ils ne songent pas à renoncer au « droit » de protection ainsi reconnu à la France, mais ils cherchent à l'étendre à d'autres pays, l'Égypte par exemple où règne l'influence anglaise, ou l'Éthiopie, terrain d'affrontement entre les influences françaises et italiennes par capucins et lazaristes interposés.

C'est dans la même perspective qu'ils acceptent de subventionner les congrégations et les écoles religieuses dont l'activité missionnaire compense en partie l'insuffisance des intérêts économiques implantés dans certaines régions où la France entend maintenir et même accroître son influence. Le conflit entre l'Église et l'État, qui commence en gros avec le siècle, et l'expulsion des congrégations qui marque le point le plus aigu du différend, n'y changeront rien et auront au contraire tendance à renforcer ce type d'action extérieure, les institutions visées se voyant contraintes de transférer leurs cadres et leurs établissements à l'étranger.

Le « Bureau des Écoles et des Œuvres » du ministère des Affaires étrangères, créé en 1900 et rattaché à la Direction politique de ce département (c'est seulement en 1946 que cet organisme, transformé en « Service des Œuvres » en 1920, deviendra la Direction des Affaires culturelles), continueront ainsi à fournir aux écoles congrégationistes des subventions dont le montant ne cesse de croître jusqu'en 1914. Les « Œuvres françaises en Orient », inscrites au chapitre 22 du budget des Affaires étrangères, et qui concernent une aire géographique englobant l'Empire ottoman, l'Égypte, la Grèce, la Crète, Chypre, la Bulgarie, la Roumanie, la Perse et l'Éthiopie, qui recevaient une subvention annuelle de 700 000 francs en 1892, voient ce montant s'élever à un million de francs en 1910 et à près de 1 300 000 francs en 1914.

Cela n'empêche pas le gouvernement de la République de favoriser le développement d'écoles non confessionnelles au cours des deux décennies qui précèdent le conflit mondial. Déjà, en 1884, dans un cadre non directement relié au cursus scolaire et universitaire, a été créée à l'initiative d'une cinquantaine de personnalités rassemblées autour de Paul Cambon, alors résident général à Tunis, une « Association nationale pour la propagation de la langue française dans les colonies et à l'étranger ». Plus connue sous le nom d'*Alliance française*, elle s'est donnée pour mission de rendre à la France son image de marque internationale altérée depuis 1870, de relancer l'expansion de la culture française et de lutter contre l'influence grandissante de la culture allemande. Une quinzaine d'années plus tard, elle compte déjà 170 comités dont près de la moitié à l'étranger, groupant 28 000 membres et subventionnant 300 écoles, principalement au Proche-Orient, en Amérique latine, aux États-Unis et en Afrique.

En 1902 est fondée la « Mission laïque française », dont le but est le même mais qui vise plus spécifiquement le public scolaire sur lequel s'exerce l'influence des congrégations. Elle se propose de veiller au recrutement des instituteurs et institutrices français dans les colonies et à l'étranger et de soutenir les établissements non confessionnels pour diffuser « *avec la langue française, l'esprit et les idées de la France moderne* » : entendons de la France laïque et républicaine. Aussi n'est-il pas surprenant que la « rallonge » accordée aux « Œuvres françaises en Orient » dans les années 1905-1914 soit allée de manière préférentielle vers les établissements relevant de sa mouvance. Enfin, au chapitre des entreprises émanant du secteur public, il faut encore signaler les liens établis entre des universités comme celles de Lille, de Grenoble et de Toulouse avec des institutions universitaires étrangères : ils ont joué en effet un rôle important dans la fondation des premiers Instituts français : Florence en 1908, Londres et Madrid en 1913.

Pour la seule partie orientale de l'Empire ottoman, où se concentre il est vrai l'essentiel de l'action enseignante des missions religieuses et laïques françaises, et qui a été minutieusement étudiée par Jacques Thobie (« La France a-t-elle une politique culturelle dans l'Empire ottoman à la veille de la Première Guerre mondiale ? », *Relations internationales*, n° 25, printemps 1981, pp. 21-40), on dénombre en 1912 dans les « écoles françaises » de l'Empire plus de 87 000 élèves (49 000 garçons et 38 000 filles), dont près de la moitié pour la seule Syrie. À quoi il convient d'ajouter les 20 000 élèves qui fréquentent des établissements semblables en Égypte. Ce sont, de loin, les établissements des congrégations qui viennent en tête, malgré les progrès enregistrés en dix ans par leurs concurrents laïques, et ce sont les écoles primaires et primaires supérieures qui rassemblent les plus gros contingents d'élèves : 80 000 dans l'Empire ottoman, contre 7 000 dans le secondaire et guère plus de 300 dans le supérieur, concentrés il est vrai dans la très dynamique et très réputée *Université Saint-Joseph* de Beyrouth, que dirigent les Pères jésuites et dont le consul général de France dit en 1913 qu'elle est « *l'établissement fréquenté par la classe élevée du pays, où nous avons le plus d'intérêt à rechercher nos clients* ». On ne peut exprimer plus clairement les objectifs de ce qui relève bel et bien d'un impérialisme culturel, encore que, dans ce domaine comme dans beaucoup d'autres, la France soit plus souvent en position défensive qu'offensive, face aux entreprises de ses concurrents britanniques et allemands.

Sans entrer ici dans le détail de l'histoire culturelle, rappelons pour conclure ce bilan de l'influence française à la veille du premier conflit mondial, que celle-ci doit encore beaucoup aux travaux et aux productions de ses élites intellectuelles et artistiques. Paris n'est pas seulement l'épicentre de la mode, l'une des deux ou trois grandes capitales des lettres, le lieu où se conjuguent, comme à Vienne, les enseignements d'un immense patrimoine culturel et les hardiesses des avant-gardes. Il est avec son université (quoique celle-ci n'accueille des étudiants en science qu'à partir de 1877, avec un certain retard sur l'Angleterre et l'Allemagne), ses laboratoires, ses grandes écoles techniques, ses sociétés savantes, ses expositions universelles, l'un des pôles d'invention et de diffusion de la culture scientifique et technologique. Sur les 62 Prix Nobel attribués par le jury de Stockholm entre 1901 et 1914, pour les quatre disciplines primées, 19 sont allemands et 12 sont français, ce qui place la France en seconde position devant l'Angleterre, les Pays-Bas la Suède et l'Italie (respectivement 6, 5, 4 et 3 récompenses).

La « Grande politique » *de Théophile Delcassé*

La position de la France dans le monde du début du XXe siècle demeure donc celle d'une grande puissance dont les intérêts sont présents sur les cinq continents et dont la politique étrangère relève d'une double préoccupation. D'une part celle de la consolidation, voire de l'élargissement de l'*Empire* et des zones sur lesquelles la « République impériale » exerce son influence économique et culturelle. D'autre part celle du maintien et du renforcement de sa sécurité en Europe, face à une Allemagne supposée agressive et dominatrice. Le « système » diplomatique qu'elle tente — avec un certain succès — de mettre en place à la charnière du XIXe et du XXe siècle répond globalement à ces deux objectifs.

L'homme qui a attaché son nom à cette construction politique et stratégique est un ancien journaliste de l'entourage de Léon Gambetta, devenu député en 1889 et qui, après avoir été écarté de la « carrière », est entré au Quai d'Orsay par la grande porte en juin 1898, en devenant ministre des Affaires étrangères dans un cabinet présidé par Henri Brisson. Théophile Delcassé occupera ce poste pendant sept ans, au milieu des remous suscités par l'Affaire Dreyfus, et ne le quittera qu'en juin 1905, dans les conditions dramatiques qui seront examinées plus loin.

Au moment où il devient le chef de la diplomatie française, Delcassé a 46 ans. Il est né le 1er mars 1852 à Pamiers, dans l'Ariège, dans une famille de petite bourgeoisie provinciale. Il fait donc partie de cette génération qui sort tout juste de l'adolescence au moment où la France subit coup sur coup l'humiliation de la défaite et les soubresauts de la Commune, et il tire de cette double blessure les éléments qui feront de lui un ardent patriote et un « républicain » convaincu, passé comme son « maître » Gambetta (il collabore depuis 1877 à *La Petite République* et est entré deux ans plus tard à *La République française*) du radicalisme à l'« opportunisme ». Candidat une première fois à la députation en 1885, l'ancien étudiant en lettres de Toulouse est élu quatre ans plus tard dans la circonscription de Foix, avec une confortable avance sur son rival monarchiste, et il ne tarde pas à devenir l'un des ténors de la Chambre et l'un des porte-parole les plus écoutés du « groupe colonial » d'Eugène Etienne, un autre disciple de Gambetta devenu député d'Oran.

L'intérêt qu'il porte aux questions d'outre-mer le désigne pour devenir sous-secrétaire d'État, puis ministre des Colonies, en 1893 et 1894. Il incarne à cette date, au sein du groupe colonial, la tendance activiste et expansionniste qu'animent les membres du *Comité de l'Afrique française*, et il joue un rôle déterminant dans la décision d'envoyer une mission sur le Haut-Nil, engageant la France dans le processus qui devait aboutir à l'épreuve de force de Fachoda (voir p. 161).

L'arrivée de Delcassé au ministère des Affaires étrangères, en juin 1898, marque à bien des égards la victoire du groupe colonial sur les tenants d'une politique continentale qu'avaient incarnée Ribot et Hanotaux. Elle traduit, semble-t-il, un changement qui s'est accompli dans les mentalités — tant au niveau parlementaire que dans l'opinion publique — au cours des années qui ont suivi la conclusion de l'alliance franco-russe. Celles-ci sont en effet marquées par l'émergence d'un nationalisme de conquête tourné vers le monde extra-européen, tandis que se manifeste un certain recul de l'idée de revanche. Au point que, dans la perspective d'un affrontement jugé inévitable avec l'impérialisme britannique, nombre de représentants du groupe colonial songent à une détente, peut-être même à un rapprochement avec l'Allemagne de Guillaume II.

Or, devenu ministre des Affaires étrangères, Delcassé va pratiquer une politique assez différente de celle qu'attendaient ses amis du « parti colonial ». Ou plutôt, il va chercher à concilier les idées expansionnistes qui règnent dans ce secteur de l'opinion parlementaire — et qui sont très largement les siennes — avec les contraintes de la politique continentale.

Pour comprendre ce choix d'une ligne médiane entre les aspirations des

159

milieux impérialistes et les vœux de tous ceux qui continuent de voir dans l'Allemagne l'ennemi principal, il faut considérer, outre la personnalité même de Delcassé, que rien ne prédispose à être le simple exécutant d'un courant d'opinion ou d'un groupe d'intérêts, la nature de son nationalisme, fait de différentes strates dont les plus anciennes — le souvenir de la défaite de 1871 coïncidant avec sa propre ouverture au monde extérieur, les idées acquises dans l'entourage de Gambetta, la vision des relations internationales forgée au contact de ses amis de *La République française* —, ne sont pas nécessairement les moins vives. Il y a, sans doute, ses liens avec le « parti colonial », mais l'adhésion de Delcassé aux thèses impérialistes a elle-même été conditionnée par le souci de donner à la France les moyens d'une grande politique étrangère, sentiment qu'il partage avec Gabriel Hanotaux et avec beaucoup d'autres hommes politiques de sa génération, passés du regard exclusif fixé sur la « ligne bleue des Vosges » à l'idée d'une nécessaire expansion outre-mer.

À ces considérations d'ordre personnel et générationnel s'ajoutent les contraintes qui résultent de la situation extérieure. L'adoption par l'Allemagne, au début de la décennie 1890, d'une politique à vocation mondiale, les intérêts que ce pays tente d'implanter, le plus souvent avec succès, dans des zones convoitées par l'impérialisme français, la menace que l'attitude belliqueuse de Guillaume II fait planer sur l'avenir des relations avec Berlin, tendent à donner un nouveau contenu à la rivalité franco-allemande — la question d'Alsace-Lorraine passant provisoirement au second plan — et à faire renaître l'idée d'une inévitable épreuve de force avec la voisine de l'Est, non plus pour reconquérir les provinces perdues, mais dans une perspective purement défensive.

La « grande politique » de Théophile Delcassé et le « système » diplomatique qu'il s'efforce de mettre en place à partir du printemps 1899, après quelques mois de réflexion et d'hésitations dues aux événements du Soudan, visent donc à élaborer une synthèse entre les impératifs de l'expansion outre-mer — une expansion au demeurant limitée, consistant surtout à protéger sur leur flanc occidental les deux pièces maîtresses de l'Empire : l'Algérie et l'Indochine — et ceux de la sécurité en Europe continentale. Ce qui, estime Delcassé, implique à la fois un réglement à l'amiable du contentieux colonial franco-anglais, le renforcement de l'alliance avec la Russie et le rapprochement avec l'Italie.

L'alliance franco-russe, pièce maîtresse du dispositif diplomatique français jusqu'à la guerre, avait été conclue quelques années plus tôt, à la suite d'une longue et difficile négociation sur laquelle avaient fortement pesé d'un côté les répugnances du tsar Alexandre III à passer contrat avec une puissance qu'il jugeait « subversive », de l'autre les puissants intérêts que les banques françaises avaient réussi à implanter dans l'Empire russe par le biais des investissements directs et surtout des placements en fonds publics. Après la visite de la flotte française à Kronstadt en juillet 1891, puis la convention de politique générale paraphée en septembre de la même année (par un échange de lettres secret, les deux pays proclamaient leur amitié et promettaient de se consulter dans le cas où l'un des deux se sentirait menacé), l'étape décisive avait été la signature en août 1892 d'une convention militaire, ratifiée par les Russes en décembre 1893, par les Français en janvier 1894, et qui transformait l'accord de 1891 en une véritable alliance. Il était stipulé que, si la France était attaquée par l'Allemagne, ou par l'Italie soutenue par l'Allemagne, la Russie l'aiderait en mettant en ligne 800 000 hommes contre l'Allemagne. Symétriquement, si la Russie était attaquée par l'Allemagne, ou par l'Autriche-Hongrie soutenue par cette dernière puissance, l'aide française serait automatique et mettrait en jeu des effectifs de 1 300 000 hommes. On précisait que la mobilisation même partielle de l'un des pays de la Triplice (l'alliance défensive entre l'Allemagne, l'Autriche-Hongrie et l'Italie, conclue en 1882 et renouvelée en 1887 avec une pointe agressive dirigée contre la France) entraînerait la mobilisation générale en France et en Russie, que les deux pays ne feraient pas de paix séparée, que l'alliance aurait la même durée que la Triplice, enfin que la convention demeurerait rigoureusement secrète.

C'était pour la France, dont l'encerclement avait été patiemment et efficacement réalisé par Bismarck, la fin de l'isolement diplomatique en Europe et la promesse, en cas de guerre préventive menée par le Reich (on l'avait redoutée en 1875 et en 1887), d'une aide, que l'on espérait décisive, du « rouleau compresseur russe ». De là l'immense enthousiasme de l'opinion française en regard des manifestations tangibles du rapprochement avec Pétersbourg : la visite de l'escadre russe à Toulon en 1893, plus tard celle de la famille impériale à Paris. La République célébrait ainsi son premier grand succès diplomatique depuis la défaite de 1871.

Les graves difficultés coloniales avec l'Angleterre et l'affaire de Fachoda, que Delcassé a eu à affronter quelques semaines après son arrivée au Quai d'Orsay, ont eu pour conséquence immédiate de resserrer l'alliance franco-russe. Jusqu'en 1898 en effet le gouvernement français avait interprété l'alliance au sens strict : la convention militaire de 1892 devait s'appliquer dans le cas seulement d'une guerre avec l'Allemagne. Elle écartait l'éventualité d'une intervention de la France dans les affaires balkaniques, de même que la Russie ne voulait pas s'engager à donner son appui à son alliée dans la question d'Alsace-Lorraine. Peu satisfaite de l'indifférence française à l'égard de ses intérêts en Europe orientale, la

Russie avait témoigné bien peu d'empressement à seconder Paris au moment de la crise de Fachoda.

Craignant un affaiblissement de l'alliance, Delcassé s'était préoccupé de cette situation, aussitôt retombée la « fièvre soudanaise », et il avait entrepris d'y porter remède. Dans cette perspective, il engage une négociation qui aboutit, en août 1899, à un échange de lettres avec le ministre russe Mouraviev. Le texte des accords de 1892 demeure inchangé, mais les deux parties décident d'en modifier l'esprit. L'alliance n'aura plus pour seul but « *le maintien de la paix* ». Elle visera en outre à préserver « *l'équilibre européen* ». Par cette formule, la France s'engage à assister la Russie dans sa politique balkanique, dans le cas notamment où l'Autriche-Hongrie tenterait de porter atteinte au statu quo, et la Russie promet de son côté son appui dans la question d'Alsace-Lorraine. L'année suivante, un protocole d'état-major prévoit le cas d'une guerre avec l'Angleterre, la France s'engageant à mobiliser dans cette éventualité 150 000 hommes sur les côtes de la Manche (clause qui disparaîtra en 1904 à la faveur du rapprochement franco-britannique), la Russie à lancer à partir du Turkestan une opération de diversion en direction de l'Inde.

Le second volet de la politique de Delcassé concerne précisément les relations avec Londres. Dans l'été 1898, la rencontre sur le Haut-Nil de la mission dirigée par le commandant Marchand et de l'armée du général anglais Kitchener avait été bien près de provoquer une guerre entre les deux grandes puissances coloniales. Face à la flambée nationaliste et belliciste qui avait gagné les opinions publiques de part et d'autre de la Manche, il avait fallu beaucoup de sang froid aux gouvernements de Londres et de Paris pour éviter le pire, et si, en France, on s'était abstenu de recourir aux armes pour régler le différend de Fachoda, c'est essentiellement parce que l'impréparation militaire et l'état de division dans lequel le pays se trouvait plongé du fait de l'Affaire Dreyfus, rendaient hautement hypothétique l'issue d'un conflit avec le Royaume-Uni.

Delcassé avait donc décidé le rappel de Marchand, non sans provoquer une vive amertume dans de larges secteurs de l'opinion. Pourtant, en quelques années, la tension des nationalismes français et britannique va se transformer en une forte volonté de coopération entre les deux pays, devenus conscients l'un et l'autre du danger que constitue pour eux l'accession de l'Allemagne au rang de grande puissance maritime et impériale. De ce constat découlent les initiatives et les pourparlers qui aboutiront en avril 1904 à l'Entente cordiale.

En choisissant d'entériner par une convention, signée en mars 1899 avec le gouvernement de Londres, la défaite diplomatique de la France — celle-ci abandonnait toutes ses prétentions sur le bassin du Nil et sur la région de Bahr-el-Ghazal, ne conservant que les régions situées à l'est et au nord du lac Tchad —, Delcassé réduisait les points de friction entre les deux puissances coloniales et rendait possible leur rapprochement ultérieur. Il faudra toutefois, pour que s'amorce celui-ci, que Londres ait épuisé les autres solutions possibles, à commencer par le projet d'alliance avec l'Allemagne que le ministre des Colonies Joë Chamberlain a tenté de promouvoir entre 1898 et 1901 et que les exigences du Reich ont fait échouer. Or, engagée vis-à-vis de l'Allemagne dans une partie de bras de fer à propos des armements navals (en 1898, l'empereur Guillaume II avait chargé l'amiral von Tirpitz de présider au développement d'une puissante marine de guerre, appelée à devenir l'instrument de la *Weltpolitik*), et de plus en plus consciente des effets, sur son commerce extérieur et sur son industrie, de la concurrence allemande, la Grande-Bretagne ne peut être que l'alliée formelle ou l'adversaire déclarée du Reich. L'entente avec Berlin ayant fait long feu, c'est vers Paris que se tournent les dirigeants anglais.

Parmi eux, Chamberlain est l'un des premiers à troquer son idée d'alliance allemande contre un projet de rapprochement avec la France. Il est suivi par le roi et par le nouveau Premier ministre Balfour, qui vient de remplacer à la tête du cabinet son oncle, l'isolationniste Salisbury. Le chef du *Foreign Office*, Lansdowne est moins enthousiaste. Il admet cependant que la France est une puissance navale et qu'en cas de guerre avec l'Allemagne — hypothèse que l'attitude de Guillaume II ne permet pas d'écarter — l'appui de la flotte française serait un atout précieux. De là les avances britanniques pour la conclusion d'une entente avec la France, dans la mesure où le contrat passé avec cette puissance n'aliénerait par trop la liberté d'action du gouvernement de Londres.

Encore faut-il qu'en France on soit prêt à admettre le principe d'une entente avec la Grande-Bretagne. Fachoda a été en effet à l'origine d'un violent courant d'anglophobie. Revues et journaux nationalistes, ruminant de vieilles rancunes, énumèrent à plaisir les « perfidies d'Albion », tandis que dans les rues de la capitale, à l'heure où s'ouvre l'Exposition universelle que le Prince de Galles a refusé d'inaugurer, couplets populaires, refrains de chansonniers et « bandes dessinées » rappellent aux badauds l'affront subi sur le Haut-Nil et la glorieuse épopée du commandant Marchand.

L'atmosphère n'est donc pas à l'amitié débordante, et pourtant Delcassé ne renonce pas à engager des pourparlers avec le gouvernement britannique, persuadé qu'il est de l'irréversibilité de l'antagonisme anglo-allemand. Il envoie donc à Londres l'ambassadeur Cambon, avec mission d'engager la négociation sur le terrain colonial, afin de régler à l'amiable toutes les questions susceptibles d'alimenter la rivalité des deux pays, préalable indispensable à une collaboration plus étroite. Il faudra toutefois pour qu'on avance que se manifeste un renversement de tendance dans l'opinion française. C'est chose faite au milieu de l'année 1903. En mai, le roi Édouard VII se rend à Paris où il rencontre d'abord un accueil très hostile. Cela ne dure pas. Le sens de l'humour du souverain britannique, quelques paroles aimables dictées par son sens de l'opinion, ont tôt de fait de transformer les *lazzis* et les sifflets des premiers jours en applaudissements et en acclamations enthousiastes. En juillet, le président Loubet se rend à son tour à Londres en visite officielle : il y est reçu avec une très grande chaleur.

Finalement, on aboutit en avril 1904 à un accord qui marque la liquidation du contentieux colonial entre les deux puissances et qui porte sur les points suivants :

— la France renonce au droit de pêche exclusif à l'ouest de Terre-Neuve, en échange des îles de Los en face de Konakry, d'une rectification de frontières dans la zone Tchad/Niger et d'une indemnité ;

— les deux pays reconnaissent leurs zones d'influence respectives au Siam et règlent les modalités de l'administration conjointe des Nouvelles-Hébrides ;

— enfin et surtout on échange des déclarations par lesquelles la France s'engage à « *ne pas entraver l'action de la Grande-Bretagne en Égypte* » (c'est la fin de la politique des « *coups d'épingle* »), tandis que l'Angleterre reconnaît « *qu'il appartient à la France de veiller à la tranquillité du Maroc* ».

Ce traité, qui inaugure l'Entente cordiale ne comporte donc aucune clause de politique générale. Il ne lie pas le sort des deux nations dans une alliance comparable à celle que la France et la Russie ont scellée une dizaine d'années plus tôt. Tel qu'il est, il n'en constitue pas moins un changement capital dans la situation diplomatique de l'Europe et un succès de première grandeur pour la politique française.

Après avoir renforcé ses liens avec la Russie et établi des rapports d'amitié avec l'Angleterre, il reste à la France, pour que soit retournée contre les puissances germaniques l'arme de l'isolement diplomatique dont Bismarck avait autrefois usé à son égard, à faire entrer l'Italie dans le système imaginé par Delcassé. L'entreprise n'est pas simple, dès lors que la sœur latine est, depuis le début des années 1880, l'alliée des puissances centrales et que se font sentir à la fin du siècle les effets conjugués d'une guerre douanière et financière de dix ans et ceux d'anciennes rancunes (la question romaine, les « chassepots » de Mentana[1]) attisées par les rivalités coloniales du moment.

Delcassé n'est pas l'instigateur du rapprochement franco-italien. C'est de l'autre côté des Alpes que l'initiative est venue et les questions économiques ont pesé lourd dans les choix des dirigeants transalpins (difficultés de l'agriculture méridionale à la recherche de débouchés extérieurs, projet de conversion de la dette italienne impliquant la réouverture du marché parisien, etc.). Du côté français les premiers pas ont été accomplis par le prédécesseur de Delcassé, Gabriel Hanotaux, assisté des ambassadeurs Billot et Barrère, si bien que lorsque l'ancien protégé de Gambetta arrive au Quai d'Orsay, la voie de la détente entre les deux sœurs latines est déjà largement ouverte.

Pour cela, et parce que dans ce cas également il faut ménager les opinions publiques et avancer de manière prudente, Rome et Paris ont décidé de faire en sens inverse le chemin parcouru depuis 1881. La tension franco-italienne est née en Méditerranée à propos de la Tunisie et secondairement de la Tripolitaine. Elle s'est ensuite alimentée de la rupture commerciale et de la guerre des tarifs. Elle a enfin atteint son point critique avec les clauses offensives d'une Triple-Alliance renouvelée avant terme (en 1887). Pour mettre fin à cette situation et rapprocher les deux sœurs latines on commencera donc — comme pour l'Angleterre — par liquider les litiges coloniaux, en réglant à l'amiable la question tunisienne et en cherchant un terrain d'entente à propos de Tripoli. On mettra fin ensuite au contentieux commercial, de façon à rétablir entre les deux pays des liens matériels solides. On s'attachera enfin à désamorcer la Triplice faute de pouvoir la briser, ceci du côté français, et à obtenir de l'Italie qu'elle renonce à tout engagement offensif dirigé contre la France.

C'est donc par le règlement de la question tunisienne, point de départ de la brouille franco-italienne, que les deux gouvernements inaugurent leur nouvelle orientation politique. Dès septembre 1896, donc avant l'arrivée de Delcassé à la tête de la diplomatie française, l'Italie reconnaît par une convention le protectorat français sur la « Régence » en échange d'un statut privilégié pour ses nationaux. Deux ans plus tard, en novembre 1898, un accord commercial met fin, à la suite de longues et difficiles négociations, à la guerre douanière entre les deux pays. Cette fois Delcassé est derrière le ministre du Commerce et utilise le terrain écono-

---

[1] Lors de la tentative de Garibaldi pour s'emparer de Rome en 1867, les troupes du « héros des Deux-Mondes » avaient été stoppées et battues à Mentana par le corps expéditionnaire français équipé des nouveaux fusils « chassepots ». « Les ''chassepots'' ont fait merveille » avait eu la maladresse de télégraphier le général français de Failly.

mique pour faire avancer ses projets. Avec un certain succès. L'étape suivante en effet est l'accord secret de décembre 1900. Il donne au gouvernement de Rome l'assurance que la France ne s'opposera pas à la réalisation des visées italiennes sur la Tripolitaine, Delcassé obtenant une promesse du même ordre concernant le Maroc.

Enfin, l'ultime phase du rapprochement s'achève en juin 1902 avec l'établissement d'un accord secret qui assure à la France, en toute circonstance ou presque, la neutralité italienne en cas de guerre franco-allemande. Pour que cet engagement transalpin ne puisse apparaître comme un contre-traité annulant les clauses de la Triplice, Delcassé et son homologue italien Prinetti se sont entendus pour lui donner la forme d'un échange de lettres. Il est stipulé qu'en cas de guerre franco-allemande, l'Italie restera neutre, non seulement si l'Allemagne est l'agresseur — dans ce cas la Triplice ne joue pas — mais tout aussi bien dans le cas où la France prendrait l'initiative d'ouvrir les hostilités à la suite d'une « provocation indirecte » (on prend comme exemple celui de la « Dépêche d'Ems » en 1870). Si l'accord demeure effectivement secret, au point que certains chefs militaires français se plaindront plus tard de ne pas en avoir été avisés, l'existence de liens nouveaux rapprochant l'Italie de la France n'est ignorée de personne, surtout après que le roi d'Italie a, en octobre 1903, effectué une visite à Paris, rendue en avril 1904 par le président Loubet, au milieu de l'enthousiasme général.

Le Maroc entre la France et l'Allemagne

Au début de 1905, la France paraît avoir complètement retourné contre sa voisine du Rhin la stratégie d'isolement que Bismarck avait appliquée un quart de siècle plus tôt à la République vaincue. Elle a noué avec la Russie une alliance militaire clairement dirigée contre les puissances germaniques. Elle a établi avec le Royaume-Uni une « entente cordiale » promise semble-t-il à devenir plus intime. Elle a fortement érodé, en signant des accords secrets avec l'Italie, l'un des trois piliers de la Triplice. Il suffit à Delcassé, pour parachever sa « grande politique » d'incliner Londres et Pétersbourg à se rapprocher l'une de l'autre, ce qu'elles feront deux ans plus tard. Déjà l'on parle à Berlin d'« encerclement » de l'Allemagne prémédité par la diplomatie française et l'on cherche une occasion pour se débarrasser de l'homme qui en est à la fois le promoteur et le symbole. La question marocaine va en offrir l'opportunité au gouvernement du Reich.

Maîtresse de l'Algérie et de la Tunisie, désireuse par conséquent de

166

prolonger ses possessions jusqu'à l'Atlantique et poussée dans cette voie par les hommes du parti colonial, la France s'est appliquée depuis les toutes dernières années du XIXe siècle à obtenir l'adhésion des puissances méditerranéennes à ses projets d'expansion dans l'Empire chérifien : un pays plongé dans un état d'anarchie endémique, en proie aux rivalités des tribus et de leurs chefs, mais un pays indépendant, n'ayant pas fait partie comme l'Algérie et la Tunisie de l'Empire ottoman et dont la souveraineté était assumée par un Sultan, à la fois souverain politique et chef religieux.

Successivement l'Italie en 1900, en échange du désintéressement français en Tripolitaine, le Royaume-Uni en 1904, puis l'Espagne — également en 1904 et contre promesse secrète de cessions territoriales au nord et à l'extrême sud du pays — ont donné leur accord au gouvernement français. Fort de ces appuis diplomatiques, celui-ci s'est engagé dans une politique d'interventions au Maroc visant à y établir son protectorat. Quant au gouvernement de Berlin, Delcassé n'a pas jugé utile de lui demander son aval, l'Allemagne n'étant pas « puissance méditerranéenne » et n'ayant à ses yeux que des intérêts mineurs dans l'Empire chérifien. Les responsables de la Wilhelmstrasse sont évidemment d'un avis différent. Ayant hautement proclamé sa volonté de mener une « politique mondiale », le Reich peut-il accepter que la question marocaine soit réglée sans qu'il soit le moins du monde consulté ?

Ce sont ces considérations de prestige, en même temps que le désir de saisir au vol une occasion de perturber la toute récente Entente cordiale franco-anglaise qui inclinent Berlin à agir, le souci des intérêts économiques du Reich servant surtout de prétexte à son intervention. Le moment est favorable. La Russie, aux prises avec les Japonais, puis avec de très graves difficultés intérieures, se trouve alors totalement neutralisée et hors d'état de porter assistance à son alliée occidentale. La diplomatie allemande voudrait à la fois séparer les deux protagonistes de l'Entente cordiale, en montrant à l'Angleterre les dangers de l'alliance française, et amener une rupture entre la France et la Russie en faisant valoir auprès de Nicolas II le peu d'appui que son alliée lui apporte. Enfin, on ne serait pas fâché à Berlin de voir le ministre français des Affaires étrangères contraint de quitter son poste à la faveur d'une crise internationale dont on lui ferait porter la responsabilité. Au-delà de ces objectifs, le chancelier von Bülow et le baron von Holstein — éminence grise de la politique étrangère allemande — ont, semble-t-il, conçu un vaste programme diplomatique comportant une alliance germano-russe à laquelle la France serait invitée à adhérer, en échange de l'acceptation par l'Allemagne du protectorat français au Maroc. Le but suprême de cette combinaison savante étant l'isolement total de la Grande-Bretagne.

Pour mettre ses projets à exécution, Bülow va se servir de Guillaume II, d'abord réticent aux idées de la Wilhelmstrasse mais que les arguments du chancelier et de Holstein finissent par convaincre. Profitant d'une croisière de l'Empereur en Méditerranée, Bülow obtient de Guillaume II qu'il fasse escale à Tanger, fin mars 1905, non en simple touriste comme le Kaiser l'eût souhaité, mais avec un éclat suffisant pour donner à l'événement une signification politique sans équivoque. Il n'y aura pas un « discours de Tanger », comme on le dit généralement, mais plusieurs déclarations faites par l'Empereur — de fort mauvaise humeur car il a dû affronter les effets d'une mer démontée et les écarts de l'étalon berbère qu'on lui a envoyé au débarcadère — à la colonie allemande, au représentant du Sultan, à la légation d'Allemagne. Le ton est ferme mais non menaçant. C'est la façon dont les propos de l'Empereur seront par la suite présentés dans la dépêche qu'a dictée à l'agence Havas le représentant de l'Allemagne à Tanger — et que la presse a eu tôt fait de reprendre à son compte — qui donne à l'événement la portée d'un ultimatum :

« *C'est au Sultan, en sa qualité de souverain indépendant, que je fais aujourd'hui ma visite. J'espère que, sous la souveraineté du Sultan, le Maroc libre sera ouvert à la concurrence pacifique de toutes les nations, sans monopole ni exclusive. Ma visite à Tanger a pour but de faire savoir que je suis décidé à faire tout ce qui est en mon pouvoir pour sauvegarder efficacement les intérêts de l'Allemagne au Maroc.* »

Soutenu par Berlin qui, ayant choisi de faire monter la tension, repousse à trois reprises les invites à la négociation présentées par Delcassé, le Sultan demande dès le 1ᵉʳ avril la convocation d'une conférence internationale. À Paris, on est divisé sur le comportement à suivre devant la grave crise qui s'annonce. Delcassé est partisan de la résistance. Il pense que l'Allemagne bluffe, que Bülow n'a nullement l'intention de faire la guerre pour le Maroc et que, quand bien même il agiterait la menace d'un conflit armé, il faudrait encore tenir bon, Londres ayant manifesté son intention de soutenir la politique française. Mais le président du Conseil, Rouvier, ne partage pas son optimisme. Il n'a qu'une confiance limitée dans les avances anglaises, craint que le Royaume-Uni n'abandonne la France une fois celle-ci engagée dans l'épreuve de force et estime que la balance des forces militaires ne penche pas du côté de la République. « *La guerre* — déclare-t-il lors du Conseil des ministres du 6 juin — *aujourd'hui, dans les conditions d'infériorité où nous nous trouvons, serait une aventure plus que téméraire et bien coupable.* »

La diplomatie allemande ne manque pas d'exploiter ces divergences.

Le 30 mai, Bülow exige le renvoi immédiat de Delcassé, et comme le président du Conseil tente de louvoyer, il hausse le ton : le gouvernement allemand ne souffrira aucun retard. Craignant la rupture, Rouvier cède et se décide à sacrifier aux exigences du Reich l'homme qui depuis sept ans dirigeait la politique étrangère de la République. Abandonné de tous lors du Conseil des ministres du 6 juin, l'ancien collaborateur de Gambetta n'a plus qu'à démissionner. L'Allemagne marque ainsi le premier point.

Elle en obtient un second en juillet, lorsque Rouvier, qui a pris l'intérim des Affaires étrangères, accepte après quelque hésitation la réunion d'une conférence internationale. Réunie à Algésiras en janvier 1906, celle-ci ne donne toutefois à la diplomatie allemande — pratiquement isolée pendant toute la durée de la rencontre — que des satisfactions mineures. Certes, la France doit provisoirement renoncer à établir son protectorat sur le Maroc, mais l'acte final de la conférence lui reconnaît une situation privilégiée dans ce pays, si bien que la seconde phase du conflit se solde en fin de compte pour elle par un net avantage sur sa rivale.

Surtout, déjouant les combinaisons savantes de la Wilhelmstrasse, elle a évité la dislocation de ses alliances. Elle a même pu constater avec satisfaction que la politique de rapprochement, menée à Rome par notre ambassadeur Barrère, commençait à porter ses fruits et que la Triplice, dont elle avait si longtemps déploré le maintien, donnait enfin des signes d'épuisement. Autrement dit, si le départ forcé de Delcassé heurte fortement l'opinion française, la « *grande politique* » inaugurée au lendemain de Fachoda par le ministre démissionnaire paraît devoir survivre à son élimination.

L'acte d'Algésiras ne prévoyait rien dans le cas de troubles intervenant à l'intérieur du Maroc. Or, à partir de 1907, les désordres prennent dans l'Empire chérifien un caractère permanent, offrant aux militaires d'innombrables prétextes d'intervention. Inquiète de cette progression à petits pas, l'Allemagne comprend vite qu'elle ne pourra empêcher indéfiniment l'implantation de la France et qu'il peut lui être utile de se servir des droits qu'elle prétend posséder au Maroc. Aussi adopte-t-elle à la fin de 1908 une attitude nouvelle, Guillaume II se déclarant disposé — pour obtenir de la France une plus grande souplesse dans les affaires balkaniques — à « *en finir avec ces frictions* ». L'accord conclu entre les deux pays en février 1909 reconnaît à la France une situation prépondérante au Maroc, en échange de quoi celle-ci admet de partager avec l'Allemagne un certain nombre d'avantages économiques.

Que ce « condominium » aux contours mal définis ait pu servir de prologue à un rapprochement franco-allemand, comme l'avait imaginé le ministre des Affaires étrangères Pichon, ne relève pas nécessairement du domaine de l'illusion rétrospective. Des travaux récents, en particulier ceux de Jean-Claude Allain, biographe de Caillaux et historien minutieux de l'affaire marocaine, montrent que l'« échec » de la convention de 1909, monté en épingle dans les deux pays par une historiographie fortement imprégnée de nationalisme, est largement mythique (Cf. J.-C. Allain, *Joseph Caillaux, 1/Le défi victorieux, 1863-1914*, Paris, Imprimerie nationale, 1978 ; et du même auteur, *Agadir, 1911*, Paris, Publications de la Sorbonne, 1976). En fait, le changement de cap de la diplomatie allemande répond à bien des égards à celui de la France.

En effet, amorcé depuis plusieurs mois, le tournant de la politique marocaine de Paris devient manifeste au printemps 1911, lorsque la décision est prise de faire marcher sur Fez les troupes du général Moinier à la suite d'une rébellion contre le nouveau Sultan, Moulay-Hafid, et dans le but affiché de protéger la vie des colons européens bloqués dans la ville. De cette décision du 22 avril, par laquelle la France s'engage dans l'engrenage aventureux de la conquête militaire, nous savons qu'elle a été prise par une équipe extrêmement restreinte où figurent, en l'absence du chef de l'État et d'une bonne partie des membres du cabinet, les deux ministres intéressés — Cruppi aux Affaires étrangères, Berteaux à la Guerre — et le président du Conseil Monis, qui entérine la décision plus qu'il ne la crée, en accord avec les militaires et avec certains diplomates influents.

Il existe alors un « groupe dirigeant marocain », proche des centres de commande et dont les membres — une vingtaine de personnes — concourent à forger la politique marocaine de la France. Mais, au sein même de cette équipe, qui rassemble un certain nombre de diplomates et d'hommes d'affaires, s'affrontent deux conceptions de l'impérialisme : une tendance à la progression par la négociation internationale, qui a la faveur des « financiers », et une tendance plus dure qui, soutenue par certains industriels, incline vers l'épreuve de force.

La marche sur Fez, achevée le 21 mai, outrepasse singulièrement les droits attribués à la France à Algésiras. Elle permet donc à Berlin de rouvrir le dossier du Maroc. Dans quel but ? Pour les milieux pangermanistes, l'intervention française doit fournir au Reich l'occasion de prendre pied dans ce pays, et leur pression s'exerce directement dans le sens de l'épreuve de force. Guillaume II au contraire estime que son pays doit rester dans une expectative prudente, tandis que la France s'épuisera, militairement et financièrement, dans une aventure outre-mer qui peut déclencher contre elle une véritable « guerre sainte ». Il finit néanmoins par se rallier à la solution médiane, proposée par le secrétaire d'État aux Affaires étrangères, Kiderlen-Wächter, lequel conseille d'abandonner à la

France la totalité du Maroc, en échange de substantielles compensations. Bien entendu, il faut pour cela exercer une forte pression, par exemple en prenant une hypothèque sur le sud marocain. La décision d'envoyer la canonnière *Panther* devant Agadir, où ce navire arrive le 1ᵉʳ juillet 1911, s'inscrit dans cette stratégie de la tension calculée.

À Paris, on avait envisagé l'éventualité d'un troc avec l'Allemagne, mais le « coup d'Agadir » — qui marque le début de la « seconde crise marocaine » — provoque une vive émotion, aussi bien dans les milieux gouvernementaux que dans l'opinion publique. Quelle va être la réaction du pouvoir ? Envoyer à son tour un navire de guerre dans le sud marocain et riposter à la force par la force ? Nombre de responsables militaires et certains hommes politiques, comme le ministre des Affaires étrangères de Selves, penchent en ce sens. Mais ce n'est l'avis ni du ministre de la Marine Delcassé, ni surtout de Joseph Caillaux, devenu le jour même du « coup d'Agadir » président du Conseil. Comme le lui conseille le gouvernement britannique, celui-ci se montre décidé à reprendre la négociation, bien que les Allemands aient dans l'entre-temps fait monter les enchères. En échange de la liberté de manœuvre consentie à la France au Maroc, ils réclament la totalité du Congo français, et pour cela ils n'hésitent pas à faire résonner le cliquetis des armes.

Quels que soient les sentiments pacifiques de Caillaux, il ne peut souscrire aux exigences maximalistes de l'Allemagne. Sur ce point, le cabinet est unanime et, dès le 17 juillet, les Allemands sont avisés que la France n'accepte pas la cession de toute sa colonie d'Afrique centrale. La rupture paraît imminente. Mais le Kaiser et son entourage se montrent moins agressifs que les hommes de la Wilhelmstrasse. Les Français reçoivent du gouvernement britannique un appui décisif. Lloyd George, chancelier de l'Échiquier, se risque même à déclarer dans un discours public que « *la formule de la paix à tout prix est indigne d'un grand pays* », et les escadres anglaises sont mises en état d'alerte. Six ans après l'élimination de Delcassé, Berlin peut ainsi constater que l'Entente cordiale a tenu bon.

Après quelques jours d'une vive tension, l'Allemagne doit se résoudre à modérer ses exigences. La négociation va cependant s'avérer difficile, au point que la France envisage un moment d'avoir recours aux armes, et si elle choisit finalement la voie de la conciliation c'est parce que le ministre de la Guerre a convaincu Caillaux que l'état de désorganisation dans lequel se trouvait le Haut-Commandement et la faiblesse de la France en artillerie lourde rendaient extrêmement aléatoire l'issue d'un conflit armé. Les négociateurs français doivent, en conséquence, se montrer un peu plus généreux envers l'Allemagne, en offrant notamment des concessions économiques au Maroc. Berlin se voit de son côté incité à plus de souplesse par le déclenchement d'une panique boursière que Caillaux, technicien de haut vol des finances internationales, prétendra par la suite avoir provoquée de toutes pièces.

Finalement, un accord est conclu entre les deux puissances le 4 novembre 1911. L'Allemagne s'engage à « *ne pas entraver l'action de la France au Maroc* » et accepte à l'avance l'établissement du protectorat français sur ce pays. En échange, elle reçoit une partie importante du Congo français, avec accès à l'Atlantique et contre cession à la France — ce troc très inégal permettant à celle-ci de ne pas avoir l'air de céder à un chantage — d'un petit territoire, le « bec de canard », situé au sud du lac Tchad. Le risque de guerre est provisoirement écarté mais, à deux reprises au moins, on a frôlé la catastrophe.

La partie jouée au bord du gouffre par les hommes de la Wilhelmstrasse s'achève donc par un gain substantiel obtenu par l'impérialisme allemand aux dépens d'un rival dont, il faut le rappeler, le comportement aventuriste et peu respectueux des engagements internationaux n'a pas été d'un poids négligeable dans les premiers développements de la crise. Si celle-ci n'a pas dégénéré en guerre européenne — dans une large mesure grâce au sang-froid et à l'habileté de Caillaux —, elle a incontestablement laissé des traces, inaugurant une période de raidissement et de course aux armements qui trouvera son aboutissement trois ans plus tard, dans les événements de l'été 1914.

La marche à la guerre

Le « discours de Tanger », la pression allemande contraignant un président du Conseil français à « démissionner » son ministre des Affaires étrangères, le sentiment d'une inexorable montée en puissance de la grande voisine de l'Est, l'affirmation par le Kaiser de la vocation « mondiale » du Reich à un moment où le partage du gâteau colonial est à peu près achevé, tout cela provoque aux alentours de 1905 un brusque réveil du nationalisme français et une flambée d'antigermanisme que vont entretenir les menaces de guerre et les crises qui ponctuent, jusqu'en 1914, l'histoire des relations internationales.

Sans doute l'hostilité envers l'Allemagne était-elle déjà sensible avant la première crise marocaine. L'humiliation subie en 1871, les souvenirs de « l'invasion », l'amputation du territoire ont entretenu pendant les deux décennies qui ont suivi la guerre franco-prussienne une très forte germanophobie ambiante. Après 1890, celle-ci a toutefois eu tendance à s'assoupir, ou du moins à se cantonner dans certains secteurs, conséquence à la fois de la relève des générations, du sentiment de sécurité apporté à l'opinion par l'alliance russe et du transfert d'agressivité opéré aux dépens des Britanniques, suite à l'affaire de Fachoda.

Dans le même temps, le culte de la nation et de l'armée ont subi le contrecoup des événements intérieurs : le boulangisme, puis les retombées politiques de « l'Affaire », ont mis à jour les liens entre la haute hiérarchie militaire et la « réaction », suscitant chez nombre de républicains des réactions antimilitaristes. Les progrès du socialisme et du syndicalisme révolutionnaire se sont accompagnés d'une conversion partielle (et de surface) aux idéaux de l'internationalisme et du pacifisme. Il en est résulté, dans une partie de l'opinion, une hostilité très vive à l'égard de l'institution militaire et de ses cadres dont témoigne toute une littérature, tantôt sous la forme badine du théâtre de Courteline (*Les Gaîtés de l'escadron*, 1886 ; *Le train de 8 h 47*, 1888), tantôt dans le romanesque antimilitariste d'un Abel Hermant (*Cavalier Misery*, 1887), d'un Lucien Descaves (*La caserne*, 1887, *Les Sous-offs*, 1889) ou d'un Georges Darien (*Biribi*, 1890), tantôt encore par des pamphlets dénonçant les risques que l'armée fait courir à la République, comme ceux que publie Urbain Gohier à l'extrême fin du siècle (*L'armée et la nation*, 1899, *Les prétoriens et la Congrégation*, 1900).

Cet antimilitarisme de choc affecte davantage la bourgeoisie de gauche, les universitaires et beaucoup de ceux que l'on a commencé à appeler au moment de la bataille dreyfusienne les « intellectuels » que le peuple, toujours prompt à rire des effets du « comique troupier », mais tout aussi empressé à aller « voir et complimenter l'armée française », lors de la revue militaire de Longchamp. Il en est de même de l'idéologie pacifiste qui tend à pénétrer les milieux de l'enseignement et qui s'appuie sur un mouvement international dont l'apogée est marquée par l'organisation en 1904 d'un Congrès universel de la Paix. Minoritaires également sont, au sein du mouvement socialiste, les partisans d'un antimilitarisme révolutionnaire, rassemblés autour d'un Georges Sorel ou d'un Gustave Hervé.

Tout cela ne disparaît pas avec le coup de tonnerre de Tanger. Pacifisme et antimilitarisme continuent de s'exprimer jusqu'à la guerre sous des formes diverses, par exemple sous la plume d'un Romain Rolland (*Jean-Christophe*, 1904-1912) ou d'un Victor Margueritte (*Les frontières du cœur*, 1912), tandis qu'en sens inverse se développe un ultra-nationalisme aux visages multiples (Barrès, Maurras, Péguy) dont l'Allemagne redevient la cible prioritaire. L'essentiel n'est cependant pas dans ces courants minoritaires, mais dans la véritable fièvre patriotique qui reprend peu à peu possession des masses et imprègne la majorité des forces politiques.

Face à la montée en puissance d'une Allemagne que l'on juge de plus en plus dangereuse et de plus en plus menaçante, c'est moins le réflexe de la revanche qui joue que celui de la « patrie en danger » et, à ce jeu, la gauche républicaine et radicale, dans laquelle se reconnaissent nombre d'habitants de l'hexagone, n'est pas la moins empressée à entendre *L'Appel des armes* (titre d'un ouvrage publié en 1913 par Ernest Psichari, un jeune intellectuel de 30 ans, ancien dreyfusard devenu officier et qui sera tué au début de la guerre). Clemenceau n'a-t-il pas donné le ton au lendemain du « coup de Tanger », lorsqu'il écrivait dans *L'Aurore* :

« *Être ou ne pas être. Voilà le problème qui nous est posé pour la première fois depuis la Guerre de Cent Ans par une implacable volonté de suprématie. Nous devons à nos mères, à nos pères et à nos enfants de tout épuiser pour sauver le trésor de vie française que nous avons reçu de ceux qui nous précédèrent et dont nous devrons rendre compte à ceux qui nous suivront* » (*L'Aurore*, 19 juin 1905).

« *L'Allemagne a réveillé la France !* », s'écrie Paul Déroulède en décembre 1908, devant le monument aux morts de la bataille de Champigny. Cette formule lancée par le vieux baroudeur du combat nationaliste ne s'applique pas seulement à la classe intellectuelle et aux producteurs d'un discours patriotique que véhiculent, outre l'immense corpus de la production journalistique, des œuvres littéraires destinées à tous les publics : depuis cet hymne à la « *nation privilégiée de Dieu* » que Péguy dédie, avec *Le Mystère des Saints-Innocents* au « *peuple inventeur de la Croisade* » (1912), jusqu'aux images commentées pour les enfants que Hansi publie la même année sous le titre *Mon village*, en passant par l'œuvre romanesque d'un Barrès (la série des *Bastions de l'Est : Au service de l'Allemagne*, 1905, *Colette Baudoche*, 1909), d'un Georges Ducrocq (*Adrienne*, 1914), d'un André Lichtenberger (*Juste Lobel Alsacien*, 1911), d'un Paul d'Ivoi (*La Patrie en danger. Histoire de la guerre future*, publiée en 1905 en collaboration avec le colonel Royet), les essais d'un Robert Baldy (*L'Alsace-Lorraine et l'Empire allemand*, 1912) ou d'un Étienne Rey (*La Renaissance de l'orgueil français*, 1912), ou encore la fameuse enquête menée auprès des étudiants de la Sorbonne par deux jeunes auteurs relevant de la mouvance maurrassienne : Henri Massis et Alfred de Tarde (sous le pseudonyme d'Agathon : *Les Jeunes gens d'aujourd'hui*, 1912).

Le réveil du sentiment national se manifeste en effet à bien d'autres niveaux comme en témoignent mille indices glanés dans le vécu des habitants de l'hexagone : la ferveur avec laquelle sont commémorés le

14 juillet et d'autres anniversaires patriotiques, l'accueil enthousiaste fait aux chefs d'État amis ou alliés lors de leurs visites en France, la façon dont est saluée en 1913 l'élection du lorrain Raymond Poincaré à la présidence de la République, le crêpe noir ornant la statue de Strasbourg sur la place de la Concorde, la renaissance, à partir de 1908-1909, d'un irrédentisme tourné vers l'Alsace-Lorraine et qui a son symétrique de l'autre côté de la frontière. Certes il faut très fortement nuancer l'image des provinces perdues tout entières figées dans le « *souvenir français* », telle que l'a forgée toute une mythologie littéraire, relayée par l'imagerie et la chanson populaires. Les preuves abondent toutefois d'un regain d'intérêt, voire pour certains d'une ferveur renouvelée pour l'ancienne patrie, au cours des années qui précèdent immédiatement la guerre. Tous les ans, trois ou quatre mille jeunes gens passent la frontière pour ne pas servir sous l'uniforme allemand : ils seront 16 000 en 1914. On se rend également en France, individuellement ou par groupes serrés, pour assister à Belfort ou à Nancy aux cérémonies du 14 juillet. En 1909 est créée la Société du Souvenir français. À sa première réunion, une fanfare entonne *La Marseillaise* que reprend une foule immense. À Saverne, en novembre 1913, des incidents violents opposent les officiers allemands de la garnison à la population de la ville. Ils sont suivis dans toute l'Alsace de manifestations francophiles. Cela ne suffit certes pas à créer entre la France et l'Allemagne un état de tension susceptible de déclencher la guerre, mais la question d'Alsace-Lorraine vient s'ajouter à beaucoup d'autres sujets de friction entre les deux blocs qui, depuis 1907 (date des arrangements anglo-russes qui marquent la naissance de la Triple-Entente), se font face dans une Europe qu'a saisie la fièvre de la course aux armements.

L'essentiel, s'agissant de la lente escalade qui va conduire les Européens à l'affrontement suicidaire de 1914, ne se joue pas sur la frontière de l'est de la France mais au-delà des mers, comme l'ont démontré les deux crises marocaines de 1905 et 1911, et davantage encore dans les Balkans. Ici, si la France a des intérêts économiques et stratégiques — elle détient des avoirs non négligeables en Roumanie et en Serbie, elle fournit à ce dernier pays des armes et du matériel militaire —, c'est la Russie qui mène le jeu, face à un Empire austro-hongrois qui, comme elle, caresse le projet d'étendre son influence sur la majeure partie de l'Europe orientale. Non directement impliquée dans les affaires balkaniques, mais liée à la Russie par un traité d'alliance qui constitue la pièce maîtresse de son système diplomatique, elle n'a d'autre alternative, dans le cas où l'Empire des tsars serait amené à prendre des risques majeurs dans cette partie du monde, que de partager ces risques ou de renoncer à l'un des instruments essentiels de sa sécurité.

Lors des trois crises qui se succèdent dans les Balkans entre 1908 et 1913, la France s'efforce tant bien que mal de louvoyer entre ces deux écueils. Lorsque l'Autriche-Hongrie annexe la Bosnie-Herzégovine en octobre 1908, dans le but d'asphyxier la Serbie en empêchant ce pays d'acquérir une façade maritime aux dépens de l'Empire ottoman (ces deux provinces restaient théoriquement sous la dépendance du Sultan, mais, en 1878, leur administration avait été confiée « *provisoirement* » à la Double Monarchie par le Congrès de Berlin), Paris intervient une première fois pour retenir son alliée au moment où celle-ci paraît décidée à soutenir le gouvernement de Belgrade.

Vienne, en effet, exige du petit royaume balkanique qu'il reconnaisse officiellement l'annexion de la Bosnie-Herzégovine et qu'il s'engage du même coup par une promesse écrite à « *changer le cours de sa politique actuelle envers l'Autriche-Hongrie, pour vivre désormais avec cette dernière sur le pied d'un bon voisinage* ». Tandis qu'on s'interroge à Pétersbourg sur les possibilités de soutien à la Serbie, von Bülow à son tour entre en scène, exigeant du ministre des Affaires étrangères russe, Isvolsky, « *son assentiment formel et sans réserve* » au nouvel état de choses, et ajoutant qu'« *une réponse évasive, conditionnelle, obscure, sera considérée comme un refus* ». Conscient de ne pouvoir engager seul la guerre contre les puissances centrales, le gouvernement russe se tourne vers les responsables français. La réponse est claire : le ministre des Affaires étrangères Stephen Pichon, prévient Isvolsky que la France ne pourrait s'engager dans un conflit issu d'une situation dans laquelle les « *intérêts vitaux* » de la Russie ne sont pas en jeu. Le tsar doit donc accepter d'« *avaler une pilule amère* » en signant la note austro-allemande.

La Russie sort ainsi profondément humiliée de cette crise qui a fortement inquiété l'Europe et qui préfigure, à maints égards, les événements de l'été 1914. Pourtant, contrairement à ce qu'avait espéré Bülow, l'alliance franco-russe n'est nullement brisée par la « leçon » que Berlin a cru infliger au tsar. Au contraire, si ce dernier en veut incontestablement à la France de ne pas lui avoir apporté le soutien qu'il s'estimait en droit d'attendre de son alliée, son hostilité est encore plus vive à l'égard des Allemands dont l'intervention a été déterminante. Si bien que loin de vouloir renoncer à l'alliance avec Paris, les dirigeants russes se montrent au contraire résolus à la renforcer afin d'éviter un nouvel affront. Le gouvernement français ne peut évidemment que s'en féliciter, à la condition expresse de ne pas indéfiniment se dérober aux devoirs que l'alliance lui impose.

Or la question de l'engagement français dans la région va se poser à

176

nouveau à deux reprises, lors des conflits balkaniques de 1912 et 1913. Le premier oppose l'Empire ottoman et les petits États du sud des Balkans — Bulgarie, Grèce, Monténégro, Serbie — groupés en une « Ligue balkanique » qui jouit du soutien russe. Il éclate en octobre 1912 sans que Poincaré, alors président du Conseil, ait pu faire quoi que ce soit pour empêcher les protégés du tsar de s'engager dans une guerre aux conséquences hasardeuses. Quelques semaines plus tôt, en juillet, une Convention d'État-Major avait été signée entre la Russie et la France : elle définissait les modalités de la collaboration entre les flottes et les armées des deux pays et envisageait des délais plus courts pour une mobilisation russe. En août, Poincaré s'était rendu à Saint-Pétersbourg et avait promis de nouveaux crédits destinés à l'amélioration des communications dans l'Empire. Mais en même temps, mis au courant de la situation diplomatique dans les Balkans, il avait conseillé la modération aux Russes, marquant à l'avance les limites de l'engagement français. Trop tard pour que Nicolas II puisse retenir ses clients balkaniques.

On entre à partir de cette date dans une configuration diplomatique qui débouche sur l'engrenage de l'été 1914. Les protégés balkaniques de la Russie prennent des risques de plus en plus grands, estimant qu'en dépit des conseils de prudence qu'elle ne cesse de leur prodiguer cette puissance ne pourra les abandonner. Pétersbourg pratique de la même façon à l'égard de la France et celle-ci se trouve conduite, malgré elle, à intervenir indirectement sur la scène des Balkans. Lors de la première guerre balkanique, au moment où l'Autriche et la Russie mobilisent partiellement et qu'une nouvelle fois la guerre européenne paraît en vue, Poincaré promet en effet son soutien à ses alliés, tandis que Guillaume II agit de même auprès du gouvernement de Vienne. Il s'en faut de peu à cette date — une intervention habile de la diplomatie britannique permet finalement à chacun de sauver la face — pour éviter la conflagration générale.

L'année suivante, lors de la nouvelle « guerre balkanique » qui se déclenche, en juin 1913, pour le partage des dépouilles turques entre la Bulgarie, soutenue par Vienne, et les autres vainqueurs de l'Empire ottoman, renforcés par la Roumanie et qui ont l'appui du tsar, la France et l'Allemagne se trouvent derechef confrontées à la contradiction majeure de leur diplomatie : ou bien elles suivent leur alliée respective jusqu'aux limites extrêmes d'une politique qui conduit tout droit à la guerre européenne, ou bien elles prennent le risque de voir la pièce maîtresse de leur « système » s'en détacher, réduisant à rien plusieurs décennies d'action internationale. En 1913, c'est Guillaume II qui va le plus loin dans cette seconde voie, obligeant l'Autriche-Hongrie à abandonner sa protégée bulgare, renforçant ainsi la position de la Serbie auprès des Slaves du Sud, et réduisant d'autant l'influence de sa principale alliée. Il ne se le pardonnera pas.

La crise de 1914 s'inscrit dans cette situation internationale complexe. Aussi réticentes que soient les deux puissances riveraines du Rhin à s'engager dans un conflit en Europe de l'Est, dont il est clair qu'il a de fortes chances de s'étendre à l'ensemble du continent, ni l'une ni l'autre ne peuvent s'offrir le luxe de voir leur principale partenaire rompre une alliance qu'elle estimerait ne pas tenir compte de ses intérêts vitaux. C'est dans cette perspective que Poincaré a tenu à donner, à l'automne 1912, une interprétation large de l'alliance avec la Russie : la France soutiendra celle-ci dans l'éventualité d'une attaque allemande, même si la guerre a pour origine un conflit balkanique. Tout le problème consiste ensuite pour les dirigeants français à reprendre d'une main ce qu'ils ont accordé de l'autre, en essayant de convaincre les Russes de ne pas s'engager eux-mêmes trop loin dans leur politique de soutien à la Serbie et aux États des Balkans. S'ils n'y parviennent pas, il est clair que la guerre ne pourra être évitée.

Guillaume II se trouve dans une situation identique. Depuis sa dérobade de l'été 1913, il se reproche la mollesse avec laquelle il a soutenu son allié autrichien. Il est maintenant résolu à soutenir la Double Monarchie « contre vents et marées » et à régler dès que possible le compte de la Serbie. Cette attitude lui paraît d'autant plus nécessaire à la sécurité de l'Allemagne que, du « système » diplomatique élaboré par Bismarck un quart de siècle plus tôt, seule paraît devoir subsister à moyen terme l'alliance avec Vienne. La Russie a changé de camp au début des années 1890, l'Angleterre est devenue l'associée de la France dix ans plus tard, et l'Italie, bien qu'elle ait accepté de renouveler pour la sixième fois la Triplice en décembre 1912 et de mener des entretiens d'État-Major assez poussés avec les Allemands dans le courant de l'année suivante, demeure un allié douteux. Sans doute y a-t-il eu quelques frictions avec la France lors du conflit italo-turc de 1911-1912 (l'affaire du *Carthage* et du *Manouba*, deux paquebots français, suspectés de transporter de la contrebande de guerre et des officiers turcs, arraisonnés par la flotte italienne en janvier 1912), mais ils ont peu affecté par la suite les relations entre les deux pays. Surtout, le resserrement de la Triple-Alliance est beaucoup plus apparent que réel, compte tenu de la rivalité italo-autrichienne à propos des terres irrédentes (Trente et Trieste) et de la pénétration italienne sur le littoral adriatique des Balkans. Seule l'Autriche-Hongrie est pour Berlin une alliée sûre. Il n'est donc pas question de la laisser affronter seule un conflit avec l'Empire russe.

Lorsque le 28 juin 1914 l'archiduc-héritier d'Autriche François-Ferdinand est assassiné avec son épouse par un jeune nationaliste bosniaque, dans la petite ville de Sarajevo en Bosnie, personne n'imagine en France que le geste de cet étudiant, Prinzip, membre d'une société secrète liée au mouvement national « yougoslave » et qui a des ramifications en Serbie, va mettre en route un processus d'où sortira la Première Guerre mondiale. Ni directement, ni indirectement, la France n'est en effet mêlée à la crise qui se prépare et, à Paris, on a autre chose en tête que les problèmes des Balkans. Henriette Caillaux, la femme de l'ancien président du Conseil, vient d'abattre le journaliste Calmette dans les locaux du *Figaro* et pendant le mois qui suit l'attentat de Sarajevo c'est le procès Caillaux qui est à la une des journaux, non l'avenir de la Serbie sur lequel portent, à l'insu des autres États européens, les tractations secrètes entre Vienne et Berlin. Or, de cette négociation à deux va sortir l'ultimatum qui va mettre le feu aux poudres.

Dans les milieux politiques, on est un peu moins rassuré. Pas au point cependant d'annuler le voyage que le Président de la République Poincaré et le président du Conseil Viviani ont entrepris de faire en Russie. « *Nous allions*, écrit Viviani, *le front haut et le cœur tranquille vers la paix, vers le resserrement de notre alliance.* » Visite de routine, peut-on dire, où l'on parle certes des questions balkaniques et des problèmes militaires, mais sans qu'il soit question d'autre chose semble-t-il que d'alliance défensive. Le 23 juillet au soir, les deux dirigeants politiques français reprennent tranquillement la mer pour un voyage qui va durer six jours, pendant lesquels l'irréparable va s'accomplir sans qu'ils aient la possibilité de communiquer avec Pétersbourg et avec Paris autrement que par radiogrammes.

Avec l'accord de Guillaume II, le gouvernement austro-hongrois a en effet profité de l'opportunité offerte par le voyage présidentiel pour adresser dès le 23 juillet à la Serbie l'ultimatum par lequel Vienne exige — entre autres demandes qui celles-ci seront acceptées — que des fonctionnaires autrichiens puissent opérer sur le territoire serbe pour déterminer les responsabilités de Belgrade dans l'attentat de Sarajevo. Cette exigence ayant été repoussée, le 28 juillet l'Autriche déclare la guerre à la Serbie. Cela, Berlin et Vienne l'avaient prévu et voulu, l'heure étant venue, estimait-on dans les deux capitales des Empires centraux, de régler son compte au petit royaume balkanique, élément cristallisateur d'un nationalisme « yougoslave » qui constituait une réelle menace pour la Double Monarchie.

En agissant de la sorte, les puissances triplicistes ont incontestablement pris le risque d'un affrontement armé à l'échelle européenne. Croyant, à ce qu'il en disait du moins, à l'inéluctabilité d'une guerre avec la France, Guillaume II estime que si celle-ci doit avoir lieu, le moment est favorable

179

à l'Allemagne. Pour les dirigeants autrichiens, la liquidation de la Serbie est une question vitale. Il y va du maintien de l'unité de l'Empire et après tout, s'il faut payer à ce prix la survie de l'État des Habsbourg, on ne se dérobera pas. Simplement, on croit dans les deux capitales germaniques à la possibilité de localiser le conflit au champ de bataille balkanique, et c'est pourquoi on a essayé de prendre de vitesse les protecteurs de l'État serbe. Or l'agression contre ce pays entraîne dès le lendemain la mobilisation partielle de l'armée russe — le gouvernement du tsar ne pouvant, il l'avait clairement annoncé dès le 24, laisser « *écraser la Serbie* » —, puis le 30 juillet sa mobilisation générale. Le processus de la guerre se trouve désormais enclenché.

Le jour même où Nicolas II décidait de mobiliser partiellement, Poincaré et Viviani débarquaient enfin à Dunkerque au milieu d'une foule considérable. « *C'est vraiment la France qui nous attend et qui vient au-devant de nous*, écrira le Président de la République. *Je me sens pâle d'émotion... Ce qui me frappe, c'est qu'ici beaucoup de personnes semblent croire la guerre imminente.* »

Elle l'était en effet. À partir du 31 juillet, tandis que les gouvernements français, allemand et britannique tendent plutôt à freiner le mouvement, ce sont de plus en plus les militaires qui, soucieux de ne pas se laisser prendre de vitesse par l'adversaire, pèsent sur les décisions, mettant ainsi en route un engrenage irréversible. Le 31, l'Allemagne somme la Russie d'arrêter sa mobilisation et adresse un ultimatum à la France. Celle-ci n'ayant pas donné de réponse, elle décrète le 1er août la mobilisation générale et le même jour, tandis que la France mobilise, elle déclare la guerre à la Russie. Le 2, elle exige de la Belgique le libre passage pour ses troupes et le 3 elle engage les hostilités contre la France. Quant à l'Angleterre, si elle n'a pas voulu s'engager trop tôt pour ne pas encourager l'intransigeance de ses deux partenaires de l'Entente, elle se décide après l'invasion de la Belgique à se joindre à ces dernières et, le 4 août, elle déclare la guerre à l'Allemagne. De toutes les puissances européennes engagées dans les deux blocs antagonistes, seules l'Italie et la Roumanie, qui ont estimé que les conditions dans lesquelles la guerre s'engageait ne les obligeait pas à intervenir, sont restées à l'écart de l'épreuve de force. En moins de deux semaines, la crise balkanique s'est transformée en un conflit généralisé, prélude à la Première Guerre « mondiale » de l'Histoire. Pour la France, qui est entrée dans la guerre non parce qu'elle était directement concernée par les affaires balkaniques, mais par fidélité à une alliance qu'elle jugeait indispensable à sa sécurité, celle-ci va durer cinquante-deux mois, tuer 1 300 000 de ses fils et réduire très sensiblement la place qu'elle occupait dans le monde au début du XXe siècle.

V

LA FRANCE EN GUERRE
(1914-1918)

La France entre en guerre

De manière assez paradoxale, le conflit qui se déclenche au tournant des mois de juillet et août 1914 prend la France de court. Sans doute les crises internationales qui, depuis les débuts du XXe siècle se sont multipliées ont-elles rendu proche la perspective d'une guerre. Cependant celle-ci est plus un thème de réflexion des chancelleries, des congrès politiques, des états-majors qu'une réalité concrète qui pourrait modifier la vie des citoyens. Au demeurant, depuis 1905, on s'est habitué aux crises internationales et au fait que les habiletés des diplomates et la prudence des gouvernements permettent en dernier ressort d'éviter l'étincelle fatale qui embraserait l'Europe. De surcroît, l'assassinat de l'archiduc-héritier d'Autriche à Sarajevo ne paraît pas un motif plus sérieux de conflit que la crise bosniaque ou l'affaire d'Agadir (chap. IV).

Aussi en ce mois de juillet 1917 où va se nouer le sort de l'Europe, l'intérêt des Français est-il moins sollicité par l'activité des chancelleries que par le pain quotidien de l'actualité. C'est d'abord le congrès du Parti socialiste SFIO réuni du 14 au 16 juillet et qui débat de la motion proposée par l'Anglais Keir-Hardie et le Français Vaillant en vue du futur congrès de l'Internationale socialiste, sur les moyens d'empêcher une guerre éventuelle. Et une fois de plus, l'habileté rhétorique de Jaurès fait merveille, aboutissant au vote d'un texte qui préconise une grève générale organisée simultanément dans tous les pays belligérants en cas de menace de guerre afin d'imposer aux gouvernements un recours à l'arbitrage. Texte qui, selon Jaurès, ne doit pas être compris comme une volonté de saboter la mobilisation car, si la paix ne pouvait être sauvée, les socialistes feraient leur devoir.

Plus passionnant pour l'opinion est le procès de Madame Caillaux qui dans les dix derniers jours de juillet fait vibrer les Français : le subtil mélange de données sentimentales, criminelles et politiques dont il est composé représente le dosage idéal du fait divers à sensation qui captive les esprits. L'acquittement de l'accusée le 10 juillet clôt par une fin heureuse le roman vécu qui a fait vibrer les Français et — accessoirement — ouvre à son mari les portes du pouvoir qui s'étaient — très provisoirement — refermées devant lui.

Enfin, l'attention des Français est sollicitée par le voyage qu'accomplissent, du 20 au 24 juillet, le Président de la République Raymond Poincaré et le président du Conseil René Viviani dans la capitale du grand allié russe à Saint-Pétersbourg. Voyage de routine, prévu de longue date, et si peu lié aux inquiétudes internationales qu'il doit être suivi d'une croisière dans les pays scandinaves jusqu'au 31 juillet.

C'est donc dans une douce torpeur que vivent les Français alors que se met en place l'engrenage qui va conduire au déclenchement du premier conflit mondial.

Si la responsabilité des Puissances centrales dans le déclenchement du conflit ne fait aucun doute, s'ensuit-il pour autant que le gouvernement français subit une agression injuste et qu'il n'aurait aucune part dans l'ensemble des événements qui ont rendu la guerre irréversible ? Des polémiques qui ont surgi après la Première Guerre mondiale ont mis en cause l'attitude du Président de la République Raymond Poincaré. Si lui-même dans ses mémoires (*Au service de la France*) s'est toujours défendu d'avoir rien dit ou rien fait qui aurait pu précipiter le cataclysme, ses accusateurs mettent en avant les assurances qu'il aurait données au tsar lors de son voyage en Russie sur l'appui que celle-ci pouvait espérer de la France en cas de conflit européen, assurances qui auraient poussé Saint-Pétersbourg à précipiter les événements en décrétant la mobilisation générale du 30 juillet. Ils remarquent aussi que le gouvernement français, qui ne pouvait ignorer la gravité du fait, n'a pas jugé nécessaire de dissuader la Russie de procéder à l'accélération de ses préparatifs militaires. Enfin, ils notent que l'ambassadeur Paléologue, en poste dans la capitale russe, n'a informé Paris que le 31 juillet de la mobilisation générale, sans encourir aucun blâme de la part de son ministre.

S'il est vrai que ces faits, peut-être artificiellement juxtaposés, permettent d'instruire le procès d'un Poincaré (dont l'influence sur le gouvernement est déterminante dans cette période) qui aurait vu venir la guerre « avec une secrète espérance » (celle de reprendre l'Alsace-Lorraine), aucun document ne vient étayer cette affirmation. La thèse selon laquelle le chef de l'État aurait « accepté la guerre sans regret » demeure, jusqu'à plus ample informé, un simple procès d'intention instruit dans les années vingt pour des raisons politiques par les adversaires de celui qui apparaissait alors comme le chef des modérés. En revanche, c'est sous un tout autre jour qu'apparaît Poincaré aux contemporains, celui de l'homme qui, dans ces jours tragiques, a su incarner le consensus national.

L'Union sacrée

Quelle allait être l'attitude des Français en face d'une guerre dont la réalité s'impose brutalement à la conscience de chacun ? En particulier, comment le Parti socialiste qui avait fait de la lutte contre la guerre le thème principal de ses récents débats allait-il réagir au conflit désormais déclenché ? Comment la CGT dont l'antipatriotisme et l'antimilitarisme constituaient des piliers du programme adopté à Amiens en 1906 allait-elle accepter une mobilisation que ses dirigeants s'étaient promis de saboter ?

La question est si loin d'être purement rhétorique que le gouvernement a, de longue date, pris ses précautions pour faire face à ces éventualités. Une liste des révolutionnaires à mettre immédiatement sous les verrous en cas de conflit (le carnet B) avait été dressée qui devait permettre d'éviter toute agitation révolutionnaire susceptible d'entraver l'effort de guerre.

Mais très vite, le gouvernement va se montrer rassuré par la tournure des événements en ce domaine. Dans les derniers jours de juillet, le dirigeant socialiste Jean Jaurès reconnaît que la France n'a aucune responsabilité dans la crise internationale qui secoue l'Europe, mais il demande au gouvernement d'aller plus loin en modérant son allié russe dont les intentions l'inquiètent.

En attendant, socialistes et syndicalistes organisent des réunions pour sauver la paix, la CGT, après quelques velléités de manifestations révolutionnaires, se ralliant à la position prônée par Jaurès d'une pression ouvrière internationale dans le cadre légal. Le 29 juillet le Bureau socialiste international réuni à Bruxelles en présence du dirigeant de la SFIO étudie les mesures à prendre pour éviter la guerre. Efforts qui paraissent bien vains tant les événements se précipitent. Le 31 juillet l'assassinat de Jean Jaurès par le nationaliste Raoul Villain symbolise cruellement l'échec du pacifisme socialiste.

Mais ce drame ne remet pas en question le mouvement de ralliement de l'extrême gauche au gouvernement. Le 4 août, sur la tombe de Jean

Jaurès, Léon Jouhaux, secrétaire général de la CGT affirme que, la France ayant été agressée, les ouvriers feront leur devoir pour défendre la patrie des Droits de l'Homme contre les Empereurs d'Allemagne et d'Autriche-Hongrie, symboles de la réaction politique, les hobereaux de Prusse et les grands seigneurs autrichiens accusés d'avoir voulu la guerre par haine de la démocratie. En fait les quelques dirigeants socialistes et syndicalistes qui songent à résister au mouvement de ralliement y renoncent rapidement, devant l'irrépressible courant qui entraîne les masses ouvrières vers la défense nationale. On peut en conclure avec Jean-Jacques Becker que l'épreuve de l'entrée en guerre a fait craquer le vernis internationaliste du mouvement ouvrier pour révéler la profondeur de l'attachement à la patrie, ancré dans la conscience collective par une éducation qui remonte à la prime enfance et à l'enseignement de l'école primaire (J.-J. Becker, *1914, Comment les Français sont entrés dans la guerre*, Paris, Presses de la FNSP, 1977).

Quoi qu'il en soit, le ralliement de la classe ouvrière à la défense nationale est assez unanime pour que le gouvernement renonce à arrêter les militants socialistes et syndicalistes inscrits sur le carnet B. Au niveau gouvernemental, ce ralliement se manifeste par l'entrée au gouvernement de deux ministres socialistes le 26 août 1914, Jules Guesde, l'ancien champion du refus de la participation aux majorités bourgeoises, qui devient ministre sans portefeuille et le député Marcel Sembat, qui considérait naguère dans un livre de grand retentissement, *Faites la paix, sinon faites un roi*, qu'un gouvernement républicain serait hors d'état de mener une guerre, et qui, dans ce gouvernement de guerre, gère le ministère des Travaux publics.

Dès le 4 août 1914, ce mouvement de ralliement à la Défense nationale a trouvé un chef de file dans le Président de la République Raymond Poincaré. Dans un message aux Chambres, le chef de l'État, après avoir rejeté sur les Empires centraux la responsabilité de « *l'agression brutale et préméditée* » se déclare « *l'interprète de l'unanimité du pays* » en affirmant que la France sera « *héroïquement défendue par tous ses fils, dont rien ne brisera, devant l'ennemi, l'union sacrée...* ». « *Union sacrée* » : le terme est lancé pour définir une trêve du combat politique afin de laisser place à l'affirmation prioritaire de la défense de la patrie en danger.

Au-delà du ralliement des socialistes qui en constitue l'aspect majeur, l'Union sacrée a-t-elle une réelle consistance ? On peut considérer qu'elle se réalise à la base, au niveau de l'opinion publique. Jean-Jacques Becker a montré que si l'enthousiasme populaire lors de l'entrée en guerre était une fabrication *a posteriori* ne correspondant pas à la réalité, il était par contre exact d'affirmer que, le premier moment de stupeur passé, les

Français s'étaient résignés au conflit et étaient partis au combat avec résolution et détermination, puisqu'il s'agissait de défendre la patrie agressée. Tonalité suffisamment unanime pour que le ralliement socialiste fasse tache d'huile, de la base au sommet de la nation.

Dans la croyance générale en une guerre courte qui permettrait en quelques semaines à la France démocratique de régler son compte à l'Allemagne, chacun consent à faire le sacrifice très provisoire de ses convictions sur l'autel de l'unité nationale. Dans les villages, le curé et l'instituteur oublient un moment leur rivalité pour communier dans la défense de la patrie. Le nationaliste Maurice Barrès, président de la Ligue des Patriotes, assiste, aux côtés du syndicaliste révolutionnaire Léon Jouhaux, aux obsèques de Jaurès. Les vaincus du scrutin de 1914 deviennent ministres, comme les socialistes lors du remaniement du 26 août 1914 (Delcassé aux Affaires étrangères, Briand à la Justice, Millerand à la Guerre, Ribot aux Finances). Quant à l'Église catholique qui bénéficie d'un soudain regain de ferveur suscité par les dangers de la guerre, elle célèbre des offices pour la sauvegarde de la patrie. Symbole de l'union retrouvée à l'heure du danger, le *Comité de secours national* peut se targuer de la participation du représentant de l'archevêque de Paris, de dirigeants de l'*Action française*, de la SFIO et des principaux partis de gouvernement.

Sans doute cette unanimité concerne-t-elle plus les apparences que le fond. Si chacun se montre décidé à taire publiquement ses différences, l'analyse du discours des divers participants de l'Union sacrée prouve à l'évidence que chacun voit dans l'événement la justification de ses prises de position antérieures et l'annonce que, dans l'avenir, ses vues l'emporteront. Les nationalistes considèrent que la guerre montre l'inanité de l'internationalisme et du pacifisme, les socialistes participent à l'Union sacrée pour creuser définitivement la tombe du militarisme cocardier et préparer l'avènement de la République sociale universelle, les catholiques, pour leur part, jugent que l'événement prouve l'ignominie des persécutions que leur a fait subir l'anticléricalisme militant et voient dans le retour des Français vers les églises le début d'une reconquête des âmes qui leur rendra la place fondamentale qui leur revient dans la nation. Dans les justifications de l'Union sacrée se profilent déjà les querelles de l'avenir.

Mais pour l'heure, celles-ci ne sont articulées que *mezzo voce*. L'heure est, pour quelques semaines, à l'Union sacrée, le temps pour le pays de remporter la rapide victoire dont personne ne doute.

L'échec de la guerre de mouvement

Cet espoir d'une victoire rapide est fondé sur les conceptions militaires qui prévalent dans l'armée française à la veille de la guerre. Depuis 1912 et la nomination à la tête de l'État-major français du général Joffre, une nouvelle génération d'officiers supérieurs fait prévaloir ses idées en matière de doctrine militaire. Répudiant la conception, née au lendemain de la guerre de 1870, de la « puissance prépondérante du feu » qui donne le rôle principal à l'artillerie, des hommes comme les généraux Bonnal, Cardot, Langlois, prônent l'offensive à outrance : *« On attaque partout, à fond, et l'on voit. »* Cardot considère froidement le problème des pertes inévitables qu'entraînera une telle doctrine : *« Il faut des massacres et l'on ne va sur le champ de bataille que pour se faire massacrer. »* Mais, à la veille de la guerre, ce sont les théories du colonel de Grandmaison, chef du 3e bureau de l'état-major de l'armée qui déchaînent l'enthousiasme. Renchérissant sur les champions de l'offensive à outrance, il n'hésite pas à déclarer : *« Dans l'offensive, l'imprudence est la meilleure des sûretés. »* C'est l'esprit des conférences qu'il prononce devant l'état-major en 1911 qu'on retrouve dans le *Règlement d'infanterie de 1913* :

« L'infanterie est l'arme principale. Elle agit par le mouvement et par le feu. Seul le mouvement en avant poussé jusqu'au corps à corps est décisif et irrésistible... La baïonnette est l'arme suprême du fantassin. La section marche à l'assaut au pas de course au commandement de « en avant à la baïonnette » du chef de section, répété par tous. Chaque tirailleur doit tenir à honneur de triompher du plus grand nombre possible d'adversaires et la lutte se poursuit à l'arme blanche, avec la plus farouche énergie jusqu'à ce que le dernier combattant ennemi soit hors de combat... »

Cette conception va conduire l'armée française à reléguer ses mitrailleuses au 2e ou 3e échelon pour briser une éventuelle contre-offensive ennemie, à négliger systématiquement ses obusiers lourds à grande portée et à ne privilégier dans l'artillerie que le canon de 75, maniable et léger, qui peut suivre l'infanterie dans ses déplacements rapides et en quoi le colonel de Grandmaison voit l'arme absolue, *« le Père, le Fils et le Saint-Esprit »*.

Dans ces conditions, le plan français mis au point par Joffre, le plan XVII, est beaucoup plus fondé sur les considérations tactiques des théoriciens français que sur une conception stratégique d'ensemble. Il prévoit une double offensive, de part et d'autre du secteur fortifié Metz-Thionville dont la IIIe Armée concentrée à Verdun pourrait entreprendre la conquête

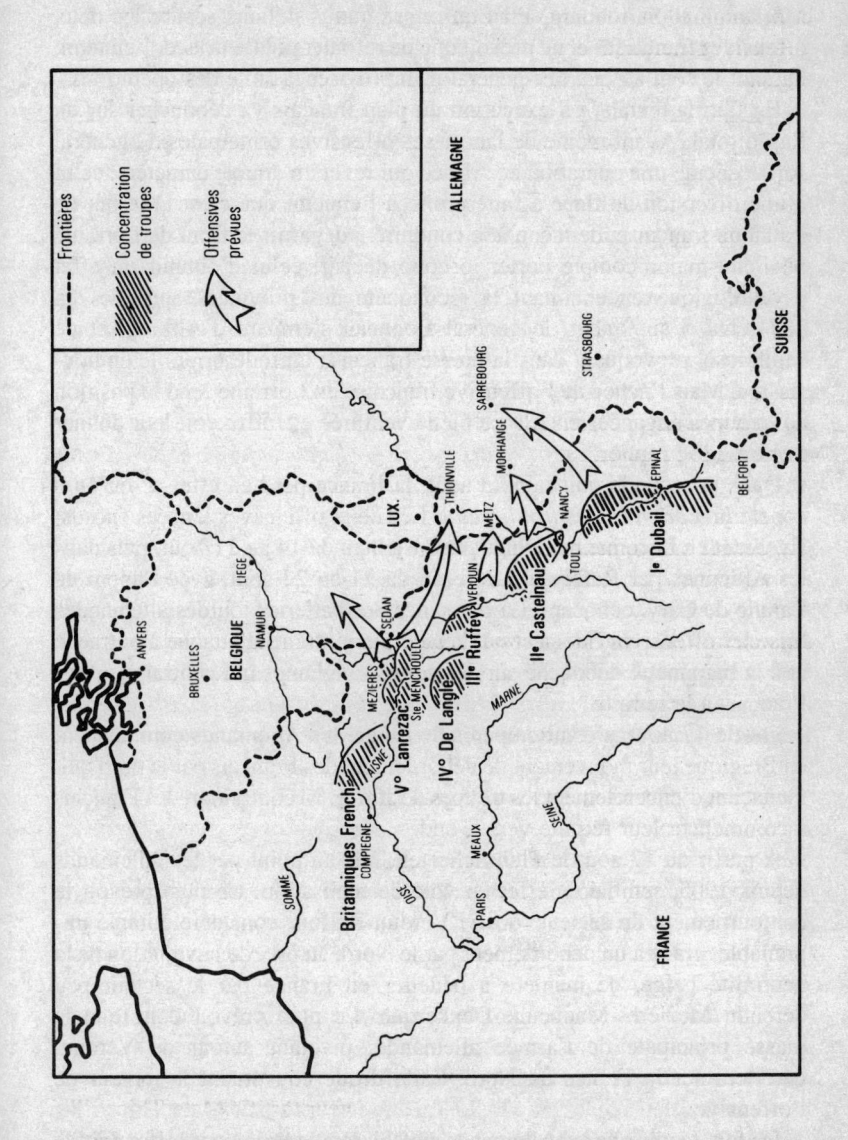

Le Plan français

en cas de succès des premières opérations. Au nord, la Ve Armée du général de Lanrezac doit se porter en direction de Thionville ou vers la Belgique si les Allemands violent la neutralité de ce pays ; au sud les I^e et IIe Armées des généraux Dubail et de Castelnau doivent avancer sur Morhange et Sarrebourg. Plan qui entre autres défauts sépare les deux offensives françaises et ne prévoit que de refouler ou d'enfoncer l'ennemi, laissant le soin au quartier-général d'improviser la suite des opérations.

En fait, la tentative d'exécution du plan français va déboucher sur un fiasco total. Avant même de lancer ses offensives principales, le général Joffre décide une opération en Alsace qui revêt un double caractère, celui d'une diversion destinée à faire croire à l'ennemi que c'est là le but de l'attaque française, de façon à le conduire à dégarnir le front de Lorraine où l'état-major compte porter le coup décisif, celui d'obtenir un effet psychologique en entamant la reconquête des provinces annexées en 1871. Du 6 au 9 août, le général Bonneau s'empare d'Altkirch et de Mulhouse, provoquant dans la presse française un indescriptible enthousiasme. Mais l'échec de l'offensive française en Lorraine rend la position des troupes engagées en Alsace bien aventurée et Joffre doit leur donner l'ordre de se replier.

Dans la seconde quinzaine d'août, la France perd en effet ce qu'on a appelé la « *bataille des frontières* ». Les deux offensives lancées successivement en Lorraine par Dubail et Castelnau du 14 au 21 août, puis dans les Ardennes par Ruffey et Lanrezac du 21 au 23 août, avec l'appui de Langle de Cary, échouent. La puissance des batteries lourdes allemandes brise les offensives françaises et la tactique militaire d'attaque à outrance et à la baïonnette débouche sur des pertes sanglantes qui contraignent les Français à la retraite.

Dès le 17 août, s'étant emparés de Liège, les Allemands commencent en Belgique leur mouvement de débordement des Français par le nord qui, menaçant d'encerclement les troupes de Joffre, va contraindre les Français à commencer leur retraite vers le sud.

À partir du 17 août le Plan Sclieffen, mis au point par les Allemands depuis 1905, semble en effet en voie de réalisation. Ce plan prévoit le contournement du secteur fortifié Verdun-Belfort, considéré comme imprenable, grâce à un débordement par le Nord, au prix de la violation de la neutralité belge, de manière à pénétrer en France par le secteur peu défendu Mezières-Maubeuge-Dunkerque. Le plan prévoit donc que la masse principale de l'armée allemande, pivotant autour de Verdun, déferlera sur la France du Nord, l'aile droite constituant le moteur de l'offensive.

De fait, tandis que les Allemands envahissent la Belgique, Joffre doit, le

Le Plan allemand

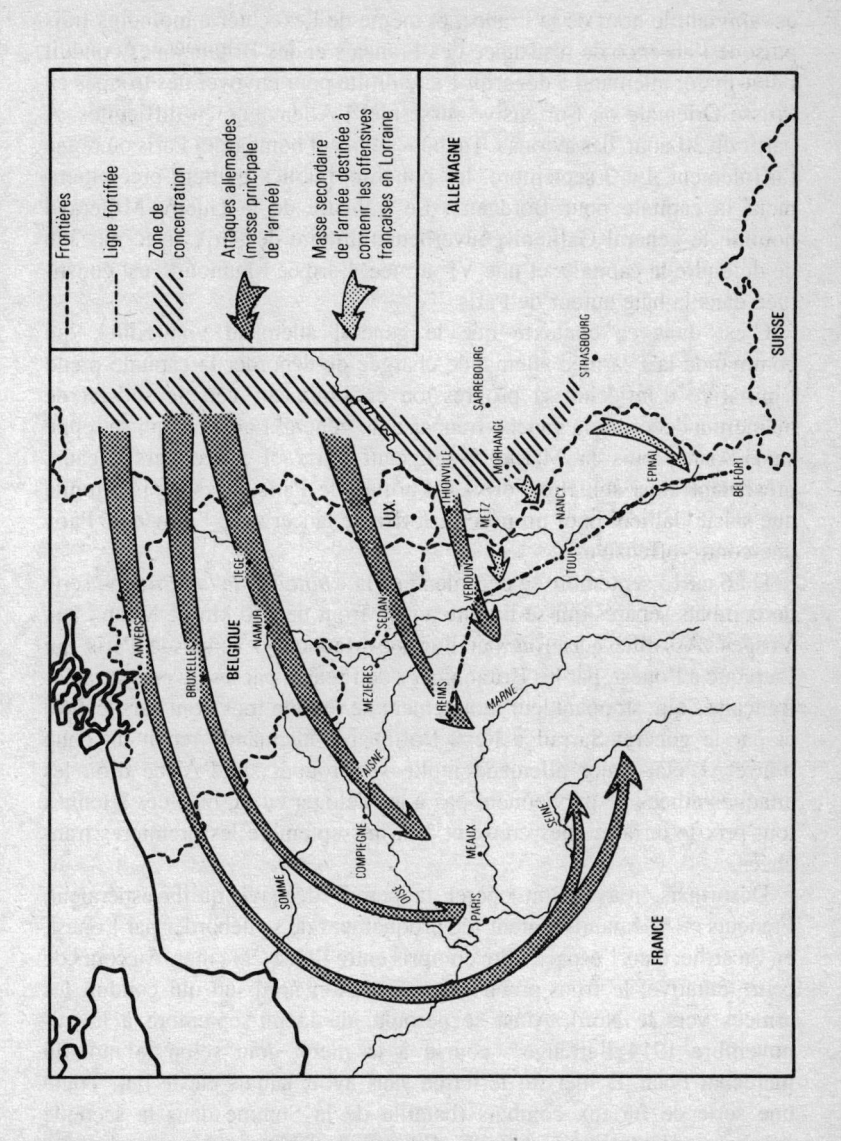

24 août, donner l'ordre de la retraite pour éviter à ses troupes l'encerclement et se laisser la possibilité en déplaçant vers l'ouest le centre de gravité de ses troupes, de livrer à l'ennemi une seconde bataille offensive. Cette retraite permet aux Allemands d'exécuter la manœuvre prévue en envahissant le nord de la France, et même de l'exécuter à moindres frais puisque l'absence de résistance des Français et des Britanniques conduit l'état-major allemand à dégarnir l'aile droite pour envoyer des troupes en Prusse-Orientale où l'offensive russe met l'Allemagne en difficultés. À partir du 30 août, des avions « Taube » viennent bombarder Paris où règne l'affolement. Le 3 septembre, les pouvoirs publics quittent précipitamment la capitale pour Bordeaux. Le ministre de la Guerre Millerand nomme le général Galliéni gouverneur militaire de Paris, avec mission de défendre la capitale, et une VIe armée, l'armée Maunoury, est constituée dans la hâte autour de Paris.

C'est dans ce contexte que le général allemand von Kluck qui commande la I^e armée allemande chargée de déborder la capitale prend l'initiative d'infléchir sa progression en obliquant vers le sud-est de manière à déborder la gauche française du général Lanrezac qui se replie sur l'Aisne, puis la Marne. Négligeant Paris, il fonce vers Meaux, présentant ainsi son flanc droit à l'armée de Paris. C'est l'opportunité que saisit Galliéni pour proposer à Joffre de lancer avec l'armée de Paris une contre-offensive.

Du 6 au 13 septembre se déroule ainsi la « *bataille de la Marne* », série de combats séparés qui se livrent sur un front de 250 km de Meaux aux Vosges. Assaillie à la fois par l'armée Maunoury, venue de Paris qui l'attaque à l'ouest, par les Britanniques de French, par les diverses armées françaises qui, stoppant leur mouvement de retraite font front vers le nord et par le général Sarrail à l'est, l'offensive allemande reçoit un coup d'arrêt. L'état-major allemand replie ses troupes sur l'Aisne d'où les attaques alliées ne parviennent pas à les déloger et où, résolues à tenir à tout prix le terrain, elles creusent à la mi-septembre les premières tranchées.

Désormais, n'ayant pu opérer la percée décisive qu'ils espéraient, Français et Allemands tentent réciproquement de se déborder par l'ouest, en Picardie, dans l'espace libre compris entre l'Oise et la mer. Au cours de cette tentative, le front prend une orientation nord-sud qui conduit les armées vers le Nord. Ainsi se déroule, de la mi-septembre à la mi-novembre 1914 l'étrange « course à la mer » dont selon le mot du maréchal Foch, la mer fut le terme sans avoir jamais été le but. Toute une série de furieux combats (bataille de la Somme dans la seconde quinzaine de septembre, bataille d'Arras au début octobre, « mêlée des

L'offensive allemande et la bataille de la Marne
(17 août - 13 septembre)

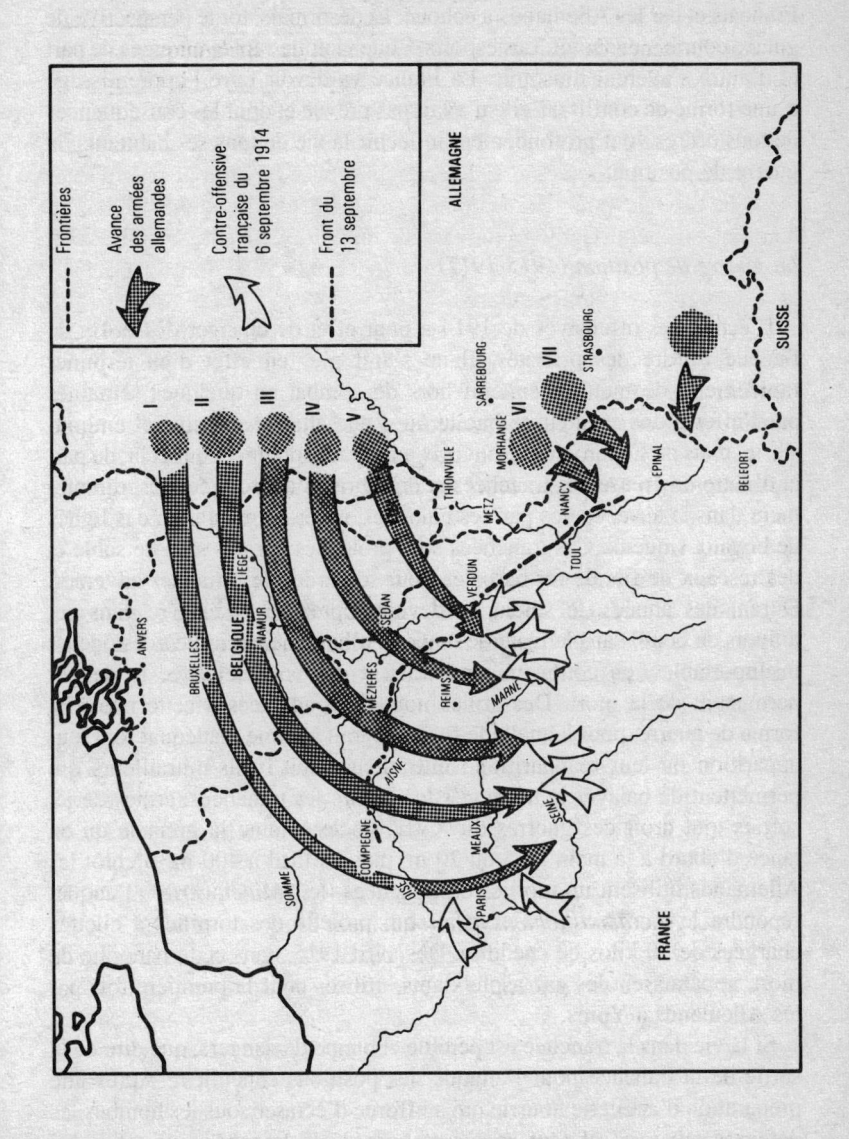

Flandres » en octobre-novembre) aboutissent le 15 novembre à la stabilisation du front sur 750 kilomètres, de la frontière suisse à la mer du Nord.

À ce moment, la guerre de mouvement envisagée à la fois par les Français et par les Allemands a échoué. Et désormais, toute perspective de guerre courte s'évanouit. Les espoirs d'une victoire rapide caressés de part et d'autre s'avèrent illusoires. La France va devoir faire l'apprentissage d'une forme de conflit qu'elle n'avait pas prévue et dont les conséquences de tous ordres vont profondément infléchir la vie de tous ses habitants, la guerre de position.

La guerre de position (1915-1917)

L'échec des offensives de 1914 a pour effet de changer dès la fin de l'année l'ordre des priorités. Il ne s'agit plus en effet d'en terminer rapidement, de mettre l'ennemi hors de combat en quelques semaines par l'effet d'une manœuvre habile ou d'une attaque massive et enthousiaste, mais de s'accrocher à tout prix au terrain conquis. Pour cela, de part et d'autre on creuse des tranchées et des abris, d'abord précaires, directement dans la terre, étayés par des planches, reliés entre eux par des lignes de boyaux sinueux. Ces tranchées sont protégées par des sacs de sable et des réseaux de fils de fer barbelés pour se garder des attaques adverses. Durant des années, le soldat va devoir apprendre à survivre dans cet univers de boue, dans le froid, le manque d'hygiène, au milieu des odeurs insupportables, en compagnie des rats et des poux, et avec le danger permanent de la mort. Des armes nouvelles, adaptées à cette nouvelle forme de guerre, pour laquelle le fusil apparaît comme inadéquat font leur apparition ou leur réapparition : mitrailleuses ou fusils-mitrailleurs qui permettent de balayer le *no man's land* entre les tranchées, armes de jet sorties tout droit des guerres du XVIIe siècle comme la grenade qu'on lance d'abord à la main à 15 ou 20 m, puis au fusil à 400 m. Bientôt les Allemands utilisent un mortier de tranchées (le « *Minenwerfer* ») auquel répondra le « *crapouillot* » français qui projette des torpilles à ailettes chargées de 50 kilos de cheddite. Dès avril 1915, dans cette panoplie de mort, apparaissent les gaz asphyxiants, utilisés pour la première fois par les Allemands à Ypres.

Si la vie dans la tranchée est pénible et pleine de dangers, que dire de la sortie de la tranchée pour l'attaque des positions ennemies ? Après une préparation d'artillerie nourrie qui s'efforce d'écraser sous les bombes les défenses adverses, il faut se hisser hors de la tranchée, quitter l'abri précaire, mais cependant rassurant des sacs de sable, pour courir face à l'ennemi, à ses mitrailleuses et à son artillerie. Durant cette périlleuse progression où l'attaquant sert de cible vivante, les pertes sont innombrables, d'autant que l'avance est encore retardée par les entrelacs de fils de fer barbelés qu'il faut sectionner. Les survivants de l'épreuve qui parviennent à la tranchée ennemie doivent encore « nettoyer » celle-ci à la grenade, puis à l'arme blanche au cours d'un combat au corps à corps. Et à supposer que l'opération soit menée à son terme, tout est à recommencer avec la ligne suivante de retranchements, car les états-majors allemand et français ont l'un et l'autre mis en pratique l'organisation de la défense en profondeur, par lignes de tranchées échelonnées, de façon à essouffler l'attaque ennemie.

Dans ces conditions, on conçoit sans peine que toute offensive soit vouée à l'échec, échec coûteux car il entraîne des pertes humaines considérables pour un gain de terrain nul. Et cependant aucun des états-majors, et surtout pas celui de Joffre, ne renonce à l'idée d'opérer une percée qui permettrait la rupture du front adverse et la reprise de la guerre de mouvement. C'est la raison pour laquelle le commandant en chef des troupes françaises s'oppose à toute ouverture d'un nouveau front qui le contraindrait à distraire une partie de ses troupes indispensable pour la percée. Et lorsque, sous la pression des Britanniques, les Alliés décident en février 1915 de forcer les détroits reliant la mer Égée à la mer Noire pour mettre la Turquie hors de combat, l'échec de l'opération (le corps expéditionnaire, bloqué par les Turcs dans la presqu'île de Gallipoli, est décimé par les combats et la maladie) renforce Joffre dans ses convictions.

Aussi les années 1915-1917 sont-elles celles des tentatives avortées et sanglantes de rupture du front. Offensives françaises dans la Woëvre, en Artois, en Champagne en 1915 qui font de 310 000 à 350 000 morts, offensive allemande sur Verdun déclenchée en février 1916 et qui devait durer jusqu'en décembre, les combats acharnés qui se déroulent autour du saillant faisant 163 000 tués et disparus du côté français, 143 000 du côté allemand (si on ajoute les blessés de part et d'autre, les victimes de la boucherie de Verdun atteignent le chiffre de 770 000 !). C'est au cours de la bataille de Verdun que Joffre déclenche en juillet 1916 une grande offensive sur la Somme qui va durer jusqu'en novembre provoquant, pour de faibles gains territoriaux, des pertes (tués, blessés, disparus) de 200 000 hommes pour les Français, 420 000 pour les Britanniques, 500 000 pour les Allemands. Mais entre 1915 et 1916, les objectifs de ces grandes offensives ont changé.

Alors qu'à l'origine, il s'agissait de percer, on en vient peu à peu à l'idée que le but principal est d'« user l'adversaire », c'est-à-dire de lui tuer le maximum d'hommes. « *Je les grignote* », avait déclaré Joffre pour justifier ses offensives de l'hiver 1914-1915 ; désormais, les états-majors fixent comme ultime objet aux assauts qu'ils décrètent une sinistre comptabilité : provoquer chez l'ennemi des pertes supérieures à celles qu'eux-mêmes subiront. Le double et coûteux échec de la guerre d'usure, venant après celui de la guerre de mouvement, va coûter leurs postes aux commandants en chef. Depuis l'été 1916, l'Allemand Falkenhayn a dû céder la place au maréchal Hindenburg. En décembre 1916, c'est au tour de Joffre d'être mis à l'écart. Nommé maréchal de France et désormais confiné dans des fonctions de caractère honorifique, il est remplacé par le général Nivelle qui s'était distingué par des succès partiels à Verdun.

Abandonnant la guerre d'usure qui n'a décidément valu à Joffre que des mécomptes, le nouveau commandant en chef des armées du nord en revient à l'idée de rupture du front obtenue grâce à une offensive « napoléonienne », c'est-à-dire en jetant une masse d'hommes sur le champ de bataille pour submerger l'ennemi. L'expérience est tentée à partir du 16 avril 1917 : 30 divisions se lancent à l'assaut des positions ennemies entre l'Oise et la Montagne de Reims. En quelques heures, l'offensive est brisée, alors que les pertes alliées s'élèvent à 800 000 hommes. Les assauts désespérés tentés dans les jours qui suivent à Craonne ou au Chemin des Dames ne pourront qu'accroître le nombre des morts, de même que les tentatives anglaises qui durent jusqu'à novembre : la rupture a échoué, les positions de part et d'autre ont tenu. Fin 1917, après trois années et demi de combats, il faut se rendre à l'évidence : la guerre à l'ouest est dans l'impasse et aucune perspective de solution ne se dessine.

Or, depuis trois ans et demi que dure une guerre que l'on pensait devoir être courte, il a bien fallu apprendre à vivre avec elle. Et il est évident que les effets de tous ordres qu'elle entraîne pèsent lourd sur les traditions, les habitudes, les comportements.

Les gouvernements de guerre

Comment gouverner un pays en guerre ? Dans l'hypothèse d'un conflit de quelques semaines, la solution proposée avait été celle de la suspension provisoire de la vie politique. Le Parlement avait été ajourné *sine die* au lendemain de la séance du 4 août 1914. Quant au gouvernement, remanié le 26 août selon les axes tracés par le thème de l'Union sacrée, il rassemblait, à l'exception des catholiques et des hommes fortement marqués à droite de la Fédération républicaine, l'ensemble des partis « républicains », des modérés de l'*Alliance démocratique* aux socialistes.

Mais les premières défaites, l'évacuation des pouvoirs publics sur Bordeaux et surtout la stabilisation du front en novembre 1914 changent considérablement les règles du jeu, posant dans l'immédiat au gouvernement deux délicats problèmes : celui du rôle du Parlement en période de conflit et celui des rapports entre pouvoir civil et pouvoir militaire.

Sur le premier point, les protestations de la gauche devant la situation de dictature née de la mise en vacances du Parlement se font de plus en plus fortes à partir du moment où la guerre se prolonge. Peut-on laisser plus longtemps le gouvernement sans contrôle, peut-on, alors que le sort du pays est en jeu, interdire l'exercice de leur mandat aux représentants du peuple souverain ? La réponse, conforme aux traditions de la démocratie libérale, vient avec la convocation à Paris le 22 décembre des deux Chambres, qui représente le retour à la vie parlementaire après une interruption de cinq mois. Au début de 1915, les deux Chambres résolvent le problème en décidant de siéger en permanence jusqu'à la fin du conflit.

Plus difficile à résoudre fut la question des rapports entre pouvoir civil et pouvoir militaire. En d'autres termes, il s'agissait de savoir qui, du gouvernement représentant la nation ou des chefs militaires supposés compétents en matière de stratégie, devait décider de la conduite de la guerre. Au début des hostilités, ce conflit de compétences fut tranché, avec l'appui du ministre de la Guerre, Alexandre Millerand, en faveur des militaires. Dans la perspective d'une guerre courte, il fut tacitement admis que Joffre disposait de tous les pouvoirs dans la zone des opérations et que tout ce qui, à un titre ou à un autre, relevait du déroulement du conflit, passait sous son autorité. Cette primauté du pouvoir militaire est encore accentuée par le départ du gouvernement pour Bordeaux devant l'avance allemande le 3 septembre et par le fait qu'*ipso facto* le général Galliéni, gouverneur militaire de Paris, dispose dans la capitale de tous les pouvoirs, au point de susciter l'inquiétude de parlementaires chez qui les souvenirs du boulangisme demeurent vifs. Aussi est-ce avec soulagement que, le 10 décembre 1914, le Président de la République et le gouvernement regagnent Paris.

Avec la rentrée des Chambres et des pouvoirs publics dans la capitale, coïncidant avec la perspective d'une guerre longue, la vie politique, un moment suspendue, reprend ses droits, les hommes politiques s'accommodant mal d'un effacement qui contraste avec les pouvoirs considérables dont disposent les militaires, lesquels jouissent par ailleurs d'un extraordinaire capital de popularité, œuvre d'une presse qui tresse leurs louanges à longueur de colonnes. Si bien qu'au cœur du débat politique renaissant se trouve la question des rapports entre pouvoir civil et pouvoir militaire. Joffre refusant obstinément tout contrôle parlementaire aux armées, et acceptant difficilement celui que les députés exercent sur les bureaux de la Guerre dont les carences sont mises en évidence, le conflit entre les deux pouvoirs va se cristalliser sur le ministre de la Guerre, vivement attaqué par les parlementaires, en particulier radicaux et socialistes. Viviani s'appliquant à couvrir Millerand, c'est le gouvernement lui-même qui se trouve fragilisé par le conflit. En mai 1915 il doit accepter que le ministre de la Guerre soit flanqué de quatre sous-secrétaires d'État (à l'Artillerie et aux munitions, au ravitaillement et à l'intendance, au Service de santé, à l'Aéronautique militaire), ce qui amoindrit d'autant ses pouvoirs, le socialiste Albert Thomas devenant sous-secrétaire d'État à l'Artillerie et aux munitions. Ébranlé par la démission du ministre des Affaires étrangères Delcassé, conscient de la nécessité d'écarter Millerand du ministère de la Guerre, Viviani préfère démissionner le 29 octobre 1915, cédant la présidence du Conseil à Aristide Briand.

En constituant le jour même son cinquième gouvernement, Aristide Briand réussit une double opération. Il élargit l'Union sacrée en faisant entrer au gouvernement comme ministre d'État un catholique, Denys Cochin et en nommant également à des postes de ministres d'État les vieilles gloires de la République, le sénateur Freycinet, les radicaux Léon Bourgeois et Combes et même le socialiste Guesde. Ribot aux Finances, Viviani à la Justice, Méline à l'Agriculture, Doumergue aux Colonies font en outre de ce cabinet un véritable syndicat d'anciens présidents du Conseil. De surcroît, il donne satisfaction aux parlementaires et, en particulier, au redoutable Georges Clemenceau, président de la Commission de l'Armée du Sénat, en nommant au ministère de la Guerre, le général Galliéni, fort populaire depuis la victoire de la Marne et considéré comme le rival de Joffre, devenu la bête noire du Parlement, en dépit de son audience dans le pays. Double habileté qui vaut au ministère Briand de recevoir de la Chambre une confiance unanime.

Toutefois, ce succès politique ne résout pas pour autant les difficultés qui ont occasionné la chute de Viviani. Joffre demeure toujours aussi rétif à l'intervention du pouvoir civil dans les affaires du haut-commandement, ce pouvoir fût-il représenté par Galliéni. La maladie de ce dernier qui doit démissionner en mars 1916 — il meurt en mai — donne un sursis au commandant en chef. De courte durée. Les carences de la défense de Verdun, mises en évidence par les parlementaires, obligent Briand et le nouveau ministre de la Guerre, le général Roques, à lâcher du lest. En juin 1916, le gouvernement doit accepter la tenue d'un Comité secret devant la Chambre sur la conduite du conflit. Sept autres suivront jusqu'en octobre 1917, cependant que pour sa part, le Sénat en réunira quatre. Ces comités instituent ainsi un droit de regard du Parlement sur la conduite des opérations et décident, au grand dam du Haut-Commandement, d'un contrôle parlementaire aux armées. À ces tensions s'ajoutent celles nées des rivalités entre Joffre et le général Sarrail, nommé commandant du corps expéditionnaire de Salonique, les deux généraux intriguant par parlementaires interposés auprès du pouvoir civil. Ces multiples conflits, liés à la stagnation du front, empoisonnent l'atmosphère politique en France. Devenu la cible de nombreux députés de droite comme de gauche qui lui imputent l'échec de toutes les offensives, Joffre constitue désormais une cause d'affaiblissement pour le gouvernement. Afin de sauver celui-ci le président du Conseil décide de le remanier et de sacrifier le général en chef.

Formé le 12 décembre 1916, le sixième ministère Briand est constitué d'une équipe resserrée dont disparaissent les vieux symboles (de Méline à Léon Bourgeois, de Combes à Freycinet) au profit de ministres considérés comme techniquement compétents : Ribot aux Finances, Clémentel au Commerce, Albert Thomas à l'Armement et le jeune maire de Lyon, Édouard Herriot aux Travaux publics, Transports et Ravitaillement. Pour le ministère de la Guerre, Briand fait le choix du résident général au Maroc, le général Lyautey. Quelques jours plus tard, Joffre ayant été nommé au poste vague de conseiller technique du gouvernement pour les affaires militaires, renonce à son poste de commandant en chef en échange d'un bâton de maréchal, cependant que Nivelle accède au Haut-Commandement.

Mais Briand n'obtient ainsi qu'un répit de brève durée. En mars 1917, le gouvernement tombe sur l'éternel problème des rapports entre pouvoir civil et pouvoir militaire. Lyautey ayant exprimé publiquement ses doutes sur la discrétion des députés réunis en Comité secret, le tollé est tel que le ministre de la Guerre doit démissionner, entraînant avec lui le cabinet tout entier (20 mars 1917).

Dès lors l'impasse politique s'ajoute à l'impasse militaire.

Au bout de trois années de conflit, la France n'a pas su définir la structure d'un véritable gouvernement de temps de guerre. Pendant que les opérations militaires stagnent au prix de coûteuses et inutiles tentatives de percée, le Parlement poursuit une vie politique classique. En confiant au vieux routier des luttes parlementaires qu'est Alexandre Ribot la succession d'Aristide Briand, le Président de la République ratifie en quelque sorte cette conception. Et en formant le 20 mars un gouvernement classique à ossature de centre-gauche (radicaux, républicains-socialistes, sénateurs de la gauche démocratique, membres de la gauche radicale), Ribot se comporte comme si la guerre ne modifiait en rien les conditions de la vie politique.

Or, le conflit a totalement bouleversé le cadre politique de la démocratie libérale comme les pratiques économiques de l'avant-guerre.

La remise en cause de la démocratie libérale

La propagande de guerre en France présente le conflit comme un combat des démocraties contre les régimes autoritaires d'Allemagne et d'Autriche-Hongrie, thématique que la présence de la Russie tsariste dans le camp de l'Entente rend assez dérisoire. Toutefois, le problème posé est de savoir si une guerre qui nécessite l'unité de commandement, le secret, la centralisation est compatible avec les principes d'un régime de démocratie libérale qui suppose la séparation des pouvoirs, le contrôle étroit de l'Exécutif par le Législatif, le maintien absolu de toutes les libertés. Le conflit larvé entre Parlement et état-major a déjà mis en évidence les difficultés de cette conciliation entre principes antagonistes. Mais jusqu'en 1917, on l'a vu, le Parlement n'a jamais accepté que soient transgressés, au niveau de ses droits, les fondements du régime. En revanche, il a dû, contraint et forcé, consentir à une limitation des libertés.

Des lois de 1849 et de 1878 avaient prévu, en cas de guerre, l'institution par décret de l'état de siège. Pour l'essentiel, celui-ci transférait aux militaires les pouvoirs de police. Parmi ces pouvoirs, celui d'interdire toute publication ou toute réunion considérée comme susceptible de troubler l'ordre public. Dans la pratique, la liberté de la presse est suspendue. Une censure sourcilleuse filtre les informations de manière à interdire toute diffusion de nouvelles susceptibles de favoriser l'ennemi ou de provoquer des inquiétudes dans l'armée ou dans la population. Conception très extensive de la censure qui conduit par exemple à introduire un black-out complet sur les informations concernant le front durant les premières semaines de la guerre, la presse se contentant d'évoquer des « *opérations aux frontières* », si bien que l'opinion apprendra avec stupéfaction début septembre qu'une contre-offensive a été lancée sur la Marne ! Par ailleurs, dès ce moment, Millerand, ministre de la Guerre, juge que toute attaque contre le gouvernement ou les chefs de l'armée est de nature à nuire à l'effort de guerre. De militaire, la censure devient politique, entraînant de multiples incidents entre l'administration et les journalistes ou les parlementaires (dont la liberté d'expression et de critique à travers la presse se trouve ainsi amoindrie).

De moindre conséquence sera le contrôle exercé sur les réunions publiques. En effet, la mobilisation en appelant sous les drapeaux la plupart des hommes valides a pratiquement supprimé la vie politique à la base. Une grande partie des adhérents et des militants des partis politiques se trouvant appelés aux armées, ces partis sont désorganisés et on ne pourrait songer à reprendre une activité normale avec des structures vides, ni à convoquer des réunions publiques. De surcroît, la pratique de l'Union sacrée telle qu'elle s'établit exerce une pression morale qui interdirait celles-ci. Alors que le sort de la patrie est en jeu, que les hommes combattent pour elle au péril de leur vie, le moment est-il bien choisi pour reprendre les luttes politiques qui risqueraient d'affaiblir l'effort de guerre ? Seul le Parti socialiste SFIO, le plus structuré de tous, maintient une activité normale, en évitant d'ailleurs jusqu'en 1917, toute autre manifestation publique que la tenue de ses congrès statutaires. Mais, des radicaux à la droite, l'activité partisane se réduit pratiquement à celle des groupes parlementaires et les députés demeurent les seuls représentants des formations politiques.

La proclamation de l'état de siège, d'abord étendue à l'ensemble du territoire national, puis réduite en septembre 1915 à la zone des combats, étendue enfin en juillet 1917 à toutes les régions littorales où peuvent débarquer les renforts alliés a pour conséquence une vertigineuse extension des compétences des Conseils de guerre. Ceux-ci ont désormais juridiction sur l'ensemble du territoire national et sur l'ensemble des citoyens à partir du moment où le délit considéré peut avoir un rapport (même lointain) avec les opérations. Or la procédure des tribunaux militaires est réduite à sa plus simple expression et les conditions de l'instruction, de la défense et des recours éventuels relève plus souvent de l'arbitraire que des règles juridiques habituelles. De surcroît, Joffre institue dès septembre 1914 des « cours martiales » dont les jugements sont immédiatement exécutoires. Les tempêtes de protestation provoquées par l'exercice de la justice militaire vont conduire par étapes à en restreindre l'application et les compétences et à donner quelques garanties aux justiciables : suppression en 1916 des cours martiales, invitation faite aux tribunaux militaires à ne pas poursuivre des civils, sauf exception, décision de soumettre à une possibilité de révision les jugements des tribunaux militaires, rétablissement du droit de grâce en 1917, etc.

Au total, il est peu douteux qu'entre les principes démocratiques ouvertement proclamés et les pratiques mises en œuvre, il existe un écart considérable. La guerre faite au nom de la démocratie a souvent fait bon marché des valeurs de la démocratie libérale. Et si les entorses à celles-ci sont peu à peu supprimées, c'est du fait de l'activité maintenue du Parlement. Celui-ci a donc tout à la fois joué le rôle d'un rempart des libertés et de la démocratie et d'un organisme de contrôle dont la prétention à affirmer son droit de regard sur la conduite des opérations est tenue par les militaires pour un obstacle à l'efficacité de leur action.

L'écart entre les principes proclamés et les réalités est encore bien plus considérable dans le domaine des questions économiques.

Naissance d'une économie de guerre

Pas plus en France que dans les autres pays belligérants, on n'a envisagé une organisation économique de la nation en temps de guerre. À cela deux raisons. L'une de principe : les règles du libéralisme économique impliquent que s'exercent librement les mécanismes du marché, sans intervention de l'État, le rôle de celui-ci se bornant à créer les conditions permettant aux acteurs économiques de jouer leur rôle sans entrave. L'autre, conjoncturelle : dans la perspective d'une guerre courte, pourquoi bouleverser les règles établies, perturber les circuits économiques, se charger de tâches pour lesquelles les pouvoirs publics apparaissent incompétents ?

Que la distance soit grande entre les principes et la réalité, les perturbations introduites par la mobilisation dans la vie économique en apportent la preuve. C'est ainsi que dès les derniers jours de juillet 1914, la Bourse de Paris est fermée. Du même coup, entreprises et particuliers manquant de capitaux liquides procèdent au retrait de leurs dépôts en banques. Très vite, il faut accorder des moratoires temporaires pour le paiement des dettes.

Par ailleurs, l'État se montrant soucieux de préserver son stock d'or pour faire face à d'éventuels achats internationaux, la libre convertibilité de la monnaie en or, l'un des principes de base de l'économie libérale, est suspendue et le demeurera durant tout le conflit, des accords passés avec les Alliés décidant le maintien des parités entre leurs monnaies respectives.

Autre perturbation de grande ampleur provoquée par la mobilisation, l'appel sous les drapeaux prélève une importante partie de la main-d'œuvre disponible et des cadres, ce qui oblige 47 % des entreprises françaises à fermer leurs portes fin juillet 1914, mettant du même coup au chômage deux millions de travailleurs épargnés par la mobilisation.

Au demeurant, la réquisition des chemins de fer pour les besoins de l'armée afin de permettre l'acheminement des troupes et du matériel vers les théâtres d'opération, prive l'économie des moyens de transport indispensables.

Mais ces perturbations, pour une part temporaires, sont peu de choses à côté de celles qui sont provoquées par l'évolution du conflit et dont on commence à prendre conscience au début de 1915. En premier lieu une grande partie des territoires du Nord et de l'Est où se localisent les industries lourdes modernes est occupée par les Allemands, privant la France de 95 hauts-fourneaux sur 123 et de la moitié des bassins houillers du Nord et du Pas-de-Calais ainsi que de nombreuses usines textiles, métallurgiques, chimiques. En second lieu, les fronts bloqués, les Alliés songent à utiliser l'arme économique pour vaincre les Empires centraux et commencent à mettre en œuvre toute une série de procédés destinés à rendre effectif l'état de blocus de l'Allemagne décrété dans son principe dès le déclenchement du conflit. Mais l'Allemagne réplique dès février 1915 par un « contre-blocus », la guerre sous-marine, destinée à asphyxier économiquement l'Angleterre en coulant les convois qui la ravitaillent en denrées alimentaires, matières premières, armes et munitions. Si l'Angleterre est la plus touchée, la France qui compte en partie sur les navires britanniques pour ses propres importations est également atteinte. La gravité de la situation qui en résulte va pousser le gouvernement français, surtout à partir de 1916, à se préoccuper de l'organisation d'une économie de guerre, ce qui n'était à l'origine ni dans ses intentions ni dans ses principes.

Progressivement, entre 1916 et 1918, l'ensemble des importations, des exportations et des opérations de change sont soumises au contrôle de l'administration, de manière à imposer une priorité pour les fournitures nécessaires à l'armée. En février 1918, la flotte marchande est frappée de réquisition, mettant entre les mains de l'État les moyens de transport — au demeurant insuffisants — indispensables à l'effort de guerre.

À l'intérieur, l'État est peu à peu conduit à organiser la mobilisation économique. Dans le domaine spécifique de l'Armement, c'est l'œuvre d'Albert Thomas, sous-secrétaire d'État, puis ministre de l'Armement de 1915 à 1917, qui entend faire de l'État le véritable entrepreneur des industries de guerre. À un niveau plus général, le rôle fondamental est celui d'Étienne Clémentel, inamovible ministre du Commerce, de l'Industrie et des Postes, Télégraphes et Téléphones d'octobre 1915 à janvier 1920, dont les conceptions sont différentes. Pour lui, l'État ne doit pas être maître d'œuvre, mais incitateur, poussant les entreprises à s'organiser et à se cartelliser sur le plan national afin d'être capables de satisfaire aux demandes militaires. Pour ce faire, il va pousser les industriels des secteurs stratégiques (métallurgie, chimie, textiles...) à organiser des consortiums ou des offices. Ceux-ci passent accord avec des sociétés formées de commerçants patentés qui reçoivent mandat d'acheter, sous le contrôle de l'État qui fixe les prix, les matières premières nécessaires et de les répartir entre les consortiums, à charge pour ceux-ci de les distribuer entre les entreprises capables de répondre aux demandes des pouvoirs publics.

Car la guerre va, par étapes, faire de l'État, le principal client de l'économie nationale. Il achète d'abord armes et munitions, puis les matières premières nécessaires aux besoins de l'armée, denrées alimentaires, textile, cuirs... Toutefois, s'éloignant encore un peu plus des mécanismes de l'économie libérale, l'État-acheteur fixe lui-même les prix, supprimant du même coup la concurrence, mais assurant en retour aux industriels capables de lui fournir ce qu'il demande de fructueux marchés. Comment l'État qui avait peu l'habitude de se mêler d'économie et ne disposait pas du personnel nécessaire pour effectuer ce gigantesque contrôle a-t-il trouvé les moyens de le mettre en œuvre ? Pour l'essentiel, en s'appuyant sur les grands industriels eux-mêmes dont il a fait ses conseillers et ses interlocuteurs privilégiés. C'est le magnat de l'électricité, Ernest Mercier, qui conseille l'État pour la conclusion de ses contrats. C'est le sidérurgiste Schneider qui est chargé de la coordination de l'ensemble des industries d'armement. C'est le fabricant d'automobiles Citroën, par ailleurs chargé de la fabrication des obus de 75, qui dirige la répartition des matières premières industrielles.

Bien entendu, ces fabuleux marchés d'État ont favorisé les entreprises les plus importantes, les plus rationalisées, celles qui étaient susceptibles de répondre rapidement aux gigantesques commandes d'un État moderne en guerre. Si bien que ces grandes entreprises sortent du conflit considérablement enrichies et beaucoup plus puissantes et performantes qu'elles n'y étaient entrées : c'est le cas de Renault qui va recevoir un véritable monopole de fabrication pour les munitions et les chars, de Berliet, principal fournisseur des camions de l'armée, de Boussac qui fait fortune grâce au monopole de la toile d'avion.

À cette spectaculaire intervention de l'État dans la vie économique qui se manifeste par la multiplication des « offices » et des « comités » chargés des relations avec les diverses entreprises ou les différents secteurs économiques (on en comptera près de 300 en 1918 !), s'ajoute une intervention non moins hétérodoxe dans les rapports sociaux. La prolongation du conflit pose dès l'automne 1914 le problème de la main-d'œuvre indispensable dans les usines travaillant pour la défense nationale. Ouvriers, cadres, entrepreneurs mobilisés manquent cruellement dans la production, à la différence des paysans dont les travaux peuvent être effectués par les femmes, les vieillards ou les enfants. On décide donc de rappeler du front la main-d'œuvre indispensable. Ces *« affectés spéciaux »* qui échappent à l'enfer du front feront bien des envieux parmi ceux qui restent au combat, d'autant qu'erreurs, habiletés ou passe-droits permettent à des « *embusqués* » de bénéficier de ce traitement de faveur sans justification évidente. Toutefois, Millerand, ministre de la Guerre, entend bien que ces soldats affectés à la production continuent à être considérés comme des conscrits et ne puissent revendiquer ni droits sociaux, ni avantages salariaux. Position intenable alors que les entrepreneurs travaillant pour la défense nationale font de prodigieux bénéfices et que les syndicats ne sauraient admettre que des ouvriers dépourvus de tout droit servent de main-d'œuvre passive, au risque de détériorer la situation des autres ouvriers qu'il serait toujours possible de remplacer par des mobilisés. À la position de Millerand, grosse de conflits potentiels, Albert Thomas va préférer l'entente avec les syndicats. Ce sont eux qui désigneront les ouvriers qualifiés recrutés comme « *affectés spéciaux* » (et les militants syndicaux seront nombreux dans cette catégorie). C'est avec eux que, pour éviter la multiplication des conflits sociaux, préjudiciables en période de guerre, il négocie les conditions de travail et les salaires. Et c'est enfin pour conseiller le gouvernement dans les problèmes de relations sociales, que les dirigeants de la CGT, le secrétaire général Léon Jouhaux en tête, acceptent d'entrer en contact avec les ministres et de définir avec eux les grandes lignes de l'action sociale. La guerre est donc, là aussi, porteuse de novations puisque sous l'action d'Albert Thomas et de Léon Jouhaux se met en place une collaboration entre le pouvoir et le monde ouvrier qui aboutit à une incontestable amélioration du sort de celui-ci. Albert Thomas en donne encore l'exemple en pratiquant systématiquement une politique de hauts salaires dans les arsenaux et les usines qui travaillent pour la défense nationale.

Le rôle d'animation et de contrôle de l'économie de guerre joué par l'État dans le domaine économique et social pose toutefois un problème fondamental, celui du financement des gigantesques dépenses entraînées par les nouvelles pratiques. Il apparaît très rapidement que le budget ordinaire de l'État est incapable de supporter l'énorme surcroît de dépenses entraînées par le conflit. Dès 1915 le déficit budgétaire est de l'ordre de 18 milliards de francs, alors que l'ensemble des recettes de l'État en 1913 ne dépassait pas 5 milliards. Plutôt que d'avoir recours à une aggravation de la pression fiscale, lente et difficile à mettre en œuvre, le ministre des Finances Alexandre Ribot va, dans un premier temps, utiliser deux procédés : les avances de la Banque de France qu'une convention signée le 21 septembre 1914 porte à 6 milliards, et surtout le recours systématique à l'emprunt. Les souscripteurs répugnant à immobiliser leurs avoirs en « *rentes perpétuelles* » (au capital non remboursable ou remboursable à très long terme), on invente des bons de caisse à très court terme, baptisés « *bons de la Défense nationale* », renouvelables de trois mois en trois mois et portant un intérêt de 5%.

Au total, entre 1914 et 1918, le déficit cumulé des années de guerre atteint environ 120 milliards. Ceux-ci ont été soldés à hauteur de 15 % environ par l'impôt (surtout indirect), mais pour l'essentiel par l'emprunt et par l'inflation. Si bien qu'à la fin du conflit, la France connaît un endettement considérable. D'abord vis-à-vis de l'étranger : la dette extérieure représente 39,5 milliards de francs-or dus pour l'essentiel aux États-Unis et au Royaume-Uni, les deux principaux partenaires commerciaux de la France. Ensuite, vis-à-vis des Français. La dette intérieure est passée de 31 milliards en 1913 à 75 milliards en 1919 du fait de l'émission des grands « *emprunts de la Défense nationale* », et son service pèse lourdement sur les finances publiques. Plus dangereuse encore est la « *dette flottante* », constituée des 51 milliards de « *bons de la Défense nationale* » émis à jet continu durant le conflit pour pallier les difficultés de trésorerie et qui sont remboursables pratiquement à tout moment, menaçant de faillite la trésorerie de l'État. Seule la confiance interdit que cette redoutable éventualité se produise.

Or cette confiance risque précisément d'être atteinte le jour où la suspension des accords monétaires entre Alliés révélera la dépréciation du franc qui est l'inévitable conséquence de l'inflation. Le recours permanent à la planche à billets a été en effet la troisième source de financement des dépenses de guerre. Si Ribot a quelque peu tenté de freiner le recours à cette solution de facilité, il n'en va pas de même de son successeur au ministère des Finances à partir de novembre 1917, Louis-Lucien Klotz. Au total, la masse des billets en circulation passe de 6 milliards en 1913 à 35 milliards en 1918. Le stock d'or de la Banque de France demeurant inchangé, la couverture de la monnaie n'est plus assurée qu'à 21,5 % contre 69,4 % avant la guerre. Par rapport à la livre sterling, la dépréciation du franc (constatée dans les pays neutres, car les accords interalliés maintiennent ailleurs les parités d'avant-guerre) est d'environ 30 % en 1918.

Au total, la guerre a pour résultat d'accroître considérablement le champ des compétences de l'État dans le domaine économique comme dans le domaine social et d'entraîner sur le plan financier et monétaire de gigantesques déséquilibres, marqués par les conditions spécifiques de la guerre, mais qui vont constituer le cœur même des problèmes de la France de l'après-guerre.

En attendant, la principale préoccupation des Français est de sortir victorieux de l'interminable conflit qui s'enlise depuis 1914. Or l'année

1917, loin de dessiner l'issue espérée paraît, au contraire, éloigner la solution de la guerre. Il en résulte une crise profonde qui va ébranler le consensus établi dans le pays depuis août 1914.

Les crises de 1917

L'année 1917 représente en effet le point crucial d'un malaise né à la fin de 1916 et qui tire son origine de l'impression de plus en plus nette que tous les sacrifices consentis à la victoire depuis 1914 se sont avérés vains. Les sanglantes et inutiles offensives lancées par les généraux depuis le début du conflit atteignent un point d'orgue avec le désastre de la tentative Nivelle d'avril 1917. Lorsque le 16 mai, Painlevé, ministre de la Guerre obtient enfin le retrait de Nivelle, remplacé comme généralissime par Pétain, il est déjà trop tard. Depuis le 4 mai une vague de mutineries gagne l'armée française, sous forme de refus de monter en ligne. De folles rumeurs parcourent les tranchées. Ici ou là on brandit le drapeau rouge et on chante l'*Internationale*. Il n'en faut pas plus pour que des généraux — Franchet d'Esperey par exemple — évoquent un complot révolutionnaire inspiré par l'Allemagne pour obtenir la décomposition de l'armée française selon un processus que connaît au même moment l'armée russe. La réalité, mise en évidence par les travaux de Guy Pedroncini, est plus simple. Les quelque 40 000 « *mutins* » qui, durant les mois de mai et juin, participent au mouvement, refusent de se laisser massacrer dans d'inutiles offensives mal préparées, mal exécutées et sans perspective véritable. Ils appartiennent aux unités commandées par des officiers particulièrement peu soucieux du sang de leurs hommes, stationnées dans les zones où se sont déroulées les récentes offensives (particulièrement le Chemin des Dames). Aucun cas de fraternisation avec l'ennemi n'est à signaler, et si la propagande pacifiste fait des progrès dans l'armée en 1917, les unités mutinées ne sont pas celles où cette propagande est la plus active.

Au demeurant, l'importance réelle des mutineries est mise en évidence par la facilité avec laquelle le nouveau généralissime, Pétain, en vient à bout. Partisan depuis longtemps d'une tactique défensive, qu'il a appliquée avec succès à Verdun, il décide le 19 mai de renoncer aux grandes opérations offensives menées depuis le déclenchement du conflit, au moins tant que les Alliés ne disposeront pas d'une réelle supériorité en hommes et en matériel. Or, de ce point de vue, les choses sont précisément en train de changer. L'entrée en guerre des États-Unis en avril 1917 peut faire espérer à l'Entente de sérieux renforts en hommes dans un délai de quelques mois. Par ailleurs, la décision a été prise de faire fabriquer massivement par les usines Renault des chars d'assaut, expérimentés dès la fin de 1916 par les Anglais, et qui apparaissent comme l'arme la mieux adaptée à l'offensive, compte tenu des formes nouvelles de guerre qui rendent le fantassin fragile. « *J'attends les Américains et les chars* », devient la devise du nouveau chef de l'armée française. Quant aux effets des mutineries eux-mêmes, Pétain en vient sans peine à bout en mêlant habilement la répression (la justice militaire prononce 3 427 condamnations dont 554 à la peine de mort, 49 étant réellement exécutées) et une amélioration du sort des soldats : meilleurs cantonnements, plus grande équité dans les tours de repos et de permission, effort au niveau de l'alimentation, trains spéciaux réservés aux permissionnaires. Il y acquiert la réputation d'un général humain et une durable popularité auprès des combattants. En fait, plus que d'un mouvement révolutionnaire, les mutineries sont une preuve de la lassitude qui gagne la population. C'est qu'outre la stagnation du front, les nouvelles de la guerre sont mauvaises. En 1915, l'entrée en guerre de la Bulgarie aux côtés des Puissances centrales a déterminé l'effondrement de la Serbie, prise à revers par ce nouvel adversaire. L'expédition de Salonique, sous les ordres du général Sarrail, ne parvient ni à empêcher la défaite serbe, ni à convaincre le roi de Grèce Constantin d'entrer en guerre aux côtés de l'Entente. L'année 1916 n'est pas meilleure sur le plan international : la Roumanie qui s'allie aux démocraties occidentales est mise hors de combat en six semaines par les Allemands, les Austro-Hongrois et les Bulgares. Enfin, en 1917, si l'entrée en guerre des États-Unis change à long terme les perspectives du conflit et si les pressions françaises contraignent le roi Constantin à l'abdication, amenant au pouvoir Venizelos qui rompt avec les Puissances centrales, la Révolution russe apparaît comme un coup très dur qui pourrait avoir des effets décisifs. Sans doute, la chute du tsar et l'avènement d'un gouvernement démocratique satisfont-ils les principes idéologiques de l'Entente, mais la Révolution risque d'accentuer la décomposition de l'armée russe et de contraindre le grand allié de l'Est à mettre bas les armes, permettant ainsi aux puissances centrales de reporter tous leurs efforts vers l'ouest. De fait, si les libéraux au pouvoir, puis le socialiste Kerensky, entendent respecter les engagements internationaux de la Russie, il est clair qu'ils n'en ont pas les moyens. L'offensive lancée par Kerensky en Galicie en juillet 1917 est un échec rapide. La prise de pouvoir par les bolcheviks en novembre concrétise les craintes françaises. Lénine propose la paix immédiate. L'armistice, signé à Brest-Litovsk en décembre 1917 est transformé en paix en mars 1918. La Russie est hors de combat. Si les nécessités de l'occupation de l'Ukraine où l'Allemagne trouve le blé et les matières premières qui lui faisaient défaut ne permet pas à Hindenburg de faire revenir toutes les troupes allemandes vers l'ouest, du moins l'état-major allemand peut-il désormais reporter ses efforts sur le front français. À peu près au même moment (octobre 1917), le front italien s'effondre à Caporetto devant l'offensive austro-allemande. Enfin, la vigoureuse reprise de la guerre sous-marine en février 1917 menace d'asphyxie économique la Grande-Bretagne à partir du printemps. En cette année 1917, alors qu'ont échoué toutes les tentatives de percée, l'avenir apparaît bien sombre pour les Alliés.

Rien d'étonnant, par conséquent, à voir se prolonger une guerre qui paraît sans issue, que la cohésion sociale et morale qui avait été une des forces de la France en guerre craque soudainement. Dès le début de 1917 des grèves éclatent, dans des maisons de couture d'abord, dans les usines d'armement ensuite, à l'initiative des femmes et des ouvriers non mobilisés. Si, dans ce dernier cas, l'intervention rapide d'Albert Thomas qui institue un salaire minimum et une procédure d'arbitrage obligatoire empêche le mouvement de faire tache d'huile, les grèves reprennent par à-coups, en particulier en mai-juin 1917, témoignant du mécontentement du monde ouvrier devant la hausse des prix qui justifie les revendications salariales. Mais, ici ou là, des mots d'ordre pacifistes apparaissent dans les manifestations de rues.

La reprise des mouvements sociaux, même limités, témoigne de la lassitude qui gagne l'arrière. La longue patience des années 1914-1916 est bien révolue et les rapports des préfets montrent que l'opinion souhaite la fin des combats, des souffrances et des difficultés de tous ordres qu'ils engendrent. Cette aspiration à la paix est cependant susceptible de mises en œuvre diverses. La grande majorité de l'opinion souhaite une paix victorieuse et les souffrances de la guerre n'ont créé chez elle ni défaitisme ni chute du patriotisme. Au demeurant cette forme d'aspiration à la paix est en quelque sorte la doctrine officielle des gouvernements et ne provoque par conséquent aucune difficulté. Il en va différemment pour ceux, relativement nombreux, qui souhaitent la paix par la négociation. Cette position en effet n'est pas admise par les gouvernements successifs qui vont abusivement assimiler cette forme de pacifisme à une trahison. Car la trahison existe et elle constitue l'une des composantes de cette crise morale qui forme la toile de fond de l'année 1917. Trahison pure et simple comme celle du député Turmel qui vend des informations à l'ennemi. Trahison indirecte comme celle des directeurs de journaux dont les organes de presse sont financés par l'argent allemand, le sénateur Humbert, propriétaire du *Journal*, l'ancien anarchiste Almereyda, directeur du *Bonnet rouge* qui a des contacts avec les radicaux Caillaux et Malvy, ce dernier ministre de l'Intérieur jusqu'en septembre 1917...

Mais on ne saurait la confondre avec l'attitude de ceux qui souhaitent une paix de compromis. Ils trouvent un chef de file en Joseph Caillaux, toujours nominalement président du Parti radical et qui, malgré les risques qu'il encourt ainsi, ne fait pas mystère de sa volonté de nouer des contacts afin de mettre fin au massacre, au prix d'une paix sans annexion ni indemnité. Plus important est le courant pacifiste qui emporte le mouvement ouvrier et va conduire les socialistes à la rupture de l'Union sacrée. Dès 1915, naît au sein de la SFIO un mouvement d'opposition à la guerre organisé autour de la Fédération de la Haute-Vienne et du député de la Seine Jean Longuet, petit-fils de Karl Marx. Sans remettre en cause la participation de leur parti à la défense nationale, ces opposants insistent pour que celui-ci recherche les moyens de mettre fin au conflit. En même temps au sein de la CGT s'organise autour de Pierre Monatte, venu des milieux anarchistes, et de son journal *La Vie Ouvrière* un courant beaucoup plus radical d'opposition à la guerre et à la pratique de l'Union sacrée. C'est ainsi que deux syndicalistes français Alphonse Merrheim, secrétaire de la Fédération des Métaux et Albert Bourderon, de la Fédération du Tonneau, participent en septembre 1915 à une réunion internationale de socialistes qui entendent définir face à la guerre une position socialiste et internationaliste et qui se tient à Zimmerwald, dans l'Oberland bernois. L'année 1916 voit le renforcement de ce courant de refus de l'Union sacrée aussi bien au sein de la SFIO qu'à l'intérieur de la CGT. À la conférence internationale de Kienthal, réunie par les « Zimmerwaldiens », assistent trois députés socialistes, désavoués par leur parti. Avec la crise de 1917 et la brusque chute du moral qu'elle provoque, l'audience de ces courants, jusqu'alors très minoritaires, croît brusquement dans le monde ouvrier, contraignant le Parti socialiste et la CGT à réviser leurs positions.

En ce qui concerne la confédération syndicale, l'influence croissante de Merrheim pousse Jouhaux à prendre ses distances vis-à-vis de l'Union sacrée et à décider une politique de défense sans concession des intérêts ouvriers, jusqu'alors subordonnés aux nécessités de la victoire. En même temps, il réclame en décembre 1917 une conférence internationale ouvrière pour la paix. Du côté du Parti socialiste, l'évolution est parallèle. Autour du mot d'ordre d'une paix blanche sans annexion ni indemnité, défendu par Jean Longuet, se rassemblent des militants de plus en plus nombreux. Le refus des passeports demandés par les responsables socialistes en 1917 pour se rendre à une conférence internationale réunie à Stockholm à l'initiative des mencheviks russes afin de mettre en œuvre le programme de paix blanche, sera l'occasion pour les socialistes de quitter l'Union sacrée. En septembre 1917, après la chute du ministère Ribot, les socialistes refusent de participer au nouveau gouvernement dirigé par Paul Painlevé. En juillet 1918, au Conseil national de la SFIO, les pacifistes qui se rassemblent sur une motion Longuet deviennent majoritaires, s'emparant des leviers de commande du Parti socialiste : Frossard devient secrétaire général, Marcel Cachin (ancien partisan de la Défense nationale) directeur de *L'Humanité*, Longuet et Paul Faure ainsi que dix de leurs collègues membres de l'organisme, dirigeants du parti, la Commission administrative permanente qui comprend vingt-trois membres.

Ce retrait des socialistes et des syndicalistes du consensus national créé en août 1914 ne s'explique pas seulement par la radicalisation du mouvement ouvrier devant les souffrances provoquées par une guerre interminable. Elle résulte également du changement de nature de l'Union sacrée au cours du conflit. Envisagée au départ comme une simple trêve des luttes politiques durant les quelques semaines que devait durer la guerre (et comme telle acceptable par toutes les forces politiques), elle va voir son caractère se modifier à mesure que la guerre se prolonge. En effet, la simple conception d'une suspension provisoire des luttes politiques ne saurait suffire. Autour du postulat de base qui avait servi de point de départ à l'Union sacrée, tout faire pour assurer la victoire du pays, il faut mobiliser l'opinion. Or, tout naturellement, c'est autour des valeurs du patriotisme que s'opère cette mobilisation. On y affirme le primat de la patrie qui doit passer avant toute autre considération. On affirme qu'aucune idée, intellectuelle, morale, religieuse, éthique ne saurait prévaloir sur la nécessité de l'emporter dans le combat contre l'ennemi. On juge donc que toute reprise des luttes politiques, toute revendication sociale, toute mise en cause de l'armée et de son action, toute réserve sur la politique de lutte à outrance s'apparentent à une véritable trahison de la patrie en danger. Ce glissement de plus en plus net de l'Union sacrée vers une véritable doctrine au contenu idéologique s'opère donc au profit des idées de la droite et même des idées des nationalistes. Il est d'ailleurs caractéristique que ces derniers se coulent sans difficulté dans le moule de cette Union sacrée nouvelle manière. En publiant, en 1917, son ouvrage *Les diverses familles spirituelles de la France* où il exalte la participation de tous les citoyens de religion ou d'idéologies différentes à la défense de la patrie, Maurice Barrès, président de la Ligue des Patriotes, se fait le chantre de l'Union sacrée. Quant à l'*Action française*, elle entend être le moteur de celle-ci, acceptant de soutenir les gouvernements républicains et dénonçant sans relâche « *l'ennemi intérieur* » et tout laxisme dans le châtiment des innombrables « *traîtres* » que discernent ses rédacteurs. Sans doute la conception de l'Union sacrée telle que la voient les nationalistes paraît-elle dans la forme un peu excessive aux hommes de gouvernement, mais ils sont d'accord quant au fond avec les postulats de base de cette acception de droite de l'Union sacrée. La priorité absolue à la défense nationale, le maintien du statu quo social et politique ne sont-ils pas partie intégrante des vues politiques de la droite et du centre-droit ?

Mais il en va naturellement tout différemment des partis de gauche. La nouvelle pratique de l'Union sacrée pose problème à un certain nombre de radicaux. Mais le Parti, désorganisé par la mobilisation, réduit à ses parlementaires qui, ralliés dès le départ à l'Union sacrée évoluent en même temps que celle-ci, se trouve totalement immergé dans la défense nationale. Il en résulte pour lui une véritable perte d'identité qui le fait se confondre avec les hommes de la droite, voire avec les nationalistes à la Barrès. Si bien qu'au total l'Union sacrée a pour résultat de faire glisser à droite l'ensemble de la société politique française à la seule exception des socialistes et de la CGT qui quittent la coalition constituée en août 1914 au cours de l'année 1917.

Rien n'illustre mieux ce dérapage de l'Union sacrée que l'épineuse question des buts de guerre. Aux origines du conflit, un accord général s'est établi sur un programme en trois points défini par Viviani en décembre 1914 : le rétablissement de l'intégrité de la Belgique, le retour à la France des provinces d'Alsace et de Lorraine annexées par la force en 1871, et enfin la mise hors d'état de nuire du militarisme prussien. Mais la guerre se prolongeant, des surenchères se produisent qui étendent le domaine des revendications françaises. Des nationalistes comme Barrès, des historiens comme Lavisse et Aulard, des hommes politiques préconisent de détacher du Reich la rive gauche du Rhin pour en faire un territoire autonome qui, à terme, pourrait se rattacher à la France. Un « Comité de la rive gauche du Rhin » est créé pour populariser cette idée. De leur côté, les sidérurgistes préconisent l'annexion du bassin houiller de la Sarre pour permettre l'exploitation du minerai de fer lorrain qui retournerait à la France. Ces perspectives d'annexion ou de démembrement de l'Allemagne provoquent des protestations dans la gauche et l'extrême gauche, mais ne laissent pas insensibles les milieux gouvernementaux. Poincaré ne dissimule pas qu'il partage pour l'essentiel les vues des annexionnistes et Briand lui-même, tout en refusant d'ouvrir sur la question un débat parlementaire en janvier 1917, prépare activement sur le plan politique et sur le plan diplomatique un projet qui reprend à son compte les visées d'annexion de la rive gauche du Rhin et de la Sarre. Cette évolution entre d'ailleurs pour beaucoup dans la prise de distances de la SFIO et de la CGT par rapport à une Union sacrée qui revêt de plus en plus, à leurs yeux, un caractère impérialiste.

Toutefois, après avril 1917, les échecs militaires et diplomatiques, les mutineries dans l'armée, l'agitation sociale, la poussée pacifiste, l'éclatement de l'Union sacrée semblent prouver que le moment des annexions n'est pas venu. Et devant la crise profonde que subit le pays et qui menace la cohésion nationale, beaucoup pensent qu'il serait préférable d'accepter une paix négociée qui préserverait l'essentiel et permettrait d'arrêter l'hécatombe plutôt que de prendre le risque d'une défaite. Au total, si l'intention existe bien, les actes ne suivent guère. L'essentiel des velléités de négociation tourne autour de la volonté, clairement affirmée celle-là, du nouvel Empereur d'Autriche-Hongrie, Charles Ier, d'arrêter la guerre pour éviter le risque d'éclatement qui menace son pays. Par l'intermédiaire du prince Sixte de Bourbon-Parme, officier dans l'armée belge et beau-frère de l'Empereur, celui-ci tente de prendre contact avec les Français et les Britanniques. Si Ribot, président du Conseil de mars à septembre 1917, est informé par Briand du désir d'un diplomate allemand de nouer des contacts avec lui, le gouvernement français ne donne pas suite à ces ouvertures qui risquent de susciter les alarmes des Italiens et des Russes, alliés de la France. Au demeurant, les négociations sont sans objet, l'Italie, informée, refusant de renoncer aux avantages territoriaux que les Alliés lui ont promis par le traité secret de 1915 et l'Allemagne n'ayant pas la moindre intention de restituer l'Alsace-Lorraine. Cette négociation mort-née est en fait la seule marque tangible, dans les milieux officiels français, de la perspective d'une paix négociée. Tout le reste est inconsistant. Ainsi en va-t-il des projets prêtés à Caillaux dont l'essentiel repose sur les propos défaitistes que ce grand bavard aurait tenus lors de son séjour en Italie en 1916. Ainsi en va-t-il également des soupçons qui pèsent sur les catholiques, après que le pape Benoît XV eut lancé en août 1917 un appel aux belligérants en faveur de la paix dans lequel les dirigeants de l'Entente voulurent voir un geste favorable à l'Allemagne, placée en bonne situation par l'état des opérations militaires à ce moment. Si les anticléricaux — Clemenceau en tête — se déchaînent contre le pape « *bochophile* », les catholiques français nettement engagés dans l'Union sacrée désavouent quasi unanimement l'initiative pontificale et s'indignent de la « *rumeur infâme* » selon laquelle ils souhaiteraient la défaite de la France en expiation des persécutions que la République leur avait fait subir.

Il faut bien le constater : si la crise n'est pas contestable, ses manifestations traduisent davantage la lassitude d'un peuple qui veut la victoire et se désespère de ne pas l'obtenir que la volonté de remettre en question la cohésion nationale, la défense de la patrie ou l'ordre social. Les mutineries n'ont rien à voir avec le défaitisme, les grèves ne sont pas révolutionnaires, la rupture de l'Union sacrée est davantage une protestation contre sa dérive nationaliste que contre la priorité de la défense nationale et il n'existe aucune volonté sérieuse de négocier une paix qui ne comporterait pas, comme clause minimale, la restitution de l'Alsace-Lorraine. Et c'est bien parce que la rupture de la formule politique de l'Union sacrée ne signifie nullement la rupture du consensus national né en août 1914, que Clemenceau pourra, de manière relativement aisée, redresser la situation intérieure en 1917-1918 et préparer ainsi les conditions de la victoire.

Le gouvernement Clemenceau et la solution de la crise française

La crise de l'année 1917 frappe les gouvernements français apparemment les moins bien armés pour l'affronter. Vieux parlementaire de la IIIe République, Alexandre Ribot n'est sans doute pas l'homme le plus apte à juguler la rafale de difficultés de tous ordres qui s'abattent sur le pays, et son passage au pouvoir, de mars à septembre 1917, représente le moment le plus difficile que connaît la France durant le conflit. Son successeur, le mathématicien Paul Painlevé, précédemment ministre de la Guerre, ne se maintient que deux mois au pouvoir de septembre à novembre 1917, balloté par les affaires de trahison, la mise en cause par Léon Daudet (de l'*Action française*) de l'ancien ministre de l'Intérieur Malvy, suspecté de complaisances envers les traîtres et les pacifistes, les soupçons de négociations secrètes qui pèsent sur certains hommes politiques. De surcroît le caractère incertain et irrésolu du président du Conseil, l'hostilité des socialistes à son égard fragilisent un gouvernement qui paraît sans cesse sur le point d'être renversé. Or c'est précisément le moment où le désastre de Caporetto, la révolution bolchevique en Russie exigent un gouvernement disposant d'une autorité dont semble précisément dépourvu Painlevé. Les difficultés dans lesquelles se débat le ministère et l'aspiration à un gouvernement efficace se combinent pour provoquer en novembre 1917 la chute du ministère Painlevé. Passant outre ses répugnances personnelles, Raymond Poincaré appelle à la tête du gouvernement Georges Clemenceau, président de la Commission de l'Armée et de la Commission des Affaires étrangères du Sénat, qui, depuis 1914, n'a cessé de dénoncer avec passion l'incompétence des généraux, la mollesse des gouvernements, les complaisances du pouvoir envers les pacifistes et préconise une conduite énergique des opérations. Le 16 novembre le ministère Clemenceau est formé. Constitué à l'image de la majorité parlementaire de gauche, il ne comprend que des amis personnels du président du Conseil ou des personnalités de second plan. Mais la Chambre est sensible au vigoureux discours du chef de gouvernement qui se résume dans la formule : « *Nous nous présentons devant vous dans l'unique souci d'une guerre intégrale...* ». C'est à ce moment le langage que le pays, comme le Parlement, sont prêts à entendre : par 418 voix contre 65 (pour l'essentiel des socialistes) la Chambre vote la confiance au nouveau gouvernement.

Durant l'année qui s'écoule entre cette investiture et l'armistice du 11 novembre, Georges Clemenceau exerce une autorité politique sans partage. Président du Conseil, ministre de la Guerre, il dirige en même temps les Affaires étrangères formellement confiées à son ami personnel Stephen Pichon, et a la haute main sur l'Intérieur dont le ministre en titre est l'insignifiant sénateur Jules Pams. Il a conservé au Commerce et à l'Industrie, Postes, Télégraphes et Téléphones, auxquels il a joint pour faire bonne mesure la Marine marchande, le ministre compétent qu'est Clémentel, plus technicien que politique, et lui a fourni des moyens d'action en faisant voter en matière de ravitaillement et de commerce la loi du 10 février 1918 qui accroît considérablement les moyens d'action du gouvernement auquel le Parlement consent une large délégation de pouvoirs. Le président du Conseil réglant les affaires importantes, les réunions du Conseil des ministres se raréfient ou apparaissent purement formelles, ce qui contribue à tenir à l'écart le Président de la République.

La quasi-dictature de Clemenceau est complétée par le rôle amoindri du Parlement. Sans doute celui-ci a-t-il la possibilité de renverser un président du Conseil dont l'autoritarisme indispose. Mais ce serait défier l'opinion publique auprès de laquelle Clemenceau jouit d'une extraordinaire popularité ; ce serait aussi priver le pays d'un chef du gouvernement qui s'avère être l'homme de la situation. Au demeurant, si le Parlement perd une partie de son emprise sur l'Exécutif, Clemenceau lui donne des compensations : il autorise le contrôle parlementaire aux armées, y compris durant les opérations, ne fait pas obstacle à la constitution de commissions d'enquête sur les erreurs commises par les chefs militaires et multiplie au bénéfice des parlementaires les fonctions de *« commissaires du gouvernement »* qu'il attribue même à des membres de l'opposition socialiste.

Cette autorité, sans égale dans l'histoire de la République, Clemenceau entend la mettre au service de la victoire qui est son seul but proclamé. L'instruction des affaires de trahison est poussée avec rapidité. Mais surtout Clemenceau est décidé à discréditer, en les assimilant à des traîtres, les partisans d'une paix de compromis. Malvy est renvoyé devant la Haute-Cour de justice qui le condamnera au bannissement. Quant à Caillaux qu'il vise principalement comme chef de file des partisans de la paix négociée, il obtient, malgré la minceur du dossier, qu'une instruction soit ouverte contre lui en décembre 1917. Arrêté en janvier 1918, Caillaux est incarcéré sans être jugé, Clemenceau trouvant un avantage politique à ne pas révéler le peu de sérieux des charges retenues contre lui et à laisser planer contre son adversaire politique le soupçon de trahison.

Maître du jeu politique, le « *Tigre* » peut ainsi consacrer toute son énergie à la conduite des opérations. S'il accepte de couvrir les chefs militaires auxquels il fait confiance, il considère toutefois que c'est au gouvernement et non au Haut-Commandement qu'appartient la décision. C'est en fait lui-même, éclairé par le général Mordacq, chef de son cabinet militaire, qui devient le responsable suprême des opérations. Non sans résultats. Reprenant un projet avorté de Painlevé, il fait nommer le général français Foch coordinateur des armées sur le front ouest, puis commandant en chef interallié avec la direction stratégique des opérations militaires conduites par les troupes britanniques, françaises et américaines. Il est vrai qu'au moment où Clemenceau obtient ces décisions (mars-avril 1918), les offensives allemandes mettent en péril les Alliés et que la victoire du Reich apparaît plus proche que celle de l'Entente et de ses associés américains.

Les dernières alarmes et la victoire alliée

Les premiers mois de 1918 apparaissent comme une période décisive dans le déroulement du conflit. Il est clair que le temps joue en faveur des Alliés. L'entrée en guerre des États-Unis a fait basculer l'équilibre des forces. Les espoirs mis par les Allemands dans la guerre sous-marine ont été ruinés par la fourniture massive de navires par les États-Unis, l'organisation des convois et la mise au point d'armes adaptées à la lutte contre les sous-marins. Par ailleurs, les efforts entrepris pour la fabrication des chars, l'arrivée régulière de renforts américains dont on considère qu'ils seront opérationnels dans le second semestre de 1918 font considérer que les Alliés seront en mesure de l'emporter à ce moment. Il ne reste donc que quelques mois aux Allemands, libérés de tout souci sur le front de l'Est, pour mettre à l'Ouest les Alliés de l'Entente hors de combat.

C'est ce délai que met à profit Ludendorff pour tenter, dans un effort désespéré, d'emporter la décision avant qu'il ne soit trop tard. Entre mars et juillet, les Allemands vont lancer quatre assauts successifs pour essayer de percer le front par des attaques brusquées, avec l'espoir de submerger l'adversaire et de provoquer son effondrement.

La première offensive se déroule entre le 21 mars et le 5 avril sur le front de la Somme. Ludendorff réussit une percée entre les armées anglaises et françaises, ouvrant une brèche dans la région d'Amiens. L'intervention de Foch qui parvient à maintenir la liaison entre Français et Anglais permet de briser l'attaque allemande, puis de la stopper.

Quelques jours plus tard, Ludendorff lance, toujours contre les Britanniques, ébranlés par le précédent assaut, une nouvelle offensive dans les Flandres dont l'objectif est Cassel. Là encore, après quelques succès initiaux, l'opération est stoppée. En fait ces deux premiers assauts ont révélé que les Allemands ne disposaient plus d'effectifs suffisants pour tirer parti des avantages de la percée effectuée.

Le troisième assaut qui se produit le 27 mai est, de loin, le plus dangereux. Les Allemands attaquent au Chemin-des-Dames, à l'ouest de Reims et obtiennent des succès inespérés. Le 30 mai, ils atteignent la Marne à Château-Thierry. De là, un canon lourd, la *« grosse Bertha »*, bombarde Paris. Pétain, commandant en chef de l'armée française envisage une retraite générale et demande au gouvernement de se préparer à quitter Paris. Dans la capitale, la panique commence à régner et, à la Chambre, les députés exigent de Clemenceau des sanctions contre Pétain et Foch. Le président du Conseil défend énergiquement les généraux. Finalement le 11 juin, l'attaque allemande est contenue, mais Ludendorff peut se targuer d'un gain de terrain de 60 kilomètres à proximité de la capitale française et de 50 000 prisonniers. Il reste que le front a tenu et que Foch et Pétain s'accordent sur la nécessité de couvrir Paris en attendant d'avoir les moyens de la contre-offensive.

Celle-ci commence à la mi-juillet, au moment où l'état-major allemand lance le quatrième de ses coups de boutoir contre le front de Champagne. Après avoir emporté facilement les premières lignes françaises, volontairement dégarnies sur ordre de Pétain, les Allemands se heurtent aux secondes lignes renforcées. Dès le 16, l'offensive est enrayée. C'est alors que Foch déclenche, à la surprise des Allemands, la contre-offensive. Le 18, le général Mangin attaque sur le flanc ouest la poche allemande de Chateau-Thierry. Surpris, Ludendorff doit évacuer le terrain conquis depuis le 27 mai.

Désormais, Foch, assuré de la supériorité numérique, pouvant compter sur les chars Renault, les avions, les canons qui arrivent massivement — alors que l'Allemagne, épuisée, a joué son va-tout —, assène aux troupes allemandes des coups répétés. Le 8 août, l'offensive déclenchée en Picardie par les troupes franco-anglaises commandées par le général britannique Haig aboutit à une percée qui montre que les Allemands ne sont plus en mesure de redresser la situation. *« Ce jour de deuil de l'armée allemande »*, selon les mots de Ludendorff, annonce le temps du recul pour les armées du Reich. Le premier septembre l'état-major allemand donne l'ordre du repli général. L'Allemagne sait désormais que la guerre à l'ouest est perdue. Sur tous les fronts, les Empires centraux reculent. À la mi-septembre, les Français et les Serbes rompent le front bulgare dans les Balkans et le 29 septembre les Bulgares signent l'armistice entre les mains du général Franchet d'Esperey. Fin octobre, les Italiens écrasent les armées autrichiennes à Vittorio-Veneto, contraignant l'Autriche-Hongrie à signer l'armistice le 3 novembre. Depuis le 30 octobre, la Turquie a renoncé à poursuivre un combat désormais sans espoir. Demeurée seule en guerre, menacée au sud par l'effondrement de ses alliés, minée par les troubles sociaux, l'Allemagne n'a plus d'autre perspective que de négocier les conditions de sa défaite. Après avoir en vain tenté d'obtenir du président américain Wilson des conditions de paix favorables, elle en vient à sacrifier l'Empereur lui-même sur l'autel de la préservation de l'armée. Le 9 novembre, la révolution éclate à Berlin et l'état-major pousse l'Empereur à abdiquer.

Le 11 novembre 1918, les plénipotentiaires de la toute neuve République allemande signent l'armistice à Rethondes entre les mains du maréchal Foch.

Au terme de plus de quatre années d'efforts surhumains de la nation tout entière, la France, après avoir frôlé la défaite à plusieurs reprises, est enfin victorieuse. Mais dans quel état et avec quelles perspectives ?

---

*Les présidents du Conseil
de la Première Guerre mondiale*

René Viviani : juin 1914 - octobre 1915
Aristide Briand : octobre 1915 - mars 1917
Alexandre Ribot : mars - septembre 1917
Paul Painlevé : septembre - novembre 1917
Georges Clemenceau : novembre 1917 - janvier 1920

VI

LES DÉSILLUSIONS DE LA PAIX
(1918-1932)

C'est aux environs de 11 heures du matin, le 11 novembre 1918, que la nouvelle de la signature de l'armistice s'est répandue, accompagnée du son des cloches, dans toutes les villes et villages de France. Un témoin raconte :

« *La nouvelle, espérée depuis quelques jours, eut beau tomber sur un pays soumis depuis quatre ans et trois mois aux plus rudes et plus diverses épreuves, en une minute, la France oublia tout. J'ai vécu à Paris cette joie immodérée et ces heures de folie sublime dont les vagues déferlèrent irrésistiblement sur la ville quand, au milieu du jour, le canon tonna, que les cloches sonnèrent à toute volée, que les façades se pavoisèrent et que les fenêtres garnies de visages radieux s'ouvrirent sur des rues en liesse. Les gens marchent ou courent dans les rues comme des fous, rient, pleurent, chantent, hurlent, se donnent la main en farandoles endiablées... On s'embrasse à bouche-que-veux-tu, sans même se connaître* » (Témoignage de G. Perreux, in A. Ducasse, J. Meyer & G. Perreux, *Vie et mort des Français*, Paris, Hachette, 1962, pp. 456-458).

À l'immense soulagement que l'annonce de la cessation des hostilités apportait aux combattants et à leurs familles s'ajoutait pour tous les Français un légitime sentiment de fierté. Face à l'adversaire le plus puissant, la France avait, plus longtemps et plus intensément que les autres pays de l'Entente, supporté le poids de la guerre. Celle-ci s'était principalement déroulée sur son sol. Elle avait engagé contre l'ennemi les effectifs les plus nombreux. À elle revenait donc la gloire d'avoir été le principal artisan de la victoire. Du moins est-ce ainsi que la majorité des habitants de l'hexagone percevaient leur histoire immédiate. Peu nombreux étaient ceux qui avaient conscience du rôle décisif que l'intervention américaine avait eu dans la dernière phase de la guerre et qui comprenaient que le succès — acquis au prix fort — des armées de la République dissimulait en réalité la ruine du pays.

Bilan d'une victoire

On ne va pas tarder toutefois à dresser le bilan du conflit le plus meurtrier de l'Histoire. Il est terrifiant. Sur les 8 660 000 hommes mobilisés entre 1914 et 1918, 5 millions ont effectivement combattu et 1 350 000 ont trouvé la mort, soit 27 % des effectifs engagés, 15 % des mobilisés, 10,5 % de la population active masculine. À quoi il faut ajouter les 100 000 décès prématurés de gazés et de grands blessés (sur un total de près de 3 millions de blessés), les quelque 1 100 000 invalides de guerre (dont 130 000 mutilés), ainsi que les pertes civiles : environ 250 000 personnes, victimes de la surmortalité du temps de guerre due aux mauvaises conditions d'hygiène, aux privations ou encore à l'épidémie de grippe dite « *espagnole* » qui fauche à elle seule plus de 100 000 civils en 1918.

Au-delà de la froide abstraction des chiffres, il suffit, pour prendre une mesure plus tangible de l'intensité du carnage, de déchiffrer les colonnes de noms sur les monuments aux morts de tous les villages de France. Ou encore de contempler la photographie d'une classe de baccalauréat des années 1910 en se représentant qu'un jeune homme sur quatre ou sur cinq figurant sur ce document n'est pas revenu vivant de l'enfer, qu'un sur deux ou sur trois porte encore dans sa chair les traces visibles des combats.

Tout aussi désastreuses sont les conséquences à long terme de cette saignée. Aux années de guerre correspond en effet un déficit des naissances qui s'élève en France à près d'un million et que ne compense pas la modeste « récupération » de l'immédiat après-guerre (790 000 naissances en 1913, 380 000 en 1916, 830 000 en 1920). Encore que, contrairement à ce que l'on dit souvent, la France ait été en ce domaine proportionnellement moins touchée que les autres belligérants. Le déficit des naissances a été en effet de 1 348 000 pour l'Italie, de 3 700 000 pour l'Allemagne qui ne retrouvera jamais son taux de natalité de l'avant-guerre. À moyen terme, il semble que le conflit a eu pour effet de stabiliser en France une natalité déjà faible, alors qu'elle a déclenché une baisse importante chez nos voisins. Conjuguant ses effets avec ceux d'une propagande nataliste nourrie de thèmes patriotiques et avec les rigueurs de la loi de 1920, qui punit gravement l'avortement, ce phénomène aura pour conséquence d'enrayer en France l'effondrement du nombre des naissances.

Évaluée très grossièrement à 3 millions de personnes, l'hécatombe directe ou indirecte n'en est pas moins dramatique, et elle se prolonge bien au-delà de la conclusion des traités. Ainsi, pour ce qui est de la mortalité infantile, l'un des indicateurs les plus fiables de l'état sanitaire d'une population, il apparaît que la guerre a interrompu les rapides progrès enregistrés depuis le début du siècle. Stabilisé à 17,5 ‰ à la veille des hostilités, son taux est grimpé à 22 ‰ en 1918 et ne retrouvera son niveau initial qu'aux alentours de 1922.

Ces phénomènes cumulés donnent naissance aux « classes creuses », identifiables sur la pyramide des âges et qui atteindront l'âge adulte entre 1934 et 1939, au moment où s'exacerbent à nouveau les tensions internationales. La France, nous l'avons vu (Chapitre IV), n'a pas attendu 1914 pour faire le constat du vieillissement de sa population, mais celui-ci se trouve fortement accentué par la guerre, la part des plus de 60 ans passant de 12,6 à 13,7 % entre 1911 et 1921. Aussi, l'alourdissement des charges qui pèsent sur la population active et le renforcement des comportements de prudence et de pessimisme comptent-ils parmi les conséquences majeures d'une évolution qui concerne tous les domaines de la vie sociale, politique et culturelle.

Les dommages matériels ont surtout affecté les régions envahies et les zones de combat, soit une bonne partie de la France du Nord et de l'Est. On compte 300 000 maisons détruites et 3 millions d'hectares cultivables mis hors d'état, souvent de manière définitive, car les bombardements d'artillerie ont détruit les sols et mis la roche à nu. Le géographe Albert Demangeon parle ainsi dans son livre paru en 1920, *Le Déclin de l'Europe*, de cette « *zone de mort* », longue de 500 km, large de 10 à 25, qui suit le front de bataille et qui a été transformée en désert. « *Partout où le cyclone a passé*, écrit-il..., *il faut recréer toute la vie économique.* »

L'infrastructure ferroviaire, les routes, ponts, voies d'eau et de nombreuses installations industrielles ont été anéantis, et ceci dans les zones économiquement les plus prospères. De plus, avant de se retirer, les Allemands ont inondé les mines du Nord et de l'Est, provoquant une réduction de près de 60 % de la production de minerai de fer et réduisant plus fortement encore celle de charbon et de coke (pour les mines du Nord, elle est tombée de 19 millions de tonnes en 1913 à 600 000 tonnes six ans plus tard).

Le secteur agricole est lui aussi fortement sinistré. Entre 1914 et 1919, la récolte de blé est tombée de 89 à 63 millions de quintaux, celle de pommes de terre de 132 à 62 millions de quintaux. Le nombre de têtes de bétail est passé de 14,7 millions à 13,3 millions pour les bovins, de 16,4 à 9,4 millions pour les ovins. La chute de la production industrielle atteint presque 35 % au cours de la même période et la France, dont le commerce extérieur se trouve lui aussi considérablement réduit, a perdu 30 % environ de sa flotte marchande.

Tout n'est cependant pas négatif dans le bilan matériel du conflit. La mobilisation économique et les commandes de l'État ont en effet stimulé nombres de secteurs industriels, tandis que l'occupation par l'ennemi des régions métallurgiques et textiles du Nord et de l'Est favorisait le développement de ces branches d'activité dans l'ouest du Bassin parisien et en Normandie. D'autre part, outre les réparations en nature dont il sera question ultérieurement, le retour des départements perdus en 1871 permettait, pour s'en tenir au seul domaine industriel, d'accroître très sensiblement le potentiel sidérurgique de la France : 3,5 millions de tonnes de charbon des mines de Moselle, 21 millions de tonnes de minerai de fer, 56 hauts-fourneaux en état de marche produisant 4 millions de tonnes de fonte. À quoi il convient d'ajouter, dans le secteur des textiles, les milliers de métiers à tisser la laine et le coton de la région de Mulhouse. En revanche, le bilan financier est globalement catastrophique. Pour solder ses achats à l'étranger, en vivres et en matériel de guerre, la France a dû puiser dans ses réserves métalliques car le déficit de la balance commerciale a cessé d'être compensé par les rentrées « invisibles ». Elle a également eu recours aux ventes de valeurs étrangères que les porteurs français ont spontanément apportées à la Banque de France ou qu'ils ont vendues au Trésor, ce qui a réduit de moitié le portefeuille extérieur. De plus, ces moyens de financement, conjugués avec l'augmentation des impôts et avec les avances de la Banque de France, ne suffisant pas à couvrir le déficit de la balance des paiements et celui du budget (les déficits accumulés entre 1914 et 1918 dépassent les 100 milliards de francs), il a fallu faire un large appel à l'emprunt.

Contractée auprès des banques suisses, scandinaves, espagnoles et surtout anglaises et américaines, la dette extérieure est ainsi passée de 51 millions en 1914 à 33,6 milliards en 1918, 90% des sommes empruntées étant venues des États-Unis, soit directement, sous la forme de crédits bancaires et d'avances consenties par le Trésor fédéral, soit par l'intermédiaire des banquiers britanniques. Quant à la dette intérieure, elle est le résultat de la multiplication des emprunts, le plus souvent sous la forme d'émissions de bons à court terme : classiques bons du Trésor et bons de la Défense nationale exonérés de l'impôt sur le revenu. Au total, la dette publique française est passée de 33 milliards de francs-or en 1914 à 219 milliards à la fin de 1919, la moitié de ce chiffre étant représenté par la dette flottante, ce qui constitue une grave menace pour le franc. En effet, si par suite d'une crise de méfiance des épargnants, les demandes de remboursement des bons étaient supérieures aux achats et aux renouvellements, le Trésor ne pourrait éviter de faire appel à la Banque de France et d'accroître ainsi la circulation fiduciaire.

Or l'inflation est devenue en quatre ans un mal endémique, dont la monnaie française n'est pas la seule à souffrir, mais qui ronge son pouvoir d'achat intérieur et traduit sa dépréciation sur le marché des changes. Pendant la guerre, pour financer les énormes dépenses du conflit, l'État a dû augmenter le volume de papier-monnaie en circulation, bien au-delà de ce que lui permettait l'encaisse de la Banque de France. Couverte à 71 % en 1913, celle-ci ne l'est plus qu'à 21 % en 1918 et cette situation ne s'améliore pas avec la fin des hostilités, compte tenu du déséquilibre entre une production insuffisante et la forte demande des particuliers. Comme la plupart de ses homologues européennes, la monnaie française cesse d'être convertible en or, tandis que l'on constate un quadruplement des prix depuis 1913. Aucun des remèdes envisagés ne paraît satisfaisant : une politique de déflation risquerait de freiner la reprise, la dévaluation ou la banqueroute sont jugées indignes d'une grande puissance victorieuse.

Le Traité de Versailles

Deux formules, deux slogans continûment repris, résument l'état d'esprit des rescapés du massacre, et l'opinion de la majorité des Français au début de 1919, lorsque s'ouvre la Conférence de la Paix : la guerre qui vient de s'achever sera la « *der des der* » et « *l'Allemagne paiera* » pour le sang répandu et les ruines accumulées dont sont responsables les dirigeants du Reich. Les négociateurs du futur statut de l'Europe se trouvent ainsi investis d'un mandat qui, quoique non explicité dans le détail — lors du grand débat de politique étrangère à la Chambre, les 29 et 30 décembre 1918, Clemenceau avait obtenu par 398 voix contre 93 la confiance des députés en restant vague sur la question des buts de guerre (« *Il y a des revendications que j'ai à faire, je ne dirai pas lesquelles* ») —, avait un caractère impératif : assurer la sécurité de la France contre toute menace future engendrée par le militarisme allemand.

Cette contrainte de sécurité va très fortement peser sur l'attitude de la délégation française à Versailles. Or la France n'est pas seule dans la Conférence qui s'ouvre le 18 janvier 1919 et où ont été conviées vingt-sept nations, plus les Dominions britanniques. Certes, la Conférence a lieu sur son territoire, sous le regard direct de son opinion publique. Elle est l'un des cinq « Grands » représentés au Conseil des Dix et, à partir du mois de mars, Clemenceau siège aux côtés du Britannique Lloyd George, de l'Américain Wilson et de l'Italien Orlando au sein de ce « Conseil des Quatre » à qui a été confiée l'élaboration des décisions majeures. Mais le « *Tigre* » a beau avoir été nommé, lors de la première séance plénière et, sur proposition de Wilson, président de la Conférence, ce titre ne lui donne aucune priorité sur ses collègues et il doit ajuster son comportement et ses buts à ceux des représentants des autres grands vainqueurs de la guerre.

Ceux-ci divergent sur nombre de points. Certes, au début des négociations de Versailles, une solidarité sans faille contre l'ennemi de la veille paraît animer les chefs des quatre grandes puissances victorieuses, chacun d'entre eux étant persuadé de la culpabilité historique et morale de l'Allemagne. Mais, au-delà de cette unanimité de façade, les hommes qui ont à charge de redistribuer les cartes du jeu international et de redessiner les contours de l'Europe politique s'affrontent sur des questions fondamentales. Au réalisme des Britanniques, dont le souci principal est d'éviter une hégémonie française et de maintenir l'Allemagne à flot, pour préserver un partenaire économique et faire barrage à la contagion du bolchevisme, s'opposent Français et Italiens, champions d'un droit du vainqueur auquel la préoccupation de la « sécurité collective » fournit une légitimation commode. Ils doivent d'autant plus hausser le ton que la voix britannique s'accorde sur bien des points avec celle de Wilson, dont la personnalité et le poids dominent la Conférence.

Le mélange de religiosité et de pragmatisme qui nourrit le discours du président américain, appuyé sur la position dominante des États-Unis au lendemain de la guerre, s'est exprimé dès janvier 1918 — sous la forme d'un message au Congrès — dans les « 14 points » qui, de manière tout à fait nouvelle, affirment le droit des peuples à disposer d'eux-mêmes, recommandent l'abandon de la diplomatie secrète, et prêchent en faveur de la « *liberté des mers* », du désarmement et de la création d'une « *Ligue des Nations* », destinée à assurer à ses membres des « *garanties nouvelles d'indépendance politique et d'intégrité territoriale* ».

Très vite, les discussions au sein du Conseil des Quatre font apparaître que les Américains, et davantage encore les Britanniques, sous-évaluent gravement le légitime souci de sécurité qu'éprouvent leurs alliés continentaux, même si cet impératif s'incarne, s'agissant de la France, dans une volonté excessive d'affaiblissement du voisin allemand. Clemenceau, qui a pour lui, en début de parcours, l'immense majorité des Français (Cf. P. Miquel, *La Paix de Versailles et l'opinion publique française*, Paris, Flammarion, 1972), mais qui doit compter avec le maximalisme de certains milieux et avec le nationalisme ambiant, estime pour sa part qu'il serait vain de vouloir « *faire justice aux Allemands* », dès lors que, de toute évidence, « *ils ne pardonneront jamais !* ». Cette attitude intransigeante heurte donc directement les principes wilsoniens de droit des nationalités et de libre disposition des peuples. Si bien que les conversations de Versailles, en fixant des objectifs de paix drastiques au nom de la victoire du *Droit* et de la *Justice* sur les forces du « mal » incarnées par le militarisme prussien, affichent autant peut-on dire les divisions des vainqueurs que leur entente sur la mise en place d'un nouvel ordre international.

Les divergences entre les Quatre « Grands » vont s'exprimer prioritairement à propos de la question rhénane. Les Anglais restent attachés au principe du maintien de la puissance allemande. Certes, il ne s'agit pas de rétablir le Reich dans la position dominante qu'il occupait à la veille de la guerre : de cela ils seraient les premiers à souffrir, économiquement et en termes de rivalité navale. Mais pour Londres, le danger se situe désormais ailleurs. Dans une volonté de puissance que la France est censée avoir héritée de l'époque napoléonienne et que la victoire, si durement acquise, de 1918 aurait en quelque sorte réveillée. Aussi s'opposent-ils de toutes leurs forces aux revendications françaises concernant l'établissement sur le Rhin d'une frontière « stratégique » assurant durablement la sécurité de l'hexagone.

Aucun dirigeant français, parmi ceux du moins qui exercent une responsabilité directe dans la conduite des affaires internationales, ne songe, il est vrai, à rendre à la France les limites « historiques » qu'elle s'était donnée à l'occasion des guerres révolutionnaires, en annexant la rive gauche du Rhin. Pas davantage à opérer un démembrement systématique du Reich et à restaurer en plein XXe siècle la mosaïque de micro-États que constituait l'Allemagne pré-bismarckienne, comme le demandent certains milieux nationalistes, *Action française* en tête. Clemenceau le premier, dont Jean-Baptiste Duroselle nous dit, dans sa monumentale biographie du « *Tigre* », que dans toute sa carrière d'écrivain et de journaliste, il « *n'avait jamais mentionné l'ancienne tradition républicaine, rejetant les 'ho nteux traités de 1815' et réclamant les 'frontières naturelles'. Bien probablement, il avait suivi l'évolution d'hommes comme Edgar Quinet qui, dès avant 1870, avait reconnu l'irréalisme d'une telle revendication* ». (*Clemenceau*, Paris, Fayard, 1988, p. 727). En revanche la thèse de Foch, pour qui le Rhin devait être la frontière stratégique commune des alliés de l'Ouest — ce qui impliquerait une occupation permanente de la zone rhénane et la création d'États-tampons placés sous le contrôle de la SDN — trouve de larges échos dans le monde politique et c'est sur elle que, dans un premier temps, le chef de la délégation française fonde ses propres propositions. Sans grand succès auprès de Lloyd George et de Wilson.

En vain Clemenceau, assisté de Tardieu, fait-il valoir que le contrôle exercé par l'Allemagne sur la rive gauche du Rhin constitue une menace aussi bien pour le Royaume-Uni que pour la France. En vain les deux hommes assurent-ils que la France donnera « *aux pays rhénans les garanties nécessaires à leur activité économique* ». Britanniques et Américains opposent un refus catégorique à ce projet et se contentent d'offrir en contrepartie à la France un traité garantissant sa sécurité et ses frontières, qui ne sera jamais ratifié. La rive gauche du Rhin sera occupée militairement par les Alliés, mais l'on prévoit de l'évacuer par secteurs (Cologne, Coblence, Mayence) de cinq ans en cinq ans. Elle est en même temps « *démilitarisée* » (ce qui veut dire que les Allemands n'ont pas le droit d'y faire pénétrer de troupes), ainsi qu'une bande de 50 kilomètres de large sur la rive droite du fleuve. Enfin, l'unité du Reich est maintenue et la zone concernée demeure dans la mouvance du *Land* de Prusse.

Battu sur son projet maximaliste d'occupation permanente de la Rhénanie, Clemenceau va combattre pied à pied sur la position de repli que lui offre la question sarroise. Aux arguments historiques et symboliques qui se rattachent aux « *frontières de 1814* » (celles de 1815 étant celles d'une France « *deux fois vaincue* »), et aux mobiles défensifs qui forment le noyau dur de l'argumentation française, s'ajoutent ici ceux de la réparation et de la reconstruction économiques. En quittant le territoire occupé, au cours des dernières semaines de la guerre, les Allemands ont noyé les mines de houille du Nord et du Pas-de-Calais. D'autre part, la restitution à la France de la région sidérurgique annexée en 1871 pose un problème d'approvisionnement en charbon que le rattachement de la Sarre, qui possède elle-même un bassin houiller important et vit depuis des décennies en symbiose économique avec la Lorraine, peut aider à résoudre. Là encore, refusant de créer une « *Alsace-Lorraine à rebours* », Wilson et Lloyd George disent non et imposent à leur partenaire une solution de compromis, grosse de difficultés futures. Dépossédée de ses mines de charbon, qui sont transférées à l'État français, provisoirement rattachée au système douanier français et placée pendant quinze ans sous le contrôle de la Société des Nations, la Sarre pourra, une fois ce délai écoulé, décider par plébiscite de son sort politique. Dans le cas où elle opterait pour son retour à l'Allemagne, celle-ci pourrait racheter à la France la totalité des exploitations minières. C'est ce qui se produira en 1935.

L'opposition entre les thèses « sécuritaires » de la France et le souci d'équilibre des Anglo-Saxons s'est également manifestée à propos des frontières de la Pologne, ressuscitée par les négociateurs de Versailles. Wilson et Lloyd George hésitent en effet à couper la Prusse en deux pour offrir à la Pologne l'accès à la mer dont dépend sa viabilité économique et politique. D'autre part, les dirigeants britanniques n'ont, semble-t-il, qu'une confiance réduite dans le sens politique des Polonais et répugnent à placer sous la souveraineté du nouvel État *« plus d'Allemands qu'il n'est absolument indispensable »*, prévoyant à juste titre un conflit inévitable entre les deux peuples. Or les délégués français approuvent au contraire sans réserve l'ensemble des revendications polonaises, dès lors que l'alliance russe peut être considérée comme perdue. Et ils se prononcent pour la mise en place d'une Pologne forte, capable de tenir l'Allemagne en respect, l'argument « sécuritaire » jouant ici encore contre celui de l'équilibre européen. Ils auront gain de cause, la Pologne obtenant, via le « corridor » de Dantzig, un débouché sur la Baltique pris sur des territoires de peuplement germanique.

Sécurité permanente et droit des peuples à disposer d'eux-mêmes s'opposent encore — par Anglo-Américains et Français interposés — à propos des rapports entre l'Allemagne et un État autrichien ramené par le traité de Saint-Germain-en-Laye (qui sera signé en septembre 1919) à 85 000 km^2. Désormais coupée de la Hongrie, dépossédée de ses territoires de peuplement slave et italien et réduite en quelque sorte à la *« banlieue de Vienne »*, l'Autriche ne peut qu'être tentée par la fusion avec l'Allemagne voisine, ceci pour des raisons politiques et culturelles autant que par intérêt économique. Début 1919, les députés germanophones du *Reichsrat*, se constituant en *« Assemblée nationale provisoire de l'État allemand d'Autriche »*, se prononcent en ce sens, obtenant à Versailles le soutien des délégués anglais et américains.

En revanche, les représentants de la France n'ont pas tardé à s'insurger contre une évolution qui, si elle avait été menée à terme, aurait réduit à néant les stipulations du traité avec l'Allemagne. Enlever au Reich ses sujets polonais, alsaciens, lorrains ou belges, et le laisser se grossir d'Autrichiens et de Sudètes, au demeurant plus facilement assimilables, n'était-ce pas constituer un bloc germanique plus homogène et plus fort que celui qu'avait édifié Bismarck ? Les délégués français s'opposent donc avec vigueur au projet d'*Anschluss* et feront intégrer dans le traité une clause interdisant le rattachement de l'Autriche à l'Allemagne. Quant aux Tchèques, ils reçoivent l'assurance que l'État successeur qu'ils sont appelés à prendre en charge conservera ses frontières, intégrant les trois millions de Sudètes qui peuplent le pourtour montagneux du plateau de Bohême.

La France joue donc très clairement sur le double registre de la libre détermination des peuples, — n'a-t-elle pas été l'une des toutes premières à en proclamer le principe ? — et de la sécurité. Encore que l'on peut se demander, à regarder de près les quelques centaines d'articles qui composent le traité de Versailles, si l'abaissement de l'Allemagne que consacre l'acte final de la Conférence relève exclusivement d'une obsession « sécuritaire ». Certes, en termes de stratégie internationale et de géopolitique, la sécurité de l'un passe par l'affaiblissement de l'autre et, pour que cette sécurité soit *absolue*, il faut que l'adversaire potentiel disparaisse ou du moins qu'il soit réduit au statut d'acteur de seconde zone. C'est incontestablement ce que la France aurait souhaité. Meurtrie dans sa chair et dans son âme, consciente de la supériorité écrasante du Reich en termes de potentiel démographique et industriel, elle ne voit guère d'autre moyen d'empêcher son ex-ennemi de rétablir un jour par la force son hégémonie continentale qu'en la désarmant de manière radicale et durable.

Bien que les négociateurs français aient dû modérer leurs exigences sous la pression des Alliés anglo-saxons, les clauses territoriales et militaires du traité de Versailles s'inscrivent bel et bien dans cette perspective. L'Allemagne, on le sait, perd $1/7^e$ de son territoire et $1/10^e$ de sa population, les principales amputations étant opérées à l'Est aux dépens de la Prusse et de la Silésie, et la France récupérant pour sa part l'Alsace-Lorraine, conformément aux engagements de l'armistice. Le Reich doit d'autre part céder toutes ses colonies, les vainqueurs reprochant aux vaincus ses méthodes de colonisation et empochant, sous la forme de « mandats » de la SDN, des territoires qui constituaient le troisième « Empire » de la planète (le Royaume-Uni et ses dominions ont la meilleure part mais la France reçoit la plus grande partie du Togo et du Cameroun). Quant à l'armée, elle est réduite à une force terrestre de 100 000 hommes (dont 5 000 officiers), recrutés par engagements volontaires de longue durée (12 ans pour les soldats, 25 ans pour les officiers : ceci pour éviter la formation accélérée de cadres). L'armement est limité. L'artillerie lourde, les chars et l'aviation militaire sont interdits. L'essentiel de la flotte de combat doit être livrée aux Alliés (elle se sabordera en rade de Scapa Flow, au nord de l'Écosse, le 26 juin 1919). Le Grand État-Major et les écoles militaires, berceau du « *militarisme prussien* » sont supprimés. Enfin, nous l'avons vu, la Rhénanie est temporairement occupée et démilitarisée de manière permanente.

Voilà pour la sécurité proprement dite. Mais si le « syndrome de Verdun » peut dans une certaine mesure justifier l'acharnement des Français à faire « *payer* » l'Allemagne et à la priver des moyens de prendre sa revanche, il n'en est pas tout à fait de même des règlements de comptes économiques et financiers que comporte la paix de Versailles.

Ceux-ci figurent dans la Partie IV du traité, à bien des égards la plus importante en ce sens qu'elle bouleverse la hiérarchie des positions acquises et vise à brider la capacité allemande à reprendre son expansion hors de ses frontières. En effet, non seulement le Reich perd la totalité de ses possessions extra-européennes, mais il se voit dépouillé de tous les droits, créances et privilèges acquis par lui en Europe et hors d'Europe aux termes de conventions passées avant la guerre.

C'est ainsi que les 31 signataires désignés comme « *alliés et associés* » obtiennent la possibilité, par l'article 297-b de liquider « *tous les biens, droits et intérêts* » allemands (même sous forme de participations) existant sur leur territoire national, colonial ou sous mandat et que, par une procédure différente, l'article 260 permet d'aboutir à un résultat identique en Russie, en Autriche, en Hongrie et en Turquie. Il s'agit donc d'une véritable expulsion avec expropriation, qui grève d'autant plus la richesse allemande que le transfert s'opère souvent sans inscription de la valeur des biens séquestrés au compte des réparations.

Les clauses économiques et financières ont fait l'objet d'une mise en place minutieuse de la part des vainqueurs. Elles reposent sur deux idées. D'une part l'application d'un régime inégal envers l'Allemagne, de l'autre la révision nécessaire et la plus large possible des conventions techniques passées avec elle. C'est ainsi que la clause de la nation la plus favorisée, qui repose normalement sur la réciprocité, est imposée unilatéralement au Reich vaincu, celui-ci étant tenu d'accorder le meilleur traitement aux importations et aux exportations des Alliés, sans recourir ni à la prohibition ni au contingentement. La jeune République de Weimar perd tous ses brevets, tandis que ses fleuves (Rhin, Elbe et Oder) sont internationalisés.

Enfin, le célèbre article 231 du traité proclame que « *l'Allemagne et ses alliés sont responsables, pour les avoir causés, de toutes les pertes et dommages subis par les gouvernements alliés et associés et leurs nationaux en conséquence de la guerre* ». Il contraint le Reich à verser des réparations dont le montant — fixé seulement en 1921 — s'élèvera à 132 milliards de marks-or versables en trente annuités. À cette condamnation morale et passablement injuste, qui fonde durablement le ressentiment des Allemands à l'égard de leurs ennemis de la veille, s'ajoutent des dispositions tout aussi humiliantes concernant les « *restitutions* » qui devront être opérées dans l'immédiat et qui vont des dizaines de milliers de truies et autres têtes de bétail devant être « *restituées* » à la France aux œuvres d'art prises par les Allemands en 1871.

Les notions de « *sécurité* » et de « *réparation* » mises en avant par la France tendent, on le voit, à légitimer des buts qui sont très clairement ceux d'une politique de puissance résultant de l'application pure et simple du droit du vainqueur. Longtemps ignoré des historiens, cet aspect proprement impérialiste de la paix de Versailles et de son environnement économique est aujourd'hui bien connu, grâce notamment aux travaux de Georges Soutou. Dans sa thèse, consacrée aux buts de guerre économiques des divers belligérants, ce dernier examine les procédures par lesquelles la France a cherché à ancrer sa puissance économique en Europe à l'occasion des réglements de la paix, pratiquant en Europe centrale et orientale un « *impérialisme du pauvre* » et s'efforçant en même temps de se substituer à l'Allemagne en tant que première puissance sidérurgique du continent (Cf. G. Soutou, *L'or et le sang. Les buts de guerre économiques de la Première Guerre mondiale*, Paris, Fayard, 1989).

Il existe en effet, à la fin de la guerre, un programme économique français dont la pièce maîtresse est le « *projet sidérurgique* », conçu, non pas comme on pourrait s'y attendre, dans les milieux de l'industrie lourde, mais dans les bureaux du Quai d'Orsay. Le but poursuivi est d'enlever à l'Allemagne près de la moitié de son potentiel énergétique, d'une part en cédant à la France et à la Pologne les mines de la Sarre et de la Haute-Silésie, d'autre part en livrant aux pays bénéficiaires des réparations (la France doit en recevoir la moitié), des quantités importantes de charbon et de coke. Comme dans le même temps les clauses du traité de Versailles ôtent à l'économie du Reich 80 % environ de ses ressources en minerai de fer, prononcent le séquestre des entreprises allemandes de Lorraine désannexée, interdisent à ces entreprises de posséder des mines et des usines sidérurgiques dans le département de la Moselle et font sortir le Luxembourg du système douanier allemand, on voit que ce sont les bases même de la puissance industrielle d'outre-Rhin qui sont visées. L'Allemagne se voit privée du jour au lendemain de 40 % de sa production de fonte, de plus de 30 % de sa capacité de production d'acier, et risque de voir à court terme son industrie sidérurgique paralysée par les goulots d'étranglement dus aux ponctions en charbon et en coke effectuées au titre des réparations.

Qu'il soit ou non motivé par des considérations « *défensives* », ce projet sidérurgique répond bel et bien à des préoccupations impérialistes. Ce que souhaitent ses concepteurs, c'est une sorte de transfert de puissance de l'Allemagne vers la France, cette dernière devenant le pôle industriel de l'Europe et le centre d'un réseau d'influences économiques servant de support à ses alliances de revers. Car il s'agit, avant toute chose, d'un impérialisme *politique*, conçu dans les milieux proches du pouvoir et porté à bout de bras par les hauts fonctionnaires des Affaires étrangères. Dans l'ensemble, le monde des affaires se sent peu concerné par cette vision grandiose et conquérante de l'Europe des hauts-fourneaux. Mise à part l'appropriation des mines de la Sarre, que le Comité des forges avait demandée, les « *hommes du fer* » paraissent plutôt réticents à endosser les responsabilités que les politiques voudraient les voir prendre. On peut, nous dit Georges Soutou, faire une exception pour Eugène Schneider, « *qui ajoute à ses installations polonaises de Huta Bankowa celles de Skoda et des Hütten-und-Bergwerke en Tchécoslovaquie, et qui est soucieux d'assurer le ravitaillement en charbon de son nouvel empire d'Europe orientale* » (G. Soutou, « L'impérialisme du pauvre : la politique économique du gouvernement français en Europe centrale et orientale de 1918 à 1929. Essai d'interprétation », *Relations internationales*, n° 7, automne 1976). Pour les autres, la tendance est plutôt à la réserve.

Tel est, dans la lettre et dans l'esprit, le texte qui, approuvé en séance plénière le 6 mai 1919 par les puissances représentées à Versailles est remis deux jours plus tard à la délégation allemande. Le 29, celle-ci présente des contre-propositions qui, à quelques exceptions de détail près sont repoussées par les Alliés. Devant le « chèque en blanc » qui est exigé du Reich, beaucoup ont songé en Allemagne à reprendre les hostilités. Mais, à cette date, les clauses militaires de l'armistice sont exécutées, ce qui rend vaine toute velléité de résistance armée. Hindenburg lui-même, que l'on a consulté, juge l'issue d'une nouvelle guerre « *des plus douteuses* ». Si bien que le texte définitif du traité, qui a été remis le 16 juin au chef de la délégation allemande Brockdorff-Rantzau, et qui est cette fois à prendre ou à rejeter en bloc, est finalement accepté par le *Reichstag* (par 237 voix contre 138) et signé — le 28 juin 1919 dans la galerie des glaces du château de Versailles — par le nouveau chef du gouvernement allemand, le socialiste Hermann Müller, et par le Dr Bell, ministre des Affaires étrangères.

L'opinion allemande, dans son immense majorité, n'acceptera jamais la « *paix dictée* » *(Friedensdiktat)* de Versailles, une paix qui n'a pas été négociée, comme cela était traditionnellement de mise dans les conflits entre puissances européennes, mais imposée au vaincu. Le ministre Erzberger, qui était favorable à la signature, écrira : « *Si quelqu'un m'ayant lié le bras et m'ayant présenté un revolver exige de moi la signature d'un papier par lequel je m'engage à atteindre la lune en quarante-huit heures, tout homme raisonnable, pour sauver sa peau, signera ce qu'on voudra.* » Et l'ex-chancelier von Bülow renchérit dans ses *Mémoires* :

« *Jamais n'a été infligée à un peuple, avec plus de brutalité, une paix aussi accablante et aussi ignominieuse qu'au peuple allemand la paix honteuse de Versailles. Dans toutes les guerres des derniers siècles, des négociations entre vainqueur et vaincu avaient précédé la conclusion de la paix... Mais une paix sans négociations préalables, une paix dictée comme celle de Versailles, est aussi peu une vraie paix qu'il n'y a transfert de propriété quand un brigand renverse à terre un malheureux et le contraint ensuite à lui remettre son porte-monnaie »* (*Mémoires*, trad. franç., T. III, Paris, Plon, 1931, p. 320).

La France seule

La décennie qui suit la conclusion des traités de paix est placée sous le signe de la prépondérance française en Europe continentale. L'effondrement militaire de l'Allemagne, les dispositions prises par les vainqueurs pour abaisser durablement la puissance de ce pays, le démembrement de l'Empire des Habsbourg, l'effacement de la Russie, en proie aux déchirements de la guerre civile et aux effets de l'intervention étrangère, les crises très graves qui ébranlent l'Italie, la Hongrie, les États riverains de la Baltique et ceux de la péninsule ibérique, tout cela laisse en principe le champ libre aux initiatives françaises.

Or cette prépondérance est fragile. La France possède certes en 1919 la plus puissante armée du monde. Elle jouit d'une cohésion morale qui prolonge, pour quelque temps encore, l'Union sacrée du temps de guerre. Elle tire de *sa* victoire un sentiment de confiance que les désillusions du « *retour à la normale* » n'ont pas encore entamé. Pourtant, les bases économiques, financières, démographiques et bientôt psychologiques sur lesquelles se fonde sa puissance sont fortement érodées et permettent difficilement, à un pays que les circonstances ont conduit à être le « *gendarme de l'Europe* », de s'opposer durablement à ceux qui entendent remettre en cause le statu quo établi par les traités. Dès 1925, l'Allemagne a retrouvé assez de force et d'appuis extérieurs pour que l'on doive désormais compter avec elle, comme il faut compter avec la Russie soviétique et avec l'Italie fasciste. Sans parler de la Grande-Bretagne, dont la vocation reste plus mondiale qu'européenne mais que la France trouve à peu près partout sur son chemin et avec laquelle elle se heurte, par petits pays interposés, dans les conflits périphériques du Proche-Orient et de la mer Égée.

Pour que la paix de compromis à laquelle on était difficilement parvenu à Versailles ne fût pas immédiatement remise en cause par les principaux vaincus de la guerre, il aurait fallu que, face à l'inévitable montée des révisionnismes, les anciens Alliés fissent front, et que chacun eût à cœur de faire passer ses intérêts à court terme après les impératifs de la

« *sécurité collective* ». Cela impliquait que les intéressés eussent une conscience identique de l'insécurité qui régnait dans le nouveau système international, alors que chaque acteur fondait sa politique sur des données géostratégiques dissemblables : d'un côté le sentiment d'inexpugnabilité que conféraient à l'Amérique sa puissance industrielle et son éloignement, à l'Angleterre son insularité et ses forces navales, de l'autre la vulnérabilité d'une France affaiblie démographiquement et en proie à la menace renaissante de l'hégémonisme allemand.

Déjà, bien avant que ne soient redessinés par les vainqueurs les contours de la nouvelle Europe politique, les Alliés ont eu beaucoup de mal à arrêter une attitude commune face à l'émergence de l'État issu de la révolution bolchevique. C'est en effet en dépit des réticences de Lloyd George et de l'opposition très nette de Wilson que les pays de l'Entente sont intervenus à la fin de 1918 dans la guerre civile russe, débarquant des troupes à Odessa, en Transcaucasie, à Arkangelsk et à Mourmansk, ainsi qu'en Sibérie orientale, et soutenant les généraux blancs dans leur tentative de reconquête de l'Empire des tsars.

D'autre part, dès le printemps 1919, inquiets de l'état d'esprit qui règne dans leur corps expéditionnaire (mutinerie des marins de la mer Noire), les Français ont évacué Odessa. Quelques semaines plus tard, les Britanniques retirent à leur tour leurs troupes de la riche région pétrolifère de Bakou : tout ceci se faisant en ordre dispersé, chacun jouant sa propre carte au moment qui lui convient le mieux et sans se préoccuper du jeu des partenaires. Il en sera de même lorsqu'il s'agira d'établir, pour contenir une éventuelle menace de contagion révolutionnaire, un « *cordon sanitaire* » d'États liés à l'Occident et prenant appui sur les deux bastions polonais et roumain. La France, qui cherche par cette politique à renouer avec la pratique traditionnelle de l'alliance de revers, pousse au maximum dans cette voie, mais elle n'est pas soutenue par les Anglo-Saxons pour les raisons d'équilibre dont il a été fait mention plus haut. L'Angleterre par exemple, qui a le souci de préserver ses intérêts matériels et de faire obstacle à la prépondérance française, met tout son poids dans la balance pour que Dantzig soit doté d'un statut international.

La désunion des vainqueurs n'a donc pas attendu les empoignades du Conseil des Quatre à propos de la question rhénane, des frontières orientales de l'Allemagne ou des revendications italiennes sur la Dalmatie, pour se manifester. Cette rupture de la solidarité du temps de guerre est d'autant plus périlleuse que la paix de 1919 est une paix fragile. Pour draconiennes que soient les clauses du traité de Versailles, elles abaissent l'Allemagne et limitent sa puissance sans la détruire. Elles l'humilient gravement en lui laissant les moyens de se redresser et de prendre un jour sa revanche. Elles sont perçues comme un *Diktat*, contre lequel s'inscrit un peuple à peu près unanime, pour l'heure plongé dans l'hébétude de la défaite et dans le désarroi provoqué par l'écroulement de l'édifice wilhelmien, mais dont il est clair qu'il n'acceptera pas indéfiniment la place qui lui est faite dans le système international issu de la guerre. Seule la remise à flot de l'Entente cordiale, puis son resserrement, pourraient éventuellement freiner ces tendances révisionnistes.

Autrement dit, dès lors que le retrait américain avait commencé à s'opérer, c'est bien entre le Royaume-Uni et la France que s'est joué, dès le début des années vingt, le sort de la « *sécurité collective* », si l'on entend par cette formule, inlassablement mise en avant par les Français dans les instances internationales, la coalition défensive devant servir de barrage aux éventuelles visées revanchistes de l'Allemagne. Et le sort de la « *sécurité collective* » s'est joué, dans un sens négatif, à la périphérie de l'Europe, dans la zone comprise entre la mer Égée et le golfe Persique, devenue avec l'émergence de l'enjeu pétrolier l'une des régions les plus convoitées de la planète.

En Turquie tout d'abord où les Anglais ont cru que leur vieux rêve d'hégémonie au Proche-Orient se trouvait réalisé avec l'éviction des Russes et l'acceptation par le Sultan des clauses du traité de Sèvres. Ce traité assurait à la Grèce, cliente docile de l'Angleterre, la possession de la Thrace, tandis que la Palestine, la Transjordanie et la Mésopotamie étaient placées sous mandat britannique et que la France devait se contenter de la Syrie. C'était compter sans le réveil du nationalisme ottoman et sans la personnalité charismatique de Mustapha Kemal. Devenu maître du pouvoir, celui-ci avait refusé de reconnaître la signature du Sultan et s'était engagé dans une guerre de reconquête de la Turquie d'Europe, dirigée contre les Grecs que soutenait le gouvernement de Londres.

Dans le conflit meurtrier qui a opposé pendant trois ans les deux États riverains de la mer Égée, la France a pris de bonne heure le parti de la Turquie, s'opposant ainsi indirectement à l'Angleterre. La Grèce ayant été battue et contrainte, en octobre 1922, de signer l'humiliant armistice de Moudania, prélude au traité de Lausanne (paraphé en juillet 1923 et qui annulait en partie les clauses du traité de Sèvres)[1], le Royaume-Uni a fortement ressenti le contre-coup de cette crise, laquelle — après avoir provoqué la chute de Lloyd George — a conjugué ses effets avec ceux de la rivalité qui l'opposait au même moment à la France dans les anciennes provinces arabes de l'Empire turc.

---

[1] La Turquie récupérait la totalité de l'Anatolie et 23 000 km^2 en Europe.

Ici, Français et Britanniques se sont retrouvés face à face dès 1919, pour se disputer les dépouilles de l'« *homme malade* », sous la forme de mandats distribués par la Société des Nations. Distribution aussitôt remise en cause par l'Angleterre, dont les dirigeants rêvent d'un vaste Empire arabe qui irait de la Méditerranée à la Perse et serait placé sous leur tutelle. C'est dans cette perspective hégémonique, en totale contradiction avec les accords passés pendant et après la guerre, que Londres a poussé contre la France l'émir Fayçal, devenu pour un temps très bref roi de Syrie. L'intervention énergique du général Gouraud, en juillet 1920, a permis aux Français de redresser la situation dans ce pays, mais une rivalité tenace s'est installée entre les deux puissances au moment où commence à se poser l'épineuse question allemande.

Sur ce point capital pour la stabilisation du nouvel ordre international, la France s'oppose non seulement à l'Angleterre mais également aux États-Unis. Dans le courant de l'hiver 1919-1920, le Sénat américain a refusé de ratifier le traité de Versailles, et par voie de conséquence le pacte de la Société des Nations. Il en résulte une remise en cause radicale de la construction élaborée par Wilson et ses partenaires européens. Les États-Unis ont en effet signé un traité de paix séparé avec l'Allemagne et, du coup, le *traité des garanties* que Washington avait proposé à la France pour obtenir qu'elle renonce à la rive gauche du Rhin est devenu caduc, et avec lui l'accord similaire négocié avec le Royaume-Uni. C'est pour la diplomatie française un véritable désastre. L'engagement anglo-américain sur le continent, pour lequel Clemenceau avait renoncé à la « *garantie physique* » face à l'Allemagne, n'existe plus.

La France se retrouve donc seule, sa volonté de faire exécuter le traité de Versailles se heurtant désormais au front commun des puissances anglo-saxonnes. Alertées, entre autres signaux, par le livre de l'économiste britannique John M. Keynes, *Les conséquences économiques de la paix*, publié au lendemain immédiat de la guerre, celles-ci ont pris conscience du risque que ferait courir à l'Europe l'effondrement de l'économie allemande et souhaitent le redressement rapide d'un pays qui est à la fois un client important et un marché privilégié pour leurs capitaux. Elles redoutent d'autre part que la persistance des difficultés économiques et sociales fassent basculer la jeune et incertaine République de Weimar du côté de la révolution bolchevique. Enfin, elles s'inquiètent, nous l'avons vu, des risques d'hégémonie française sur le continent. Pour les Américains, dont l'un des buts principaux est la reconstruction d'une Europe prospère, ouverte à leur pénétration économique, la réintégration de l'Allemagne dans le jeu international est considérée comme prioritaire. Elle devrait permettre à la fois d'empêcher le retour des tensions belligènes et la mise en place, à la faveur du traité de paix et de ses prolongements, d'un bloc économique rival.

En effet, aussi peu réaliste qu'ait été le *« projet sidérurgique »* du Quai d'Orsay, il a, semble-t-il, fortement inquiété les puissances anglo-saxonnes, pour qui le risque majeur n'était plus celui d'une Europe unifiée par l'Allemagne mais bien celui d'une Europe dominée économiquement et militairement par la France. C'est la raison pour laquelle les financiers américains et britanniques vont contribuer au relèvement économique du Reich, tandis que leurs gouvernements feront obstacle à la *« politique d'exécution »* pratiquée par leur ancien allié.

De quel poids la France victorieuse mais solitaire peut-elle se prévaloir en face du Reich vaincu ? Ce dernier certes n'a plus de force militaire véritable à opposer à l'armée de conscrits de la République, dotée d'armements lourds et toute auréolée des victoires de 1918. Ceci vaut pour l'immédiat et restera vrai au moins jusqu'à la fin de la décennie. Plus tard apparaîtront des signes d'obsolescence qui résultent d'ailleurs de l'absence d'émulation dont les clauses militaires du traité sont le fruit, mais en 1920 le problème de la balance des forces ne se pose pas.

Plus inquiétante est la situation démographique. En effet, si elle a perdu 10 % de sa population, l'Allemagne conserve plus de 60 millions d'habitants, alors que la France, une fois récupérées les provinces perdues en 1871, n'en a qu'une quarantaine de millions. D'autre part, la saignée démographique (1 900 000 morts contre 1 400 000 en chiffres arrondis) a été pour elle relativement moindre, en ce sens qu'elle s'est effectuée sur une population plus nombreuse et plus jeune. La différence de potentiel démographique est, à moyen terme, l'une des données de base du problème franco-allemand, et ceci d'autant plus que la guerre a montré les limites du recours au matériel humain fourni par l'Empire. À cela il faut ajouter que les millions de germanophones vivant en Europe centrale et orientale, hors des frontières de la République de Weimar, constituent un puissant levier de sa politique extérieure révisionniste.

En termes de puissance économique et de capacité de production industrielle, le problème se pose dans les mêmes termes. Les deux pays ont beaucoup souffert de la guerre. Mais, bien que victorieuse et bénéficiaire de clauses qui lui sont très favorables, la France reste plus faible que son ex-ennemie. Sans doute le traité crée-t-il des goulots d'étranglement pour l'industrie allemande, mais tout dépend en fin de compte de la façon dont il sera exécuté. Comment la France, qui manque de charbon et de coke, fera-t-elle fonctionner le potentiel sidérurgique dont elle hérite si l'Allemagne ne remplit pas ses obligations ?

Ainsi, si les forces visibles du moment paraissent pencher du côté de la

France, les forces profondes restent du côté de l'ancien Reich. Il y a là un déséquilibre dangereux qui ne peut être compensé que par le maintien de la suprématie militaire française. Or, pour conserver cet avantage, le gouvernement de la République n'a d'autre choix que d'imposer à sa population des charges continues et d'obtenir, par le biais des réparations allemandes, le financement de ses propres dépenses d'armement. Il en résulte que la politique française ne tarde pas, aussi bien dans les pays anglo-saxons qu'en URSS et en France même, dans les milieux de gauche hostiles aux options intérieures et extérieures du Bloc national, à être taxée de militarisme et d'impérialisme. Un *« impérialisme du pauvre »*, pour rependre l'expression de Georges Soutou, qui, joint aux préoccupations sécuritaires de l'opinion, conditionne la politique menée par la France en Europe de l'Est. Le système d'alliances de revers qu'elle s'efforce de constituer dans les années 20 relève de ce projet global, à la fois politique, économique et stratégique.

S'agit-il d'un système très solide ? Il est clair que les pays qui le composent — Pologne, Tchécoslovaquie, Yougoslavie, Roumanie — sont des pays jeunes, peu ou pas industrialisés, sans grands moyens, sans frontières sûres, parfois menacés de l'intérieur par des minorités insatisfaites (Sudètes, Croates, etc.). Ils ont plus besoin de la France qu'ils ne peuvent l'aider. Ce réseau d'amitiés exigeantes et pas toujours très assurées crée ainsi à la France des responsabilités et des charges nouvelles. Il la pousse à lancer à l'Allemagne de nouveaux défis, dès lors que toute une partie de cette zone avait vécu jusqu'alors dans la mouvance germanique. La France va, de ce fait, devoir entrer en rivalité économique et financière avec sa voisine dans la zone danubienne. Elle va se trouver coresponsable de la frontière polonaise et de l'intégrité du « corridor » de Dantzig, de l'indépendance de la Tchécoslovaquie et de celle de l'Autriche. Autrement dit, alors qu'elle éprouve déjà quelque difficulté à maintenir la cohésion de son Empire, elle a désormais des responsabilités à l'échelle européenne. Elle va devoir les assumer seule et tenir à bout de bras l'Europe nouvelle.

La politique d'exécution

N'ayant pu obtenir de ses ex-Alliés ni la *« frontière stratégique »* que réclamaient ses chefs militaires, ni la garantie conjointe de son territoire, la France n'a plus guère d'autre possibilité pour *« gagner la paix »* — c'est en gros l'engagement qui a été pris par les hommes du Bloc national — que d'exiger de l'Allemagne l'exécution stricte du traité. Or, à peine celui-ci était-il conclu que les Allemands manifestaient leur volonté farouche de résister à son application et de mettre en échec le projet hégémonique élaboré par le gouvernement français.

S'agissant de la compétition industrielle avec la France, il ne faudra pas plus de trois ans aux représentants du grand patronat allemand — que le gouvernement de Berlin a associés à la direction des affaires et au règlement des questions internationales — pour faire échouer le projet français de restructuration du continent européen. À la conférence de Spa, en juillet 1920, la délégation allemande (dont fait partie, en qualité d'expert, le grand industriel Stinnes) obtient une forte révision à la baisse des ponctions opérées sur le potentiel charbonnier du Reich : elle retourne ainsi contre la France l'arme du goulot d'étranglement énergétique. Deux ans plus tard la sidérurgie allemande, qui a rétabli sa capacité de production de l'avant-guerre, égale les chiffres-records de 1913 et retrouve ses positions sur les marchés européens. Si bien qu'à la fin de 1922, on peut dire que le projet sidérurgique élaboré par le Quai d'Orsay a fait long feu. L'Allemagne a reconquis sa prééminence en ce domaine et c'est la sidérurgie française désormais qui, par manque de coke et de débouchés, se trouve en proie aux plus graves difficultés.

En même temps les dirigeants allemands entreprennent une véritable guerre d'usure contre les clauses du traité qu'ils jugent inacceptables. Ils rejettent les « *articles honteux* » qui fondent en droit l'exigence des réparations (le fameux article 231) et exigent la livraison des « *criminels de guerre* » (l'ex-empereur Guillaume II, le prince héritier de Prusse, l'ancien chancelier Bethmann-Hollweg, les généraux Hindenburg et Ludendorff, etc.). Ils remettent en question l'attribution de la Haute-Silésie à la Pologne et obtiennent finalement de récupérer une partie de cette région (avec un million d'habitants et la moitié des mines de charbon). Ils freinent au maximum l'application des clauses relatives aux effectifs militaires et ne s'inclinent qu'en mai 1921 devant les exigences alliées de dissolution des formations paramilitaires et des corps-francs. Et surtout, ils engagent avec la France une véritable « guerre froide » dont l'enjeu est la question des Réparations.

À Spa, en juillet 1920, on a établi la part de chaque bénéficiaire des sommes que l'Allemagne aurait à verser à ses « *victimes* », soit 52 % pour la France, 22 % pour la Grande-Bretagne, 10 % pour l'Italie, 8 % pour la Belgique, le reste se trouvant réparti entre les autres Alliés. Quant au montant exigible par les vainqueurs, il ne sera fixé par la Commission des réparations qu'au printemps 1921, d'abord à 150 puis à 132 milliards de marks-or, payables à raison de 2 milliards par an, plus 26 % de la valeur annuelle des exportations. Pour obliger l'Allemagne à accepter cet « *état des paiements* », un véritable ultimatum est adressé à cette date à son gouvernement qui démissionne, cédant la place au cabinet Wirth, avec Rathenau aux Affaires étrangères. C'est à cette équipe qu'il échoit de satisfaire la « *politique d'exécution* » imposée par la France.

Le paiement des réparations constitue en effet pour cette dernière une question capitale. Outre qu'elles affaiblissent leur ennemie de la veille et rivale en puissance, et permettent de solder une partie des dettes contractées pendant la guerre, ces sommes conditionnent très largement la reconstruction de la France et l'équilibre des finances publiques. N'a-t-on pas inscrit dans le budget de l'État, avant même que le chiffre de l'indemnité ne soit fixé, les dommages de guerre, les pensions et les frais d'occupation (au total une trentaine de milliards) au chapitre des « *dépenses recouvrables* » ? *Pour les financer, on ne compte ni sur l'impôt ni sur l'emprunt, mais sur les versements allemands.*

Or il est clair que l'Allemagne, qui se trouve aux prises à partir de 1921 avec d'énormes difficultés financières, n'acquittera les sommes énormes qui sont exigées d'elle que si elle y trouve des avantages compensatoires — par le biais par exemple d'accords de complémentarité, comme le proposait le plan Seydoux en 1920 —, ou si elle y est contrainte par la force, ce qui requiert le maintien d'un minimum d'entente entre les vainqueurs et en particulier entre les Britanniques et les Français.

Au début de 1921, les Anglais ont paru suivre. Lorsque l'Allemagne a menacé de rejeter l'« *état des paiements* », le gouvernement de Londres a apporté son appui à la France pour « *mettre la main au collet* » de l'ex-ennemi, selon la formule de Briand, alors président du Conseil dans un gouvernement de Bloc national et à cette date favorable à la politique d'exécution. Mais le front franco-britannique n'a pas résisté très longtemps aux effets conjugués des rivalités impériales entre les deux puissances et aux offensives diplomatiques lancées par le Reich pour mettre l'Angleterre de son côté. À l'automne 1921, la pression de l'extrême droite et l'aggravation de la crise monétaire incitent Berlin à la résistance, et ceci au moment où les idées de Keynes commencent à trouver une audience en Grande-Bretagne, tandis que Briand, conscient du risque que son isolement diplomatique fait courir à la France, se rapproche des positions de Londres.

À la conférence de Cannes, en janvier 1922, le président du Conseil français et son homologue britannique, Lloyd George, parviennent à un accord portant sur la révision à la baisse des obligations allemandes. Briand est sur le point d'accepter un aménagement de la dette allemande en échange d'une garantie des frontières de la France par le Royaume-Uni, mais il n'a derrière lui qu'une fraction minoritaire de l'opinion et de la classe politique que séduisent les idées « *genevoises* » de sécurité collective fondée sur la coopération internationale et sur l'arbitrage de la SDN. Désavoué par le Président de la République Millerand, il donne sa démission sans attendre le verdict d'un vote parlementaire qui lui aurait vraisemblablement été hostile.

Il est remplacé par Raymond Poincaré. Président de la République de 1913 à 1920, ce Lorrain intransigeant et patriote, dont la vie et la carrière ont été marquées par le voisinage avec l'Allemagne, jouit d'un très grand prestige auprès de l'opinion française. Partisan résolu d'une stricte application du traité, il va se trouver conforté dans ce choix par plusieurs événements. Tout d'abord l'échec d'un nouveau « *traité des garanties* » avec le Royaume-Uni. Poincaré aurait voulu obtenir de cette puissance une promesse d'intervention automatique, en cas d'attaque allemande, que Lloyd George refuse de prendre, lors de la rencontre qui a lieu entre les deux chefs de gouvernement à Boulogne-sur-mer, en février 1922. En second lieu, le rapprochement germano-soviétique, préparé par une longue et minutieuse négociation et qui aboutit, lors de la conférence de Gênes d'avril-mai 1922, aux fameux accords de Rapallo. L'Allemagne en retire un certain nombre d'avantages d'ordre économique et militaire, et surtout le rapprochement avec l'URSS lui permet de sortir du ghetto diplomatique dans lequel elle se trouvait enfermée depuis la fin du conflit. Elle dispose dès lors d'un puissant moyen de pression sur les Occidentaux pour obtenir des aménagements importants dans la question des réparations.

Le troisième événement réside dans la décision prise par le gouvernement de Londres, en juillet 1922, d'aligner sa position sur celle des États-Unis, en exigeant également de ses anciens Alliés le remboursement des dettes contractées pendant la guerre. Or sur ce point, la position des dirigeants français est ferme. Ils mettent comme condition au remboursement des sommes exigées par leurs créanciers le paiement rigoureux par l'Allemagne des réparations dues au titre de l'article 231 du traité de paix.

Dans le courant de l'été 1922, le gouvernement du chancelier Cuno fait savoir qu'il est incapable de poursuivre ses paiements et réclame un moratoire de six mois que Poincaré refuse de lui accorder : sauf si en échange les mines de la Ruhr sont temporairement remises aux Alliés. Ainsi s'élabore la doctrine du « *gage productif* », permettant au vainqueur de se payer en nature, et par prélèvement direct, sur le patrimoine économique de son débiteur. La France pourra de cette façon obliger l'Allemagne à payer ce qu'elle doit — ceci est d'autant plus urgent que l'équilibre du budget en dépend pour une bonne part —, assurer son ravitaillement en charbon et en coke, et contraindre l'Angleterre à montrer plus de compréhension vis-à-vis des positions françaises réclamant la liaison entre les réparations et les dettes de guerre.

La décision française est prise le 27 novembre 1922, dans une réunion présidée par Millerand et à laquelle participe le maréchal Foch. Poincaré, qui a longtemps hésité avant d'opter pour l'épreuve de force, se résout à se saisir de la Ruhr dans le but de rétablir d'un coup une position française qui n'avait cessé de se dégrader depuis trois ans. Un retard de quelques semaines dans une livraison en nature lui fournit l'occasion souhaitée pour saisir la commission interalliée chargée de l'exécution des réparations. Le 26 décembre, par trois voix (France, Italie, Belgique) contre une (celle de l'Angleterre), celle-ci prend acte du manquement allemand et, le 11 janvier 1923, les troupes franco-belges pénètrent dans la Ruhr.

L'Allemagne réplique par la *« résistance passive »* : une grève générale de deux millions d'ouvriers, soutenue financièrement par le gouvernement du Reich. Celui-ci en effet a vu venir l'épreuve de force et l'a acceptée en connaissance de cause, estimant que la France était tombée dans un piège, qu'elle s'était isolée sur le plan international et qu'elle serait incapable de remettre en marche l'énorme machine industrielle de la Ruhr.

Or, du côté français, on ne s'est pas non plus lancé dans l'affaire sans en avoir mesuré les conséquences. Préparé depuis 1920, le plan d'occupation de la Ruhr comportait une série de mesures qui ont été immédiatement appliquées. Une « frontière » est mise en place entre le Reich et la région occupée. Tenue par des douaniers français et belges, elle est destinée à faire payer aux marchandises transitant dans les deux sens des droits de douane qui vont alimenter la caisse des réparations. On établit d'autre part une régie des chemins de fer, qui sera la grande réussite de l'occupation et le coin enfoncé dans la *« résistance passive »*. En mai 1923, cet organisme emploie 32 000 cheminots français et 7 000 allemands qui, lassés de la grève, ont repris le travail, la remise en marche du réseau ferroviaire permettant de relancer la vie économique de la région. Enfin, on procède à plus de 100 000 expulsions, dont celles de nombreux fonctionnaires.

Au début de l'été 1923, la résistance donne d'évidents signes d'essoufflement. Le gouvernement de Berlin a cru qu'il suffirait de tenir bon quelques mois pour que les Britanniques interviennent, ou du moins proposent leur médiation. Or, si les dirigeants de Londres désapprouvent la politique française, ils se gardent bien de prendre la moindre initiative. En Allemagne, nombreux sont ceux qui, dans les milieux nationalistes et jusqu'au sein de l'équipe dirigeante estiment qu'il faut aller plus loin et engager contre l'occupant une véritable résistance armée. Sans attendre une décision en ce sens, des actions isolées sont entreprises dans les régions occupées auxquelles les autorités militaires françaises répondent avec une très grande sévérité. Une échauffourée aux usines Krupp fait 13 morts le 31 mai. Quelques jours plus tôt un Allemand est fusillé pour avoir fait sauter un train militaire. Des attentats contre des soldats français et des sabotages ont lieu, tandis que des corps-francs commencent à se constituer. S'achemine-t-on vers une véritable épreuve de force ? En fait, il apparaît vite que le glissement vers l'action terroriste révèle plutôt un fléchissement sensible de la résistance passive. En août, l'échec ne fait plus de doute pour personne. L'Allemagne est isolée. Le financement de la résistance a achevé de ruiner ses capacités financières. Les trains recommencent à rouler tandis que le charbon et le coke prennent le chemin des centres sidérurgiques français et belges. Conscient de sa défaite, Cuno démissionne et cède la place à un cabinet de large union présidé par Stresemann.

La République de Weimar paraît à cette date en pleine décomposition. Manifestations séparatistes et tentatives de putschs se succèdent à l'automne, culminant début novembre avec le coup de force hitlérien de Munich. Aussi, conscient de la gravité de la situation, ne pouvant lutter à la fois contre l'occupant français et contre ses adversaires de l'intérieur, Stresemann décide-t-il le 26 septembre de mettre fin à la résistance passive dans la Ruhr.

Poincaré a donc gagné. Pourtant, il ne se presse pas d'engager avec Berlin une négociation susceptible de régler définitivement — et en position de force — le problème des réparations, comme Stresemann le lui propose. En France, il est clair que le chaos dans lequel se débat la grande nation voisine a réveillé l'espoir de voir se constituer un État-tampon sur sa frange occidentale. Poincaré n'est pas un homme d'aventure et il est loin de partager les fantasmes de ceux qui rêvent de revenir aux frontières de 1792. Il n'en est pas moins tenté, à l'heure où les autonomistes intransigeants, comme Dorten, s'effacent devant Adenauer et où l'on s'apprête à créer une banque rhénane, pour substituer une monnaie locale au mark en perdition, à jouer la carte de l'autonomie rhénane. Fin 1923, rien ne paraît devoir s'opposer à ce projet qui assurerait enfin à la France la sécurité qu'elle recherchait en vain depuis la fin de la guerre.

Or les choses vont évoluer dans un tout autre sens. La rapide stabilisation monétaire et politique du Reich, opérée par l'équipe Stresemann/Schacht, l'aide apportée à l'Allemagne par la Banque d'Angleterre et le ralliement au pouvoir central de la majorité « légaliste » du mouvement autonomiste enlèvent à la France ses principaux instruments de pression. Très vite Poincaré est amené à adopter une attitude plus souple, non seulement à propos de la question rhénane — il ne tarde pas à abandonner la carte autonomiste —, mais dans celle des réparations. Il y a à cela deux raisons principales : le peu d'inclination qu'il porte aux actions illégales, donc au soutien de la dissidence, et les difficultés du franc dont la valeur n'a cessé de baisser depuis l'automne 1922. N'ayant pu obtenir de la Chambre élue en 1919, et alors que les législatives approchent, l'effort fiscal qui aurait permis de rétablir l'équilibre du budget et de donner une certaine aisance au Trésor, soucieux d'autre part de juguler les effets d'une spéculation internationale, impulsée au départ par les financiers d'outre-Rhin (comme l'a montré l'historien américain S.A. Schuckert dans un livre paru en 1976 : *The End of French Predominance in Europe*), aggravée par les tendances inflationnistes de certains milieux d'affaires français, et qui joue contre le franc, Poincaré se voit contraint au début de 1924 de demander à la banque américaine Morgan l'ouverture d'un crédit. Londres et Washington en profitent pour exercer une pression sur le gouvernement français. Celui-ci finit par céder et accepte la réunion d'un comité d'experts présidé par un banquier américain, le général Dawes.

L'ère de la sécurité collective (1924-1929)

Quelles que soient les raisons, internes et externes (Cf. J.-N. Jeanneney, « De la spéculation financière comme arme diplomatique. À propos de la première bataille du franc, novembre 1923-mars 1924 », *Relations internationales*, n° 13, printemps 1978, pp. 5-27), c'est bel et bien la nécessité de faire face aux difficultés financières qui, l'important désormais sur toute autre considération, incline Poincaré à accepter l'idée d'une négociation internationale sur les réparations incluant l'intervention des Britanniques et des Américains et qui aboutit, en avril 1924, à l'élaboration du plan Dawes.

Ce plan, qui limite et échelonne les versements dus au titre des réparations et qui, à bien des égards, constitue l'instrument de la pénétration en Allemagne des capitaux d'outre-Atlantique, en même temps que le triomphe de la conception anglo-saxonne de la reconstruction européenne, est accepté par le gouvernement allemand à la fin du printemps 1924, c'est-à-dire à un moment où, en France, Poincaré n'est déjà plus maître de la situation. Les élections du 11 mai ont en effet traduit un renversement de la majorité des Français en faveur des candidats du Cartel et ceci va entraîner d'importantes conséquences sur la politique étrangère de la République.

Depuis plusieurs mois, de vives critiques avaient été adressées par la gauche à la politique de Poincaré et la question de la Ruhr avait été l'un des grands thèmes de la campagne. En fait si les hommes du Cartel, prenant acte de l'opposition d'une partie importante de l'opinion envers une politique coûteuse et qui isolait la France, savaient à peu près ce qu'ils ne voulaient pas en matière de conduite des affaires internationales, ils étaient loin d'avoir des idées précises sur ce qui devait être fait. Parmi les élus du Cartel, on trouvait à côté de socialistes opposés par principe au contenu du traité de Versailles et qui professaient une totale confiance envers la social-démocratie allemande, une majorité de radicaux peu enclins à l'internationalisme et extrêmement méfiants à l'égard de l'Allemagne, nombre d'entre eux ayant d'ailleurs voté pour Poincaré jusqu'à l'automne 1923. Ce sont des raisons de politique intérieure qui les ont amenés à rompre avec le Bloc national et à conclure une alliance électorale avec la SFIO, non la politique allemande de Poincaré. Ces divergences expliquent le flou qui entoure, après la victoire du Cartel, la nouvelle politique extérieure de la France.

Pendant les mois décisifs du printemps et de l'été 1924 où s'opère le tournant de la diplomatie française, tout repose sur Édouard Herriot, leader du Cartel, président du Conseil et ministre des Affaires étrangères. Maire de Lyon depuis 1905, cet universitaire de haut vol devenu un professionnel de la politique a accédé à la présidence du Parti radical en 1919, dans un climat de grande fièvre patriotique, et rien ne le prédispose à mener une politique d'abandon. Bon connaisseur de l'Allemagne, il est de ceux qui redoutent la volonté revanchiste de ce pays. C'est la raison pour laquelle il s'efforce de nouer de bonnes relations avec les Soviets — la reconnaissance *de jure* de l'URSS par la France aura lieu en octobre 1924 — et c'est dans la même perspective qu'il tient absolument à avoir les Américains et les Britanniques dans son jeu. Mais en même temps, il croit qu'une attitude conciliatrice pourrait consolider en Allemagne le camp des partisans de la démocratie et de la paix.

Lorsque s'ouvre à Londres, à la mi-juillet, la conférence internationale qui doit présider à la mise en place du plan Dawes, Herriot ne peut que constater l'isolement de la France. Entre ses trois principaux partenaires, Grande-Bretagne, États-Unis et Allemagne, il s'est établi au cours des semaines précédentes un accord informel sur les conditions à exiger de Paris : d'une part l'évacuation inconditionnelle et sans contrepartie du bassin de la Ruhr, d'autre part le démantèlement immédiat du dispositif administratif mis en place par les occupants. À Londres, la délégation française aura beau lutter pied à pied pour faire prévaloir ses vues, elle n'obtiendra finalement que des concessions mineures. Sur ses objectifs majeurs, à savoir la conclusion d'un pacte de garantie avec le Royaume-

Uni, l'aménagement de la dette envers les États-Unis et le contrôle préalable du désarmement effectif de l'Allemagne, Herriot devra bel et bien capituler.

L'historiographie française est majoritairement sévère, et probablement un peu injuste, à l'égard du leader du Cartel. Jacques Bariéty évoque son « amateurisme » et son manque de clairvoyance en matière internationale (*Les relations franco-allemandes après la Première Guerre mondiale, 1918-1924*, Paris, Pedone, 1977). Jean-Noël Jeanneney le montre prisonnier de ses « *abandons lyriques* » (*Leçon d'histoire pour une gauche au pouvoir. La faillite du Cartel (1924-1926)*, Paris, Seuil, 1977). Denise Artaud parle d'un « *homme sans volonté, ressort ni profondeur* », et écrit : « *Ce n'est pas l'avènement d'une société sans frontières, ce n'est pas le progrès de l'internationalisme auxquels le Cartel a contribué, mais le triomphe des conceptions anglo-saxonnes. Inconsciemment, il s'est comporté comme le cheval de Troie des intérêts nationaux britanniques et américains* » (Cf. sa thèse multigraphiée : *La Question des dettes interalliées et la reconstruction de l'Europe (1917-1929)*, Université de Lille III, 1976 ; et aussi : *La reconstruction de l'Europe (1919-1929)*, Paris, PUF, 1973).

Un jugement serein sur les choix de politique internationale opérés par le leader radical doit tenir compte d'un certain nombre de faits. En premier lieu, le constat que fait Herriot, à la veille de la Conférence de Londres, de l'isolement dans lequel se trouve la France et de la mauvaise image qu'a produite son intervention dans la Ruhr. Considérée au lendemain de la guerre comme la principale victime de l'impérialisme et du « *militarisme prussiens* », la voici désormais taxée d'impérialisme et de militarisme par ses ex-Alliés, aussi bien dans la très libérale Angleterre que chez les communistes russes. Cette réputation se trouve d'ailleurs confortée par divers incidents survenus dans la Ruhr et en Rhénanie : par exemple des viols attribués aux troupes coloniales vont susciter une vive émotion dans les puissantes ligues féminines anglaises et américaines. Montés en épingle par la presse allemande, puis par les journaux anglo-saxons, ils concourent fortement au renversement d'images qui s'opère aux dépens de la France, effaçant des mémoires les soi-disant « atrocités » commises par la soldatesque germanique au début du conflit mondial.

Herriot se rend compte que, face à l'Allemagne, la France ne peut demeurer isolée. Le voudrait-elle qu'elle n'en a pas les moyens. S'il a cédé aux pressions de ses partenaires anglo-saxons, ce n'est donc pas par faiblesse à l'égard de son ex-ennemie, mais pour ressouder l'amitié avec le Royaume-Uni, qu'il juge indispensable à la reconstruction européenne et à la sécurité de la France.

Le chef du gouvernement français espérait en effet obtenir en retour de son appui aux thèses anglo-saxonnes une réforme de la SDN. À l'automne 1924, il présentera à Genève un « protocole » prévoyant le recours à l'arbitrage dans l'éventualité d'un conflit entre deux pays et l'application, en cas de refus de l'un ou de l'autre, de sanctions économiques et même militaires. MacDonald était favorable à ce projet, mais il devra abandonner le pouvoir peu de temps après et son successeur ne donnera pas suite.

Il faut d'autre part tenir compte des contraintes internes de la politique française : la situation difficile du franc, l'hostilité que les milieux d'affaires et la droite nationaliste manifestent à l'égard du gouvernement cartelliste, ainsi que les attentes d'un électorat de gauche qui n'a pas voté contre le Bloc national pour voir la nouvelle équipe dirigeante pratiquer la même politique que les sortants. Le maintien d'une attitude intransigeante à l'égard de l'Allemagne signifierait qu'Herriot se donnât les moyens financiers de sa politique. Comment la majorité cartelliste lui donnerait-elle pour les réunir les instruments fiscaux que la Chambre de Bloc national avait refusés à Poincaré ?

Soucieux de promouvoir une *« politique étrangère de gauche »* (Cf. S. Berstein, *Édouard Herriot ou la République en personne*, Paris, Presses de la FNSP, 1985), mais conscient en même temps des capacités réelles de la France, Herriot choisit — peut-être un peu hâtivement et sans avoir mesuré toutes les conséquences de son choix — de faire de nécessité vertu, en renonçant de son plein gré à une politique de rigueur qu'il sait irrémédiablement condamnée. Il estime, et il n'a vraisemblablement pas tort, que l'abandon de la politique d'exécution constitue le prix à payer pour que la France puisse reprendre l'initiative en matière internationale, mettre dans son jeu les Anglo-Saxons et amorcer, grâce à l'afflux de capitaux américains, la pompe des versements allemands.

Quoi qu'en disent certains des contempteurs du leader radical, dont le jugement n'est pas toujours sans lien avec les préoccupations politiques du moment où ils écrivent, il n'est pas du tout certain que Poincaré aurait pu « mieux faire » que son successeur. S'il est de ceux qui, au Sénat, votent l'approbation des décisions prises par la Conférence de Londres, n'est-ce pas parce que l'ancien Président de la République a lui-même compris qu'il n'existait pas de politique de rechange, plutôt que — comme cela a été dit et redit — par patriotisme ou par calcul électoral ?

La conférence de Londres et la mise en route du plan Dawes marquent un tournant important dans la politique étrangère de la France et, plus globalement, dans le déroulement des événements internationaux. En quelques mois, on passe de la « guerre froide » qui opposait la France et l'Allemagne à un « dégel » qui va s'accentuer au cours des années suivantes. Il y a à cela des raisons diverses dont certaines, qui ne peuvent être développées ici, relèvent du renversement de la conjoncture internationale. Rappelons seulement que la phase dépressive qui a fait suite au « boom » de l'immédiat après-guerre s'achève en 1924 avec le redressement financier du Reich. L'Europe connaît, à l'exception de la Grande-Bretagne, une période de forte croissance qui ne peut que favoriser la détente internationale.

Dans ce contexte, il est clair que ce sont des contraintes internes et externes qui ont incliné les deux principaux responsables de la diplomatie française et allemande à introduire dans les rapports entre les deux puissances riveraines du Rhin une volonté ferme de règlement des questions les plus litigieuses. L'idéalisme et le désir d'assurer la paix en Europe par la conciliation ne sont certes pas absents de leurs motivations. Mais celles-ci reposent surtout sur une appréciation réaliste de la situation des deux pays. Briand est conscient de la fragilité économique et de la faiblesse démographique de la France. Il juge, comme Herriot et pour des raisons identiques, que la conciliation est préférable à une politique de force, face à une Allemagne économiquement puissante, liée à l'URSS et soutenue par les puissances anglo-saxonnes. Stresemann estime que l'entente avec la France favorisera la stabilité économique et politique du Reich et lui permettra par la suite, avec l'appui de Londres et de Washington, d'obtenir une révision des traités. Plutôt que de suivre la voie maximaliste que tracent aux dirigeants de la République de Weimar les chefs des formations nationalistes, il lui paraît plus habile et plus réaliste, comme il le déclare dans sa lettre au Kronprinz du 7 septembre 1925, de « *finasser et de se dérober aux grandes discussions* ». La détente est donc un choix tactique à l'intérieur de stratégies différentes.

Le rôle personnel joué par les deux principaux responsables de la diplomatie française et allemande est également capital. En face de Stresemann, un homme d'affaires nationaliste et monarchiste (favorable pendant le conflit aux projets annexionnistes de Ludendorf), que les difficultés de l'après-guerre ont convaincu de la nécessité d'obtenir une révision du traité de Versailles par des moyens pacifiques, et qui, après avoir assumé la charge de chancelier dirigera la diplomatie allemande jusqu'à sa mort en octobre 1929, c'est Aristide Briand qui, en France, est en charge des relations extérieures.

Ce Nantais originaire d'une famille modeste est né en 1862. Après des études de droit, il a été à Saint-Nazaire l'avocat des syndicalistes et des révolutionnaires, puis est monté à Paris où il s'est lié d'amitié avec Jaurès. Député de Saint-Étienne en 1902, co-fondateur de la SFIO, il est en 1905 rapporteur de la loi de séparation des Églises et de l'État et déploie en cette circonstance des qualités de conciliateur qui le désignent à l'attention de ses collègues. Ministre dès 1906, il prend ses distances avec les socialistes et entame une grande carrière politique : il sera 22 fois ministre et 10 fois président du Conseil. Lorsqu'il occupe cette charge en 1916, il « *fait la guerre* », ce qui ne l'empêche pas l'année suivante d'être parmi ceux qui, par des contacts confidentiels, sondent les possibilités de paix. Ayant joué un rôle déterminant dans l'échec infligé à Clemenceau lors des élections présidentielles de 1920, il devient, nous l'avons vu, chef d'un gouvernement de Bloc national en 1921 et il parle alors de « mettre la main au collet » de l'Allemagne. C'est pourtant son expérience gouvernementale de 1921 qui le convainc que la France n'est pas en mesure, seule, d'obliger l'Allemagne à exécuter toutes les clauses du traité. Il va donc s'efforcer de l'y conduire en douceur en tant que ministre des Affaires étrangères, dans les différents cabinets qui se succèdent entre 1925 et 1932, employant à cela ses talents d'orateur (la fameuse « voix de violoncelle »), son sens aigu de l'« arrangement » et jusqu'à son apparent désintérêt pour les discussions auxquelles il prend part (Clemenceau parle de sa « *spirituelle nonchalance et de son calme un peu félin* »).

L'idée qui domine le « grand dessein » de Briand est de réconcilier la France et l'Allemagne pour établir en Europe une paix durable. Il faut donc, si l'Allemagne donne des signes de bonne volonté, et en échange de certaines garanties, accepter des aménagements aux clauses du traité de Versailles. Ses adversaires, et notamment la droite nationaliste lui reprocheront son absence de réalisme, sa passivité et son « *aveuglement* » face aux manœuvres de son partenaire. Or il faut très fortement retoucher l'image d'un Briand idéaliste et pacifiste « béat » (image qu'il se plaît à donner de lui-même en accréditant la légende du « *pèlerin de la paix* »), qui aurait été berné de bout en bout par l'habileté et les « finasseries » de Stresemann. Il est encore moins un « *germanophile* » comme le proclame l'*Action française*. Simplement, il pense que la France doit faire la « *politique de sa natalité* » et de ses moyens financiers. Il veut éviter qu'elle se trouve isolée en face d'une Allemagne reconstruite de 60 millions d'habitants, en bons termes avec l'URSS et avec les Anglo-Saxons, et prête à prendre la tête d'une *Mitteleuropa* économique, premier pas vers le rétablissement de son hégémonie continentale. C'est dans ce sens qu'il faut interpréter les tentatives faites par Briand pour intégrer le Reich dans un ensemble international assez vaste pour qu'il n'y joue pas seul les premiers rôles : la Société des Nations, les signataires du pacte Briand/Kellog, puis l'« Union européenne ».

Le rapprochement avec l'Allemagne auquel le chef de la diplomatie française donne l'impulsion, secondé par le secrétaire général du Quai d'Orsay Philippe Berthelot, comporte plusieurs étapes. La première débouche, en octobre 1925, sur la Conférence et sur les accords de Locarno. L'initiative vient d'ailleurs de Stresemann, ou plutôt de l'ambassadeur britannique d'Abernon qui a conseillé au ministre allemand de proposer à la France — ce qu'il fait en février 1925 — la conclusion d'un acte diplomatique par lequel le Reich reconnaîtrait ses frontières occidentales, avec la garantie de tierces puissances. Berlin y voit un double avantage. D'une part il serait établi ainsi une différence implicite entre les frontières occidentales du Reich, que l'on accepterait de garantir, et les frontières orientales qui devraient être révisées un jour. D'autre part, la France obtenant une assurance de sécurité, on pourrait exiger d'elle qu'elle évacue avant la date prévue la rive gauche du Rhin. Cela permettrait aux dirigeants allemands de désarmer l'opinion nationaliste et d'offrir à leur pays une plus grande liberté de manœuvre.

De retour au Quai d'Orsay en avril 1925, Briand fait du réglement du problème rhénan la grande affaire de sa rentrée politique. À la suite d'une longue et difficile négociation, les représentants des principales puissances intéressées — Briand, Stresemann, le Britannique Chamberlain, le Belge Vandervelde et le chef de l'Italie fasciste, Benito Mussolini — se réunissent à Locarno, en Suisse, du 5 au 16 octobre 1925, et signent une série d'accords visant à stabiliser la situation entre l'Allemagne et ses partenaires ouest-européens. Le Reich reconnaît ses frontières avec la France et la Belgique, ainsi que la démilitarisation de la zone rhénane. Il s'engage à ne pas utiliser la force pour obtenir la révision éventuelle de ce *statu quo*, tandis que l'Angleterre et l'Italie se portent garantes de ces engagements. En échange, l'Allemagne obtient son admission à la SDN avec un siège de membre permanent du Conseil. D'autre part des conventions vagues et complexes sont signées avec la France, la Belgique, la Pologne et la Tchécoslovaquie : elles garantissent à l'Allemagne que, dans le cas où la SDN déciderait des sanctions militaires contre un éventuel agresseur en Europe orientale, leur exécution ne pourrait se faire en passant par le territoire du Reich. Ce qui enlève à l'armée française toute possibilité de secourir les petites puissances alliées de l'Est européen.

Si Stresemann éprouve quelque difficulté à faire ratifier les accords de Locarno, Briand est pour sa part accueilli en France de manière triomphale, sauf par les communistes et par l'extrême droite dont il est devenu l'une des cibles favorites. Pourtant, répétons-le, l'ancien avocat socialiste n'est pas l'idéaliste « bêlant » que se plaisent à dénoncer les polémistes de la feuille maurrassienne. Il a tout à fait conscience de la stratégie à long terme de son homologue allemand. Il sait que ce dernier vise à la fois la révision des frontières orientales du Reich et l'isolement de la Tchécoslovaquie et de la Pologne. Aussi se hâte-t-il de signer des traités d'alliance avec ces deux pays, tout en poussant Berlin à entrer à la SDN, afin d'enserrer la République de Weimar dans un réseau de liens et d'engagements internationaux qui freinent son action révisionniste. Ce pas décisif est accompli le 10 septembre 1926. L'Allemagne fait son entrée au Palais de Genève et se voit attribuer, d'entrée de jeu, le siège de membre permanent du Conseil qu'il a fallu refuser à la Pologne. Autrement dit, elle se trouve placée du jour au lendemain sur un pied d'égalité avec la France, le Royaume-Uni, l'Italie et le Japon. L'événement est salué par les discours « historiques » de ses deux principaux artisans et en particulier par la fameuse péroraison de Briand : *« Arrière les fusils, les mitrailleuses, les canons ! Place à la conciliation, à l'arbitrage et à la paix ! »*

Peu de temps auparavant, en juillet 1926, Poincaré a été rappelé aux affaires à la suite de la débâcle du franc et de l'éclatement de la majorité cartelliste. Or, contrairement aux attentes de ceux pour qui le retour de l'homme d'État lorrain impliquait que l'on revînt à la politique d'exécution, le nouveau président du Conseil ne rompt pas avec la politique étrangère de ses prédécesseurs et maintient Briand dans ses fonctions, preuve, s'il en fallait une, qu'une page a été tournée en 1924 dans les rapports entre la France et l'Allemagne. Sans avoir entièrement les mains libres, le *« pèlerin de la paix »* se voit confirmé dans sa mission de promouvoir la détente.

L'occasion lui en est fournie lors du fameux entretien que le ministre français aura avec Stresemann, dans une auberge de Thoiry, près de Genève, le 17 septembre 1926. Jacques Bariéty, qui a étudié dans sa thèse, à partir des archives françaises et allemandes, la préparation de cette rencontre, explique qu'il ne faut pas voir dans le « plan dit Thoiry » un projet improvisé dans l'euphorie d'un bon déjeuner. Le tête-à-tête en effet a été préparé de longue date par des approches confidentielles, chacun des deux protagonistes poursuivant, une fois encore, sa stratégie propre sans qu'il y ait pour autant un trompeur et un trompé.

À l'origine de l'entrevue de Thoiry, il y a, du côté français, les difficultés persistantes du franc, lequel continue à chuter dangereusement alors que les initiatives de Schacht et les crédits américains ont permis le redressement du mark. L'idée de Stresemann est de fournir aux Français un ballon d'oxygène, en réglant d'un coup une partie des réparations. L'Allemagne ne dispose pas de tous les capitaux nécessaires pour mener à bien cette opération, mais les banques américaines pourraient faire l'avance. En échange, Stresemann demande l'évacuation anticipée de la rive gauche du Rhin, la fin du contrôle militaire interallié et la restitution immédiate de la Sarre sans plébiscite, avec rachat des mines à l'État français.

L'accord verbal établi à Thoiry n'aura pas de suite. Si l'on suit Denise Artaud, qui a travaillé sur d'autres sources que Bariéty, Poincaré n'aurait pas été entièrement hostile à l'idée de l'évacuation de la Rhénanie en échange de compensations financières. Il ne désavoue donc pas Briand, sans toutefois l'encourager à aller plus avant dans la négociation. En fait, il laisse jouer au bénéfice de la France un redressement financier qui s'amorce au début de l'hiver 1926-1927 et va lui permettre l'année suivante de stabiliser le franc. Cette opération étant menée sans qu'il soit nécessaire de recourir au soutien financier du Reich ; les projets examinés à Thoiry se trouvent sans objet.

À partir de 1927, la détente franco-allemande se manifeste hors du champ strictement politique. Sur le plan des relations économiques, elle bénéficie tout d'abord des accords de cartel qui sont signés en septembre 1926 par les représentants des sidérurgistes français, allemands, belges, luxembourgeois et sarrois. L'*Entente internationale de l'acier* qui est ainsi mise en place et qui fixe, entre les différents pays producteurs, des quotas révisables, met fin à la guerre au couteau que se livraient depuis plusieurs années dans ce secteur les industriels français et allemands. D'autre part, un traité de commerce est conclu entre les deux États en août 1927, à la suite d'une longue et laborieuse négociation. Ni l'un ni l'autre de ces accords ne sera remis en cause avant 1939.

S'agissant des opinions publiques, si l'animosité de fond subsiste de part et d'autre du Rhin, quelques signes de détente se font jour néanmoins au milieu de la décennie. En Allemagne, les nazis et les autres formations de l'ultra-droite revanchiste perdent du terrain, tandis que les grands partis nationaux modèrent leurs critiques à l'égard de la politique conciliante de Stresemann. En France, les socialistes demeurent dans l'opposition mais approuvent les initiatives de Briand, tandis que nombre de catholiques passent de la méfiance à l'égard de l'Allemagne à la défense de Locarno. Une petite partie d'entre eux, appartenant à la tendance démocrate-chrétienne, manifeste même un vif enthousiasme pour la SDN et pour le rapprochement franco-allemand, rejoignant sur ce point la cohorte des intellectuels, des grands universitaires, des hommes politiques proches du radicalisme qui constituent le « *milieu genevois* ». Quant à l'*Action française*, elle mène une guerre sans merci contre ces groupes qu'elle désigne comme des « *ennemis de l'intérieur* », mais depuis sa condamnation par le Saint-Siège à la fin de 1926, elle a perdu une grande partie de son audience, notamment auprès des catholiques.

Une véritable mystique de la pacification franco-allemande naît pendant ces années fastes de la « prospérité », dans un contexte où fleurissent les projets d'union douanière et d'unification européenne. Elle émane, il est vrai, de milieux extrêmement restreints où coexistent des représentants de la classe politique, comme Adenauer et von Papen pour l'Allemagne, Herriot, Briand et Blum pour la France, des intellectuels de réputation mondiale (Valéry, Claudel, Gide, Romain-Rolland, Unamuno, etc.), ou encore de grands industriels comme Émile Mayrisch, magnat de la sidérurgie luxembourgeoise, inspirateur du cartel de l'acier et fondateur en 1926 d'un *Comité franco-allemand d'information et de documentation* auquel adhèrent de nombreuses personnalités et qui s'est donné pour tâche de réduire les malentendus entre les deux pays en agissant sur les opinions publiques par la voie de la presse et de manifestations diverses (colloques, voyages de jeunes, traductions, etc.). Aussi minoritaires que soient ces actions, elles n'en ont pas moins contribué à détendre l'atmosphère.

Signé en août 1928, le pacte Briand/Kellog peut être considéré comme marquant l'apogée de la *« sécurité collective »*. Par cet acte, les quinze puissances signataires — dont la France et l'Allemagne — condamnent solennellement le recours à la guerre et s'engagent à rechercher la solution d'éventuels différends par des moyens exclusivement pacifiques. Briand, qui en avait eu l'initiative, aurait voulu qu'il restât limité à la France et aux États-Unis, qu'il espérait ainsi faire revenir sur la scène européenne. Mais le secrétaire d'État américain refusa de se laisser enfermer dans cette combinaison et transforma l'engagement initialement envisagé en un pacte multilatéral sans contenu réel. Stresemann, qui avait été mis dans la confidence par les Américains, s'empressa de s'associer au projet, trop heureux de pouvoir démontrer aux différents acteurs du jeu européen que le maintien par la France d'une armée importante et de son réseau d'alliances de revers était devenu caduc.

On voit qu'au-delà des quelques manifestations spectaculaires de la détente, chacun des deux protagonistes poursuit ses objectifs prioritaires : pour la France l'adhésion de l'Allemagne au système de la sécurité collective, pour cette dernière la révision de ses frontières orientales. On continue donc de s'observer, d'anticiper sur les réactions de l'autre, voire de faire pression sur lui par divers moyens.

Par exemple, dans le but de maintenir deux fers au feu et de faire pression sur les Occidentaux, Stresemann poursuit la *« politique à l'Est »* inaugurée par les accords de Rapallo, signant un traité de commerce avec les Soviets en octobre 1925, puis un pacte de non-agression et de neutralité en avril 1926. D'autre part, n'ayant pas pardonné à Poincaré l'échec de Thoiry, le chef de la diplomatie allemande n'hésite pas à agir en sous-main pour déstabiliser l'homme d'État lorrain, subventionnant à coups de fonds secrets les journaux qui lui sont hostiles, ou faisant transiter par la Suisse les sommes destinées à soutenir ses adversaires aux élections d'avril 1928.

L'éclatante victoire électorale remportée par le chef du gouvernement français oblige toutefois Stresemann à modifier sa tactique. À l'occasion de sa rencontre avec Poincaré lors de la signature à Paris du pacte Briand/Kellog, les deux hommes se mettent d'accord sur l'évacuation anticipée de la Rhénanie. En échange de quoi l'Allemagne renoncerait définitivement à l'Alsace-Lorraine et à l'*Anschluss* et accepterait un nouveau plan de paiement des réparations qui prendrait le relais du plan Dawes. Ce sera le plan Young (du nom du président du comité d'experts qui procède à son élaboration), qui sera discuté et accepté lors d'une conférence internationale réunie à La Haye en août 1929. La dette allemande se trouve une nouvelle fois réduite et devra être acquittée en 59 annuités de 1929 à 1988. L'année suivante, la Rhénanie est évacuée avec près de cinq ans d'avance sur la date prévue.

Les limites de la détente

La fin de la guerre froide franco-allemande n'a pas eu pour effet de faire disparaître les autres sujets de tension en Europe et hors d'Europe. Trois problèmes principaux préoccupent pendant cette période les dirigeants français.

Le premier a trait aux positions de la France dans les zones où elle a imposé sa présence coloniale. En apparence, l'Empire a traversé le premier conflit mondial sans bouleversement majeur. Il y a bien eu, en Indochine, à Madagascar et en Algérie, quelques révoltes locales provoquées par l'augmentation des impôts, les réquisitions d'hommes et la propagande des puissances centrales, mais elles ont été réprimées rapidement et à peu près complètement ignorées à l'extérieur du fait de la censure. D'autre part les colonies ont fourni à la métropole des matières premières, des combattants et des travailleurs qui n'ont pas été pour rien dans le succès de l'Entente et qui, de retour dans leur pays, ont commencé à s'interroger sur la signification de ces « principes de 1789 » dont les démocraties victorieuses ont fait leur cheval de bataille. Rien de bien dangereux au début en ce sens que, dans la majorité des cas, ce que réclament les élites indigènes ce n'est pas l'indépendance de leur pays, mais au contraire une association plus étroite avec la métropole et un accès plus facile à la citoyenneté française. Il en est ainsi des jeunes intellectuels algériens, comme en témoignent les écrits de jeunesse de Ferhat-Abbas, des instituteurs kabyles s'exprimant par la revue *La Voix des humbles* et qui en rajoutent parfois en militantisme laïque sur leurs collègues métropolitains, ou encore des adhérents à la Ligue française pour l'accession des indigènes de Madagascar aux droits de citoyens français, dont le fondateur est également un instituteur ancien combattant, Ralaimongo. Mais, la réponse donnée par les colons à ces exigences modérées et l'indifférence majoritaire des hommes et des partis politiques métropolitains ne vont pas tarder à transformer la revendication assimilationniste en un projet révolutionnaire et indépendantiste.

C'est principalement dans les territoires récemment acquis par la France où celle-ci exerce son autorité par le système du protectorat que les oppositions se font les plus vives. En Indochine, l'instituteur Nguyen Thai Hoc fonde en 1927 le Parti national vietnamien qui propose l'action directe pour accéder à l'indépendance et à une révolution inspirée de celle du Chinois Sun Yat Sen. En Tunisie, une campagne d'agitation se développe dans la première moitié des années vingt autour du mouvement nationaliste du *Destour* (=constitution). Le résident Lucien Saint réussit à la maîtriser mais elle trouve un second souffle à la fin de la décennie, lorsque rompant avec la direction du parti, de jeunes éléments groupés autour de Habib Bourguiba décident de lancer un formation rivale, le *Néo-Destour*, qui adopte aussitôt une attitude beaucoup plus radicale. Mais c'est au Maroc que la remise en cause de la tutelle française prend le caractère le plus dramatique. Au printemps 1924, un mouvement de dissidence animé par Abd el-Krim et parti du Maroc espagnol, déborde sur le protectorat français, menace Fez et met en danger l'ensemble du pays. Après avoir écarté le maréchal Lyautey et chargé Pétain d'une mission exceptionnelle, le gouvernement français enverra plus de cent mille hommes pour rétablir l'ordre au Maroc. Il faudra un peu plus d'un an pour gagner la « guerre du Rif », mais l'alerte aura été chaude. De même qu'au Liban et en Syrie, territoires sous « mandat » attribués à la France par la SDN et où se développe entre 1925 et 1927 une révolte des populations chrétiennes et druses, relayée par des éléments musulmans. Là encore, après le rappel du général Sarrail — qui avait fait bombarder Damas par l'artillerie de la citadelle —, il faudra un effort militaire considérable pour venir à bout de la rébellion.

Aux prises avec ces formes diverses de l'opposition nationaliste, l'entreprise impériale française doit également compter avec l'influence du communisme international. D'abord sur le terrain avec la constitution d'organisations reliées au *Komintern*, en particulier le Parti communiste indochinois que fonde en 1930 Nguyen Ai Quoc — le futur Hô Chi Minh —

et l'Étoile nord-africaine, constituée en 1926 et qui ne tarde pas à trouver un leader dynamique en la personne de Messali Hadj. Ensuite dans la métropole, avec l'action menée au moment de la guerre du Rif, sur injonction formelle de la IIIe Internationale, par les militants du jeune Parti communiste français.

La seconde préoccupation du gouvernement français concerne précisément les rapports avec le « monde communiste », c'est-à-dire avec la jeune Union soviétique et avec cette courroie de transmission des directives du Kremlin qu'est en train de devenir, après la mort de Lénine, l'Internationale communiste. Avec l'URSS, le problème qui continue de se poser après sa reconnaissance par le gouvernement Herriot a trait au remboursement des dettes de l'État tsariste. En février 1925, une conférence franco-soviétique s'ouvre à Paris pour examiner ce problème. Mais l'intransigeance du délégué soviétique, qui réclame la restitution de la flotte russe de la mer Noire (internée à Bizerte) et demande que le remboursement des dettes ait pour contrepartie l'octroi par la France de crédits correspondants, retarde, malgré la bonne volonté manifestée par le chef de la délégation française, Anatole de Monzie, la conclusion d'un accord. La signature d'un traité d'alliance franco-roumain en juin 1926 (qui sanctionne l'annexion de la Bessarabie par cet État), puis le retour au pouvoir de Poincaré, un mois plus tard, enterrent définitivement cette affaire et inaugurent une période de tension entre Paris et Moscou. On envisage même en France à la fin de 1926 de rompre les relations diplomatiques avec la Russie des Soviets, comme le fera le Royaume-Uni quelques mois plus tard à la suite des ingérences — réelles et supposées — du Komintern dans les énormes problèmes sociaux rencontrés par le gouvernement Baldwin depuis le printemps 1926.

À partir de 1927, l'État communiste vit dans la hantise d'une nouvelle « croisade antibolchevique » dont l'Angleterre et la France seraient le fer de lance. En mai, le VIIIe Plenum de l'IC proclame que *« le danger de guerre contre l'Union soviétique devient la question la plus brûlante du mouvement ouvrier international »*. L'année suivante, le programme du Komintern établit que *« le prolétariat international, dont l'URSS est la seule patrie, le rempart de ses conquêtes, le facteur essentiel de son affranchissement international, a pour devoir de contribuer au succès de l'édification du socialisme dans l'URSS et de la défendre par tous les moyens contre les puissances capitalistes »*.

Il en résulte une double conséquence sur les rapports entre la IIIe Internationale et les partis communistes nationaux, particulièrement importante dans un pays comme la France où la jeune formation issue de la scission de 1920 constitue une force politique non négligeable. D'abord la lutte contre la « guerre impérialiste » devient le thème central de la propagande des sections de l'IC et se concrétise dans l'organisation d'un « mouvement de masse » connu en France sous le nom de Comité Amsterdam/Pleyel. D'autre part, la croyance dans la nécessité de préparer une prochaine offensive révolutionnaire conduit à l'adoption de la tactique « classe contre classe », laquelle met dans le même sac fascisme et social-démocratie et aboutira en Allemagne aux événements de 1933. En attendant, cette attitude agressive a pour conséquence, outre l'enfermement des PC — considérés désormais comme des « partis de l'étranger » — dans de véritables ghettos politiques, l'animosité croissante des démocraties libérales, donc de la France, à l'égard de l'URSS. L'adhésion de cette puissance au pacte Briand/Kellog marque toutefois, en fin de période, une amélioration de ses rapports avec les Occidentaux.

Le troisième sujet de difficulté vient des rapports avec l'Italie fasciste, devenue dans le courant des années vingt le chef de file, en Europe, des États « révisionnistes », alors que la France fait au contraire figure de leader et de protectrice des États « satisfaits ». Pourtant, les premières années du fascisme ont vu les relations entre les deux « sœurs latines » s'inscrire dans une perspective de « bon voisinage » qui constitue, à cette date, la ligne directrice de la diplomatie mussolinienne. Le Duce a besoin en effet, pour asseoir son régime, d'un environnement international paisible et de la reconnaissance des puissances, donc d'offrir de son pays l'image d'un État respectueux de l'ordre établi par les traités. Poussé dans cette voie par le secrétaire général des Affaires étrangères, Contarini, il cherche à établir des rapports acceptables avec les dirigeants des grandes démocraties. S'agissant de la France, ce projet ne rencontre pas de difficulté majeure tant que les hommes du Bloc national sont au pouvoir. Non que la droite modérée ait une sympathie débordante pour un régime que l'on se représente d'ailleurs comme une dictature classique et de toute évidence temporaire. Mais le fascisme est encore considéré à cette date comme un coup d'arrêt porté au communisme et comme un obstacle mis à sa propagation en Europe, et surtout, dans la « guerre froide » qu'il a engagée contre l'Allemagne, Poincaré se soucie essentiellement de la question rhénane et de tout ce qui peut l'aider à faire prévaloir sur ce point les positions de la France. Aussi, l'Italie ayant soutenu ses positions dans l'affaire de la Ruhr, il va lui rendre en quelque sorte la monnaie de sa pièce à l'occasion de la crise internationale qui fait suite, dans le courant de l'été 1923, au bombardement et à l'occupation par les Italiens de l'île grecque de Corfou, menant à la SDN une action discrète mais efficace en faveur des thèses italiennes.

L'idylle entre Rome et Paris sera toutefois de courte durée. La politique d'alliances de revers pratiquée par la France et l'aide apportée en particulier à la Yougoslavie — avec laquelle l'Italie se trouve en litige à propos de Fiume [2] —, ne peuvent que heurter les dirigeants transalpins, au moment où la victoire du Cartel porte au pouvoir en France des hommes fortement attachés à « l'esprit de Genève » (c'est-à-dire à l'idéologie de la SDN) et très hostiles au fascisme. Néanmoins, tant que Contarini demeure en place, l'Italie ne s'écarte pas trop des sentiers genevois. En octobre 1925, Mussolini se rend à Locarno et accepte, malgré les rebuffades de Briand (« *il est difficile de franchir deux fois le Rubicon, surtout lorsque celui-ci est rempli de sang* »), de garantir, conjointement avec l'Angleterre, les frontières de la France. À la fin de 1925, il semble même que l'Italie soit prête à apporter son soutien aux champions de la détente et de la sécurité collective.

Pourtant, l'année 1926 marque, dans le domaine extérieur comme dans celui de la politique intérieure, un changement radical d'orientation. Rompant avec la politique de « bon voisinage » impulsée par Contarini, Mussolini oriente sa politique du côté de l'Europe centrale et des Balkans où l'Italie va se faire la championne du révisionnisme des vaincus, soutenant par des moyens divers les pays désireux d'obtenir une modification des traités : Hongrie, Bulgarie et Autriche. Lorsqu'après les deux traités de Tirana (1926 et 1927), l'Albanie devient un véritable protectorat italien, l'encerclement de la Yougoslavie, alliée de la France, est à peu près total.

Or la diplomatie française n'a pas seulement constitué dans la région un réseau d'alliances fondé sur le respect du *statu quo* établi par les traités. Elle est parvenue, par le biais de ces accords politiques, mais aussi grâce à l'action de ses financiers et de ses hommes d'affaires, à prendre pied économiquement en Europe centrale et orientale. Et pas seulement dans les pays avec lesquels elle entretient des relations d'amitié. De 1918 à 1929, le montant des emprunts hongrois, autrichiens, roumains, bulgares et polonais placés en France s'élève à plus de 700 millions de francs. Des banques françaises possèdent de fortes participations dans les instituts de crédit autrichiens. À elle seule par exemple, la Société générale acquiert de 1919 à 1925 50 % du capital de la Banque de crédit de Prague. Les résultats sont moins probants dans le secteur industriel, si ce n'est en

---

[2] Ce port du littoral adriatique ne faisait pas partie des territoires promis à l'Italie par le traité de Londres. Mais la ville comportait une majorité d'Italiens et était revendiquée par les nationalistes. Occupée en 1919 par d'Annunzio, elle avait été l'année suivante évacuée par le dirigeant nationaliste et était demeurée jusqu'en 1924 — date de son annexion par Mussolini — une pomme de discorde entre Rome et Belgrade.

Tchécoslovaquie où la société Schneider a pris en 1919 le contrôle de la firme Skoda.

Il est clair dans ces conditions que la rencontre des influences françaises et italiennes dans la zone danubienne et dans les Balkans entretient entre les deux pays des tensions qu'attisent d'autre part la propagande du fascisme auprès de la population italienne de Tunisie, son action encore discrète en direction des séparatistes corses et, en sens inverse, l'accueil réservé en France aux exilés antifascistes.

La fin d'une époque

Jusqu'en 1929, ces entorses à la détente s'inscrivent dans un climat international qui reste soumis aux effets bénéfiques de la « prospérité ». Or celle-ci prend fin en Europe dans le courant de l'année 1930. Non pas, comme on l'a longtemps expliqué, en écho mécanique au Krach boursier du 24 octobre 1929, mais parce que c'est à cette date que les indices de croissance qui avaient commencé à fléchir bien avant le « Jeudi noir » de Wall Street enregistrent, dans un certain nombre de secteurs, une baisse significative. Si la « crise » proprement dite, avec son cortège de faillites, de fermetures d'usines, de suppressions d'emplois, frappe surtout l'Europe à partir de l'été 1931, produisant dans nombre de pays des turbulences sociales et des bouleversements politiques dont le plus lourd de conséquences est l'avènement du national-socialisme en Allemagne, les premières retombées du grippage des économies surgissent au moins un an plus tôt dans le champ des relations internationales.

L'échec du projet d'Union européenne présenté par Briand à l'assemblée générale de la SDN, en septembre 1929, marque symboliquement la fin d'une époque. L'idée d'une fédération des États européens, qui avait eu ses prophètes et ses pionniers solitaires tout au long des XVIIIe et XIXe siècles (Cf. J-B. Duroselle, *L'idée d'Europe dans l'Histoire*, Paris, Denoël, 1965), a connu un très vif engouement dans certains cercles politiques et intellectuels au cours de la décennie qui a suivi l'hécatombe de 1914-1918. Très fortement liée à la notion de sécurité collective et à l'idéologie « genevoise », elle a donné naissance à toute une floraison d'associations et de comités divers comme le mouvement « Paneuropa » du comte Coudenhove-Kalergi, le Comité fédéral de coopération européenne d'Émile Borel, l'Union douanière européenne présidée par le sénateur Yves Le Trocquer, etc. Pour ces organisations, au demeurant très minoritaires, la réalisation des « *États-Unis d'Europe* » est devenue une nécessité vitale à l'heure où, après les bouleversements d'une guerre qui a bien failli faire basculer l'Europe dans le chaos et la barbarie, se profile le double danger que constituent pour le maintien de l'intégrité et de l'identité européennes, le « *bolchevisme* » et l'« *américanisme* ».

Briand est, avec Herriot, l'un de ceux qui, en France, ont suivi avec le plus d'attention et de sympathie l'action militante des propagateurs de l'idée européenne. Depuis 1926, il encourage avec chaleur les initiatives de Coudenhove-Kalergi, et l'année suivante il est devenu président d'honneur de son « Union paneuropéenne ». Il y voit un prolongement de ses propres efforts en vue d'établir en Europe un système durable de sécurité collective. Il y voit également un moyen, parmi d'autres, d'arrimer solidement l'Allemagne à ses partenaires continentaux et de « noyer » cette puissance aux ambitions économiques démesurées dans un ensemble transnational dont, il faut bien le dire, les contours ne paraissent pas avoir été très clairs dans son esprit.

Toujours est-il que dans le discours qu'il prononce le 5 septembre 1929 devant l'Assemblée de la SDN, Briand fait état d'un projet qu'il a conçu quelques mois plus tôt et dont il va préciser la teneur dans son mémorandum du 17 mai 1930. À l'heure où la crise menace et pour faire face à « *des circonstances graves, si elles venaient à naître* » — on voit que la perception de la crise est déjà présente dans son propos —, il faut que l'Europe s'unisse. Il faut que les pays qui la composent établissent entre eux « *une sorte de lien fédéral* », dont il ne précise pas ce qu'il devrait être. Tout au plus souligne-t-il qu'il faudrait « *commencer par les liens économiques* » et envisager par la suite les liens politiques, mais c'est pour ajouter aussitôt que ces derniers ne devraient « *toucher à la souveraineté d'aucune nation* ». Le dilemme, appelé à une belle longévité, de l'Europe transnationale et de l'« *Europe des Patries* » est déjà en place à l'orée des années 30, mais Briand n'est pas Monnet et les temps ne sont pas mûrs pour que l'on aille très loin dans le concret de la construction européenne.

Présenté à 27 États européens membres de la Société des Nations, le mémorandum sur l'Union européenne et le projet d'organisation qu'il comportait — et qui était calqué sur l'organigramme de la SDN — seront rejetés par la plupart des destinataires pour des motifs très variés. Seules la Bulgarie et la Yougoslavie donnèrent un avis favorable. Si bien que le projet fut assez vite enterré dans les travaux des commissions. Il ne survivra ni à la généralisation de la crise, ni surtout à l'élimination politique (par Laval qui démissionne pour reconstituer aussitôt un cabinet dans lequel il prend les Affaires étrangères), puis à la mort de Briand, survenues à quelques semaines d'intervalle au début de 1932.

Stresemann a lui-même quitté la scène diplomatique en octobre 1929, tué par le surmenage nerveux. Au moment où la crise financière déferle sur l'Autriche et sur l'Allemagne, puis sur le Royaume-Uni, dans le courant du printemps et de l'été 1931, l'édifice de paix difficilement mis en place par les deux artisans du rapprochement franco-allemand paraît déjà fortement lézardé. En mars de la même année, le nouveau ministre allemand des Affaires étrangères Curtius et le chancelier autrichien Schober ont signé un projet d'union douanière entre les deux pays germanophones.

Il s'agissait essentiellement de faire pièce aux tentatives amorcées en 1930, entre les pays de la *« Petite Entente »* et la Pologne, pour créer un *« bloc des pays agricoles »*, plus ou moins lié économiquement à la France, et de lui substituer une *Mitteleuropa* dominée par les pays germaniques. L'émotion est vive en France où l'on craint que ce projet ne débouche sur une unification politique, sur *l'Anschluss*, comme le *Zollverein* établi autour de la Prusse au XIXe siècle avait abouti à l'Unité allemande (c'est l'argumentation qu'Herriot développe dans *L'Ère nouvelle*). Mais l'affaire est vite enterrée, car l'Autriche qui est touchée par la crise mondiale en mai 1931 doit faire appel à la France pour renflouer ses finances et renoncer à l'« *Anschluss économique* » avec l'Allemagne. Elle le fera en septembre, avant même que la Cour permanente de La Haye eût exprimé son *« avis consultatif »*, jugeant par 8 voix contre 7 que l'union douanière austro-allemande était incompatible avec le Protocole de Genève du 4 octobre 1922. Mais qui, hors du camp de plus en plus réduit des démocraties, se soucie encore à la fin de 1931, dans un climat international troublé par la question des réparations et du réarmement allemand [3], des engagements contractuels pris dix ans plus tôt dans le cadre de la SDN ?

---

[3] La fin des Réparations, la question des dettes interalliées et le problème du désarmement sont traités dans la deuxième partie de cet ouvrage.

VII

CRISES FINANCIÈRES ET PROSPÉRITÉ ÉCONOMIQUE (1919-1929)

C'est une situation paradoxale que connaît la France des lendemains de la Première Guerre mondiale, situation marquée d'une part par une très grave crise des finances publiques qui est sans doute la préoccupation fondamentale de la plupart des gouvernements et donne le sentiment que la France ne parvient pas à se relever des dommages subis pendant le conflit, mais d'autre part, une fois passées les difficultés de la reconversion, par une spectaculaire expansion économique qui fait des années vingt une des belles périodes de croissance du XXe siècle, après celle du début du siècle (chapitre II) et avant celle des années cinquante (voir troisième partie). Parce que la croissance économique, phénomène aux aspects multiples et inégaux selon les secteurs, n'est perceptible qu'avec le recul, parce que ses effets jouent sur les structures de l'économie, les contemporains y ont été moins sensibles sur le moment qu'aux turbulences financières et monétaires qui polarisent l'attention.

La crise des finances publiques

La guerre, on le sait, a coûté cher au pays. Pour solder le lourd déficit de 120 milliards, l'emprunt auquel on a largement eu recours et qui pèse sur le budget national, n'a pas suffi. L'avenir du pays, obéré par le service de la dette intérieure et extérieure, est en outre compromis sur le plan financier par les effets de la « *dette flottante* » et par ceux de l'inflation. Sur le premier point, l'État vit dans la hantise d'une demande généralisée de remboursement de la part des porteurs de *bons de la Défense nationale* émis sans retenue durant le conflit et dont la masse (51 milliards) est une épée de Damoclès menaçant la trésorerie.

Sans doute le taux d'intérêt relativement élevé de ces bons (5 %) pousse-t-il leurs détenteurs à en demander le renouvellement. Mais celui-ci demeure soumis au maintien de la confiance dans la solidité des finances publiques et celle de la monnaie. Or, précisément, le phénomène de l'inflation, autre legs de la guerre, a inévitablement pour effet de compromettre la confiance dans la monnaie (chapitre V). L'abondance de la monnaie en circulation (35 milliards de billets contre 6 en 1913), jointe à la pénurie de produits de première nécessité entraîne une forte hausse des prix. En novembre 1918 ceux-ci sont deux fois et demi supérieurs à leur niveau d'avant-guerre. De surcroît, la couverture de la monnaie par les réserves de la Banque de France se trouve réduite à un taux de 21,5 % (contre 69,4 % avant la guerre), ce qui est de nature à susciter la méfiance des porteurs de capitaux envers le franc. Toutefois, les Français ne disposent plus, à ce moment, des moyens habituels d'appréciation de la valeur de leur monnaie : la loi du 5 août 1914 a suspendu pour la durée des hostilités la convertibilité de la monnaie en or ; un décret du 3 juillet 1915 a prohibé la sortie de l'or du territoire national ; enfin le contrôle des changes est institué depuis avril 1918. De plus, les effets de la dépréciation du franc sont masqués par la décision prise par les Alliés, au début du conflit, de préserver la solidarité des changes sur la base des parités d'avant-guerre en instaurant une trésorerie internationale commune. Cette décision a pour effet de permettre à la France de bénéficier d'avances en devises consenties par la Grande-Bretagne, puis, après 1917, par les États-Unis. Si bien que, pour les Français, en novembre 1918, le dollar vaut, comme en 1913, 5,18 F et la livre sterling 25,25 F.

À l'abri de ces multiples paravents, la politique suivie par les gouvernements de l'après-guerre va avoir pour effet d'aggraver considérablement la crise des finances publiques. Le choix de ces gouvernements est marqué par une volonté de retour quasi-immédiat au libéralisme économique : la suppression rapide des offices, des consortiums, des missions économiques et de toute intervention de l'État dans la vie économique a pour résultat de faire disparaître les mécanismes de régulation qui avaient permis de guider l'économie durant le conflit. Le désir du retour à la normale est par ailleurs perceptible dans l'artifice comptable dont le ministre des Finances de Clemenceau, Klotz, prend l'initiative pour le budget de 1919. Estimant que le phénomène de la guerre représente un événement hors du commun dont le financement ne peut être couvert par les moyens habituels dont dispose un ministre des Finances, il décide de scinder le budget en deux rubriques : le budget des « *dépenses ordinai-*

res » que lui-même et ses successeurs s'efforceront d'équilibrer avec les recettes habituelles de l'État et un « *budget des dépenses extraordinaires* » comprenant les dépenses de tous ordres entraînées par le conflit et dont l'essentiel doit être couvert par le paiement des Réparations allemandes, l'État consentant des avances qui doivent permettre la mise en œuvre rapide des travaux de reconstruction du pays. Cette dichotomie du budget durera de 1919 à 1924, le « *budget des dépenses extraordinaires* » prenant bientôt le nom de « *budget des dépenses recouvrables* », terminologie qui souligne de la manière la plus nette la conception selon laquelle, dans ce domaine, le gouvernement se contente d'avancer des fonds pour aider les victimes de la guerre, mais qu'en dernière analyse, selon la phrase célèbre de Klotz, « *l'Allemagne paiera* ».

Puisque le financement de la reconstruction incombe au vaincu, il ne convient pas de se montrer ladre. Et c'est pourquoi le gouvernement met en œuvre une politique généreuse d'indemnisation des victimes de guerre qui permet une reconstruction rapide du pays (elle sera pratiquement effective en 1929). Celle-ci va être à l'origine de la croissance française des années vingt et permettre de résoudre la grave crise sociale qui marque le début de ces mêmes années. Politique aux effets économiques incontestablement positifs, mais qui a pour effet, sur le plan financier et monétaire, d'aggraver considérablement la crise des finances publiques. Pour financer les dépenses inscrites au budget « *extraordinaire* » ou « *recouvrable* », en attendant que l'Allemagne paie, Klotz (et ses successeurs dans une moindre mesure) vont avoir recours aux procédés déjà utilisés pendant la guerre, l'emprunt et la planche à billets. L'année 1919 voit ainsi l'émission de 25 milliards supplémentaires de bons du Trésor et la mise en circulation de billets nouveaux pour un montant de 25,5 milliards ! Qu'importe puisque l'Allemagne doit payer ! Or, précisément, l'Allemagne paie mal ou ne paie pas. En tout état de cause, ce qu'elle accepte de concéder n'est pas, tant s'en faut, à la hauteur des espérances françaises. Si bien que le laxisme financier des premiers gouvernements de l'après-guerre détériore un peu plus encore les finances du pays.

Tant que la solidarité entre les monnaies des pays alliés permet de masquer le phénomène, les Français tiennent les difficultés financières du gouvernement pour des troubles passagers hérités du conflit. À partir du moment où cette solidarité cesse, l'opinion prend conscience de la gravité de la situation financière par l'intermédiaire de la chute du franc sur le marché des devises que l'on a appelé les « *crises des changes* ».

La première crise des changes (mars 1919-1921)

En mars 1919, le Trésor américain et la Trésorerie britannique décident de mettre fin aux accords de solidarité financière du temps de guerre, c'est-à-dire en termes concrets, qu'ils cessent de soutenir le franc. Aussitôt celui-ci décroche de son cours officiel et commence une glissade sur le marché des changes qui se poursuit jusqu'en décembre 1920.

À cette date, le dollar qui en 1913 valait 5,18 F en vaut 15, et la livre sterling passe d'une valeur 1913 de 25,25 F à 59 F. En d'autres termes, les effets de la politique financière de la guerre et de l'immédiat après-guerre ont entraîné une décote du franc de l'ordre de 60 % environ par rapport à l'avant-guerre, ce qui représenterait le coût financier de la guerre et de la reconstruction.

Face à cette situation, deux politiques financières sont techniquement possibles. La première consisterait à reconnaître le fait accompli de la dépréciation du franc en dévaluant la monnaie d'un montant égal à la décote, solution qui aurait l'avantage d'apurer les comptes et de permettre un nouveau départ sur des bases assainies. Techniquement souhaitable cette solution est politiquement et psychologiquement impossible à mettre en pratique. D'abord parce qu'une longue habitude de la stabilité monétaire a persuadé les Français que le franc est un étalon au même titre que le mètre. Depuis Germinal An XI (1803), c'est-à-dire depuis sa création, le franc est défini par un poids de 322,5 mg d'or fin. Comment admettre, sans faire bon marché de plus d'un siècle d'histoire, que l'on décide tout à coup d'amputer d'une partie de sa valeur-or l'étalon monétaire national. Il y a là impossibilité de conception psychologique pour l'opinion publique qui n'est pas davantage prête que les milieux financiers à accepter cette révolution.

Mais à l'impossibilité psychologique s'ajoute une barrière politique qu'aucun homme d'État, de quelque parti qu'il soit, n'est disposé à franchir. La stabilité de la monnaie est la clé de voûte des comportements de la société française. C'est en se fondant sur elle que l'épargne est devenue l'une des grandes vertus nationales. C'est en prenant en compte son existence que se constituent les rentes qui alimentent la trésorerie de l'État en promettant à ceux qui lui confient leur argent un revenu stable qui assurera leurs vieux jours. C'est parce qu'on croit que la stabilité de la monnaie donne la garantie que les dettes seront remboursées avec intérêt, à une valeur correspondant au pouvoir d'achat de la monnaie au moment de la souscription, que les Français ont massivement acheté, durant le conflit, les bons de la Défense nationale ou répondu aux appels qui leur étaient lancés en faveur des emprunts de la Défense nationale. Toucher à la stabilité de la monnaie en acceptant de sanctionner officiellement par une dévaluation la dépréciation constatée, c'est par conséquent heurter de front les croyances les mieux ancrées de la société et — le risque n'est pas mince après la guerre — faire bon marché du patriotisme des souscripteurs.

Aussi l'unanimité du monde politique français refuse-t-elle même de prendre en considération cette perspective hérétique et décide-t-elle au contraire de rétablir l'équilibre en revalorisant le franc, c'est-à-dire en le ramenant à sa valeur-or d'avant-guerre. Un plan est élaboré pour faire disparaître le principal déséquilibre qui est l'abondance de la circulation monétaire en supprimant progressivement les avances de la Banque de France à l'État. Le 29 décembre 1920, une Convention, signée entre l'État et la Banque de France, prévoit de ramener ces avances de 27 à 25 milliards pour l'exercice 1921, puis de les diminuer ensuite régulièrement de deux milliards par an. L'opinion publique a le sentiment qu'un effort sérieux a enfin été tenté pour mettre de l'ordre dans les finances publiques. Mieux, que cet effort est suivi quasi-immédiatement de résultats prometteurs : en avril 1922, la livre qui valait 59 francs en décembre 1920 est revenue à 48 francs.

En réalité, un phénomène conjoncturel est venu se greffer sur l'effort d'assainissement financier, donnant l'illusion de son efficacité. La France subit, comme le reste du monde, les effets de la crise économique des années 1920-1922, crise de reconversion de l'économie de guerre à l'économie de paix. Cette crise entraîne une chute de l'activité économique et, du même coup, une baisse des prix qui se prolonge jusqu'en 1923. Toutefois, l'illusion du redressement financier ne dure guère.

La seconde crise des changes (1923-1924)

Si la crise économique de 1920-1922 permet un éphémère redressement du franc, la reprise qui se manifeste à partir de 1923 compromet à nouveau la situation des finances françaises. Les étrangers et nombre de Français qui avaient placé en France des capitaux à court terme pour profiter du maintien de l'activité économique dans le pays les rapatrient pour chercher des investissements plus rentables. Par ailleurs, les capitaux flottants qui vont de place en place pour profiter des taux de changes les plus avantageux fuient la place de Paris et cherchent des monnaies plus prometteuses que le franc. Dans le contexte spéculatif que la reprise économique met ainsi en place, la tension internationale régnant à partir de janvier 1923 avec l'occupation de la Ruhr (chapitre VI) va jouer au détriment du franc français. Elle attire l'attention sur le fait que l'équilibre financier de la France est étroitement dépendant du paiement des Réparations allemandes. Or l'occupation de la Ruhr et la résistance passive qui s'ensuit provoquent l'effondrement de l'économie allemande, rendant plus improbable que jamais le paiement des Réparations. Dans ces conditions, il n'est nul besoin d'invoquer, comme l'ont fait les contemporains, une quelconque intention politique expliquant par une inspiration étrangère, d'origine allemande ou américaine, la spéculation contre le franc. Celle-ci résulte des données économico-politiques qui ont été évoquées et qui font que les détenteurs de francs s'en débarrassent parce qu'ils n'ont aucune confiance dans la solidité de la monnaie française.

Les mesures prises par Poincaré, alors président du Conseil, pour assainir les finances françaises vont transformer en panique financière la crise des changes qui débute en octobre 1923. Le chef du gouvernement décide en effet de fondre en un seul budget, le budget des dépenses ordinaires et celui des dépenses recouvrables. Du même coup s'effondrent les artifices qui avaient jusqu'alors permis de dissimuler l'ampleur du déficit dû à la guerre. Sa révélation provoque une crise de confiance et les spéculateurs qui jouent à la baisse du franc se débarrassent aussitôt d'une monnaie qui leur brûle les doigts. Alors que le cours de la livre qui n'a cessé de monter durant l'année 1923 s'établit à Paris à 76 francs en octobre 1923, il atteint 79 francs en novembre, 83 francs en décembre, 91 francs en janvier et culmine à 122,60 francs en mars 1924 ! Une véritable panique gagne l'opinion publique et c'est en images évoquant les désastres de la guerre proche que celle-ci évoque la possibilité d'un effondrement de la monnaie nationale analogue à celui qu'a connu voici peu la République de Weimar.

Dans ces circonstances dramatiques, Poincaré retrouve son *aura* de président de l'Union sacrée, en livrant et en gagnant la bataille (monétaire) de la dernière chance. Dès janvier 1924, pour inspirer confiance aux milieux d'affaires, il prend des mesures draconiennes destinées à rétablir l'équilibre du budget : un spectaculaire programme d'économies d'un milliard à réaliser par décrets-lois, la création d'une caisse d'amortissement pour les pensions de guerre afin que celles-ci soient garanties par des ressources propres et cessent de peser sur le budget ordinaire de l'État et l'augmentation de 20 % des impôts par le vote de la loi sur le « double-décime ». Parallèlement à ces mesures de fond qui ne sauraient avoir d'effets immédiats et dont l'ampleur favoriserait plutôt la spéculation en ce qu'elle révèle la gravité de la situation des finances françaises, il s'agit d'arrêter au plus vite la dégringolade du franc sur le marché des changes. Les gouvernements américain et britannique ayant refusé l'aide que sollicitait Poincaré, c'est auprès d'une banque privée américaine, la banque Morgan, que le ministre des Finances Lasteyrie négocie un prêt de 100 millions de dollars, à quoi s'ajoute un prêt de 4 milllions de livres consenti par la Banque d'Angleterre. Sans même attendre la mobilisation de cet emprunt, la Banque de France intervient sur le marché des changes, à la demande du gouvernement, pour acheter des francs et faire remonter la monnaie nationale sur la cote des changes. Opération couronnée de succès. La livre retombe aussitôt à 105 francs et à la fin du mois de mars, elle revient au cours de 78 F. Ce redressement spectaculaire est assimilé à une victoire d'un grand stratège financier. Pour l'opinion, Poincaré demeurera le vainqueur du *« Verdun financier »* de 1924 !

La troisième crise des changes (1925-1926)

Si Poincaré a incontestablement établi un constat précis de l'état des finances publiques de la France en unifiant le budget et en prenant de courageuses et impopulaires mesures pour réduire le déficit, il n'a porté remède à aucun des deux problèmes graves légués par le conflit, celui de l'inflation, celui de l'endettement du pays et surtout de cette *« dette flottante »*, cauchemar de tous les gouvernements qui se succèdent depuis 1919. Or tous ces phénomènes vont se combiner pour provoquer en 1925-1926 une troisième crise des changes. Toutefois, dans cette crise, aux facteurs structurels qui avaient déjà joué lors des deux précédentes crises et qui expliquent le déclenchement de la troisième s'ajoutent des considérations politiques qui rendent compte de l'ampleur qu'elle revêt. En effet, depuis mai 1924, la gauche est au pouvoir en la personne du président du Parti radical, Édouard Herriot (voir chapitre X) et son gouvernement s'appuie sur une majorité parlementaire essentiellement constituée de socialistes et de radicaux. Or si la position des radicaux, qui sont des libéraux en matière économique et financière, n'a rien qui puisse effrayer les banques et les milieux d'affaires, il en va différemment des socialistes dont les conceptions autoritaires en la matière épouvantent les financiers. De surcroît, l'élection du socialiste Vincent Auriol à la présidence de la Commission des Finances de la Chambre en fait le lieu d'une fronde permanente contre la politique gouvernementale et le berceau de surenchères qui vont contribuer à inquiéter l'opinion. Ainsi en va-t-il de la décision prise par le gouvernement, à l'instigation de la Commission des Finances, de publier un Inventaire de la situation financière léguée par la droite en 1924 qui, s'il désigne des responsables, met surtout en évidence l'inquiétante fragilité des finances publiques. Inquiets, les souscripteurs de bons en demandent le remboursement, faisant peser une menace sur la trésorerie de l'État. À cette inquiétude d'origine strictement financière va s'ajouter le poids de manœuvres politiques. La trésorerie apparaissant comme le défaut de la cuirasse du gouvernement, ses adversaires songent à l'utiliser pour provoquer sa chute. Des publications catholiques de l'ouest de la France conseillent à leurs lecteurs, au printemps 1925, de demander le remboursement de leurs bons pour asphyxier un pouvoir dont l'anticléricalisme inquiète. S'il est difficile de mesurer l'efficacité de ce mot d'ordre, il fait peu de doute que les banques qui conseillent leurs clients en matière de placements les ont incités à réaliser leurs avoirs. Mais il faut admettre là encore qu'il est malaisé de démêler dans ces conseils ce qui relève de la malveillance politique envers un ministère lié aux socialistes et ce qui est avis financier judicieux dans un contexte où les socialistes ne font pas mystère de leur vœu de pousser le gouvernement à opérer une consolidation forcée des bons, c'est-à-dire un échange obligatoire des bons à court terme de la « *dette flottante* » contre les bons à long terme beaucoup moins facilement mobilisables. Quoi qu'il en soit, et après l'échec d'un emprunt à dix ans lancé en novembre 1924, au printemps 1925, la crise de trésorerie menace le pays.

Pour écarter le danger, le gouvernement est conduit à faire appel à la recette éprouvée des avances de la Banque de France.

Mais celles-ci ont un plafond, fixé par la loi à 41 milliards. Dès 1924, ce plafond a été à diverses reprises, dépassé, mais le dépassement a été masqué par de subtils jeux d'écriture et le remboursement rapide de l'excédent d'avances a permis de dissimuler à l'opinion et aux responsables des commissions parlementaires que le « *plafond a été crevé* ». Herriot reprend à son compte la pratique, mais les Régents de la Banque de France sont nettement moins bien disposés à l'égard d'un homme de gauche qu'ils l'étaient face au modéré Poincaré. En avril 1925, ils jugent que l'opinion est suffisamment lasse du ministère pour qu'ils puissent, sans danger politique, porter l'estocade. Celle-ci prend la forme d'une mise en demeure du gouverneur de la Banque de France Robineau au président du Conseil d'avoir à rembourser à la Banque le milliard de dépassement du plafond des avances, faute de quoi la Banque centrale serait tenue de le révéler publiquement en demandant le vote d'une loi fixant un nouveau plafond, loi que le monde politique ne paraît nullement disposé à accepter. C'est ce mécanisme qui permet, en avril 1925, de jeter bas le gouvernement Herriot qui, se sachant condamné, en est réduit à une fuite en avant vers les solutions préconisées par les socialistes (voir chapitre X). La crise de trésorerie, legs des déséquilibres de la guerre, aboutit donc à la chute du gouvernement Herriot le 10 avril 1925.

Elle est également responsable de l'échec de l'expérience du Cartel des gauches. La chute d'Herriot a montré, dans la conjoncture de difficultés des finances publiques, la puissance de l'arme financière, et les milieux d'affaires vont l'utiliser sans retenue contre ceux des successeurs d'Herriot dont la politique les inquiète. Et surtout lorsque, durant l'été 1926, le président du Parti radical tente un retour au pouvoir, la crise des changes qui se déploie depuis le printemps 1925 atteint son apogée cependant que la trésorerie de l'État est menacée d'effondrement. À la seule annonce de la nomination d'Herriot à la présidence du Conseil, les épargnants se précipitent vers les banques et les caisses d'épargne pour retirer leurs dépôts. Les souscripteurs de bons en demandent massivement le remboursement, faisant se lever le spectre de la faillite financière. Le *« plébiscite des porteurs de bons »* qui témoigne de la chute de la confiance de l'opinion dans le pouvoir a sa contrepartie sur les marchés des changes par une fuite devant le franc qui fait s'envoler le cours de la livre. Celle-ci, qui était déjà montée à 173 francs fin juin 1926, atteint le cours-record de 235 francs le 21 juillet, jour où Herriot se présente devant la Chambre. Quelques heures plus tard, l'annonce de la chute du gouvernement et de l'appel à Raymond Poincaré ramène miraculeusement le calme.

Il est peu douteux que l'ampleur de la crise financière de 1925-1926 s'explique par la conjoncture politique qui a, en l'espèce, un effet multiplicateur. Mais la réalité de cette constatation, symbolisée par Herriot dans sa célèbre mise en accusation du *« Mur de l'argent »*, ne doit pas dissimuler qu'à l'origine de la crise se situe le déséquilibre des finances publiques légué par la guerre, le refus de voir en face la réalité de la dépréciation du franc et la redoutable courroie de transmission du financier au politique que constitue l'existence de la dette flottante. C'est à ces causes structurelles des difficultés financières que s'attaque Raymond Poincaré lors de son retour au pouvoir en juillet 1926.

La stabilisation Poincaré

La tâche première de Poincaré réside dans le redressement d'une situation financière qui apparaît comme le problème prioritaire de tous les gouvernements qui se sont succédé depuis la victoire. Il semble particulièrement bien placé pour l'accomplissement de cette mission, le redressement immédiat du franc qui suit sa venue au pouvoir attestant de la confiance dont il jouit.

Son action se situe sur un triple plan. Sur le court terme, il s'efforce d'obtenir le retour à l'équilibre budgétaire en dégageant de nouvelles

267

ressources par des augmentations d'impôts et un rigoureux programme d'économies dont l'essentiel réside dans la suppression de 106 sous-préfectures et d'un grand nombre de tribunaux de première instance, de recettes des finances, de conservation des hypothèques... Cette politique stricte donne des résultats rapides. Dès l'automne 1926, le budget est en excédent, consolidant la confiance que l'opinion fait au président du Conseil.

C'est sur cette base et à partir de la prise de conscience de la nécessité de résoudre enfin les déséquilibres liés à la guerre que Poincaré va s'attaquer aux deux problèmes-clés que sont la dette flottante et la mise en rapport du cours du franc avec sa valeur réelle, et ce afin de faire disparaître l'inflation et de ramener le franc à la stabilité souhaitée par l'opinion.

Afin d'écarter la menace que représente l'existence de la profusion de bons à court terme, cauchemar de tous les gouvernements, il s'efforce, dans un premier temps, de rassurer les porteurs en ramenant la confiance. Pour ce faire, la meilleure solution n'est-elle pas de soustraire l'amortissement de la dette au champ des aléas politiques en la confiant à une Caisse autonome, dotée de ressources propres, par exemple, les recettes des tabacs, des loteries etc. ? Le raisonnement, élaboré pour les bons de la Défense nationale est vite étendu à l'ensemble de la dette publique. Pour donner à cette initiative une solennité qui permettra encore d'accroître la confiance, Poincaré n'hésite pas à inclure la création de la Caisse autonome d'amortissement dans la Constitution elle-même. C'est à Versailles le 10 août 1926, dans le cadre de la procédure de révision constitutionnelle, que le principe de la nouvelle Caisse est adopté et inscrit dans les lois constitutionnelles ! La confiance ainsi rétablie permet à Poincaré de procéder à la consolidation de la dette publique en proposant aux porteurs de bons à court terme de les échanger contre des bons à long terme. En deux ans, de 1926 à 1928, la moitié de la dette flottante est ainsi résorbée, procurant à la Trésorerie de l'État une sécurité qu'elle ne connaissait plus depuis 1914. Cette aisance retrouvée permet par ailleurs de rembourser à la Banque de France une partie des avances consenties, ramenant ainsi la situation des finances publiques à la stabilité tant souhaitée.

Ces problèmes immédiats réglés, la situation des finances publiques en voie d'assainissement, le problème se posait du redressement de la monnaie, autre plaie béante de la France d'après-guerre. Là encore, l'évolution de la situation avant toute mesure politique, de quelque ordre qu'elle soit, s'annonce pour les Français sous le jour le plus favorable. La simple annonce du retour de Poincaré au pouvoir a en effet entraîné un spectaculaire redressement du franc. La livre qui était montée le 21 juillet au cours-record de 235 francs revenait à 208 francs le 27 juillet. Fin 1926, le rétablissement de la confiance aidant, le cours du sterling est stabilisé à 120 francs. Sans que le cours officiel du franc soit modifié (la valeur du franc germinal est théoriquement inchangée), la Banque de France retient désormais ce cours pour ses propres achats. Dans les faits, on est bien en présence, par rapport à 1913 d'une dépréciation de 80 % de la monnaie française. Mais tant que la dévaluation n'est pas légalement établie, rien ne dit qu'on en restera à cette valeur. En fait un débat s'ouvre autour de cette question entre revalorisateurs et stabilisateurs. Pour les premiers, il s'agit, comme le souhaitent les banquiers et nombre de souscripteurs des emprunts de la Défense nationale, de ramener le franc à sa valeur-or d'avant-guerre. L'argument, auquel le président du Conseil se montre sensible, se pare des couleurs de l'honnêteté et du patriotisme : seule la revalorisation permettrait de rembourser ceux qui ont confié leur or à la France durant la guerre en une monnaie équivalente à celle qu'ils ont confiée à l'État. Mais cette argumentation pèse peu au regard des objections que les stabilisateurs (qui proposent de donner au franc la valeur légale qu'il a acquise de fait fin 1926) opposent à la revalorisation. Celle-ci obligerait l'État à réapprécier et à rembourser sa dette en monnaie forte (alors que les 297 milliards de francs 1926 qui la constituent ne pèsent plus que 50 milliards de francs-or). L'effort à consentir apparaît insupportable puisqu'il supposerait de gigantesques économies et une augmentation drastique des impôts. De surcroît, les industriels, ardemment stabilisateurs, font remarquer qu'une revalorisation du franc aurait pour effet de renchérir les produits français et de gêner les exportations. L'exemple de la Grande-Bretagne qui a revalorisé la livre en 1925 provoquant une dramatique crise économique et une vague sociale de grande ampleur dans le pays leur donne d'ailleurs un puissant argument. Poincaré se rend à leurs raisons. Faisant taire ses sentiments personnels, il accepte finalement de donner au franc, après les élections de 1928, un cours officiel correspondant au cours stabilisé en 1926. Une loi du 25 juin 1928 définit la monnaie française par un poids de 65,5 mg d'or fin (contre 322,5 pour le franc germinal). Payant par une amputation des 4/5 le coût de la guerre, la monnaie française est cependant stabilisée à un cours reconnu depuis près de dix-huit mois par le marché international. La stabilisation fait du franc français une monnaie recherchée, désormais considérée comme une devise valable pour les transactions internationales et une monnaie de réserve, au même titre que le dollar, la livre sterling ou le mark allemand. Intégré au système monétaire international rebâti en 1922 à la Conférence de Gênes, le *Gold Exchange Standard* (fondé sur l'or ou sur les devises convertibles en or), il a partiellement retrouvé son statut d'avant-guerre (à la différence toutefois que les billets qui ont cours forcé ne sont plus convertibles en or). Sur cette situation financière assainie qui met fin à la longue crise des finances publiques qui a affecté la France depuis 1919, la prospérité économique des années vingt semble promise à un bel essor.

La prospérité française des années vingt

Si, jusqu'en 1926 les finances publiques de la France se débattent dans une interminable crise, il est bien évident que celle-ci ne signifie en aucune façon que l'économie française soit, durant la même période, en difficulté.

Sans doute la France subit-elle en 1920-1921 les effets de la crise de reconversion de l'économie de guerre en économie de paix. L'arrêt des commandes de l'État qui s'accompagne d'ailleurs du démantèlement rapide des offices et consortiums mis en place durant le conflit, les difficultés de la reconversion des entreprises vers de nouveaux marchés, l'afflux des démobilisés qui reviennent sur le marché du travail, le phénomène inflationniste se combinent pour entraîner une stagnation durant les années de l'immédiat après-guerre. L'indice de la production industrielle qui s'établissait à 57 en 1919 (pour une base 100 en 1913), stagne à 62 en 1920 et retombe à 55 en 1921. Cette stagnation économique en période de hausse des prix entraîne des troubles sociaux graves (chapitre X) et rend compte du climat troublé de l'immédiat après-guerre. En fait cette brève crise s'explique surtout par des facteurs conjoncturels internationaux : une surproduction relative due à la croissance du potentiel de production dans le monde durant la guerre, accompagnée d'un blocage des moyens de paiement lié en particulier à l'arrêt des prêts gouvernementaux du gouvernement américain. Ces causes suscitent une contraction du marché international, une chute des exportations, une réduction de la production et le chômage qui, à son tour, est facteur de restriction du marché. Mais vers 1922, la résorption des stocks excédentaires étant effective, un nouvel équilibre s'instaure dans l'économie mondiale, dont la France est évidemment bénéficiaire.

À partir de là, la croissance économique gagne le pays. Dès décembre 1924, l'indice de la production industrielle est à 116. Il monte à 131 à l'automne 1926 avant de culminer à l'indice 144 durant l'été 1930. Sans doute cette croissance n'est-elle pas régulière, soumise aux aléas de la conjoncture financière ou politique. La crise financière des débuts de 1925 la fait retomber, la stabilisation Poincaré, en entraînant une détérioration des exportations artificiellement favorisées auparavant par la dépréciation du franc, lui porte un coup d'arrêt. Mais il faudra ensuite attendre les années cinquante pour que le pays enregistre une aussi belle période de croissance économique.

Les répercussions de cette croissance se traduisent d'ailleurs dans tous les domaines : le revenu national progresse de 5 % par an entre 1922 et 1929, le produit national brut gagne 7 % par an de 1920 à 1924 et se maintient ensuite à 3 % annuels jusqu'en 1929, les profits distribués connaissent une spectaculaire croissance, les bénéfices des sociétés répartis sous forme de dividendes atteignent 3,7 milliards en 1921 et 11,8 milliards en 1929.

Comment expliquer cette phase de remarquable prospérité économique que l'ensemble des indicateurs confirme ?

D'abord par une conjoncture mondiale favorable. De même que la crise de 1920-1921 n'est que l'aspect français d'un phénomène mondial, la prospérité des années suivantes est fille de la « *Prosperity* » américaine. On peut en effet très largement considérer que ce sont les crédits américains, très généreusement injectés dans le circuit économique mondial (sous forme d'investissements, de prêts, d'achats) qui sont à l'origine du rétablissement de celui-ci et d'un mouvement d'activité économique qui s'étend aux dimensions de la planète. Il reste toutefois que tous les pays du monde n'en ont pas également profité. Par exemple le Royaume-Uni dont l'appareil industriel vieilli et la politique de rigueur financière n'ont pas permis que le pays connaisse les bénéfices de la croissance mondiale. La France au contraire joue pleinement ses chances dans la croissance. Si bien qu'il faut prendre en compte les causes strictement nationales du phénomène.

Au premier rang de celles-ci, la politique de laxisme financier suivie durant les premières années de l'après-guerre. Si elle aboutit à la détérioration des finances publiques, elle stimule incontestablement l'économie. La très généreuse indemnisation des dommages de guerre représente un coup de fouet initial qui permet une reconstruction rapide et apparaît comme une subvention déguisée aux entreprises nationales. En même temps, la dépréciation de la monnaie aboutit à rendre particulièrement compétitifs les prix français sur le marché international, favorisant les exportations et permettant la conquête de marchés par les industriels français les plus dynamiques. Ces causes strictement monétaires disparaissent en partie avec la stabilisation de 1926-1928 qui entraîne d'ailleurs un coup d'arrêt des exportations.

Mais le relais est pris par un phénomène qui a commencé à se dessiner à partir de 1922 et qui représente un tournant dans les habitudes de consommation des Français. Alors que, pour la masse de la population, celles-ci étaient dominées par les dépenses de survie et, au premier plan par l'alimentation, secteur majoritaire dans les budgets, l'après-guerre voit naître, à partir de l'exemple américain, des phénomènes de consommation de masse dont le moteur est la classe moyenne et qui est une des retombées de la prospérité. L'électricité, l'automobile, l'équipement ménager figurent parmi les secteurs bénéficiaires de ces nouveaux comportements et la vente de masse y rend possible la production de série et la baisse des coûts. Toutefois, ni la classe ouvrière dans sa majorité, ni le monde rural, toujours numériquement dominants ne sont touchés par cette timide naissance d'une ébauche de société de consommation.

Beaucoup plus que la consommation encore limitée à la bourgeoisie et à la classe moyenne, c'est en fait l'investissement qui explique la croissance des années vingt, et celui-ci se traduit par une modernisation des structures économiques de la France.

La modernisation de l'appareil productif national

Dans les deux secteurs-clés de l'investissement et de la concentration qui ont permis (chapitre II) de mesurer le retard économique français au début du siècle sur les pays industriels les plus dynamiques, les années vingt apportent en effet de spectaculaires nouveautés.

Entre 1922 et 1929, le taux d'investissement varie entre 16 % et 19 % du Produit Intérieur brut. Il y a là un incontestable effort de modernisation qui va aboutir à une modification des structures de l'industrie française dans ses branches les plus dynamiques. Cet effort de modernisation est le fait d'un patronat fasciné par l'exemple américain et qui, dans une perspective très proche de la mystique industrielle des Saint-Simoniens du XIXe siècle qui pensaient apporter le bonheur à l'humanité en stimulant la production, se sentent investis d'une véritable mission, celle de répandre en France la société de consommation née aux États-Unis et dont Henry Ford apparaît comme le grand-prêtre. Des hommes comme Ernest Mercier, grand industriel de l'électricité et fondateur du groupe du *Redressement Français* (association d'économistes, d'intellectuels et de hauts-fonctionnaires), comme le fabricant d'automobiles André Citroën, comme l'industriel de la chimie Louis Loucheur, comme le fabricant de textiles Marcel Boussac sont également persuadés de la validité de cette mission. Sous l'influence de ces grands patrons modernistes, l'investissement devient l'arme absolue de transformation de la société.

Ces nouvelles conceptions passent en premier lieu par une mécanisation des industries. L'achat de machines de plus en plus performantes, capables d'accroître la productivité des entreprises commande le projet de modernisation. Partout la manutention manuelle régresse au profit de la machine. Celle-ci gagne tous les secteurs de l'économie, depuis l'extraction minière où le marteau-piqueur remplace l'abatage à la main jusqu'au tertiaire où triomphent les machines à écrire et à calculer et les duplicateurs en passant par le secondaire qui voit la victoire de la machine-outil dans l'industrie mécanique.

Les usines modernes mécanisées sont le lieu d'implantation des méthodes de travail à l'américaine dont la novation frappe si fort les contemporains. L'Organisation scientifique du travail consiste à faire pénétrer dans les entreprises les principes du taylorisme et du fordisme. Le premier se résume à tenter d'accroître la productivité en simplifiant la tâche de l'ouvrier dont chaque geste est analysé, chronométré, puis donne lieu à une décomposition des tâches, cantonnant chaque travailleur dans un nombre limité de gestes toujours identiques. Cette parcellisation des tâches réduit l'ouvrier à n'être plus qu'un simple rouage d'une immense machine dont la signification d'ensemble lui échappe. Sa productivité est mesurée par des quotas de production qui, s'ils sont dépassés, donnent lieu au versement de primes. Sur ce taylorisme se greffe le fordisme qui est une doctrine d'organisation de l'usine prenant en compte le nouveau style de travail. Les machines et les postes de travail sont répartis au long d'une « chaîne », selon la succession des opérations nécessaires au processus de fabrication. Les industries les plus modernes adoptent d'enthousiasme les nouveaux procédés et l'Organisation scientifique du travail règne dans l'automobile (Citroën, Peugeot, Renault...), dans l'aéronautique, les industries alimentaires, la construction ferroviaire etc. Les entreprises qui adoptent l'Organisation scientifique du travail sont aussi celles où l'investissement conduit à la mise en place de laboratoires de recherche qui testent les nouveaux produits, s'efforcent d'inventer des procédés permettant de satisfaire les goûts du public, d'abaisser les coûts en améliorant la technique et en s'efforçant de découvrir les méthodes les plus performantes.

Il va de soi que seules des entreprises de très grande dimension disposant d'importants capitaux sont en mesure de réaliser les investissements nécessaires à la modernisation. Or, dans un pays comme la France où la révolution industrielle est née au XIXe siècle sur un tissu de très petites entreprises et où la politique officielle de l'État a pour objet de les favoriser, les entreprises de grande dimension sont peu nombreuses.

Il apparaît cependant évident que, par rapport à l'avant-guerre le phénomène de concentration tend à s'accentuer. Les entreprises automobiles qui étaient plus de 150 en 1924 ne sont plus que 98 en 1929, mais la production est dominée par les trois grands, Renault, Citroën et Peugeot qui fournissent les 2/3 de la production. Dans la chimie, avec Rhône-Poulenc, né en 1928, dans l'aluminium avec Péchiney, créé en 1921, dans l'électricité naissent des firmes capables de pratiquer de larges investissements et d'affronter la concurrence internationale.

Dans la sidérurgie se produisent des phénomènes d'intégration verticale, des entreprises sidérurgiques achetant en aval des fabricants de tubes — de Wendel prend ainsi le contrôle du groupe Escaut-et-Meuse —, ou s'assurant en amont la maîtrise de l'énergie en acquérant des charbonnages (Pont-à-Mousson achète ainsi des mines en Allemagne et en Belgique).

Enfin, le commerce de détail, domaine d'élection de la petite entreprise n'est pas à l'abri du mouvement. La naissance des magasins à succursales multiples, les chaînes *Monoprix* et *Uniprix* fondées par les Grands Magasins montrent que les phénomènes de concentration ont tendance à se répandre, y compris dans des secteurs où leur apparition heurte des traditions établies de longue date.

Il reste que, pour spectaculaire qu'il soit, le processus de concentration n'intéresse encore qu'un nombre limité de secteurs économiques. Sa nouveauté frappe, précisément parce qu'elle tranche fortement avec la règle de la petite entreprise qui domine le paysage économique français. Toutefois, les secteurs intéressés par la concentration, secteurs-pilotes de la croissance de la France des années vingt, méritent d'être connus en ce qu'ils se confondent avec les branches dynamiques de l'économie française.

Les branches dynamiques de l'économie française

Investissements massifs, mécanisation, recherche, concentration, production de masse, réduction des coûts, introduction de l'Organisation scientifique du travail sont le lot de quatre secteurs industriels dans lesquels se résume le dynamisme de l'économie française dans les années vingt, les autres entreprises ne bénéficiant que de quelques aspects limités de la modernisation ou (nous y reviendrons) s'en tenant résolument à l'écart.

Deux de ces secteurs industriels dynamiques appartiennent au secteur de base : il s'agit de la sidérurgie et de la chimie.

La sidérurgie qui a connu un prodigieux essor dans les premières années du XXe siècle, s'est de surcroît trouvée tout naturellement stimulée par la guerre, puis par la nécessité de la reconstruction. En septembre 1926, elle conclut avec ses homologues allemande, sarroise, luxembourgeoise, belge, le Cartel de l'Acier destiné à organiser le marché européen et qui réserve à la France un quota de production de 30,87 % (contre 42,7 % à l'Allemagne). En 1929, poursuivant la progression amorcée au début du siècle, la sidérurgie française est devenue la troisième du monde, derrière les États-Unis et l'Allemagne, produisant près de 10 millions de tonnes d'acier et entraînant un dynamisme considérable de la production de houille.

Comme la sidérurgie, la chimie bénéficie en France d'une vieille tradition qui explique qu'elle ait reçu un coup de fouet de la seconde révolution industrielle dont elle est une des industries de base. À côté des productions traditionnelles que sont les engrais et les colorants, la chimie bénéficie durant la guerre de l'inévitable croissance des productions d'explosifs. Mais la novation des années vingt est la création d'une gamme de produits adaptés à la consommation de masse naissante et qui se trouve stimulée par les nouvelles habitudes de consommation : produits photographiques, produits pharmaceutiques, caoutchouc et surtout, la grande innovation, les produits synthétiques qui commencent leur prodigieuse carrière. Parmi ceux-ci, les textiles synthétiques qui commencent à concurrencer la soie, en particulier sur le marché lyonnais.

À côté de ces deux secteurs de base, la modernisation touche également deux secteurs relevant des industries de transformation. Au premier rang de celles-ci, l'électricité qui connaît une véritable explosion et s'affirme comme la source d'énergie moderne par excellence, celle qui caractérise cette France nouvelle entrée dans la seconde révolution industrielle. Les chiffres sont éloquents. De 2 milliards de kwh en 1913, la production électrique passe à 15,2 milliards en 1930. Des investissements considérables permettent l'édification de grosses centrales thermiques en particulier dans la région parisienne. Mais l'essentiel de cet investissement va vers la construction de barrages hydroélectriques. Les années vingt voient l'équipement des cours d'eau du centre de la France, de la Truyère, de la Dordogne, de la Creuse en particulier. Les projets d'équipement du Rhin sont étudiés et le premier ouvrage sur le fleuve, le barrage de Kembs est mis en chantier. Vers 1930, l'hydroélectricité fournit la moitié de la production française d'énergie électrique. C'est que la demande en la matière croît fortement. Les années vingt voient l'État et les collectivités locales fournir un effort particulier pour l'électrification des campagnes. Alors que 17 % des communes seulement étaient électrifiées en 1919, elles le sont à 83 % en 1932. Parallèlement les industries les plus modernes se dotent de machines fonctionnant à l'électricité, et l'électrométallurgie et l'électrochimie se développent dans la région alpine. Cette forte croissance du secteur électrique stimule les entreprises qui se spécialisent dans la production de matériel électrique, secteur porteur par excellence des années de la prospérité d'après-guerre. En tête de ces entreprises dont la croissance est liée au succès de l'électricité, la *Compagnie générale d'électricité* (CGE).

À côté de l'électricité, l'automobile connaît un premier âge d'or. Avec 254 000 véhicules en 1929 (contre 45 000 en 1913), la France est le premier producteur européen devant le Royaume-Uni et le second du monde, loin cependant derrière les États-Unis (dont la production dépasse alors les 5 millions de véhicules). Le parc en circulation atteint en 1929 près de 1,5 millions de véhicules, dix fois plus qu'en 1913. Les constructeurs français sont les premiers d'Europe. En tête vient Citroën, le plus caractéristique des patrons modernistes qui a développé ses usines sur le modèle de celles de Ford et qui dépasse les 100 000 véhicules. Renault qui vient en seconde position en fournit environ moitié moins, cependant que Peugeot parti d'une production quasi-artisanale en 1919 accomplit un spectaculaire redressement en dépassant les 40 000 véhicules en 1930. L'industrie automobile stimule d'importants secteurs de l'économie : les glaces (Saint-Gobain est le grand bénéficiaire), les pneumatiques (la fortune de Michelin commence), le raffinage du pétrole (l'État encourage en 1924 la création de la *Compagnie française des pétroles*, société d'économie mixte destinée à éviter que les compagnies anglaises et américaines comme *Royal Dutch Shell* et *Standard Oil* ne monopolisent le marché français).

Ces quelques secteurs-pilotes n'épuisent cependant pas le dynamisme de l'économie française. Bien qu'obtenant des résultats moins spectaculaires, les industries dont la grande expansion remonte au début du siècle connaissent des taux de croissance élevés qui leur permettent d'avoir un effet d'entraînement lisible dans les statistiques et qui débouche sur une croissance d'ensemble de l'économie. Ainsi en va-t-il de secteurs comme l'extraction minière, la production de gaz, le bâtiment ou le cuir.

Et surtout, fait très nouveau, les industriels français des branches les plus dynamiques se lancent dans la conquête des marchés extérieurs : automobiles, produits sidérurgiques et chimiques sont largement exportés, la diplomatie française n'hésitant pas à se servir de ses atouts politiques pour aider à l'ouverture des marchés. Celle-ci s'opère en particulier en Europe centrale et orientale, lieu privilégié de l'économie française dans ses efforts d'implantation à l'extérieur. L'aide diplomatique que la France apporte aux pays de la Petite Entente (Yougoslavie, Tchécoslovaquie, Roumanie) ou à la Pologne se traduit par de fructueux investissements pour les hommes d'affaires français (chapitre VI). Avec l'aide de sa filiale, l'*Union européenne industrielle et financière*, le sidérurgiste Schneider constitue un véritable empire en Europe centrale, acquérant la firme métallurgique Skoda, les mines d'Ostrawa, des usines métallurgiques en Silésie et en Pologne, des participations dans les banques des pays d'Europe centrale...

Il est par conséquent peu douteux que les années vingt ont vu la France connaître une ère de brillante croissance qui, une fois la parenthèse des années de guerre refermée, poursuit celle des débuts du XXe siècle. Cette croissance repose avant tout sur la production de biens d'équipement, mais la consommation n'en est nullement absente et les transformations qui s'amorcent à ce niveau préparent les modifications structurelles de l'économie et une mutation du comportement des Français qui s'épanouiront seulement dans les années cinquante. Car si ces anticipations des années vingt ont été souvent méconnues, c'est que, vingt ans durant, la crise économique, puis la guerre et ses séquelles ont effacé dans l'esprit des Français jusqu'au souvenir de cette phase de croissance annonçant le début de la production de masse et la naissance d'une société de consommation. Mais c'est aussi que le dynamisme de certains secteurs économiques ne réussit pas, à la fin des années vingt, à modifier en profondeur l'ensemble des structures économiques du pays. Derrière les exemples de croissance spectaculaire qui ont été retenus, le fond du paysage économique français demeure celui de la stagnation, de la routine, d'un retard de modernisation qui marquent profondément le système de production, les modes de vie et les mentalités.

Persistance de la France des « petits »

La France des années vingt, en dépit des brillantes anticipations évoquées reste un pays fondamentalement rural et un pays de petites et moyennes entreprises. Au sortir de la Première Guerre mondiale, 53,6 % de la population française vit à la campagne. C'est autour de 1930 que le pourcentage de la population urbaine l'emporte définitivement sur celui de la population rurale, mais si on constate effectivement un courant d'urbanisation, celui-ci est extraordinairement lent et les statistiques sont trompeuses par rapport aux réalités. En effet, sont considérées comme villes les agglomérations de plus de 2 000 habitants. Or il est clair qu'à ce niveau on est en présence de petits bourgs étroitement liés à la vie des campagnes environnantes et dont les fonctions sont en rapport avec elles. De surcroît, la société est imprégnée par une mentalité rurale, et une grande partie des citadins ne se considère encore que comme en transit dans la ville où elle ne réside que pour des raisons économiques en attendant de pouvoir retrouver ses racines à la campagne. De fait, la France se voit comme un pays rural et les revenus dus à l'activité agricole représentent encore aux alentours de 1920 environ 30 % de l'ensemble des revenus privés. Or ce monde rural est dominé par les petites et moyennes exploitations comme le révèle l'enquête agricole de 1929.

	Nombre d'exploitations (en milliers)	*Surface exploitée (en milliers d'ha)*
Moins de 1 ha	931	674
1 à 10 ha	1 754	9 101
10 à 50 ha	959	22 170
50 à 100 ha	81	6 064
plus de 100 ha	32	7 253
Total	3 757	45 262

Sans doute faut-il tenir compte des pièges que recèle cette approche statistique, en particulier au niveau des micro-parcelles qui sont souvent, non des exploitations agricoles, mais de simples jardins d'agrément ou des potagers domestiques. Mais cette rectification une fois faite, force est de constater que les exploitations de plus de 50 ha, les seules qui apparaissent comme économiquement significatives, ne représentent que le tiers de la surface cultivée. En fait, l'agriculture française se caractérise par la prépondérance de la moyenne exploitation de caractère familial.

Or ce type d'exploitation est marqué par l'archaïsme dont le résultat se lit dans la quasi-stagnation de la production agricole au cours des années vingt. Pour un indice 100 en 1910-1913, la production agricole est tombée à 84 en 1919. Elle remonte lentement, par paliers, jusqu'à un indice 106 en 1925 et, avec des aléas conjoncturels (stabilisation de fait de 1926, dévaluation légale en 1928), s'inscrit à l'indice 96 en 1930.

Certes, il s'agit là de chiffres moyens qui recouvrent des réalités contrastées mais aboutissent à la vision d'ensemble d'un secteur dont le poids (il regroupe en 1931 32,5 % de la population active) apparaît globalement comme un frein à la modernisation d'ensemble de l'économie française.

Malgré la diminution du nombre des exploitations (au détriment des plus exiguës) et celle de la population agricole active, les progrès de la productivité sont de très faible ampleur. Ils ne concernent que les grandes exploitations, par exemple les vastes domaines céréaliers du Bassin parisien exploités dans une perspective capitaliste, ou les vignobles du Midi. De manière moins spectaculaire, ils intéressent la moyenne propriété (de 10 à 50 ha) où l'on constate dans les années vingt des achats de machines agricoles (moissonneuses ou faucheuses-lieuses) et l'utilisation plus importante d'engrais. Mais les progrès de la productivité sont quasi-inexistants, faute de capitaux et de possibilités d'amortir les investissements, dans les exploitations inférieures à 10 ha (les 2/3 du total, ne couvrant il est vrai que 20 % des superficies cultivées).

Au total, du fait de la dispersion des exploitations et de la stagnation qui en résulte au niveau des équipements et des méthodes de travail, les rendements sont notablement plus faibles que dans la plupart des pays étrangers (on peut comparer le rendement français du blé — 18 quintaux à l'ha — à celui des 27 quintaux à l'ha de la Belgique ou des 30 quintaux à l'ha des Pays-Bas). De surcroît, ces conditions entraînent un problème général des prix agricoles qui sont à la fois trop peu rémunérateurs pour les exploitants français, lesquels ne peuvent que difficilement dégager des marges bénéficiaires, et trop élevés pour le marché mondial qui connaît dès 1926 un tassement des cours mondiaux au moment précis où la stabilisation Poincaré fait disparaître l'avantage de change dont jouissaient les agriculteurs français.

Rassemblant le tiers de la population active de la France, le secteur agricole constitue donc un frein à la modernisation de l'économie française. Vivant largement en situation d'autosubsistance (ce que manifeste la prédominance de la polyculture), dégageant peu de bénéfices, exerçant une pression sur les milieux politiques en faveur du renforcement de la protection douanière, il n'offre qu'un très faible marché aux secteurs modernes de l'industrie et incline les mentalités vers des comportements frileux et conservateurs qui constituent une entrave à la modernisation du pays.

Or la France des « petits » ne se limite pas au monde rural. Elle est aussi le modèle de l'entreprise artisanale, industrielle ou commerciale en France. En 1931, les entreprises de moins de 20 salariés constituent 44 % des entreprises industrielles françaises. En outre, il existe en France 1 700 000 artisans qui travaillent seuls ou avec un ou deux compagnons, et 418 000 travailleurs à domicile. Si bien qu'au total, à la fin des années vingt, 65 %, des travailleurs de l'artisanat ou de l'industrie exercent leur activité dans des établissements de moins de 100 salariés et 40 % dans des établissements de moins de 10 salariés. Même dans ce domaine, la règle est celle de la petite et moyenne entreprise, bien que leur nombre ait tendance à diminuer au profit des grands établissements de plus de 500 salariés. Statistiquement, la grande entreprise moderne, même si elle polarise l'attention n'est qu'une brillante exception et Citroën et Boussac sont moins représentatifs de l'économie française que le petit atelier rassemblant quelques ouvriers.

C'est encore plus vrai dans le secteur du commerce. La boutique fait mieux que se maintenir, elle progresse. Or elle est le type même de la petite entreprise puisque dans le secteur du commerce, 65 % des salariés travaillent dans des établissements de moins de 5 personnes et 28 % seulement dans des entreprises dépassant 10 salariés.

Ainsi, si on ajoute l'agriculture, le commerce et l'industrie, une écrasante majorité du tissu économique de la France des années vingt est représenté par le secteur des petites ou très petites entreprises, même si l'évolution que permettent de constater les statistiques depuis le début du siècle va vers une lente concentration au bénéfice d'exploitations plus grandes donc plus rentables ou d'entreprises plus importantes. L'évolution n'est pas contestable, mais force est de constater qu'elle n'est qu'amorcée entre 1919 et 1932. Or on ne saurait dire que les mentalités accueillent avec satisfaction cet embryon de transformation. L'esprit public, comme l'idéologie officielle de la République, exaltent la petite entreprise à laquelle on peut accéder en sortant des couches les plus démunies de la société et font un véritable idéal politique de la création d'une démocratie de petits propriétaires-travailleurs. Si bien que la législation de la IIIe République favorise la constitution de petites exploitations rurales par des prêts de faible valeur, mais à longue durée et intérêts bas (par exemple aux Anciens combattants), de même qu'elle encourage par des lois sur les patentes et sur les sociétés anonymes à responsabilité limitée, la propriété commerciale des petits entrepreneurs. Du même coup se développe, au niveau des mentalités, une vision positive de la *« petite entreprise à la française »*, modeste sans doute, mais raisonnable, se gardant des ambitions excessives, qu'on oppose à la grande entreprise capitaliste à l'américaine dont le gigantisme s'apparente à une *« folie des grandeurs »*, à la perte de toute mesure à taille humaine et aussi à la spéculation capitaliste qui, dans un pays de vieille tradition catholique, laisse un relent de malhonnêteté. Le krach de Wall Street en 1929 sera souvent considéré en France comme une forme de justice immanente satisfaisant la morale en atteignant les téméraires et en épargnant les prudents et les raisonnables.

Sans doute, pour des esprits modernes, les défauts de cette petite entreprise majoritaire sautent aux yeux en mettant en évidence son rôle d'obstacle à la modernisation de l'économie : faibles ambitions en ce qui concerne la conquête des marchés, prédominance de l'autofinancement en raison des risques que fait courir à la stabilité des entreprises le recours aux banques, faibles taux de croissance, limitation des profits, fragilité économique qui fait de l'appel à l'État un réflexe quasi automatique et, à un niveau plus large, nécessité de la protection douanière gênant les entreprises les plus performantes soumises à l'étranger à des mesures de rétorsion et frein à toute politique sociale, impossible à supporter pour la trésorerie de sociétés qui ne disposent guère de moyens ni de souplesse financière. Mais, pour les années vingt, ces constatations apparaîtraient comme anachroniques, car elles ne sont le fait que d'un petit nombre de patrons modernistes qui ont été évoqués plus haut et que l'exemple américain enthousiasme. En revanche, ces réflexions sont étrangères à la plupart des patrons français comme à l'opinion publique dans sa quasi-totalité. Il est juste d'ajouter que l'état d'esprit majoritaire de méfiance à l'égard de l'innovation économique est partagé par nombre de dirigeants de grandes entreprises traditionnelles par exemple l'industrie cotonnière du Nord, la soierie lyonnaise ou la chaussure de Bretagne ou du Centre.

La position internationale de la France

Par rapport au marché mondial, quel est le poids relatif des grandes entreprises modernistes tournées vers l'investissement, la mécanisation et l'exportation, et du tissu des entreprises traditionnelles, généralement de petite taille et bornant au mieux leurs ambitions au marché national que nous venons de décrire ?

Avant la Première Guerre mondiale (chapitre II), la France pèse dans le monde par la masse des capitaux qu'elle a placés à l'étranger.

Durant la guerre, la plus grande partie de ces capitaux a été liquidée, mais il en demeure un reliquat qui représenterait 7,9 milliards de francs-or. La prospérité des années vingt a cependant vu s'opérer une reprise des placements à l'étranger du fait des grandes banques et des entreprises industrielles les plus dynamiques. C'est essentiellement vers la zone désormais privilégiée de l'Europe centrale et balkanique (Pologne et pays de la Petite Entente) que se dirigent ces placements, ces pays servant de substitut à la Russie d'avant-guerre qui, du fait de l'avènement du régime bolchevique, ne constitue plus une zone de placement valable. Mais il faut aussi citer les pays du Moyen-Orient (en raison du succès récent de l'extraction pétrolière) et le domaine colonial français qui commence à attirer les capitaux, au moins dans les zones les plus rentables

(Syrie, Liban, Maroc, Madagascar, Indochine). Au total, c'est une vingtaine de milliards de francs-or qui sont placés à l'étranger en 1929, représentant un triplement des capitaux français placés dans le monde par rapport à 1919. Toutefois ce total n'est que la moitié de la fortune française à l'étranger en 1913, ces chiffres permettant à la fois de mesurer l'effort de reconstitution de celle-ci durant la prospérité des années vingt, et le déclin relatif par rapport à la position internationale de la France avant la guerre. La prospérité de l'après-guerre est réelle, mais elle n'est pas suffisante pour masquer la perte de puissance internationale occasionnée par le conflit.

Dans quelle mesure le commerce extérieur de la France traduit-il cet effort de reconstitution amorcé, mais inachevé ? La conjoncture économique infléchit très directement la situation de la balance commerciale de la France. Les énormes besoins de reconstruction expliquent le déficit qui la marque dans l'immédiat après-guerre. Usée par le conflit, la France doit beaucoup acheter et a peu à vendre à l'étranger. Jusqu'en 1923, la balance commerciale est déficitaire en permanence. À partir de cette date, les exportations subissent un coup de fouet dû à la fois à l'achèvement de la reconversion et à la dépréciation du franc qui offre une véritable chance aux produits français en diminuant artificiellement leur coût sur le marché international. Bien entendu, la stabilisation légale du franc en 1928 retourne à cet égard la situation en faisant perdre aux produits français l'avantage de change dont ils bénéficiaient et ce au moment même où le retournement de la conjoncture internationale se marque par un tassement des cours mondiaux ce qui entraîne le retour au déficit commercial. Il reste que, prise dans son ensemble, la période des années vingt représente pour la France un réel élan commercial puisque par rapport à un indice 100 en 1913, l'indice du volume des échanges serait à 149 en 1929 contre 127 en moyenne pour le reste du monde.

Cette progression des échanges s'explique d'abord par la forte poussée des importations, et en particulier des matières premières (+33 % entre 1913 et 1929) due à la fois aux nécessités de la reconstruction et à l'essor des industries dynamiques, grosses consommatrices de matières premières. Mais la croissance des exportations durant la même période de référence (+47 %) est encore plus marquée et concerne, pour les deux tiers, des produits fabriqués à forte valeur ajoutée, la France vendant à l'étranger le quart de sa production. Comme avant la Première Guerre mondiale, la France conserve ainsi le 4e rang mondial pour le commerce, mais ce maintien apparent couvre, comme pour le placement des capitaux à l'étranger, une détérioration relative de sa position par rapport à l'avant-guerre. Elle n'achète plus que 6 % des importations mondiales (contre

7,9 % en 1913) et ne fait plus que 6 % des exportations (contre 7,1 % en 1913).

Si on tient compte de ce que la position internationale dans le domaine des échanges comme dans celui des capitaux est le fait d'une minorité de grandes entreprises, il est peu contestable que la France des années vingt fasse preuve d'un réel dynamisme, tant en ce qui concerne le placement des capitaux à l'étranger que le volume des échanges extérieurs. Mais cette reprise, pour brillante qu'elle soit, demeure limitée, ne permettant guère au pays de retrouver la position qui avait été la sienne en 1913, de refaire le terrain perdu par la guerre. C'est que le poids des vieilles structures, dans le monde rural comme dans le secteur de l'industrie et du commerce constitue un frein qui interdit au dynamisme du secteur industriel moderne de donner sa pleine mesure en trouvant des relais dans l'ensemble du tissu économique français. C'est donc sur un pays qui ne fait qu'ébaucher sa modernisation que se manifestent les premiers signes du ralentissement de la conjoncture mondiale à la fin des années vingt.

La crise avant la crise

En octobre 1929, l'effondrement de la Bourse de New York, suivi de la crise du système bancaire, de l'arrêt des crédits, de faillites en cascade d'entreprises et d'une vague de chômage annonce le début de la crise économique mondiale. Depuis longtemps, les historiens de l'économie ont mis en relief le fait que si la crise boursière avait donné le signal de la crise économique, ce n'est nullement qu'elle en était la cause mais que, tout simplement, elle avait révélé à l'opinion une situation difficile résultant des déséquilibres structurels de l'économie américaine.

Le raisonnement vaut pour la crise française. Celle-ci n'est perçue par les Français que lorsque se produit en septembre 1931 un événement qui joue le rôle de signal pour l'opinion publique, la dévaluation de la livre sterling qui met brusquement en évidence la surévaluation des prix français par rapport au marché mondial et qui va se manifester par l'effondrement des exportations, la montée du chômage et, en dépit des mesures de protection douanière, la très grande difficulté pour les produits français à résister à la concurrence étrangère, y compris sur le marché national. En fait, l'événement de septembre 1931, généralement considéré comme le début de la crise, ne fait que mettre en relief les déséquilibres structurels de l'économie française. Mais ceux-ci laissaient percevoir les signes annonciateurs de la crise économique dès 1929 et parfois auparavant. Toutefois faute de statistiques solides, de culture économique et de prise en compte (y compris par les dirigeants du pays) des données et des indicateurs, le phénomène n'est guère perçu et la crise américaine apparaît comme le juste châtiment de la présomption des grands enfants d'outre-Atlantique et de leurs imitateurs européens, la sagesse française étant célébrée par la situation du pays, tenu pour « *un îlot de prospérité dans un monde en crise* ».

Pour étayer ce sentiment, les arguments ne manquent pas. C'est en 1929 que sont atteints dans tous les domaines des records absolus de production, dans l'extraction houillère qui arrive, cette année-là, à 55 millions de tonnes, dans celle du minerai de fer qui culmine à 51 millions de tonnes, dans celle de la bauxite pour laquelle la France consolide sa position avec 680 000 tonnes. Avec près de 17 milliards de kw/h, l'électricité multiplie par 8 sa production de 1913 cependant que la production d'acier est à l'indice 192 par rapport à un indice 100 à la veille de la guerre. Mêmes indices favorables pour la construction (indice 120), l'industrie mécanique (indice 136), la production automobile atteignant 254 000 véhicules.

Année-record encore que 1929 pour les importations (58 milliards de francs) et les exportations (50 milliards), cependant que les revenus des capitaux placés à l'étranger, ceux du tourisme et les Réparations allemandes permettent de solder, au niveau de la balance des paiements, le déficit de la balance commerciale.

Dans un pays où la prospérité est assimilée à la richesse financière, les causes d'optimisme ne manquent pas non plus. L'or afflue à la Banque de France depuis la stabilisation Poincaré, le franc étant tenu pour une des valeurs stables du monde. Aussi les réserves ne cessent-elles d'augmenter, à l'émerveillement des experts : 18 milliards en 1927, 64 en 1928, 67 en 1929, 80 en 1930, le mouvement se poursuivant jusqu'en 1932 et assurant à la monnaie une confortable couverture de 77 %, supérieure à ce qu'elle était en 1913. Dans le domaine si sensible des finances publiques, la situation n'a jamais été aussi favorable depuis la guerre.

Le budget de l'État, en excédent depuis 1928, dégage en 1930-1931 un solde positif de plus de 5 milliards de francs, permettant au chef du Gouvernement André Tardieu, admirateur de la prospérité américaine des années vingt de se lancer dans une politique d'équipement du pays qu'il baptise « *politique de la prospérité* ». Et les Français ont toutes les raisons de penser que cette prospérité, récompense de leur sagesse, est assurée pour longtemps puisque l'année 1930 permet d'établir encore un record, celui du revenu national : 245 milliards de francs ! Quant au chômage, plaie chronique de l'Angleterre de l'entre-deux-guerres (jamais moins d'un million de chômeurs), qui se répand comme une traînée de poudre en Allemagne et ravage les États-Unis, il est, si l'on en croit les statistiques, inexistant en France : 1 700 chômeurs secourus en 1930.

L'optimisme ainsi entretenu explique que les contemporains aient jugé que, dans ces conditions, la responsabilité de la crise était strictement étrangère, imputable aux effets de l'effondrement américain puis de la dévaluation britannique. Les historiens contemporains tout en admettant que le poids de la crise mondiale a été déterminant sur un pays profondément engagé dans les processus économiques internationaux contestent aujourd'hui ce point de vue en insistant sur les déséquilibres propres à l'économie française et sur la précocité des signes du retournement de la conjoncture économique (Cf. Jacques Marseille, « Les origines inopportunes de la crise de 1929 en France », *Revue Économique*, vol. 31, n° 4, juillet 1980).

De fait, les signes annonciateurs de la dépression ne manquent pas et peuvent à beaucoup d'égards faire considérer *aujourd'hui* que celle-ci résulte d'un processus régulier de dégradation qui apparaît au grand jour fin 1931. C'est ainsi que, depuis 1926, l'indice des prix de gros fléchit en France au rythme d'environ 3 % par an, la France suivant sur ce point l'évolution du reste du monde, la chute étant encore plus marquée pour les prix de gros des matières industrielles. De la même manière, si la balance des paiements reste excédentaire, son solde se réduit d'année en année puisqu'au déficit chronique de la balance commerciale s'ajoute, à partir de 1929 et surtout de 1930, la disparition progressive de deux postes qui permettaient de l'équilibrer : les Réparations allemandes et les rentrées du tourisme. La production elle-même donne des signes d'essoufflement. Depuis 1926 et la stabilisation Poincaré qui fait disparaître l'avantage de change dont elle jouissait, la production agricole, stimulée jusqu'alors par les possibilités d'exportation, marque le pas. Pour les mêmes raisons, l'industrie textile amorce un repli en 1928 et l'industrie automobile commence à stagner fin 1929. Dès mars 1929, un certain nombre de valeurs mobilières connaissent stagnation ou recul. En 1930, le commerce extérieur est atteint à son tour, amorçant un repli de 15 % pour les importations et de 27 % pour les exportations.

On pourrait multiplier les exemples qui nous permettent aujourd'hui d'affirmer que la crise économique, loin d'être un événement brutal, une sorte d'agression étrangère sur un corps économique sain, est en fait un processus graduel qui s'est installé en pleine période de prospérité des années vingt ! Mais si on peut admettre que la France connaît alors des difficultés économiques, il faut reconnaître qu'elle est entrée dans la dépression sans le savoir.

La médiocrité des sources d'information, le caractère tardif des statistiques disponibles, l'attachement fétichiste à l'accumulation d'or ne permettaient pas aux responsables de l'époque, même informés des problèmes que nous venons d'évoquer, d'y voir autre chose que des difficultés sectorielles et passagères qu'une politique opportune permettrait de traiter. À l'aube des années trente, la France continue à considérer que son développement économique repose sur l'équilibre maintenu entre agriculture et industrie, sur la gestion sage, prudente et modérée de ses petites entreprises industrielles et agricoles, tenant pour folie, attestée par les difficultés qu'elles connaissent à la fin des années vingt, la constitution de ces entreprises dynamiques et conquérantes qui sont à la base de la croissance de l'après-guerre. Il reste que celle-ci a incontestablement existé et que la crise dont la France prend conscience en 1931 a brutalement arrêté, pour vingt années, un processus d'entrée dans une « société de consommation » dont l'après-Première Guerre mondiale a posé les prémisses.

VIII

LES MUTATIONS DE LA SOCIÉTÉ

Années Vingt. La décennie qui suit la guerre, comme celle qui l'a précédée, a laissé dans la mémoire collective des Français un souvenir passablement mythique : ici, celui d'une fièvre festive qui, après la terrible épreuve de la guerre, aurait saisi la majorité d'entre eux. Sur fond de *Charleston*, de rythmes venus d'outre-Atlantique avec les *sammies*, de libération des mœurs, de provocation dada, de cortèges noctambules promenant à Montparnasse ou ailleurs de longues limousines remplies de jeunes femmes en robes courtes et coiffées « à la garçonne », la France aurait, à la faveur de la prospérité revenue, vécu sans complexe ses « *années folles* ».

Comme celle de la « *Belle Époque* », cette image n'est ni tout à fait fausse ni tout à fait conforme à la réalité, si l'on considère que le mode de vie des Français, leur comportement et leurs pratiques sociales, leurs façons de penser, de sentir, de se divertir, ne sont pas réductibles à ceux des minorités cultivées et économiquement à l'aise qui transportent leur fureur de vivre et leurs plaisirs turbulents d'une rive de la Seine à l'autre et des lieux de divertissement et de création de la capitale aux étapes, toujours plus fréquentées, des grands itinéraires cosmopolites : Vienne, Berlin, New York, la Riviera, Florence et Rome aussi, du moins jusqu'à ce que l'Italie bascule dans la rigueur totalitaire. « *Années folles* » donc pour un petit nombre, et années de détente pour beaucoup, après les terribles épreuves de la guerre, admettons-le. Mais surtout, pour la masse des Français, années de difficile reconstruction des équilibres de l'avant-guerre. Années d'illusions aussi, dans l'espoir du retour de l'Âge d'or.

Combler les vides

À l'image de ses provinces de l'Est, ravagées par la tourmente guerrière, la société française est sinistrée. Comptabilisées en bloc (militaires tués et « *disparus* », civils morts par faits de guerre ou d'épidémies, déficit des naissances, etc.), les pertes en vies humaines tournent autour de trois millions d'individus, à quoi il faut ajouter les centaines de milliers d'invalides et de mutilés incapables de reprendre une activité professionnelle normale. Bilan effroyable donc, et qui frappe toutes les catégories sociales, mais qui a été particulièrement lourd pour la paysannerie — grande pourvoyeuse de ces masses de fantassins que la guerre des tranchées a broyées pendant quatre ans — et pour la bourgeoisie qui a fourni la plus grande part des officiers.

Il y a eu certes un premier « *baby boom* » au lendemain du conflit — 834 000 naissances en 1920 —, mais le redressement s'est vite tassé. Dès 1922, les chiffres sont retombés à un niveau voisin de celui de 1914, la population de l'hexagone n'assurant plus son propre remplacement. Dans ces conditions, l'appel à la main-d'œuvre étrangère est devenu, pour la France des années vingt, une nécessité vitale, motivée par la diminution de la population active — 55 % en 1920, 52,4 % en 1931, 49,2 % en 1936 — et amplifiée à la fois par des mutations géographiques et sectorielles de forte amplitude et par des contraintes économiques, sociales et culturelles.

La recrudescence de l'exode rural aggrave en effet dans les campagnes la pénurie de bras occasionnée par la guerre, tandis que les mesures de limitation du temps de travail (la journée de huit heures est adoptée en 1919) réduisent encore la masse des travailleurs disponibles et ceci malgré les poussées périodiques du chômage. En effet, même en période de crise, les chômeurs français ne souhaitent pas toujours retrouver un emploi à n'importe quel prix, c'est-à-dire en changeant de région, en apprenant un nouveau métier ou en acceptant des travaux qu'ils jugent rebutants et mal payés. Si bien que l'agriculture et de nombreuses industries continuent à rechercher de la main-d'œuvre alors que nombre de nationaux se trouvent sans emploi.

Plus globalement, disons que la main-d'œuvre nationale — cela n'est pas nouveau mais le fait se généralise pendant la période — se montre plus exigeante et reste sédentaire. Elle se détourne des tâches épuisantes, dangereuses ou salissantes, répugne aux déplacements qu'imposent les nécessités économiques et aspire à une promotion sociale que le tertiaire paraît lui offrir. Il en résulte dans ce secteur des conflits qui peuvent prendre un caractère aigu : pour les Italiens par exemple dans l'hôtellerie, la restauration et les professions libérales, pour les Juifs d'Europe centrale dans l'artisanat, le petit commerce et les professions libérales également.

La noria migratoire prend donc, au début de la décennie 1920, une accélération qui tranche avec la relative stabilité de l'avant-guerre. Pendant les années du conflit, les flux se sont fortement réduits et les retours ont été nombreux, surtout du côté de l'Italie. Mais la reprise a été rapide et, dès 1921, l'effectif global des étrangers dépasse de 30 % le niveau de 1911. Les immigrés sont alors 1 400 000 en chiffres arrondis. Il y en aura au moins 3 millions dix ans plus tard (le recensement de 1931 donne le chiffre officiel de 2 700 000 mais il faut tenir compte des clandestins et de la migration de transit), soit 7 % environ de la population française. La France est devenue à cette date, devançant les États-Unis et les grands pays d'accueil latino-américains (Argentine, Brésil, Uruguay), le premier pays d'immigration du monde.

Principaux groupes étrangers résidant en France en 1931

Nationalités	Population totale H	Population totale F	Mariages mixtes H	Mariages mixtes F	Naturalisés
Italiens	485 958	322 080	3 444	1 707	100 642
Polonais	305 117	202 694	497	553	13 535
Espagnols	200 136	151 728	1 354	878	26 935
Belges	144 670	109 024	2 064	1 330	66 896
Suisses	58 958	39 157	878	496	19 714
Russes	47 159	24 769	505	96	10 972
Allemands	40 006	31 723	471	619	33 204
Portugais	41 081	7 883	—	—	700
Américains	7 832	8 987	112	64	1 623
Ensemble des étrangers	1 655 962	1 058 735	10 956	6 634	361 231

(H = population masculine — F = population féminine — Mariages mixtes = ceux qui ont été contractés l'année du recensement — Naturalisés = effectif comptabilisé l'année du recensement)

En tête viennent toujours les Italiens. Ils sont maintenant 808 000 en chiffres officiels (en fait au moins un million), soit le tiers de la population immigrée (37,1 % en 1931), résidant toujours majoritairement dans le quart sud-est de la France et dans la région parisienne (Paris a détrôné

Marseille comme capitale de la migration transalpine), mais avec trois implantations plus récentes et en progression rapide : la Lorraine sidérurgique (Meuse, Moselle, Meurthe-et-Moselle), la Franche-Comté et certains départements du Sud-Ouest (Gers, Lot-et-Garonne, Tarn-et-Garonne) où les Italiens sont venus combler massivement les vides produits par la forte dépopulation rurale. À cette exception près, il s'agit surtout, comme par le passé, d'une immigration de travailleurs manuels, particulièrement nombreux dans les mines, la sidérurgie, les industries mécaniques, le bâtiment, mais la mobilité sociale de ce groupe est grande et la présence de noyaux beaucoup plus anciennement implantés fait que les Italiens sont également fort représentés dans le petit commerce, l'artisanat (notamment dans les métiers du vêtement, de l'ameublement, de la décoration, de l'alimentation) et dans les services.

L'un des traits spécifiques de l'immigration italienne des années vingt est la présence en son sein de nombreux exilés politiques venus par milliers (entre 30 000 et 40 000 selon les estimations les plus crédibles) chercher refuge dans notre pays à la suite des grandes vagues de violence et de répression qui ont accompagné la conquête du pouvoir par les fascistes, puis la radicalisation du régime en 1925-1926. Beaucoup, de simples militants de base des syndicats et des formations politiques pourchassés par le fascisme, ont d'ailleurs renoncé à poursuivre leur action, par crainte d'être expulsés ou par simple désintérêt, mais des milliers d'entre eux ont rejoint leurs organisations reconstituées dans l'exil, ou se sont insérés dans les rangs du Parti communiste français et de la CGTU. À leur contact, ce sont de larges secteurs de la colonie italienne qui se sont politisés à gauche, tandis qu'un fraction non négligeable de cette population subissait l'influence du régime mussolinien à travers les réseaux associatifs contrôlés par les consulats et par le parti (*fasci*, organisations d'anciens combattants, sociétés de bienfaisance ou de secours mutuel, groupes artistiques, musicaux, sportifs, etc.).

Les immigrés italiens des années vingt se sont dans l'ensemble intégrés rapidement à la société française. Pendant les années de la grande dépression, on verra certes resurgir des réactions d'exclusion, mais elles seront surtout verbales et limitées à certains secteurs. Les violences xénophobes de la fin du XIXe siècle ont disparu et les Italiens ont cessé de polariser sur eux ce qu'il reste d'animosité envers les étrangers dans les populations du cru. Pourtant, la communauté transalpine s'est fortement renouvelée depuis la guerre. Tandis que les plus intégrés franchissaient en nombre croissant le cap de la francisation, les nouveaux venus — parfois originaires de régions faiblement représentées avant la guerre (le Frioul, le Latium, déjà certaines régions méridionales) — redonnaient à la colonie certains des traits qui avaient caractérisé celle-ci une trentaine d'années plus tôt : prépondérance des éléments jeunes, taux de masculinité élevé, très forte mobilité géographique et professionnelle, appartenance de la majorité des migrants à la catégorie des travailleurs manuels, etc. Tout ceci a fortement accru la *visibilité* de la population italienne et aurait pu réveiller les tensions du passé. Que s'est-il passé qui fait que ses représentants sont plutôt bien vus des populations locales, comme en témoignent diverses enquêtes réalisées à l'époque et que Ralph Schor a étudiées dans sa thèse (*L'Opinion française et les étrangers, 1919-1939*, Paris, Publications de la Sorbonne, 1985) ? La société française commencerait-elle à tirer profit du bon fonctionnement de ses instruments assimilateurs, mis en place par les républicains et désormais tout à fait rôdés ? Sans doute, mais les immigrés récents ne sont passés ni par l'école, ni par le service militaire, et s'il est vrai qu'ils paraissent s'intégrer plus vite que leurs prédécesseurs c'est parce qu'ils sont perçus en France comme moins éloignés que ne l'étaient alors ces derniers du « modèle » français. Ce qui s'était passé un demi-siècle plus tôt pour les Belges et pour les Suisses se produit désormais pour les Italiens. Tout simplement parce que déferlent, dans les années vingt, de nouvelles vagues de migrants.

La plus importante est constituée par les Polonais. Très peu nombreux avant la guerre, et alors recensés avec les Russes ou avec les Allemands, ils ne sont encore que 46 000 en 1921, soit 3 % de la population étrangère. Cinq ans plus tard on en dénombre 309 000 (12,8 %) et en 1931 leur effectif dépasse le demi-million d'individus, employés le plus souvent comme ouvriers agricoles ou comme mineurs. Migration de masse par conséquent, opérée sous l'impulsion des deux gouvernements (une convention a été signée dès septembre 1919) et de la Société générale d'immigration. Recrutés en Pologne au sein d'une population essentiellement rurale, ou venus de la Ruhr où ils avaient émigré au début du siècle (ce sont les « Westphaliens »), les travailleurs polonais sont concentrés, à leur arrivée en France, dans les deux dépôts du Havre et de Toul, avant d'être acheminés avec leurs familles vers les exploitations agricoles de la région du Nord et du Bassin parisien et vers les grandes zones d'exploitation charbonnière.

Mineurs « westphaliens » ou paysans reconvertis ou non dans des tâches industrielles, tous occupent à la veille de la crise des années trente une place essentielle dans l'économie française : 48 % des étrangers employés en 1931 dans les industries extractives sont Polonais, 13 % dans l'agriculture, mais 5 % seulement dans le commerce et 8 % dans les industries de transformation. Ce sont de bons ouvriers, dont on reconnaît aisément les qualités de courage, de discipline, de robustesse. Mais on les dit « peu intelligents », manquant d'initiative et enclins à accepter n'importe quelles conditions de travail. En principe, la convention franco-polonaise protège ceux qui travaillent dans les houillères de traitements discriminatoires, mais elle est fréquemment tournée. Payés au rendement, les mineurs polonais sont souvent affectés aux veines les plus pauvres ce qui les empêche d'obtenir les mêmes résultats que les Français.

Surtout, on fait grief aux Polonais de cultiver de façon outrancière leur particularisme culturel et religieux, de refuser de s'intégrer et de s'organiser en véritables ghettos. Janine Ponty, dans la très belle thèse qu'elle a consacrée à l'histoire des travailleurs immigrés polonais dans la France de l'entre-deux-guerres (*Polonais méconnus*, Paris, Publications de la Sorbonne, 1988), nous explique qu'ils sont à la fois mal vus de la droite, qui dénonce en eux les dangers d'un État dans l'État, et peu aimés de la gauche parce que trop ostensiblement catholiques et trop peu politisés, à l'exception d'une minorité communiste. Et il est vrai que la cohésion de la communauté et le sentiment d'appartenance de ses membres à la nation polonaise restent longtemps très forts. La convention additionnelle d'octobre 1920 ayant légalisé leurs organisations, les Polonais ont développé en France un puissant mouvement associatif : groupes théâtraux, groupes musicaux, associations sportives (il n'est pas rare dans certaines villes du Nord de voir coexister deux clubs de football, un français et un polonais), etc.

Ce particularisme est d'autant plus tenace qu'il dispose d'un puissant instrument de résistance à l'assimilation avec les écoles polonaises. Le gouvernement de Varsovie a obtenu en effet que des cours de langue, d'histoire et de littérature polonaises soient dispensés aux enfants, avec le concours de moniteurs polonais dès que le nombre d'élèves le justifie. Privilège d'importance dans une France restée majoritairement fidèle à l'esprit de Jules Ferry et qui est accordé avec seulement quelques restrictions. À l'école publique, les cours spéciaux se déroulent hors des horaires normaux et, dans les écoles privées — il y en a près de 600 en 1929 accueillant une vingtaine de milliers d'élèves —, ils ne peuvent excéder la moitié des enseignements dispensés. À la maison, les parents imposent très fréquemment l'usage de la langue polonaise (à la différence de la très grande majorité des Italiens), et à l'église tout rapproche également les jeunes de leur pays d'origine.

Au départ en effet, l'administration diocésaine a essayé de former des prêtres français destinés à l'encadrement de la communauté polonaise. Mais les volontaires sont rares, les allogènes résistent et finalement l'Église de France doit se résigner à faire venir des ecclésiastiques de Pologne. Dès lors, les migrants s'organisent autour de leurs propres chapelles, lieux privilégiés d'une résistance passive mais combien efficace à l'assimilation, voire à la simple intégration au sein d'une population locale qui, surtout dans les zones où la déchristianisation a été forte, voit d'un œil méfiant ces poches de religiosité affichée et passablement « exotique ».

Sans surprise, il y aura donc peu de mariages mixtes (quatre fois moins que chez les Italiens) et peu de naturalisations au sein de cette communauté qui — dans sa grande majorité — vit en France sans vouloir devenir française. Quand viendra la crise des années trente, les Polonais paieront cher ce repli et feront les frais de la politique de retours massifs.

Population étrangère en France

Nationalité	1921		1926		1931	
	Nombre*	%	Nombre	%	Nombre	%
Pop. totale	38 797		40 228		41 228	
Étrangers	1 532	3,95	2 409	5,99	2 198	6,58
Allemands	76	5,00	69	2,90	72	2,60
Belges	349	22,80	327	13,60	254	9,40
Espagnols	255	16,80	323	13,40	352	13,00
Italiens	451	29,40	760	31,50	808	29,70
Polonais	46	3,00	309	12,80	508	18,70
Portugais	11	0,70	29	1,20	49	1,80
Suisses	90	5,90	123	5,10	98	3,60
Nat. d'Afrique **	38	2,50	72	3,00	105	3,90
Autres	216	14,10	397	16,50	469	17,30

* (*en milliers*)
** (*à l'exception des Algériens qui, réputés sujets français, ne sont pas recensés*)

Ni les Belges, ni les Espagnols ne sont à proprement parler des nouveaux venus, si l'on considère la nationalité du groupe et non les individus qui le composent. Les premiers continuent de voir leur importance numérique se réduire, après une forte reprise au lendemain de la guerre. Ils étaient environ 350 000 en 1921 (22,80 % des étrangers), ils ne sont plus que 254 000 dix ans plus tard et représentent alors moins de 10 % de la population allogène. Mais cette diminution traduit une assimilation rapide de leurs prédécesseurs, devenus fréquemment citoyens français après avoir occupé dans l'industrie des emplois de haut de gamme. Analysant par exemple la répartition des postes aux usines de la Providence, à Rehon (près de

*Répartition territoriale
des principales nationalités à la fin des années vingt*

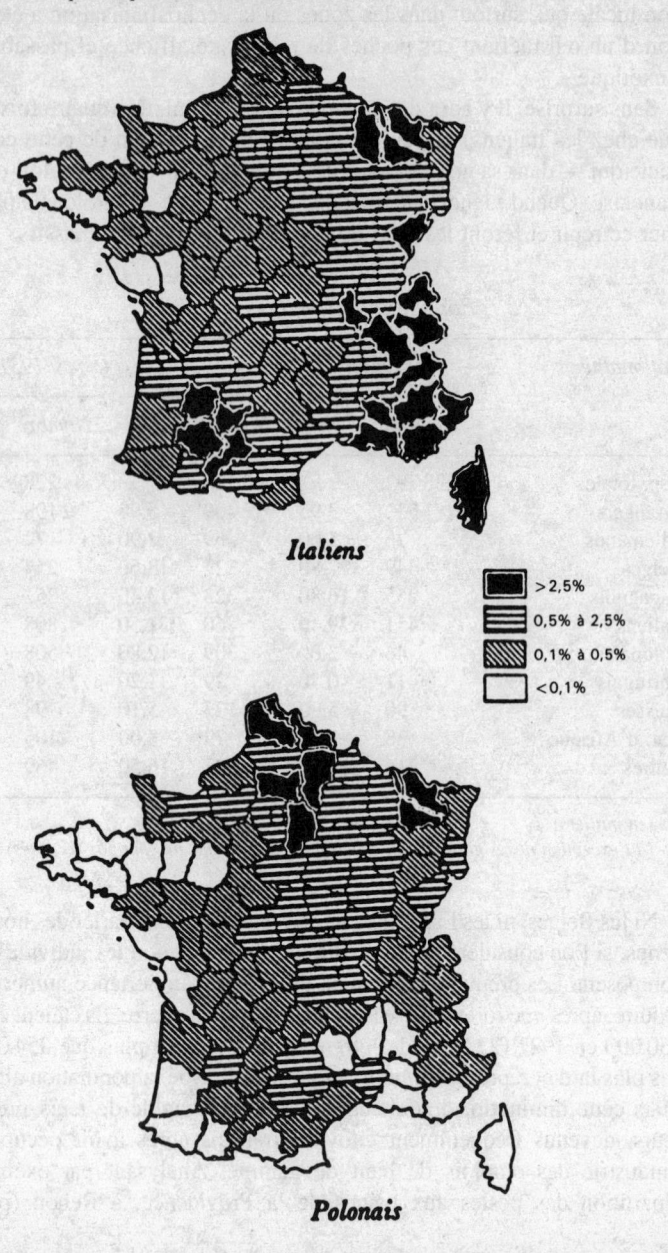

Italiens

- > 2,5%
- 0,5% à 2,5%
- 0,1% à 0,5%
- < 0,1%

Polonais

Espagnols

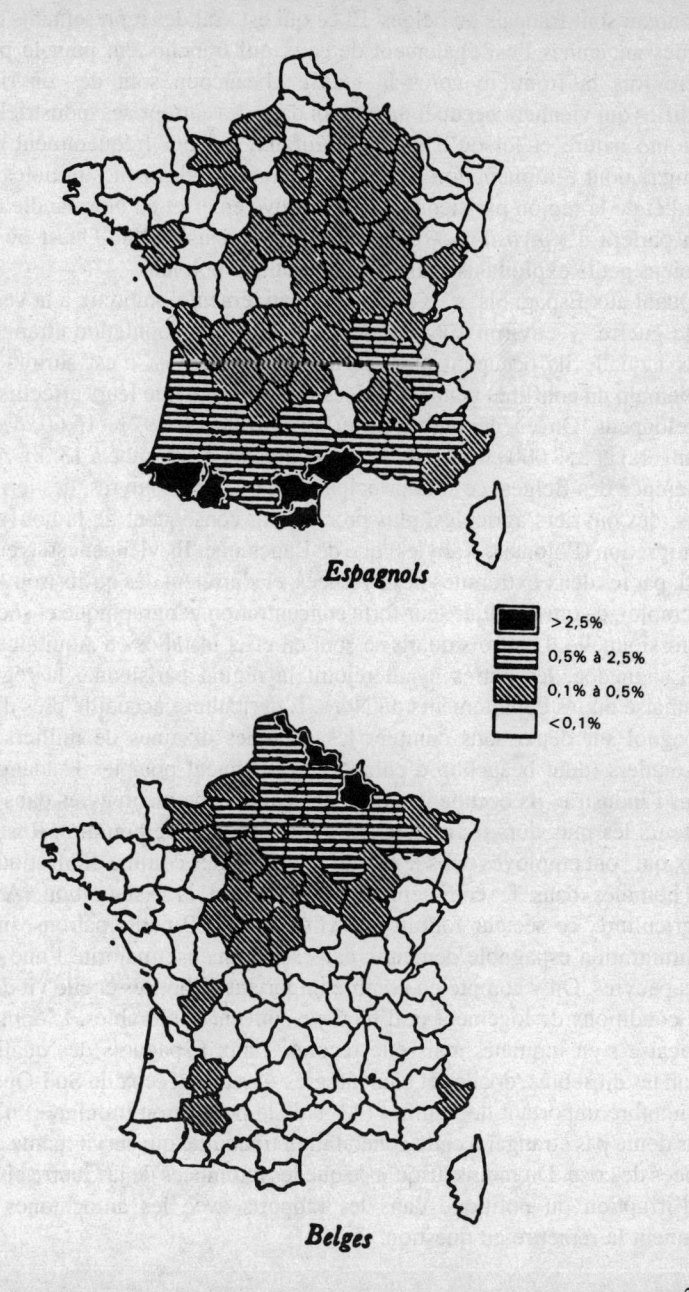

> 2,5%
0,5% à 2,5%
0,1% à 0,5%
< 0,1%

Belges

Longwy), Gérard Noiriel constate que tous les contremaîtres et employés de bureau sont français ou belges. Et ce qui est vrai des représentants des vagues anciennes l'est également de ceux qui franchissent pour la première fois la frontière après la guerre : beaucoup sont des ouvriers qualifiés qui viennent occuper un emploi dans des entreprises industrielles de toute nature et lorsqu'il s'agit de ruraux, ce sont fréquemment des fermiers dont l'implantation s'étend d'ailleurs loin des zones initiales du Nord et de la région parisienne. On les trouve en effet en Normandie (où l'on parlera d'« *invasion* »), en Bourgogne et dans le Sud-Ouest où ils côtoient petits exploitants italiens et journaliers polonais.

Quant aux Espagnols, s'ils sont déjà relativement nombreux à la veille de la guerre — environ 106 000, soit 9,20 % d'une population étrangère dans laquelle ils occupent alors le troisième rang —, c'est surtout au lendemain du conflit et pendant la décennie suivante que leurs effectifs se développent. On en dénombre en effet 255 000 en 1921 (16,60 % des étrangers) et 352 000 en 1931 (avec un pourcentage retombé à 13 %). À la différence des Belges, ce sont principalement des manœuvres, des terrassiers, des ouvriers agricoles, plus proches par conséquent de la nouvelle immigration (Polonais, Kabyles) que de l'ancienne. Ils viennent souvent à pied, par les deux extrémités des Pyrénées, et s'arrêtent dès qu'ils trouvent un emploi, ce qui explique leur forte concentration géographique et socio-professionnelle. Les trois quarts se sont en effet installés en Aquitaine et en Languedoc, les autres ayant rejoint la région parisienne, la région lyonnaise ou les départements du Nord. L'agriculture accueille près d'un Espagnol sur deux, sans compter les quelques dizaines de milliers de saisonniers (dont beaucoup d'enfants) qui viennent pour les vendanges. Dans l'industrie, ils occupent surtout des emplois de manœuvres dans les secteurs les plus durs (terrassement, mines, chimie, céramique). Restent ceux qui sont employés dans le tertiaire, les femmes comme domestiques, les hommes dans le commerce, l'hôtellerie ou la restauration. Avec l'agriculture, ce secteur fournit une élite de 25 000 petits patrons, mais l'immigration espagnole demeure, dans son immense majorité l'une des plus pauvres. On y compte un nombre important d'illettrés et elle vit dans des conditions de logement et d'hygiène souvent déplorables. L'opinion française s'en inquiète, mais elle reconnaît aux Espagnols des qualités — on les dit sobres, dociles et bien intégrés —, surtout ceux du Sud-Ouest. Le nombre important de femmes (43 % de la population immigrée) n'est sans doute pas étranger à cette cohabitation tranquille qui survit même aux années de crise. Du moins jusqu'à ce que les retombées de la Guerre civile et l'irruption du politique dans les rapports avec les autochtones ne viennent la remettre en question.

Nouveaux venus en revanche, du moins pour l'immense majorité d'entre eux, sont les travailleurs originaires du Maghreb, c'est-à-dire essentiellement d'Algérie et plus précisément encore de Kabylie. Avant la guerre, on en comptait tout au plus quelques milliers, nombreux surtout à Marseille où, lors des grèves dans les raffineries, en 1906-1907, il a été fait appel à eux pour remplacer les Italiens. Ce sont surtout les années du conflit qui leur ont appris le chemin de la métropole, non à la suite d'un choix délibéré mais la plupart du temps de réquisitions opérées par les autorités françaises. 250 000 Algériens seront ainsi réquisitionnés ou mobilisés dans l'armée entre 1915 et 1918. En 1919 ils sont promptement rapatriés, mais les habitudes prises et les réseaux établis font que désormais une noria ininterrompue fonctionne entre la France et les départements d'outre-mer. Dès 1922, les Algériens sont 45 000, 71 000 deux ans plus tard et environ une centaine de mille à la fin de la décennie, toujours originaires en majorité de Kabylie certes, mais aussi de toutes les autres régions de l'Algérie. Ils ne représentent encore que 3,2 % des travailleurs immigrés mais l'idée est désormais admise par les employeurs que l'Afrique du Nord peut, elle aussi, être utilisée comme réserve de main-d'œuvre.

Pourtant l'opinion les rejette déjà, accusés de tous les maux, porteurs de toutes les menaces dont on affuble les étrangers, on leur fait grief d'être paresseux, sans résistance, incapables de se plier à la discipline de l'industrie et le patronat ne fait pas mystère de ses réticences. Au quotidien, ils inspirent autant de mépris que de crainte, du fait de leur « *violence primitive* » (*dixit* la presse de l'époque) et de leur « *caractère sournois* ». Les traits qu'on leur prête — traîtrise, duplicité, couardise, propension à manier le couteau, de préférence « *par derrière* », etc. — sont ceux que l'on attribuait aux Italiens trente ou quarante ans plus tôt, et en plus ils sont musulmans ! Autant dire incapables de s'intégrer à la société française. Quelques-uns font valoir que l'Islam a au moins l'avantage de les éloigner du militantisme politique. D'autres, à gauche, dénoncent la surexploitation dont ils sont l'objet, et qui les pousse vers l'alcoolisme, la délinquance ou la maladie, mais ils sont bien peu écoutés.

Telles sont les principales nationalités représentées. Il faut y ajouter les Suisses, encore nombreux au lendemain de la guerre, mais devenus comme les Belges à peu près « transparents », les Allemands — ceux qui arrivent au lendemain du conflit pour participer à la reconstruction de la France sont très mal reçus et il faut vite renoncer à accueillir ces auxiliaires indésirables —, et parmi les groupes peu représentés avant la guerre les Russes, les Juifs d'Europe centrale et les Arméniens. Dans les trois derniers cas, il ne s'agit pas à proprement parler d'une immigration de masse, comparable à celle des Italiens ou des Polonais. Toutefois, chassés de leur pays par des événements politiques inscrits dans le court terme (révolution et guerre civile en Russie, génocide arménien en Turquie, pogroms et hostilité endémique envers les Juifs en Roumanie ou en Hongrie), ces émigrés-réfugiés sont arrivés par groupes denses, dans un laps de temps relativement bref et en des points très circonscrits du territoire (Paris, Marseille, la région lyonnaise), renforçant chez beaucoup d'autochtones le sentiment d'« invasion » qu'a suscité depuis la fin du XIXe siècle l'arrivée massive des migrants.

L'exemple des Arméniens est tout à fait significatif. Nombreux, parmi les rescapés de l'extermination de 1915, sont ceux qui, après avoir transité par le Levant sous mandat ou par la Grèce, arrivent à Marseille au début des années vingt. Dix ans plus tard, on en dénombre en France près de 65 000 (presque autant que de Russes). D'abord concentrés dans la grande cité phocéenne, ils connaissent des conditions de vie épouvantables, acceptant — quand on les autorise à travailler — n'importe quelle tâche sur les docks, dans les raffineries de sucre, quelques-uns en usine, travaillant jusqu'à dix-huit heures par jour, s'entassant à dix ou quinze dans une seule pièce, près du Vieux Port : bref reproduisant à quarante ans de distance le « modèle » d'insertion de la première vague transalpine. Comme Marseille ne peut tous les accueillir, certains remontent bientôt vers le nord, en longeant la vallée du Rhône.

Ils s'installent dans la région lyonnaise, dans l'agglomération parisienne, le plus souvent en banlieue car les loyers y sont plus bas et les terrains plus nombreux. À Vienne, Villeurbanne, Alfortville ou Issy-les-Moulineaux se développe très vite autour des premiers arrivés une véritable communauté, avec ses commerces, ses lieux de culte, de sociabilité et de célébration de la mémoire immigrée. Aujourd'hui encore, ces villes demeurent d'importants foyers arméniens, mais le maintien des traditions ne sera jamais un obstacle à l'assimilation. Traumatisés par le génocide et les épreuves subies, les rescapés cherchent d'abord à se faire oublier. Ils se plient sans réserve aux règles du pays d'accueil : davantage encore que les Italiens qui sont plus fortement politisés et qui participent activement à la lutte entre fascisme et antifascisme. L'opinion française, de son côté, les accepte assez bien. On leur reconnaît des qualités, de l'intelligence, le sens de l'économie et de l'effort. Peut-être leur reproche-t-on d'être parfois trop « *levantins* », de ne pas s'intégrer davantage en dépit de leur bonne volonté. Mais ces réserves initiales sont peu de choses en regard des critiques subies par d'autres communautés étrangères, et elles vont rapidement s'atténuer. Les mariages mixtes sont nombreux.

L'école joue pleinement son rôle d'assimilation. La communauté s'organise et finalement elle passera plutôt bien le cap de la grande crise, avec son cortège de xénophobie et d'expulsions.

Globalement, la prospérité des années vingt, la détente internationale, les immenses besoins de la France en main-d'œuvre industrielle et agricole jouent dans le même sens, et ceci à un moment où les instruments de l'assimilation que sont l'école, l'armée de conscription, le syndicalisme, les réseaux de sociabilité laïcs ou religieux, fonctionnent aussi correctement que possible et font que le « creuset » hexagonal produit, à chaque décennie, son contingent de nouveaux Français, tandis que s'accomplit, d'un « cycle » à l'autre — belge, puis italien, puis polonais et espagnol —, la lente ascension sociale d'une majorité de migrants. « *Est-ce la répétition de ce qui s'est passé un siècle auparavant pour les provinciaux et les paysans français ?* », s'interroge Yves Lequin (*La mosaïque France. Histoire des étrangers et de l'immigration en France*, Paris, Larousse, 1988, p. 352). Sans doute, mais la mobilité de la société française fonctionne-t-elle toujours et pour tous dans le même sens ascensionnel au lendemain de la grande tuerie ? C'est l'une des questions auxquelles il nous faut maintenant répondre.

Les pesanteurs du monde rural

Contrairement à ce que l'on imagine parfois, en braquant l'objectif sur la partie émergée de l'iceberg, les structures de la société française n'ont pas été bouleversées par la guerre. S'agissant du nombre des actifs, on constate tout d'abord qu'il est pratiquement le même qu'en 1906 : 20,8 millions en 1931 contre 20,4 répartis entre des secteurs d'activité qui sont eux-mêmes demeurés relativement stables. Toujours par référence à 1906, le pourcentage des actifs employés dans le secteur primaire est passé de 43 % à 36 %, soit une baisse de sept points qui traduit le fort ralentissement de l'exode rural. Dans le même temps, le secondaire a gagné quatre points (passant de 30 à 34 %) et le tertiaire trois (de 27 à 30 %).

En termes de types d'activité, de modes de vie et de « cultures », cette lente évolution traduit un rééquilibrage du corps social, désormais partagé en trois groupes numériquement voisins : 14 millions de paysans, dont 80 % sont propriétaires ou exploitants, 13 millions d'ouvriers, de statuts très divers et 12 millions de personnes vivant du tertiaire, parmi lesquelles 5 millions relèvent d'une activité salariée (ceci par rapport à la population totale, donc en comprenant les familles).

Si aux indépendants du tertiaire on ajoute les chefs d'entreprises industrielles, les exploitants agricoles et les artisans, on constate que près de la moitié des Français (très exactement 47 %) appartiennent à cette catégorie dont l'essor a été systématiquement favorisé par l'État républicain. Être ou devenir « son propre maître », en matière d'activité socioprofessionnelle, et accéder à la propriété, aussi modeste soit-elle, constitue dans la France de l'après-guerre comme dans celle de la « Belle Époque » le modèle social dominant.

La relative stabilité du rapport entre les trois grands secteurs qui définissent l'activité des Français n'implique pas qu'à l'intérieur de chaque secteur les choses soient demeurées en l'état. Dans le monde rural par exemple, on constate à la lecture de l'enquête de 1929 que de sensibles changements sont intervenus par rapport à l'avant-guerre. L'effectif des ouvriers agricoles a diminué de moitié et ne représente plus que 10 % de la population active dans ce secteur. Le nombre des petites exploitations (moins de 10 hectares) a fortement régressé et celui des grandes unités de productions (plus de 100 hectares) a subi une légère décrue ; ceci au profit des exploitations moyennes, comprises entre 10 et 50 hectares. L'après-guerre peut ainsi être défini comme l'Âge d'or de l'exploitation « familiale », employant au maximum un ou deux ouvriers agricoles. En 1929, plus des trois quarts des exploitations recensées appartiennent à cette catégorie emblématique d'une démocratie rurale que la République s'était donnée pour tâche de promouvoir.

La guerre a eu des incidences diverses sur la situation du monde paysan. Dans certaines régions, dévastées par les combats, elle a apporté la ruine et accéléré des processus d'abandon de la terre entamés depuis des décennies. Ailleurs, les effets anciens de l'exode rural ont été accentués par les pertes humaines, particulièrement lourdes dans une fraction de la population qui a fourni les gros contingents de l'infanterie. Selon les évaluations, on estime que sur une population active agricole masculine de 5,4 millions de personnes, il y aurait eu entre 500 000 et 700 000 tués, entre 350 000 et 500 000 mutilés et invalides, soit une ponction terrifiante de 16 à 22 %. À quoi s'ajoutent les effets prolongés de la baisse de la natalité, le non-retour au pays de milliers de jeunes démobilisés et le départ de nombreuses veuves, incapables de faire face aux problèmes posés par la disparition du chef d'exploitation.

À l'époque, l'impression qui domine, particulièrement dans les villes, tend pourtant à considérer que la paysannerie a été l'une des grandes bénéficiaires du conflit. On lui attribue des gains fabuleux. On la tient pour responsable de la vie chère. Dans certaines régions, la presse locale n'hésite pas, explique Annie Moulin, à stigmatiser « *les paysannes qui font de la toilette, fréquentent les pâtisseries ou s'offrent le luxe d'acquérir une bicyclette. Certaines vont même jusqu'à mettre des bas de soie, symboles de la futilité mais aussi de la débauche !* » (*Les paysans dans la société française. De la Révolution à nos jours*, Paris, Seuil, 1988, p. 176). Au-delà du mythe, la vérité est difficile à saisir car cette catégorie sociale ne brille pas par sa transparence fiscale. Ce qui est sûr, c'est que les revenus nominaux des paysans ont augmenté pendant la guerre. L'inflation, les allocations militaires versées aux familles nécessiteuses dont le soutien était mobilisé, plus tard les pensions versées aux combattants ou aux veuves, ont provoqué un afflux d'argent dans les campagnes. D'autre part, si les céréales réquisitionnées ont été payées à bas prix, les autres productions se sont vendues dans de bonnes conditions et ont permis de réaliser des gains non négligeables. Certes, les prix industriels ont également monté, mais la pénurie a contraint le monde rural à épargner. Il a pu, de ce fait, rembourser une partie de ses dettes, puis acquérir des terres, et ceci d'autant plus facilement que leur prix a baissé (de moitié environ en valeur réelle) au fur et à mesure que disparaissaient au combat leurs acheteurs potentiels. De 1918 à 1922, nombreux sont les petits exploitants qui vont ainsi pouvoir arrondir leur domaine, ou accéder à la propriété s'ils n'étaient que métayers ou fermiers. Après cette date, le mouvement se ralentit tandis que le prix de la terre s'envole, mais il est loin d'être complètement stoppé.

Maigre compensation aux souffrances vécues, la guerre a donc concrétisé pour certains le rêve paysan d'une indépendance fondée sur la possession de la terre. Peu importe si à l'heure où il se réalise, l'existence même de l'exploitation familiale reposant sur le travail du couple et de ses enfants, sur l'autosubsistance, sur un niveau technique médiocre, paraît mal adaptée aux mutations et aux besoins du capitalisme moderne. À l'exception de certains milieux d'affaires et de quelques économistes, personne ne s'en soucie vraiment. Au lendemain d'une victoire vécue par beaucoup comme celle de la liberté et de la démocratie sur les forces du passé, l'individualisme agraire et la petite propriété rurale paraissent avoir de beaux jours devant eux.

L'aspiration à acquérir une exploitation familiale est d'autant plus forte que les campagnes françaises donnent au début des années vingt d'incontestables signes de prospérité. Le brassage de la guerre a modifié les habitudes alimentaires des ruraux. On consomme davantage de pain blanc, de viande, de beurre, de fromage, de bière et de vin, certains de ces produits étant désormais achetés dans de petits magasins d'alimentation (épicerie, boucherie, boulangerie) qui n'existaient pas autrefois dans les villages. L'habillement change également et tend à s'aligner sur celui des ouvriers. La blouse et les somptueux costumes locaux des temps de fête sont en recul rapide, tandis que s'accélère la diffusion des vêtements citadins : complet, pardessus et casquette pour les hommes, jupe, chemisier et robe coupés selon les modèles offerts par les catalogues venus des villes pour les femmes.

Les transformations de l'habitat sont beaucoup moins sensibles. Sauf dans les zones où les destructions de la guerre ont obligé la population à construire des bâtiments neufs, dotés d'un plus grand confort, la très grande majorité des demeures rurales sont anciennes et vétustes. Le remplacement du bois et du torchis par la pierre ou la brique, la généralisation de l'emploi des tuiles ou des ardoises pour recouvrir les maisons, la substitution du ciment ou du parquet au sol de terre battue, tout cela était déjà largement en place avant la guerre. Quant au confort apporté par l'électrification et l'adduction d'eau potable, il varie beaucoup d'une région à l'autre. La première a été beaucoup plus rapide que la seconde et a donné lieu, notamment, à un très gros effort à partir de 1927-1928. En revanche, à la fin des années vingt, moins de 20 % des logements paysans sont dotés de l'eau courante.

Globalement, la vie rurale s'est donc améliorée depuis le début du siècle. Même si elle reste modeste et souvent inconfortable, la maison paysanne témoigne de changements intervenus dans les mentalités. La pièce unique, où cohabitent bêtes et gens, n'existe plus guère qu'en Bretagne et dans quelques secteurs enclavés des zones montagneuses. Partout ailleurs, autour de la cuisine-salle commune apparaissent des chambres qui marquent la naissance d'une vie privée. Mieux éclairée, la maison est également mieux chauffée grâce à l'apparition des poêles et des cuisinières à feu continu qui allègent un peu les servitudes quotidiennes des femmes.

Cette très relative aisance a pour contrepartie négative l'irréversible érosion des structures de sociabilité traditionnelles. Le fait n'est pas absolument nouveau. Dès la fin du XIXe siècle, les folkloristes dénonçaient déjà avec véhémence les effets pervers (à leurs yeux) d'un désenclavement rural favorisé par les progrès des communications (chemins de fer, routes, postes), l'essor de la presse à bon marché et le nivellement culturel apporté par l'école publique républicaine. La guerre et le brassage des tranchées n'ont pu qu'accélérer la tendance au recul des traditions, des cultures régionales et des structures d'encadrement de la sociabilité paysanne. Si bien que ces manifestations d'une identité vécue à l'échelle du « pays » ou de la région tendent sinon à disparaître complètement, du moins à se réfugier dans des rites de commémoration ou dans des formes codifiées qui relèvent moins de la culture vivante que du goût de la *reconstitution*. On voit naître ainsi dans différentes régions des musées de *folklore* régionaux, témoins d'un intérêt rétrospectif qui triomphe en 1937 avec la création à Paris du musée des Arts et Traditions populaires.

Organisée dans le cadre de la paroisse, la sociabilité rurale traditionnelle était fortement reliée à la vie religieuse communautaire. Or, prolongeant un mouvement qui remonte au début de la révolution industrielle, celle-ci connaît un nouveau recul pendant les années vingt. Les processions se font rares et perdent de leur éclat. Vieillards et enfants forment la majorité des fidèles aux Vêpres, voire à la messe dominicale et nombre de fêtes — Noël, Pâques, fêtes patronales — perdent leur caractère religieux pour devenir des occasions de festivités et de loisirs profanes. Ces derniers sont d'ailleurs eux-mêmes en perte de vitesse, qu'il s'agisse de la veillée, des fêtes villageoises, du carnaval, etc. D'autres distractions collectives tendent à prendre, chez les jeunes notamment, la place des anciennes : c'est le cas des sports d'équipe (l'après-guerre voit se constituer dans nombre de villages des équipes de football et de rugby), des fanfares municipales, des patronages laïques ou confessionnels, mais elles sont moins fortement insérées dans le tissu social des terroirs.

L'antique cellule villageoise entame ainsi un déclin dont les contemporains ont eu conscience et qui traduit la diffusion dans les campagnes des modes de vie et des modèles de consommation citadins. L'essor de la publicité, qui emprunte comme vecteurs la presse à bon marché, les almanachs et les catalogues, puis la TSF, les visites de démarcheurs facilitées par l'essor de l'automobile, la propension plus grande des couples paysans à effectuer des déplacements vers la ville ou le bourg voisins, font que de nouveaux besoins se créent orientant de plus en plus la consommation vers l'achat de produits industriels : bicyclettes, motocyclettes, phonos, postes de radio, meubles, etc. Or la volonté d'assimilation au modèle urbain, qui sous-tend ce consumérisme naissant, s'accommode mal des traditions d'autoconsommation du monde rural, ainsi que de traditions qui veulent qu'en période de revenus élevés on épargne pour acquérir des terres, accroître le patrimoine, ou se prémunir pour les années de vaches maigres. De cette contradiction entre les modèles du passé et les sollicitations du temps présent, beaucoup de jeunes cherchent à sortir en migrant vers la ville, ce qui accentue encore l'érosion de la famille patriarcale et le démantèlement de la communauté villageoise.

Les années fastes de l'exploitation familiale triomphante et de la hausse du revenu paysan (d'ailleurs enrayée dès 1926) sont donc également celles d'un malaise latent provoqué par le sentiment qu'ont les ruraux du délitement de leur environnement social et culturel, non compensé par l'amélioration d'un niveau de vie qui progresse beaucoup moins vite que celui des autres Français. L'écart des revenus se creuse en effet avec le reste de la population, les agriculteurs ne retrouvant le niveau de 1913 qu'à l'extrême fin des années vingt. À cette date, un employé des chemins de fer, qui travaille beaucoup moins longtemps et dispose d'importants avantages sociaux, gagne deux fois et demi le salaire d'un ouvrier agricole. Cela n'est pas sans causer de vives réactions de la part des intéressés. Incontestablement, la mentalité paysanne a changé avec la guerre : « *Le paysan de 1914 est un résigné* — écrit l'économiste Augé-Laribé —, *celui de 1920 un mécontent.* »

Ce malaise du monde rural, qui va prendre un caractère aigu avec la crise et déboucher sur une contestation radicale, se trouve pour l'instant canalisé par les deux grandes organisations du syndicalisme agricole que sont la très conservatrice *Union centrale des syndicats agricoles de France*, (cf. chapitre III), et la *Fédération nationale de la mutualité et de la coopération agricoles*, liée au personnel politique républicain et à la franc-maçonnerie. En Bretagne, une organisation concurrente se développe dans le courant des années vingt sous l'impulsion de l'abbé Mancel et avec le soutien de prêtres républicains comme l'abbé Trochu, fondateur du journal *Ouest-Éclair*. Elle prend le nom de *Fédération des syndicats paysans de l'Ouest* et vise explicitement à soustraire les petits exploitants au patronage des agrariens conservateurs de la rue d'Athènes.

La traduction politique du mécontentement paysan donne lieu à deux types de réactions. Apparemment, les bastions traditionnels de la gauche et de la droite paraissent peu entamés. La première garde intacts ses fiefs du Nord, de l'Est et de l'Ouest intérieur. La seconde reste forte dans la Bretagne péninsulaire, dans le Bassin parisien, dans le centre-Est et le centre-Ouest, ainsi que dans de nombreux départements méridionaux, mais des glissements importants s'opèrent dans le vote de gauche. Les socialistes progressent au dépens des radicaux dans le Centre et le Midi, tandis que se développe dans le Cher, l'Allier, le Lot-et-Garonne, un communisme rural dont le théoricien est René Jean. Radicalisation à gauche donc, mais aussi à droite, avec les premières manifestations d'une contestation ligueuse qui va prendre son essor dans les années trente. En 1927, un ancien enseignant, Gabriel Fleurant, dit Fleurant-Agricola, fonde en Auvergne le Parti agraire et paysan français, qui affiche à la fois des convictions corporatistes et *« apolitiques »* (« *le blé, le lait, le vin, le bétail, la charrue n'ont pas d'opinion politique* », peut-on lire dans son organe, *La Voix de la terre*, en 1929), et l'année suivante le journaliste Henri d'Halluin, dit Dorgères, met en place en Bretagne ses premiers

Comités de défense paysanne. On les retrouvera quelques années plus tard, organisés en formations paramilitaires (chemises vertes) et propagateurs d'une idéologie empruntant ses thèmes à la chouannerie et au fascisme. Pour l'instant, le malaise est encore diffus et en partie caché par la satisfaction qu'a apportée, à beaucoup, la réalisation de leur rêve d'indépendance. En révélant brutalement l'archaïsme du modèle familial qui a paru triompher au lendemain de la guerre, la dépression des années trente va rendre aiguë la crise du monde paysan.

Mutations du monde ouvrier

La forte industrialisation qui caractérise la France des années vingt a pour corollaire l'augmentation du nombre des ouvriers. Avec leurs familles, ils représentent à la fin de la décennie un bloc de 13 millions de personnes, un peu moins que le monde paysan qu'ils talonnent désormais de près, et le tiers de la population française. Mais s'agit-il véritablement d'un bloc ?

En fait, 30 % des ouvriers occupent un emploi dans les petits ateliers du secteur artisanal et parmi les 70 % restants la moitié environ travaille dans des entreprises de plus de 500 salariés, nombreuses surtout dans les mines, la sidérurgie, les industries chimiques et métallurgiques, l'alimentation et le bâtiment. Avec les mutations technologiques qui sont intervenues dans ce secteur de forte concentration, un nouveau type d'ouvrier est apparu, encore peu répandu avant la guerre et qui occupe désormais une situation intermédiaire entre les ouvriers qualifiés, dotés d'un bagage professionnel acquis au cours d'un long apprentissage, et les manœuvres. Produits de l'acclimatation en France du travail parcellisé mis au point dans les entreprises d'outre-Atlantique, ces « *ouvriers spécialisés* » (OS) ne sont nombreux que dans les branches les plus modernes de l'industrie : celles qui, comme l'automobile, ont adopté les pratiques du taylorisme et ont transformé de manière radicale la nature du travail industriel. C'est le cas, par exemple, chez Renault où les méthodes de l'ingénieur américain Taylor ont été introduites dès 1913, à la suite d'un séjour aux États-Unis du fondateur de la firme.

Qu'ils viennent des campagnes ou de l'étranger, ou qu'il s'agisse de professionnels qualifiés réduits au statut de robots par l'obsolescence de leur activité, les OS sont astreints à effectuer un « *travail en miettes* » (selon l'expression du sociologue marxiste Georges Friedmann) dont la signification leur échappe. Ils sont seuls devant leur machine. Ils n'accomplissent qu'un minimum de gestes auxquels ils ont été formés en quelques jours. Ils sont soumis à des cadences très rapides, mises au point dans les « *bureaux des méthodes* » et contrôlées par les « *chronométreurs* ». À la différence de leurs prédécesseurs, ils ne fabriquent pas eux-mêmes leurs outils mais reçoivent un outillage standard et ne réparent pas la machine dont ils ont la charge. Certes, les ouvriers qualifiés n'ont pas disparu de l'usine taylorisée. Ils y occupent au contraire une place de choix, dans les travaux d'ajustage, d'outillage, de réglage et de mise au point qui ne relèvent pas de l'automatisme de la chaîne et qui font de ces praticiens une sorte d'aristocratie ouvrière, mais ils ne représentent précisément qu'une fraction très minoritaire du personnel employé dans la grande industrie.

Il résulte de cette transformation une forte démoralisation de l'ouvrier d'usine. Confiné dans une tâche répétitive, épuisante et totalement déshumanisée, celui-ci évolue d'autre part dans un milieu où se sont aggravées les procédures de surveillance et de répression tandis que se généralisait la pratique du salaire au rendement. L'usine de l'entre-deux-guerres est ainsi fréquemment vécue comme un « *bagne* » et le travail à la chaîne comme une forme moderne de l'esclavage, une violence faite à l'esprit créateur et à la compétence à laquelle on ne pourra échapper que par la révolte et le bouleversement des structures qui ont rendu possible cette exploitation du monde ouvrier. C'est parmi les OS de l'industrie « *rationalisée* » que le jeune Parti communiste va recruter ses troupes les plus nombreuses et les plus combatives durant la phase de contestation violente qui caractérise ses dix premières années d'existence.

Plus globalement, la condition matérielle des ouvriers ne bénéficie que très partiellement des effets de la prospérité et des forts gains de productivité qui accompagnent l'introduction en France des méthodes américaines. Le chômage certes tend à disparaître et les heures supplémentaires permettent aux travailleurs de l'industrie d'arrondir leur salaire et d'améliorer d'autant leur niveau de vie. L'alimentation se diversifie et occupe une part moindre dans le budget des familles ouvrières (62 % en 1906, 52 % une trentaine d'années plus tard selon les travaux de Maurice Halbwachs), de même que le logement (15,7 % — 6,6 %), tandis que croît le pourcentage des dépenses consacrées aux vêtements (7,7 % — 10 %), aux dépenses de santé et aux loisirs (voir le tableau, p. 307).

Les ouvriers peuvent également acquérir quelques-uns des premiers produits de la consommation industrielle de masse — bicyclette, tandem, motocyclette de faible cylindrée, poste de radio, etc. —, lire régulièrement un journal et fréquenter une fois par semaine le cinéma de quartier. Mais leur participation à la prospérité générale des années vingt reste toute relative. Au cours de cette période de hausse générale des prix, les salaires suivent d'assez loin. L'appel massif aux OS, puisés dans la noria des migrants et formés sur le tas en quelques jours, ou en quelques semaines, permet au patronat de fortement peser sur les coûts salariaux. Si bien que le revenu ouvrier est loin de suivre l'accroissement de la richesse nationale et la hausse des profits enregistrés par les entreprises. Entre 1913 et 1929, ceux-ci ont augmenté de 50 % alors que le salaire ouvrier a crû seulement de 12 % à Paris et de 21 % en province.

Le régime alimentaire annuel
des familles ouvrières parisiennes

	1906	1936-1937
pain	900	600
viande	128	262
charcuterie	12,4	49,5
poisson	8,5	40
beurre	52,8	23,5
œufs (unités)	440	629
sucre	75	59,5
épicerie	—	90,5
riz	8	5,7
pâtes	4	36,6
fromage	20	43,6
lait (litres)	280	490
pommes de terre	190	297
haricots secs	30	25,2
fruits	—	211
café	9,3	14,6
chocolat	4,75	12,9
vin (litres)	910	730

Source : M. Halbwachs, *Revue d'économie politique*, 1939, pp. 438-455. Cité par A. Dewerpe, *Le Monde du travail en France, 1800-1950*, Paris, Colin, 1989, p. 152.

L'habitat ouvrier témoigne, plus que tout autre signe, de la place qui est faite dans la société française des années vingt aux travailleurs de l'industrie. Bien sûr, les situations varient beaucoup, là encore, d'une région à l'autre, d'un secteur à l'autre, selon que l'ouvrier se trouve plongé dans l'univers anarchique des grandes métropoles tentaculaires où intégré dans un système paternaliste qui relie l'usine au logement et aux autres manifestations de la vie sociale (écoles, loisirs) : ceci dans un cadre relativement humain, mais au prix d'un alignement inconditionnel sur le modèle « maison » (Michelin à Clermont-Ferrand, Dunlop à Montluçon, Peugeot à Sochaux, etc.). En règle générale cependant, la période de l'après-guerre est marquée par une détérioration sensible de l'habitat ouvrier, rejeté par la croissance urbaine, la hausse des prix des terrains, le tassement du pouvoir d'achat des OS et l'arrivée en masse des travailleurs étrangers à la périphérie des grandes villes. C'est l'époque de la croissance sauvage des banlieues : univers de « *bicoques* » construites à la hâte au milieu des zones industrielles enfumées, sans plans d'urbanisme, sans qu'il ait été prévu de voirie, de moyens de transport reliant le lieu d'habitat au lieu de travail, ou d'écoles. Ces « *villes-dortoirs* » — dont l'archétype est fourni par une agglomération comme Bobigny, étudiée par Annie Fourcaut (*Bobigny, banlieue rouge*, Paris, Éditions ouvrières/Presses de la FNSP, 1986) — associent ainsi dans la « ceinture rouge » parisienne et dans les zones limitrophes d'autres grandes villes un habitat précaire et surpeuplé de lotissements pavillonnaires d'où émergent quelques blocs d'Habitations à bon marché (HBM) tristes et vite dégradées, une population de manœuvres et d'OS souvent originaires de la province ou de l'étranger, et une emprise déjà manifeste à la fin de la période d'un Parti communiste qui trouve ici son assise majeure : bases d'une conscience de classe, ou si l'on préfère d'une culture et d'une convivialité ouvrières qui vont se perpétuer au moins jusqu'à la fin des années 1960. Avec, en contrepoint, la renaissance dans les catégories citadines aisées d'une mythologie sécuritaire et de réflexes d'exclusion tournés vers ces nouveaux « barbares » campant aux portes de la cité.

Le modèle d'intégration et de promotion sociales dont se font gloire les élites républicaines reste donc largement théorique. Concentrées dans les ghettos des périphéries urbaines, les masses ouvrières n'ont accès ni à l'enseignement secondaire (il n'y aura en 1936 que 3 % de lycéens d'origine ouvrière) ni à la *Culture*, au sens traditionnel de culture des élites. On assiste bien, dans le courant des années vingt, grâce au développement des bibliothèques municipales et syndicales, à une meilleure diffusion du livre populaire, mais le public concerné demeure minoritaire et, en matière d'écrit, l'essentiel passe encore par la presse à bon marché et par les magazines. En revanche, les loisirs et les manifestations de ce que l'on peut déjà considérer comme une « culture de masse » occupent une place plus importance qu'avant la guerre dans la vie quotidienne des ouvriers. Ceux-ci continuent de fréquenter le « *bistrot* » pour de longues séances de jeux de cartes ou de dés, plus épisodiquement le « *music-hall* » (qui tend de plus en plus à remplacer le café concert) et le « *bal* », lieu de rencontre mais aussi de ségrégation à l'intérieur d'un groupe social très fortement segmentarisé : à Nogent, ce ne sont pas les mêmes immigrés qui fréquentent le *Petit Cavanna* et le *Grand Cavanna*, et le passage du premier au second marque une étape dans le parcours social accompli par les travailleurs italiens.

Mais surtout, on consacre en moyenne une soirée ou une matinée par semaine au cinéma, on écoute la radio et l'on s'intéresse au sport en tant que spectateur ou pratiquant. Les années vingt sont celles de la diffusion, tout juste amorcée, nous l'avons vu, avant la guerre, du football, du rugby (plus limité géographiquement mais tout aussi populaire) et du cyclisme. Ancienne « *petite reine* » réservée à la promenade d'une élite, la bicyclette — le « *vélo* » — est un peu le symbole de cet engouement et de sa démocratisation. Véritable instrument de travail pour l'ouvrier résidant dans de lointaines banlieues, il est aussi la « mécanique » qu'entretient et perfectionne avec amour le professionnel des métaux en même temps qu'un objet d'exploits dont on va applaudir les champions sur le passage du « *Tour* », aux « *six jours* » du « *Vel'd'Hiv* » (le Vélodrome d'Hiver, dans le quartier de Grenelle) ou à la « *Cipale* » (la piste municipale de Vincennes).

Les années 1920 constituent enfin une période de creux en matière de législation sociale. Après l'octroi de la journée de huit heures en avril 1919, puis la reconnaissance du principe des conventions collectives, il faut attendre 1928 pour que les choses bougent un peu avec le vote des assurances sociales et l'adoption de la loi Loucheur, qui prévoit la construction sur cinq ans de 200 000 HBM et d'une soixantaine de milliers d'habitations à loyer moyen. Cette quasi-absence de politique sociale (compensée parfois il est vrai par certaines initiatives municipales ou départementales, comme celle qui aboutira à la construction à Châtenay-Malabry du premier grand ensemble évolutif, la « *Butte Rouge* », édifié par l'office HBM de la Seine, présidé par Henri Sellier), s'explique à la fois par la crainte qu'ont les milieux politiques dirigeants de ruiner les petites entreprises en accroissant leurs coûts salariaux, et par les divisions d'un mouvement ouvrier en perte de vitesse depuis l'échec de la grande offensive de 1920.

Division tout d'abord entre « *révolutionnaires* » et « *réformistes* », en écho au Congrès de Tours qui a vu se scinder le socialisme français. En 1921, communistes et syndicalistes révolutionnaires rompent avec la CGT pour constituer leur propre centrale, la *Confédération générale du travail unitaire* (CGTU) qui adhérera deux ans plus tard à l'Internationale syndicale rouge, dominée par les communistes. Or, très vite, de vives oppositions se manifestent au sein de cette nouvelle organisation entre ceux qui, membres du Parti communiste ou proches de celui-ci, entendent établir une liaison étroite entre le syndicalisme et le « *parti de la classe ouvrière* », et ceux qui, se réclamant des principes énoncés dans la charte d'Amiens, refusent de jouer le rôle de simple courroie de transmission de l'organisation communiste. Ne pouvant faire entendre leurs voix, ces derniers ne tardent pas à quitter les rangs de la CGTU, soit pour rejoindre la CGT, comme Pierre Monatte et le groupe *Révolution prolétarienne*, soit pour explorer une troisième voie comme le font Pierre Besnard et les militants qui se rassemblent à partir de 1926 autour de lui et de sa *Confédération générale du travail syndicaliste révolutionnaire*, surtout représentée dans le secteur du Bâtiment, à Paris et à Lyon.

Le clivage entre l'ancienne CGT et la centrale issue de la scission de 1921 n'est pas seulement d'ordre idéologique. La CGTU recrute surtout en effet parmi les ouvriers spécialisés de la sidérurgie, du textile, de la métallurgie différenciée ou chez les manœuvres des industries chimiques, du verre, de l'alimentation (huileries, sucreries), de la céramique, etc., autrement dit dans des secteurs où dominent les éléments récemment venus de la campagne ou de l'étranger. Vivant dans des conditions extrêmement difficiles et peu formés politiquement, ceux-ci sont, plus que les autres travailleurs, réceptifs aux mots d'ordre sommaires du syndicalisme communiste. En revanche l'audience de ce dernier est relativement faible chez les ouvriers qualifiés du livre, du bâtiment ou de l'habillement, généralement hostiles à tout ce qui marque une inféodation des organisations syndicales aux partis politiques.

Étroitement liée au Parti communiste, la CGTU répudie toute réforme ponctuelle et poursuit essentiellement des objectifs révolutionnaires. Dans cette perspective, les revendications immédiates des travailleurs, débouchant sur des grèves dures, ont surtout pour elle un intérêt stratégique en ce sens qu'elles élèvent la combativité des masses, l'échec des mouvements sociaux ne pouvant qu'incliner celles-ci à comprendre qu'elles n'avaient rien à attendre du capitalisme. Position maximaliste, conforme aux thèses que Lénine avait formulées une vingtaine d'années plus tôt dans *Que faire ?*, mais qui appliquée à la France et à l'entre-deux-guerres, n'a de chance de mordre que sur la fraction la plus démunie du prolétariat ouvrier. Ceci explique le rapide dégonflement des effectifs de la CGTU, tombés de 500 000 en 1922 à 200 000 au début des années trente : pour la plupart adhérents de fraîche date et militants éphémères d'une centrale qui ne retient pas ses troupes et qui use rapidement ses dirigeants. Gaston Monmousseau, Pierre Sémard, Julien Racamond, puis Benoît Frachon se succèdent ainsi en quelques années au secrétariat général de la confédération.

Les difficultés du syndicalisme communiste contrastent avec le succès que connaît au même moment son homologue réformiste. Plus représentative des classes moyennes que du mouvement ouvrier, la CGT recrute près de la moitié de ses effectifs — 370 000 en 1922, 524 000 en 1926, 740 000 en 1930 — dans les rangs des fonctionnaires (postiers, enseignants, agents des administrations centrales, etc.), et a répudié toute perspective révolutionnaire. Se réclamant de l'esprit solidariste et pacifiste qui règne à Genève — Léon Jouhaux siège sans discontinuer comme délégué de la France au Bureau international du Travail —, elle accepte, quelle que soit leur couleur politique, de dialoguer avec les gouvernements en place et développe un programme visant à la fois à transformer les rapports entre le capital et le travail (nationalisation des grandes entreprises industrielles, conventions collectives par branches, contrôle ouvrier sur l'embauche, le salaire et la discipline, mais sans gestion ouvrière de l'entreprise) et à intégrer le monde du travail par un système d'assurances sociales (rejeté par la CGTU) et par la mise en place d'un Conseil national économique auquel participerait le mouvement syndical. Ces deux dernières revendications seront satisfaites entre 1925 et 1928.

Effectifs des principales fédérations de la CGT au début des années trente

Fédérations	Effectifs	Fédérations	Effectifs
Fonctionnaires	106 000	Transports	33 000
Enseignement	91 000	Éclairage	30 000
Cheminots	89 000	Bâtiment	21 000
Mineurs	82 000	Employés	20 000
PTT	58 000	Livre	18 000
Serv. publics	52 000	Cuirs et peaux	16 000
Métaux	42 000	Habillement	11 000
Textile	39 000	Serv. de santé	10 000

À cette division entre les deux familles séparées issues de l'ancienne Confédération générale du Travail, s'ajoute celle qui oppose le syndicalisme non confessionnel et le syndicalisme chrétien. À la veille de la guerre, celui-ci ne rassemblait encore qu'une quinzaine d'organisations, constituées en Fédération en 1912, et dont la plus importante était le Syndicat des employés de l'industrie et du commerce (SEIC), fort d'environ 7 000 adhérents. Réunis au Havre en juin 1918, les dirigeants des syndicats chrétiens français et ceux des organisations belges réfugiés en France, jettent les bases de ce qui deviendra l'année suivante la

Confédération internationale des travailleurs chrétiens et la *Confédération française des travailleurs chrétiens* (CFTC) dont le président et le secrétaire général sont respectivement Jules Zirnheld et Gaston Tessier.

Fondant son idéologie et son action sur la doctrine sociale de l'Église, telle qu'elle ressort de l'Encyclique *Rerum Novarum* (1891), le syndicalisme chrétien rejette la lutte des classes, répudie toute forme de violence et prône la collaboration entre ouvriers et patrons « *réunis dans des groupes distincts reliés par des organismes mixtes, où l'indépendance et les droits de chacun d'eux seront respectés* », autrement dit au sein d'un système dont l'idéal est celui de la corporation. Il se prononce également pour l'association capital-travail — le syndicat devenant actionnaire de l'entreprise —, l'intéressement des salariés aux bénéfices et la création de commissions mixtes discutant des conditions relatives au travail, autant de propositions que le patronat repousse comme suspectes à ses yeux de vouloir introduire de manière indirecte le contrôle ouvrier et les conventions collectives.

Quant à la grève, la CFTC considère que si elle constitue incontestablement une violence et un « *acte de guerre* », elle ne peut être indéfiniment repoussée. « *Les ouvriers, même chrétiens*, note Jules Zirnheld, *sont des gens qui ne s'accommodent pas facilement de la diplomatie.* » Il y a des grèves *légitimes*, comme il y a des guerres légitimes : ce sont celles qui sont engagées pour « *une raison grave et juste* », après que les moyens pacifiques de conciliation ont échoué et lorsque la grève a des chances d'aboutir : ce qui revient à dire, écrit E. Delaye, « *que les revendications doivent être telles qu'on puisse raisonnablement les satisfaire dans l'état présent de l'industrie* » (*Éléments de morale sociale. Les manuels syndicaux*, Paris, 1939, pp. 139-140). Et ce qui exclut les grèves politiques et la grève générale.

L'idéal de collaboration des classes qui guide l'action des dirigeants de la CFTC et les liens étroits entretenus par la confédération avec la hiérarchie catholique font que le syndicalisme chrétien a encore souvent mauvaise presse auprès des ouvriers. Certes, il a gagné du terrain depuis le début du siècle et l'on évalue à plus de 150 000 ses effectifs au lendemain de la création de la CFTC, mais sur ce total il n'y a sans doute pas plus de 65 000 cotisants réguliers, parmi lesquels les ouvriers sont minoritaires, comme le montre le tableau suivant.

*Effectifs des syndicats et fédérations
reliés à la CFTC en 1920*

	Effectifs
Employés	43 000
Cheminots *	36 000
Ouvriers du textile	14 800
Mineurs	10 100
Métallurgistes	8 000
Ouvriers du bâtiment	7 000
Fonctionnaires	7 000
Enseignement	4 200

* Principalement en Alsace-Lorraine.

Quoique fortement minoritaire et représentée essentiellement dans les zones de forte pratique religieuse (Nord, Alsace), la CFTC commence à jouer dans le courant des années vingt un rôle suffisant pour que certains dirigeants du patronat s'inquiètent des progrès enregistrés par la confédération et de la combativité de ses troupes, lors de grèves menées avec les autres centrales dans la région parisienne et dans le Nord.

C'est ainsi qu'en janvier 1924, le président du Consortium textile de Roubaix-Tourcoing, Eugène Mathon, lui-même grand patron et catholique fervent, se rend en voyage à Rome en compagnie de militants de l'Action française, pour y rencontrer successivement Mussolini et le pape Pie XI, auprès duquel il dépose une plainte contre les syndicats chrétiens de Roubaix-Tourcoing, plainte qui sera élargie quelques mois plus tard à l'ensemble de la CFTC. Eugène Mathon accuse la confédération chrétienne — auquel il dénie au passage le droit d'exister — d'avoir réclamé l'institution des allocations familiales et d'avoir conclu des alliances avec les syndicats « *révolutionnaires* ». Pie XI ne se presse pas de répondre, ou plutôt il se contente tout d'abord d'indiquer discrètement qu'il approuve l'action du syndicalisme chrétien, par exemple, en adressant en 1926 à la CFTC ses félicitations et sa bénédiction. Finalement, le 5 juin 1929, la Sacrée Congrégation rend son verdict, rejetant les accusations du président du Consortium et déclarant qu'elle « *voit avec faveur se constituer de ces syndicats ouvriers vraiment catholiques d'esprit et d'action* », et qu'elle « *fait des vœux pour qu'ils croissent en nombre et en qualité* ». Quant à l'unité d'action dans la grève avec les syndicats non chrétiens, le Vatican admet qu'elle peut être « *licite* », pour peu que « *la cause qu'on veut défendre soit juste, qu'il s'agisse d'accord temporaire et que l'on prenne toutes les précautions pour éviter les périls qui peuvent provenir d'un tel rapprochement ».*

Bourgeoisie et classes moyennes

Face à une paysannerie majoritairement tournée vers le passé et à un monde ouvrier dont une large fraction se trouve tenue en marge des processus d'intégration et d'ascension sociales, les diverses strates de la bourgeoisie constituent, au cours de la décennie qui suit la guerre, l'élément le plus dynamique de la société française.

Peu de changements quantitatifs au sommet de la pyramide, dans une haute bourgeoisie qui comprend toujours, et en nombre à peu près égal à celui de l'avant-guerre, des banquiers, de gros industriels et hommes d'affaires, de grands propriétaires fonciers, à qui s'ajoutent quelques centaines de représentants des professions libérales ayant acquis un certain renom dans leur spécialité — avocats, médecins, chirurgiens, hommes de lettres, artistes, comédiens, directeurs de journaux —, et un petit nombre de hauts fonctionnaires.

La plupart des fortunes sont anciennes ou datent de la seconde révolution industrielle, mais l'on dénombre également des réussites récentes, généralement effectuées pendant la guerre et qui forment le groupe universellement décrié des « *nouveaux riches* ». On peut difficilement évaluer l'ampleur des bénéfices de guerre. On sait seulement que le montant des déclarations des assujettis à la « *contribution extraordinaire sur les bénéfices supplémentaires* » réalisés du 1er août 1914 au 30 juin 1919 s'est élevé à 17,5 milliards de francs, mais les fraudes et la dissimulation fiscale ont sans doute été considérables. D'autre part, tous les bénéficiaires ne sont pas connus du public et ce sont souvent les plus discrets — intermédiaires plutôt que producteurs — qui ont accumulé les plus gros profits. Ceux dont on parle se rangent plutôt du côté des industriels auxquels les commandes massives de fournitures de guerre ont permis de passer du statut de petit ou de moyen patron à celui de capitaine d'industrie : un André Citroën, dont l'usine édifiée en six semaines au quai de Javel a produit, à partir de 1915, 55 000 obus par jour, un Marcel Boussac, organisateur de l'industrie textile vosgienne pendant la guerre et inventeur de la « *toile d'avion* », un Louis Loucheur, fabricant de gaz de combat, un Berliet qui a créé à Vénissieux, près de Lyon, en employant les méthodes les plus modernes, un empire de constructions de poids lourds, etc.

Au-dessous de ces grands brasseurs d'affaires, souvent novateurs et férus de libéralisme, la masse du patronat industriel demeure attachée à un style de direction autoritaire et paternaliste, conforme aux modèles du XIXe siècle. Depuis 1919, elle est groupée dans un organisme de coordination agissant comme «*groupe de pression*» auprès des pouvoirs publics en matière de législation fiscale, de politique douanière et monétaire : c'est la *Confédération générale de la Production française*, dont les 21 fédérations nationales rassemblent les syndicats patronaux d'une même branche. Bien que son rôle soit considérable, la CGPF n'a pas rendu caduque l'action des grands groupements patronaux de l'avant-guerre, celle en particulier du *Comité des Forges*, défenseur des intérêts de la sidérurgie, et de l'*Union des intérêts économiques*, dont l'intervention dans le champ politique est loin d'être négligeable (par exemple lors de la préparation des élections de 1919).

À un niveau moindre de fortune et de prestige social, petite et moyenne bourgeoisie forment toujours un monde intermédiaire entre la classe dirigeante et les couches populaires. L'hétérogénéité en est extrême et les frontières avec les catégories sociales voisines aussi difficilement perceptibles vers le haut que vers le bas de la pyramide. Il règne en effet dans ce groupe émergent de la société française, qui comprend une douzaine de millions de personnes et forme, à bien des égards, le soubassement de la domination bourgeoise, une très forte mobilité. Au-delà des différences de fortune, qui peuvent être considérables, et des différences de statuts (indépendants, salariés, agents de l'État), ce qui fait d'une certaine manière l'unité de cette catégorie, c'est son aspiration à s'élever dans l'échelle sociale et à conformer son existence, ses valeurs et ses pratiques socio-culturelles aux modèles fournis par la grande bourgeoisie.

Cette mobilité interne s'est-elle accompagnée d'une «prolétarisation» partielle de certaines couches bourgeoises ? Globalement, la mémoire collective a retenu l'image du «nouveau pauvre», le petit rentier ruiné par l'inflation du temps de guerre et par le naufrage des emprunts russes, image inversée du «*nouveau riche*» ayant bâti sa fortune sur les profits de guerre et la spéculation. Or, s'il est clair que l'érosion monétaire a entamé les patrimoines et fait baisser les revenus traditionnels — obligations, emprunts publics français ou étrangers, loyers —, réduisant le pouvoir d'achat de certaines catégories et s'accompagnant parfois d'un véritable déclassement social, la ruine pure et simple et la réduction à la misère de familles autrefois cossues, si elles nourrissent toute une thématique romanesque et théâtrale et trouvent un écho dans la presse et jusque dans les débats parlementaires, ne paraissent pas avoir été la règle. Il reste que nombre de fortunes ont ainsi été érodées, modifiant de manière sensible les niveaux de vie et les habitudes de consommation (le nombre des domestiques tombé de 930 000 en 1911 à 780 000 quinze ans plus tard en est un signe) et ceci d'autant plus que les détenteurs de revenus fixes n'ont pas été les seuls à être touchés. Il faut en effet tenir compte également de la pression fiscale accrue sur les professions libérales et de la baisse du pouvoir d'achat des hauts fonctionnaires (plus de 25 % entre 1911 et 1930).

Appauvris ou non, nombreux sont les membres de la bourgeoisie qui joignent leurs voix à celles des catégories modestes pour dénoncer les « *profiteurs* » et les « *nouveaux riches* », détenteurs, à leurs yeux, de fortunes « *immorales* » dès lors qu'elles n'ont pas été acquises par le travail, l'épargne et l'effort continu de plusieurs générations. Le phénomène n'est pas nouveau, mais les fortes variations à la hausse et à la baisse enregistrées par les patrimoines à la faveur du conflit accentuent les réactions provoquées par la remise en cause de l'éthique bourgeoise traditionnelle et nourrissent des attitudes mentales qui vont incliner certains représentants des diverses strates de la bourgeoisie et des classes moyennes vers l'extrémisme de droite et l'antisémitisme.

Les spéculateurs ne représentent pourtant qu'une infime partie des « *nouveaux riches* », ou du moins de ceux qui ont bénéficié, d'une façon ou d'une autre, de la prospérité économique et des augmentations de pouvoir d'achat. Outre les industriels associés à l'effort de guerre, dont il a déjà été question, et qui ont investi une partie de leurs bénéfices dans la modernisation de leurs entreprises, tirent également profit de la conjoncture favorable les cadres du secteur privé et les petits fonctionnaires dont les effectifs augmentent (on en dénombre 500 000 en 1914, 675 000 en 1932) et dont la situation s'améliore.

La mobilité sociale a donc joué dans les deux sens à l'intérieur du monde hétérogène que constituent la bourgeoisie proprement dite et les classes moyennes. Peut-on pour autant parler d'un brassage complet qui aurait favorisé l'homogénéisation de cette nébuleuse, voire celle du corps social dans son ensemble ? L'enrichissement des uns et l'appauvrissement des autres, autant que les contacts qui se sont opérés entre les représentants de catégories sociales jusqu'alors séparées par des clivages stricts inclineraient à le penser si l'on s'en tenait à des impressions ponctuelles, souvent inspirées par des événements singuliers. Il est vrai que le brassage qui s'est effectué dans les tranchées et dans les camps de prisonniers a mis en présence des gens qui auraient eu peu d'occasions de se côtoyer et de comparer leurs valeurs en d'autres lieux et en d'autres temps. De jeunes bourgeois devenus officiers de réserve ont touché de près pendant quatre ans la condition du monde ouvrier et paysan. Des prolétaires et de petits bourgeois sortis du rang ont établi des liens d'amitié ou, simplement, ont appris à connaître des individus issus de la classe dirigeante. Le phénomène n'est pas négligeable et il a sans aucun doute pesé sur le développement après la guerre de puissants courants égalitaires. Il ne doit pas non plus être exagéré. On s'est rencontré. On s'est senti solidaire de gens que l'on avait jusqu'alors ignorés ou combattus. On n'a pas pour autant changé de statut ou de système de valeurs, ni renoncé à tous ses préjugés sociaux. Dans *La Grande Illusion* de Jean Renoir, sorti sur les écrans en 1937, l'aristocrate Boieldieu peut nourrir de l'estime et de la sympathie pour le contremaître Maréchal : l'homme dont il se sent socialement et culturellement le plus proche est son geôlier, l'Allemand von Rauffenstein, et lorsque Maréchal s'évade en compagnie du banquier juif Rosenthal, l'ancien « métallo » ne peut s'empêcher d'exhaler de fugitifs relents d'antisémitisme.

Que le brassage ait été profond ou superficiel, il semble bien qu'il ait surtout eu pour effet d'ériger en modèle le style de vie de la bourgeoisie. Là encore, il faut se garder de croire que les genres de vie se sont uniformisés. Les différences de revenus sont trop fortes, les clivages culturels trop importants, pour que la formule employée par Barrès — « *Il n'y a plus de classes* » — soit prise pour autre chose qu'une boutade ou un raccourci symbolique. Il est clair néanmoins que la moyenne bourgeoisie et les classes moyennes ont de plus en plus tendance à imiter les façons de vivre, de se vêtir, de se loger, de concevoir l'éducation des enfants qui sont l'apanage des milieux les plus aisés, et que d'autre part, reproduit avec les aménagements nécessaires par ces catégories sociales, le modèle ainsi constitué élargit de proche en proche son pouvoir d'attraction sur les couches émergentes du monde ouvrier et paysan.

Le label bourgeois s'applique en premier lieu au cadre de vie et sur ce point les différences avec l'avant-guerre sont peu sensibles, sinon que le nombre des privilégiés habitant un château ou un hôtel particulier en ville tend déjà à se réduire. Le logement bourgeois n'a pas pour seule fonction d'abriter la famille. Il doit aussi lui assurer un minimum de confort (salle de bain, téléphone) et témoigner de sa respectabilité. Il sera donc situé dans un quartier résidentiel, comportera plusieurs chambres, une salle à manger et un salon. Lieu privilégié du paraître et symbole de la réussite familiale, cet espace voué à une certaine forme d'existence publique sera meublé de fauteuils, orné de tableaux et de bibelots. On y installera le piano sur lequel la maîtresse ou les demoiselles de la maison joueront pour les invités.

Selon le niveau de la fortune, on utilisera les services de « *gens de maison* » en nombre plus ou moins important. Nous avons vu que globalement l'effectif du personnel de service avait sensiblement diminué depuis l'immédiat avant-guerre. Mais le recul touche surtout les familles bourgeoises les moins fortunées. Là où l'on employait avant la guerre une bonne, une femme de ménage et une cuisinière, on se contente le plus souvent d'une unique personne de service (la « *bonne à tout faire* ») logée dans l'appartement ou dans une chambre sous les combles. Dans la haute bourgeoisie en revanche, on garde une maisonnée nombreuse (plusieurs bonnes, une cuisinière, un chauffeur, un jardinier, une gouvernante pour les enfants) et chez les « *nouveaux riches* », la tendance est plutôt à la multiplication ostentatoire de ces auxiliaires au demeurant mal payés.

La « *distinction* » bourgeoise s'exprime également dans le vêtement. Non seulement on « *s'habille* » afin de marquer son appartenance sociale, mais l'on suit désormais une « *mode* » qui, de plus en plus, est faite pour cette catégorie sociale et qui doit s'adapter aux nécessités de l'époque. La bourgeoise des années vingt sort davantage que dans le passé. Elle circule en voiture ou en taxi. Elle prend parfois l'autobus ou le métro. Elle troque donc volontiers les lourdes robes drapées de l'avant-guerre, les jupes longues, les bustiers et corsets sophistiqués contre des vêtements légers et pratiques, permettant des gestes plus aisés et dégageant des parties du corps jusqu'alors cachées.

Question de commodité certes, mais aussi de transformation des mœurs et d'influences étrangères. Il s'agit à la fois, en effet, d'afficher une liberté conquise ou revendiquée et de se conformer aux modèles véhiculés par la cinématographie nord-américaine : celle de la « *flapper* » made in USA, celle de la « *bathing girl* » mise en scène par Mack Sennet. La silhouette de la femme joue sur la minceur, l'étroitesse des hanches (une façon d'affirmer que l'on n'est pas nécessairement vouée à la maternité), les cheveux courts et plaqués coiffés d'un chapeau cloche. Bientôt imités par les confectionneurs et par les couturières à domicile, les nouveaux ténors de la « *haute couture* » parisienne soulignent ces traits. Coco Chanel avec ses robes sport en dentelle de laine, ses confortables manteaux de voyage, ses petits ensembles en jersey, Lanvin avec ses « *robes à danser* » décolletées et fendues, en crêpe georgette ou en satin brillant, Elsa Schiaparelli avec ses *sweaters* et ses *sportwears* taillés dans de la toile à sac. La fantaisie est fournie par les accessoires : sacs pailletés, poudriers incrustés de coquilles d'œufs, éventails en plumes d'autruche, longs fume-cigarettes.

Les anciens « *empereurs* » de la mode, comme Poiret, Doucet ou Drecoll, ne suivent pas et disparaissent les uns après les autres, non sans avoir brandi l'anathème contre leurs épigones en particulier contre Chanel, accusée d'avoir créé des vêtements pour les femmes qui travaillent, ou mieux « *d'avoir introduit des apaches au Ritz* » ! Ce ne sont pas, d'ailleurs, les seuls reproches adressés à la mode des années vingt. Toutes les autorités religieuses dénoncent son caractère scandaleux, sans aller aussi loin toutefois que l'archevêque de Naples qui voyait dans le tremblement de terre d'Amalfi le châtiment voulu par Dieu pour punir l'indécence de la mode féminine, ou que les autorités judiciaires de l'Utah qui prévoyaient d'envoyer en prison les femmes portant des robes plus courtes que trois pouces au-dessus de la cheville !

Si la nouvelle silhouette de la femme s'impose, par mimétisme, à l'ensemble de la société urbaine, traduisant un changement de mentalité relié au temps de guerre, la « libéralisation » qu'affiche le vêtement reste souvent plus apparente qu'effective et ne marque pas, comme l'affirment maints censeurs de l'époque, le naufrage des valeurs incarnées par la famille bourgeoise. Celle-ci demeure au contraire un modèle pour une large fraction du corps social qui en accepte les principes et règle sur eux son comportement. Or, la clé du comportement familial de la bourgeoisie réside dans la possession d'un patrimoine que toute déviance risque de mettre en péril. De là découlent l'autorité, toujours très forte, du chef de famille, qui en est le dépositaire et le gestionnaire, et la permanence de stratégies matrimoniales visant à sa conservation et si possible à son accroissement.

Dans cette configuration, la femme reste la plupart du temps cantonnée dans ses fonctions traditionnelles de génitrice et de maîtresse de maison. La notion de « *bonne bourgeoisie* » n'a pas disparu avec la guerre et elle s'accommode mal du travail de l'épouse. Aussi, celle-ci vit-elle généralement dans une semi-oisiveté, partageant son temps entre la surveillance des domestiques, l'éducation des enfants, les vacances en leur compagnie dans la maison de campagne ou au bord de la mer, les visites d'amies, la lecture, le piano et quelques « *travaux de dames* » (couture ou broderie). Tout ceci n'est évidemment pas sans accrocs et la prégnance du thème de l'adultère dans la littérature romanesque et dans le théâtre de boulevard des années vingt témoigne des tensions et des conflits que recouvrent fréquemment la façade lisse d'une vie familiale conforme au modèle traditionnel. Il est vrai que si la morale religieuse s'en émeut, l'éthique sociale s'en accommode fort bien, dès lors que les écarts conjugaux restent secrets et ne risquent pas de déboucher sur un scandale qui compromettrait l'honneur du nom, ou sur un divorce qui ébranlerait la solidité du patrimoine.

On comprend, dans ces conditions, le scandale qui secoue l'opinion bien-pensante lorsque paraît, en 1922, *La Garçonne* de Victor Margueritte : histoire d'une jeune bourgeoise déçue par les hommes et qui décide de vivre sa vie en toute liberté, prenant des amants, faisant usage de stupéfiants, cherchant à avoir un enfant hors-mariage pour l'élever dans la haine du sexe fort, jusqu'au moment où elle trouve l'amour avec un homme qui admet l'égalité des sexes. L'accueil du roman témoigne en ce domaine d'une France urbaine coupée en deux. D'un côté les attaques de la presse de droite, les protestations des autorités religieuses et des académiciens, la radiation de l'auteur de l'ordre de la Légion d'Honneur, de l'autre l'immense succès du livre, qui pulvérise les records éditoriaux, est adapté au théâtre et au cinéma et donne le nom de son héroïne à la mode féminine des années vingt.

Est-ce-à-dire que toutes les lectrices bourgeoises du roman de Victor Margueritte et que toutes les femmes qui ont coupé leurs cheveux « *à la garçonne* » et remonté l'ourlet de leur jupe par sympathie avec Monique Lerbier, l'héroïne du livre, sont prêtes à suivre son exemple dissident et à remettre en cause dans leur propre vie les convenances de la société bourgeoise ? Sans doute l'émancipation de la femme est-elle dans l'air du temps. Au milieu des années vingt, la France ne compte pas moins de 160 000 adhérentes aux associations féministes, mais les dirigeantes de ces organisations, Madame Jules Siegfried, épouse du grand patron cotonnier et député-maire du Havre, ou Madame Schreiber-Crémieux, proche des milieux radicaux, sont elles-mêmes les représentantes d'un milieu qui ne songe pas à remettre en cause ses propres normes. Plus qu'une vague de fond contestataire, le féminisme demeure encore, à cette date, un loisir de femmes du monde émancipées, ce qui n'ôte rien à sa vertu pionnière. La famille bourgeoise reste une valeur établie dont le modèle s'impose à la majorité des Français.

L'éducation des enfants constitue un autre môle de résistance de la bourgeoisie française. Si l'apprentissage des codes sociaux qui servent de critère d'appartenance à cette catégorie sociale reste l'apanage du milieu familial, il faut bien que les représentants de la future classe dirigeante trouvent, en dehors de celui-ci, les filières qui leur permettront d'accéder en fin de parcours aux plus brillantes carrières du secteur privé ou de la fonction publique, le chemin passant en général par de « *grandes écoles* » dont les plus prestigieuses sont l'École polytechnique et l'École libre des Sciences politiques.

Parce qu'elle prépare à ce véritable brevet d'appartenance sociale que constitue encore le baccalauréat, la filière des lycées reste monopolisée par une élite. Certes, le nombre des boursiers a augmenté depuis l'avant-guerre : on en compte désormais de 12 à 13 %, ce qui est loin d'être négligeable. Mais l'effectif des élèves ne s'est accru que très faiblement. Au milieu des années vingt, on en dénombre 55 000 dans les classes élémentaires des lycées, 120 000 dans les classes secondaires, 30 000 dans l'enseignement féminin du second degré, à quoi il faut ajouter 110 000 garçons et filles dans les établissements privés.

Outre que l'envoi d'un enfant au lycée coûte cher et que les bourses sont accordées de manière hautement sélective, l'instrument du malthusianisme bourgeois en matière d'accès à l'enseignement secondaire est la barrière que les humanités classiques opposent à l'entrée dans le système des enfants du peuple, orientés vers la filière « *primaire supérieure* » aux objectifs plus modestes et qui peuvent rarement permettre d'accéder à l'élite. C'est pourquoi la lutte de la gauche pour la démocratisation de l'enseignement passe par l'institution de l'« *école unique* » et la suppression de la barrière des humanités gréco-latines, qu'illustre par exemple l'opposition des formations cartellistes au décret Bérard de mai 1923 qui renforçait ces dernières. Les quelques progrès enregistrés dans cette voie au cours de la décennie qui suit la guerre n'ébranleront pas la solidité du système. L'accès à la culture — au sens de culture des élites —, qui sera examiné dans le chapitre suivant, se trouve directement relié à cette situation de quasi-monopole.

IX

Les « années folles » :
culture et pratiques sociales
des années vingt

Aussi minoritaires et peu représentatifs de la « France profonde » que soient les comportements des « avant-gardes », qu'il s'agisse des petits groupes d'écrivains et d'artistes qui balancent entre révolution politique et révolution culturelle, ou simplement de ceux qui inscrivent leur propre expérience dans le bouleversement des idées et des mœurs consécutif à la guerre, les changements qui affectent au lendemain du conflit les pratiques sociales et la culture du monde citadin ont, dans le climat de relative détente qui caractérise le retour à la paix et à la prospérité, un pouvoir de contagion qui donne aux années vingt leur tonalité optimiste et débridée. Entre les terribles épreuves qui ont pris fin en novembre 1918 et les années sombres de la crise et de la montée des périls, les années vingt, si elles n'ont été que pour un petit nombre de privilégiés des « années folles » font, par comparaison et pour le plus grand nombre, figure d'embellie.

Mutations citadines et air du temps

Le dépérissement des cultures populaires rurales, auxquelles les changements intervenus depuis le début du siècle et accentués par la guerre ont porté un coup fatal, fait que la ville est désormais de manière à peu près exclusive le lieu de la *culture*, y compris dans l'acception anthropologique du terme, englobant les pratiques sociales dominantes.

Le monde urbain est lui-même en pleine expansion. De 1921 à 1931 en effet, plus de deux millions de personnes sont venues s'installer dans les villes, cette croissance rapide s'opérant essentiellement au profit des agglomérations de plus de 100 000 habitants et en premier lieu de la périphérie parisienne (2 043 000 habitants en Seine-banlieue en 1931 contre 1 505 000 en 1921, soit une augmentation de 35 %). Or, cette nouvelle poussée d'urbanisation s'est effectuée dans une complète anarchie, sans la moindre perspective d'ensemble et avec le seul souci — de la part des « lotisseurs » — de la rentabilité immédiate. Il en est résulté une dégradation rapide des espaces péri-urbains, transformés en zones pavillonnaires hétéroclites et sans équipement, mal reliées au lieu de travail de leurs habitants et où dominent, hors des quelques banlieues résidentielles de l'ouest et du sud de la région parisienne, les édifices disgrâcieux et sans confort, parfois bâtis avec des matériaux de fortune et que séparent des jardinets qui permettent aux nouveaux habitants de ces banlieues-dortoirs de ne pas se sentir complètement coupés de leurs racines rurales.

Si l'habitat pavillonnaire est de loin le plus répandu dans les banlieues tentaculaires qui prolongent la périphérie immédiate des grandes villes, et notamment celle de la capitale (sur un total de 1 100 000 nouveaux habitants représentant la croissance de la région parisienne dans l'entre-deux-guerres, 700 000 sont logés en pavillon, 250 000 dans les HBM et 150 000 seulement dans les collectifs privés), et si la tendance dans les années vingt est à la dégradation du parc immobilier et au manque de constructions nouvelles — ce sont les conséquences du blocage des loyers —, quelques efforts sont faits par les pouvoirs publics et les collectivités locales pour enrayer la prolifération désordonnée des habitations individuelles et lui substituer des réalisations à vocation collective dotées d'un relatif confort. C'est ainsi qu'à Paris, l'administration municipale construit 40 000 logements HBM sur l'emplacement des anciennes fortifications, déclassées en avril 1919. Dans le Nord, les initiatives qui sont prises pour édifier des cités-jardins aboutissent généralement à des échecs. Ne font exception que les quelques ensembles réalisés à l'instigation du directeur du Chemin de fer du Nord, Raoul Dautry.

Pourtant la réflexion urbanistique n'est pas absente des grands débats du moment. Peut-être même n'a-t-elle jamais été aussi intense qu'en ces années de croissance urbaine sauvage et de stagnation des grandes commandes. À l'heure où s'affirme en Allemagne l'esthétique dépouillée du *Bauhaus*, la France s'engage elle aussi sur la voie du fonctionnalisme, déjà largement explorée avant la guerre par divers architectes dont Auguste Perret. Le réalisateur (avec ses frères, Gustave et Claude) du casino de Saint-Malo (1899), du garage de la rue de Ponthieu (1905) et du théâtre des Champs-Élysées (1911-1913) n'a pas attendu la vogue fonctionnaliste des années vingt pour proclamer la nécessité d'adapter les structures et les formes à la finalité de l'édifice. « *C'est par la splendeur du vrai —* écrivait-il *— que l'édifice atteint à sa beauté... Celui qui dissimule une partie quelconque de la charpente se prive du seul légitime et du plus bel ornement de l'architecture.* »

Après la guerre, cette « esthétique du vrai » gagne du terrain sans toutefois devenir hégémonique. S'agissant des édifices publics, civils ou religieux, la tendance dominante est en effet à la reproduction — rarement heureuse — des styles du passé. À côté de Notre-Dame du Raincy, édifiée par Perret en 1922, et de l'église Saint-Jean-Bosco, de Rotter, l'une et l'autre conçues avec le souci de valoriser le matériau brut et de bannir les ornements inutiles, combien de pastiches romans (l'agrandissement de Saint-Pierre de Chaillot par Bois), gothiques, byzantins (Église du Saint-Esprit, par Tournon, avenue Daumesnil) ou mauresques (la mosquée de Paris) !

Fonctionnalisme et modernité s'expriment surtout avec éclat dans les écrits théoriques et les œuvres du Suisse Charles-Édouard Jeanneret, dit Le Corbusier, véritable pionnier d'une architecture révolutionnaire qui triomphera après le second conflit mondial, en particulier dans des pays neufs où d'immenses moyens seront mis à sa disposition. Peintre, ingénieur, théoricien de l'architecture (*Vers une architecture*, 1923 ; *Urbanisme*, 1925) autant que concepteur d'édifices de toutes dimensions et de vastes ensembles urbains, Le Corbusier, qui a subi dans leurs ateliers l'influence d'Auguste Perret et de P. Behrens, n'entend pas seulement mettre en valeur lui aussi la fonction de l'espace construit et l'esthétique qui découle de l'emploi sans enjolivures des matériaux nouveaux (principalement le béton). Il est à la recherche d'une rénovation profonde de l'art d'habiter et s'applique dans ses projets à réorganiser la ville afin de l'adapter aux exigences du monde moderne.

Celles-ci impliquent que l'on édifie en hauteur des bâtiments habités collectivement plutôt que des maisons individuelles dévoreuses d'espace. À la condition toutefois — c'est ce qu'il explique dans *La Ville contemporaine de trois millions d'habitants* (1922) et plus tard dans *La Ville radieuse* (1935) — que ce choix n'altère pas les quatre fonctions essentielles du milieu urbain : habiter, travailler, circuler, se recréer le corps et l'esprit, et que soit respecté le droit de chacun au soleil, à l'espace et à la verdure. À cet urbanisme rationnel et humaniste dans ses intentions, correspond chez Le Corbusier une technique et une esthétique architecturales privilégiant les matériaux modernes (béton, verre), les formes dépouillées (façade libre, toit terrasse), l'emploi des pilotis qui permettent de se libérer du sol et de faciliter la circulation des piétons, les fenêtres en bandeau qui rendent possible un ensoleillement total des pièces, etc. Toutefois les conceptions de ce visionnaire de l'architecture auront peu d'occasions de passer dans les faits dans la France des années vingt, à la fois parce que le public et les commanditaires sont encore peu enclins à partager ses vues révolutionnaires et parce que les moyens manquent pour réaliser les grandioses projets de l'architecte suisse. À l'exception de la cité-jardin de Pessac, édifiée en 1925, et en attendant le pavillon suisse de la Cité universitaire et la cité-refuge de l'Armée du Salut à Paris, en 1933, ce dernier doit se contenter jusqu'à la guerre de commandes de particuliers, au demeurant somptueuses, et de réalisations hors de l'hexagone. Il faut attendre les années 50 pour que ses principes urbanistiques et architecturaux y prennent forme avec l'*Unité d'habitation de grandeur conforme* à Marseille (1946-1952) et avec la cité de Nantes-Rezé (1952-1953).

Autant l'architecture moderne se veut classique dans sa forme et fonctionnelle dans sa destination, autant elle privilégie le matériau brut et la rigueur des volumes, autant le goût du public incline les décorateurs à compenser cette austérité par des aménagements intérieurs valorisant au contraire la fantaisie, l'imagination, le foisonnement des couleurs vives, des bois et des étoffes rares, des meubles et des objets insolites. Encore que le style qui triomphe sur les quais de la Seine, où se tient en 1925 l'exposition des Arts décoratifs marque, par comparaison avec le style « nouille » le retour à une relative sobriété. Le succès de cette manifestation qui accueille plus de 16 millions de visiteurs venus de toutes les parties du monde indique non seulement que Paris est redevenue, après la tourmente de la guerre, la capitale du « goût » et de la mode, mais aussi que le décor du quotidien fait désormais partie des préoccupations d'une fraction du corps social qui ne se réduit pas à l'élite fortunée. À côté des pavillons somptueusement ornés, des péniches-restaurants décorées par le couturier Poiret et le peintre Dufy, de la Villa du collectionneur, meublée par Ruhlmann, les grands magasins parisiens offrent en effet à la foule des visiteurs des formes vulgarisées de mobiliers, de luminaires, de revêtements de murs et d'ustensiles en tout genre d'inspiration « art déco ». De même que la *mode*, cette *« culture des apparences »* qui mieux que toute autre forme d'expression spontanée traduit les aspirations et les fantasmes d'une époque, la luxuriance provocatrice du style *« art déco »*, fortement tempérée dans ses meilleures productions par l'usage néo-classique qu'il fait de la géométrie, exprime l'amour de la vie d'une génération qui a vécu pendant plus de quatre ans dans les faubourgs de l'enfer.

La mode et le style *« art déco »* symbolisent ainsi une époque dont la mémoire collective a surtout retenu le caractère festif et le goût de liberté qui était dans l'air du temps. Certes, pas plus que la « Belle Époque » les « années folles » n'ont été vécues comme telles par la majorité des Français. La guerre, nous l'avons vu, a plutôt eu tendance à renforcer les déséquilibres sociaux et à aggraver les problèmes qui se posaient au plus grand nombre à la veille du conflit. La plupart des ruraux voient leur univers familier se défaire sans que le triomphe de la civilisation urbaine change grand-chose à leurs conditions d'existence. Toute une fraction du monde ouvrier partage son temps entre les contraintes dégradantes du travail à la chaîne et la désespérance des banlieues-dortoirs. La bourgeoisie de province et la majorité des représentants des classes moyennes sont trop attachées à leurs idéaux d'austérité et de patiente ascension sociale pour considérer la fête citadine autrement que comme un spectacle vis-à-vis duquel on conserve en général quelque distance. Le Paris de 1925 n'en incarne pas moins la fureur de vivre d'une société qui, au sortir du cauchemar, manifeste son soulagement et son rejet des contraintes.

Paris est en effet, avec Berlin et déjà, quoique dans une moindre mesure avec New York, le lieu où le mythe des « années folles » prend une certaine consistance. On y vient du monde entier pour y goûter une douceur de vivre qui n'a pas encore élu domicile sur les rives du Tibre. Le phénomène n'est pas nouveau, on l'a vu, mais il prend dans les années vingt une ampleur sans précédent. Dancings, cabarets, « boîtes de nuit », music-halls, théâtres du boulevard, accueillent une population bigarrée venue pour s'étourdir et goûter des plaisirs qui lui sont ailleurs refusés. On danse le « lascif » tango, récemment importé d'Argentine, au son des bandonéons du Coliséum et de L'Oasis. On s'agite, au rythme effréné du *charleston* et du *shimmy*, qui ont débarqué avec les noirs américains en 1917 et 1918. On se passionne pour la musique de jazz, importée elle aussi par les soldats de l'armée Pershing et qui triomphe en 1925 sur les Champs-Élysées, avec *La Revue nègre* qu'animent successivement Flossie Mills et Joséphine Baker. De tous les cabarets à la mode, le plus célèbre, celui où se côtoient tout ce que la « ville lumière » compte d'intellectuels et d'artistes d'avant-garde, d'écrivains et de journalistes en renom, de vedettes du monde politique et économique, d'altesses et de jolies femmes, est *Le Bœuf sur le toit*, ainsi baptisé par référence au titre d'un ouvrage de Cocteau qui fait un peu figure d'animateur des lieux. Tout ce monde « parisien » ne constitue qu'une infime partie de la France, mais il donne le ton, fait la mode, crée l'événement et encore une fois fait surgir des pulsions sociales longtemps contenues.

Classicismes et avant-gardes

La « culture des élites », qu'il est convenu à cette date et pour longtemps encore de considérer comme la forme exclusive de *la* culture, reflète également les contradictions d'une société qui reste majoritairement fidèle à ses valeurs, à ses modes traditionnels d'expression, à ses « caciques », tout en s'imprégnant à petites doses et souvent de manière inconsciente des hardiesses novatrices de l'avant-garde.

La guerre s'est accompagnée d'une relève assez forte parmi les hommes de verbe et de plume. Il y a d'abord ceux qu'elle a emportés : Péguy, tué en septembre 1914 à Villeroy, à l'âge de 41 ans, Alain-Fournier, l'auteur du *Grand Meaulnes*, tombé quelques semaines plus tard aux Eparges, Ernest Psichari, lui aussi disparu dès la première année de la guerre sur un champ de bataille de Belgique, Guillaume Apollinaire, gravement blessé en 1916 et mort deux ans plus tard pendant l'épidémie de grippe espagnole. Les années qui suivent le conflit voient s'éteindre quelques-unes des gloires littéraires de l'avant-guerre, à un moment où la plupart d'entre elles ont déjà perdu l'essentiel de leur influence. Pierre Loti meurt en 1923, à peu près oublié. La même année disparaît Maurice Barrès, salué par la droite politique mais déjà dépassé par la génération nationaliste dont il avait été le principal inspirateur avec Maurras. En 1924, Anatole France s'éteint à son tour à l'âge de 80 ans, trois ans après avoir été couronné par le jury du Nobel. La guerre et l'âge avaient à peine ralenti la fécondité littéraire de cet auteur (il publie encore *Le Petit Pierre* en 1918 et *La Vie en fleur* en 1922), quasiment panthéonisé de son vivant comme l'avait été Hugo quarante ans plus tôt, mais au concert des louanges officielles se mêlent bien des voix discordantes venant des milieux catholiques, de ceux qui, à l'extrême gauche, font grief à l'auteur de *L'Île des pingouins* de son opportunisme et des surréalistes qui concentrent sur lui leur agressivité corrosive. Quant à Paul Bourget, dernier des grands survivants, s'il continue jusqu'à sa mort en 1935 de faire figure de chantre de l'ordre social traditionnel, il ne trouve plus guère de lecteurs qu'en province.

Les nouveaux grands noms de la littérature française ne sont pas, à de rares exceptions près, ceux d'écrivains inconnus avant la guerre, mais au contraire d'hommes qui ont déjà une œuvre derrière eux et qui atteignent leur maturité à un moment où leurs écrits rejoignent les besoins et la sensibilité de leurs contemporains. Tel est notamment le cas d'André Gide, dont l'influence domine à la NRF et qui devient dans les années vingt le chef de file de la nouvelle école romanesque, publiant au cours des années qui suivent la guerre plusieurs de ses œuvres les plus marquantes — *La Symphonie pastorale* (1919), *Si le grain ne meurt* (1924), *Les Faux-monnayeurs* (1925) — et trouvant enfin un public pour des ouvrages publiés un quart de siècle plus tôt. Entre 1897, date de leur parution, et la guerre, *Les Nourritures terrestres* avaient été vendues à quelques centaines d'exemplaires alors qu'elles connaissent au lendemain du conflit un succès considérable, les effusions hédonistes du futur prix Nobel de littérature répondant aux aspirations d'une jeunesse pour laquelle la grande tuerie de 1914-1918 rend rétrospectivement dérisoire et grotesque l'éthique pharisienne de leurs pères.

Dans la même veine introspective, nourrie d'influences bergsoniennes, s'achève l'œuvre inclassable de Marcel Proust, commencée entre 1905 et 1910, connue depuis la publication en 1913 de *Du côté de chez Swann*, couronnée en 1919 par l'attribution d'un Prix Goncourt qui vaut à l'auteur d'*À l'ombre des jeunes filles en fleurs* d'être mondialement honoré et finalement close par la parution posthume en 1927, cinq ans après la mort de l'écrivain, du *Temps retrouvé*.

L'œuvre poétique de Paul Valéry (*La Jeune Parque*, 1917, le *Cimetière marin*, 1920, *Charmes*, 1922) et son œuvre critique (le premier des cinq volumes de *Variété* paraît en 1924) relèvent d'un tout autre registre. Ici, le regard sur soi n'est que le point de départ d'une entreprise qui allie les préoccupations métaphysiques et une immense exigence formelle. Celle-ci incline le poète à mépriser l'inspiration et le hasard et à sacrifier l'intelligibilité immédiate de ses écrits au plaisir esthétique produit par le jeu des images et des rythmes, dans le droit fil de la poétique mallarméenne.

Le goût de l'introspection qui caractérise à bien des égards le climat intellectuel de l'époque n'empêche pas les grands noms de la littérature de s'intéresser à leur temps et de participer au débat, sinon au combat politiques. Il en est ainsi de Gide dont l'individualisme désinvolte peut temporairement s'effacer devant l'adhésion — au demeurant toute sentimentale — à des causes qui relèvent de la solidarité entre les hommes : l'anti-colonialisme, qui imprègne son *Voyage au Congo*, publié en 1927 à la suite d'un séjour dans cette possession française, puis le communisme, vite abandonné il est vrai après que l'auteur de *Retour d'URSS* (1936) eut constaté sur le terrain l'écart qui séparait la réalité stalinienne des espérances suscitées par « *l'immense lueur* » surgie à l'Est. Il en est ainsi également de Romain Rolland, encore que cet anticonformiste n'ait pas attendu les années vingt pour faire entendre ses plaidoieries vibrantes en faveur de la paix, de la justice et de la fraternité humaine (la publication en 1915 d'*Au-dessus de la mêlée* avait soulevé en France une immense vague de protestations nationalistes). L'auteur de *Jean-Christophe* n'en salue pas moins avec enthousiasme les premières heures de la Révolution russe, puis, lorsque celle-ci s'engage dans la voie sanglante de la glaciation bureaucratique, la sagesse de Gandhi. Que sa recherche d'une synthèse entre le père de la révolution bolchevique et l'apôtre de la non-violence l'ait personnellement conduit à une impasse n'ôte rien au caractère emblématique de la quête qu'il a entreprise et qui coïncide avec les aspirations pacifistes et égalitaires de nombreux hommes de sa génération.

S'agissant des thématiques développées par les écrivains de l'après-guerre, elles s'organisent en gros autour de quatre tendances dominantes. La première a pour théâtre ou pour objet de réflexion le conflit qui vient de s'achever et qui continue d'obséder les acteurs et les témoins du drame de 1914-1918. L'héroïsme au quotidien, la camaraderie fraternelle, le mépris des « *embusqués* », la colère suscitée par l'indifférence de l'« *arrière* », tout ce qui va nourrir pendant une génération l'esprit ancien combattant et parfois dériver vers des formes diverses de remise en cause du régime politique, est présent dans ces récits du temps de guerre. Mais surtout, de tous les sentiments exprimés par cette littérature où s'illustrent entre autres Henri Barbusse (*Le Feu*, 1916), Georges Duhamel, (*La Vie des martyrs*, 1916 ; *Civilisation*, 1918), Maurice Genevoix (*Les Eparges*, 1923), Roland Dorgelès (*Les Croix de bois*, 1919), Claude Farrère (*La Maison des hommes vivants*, 1919), Henry Bordeaux (*La Chanson de Vaux-Douaumont*, 1917), etc., celui qui domine est le sentiment de l'horreur. Rares sont toutefois les auteurs qui, dépassant le simple constat de l'inhumain ou la mise en cause des dynasties bourgeoises qui sont censées être responsables de l'hécatombe, s'en prennent aux racines même de l'Union sacrée. En attendant le Céline du *Voyage au bout de la nuit* (1932), seul le jeune Radiguet ose s'aventurer dans cette voie en publiant en 1923 un roman qui fait scandale, son *Diable au corps* relatant la passion amoureuse d'un adolescent et d'une jeune femme dont le mari est au front.

La seconde tendance est celle de la littérature d'évasion. Celle-ci peut prendre des visages aussi divers que le récit de voyage, sous la plume par exemple des frères Tharaud (*Marrakech ou les seigneurs de l'Atlas*, 1920), l'exploration régressive dans le temps (*L'Atlantide* de Pierre Benoît), le retour aux sources de la nature et du monde paysan (*La Brière* d'Alphonse de Chateaubriant, *Raboliot* de Genevoix, *Gaspard des montagnes* d'Henri Pourrat), l'évocation du fantastique (Cocteau) ou de la marginalité poétique (le Pierre Mac Orlan de *Quai des brumes*), ou encore la fuite dans un exotisme de la contemporanéité, tel qu'il s'exprime dans l'œuvre de Paul Morand, diplomate, grand voyageur et peintre d'une haute société itinérante et moribonde qui hante les palaces des stations à la mode, les paquebots de luxe et les grands express internationaux.

Une troisième tendance regroupe les écrivains qui se réclament des fidélités humanistes et d'une meilleure compréhension de l'homme. Les uns, tournés vers ce qu'il y a de singulier dans l'être humain, mettent l'accent sur la psychologie de l'individu et sur le milieu qui l'a façonné, prenant leurs leçons comme le font André Maurois ou Jacques Chardonne chez Bergson et chez Proust. Les autres placent leurs héros en situation, dans la société et dans l'histoire, à la manière du Jules Romains des *Hommes de bonne volonté* et du Roger Martin du Gard des *Thibault*, l'un et l'autre peintres des états d'âme collectifs et artisans d'une véritable somme des problèmes sociaux, intellectuels et moraux de leur temps.

Le dernier courant se rattache au réveil religieux qui a pris naissance avec le siècle et auquel la guerre a donné un nouvel élan. Il traduit la volonté d'approfondissement de la conscience chrétienne qui habite un certain nombre d'écrivains catholiques et trouve ses principales illustrations dans les œuvres de Paul Claudel, notamment dans *Le Soulier de satin* (1929) où ce dernier exalte dans une langue flamboyante la catholicité triomphante du Siècle d'or espagnol et le renoncement des amants à vivre leur passion interdite, de François Mauriac (*Le Baiser au lépreux*, 1922 ; *Thérèse Desqueyroux*, 1927) et de Georges Bernanos (*Sous le soleil de Satan*, 1926 ; *L'Imposture*, 1927), l'un et l'autre témoins angoissés de destinées humaines aux prises avec le péché et le pharisaïsme d'une bourgeoisie de province aussi féroce que formellement dévote.

Rien de véritablement révolutionnaire donc dans ce foisonnement littéraire qui emprunte, pour les approfondir, les sillons tracés par les écrivains de l'immédiat avant-guerre. Il en est de même de la musique, dominée par le « groupe des six » (Georges Auric, Darius Milhaud, Francis Poulenc, Arthur Honegger, Louis Durey, Germaine Tailleferre) et qui, s'éloignant de l'héritage wagnérien et de la sensibilité postromantique, poursuit dans le sillage de Stravinsky et sous l'influence de Schönberg ses expériences expressionnistes et polytonales (*Pacific 231* d'Honegger, 1923). Chez Maurice Ravel (*Boléro*, ballet, 1928), Albert Roussel et Florent Schmitt, l'inspiration et la forme restent beaucoup plus classiques.

Pas de bouleversement non plus dans la sculpture, qui demeure elle aussi classique, voire académique avec Landowski, ou qui exploite les formules expérimentées bien avant la guerre par Bourdelle (mort en 1928) et Maillol, de même que chez la plupart des peintres, la grande rupture se situant ici, nous l'avons vu, dans les toutes premières années du siècle. L'impressionnisme et ses dérivés se prolongent avec Suzanne Valadon et son fils Maurice Utrillo, Marie Laurencin et Pierre Bonnard. Braque, Léger et Picasso — qui n'a fait qu'un court séjour chez les surréalistes — font prospérer l'héritage cubiste et se tiennent éloignés des recherches abstraites. Raoul Dufy garde de son passage par l'impressionnisme et le fauvisme une passion de la couleur qui corrige l'extrême dépouillement de son graphisme. Matisse poursuit lui aussi une œuvre qui doit beaucoup à sa période « fauve » mais qui ne cesse d'évoluer vers un art sobre et dépouillé, dans lequel tout est subordonné à l'harmonie des formes et des couleurs (jeunes femmes, étoffes, fruits et fleurs). Après les fiévreuses recherches intellectuelles de l'avant-guerre, la tendance est incontestablement à l'apaisement et à la réhabilitation du figuratif.

Plus que les autres formes d'expression esthétique relevant de la culture des « élites », le théâtre s'inscrit à la fois dans le cadre des pratiques sociales de son temps et témoigne de la sensibilité et des aspirations de la société. Il est en effet, pour ceux qui le fréquentent, un lieu de sociabilité et de représentation où l'on se donne en spectacle autant que l'on assiste au spectacle présenté par les professionnels de la scène. Or, le théâtre français des années vingt connaît à la fois un très vif succès d'audience et un incontestable renouveau. Ce dernier affecte en premier lieu l'esprit de la représentation scénique. Autour du petit groupe des metteurs en scène qui forment en 1927 le « Cartel » — Charles Dullin, Sacha Pitoëff, Gaston Baty, Louis Jouvet —, se développe un effort de création et de recherche visant à libérer et à traduire dans les mises en scènes les aspirations et les inquiétudes de l'époque. Gaston Baty n'affirmait-il pas que la même pièce de Molière pouvait être jouée comme une comédie classique, comme une farce ou comme un drame ?

Le renouvellement se manifeste d'autre part dans le choix des thèmes traités et dans l'atmosphère qui se dégage des œuvres présentées. Le « boulevard », dans les formes diverses qu'il a prises depuis le début du siècle (vaudeville, théâtre « psychologique », etc.) continue d'attirer des assistances nombreuses venues applaudir les pièces d'un Sacha Guitry ou d'un Henry Bernstein. Mais de plus en plus, le public cultivé se sent attiré par des auteurs et des œuvres qui combinent le classicisme de la forme et un climat théâtral où coexistent la réalité et le rêve. Le théâtre de Cocteau, les toutes premières pièces de Giraudoux (*Siegfried*, 1928), les œuvres de l'Italien Pirandello, prix Nobel de littérature et gloire vivante (quoique très distanciée) de la « culture fasciste » (*À chacun sa vérité, Six personnages en quête d'auteur*), relèvent de cette catégorie et connaissent un très vif succès.

Tout cela demeure néanmoins classique dans les modes d'expression choisis et conforme au goût dominant des couches sociales consommatrices de « culture », au sens étroit du terme. Au contraire, le grand bouleversement esthétique qui affecte la littérature et les arts plastiques au début des années vingt est le fait d'une « avant-garde » qui, bien que directement reliée aux groupes novateurs de l'immédiat avant-guerre, fait figure d'école révolutionnaire, en rupture apparente avec la sensibilité dominante même si elle traduit en fait les angoisses et les espérances de son temps.

Le surréalisme, qui constitue le grand mouvement de rénovation culturelle de l'après-guerre, relève d'une double filiation. D'une part, il prolonge les recherches effectuées avant la guerre par les écrivains et les artistes qui ont cherché à donner une réponse esthétique aux grandes interrogations posées à l'homme européen par le grippage des certitudes scientistes et déterministes. L'évolution des sciences exactes et de la physique a confirmé que l'univers « réel » avait plus de chance de ressembler au monde perçu par Max Planck, par Louis de Broglie (prix Nobel de physique en 1925) ou par Einstein — un monde dans lequel règne la discontinuité et la relativité — qu'à la belle horlogerie harmonieuse et sécurisante décrite par Newton. Celle des sciences de l'homme, et en particulier l'approche psychanalytique de la connaissance des individus, a mis l'accent sur les ressorts cachés des comportements humains. Il en est résulté une remise en question par les avant-gardes artistiques des modes traditionnels de représentation du « réel », qui a donné naissance au cubisme et que Guillaume Apollinaire a été le premier à vouloir appliquer à la poésie. La révolution surréaliste s'inscrit dans ce grand chambardement formel.

Mais elle est également le produit de la guerre et du rejet brutal de la société et de la culture « bourgeoises » qui sont censées être les principales responsables de la grande tuerie. Sont ainsi désignées comme ennemies de l'homme, non seulement les idéologies qui ont poussé les sociétés européennes à s'entre-déchirer — le nationalisme, l'impérialisme, etc. —, mais encore celles qui ont pendant deux siècles servi de soubassement à la « civilisation » occidentale : libéralisme, démocratie, humanisme, etc., et dont le caractère atroce de la guerre a montré à quel point elles relevaient du pharisaïsme et de l'absurde.

De ce rejet est né en pleine guerre (1916), à Zurich, autour de Tristan Tzara, le mouvement de révolte qui a pris le nom de *dada* par référence aux balbutiements de l'enfance : l'idée étant que l'art et la littérature devaient aider l'homme à retrouver sa spontanéité primitive, écrasée ou pervertie par la civilisation industrielle. Pour cela, il lui faut d'abord rompre radicalement avec la culture bourgeoise. Mieux, la tuer par la dérision et par des provocations de toutes natures visant à en faire éclater à la fois la forme et le contenu. Au lendemain immédiat de la guerre, Tzara quitte la Suisse pour s'installer à Paris, nouvelle capitale du « dadaïsme » et lieu de rencontre d'artistes et d'écrivains qui ont eux-mêmes subi dans leur esprit et dans leur chair le traumatisme de la guerre et qui partagent la fureur nihiliste du fondateur de « dada ». En mars 1919, autour d'André Breton, de Louis Aragon et de Philippe Soupault, se crée la revue *Littérature*, dont l'objectif explicite est de détruire les « fausses idoles ».

Très vite cependant, l'équipe de *Littérature* prend ses distances à l'égard de Tzara, de ses chahuts provocateurs et de l'action exclusivement destructrice du dadaïsme. En 1922, Breton, Aragon, Robert Desnos et Paul Éluard rompent avec celui-ci pour lancer la *« révolution surréaliste »*. Certes, il s'agit toujours d'afficher un non-conformisme de choc et les surréalistes ne répugnent pas à la provocation et au scandale. Mais à cette volonté de démolition des valeurs morales et esthétiques de la bourgeoisie s'ajoute chez eux le souci de reconstruire une culture, fondée non plus sur l'humanisme traditionnel mais sur la sincérité qui habite chaque être humain. De là, l'idée de créer de nouvelles formes d'art et de poésie, en explorant l'inconscient, en libérant l'univers onirique dont chacun est dépositaire, en pratiquant l'écriture automatique *« en l'absence de tout contrôle exercé par la raison, en dehors de toute préoccupation esthétique et morale »*.

L'avant-garde surréaliste occupe pendant les années vingt le devant de la scène culturelle, apportant des matériaux et des formes d'expression neufs à la poésie (Breton, Aragon, Éluard, Desnos), à la peinture (Max Ernst, Joan Miró, Salvador Dali, Picabia), à la sculpture (Hanz Arp, Germaine Richier), voire à la cinématographie avec Luis Buñuel *(Le Chien andalou)*, René Clair et Cocteau. Tournée vers l'individu, dont l'imagination et le rêve fondent une « réalité » qui n'existe que dans la vision de l'artiste et du spectateur, elle conserve de ses racines « dada » trop de propension à la révolte pour ne pas se sentir concernée par le grand souffle rénovateur qui paraît s'être levé à l'Est avec la victoire des Bolcheviks en Russie. Aussi, dans un premier temps, nombre de surréalistes vont-ils adhérer au Parti communiste dont ils partagent la volonté de rupture avec la société bourgeoise. Toutefois, leur souci d'indépendance aura tôt fait de se heurter aux tendances centralisatrices et bientôt totalitaires d'une organisation qui subit à la fin de la décennie 1920 les premiers effets de la glaciation stalinienne. De là découlent des voies divergentes qui pousseront beaucoup de surréalistes à renouer — comme André Breton — avec les tendances anarchisantes de la révolte dada, tandis que d'autres s'engageront totalement aux côtés du PC, sans rompre toutefois toutes leurs attaches — c'est le cas notamment de Paul Éluard — avec une esthétique surréaliste qui a profondément marqué son époque.

Comme les avant-gardes qui l'ont précédé, le surréalisme est à la fois un mouvement intellectuel et artistique transnational, ayant des ramifications dans plusieurs pays européens et extra-européens, et un petit séisme culturel dont l'épicentre se trouve à Paris, sur cette « Rive gauche » qui reste au milieu des années vingt le pôle principal des arts et des lettres. En témoigne la formidable concentration de créateurs qui ont élu domicile dans la capitale française et qui hantent ces hauts-lieux du cosmopolitisme culturel que sont alors le cabaret du Bœuf sur le toit ou les grandes brasseries de Montparnasse : La Coupole, Le Dôme ou La Rotonde. Les écrivains américains de la *« génération perdue »*, comme Scott Fitzgerald, Henry Miller et Ernest Hemingway, y côtoient les exilés qui ont fui la répression des dictatures méditerranéennes et balkaniques (en attendant la diaspora antinazie des années trente) et les peintres étrangers qui forment ce que l'on appellera l'« École de Paris » et où figurent entre autres Soutine, Modigliani et Chagall.

Pratiques culturelles et loisirs de masse

Trois faits majeurs caractérisent l'évolution de la culture populaire dans le courant des années vingt : la prégnance du modèle urbain et le recul accéléré des traditions rurales, l'aspiration générale au mieux-être et au loisir qui fait suite à l'épreuve de la guerre, l'émergence enfin et la diffusion de techniques nouvelles qui bouleversent radicalement les moyens de la communication.

La presse en est encore à cette date la principale bénéficiaire. L'évolution amorcée dans les premières années du siècle s'accélère en effet pour donner naissance à une véritable presse populaire à grand tirage, surtout représentée à Paris et que dominent les « cinq grands » : *Le Petit Parisien, Le Journal, Le Petit Journal, Le Matin* et *L'Écho de Paris.* Soutenus par des capitaux considérables et diffusant une information présentée sans réel souci d'innovation, ces grands quotidiens parisiens voient leur quasi-monopole contesté à la fin des années vingt par les entreprises de presse du parfumeur milliardaire François Coty, dont les ambitions mégalomanes et les options idéologiques fascinantes s'expriment d'abord dans *Le Figaro* (qu'il contrôle pendant quelques années et auquel il donne une tonalité populiste qui a tôt fait de heurter son public habituel), puis dans *L'Ami du Peuple.* Ce quotidien démagogique est vendu à un prix très bas — deux sous alors que tous les autres journaux valent cinq sous —, et distribué « à la criée » par des vendeurs échappant au monopole des messageries Hachette, ce qui lui permet d'atteindre des tirages-records de 700 000 exemplaires et plus. Il en résulte une véritable guerre entre Coty et les cinq Grands, gagnée par ces derniers et qui contribuera fortement, quelques années plus tard, à la ruine de l'apprenti dictateur (« *l'odeur qui n'a plus d'argent* » dira *Le Canard enchaîné*).

Peu de quotidiens de province peuvent rivaliser avec ces géants parisiens. Ceux qui ont la plus forte audience sont *Ouest-Éclair*, de tendance démocrate-chrétienne, et *La Dépêche de Toulouse* qui, sous la direction de Maurice Sarraut, entretient dans les départements du Sud-Ouest une sensibilité radicale encore peu entamée par la montée du socialisme et du communisme. Dans tous ces journaux, et dans la multitude de petites feuilles à diffusion nationale ou régionale qui continuent de paraître, parfois avec des tirages quasi-confidentiels, ou encore dans les hebdomadaires qui commencent à prendre avec un certain succès le relais des quotidiens, les nouvelles et les commentaires politiques occupent une place variable et tendent à reculer quantitativement au profit des « faits divers » (l'affaire Landru — cet ingénieur discret et distingué qui brûlait dans sa cuisinière les cadavres des femmes qu'il avait assassinées après les avoir séduites et dépouillées de leur argent — fait la « une » des quotidiens pendant des mois), des grandes enquêtes (celle par exemple d'Albert Londres sur le bagne de Cayenne) et des récits d'exploits ou d'aventures exceptionnelles qui font sortir l'individu moyen de sa quotidienneté morose. La conquête des airs, dans laquelle s'illustrent des pilotes d'élite comme Védrines, Coste et Bellonte, Guillaumet et Mermoz, celle des derniers espaces maritimes et terrestres encore non explorés par l'homme, suscitent l'intérêt passionné des lecteurs du journal.

Le sport relève du même engouement pour le beau geste, en même temps qu'il entretient dans le public des pulsions moins nobles : un chauvinisme qui trouve ici des satisfactions compensatrices au relatif déclin du rôle international de la France, un transfert sur des individus emblématiques de la volonté de puissance de chacun, une violence codifiée et mise en scène, etc. Or, si la fréquentation des lieux de représentation du spectacle sportif augmente sensiblement au cours des années qui suivent la guerre, la presse donne à celui-ci une audience et une pesanteur dans le façonnement des opinions qui affectent toutes les parties du corps social. C'est elle qui — à travers les pages « sportives » des quotidiens et par le truchement du journal *L'Auto* —, fait du Tour de France une épopée annuelle, en tissant une véritable légende autour de ces *« géants de la route »* que sont Antonin Magne et plus tard René Vietto. C'est elle qui familiarise le public avec les grands noms du football et du rugby, dont la pratique, limitée avant la guerre aux milieux aisés, s'étend désormais aux couches populaires. Elle encore qui assure le succès des Jeux Olympiques de Paris, en 1924, auxquels participent 3 092 concurrents représentant 44 pays et qui attirent 625 000 spectateurs. Les Français n'y obtiennent que trois médailles de bronze en athlétisme (déjà dominé par les Américains), mais réussissent à glaner quelques titres en water-polo, en lutte (Henry Deglane), en haltérophilie (Charles Rigoulot), en cyclisme (Michard, Blanchonnet) et en escrime (Roger Ducret).

Dès cette période, certains événements sportifs constituent déjà, à l'échelle nationale et internationale, des moments médiatiques qui polarisent l'attention du public au point de marginaliser des épisodes importants de la vie politique. Ainsi en est-il du « *match du siècle* », opposant pour le titre mondial de boxe toutes catégories le Français Georges Carpentier et l'Américain Jack Dempsey, le 2 juillet 1921. Les grands quotidiens d'information ont rivalisé d'ingéniosité et de moyens pour être les premiers à annoncer au public qui se presse devant leurs vitrines le résultat du combat, mais ce sont les ondes radiophoniques qui créent l'événement en donnant à leurs auditeurs la primeur de la nouvelle (Dempsey vainqueur au 4e round). À cette date, il n'y a encore en France que quelques milliers de récepteurs, à l'écoute de Radio Tour-Eiffel, premier émetteur d'État. Il y en aura plus de 300 000 en 1927 lorsque la radio fera connaître au public français la victoire à Philadelphie, en finale de la coupe Davis, des « *quatre mousquetaires du tennis* » : Cochet, Brugnon, Lacoste et Borotra.

Sur le modèle de la presse écrite, dont elle copie les formules en introduisant dans ses émissions « journaux parlés », commentaires politiques et « feuilletons », la radio tend ainsi à devenir, dans le courant de la décennie 1920, le vecteur privilégié de la nouvelle culture de masse. La musique légère, l'opérette et surtout la chanson, qui avait fait avant la guerre la fortune du café concert et du « beuglant », trouvent ici un moyen d'étendre leur audience à toutes les parties de l'hexagone. Certes, dans la France urbaine du début du siècle, chanteurs des rues et musiciens ambulants avaient déjà pour fonction de familiariser le chaland avec les airs à la mode, mais la radio en décuple la vitesse de propagation et surtout, relayée par le disque, elle transforme les vedettes du cabaret et du music-hall — Mistinguett, « La Miss », dont toute la France fredonne au début des années vingt le dernier succès, *Moi j'en ai marre*, ou Maurice Chevalier qui triomphe au même moment dans *Dédé* aux Bouffes-Parisiens — en idoles nationales et internationales, emblématiques de la « vie parisienne » en ces « années folles » qui vont prendre fin avec la crise.

L'autre grand medium culturel de masse est le cinéma. Avant la guerre, la cinématographie française avait occupé une place dominante sur le marché mondial. Or, dès 1915, elle doit faire face à la concurrence vite triomphante des produits *made in USA*. Au milieu d'une production à vocation récréative, dans laquelle dominent les films d'action ou d'aventure, les films comiques et les mélos larmoyants (au moins une centaine par an pour l'ensemble de ces trois catégories), émergent quelques œuvres de qualité. La France est peu touchée par la vague expressionniste qui donne alors ses chefs-d'œuvre au cinéma allemand, et les tentatives qui sont faites pour traduire en langage cinématographique l'esthétique surréaliste (*Entr'acte* de Picabia, *Ballet mécanique* de Fernand Léger) sont en général des échecs. C'est en portant à l'écran des œuvres littéraires consacrées (*Le Père Goriot* et *Pêcheur d'Islande* de J. de Baroncelli, *Thérèse Raquin* de Jacques Feyder) ou de vastes fresques historiques (*Le Miracle des loups* de Raymond Bernard, *Napoléon* d'Abel Gance), que la cinématographie française a donné le meilleur d'elle-même, en attendant la diffusion du « parlant », introduit en 1927 et que les cinéastes de l'hexagone commenceront par bouder.

Le moment est proche à la fin des années vingt où s'opérera avec les Renoir, Poirier, Lherbier, Carné et autres Jean Vigo la réconciliation, par le biais de cet instrument de prédilection de la culture de masse que constitue le cinéma, de la culture des élites et de la culture populaire, prélude à l'uniformisation progressive du goût et des sensibilités qui caractérise à bien des égards le second vingtième siècle.

Peut-être faut-il voir dans ce creuset culturel et dans les produits qu'il a fait naître la manifestation la plus tangible de cette recherche du consensus qui fait suite à la guerre et qui prolonge dans les années vingt l'esprit de l'Union sacrée. Le « Second Ralliement » des catholiques à la République, le relatif apaisement des tensions xénophobes, le recul temporaire de l'antisémitisme (Cf. sur ce point la thèse inédite de Richard Millman, *Les ligues catholiques et patriotiques face à la question juive en France de 1924 à 1939*, IEP Paris, 1990), en attendant le retour en force des idéologies et des pratiques d'exclusion dans les années trente, tout ceci témoigne de la volonté de pacification intérieure d'une société qui veut jouir du bonheur de la paix retrouvée, découvre les joies inédites de la consommation et s'efforce, avant que la crise n'aiguise à nouveau les luttes civiles, de prolonger l'unanimisme du temps de guerre.

X

LES INCERTITUDES POLITIQUES DE LA FRANCE DES ANNÉES VINGT (1919-1932)

Le poids de la guerre

La guerre terminée, deux sentiments puissants et contradictoires dominent l'opinion publique. En premier lieu, une profonde aspiration à oublier les misères du conflit pour retrouver l'âge d'or de la « Belle Époque », magnifié par le souvenir et le contraste avec la période sombre de la guerre : c'est l'ardente volonté de joie de vivre qui va donner naissance au mythe des « années folles », mais qui, dans la plupart des cas, s'exprime par la tentative, souvent déçue par les difficultés du réel, d'en revenir aux paisibles joies d'une vie quotidienne normale. Mais, d'autre part, et en contradiction avec ce courant, l'opinion entend bien que l'expérience de la guerre n'ait pas été inutile et que la paix n'efface pas les sacrifices consentis. D'ailleurs, le voudrait-on que la chose apparaîtrait impossible.

Comment oublier la guerre alors que l'environnement quotidien de toute une partie du pays (dans le Nord et l'Est) offre le spectacle d'apocalypse de maisons détruites, de ponts effondrés, de bâtiments calcinés, de monuments en ruines ou de champs truffés d'obus et de mines, devenus de vastes cimetières où les cadavres se mélangent à la boue ? À mesure que s'éloigne dans le temps le conflit, la reconstruction efface sans doute les plaies béantes ouvertes entre 1914 et 1918, mais l'érection dans toutes les communes de France de monuments aux morts où viennent se recueillir les veuves et les orphelins perpétue le souvenir du gigantesque sacrifice consenti au pays.

Comment oublier la guerre lorsque chacun peut voir, jour après jour, les mutilés qui portent dans leur chair les traces du conflit, les veuves dans leur voile de deuil, le sort difficile des orphelins et presque chaque famille pleurer l'un des siens ? Au demeurant, une nouvelle catégorie apparaît dans la société française des années vingt, celle des « Anciens combattants et victimes de guerre », groupe organisé en associations dont la raison d'être est l'expérience vécue, directement ou indirectement, par ce qu'on appelle bientôt la *« génération du feu »*. Selon Antoine Prost qui a consacré de remarquables travaux à les étudier *(Les Anciens combattants et la société française,* Presses de la Fondation nationale des Sciences politiques, 1977), ils seraient en 1920 6 441 000 survivants, entre 20 et 50 ans, soit 60 % de la population masculine adulte, mais 90 % de la génération concernée. La moitié d'entre eux ont été blessés durant le conflit et plus de 1 100 000 perçoivent des pensions d'invalidité. À ces combattants, il faudrait ajouter 800 000 vieillards, laissés sans ressources par la disparition de leurs fils, 700 000 veuves de guerre non remariées, 760 000 orphelins qui perçoivent une pension jusqu'à 18 ans. Au total, la guerre a très directement touché 9 millions de Français.

On conçoit que l'expérience de la guerre pèse lourd dans l'opinion publique et que, jusqu'en 1939 elle imprègne les mentalités et infléchisse la vie politique. D'autant qu'une multitude d'associations sont nées pour défendre les intérêts et les revendications des Anciens combattants et victimes de guerre. Associations spécialisées comme l'*Union nationale des mutilés et réformés* ou la *Fédération nationale des trépanés et blessés de la face*. Associations séparées par leur idéologie politique à l'instar de l'*Union nationale des combattants* (UNC), de sensibilité de droite, à l'opposé de l'*Union fédérale* (UF) marquée par une idéologie de centre-gauche ou l'*Association républicaine des Anciens combattants* (ARAC) fondée par les communistes. Quelles que soient leurs sensibilités politiques, les associations d'Anciens combattants ne vont pas limiter leur action à la défense des intérêts de leurs membres. Elles vont considérer que leur rôle est aussi de maintenir dans l'opinion et le gouvernement de l'État les idéaux au nom desquels les combattants ont accepté de sacrifier leur vie, c'est-à-dire le culte de la patrie et la pratique de l'Union sacrée. Ce qui, sous le nom *« d'action civique »* revient à exercer une pression permanente, soit morale, soit sous forme d'intervention directe sur la vie politique. Et les associations d'Anciens combattants, entendant incarner l'unanimité nationale qui s'est manifestée dans les tranchées, témoignent d'une grande méfiance et d'une sourde hostilité envers les partis politiques, qui, par définition, divisent l'opinion, et envers le Parlement où s'exerce prioritairement leur action. Aussi doit-on prendre en compte cette importante dimension qui conduit les groupes antiparlementaires à trouver dans le milieu Ancien combattant un vivier qui, à l'occasion, peut leur permettre de remplir les cadres de leurs mouvements.

D'autant que l'une des fonctions des mouvements combattants des années de l'entre-deux-guerres est d'entretenir le culte du souvenir, renouvelant ainsi à chaque cérémonie leur propre légitimité et leur droit de parler aux politiques au nom des sacrifices consentis. Antoine Prost a montré comment les associations d'Anciens combattants étaient les acteurs d'un culte civique, voué à la religion de la patrie. Présentes à chaque cérémonie officielle, elles font figure de véritable collège de prêtres dont le rôle est particulièrement mis en relief par les cérémonies du 11 novembre ou le défilé quotidien des associations à l'Arc de triomphe où elles raniment la flamme qui, depuis 1921, brûle sur la tombe du soldat inconnu.

Si les associations d'Anciens combattants perpétuent ainsi la mémoire du grand massacre de la guerre, elles sont loin d'être le seul agent du souvenir. L'art, la littérature, le cinéma portent directement ou indirectement la trace de la terrible expérience que vient de vivre la société française et qui, pour toute la génération de l'entre-deux-guerres, demeure un fait présent et concret (chapitre IX).

Or si le traumatisme de la guerre pèse sur la vie du pays, de manière profonde et en imprégnant l'ensemble de la vie nationale, il porte avec lui une conséquence fondamentale qui, jusqu'en 1939 domine de manière écrasante les comportements et les décisions, celle de ne jamais revoir un conflit aussi éprouvant que celui que la nation vient de vivre. La volonté de paix est fille du choc de la guerre vécue comme un cauchemar.

De la gauche à la droite, la France de l'après-guerre veut la paix à tout prix. Ce qui n'abolit pas, tant s'en faut, les clivages politiques. À droite, la paix résultera de la force dont dispose la France victorieuse et dont elle doit user pour intimider une Allemagne agressive par nature. À gauche, on attend d'une collaboration des peuples, dans le cadre de la Société des Nations, une ère nouvelle qui permettra d'écarter la menace d'un conflit futur. Mais quelles que soient les modalités de son obtention, la paix est l'objectif premier de la quasi-totalité des Français et le demeurera jusqu'en 1939. Antoine Prost a montré que le pacifisme était bien le sentiment dominant dans les associations d'Anciens combattants dont l'un des vœux était qu'un véritable programme d'éducation pacifiste soit élaboré pour les jeunes générations. Et dans son étude sur la génération de khâgneux et de normaliens de l'après-Première Guerre mondiale, Jean-François Sirinelli met en relief le caractère prégnant d'une aspiration profonde à la paix qui se colore d'ailleurs d'antimilitarisme (J.-F. Sirinelli, *Génération intellectuelle,* Paris, Fayard, 1988).

Dans ces conditions, la France de l'après-guerre au moment où elle va rentrer dans la normalité se trouve face au problème-clé de la formule politique qui permettra tout à la fois de retrouver l'âge d'or et d'intégrer les leçons du temps de guerre de manière à assurer au pays un avenir de paix et de bonheur paisible. Et cette quadrature du cercle est d'autant plus urgente à réaliser que les lendemains de l'armistice sont loin d'être cette période radieuse qu'espéraient les Français.

Le gouvernement Clemenceau et l'agitation sociale de l'après-guerre

Au moment de l'armistice, la France est gouvernée par le ministère Clemenceau, arrivé au pouvoir un an plus tôt. Auréolé de la gloire immense d'avoir été l'artisan de la victoire, le *Tigre* est devenu pour les Français le *Père la Victoire*. Attelé à la tâche difficile de « *gagner la paix* » en s'efforçant d'obtenir d'Alliés réticents la satisfaction des revendications françaises (chapitre VI), le président du Conseil affirme un autoritarisme qui ne le cède en rien à celui dont il a usé durant le conflit, supportant d'autant plus mal les critiques de la Chambre qu'il considère celle-ci comme dépourvue de toute autorité réelle. Élue au printemps 1914, ses pouvoirs sont arrivés à expiration au printemps 1918 et ont été prorogés uniquement parce que l'urgence des problèmes posés par la fin de la guerre, puis par les négociations de paix rendait inopportune une campagne électorale. De surcroît, l'âge aidant, son caractère naturellement tranchant, la conscience aiguë qu'il a de sa supériorité sur le personnel parlementaire et sa propension à la polémique et à la causticité n'ont fait que s'accroître, si bien que l'État repose tout entier sur lui et qu'il refuse d'associer la Chambre aux décisions qu'il prend, considérant que le rôle de celle-ci se borne à juger après coup, tout en imposant silence au chef de l'État qui tente de faire valoir son point de vue. Pour dompter les parlementaires, il les met au défi de le renverser comme ils en ont constitutionnellement la possibilité ; pour intimider le Président de la République, il agite la menace de sa démission.

Or, tandis qu'il négocie les traités de paix, ce qu'il considère comme sa tâche fondamentale, il doit faire face à une vigoureuse agitation sociale.

Celle-ci trouve son origine dans la vague de hausse des prix que connaît la France au lendemain de l'armistice. La pénurie de produits industriels et de denrées agricoles, jointe à l'accroissement de la circulation monétaire (chapitre VII) a eu pour effet de provoquer une véritable flambée des prix de détail qui se poursuit jusqu'en 1920. À cette date, les prix des denrées de première nécessité ont triplé par rapport à 1920.

Cette hausse des prix entraîne tout naturellement un flot de revendications sociales. Les ouvriers réclament augmentations de salaires, indemnités de vie chère, amélioration des retraites. Ces revendications sont d'ailleurs stimulées par la politique suivie durant la guerre dans les arsenaux et les usines travaillant pour la défense nationale, dans lesquelles Albert Thomas s'est efforcé d'obtenir une croissance des salaires afin d'éviter grèves et mouvements sociaux qui auraient pu gêner l'effort de guerre du pays. Et cette vague d'agitation met tout naturellement au premier rang des acteurs du conflit social qui se joue, la puissante centrale syndicale qu'est la CGT.

Au cours du conflit mondial, celle-ci a tenu un rôle essentiel en acceptant de collaborer avec le gouvernement pour conduire l'effort de guerre, ce qui l'éloigne fort des idées du syndicalisme révolutionnaire qui constituent toujours la base idéologique dont elle se réclame. L'efficacité de son action pendant la guerre tant en ce qui concerne le rôle qu'elle a joué dans la désignation des affectés spéciaux que les résultats qu'elle a pu obtenir au plan des salaires ou des conditions de travail lui ont valu un flot d'adhésions et elle revendique en 1919 2 400 000 adhérents.

Placée ainsi en position de force, la CGT est cependant profondément divisée sur la tactique à suivre et sur l'usage du mouvement revendicatif qu'elle a pour devoir de gérer. Pour la direction de la CGT et son secrétaire général Léon Jouhaux, convaincus par leur expérience de guerre des avantages d'un dialogue avec le patronat et le pouvoir, il faut se servir des grèves comme d'un moyen de pression pour obtenir des avantages immédiats pour les ouvriers sous forme de primes ou d'augmentations de salaires, voire pour négocier avec le pouvoir des modifications dans les structures de la propriété (une nationalisation des chemins de fer ou l'introduction de certaines formes de contrôle ouvrier dans l'entreprise). Mais ce réformisme est mal admis par une aile révolutionnaire puissante au sein de la Confédération, formée d'une part des syndicalistes révolutionnaires d'avant-guerre qui n'ont pas admis l'évolution du syndicat, et de l'autre des admirateurs de la révolution bolchevique d'octobre 1917. En effet, si situer l'origine des grèves dans le phénomène de la vie chère n'est pas contestable, leur ampleur et leur prolongation sont largement dues à l'exemple de la révolution d'Octobre. Chez nombre de militants et de responsables ouvriers, celle-ci est saluée comme l'aube d'une ère nouvelle, celle où le prolétariat, maître du pouvoir, balaiera le capitalisme, fera régner la justifice sociale en donnant à chacun à suffisance et établira dans le monde une ère de paix définitive, puisque (beaucoup en sont convaincus) c'est le capitalisme qui est responsable de la guerre. Pour les tenants de cette analyse, il n'est pas acceptable de se contenter de négociations sur la condition ouvrière, comme le souhaite la direction de la CGT, mais il faut se servir des mouvements revendicatifs pour instaurer en France un climat révolutionnaire qui balaiera la société bourgeoise et permettra d'établir une République soviétique. En ce début de 1919, l'Allemagne n'est-elle pas en pleine révolution ? Et bientôt, en Hongrie, le communiste Bela Kun ne crée-t-il pas une République des Conseils sur le modèle de celle de Lénine ?

Conscient des risques que comporte la situation, Clemenceau tente de la désamorcer. À la veille de la célébration du 1er mai 1919, redoutant en cette date traditionnelle de la mobilisation ouvrière des manifestations violentes, il décide d'accorder aux salariés une de leurs plus vieilles revendications, la loi de huit heures. Celle-ci est votée le 23 avril 1919.

En d'autres temps cette importante conquête sociale aurait été saluée comme une victoire. Mais en 1919 elle ne résout nullement le malaise dû à la vie chère et, de surcroît, elle ne pourra satisfaire les révolutionnaires. Elle n'empêchera pas des heurts violents lors de la manifestation du 1er mai.

Au lendemain de celle-ci, l'agitation contre l'intervention française en Russie soviétique prend le relais des grèves sectorielles qui se multiplient. Depuis fin 1918, la flotte française mouille en mer Noire et un corps expéditionnaire, commandé par Franchet d'Esperey occupe la région d'Odessa et une partie de la Crimée (alors que d'autres troupes étrangères sont présentes dans diverses régions de Russie). Sans intervenir directement contre les bolcheviks, ces troupes accordent une aide aux armées blanches qui combattent le pouvoir communiste. Cette intervention française suscite un malaise dans l'ensemble du mouvement ouvrier (même parmi ceux qui se montrent réservés envers l'expérience de Lénine) et la franche hostilité des admirateurs de la révolution d'Octobre qui tentent d'entraîner le monde ouvrier dans des mouvements de protestation. S'ils n'y parviennent guère en raison des réticences d'un certain nombre de dirigeants socialistes (comme Albert Thomas) et des responsables de la CGT, il est clair que l'intervention en Russie aggrave l'agitation sociale qui préoccupe fort Clemenceau. Aussi saisira-t-il l'occasion de la mutinerie d'une partie de la flotte française de la mer Noire, à l'instigation de l'ingénieur mécanicien André Marty pour décider le rapatriement du corps expéditionnaire français.

La France de 1919 vit donc dans la crainte que l'étincelle révolutionnaire allumée en Russie en 1917 et qui a embrasé l'Europe centrale ne l'atteigne à son tour. Cette situation pèsera d'un poids non négligeable sur la reprise de la vie politique en France.

Le Bloc national

C'est l'ensemble de ces conditions qui explique la formation pour les élections de 1919 de la coalition politique connue sous le nom de *Bloc national*. À cette date en effet, l'Union sacrée inaugurée en 1914 est toujours la formule politique qui prévaut dans le pays. Tous les partis politiques y sont engagés, à la seule exception du Parti socialiste qui l'a quittée en 1917 (chapitre V).

Mais, précisément ce parti est soumis aux pressions d'une minorité de révolutionnaires qui rêvent d'imiter la révolution communiste, ce qui le fait considérer par toutes les autres formations comme un danger potentiel pour la société.

C'est en fonction de cette situation et de l'expérience de la guerre que l'idée s'impose dès le début de 1919 de ne pas reconduire, en vue des futures élections, les luttes de partis de l'avant-guerre, mais de proposer aux Français une formule d'Union sacrée en temps de paix qui rassemblerait tous les partis qui l'ont acceptée durant le conflit, et rejetterait dans l'isolement les socialistes travaillés par la propagande bolchevique. Pour ce faire, la Chambre examine à partir de mars 1919 un nouveau système de scrutin qui sera adopté définitivement en juillet. Ce système électoral serait fondé sur la représentation proportionnelle que la droite et les modérés avaient déjà tenté d'introduire en France à la veille de la guerre (chapitre I) et qui présente à leurs yeux le très gros avantage de rompre la « discipline républicaine » unissant pour le second tour, dans le scrutin uninominal majoritaire à deux tours en vigueur depuis 1889, radicaux et socialistes. Les radicaux se trouveraient ainsi libérés de leurs alliances traditionnelles. Mais ce système est assorti d'une prime à la majorité qui prévoit que, dans toute circonscription, une liste qui dépasserait la majorité absolue des voix (plus de 50 %) recevrait la totalité des sièges à pourvoir. Disposition qui vise à éliminer les socialistes qui se sont exclus eux-mêmes de l'Union sacrée et à permettre une répartition des sièges entre toutes les autres formations.

Le Parti socialiste SFIO accepte d'ailleurs volontairement de s'inscrire dans la logique de ce raisonnement. Convaincu qu'étant le seul parti à avoir clairement choisi la voie du pacifisme — il remportera les suffrages d'une large majorité de l'opinion publique qui ne veut à aucun prix revoir la guerre —, il s'attend à un spectaculaire succès électoral. Par ailleurs, profondément divisé entre une aile ardemment révolutionnaire qui a le vent en poupe et l'ancienne majorité de défense nationale du temps de guerre, conduite par Pierre Renaudel, qui a choisi la voie du réformisme, il considère que le seul moyen de préserver son unité est de ne conclure aucune alliance électorale qui pourrait provoquer une scission. Aussi, lors de son congrès d'avril 1919 adopte-t-il la « motion Bracke » qui répudie toute alliance avec les partis bourgeois (c'est-à-dire les radicaux). Malgré une loi électorale qui favorise les larges rassemblements, la SFIO se présentera seule aux élections.

Ainsi isolé sur la gauche, le Parti radical va pourtant officiellement refuser de succomber aux sirènes de l'union nationale. En dépit de pourparlers avec les formations de droite, engagés par les dirigeants radicaux, le nouveau président du Parti, Édouard Herriot refuse une alliance électorale qui s'étendrait aux catholiques de l'*Action libérale* ou aux hommes de droite qu'il tient pour réactionnaires de la *Fédération républicaine* et, bien entendu, *a fortiori,* aux nationalistes. Il accepte tout au plus un « Cartel républicain » avec des socialistes-indépendants ou avec les modérés de l'*Alliance démocratique.*

C'est donc sur la droite du Parti radical, avec des formations de droite et du centre-droit que va se réaliser le projet d'Union sacrée en temps de paix baptisé *Bloc national républicain.* L'initiative de sa constitution vient d'Alexandre Millerand, commissaire du gouvernement en Alsace-Lorraine depuis mars 1919, et reçoit le parrainage de Georges Clemenceau. Il rassemble sur des listes uniques les hommes de l'*Alliance démocratique,* de la *Fédération républicaine,* de l'*Action libérale,* des nationalistes barrésiens (car l'*Action Française* se tient à l'écart) et des radicaux qui passent outre aux décisions de leur parti (mais celui-ci est si désorganisé qu'il est incapable d'imposer la moindre discipline, laquelle d'ailleurs ne fait pas partie de ses traditions).

En fait, le Bloc national au sens strict du terme n'est formé que dans le département de la Seine, en Alsace et dans quelques autres départements (comme le Var). Ailleurs, il existe des combinaisons de type varié, alliances entre radicaux et modérés de l'Alliance démocratique sur des listes de concentration, entre radicaux et socialistes-indépendants sur des listes de centre-gauche, listes radicales homogènes et, bien entendu, listes socialistes isolées.

Entre le « Cartel républicain » qui publie son manifeste la veille de celui du Bloc national et ce dernier, il existe de nombreux points communs. La différence tient à la tonalité centriste, laïque et sociale du premier qui rejette réaction et révolution, défend la laïcité de l'État et de l'école, demande le respect et l'extension des lois sociales et syndicales tandis que le second met l'accent sur l'anticommunisme, assimilant le bolchevisme au péril allemand et considère que la laïcité de l'État doit *« se concilier avec les droits et les libertés des citoyens, à quelque croyance qu'ils appartiennent »,* ce qui témoigne d'une volonté d'aménagement des lois laïques.

Mais surtout, au cours de la campagne électorale, le Bloc national va utiliser sur une large échelle la crainte sociale née de l'agitation ouvrière constatée depuis le printemps 1919. Assimilant celle-ci à une volonté de rééditer la révolution bolchevique en France, ce qui n'est vrai que pour une minorité de militants et de dirigeants ouvriers, il amalgame comme bolcheviques ou fourriers du bolchevisme tous ceux qui soutiennent ou comprennent les grèves, syndicalistes de la CGT, membres de la SFIO, voire certains radicaux à sensibilité sociale. Thématique développée par Clemenceau lui-même dans un discours prononcé à Strasbourg, illustrée par la célèbre affiche de « *l'homme au couteau entre les dents* » éditée par l'*Union des intérêts économiques,* organisation patronale qui soutient la campagne électorale des candidats favorables au libéralisme économique, et répétée à satiété par d'innombrables brochures qui ramènent l'enjeu électoral à la question : « *Pour ou contre le bolchevisme* ».

Les élections de novembre 1919 et la Chambre « bleu horizon »

Les élections de 1919 aboutissent à la désignation de la Chambre la plus à droite depuis l'Assemblée nationale élue en février 1871. Ce résultat s'explique par la relative efficacité de la campagne du Bloc national axée sur la peur sociale, par la discipline de la droite qui, le plus souvent, présente une liste unique (de composition d'ailleurs variable) alors que le centre et le centre-gauche se dispersent et, bien entendu, par la loi électorale. C'est ainsi que le Parti socialiste SFIO a rassemblé plus de suffrages qu'en 1914 (1 700 000 contre 1 380 000) mais perd près de la moitié de ses députés (68 contre 102) en raison du mode de scrutin. De surcroît, le renouvellement des hommes est considérable. Les électeurs s'étant massivement prononcés pour les Anciens combattants alors que les anciens élus étaient, dans nombre de cas, trop âgés pour faire la guerre, on assiste à une hécatombe de sortants. C'est en raison de cette présence massive d'Anciens combattants que l'on donnera à la nouvelle Chambre le nom de « Chambre bleu-horizon », couleur de l'uniforme des poilus en 1918.

Politiquement, le Bloc national remporte un véritable triomphe, conquérant à lui seul la majorité absolue avec 319 sièges sur 620.

Encore que la composition des groupes parlementaires de droite et du centre ne recoupe pas les frontières des partis nationaux, *l'Entente républicaine démocratique* qui rassemble pêle-mêle des élus de la *Fédération républicaine,* de l'*Action libérale,* des nationalistes (mais pas tous les élus de cette formation) apparaît à la fois comme le plus marqué à

Composition de la Chambre élue en novembre 1919

Entente républicaine démocratique	⎫	183 députés
Indépendants	⎬ Bloc	29 députés
Action républicaine et sociale	⎨ national	46 députés
Républicains de gauche	⎭	61 députés
Gauche républicaine démocratique		96 députés
Parti radical et radical-socialiste		86 députés
Parti républicain-socialiste		26 députés
Parti socialiste SFIO		68 députés
Non-inscrits		21 députés

droite des groupes parlementaires et comme le centre de gravité du Bloc national.

Mais cette poussée à droite du suffrage universel ne se reproduit ni au niveau des élections municipales et cantonales de novembre et décembre 1919 qui voient une large reconduction des sortants ou de leurs héritiers désignés, ni aux élections sénatoriales de janvier 1920 qui maintiennent à la Haute-Assemblée la forte majorité de concentration (radicaux et modérés) qui existait auparavant, ce que confirme l'élection à la présidence du radical Léon Bourgeois.

Le triomphe de la droite en 1919 doit donc être nuancé. Dans la foulée de l'Union sacrée du temps de guerre, le Bloc national a remporté une large victoire. Mais le pays dans ses profondeurs demeure centriste et radicalisant. Comme tout gouvernement doit compter avec le Sénat qui a les mêmes prérogatives que la Chambre en matière de lois et de budget, la majorité du Bloc national à la Chambre n'est majorité que sur le papier. D'autant que, des républicains-socialistes aux républicains de gauche, en attirant quelques députés de l'*Action républicaine et sociale,* voire quelques membres modérés de l'*Entente républicaine démocratique,* il est possible de trouver une majorité alternative, plus orientée au centre et davantage conforme aux aspirations du Sénat. Or c'est précisément ce que tenteront de faire les présidents du Conseil successifs.

Mais la reprise de la vie politique débute par une surprise de taille. Dans le climat d'Union sacrée et d'antibolchevisme qui a présidé aux élections, chacun s'attend à voir entrer à l'Elysée à la place de Raymond Poincaré qui a achevé son mandat et a décidé de ne pas se représenter, son heureux rival Georges Clemenceau. Le *« Père la Victoire »,* inspirateur du Bloc national, laisse ses amis poser sa candidature. Or un faisceau d'oppositions va se dresser contre lui. Celle de la gauche qui lui reproche sa volonté de guerre à outrance, peu soucieuse des souffrances des Français.

Celle des radicaux qui lui imputent l'arrestation de Malvy et Caillaux et le discrédit qu'il a tenté à cette occasion de jeter sur le Parti radical. Opposition non moins marquée des catholiques qui savent le président du Conseil hostile au rétablissement de l'ambassade au Vatican. Hostilité irréconciliable de ceux qu'il a mortellement blessés pour le plaisir de faire un trait d'esprit, ou de ceux dont il proclame qu'il brisera les ambitions. C'est le cas de Briand dont il a fait savoir qu'il refuserait de l'appeler à la présidence du Conseil et qui se répand dans les couloirs du congrès réuni à Versailles pour aviver les réticences des catholiques en évoquant la perspective d'un enterrement civil au cas où Clemenceau élu président mourrait en fonction. Enfin, dans les divers groupes de la Chambre comme du Sénat, le *Tigre* doit affronter la rancune des parlementaires qu'il a réduits à un rôle de figurants depuis novembre 1917. Si bien que dès la réunion préparatoire des groupes « républicains » de la Chambre et du Sénat, Clemenceau est devancé par le président de la Chambre, Paul Deschanel, qui n'a contre lui aucun des obstacles qui se dressent devant Clemenceau, ayant orienté toute sa carrière sur l'Elysée et pris grand soin de ne se faire aucun ennemi. Clemenceau ayant retiré sa candidature, Deschanel est élu Président de la République le 17 janvier.

Ulcéré, Clemenceau démissionne aussitôt de la présidence du Conseil, avant même d'attendre l'entrée en fonctions du nouveau chef de l'État, et Poincaré lui donne pour successeur Alexandre Millerand, le créateur du Bloc national. Or Millerand, en constituant son gouvernement s'efforce de ne pas apparaître comme l'otage de la majorité de droite issue des élections. Il ne confie en effet que quelques rares portefeuilles aux hommes de l'*Entente* ou de l'*Action républicaine et sociale* et il assoit son gouvernement sur une ossature de centre-gauche (républicains de gauche, radicaux, socialistes-indépendants). Cette politique qui s'efforce de marginaliser la droite sera suivie par les successeurs de Millerand, Georges Leygues qui devient président du Conseil en septembre 1920 lorsque Millerand est élu Président de la République en remplacement de Deschanel que des troubles mentaux contraignent à la démission, Aristide Briand qui gouverne de janvier 1921 à janvier 1922, puis Raymond Poincaré qui accède à cette date à la tête du gouvernement.

La volonté de gouverner au centre est donc attestée de 1919 à 1924. Si la majorité du Bloc national est incontestablement fortement orientée à droite avec le noyau dur de l'*Entente républicaine démocratique,* les gouvernements du Bloc national sont en fait des gouvernements centristes. Et cependant les historiens, suivant en cela les vues exprimées par les contemporains après 1924, ont considéré que la politique conduite par ces gouvernements était une politique de droite. Peut-on ratifier ce jugement ?

La politique du Bloc national : politique d'Union sacrée ou politique de droite ?

Jusqu'en 1923, la politique suivie par les gouvernements successifs est aux yeux des Français une politique qui poursuit celle d'Union sacrée de la période de guerre. La chose est peu douteuse en matière de politique extérieure (chapitre VI). La double volonté de faire rendre gorge à l'Allemagne en exigeant d'elle le paiement des Réparations et d'assurer la sécurité du pays en maintenant l'Allemagne désarmée et en conduisant une politique rhénane qui permettrait de détacher du Reich la rive gauche du Rhin en lui donnant un statut d'autonomie, prélude à une association avec la France, est très généralement approuvée par l'opinion publique et par le monde politique (à l'exception de l'opposition socialiste). Elle est dans le droit fil de la volonté de vaincre l'ennemi héréditaire, de lui faire payer son agression et de le mettre hors d'état de nuire. Il est vrai que, dans cette politique d'unanimité issue de l'Union sacrée, Briand introduit une nuance en janvier 1922 en envisageant à la Conférence de Cannes d'assurer la sécurité et les réparations en acceptant de transiger sur le montant de celles-ci pour reconstituer l'alliance étroite avec l'Angleterre. Mais jusqu'en janvier 1923 et à l'occupation de la Ruhr, un très large consensus s'opère sur la politique étrangère qui, sauf aux yeux de l'extrême gauche, fait figure de politique d'unanimité nationale et non de politique de droite.

Il en va de même de la politique financière conduite par le Bloc national. Il n'est guère de voix pour critiquer la décision de Klotz de créer un double budget, ni celle d'imputer les dépenses extraordinaires aux futurs paiements allemands dont la nécessité n'est mise en cause par personne (chapitre VII). De même, la politique poursuivie à partir de 1920, et à beaucoup d'égards peu réaliste, qui consiste à envisager une revalorisation du franc par restitution des avances de la Banque de France est très généralement approuvée comme honnête et patriotique. Et cette approbation s'étend aux socialistes eux-mêmes qui, pour aboutir au même résultat, proposent de faire payer les riches en imposant le capital pour éponger les dettes de l'État et de résorber la dette flottante par une consolidation. Jusqu'en 1924, la critique de la gauche porte sur les médiocres résultats de la politique de rétablissement des grands équilibres par la déflation, non sur la nécessité de poursuivre cette politique (d'ailleurs le Cartel au pouvoir n'en aura pas d'autre).

Même consensus très large en ce qui concerne la politique intérieure poursuivie de Millerand à Poincaré. Lorsqu'en février 1920 s'ouvre devant le Sénat transformé en Haute-Cour le procès de Joseph Caillaux, incarcéré depuis deux ans, l'opinion n'y voit rien d'autre que la poursuite de lutte contre le défaitisme pratiquée sans indulgence depuis 1917. Et la condamnation de Caillaux, reconnu coupable *« avec circonstances atténuantes »* et condamné à trois ans de prison, cinq ans d'interdiction de séjour et dix ans de privation de ses droits civiques à l'issue d'un procès politique qui a surtout démontré le vide du dossier, apparaît si bien conforme à l'idéologie de l'Union sacrée que le Parti radical refuse d'entamer une campagne pour la réhabilitation de son ancien président, de crainte d'apparaître comme ayant partie liée avec un « défaitiste », autrement dit presque un traître !

Mais rien n'apparaît probablement plus caractéristique de l'Union sacrée que la politique religieuse du Bloc national, dans la mesure où celle-ci a signifié la réintégration des catholiques dans la cité. Le gouvernement laisse se réinstaller en France, malgré la législation du temps du combisme, les congrégations religieuses expulsées au début du siècle. En dépit des récriminations des radicaux alsaciens, il décide de conserver à l'Alsace-Lorraine son statut religieux, celui du Concordat de 1801, les trois départements n'étant pas français au moment de l'instauration de la séparation de l'Église et de l'État. Les ministres des divers cultes demeurent donc salariés en vertu du Concordat. De même l'école reste-t-elle confessionnelle dans les trois départements recouvrés, sans que les lois laïques des débuts de la Troisième République s'y appliquent. Enfin, les gouvernements du Bloc national décident, en dépit des réticences des radicaux de rétablir l'ambassade de France auprès du Vatican, supprimée en 1904. De fait, passant outre aux manœuvres de retardement du Sénat où la majorité laïque reste forte, Briand nomme Charles Jonnart ambassadeur auprès du Saint-Siège en mai 1921 et accueille à Paris le nonce Ceretti sans attendre la confirmation sénatoriale qui ne viendra qu'en décembre 1921. Cette fois les radicaux ont murmuré et même fait connaître leur opposition, mais ils n'ont nullement réussi à mobiliser l'opinion. Le « second ralliement » des catholiques pendant la guerre a convaincu celle-ci que le temps des luttes anticléricales était bien terminé. Là aussi, l'Union sacrée a fait son effet.

Il n'est pas jusqu'à la politique sociale de répression de l'agitation qui n'apparaisse dans le droit fil de l'Union sacrée.

De fait, aux yeux d'une large partie de l'opinion publique, les grèves qui se poursuivent durant l'année 1919 et le début de l'année 1920 apparaissent comme le développement d'une tactique révolutionnaire dont l'origine se trouve dans la Russie des Soviets, le bolchevisme n'étant qu'un des avatars de l'impérialisme allemand, le germe mortel déposé par celui-ci avant sa défaite pour miner la situation de ses vainqueurs (voir J.-J. Becker et

S. Berstein, *Histoire de l'anticommunisme en France,* tome I, 1917-1939, Paris, Olivier Orban, 1987). Dans cette optique, la répression des grèves révolutionnaires est une œuvre patriotique qui poursuit l'effort de guerre contre l'Allemagne. Or si l'assimilation du bolchevisme à l'Allemagne ne repose sur aucun argument solide, il n'en va pas de même de l'accusation selon laquelle les grèves auraient un objet révolutionnaire. De fait, si leur origine est incontestablement liée à la vie chère, leur développement est largement le fait de la minorité de la CGT favorable aux bolcheviks, rassemblée dans les *Comités syndicalistes révolutionnaires* (CSR). C'est elle qui, à l'initiative d'un de ses animateurs Gaston Monmousseau lance en février 1920 une grève générale dans les chemins de fer. C'est le signal d'une vague de débrayages qui touchent différents secteurs économiques et sont destinés à tester la résistance du patronat et du gouvernement. À l'occasion du 1er mai 1920, les CSR déclenchent une grève par « paliers » qui débute dans les chemins de fer et doit successivement gagner les ports, le bâtiment, les mines. La réaction du pouvoir est d'une extrême violence. Outre une brutale répression policière des manifestations du 1er mai 1920, la réquisition des chemins de fer est décrétée, des volontaires (ouvriers non grévistes, élèves des grandes écoles, ingénieurs) sont invités à remplacer les grévistes sur les locomotives. Les compagnies révoquent 15 000 cheminots, Gaston Monmousseau est arrêté et des poursuites judiciaires sont engagées contre la CGT, aboutissant à sa dissolution par le tribunal correctionnel de la Seine en janvier 1921 (mais le jugement ne sera pas exécuté, la Confédération ayant fait appel, et le gouvernement préférant laisser la menace suspendue plutôt que de se lancer dans une entreprise hasardeuse contre l'organisation ouvrière). Si les grèves révolutionnaires font contre elles l'unanimité dans les rangs des formations politiques, socialistes exceptés, la gauche radicalisante émet des réserves sur la rigueur de la répression et sur la dissolution de la CGT.

Ainsi la marge est-elle difficile à discerner entre une politique poursuivant l'Union sacrée et une politique marquée à droite.

Il est vrai que, dès 1915, l'Union sacrée avait pris une coloration politique conservatrice voire nationaliste qui accroît encore la confusion et souligne les continuités entre la politique des gouvernements de guerre et celle du Bloc national. Aux yeux de la plus grande partie de l'opinion, il n'y a entre elles aucune rupture. En fait, c'est un double phénomène qui va contribuer à faire apparaître aux yeux de l'histoire la politique d'Union nationale comme une politique de droite : l'éclatement du mouvement ouvrier socialiste et syndicaliste qui fait renaître une gauche ouvrière clairement distincte du communisme d'une part, et d'autre part la reconquête par le radicalisme de son identité perdue.

L'éclatement du mouvement ouvrier français et la naissance d'un courant communiste individualisé

Au lendemain du conflit, le mouvement ouvrier est en plein désarroi. Les grands principes qui constituaient son identité avant la guerre ont volé en éclats. Que reste-t-il du syndicalisme révolutionnaire d'antan au sein de la CGT, dès lors que ses dirigeants ont pratiqué la collaboration de classe à la satisfaction d'une grande partie de leurs adhérents et que les responsables du mouvement, cessant de se vouloir les représentants exclusifs et révolutionnaires de la classe ouvrière cherchent des formules pour améliorer par la réforme le sort de celle-ci, tout en acceptant de prendre en compte les intérêts de la nation tout entière ? Vouloir nationaliser les mines ou les chemins de fer, n'est-ce pas répudier le vieux mot d'ordre du syndicalisme révolutionnaire *« la mine aux mineurs »* ? Demander le « contrôle ouvrier », n'est-ce pas admettre tacitement que la propriété capitaliste doit subsister au prix d'une collaboration avec les salariés ? Et accepter le dialogue permanent avec les autorités, c'est clairement jeter aux orties la logique de la charte d'Amiens qui voulait que le syndicat soit, par le biais de la grève générale révolutionnaire, l'instrument du *« grand soir »* qui renverserait la société capitaliste. On conçoit l'amertume des dirigeants syndicalistes restés fidèles à la vision de l'avant-guerre et qui considèrent comme une trahison la politique conduite par Jouhaux et son équipe. Non moins critiques sont les militants séduits par la révolution bolchevique, à l'image d'un Monmousseau, qui acceptent la conception léniniste (nouvelle mouture d'un guesdisme rejeté en 1906) selon laquelle le syndicat a pour tâche d'amener les masses ouvrières au parti révolutionnaire et de déclencher les mouvements sociaux qui aboutiront à la prise du pouvoir par celui-ci. Ce sont ces groupes d'opposants au réformisme de la CGT qui déclenchent les grèves de 1919 et de 1920 à travers les Comités syndicalistes révolutionnaires, contraignant la direction de la Confédération à les suivre, mais ouvrant avec elle, par leur activisme, un conflit qui va s'aigrissant. L'échec du mouvement social exaspère la tension entre les deux tendances qui, dès le printemps 1920, se trouvent en état de scission larvée, les CSR s'efforçant de noyauter la CGT et la direction de celle-ci luttant pour conserver une suprématie érodée par l'activisme des révolutionnaires.

La situation n'est pas plus favorable au sein du Parti socialiste. On a vu comment en 1918 (chapitre V), la tendance favorable à une paix blanche, conduite par Jean Longuet, l'a emporté sur les champions de la défense nationale dirigés par Pierre Renaudel, la puissance des premiers ne cessant de se renforcer par l'adhésion de nombreux démobilisés, venus au socialisme par volonté pacifiste et irréductiblement hostiles à l'ancienne majorité. Beaucoup de ces nouveaux venus, dépourvus de culture ouvrière, s'enthousiasment pour la révolution d'Octobre qui leur apparaît comme le début d'une ère nouvelle et ne comprennent guère les réticences des dirigeants de la SFIO (ancienne et nouvelle majorité confondues) pour le système bolchevique. C'est cette situation qui explique que, jusqu'à la fin de 1919, le Parti socialiste, tout en répudiant la Deuxième Internationale qui a fait faillite en 1914 puisque les deux principaux partis qui la composaient (SPD d'Allemagne et SFIO) se sont ralliés à la guerre, n'accepte pas de rejoindre la Troisième Internationale créée par Lénine à Moscou en janvier 1919 et se prononce pour une « *Internationale deux et demi* » épurée des éléments qui ont accepté la guerre, et redevenue révolutionnaire. Aussi bien, c'est la ligne qui devrait, estime-t-il, lui permettre de remporter les élections de 1919. Or celles-ci, on l'a vu, sont pour lui un cuisant échec. Il reste l'espoir d'une révolution sociale, mise en œuvre par les révolutionnaires de la CGT, mais cet espoir sombre à son tour en mai 1920.

Privé de perspectives, enfermé dans une impasse, le Parti socialiste se tourne alors vers les bolcheviks russes, vers les seuls révolutionnaires européens qui peuvent se targuer d'un réel succès. Durant l'été 1920, deux des dirigeants de la SFIO, son secrétaire général Frossard et le directeur de *L'Humanité,* Marcel Cachin se rendent à Moscou au second congrès de l'Internationale communiste pour examiner les conditions d'une adhésion éventuelle de la SFIO. Lénine leur répond en imposant 9, puis 21 conditions qui sont autant de défis aux traditions démocratiques du socialisme français : obéissance absolue aux ordres du Komintern, organisation du parti sur la base du « *centralisme démocratique* » qui doit en faire une organisation soumise à une discipline quasi-militaire, création d'une organisation clandestine, contrôle absolu sur la presse, noyautage des syndicats, soutien des mouvements nationalistes dans les colonies et, pour faire bonne mesure, exclusion des réformistes (dont certains, comme Longuet, sont nommément désignés). C'est sur ces bases qu'au congrès de Tours de décembre 1920, le Parti socialiste décide de se transformer en *Section française de l'Internationale communiste*. Décision acquise dans l'enthousiasme par les trois quarts des mandats, représentant à la fois les jeunes adhérents à la recherche d'une cité idéale de paix et de justice sociale et les militants révolutionnaires séduits par l'attrait d'une révolution victorieuse. Mais décision également ambiguë ; Frossard, qui reste secrétaire général du nouveau parti, n'a-t-il pas affirmé qu'il jugeait les 21 Conditions totalement inapplicables au parti français et qu'il n'entendait pour sa part ni exclure les réformistes, ni subordonner les syndicats au parti, ni agir dans l'illégalité... En dépit de ces concessions que l'histoire révélera sans effet, une minorité de membres du Parti socialiste, mêlant les partisans de la défense nationale (Blum, Renaudel, Guesde, Albert Thomas) et une partie des pacifistes qui n'acceptent pas les 21 Conditions (comme Longuet ou Paul Faure) refuse de suivre la décision de Tours et décide de maintenir le Parti socialiste SFIO, de « *garder la vieille maison* ».

Cette scission du Parti socialiste en deux formations, un Parti communiste et une SFIO amoindrie, trouve sa réplique quelques mois plus tard dans la scission qui sert d'épilogue au conflit qui couve au sein de la CGT. Mais en fait, dans ce cas, c'est la direction réformiste de la centrale qui prend l'initiative pour éviter de connaître le sort réservé aux minoritaires de la SFIO. En septembre 1921, pour enrayer son affaiblissement permanent, attesté par les résultats des élections au congrès, le Comité confédéral national de la CGT décide l'interdiction des comités syndicalistes révolutionnaires et l'exclusion des syndicats qui refusent de s'incliner. En décembre 1921, un congrès extraordinaire qui leur aurait peut-être permis de s'emparer de la majorité leur ayant été refusé, les révolutionnaires décident de quitter la CGT et de constituer une nouvelle confédération qu'ils dénomment *Confédération générale du travail unitaire* (CGTU).

Les échecs de l'après-guerre et la force d'attraction du bolchevisme russe ont conduit à l'éclatement du mouvement ouvrier.

Une secte de révolutionnaires intransigeants : les communistes

Désormais l'histoire de la gauche française est dominée par l'existence de deux partis qui se veulent les représentants authentiques du prolétariat, mais dont les tactiques, les pratiques, l'organisation font en fait deux formations de plus en plus étrangères l'une à l'autre et de nature radicalement différente par rapport à la vie politique française.

En apparence, dans la scission de Tours, le Parti communiste se taille la part du lion puisque 120 000 militants de l'ancien Parti socialiste le rejoignent, qu'il détient le quotidien *L'Humanité* et qu'il bénéficie du dynamisme procuré par son appartenance au Komintern et ses liens avec la jeune République des Soviets. Dans les faits, le tableau est moins riant : les cadres et les élus sont restés dans leur très grande majorité à la SFIO comme la plupart des quotidiens et hebdomadaires du Parti, à commencer par *Le Populaire* qui fait désormais figure d'organe central de la SFIO. Le nouveau parti est en outre une mosaïque de tendances hétérogènes. On y trouve pêle-mêle de vieux militants socialistes, des hommes venus du syndicalisme révolutionnaire, des anciens combattants mus par le pacifisme et la haine du monde capitaliste jugé responsable de la guerre, des intellectuels qui considèrent la nouvelle doctrine comme l'apogée de l'humanisme et des idées de progrès, l'accomplissement des promesses de la révolution... Entre ces divers groupes l'amalgame paraît impossible tant leurs origines et leurs aspirations sont différentes. Or ces divergences, confinant parfois à la haine, sont encore accrues par les dissentiments qui ne tardent pas à opposer l'Internationale au parti français et qui compliquent encore la lutte des diverses tendances de la SFIC, faisant de son histoire une longue suite de scissions et d'exclusions, un déchirement permanent.

En décidant d'accepter les 21 Conditions au Congrès de Tours, les dirigeants du nouveau Parti communiste n'y ont vu qu'une allégeance formelle. Or pour les responsables de l'Internationale, il s'agit au contraire de faire des partis nationaux un instrument efficace et obéissant de la stratégie révolutionnaire mondiale. Celle-ci se décide à Moscou et pour des raisons qui tiennent autant aux rivalités qui opposent les clans dirigeants de la Russie nouvelle qu'à la situation européenne ou mondiale. Un premier conflit surgit en 1921 lorsque le Komintern exige que les communistes s'unissent aux socialistes dans un *« front unique prolétarien »*. Le refus du parti français ouvre un long conflit avec le Komintern, qui exacerbe les luttes de tendances internes de la nouvelle formation (où Boris Souvarine soutient, contre Frossard, les vues du Komintern). L'épilogue de cette première crise se situe au début de 1923 lorsque Frossard est contraint de quitter le secrétariat général de la SFIC, puis le parti lui-même, suivi par toute une série de journalistes, d'élus locaux et d'intellectuels. Loin de mettre fin à l'histoire chaotique des débuts du communisme français, cette première purge n'en est que le signe annonciateur. La démission de Frossard laisse en effet la maîtrise du Parti communiste à Albert Treint, un instituteur à l'esprit étroit, dépourvu de tout sens politique et qui tente de conduire sa formation comme une classe d'élèves chahuteurs auxquels, en maître compétent, il entend imposer sa férule. Si bien que dès août 1924, il faut le remplacer par le cheminot Pierre Sémard. Mais, dès ce moment, ce parti qui n'arrive pas à se trouver un chef subit le contre-coup des luttes pour le pouvoir qui se déroulent en URSS. La mise à l'écart de Trotsky par la *« troïka »* a son répondant en France avec l'exclusion en série de 1924 à 1926 des *« trotskystes »* ou baptisés tels. Boris Souvarine, les syndicalistes Monatte et Rosmer, les révolutionnaires intransigeants que sont Loriot et Dunois sont ainsi tour à tour rejetés. Mais cette purge à peine effectuée s'en annonce une nouvelle. Zinoviev ayant été à son tour mis à l'index par Staline et Boukharine, toute une partie de ceux qui s'étaient appuyés sur l'Internationale pour écarter leurs adversaires subissent à leur tour les foudres de Moscou : Albert Treint, Suzanne Girault et leurs amis sont, dès 1926, écartés des organes dirigeants avant de connaître l'exclusion en 1928. Toutefois, le Parti communiste n'est nullement au bout des épreuves que lui impose l'Internationale. Au vrai, celle-ci cherche, parmi les jeunes adhérents du parti, venus au socialisme après la guerre et dépourvus de la culture et des traditions ouvrières des vieux militants, des hommes capables d'appliquer sans sourciller ses directives et, de préférence, formés à Moscou à l'École léniniste internationale. C'est ainsi que, dès 1926, commence la carrière de Maurice Thorez, nommé secrétaire à l'organisation. En 1929, une vaste épuration du Comité central élimine une grande partie des dirigeants traditionnels (plus de 60 élus) et fait entrer en force au Bureau politique les jeunes responsables des Jeunesses communistes, dévoués corps et âme à l'Internationale. Sémard est éliminé du secrétariat général et le parti pris en mains par un secrétariat politique qui comprend derrière son chef de file Henri Barbé, Maurice Thorez chargé de la propagande et de l'organisation, Pierre Célor, responsable de l'appareil, et Benoît Frachon, chargé des syndicats. Mais cette nouvelle solution n'a guère plus d'avenir que les précédentes. S'appuyant sur les échecs politiques répétés du Parti communiste, l'Internationale décide en juillet 1931 l'élimination de la direction. Accusé d'activités « fractionnelles », le « groupe Barbé-Célor », doit accepter de se livrer à une autocritique, puis de se rendre à Moscou pour y être sévèrement admonesté et privé de tout pouvoir. De cette longue suite de convulsions émerge la personnalité de Maurice Thorez, secrétaire du Bureau politique depuis 1930, qui, sous la surveillance directe d'une équipe de l'Internationale dont le Tchèque Eugen Fried est le personnage principal, devient en fait le chef du Parti communiste. En même temps qu'elle en change à tout propos les chefs, l'Internationale impose au parti français une série de virages tactiques qui traduisent les hésitations de Moscou sur l'attitude à adopter face à l'Europe. En 1921, on a vu que la tactique du « Front unique prolétarien » avait été à l'origine de la première crise du Parti communiste, les dirigeants français jugeant que leur demander de s'allier aux socialistes un an après la scission de Tours revenait à leur faire perdre la face. Aussi la préoccupation des dirigeants du Komintern est-elle d'obtenir une modification profonde des structures des Partis communistes européens de manière à les aligner sur la réalité du bolchevisme russe. Tel est l'objet du mot d'ordre de « bolchevisation » lancé en 1924 et qui revêt trois aspects ; le remplacement des sections organisées autour de ressorts géographiques par des cellules d'usines afin de renforcer la base ouvrière du parti ; l'unité idéologique du mouvement communiste, c'est-à-dire, en bref, l'alignement automatique sur les mots d'ordre de l'Internationale, l'élimination des opposants qui résistent à ces mots d'ordre. De ce parti, ainsi aligné sur le modèle russe, le Komintern va faire un instrument de sa politique, le lançant dans une série de prises de position et d'actions violentes qui vont le situer en marge de la nation. D'abord par sa doctrine. Le Parti communiste se veut un contre-modèle de la société capitaliste et libérale établie dans la France des années vingt et, pour mettre en relief son opposition radicale au vieux monde qu'il entend détruire, il prend violemment et ostensiblement le contrepied des idées admises comme consensuelles par la société du temps. La Révolution française lui apparaît par ses origines comme par son issue une révolution strictement bourgeoise qui a écrasé les velléités démocratique de 1792-1794. Il montre le plus grand mépris pour les libertés conquises au cours du XIXe siècle, qualifiées de *« formelles »*, et subordonnées à la conquête de l'égalité économique. De la même manière, le suffrage universel, sacré pour la société française, ne suscite chez lui que sarcasmes, puisque son objectif n'est pas de s'incliner devant la souveraineté de la nation, mais d'établir la dictature du seul prolétariat. Quant au patriotisme, outre qu'il est aux antipodes de l'internationalisme qu'il professe, comment pourrait-il y voir autre chose, compte tenu des raisons de l'adhésion de la plupart de ses membres, que le piège grâce auquel on a conduit au grand massacre de la guerre des générations entières. Les idées du Parti communiste suffisent à en faire un élément perturbateur et largement étranger aux valeurs de la société française de l'époque. Mais ses actes y contribuent sans doute plus encore.

Ils se marquent en effet par une volonté de faire passer ses idées en pratique, non dénuée d'une teinte de provocation délibérée. Opposé à l'occupation de la Ruhr par les armées françaises, il n'hésite pas à envoyer nombre de ses dirigeants, en particulier ceux des Jeunesses communistes, faire sur place de la propagande pour inviter les soldats français à fraterniser avec le prolétariat allemand. Consacrant une grande partie de son activité, comme le demandent les 21 Conditions à soutenir la lutte pour l'indépendance des peuples colonisés, il prend vigoureusement le parti d'Abd el Krim soulevé contre la colonisation française et espagnole au Maroc, envoie un message de soutien au chef rebelle en lutte contre les armées française et espagnole, et désigne, pour aller le lui porter en mains propres, une délégation conduite par Jacques Doriot (qui n'atteindra d'ailleurs pas son but). Pour faire bonne mesure, le Parti communiste demande également que le droit de choisir un destin indépendant soit laissé aux populations d'Alsace-Lorraine. Enfin, organisant en octobre

1925 une grève générale contre la guerre du Maroc, il n'hésite pas à affronter violemment la police à Saint-Denis ou à Paris. Cette tactique lui permet de donner de lui-même une image nettement révolutionnaire, mais contribue à son isolement. Plusieurs centaines de ses militants sont emprisonnés, nombre de ses dirigeants ou de ses élus sont l'objet de poursuites pénales, et une grande partie de la population, effrayée de ses outrances, voit en lui une formation diabolique prête à jeter le pays dans la destruction et les massacres. Il ne fait d'ailleurs rien pour sortir de cet isolement et de l'atmosphère d'apocalypse qui baigne autour de lui. Fin 1927, appliquant les instructions de l'Internationale, il décrète la « tactique classe contre classe ». Dans la perspective d'un affrontement, jugé inévitable et prochain par le Komintern, entre le capitalisme évoluant vers le fascisme et le communisme, les partis de la Troisième Internationale doivent mener une lutte sans merci contre la bourgeoisie et sa complice la social-démocratie, qualifiée de « *social-fascisme* ». Les socialistes deviennent donc des cibles privilégiées de la propagande communiste. Dans le cadre de cette tactique, les communistes doivent, sur le plan électoral, refuser de pratiquer la « *discipline républicaine* » et se maintenir au second tour contre les candidats socialistes ou radicaux, au risque de faire élire un homme de droite (mais tous les partis sont jugés « *fascistes* » ou « *en marche vers le fascisme* »).

Cette attitude sectaire fait ainsi du Parti communiste un groupuscule isolé dans la société politique française. Son attitude radicale lui vaut le soutien des groupes les plus prolétarisés de la société française. Socialement, il recrute avant tout chez les OS de la nouvelle industrie mécanisée. Géographiquement, ses bastions se situent dans les banlieues ouvrières des grandes villes industrielles où s'entassent les ouvriers les moins qualifiés, ruraux récemment urbanisés, immigrés de la première génération, en particulier Italiens. Il faudrait y ajouter l'appui d'intellectuels attirés au communisme pour des raisons diverses : son pacifisme (qui explique la fidélité d'un Henri Barbusse, porte-parole de la « *génération du feu* »), son antifascisme radical (malgré ses doutes et sa connaissance de la réalité soviétique, Romain Rolland se range parmi les « *compagnons de route* » pour cette raison), son anticolonialisme (qui lui vaut l'appui et l'intérêt d'André Gide), son rôle révolutionnaire (qui fera du Malraux de l'entre-deux-guerres un fidèle). Plus spectaculaire encore est l'adhésion massive en 1927 des surréalistes qui voient dans le communisme un rejet radical du vieux monde, en tous points semblable dans l'ordre politique à leur propre attitude dans le domaine littéraire. Illusion de courte durée, car, dès 1933, refusant de subordonner leurs conceptions artistiques aux impératifs politiques, la plupart des surréalistes (sauf Aragon qui choisit la priorité politique) seront exclus du Parti. Mais les raisons mêmes qui attirent au communisme nombre de fidèles, constituant un noyau dur imperméable à tout doute, en écartent les grandes masses que le communisme souhaite précisément attirer. Les effectifs du Parti s'effondrent. Les 120 000 militants de 1920 ne sont plus que 60 000 en 1925, 39 000 en 1930, 29 000 en 1933. Il ne réussit pas davantage à draîner vers lui les électeurs. Aux élections de 1924 où il présente pour la première fois des candidats, il recueille 885 000 voix et fait élire 25 députés. S'il progresse quelque peu en 1928, après l'échec de la gauche, parvenant à dépasser légèrement un million de voix (9,2 % des inscrits), ses élus tombent à 14 en raison d'un changement de mode de scrutin. Mais les élections de 1932 le voient retomber à 6,7 % des inscrits et 9 élus. À ce moment, pour une grande partie de la société française, le cri de guerre du ministre de l'Intérieur Albert Sarraut lancé en avril 1927 lors d'un voyage à Constantine : *« Le communisme, voilà l'ennemi ! »* est une réalité (voir J.-J. Becker, S. Berstein, *Histoire de l'anticommunisme en France*, t. I, 1917-1940, Paris, O. Orban, 1987).

Le Parti socialiste SFIO entre réforme et révolution

Si la scission de Tours s'est opérée au détriment de ceux qui entendent maintenir le Parti socialiste, les atouts dont ils disposent sont loin d'être négligeables. Si la SFIO ne conserve que 30 à 35 000 militants, il s'agit d'adhérents convaincus possédant une réelle culture politique et fidèles aux traditions du mouvement ouvrier français. De plus, la plupart des élus nationaux, départementaux ou locaux, la plus grande partie de la presse sont demeurés aux mains du Parti socialiste, de même que la très grande majorité des secrétaires de fédérations a choisi de rester à la SFIO. En dépit des rancunes tenaces entre les anciens partisans de la défense nationale (les Renaudel, Paul-Boncour, Albert Thomas, Alexandre Varenne) qui constituent la droite du parti et les pacifistes *« reconstructeurs »* (Jean Longuet ou Paul Faure, devenu secrétaire général du parti), la fusion se fait sans grandes difficultés autour du refus du communisme.

Au demeurant, les fédérations se reconstituent et nombre de communistes déçus par les pratiques de la SFIC rejoignent les rangs de la SFIO. Dès 1924, le Parti compte 60 000 adhérents et il atteindra les 137 000 vers 1932. Et surtout son audience électorale est spectaculaire. Uni aux radicaux en 1924, il fait élire 103 députés. En 1928, le rétablissement du scrutin d'arrondissement permet d'évaluer ses forces : il rassemble 18 % des suffrages, devançant en voix le Parti radical et devenant ainsi la première force de gauche (mais il ne fait élire que 100 députés en raison du système électoral et du refus de désistement communiste). Enfin en 1932, la SFIO remporte une réelle victoire avec 20,5 % des suffrages et 131 élus.

Mais ce parti puissant est aussi un parti malheureux qui, dans ces années d'après-guerre, est à la recherche de son identité. Face aux frères ennemis du Parti communiste, les dirigeants de la SFIO s'efforcent sans cesse de se définir. Comme eux ils se veulent un parti prolétarien, attaché à la vision marxiste de la société et de l'histoire et leur objectif est commun : établir une société sans classe où la propriété des moyens de production sera collective et où chacun recevra selon ses besoins. Mais si le but est commun, les méthodes se veulent radicalement différentes et les dirigeants socialistes reprochent aux communistes de confondre révolution et prise du pouvoir, victoire du socialisme et dictature du Parti communiste. Répudiant les méthodes léninistes, mal adaptées aux démocraties d'Occident, ils préconisent une prise de pouvoir par la voie légale de l'élection et la transformation de la société par la loi qui modifierait les structures de la propriété et de la répartition, accomplissant ainsi la véritable révolution. Soumis à la surenchère et à la concurrence communiste, la SFIO se veut donc un parti révolutionnaire, même si son acception du terme révolution est différente de celle des communistes.

Le problème est que cette option marxiste et révolutionnaire, affirmée de congrès en congrès, et qui donne au Parti socialiste une teinte ouvriériste, est fort mal adaptée à la composition sociologique de la SFIO. En fait celle-ci est de moins en moins un parti ouvrier, mais bien davantage un parti populaire où les classes moyennes occupent une place essentielle : agriculteurs, employés, instituteurs, professeurs, fonctionnaires, commerçants, industriels y tiennent une place fondamentale et la préoccupation de ces groupes sociaux (comme d'ailleurs des cheminots ou des ouvriers du Livre qui constituent sa composante ouvrière) est beaucoup moins de bouleverser la société pour y faire triompher les vues collectivistes du marxisme que de s'y tailler une place dans des structures inchangées. Aussi toute une partie de la base de la SFIO incline-t-elle vers un réformisme que dément la culture politique qui triomphe dans les congrès. Cette dichotomie explique les tensions qui affectent la SFIO. Toute une aile gauche fidèle aux conceptions formulées par Guesde au début du siècle entend demeurer fidèle à une stricte orthodoxie marxiste et préserver la pureté doctrinale du Parti de toute compromission au pouvoir. Cette thèse est défendue par les dirigeants du Parti, Paul Faure, Lebas, Séverac, Bracke, Pressemane. Elle est renforcée et même accrue par une aile d'extrême gauche conduite par Jean Zyromski qui va prendre en 1927 la tête de la tendance de la *Bataille socialiste* et qui entend battre les communistes sur le terrain du dynamisme révolutionnaire. Pour cette gauche socialiste, toute alliance avec les radicaux apparaît comme nocive et comme remettant en cause l'identité socialiste, au point que la plupart préféreraient la scission à la collaboration de classe et à la participation gouvernementale aux côtés des radicaux. À l'opposé, il existe une aile droite qui, constatant que le départ des communistes a libéré le socialisme de la pression des partisans de la révolution violente, juge qu'entre la volonté de transformation des structures par la loi préconisée par les socialistes et le réformisme affiché des radicaux, il n'y a pas d'antagonisme. Et par conséquent avec Paul-Boncour, Renaudel ou Alexandre Varenne, ils proposent une alliance avec les radicaux et une participation gouvernementale qui permettrait de conduire à de larges réformes améliorant le sort de la classe ouvrière. Entre ces deux tendances, un centre dont Léon Blum est le chef de file, a pour préoccupation principale de préserver l'unité du parti et, pour ce faire, de répudier toute participation gouvernementale qui comporterait des risques mortels d'éclatement pour la SFIO. Mais, du même coup, cette volonté de pureté doctrinale ne risque-t-elle pas de conduire à une paralysie au plan de l'action ?

Tant que les radicaux demeurent inclus dans la majorité gouvernementale, le problème d'une alliance avec eux ne se pose pas. Mais après la scission de Tours et la reconquête de sa liberté par le Parti radical, la question agite fort un Parti socialiste qui ne parvient pas à choisir entre réforme et révolution.

*La reconquête de l'identité radicale
et la formation du Cartel des gauches*

Si la paralysie du Parti socialiste SFIO est liée à la nature même de ce parti, l'atonie du Parti radical est un effet de la conjoncture. Engagé dans l'Union sacrée en 1914 (chapitre V), y demeurant jusqu'en 1918, il refuse toutefois d'entrer dans le Bloc national (bien que certains de ses parlementaires le fassent individuellement). En revanche, il accepte de faire partie des majorités gouvernementales successives qui pratiquent une politique qu'elles-mêmes considèrent comme la poursuite de l'Union sacrée, mais que la gauche (socialiste ou radicale) voit comme une politique de droite. Tant que le Parti radical n'a d'autre réalité que celle de ses parlementaires, cette attitude quelque peu ambiguë n'est pas remise en cause, bien que le nouveau président, Édouard Herriot, élu en 1919, ait clairement déclaré se ranger à gauche. Mais, dépourvu de réelle autorité, il ne peut songer à entrer en conflit avec une partie des députés. Toutefois, à mesure que la législature progresse, le malaise des radicaux vis-à-vis de la politique suivie s'accroît, et la référence à l'Union sacrée devient insuffisante pour leur faire accepter des mesures qui leur apparaissent comme réactionnaires. C'est ainsi que la dissolution de la CGT entraîne de vives protestations chez une partie des élus, que le rétablissement de l'ambassade au Vatican est tenu pour une entorse au contrat tacite de laïcité qui justifie la présence des radicaux au gouvernement, que l'occupation de la Ruhr donne lieu à un désaveu de la politique de force suivie en matière internationale. Toutefois, outre le poids des parlementaires fidèles à l'union nationale, deux obstacles interdisent aux radicaux de rompre avec la majorité, l'absence du contrepoids représenté par les militants dans les comités et le refus des éventuels partenaires socialistes de ternir leur image révolutionnaire en s'alliant à des partis bourgeois.

Le premier obstacle disparaît à partir de 1922. Autour d'Herriot, le nouvel état-major radical reconstitue le parti, les militants retrouvent le chemin des comités et commencent à faire entendre leur voix dans les congrès. Or cette voix se prononce pour la traditionnelle union des gauches et déplore que les radicaux se confondent avec la majorité de droite issue du Bloc national. Vers 1923-1924, environ 500 comités réunissant 70 000 adhérents constituent un réel contrepoids aux volontés des parlementaires. Pour remplacer les socialistes, les radicaux tentent en 1921 de conclure un accord avec les républicains-socialistes, des syndicalistes modérés, diverses personnalités intellectuelles en constituant avec eux la *Ligue de la République.* L'espoir ouvertement formulé par cette coalition est d'attirer l'aile modérée de la SFIO conduite par Paul-Boncour et Renaudel. Mais l'activité de la *Ligue de la République* se réduit aux réunions organisées autour de ses deux co-présidents Paul Painlevé et Édouard Herriot. De surcroît, en dehors du Parti radical, les autres groupes se réduisent à quelques notables si bien que les radicaux ont le sentiment d'être les dupes d'un marché qui ne profite qu'à Painlevé et aux républicains-socialistes. Dès 1922, la *Ligue de la République,* sans disparaître totalement, entre en sommeil. La leçon de l'expérience est claire. La loi électorale utilisée en 1919 et qui favorise les vastes rassemblements demeurant en vigueur pour 1924, il n'est d'autre solution pour éviter une nouvelle défaite électorale du Parti radical que de conclure une alliance avec la SFIO. Mais cette alliance n'est possible qu'au prix d'une franche rupture avec la majorité parlementaire.

C'est à quoi se décide Herriot en juin 1923, un an avant les élections. Pour la première fois, le Parti radical dépose un ordre du jour hostile au gouvernement Poincaré et Herriot prononce un discours qui est une nette prise de distance avec la majorité gouvernementale. À partir de là, les radicaux conduisent une opposition sans concession au ministère Poincaré, rejetant tous les aspects de la politique gouvernementale et faisant du refus des décrets-lois demandés en mars par le président du Conseil pour mettre en œuvre sa politique financière (chapitre VII) un critère de républicanisme. Opposition qui va jusqu'à l'exclusion de plusieurs ministres (dont Albert Sarraut) et de parlementaires qui ont accepté de voter les décrets-lois.

Ce Parti radical revenu à gauche propose en février 1924 aux socialistes la constitution d'un Cartel électoral autour d'une plate-forme en cinq points : respect des lois sociales, application stricte de l'impôt sur le revenu, appui à la Société des Nations, retour à la laïcité de l'État et de l'école, refus des décrets-lois. Proposition que le Parti socialiste SFIO se résout à accepter à contre-cœur, pour éviter une nouvelle déroute électorale : « *La pilule est amère,* commente Léon Blum, *ce n'est que par devoir que nous l'avalerons* ». Mais ce cartel, précisent les socialistes, n'est qu'un simple accord électoral, un *« Cartel d'une minute »,* réduit au temps nécessaire pour glisser un bulletin dans l'urne. Il ne saurait être question de programme de gouvernement, encore moins de cette participation au pouvoir qui est pour les socialistes le cauchemar à éviter.

La gauche se prépare donc à remporter les élections, mais non à gouverner la France avec un programme cohérent.

L'étrange victoire du Cartel des gauches

Étranges élections que celles de 1924 ! En apparence le renversement est complet. La droite est divisée, le centre-droit avec Poincaré, parlementaire et laïque, entendant se distinguer de la droite dure de l'*Entente républicaine démocratique* et de son aile catholique, l'*Action républicaine et sociale,* laquelle se reconnaît davantage dans le Président de la République, Alexandre Millerand qui, dans son discours d'Évreux d'octobre 1923, s'est présenté en leader du Bloc national. La gauche est unie sur les listes de Cartel, mais en l'absence de programme commun, les professions de foi juxtaposent les programmes des divers partis, se contentent de phrases creuses ou dissimulent leur absence de perspectives en attaquant violemment la majorité sortante.

Étranges résultats que ceux du scrutin de 1924 ! En voix, la droite l'emporte nettement sur la gauche dans le pays, même si, aux voix du Cartel ou des socialistes non-cartellistes, on ajoute celles des communistes qui dénoncent violemment le Cartel.

Résultats en voix des élections de 1924

Conservateurs et Action Française	328 003
Union républicaine et Concorde nationale	3 190 831
Républicains de gauche et radicaux nationaux	1 029 229
Total Droite	4 539 063
Cartel des gauches	2 644 769
Socialistes SFIO (hors Cartel)	749 647
Total Gauche cartelliste	3 394 416
Communistes	875 812
Divers	89 325

Il est vrai qu'en sièges, en raison du système électoral, la gauche apparaît majoritaire.

Résultats en sièges des élections de 1924

Parti communiste	26
Socialistes SFIO ⎫	104
Républicains-socialistes ⎬ Cartel	44
Radicaux-socialistes ⎪	139
Gauche radicale ⎭	40
Démocrates de gauche	14
Gauche républicaine démocratique	43
Républicains de gauche	38
Union républicaine démocratique (ex-Entente)	104
Non-inscrits	29

Il faut toutefois remarquer que la majorité de Cartel n'existe que grâce à l'adjonction des membres de la gauche radicale, groupe centriste modéré, à peu près opposé sur tous les points aux vues de la SFIO, autre membre du Cartel.

Étrange victoire enfin que celle du Cartel ! Sous la pression de la presse « républicaine » qui a soutenu les listes de gauche — en particulier *Le Quotidien* —, la nouvelle majorité exige la démission d'Alexandre Millerand qui est sorti de son rôle d'arbitre pour s'affirmer comme le chef du Bloc national. Après avoir en vain tenté de résister, au prix de multiples manœuvres, puis confié la direction du gouvernement à son ami François-Marsal afin de trouver à la Chambre une tribune pour plaider sa cause (mais le ministère est renversé dès sa présentation sans pouvoir s'expliquer), le chef de l'État s'incline le 11 juin 1924. Or, contre toute attente, ce n'est pas Paul Painlevé, désigné par le Cartel que le Congrès réuni à Versailles lui donne pour successeur, mais le président du Sénat, Gaston Doumergue, un radical très modéré.

Cette issue, acquise à une écrasante majorité (Doumergue est élu au premier tour par 505 voix contre 309 à Painlevé), montre que, non seulement la droite vaincue aux élections législatives, mais une partie de la majorité à la Chambre et plus encore au Sénat n'entend nullement avaliser une pratique partisane du pouvoir. Doumergue élu le 13 juin 1924 chef de l'État, désigne alors Édouard Herriot comme président du Conseil. Celui-ci tente un ultime effort pour obtenir la participation socialiste en dépit des décisions prises par le congrès de la SFIO. Pour ce faire, il propose un programme de gouvernement fondé sur des mesures prenant le contrepied de la politique de rigueur du Bloc national, le rétablissement de la laïcité, le retour à l'équilibre budgétaire, le respect des lois sociales et, en matière de politique étrangère, la fidélité à l'esprit de la SDN, le rétablissement de bonnes relations avec les Alliés et la reconnaissance de l'Union soviétique. Bien que l'ensemble constitue une plate-forme réformiste acceptable pour l'opinion de gauche, les socialistes opposent à cette offre de participation la fin de non-recevoir attendue. Dès lors c'est un gouvernement de radicaux, complété par des républicains-socialistes et des membres de la gauche radicale que forme Édouard Herriot.

Et, sur bien des points, la politique suivie par le Cartel durant les quelques mois de son existence prend effectivement le contrepied de celle du Bloc national et apparaît comme une tentative de solution de gauche aux problèmes posés à la France de 1924-1926.

La politique du Cartel des gauches

Dès lors que la rupture des radicaux avec la majorité de Poincaré et les affrontements de la campagne électorale ont donné, de la politique suivie depuis 1919, une image de politique réactionnaire, la gauche victorieuse était tenue de proposer une ligne fondamentalement différente. Or si la novation est nette en matière de politique étrangère et intérieure, elle est beaucoup moins sensible dans le domaine financier qui va constituer le défaut de la cuirasse du Cartel.

Décidé à proposer en politique étrangère une politique qui mettra fin à l'isolement de la France et utilisera d'autres moyens que la force militaire employée lors de l'affaire de la Ruhr, Herriot, reprenant les conceptions esquissées par Briand en 1921-1922, tente de substituer aux pratiques qui ont échoué en 1923-1924 une nouvelle voie en politique étrangère (chapitre VI). Celle-ci largement approuvée par les socialistes, prendra les trois aspects évoqués au chapitre VI : l'acceptation, en ce qui concerne le règlement des Réparations, du plan Dawes qui permet de rétablir des relations plus confiantes avec les Britanniques et les Américains et assure à la France des paiements provisoires en attendant un réexamen d'ensemble de la question ; la reconnaissance *de jure* du gouvernement soviétique en octobre 1924 ; enfin le « Protocole » : arbitrage, sécurité, désarmement, proposé à Genève en septembre 1924 et qui échouera devant les réticences des Britanniques à accepter un système qui les engage automatiquement. Cette nouvelle voie politique deviendra d'ailleurs, à quelques nuances près dans les modalités, la politique étrangère officielle de la France pour les dix années qui suivent et Briand attachera son nom à sa mise en œuvre jusqu'au début des années trente dans des gouvernements conduits successivement par la gauche et par la droite. Revenu au pouvoir, Poincaré se gardera bien de la remettre en cause. Désormais le règlement négocié des Réparations, le rapprochement avec les Alliés, l'appui sur la sécurité collective sont les lignes de force de la politique internationale de la France. Briand y ajoutera le rapprochement franco-allemand et le dialogue avec Stresemann, conduisant à la signature du traité de Locarno (octobre 1925), à l'entrée de l'Allemagne à la SDN en 1926, à l'entrevue de Thoiry, puis au pacte Briand-Kellog de 1928 (chapitre VI). Si la gauche innove en matière de politique étrangère, elle se contente d'une attitude strictement traditionaliste en ce qui concerne la politique coloniale. Sur le bien-fondé de la colonisation le gouvernement du Cartel n'éprouve pas le moindre doute. Il entend maintenir dans son intégrité le domaine colonial français de 1914 auquel s'est ajoutée après la guerre la part qui est revenue à la France — sous forme de mandats de la Société des Nations — des colonies allemandes ou turques : le Cameroun et le Togo pour les premières, la Syrie et le Liban pour les secondes. Aussi réprime-t-il avec rigueur les soulèvements qui s'esquissent dans l'Empire, au Maroc et au Levant. Au Maroc, c'est en 1924, au moment où le Cartel parvient au pouvoir, que la zone française est atteinte par la révolte d'Abd-el Krim née en 1921 dans la zone espagnole. Désavouant le maréchal Lyautey qui n'a pu venir à bout du soulèvement — et qu'il tient pour un officier monarchiste —, le président du Conseil de 1925, Painlevé, confie au maréchal Pétain la direction des opérations militaires. Ce n'est qu'en 1926 que Pétain, à la tête de plus de 100 000 hommes, vient à bout du soulèvement. Au Levant, ce sont les maladresses du général Sarrail, Haut-Commissaire dont la laïcité agressive heurte les convictions religieuses des musulmans de Syrie qui provoquent une révolte entre 1923 et 1925. Une vigoureuse répression militaire (Damas est bombardée en 1925) dompte la révolte, mais le nationalisme reste vif dans les mandats du Levant.

Si elle n'entend pas que soit portée atteinte à la souveraineté française, la gauche cartelliste admet cependant la nécessité de réformes et le montrera en envoyant outre-mer quelques gouverneurs généraux réformateurs, comme Maurice Viollette nommé en 1925 Gouverneur général de l'Algérie ou Alexandre Varenne envoyé la même année en Indochine. En fait, pris entre la résistance des colons européens qui redoutent toute mesure qui aboutirait à remettre en cause leur suprématie et des mouvements nationalistes naissants qu'encourage en métropole même le Parti communiste, ils sont impuissants à faire triompher la voie moyenne et modérée qu'ils tentent de proposer. Après l'échec du Cartel, les colons obtiendront le rappel des gouverneurs généraux réformateurs, Viollette en 1927, Varenne en 1928.

Pionnière en matière de politique étrangère, timorée et prudente dans le domaine colonial, la gauche cartelliste a surtout voulu faire régner un esprit nouveau, tranchant avec les pratiques du Bloc national, en politique intérieure. Il s'agit à ses yeux de revenir à la politique « républicaine » du début du siècle. Or, dans ce domaine, essentiel à ses yeux car il est celui des grands symboles significatifs, elle va se heurter à de très vives oppositions qui la laissent déconcertée et vont contribuer à user son pouvoir. C'est le cas par exemple du projet de loi d'amnistie, acte réparateur par excellence, envisagé comme le correctif des mesures anti-républicaines prises par le Bloc national (la révocation des cheminots), voire par les gouvernements de guerre et surtout par le gouvernement Clemenceau contre les partisans de la paix. Or le projet déposé en juin 1924 se heurte à l'opposition d'une partie des députés qui n'entend nullement que l'amnistie aboutisse à la réintégration des cheminots révolutionnaires licenciés en 1920. Plus encore, le Sénat résiste à un texte qui pourrait apparaître comme un désaveu de la condamnation en Haute-Cour de Malvy et Caillaux. L'amnistie n'est difficilement votée qu'en janvier 1925, au terme d'une épuisante guérilla parlementaire.

Pour cimenter une majorité dont on a vu le caractère peu cohérent, Herriot propose un autre geste symbolique, le transfert au Panthéon des cendres de Jaurès. La cérémonie du 23 novembre 1924 s'accomplit dans l'unité et aux acclamations d'une foule fervente. Mais l'événement suscite les réserves de la droite qui y voit une forme de désaveu de l'Union sacrée du temps de guerre et une insulte au sacrifice des combattants puisqu'on célèbre l'homme qui, jusqu'au bout, a tenté d'éviter la guerre. Cette hostilité de la droite nationaliste est en outre alimentée par l'agitation provoquée à cette occasion par le Parti communiste. Écarté de la cérémonie officielle, il décide une manifestation parallèle. Après avoir écouté Marcel Cachin, 50 000 militants défilent dans Paris au chant de *L'Internationale,* se heurtant violemment à la police.

Dans le domaine social, le Cartel, tournant le dos à la politique de répression du Bloc national, s'efforce de mettre en pratique une politique de solidarité et de dialogue entre patrons et syndicats sous l'arbitrage de l'État. Institution-clé de ce dialogue, le Conseil national économique, réclamé par la CGT depuis 1919, est créé en janvier 1925. Les fonctionnaires reçoivent l'autorisation de se syndiquer. Et le gouvernement intervient en arbitre dans certains mouvements de grève pour tenter de dégager une solution acceptable pour tous, à la grande colère du patronat, la Confédération générale de la production française ne dissimulant pas sa nostalgie de la répression, avec l'aide du gouvernement, des grèves de 1919 et de 1920, qui avaient permis de briser le mouvement ouvrier.

Mais c'est probablement dans le domaine du « *retour à la politique laïque* » que la pratique du Cartel suscite les oppositions les plus vives. Radicaux et socialistes sont en effet d'accord pour revenir sur les entorses à la tradition républicaine opérées par le Bloc national dans ce domaine et, dans sa déclaration ministérielle, Herriot trace l'esquisse de ce retour aux sources de la laïcité militante : extension à l'Alsace-Lorraine des « lois républicaines », c'est-à-dire suppression du Concordat et des écoles confessionnelles, suppression de l'ambassade de France au Vatican rétablie en 1921, expulsion des congrégations non autorisées réinstallées en France depuis la guerre. De fait, dès la fin de 1924 le gouvernement commence à appliquer la politique annoncée en prononçant la dissolution d'une Congrégation (celle des Clarisses d'Alençon) et en supprimant dans le projet budgétaire de 1924 les crédits destinés à l'ambassade de France au Vatican. Ces velléités de retour à l'anticléricalisme provoquent une intense mobilisation des catholiques, orchestrée par l'épiscopat et qui, partie de l'Est (l'Alsace et la Moselle sont directement concernées), gagne tout le pays. Pour résister à ce néo-combisme l'*Association catholique de la jeunesse française* organise une série de grandes manifestations, relayée en février 1925 par la *Fédération nationale catholique,* fondée par le général de Castelnau comme une organisation de résistance de l'Église à la persécution qui la vise. De vastes rassemblements populaires organisés par la FNC, une véritable déclaration de guerre à l'État laïque des cardinaux et archevêques de France dans un message solennel de mars 1925, une campagne de certains journaux catholiques contre le renouvellement des bons de la Défense nationale ou la souscription aux emprunts, obligent le gouvernement à reculer. En janvier 1925, il annonce que le Concordat continuera à s'appliquer à l'Alsace-Lorraine et ne montre aucun empressement à faire confirmer par le Sénat la suppression des crédits de l'ambassade de France au Vatican. Après la chute d'Herriot, ses successeurs renonceront à cette politique anticléricale qu'ils n'ont pas l'autorité nécessaire pour conduire face à la résistance des catholiques.

Au total, si la politique extérieure du Cartel est généralement acceptée par l'opinion et s'avérera correspondre à la situation internationale de la France et aux moyens dont elle dispose, les actes symboliques d'une politique de gauche, voulus par Herriot, se retournent contre lui en suscitant dans le pays une vigoureuse opposition, justement parce qu'ils sont symboliques. C'est cependant des difficultés financières que viendra l'échec du Cartel.

L'échec du Cartel

On a vu au chapitre VII à quel point la très grave crise des finances publiques fait peser une menace sur tous les gouvernements qui se succèdent en France depuis la fin de la guerre. Avec l'arrivée au pouvoir du Cartel des gauches, l'acuité du problème est encore accentuée par les divergences qui opposent les deux principaux partis de la majorité sur le plan des questions économiques et financières. Dans ce domaine en effet, les radicaux se réclament des grands principes du libéralisme, propriété privée et initiative individuelle, même si, défenseurs des « petits », ils considèrent qu'on ne saurait laisser totalement jouer les lois du marché et qu'il est indispensable que l'État intervienne pour corriger les effets du libre jeu des forces économiques. Il n'en reste pas moins qu'en matière financière, leur politique est fondée sur la confiance des porteurs de capitaux, c'est-à-dire, en dernière analyse, des milieux bancaires qui orientent ou conseillent les placements.

Or, précisément cette confiance qui pourrait, à la rigueur, aller à une partie des radicaux ne saurait s'adresser au Cartel dans la mesure où les socialistes sont partie intégrante de la majorité parlementaire. Or, bien qu'ils ne siègent pas au gouvernement, ils disposent sur celui-ci d'une influence considérable. La Commission des Finances a en effet porté à sa présidence le socialiste Vincent Auriol et celui-ci tente d'imposer au ministre des Finances Clémentel, par Commission interposée, les vues socialistes en matière de politique financière. C'est ainsi qu'est publié un Inventaire de la situation financière à l'arrivée au pouvoir de la gauche, destiné dans l'esprit de celle-ci à fixer les responsabilités, mais qui a pour résultat d'inquiéter les capitaux en révélant la fragilité de la situation financière. S'il cède sur ce point, le gouvernement n'entend cependant nullement suivre les socialistes sur le terrain des solutions qu'ils proposent pour résoudre la crise financière : supprimer la dette flottante par une consolidation forcée des bons de la Défense nationale et éponger le coût financier de la guerre par l'imposition du capital.

Toutefois, le simple fait de l'existence de ces propositions de la part d'un parti membre de la majorité et l'hostilité suscitée par la politique intérieure du Cartel entraînent une vague de méfiance qui fait échouer les tentatives d'emprunt. Le gouvernement est donc contraint, comme ses prédécesseurs, de recourir à la pratique des avances de la Banque de France, avec les risques que comporte cette recette puisque le dépassement du plafond des avances apparaît comme une sorte d'escroquerie dont se rend coupable le pouvoir. On sait que, par ce biais, Herriot place le gouvernement de la gauche sous la coupe des Régents de la Banque de France, passe la tête dans le lacet qui servira à l'étrangler, selon l'expression de Jean-Noël Jeanneney (*Leçon d'histoire pour une gauche au pouvoir, La faillite du Cartel 1924-1926,* Paris, Seuil, 1977). Après avoir pris patience quelques mois durant, les Régents jugent en avril 1925 que les choses ont assez duré et serrent le lacet. Ils donnent le choix au président du Conseil, soit de rembourser les avances, ce qu'il ne peut faire sauf à mettre la Trésorerie de l'État en cessation de paiement, soit de faire voter par le Parlement une nouvelle loi augmentant le plafond des avances, ce qui le contraindrait à révéler que le précédent plafond a été crevé et provoquerait son renversement immédiat. Ainsi pris au piège, Herriot choisit la fuite en avant, afin de tomber à gauche, préservant ainsi son avenir politique : il décide d'adopter les mesures qu'une lettre de Léon Blum vient de lui suggérer, la consolidation forcée de la dette flottante et l'impôt sur le capital, ce qui provoque aussitôt la démission de Clémentel (2 avril 1925). Le nouveau ministre des Finances, Anatole de Monzie n'a guère le temps de préparer un projet de budget : le 10 avril 1925, après que la Banque de France ait publié un bilan révélant l'importance des dépassements du plafond des avances, le Sénat renverse le gouvernement Herriot.

Ainsi se trouve mis en place le mécanisme qui va permettre aux milieux financiers, crise financière aidant, de mettre en échec la majorité de gauche élue par le suffrage universel. Pris entre la volonté politique de la majorité cartelliste et les pressions financières des milieux d'affaires agissant par l'intermédiaire de la Banque de France, les gouvernements du Cartel vont s'user les uns après les autres, jusqu'à l'effondrement final qui se produit en juillet 1926.

Successeur d'Herriot, Paul Painlevé, tire les leçons de son échec en adoptant une attitude moins militante, qu'il s'agisse de la laïcité, domaine dans lequel il abandonne les projets d'Édouard Herriot ou de la politique financière à la tête de laquelle il place Joseph Caillaux, champion de l'orthodoxie et qui se pose au sein du Parti radical en rival d'Herriot. De fait, le gouvernement réussit en juillet 1925 à faire voter la loi de finances par une majorité de rechange où la droite remplace les socialistes. Mais, du même coup, le ministère Painlevé-Caillaux suscite l'hostilité du Cartel et, satisfaisant les milieux d'affaires, est menacé de perdre sa majorité parlementaire. Perspective qui se dessine clairement au congrès radical de Nice d'octobre 1925 où les militants désavouent Caillaux et rejettent la politique gouvernementale. Pour éviter une chute certaine, Painlevé n'a d'autre solution que de remanier son gouvernement fin octobre en éliminant Caillaux et en faisant entrer dans son équipe des radicaux cartellistes fidèles d'Herriot. Dans le même esprit, il prépare des projets financiers en partie inspirés des vues socialistes, ce qui lui vaut d'être renversé par la défection de la Gauche radicale qui se joint à la droite pour rejeter une politique inacceptable à ses yeux (22 novembre 1925).

Successeur de Painlevé, Briand va connaître les mêmes difficultés. Il tente de constituer un gouvernement associant des hommes du Cartel à des centristes jusqu'alors classés dans l'opposition et s'efforce de pratiquer une politique financière rassurant les milieux d'affaires. Contre Briand, le Cartel mène une incessante guérilla, conduite par Herriot. Le ministre des Finances Louis Loucheur est contraint à la démission en décembre 1925. Le gouvernement est renversé une première fois en mars 1926, puis, après que Briand l'ait reconstitué, une seconde fois en juin 1926, le Cartel rejetant les projets financiers du ministre Raoul Péret. Briand forme alors son dixième ministère qui prend désormais une teinte clairement anti-cartelliste avec la présence au ministère des Finances de Joseph Caillaux. Celui-ci qui entend appliquer un plan de redressement financier proposé par des experts et qui souhaite de surcroît une ratification des accords avec les États-Unis sur les dettes de guerre, demande au Parlement une délégation de pouvoirs le 17 juillet 1926. Devant l'opportunité que lui offre cette proposition qu'il considère comme un véritable attentat contre la représentation nationale, Herriot décide de porter l'estocade. Abandonnant son fauteuil de président de la Chambre, il gagne son banc de député pour combattre la demande de Caillaux. À l'issue de la séance, le gouvernement Briand-Caillaux est renversé.

Décidé à se débarrasser de l'hypothèque que le Cartel fait peser sur la vie politique française, le Président Doumergue entend administrer la preuve que l'alliance de gauche est incapable de gouverner. Il contraint Herriot à accepter la direction du gouvernement. Mais à peine le gouvernement est-il constitué que la crise financière se déchaîne, la troisième crise des changes (chapitre VII) atteignant alors des sommets. Le coup de grâce est donné par le gouverneur de la Banque de France, Moreau, récemment nommé par Caillaux. Menaçant de cesser les paiements sur tout le territoire, il exige du président du Conseil qu'il révèle au Parlement l'état catastrophique des finances publiques et fasse voter une loi relevant le plafond des avances. Dans une atmosphère de panique financière où les demandes de remboursement de bons à court terme se multiplient (c'est le *« plébiscite des porteurs de bons »*), où le franc s'effondre sur la cote des changes, Herriot se présente devant la Chambre le 21 juillet 1926. Il est aussitôt renversé par 290 voix contre 237. Le soir même, le Président de la République fait appel à Poincaré, le vaincu du scrutin du 11 mai 1924. Le « Mur d'argent », selon l'expression de Herriot, l'a emporté sur le suffrage universel. La droite revient au pouvoir.

L'échec du Cartel des gauches appelle un double commentaire. En premier lieu, il a incontestablement montré le poids des milieux d'affaires, capables en se servant de l'arme financière de mettre en échec un gouvernement issu d'une majorité élue au suffrage universel. Même si les erreurs politiques ou les incertitudes des vues financières de la gauche ont été réelles, si les craintes des porteurs de capitaux ne sont pas dénuées de fondement, il est peu douteux qu'il y a eu utilisation politique de l'arme financière afin de se débarrasser de la majorité de gauche. Mais en second lieu, et ce fait n'a pas peu contribué à l'échec, le Cartel apparaît comme une formule largement dépourvue de consistance. Quel point commun y a-t-il, en dehors de références historiques communes, entre un Parti radical réformiste, attaché à la gestion de la République, partisan des principes libéraux et un Parti socialiste qui se veut un parti révolutionnaire, refuse de participer au pouvoir et propose une pratique autoritaire en matière économique et financière ? De ce point de vue, l'union de la gauche des années vingt apparaît comme largement artificielle.

L'échec de l'expérience du Cartel, réédition du Bloc des gauches du début du siècle, venant après la faillite du Bloc national, conçu comme une poursuite de l'Union sacrée, laisse entier le problème de la formule politique adaptée à la France de l'après-guerre. C'est à Raymond Poincaré qu'il appartient, entre 1926 et 1929, de mettre en place une tentative consensuelle avec le gouvernement d'Union nationale qu'il dirige jusqu'à sa démission.

Poincaré et l'Union nationale

Revenu au pouvoir avec la crise financière qui voit l'effondrement de la gauche cartelliste, Poincaré n'entend nullement se poser en chef de file de la droite, situation qu'il avait déjà refusé d'assumer en 1924. C'est au contraire en artisan de la politique d'Union sacrée prônée par lui en 1914, qu'il a tenté de rééditer en 1922-24 à l'époque du Bloc national, qu'il se présente en 1926. Et, cette fois, Poincaré réussit sa tentative en proposant une politique largement approuvée par l'opinion à l'exception de l'extrême gauche socialiste et, bien entendu, des communistes.

Consensuel, son gouvernement l'est d'abord par sa composition. Si le socialiste Paul-Boncour se récuse devant l'opposition de la SFIO à toute participation, toutes les autres formations politiques, des radicaux à la droite, acceptent d'entrer dans un gouvernement dont l'objet est d'éviter la faillite financière du pays et l'effondrement de la monnaie nationale. Six anciens présidents du Conseil siègent dans le ministère d'Union nationale, du radical Herriot (Instruction Publique) à Louis Barthou (Justice) en passant par le modéré Georges Leygues (Marine), le républicain-socialiste Painlevé (Guerre) et l'inclassable Briand aux Affaires étrangères. La droite conservatrice est présente en la personne de Louis Marin, président de la *Fédération républicaine* et du groupe de l'*Union républicaine démocratique* (Pensions). Consensuel, le gouvernement l'est ensuite par la politique menée. Compte tenu de la crise qui l'a conduit au pouvoir, celle-ci est d'abord financière. Avec l'accord de l'opinion et du monde politique, Poincaré va procéder à la stabilisation des finances (chapitre VII) : retour à l'équilibre budgétaire par une rigoureuse politique d'économies et un accroissement des impôts directs et indirects, solution du problème de la dette par la création de la Caisse autonome d'amortissement, puis par la consolidation de la dette flottante, enfin redressement du franc aboutissant à la stabilisation de fait fin 1926, puis à la dévaluation de juin 1928.

Mettant fin à une crise qui n'a cessé de peser sur la vie politique française depuis 1919, Poincaré assainit donc la situation financière, tirant un trait final sur les perturbations engendrées par la guerre dans le domaine des finances publiques. Action qui, venant après le *« Verdun financier »* de 1924, vaut au président du Conseil une immense popularité dans l'opinion publique.

Si Poincaré réussit à opérer un redressement financier approuvé par la plus grande partie des Français, il va, pour l'essentiel, accepter de reprendre à son compte la politique extérieure inaugurée par Herriot en

1924-1925 et illustrée par Briand, ministre des Affaires étrangères depuis lors. Si la révision est déchirante par rapport à la ligne qui avait abouti à l'occupation de la Ruhr, cette politique est cependant dans le droit fil de l'acceptation par le président du Conseil du plan des experts de 1924 (chapitre VI). Si bien qu'on ne constate, sur le plan de la politique étrangère, aucune solution de continuité entre le Cartel et l'Union nationale : c'est sous cette dernière que Briand, poursuivant la politique inaugurée à Locarno, accueille l'Allemagne à la SDN le 4 septembre 1926, rencontre Stresemann à Thoiry quelques jours plus tard et signe en février 1928 son pacte avec le secrétaire d'État américain Kellogg mettant la guerre hors-la-loi (chapitre VI). C'est sous l'Union nationale que, dans le droit fil de l'esprit du plan Dawes, le plan Young propose une réduction d'ensemble des Réparations et un échelonnement de leur paiement jusqu'en 1988 (août 1929). Enfin, c'est après la démission de Poincaré, mais alors que la formule politique mise en place en 1926 continue à dominer la vie politique française que Briand élargit la politique de détente en proposant le 5 septembre 1929 son projet de Fédération européenne (chapitre VI).

Le consensus de la majorité d'Union nationale se retrouve encore pour lutter contre ceux qui, étrangers aux principes sur lequel il est fondé, en menacent la cohésion. C'est le cas des communistes poursuivis sans indulgence pour leurs actions de déstabilisation nationale (noyautage de l'armée, présomption d'espionnage pour le compte de l'URSS, action de soutien aux nationalismes indigènes dans les colonies ou création des « Centuries prolétariennes » avec des effectifs d'immigrés dans la banlieue rouge). C'est le ministre radical Albert Sarraut qui, nous l'avons vu, exprime le consensus anticommuniste en lançant dans son discours de Constantine : « *Le communisme voilà l'ennemi !* » et les députés communistes sont poursuivis et incarcérés pour activités anti-françaises ou incitation de militaires à la désobéissance. De la même manière, les rigueurs de la loi s'abattent sur les autonomistes alsaciens considérés comme des agents de l'Allemagne, sans qu'une grande différence soit faite entre ceux qui œuvrent effectivement en faveur de celle-ci et ceux qui entendent simplement trouver une solution aux difficultés de tous ordres nées de l'intégration à la République des départements recouvrés. En avril 1928 commence à Colmar le procès des autonomistes, condamnés à des peines légères, condamnation qui sera d'ailleurs cassée en 1929.

Enfin un très large accord se manifeste pour approuver l'ensemble des réformes que le gouvernement d'Union nationale entreprend pour tenter cette adaptation de la France au monde nouveau né dans l'après-guerre : réforme du service militaire ramené à un an par une loi de 1928 ; ensemble de mesures destinées à préparer l'instauration de l'école unique rassemblant la filière primaire destinée au peuple et la filière secondaire réservée à l'élite, prises par Édouard Herriot (unification du corps enseignant, harmonisation des programmes, gratuité de l'enseignement secondaire public etc.) ; vote en avril 1928 de la première grande loi française sur les assurances sociales couvrant, pour les salariés dont le salaire est inférieur à un seuil donné, les risques de maladie, maternité, invalidité, vieillesse et décès, loi qui sera modifiée en 1930 pour tenir compte des protestations des médecins et des milieux agricoles ; adoption en juin 1928 de la loi Loucheur qui prévoit un large programme de logements sociaux financé par des avances ou des subventions de l'État, de manière à mettre fin à la très grave crise du logement que connaît la France depuis le conflit mondial.

Au total, l'œuvre est considérable. Elle installe véritablement la France, prospérité économique aidant, dans le contexte de l'après-guerre en liquidant les séquelles matérielles, financières ou diplomatiques de la guerre. Elle a pu se réaliser par la création d'un véritable consensus autour de l'Union nationale, mais celui-ci est construit sur l'éclatement de l'union des gauches, vaincue par le Mur d'argent en 1926. Or, à mesure que se rapproche l'échéance électorale de 1928, cette trêve du combat politique pose un réel problème à l'aile gauche de la majorité d'Union nationale, radicaux et socialistes-indépendants, qui redoutent de cautionner la droite, grande bénéficiaire de l'échec du Cartel et de l'expérience d'Union nationale qui apparaît comme sa revanche.

La reprise des luttes politiques et la succession de Poincaré

Le changement du climat est perceptible dès le printemps 1927. Ministre de l'Intérieur du gouvernement d'Union nationale, le radical Albert Sarraut, assuré de trouver sur ce point une majorité à la Chambre, propose le retour au scrutin d'arrondissement. Les socialistes qui y étaient jusqu'alors opposés préfèrent s'y rallier plutôt que de conserver le mode de scrutin utilisé en 1919 et 1924 qui les a contraints aux accords de Cartel. Bien qu'opposé au retour au scrutin d'arrondissement, Poincaré, pour conserver les radicaux dans sa majorité, décide de laisser faire. Le retour au scrutin d'arrondissement est voté en juillet 1927, en l'absence du président du Conseil, et par une majorité de Cartel. Dès lors, l'essentiel de l'activité politique est tourné vers la préparation des élections de 1928. La droite, s'identifiant à Poincaré, défend le bilan de l'Union nationale espérant bien tirer avantage en termes électoraux de sa popularité dans l'opinion. Les socialistes, qui figurent dans l'opposition depuis 1926, prennent clairement parti contre le gouvernement d'Union nationale et son bilan et, comme toujours, ils préservent leur unité en acceptant la discipline républicaine avec les radicaux pour les futures élections, mais en répudiant en cas de victoire toute coalition gouvernementale avec eux.

C'est au Parti radical que la situation est la plus difficile. L'échec du Cartel et l'entrée d'Herriot dans un gouvernement d'Union nationale aux côtés des dirigeants de la droite y a provoqué une crise profonde. À l'automne 1926, le congrès radical de Bordeaux enregistre le départ d'Herriot de la présidence du parti, en raison de l'opposition à son maintien de la majorité des militants qui se sentent toujours de gauche. Il est provisoirement remplacé par Maurice Sarraut, directeur du grand journal radical du sud-ouest, *La Dépêche,* puis, en 1927, c'est Édouard Daladier, ancien disciple d'Herriot, demeuré fidèle à l'union avec les socialistes, qui accède à la présidence, poussé par Caillaux et le groupe composite des *Jeunes radicaux.*

En fait trois thèses antagonistes se heurtent désormais au sein du Parti radical, thèses qui sont soumises au congrès pré-électoral de 1927. La première, défendue par Franklin-Bouillon et la droite du parti, propose de rendre permanente l'alliance avec le centre-droit poincariste qui a donné de si bons résultats. À l'opposé, Daladier est le chef de file d'une aile gauche cartelliste qui préconise en 1928 la discipline républicaine avec les socialistes. Mais la thèse majeure, défendue par les principaux leaders, Herriot ou Maurice Sarraut, voit dans le Parti radical une force centriste dont la vocation est de réaliser dans l'ordre les grandes réformes souhaitées par les Français avec l'appui de tous les hommes de bonne volonté, à quelque parti qu'ils appartiennent.

Face à ces trois thèses, le congrès de Paris ne tranche que partiellement. Au nom de la tradition de gauche du parti, il rejette la proposition de Franklin-Bouillon, provoquant la scission des « unionistes » (partisans de l'Union nationale). En revanche, il accepte tout à la fois la perspective cartelliste (en vue des élections de 1928) tout en approuvant au nom du centrisme de gouvernement la participation de ses membres au gouvernement Poincaré dont il appuie l'action. Et Poincaré lui-même ne rejette pas cette attitude, faisant savoir à la veille des élections son souhait de gouverner avec les radicaux.

Les élections de 1928 au cours desquelles tous les partis politiques (sauf les socialistes et les communistes) se veulent poincaristes sont avant tout un plébiscite en faveur du président du Conseil. Au premier tour, on note par rapport à 1924 une légère poussée à gauche puisqu'en ajoutant les communistes aux autres forces politiques de ce camp, la gauche l'emporte sur la droite de quelque 300 000 voix. Au sein de cette gauche, et pour la première fois dans l'histoire, les suffrages socialistes l'emportent (de peu, il est vrai) sur les suffrages radicaux. On peut toutefois s'interroger sur l'opportunité de compter à gauche les suffrages communistes alors que le PC pratique la *« tactique classe contre classe »*. À droite, par rapport à 1924, il faut noter le rééquilibrage réalisé au profit des modérés et des hommes du centre-droit et aux dépens de la droite conservatrice. Poincaristes, les élections de 1928 sont aussi des élections centristes en termes de suffrages.

Résultats en voix des élections de 1928 (Ier tour)

Droite (URD, Démocrates-populaires, Conservateurs)	2 379 000
Modérés (Républicains de gauche, Radicaux indépendants)	2 145 000
Radicaux-socialistes	1 655 427
Républicains-socialistes	410 000
Socialistes SFIO	1 698 000
Communistes	1 064 000

Au second tour, la tactique communiste fait perdre à la gauche suffisamment de voix pour que, du scrutin, surgisse une majorité de droite (325 députés sur 610).

Résultats en sièges des élections de 1928

Communistes	12
Socialistes-communistes	2
Socialistes SFIO	100
Républicains-socialistes	46
Radicaux-socialistes	125
Gauche radicale	53
Républicains de gauche	84
Démocrates-populaires	19
Union républicaine démocratique	131
Non-Inscrits	38

Bien qu'il puisse se passer des radicaux pour constituer une majorité, Poincaré, désireux de poursuivre l'Union nationale, ne le souhaite pas et, estimant que 460 des 610 élus se sont réclamés de son expérience gouvernementale, il reconstitue, à quelques nuances près, le gouvernement de 1926, avec la même composition politique.

En fait, c'est des radicaux que vient la rupture de l'Union nationale. Daladier, président du parti, soutenu par Caillaux et ses amis, souhaite mettre fin à l'expérience pour en revenir à l'union des gauches. Il saisit l'occasion d'une séance de nuit du congrès radical d'Angers en novembre 1928, séance qui intervenant à la fin du congrès aurait dû être de pure forme, pour faire voter par surprise un texte condamnant la politique du gouvernement, et, de ce fait, faisant une obligation morale aux ministres radicaux de démissionner. Le « coup d'Angers » vivement critiqué dans le pays puisqu'un congrès politique sans mandat national vient de disposer du sort du gouvernement ne conduit pas Poincaré à s'appuyer pour autant sur une majorité de droite. Comme en 1924, il remplace les ministres radicaux par des hommes du centre-gauche et s'efforce de maintenir le cap politique consensuel établi en 1926. Avec des difficultés de plus en plus grandes cependant, le Parti radical, désormais passé à l'opposition, ne cessant de le harceler sur tous les aspects de sa politique, avec d'autant plus de facilité que ses membres ne siègent plus au Conseil des ministres.

Au demeurant, l'ère Poincaré s'achève en 1929. Fatigué de la vie politique, malade, ayant dû, durant l'été 1929, mener un combat épuisant à la Chambre pour obtenir de celle-ci la ratification de l'accord conclu sur les dettes de guerre avec les États-Unis et le Royaume-Uni, le président du Conseil démissionne le 27 juillet 1929. Après un intermède de trois mois durant lequel Aristide Briand tente, avec la même équipe ministérielle, de poursuivre la même politique, une ère nouvelle s'ouvre avec les nouveaux leaders de la droite qui se succèdent au pouvoir et tentent d'assumer la succession de Poincaré, André Tardieu et Pierre Laval.

Remarquablement brillant, André Tardieu, président du Conseil à trois reprises de 1929 à 1932 (novembre 1929-février 1930 ; mars-décembre 1930 ; février-juin 1932) et présent dans presque tous les autres ministères de la législature, comme ministre de l'Agriculture ou de la Guerre se veut un homme d'idées neuves, proposant aux Français un néo-libéralisme ou un conservatisme ouvert. Économiquement, il admire la prospérité américaine et entend se servir des excédents budgétaires pour mener une large politique d'équipement national tout en mettant en œuvre avec quelques aménagements la loi sur les assurances sociales votée au temps de Poincaré. Sur le plan institutionnel, il rêve d'un renforcement de l'Exécutif et entend réduire strictement le rôle du Parlement, dont il déteste les combinaisons, au vote des lois et du budget. Il se montre donc intéressé par la propagande des ligues d'extrême droite qui se développent en ce début des années trente et, ministre de l'Intérieur dans son cabinet de mars-décembre 1930, leur accorde des subventions à l'aide des fonds secrets.

Enfin, politiquement, il juge que le véritable clivage politique n'est plus entre la droite et la gauche traditionnelles, mais entre les marxistes et les autres et, contre les deux partis d'extrême gauche, il rêve d'un grand parti conservateur à l'anglaise qui inclurait les radicaux. Aussi consacre-t-il tous ses efforts à tenter d'attirer ceux-ci dans le camp des modérés reprenant à son compte les principales rubriques de leur programme (« *Ne tirez pas sur moi,* déclare-t-il dans une phrase célèbre, *je tiens vos enfants dans mes bras* ») et leur offrant une participation gouvernementale. En vain. Pour les radicaux, Tardieu n'est pas un « *républicain* » et quel que soit leur désir de revenir au pouvoir, ils jugeront ses offres inacceptables.

Bien différent est l'autre candidat à la succession de Poincaré, Pierre Laval. Venu du socialisme, il s'en est éloigné à mesure que s'accroissait une fortune réalisée en partie dans les affaires de presse. Se présentant comme l'héritier de Briand dont il imite jusqu'à la mise négligée, l'allure voûtée, la désinvolture apparente, il se veut un pragmatique refusant de se déterminer sur des convictions idéologiques et ayant toujours en réserve un compromis possible. Président du Conseil à trois reprises de janvier 1931 à février 1932, il fait cependant figure de personnage de moindre envergure que Tardieu et est méprisé par une partie du monde politique qui le tient pour un « parvenu ».

Au demeurant, avec Tardieu et Laval, c'est une nouvelle génération d'hommes politiques qui parvient au pouvoir, pour qui les vieilles notions nées au temps de l'affaire Dreyfus apparaissent désormais obsolètes et balayées par les réalités nouvelles issues de la guerre. En fait, derrière la façade de la stabilisation consensuelle voulue par Poincaré, derrière l'apparent retour à l'ordre de la « Belle Époque », c'est un profond renouvellement des idées, né de la prise en compte des effets de la guerre qui est à l'œuvre.

La fermentation intellectuelle des années vingt : vers de nouvelles idées ?

Vers 1925-1926 débute une véritable révolution dans les idées politiques comme dans les conceptions économiques et sociales. C'est le moment où, après avoir si longtemps aspiré à un retour à l'âge d'or de la « Belle Époque », la société française prend soudain conscience que ce retour est impossible. La France qui a dû accepter une négociation avec l'Allemagne après la Ruhr, dont la natalité décline, n'est plus cette puissance capable de dicter sa loi à l'Europe. L'amputation du franc en 1926-1928 fait disparaître les illusions sur le retour à la richesse d'avant la guerre. Le mauvais fonctionnement du système parlementaire avec l'utilisation précoce de la procédure des décrets-lois jette un doute sur la validité du *modèle républicain*. Enfin le double échec du Bloc national et du Cartel des gauches montre l'inadéquation des vieilles formules politiques héritées du XIXe siècle à résoudre les problèmes nouveaux posés au monde d'après-guerre.

Face à ce constat de carence, la jeunesse a soif d'idées neuves. La jeunesse, car cette aspiration au renouveau des idées est avant tout le fait de la génération arrivée à l'âge d'homme après la Première Guerre mondiale, généralement trop jeune pour avoir combattu, mais assez âgée pour avoir pris conscience de ce que la guerre représentait de souffrances de tous ordres, et qui juge que ce sont les idéologies dépassées du XIXe siècle qui sont responsables du grand massacre. Aussi, répudiant les idéologies vieillies, rejette-t-elle les traditions politiques forgées à la fin du XIXe siècle ou au tournant du XXe siècle pour ne plus accepter de considérer que la réalité et les solutions qui permettent de l'appréhender. Le « réalisme » devient son maître mot et, en dépit de leur âge, les hommes politiques qui partagent ces analyses représentent bien une nouvelle génération. À cet égard un Tardieu ou un Laval pour qui la laïcité ou le primat du Parlement sont de vieilles lunes démodées appartiennent bien à ce monde nouveau. Or, celui-ci travaille en profondeur l'ensemble de la société politique française, encore encadrée par ses structures traditionnelles.

En fait, le vaste mouvement de remise en cause qui s'opère ainsi à la fin des années vingt n'épargne ni la forme du régime, ni les forces politiques, ni même les conceptions économiques ou internationales.

Dans le domaine institutionnel, il prend la forme du mouvement pour la réforme de l'État. Le mauvais fonctionnement du régime parlementaire apparaît d'autant plus évident après la guerre que les formes autoritaires du gouvernement de guerre ont mis en relief, par contraste, la supériorité d'un système de gouvernement efficace, libéré de la paralysie d'un contrôle parlementaire permanent. Toutefois une réforme de l'État qui irait en ce sens se heurterait à la tradition républicaine pour laquelle il n'est rien qui puisse s'imposer face à la volonté des représentants, élus au suffrage universel, du peuple souverain. Aussi dans le camp des républicains de tradition, les seules solutions qui sont proposées sont-elles limitées à une réorganisation des méthodes de travail des pouvoirs publics, sans changement dans l'équilibre des pouvoirs. C'est par exemple l'argumentation des *Lettres sur la réforme gouvernementale* publiées par Léon Blum en 1918. En revanche un très large courant révisionniste propose d'aller beaucoup plus loin en cantonnant le Parlement dans ses fonctions budgétaires ou législatives et en redonnant une réelle autonomie et des moyens d'action au pouvoir exécutif. Avec des nuances diverses, cette approche est celle d'un Tardieu, des Anciens combattants, en particulier ceux de l'UNC qui défendent cette idée dès 1928 en la baptisant « *Action civique* », des technocrates du *Redressement français,* créé en 1925 par l'industriel Ernest Mercier (groupe qui propose de confier le pouvoir à des techniciens totalement indépendants du monde politique) voire des Jeunes Turcs du parti radical ou des socialistes qui suivent Marcel Déat.

Si les structures de l'État sont mises en question par ce courant, il n'est guère d'idéologie politique qui, après 1925-26, n'ait également ses rénovateurs, tant est fort le sentiment de l'inadéquation des forces politiques aux nouveaux problèmes posés au pays. C'est ainsi que l'échec des forces traditionnelles de droite dans l'expérience du Bloc national, puis l'arrivée au pouvoir de la gauche cartelliste font naître ou renaître des ligues qui entendent imposer dans la rue la défense de leurs intérêts ou une modification des politiques suivies, puisque les partis traditionnels s'avèrent impuissants à le faire. Si la vieille *Ligue des Patriotes* qui porte à sa présidence le général de Castelnau en 1923 poursuit une existence un peu somnolente, si on ne peut guère considérer que comme des curiosités *La Légion,* ligue anticommuniste créée en 1924, ou la *Ligue nationale républicaine* fondée par Millerand après son départ de l'Elysée, enfin si la *Fédération nationale catholique* a un objet limité à la défense des intérêts religieux, la période est riche en activité pour trois ligues particulièrement importantes. D'une part pour l'*Action française* qui atteint probablement en 1924 le sommet de son influence intellectuelle et qui, au-delà même de son objectif, renverser la République, inspire une large partie de la jeunesse de droite, rebutée par la reprise après la guerre d'une vie politique traditionnelle. Et d'autre part, surtout pour deux ligues nouvelles qui s'inspirent du recrutement de masse, de l'idéologie nationaliste et de l'organisation paramilitaire du fascisme italien, arrivé au pouvoir en 1922, les *Jeunesses patriotes* et *Le Faisceau*. Fondées en 1924 par Pierre Taittinger, les *Jeunesses patriotes,* d'abord organisation de jeunesse de la *Ligue des Patriotes* est la représentante d'un nationalisme plébiscitaire revivifié par la guerre (elle ne veut dans ses organes directeurs que des Anciens combattants) et qui, au niveau de l'organisation imite le fascisme italien (uniforme, culte du chef, vastes rassemblements...). La ligue entend lutter contre le communisme et pour les valeurs défendues par l'Union sacrée en souhaitant un Exécutif fort. Très différent, *Le Faisceau* créé en 1925 par Georges Valois, transfuge de l'*Action Française,* se veut un fascisme français social, populaire et anticapitaliste, ce qui le conduira à un rapide déclin, ses bailleurs de fonds n'entendant pas soutenir un mouvement qui conteste le capitalisme. *Le Faisceau* disparaît vers 1928, Valois se consacrant alors à son métier d'éditeur en favorisant la diffusion des idées nouvelles émises par la nouvelle génération. Au-delà de l'histoire anecdotique des *Jeunesses patriotes* et du *Faisceau,* c'est l'aspiration à de nouvelles idées politiques à droite qui est ainsi manifestée.

Autre courant politique qui subit les effets de la fermentation intellectuelle de l'époque, le catholicisme. Traditionnellement, celui-ci est lié à la droite conservatrice et une organisation comme la *Fédération nationale catholique* confirme cette appartenance.

Mais en 1926 se produit un événement capital, la condamnation par le Saint-Siège des idées de l'*Action française*. En brisant le lien puissant établi jusqu'alors entre la droite et l'Église, la condamnation des idées de Maurras va libérer les catholiques d'une véritable sujétion à l'égard des thèses contre-révolutionnaires. Dès lors commence un effort de réflexion des intellectuels catholiques (dont beaucoup sont des anciens de l'AF) sur la situation des croyants vis-à-vis du monde politique. Une vaste remise en cause culturelle des idées reçues débute alors dans le monde catholique dont témoigne la parution de revues comme *La Vie catholique,* fondée par Francique Gay, *Politique* (1924), *La Vie intellectuelle* créée par les Dominicains en 1928... Le levain de la remise en cause des idéologies reçues n'épargne pas les partis de gauche. Au sein du Parti radical naît vers 1926 le courant *Jeune Turc* rassemblant autour de journaux comme l'hebdomadaire *Notre Temps,* né en 1927, ou *La Voix,* créée en 1928, de jeunes républicains, membres du Parti radical ou proches de celui-ci. Leur objectif est de repenser le radicalisme à la lumière des nouvelles situations héritées de la guerre et ils lui proposent un programme de maintien de la paix grâce à une fédération européenne, une économie dirigée sous le contrôle de l'État, un Exécutif renforcé, à la grande épouvante des radicaux traditionnels. Groupe composite de jeunes intellectuels, le mouvement Jeune Turc rassemble des partisans de l'union des gauches (comme le journaliste Jacques Kayser), des partisans de la concentration comme Émile Roche, principal animateur, ou des esprits non-conformistes comme Bertrand de Jouvenel.

Ce courant a son équivalent au sein du Parti socialiste avec l'effort doctrinal destiné à réactualiser le marxisme qui s'opère autour de l'étoile montante du parti, Marcel Déat. En 1930, celui-ci publie le résultat de ses réflexions dans un ouvrage *Perspectives socialistes* dans lequel il préconise un vaste rassemblement anticapitaliste réunissant la classe ouvrière et les classes moyennes pour la réalisation du socialisme par étapes. Pour y parvenir, rompant avec l'idée marxiste selon laquelle l'État est l'expression des intérêts de la classe dominante, il affirme que l'État est situé au-dessus des classes sociales et peut servir d'instrument de transformation de la société, à condition qu'il soit séparé du capitalisme grâce à une prise en main par les socialistes des leviers de commande. Dès lors, l'État pourrait exercer une pression sur les banques et les sociétés, pénétrer les conseils d'administration, préparant la socialisation du profit, prélude d'une future socialisation de la propriété. Idées qui vont soulever le très vif intérêt des jeunes intellectuels des nouvelles générations, mais vont faire l'objet au sein du Parti socialiste d'une condamnation sans appel de l'aile gauche guesdiste ou zyromskiste et du silence dédaigneux et désapprobateur de Léon Blum, qui se veut alors le défenseur intransigeant du marxisme.

Si les idées politiques et institutionnelles se taillent la part du lion dans ces réflexions nouvelles des années vingt, la pensée économique n'en est nullement absente. En 1928, la Librairie Valois publie le livre de Bertrand de Jouvenel, *L'Économie dirigée* qui préconise une intervention plus ou moins poussée de l'État dans la vie économique. L'État ferait un inventaire des ressources, favoriserait le développement des entreprises les plus rentables, pousserait à la constitution de cartels de vente qu'il contrôlerait, dirigerait le système de crédit. Cet État chef d'orchestre créerait ainsi les conditions les plus favorables au développement économique au bénéfice de la collectivité, sans toutefois gêner l'initiative privée qui demeurerait prépondérante.

Ce n'est pas sur l'État, mais sur les techniciens eux-mêmes que compte le *Redressement français,* déjà évoqué. Il entend les convertir aux méthodes américaines de salaires élevés favorisant une consommation de masse, à l'idée de parier sur des marchés en constante expansion pour y déverser une production toujours plus abondante et à moindre coût grâce aux méthodes de rationalisation à l'américaine. Champion de la concentration des entreprises, de la participation des experts au pouvoir politique et administratif, il est le porte-parole d'un saint-simonisme moderne, l'ancêtre de la technocratie.

Il faudrait enfin, pour être complet, noter la place que tient, dans ce bouillonnement intellectuel des années vingt, l'idée européenne. De la volonté de ne plus jamais revoir une guerre civile européenne aussi meurtrière que celle de 1914-1918 naît le souhait de construire une Europe confédérée, fondée sur le rapprochement franco-allemand et où pourrait, sur la confiance et l'amitié retrouvées, s'établir le désarmement, garantie d'une paix perpétuelle entre peuples rapprochés. Idées qui sont défendues par les publications des jeunes générations comme *Notre Temps*, *La Voix* ou l'hebdomadaire dirigé par Louise Weiss et où s'expriment les hommes du centre-gauche, champions de l'esprit de Genève, *L'Europe nouvelle*.

Au début des années trente, l'idéal européen va subir le choc du retour en force du nationalisme allemand. Une grande partie des idées neuves exprimées en cette fin des années vingt alors que la prospérité règne en Europe deviennent avec la crise dépassées ou obsolètes. Mais d'autres prennent, du fait même de la crise économique, une actualité renforcée. En fait, dans la fermentation intellectuelle qui naît après 1926, effet différé de la prise de conscience des mutations dues à la guerre, c'est un monde nouveau qui est en gestation et qui cherche à s'exprimer en formules neuves, encore mal cernées et mal articulées, traduisant une recherche tâtonnante et maladroite pour appréhender la France née de la guerre, bien différente de celle de cette « Belle Époque » dont la nostalgie traverse la période et dont on conçoit alors seulement qu'elle ne reviendra jamais plus.

Les présidents de la République (1918-1932)

Raymond Poincaré	janvier 1913 - janvier 1920
Paul Deschanel	février - septembre 1920
Alexandre Millerand	septembre 1920 - juin 1924
Gaston Doumergue	juin 1924 - juin 1931
Paul Doumer	juin 1931 - mai 1932 (assassiné)
Albert Lebrun	(mai 1932 - juillet 1940)

Les présidents du Conseil (1918-1932)

Georges Clemenceau	novembre 1917 - janvier 1920
Alexandre Millerand	janvier - septembre 1920
Georges Leygues	septembre 1920 - janvier 1921
Aristide Briand (7e cabinet)	janvier 1921 - janvier 1922
Raymond Poincaré (2e et 3e cabinets)	janvier 1922 - juin 1924
François-Marsal	9-13 juin 1924
Édouard Herriot (1er cabinet)	juin 1924 - avril 1925
Paul Painlevé (2e et 3e cabinets)	avril - novembre 1925
Aristide Briand (8e, 9e, 10e cabinets)	novembre 1925 - juillet 1926
Édouard Herriot (2e cabinet)	19-22 juillet 1926
Raymond Poincaré (4e et 5e cabinets)	juillet 1926 - juillet 1929
Aristide Briand (11e cabinet)	juillet - novembre 1929
André Tardieu (1er cabinet)	novembre 1929 - février 1930
Camille Chautemps (1er cabinet)	21 février - 1er mars 1930
André Tardieu (2e cabinet)	mars - décembre 1930
Théodore Steeg	décembre 1930 - janvier 1931
Pierre Laval (1er, 2e et 3e cabinets)	janvier 1931 - février 1932
André Tardieu (3e cabinet)	février - juin 1932

Conclusion

En cette France de la fin des années vingt que nous venons de décrire coexistent et se chevauchent deux grandes tendances antagonistes.

D'une part, l'esprit public et les mentalités collectives se satisfont des apparences de la stabilité retrouvée. Le consensus politique de la « Belle Époque » rétabli par Poincaré et que ses successeurs tentent de maintenir, le rétablissement du franc depuis 1926, la prospérité économique due à la croissance des secteurs moteurs de l'économie, l'aisance qui se répand dans une société où commencent à se faire sentir les effets de la modernisation, l'équilibre atteint dans les relations internationales grâce à la politique de conciliation et de rapprochement franco-allemand de Briand paraissent autant de preuves qu'après les souffrances de la guerre, la France est en train de connaître une nouvelle « Belle Époque ». Sans doute celle-ci n'efface-t-elle pas toutes les séquelles du traumatisme de la guerre, mais, même à un niveau moindre, esquisse le nouvel âge d'or auquel l'opinion aspirait si fort.

Par ailleurs, les années vingt sont aussi le moment où l'opinion commence à prendre conscience que les traces du conflit ne sauraient être cette ride légère sur un océan inchangé qui retrouverait après l'orage sa physionomie d'antan. Dans tous les domaines, la guerre a laissé ses marques. Non seulement dans la démographie où elle est la plus visible, mais aussi dans les mentalités et la culture où l'horreur du grand massacre signifie volonté ardente de paix et fuite hors d'un réel décevant pour chercher dans un ailleurs incertain le lieu d'une solution à la crise des valeurs humanistes. Mutation également des structures économiques que le gigantesque effort de production consenti pour la victoire a désormais équipées pour une production de masse à l'américaine, bouleversant le modèle de la petite entreprise si fortement ancré dans les habitudes nationales.

Et la société elle-même voit ses fondements ébranlés par la fin de la stabilité monétaire, la naissance des « nouveaux riches » ou la percée des nouveaux comportements de consommation de masse qui secouent des mentalités modelées depuis des siècles par la crainte de la pénurie. Il n'est pas jusqu'au système politique lui-même qui ne soit entraîné dans cette mutation profonde de structures. Remise en cause par l'autoritarisme des gouvernements de guerre, la démocratie libérale est, en outre, violemment contestée par les modèles rivaux du communisme ou du fascisme qui suscitent en France des imitateurs ou des disciples.

Mais l'effervescence qui, après 1926, accompagne tout à la fois la nouvelle stabilité en voie de consolidation et la transformation des structures, change de nature au début des années trente. Joyeuse et constructive à la fin des années vingt, elle se teinte de pessimisme au tournant de la décennie. C'est que le contexte économique et l'environnement international dans lesquels elles se développaient sont en train de se modifier. Depuis la fin des années vingt, l'économie donne des signes d'essoufflement annonciateurs de la crise économique, qui fait clairement sentir ses effets dès 1930. La poussée en Allemagne du nationalisme, puis du national-socialisme rend caducs les projets de construction européenne élaborés autour de Briand. La remise en question des idées politiques bouleverse les valeurs sur lesquelles était fondé le régime républicain... Sur une France en voie de modernisation s'amoncellent les nuages annonciateurs de la tempête qui va se lever et qui, deux décennies durant, jette le pays dans le temps des troubles.

DEUXIÈME PARTIE
1930-1944

Avant-Propos

Dans la première partie de *L'Histoire de la France au XXe siècle,* nous avons examiné comment la France, qui avait réussi à trouver à l'aube du XXe siècle une situation d'équilibre autour du modèle républicain, avait vu ses illusions balayées par la bourrasque de la Première Guerre mondiale. Désormais, elle vit avec la nostalgie de l'âge d'or perdu que, contre tout espoir, elle cherche à retrouver. Avec le recul, les tensions, les difficultés, les crises s'estompent pour ne laisser place qu'au mythe magnifié de la « Belle Époque ». Dans cette image d'Épinal s'inscrivent les traits d'une France prospère grâce à sa richesse financière, puissante et respectée du fait de l'étendue de son empire colonial et du rôle mondial que lui apportent ses alliances, une France dont les institutions parlementaires sont parvenues à un état de perfection qui garantit la liberté du citoyen et constitue un modèle pour l'ensemble du monde, dont les citoyens enfin accèdent de plus en plus nombreux au statut de membres des classes moyennes, commençant ainsi une promotion sociale qui promet au plus grand nombre l'accès aux classes supérieures de la société pour peu que leurs efforts, leur talent, leur esprit d'épargne leur permettent de saisir les chances que leur offre la République.

Or c'est ce modèle idéalisé qui va progressivement s'effriter du fait des conséquences de la Première Guerre mondiale. En entrant dans celle-ci, les Français sont convaincus que leur pays reste dans le droit fil de ce qui est sa mission historique : apporter au monde le progrès et la civilisation. La guerre, conduite contre les souverains autoritaires d'Autriche et d'Allemagne, contre les hobereaux de Prusse ou la morgue de l'aristocratie austro-hongroise, est vue comme la guerre du droit et de la justice (malgré la présence du tsar dans le camp de l'Entente). Il faudra la prolongation de la guerre et la révélation des souffrances qu'elle engendre pour que commencent à naître le doute sur sa nécessité et, plus généralement, l'interrogation sur les valeurs d'une société qui a pu s'engager dans une telle épreuve.

C'est au coin du doute que sont marquées les années vingt. Devant l'ombre tenace, omniprésente, obstinée des effets de la guerre qui recouvre si durablement la société française, tout espoir de pouvoir refermer la parenthèse du conflit paraît vain. Aux Français incrédules se révèle progressivement cette aveuglante évidence : les mutations de tous ordres entraînées par le conflit ne sont pas de simples épiphénomènes, mais de profondes transformations qui marquent de manière irréversible un nouveau visage de la France. Structures économiques, équilibre financier, place internationale de la France, comportements sociaux, institutions politiques, conceptions mentales, valeurs même, tout a été ébranlé, disloqué, remis en question. Et du même coup, tout est à reconstruire, à réorganiser, à repenser. Or cette reconstruction, si elle est perçue comme une crise dans la mesure où elle oblige la France à rompre avec l'image flatteuse et regrettée d'une « Belle Époque » peinte aux couleurs des souvenirs d'enfance, s'avère féconde et pleine de promesses.

Les années vingt n'ont pas seulement été le temps des « années folles », de la joie de vivre retrouvée après les craintes et les alarmes de la guerre. Elles sont aussi celles d'une reconstruction économique réussie. Sur les bases posées par l'essor du début du XXe siècle, des entreprises pionnières, se plaçant dans le sillage du modèle américain, ouvrent la voie, encore peu empruntée, mais exemplaire de la grande entreprise moderne. Tout en déplorant l'équilibre perdu de la « Belle Époque », une nouvelle société naît dans le monde urbain sans que les Français en prennent clairement conscience. Sur les ruines de la prépondérance perdue, la France jette les bases d'une nouvelle politique internationale, fondée sur le droit, dont les deux piliers sont la Société des Nations et son principe de sécurité collective et le rapprochement franco-allemand, noyau dur d'une Fédération européenne, plus rêvée que mise en œuvre. Une intense agitation intellectuelle est à l'œuvre pour penser et exprimer des idées neuves capables de servir à identifier les temps nouveaux en gestation... De cet immense bouillonnement commencent à se dégager les traits d'une France modernisée, c'est-à-dire adaptée dans tous les domaines aux modèles considérés comme les plus performants du monde de l'après-guerre. Traits encore indistincts et difficiles à individualiser tant ils restent enrobés dans un tissu de représentations, de valeurs, d'aspirations empruntées au monde défunt de la « Belle Époque ». Aussi ce nouvel âge d'or n'est-il pas vécu comme tel, mais comme une ère de déceptions, de bouleversements suscitant la nostalgie de l'avant-guerre.

Or, le pire reste à venir. Avec les années trente, la France entre dans une ère de troubles qui va d'abord arrêter net le processus visible de modernisation, avant de jeter dans la guerre et la défaite un pays démoralisé. De 1930 à 1945, la crise et la guerre sont l'arrière-plan sur lequel se joue l'histoire nationale.

I

LA CRISE ÉCONOMIQUE ET SOCIALE EN FRANCE (1930-1935)

Un îlot de prospérité dans un monde en crise

Les Français de 1930 ont bien des raisons d'être satisfaits. Alors que, depuis le krach de Wall Street d'octobre 1929, l'Amérique se débat dans une crise économique dont elle ne parvient pas à sortir, que les grands pays industriels connaissent tous, peu ou prou, des difficultés qui atteignent les plus performants d'entre eux, le Royaume-Uni ou l'Allemagne, la France semble miraculeusement épargnée par le marasme universel. Qu'on en juge. Les années 1929 et 1930 sont celles des records de production dans le domaine du charbon (55 millions de tonnes), du minerai de fer (51 millions de tonnes, premier rang mondial), de la bauxite (680 000 tonnes), de l'acier (9,7 millions de tonnes, le double de la production de 1913). La production d'électricité est florissante avec 9,2 milliards de kWh d'électricité d'origine hydraulique et 7,5 milliards de kWh d'origine thermique. La France est, derrière les États-Unis, le second producteur d'automobiles du monde avec 254 000 véhicules. Dans tous les secteurs de production, le bilan est positif.

Les autres indicateurs économiques sont également au beau fixe. C'est vrai du commerce extérieur, importations (58 milliards de francs) et exportations (50 milliards) atteignant des records en 1929. Et si la balance commerciale est, comme on le voit, déficitaire, la balance des paiements connaît un solde positif grâce aux « exportations invisibles » : revenus du capital placé à l'étranger, solde des réparations allemandes, revenus du tourisme... Conséquence de cette prospérité, le revenu national de 1929 atteint le niveau record de 245 milliards de francs, le budget, excédentaire depuis plusieurs années, dégage encore un solde positif de 5 milliards de francs pour l'exercice 1930-1931, le plein emploi est assuré et on ne recense, en 1930, que quelques milliers de chômeurs secourus. Enfin, et surtout, dans un pays où, sauf quelques spécialistes, on mesure la prospérité à la richesse financière, comment ne pas se réjouir de l'afflux d'or et de devises à la Banque de France ? La solidité de l'économie française et l'attachement des Français à l'or ont fait du franc une valeur refuge. Les réserves de la Banque de France qui représentaient 18 milliards en 1927, après la stabilisation Poincaré, sont montées à 64 milliards en 1928, 67 en 1929, 80 en 1930 !

Ce succès apparent et célébré ne doit rien au hasard pour l'opinion publique française. Il est la preuve que les Français avaient vu juste en se méfiant du gigantisme à l'américaine, des entreprises capitalistes trop hardies, fondées sur l'abus de crédit, l'investissement massif, la concentration galopante. Les difficultés des trusts et de leurs imitateurs européens ne donnent-elles pas raison à la petite et moyenne entreprise, caractéristique de la France, sachant gérer avec prudence, se contenter d'un bénéfice modeste, s'autofinancer sans prendre le risque de faire appel au crédit bancaire ? Dans la célébration de la prospérité française face à la crise du grand capitalisme qui gagne le monde depuis 1929, se glisse donc un soupçon de chauvinisme et une manière de revanche sur un modèle américain admiré et célébré par les plus dynamiques des chefs d'entreprise français depuis la fin de la Première Guerre mondiale (voir première partie, chapitre VII). La crise économique a ainsi pour premier effet de stopper net l'aspiration à la modernisation qui s'était manifestée dans la société française à la fin des années vingt.

Sans doute le diagnostic porté sur la bonne santé de l'économie française en 1930 exige-t-il d'être nuancé. Il résulte, pour l'essentiel, de la méconnaissance des données économiques par la plupart des responsables politiques comme par l'opinion publique et de la négligence d'éléments statistiques, au demeurant connus seulement d'un faible nombre d'initiés. Sur le premier point, la prospérité financière dissimule aux yeux des Français les signes annonciateurs de la crise : la bonne tenue de la monnaie, l'abondance des réserves de la Banque de France masquent les difficultés de la production. Sur le second point, les spécialistes s'inquiètent de la chute mondiale des prix de gros constatée depuis 1926 et qui n'épargne pas la France où ils baissent de 3 % par an. Autre signe inquiétant, la diminution du solde positif de la balance des paiements, du fait de la suppression à partir de 1930 du paiement des réparations allemandes et de la chute des rentrées touristiques, conséquence immédiate de la crise économique mondiale. Non moins préoccupante est la perte de compétitivité de la production agricole et d'un certain nombre de secteurs industriels après la stabilisation Poincaré de 1926 qui fait disparaître l'avantage de change dont bénéficiaient les producteurs français. On en trouve la répercussion à la fois dans la baisse des exportations et dans le repli enregistré dès mars 1929 par un grand nombre de valeurs mobilières. C'est ainsi que, dès 1928, sont touchées les entreprises textiles et les entreprises traditionnelles de qualité, qu'en 1929 l'automobile commence à être atteinte, qu'en 1930 ce sont les entreprises de consommation courante et le caoutchouc qui connaissent à leur tour des difficultés. En fonction de ces données, Jacques Marseille a fortement insisté sur la précocité de la crise française et sur son caractère endogène, se refusant à y voir le seul effet de l'importation en France de la crise américaine (J. Marseille, « Les origines inopportunes de la crise de 1929 en France », *Revue économique*, vol. 31, n° 4, juillet 1980).

En fait, on peut s'interroger sur la réalité d'une crise qui n'est pas perçue comme telle par l'opinion publique, pas plus d'ailleurs que par les gouvernants. Le président du Conseil André Tardieu, successeur de Briand, ne promet-il pas aux Français en 1930 la « politique de la prospérité » ? Et le « trésor » accumulé par Chéron, ministre des Finances de Poincaré, ne plaide-t-il pas en faveur de l'optimisme des Français ? La non-perception de la crise en France s'explique largement par le caractère archaïque de larges secteurs de l'économie française. Les premiers secteurs touchés, l'agriculture ou le textile, se débattent depuis 1927 dans des difficultés nées de la stabilisation Poincaré et le krach américain ne fait que prolonger un marasme qui n'est pas nouveau. Mais ce secteur est précisément celui des petites entreprises n'employant qu'un faible nombre de salariés et n'ayant guère recours aux crédits bancaires. Les difficultés économiques les conduisent à s'adapter en réduisant leur production et le temps de travail des salariés. De même la restriction du marché mondial, résultat de la crise américaine, n'atteint qu'assez peu une économie surtout tournée vers un marché intérieur protégé, ne provoquant de gêne réelle que pour le secteur des entreprises performantes tournées vers l'exportation, secteur minoritaire au sein de l'économie française. Enfin, les effets du retrait des capitaux américains n'atteignent que faiblement la France, dont le médiocre dynamisme et la modicité des investissements n'étaient guère de nature à attirer massivement les capitaux étrangers. Si bien qu'au total, si quelques entreprises performantes qui représentaient le secteur moteur de la modernisation ont été, dans un premier temps, gênées par les effets de la crise mondiale, la majorité des entreprises françaises a subi les premiers effets de la crise sans véritablement en prendre conscience. Jusqu'à la fin de 1930, l'idée que la France grâce à la sagesse de ses chefs d'entreprise et de ses gouvernants, grâce à l'équilibre qu'elle a su maintenir entre l'agriculture et l'industrie constitue un « îlot de prospérité dans un monde en crise », est fortement marquée dans les esprits et ne paraît souffrir aucun démenti. Le réveil sera brutal et à la mesure du présomptueux optimisme affiché jusqu'alors.

La crise frappe la France

Quand la crise économique atteint-elle la France ? S'il est malaisé de fournir une date précise, il faut bien constater que, dès l'automne 1930, la multiplication des difficultés, jusqu'alors tenues pour ponctuelles, amène les contemporains à s'interroger sur l'immunité réelle du pays dans la crise mondiale. Mais le moment décisif où les yeux se dessillent se situe en septembre 1931, avec la dévaluation de la livre sterling qui entraîne celle de la monnaie d'un grand nombre de pays (pays du Commonwealth, Finlande, pays scandinaves, Portugal, Autriche, Japon...) cependant que des ajustements monétaires ont lieu en Amérique latine, en Turquie ou en Iran. Désormais, les indices de production industrielle dont certains stagnaient depuis quelques mois connaissent massivement une chute brutale qui éclaire le mécanisme de la crise française. Celle-ci réside fondamentalement dans la surévaluation des prix français par rapport aux prix mondiaux. En effet, la stabilisation Poincaré de 1928 a été calculée de manière à laisser aux prix de la plupart des produits français (sauf aux prix agricoles et à ceux des produits de luxe) un appréciable avantage de change, de l'ordre de 20 % environ. Cet avantage s'est trouvé progressivement grignoté par les effets du ralentissement de l'économie mondiale à partir de 1928, puis par ceux de la crise économique, qui entraînent une baisse générale des cours mondiaux. Mais la parité entre cours français et cours mondiaux, approximativement établie vers 1930, est brutalement remise en cause en septembre 1931 par la dévaluation de la livre sterling et des monnaies qui s'alignent sur elle, puis par la dépréciation de ces mêmes monnaies dans les années qui suivent alors que, pour sa part, la France s'efforce de maintenir la valeur du franc Poincaré. Vers 1935, les produits français sont désormais surévalués de 21 % en moyenne par rapport aux cours mondiaux, mais le décalage est beaucoup plus important en ce qui concerne les prix agricoles.

Les conséquences de cette surévaluation des prix français sont redoutables. Dès 1931-1932, les exportations s'affaissent avant de s'effondrer littéralement en 1934. Les efforts du gouvernement pour restreindre les importations, afin d'éviter une trop grave détérioration de la balance des paiements, ont pour effet d'accroître l'asphyxie de l'économie française. De surcroît, les mesures protectionnistes prises pour éviter l'invasion du marché français par les produits étrangers s'avèrent vaines. Contingentements et prohibitions ont beau se multiplier, ils ne peuvent empêcher les produits étrangers de concurrencer victorieusement sur le sol français les produits nationaux surévalués. Cette situation se trouve encore aggravée en 1933 par la dévaluation du dollar qui porte un nouveau coup à la compétitivité des produits français. Or, se refusant à entrer dans le jeu des dévaluations monétaires — en quoi nombre de pays du monde, à la suite du Royaume-Uni et des États-Unis, ont vu la solution —, la France s'attache à maintenir la valeur de sa monnaie, constituant en 1933 le « bloc-or » avec la Belgique, la Suisse et les Pays-Bas. On peut donc admettre qu'engagée dans les processus de l'économie mondiale, la France subit le contrecoup d'une crise née aux États-Unis et qui a fini par l'atteindre, même si l'importance du secteur économique archaïque a joué dans un premier temps un rôle protecteur en masquant le retournement de la conjoncture.

Mais l'originalité de la crise française tient moins à son caractère tardif (ou au caractère tardif de sa perception) qu'à sa prolongation. Alors que l'ensemble des pays industriels connaît un début de reprise vers 1935, la crise française s'aggrave à partir de cette date, se prolongeant jusqu'en 1938, après une éphémère reprise en 1936. L'explication tient certes au caractère de la politique gouvernementale sur laquelle nous reviendrons et qui s'acharne à prendre des mesures qui apparaissent souvent comme contre-productives : maintien de la valeur du franc qui perpétue la surévaluation des prix français ou barrières protectionnistes isolant l'économie française du marché mondial. Mais les difficultés de l'économie française à sortir de la crise trouvent surtout leur origine dans la structure même de la majorité des entreprises. L'importance du nombre des petites et moyennes entreprises dans les secteurs agricole, artisanal et industriel conduit à une pratique de faible investissement qui interdit de rechercher la solution aux difficultés dans un accroissement de la productivité. Dès lors ces entreprises ne peuvent faire preuve du dynamisme qui leur permettrait de se lancer à la conquête des marchés et tout leur espoir est de convaincre le gouvernement d'élever des barrières douanières leur permettant de se réserver le marché intérieur sans crainte de la concurrence internationale. Si bien que l'archaïsme de l'économie française qui, dans un premier temps, avait joué un rôle protecteur pour l'économie française face à la dépression mondiale, joue ensuite le rôle de frein interdisant à la France de se réinsérer dans les circuits économiques mondiaux, sauf encore une fois, pour la minorité d'entreprises modernes, performantes, ouvertes sur le marché mondial, qui, une fois passé le choc de la crise, reprennent leur progression.

Comment rendre compte de l'importance, proportionnellement considérable de ce secteur, largement archaïque, des petites et moyennes entreprises dans l'un des grands pays industriels du monde ? Sans doute faut-il évoquer, comme l'a fait Alfred Sauvy, l'importance déterminante des facteurs démographiques dans cette situation. La faiblesse de la natalité, l'importance des pertes humaines dues à la guerre, le vieillissement de la population auraient eu pour effet de priver les entreprises du marché capable de les inciter à l'investissement et à un esprit de conquête, de réduire la population active et d'accroître ainsi le niveau des salaires, donc des coûts de production, enfin de conduire les chefs d'entreprise à faire le pari du conservatisme plutôt que de l'ouverture et du risque. Mais il faut aussi faire la part du facteur politique et du poids des valeurs officielles. Sous l'effet de la prépondérance radicale, les gouvernements successifs de la France ont exalté la petite entreprise, tenue pour le modèle social capable de fonder cette démocratie de petits propriétaires en laquelle on voit le modèle social idéal. Le culte du « petit », clé de voûte des conceptions sociales de la République, apparaît ainsi comme un frein à la croissance économique et, plus spécifiquement, dans le contexte des années 1930-1938, comme l'un des éléments qui maintiennent la France dans la crise économique. Quel a été l'impact de la crise économique sur l'ensemble de l'économie française ?

La crise agricole

Elle représente l'aspect le plus grave de la crise économique en France parce qu'aux difficultés nées de la restriction du marché mondial et de l'effondrement du cours des denrées alimentaires se juxtapose, dans le cas français, une crise structurelle beaucoup plus ancienne et qui tient à l'histoire rurale de la France. Le problème tient au morcellement des exploitations rurales dont près des trois quarts ont moins de 10 hectares. Ces exploitations exiguës, particulièrement nombreuses dans le Centre et le Midi, disposent de trop peu de capitaux pour se moderniser. Or c'est dans ces zones défavorisées que les densités rurales sont les plus élevées, entraînant un sous-emploi des trois quarts de la main-d'œuvre rurale. Sans doute ne peut-on négliger le début de modernisation qu'a connu l'agriculture durant les années vingt. Mais l'accroissement des revenus lié à la guerre a surtout conduit les paysans à solder leurs dettes, puis à acheter de nouvelles terres afin d'accroître la superficie de leurs exploitations. Il en résulte un accroissement du nombre des exploitations moyennes (constituant désormais 22 % du total), sur lesquelles les exploitants achètent des machines (moissonneuses, faucheuses, lieuses). Leur nombre a certes décuplé entre 1913 et 1938, mais le chiffre ne doit pas faire illusion : il demeure très faible par rapport aux pays voisins de la France, Royaume-Uni, Belgique ou Allemagne, beaucoup mieux équipés. Ce problème structurel fondamental explique que le rendement des grandes cultures (blé, betterave à sucre, vin), s'il s'est amélioré, demeure bien en deçà de ce qu'il est dans les pays voisins. La France produit en moyenne 18 quintaux de blé à l'hectare en 1930 contre 23 au Royaume-Uni, 27 en Belgique, 30 aux Pays-Bas. L'importance de la densité rurale, le sous-équipement, la faiblesse des rendements posent à l'agriculture française un problème de prix. Trop élevés pour permettre l'écoulement de la plus grande partie de la production sur le marché mondial, ils sont trop peu rémunérateurs pour assurer aux revenus paysans une évolution normale.

Ces difficultés structurelles, très anciennes, ont été masquées durant les années vingt par les effets de la dépréciation du franc qui donnait un avantage de change aux paysans français. Mais la stabilisation Poincaré en 1926 a fait disparaître cet avantage artificiel et a jeté l'agriculture française dans les difficultés. L'effondrement du prix des denrées alimentaires sur le marché mondial du fait de la crise américaine, la dévaluation de la livre puis du dollar alors que la France s'efforçait de maintenir la valeur de sa monnaie ont encore aggravé les choses.

La crise est particulièrement grave car elle touche les trois secteurs de base de la production française, le blé, le vin et la betterave. Cette crise structurelle de l'agriculture française se greffant sur la crise mondiale est accrue par des phénomènes conjoncturels, en particulier par les excellentes récoltes de blé et de betterave des années 1932, 1933, 1934 et, pour le vin, par la récolte exceptionnelle de 1934. La conséquence en est l'importance de la surproduction, une mévente marquée et l'effondrement des cours de ces divers produits.

Ainsi la crise de l'agriculture est-elle générale, contraignant les exploitants à diminuer leurs dépenses et à s'efforcer de vivoter dans des conditions particulièrement difficiles. Sévèrement atteinte, elle aussi, l'industrie connaît cependant des situations plus diverses.

Production, rendements et prix de quelques produits agricoles

Froment	Millions de quintaux	Quintaux à l'hectare	Francs le quintal
1931	71,9	13,8	153,4
1932	90,8	16,6	117,3
1933	98,6	18	105,8
1934	92,1	17	118
1935	77,6	14,5	74,5

Betterave	Millions de quintaux	Quintaux à l'hectare	Francs le quintal
1931	72,3	249,6	15,5
1932	88,5	285,6	14,8
1933	87,1	273,4	15,3
1934	103,5	307,5	13,6
1935	83,2	274,7	12,1

Vins	Millions d'hectolitres	Hectolitres à l'hectare	Francs
1931	59,3	38,3	121
1932	49,6	32,2	128
1933	51,8	33,7	117
1934	78,1	50,2	78
1935	76,1	49,1	64

Source : Serge Berstein, *La France des années trente*, Paris, A. Colin, 1988.

La crise industrielle

En effet, la crise ne touche pas de manière identique toutes les branches industrielles. Les plus atteintes sont les branches anciennes qui n'ont pas su se moderniser, dont les entreprises sont peu concentrées, où les investissements sont insuffisants et le matériel vétuste. C'est le cas du textile, la plus importante des industries françaises en ce qui concerne l'emploi de la main-d'œuvre, qui est particulièrement éprouvée dans les domaines de la laine et de la soie, cependant que le coton recule lui aussi. C'est le cas des industries extractives, le charbon dont la production tombe entre 1929 et 1938 de 55 à 47 millions de tonnes, le minerai de fer qui, pour les mêmes dates de référence, chute de 50 à 33 millions de tonnes. Tout naturellement, la sidérurgie voit sa production diminuer de 10 à 6 millions de tonnes et les constructions mécaniques enregistrent un évident recul. Au total, entre 1929 et 1935, la chute de la production industrielle prise dans son ensemble est de l'ordre de 20 à 25 % avec des différences selon les industries concernées.

Indice de la production industrielle en France
(base 100 en 1938)

	Indice global	Industrie alimentaire	Textile	Métaux de base	Transformation des métaux
1929	121	102	120	151	150
1932	90	111	88	85	93
1934	95	108	94	94	100
1935	94	110	96	95	98

Source : Serge Berstein, *La France des années trente, op. cit.*

Mais il serait faux de penser qu'à l'image de l'agriculture, c'est l'ensemble de l'industrie française qui est atteint par la crise. Certains secteurs s'organisent pour résister à la dépression. C'est le cas des services publics qui, n'étant pas directement soumis à la concurrence et jouissant d'une situation de monopole, peuvent maintenir leurs prix et leurs profits : les postes, les chemins de fer, la distribution d'électricité, la distribution d'eau se maintiennent ainsi sans difficulté. Dans un autre contexte, les grandes entreprises concentrées constituent des cartels pour éviter l'effondrement des prix. Ainsi en va-t-il de la sidérurgie où de Wendel et

Schneider accroissent leur emprise, de la chimie où Saint-Gobain ou Michelin dans le caoutchouc accentuent leur prépondérance, de l'électricité où, à la suite d'Ernest Mercier, quelques groupes monopolisent désormais la production. D'une manière plus générale, les branches modernes de l'industrie, les mieux équipées, parviennent à résister à la crise et même à poursuivre leur progression. C'est le cas de l'électricité, dont la production passe entre 1930 et 1938 de 16 à 20 milliards de kWh, cependant que ces années de difficultés d'ensemble sont aussi celles où est entreprise la construction des barrages du centre de la France ou l'équipement du canal d'Alsace. Autres industries dynamiques, l'automobile qui, après une chute brutale de la production à 160 000 véhicules en 1932 contre 254 000 en 1929, commence une lente remontée qui lui permettra, à la veille de la guerre, de regagner le terrain perdu ou la chimie qui, dans le domaine des colorants, de la pharmacie, de la soude ou des engrais fait un bond en avant grâce à des fusions d'entreprises comme celle qui donne naissance à Rhône-Poulenc. Mais le progrès le plus remarquable en ces années de crise est celui du raffinage du pétrole. L'équipement des raffineries de la Basse-Seine et la création de nouvelles unités sur d'autres sites permettent ainsi à la France de se trouver dotée en 1938 d'une capacité de raffinage de 8 millions de tonnes (contre 1 million de tonnes en 1931). La crise industrielle en France a donc eu des effets sélectifs. Elle a atteint de plein fouet la plus grande partie de l'appareil industriel, dans la mesure où il s'agissait d'entreprises vétustes, mal adaptées au marché et incapables d'affronter la concurrence internationale dans des conditions difficiles. Ce faisant, elle a favorisé dans ces secteurs les entreprises les plus performantes, au profit desquelles s'est opérée une certaine concentration. On pourrait donc considérer que la crise a accentué les effets de la modernisation de l'économie française, engagée durant la période de prospérité des années vingt. Hormis certaines grandes entreprises, dont les audaces financières se paient durant la crise, comme Citroën, qui fait faillite en 1934, ce sont en effet les entreprises les plus modernes qui, le premier choc passé, reconstituent leur appareil de production et parviennent à retrouver des profits. Toutefois, ce tableau optimiste d'une modernisation économique accentuée par la crise exige d'être nuancé. À la fin des années vingt seule une minorité d'entreprises est engagée dans le processus de modernisation et celui-ci est insuffisamment installé pour pouvoir entraîner dans son sillage l'économie française tout entière. Or, de ce point de vue, la crise a un effet totalement négatif. Les bénéfices des entreprises s'amenuisant, la principale source de financement disparaît. Il n'est pas question de faire appel à un marché financier qui manque de disponibilités. Dans ces conditions, les entreprises renoncent à investir et la plupart vont se replier sur elle-même, s'efforçant de survivre en laissant vieillir le matériel. Il en résulte une stagnation d'ensemble de l'appareil productif. Au total, même si elle a consolidé le petit nombre de grandes entreprises modernes, la crise a eu pour effet de stopper l'ensemble du processus de modernisation engagé à la fin des années vingt, en interdisant à la masse des entreprises françaises de s'engager dans la voie ouverte par les établissements moteurs.

La crise des finances publiques

La crise économique qui atteint la France a pour résultat de mettre en déséquilibre des finances publiques dont la bonne santé constituait jusqu'alors un motif de fierté pour les gouvernants et de satisfaction pour les Français.

Le premier aspect de cette détérioration concerne le budget de l'État. Excédentaire depuis plusieurs années, il retrouve dès l'exercice 1930-1931 un déficit de 5 milliards, et ce déficit ne cessera de se creuser dans les années qui suivent, passant à 11 milliards en 1933, redescendant à 8,5 milliards en 1934, mais pour retrouver le niveau de 10,5 milliards en 1935. Comment s'explique ce retour au déficit ? Fondamentalement par la diminution des rentrées due à la crise qui a pour effet d'amenuiser les recettes des impôts indirects, des douanes et des contributions directes. Or cette chute des recettes fiscales coïncide avec un accroissement considérable des dépenses dues à la politique de Tardieu, président du Conseil en 1929-1930. Fasciné par l'exemple américain dont la prospérité durant les années vingt s'explique à ses yeux par une consommation de masse entraînant une reprise de la production, le président du Conseil décide de se servir du « trésor » de Chéron pour se lancer dans la « politique de la prospérité ». Il s'agit en fait de procurer aux Français un pouvoir d'achat supplémentaire par une politique de larges dépenses susceptible de dynamiser la vie économique. C'est ainsi que Tardieu lance un programme d'outillage industriel fondé sur la construction de routes, l'aménagement de ports et surtout l'électrification des campagnes qui va stimuler l'industrie électrique et moderniser le monde rural. Il multiplie les dégrèvements fiscaux en faveur de diverses catégories, indemnise généreusement les victimes de calamités agricoles, accroît les traitements des fonctionnaires, les soldes et les pensions, bloqués il est vrai depuis plusieurs années, et se laisse même arracher par le Parlement (après avoir, certes, tenté de résister à cette mesure démagogique) une pension pour tous les Anciens combattants. Est-on, comme on l'a pensé, en présence d'une politique keynésienne avant la lettre destinée à combattre les effets du ralentissement économique que la crise mondiale fait redouter ? Outre que les effets de la crise en France sont perceptibles bien après les premières mesures prises par Tardieu, ce serait créditer les gouvernants de 1930 d'une pensée économique très en avance sur leur époque, ce qui ne paraît pas être le cas. Ni les conceptions économiques de l'époque ni l'idée qu'on se fait alors de la place de la France dans l'économie mondiale ne permettent de penser à une politique contracyclique. Le modernisme de Tardieu paraît bien se limiter à la volonté, dans la croyance d'une prospérité économique durable, de créer en France une société de consommation à l'américaine, idée défendue à la fin des années vingt par nombre de chefs d'entreprise et de spécialistes de l'économie. Quoi qu'il en soit, la réapparition du déficit budgétaire va constituer désormais le cauchemar des gouvernements français et la volonté de le réduire ou de le supprimer devient le maître mot de la politique économique et financière de la France.

D'autant que le déficit budgétaire s'accompagne de celui de la balance des paiements. Cette situation nouvelle n'est pas due à une aggravation du déficit de la balance commerciale. Sans doute celle-ci présente-t-elle depuis de longues années un solde négatif. Mais, redoutant que celui-ci ne s'aggrave, du fait de la chute des exportations françaises, le gouvernement s'efforce de comprimer les importations. Il réussit ainsi le paradoxe, en pleine crise, de ramener de 13 milliards en 1931 à 6 milliards en 1936 le déficit de la balance commerciale, mais avec un volume total d'échanges qui n'est plus, en 1935, que le tiers de ce qu'il était en 1929. C'est donc en procédant à une forme d'anesthésie de l'économie française que le gouvernement parvient à limiter les effets de la crise sur le commerce extérieur. Mais le fait nouveau (et grave) est l'effondrement de certains postes de la balance des paiements qui, jusqu'alors, permettaient d'équilibrer le déficit de la balance commerciale. C'est le cas des recettes du tourisme qui tombent de 6 milliards en 1931 à 750 millions en 1935. C'est le cas des Réparations qui fournissent encore 2,6 milliards de francs en 1931, mais sont suspendues cette même année par le « moratoire Hoover » avant d'être définitivement supprimées en 1932. Enfin les revenus du fret, ceux des capitaux placés à l'étranger connaissent des chutes catastrophiques en raison de la crise économique. En 1931, la balance des paiements française devient déficitaire. De 1931 à 1935 son déficit cumulé atteint 14 milliards de francs-Poincaré qu'il faut solder en or. À partir de 1933, cette situation malsaine inquiète les porteurs de capitaux et la position du franc paraît menacée. Tout naturellement, l'or cesse d'affluer à la Banque de France. Dès février 1934, l'encaisse qui était encore de 82 milliards de francs-Poincaré à l'automne 1933 tombe à 75 milliards. À partir de 1935, les capitaux commencent à fuir la France.

Atteinte dans sa richesse financière, qui constituait à ses yeux la preuve même de sa prospérité, la France est désormais consciente de la gravité de la crise qui la frappe. Mais elle demeure désarmée pour réagir, incapable qu'elle est d'imaginer les remèdes susceptibles d'y mettre fin.

La lutte contre la crise : protectionnisme et malthusianisme

En fait, la crise économique suscite en France un sentiment de profond désarroi. L'analyse la plus fréquente consiste à considérer que la cause essentielle du marasme se situe à l'étranger et que le pays subit les effets de difficultés dues à la politique imprévoyante et risquée d'apprentis sorciers qui ont cédé au vertige du gigantisme. La France, pour sa part, est demeurée vertueuse.

Attachée au dogme de l'équilibre budgétaire, elle n'a pas cédé à la tentation d'abuser du crédit, abus qui, pour elle, est à l'origine de la crise américaine. Vertueuse, elle entend le demeurer en refusant, comme l'ont fait les Britanniques et les États-Unis, de dévaluer sa monnaie, le maintien de la valeur or du franc constituant aux yeux de ses gouvernants un dogme intangible, une forme de contrat passé entre l'État et les Français. Sans doute a-t-il fallu dévaluer en 1928, mais il s'agissait du moins du prix à payer pour les dépenses de la guerre. En revanche, il ne saurait être question, pour les Français, de manipuler la monnaie, étalon des fortunes, pour se sortir de difficultés momentanées. Or la dévaluation est techniquement le seul moyen de combler la disparité signalée entre les prix français et les prix étrangers, et c'est ce que font remarquer certains hommes politiques, à partir de 1934, par exemple le modéré Paul Reynaud ou le radicalisant Raymond Patenôtre. Mais leurs propositions soulèvent un véritable tollé politique, de l'extrême droite à l'extrême gauche, et aucun homme politique responsable n'envisage de se lancer dans une opération aussi condamnable que la dévaluation.

Dans ces conditions et, puisqu'il renonce à s'attaquer aux causes mêmes de la crise, le gouvernement ne peut que tenter d'en pallier les effets. Et cette politique d'action sur les conséquences de la crise marque indifféremment l'action de tous les ministères entre 1930 et 1935, qu'ils soient de droite ou de gauche. Politique au demeurant qui n'est exempte ni de contradictions, ni d'incohérences.

La première forme de cette politique consiste à tenter de préserver les revenus des Français dans la véritable situation de guerre économique entretenue par la crise et les dévaluations. Le principal problème est de lutter contre la concurrence des produits étrangers, en particulier en provenance des pays ayant dévalué, fournissant ainsi une véritable prime à leurs exportations. Pour ce faire, la France utilise tout d'abord l'arsenal des mesures protectionnistes employées de longue date : relèvement des droits de douane sur les produits agricoles et industriels. Le protectionnisme classique s'avérant insuffisant, le gouvernement institue une surtaxe de change à l'encontre des pays ayant dévalué leur monnaie. Entre 1931 et 1934, les produits britanniques subissent ainsi une taxe de 15 % *ad valorem*. Mais ces mesures, considérées comme inamicales, risquant d'entraîner des représailles, la France doit y renoncer pour généraliser les contingentements par produits qui limitent pour chacun d'entre eux la quantité globale dont l'importation est autorisée. En 1932, la quasi-totalité des produits industriels est ainsi contingentée. Dans certains cas, de véritables prohibitions sont instituées, par exemple pour les produits agricoles, qui en interdisent pratiquement l'importation. De même, la France accepte-t-elle d'entrer, avec l'Allemagne nazie ou les pays d'Europe centrale dépourvus de devises, dans un système de *clearing* (compensation) ayant pour effet en principe d'équilibrer strictement avec ces pays le montant des importations et des exportations. En fait, l'ensemble de ces mesures aboutit à limiter strictement les importations, permettant de réduire le déficit de la balance commerciale. Mais il en résulte une contraction générale du commerce français qui aboutit à une diminution globale de l'activité économique.

Si le protectionnisme permet de mettre au moins partiellement les producteurs français à l'abri de la concurrence étrangère, il est sans effet sur la chute des revenus des Français sur le marché intérieur. Pour tenter de préserver les revenus, le gouvernement va prendre un ensemble de décisions qui varie selon les secteurs. Pour le secteur agricole, considéré comme prioritaire, à la fois parce que c'est l'un des plus touchés par la crise et parce que l'importance politique et psychologique du monde rural en France est fondamentale, l'arme employée sera celle du malthusianisme. Il s'agit de soutenir le cours des produits-clés en diminuant leur production.

À la suite de l'excellente récolte de 1932, le gouvernement prohibe totalement les importations de blé et, pour encourager les céréaliculteurs à stocker leur grain, promet pour 1933 un prix minimum de 115 F le quintal. Mais ce faisant, le gouvernement n'agit nullement sur les quantités ; il parie sur la venue de mauvaises récoltes les années suivantes pour régulariser les cours. Or la récolte de 1933 atteint 98 millions de quintaux (contre 90 en 1932). Dès lors, le marché s'effondre ; devant le risque d'accumulation des stocks, les agriculteurs préfèrent vendre leur blé au-dessous du prix plancher afin de faire rentrer l'argent. Le « blé gangster » vendu au-dessous du cours tombe ainsi à 60 ou 70 F le quintal. En ce qui concerne le vin, autre production clé, la politique malthusienne, poursuivie avec la même énergie, n'est pas plus efficace. À partir de 1932, le gouvernement interdit les cépages trop productifs et les plantations nouvelles, il frappe d'amendes les viticulteurs dont la production est trop importante, accorde des primes à l'arrachage et à l'exportation, puis finalement, en 1936, fixe les quantités de vin à distiller obligatoirement, qu'il rachète et revend à perte. À la veille de la guerre, le problème de la surproduction de vin n'est pas résolu. Enfin, pour la betterave, une loi de 1935 contingente les importations de sucre et encourage la distillation, l'État absorbant, comme pour le vin, les excédents d'alcool.

La politique malthusienne se retrouve dans le domaine industriel et commercial. Une série de lois interdit la création de nouvelles entreprises et de nouvelles firmes à succursales multiples. En ce qui concerne les entreprises industrielles existantes, le gouvernement encourage les ententes industrielles qui ont un caractère économiquement réactionnaire puisque leur but est de maintenir les intérêts en place et d'éviter une chute des prix du fait de la concurrence.

Enfin, sur le plan social, la lutte contre le chômage prend l'aspect d'une intervention de l'État qui reprend l'idée, lancée par Tardieu dans un tout autre contexte, d'un plan d'outillage national de 5 milliards. Mais alors que le but de Tardieu était de se servir du « trésor » de Chéron pour moderniser la France, il s'agit désormais de relancer une activité économique paralysée par la crise. En 1931, plus de 4 milliards de crédit sont ainsi votés par le Parlement pour l'instruction publique, l'agriculture, les travaux publics... cependant qu'une loi autorise le gouvernement à émettre pour 3 milliards et demi d'obligations du Trésor aux fins de lutter contre le chômage.

Le gouvernement ne cherche donc nullement à agir sur les structures de l'économie française en favorisant leur modernisation afin de leur permettre d'affronter la concurrence internationale. Par le protectionnisme et le malthusianisme, par les mesures conjoncturelles du plan d'outillage national, il cherche à préserver les situations acquises, à maintenir en l'état pour des raisons politiques et idéologiques, le tissu des petites entreprises agricoles, commerciales, industrielles qui correspond certes à sa conception de la démocratie, mais nullement aux conditions économiques nouvelles nées au lendemain de la Première Guerre mondiale. Ce faisant, la politique gouvernementale de lutte contre la crise par le protectionnisme ou le malthusianisme ajoute ses effets aux conséquences de la crise déjà signalées pour bloquer l'élan de modernisation qui avait pris son essor dans l'immédiat après-guerre.

Cette politique à courte vue se retrouve dans le domaine financier.

La lutte contre la crise : la politique de déflation

Ayant choisi pour les raisons indiquées de renoncer à toute opération de dévaluation monétaire, le gouvernement va consacrer sur le plan financier tous ses efforts à réduire le déficit budgétaire afin de maintenir la valeur de la monnaie. L'objectif est de diminuer la quantité de monnaie en circulation avec un double but. Dans un premier temps, en diminuant les dépenses de l'État, réaliser une déflation budgétaire qui fera, aux yeux des gouvernants, disparaître une des causes de la crise, celle-ci étant considérée comme la conséquence (et non comme la cause) de la dépression économique. Dans un second temps, la limitation par le biais du budget, de la monnaie en circulation devrait conduire à une diminution des achats, donc à une baisse des prix et, espère-t-on, par ce moyen, à une reprise des exportations. La déflation est ainsi le maître mot de la politique. Or, compte tenu des circonstances, elle présente bien des défauts. Le premier, et le plus grave dans l'immédiat, est d'accroître le marasme économique, puisque la diminution de la quantité de monnaie en circulation entraînera nécessairement une diminution de la demande, dont l'effet aggravera la crise. Le second réside dans son irréalisme : comment espérer comprimer assez la demande pour obtenir une baisse des prix d'environ 20 % qui permettrait de rattraper les cours mondiaux sans toucher à la valeur de la monnaie ? Concevable dans une économie en forte croissance, la méthode paraît impraticable dans une économie déprimée. Enfin, le troisième défaut de la déflation est d'être rigoureusement incohérente, compte tenu de la politique de maintien des revenus des producteurs engagée par ailleurs. Comment espérer faire remonter les cours, même avec une production réduite par les mesures malthusiennes, si, par ailleurs, on diminue la demande par la déflation ? Son incohérence, son irréalisme, son inadéquation condamnent donc à l'échec la politique de déflation. Et cependant, elle sera poursuivie sans faiblesse par tous les gouvernements successifs jusqu'en 1936.

Toutefois, durant les premières années de la crise économique, les gouvernants sont conduits à ne prendre que des mesures timides afin de ne pas mécontenter l'opinion par des décisions trop rigoureuses, et, par conséquent, impopulaires. Les premières mesures réelles de déflation sont prises en février 1933 par le gouvernement Daladier et consistent dans le vote d'un prélèvement exceptionnel sur les salaires des fonctionnaires au-dessus d'un seuil de 20 000 F, prélèvement qui épargne les petits fonctionnaires dont les traitements sont inférieurs à cette somme. Une nouvelle étape est franchie en décembre 1933 avec Camille Chautemps qui décide, cette fois, un prélèvement sur l'ensemble des traitements de la fonction publique, mais avec des taux progressifs, allant de 1,5 % pour les traitements les plus faibles à 6 % pour ceux qui dépassent 40 000 F. Les fonctionnaires, considérés par une bonne partie de l'opinion comme « budgétivores », et tenus en cette période de chômage pour des privilégiés en raison de la garantie d'emploi dont ils jouissent, étant ainsi désignés comme victimes de la déflation, la droite revenue au pouvoir après le 6 février 1934 aggrave les dispositions prises par Chautemps. Le gouvernement Doumergue décide ainsi en avril 1934 à la fois de réaliser une économie de 10 % sur les dépenses des personnels de l'État par réduction des effectifs et d'accentuer les taux du prélèvement sur les traitements, le taux minimal étant désormais fixé à 5 % et un taux progressif de 6 à 10 % affectant les salaires au-dessus d'un seuil de 20 000 F. La fonction publique devient ainsi un îlot de mécontentement, les fonctionnaires ayant le sentiment justifié que le pouvoir entend leur faire payer le prix de la crise. Sans doute objectera-t-on que la baisse des prix est bien supérieure au prélèvement ainsi effectué, mais l'effet psychologique de la diminution du salaire nominal est tel qu'aucun raisonnement ne vaut contre le sentiment que la situation des agents de l'État se détériore. Si les fonctionnaires apparaissent ainsi comme les boucs émissaires de la politique de déflation, il est un autre groupe que les gouvernements souhaiteraient atteindre pour parvenir à leur but, mais qui, lui, oppose une résistance longtemps victorieuse, c'est celui des Anciens combattants. La retraite des Anciens combattants, arrachée au gouvernement à la veille de la crise, et n'apparaissant pas comme indispensable, il ne semblerait pas scandaleux de la rogner quelque peu. Mais c'est compter sans la résistance des associations d'Anciens combattants qui défendent bec et ongles un avantage acquis à grand-peine. Et alors que toute la propagande officielle ne cesse d'exalter le sacrifice de ceux qui ont combattu dans les tranchées pour défendre la patrie, comment un président du Conseil pourrait-il entrer en conflit avec eux ? Les gouvernements radicaux des années 1932-1934 préfèrent renoncer à leurs projets concernant les Anciens combattants. Finalement, en avril 1934, Gaston Doumergue, bravant l'hostilité de l'opinion, dans l'ébranlement qui suit le 6 février, décide un prélèvement temporaire de 3 % sur les pensions de guerre et la retraite du combattant (sauf pour les grands invalides).

Jusqu'à la fin de 1934, la politique de déflation n'est donc appliquée que de manière assez timide, en tout cas trop partielle pour pouvoir revêtir la moindre efficacité. Il en va tout autrement à partir de juin 1935 lorsque Pierre Laval accède à la tête du gouvernement. Il entend en effet appliquer sans défaillance la déflation afin de parvenir au redressement que les demi-mesures de ses prédécesseurs n'ont pas permis d'atteindre. À peine arrivé au pouvoir, il se fait octroyer le droit de prendre par décrets-lois une série de mesures préparées par les techniciens les plus réputés des finances de l'époque. En fonction de ces pleins pouvoirs, il décide en juillet 1935 une réduction générale de 10 % de l'ensemble des dépenses de l'État, qui concerne aussi bien les traitements des fonctionnaires que les pensions ou les intérêts de la dette publique. En même temps, il étend cette mesure au prix des loyers, du gaz, de l'électricité, aux emprunts publics et privés, aux baux à terme, aux droits et émoluments des professions libérales. Toutefois, les impôts et les tarifs des chemins de fer demeurent à l'écart de la baisse de 10 %, alors que, pour l'essentiel, les entreprises du secteur privé s'empressent d'appliquer à leur personnel la mesure gouvernementale. Pour la première fois une politique cohérente de déflation est ainsi appliquée en France. Ses résultats paraissent modestes : le déficit budgétaire n'est pas réduit dans des proportions sensibles ; l'effet sur les prix est pratiquement nul, car, au même moment dans l'ensemble du monde, une reprise économique, qui affecte les cours d'un mouvement à la hausse, s'ébauche. Il est cependant juste de reconnaître que le temps a manqué à l'expérience Laval pour porter ses fruits éventuels. Le gouvernement tombe en janvier 1936 et l'amorce de la campagne électorale pour les élections de 1936 interdit à Sarraut, successeur de Laval, d'accentuer une politique de déflation extraordinairement impopulaire et contre laquelle se fait, dans le Front populaire, l'union de l'opposition (à laquelle se joint le parti radical, propre parti du président du Conseil). À partir de juin 1936, c'est vers une tout autre politique que s'orientera le gouvernement français.

Du moins peut-on remarquer que la politique de déflation a interdit à la France de profiter de la reprise qui commence dans l'ensemble du monde après 1935. Les statistiques traduisent au contraire, en France, à partir de cette date, une nouvelle aggravation de la crise économique.

La signification de la crise économique en France

Par ses caractères spécifiques, la crise économique française agit ainsi comme un révélateur de la situation réelle de l'économie française. C'en est fait des anticipations hardies de quelques secteurs pionniers qui, à la fin des années vingt, semblaient ouvrir la voie à une modernisation d'ensemble de l'économie française sur le modèle américain et à la création en France d'une société de consommation. Sans doute ces entreprises motrices, contraintes par la crise de modérer leur dynamisme, vont-elles résister et s'adapter aux temps difficiles en réalisant des gains de productivité. La période de la crise est aussi celle où l'industrie électrique est en pleine prospérité grâce à l'électrification des campagnes et au pari sur l'industrie hydraulique, où l'industrie du raffinage du pétrole opère une percée décisive, où la production d'aluminium qui était en 1929 de 29 000 tonnes atteint en 1938 42 000 tonnes (la France passant toutefois du 3e au 5e rang mondial dans ce domaine).

Mais si la crise ne frappe pas d'archaïsme le secteur le plus moderne, elle interdit aux branches traditionnelles qui paraissaient devoir s'y engager, de suivre l'exemple des industries pionnières. Désormais, dans ce domaine, majoritaire au sein des entreprises françaises, la modernisation fait peur. Le mot d'ordre est au repli, à la crainte renouvelée du recours au crédit bancaire, au refus de l'investissement porteur de risques. L'accent est mis sur la diminution de la production et des heures de travail pour s'adapter au marché intérieur déprimé, à la préservation du matériel existant, au souci d'économie. L'économie française, pour sa plus grande part (et sans oublier l'existence d'un secteur moderne et performant) refuse la modernisation et entre dans une hibernation que la guerre et les difficultés de l'immédiat après-guerre prolongeront jusqu'à l'aube des années cinquante. La crise, pour l'essentiel, ouvre pour l'économie française une stagnation de vingt années.

Révélatrice du dualisme économique de la France et du caractère malthusien et timoré d'une grande part de ses entreprises, la crise met aussi en relief le caractère archaïque de la pensée économique des gouvernants et de la plus grande partie de l'opinion publique. Car le choix d'une politique économique fondée sur le malthusianisme et le protectionnisme, d'une politique financière basée sur la déflation n'est pas seulement celui de quelques gouvernants mal inspirés. Seule une étroite minorité d'hommes politiques, isolés et placés du fait même de leur choix en position marginale, préconisent d'autres mesures. Mais de l'extrême gauche à l'extrême droite, les forces politiques qui gèrent la république et l'opinion qui les soutient partagent les conceptions dites « orthodoxes » qui fondent cette politique. L'idée que le maintien de la valeur de la monnaie est un impératif absolu dont la non-observance ne peut conduire qu'aux pires catastrophes, celle selon laquelle le budget de l'État doit être en équilibre parce que, pas plus qu'un particulier, il ne peut honnêtement dépenser plus qu'il ne gagne, la conception selon laquelle les lois de l'économie sont rigoureuses et qu'il convient de s'y adapter sans prétendre en quoi que ce soit les infléchir, sont fortement ancrées dans l'opinion publique et tenues pour des dogmes hors de toute discussion. D'une manière plus générale, l'affirmation qui fait partie des valeurs officielles, profondément intégrées par la population, selon laquelle seule l'entreprise à taille humaine, s'autofinançant, où le propriétaire travaille aux côtés de ses salariés, est saine et honnête traduit une profonde méfiance envers le capitalisme, affecté dans l'esprit public d'une connotation négative et dont les pourfendeurs sont assurés de recueillir les applaudissements d'une majorité de l'opinion. En d'autres termes, la crise et les réactions face à la crise montrent que la France des années trente n'était sans doute pas mûre pour cette modernisation, ardemment souhaitée par une poignée de chefs d'entreprise à la fin des années vingt. Il faudra la grande croissance de l'après-guerre pour que la France des années soixante s'engage résolument dans la voie de cette modernisation, un moment entrevue avant 1929.

En attendant, la crise économique va s'avérer lourde de conséquences pour une société française structurée à l'aune de la petite entreprise et dans laquelle domine la classe moyenne (voir première partie, chapitre VIII).

Les effets sociaux de la crise économique

La diminution d'activité de l'ensemble de l'économie française durant la crise n'est évidemment pas sans effet sur les revenus des Français. Les calculs opérés aussi bien par les contemporains que par les historiens de l'économie révèlent ainsi qu'entre 1929 et 1935, la chute d'ensemble des revenus distribués est de l'ordre de 30 %, passant en valeur nominale de 245 milliards de francs à 172. Toutefois, il est nécessaire de tenir compte, durant ces mêmes années, d'une baisse du coût de la vie, généralement évaluée entre 20 et 22 %. Si bien qu'au total, si on suit Alfred Sauvy (*Histoire économique de la France entre les deux guerres*, tome 2 (1931-1939), Paris, Fayard, 1967), la chute en valeur réelle du revenu moyen des Français serait, durant les années de crise, de l'ordre de 8,5 %.

Toutefois, il va de soi que ce chiffre recouvre dans la réalité d'importantes disparités et qu'il traduit pour les diverses catégories de la société française des situations extrêmement différentes. Aussi convient-il d'observer l'évolution des divers groupes de revenus pour se faire une idée exacte des effets sociaux de la crise.

	Valeur nominale	Pouvoir d'achat
Salaires et traitements	− 28,5 %	− 5,9 %
Retraites et pensions	+ 11 %	+ 46 %
Agriculture	− 48,1 %	− 31,7 %
Bénéfices industriels et commerciaux	− 37,7 %	− 18,1 %
Professions libérales	− 18,7 %	+ 6,7 %
Revenus mobiliers	− 26,6 %	− 3,4 %
Revenus fonciers	− 10,5 %	+ 11,7 %
Ensemble	− 30,5 %	− 8,5 %

Source : A. Sauvy, *op. cit.*, p. 137.

La situation des divers groupes sociaux met en relief le caractère sélectif de la crise économique qui ne frappe pas indifféremment et de la même manière toutes les catégories. En fait l'examen du tableau ci-dessus révèle que la crise économique si elle fait des victimes comporte aussi des bénéficiaires. La notion de bénéficiaires de la crise économique peut faire sursauter. Si l'on se fie aux résultats du tableau, entreraient dans cette catégorie les retraites et pensions, les revenus des professions libérales et les revenus fonciers. Il faudrait cependant se garder d'assimiler les uns aux autres des groupes qui ont peu en commun. La progression des revenus dissimule en fait des situations très contrastées. Ainsi, s'agissant des revenus fonciers et immobiliers, des pensions ou des retraites, ils ont subi avant 1929 une forte érosion du fait de l'inflation ou du réajustement monétaire de 1926-1928. Tardivement revalorisés (les pensions ne l'ont été qu'en 1931), ils rattrapent, au moment où la crise se déclenche, le retard accumulé durant les années vingt. Après 1934, ces revenus sont relativement épargnés par la politique de déflation : les loyers ne sont véritablement atteints, comme les baux fonciers, que par la déflation Laval de 1935, mais la diminution qu'ils subissent alors est inférieure de moitié à la baisse du coût de la vie, si bien qu'au total, ces revenus demeurent nettement bénéficiaires. En ce qui concerne les pensions et retraites, on peut faire la même observation ; là, c'est la résistance des syndicats ou des associations d'Anciens combattants qui freine leur chute, et il faut attendre les mesures prises par Laval en 1935 pour qu'elles soient véritablement atteintes. Mais, pour toutes ces catégories, on ne saurait véritablement parler de bénéfices. Tout au plus est-on en présence d'un maintien ou d'une légère amélioration de revenus dont l'évolution avait été très défavorable durant les années vingt. Il s'agit d'un rattrapage, et non d'un véritable gain. En revanche, c'est de gain qu'il faut parler à propos des professions libérales. Celles-ci ont pu, sans difficulté, maintenir leur revenu durant les années vingt et adapter leurs honoraires à l'évolution du coût de la vie. En se fondant sur les déclarations fiscales des intéressés (élément éminemment sujet à caution), on peut admettre que leur revenu s'est maintenu jusqu'en 1932, a connu ensuite une légère baisse, sans que, pour la période qui s'étend jusqu'en 1935, celle-ci soit supérieure à la diminution du coût de la vie. Si bien qu'au total, pour ce groupe social, la crise se solde par une évolution réellement favorable.

Il reste que les catégories ainsi épargnées par la crise demeurent étroitement minoritaires au sein de la société française. Toutes les autres catégories de revenus qui concernent la très grande majorité des Français connaissent du fait de la crise une amputation en termes de pouvoir d'achat. Le groupe le plus atteint par cette chute des revenus est sans conteste possible celui des agriculteurs. Leur revenu nominal chute de plus de 50 % en raison de l'effondrement des prix du blé, du vin, de la betterave, puis de toutes les cultures. Il faut réviser les baux ruraux et la perte de revenus des petits et moyens exploitants agricoles restreint le marché des autres produits, les paysans se repliant sur l'autosubsistance qui leur permet de survivre.

À la crise paysanne, il faudrait ajouter celle de l'autre groupe fondamental des classes moyennes indépendantes, les commerçants et industriels. Là la chute des revenus nominaux avoisine les 40 % et la perte de revenu réel oscille autour des 18-20 %. Dès 1931, leur perte de revenu est de l'ordre du quart et cette baisse s'accentue les années suivantes. La plupart des entreprises concernées appartiennent en effet au secteur non cartellisé et elles sont victimes de la concurrence forcenée qu'elles doivent se livrer en période de baisse des prix. Ce sont les entreprises de ce secteur qui sont, pour l'essentiel, concernées par les faillites et liquidations judiciaires, en constante augmentation jusqu'en 1935.

Statistique des faillites et liquidations judiciaires
(en moyenne mensuelle)

1929	708	1933	1 147
1930	755	1934	1 254
1931	906	1935	1 248
1932	1 169	1936	935

Au total, il est clair que la classe moyenne indépendante paie le plus lourdement le prix de la crise économique. Or c'est elle qui constituait l'assise sociale fondamentale sur laquelle s'appuyait depuis le début du XXe siècle la république parlementaire, et les conséquences des difficultés qu'elle subit vont se manifester en termes politiques.

Si on se fie aux statistiques, les salaires et traitements seraient nettement moins touchés puisque leur perte de pouvoir d'achat serait inférieure à 6 %. En fait, on est en présence d'un chiffre qui concerne la masse globale des salaires distribués et qui exige d'être nuancé en tenant compte des diverses catégories concernées. Le cas des ouvriers d'industrie est probablement le mieux connu, mais il recouvre une très grande diversité de statuts. Pendant la période de prospérité des années vingt, le salaire global des ouvriers a augmenté du fait de l'action syndicale. Les premiers symptômes de la crise ne l'affectent guère et là où l'action syndicale est puissante, il y aura durant la crise forte résistance du salaire nominal, particulièrement à Paris. Si bien qu'en ne se fiant qu'à cette donnée, on pourrait être amené à conclure que, compte tenu d'une baisse du coût de la vie de l'ordre de 20 à 22 %, l'ouvrier d'industrie aurait, en termes de revenus, vu son sort s'améliorer durant la crise.

Indice du salaire nominal de l'ensemble des ouvriers d'industrie

	Paris	Province
1929	100	100
1930	114	110
1931	114	111
1932	109	109
1933	110	107
1934	110	108
1935	109	106

Ce serait vrai si n'existaient pas le sous-emploi et le chômage qui réduisent ou annulent le nombre d'heures de travail effectivement payées. Or ce dernier qui était d'environ 48 heures hebdomadaires en 1929 tombe à 42,8 h vers 1932. Il demeure difficile d'évaluer avec précision le poids du chômage sur la société française durant la crise. Il se trouve en effet que le chômage partiel n'est comptabilisé qu'assez tard et que les statistiques du chômage concernent pour l'essentiel les grandes entreprises et les chômeurs aidés par les bureaux de bienfaisance ou les caisses municipales. Aussi ne fait-il aucun doute que les 465 000 chômeurs recensés en

1936 représentent un chiffre sous-évalué par rapport à la réalité. Sans doute faut-il le doubler et admettre que la France aurait compté, au plus fort de la crise, environ 900 000 chômeurs, ce qui est relativement peu. Quoi qu'il en soit, ce sont le sous-emploi et le chômage et non la baisse des salaires qui sont responsables de la perte de revenu des ouvriers d'industrie. On peut évaluer à environ 30 % cette perte de revenu, la masse des salaires distribués dans l'industrie et le commerce passant entre 1929 et 1935 de l'indice 100 à l'indice 69.

En ce qui concerne les salariés agricoles, l'absence de données précises conduit à émettre des hypothèses plus qu'à affirmer des certitudes. Il semble que la baisse des salaires nominaux ait été assez faible de 1930 à 1934 (de l'ordre de 10 %). Mais la situation des ouvriers agricoles est déterminée également par un certain chômage, encore plus difficile à évaluer que celui du commerce et de l'industrie.

Beaucoup plus claire est la situation des fonctionnaires. Financièrement épargnés par la crise, mais psychologiquement atteints par les campagnes qui les désignent comme les boucs émissaires des difficultés françaises, ils sont en revanche les principales victimes de la politique de déflation. Jusqu'en 1931, leurs revenus ont augmenté du fait de la baisse du coût de la vie. C'est à partir de 1933 avec les premiers prélèvements sur leurs traitements que commence la réduction de leur revenu nominal, laquelle s'aggrave avec les décrets-lois de 1935. Commence alors pour eux une période difficile qui se solde par une diminution de 13,6 % du salaire nominal des petits fonctionnaires, de 17,6 % de celui des hauts fonctionnaires. En ce qui concerne le revenu réel, on a donc (compte tenu de la baisse du coût de la vie) un maintien du pouvoir d'achat. Au total, dans le groupe des salariés, ce sont les salariés de l'industrie et du commerce qui ont payé le prix de la crise du fait du chômage et du sous-emploi.

Il reste, pour que le tableau soit complet, à examiner la situation des revenus de la bourgeoisie d'affaires qu'il est possible de mesurer par l'évolution des revenus du capital. Globalement, les statistiques indiquent pour la période 1929-1935 une chute du revenu réel des capitaux mobiliers de l'ordre de 3,4 %. Mais, comme pour les données précédentes, ce chiffre moyen recouvre des catégories très différentes dont la situation n'est pas identique. Le secteur des services publics qui dispose d'un monopole et fixe ses prix en accord avec l'État a naturellement peu souffert de la crise. Les bénéfices se maintiennent, voire s'accroissent jusqu'en 1934 et la distribution de dividendes aux actionnaires se poursuit. La déflation Laval de 1935 conduit à une baisse de 10 % des tarifs, mais qui est loin de rattraper celle du coût de la vie. On est ici en présence d'un secteur nettement bénéficiaire durant les années de la crise.

Second secteur à échapper aux conséquences les plus dommageables de la crise, le secteur cartellisé, concernant les grandes entreprises (chimie, sidérurgie, verre), qui est rudement atteint dans les premières années de la dépression entre 1929 et 1932, période durant laquelle les dividendes distribués chutent d'un tiers. Mais très vite, ce secteur s'organise pour résister à la dépression et, dès 1933, les profits reprennent ainsi que la distribution de dividendes et on a vu que certains groupes réussissent même à améliorer leur position durant ces années.

Si bien que l'essentiel des frais de la crise dans ce domaine retombe sur le secteur non organisé, celui des entreprises isolées où, dès 1931, la masse des dividendes distribués s'effondre, et qui ne réussira jamais à redresser sa situation. Entre 1929 et 1934, les dividendes distribués chutent de 69 % dans ce secteur.

On peut donc considérer que, comme la crise économique, la crise sociale est sélective et touche de manière très différenciée les diverses catégories de revenus. Dans l'ensemble, le monde des affaires tire son épingle du jeu, sauf pour les entreprises isolées. En revanche les salariés du secteur privé paient durement le prix de la crise en terme de chômage et de sous-emploi. Mais le groupe le plus atteint est celui de la classe moyenne indépendante, du petit patronat de l'agriculture, du commerce et de l'industrie. Autrement dit, ce sont les groupes majoritaires de la société française qui subissent les plus fortes chutes de revenu, constituant de ce fait un bloc de mécontents disponible pour toutes les contestations. La crise économique et ses conséquences sociales vont donc avoir pour double effet de stimuler la réflexion entamée au lendemain de la guerre sur la nécessaire rénovation des idées et des conceptions politiques afin de tenir compte du monde nouveau né du premier conflit mondial et d'aggraver la crise politique esquissée durant les années vingt.

II

LA CULTURE DES ANNÉES TRENTE

Ramener la culture d'une époque à une tendance dominante est toujours un exercice dangereux. Nous avons pu le constater à propos de périodes dont la mémoire collective a conservé le souvenir enjolivé et passablement réducteur : la « Belle Époque » pour les années qui sont à la charnière du XIXe et du XXe siècles, les « années folles » pour la décennie postérieure à la grande tuerie de 1914-1918, etc. Il en est de même de l'espace temporel qui commence avec les premières retombées du krach de Wall Street et s'achève avec le déclenchement de la guerre. Années de crise et de pessimisme ambiant, sans nul doute, années de troubles et de bouleversements politiques débouchant sur la mise en cause radicale d'un modèle de société que l'on avait cru régénéré par le sacrifice d'une génération, et en tout cas amendable, années de tensions internationales enfin marquées par l'approche d'un conflit que beaucoup jugent inévitable et dont la perspective réveille les souvenirs déjà un peu lointains de l'horreur.

Faut-il, dans ces conditions, parler d'une « culture de crise » pour qualifier la production et la consommation culturelles des années 30 ? Oui, si l'on considère que nombre d'œuvres majeures sont porteuses des stigmates d'une époque qui tranche avec l'optimisme apparent de l'« après-guerre ». Oui encore, si l'on englobe dans la « culture de crise » les manifestations d'une insouciance de surface et les modes d'expression d'une fureur de vivre qui semblent prolonger la décennie précédente, mais qui sont tout autant le produit d'une inquiétude à laquelle chacun essaie d'échapper par l'« évasion », l'étourdissement ou la dérision. Non, si l'on réduit la culture des années 30 à ce filon unique et contradictoire, en oubliant qu'elle est également caractérisée par un retour partiel au classicisme, au rationalisme, à l'humanisme, et que la brève « embellie » du Front populaire a été porteuse d'une inspiration qui contraste, dans le domaine ici examiné, avec le défaitisme engendré par la grande dépression. Période complexe donc et qui, comme celle qui la précède, superpose des plans diversifiés, la décennie de l'« avant-guerre » ne saurait être perçue à travers une grille de lecture unique, aussi forte qu'ait pu être l'incidence de la crise sur les mentalités et sur la création.

Un nouveau rationalisme ?

En publiant, à sept ans d'intervalle, son *Essai sur la connaissance approchée* (1928), puis le *Nouvel Esprit scientifique* (1935), Gaston Bachelard a posé les bases d'une réhabilitation de la science et de la raison. Celles-ci avaient été fortement secouées par la grande vague antipositiviste de la fin du XIXe siècle et par les retombées qu'avait eues dans le public le triomphe du relativisme einsteinien. De celui-ci, et des travaux de Louis de Broglie — prix Nobel en 1929 — sur la mécanique ondulatoire, on avait un peu vite retenu l'idée qu'il ne pouvait y avoir de vérité scientifique établie. L'apport considérable de Bachelard est d'avoir montré qu'à défaut de vérités absolues et immuables, la science était un « savoir en devenir », capable d'élaborer des propositions « vraies », c'est-à-dire aussi « approchées » que possible, à un moment donné de sa propre évolution. À chaque étape, les certitudes antérieures se trouvent ainsi reconsidérées et intégrées dans une synthèse nouvelle, un peu plus large que la précédente et un peu plus exacte. Ce « nouveau rationalisme » s'oppose donc aussi bien au credo naïf des positivistes attardés, qu'au relativisme outrancier de ceux qui finissent par dénier toute valeur à la science. Celle-ci, explique Bachelard, demeure l'instrument privilégié de la connaissance, mais elle ne conservera ce statut qu'en étant tout entière méthode, en ne s'érigeant pas en système. Toutes les propositions de la science, écrit-il, même les plus célèbres, même celles qui ont résisté au temps et aux « révolutions » épistémologiques, ne sont que des moments et des instruments dans une tâche infinie.

De cette approche dialectique des modes de production du savoir, il résulte une vision raisonnablement optimiste et « progressiste » de l'avenir de la science, les travaux qui paraissaient jusqu'alors les plus décapants, les plus ravageurs pour les théories traditionnelles de la connaissance, se trouvant eux-mêmes relativisés, considérés comme producteurs de « vérités » provisoires et en fin de compte intégrés à un « devenir de la raison » qui n'est rien d'autre qu'une très longue suite d'erreurs et d'errances surmontées. La pensée de Bachelard n'introduit pas un retour pur et simple au scientisme et à ses illusions naïves, mais elle traduit, ou annonce, un regain de confiance dans l'outil scientifique dont témoignent également la création du CNRS et du Musée de l'Homme en 1936, celle du Palais de la Découverte en 1937.

L'idée d'une connaissance solidaire du moment et des conditions dans lesquelles elle s'exerce, procède d'une tendance plus générale à considérer l'homme « en situation » et à relier sa conscience au mouvement qui la porte vers le monde. C'est ici qu'intervient l'influence de la phénoménologie allemande, et plus précisément celle des philosophies de l'existence, introduites en France par un petit nombre de jeunes philosophes et par les traductions qui sont faites dans les années 30 des œuvres de Kierkegaard, Husserl et Heidegger. L'heure n'est pas encore venue où, dans le mélange de frénésie de jouissance et de conscience de l'absurde qui caractérise le second après-guerre, l'« existentialisme » connaîtra sa « divine surprise », mais déjà s'affirment sous la plume d'un Bataille, d'un Jean Wahl, et surtout d'un Sartre, qui publie en 1937 *La Nausée*, quelques-uns des thèmes qui nourriront après 1945 le « mal du siècle » d'une génération dont l'adolescence aura coïncidé avec la guerre.

Bachelard et les premiers adeptes français de Kierkegaard et de la phénoménologie allemande n'éveillent encore dans les années 30 qu'un écho de faible amplitude, limité à une fraction novatrice de l'intelligentsia. Le courant dominant de la philosophie, celui qui jouit, depuis que son fondateur a reçu en 1927 la consécration du Nobel, du statut de philosophie officielle, est le bergsonisme. Il a du coup perdu beaucoup de sa valeur subversive et est désormais attaqué par les jeunes littérateurs — Nizan par exemple dans *Les Chiens de garde* — au même titre que les poncifs éculés de la pensée universitaire. Le maître lui-même ne donne plus, après 1930, qu'une œuvre importante : *Les deux sources de la morale et de la religion* (1932) et voit son influence se réduire au profit de celle des défenseurs de la raison : un Léon Brunschvicg par exemple, professeur à la Sorbonne comme Bachelard, et auteur d'un ouvrage sur *La Raison et la religion*, publié en 1939 et qui fait un peu de ce néo-kantien un anti-Bergson.

Les intellectuels dans la mêlée

La littérature des années 20 avait eu pour caractéristiques essentielles la recherche de l'évasion, sous toutes ses formes, et une passion introspective à laquelle la mode du freudisme et les influences bergsoniennes n'étaient pas étrangères. Ceci n'avait pas empêché de grands noms de la littérature, des arts et de la pensée, de faire entendre leur voix dans le débat politique, voire de participer comme les surréalistes au combat d'idées. Ils étaient toutefois largement minoritaires.

Au cours de la décennie suivante, l'extension de la crise à toute l'Europe, la montée des totalitarismes et la confrontation des grandes idéologies de l'heure — démocratie libérale, socialisme réformiste, communisme, fascisme — bouleversent la vie culturelle du vieux continent et inclinent de plus en plus d'intellectuels à s'engager dans la bataille. À l'heure où l'extrême droite ligueuse s'apprête, en France, à donner l'assaut contre la République, où la guerre civile fait rage en Espagne, où Hitler engage l'Europe dans une série de coups de force dont sortira le second conflit mondial, où Staline soumet son pays à la terreur organisée, rares sont en effet les écrivains et les artistes qui, « au-dessus de la mêlée », peuvent encore se réclamer d'un humanisme fraternel transcendant les frontières des États et les clivages politiques, à la manière du Jules Romains des *Hommes de bonne volonté* (dont le premier des 27 volumes paraît en 1932) et du Roger Martin du Gard des *Thibault*. Les contraintes de l'actualité autant que l'« air du temps » poussent les créateurs à l'engagement politique, les uns dans le champ exclusif de la culture, d'autres dans celui de l'action militante.

Ainsi, au lendemain du 6 février 1934, des écrivains, des artistes, des savants appartenant aux divers courants de la gauche fondent le Comité de vigilance des intellectuels antifascistes, dont le rôle dans la constitution du Front populaire a été considérable. Le lancement en est assuré par trois personnalités prestigieuses : l'ethnologue Paul Rivet, directeur du musée d'ethnographie du Trocadéro (le futur « musée de l'Homme »), membre de la SFIO, le philosophe Alain, maître à penser du radicalisme français, et le physicien Paul Langevin, compagnon de route du PCF. Son action consiste surtout à diffuser des brochures dénonçant le danger fasciste (*Qu'est-ce que le fascisme*, 1935) et les méfaits du capitalisme français (*La Banque de France aux mains des deux cents familles*, 1936). En 1935, lors de la guerre d'Ethiopie, des écrivains et des journalistes de droite — académiciens, hommes de lettres proches de l'Action française et des organisations fascisantes, comme Robert Brasillach, Pierre Gaxotte et Thierry Maulnier, académiciens, « pacifistes » non marqués politiquement comme Pierre Mac Orlan et Marcel Aymé — signent un manifeste, *Pour la défense de l'Occident*, dans lequel ils se déclarent hostiles aux sanctions prises contre l'Italie. À quoi répond un contre-manifeste des intellectuels de gauche, rédigé par Jules Romains et où figure le nom d'Emmanuel Mounier.

Mais surtout c'est la guerre d'Espagne qui, de 1936 à 1938, mobilise intellectuels et artistes, quelques-uns comme combattants — André Malraux par exemple, enrôlé dans les brigades internationales et chef d'une escadrille aérienne engagée sur le front de Teruel —, les autres comme témoins présents sur le terrain (Bernanos, d'abord favorable aux nationalistes, puis dénonciateur de leurs crimes dans *Les Grands Cimetières sous la lune*, Brasillach dans le camp adverse) ou simplement par le truchement de leurs œuvres : *L'Espoir* de Malraux, les *Présages de la guerre civile* de Salvador Dali, le *Guernica* de Picasso, les affiches appelant à aider l'Espagne républicaine de Joan Miró, etc.

De cet engagement des intellectuels, tous les mobiles ne sont pas d'ordre strictement idéologique. Il entre dans leur action nombre de considérations existentielles qui relèvent d'un mal de vivre propre à la génération à laquelle ils appartiennent. À gauche, le choix du compagnonnage de route avec les marxistes constitue pour un homme comme Malraux le moyen d'échapper à la précarité de la « condition métaphysique ». À droite, la sympathie que manifeste Montherlant pour le vitalisme fasciste ne motive que très partiellement une action dont la valeur tient dans sa gratuité. Tel est le message du livre qu'il publie en 1935 et dont le titre significatif, *Service inutile*, résume clairement la pensée de son auteur. L'engagement est une nécessité pour l'homme. Il ennoblit son action et donne un sens à sa vie, à condition qu'il n'en soit pas dupe et qu'il sache qu'elle ne sert à rien, qu'elle n'est utile ni à l'individu ni à la société.

Tentations totalitaires

L'attrait exercé par le marxisme et par la forme qu'il est censé avoir prise en Russie depuis la Révolution d'Octobre est l'une des données majeures de la période. Il dépasse largement le cercle restreint des adhérents au PC et étend son influence à d'importants bataillons de « compagnons de route » auxquels il faudra beaucoup de temps pour qu'ils prennent conscience de la dérive accomplie par ce qui fut pour la plupart d'entre eux, représentants du monde intellectuel et de la jeunesse bourgeoise, « l'immense lueur née à l'Est ».

Après des débuts difficiles, consécutifs aux conditions dans lesquelles s'est opérée la scission de 1920 et la « bolchevisation » de la section française de la IIIe Internationale, le communisme a en effet le vent en poupe dans la France des années 30. Les difficultés dues à la crise, le peu d'enthousiasme suscité par les institutions et les idéaux d'une démocratie libérale qui paraît avoir épuisé toutes ses capacités de renouvellement, le spectacle donné par le jeu alambiqué du parlementarisme, l'appétit d'absolu d'une jeunesse qui n'a pas pour sa part renoncé au rêve, tout cela joue dans une partie de l'opinion en faveur du jeune parti communiste et de la « patrie des prolétaires » que glorifie la propagande du Komintern. Beaucoup de ceux qui se sont rendus en URSS pour confronter leurs espérances avec les réalités bien tangibles de la « construction du socialisme » sont revenus, quand ils ne se sont pas laissé prendre par la mise en scène ou aveugler par d'inébranlables certitudes, déçus et parfois révoltés par la vision de la « révolution confisquée ». Certains comme Gide, comme Georges Friedmann et comme beaucoup d'autres vont le proclamer avec vigueur, mais leurs voix sont encore moins fortes à gauche à la fin de la décennie que celles qui affirment que l'URSS est porteuse de l'espoir et de la jeunesse du monde.

Les années 30 voient ainsi le parti communiste faire entrer dans sa mouvance de nombreux écrivains appartenant à la génération de ceux qui ont fait la guerre, et à celle de leurs cadets, de Louis Aragon à Henri Barbusse, de Paul Éluard à Georges Friedmann, de Jean-Richard Bloch à André Wurmser, de Charles Plisnier à Paul Nizan. Adhésion au marxisme, en tant qu'idéologie structurée et globalisante ? Pour quelques-uns d'entre eux, comme Nizan, cela ne fait guère de doute, mais ils sont minoritaires. L'important pour la plupart des écrivains et des artistes qui s'engagent aux côtés du PC, c'est moins la doctrine que le message révolutionnaire dont il est porteur, et le romantisme que nourrit le mythe ouvriériste et libérateur de la Révolution d'Octobre. Jouent dans le même sens le rejet d'une société bourgeoise qui a enfanté la guerre et le non-conformisme d'un milieu qui se veut en marge des valeurs consensuelles inspirées par la classe dirigeante.

Dès cette période, la volonté des dirigeants communistes de soumettre les écrivains et les artistes se réclamant de la révolution aux impératifs d'une esthétique qui est déjà celle du « réalisme socialiste » provoque des tensions qui se manifestent par exemple lors du « Congrès international pour la défense de la culture », tenu à Paris en 1935 sous la présidence d'André Gide. S'y opposent les écrivains qui entendent ne pas subordonner leur art aux directives du parti et aux nécessités du combat politique, et les marxistes purs et durs, pour lesquels la littérature d'analyse psychologique, d'inspiration proustienne ou mauriacienne, n'est rien d'autre que le produit de l'oisiveté bourgeoise. Déjà en 1933, le refus opposé par certains surréalistes, dont Breton et Éluard, à « soumettre leur activité littéraire à la discipline et au contrôle du parti », avait entraîné leur exclusion de l'organisation communiste. Mais la dissidence est encore affaire d'individus isolés et de groupes ultra-minoritaires, même après 1935, lorsque ont commencé à être dénoncés les effets de la radicalisation totalitaire et terroriste du régime stalinien.

Il faut attendre 1936 et la rupture avec Gide pour que les premières fausses notes dans le concert des intellectuels communistes et sympathisants trouvent un écho en dehors de quelques cercles restreints d'écrivains et de journalistes. L'auteur des *Nourritures terrestres*, dont la réputation reposait à bien des égards sur l'apologie qui était faite dans ses livres de l'hédonisme et du non-conformisme, était passé dans le courant des années de la dénonciation des hypocrisies bourgeoises à la critique d'un système politique et social qui entretenait exclusions et inégalités. Contempteur du colonialisme dans son *Voyage au Congo*, paru en 1927, Gide se rapproche des communistes au début de la décennie suivante, pour des raisons assez proches de celles des surréalistes. Il voit dans le message révolutionnaire dont le parti est le dépositaire un instrument de libération de l'Homme et de destruction de l'ordre bourgeois. Choyé par le PC, qui utilise largement ce compagnon de route prestigieux, au demeurant très éloigné de la morale et de l'esthétique « prolétariennes », Gide va occuper pendant quelques années une place de choix dans la nébuleuse du compagnonnage de route. Il figure au comité de rédaction de la revue *Commune*, organe de l'Association des écrivains et artistes révolutionnaires. Il préside des meetings. Il fait avec Malraux le voyage de Berlin pour plaider, après l'incendie du Reichstag, la cause de Georges Dimitrov, maintenu en prison par les nazis malgré la reconnaissance de son innocence. Pourtant, lorsqu'il se rend en URSS deux ans plus tard, il est déçu par ce qu'on veut bien lui montrer et il le dit, dans un ouvrage paru en novembre 1936, *Retour de l'URSS*, qui provoque un véritable tollé parmi les adhérents et les sympathisants du parti. L'heure est à la défense de la République espagnole et aux premières difficultés sérieuses rencontrées par le gouvernement Blum, et le livre est perçu à gauche comme susceptible de porter tort au rassemblement antifasciste. De là la violence de la polémique qui oppose l'écrivain non seulement à la mouvance communiste mais à des hommes aussi peu suspects d'être inféodés à cette dernière que Jean Guéhenno. Elle conduira l'auteur des *Caves du Vatican* à rompre avec le parti et à faire repli vers des formes d'expression strictement littéraires.

Le cas de Gide est révélateur des difficultés que rencontrent les créateurs pour concilier leur engagement avec les impératifs qui leur sont dictés par leurs propres choix éthiques et esthétiques. Tout aussi significatif est celui de Romain Rolland, dont le compagnonnage a suivi toutefois un itinéraire plus complexe. Favorable au début au régime instauré par les bolcheviks, l'auteur de *Jean-Christophe* a répudié au début des années 20 la violence révolutionnaire dont les communistes s'étaient fait un drapeau. Elle lui paraissait inconciliable avec son idéal de tolérance et de fraternité. Il se tourna donc pendant quelques années vers la non-violence prônée par Gandhi. La montée du fascisme et l'avènement de la dictature en Allemagne le convaincront de l'illusion qu'il y a à vouloir opposer l'angélisme à la violence des forces réactionnaires. Il se tourne donc à nouveau vers le communisme, considérant la terreur révolutionnaire comme un mal nécessaire et passager, et cautionnant avec résignation un régime politique dont il n'ignore pas les excès. « *Malgré le dégoût*, écrit-il, *malgré l'horreur, malgré les erreurs féroces, je vais à l'enfant, je prends le nouveau-né : il est l'espoir misérable de l'avenir humain.* »

À l'autre extrémité du spectre idéologique, la fascination pour le fascisme — et pour son homologue nazi — n'a pas été moins forte, avec là aussi des degrés d'adhésion très variables selon les groupes et les individus concernés. Globalement, on peut admettre avec Raoul Girardet (« Notes sur l'esprit d'un fascisme français, 1934-1940 », *Revue française de science politique*, juillet-septembre 1955) qu'il s'est développé, au sein de l'intelligentsia française des années 30, un « phénomène d'imprégnation fasciste » qui est à la fois volonté de renouvellement, refus du monde bourgeois, de son conformisme frileux, de ses « commodités », de ses préoccupations matérialistes et de son idéologie rassurante et asexuée. Cet « esprit des années 30 », étudié par Jean Touchard et par Jean-Louis Loubet del Bayle (*Les non-conformistes des années 30*, Paris, Seuil, 1969), a soufflé avec une égale intensité sur l'ensemble du paysage politique français et a nourri toute une gamme d'attitudes émanant d'individus, de groupes, de revues qui, sans vouloir explicitement substituer une dictature musclée à la République parlementaire, marquent leur hostilité à celle-ci et rêvent d'une révolution spirituelle qui rendrait à la nation française sa force vive et serait en mesure de s'opposer aux deux Léviathans matérialistes qui menacent l'identité de l'Europe : le communisme russe et l'hypercapitalisme *made in USA*.

Unanimes à exiger une rupture avec le « désordre établi » (l'expression apparaît dans la revue *Esprit* en mars 1933), les « non-conformistes » sont loin de former une famille homogène. Grossièrement, on peut distinguer trois groupes entre lesquels il existe des passerelles et des terrains de parcours communs, où se croisent des hommes et des idées venus d'horizons divers. Le premier et le plus aisément classable est celui de la « Jeune Droite ». Apparu en 1928, il rassemble autour de revues plus ou moins éphémères telles que *Les Cahiers*, *Réaction*, *La Revue française* et un peu plus tard *Combat*, de jeunes intellectuels appartenant à la mouvance maurrassienne mais que l'immobilisme de l'Action française a rendus impatients de trouver d'autres lieux de réflexion et d'expression. À côté d'un Robert Maxence, d'un Robert Francis et d'un Robert Brasillach, qui deviendront effectivement fascistes, on y trouve des hommes comme Thierry Maulnier, Jean de Fabrègues, Maurice Blanchot, Pierre Andreu et René Vincent. Caractéristique à maints égards de l'esprit rénovateur des années 30, la « Jeune Droite » représente en même temps la moins originale des entreprises « non conformistes » en ce sens que, recueillant une partie de l'héritage maurrassien, elle conserve de puissantes attaches avec le traditionalisme de l'Action française et n'offre pas un visage aussi radicalement nouveau que ceux des deux autres courants.

Ceux-ci présentent en effet une plus grande originalité et sont du même coup plus difficiles à situer sur le classique éventail des positionnements politiques. Parler de « centre » à propos de *L'Ordre nouveau* et de « gauche » pour qualifier l'orientation d'*Esprit*, comme le fait l'historien anglais Alastair Hamilton (*L'Illusion fasciste. Les intellectuels et le fascisme, 1919-1945*, Paris, Gallimard, 1973), n'a guère de sens appliqué à des courants qui répudient précisément ces catégories et se définissent eux-mêmes par leur volonté de dépasser les clivages traditionnels. Admettons néanmoins que, par rapport à la « Jeune Droite », ils se développent sur un versant ouvert à des influences diverses et qui n'est pas, *stricto sensu*, celui de la « révolution conservatrice ».

De ces deux pôles du non-conformisme, le plus éloigné des itinéraires idéologiques reconnus est celui de l'« Ordre nouveau ». Par cette appellation générique, il faut entendre non seulement la revue qui a commencé à paraître en 1933 et a pris le nom du groupe fondateur, mais ce groupe lui-même — constitué dès 1929 autour de personnalités telles qu'Alexandre Marc, Arnaud Dandieu, Jean Jardin, Daniel-Rops et Denis de Rougemont. S'y rattachent également la revue *Plans* de Philippe Lamour et le bulletin *Mouvements* fondé en 1932 par André Poncet et Pierre-Olivier Lapie.

Le troisième groupe est celui qui s'est formé au début de 1930 autour de George Izard, d'André Deléage et de Louis-Émile Galey et qui devait donner naissance deux ans plus tard à la revue *Esprit*, dirigée dès sa création par Emmanuel Mounier et à laquelle vont collaborer Jean Lacroix, Étienne Borne, Pierre-Henri Simon, Georges Duvau, Henri Marrou et André Philip : en majorité des universitaires appartenant à la génération des 25-35 ans et proches pour la plupart d'un catholicisme influencé par Jacques Maritain ou par les divers courants de la démocratie chrétienne.

Un certain nombre d'historiens, parmi lesquels le Britannique Alastair Hamilton et l'Israélien Zeev Sternhell, ont mis l'accent dans leurs écrits sur les aspects du non-conformisme intellectuel des années 30 qui feraient qu'à bien des égards il pourrait être assimilé à une sorte de « fascisme spiritualiste » dont l'auteur de *Ni droite ni gauche* place le centre de gravité davantage du côté de *Combat*, la revue de Thierry Maulnier et de Jean de Fabrègues, que de l'espace intellectuel occupé par la revue *Esprit* et par le mouvement de l'Ordre nouveau, sans toutefois absoudre complètement ces derniers du péché de tentation fasciste. Or, s'il est vrai qu'il existe des points communs entre les « non-conformistes » et la petite légion d'intellectuels qui se réclame de l'idéologie des faisceaux — le rejet sans appel de la démocratie bourgeoise et du parlementarisme, à la fois effets et causes du déclin de l'Occident, le procès intenté au libéralisme, au capitalisme et aux hiérarchies de l'argent, le refus du matérialisme marxiste, l'exaltation de la jeunesse, l'obsession d'enrayer la « décomposition » de la nation, la répugnance enfin à exprimer le débat d'idées en termes de « droite » et de « gauche » —, cela ne suffit pas à tirer de ces convergences l'idée d'une fascination plus ou moins larvée des groupes considérés.

D'abord parce que ces traits communs, on les retrouve, plus ou moins accentués ou tempérés, dans beaucoup d'autres secteurs de l'opinion, dans certaines organisations d'anciens combattants, dans les minorités dissidentes de la gauche non communiste (néo-socialiste, « Jeunes Turcs »), parfois de manière plus diffuse chez l'homme de la rue. Ensuite, parce que sur un certain nombre de points fondamentaux, les non-conformistes prennent leurs distances à l'égard du fascisme ou se déclarent en désaccord formel avec certains thèmes majeurs de l'idéologie et de l'éthique fasciste. Ils rejettent le mythe guerrier. Ils répudient le nationalisme érigé par les générations qui les ont précédés soit en « forme idéologique abstraite » (R. Aron & A. Dandieu, *Décadence de la nation française*, Paris, Riéder, 1931), sans le moindre enracinement charnel et affectif, soit en mystique collective porteuse de toutes les fièvres belliqueuses. Enfin ils se démarquent avec vigueur du totalitarisme. Du communisme, bien sûr, que l'on condamne sans réserve comme étant à la fois « *un système contre l'homme* » et « *le rigoureux achèvement réformiste des erreurs les plus monstrueuses du capitalisme* ». Mais aussi du fascisme que les non-conformistes ont d'autant plus de mérite à prendre pour cible qu'ils reconnaissent volontiers ce qu'ils ont de commun avec lui, ainsi que la fascination qu'exercent sur nombre d'entre eux sa force vitale, sa modernité et ses potentialités révolutionnaires.

Ce sont des choix idéologiques et éthiques qui, tenant à leur culture politique, à leur engagement religieux, pour certains à leurs attaches demeurées très fortes avec la famille maurrassienne, ont empêché la plupart des « non-conformistes » de subir durablement l'attraction du fascisme : autrement dit, de subordonner leurs convictions à leur soif d'action et de changement, à l'illusion lyrique dont était porteuse cette « poésie de la nation » dans laquelle Brasillach croyait découvrir le symptôme et le remède au « mal du siècle » de sa génération.

Quelques-uns ont toutefois voulu aller plus loin que ce fascisme tendanciel, qui relevait davantage de la tradition antipositiviste et antibourgeoise de l'avant-guerre que de l'influence italienne ou allemande. C'est le cas de Drieu La Rochelle. Pour ce fils de bourgeois monarchiste, élevé dans une atmosphère ouatée et en quelque sorte « libéré » par une guerre qui le révèle à lui-même, le fascisme est d'abord une révolte contre sa classe et contre sa famille, un nihilisme antibourgeois. En dehors d'un nationalisme à vif, et qui ira d'ailleurs en s'atténuant au fur et à mesure que s'affirmera, pendant la guerre, l'adhésion de Drieu à l'européanisme hitlérien, la rupture est totale avec les valeurs traditionnelles de la bourgeoisie française, avec ses modes de vivre et de penser, avec son intellectualisme décadent. Drieu se dit « socialiste », mais son socialisme ne vise pas à l'amélioration du sort matériel des classes laborieuses, donc à leur embourgeoisement et à leur décadence. Il est au contraire volonté de développer chez tous les hommes les forces physiques et morales qui constituent leur dignité : ce que ni le capitalisme anonyme et égoïste, ni le matérialisme marxiste ne sont en mesure de leur apporter. Par réaction d'autre part contre la décadence bourgeoise — transposition ou sublimation d'un véritable dégoût de soi-même et d'une inaptitude durable à vivre avec son époque — Drieu développe une idéologie vitaliste qui fait de la vie en commun, du sport, du culte de la force et de la virilité les éléments rédempteurs d'une société corrompue par la civilisation moderne et l'ultime chance de porter remède au déclin français. En somme, le fascisme de Drieu est avant tout un effort pour changer l'homme, pour regénérer son esprit et son corps, pour lui permettre de reculer l'échéance de sa propre décomposition. Il n'est que secondairement l'adhésion à une idéologie politique. Telle est la signification de *Gilles*, le roman qu'il publie pendant la « drôle de guerre » et dont le héros est un jeune bourgeois qui, après avoir collectionné les déconvenues sentimentales et les déceptions politiques, croit trouver le salut dans l'engagement fasciste et dans l'aventure guerrière aux côtés des nationalistes espagnols.

Ce romantisme fasciste est également celui de la petite équipe qui, sortie du giron de l'Action française, s'est regroupée autour de l'hebdomadaire *Je suis partout* et de son rédacteur en chef Robert Brasillach : Pierre Gaxotte, Maurice Bardèche, Pierre-Antoine Cousteau, Lucien Rebatet, Georges Blond, Alain Laubreaux, etc. Chez Brasillach, on retrouve les idées et les sentiments chers à Drieu : une vision lyrique de la nation purifiée et regénérée débouchant inévitablement sur le racisme, l'amour de la force et de la jeunesse, l'oubli de soi dans la ferveur du groupe, l'adhésion à un fascisme vague qui, à cette date, s'inspire moins du national-socialisme que du modèle italien ou phalangiste. Et aussi un attachement viscéral à un passé idéalisé et poétisé qui n'est pas seulement celui de la France, mais déjà celui d'un « Occident » européen conçu comme le refuge des valeurs spirituelles face aux deux géants matérialistes que sont la Russie soviétique et l'Amérique anglo-saxonne.

Diversités des courants littéraires

L'engagement des écrivains a nourri durant les années 30 une production littéraire dont l'intérêt ne se limite pas au rôle qu'elle a pu jouer dans le combat politique. Des ouvrages tels que *L'Espoir* d'André Malraux, *Gilles* de Drieu La Rochelle, *Notre avant-guerre* de Brasillach, *Les Grands Cimetières sous la lune* de Bernanos, ou *La Conspiration* de Nizan ne sont pas seulement des témoignages ou des fictions romanesques ayant vocation à mobiliser les sympathisants de l'un ou l'autre camp. Ils ont une valeur esthétique. Ils ont survécu au temps en tant qu'échantillons d'un véritable courant littéraire, lequel englobe lui-même des œuvres produites par des écrivains moins directement « engagés » dans l'action militante. Que ce courant ait eu une résonance qui s'explique par la sensibilité de l'époque aux graves problèmes qui agitaient alors l'Europe ne signifie pas qu'il ait été quantitativement dominant, moins encore qu'il ait été perçu comme tel par les contemporains.

Plus encore peut-être que la période qui la précède, la décennie 1930 est marquée par la diversité des courants littéraires et par l'exubérance d'une production qui touche un public un peu plus large que celui de l'avant-guerre. Proche de la littérature politiquement et explicitement engagée, dont il vient d'être question, on trouve tout d'abord une série d'œuvres qui relèvent soit de ce qu'il est convenu d'appeler « l'esprit des années 30 », en ce sens qu'elles s'attachent surtout à dénoncer la dérive matérielle de la civilisation occidentale, soit d'une critique plus classique, en même temps plus corrosive parfois, de la société française et des catégories sociales qui sont censées en constituer l'« élite ».

À la première catégorie on peut rattacher, outre le Bergson des *Deux sources de la morale et de la religion*, pour qui faute d'un renouveau spirituel, l'humanité sera écrasée sous le poids de ses avancées techniques, et connaîtra une industrialisation qui aboutira à une nouvelle guerre,

Paul Valéry et Georges Duhamel. Le premier dénonce dans un ouvrage publié en 1931 — *Regards sur le monde actuel* — l'impuissance de l'*homo faber* à dominer ses propres créations. L'intelligence humaine, estime-t-il, a failli en ce sens qu'elle a créé des outils, monnaies ou machines, dont l'usage lui échappe. Le second voit dans la civilisation américaine (*Scènes de la vie future*, 1930) la préfiguration de la société à venir, les gratte-ciel de New York et les abattoirs de Chicago symbolisant à ses yeux un univers désincarné et inhumain, dans lequel la mort elle-même prend la forme d'un acte anonyme et stéréotypé.

La seconde catégorie rassemble des écrivains très dissemblables mais qui ont pour point commun de se livrer à une critique acerbe, parfois féroce, de la société de leur temps, les uns — comme Mauriac et Bernanos — dans une perspective qui demeure assez proche de la tradition réaliste du XIXe siècle, les autres en donnant à la manière de Gide une forme classique à leur révolte contre les hypocrisies et les tabous de la morale « bourgeoise », d'autres enfin en usant de la dérision et d'un humour grinçant pour fustiger les bassesses de leurs contemporains (Marcel Aymé), ou en poussant jusqu'au nihilisme leur désespérance et leurs rancœurs. Chez Louis-Ferdinand Céline, l'un des plus grands écrivains de l'époque, ce rejet sans appel de valeurs humanistes dont l'auteur du *Voyage au bout de la nuit* (prix Renaudot 1932) dénonce l'hypocrisie et la faillite s'exprimera par le truchement d'une langue provocatrice et volontiers ordurière, et aboutira au délire antisémite de *Bagatelles pour un massacre*.

À l'autre extrémité du spectre idéologique, ceux qui avaient été durant les « années folles » à l'épicentre de toutes les provocations et de toutes les révoltes — héritiers de dada et apôtres de la religion surréaliste — n'ont pas épuisé toute leur sève et toute leur fureur. Certes, le groupe a perdu beaucoup de sa cohésion et de son impact, avec le départ de ceux de ses membres qui ont accepté, comme Louis Aragon, d'obtempérer aux consignes de l'Internationale communiste et des dirigeants du PC, puis avec la dissidence qui a suivi le publication du *Second manifeste*. Des artistes et des écrivains comme Buñuel, Prévert et Desnos ont alors rejeté ce qu'ils considéraient comme la dérive autoritaire de Breton, et ont quitté le groupe tout en déclarant qu'ils restaient fidèles à ses principes en matière d'esthétique et de volonté révolutionnaire. La légion s'est donc clairsemée au fil des ans. Elle conserve néanmoins une forte vitalité, particulièrement dans le domaine des arts plastiques comme en témoigne le succès de l'Exposition internationale du surréalisme qui se tient à Paris en 1938.

Toute la littérature de cette époque est loin de refléter au premier degré la crise de civilisation des *gloomy thirties* (les sombres années 30). Celles-ci inclinent en effet nombre d'écrivains et de lecteurs à chercher un remède aux angoisses de l'heure dans l'évasion, prolongeant ainsi une tendance déjà largement présente au cours de la décennie précédente. Les uns, après avoir proclamé, comme Valéry, l'impuissance de l'homme moderne devant le naufrage de sa civilisation, s'évadent dans l'esthétisme, dans la « poésie pure », vide de sens et de contenu humain. D'autres se construisent un monde de fantaisie et d'irréalité, tels Cocteau et Giraudoux. D'autres encore cherchent le dépaysement dans le voyage, dans le contact avec d'autres civilisations comme Malraux (*La Voie royale*), Nizan (*Aden Arabie*), Francis de Croisset, Maurice Dekobra et surtout Paul Morand, ou dans le retour aux sources de la nature et aux valeurs du monde paysan (Jean Giono, Ramuz, Henri Pourrat). Le public suit, en assurant de gros tirages aux hommes de plume qui parviennent à lui faire oublier les difficultés de l'heure et les menaces qui pèsent sur son futur immédiat : Paul Morand, André Maurois, Joseph Kessel, Pierre Benoit, etc.

Prendre argument du succès commercial de cette littérature d'évasion pour stigmatiser la « décadence » des lettres françaises au cours de la décennie qui précède la guerre, serait tout a fait abusif. D'abord, parce que l'évasion et l'exotisme nourrissent depuis longtemps en France un filon littéraire d'une envergure certaine, et que les œuvres qui s'y rattachent sont souvent des œuvres de qualité. Ensuite, parce que ni cette production à vocation « récréative », ni celle qui résulte de l'engagement politique des créateurs, ou de leur inclination à faire du « malheur de la conscience » le thème majeur de leurs écrits, ne constituent des courants hégémoniques. Il y a tous ceux qui, parmi les grands noms de la littérature, poursuivent leur cheminement intellectuel, esthétique et spirituel, sans se préoccuper de faire rêver les Français ou de les incliner à entrer dans le combat politique, tels un Saint-John Perse ou un Claudel. Il y a les survivants des deux générations précédentes qui n'appartiennent pas tous au petit monde sclérosé et réactionnaire de l'Académie (Roger Martin du Gard n'y a pas été admis, mais il a reçu le Nobel en 1937). Il y a enfin nombre d'isolés dont l'œuvre transcende les clivages et les courants et qui, à des titres divers, figurent à la veille de la guerre parmi les grands, tel Saint-Exupéry dont l'engagement s'efforce de concilier, comme plus tard celui de Camus, héroïsme et humanisme. Pascal Ory a raison d'écrire, en conclusion d'un ouvrage collectif sur la culture de l'entre-deux-guerres : « *Alors, repli sur toute la ligne et rien que du médiocre ? On ne peut dire cela d'une nation qui, saignée à blanc, vieillissante, un peu somnolente, trouve encore la force de lancer dans l'universel Malraux et Giono,*

Prévert et Céline, Nizan et Sartre, Louis de Broglie et les Joliot-Curie, Georges Bernanos et la revue Esprit, *Jean Renoir et Jean Vigo, qui naturalise Stravinsky et publie l'édition originale d'*Ulysse, *d'une nation imperturbable au milieu des révolutions de toutes couleurs... des krachs de Wall Street et d'ailleurs, face à l'effondrement de la culture allemande et au saccage de la culture russe, réussit du moins à préserver son identité* » (Entre-deux-guerres. La création française, 1919-1939, Paris, F. Bourin, 1990, p. 585).

La création artistique

La décennie qui a suivi le premier conflit mondial a vu se développer, dans le domaine des arts plastiques, deux tendances contradictoires. Les provocations dada et les premières recherches esthétiques des surréalistes, qui constituent la partie la plus « visible » de la création artistique, sont contemporaines en effet d'une tendance générale au « retour à l'ordre ». Tout se passe, pour beaucoup de créateurs, comme si la guerre les avait incités à refréner leurs audaces et à se rapprocher d'un public que l'hermétisme de leurs œuvres de jeunesse avait éloigné d'eux, donc de renouer au moins partiellement avec la figuration.

Paradoxalement c'est Picasso qui, après avoir ouvert les voies les plus révolutionnaires, a donné l'exemple, dès 1915, en abandonnant la géométrisation totale des formes pour une peinture — celle des périodes « bleue » et « rose » — qui, sans renoncer entièrement au cubisme, rend leur importance à la couleur et aux formes figuratives. La rupture avec le cubisme est moins nette chez Georges Braque qui va désormais adopter une voie moyenne entre le figuratif et une transcription très interprétée et structurée du réel dont il ne se départira pas jusqu'à sa mort. Avec Matisse au contraire, on en revient à une approche plus conventionnelle de la réalité et à un choix des sujets (nus, danseuses, etc.) qui fait la part belle au goût du public. Il en est de même pour d'autres peintres, eux aussi en retrait par rapport aux hardiesses d'avant-garde de leurs jeunes années, tels Derain, devenu classicisant dans ses représentations de natures mortes sévères et de nus, et Raoul Dufy.

Le « retour à l'ordre » de l'immédiat après-guerre est loin cependant de marquer le triomphe définitif du figuratif sur les autres formes de représentation du réel ou du pensé. Avec Fernand Léger et avec le « purisme », le choix des sujets empruntés au monde du travail et la rigueur du dessin ne constituent pas un pur et simple retour à la figuration. Ils concourent à une esthétique dans laquelle « l'idée de la forme précède la couleur ». La peinture abstraite, qui avait jusqu'alors trouvé son terrain d'élection en Europe centrale et orientale, va devoir migrer avec la victoire et l'expansion du nazisme vers l'ouest du continent, notamment aux Pays-Bas et à Paris, devenu au début des années 30, avec le groupe « Cercle et carré » et avec la revue *Abstraction-Création*, le pôle majeur de ce courant, autour duquel gravitent des créateurs venus du monde entier : les Français Michel Seuphor, Jean Gorin et Auguste Herbin, le Néerlandais Mondrian, le Suisse Max Bill, le Russe Kandinsky, l'Anglais Ben Nicholson, l'Américain Calder, l'Uruguayen Torrès-Garcia, etc. Malgré leur extrême vitalité, ces groupes ne représentent toutefois jusqu'à la guerre que des chapelles dont l'audience est des plus limitées. Ne font dans une certaine mesure exception que Robert et Sonia Delaunay qui, après avoir abandonné le figuratif au début des années 30, se verront passer commande de la décoration des pavillons de l'Air et des Chemins de fer pour l'Exposition internationale de 1937.

Enfin, quelques-uns des plus grands peintres français, ou fixés en France, ne vont pas tarder à déserter les voies du retour à l'ordre. Il en est ainsi de Matisse et de Bonnard. Le premier revient, après son voyage aux États-Unis en 1930, à son grand style synthétique visant à ne retenir de la vision du réel que l'essence des formes. Le second réintroduit dans sa peinture une part de figuratif, prétexte à une rêverie qui s'exprime par des lacis de pâte colorée (*Le Déjeuner*, 1932). Mais surtout, c'est avec Picasso que s'affirme la volonté de renouer avec les recherches et avec les découvertes des avant-gardes : surréalisme, cubisme synthétique et expressionnisme. Son *Guernica*, exécuté pour le pavillon de l'Espagne républicaine à l'Exposition de 1937, peut être considéré comme le sommet de l'expressionnisme pictural de l'époque.

Le retour à l'ordre et à la tradition a, dans l'ensemble, moins affecté la sculpture française de l'entre-deux-guerres que l'art pictural. Il n'en a pas moins connu de beaux jours avec Despiau et Bouchard, maîtres d'œuvre du vaste programme sculptural des Palais de Chaillot et de Tokyo, édifiés à l'occasion de l'Exposition de 1937, et il inspire l'œuvre de créateurs qui, quoique à contre-courant des tendances novatrices de l'époque, méritent mieux que le mépris avec lequel ils ont été longtemps jugés, qu'il s'agisse de Pierre Poisson, de Louis Dejean, de Léon Drivier, de Georges Saupique ou de Marcel Gimond.

La volonté novatrice et la création de formes nouvelles se manifestent essentiellement autour de deux pôles : celui de l'abstraction avec Robert Delaunay, dont tout l'œuvre sculpté relève après 1930 de cette tendance, avec Mondrian, qui réside, nous l'avons vu, à Paris mais qui est à cette date complètement ignoré du public, et avec les représentants du mouvement issu de la revue néerlandaise *De Stijl* — le Néoplasticisme —, dont Paris est également l'un des principaux foyers (avec le Français Gorin, le Hollandais Doméla, l'Allemand Freundlich, etc.) ; celui d'autre part du surréalisme, qui conserve jusqu'à la guerre son caractère avant-gardiste et qu'illustrent des créateurs tels que Joan Miró, Max Ernst, Giacometti, Julio Gonzalez et Germaine Richier.

La musique française des années 30 n'a pas connu une aussi grande variété de tendances que la littérature et les arts plastiques. L'influence de l'expressionnisme est médiocre, celle du surréalisme à peu près nulle. Les grands mouvements novateurs passent ici par la diffusion du jazz, lui-même passé du spontanéisme « *New Orleans* » à des formes plus élaborées, introduisant dans le style *swing* une orchestration plus savante, mais les grands noms de l'art musical, à l'exception peut-être de Ravel qui, frappé d'une maladie cérébrale, cesse de composer en 1932, subissent peu son influence. Celle d'Arnold Schönberg et de l'école « dodécaphonique » viennoise (Alban Berg, Anton Webern) — qui donne pendant cette période quelques-unes de ses œuvres majeures — ne touche également jusqu'à la guerre que de petits cénacles de spécialistes. Elle n'est pas cependant sans impact sur les musiciens du « groupe des six » (Georges Auric, Arthur Honegger, Darius Milhaud, Francis Poulenc, Germaine Tailleferre, Louis Durey), lequel n'existe plus depuis 1930 en tant que cellule organisée.

Les tendances néo-classiques et le retour aux formes traditionnelles demeurent très fortes, que ce soit chez Stravinsky, dont l'exil, consécutif à la Révolution d'Octobre, s'est accompagné d'une conversion spectaculaire aux influences classiques, chez des musiciens affirmés comme Paul Dukas (mort en 1935), Albert Roussel et Florent Schmitt, ou chez Ravel lui-même, que la découverte de Schönberg et du jazz ne détournera pas de son écriture classique.

L'arrivée au pouvoir du nazisme, puis l'expansion hitlérienne provoquent à partir de 1934 une diaspora musicale à laquelle Paris et Londres servent de principaux refuges. Des compositeurs tels que Hans Eisler, Paul Dessau, Kurt Weill et Schönberg lui-même, des chefs d'orchestre comme Bruno Walter prennent ainsi le chemin de l'exil et vont apporter un sang neuf à l'art musical des pays d'accueil. À Paris, en juin 1933, est monté au théâtre des Champs-Élysées le ballet de Kurt Weill, *Les sept péchés capitaux*, écrit par Bertolt Brecht, dans une chorégraphie de George Balanchine. La musique, comme les arts plastiques et comme la littérature, subit donc la marque de son temps et reflète l'engagement de toute une génération d'intellectuels et de créateurs dans le combat politique. Au moment du Front populaire, Honegger met en musique dans *Jeunesse* les paroles de Vaillant-Couturier « *Nous bâtirons un lendemain qui chante* », et la musique de scène du *Quatorze Juillet* de Romain Rolland — représentée à l'Alhambra à l'occasion de la fête nationale en 1936 — est composée par Auric, Ibert, Milhaud, Roussel, Koechlin, Honegger et Lazarus. L'un des principaux novateurs de l'époque avec Olivier Messiaen, Erik Satie, alors complètement ignoré du public, rejoint les rangs du parti communiste, alors que son disciple, Henri Sauguet, reste indifférent à la politique.

Loisirs et culture de masse

Au sens classique et « noble » du terme, la production et la consommation de *culture* ne concernent encore en 1930 qu'une frange minoritaire de Français, quelques centaines de milliers, tout au plus, si l'on y inclut le roman, quelques milliers seulement si l'on ne prend en considération que la partie du public qui s'intéresse aux créations récentes, fréquente régulièrement le théâtre et le concert et ne se trouve pas automatiquement choquée par les hardiesses des avant-gardes. « Neuf Français sur dix — écrivent Dominique Borne et Henri Dubief — éclatent encore de rire devant un Braque ou un Picasso. Au cinéma des Ursulines, au cœur du quartier Latin, chaque représentation de *L'Étoile de mer* de Man Ray fut une bataille d'Hernani. Les deux plus grands cinéastes du temps, Vigo et Renoir, furent des créateurs maudits » (*La Crise des années trente, 1929-1938, Nouvelle histoire de la France contemporaine*, Vol. 13, Paris, Seuil, 1989, p. 283).

La décennie qui précède la guerre marque cependant une légère accélération dans l'élargissement du public, conséquence à la fois des progrès enregistrés dans la démocratisation de l'enseignement et des avancées technologiques qui ont accru la diffusion des grands moyens modernes de communication et d'information.

L'adoption graduelle, à partir de 1930, de la gratuité de l'enseignement secondaire, l'alignement des programmes du primaire supérieur et de l'enseignement secondaire féminin sur celui des lycées et collèges de garçons, l'accroissement du nombre des boursiers n'ont certes pas suffi à rompre les barrages de toutes sortes qui faisaient de l'enseignement du second degré (et à plus forte raison du supérieur) un fief de la bourgeoisie, à peine entamé à la veille du second conflit mondial. Des mesures explicitement malthusiennes, telles que l'institution en 1933 d'un examen d'entrée en sixième, destiné à canaliser le flux au demeurant très modeste provoqué par la gratuité, ont concouru à corriger le tir et à maintenir les vannes serrées. Néanmoins, les chiffres témoignent d'une incontestable ouverture dont les principaux bénéficiaires sont les fils (plus rarement les filles) des représentants de certaines catégories intermédiaires (fonctionnaires, enseignants, cadres moyens de l'industrie). Il y avait 107 000 élèves en 1930 dans les lycées et collèges des deux sexes. Il y en aura 195 000 en 1938 auxquels il faut ajouter les enfants et adolescents qui fréquentent les écoles primaires supérieures et les cours complémentaires, lesquels ont progressé à un rythme au moins équivalent.

À la veille de la guerre, la ségrégation reste forte entre les deux types d'établissements. Seuls les premiers donnent accès, au prix d'une vie adolescente passée dans une atmosphère de caserne (dénoncée par Jean Vigo dans *Zéro de conduite*), au baccalauréat, point de passage obligatoire pour tous ceux qui veulent entreprendre des études universitaires. Les seconds préparent, via le « brevet » et le « brevet supérieur », à des carrières subalternes : instituteur, professeur d'enseignement primaire supérieur, « ingénieur des arts et métiers » ou fonctionnaire de rang modeste. Ce n'est donc encore qu'une petite fraction du corps social qui, détentrice du « bachot », se voit ouvrir les portes de l'université et des « grandes écoles » et qui accède par ce biais au « public cultivé ».

Quant à ceux qui, issus des classes populaires urbaines et rurales et de la majorité des catégories intermédiaires, interrompent leur cursus scolaire au « certificat d'études », ils ne représentent que 30 % environ de leur classe d'âge. Près de 40 % — si l'on se réfère à une enquête sur les recrues du service militaire effectuée au début de la décennie précédente — ne dépassent pas le niveau du cours élémentaire et 7 % au moins ne savent pas lire. Ces pourcentages, au demeurant supérieurs à ceux de la plupart des autres pays européens, nuancent fortement l'image d'une France quasi universellement dotée d'un bagage culturel symbolisé par le « certificat ». Tel qu'il est, celui-ci constitue néanmoins pour la majorité des habitants de l'Hexagone un outil de connaissance qui favorise la diffusion de l'imprimé dans toutes les catégories sociales.

Cet élargissement du public potentiel conjugue ses effets avec ceux des progrès techniques — en matière de composition et de tirage, mais aussi et surtout de transmission des images (bélinographe) — pour accroître l'audience des grands journaux d'information et pousser en même temps à la concentration des entreprises de presse. À la veille de la guerre, sur un tirage total qui tourne autour des 10 millions d'exemplaires, deux titres se partagent la part du lion dans la presse parisienne avec 1 million d'exemplaires pour *Le Petit Parisien* et 1,8 million pour *Paris-Soir*. Lancé au début de la décennie par Jean Prouvost, grand industriel du Nord et maître d'un véritable empire de presse, ce dernier doit sa réussite à l'utilisation des techniques « américaines » de captation du public par l'accent mis sur le « sensationnel » — titres racoleurs, utilisation de l'image choc (celle par exemple de l'attentat de Marseille en octobre 1934), envoi de « grands reporters » sur les principaux lieux de l'actualité internationale, etc. — plus que sur l'usage immodéré du « sang à la une » dont *Paris-Soir* est loin d'avoir l'exclusivité.

Derrière ces deux leaders, dont les tirages conjugués représentent 30 % de celui de la presse quotidienne, les autres titres paraissent relativement modestes. Parmi les quotidiens parisiens, seuls *Le Journal* (410 000), *Le Matin* (310 000), *L'Intransigeant* (135 000) et *Excelsior* (130 000) dépassent les 100 000 exemplaires, tandis qu'en province on compte une bonne douzaine de feuilles ayant un tirage supérieur à 150 000 : *L'Ouest-Éclair* (350 000), *La Petite Gironde* (325 000), *L'Écho du Nord* (260 000), *La Dépêche de Toulouse* (220 000), etc. À côté de ces chiffres, qui témoignent globalement d'une réelle prospérité de la presse d'information — en pleine crise les grands journaux ont souvent modernisé leurs ateliers —, ceux de la presse dite « d'opinion » sont loin d'être ridicules, encore que certains d'entre eux avancent des chiffres dont de nombreuses études ont montré qu'ils étaient fortement gonflés. *L'Humanité* et *Ce Soir*, les deux quotidiens du PCF, auraient eu ainsi respectivement 350 000 et 260 000 lecteurs, *L'Œuvre* (radical) 235 000, *Le Jour-Écho de Paris* (droite catholique) 185 000, *Le Petit Journal* (PSF) 180 000, *Le Populaire* (SFIO) 160 000. À quoi il faut ajouter les forts tirages des grands hebdomadaires politiques : 650 000 exemplaires pour *Gringoire*, philofasciste et antisémite, 500 000 pour *Candide* (maurrassien), 100 000 pour *Je suis partout*, soit plus de 1,2 million pour ces trois organes de la droite extrême, tandis que la gauche et l'extrême gauche doivent se contenter d'une diffusion plus modeste : 275 000 exemplaires pour *Le Canard enchaîné*, 100 000 en 1932 pour l'hebdomadaire communiste *Regards*, 100 000 également à l'apogée du Front populaire pour *Vendredi*.

On lit donc beaucoup dans la France des années 30. Dans le budget quotidien nécessaire à l'ouvrier, qui figure sur les affiches de la CGT, est inclus l'achat de deux journaux, un quotidien du matin et un journal du soir. Nombreux sont les lecteurs, principalement citadins, qui y ajoutent l'achat d'un hebdomadaire politique et celui d'un ou de plusieurs magazines d'évasion : *Détective* tire à plus de 300 000, *Ric et Rac* à 350 000, *Marie-Claire* et *Confidences,* les deux principaux magazines féminins à un million d'exemplaires, le *Match* de Jean Prouvost à 800 000.

Quelles sont les conséquences de cette apparente boulimie de prose et d'images journalistiques ? Qu'elle ait concouru à une sorte d'homogénéisation culturelle de la société française ne fait guère de doute. Encore faut-il préciser que celle-ci n'incline pas nécessairement dans le sens d'un abaissement du niveau de réflexion des lecteurs. Globalement, on peut en effet affirmer que la qualité littéraire et le contenu intellectuel de la presse française ont plutôt eu tendance à s'élever durant cette période. Même un homme comme Prouvost, qui cherche avant tout à « faire » de l'audience et s'inspire des modèles d'outre-Atlantique, s'entoure au moment où il fonde *Paris-Soir* de collaborateurs prestigieux : des normaliens comme Pierre Audiat et Gabriel Perreux à la rédaction en chef, des hommes de lettres de renommée internationale comme Joseph Kessel, Blaise Cendrars, André Maurois ou Jean Cocteau, comme « envoyés spéciaux » contractuels, de grands professionnels du reportage tels que Jules Sauerwein, Bertrand de Jouvenel, Claude Blanchard et Marc Chadourne, qui comme leurs illustres confrères des feuilles concurrentes — Albert Londres, Andrée Viollis, Édouard Helsey, Louis Roubaud, etc. —, familiarisent le public avec les horizons proches ou lointains et avec les grands problèmes de l'heure.

Toute une fraction du lectorat se trouve ainsi préparée à une meilleure compréhension du monde contemporain, qu'il s'agisse de la connaissance des pays étrangers, des grands problèmes de société (par exemple les articles d'Albert Londres sur le « bagne ») ou de l'audience qui est donnée par la critique aux œuvres littéraires, théâtrales et cinématographiques récentes. Les pages « culturelles » des grands quotidiens ne sont certainement pas les plus lues. Elles viennent loin derrière les pages sportives et la rubrique des « faits divers ». Elles touchent néanmoins un public plus large que dans le passé.

L'impact sur les mentalités et sur le comportement politique est également considérable et il est clair qu'il joue dans un sens moins positif. Très largement positionnée à droite, et souvent à l'extrême droite, fortement reliée aux grands intérêts économiques, largement arrosée par les services de propagande des dictatures, la presse française des années 30 a beaucoup contribué à la diffusion dans le public d'une thématique favorable aux fascismes et à un rapprochement avec l'Italie mussolinienne, voire avec l'Allemagne de Hitler. Elle a servi de vecteur à un « pacifisme » sélectif qui a fortement freiné l'action des gouvernants les plus conscients du danger nazi. Elle a enfin constitué le lieu privilégié de production et de diffusion d'un discours xénophobe et antisémite qui n'a pas été sans conséquence sur la façon dont beaucoup de Français ont approuvé, tacitement ou non, les mesures adoptées à l'égard des naturalisés récents et des Juifs par le « premier Vichy ».

La radio, qui connaît son « âge d'or » durant la décennie qui précède la guerre, tend dès cette période à supplanter la presse écrite, à la fois comme moyen d'information et comme outil de diffusion d'une culture de masse administrée à fortes doses. Les années 30 voient en effet le nombre de récepteurs déclarés passer de 500 000 à plus de 5 500 000, ce qui signifie que près de la moitié des habitants de l'Hexagone se trouve à la veille de la guerre à portée quotidienne des ondes radiophoniques. Celles-ci sont théoriquement placées sous le monopole de l'État (l'administration des PTT), mais des dérogations « provisoires » permettent des initiatives privées qui aboutissent à la création de nouvelles stations. Radio-Paris se trouve ainsi concurrencé dès le milieu des années 30 par Radio 37 de Jean Prouvost, le Poste parisien, et surtout Radio-Cité, née en septembre 1935 du rachat par le publicitaire Marcel Bleustein de Radio LL. Avec cette dernière station entre en lice un type nouveau de *medium* radiophonique où alternent les diverses éditions du « journal parlé » (la « voix de Paris »), les reportages sportifs, les grandes émissions publiques gratuites sponsorisées (« Les Fiancés du Byrrh », le « crochet radiophonique », patronné par Monsavon et présenté par Saint-Granier, le « Music-Hall des jeunes » où triomphe Charles Trenet, etc.), les émissions de chansonniers, des émissions à sketches telles que « La Famille Duraton » ou « Sur le banc » qui met quotidiennement en scène un couple de clochards interprété par Jane Sourza et Raymond Souplex, ou encore des retransmissions de représentations théâtrales.

La radio va fortement concourir au bouleversement de certaines pratiques sociales. Les amateurs du sport-spectacle vont en effet pouvoir suivre l'épreuve pour laquelle ils se passionnent — arrivée d'une étape du « Tour de France », rencontres internationales de football ou de rugby, tournois de tennis, matches de boxe —, sans quitter leur fauteuil, informés de toutes les péripéties de l'événement par des reporters de talent, par exemple Georges Briquet du Poste parisien. Il en est de même pour les grands événements de politique intérieure et surtout de politique internationale. Radio-Cité par exemple est la première station à interrompre ses programmes pour annoncer une nouvelle importante à ses auditeurs. Ainsi, ceux-ci peuvent-ils en 1938 entendre Alex Virot, de passage par Vienne au retour du championnat d'Europe de ski, commenter depuis une cabine téléphonique l'entrée de la Wehrmacht dans la capitale autrichienne. Sans doute continue-t-on à s'arracher, certains jours, la « spéciale dernière » des quotidiens du soir, mais la pratique devient moins fréquente. Beaucoup préfèrent en effet rester chez eux pour écouter le « poste ». De là l'intérêt que revêt aux yeux des pouvoirs publics le contrôle des « informations ». En juillet et septembre 1939, deux décrets-lois qui transfèrent de l'administration des PTT à celle de la Radiodiffusion nationale la gestion du réseau public et la surveillance des stations privées, interdit à ces dernières de diffuser leurs propres bulletins d'information.

Deux médias culturels de masse jouent un rôle déterminant dans la France des années 30 et soulignent l'engouement de l'époque pour les distractions collectives et pour le spectacle. Le sport tout d'abord, essentiellement réservé jusqu'à la guerre à une élite, et dont plusieurs disciplines se sont transformées dans les années 20 en pratiques et en spectacles de masse auxquels la presse et surtout la radio assurent désormais une formidable audience. Il en est ainsi du cyclisme, avec l'épreuve reine que constitue chaque été le « Tour de France » — où s'affrontent les champions français (René Vietto, Antonin Magne, André Leducq) et les autres stars européennes du « vélo », les Belges Maës et Scieur, les Italiens Botecchia et Bartali —, et avec les populaires épreuves des « Six jours cyclistes » qui peuvent attirer au vélodrome d'Hiver à Grenelle (le fameux « vel'd'Hiv' ») jusqu'à 25 000 spectateurs.

Il en est ainsi également de la boxe et surtout du football. Ce dernier est devenu en effet depuis le début de la décennie précédente un sport populaire pratiqué par un nombre croissant d'adeptes, alors que son rival, le rugby, reste socialement et géographiquement circonscrit, et le sport-spectacle par excellence, avec ses équipes vedettes — Marseille, Roubaix, Sète, Montpellier ou le « Red Star » — et ses étoiles professionnelles, adulées et payées au prix fort. Déjà la coupe « Jules Rimet », qui couronne tous les quatre ans la meilleure équipe mondiale, est l'enjeu d'une bataille planétaire dans laquelle les Français ne viennent d'ailleurs qu'au second rang après les Italiens, les Britanniques et les Latino-Américains.

En même temps qu'il élargit son public, le sport-spectacle subit les effets corrosifs, pour l'idéal qui était censé animer depuis le siècle précédent les pratiquants des grandes disciplines du muscle, du professionnalisme clandestin et de la pénétration croissante des intérêts économiques. Il en résulte des crises et des scissions, comme celle qui a conduit certains clubs de rugby à rompre avec la forme orthodoxe de ce sport et à inventer le « jeu à XIII ».

La démocratisation de la pratique et du spectacle sportifs n'affecte pas de la même manière toutes les disciplines. Bien que les exploits des « quatre mousquetaires » (Cochet, Borotra, Lacoste et Brugnon) — qui conservent jusqu'en 1933 la coupe Davis à la France — aient accru l'audience de ses supporters, le tennis demeure limité jusqu'à la guerre à une frange étroite du corps social, pour qui il constitue au même titre que le piano pour les jeunes filles, un signe de reconnaissance. Il en est de même de l'équitation. L'athlétisme est en principe plus ouvert, en ce sens que sa pratique n'exige pas de grands sacrifices financiers. À un certain niveau, il exige en revanche une disponibilité qui limite très fortement le recrutement des futurs champions, et ceci d'autant plus qu'à la différence de ce qui se passe dans les États totalitaires, l'État n'apporte aucune aide aux sportifs. Il en découle des résultats médiocres lors des grandes confrontations internationales et notamment des Jeux Olympiques. À Amsterdam en 1928, la France avait encore obtenu une médaille d'or : celle du Marathon (dont le titulaire mourra d'ailleurs dans la misère). En 1932 à Los Angeles, ses athlètes figurent dans quelques-unes des finales d'athlétisme. Mais, lors de Jeux de Berlin en 1936, où triomphent les Américains, les équipes d'Allemagne et d'Italie, ils sont à peu près inexistants.

Est-ce à dire que les Français n'obtiennent des victoires que dans des disciplines telles que le tennis, jugé peu représentatif des vertus viriles par les admirateurs des régimes forts, ou le cyclisme déconsidéré aux yeux de beaucoup par son caractère plébéien ? Ce serait oublier les succès récurrents des escrimeurs français, égalés seulement par ceux des Italiens, des haltérophiles, des lutteurs, des pugilistes (une dizaine de titres de champion du monde durant l'entre-deux-guerres), des aviateurs et aviatrices, c'est-à-dire de sportifs pratiquant des exercices de force et de combat. Il n'en reste pas moins que, globalement, le sport français des années 30 apparaît, aussi bien au niveau de la pratique de masse que des scores enregistrés par les athlètes de haut niveau, comme largement surclassé par celui des États dictatoriaux, des pays anglo-saxons et de ceux de l'Europe du Nord.

Mais c'est surtout le cinéma qui constitue le grand divertissement de masse de la période, en même temps qu'il acquiert ses lettres de noblesse, s'érigeant selon la formule consacrée en un « septième art » dont il ne faut tout de même pas oublier qu'il est également, et peut-être principalement, une industrie commandée par de fortes contraintes budgétaires. Au début de la décennie 1930, celles-ci se trouvent amplifiées par l'adoption du « sonore » puis du « parlant » qui exigent des moyens financiers encore plus importants et poussent à une concentration que la crise accélère et qui favorise les industries filmiques américaine et allemande. Cela n'empêche pas la cinématographie française de connaître elle aussi son âge d'or et de figurer, qualitativement du moins, au premier rang de la production internationale.

Comme le vecteur radiophonique, dont le développement est contemporain de celui du parlant, le cinéma s'adresse à un public interclassiste qu'il contribue à homogénéiser. Là où le théâtre, le concert ou la scène lyrique servent de révélateurs à des clivages encore très marqués dans la France des années 30 — affaire de budget sans doute, mais davantage encore semble-t-il de pratiques sociales et culturelles —, il favorise le brassage des diverses strates de la société. Jean-François Sirinelli fait remarquer que le Jouvet acteur et metteur en scène de théâtre reste inconnu du grand public, alors que, personnage du grand écran (le proxénète d'*Hôtel du Nord*, le médecin affairiste de *Knock*), il devient pour celui-ci une figure familière (in R. Rémond, *Notre siècle, 1918-1988*, Paris, Fayard, 1988, p. 258). Dans l'autre sens, un artiste populaire comme Raimu finira par conquérir ses lettres de noblesse en s'imposant (pendant la guerre il est vrai et non sans réticences de la part d'une partie du public) sur la scène de l'Odéon (dans *Le Bourgeois gentilhomme* de Molière).

Ce brassage et cette homogénéisation sont favorisés par le fait qu'il s'agit, répétons-le, d'une cinématographie de qualité, d'une diversité extrême et d'où émergent un certain nombre de chefs-d'œuvre. Cinéma de divertissement tout d'abord, avec ses films « chantants » et « dansants », ses comédies légères et ses grandes fresques historiques (Abel Gance), cinéma à vocation sociale et politique, avec *Quatorze Juillet* et *À nous la liberté* de René Clair, *La Marseillaise*, *Toni* et *La Grande Illusion* de Jean Renoir (l'un des grands succès de l'immédiat après-guerre), cinéma « noir » inspiré par l'atmosphère de la crise, avec *Pépé le Moko* de Duvivier, *Quai des brumes* et *Hôtel du Nord* de Marcel Carné (sur un scénario de Jacques Prévert tiré d'un roman de Pierre Mac Orlan), *La Règle du jeu* de Renoir, *Remorques* de Jean Grémillon, et surtout *Le Jour se lève* du couple Carné-Prévert, sorti sur les écrans quelques semaines avant le déclenchement du conflit.

À cette date, la veine du « réalisme poétique », qui avait également donné des œuvres moins pessimistes, porteuses de la grande espérance de 1936 — comme *La Belle Équipe* de Duvivier —, s'inscrit dans une production filmique qui n'a cessé de croître quantitativement depuis le début du « parlant » (environ 170 longs-métrages par an en 1937-1939 projetés dans plus de 4 500 salles pour 250 millions de spectateurs) et que dominent, de très loin, les œuvres ayant pour principal souci de distraire le public : comédies en tout genre et films chantés où triomphent notamment Fernandel et Tino Rossi. Il y a bien également, conséquence du climat de tension qui caractérise l'immédiat avant-guerre et signe du changement intervenu après Munich dans toute une partie de l'opinion, un cinéma d'inspiration patriotique exaltant les valeurs militaires et l'épopée coloniale (*La Bandera* de Julien Duvivier dès 1935, *Trois de Saint-Cyr*,

Alerte en Méditerranée, etc.), mais il ne constitue qu'un filon très minoritaire.

Près des trois quarts des recettes du spectacle sont à la veille de la guerre drainés par les salles obscures, contre un peu plus de 30 % en 1925. Cet accroissement en pourcentage tient principalement à la dilatation globale du public, ce que gagne le cinéma n'étant pas nécessairement perdu par les autres formes de divertissements. Le théâtre conserve sa clientèle d'habitués, recrutée dans les différentes strates de la bourgeoisie citadine, avec une prédilection tout aussi marquée que dans les années 20 pour les auteurs du « Boulevard » : les Bernstein, Bourdet, Pagnol, Jacques Deval, Marcel Achard et autres Sacha Guitry. Le vaudeville, la comédie légère, la « satire de mœurs » reproduisent jusqu'à saturation les mêmes canevas, les mêmes silhouettes, les mêmes situations stéréotypées, mais le genre attire un public qui sait apprécier, chez les auteurs qui viennent d'être cités, la qualité de la langue, le brio des dialogues, le jeu des acteurs (Pierre Fresnay et Henri Garat, Pierre Brasseur et Elvire Popesco, Raimu et Saturnin Fabre, etc.) et les clins d'œil faits à l'actualité politique et aux menus événements du « tout-Paris » mondain.

Pas de pertes sensibles non plus du côté du public « cultivé » qui aux reparties étincelantes d'Achard ou de Guitry préfère, outre le répertoire classique, les grands dramaturges étrangers (Pirandello, qui connaît un vif engouement pendant toute la période, Tchekhov, Ibsen ou Strindberg) et les œuvres d'auteurs français contemporains qui par leur profondeur, leur valeur littéraire ou leur originalité se distinguent de la production courante du « Boulevard ». Servies par quelques grands metteurs en scène, comme ceux qui forment le « Cartel » des quatre (Gaston Baty, Sacha Pitoëff, Charles Dullin, Louis Jouvet), elles font le succès et la réputation d'auteurs tels que Giraudoux, Anouilh, Salacrou et Cocteau. En revanche, le théâtre populaire connaît une désaffection profonde, le public désertant les salles de quartier où triomphait autrefois le « mélo » pour le « ciné » et pour les exhibitions du sport-spectacle (cyclisme et boxe).

Il en est de même du café-concert qui avait connu ses beaux jours au début du siècle et s'était mal remis de la relative austérité du temps de guerre. Les genres qui s'étaient peu à peu substitués à lui — music-hall, cabaret, revues de variétés et de chansonniers — sont au contraire en plein essor. Les années 30 consacrent le triomphe de Rip (pseudonyme de Georges Thenon) et de Sacha Guitry au théâtre des Variétés, en même temps que le talent de jeunes chanteurs-compositeurs qui, avec Mireille et Charles Trenet, vont révolutionner la chanson française. Sans doute les grosses recettes vont-elles encore à la veille de la guerre à des interprètes qui bousculent moins les habitudes du public, Tino Rossi dans le charme et Maurice Chevalier dans la « fantaisie » gouailleuse. Mais le vent est au changement et le « roi Maurice » lui-même, qui a le flair des grands professionnels, pressent qu'une page est tournée et se décide en fin de compte, après avoir boudé le « fou chantant », à mettre « Y'a d'la joie » à son répertoire devant le public du Casino de Paris.

Symbole d'une époque qui s'achève ? La chanson française des années qui précèdent immédiatement la guerre paraît résumer, à s'en tenir à quelques-uns des titres qui ont figuré parmi les grands succès de l'heure, l'insouciance forcée et le repli égoïste d'une population qui a subi coup sur coup le traumatisme de la guerre, puis les effets déstabilisateurs et démoralisateurs de la crise, et qui se voit affrontée au risque d'une nouvelle conflagration européenne. On chante « *Tout va très bien madame la marquise* » (Ray Ventura), « *Chacun sur terre se fout, se fout, des p'tites misères de son voisin du dessous* » (Maurice Chevalier), ou encore « *Dans la vie faut pas s'en faire... Nos petites misères, seront passagères, tout ça s'arrangera* », tandis que résonne un peu partout en Europe le bruit des bottes. Soit. C'est du moins ce que la mémoire collective a surtout retenu des refrains de la veillée d'armes, inclinée en ce sens par nombre de fictions cinématographiques et de films de montage réalisés après coup et attentifs à pourchasser le virus munichois.

Illusion rétrospective, à bien des égards, en ce sens que, si elle a bel et bien existé, cette expression de l'indifférence populaire vis-à-vis des grands problèmes de l'heure ne constitue, elle aussi, qu'un versant du sentiment public. Dans la France de 1938-1939, on chante aussi « *Mon légionnaire* » (Damia), « *Le fanion de la légion* » (Fréhel) et « *Flotte petit drapeau* », au diapason des films qui exaltent la grandeur de l'Empire et la gloire des armes françaises et de sondages d'opinion — les premiers du genre — qui disent sans ambiguïté qu'une majorité d'habitants de l'Hexagone juge la guerre contre le IIIe Reich inévitable et sont résignés à la faire.

III

LA CRISE POLITIQUE EN FRANCE
(1930-1936)

L'échec de la droite (1930-1932)

Depuis juillet 1926, après l'échec du Cartel des gauches, la France est dirigée par des gouvernements du centre ou de la droite. Raymond Poincaré qui a gouverné d'abord avec les radicaux, puis après le passage de ceux-ci à l'opposition en 1928, avec une majorité de droite, a pris sa retraite en 1929. Après un bref intermède Briand qui dirige, entre juillet et novembre 1929, son onzième et dernier cabinet, la présidence du Conseil échoit à André Tardieu et Pierre Laval, hommes de droite qui apparaissent comme les deux candidats les plus solides à la succession de Poincaré. Ils sont appuyés par la majorité de centre-droit et de droite issue des élections de 1928. Malgré l'ambiguïté de celle-ci, il est clair en effet qu'il n'y a pas de majorité pour soutenir une expérience de centre-gauche et les radicaux Camille Chautemps et Théodore Steeg désignés comme présidents du Conseil l'un en février 1930, l'autre en décembre de la même année en font l'expérience, leurs gouvernements respectifs ne durant pas plus de quelques jours chacun. En revanche, Tardieu est président du Conseil presque sans discontinuer de novembre 1929 à décembre 1930, puis de février à juin 1932, cependant que Laval dirige le gouvernement de janvier 1931 à février 1932.

Entre les deux hommes qui aspirent l'un et l'autre à la direction politique d'une droite orpheline de Poincaré, il y a incontestablement différence d'envergure. Pragmatique, dépourvu de convictions, convaincu qu'un compromis est toujours possible, Pierre Laval, ancien socialiste désormais passé à droite après avoir fait fortune, se veut le successeur

449

d'Aristide Briand, dont il imite la démarche voûtée, la cigarette au coin des lèvres et le cynisme délibéré. Au demeurant, il consacre l'essentiel de ses efforts durant son gouvernement à la politique étrangère, tentant de promouvoir un rapprochement franco-allemand malgré la poussée nationaliste qui agite la république de Weimar et en dépit de l'audience croissante des nazis. Pour lui, il s'agit en effet de maintenir la paix par tous les moyens. En revanche, il ne prend guère de mesures significatives contre la crise économique dont les premières manifestations deviennent perceptibles durant son ministère.

André Tardieu apparaît comme un homme d'État d'une tout autre envergure et les années 1930-1932 sont l'apogée de sa carrière politique, le moment où il apparaît comme le probable successeur de Poincaré. Normalien, journaliste brillant, collaborateur de Clemenceau à la conférence de la paix, ministre des Régions libérées en 1919-1920, il est réélu député en 1926 et Poincaré le ramène au gouvernement comme ministre des Travaux publics. Brillant, fourmillant d'idées, il a contre lui une suffisance qui irrite ses collègues et un mépris ostensible pour le monde politique qui le lui rend en hostilité plus ou moins voilée. Devenu président du Conseil en novembre 1929, à la suite de la démission de Briand et quelques jours après le krach de Wall Street, il lance la France dans la « politique de la prospérité » en faisant voter le plan d'outillage national dont les premiers effets retarderont sans doute la prise de conscience de la crise économique en France, même si, comme on l'a vu, son objet n'était nullement de provoquer une relance. Ministre de l'Agriculture du cabinet Laval lorsque se déclenche la crise, il est à l'origine des premières mesures de soutien des prix agricoles et des décisions protectionnistes (voir chapitre I). Mais lorsqu'il quitte le pouvoir, en juin 1932, la France s'enfonce dans la crise économique et ce fait pèsera lourd dans le résultat des élections législatives de cette année.

L'échec économique dans les mesures prises contre la crise n'est pas le seul à inscrire au passif de Tardieu. Plus sensible sans doute est celui qui affecte ses projets politiques. La grande idée de Tardieu est en effet d'aligner les institutions et la vie politique françaises sur celles de la Grande-Bretagne dont il est un admirateur inconditionnel. Pour parvenir à ce résultat, il songe d'abord à simplifier le système politique français en rassemblant les forces politiques. Il considère en effet que les différences entre partis sont minimes ou négligeables, à l'exception de celles qui séparent les partis marxistes des autres. Aussi souhaiterait-il rassembler le centre et le centre-gauche, avec une partie des modérés, dans un grand parti conservateur libéral dont il pourrait prendre la tête et qui s'opposerait aux socialistes et aux communistes, rejetés dans une opposition perpétuelle. Dans cette stratégie, son effort principal porte sur les radicaux qu'il tente de convaincre de le rejoindre. En mars 1930, dans le discours de Dijon, il fait au parti radical des offres précises et remarque que son gouvernement applique pratiquement sur tous les points la politique qu'eux-mêmes préconisent (« *Ne tirez pas sur moi*, déclare-t-il dans une formule célèbre, *je tiens vos enfants dans mes bras* »). Mais cette tentative est un échec total. Bien qu'ils soient las d'une opposition à laquelle ils ne sont pas accoutumés, les radicaux qui se considèrent comme des hommes de gauche ne sont pas prêts à renoncer à leur identité pour rejoindre un président du Conseil qui est, à leurs yeux, le symbole de la droite. Le dépassement des vieux clivages que, comme Poincaré, mais avec moins d'habileté, Tardieu leur propose leur apparaît comme un reniement inacceptable. Si bien que, comme Poincaré, Tardieu devra, à son corps défendant, gouverner en s'appuyant sur une majorité de droite. En 1931, Laval ne sera d'ailleurs pas plus heureux lorsqu'il tentera en vain de pousser les radicaux à entrer dans son gouvernement. Et quand, début 1932, Laval, appuyé par Tardieu et Georges Mandel, propose, pour contraindre les radicaux à accepter l'alliance avec le centre, d'établir le scrutin uninominal à un tour (celui utilisé en Grande-Bretagne et qui favorise les forces politiques importantes en éliminant les autres), le Sénat où les radicaux sont en force renverse son gouvernement.

N'étant pas parvenu à rassembler comme il le souhaitait les forces politiques antimarxistes, Tardieu va désormais diriger ses critiques contre le régime parlementaire lui-même. En 1930, l'élargissement de la loi sur les assurances sociales, établie deux ans plus tôt par Poincaré, dresse contre lui une partie des forces conservatrices qui n'admettent pas les mesures incluses dans la loi. Ils saisissent, pour se débarrasser de lui, l'occasion de la révélation du « scandale Oustric », banqueroute frauduleuse d'un banquier, qui compromet le garde des Sceaux, Raoul Péret, et le sous-secrétaire d'État, Gaston Vidal. En décembre 1930, le Sénat renverse Tardieu. C'est que celui-ci a dressé contre lui une bonne partie des « Républicains » attachés à la prépondérance du Parlement dans les institutions. Or, Tardieu ne fait pas mystère de son souhait de voir s'établir un pouvoir exécutif puissant qui réduirait le rôle du Parlement dont il déteste les combinaisons au simple vote des lois et du budget et donnerait au gouvernement des moyens d'action accrus. Désespérant de voir les parlementaires accepter cette amputation de leurs pouvoirs qu'il appelle de ses vœux, Tardieu prête une attention vigilante aux ligues qui se sont multipliées depuis les années vingt et, ministre de l'Intérieur du gouvernement qu'il dirige en 1930, il n'hésite pas à les subventionner sur les fonds secrets. Ulcéré par sa chute de décembre 1930, il accentue, dans les mois qui suivent, ses critiques antiparlementaires. Redevenu chef de la majorité à la veille des élections de 1932, il lui appartient de conduire celle-ci dans le scrutin dont il s'efforce de faire un test, demandant à l'opinion de choisir entre ses vues et celles des socialistes qui apparaissent comme ses principaux adversaires, les radicaux étant accusés par lui de faire, par laxisme et irresponsabilité, le jeu des marxistes. Aussi les élections de 1932, à la différence de celles de 1928 qui s'étaient faites autour des projets consensuels de Raymond Poincaré vont-elles être, du fait de Tardieu, des élections droite contre gauche, Tardieu faisant figure de chef d'une droite dure, autoritaire, « antirépublicaine » (c'est-à-dire prônant un renforcement du pouvoir exécutif).

Les élections de 1932 et le retour de la gauche au pouvoir

Les élections de 1932 voient proposer aux Français trois projets antagonistes. André Tardieu, chef de la majorité sortante, reprend son programme de constitution d'une vaste force rassemblant le centre-droit et les radicaux. C'est un programme de concentration qu'il propose à Édouard Herriot, redevenu en 1931 président du parti radical. À l'opposé, Léon Blum, principal dirigeant du parti socialiste, propose aux radicaux un programme de lutte contre la crise économique inspiré des solutions socialistes et auquel toute la gauche pourrait se rallier. Quant à Édouard Herriot, président du parti radical, il offre aux Français une troisième voie. Opposant à Tardieu une fin de non-recevoir très ferme (au nom du refus de toute alliance avec la droite), répondant par le silence aux offres de Blum, il préconise un programme de caractère centriste, inspiré des idées radicales et auxquelles les autres forces politiques seraient invitées à se rallier. En cas de désaccord, il leur appartiendrait de prendre la responsabilité de renverser le gouvernement. La tactique d'Édouard Herriot est donc claire. Répudiant l'alliance à droite proposée par Tardieu, il n'entend pas devenir, comme il l'a été en 1924, l'otage des socialistes qui ne lui prêteraient qu'un soutien précaire et révocable, tout en lui laissant la totalité des responsabilités. Ce que propose Édouard Herriot, c'est le vieux programme traditionnel du parti radical, fondé sur la laïcité, la défense de la République, un réformisme prudent et la lutte contre la crise en respectant les dogmes de l'orthodoxie financière (équilibre budgétaire et maintien de la valeur de la monnaie), autrement dit la politique de déflation. Or c'est globalement la situation que l'électorat français choisit. Les élections de 1932 représentent en effet une nette victoire de la gauche. Celle-ci l'emporte d'un million de voix sur la droite. Au sein de la gauche, les socialistes devancent de peu, en voix, les candidats radicaux, cependant que les communistes toujours engagés dans leur tactique sectaire « classe contre classe » perdent un tiers de leur électorat et enregistrent un net recul.

Électeurs inscrits			11 561 751
Suffrages exprimés			9 579 482
Conservateurs	82 859	Radicaux-socialistes	1 836 991
Fédération républicaine	1 233 360	Républicains-socialistes	
Républicains de gauche	1 299 936	et socialistes-	
Démocrates-populaires	309 336	indépendants	515 176
Radicaux indépendants	455 990	Socialistes SFIO	1 964 384
Modérés indépendants	499 236	Socialistes-communistes	78 472
Radicaux indépendants de gauche	500 000	Communistes	796 630
Droite	3 880 717	Gauche	4 895 023

Source : Serge Berstein, *La France des années trente*, op. cit.

Le second tour voit la nette confirmation de la victoire de la gauche qui l'emporte largement en sièges puisque, même en faisant abstraction des 12 députés communistes qui ne sauraient appartenir à aucune majorité, elle totalise 334 députés contre 259 à la droite.

Résultat en sièges des élections de 1932

Communistes	12
Socialistes-communistes	11
Socialistes SFIO	129
Républicains-socialistes	37
Radicaux-socialistes	157
Radicaux-Indépendants	62
Démocrates-Populaires	16
Républicains de gauche	72
Indépendants	28
Union républicaine démocratique	76
Conservateurs	5

L'explication de cette victoire de la gauche, et spécifiquement d'un parti radical qui apparaît plus que jamais comme sa force principale, est double. Elle tient d'abord au discrédit d'une droite qui a subi la crise sans véritablement agir pour la combattre. La gauche, écartée du pouvoir, qui critique la gestion de ses adversaires et affirme pouvoir mieux faire, est ainsi créditée d'un préjugé favorable. Mais elle est aussi propre au parti radical. La popularité d'Herriot dans une grande partie de l'opinion de gauche contraste avec les réserves que suscite le méprisant et cassant Tardieu. Enfin, le parti radical apparaît (à tort) en voie de rénovation en raison de l'action des « Jeunes Turcs » qui s'efforcent de l'entraîner dans la voie du modernisme. Aussi l'échec de la droite conduit-il l'opinion à choisir de redonner le pouvoir à la gauche.

Compte tenu du résultat du scrutin, le nouveau Président de la République, Albert Lebrun (élu entre les deux tours à la place de Paul Doumer, assassiné par un déséquilibré), confie la direction du gouvernement au radical Édouard Herriot, qui a remplacé Édouard Daladier à la direction du parti vainqueur en 1931. Échaudé par son expérience de 1924, Herriot n'entend nullement se lier les mains vis-à-vis des socialistes comme il l'avait fait à l'époque du cartel. De son amère expérience de l'époque, il a tiré la conclusion qu'il n'était pas possible de gouverner contre les milieux d'affaires. Aussi, pour éviter de se briser à nouveau sur le « mur d'argent » est-il résolu à pratiquer une politique économique et financière qui aura l'accord de la Banque de France et des milieux que celle-ci représente, industriels et banquiers. Or il est clair que cette hypothèse est impraticable si les socialistes sont membres du gouvernement. Mais, contrairement à la situation de 1924, les possibilités d'inclure la SFIO dans l'équipe gouvernementale sont grandes en 1932. En raison de la crise économique qui provoque des souffrances dans toutes les catégories de la population, mais surtout dans les classes populaires, une importante fraction de ce parti, et sans doute la majorité du groupe parlementaire, considère que le parti socialiste ne peut se dérober aux responsabilités du pouvoir. Si cet avis n'est pas partagé par la majorité des militants, beaucoup plus attachés à la pureté de la doctrine (ou moins conscients des réalités), il est clair que quelques concessions d'Herriot pourraient conduire à cette participation tant souhaitée en 1924. Mais la différence fondamentale tient au fait qu'en 1932, le président du Conseil désigné ne la souhaite pas. Aussi, en dépit des pressions de la gauche du parti radical, conduite par Gaston Bergery, qui l'adjure de proposer aux socialistes un programme acceptable pour fonder l'entrée de la SFIO au gouvernement, Herriot choisit une autre tactique, celle qui consiste à attendre que les socialistes réunissent le 29 mai 1932 leur congrès national, salle Huyghens à Paris. Herriot est, en effet, bien convaincu que, sous la pression des militants, la SFIO proposera alors des conditions tout à fait inacceptables pour le parti radical. C'est effectivement ce qui se produit. Le 30 mai, par 3 682 mandats contre 154, le congrès socialiste propose comme base d'une participation gouvernementale 9 conditions connues sous le nom de « cahiers de Huyghens », dont l'ensemble apparaît totalement irréaliste dans la situation de 1932 : réduction des dépenses militaires, interdiction du commerce des armes de guerre et nationalisation des entreprises qui les fabriquent, économies budgétaires ne portant ni sur les dépenses sociales, ni sur les crédits scolaires et agricoles, ni sur les salaires et traitements, contrôle des banques, création d'offices publics des engrais et du blé, semaine de 40 heures sans diminution de salaire, nationalisation des chemins de fer et des compagnies d'assurances, amnistie politique générale. Compte tenu de la politique qu'Herriot entend mener, il est clair que des propositions de participation formulées sur ces bases sont d'avance vouées à l'échec. Aussi est-ce sans illusion qu'une délégation socialiste propose au parti radical les « cahiers de Huyghens » le 31 mai. Le soir même, le Comité Exécutif du parti radical les rejette comme inapplicables, le parti du président du Conseil n'acceptant ni la réduction du budget militaire, ni les décisions unilatérales sur l'interdiction de la fabrication des armes de guerre, ni la semaine de 40 heures, ni la nationalisation des chemins de fer et des compagnies d'assurances.

Dans ces conditions, il n'y aura pas de socialistes dans le gouvernement Herriot. Celui-ci constitue un ministère de concentration, formé de radicaux et de modérés. La désignation la plus significative est celle de Germain-Martin comme ministre des Finances. Membre de la gauche radicale, c'est-à-dire d'un groupe parlementaire modéré, champion des vues orthodoxes en matière d'économie et de finances, il avait été le propre ministre des Finances d'André Tardieu. On ne saurait mieux affirmer que, sur ce point, il y a continuité de la politique poursuivie et que le gouvernement radical entend, comme le gouvernement modéré qui l'a précédé, lutter contre la crise par la déflation. Le problème naît de ce que, si le gouvernement est un gouvernement de concentration, la majorité parlementaire sur laquelle il s'appuie est une majorité de gauche dans laquelle les socialistes tiennent une place essentielle. Tel est le mécanisme qui va rendre compte de l'échec de la tentative radicale au pouvoir entre 1932 et 1934.

L'échec des radicaux au pouvoir (1932-1934)

Herriot considérait que la faillite du Cartel de 1924 était due à l'attitude irréaliste et aux surenchères des socialistes. Entre 1932 et 1934, c'est l'expérience du radicalisme seul, voulue par le président du Conseil, qui échoue à son tour et elle achoppe sur le problème de la nature même du radicalisme. Celui-ci, se considérant comme un parti de gauche, entend en effet s'appuyer à la Chambre sur une majorité comprenant les socialistes. Or la politique qu'il conduit suscite l'hostilité du parti socialiste SFIO. Les radicaux n'ont donc pas la majorité de leur politique ou ne font pas la politique de leur majorité. Telle est la contradiction insurmontable sur laquelle l'expérience de gauche de 1932 va se briser. L'antagonisme porte à la fois sur la politique économique et financière et sur la politique extérieure. Sur le plan économique et financier, Herriot est, on l'a vu, décidé à poursuivre la politique de déflation, timidement inaugurée par Tardieu et Laval. Il considère en effet qu'il n'en existe aucune autre si on entend respecter les grands équilibres économiques et financiers, maintenir la valeur de la monnaie et restaurer l'équilibre budgétaire. Ce point de vue est celui-là même que prônent la Banque de France et les milieux d'affaires. En revanche, les socialistes préconisent une politique de lutte contre la crise par l'augmentation du pouvoir d'achat des masses, qui provoquera la relance économique et ils ne cessent de faire pression sur le gouvernement pour que cette politique soit adoptée. À cette opposition insoluble sur le terrain économique et financier s'ajoutent les désaccords sur la politique étrangère. Au moment où monte, en Allemagne, la vague nationaliste dans laquelle s'inscrit la poussée du parti nazi et où s'ouvre à Lausanne, sans grand espoir, la conférence du désarmement, les vues en politique étrangère du président du Conseil apparaissent notablement éloignées de celles de la SFIO. Herriot considère en effet que l'Allemagne représente toujours le danger essentiel. Aussi entend-il, pour faire face à un renouveau de l'agressivité allemande, coller étroitement aux Alliés de la Grande Guerre, Grande-Bretagne et États-Unis, sur lesquels il compte en cas d'un nouveau conflit. Par ailleurs, il souhaite céder le moins possible à l'Allemagne et s'efforce, autant que faire se peut, de conserver quelques-unes des garanties léguées à la France par le traité de paix. Les socialistes et une bonne partie de la gauche critiquent cette politique excessivement ferme à leurs yeux et préconisent vis-à-vis de l'Allemagne une attitude plus conciliante et plus généreuse, comportant par exemple la renonciation aux réparations. Ce n'est finalement que sous la pression des Alliés et à son corps défendant qu'Herriot accepte la suppression des réparations à la Conférence de Lausanne en juin 1932 et, à la Conférence du désarmement, la reconnaissance pour l'Allemagne du principe de l'égalité des droits en matière d'armement en décembre 1932.

Mais la situation du président du Conseil, ainsi écartelé entre la politique qu'il entend mener et la majorité qui le soutient, devient franchement intenable. La discussion du budget de 1933 révèle le caractère inconciliable de ses vues et de celles des socialistes. La chute du gouvernement sur le vote du budget paraît donc inscrite dans les faits. Herriot va choisir de tomber sur un motif plus satisfaisant pour son image politique, celui du remboursement des dettes de guerre aux États-Unis. L'opinion française considère en effet qu'il existe un lien moral (sinon contractuel, car les États-Unis ont toujours refusé ce lien) entre les dettes de guerre et les réparations. Or, la conférence de Lausanne ayant, en grande partie sous la pression des États-Unis, décidé d'annuler les réparations, l'opinion publique française, dans sa grande majorité, juge que la France n'a plus, dans ces conditions, à payer ses dettes aux Alliés. Telle n'est pas l'opinion du gouvernement des États-Unis qui refuse l'ajournement de l'échéance de décembre 1932. Herriot, par ailleurs convaincu que la France a besoin de l'alliance américaine, et jugeant que sa signature doit être honorée, se propose de payer l'échéance. Devant l'hostilité de la Chambre, il pose la question de confiance et est renversé à une forte majorité le 14 décembre. En réalité, l'issue ne pouvait guère faire de doute, compte tenu de la forte américanophobie de l'opinion publique française. Du moins le vote du 14 décembre 1932 permet-il à Herriot de tomber sur un motif plus glorieux que la dislocation de sa majorité : la volonté de respecter les engagements pris au nom du pays.

Il reste que la chute d'Herriot ne résout en rien la contradiction fondamentale qu'a révélée son gouvernement entre politique de déflation et majorité de gauche. Or cette contradiction continue à marquer les gouvernements qui vont succéder à celui d'Herriot, ceux du républicain-socialiste Paul-Boncour, puis des radicaux Daladier, Albert Sarraut, Camille Chautemps, entre décembre 1932 et février 1934. C'est en effet l'abstention ou l'hostilité des socialistes aux projets financiers de ces gouvernements qui sont à l'origine de la chute de Paul-Boncour en janvier 1933, de Daladier en octobre de la même année, puis de Sarraut en décembre.

Aussi, en pleine crise économique, le désaccord entre les partis de la majorité sur la politique à conduire explique-t-il que la déflation, officiellement recherchée et mise en œuvre, soit appliquée avec une timidité qui lui interdit de donner d'éventuels résultats. Les gouvernements paraissent ainsi se réfugier dans l'immobilisme au moment où la crise atteint durement le pays. Il en résulte un discrédit du régime, d'autant plus

457

intense qu'au même moment, les scandales économiques et financiers donnent l'occasion aux adversaires de la République d'en mettre en cause le fonctionnement.

Les scandales et le discrédit du régime

L'immobilisme dont fait preuve le gouvernement provoque d'autant plus l'irritation des Français victimes de la crise économique que l'opinion considère que le Parlement est non seulement incompétent, mais également corrompu. La crise est en effet l'occasion de la révélation d'une série de scandales qui révèlent la collusion du monde politique et du monde des affaires. Sans doute les scandales politico-financiers ne sont-ils pas un fait nouveau. De tous temps, et sous tous les régimes, les milieux d'affaires ont besoin d'appuis politiques, soit pour faire adopter des mesures législatives qui leur soient favorables, soit pour se faire réserver des marchés, soit pour bénéficier de la notoriété et du respect qu'inspire la position de certains hommes à la tête de l'État. En échange, les milieux d'affaires sont prêts à payer largement les inestimables services qui leur sont ainsi rendus, et, de tous temps, une fraction du personnel politique ne se montre pas insensible à la tentation de s'enrichir en monnayant son influence. Dans l'histoire politique récente de la France, l'opinion s'est ainsi indignée en 1928 du scandale Marthe Hanau qui a compromis, à l'époque du gouvernement Poincaré, une partie du personnel politique français. Les débuts de la crise économique font éclater en 1930 le scandale de l'Aéropostale qui éclabousse les milieux politiques modérés. En 1931, la faillite de la banque Oustric met fin à la carrière politique du modéré Raoul Péret, alors Garde des Sceaux et en qui on voit un futur Président de la République, mais qui, comme ministre des Finances, a, contre l'avis de ses services, autorisé la cotation en Bourse d'une société financée par la banque Oustric, ce qui lui a valu ensuite de devenir conseiller juridique de cette firme. Avec la crise économique qui jette dans les difficultés de nombreuses entreprises, le recours de celles-ci aux milieux politiques se renforce, et scandales et compromissions se multiplient. L'opinion, naturellement prompte à généraliser et poussée dans cette voie à la fois par l'extrême droite hostile au régime et par la droite qui, réfugiée dans l'opposition, fait feu de tout bois contre la majorité, en conclut tout naturellement à la corruption du milieu parlementaire. Dans cette vague antiparlementaire qui se développe ainsi dans le pays, un homme joue un rôle fondamental, André Tardieu. Ulcéré par son échec des élections de 1932, il décide fin 1933 de renoncer à une action parlementaire qu'il juge stérile pour lancer un mouvement de réflexion sur la réforme des institutions. Radicalisant ses critiques contre le parlementarisme, il approuve assez largement l'action des ligues qui ébranlent la République parlementaire et se prononcent pour la création d'un exécutif fort.

C'est dans ce contexte d'antiparlementarisme qu'éclate l'Affaire Stavisky qui va servir de détonateur à la crise qui couve durant toute l'année 1933. Réduite à ses dimensions réelles, l'Affaire Stavisky ne dépasse pas par son ampleur les autres scandales qui ont émaillé les années de l'entre-deux-guerres. En effet, Alexandre Stavisky, Juif d'origine russe, naturalisé français en 1920, a, depuis la fin de la guerre, multiplié les escroqueries et, à diverses reprises, la justice l'a poursuivi pour abus de confiance, détournements, chèques sans provision, etc. Mais l'homme est habile, et, s'infiltrant dans les allées du pouvoir, il parvient à nouer des relations avec des hommes politiques, choisissant comme avocats des parlementaires bien introduits, réussissant à entrer en contact grâce à eux avec d'autres parlementaires, à se faire présenter à des ministres ou à des ministrables. S'appuyant sur la confiance que lui valent ces relations, il s'en sert pour monter de nouvelles escroqueries. C'est ainsi que, par son avocat, le député radical de Paris, Bonnaure, il entre en contact avec le député-maire de Bayonne, Garat, grâce à l'appui duquel il peut créer le Crédit municipal de Bayonne. Celui-ci émet alors pour 200 millions de bons de caisse, gagés sur des bijoux faux et volés et, grâce à une recommandation de Dalimier, alors ministre du Travail, des compagnies d'assurances souscrivent à ces bons. Le scandale éclate en décembre 1933 avec l'arrestation de Tissier, directeur du Crédit municipal de Bayonne. À ce stade, le scandale Stavisky ne compromet que quelques hommes politiques et sa gravité est moindre que le scandale de l'Aéropostale ou le scandale Oustric, aucun épargnant n'ayant été lésé et l'escroquerie ne touchant que les compagnies d'assurances. L'importance du scandale Stavisky réside dans son exploitation politique. La presse d'extrême droite et celle de droite s'emparent de l'Affaire, l'une pour discréditer le régime, l'autre pour atteindre la majorité, puisque la plupart des hommes politiques compromis par le scandale appartiennent au parti radical. Tardieu se distingue particulièrement dans cet amalgame, y trouvant l'occasion de faire payer aux radicaux l'échec de ses projets politiques de 1930 : il se spécialise dans la publication de listes fantaisistes d'hommes politiques compromis à ses yeux par l'Affaire et dont, à l'examen, on s'apercevra que leur implication est inexistante (le cas le plus connu est celui du radical Pierre Cot, accusé par Tardieu, sur l'indice selon lequel il aurait atterri au Bourget, le jour même où Stavisky y prenait un avion !). Or, la crise va se développer et gagner en ampleur avec la fuite de Stavisky, puis avec l'annonce du suicide de l'escroc dans une villa de Chamonix. Dès lors *L'Action française* orchestre une campagne de presse qui vise le président du Conseil, Camille Chautemps. On s'aperçoit en effet que Stavisky a bénéficié de dix-neuf reports de son procès sans que le procureur général Pressard, le propre beau-frère de Chautemps, intervienne pour s'y opposer. De là à affirmer que l'escroc a bénéficié de l'appui du chef du gouvernement, il n'y a qu'un pas que l'organisation royaliste s'empresse de franchir. À partir de là, le suicide lui-même est mis en doute et les adversaires du régime vont jusqu'à affirmer que Stavisky a été exécuté par la police sur l'ordre même du président du Conseil. Le 10 janvier 1934 *L'Action française* n'hésite pas à titrer : « Camille Chautemps chef d'une bande de voleurs et d'assassins. »

Dans le climat d'exaspération provoqué par la crise et l'impuissance du gouvernement à la combattre, ce type d'accusation rencontre une certaine audience dans l'opinion publique. Mais la clientèle de l'extrême droite est trop réduite pour que, même si cette accusation porte, elle soit en mesure d'ébranler la république parlementaire. Ce qui fait la gravité exceptionnelle de cette campagne déclenchée par l'Affaire Stavisky, c'est qu'on assiste à une juxtaposition de l'offensive de l'extrême droite contre le régime, et de la droite parlementaire contre la majorité radicale. C'est de cette rencontre, dans le climat de mécontentement né de la crise économique, qu'est issue la grave crise politique qui affecte la France à partir de 1934. Si le cas de Tardieu, partant en campagne contre le régime parlementaire dont il a été un des chefs, est extrême, il est non moins vrai que toute une partie de la droite parlementaire a mal accepté sa défaite électorale de 1932. Et dès ce moment s'affirme l'idée, née de l'expérience de 1926, que cette victoire de la gauche ne peut être que provisoire. La conviction est en effet fortement ancrée que l'inaptitude, en quelque sorte congénitale, de la gauche à gérer les finances publiques conduira immanquablement, comme en 1926, à un cinglant échec qui ramènera la droite au pouvoir. Mais, de 1932 à 1934, les radicaux pratiquent la politique même de la droite et la perspective d'une crise financière s'éloigne. Dès lors le scénario du mouvement d'opinion qui chassera les radicaux ne saurait être assimilé à la crise du franc de l'époque du Cartel. En revanche, les scandales financiers, abondamment exploités par l'extrême droite contre le régime, apparaissent comme susceptibles de fournir le motif de rupture attendu. Et c'est pourquoi la droite classique, tout en souhaitant changer la majorité et non le régime, ne dédaigne pas à son tour l'exploitation du scandale Stavisky contre les radicaux.

Deux stratégies de rupture paraissent donc aux prises, qu'il n'est pas toujours aisé de distinguer tant les manifestations s'en trouvent naturellement mêlées : une stratégie de déstabilisation de la république parlementaire qui est le fait de l'extrême droite et une stratégie de renversement de la majorité en place pour ramener l'opposition au pouvoir que la droite s'efforce de mettre en œuvre, mais sans se priver de l'appui que constitue l'infanterie des ligues. Toutefois, l'exploitation du scandale ne s'avère possible que parce que, dans l'impasse politique que connaît la France en 1934, les forces politiques traditionnelles paraissent frappées d'une crise profonde.

La crise des forces politiques traditionnelles : la gauche

La crise des partis de gauche est probablement la plus frappante parce que deux d'entre eux, le parti radical et le parti socialiste, sont directement impliqués dans l'échec de l'expérience gouvernementale commencée en 1932, l'un parce qu'il est au pouvoir, l'autre parce qu'il est un élément essentiel de la majorité. Toutefois, et en dépit des apparences, la crise la plus grave est celle qui affecte un parti communiste, pourtant verbalement bardé de certitudes.

Le problème du parti communiste, depuis sa création en 1920, est d'être à la fois une section de l'Internationale communiste et une force politique nationale. Comme section de l'Internationale communiste, il se voit imposer par les dirigeants de l'Internationale (d'abord Zinoviev, puis Boukharine, enfin Molotov) une tactique et des dirigeants, les leaders de l'Internationale étant amenés à trancher en dernier ressort entre les rivalités de dirigeants français. Mais les consignes qui sont ainsi données au parti communiste français tiennent davantage compte des luttes internes qui se déroulent à Moscou entre ceux qui aspirent à la succession de Lénine, ou des nécessités stratégiques de l'Internationale, que de la situation française, la France ne présentant qu'un intérêt marginal aux yeux de la direction internationale du communisme, à la différence de l'Allemagne qui lui apparaît comme primordiale. Il en résulte des mots d'ordre comme la tactique « classe contre classe » décidée en 1928 qui pousse les communistes à refuser de se désister au second tour en faveur des socialistes ou des radicaux, favorisant ainsi l'élection d'hommes de droite. C'est aussi en fonction des priorités de l'Internationale que le mot d'ordre de « défense de la patrie du socialisme » est lancé, faisant des communistes des agents de la défense de l'Union soviétique en France et nourrissant l'accusation, lancée par le gouvernement, de complot contre la sûreté de l'État. Ce renforcement de la présentation du parti communiste

461

comme un corps étranger dans la nation accentue l'anticommunisme, devenu l'un des éléments de la cohésion nationale, et justifie la politique de répression conduite contre les communistes par les gouvernements successifs (arrestation des chefs et des cadres, interdiction des manifestations, instruction d'affaires d'espionnage, etc.). Le parti communiste apparaît donc plus que jamais comme un parti différent des autres, hors la loi, étranger aux valeurs nationales (cf. J.-J. Becker et S. Berstein, *Histoire de l'anticommunisme en France*, vol. 1 : 1917-1940, Paris, Olivier Orban, 1987). Le problème est qu'en même temps, le parti communiste est une force politique nationale, recrutant ses troupes dans la population française, et appelée à agir sur une opinion à la culture républicaine et démocratique fortement ancrée, mal disposée à accepter les valeurs officiellement défendues par le parti communiste sous l'impulsion de l'Internationale. Aussi ses dirigeants les plus conscients s'efforcent-ils de trouver un compromis entre les consignes de l'Internationale et la culture politique républicaine, en particulier Pierre Sémard, principal responsable du parti communiste entre 1926 et 1928. Il en résulte des tensions permanentes entre la direction du parti communiste français et celle de l'Internationale, cette dernière imputant aux dirigeants français des échecs dus pour l'essentiel à l'inadéquation des consignes données par elle (Serge Wolikow, *Le Parti communiste français et l'Internationale communiste (1926-1933)*, thèse inédite de doctorat d'État, Université de Paris-VIII, 1990). Il en résulte une crise interne permanente du parti communiste, l'Internationale la mettant à profit pour se débarrasser des dirigeants les plus indociles et les remplacer par des hommes plus jeunes et qui lui doivent leur promotion (jusqu'à ce qu'un nouvel échec conduise à en faire des boucs émissaires et à les écarter des responsabilités). Ainsi, en 1929, Sémard est-il éliminé du secrétariat général et remplacé par une direction collective qui comprend surtout des dirigeants des jeunesses communistes, Henri Barbé, Maurice Thorez, chargé de la propagande et de l'organisation, Pierre Célor, responsable de l'appareil, et Benoît Frachon, chargé des syndicats. Appliquant à la lettre les consignes de l'Internationale, la nouvelle équipe durcit l'application de la consigne « classe contre classe », mise en œuvre avec mollesse par Sémard. Il s'agit de diriger tous les coups contre le parti socialiste SFIO, coupable de détourner les prolétaires de la voie révolutionnaire pour les conduire dans les ornières du réformisme. Jadis qualifiés de « social-traîtres », les socialistes deviennent désormais les « social-fascistes », avec lesquels aucun compromis n'est possible. Cette attitude dure, sectaire, ne fait qu'isoler davantage le parti communiste et réduire son audience dans l'opinion publique. Ses effectifs fondent, tombant à environ 30 000 adhérents en 1933. Ses cadres le quittent pour rejoindre la SFIO ou le Parti ouvrier et paysan fondé en 1929 par l'ex-communiste Louis Sellier. Les élections de 1932 sont une nouvelle défaite avec un sensible recul et la réduction à douze élus de l'effectif parlementaire du parti. Comme à l'habitude, la direction paie le prix d'un échec qui ne lui est pas vraiment imputable. En 1931, à la suite d'une véritable instruction judiciaire menée par l'Internationale (en fait le premier « procès de Moscou »), est « découvert » un mythique « groupe Barbé-Célor » qui aurait conduit une activité fractionnelle dans le parti. C'est l'occasion de se débarrasser des deux dirigeants, institués en boucs émissaires du mot d'ordre de l'Internationale, et de promouvoir Maurice Thorez qui approuve inconditionnellement les décisions de Moscou, et qui, depuis 1930, est secrétaire du Bureau politique. Encore, pour s'assurer de son orthodoxie lui donne-t-on un tuteur en la personne d'un émissaire de l'Internationale, le Tchèque Eugen Fried, dit Clément. Thorez, comme ses prédécesseurs, est d'ailleurs conduit pour tenter d'éviter l'échec de sa politique à s'efforcer de trouver un accommodement entre les mots d'ordre de l'Internationale et les réalités françaises. C'est ainsi que, profitant de la campagne contre le « sectarisme » qui suit l'affaire du « groupe Barbé-Célor », il s'efforce en 1932 et 1933 de conduire son parti dans une voie moins aventuriste et de retrouver des éléments de la culture républicaine si profondément ancrée dans les mentalités françaises. Mais, au début de 1934, les voies que le nouveau dirigeant tente d'ouvrir entraînent un sévère rappel à l'ordre de l'Internationale qui lui impose la consigne d'un retour à l'orthodoxie « classe contre classe ». Si bien que la crise du 6 février 1934 prendra totalement à contre-pied un parti pris en tenaille entre son aspiration à s'intégrer à la société politique français et les ordres d'une Internationale qui, depuis 1928, ne cesse de renforcer une autorité aveugle et tatillonne sur les partis communistes nationaux (cf. Serge Wolikow, *op. cit.*).

La crise du parti socialiste SFIO n'est pas nouvelle, elle non plus. Ce parti qui se veut marxiste et révolutionnaire (et qui est d'autant plus porté à l'affirmer qu'il est soumis à la concurrence et à la surenchère du parti communiste) doit en fait l'essentiel de ses succès électoraux à l'image réformiste que donnent ses notables et ses élus. Aussi la dichotomie qui le frappe est-elle consubstantielle à sa nature. Nombre de ses élus et de ses responsables aspirent à ce qu'il mette en accord sa théorie et sa pratique et s'affirme enfin comme un parti réformiste, prêt à gérer la République en participant au pouvoir avec les radicaux. Tel est le point de vue défendu par *La Vie socialiste*, tendance rassemblée autour du journal du même nom et animée par des hommes comme Pierre Renaudel, Paul Ramadier et Marcel Déat. Les difficultés de la crise économique, la poussée du nationalisme en Allemagne, puis bientôt l'arrivée de Hitler au pouvoir apparaissent à ces hommes comme accentuant le caractère d'urgence de la participation de la SFIO aux responsabilités gouvernementales. Certains, comme Paul-Boncour, en tirent d'ailleurs les conséquences. Ne pouvant accepter le refus de la SFIO de voter le budget militaire, il quitte le parti en 1931. Mais il existe au sein du parti socialiste une aile gauche fanatiquement attachée aux thèses guesdistes et antiparticipationnistes d'avant 1914, pour qui toute participation au gouvernement serait une trahison de la doctrine qui la pousserait à la scission. Réunie autour de l'hebdomadaire *La Bataille socialiste*, elle est animée par l'helléniste Bracke-Desrousseaux et par Jean Zyromski. Cette gauche est renforcée par une extrême gauche ouvriériste rassemblée autour de Marceau Pivert. La lutte sans merci que se livrent la droite et la gauche, menaçant le parti de scission, donne la prépondérance à un centre, dirigé par Blum et Paul Faure, avec l'appui de Jean-Baptiste Séverac et de Vincent Auriol, dont la grande préoccupation est d'éviter l'arrivée au pouvoir du parti socialiste qui risquerait d'être pour lui l'épreuve de vérité en révélant l'hétérogénéité de sa composition. Et c'est la raison pour laquelle le problème du pouvoir apparaît comme le problème clé du parti socialiste durant l'entre-deux-guerres. C'est à le résoudre que Léon Blum consacre l'essentiel de sa subtilité dialectique, définissant en 1924 la notion de « soutien sans participation » aux gouvernements radicaux, puis distinguant, à mesure que la puissance électorale de la SFIO la rapproche de la nécessité d'exercer le pouvoir, « l'exercice du pouvoir » qui est simplement la gestion, sociale si possible, du régime capitaliste tel qu'il est, sans modification de structure si la SFIO n'est que le plus important des partis d'une coalition de gauche sans que les socialistes détiennent à eux seuls la majorité, la « conquête du pouvoir », cas de figure qui présuppose que les socialistes ou les deux partis prolétariens (communiste et socialiste) détiennent à eux seuls la majorité et qui devrait, dans ces conditions, se solder par une modification des structures sociales de la France dans un sens socialiste, puis plus tard « l'occupation du pouvoir » afin d'interdire au fascisme de s'emparer des leviers de commande. Pendant que se pose ainsi aux socialistes le problème du pouvoir intervient une remise en cause des bases doctrinales du socialisme d'une tout autre portée. C'est en effet en 1930 que Marcel Déat, secrétaire administratif du groupe parlementaire socialiste, publie le résultat de ses réflexions dans un ouvrage qui va frapper de stupeur une SFIO attachée à la lettre d'un marxisme intransigeant, *Perspectives socialistes*. S'inspirant de la réflexion du socialiste belge Henri de Man dont l'ouvrage *Au-delà du marxisme* a eu un profond écho chez les jeunes intellectuels socialistes, comme André Philip, l'auteur raisonne en sociologue pour proposer une profonde révision de la doctrine. Considérant la société française, il y discerne l'importance considérable de la classe moyenne, dont il constate qu'elle n'est pas moins victime de l'exploitation capitaliste que la classe ouvrière. Aussi propose-t-il qu'abandonnant son rôle de porte-parole exclusif de la classe ouvrière, la SFIO prenne en charge tout à la fois la défense des ouvriers et celle des classes moyennes qui, au demeurant, en particulier à travers les fonctionnaires, constituent une importante fraction des adhérents du socialisme français. À cette première proposition hérétique, Déat en ajoute une seconde : l'instrument de la transformation sociale de la France devrait être l'État, à partir du moment où les socialistes (ou la gauche) en prendraient les leviers de commande. Cessant donc de considérer l'État comme l'expression des seuls intérêts de la bourgeoisie, Déat en fait un organisme neutre, au-dessus des classes, que le socialisme pourrait utiliser, au lieu de le laisser dépérir. Et la transformation sociale par l'État, telle que la voit Déat, ne serait pas cette révolution jetant bas le capitalisme, mais une pression exercée sur les banques et les sociétés, une pénétration de leurs conseils d'administration, préparant la socialisation du profit, première étape vers la socialisation de la propriété. Ce « néo-socialisme », même s'il s'éloigne de la vulgate marxiste inchangée depuis le début du XXe siècle, a l'avantage considérable de représenter une réelle adaptation du socialisme aux réalités économiques et sociales de la France de l'époque, de proposer un mode d'action moins mythique que la « révolution » dont la définition demeure floue et d'offrir à la SFIO des modalités d'action concrètes. Mais la rupture avec le marxisme des origines qu'il implique apparaît comme une véritable perte d'identité pour ce parti. L'ouvrage provoque une levée de boucliers dans la gauche du parti et, spécifiquement, dans la Fédération du Nord, conduite par Lebas, et attachée aux conceptions guesdistes du début du siècle. Léon Blum, que Déat espérait convaincre, ne répond que par le silence. Toutefois, Déat a l'oreille d'une grande partie du groupe parlementaire qui est tenté par la participation gouvernementale avec les radicaux ; il reçoit l'appui des Étudiants socialistes dont il est le père fondateur et il peut compter sur les jeunes intellectuels et syndicalistes réunis dans la tendance *Révolution constructive*, qui poursuit des recherches voisines des siennes. Surtout, la crise économique paraît apporter de l'eau à son moulin en confirmant ses analyses. Le « néo-socialisme » provoque ainsi, à partir de 1932-1933, une crise majeure au sein du parti socialiste. Elle se noue au congrès national du parti à la Mutualité en juillet 1933. Le congrès blâme à la fois les partisans du révisionnisme néo-socialiste et les champions de la participation gouvernementale (indûment confondus car les deux groupes ne se recouvrent pas). De leur côté, les « néos » durcissent leur position. Prêchant pour un socialisme national qui résoudrait la crise par des moyens autoritaires s'il parvenait au pouvoir, Adrien Marquet, député-maire de Bordeaux et l'un des dirigeants néos, propose comme mot d'ordre à la SFIO « *Ordre, Autorité, Nation* », ce qui, pour Léon Blum qui, dans une phrase célèbre, se déclare « *épouvanté* », apparaît comme une forme de fascisme. Au demeurant le député de Paris, Barthélemy Montagnon, autre lieutenant de Déat, déclare voir dans le fascisme une forme de socialisme. Après cet éclat, la scission est inévitable. En novembre 1933, les dirigeants révisionnistes, ayant refusé de s'incliner, sont exclus de la SFIO. Avec eux, les partisans de la participation, même lorsqu'ils ne partagent pas leurs idées révisionnistes, comme Renaudel ou Paul Ramadier. Les dissidents créent d'abord une formation autonome, le Parti socialiste français-Union Jean Jaurès, avant de se fondre en novembre 1934 dans l'Union socialiste républicaine. Quant à la SFIO, son refus de prendre en compte les vrais problèmes posés par Déat, devait accentuer sa sclérose doctrinale, fait qui s'avérera lourd de conséquences lorsqu'elle parviendra au pouvoir en 1936.

La crise du parti radical n'est pas moins grave, même si l'habileté manœuvrière de ses dirigeants en a retardé les manifestations. Depuis 1926 et l'échec de l'expérience du Cartel des gauches, un groupe de jeunes gens, qu'on qualifiera de « Jeunes Turcs » ou « Jeunes Radicaux », prend conscience de l'inadéquation du programme politique du radicalisme par rapport à la réalité de la France de l'après-Première Guerre mondiale... Rassemblés autour de l'hebdomadaire *La Voix*, puis du quotidien *La République*, créés par un proche de Caillaux, Émile Roche, des hommes comme Bertrand de Jouvenel, le journaliste Jacques Kayser, Jean Mistler auxquels se joindront entre 1928 et 1932 de jeunes députés comme Pierre Cot, Pierre Mendès France, Jean Zay, Gaston Riou, Georges Potut s'efforcent alors de définir un néo-radicalisme adapté à la France de l'époque, en dehors des clivages politiques traditionnels qu'ils entendent dépasser. Ainsi, préconisent-ils, avec des formes diverses, car leurs idées ne constituent pas un ensemble cohérent, une réforme de l'État qui permettrait le renforcement de l'Exécutif et une représentation des forces socio-économiques, une économie qui, sans abandonner les principes libéraux de l'initiative individuelle et de la propriété privée, serait soumise au contrôle de l'État, garant de l'intérêt général et, dans le prolongement de la politique de Briand, qu'ils appuient chaleureusement, le maintien de la paix en Europe par la constitution d'une fédération européenne dont le rapprochement franco-allemand constituerait la clé de voûte. Accueillies avec réserve par les dirigeants radicaux qui voient dans ces idées une remise en question des principes mêmes du radicalisme qui privilégient la prépondérance du Parlement, les conceptions des Jeunes Turcs n'en connaissent pas moins une audience considérable dans la jeune génération intellectuelle et se trouvent renforcées par le rôle que ce groupe joue dans la direction du parti radical où, entre 1927 et 1931, il apparaît comme l'auxiliaire du Président Daladier. Lorsqu'il reprend la tête du parti radical, en 1931, Édouard Herriot dont les idées sont fort éloignées des leurs se garde bien cependant de les mettre à l'écart, conscient des avantages que son parti peut tirer de l'image moderniste qu'ils en donnent. Aussi le congrès de 1931 du parti radical reprend-il, dans ses conclusions, un certain nombre de leurs idées. Herriot fait entrer au bureau du parti radical, comme vice-présidents ou secrétaires, plusieurs de leurs dirigeants et il leur accorde une place d'honneur au banquet qui clôture le congrès (S. Berstein, *Histoire du parti radical, tome 2 : Crise du radicalisme*, Paris, Presses de la Fondation nationale des Sciences politiques, 1982). Mais ces marques de sympathie mises à part, le nouveau président n'a nullement l'intention de modifier le programme radical pour tenir compte de leurs conceptions. La campagne électorale de 1932 sera faite sur les thèmes du radicalisme traditionnel et la politique que conduit Herriot président du Conseil n'a rien à voir avec les idées des jeunes radicaux. Aussi, dès l'automne 1932, la révolte gronde-t-elle dans le parti, mêlant la déception des jeunes radicaux et la rancœur de l'aile gauche du parti radical qui espérait une politique d'union des gauches. Cette révolte trouve en Gaston Bergery (député de Seine-et-Oise et partisan convaincu de l'alliance avec les socialistes) un éphémère dirigeant. Au congrès radical de Toulouse de l'automne 1932, Bergery attaque Herriot et sa politique avec une violence inhabituelle dans les milieux radicaux, sans pouvoir obtenir du congrès, effarouché par la virulence de son langage, le désaveu d'Herriot qu'il sollicitait. Découragé, Bergery quitte le parti radical au début de 1933 pour fonder avec le professeur Paul Langevin, proche du parti communiste, le député socialiste Georges Monnet et Bernard Lecache, président de la Ligue internationale contre l'antisémitisme, *Front commun*, rassemblement antifasciste. Tout en demeurant au sein du parti radical, nombre de « Jeunes Turcs » ne cachent pas leur déception face à la politique d'Herriot et s'efforcent de l'infléchir afin d'obtenir la politique nouvelle qu'ils appellent de leurs vœux.

La crise des forces politiques traditionnelles : la droite

Si les forces politiques de gauche paraissent profondément ébranlées dans la mesure où leurs idéologies se révèlent inadéquates à affronter les situations nouvelles, aggravées par la crise économique, la droite, dont la gestion a été impuissante à redresser la situation jusqu'en 1932, n'est pas moins en crise. Ses trois forces politiques fondamentales, l'Alliance républicaine démocratique constituée des libéraux de gouvernement, la Fédération républicaine où se rassemblent catholiques ralliés à la République et patriotes intransigeants proches du nationalisme, sans compter la nébuleuse catholique qui nourrit des courants divers, politiquement situés à droite (dont la Fédération républicaine) sont parcourues de courants divergents qui traduisent la remise en cause de ses valeurs fondamentales.

Du côté du catholicisme, libéré depuis 1926, par la condamnation pontificale, de l'influence prédominant de l'*Action française*, l'essentiel réside dans la création en 1932 de la revue *Esprit* par Emmanuel Mounier. Pour lui et pour les jeunes gens qui l'entourent, l'essentiel est de trouver des moyens (à inventer) permettant de faire passer dans la vie politique le message spirituel des Évangiles. Aussi l'ordre social chrétien ne saurait signifier la restauration d'un ordre social antérieur à la Révolution, ni la défense du capitalisme (en quoi Mounier voit le « désordre établi »). Le but de ce courant est donc de parvenir à substituer à la société individualiste, matérialiste, productiviste issue du XVIIIe siècle, une société préservant la dignité et la totalité de la personne humaine. Ce « personnalisme » se veut antilibéral, anticapitaliste, antimatérialiste. Il rejette dos à dos les deux idéologies rivales, mais issues du même courant matérialiste que sont le capitalisme et le marxisme, et répudie également, tout en éprouvant pour lui un réel intérêt, « le faux spiritualisme fasciste ». Ces jeunes chrétiens déclarent ne pas être effrayés par la perspective d'une révolution, et en cela, ils se distinguent de l'attitude traditionnelle des catholiques, lesquels se reconnaissent davantage dans des organisations conservatrices comme la Fédération nationale catholique (sur la naissance d'*Esprit*, voir Michel Winock, *Histoire politique de la revue « Esprit »*, Paris, Seuil, 1975). Si, dans les années trente, ce groupe demeure largement minoritaire, sa naissance traduit pourtant la recherche de voies politiques nouvelles dans les milieux chrétiens.

La droite libérale demeure puissante et constitue toujours une des forces de gouvernement de la France de l'époque. Elle est cependant profondément ébranlée par la perte de confiance dans le libéralisme économique et politique qui marque la période de crise. Sur le plan économique, la multiplication des propositions faites pour une organisation planifiée de l'économie, la montée du corporatisme et des idées technocratiques traduisent une profonde remise en question des dogmes fondamentaux de l'économie libérale. Mais l'Alliance démocratique et les groupes qui évoluent autour d'elle sont probablement encore plus atteints par la pluie de critiques qui s'abat sur le régime parlementaire, provenant de dirigeants en vue comme André Tardieu qui radicalise ses critiques ou Pierre Laval qui, après 1936, se range dans le camp des critiques virulents du parlementarisme. C'est cependant l'évolution de Tardieu qui est la plus caractéristique. Il préconise de plus en plus ouvertement un régime dont la clé de voûte serait le pouvoir exécutif, défendant l'usage du référendum, l'octroi du droit de dissolution au Président de la République, la suppression de l'initiative du Parlement en matière de dépenses, le vote des femmes. Il n'est pas faux de considérer que le régime qu'il appelle ainsi de ses vœux est proche de celui qui, après 1958, s'instaurera dans la France de la Ve République. Mais, durant les années trente, les propositions qu'il fait dans divers ouvrages, *Sur la pente*, *Le Souverain captif*, *La Profession parlementaire* apparaissent imprégnées d'esprit boulangiste, voire bonapartiste et constituent une forme d'assaut contre la République parlementaire. Comme, par ailleurs, Tardieu montre une grande complaisance envers les ligues, il devient, pour l'opinion publique de gauche, un « fasciste », ce qui condamne ses idées.

La remise en cause n'est pas moindre du côté de la droite traditionaliste. Depuis le début du siècle, elle s'incarnait dans un parti rallié à la République, la Fédération républicaine. Or celle-ci est violemment critiquée par une « jeune droite » qui a souvent fait ses premières armes dans *L'Action française* avant de la quitter en raison de son verbalisme. Pour les jeunes gens qui se reconnaissent dans ce courant, tout le mal vient de la Révolution française et il importe par conséquent de rétablir la situation du pays en revenant à l'état de choses antérieur à celle-ci. Telles sont les idées que défendent des revues comme *Les Cahiers*, *La Revue française*, *La Revue du siècle*, *Combat*, dans lesquelles on retrouve les mêmes rédacteurs, Jean-Pierre Maxence, Jean de Fabrègues, Thierry Maulnier. Hostiles à la démocratie, au capitalisme et à l'État laïc, ils rêvent de restaurer la France des provinces, des corporations, de la religion catholique, en un mot la France de l'Ancien régime (voir Jean-Louis Loubet del Bayle, *Les non-conformistes des années trente*, Paris, Seuil, 1969).

Qu'il s'agisse des jeunes chrétiens d'*Esprit*, des idées de Tardieu, des revues traditionalistes, ces courants de novation à droite n'entraînent derrière eux qu'une étroite minorité d'intellectuels et témoignent plus de la prise de conscience de la crise des forces politiques traditionnelles de droite que de la naissance de ferments de renouveau. Aussi la crise politique de la droite va-t-elle profiter surtout aux groupes d'action directe que sont les ligues.

Le temps des ligues

Les ligues ne constituent certes pas un phénomène nouveau dans la vie politique française. Dès la fin du XIXe siècle, elles ont été la forme privilégiée d'expression politique du courant nationaliste et, dans les années vingt, le retour au pouvoir de la gauche et le prestige dont jouit le fascisme italien entraînent une prolifération de mouvements d'action directe (S. Berstein, « La ligue » in J.-F. Sirinelli (s./d.), *Histoire des droites*, t. 2, Paris, Gaillimard, 1992). Si durant la période où la droite gouverne, c'est-à-dire jusqu'en 1932, les ligues antérieures (*Action française*, *Jeunesses patriotes*) vivotent sans connaître une grande audience, on constate qu'à partir de 1932, le retour de la gauche au pouvoir et la crise économique stimulent l'activité des ligues, d'autant que la droite classique se garde bien de négliger l'appui qu'elles peuvent lui apporter pour se débarrasser de la majorité radicale et socialiste. Il est vrai que la crise économique, en exaspérant les Français, entraîne la constitution de groupes de pression comme *La Ligue des contribuables*, qui proteste contre la lourdeur de la fiscalité et que d'habiles hommes politiques parviennent sans grand-peine à manipuler. Toutefois, l'essentiel n'est pas là, mais dans la naissance et le développement de ligues à caractère politique. À cet égard, les années trente voient naître deux types très différents d'organisations.

C'est du nationalisme traditionnel que se réclame la ligue des Croix-de-Feu. À l'origine, il s'agit d'une association d'Anciens combattants, fondée par Maurice d'Hartoy en 1927 et rassemblant des combattants de l'avant et des blessés de guerre cités pour action d'éclat. En 1930, cette association élit comme président le lieutenant-colonel en retraite François de La Rocque qui la transforme en une ligue politique en adjoignant à ses premiers membres de nouvelles catégories d'adhérents, les « Fils et filles de Croix-de-Feu », puis les « Volontaires nationaux » qui, sans être Anciens combattants eux-mêmes, partagent l'idéal des Croix-de-Feu. Par ailleurs, La Rocque donne à la ligue une organisation paramilitaire, recrutant en son sein des groupes de combat et de défense, les « dispos » (disponibles), faisant défiler ses troupes, les entraînant dans des manœuvres, les mobilisant, les transportant par camions. Pour la gauche qui s'inquiète de ce qui apparaît comme des préparatifs de guerre civile et qui voit dans le nationalisme professé par le colonel une volonté d'abattre la

République, La Rocque devient le « Mussolini français ». En fait le programme des Croix-de-Feu, pour autant qu'on puisse en percevoir les lignes de force à travers un discours vague et rhétorique, est un programme nationaliste classique, peu différent de celui des associations d'Anciens combattants marquées à droite et ne doit rien au fascisme. Mais il est peu douteux que La Rocque rêve de substituer au régime parlementaire (en quoi s'incarne la République pour les contemporains) un régime fort qui aurait l'efficacité de la hiérarchie militaire. Si La Rocque n'est certes pas un fasciste, ceux qui voient en lui un danger réel pour la République parlementaire n'ont sans doute pas tort. D'autant que nombre de ceux qui viennent à lui sont plus attirés par le chef charismatique qui pourrait être l'homme fort dont ils rêvent que par le contenu, au demeurant très flou, du programme qu'il défend. Si on peut admettre que La Rocque n'est pas fasciste, une partie de ses adhérents parmi les Volontaires nationaux, certaines de ses sections (en Afrique du Nord notamment) souhaitent l'instauration d'un régime radical, antilibéral, autoritaire, imposé par la force et la violence qui pourrait être un fascisme français. La crise économique, en radicalisant l'ensemble du corps politique français, accentue encore la parenté. Sans doute le programme que La Rocque propose alors à ses adhérents se contente-t-il d'assortir le nationalisme d'origine d'articles sociaux de défense de l'économie nationale contre la concurrence étrangère et de protection de la main-d'œuvre française, d'allégement de la fiscalité, de lutte contre la fraude et de critiques contre la mainmise de l'État sur la vie économique. De cette ligne assez inoffensive, La Rocque refusera de s'éloigner, résistant autant qu'il le peut à la dérive antisémite des fédérations d'Afrique du Nord ou aux surenchères des Volontaires nationaux qui exigent de lui la préparation d'un coup de force et la mise au point d'un programme fascisant. Si l'opinion voit en lui le leader éventuel d'un fascisme français, la réalité de l'action La Rocque ne répond pas à ce schéma. Son refus de sortir de la légalité n'en fait cependant pas pour autant un partisan bon teint de la république parlementaire, mais le champion d'un autoritarisme politique nuancé de préoccupations sociales que son refus du coup de force lui interdit de réaliser.

Toutefois, le fascisme est bien présent dans la France de 1934, même si c'est sous la forme de petits groupes sans aucun rapport avec les dizaines de milliers de membres qu'ont pu réunir les Croix-de-Feu. C'est le cas du Francisme, fondé en septembre 1933 par Marcel Bucard, ancien collaborateur du parfumeur Coty et ancien dirigeant des Légions du Faisceau de Georges Valois. Le mouvement qui n'est qu'une assez plate imitation du fascisme italien (et que Mussolini subventionnera d'ailleurs) ne vise rien d'autre que la prise du pouvoir, la suppression du régime parlementaire et son remplacement par le corporatisme. Mais les quelques milliers d'adhérents du Francisme rendent l'hypothèse de la mise en œuvre de cet objectif assez peu réaliste.

À la même mouvance politique appartient la Solidarité française. Elle est fondée en 1933, également par le parfumeur Coty, inlassable bailleur de fonds des ligues d'extrême droite, qui en confie la direction au commandant d'infanterie coloniale en retraite Jean Renaud. Son but est extrêmement vague puisque ses statuts définissent cette association comme ayant « *pour objet l'étude et la solution des problèmes se rattachant à toutes questions économiques, financières, politiques et sociales* ». Mais François Coty a doté son organisation d'une structure paramilitaire. La Solidarité française est organisée en régions et brigades. Elle porte un uniforme : béret, chemise bleue et culotte grise, un insigne (un écusson de drap rouge frappé du coq gaulois). Des équipes d'estafettes à motocyclette et à bicyclette complètent le dispositif. Elle réussit à rassembler quelques milliers d'adhérents, attirés par l'indemnité versée à ceux qui participent aux manifestations du mouvement et elle possède en outre une section nord-africaine. Coty assigne pour tâche à son organisation d'« abattre la puissance politicienne », c'est-à-dire l'influence du Parlement, pour lui substituer une République plébiscitaire de type bonapartiste, Coty espérant dans cette hypothèse jouer le rôle d'un Premier Consul.

Ces ligues des années trente ont-elles représenté la forme française du fascisme comme le pensait l'historien américain Robert J. Soucy (« The nature of fascism in France », *Journal of contemporary History*, tome 1, janvier 1966 et *Le Fascisme français 1924-1933*, PUF, 1989) ? On voit bien en quoi les similitudes entre fascisme et ligues peuvent constituer des arguments pour étayer cette thèse : une clientèle qui se recrute dans la masse des mécontents et des insatisfaits, aigris par les déceptions de l'après-guerre et la crise économique, une volonté de donner un coup d'arrêt à une situation jugée comme celle d'une décadence nationale en dotant le pays d'un régime fort et dynamique, capable de gouverner efficacement, des organisations aux structures paramilitaires, pratiquant le culte du chef charismatique, une volonté d'action directe aux limites de la légalité, obtenue en faisant appel aux masses qu'on invite à manifester dans la rue. Comme telles, on conviendra que les ligues françaises ont, en raison de situations de crise proches dans tous les pays de l'Europe occidentale, une origine commune à celle des mouvements fascistes et leurs membres des réactions voisines de celles d'une base qui, en Allemagne ou en Italie, a accepté le fascisme.

472

Mais le problème est précisément qu'en France, en dépit de l'existence de cette clientèle potentielle, aucun mouvement fasciste digne de ce nom n'a vu le jour. Les petits groupes qui se réclament du fascisme, comme le Francisme ou la Solidarité française, n'ont que des effectifs insignifiants et les grandes organisations, comme les Jeunesses patriotes ou les Croix-de-Feu, professent un nationalisme traditionnel, proche du bonapartisme et non du fascisme. Aussi, si les historiens français qui se sont penchés sur la question admettent volontiers l'existence en France d'un « fascisme diffus » (Raoul Girardet, « Notes sur l'esprit d'un fascisme français », *Revue française de science politique*, vol. 5, n° 3, juillet-septembre 1955) marqué par la présence de phénomènes d'antiparlementarisme, d'aspiration à un pouvoir fort, de goût pour les parades paramilitaires, de volontarisme dans l'action politique, de propension à l'action directe, ils contestent que l'ensemble de ces éléments constitue un fascisme. René Rémond (*Les Droites en France*, Paris, Aubier, 1982) a souligné avec force tout ce qui distingue le fascisme du comportement des ligues françaises : volonté de bouleversement des hiérarchies d'une part, imprégnation conservatrice et nationaliste de l'autre, volonté de création de nouvelles élites dans les fascismes, respect des élites sociales militaires et religieuses chez les ligueurs, frustration nationaliste dans le premier cas, fierté de la victoire dans le second ; enfin, le fascisme des origines prétend s'exprimer au nom d'un peuple conçu comme une totalité alors que les mouvements français significatifs se réclament des traditions nationales dont aucune ne se réfère à une vision totalitaire de la société. Reprenant les données antérieures, Pierre Milza (*Fascismes français, passé et présent*, Paris, Flammarion, 1988), qui apporte un élément essentiel de réflexion en distinguant fortement mouvements et régimes fascistes, conclut lui aussi à l'impossibilité d'assimiler les ligues à un fascisme français. L'explication de cette non-acclimatation du fascisme en France résiderait dans la profondeur d'une culture politique républicaine et démocratique qui imprègne l'esprit public et fait que, même lorsque les circonstances conduisent à la contestation du régime, cette attitude négative ne peut se solder par un programme répudiant les acquis de l'histoire nationale, que seules des minorités négligeables sont en mesure d'accepter. Et l'histoire montrera que lorsque les mouvements sont conduits à passer de leur virulente critique de la République parlementaire à des propositions concrètes, celles-ci ne dépassent guère le stade d'un aménagement de la République, mais ne vont jamais jusqu'au fascisme. L'exemple d'un La Rocque écrivant en 1934 *Service public* qui plonge dans la stupéfaction, par son inconsistance, les membres les plus radicaux de son mouvement, est, à cet égard, caractéristique. Au total, la culture politique républicaine paraît avoir efficacement préservé la France de la tentation du fascisme, les ligues servant d'exutoire au désir d'efficacité que suscitent les difficultés du parlementarisme et la crise économique (Serge Berstein, « La France des années trente allergique au fascisme », *Vingtième siècle, Revue d'histoire*, avril 1985).

D'un côté, le sentiment fortement ancré de l'inadéquation des forces politiques de gauche comme de droite à réformer un régime impuissant, de l'autre des mouvements d'action directe au sein desquels, le fascisme étant absent, l'aspiration à un régime fort se manifeste puissamment, c'est ce sentiment d'impasse qui explique à la fois l'émeute du 6 février 1934 et son issue.

La crise du 6 février 1934

Le mois de janvier 1934 est, en France, une période de troubles permanents. Se saisissant de l'Affaire Stavisky pour tenter de déstabiliser le régime, *L'Action française* multiplie les manifestations violentes, invitant les Parisiens à descendre dans la rue, au cri de « *À bas les voleurs !* » contre le gouvernement et les parlementaires. Ces démonstrations sont l'occasion de heurts violents avec la police, entraînant même des blessés et des arrestations. Au cours du mois, on voit se joindre à *L'Action française* les troupes des Jeunesses patriotes ou de la Solidarité française, et bientôt celles de la Fédération des contribuables. Le 5 février, s'intégrant à cette agitation, La Rocque fait manœuvrer les Croix-de-Feu autour du ministère de l'Intérieur qu'il se flatte, dans un communiqué triomphant, d'avoir « investi ». L'opinion a le sentiment que la République est en voie de déstabilisation. C'est dans ces circonstances que le gouvernement de Camille Chautemps, en fonction depuis novembre 1933, est conduit à démissionner le 28 janvier 1934 à la suite non de l'Affaire Stavisky mais de la révélation de l'escroquerie montée par le banquier Sacazan, qui compromet le garde des Sceaux, Raynaldy.

Pour les hommes politiques de droite qui attendaient impatiemment depuis 1932 la crise qui chasserait du pouvoir la majorité de gauche, le scénario envisagé depuis cette date est désormais en route, non du fait d'une crise financière, mais en raison des scandales. Et c'est pourquoi la fraction de l'opposition qui juge que le temps du parlementarisme est passé, celle que représentent un Tardieu ou un Laval, regarde avec intérêt du côté de l'agitation des ligues dans laquelle ils veulent voir la réaction spontanée d'honnêtes citoyens indignés par la corruption du régime. Dans cette perspective, on cherche même le sauveur qui pourrait jouer le rôle de

Poincaré en 1926. Et comme il n'y a pas à espérer un retour aux affaires de celui-ci, très malade (il mourra quelques semaines plus tard), on lance le nom d'un possible substitut, l'ancien Président de la République, Gaston Doumergue, qui a montré bien des sympathies à la droite durant son septennat et qui est, pour l'heure, retiré dans son domaine de Tournefeuille. Au demeurant, la situation paraît justifier le recours à des mesures exceptionnelles. Le Président Albert Lebrun songe à un gouvernement de salut public et consulte à cette fin l'ancien Président Doumergue, le président du Sénat, Jules Jeanneney, celui de la Chambre, Fernand Bouisson. Les uns et les autres s'étant dérobés, il fait appel non à Herriot, président du parti radical (ce parti étant l'objet de graves accusations à la suite de l'Affaire Stavisky), mais à un autre radical, Édouard Daladier, considéré comme un homme d'une parfaite intégrité et d'une grande énergie. Daladier forme, fin janvier, un gouvernement à ossature radicale, mais dans lequel acceptent d'entrer des hommes du centre-droit. Toutefois la décision prise le 3 février par le président du Conseil de limoger le préfet de police, Jean Chiappe, qu'il accuse de négligences dans l'Affaire Stavisky, provoque la démission des ministres du centre-droit et la colère des ligues. Le préfet de police s'est en effet toujours montré d'une grande complaisance à leur égard, complaisance vigoureusement dénoncée par le parti socialiste. Aussi l'extrême droite voit-elle dans le renvoi du préfet de police une mesure à caractère politique, destinée à obtenir l'appui de la SFIO au président du Conseil.

C'est en se servant de ce prétexte que, le 6 février 1934, les ligues de droite invitent leurs adhérent à manifester devant la Chambre le jour même où le président du Conseil se présente devant elle afin d'obtenir sa confiance. L'Action française, la Solidarité française, les Jeunesses patriotes, la Fédération des contribuables, les Croix-de-Feu invitent les Parisiens à se réunir sur les Champs-Élysées, afin de descendre vers la Concorde pour gagner le Palais-Bourbon. De leur côté, deux associations d'Anciens combattants, l'Union nationale des combattants (UNC) à sensibilité de droite et l'Association républicaine des Anciens combattants (ARAC), proche du parti communiste, appellent également à une manifestation. Celle-ci commence vers 17 heures et très vite se produisent des heurts entre les forces de l'ordre qui barrent le pont de la Concorde pour interdire l'accès du Palais-Bourbon et les manifestants. Vers 20 heures sont tirés les premiers coups de feu, dont l'origine reste douteuse. En tout cas, à partir de ce moment, la manifestation tourne à l'émeute et celle-ci dure jusqu'à 2 heures 30 du matin. Le bilan s'établira à 15 morts (dont 14 parmi les manifestants) et à 1 435 blessés. Dès le lendemain, cette manifestation sanglante donne lieu à deux interprétations opposées. Pour la presse de droite et les partis de droite et d'extrême droite, un pouvoir corrompu a sciemment fait massacrer d'honnêtes citoyens et des Anciens combattants qui venaient clamer leur indignation. Pour la gauche, au contraire, le 6 février est un coup de force fasciste, l'équivalent français de la « Marche sur Rome » ou de la prise de pouvoir par Hitler et, contre le danger fasciste, il importe de réagir. En fait, toute interprétation univoque du 6 février est erronée. Divers groupes, aux intentions différentes, ont saisi l'occasion de jouer leur propre partie et on peut distinguer dans cette complexe « journée » au moins cinq scénarios différents (S. Berstein, *Le 6 février 1934*, Paris, Gallimard-Julliard, 1975).

Le plus aisé à comprendre est celui qui concerne le parti communiste, à travers l'action de l'ARAC. S'efforçant de saisir toute occasion d'affaiblir la République bourgeoise et d'attirer à lui les masses, le parti communiste appelle à manifester contre le gouvernement Daladier, dénoncé comme « fasciste », mais aussi contre l'UNC, dont l'ex-président Rossignol s'est trouvé compromis dans l'Affaire Stavisky. Réalisant l'amalgame entre le gouvernement qui protège les « voleurs » et dont le chef a, le premier, proposé la révision des pensions des Anciens combattants, les dirigeants de l'UNC, le préfet Chiappe, etc., l'ARAC entend se présenter comme le meilleur défenseur des Anciens combattants. Au demeurant, elle invite ses adhérents à remonter les Champs-Élysées jusqu'à l'Arc de Triomphe et non à les descendre vers la Concorde. Toutefois, compte tenu de l'heure tardive et de la confusion qui règne sur cette avenue, nombre d'adhérents de l'ARAC se trouveront mêlés au cortège des ligues et feront le coup de poing contre les forces de l'ordre sur le pont de la Concorde. Ce qui n'empêchera nullement le lendemain *L'Humanité* de dénoncer le coup de force fasciste et le laxisme du gouvernement et des socialistes dont les complaisances ont permis qu'il se produise.

Le second mouvement est le fait des Anciens combattants de l'UNC. En principe leur objectif et leur itinéraire sont différents de ceux des ligues puisqu'il s'agit d'aller du Grand Palais à l'Élysée afin d'y déposer une pétition au Président de la République demandant, au nom des Anciens combattants, que toute la lumière soit faite sur les scandales et qu'une épuration sans concession ait lieu. Toutefois, les choses sont moins claires que l'UNC ne l'affirme. Présidée en 1934 par Georges Lebecq, élu de droite de Paris, elle choisit un itinéraire proche de celui des ligues, fixe l'heure de sa manifestation de telle sorte qu'elle coïncide avec la leur et tente de franchir de force les barrages établis autour de l'Élysée, ce qui donne lieu à des matraquages et des charges de cavalerie au cours desquels Lebecq sera blessé. Il en résulte une confusion qui va mêler une partie des Anciens combattants aux manifestants des ligues. Tout se passe comme si

Lebecq avait délibérément choisi un scénario faisant apparaître les Anciens combattants comme solidaires des ligues et la répression comme une agression du pouvoir contre les héros de la guerre.

Troisième acception du 6 février, celle du colonel de La Rocque et de ses Croix-de-Feu. Aux yeux de l'opinion, ils sont solidaires des ligues. En fait, le colonel prend grand soin de conserver son autonomie par rapport aux autres manifestants et le 6 février est pour lui l'occasion d'une de ces grandes manœuvres stratégiques qu'il affectionne. Il divise en effet ses troupes en deux colonnes qui doivent converger vers le Palais-Bourbon, l'une en partant du Petit Palais, l'autre en prenant le siège de la Chambre à revers, à partir des Invalides, par la rue de Bourgogne. La manœuvre s'exécute sous le contrôle du colonel. Mais lorsque celui-ci apprend que des coups de feu sont échangés, il donne à ses troupes l'ordre de dislocation. Les autres dirigeants des ligues ne lui pardonneront pas cette dérobade dont ils estiment qu'elle est à l'origine de l'échec du 6 février.

C'est qu'en effet l'attitude des autres ligues est bien différente. L'Action française, la Solidarité française, les Jeunesses patriotes sont venues à la Concorde pour en découdre. Certains de leurs membres sont armés et ce sont eux qui tentent les premiers de franchir le barrage de la Concorde puis, durant la nuit, qui fournissent les troupes de l'émeute. Ces trois associations rassemblent au demeurant la majorité des morts et des blessés. Quel était l'objectif précis des trois ligues ? L'Action française dont le but avoué est de renverser la République pour instaurer la monarchie ne fera aucune difficulté pour reconnaître que son but était de se saisir de l'occasion pour déstabiliser le régime. La Solidarité française, de son côté, est prête à agir dans le même sens. Mais ni l'une ni l'autre de ces ligues ne paraissent avoir de solution de rechange à proposer au cas où l'émeute entraînerait l'effondrement du pouvoir. Il paraît en aller différemment des Jeunesses patriotes. Celles-ci ont pour chefs une poignée d'élus municipaux de Paris, Pierre Taittinger, Des Isnards, d'Andigné... qui jouent un rôle actif le 6 février.

Ce sont eux qui animent le cinquième mouvement qui se produit ce jour-là, le seul au demeurant qui ait une signification politique précise. Depuis les premiers jours de février, l'Hôtel de ville de Paris, tenu en main par une solide majorité de droite et d'extrême droite, est devenu le centre nerveux de l'agitation contre le gouvernement radical. Ces élus (parmi lesquels Laval) lancent des appels à la population dont le résultat est de faire monter la tension. Le 6 février, ils convoquent à l'Hôtel de ville à 19 heures les Jeunesses patriotes, liées aux élus parisiens. Dans les heures qui précèdent, les conseillers municipaux d'extrême droite jouent un rôle actif dans la manifestation, avec Lebecq à la tête de l'UNC ou le lieutenant-colonel de

477

Puymaigre qui, malgré La Rocque, tente de pousser les Croix-de-Feu à s'attaquer aux barrages de police. Et après 19 heures, c'est au cri de « Démission » que les conseillers municipaux (une cinquantaine), ceints de leurs écharpes tricolores, se dirigent à la tête des Jeunesses patriotes vers le Palais-Bourbon où, reçus par le président du Conseil, ils exigent (en vain) son retrait et la nomination d'un gouvernement d'union nationale. Il apparaît bien que dans ce comportement réside la véritable signification du 6 février. Celui-ci n'est pas un complot fasciste contre le régime, mais une conjuration de la droite qui a laissé sciemment se développer l'agitation des ligues afin de pouvoir renverser la majorité de gauche en place depuis 1932 et revenir au pouvoir à la faveur de l'émeute.

Au soir du 6 février, ce scénario paraît avoir échoué. Daladier résiste aux pressions qui s'exercent sur lui. Il reçoit l'appui massif de la Chambre qui lui vote la confiance par 360 voix contre 220. Durant la nuit, il s'apprête à prendre des mesures contre les émeutiers. Mais cette fermeté est de courte durée. Le 7 février, Daladier renonce et offre sa démission au Président de la République, Albert Lebrun. Ce retournement éclaire la profondeur de la crise qui frappe le régime. Durant la nuit Daladier a vu en effet se dérober la justice, l'armée et la police. Le procureur général refuse d'ouvrir une information pour complot contre la sûreté de l'État, l'armée n'accepte pas de décréter l'état de siège et la police ne parvient à appréhender aucun des dirigeants des ligues qui ont conduit l'émeute. Au matin, c'est le personnel politique et les plus hautes autorités de l'État qui font défection, de crainte d'avoir à réprimer de nouvelles émeutes. Le ministre de l'Intérieur, Eugène Frot, multiplie les déclarations alarmistes et une partie des ministres les plus proches de Daladier (Guy La Chambre, Jean Mistler, Pierre Cot, Léon Martinaud-Deplat) conseille la démission. Le même conseil est donné à Daladier par le Président de la République Lebrun, les présidents des deux Chambres et Édouard Herriot, président de son parti et du groupe parlementaire radical. L'émeute du 6 février réussit donc de façon différée. Ce n'est pas son ampleur qui a conduit le gouvernement à l'échec, mais le traumatisme qu'elle a provoqué et qui a révélé l'inconsistance et la faiblesse des dirigeants de la République. La voie est donc libre pour la réalisation de l'union nationale qui doit ramener la droite au pouvoir.

La « Trêve » et l'échec du gouvernement Doumergue

Le 7 février, le Président Albert Lebrun peut mettre en application le scénario imaginé de longue date. Rappelé de Tournefeuille, l'ancien

Président de la République, Gaston Doumergue, est nommé président du Conseil et, s'appuyant sur le traumatisme provoqué par l'émeute du 6 février, il propose une « trêve » des luttes politiques et la création d'un gouvernement d'union nationale où l'opposition siégerait aux côtés des radicaux. De fait, si Daladier paraît durablement discrédité par le sang qui a coulé le 6 février, Édouard Herriot accepte d'entrer, comme ministre d'État, dans le gouvernement Doumergue et, avec lui, une poignée de ministres radicaux qui garantissent au gouvernement sa majorité. Mais à leurs côtés, et comme pour symboliser l'échec de la majorité de 1932, siègent les chefs de la droite vaincue dans ce scrutin, André Tardieu, ministre d'État aux côtés d'Herriot, Pierre Laval, Pierre-Etienne Flandin, président de l'Alliance démocratique. Ce gouvernement s'assigne comme objectif essentiel de promouvoir une réforme de l'État que chacun juge alors nécessaire et dont une Commission de la Chambre, présidée par Paul Marchandeau, doit étudier les modalités, concurremment avec une Commission du Sénat (F. Monnet, *Refaire la République, André Tardieu, une dérive réactionnaire*, Paris, Fayard, 1993). Tout le monde s'accorde sur les grandes lignes du projet futur qui consisterait en un aménagement des institutions : renforcement du pouvoir exécutif par la création d'une véritable présidence du Conseil dotée de services autonomes (jusqu'alors, un des ministres, par ailleurs en charge d'un département, fait office de président du Conseil), restauration du droit de dissolution du chef de l'État, limitation des pouvoirs du Parlement à ses fonctions législatives et budgétaires. Mais retenu par des tâches administratives et la gestion quotidienne des affaires, Doumergue tarde à imposer une réforme qui, dans le sillage du choc du 6 février, aurait été adoptée sans difficulté. Il veut se laisser l'été pour réfléchir au problème et préparer un projet. En attendant, la situation de son gouvernement se détériore. Radicaux et modérés se heurtent sur les questions budgétaires et le problème des ligues (dont les radicaux réclament la dissolution). Par ailleurs, jusque dans les conseils des ministres, les querelles ne cessent guère entre Tardieu qui accuse les radicaux d'incompétence et de corruption et Herriot que ces propos ulcèrent et qui menace à plusieurs reprises de démissionner. Or Doumergue n'arbitre que mollement ces querelles et il est clair que sa sympathie va davantage à Tardieu qu'aux radicaux. Au demeurant, il est convaincu que les radicaux n'oseront pas quitter le gouvernement de trêve et reprendre le pouvoir, de crainte d'une nouvelle émeute. La force de Doumergue repose donc avant tout sur la peur du vide.

Aussi lorsqu'à l'automne 1934, Doumergue annonce les grandes lignes de la réforme de l'État qu'il propose aux Français, sa situation est-elle plus détériorée qu'il ne le pense. Son projet n'a certes rien de révolutionnaire, mais le personnel parlementaire a eu le temps de se reprendre depuis le 6 février. Il est beaucoup moins convaincu qu'à ce moment que la solution de la crise française passe par un amenuisement de son pouvoir. En particulier, le président du Conseil a dressé contre lui le Sénat, ulcéré que le projet supprime l'avis conforme qu'il devait donner, selon la Constitution de 1875, à la dissolution de la Chambre. L'autoritarisme du chef du gouvernement a, par ailleurs, indisposé une grande partie du personnel politique. Enfin, les radicaux ne lui pardonnent pas son attitude à leur égard et les ménagements qu'il n'a cessé de prendre envers Tardieu, leur ennemi juré. Ils n'attendent qu'une occasion de se débarrasser de lui. Or celle-ci se produit début novembre 1934. Au congrès de l'Alliance démocratique, tenu à Arras, Pierre-Étienne Flandin envisage la constitution d'un gouvernement unissant son parti et les radicaux. Pendant qu'une bonne partie de la droite vitupère le « traître d'Arras », les radicaux, libérés de la peur du vide qui les retenait jusque-là, renversent le gouvernement Doumergue. C'en est fait de la réforme de l'État dont il ne sera plus question en France jusqu'en 1940.

L'impasse politique (1934-1936)

En théorie, au lendemain de la démission de Doumergue, la « trêve » continue. En fait, alors que sous le gouvernement précédent, l'union nationale jouait contre les radicaux qui apparaissaient comme les otages de la droite, à partir de novembre 1934, Édouard Herriot et ses lieutenants deviennent les arbitres d'une situation politique qu'ils contrôlent sans la diriger. C'est très nettement le cas avec le gouvernement conduit jusqu'en mai 1935 par Pierre-Étienne Flandin. Associant hommes de l'Alliance démocratique et radicaux, avec une représentation symbolique de la Fédération républicaine, ce gouvernement apparaît comme une tentative de concentration. Toutefois, la bonne entente entre Flandin et les radicaux est compromise par la gravité de la crise agricole qui entraîne l'impopularité du gouvernement. Par ailleurs, les élections municipales de 1935, considérées comme un test de la valeur politique de la concentration, sont décevantes. Le scrutin révèle une percée de l'union des gauches, favorable aux alliances qui sont en train de se conclure entre radicaux, socialistes et parfois communistes. L'échec des élections municipales condamne le gouvernement Flandin qui tombe en mai 1935.

Les conditions de la chute de Flandin auraient dû conduire à la formule, un moment envisagée, d'un gouvernement de gauche, constitué par les radicaux et les socialistes, gouvernement qui peut disposer à la Chambre de la majorité élue en 1932, mais le refus des socialistes de compromettre leur audience dans une expérience gouvernementale avant les élections de 1936 conduit à repousser le projet. Dès lors, il ne reste plus qu'à replâtrer un gouvernement d'union nationale que Pierre Laval est chargé de constituer et dans lequel Herriot assume, comme dans les deux gouvernements précédents, les fonctions de ministre d'État. Le gouvernement Laval de juin 1935-janvier 1936 illustre assez bien l'impasse politique dans laquelle la France s'enfonce. Ossature du gouvernement, le parti radical détient des portefeuilles clés comme les Finances (avec Marcel Régnier) ou l'Intérieur (avec Paganon), sans compter bien entendu Herriot qui fait figure de vice-président du Conseil. Mais en même temps, depuis juillet 1935, ce parti figure dans le rassemblement populaire, coalition d'opposition constituée avec les socialistes et les communistes en vue des élections de 1936 et qui ne se prive pas de critiquer avec virulence la politique du gouvernement. Membre à la fois de la majorité et de l'opposition, le parti radical est en outre en désaccord avec le gouvernement auquel il appartient sur les principaux aspects de sa politique. Il critique avec force les atermoiements du président du Conseil qui tergiverse pour ordonner le désarmement des ligues paramilitaires et il ne l'obtiendra (avec beaucoup de difficultés) que fin 1935. Il est clair que Laval voit plutôt avec sympathie des ligues qui, pour les radicaux, constituent une menace contre la République. En second lieu, les radicaux sont, dans leur majorité, moins convaincus des vertus de la déflation qu'ils ne l'étaient jusqu'en 1934. Or si Herriot y demeure attaché, son parti voit d'un mauvais œil le renforcement de cette politique et manifeste sa mauvaise humeur devant les décrets-lois qui la mettent en œuvre avec rigueur. Mais comment les critiquer quand le ministre chargé de les appliquer est le radical Marcel Régnier ?

Enfin, le désaccord le plus grave porte sur la politique étrangère. Les radicaux, Herriot en tête, sont, on le sait, partisans de la sécurité collective et attachés à la Société des Nations. Ils sont ulcérés des distances que prend Laval avec la SDN, de son rapprochement avec l'Italie fasciste et des ménagements dont il témoigne envers Mussolini après l'agression italienne contre l'Éthiopie. Il faut toute la pression de l'opinion publique et des ministres radicaux pour que les sanctions contre l'Italie soient décidées par la France. En décembre 1935, il est de notoriété publique que le discours violemment critique envers la politique étrangère du gouvernement prononcé par le radical Yvon Delbos traduit les vues du ministre d'État Édouard Herriot, évidemment empêché par la solidarité ministérielle de le prononcer lui-même.

Dans ces conditions, il faut toute l'habileté manœuvrière de Laval pour empêcher que le retrait des radicaux ne fasse s'effondrer le gouvernement. Et, de fait, Laval réussit à convaincre Herriot que l'intérêt national exige le maintien en place du ministère. On assiste donc au paradoxe d'un Herriot se faisant inlassablement l'avocat d'un gouvernement dont il désapprouve la politique, auprès de son parti qui brûle de le renverser. Situation évidemment intenable. En décembre 1935, Herriot, excédé par les critiques dont il est l'objet, démissionne de la présidence du parti radical où Daladier, champion du Front populaire, le remplace peu après. En janvier 1936, il quitte le gouvernement Laval, provoquant la chute de celui-ci.

Comme il ne saurait être question ni de reconstituer la concentration, ni de former un nouveau gouvernement d'union des gauches, la seule solution est donc, dans l'attente des élections qui doivent se dérouler en avril-mai, un gouvernement uniquement chargé de préparer celles-ci. Telle est la mission confiée au ministère Albert Sarraut, dernier gouvernement de « trêve », à forte ossature radicale, et dépourvu de toute autorité dans l'attente du résultat des futures élections. On en est donc revenu à la situation de 1932-1933 : un gouvernement impuissant, paralysé face à la crise économique qui perdure en France et qui va se trouver condamné à la passivité face à la grave crise internationale menaçant directement la sécurité française que constitue, en mars 1936, la remilitarisation de la Rhénanie par Hitler.

Les radicaux seuls au pouvoir s'étant montrés impuissants à résoudre la crise française, l'union des gauches constituée dans le Front populaire sera-t-elle capable d'y parvenir ?

Les Présidents de la République de 1930 à 1936

Gaston Doumergue	mai 1924-mai 1931
Paul Doumer	mai 1931-mai 1932
Albert Lebrun	mai 1932-juillet 1940

Les présidents du Conseil de 1930 à 1936

André Tardieu (premier cabinet)	nov. 1929-fév. 1930
Camille Chautemps (premier cabinet)	21 fév.-1er mars 1930
André Tardieu (second cabinet)	mars-déc. 1930
Théodore Steeg	déc. 1930-janv. 1931
Pierre Laval (premier, second et troisième cabinets)	janv. 1931-fév. 1932
André Tardieu (troisième cabinet)	fév.-juin 1932
Édouard Herriot (troisième cabinet)	juin-déc. 1932
Joseph Paul-Boncour	déc. 1932-janv. 1933
Édouard Daladier (premier cabinet)	janv.-oct. 1933
Albert Sarraut (premier cabinet)	oct.-déc. 1933
Camille Chautemps (second cabinet)	déc. 1933-janv. 1934
Édouard Daladier (second cabinet)	30 janv.-7 fév. 1934
Gaston Doumergue (second cabinet)	fév.-nov. 1934
Pierre-Étienne Flandin	nov. 1934-mai 1935
Pierre Laval (quatrième cabinet)	juin 1935-janv. 1936
Albert Sarraut (second cabinet)	janv.-juin 1936

IV

LE FRONT POPULAIRE ET L'AGONIE
DE LA IIIe RÉPUBLIQUE
(1934-1939)

Les origines du Front populaire

Que l'émeute du 6 février 1934 soit à l'origine directe du Front populaire comme l'ont longtemps affirmé les forces de gauche n'apparaît nullement comme une évidence à l'historien. Il est vrai que, considérée de façon quasi unanime comme une tentative de coup d'État fasciste, elle provoque à la base, parmi les militants, les cadres locaux, voire certains dirigeants des partis de gauche, une incontestable volonté unitaire. En témoignent les multiples mais éphémères comités antifascistes qui se créent dans tout le pays au lendemain du 6 février et qui rassemblent adhérents et sympathisants du parti socialiste et du parti radical, des syndicalistes, des membres de la Ligue des droits de l'homme... mais très rarement des communistes. Il est vrai qu'à Saint-Denis, le maire communiste Jacques Doriot prend l'initiative de fonder un comité antifasciste comprenant des représentants des autres forces de gauche, mais Doriot est en difficulté depuis de longues années avec la direction de son propre parti. Si l'aspiration unitaire est puissante à la base, elle n'a nullement son répondant dans la direction des partis où subsistent les méfiances traditionnelles et le souvenir des affrontements passés.

C'est ainsi que le parti communiste français, en dépit des velléités d'intégration à la société politique de Maurice Thorez, chapitré par l'Internationale qui l'a contraint à procéder début 1934 à une révision rigoureuse de sa tentative d'ouverture, poursuit après le 6 février les critiques virulentes adressées au gouvernement et aux socialistes qu'il accuse, par leur complaisance, d'être responsables de ce « glissement vers le fascisme ». Le 9 février, le parti communiste organise une manifestation place de la République en collaboration avec la CGTU pour protester contre la tentative de coup d'État fasciste, mais aussi pour conspuer les « fusilleurs Daladier et Frot ». L'amalgame étant ainsi réalisé entre fascistes et gouvernement, la manifestation communiste dégénère en scènes d'une extrême violence, les affrontements avec la police faisant 6 morts et des centaines de blessés. Faut-il dès lors considérer que les communistes changent d'attitude le 12 février en décidant de se joindre à la manifestation organisée sur le cours de Vincennes par la CGT, avec l'appui du parti socialiste ? En aucune manière. Il s'agit, dans le cadre de la tactique « classe contre classe », de porter la concurrence aux socialistes en montrant aux membres de ce parti que le véritable dynamisme antifasciste est celui des communistes. Aussi le parti communiste a-t-il prévu d'égrener une série d'estrades, le long du parcours envisagé par les socialistes, à partir desquelles des orateurs haranguaient les manifestants et effriteraient ainsi le cortège socialiste. Mais c'était sans compter avec les sentiments unitaires de la base : c'est le contraire qui se produira, les militants communistes se trouvant entraînés par le cortège des socialistes et de la CGT. Si le parti communiste lance dès le lendemain la légende de la manifestation « unitaire » (elle le fut en effet, mais pas du fait des dirigeants des deux partis), jusqu'à la fin juin 1934, le parti communiste, fidèle à la ligne de l'Internationale, tire à boulets rouges sur radicaux et socialistes, accusant les « social-fascistes » de tous les maux dont souffre le pays.

De la même manière, faut-il voir dans les deux rassemblements inter-partisans que sont le Comité Amsterdam-Pleyel et le Front commun des creusets du futur Front populaire ? Créé en 1932, à l'initiative du parti communiste pour lutter contre la guerre (que, selon l'Internationale, les puissances capitalistes méditent de déclencher contre l'Union soviétique), se voyant après l'arrivée de Hitler au pouvoir assigner en outre la mission de lutter contre le fascisme, le Comité Amsterdam-Pleyel est placé sous la présidence de deux écrivains, compagnons de route du parti communiste, Romain Rolland et Henri Barbusse. S'il réussit à attirer des écrivains, des artistes, des syndicalistes CGT et CGTU, des membres du parti radical, de la SFIO, des républicains-socialistes, c'est uniquement à titre individuel, les partis de gauche croyant discerner dans la constitution de cette organisation un moyen d'entraîner des hommes de gauche vers le parti communiste en débauchant les adhérents des autres organisations. En revanche, la création du Front commun par Gaston Bergery en mars 1933 et l'adhésion de nombreux intellectuels à cette organisation inquiètent le parti communiste, à l'instar des autres partis de gauche, et tous refusent de cautionner ce rassemblement qui végète. L'intérêt que montre Doriot pour le Front commun et la constitution par le maire de Saint-Denis, après le 6 février, d'un « Comité d'action antifasciste » vont constituer les pièces maîtresses du procès pour indiscipline que lui intente le parti communiste et qui, après arbitrage de l'Internationale, aboutit à son exclusion en juin 1934. Celle-ci apparaît comme le refus par le parti communiste de l'union antifasciste avec les autres organisations de gauche.

À ce refus du parti communiste jusqu'en juin 1934 (malgré la volonté de certains dirigeants) de participer à un rassemblement antifasciste, s'ajoute le poids des rancunes qui opposent radicaux et socialistes, les premiers reprochant aux seconds d'avoir fait échouer par leurs surenchères et leur irréalisme leurs deux expériences gouvernementales de 1924-1926 et de 1932-1934. Quant aux socialistes, ils font grief aux radicaux d'avoir rompu l'union des gauches pour s'allier à la droite dans des gouvernements d'union nationale. Ce sont d'ailleurs les attaques des socialistes et des groupes qui leur sont liés (Ligue des droits de l'homme, franc-maçonnerie) contre le gouvernement de trêve et le parti radical qui le soutient qui conduisent à l'échec rapide la plupart des comités antifascistes formés au lendemain du 6 février 1934.

Il faut enfin prendre en compte l'opposition résolue, fondamentale, apparemment irrémédiable entre radicaux et communistes qui appartiennent, par nature, à des mondes irréductiblement opposés. Les communistes voient dans les radicaux un parti bourgeois, chauvin, colonialiste, conservateur, ouvrant la voie au « fascisme » selon la terminologie en vigueur dans l'Internationale jusqu'en 1934. Pour les radicaux, les communistes sont un parti insurrectionnel, inféodé à l'Union soviétique, prêt à fomenter des troubles et à provoquer l'effondrement de la nation pour le plus grand profit de Moscou, foulant aux pieds les valeurs nationales et ayant comme objectif d'établir en France une dictature sanglante et impitoyable. Entre ces deux partis que tout oppose, il n'y a ni contact, ni discussion, ni même anathème, chacun représentant pour l'autre un mal absolu. Le fossé est tel que la crainte commune du fascisme ne semble même pas pouvoir constituer un élément de rapprochement, le communisme constituant pour les radicaux un danger de nature identique à celui du fascisme et les radicaux étant pour les communistes (au même titre il est vrai que tous les autres partis) une force favorisant objectivement le fascisme.

Dans ces conditions, il a fallu un retournement politique de grande ampleur pour que cette impossible union entre les trois forces de gauche que le 6 février n'a pas suffi à provoquer soit finalement mise en œuvre.

La constitution du Front populaire

Ce retournement est incontestablement le fait du parti communiste dont les initiatives sont à l'origine de la formation du Front populaire. On peut le dater avec précision de la Conférence nationale d'Ivry du parti communiste français. Commencée dans le cadre de la tactique « classe contre classe » et de l'appel au « front unique » avec les adhérents du parti socialiste (mais non avec ses dirigeants), la Conférence s'achève par un discours de Maurice Thorez qui, tout en employant les mêmes mots, rend un son nouveau dans la mesure où il envisage un accord avec les partis de gauche contre le fascisme. Ce retournement spectaculaire est-il dû à une initiative des dirigeants communistes qui ont obtenu l'autorisation de l'Internationale (comme sembleraient le montrer les tentatives faites depuis plusieurs années par les dirigeants de ce parti pour obtenir du Komintern la prise en compte de la spécificité française) ou l'initiative est-elle venue de Moscou qui, après la consolidation du nazisme en Allemagne, décide un changement de tactique ? C'est là un objet de débats et de polémiques historiques qu'il est difficile de trancher. Quoi qu'il en soit, il est clair que l'Internationale a, pour le moins, donné son accord et il est non moins clair que le parti communiste français se jette dans la nouvelle tactique avec un enthousiasme qui révèle à quel point la thématique antérieure a représenté pour lui une contrainte.

On constate en effet, de la part du parti communiste, un virage spectaculaire qui lui fait adorer ce qu'il brûlait la veille. Dans cette nouvelle ligne, l'adversaire prioritaire n'est plus la social-démocratie mais le fascisme. Contre lui, il importe de défendre les libertés démocratiques (qualifiées hier de « libertés formelles ») et ce en union avec tous les démocrates (accusés naguère de frayer la voie au fascisme). Sans doute ce retournement ne concerne-t-il que le court terme et le parti communiste ne renonce-t-il pas, en principe, à ses objectifs révolutionnaires à long terme. Mais, en attendant, l'initiative communiste bouleverse le paysage politique français.

Dans un premier temps, les communistes opèrent en effet un rapprochement avec leurs frères ennemis du parti socialiste. Le 27 juillet 1934, les deux formations marxistes signent en effet un pacte d'unité d'action par lequel elles s'engagent à lutter en commun contre le fascisme, la guerre et les décrets-lois préparés par le gouvernement Doumergue. La même hostilité sera d'ailleurs témoignée par les deux partis envers tous les gouvernements de « trêve » qui se succèdent jusqu'aux élections de 1936. Est-ce le rapprochement, ouvrant la voie à l'unification entre les frères séparés du congrès de Tours ? On peut le penser jusqu'en octobre 1934 où se produit un événement inouï. Dépassant le « front prolétarien » formé avec les socialistes, Maurice Thorez, dans un discours prononcé à Nantes, lance le mot d'ordre de « Rassemblement populaire » qu'il définit comme « *l'alliance des classes moyennes avec la classe ouvrière* ». Si la thématique n'est pas neuve (dès la fin des années vingt, Maurice Thorez considérait qu'une course de vitesse entre communisme et fascisme était engagée pour la conquête des classes moyennes), elle prend un aspect inédit dans la mesure où peu à peu, le parti communiste explicite son objectif en précisant qu'il s'agit dans son esprit d'attirer, non les membres isolés des classes moyennes, mais leur représentant le plus authentique, le parti radical, dans le rassemblement antifasciste qu'il appelle de ses vœux. Et on conçoit la stupéfaction du parti socialiste, hier encore dénoncé par les communistes comme « social-traître » pour avoir conclu avec les radicaux des accords de désistement lors des élections législatives.

Toutefois, si la nouvelle tactique des communistes apparaît surprenante, ses chances de réalisation sont des plus minces. Comment penser que les radicaux, présents au gouvernement avec Herriot, leur président, pourraient accepter de rejoindre un rassemblement qui jette l'anathème sur les gouvernements de trêve ? Et cependant, les bases d'un rapprochement existent. Elles tiennent d'abord à la tradition radicale, fortement marquée à gauche, à laquelle demeurent fidèles la majorité des militants du parti, au fait que la majorité des élus le sont grâce aux désistements à gauche, aux attaques dont les radicaux sont l'objet de la part de leurs associés de droite dans les gouvernements d'union nationale, au désir de ce parti de sortir de l'impasse politique dans laquelle il est enfermé depuis 1932, enfin à la force de la dynamique de gauche, révélée par les élections municipales de 1935 et qui ne saurait laisser les radicaux indifférents à la veille de la consultation de 1936. Il s'y ajoute le fait que les radicaux se montrent sensibles aux changements qui affectent l'attitude communiste à leur égard et à l'égard des grands problèmes nationaux et qui leur font juger que les communistes ont changé. Dès les élections cantonales de 1934, les communistes ont proposé de se désister pour les radicaux clairement partisans de l'union des gauches et la presse communiste ménage le parti radical, exaltant son rôle d'héritier de la Révolution française et de représentant des classes moyennes. Les radicaux sont encore plus sensibles à l'évolution qui s'opère chez les communistes sur les problèmes de défense nationale. Après la signature par Laval et Staline du pacte franco-soviétique en mai 1935 et la déclaration faite à cette occasion par Staline et par laquelle il « comprend et approuve l'effort fait par la France pour maintenir sa force armée au niveau de sa sécurité », le parti communiste se présente comme un parti patriote, ce qui lève un obstacle considérable au rapprochement. Enfin, il existe au sein du parti radical un groupe de dirigeants qui voit dans le Front populaire un moyen de rompre avec la politique de vassalisation vis-à-vis de la droite qu'incarne la présence d'Herriot au gouvernement. Les partisans traditionnels de l'alliance à gauche, l'aile gauche du mouvement Jeune Turc représentée par des hommes comme Jacques Kayser, Jean Zay, Pierre Mendès France, Pierre Cot, se déclarent partisans de l'adhésion au Rassemblement populaire. Et surtout Édouard Daladier dont l'avenir politique paraît compromis par le 6 février voit dans le Front populaire le moyen de faire sa rentrée politique. Jouant sur les réserves d'Herriot envers le Rassemblement, il s'offre comme leader à la gauche de son parti qui souhaite le réaliser. Or, dès les premiers mois de 1935, les comités radicaux se prononcent majoritairement pour l'entrée de leur parti dans le Front populaire. Conscient de l'attrait exercé sur les radicaux par l'union des gauches, Herriot, tout en se maintenant personnellement sur la réserve, laisse faire. Le 3 juillet 1935, le Comité exécutif du parti radical décide de répondre à l'invitation de participer pour le 14 juillet à une grande manifestation unitaire rassemblant à Paris le parti communiste, la SFIO, la CGT et la CGTU, les républicains-socialistes, la Ligue des droits de l'homme, le Comité de vigilance des intellectuels antifascistes formé au lendemain du 6 février, diverses associations d'Anciens combattants orientées à gauche. Au lendemain du succès de la manifestation, où Daladier défile en tête parmi les dirigeants des organisations de gauche, les organisateurs constituent un Comité national du Rassemblement populaire chargé de mettre au point une plate-forme commune en vue des élections de 1936.

Après de longues discussions, le programme du Rassemblement populaire est publié en janvier 1936. Les discussions ont révélé la profondeur des désaccords entre radicaux et socialistes, en particulier sur les questions économiques. Alors que les socialistes souhaitent un important train de nationalisations qui amorceraient les réformes de structure qu'ils appellent de leurs vœux, les radicaux s'y opposent, afin de demeurer dans le cadre d'une organisation économique libérale. Or, fait surprenant, le parti communiste a appuyé les vues des radicaux contre les socialistes. C'est que, pour lui, les nationalisations n'ont aucun caractère socialiste, que leur extension lui est indifférente et, surtout, qu'il s'agit de ne rien faire qui puisse effrayer les classes moyennes et les dissuader d'entrer dans le Rassemblement populaire.

Si bien que les radicaux sont fondés à considérer que le programme du Rassemblement populaire est très proche du programme classique du parti radical. De fait, il tient en trois thèmes que résume le triptyque : le pain, la paix, la liberté. La première rubrique concerne évidemment la lutte contre la crise économique. En souvenir du Cartel des gauches, il est prévu de faire de la Banque de France la « Banque de la France » en donnant le droit de vote à tous les actionnaires et pas seulement aux 200 plus importants (les « 200 familles » représentant la Haute banque et la grande industrie). Pour le reste, il s'agit de relancer l'activité économique en mettant fin à la déflation et en évitant la dévaluation. Le moyen essentiel est l'élévation du pouvoir d'achat des masses par la « reflation », et l'État doit en assurer la mise en œuvre par tout un éventail de mesures : grands travaux, création d'un fonds de chômage, retraite pour les vieux travailleurs, réduction du temps de travail sans diminution de salaire et, dans le domaine agricole, création d'un Office national des céréales pour régulariser le marché. La défense de la paix consiste surtout en un état d'esprit plus que dans des mesures concrètes, si on met à part la décision de nationaliser les fabrications de guerre, avec comme objectif principal d'interdire aux « marchands de canons » d'infléchir la politique française dans un sens belliciste. Enfin, la défense des libertés fait l'unanimité et comporte quelques mesures destinées à interdire toute tentative fasciste en France (dissolution des ligues), la défense des droits syndicaux et de l'école laïque, l'obligation pour les journaux de faire connaître leur bilan, afin d'informer le public sur l'identité des bailleurs de fonds de la presse.

Que recherchent les partis ainsi associés autour de cette plate-forme très modérée ? La principale question concerne évidemment le parti communiste qui a fait preuve en cette affaire d'une surprenante volonté de conciliation. Si, sur le court terme, sa volonté antifasciste explique sa rassurante modération, il reste à voir que la lutte contre le fascisme ne fait l'unanimité que sur le plan intérieur. Socialistes et radicaux qui sont très majoritairement pacifistes n'entendent s'engager dans aucune croisade antifasciste à l'extérieur. Or il est évident que, pour les communistes, le pacte franco-soviétique représente la clé de voûte d'un rassemblement international antifasciste destiné, le cas échéant, à barrer la route à une extension du fascisme en Europe. Mais cette hypothèse d'école est, au début de 1936, moins grave que les interrogations sur les desseins à plus long terme du parti communiste. Celui-ci paraît en effet vouloir utiliser le Front populaire comme un moyen d'attirer à lui des masses séduites par son dynamisme. Il utilise alors trois moyens à cette fin. Le premier est la proposition de constituer des sections départementales du Front populaire sur la base d'adhésions individuelles qui permettraient aux communistes de noyauter aisément ces organisations. La vigilance des radicaux et des socialistes fait échouer le projet : les comités départementaux du Rassemblement populaire seront constitués des sections locales des organisations

491

membres. Le second est le projet d'unité organique entre le parti communiste et le parti socialiste, vu par ce dernier comme un nouveau procédé utilisé par les communistes pour « plumer la volaille socialiste ». Après d'interminables discussions, le projet échouera. Enfin le troisième moyen utilisé pour attirer les masses est la réunification syndicale et celle-ci sera un succès. En mars 1936, au congrès de Toulouse, CGT et CGTU fusionnent aux conditions posées par la première. En fait, cette victoire apparente de Jouhaux se révélera illusoire. Intégrés dans la CGT, les syndicalistes « unitaires » conservent leur organisation dirigée par Frachon et Racamond, membres du Bureau confédéral, et leur dynamisme va permettre aux communistes d'attirer à eux la masse des nouveaux adhérents, conquérant ainsi la majorité dans les fédérations départementales ou les syndicats de base.

À cette méfiance des radicaux et socialistes envers les communistes s'ajoutent les désaccords qui opposent les deux partis sur la politique économique et financière à suivre et qui vont miner l'expérience du Front populaire. Mais les discussions serrées et les divergences du sommet n'entament en rien l'enthousiasme de l'opinion de gauche. Celle-ci, toute à la satisfaction de l'unité de toute la gauche enfin rétablie, à l'espoir que le Rassemblement trouvera les voies de la solution de la crise économique, s'apprête à donner la victoire au Front populaire. Et, dans l'attente d'un succès du parti radical, on spécule sur la composition du futur gouvernement Daladier et sur l'éternel problème de la participation socialiste.

La victoire électorale du Front populaire

Si la plate-forme du Front populaire est très modérée, elle ne constitue en rien un programme commun pour les formations qui y participent. Au premier tour, chacun se bat sous ses propres couleurs et ce n'est que pour le second tour que la plate-forme servira de base au candidat unique du Rassemblement populaire dans chacune des circonscriptions, candidat pour lequel les autres se seront désistés. Aussi le premier tour donne-t-il le spectacle d'une curieuse cacophonie entre les partis du Rassemblement populaire. Les radicaux privilégient la défense des intérêts locaux malgré les accents jacobins de leur président Daladier. Les socialistes défendent sans sourciller un vaste programme de nationalisations et de mesures anticapitalistes, préconisant par ailleurs la suppression du Sénat et l'établissement de la Représentation proportionnelle. Quant aux communistes, ils se déclarent toujours partisans de la « République française des soviets ». Toutefois, c'est le parti communiste qui innove le plus. Sa plateforme électorale insiste sur la lutte contre la crise et le fascisme, et son principal dirigeant, Maurice Thorez, prêche pour l'union de tous les Français contre les 200 familles et le fascisme, « tendant la main » à tous, y compris aux catholiques et aux Croix-de-Feu.

Au soir du 26 avril, le Front populaire l'emporte comme prévu dans un scrutin auquel les Français ont largement participé (à plus de 84 %). La gauche, rassemblée dans le Front populaire, accentue de 300 000 voix l'avance qu'elle possédait déjà en 1932, devançant d'un million deux cent mille voix la droite. Mais, pour celle-ci, il ne s'agit nullement d'un effondrement puisque, par rapport à 1932, elle ne perd que 70 000 voix.

Plus que l'équilibre droite-gauche, légèrement amélioré au profit de la gauche, mais qui n'est pas bouleversé, c'est la répartition des voix à l'intérieur du camp victorieux qui est riche d'enseignements.

Répartition des suffrages aux élections de 1932 et de 1936

	1932	1936
Inscrits	11 533 593	11 998 950
Votants	9 579 482	9 847 266
Communistes	783 098	1 468 949
Socialistes et assimilés	2 034 124	1 996 667
Radicaux et assimilés	2 315 008	1 955 174
Droite	4 307 865	4 223 928

D'après G. Dupeux, *Le Front populaire et les élections de 1936*, Paris, A. Colin, 1959.

Globalement, on assiste en effet à une poussée à gauche du corps électoral qui bénéficie au parti communiste et s'inscrit au passif des radicaux, éléments les plus modérés du Rassemblement populaire. Le parti radical et les socialistes indépendants perdent environ 400 000 voix, sanction de la politique de déflation menée par les gouvernements radicaux de 1932 à 1934 et de l'ambiguïté d'un parti qui n'a pas su choisir entre l'union nationale et le Front populaire, entre Herriot et Daladier. En revanche, avec près de 1 500 000 voix contre 780 000 en 1932, le parti communiste double ses suffrages et fait mieux que reconquérir le terrain perdu entre 1928 et 1932. Visiblement, l'électorat a été sensible aux changements dans le sens d'une intégration à la culture républicaine qui affectent le parti communiste et au dynamisme dont il fait preuve, espoir de solution pour l'opinion de gauche de l'interminable crise dans laquelle se débat le pays. Mais du même coup, la victoire du Front populaire apparaît avant tout comme celle du parti communiste, ce qui épouvante une partie de l'opinion publique, laquelle, pour la première fois, ne considère plus comme une simple hypothèse d'école et un argument de polémique électorale la possibilité de voir un jour les communistes prendre le pouvoir en France. Dans l'immédiat, le Parti socialiste SFIO qui devance les radicaux, comme en 1928 et 1932, mais dont l'audience stagne par rapport aux élections de 1932, fait figure d'un parti en perte de vitesse face à un rival communiste en pleine expansion.

Le second tour des élections va, dans le domaine des rapports entre forces de gauche, nuancer les résultats du premier tour. Il est clair tout d'abord que la victoire en sièges du Front populaire est beaucoup plus nette que son succès en voix. Avec 369 sièges contre 231 à la droite, le Rassemblement populaire dispose d'une confortable majorité. Il faut toutefois observer que les deux partis marxistes, socialiste et communiste, qui réunissent 228 sièges (avec le petit parti d'unité prolétarienne) équilibrent très exactement le poids de la droite et que de ce fait, la majorité du Front populaire dépend précisément des voix du parti radical et de ses alliés républicains-socialistes.

Résultat en sièges des élections de 1936

Front populaire	Communistes	72	
	Parti d'unité prolétarienne	10	
	Parti socialiste SFIO	146	
	Républicains-socialistes	26	
	Parti radical-socialiste	115	Majorité
	Gauche radicale et radicale-indépendante	31	d'union
	Républicains de gauche	83	nationale
	Démocrates-Populaires	23	de
	Union républicaine démocratique	88	1938-39
	Conservateurs	11	

Confirmant les résultats du premier tour, le parti communiste, avec 72 députés, devient un grand parti parlementaire dont le nombre d'élus a sextuplé. Autre résultat inédit des élections de 1936 : pour la première fois dans l'histoire parlementaire de la France, le parti socialiste devance en sièges le parti radical et devient le premier parti de gauche. Situation qui conduit très directement, compte tenu de la pratique parlementaire, à un autre fait, inédit lui aussi : la SFIO est en mesure d'exiger la direction du gouvernement.

Léon Blum au pouvoir

Dès le lendemain des élections de 1936, Léon Blum revendique pour les socialistes la direction du gouvernement de Front populaire. Il reste que, depuis 1924, la SFIO n'a envisagé qu'avec répugnance sa présence au gouvernement et qu'il est par conséquent nécessaire de savoir quelle sera la politique suivie par un gouvernement à direction socialiste, même si la constitution du Rassemblement populaire a modifié la nature des choses. En fait, les élections de 1936 réalisent un des cas de figure envisagés par Léon Blum, celui où la SFIO serait la force principale d'une majorité de gauche dans laquelle les partis marxistes ne disposeraient pas à eux seuls de la prépondérance. Dans ce cas, avait de longue date affirmé Léon Blum, il s'agirait, non d'établir le socialisme en France, mais d'exercer le pouvoir dans le cadre des structures sociales existantes. Le 31 mai 1936, intervenant devant le Conseil national de la SFIO, le dirigeant socialiste confirme cette analyse en fixant dans une déclaration, à l'intention de son parti, la ligne du gouvernement qu'il a l'intention de former : « *Non seulement le parti socialiste n'a pas la majorité*, déclare-t-il, *mais les partis prolétariens ne l'ont pas davantage. Il n'y a pas de majorité socialiste ; il n'y a pas de majorité prolétarienne. Il y a la majorité du Front populaire dont le programme du Front populaire est le lieu géométrique. Notre mandat, notre devoir, c'est d'accomplir et d'exécuter ce programme. Il s'ensuit que nous agirons à l'intérieur du régime actuel, de ce même régime dont nous avons montré les contradictions et les iniquités au cours de notre campagne électorale. C'est cela l'objet de notre expérience, et le vrai problème est de savoir si, de ce régime social, il est possible d'extraire la quantité de bien-être, d'ordre, de sécurité, de justice qu'il peut comporter pour la masse des travailleurs et des producteurs.* »

Ainsi se trouvent fixés les caractères de l'expérience Blum qui n'est nullement une expérience socialiste, mais une expérience de gestion sociale du régime capitaliste. S'il n'est aucunement question de faire la révolution, par conséquent, il n'en reste pas moins que c'est dans un climat révolutionnaire que Léon Blum arrive au pouvoir.

En effet, depuis la mi-mai, une vague de grèves d'une ampleur sans précédent s'étend dans le pays. Parti des usines d'aviation, le mouvement fait rapidement tache d'huile et gagne tous les types d'activité et toutes les régions. Après les industries, les magasins et même un certain nombre d'exploitations agricoles sont touchées. Or, ce qui fait la spécificité des grèves de mai et juin 1936 (car le mouvement continue en juin), c'est à la fois leur ampleur inusitée (elles concernent plus de deux millions de travailleurs) et la forme particulière qu'elles revêtent : ce sont des grèves avec occupation des locaux, procédé que certains observateurs considèrent comme constituant une volonté d'atteinte à la propriété privée. En effet, en occupant les entreprises, les ouvriers mettent en cause l'autorité des patrons. En entretenant le matériel, ils paraissent prendre en main l'instrument de travail. On conçoit donc que les grèves de juin 1936 aient été considérées par toute une partie de l'opinion, les uns pour s'en féliciter, les autres pour s'en épouvanter, comme une tentative de révolution sociale partie de la base et destinée à pousser le gouvernement Blum dans la voie de cette transformation des structures sociales que le président du Conseil déclarait ne pas envisager. Telle est, par exemple, l'opinion de Marceau Pivert, leader de la tendance Gauche révolutionnaire de la SFIO qui, dans un article du *Populaire* du 27 juin 1936 intitulé « Tout est possible », invite le gouvernement à s'appuyer sur le mouvement populaire pour prendre des mesures révolutionnaires et transformer l'exercice du pouvoir en conquête du pouvoir.

Les travaux historiques conduits sur les grèves de mai-juin 1936 n'ont pas discerné dans le mouvement de véritable volonté révolutionnaire organisée, mais un ensemble complexe de motivations allant de la volonté d'empêcher un lock-out patronal après les grèves du 1er mai dans certaines entreprises à l'intention de faciliter la nationalisation des usines d'aviation (prévue par la plate-forme du Front populaire) en passant par des revendications sur les salaires et les conditions de travail et par la simple imitation d'un mouvement qui gagne progressivement les entreprises voisines (Georges Lefranc, *Juin 36*, Paris, Julliard, 1966). Par ailleurs, il est avéré que si certains militants révolutionnaires, en particulier trotskistes, ont pu jouer un rôle dans le déclenchement des grèves, les syndicats n'y sont pour rien et que, le plus souvent, la grève revêt un caractère spontané, la CGT tentant après coup de l'encadrer. Enfin, les observateurs ont longuement insisté sur le caractère joyeux revêtu par ces grèves, sur leur allure de fête populaire qui exclut toute volonté de haine et de bouleversement, mais témoigne de l'attente et de l'espérance d'un monde ouvrier qui attend du premier gouvernement à direction socialiste de l'histoire française une modification radicale de ses conditions de travail et de vie.

C'est d'ailleurs la raison pour laquelle le président du Conseil, Albert Sarraut, impuissant devant l'extension du mouvement de grève, souhaite voir Léon Blum prendre le plus rapidement possible la tête du gouvernement, convaincu que l'arrivée au pouvoir du leader socialiste les arrêtera. Mais le légalisme de Blum le conduit à rejeter cette proposition. Il entend ne constituer un nouveau gouvernement que lorsque le mandat de la

Chambre élue en 1932 sera arrivé à expiration. Ce n'est donc que le 4 juin 1936 que le Président Albert Lebrun charge Léon Blum de constituer le ministère. Mais à cette date, l'ampleur des grèves est telle que le pays est paralysé et semble au bord de la révolution.

Le gouvernement formé en juin 1936 par Léon Blum n'est que partiellement à l'image de la majorité sortie des urnes. Reprenant à l'égard de la SFIO la pratique que celle-ci avait exercée vis-à-vis des radicaux, les communistes décident en effet le soutien sans participation. Affirmant leur désir de voir l'expérience réussir, ils prétextent de la crainte que leur présence au gouvernement pourrait provoquer dans l'opinion publique pour s'abstenir d'y entrer. On peut également penser que, considérant comme un expédient provisoire le Rassemblement populaire, ils n'entendent pas se compromettre dans une expérience qu'ils ne dirigeraient pas et qui ne correspond en rien à leur objectif à long terme. Dans ces conditions, Blum forme un gouvernement constitué pour l'essentiel de socialistes et de radicaux. Trois ministres d'État, le radical Chautemps, le républicain-socialiste Maurice Viollette, le socialiste Paul Faure représentent les trois partis associés dans le Front populaire. Pour le reste, Blum réserve aux membres de la SFIO les grands ministères économiques et sociaux, les Finances (Vincent Auriol), l'Économie nationale (Charles Spinasse), les Travaux publics (Albert Bedouce), l'Agriculture (Georges Monnet), le Travail (J.-B. Lebas) et la Santé publique (Henri Sellier). Enfin, le ministère clé de l'Intérieur est confié au député-maire socialiste de Lille, Roger Salengro. De leur côté, les radicaux détiennent, sauf l'Intérieur, les autres grands ministères. Édouard Daladier, ministre de la Défense nationale, apparaît comme le numéro deux du gouvernement avec le titre de vice-président du Conseil. Il est entouré de Marc Rucart (Justice), d'Yvon Delbos (Affaires étrangères), de Pierre Cot (Air), de Gasnier-Duparc (Marine), de Jean Zay (Éducation nationale).

C'est à ce gouvernement qu'il appartient d'apporter une réponse à la crise qui, depuis plusieurs années, atteint la France et dont la vague de grèves rend la solution plus urgente encore. Durant quelques semaines, il semble devoir y parvenir.

Les grandes espérances de l'été 1936

Compte tenu de la gravité de la crise sociale, le gouvernement est amené dans un premier temps à prendre les mesures nécessaires pour mettre fin à la vague de grèves. Il est d'ailleurs pressé d'agir par le Comité des Forges qui lui demande d'arbitrer le conflit et par la CGT, inquiète de l'extension d'un mouvement qu'elle ne parvient guère à contrôler. Mais il est bien évident pour Léon Blum que la solution passe par une reprise économique qui résoudrait le malaise social dont souffre le monde ouvrier. Partisan depuis le début de la crise de la « reflation », il considère donc que c'est en accroissant le pouvoir d'achat des plus pauvres que s'opérera la relance qu'il préconise. Par ailleurs, décidé à lutter contre la plaie du chômage, il juge que la solution réside dans la diminution du temps de travail qui libérera des postes et permettra la reprise de l'embauche. C'est dans cette perspective qu'entre juin et juillet 1936 le gouvernement prend ou encourage toute une série de mesures destinées à la mise en œuvre de cette politique.

Il s'agit en premier lieu des Accords Matignon, signés entre la CGT et l'organisation patronale, la Confédération générale de la production française, réunies à l'initiative du gouvernement au siège de la présidence du Conseil. Par l'accord signé le 5 juin 1936 sont décidées des augmentations de salaires de 12 % en moyenne, la signature de conventions collectives, l'élection de délégués du personnel dans les entreprises et la liberté d'exercice du droit syndical. En échange, la CGT s'engage à ce que soit mis fin aux occupations d'entreprises. Décision que la centrale syndicale aura le plus grand mal à mettre en œuvre en dépit de l'insistance de ses cadres et de l'intervention du dirigeant communiste Maurice Thorez qui, encourageant les ouvriers à reprendre le travail, déclare : « *Il faut savoir terminer une grève dès que satisfaction a été obtenue.* » Toutefois, ce n'est pas avant la première quinzaine de juillet que le mouvement cesse, d'ailleurs progressivement.

Les Accords Matignon sont complétés par deux lois votées au Parlement en juillet 1936 et qui ont, elles aussi, pour objet de combattre la crise tout en améliorant le sort des ouvriers. L'une donne pour la première fois en France deux semaines de congés payés aux ouvriers. L'autre fixe à 40 heures au maximum la durée de la semaine de travail, sans diminution de salaire, ce qui, dans l'esprit du gouvernement, devrait diminuer le chômage en permettant l'embauche de nouveaux salariés afin de maintenir la production.

Parallèlement à ces mesures de lutte contre la crise sont mises en œuvre les grandes réformes de structure annoncées par la plate-forme du Front populaire. En premier lieu, la réforme de la Banque de France, dont l'objet est de modifier les règles de fonctionnement de celle-ci pour interdire que, comme en 1924, les grands intérêts ne puissent, par son intermédiaire, faire échouer un gouvernement de gauche. Sans oser aller jusqu'à la nationalisation préconisée par une Commission présidée par Vincent Auriol, le gouvernement décide de donner le droit de vote dans les

498

assemblées générales aux 40 000 actionnaires de la Banque et non aux seuls 200 plus importants. En outre, le gouvernement de la Banque de France est transformé. Si le gouverneur et les deux sous-gouverneurs demeurent, le Conseil des régents est remplacé par un Conseil général de 20 membres où les personnalités nommées par le gouvernement sont en majorité. Réforme sans grand effet, la plupart des petits actionnaires ne se déplaçant guère pour assister aux assemblées générales et les gros actionnaires restant, de ce fait, maîtres du Conseil d'administration. Peu efficace également se révèle la nationalisation des industries de guerre. Mise en œuvre avec une grande timidité par Daladier, elle comporte une large indemnisation des propriétaires qui, le plus souvent, demeurent à la tête des entreprises nationalisées. Mais la nationalisation a surtout pour effet, dans un premier temps, de désorganiser des entreprises peu efficientes du fait du manque d'investissement. Il faudra attendre que la réorganisation des industries de guerre soit effectuée pour que la production reprenne dans des conditions valables, mais ce résultat ne sera pas atteint avant 1939. En revanche, en dépit des préventions qui l'accueillent, la réforme qui donne naissance en août 1936 à l'Office interprofessionnel du blé s'avérera beaucoup plus efficace. Géré par des représentants des paysans, des consommateurs, de la meunerie et de l'État, il a pour charge de fixer chaque année le prix du blé et d'en régulariser le marché. Il doit créer dans chaque département des coopératives tenues d'acheter le blé au prix fixé, puis de se charger de le commercialiser ou de le stocker. La réforme est difficilement adoptée, paysans et sénateurs redoutant une étatisation de l'agriculture. Mais, dès sa création, l'Office fixe à 141 F contre 80 en 1935 le prix du blé et, de ce fait, reçoit un accueil favorable de la paysannerie.

Il faudrait ajouter à cet ensemble de mesures la tentative d'une politique plus libérale dans les colonies. Attaché au maintien de la souveraineté française dans l'Empire, le gouvernement Blum entend, du moins, libéraliser la gestion des colonies et y promouvoir une politique de réformes en négociant avec les représentants des peuples colonisés. Telle est la tâche que s'assignent le ministre des Colonies, Marius Moutet, et le sous-secrétaire d'État aux Affaires étrangères, Pierre Viénot, chargé des relations avec les protectorats et les mandats français. Si les négociations qu'il noue en Tunisie avec Habib Bourguiba, chef du parti nationaliste Néo-Destour, et au Maroc avec Allal el-Fassi qui conduit le « Comité d'action marocaine » achoppent sur le refus d'envisager plus qu'un aménagement de la souveraineté française, il en ira autrement dans les mandats du Levant. En novembre 1936, Viénot signe des traités donnant l'indépendance à la Syrie et au Liban en échange d'avantages économiques et du maintien des intérêts culturels français dans les deux pays. Mais l'opposition des parlementaires est telle que le gouvernement n'ose proposer au Parlement la ratification des traités. Le même sort est réservé au projet Blum-Viollette proposant l'octroi de la citoyenneté française à un certain nombre de musulmans algériens avec maintien de leur statut personnel : anciens officiers et sous-officiers, décorés de guerre, détenteurs de diplômes universitaires, représentants officiels du commerce et de l'agriculture... Bien qu'il ne concerne, dans l'immédiat, que 20 000 personnes environ, le projet suscite une forte hostilité des Français d'Algérie qui redoutent de perdre leur prépondérance sur les musulmans. Dans le domaine colonial, si les intentions sont nouvelles, les résistances sont si considérables qu'on ne dépasse guère le stade des velléités réformatrices.

En revanche, l'esprit nouveau du Front populaire marque très nettement le domaine de la culture (P. Ory, *La Belle Illusion, Culture et politique sous le ligne du Front Populaire*, 1935-1938, Paris, Plon, 1994). Le rôle essentiel est joué ici par Jean Zay, ministre de l'Éducation nationale, et par Léo Lagrange, sous-secrétaire d'État à la Jeunesse, aux Sports et aux Loisirs. C'est dans ces domaines que le Front populaire tente de mettre en œuvre la philosophie humaniste qui l'anime et dans laquelle la culture joue un rôle fondamental. C'est pour la développer que Jean Zay porte de 13 à 14 ans la limite de l'obligation scolaire. C'est pour permettre au monde ouvrier d'utiliser les congés payés nouvellement octroyés pour bénéficier d'une vie saine au grand air en s'éloignant des villes que Léo Lagrange crée le billet annuel de congés payés à tarif réduit. Enfin, c'est pour que les loisirs dégagés grâce à la réduction de la semaine de travail débouchent sur un accès du monde ouvrier à la culture que sont encouragés les pionniers du théâtre populaire, tel Firmin Gémier, et que les plus grands écrivains, comme Romain Rolland avec son « Quatorze-Juillet » tentent de mettre des spectacles didactiques à la portée du peuple.

Complétant les mesures destinées à améliorer la condition ouvrière, cette attention portée aux sports, aux loisirs, à la culture populaire explique que l'opinion de gauche, et spécifiquement le monde ouvrier, ait eu l'impression qu'une ère nouvelle naissait en cet été 1936, une ère où les plus pauvres et les plus démunis accéderaient enfin à de meilleures conditions de vie et à quelques-uns des plaisirs de l'existence. Et c'est pourquoi les premières semaines du Front populaire, coïncidant avec les premiers congés payés, les départs vers la campagne ou la mer, les spectacles de théâtre populaire, se déroulent au milieu d'un enthousiasme considérable. Pour la première fois depuis 1930, une partie de l'opinion publique française a le sentiment qu'une solution de la crise est en vue et le monde ouvrier s'enthousiasme de voir un gouvernement considérer ses problèmes comme prioritaires. Il est vrai que cet enthousiasme a pour contrepartie la rancune du patronat devant les concessions qu'il a dû faire en juin 1936 et la sourde inquiétude de la classe moyenne face aux bouleversements qui s'esquissent. Mais l'été 1936 représente bien, au moins pour une partie des Français, une « embellie » dans la grisaille de la crise française. Brève parenthèse. Dès l'automne 1936 commencent les déceptions et les difficultés qui vont conduire à l'échec une expérience commencée dans l'enthousiasme.

Un gouvernement affronté à des oppositions violentes

L'arrivée au pouvoir du Front populaire provoque dans la presse d'extrême droite un déferlement de haine. Celle-ci prend avant tout la forme de l'antisémitisme. Le fait que le président du Conseil soit juif, qu'un certain nombre de membres des cabinets ministériels soient également de confession israélite conduit la presse d'extrême droite à lancer une violente campagne antisémite dans laquelle se distinguent Charles Maurras dans *L'Action française* et Henri Béraud dans *Gringoire*. Cette même presse s'en prend avec violence à certains ministres contre lesquels elle n'hésite pas à user de la calomnie. Ce sera le cas contre le ministre de l'Intérieur, Roger Salengro, accusé de désertion devant l'ennemi par *Gringoire*, alors qu'il a été fait prisonnier en allant rechercher le corps d'un de ses camarades tué au combat. Profondément traumatisé par la campagne menée contre lui, le maire de Lille met fin à ses jours le 17 novembre 1936. C'est pour éviter le retour de telles pratiques que sera votée (difficilement), en décembre 1936, une loi sur la presse réprimant la calomnie.

Le déploiement d'antisémitisme ou les calomnies répandues contre certains ministres donnent une idée de la violence des oppositions au Front populaire. Sans aller jusqu'à ces excès, la droite combat avec détermination le gouvernement en jouant sur le puissant levier de l'anticommunisme (J.-J. Becker et S. Berstein, *Histoire de l'anticommunisme en France, tome I : 1917-1940*, Paris, *op. cit*, 1987). La thématique anticommuniste se met en place fin juin 1936 avec les grèves qui culminent alors. Contre toute vraisemblance, les grèves sont considérées comme le résultat d'un complot du parti communiste qui s'efforcerait ainsi de déborder le gouvernement. Désormais la droite se livre à une lecture des événements qui discerne derrière chaque difficulté la main du parti communiste, ourdissant ses sinistres projets, cependant que Blum assimilé à Kerenski fait figure d'apprenti sorcier, bien incapable de contenir les forces qu'il a déchaînées et responsable d'avoir introduit le loup commu-

501

niste dans la bergerie de l'État. Ce thème du complot communiste est largement utilisé par la droite classique qui le répand à travers les nombreux journaux qu'elle contrôle, de *L'Écho de Paris* au *Temps* en passant par *Le Figaro*, *Le Matin*, ou *Le Journal des débats*. Cet anticommunisme systématique a d'ailleurs un très large écho dans l'opinion publique qui voit la preuve d'un complot communiste dans l'agitation sociale sporadique qui se développe à partir de l'été 1936 et ne cessera guère avant l'automne 1938, dans le noyautage de la CGT, dénoncé autour de René Belin et de son journal *Syndicats* par les syndicalistes non communistes, dans les grandes manifestations lancées à jet continu par le parti communiste qui paraît, dans cette lecture des faits, utiliser ainsi la pression de la rue contre le gouvernement. Mais le succès même de cet anticommunisme qui, dès l'automne 1936, transforme en adversaire du Front populaire une partie de ceux qui l'ont soutenu à l'origine, va déborder très largement les milieux de la droite parlementaire et favoriser le développement en France d'une extrême droite, prête à s'opposer par la violence au gouvernement légal de la République, soupçonné de préparer, consciemment ou inconsciemment, le lit du communisme.

Cette opposition extrémiste prend par exemple la forme du complot organisé par un ancien adhérent de l'Action française, Eugène Deloncle. Après la victoire du Front populaire, il forme le Comité secret d'action révolutionnaire que Maurras surnommera la Cagoule. Jouissant de complicités dans l'armée, Deloncle joue la déstabilisation du régime qui pourrait provoquer une intervention militaire et porter au pouvoir l'un des maréchaux survivants de la Première Guerre mondiale. S'il ne parvient pas à convaincre Pétain de jouer ce rôle, Deloncle obtient, semble-t-il, des assurances de Franchet d'Esperey. Il prépare dès lors son scénario, faisant éclater en 1937 des bombes aux sièges d'organisations patronales afin de faire croire à un complot communiste. En novembre 1937, le complot est découvert et ses organisateurs incarcérés.

La dissolution des ligues, ordonnée dès juin 1936 par le gouvernement de Front populaire, donne naissance à des partis nationalistes, radicaux et qui ajoutent à leur programme politique des préoccupations sociales destinées à attirer les masses. Toutefois une différenciation assez nette s'opère au sein de cette nouvelle droite, dont l'anticommunisme demeure un des leviers fondamentaux. La dissolution des Croix-de-Feu conduit le colonel La Rocque à créer le Parti social français qui, poursuivant l'évolution amorcée, au lendemain du 6 février, accentue son attitude légaliste, acceptant désormais la République et se proposant de parvenir au pouvoir en jouant le jeu légal des institutions. Si le nouveau visage du PSF ne convainc pas la gauche qui voit en cette attitude une simple ruse de celui qui continue, pour elle, à incarner le danger fasciste, une partie de l'opinion de droite est séduite par ce nouveau parti nationaliste, social, brûlant d'agir et dont la devise « Travail, Famille, Patrie » répond si bien à ses aspirations. Entre 1936 et 1940, plusieurs centaines de milliers d'adhérents (on avance parfois le chiffre de 800 000) entrent au PSF qui est sans doute à cette date le premier parti politique français. Mais il est vrai qu'en dépit de quelques succès initiaux, le résultat des élections partielles ne semble pas confirmer les espoirs que La Rocque nourrit quant au succès qu'il pourrait remporter lors des élections de 1940. En tout cas, avec le PSF naît un nouveau style de parti de droite se différenciant des vieux partis de cadres, modérés ou conservateurs, un parti nationaliste, populiste, attirant à lui les masses qui se reconnaissent dans une idéologie à la fois sociale et anticommuniste.

La transformation en partis politiques des autres ligues, Jeunesses patriotes ou Francisme, ne donnera naissance qu'à des petits groupes sans véritable audience dans l'opinion, même si, autour de Taittinger ou de Bucard, la présence de la gauche au pouvoir favorise les éléments les plus radicaux qui se réclament d'un activisme frénétique et multiplient les violences verbales. Il y a dans ce secteur de l'opinion une véritable tentation fascisante qui ne trouve cependant pas de répondant dans la masse de la population. En revanche, c'est d'un véritable parti fasciste qu'on peut parler avec la fondation en 1936 par l'ancien communiste Jacques Doriot, passé en quelques années à un anticommunisme déterminé, du Parti populaire français (PPF). Par ses thèmes, son recrutement, son organisation, ses projets, le PPF est sans doute la formation française qui se rapproche le plus du fascisme, même si Jacques Doriot évite soigneusement de se qualifier comme tel, du fait que, dans sa grande majorité, l'opinion publique française répudie le fascisme. Mais l'anticommunisme virulent de Doriot, son opposition violente au gouvernement, le dynamisme dont il fait preuve attireront au PPF une masse de 300 000 adhérents qui forment le fer de lance de la droite radicale en France (J.-P. Brunet, *Jacques Doriot*, Paris, Balland, 1986).

Entre la gauche dont l'antifascisme est le ciment principal et la droite qui fait campagne sur le thème de l'anticommunisme, les heurts sont nombreux. Contre les dangers supposés du communisme et du fascisme se multiplient discours et manifestations et une sorte de guerre civile larvée, surtout verbale, s'installe en France (S. Berstein, « L'affrontement simulé de la France des années trente », *Vingtième siècle, Revue d'Histoire*, avril 1985). Toutefois, de l'affrontement verbal à la violence physique, il n'y a qu'un pas, que l'échauffement des esprits conduit aisément à franchir. C'est le cas à Clichy en mars 1937. Une manifestation de gauche destinée à interdire la tenue d'une réunion du PSF est violemment réprimée par la police qui tente de faire respecter la liberté de réunion. L'affrontement fera 5 morts et 200 blessés et soulèvera contre le gouvernement Blum la colère d'une fraction de la gauche, déjà profondément déçue du caractère trop timoré à ses yeux de la politique suivie par le Front populaire.

Entre la hargne de la droite et de l'extrême droite et la rancœur de la gauche (en particulier de Marceau Pivert et de sa *Gauche révolutionnaire*, dissoute en 1937, avant que l'année suivante Marceau Pivert soit exclu de la SFIO), le gouvernement dispose d'une très étroite marge de manœuvre. Or il se trouve affronté à des problèmes de politique étrangère, à des difficultés économiques et à des tensions sociales qu'il se montre incapable de résoudre.

Les difficultés de politique étrangère
et le problème de la guerre d'Espagne

On a déjà souligné l'ambiguïté marquée entre l'objectif de lutte antifasciste du Front populaire et la volonté pacifiste qui anime une grande partie de ses partisans. Au demeurant, Léon Blum ne voit guère de contradiction entre les deux termes, affirmant tout à la fois sa volonté de maintenir la paix et sa fermeté vis-à-vis des dictateurs fascistes. La mise en œuvre de cette double volonté paraît d'ailleurs ne pas souffrir de difficultés. Au plan de la fermeté, le président du Conseil met fin aux missions diplomatiques (comme celle conduite par Henry de Jouvenel) qui, dans le cadre de la politique inaugurée par Laval, tentent de promouvoir un rapprochement avec l'Italie fasciste, afin d'isoler l'Allemagne nazie. Au chapitre du maintien de la paix figure l'acceptation de Blum de recevoir à Paris, en septembre 1936, le Dr Schacht, ministre de l'Économie du Reich, en dépit de la fureur des communistes qui souhaitent la rupture de tout lien avec l'Allemagne nazie. Mais cette bonne volonté n'est pas faiblesse et le président du Conseil le montre en tranchant en faveur d'Édouard Daladier le conflit budgétaire qui l'oppose au ministre des Finances, Vincent Auriol : alors que les militaires réclamaient un plan de 9 milliards de crédits d'équipement militaire, Blum accepte la proposition de son ministre de la Défense nationale de porter à 14 milliards sur 4 ans le montant des crédits nécessaires, afin de rattraper le retard pris du fait de la politique de déflation.

Mais l'antagonisme entre pacifisme et antifascisme va éclater au grand jour lorsque va se poser le premier problème concret que doit affronter le gouvernement en politique étrangère, la guerre d'Espagne. Lorsque le

18 juillet 1936, les troupes du Maroc espagnol sous la direction du général Franco se soulèvent contre le gouvernement légal de la République espagnole (dirigée elle aussi par un ministère de Front populaire), le premier réflexe du président du Conseil est de répondre favorablement à la demande d'aide militaire formulée par le gouvernement de Madrid. Du matériel militaire, et en particulier des avions sont envoyés en Espagne. Révélée par une indiscrétion, cette aide déchaîne la colère de la droite et de l'extrême droite qui accusent le gouvernement de méditer une intervention de la France dans la guerre civile espagnole et accusent le président du Conseil de faire le jeu du parti communiste contre le vœu de la majorité des Français. La violence de la réaction est telle que certains n'hésitent pas à menacer le gouvernement d'un soulèvement populaire s'il persiste dans ses intentions. En même temps, les ministres radicaux du gouvernement, en particulier Yvon Delbos, ministre des Affaires étrangères, et Paul Bastid, ministre du Commerce, font connaître l'opposition majoritaire de leur parti à toute intervention en Espagne (bien que Daladier et Pierre Cot, également radicaux, soient plutôt favorables à l'aide à l'Espagne républicaine). Un voyage de Blum et Delbos à Londres apporte au président du Conseil la conviction que si la France se trouvait engagée dans un conflit à propos de l'Espagne, la Grande-Bretagne refuserait d'intervenir à ses côtés. Devant toutes ces difficultés, Blum propose alors aux puissances européennes un pacte de non-intervention dans la guerre d'Espagne. Celui-ci est signé en août 1936 par la France, la Grande-Bretagne, l'Italie et l'Allemagne, ces puissances s'engageant à n'aider aucune des parties en présence. En fait, seule la Grande-Bretagne respecte rigoureusement le pacte, l'Italie et l'Allemagne aidant massivement le général Franco en armes, en matériel et en hommes, des « volontaires » issus de ces deux pays combattant aux côtés des nationalistes. Quant à la France, elle laisse filtrer à travers la frontière des Pyrénées quelques armes et surtout les volontaires des « Brigades internationales ».

Contre la politique officielle de non-intervention se dresse une opposition de gauche, conduite par le parti communiste, qui lance une grande campagne dans le pays destinée à contraindre le gouvernement de Front populaire à aider la République espagnole. Sur le thème « Des canons, des avions pour l'Espagne ! », les communistes entraînent à leur suite l'aile gauche du parti socialiste avec Marceau Pivert et sa *Gauche révolutionnaire* et Jean Zyromski et la fédération de la Seine, plus un certain nombre de radicaux comme Pierre Cot et de syndicalistes de la CGT derrière Jouhaux et les anciens « unitaires ». Mais Blum, personnellement déchiré par cette décision, n'a plus le choix. Les responsabilités qu'il assume le contraignent à demeurer fidèle à la non-intervention. Il en résultera une fêlure profonde au sein du Rassemblement populaire qui se manifestera par exemple par l'abstention du parti communiste en décembre 1936 dans un vote de confiance sur la politique extérieure du gouvernement et par l'amertume de l'aile gauche de la SFIO et du parti radical.

Toutefois la déception des communistes et des partisans de l'intervention en Espagne, si elle sape la confiance d'une partie de la gauche dans le gouvernement Blum, est insuffisante pour expliquer l'échec de l'expérience gouvernementale. Celle-ci résulte des erreurs du gouvernement sur le plan économique et social.

L'échec économique du gouvernement Blum

Un des objectifs fondamentaux du Front populaire était, on l'a vu, la lutte contre la crise économique et la victoire électorale du rassemblement trouve son explication la plus convaincante dans l'espoir des électeurs de voir les méthodes nouvelles préconisées par les socialistes sortir le pays du marasme. Les premières mesures prises durant l'été 1936 par le gouvernement Léon Blum sont, pour cette raison, accueillies avec satisfaction par une grande partie des Français d'autant qu'elles s'opèrent dans des structures économiques inchangées qui sont celles de l'économie libérale. À l'exception de la loi de 40 heures qui suscite des réserves importantes, en particulier au Sénat, elles sont d'ailleurs votées sans difficulté par les Chambres. Toutefois, la politique économique de Léon Blum ne peut réussir que si elle ne suscite pas l'hostilité des milieux d'affaires, la confiance des porteurs de capitaux constituant un ressort fondamental dans le cadre de l'économie libérale.

Or, deux phénomènes différents vont se conjuguer pour conduire à l'échec la politique économique du Front populaire : d'une part, l'hostilité du monde des affaires ; d'autre part, les effets économiquement pervers d'un certain nombre de mesures prises par le gouvernement. Sur ce point, les choix opérés pour résoudre la crise au profit du monde ouvrier supposaient que le patronat paie les frais de l'opération. De fait, les hausses de salaires décidées par les accords Matignon, la loi sur les congés payés, celle des 40 heures se soldent par un accroissement des coûts salariaux généralement estimé à 30 % environ. Si le patronat a cédé, c'est bien entendu en raison de l'occupation des usines qu'il importait de faire cesser, mais aussi parce que le gouvernement n'avait nullement l'intention d'employer la manière forte pour faire rentrer les choses dans l'ordre. Dès lors, il est clair que les milieux d'affaires jugent qu'ils sont en présence d'un gouvernement qui leur est hostile et dont ils attendent avec impatience qu'il quitte le pouvoir. Cette absence de confiance des milieux d'affaires dans le gouvernement se solde, durant l'été 1936, par la baisse des souscriptions aux bons du Trésor et le médiocre rendement de l'emprunt lancé par Vincent Auriol. Par ailleurs, on constate une importante fuite des capitaux à l'étranger, d'autant que, respectant les engagements libéraux qu'il a pris, Blum se refuse à instituer le contrôle des changes. L'accélération des sorties de capitaux aboutit à la réduction de l'encaisse de la Banque de France qui tombe à 50 milliards en septembre 1936.

Toutefois, il est évident que cette fuite des capitaux n'a pas pour seule explication l'hostilité politique des porteurs de capitaux au gouvernement Léon Blum. La stagnation de la production et la hausse des prix constituent également des éléments qui rendent compte de la situation. La politique de Léon Blum avait pour objet d'obtenir une relance de la production grâce à l'accroissement du pouvoir d'achat disponible. Celle-ci se produit effectivement durant l'été 1936, mais, dès l'automne, elle marque le pas. C'est que, les producteurs ayant répercuté sur les prix les hausses de salaires qu'ils ont dû consentir, l'inflation absorbe très rapidement celle-ci. De surcroît, à partir du début de 1937, l'entrée en vigueur de la loi de 40 heures, appliquée avec rigidité, aboutit à une chute de la production. Les inspecteurs du travail, soucieux de conserver à la loi son efficacité sociale, rejettent en effet la plupart des demandes de dérogation présentées, jetant dans les difficultés certaines activités saisonnières, placées pratiquement dans l'impossibilité de fonctionner. En outre, la loi a été fondée sur la vision simpliste que l'emploi libéré par la diminution de l'horaire hebdomadaire de travail pourrait aller aux chômeurs et que, par ailleurs, durant les cinq jours ouvrables, il devrait être possible de faire travailler sur les machines trois équipes successives d'ouvriers afin d'éviter qu'elles ne demeurent inactives. Or sur le premier point, il se révèle que les chômeurs sont, pour la plupart, des ouvriers sans qualification alors que les entreprises ont besoin d'ouvriers qualifiés et de cadres, si bien que la loi de 40 heures se révèle inopérante pour la résorption du chômage et qu'en revanche, elle aboutit, du fait de la diminution du temps de travail, à une restriction de la production. Quant à compenser la diminution des heures de travail par un emploi plus intensif des machines, c'est ne pas tenir compte du fait que, durant la crise, l'investissement a été très faible et que le matériel, souvent vétuste, est incapable de supporter les rythmes que supposerait le travail à temps plein sur 24 h. Si bien que la diminution de la production entraînée par la loi de 40 heures au moment même où l'accroissement du pouvoir d'achat augmente la circulation aboutit mécaniquement à une situation d'inflation. Celle-ci se trouve encore aggravée par les dépenses de réarmement et par la ponction sur la main-d'œuvre résultant de l'allongement à deux ans de la durée du service militaire décidé par le gouvernement Sarraut avant les élections de 1936.

À partir de septembre 1936, les tensions sur la monnaie dues aux fuites de capitaux qui provoquent une hémorragie d'or à la Banque de France et la crise de trésorerie due à la faiblesse des souscriptions aux bons du Trésor sont telles que le gouvernement est acculé à la dévaluation, en dépit des engagements solennels pris par Léon Blum et son ministre des Finances, Vincent Auriol, en juin 1936. Baptisée pudiquement « ajustement monétaire », la dévaluation est fixée, après négociations avec les États-Unis et la Grande-Bretagne, dans une fourchette de 25 % à 35 %. Au franc-Poincaré qui représentait 65,5 mg d'or fin se substitue le franc-Auriol pouvant varier entre 42 et 49 mg d'or fin. Compte tenu des conceptions monétaires qui prévalent alors en France, la dévaluation est accueillie comme la preuve de l'échec financier du gouvernement. Elle ne procure d'ailleurs à celui-ci qu'un sursis temporaire. Elle se révèle en effet insuffisante pour rattraper la distorsion entre les prix français et les prix mondiaux et permettre la reprise des exportations. Si bien qu'elle n'aboutit qu'à une relance sans lendemain de la production industrielle qui stagne à nouveau début 1937.

Blum, comme Herriot quelques années plus tôt, prend alors conscience qu'il lui est impossible de gouverner dans un cadre libéral sans la confiance des milieux d'affaires et, dès l'automne 1936, il s'efforce discrètement de regagner celle-ci, déposant à cette date un projet de loi instituant avant toute grève un arbitrage obligatoire. Une nouvelle avance est faite par le président du Conseil lors de son discours de la Saint-Sylvestre où il se glorifie d'avoir maintenu en France le libéralisme économique. Mais c'est en février 1937 qu'est franchi le pas décisif. Léon Blum annonce alors la « pause » dans la politique de réformes sociales, considérant que les entreprises privées doivent avoir le temps d'assimiler les réformes déjà accomplies. Le gouvernement renonce donc dans l'immédiat à faire voter quelques-unes des réformes de son programme telles que la retraite des vieux travailleurs ou l'indexation des salaires sur les prix. Pour rassurer les milieux d'affaires, il s'engage à revenir à l'orthodoxie budgétaire, promettant de ne pas demander au Parlement de nouveaux crédits, de réduire son programme de grands travaux et de financer par l'emprunt les dépenses de défense nationale. Enfin un comité d'experts comprenant le gouverneur de la Banque de France et trois spécialistes financiers d'une parfaite orthodoxie, Charles Rist, Paul Baudouin et Jacques Rueff, doit surveiller le marché des changes et conseiller le gouvernement. Huit mois après son entrée en fonction, le gouvernement de Front populaire reconnaît donc lui-même l'échec de la politique économique qu'il a conduite et en revient aux vues classiques qu'il avait si souvent reprochées aux radicaux de pratiquer.

Ce voyage à Canossa va-t-il du moins être politiquement profitable au gouvernement ? Celui-ci perd, dans la « pause », une grande partie de sa crédibilité auprès du monde ouvrier qui avait salué avec tant d'espoir son arrivée au pouvoir. L'aile gauche du Front populaire qui proclame de longue date sa déception ne dissimule pas sa colère. Le parti communiste accuse Blum d'avoir « capitulé devant les trusts ». Marceau Pivert, chargé de mission à la présidence du Conseil, démissionne avec éclat et la CGT ne cache pas sa déception. Si la droite modérée, par la voix de Paul Reynaud ou les articles du *Temps*, se félicite de la décision du président du Conseil, les milieux d'affaires voient dans le recul du gouvernement un aveu de faiblesse. Leur espoir est grand désormais de se débarrasser du ministère. Or l'échec social de celui-ci vis-à-vis des classes moyennes va leur en fournir la possibilité.

L'échec social du gouvernement Léon Blum
et le passage à l'opposition des classes moyennes

Dans la victoire électorale du Front populaire, le rôle du vote des classes moyennes a été important. Profondément touchés par la crise économique et les effets de la déflation, petits patrons de l'agriculture, du commerce et de l'industrie, fonctionnaires, employés ont donné leur voix à ceux qui promettaient une issue à la crise économique. Et c'est pourquoi, une partie des classes moyennes s'est détournée des modérés ou des radicaux qui avaient été les champions de la déflation pour soutenir les candidats socialistes, partisans d'une relance par l'accroissement du pouvoir d'achat, voire communistes qui proposaient une voie radicalement différente de celle suivie jusqu'alors et qui était synonyme de difficultés.

Or, pour ce groupe dont le ralliement a été fondamental, le gouvernement Léon Blum n'a rien à proposer, malgré la présence au gouvernement des radicaux dont il constitue la clientèle. Mais, on l'a vu, les ministères économiques et sociaux sont aux mains des socialistes. Ceux-ci (et Léon Blum avec eux) se réclament d'une orthodoxie marxiste pour laquelle le seul groupe social important, moteur de l'histoire, est celui des ouvriers d'industrie, et on a vu que c'est en fonction de leurs intérêts que le gouvernement met en œuvre sa solution de la crise économique. Quant au petit patronat des classes moyennes, il constitue aux yeux des socialistes un groupe voué, par l'évolution de l'économie, à la prolétarisation et il n'est par conséquent pas nécessaire de réfléchir aux moyens de protéger une classe intermédiaire promise à la disparition (voir Alain Bergounioux, « Les classes moyennes impensées », *L'univers politique des classes moyennes*, Paris, Presses de la Fondation nationale des Sciences politiques, Paris, 1982). Ce refus de prendre en compte les intérêts des classes moyennes est consolidé par la condamnation formulée en 1933 par le congrès de la Mutualité contre les idées des néos. Comment, après avoir rejeté les thèses de Déat sur la prise en compte des classes moyennes dans la vision socialiste de l'organisation sociale, mettre en pratique ses propositions sans se contredire ? Si bien que Léon Blum arrive au pouvoir sans rien avoir à proposer pour le groupe social le plus éprouvé par la crise économique. Pire, le Front populaire va apparaître rapidement pour le petit patronat comme une source d'alarmes et de difficultés supplémentaires.

Les alarmes proviennent de la vague de grèves avec occupation des lieux de travail qui se déclenche en mai-juin 1936. Pour le petit patronat, il y a là un mouvement révolutionnaire qui entend mettre en cause le principe même de la propriété privée, celui auquel les membres de ce groupe social sont probablement le plus attachés. Dans ce milieu, on acceptera sans discussion dès la fin du mois de juin 1936 la campagne de la presse de droite (et d'une partie de la presse radicale) pour qui cette vague de grèves est le résultat d'un complot ourdi par le parti communiste pour déborder le gouvernement et déclencher la révolution. Les grèves sporadiques qui, après la grande vague du printemps 1936, se poursuivent jusqu'à l'automne 1938 ne font que conforter cette analyse. L'anticommunisme qui trouve ainsi son terrain d'élection dans les classes moyennes est en outre alimenté par la campagne que le parti communiste lance début août 1936 contre la non-intervention et en faveur de l'Espagne républicaine. La classe moyenne fera sienne la lecture de la presse hostile au Front populaire pour qui le parti communiste cherche ainsi à jeter la France dans une guerre contre les États fascistes, guerre dans laquelle on fait en sorte qu'elle soit vaincue en sabotant, par des grèves à répétition, son effort de réarmement. Le parti communiste se voit ainsi soupçonné de reprendre à son profit la tactique du défaitisme révolutionnaire qui a permis à Lénine de prendre le pouvoir en Russie.

Mais ces alarmes politiques et l'hostilité à un Front populaire tenu pour le fourrier du communisme sont aggravées par la colère que suscite dans le petit patronat la politique du gouvernement Léon Blum. Les mesures sociales prises durant l'été 1936 (augmentation des salaires, congés payés,

40 heures) se soldent, nous l'avons vu, par un accroissement des coûts salariaux. Or si le grand patronat représenté au sein de la Confédération générale de la production française, signataire des Accords Matignon, est en mesure de supporter cet accroissement des coûts, il n'en va pas de même des petits patrons dont les marges bénéficiaires sont réduites par la crise. Le résultat en est d'ailleurs une crise très grave au sein de la CGPF, qui subit une mutation importante. Elle modifie son nom pour devenir la Confédération générale du patronat français, ses structures sont transformées pour permettre une représentation plus importante des petits patrons et son président, Duchemin, démissionne pour laisser la place à Claude-Joseph Gignoux. Cette exaspération du petit patronat ne s'exerce pas seulement à l'encontre du syndicat patronal. Elle est surtout tournée contre le gouvernement accusé de préparer par ses mesures sociales favorables aux ouvriers une gigantesque expropriation des patrons les moins solidement installés. Dans toute la France se forment des organisations spontanées pour résister aux projets gouvernementaux, les « Comités de salut économique » qui rassemblent des représentants du commerce et de l'industrie, convaincus qu'une menace mortelle pèse sur eux du fait de la politique du gouvernement de Front populaire.

Si le retournement du patronat est le plus spectaculaire et le plus dangereux pour le pouvoir, il s'accompagne également d'autres motifs de mécontentement au sein des classes moyennes. Les rentiers dont le capital s'est trouvé rogné par la dévaluation de 1936 expriment une profonde amertume de l'amputation de leur fortune et considèrent que le gouvernement a trahi leur confiance. Il n'est pas jusqu'aux fonctionnaires, cependant majoritairement gagnés au Front populaire pour des raisons idéologiques, qui ne constatent que leurs revenus réels, relativement épargnés par la crise et atteints seulement par la déflation, se détériorent au contraire rapidement du fait de l'inflation qui se développe durant l'été 1936 et les mois qui suivent, leurs salaires ne suivant que d'assez loin l'augmentation du coût de la vie qui en résulte. Si bien que, pour des raisons diverses, la plus grande partie des classes moyennes se considère comme lésée par les effets de la politique gouvernementale dès l'automne 1936. La déception de ces groupes est une aubaine pour l'opposition qui y trouve l'appoint nécessaire pour combattre le gouvernement. Quelques élections partielles survenues à l'automne 1936 ou au début de 1937, par exemple celle de Lucien Lamoureux, radical hostile au Front populaire, qui avait été battu par un socialiste en juin 1936, montrent que le retournement de l'opinion dû au passage à l'opposition des classes moyennes est en cours.

C'est ce retournement des classes moyennes, renforçant considérablement l'opposition au Front populaire, qui rend compte de la chute du gouvernement.

La chute de Léon Blum

Le mécontentement des classes moyennes va avoir pour effet politique la prise de distance du parti radical vis-à-vis du gouvernement de Front populaire. On a vu l'importance politique de celui-ci, puisque la centaine de députés radicaux est l'arbitre de la majorité, que Daladier est le second personnage du gouvernement et que les grands ministères politiques sont entre les mains des ministres radicaux. Or, il existe depuis juin 1936 une opposition radicale au gouvernement de Front populaire. Constituée d'une poignée de députés, d'un groupe de sénateurs beaucoup plus consistant, de responsables de fédérations, pouvant compter sur le journal d'Émile Roche, *La République*, sur le parrainage de Caillaux et sur le dynamisme des *Jeunesses radicales*, cette opposition ne manque ni de moyens, ni d'ambition. Elle épouse très rapidement les vues de la droite sur le complot communiste et fait de la défense des classes moyennes contre le Front populaire le thème privilégié de son action. Toutefois, sa marge de manœuvre est réduite par la fidélité dont Daladier, président du parti radical, témoigne envers le Front populaire ainsi que par le fait que la très grande majorité des députés radicaux a été élue grâce à des désistements à gauche. Cependant, ni Daladier, ni les députés ne peuvent rester indifférents, sauf à se couper de leur base, aux doléances des classes moyennes, dont l'écho se trouve amplifié par la propagande des adversaires du Front populaire. Aussi, dès la fin de l'été 1936, Daladier s'efforce-t-il d'infléchir l'action du gouvernement dans un sens plus favorable aux classes moyennes et multiplie-t-il avertissements et mises en garde au président du Conseil (S. Berstein, *Histoire du parti radical, tome 2 : Crise du radicalisme*, Paris, Presses de la Fondation nationale des Sciences politiques, 1982). Bien que le président du Conseil s'efforce de rassurer l'aile radicale de son gouvernement, lors de son voyage à Lyon où il rencontre Herriot à l'automne 1936, dans son discours de la Saint-Sylvestre, puis lors de l'officialisation de la « pause », il ne peut enrayer le mouvement d'opposition déclenché par les adversaires radicaux du Front populaire et qui entraîne une fraction croissante du parti radical et même son président Daladier. À partir du printemps 1937, les radicaux organisent dans le Sud-Ouest de grandes manifestations d'hostilité au Front populaire auxquelles assistent députés, sénateurs, militants du parti. Débordé par un mouvement qu'il ne parvient pas à contrôler, Daladier finit par se placer dans son sillage. En mars 1937, il approuve la constitution par Émile Roche d'un comité de défense des classes moyennes dont les dirigeants radicaux prennent la tête. Après avoir feint d'ignorer les manifestations du Sud-Ouest, il se rend le 6 juin à celle de Saint-Gaudens et il y prononce un discours généralement interprété comme proposant un changement de ligne politique. À cette date, Daladier fait donc figure de recours en cas de chute du gouvernement Blum. Dès lors, le sort de celui-ci est scellé. Les sénateurs radicaux, hostiles dès l'origine à l'expérience du Front populaire, mais retenus d'y mettre fin parce que le suffrage universel s'est prononcé en sa faveur lors des élections de 1936 et parce que leur parti est engagé dans l'expérience gouvernementale, se sentent désormais les mains libres. L'opinion paraît avoir évolué et le parti radical semble prêt à changer de cap. L'occasion de l'hallali est fournie par les projets financiers d'Auriol déposés le 10 juin devant la Chambre des députés. Constatant que la pause est demeurée sans effet, le ministre des Finances demande au Parlement les pleins pouvoirs financiers jusqu'au 31 juillet 1937. On ignore le contenu exact des projets du gouvernement. Mais la démission des experts, garantie de l'orthodoxie de la politique gouvernementale, et la rumeur selon laquelle Auriol entend établir un contrôle sur les mouvements de capitaux sont de nature à susciter la méfiance. Si les députés radicaux n'osent rompre la solidarité de la majorité et renverser eux-mêmes le gouvernement, ils font connaître à leurs collègues sénateurs qu'ils verraient sans déplaisir la Haute Assemblée rejeter les textes qu'eux-mêmes s'apprêtent à voter. Après que la Chambre a accepté de donner au gouvernement les pleins pouvoirs financiers, le Sénat, à l'instigation de Caillaux, les refuse à deux reprises. Le 22 juin, Léon Blum porte au Président Lebrun la démission du premier gouvernement de Front populaire.

Ainsi l'expérience inaugurée dans l'espoir en juin 1936 échoue-t-elle au milieu d'une déception généralisée un an plus tard. Le Front populaire n'a pas été cette solution à la crise française que ses électeurs espéraient. Si la mémoire de gauche conserve le souvenir de « l'embellie » de l'été 1936, l'analyse de l'histoire du premier gouvernement de Front populaire révèle que l'échec tient aux ambiguïtés et aux contradictions qui condamnent à l'impuissance la coalition des gauches. On a vu que les contradictions entre pacifisme et antifascisme n'ont cessé de planer sur la politique gouvernementale. Il en va de même pour ce qui est de la solution de la crise. Entre les communistes qui proposent de « faire payer les riches », les socialistes qui préconisent des réformes de structure dont les radicaux ne veulent à aucun prix, ces derniers qui ne parviennent pas à faire prendre en compte par un gouvernement obnubilé par la considération des problèmes ouvriers les intérêts des classes moyennes, aucune politique cohérente n'est possible. À cet égard le Front populaire ne fait que renforcer les conclusions que l'on pouvait tirer de l'expérience du Cartel : il n'existe pas sur les problèmes économiques et sociaux de terrain d'entente entre les partis qui se réclament de la gauche, ce qui conduit à l'impasse toute expérience gouvernementale. Enfin et surtout, le Front populaire révèle, après celle des radicaux en 1932-1934, la faillite des conceptions de la SFIO. Les vues idéologiques qu'elle professe se sont brisées sur les réalités et Blum a dû prendre conscience, durant cette première expérience au gouvernement, que les réalités économiques ne se prêtaient pas volontiers aux conceptions des socialistes et que la société française n'était nullement à l'image de vues théoriques de la SFIO. Si Blum entame une révision du marxisme intransigeant qu'il professait jusqu'alors, l'aile gauche du parti socialiste préfère donner tort aux faits que réviser la doctrine. L'expérience gouvernementale approfondit ainsi la crise du Parti socialiste SFIO. Quant au Front populaire, c'est pour lui l'heure de l'agonie.

L'agonie du Front populaire :
de Chautemps au second gouvernement Blum (juin 1937-avril 1938)

La chute de Léon Blum, si elle marque l'échec de l'expérience du Front populaire à direction socialiste, ne modifie cependant pas l'équilibre des forces politiques en France. Le Comité national du Rassemblement populaire, réunissant les organisations participantes, reste en place, de même que demeure à la Chambre l'importante majorité de Front populaire issue du scrutin de 1936. La lecture de la crise de juin 1936 conduit donc le Président Albert Lebrun à appeler au pouvoir un autre des dirigeants du Rassemblement populaire, mais un radical cette fois, puisqu'à l'évidence, c'est la défection des radicaux qui est responsable de la chute de Blum. Son choix se porte sur Camille Chautemps, homme de souplesse et de conciliation, susceptible, estime-t-on, de trouver un compromis entre les diverses forces associées dans la majorité. Le gouvernement qu'il constitue représente un glissement à droite par rapport au gouvernement Blum. Si celui-ci est vice-président du Conseil et ses collègues de parti Paul Faure, Marx Dormoy, Georges Monnet, Marius Moutet respectivement ministres d'État, de l'Intérieur, de l'Agriculture et des Colonies, la direction du gouvernement échappe aux socialistes et surtout, au ministère des Finances, le socialiste Auriol cède la place au radical Georges Bonnet, très hostile à la politique économique et financière suivie par les socialistes depuis juin 1936. C'est d'ailleurs là que se trouve le défaut de la cuirasse du gouvernement Chautemps, la politique suivie par Georges Bonnet suscitant les réserves des socialistes et la franche opposition des communistes et des syndicalistes. Il en résulte une vague de mouvements sociaux qui paralyse la vie économique du pays et provoque en janvier 1938 une crise gouvernementale. Excédé des critiques communistes et des mouvements de grève, Chautemps dénonce l'attitude des communistes et fait savoir qu'il ne souhaite pas le maintien de ce parti dans la majorité. Les socialistes ayant démissionné à la suite de cet éclat, il ne reste plus à Chautemps qu'à constater que son gouvernement n'a plus de majorité et à se retirer. Chargé de constituer le nouveau ministère, le président du Conseil sortant replâtre la majorité sortante, mais le refus de la SFIO de participer entraîne un nouveau glissement à droite. Pour remplacer les ministres socialistes, Chautemps fait appel aux républicains-socialistes Frossard et Ramadier. Est-on encore en présence d'un gouvernement de Front populaire ? Sans doute les partis du Rassemblement accordent-ils leur confiance au nouveau ministère Chautemps, mais la droite manifeste sa satisfaction de l'éviction des socialistes en votant également pour lui : les 501 voix contre 1 accordées au gouvernement de janvier 1938 traduisent moins sa solidité que l'ambiguïté qui le marque.

La même réflexion peut être faite à propos de la politique gouvernementale. En principe, Chautemps déclare rester fidèle au programme du Rassemblement populaire, mais ses propres conceptions l'inclinent plus vers l'orthodoxie que vers les audaces qui ont marqué l'action du gouvernement Léon Blum. N'osant franchement rompre avec la majorité de 1936, tout en souhaitant infléchir dans un sens plus modéré les pratiques suivies depuis juin 1936, il est condamné aux demi-mesures et à l'immobilisme qui achèvent de donner à ses gouvernements l'image de formules de transition entre le Front populaire et le retour aux pratiques traditionnelles.

C'est dans le domaine économique et financier que ce caractère est le plus perceptible. Lui-même et Georges Bonnet sont partisans d'un retour aux méthodes libérales classiques, mais, soumis aux critiques de la gauche du Front populaire, ils n'osent appliquer la politique de leurs vœux et se contentent de prendre des mesures partielles. Le gouvernement décide ainsi de supprimer la limite inférieure de la parité or du franc pour permettre à celui-ci de se déprécier et aux prix français de rejoindre les cours du marché mondial. Cette politique est impuissante à rétablir l'équilibre des échanges extérieurs et elle débouche en octobre 1937 sur une grave crise financière qui menace la monnaie. Le déficit de la balance des paiements s'aggrave, atteignant, fin 1937, 4 milliards de francs-

Poincaré, les sorties d'or s'accélèrent, le déficit budgétaire atteint 28 milliards de francs en raison des dépenses de réarmement et de la diminution des recettes publiques. Tentant de juguler la crise par les moyens classiques (économies, augmentation des impôts et des tarifs ferroviaires), Bonnet se heurte à l'opposition de la majorité de Front populaire.

L'immobilisme est sans doute encore plus frappant en matière sociale. Alors que les syndicats s'efforcent de faire pression sur le gouvernement pour obtenir la reprise de la politique de réformes du gouvernement Léon Blum en multipliant les grèves et en conduisant une guerre d'escarmouches contre le pouvoir, Chautemps se refuse à rompre la « pause ». Pour tenter de juguler les grèves, il presse le vote de la loi déposée par Léon Blum sur l'arbitrage obligatoire en cas de grèves. Mais entre son gouvernement et les partis de la gauche marxiste s'ébauche une fêlure que seule la volonté de maintenir le Front populaire en vie empêche de déboucher sur une rupture. Il faut que Léon Blum jette tout son poids dans la balance pour que le parti socialiste accepte de voter la confiance aux deux gouvernements Chautemps. Quant au parti communiste, s'il demeure dans la majorité, c'est avec l'intention déterminée d'opposer le programme du Front populaire à l'action du gouvernement. Le Front populaire est à l'agonie et sa majorité ne se survit que de façon formelle.

C'est probablement dans le domaine de la politique extérieure et de la politique coloniale que les conséquences de l'immobilisme du gouvernement Chautemps apparaissent comme les plus graves. Ce gouvernement abandonne les velléités libérales qui avaient été celles du gouvernement Blum dans les colonies. Il ne propose à la ratification des Chambres ni le projet Blum-Viollette sur l'Algérie, ni les traités franco-libanais et franco-syrien. Aux troubles qui agitent l'Indochine et le Maroc, les représentants de la France ne répondent que par la répression. Il en va de même en politique étrangère où la situation de la France se détériore sans que le gouvernement réagisse. La Belgique s'est déclarée neutre en avril 1937, mais le gouvernement ne juge pas utile de prolonger les défenses de la ligne Maginot au-delà des Ardennes. La Pologne, la Yougoslavie, la Roumanie se rapprochent de l'Allemagne nazie. Les États-Unis ont voté en 1936 et 1937 deux lois de neutralité qui impliquent qu'en cas de conflit la France ne pourrait pas compter sur leur appui. Mais, sous l'impulsion du général Gamelin, chef d'état-major général, la politique défensive mise en place par Pétain et Weygand n'est pas modifiée et Édouard Daladier, ministre de la Défense nationale, se fait le défenseur inconditionnel de l'état-major. La politique extérieure motive si peu le gouvernement que Chautemps démissionne le 9 mars 1938 devant le refus socialiste de voter les pleins pouvoirs financiers qu'il sollicite, sans tenir aucun compte du fait que Hitler prépare, au vu et au su de toute l'Europe, l'Anschluss, l'annexion de l'Autriche. En pleine crise internationale, la France est sans gouvernement et l'image d'impuissance qu'elle donne alors montre que la crise française ne cesse de s'aggraver.

La démission de Chautemps ne met d'ailleurs pas fin à la dramatique paralysie que connaît la France. Les socialistes étant à l'origine de la chute du gouvernement, le Président Lebrun propose à Léon Blum de former un nouveau gouvernement. Inquiet des menaces qui pèsent sur la France du fait de la politique agressive de Hitler, Blum se propose de constituer, non un gouvernement de Front populaire dont son expérience gouvernementale montre qu'il a divisé les Français, mais un gouvernement d'union nationale qui irait des communistes aux modérés, de « Thorez à Reynaud », afin de faire face au danger extérieur. La tentative va montrer que les forces politiques françaises ne sont pas prêtes à cette formule que les circonstances paraissent cependant imposer. Si Blum enregistre l'accord du parti communiste et celui d'un certain nombre d'hommes de droite — par exemple le modéré Reynaud ou le démocrate-chrétien Champetier de Ribes —, il ne parvient à convaincre ni la gauche de son propre parti, au sein duquel Marceau Pivert organise la résistance au projet, ni les groupes parlementaires de droite qui, à l'appel de Pierre-Étienne Flandin, repoussent l'idée d'une union nationale conduite par le leader socialiste.

Dans ces conditions, Blum ne peut se faire d'illusions sur la suite des événements. Il reconstitue un gouvernement de Front populaire et dépose devant le Parlement une demande de pleins pouvoirs financiers qui, dans une perspective keynésienne, se propose de mettre en œuvre une relance économique au prix d'une inflation fiduciaire. Le projet prévoit, à la différence de 1936, l'institution d'un contrôle des changes et celui d'un impôt sur le capital. Ce projet de pleins pouvoirs, comme la brève existence du second gouvernement Blum, donnent à l'opinion le sentiment d'une mise en scène formelle prolongeant sans nécessité la période de paralysie inaugurée par la chute du premier ministère Blum en juin 1937. Il est clair en effet que le caractère radical du projet de pleins pouvoirs ne lui donne pas la moindre chance d'être accepté et que l'ensemble de la démarche de Blum est purement formel. De fait, si la Chambre vote les pleins pouvoirs, le Sénat, à l'appel de Caillaux, comme en juin 1937, renverse le gouvernement. Cette fois, il est bien clair que l'épisode du Front populaire est achevé. La place est libre pour la politique de rechange que, depuis juin 1937, le président du parti radical, Édouard Daladier, se propose de conduire.

Daladier et la liquidation du Front populaire

(Sur le sujet, on consultera René Rémond et Janine Bourdin, *Édouard Daladier, chef de gouvernement*, Paris, Presses de la FNSP, 1977).

Nommé président du Conseil le 10 avril 1938, Édouard Daladier reprend la politique de Chautemps en jouant de l'ambiguïté entre la fidélité au Front populaire dont il fut l'un des fondateurs et la répudiation du Front populaire qui lui assure l'appui de la droite. Son gouvernement représente un nouveau glissement à droite par rapport aux ministères Chautemps puisque si les socialistes en sont absents et si l'aile gauche est représentée par les républicains-socialistes Frossard et Ramadier, pour la première fois depuis 1936 des hommes de droite figurent dans l'équipe gouvernementale avec Paul Reynaud (Justice), Mandel (Commerce), Champetier de Ribes (Colonies). Aussi la majorité de 572 voix contre 5 qui lui vote la confiance comprend-elle à la fois les partis du Front populaire qui s'efforcent de retenir Daladier dans la majorité de 1936 et les formations de droite qui lui offrent la possibilité de s'en dégager. À dire vrai, Daladier, ministre de la Défense nationale depuis 1936 et conscient des dangers qui pèsent sur le pays, ne se hâte pas de choisir, préférant jouer, comme Blum a voulu le faire, la carte de l'union nationale qui lui paraît s'imposer dans ces circonstances. Mais la logique même de sa politique va le conduire à la rupture de la majorité de Front populaire. Préoccupé de la persistance de la crise française, il décide tout d'abord de donner priorité au redressement économique. Le 5 mai 1938, en accord avec le ministre des Finances Marchandeau, il décide une nouvelle dévaluation du franc qui va conduire à rétablir la parité entre les prix français et le marché mondial pour la première fois depuis 1931. Cette mesure, bien accueillie dans les milieux financiers, et la présence de ministres modérés au gouvernement entraînent un retour de la confiance qui provoque des rapatriements de capitaux. En même temps, une série de décrets-lois a pour objet de faciliter une reprise de la production dans les usines d'armement en autorisant celles-ci à demander à leurs ouvriers des heures supplémentaires au-delà de la limite légale de 40 heures. Cette remise en question de la mesure la plus symbolique prise en juin 1936 provoque une grave crise au sein du gouvernement. Tandis que Reynaud plaide pour l'abolition de la loi de 40 heures en laquelle il voit une entrave insupportable à la reprise de la production, les ministres républicains-socialistes Frossard et Ramadier demandent le maintien de la loi ou du moins l'ouverture d'une négociation avec les syndicats sur son aménagement éventuel. Dans son discours du 21 août 1938, caractérisé par sa célèbre conclusion « *Il faut remettre la France au travail* », Daladier tranche en faveur des thèses de Reynaud. Frossard et Ramadier quittent alors le gouvernement et il devient clair que la liquidation du Front populaire n'est plus qu'une question de temps.

La crise de Munich va rendre irréversible le processus de rupture de la majorité de Front populaire. En acceptant le 29 septembre 1938 à Munich de céder aux exigences de Hitler, en abandonnant l'allié tchécoslovaque, Édouard Daladier apparaît à une grande partie de l'opinion publique française qui l'acclame à son retour d'Allemagne comme le sauveur de la paix. Mais aux yeux des communistes et d'une partie de l'aile gauche du Front populaire, l'attitude de Daladier à Munich trahit (autant que la non-intervention en Espagne) les idéaux antifascistes du Front populaire. Dès lors, le parti communiste déclenche une violente campagne contre le président du Conseil, ouvertement accusé de fouler aux pieds les engagements pris en 1936. Et tout l'effort du parti communiste est d'obtenir un désaveu du président du Conseil par le Comité national du Rassemblement populaire, tenu pour le symbole du rassemblement. La campagne communiste échoue doublement. À la Chambre, le 4 octobre 1938, le débat sur la ratification des Accords de Munich voit les communistes isolés dans leur opposition, les députés ratifiant le traité par 535 voix contre 75. Quant au Comité national du Rassemblement populaire, Daladier montre le peu d'intérêt qu'il lui attache en faisant décider par le Comité exécutif du parti radical, le 12 novembre 1938, le départ des délégués radicaux de cette organisation. Les socialistes n'entendant pas rester seuls en tête à tête avec les communistes se retirent à leur tour. Institutionnellement, le Front populaire est mort.

À cette date, les choix de Daladier sont opérés. Les décisions financières prises en novembre traduisent sa volonté de mener dans ce domaine une politique de rigueur pour préparer la France à la guerre, inévitable à ses yeux. Le 1er novembre, il décide la permutation des portefeuilles de Paul Reynaud, jusqu'alors ministre de la Justice, et de Paul Marchandeau, ministre des Finances. Désormais en charge des Finances, Reynaud annonce, le 13 novembre, un train de décrets-lois propre à indigner l'aile gauche du Front populaire. Ils prévoient en effet l'augmentation des impôts et l'aménagement de la loi de 40 heures puisqu'il est désormais possible de demander aux ouvriers des heures supplémentaires jusqu'à un plafond de 48 heures. Communistes, socialistes, syndicalistes se mobilisent aussitôt contre les « décrets de misère ».

Cette mobilisation débouche sur la grève du 30 novembre 1938 qui enterre définitivement l'esprit du Front populaire. Ce jour-là, la CGT, appuyée par les partis communiste et socialiste, décide en effet de déclencher une grève générale dirigée à la fois contre les décrets-lois Reynaud et contre les Accords de Munich. Il est peu douteux que l'amalgame des objectifs nuit à la mobilisation. Si les décrets-lois Reynaud font contre eux l'unanimité de la gauche, on a vu que les Accords de Munich avaient reçu l'approbation de la plus grande partie de l'opinion publique (même si les réactions de celle-ci, révélées par les premiers sondages, réalisés à cette occasion, montrent l'existence d'un courant antimunichois plus important que ce que semblent indiquer le vote de la Chambre et les manifestations apparentes de la population). Pendant qu'un certain flottement se manifeste ainsi à gauche, Daladier, excédé des attaques portées contre lui, refuse tout compromis et accepte l'épreuve de force, bien décidé à se débarrasser de l'hypothèque que font peser sur son gouvernement les nostalgiques du Front populaire. Il reçoit d'ailleurs l'appui des modérés et surtout celui du patronat, résolu à en finir avec l'agitation sociale permanente et les grèves rampantes qui n'ont guère cessé depuis 1936, et qui voient dans le 30 novembre la revanche de juin 1936. Ainsi engagée, l'épreuve de force tourne incontestablement à l'avantage du gouvernement. La grève elle-même est diversement suivie, selon les professions et selon les régions, et apparaît comme un demi-échec. La décision du gouvernement de réquisitionner les transports, les menaces de sanctions contre les contrevenants, le refus de certains cadres et militants syndicaux de remettre en cause les Accords de Munich contribuent à limiter les résultats de la journée. Les sanctions prises au lendemain de la grève transforment en échec irrémédiable la mobilisation sociale avortée. Le gouvernement procède à des révocations dans la fonction publique et le patronat à des licenciements de grévistes. Les syndicats protestent, mais sont incapables de réagir après la médiocre mobilisation du 30 novembre. Il est clair que la gauche a perdu la bataille. Vaincus, en proie à de violentes attaques de la presse de droite et de la presse gouvernementale, syndicats et partis de gauche, désormais rejetés dans l'opposition, ne constituent plus un obstacle pour Daladier. Celui-ci est désormais maître du jeu.

La « dictature » de Daladier

Entre novembre 1938 et septembre 1939, se situe une période de trêve des luttes politiques qui permet à Daladier de disposer d'une autorité rarement obtenue en régime parlementaire, à telle enseigne qu'on a pu parler avec exagération de la « dictature » de Daladier. En fait celle-ci est purement morale, le président du Conseil pouvant, comme par le passé, être renversé par une majorité parlementaire. Toutefois, après Munich et le 30 novembre, celle-ci n'existe pas. La gauche, vaincue le 30 novembre, ne constitue plus une opposition crédible et la vague antimarxiste qui submerge le pays et qui entraîne toute la droite et la très grande majorité du parti radical condamne à la défensive les partis communiste et socialiste. Accusée d'entraver l'effort de défense nationale, la CGT, ébranlée par la déroute qui a suivi le 30 novembre, est hors d'état de lancer des mouvements sociaux contre le gouvernement. Quant au centre et à la droite, ravis de voir enfin le Front populaire rompu, ils soutiennent sans état d'âme le président du Conseil, ainsi promu chef d'une nouvelle union nationale. L'opinion, elle, plébiscite littéralement Daladier en qui elle voit le démocrate énergique que la France appelle de ses vœux depuis les années trente. Elle lui est reconnaissante d'avoir sauvé la paix à Munich, de s'atteler au redressement économique du pays, de préparer activement le pays au risque d'un éventuel conflit dont on espère pourtant que sa sagesse et sa fermeté sauront l'éviter. Nanti de cet extraordinaire capital de confiance, Daladier fait en sorte que le débat politique ne renaisse pas et il fonde son autorité sur cette atonie de l'opinion publique qui lui laisse les mains libres. Ainsi se garde-t-il bien de réunir le Comité exécutif du parti radical, instance suprême de son propre parti, pour éviter que l'aile gauche de celui-ci n'ouvre un débat sur la répudiation du Front populaire. De la même manière, afin d'interdire la reprise des luttes politiques, fait-il campagne en avril 1939 pour la réélection du Président de la République Albert Lebrun qui achève à ce moment son premier mandat, ce qui est aussi une façon de déjouer les intentions de ses adversaires radicaux qui songent à pousser son éternel rival, Édouard Herriot, à l'Élysée.

Désormais appuyé sur une majorité du centre et de la droite, il obtient d'elle en mars 1939 le vote des pleins pouvoirs. En vue des élections de 1940, afin de dégager son parti de la « discipline républicaine » qui le rend dépendant de la gauche socialiste et communiste, il fait décider par la Chambre, le 27 juin 1939, le retour à la représentation proportionnelle à la place du scrutin majoritaire à deux tours qui suppose des désistements entre partis au second tour.

Au demeurant, Daladier se sert de son immense autorité pour préparer la France à affronter une guerre dont il est convaincu depuis Munich que la politique de Hitler la rend inéluctable. Signataire des Accords de Munich parce qu'il considère à ce moment que la France n'est pas prête au conflit, il entend au contraire inciter les Français à la fermeté dès le lendemain de la ratification du traité, politique qui l'oppose à son ministre des Affaires étrangères, Georges Bonnet, partisan, pour sa part, de la poursuite de l'apaisement. C'est ainsi que Daladier réagit avec fermeté aux revendications de Mussolini qui, en novembre 1938, réclame la Corse, Nice, la Savoie, Djibouti et la Tunisie. Pour manifester avec éclat la détermination de la France, il entreprend en janvier 1939 un voyage en Corse et en Afrique du Nord. Enfin, après l'invasion par Hitler de la Bohême-Moravie le 15 mars 1939, il s'engage avec détermination dans la politique de résistance à Hitler, à la suite des Britanniques.

Cette France qui, sous l'autorité de Daladier, s'apprête ainsi à affronter l'Allemagne est-elle prête à faire la guerre ? En fait, on est en présence d'un pays encore profondément marqué par la crise qu'il subit depuis le début de la décennie (voir René Rémond et Janine Bourdin, *La France et les Français en 1938-1939*, Paris, Presses de la FNSP, 1978). La France en 1939 amorce enfin sa sortie de la crise économique. Le rétablissement de la confiance, l'accession de Reynaud au ministère des Finances, la rupture du Front populaire sont autant de causes du rétablissement de la confiance qui se manifeste par les rentrées de capitaux. Le chômage amorce un déclin dû au rétablissement de l'activité, mais surtout à la reprise de la production d'armement. On constate d'ailleurs une remontée de la production industrielle, mais sans que celle-ci parvienne à retrouver son niveau de 1928. Ni la sidérurgie, ni le textile, ni la chimie, ni le bâtiment, ni les mines, même si leur production amorce une nette remontée, n'ont effacé en 1939 les séquelles de la crise économique. L'absence d'investissement qui a été un des caractères majeurs de la crise française entraîne une vétusté du matériel qui freine la capacité de la production nationale. Le phénomène paraît très inquiétant en ce qui concerne la production d'armement, en particulier celle d'avions.

Mal préparée à faire la guerre sur le plan matériel, la France ne l'est pas davantage sur le plan moral. Le danger extérieur qui croît depuis 1936 n'a provoqué aucun réflexe d'union sacrée comme on a pu le voir avec l'échec de la tentative d'union nationale de Léon Blum. Les traces de la crise politique que la France a subie et le souvenir des luttes inexpiables de l'époque du Front populaire ne sont pas effacés. La haine qui oppose antifascistes et anticommunistes passe souvent avant la perception du danger extérieur et celui-ci fournit des arguments dans le combat politique interne plutôt qu'il ne suscite un réflexe défensif. La gauche accuse la droite, qui a généralement joué l'apaisement face à Hitler, de capituler devant le nazisme par haine du socialisme. De son côté, la droite rend le Front populaire responsable de l'affaiblissement français pour avoir encouragé les grèves et octroyé aux ouvriers les 40 heures et les congés payés. Enfin toute une fraction de la droite et de l'extrême droite se refuse à tout conflit avec l'Allemagne, de crainte de favoriser l'Union soviétique en tirant ainsi pour elle les marrons du feu et, plus encore, de renforcer le communisme en France.

À l'anticommunisme se mêle souvent l'antisémitisme, accru par le passage au pouvoir de Blum, symbole du Front populaire (P. Birnbaum, *La République juive*, Paris, Fayard, 1989). En 1938-1939 une vague d'antisémitisme se répand en France, alimentée par la crainte de la guerre, déborde les milieux de l'extrême droite où il était pour l'essentiel cantonné jusque-là, pour gagner l'ensemble des formations politiques. La droite modérée, le radicalisme, le socialisme, jusque-là épargnés par l'antisémitisme, y succombent à leur tour. Si l'influence de l'antisémitisme allemand sur une partie de l'opinion n'est pas contestable, c'est le plus souvent par crainte de la guerre que l'antisémitisme, qui chemine de concert avec la xénophobie (l'immigration juive d'Europe centrale s'est accrue avec les persécutions qui suivent l'arrivée au pouvoir de Hitler), se répand en France. Les Français redoutent en effet que les Juifs n'entraînent la France dans une guerre contre l'Allemagne afin de porter secours à leurs coreligionnaires en butte à la persécution nazie outre-Rhin.

S'il est en effet un sentiment dominant dans cette France qui s'apprête à témoigner de sa fermeté retrouvée face à Hitler, c'est bien le refus viscéral de faire la guerre. Le traumatisme de la Première Guerre mondiale n'est pas effacé, tant s'en faut, et quasiment personne dans l'opinion publique comme parmi les responsables n'envisage sereinement d'affronter un nouveau massacre. La volonté de paix étant générale dans l'opinion publique, le choix ne porte que sur les moyens de préserver cette paix. Pour ceux qu'on appelle les pacifistes et qui ont applaudi Munich, il s'agit de faire à Hitler toutes les concessions qui empêcheront un nouveau conflit d'éclater. Et c'est à gauche, chez les syndicalistes et les pacifistes de doctrine de la SFIO, que cette analyse va le plus loin, jusqu'au point où l'on considère que mieux vaut la servitude que la mort (voir Jean-François Sirinelli, *Génération intellectuelle*, Paris, Fayard, 1988). Mais les « bellicistes », ainsi dénommés par leurs adversaires, ne sont pas moins qu'eux partisans de la paix. Ils considèrent simplement que la meilleure façon de la préserver est d'arrêter Hitler avant qu'il ne soit trop tard, en se montrant fermes à son égard et en l'avertissant clairement qu'un nouvel acte d'annexion de sa part déboucherait sur une guerre européenne. Entre « pacifistes » et « bellicistes », c'est la lutte ouverte et ce nouveau clivage se superpose sans les effacer aux séquelles des luttes de naguère. La ligne de partage entre pacifistes et bellicistes passe au centre de presque toutes les formations politiques (sauf le parti communiste tout entier acquis à la résistance contre Hitler), et accroît les divisions françaises. Au congrès de décembre 1938 de la SFIO, ce parti se coupe pratiquement en deux entre pacifistes, conduits par le secrétaire général Paul Faure, et « bellicistes » qui suivent Léon Blum. Enfin, la crainte de la guerre a pour effet d'exacerber l'anticommunisme, le PC étant tenu pour le parti de la guerre. En décembre 1938, 432 journaux lancent un appel au président du Conseil pour lui demander de prononcer l'interdiction du parti communiste. La signature le 23 août 1939 du pacte germano-soviétique qui prend à contre-pied le parti communiste en pleine campagne antifasciste, va encore aggraver son isolement. Sans regagner l'appui des pacifistes, il perd la sympathie des champions de la fermeté face à Hitler pour qui il apparaissait comme un chef de file ou du moins un partenaire.

Si bien que la « dictature » de Daladier ne s'exerce nullement sur un pays sorti de la crise, mais au contraire sur une nation où les conséquences de la crise débouchent sur une totale atonie. La déclaration de guerre du 3 septembre 1939 précipite dans le conflit un pays qui refuse viscéralement le conflit. La crise française débouche ainsi sur un effondrement qui constitue une des pages les plus noires de son histoire.

Les Présidents de la République de 1934 à 1939

Albert Lebrun   1932-1940 (réélu en avril 1939)

Les présidents du Conseil de 1934 à 1939

Léon Blum (premier cabinet)	juin 1936-juin 1937
Camille Chautemps (troisième cabinet)	juin 1937-mars 1938
Léon Blum (second cabinet)	mars-avril 1938
Édouard Daladier (troisième cabinet)	avril 1938-mars 1940

V

LA FRANCE À L'ÉPREUVE
DES TURBULENCES INTERNATIONALES
(1932-1939)

Ministre des Affaires étrangères depuis le printemps 1925, promoteur avec Stresemann du rapprochement franco-allemand et véritable figure emblématique d'un ordre international fondé sur la sécurité collective et le respect du droit, Aristide Briand s'éteint le 7 mars 1932, miné par la maladie et prématurément vieilli. Quelques semaines plus tôt, il avait dû quitter le Quai d'Orsay à la suite de la démission du cabinet Laval, ce dernier ayant aussitôt procédé à un replâtrage dont le « pèlerin de la paix » avait été écarté, le président du Conseil assurant lui-même — pour un temps d'ailleurs extrêmement bref — la direction des Affaires internationales.

Le départ et la mort de Briand marquent de manière symbolique la fin d'une époque qui avait été, après la « guerre froide » des années immédiatement postérieures au premier conflit mondial, celle de la détente, sur fond de désarmement psychologique et de prospérité. Pourtant, les choses avaient commencé à se gâter plusieurs mois avant que l'ancien négociateur des accords de Locarno n'eût quitté la scène politique, le climat des relations intra-européennes se trouvant affecté, dès le milieu de l'année 1931, par les effets de la crise économique mondiale. En moins de deux ans, celle-ci va radicalement modifier les rapports entre les principaux acteurs du jeu international, inaugurant une période de turbulences et de crises qui s'achèvera en 1939 avec le déclenchement d'une nouvelle conflagration mondiale.

Premières incidences de la « grande dépression »

La crise qui a commencé à ébranler le monde capitaliste à la fin de 1929 et qui, en Europe, est surtout devenue manifeste dans le courant de l'été 1931, n'a pas frappé en même temps, ni surtout avec la même intensité, tous les États du Vieux Continent. L'Allemagne et l'Autriche ont été les premières touchées, du fait de l'importance des investissements américains et par conséquent du caractère déstabilisateur, pour l'économie de ces deux pays, des rapatriements massifs effectués par les banques d'outre-Atlantique. En Grande-Bretagne, où les difficultés financières se sont brusquement aggravées en juillet 1931 — à la suite de la faillite de la *Kredit Anstalt* de Vienne, où étaient placés beaucoup de capitaux britanniques —, la crise proprement dite a semblé moins violente au début, parce qu'elle atteignait un pays déjà plongé depuis plusieurs années dans le marasme. Pourtant, de 1929 à 1931, la production avait déjà diminué de 30 % et les exportations de moitié. La balance des comptes, traditionnellement excédentaire, accusait un déficit sensible dont les conséquences n'avaient pas tardé à se manifester sur le comportement de la livre.

De tous les grands pays industriels, la France a été celui où la crise a été à la fois la plus tardive — elle ne devient vraiment perceptible pour la masse de la population qu'au début de 1932 — et la moins profonde. Ceci, on le sait, est dû à une autonomie économique plus grande (production agricole plus que suffisante, achats de matières premières limités), à une industrialisation moins poussée que celle des États-Unis, de l'Allemagne et même de l'Angleterre, à l'importance très modérée des investissements étrangers et à l'excellente santé du franc-Poincaré. Sans doute la Banque de France, qui possédait des réserves importantes de livres sterling, va-t-elle subir le contrecoup de la dévaluation anglaise en septembre 1931. Celle-ci a eu d'autre part pour effet de réduire la compétitivité des prix français et de restreindre les exportations si bien qu'en 1931 celles-ci avaient déjà diminué de 40 % par rapport à 1929.

Néanmoins, pendant la seconde moitié de 1931 et les premiers mois de l'année suivante, la France est apparue aux yeux de ses partenaires, et tout particulièrement de l'Allemagne, comme un pays privilégié, pour l'instant à l'écart de la tourmente financière et dont on comprenait mal qu'elle pût se montrer intransigeante dans la question toujours brûlante des réparations, alors que sa voisine de l'Est se trouvait menacée de naufrage. Affronté aux immenses problèmes posés par la crise économique et par la montée en force des formations extrémistes (6,5 millions de voix et 107 sièges pour le NSDAP, 4 millions de voix et 77 sièges pour le parti communiste aux élections législatives de septembre 1930), le chancelier Brüning s'efforçait évidemment de jouer sur la disparité des situations entre les deux puissances riveraines du Rhin, faisant valoir auprès de ses interlocuteurs, et en particulier de Laval, qu'en l'absence d'un geste significatif de la part du gouvernement français, lui permettant de redresser la situation financière de son pays, Hitler serait probablement le principal bénéficiaire de l'effondrement du régime de Weimar : avec les conséquences inévitables que la victoire des nazis aurait sur la paix européenne et la sécurité de la France.

Or, peu nombreux sont les secteurs de l'opinion française qui se montrent perméables à cette argumentation. À défaut de sondages, un examen attentif de la presse française des années 1931-1932 révèle une nouvelle flambée de germanophobie à laquelle échappent seulement les organes socialistes et démocrates-chrétiens, ainsi que ceux d'une partie de la droite modérée. Rares sont les journaux, et au-delà des organes de presse les cercles politiques et les groupes d'opinion et de pression, qui voient dans les avertissements angoissés de Brüning autre chose qu'un instrument de chantage destiné à faire supporter par la France les effets internationaux de la crise et le renflouement de l'économie d'outre-Rhin.

Président du Conseil jusqu'en février 1932, Pierre Laval fait partie des rares hommes politiques qui ne prennent pas à la légère les appels au secours du chancelier allemand. Mais si les socialistes, qui se trouvent dans l'opposition, sont prêts à le suivre sur ce terrain, il est loin d'en être de même dans les rangs de sa majorité. La fraction du monde des affaires qui regroupe les intérêts de l'industrie lourde et les milieux protectionnistes, et qui s'exprime notamment dans *La Journée industrielle* de Claude-Joseph Gignoux, voit plutôt dans la crise allemande un événement positif dont la France ne peut que se féliciter, dès lors qu'elle a toute chance de la débarrasser d'un concurrent économique redoutable. La droite nationaliste et conservatrice raisonne en termes semblables et se montre peu disposée à voler au secours d'un pays sur lequel souffle, depuis la mort de Stresemann, un vent revanchard que les gouvernements en place ont de plus en plus de mal à contenir. Le thème de la France économe, ayant rétabli sa situation financière et monétaire après les errements du « Cartel », et pour laquelle il est vital d'éviter toute prodigalité extérieure, surtout à l'égard d'une nation aussi ouvertement révisionniste que l'Allemagne, fait les beaux jours de la presse de droite, voire de certains journaux radicaux. C'est le moment où, dans le très conservateur *Écho de Paris*, le caricaturiste Sennep représente un Laval en discobole à l'antique, projetant au-dessus du Rhin des pièces de monnaie à l'effigie de la République.

De l'été 1931 à l'été 1932, le problème majeur qui se pose à la diplomatie française est celui des réparations et des dettes de guerre. En principe, le montant, la durée et les modalités de règlement des sommes dues par l'Allemagne avaient été fixés par le plan Young. Adopté en juin 1929 par la Conférence de La Haye, celui-ci avait été mis en vigueur dès le début de l'année suivante, sans qu'il ait été prévu de procédure d'aménagement en cas de circonstances économiques exceptionnelles. Or, la crise qui frappe de plein fouet l'économie allemande au début de l'été 1931 rend extrêmement difficile le versement des réparations. Du moins est-ce ainsi que le chancelier Brüning et le président du Reich, le maréchal Hindenburg, présentent les choses, ce dernier lançant un appel au président Hoover pour qu'il soit procédé à une suspension temporaire des paiements effectués par l'Allemagne.

Le chef de l'exécutif américain en ayant lui-même accepté le principe, Washington proposa aussitôt à toutes les puissances intéressées qu'un moratoire général sur les dettes intergouvernementales — englobant les réparations allemandes et les dettes interalliées — fût appliqué pendant un an, à dater du 1er juillet 1931. La France était perdante dans cette opération, dès lors que les encaisses obtenues au titre des obligations allemandes étaient supérieures de 2 milliards de francs aux sommes dont elle était débitrice à l'égard de ses anciennes alliées. Néanmoins, par souci de conciliation, et pour empêcher qu'une banqueroute généralisée en Allemagne ne fît encore davantage le lit du national-socialisme, le chef du gouvernement, Pierre Laval, soutenu par les socialistes mais contre une partie de sa majorité, accepta le principe du moratoire Hoover.

Laval aurait même été prêt à renoncer définitivement au paiement des réparations, pour peu que les Américains voulussent bien abolir de la même façon les dettes interalliées. Mais il se heurta à l'intransigeance de Washington. En proposant en juillet son moratoire, Hoover avait tenu à réaffirmer le principe de non-solidarité entre les réparations — strictement liées aux affaires européennes — et les créances des États-Unis. Par la suite, il avait paru se montrer un peu plus réceptif aux thèses françaises, notamment lorsque Pierre Laval s'était rendu à Washington en octobre 1931. Le chef du gouvernement français n'avait rien cédé et il avait, semble-t-il, ébranlé l'hôte de la Maison-Blanche, ce qui lui avait valu un bref regain de popularité auprès de l'opinion nationaliste. À son retour des États-Unis, débarquant du train du Havre à la gare Saint-Lazare, il avait été chaleureusement accueilli par une foule dans laquelle les Croix-de-Feu du colonel La Rocque faisaient leur première apparition publique. Mais le 10 décembre 1931, le Congrès rejetait toute réduction éventuelle des créances américaines, empêchant qu'une solution globale fût trouvée au problème des dettes intergouvernementales, et ceci au moment où les effets de la crise commençaient à prendre en Allemagne un caractère dramatique.

Sollicités à plusieurs reprises, des experts de renommée internationale comme le Britannique Walter Layton et le Français Charles Rist rédigèrent des rapports dans lesquels ils diagnostiquaient que l'Allemagne se trouverait, après l'expiration du moratoire, hors d'état de reprendre ses paiements. Le Royaume-Uni et l'Italie en tirèrent la conclusion qu'il était préférable de désamorcer une crise éventuelle en décidant de manière unilatérale de renoncer aux réparations allemandes. La France était beaucoup plus réticente, mais elle était en même temps isolée et elle dut accepter le principe de la réunion d'une conférence internationale qui se tint à Lausanne du 16 juin au 9 juillet 1932. La délégation française était présidée par Édouard Herriot, qui venait de remplacer Tardieu à la tête du gouvernement. D'entrée de jeu, il est apparu qu'elle ne pourrait empêcher les autres puissances de faire valoir le principe d'un « coup d'éponge général », comme le proposait l'Anglais Neville Chamberlain, et que, dans ces conditions, la solution la moins catastrophique serait d'obtenir de la conférence qu'elle liât la suppression des réparations à celle des dettes contractées auprès des États-Unis et qu'elle exigeât de l'Allemagne un ultime versement, dont le montant fut fixé à 3 milliards de marks-or (il ne sera jamais acquitté).

L'acte final de la conférence de Lausanne était assorti d'un accord officieux, signé par la France, la Belgique, l'Italie et le Royaume-Uni et qui faisait dépendre la ratification de l'annulation des réparations allemandes de l'acceptation par les Américains de l'abandon de leurs propres créances. Or chacun avait conscience du fait que Berlin n'effectuerait plus aucun paiement et que Washington ne renoncerait pas à ses droits. On décida cependant de se réunir à nouveau à Londres en 1933 pour discuter d'un règlement général du problème des dettes, mais la conférence n'eut jamais lieu. La Grande-Bretagne, l'Italie et la plupart des petits États voulurent bien encore effectuer des paiements symboliques, mais la France, malgré l'insistance d'Herriot qui estimait qu'elle devait honorer ses engagements internationaux, refusa de les suivre sur ce terrain. Droite et socialistes mêlés, la Chambre désavoua le chef du gouvernement, le 14 décembre, par 402 voix contre 96, provoquant la chute du cabinet.

Conséquence immédiate de la crise sur les relations internationales, les réparations et les dettes de guerre, qui avaient depuis la fin du conflit mondial pesé sur les rapports entre anciens vainqueurs et anciens vaincus et opposé les premiers entre eux, se trouvaient emportées par la tourmente mondiale sans qu'une solution de bon sens ait pu être imposée aux États intéressés. Au total, sur les 132 milliards de marks-or que l'Allemagne aurait dû acquitter au titre de l'article 231 du traité de Versailles, elle n'en avait versé que 23 milliards environ, dont un peu plus de 9 milliards et demi à la France. Cela représentait pour cette dernière puissance un manque à gagner important, compte tenu de la différence substantielle (2 milliards de francs) qui existait entre les encaisses en provenance du Reich et les remboursements à destination des États-Unis. Surtout, il s'agissait de la première entorse apportée aux dispositions du traité de paix avec l'Allemagne, intervenue à un moment où cette dernière se trouvait encore dotée d'un régime démocratique, trop tard cependant pour que l'extrême droite nationaliste ne tire argument de l'« acharnement » des Français à faire payer leur ancienne ennemie et à profiter de la crise pour se débarrasser d'elle. En juillet 1932, au moment même où la conférence de Lausanne venait de constater l'impossibilité dans laquelle se trouvait l'Allemagne de reprendre ses paiements et d'admettre le principe de l'annulation de sa dette, les nazis obtenaient près de 13 800 000 voix (37,3 % des suffrages exprimés) et 230 sièges sur 607 au Reichstag.

Le problème du réarmement allemand et l'échec du Pacte à quatre

Lorsque Hitler arrive au pouvoir, le 30 janvier 1933, la question des réparations est donc réglée. Il est loin d'en être de même de celle du réarmement allemand, autre pomme de discorde dans les rapports entre les deux puissances riveraines du Rhin. En 1927 et 1928, en pleine euphorie de l'ère Briand-Stresemann, ont été élaborés en Allemagne des projets visant à mettre progressivement sur pied une armée de 570 000 hommes, au lieu des 100 000 autorisés par les clauses militaires du traité. On n'est guère allé plus loin jusqu'au début de la crise mais, en 1932, des mesures préparatoires sont prises sous l'autorité de von Schleicher : création d'un « Curatoire du Reich pour la formation de la jeunesse », destiné à superviser la formation donnée aux jeunes par les diverses organisations paramilitaires, préparation militaire dissimulée derrière la pratique du *Wehrsport*, création d'un service volontaire du travail, recouvrant lui aussi, sous couvert de fournir des emplois aux chômeurs, des activités martiales, formation d'unités dotées d'un matériel interdit par le traité de Versailles — artillerie lourde, chars, DCA — et souvent testé sur le territoire de l'URSS, etc. La Wehrmacht hitlérienne ne sort donc pas d'une coquille vide. Toutefois, dès son arrivée à la chancellerie, le *Führer* opère, avec l'aide du ministre de la Guerre von Blomberg, un changement de rythme dans l'effort de réarmement du Reich, tant en matière d'effectifs (accélération du recrutement, diminution du temps de service permettant d'accroître l'importance numérique des réserves instruites) que d'équipement. Il ne s'agit bien sûr que d'un expédient provisoire. Ce que veut Hitler, c'est le rétablissement de la conscription et la suppression de toutes les entraves au réarmement de l'Allemagne, et de cela les responsables de la diplomatie française ne veulent entendre parler à aucun prix.

Il faut dire que cette reconstitution à petits pas de la puissance militaire allemande s'est effectuée dans un contexte international où l'on n'a jamais autant parlé de désarmement. En février 1932 s'est ouverte à Genève, dans l'orbite de la SDN mais avec le concours des États-Unis et de l'URSS qui n'en sont pas membres, une Conférence du désarmement où 62 pays sont représentés. Plusieurs plans y sont proposés par quelques-uns des « ténors » de la vie internationale. Celui du président du Conseil français, André Tardieu, qui prévoit la création d'une force internationale dotée d'armements lourds et l'arbitrage obligatoire de la SDN, est aussitôt rejeté par l'Allemagne au nom d'une conception multilatérale du désarmement dont l'application réduirait à 100 000 hommes les forces permanentes de chaque puissance. Celui du président Hoover, qui propose l'abolition de la plupart des armes dites « offensives » (chars, artillerie lourde et aviation de bombardement) et la réduction d'un tiers de toutes les autres, est accepté par l'Allemagne — qui n'est pas concernée par de telles mesures — mais bien sûr repoussé par Londres et Paris. Autrement dit, dans le dialogue de sourds qui s'est instauré entre les principaux acteurs du jeu international, chacun ne songe qu'à faire prévaloir son propre intérêt : les Allemands en prenant au pied de la lettre le mot « désarmement », c'est-à-dire en essayant d'obtenir la parité avec leurs partenaires, les Britanniques (pour les armements navals) et les Français (pour les armements terrestres) en préconisant des solutions qui leur permettraient de conserver intacte leur suprématie militaire, gage ultime de leur sécurité.

Complètement isolée dans cette affaire, la France va devoir accepter, à la fin de 1932, le principe de l'égalité des droits réclamé à grands cris par le délégué allemand à la conférence de Genève, Nadolny. Le 22 juillet, celui-ci a fait savoir que dans le cas où il lui serait refusé, son pays ne participerait pas à la seconde phase de la conférence et, pour faire bon poids, von Schleicher a prononcé un discours radiodiffusé qui a sonné comme un ultimatum : faute d'obtenir l'égalité des droits, l'Allemagne reprendra sa liberté et organisera son armée à sa guise. Le 16 septembre, ses délégués quittent la conférence et il faudra, pour les faire revenir, qu'une conférence à cinq (Allemagne, France, Royaume-Uni, Italie,

États-Unis) se réunisse à Genève et lui donne satisfaction. Le 11 décembre 1932, six semaines avant l'avènement de Hitler, l'égalité des droits lui est reconnue « *dans un système qui assurerait la sécurité de toutes les nations* ». Herriot, qui une nouvelle fois s'est retrouvé face aux Allemands et aux Anglo-Saxons, ne peut que se montrer amer envers la SDN, « *Tour de Babel dans la forêt de Bondy* ». La porte est désormais ouverte à la révision des traités.

Les historiens qui ont stigmatisé dans leurs travaux la faiblesse, l'idéalisme ou l'incompétence en matière internationale du leader radical ne se montrent guère plus tendres à son égard quand ils parlent des événements de 1932 que pour ceux de 1924. Pour eux, Herriot a manqué de force de caractère sinon de patriotisme. Il a été le *renonciateur* qui a abandonné la Ruhr sans contrepartie à l'époque du Cartel, puis qui a offert sur un plateau à l'Allemagne l'« égalité des droits » en matière d'armements huit ans plus tard. On peut en discuter à l'infini. On ne peut continuer de parler d'Herriot comme s'il était autre chose que le produit d'une fraction importante de l'opinion française, peu encline à payer au prix fort le maintien par la France d'une politique d'hégémonie militaire en Europe. Comme si cette puissance avait les moyens d'imposer aux autres grands acteurs internationaux la pérennisation de son statut privilégié, et surtout de s'opposer par un autre moyen que la guerre au désir qu'avait l'Allemagne de mettre fin à une situation qu'elle jugeait injuste et inacceptable. Il ne s'agit pas de vouloir réhabiliter à tout prix l'ancien maire de Lyon, mais simplement de faire le constat des immenses contraintes qui pesaient sur ses choix de politique étrangère : des choix qu'il partageait d'ailleurs avec d'autres partisans résolus de la sécurité collective, à commencer par son successeur au Quai d'Orsay, Joseph Paul-Boncour, et par le remplaçant de Philippe Berthelot au poste de secrétaire général des Affaires étrangères, Alexis Saint-Léger.

Dans ses relations avec la France et avec les autres puissances en matière de « désarmement », Hitler hérite donc d'une situation qui a fortement évolué depuis la retraite de Stresemann, et il est clair que sur un certain nombre de points — concernant le rétablissement de la puissance militaire et la révision des frontières orientales —, il y a continuité entre la politique étrangère du IIIe Reich et celle de la République de Weimar. Simplement, pour le nouveau maître de l'Allemagne, la révision des traités et la restauration de l'outil militaire ne constituent pas une fin en soi, mais un moyen, un préalable aux desseins hégémoniques qu'il a conçus dix ans plus tôt et qu'il lui tarde de mettre en œuvre. Aussi, va-t-il précipiter les choses dans les domaines où elles paraissent le plus avancées et présentent, semble-t-il, le moins de risques.

Il le fait avec prudence, de manière à n'alarmer ni ses appuis intérieurs — état-major et milieux conservateurs qui répudient d'avance toute action aventuriste — ni surtout ses partenaires internationaux, voire ses adversaires potentiels comme la France. Au moment de son arrivée au pouvoir, l'idée d'un rapprochement entre les deux puissances riveraines du Rhin est de nouveau à l'ordre du jour dans les milieux qui avaient eu, au milieu de la décennie précédente, l'initiative de l'apaisement et du désarmement psychologique. Certes, à l'heure où Hitler s'installe à la chancellerie, le CFAID (Comité franco-allemand d'information et de documentation) de Mayrisch et de Pierre Viénot, qui avait joué un rôle important, on s'en souvient, dans l'action menée auprès des opinions publiques des deux pays et dans la conclusion en 1926 de l'Entente internationale de l'acier, a fortement réduit son activité. Mais les jalons qu'il a posés ont permis à d'autres initiatives de se développer et à deux reprises, en avril 1932 et en janvier 1933, des rencontres entre représentants du monde des affaires et hauts fonctionnaires français et allemands se déroulent à Luxembourg et à Paris. On y parle d'aménagement des réparations et de désarmement, on envisage un « échange » de territoires entre l'Allemagne et la Pologne, cette dernière puissance obtenant la Lituanie ou Memel en échange du corridor de Dantzig que l'Allemagne pourrait annexer si elle acceptait de garantir ses frontières de l'Est (le « Locarno oriental »).

Il est possible que le gouvernement Tardieu ait prêté une oreille complaisante à ces projets, sans toutefois leur donner une forme concrète. Herriot et Paul-Boncour les ont pour leur part ignorés. De leur côté, les dirigeants politiques allemands les ont, à l'exception de von Papen, soit tenus pour peu sérieux, soit — ce fut notamment le cas du ministre des Affaires étrangères, von Neurath — énergiquement rejetés. Hitler lui-même, dont l'arrivée à la chancellerie a très exactement coïncidé avec la première rencontre, n'en fut pas informé.

Quoi qu'il en soit, les premiers mois de l'ère hitlérienne sont marqués, répétons-le, par une très grande prudence de la part du nouveau chancelier. Ce dernier a besoin pour installer son pouvoir, sinon de la bienveillance du moins de la neutralité des autres nations, et en particulier de celle de la France qui reste, à cette date, la première puissance militaire de l'Europe. Aussi, le Führer, se montre-t-il favorable au nouveau plan de désarmement présenté par le Premier ministre britannique MacDonald, lequel préconise la destruction des armes lourdes et le nivellement des effectifs terrestres à 200 000 hommes pour toutes les grandes puissances, avec un supplément de 200 000 hommes pour la France et de 50 000 pour l'Italie, affectés aux possessions d'outre-mer. Le 8 avril, recevant pour la première fois l'ambassadeur de France François-Poncet, il se montre selon ce dernier « *courtois et aimable* » et se présente auprès de lui comme un partisan résolu de la paix. « *Je répète,* déclare-t-il à cette occasion, *que mon gouvernement est sincèrement et profondément pacifique. Nous sommes tous convaincus qu'une guerre, même victorieuse, coûterait en sacrifices de toute espèce plus cher qu'elle ne saurait rapporter. Le problème, pour l'Allemagne, c'est de sortir du chômage et de la crise économique.* »

Ces propos, qui ne font d'ailleurs que confirmer la profession de foi « pacifiste » prononcée par le Führer dans son discours du 17 mars, n'ont évidemment pour but que de gagner du temps. Il en est de même des réactions du chancelier allemand au projet de « Pacte à quatre » élaboré par Mussolini dans le but affiché de « maintenir la paix » tout en admettant une possible révision négociée des traités. Adopté lors d'une réunion du Grand Conseil du fascisme et présenté par le Duce en mars 1933 au nouvel ambassadeur de France, Henry de Jouvenel — considéré comme très favorable à l'Italie et dont la nomination à Rome constituait de la part de Paul-Boncour un geste d'apaisement en direction de ce pays — ce projet, s'il avait été mené à son terme, aurait rétabli entre les principaux États européens (à l'exception de l'URSS) le « concert des puissances » qui avait caractérisé, pendant la plus grande partie du XIXe siècle, la conduite des affaires internationales sur le Vieux Continent et aurait permis un remodelage partiel de la carte européenne, sans que les petites nations aient leur mot à dire.

L'article 2 du pacte, dans sa version initiale concoctée par Mussolini, stipulant que « *les quatre puissances confirment le principe de la révision des traités de paix, d'après les clauses du pacte de la Société des Nations, dans le cas où se vérifieraient des situations susceptibles d'amener un conflit entre les États* », l'Allemagne et l'Italie ne pouvaient que retirer le plus grand profit de cette combinaison qualifiée de « géniale » par von Papen. Elle leur offrait en effet — ainsi qu'aux États « révisionnistes » qui relevaient de leur mouvance — d'obtenir à bon compte des modifications ponctuelles du statu quo, tout en préservant l'avenir et en leur laissant le temps de se préparer à la guerre. Aussi la France, inclinée en ce sens par les très vives protestations de ses alliés orientaux bénéficiaires des traités de paix (Petite Entente et Pologne), va-t-elle sinon rejeter purement et simplement le projet de Pacte à quatre, du moins s'efforcer de donner à celui-ci un tout autre contenu en proposant des modifications radicales. Si bien que le texte qui est finalement paraphé à Rome le 7 juin 1933, et qui est conclu pour dix ans, n'institue entre les quatre puissances signataires rien d'autre qu'une « *politique de collaboration effective en vue de maintenir la paix* ». Il est spécifié que l'on ne pourra disposer des autres

États sans leur assentiment, et qu'en cas de révision des traités la décision sera prise par le Conseil de la SDN, ce qui ôte à l'instrument diplomatique conçu initialement par le Duce toute valeur en tant que moyen de transformation graduelle du statu quo de 1919. Le Pacte à quatre ne sera d'ailleurs pas ratifié et Mussolini lui-même ne tardera pas à s'en désolidariser, déclarant dans un article publié en décembre 1933 : « *À défaut de révision, c'est sa majesté le canon qui parlera.* »

Barthou et la tentative d'encerclement du Reich

Dans la négociation qui a abouti à la conclusion du Pacte à quatre, Hitler a eu l'habileté de se tenir dans une réserve prudente, multipliant les déclarations d'intentions pacifiques et laissant à Mussolini et à Daladier (alors président du Conseil) la responsabilité d'un projet qui devait surtout lui permettre de gagner du temps et d'endormir les démocraties. Pour le Führer, l'essentiel est en effet à cette date d'obtenir l'application immédiate de l'égalité des droits en matière d'armements et d'effectifs militaires. Or, le plan proposé en mars 1933 à la conférence de Genève par MacDonald est loin de lui donner satisfaction. Outre qu'il autorise la France — qui en accepte le principe en septembre de la même année — à conserver des troupes coloniales en plus des 200 000 hommes de la métropole et qu'il comptabilise les SA et les SS dans les effectifs concédés à l'Allemagne, il prévoit une période transitoire de cinq ans au cours de laquelle le Reich ne pourra bénéficier de l'égalité effective. Hitler paraît d'abord disposé à temporiser mais, dans le courant de l'été 1933, la position des Alliés se raidit à la suite des premières persécutions contre les Juifs, et la France obtient que la période transitoire soit portée de cinq à huit ans : quatre années de phase « probatoire » et quatre années pendant lesquelles la France commencerait à désarmer tandis que l'armée allemande pourrait commencer à accroître ses armements et ses effectifs.

C'est beaucoup plus que ce que le maître du IIIe Reich est prêt à accepter, ne serait-ce qu'au niveau des principes car son propre calendrier est beaucoup plus resserré. Si bien que, lorsque reprennent en septembre 1933 les travaux de la conférence de Genève, il décide de se retirer du jeu. Le 14 octobre, il annonce que son pays quitte la Conférence du désarmement, et cinq jours plus tard qu'il donne sa démission de membre de la Société des Nations, affirmant ainsi sa volonté de ne soumettre à aucun arbitrage la question du réarmement du Reich.

Des négociations vont cependant se poursuivre jusqu'en avril 1934. Au plan allemand, présenté le 18 décembre 1933, et qui envisageait la constitution sous contrôle international d'une armée de 300 000 hommes recrutée par conscription, le gouvernement français réplique en exigeant au préalable que l'Allemagne revienne à Genève. Le Royaume-Uni propose de son côté un compromis accepté par Mussolini et, avec quelques réserves, par le Führer. Mais le 17 avril 1934, le gouvernement Doumergue, suivant le président du Conseil et le maréchal Pétain, ministre de la Guerre — alors que le ministre des Affaires étrangères, Louis Barthou, et l'ambassadeur à Berlin François-Poncet sont plutôt favorables à un accord qui aurait au moins le mérite de lier juridiquement l'Allemagne —, publie une note déclarant qu'il « *se refuse solennellement à légaliser le réarmement allemand, que celui-ci a rendu les négociations inutiles et que la France assurera désormais sa sécurité par ses moyens propres* ». C'est la rupture. Hitler se contente encore pendant plus d'un an d'accélérer le réarmement clandestin du Reich. Puis, le 16 mars 1935, prenant prétexte du projet français de rétablissement du service de deux ans, il annonce la décision de rétablir en Allemagne le service militaire obligatoire et de porter à 36 divisions les effectifs de la *Wehrmacht*.

Le fait que Barthou ait plaidé en avril 1934 en faveur d'un accord de compromis avec l'Allemagne sur la question des armements ne signifie pas qu'il doive être rangé dans le camp des partisans de la paix à tout prix avec le Reich, bien au contraire. S'il a préconisé l'acceptation du compromis élaboré par les Britanniques, c'est parce qu'il est persuadé qu'en l'absence de liens contractuels en bonne et due forme, rien ne peut empêcher Hitler de poursuivre sans limites un réarmement qu'il a déjà entrepris. En revanche il estime que, même dotée d'une armée puissante, l'Allemagne n'a de chance d'imposer sa loi à l'Europe que si ses victimes éventuelles se révèlent incapables d'opposer un front uni à l'impérialisme hitlérien. Aussi va-t-il consacrer toute son énergie, pendant son bref passage au Quai d'Orsay, à tenter d'isoler diplomatiquement le Reich.

Pour atteindre cet objectif, la France, estime Barthou, n'a pas d'autres moyens que de renforcer ses alliances et d'en conclure de nouvelles, quelles que soient les divergences idéologiques qu'elle peut avoir avec les principaux acteurs du jeu européen. Le successeur de Paul-Boncour ne peut être suspecté de tendresse ni envers le communisme — dont il avait poursuivi les militants lorsqu'il était garde des Sceaux de Poincaré en 1922 — ni envers le fascisme. Mais son opportunisme, et la conviction qui est la sienne que tout doit être subordonné à la sécurité de la France, l'inclinent à se rapprocher des deux puissances continentales qui, pour des raisons d'ailleurs différentes, peuvent avoir intérêt à entrer dans une coalition anti-hitlérienne : l'Italie mussolinienne et l'URSS.

Du côté de Rome, le ministre des Affaires étrangères poursuit les négociations qui ont été engagées par le gouvernement Paul-Boncour et par Henry de Jouvenel. Il est poussé dans cette direction par le nouvel ambassadeur de France à Rome, Charles de Chambrun, lequel, après avoir redouté que l'Italie et l'Allemagne ne s'engagent dans une politique d'alliance, juge au début de l'été 1934 que le moment est venu pour la France de faire un pas en direction de la « *sœur latine* ». « *Par une attitude dilatoire prolongée,* câble-t-il au chef de la diplomatie française, *nous donnerions aux Italiens l'impression que nous nous désintéressons de leur politique et que nous sous-estimons leur influence, ce qui les amènerait à renouer avec l'Allemagne des liens qui s'étaient beaucoup relâchés au cours de ces derniers mois.* » Barthou est d'accord sur ce point avec son ambassadeur, et il estime comme lui qu'« *il faut s'attacher par tous les moyens à améliorer nos relations avec l'Italie* ». Mais il le met en garde en même temps contre une excessive précipitation, subordonnant de donner une réponse positive à l'invitation qui lui a été faite de rencontrer Mussolini à Rome à l'examen des résultats de l'entrevue que ce dernier doit avoir à Venise avec le maître du IIIe Reich.

À cette date, le Duce joue en effet encore sur deux tableaux, multipliant d'un côté les avances discrètes du côté de la France et manifestant de l'autre une relative sympathie envers le régime instauré par Hitler. Chef de file du révisionnisme européen, Mussolini a d'abord interprété la victoire du nazisme comme le signe d'un renforcement du camp des « insatisfaits ». La parenté idéologique des deux régimes a joué dans le même sens et l'on a vu se multiplier, dans le courant de 1933, les démonstrations de cordialité entre les deux États totalitaires. Celles-ci cependant dissimulent mal une certaine froideur de la part du dirigeant fasciste. Les raisons en sont la crainte que l'attraction exercée par le nazisme sur l'extrême droite européenne n'enlève à l'Italie une partie de sa clientèle, la menace que les ambitions hitlériennes dans la zone danubienne font peser sur l'influence fasciste en Autriche, voire sur le Sud-Tyrol, l'hostilité du peuple italien pour le caractère racial de la doctrine nazie et pour les références qu'elle fait aux critères « nordiques ». Mussolini lui-même ironise sur le fait que les Lapons doivent constituer la plus pure des races, dès lors qu'ils occupent les régions les plus septentrionales de l'Europe.

Mais ce que le Duce craint par-dessus tout, c'est que l'Allemagne ne se substitue à son propre pays comme chef de file des pays contestataires de l'ordre international fixé par les traités. C'est la raison pour laquelle il s'est efforcé de noyer le révisionnisme allemand dans le « concert des puissances » qu'aurait dû à ses yeux constituer le Pacte à quatre, et c'est pourquoi il maintient et multiplie les contacts avec la diplomatie française.

Trois événements vont incliner le Duce à explorer d'un peu plus près la voie d'un rapprochement avec la France. Tout d'abord la façon dont Hitler a liquidé ses principaux rivaux lors de la « nuit des longs couteaux », la sauvagerie des méthodes nazies ayant provoqué en Italie une réaction très vive, et ceci jusque dans les milieux proches du pouvoir. En second lieu l'entrevue de Venise avec le Führer à la mi-juin 1934. Recevant son homologue allemand à Stra, près de Padoue, puis dans la cité des Doges, Mussolini a été très négativement impressionné par son hôte qui lui a inspiré, dira-t-il, une « *véritable répulsion physique* ». Enfin, et ceci a pesé davantage encore sur le virage opéré durant l'été 1934 par la diplomatie fasciste, la tentative de putsch nazi à Vienne et l'assassinat du chancelier Dollfuss le 25 juillet. C'est la menace pesant sur l'indépendance de l'Autriche et, à plus long terme, sur la partie du Tyrol annexée par l'Italie en 1919, qui a conduit Mussolini à envoyer plusieurs divisions sur le Brenner et à parler du maître du IIIe Reich comme d'un « *horrible dégénéré sexuel* ». Au lendemain de ce coup de force avorté, tout semblait donc disposer le chef du fascisme à se rapprocher de la France, tout aussi intéressée que lui au maintien de l'État autrichien et à la mise au pas de l'Allemagne hitlérienne.

En même temps qu'il cherchait à normaliser les rapports de la France avec l'Italie fasciste, Barthou donnait un coup d'accélérateur au rapprochement avec l'URSS. Celui-ci avait été amorcé par Briand et Laval en 1931. Il avait été relancé l'année suivante par Herriot, donnant lieu successivement à la conclusion d'un accord commercial avec l'URSS (mars 1931), puis à la signature d'un pacte de non-agression le 29 novembre 1932. Bien qu'elle fût majoritairement très hostile au communisme, l'opinion et la classe politique françaises considéraient d'un œil plutôt favorable l'amorce d'un rapprochement tactique avec la Russie soviétique. Lors du débat parlementaire des 16 et 18 mai 1933, Herriot eut beau jeu de rappeler que le roi très chrétien François Ier n'avait pas hésité en d'autres temps à s'allier aux Turcs musulmans. Il n'y eut qu'une voix, celle de Tardieu, pour refuser la ratification du traité de non-agression, votée par 554 députés contre 1, et 41 abstentions.

Le rapprochement se précisa dans le courant de l'été 1933, marqué par une série de voyages dans les deux sens, et par la signature, le 23 août, d'un protocole commercial provisoire qui sera transformé en un accord formel le 9 janvier 1934. En même temps, les Soviétiques ont fait connaître leur souhait de conclure avec la France une véritable alliance militaire — perspective très favorablement accueillie par Paul-Boncour et par les bureaux du Quai d'Orsay, ainsi que par certains milieux militaires (le maréchal Pétain, les généraux Weygand et Gamelin) — et d'adhérer à la Société des Nations. Le terrain était donc préparé pour un resserrement des liens avec l'État qui avait incarné pendant une quinzaine d'années le désordre intérieur et la subversion internationale.

Soucieux d'isoler l'Allemagne, Barthou songe à mettre sur pied un « pacte de l'Est » fondé sur le principe de la sécurité collective et dans lequel entreraient l'Union soviétique et le Reich hitlérien, qui accepterait ainsi indirectement de reconnaître ses frontières orientales (la Pologne, la Tchécoslovaquie, les Pays Baltes et la Finlande en faisant également partie). En fait, le ministre français ne croit guère à l'adhésion de l'Allemagne et voit surtout dans ce « pacte de l'Est » le moyen d'aboutir à une véritable alliance franco-soviétique.

Le Royaume-Uni, sans grand enthousiasme, est prêt à accepter cette combinaison, mais Hitler ne tarde pas à opposer un refus catégorique au projet de Barthou, imité d'ailleurs par les dirigeants polonais, alors en plein flirt avec Berlin. Le seul résultat de la négociation sera l'entrée de la Russie soviétique à la SDN. Elle y est admise, le 18 septembre 1934, par 38 voix contre 3 et 7 abstentions, et se voit aussitôt attribuer un siège de membre permanent au Conseil, spécialement créé à son intention. On s'oriente donc dans la voie d'un encerclement diplomatique de l'Allemagne. Pour que celui-ci soit effectif, Barthou entreprend de resserrer les liens avec les pays de la Petite Entente et de jeter les bases d'un « pacte méditerranéen » qui réconcilierait Rome et Belgrade, d'où l'invitation au roi Alexandre de Yougoslavie.

Un événement d'une grave portée internationale va cependant porter un coup très dur à cette politique d'isolement du Reich orientée à la fois vers l'Europe de l'Est et vers l'Italie. Le 9 octobre 1934, le roi Alexandre Ier, en visite officielle en France, et Barthou qui est venu l'accueillir à Marseille, sont assassinés par des terroristes croates membres de l'organisation fasciste *Oustacha*. Sans que l'on n'ait jamais eu de preuves formelles d'une participation des services secrets allemands et de la Gestapo à la préparation de cet attentat, de fortes présomptions pèsent sur ces organisations. Quoi qu'il en soit, le crime profitait à l'Allemagne, encore que celle-ci ne se préoccupât pas outre mesure d'un resserrement des liens franco-soviétiques dont l'un des effets majeurs serait vraisemblablement de la rapprocher de la Grande-Bretagne. C'est plutôt du côté de l'Italie que se situait l'avantage obtenu par l'élimination de Barthou. Et de fait, les auteurs de l'attentat de Marseille ayant trouvé refuge de l'autre côté des Alpes, et le gouvernement fasciste se refusant à les extrader, il s'ensuivit une période de tension entre Rome et Paris. Toutefois, l'arrivée au Quai d'Orsay de Pierre Laval, qui souhaitait une entente avec Mussolini et n'insista pas sur les responsabilités italiennes lorsque la question fut évoquée à Genève, permit très vite de renouer le dialogue.

Laval et la constitution du « front » de Stresa

À première vue, le nouvel hôte du Quai d'Orsay, dans un gouvernement présidé par Doumergue, puis par Flandin, paraît assumer dans sa totalité l'héritage de la politique élaborée par Barthou. Pourtant, entre les deux dossiers préparés par son prédécesseur, celui de l'alliance avec la Russie soviétique et celui d'un rapprochement plus intime avec l'Italie des faisceaux, il va privilégier le second, et ceci à la fois pour des mobiles intérieurs et pour des raisons de politique étrangère.

Ancien socialiste devenu dans les années trente l'un des chefs de file de la droite modérée et affairiste, Pierre Laval n'est pas, et ne sera jamais, un « fasciste ». S'il manifeste une certaine sympathie pour le régime de vigueur de l'autre côté des Alpes, c'est pour des raisons identiques à celles qui inclinent alors nombre de représentants de la droite libérale à admirer en Mussolini l'homme qui a rétabli l'ordre dans un pays menacé par l'anarchie et par le bolchevisme. Pour le reste, il estime que l'entente avec l'Italie mussolinienne est une condition nécessaire à la détente en Europe, en ce sens qu'elle doit incliner Hitler à plus de modération. Or Laval veut, sans être davantage un partisan du national-socialisme, aspirer à un désarmement durable des relations franco-allemandes. Pendant les quinze mois qu'il passe au Quai d'Orsay, il va pratiquer une politique des « petits pas » dirigée tantôt dans une direction, tantôt dans une autre, sans véritable ligne conductrice. Il est, écrit Jean-Baptiste Duroselle, « *plus rusé que compétent. Il n'est pas l'homme des solutions tranchées, mais l' 'ami de tout le monde'. À une 'belle et bonne alliance', il préfère une demi-douzaine de presque alliances. Il se complaît dans l'à-peu-près. Avec Barthou, le contraste est total* » (*La Décadence*, Paris, Imprimerie nationale, 1979, p. 125).

Désirant établir un contact direct avec le Duce, selon la méthode qu'il a inaugurée en 1931 avec Brüning et avec Hoover, le ministre français décide de répondre favorablement à l'invitation qui a été faite à son prédécesseur de se rendre dans la capitale italienne, afin de rencontrer Mussolini et de régler avec lui le contentieux franco-italien. Le Duce est alors en pleine préparation de la guerre qu'il a déjà décidé de mener contre l'Éthiopie, et il est tout prêt à accepter un arrangement qui puisse lui permettre de se concilier les puissances coloniales. Une sympathie réelle semble jouer d'autre part entre les deux hommes, si proches l'un de l'autre par leurs origines et par leur itinéraire politique. Aussi, l'accord se fait-il sans difficulté. La France cède à l'Italie quelques dizaines de milliers de territoires désertiques au nord du Tchad et aux confins de l'Érythrée ainsi que ses intérêts économiques en Éthiopie. En échange, Rome accepte de mettre fin de manière progressive au statut privilégié des Italiens de Tunisie et surtout s'engage à collaborer avec la France dans l'éventualité d'une nouvelle menace allemande dans la zone danubienne.

Le plus important est sans doute ce qui ne figure pas dans les accords. Le 6 janvier, au cours d'une conversation en tête à tête au Palais Farnèse, siège de l'ambassade de France, il a été question de l'Éthiopie, Laval s'engageant à laisser à son interlocuteur « les mains libres » dans cette partie du continent africain. Formule volontairement floue, qui sera interprétée plus tard par le gouvernement français comme un simple encouragement à l'expansion économique de l'Italie, mais dans laquelle Mussolini verra — ou feindra de voir — un blanc-seing délivré par Paris à l'occupation militaire du pays.

Quelles que soient les arrières-pensées de chacun, tout semble indiquer au début de 1935 que l'Italie est prête à mettre en sommeil ses visées révisionnistes pour se rapprocher des démocraties et en particulier de sa voisine occidentale. En janvier et février 1935, Mussolini et Badoglio font à plusieurs reprises des avances au gouvernement français pour que soit conclue une alliance militaire en bonne et due forme et si celle-ci reste finalement à l'état de projet, c'est au peu d'empressement manifesté par Laval qu'on le doit, le général Maurin, ministre de la Guerre, estimant pour sa part que des conversations militaires avec Rome seraient « *utiles et opportunes* ».

Si la France laisse ainsi passer l'occasion de voir l'Italie se désolidariser de la cause révisionniste pour faire front avec elle contre l'expansionnisme hitlérien, c'est parce que ses dirigeants privilégient l'appui de l'Angleterre et ceci pour des raisons qui, semble-t-il, relèvent davantage à cette date de la stratégie que de l'idéologie. L'Italie n'est pas considérée comme un appui efficace dans l'éventualité d'une guerre contre l'Allemagne. « *C'est avant tout* — peut-on lire dans une note préparatoire à la réunion du Haut Comité militaire du 22 mars — *le secours immédiat de l'Angleterre qui doit être recherché et organisé.* » Laval joue donc sur les deux registres du rapprochement avec la « *sœur latine* » et de l'« *amitié britannique* », réaffirmée avec éclat lors du voyage effectué à Londres, début février, en compagnie de Flandin, sans voir — ou sans vouloir considérer — qu'un choix entre ces deux alliées potentielles ne pourrait être indéfiniment reporté.

Les événements du printemps 1935 paraissent provisoirement lui donner raison. En effet, lorsque intervient la décision du Führer de rétablir la conscription, les représentants de la France, de l'Italie et du Royaume-Uni se rencontrent à Stresa, du 11 au 14 avril, afin d'arrêter une attitude commune. En fait, contrairement à une légende tenace, cette conférence n'aboutit pas à la mise en place d'un véritable « front » dirigé contre l'expansionnisme allemand, comme l'auraient souhaité l'Italie et la France, mais pas les dirigeants britanniques qui avaient promis à la Chambre des Communes de ne prendre aucun engagement. On s'en est simplement tenu à des accords très vagues — réaffirmation de la fidélité au pacte de Locarno, confirmation de déclarations antérieures sur la nécessité de maintenir l'indépendance autrichienne — et l'on n'a, à aucun moment, fait allusion à la question éthiopienne sur laquelle devait achopper, quelques mois plus tard, le rapprochement entre l'Italie fasciste et les démocraties. On s'est donc séparé sur une illusion d'accord, vite démentie par les événements d'Afrique.

Il reste qu'aux yeux des dirigeants français, l'encerclement diplomatique du Reich paraît se concrétiser au printemps 1935, et ceci d'autant plus que, parallèlement au rapprochement avec l'Italie, Laval poursuit les négociations avec l'URSS, encouragé dans cette voie par plusieurs membres du cabinet, dont Herriot qui avait été à l'origine des ouvertures en direction de Moscou, d'abord en 1924, puis en 1931-1932. Préparé en décembre 1934 par des conversations à Genève avec Litvinov, un pacte d'assistance mutuelle entre les deux pays est signé à Paris le 2 mai 1935. Il stipule qu'en cas de menace d'agression par un État européen contre l'une des deux parties contractantes, l'autre pourrait lui apporter « immédiatement » aide et assistance, une fois l'agression reconnue par le Conseil de la SDN. Le texte, qui n'est assorti d'aucune convention militaire, est d'un flou consommé et introduit, écrit à juste titre J.-B. Duroselle, « *vingt échappatoires possibles* » (*La Décadence*, *op. cit.*, p. 142). Cela n'empêche pas Laval de se rendre à Moscou une quinzaine de jours plus tard, et d'obtenir *in extremis* de Staline une déclaration favorable aux efforts de réarmement du gouvernement français. Ce qui a pour effet immédiat de faire cesser la campagne menée par le PCF contre la loi de deux ans. Le 16 mai, le système se trouve complété par une alliance entre l'URSS et la Tchécoslovaquie. Laval semble donc avoir réalisé les objectifs fixés un an plus tôt par Barthou.

En réalité, les deux hôtes successifs du Quai d'Orsay ont eu une politique très différente. Barthou songeait principalement à établir une alliance solide avec l'URSS, sans avoir le moins du monde de sympathie pour le régime stalinien. La négociation étant très avancée et s'inscrivant dans toute une tradition d'alliances de revers de la diplomatie française, Laval ne pouvait faire autrement que de la mener à son terme. Mais, une fois l'accord signé, il se garde de le faire ratifier par les Chambres et ne donne pas suite aux avances faites par l'ambassadeur Potemkine pour assortir le pacte d'une convention militaire. C'est au contraire le rapprochement avec l'Italie mussolinienne qui a les faveurs de Pierre Laval. Celui-ci à maintenant l'appui de la droite nationaliste, très favorable à une alliance avec ce pays, et il est vrai que les considérations de politique intérieure commencent à jouer un rôle essentiel dans la détermination des objectifs de politique étrangère.

Mais surtout, l'ancien avocat socialiste et pacifiste ne partage pas, à propos des relations avec l'Allemagne, les vues de son prédécesseur, plus proches de celles de Poincaré que de celles défendues par Briand, dont Laval prétend, au moins sur ce plan, être le continuateur. Il craint les effets périlleux d'une politique d'isolement systématique et souhaite une détente avec le Reich. Ceci explique à la fois le peu d'empressement manifesté par son gouvernement — il devient président du Conseil en juin 1935 — à faire ratifier par les Chambres le pacte avec l'URSS, ainsi que son abstention dans la préparation du plébiscite sarrois.

Conformément aux clauses du traité de Versailles, celui-ci a lieu en janvier 1935 sans que le gouvernement français ait fait quoi que ce soit pour soutenir les partisans du maintien du statu quo (c'était l'une des trois options offertes aux électeurs, le rattachement à la France étant de toute évidence exclu) et pour empêcher les 45 000 nazis envoyés par Hitler de semer la terreur dans la population. Dans ces conditions, le résultat ne peut être douteux. La consultation donne 90 % des votes en faveur du retour à l'Allemagne, un accord préalable au plébiscite ayant stipulé que dans ce cas les mines seraient rachetées par le gouvernement du Reich pour un milliard de Reichsmarks. Une intervention française dans la campagne n'aurait sans doute pas fait pencher la balance dans un sens différent. Du moins aurait-elle rendu moins éclatant le succès des nazis. Quoi qu'il en soit, Laval ne tirera aucun avantage substantiel de son abstention, même si des déclarations apaisantes de Hitler ont certes suivi le retour de la Sarre à l'Allemagne en mars et en mai 1935. Le 8 mai, à l'occasion des funérailles de Pilsudski, Laval aura un entretien plutôt cordial à Varsovie avec Goering, mais il n'en ressortira rien de tangible. L'attitude conciliante adoptée par le ministre français dans la question sarroise n'a pas empêché le Führer de rétablir deux mois plus tard le service militaire obligatoire en Allemagne, inaugurant une série de violations du traité de Versailles devant lesquelles la France va demeurer passive.

Le tournant de 1935-1936

L'isolement diplomatique du IIIe Reich, qui paraissait acquis au lendemain de la conférence de Stresa et de la conclusion du pacte franco-soviétique, ne dure pas plus de quelques semaines. La solidarité franco-italo-britannique montre en effet ses limites lorsque le gouvernement de Londres prend l'initiative d'un accord bilatéral avec l'Allemagne au sujet des armements navals, obtenant de cette puissance qu'elle limite ses forces maritimes à 35 % du tonnage de la flotte anglaise (sauf pour les sous-marins). De cette défection du Royaume-Uni, il faut rechercher la cause dans le fait que Londres n'a jamais complètement avalisé la politique de sécurité que la France a cherché à faire prévaloir en imposant à l'Allemagne une paix léonine, dans la crainte que suscite en Angleterre le rapprochement franco-soviétique et dans l'état d'une opinion publique de plus en plus encline à souhaiter un repli sur la communauté impériale et que traversent de forts courants pacifistes. Les réponses apportées par une dizaine de millions de personnes, lors du *Peace Ballot* de juillet 1935, indiquent qu'à cette date 90 % des Britanniques jugent qu'il faudrait interdire « *la fabrication et la vente des armes pour des profits privés* », 82,6 % se prononcent pour « *une abolition généralisée des forces militaires* », mais 58,6 % seulement estiment qu'au cas où « *une nation menacerait d'en attaquer une autre* », les autres membres de la communauté internationale devraient répondre à cette menace « *par des mesures éventuellement militaires* ».

En France, l'opinion publique et la classe politique ne sont pas davantage portées à souhaiter qu'un coup d'arrêt brutal soit donné aux entreprises hitlériennes. Dans le magistral ouvrage qu'il a consacré à la politique étrangère de la France durant cette période (*La Décadence, 1932-1939, op. cit.*), Jean-Baptiste Duroselle a analysé l'« ambiance », c'est-à-dire l'environnement psychologique dans lequel les décideurs ont conduit leur action diplomatique, et il a montré que si le patriotisme hexagonal n'était pas mort, la cohésion de la nation autour de ses élites, autour de ses symboles (le drapeau tricolore, le 14 juillet, etc.), autour de ses valeurs traditionnelles, était loin d'être aussi forte qu'à la veille du premier conflit mondial.

C'est que, précisément, l'immense holocauste de 1914-1918 a eu lieu, et a laissé dans les mémoires et dans les corps des cicatrices indélébiles, nourrissant dans toutes les couches de la société, dans toutes les classes d'âge, dans toutes les familles politiques, un pacifisme aux contours et aux visages multiples. Pacifisme des anciens combattants, rassemblés dans la puissante UNC (900 000 adhérents en 1934), dispersés dans les ligues et dans d'autres organisations de vétérans, ou simplement déterminés à tout faire pour que « plus jamais » leur pays ne connaisse la tuerie qu'ils ont eux-mêmes vécue. Pacifisme de gauche, partagé entre la modération radicale, un militantisme de la non-violence plus affirmé à la SFIO et à la CGT, et le refus absolu de la guerre et du « militarisme » dans la fraction de la SFIO rassemblée autour de Paul Faure (lequel déclarera en avril 1939 dans *Pays socialiste* : « *N'importe quelle concession territoriale est préférable à la mort d'un vigneron du Mâconnais* »), dans le syndicalisme enseignant (le Syndicat national des instituteurs d'André Delmas), dans la mouvance libertaire, ou encore dans l'antibellicisme de principe de certains intellectuels : un Jules Romains, un Gide ou un Giono.

Pacifisme de droite enfin, et même d'extrême droite, affirmé de façon plus sélective toutefois dès lors que l'adversaire potentiel se situe du côté des régimes fascistes et fascisants. Lors de la guerre d'Éthiopie, à la fin de 1935, ce sont les « Camelots du Roy » et les jeunes gens des ligues qui défilent sur les Grands Boulevards aux cris de « *Vive l'Italie ! Vive la Paix !* », empêchent à la Faculté de Droit le professeur Jèze (qui avait préparé la requête du Négus à la SDN) de faire ses cours, et font un triomphe à *La Guerre de Troie n'aura pas lieu* de Giraudoux. Ici, le pacifisme apparaît comme directement relié à la politique intérieure, commandé par l'hostilité profonde à l'égard du communisme et bientôt par la grande peur suscitée par le Front populaire.

L'hostilité au collectivisme bolchevique et la crainte de voir se déclencher une nouvelle vague révolutionnaire, favorisées en France par l'alliance avec l'URSS, motivent chez beaucoup d'hommes politiques, d'écrivains et de publicistes l'idée d'un rapprochement avec l'Allemagne, fût-elle nationale-socialiste. Il en est ainsi du rédacteur en chef de *La République*, Émile Roche, de Joseph Caillaux, de Piétri, Montigny et Flandin, d'écrivains comme Louis Bertrand, Abel Bonnard et Fabre-Luce. Chez certains intellectuels fascistes ou proches du fascisme — un Brasillach, animateur de l'équipe rédactionnelle de l'hebdomadaire *Je suis partout*, un Drieu La Rochelle, un Paul Marion, un Alphonse de Châteaubriant —, l'anticommunisme se double d'une réelle fascination pour les totalitarismes italien et allemand, fréquemment teintée d'antisémitisme. Elle conduira quelques années plus tard la plupart d'entre eux à la collaboration avec l'occupant.

Cela ne suffit pas à faire de tous les sympathisants des dictatures mussolinienne et hitlérienne, et de tous les partisans d'un rapprochement avec Rome et avec Berlin, des traîtres stipendiés par les services secrets étrangers. Beaucoup ont cru sincèrement aux chances d'une réconciliation entre les anciennes ennemies et se sont laissé prendre au mirage des illusions pacifistes. Il en fut ainsi, par exemple, des dirigeants des deux principales organisations d'anciens combattants : Jean Goy et R. Monnier pour l'UNC, Georges Scapini et A. Pichot pour l'UFAC, auxquels Hitler a donné audience en novembre et décembre 1934 et qui ont organisé avec les anciens combattants allemands la commémoration en commun de la bataille de Verdun en juillet 1936. Et aussi de nombreux jeunes Français qui ont participé, à partir de 1930, aux rencontres organisées en Forêt-Noire par Otto Abetz, prélude à la constitution en 1935, sous l'égide du même Abetz et de Fernand de Brinon, du Comité France-Allemagne.

Il reste que les services de propagande du Reich ont eu tôt fait, tout comme ceux de l'Italie fasciste, de récupérer une partie de ces initiatives et de les utiliser à des fins de manipulation de l'opinion publique. Le Comité France-Allemagne et ses supports médiatiques, *Les Nouveaux Temps* de Jean Luchaire et les *Cahiers franco-allemands*, bénéficient d'un soutien financier qui transite par le « Bureau Ribbentrop ». Abetz subventionne directement ou indirectement (contrats de traduction, voyages en Allemagne tous frais payés, etc.) nombre de journalistes et d'hommes de lettres dont les écrits sont favorables au Reich hitlérien. Les archives du *Minculpop* italien révèlent que, pendant plusieurs années, des fonds importants ont été mis à la disposition d'un représentant du gouvernement fasciste à Paris, le consul Landini, à charge pour ce dernier de les ventiler entre des individus, des groupes politiques et des organes de presse dont l'action était jugée positive par le gouvernement de Rome. Marcel Bucard et son mouvement « franciste », le CSAR de Deloncle, que les services italiens chargeront en 1936 et 1937 de l'exécution sur le territoire français des basses œuvres du régime (l'assassinat notamment des frères Rosselli à Bagnoles-de-l'Orne), le journal doriotiste *La Liberté*, figurent parmi les principaux bénéficiaires de ces libéralités qui sont également dispensées à des journalistes et à des personnalités politiques « italophiles ». Dans divers rapports adressés à Rome à l'époque de la guerre d'Ethiopie, Landini s'est ainsi vanté auprès de son gouvernement — sans que ses affirmations puissent d'ailleurs être vérifiées —, d'avoir acheté un certain nombre de députés français dont le vote avait permis le maintien au pouvoir de Pierre Laval, lors du grand débat de politique étrangère de décembre 1935 (cf. la thèse de Max Gallo et le résumé qu'il en donne dans *La Cinquième Colonne, 1930-1940*, Paris, Plon, 1970 ; Bruxelles, Complexe, 1984).

Il est difficile de mesurer l'impact de ces actions subversives sur l'évolution du sentiment public et d'évaluer de manière précise la force du courant pacifiste au cours des années qui précèdent le second conflit mondial. Il apparaît cependant que, dès 1935, le concert des voix hostiles à une épreuve de force avec l'Allemagne s'amplifie et que, lorsque Hitler décide, en mars de l'année suivante, de faire entrer ses troupes dans la zone rhénane, c'est la quasi-totalité de la presse parisienne, l'ensemble des mouvements d'anciens combattants, des syndicats et des partis qui, sur des registres divers, clament leur volonté de préserver la paix. On conçoit que, dans ces conditions, les dirigeants politiques français aient une bien étroite marge de manœuvre pour contrer les initiatives hitlériennes. À quoi il faut ajouter que, jusqu'à l'avènement du premier gouvernement Blum, qui s'engagera à petits pas dans une politique de réarmement, les impératifs déflationnistes jouent en France le même rôle qu'en Grande-Bretagne. La nécessité de réduire, ou du moins de contenir les dépenses militaires, incline la France à adopter, comme sa partenaire britannique, une stratégie défensive dont l'application en 1939-1940 lui coûtera d'autant plus cher que la ligne Maginot n'est pas le *Channel*.

Au début de 1936, la situation internationale paraît donc beaucoup plus favorable à Hitler qu'elle ne l'était un an plus tôt, lorsqu'il a pris la décision de rétablir le service militaire obligatoire. Certes, la France a noué depuis cette date des relations plus intimes avec l'URSS, mais ce rapprochement même a eu pour effet de distendre ses relations avec le Royaume-Uni et de pousser à la dislocation du « front de Stresa ». La guerre d'Éthiopie a fait le reste. Engagée par Mussolini en octobre 1935, elle a provoqué de la part des Britanniques et des Français des réactions contradictoires. Tandis que les premiers, inquiets de la menace que l'agression italienne faisait peser sur le Soudan et sur la route des Indes, concentraient en Méditerranée une flotte de 800 000 tonnes, les seconds — en la personne de Laval — tentaient de réduire la portée des sanctions économiques que le représentant de la France avait bien été obligé de voter à la SDN, mais dont on avait exclu l'embargo sur le pétrole et sur la plupart des matières premières industrielles (fer, acier, plomb, zinc, cuivre, coton, etc.).

En décembre 1935, désireux de trouver un accommodement avec le Duce, Laval va mettre au point avec l'accord du chef du Foreign Office, sir Samuel Hoare, un projet de partage de l'Éthiopie qui accorde à l'Italie les deux tiers du pays. Mais ce « Plan Laval/Hoare » est ébruité par la presse — notamment en France par Geneviève Tabouis dans *L'Œuvre* et par Pertinax (André Géraud) dans *L'Écho de Paris* —, à la suite semble-t-il d'indiscrétions calculées de la part de hauts fonctionnaires du Quai d'Orsay (Pierre Comert, chef du service de presse ? Le secrétaire général des Affaires étrangères Alexis Saint-Léger ?). Quoi qu'il en soit, il suscite aussitôt l'indignation des Britanniques et d'une partie de l'opinion française. À un mois d'intervalle, Samuel Hoare et Pierre Laval doivent quitter les affaires, sans avoir réussi ni à empêcher la conquête par l'Italie fasciste d'un État indépendant membre de la SDN, ni à replâtrer le « front de Stresa ».

Hitler ne peut que tirer profit de l'indécision des démocraties. L'engagement fasciste en Éthiopie, comme plus tard en Espagne, sert ses desseins en ce sens qu'il fixe durablement hors de la zone danubienne une partie des forces italiennes et ravive les tensions entre Rome, Londres et Paris. D'abord séduit par l'idée d'un rapprochement avec l'Angleterre, dont l'accord naval de juin 1935 lui paraît être le prélude, il choisit finalement, une fois écartée la perspective d'une alliance des États « nordiques », de tendre la main au Duce et de fournir à l'Italie les matières premières, les produits chimiques et le charbon dont elle a besoin pour triompher de la résistance éthiopienne.

Si le Führer a ainsi beaucoup hésité entre l'Angleterre démocratique et l'Italie mussolinienne, c'est à bien des égards parce que l'aide, ou du moins le désintéressement de la première lui paraissait nécessaire à la réalisation de ses projets continentaux. Parmi ces derniers, la remilitarisation de la Rhénanie est à l'ordre du jour lorsque Laval quitte le pouvoir, en janvier 1936. Le gouvernement Sarraut-Flandin auquel il cède la place ne saurait, estime le maître du IIIe Reich, se montrer très énergique dès lors qu'il n'est là que pour assurer une sorte d'intérim, dans l'attente d'élections législatives qui doivent avoir lieu au printemps. Gauche et droite s'affrontent déjà dans une campagne dont les enjeux ont été fortement radicalisés par les deux camps (pour ou contre la paix, pour ou contre le « fascisme », pour ou contre la « révolution sociale ») et qui polarise toutes les énergies.

Le moment d'agir est jugé d'autant plus favorable que le pacte franco-soviétique offre à la diplomatie nazie le prétexte dont elle a besoin pour justifier à l'avance le coup de force. Dès le 25 mai 1935, la Wilhelmstrasse a adressé en ce sens une note aux puissances, faisant valoir qu'elle considérait ce pacte comme incompatible avec le traité de Locarno. Sa ratification par la Chambre française, le 27 février 1936, par 353 voix, dont 80 appartenant comme Paul Reynaud à la droite modérée et « réaliste », contre 164, va permettre à Hitler de dénoncer l'acte diplomatique signé en 1925, et d'engager la Wehrmacht dans le coup de poker rhénan, avec l'accord de ses chefs. Selon Charles Bloch en effet, leur prétendue opposition est une légende (cf. *Le IIIe Reich et le monde*, Paris, Imprimerie nationale, 1986, pp. 154 sq.).

Aussi aventureuse qu'ait été la décision du Führer, elle n'est pas le résultat d'une improvisation. Dès la fin du mois de juin 1935, les préparatifs militaires ont commencé et la date de la réoccupation a été fixée à la mi-février. Il est clair par conséquent que la ratification du pacte franco-soviétique n'est qu'un utile prétexte pour légitimer une décision arrêtée de longue date. Si coup de poker il y a, c'est exclusivement sur le plan militaire qu'il faut l'envisager car, diplomatiquement, Hitler a pris ses précautions et acquis, dans le courant du mois de janvier 1936, la certitude qu'aucune des puissances co-signataires avec la France du traité de Locarno n'interviendra pour faire respecter ce document devenu caduc aux yeux du Führer.

Quant à la France, elle a eu tout le temps de se préparer à un événement dont les dirigeants du IIIe Reich ne cachaient pas qu'il interviendrait dès que la ratification du pacte franco-soviétique serait devenue effective. Certes, l'ambassadeur de France à Berlin, François-Poncet, se montrait résolument optimiste, affirmant dans une dépêche du 24 janvier que l'Allemagne n'avait pas « *l'intention de dénoncer le pacte de Locarno, ni de le rompre brutalement en nous mettant en présence d'un fait accompli, analogue à celui du 16 mars 1935* ». Mais les informations données par les attachés militaires et par les consuls généraux de France à Cologne (Dobler) et à Düsseldorf (Noël Henry), allaient dans un tout autre sens, faisant état des préparatifs allemands en Rhénanie et attirant l'attention de leurs supérieurs sur l'imminence de l'intervention allemande. Encore aurait-il fallu que leurs voix fussent entendues et que les décideurs eussent connaissance de leurs dépêches, ce qui se produisait rarement. Rien ne fut en tout cas mis en œuvre pour préparer la riposte à une éventuelle action de la Wehrmacht.

La suite est bien connue. Le 7 mars 1936 — un samedi en début de matinée, les députés et les ministres français se trouvant alors presque tous loin de la capitale —, 30 000 soldats allemands pénètrent dans la zone démilitarisée. Du côté français, en attendant les décisions du Conseil des ministres, on se contente de mettre en place le dispositif d'« alerte simple », en rappelant les permissionnaires, en faisant occuper les fortins de la ligne Maginot, puis en disposant 55 000 hommes sur la frontière. On sait aujourd'hui que dans le cas où ces troupes auraient reçu l'ordre d'intervenir, Hitler aurait aussitôt fait reculer ses propres unités : mais c'était là précisément que résidait son coup d'audace calculé. Il était persuadé que, sans l'assurance de l'appui britannique, le gouvernement français se résignerait au fait accompli, et il avait vu juste.

Pourtant le 8 mars au soir, le président du Conseil, Sarraut, prononce un discours énergique qui a été préparé par René Massigli, directeur adjoint des Affaires étrangères. « *Nous ne sommes pas disposés,* déclare-t-il, *à laisser Strasbourg exposé au feu des canons allemands.* » Simple baroud d'honneur verbal, car ni le Conseil des ministres du 8, ni celui du lendemain ne prennent les décisions militaires qui, selon toute vraisemblance, auraient fait reculer l'armée allemande. Interrogé sur les chances de réussite d'une riposte française, le général Maurin, ministre de la Guerre — qui s'appuie sur les évaluations totalement erronées que lui a fournies le général Gamelin et qui surévalue fortement les effectifs de l'armée allemande —, déclare que pour être efficace celle-ci devrait se faire de concert avec l'Angleterre et être accompagnée d'une mobilisation générale. Or, nous l'avons vu, l'opinion publique est à peu près unanime à répudier l'usage de la force, dès lors qu'il peut déclencher la guerre, et l'on est à six semaines des élections générales !

On se résout donc à ne rien faire, ou plutôt on se contente de faire appel aux signataires du pacte de Locarno et à la Société des Nations. La Belgique, qui vient de dénoncer la convention militaire secrète de septembre 1920, ne bouge pas. Le nouveau chef du Foreign Office, Anthony Eden, juge devant l'ambassadeur Corbin que l'initiative hitlérienne est « *déplorable* » mais, le 9 mars devant les Communes il affirme que si « *l'occupation de la Rhénanie par la Reichswehr est un coup sévère pour le principe de la sainteté des traités (...), il n'y a heureusement aucune raison de supposer que la présente action de l'Allemagne comporte une menace d'hostilité* ». Et lorsque muni d'une note de René Massigli, qui lui rappelle que « *la question qui se joue en ce moment est celle de savoir si l'Europe sera ou non allemande* », le ministre des Affaires étrangères Flandin demande au Conseil de la SDN de voter des sanctions économiques, puis militaires, contre le Reich, le chef de la diplomatie anglaise lui oppose une résistance courtoise mais ferme. Seules la Pologne et l'URSS vont manifester leur solidarité avec les thèses françaises, la première pendant quelques heures seulement, la seconde sans convaincre les dirigeants français qu'ils pouvaient après tout se prévaloir d'un pacte dont la ratification venait précisément de donner à Hitler le prétexte de son intervention dans la zone rhénane.

Le coup de force et le coup de bluff ont donc réussi. Tandis que le débat s'enlise à Genève et que le Führer, se refusant à tout compromis sur la Rhénanie, propose le 1er avril un « plan de paix » prévoyant un pacte de non-agression pour vingt-cinq ans et le retour de son pays à la SDN, des renforts importants sont envoyés dans la zone remilitarisée où l'on commence bientôt à construire des aérodromes, en attendant qu'une puissante ligne de défense, la ligne Siegfried, soit édifiée le long de la frontière, entre la mer du Nord et la Suisse. Elle est destinée à empêcher les Français de secourir, le cas échéant, leurs alliés d'Europe centrale et orientale. Le seul point sur lequel la France obtient une compensation est celui de la garantie par les Britanniques de sa frontière orientale et de celle de la Belgique, accordée par Londres le 19 mars. Le « drame rhénan » s'achève. Locarno a vécu. Hitler a triomphé sur toute la ligne.

Les retombées de la guerre civile espagnole

L'équipe gouvernementale qui se constitue au lendemain de la victoire du Front populaire, avec Léon Blum comme président du Conseil et le radical Yvon Delbos aux Affaires étrangères, pratique, pendant les semaines qui suivent son arrivée au pouvoir, une politique qui tranche peu avec celle du précédent gouvernement. Complètement absorbé par les problèmes intérieurs, le cabinet Blum se contente de rechercher un terrain d'entente avec les dictatures et d'afficher — par exemple lors du débat du 2 juin à la Chambre — ses préférences pour la « sécurité collective » et le « désarmement ».

Du côté de l'Italie, le problème qui se pose est d'empêcher que ce pays, dont le régime n'inspire aucune sympathie aux nouveaux dirigeants politiques français, n'accentue sa dérive vers l'Allemagne. L'application des sanctions économiques, sélective mais néanmoins effective de la part des démocraties alors que l'Allemagne, nous l'avons vu, a fourni à l'Italie divers produits stratégiques, a fortement incliné le Duce à rééquilibrer ses choix de politique étrangère. Jusqu'au milieu de mai 1936, il semble pourtant que ses préférences, comme il le déclare au comte Coudenhove-Kalergi, aillent encore à « *une politique de franche collaboration avec la France* ». L'annonce de la composition du gouvernement Blum, composé estime Mussolini d'hommes qui sont ses adversaires déclarés, et la formidable vague de grèves avec occupation des locaux qui accompagne l'avènement de la nouvelle équipe achèvent de le convaincre de l'impossibilité d'une alliance avec la République voisine. Dès le 5 juin, l'ambassadeur de Chambrun note que « *les perspectives d'une combinaison italo-allemande paraissent se préciser* ».

À Paris, on a conscience du danger, mais l'on hésite en même temps — ne serait-ce que pour préserver la fragile cohésion du Front populaire — à donner quitus au Duce et à passer l'éponge sur l'agression en Afrique orientale. De là un choix ambigu qui consiste à suivre les Britanniques, et à voter avec eux la levée des sanctions contre l'Italie, lors du débat du 4 juillet à la SDN — Mussolini menaçant de quitter cette organisation si satisfaction ne lui était pas donnée sur ce point —, tout en différant la reconnaissance de la conquête de l'Éthiopie. Blum ayant obtenu d'Yvon Delbos la mise à la retraite de Charles de Chambrun, pour lequel le chef du gouvernement avait peu de sympathie, on refuse d'envoyer à Rome son successeur désigné, le comte de Saint-Quentin, qui devait être accrédité auprès du « roi d'Italie et empereur d'Éthiopie », et l'on se contente de maintenir au Palais Farnèse un simple « chargé d'affaires », le conseiller d'ambassade Jules Blondel. Cette situation provisoire va durer deux ans et susciter une rancœur profonde de la part de Mussolini.

Avec l'Allemagne, de timides tentatives de rapprochement sont entreprises par l'équipe Blum/Delbos au cours des premiers mois d'exercice du pouvoir en dépit de l'antinazisme foncier affiché par les dirigeants du Front populaire. La France, qui avait déjà participé aux épreuves d'hiver de Garmisch-Partenkirchen — antérieures au coup de force du 7 mars — va ainsi accepter d'envoyer ses athlètes à Berlin où ont lieu, en août 1936, les Jeux de la XIe Olympiade : ceci malgré la campagne en faveur du boycott menée par diverses organisations antifascistes et spécialement par le parti communiste. On sait que l'Allemagne hitlérienne y obtient un triomphe à la fois médiatique et sportif, remportant 38 médailles d'or contre 24 aux États-Unis... et 7 à la France ! Celle-ci ne recueillera aucun avantage politique de la bonne volonté manifestée à l'égard du Reich. Léon Blum souhaiterait en effet que soit négocié un « *règlement général de la paix* », autrement dit un nouvel accord remplaçant le pacte de Locarno et par lequel l'Allemagne, qui serait invitée à parapher cet acte diplomatique, se porterait garante du maintien du statu quo en Europe de l'Ouest. Or Hitler refuse catégoriquement de s'engager dans cette voie.

Reste donc la négociation directe entre les deux principales puissances continentales. Le 28 août 1936, le président du Conseil français reçoit à Paris le ministre allemand de l'Économie, le Dr Schacht, et il évoque avec lui la possibilité d'une restitution des anciennes colonies allemandes, ainsi que l'aménagement en faveur de l'Allemagne d'une plus grande facilité d'accès aux sources mondiales de matières premières. En échange, il attend du Reich qu'il accepte le principe d'un « règlement général » et se déclare hostile à la formule de l'accord bilatéral (du type germano-polonais). Schacht paraît favorable à une négociation à trois, incluant les Britanniques, mais il précise que ses vœux n'engagent pas l'« *homme de génie* » qui préside aux destinées de l'Allemagne : « *Je dois*, déclare-t-il, *rapporter notre entretien et m'assurer que le chancelier approuve.* » Le chancelier dira non. À l'automne, Schacht se voit plus ou moins mis sur la touche au profit de Goering, à qui sont attribués des pouvoirs de « dictateur économique », et un point final est mis aux conversations franco-allemandes. Lorsque le Dr Schacht — qui n'aurait été autorisé par Hitler à prendre contact avec Blum que dans le but de sonder les intentions françaises — revient à Paris en mai 1937 à l'occasion de l'Exposition universelle, il se garde bien de renouer le fil de la négociation.

Dans l'intervalle, les événements d'Espagne ont commencé à fortement peser sur les rapports entre les divers acteurs du jeu diplomatique européen. Depuis le 17 juillet, l'Espagne est devenue en effet le théâtre d'une guerre civile opposant le gouvernement de *Frente popular*, issu des élections de février, et les troupes nationalistes des généraux Sanjurjo et Franco. Après la mort du premier, tué dans un accident d'avion, c'est Franco qui a pris la tête de la véritable « croisade » engagée contre les défenseurs de la République par les forces conjuguées du conservatisme et de la contestation fascisante : clergé catholique, armée, grands propriétaires, Phalange, etc. Circonscrit dans un premier temps au Maroc espagnol, le *pronunciamiento* n'a pas tardé à gagner toute une partie de la péninsule. À la fin de 1936, l'Espagne se trouvera ainsi coupée en deux et livrée à une guerre fratricide d'une atrocité extrême.

Les deux camps ont immédiatement recherché une aide extérieure, chacun en fonction de ses affinités idéologiques. Les nationalistes se sont tournés vers l'Allemagne et surtout vers l'Italie mussolinienne, avec laquelle ils étaient en relations suivies depuis plusieurs années. Le gouvernement républicain s'est adressé à la France et à l'URSS pour obtenir un appui politique et militaire.

En France, le début de la sécession coïncide avec les premières semaines du gouvernement Blum. Tout naturellement, la solidarité s'apprête à jouer entre les deux gouvernements issus d'une libre consultation électorale qui a donné le pouvoir aux fronts populaires et de fait, dès le 24 juillet, une petite livraison d'armes est effectuée en direction de l'Espagne (70 avions seront fournis avant le 8 août). Mais Léon Blum se trouve très vite en butte aux manœuvres conjuguées de diplomates espagnols passés à la dissidence, des responsables du Foreign Office qui penchent pour les nationalistes — dont la victoire assurerait mieux la défense des intérêts britanniques dans la péninsule ibérique — et incitent le gouvernement français à demeurer passif, de certains dirigeants radicaux (dont Herriot) qui menacent de retirer leur soutien à son cabinet, enfin de la droite, à peu près unanime à dénoncer les « fauteurs de guerre ». Une formidable campagne de presse se déchaîne contre le leader de la SFIO, montant en épingle (photos truquées à l'appui) des massacres d'ecclésiastiques ou des profanations de tombes de religieuses, appelant à la résistance contre le « bolchevisme » et agitant plus ou moins explicitement la menace de la guerre civile.

C'est pour empêcher celle-ci, et tout au moins pour éviter l'éclatement de sa propre majorité, que le chef du gouvernement français prend l'initiative, le 1er août 1936, de proposer aux autres puissances européennes l'« adoption rapide et la mise en pratique immédiate d'un accord visant à la non-intervention en Espagne ». Blum a pris cette décision la mort dans l'âme, comme il l'explique aux militants et aux sympathisants du parti, réunis en septembre à Luna Park, près de la Porte Maillot.

> « *Quand je lisais comme vous dans les dépêches le récit de la prise d'Irun et de l'agonie des derniers miliciens, croyez-vous par hasard que mon cœur n'était pas moins déchiré que le vôtre ? Et est-ce que vous croyez, d'autre part, que j'ai été subitement destitué de toute intelligence, de toute faculté de réflexion et de prévision, de tout don de peser dans leurs rapports et dans leurs conséquences les événements auxquels j'assiste ?... Une fois la concurrence des armements installée sur le sol espagnol, quelles peuvent en être les conséquences pour l'Europe entière, dans la situation d'aujourd'hui ?* »

Volonté de paix donc, de la part du leader de la coalition au pouvoir, mais également souci de ne pas heurter de front les plus tièdes des soutiens du Front populaire : le parti radical dans sa très grande majorité et aussi nombre de socialistes modérés, qui ne partagent ni le maximalisme du PC, ni même l'ardeur antifasciste de l'aile gauche du parti, représentée par des hommes comme Marceau-Pivert et Zyromski. De là découle le choix de la « non-intervention », décidée à la fin du mois d'août et à laquelle s'associent 26 pays européens, dont l'Allemagne, l'Italie et l'URSS.

Pour mettre en œuvre ce qui devait être un simple embargo sur divers produits stratégiques destinés à l'Espagne, un Comité est constitué à Londres le 9 septembre, avec pour charge de dresser la liste des marchandises prohibées et de contrôler l'application de l'embargo. Or, il est rapidement évident que les mesures prises sont d'une efficacité nulle. L'installation d'observateurs postés aux frontières de l'Espagne et dans les ports n'est effective que du côté de la France et complètement inexistante le long des frontières portugaises. La commission n'instaure pas de contrôle aérien, exclut le contrôle maritime autour des îles Canaries et confie aux flottes allemande et italienne la mission de veiller au blocus naval dans la plus grande partie de la zone méditerranéenne.

En novembre 1937, un plan franco-britannique de retrait des volontaires étrangers est approuvé par l'organisme londonien, mais personne ne se soucie de le faire appliquer. Comme le fait remarquer Guy Hermet, le Comité de non-intervention n'aura obtenu en tout et pour tout que deux résultats tangibles. « *D'une part, il aura contribué de façon décisive, en 1937, à l'isolement et à la défaite des forces républicaines et basques coupées de tout approvisionnement dans les provinces de la zone atlantique. D'autre part, il aura servi le gouvernement de Burgos, en renforçant sa position diplomatique par la reconnaissance internationale de son statut de belligérant* » (*La Guerre d'Espagne*, Paris, Seuil, 1989, p. 209).

Dans ces conditions, les entorses à la non-intervention vont se multiplier, et pas seulement dans le camp des États fascistes, depuis le début acquis à l'idée qu'il y avait là un utile moyen de duper leurs adversaires.

En deux ans et demi l'Italie et l'Allemagne fourniront aux nationalistes, en plus d'importantes avances financières (respectivement 766 et 225 millions de dollars), environ 85 000 hommes (75 000 Italiens et les 10 000 soldats allemands de la Légion Condor), 1 200 avions, dont certains très modernes, 2 000 canons, 10 000 mitrailleuses, 250 000 fusils, des milliers de véhicules et de blindés légers, ainsi que l'appui de l'aviation italienne et celui de la marine (90 navires de guerre dont de nombreux sous-marins qui coulent les navires neutres lorsqu'ils tentent de ravitailler les républicains). L'URSS, qui s'est fait remettre en dépôt le stock d'or de la Banque d'Espagne détenu par le gouvernement Giral, acheminera vers les ports républicains, en dépit des difficultés croissantes dues au barrage érigé par le Comité de Londres et aux sous-marins italiens, un millier d'avions (les « *Chatos* » républicains), autant de chars (des T 26), 30 000 mitrailleuses, des centaines de milliers de fusils. En revanche, il n'y aura pas plus de 2 000 « conseillers » soviétiques (pilotes, conducteurs de blindés, etc.).

Quant à la France, après avoir scrupuleusement observé pendant quelques semaines les règles de non-ingérence qu'elle avait été la première à proposer, elle ne tarde pas non plus à apporter son soutien au gouvernement légal. Dès l'automne 1936, au moment de la première offensive nationaliste sur Madrid, Blum charge une petite équipe officieuse (avec Vincent Auriol, maire socialiste de Toulouse et ministre des Finances, Jean Moulin, etc.) de promouvoir une « non-intervention assouplie ». Des organes se créent, avec l'acquiescement tacite du gouvernement, pour les achats et les transports (« France-Navigation »). Des bureaux de recrutement pour les volontaires des « brigades internationales » — dont les effectifs sont composés pour un quart de Français — s'installent à Paris et dans d'autres villes de l'Hexagone. Des armes, des munitions, des avions (environ 320) sont acheminés clandestinement vers l'Espagne, quand ils ne sont pas détruits ou rendus inutilisables par les saboteurs du CSAR, auxquels les services italiens fournissent de leur côté des subsides et des armes. Toulouse devient ainsi la plaque tournante d'une guerre contre le fascisme qui n'ose pas dire son nom et qui cesse d'ailleurs une fois renversé le premier cabinet Léon Blum.

De retour aux affaires pendant un temps très bref, au printemps 1938, le leader socialiste aurait été prêt, semble-t-il, à envoyer un corps expéditionnaire en Catalogne, tandis que son ministre des Affaires étrangères, Paul-Boncour, parlait d'occuper le Maroc espagnol et Minorque. Mais le projet n'a pas dépassé le stade des intentions, le second gouvernement Blum étant renversé par le Sénat moins d'un mois après avoir été constitué. Après quoi, l'on se contentera d'offrir un refuge précaire aux républicains, entrés en France par centaines de milliers et internés comme des prisonniers de guerre dans les camps de Saint-Cyprien, du Vernet, d'Argelès, de Gurs, etc. Il est vrai qu'à cette date le gouvernement français, qui s'est félicité de voir le *caudillo* proclamer à la veille de Munich sa neutralité dans une guerre européenne, a rétabli ses relations diplomatiques avec Madrid et envoyé le maréchal Pétain comme ambassadeur auprès de Franco. On prête au lieutenant-colonel Morel, attaché militaire français auprès du gouvernement républicain réfugié à Barcelone, cette boutade : « *Un roi de France ferait la guerre.* » Pas la France républicaine, engagée dans le processus qui allait la conduire à la démission de 1940.

Le bilan de la guerre civile espagnole est donc très lourd pour la France. Outre qu'elle a pendant près de trois ans nourri la guerre civile verbale à laquelle se livrent depuis le début de la décennie les factions extrémistes de droite et de gauche, elle a permis aux deux États totalitaires et bellicistes qui proclament l'inéluctabilité et l'affrontement armé avec les démocraties d'entraîner leurs unités d'élite et de tester des armements nouveaux et de nouvelles techniques militaires (en particulier l'emploi de l'aviation d'assaut en appui des offensives de blindés) qui feront la décision contre la Pologne en septembre 1939, puis contre la France en mai 1940. Elle a eu pour effet, après la déroute finale des républicains, d'installer au sud des Pyrénées un régime qui, sans être spécifiquement « fasciste » (il est essentiellement traditionaliste et réactionnaire), ne cache pas ses sympathies pour Rome et pour Berlin, et dont le chef tout-puissant va d'ailleurs signer un traité d'amitié avec l'Allemagne le 31 mars 1939.

Elle a surtout définitivement orienté la diplomatie fasciste vers une politique de prépondérance en Méditerranée et détourné Mussolini de ses anciennes visées danubiennes, ce qui ne peut avoir pour résultat que d'incliner le Duce à se rapprocher de l'Allemagne et à s'opposer de plus en plus ouvertement à la France et à la Grande-Bretagne. Celle-ci pourra bien, en janvier 1937, conclure avec l'Italie un « gentlemen's agreement » par lequel elle reconnaît la souveraineté de cet État sur l'Éthiopie et s'engage à n'entraver la circulation des navires ni en Méditerranée, ni dans le canal de Suez, en échange de quoi Rome promet de respecter le statu quo en Méditerranée (notamment à Malte et à Gibraltar) et à évacuer les Baléares après la fin de la guerre d'Espagne, rien n'empêchera désormais le maître de la « Troisième Rome » de lier son sort à celui du régime nazi. Après la reconnaissance par cette puissance de l'Éthiopie italienne, en juillet 1936, deux événements ont accéléré le cours du rapprochement entre les deux dictatures. Tout d'abord, la visite de Hans

Frank à Rome en septembre de la même année. Rencontrant Ciano et Mussolini, ce ministre sans portefeuille du gouvernement nazi a jeté avec eux les bases d'un véritable partage de l'Europe, Hitler reconnaissant les aspirations hégémoniques de l'Italie en Méditerranée en échange du désengagement italien dans la zone danubienne. Ensuite, le voyage de Ciano à Berlin en octobre et sa rencontre avec le Führer. Il n'a pas été signé d'alliance formelle entre les deux pays, mais ceux-ci ont constaté l'identité de leurs vues sur la plupart des problèmes européens. Ce nouveau cours de la politique italienne, Mussolini l'a exposé dans un discours prononcé à Milan le 1er novembre 1936, définissant l'entente italo-allemande comme un « *axe* » autour duquel pouvaient « *s'unir tous les États européens animés d'une volonté de collaboration et de paix* ».

La proclamation de l'« Axe Rome-Berlin » marque pour la France la ruine des tentatives qui avaient été faites depuis 1932 pour établir un *modus vivendi* avec l'Italie, puis pour empêcher cette puissance de lier son destin à celui de l'Allemagne nationale-socialiste. Prise entre les nécessités de la *Realpolitik*, les impératifs moraux que dictent à ses responsables diplomatiques le respect du droit international, l'antifascisme ou le philofascisme de principe de certains de ses dirigeants et le souci constant de la majorité d'entre eux de ne pas se démarquer du Royaume-Uni, la République n'a pas su opter pour une ligne claire et continue. Du coup, elle a perdu l'occasion d'arrimer solidement et durablement sa voisine du Sud-Est au « front » anti-hitlérien qui s'était esquissé au moment de Stresa, et ceci sans parvenir pour autant à obtenir quoi que ce soit de tangible du côté de l'Angleterre, ou à empêcher que le droit international, le respect de la démocratie (en Espagne) et l'indépendance des peuples (en Éthiopie) ne soient foulés aux pieds par les dictateurs.

À la fin de 1937, les chances de voir l'Italie modifier sa politique à l'égard de la France et renoncer au mirage de l'alliance allemande sont devenues très faibles. Pendant toute l'année 1937, les échanges de visites se sont multipliés entre Rome et Berlin et, à l'automne, c'est le Duce lui-même qui se rend dans la capitale allemande. Il est absolument fasciné par la puissance industrielle du Reich, par l'ordre quasi militaire qui y règne, par les immenses parades qui sont organisées en son honneur et, le 28 septembre, au stade olympique où ont triomphé l'année précédente les athlètes allemands et italiens, il lance devant 800 000 personnes la fameuse formule : « *Quand le fascisme a un ami, il marche avec cet ami, jusqu'au bout.* » Six semaines plus tard, l'Italie donne son adhésion au pacte anti-Komintern qui unissait déjà l'Allemagne et le Japon. Les camps sont désormais constitués dans la perspective du grand affrontement qui s'annonce.

La France et le monde extérieur à la veille des crises de 1938-1939

Quelle est, au moment où elle va devoir faire face à de graves événements diplomatiques et militaires, la position internationale de la France dans le domaine matériel et psychologique ? Que reste-t-il de son impérialisme économique et financier, déjà passablement érodé par la guerre, après la tourmente de la crise ? Comment perçoit-elle son déclin, si déclin et si perception de celui-ci il y a ? De quel œil sa population voit-elle le monde extérieur, les autres puissances, les peuples qui entourent l'Hexagone et dont nombre de représentants vivent à son contact ? À ces questions, qui dessinent en pointillé certaines des « contraintes » avec lesquelles ont dû compter les responsables de la politique extérieure française, Jean-Baptiste Duroselle a donné des réponses circonstanciées et détaillées dans l'ouvrage qu'il a consacré à cette dernière et dans lequel il met en relief les causes profondes de sa « décadence » (*op. cit.*, chapitres VI et VII). Nous le suivons ici dans ses principales conclusions.

La première de ces contraintes est d'ordre monétaire. La France, nous l'avons vu, a été la dernière des grandes puissances industrielles à être touchée par la crise, et elle l'a été moins profondément que ses partenaires. Parmi les causes de cette résistance hexagonale aux effets de la « grande dépression », l'une des plus fréquemment évoquées par les gouvernements de l'époque, et par nombre d'experts, était la bonne santé du « franc-Poincaré ». Lorsque la France fut frappée à son tour par la crise, dans le courant de l'année 1932, et surtout, après une brève reprise, à partir de l'été 1933, rares furent ceux qui prirent conscience des effets négatifs que comportait l'attachement excessif au dogme de la « monnaie forte ». Là où les Britanniques, longtemps inconditionnels du maintien de l'étalon or, avaient choisi en septembre 1931 de traiter le mal par un remède extérieur — en l'occurrence la dévaluation de la livre —, imités en janvier 1934 par les Américains, les responsables politiques français n'ont vu d'autre thérapeutique possible que celle de la « déflation ». On se rend bien compte que les prix français sont trop élevés, mais l'on ne conçoit pour les abaisser que des mesures intérieures sans réelle efficacité.

La première personnalité politique à avoir compris qu'il ne pourrait y avoir de reprise économique sans dévaluation fut Paul Reynaud, et encore sa conversion fut-elle relativement tardive. C'est en juin 1934 que, dans un discours prononcé à la Chambre, il stigmatisa l'absurdité de la politique des pays du « bloc-or » (France, Suisse, Belgique, Pays-Bas, Italie) en regard des 35 États qui avaient choisi de dévaluer pour relancer leur commerce extérieur et leur production. La réaction fut à peu près unanime, des experts financiers aux gourous de la science économique, des représentants de la classe politique à ceux du grand patronat (les C.-J. Gignoux, Fougère, Citroën, Peyerimhoff, Lambert-Ribot, etc.), des dirigeants des chambres de commerce au conseil de régence de la Banque de France, de *L'Action française* au *Figaro* et au *Temps*, pour condamner le « *dévaluateur* », considéré comme un « *esprit faux* », un « *défaitiste* », voire comme un agent de l'étranger.

Il faudra attendre le milieu de 1935 pour que, face au bloc des irréductibles qui, avec l'appui de la majorité des milieux d'affaires, soutiennent Laval et sa politique de déflation renforcée, les idées de Paul Reynaud trouvent un écho auprès d'hommes politiques comme Léon Blum et Marcel Déat, de Raymond Patenôtre, homme d'affaires et homme de presse au demeurant très proche de Laval, et de quelques hauts fonctionnaires : Wilfrid Baumgartner, directeur du Mouvement général des fonds, Emmanuel Mönick, attaché financier à Londres et observateur averti de la dévaluation anglaise, et Jacques Rueff. Sans réussir toutefois à entamer les positions hégémoniques des défenseurs du « bloc-or ». Ni le constat de la disparité entre les prix français et les prix britanniques (les premiers étant supérieurs de plus de 20 % aux seconds en août 1935), ni l'exemple de la Belgique, dont le nouveau gouvernement, dirigé par Paul Van Zeeland, va dévaluer en mars de la même année, ne modifieront le cap fixé par l'équipe au pouvoir.

C'est au gouvernement Blum que devait échoir la responsabilité de procéder à une première dévaluation du franc. La loi du 1er octobre 1936 mettait fin au « franc-Poincaré » et, nous l'avons vu, donnait de l'unité monétaire française une nouvelle définition, comprise entre 49 et 43 milligrammes d'or (au lieu de 65 mg). Opérée à chaud, ce que Paul Reynaud avait toujours déconseillé, la dévaluation arrivait sans doute trop tard pour relancer durablement l'économie française. Elle ne lui en a pas moins donné un coup de fouet qui a permis à la production industrielle de croître de 12 points au cours du dernier trimestre 1936. La situation s'est ensuite dégradée, conséquence de l'application brutale de la loi des 40 heures, du déficit de la balance des paiements, de la reprise de l'inflation et des sorties de capitaux. Les deux nouvelles dévaluations de juin 1937 et mai 1938, qui amputent l'une et l'autre le franc de 35 % de sa valeur, n'entraîneront que des reprises partielles et de courte durée. « *Ce n'est plus,* écrit Alfred Sauvy, *le remède spécifique vivifiant, mais la piqûre stimulante qui procure quelque temps une vigueur artificielle* » (*Histoire économique de la France entre les deux guerres*, Paris, Fayard, 4 vol. II, p. 264). Administré à doses répétées pour faire tomber la fièvre et non pour combattre les racines profondes du mal, le « remède » devait à la longue révéler son inefficacité et desservir auprès de ses partenaires l'image de la France. « *L'effritement continu et progressif du franc — *peut-on lire en janvier dans le *Financial Times* — *est interprété à l'étranger comme l'indice d'un déclin de plus en plus marqué de la puissance française.* »

La question des échanges commerciaux et des balances extérieures ayant déjà été évoquée dans ce livre, nous n'y reviendrons que pour en souligner les implications sur la politique étrangère de la France. Rappelons seulement que, de 1931 à 1937, on assiste à la fois à une rétraction globale du commerce extérieur de notre pays et à la persistance d'un déficit qui a tendance à se creuser en fin de période, le recul des revenus invisibles entraînant en même temps celui de la balance des paiements courants. Ceci apparaît clairement dans les deux tableaux ci-dessous :

Commerce général
(réexportations comprises) *

Années	Importations	Exportations	Total	Déficit
1931	42 601	30 878	73 479	11 723
1932	30 235	20 035	50 270	10 200
1933	28 794	18 776	47 570	10 018
1934	23 397	18 126	41 523	5 271
1935	21 075	15 732	36 807	5 343
1936	25 788	15 745	41 533	10 043
1937	43 961	24 490	68 451	19 471
1938	46 336	31 210	77 546	15 126
1939**	32 539	23 832	56 371	8 707

* Valeur en millions de francs-Poincaré.
** Pour les 9 premiers mois de l'année.

Balance des paiements courants
(en millions de francs-Poincaré)

1931	− 3 012	1935	− 700
1932	− 4 815	1936	− 2 803
1933	− 2 950	1937	− 3 995
1934	− 1 250	1938	− 120

Les médiocres résultats obtenus par le commerce extérieur français ne datent pas des années 30. Ils étaient déjà perceptibles avant 1914 et traduisent, de manière récurrente, l'esprit protectionniste et malthusien des habitants de l'Hexagone. La crise n'y changera rien, bien au contraire, et il est significatif que les seuls échanges qui se soient maintenus pendant la période sont ceux que la métropole entretenait avec ses colonies. À la différence de leurs homologues allemands, britanniques et américains, les responsables de la politique étrangère française se soucient en général assez peu des échanges internationaux qui, pour eux, relèvent quasi exclusivement des initiatives privées. L'idée qu'il peut y avoir un rapport étroit entre la prospérité du commerce extérieur et la puissance est rarement exprimée, du moins jusqu'à l'automne 1938. Après Munich, il semble bien en effet que l'on ait pris conscience du lien existant entre ces deux phénomènes, ne serait-ce que par référence aux positions conquises par l'Allemagne en Europe centrale sur les deux terrains du commerce et de l'influence politique. Trop tard pour que les timides initiatives effectuées à partir de cette date puissent modifier de manière significative le rapport des forces dans cette région.

Si le déficit de la balance commerciale cesse dans l'entre-deux-guerres d'être compensé par l'apport des « invisibles », c'est dans une large mesure parce que les revenus des capitaux placés à l'étranger ont fortement chuté, passant de 1,1 milliard de francs-or en 1929 à 410 millions en 1938, contre 1 775 millions en 1913, correspondant à une masse investie hors de l'Hexagone de 45 milliards de francs-or (dont 4 dans les colonies).

Cette chute traduit la forte rétraction du portefeuille français de valeurs étrangères provoquée par la guerre et par ses séquelles immédiates. Sur ce point nous ne disposons pas de chiffres précis mais d'évaluations qui diffèrent beaucoup d'un auteur à l'autre, tout comme celles qui ont trait aux investissements des années 1920 à 1930. Sans entrer dans le détail, disons que les pertes subies par les porteurs français se situeraient dans une fourchette comprise entre 40 % du stock de 1914 (selon les travaux des Américains Moulton et Lewis) et 65 % d'après Colson. René Girault retient pour sa part un pourcentage intermédiaire de 58 % qui correspond à une perte de 26,5 milliards et qui est sans doute assez proche de la réalité (in *Histoire économique et sociale de la France*, sous la direction de F. Braudel et E. Labrousse, tome IV, vol. 2). Les porteurs français conserveraient donc 19 milliards de francs-or au lendemain de la guerre.

Après 1920, les investissements à l'étranger vont reprendre sans que l'on puisse, répétons-le, en fixer très précisément le montant. Là aussi la fourchette est très large, entre les 40 milliards de francs-or en 1940 avancés par Jacques Marseille, qui a établi ses calculs à partir de l'enquête effectuée en 1943 par le gouvernement de Vichy (cf. *Revue historique*, oct.-déc. 1974, pp. 409-432), et les 13,3 milliards de francs-or en 1933 selon l'historienne tchécoslovaque Alice Teichova (*An Economic Background to Munich*, Cambridge, 1974). Ce qui est probable, c'est que le portefeuille de valeurs étrangères demeure en fin de période inférieur de plus de 50 % à ce qu'il était en 1914. Sur la base des estimations faites par René Girault pour 1939, il ne représenterait plus que 16 % du portefeuille britannique (47 % en 1914) et 7 % de l'ensemble des investissements extérieurs dans le monde (19,7 % en 1914).

Si l'on regarde dans quelles directions se sont effectués les placements, on constate qu'ils se concentrent dans deux secteurs principaux : l'Empire qui, selon Jacques Marseille, draine désormais environ 45 % des sommes investies, et l'Europe centrale et balkanique. Jusqu'au milieu des années 30, les capitalistes ont profité dans cette dernière zone de l'effacement de leurs concurrents allemands et de la disparition de l'Empire austro-hongrois. La pénétration s'est opérée principalement pour des mobiles d'ordre économique. Elle a certes favorisé le développement de l'influence française dans les pays bénéficiaires des traités et qui constituent le système d'alliances de revers mis en place par la France au cours de la décennie 1920. Mais cela ne suffit pas à fonder dans la région un authentique impérialisme économico-politique reliant les intérêts privés aux choix de la politique étrangère hexagonale. La concurrence des investissements britanniques et le souci qu'ont les États est-européens de préserver leur indépendance font obstacle à tout projet en ce sens.

Simple support économique de l'influence diplomatique exercée par Paris sur les pays « satisfaits », les investissements français sont surtout importants en Pologne — où la France a conservé une bonne partie des positions qu'elle détenait avant la guerre, lorsque ce pays faisait partie de l'Empire des tsars — et en Tchécoslovaquie. En Pologne, on évalue à 15 milliards de francs courants les sommes investies en 1938 dans les secteurs bancaire et industriel. À cette date, les entreprises françaises produisent 6,5 millions de tonnes de houille, 400 000 tonnes d'acier, 75 000 tonnes de zinc, 15 000 tonnes de fils peignés, etc. Elles sont présentes dans les mines et les aciéries de Haute-Silésie, dans les régions pétrolifères de Boryslav et de Polanka, dans les industries électriques et chimiques, dans la production de matériel de guerre, au demeurant financée en partie par des prêts de l'État français (2 milliards de francs au titre de l'accord de Rambouillet, signé en septembre 1936). En Tchécoslovaquie, les capitaux français ne viennent qu'en seconde position après ceux de la Grande-Bretagne, mais ils sont concentrés dans les deux secteurs clés de la banque et de l'industrie mécanique. Le groupe Schneider-Le Creusot s'est en effet constitué un formidable bastion en faisant l'acquisition au lendemain de la guerre de 73 % du capital des usines d'armement Skoda. Cette part a été réduite à 47 % en 1937, à la suite d'une augmentation de capital, mais elle reste considérable. D'autant plus qu'il s'y ajoute une participation importante dans la Compagnie minière et métallurgique et dans les mines et aciéries de la région de Teschen : le tout étant géré par un holding associant Schneider à la banque de l'Union parisienne, l'Union européenne industrielle et financière, laquelle finance des opérations en Tchécoslovaquie, en Pologne et en Autriche.

La France détient également des avoirs considérables en Yougoslavie, où le capital français, investi principalement dans les mines, vient en première position, et en Roumanie. Dans ce dernier pays, il est surtout représenté dans la banque (Paribas, BUP), dans la métallurgie, les industries d'armement, le textile et le pétrole (Omnium français des pétroles et groupe Desmarais). La France contrôle d'autre part plus du quart de la dette extérieure roumaine en 1937.

Après Munich s'amorce un mouvement général de repli des investissements français. Schneider vend ses actions de Skoda. L'Union parisienne cède sa filiale viennoise à la Dresdner Bank. La courbe du désinvestissement suit celle du désengagement commercial dans la région, et bien sûr celle du repliement politique, l'Allemagne substituant dans tous les domaines son influence à celle de sa principale rivale continentale.

Si l'implantation du capital français est faible au Moyen-Orient et en recul spectaculaire en Amérique latine (1,45 milliard de francs-or en 1939, soit 20 % des placements de 1914), elle connaît au contraire un développement sans précédent dans les territoires d'outre-mer. Là encore, les évaluations faites par les historiens économistes sont loin d'être concordantes. Jacques Marseille parle de 10 à 15 milliards de francs-or investis dans l'Empire en 1939, soit entre 40 et 50 % de l'investissement extérieur total, et les évaluations qu'il propose pour 1940 font état de chiffres encore plus élevés. Maurice Lévy-Leboyer estime que sur 190 milliards de francs courants placés hors de l'Hexagone à la veille de la guerre, 48 % sont investis aux colonies (*La Position internationale de la France, aspects économiques et financiers*, Paris, EHESS, 1977). Alice Teichova évoque, en valeur absolue, un montant plus modeste, mais, dans tous les cas, on tourne autour d'une proportion de 40 à 50 % par rapport à l'ensemble des placements extérieurs.

Il y a donc eu durant l'entre-deux-guerres, et plus particulièrement dans le courant de la décennie 1930, un formidable transfert des placements français en faveur de l'investissement colonial, dont les principaux bénéficiaires ont été l'Indochine (1,2 milliard de francs-or au début des années

30) et le Maroc (4,5 milliards à la même date). Il s'est accompagné d'un accroissement en valeur relative de la part de l'Empire dans le commerce extérieur de la France : conséquence de la crise, de la rétraction des échanges internationaux et des mesures protectionnistes adoptées par les différents États.

Part de l'Empire dans le commerce extérieur français
(en pourcentage du total)

Années	Importations	Exportations
1913	9,4 %	13,0 %
1928	12,7 %	17,3 %
1938	26,9 %	27,2 %

Source : M. Tacel, *La France et le monde au XXe siècle*, Paris, Masson, 1989, p. 132.

La crise tend à renforcer le poids économique des territoires d'outre-mer au moment où, avec la détérioration du climat international et la montée en puissance de l'Allemagne, croît aux yeux de l'opinion l'importance du rôle politique et stratégique de l'Empire. Le succès de l'Exposition coloniale de 1931 — 7 millions de visiteurs en six mois — témoigne de cet engouement qui coïncide avec une inquiétude croissante quant à la possibilité pour la France d'assurer seule sa sécurité. Dès 1931, Tardieu développe le thème du « salut par l'Empire ». Il est largement mythique si l'on se réfère aux résultats enregistrés par le commerce d'outre-mer durant les années de la grande dépression. En effet, s'il est vrai que les échanges avec les colonies ont augmenté en valeur relative dans des proportions considérables, il est loin d'en être de même en valeur absolue, et surtout, dans le couple que forment la métropole et ses possessions extra-européennes, il semble bien que les grandes bénéficiaires en aient été les secondes. Les exportations de la France vers les colonies sont en 1938 de 35 % inférieures à celles de 1929, tandis que les exportations d'outre-mer vers l'Hexagone augmentent de 30 % pendant la même période. Autrement dit, l'« autre France » tend commercialement à devenir un fardeau plutôt qu'un débouché permettant à la production métropolitaine de pallier les effets de la rétraction des échanges internationaux.

Rares sont cependant les Français, y compris dans les milieux économiques, qui ont une conscience claire de ces réalités. Forgée par soixante années de culture scolaire exaltant l'épopée coloniale française et la grandeur de l'Empire, nourrie par l'action de propagande des comités et des ligues coloniales (38 à Paris en 1929), par les innombrables enquêtes et reportages parus dans la grande presse, par le discours triomphaliste des organes coloniaux (71 à Paris et 5 en province en 1930), l'opinion hexagonale est majoritairement persuadée que les colonies concourent d'une manière décisive à la puissance de la mère patrie. Elles constituent pour celle-ci un facteur de force en lui fournissant des soldats, des bases, des matières premières stratégiques, des débouchés pour ses jeunes, voire un espace de repli dans le cas d'une guerre à l'issue malheureuse. Pour la plus grande partie des personnes interrogées par les premiers enquêteurs de l'IFOP, en 1938 et 1939, elles *sont* la France et, à l'exception d'une poignée de « renonciateurs » (Jean Piot, Adrien Marquet, Anatole de Monzie, Pierre-Étienne Flandin), on se refuse à envisager de restituer à l'Allemagne ses colonies (67 % de non contre 28 % de oui et 2 % de sans avis en décembre 1938) et plus encore de satisfaire les revendications italiennes sur la Tunisie et Djibouti (89 % de non, 6 % de oui, 5 % qui « *ne savent pas* » en février 1939). Il est vrai qu'à la question : « *Êtes-vous décidés à vous battre plutôt que de céder la moindre partie de nos possessions coloniales ?* », 40 % seulement des personnes interrogées répondent par l'affirmative, contre 44 % qui disent non et 16 % qui « *ne savent pas* ».

On conçoit que, dans ces conditions, les formes d'opposition à la présence coloniale française dans les territoires d'outre-mer trouvent peu d'écho, lorsqu'elles sont connues — et elles sont très mal connues sauf lorsqu'elles dégénèrent en révolte et en guerre ouverte, comme dans le djebel Druze au Liban — de la population métropolitaine. Pourtant, les années 30 voient se développer en Afrique du Nord et en Indochine des mouvements d'émancipation qui avaient commencé à se manifester au cours de la décennie précédente : le Néo-Destour d'Habib Bourguiba en Tunisie, l'Association des *Oulémas*, fondée en 1931, et l'Étoile nord-africaine de Messali Hadj, qui se transformera en 1937 en Parti populaire algérien, le Comité d'Action marocaine d'Allal-el-Fassi, le Parti national vietnamien (VNQDD) et le parti communiste indochinois, fondé à Hong-Kong en 1930 par Nguyên Ai Quôc (le futur Hô Chi Minh).

À côté de ces organisations qui militent en faveur de l'indépendance de leur pays et sont l'expression d'un véritable nationalisme indigène, nombreux sont ceux qui, dans les territoires dominés par la France, réclament seulement une autonomie plus grande ou l'intégration progressive des indigènes dans le corps électoral français. Tel est le cas notamment de la Ligue pour l'Accession des Indigènes aux Droits du Citoyen français à Madagascar, et surtout celui de la Fédération des élus musulmans dont les membres, rassemblés autour du Dr Ben Djelloul et de Fèrhât Abbas, pharmacien à Sétif, répudient l'idée de « nation algérienne » et revendiquent une citoyenneté française à part entière. Jusqu'au gouvernement Blum, qui ébauchera en 1936 une timide politique de libéralisation dans les territoires d'outre-mer, le gouvernement français et l'immense majorité des colons restent sourds à ces revendications, réprimant les manifestations les plus virulentes du nationalisme indigène (en Indochine en 1930, en Algérie avec les mesures d'exception adoptées en 1935), ignorant les plus modérées et provoquant par réaction leur radicalisation. Pour beaucoup de Français des années 30, l'image de la « plus grande France » nourrit une illusion de puissance qui sert de palliatif au sentiment diffus de la décadence. Le réveil n'en sera que plus douloureux.

Le rapport qu'entretiennent les habitants de l'Hexagone avec le monde extérieur passe enfin par les déplacements de populations et par les contacts qu'ils suscitent. Dans le sens France-reste du monde, ils ne concernent en dehors des circonstances exceptionnelles (guerre, occupation, captivité, expéditions « coloniales ») qu'une minorité de personnes : quelques dizaines de milliers de marins et de pêcheurs, pour de brèves escales en terre étrangère, quelques milliers de fonctionnaires, de missionnaires et de religieuses, très peu d'agents commerciaux et de techniciens, de très faibles contingents d'enseignants et d'étudiants, enfin, en dépit des progrès enregistrés depuis le début du siècle par les « voyages organisés » (notamment pour le pèlerinage à Rome, alors en plein déclin, tout comme la pratique du « voyage de noces » en Italie), les minces légions de touristes qui, pour la plupart, appartiennent aux diverses couches de la bourgeoisie. Il en résulte une méconnaissance du monde extérieur, que ne compense pas l'intérêt manifesté dans certaines catégories sociales (principalement les classes moyennes) pour les grands reportages de presse et pour les « documentaires » cinématographiques portant sur tel ou tel pays étranger, et une prolifération des stéréotypes qui alimentent la xénophobie latente de la population.

En sens inverse, les besoins de la France en main-d'œuvre industrielle et agricole et les effets de la chasse aux adversaires de la dictature, en Italie d'abord pendant les années 20, puis en Allemagne et en Espagne au cours de la décennie suivante, ont fortement gonflé depuis la guerre les flux de l'immigration étrangère. Nous avons vu que celle-ci avait atteint son amplitude maxima au début des années 30, avec un effectif de près de 2 900 000 personnes recensées en 1931, soit, si l'on s'en tient à ce chiffre officiel sans doute un peu inférieur à la réalité, plus de 7 % de la population totale de la France.

La crise économique a eu tôt fait de réduire les flux, faisant tomber le nombre annuel moyen des entrées à un peu plus de 17 000 par an, au lieu de 123 000 au cours de la décennie précédente. Dans l'autre sens, les renvois et les « rapatriements » s'accélèrent, si bien que, lors du dénombrement de 1936, on ne recense plus que 2 413 000 étrangers, soit 5,9 % de la population. Il est vrai que dans l'intervalle, le nombre des naturalisés a fortement augmenté, passant de 361 000 en 1931 à 517 000 cinq ans plus tard, mais ceci n'explique que partiellement le phénomène. Dans certaines régions d'immigration récente, celui-ci est particulièrement spectaculaire : par exemple dans les houillères du Nord et du Pas-de-Calais où le nombre des étrangers recule de 24 % entre 1930 et 1933, et en Lorraine où l'on compte 75 000 manœuvres de moins en cinq ans, dont 23 000 Italiens. L'arrivée massive de réfugiés juifs venus d'Allemagne après l'adoption des lois de Nuremberg, puis des pays annexés par le Reich, ainsi que celle des républicains espagnols (environ 500 000 dont 325 000 seront encore présents dans l'Hexagone au moment de la déclaration de guerre) vont faire remonter très sensiblement l'effectif de la population étrangère après 1936, sans que l'on puisse la chiffrer de manière précise, faute de documents statistiques.

Globalement, la répartition par nationalités (si l'on excepte les Espagnols à la fin de la période) et la répartition géographique des colonies étrangères changent un peu au cours de la décennie qui précède la guerre, de même que la nature de ces colonies analysée en termes de catégories socioprofessionnelles. Ce sont majoritairement, même parmi les migrants politiques, des ouvriers et des manœuvres qui en constituent les gros bataillons. Ce qui change en revanche, et de manière parfois radicale, ce sont les rapports entre les étrangers et les populations du cru, conséquence directe de la crise et des tensions qui en résultent sur le marché du travail, qu'il s'agisse des emplois non qualifiés de l'industrie ou de ceux du secteur tertiaire (par exemple l'hôtellerie et la restauration), voire de certaines professions libérales (avocats, médecins, dentistes), dont les organisations professionnelles réclament à grands cris que des mesures soient prises contre « *la marée qui vient de l'Est* » (*L'Écho de Paris*, avril 1934).

La France se voit ainsi touchée, dès le début des années 30, par une vague de xénophobie qui affecte toutes les catégories sociales et toutes les familles politiques. La gauche résiste un peu plus longtemps que la droite, du moins si l'on ne considère que les états-majors et les militants les plus conscients des organisations qui la composent. Elle ne peut guère cependant prendre à rebrousse-poil une opinion populaire qui — rejeu d'un phénomène qui avait caractérisé les deux dernières décennies du XIXe siècle — impute aux étrangers la responsabilité des malheurs du temps :

chômage, crise du logement, aggravation de la délinquance, introduction et diffusion de maladies nouvelles, etc., et qui fait grief à nombre d'entre eux — en particulier aux Polonais — de refuser l'assimilation. Mêlant revendications économiques et fièvre chauvine, la base ouvrière exige des gouvernements en place qu'ils réservent aux « nationaux » le travail « national », et sa requête n'est pas sans écho. On voit ainsi des hommes comme Herriot ou comme Pierre Mendès France réclamer un contingentement de la main-d'œuvre étrangère, tandis que la CGT considère que « le principe de fraternité ouvrière doit fléchir au profit des travailleurs nationaux » et que le socialiste Fernand Laurent déclare à la Chambre en novembre 1934 : « *Paradoxe irritant en France, à l'heure actuelle : 500 000 chômeurs et deux millions d'ouvriers étrangers* » (cf. sur cette question R. Schor, *L'opinion française et les étrangers, 1919-1939*, Paris, Publications de la Sorbonne, 1985, et O. Milza, *Les Français devant l'immigration*, Bruxelles, Complexe, 1988).

Si une bonne partie des catholiques, pour des raisons qui tiennent à leur engagement religieux, et une fraction tout aussi importante du patronat, pour des mobiles directement reliés à la pénurie persistante de main-d'œuvre dans certains secteurs (les chômeurs ne prenant pas automatiquement les postes de travail laissés vacants par les « rapatriés »), se rangent en général dans le camp de ceux qui pensent que l'immigration est un mal nécessaire et qu'il faut favoriser l'assimilation des étrangers, la droite dans son ensemble, et son aile extrémiste et ultra-nationaliste en particulier, se livrent à tous les niveaux et par tous les moyens (débats parlementaires, discours de presse, ouvrages de toute nature consacrés à la question, etc.) à la plus délirante des campagnes xénophobes. De *L'Écho de Paris* à *L'Ami du Peuple*, du *Figaro* à *L'Action française*, de *Gringoire* à *La Liberté*, on fustige les « envahisseurs » et les « métèques », « poids mort » pour l'économie française et menace pour la cohésion et pour la sécurité intérieure et extérieure de la France. Le ton est parfois tellement violent, les éléments qui constituent les divers stéréotypes nationaux connotés avec une agressivité telle, les différences avec le « modèle » hexagonal soulignées de manière si insistante, que l'on peut sans exagération qualifier de « raciste » une partie importante de ces écrits. Les Juifs en sont les cibles principales. L'antisémitisme, qui avait connu un net recul depuis la guerre, se trouve en effet réactivé par l'arrivée massive de réfugiés venus d'Allemagne et d'Europe centrale, et prend l'allure, dans certains secteurs de l'opinion, d'une véritable hystérie collective. Sans doute, si l'on s'en tient aux années 30, la violence xénophobe est-elle plus verbale qu'elle ne l'était à la fin du siècle précédent, lors des « collisions » de Marseille (en 1881) ou d'Aigues-Mortes (en 1893) : elle n'en est pas moins porteuse de haines et d'une volonté d'exclusion qui vont avoir tout loisir pour s'exprimer après le 10 juillet 1940. Elle ne se limite d'ailleurs pas toujours aux dérapages du verbe, y compris à l'égard des travailleurs étrangers qui sont jugés les plus proches et les plus aisément assimilables. En mai et juin 1931, des heurts ont lieu dans le Nord entre travailleurs autochtones (qui manifestent en reprenant à leur compte le vieux slogan de l'extrême droite : « *La France aux Français !* ») et ouvriers belges. À Roubaix, des travailleurs étrangers sont poursuivis, lapidés, frappés à coups de gourdin, jetés dans le canal.

En attendant les mesures discriminatoires qui seront adoptées par Vichy, les pouvoirs publics, qui s'étaient montrés plutôt favorables à l'immigration pendant les années de la prospérité, s'engagent dès le début de la crise dans une politique de restriction des flux et de protection du travail national. Les contrôles aux frontières sont renforcés. Les expulsions se multiplient, parfois pour des motifs bénins. Les étrangers sont encouragés à regagner leur pays d'origine. Adoptée sans la moindre opposition, la loi du 10 août 1932 prévoit un contingentement souple de la main-d'œuvre étrangère. Elle est d'abord appliquée avec un relatif laxisme mais, entre l'automne 1934 et le printemps 1936, 553 décrets vont en étendre l'application à de très larges secteurs de l'activité économique. En février 1935, un décret ministériel inspiré par Édouard Herriot subordonne la délivrance d'une carte d'identité à l'obtention d'un contrat de travail, limite la possibilité des regroupements familiaux et restreint la liberté de circulation des étrangers. Une loi votée en 1933 et aggravée deux ans plus tard impose la naturalisation et la possession de diplômes français pour les médecins.

L'avènement, au printemps 1936, du premier gouvernement Léon Blum ne change pas grand-chose aux textes en vigueur. Mais ceux-ci sont appliqués de façon beaucoup moins rigoureuse. Les expulsions se raréfient. Les contrôles se font moins sourcilleux. La délivrance des papiers et les regroupements familiaux sont facilités. Les ouvriers étrangers participent d'ailleurs avec enthousiasme au puissant mouvement revendicatif de juin 1936 et font une entrée massive dans les syndicats. Pour eux, comme pour les travailleurs français, le Front populaire constitue donc une « embellie » entre deux périodes de difficultés et de morosité. Dès la fin de 1937 cependant, les choses se gâtent. L'alourdissement du climat international et le trouble provoqué dans l'opinion par une série d'attentats commis par des allogènes redonnent vie au vieux fantasme de la conspiration de l'étranger. Sont accusés pêle-mêle de comploter contre la nation française et de faire le lit de la révolution et de la guerre, les Juifs, les Allemands, les antifascistes italiens, les réfugiés espagnols, tous les exilés d'Europe centrale et orientale considérés — avec les « Nègres » et les Nord-Africains — comme la « lie de la terre » par nombre de chroniqueurs de la droite nationaliste et ultra-conservatrice. Sans en partager tous les débordements, l'opinion publique suit majoritairement la pente et avec elle les détenteurs du pouvoir. En mai et novembre 1938, une série de décrets durcit les conditions de résidence et d'obtention des papiers pour les étrangers, enlève le droit de vote aux naturalisés les plus récents et crée des camps d'internement pour les récalcitrants. Les expulsions se multiplient tandis que la psychose de l'« ennemi intérieur » nourrit les rumeurs les plus folles et finit par susciter des incidents entre populations immigrées et autochtones : dans le Midi à l'encontre de commerçants italiens, à Biarritz où des Vénézuéliens censés avoir arboré des insignes nazis sont molestés, en Alsace où l'on accuse les Juifs de pousser à la guerre, etc. Des syndicalistes, des militants et des intellectuels de gauche, des écrivains catholiques et des membres de la hiérarchie comme Mgr Maurin et Mgr Verdier, protestent contre les mesures discriminatoires adoptées par le gouvernement Daladier et tentent de calmer les esprits, à contre-courant d'un sentiment public majoritaire qui, à l'approche de la guerre, perd toute mesure dans son appréciation du « péril étranger ».

Tout ce que nous savons de l'histoire de l'immigration étrangère en France, à travers les travaux de Gérard Noiriel, d'Yves Lequin, d'Émile Témime, de Janine Ponty, de Pierre Milza, etc., indique que cette illusion coïncide avec une période de forte assimilation des éléments allogènes, marquée par l'échec des « écoles italiennes », par le recul du particularisme religieux polonais et transalpin, par la force d'attraction d'un modèle culturel et idéologique véhiculé par l'école républicaine et dont l'influence s'étend de la génération scolarisée en France à celles des parents et des grands-parents (voir ce qu'en dit Cavanna dans *Les Ritals*), et aussi par l'intégration des migrants dans les organisations politiques et syndicales, à commencer par la CGTU (celle-ci compte déjà 17 000 militants étrangers, dont 12 000 Italiens et 2 500 Polonais en 1930), la CGT réunifiée en 1935 (100 000 mineurs polonais au moins la rejoignent l'année suivante) et le parti communiste.

Il reste que la présence en France de fortes colonies de migrants politisés, qu'il s'agisse d'exilés politiques ou d'éléments convertis par ces derniers aux nécessités de l'action militante, constitue une donnée dont la pesée s'exerce à la fois sur l'idée que se font les populations autochtones de l'étranger et du « danger » dont il est censé être porteur, et sur les rapports que le pays d'accueil entretient avec ses voisins. La radicalisation de l'émigration antifasciste italienne dans les années 30, l'action qu'elle mène auprès des immigrés du travail pour les gagner à sa cause et pour contrer la propagande mussolinienne (via les *fasci* implantés en France et les organisations reliées à ces derniers ou dépendant des consulats), le rôle qu'elle a joué pendant la guerre d'Espagne pour constituer, en France, des organisations combattantes dont le mot d'ordre, lancé par Carlo Rosselli, était « *aujourd'hui en Espagne, demain en Italie* », tout cela a pesé dans les relations entre les deux nations latines, de même qu'ont pesé les initiatives fascistes visant à noyauter les colonies transalpines et à sponsoriser les attentats de la Cagoule. Il en est de même, quoique à un degré moindre, car il s'agit d'une émigration dont les effectifs sont beaucoup plus réduits et qui ne dispose pas comme le « fuoruscitisme » italien d'une base de masse implantée de longue date, de l'émigration politique antinazie. Formant une élite intellectuelle ayant peu de contact avec les masses, elle a surtout concouru à renforcer auprès des écrivains et des hommes politiques français (un Giraudoux, un Barbusse, un Blum, un Paul-Boncour) le sentiment d'hostilité à la dictature hitlérienne. Pas plus que l'émigration politique italienne, elle n'est, comme l'affirment la presse de droite et les dirigeants fascistes et nazis, à l'origine d'une campagne « belliciste » contre le fascisme. Les gouvernements modérés de 1934-1935, et surtout celui de Daladier à partir d'avril 1938, ont d'ailleurs veillé de près à ce que les exilés observent une totale réserve.

Les dérobades de 1938

L'année 1937 est marquée par un apaisement relatif du climat international. C'est pourtant le moment où Hitler prépare l'exécution de ses grands desseins conquérants. Le 5 novembre, il annonce à ses plus proches collaborateurs que le temps est venu de réunir au Reich les communautés allemandes d'Europe centrale et orientale et de créer la « Grande Allemagne », prélude à la conquête du *Lebensraum* et à la réalisation d'une hégémonie continentale opérée au bénéfice de la « race des seigneurs ». Puis, il remplace à la tête de l'*Auswärtiges Amt* (les Affaires étrangères) von Neurath par le docile Ribbentrop et, après avoir éliminé le ministre de la Guerre, von Blomberg, et le chef d'état-major, von Fritsch, jugés trop timorés et trop imbus des principes monarchistes et réactionnaires qui sont ceux de leur caste, il prend lui-même le commandement de la Wehrmacht avec, sous ses ordres, le général Keitel, simple exécutant. Si l'on veut bien se souvenir que Funk remplace le Dr Schacht au ministère de l'Économie, préalablement réorganisé par Goering, on perçoit que, dès le début de 1938, les instruments de la politique hitlérienne d'agression sont en place.

L'Autriche est la première à en expérimenter l'efficacité. Depuis l'échec du putsch de juillet 1934, l'idée d'*Anschluss* a gagné du terrain dans les deux pays germanophones et Hitler est bien décidé à exploiter une situation qui lui est devenue favorable. Le rapprochement avec l'Italie et le véritable partage d'influence sur lequel les deux dictateurs se sont mis d'accord font que le Führer n'a plus grand-chose à craindre du côte du Brenner. En France, où la majorité de « Front populaire » ne cesse de s'éroder depuis la chute du premier cabinet Blum, le second gouvernement Chautemps, faible et sans le moindre prestige, paraît bien incapable de prendre la moindre décision. Seul Yvon Delbos, ministre des Affaires étrangères, songe un instant, à la mi-février, à susciter de concert avec Londres une intervention diplomatique énergique contre toute action « *tendant à mettre en cause le statu quo territorial de l'Europe centrale* ». Mais sa présence au Quai d'Orsay paraît bien précaire — Chautemps démissionnera le 10 mars —, et surtout le gouvernement britannique fait la sourde oreille. Eden, l'un des rares membres du cabinet à préconiser une politique de fermeté envers les États de l'Axe, doit, au moment où va s'engager l'épreuve de force contre Vienne, céder la place à lord Halifax, l'un des quatre ténors de l'*appeasement* avec Chamberlain, Samuel Hoare et John Simon. Qui pourrait dans ces conditions s'opposer à l'*Anschluss* ?

On sait que l'opération a été rondement menée par l'Allemagne et n'a donné lieu à aucune résistance de la part des Autrichiens. Après avoir convoqué dans la résidence de Berchtesgaden le chancelier Schuschnigg, et avoir obtenu de lui, sous la menace d'une intervention armée, la désignation comme ministre de l'Intérieur du nazi Seyss-Inquart, Hitler a entamé des préparatifs visant à la fois à déstabiliser de l'intérieur le régime de Vienne et à profiter des troubles ainsi suscités par les nazis pour envahir l'Autriche. Pour déjouer ses plans et prendre les Allemands de vitesse, Schuschnigg a tenté d'organiser un référendum sur l'indépendance de son pays, de manière à démontrer que celui-ci était majoritairement hostile à l'*Anschluss*. C'est pour éviter qu'ait lieu cette consultation, qui avait été fixée au 13 mars et dont il redoutait le résultat, que le Führer a décidé de prendre les devants et de lancer ses troupes sur le petit État danubien. Auparavant il a obtenu, sous la pression conjuguée de Goering et des nazis autrichiens, que Schuschnigg renonce au référendum, puis qu'il démissionne et soit remplacé par Seyss-Inquart, et pour donner à son action un semblant de légitimité il a fait fabriquer par ses services un télégramme signé du nouveau chancelier et demandant « *l'aide du Führer* ».

Les 12 et 13 mars, les armées hitlériennes ont envahi l'Autriche sans rencontrer de résistance, et aussitôt a été proclamée la création de l'*Ostmark* comme partie intégrante du Reich. Un mois plus tard, il y aura 99,7 % de oui pour approuver l'annexion de l'Autriche et, lorsque le Führer se rendra dans sa patrie d'origine — où des pogroms contre les Juifs ont éclaté avant même l'arrivée des SA et des SS —, il y sera accueilli triomphalement, y compris, nous dit Charles Bloch, « *par des hommes qui la veille encore s'étaient préparés à voter pour Schuschnigg* » (*Le IIIe Reich et le monde, op. cit.*, p. 273).

En cette affaire, les réactions des démocraties ont été nulles. Pouvait-il en être autrement dès lors qu'à Londres, et même à Paris (des entretiens de responsables allemands avec Chautemps, Flandin et Bonnet le laissent penser), on avait pratiquement consenti à l'annexion avant même que la Wehrmacht ne franchisse la frontière de l'Autriche ? La seule tentative sérieuse pour modifier le cours de la politique britannique, Delbos l'a faite auprès d'Eden en février, mais le 12 mars Eden a cédé la placé à Halifax et la France n'a plus de gouvernement. Dans ces conditions, il n'y a plus qu'à se résigner. Le Premier ministre britannique s'étant contenté le 14 mars de condamner devant les Communes l'annexion de l'Autriche, en précisant que le Royaume-Uni n'avait aucune obligation envers ce pays, Delbos découragé, et qui n'est resté au Quai d'Orsay que pour exécuter les affaires courantes, n'a plus qu'à tirer la leçon de la dérobade anglo-française en câblant aux principaux postes : « *La situation à laquelle nous devons désormais faire face est assurément grave ; elle ne justifie cependant aucune panique.* » Nous n'étions pas engagés vis-à-vis de l'Autriche. « *La situation serait toute différente,* ajoute-t-il, *le jour où l'expansion allemande s'attaquerait à l'indépendance ou à l'existence des États auxquels nous lient des engagements spéciaux.* » L'étape suivante du programme hitlérien étant d'intégrer au Reich les Sudètes de Tchécoslovaquie, l'occasion va être fournie à la France de démontrer que ce propos ne constitue pas seulement un vœu pieux, émis par le ministre fatigué d'un cabinet démissionnaire.

On sait quels sont, en 1938, les enjeux de cette « *question des Sudètes* », évoquée par Hitler lors de son entretien avec lord Halifax, en novembre 1937, et qui va essentiellement servir de levier au dictateur nazi pour éliminer en un an la Tchécoslovaquie, état de rang modeste mais doté d'une économie moderne, d'une force militaire non négligeable et d'un poids géostratégique important. Elle constitue en effet la plus sûre et la plus efficace des alliances de revers de la France, dispose d'abondantes ressources pouvant servir la politique d'autarcie adoptée par l'Allemagne et forme en Europe centrale, depuis que l'Allemagne a réalisé l'*Anschluss*, une sorte de bastion avancé que flanque sur trois côtés le territoire du Reich. Constituée en 1919 dans une perspective qui visait à la fois à satisfaire certaines nationalités (en particulier les Tchèques), tout en créant un État économiquement viable et militairement défendable, la Tchécoslovaquie avait intégré dans ses frontières une minorité de culture « allemande », comportant un peu plus de 3 millions de personnes et répartie sur les franges montagneuses de la Bohême, dans des régions vitales pour le nouvel État, en ce sens qu'elles barrent l'accès au plateau de Bohême, véritable cœur de la Tchécoslovaquie, et possèdent des mines et des industries en plein essor. En 1919, les Sudètes avaient réclamé un statut d'autonomie administrative qui leur avait été refusé par Benès et Masaryck, l'un et l'autre partisans d'une rigoureuse centralisation.

Bien que depuis 1920 le démembrement des grands domaines « allemands » ait favorisé la slavisation du pays, les Sudètes étaient restés très attachés à leur originalité ethnique et linguistique. Pourtant, jusqu'à l'avènement du national-socialisme, leurs revendications étaient demeurées très modérées. C'est à partir de 1933 que le parti pro-nazi de Konrad Henlein commence à se manifester et trouve bientôt une large audience auprès de populations qui ont été fortement touchées par la crise. Il faut néanmoins attendre avril 1938 pour que, lors du congrès de Karlovy-Vary, le leader du « Parti allemand des Sudètes » pose devant l'Europe le problème de cette minorité en exigeant un statut d'autonomie — qui aurait incliné la Tchécoslovaquie dans la voie de la fédéralisation, ce que ses dirigeants refusaient catégoriquement — et en proclamant l'appartenance de son peuple « *à la nation allemande et à la philosophie allemande* ».

Le refus du gouvernement de Prague de laisser porter atteinte au statut politique de la Tchécoslovaquie et à son intégrité territoriale ne pouvait, compte tenu de la résolution du Führer qui poussait Henlein à l'intransigeance et avait décidé de faire de la question des Sudètes le fer de lance de son action contre le pivot du système français en Europe centrale, manquer de déclencher une grave crise internationale. La Tchécoslovaquie en effet était liée à la France et à l'URSS par des traités signés respectivement en 1925 et 1935 et qui obligeaient ces puissances à soutenir militairement l'État tchécoslovaque en cas d'attaque par un pays tiers. Tout dépendait en fait de la France car la mise en œuvre du second traité était subordonnée à l'application du premier.

Au moment où, après le congrès de Karlovy-Vary, s'engage le processus qui va conduire à Munich, la politique étrangère de la France se trouve dominée par deux personnalités très différentes : le président du Conseil, Édouard Daladier, et le ministre des Affaires étrangères, Georges

Bonnet. L'un et l'autre sont des rescapés du premier conflit mondial et ils ont la guerre en horreur. L'un et l'autre jugent que la France a peu de chances de l'emporter dans un conflit contre l'Allemagne si le Royaume-Uni refuse de s'engager à ses côtés. Mais tandis que le premier manifeste, au moins dans son discours, une volonté apparemment sans faille de respecter les engagements pris par son pays, quelle que soit l'attitude du gouvernement de Londres, le second estime que dans l'affaire des Sudètes, le réalisme et l'intérêt national — conçu de manière étroite et à court terme — doivent l'emporter sur la morale internationale. Ce qui implique à ses yeux que la France aligne sa position sur celle de l'Angleterre et qu'elle renonce à vouloir empêcher Hitler d'annexer les Sudètes.

Une première alerte a lieu en mai 1938, peu de temps après le congrès de Karlovy-Vary. À la suite de rumeurs — qui se révéleront fausses — de concentrations de troupes allemandes sur sa frontière, le gouvernement de Prague mobilise une classe de réservistes et des techniciens (au total 170 000 hommes) et fait appel à ses alliés. À cette date, l'URSS est prête, semble-t-il, à honorer ses engagements. Rencontrant Bonnet à Genève, Litvinov ne vient-il pas de déclarer à son homologue français que son pays était prêt à secourir la Tchécoslovaquie, si la France en faisait autant et à condition d'être autorisée à faire passer ses troupes par la Pologne et la Roumanie, qui d'ailleurs refuseront l'une et l'autre ? Quelques jours plus tard, devant les ambassadeurs allemand, britannique et soviétique à Paris, Daladier indique à ses interlocuteurs que si le Reich attaque la Tchécoslovaquie, la France respectera ses obligations envers son alliée. Même à Londres, on fait savoir aux dirigeants allemands qu'en cas de conflit armé, l'Angleterre ne serait pas neutre. S'achemine-t-on vers une épreuve de force ?

En fait, la position anglaise, dont dépend celle du gouvernement français, qui se sait incapable d'affronter seul une guerre avec Hitler (Daladier, qui a été dans les précédents gouvernements ministre de la Guerre, le sait mieux que quiconque), est des plus ambiguës. D'un côté Londres marque aux dirigeants allemands les limites de sa passivité. De l'autre, l'ambassadeur anglais à Paris précise, dans une note remise le 22 mai à Bonnet, que son pays ne fera pas la guerre pour la Tchécoslovaquie : « *Le gouvernement britannique* — est-il expliqué dans ce document — *a donné les avertissements les plus sérieux à Berlin... Mais il serait tout à fait dangereux que le gouvernement français exagérât la portée de ces avertissements.* » Autrement dit, on interviendra en cas d'agression non provoquée contre la France, pas si c'est cette puissance qui décide de faire la guerre pour honorer ses propres engagements. Ce qui revient à accepter à l'avance la mutilation du territoire tchécoslovaque, baptisée pour la circonstance « *concessions suffisantes au chancelier Hitler* ». Le président Benès ne peut avoir aucune illusion à ce sujet. Lorsque son représentant à Paris, Osuky, rencontrera Georges Bonnet en juillet, celui-ci le lui déclarera clairement, comme en témoigne une note rédigée par le chef de la diplomatie française au lendemain de cet entretien :

> « *Il s'agissait* — écrit Bonnet — *de marquer clairement à M. Osuky, une fois encore,* la position française... *Le gouvernement tchécoslovaque doit connaître nettement notre position : la France ne ferait pas la guerre pour l'affaire des Sudètes. Certes, publiquement nous affirmerons notre solidarité comme le désire le gouvernement tchécoslovaque, mais cette affirmation de solidarité doit permettre au gouvernement tchécoslovaque d'obtenir une solution pacifique et honorable. En* aucun cas *le gouvernement tchécoslovaque ne doit croire que si la guerre éclate nous serons à ses côtés.* »

Le gouvernement français pratique donc le double langage. Officiellement, il se déclare prêt à honorer sa signature internationale, et ceci dans le but exclusif de permettre à Benès de sauver ce qui peut encore être sauvé. Dans la coulisse, il fait savoir au même Benès qu'il n'a nullement l'intention de recourir aux armes pour empêcher Hitler d'annexer les Sudètes. Partition à deux voix dans laquelle Daladier joue sur le registre de l'intransigeance et du respect de la parole donnée, tandis que Bonnet en indique les étroites limites. Le Royaume-Uni ayant fixé ses propres marques, il ne reste plus aux dirigeants français — une fois passée la fausse alerte de mai — qu'à suivre les conseils de Londres et accepter qu'une mission de conciliation soit envoyée en Tchécoslovaquie, dirigée par lord Runciman. C'est un repli en bonne et due forme que la presse française transforme en victoire diplomatique. Hitler, qui n'a jamais eu à cette date l'intention d'envahir les Sudètes, aurait reculé face à la détermination franco-tchécoslovaque et à une prise de position britannique proche des thèses françaises. Hitler laisse dire, mais en même temps il ordonne à la Wehrmacht de se tenir prête pour le 1er octobre à attaquer la Tchécoslovaquie.

Le second acte va se jouer à la fin de l'été. À Prague d'abord où, sur instruction de Chamberlain, Runciman et la délégation britannique exercent une forte pression sur Benès pour qu'il cède aux exigences allemandes. Ce que fait le président tchèque, en acceptant sept des huit « *concessions* » formulées en avril par Henlein. Trop tard : déjà le chef du parti des Sudètes, devenu le poisson pilote du Führer, a fait monter les enchères tandis que ses militants provoquent de violents incidents avec la police tchèque. Le 12 septembre, dans le discours très violent qu'il prononce à Nuremberg, à l'occasion du congrès du NSDAP, le maître du IIIe Reich jette le masque, promettant de donner son plein appui à Henlein. Trois jours plus tard, ce dernier demande officiellement le rattachement du pays des Sudètes à l'Allemagne.

La position de la France est des plus incertaines. Officiellement, Georges Bonnet fait de nouveau savoir à Benès que si le gouvernement de Prague fait aux populations des Sudètes les « *concessions nécessaires* », Paris honorera ses engagements. Mais le gouvernement et les chefs militaires français sont divisés, et Daladier sait que les Britanniques vont le contraindre à transiger. La rencontre de Londres, le 18 septembre, entre responsables français et anglais, incline effectivement dans ce sens et prépare les voies d'un compromis avec Hitler, le Conseil des ministres du 19 entérinant les décisions prises sous la pression des « pacifistes » du gouvernement (Bonnet, Marchandeau, le ministre de l'Air, Guy La Chambre, Pomaret, de Monzie). Quatre jours plus tôt, le chancelier du Reich a reçu Chamberlain à Berchtesgaden et lui a fait part de ses exigences, jouant de la carotte et du bâton, affirmant qu'après l'annexion de l'Autriche, celle du *Sudetenland* constituait son ultime revendication territoriale et plaçant celle-ci sous le signe de la pacification européenne et du « *droit des peuples à disposer d'eux-mêmes* » !

Estimant justifiées les demandes du Führer, mais déclarant qu'il devait en référer à son gouvernement et à ses partenaires français, Chamberlain a pris date avec Hitler pour un second tête-à-tête, qui aura lieu à Godesberg une semaine plus tard. Dans l'intervalle, nous l'avons vu, il réussira à convaincre ses collègues, ainsi que Daladier. Si bien que le gouvernement de Prague est sommé d'accepter une modification de ses frontières dans le sens de l'annexion à l'Allemagne des territoires comportant au moins 50 % de germanophones, en contrepartie de quoi on lui promet une garantie internationale à laquelle se trouvent associées la France et la Grande-Bretagne.

Le 21 septembre, Londres et Paris adressent en ce sens un ultimatum aux Tchèques, dont nous savons aujourd'hui qu'il a été demandé non par le président Benès comme on l'a dit parfois, le but étant de faire avaliser la capitulation par l'opinion publique tchèque, mais par le président du Conseil Hodza pour obtenir précisément de Benès qu'il renonce à la guerre (cf. J.-B. Duroselle, *La Décadence, op. cit.*, pp. 349-350). Toujours est-il que Prague finit par céder. Or le 22 septembre, lors de son second entretien avec Hitler, Chamberlain constate que le chancelier a durci ses positions. Il exige désormais non seulement que la question des Sudètes soit réglée avant le 1er octobre, mais encore que soient satisfaites les revendications hongroises sur la Slovaquie méridionale, et celles de la Pologne à propos de Teschen.

La guerre paraît alors inévitable. Avec l'accord de Londres et de Paris, le gouvernement tchécoslovaque décrète la mobilisation générale, tandis que la France, l'Allemagne, l'Italie et l'URSS rappellent leurs réservistes et que la Grande-Bretagne met sa flotte en état d'alerte. Pourtant, lorsque Daladier et Bonnet rencontrent leurs homologues anglais à Londres, les 25 et 26 septembre, le président du Conseil ne parvient pas à convaincre ses interlocuteurs de la nécessité dans laquelle se trouve la France de faire face à ses « devoirs », et à l'issue du Conseil des ministres du 27, il paraît lui-même fortement ébranlé, sinon totalement converti par Bonnet des bienfaits de la non-intervention. Il a en effet pu constater un début d'exode des Parisiens et ne prête pas foi aux informations qui lui arrivent de plusieurs sources — en particulier du chef de l'opposition civile à Hitler, le Dr Goerdeler, ancien bourgmestre de Leipzig — selon lesquelles un échec du Führer à propos des Sudètes donnerait le signal de la rébellion contre le régime. Ce qui est sans doute exagéré mais correspond néanmoins à un certain flottement dans l'opinion publique auquel l'historien Charles Bloch attache une réelle importance. C'est au moment de Munich, écrit-il, que « *le régime a connu son plus grave danger intérieur* ».

C'est de toute façon Hitler qui prend les devants. Le 26 septembre au soir, il annonce dans un discours incendiaire que tout doit être réglé avant le 1er octobre. Les démocraties n'ont donc que quelques jours pour « *sauver la paix* » comme le demande instamment Bonnet, ou pour s'engager dans l'épreuve de force comme serait prêt à le faire Daladier, si les Britanniques voulaient bien donner aux Français l'assurance qu'ils ne seraient pas seuls à affronter les armées du Reich. Or Chamberlain fait savoir au gouvernement de Paris qu'en cas de guerre la participation anglaise sur terre se limiterait à deux divisions. Il reste les Soviétiques, qui ne cessent d'affirmer qu'ils honoreront leurs engagements si la France en fait autant, conformément au pacte de 1935, mais qui exigent pour le faire le libre passage pour leurs troupes de la part de la Pologne, ou à la rigueur de la Roumanie. Ce que Varsovie et Bucarest continuent obstinément de refuser.

À la dernière minute, c'est Chamberlain qui va trouver la formule permettant aux démocraties de donner un semblant de légitimité internationale à leur dérobade. Peut-être encouragé par Roosevelt, il suggère de réunir une conférence à quatre en territoire allemand. Mussolini, qui n'est pas pressé de voir son pays entraîné dans une guerre pour laquelle il n'est pas prêt, fait accepter cette proposition par Hitler et, le 29 septembre, les deux dictateurs rencontrent à Munich Daladier et Chamberlain, en l'absence des représentants de l'URSS et de la Tchécoslovaquie. La « conférence » ne dure que quelques heures, dans la nuit du 29 au 30 septembre. Les démocraties cèdent sur toute la ligne. L'Allemagne obtient, sans avoir tiré un coup de fusil, l'ensemble des territoires revendiqués, acceptant tout au plus d'échelonner leur occupation sur dix jours et d'autoriser les Tchèques à emporter une partie de leurs biens.

Les conséquences de Munich sont catastrophiques pour la France. Si Daladier est accueilli triomphalement à son retour à Paris et ovationné à la Chambre le 2 octobre, si sa déclaration de politique étrangère est approuvée par 515 voix contre 75 (les 73 communistes, un socialiste et le modéré Henri de Kérillis), ce qui se passe en Europe centrale au lendemain de la capitulation franco-anglaise a tôt fait de réveiller les angoisses et de montrer à quel point on s'est trompé en jugeant que l'on pouvait mettre un frein aux ambitions hégémoniques du Führer. Très vite en effet s'amorce le démembrement de la Tchécoslovaquie. Les Polonais occupent la région de Teschen, les Hongrois le sud de la Slovaquie. L'URSS, qui a été écartée du règlement du conflit, redoute que Daladier et Chamberlain aient incité Hitler à orienter ses ambitions vers l'Est, et ne cache pas son mécontentement.

Mais surtout, la France s'est discréditée aux yeux de ses alliés d'Europe centrale et orientale. Hitler ne peut que se sentir encouragé dans la politique d'agression par la reculade des anciens vainqueurs de la guerre. Mussolini également, dont la politique extérieure se tourne désormais nettement contre la France. Le 30 novembre 1938, les députés italiens accueillent Ciano à la Chambre aux cris de « *Tunisie, Djibouti, Corse !* », et le lendemain de cette manifestation inspirée en haut lieu, la presse fasciste ajoute à ces revendications les noms de Nice et de la Savoie. Le jour même, Mussolini reprend textuellement ce programme expansionniste devant les hiérarques du Grand Conseil, et le 17 décembre il déclare caducs les accords franco-italiens de janvier 1935.

Les retombées internes de cette situation sont d'ailleurs contradictoires. Le clivage qui s'est opéré dans l'opinion entre « munichois » et « antimunichois » ne saurait être mesuré en simples termes de discours de presse et d'engagement de la classe politique. Les premiers sondages d'opinion réalisés en France sont à cet égard significatifs d'un retournement du sentiment public qui va s'opérer à la charnière des années 1938 et 1939. À la question, posée au lendemain de Munich, qui demande aux personnes interrogées si elles sont pour ou contre les accords, la réponse est positive à 57 %, négative à 37 %. En revanche, lorsque l'on demande un peu plus tard aux Français « *Pensez-vous que la France et l'Angleterre doivent désormais résister à toute nouvelle exigence de Hitler ?* », 70 % répondent oui, 17 % seulement non.

Fin 1938, le Führer a encore besoin d'un peu de temps pour parachever les préparatifs d'une guerre qu'il est de toute manière décidé à livrer. Compte tenu de ce que nous savons de ses intentions grâce aux archives allemandes et aux travaux des historiens qui les ont systématiquement dépouillées et analysées, on comprend mal qu'il y ait aujourd'hui encore des auteurs pour affirmer qu'il existait à cette date des possibilités réelles d'entente avec les dirigeants du Reich et qui font porter sur la « *presse antimunichoise française* » la responsabilité de l'échec du « *rapprochement franco-allemand* » (il en est ainsi notamment de Max Tacel, dans *La France et le monde au XXe siècle, op. cit.*, p. 166). S'étonner que cette presse pût dénier toute valeur à l'accord signé le 6 décembre à Paris par Bonnet et Ribbentrop « *en récusant la sincérité des Allemands* » et qu'elle pût répandre « *dans une large partie de l'opinion l'idée que ce document ne pouvait en rien modifier la nature des relations franco-allemandes qui resteraient mauvaises en raison de la perversion de l'Allemagne par le national-socialisme* » laisse songeur, lorsque l'on sait le cas que le chancelier du Reich faisait de la parole donnée et des engagements internationaux de son pays. J.-B. Duroselle n'accorde personnellement aucun effet à ce texte (*La Décadence, op. cit.*, p. 389), faisant remarquer que dix jours seulement après la déclaration anglo-allemande du 30 septembre 1938 (signée au lendemain de Munich et qui posait le principe d'une concertation entre les deux pays en cas de difficultés internationales), Hitler attaquait très violemment l'Angleterre dans son discours de Sarrebruck.

Il n'en reste pas moins que pour les hommes qui ont à charge de conduire la politique étrangère de la France, l'accord du 6 décembre marque le point d'aboutissement d'un dégel dans les relations avec l'Allemagne auquel ils ont œuvré, ne serait-ce que pour se tenir sur la même « ligne » que l'Angleterre. La négociation engagée au lendemain de Munich aurait dû se conclure, début novembre, par la venue à Paris du ministre allemand des Affaires étrangères, mais les remous suscités par l'assassinat du diplomate von Rath, en poste dans la capitale française, et par les représailles antijuives en Allemagne (la « nuit de cristal »), ont reculé d'un mois le voyage de Ribbentrop. L'accord paraphé à cette occasion stipulait que les deux pays, convaincus que des relations pacifiques entre eux constituaient « *l'un des éléments essentiels de la consolidation de la situation en Europe* », reconnaissaient solennellement leur frontière comme définitive et s'engageaient à se consulter en cas de difficultés internationales. Par la suite, les Allemands prétendront toujours que, le 6 décembre, la France avait reconnu par la voix de Bonnet qu'elle se désintéressait de l'Europe de l'Est, ce que rien dans les documents ne permet d'affirmer. Peut-être, comme Pierre Laval en 1935, le ministre français a-t-il volontairement laissé la question dans le flou, de manière à obtenir de son interlocuteur les assurances souhaitées du côté des frontières orientales de la France. Son erreur, semble-t-il, n'est pas d'avoir laissé croire aux Allemands que la France leur laissait le champ libre à l'Est, mais d'avoir lui-même accordé quelque crédit à la parole, si souvent démentie par les faits, du maître du Reich.

Vers la guerre

Les événements de mars 1939 vont brusquement dessiller les yeux des dirigeants occidentaux, de ceux du moins qui ne sont pas complètement paralysés par le syndrome munichois et qui estiment qu'après la liquidation de la Tchécoslovaquie un coup d'arrêt doit enfin être porté à l'expansionnisme hitlérien.

Après l'annexion des Sudètes, Hitler a mis à profit l'engourdissement des démocraties et l'affaiblissement de la Tchécoslovaquie pour faire avancer ses pions dans la région en poussant le mouvement autonomiste slovaque de Mgr Tiso à s'opposer au pouvoir central et à constituer, en octobre 1938, un gouvernement autonome. Quelques jours plus tard, c'est la Ruthénie subcarpatique qui obtient son autonomie et, le 30 novembre, Benès démissionne, cédant la place à Émile Hacha. Le 10 mars, ce dernier tente de mettre fin à la décomposition de son État et décide pour cela de renvoyer le gouvernement slovaque de Mgr Tiso, lequel se rend aussitôt à Berlin où il reçoit l'appui total du gouvernement nazi. Le 14 mars, la Slovaquie proclame son indépendance.

Le 15 mars, Hacha est convoqué à Berlin et sommé par Hitler de placer la « Bohême-Moravie » sous le protectorat de l'Allemagne, à défaut de quoi Prague sera rasé par les bombardiers de la Luftwaffe. Complètement isolé, Hacha ne peut que céder à cet ultimatum et l'armée allemande pénètre aussitôt dans ce qu'il subsiste de la Tchécoslovaquie. C'est le dernier acte du naufrage de ce petit État démocratique que les vainqueurs de la guerre avaient porté vingt ans plus tôt sur les fonts baptismaux du nouvel ordre international et dont la France avait fait la pièce maîtresse de son système d'alliances de revers avant de l'abandonner au délire conquérant du Führer. À côté de la Slovaquie théoriquement indépendante, en fait satellisée par l'Allemagne, et tandis que la Hongrie annexe la Ruthénie subcarpatique, Hitler crée un « protectorat de Bohême-Moravie », complètement inféodé au Reich. À Paris comme à Londres on se borne à condamner l'agression hitlérienne comme contraire à l'esprit des accords de Munich, de même que l'on reste absolument passif devant l'annexion de Memel, cédée à l'Allemagne par la Lituanie le 22 mars, et par la transformation de l'Albanie en protectorat italien le 8 avril.

Pourtant, tandis que Rome et Berlin accentuent un rapprochement qui va aboutir, le 22 mars 1939, à la signature du « pacte d'acier », c'est bien à un changement radical de la politique pratiquée par les deux grandes démocraties occidentales auquel on assiste au lendemain du « coup de Prague ». À cette date, Hitler a commencé à poser à haute voix la « question de Dantzig », prélude à l'élimination de la Pologne qu'il a programmée dès 1937. Jusque-là, les relations avec ce pays étaient restées relativement cordiales. Au tout début de 1939, le colonel Beck s'était même rendu en Allemagne et avait été accueilli avec les plus grands égards à Berchtesgaden. Hitler avait bien posé devant son hôte le « problème de Dantzig », mais c'était pour promettre de ne pas le résoudre par la force.

Une fois réglé le compte de la Tchécoslovaquie, plus rien n'oblige le Führer à ménager sa voisine de l'Est. Aussi, dans les derniers jours de mars, réclame-t-il avec véhémence la cession de Dantzig, déjà contrôlée par les éléments nazis que dirige le gauleiter Forster. Hitler demande également la cession d'une route et d'une voie ferrée reliant la ville au territoire du Reich et à la Prusse orientale. Beck refuse net et se déclare prêt à faire la guerre plutôt que d'accéder à ces revendications derrière lesquelles apparaît clairement la volonté du Führer de déclencher la guerre contre son pays et de faire progresser à ses dépens le *Lebensraum* allemand.

C'est bien ce que l'on comprend également à Londres et à Paris, Chamberlain lui-même finissant par admettre que le Führer poursuit un tout autre but que l'application pure et simple du principe des nationalités et que la politique d'*appeasement* ne peut être poursuivie. Le 17 mars, il met les choses au point, dans un discours énergique prononcé à Birmingham. Le tournant est nettement marqué et ne peut que réjouir Daladier qui, lui aussi, paraît désormais décidé à porter un coup d'arrêt aux entreprises hitlériennes. Certes, dans les deux pays, une fraction importante de l'opinion publique reste attachée au « pacifisme », par volonté sincère d'empêcher la guerre ou — c'est le cas notamment à l'extrême droite — par calcul politique. Mais, de nombreux signes le révèlent (l'accueil enthousiaste fait à Daladier lors de son voyage en Afrique du Nord en décembre 1938, la commémoration du 14 juillet 1939, les sondages d'opinion, certaines productions cinématographiques exaltant l'épopée coloniale et l'armée françaises comme *Trois de Saint-Cyr, La*

Bandera, Alerte en Méditerranée, etc.), les populations tendent de plus en plus à considérer que la guerre est inévitable et qu'il y a lieu dès lors de s'y préparer.

À partir d'avril 1939, conscient de la nécessité de gagner du temps, Chamberlain va mener habilement un double jeu : d'une part en rusant avec l'Allemagne, en lui faisant miroiter par exemple l'éventualité d'une collaboration économique, d'autre part en poussant les chaudières du réarmement, en offrant aux États européens menacés par Hitler le soutien du Royaume-Uni, et en essayant d'attirer l'Italie dans le camp des adversaires du IIIe Reich, ce qui passe, estime-t-on à Londres, par un minimum de concessions françaises aux revendications méditerranéennes et africaines du Duce.

La France, dont les dirigeants considèrent qu'un accord intime avec Londres constitue sans doute le moyen le plus sûr d'assurer sa propre sécurité — dans un colloque sur « les relations franco-britanniques, 1935-1939 », publié en 1975 par le CNRS, François Bédarida a justement mis l'accent sur le rôle essentiel de la « gouvernante anglaise » —, incline dans le même sens. Les deux pays offrent donc aux États les plus menacés par les ambitions allemandes et italiennes leur « garantie », c'est-à-dire la promesse de leur venir en aide en cas d'agression. Des négociations avec Varsovie en vue d'une alliance militaire anglo-polonaise s'ouvrent ainsi en avril 1939 et aboutiront en août à la signature d'un traité. La Roumanie, la Grèce, la Turquie donnent également leur accord, mais la Belgique et les Pays-Bas, qui craignent des représailles allemandes, refusent la garantie franco-anglaise. Sur ce point, la France aligne donc sans réserve sa position sur celle de la Grande-Bretagne. En revanche, si les partisans d'un rapprochement avec l'Italie ne manquent pas au sein du gouvernement français (Bonnet, de Monzie, Marchandeau, Chautemps) et si Daladier se déclare lui-même prêt à répondre à certaines avances du cabinet de Rome, sa volonté de ne pas se démarquer des Britanniques ne va pas jusqu'à accepter de satisfaire — sauf sur des points de détail — les revendications mussoliniennes.

Entre les deux blocs qui se forment au printemps 1939, tout paraît devoir incliner Staline du côté des démocraties. Le projet de conquête d'un « espace vital » à l'Est formulé par Hitler dans *Mein Kampf* et les professions de foi violemment antisoviétiques quotidiennement proférées par les dirigeants nazis indiquent clairement quelles sont à moyen terme les intentions allemandes. Pourtant, depuis Munich, le maître de l'URSS se méfie des Franco-Britanniques dont il a interprété — à tort, nous le savons — le comportement dans le règlement de la crise tchécoslovaque comme l'indice d'un double jeu destiné à laisser à Hitler les mains libres vers l'Est pour prix du maintien du statu quo à l'Ouest, voire d'une entente concertée entre les États capitalistes et les dictatures dont l'Union soviétique ferait les frais.

Néanmoins, la mise en tutelle de la « Bohême-Moravie », puis les menaces directes sur Dantzig et l'annexion de Memel, avaient eu sur la diplomatie du Kremlin les mêmes effets que sur celles de Londres et de Paris. Si bien que, dès avril 1939, des négociations s'étaient engagées entre les trois pays, fortement freinées par la façon dont les Britanniques concevaient la mise en place d'un front commun contre les ambitions hitlériennes. Londres préfère en effet trois garanties unilatérales limitées à la Pologne et, si elle accepte peu à peu de modifier sa position, c'est à petits pas et sous la pression insistante du gouvernement français qui, des trois partenaires, est le seul à souhaiter une conclusion rapide du projet. L'examen des archives, effectué de manière exhaustive par J.-B. Duroselle, ne laisse planer aucun doute sur ce point et s'inscrit en faux contre les allégations de l'historien britannique A.J.P. Taylor (*Les Origines de la Seconde Guerre mondiale*, trad. fse, Paris, Presses de la Cité, 1961), pour lequel les retards apportés à la conclusion de l'accord sont imputables aux seuls Occidentaux et ne fait à cet égard aucune différence entre la position de Londres et celle de Paris. Daladier aussi bien que les militaires et, pour une fois, Bonnet et Léger, sont d'accord sur la nécessité de conclure vite. Chamberlain et Halifax, eux, sont beaucoup moins pressés.

Plusieurs questions motivent les hésitations des uns et des autres. Sur le fond tout d'abord. Le principe d'une alliance avec la Russie « bolchevique » se heurte dans les pays occidentaux à de fortes réticences des milieux conservateurs et, en Angleterre, celles-ci pèsent lourdement sur les dirigeants du moment. Du côté du Kremlin, la méfiance on l'a vu n'est pas moins grande. Le peu d'enthousiasme manifesté par les Britanniques est interprété par Staline comme le signe d'une duplicité à laquelle il convient de répondre en tenant deux fers au feu, c'est-à-dire en ne négligeant pas la possibilité d'une entente avec l'Allemagne. Le remplacement de Litvinov, dont les sympathies pour les démocraties étaient connues, par le docile et impénétrable Molotov, au début du mois de mai, paraît indiquer à cet égard un changement de la politique soviétique.

Les conversations achoppent d'autre part sur un certain nombre de points techniques qui ne sont éliminés que partiellement et avec lenteur. L'URSS veut un traité d'assistance « plurilatérale » comportant un engagement militaire comme préalable à tout accord politique, ce que les Français et surtout les Britanniques ne sont guère enclins à accepter. Elle exige que la garantie accordée aux quatre pays signataires d'un accord avec Londres soit étendue aux États baltes et à la Finlande. Surtout, le problème du passage des troupes soviétiques sur le territoire de la Pologne et de la Roumanie demeure sans solution lorsque, le 24 juillet, le gouvernement soviétique accepte finalement que des conversations s'engagent à Moscou sans attendre la conclusion d'un accord politique.

Les divergences dans la façon dont on conçoit, à Londres et à Paris, le rapprochement avec l'URSS, apparaissent plus nettement encore au moment où la délégation militaire franco-britannique débarque à Leningrad, le 10 août 1939. Les négociations s'engagent deux jours plus tard à Moscou et le maréchal Vorochilov, qui dirige la délégation soviétique, a tôt fait de comprendre que les Britanniques ont pour consigne de « *conduire les négociations avec une grande lenteur* ». Il faut dire que si le chef de la délégation française, le général Doumenc, a reçu de son gouvernement un ordre de mission lui donnant « *qualité pour traiter toute question militaire* », son homologue britannique, l'amiral Drax-Plumkett, n'est pour sa part en possession d'aucune délégation précise.

La question qui fait achopper la discussion est toujours celle du passage éventuel des troupes soviétiques sur le territoire polonais. À la veille de l'agression nazie, les dirigeants de Varsovie n'ont pas bougé d'un pouce sur ce point. Ils sont convaincus en effet qu'une fois l'armée Rouge installée, ils ne pourront obtenir son retrait. Ont-ils fini à l'ultime moment par accepter, sous la pression de Daladier qui les menace de dénoncer l'alliance franco-polonaise ? Il ne semble pas, mais peu importe. Le 21 août, le général Doumenc reçoit de Paris un télégramme lui enjoignant de « *signer au mieux dans l'intérêt commun* », ce qui signifie que la France accepte d'entrée de jeu le passage des troupes russes en Pologne, que ce pays l'accepte ou non. Trop tard : le 23 août, von Ribbentrop arrive à son tour à Moscou pour signer un pacte de non-agression avec l'URSS.

On sait que le pacte germano-soviétique, assorti d'un « protocole secret » (il ne sera révélé qu'en 1946) qui constituait un véritable plan de partage de l'Est européen, était le point d'aboutissement de négociations entamées en mars-avril à l'initiative des Russes, d'abord par le biais d'échanges commerciaux, relancées par les Allemands fin mai, et finalement accélérées par Hitler lui-même dans les derniers jours de juillet, une fois connue de Berlin la décision franco-britannique de négocier avec l'URSS une convention militaire. Il n'est pas dans notre propos d'examiner ici les mobiles des deux protagonistes, pas plus que le détail des pourparlers qui devaient aboutir au coup de tonnerre du 23 août. Celui-ci fut surtout douloureusement ressenti par la France, dont le principal dirigeant avait cru jusqu'au dernier moment qu'une alliance entre les trois adversaires potentiels du nazisme était imminente. Désormais les choses sont claires pour la majorité des Français : l'URSS a choisi son camp, elle a donné le feu vert à Hitler pour attaquer la Pologne, et cette fois les démocraties ne reculeront pas. Sauf pour une frange de « pacificateurs » impénitents, dont l'archétype est Georges Bonnet, personne ne croit sérieusement à l'éventualité d'un nouveau Munich.

Dans les jours qui suivent la signature du pacte germano-soviétique, Hitler multiplie les démarches diplomatiques dans le but d'obtenir de la France et de l'Angleterre qu'elles se tiennent à l'écart du conflit germano-polonais. À l'ambassadeur Coulondre, qu'il reçoit à Berlin le 25 août, le Führer explique que son pays a définitivement renoncé à l'Alsace-Lorraine et qu'il lui est « extrêmement pénible » de devoir combattre la France à cause de la Pologne. À Daladier, il fait dire par le même Coulondre que l'appui français à la Pologne a poussé ce pays à déclencher une « terreur intolérable » contre les Allemands qui vivent sur son sol. Que ferait la France, ajoute-t-il, si Marseille, telle Dantzig, lui était retirée et si son territoire était coupé en deux par un couloir ? Il n'est pas possible, pour une nation d'honneur, de voir maltraiter deux millions de ses fils à proximité de son territoire. Daladier avait la veille envoyé une lettre pathétique à Hitler, affirmant que le sort de la paix était encore entre ses mains et l'adjurant de joindre ses efforts aux siens pour résoudre la crise « *dans l'honneur et dans la dignité* » : « *Vous avez été, comme moi-même, un combattant de la dernière guerre (...). Si le sang français et le sang allemand coulent de nouveau, comme il y a vingt-cinq ans, chacun des deux peuples luttera avec la confiance dans sa victoire, mais la victoire la plus certaine sera celle de la destruction et de la barbarie.* »

En fait, les manœuvres de la diplomatie allemande n'ont d'autre but que de masquer, pendant quelque temps encore, l'entreprise conquérante qui se prépare et à laquelle Hitler n'a nullement l'intention de surseoir. Personne n'en est dupe. Ni les Britanniques qui, sans chercher à déclencher un nouveau processus munichois — aux Communes Chamberlain est tout à fait clair sur ce point —, multiplient les initiatives pour tenter d'établir un dialogue de dernière minute entre Varsovie et Berlin. Ni les Français, dont l'action diplomatique paraît, à partir du 25 août, frappée de paralysie. Il est vrai que, plus que jamais, le gouvernement se trouve divisé entre les partisans d'une attitude ferme (Daladier, Mandel, J. Zay, Reynaud, Campinchi) et ceux qui, comme Bonnet, Marchandeau, de Monzie et Guy La Chambre souhaiteraient dénoncer l'alliance polonaise, ou du moins obtenir de Varsovie que des « concessions » soient faites à Hitler à propos de Dantzig. Un clivage semblable oppose le 31 août ceux qui approuvent et ceux qui rejettent le projet de conférence proposé par Mussolini dans le but d'examiner l'ensemble des problèmes liés à la révision du traité de Versailles. Contrairement à ce qu'affirment aujourd'hui certains historiens, émules attardés d'A.J.P. Taylor, et curieusement enclins à vouloir à tout prix faire porter à l'« opinion antimunichoise » la responsabilité du déclenchement de la guerre (ce sera la thèse défendue au procès de Riom par les hommes de Vichy), Chamberlain et Halifax ne s'étaient pas ralliés à ce projet que le second considérait comme une manœuvre « dangereuse » du Duce. À cette date, c'est plutôt du côté de la France que l'on rencontre, encore qu'ils soient devenus minoritaires, les *appeasers* les plus déterminés.

Lorsque le 1er septembre l'armée allemande pénètre en Pologne, le Conseil des ministres décide la mobilisation générale et convoque le Parlement pour le lendemain. À la Chambre, dans l'après-midi du 2, il n'y aura pas de véritable débat sur le fond, comme l'avaient demandé les députés Déat, Frot, Bergery, Scapini et Tixier-Vignancour. On se contente, après avoir entendu un discours du président du Conseil, de voter à la demande du gouvernement et avec une unanimité de façade un crédit militaire de 70 milliards pour « *faire face aux obligations de la situation internationale* ». Il en est de même au Sénat, où Laval est seul à émettre des réserves. Bien que le projet de loi ne mentionne pas le mot « guerre », tout le monde a compris que le vote donne mandat à Daladier d'engager les hostilités contre l'Allemagne. Bonnet pour sa part souhaiterait obtenir un délai de la Grande-Bretagne avant qu'un ultimatum soit adressé au Führer : le temps demandé par Ciano pour organiser la conférence projetée par Mussolini. Mais le gouvernement britannique, qui estime maintenant, sous la pression du Parlement et de l'opinion publique, que la France traîne les pieds, fait savoir à Daladier qu'il n'est plus question pour lui de temporiser.

Si bien que, dans la nuit du 2 au 3 septembre, l'ambassadeur d'Italie à Paris, Guariglia, est avisé que la France exige en préalable à la conférence un retrait « au moins symbolique » des troupes allemandes engagées contre la Pologne, ce que le Führer ne saurait évidemment accepter. Ciano retire donc son projet, ce qui amène Bonnet à arrêter ses ultimes et vaines tentatives de conciliation et à accepter finalement que soit adressé à l'Allemagne un ultimatum identique à celui qui avait été lancé 5 heures plus tôt par le cabinet de Londres et qui exigeait le retrait des troupes allemandes du territoire polonais avant 17 heures. Hitler en ayant rejeté les termes par l'intermédiaire de Ribbentrop, qui reçoit à la chancellerie l'ambassadeur Coulondre, la France et le Royaume-Uni se trouvent le 3 septembre en fin d'après-midi en guerre avec le Reich.

VI

LE CHOC DE LA SECONDE GUERRE MONDIALE (1939-1945)

Pour tout ce chapitre, on se référera à un remarquable ouvrage collectif qui fait le point sur la plupart des problèmes abordés J.P. Azéma et F. Bédarida (s.l.d.), *La France des années noires*, 2 vol., Paris, Seuil, 1993.

Une guerre à reculons

En déclarant la guerre à l'Allemagne le 3 septembre 1939, le gouvernement français paraît entraîné dans un engrenage qu'il a lui-même monté et auquel il semble ne plus pouvoir échapper. Sans doute est-il convenu qu'il fallait à tout prix arrêter Hitler après l'annexion de l'Autriche, celle des Sudètes, puis le démembrement de la Tchécoslovaquie en mars 1939, et c'est pourquoi il s'est engagé à venir en aide à la Pologne si, comme il était probable, celle-ci était attaquée par l'Allemagne nazie. Était-il d'autre moyen de parvenir à intimider le dictateur que de le menacer d'un affrontement direct avec les grandes puissances européennes ? Mais, dans l'esprit des dirigeants français, cet engagement devait être dissuasif et permettre précisément d'éviter le conflit dont on menaçait l'adversaire. Le gouvernement n'ignore pas en effet que, si sa propre détermination s'est renforcée, la population française, encore traumatisée par le souvenir de 1914, refuse viscéralement une nouvelle guerre.

Dans ces conditions, l'invasion de la Pologne par Hitler le 1er septembre 1939 enferme la France dans le piège. Renoncer à tenir ses engagements, c'est implicitement admettre qu'Hitler peut dominer l'Europe à sa guise. Remplir ses obligations, c'est entrer en guerre. C'est à ce second terme de l'alternative que se résout le gouvernement Daladier après avoir vainement tenté dans les derniers jours d'août et au début du mois de septembre, d'inciter Hitler à accepter une conférence internationale. Mais le pas franchi, le 3 septembre, le président du Conseil n'ose même pas employer le terme de guerre pour décrire la réalité nouvelle qui s'impose aux Français. La note officielle adressée à l'Allemagne annonce que « la France assumera ses obligations envers la Pologne » et le président du Conseil demande au Parlement, non de ratifier la déclaration de guerre, mais de voter les crédits nécessaires « pour faire face aux obligations de la situation internationale » (Yves Durand, *La France dans la Seconde Guerre mondiale*, Paris, A. Colin, 1989, collections « Cursus »).

Toutefois, si la guerre est déclarée, les opérations ne sont nullement engagées. Venues « au secours de la Pologne », les armées françaises ne quittent pas le territoire national et laissent les troupes du IIIe Reich écraser en trois semaines l'alliée à laquelle on avait promis protection. Une brève incursion en Sarre, qui ne rencontre guère de résistance, est suivie d'une évacuation plus rapide encore. C'est que la stratégie mise en place par l'état-major français et correspondant d'ailleurs à l'état d'esprit de l'opinion publique est tout entière inspirée du souvenir de la Première Guerre mondiale. Nul ne veut revoir les sanglantes et vaines offensives de 1914, avec les risques politiques qu'elles comportent (mutineries ou révolution). Et c'est pourquoi les plans français se placent dans l'hypothèse d'une guerre longue permise par une stratégie défensive qui contiendrait l'ennemi dans un premier temps. Plutôt que les boueuses et inconfortables tranchées de 1914-1918, on a donc envisagé un ensemble de fortifications de béton, soigneusement aménagées pour offrir une résistance imparable aux offensives ennemies, la ligne Maginot. Cette ligne court de la frontière suisse à la forêt des Ardennes, mais s'arrête à ce niveau, l'état-major français ayant décrété les Ardennes « infranchissables aux chars ». Plus au nord, face à la frontière belge, il n'a pas été jugé opportun de prolonger les fortifications, ce pays étant, sinon allié (il s'est déclaré neutre en 1936), du moins ami. Mais le souvenir de 1914 et de l'invasion par la Belgique reste présent aux esprits des militaires. Si l'ennemi tente un mouvement de débordement de la ligne Maginot par le nord, le gros des troupes françaises se portera en Belgique (Plan Dyle), voire aux Pays-Bas (Plan Breda). Toutes les précautions étant ainsi prises pour faire échec aux offensives allemandes et contenir l'ennemi, la France compte sur le temps pour que l'adversaire s'use dans de vaines et sanglantes attaques, pendant que le potentiel des Alliés se renforcera grâce à l'appui des immenses empires anglais et français et, espère-t-on, grâce à l'aide des États-Unis comme durant la Première Guerre mondiale. Aussi la France en guerre depuis le 3 septembre 1939 ne combat-elle pas jusqu'en mai 1940. À cette période de conflit sans opérations, les Français ont donné le nom de « drôle de guerre ».

Toutefois, cette « drôle de guerre », si elle évite les morts et les blessés, a des effets moraux et politiques négatifs sur la France. En premier lieu, elle démobilise l'opinion qui parvient difficilement à prendre au sérieux une guerre qu'elle ne souhaite pas, et qui entend poursuivre une vie normale en attendant que la paix soit rétablie puisque aucun acte irrémédiable n'a encore été commis. Aussi reste-t-elle indifférente aux efforts faits pour la galvaniser, affiches de propagande ou distribution de masques à gaz. En revanche, elle admet très mal les mesures de précaution prises par le gouvernement : exercices d'alerte, suppression des bals et distractions publiques, jours sans viande, puis, début 1940, rationnement de certains produits (huile, café, charbon...) débouchant en mars 1940 sur des cartes de rationnement généralisé. Au front également, l'attente engendre la démoralisation. La distribution de ballons de football ou de vin chaud, la plantation de rosiers sur la ligne Maginot, les tournées au front d'artistes de music-hall parviennent mal à tromper les effets démobilisateurs de l'inaction et de l'ennui. (Pour la vie quotidienne jusqu'en mai 1940, Philippe Richer, *La drôle de guerre des Français, 2 septembre 1939-10 mai 1940*, Paris, Olivier Orban, 1990).

Dans le monde politique, l'absence de combat interdit tout réflexe d'union sacrée comme en 1914 et va avoir pour effet de stimuler un courant pacifiste dont on a vu les profondes racines dans l'opinion publique. Un pacifisme qui recrute dans toutes les tendances politiques. Il est puissant à gauche chez les syndicalistes de la CGT rassemblés derrière l'un des secrétaires de celle-ci, René Belin, ou dans certains syndicats comme celui des instituteurs dirigé par André Delmas. Au parti socialiste, le secrétaire général, Paul Faure, conduit une forte minorité qui entend sauvegarder la paix à tout prix et qui attaque violemment Léon Blum, suspect à ses yeux de « bellicisme ». Le pacifisme trouve nombre d'appuis dans les milieux de droite, par exemple parmi les dirigeants de l'*Union nationale des combattants*, d'opinion généralement modérée, qui, au nom de l'expérience des tranchées, refusent un nouveau conflit, mais aussi dans les milieux convertis au fascisme, par exemple chez les rédacteurs de l'hebdomadaire *Je suis partout*, ou encore dans une partie des milieux d'affaires. En septembre 1939, le pacifisme reçoit l'appui inattendu du parti communiste. Chef de file du combat antifasciste jusquelà, pris à contre-pied par la signature le 23 août 1939 du pacte germano-soviétique, le parti communiste est touché par une crise très grave qui se

591

manifeste par un grand nombre de démissions d'élus et de militants. S'alignant difficilement sur la nouvelle situation, le parti communiste présente désormais la guerre comme un conflit entre puissances impérialistes qui ne concerne pas les prolétaires et il préconise la signature de la paix. Son secrétaire général, Maurice Thorez, déserte son unité et gagne Moscou. Le 17 septembre 1939, après l'entrée des troupes soviétiques en Pologne, le parti communiste est dissous. Fin septembre, après une lettre des parlementaires du groupe « ouvrier et paysan » (c'est le nouveau nom du groupe communiste) au président de la Chambre des députés, Édouard Herriot, recommandant d'accepter les offres de paix du chancelier Hitler (qui n'ont pas encore été formulées), de nombreux parlementaires communistes sont arrêtés pour intelligence avec l'ennemi (ils seront déchus de leur mandat, jugés et emprisonnés en 1940). Les autres gagnent la clandestinité. Si la répression contre les communistes répond à une ancienne aspiration qui s'était manifestée dès 1936 (Jean-Jacques Becker et Serge Berstein, *Histoire de l'anticommunisme en France*, tome I, 1917-1940, Paris, Olivier Orban, 1987), le pacifisme n'est pas pour autant proscrit, comme il l'avait été durant la Première Guerre mondiale. Dix jours après la déclaration de guerre circule dans Paris un tract « Paix immédiate » signé par une quarantaine de personnalités de gauche dont l'anarchiste Louis Lecoin, le philosophe Alain, les écrivains Jean Giono et Victor Margueritte, des syndicalistes, etc. Au Parlement, un groupe d'une quarantaine de députés et de sénateurs, autour de Pierre Laval et de Pierre-Étienne Flandin, mène une active propagande en faveur de la paix. Au gouvernement même, il existe un courant pacifiste dont les figures de proue sont le ministre des Affaires étrangères, Georges Bonnet, et celui des Travaux publics, Anatole de Monzie.

L'importance et la diversité des troupes pacifistes démontre à l'évidence que l'entrée en guerre n'a nullement mis fin aux débats sur la fermeté ou les concessions qui déchirent la société politique française depuis les années trente. Cette évidente absence d'union sacrée et d'unanimité nationale va avoir pour conséquence la poursuite des luttes politiques au lendemain de la déclaration de guerre.

En septembre 1939, Édouard Daladier est encore l'homme fort de la République qui, après avoir sauvé la paix en 1938, apparaît susceptible de conduire le pays dans le conflit qui lui a été imposé. Mais la stratégie de la « drôle de guerre » et le climat qui en résulte vont rapidement effriter sa position. Les critiques fusent de toutes parts contre la passivité de l'armée française, et Daladier est en butte à la fois à l'opposition des pacifistes qui ne lui pardonnent pas d'avoir déclaré la guerre et à celle des partisans d'une guerre active qui souhaiteraient lui voir déclencher rapidement une offensive décisive. Certains appellent de leurs vœux une aide de la France à la Finlande attaquée par l'URSS. Le 19 mars 1940, Daladier se retire à la suite du vote d'un ordre du jour « de confiance », adopté par 239 suffrages contre un, mais avec 300 abstentions ! Il est remplacé à la présidence du Conseil par Paul Reynaud, partisan d'une guerre plus effective, mais il conserve le ministère de la Guerre. Le gouvernement Reynaud est dépourvu de toute autorité, n'ayant reçu la confiance de la Chambre qu'à une voix de majorité (encore n'est-on pas très sûr de la régularité du scrutin, Édouard Herriot ayant fait traîner en longueur le dépouillement, afin de permettre quelques corrections de vote). De surcroît, compte tenu des exclusives lancées par la droite contre Blum, il ne peut constituer un gouvernement d'union nationale. Enfin, il se heurte aux manœuvres de ses adversaires politiques (en particulier des radicaux, qui intriguent pour ramener au pouvoir leur président Daladier). Lorsqu'en mai 1940, il décide de relever de son commandement le généralissime Gamelin qui oppose à ses décisions une résistance passive, Daladier couvre ce dernier et présente sa démission qui prive virtuellement le gouvernement de toute majorité. Le 9 mai 1940, Paul Reynaud donne sa démission au Président Albert Lebrun. Le lendemain matin, il la reprend précipitamment à l'annonce de l'attaque allemande à l'ouest. Engagée à contrecœur dans une guerre qu'elle n'a pas voulue, la France va boire jusqu'à la lie la coupe amère de la défaite (pour la vie politique durant la « drôle de guerre », voir Guy Rossi-Landi, *La drôle de guerre, la vie politique en France, 2 septembre 1939-10 mai 1940*, Paris, Armand Colin, 1971).

La débâcle

Le 10 mai 1940, les troupes du Reich attaquent en Belgique et aux Pays-Bas. Selon les plans Dyle et Breda, les armées franco-anglaises du nord font alors mouvement pour arrêter l'invasion. Pendant que se déroule cette manœuvre, les *panzerdivisionen* du général Guderian, déjouant les prévisions des stratèges français, traversent la forêt des Ardennes et, le 13 mai, surgissent brusquement à la charnière du dispositif français, isolant les troupes engagées au nord de la ligne Maginot. La Meuse est franchie en trois points à Sedan, Givet et Dinant. Par la brèche ainsi ouverte s'engouffrent les troupes motorisées allemandes qui opèrent un gigantesque mouvement tournant en direction de l'estuaire de la Somme. Le 20 mai, elles occupent Abbeville. Entre la Somme et la frontière des Pays-Bas, les troupes franco-anglaises sont prises dans une gigantesque nasse, que les Allemands résorbent peu à peu. Sous le feu des canons allemands

LA CAMPAGNE DE FRANCE

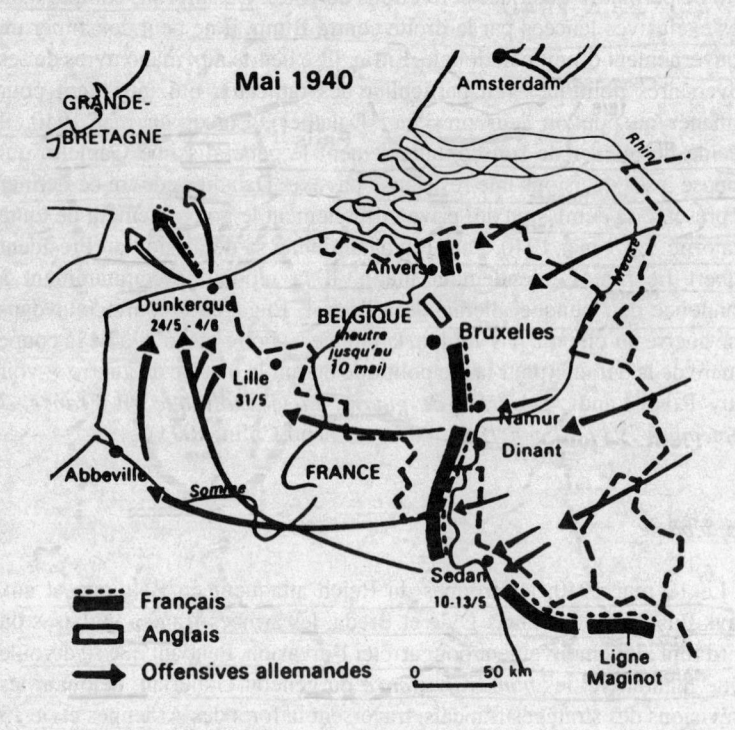

Mai 1940

- ▬▬ Français
- ▭ Anglais
- ➔ Offensives allemandes

0   50 km

Amsterdam · Rhin · Anvers · BELGIQUE (theâtre jusqu'au 10 mai) · Bruxelles · Namur · Dinant · Sedan 10-13/5 · Ligne Maginot · GRANDE-BRETAGNE · Dunkerque 24/5 - 4/6 · Lille 31/5 · Abbeville · Somme · FRANCE

Juin 1940

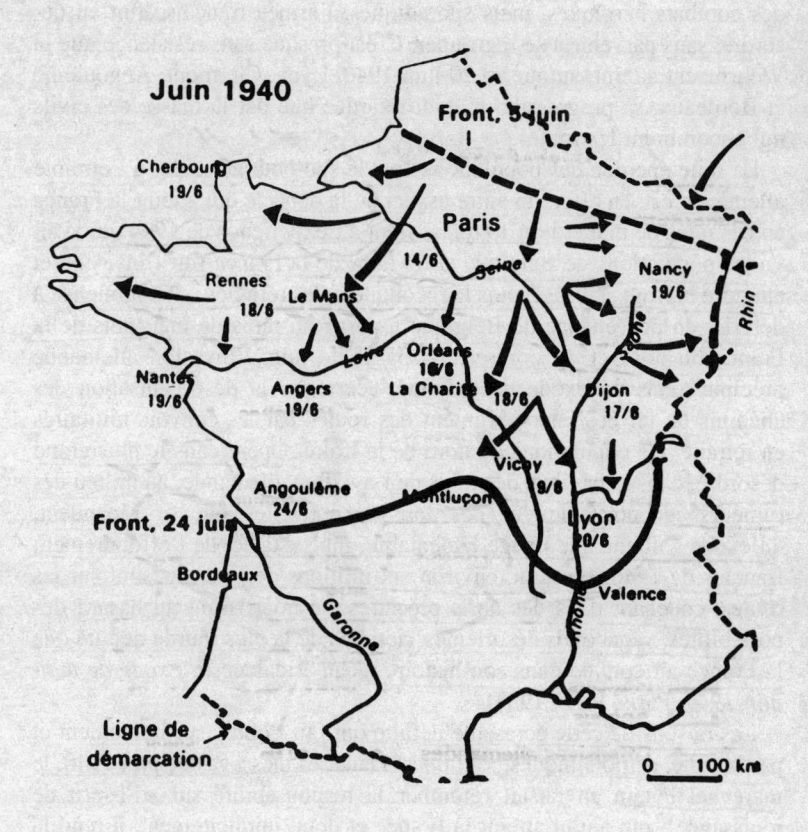

Front, 5 juin
Cherbourg 19/6
Paris 14/6
Nancy 19/6
Rennes 18/6
Le Mans
Nantes 19/6
Angers 19/6
Orléans 16/6
La Charité
Dijon 17/6
18/6
Vichy 9/6
Angoulême 24/6
Front, 24 juin
Montluçon
Lyon 20/6
Bordeaux
Garonne
Rhône
Rhin
Seine
Loire
Valence
Ligne de démarcation
0   100 km

et sous les bombardements, la flotte britannique parvient à embarquer pour l'Angleterre les 200 000 hommes du corps expéditionnaire anglais et 130 000 Français, dans la hâte et l'improvisation. Le 4 juin, la prise de Dunkerque signifie pratiquement la perte par les Français de la « bataille de France ». Dès le lendemain, les troupes allemandes passent à l'offensive vers le sud, déferlant vers la Seine, vers Paris qui est occupé le 14 juin et vers le sud-est, prenant à revers les troupes de la ligne Maginot. Malgré des combats héroïques, mais sporadiques, l'armée française fuit en désordre, sans parvenir à se regrouper. C'est presque sans résistance que la Wehrmacht atteint, autour du 20 juin 1940, Lyon, Clermont, Angoulême et Bordeaux, sa progression n'étant retardée que par la masse des civils qui encombrent les routes.

La fuite éperdue des populations vers le sud pour échapper à l'étreinte allemande est, en effet, un autre aspect de la débâcle qui atteint la France en ces mois de mai et juin 1940. Se fiant à l'expérience de 1914 qui avait vu les populations de Belgique et du nord de la France fuir l'invasion et attendre le front stabilisé, puis la reconquête, les réfugiés ont commencé à déferler en provenance de Belgique à partir du mois de mai, puis de la France du nord et du nord-est. À partir de juin, l'invasion allemande précipite dans un exode désordonné, accru par la désorganisation des chemins de fer et l'encombrement des routes par les convois militaires en retraite, les populations du nord de la Loire. Opéré dans le plus grand désordre, dans la panique des raids de l'aviation allemande, au milieu des rumeurs incontrôlables et des fausses nouvelles qui se répandent, « l'exode » donne une image lamentable, mais exacte, de l'effondrement français de 1940. Fin juin, environ six millions de Français sont sur les routes, couchant dans des abris précaires, se nourrissant au hasard des possibilités, vagabonds désorientés victimes de la plus lourde défaite que la France ait connue dans son histoire (Jean Vidalenc, *L'Exode de mai-juin 1940*, Paris, PUF, 1957).

Les raisons de cette écrasante défaite ont fait l'objet, sur le moment et par la suite, de polémiques politiques. Dans ses messages de juin 1940, le maréchal Pétain en faisait retomber la responsabilité sur « l'esprit de jouissance » qui aurait atteint la France et dont, implicitement, il rend la gauche responsable puisqu'elle aurait encouragé les ouvriers à revendiquer plus qu'à servir. Plus précisément, les hommes de Vichy accuseront le gouvernement du Front populaire, coupable à leurs yeux de n'avoir pas réprimé avec assez d'énergie les grèves des années 1936-1938 et d'avoir institué la loi des 40 heures et les congés payés. Le résultat aurait été l'impréparation de la France à la guerre, l'infériorité en hommes, en armes, en matériel des troupes alliées par rapport aux Allemands. Cette argumentation n'est plus guère retenue aujourd'hui par les historiens. D'abord parce que, comme on l'a vu, le gouvernement du Front populaire a consenti un effort exceptionnel en matière d'augmentation des crédits militaires, effort tranchant avec les compressions consenties en raison de la politique de déflation par les gouvernements des années 1934-1936 (Robert Frank, *Le Prix du réarmement français (1935-1939)*, Paris, Publications de la Sorbonne, 1982). Ensuite parce que toutes les études comparatives faites sur les forces en présence en 1939-1940 montrent que la prétendue infériorité française est un leurre surtout si on ajoute les forces de l'Angleterre.

Forces en présence en 1939-1940
(septembre 1939)

Forces allemandes		Forces alliées
Hommes mobilisés	3 000 000	5 700 000 Français
		1 500 000 Anglais
Hommes aux armées	2 600 000	2 800 000 Français
Nombre de divisions	103	110
Pièces d'artillerie	15 006	16 850
Chars d'assaut	2 977	2 946
Bombardiers	1 620	346 fr. + 497 angl.
Chasseurs	900	560 fr. + 605 angl.

(mai 1940)

Forces allemandes		Forces alliées
Divisons en ligne	114	94 fr. + 10 angl.
dont blindées	10	3
Chars d'assaut	2 800	3 000
Bombardiers	1 562	242 fr. + angl.
Chasseurs	1 016	777 fr. + angl.
Stukas	340	416 avions angl.

D'après Henri Michel, *La Défaite de la France*, PUF, 1980.

L'infériorité numérique globale ne saurait donc être retenue. Les historiens sont aujourd'hui d'accord pour considérer que la cause essentielle de la défaite réside dans l'infériorité stratégique de l'état-major français. Celui-ci a choisi une guerre uniquement défensive fondée sur le postulat que l'ennemi ne pourrait percer les défenses françaises. Or la stratégie allemande est tout entière fondée sur l'idée de rupture du front. Pour cela, elle privilégie l'instrument de la rupture, le couple chars-aviation, constitué en unités autonomes, en force de frappe concentrée en un point du front et ouvrant la brèche par laquelle s'engouffrera l'infanterie motorisée. C'est cette stratégie, jointe à l'erreur d'appréciation sur les défenses naturelles constituées par les Ardennes, qui prend à contre-pied des généraux français qui ont conçu une guerre statique et qui se montrent incapables de réagir au déroulement d'opérations différentes de celles qu'ils ont prévues (Jean-Pierre Azéma, *1940, L'Année terrible*, Paris, Seuil, 1990).

Mais les généraux, vaincus, maîtres du pouvoir au moment de la défaite vont, bien entendu, se laver de toute responsabilité dans celle-ci et faire payer au régime républicain le prix de leur impéritie.

La mort de la IIIe République : suicide ou assassinat ?

La débâcle militaire de la France va aussi revêtir les traits d'une débâcle politique. Paul Reynaud, débordé par la défaite et l'incapacité des militaires à redresser la situation, a relevé de ses fonctions le généralissime Gamelin pour le remplacer le 19 mai par le général Weygand. Le 18 mai, il a remanié son gouvernement pour se débarrasser d'Édouard Daladier et prendre lui-même la responsabilité de la Défense nationale. Mais, dès ce moment, le problème clé qui se pose est celui de savoir quelles conséquences tirer de la défaite militaire. Ce sera le grand débat qui agite un gouvernement jeté par la défaite sur les routes de l'exode, contraint de fuir Paris menacé pour gagner la Loire et, de là, de se réfugier à Bordeaux sous la menace de l'avance allemande. Deux thèses s'affrontent au sein du gouvernement. La première est celle de la résistance à Hitler. Soutenue par le président du Conseil, Paul Reynaud, le ministre de l'Intérieur, Georges Mandel, le ministre de la Marine, César Campinchi, le nouveau sous-secrétaire d'État à la Guerre nommé le 5 juin 1940, le général de Gaulle, elle propose que les militaires signent une capitulation qui mettrait fin à un combat désormais perdu en métropole, mais que les pouvoirs publics, chef de l'État, gouvernement, Parlement passent en Afrique du Nord, pour continuer la guerre dans l'Empire, avec l'appui des Britanniques. C'est précisément contre cette solution que s'élèvent les partisans de la thèse adverse, qui réunit les militaires et les pacifistes du gouvernement Reynaud. Le chef de file des premiers est le maréchal Pétain, devenu vice-président du Conseil le 18 mai 1940 et qui reçoit l'appui complet de Weygand, nouveau généralissime. Nommé lorsque la défaite est consommée, celui-ci n'entend pas en porter la responsabilité. Il est d'accord avec Pétain pour en faire retomber le poids sur le pouvoir politique selon la thématique que nous avons évoquée. Pour eux, le gouvernement, étant responsable de la débâcle, doit en payer le prix en signant un armistice, acte politique par lequel il s'engage à cesser toute opération militaire. Pétain et Weygand sont soutenus par les ministres pacifistes Paul Baudouin, Yves Bouthillier, Camille Chautemps qui se rallient à une solution permettant de mettre fin à la guerre. Les efforts de Paul Reynaud pour empêcher cette solution de triompher en alléguant que les engagements signés avec l'Angleterre interdisent toute paix séparée, puis en envoyant le général de Gaulle à Londres auprès du Premier ministre britannique Churchill afin de trouver le moyen de maintenir la France dans la guerre se montrent vains. Le 16 juin 1940, considérant que la majorité de ses ministres est acquise à l'armistice (bien qu'aucun vote n'ait eu lieu), Paul Reynaud donne sa démission, en conseillant au Président Lebrun de le remplacer par le maréchal Pétain. Celui-ci, nommé président du Conseil, sort aussitôt de sa poche la liste de ses ministres et, dans la nuit, s'adresse à l'Allemagne pour demander l'armistice. Mais sans attendre la réponse, il se met à la merci de l'ennemi en prononçant le 17 juin un discours radiodiffusé aux Français : « *C'est le cœur serré que je vous dis aujourd'hui qu'il faut cesser le combat !* » Quant au départ des pouvoirs publics en Afrique du Nord, il va être abandonné lorsque Philippe Pétain décide de rester en France « pour protéger les Français » et qu'une manœuvre d'intimidation, ourdie par Pierre Laval, Adrien Marquet, député-maire de Bordeaux, et un groupe de pacifistes qu'on dénommera ironiquement la « Commune de Bordeaux » et au sein duquel on trouve Georges Bonnet, dissuade le Président Albert Lebrun de quitter la métropole. Seuls quelques parlementaires (parmi eux Édouard Daladier, Georges Mandel, Pierre Mendès France, Jean Zay) décidés à poursuivre le combat gagnent le Maroc à bord du paquebot *Massilia*. Ils y seront arrêtés sur l'ordre du gouvernement Pétain et détenus jusqu'en juillet 1940.

Le 22 juin, l'Allemagne fait connaître ses conditions d'armistice qui sont draconiennes : l'armée française est réduite à 100 000 hommes et les soldats qui ont déposé les armes sont considérés comme prisonniers jusqu'à la paix ; toute fabrication de matériel de guerre est interdite et le matériel existant livré à l'Allemagne ; les navires français devront être désarmés sous contrôle allemand dans leurs ports de temps de paix ; le territoire français est occupé au nord et à l'ouest d'une ligne de démarcation (voir carte) et la France s'engage à payer les frais d'occupation. Après la signature d'un armistice avec l'Italie le 24 juin (celle-ci qui a déclaré la guerre à la France le 10 juin pourra occuper la ville de Menton et une partie du Queyras), l'armistice avec l'Allemagne, signé le 22 juin dans la clairière de Rethondes qui avait vu la signature de l'armistice par les Allemands le 11 novembre 1918, entre en application le 25 juin.

Mais les hommes qui détiennent désormais le pouvoir n'entendent pas que cet effondrement inattendu soit sans conséquences politiques. Nostalgiques de l'Ancien Régime, comme le juriste Raphaël Alibert, nommé sous-secrétaire d'État à la présidence du Conseil, déçus du parlementarisme qu'ils accusent d'avoir entravé leur action comme l'ancien président du Conseil Pierre Laval, naturellement hostiles à la République par leurs idées ou leur milieu comme Philippe Pétain lui-même, ils jugent le moment venu de régler son compte à la IIIe République. La décision arrachée à Bordeaux de renoncer au départ en Afrique du Nord a mis les pouvoirs publics à leur merci. Réfugiés à partir du 1er juillet à Vichy, situé en zone non occupée et qui, grâce à son équipement hôtelier, permet d'abriter un embryon d'organes gouvernementaux, les nouveaux hommes forts qui prospèrent dans la défaite militaire obtiennent du Président de la République, Albert Lebrun, la convocation des deux Chambres en Assemblée nationale. Jouant habilement de la séduction et de la menace sur des parlementaires désemparés et officiellement désignés comme boucs émissaires, Laval (vice-président du Conseil depuis le 22 juin) fait voter par l'Assemblée nationale le 10 juillet 1940 un texte dont l'article unique remet le sort de la France et celui du régime entre les seules mains de Philippe Pétain : « *L'Assemblée nationale donne tous pouvoirs au gouvernement de la République sous l'autorité et la signature du maréchal Pétain, à l'effet de promulguer par un ou plusieurs actes une nouvelle Constitution de l'État français. Cette Constitution devra garantir les droits du travail, de la famille et de la patrie. Elle sera ratifiée par la nation et appliquée par les Assemblées qu'elle aura créées.* » Sur 666 votants, 569 parlementaires se prononcent en faveur du texte. Seuls 80 députés et sénateurs se prononcent contre un texte en quoi ils voient la mort légale de la IIIe République, 17 s'abstenant volontairement (dont les présidents des deux assemblées, Jules Jeanneney et Édouard Herriot, hostiles au texte, mais neutralisés par d'apparentes concessions de Laval). La défaite débouche sur la mort de la IIIe République, assassinat sciemment voulu par les hommes de Vichy, mais ratifié par des parlementaires désemparés qui, sous le coup du traumatisme qu'ils viennent de subir, font confiance au « vainqueur de Verdun ». Dès le lendemain, certains regretteront leur vote, prenant tout à coup conscience qu'ils viennent d'ouvrir la voie à une dictature antirépublicaine (sur le vote du 10 juillet 1940, voir

Jules Jeanneney, *Journal politique*, édité par Jean-Noël Jeanneney, Paris, A. Colin, 1972. Également Emmanuel Berl, *La Fin de la IIIe République*, Paris, Gallimard, 1968).

Le régime de Vichy et la Révolution nationale

Le vote de l'Assemblée nationale n'impliquait pas par lui-même la fin du régime, puisque les pleins pouvoirs, y compris le pouvoir constitutionnel, étaient confiés au *gouvernement de la République*. Toutefois, il rendait cette mort possible puisque la désignation nominale de Philippe Pétain dans l'article faisait de lui la seule autorité légale du pays. Or, dès le 11 juillet, en faisant paraître les quatre premiers actes constitutionnels, Pétain révèle ses intentions et celles-ci signifient la condamnation à mort du régime républicain que les réformateurs des années trente entendaient transformer, mais non radicalement supprimer. La République disparaît jusque dans les termes puisque le nouveau régime prend le nom d'« État français ». Elle disparaît plus encore dans l'esprit puisque les Actes constitutionnels mettent en place une forme de dictature personnelle. Pétain qui s'autoproclame « chef de l'État français » (le Président Lebrun quitte Vichy sur la pointe des pieds) s'attribue les pouvoirs exécutif et législatif, nomme à tous les emplois, négocie les traités, commande la force armée et peut même exercer la justice politique par l'intermédiaire d'une Cour suprême de justice. Sans être supprimés (ils ne le seront qu'en juillet 1942), le Sénat et la Chambre des députés sont ajournés *sine die*. Enfin, le caractère monarchique du régime se trouve encore accentué par la restauration du delphinat, au profit de Pierre Laval, nommé successeur désigné du Maréchal.

Monarchie, le mot a été prononcé. De fait, le pouvoir de Philippe Pétain chef de l'État ne peut se réclamer d'aucune légitimité juridique. Il n'a pas été désigné par le suffrage universel, ni, comme chef de l'État tout au moins, par le Président de la République ou par la représentation nationale. Il se réclamera d'un pouvoir charismatique, tout à fait incontestable d'ailleurs, du moins en 1940, car il est évident que la très grande majorité des Français lui font confiance pour les protéger de l'ennemi et conduire la patrie dans les voies les plus favorables pour elle. Le véritable culte qui s'élabore autour du Maréchal dont tous les foyers affichent le portrait, dont on vend des bustes, des médailles, des recueils de discours, le tout étant considéré comme autant de reliques par un peuple que la défaite a ramené vers les voies d'une pratique religieuse quelque peu saint-sulpicienne, atteste de la vigueur des liens directs qui se sont établis entre le

« guide » et la majorité de la communauté nationale. À cet appui des Français s'ajoute la reconnaissance de la communauté internationale : 32 pays dont l'URSS, les États-Unis et le Vatican entretiennent avec le nouveau régime des relations diplomatiques et lui envoient des ambassadeurs.

Cette dictature, en ajournant les Chambres, prive le gouvernement de Vichy de tout appui auprès d'une représentation nationale, ce qui, depuis la révolution française, ne s'était jamais produit. Dès l'automne 1940, certains responsables du nouveau régime mettent en évidence l'inconvénient d'une telle pratique et le risque de coupure entre le pouvoir et la nation qu'il recèle. Mais il est vrai que la représentation nationale apparaît comme une notion étrangère à une partie des hommes de Vichy pour qui elle suggère le retour à un parlementarisme honni, et qui n'imaginent d'autres formes de pouvoir que celles marquées au coin de l'autoritarisme. Toutefois, lorsque le vieux parlementaire qu'est Pierre-Étienne Flandin est appelé à remplacer Pierre Laval comme principal inspirateur du régime de Vichy, il obtient la création, par une loi du 24 janvier 1941, du Conseil national, assemblée consultative formée de notables, d'artistes, de savants, d'ecclésiastiques, de dirigeants de coopératives agricoles... Mais le Conseil national ne sera qu'une caricature d'assemblée représentative : tous ses membres sont nommés (certains refuseront d'ailleurs leur nomination ou ne siégeront jamais) ; de surcroît il ne se réunira qu'en commission sans qu'ait jamais lieu la moindre séance plénière (Michèle Cointet, *Le Conseil national de Vichy (1940-1944), Vie politique et réforme de l'État en régime autoritaire*, Paris, Aux amateurs de livres, 1989). Au total, le pouvoir à Vichy repose exclusivement entre les mains d'un vieux maréchal de 84 ans (en 1940), mais qui, en dépit de son âge, est parfaitement lucide et qui gouverne entouré de conseillers privés et de ministres qu'il considère comme de simples commis chargés d'exécuter ses ordres et qu'il choisit de préférence parmi les techniciens plutôt que parmi les politiques.

L'ambition de Pétain est de régénérer la France en provoquant une « Révolution nationale ». Sur la signification de celle-ci, il est malaisé d'être précis, tant les discours du Maréchal, à travers lesquels on peut tenter de saisir les principes qui l'animent, paraissent faits d'une série d'aphorismes dont ne se dégagent clairement que la volonté de rupture avec les principes républicains et la société industrielle et un goût prononcé pour l'archaïsme, le passé antérieur à la Révolution française faisant figure d'âge d'or. Mais ces quelques généralités étant admises, la révolution nationale apparaît comme un pot-pourri d'idées diverses qui se juxtaposent sans former un tout cohérent. L'essentiel est sans doute dans la volonté ardente des Français de redresser le pays après le choc subi du fait de la défaite, de mettre fin à la décadence qui, selon le discours officiel, aurait caractérisé la République dans les années trente. Or, à certains égards, la défaite a levé les obstacles qui s'opposaient aux réformes : le personnel politique est discrédité, les assemblées sont ajournées, les partisans de la République réduits au silence. Tout est possible désormais à un pouvoir qui a les mains totalement libres.

Dès lors, Vichy devient une auberge espagnole où se précipitent pêle-mêle théoriciens fumeux, auteurs de réformes en mal de réalisations concrètes, nostalgiques de l'Ancien Régime, vaincus du suffrage universel, hommes politiques en déshérence, marginaux exclus des groupes dirigeants de la société et avides d'y accéder. Dans cette cour des miracles de l'utopie politique, gauche et droite se côtoient, les non-conformistes des années trente sont au coude à coude avec les technocrates qui considèrent leur heure venue ou avec les spiritualistes qui communient aux discours du Maréchal... « *Toutes les droites et quelques gauches peuplent les cercles dirigeants de Vichy* » écrit Denis Peschanski (dans son remarquable ouvrage éditant les archives de guerre d'Angelo Tasca, *Vichy 1940-1944*, Éditions du CNRS-Feltrinelli, 1986). Constatons-le en effet : le centre de gravité du régime de Vichy est à droite. D'abord avec Pétain lui-même. Il professe une conception de l'État inspirée des principes du christianisme, marque sa volonté de remettre en honneur la famille et l'enfant, de redonner au travail (qu'il conçoit comme fondé sur l'agriculture familiale ou l'artisanat) toute sa valeur en le protégeant des déviations matérialistes que constituent le capitalisme et le socialisme. Pour lui, l'organisation professionnelle doit être fondée sur le corporatisme, c'est-à-dire sur la profession (patrons et ouvriers réunis dans la même corporation) s'organisant elle-même.

On est donc en présence d'une conception du pouvoir passéiste et paternaliste qui n'est pas sans rapport avec les vues traditionalistes du nationalisme français. Si on peut trouver certains points communs avec la pensée de Maurras, théoricien du nationalisme intégral, les vues de Pétain s'en éloignent en ce qui concerne l'organisation administrative du pays : le Maréchal, aux antipodes de la décentralisation prônée par les partisans de l'Action française, entend soumettre le pays à un centralisme autoritaire et son régime sera l'âge d'or de l'administration, d'autant plus puissante qu'elle ne trouve plus face à elle l'autorité des élus de la nation. Il n'en reste pas moins que l'influence des maurrassiens est grande à Vichy, au point qu'on a pu longtemps la croire dominante. Si Maurras lui-même n'est pas présent, il soutient fidèlement le régime dans *l'Action française* et ses fidèles peuplent les allées du pouvoir dans les premiers

603

mois de l'État français : écrivains comme Henri Massis ou René Gillouin, hauts fonctionnaires tel Henri du Moulin de Labarthète, chef du cabinet civil du Maréchal, ministres à l'image de Raphaël Alibert, Xavier Vallat, Jacques Chevalier ou Caziot. Tout naturellement, la droite traditionaliste (mais non monarchiste) lui fait pendant, représentée par exemple par un Philippe Henriot qu'on retrouvera en 1944 dans l'aile extrémiste du régime. Voici encore les représentants de la droite populiste et nationaliste du colonel La Rocque (auquel le régime emprunte sa devise «*Travail-Famille-Patrie*») avec Charles Vallin ou Jean-Louis Tixier-Vignancour, sinon La Rocque lui-même, vite déçu par le régime. Mais il ne conviendrait pas d'oublier cette droite libérale, longtemps l'une des assises de la République parlementaire avec Joseph Barthélemy, grand juriste qui jettera son libéralisme aux orties pour le prix d'un maroquin et se fera le zélateur d'un autoritarisme foulant aux pieds les principes généraux d'un droit qu'il a si longtemps enseigné (voir sur ce point son action au Conseil national, décrite par Michèle Cointet, *op. cit.*). De la même famille politique, Lucien Romier ou Henri Moysset tenteront de ramener Vichy vers les règles et les institutions de la République parlementaire.

Si la droite est fort présente, la gauche n'est pas absente. Elle est représentée par l'ancien radical Gaston Bergery rallié au Maréchal dont il rédige les discours avant d'être son ambassadeur, ou par René Belin, ancien secrétaire de la CGT et leader d'un syndicalisme anticommuniste. On y trouve aussi quelques socialistes que leur pacifisme conduit à appuyer le régime qui a signé l'armistice et entend laisser la France en dehors du conflit, comme Charles Spinasse, ancien ministre de Léon Blum, ou Paul Faure, ancien secrétaire général de la SFIO. On pourrait y ajouter un René Chateau issu du socialisme indépendant, et bien d'autres. Eux aussi espèrent, à la faveur de la Révolution nationale, développer leur idéal d'organisation de la société en faisant abstraction de cette lutte des classes devenue le noyau dur d'un marxisme qui profite surtout aux communistes.

Droite et gauche ne constituent que deux éléments dans un panorama beaucoup plus large. Le vide à remplir du régime a attiré une partie des courants novateurs des années trente, en particulier ces technocrates qui entendent restaurer la vie politique en confiant le pouvoir aux compétences. À la recherche d'équipes nouvelles, l'amiral Darlan leur donne sur le pouvoir une influence déterminante, faisant d'eux des ministres comme Pierre Pucheu, leur confiant des postes importants, au point qu'avec l'influence d'un Barnaud (de la banque Worms), d'un Lehideux, ancien membre de la direction de Renault, on peut dénoncer à Pétain en 1941 un complot de ces technocrates, celui du «Mouvement synarchique d'Empire », groupe dont la cohésion est largement mythique, mais l'importance politique réelle. Il conviendrait d'ailleurs d'y ajouter d'anciens hauts fonctionnaires eux aussi gagnés au projet technocratique comme Bouthillier ou Bichelonne.

Mais le tableau ne serait pas complet si l'on n'y ajoutait la présence des « spiritualistes » séduits par le discours antimatérialiste de Pétain qui, des hommes de L'*Ordre nouveau* (comme Robert Aron) ou des catholiques d'*Esprit*, en fait, aux origines du régime, des fidèles du Maréchal, prêts à fournir des cadres à la Révolution nationale, par exemple à l'école des Cadres d'Uriage, avant de rompre avec le pétainisme et de verser dans une authentique résistance.

Enfin, on ne pourrait caractériser le régime sans évoquer la place éminente qu'y tiennent les militaires, les généraux vaincus de 1940 et les amiraux qui peuplent les allées du pouvoir à partir de 1941. Jusqu'à cette date, l'influence de Weygand est fondamentale avant son éloignement en Afrique du Nord, puis sa révocation à l'automne 1941. Depuis le printemps 1941, elle est remplacée par celle de l'amiral Darlan entraînant avec lui la hiérarchie de la Marine dont il peuple ministères et haute administration au point que le cardinal Gerlier s'inquiétait avec humour de savoir s'il resterait encore un amiral pour le remplacer dans son archevêché !

Bien entendu toutes ces influences ne coexistent pas. Les débuts du régime sont l'âge d'or de la droite extrême, des spiritualistes et de la gauche pacifiste et anticommuniste (dans une position secondaire). Avec l'amiral Darlan dans les années 1941-1942, commence le temps des technocrates et des amiraux. 1942-1943 voit l'offensive des libéraux pour ramener le régime sur la base des traditions d'une démocratie libérale à l'exécutif un peu renforcé. Mais, dès 1943, les tendances autoritaires du régime, qui ont existé dès l'origine, se renforcent considérablement et cette radicalisation laisse la voie libre aux éléments extrémistes, voire à un État milicien dont les historiens s'interrogent sur la nature propre. Toutefois, si les tendances dominantes ont varié, si projets et discours sont pluriels, la pratique de Vichy est d'emblée en rupture avec les principes de la démocratie libérale et dessine les contours d'un régime indiscutablement autoritaire.

La Révolution nationale en pratique : l'exclusion

Régime de réaction, la Révolution nationale entend d'abord prendre le contre-pied des valeurs et des pratiques qui avaient été celles de la

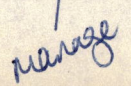

IIIe République. Rejetant la tradition qui faisait de la France une terre d'asile pour les étrangers en difficulté politique et économique, elle va s'appliquer à mettre en pratique le mot d'ordre lancé par la droite nationaliste et extrémiste des années trente : « *La France aux Français.* » Les conséquences de ce nationalisme étroit sont multiples : internement des étrangers dans les camps de concentration et remise aux Allemands des immigrés antinazis, révision des naturalisations prononcées depuis 1927 (date d'une loi facilitant les procédures d'acquisition de la nationalité française) qui aboutit à la dénaturalisation de 15 000 Français ainsi rendus apatrides (voir Bernard Laguerre : « Les dénaturalisés de Vichy », *Vingtième siècle, Revue d'Histoire*, n° 20, octobre-décembre 1988), et surtout politique antisémite appliquée systématiquement et avec ardeur. Devançant les désirs des Allemands, Vichy promulgue en octobre 1940, puis en juin 1941, deux « statuts » des Juifs qui s'expliquent à la fois par l'antisémitisme de certains dirigeants de Vichy (soutenus par le Maréchal) et par le désir du gouvernement de préserver la souveraineté française en prenant lui-même des mesures sans se les laisser imposer par les Allemands. Mais ces statuts s'inspirent bien entendu (et pour la raison qui vient d'être indiquée) des réglementations allemandes en la matière. Bien que l'antisémitisme français se veuille national et non racial, c'est un critère racial qui est retenu pour la définition des Juifs (ceux qui ont plus de deux grands-parents juifs et pratiquent la religion juive, ceux qui ont trois grands-parents juifs ou encore ceux qui ont deux grands-parents juifs et sont mariés à une personne ayant elle-même deux grands-parents juifs). Ceux qui tombent sous le coup de cette définition sont exclus de toute fonction leur permettant d'exercer autorité et influence (fonctions électives, fonction publique, cinéma, théâtre, radio, enseignement) et voient leur accès à l'université et aux professions libérales limité par un *numerus clausus*. Enfin une loi de juillet 1941 prévoit « l'aryanisation » des entreprises juives, les propriétaires se trouvant spoliés et des « administrateurs provisoires » étant chargés de les gérer (ce qui constituera une source de fructueux profits). Un recensement des Juifs est ordonné et, en 1942, on décide d'apposer la mention « Juif » sur la carte d'identité, toutes mesures qui faciliteront plus tard leur arrestation et leur déportation. Pour appliquer cette législation discriminatoire est créé, en mars 1941, un « Commissariat aux Questions juives ». À sa tête est placé un homme d'extrême droite, professionnel de l'antisémitisme, Xavier Vallat. Jugé trop peu docile par les Allemands, il sera remplacé en mars 1942 par Darquier de Pellepoix, antisémite frénétique qui s'appuiera sur les Allemands pour imposer à Vichy une radicalisation de la politique antisémite (voir sur l'antisémitisme de Vichy la mise au point historique du Centre de documentation juive contemporaine, *La France et la question juive*, Paris, Sylvie Messinger, 1981).

Si les Juifs sont les premières victimes de la politique discriminatoire de Vichy (en raison du développement dramatique que constituera leur déportation), les autres groupes constituant ce que Maurras appelait « l'Anti-France » ne sont pas épargnés. Des « quatre États confédérés » dénoncés par le champion du nationalisme intégral, seuls les protestants ne font pas l'objet de mesures discriminatoires. En revanche, à côté des étrangers (les « métèques » de Maurras) et des Juifs, les francs-maçons sont également visés. Considérée comme étrangère à la tradition nationale, la franc-maçonnerie est dissoute dès le 13 août 1940. Des déclarations de non-appartenance à la franc-maçonnerie sont exigées des fonctionnaires et une propagande officielle antimaçonnique se déchaîne, orchestrée par des hommes comme Henry Coston, animateur du Comité d'action antimaçonnique, ou Bernard Faÿ, administrateur de la Bibliothèque nationale qui recense et publie au *Journal officiel* les noms des ex-dignitaires de la franc-maçonnerie (Dominique Rossignol, *Vichy et les francs-maçons, La Liquidation des sociétés secrètes 1940-1944*, Paris, J.-C. Lattès, 1981).

L'exclusion est aussi politique. La vindicte du régime s'abat sur les responsables de l'ordre ancien qu'on entend supplanter. Les instituteurs laïcs, jugés coupables de la décadence nationale, sont désormais suspects. L'administration est épurée et de nombreux préfets ou fonctionnaires, considérés comme favorables à la République, sont révoqués et remplacés par des hommes jugés plus sûrs. Les Conseils municipaux des grandes villes sont dissous, ce qui permet de révoquer nombre de maires républicains. Ils sont remplacés par des Délégations spéciales à la tête desquelles on place des techniciens ou des notables en principe « apolitiques ». Mais surtout, la répression s'abat sur les anciens dirigeants de la IIIe République placés en résidence surveillée ou jetés en prison. Tel sera le sort de Léon Blum, Daladier, Reynaud, anciens présidents du Conseil, des anciens ministres Georges Mandel, Jean Zay, Pierre Mendès France (accusé de désertion pour s'être embarqué sur le *Massilia* afin de continuer à combattre !), puis, plus tard, celui d'Édouard Herriot. Le régime et les extrémistes annoncent le prochain châtiment de ces coupables (sans que la nature exacte de leur culpabilité soit clairement précisée).

La Révolution nationale et pratique : L'Ordre nouveau

En même temps qu'il entend balayer l'Ordre ancien marqué par l'esprit républicain, Vichy se préoccupe de mettre en place l'Ordre nouveau qui s'inspirera de celui de la Révolution nationale. Si l'on s'en tient au discours, celui-ci devrait être une mise en pratique des principes du catholicisme dont le régime affirme s'inspirer. On comprend que la hiérarchie catholique ait manifesté un enthousiasme sans mesure devant le nouveau régime, au point que le cardinal Gerlier, archevêque de Lyon, n'hésitait pas à affirmer en 1940 « *Pétain, c'est la France et la France, c'est Pétain !* ». Majoritairement, de la hiérarchie au clergé en passant par les fidèles, les catholiques soutiennent le régime. Les cas de Mgr Théas à Montauban ou de Mgr Saliège à Toulouse, dénonçant la persécution des Juifs, demeurent isolés. Toutefois, ces bonnes paroles ne font pas une politique et, en dehors des déclarations d'inspiration catholique, d'honneurs reconnus au clergé dans les cérémonies officielles, les avantages accordés à l'Église sont limités : quelques heures de liberté laissées à l'éducation religieuse dans les écoles, l'autorisation d'enseigner rendue aux religieux, quelques subventions accordées aux écoles libres. Dès 1941, Darlan, fort éloigné du discours clérical, freinera les mesures politiques favorables à l'Église catholique (Jacques Duquesne, *Les Catholiques français sous l'occupation*, Paris, Grasset, 1986). C'est donc ailleurs que dans un projet de réorganisation cléricale de l'État et de la société qu'il faut chercher la pratique de l'Ordre nouveau. Celle-ci réside essentiellement dans un projet d'encadrement de l'homme et de la société dont il conviendra de s'interroger pour savoir s'il est une forme française de mise en œuvre du totalitarisme des régimes fascistes.

Ce projet est d'abord discernable au soin pris à contrôler l'éducation de la jeunesse. Le corps des instituteurs est soigneusement épuré par la révocation des Juifs, des francs-maçons et des républicains. Considérées comme le creuset d'une formation laïque et républicaine, les écoles normales d'instituteurs sont supprimées, les futurs instituteurs étant tenus de passer le baccalauréat dans un lycée avant d'entrer dans des instituts de formation professionnelle. Une fois nommés, le régime attend d'eux qu'ils enseignent à leurs élèves les valeurs du nouveau régime, contenues dans sa doctrine « *Travail-Famille-Patrie* ». Mais, plus qu'à l'école primaire, c'est au lycée que le régime fait confiance. Ce qui lui importe c'est en effet de dégager une élite de « chefs » capables de conduire la masse à laquelle on demande seulement l'obéissance. C'est la raison pour laquelle on y rétablit des frais de scolarité dans le second cycle (abolissant la gratuité établie par la République), on y restaure l'obligation du grec et du latin et on y développe des classes élémentaires (alors qu'au même moment on supprime le second cycle des écoles primaires supérieures).

L'accent mis sur la jeunesse, creuset de la future élite dont on entend doter la France, explique la multiplication des initiatives du régime en ce domaine. Résistant aux pressions des extrémistes qui auraient souhaité la création d'une organisation de jeunesse unique, sur le modèle des régimes fascistes, Vichy laisse subsister le pluralisme en la matière. Le scoutisme, les auberges de jeunesse continueront donc à vivre, mais à condition d'adopter les idées et le discours de la Révolution nationale. Toutefois, le régime privilégie des organisations dont les buts et les activités paraissent répondre à ses objectifs. Ainsi en est-il des *Compagnons de France* créés en juillet 1940 par un inspecteur des finances, Henri Dhavernas, avec l'accord du général Weygand et du secrétaire d'État à la jeunesse, Ybarnegaray. Leur but est de prendre en charge les garçons de 15 à 20 ans, dont on redoute le désœuvrement, et de les organiser en compagnies rurales, urbaines, itinérantes, théâtrales... Les objectifs sont plus précis pour ce qui concerne les jeunes à partir de 20 ans, désormais dispensés de service militaire, donc d'une période de formation jugée fondamentale par les généraux. En juillet 1940, le général de la Porte du Theil fonde les *Chantiers de jeunesse* destinés dans un premier temps à accueillir les jeunes gens de la classe 1940 en cours de démobilisation. À partir de janvier 1941, ils sont étendus à tous les Français en âge d'accomplir leurs obligations militaires qui doivent y faire un séjour de huit mois. L'objet est double : donner à la jeunesse un embryon de formation militaire et l'endoctriner dans l'esprit de la Révolution nationale (Aline Coutrot, « La politique de la jeunesse », in *Le Gouvernement de Vichy 1940-1942*, Paris, Armand Colin, 1972).

Enfin, au degré supérieur, la formation des élites est complétée par la création d'écoles de Cadres, comme celle d'Uriage, fondée à l'initiative du général Dunoyer de Segonzac et qui, à partir de 1941, a vocation à former les « chefs » de toutes les organisations de jeunesse. Ultérieurement, l'école évoluera vers la Résistance. Mais, à l'origine, elle s'inscrit clairement dans le projet vichyssois de redressement intellectuel et moral et d'encadrement de la population.

Si l'éducation de la jeunesse est une préoccupation fondamentale du régime, l'inspiration moralisatrice et cléricale qui est la sienne le conduit tout naturellement à se poser en défenseur de la famille qui figure d'ailleurs expressément dans la devise du régime. Dans cette optique, l'idéal du régime de Vichy est celui des familles nombreuses et de la femme au foyer. Au service de cet idéal seront prises toute une série de mesures législatives : octroi par l'État d'une dot à la future épouse si elle s'engage à ne pas exercer une profession salariée (ce qui soulage d'autant le marché du travail), octroi d'une carte de priorité aux familles nombreuses qui leur permet de passer en tête des queues (privilège précieux à une époque où les magasins sont chichement approvisionnés), droit donné aux chefs de familles nombreuses de faire des heures supplémentaires... Enfin, pour renforcer la cohésion de la cellule familiale, le divorce est rendu beaucoup plus difficile et toute une série de dispositions sont adoptées pour lutter contre l'alcoolisme, facteur de dissociation des ménages.

L'encadrement de la société trouve un point d'application idéal dans l'organisation du travail mise en place par Vichy. Dès l'été 1940, le régime a prononcé la dissolution des grandes confédérations syndicales ouvrières et patronales en quoi il voit les bataillons organisés de la lutte des classes. Son rêve est de substituer à l'affrontement décrit par les marxistes comme le moteur de l'histoire une organisation corporative fondée sur la collaboration des classes et permettant aux professions de gérer de manière autonome leurs propres affaires, ce qui aboutirait au désengagement de l'État des tâches économiques qui, aux yeux des gouvernants, ne sont pas de son ressort. En fait, la présence de l'occupant, ses exigences en matière de livraison de produits agricoles et industriels, la pénurie qui en résulte pour les Français vont conduire à faire de l'organisation corporative que Vichy tente de mettre en place un moyen de contrôle et de répartition aux mains de l'État. C'est dans le domaine agricole que l'organisation corporative est la plus développée (Isabel Boussard, *Vichy et la corporation paysanne*, Paris, Presses de la Fondation nationale des Sciences politiques, 1980). Rassemblant toutes les organisations existantes, syndicats, coopératives, industries agricoles, elle est dirigée par des syndics départementaux et nationaux dont la plupart sont issus de l'*Union des syndicats agricoles* rassemblant les grands notables conservateurs. Sous l'influence du Premier ministre de l'Agriculture de Vichy, Caziot, la corporation s'efforce de promouvoir la petite exploitation familiale et de mettre en pratique le principe d'autonomie de la profession. Mais ces velléités devront s'effacer devant d'autres réalités. Successeur de Caziot, Jacques Leroy-Ladurie représente la grande agriculture moderniste et, avec lui, ce sont les tendances à la constitution de grandes propriétés aux rendements élevés qui l'emportent. D'autant plus que cette politique correspond aux besoins de l'État qui, face à la pénurie alimentaire, appesantit son contrôle sur l'agriculture et voit avec faveur toute mesure susceptible d'accroître la production. Dans le domaine agricole, malgré quelques velléités à l'origine, le corporatisme est donc un leurre. Il l'est bien davantage encore dans le domaine des rapports sociaux et de l'organisation industrielle. L'Œuvre du ministre du Travail, René Belin, la Charte du Travail qui entend définir de nouveaux rapports sociaux affranchis de la lutte des classes ne voit le jour qu'en octobre 1941. C'est que Belin a dû composer avec les partisans du corporatisme et qu'il s'est heurté à l'indifférence de la grande industrie comme du monde ouvrier. Finalement, le document prévoit la création d'un syndicat unique et obligatoire pour chacune des catégories participant à la vie de l'entreprise — dirigeants, cadres, ingénieurs, employés et ouvriers — qui auront à régler entre eux les problèmes des rapports entre patrons et salariés. En fait, la Charte du Travail n'est qu'un texte sans portée pratique (si on met à part la constitution de comités sociaux d'entreprises) dont on ne parlera plus guère après l'élimination du gouvernement de René Belin. Il en va différemment de l'organisation industrielle mise en place par Vichy sous l'empire de la nécessité. C'est par la loi du 16 août 1940 que sont créés les *Comités d'organisation*, un par branche industrielle, chargés d'élaborer les programmes de production, de répartir les matières premières, de fixer les salaires, les horaires et les prix. Au sein de ces comités siègent les représentants de l'État et des chefs d'entreprise, systématiquement choisis parmi les entreprises les plus puissantes et les plus concentrées de chaque branche. Ainsi s'établit une étroite coopération entre l'État, le grand patronat et les technocrates, préfigurant la politique de modernisation de l'économie française qui prendra son essor à la Libération, mais dont les bases se trouvent posées à Vichy (sur les Comités d'organisation, Henry Rousso, « L'organisation industrielle de Vichy », *Revue d'Histoire de la Seconde Guerre mondiale*, octobre 1979, et Richard F. Kuisel, *Le Capitalisme et l'État en France*, Paris, Gallimard, 1984).

Cet encadrement de la société s'accompagne, bien entendu, d'une volonté de réorganisation de l'État puisque, comme on l'a vu, nombre des partisans de la réforme de l'État dans les années trente se retrouvent à Vichy et tentent d'y faire adopter leurs idées. Chargé par l'Acte du 10 juillet 1940 de préparer une nouvelle Constitution, Philippe Pétain ne cessera d'y travailler, mais aussi de remanier son œuvre (qui ne verra jamais le jour) en fonction des circonstances ou des influences qui s'exercent sur lui. Parti de conceptions qui tournent le dos aux principes qui dominent la vie politique française depuis 1789 (la souveraineté du peuple, le suffrage universel, la démocratie parlementaire...) pour tracer l'ébauche d'une société organique, hiérarchique et autoritaire fondée sur les communautés naturelles (propositions que Joseph Barthélemy, placé à la tête de la Commission de Constitution du Conseil national, s'efforce de mettre en forme), Pétain sera contraint, sous la pression des événements et

611

sous l'influence des libéraux, Romier et Moysset, de revoir sa copie dans un sens plus conforme aux traditions nationales. La neuvième et dernière version du texte constitutionnel, préparée en janvier 1944 mais jamais promulguée, réintroduit le terme de République, rétablit le suffrage universel et l'élection des municipalités et des assemblées et crée une Cour suprême de justice chargée de la fonction juridictionnelle. Reconnaissance par Vichy de l'impossibilité d'imposer à la culture politique des Français un régime correspondant aux vœux des inspirateurs de la Révolution nationale (Michèle Cointet, *le Conseil national de Vichy, op. cit.*). Mais ce texte n'est rien d'autre qu'un exercice de style constitutionnel puisque le régime qu'il prépare ne verra jamais le jour.

En attendant que les pouvoirs publics légaux soient mis en place, il faut gouverner et trouver la courroie de transmission qui permettra de faire pénétrer dans la masse de la population les principes de la Révolution nationale. L'ancien socialiste Marcel Déat, devenu un fasciste bon teint, voit naturellement la solution dans le modèle italien ou allemand et plaide dès 1940 pour un parti unique dont il se verrait volontiers le chef (Antoine Prost, « Le rapport de Déat en faveur d'un parti national unique », *Revue française de Science politique*, octobre 1973, et Jean-Paul Cointet, « Marcel Déat et le parti unique », *Revue d'Histoire de la Seconde Guerre mondiale*, 1973). Ce projet rencontre l'opposition farouche du général Weygand et de la plupart des ministres de Vichy, et Pétain n'y donne pas suite. En revanche, il va trouver une formule de substitution en créant la *Légion des combattants*, rassemblant toutes les associations d'Anciens combattants, organisée sur une base départementale et chargée de répandre dans le pays les principes de la Révolution nationale. Souvent dirigée par des notables locaux, jugés sans indulgence par les extrémistes qui constituent une des ailes du pétainisme, la Légion frappe par son hétérogénéité. Tantôt, elle apparaît somnolente et quasi inexistante, se contentant de parader dans les cérémonies officielles. Tantôt, lorsqu'elle est prise en main par des extrémistes (c'est le cas dans certains départements du Midi), elle entend au contraire faire la loi, dénonçant des notables locaux, interdisant les manifestations qui lui déplaisent, prétendant contrôler la vie culturelle de la nation (voir Jean-Paul Cointet, *La Légion française des combattants. Vers le parti unique... Vichy 1940-1944*, Paris, Éditions Veynier et Kronos, 1991). Les innombrables conflits de compétence surgis entre la Légion et les autorités aboutissent à sa mise en sommeil, ce qui comportera une double conséquence. D'une part, on voit se détacher de la Légion, en décembre 1941, un petit groupe d'activistes conduit par Joseph Darnand qui forme le Service d'ordre légionnaire (SOL), noyau de la future Milice. Cette troupe de choc apparaît comme le fer de lance d'un virtuel fascisme français, organisant conférences ou tournées de propagande, fichant les adversaires, molestant ceux qui sont suspects de sympathie pour la démocratie. D'autre part l'échec de la Légion et le caractère groupusculaire du SOL laissent la voie libre à l'administration qui va être le véritable instrument du pouvoir de Vichy. Le nombre des fonctionnaires croît de 600 000 à près d'un million. À tous les niveaux (État, départements, communes), l'administration s'empare des leviers de commande qu'elle contrôle sans aucun contrepoids puisque les élus sont réduits au silence. L'État centralisé exerce une autorité sans partage.

Enfin on ne saurait évoquer les pratiques de l'Ordre nouveau dans sa volonté de régénérer la France en omettant l'importance de la politique culturelle de Vichy. Dans un contexte de pénurie, de censure, d'exclusion, Vichy entend faire passer les thèmes de son idéologie à travers une série de vecteurs culturels et le régime a consacré une part de ses moyens à tenter de faire triompher dans le domaine des arts plastiques, du théâtre, du cinéma, de la radio, du sport même, les principes de retour à la « tradition française » supposés mettre fin à la décadence du goût et aux douteuses tendances « cosmopolites ». L'entreprise participait d'ailleurs de la volonté de créer une jeunesse saine et virile capable de porter les principes de la Révolution nationale. Le but est de faire sortir la culture des cénacles ésotériques où l'art moderne l'avait confinée pour la ramener à sa tradition artisanale permettant la rencontre entre l'art et le peuple. C'est le but d'une association comme *Jeune France* qui de novembre 1940 à mars 1942 s'efforce de diffuser en la décentralisant une culture populaire. Pour parvenir à ce résultat l'État s'engage plus qu'il ne l'avait jamais fait dans le domaine culturel (mais il prolonge en l'amplifiant une tendance née à l'époque du Front populaire). Dans le cadre de la politique « corporative » déjà évoquée, on a vu naître des comités d'organisation industriels par exemple dans le domaine des industries cinématographiques ou dans celui des entreprises de spectacle qui ont, pour la première fois, organisé des professions où l'individualisme était jusqu'alors la règle. On voit même s'élaborer un ordre des Arts graphiques et plastiques qui, finalement, ne verra jamais le jour, mais qu'une grande partie des intéressés envisage d'un bon œil. D'autre part, l'administration connaît, là comme ailleurs, une extraordinaire croissance de son rôle puisqu'elle constitue le bras séculier d'un régime autoritaire sans contrepoids. À partir de 1940, le tennisman Jean Borotra, nommé commissaire à l'Éducation générale et au Sport, rédige une Charte du Sport qui fait de l'État la clé de voûte de l'organisation sportive, laquelle commence à l'école. Dans le domaine des Beaux-Arts, Louis Hautecœur, directeur des Beaux-Arts, fait de l'État le protecteur du patrimoine et le tuteur de l'enseignement artistique.

Il va de soi que cette intervention de l'État n'est pas innocente et qu'elle a pour objet de favoriser une propagande par la culture permettant de faire pénétrer par osmose dans l'opinion les thèmes de la Révolution nationale. Sans être tout à fait négatif (mais une partie de ces thèmes trouvait un écho réel dans l'opinion, qu'il s'agisse du retour à l'ordre esthétique ou de l'exaltation de l'artisanat), le résultat est cependant minime. S'il existe un « art-Maréchal » dont parle Laurence Bertrand Dorléac (*Histoire de l'art, Paris 1940-1944, Ordre national, traditions et modernités*, Paris, Publications de la Sorbonne, 1986), sa naïveté et son caractère conformiste ne dépassent pas les limites de l'art officiel traditionnel. Pour le reste, Vichy a, faute de forte cohésion doctrinale ou faute de volonté totalitaire, laissé suffisamment d'espace de liberté aux créateurs pour que l'intérêt du régime pour la culture se solde par un véritable élan culturel sur lequel nous reviendrons (sur l'ensemble de cette question culturelle, voir Jean-Pierre Rioux (sous la direction de), *La Vie culturelle sous Vichy*, Bruxelles, Complexe, 1990, collection « Questions au XXe siècle » et, plus précisément, sur le problème évoqué plus haut, l'article de synthèse d'Henry Rousso « Vichy : politique, idéologie et culture »).

Il reste à examiner la nature du régime dont nous avons décrit le fonctionnement. Est-on en présence d'un fascisme à la française ou d'un régime autoritaire répressif ? Jusqu'en 1942, la réponse généralement donnée admet plutôt la seconde hypothèse. On remarque que le régime n'a ni idéologie officielle et homogène, ni parti unique (l'échec de la *Légion des Combattants* est éclairant), ni pratique totalitaire pour la mettre en œuvre (on vient de relever le pluralisme culturel). Vichy apparaît ainsi plutôt comme un régime réactionnaire, s'efforçant, à la faveur du traumatisme subi par les Français et de l'extrême popularité de son chef, de persuader la population du bien-fondé des principes de redressement qu'il entend appliquer. Le caractère non fasciste du régime de Vichy est mis en évidence par Michèle Cointet dans son ouvrage fort circonstancié *Vichy et le fascisme*, Bruxelles, Complexe, 1987, collection « Questions au XXe siècle ». Toutefois, un autre historien de la période, Yves Durand, dans un remarquable travail de synthèse (*La France dans la Seconde Guerre mondiale 1939-1945, op. cit.*) nuance ce point de vue en remarquant que le rejet de la démocratie, la personnalisation du pouvoir, le fondement charismatique de celui-ci, l'unanimisme exigé de l'opinion, le zèle épurateur, l'appareil répressif et policier rapprochent Vichy des États fascistes. Mais il note que ces traits s'accentuent avec le temps. Et c'est surtout l'évolution de Vichy à partir de 1941 (et de manière croissante ensuite) qui permet de se poser le problème avec plus de pertinence. Or une bonne partie de cette évolution tient au sort que connaissent les Français à l'époque de Vichy du fait de cette occupation que le régime a voulu ignorer pour se consacrer à la Révolution nationale.

Le poids de l'occupation

Si Vichy entend ignorer la présence des Allemands sur le territoire national, celle-ci s'impose physiquement aux Français. L'occupation allemande s'exerce sur une grande partie du territoire (voir carte p. 616) mais avec des variantes selon les zones concernées. Les deux départements alsaciens et la Moselle, recouvrés en 1919, ont été purement et simplement annexés au Reich en 1940 et celui-ci s'efforce de les germaniser, les considérant comme terres allemandes et incluant les hommes en âge de porter les armes dans la Wehrmacht. Les zones interdites du Nord et du Nord-Est connaissent un statut particulier qui s'explique pour des raisons militaires, économiques et peut-être des raisons politiques floues. Tel est le cas du Nord et du Pas-de-Calais rattachés à l'administration militaire de Bruxelles avec, peut-être (jusqu'en 1943, date où cette situation cessera), l'idée de les faire entrer dans un État flamand. L'occupant intègre le potentiel industriel de la région à son économie et s'efforce d'y prélever une main-d'œuvre spécialisée et qualifiée. Le statut de la zone interdite du Nord-Est, délimitée par une ligne Somme - Aisne - Vouziers - Saint-Dizier - Chaumont - Dole, est voisin. Les Allemands y interdisent le retour de 65 000 réfugiés partis durant l'exode et y installent jusqu'en 1941 des colons allemands. À partir de 1941, la situation s'améliore avec la suppression de la ligne précitée et les habitants reçoivent en 1943 le droit de rejoindre leur domicile. En outre, il existe une zone interdite de 15 à 20 km le long des côtes, dont la raison d'être est évidemment militaire. Enfin, au nord et à l'ouest de la ligne de démarcation, la « zone occupée » (avec Paris) est soumise à l'autorité directe du Gouverneur militaire en France.

Dans toutes ces zones, l'autorité de Vichy s'exerce en principe. L'administration, la police, les responsables français continuent à gérer la vie quotidienne. Les lois de Vichy s'appliquent comme en zone non occupée. Mais l'exercice de cette souveraineté est soumise au bon vouloir des autorités allemandes et le veto de l'occupant s'impose aux décisions de Vichy ou à l'action de ses agents et fonctionnaires. Au contraire, en zone sud, la présence militaire allemande n'est pas visible et Vichy conserve les aspects extérieurs de la souveraineté. Les pressions allemandes ne sont

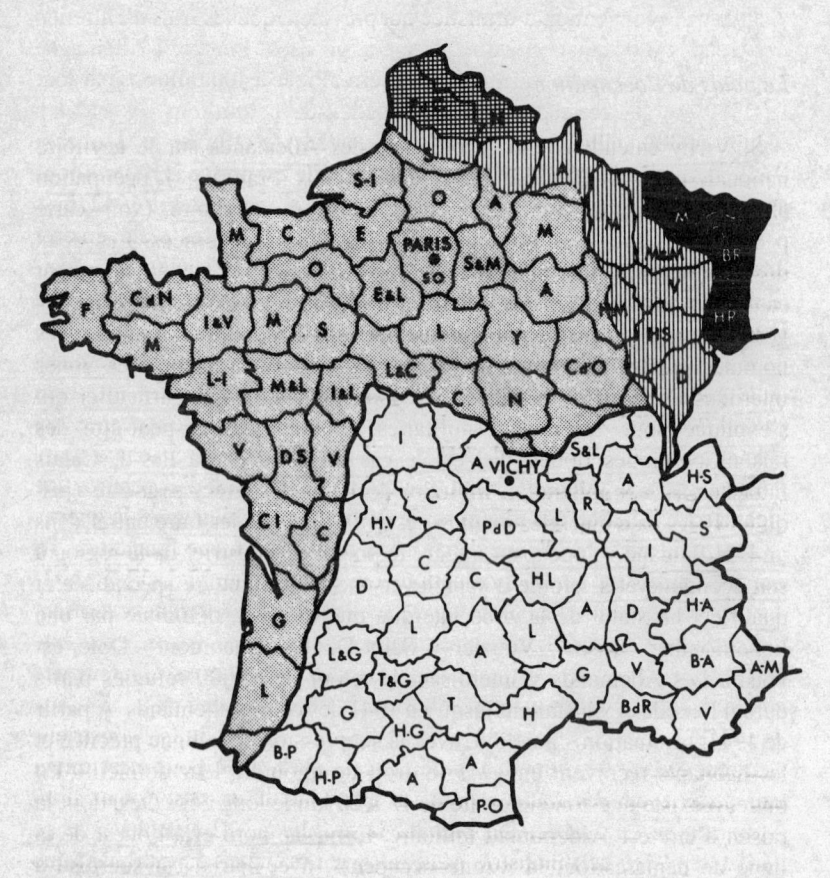

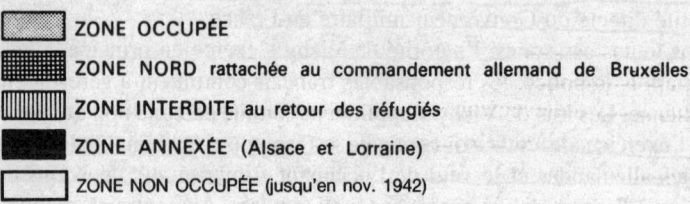

ZONE OCCUPÉE

ZONE NORD rattachée au commandement allemand de Bruxelles

ZONE INTERDITE au retour des réfugiés

ZONE ANNEXÉE (Alsace et Lorraine)

ZONE NON OCCUPÉE (jusqu'en nov. 1942)

pas moindres, compte tenu des atouts dont dispose l'occupant, mais elles s'exercent sur le gouvernement et non directement sur la population.

Le poids de l'occupation n'est pas seulement militaire, il est aussi économique. Il prend d'abord un aspect financier. En application des clauses de la convention d'armistice qui prévoient que les frais d'entretien des troupes d'occupation seront à la charge de la France, l'Allemagne impose une exorbitante indemnité de guerre. Fixée à 400 millions par jour en 1940 (ce qui correspondrait à l'entretien de 18 millions de soldats), réduite à 300 millions en 1941 lorsque Vichy s'efforce de donner à l'Allemagne des gages de sa bonne volonté, elle est portée à 500 millions après l'invasion par les Allemands de la zone sud en novembre 1942, puis à 700 millions après le débarquement de juin 1944. À ces prélèvements directs s'ajoutent toute une série d'autres ponctions financières, réquisitions d'or, prises de guerre, achats non soldés faits par les Allemands en France, cession forcée de participations d'entreprises françaises en France ou à l'étranger. Au total, on évalue à 700 milliards le total des sommes ainsi prélevées par l'occupant. Le gouvernement de Vichy est, bien entendu, incapable de faire face à ces exigences à partir des revenus (au demeurant en diminution) de l'État et il doit faire appel pour satisfaire l'Allemagne à la planche à billets, ce qui a pour résultat d'engendrer une gigantesque inflation qui pèsera sur le destin du pays bien après la guerre.

Les prélèvements allemands ne sont pas uniquement financiers. Ils portent également sur la production. On estime que 12 à 17 % de la production agricole française ont été expédiés en Allemagne, réduisant d'autant les disponibilités alimentaires de la France (mais avec une inégalité, les campagnes stockant des produits devenus rares, pour alimenter le marché noir, alors que l'approvisionnement des villes diminue de 40 % !). Le prélèvement porte enfin sur les produits industriels, charbon, électricité, minerais, produits fabriqués, avec pour effet direct une pénurie de ces mêmes produits qui font désormais l'objet d'un rationnement en France. On prendra la mesure de l'importance de ce véritable pillage de l'industrie française par l'occupant en indiquant que les industries du bâtiment, de l'automobile, de la chaux et du ciment travaillent à 75 % pour l'Allemagne, celles de la peinture et du caoutchouc à 60 %, le textile à 55 %.

Enfin, à ces prélèvements sur l'économie française, il faut ajouter la ponction sur la main-d'œuvre, mise au service de l'économie allemande, au détriment des besoins nationaux. À divers titres (prisonniers de guerre, travailleurs volontaires, déportés du travail après 1942, ouvriers réquisitionnés en France), entre 1 600 000 Français (fin 1941) et 2 600 000 (été 1944) travaillent au service de l'Allemagne. Cette ponction explique la chute de la production industrielle durant les années de guerre. Pour un indice 100 en 1939 la production tombe aux chiffres suivants :

> 68 en 1941
> 62 en 1942
> 56 en 1943
> 43 en 1944

Or, sur cette production déjà considérablement diminuée, les Allemands prélèvent 34 %, ce qui donne une explication claire de la pénurie régnant dans le pays.

À l'occupation militaire et à la sujétion politique qui s'ensuit, aux prélèvements économiques générateurs de pénurie, s'ajoute enfin la répression exercée par les Allemands, avec l'aide des collaborateurs, mais aussi des autorités de Vichy qui, de plus ou moins bonne grâce, mettent l'administration et la police au service des Allemands. Trois catégories paient à cette répression le tribut le plus lourd, les Juifs, les communistes et les résistants. Entre 200 000 et 250 000 personnes ont été appréhendées ; une partie d'entre elles ont été déportées en Allemagne et un grand nombre n'en sont pas revenues. À ces arrestations qui s'opèrent sur une grande échelle à partir de 1942 s'ajoutent, à partir de l'été 1941, les exécutions d'otages qui feront 30 000 victimes. Cet aspect de la répression prend, à mesure que la guerre se développe et que l'action de la Résistance s'amplifie sur le plan militaire, un caractère de plus en plus collectif, les représailles atteignant la population civile. A partir de 1944, cette répression prend un caractère sauvage, exécution de prisonniers pris au hasard dans les prisons de Limoges et de Périgueux pour répondre à des attentats commis contre les chefs de la Gestapo en mars 1944, massacre d'Ascq dans le Nord en avril 1944 après le déraillement d'un train militaire allemand... Le souvenir le plus horrible reste le massacre d'Oradour-sur-Glane en juin 1944 où, pour punir la population du harcèlement dont sont victimes les soldats allemands de la division *Das Reich* en route pour le front de Normandie, les hommes du village sont fusillés et les femmes et les enfants brûlés dans l'église... L'horreur sera portée à son comble par le procès qui aura lieu après la guerre des principaux responsables du massacre lorsqu'on s'aperçoit qu'une partie des coupables sont des Alsaciens enrôlés dans l'armée allemande, dont l'inculpation provoque une très vive émotion en Alsace. L'amnistie prononcée par le Parlement français sera ressentie comme une trahison et une injure à Oradour.

Un élément spécifique de cette répression est la répression raciale. Elle frappe surtout les Juifs (et les Tziganes) et représente l'aspect français de

618

la politique raciale nazie (voir André Kaspi, *Les Juifs pendant l'occupation*, Paris, Seuil, 1991 et Denis Peschanski, *Les Tsiganes en France 1939-1946*, CNRS Éditions, 1994). En zone occupée, elle est mise en œuvre par les Allemands avec l'aide de l'administration de Vichy (les polémiques qui se développent près d'un demi-siècle après les événements sur l'action de certains des responsables de l'administration vichyssoise montrent l'importance du rôle de celle-ci). Mais en zone sud, elle est le fait d'initiatives propres au gouvernement du Maréchal. La première grande rafle des Juifs en zone nord a lieu en mai 1941. Mais c'est à partir de 1942 avec la mise en œuvre par les Allemands de la « solution finale du problème juif » que commence la grande vague d'arrestations et de déportations. Les 16 et 17 juillet 1942 a lieu la « rafle du vel'd'Hiv' » : la police française arrête 13 000 Juifs qui seront parqués au vélodrome d'Hiver avant d'être conduits au camp de Drancy, puis livrés aux Allemands et déportés. En février 1943, c'est le gouvernement de Vichy qui prend l'initiative d'une nouvelle rafle qui n'épargne ni les enfants ni les vieillards. Au total, ce sont quelque 75 000 déportés « raciaux » qui connaîtront les camps allemands, dont la plupart ne reviendront pas, morts de faim ou d'épuisement, assassinés dans les chambres à gaz, leurs corps brûlés dans les fours crématoires...

Comment les Français vivent-ils au quotidien ces conditions difficiles ?

La vie quotidienne des Français sous l'occupation

Pour la masse des Français, le poids de l'occupation se traduit d'abord en termes de difficultés quotidiennes et, avant tout, de restrictions. Dans une société encore largement dominée par le problème de la satisfaction des besoins fondamentaux (la nourriture, le chauffage, le vêtement), la pénurie se fait lourdement sentir et obsède les Français, contraints de faire preuve d'ingéniosité pour assurer une vie quotidienne dont la trame est tissée d'une foule de petites difficultés.

Dès l'été 1940, on commence à établir un rationnement général des denrées. Tous les produits alimentaires sont progressivement rationnés, mais aussi les vêtements, les chaussures, le chauffage. En septembre 1940, les Français ont ainsi droit à 350 g de pain par jour et 360 g de viande par semaine, quantités qui seront respectivement ramenées en avril 1941 à 275 g et 250 g (la ration de viande s'amenuisera progressivement jusqu'à descendre à 120 g par semaine en avril 1943). De la même manière, la ration de matières grasses passe de 650 g par mois en août 1941 à 150 g par mois en avril 1944. Chaque Français reçoit des tickets de rationnement qu'il doit échanger contre les produits correspondants... lorsque les magasins sont approvisionnés. Les rations diffèrent d'ailleurs selon les catégories concernées. Des distinctions sont opérées entre les enfants selon leur âge (E pour les moins de 3 ans, J1 de 3 à 5 ans, J2 de 6 à 13 ans...) et entre les adultes selon leur activité (les « travailleurs de force » ayant droit à des rations plus importantes) ou leur âge (les vieillards de plus de 70 ans classés V recevant des rations moindres). Si les restrictions alimentaires sont les plus quotidiennement subies, le rationnement s'étend aussi aux vêtements, aux chaussures, au papier, au carburant, au caoutchouc, etc. Le moindre objet devient précieux et les Français doivent déployer des trésors de patience et d'ingéniosité pour pouvoir survivre.

Cette pénurie est évidemment inégalement répartie. La pénurie alimentaire touche surtout les villes. À la campagne, l'autoconsommation paysanne s'accroît, mais la pénurie s'y fait lourdement sentir du fait de l'absence de carburant, du manque d'engrais, de l'impossibilité de réparer les machines faute de pièces ou de la mauvaise qualité de la ficelle de papier qui casse dans les moissonneuses-lieuses, faute de sisal. On ne peut suppléer à ce manque de moyens de production par l'utilisation d'une main-d'œuvre qui, elle aussi, se fait rare. En ville, les conditions sont souvent dramatiques. Le rationnement n'offre que des quantités insuffisantes de produits de première nécessité et ceux-ci même manquent le plus souvent. Pour beaucoup de familles, le colis envoyé par les cousins de la campagne est le seul moyen d'améliorer un ordinaire bien frugal. Reste le « marché noir », l'achat en dehors des prix taxés (c'est-à-dire dans des conditions beaucoup plus onéreuses) des produits qui font défaut, les expéditions à la campagne où les fermiers acceptent de vendre (au prix fort) un jambon ou quelques œufs ou le troc (l'échange de sucre ou de cigarettes contre un poulet ou quelques centaines de grammes de beurre). Les Français font aussi l'expérience des *ersatz*, des produits de remplacement avec lesquels il faut faire contre mauvaise fortune bon cœur : les textiles fabriqués avec des cheveux, les chaussures à semelles de bois puisque le caoutchouc et le cuir sont devenus des denrées introuvables. Le bricolage, le système « D » (comme débrouillardise) deviennent des règles essentielles de vie.

Ainsi polarisés sur des problèmes immédiats de vie quotidienne, les Français n'ont pas comme préoccupation fondamentale la vie politique, même s'ils n'ignorent pas celle-ci et attendent avec impatience le retour de la paix. L'opinion publique telle qu'on la perçoit est majoritairement fidèle au Maréchal. Mais il s'agit, comme le note Yves Durand (*La France dans la Seconde Guerre mondiale, op. cit.*), d'un maréchalisme passif, sentimental, qui s'adresse à la personne du chef de l'État plus qu'à sa politique. Il est en outre largement fondé sur la croyance que le Maréchal joue double jeu, et s'accompagne d'une vive hostilité à l'Allemagne, et d'une sympathie croissante pour l'Angleterre et les États-Unis. Ce maréchalisme, pour être très important, n'en est pas moins érodé au cours de la guerre par les actes évidents de collaboration et par les difficultés de la vie quotidienne, mais celles-ci sont le plus souvent portées au débit de l'entourage ou du gouvernement (Darlan, Laval...). Bien différent est le vichysme des partisans de la Révolution nationale, notables locaux, hiérarchie catholique, cadres des associations d'Anciens combattants, hommes d'affaires des Comités d'organisation. On a là une classe dirigeante qui a adhéré aux objectifs du régime, même si ses rangs vont en se clairsemant à partir de 1942 lorsque le sort de la guerre paraît basculer. Enfin, seule une mince minorité (au plus quelques dizaines de milliers de personnes) adhérera à la collaboration active. Il est vrai qu'en face, le groupe des Résistants (sur lequel nous reviendrons) n'est pas beaucoup plus fourni (tout au moins jusqu'à l'extrême veille de la Libération) et qu'il serait sans doute erroné de penser qu'il dépasse à ce moment 200 000 individus actifs engagés dans la lutte politique ou militaire contre l'occupant. Faut-il pour autant considérer la grande majorité des Français (la presque unanimité devrait-on dire) comme attentiste ? Sans doute pas. Obsédés par la solution des innombrables difficultés de la vie quotidienne, sentimentalement attachés à la personne de Pétain, ils attendent avec espoir la victoire des Alliés et la Libération. Leur appréciation envers la Résistance est complexe. Certains applaudissent aux coups qu'elle porte à l'occupant, mais sans que cette approbation, d'ailleurs croissante, les pousse à sauter le pas de l'illégalité pour aller plus loin dans leur soutien. D'autres (chez les notables ou parmi les paysans) jugent sans indulgence l'action des maquis après 1943, voyant en eux des marginaux qui constituent une menace pour les biens et les personnes ou de dangereux révolutionnaires noyautés par les communistes. Méfiants envers les minorités activistes, beaucoup de Français se reconnaissent davantage dans les notables républicains, anciens parlementaires réduits au silence et à l'inactivité par Vichy, souvent sympathisants de la Résistance, mais trop en vue ou trop âgés pour passer à une clandestinité qui ne correspond d'ailleurs pas à leur légalisme prononcé. On a donc une population globalement antiallemande, très hostile à la collaboration, réservée envers la résistance intérieure, de plus en plus attentive à l'action du général de Gaulle, mais faisant avant tout confiance aux Alliés pour la libérer du joug nazi. (Pour l'opinion publique sous Vichy, on consultera M. Baudot, *L'Opinion publique sous l'occupation : l'exemple du département de l'Eure*, Paris, PUF, 1960 ; Yves Durand, *Le Loiret dans la guerre*,

Saint-Étienne, Horvath, 1983 ; Pierre Laborie, *Résistants, vichyssois et autres : l'évolution de l'opinion et des comportements dans le Lot de 1939 à 1945*, Paris, Éditions du CNRS, 1980 ; Monique Luirard, *La Région stéphanoise dans la guerre et la paix*, Saint-Étienne, Presses universitaires de Saint-Étienne, 1980 et, pour une tentative de synthèse, Pierre Laborie, *L'Opinion française sous Vichy*, Paris, Seuil, 1990).

Ce peuple obsédé par les soucis du quotidien, vaincu et occupé, soumis au risque de la répression et condamné au silence politique, va trouver un exutoire à ses angoisses et à ses incertitudes sur l'avenir dans une pratique culturelle qui, à beaucoup d'égards, fait figure d'activité d'évasion, de compensation, voire de preuve de vitalité et d'existence, dans une situation où le doute règne sur l'avenir de la collectivité et de chacun des individus qui la composent. Car, dans tous les domaines, la « consommation culturelle » de ces années noires est frappante. Le cinéma connaît un véritable âge d'or, passant de 220 millions de spectateurs en 1938 à 304 en 1943 et 420 en 1947. Le théâtre accueille jusqu'à 800 000 spectateurs par mois en 1943. La radio n'a jamais été autant écoutée, même si, faute de fabrication de nouveaux appareils, le nombre des récepteurs augmente peu. Les musées, les galeries, les expositions connaissent une exceptionnelle fréquentation. Le sport est l'objet d'un engouement inédit qui voit tripler le nombre des licenciés dans le sport universitaire ou les sports d'équipe. Sans doute le besoin de distractions, la recherche d'une sociabilité interdite autrement, voire la fréquentation de salles chauffées peuvent-elles constituer des éléments d'explication, mais il serait trop simple de réduire à cet aspect des choses un engouement réel que les créateurs et les responsables ont clairement ressenti et qui donne lieu à un effort des artistes pour gagner les masses et faire sortir les formes d'expression culturelle du cercle étroit où elles étaient confinées (à noter une fois de plus que l'on se trouve ici dans le droit fil des expériences culturelles de l'époque du Front populaire). Ainsi s'expliquent les efforts de décentralisation qui rendent compte de la fécondité de la vie culturelle des villes de province ou des régions, l'essor de ces deux grands vecteurs d'une culture de masse que sont la radio et le cinéma, ou le souci obsessionnel, et que la Libération développera encore, du thème de l'éducation populaire dans le domaine de la lecture publique, du sport ou du théâtre (voir Jean-Pierre Rioux (sous la direction de), *La Vie culturelle sous Vichy, op. cit.*, en particulier l'article de synthèse de Jean-Pierre Rioux : « Ambivalences en rouge et bleu : les pratiques culturelles des Français pendant les années noires »).

On ne peut qu'être frappé par la fécondité créatrice de ces années noires dans le domaine de la culture. Répondant à l'intérêt nouveau et à l'attente du public, de nouvelles tendances artistiques se font jour qui ont pour point commun de s'interroger sur l'homme isolé et fragile face à l'histoire (« *Il n'y a plus que l'homme, en face de sa vie... Ingénu jusqu'à la maladresse* » écrit le peintre Bazaine en 1942) et d'offrir une réponse empruntée à la tradition, rassurante et ordonnée, mais exprimée en termes d'une modernité garante de l'avenir. Voici au théâtre la représentation à la Comédie-Française du *Soulier de satin* de Claudel monté par Jean-Louis Barrault, celle de l'*Antigone* d'Anouilh à l'Atelier en 1944, et Montherlant donne la même année sa *Reine morte*. Un jeune auteur fait des débuts prometteurs bien que peu remarqués : Jean-Paul Sartre fait jouer *Les Mouches*, montées par Charles Dullin en 1943 et, en 1944, *Huis clos*.

Le cinéma produit une série d'œuvres marquantes et révèle de jeunes metteurs en scène comme Robert Bresson, Henri-Georges Clouzot (dont *Le Corbeau* qui pose le problème de la délation sera l'objet d'une polémique) ou Jacques Becker. La période voit la sortie de trois œuvres poétiques qui peuvent apparaître comme caractérisant un cinéma de rêve et d'évasion avec *Les Visiteurs du soir* de Marcel Carné en 1943 (mais faut-il, comme on l'a prétendu, voir un symbole de la volonté de survie nationale dans l'image finale qui fait entendre le cœur battant des deux héros statufiés et la colère impuissante du diable devant cette vitalité inattendue ?), *Les Enfants du paradis* du même auteur ou *Goupi-Mains rouges* de Becker en 1943, peinture savoureuse de la société française de la fin des années trente.

Art plus élitiste, la peinture elle-même amorce un retour vers la tradition, mais qui intègre les héritages du fauvisme et du cubisme. Une des manifestations les plus spectaculaires en est l'exposition « Jeune France » organisée en 1941 et réunissant « une vingtaine de jeunes peintres de tradition française » dont Édouard Pignon, Jean Bazaine, André Fougeron, Dubuffet. Voici encore, à la veille de la Libération, la *Messe de l'homme armé*, composition en bleu et rouge de Jean Bazaine où s'exprime la tension entre tradition et modernité et où filtre le message de l'aspiration au retour à l'ordre dans un monde bouleversé et barbare.

La création culturelle exprime ainsi dans un message codé la volonté d'un peuple captif et écrasé de retrouver un avenir dont il ne saurait discerner les traits dans un présent décevant. Preuve s'il en était besoin de l'échec du projet d'Ordre nouveau de la Révolution nationale, dont le tournant décisif se situe en 1941-1942.

*La radicalisation du régime de Vichy
et l'échec de la Révolution nationale*

C'est à partir du printemps 1941 que le régime de Vichy perçoit les premiers signes de la désaffection des Français. Les conditions de la vie quotidienne avec la multiplication des pénuries sont pour beaucoup dans cette désaffection. Mais il s'y ajoute les effets de la contrainte politique. L'abolition de la liberté de pensée, la lecture d'une presse aux ordres indisposent. Les arrestations ne touchent encore massivement que les communistes et les gaullistes, mais les internements de Juifs, sans provoquer de protestations massives, conduisent un certain nombre de Français à s'interroger sur le régime. En 1942, 50 000 Français sont emprisonnés et 30 000 internés dans les camps de concentration. En zone sud, la police de Vichy pourchasse communistes, gaullistes, syndicalistes et, bientôt, parlementaires de la IIIe République. Les oppositions entre Français se durcissent et les premiers actes d'une guerre civile larvée sont accomplis. En juillet 1941 des membres du PPF de Doriot assassinent l'ancien ministre de l'Intérieur du Front populaire, le socialiste Marx Dormoy. En août, un attentat est commis à Paris, au cours duquel Laval et Déat sont blessés. Le 21 août, un résistant communiste, le futur colonel Fabien, tue, au métro Barbès, un officier allemand, ouvrant ainsi la phase de la lutte militaire contre l'occupant qui sera désormais marquée par le cycle attentats-répression (cette exécution donne lieu à l'arrestation d'otages qui sont fusillés). Cette radicalisation dresse contre l'occupant une grande partie de l'opinion française qui, désormais, admet de plus en plus mal l'action des journaux et des organisations qui ont une attitude pro-allemande et l'attitude de Vichy à l'égard de l'occupant.

Toute une série d'actions mettent en évidence la fin du consensus que Vichy avait tenté de promouvoir en 1940 et au début de 1941. En mars 1941 ont lieu à Marseille des manifestations en l'honneur du roi Pierre II de Yougoslavie qui vient de chasser le germanophile régent Paul. En mai 1941, les mineurs du Nord et du Pas-de-Calais se mettent en grève pour obtenir hausses de salaires et meilleur ravitaillement, à la grande colère des Allemands qui comptent sur la production des houillères. Les « V », symboles de la victoire alliée, apparaissent sur les murs des grandes villes. Les mouvements de résistance, jusqu'alors embryonnaires, se développent et leurs tracts et la presse clandestine font connaître aux Français leur existence et leurs objectifs. Enfin, après l'attentat du métro Barbès, la résistance communiste, bientôt suivie des autres organisations, passe à l'action directe contre l'ennemi.

Pour tenter d'arrêter cette dégradation et reprendre en main une situation qui lui échappe, le maréchal Pétain ne voit de recours que dans un raidissement politique. Il s'engage ainsi dans un processus de radicalisation qui va couper de plus en plus profondément le régime de l'opinion française. Le tournant est annoncé officiellement par un discours du chef de l'État prononcé à Saint-Étienne le 12 août 1941. Devant les oppositions qui se manifestent, « *le vent mauvais qui se lève sur plusieurs régions de France* » (phrase qui vaudra au discours d'entrer dans l'histoire sous le nom de « discours du vent mauvais »), le maréchal décide toute une série de mesures qui accentuent le caractère dictatorial et arbitraire du régime. Les partis politiques sont supprimés, ainsi que l'indemnité parlementaire des députés et sénateurs « ajournés ». La police voit ses moyens d'action renforcés et des « commissaires au pouvoir » sont nommés afin de briser les oppositions à la « Révolution nationale ». Une justice d'exception, les « Sections spéciales », de sinistre mémoire, est créée auprès des Cours d'appel (et le Garde des Sceaux, le juriste Barthélemy, finit par entériner cette violation des principes dont il s'était fait l'apôtre). Enfin, tous les ministres et hauts fonctionnaires doivent prêter serment de fidélité au Maréchal et cette obligation sera bientôt étendue à d'autres catégories de fonctionnaires. Il est vrai que, dès le mois de juin 1941, l'adoption du second statut des Juifs aggravant considérablement les dispositions discriminatoires du premier statut (en organisant la spoliation des entreprises leur appartenant, l'institution d'un *numerus clausus* à l'université et dans les professions libérales et imposant leur recensement et leur organisation en minorité gérée par une Union générale des Israélites français — UGIF) révélait le durcissement de la politique répressive de Vichy avant que son chef ne l'annonce. Toutefois, Xavier Vallat, commissaire aux Questions juives, refuse d'appliquer en zone sud les mesures décidées par les Allemands en zone nord : port de l'étoile jaune et couvre-feu spécial. Il sera remplacé par Darquier de Pellepoix qui appliquera avec zèle un racisme outrancier et que Vichy laissera agir.

Cette radicalisation du régime va conduire celui-ci à intenter un procès, qu'il veut exemplaire, aux hommes d'État de la IIIe République qu'il a fait incarcérer dès 1940. En février 1942, le chef de l'État les défère à la Cour spéciale de Riom, sans qu'on comprenne très bien d'ailleurs s'ils sont jugés comme responsables de la guerre ou de la défaite. Le procès de Riom reste dans l'histoire comme un modèle de parodie de justice. Les accusés sont jugés en vertu de textes qui n'existaient pas au moment des faits qui leur sont reprochés, ce qui est une violation du principe juridique fondamental de non-rétroactivité des lois. Certains des accusés sont par ailleurs condamnés par la Cour suprême de justice avant même que ne s'ouvre le procès de Riom. Celui-ci ne tarde d'ailleurs pas à tourner à la confusion du régime et de ses chefs, dont Blum et Daladier font le procès, se transforment d'accusés en accusateurs. En avril 1942, conscients de l'effet désastreux qu'il a sur l'opinion, les Allemands donnent l'ordre de mettre fin au procès.

Abandonnant toute création d'un « Ordre nouveau », le gouvernement de Vichy se transforme donc rapidement en État policier, donnant la priorité à la mise en lisière de l'opinion et à la répression. L'ancien communiste Paul Marion, devenu ministre de l'Information, envoie aux journaux des consignes sévères leur indiquant ce qu'il convient de dire ou de taire, leur faisant parvenir des notes d'orientation et allant jusqu'à leur communiquer des schémas d'articles dont le caractère est de plus en plus impératif. Le ministre de l'Intérieur, Pierre Pucheu, accepte, à la demande des Allemands, de promulguer une loi rétroactive réprimant les activités communistes et il va aller jusqu'à choisir des otages qu'il fait juger par des tribunaux d'exception, chargés d'intimider les résistants en faisant des exemples.

Le retour au pouvoir de Pierre Laval en avril 1942 va accentuer les tendances autoritaires et répressives du régime. Le chef du gouvernement a toujours considéré comme une notion fumeuse la Révolution nationale. Partisan d'un régime fort, il professe son mépris des idéologies et n'entend considérer que les réalités. Or celle qui va s'imposer à lui avec le plus de force est celle de la présence allemande et de l'influence dominante du Reich sur les destinées françaises. C'est en fonction de cette donnée que sa priorité sera de mettre l'accent sur une « collaboration » avec le Reich nazi dont il est le promoteur. Mais avec elle, le régime de Vichy, de plus en plus discrédité dans l'opinion par sa politique autoritaire et répressive, perd tout espoir de convaincre les Français et apparaît comme étroitement lié aux nazis. C'est donc entre l'été 1941 et le printemps 1942 que se trouve consacré l'échec de la Révolution nationale. La collaboration domine désormais la vie du régime.

Qu'est-ce que la collaboration ?

Le terme de collaboration qui désigne les rapports qui se sont noués entre la France occupée et l'occupant allemand entre 1940 et 1944 revêt des acceptions diverses tenant aussi bien aux domaines considérés qu'aux intentions des uns et des autres (sur l'ensemble de la question, voir Eberhard Jäckel, *La France dans l'Europe de Hitler*, Paris, Fayard, 1968, et Jean-Pierre Azéma, *La Collaboration 1940-1944*, Paris, PUF, 1975).

Le domaine le plus difficile à cerner et le plus ambigu est celui de la collaboration économique. À la volonté allemande de drainer pour ses besoins une partie de la production industrielle française, nombre d'entreprises ont répondu, et des banques ont volontiers accepté de financer les entreprises du Reich. La collaboration économique est donc la participation d'entreprises françaises à l'économie allemande avec, à la clé, d'importants profits. Si, dans certains cas, il est avéré que des patrons sont allés avec zèle au-devant des désirs allemands (c'est le cas des entreprises automobiles de Renault et de Berliet qui, pour cette raison, seront nationalisées à la Libération), d'autres se sont trouvés contraints de prêter leur concours à l'occupant, sous peine de représailles ou encore pour éviter la ruine de l'entreprise, voire pour protéger les travailleurs du chômage et de la réquisition pour le Service du travail obligatoire en Allemagne. Bien souvent, ces motivations sont malaisées à établir avec certitude, ce qui explique le nombre limité des procès en collaboration économique à la Libération.

En revanche, le cas du « collaborationnisme » a le mérite de la clarté (voir Ph. Burrin, « Le collaborationnisme » in J.-P. Azéma et F. Bédarida, *La France des années noires*, *op. cit.*). On est ici en présence d'admirateurs du fascisme ou du nazisme, résolus à conduire une collaboration idéologique avec le Reich hitlérien, de manière à établir en France un régime calqué sur celui de Hitler, appuyé sur un parti unique et tourné vers des pratiques totalitaires. Dénonçant la timidité de Vichy dans le domaine idéologique, ils se retrouvent plus volontiers à Paris où ils recherchent les bonnes grâces de l'ambassade d'Allemagne pour parvenir à leurs fins en remplaçant un gouvernement trop peu fasciste à leur gré. À la tête de ce groupe, les dirigeants des partis collaborationnistes dont chacun rêve d'être le « Führer français » : l'ancien socialiste Marcel Déat, fondateur en 1941 du *Rassemblement national populaire* (RNP), l'ex-communiste Jacques Doriot qui a transformé son *Parti populaire français* (PPF) en une formation qui entend être le futur parti unique du fascisme français, Marcel Bucard, leader du *Francisme* créé dans les années trente et stipendié par Mussolini... À ce groupe de politiques, il faudrait ajouter des écrivains qui exaltent le fascisme pour des raisons qui ne sont pas toujours politiques : Robert Brasillach qui voit dans le fascisme un romantisme, ce qui ne l'empêchera pas de dénoncer à la vindicte de l'occupant dans l'hebdomadaire *Je suis partout* les Juifs ou les démocrates (ce qu'il paiera de sa vie à la Libération) ou Drieu La Rochelle qui cherche dans le fascisme un exutoire à son mal de vivre. Tournant autour de ce noyau dur, des journalistes convaincus comme l'ancien député d'extrême droite, Philippe Henriot, ou vénaux comme Jean Luchaire, des jeunes gens qui cherchent à faire carrière, des aventuriers, des trafiquants. Tous font assaut de surenchères antidémocratiques, anticommunistes et antisémites. Leurs idées trouvent un large écho dans la presse parisienne, aussi bien dans les journaux d'information comme *Le Matin*, *Paris-Soir*, *Le Petit Parisien* que dans les hebdomadaires tels que *Je suis partout*, *Au Pilori*, *La Gerbe* ou *L'Illustration*... Mais cette audience apparente ne doit pas faire illusion. Le collaborationnisme, selon des évaluations concordantes, ne dépasse pas 40 000 ou 50 000 personnes actives. Même en ajoutant des sympathisants, il semble attesté que moins de 1 % de la population française y a participé, ce qui en fait une tendance ultra-minoritaire dans une population où la sympathie pour la Résistance et les Alliés est incomparablement plus importante.

On ne saurait confondre cette collaboration idéologique avec la collaboration d'État que pratique le gouvernement de Vichy. Celle-ci est cependant bien davantage que la simple constatation des inévitables rapports entre l'occupant et les autorités d'un pays occupé. Il s'agit d'une politique délibérée fondée sur un postulat que l'avenir révélera faux : la certitude de la victoire allemande et, par conséquent, la nécessité d'y adapter la politique française afin d'obtenir un traité de paix relativement favorable. Pour y parvenir, il s'agit de se concilier les bonnes grâces de l'occupant en faisant preuve de bonne volonté au moment où le Reich en guerre a besoin de la neutralité bienveillante d'une France qui, aux yeux de Vichy, n'est pas dépourvue de moyens, en particulier du fait de la possession d'une des meilleures flottes du monde basée à Toulon et d'un empire colonial dont l'importance stratégique ne saurait être sous-estimée. Mais, ce faisant, le but de Vichy est de préserver la souveraineté française et nullement de se faire l'auxiliaire du Reich. Il s'agit de défendre les intérêts français dans la future Europe allemande. Le problème, largement révélé par les sources allemandes (voir E. Jäckel, *op. cit.*) est que si Hitler éprouve en effet le plus grand intérêt à la neutralisation de la flotte et de l'empire français afin d'éviter qu'ils ne basculent du côté des Alliés et si, en raison de cet objectif, il est prêt à feindre de collaborer avec Vichy, il n'entend rien lui offrir en échange et se refuse à considérer l'État croupion issu de sa victoire militaire de 1940 comme un partenaire égal. Dans ces conditions, son but est de l'exploiter sans contrepartie et il ne manque pas de moyens pour rendre dociles ses interlocuteurs français : les otages que constituent les prisonniers de guerre français en Allemagne que l'on coupe de toute relation avec leurs familles ou avec Vichy en cas de mauvaise volonté des autorités françaises, la ligne de démarcation entre zone occupée et zone « libre » que le Reich peut transformer à son gré en frontière étanche isolant Vichy de la moitié du territoire français, le chantage aux collaborationnistes de Paris qu'on menace de substituer au gouvernement. Dans ces conditions, et malgré les intentions initiales de Vichy, la collaboration est un marché de dupes où Pétain et son gouvernement ne cessent de mener des combats d'arrière-garde, tout en se laissant entraîner par les Allemands toujours plus loin qu'ils ne l'auraient souhaité, jusqu'à la vassalisation complète.

Les mécomptes de la collaboration d'État

Quatre grandes phases marquent les étapes de la collaboration d'État, rythmant la dégradation de la situation de Vichy face aux Allemands.

La première commence en octobre 1940, à l'initiative de Pierre Laval, alors vice-président du Conseil. En accord avec l'ambassadeur du Reich à Paris, Otto Abetz, Laval rencontre à Montoire le 22 octobre 1940 Hitler et Ribbentrop, le ministre allemand des Affaires étrangères, et leur suggère la mise en place d'une politique de « collaboration » qui pourrait aller jusqu'aux limites de la cobelligérance, la France se chargeant pour sa part de reconquérir les territoires d'Afrique équatoriale passés à la dissidence gaulliste. Il obtient que, le 24 octobre, Hitler reçoive Pétain. L'entrevue Hitler-Pétain a lieu également à Montoire. Les résultats concrets paraissent minces et débouchent sur des négociations envisageant les projets militaires français en Afrique et les demandes allemandes de matières premières et de produits industriels. Mais la France n'obtient ni la diminution des frais d'occupation, ni le retour des prisonniers de guerre. La conséquence la plus importante de l'entrevue de Montoire est l'effet de propagande qu'elle comporte, la photographie de la poignée de mains Hitler-Pétain et le discours du Maréchal : « *j'entre aujourd'hui dans la voie de la collaboration...* » qui fait de celle-ci la politique officielle de Vichy. Cette première phase est brutalement stoppée par la révocation et l'arrestation de Pierre Laval le 13 décembre 1940, dues non à un désaccord de Pétain sur la politique de collaboration mais à l'exaspération du Maréchal devant la pratique personnelle de Pierre Laval qui conduit des négociations sans le tenir au courant. L'éviction de Pierre Laval provoque cependant une quasi-rupture des contacts franco-allemands en raison de la colère de l'ambassadeur Abetz, privé du partenaire avec lequel il avait jeté les bases de la collaboration.

La seconde phase est le fait de l'amiral Darlan qui, après un bref intermède durant lequel l'ancien président du Conseil, Pierre-Étienne Flandin, fait figure d'homme fort du gouvernement, parvient au pouvoir en février 1941. L'amiral fait des efforts considérables pour renouer les contacts interrompus avec le Reich et se montre prêt à aller très loin dans la voie des concessions pour remettre sur pied la politique de collaboration. Il parvient enfin à rencontrer Hitler à Berchtesgaden en avril 1941 et lui fait des promesses considérables qui seront consignées en mai dans les *Protocoles de Paris*. Par ce texte, la France se range pratiquement aux côtés de l'Allemagne dans la guerre qu'elle mène contre l'Angleterre. En Syrie, Darlan met les aérodromes à la disposition du Reich afin qu'il puisse venir en aide aux Irakiens en révolte contre l'Angleterre. En Tunisie, aérodromes et chemins de fer pourront être utilisés par les Allemands pour acheminer renforts et matériel au maréchal Rommel en difficulté en Libye face aux Britanniques. Des sous-marins allemands pourront être basés à Dakar afin d'attaquer convois et navires en route vers l'Angleterre. La collaboration atteint des sommets, équivalant pratiquement à une cobelligérance aux côtés de l'Allemagne. Si Darlan ne paraît pas avoir saisi toute la portée de ses concessions, il n'en va pas de même des nationalistes de Vichy qui, entraînés par le général Weygand, entendent faire échouer les Protocoles de Paris. Ils suggèrent qu'en échange de la ratification, la France exige des contreparties si considérables que Hitler ne pourra que les rejeter : retour de tous les prisonniers, suppression des frais d'occupation, rétablissement de l'autorité intégrale de Vichy sur tout le territoire. L'affaire n'aura pas de suite, les propositions de Vichy apparaissant rapidement dénuées de tout intérêt pour Hitler. Rommel redresse sa situation en Libye ; quant à la Syrie, conquise en mai 1941 par les Britanniques accompagnés des gaullistes, elle échappe à l'autorité de Vichy.

Une troisième phase de la collaboration s'ouvre en avril 1942 avec le retour au pouvoir de Pierre Laval imposé par les Allemands. Avec lui, c'en est fini des finasseries que Vichy tente de mettre en œuvre. Laval annonce une claire politique de collaboration fondée sur son vœu de voir édifiée une Europe allemande où la France trouverait sa place. « *Je souhaite la victoire allemande*, déclare-t-il sans ambages en juin 1942, *parce que, sans elle, le bolchevisme, demain, s'installerait partout.* » Les actes ne tardent pas à suivre les paroles. La France accroît nettement ses livraisons de denrées alimentaires et de produits industriels au Reich. La persécution des Juifs prend un tournant décisif, mis en œuvre par Darquier de Pellepoix, avec le début des grandes rafles qui permettent de livrer aux Allemands les Juifs étrangers (et leurs enfants, sur intervention personnelle de Laval qui, par « souci humanitaire », entend ne pas séparer les familles !... et se débarrasser de l'encombrant problème posé par ces enfants privés de leurs parents). Le même zèle se manifeste en ce qui concerne les demandes allemandes de main-d'œuvre française. Pour éviter la réquisition par les autorités allemandes, Laval lance la politique de la « Relève », proposant que, pour trois travailleurs français partant volontairement en Allemagne, un prisonnier de guerre puisse rentrer en France. Ainsi, en conduisant une politique qui ne peut que satisfaire les Allemands mais qu'il présente comme voulue par le gouvernement, Laval estime parvenir à préserver la souveraineté de Vichy. Fiction qui ne résiste que quelques semaines à la réalité, qui est celle de la vassalisation croissante de Vichy à l'Allemagne nazie.

La quatrième et dernière phase commence en novembre 1942. Le débarquement allié en Algérie et au Maroc les 7-8 novembre, le ralliement de l'amiral Darlan (qui se trouve par hasard à Alger) aux Alliés, après quelques jours de résistance armée, entraînant celui des colonies d'Afrique occidentale française, privent Vichy de l'atout que constituait son empire. La réplique allemande va précipiter les choses. Le 11 novembre, les troupes du Reich envahissent la zone sud, et la flotte française, ancrée à Toulon, se saborde pour ne pas tomber entre leurs mains, l'anglophobie traditionnelle des marins français (avivée par le bombardement par les Britanniques de la flotte française de Mers el-Kébir en juillet 1940) ayant fait écarter l'hypothèse d'un ralliement aux Alliés. Vichy ne dispose plus désormais d'aucun atout susceptible d'intéresser les Allemands. Dès lors, la collaboration n'est plus qu'une suite de reculades de Pétain devant les nazis qui ne se donnent même plus la peine de lui permettre de sauver la face. Quant à Laval, il s'acharne contre toute évidence à préserver l'illusion d'une souveraineté française en feignant d'accorder volontairement aux Allemands ce qu'en fait ils exigent. Ainsi Pétain est-il surveillé par un « délégué général diplomatique » du Reich qui agit en proconsul. Les textes de loi ne peuvent être promulgués qu'après accord des Allemands. Un « Service du travail obligatoire », placé sous l'autorité de l'Allemand Sauckel, procède à la réquisition forcée de travailleurs pour l'Allemagne. Pétain et Laval cèdent encore lorsque les Allemands exigent l'entrée au gouvernement des fascistes parisiens Marcel Déat et Philippe Henriot (respectivement ministres du Travail et de l'Information) en 1944. Sous la botte allemande, le régime prend un tournant clairement fasciste. En janvier 1943, le SOL a été transformé en Milice française, fer de lance d'une fascisation de la France par la force, et police supplétive destinée à briser la Résistance en plein développement, afin de créer une France totalitaire, membre de plein droit de l'Europe nazie. En décembre 1943, sous pression allemande, le chef de la Milice, Joseph Darnand, est nommé secrétaire général au maintien de l'ordre avec autorité sur l'ensemble des forces de police. Pendant que Darnand peut ainsi lancer la chasse aux résistants, un véritable « Étatmilicien » tente de s'installer en France en 1944. On voit la Milice prendre en main l'administration pénitentiaire, nommer ses hommes comme intendants du maintien de l'ordre, remplaçant les intendants de police, contrôler les Renseignements généraux, créer des tribunaux ou des Cours martiales, voire assassiner purement et simplement des adversaires politiques comme les anciens ministres Georges Mandel et Jean Zay, le président de la Ligue des Droits de l'Homme, Victor Basch, ou le directeur de *La Dépêche de Toulouse*, Maurice Sarraut. Le collaborationnisme tend donc à se substituer à l'État vichyssois, paralysé et impuissant (sur la Milice et l'embryon d'État milicien, voir Michèle Cointet, *Vichy et le fascisme, op. cit.*, et le remarquable article de Jean-Pierre Azéma, « La Milice », *Vingtième siècle, Revue d'Histoire*, n° 28, octobre-décembre 1990).

Cette évolution vers le fascisme pose cependant un problème historiographique : la Milice est-elle un fascisme qui se serait imposé à un État vichyssois, nationaliste et traditionaliste (c'est la thèse de Michèle Cointet) ou bien est-elle l'aboutissement d'une des tendances de la palette vichyssoise, celle des extrémistes de droite poursuivant leur itinéraire jusqu'au bout de sa logique (thèse de Jean-Pierre Azéma). Admettons que la réponse est liée à des interprétations nécessairement subjectives de cette réalité complexe que fut le pétainisme.

Quoi qu'il en soit, le Vichy de 1943-1944 n'est plus qu'un satellite de l'Allemagne et Pétain et Laval des fantoches sans poids politique. Au moment de leur retraite, les Allemands les contraindront à les suivre, en août 1944, mais ils cessent désormais de jouer le moindre rôle. La collaboration connaîtra son dérisoire épilogue en 1944-1945 à Sigmaringen en Bavière où les chefs de file du fascisme français multiplient les intrigues pour accéder au statut si longtemps espéré de « Führer français », Déat et Doriot rivalisant une fois encore dans cette partie aux enjeux fantômes (Henry Rousso, *Pétain et la fin de la collaboration, Sigmaringen 1944-1945*, Bruxelles, Complexe, 1984).

La collaboration d'État a donc été un échec total. En dépit des affirmations des hommes de Vichy sur le « double jeu » qu'ils auraient joué et sur leur volonté de protéger les Français, la collaboration n'a épargné à la France ni l'exploitation économique, ni la répression politique, ni les souffrances de tous ordres. Proportionnellement à ses ressources et à sa population, la France est le pays occupé qui a fourni à l'Allemagne le plus de denrées alimentaires, de matières premières et de main-d'œuvre. Les persécutions raciales s'y sont développées, sans entraves de la part du gouvernement. Les gages donnés par Vichy n'ont permis ni à celui-ci de conserver la moindre indépendance, ni aux Français d'être mieux traités que les autres peuples d'Europe occidentale occupés par le Reich. Sans doute la France n'a-t-elle pas connu le sort de la Pologne, mais la crainte de la « polonisation » a poussé Vichy à accepter de se faire volontairement l'auxiliaire du Reich, apportant à Hitler une aide considérable, compromettant aux côtés des Allemands le gouvernement de la France, déshonorant celle-ci par sa politique raciale. On comprend que la conséquence de ce comportement ait été le refus d'un certain nombre de Français de se reconnaître dans un État tournant ainsi le dos aux valeurs admises par la communauté nationale et leur décision de choisir, contre lui, la Résistance.

Naissance de la Résistance

À l'origine, la Résistance naît du rassemblement des Français qui n'acceptent pas l'armistice de 1940 et choisissent de continuer le combat contre l'Allemagne nazie. Mouvement patriotique spontané, elle naît en ordre dispersé et sans projet politique précis autre que celui de poursuivre la guerre aux côtés des Alliés et de chasser les Allemands de France.

Le premier acte de résistance est celui accompli à Londres le 18 juin 1940 par le général de Gaulle. Sous-secrétaire d'État à la Guerre du gouvernement Paul Reynaud, envoyé par celui-ci à Londres auprès de Churchill pour examiner les moyens de poursuivre le combat aux côtés des Britanniques malgré l'effondrement militaire français, il revient le 16 juin à Bordeaux pour apprendre que le gouvernement a démissionné, qu'il n'est plus ministre et que le nouveau président du Conseil, le maréchal Pétain, a demandé l'armistice. Il repart aussitôt pour l'Angleterre et obtient de Churchill de pouvoir lancer à la radio, la BBC, le 18 juin, un appel aux militaires, aux ingénieurs et aux ouvriers des usines d'armement de le rejoindre à Londres pour poursuivre la guerre avec les Britanniques. L'espoir de Churchill et de De Gaulle est d'obtenir le ralliement d'hommes politiques de premier plan décidés à continuer le combat (on pense à Georges Mandel, mais il sera arrêté au Maroc), et surtout celui des gouverneurs des colonies dont on attend qu'ils rangent l'Empire dans le camp allié. Les ralliements espérés ne se produisant pas, Churchill se résigne à reconnaître le général de Gaulle comme « chef des Français libres », c'est-à-dire de ceux qui sont résolus à combattre les Allemands. Toutefois de Gaulle ne possède ni audience (il est inconnu de l'opinion), ni moyens. La plupart des soldats français évacués de Dunkerque refusent de le rejoindre et demandent à être renvoyés en France. Le général apparaît comme une marionnette des Anglais. Ce sont eux qui le font

633

connaître grâce à la BBC, qui le protègent en l'accueillant sur leur territoire, qui lui donnent des moyens de subsistance en finançant ses activités sous forme d'avances remboursables. Aussi les premiers actes de la France libre, contestant la légitimité du gouvernement de Vichy pour avoir trahi le destin de la nation en signant l'armistice, apparaissent-ils dérisoires. Toutefois, la « France libre » se dote d'un embryon de gouvernement, le *Comité national français* (septembre 1941) avec des départements ministériels. Elle enregistre le ralliement à l'été 1940 des colonies d'Afrique équatoriale française : à la suite du Tchad que le gouverneur Félix Éboué range derrière le général de Gaulle, le Cameroun, le Congo et l'Oubangui-Chari (l'actuelle République Centrafricaine) sont gagnés au gaullisme. Grâce au ralliement de petits contingents coloniaux, comme la colonne Leclerc, naît une petite armée que les Britanniques équipent durant l'été et à l'automne 1940 et qui prend le nom de « Forces françaises libres ». En juin 1942, dans le cadre des combats qui opposent en Libye les Allemands de Rommel et les Britanniques, les FFL s'illustreront en bloquant l'avance allemande une quinzaine de jours à Bir Hakeim, laissant ainsi aux Britanniques le temps de se réorganiser et de se fortifier. Mais à cette date, le Comité national français n'est pas reconnu par les Alliés comme un gouvernement. Il a peu de contacts avec une Résistance intérieure née en dehors de lui. Il apparaît tout au plus comme un groupe d'auxiliaires de l'armée britannique (Sur la France libre, Henri Michel, *Histoire de la France libre*, Paris, PUF, 1963, et Michèle et Jean-Paul Cointet, *La France à Londres (1940-1943)*, Bruxelles, Complexe, 1990, collection « Questions au XXe siècle »).

Très différente est la résistance intérieure. Dès l'été 1940 se produisent contre les Allemands des actes isolés de résistance, surtout des sabotages. En même temps, on voit naître, non moins spontanément, des tracts ou des graffiti, des papillons ou des affichettes hostiles aux Allemands et à ceux qui les soutiennent. C'est à partir de ces actes que s'organisent les premiers mouvements de résistance, généralement destinés à mener autour d'un journal clandestin une propagande antiallemande. C'est le cas par exemple du *Réseau du Musée de l'Homme* qui sera démantelé par les Allemands au début de 1941. C'est à partir de cette activité de propagande que se forment, au cours de l'année 1941, les premiers grands mouvements de résistance. En zone sud où les Allemands ne sont pas présents, cette Résistance revêt d'emblée un caractère politique. Trois grands mouvements s'y créent, *Combat* fondé par un officier, Henri Frenay, et auquel se rallieront des groupes de résistants démocrates-chrétiens, *Libération* fondé par Emmanuel d'Astier de la Vigerie qui recrutera dans les milieux syndicalistes et socialisants, *Franc-Tireur* dont le chef de file est Jean-Pierre Lévy et dont les dirigeants appartiennent à des milieux de républicains souvent francs-maçons. En mai 1941 s'y ajoute le *Front national* créé par le parti communiste clandestin et qui s'étend sur les deux zones. Au départ, certains de ces mouvements (*Combat* par exemple) ne sont pas hostiles à Vichy et à l'idéologie de la Révolution nationale, ses dirigeants souhaitant insuffler l'esprit de résistance au gouvernement et combattre la collaboration (voir Marie Granet et Henri Michel, *Combat, Histoire d'un mouvement de résistance*, Paris, PUF, 1957). Mais, dès 1942, le retour de Laval au pouvoir fera se dissiper les illusions sur la volonté de Vichy de combattre les Allemands et celui-ci devient un adversaire pour les mouvements de résistance. En zone nord, la présence des Allemands rend l'action de résistance beaucoup plus périlleuse, et l'activité de celle-ci est tout entière tournée contre l'ennemi. La nécessité d'un strict cloisonnement explique la multiplicité des mouvements, le recrutement se faisant de bouche à oreille, et de multiples initiatives parallèles faisant naître des groupes parfois éphémères. Dans ce foisonnement on distinguera les mouvements les plus importants. Outre le *Front national*, déjà évoqué, on peut citer l'*Organisation civile et militaire*, fondée par des militaires et des hauts fonctionnaires, ingénieurs, etc. et fortement marquée à droite, *Libération-Nord* qui, comme son homologue de zone sud, recrute chez des hommes de gauche, socialistes et syndicalistes, *Ceux de la Résistance*, *Ceux de la Libération* auquel adhéreront nombre d'anciens membres du PSF du colonel La Rocque. On pourrait y ajouter le groupe de *Défense de la France*, fondé par des jeunes gens, souvent militants chrétiens et, à Lyon, le mouvement *Témoignage chrétien*. Bien entendu la coloration politique ou spirituelle de l'encadrement n'implique nullement une homogénéité des participants à la base. Le cloisonnement, les modes de recrutement par connaissance personnelle, aboutissent à la constitution de mouvements où le patriotisme et la volonté d'agir l'emportent sur toute autre considération, quelles que soient par ailleurs les idées politiques ou les ambitions personnelles des chefs. Jusqu'en 1941, l'action essentielle de la Résistance consiste à s'affirmer par des tracts, des journaux ou de la propagande sous diverses formes, à organiser des filières d'évasion ou de passage de la ligne de démarcation au profit des prisonniers de guerre évadés, des Juifs ou des personnes recherchées par l'occupant, à collecter des renseignements pouvant servir aux Alliés en collaborant avec les réseaux de renseignements comme le « Réseau Notre-Dame » de Rémy ou en transmettant par radio leurs informations aux Britanniques ou aux « Français libres ». Mais ces résistants sont alors très peu nombreux, dépourvus de moyens, décimés par la répression (voir Henri Michel,

Histoire de la Résistance en France, Paris, PUF, 1962, et H.R. Kedward, *Naissance de la Résistance dans la France de Vichy*, Paris, Champ Vallon, 1989).

Les choses changent en 1941-1942 lorsque commence l'unification de ces éléments épars et que la Résistance se dote d'une doctrine de combat.

Unification d'une force combattante

L'entrée du parti communiste dans la Résistance en juin 1941 va profondément modifier la nature de celle-ci. Prônant la neutralité dans le conflit depuis l'automne 1939, le parti communiste a eu une attitude ambiguë après la défaite de 1940. D'une part, il dénonce le régime de Vichy, régime réactionnaire, d'extrême droite, risquant d'entraîner la France dans la guerre (c'est le sens de l'appel dit « *du 10 juillet 1940* », sans doute postérieur à cette date) ; d'autre part, il entreprend des démarches auprès des Allemands afin de faire reparaître *L'Humanité* au grand jour. Mais en même temps des communistes participent aux premiers actes de résistance contre l'occupant, sans qu'apparemment leur parti en ait donné l'ordre. Toute ambiguïté se trouve en tout cas levée à partir de juin 1941. L'attaque allemande contre l'URSS jette les communistes dans la Résistance où ils vont très vite jouer un rôle fondamental. Rompus à la vie clandestine depuis 1939, habitués à canaliser politiquement les mécontentements sociaux et les difficultés de la vie quotidienne, ils vont contribuer à dresser l'opinion contre l'occupant et le gouvernement de Vichy. Et surtout, ils vont proposer aux Résistants, jusque-là confinés dans des activités de propagande et de renseignement (avec quelques rares sabotages), une forme de lutte armée contre l'occupant fondée sur la guérilla, le coup de main (attentats, sabotages) suivi de la retraite rapide des petits groupes de combattants qui ne sauraient évidemment affronter l'armée allemande en bataille rangée. Pour conduire cette lutte armée, le Front national se dote d'une organisation paramilitaire, les « Francs-Tireurs et Partisans ». À son image, les autres mouvements de résistance constituent à leur tour de petits groupes d'intervention militaire, une « armée de l'ombre » rendant la vie difficile à l'occupant. Les représailles exercées par les Allemands (exécution d'otages, massacres collectifs), pour douloureuses qu'elles soient, aboutissent à creuser le fossé entre Français et Allemands et à accroître l'immoralité de la politique de collaboration.

Cette résistance plus active, plus massive et désormais armée, demeure cependant totalement indépendante de l'action de la France libre à

Londres. Pour mettre fin à cette situation qui apparaît aux uns et aux autres comme une source de faiblesse, des contacts sont pris en 1941-1942. Des dirigeants de mouvements de résistance se rendent à Londres pour rencontrer le général de Gaulle. C'est le cas d'Henri Frenay (*Combat*), de Christian Pineau (*Libération-Nord*), d'Emmanuel d'Astier de la Vigerie (*Libération-Sud*). Pour répondre aux préoccupations des chefs de la Résistance qui se méfient d'un homme en qui ils voient un général d'extrême droite, aux sentiments républicains douteux, de Gaulle est conduit à multiplier les professions de foi républicaines et démocratiques, s'engageant en 1942 à « *rendre la parole au peuple* » dès la Libération et se prononçant en faveur de profondes réformes sociales. De son côté, dès janvier 1942, de Gaulle envoie en France l'ancien préfet Jean Moulin avec le titre de délégué général et le charge d'organiser et d'unifier la Résistance. En novembre 1942, Jean Moulin obtient la fusion dans un *Mouvement uni de la Résistance* des trois grands mouvements de zone sud. Plus tardivement, les mouvements de zone nord (à l'exception du Front national) s'unifient à leur tour. L'ensemble de ces mouvements reconnaît l'autorité, au moins morale, du général de Gaulle. En même temps (à l'exception des *Francs-Tireurs* et *Partisans* qui conservent leur autonomie), les groupes paramilitaires des différents mouvements s'unifient au sein de l'*Armée secrète*.

Désormais rassemblées par des liens très lâches, « France libre » et résistance intérieure admettent la suprématie du général de Gaulle qui, en juillet 1942, pour marquer le tournant représenté par cette unification, substitue le nom de « France combattante » à celui de « France libre » qui ne concernait que l'organisation londonienne. Une étape essentielle vient d'être franchie dans ce que le général de Gaulle considère comme sa mission essentielle : constituer, face à Vichy, un véritable contre-pouvoir gouvernemental représentatif.

La Résistance, un contre-pouvoir étatique

La reconnaissance de De Gaulle comme chef des « Français libres » par Churchill ne concernait qu'un groupe de combattants. Pour Churchill, le pouvoir légal en France demeurait celui de Vichy, un pouvoir dont il déplorait la vassalisation au Reich, mais dont il n'entendait pas contester la légitimité. Cette attitude se trouve renforcée par l'entrée en guerre des États-Unis en décembre 1941 et le rôle de chef de la coalition antiallemande que joue désormais le président Roosevelt. Pour lui, qui a entretenu longtemps des relations avec Vichy (son ambassadeur l'amiral

Leahy est plutôt favorable à Pétain), de Gaulle n'est qu'un « apprenti dictateur » qui s'est autoproclamé et qui n'a aucun titre à prétendre représenter la France. S'il accepte de voir en lui le chef d'un groupe de Français combattants, il lui dénie tout droit à un quelconque statut gouvernemental. Or, c'est précisément sur ce point que les positions du général sont aux antipodes des siennes, puisque son but n'est pas de conduire des Français dans la guerre, mais d'y remettre la France, afin que, le moment venu, elle figure au rang des vainqueurs du Reich. Cette incompatibilité entre les vues du général et celles des Alliés va conduire entre eux à d'innombrables conflits. La plupart surgiront lorsque se posera le problème de l'administration des territoires coloniaux français libérés par les Alliés, et dont de Gaulle exige qu'ils lui soient remis alors que les Britanniques songent plutôt à les administrer directement, ce qui fait naître chez le général le soupçon d'ambitions anglaises sur l'empire français. Le problème se posera en 1941 au Liban et en Syrie, à Madagascar en 1942... De Gaulle se montre intraitable et obtient généralement gain de cause, sa faiblesse ne lui permettant pas, à ses yeux, de se montrer accommodant. Les choses s'enveniment encore en 1942 lorsque les Forces françaises libres s'emparent de Saint-Pierre-et-Miquelon, à la grande fureur des Américains qui avaient négocié le maintien en place des autorités de Vichy. Mais c'est avec le débarquement allié en Afrique du Nord que la crise va atteindre son point culminant en novembre 1942. Mettant le général totalement à l'écart de l'opération, les Américains préfèrent installer au pouvoir l'amiral Darlan, ancien dauphin du Maréchal, qui laisse en place toutes les lois et l'administration de Vichy (y compris la législation antisémite). Lorsque Darlan est assassiné en décembre 1942, les États-Unis placent au pouvoir le général Giraud qui reprend les pratiques de Darlan et gouverne avec les hommes de Vichy. À la grande fureur du général, un pouvoir fondé sur la Révolution nationale, auquel se rallient les gouverneurs des colonies d'Afrique occidentale et les généraux d'Algérie, se met ainsi en place, recueillant au passage des ministres de Vichy comme Peyrouton, Pucheu ou Flandin.

Cette évolution va pousser de Gaulle à se servir des atouts qu'il possède. Refusant tout compromis avec Giraud (sous la pression de Churchill et de Roosevelt, il a accepté en janvier 1943 de lui serrer la main devant les photographes, mais rejette toute idée de subordination envers le général pétainiste), il va s'appuyer, pour affirmer sa représentativité, sur la Résistance. En mai 1943, Jean Moulin, délégué général du Comité national français, constitue en France occupée le *Conseil national de la Résistance* qui comprend des délégués des principaux mouvements de résistance, des syndicats CGT et CFTC et des représentants de tous les grands partis politiques de la France de l'avant-guerre (des communistes à la Fédération républicaine de Louis Marin). Le CNR fait de Jean Moulin son président, annule toutes les lois de Vichy et reconnaît le général de Gaulle comme chef de la Résistance, lui apportant ainsi un élément de représentativité dont Giraud se trouve dépourvu (sur l'action de Jean Moulin, voir sa biographie par Daniel Cordier qui fut son secrétaire dans la Résistance, *Jean Moulin, l'inconnu du Panthéon*, Paris, J.-C. Lattès, 1989 pour les deux premiers volumes, 1993 pour le troisième ; un travail historique exemplaire fondé sur une rigoureuse analyse de nombreux documents inédits). Arrêté peu après, Jean Moulin est torturé par la Gestapo et meurt, sans doute des suites de ces tortures. Il sera remplacé par un résistant de l'intérieur à la tête du CNR, le démocrate-chrétien Georges Bidault.

Grâce à cet atout décisif, de Gaulle finit par l'emporter. Après de laborieuses négociations avec Giraud et grâce à l'entremise de Jean Monnet, envoyé par les Américains auprès de leur protégé d'Alger, un compromis s'élabore. Le 30 mai 1943, de Gaulle gagne Alger et, le 3 juin, est constitué un *Comité français de libération nationale* (CFLN), véritable gouvernement où gaullistes et giraudistes siègent à parité et qui est coprésidé par les généraux de Gaulle et Giraud. Compromis de faible durée. De Gaulle, plus politique, prend vite le pas sur Giraud qui ne s'intéresse qu'à la conduite des opérations militaires. Gagnant à sa cause une partie des commissaires giraudistes, de Gaulle offre à Giraud le commandement en chef de l'armée en échange de l'abandon de la coprésidence du CFLN, puis fait décider la subordination du pouvoir militaire au pouvoir civil, et enfin démet Giraud de toutes ses fonctions militaires, les seules qui lui restaient. En même temps, il renforce face aux Alliés son caractère représentatif dans la perspective de la Libération. Une assemblée consultative comprenant, aux côtés de résistants, d'anciens parlementaires est constituée à Alger et le CFLN est élargi à des hommes de la IIIe République (comme l'ancien ministre Henri Queuille) et à des représentants du parti communiste.

Au printemps 1944, la Résistance constitue ainsi face à Vichy, en perte de vitesse et devenu un simple auxiliaire de l'Allemagne, un véritable contre-pouvoir étatique. Elle possède un gouvernement assez largement représentatif, le CFLN qui prendra en juin 1944, à la veille du débarquement, le nom de *Gouvernement provisoire de la République française* (GPRF). Celui-ci siège à Alger mais est représenté en métropole par des délégués civils et militaires. Il s'appuie sur deux assemblées représentatives, l'une à Alger, l'*Assemblée consultative*, l'autre en France occupée, et dans la clandestinité, *le Conseil national de la Résistance*, l'une et

639

l'autre rassemblant délégués des mouvements de résistance et de l'ensemble des forces politiques, des communistes à la droite. Pour remplacer à la Libération les hommes de Vichy, des autorités locales sont prêtes. D'une part, des commissaires de la République et des préfets nommés par le GPRF. D'autre part des comités départementaux et locaux de la libération (CDL et CLL) désignés par la Résistance pour remplacer les autorités départementales et municipales mises en place par Vichy, et dans lesquels les communistes occupent souvent une place fondamentale. Enfin, il existe des forces armées se réclamant de la Résistance. Les *Forces françaises libres* ont été fondues avec les troupes d'Afrique du Nord, beaucoup plus nombreuses, pour constituer une véritable armée, qui combat aux côtés des Alliés, en Italie par exemple. Par ailleurs les groupes paramilitaires de la Résistance (Armée secrète et FTP) ont été fondus dans les *Forces françaises de l'intérieur* (FFI). Enfin, le parti communiste a créé dans les entreprises, les quartiers, les bourgades, des *Milices patriotiques* dont le but officiel est de maintenir l'ordre, mais qui pourraient tout aussi bien constituer l'instrument d'une tentative de prise de pouvoir par le PC.

Il existe donc un contre-pouvoir résistant, mais qui est loin d'être homogène. Entre le GPRF d'Alger, la Résistance intérieure non communiste, les communistes, il existe d'incontestables rivalités. Et la mise en place de ce contre-pouvoir qui commandera le destin de la France à la Libération pose au moins trois problèmes politiques : celui de l'attitude des États-Unis dont la règle est de laisser en place les autorités légales (donc celles de Vichy) en les contrôlant ; celui de la rivalité larvée entre de Gaulle et la Résistance intérieure pour le contrôle du pouvoir ; celui du parti communiste qui possède, peut-être, les moyens de déclencher un mouvement révolutionnaire. C'est ce triple problème que posera la libération de la France.

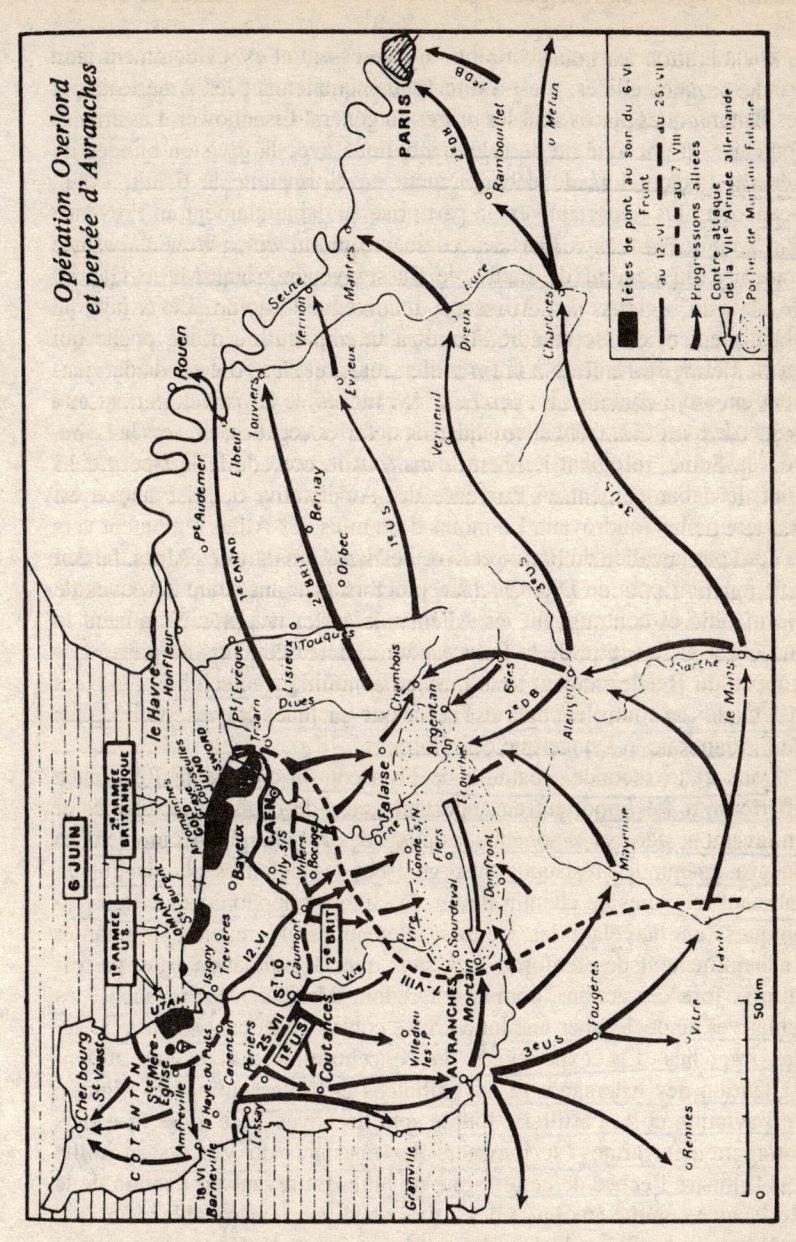

Robert Aron, *Histoire de la libération de la France*, Fayard, 1959, t. 1, chap. 1, p. 22-23.
Carte reproduite avec l'autorisation des Éditions Fayard.

La libération de la France

Dans le processus de libération, le rôle essentiel est évidemment tenu par les armées alliées, c'est-à-dire fondamentalement les Américains et les Britanniques placés sous les ordres du général Eisenhower. Les armées françaises n'ont joué qu'un rôle symbolique avec la division blindée du général Leclerc lors du débarquement en Normandie le 6 juin 1944 ; beaucoup plus importante est la part prise au débarquement en Provence le 15 août 1944, puis dans les combats qui suivent, par la Ière armée française du général de Lattre de Tassignyénéral Jean-Marie Gabriel de",4>. La victoire des Alliés est relativement rapide. Le 6 juin, le débarquement en Normandie aboutit à la constitution d'une poche qui va en s'élargissant jusqu'à la fin juillet, mais que les Allemands parviennent encore à contenir. La percée d'Avranches, le 25 juillet, permet aux Alliés de rompre le front allemand et de déferler vers l'ouest, vers la Loire, vers la Seine, refoulant l'ennemi dans tout le nord de la France. Le 15 août, le débarquement en Provence des Américains et des Français est beaucoup plus foudroyant. En moins d'un mois, les Alliés remontent vers le nord par la vallée du Rhône et la route Napoléon dans les Alpes, faisant leur jonction près de Dijon le 12 septembre avec les troupes venues de Normandie et contraignant les Allemands à évacuer précipitamment le sud-ouest et le centre de la France pour éviter d'être pris au piège. Les troupes du Reich reculent vers l'est et le nord. En novembre 1944, les Allemands ne contrôlent plus en France que quelques poches, sur les côtes de l'Atlantique, à Dunkerque et à Colmar.

Dans cette seconde « bataille de France », le rôle de la Résistance intérieure a été important en apportant une aide décisive aux Alliés et en faisant se dérober le sol sous les pieds des Allemands. Au moment du débarquement, les résistants désorganisent les défenses allemandes en sabotant les voies de chemin de fer, les lignes téléphoniques et télégraphiques, en harcelant les troupes allemandes de manière à retarder l'acheminement des renforts. Non sans que la population paie, parfois au prix fort, ces actions, comme à Oradour-sur-Glane. En revanche, les tentatives de déclencher une lutte armée contre l'occupant s'achèvent sur des tragédies. Les expériences de concentration des maquis attirent l'attention des Allemands et des miliciens et l'intervention des blindés, de l'aviation et de l'artillerie lourde sont décisives, face à des résistants sommairement armés : le massacre des résistants du Vercors en juillet 1944 illustre l'échec de cette forme de lutte. En revanche, l'action de la Résistance comme auxiliaire des Alliés est d'une remarquable efficacité, en Bretagne par exemple. Les Résistants accélèrent la défaite d'une armée allemande sur la défensive en libérant la plupart des villes avant l'arrivée des Alliés, en nettoyant les poches de résistance après leur passage, permettant aux blindés américains de progresser rapidement et de libérer à moindres frais l'ouest du territoire national.

C'est cependant à Paris que l'action de la Résistance a revêtu la plus grande importance. Dès le 19 août 1944, en dépit des réticences du général de Gaulle qui redoute un massacre de la population (et peut-être aussi l'installation d'un pouvoir de fait dominé par le CNR et les communistes qui lui barrerait la route), a commencé l'insurrection de la capitale. Elle dure jusqu'au 25 août. La ville est hérissée de barricades et tenue par les insurgés qui combattent sporadiquement contre de petits groupes d'Allemands. Mais, très vite, ceux-ci s'enferment dans leurs casernes, renonçant à combattre : leur chef, le général von Choltitz, jugeant la guerre perdue, considère comme inutile de se livrer à un massacre de la population et refuse d'exécuter les ordres de Hitler lui ordonnant de détruire la capitale. Toutefois, inquiet à l'idée d'une possible réaction allemande, le général de Gaulle obtient (difficilement) des Américains l'envoi sur Paris de la 2ᵉ division blindée du général Leclerc. Celui-ci pénètre dans la capitale le 25 août. Le soir même, il recueille à la gare Montparnasse, en compagnie du colonel Rol-Tanguy, chef des FFI parisiens, la reddition du général von Choltitz. Le 26 août, le général de Gaulle arrive à Paris et descend les Champs-Élysées au milieu d'une foule en liesse. Ce triomphe représente une étape décisive dans le règlement de la question du pouvoir en France qui se pose depuis le 6 juin dans les termes indiqués.

Quel pouvoir dans la France libérée ?

Dès le débarquement, le problème de l'exercice du pouvoir dans la France libérée des Allemands est une des questions clés qui se posent à tous les protagonistes du conflit en cours. Le général de Gaulle doit tout d'abord redouter les projets des Américains et ceux de Vichy. Le président Roosevelt, on l'a vu, se méfie du général de Gaulle et rejette ses prétentions à vouloir apparaître comme le représentant légitime de la France. Son projet consiste à créer dès la Libération une Administration militaire pour les territoires occupés (AMGOT) qui prendrait en main l'autorité gouvernementale, en laissant en place sur le plan local les autorités de Vichy pour administrer le pays. De même a-t-il fait préparer une monnaie nouvelle émise par les Américains et qui aurait seule cours à la Libération. Le général de Gaulle s'indigne de voir la France ainsi traitée comme un pays vaincu et occupé et rejette toute velléité d'utilisation de la

643

« fausse monnaie » des Américains. Son esprit de décision va déjouer leur projet. Quelques jours après le débarquement, le 14 juin, il se rend dans la première ville française libérée, Bayeux, convoque le sous-préfet laissé en place par les Américains, lui signifie sa révocation et nomme à sa place un dirigeant local de la Résistance. Il crée ainsi un précédent qui s'appliquera désormais dans les sous-préfectures et préfectures libérées. Constatant que les fonctionnaires de Vichy (qui redoutent les sanctions) s'inclinent et que la population se rallie aux nouveaux pouvoirs issus de la Résistance, les Américains, surtout désireux d'avoir un pays en ordre où ils n'auront pas à régler de problèmes intérieurs, finissent par s'incliner.

Un second projet prend naissance en août 1944 à l'initiative de Pierre Laval. Redoutant la perspective d'une installation au pouvoir de De Gaulle ou d'une Résistance qu'il juge noyautée par les communistes, il tente de prendre de vitesse les uns et les autres en instituant un pouvoir que les Américains reconnaîtront et avec lequel les hommes de Vichy pourraient éventuellement composer. Pour ce faire, il fait ramener de Nancy où il était interné le président de la Chambre de 1940, Édouard Herriot, et s'efforce de faire venir à Paris celui du Sénat, Jules Jeanneney. Son projet est de leur faire réunir l'Assemblée nationale de 1940, qui constituerait aux yeux des Américains un pouvoir incontestablement légitime et qui blanchirait Laval (qui l'aurait rétabli) de sa collaboration des années 1940-1944. Le projet, qui a l'aval d'Otto Abetz, échoue en raison des réticences d'Herriot qui gagne du temps, du refus de Jeanneney de se rendre à Paris et, finalement, de l'intervention des SS qui déportent Herriot et contraignent Laval à les suivre dans leur retraite.

Cette menace écartée, reste l'attitude du CNR à Paris. La question n'a cessé de préoccuper le général et rend compte au moins pour partie de son opposition à l'insurrection, de l'envoi à Paris de la division Leclerc et de sa propre hâte à gagner la capitale. Parvenu à Paris, il multiplie les gestes symboliques destinés à montrer qu'il incarne — et lui seul — la continuité de l'État. Ainsi, alors que les dirigeants du CNR l'attendent à l'Hôtel de Ville, il se rend d'abord rue Saint-Dominique au ministère de la Guerre (le siège de son activité ministérielle de juin 1940). « *L'État rentrait chez lui* » explique-t-il dans ses *Mémoires de guerre*. À l'Hôtel de Ville, il s'adresse, non sans rudesse, en chef d'État parlant à des subordonnés, aux dirigeants de la Résistance, heurtant nombre d'entre eux, et refuse de proclamer la République du haut du balcon de l'Hôtel de Ville comme le lui demandait Georges Bidault, président du CNR, affirmant par là que la République n'avait jamais cessé d'exister, incarnée tour à tour par la France libre, la France combattante, le GPRF. Au demeurant, le CNR ne fait pas obstacle (en dépit de quelques gestes de mauvaise humeur) à la volonté du général de Gaulle d'incarner la continuité de l'État en vertu d'une légitimité historique qu'il fait remonter au 18 juin 1940. D'ailleurs, la consécration populaire du 26 août sur les Champs-Élysées a valeur d'une ratification par les Français de cette manière de voir. En octobre 1944, considérant que l'attitude des Français a donné une légitimité démocratique au général de Gaulle, les Américains reconnaissent enfin le GPRF comme le gouvernement légal de la France.

Encore ce gouvernement, puisqu'il veut incarner l'État, doit-il faire prévaloir son autorité sur l'ensemble du territoire national. Or, de ce point de vue, la situation est loin d'être claire et le pouvoir établi à Paris a du mal à se faire obéir dans la pratique. En balayant les autorités administratives établies par Vichy, la Libération a donné l'autorité à une foule de pouvoirs de fait, particulièrement dans le centre et le sud-ouest de la France où les troupes américaines n'ont pas pénétré. Dans ces régions, les fonctionnaires de Vichy cessent d'exercer leurs attributions et, dans de nombreuses agglomérations, les chefs locaux de la Résistance imposent leur autorité, refusant de s'incliner devant les préfets ou les commissaires de la République nommés par le GPRF. Dans ces régions qui échappent à toute autorité gouvernementale, les « colonels » de la Résistance entendent conduire une action révolutionnaire qui commence par le châtiment des traîtres, voire des zélateurs de Vichy : femmes tondues et promenées dans les rues pour avoir entretenu des relations trop étroites avec l'occupant, hommes emprisonnés, parfois même jugés sommairement et exécutés. Aucune statistique précise ne permet d'évaluer de façon sûre le nombre de ces exécutions sommaires. L'étude scientifique la plus sérieuse sur le problème (Peter Novick, *L'Épuration française 1944-1949*, Paris, Balland, 1985) propose de retenir le chiffre de 20 000 à 25 000 qui paraît plausible et montre la réalité de la guerre civile qu'a connue la France de l'époque. En revanche, l'idée selon laquelle ce processus révolutionnaire pourrait être le fait d'un parti communiste décidé à prendre le pouvoir par résistance interposée, longtemps réfutée par les historiens qui constataient qu'aucune tentative en ce sens n'avait été opérée, a retrouvé une actualité avec les travaux de Philippe Buton (*Les lendemains qui déchantent, Le parti communiste français à la Libération*, Paris, Presses de la FNSP, 1993). Le parti communiste en possède les moyens. En position dominante dans nombre de CDL et de CLL, pouvant compter sur les forces militaires des FTP et sur le réseau des Milices patriotiques, capable d'encadrer la population, il n'a sans doute jamais été aussi près qu'en 1944 des conditions d'une prise de pouvoir. Il semble même avoir envisagé une prise en main de celui-ci à l'occasion de l'insurrection nationale de l'été 1944. Mais cette stratégie échoue pour une triple raison selon Philippe Buton : le fait que l'insurrection nationale ne concerne, dans la pratique qu'un nombre très limité de villes et que la libération est, militairement l'œuvre des Alliés ; l'habilité politique du général de Gaulle qui installe partout un pouvoir légal d'État émanant du GPRF qui prend de vitesse le PC ; la politique de Staline, peu soucieux de risquer un conflit avec les Alliés en Europe Occidentale, alors que seule l'Europe de l'Est est prioritaire à ses yeux, ce qui explique le légalisme dont fera preuve Maurice Thorez après son retour en France fin 1944.

Le général de Gaulle met plusieurs mois, d'août à décembre 1944, à faire triompher l'autorité de l'État, en même temps qu'il négocie avec les États-Unis l'aide d'urgence, alimentaire et technique, permettant à une population durement atteinte par les privations de survivre (chapitre VIII). Il entreprend une série de voyages dans les principales régions de France (Lyon, Marseille, Toulouse, Orléans, Bordeaux, Lille, Caen). Partout, il impose aux dirigeants de la Résistance de rentrer dans le rang, non sans rudesse, et installe solidement les autorités qu'il a nommées. Dans le même esprit, il s'applique à faire disparaître les groupes armés qui subsistent sur le territoire national, afin de les fondre dans une armée solidement tenue en mains. Ainsi les FFI et les FTP se voient intégrés dans l'armée régulière. En octobre 1944, s'attaquant au fer de lance de ce que pourrait être un coup de force communiste, il décide la dissolution des Milices patriotiques. Le parti communiste proteste énergiquement contre une mesure qui l'atteint directement. Mais il ne tente nullement de réagir autrement que par la parole. Son secrétaire général, Maurice Thorez, revenu en France en novembre 1944, après avoir été amnistié de l'accusation de désertion portée contre lui, met définitivement fin à toute tentative d'opposition au général de Gaulle en imposant à son parti l'acceptation de la dissolution des Milices. L'interprétation des historiens sur cet épisode est que le projet insurrectionnel, peut-être envisagé par certains dirigeants de la Résistance communiste, s'est heurté à la stratégie d'ensemble du mouvement communiste international, conduite par Staline, pour qui l'Europe occidentale ne faisait pas partie de ses objectifs immédiats et qui considérait, sans doute à juste titre, que la présence des troupes américaines condamnait d'emblée toute tentative de ce type. (Sur le problème de la politique du PC en 1944-45, voir Jean-Jacques Becker, *Le Parti communiste veut-il prendre le pouvoir ? La stratégie du PCF de 1930 à nos jours*, Paris, Éditions du Seuil, 1981).

Enfin, le gouvernement décide de prendre en main l'épuration pour mettre fin aux formes de justices sommaires qui ont eu lieu à la Libération. Des cours spéciales de justice sont créées pour examiner les faits de collaboration avec l'ennemi, le cas des principaux responsables du gouvernement de Vichy et des collaborateurs les plus en vue étant soumis à une Haute Cour de justice. Celle-ci prononcera la condamnation à mort de Philippe Pétain, jugé en juillet-août 1945 (mais dont la peine sera commuée en réclusion à perpétuité en raison de son grand âge), celle de Pierre Laval qui tente de s'empoisonner et qu'on doit ranimer pour pouvoir le fusiller. Seront également condamnés à mort et exécutés Joseph Darnand, chef de la Milice, l'écrivain et journaliste Robert Brasillach, chantre de la collaboration et du fascisme, des journalistes, des militaires, des policiers, des hauts fonctionnaires, des miliciens, en tout 2 853 condamnations à mort, dont 767 furent exécutées. Par ailleurs 38 000 peines de prison sont prononcées. Des « Chambres civiques » condamnent à l'indignité nationale des Français qui ont sciemment aidé l'Allemagne, même sans avoir joué un rôle important : 40 000 personnes sont ainsi privées de leurs droits civils et politiques, révoquées des emplois publics ou semi-publics.

À l'issue de cette inexpiable guerre civile, la France retrouve donc sa liberté. Mais cette épreuve, une des plus terribles de son histoire, va longtemps peser sur sa mémoire et laisser des cicatrices dont, un demi-siècle plus tard, certaines ne sont pas refermées. La mémoire des années noires continue à obséder les Français et, dans certains cas, à déterminer leurs attitudes et leurs comportements (cet aspect de l'héritage de la Seconde Guerre mondiale a été remarquablement étudié par Henry Rousso, *Le Syndrome de Vichy 1944-198...*, Paris, Éditions du Seuil, 1987 et, plus récemment le problème est à nouveau évoqué in E. Onan et H. Rousso, *Vichy, un passé qui ne passe pas*, Paris, Fayard, 1994). En 1944, la France est à reconstruire, politiquement, économiquement et moralement.

Conclusion
DE LA DEUXIÈME PARTIE

À l'issue de cette année, la France sort de quinze années de troubles, de crises, de guerre, inaugurées par une profonde dépression économique et achevées par l'espoir encore fragile d'une renaissance après l'effondrement. Quinze années tragiques qui ont fait disparaître jusque dans les mémoires le timide essor des années vingt durant lesquelles la France paraît devoir réussir son entrée dans le XXe siècle.

Pendant dix ans, de 1930 à 1940, la France connaît la tentation du repli frileux sur l'Hexagone. Percevant sa fragilité démographique, subissant de plein fouet, avec la dépression mondiale, les effets de structures économiques restées archaïques dans leur majorité et voyant s'effondrer quelques-unes des entreprises pionnières créées sur l'exemple américain, incapable d'affronter les autres grandes puissances industrielles, que ce soit sur le terrain de la concurrence économique ou sur celui de la rivalité des modèles politiques, consciente que les souvenirs glorieux de la Première Guerre mondiale masquent en réalité une infériorité militaire d'autant plus grande que, dans ses profondeurs, le pays refuse un nouveau conflit, elle aspire au statut effacé mais sécurisant d'une Suisse placée à l'écart des grandes zones de turbulences européennes. Mais elle ne parviendra pas à ce repos tant souhaité. Malgré elle, les drames et les affrontements d'un siècle impitoyable l'entraînent dans leur tourbillon. Elle subira les effets retardés et amortis de la grande crise du monde capitaliste, née en 1929. Elle connaîtra la crainte du fascisme et du communisme, qui se soldera sur son territoire par une guerre civile larvée entre anticommunistes et antifascistes. Elle entrera, sans l'avoir voulu, dans la Seconde Guerre mondiale et subira la plus lourde défaite de son

histoire, entraînant dans sa débâcle le régime de la République parlementaire dont elle était si fière, voyant naître sur les ruines de celui-ci, en lieu et place du renouveau politique souhaité, une forme d'État archaïque et passéiste qui se veut fondé sur la négation des principes posés depuis 1789. La crise et la guerre paraissent donc faire passer aux profits et pertes cette ardente aspiration à la modernisation manifestée dans les années vingt. Du moins, dans les réalités et les structures, mais pas dans les esprits. Certes la crise a provoqué un raidissement des structures économiques et l'exigence de la protection du *statu quo*. Menacée, la petite entreprise réagit en s'efforçant d'interdire par la loi la concurrence des firmes modernes et bien équipées. Elle triomphe durant la guerre où la pénurie offre son été de la Saint-Martin au monde archaïque des « petits » et établit pour dix ans le règne du petit fermier ou du crémier de quartier. Mais la crise et la guerre sont aussi l'occasion de repenser les structures économiques françaises : de X-Crise aux « Nouveaux Cahiers », des planistes aux adeptes du corporatisme, toute une série d'idées neuves maniées par les intellectuels font leur entrée dans le débat politique. De ce point de vue, il n'y a pas rupture, mais continuité entre les années trente et Vichy : technocrates et synarques, dirigeants des Comités d'Organisation et hauts fonctionnaires des ministères industriels sont bien les héritiers des hommes du « Redressement français », les fils spirituels de Mercier ou de Detœuf. En même temps que l'économique, les intellectuels repensent le politique. L'intense fièvre de recherche de nouvelles formules politiques inaugurées dans les années trente pour remplacer une République parlementaire perçue comme archaïque et dépassée paraît trouver confirmation dans la défaite de 1940 et l'effondrement du régime. Dès lors, quoi de plus naturel, au moins dans un premier temps, que d'attendre du nouveau régime la réalisation de théories élaborées jusque-là dans l'abstrait ? À beaucoup d'égards, Vichy se nourrit de la pensée des années trente et, dans un certain nombre de domaines, paraît vouloir la mettre en pratique. La technocratie, le corporatisme, l'appel aux valeurs spirituelles contre le matérialisme, la recherche de nouveaux rapports sociaux sont autant de tentatives de mise en œuvre d'idées neuves. Il n'est pas jusqu'au domaine culturel où ne se constatent des continuités : volonté de mettre l'art et la culture à la portée des masses, effort d'éducation populaire et développement de loisirs collectifs, sacralisation du sport et de la vie au grand air...
En fait, la rénovation n'aura pas lieu. Le tournant policier et répressif de Vichy, confirmant des tendances initiales déjà clairement marquées, la volonté d'exclusion dont la persécution antisémite est l'aspect le plus dramatique, l'engrenage de la collaboration font passer au second plan les velléités novatrices (à supposer que les gouvernants aient réellement

souhaité les mettre en œuvre). Vichy ne laissera de ses quatre années de pouvoir que l'image désastreuse d'un régime réactionnaire, répressif, ayant consenti à la vassalisation de la France devant le nazisme et accepté tous les abandons en échange de la fiction d'un pouvoir souverain inexistant. Et du même coup, Vichy discrédite pour longtemps les idées de novation politique qu'il a tenté de mettre en œuvre aux origines de son pouvoir. Aux yeux de nombreux Français, elles sont désormais suspectes de « fascisme » et vaguement assimilées aux souvenirs honnis de la collaboration.

Et cependant, alors qu'en 1944 la France sort de l'abîme où la défaite l'a fait rouler, alors que, dans l'euphorie de la Libération, elle reconquiert sa souveraineté, retrouve la République, figure même, grâce au général de Gaulle, au rang des vainqueurs, tout paraît à nouveau possible...

TROISIÈME PARTIE
1945-1958

VII

La reconstruction politique de la France et l'expérience de la IVe République (1945-1954)

Au lendemain de la Libération, la situation politique de la France est marquée par deux caractéristiques fondamentales : un vide juridique et politique qui stimule l'aspiration des Français au renouveau d'une part, le rôle personnel du général de Gaulle de l'autre. Or entre 1945 et 1947, l'évolution des événements va conduire au retrait politique du général de Gaulle et à la mise en place d'un régime très proche de celui de la IIIe République, hier encore vilipendé.

La France en 1945 : une situation de vide juridique et politique

Au début de l'année 1945, la France est un pays sans régime politique établi, où tout est possible. La Constitution de la IIIe République qui régissait la vie nationale a été suspendue de fait le 10 juillet 1940 par le vote de l'Assemblée nationale qui a donné au maréchal Pétain les pleins pouvoirs et la charge de rédiger une nouvelle constitution. Mais celle-ci n'a jamais vu le jour, si bien qu'aucun texte légal ne fixe la place et le rôle des pouvoirs publics. L'expérience de la défaite et celle du régime de Vichy ont laissé en outre dans l'opinion une trace qui perdure : le double refus de l'instabilité et de l'impuissance qui ont marqué la vie politique de la IIIe République et sont jugées responsables de la défaite d'une part, de l'autoritarisme et de la dictature d'autre part. Toutefois, le refus n'est pas identique : la crainte du pouvoir personnel dont on vient de faire l'expérience à Vichy est plus grande que celle d'un retour à l'instabilité dont le souvenir commence à s'estomper et apparaît mineur au regard des excès de son contraire.

Pays sans cadres institutionnels, la France est aussi un pays dont les élites et les guides traditionnels connaissent une soudaine éclipse. Beaucoup de notables d'avant-guerre ont été frappés d'inéligibilité à la Libération pour avoir apporté leur appui ou leur collaboration au régime de Vichy, si bien que nombre de fédérations départementales des grandes formations politiques se trouvent privées de leurs dirigeants les plus connus, ceux que suivent les électeurs. Il s'y ajoute la confiscation d'un certain nombre de journaux qui ont continué à paraître sous contrôle allemand après 1942, situation qui prive les partis du centre et de la droite d'organes départementaux qui assuraient leur influence. Cette épuration frappe aussi, dans une moindre mesure, l'administration. Globalement, l'épuration n'y a pas été très importante, mais les responsables les plus en vue ont perdu leurs postes et, à leur place, s'installe un personnel nouveau, d'autant que les ministres nommés à la Libération placent aux postes clés leurs amis politiques. Si on dénonce la « colonisation » des ministères administrés par les communistes, la remarque vaut, avec des nuances, pour les autres formations politiques. Méfiants envers les nouveaux dirigeants, conscients de vivre une période de transition, les fonctionnaires ont tendance à attendre en gérant le quotidien.

Dans ce vide institutionnel et politique, une seule force réelle surnage, le général de Gaulle. Reconnu par tous les grands États depuis 1944, intronisé par les acclamations des Français, ayant réduit les organes dirigeants de la Résistance à un rôle mineur, il gouverne sans contrepoids avec l'aide de deux organes nommés par lui et qui ne dépendent que de lui, le Gouvernement provisoire de la République française (GPRF) et l'Assemblée consultative. Et face à un pouvoir appuyé sur la popularité dont il jouit, il n'y a guère de force politique représentative avant octobre 1945.

La guerre a eu pour effet de briser les structures des partis politiques français. Non seulement la mobilisation, la défaite, la coupure du pays en deux par la ligne de démarcation, puis l'autoritarisme du régime de Vichy interdisent une vie partisane normale, mais la notion même de parti a été rejetée à la fois par Vichy et par la Résistance. L'un comme l'autre se réclament de l'unité nationale et considèrent les partis comme attentant à cette unité par leur caractère fractionnel. Les hommes politiques de la IIIe République sont tenus en suspicion à Vichy quand ils ne sont pas purement et simplement incarcérés. À Londres, la France libre du général de Gaulle manifeste la même méfiance et les mouvements de résistance à leur naissance critiquent avec virulence les partis. Ainsi désignées à la vindicte publique, les formations politiques traditionnelles cessent pratiquement d'exister (sauf le parti communiste qui survit dans la clandestinité depuis 1939), ne subsistant que par les liens personnels que le passé commun a tissés entre les dirigeants ou les militants. Ce n'est qu'à partir de 1942 que les nécessités de la reconnaissance internationale et celles de l'affirmation concomitante de leur caractère démocratique poussent les organes dirigeants de la Résistance extérieure à faire renaître les partis pour s'en réclamer devant l'opinion publique. Mais il ne s'agit là que de petits groupes dirigeants sans troupes véritables et dont il est impossible de connaître l'audience dans l'opinion publique.

La méfiance envers les partis politiques et leur quasi-disparition a conduit certains dirigeants de mouvements de résistance à envisager pour l'après-guerre la naissance d'élites politiques nouvelles, forgées dans le combat contre l'occupant et qui se substitueraient à la Libération aux anciens leaders discrédités par l'effondrement sans gloire du régime. Défendue par certains dirigeants des mouvements, l'idée d'un grand « parti de la Résistance » devient de moins en moins crédible à mesure qu'on progresse vers la fin de la guerre. Elle ne reçoit aucun appui du général de Gaulle, peu désireux d'apparaître comme un chef de parti, et réservé envers une initiative qui sera considérée par le parti communiste comme un acte d'hostilité. Très vite, la reconstitution des forces politiques traditionnelles rendra vaine cette tentative. Il reste que l'appartenance ou la non-appartenance à la Résistance est, en 1945, un critère fondamental de clivage, qui va se combiner avec les traditions politiques pour modifier le paysage politique français de la Libération et ébranler davantage le jeu politique traditionnel.

Ces formations politiques prêtes à renaître ne peuvent espérer s'appuyer sur les valeurs qui faisaient recette avant la guerre. Là encore, le conflit a brisé les vieux cadres et remis en cause les valeurs d'hier. L'idéal de juste milieu, de refus égal de la réaction et de la révolution, de culte du petit, de souhait de l'équilibre, de l'orthodoxie monétaire, d'attachement au monde rural ou à la petite entreprise, qui faisait balancer la France d'un centre-gauche radicalisant teinté de réformisme à un centre-droit prudemment conservateur ont vécu. La France, vaincue, humiliée, réduite par Vichy à un rang d'État de seconde zone où le culte du petit a révélé ses archaïsmes et le conservatisme son caractère étriqué, a soif de renouveau et de grandeur. Elle va se détourner avec horreur de ses idoles d'hier et les partis de gouvernement de la IIIe République vont être les grandes victimes de ce désaveu.

Désormais, la France cherche ses modèles ailleurs. Elle pense les trouver d'abord dans l'Amérique qui apparaît comme la championne de la liberté et de la démocratie en raison de son rôle durant le conflit, mais aussi comme le pays phare de la prospérité économique dont il ne faut pas mésestimer le rayonnement sur un pays qui sort de cinq années de pénurie et aspire à retrouver les joies de la consommation. Mais le modèle est aussi l'Union soviétique dont les gigantesques sacrifices ont permis de vaincre Hitler et qui est présentée comme le pays qui a su allier l'efficacité au souci de la justice sociale. Cette image n'est pas le monopole des seuls communistes, mais d'une grande partie des Résistants et d'un nombre important de Français qui ont impatiemment souhaité la Libération. Comment oublier le rôle joué par Staline dans la défaite de Hitler et l'apport fondamental des communistes français à la Résistance ? La contradiction entre ces deux modèles est d'ailleurs fort loin d'être établie à la Libération. L'esprit de la Résistance qui transparaît à travers la Charte du Conseil national de la Résistance, adoptée peu avant la Libération, tente en fait de marier les deux projets : il se réclame tout à la fois de l'idéal de liberté au nom duquel les Alliés ont combattu et, tout naturellement, de la démocratie politique ; il souhaite la prospérité économique mais considère que celle-ci devrait provenir de la prise en main par la collectivité nationale des sources de production essentielles, enfin il se réclame de la justice sociale dont l'État est institué le garant. Au total, une plate-forme politique qui est celle de la gauche démocratique, mais se trouve aussi éloignée du libéralisme pur que des pratiques du socialisme soviétique (Claire Andrieu, *Le programme du CNR*, Paris, Éditions de l'Érudit, 1984).

Les épreuves de la guerre conduisent donc, après la longue stagnation qu'ont représentée la crise et le conflit, à une incontestable volonté de modernisation du pays. Le renouvellement des mentalités, qui répudient les valeurs de la France des débuts du XXe siècle et de l'entre-deux-guerres, aboutit au souhait d'un renouveau économique et politique. Or sur le plan politique le très rapide échec de cette volonté de modernisation conduit à la reconstitution des forces politiques traditionnelles.

La reconstitution des forces politiques traditionnelles

L'échec du projet d'un grand parti de la Résistance, s'il parvient à son terme en 1944, est cependant induit par la renaissance des forces politiques traditionnelles entre 1941 et 1943. L'entrée des communistes dans la Résistance pose alors le problème de savoir quelle sera l'attitude des Résistants d'autres sensibilités politiques qui ont jusqu'alors laissé de côté leur appartenance partisane : vont-il laisser le parti communiste se présenter comme le seul parti résistant, les autres engagements n'étant qu'individuels ? Le risque d'une telle attitude est évident et c'est lui qui pousse Daniel Mayer qui, sur les conseils de Léon Blum, s'était contenté de créer en 1941 un Comité d'Action socialiste, à faire renaître en 1943 le

Parti socialiste SFIO. À peu près au même moment, Georges Bidault rassemble les militants chrétiens engagés dans la Résistance au sein d'une organisation qui deviendra, à la Libération, le « Mouvement républicain populaire » (MRP). Un pas de plus est franchi en 1943 lorsque, pour affirmer la représentativité de la France libre aux yeux des Anglo-Saxons, le général de Gaulle décide la participation ès qualités des partis politiques au CNR. Pour les besoins de la cause, on ressuscite à grand-peine les partis de la IIIe République qui n'ont manifesté aucune activité depuis 1940 : le Parti radical-socialiste, les modérés de l'Alliance démocratique, la Fédération républicaine (la droite parlementaire).

Dans ces conditions, à la Libération, le terrain se trouve occupé et on voit mal quel espace politique demeure libre pour un parti de la Résistance, puisque la plupart des Résistants sont engagés dans les partis déjà constitués, en particulier le parti communiste, le parti socialiste SFIO et le MRP. Seuls un certain nombre de Résistants vont former, avec l'accord du *Mouvement de Libération nationale* (MLN) qui fédère les mouvements des deux zones, une organisation nouvelle qui prend d'abord le nom d'*Union travailliste*, dirigée par Henri Ribière (de Libération-Nord) et Me Izard (de l'Organisation civile et militaire). Ce groupement s'efforce au début de 1945, après que ses promoteurs ont rejeté toute idée de fusion avec le parti communiste, de créer avec le concours de la SFIO une organisation nouvelle sur le modèle du travaillisme britannique. Approuvé par Léon Blum, ce projet échoue devant la volonté des socialistes de conserver leur originalité. Seuls de petits groupes minoritaires de résistants constitueront finalement en mai 1945, à partir de l'Union travailliste, un parti nouveau, l'*Union démocratique et socialiste de la Résistance* (UDSR) très proche à ce moment du parti socialiste. L'idée d'un parti de la Résistance rassemblant chrétiens et socialistes de diverses sensibilités a définitivement échoué. C'est donc un jeu traditionnel des partis politiques, finalement assez proche de celui qu'on connaissait sous la IIIe République, qui va intervenir en 1945 dans la vie publique française.

Si le jeu des forces politiques est, au total, assez proche de celui qu'on connaissait avant la guerre, un élément nouveau intervient pour rendre plus complexe le jeu des partis et introduire entre eux une différenciation, le rôle qu'ils ont joué dans la Résistance. Dès les élections d'avril-mai 1944 qui renouvellent les conseils municipaux, il apparaît que les partis issus de la Résistance ou qui y ont joué un rôle essentiel l'emportent sur les partis de gouvernement classiques.

Les trois principales forces politiques françaises sont, en effet, soit nées de la Résistance (MRP), soit rénovées par elle (PC et SFIO).

— *Le parti communiste français*, discrédité par son approbation du pacte germano-soviétique d'août 1939, a connu une véritable résurrection grâce à la Résistance. Ayant joué un rôle moteur dans la lutte armée contre l'occupant, il se présente comme LE parti de la Résistance, s'intitulant le « parti des 75 000 fusillés » (chiffre qui, fort heureusement, dépasse le nombre réel des fusillés, bien que le parti communiste ait payé à cet égard un lourd tribut) et tenant un discours politique inspiré non pas des thèmes classiques du marxisme-léninisme mais du programme du CNR dont il réclame l'application intégrale : épuration politique sans faiblesse, réformes économiques et sociales, affirmation des valeurs patriotiques. Le retour en France de son secrétaire général, Maurice Thorez, amnistié de la condamnation pour désertion qui pèse sur lui depuis son départ pour Moscou en 1939, accentue encore cette image. Les communistes se veulent des gestionnaires responsables (ils sont présents au GPRF où, depuis septembre 1944, François Billoux est ministre de la Santé et Charles Tillon ministre de l'Air) et lancent comme mot d'ordre le relèvement de l'économie nationale par une intensification de la production. Quelles que puissent être les arrière-pensées de ses dirigeants, le PC parvient largement à faire partager à l'opinion l'image de lui-même qu'il entend donner (cf. J.-P. Brunet, *Histoire du PCF*, PUF, Que sais-je ? 1982).

— *Le parti socialiste SFIO* est sans doute le mieux armé en 1945 pour capter à son profit l'héritage de la Résistance. Les idées du socialisme humaniste imprègnent l'idéologie de la Résistance (voir H. Michel, *Les Courants de pensée de la Résistance*, Paris, PUF, 1962), beaucoup de socialistes et de syndicalistes socialisants ont eu une action essentielle à la tête des mouvements, les membres de ce parti jouent un rôle central dans les nouveaux pouvoirs issus de la Libération (Comités départementaux et locaux de Libération, Assemblée consultative, Gouvernement provisoire...). Nombre de chrétiens de la Résistance et de Résistants non engagés souhaitent le rejoindre au sein d'un parti travailliste qui semble avoir les faveurs de Léon Blum, lequel, par ailleurs, définit dans son livre *À l'échelle humaine* et dans divers discours un socialisme humaniste qui, sans répudier totalement le marxisme, prend très largement ses distances à son égard, en insistant sur le fait que l'objet ultime du socialisme ne consiste pas seulement à libérer l'homme de l'exploitation économique et sociale, mais aussi à lui assurer les conditions de son épanouissement *personnel*. Mais ces projets de rénovation achoppent devant les réflexes traditionalistes des militants socialistes : ils se montrent méfiants envers toute innovation doctrinale qui éloignerait leur parti de l'orthodoxie marxiste, ils tiennent rigueur à Daniel Mayer, secrétaire général, d'avoir écarté les dirigeants des fédérations qui se sont montrés trop complaisants vis-à-vis de Vichy, ils redoutent enfin toute entente avec les chrétiens qui contraindrait les socialistes à renoncer à la laïcité. Au congrès d'août 1945, l'offensive laïque des militants socialistes de l'Ouest fait renaître l'anticléricalisme traditionnel et éloigne les Résistants chrétiens d'un parti qui ne souhaite pas les accueillir. Dès cette date, la tentative de rénovation a échoué et le parti socialiste s'apprête à redevenir la vieille SFIO d'avant la guerre (voir R. Quilliot, *La SFIO et l'exercice du pouvoir (1944-1958)*, Paris, Fayard, 1972).

Cet échec de la rénovation du socialisme laisse toutes ses chances au *Mouvement républicain populaire* (MRP). Celui-ci (d'abord baptisé « Mouvement républicain de la Libération ») naît définitivement en novembre 1944. D'emblée, il entend apparaître comme un parti neuf, s'intitule « le parti de la IVe République » et écarte de sa direction les dirigeants démocrates-chrétiens d'avant-guerre, Champetier de Ribes, Paul Simon ou Raymond Laurent pour donner la première place à des figures de proue de la Résistance, Maurice Schumann, Georges Bidault, P.-H. Teitgen, F. de Menthon. Mais surtout, le MRP se caractérise par trois traits qui expliquent son succès initial :

Il est le parti de la Résistance chrétienne. Son image démocrate-chrétienne est fortement marquée dans l'opinion publique, bien que lui-même s'en défende. Toutefois, l'audience de ce courant a toujours été limitée en France, et sous la IIIe République, il ne rassemblait pas plus de 2 à 3 % des suffrages ; de même, la référence à la Résistance n'a pas permis à l'UDSR d'être autre chose qu'un groupuscule.

Il apparaît comme le parti le plus proche du général de Gaulle, un parti national, de juste milieu, capable de rassembler les patriotes qui ne se reconnaissent ni dans la gauche, ni dans la droite.

Il est enfin le seul parti qui semble s'opposer véritablement au communisme puisqu'à la différence des socialistes, il n'a aucun rapport avec l'idéologie marxiste. Par ailleurs, sur tous les problèmes posés, il apparaît comme l'adversaire des communistes dans les débats de l'immédiat après-guerre, sur les rigueurs de l'épuration, l'extension des nationalisations, les questions constitutionnelles ou le rôle du général de Gaulle. D'où une incontestable ambiguïté du MRP. Parti de gauche qui se veut ouvert sur le plan social, il va recueillir les suffrages d'un électorat de droite qui voit en lui le principal barrage au communisme en France.

À côté des trois grandes forces politiques, les autres apparaissent comme des partis du passé, même si l'esprit du temps les pousse à se rénover.

La *droite classique* compromise par l'appui apporté au régime de Vichy connaît un discrédit profond en 1945. La *Fédération républicaine* a disparu ; l'*Alliance démocratique* de Pierre-Étienne Flandin ne rassemble que quelques nostalgiques du passé et il en va de même du *Parti républicain social de la Réconciliation française* né des cendres du défunt PSF du colonel La Rocque. En 1945 se crée une nouvelle force modérée, le *Parti républicain de la Liberté* (PRL) qui porte à sa tête Michel Clemenceau, le fils du « Tigre », prône l'association entre patrons et ouvriers et sacrifie à l'air du temps en admettant la lutte contre les trusts et le contrôle de l'État sur l'économie. Il refuse d'ailleurs l'étiquette de droite et se veut « centriste ». Au demeurant, les modérés ne se reconnaissent pas tous dans le PRL. Beaucoup prennent l'étiquette d'« Indépendants » ; d'autres adhèrent au *Parti paysan* de Paul Antier, surtout implanté dans le Centre.

Non moins discrédité apparaît le courant radical. Identifié aux yeux de l'opinion à l'impuissance parlementaire de la IIIe République, symbole d'un passé révolu, il apparaît en rupture avec la France nouvelle. Son chef le plus prestigieux, Édouard Herriot, retour de déportation, refuse de collaborer avec le général de Gaulle pour se consacrer à la résurrection du parti radical. Sa presse a en grande partie disparu. Un nombre significatif de ses élus locaux est frappé d'inéligibilité. S'il lui reste une chance de survie, c'est celle que lui donne le parti communiste qui se sert de lui pour tenter de reconstituer l'unité de la gauche, comme au temps du Front populaire.

C'est ce jeu disparate des forces politiques qui va devoir affronter l'épreuve électorale de 1945. Celle-ci va mettre en relief le profond bouleversement du paysage politique entraîné par le conflit.

Le référendum et les élections du 21 octobre 1945

À tous égards, le 21 octobre 1945 constitue une date capitale dans l'histoire politique de la France, et ce pour trois raisons :

Le suffrage universel, jusque-là réservé aux hommes, est étendu aux femmes (une ordonnance de 1944 leur donne le droit de vote).

Les Français sont invités à se prononcer par référendum sur leur choix quant au maintien ou à la répudiation des institutions de la IIIe République, ainsi que sur l'organisation des pouvoirs provisoires.

Pour la première fois depuis la guerre, une élection nationale permet de connaître l'audience respective des forces politiques.

Le référendum proposé aux Français par le Gouvernement provisoire comporte deux questions. La première leur propose la rédaction d'une nouvelle Constitution et, par conséquent, l'abandon des institutions de la III⁰ République. Une réponse positive est préconisée par le général de Gaulle et tous les partis politiques, sauf les radicaux, fidèles à la III⁰ République. Le 21 octobre, 96 % des Français se prononcent pour le changement des institutions en votant « oui » à la première question du référendum : l'Assemblée élue ce jour sera donc constituante.

La seconde question porte sur les pouvoirs de cette Assemblée constituante. Redoutant une prépondérance des communistes sur celle-ci, qui leur permettrait d'installer légalement un pouvoir de leur choix, le général de Gaulle a prévu un texte limitant strictement ses prérogatives : sa durée est restreinte à sept mois, le projet constitutionnel qu'elle élabore sera soumis au référendum populaire, enfin elle ne peut renverser le gouvernement que par une motion de censure votée par la majorité absolue de ses membres. Si le général de Gaulle, le MRP, les socialistes, les modérés demandent aux citoyens de voter « oui », les communistes se joignent aux radicaux pour préconiser le « non ». Néanmoins 66 % des Français approuvent la limitation des pouvoirs de l'Assemblée en votant « oui » au référendum.

Les élections qui ont lieu le même jour, les premières depuis celles de 1936, bouleversent profondément l'équilibre des forces politiques en France. Si on établit un tableau comparatif des élections de 1945 et de 1936 en rassemblant les familles politiques, les résultats sont éclairants.

Familles politiques	Élections de 1936		Élections de 1945	
	% des suffrages exprimés	Sièges	% des suffrages exprimés	Sièges
PCF	14,76	72	26,2	160
SFIO	20,07	147	23,4	142
Radicaux et assimilés (partis de centre-gauche)	19,65	157	10,5	59
Modérés (centre-droit et droite)	42,56	220	15,6	61
MRP (1945)			23,9	152

Quatre faits méritent d'être mis en relief.

— En premier lieu, la forte poussée de la gauche marxiste. Socialistes et communistes qui, en 1936, représentaient moins de 35 % des suffrages progressent d'environ 15 points et frôlent la majorité absolue des voix (49,6 %). Ils l'obtiennent en sièges en faisant élire 302 députés sur 586 : ils sont, s'ils se coalisent, maîtres du jeu à la Constituante. Cette percée de la gauche est avant tout celle du parti communiste qui double son poids politique d'avant-guerre et devient le premier parti de France.

— Cette poussée s'accompagne d'un effondrement du centre-gauche (qui atteint particulièrement le parti radical, clé de voûte de la IIIe République) et des forces politiques assimilées. Encore a-t-on pris en compte dans cette rubrique les suffrages de la jeune UDSR, qui, à l'époque, est liée aux socialistes et apparaît comme une force neuve, fort éloignée du passéisme radical.

— Le cas de la droite et du centre-droit est d'analyse plus délicate. Passant de 42,5 % à 15,6 % des suffrages, les modérés connaissent en apparence un effondrement, conséquence du discrédit qui les frappe en raison de leur assimilation au régime de Vichy. Toutefois, cette constatation doit être corrigée par le fait qu'une bonne partie de l'électorat traditionnel de la droite s'est, pour des raisons d'efficacité, rangée derrière le MRP. Même avec ce correctif, l'érosion de la droite est évidente.

— Enfin, et c'est probablement là l'essentiel, les élections de 1945 apportent une simplification considérable du paysage politique français. Près des 3/4 des électeurs (73,5 %) ont regroupé leur vote sur les trois grands partis politiques, communiste, socialiste, MRP, renforcés par leur rôle dans la Résistance. De ce fait, ces trois partis dominent l'Assemblée de manière écrasante. Or ce sont trois formations très différentes des groupements aux structures lâches, formés de clans luttant les uns contre les autres qu'étaient les partis de gouvernement de la IIIe République, radicaux et modérés. Tous trois sont des partis fortement structurés, disciplinés, imposant à leurs élus un contrôle qui les contraint à voter en bloc.

Entre ces trois grandes forces, légitimées désormais par le suffrage universel, et le général de Gaulle, fort de sa mission historique et de sa certitude d'incarner le destin national, le conflit ne va guère tarder à s'ouvrir.

*Le conflit entre le général de Gaulle
et les partis (novembre 1945-janvier 1946)*

Si on observe les événements en détail, le conflit semble se circonscrire entre la gauche, majoritaire, et tout particulièrement le parti communiste, d'une part, le général de Gaulle de l'autre. Mais une analyse des événements révèle qu'en réalité ce qui est en cause, c'est la conception même du pouvoir dans les futures institutions : la prépondérance doit-elle appartenir à l'Assemblée, désignée par le suffrage universel, comme le pensent au fond tous les partis, attachés à la conception parlementaire de la République (même si, comme il est légitime, cette idée est affirmée avec plus de force par les deux partis de gauche que par le MRP) ? Ou bien, comme l'estime le général de Gaulle, le pouvoir exécutif doit-il gouverner comme il le juge nécessaire, l'Assemblée se contentant, outre le vote des lois et du budget, d'exercer un pouvoir de contrôle ?

La lutte entre ces deux conceptions dure de novembre 1945 à janvier 1946 et s'achève par la démission du général de Gaulle, consacrant le triomphe de la prépondérance de l'Assemblée. Trois étapes jalonnent le conflit.

La première est marquée par la formation du gouvernement au lendemain des élections d'octobre 1945. En fonction des résultats électoraux, le parti communiste propose un gouvernement appuyé sur la majorité socialiste et communiste de l'Assemblée. Le parti socialiste qui redoute de servir d'otage dans une combinaison conduisant la France à un statut de démocratie populaire (le processus est en cours en Europe orientale), décline l'offre et propose une association des trois grands partis. Sur cette base, la nouvelle Assemblée constituante désigne, le 13 novembre, le général de Gaulle comme président du Gouvernement provisoire, à l'unanimité.

Aussitôt éclate le conflit. Fort de sa victoire électorale et considérant le général de Gaulle plus comme un symbole que comme un chef de gouvernement doté de pouvoirs de décision, le parti communiste exige un tiers des portefeuilles et l'un des trois « ministères clés » : Affaires étrangères, Défense nationale, Intérieur. Le général de Gaulle rejette cette prétention et, après de difficiles négociations durant lesquelles le chef du gouvernement menace de démissionner, les communistes finissent par s'incliner. Ils n'obtiennent que 5 ministres sur 21, ne reçoivent aucun des portefeuilles qu'ils exigeaient, mais seulement un ministère de l'Armement, distinct de celui de la Défense nationale, mais disposent des secteurs clés en matière économique et sociale (Économie nationale, Travail). De plus, le général de Gaulle a nommé des ministres hors du tripartisme,

665

modérés ou collaborateurs personnels, qui n'appartiennent pas à la majorité de l'Assemblée. Formé le 21 novembre, le gouvernement, constitué selon le vœu du général de Gaulle, qui l'emporte, va durer moins de deux mois.

Cette victoire du général de Gaulle est sans lendemain. Avec les débuts de l'activité législative de l'Assemblée constituante s'ouvre la seconde phase du conflit. Dès le vote des premières lois proposées par le gouvernement provisoire (nationalisation du crédit, statut des fonctionnaires, projets budgétaires) est mis en évidence le fait que la majorité et le président du Gouvernement provisoire ont des vues différentes, et que la première considère que, représentante du suffrage universel, c'est à elle, et non au gouvernement qu'elle a désigné, d'avoir le dernier mot. Or, le général de Gaulle refuse de s'accommoder de la mainmise de l'Assemblée sur le pouvoir exécutif. Larvé durant le mois de décembre, le conflit éclate fin 1945, rendu plus aigu par l'exaspération du général de Gaulle devant l'attitude des parlementaires, qu'il supporte mal.

Lors du débat de décembre 1945 sur les crédits militaires, le socialiste André Philip demande une réduction de 20 % de ceux-ci. Le chef du gouvernement n'obtient de l'Assemblée qu'un compromis qui ne le satisfait guère. Le 1er janvier 1946, dans un discours célèbre, il refuse la conception, sous-jacente à l'attitude des députés, d'une Assemblée qui gouverne par l'intermédiaire d'un gouvernement dépourvu de liberté d'action et met en garde l'Assemblée : « *Veut-on un gouvernement qui gouverne ou bien veut-on une Assemblée omnipotente déléguant un gouvernement pour accomplir ses volontés ?* » Et il laisse pressentir sa démission aux députés.

La troisième et ultime phase du conflit intervient en janvier 1946 et se déroule sur toile de fond de conflit institutionnel. En effet, si le chef du gouvernement porte ainsi le débat institutionnel sur la place publique, c'est qu'il s'inquiète des travaux de la Commission chargée de rédiger la Constitution et qui lui paraît s'orienter dans la voie d'un retour à la prépondérance de l'Assemblée dans les institutions. Or il est tenu systématiquement à l'écart des travaux de cette Commission et on lui refuse le droit d'en rencontrer le rapporteur, sous le prétexte que n'étant pas lui-même un élu, il n'a aucun titre à participer à la rédaction du texte constitutionnel.

• Exaspéré, sans moyen d'action réel sur l'Assemblée, il tente d'en appeler à l'opinion. Le 20 janvier 1946, il convoque ses ministres pour leur annoncer sa démission, espérant sans doute par là provoquer un choc et une prise de conscience. Il semble en tout cas que, comme en novembre, il espère être rappelé et pouvoir ainsi imposer ses vues dans la question, essentielle, des institutions (sur ce point, voir Jean Charlot, *Le Gaullisme d'opposition*, Paris, Fayard, 1983). Il sera déçu. L'opinion publique enregistre avec calme son départ. Le MRP, le « parti de la fidélité » dont il attendait sans doute qu'il fasse pression pour son rappel, décide de ne pas le suivre dans sa retraite. Après quelques jours d'attente, il gagne Colombey-les-deux-Églises. Sa rupture avec le régime que l'Assemblée met en place est consommée.

Le départ du général de Gaulle représente un tournant historique essentiel de la période de naissance de la IVe République. Le temps de l'union nationale autour des idéaux de la Résistance qu'il incarne s'achève ; celui de la République des partis commence. Ce sont eux, et non le général de Gaulle, qui mettront en place les nouvelles institutions.

La naissance du tripartisme
et l'échec du premier projet constitutionnel (janvier-mai 1946)

C'est avec la démission du général de Gaulle, le 20 janvier 1946, que s'affirme la prépondérance des partis politiques dans la vie publique française qui va caractériser la IVe République. Jusqu'alors, en effet, les gouvernements avaient été des formations d'union nationale dont le véritable inspirateur était le général de Gaulle, seul responsable de la politique conduite. Situation qui permettait aux formations politiques de jouer le jeu commode de l'unanimité au pouvoir tout en formulant des réserves sur tel ou tel aspect des décisions prises, afin de préserver leur capital d'audience dans l'opinion. Le retrait du chef de la France libre fait disparaître la pierre angulaire de cette situation et remet en même temps en question l'unanimité qu'il incarnait. Mais surtout, en se retirant, il constitue comme héritières les seules forces qui puissent se prévaloir d'une réelle légitimité en dehors de lui-même, les forces politiques investies par le suffrage universel de la mission de préparer la nouvelle Constitution. Paradoxalement, en se retirant sans s'expliquer devant le pays, le général de Gaulle va faire naître cette « République des partis » dont il ne cessera ensuite de dénoncer les abus.

Les conditions de la naissance du tripartisme préfigurent en effet une pratique institutionnelle dont la Constitution ne fera ensuite que codifier les usages. Le général de Gaulle démissionnaire, la balle est dans le camp des trois partis politiques qui ont recueilli, aux élections d'octobre 1945, les trois quarts des suffrages. Les socialistes ayant décliné une nouvelle fois l'offre communiste de constituer un gouvernement sur la base de la majorité d'extrême gauche de la Constituante, la future formule ministérielle repose sur la décision du MRP. Or, deux thèses s'affrontent parmi les dirigeants de ce parti : l'une qui, renforçant son image de « parti de la fidélité », propose de se retirer avec le général de Gaulle et de jouer ainsi le jeu de « parti du général », avec l'avantage de pouvoir capitaliser en termes électoraux la popularité de celui-ci lors des futures élections ; l'autre, davantage tentée par une participation au pouvoir, mais aussi consciente des dangers que recèle la présence au pouvoir des seuls partis marxistes et désireuse d'aller au gouvernement pour contrôle leur action. La seconde tendance l'emporte sans peine et selon J. Charlot (*Le Gaullisme d'opposition*), la conviction des dirigeants du MRP conduits par leur président Maurice Schumann est faite bien avant que celui-ci reçoive une lettre du général Billotte, l'avertissant du risque d'une intervention américaine au cas où communistes et socialistes formeraient seuls le gouvernement, lettre dont Georgette Elgey affirme qu'elle aurait été déterminante (*Histoire de la IVe République, la République des illusions (1945-1951)*, Paris, Fayard, 1965). En l'occurrence, le fait majeur n'est sans doute pas cette première intervention de l'armée dans la vie publique dont parle Georgette Elgey, et qu'elle semble bien avoir surestimé, que l'état d'esprit dans lequel le MRP entre au gouvernement, comme une force d'opposition dont le rôle sera de freiner les initiatives des deux partis majoritaires. Ainsi le débat politique se trouve-t-il transporté de l'Assemblée, qui est le lieu normal de son déroulement, au gouvernement lui-même. On ne saurait mieux caractériser la confusion des pouvoirs qui s'établit ainsi et la prise en main de l'Exécutif par les forces politiques qui dominent l'Assemblée. Les autres aspects essentiels et lourds de conséquences pour l'avenir de la succession du général de Gaulle découlent de cette constatation initiale.

Les trois partis qui décident de s'associer ainsi au pouvoir vont définir les conditions de leur collaboration dans un document signé le 23 janvier 1946, la « Charte du Tripartisme ». Programme gouvernemental certes, mais plus encore « pacte de non-agression » entre les trois partenaires, qui insiste sur la nécessité de la solidarité dans le soutien des décisions prises par le gouvernement et fixe les limites de la polémique que les associés s'engagent à ne pas franchir les uns contre les autres. On ne saurait mieux dire que l'alliance gouvernementale est conçue comme conflictuelle et qu'il semble nécessaire d'énoncer les termes d'un armistice qui ne saurait en aucun cas découler d'une solidarité institutionnelle entre les formations gouvernementales.

Les conditions dans lesquelles est choisi le président du Conseil, successeur du général de Gaulle, valent également d'être remarquées. À une personnalité encombrante qui s'imposait aux hommes politiques et dirigeait l'action gouvernementale va succéder un homme capable d'arbitrer courtoisement et sans les trancher brutalement les conflits dont le Conseil des Ministres ne peut manquer d'être le théâtre. On décide tout naturellement de confier la présidence du Conseil à la SFIO, parti axial de la majorité, et, à l'intérieur de celle-ci, le choix se porte sur Félix Gouin qui a montré ses aptitudes aux fonctions qu'on lui assigne en dirigeant avec une grande sérénité les débats houleux de l'Assemblée constituante dont il était le président. C'est d'ailleurs contre son gré que le nouveau Président accepte la charge qu'on lui confie et il y est poussé par les leaders des trois grands partis qui règlent la succession du général et deviennent, dès lors, les véritables inspirateurs du pouvoir.

Répondant parfaitement à l'attente des partis qui l'ont désigné, Félix Gouin se garde bien de nommer des ministres. Il se contente de répartir les portefeuilles entre les trois grands partis, à charge pour eux d'en désigner les titulaires. Il n'est plus question d'union nationale, mais uniquement de tripartisme, le seul ministre n'appartenant pas aux trois grandes formations, celui du Ravitaillement (Longchambon), ayant été désigné parce qu'aucune d'entre elles ne se soucie de recueillir un portefeuille générateur d'impopularité.

Ainsi la IVe République naît-elle comme un régime des partis. La réalité du pouvoir n'y est pas détenue par le chef du gouvernement dont le rôle se borne à faire coexister des formations aux objectifs antagonistes, ni par les députés élus au suffrage universel qui ne sont que les délégués des organisations qui les ont présentés, mais par les dirigeants de partis qui imposent leur loi à l'Assemblée, au gouvernement, voire dans les administrations qu'ils peuplent de leurs créatures.

La vie du gouvernement provisoire dirigé par Félix Gouin est dominée par les problèmes de la mise en place du projet de Constitution, qui doit être prêt pour mai 1946 en vertu du texte adopté en octobre 1945 par référendum et qui limitait à 7 mois les pouvoirs de la Constituante.

La discussion du premier projet constitutionnel provoque une quasi-rupture entre les trois partis associés au gouvernement. La majorité socialo-communiste qui domine la Commission de Constitution est profondément monocamériste. Elle penche pour une Assemblée unique, élue pour cinq ans, disposant de tous les pouvoirs, élisant le Président de la République et le président du Conseil, pouvant renverser le gouvernement par un vote de censure. Le gouvernement a certes le droit de dissoudre l'Assemblée, mais il est alors lui-même contraint de démissionner et de remettre tous ses pouvoirs entre les mains du président de l'Assemblée. On voit donc que l'Assemblée unique a toujours le dernier mot et que l'Exécutif n'en est que l'émanation. La même prépondérance des élus s'observe dans le département où le président du Conseil Général hérite de la quasi-totalité des pouvoirs du préfet.

Ce projet rencontre une double opposition :

— celle du MRP qui considère qu'un tel texte laissera à une éventuelle majorité socialo-communiste toute latitude pour transformer la France en une démocratie populaire le plus légalement du monde. C'est pourquoi le rapporteur MRP de la Commission de Constitution s'est efforcé de faire inclure dans le projet des « contrepoids » qui limiteraient l'omnipotence de l'Assemblée, une seconde Chambre et un Président de la République désigné par les deux Chambres. Il n'a obtenu que des concessions dérisoires : deux conseils consultatifs (Conseil national économique, Conseil de l'Union française) et un Président de la République, élu pour sept ans, mais sans le droit de désigner le président du Conseil. En matière de protestation, ce rapporteur, François de Menthon, a démissionné, et la majorité l'a remplacé par le radical Pierre Cot, proche des vues du parti communiste ;

— celle des radicaux et des partis de la IIIe République qui ont fait voter « non » au référendum d'octobre 1945. Rejetant l'ancrage à gauche que leur proposait Herriot et que soutenaient les fidèles du Front populaire (Pierre Cot, Pierre Meunier, Robert Chambeiron, Madeleine Jean-Zay), la majorité du parti radical choisit de tenter la reconstitution d'un bloc centriste. Le congrès de Lyon d'avril 1946 du parti radical rejette le projet de Constitution, exclut Pierre Cot (ses amis suivront sous peu) et décide de constituer un *Rassemblement des Gauches républicaines* avec l'Alliance démocratique, le Parti républicain et social de la Réconciliation française, le Parti socialiste-démocratique, constitué par Paul Faure avec des « épurés » de la SFIO, le Parti républicain-socialiste, formé de socialistes-indépendants, et l'UDSR qui a rompu depuis décembre 1945 son alliance avec la SFIO et qui représente le seul élément moderniste de ce regroupement de centre-gauche. Pendant que Pierre Cot et ses amis se rassemblent dans de petits groupes proches du parti communiste, les radicaux partent en guerre contre le projet constitutionnel aux côtés du MRP.

La rupture entre la majorité et l'opposition au projet est déclarée le 19 avril lorsque, par 309 voix (PC, SFIO, quelques radicaux) contre 249 (RGR et MRP), l'Assemblée constituante adopte le texte préparé et décide de le soumettre au référendum. La campagne électorale prend l'allure d'une explication entre la gauche marxiste conduite par le parti communiste et ses adversaires qui agitent la crainte de la transformation de la France en démocratie populaire. La nature de l'enjeu explique que les socialistes ne mènent qu'avec une grande mollesse la campagne pour le « oui » et que des éléments socialisants de la Résistance (par exemple les dirigeants du journal *Combat*, Pascal Copeau et Claude Bourdet), militent pour le rejet du projet.

Le 5 mai 1946, 80 % des inscrits se prononcent sur le projet de Constitution. Celui-ci est rejeté par 53 % des voix contre 47 %. La signification de l'échec est nette : le corps électoral s'est prononcé contre un texte qui contenait en germe la possibilité d'un régime dominé par les communistes. Ce revers de l'extrême gauche va être lourd de conséquences pour le Parti socialiste SFIO. Il est apparu hésitant, tenté par une démarche commune avec le PC tout en redoutant la victoire de celle-ci. La direction du parti socialiste va payer cette hésitation. Au congrès de l'été 1946, Guy Mollet, animateur de la fédération du Pas-de-Calais, rassemble autour de lui tous les adversaires de Daniel Mayer (partisans d'une entente étroite avec le PC, éléments trotskisants, syndicalistes qui reprochent à leur parti la politique sociale du gouvernement, militants de province qui n'ont pas pardonné au secrétaire général l'épuration du parti) et met celui-ci en minorité. Il devient alors secrétaire général du parti socialiste sur un programme de fidélité à la doctrine marxiste et d'alliance avec le parti communiste.

En attendant, l'échec du premier projet constitutionnel oblige à élire une seconde Constituante qui proposera aux Français un nouveau projet.

La seconde Constituante et l'adoption
des institutions de la IVe République (juin-octobre 1946)

Les élections de juin 1946 confirment le recul de l'extrême gauche, évident dès le référendum de mai.

Le MRP qui était apparu durant la première Constituante comme l'héritier du général de Gaulle et le fer de lance de l'opposition au marxisme fait désormais figure de grand parti de la nouvelle droite. Avec plus de 28 % des suffrages et 169 députés, il ravit au parti communiste le titre de premier parti de France. Mais le PC ne subit aucun recul et maintient pour l'essentiel ses positions. Le grand vaincu de la consultation est le parti socialiste SFIO, victime de ses hésitations et de ses divisions (que confirmeront les événements de son congrès), qui perd plus de 2 % des suffrages et apparaît clairement distancé par le PC et le MRP, chefs de file respectifs de la gauche et de la droite. Mais l'événement majeur est sans doute que les deux partis marxistes perdent la majorité des voix dans le pays comme à la Constituante (282 députés sur 586).

Les élections du 2 juin 1946
(% des suffrages exprimés et nombre de sièges)

Parti	% des suffrages exprimés	Nombre de sièges
Parti communiste et apparentés	25,9 %	153
Parti socialiste SFIO et apparentés	21,1 %	129
RGR	11,6 %	53
MRP et apparentés	28,2 %	169
Modérés	12,8 %	67
Divers	0,1 %	15

Le recul du balancier électoral vers la droite permet au leader MRP, Georges Bidault, de constituer un gouvernement qui ne réussit pas vraiment à échapper au tripartisme. Il échoue dans sa tentative d'attirer les radicaux dans la majorité, Herriot, président du parti, jugeant plus payant le maintien dans l'opposition. Tout au plus réussit-il à faire entrer dans son équipe un membre de l'UDSR (Alexandre Varenne) et, bien entendu, un sans-parti (Yves Farge) au Ravitaillement. Dans ces conditions, le second projet constitutionnel ne peut résulter que d'un compromis entre les vues des socialistes et des communistes telles qu'elles apparaissaient dans le premier projet et celles du MRP qui va exiger, par l'intermédiaire du rapporteur général de la Commission Constitutionnelle, Paul Coste-Floret, les concessions que n'avait pu obtenir François de Menthon (seconde Chambre et Président de la République doté de réels pouvoirs).

Mais le jeu des partis sur la question de la Constitution est troublé par l'intervention dans le débat du général de Gaulle. Celui-ci, qui était resté silencieux durant les premiers mois de 1946, laissant le MRP combattre seul le premier projet, fait une rentrée politique spectaculaire le 16 juin 1946 en prononçant à Bayeux, où il est venu célébrer l'anniversaire de la libération de la ville, un discours retentissant. Lançant l'anathème sur le texte rejeté en juin, il fait connaître sa conception des institutions : un Parlement étroitement cantonné dans ses attributions législatives et budgétaires et où une seconde Chambre limiterait les impulsions de la première, cette seconde Chambre étant constituée, à l'instar de l'ancien Sénat, des élus des Conseils généraux et municipaux, des représentants de l'outre-mer et des « organisations économiques, sociales et intellectuelles » ; un exécutif qui ne serait pas l'émanation du Parlement et aurait pour clé de voûte un Président de la République désigné par un collège élargi englobant le Parlement, mais formé surtout de notables et de représentants de l'outre-mer. De Gaulle s'efforce donc, au moment où va se réunir la seconde Constituante, de peser sur ses décisions en proposant son projet de « régime présidentiel appuyé sur les notables » (l'expression est de Jacques Julliard, *La IVe République*, Paris, Calmann-Lévy, 1968). En fait, contrairement aux espoirs du général de Gaulle, le MRP ne fait pas sienne la « Constitution de Bayeux ». Sous l'influence de son président, Georges Bidault, il décide de négocier avec les socialistes un texte qui aurait plus de chances d'être adopté par la Constituante que celui que préconise le général de Gaulle.

Adopté en septembre 1946 à une très large majorité par la seconde Constituante (443 voix contre 106), le projet est aussitôt condamné dans les termes les plus nets par le général de Gaulle (discours d'Épinal du 22 septembre 1946) : la rupture est consommée entre le général de Gaulle et l'ex-« parti de la fidélité ». Le MRP est désormais privé d'une des bases fondamentales de son électorat et réduit à ne plus représenter que la fraction démocrate-chrétienne de l'opinion.

L'intervention du général de Gaulle pèse sur l'issue du référendum d'octobre 1946 qui doit décider de l'adoption de la Constitution. En dépit d'une campagne pour le « oui » des trois associés du tripartisme, il y aura un tiers d'abstentions, le texte étant finalement accepté par 53 % de « oui » contre 47 % de « non ». Ce qui permet au général de Gaulle de juger ainsi la Constitution : « *Un tiers des Français s'y étaient résignés, un tiers l'avaient repoussée, un tiers l'avaient ignorée.* »

C'est incontestablement un fait politique majeur que la Constitution qui va régir la IVe République n'ait été adoptée qu'à la minorité de faveur et que les deux tiers des Français ne se soient pas sentis concernés.

Les institutions adoptées par les Français en octobre 1946 traduisent d'une part l'état des forces politiques dans la seconde Constituante et, de l'autre, la volonté de réagir à la fois contre l'instabilité de la IIIe République et contre le régime de pouvoir personnel de Vichy.

La crainte de la dictature et la nécessité de tenir compte du choix monocamériste des communistes et des socialistes expliquent que la prépondérance au sein des pouvoirs publics appartienne à l'Assemblée nationale. Élue pour 5 ans au suffrage universel direct, elle est la dépositaire privilégiée du suffrage universel. Pour la préserver de tout empiétement du pouvoir exécutif, on décide qu'elle est seule compétente pour fixer la durée de ses sessions (alors que sous la IIIe République, le président du Conseil pouvait décréter la clôture au bout de cinq mois), qu'elle est seule maîtresse de son ordre du jour et de son règlement, qu'elle vote seule la loi et ne peut déléguer ce droit (les décrets-lois sont donc impossibles), et que, bien entendu, elle doit investir et peut renverser le gouvernement. Face à cette prépondérance de l'Assemblée nationale, quelle est la valeur des deux contrepoids introduits par le MRP ?

Le Conseil de la République, la seconde Chambre, est très loin d'avoir les prérogatives de l'ancien Sénat. Il ne peut donner que des avis à l'Assemblée nationale et celle-ci n'est nullement tenue de les suivre. Toutefois, si l'avis est donné à la majorité absolue des membres du Conseil de la République, l'Assemblée nationale ne peut passer outre qu'en votant, elle aussi, à la majorité absolue. Son recrutement, fixé par la loi du 27 octobre 1946, est d'une grande complexité, combinant la désignation directe par l'Assemblée nationale proportionnellement à l'importance des groupes (pour un tiers des membres) et l'élection par un collège comprenant députés, conseillers généraux et « grands électeurs » pour les deux tiers restants. En septembre 1948, une réforme rendra l'élection des sénateurs (ils recouvrent ce nom en dépit de la dénomination de l'assemblée à laquelle ils appartiennent) aux conseillers généraux et aux délégués des conseils municipaux comme sous la IIIe République. Sauf cas précis, le rôle du Conseil de la République est si faible que l'on peut considérer que, pour l'essentiel, le régime est monocamériste.

Plus sérieux est le second contrepoids, le président de la République. Sans doute est-il l'émanation du Parlement puisqu'il est élu par le Congrès, réunissant les deux Chambres. Si en théorie ses pouvoirs sont relativement restreints, il apparaissent en fait plus importants qu'on ne le suppose au premier abord. En premier lieu, il est élu pour sept ans ce qui lui assure une large indépendance à l'égard du Parlement et lui permet, pour peu qu'il le veuille, d'incarner une certaine permanence de la politique française face à des gouvernements changeants. Vincent Auriol, premier président de la IVe République, saura se servir de cet atout et jouer de sa connaissance des dossiers pour intervenir dans la formation des gouvernements et suggérer des politiques. D'autant que, sur l'insistance du MRP, lui a été laissée une prérogative fondamentale, celle de désigner le président du Conseil. Or, dans un système politique où n'existe pas de leader désigné de la majorité, mais toute une gamme de personnalités susceptibles de recueillir une majorité à l'Assemblée, ce droit laisse au chef de l'État une marge de manœuvre considérable et lui permet d'infléchir sensiblement la ligne politique du gouvernement. Finalement, le président de la République apparaît comme le seul contrepoids réel face à une Assemblée supposée divisée. Mais il ne peut jouer qu'un rôle limité et, au total, l'Assemblée nationale demeure le seul pouvoir décisif sous la

IVe République. L'étude des rapports des pouvoirs publics met d'ailleurs en relief sa prépondérance.

C'est au niveau de la formation, de l'existence et du renversement des gouvernements qu'on peut le mieux saisir l'équilibre des pouvoirs sous la IVe République. Force est de constater que le texte constitutionnel et la pratique se combinent pour faire du gouvernement un jouet entre les mains de l'Assemblée, selon les usages de la IIIe République contre lesquels les constituants entendaient cependant réagir. Le gouvernement est dirigé par un président du Conseil, responsable devant l'Assemblée nationale et, de ce fait, véritable chef du pouvoir exécutif. Les rédacteurs de la Constitution ont pris un grand nombre de précautions pour qu'il dispose d'un réel pouvoir vis-à-vis de l'Assemblée nationale. Mais le poids des habitudes héritées de la IIIe République fera que celles-ci resteront lettre morte. Désigné par le président de la République, le président du Conseil doit aussitôt se présenter devant l'Assemblée nationale pour être investi par elle à la majorité absolue (autrement dit, les abstentions sont, dans ce cas, comptabilisés comme des votes hostiles — mais la réforme de 1954 supprimera cette disposition). Le but est de faire investir un homme et un programme et non de confirmer un dosage ministériel, puisque le chef du gouvernement se présente devant l'Assemblée avant d'avoir formé son équipe. En fait, le premier président du Conseil de la IVe République, Paul Ramadier, investi selon les règles constitutionnelles, se présentera une seconde fois devant l'Assemblée pour faire approuver la composition de son gouvernement. Ce geste qui fait l'Assemblée juge de la composition de l'équipe gouvernementale donne naissance à la pratique de la « double investiture » qui dure jusqu'à la réforme constitutionnelle de 1954. Celle-ci met le droit en harmonie avec le fait en décidant que le président du Conseil ne se présentera devant l'Assemblée, pour une investiture unique, qu'une fois son équipe formée. On en est revenu à la IIIe République.

Durant son existence, le gouvernement est naturellement soumis au contrôle du Parlement par la discussion des projets en commission ou en séance, le vote, les interpellations, la discussion des déclarations de politique générale et la très importante pratique de l'amendement des projets de loi en commission. Au contrôle de tous les instants s'ajoute donc une véritable participation du Parlement à l'action du pouvoir exécutif.

C'est l'Assemblée qui détient seule le pouvoir de renverser le gouvernement. Ce renversement peut avoir une double origine :

— une motion de censure d'origine parlementaire (mais la procédure ne sera jamais appliquée sous la IVe République) ;

— la question de confiance posée par le gouvernement et qui l'oblige à se retirer si la majorité de l'Assemblée ne le suit pas. Pour limiter l'abus du renversement du gouvernement par cette procédure, et l'instabilité ministérielle qui en résulte, la Constitution a prévu toute une série de garde-fous : la question de confiance doit être posée par le Conseil des ministres et non par le seul président du Conseil ; il doit s'écouler un jour entier entre le dépôt de la question de confiance et le vote, afin d'éviter la chute du gouvernement par surprise ; enfin, le gouvernement n'est renversé que si la majorité absolue des députés s'est prononcée contre lui (dans ce cas, les abstentions sont considérées comme des votes en faveur du ministère). Dans la pratique, cette dernière disposition restera lettre morte : la plupart des gouvernements démissionnent sans que les conditions constitutionnelles soient réunies, soit parce que le président du Conseil préfère s'effacer avant d'être renversé, soit parce que l'un des partis de la majorité s'en retire, soit enfin parce que, battus par une majorité relative et non absolue, les chefs du gouvernement considèrent néanmoins qu'ils ne disposent plus de la confiance de l'Assemblée.

Au total, en dépit de la volonté des constituants, l'Assemblée est bien omnipotente et le gouvernement est totalement entre ses mains, d'autant que la seule arme dont l'Exécutif dispose contre le législatif, la dissolution, est soumise à des conditions si draconiennes qu'elle paraît aussi improbable qu'elle l'était sous la IIIe République :

— Aucune dissolution n'est possible dans les 18 premiers mois de la législature.

— On ne peut dissoudre l'Assemblée qu'au cas où, en 18 mois, se sont produites deux crises ministérielles dans les conditions constitutionnelles (majorité absolue des députés contre le gouvernement).

— Il faut que le gouvernement soit constitué depuis plus de 15 jours.

— Enfin, et surtout, le gouvernement qui a décidé la dissolution doit être placé sous la présidence du président de l'Assemblée nationale, accepter des ministres d'État choisis dans les partis non représentés précédemment au gouvernement et prendre un ministre de l'Intérieur désigné par le bureau de l'Assemblée nationale. Ces dernières dispositions seront supprimées lors de la réforme de 1954, ce qui rendra possible la dissolution de 1955.

Au total, et hormis le faible contrepoids du président de la République, la Constitution de 1946 établit un régime monocaméral de fait dans lequel la prépondérance appartient à l'Assemblée nationale. Ce régime était-il marqué d'emblée par une sorte de péché originel qui devait le faire glisser vers une nouvelle IIIe République avec, comme conséquence, l'instabilité ministérielle et la faiblesse du pouvoir exécutif ? Le fait que l'évolution ait bien été celle-là ne doit cependant pas, par une application déterministe du futur au présent, conduire à l'idée qu'il ne pouvait en être autrement. En fait, la Constitution de 1946 doit être lue à la lumière du contexte historique de l'époque, qui est celui du tripartisme. L'existence de trois grands partis structurés, disciplinés et organisés, majoritaires dans le pays et au Parlement aurait dû permettre aux institutions de la IVe République de connaître une incontestable stabilité, sous le contrôle des leaders des trois grands partis. Si le régime de la IVe République a connu la dérive signalée, c'est pour deux raisons :

— le rôle des hommes qui en sont revenus, tout naturellement, à l'instar d'un Paul Ramadier, à leurs pratiques d'antan ;

— et surtout le fait qu'au moment où les nouvelles institutions, taillées pour le tripartisme, commencent à fonctionner, celui-ci éclate, modifiant fondamentalement les données du jeu politique français.

L'éclatement du tripartisme

Entre novembre 1946 et janvier 1947 se mettent en place les pouvoirs publics créés par la Constitution de 1946.

Le premier acte a lieu le 10 novembre 1946 avec l'élection de la première Assemblée nationale. Trois faits majeurs et qui vont peser lourd sur l'histoire du régime marquent ces élections.

Les élections du 10 novembre 1946
(% des suffrages exprimés et nombre de députés)

Parti	% des suffrages exprimés	Nombre de députés
Parti communiste et apparentés	28,2 %	183
Parti socialiste SFIO et apparentés	17,8 %	105
RGR	11,1 %	70
MRP et apparentés	25,9 %	167
Modérés	12,9 %	71
Divers (y compris Union gaulliste)	3,8 %	22

— La prédominance affirmée du PC et du MRP comme forces majeures de l'Assemblée. Le premier atteint son score record dans l'histoire politique française (28,2 %) et redevient le premier parti français. Le second connaît un léger repli dû à la présence dans le scrutin d'une *Union gaulliste*, dirigée par René Capitant (mais que le général n'a pas parrainée), qui lui prend 3 % des voix.

— La poursuite de l'effondrement de la SFIO, conséquence des luttes qui ont marqué son congrès des 29 août-1er septembre, et des hésitations de sa direction. L'affaiblissement de l'une des composantes du tripartisme déséquilibre la formule politique qui prévaut depuis janvier 1946.

— Enfin, la remontée en siège des partis traditionnels de la IIIe République, radicaux et modérés, qui redonne leur chance aux groupes charnières mal structurés, surtout si on tient compte de l'affaiblissement socialiste.

La seconde étape est la formation du gouvernement. On voit successivement échouer le communiste Thorez devant l'opposition de tous les partis (sauf les socialistes), puis le MRP Bidault. On se tourne alors vers le parti socialiste dont le patriarche Léon Blum, après avoir échoué dans la formation d'un gouvernement d'union nationale en raison de l'opposition du parti communiste, décide finalement de former un gouvernement socialiste homogène jusqu'à l'élection du président de la République.

Le mois de décembre est partiellement occupé par les élections au Conseil de la République.

Le 16 janvier 1947 a lieu l'élection du président de la République. Le socialiste Vincent Auriol l'emporte au premier tour grâce aux voix communistes, par 452 suffrages contre 242 au MRP Champetier de Ribes, 122 au radical Gasser et 60 à Michel Clemenceau.

Fin, janvier, Blum ayant démissionné, Auriol nomme président du Conseil le socialiste Paul Ramadier, vieux routier parlementaire de la IIIe République. Celui-ci forme un gouvernement qui se distingue des gouvernements provisoires par sa composition et qui va créer une tradition de soumission aux partis et à l'Assemblée qui marquera durablement le régime (pour le gouvernement Ramadier, voir S. Berstein (sous la direction de), *Paul Ramadier, le socialisme et la République*, Bruxelles, Complexe, 1990).

— Il réussit l'opération d'ouverture sur laquelle ses prédécesseurs avaient échoué en incluant dans son équipe ministérielle, outre les représentants des trois grands partis, 7 ministres extérieurs au tripartisme, 3 radicaux, 2 UDSR, 2 Indépendants. C'est la preuve qu'il existe désormais une solution de rechange au tripartisme.

— Il résout le problème posé par la volonté des communistes de détenir un des trois ministères clés en nommant le communiste François Billoux ministre de la Défense nationale, tout en vidant ce ministère de sa substance réelle par la nomination de trois ministres d'armes, aux Armées (le MRP Michelet), à l'Air (le radical Maroselli), à la Marine (le modéré Jacquinot).

— Enfin, il confirme par une double décision l'interprétation qui fait du régime un régime des partis en laissant à ceux-ci, comme Gouin et Bidault, le soin de désigner les titulaires des portefeuilles et en concluant avec l'Assemblée un contrat tacite qui fait de celle-ci l'arbitre de l'Exécutif (c'est le résultat de la double investiture).

Tous ces éléments qui accompagnent la mise en place des institutions s'intègrent dans un contexte qui implique la possibilité d'une rupture du tripartisme. En fait, en ce début d'année 1947, les tensions entre partis rendent cette rupture probable.

L'évolution des problèmes politiques conduit en effet à constater sur tous les problèmes un clivage chaque jour plus grand entre le parti communiste et les autres formations politiques du gouvernement :

— Sur les questions économiques et sociales.

Après la démission du général de Gaulle, les trois grands partis sont d'accord pour une réorganisation économique et sociale sur la base du programme du CNR, impliquant dirigisme étatique et nationalisations. Ils approuvent la mise au point par Jean Monnet, nommé en décembre 1945 commissaire au Plan par le général de Gaulle, du Plan de modernisation et d'équipement 1946-1950, promulgué par le gouvernement Blum en janvier 1947. Ils procèdent à une extension des nationalisations : gaz, électricité, assurances, charbonnages, mais le MRP refuse d'aller plus loin et de nationaliser les banques d'affaires comme le demande le PC. D'accord sur les lignes directrices de la politique à conduire, les partenaires du tripartisme se heurtent sur les problèmes de vie quotidienne, générateurs, il est vrai, du mécontentement de l'opinion publique : pénurie de charbon et de matières premières, rationnement du ravitaillement, et surtout problème de la disparité entre les salaires que le gouvernement s'efforce de maintenir pour éviter l'inflation et prix qui ne cessent de monter. Au départ, les ministres communistes et le PC sont d'accord avec les autres partis du gouvernement pour limiter les hausses de salaires. Mais cette politique entraîne une vive colère du monde ouvrier qui n'épargne ni le parti communiste, ni la CGT. Les communistes ont d'autant plus l'impression de s'engager dans une voie dangereuse que, durant l'été 1946, Bidault réunit la conférence du Palais-Royal où patrons, salariés et agriculteurs s'accordent pour condamner les tendances déflationnistes et arrachent au président du Conseil, peu soucieux de s'aliéner l'électorat, une hausse de 25 % des salaires ! Peu désireux d'apparaître moins favorable que le MRP aux intérêts du monde ouvrier, le PC change alors d'attitude. Au printemps 1947, lorsque la hausse des prix reprend, après un palier, consécutif aux mesures prises par Blum en janvier, le PC est décidé à ne plus se laisser déborder. La grève qui éclate aux usines Renault fin avril 1947 illustre sa nouvelle politique. Après avoir tenté de freiner le mouvement, la CGT s'y rallie. Le 4 mai 1947, Paul Ramadier, qui refuse de céder aux grévistes en augmentant les salaires, est interpellé par les communistes à l'Assemblée. Dans le vote sur la question de confiance qui s'ensuit, tous les députés communistes, y compris les ministres, votent contre le gouvernement. Ce vote sera l'occasion de la rupture du tripartisme.

— Sur les questions coloniales et, spécifiquement, sur l'Indochine.

La République naissante trouve dans sa colonie d'Indochine une situation particulièrement confuse. Occupée au nord par les Chinois, au sud par les Britanniques après la capitulation japonaise, l'Indochine s'est déclarée indépendante en mars 1945. En août, le communiste Hô Chi Minh, à la tête de la coalition nationaliste du Viêt-minh, a proclamé une République démocratique du Viêt-nam, surtout implantée au Tonkin, sous la protection chinoise. Mais au sud, grâce à l'appui anglais, la France a pu envoyer un corps expéditionnaire commandé par le général Leclerc, cependant que l'amiral Thierry d'Argenlieu a été nommé Haut-Commissaire en Indochine. Désireux de se dégager de la tutelle chinoise, Hô Chi Minh accepte de négocier avec l'envoyé du gouvernement français, Jean Sainteny, et leurs conversations aboutissent à l'accord du 6 mars 1946 qui reconnaît « *la République du Viêt-nam comme un État libre faisant partie de la fédération indochinoise et de l'Union française* ». En fait l'accord est ambigu et juxtapose deux virtualités antagonistes, celle de la constitution d'un territoire autonome inclus dans une fédération où la France garde le dernier mot et celle d'un État indépendant, acceptant volontairement de s'allier à la France. Les négociations se poursuivent, mais, à partir de l'accession de Bidault à la présidence du Conseil, la position française se raidit, le MRP manifestant son intention de ne rien céder sur le plan de la souveraineté française dans l'Empire colonial. Cette attitude intransigeante est partagée sur place par l'amiral Thierry d'Argenlieu, alors que Sainteny et le général Leclerc se montrent partisans d'une plus grande souplesse. Une conférence réunie à Fontainebleau, du 6 juillet au 14 septembre 1946, se solde par un dialogue de sourds entre Hô Chi Minh et les Français.

L'amiral Thierry d'Argenlieu, appuyé par le MRP, décide alors de sortir de l'impasse par une politique des faits accomplis. En mars 1946, il crée une République de Cochinchine (au sud du pays) qui rompt l'unité de la République du Viêt-nam. Le 23 novembre 1946, il décide d'employer la force pour mettre Hô Chi Minh à la raison et fait bombarder le quartier vietnamien d'Haiphong. Le 19 décembre, la réplique du Viêt-minh déclenche la guerre d'Indochine : une quarantaine de Français sont massacrés à Hanoi. Ministre de la France d'outre-mer, le socialiste Marius Moutet, qui se rend sur place, est bouleversé et décide qu'on ne pourra négocier qu'une fois la paix rétablie, et avec des « interlocuteurs valables ». Refus de négocier tant qu'on n'est pas vainqueur, négation de la représentativité de l'adversaire, c'est tout l'engrenage des guerres coloniales qui se met en place au début de 1947.

Les communistes qui préconisent une négociation avec Hô Chi Minh se trouvent donc isolés au sein du gouvernement. Ils s'inquiètent d'autant plus de voir les socialistes emboîter sur ce point le pas au MRP que la volonté de maintenir l'Empire sous sa forme coloniale est le maître mot de la politique de celui-ci : Bidault est intervenu dans les travaux de la Commission constitutionnelle en juillet 1946 pour faire rejeter l'idée d'une Constituante élue par l'outre-mer qui établirait une Constitution de l'Union française. De plus, le gouvernement Ramadier, où Marius Moutet demeure ministre de la France d'outre-mer, reprend la politique du gouvernement Bidault : en mars 1947, il répond à l'insurrection de Madagascar par une vigoureuse répression et l'arrestation des parlementaires malgaches. Décidés à marquer un coup d'arrêt, les communistes décident en mars 1947 de rejeter les crédits militaires demandés par le gouvernement : les députés votent contre, les ministres s'abstiennent.

— Sur les questions de politique étrangère.

Paradoxalement, c'est en ce domaine que l'accord a duré le plus longtemps. Le maître mot de la politique française est d'obtenir le morcellement de l'Allemagne, le démantèlement de son industrie, la constitution de la Rhénanie en État séparé, l'internationalisation de la Ruhr, voire la cession de la Sarre à la France. Or, dès le printemps 1946, cette politique est battue en brèche par les Anglo-Américains, décidés à redonner vie à un État allemand. Reprenant la politique du général de Gaulle, Georges Bidault, comme président du Conseil, puis comme ministre des Affaires étrangères du gouvernement Ramadier, s'efforce de s'appuyer sur les Soviétiques pour faire contrepoids aux Anglo-Saxons.

Mais au printemps 1947, cette politique, approuvée par les trois partenaires du tripartisme, devient impossible à maintenir. La concurrence américano-soviétique prend le pas sur les autres réalités. Le 15 mars 1947, la déclaration Truman dénonce en termes très vifs l'entreprise totalitaire que l'URSS développe dans le monde et promet l'appui américain aux peuples qui veulent conserver leur liberté. Il est clair que la France doit choisir son camp et son choix ne fait à vrai dire aucun doute.

De plus, à la conférence de Moscou d'avril 1947, Staline fait bon marché des intérêts français en préconisant une réunification allemande dont il pense qu'elle se fera à l'avantage des communistes. Toutefois, Paul Ramadier souhaite échapper à l'engrenage de la guerre froide et il tente de tenir la balance égale entre Américains et Soviétiques. Si nécessités économiques et parenté idéologique le poussent finalement à choisir le camp américain en acceptant l'aide Marshall, c'est à contrecœur qu'il assiste à la rupture des alliances de guerre et en espérant que la tension soviéto-américaine sera seulement passagère.

En tout cas, ce n'est nullement, comme certains historiens l'ont affirmé (par exemple Annie Lacroix-Riz : *Le Choix de Marianne (les relations franco-américaines de la Libération aux débuts du Plan Marshall, 1944-1948)*, Paris, Messidor, 1986) sous la pression des États-Unis que Ramadier chasse les ministres communistes de son gouvernement. Le 5 mai 1947 en effet le *Journal officiel* publie un texte signé Paul Ramadier mettant fin aux fonctions des ministres communistes à la suite du vote qu'ils ont émis la veille contre le gouvernement dans le scrutin de confiance sur la politique salariale du gouvernement aux usines Renault. C'est cette rupture de la solidarité ministérielle, insupportable pour un républicain de tradition comme Ramadier, qui explique cette décision et, de fait, l'attitude des communistes qui témoignent de leur méfiance envers le gouvernement auquel ils appartiennent rend totalement impossible l'exercice du pouvoir. Mais le parti communiste ne reviendra pas dans un gouvernement français avant 1981, et c'est bien la guerre froide qui rend compte de cette longue exclusion, même si le motif immédiat de son éviction n'est pas la guerre froide (voir Jean-Jacques Becker, « Paul Ramadier et l'année 1947 », *in* Serge Berstein (sous la direction de), *Paul Ramadier, op. cit.*).

Les communistes n'y voient qu'un incident de parcours sans gravité et, dans les semaines qui suivent, Maurice Thorez prépare d'ailleurs son retour au gouvernement en définissant les bases de la politique qu'il préconise : paix en Indochine par la négociation avec Hô Chi Minh, refus de l'alignement sur les États-Unis contre l'URSS, politique sociale qui permettrait l'augmentation du niveau de vie grâce au développement économique. Il considère même avec faveur le plan Marshall proposé en juin 1947 par les Américains et dans lequel il voit un facteur d'expansion économique. Guy Mollet, secrétaire général de la SFIO, fait la même analyse et il s'efforce même de provoquer la démission du gouvernement Ramadier pour ramener les communistes au gouvernement.

En fait, le tournant du 5 mai 1947 est beaucoup plus capital. Il représente l'irruption de la guerre froide comme élément déterminant de la vie politique française. Les communistes sont exclus du pouvoir pour un quart de siècle. L'édifice politique du tripartisme mis en place depuis la Libération vole en éclats et tout le système institutionnel taillé à la mesure de cette coalition politique s'en trouve durablement déséquilibré.

La constitution de la Troisième Force

On appelle « Troisième Force » la formule politique qui, de 1947 à 1952, se substitue au tripartisme en raison de la double menace qui pèse sur la IVe République, celle due au parti communiste et celle à l'origine de laquelle se trouve le RPF, fondé par le général de Gaulle.

L'attitude conciliatrice adoptée par le parti communiste après son éviction du pouvoir ne résiste pas à l'institutionnalisation de la guerre froide. Du 22 au 27 septembre 1947 se réunit en Pologne, à Szklarska Poreba, sous la direction du Soviétique Jdanov, la conférence constitutive du Kominform. Les communistes français, représentés notamment par Jacques Duclos, y sont mis en accusation pour leur légalisme excessif et leur « crétinisme parlementaire ». Ils font leur autocritique et adhèrent désormais à l'analyse de la situation mondiale proposée par Jdanov : un monde divisé en deux blocs, le camp « impérialiste et antidémocratique » et le camp « démocratique et anti-impérialiste », entre lesquels la lutte est ouverte, le rôle des communistes du « camp impérialiste » consistant à empêcher par tous les moyens leurs gouvernements de se joindre à la guerre d'agression que médite ce camp contre l'URSS et ses alliés. Le parti communiste français va se lancer dans la lutte avec une énergie d'autant plus grande que certains de ses dirigeants (Marty, Tillon, Servin...) avaient mal admis le ralliement imposé par Maurice Thorez à l'automne 1944. Désormais le parti communiste dénonce avec énergie le plan Marshall, qu'il décrit comme un instrument de l'impérialisme américain, critique violemment la politique étrangère de la France et la participation à la politique du « containment » en Indochine, et surtout va s'efforcer d'utiliser politiquement le mécontentement économique et social.

La vague de grèves des années 1947-1948 s'explique fondamentalement par des causes spontanées, la vie chère provoquant des revendications salariales auxquelles le patronat et le gouvernement s'efforcent de résister. Mais alors que le parti communiste, et la CGT, dominée par les communistes depuis 1945, avaient plutôt tenté jusqu'au printemps 1947 de canaliser le mouvement, à partir de l'automne, ils l'encouragent au contraire, ajoutant aux mots d'ordre purement revendicatifs des thèmes politiques, en particulier contre le plan Marshall. Il en résulte une énorme flambée de grèves qui se développent dans un climat de violence extraordinaire. À Marseille, les communistes envahissent la salle du Conseil municipal et molestent le maire gaulliste ; sur les lieux de travail, les bagarres entre ouvriers communistes et non communistes se multiplient, ainsi que les conflits lors des manifestations et des collages d'affiches : on compte des blessés et même quelques morts. Les grèves s'accompagnent de sabotages graves : hauts-fourneaux éteints, mines noyées, voies ferrées sabotées. Fin 1947, il règne en France un véritable climat de guerre civile, encore accentué par la dramatisation de la situation du fait du ministre de l'Intérieur, le socialiste Jules Moch. Devant la gravité de la situation, le président du Conseil, Robert Schuman, décide, fin novembre 1947, le rappel sous les drapeaux du contingent 1946-2 et propose à l'Assemblée nationale de rappeler 80 000 hommes sous les armes et de voter divers projets renforçant les mesures contre le sabotage et les atteintes à la liberté du travail. Pour empêcher le vote de ces lois, les députés communistes pratiquent l'obstruction durant cinq jours et cinq nuits, occupant la tribune jusqu'à ce que le président de l'Assemblée, Herriot, fasse voter l'expulsion du député Raoul Calas, pour appel à l'insoumission de l'armée, ce qui entraîne le départ en bloc du groupe communiste.

Quelles sont les intentions des dirigeants communistes (voir J.-J. Becker, *Le Parti communiste veut-il prendre le pouvoir ?*, Seuil, 1981) ? Ont-ils songé, comme une partie de l'opinion l'a pensé, à faire une révolution en France en s'appuyant sur le réel mécontentement social ? Rien ne permet de le penser. Le PC applique depuis 1944 une tactique légaliste qui exclut cette hypothèse, et l'application des nouvelles décisions du Kominform implique qu'il joue son rôle dans l'affaiblissement du « camp impérialiste », non qu'il prenne le pouvoir. On peut parler, avec Jacques Julliard, de « guerre civile froide ». Quant aux violences qui accréditeraient la thèse révolutionnaire, elles semblent n'être rien d'autre que des bavures à la base, que les dirigeants n'ont nullement encouragées. Quoi qu'il en soit, l'énergique réaction du gouvernement conduit le mouvement au fractionnement, puis à l'échec début 1948. À l'automne 1948 se produit une seconde vague de grèves qui débutent dans les charbonnages, mais retombent au bout de quelques semaines.

Toutefois, si le mouvement n'avait que des objectifs limités, ses conséquences sont considérables à trois niveaux :

— *sur le mouvement syndical*. La participation de la majorité communiste de la CGT à des grèves à objectif politique évident entraîne une vive tension au sein de la centrale, depuis la direction où le communiste Frachon s'oppose à Léon Jouhaux jusqu'à la base où les syndicalistes non communistes prennent parti contre les grèves. En novembre 1947, malgré les réticences du vieux leader Jouhaux, les syndicalistes non communistes quittent la CGT pour fonder la CGT-Force ouvrière, dont la base sociologique est la fonction publique, mais qui ne réussit pas à attirer les enseignants de la Fédération de l'Éducation nationale qui se déclarent autonomes des deux centrales ;

— *sur le parti communiste*. L'obéissance à la tactique du Kominform lui fait perdre le bénéfice de l'évolution amorcée en 1934 et confirmée par sa participation à la Résistance, c'est-à-dire l'intégration à la société politique française. Pour l'opinion, il apparaît comme un « parti de l'étranger » et, pour le monde politique, il est rejeté dans un « ghetto » encore aggravé par le « coup de Prague » de février 1948 ;

— *sur la IVe République* enfin. La nouvelle attitude du parti communiste rend radicalement impossible le fonctionnement harmonieux d'institutions fondées sur le tripartisme. Le rejet du parti communiste hors du jeu politique français exige de trouver des majorités de rechange en se tournant vers les partis charnières, modérés et radicaux qui retrouvent ainsi une importance perdue. De surcroît, l'axe de la majorité politique est déplacé vers la droite, les socialistes perdant leur position centrale pour figurer l'aile gauche d'une majorité nouvelle.

Si la menace communiste est le péril essentiel, elle ne doit pas faire oublier qu'un second danger, perçu comme étant de droite, pèse sur la IVe République.

Ayant condamné la Constitution de la IVe République dans son discours d'Épinal, le général de Gaulle manifeste son dédain des nouvelles institutions en n'intervenant pas dans les élections législatives. Il laisse livrés à eux-mêmes René Capitant et son « Union gaulliste » qui ne rassemblent que 3 % des suffrages aux élections du 10 novembre 1946. Cette erreur, lourde de conséquences, va peser sur l'entreprise du général de Gaulle en la privant de perspectives. C'est en effet le 30 mars 1947, à Bruneval, qu'il fait une rentrée politique spectaculaire qui embarrasse fort le gouvernement Ramadier. Le 7 avril 1947 à Strasbourg, il annonce la constitution du Rassemblement du Peuple français (le RPF) qui voit le jour le 14 avril. Ce sont en effet les dangers qui pèsent sur l'indépendance nationale du fait de la présence des Soviétiques « à deux étapes du Tour de France » de la frontière française qui poussent de Gaulle à se présenter comme le grand rassembleur. Dans cette optique, l'adversaire désigné, ce sont les communistes (les « Séparatistes ») ; devant le danger, les institutions de la IVe République (le « Système ») sont impuissantes et il faut réformer l'État dans le sens autoritaire indiqué par le discours de Bayeux. Pour obtenir ce résultat, de Gaulle n'entend pas créer un nouveau parti qui diviserait les Français, mais au contraire rassembler ceux-ci, quelles que soient leurs options politiques. De 1947 à 1949, il parcourt la France pour appeler au « rassemblement » et propager ses idées. Le succès est considérable : au milieu de 1948 le RPF revendique un million et demi d'adhérents, chiffre qu'il faudrait selon J. Charlot (*Le Gaullisme d'opposition*) ramener à environ 400 000. Mais compte tenu de la faible propension des Français à adhérer à des partis politiques, ce chiffre demeure considérable. Ces adhérents sont, pour l'essentiel, de nouveaux venus à la politique. Aussi bien, les partis structurés, comme le MRP ou la SFIO ont interdit à leurs membres la double appartenance, acceptée par le RPF. Mais radicaux et modérés admettent le principe en espérant bien en tirer avantage. C'est ainsi que Michel Debré et Jacques Chaban-Delmas seront à la fois membres du parti radical et du RPF, Frédéric-Dupont et Barrachin, Indépendants et RPF.

Mais cette importante mobilisation politique demeure sans emploi. Le général de Gaulle peut juger du succès de son mouvement au vu du résultat des élections municipales de 1947. Pour les villes de plus de 9 000 habitants où le mode de scrutin est la représentation proportionnelle, on assiste à un véritable raz de marée gaulliste. Les listes de coalition organisées autour du RPF recueillent le 13 octobre près de 40 % des suffrages ; les listes homogènes RPF rassemblent pour leur part plus de 28 % des voix. Au total dans les grandes villes — la « France dynamique » selon les termes de François Gogue (*Chroniques électorales*, t. I, La Quatrième République, Paris, Presses de la FNSP, 1981) —, la percée RPF est spectaculaire. À l'issue du second tour, le 20 octobre, des maires RPF s'installent dans les 13 plus grandes villes de France (Paris, où le frère du général, Pierre de Gaulle, est élu président du Conseil municipal, Bordeaux, Marseille, Rennes, Strasbourg...), et dans 52 préfectures. Mais les élections municipales ne sont pas les législatives et, malgré sa puissance révélée dans le pays, le RPF reste à l'Assemblée nationale une force de second ordre. Un « intergroupe d'action pour une vraie démocratie » qui regroupe radicaux et modérés à double appartenance, plus quelques députés démissionnaires de l'UDSR ou du MRP (Michelet, Terrenoire) a été constitué, mais il n'atteint qu'une quarantaine de membres. Or, de Gaulle ayant formellement exclu toute autre voie que la voie légale, son mouvement est enfermé dans une impasse. Le 27 octobre, il invite l'Assemblée à constater qu'elle ne représente plus le pays et à se dissoudre après avoir voté une nouvelle loi électorale. La majorité réplique en lançant contre le général l'accusation de boulangisme. Celui-ci n'a d'autre recours que de faire patienter ses troupes jusqu'aux élections de 1951 (quatre ans plus tard !) tout en leur interdisant une quelconque participation au « Système ». Position difficile à tenir pour les députés à double appartenance et qui explique le lent effritement de l'intergroupe à partir de 1949. En même temps, on constate dans le pays un certain tassement de l'audience du RPF dès 1948, dans la mesure où le mouvement paraît sans avenir politique immédiat.

Si les communistes et le RPF n'ont pas réussi à emporter le régime durant l'année 1947, du moins la double menace qu'ils représentent rend-elle l'avenir de la IVe République précaire. L'arithmétique électorale est à cet égard éclairante. Les deux partis d'opposition représentent chacun environ 28 % des suffrages, il en résulte que la totalité des autres partis est minoritaire dans le pays. Par conséquent, toute consultation électorale apparaît comme une perspective redoutable qui risque de rendre la France ingouvernable. Dans l'immédiat, avec 272 députés, socialistes et MRP ne sont plus majoritaires à l'Assemblée. Pour retrouver une majorité, l'adjonction aux deux survivants du tripartisme des 70 députés radicaux est une nécessité. C'est à cette coalition centriste, rendue nécessaire par la mise à l'écart des communistes et l'hostilité du RPF dans le pays, qu'on donne le nom de « Troisième Force ». En fait les modérés y participeront également, la solidité de l'attachement des radicaux à la majorité n'étant pas avérée. On a alors évoqué à propos de cette formule quadripartite l'expression de « Quatrième Force », mais l'usage ne l'a guère retenue. La « Troisième Force » est donc l'alliance de circonstances conclue par tous les partis qui s'accommodent de la IVe République contre les gaullistes et les communistes, alliance qui va des socialistes aux modérés.

Ces partis « condamnés à vivre ensemble » selon l'expression du docteur Queuille n'ont comme point commun que la défense du régime contre ses adversaires. Mais au-delà de ce ciment de la Troisième Force, les divergences entre ses membres sont considérables. Elles portent, par exemple, sur la question des crédits à l'école libre qui creuse un fossé entre les « laïcs », socialistes et une partie des radicaux, et les partisans de l'école libre, MRP et modérés. D'un commun accord, les membres de la Troisième Force s'entendent pour ne pas poser cette question qui les divise. Mais il ne saurait en être de même pour les questions économiques et sociales qui mettent en jeu la gestion quotidienne de la société française et que les problèmes liés au coût de la vie rendent aiguës. Dans ce domaine, l'opposition est totale entre les socialistes, partisans des augmentations de salaires et des mesures sociales qui impliquent un accroissement des dépenses de l'État et l'acceptation du déficit budgétaire, et les modérés pour qui l'orthodoxie financière est un dogme, et qui, en conséquence, exigent l'équilibre du budget, sont hostiles à l'augmentation des impôts et préconisent donc une stabilisation des salaires et des dépenses sociales. Pratiquement tous les gouvernements de la première législature (1946-1951) tombent sur cette opposition fondamentale qui introduit un ferment de division au sein de la Troisième Force. Cette alliance obligatoire de partis opposés sur les choix fondamentaux de gestion rend donc compte de l'instabilité gouvernementale qui marque les débuts de la IV⁰ République sans que les institutions doivent en elles-mêmes être tenues pour responsables.

Dans ce conflit permanent qui mine la Troisième Force, les socialistes, désormais placés en position d'aile gauche de la coalition, apparaissent d'ailleurs comme les vaincus. L'histoire de la première législature est celle d'un glissement à droite permanent. Lorsque Paul Ramadier est renversé en novembre 1947, ses successeurs sont soit des dirigeants du MRP (Robert Schuman ou Georges Bidault), soit des radicaux (André Marie ou Queuille), soit des radicalisants (l'UDSR Pleven). Le glissement à droite est particulièrement perceptible au niveau de la politique économique et sociale. Dès octobre 1947, pour conserver radicaux et modérés dans la majorité, Ramadier a dû renvoyer les deux ministres les plus dirigistes de son gouvernement, les socialistes André Philip (Économie) et Tanguy-Prigent (Agriculture). Désormais, le ministère des Finances sera détenu par des partisans de l'orthodoxie libérale, le radical René Mayer, les modérés Paul Reynaud et Maurice Petsche. Leur politique sera celle d'un abandon progressif des pratiques dirigistes inaugurées à la Libération : retour au marché libre des prix et des changes, libération progressive des échanges, liberté des salaires (sauf pour le minimum vital). Politique qui exige un assainissement financier obtenu par les deux dévaluations de 1948 et de 1949 qui amputent le franc des 9/10e de sa valeur de 1939. Mais la sanction de cette politique est le malaise de plus en plus grand éprouvé par les socialistes. En février 1950, ils quittent le gouvernement Bidault pour ne pas soutenir une politique financière qu'ils désapprouvent. Mais, à moins de précipiter une crise de régime dont ils ne veulent pas, ils n'ont d'autre choix que de voter pour lui à l'Assemblée nationale.

Ces difficultés de la Troisième Force et le risque permanent d'instabilité que sa composition implique, rendent compte du fait que l'immobilisme soit devenu en ces années une vertu politique. L'aptitude d'un gouvernement à survivre dépend de sa capacité à concentrer son action sur la défense du régime et la lutte contre la menace communiste et à éviter de s'engager sur les problèmes économiques et sociaux. Président du Conseil de septembre 1948 à octobre 1949, le docteur Queuille élève cette pratique à la hauteur d'un art véritable. Avec lui, l'immobilisme devient le maître mot de la vie politique. Son but est de poser le moins possible de problèmes, de les laisser pourrir sans y apporter de solution tranchée. Il y réussit aussi bien dans le domaine social où il poursuit une politique de stabilisation que dans le secteur politique où il laisse retomber la vague RPF en changeant la loi électorale pour la désignation du Conseil de la République et en reculant la date des élections cantonales d'octobre 1948 à mars 1949. Une telle politique est évidemment impopulaire, mais elle remplit son but. Elle permet à la IVe République de durer, de laisser passer les temps difficiles et d'éviter d'ouvrir une crise que la composition de la Troisième Force rend menaçante et la vigueur de ses adversaires dangereuse. À bien des égard, l'immobilisme du Dr Queuille a sauvé la IVe République et permis de concentrer l'intérêt sur les points qui font l'objet d'un consensus au sein de la majorité, c'est-à-dire la politique extérieure et coloniale (sur la politique d'Henri Queuille, voir Gilles Le Béguec et Pierre Delivet (sous la direction de), *Henri Queuille et la République*, Actes du colloque de Paris, Sénat 25-26 octobre 1984, Limoges. Trames, 1987).

Une politique dominée par l'anticommunisme et la crainte de l'URSS

C'est un événement de portée internationale, la naissance de la guerre froide, qui rend très largement compte du bouleversement du paysage politique français en 1947 : exclusion des communistes du jeu politique français et développement de l'agitation conduite par ce parti, naissance du RPF et constitution de la Troisième Force. Les années 1947-1952 sont également marquées par cet esprit de la guerre froide qui imprègne les relations internationales et explique les traits majeurs de la vie politique française. Des événements comme le « coup de Prague » de février 1948 qui fait basculer la Tchécoslovaquie dans le camp soviétique, le blocus de Berlin de juin 1948 à mai 1949, le déclenchement de la guerre de Corée de 1950 attestent de la réalité de la menace soviétique à l'extérieur, cependant que les grèves des années 1947-1948 et l'appui inconditionnel du parti communiste français à la politique du bloc soviétique et aux purges des démocraties populaires font régner la crainte d'un danger intérieur. Aussi les partis de la Troisième Force s'entendent-ils pour exclure les communistes et les communisants de toute fonction essentielle. Sans qu'on puisse parler d'une « chasse aux sorcières » identique à celle qui atteint les États-Unis à l'époque du « maccarthysme », la suspicion règne à l'encontre des communistes, et les ministres successifs de l'Intérieur surveillent avec attention les activités d'un parti jugé solidaire d'un État étranger menaçant la sécurité nationale. Mais c'est surtout dans le domaine des relations extérieures et dans celui des questions coloniales que l'esprit de la guerre froide colore la politique de la Troisième Force.

Dans le domaine des relations internationales, cet anticommunisme a pour effet de faire passer au second plan le danger allemand qui, depuis la fin de la guerre, dominait la politique extérieure de la France pour conduire à une politique tout entière orientée vers la défense du pays contre une possible agression soviétique. Le traité de Dunkerque, signé entre la France et la Grande-Bretagne en mars 1947, est encore dirigé contre l'Allemagne, mais son extension aux trois pays du Benelux en mars 1948 (un mois après le « coup de Prague ») est déjà conçu comme un instrument de défense contre l'Union soviétique. Et surtout, à partir de 1948, commence la recherche de l'alliance américaine.

Le blocus de Berlin qui débute en juin 1948 a pour effet de concrétiser la guerre froide en Europe et de pousser les Européens à tenter d'obtenir, contre une éventuelle action soviétique, la protection des États-Unis (qui sont alors la seule puissance atomique du monde). Les ministres successifs des Affaires étrangères français, Georges Bidault, puis après juillet 1948, Robert Schuman s'efforcent d'obtenir des Américains un engagement d'aide militaire à l'Europe. Cédant à leurs instances, les États-Unis acceptent d'ouvrir des pourparlers qui aboutissent le 4 avril 1949 à la signature du Pacte Atlantique, traité d'alliance défensive entre les pays européens, les États-Unis et le Canada. L'Europe se trouve désormais intégrée (à sa demande) au bloc américain et on commence alors la mise sur pied de l'OTAN (Organisation du Traité de l'Atlantique Nord) qui doit concrétiser sur le plan politique et militaire les engagements de principe du Pacte Atlantique.

C'est encore la guerre froide et la nécessité de répondre à l'attente de l'indispensable allié américain qui va conduire la France à abandonner à contrecœur sa politique de démantèlement et d'affaiblissement de l'Allemagne pour accepter l'union des trois zones d'occupation américaine, britannique et française, dans une « trizone », embryon du futur État allemand de l'Ouest et la création en 1948 de l'Organisation européenne de coopération économique (OECE) destinée à répartir l'aide octroyée par les États-Unis au titre du plan Marshall. Imposée par les circonstances, cette création européenne va se transformer en véritable mystique, à l'initiative du MRP.

Deux analyses expliquent cette évolution. D'abord celle du ministre des Affaires étrangères, Robert Schuman. Conscient que, sous la pression américaine et en raison des nécessités de la guerre froide, l'Allemagne sera appelée à prendre rang aussi bien dans l'Alliance Atlantique que dans les nouveaux organismes européens, il a l'habileté de considérer qu'il est préférable pour la France de participer volontairement au mouvement plutôt que de se le voir imposer. Ensuite, les problèmes internes du MRP. Celui-ci connaît une sorte de vacuité de ses fonctions politiques depuis la création du RPF qui l'a privé de son label gaulliste et de sa qualité de chef de file de l'opposition au communisme. Il se précipite vers l'idée européenne dont il va se faire le champion, entraînant avec lui ses partenaires de la Troisième Force. Sous l'impulsion de Robert Schuman, la France va donc prendre l'initiative en matière de construction européenne. Dès juillet 1948, Robert Schuman entame des négociations pour la transformation de l'OECE en union politique. Mais il se heurte à l'hostilité déterminée de la Grande-Bretagne, peu désireuse de nouer des liens continentaux et préférant jouer sur ses relations privilégiées avec les États-Unis. Finalement, le seul résultat de l'initiative de Robert Schuman est la mise en place d'un organisme strictement consultatif, le Conseil de l'Europe, formé de deux instances, un Conseil des Ministres où les décisions ne peuvent être prises qu'à l'unanimité et une Assemblée européenne dont les membres sont désignés par les parlements nationaux (mai 1949).

Enfin, l'action des gouvernements français de la Troisième Force est encore décisive pour les premières étapes de la construction européenne que sont la constitution de la Communauté européenne du charbon et de l'acier (CECA) dont l'origine remonte au plan Schuman du 9 mai 1950, inspiré par Jean Monnet, puis, en octobre 1950, du projet de Communauté européenne de défense (CED), proposé par le plan Pleven. Dans le premier cas, il s'agit de permettre la reconstitution de l'industrie lourde allemande en lui ôtant son caractère inquiétant pour la sécurité française par l'intégration dans un ensemble supranational européen soumis à la direction d'une Haute Autorité. Dans le second, le but est de faire accepter le réarmement de l'Allemagne exigé par les Américains par la même méthode, c'est-à-dire en intégrant l'armée allemande dans une armée européenne. Dans les deux cas, la majorité de Troisième Force fait bloc pour imposer cette politique européenne qui devient le maître mot de la nouvelle politique étrangère de la France. En décembre 1951, elle s'unit pour imposer, contre communistes et gaullistes, la ratification du traité instituant la CECA.

En février 1952, l'Assemblée nationale, élue en 1951, autorise le gouvernement Edgar Faure à poursuivre les discussions sur la CED, mais à deux conditions : la participation de la Grande-Bretagne, afin d'équilibrer le poids de l'Allemagne ; la constitution d'une autorité politique supranationale pour coiffer la Haute Autorité militaire (nouvel effort de dépassement du problème du réarmement allemand qui gêne les Français, en l'intégrant dans des perspectives plus vastes). Mais, du même coup, le problème de la CED devient ainsi la clé de voûte de la construction d'une Europe supranationale, sa mise en place apparaissant comme une sorte de point de non-retour dans cette voie.

Étroitement liée à la politique internationale de la France, sa politique coloniale est, elle aussi, dominée par la volonté de lutte contre le communisme international.

La rupture du tripartisme en mai 1947 a pour effet de faire disparaître le contrepoids que constituait le parti communiste à la politique du MRP dans les questions coloniales. Pratiquant une politique de dépassement national dans les questions européennes, ce parti se montre au contraire étroitement nationaliste en matière coloniale. Il est vrai que certains de ses dirigeants, comme Max André ou Jean Letourneau qui sera ministre de la France d'outre-mer, puis des États associés de 1949 à 1954 (et dont la politique s'est identifiée à la guerre d'Indochine) sont considérés comme les représentants des intérêts coloniaux. De plus, dans la majorité de Troisième Force, ils sont associés aux radicaux, grands pourvoyeurs de gouverneurs généraux sous la IIIe République et qui, avec Herriot et René Mayer, député de Constantine et représentant des Français d'Algérie, se veulent les mainteneurs de l'Empire. Les modérés sont sur des positions identiques. Quant aux socialistes, théoriquement partisans d'une politique libérale en matière coloniale, ils se montrent dans la pratique du pouvoir résolument attachés à la souveraineté française dans les colonies, au grand scandale des intellectuels et de la minorité de gauche du parti. Les gouvernements de la Troisième Force s'accordent d'autant plus pour mener une politique de fermeté dans les colonies qu'ils considèrent que toute concession aux mouvements nationalistes favoriserait en fait le communisme et que la résistance qu'ils opposent aux velléités d'indépendance représente la part de la France dans la lutte contre l'expansionnisme soviétique. Cette politique a deux points d'application très différents, l'Afrique du Nord et l'Indochine.

En *Afrique du Nord*, la politique de fermeté ne tire guère à conséquence dans l'immédiat, mais ses répercussions se feront lourdement sentir par la suite :

Au *Maroc* en mai 1947, le gouvernement Ramadier substitue au Résident Général Erik Labonne le général Juin, dont la mission consiste à obtenir du sultan Mohammed V le désaveu du parti nationaliste de l'Istiqlâl.

En *Tunisie*, le leader nationaliste Habib Bourguiba se montre souple et conciliant. Un certain libéralisme semble devoir prévaloir : Robert Schuman, dans une déclaration de juin 1950, semble admettre l'idée de souveraineté tunisienne et il est encouragé dans cette voie par le Résident

Général Louis Périllier. Mais les pressions des colons français sur le MRP poussent le gouvernement à faire machine arrière. Cette évolution est consacrée par le remplacement en janvier 1952 de Louis Périllier par un nouveau Résident, de Hautecloque, qui, dès son arrivée, fait arrêter les membres du gouvernement tunisien, déclenchant ainsi une crise majeure.

En *Algérie* enfin, le libéralisme a d'abord prévalu avec le Gouverneur général Yves Châtaigneau. L'opposition déterminée du MRP, des radicaux et des modérés à tout statut qui pourrait remettre en cause le caractère colonial de l'Algérie aboutit en 1947, après la rupture du tripartisme, à l'adoption d'un Statut qui laisse l'essentiel du pouvoir au Gouverneur général nommé par Paris. Il existe certes une Assemblée algérienne, dotée de pouvoirs financiers, mais elle est élue par deux collèges, l'un européen, l'autre musulman, qui désignent chacun un nombre identique de députés. La portée du Statut va se trouver éclairée par la nomination comme Gouverneur général du socialiste Marcel-Edmond Naegelen, partisan de la fermeté, en janvier 1948. Il trouve en Algérie une situation difficile. Les élections municipales d'octobre 1947 ont amené le succès des listes du Mouvement pour le triomphe des libertés démocratiques (MTLD), dirigé par Messali Hadj, et qui réclame l'indépendance de l'Algérie. Pour éviter semblable mésaventure, Naegelen truque de manière scandaleuse les élections à l'Assemblée algérienne d'avril 1948, faisant élire dans le collège musulman des candidats de l'administration et ne laissant que 9 sièges au MTLD et 8 à l'Union démocratique du Manifeste algérien (UDMA), de Ferhât Abbas, cependant fort modérée.

Cette politique de fermeté qui trouve également son répondant en Afrique noire et à Madagascar ne suscite pratiquement aucune opposition en France où on ne s'aperçoit pas que le nationalisme s'explique par la grande vague de décolonisation qui suit la guerre.

La France ne voit pas davantage que c'est cette vague de décolonisation qu'elle doit affronter en *Indochine*. L'analyse la plus couramment faite en ces années de guerre froide est que la guerre d'Indochine s'explique par la volonté d'expansionnisme soviétique, et l'appui que le parti communiste français apporte au Viêt-minh est de nature à conforter cette opinion. Aussi la France refuse-t-elle toute négociation avec Hô Chi Minh, parce qu'il est communiste, et s'efforce-t-elle de trouver un « interlocuteur valable » avec qui négocier. Elle pense le trouver en la personne de l'ex-empereur d'Annam, Bao Dai, qui vit en exil. Il se laisse convaincre de devenir le souverain du Viêt-nam et la France passe avec lui toute une série d'accords, de 1947 à 1949, lui concédant tout ce qu'elle a refusé à Hô Chi Minh en 1946 : l'union des trois *ky* (des trois provinces du Tonkin,

693

d'Annam et de Cochinchine) et l'indépendance du Viêt-nam (Accords de la baie d'Along de 1949). Désormais, les Français combattent au Viêt-nam pour Bao Dai, chef d'un État indépendant, et qui prend d'ailleurs ses distances avec ses protecteurs de Paris. Or, à partir de 1949-1950, la situation militaire de la France se détériore dans la guerre du Viêt-nam. Les communistes chinois qui ont fondé en octobre 1949 la République populaire de Chine apportent désormais une aide ouverte à Hô Chi Minh qui peut ainsi passer de la guerre de guérilla à des opérations de plus grande ampleur. Le désastre de Cao Bang en 1950 est le premier témoignage de cette nouvelle phase du conflit. Mais, parallèlement, les États-Unis, engagés à cette époque dans la guerre de Corée, considèrent la guerre d'Indochine non plus comme un conflit colonial, mais comme un aspect du combat mené par l'Occident contre le communisme. Aussi lorsque le général de Lattre de Tassigny est nommé Haut-Commissaire et commandant en chef en Indochine en 1951, il réussit à obtenir des Américains qu'ils supportent la moitié des frais engagés par la France en Extrême-Orient. 1950 représente aussi un tournant dans l'opinion publique : jusqu'alors assez indifférente à un combat lointain mené par des professionnels, elle prend conscience à partir du désastre de Cao Bang que la France conduit un combat à l'issue douteuse. Dans cette prise de conscience, deux faits vont jouer un rôle important : la dénonciation par Pierre Mendès France à l'Assemblée nationale des incertitudes d'une politique française qui n'accepte ni de négocier avec l'adversaire, ni de consentir un effort militaire suffisant pour remporter la victoire, maintenant ainsi le pays dans un conflit interminable qui ruine ses finances publiques et compromet son image internationale ; « l'affaire des fuites », c'est-à-dire la révélation, dans des circonstances qui alimentent d'interminables spéculations, du rapport du général Revers, chef d'état-major général de l'armée, sur la situation militaire de la France en Indochine. Fait caractéristique : en juin 1950, les socialistes font tomber le gouvernement Bidault en refusant de voter les dépenses militaires pour marquer leur désapprobation de la conduite de la guerre d'Indochine.

Si la Troisième Force peut ainsi conduire une action internationale et coloniale marquée du sceau de la guerre froide, elle ne constitue pas à l'évidence une formule satisfaisante en raison de la réticence des socialistes à en accepter les implications intérieures. Aussi, dans la perspective des élections de 1951, les autres partenaires souhaitent-ils trouver une majorité plus cohérente, en particulier sur le plan économique et social.

Les élections de juin 1951 et la dislocation de la Troisième Force

Le grand problème posé par les élections est la crainte que le maintien de la représentation proportionnelle intégrale ne renvoie à l'Assemblée une majorité hostile au régime de communistes et de RPF, qui rendrait le pays ingouvernable et ouvrirait une crise majeure. Radicaux et modérés qui estiment disposer de fortes positions locales souhaitent un retour au scrutin majoritaire d'arrondissement, mais le MRP s'y oppose, car il redoute d'être laminé entre droite et gauche. Les deux derniers présidents du Conseil de la première législature, René Pleven et Henri Queuille, vont consacrer leurs efforts à mettre au point un système qui combine représentation proportionnelle (pour plaire au MRP) et système majoritaire (pour éliminer les communistes). C'est Henri Queuille qui mène à bien l'opération en faisant voter en mai 1951 la loi des « apparentements ». Le principe de la proportionnelle n'est pas remis en cause ; mais plusieurs listes peuvent, avant le scrutin, se déclarer apparentées. Dans ce cas, si elles remportent la majorité absolue des suffrages (par l'addition des voix de chacune d'elles), elles disposent de la totalité des sièges de la circonscription qu'elles se partagent à la plus forte moyenne. L'objectif est triple :

— la loi doit permettre l'apparentement de tous les partis de la Troisième Force, leur permettant ainsi de conserver la majorité qui rendra la République viable ;

— elle doit aboutir à l'élimination quasi totale des communistes, avec qui aucun parti n'acceptera de s'apparenter et qui ne pourront à eux seuls atteindre la majorité absolue des suffrages (sauf peut-être dans la Seine et en Seine-et-Oise, et c'est pour éviter que ces deux départements aient une représentation parlementaire intégralement communiste qu'on décide de les exclure du champ d'application de la loi nouvelle, la représentation proportionnelle au plus fort reste continuant à s'y appliquer) ;

— elle doit enfin permettre la domestication du RPF. Si celui-ci reste isolé, il risque de subir un désastre électoral ; s'il accepte d'entrer dans le jeu des apparentements comme le souhaitent une vingtaine de députés et de nombreux responsables, il fait un pas décisif vers le régime et on peut envisager avec lui une majorité qui permettrait de se débarrasser des socialistes. Le refus du général de Gaulle de se compromettre avec le « système » fera échouer le plan, et seules 13 circonscriptions verront les gaullistes participer aux apparentements.

En fait, les élections de 1951 ne répondent pas en totalité aux espoirs mis dans la loi des apparentements. En règle générale, ceux-ci n'ont compris ni les communistes, ni le RPF. Mais, très souvent, les partis de la Troisième Force n'ont pas réussi à se mettre d'accord pour se déclarer tous apparentés dans toutes les circonscriptions, si bien qu'on constate une infinité de combinaisons d'un département à l'autre. Au total, les apparentements ont eu un effet certain au détriment des communistes et du RPF et au bénéfice des partis de la Troisième Force, mais sans atteindre les résultats spectaculaires espérés par le Dr Queuille.

Les élections du 17 juin 1951
(% des suffrages exprimés et nombre de députés)

Parti	% des suffrages exprimés	Nombre de députés
Parti communiste	26,9 %	101
Parti socialiste SFIO	14,6 %	106
RGR	10 %	99
MRP	12,6 %	88
RPF	21,6 %	117
Modérés	14,1 %	99
Divers	0,2 %	17

Les communistes ont perdu 400 000 voix et tombent en pourcentage de 28,2 % à 26,9 % des suffrages. Les calculs effectués montrent que la loi des apparentements leur fait perdre 47 députés. Ils n'ont plus que 101 élus au lieu des 180 de 1946.

Le RPF espérait 200 députés. Il n'en a que 117, alors que les apparentements ne lui en ont pas fait perdre plus de 25. Néanmoins, il sera le premier parti de l'Assemblée nationale. Au demeurant, on constate que la vague RPF de 1947 est bien retombée puisque ce parti n'a recueilli que 21,6 % des voix.

L'ensemble des partis de la Troisième Force a perdu des voix mais conserve une majorité de 51,2 % (contre 67,6 % en 1946). Les apparentements lui ont fait gagner environ 100 sièges. Le MRP est la grande victime des élections : il perd la moitié de ses voix de 1946 du fait de la concurrence du RPF et la moitié de ses députés (88 contre 167) ; son audience se réduit désormais aux zones de catholicisme traditionnel (Ouest, Alsace, Savoie, Jura). Les socialistes voient leur déclin s'accentuer et tombent à 14,6 % des suffrages, mais grâce aux apparentements, ils se maintiennent en sièges. RGR et modérés demeurent à peu près stables en voix (respectivement 10 % contre 11 et 14 % contre 12,9) mais le jeu des apparentements leur donne une représentation sans commune mesure avec leur audience dans le pays (une centaine de sièges pour chaque groupe).

Au total, on a baptisé cette Chambre la « Chambre hexagonale » parce que chacune des six grandes formations y dispose d'une centaine de sièges. Conséquence immédiate : le rejet des communistes dans l'opposition et le refus du RPF de jouer le jeu du régime ne laissent d'autre solution que la reconstitution de la Troisième Force, l'union des quatre groupes, des socialistes aux modérés, fournissant seule une majorité suffisante.

Les résultats électoraux contraignent donc à la reconstitution d'une majorité forcée dont personne ne veut. Les socialistes, en désaccord avec les autres partis sur la politique économique et sociale, les questions coloniales et la question scolaire qui a joué un rôle important durant la campagne électorale, souhaitent refaire dans l'opposition une unité mise à mal par la participation à la Troisième Force. De leur côté, les modérés souhaitent rejeter les socialistes dans l'opposition et constituer avec le RPF une majorité axée plus à droite. Cette solution est acceptée par un certain nombre de députés RPF comme Frédéric-Dupont, Barrachin et même Jacques Soustelle, président du groupe parlementaire. Mais l'hostilité du général de Gaulle interdit la mise en œuvre de cette nouvelle majorité. Il faut donc reconstituer la Troisième Force, mais le RPF va s'efforcer de démontrer que la majorité n'est pas viable, et, en jouant ce jeu, c'est sa propre existence qu'il va mettre en question.

En août 1951, l'UDSR René Pleven constitue un gouvernement de radicaux, MRP et modérés, avec l'appui des voix socialistes au Parlement. Le RPF va alors s'efforcer d'enfoncer un coin dans la Troisième Force en voie de reconstitution en utilisant la question scolaire. Durant la campagne électorale, de nombreux députés modérés, MRP, RPF et quelques UDSR ont accepté de s'engager à voter des subventions aux écoles libres et le RPF réclame l'application des promesses faites. Pleven leur donne satisfaction en étendant à l'enseignement libre les bourses du second degré. Mais il décide de rester neutre en ce qui concerne les subventions à l'école primaire, de crainte de voir éclater sa majorité. Toutefois, il laisse l'Assemblée nationale voter une loi préparée par le MRP Barangé et le RPF Barrachin, qui consiste à allouer à toutes les familles ayant un enfant dans l'enseignement primaire une indemnité de 3 000 F par enfant et par an. La loi est adoptée par une majorité de centre-droit, très différente de la Troisième Force, RPF, modérés, UDSR et quelques radicaux. Les socialistes ne pardonnent pas à Pleven d'avoir laissé passer la loi et ils le renversent en janvier 1952 sur sa politique financière.

Il est alors remplacé par le radical Edgar Faure qui tente de donner satisfaction aux socialistes en prévoyant des augmentations de salaires et des impôts nouveaux pour les couvrir. Il est renversé au bout de 40 jours par les modérés, hostiles aux impôts.

Il est donc clair, début 1952, que la Troisième Force, constituée avec le seul ciment du maintien des institutions parlementaires et de l'anticommunisme, ne peut plus constituer une majorité valable de gouvernement. Désireux de trouver une formule stable, le président de la République, Vincent Auriol, cherche l'homme capable de pousser le RPF à sortir de sa réserve et à accepter d'entrer à la place des socialistes dans une nouvelle majorité. Il le trouve en mars 1952 en « inventant » M. Pinay. À la surprise générale, celui-ci, désigné par le président de la République, est investi le 6 mars 1952 contre les socialistes et les communistes, par une majorité comprenant les radicaux et l'UDSR, le MRP, les modérés et 27 députés RPF qui, suivant Frédéric-Dupont, transgressent les ordres du général de Gaulle. Une nouvelle majorité de centre-droit est née, rejetant les socialistes dans l'opposition et sonnant le glas de la Troisième Force.

Le centre-droit au pouvoir (1952-1954) : une politique de droite

Avec l'arrivée au pouvoir d'Antoine Pinay en mars 1952, c'est une nouvelle majorité, orientée au centre-droit, qui se substitue à la Troisième Force. Excluant les socialistes, rejetés dans l'opposition, elle se compose des radicaux, de l'UDSR, du MRP, des modérés, et de bataillons gaullistes de plus en plus nombreux. La défection des 27 députés qui, avec Frédéric-Dupont, ont voté en mars 1952 l'investiture d'Antoine Pinay n'est que la première étape de la décomposition du mouvement gaulliste. En 1953, les élus RPF voteront l'investiture du radical René Mayer, successeur de Pinay, puis celle de l'indépendant Joseph Laniel. Cette intégration au régime, totalement contraire aux vues du général de Gaulle, pousse celui-ci à prendre en mai 1953 la décision de dissolution du RPF. Les élus gaullistes abandonnent alors leur sigle pour constituer l'*Union républicaine d'action sociale* (URAS) : ils deviennent les « Républicains-Sociaux », membres à part entière de la nouvelle majorité de centre-droit. Celle-ci va gouverner le pays durant plus de deux ans, sous les ministères Antoine Pinay (mars-décembre 1952), René Mayer (janvier-juin 1953) et Joseph Laniel (juin 1953-juin 1954). Cette nouvelle majorité, apparemment plus cohérente que la Troisième Force, s'entend pour pratiquer une politique orientée autour de trois axes : le redressement économique et financier ; la rigueur sociale et l'anticommunisme ; la poursuite de la politique coloniale de maintien de la souveraineté française, inaugurée auparavant.

C'est sur le terrain du redressement économique et financier où les partis de centre-droit sont d'accord pour pratiquer une politique orthodoxe à l'opposé des tendances dirigistes de la Libération, sans l'entrave que constituaient les vues socialistes, que l'accord est le plus aisé à réaliser. Toutefois, il faut dans ce domaine établir une distinction entre l'action d'Antoine Pinay et celle de ses successeurs.

On attend d'Antoine Pinay, petit patron et homme de la droite classique, une politique économique et financière qui prenne le contre-pied de ce qui s'est pratiqué depuis 1945 et surtout une attitude de rigueur budgétaire capable de mettre fin à l'inflation. De fait, Antoine Pinay obtient, durant son gouvernement, d'apparents succès qui vont lui valoir une réputation de nouveau Poincaré, de magicien des finances, réputation qu'il conservera durablement, donnant naissance à un « mythe Pinay ». Ce résultat s'explique par trois types d'actions.

— Profitant d'une conjoncture mondiale qui, après le « boom coréen », s'oriente à la baisse des prix, Antoine Pinay va tenter, et provisoirement réussir, une opération de stabilisation des prix en France. La campagne psychologique lancée à cette occasion (réponse aux facteurs psychologiques qui jouent leur rôle dans l'inflation) explique que l'opinion ait attribué au président du Conseil le mérite d'une action dont la part principale réside dans la conjoncture. Au demeurant, dès l'automne 1952, les prix reprennent leur marche ascendante.

— En second lieu, Antoine Pinay tente de consolider la monnaie en évitant la fuite des capitaux. Dans ce domaine, ses choix, caractéristiques des vues financières de la droite, consistent à rétablir la « confiance » par toute une série de mesures très favorables aux possesseurs de capitaux, mais qui apparaissent, à terme, comme coûteuses pour l'État. Une amnistie fiscale est prononcée pour les fraudeurs qui ont transféré leur argent à l'étranger et qui peuvent ainsi le rapatrier en toute impunité après avoir touché les bénéfices de la dépréciation de la monnaie française qu'ils ont contribué à provoquer. Pour les encourager à laisser désormais leur argent en France, Antoine Pinay lance un emprunt qui a conservé son nom. « L'emprunt Pinay » porte 5 % d'intérêt (ce qui est peu en période d'inflation), mais il est indexé sur l'or, ce qui va permettre aux souscripteurs d'en obtenir le remboursement à terme dans des conditions extraordinairement avantageuses, et, surtout, il est exonéré de droits de succession (ce qui en fait un refuge pour les fortunes qui peuvent ainsi échapper au prélèvement fiscal). Extrêmement bien accueillie par les milieux d'affaires, la politique financière d'Antoine Pinay s'avérera lourde pour la collectivité.

— Enfin, Antoine Pinay rétablit l'équilibre budgétaire par une importante réduction des dépenses de l'État et, en particulier, par des coupes sombres dans les investissements (ceux-ci diminuent d'un tiers), ce qui évite de nouveaux impôts, mais risque de compromettre l'avenir du pays. Grâce à la prise en charge par les Américains d'une partie des frais de la guerre d'Indochine, l'équilibre budgétaire est cependant réalisé.

L'ensemble de cette politique a cependant le mérite de rétablir la plupart des grands équilibres économiques et financiers. Sur les bases de cet assainissement, les gouvernements suivants dans lesquels le secteur de l'économie et des finances est pris en main par Edgar Faure vont pouvoir développer une reprise des investissements et un retour à l'expansion, baptisés par son auteur « l'expansion dans la stabilité », et qui vont faire des années 1953-1955 les plus belles années économiques de la IVe République.

De même que la Troisième Force, la volonté de lutter contre le communisme est une priorité pour les gouvernements de centre-droit. Les ministres de l'Intérieur successifs, en particulier les radicaux Charles Brune et Léon Martinaud-Deplat, consacrent une grande partie de leur énergie à lutter contre les manifestations organisées par le parti communiste et la CGT, en particulier en 1952. Une manifestation communiste organisée contre le général Ridgway, nouveau commandant en chef de l'OTAN, aboutit à l'arrestation du député communiste Jacques Duclos (c'est le « complot des pigeons », un couple de pigeons, supposés « voyageurs » et destinés à transmettre des consignes subversives, ayant été trouvé dans la voiture du dirigeant communiste). Un peu plus tard, un secrétaire de la CGT, Alain Le Léap, sera à son tour incarcéré. Le gouvernement favorise l'activité de « Paix et Liberté », officine anticommuniste dirigée par le député radical de Seine-et-Oise, Jean-Paul David. Enfin, une étroite surveillance est exercée par la police sur les organisations communistes et communisantes, cependant que, dans la fonction publique ou les organismes parapublics, la carrière des communistes ou des communisants est entravée.

Mais, de manière beaucoup plus nette qu'à l'époque de la Troisième Force, le centre-droit marque sa détermination de limiter les dépenses sociales et de répondre aux grèves par la rigueur. Si Antoine Pinay accepte imprudemment d'indexer le salaire minimum vital (le SMIC) sur la hausse des prix, c'est parce qu'il estime n'avoir rien à craindre, ayant réussi à stabiliser ceux-ci. Mais ses successeurs, en particulier Joseph Laniel, refusent toute concession sociale. Pour diminuer le déficit du secteur public nationalisé, le gouvernement Laniel envisage un recul de l'âge de la retraite à la SNCF. Il en résulte une vague de grèves spontanées dans le secteur public et nationalisé (PTT, SNCF, mines, EDF, GDF) qui, gagnant de proche en proche, aboutit, durant l'été 1953, à la paralysie totale du pays. On compte quatre millions de grévistes. Le gouvernement doit reculer. Par la suite, la politique d'expansion dans la stabilité d'Edgar Faure permettra de ramener le calme social.

Poursuivant la politique de la Troisième Force, le centre-droit se met d'accord pour une politique de lutte à outrance contre les revendications des nationalistes dans les colonies. Il en résulte une détérioration rapide de la situation dans ce domaine. Pendant que la guerre d'Indochine tourne à la catastrophe (voir plus loin), la politique conduite dans les deux protectorats d'Afrique du Nord débouche sur des crises très graves. En Tunisie, la brutalité du Résident général de Hautecloque, provoque une crise ouverte avec le parti nationaliste Néo-Destour, conduit par Habib Bourguiba, et avec le bey de Tunis. Malgré l'envoi d'un nouveau Résident, plus libéral, la situation se détériore au point que des groupes armés de « fellagha » commencent bientôt une guerre de guérilla contre les Français et que les attentats se multiplient.

Au Maroc, l'appui de plus en plus ouvert donné par Mohammed V aux nationalistes de l'Istiqlâl provoque l'irritation des fonctionnaires français. En août 1953, le maréchal Juin, Résident général, poussé par le vieil adversaire du souverain, le Gaoui, pacha de Marrakech, décide de déposer le sultan pour le remplacer par Sidi Moulay ben Arafa. Du coup, le souverain déchu devient le symbole du nationalisme marocain en lutte contre la France. Pendant que le ministre des Affaires étrangères, Georges Bidault, couvre cette action, François Mitterrand, ministre d'État, donne sa démission pour protester contre la politique française dans les protectorats d'Afrique du Nord et Edgar Faure écrit au président de la République pour faire connaître son désaccord sur la déposition du Sultan.

La nouvelle majorité de centre-droit, constituée en 1952, sort donc en politique intérieure de l'immobilisme de la Troisième Force, pour pratiquer une politique conservatrice sur le plan économique, financier, social et colonial. Cet accord sur des points essentiels a-t-il permis de rétablir la stabilité ? Il n'en est rien car la nouvelle majorité connaît un autre ferment de discorde, en matière internationale, le problème de la CED.

Un facteur de paralysie pour la majorité de centre-droit :
le problème de la CED

Acceptée dans son principe par le Parlement français en 1952, la CED va très vite susciter en France un violent débat. Il apparaît en effet que derrière l'intégration militaire, c'est une intégration politique que visent les promoteurs du projet. En effet, en acceptant que l'État soit dessaisi d'un élément essentiel de la souveraineté nationale, la libre décision sur l'utilisation des troupes, on atteindrait un point de non-retour dans la construction d'une Europe supranationale. Inévitablement se posera en effet le problème de l'autorité qui devra assigner à l'armée européenne les missions qui lui seront confiées et, si l'armée est supranationale, il faudra que l'autorité politique le soit également pour que l'édifice soit viable. À terme, les nations ainsi intégrées se fondraient dans un ensemble politique unique.

Cette perspective rend compte des divisions qui affectent le monde politique français sur le problème de la CED. Champion de la construction d'une Europe supranationale, le MRP accepte avec enthousiasme cette accélération. En revanche, les communistes la rejettent avec énergie à la fois parce qu'ils voient dans la CED un instrument dirigé contre l'URSS et que celle-ci mettrait en cause l'indépendance nationale. De leur côté, les gaullistes ne peuvent accepter que la France se dessaisisse de son autorité dans ce domaine essentiel et remette son sort entre les mains d'une instance supranationale et ils refusent avec énergie ce qu'ils considèrent comme un processus irréversible de disparition de la nation. Entre les adversaires déterminés que sont communistes et gaullistes et les partisans inconditionnels du MRP, les autres partis, socialistes, modérés, radicaux, UDSR sont profondément divisés entre partisans et adversaires de la CED, sans qu'il soit exactement possible de tracer des frontières nettes, ne serait-ce que parce que l'hostilité à la CED s'inspire de motifs aussi divers et contradictoires que le pacifisme, le neutralisme, la germanophobie, le nationalisme, qui conduisent hommes de droite et de gauche à rejeter un projet que leurs collègues de parti acceptent par réalisme, anticommunisme, crainte d'un affaiblissement de l'Europe, etc.

Transgressant les frontières traditionnelles des forces politiques, la CED va devenir, comme les problèmes économiques et sociaux durant la première législature, un élément de dissolution de la majorité de centre-droit. Il se trouve en effet que c'est en son centre que s'établit le clivage entre partisans et adversaires du projet. Si bien que, pour conserver une majorité, les présidents du Conseil successifs vont être conduits, soit à tenter d'évacuer le problème, soit à s'en débarrasser en le faisant voter par les députés sans engager le gouvernement. Comme sous la première législature pour les problèmes budgétaires, la CED devient un facteur d'instabilité et d'immobilisme dans la vie politique. Ainsi, Antoine Pinay, qui, en mai 1952, signe avec les partenaires de la France le projet de CED, est si conscient des oppositions que celui-ci rencontre au sein de sa majorité parlementaire qu'il retarde sans cesse sa ratification à l'Assemblée nationale. Ce retard provoque la mauvaise humeur du MRP, membre de la majorité, et le conduit à s'opposer au président du Conseil lors du débat budgétaire de décembre 1952, provoquant la démission du chef du gouvernement.

Successeur d'Antoine Pinay, René Mayer qui fait entrer dans son gouvernement des MRP et des gaullistes propose que le ministère reste neutre sur la question de la CED et laisse le Parlement en discuter sans intervenir, ni poser la question de confiance. Mais lorsqu'il tente de faire avancer le débat au Parlement, il se heurte aux républicains-Sociaux, adversaires du projet, qui se joignent à l'opposition pour le renverser.

Le gouvernement Laniel qui lui succède est paralysé face au problème (bien que son chef soit personnellement partisan de la CED), puisqu'il associe MRP et Républicains-Sociaux. La CED devient ainsi un ferment d'instabilité et d'immobilisme pour la majorité de centre-droit, condamnant le régime à vivre à la petite semaine. Rien n'illustre mieux la faiblesse du régime incapable d'affronter un problème sérieux que l'élection présidentielle de décembre 1953.

Le mandat de Vincent Auriol, élu président de la République en janvier 1947, s'achevant en janvier 1954, le Congrès qui doit élire son successeur se réunit en décembre 1953. Il comprend 900 membres, députés et sénateurs, et la majorité est incontestablement de centre-droit puisque radicaux et modérés siègent en grand nombre au Conseil de la République. Les chances de voir un modéré élu sont grandes et c'est la raison pour laquelle Joseph Laniel, président du Conseil, se porte candidat. Son principal adversaire est le socialiste Marcel-Edmond Naegelen, ancien gouverneur de l'Algérie, présenté par le parti socialiste SFIO et auquel se rallient les communistes. En apparence, les choses sont donc simples : un candidat de droite contre un candidat de gauche, l'arithmétique parlementaire donnant toutes les chances au premier. Mais la querelle de la CED va perturber cette vision trop simple de la situation. Joseph Laniel est partisan de la CED. Aussi les adversaires de droite de celle-ci (les républicains-Sociaux) sans compter les adversaires personnels de Laniel (comme Roger Duchet, secrétaire général du Centre national des Indépendants) vont-ils faire en sorte que le candidat de droite n'atteigne pas les 460 voix nécessaires à son élection. De son côté, Naegelen, dont les chances sont moindres (il ne dépassera pas les 340 voix) ne peut guère compter sur un certain nombre de ses amis politiques, car il est adversaire de la CED alors que beaucoup d'hommes de gauche — chez les socialistes en particulier — en sont partisans. Ce blocage va conduire à onze tours sans résultats. Ce n'est qu'au douzième tour que se dessine une solution qui aboutira au treizième : l'élection d'un homme politique effacé et de second plan, René Coty, vice-président du Sénat (on n'a pas songé à présenter le président du Sénat, Gaston Monnerville, car il est noir), dont le principal titre à cette élection est qu'il ne s'est jamais prononcé publiquement sur le problème de la CED, étant hospitalisé pour une opération lors du vote de principe du Parlement en 1952.

Cette difficile élection symbolise, pour les Français comme pour les étrangers (qui en font des gorges chaudes), l'impuissance d'un régime qui semble à bout de souffle, affronté à des problèmes qu'il semble tragiquement incapable de résoudre. La catastrophe indochinoise qui se produit au printemps 1954 paraît annoncer son effondrement.

La catastrophe indochinoise et l'effondrement du centre-droit

Jusqu'en 1952, le contexte de la guerre froide a permis à la IVe République de disposer de l'appui des États-Unis dans sa politique indochinoise, sur le plan diplomatique comme sur le plan financier. Mais en 1953 la mort de Staline et l'accession d'Eisenhower à la présidence des États-Unis permettent un dégel des relations entre les deux Grands, manifesté par l'armistice coréen de Pan Mun Jom (juin 1953). Désormais les États-Unis se montrent désireux de liquider les conflits qui les opposent à l'Union soviétique par la négociation, tout particulièrement dans l'aire asiatique. Ainsi naît l'idée d'une grande conférence internationale réunissant les grandes puissances intéressées aux conflits d'Extrême-Orient et qui permettrait d'envisager un règlement global. En décembre 1953, les dirigeants américains convoquent leurs alliés anglais et français à la conférence des Bermudes pour proposer une conférence réglant définitivement les conflits coréen et indochinois. Eisenhower et Churchill y imposent au président français Joseph Laniel et à son ministre des Affaires étrangères Georges Bidault, très réticents, le principe d'une conférence à cinq (États-Unis, Grande-Bretagne, France, URSS, Chine communiste) qui se réunirait à cette fin à Genève en 1954.

Dans la perspective de cette conférence, le gouvernement français, résigné à trouver une solution par la négociation, entend tout au moins aborder celle-ci en position de force. Et, pour ce faire, il compte sur un succès militaire d'envergure qui lui permettrait d'imposer ses conditions à l'adversaire. Or, sur place, la situation militaire sur le terrain ne cesse de se détériorer depuis la mort du général de Lattre de Tassigny (nommé maréchal à titre posthume) en 1952. Ses successeurs maîtrisent mal la situation militaire, tout particulièrement au Tonkin où le Viêt-minh menace Hanoi.

C'est dans ce contexte que l'état-major français, à la recherche d'une victoire, va imaginer le piège de Diên Biên Phû. Une partie du corps expéditionnaire français est concentrée dans cette cuvette, de manière à attirer les forces du Viêt-minh, qui seraient alors obligées de converger vers Diên Biên Phû pour venir à bout des Français, lesquels au lieu de faire face à un adversaire insaisissable, pourraient ainsi affronter un ennemi rassemblé dans une formation militaire classique. En fait, le piège va se refermer sur les Français. Ceux-ci sont encerclés à Diên Biên Phû. L'aviation sur laquelle ils comptaient pour venir à bout du Viêt-minh ne peut intervenir. Le 26 avril, lorsque s'ouvre la conférence de Genève, la situation du camp retranché de Diên Biên Phû paraît désespérée. Le 7 mai, le Viêt-minh s'empare de la cuvette, capturant la plus grande partie des troupes qui s'y trouvaient.

L'opinion publique, jusqu'alors relativement indifférente à la guerre d'Indochine, faite par des soldats de métier et non par le contingent, devient désormais violemment hostile à un conflit qui paraît sans issue et qui a conduit à un humiliant échec. Le monde politique, jusqu'alors très réticent face à l'idée d'une négociation, y est désormais acquis. Mais le gouvernement est solidaire du ministre des Affaires étrangères, Georges Bidault, profondément hostile à toute démarche qui aboutirait à remettre en question l'influence française dans l'ancien empire colonial. Cette intransigeance va conduire le ministère à sa chute. Le 12 juin 1954, après un implacable réquisitoire de Pierre Mendès France contre la politique à courte vue suivie dans les questions coloniales, le gouvernement Laniel est renversé par une majorité parlementaire dans laquelle figurent les communistes, les socialistes et une grande partie des radicaux et des républicains-sociaux.

Due circonstanciellement à la catastrophe indochinoise, la chute du gouvernement Laniel signifie aussi l'échec du centre-droit. Majorité apparemment cohérente sur les problèmes intérieurs, le centre-droit n'a pu survivre qu'en maintenant en politique extérieure un immobilisme qui masquait ses contradictions. La défaite indochinoise rend impossible le maintien de cette attitude. Mais au-delà d'une majorité, c'est le régime lui-même qui se trouve mis en cause. Bâti autour de la toute-puissance d'une Assemblée dominée par les partis politiques, il souffre de l'impossibilité de ceux-ci de constituer une majorité cohérente, faute d'un accord sur tous les aspects de la vie politique. Le caractère hétérogène des vues des partis semble condamner le régime qu'ils conduisent par Parlement interposé, à l'instabilité et l'immobilisme. À bien des égards Diên Biên Phû aurait pu sonner le glas de la IVe République, si la défaite n'avait précisément donné naissance à une expérience de rénovation qui semble, quelques mois durant, donner un second souffle à la IVe République.

Ainsi, après à peine plus de sept années d'existence, la IVe République semble-t-elle au bord de l'effondrement. De l'aube nouvelle qui paraissait naître après la Libération, des espoirs de renouveau, si ardemment manifestés dans les années d'après-guerre, il ne subsiste plus rien. L'échec de l'expérience politique de la IVe République paraît dû à l'avortement de la modernisation tentée dans l'immédiat après-guerre. C'est alors en effet que les hommes issus de la Résistance jugent le moment venu de rénover les structures politiques de la République parlementaire déjà considérées comme inopérantes dans les années trente. Or leur échec est patent, sans doute parce que la guerre constitue certes un profond traumatisme, mais ne crée pas elle-même les conditions d'un nouveau contexte politique. La rénovation des partis s'avère ainsi mort-née dès la Libération. Quant à la modernisation institutionnelle, en dépit des efforts du général de Gaulle, elle achoppe devant la répudiation de l'autoritarisme de Vichy et devant la culture politique de la majorité des Français pour qui la république démocratique est inséparable du parlementarisme. Si bien que, dès 1947, renaît le système politique de la IIIe République. Les forces politiques sont approximativement les mêmes, modérés, radicaux, socialistes, communistes, le MRP, parti nouveau, ne parvenant pas à se tailler une place originale et reconstituant les partis charnières du centre-droit. Il n'est pas jusqu'au RPF, parti nationaliste, populiste, à velléités sociales, groupé autour d'un chef charismatique qui ne ressuscite le défunt PSF. Et ces forces politiques se réclament de programmes et d'idéologies qui, pour l'essentiel, ont été forgés à la fin du XIXe siècle ou dans les toutes premières années du XXe siècle. Comme, de surcroît, le retour aux pratiques institutionnelles de la IIIe République avec la prépondérance du parlementarisme constitue ces partis, à travers le Parlement, en acteurs fondamentaux du jeu politique, il n'est pas surprenant que ce soit avec cet appareil conceptuel inadéquat que la IVe République tente de résoudre les problèmes qui lui sont posés. Or ceux-ci apparaissent d'une tout autre portée. La guerre froide et l'affrontement des deux super-Grands, la décolonisation, la modernisation de l'économie, les transformations de la société supposeraient des analyses neuves que le système politique français, figé dans l'archaïsme, est incapable de fournir. L'échec de la modernisation politique de la Libération conduit donc le régime à la crise.

Et, en dépit des apparences qui font croire à un renouveau lorsque Mendès France devient président du Conseil, c'est au contraire à ce moment, en 1954, que se noue la crise qui va conduire la IVe République à sa chute. Et ceci d'autant plus que le contraste est saisissant entre l'archaïsme politique du régime et la mutation de ses structures économiques, favorisée par la croissance qui gagne l'ensemble du monde industriel.

Les Présidents des gouvernements provisoires de la République

Charles de Gaulle	4 juin 1944-26 janvier 1946
Félix Gouin (SFIO)	26 janvier 1946-12 juin 1946
Georges Bidault (MRP)	23 juin 1946-28 novembre 1946
Léon Blum (SFIO)	16 décembre 1946-16 janvier 1947

Les Présidents de la IVe République

Vincent Auriol	janvier 1947-janvier 1954
René Coty	janvier 1954-janvier 1959

Les présidents du Conseil de la IVe République
(janvier 1947-juin 1954)

Paul Ramadier (SFIO)	22 janvier 1947-19 novembre 1947
Robert Schuman (MRP)	24 novembre 1947-19 juillet 1948
André Marie (radical)	26 juillet 1948-28 août 1948
Robert Schuman (MRP)	5-7 septembre 1948
Henri Queuille (radical)	11 septembre 1948-6 octobre 1949
Georges Bidault (MRP)	28 octobre 1949-24 juin 1950
Henri Queuille (radical)	2-4 juillet 1950
René Pleven (UDSR)	12 juillet 1950-28 février 1951
Henri Queuille (radical)	10 mars 1951-10 juillet 1951
René Pleven (UDSR)	10 août 1951-7 janvier 1952
Edgar Faure (radical)	20 janvier 1952-22 février 1952
Antoine Pinay (indépendant)	8 mars 1952-23 décembre 1952
René Mayer (radical)	8 janvier 1953-21 mai 1953
Joseph Laniel (indépendant)	27 juin 1953-12 juin 1954

VIII

Reconstruction et modernisation de l'économie française sous la IVe République (1944-1958)

Si, dans le domaine politique, la IVe République n'a pas réussi l'œuvre de modernisation inscrite dans la crise des années trente et que la Résistance semblait annoncer, le domaine économique et social est, en revanche, celui où, en dépit des crises et des difficultés, l'effort d'adaptation de la France au monde moderne s'est le plus efficacement accompli. Or, c'est là un fait d'autant plus remarquable qu'en 1944, le bilan économique de la guerre s'avère particulièrement lourd et s'ajoute au poids des scléroses léguées par l'avant-guerre. L'expansion de l'économie française, bien qu'elle soit freinée par le problème de l'inflation, doit beaucoup aux conceptions nouvelles élaborées dans les années trente et consolidées par la pratique de Vichy ou les idées neuves issues de la Résistance et qui ont prévalu pendant l'époque de la Libération.

La France en 1944

Le gouvernement provisoire se trouve placé en 1944 devant la situation catastrophique que connaît une économie française déjà profondément atteinte par la crise économique et aggravée par les conséquences d'une guerre extrêmement préjudiciable à l'économie nationale par les pertes et les destructions subies.

Au total, la guerre a fait 600 000 morts (moitié moins qu'en 1914) : morts au combat, dans les bombardements, en déportation, fusillés... À ce chiffre, il faut ajouter 530 000 décès supplémentaires (par rapport aux moyennes annuelles antérieures) dus aux conditions d'hygiène et d'alimentation défectueuses. De surcroît, pour les cinq années du conflit, on estime le déficit des naissances à un million d'individus. Les pertes démographiques totales seraient donc de l'ordre de deux millions de personnes et ce pour une population vieillie, donc mal placée pour combler les vides.

Les pertes matérielles ne sont pas moins importantes. Les destructions ont touché 74 départements où ont été détruites 50 000 exploitations agricoles, 50 000 usines, 300 000 immeubles, soit 20 % du capital immobilier du pays. L'infrastructure économique a été écrasée par les bombardements : 115 grandes gares sont détruites, ainsi que 9 000 ponts, 80 % des quais des ports, des voies ferrées, des canaux. La France a perdu durant le conflit le quart de ses locomotives, les deux tiers de ses cargos, les trois quarts de ses pétroliers, 85 % de son matériel fluvial, 40 % des véhicules automobiles. Enfin les dommages de guerre (destruction des stocks, du matériel, de l'infrastructure, vieillissement du matériel non renouvelé, exploitation désordonnée des mines) sont évalués à 85 milliards de francs-or, soit plus du quart de la fortune nationale.

Quant aux pertes financières de la guerre, elles sont difficiles à évaluer. L'occupation a coûté à la France environ 1 100 milliards de francs courants versés aux Allemands sous diverses formes :

Versements directs (frais d'occupation)	632 milliards
Réquisitions d'espèces	3 milliards
Prestations de cantonnement	48 milliards
Réquisitions industrielles	40 milliards
Dommages d'occupation	30 milliards
Clearing non réglé	133 milliards
Restitution de l'or belge	9,5 milliards
Réquisitions et prises de guerre	200 milliards
Total	1 095 milliards

Il faudrait ajouter à ce chiffre les 460 milliards de déficit budgétaire des années 1939-1944. Au total, ce sont près de 1 500 milliards de dépenses non couvertes par les recettes qui sont à inscrire au passif financier des années de guerre et qui entretiennent dans le pays une gigantesque inflation.

Cette situation catastrophique pose d'énormes problèmes aux gouvernements de la Libération. Il est clair que la tâche prioritaire consiste à remettre en route la production et, dans ce contexte, le gouvernement se veut résolument dirigiste et laisse en place toutes les mesures et les organismes de contrôle économique et financier légués par Vichy.

Mais pour remettre en route la production, il faut d'abord faire disparaître les goulets d'étranglement que constituent la paralysie des transports et le manque d'énergie. Pour résoudre le problème posé par celui-ci, priorité est donnée à la production de charbon qui fait l'objet de tous les soins puisque c'est la source fondamentale d'énergie industrielle de l'époque et que la France possède dans ce domaine des ressources non négligeables. On donne aux mineurs des avantages importants (salaires élevés, relèvement des retraites, suppléments de rations alimentaires...). Pour accroître la main-d'œuvre, on utilise les prisonniers de guerre, ce qui permet de porter le nombre des mineurs de 156 000 en 1944 à 200 000 en 1945. Le résultat n'est pas négligeable, puisque les rendements s'accroissent de 700 à 900 kilos par mineur et par jour. Mais la production totale stagne autour de 35 millions de tonnes, ce qui est nettement insuffisant. Il est donc fondamental, pour parvenir à remettre en route l'économie, d'importer énergie et matières premières.

Or, pour réaliser ces importations, la France ne possède en 1944 ni ports, ni flotte, ni devises. Les ports français ont été détruits durant les combats de la Libération ou mis hors d'usage. Les quais de Marseille ont été minés et ses bassins sont encombrés de blocs de béton, les formes de radoub détruites, cependant que 69 navires sont noyés dans le port. Bordeaux, Rouen, Saint-Nazaire ont subi des destructions plus ou moins complètes. Seul Cherbourg, premier port libéré, a été remis en état et c'est par lui que passe la plus grosse part du trafic. La flotte, nécessaire pour réaliser les importations, représente moins du tiers de celle de 1938. Elle ne comprend plus que 206 bateaux jaugeant 800 000 tonneaux contre 600 navires jaugeant 2 700 000 tonneaux en 1938. Quant à l'argent, il manque cruellement. Le franc, rongé par l'inflation, ne vaut plus grand-chose et les circuits commerciaux traditionnels de la France sont interrompus. La France du premier semestre 1944 ne commerçait plus guère qu'avec l'Allemagne, mais sur la base du clearing. Or celui-ci, on l'a vu, n'a pas été soldé.

Dès 1945, grâce à l'aide américaine, les importations reprennent, atteignant, pour l'année 1945, 57 milliards de francs (dont 27 milliards venant des États-Unis). Mais les exportations n'atteignent que 11 milliards, la France n'ayant que peu à vendre dans la situation de pénurie qui est la sienne. En ajoutant le solde négatif des balances d'outre-mer, la balance des paiements française est en déficit de 1 490 millions de dollars. Pour le solder, le gouvernement doit réquisitionner les avoirs français à l'étranger et céder une importante partie du stock d'or de la Banque de

France (600 tonnes sur 1 500). Il est évident que si la France n'obtient pas des crédits massifs de l'étranger, les importations de 1946 vont absorber le reste du stock d'or. C'est pour faire face à cette situation qu'une mission conduite par Jean Monnet se rend aux États-Unis en février 1945 et obtient des Américains, dans le cadre du prêt-bail, un don de 1 600 millions de dollars de matières premières et de denrées alimentaires et un prêt de 900 millions de dollars à 0,37 % pour la reconstitution de l'infrastructure économique. De son côté, la Grande-Bretagne consent à la France un prêt de 1 milliard de dollars à 0,50 %, remboursable en 12 ans à partir de 1950.

C'est grâce à cette aide à peu près gratuite que la France peut échapper à la misère et faire face aux premiers besoins. Mais tout l'effort qu'elle entreprend dès la Libération est entravé par la situation monétaire et ses conséquences.

Le cancer de l'inflation

Les conséquences de l'occupation ont fait naître en France un triple déséquilibre financier qui entretient une spirale inflationniste spectaculaire.

Un déséquilibre entre salaires et prix. La Libération s'est accompagnée d'une poussée inflationniste : l'année 1944 enregistre une hausse de 48 % des prix de détail qui s'explique par la pénurie de produits de consommation courante et l'abondance monétaire. Il en résulte une explosion de revendications salariales que le gouvernement de Vichy a jusqu'alors réussi à contenir. Pour répondre à cette demande, les salaires et les allocations familiales sont relevés en moyenne de 50 % en 1944 pour tenir compte des prix du « marché noir » (deux à trois fois supérieurs aux prix officiels). Comme la production ne suit pas (à la fin de 1944, il y a cinq fois plus de monnaie en circulation qu'en 1939 et deux fois moins de denrées disponibles), il s'ensuit une très forte hausse des prix. En 1945, pour y répondre, on augmente une nouvelle fois les salaires de 35 %. La production étant toujours insuffisante, les prix augmentent de 52 %. La France se trouve ainsi engagée dans une « spirale inflationniste », toute hausse des prix provoquant des augmentations de salaires qui à leur tour nourrissent la hausse des prix.

On constate aussi un déséquilibre entre les prix (qui sont quatre fois plus élevés qu'en 1938) et la circulation fiduciaire qui est 5,5 fois plus forte qu'en 1938. Il y a donc un pouvoir d'achat inemployé qui se reporte sur le marché noir, conséquence du rationnement, mais principal facteur de la hausse des prix.

Enfin, il existe un déséquilibre entre la valeur officielle du franc par rapport au dollar (le dollar vaut en 1945 49,60 F, soit 40 % de plus qu'en 1938) et la hausse relative des prix par rapport à 1938 entre les États-Unis (+ 40 %) et la France (+ 400 %). Le cours officiel franc-dollar est donc à peu près au dixième de sa valeur réelle et ce franc surévalué représente une grave gêne pour les exportations françaises.

Face à ce triple déséquilibre, le gouvernement provisoire a le choix entre deux politiques :

— rétablir l'équilibre au prix d'une rigoureuse politique de contrôle et de résorption du pouvoir d'achat excédentaire par rapport à la production disponible ;

— accepter l'inflation qui représente une politique de facilités, mais qui ne peut que gêner le rétablissement économique du pays.

La première politique est soutenue par Pierre Mendès France, ministre de l'Économie depuis septembre 1944. Il tente de mettre en œuvre une politique de freinage des prix en restreignant les marges bénéficiaires (tous les prix sont taxés) et en les compensant par des subventions aux producteurs. Mais les commerçants répliquent en accroissant les trafics clandestins, beaucoup plus profitables. Pour faire respecter les mesures prises, en attendant que la production reprenne, il serait donc nécessaire de multiplier les contrôles. Or ceux-ci, qui rappellent par trop les pratiques de Vichy, sont particulièrement impopulaires dans l'atmosphère de la Libération. Dans ces conditions, Mendès France considère que la seule possibilité est d'imiter l'exemple belge en épongeant le pouvoir d'achat excédentaire et en le contraignant à se transformer en épargne forcée. Mendès France propose alors qu'il soit procédé à un échange des billets en circulation. Les porteurs recevraient une somme uniforme de 5 000 F, le reste étant bloqué et devant être restitué aux propriétaires à mesure que les progrès de la production le permettraient. C'est la solution qui a prévalu en Belgique et qui a été couronnée de succès. Pour ce qui concerne les comptes en banque, ils seraient bloqués dans les mêmes conditions pour 75 % de leur valeur, les 25 % restants pouvant être employés en virements. Pour compléter cet arsenal de mesures, les titres au porteur devront être déposés dans les banques et un contrôle sera établi sur les mouvements de chèques postaux et des caisses d'épargne.

Mais la politique de rigueur proposée par Pierre Mendès France va faire l'unanimité contre elle. Elle se heurte en premier lieu aux vues des « libéraux » qui entendent rétablir la situation en faisant confiance aux méthodes orthodoxes : le rétablissement du marché, la confiance des épargnants, l'investissement, la solution du problème de l'inflation se trouvant dans la reprise de la production. À la tête de ce groupe libéral, le ministre des Finances, le banquier Lepercq, puis, après sa mort dans un accident d'automobile en novembre 1944, son successeur René Pleven, le gouverneur de la Banque de France, Emmanuel Monick, la droite et le MRP qui redoutent de provoquer un réflexe de méfiance dans les milieux d'affaires. Pour de tout autres raisons, la gauche rejette la politique de Mendès France. Le parti communiste et la SFIO n'acceptent pas la rigueur que supposerait la stratégie proposée par le ministre de l'Économie nationale. Ils redoutent les souffrances qui en résulteraient pour les ouvriers, mais aussi pour les paysans chez lesquels les deux partis tentent de se créer une clientèle. Aussi se rallient-ils à la solution beaucoup plus indolore que préconise Lepercq et que Pleven mettra en application après sa mort, qui consiste à éponger par un emprunt le pouvoir d'achat excédentaire. Mais « l'emprunt de la Libération » ne rapporte que 164 milliards (dont 73 en espèces et le reste en chèques ou en bons du Trésor).

Le problème de l'inflation ne s'en trouve pas résolu pour autant et dès janvier 1945 on peut constater qu'inflation et marché noir continuent à sévir. Le général de Gaulle doit trancher entre la politique des libéraux préconisée par Pleven et la ligne dirigiste incarnée par Mendès France. Poussé par la plupart des ministres, jugeant la rigoureuse politique de Mendès France politiquement impossible à appliquer sur un peuple qui a subi les contraintes de l'occupation, le chef du gouvernement provisoire choisit la politique de Pleven. Mendès France donne sa démission en avril 1945 en dénonçant, dans une lettre à de Gaulle, « *le manque de courage et d'imagination dans les finances publiques* ».

René Pleven qui cumule alors le portefeuille des Finances et celui de l'Économie nationale a les mains libres pour appliquer sa politique. Pour résorber l'inflation, il prend en juin et juillet 1945 deux séries de mesures qui se révéleront impuissantes à éponger la circulation excédentaire. En juin 1945, il décide un échange des billets sans blocage. Son seul résultat effectif est d'éliminer de la circulation 20 milliards de billets non présentés (coupures emportées par les Allemands ou les collaborateurs, bénéfices illicites de trafiquants). 120 autres milliards se placent en bons parce que leurs détenteurs, sachant que leur fortune est désormais connue, préfèrent faire preuve de bonne volonté. L'échange permet aussi d'avoir une photographie de la fortune française pour établir une base d'imposition.

En fonction de quoi, en juillet 1945, Pleven peut décréter un « *impôt de solidarité* » pesant sur les riches qui comporte un prélèvement sur le patrimoine, une taxe sur les enrichissements acquis au cours de la guerre et une contribution sur les fonds des sociétés. Celles-ci peuvent s'en libérer par l'émission de nouvelles actions remises en paiement à l'État qui participe ainsi pour 15 % au capital de nombreuses sociétés. Quant aux particuliers, ils peuvent s'acquitter de l'impôt de solidarité en 4 versements étalés sur deux ans (l'inflation réduisant évidemment le rendement réel de l'impôt).

Au total, les diverses ponctions opérées entre l'automne 1944 et juillet 1945 ont permis de ramener la masse monétaire de 642 à 444 milliards. Ponction d'un tiers, qui est loin d'être négligeable, mais qui ne paraît pas suffisante pour rétablir les équilibres si gravement rompus par la guerre. Le 25 décembre 1945, avant que n'entre en fonctions le Fonds monétaire international qui limite les possibilités de modifier les taux de change, le gouvernement doit dévaluer le franc. Avec la nouvelle parité, il ne représente plus que 7,46 mg d'or contre 20 en 1939 et 17,9 en novembre 1944. Avec cette nouvelle définition du franc, le dollar passe de 49,60 F à 119 F et la livre sterling de 200 à 480 F. En dépit de cette énorme dévaluation qui fait perdre au franc les 3/5 de sa valeur de l'année précédente, la monnaie française demeure lourdement surévaluée, car elle ne correspond nullement à son pouvoir d'achat par rapport à la livre et au dollar (sur les marchés parallèles, le dollar vaut 213 F et la livre 809 F). Pour rétablir les équilibres réels, la dévaluation aurait dû être deux fois plus lourde et ramener le franc à environ 3 mg d'or. Mais comme la France doit surtout importer et a relativement peu à exporter, cette surévaluation est, sur le moment, relativement intéressante.

Quoi qu'il en soit, le choix opéré par de Gaulle sur le plan financier en mars-avril 1945 est décisif. Il a opté pour la facilité et, désormais, c'est dans un climat inflationniste qui pèse sur les salariés et les titulaires de revenus fixes que se déroule la reconstruction économique du pays. Les mesures draconiennes préconisées par Mendès France, déjà considérées par de Gaulle comme impossibles à appliquer dans le climat exceptionnel de la Libération, le deviennent encore plus à mesure que l'on s'éloigne de celle-ci. L'inflation sera l'un des cancers qui rongeront la IVe République et placeront les finances en situation périlleuse de façon permanente.

Les réformes de structure : les nationalisations

L'urgence des problèmes posés à la Libération, la nécessité impérative de relancer la production sans que les conditions économiques normales soient réunies, le caractère prioritaire revêtu par la satisfaction des besoins élémentaires de la population en nourriture et en logements dépassaient incontestablement les possibilités des entreprises privées. Aussi paraissait-il indispensable que l'État se substitue — au moins provisoirement —

à l'initiative individuelle pour répondre aux besoins immédiats et assurer l'indispensable redressement économique. Cet appel à l'État choque d'autant moins que Vichy, moins par doctrine que par nécessité, a été conduit depuis 1940 à de très larges interventions dans la vie économique. Mais, en dehors même de la nécessité, l'esprit du temps est favorable à cette intervention de l'État dans l'économie. Pendant la guerre en effet, les mouvements de résistance d'une part, les organismes créés pour analyser le visage de la France de la Libération de l'autre, ont longuement réfléchi au statut de la France de la Libération et leurs conclusions sont unanimes : la France ne peut demeurer une nation qui compte dans le monde que si elle rompt avec son vieil idéal médiocre du « petit », maître chez lui et qui vit de peu, et si elle accepte la modernisation économique. Sur les modalités de cette modernisation, les choix sont variables. Autour du professeur René Courtin, le *Comité général d'études* a rédigé en novembre 1943 un rapport de stricte orthodoxie libérale qui prévoit un retour rapide à l'économie de marché. Officiers, hauts fonctionnaires, hommes d'affaires rassemblés dans l'*Organisation civile et militaire*, un des grands mouvements de résistance de zone nord, préconisent au contraire, dans une optique technocratique directement héritée de la pensée des années trente, un système de planification mis en œuvre par l'État, assisté de groupements professionnels réunissant patrons, cadres et ouvriers (R.F. Kuisel, *Le Capitalisme et l'État en France*, Paris, Gallimard, 1984). Mais le courant le plus important est probablement le courant socialisant qui rassemble une majorité des cadres de la Résistance, communistes, socialistes, syndicalistes et qui se prononce pour une économie mixte sous le contrôle et l'impulsion de l'État, comprenant planification, nationalisations, contrôle du crédit.

La nécessité de faire intervenir l'État, garant de l'intérêt général, est d'autant plus forte que les milieux de la Résistance considèrent que le patronat s'est massivement rallié à Vichy en 1940 et que, si certains patrons ont pris leurs distances après 1942, leur participation à la Résistance a été tardive et modeste. De surcroît, l'état d'esprit socialisant fait des « trusts » des accusés permanents dans la France de la Libération, les grandes entreprises étant soupçonnées, par haine du monde ouvrier, d'avoir précipité l'effondrement de la IIIe République, salué Vichy avec enthousiasme, profité de la guerre pour s'enrichir, voire collaboré à l'effort de guerre allemand (mais on a vu que l'épuration économique avait été limitée). État d'esprit qui conduit tout naturellement à considérer que l'on ne peut confier le redressement de l'économie aux représentants égoïstes d'intérêts particuliers, mais seulement à l'État. Le programme du Conseil national de la Résistance se fait au demeurant l'écho de ces idées majoritaires et, sur le plan économique, il reprend les revendications émises entre les deux guerres par la CGT en préconisant le « *retour à la nation des grands moyens de production monopolisés, fruit du travail commun, des sources d'énergie, des richesses du sous-sol, des compagnies d'assurances et des grandes banques...* » (voir Claire Andrieu, *Le Programme commun de la Résistance. Des idées dans la guerre*, Paris, Les Éditions de l'Érudit, 1984).

Ajoutons enfin que les hommes des syndicats sont au pouvoir en 1944-1945, que la majorité de la première Constituante est acquise aux nationalisations et que le général de Gaulle lui-même, éloigné de tout présupposé idéologique, partage les préventions générales contre les « trusts » et juge que la situation désespérée de l'économie nationale exige l'intervention de l'État.

Celle-ci prend avant tout la forme des nationalisations qui apparaissent comme la plus spectaculaire et la plus symbolique des grandes réformes de structure puisqu'elle ôte à la propriété privée quelques-unes des industries clés (Claire Andrieu, Lucette Le Van, Antoine Prost, *Les Nationalisations de la Libération. De l'utopie au compromis*, Paris, Presses de la FNSP, 1987). Entre décembre 1944 et juin 1945 ont lieu toute une série de nationalisations. Les unes prennent le caractère de mesures de représailles économiques contre des entreprises accusées de collaboration avec l'ennemi. C'est le cas des usines d'automobiles Renault, des usines de camions Berliet, des mines du Nord et du Pas-de-Calais, des usines d'aviation Gnôme-et-Rhône qui deviennent la SNECMA en mai 1945. De la même volonté politique de contrôler les moyens d'information relève la prise en main par l'État de la radio et de l'Agence France-Presse.

Mais à ces nationalisations en ordre dispersé et à intention politique, vont assez rapidement se substituer des nationalisations dont l'objet est de placer, entre les mains de l'État, les secteurs clés qui commandent le redressement de l'économie nationale et apparaissent comme les armes du relèvement économique. À cet égard, on voit se dégager de l'ensemble des nationalisations trois grands secteurs : l'énergie, les transports et le crédit.

En ce qui concerne l'énergie, l'État décide en 1946 l'extension à l'ensemble des houillères de la nationalisation, jusqu'alors réduite à celles du Nord et du Pas-de-Calais, l'ensemble des mines de charbon étant désormais inclus dans les Charbonnages de France. Il s'y ajoute la nationalisation des compagnies du gaz et de l'électricité, rassemblées respectivement dans Gaz de France et Électricité de France. Quant au pétrole, secteur dans lequel l'État est déjà présent par ses participations dans les sociétés mixtes que sont la Compagnie française des pétroles ou la Société nationale des pétroles d'Aquitaine, le gouvernement écarte l'idée d'une nationalisation des filiales françaises des compagnies étrangères et décide le maintien du statu quo. Au total, c'est la quasi-totalité du secteur clé de l'énergie qui se trouve placée aux mains de la puissance publique.

Le domaine des transports est déjà partiellement sous contrôle de l'État depuis 1937. Cette année-là a été créée la SNCF, société d'économie mixte où l'État est majoritaire, les anciennes compagnies possédant 49 % du capital. Les nationalisations de la Libération y ajoutent les sociétés de transport aérien invitées à fusionner avec Air France en juin 1945 et, dans le domaine du transport maritime, la Compagnie générale transatlantique, à une date plus tardive.

Ces nationalisations d'entreprises industrielles ou d'entreprises de transport ne se veulent pas de pures et simples étatisations. Elles sont gérées par des représentants de l'État, du personnel et des usagers, mais doivent, comme des sociétés privées, équilibrer leur budget, prévoir une politique d'investissements, faire des bénéfices. L'exemple du statut de la régie Renault est caractéristique des intentions des nationalisations. Disposant de la personnalité civile et de l'autonomie financière, la régie est cependant placée sous le contrôle du ministère de la Production industrielle. Le PDG, nommé par décret, agit comme un directeur d'entreprise privée. Il préside le Conseil d'administration dont les membres sont nommés par le ministre et comprennent des représentants du personnel. Enfin, un Comité d'entreprise, élu par le personnel, est chargé d'améliorer les conditions de travail et de gérer les œuvres sociales.

Ces nationalisations industrielles vont jouer un rôle fondamental dans la rationalisation et la modernisation de la production et dans la réalisation des plans de développement. Il est cependant important de voir que la volonté de rationalisation et de modernisation s'est heurtée aux inquiétudes des libéraux devant la possibilité de création en France d'une économie de type socialiste. Or, dès 1946, la reprise des luttes politiques va donner à ces libéraux l'appui du MRP qui s'ajoute à celui des radicaux et des modérés. Si bien que des secteurs essentiels, comme la sidérurgie ou la chimie, échappent à la nationalisation. Avec le déclenchement de la guerre froide, le passage à l'opposition des communistes, la marginalisation des socialistes et le véritable monopole des ministres libéraux sur l'économie et les finances établi à partir de l'automne 1947, la vague des nationalisations industrielles est bloquée.

Il est vrai que, par la réorganisation du secteur bancaire et le contrôle du crédit, l'État s'est doté de moyens d'action puissants sur l'économie nationale. S'il est en effet un domaine où l'esprit anticapitaliste de la

Libération trouvait à s'exercer, c'était bien celui du secteur bancaire sur lequel pèse toujours le souvenir du « Mur d'argent » et du rôle joué par la Banque de France à l'époque du Cartel des gauches. Une loi votée en décembre 1945 réorganise le secteur bancaire. Celui-ci est placé sous le contrôle d'un Conseil national du crédit dépendant de l'État. La même loi établit pour la première fois en France une distinction juridique entre banques de dépôts et banques d'affaires, dont le statut et les obligations diffèrent. Les premières ont vocation à recevoir des dépôts à vue ou à terme pour un délai maximum de deux ans et ne peuvent posséder plus de 10 % du capital des entreprises, alors que les secondes peuvent prendre des participations dans les entreprises et fournir des crédits à long terme. Par ailleurs, les deux catégories connaissent des sorts différents. Les quatre principales banques de dépôt (Crédit lyonnais, Société générale, Comptoir national d'escompte de Paris, Banque nationale pour le commerce et l'industrie) sont nationalisées. Leur capital passe à l'État et leurs actionnaires sont indemnisés par des obligations amortissables en 50 ans. Elles sont gérées par un Conseil d'administration nommé par l'État.

En revanche, les banques d'affaires échappent à la nationalisation. En dépit des communistes et des socialistes qui voient en elles les citadelles du « pouvoir des trusts », le Gouvernement provisoire considère que nationaliser l'ensemble du secteur bancaire serait porter atteinte à la confiance indispensable à la reprise économique. Toutefois, elles sont soumises à un double contrôle, celui d'un Commissaire désigné pour chacune d'entre elles par le Conseil national du crédit, celui d'une Commission de contrôle comprenant le Gouverneur de la Banque de France, le Directeur du Trésor et de hauts fonctionnaires.

Complétant le dispositif du contrôle du crédit par l'État, le gouvernement provisoire prend la décision que le gouvernement du Front populaire n'avait pas osé prendre en nationalisant la Banque de France. Les actions de celle-ci sont transférées à l'État et les actionnaires indemnisés par des obligations amortissables en 20 ans par tirage au sort. Le Conseil général de la Banque de France est nommé par l'État, ainsi que le gouverneur et les deux sous-gouverneurs.

Enfin, la mainmise de l'État sur le crédit est complétée par la nationalisation de onze groupes d'assurances avec leurs 34 sociétés. L'État contrôle ainsi les deux tiers des primes encaissées et les réserves considérables des compagnies d'assurances.

Sans doute là encore peut-on constater que le projet de démantèlement des oligarchies financières prévu par la Résistance est incomplet puisque les banques d'affaires échappent à la nationalisation. Il n'en reste pas moins que, par la nationalisation de l'énergie, des transports et du crédit, l'État tient en main les clés du développement industriel.

L'œuvre de modernisation qu'il entend ainsi promouvoir ne saurait se limiter à la rationalisation économique. L'esprit de la Libération est aussi celui de la justice sociale et de la modification de la condition ouvrière dans une atmosphère qui n'est pas sans rappeler celle de juin 1936. En échange de l'effort de travail demandé aux ouvriers pour accroître la production, c'est une transformation de la condition salariale qu'envisagent les gouvernements provisoires.

Les réformes de structure :
transformation de l'entreprise et de la condition salariale

C'est, en matière sociale, de très ambitieux projets que prévoient les textes de la Libération, encore que l'application ne réponde pas toujours aux espoirs formulés. Caractéristique est le cas de la création, par la loi du 22 février 1945, des comités d'entreprise dans les établissements de plus de 100 salariés (un texte de 1946 en étendant l'application aux entreprises de plus de 50 salariés). Dans l'esprit des promoteurs de cette réforme, il s'agit d'associer le personnel à la gestion de l'entreprise comme le souhaitaient les syndicalistes de la CGT dès 1919. Si le but de la réforme n'est pas de remettre en cause l'autorité du chef d'entreprise, les délégués élus du personnel reçoivent mission de contrôler la gestion financière, de faire des suggestions pour améliorer la productivité ou les conditions de travail. Le patronat est-il prêt à accepter cette manière de cogestion ? Ébranlé par les attaques portées contre lui, il n'apparaît pas en mesure de résister au vent nouveau qui souffle sur la France. La Confédération générale du patronat français a été dissoute par Vichy. Les Comités d'organisation où le patronat était, on l'a vu, largement représenté, après avoir été transformés en Offices professionnels à la Libération, sont à leur tour dissous en avril 1946. Ce n'est qu'en juin 1946 que renaît une organisation patronale, le Centre national du patronat français (CNPF) qui porte à sa tête Georges Villiers, patron d'une entreprise de 700 salariés et qui a été arrêté par la Gestapo et déporté. Or, la renaissance de l'organisation patronale coïncide avec le début du glissement vers le centre et la droite de l'opinion publique française. Dès ce moment, le temps du socialisme paraît passé. Avec le temps, et sous la pression du patronat, les comités d'entreprise se cantonneront à la gestion des œuvres sociales, loin des ambitieux objectifs évoqués lors de leur création.

De beaucoup plus grande portée, dans la mesure où elle modifie durablement la condition salariale en France, est la naissance de la Sécurité sociale. En 1945, la France connaît le régime des Assurances sociales établies par Poincaré en 1928 et celui des Allocations familiales, créées en 1939 par le Code de la famille, à l'époque du gouvernement Daladier. Neuf millions de salariés en sont bénéficiaires et le système est alimenté par des cotisations salariales et patronales. Inspirée par le plan du ministre libéral britannique Beveridge, la Sécurité sociale se réclame d'un changement de conception par rapport aux Assurances sociales. Il ne s'agit plus seulement d'obtenir une redistribution du revenu national sous forme de transferts sociaux opérés au bénéfice des enfants, des malades, des vieillards et d'augmenter indirectement les salaires (par le biais des allocations familiales, par exemple), mais de transformer la notion même de salaire. Celui-ci n'est plus seulement en effet la rémunération du travail du salarié, mais il peut également constituer un revenu social fixe, même s'il n'y a pas de travail fourni (prestations journalières en cas de maladie).

On est donc en présence d'un véritable changement dans la condition du salarié, désormais couvert contre la plupart des risques de l'existence par une promesse de solidarité nationale qui se substitue à la garantie individuelle de l'assurance classique. Sous l'autorité de Pierre Laroque, nommé directeur général de la Sécurité sociale en 1944, sont mis en place entre 1945 et 1946 les principes et les modalités d'application de cette action de « l'État-providence ». L'assurance est obligatoire pour tout salarié, quel que soit son âge, son salaire ou sa nationalité (les étrangers travaillant en France en bénéficient). L'assurance-maladie couvre les frais médicaux, pharmaceutiques, d'hospitalisation, pour l'assuré et sa famille, à concurrence de 80 % de ceux-ci. En cas d'interruption de travail, la Sécurité sociale verse au salarié des indemnités journalières. Il s'y ajoute une assurance-invalidité qui fournit une pension à l'invalide, une assurance vieillesse qui accorde à 60 ans une pension au retraité (à raison de 20 % du salaire de base plus 4 % par année entre 60 et 65 ans), une assurance-décès qui verse un capital aux ayants droit. Enfin, le système des Allocations familiales est maintenu, prévoyant le versement de compléments de salaire, variables selon le nombre d'enfants, mais égaux pour tous quel que soit le montant du salaire.

Pour couvrir l'ensemble du système de Sécurité sociale, des cotisations sont retenues sur les salaires (6 %) et payées par l'employeur (10 % du montant des salaires distribués). Si on ajoute à ces prélèvements, le montant des sommes payées par les entreprises pour les Allocations familiales, l'assurance-accident ou les congés payés, la part des charges sociales représente, en 1945, 33 à 38 % des salaires payés. On est bien en présence d'un gigantesque transfert social, dont la portée est considérable.

On ne saurait négliger l'importance des réformes de structure opérées en 1945. Sans doute ne saurait-on parler de révolution, comme la Résistance l'avait annoncé. On n'a touché ni à la répartition des fortunes, ni au principe capitaliste du profit. L'initiative privée demeure, le poids de la haute finance sur les secteurs clés n'est pas atteint. Mais des tournants fondamentaux ont été pris. L'État s'est imposé comme le grand responsable de la vie économique et sociale, le maître d'œuvre de l'économie, chargé de la stimuler, de la contrôler au nom de l'intérêt national, de lui imposer des règles. Par ailleurs l'État se considère désormais comme garant du sort de la collectivité et devant intervenir à ce titre dans les rapports sociaux, à travers des institutions comme la Sécurité sociale par le canal de laquelle s'opèrent des transferts sociaux indirects.

La manière dont est mise en œuvre la reconstruction illustre le rôle nouveau joué par l'État.

Une reconstruction planifiée

Ces conceptions nouvelles qui prévalent dans la France de la Libération vont trouver un point d'application dans le domaine clé de la reconstruction dont on a vu le caractère impératif. C'est Pierre Mendès France, ministre de l'Économie nationale, qui lance en 1944 l'idée d'une reconstruction planifiée de l'économie et crée une Direction du Plan. Après sa démission, Georges Boris, son collaborateur, tente de maintenir en vie cette Direction du Plan, mais René Pleven la supprime. L'idée est reprise par Jean Monnet, après sa mission aux États-Unis, et, en décembre 1945, celui-ci adresse un mémorandum au général de Gaulle sur ce sujet. À la suite de quoi est créé, en janvier 1946, un Commissariat au Plan, placé sous la direction de Jean Monnet, entouré d'une équipe de jeunes technocrates : Étienne Hirsch, Robert Marjolin, Pierre Uri, Paul Delouvrier.

Le plan qu'ils mettent au point en novembre 1946 est promulgué par le gouvernement Léon Blum en janvier 1947 et dénommé *Plan de modernisation et d'équipement*. Il se fixe comme objectif de permettre à la production française de retrouver en 1948 son niveau de 1929 et de le dépasser de 25 % en 1950.

En fait, les responsables du plan se trouvent placés devant trois impératifs, entre lesquels il leur faudra choisir :

— renouveler et améliorer l'équipement du pays, vétuste avant la guerre, usé ou détruit par elle ;

— répondre à une demande accrue de biens de consommation ;

— reconstruire les immeubles détruits.

Devant l'impossibilité d'assumer tous les objectifs à la fois, ils décident de donner la priorité au premier secteur et d'insister sur le développement de l'industrie de base qui commande le reste de l'économie nationale, aux dépens de la consommation et du logement, et ce d'autant plus que l'État s'est doté dans ce domaine de larges possibilités d'action grâce aux nationalisations qui viennent d'être effectuées. Dans ces conditions, l'accent est mis sur les 6 secteurs fondamentaux de l'économie : l'électricité, le charbon, l'acier, le ciment, les transports ferroviaires et le matériel agricole. Ce sont évidemment les domaines de l'énergie et des transports qui paraissent fondamentaux, et en particulier le charbon et la SNCF pour lesquels l'État dispose, du fait des nationalisations, de la marge d'action la plus large. Ce sont les entreprises nationalisées qui tiennent en main ces secteurs qui reçoivent les 3/4 des crédits votés par le Parlement.

Cette reconstruction planifiée de l'économie française présente une grande originalité. En effet, pour la première fois, l'ensemble de l'économie française est inclus dans un plan de développement systématique, intéressant tous les secteurs de production. Toutefois, cette planification à la française est très différente des formes de planification autoritaire mises en pratique en URSS, les seules connues jusqu'à la Seconde Guerre mondiale. Dans le cas français on parle de « planification souple » ou de « planification indicative ». Mise au point après consultation du patronat et des syndicats ouvriers, elle ne pose pas d'objectifs impératifs et obligatoires. L'État se contente d'indiquer des priorités et il pousse à leur réalisation, non par la contrainte, mais par l'incitation, grâce en particulier aux prêts à faible intérêt qu'il distribue de manière sélective aux entreprises qui participent à ses objectifs.

Il n'en reste pas moins que le rôle de l'État est fondamental, ne serait-ce que parce que c'est lui qui distribue le crédit, pratique une grande part des investissements et, à travers les entreprises nationalisées, joue un rôle essentiel dans la réalisation du premier plan. Il est vrai que celle-ci se heurte à de multiples problèmes hérités de la guerre.

Le plan connaît un premier obstacle lié à la main-d'œuvre. Les pertes de la guerre ont opéré une nouvelle ponction sur la population active du pays. Or, le sous-équipement industriel exige que la plupart des travaux soient accomplis par la main-d'œuvre. De plus, en 1946-1947, 40 000 mineurs polonais rejoignent leur pays et 500 000 prisonniers allemands sont libérés (dont 100 000 accepteront, toutefois, de rester en France comme travailleurs libres sous contrat dans l'agriculture ou dans les mines). Il reste que la France connaît un gros déficit de main-d'œuvre. Celui-ci est compensé par l'introduction entre 1947 et 1950 de travailleurs étrangers, 200 000 Européens, Italiens pour la plupart, et 100 000 Nord-Africains. Dans ces conditions, bien que la loi de 40 heures ait été rétablie en 1946, les nécessités de la production exigent l'introduction d'heures supplémentaires payées 25 % au-dessus du tarif normal entre 40 et 48 heures, 50 % au-dessus du tarif horaire habituel au-delà de 48 heures. La durée moyenne du travail en 1946 s'établit à 43 heures hebdomadaires. C'est cet effort des Français qui est à la base de la reprise de la production.

Un second problème se pose pour la réalisation du plan, qui n'est pas neuf, mais qui s'aggrave en 1945-1946, celui de la hausse des prix. Directement lié à la pénurie des produits de consommation, il introduit dans l'économie un déséquilibre majeur susceptible de faire échouer le plan. En effet, dès la fin de 1945, les hausses de salaires consenties durant l'année sont absorbées par la hausse des prix. En 1946, de nouvelles hausses de salaires provoquent une flambée généralisée des prix (70 % pour les prix agricoles, 50 à 75 % pour les services, 15 % seulement pour les prix industriels grâce aux subventions d'État). La hausse est un moment stoppée par Léon Blum qui décide en janvier 1947 une baisse autoritaire des prix de 5 %. Mais dès mars 1947, les prix connaissent une nouvelle poussée. Au total entre 1945 et 1947, les prix alimentaires triplent pendant que les salaires et les prix industriels doublent. Il existe donc un déséquilibre, préjudiciable à la vie économique du pays, puisque les prix des produits agricoles croissent beaucoup plus vite, en raison de la pénurie, que les prix industriels, subventionnés par l'État. Le risque est que les disponibilités financières s'investissent dans les stocks alimentaires, l'agriculture ou les produits de consommation courante qui peuvent permettre de dégager des profits spéculatifs plutôt que dans l'équipement industriel dont le pays a un besoin majeur.

C'est la raison pour laquelle, en 1948, les nouveaux dirigeants de l'économie, adeptes du libéralisme économique, décident la suppression des subventions qui permettent le maintien des prix industriels artificiellement bas, mais qui pèsent sur le budget de l'État. Il en résulte une nouvelle flambée, des prix industriels, cette fois, qui doublent ou triplent en quelques mois, provoquant une hausse de 60 % des salaires.

Indice des prix de détail à Paris
(indice 100 en 1938)

	1944	1945	1946	1947	1948	1949
Indice	285	393	645	1 030	1 632	1 817
% de croissance	27 %	38 %	63 %	60 %	59 %	11 %

Ce n'est qu'en 1949 qu'on constate une stabilisation de la hausse des prix, due à deux facteurs : un début de récession aux États-Unis qui entraîne une baisse générale des prix dans le monde, favorable à une France importatrice, et une augmentation de la production française qui retrouve à ce moment un niveau à peu près équivalent à celui de 1938 et permet de mettre fin au rationnement du pain et du charbon. Il reste que la reconstruction s'est déroulée dans une atmosphère de course éperdue entre prix et salaires due à l'inflation, les salariés étant largement perdants dans cette compétition (entre 1944 et 1950, les prix industriels ont été multipliés par dix, les prix agricoles par sept, les salaires par 6). Les salariés ont donc connu une baisse de leur niveau de vie, origine des innombrables grèves qui ont gêné la reconstruction.

Mais le problème essentiel rencontré par la réalisation du plan a été celui de son financement. Comment dégager les sommes nécessaires pour payer la reconstruction du pays, et, d'abord, pour se procurer les importations sans lesquelles toute reprise industrielle est impossible ? C'est cet impératif que soulignait Jean Monnet en déclarant : « *Nous devons exporter même l'utile pour nous procurer l'indispensable.* » Or la France de l'après-guerre a peu à exporter et sa balance commerciale connaît un lourd déficit : entre 1946 et 1949, les importations s'élèvent à 9 milliards de dollars et les exportations à 4 milliards de dollars. À ce déficit de 5 milliards de dollars s'ajoutent ceux de l'outre-mer et des services qui, cumulés, représentent un milliard de dollars supplémentaire. Cette situation explique que, malgré les protestations des Américains et de l'OECE, la France maintienne un contrôle draconien des échanges afin de réduire au maximum ses importations. Toutefois, il faut solder le déficit existant. Pour y parvenir, la France doit céder ses avoirs à l'étranger et 500 tonnes d'or (l'encaisse de la Banque de France tombant en 1950 à 464 tonnes d'or). Mais surtout, la France doit négocier des prêts massifs, et avant tout auprès des Américains, les seuls à pouvoir avancer les sommes nécessaires aux énormes besoins français. Une mission conduite par Léon Blum aux États-Unis aboutit en mai 1946 à la signature des Accords Blum-Byrnes qui règlent le problème des dettes françaises à l'égard des États-Unis. Sur 2 630 millions de dollars représentant la dette française, les États-Unis renoncent à 1 930 millions de dollars. Les 700 millions restants seront remboursés en 35 ans (jusqu'en 1980) avec un intérêt de 2 %. Cette question réglée, la France reçoit de nouveaux crédits : l'Export-Import Bank lui consent un crédit de 650 millions de dollars à 3 %, remboursable en 20 ans pour ses achats aux États-Unis, et des prêts du même type sont consentis par le Canada (250 millions de dollars) et la Nouvelle-Zélande (20 millions de dollars). La Banque internationale pour la reconstruction et le développement ouvre à la France un crédit de 250 millions de dollars à 4,25 % remboursable en 30 ans. Enfin le Fonds monétaire international fait un prêt de 280 millions de dollars. L'essentiel est toutefois représenté par la politique Truman d'aide gouvernementale directe à l'Europe. À ce titre, la France reçoit, en décembre 1947, 284 millions de dollars d'aide intérimaire, à quoi s'ajouteront, en 1948-1949, 1 300 millions de dollars d'aide Marshall.

Au total, c'est incontestablement grâce à l'aide américaine que la France a pu assurer les importations nécessaires à sa reconstruction économique.

Financer les importations ne saurait évidemment suffire à payer le prix de la reconstruction. La France doit trouver en outre les sommes nécessaires pour assurer les énormes dépenses prévues au titre du plan Monnet. À l'origine, le gouvernement provisoire compte sur l'épargne très importante accumulée pendant la guerre, faute de possibilités d'achat. Mais celle-ci est détruite par l'inflation de la Libération qui pousse à l'achat de biens de consommation au marché noir. Or les entreprises n'ont pas de capitaux. Il est donc nécessaire que l'État fournisse lui-même les crédits nécessaires aux investissements (entre 1947 et 1950, la part de l'État dans les investissements en métropole tourne autour de 60 %). Ces crédits sont fournis aux entreprises sous forme de prêts à 4 ou 5 % par le *Fonds de modernisation et d'équipement* dont les ressources sont votées par le Parlement. Les fonds nécessaires proviennent de trois sources différentes : les recettes habituelles de l'État, l'inflation et la contre-valeur de l'aide américaine. En premier lieu, l'État a financé la reconstruction par le produit des impôts et des emprunts (la dette publique passe en francs courants de 1 680 milliards en 1945 à 3 410 milliards en 1949). Mais cet effort financier a été en grande partie corrigé par l'inflation. En effet, la circulation fiduciaire est passée entre 1946 et 1949 de 638 milliards à 1 389 milliards. Il en résulte un allégement considérable de la dette publique qui, évaluée en francs constants, passe de 60 milliards de francs-or en 1945 à 26 milliards en 1949. Autrement dit, par l'inflation qu'il a laissée se développer, l'État fait retomber une grande partie du poids financier de la reconstruction sur les souscripteurs des emprunts d'État. Si ces deux sources représentent l'essentiel de l'effort financier de reconstruction, la contre-valeur de l'aide américaine a été l'appoint indispensable à sa réalisation. La plus grande partie des dollars parvenus à la Banque de France sont prêtés au Trésor en francs, émis en contre-valeur. Ces sommes provenant de l'aide américaine sont distribuées aux entreprises par le biais d'un service du Trésor, le *Fonds de développement économique et social*. Bien entendu, ces sommes ne vont qu'aux entreprises sélectionnées en fonction des objectifs du plan. Elles permettent à celles-ci de racheter des dollars à la Banque de France pour solder les importations américaines.

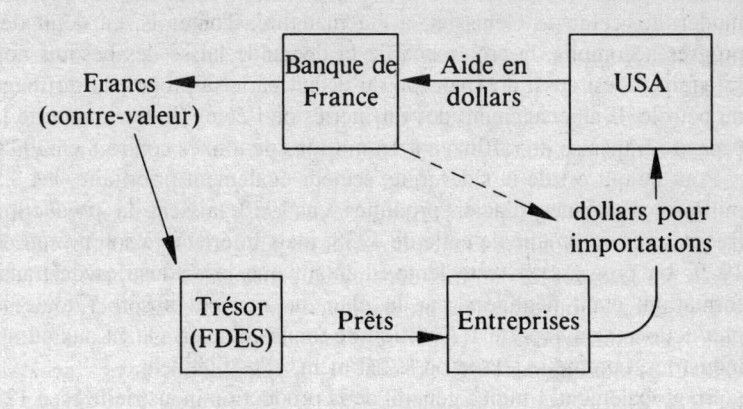

Le schéma de l'aide Marshall

De 1948 à 1951, la Banque de France a pu émettre, en contrepartie de l'aide Marshall, 732 milliards de francs (dont 22 % sont allés à l'EDF, 14 % aux Charbonnages, 5,5 % à la SNCF). Les autres postes bénéficiaires importants ont été la construction de logements (9 %), les prêts à l'industrie privée (8,3 %) et à l'agriculture (7,35 %). Le Trésor est ainsi devenu, grâce à l'aide américaine, le principal banquier du développement économique national.

Bilan de la reconstruction vers 1950

Vers 1950, la reconstruction peut être considérée comme achevée dans ses grandes lignes, l'économie ayant retrouvé son rythme de 1938. Dans le domaine agricole, on en est revenu au niveau de l'immédiat avant-guerre dès 1948-1949. Le parc de machines de l'époque a été reconstitué. Les productions de sucre (1 400 000 tonnes), de blé (80 millions de quintaux), de vin (65 millions d'hectolitres) sont identiques à celles de 1938.

Dans l'industrie, la reconstruction est inégale selon les secteurs. Dans le domaine de l'énergie, considéré comme prioritaire par le plan et pour lequel un gros effort a été consenti, les chiffres de production peuvent être jugés satisfaisants. La production de charbon retrouve avec 52 millions de tonnes son chiffre de 1929, mais on est en deçà des prévisions du plan

(62 millions de tonnes) et le rendement moyen (1 207 kg) demeure faible. En revanche, l'électricité poursuit son expansion des années trente, atteignant 33 milliards de kWh en 1950 contre 20 en 1938. En 1949, le premier grand barrage sur le Rhône, symbole de la volonté française de modernité, celui de Génissiat, a été inauguré. Toutefois, en dépit des progrès accomplis, la croissance de la demande laisse des besoins non satisfaits. C'est aussi d'expansion qu'il faut parler à propos du raffinage du pétrole. L'aménagement des raffineries de l'étang de Berre a porté la capacité française de raffinage à 16 millions de tonnes contre 8 en 1938.

Pour ce qui est de la sidérurgie, secteur également prioritaire, les 8,5 millions de tonnes d'acier produites en 1950 laissent la production française assez proche de celle de 1938, mais inférieure à son niveau de 1929. La progression reste lente, d'autant que les industries de transformation, étant négligées par le plan, ne peuvent absorber toute la production et on exporte 1,7 million de tonnes d'acier. Quant aux autres industries, comme le textile ou le bâtiment, elles piétinent.

Si, globalement, l'indice général de la production industrielle est à 128 en 1950 contre 100 en 1938, il le doit aux performances de quelques branches motrices et non au développement général de l'économie. La situation paraît d'ailleurs si médiocre qu'on décide de prolonger le plan jusqu'en 1952 afin de faire jouer à plein les possibilités de l'aide américaine.

Toutefois, si, quantitativement, la reconstruction est achevée, qualitativement, on ne saurait considérer que la France s'est dotée d'une économie moderne. Mis à part des secteurs pionniers comme l'électricité ou le pétrole, on a, dans l'ensemble, reconstruit sur les bases existantes et la productivité générale de l'économie demeure faible. Les notions de rendement ou de rentabilité restent étrangères aux mentalités nationales et l'économie française est toujours caractérisée par la prédominance des petites entreprises, industrielles, artisanales, commerciales ou agricoles, employant une main-d'œuvre nombreuse et sous-équipée. Dans le climat de pénurie qui garantit la vente et en raison du contrôle étroit des échanges, ces nombreuses petites entreprises survivent, mais dans des conditions artificielles qui rendent leur prospérité trompeuse.

Cependant, il existe dans l'économie française en 1950 des facteurs de renouveau et de modernisation, provenant tant du secteur nationalisé que du secteur privé. Dans le premier où l'État, on l'a vu, a consenti un effort important d'investissement, on assiste à la mise en place d'un équipement moderne et à une volonté de rentabiliser les productions : Charbonnages de France, Électricité de France, Gaz de France font ainsi figure d'entreprises pionnières. Dans le domaine des entreprises privées, on constate, dans les secteurs où les ententes sont traditionnelles, un effort de modernisation et de rationalisation. La sidérurgie, où s'opèrent des regroupements horizontaux et verticaux, en fournit un bon exemple. C'est ainsi qu'en 1949 la fusion de la *Société des Forges et Aciéries du Nord et de l'Est* et de la *Société des Forges et Aciéries de Denain-Anzin* donne naissance à USINOR. L'année suivante c'est la création de SIDELOR à partir du regroupement des *Aciéries de Rombas et de Micheville*, des *Forges et Aciéries de la Marine* et des *Fonderies de Pont-à-Mousson*. Comme à la fin des années vingt, il existe donc un secteur pionnier capable de servir de moteur à la modernisation de l'économie française.

Mais, à la différence de ce qui se passait à cette époque, l'action de l'État s'exerce, cette fois, dans le sens de cette modernisation. Ne serait-ce qu'en créant dans les milieux économiques un état d'esprit nouveau orienté vers l'investissement. Le produit national, évalué en francs constants, étant à peu près identique en 1949 à ce qu'il était en 1938, son affectation entre la consommation et l'investissement s'est notablement modifiée entre ces deux dates.

Affectation du produit national

	1938	1949
Consommation des ménages	74,5 %	68 %
Consommation des administrations	12,5 %	11,5 %
Investissement	13 %	20,5 %

Néanmoins, cette rapide reconstruction a créé des déséquilibres sociaux et financiers. Sur le plan social, les pénuries nées de la guerre et l'abondance monétaire ont permis, dans un climat d'inflation, aux agriculteurs, aux industriels et aux commerçants de connaître une situation d'aisance. Dans l'atmosphère de rigueur et de difficultés qui est celle des années d'après-guerre, ils apparaissent à l'opinion comme un groupe de « nouveaux riches » dont la prospérité ostentatoire contraste fortement avec l'idéal de justice sociale de la Libération. Par contre, la grande masse des salariés dont les salaires sont tardivement réajustés pour tenir compte de l'inflation ont été assez largement lésés par les conditions dans lesquelles s'est opérée la Reconstruction.

On a déjà insisté sur le poids du déséquilibre financier dû aux choix du printemps 1945 et qui explique que la reconstruction se soit opérée dans un climat d'inflation. Celle-ci a pour conséquence de rendre plus coûteux les achats des étrangers en France, donc de gêner les exportations, mais de permettre les achats de produits étrangers à des prix avantageux, donc de stimuler les importations. Il en résulte un déséquilibre de la balance commerciale et de la balance des paiements, que seule l'aide Marshall permet de rééquilibrer. Enfin, le budget de l'État demeure déficitaire, les recettes ne couvrant les dépenses qu'à 70 % entre 1947 et 1949. C'est à ce déséquilibre financier que tente de porter remède la nouvelle politique qui se met progressivement en place à partir de 1947 et qui représente un retour très net au libéralisme et aux lois du marché.

Un tournant libéral

On a vu que les débuts de la reconstruction économique en France s'étaient opérés sous l'égide de l'État et dans un climat socialisant où l'interventionnisme des pouvoirs publics, les nationalisations, le Commissariat au Plan et ses experts apparaissaient à la fois comme des facteurs de la modernisation de l'économie nationale et des artisans de la justice sociale. Dans l'atmosphère de la Libération, les critiques de cet interventionnisme, venues des milieux d'affaires ou, dans le monde politique, des milieux radicaux et modérés, se font feutrées tant le socialisme apparaît à l'opinion porteur de connotations positives. La tension entre Américains et Soviétiques, la naissance des démocraties populaires, l'éviction des ministres communistes du gouvernement, l'entrée du monde dans la guerre froide constituent autant de facteurs qui rendent compte d'un retournement de cet état d'esprit. À partir de l'automne 1947, pour toute une partie de l'opinion et du monde politique, les idées socialisantes apparaissent désormais comme synonymes de privation de liberté et d'entrée dans un système politique dont l'URSS et les démocraties populaires offrent le sinistre exemple, faisant du socialisme un véritable contre-modèle. Du même coup, le libéralisme, longtemps silencieux et tenu à une prudente réserve, opère un retour en force que la politique économique enregistre en toute priorité. Il est par exemple caractéristique que, remaniant son cabinet le 30 octobre 1947, Paul Ramadier élimine les ministres socialistes les plus novateurs, Tanguy-Prigent et André Philip, pour répondre aux préoccupations des modérés, désormais nécessaires à la construction d'une majorité.

À partir de l'automne 1947, ce sont des tenants du libéralisme économique, radicaux ou modérés, qui se succèdent au ministère des Finances et vont imposer progressivement un retour à l'économie de marché. Le radical René Mayer, le modéré Maurice Petsche, puis bientôt le radical

Edgar Faure s'appliquent les uns et les autres à mettre fin aux pratiques dirigistes.

Dès décembre 1947, René Mayer se fixe comme objectif un retour aux grands équilibres traditionnels. Pour équilibrer une trésorerie, perpétuellement aux abois, par d'autres moyens que l'émission monétaire à jet continu, un très large recours est fait à l'emprunt et à l'impôt. De grands emprunts, dont un emprunt forcé en janvier 1948, sont lancés par Mayer et Petsche. En septembre 1948, il est fait obligation aux banques de détenir un montant minimum de Bons du Trésor. Il en résulte un gonflement de la dette publique qui passe, entre janvier 1945 et janvier 1951, de 1 674 milliards à 2 845 milliards, mais l'État se trouve doté de cette manière de ressources indispensables.

Parallèlement, on assiste à un alourdissement de la fiscalité. Les impôts sur le revenu connaissent une série de hausses spectaculaires entre 1947 et 1949 et, pour donner à l'État des ressources, on institue en 1947 les acomptes provisionnels. À côté des personnes physiques, les entreprises sont tout aussi lourdement frappées par l'impôt sur les bénéfices créé en 1949 et qui représente un quart de ceux-ci, par l'impôt sur les salaires, par la croissance des cotisations sociales.

À côté de l'accroissement des recettes, le retour à la politique traditionnelle exige une compression des dépenses publiques. Dès avril 1947 est créée une « Commission de la Hache » dont la mission est de proposer des suppressions des dépenses de l'État : 110 000 postes de fonctionnaires sont ainsi supprimés en 1947-1949. La diminution durant le même temps des dépenses militaires qui tombent en 1950 à 20,9 % du budget de l'État contre plus de 32 % en 1947 contribue à cette résorption du déficit qui est toutefois loin d'être atteinte en 1950.

En même temps que les finances publiques sont ainsi remises en ordre, les nouveaux responsables de l'économie s'appliquent à remettre la France dans les conditions d'une véritable économie de marché, et, d'abord, en rétablissant la vérité des prix. Le gouvernement réduit les subventions qui maintenaient artificiellement bas les prix industriels, faisant subir à ceux-ci une hausse brutale en 1947-1948. Toutefois si cette libération des prix est importante, elle n'est pas générale et certains prix demeurent contrôlés, d'autres continuant à être fixés par l'État. Néanmoins, cette marche vers la libéralisation rapproche progressivement les prix français de la réalité du marché. Encore faut-il, pour que l'économie française puisse valablement se réinsérer dans le marché mondial, que soit mis fin à la surévaluation des prix français. Là encore les libéraux qui gouvernent désormais l'économie française décident de ramener la valeur officielle du franc à celle qui est la sienne sur le marché parallèle des devises. En 1948, une première dévaluation du franc l'ampute de 80 % de sa valeur, amenant le dollar à 264 F. En septembre 1949, après la dévaluation de la livre, Maurice Petsche dévalue à nouveau le franc de 22,4 %. Il est officiellement fixé à 2,539 mg d'or et le cours du dollar s'élève à 350 F. Désormais on considère que la parité du franc correspond à peu près à sa valeur réelle.

Ces mesures drastiques ne sont pas sans résultat et, vers 1949-1950, on peut considérer que les conséquences économiques les plus graves de la guerre ont été effacées. La confiance revient et, avec elle, les capitaux, d'autant que la vente libre de l'or a été rétablie en 1949. Le déficit budgétaire est en voie de résorption. La balance commerciale et la balance des comptes se trouvent presque équilibrées. Au début de 1950, la France connaît sur le plan économique un début de stabilisation. Tout le problème est de savoir si, celle-ci étant obtenue, la France va poursuivre dans la voie de la croissance qui lui a permis en quelques années de reconstruire son économie ou si la crainte de l'inflation va la pousser à freiner son développement économique pour maintenir ses équilibres. C'est là le grand débat du début des années cinquante que la IVe République va avoir à trancher.

Surchauffe et stabilisation : l'expérience Pinay

On a vu que le début de récession que connaissent les États-Unis en 1949 permet à la France de tenter une stabilisation économique qui paraît réussir. En 1950, le déficit de la balance commerciale n'est plus que de 78 millions de dollars. À cette date commence une libération de 50 % des échanges extérieurs dont l'objet est de stimuler l'achat de biens de consommation à l'étranger, de manière à faire baisser les prix intérieurs. On a vu que, depuis 1948, René Mayer avait libéré une partie de ceux-ci. De leur côté, les salaires deviennent libres en février 1950. Cette stabilité dans le libéralisme retrouvé est toutefois remise en cause dès 1949-1950.

D'abord par la signature en avril 1949 du Pacte Atlantique qui prévoit un programme de réarmement pour tous les pays membres. Cet effort généralisé de réarmement provoque une hausse du prix des matières premières et les dépenses auxquelles la France doit faire face s'avèrent difficilement compatibles avec l'exécution du Plan Monnet. Toutefois, cette première difficulté est en partie résolue par la participation financière américaine aux dépenses de réarmement, puis, entre 1950 et 1955, aux frais militaires entraînés par la guerre d'Indochine.

Mais la stabilité est surtout compromise par le déclenchement, le 21 juin

1950, de la guerre de Corée. Celle-ci entraîne une hausse énorme des matières premières stratégiques (pétrole, caoutchouc, métaux non ferreux, laine, coton), de l'ordre de 40 % en raison des considérables besoins des États-Unis et de l'accélération du réarmement des pays de l'OTAN. Parallèlement les frets maritimes connaissent une augmentation considérable.

Quelle est la conséquence, pour la France, de cette brutale accélération de la demande ? L'effet sur l'économie française est triple.

— En premier lieu, la guerre de Corée et ses conséquences entraînent une augmentation soudaine des exportations françaises. Celles-ci s'accroissent de 46 % en 1950 et connaissent encore une croissance de 12,5 % en 1951. Par rapport à 1949, les exportations de minerais et de métaux non ferreux triplent, celles de minerai de fer et de produits sidérurgiques augmentent de 80 %, celles de produits manufacturés (surtout provenant des industries mécaniques et électriques croissent de 17 % en 1950, de 40 % en 1951.

— En second lieu, cette soudaine flambée de la demande provoque une relance de l'inflation. Si la situation de pénurie qui expliquait l'inflation de la Libération est en voie de disparition, la guerre de Corée relance une inflation par les coûts. Celle-ci résulte tout d'abord de la hausse brutale du prix des matières premières importées. Mais la hausse prend très vite un caractère spéculatif dû à la volonté des chefs d'entreprise de profiter de la conjoncture mondiale à la hausse pour majorer leurs prix. De 1950 à 1951, les prix de gros augmentent de 27 %, tandis que la hausse des prix de détail n'excède pas 16 %.

Dans ces conditions, la bonne conjoncture et la hausse des prix poussent les salariés à revendiquer des ajustements de salaires (qu'ils obtiennent en 1950 et 1951) et les paysans à exiger une augmentation des prix agricoles (en 1951, le gouvernement accepte d'augmenter de 38 % le prix du quintal de blé).

La spirale inflationniste est donc relancée. L'idée prévaut que l'inflation est presque impossible à stopper et, en 1952, la politique gouvernementale s'adaptera à cette donnée en instituant pour le Salaire minimum interprofessionnel garanti (le SMIG) une échelle mobile qui l'indexe sur la hausse des prix.

— En troisième lieu, la guerre de Corée et ses conséquences vont agir comme un stimulant à la consommation. La hausse des salaires et des prix agricoles permet à la consommation d'augmenter dans d'importantes proportions (+6 % en 1950 ; +7,5 % en 1951), ce qui a pour effet d'accroître les importations. Celles-ci, freinées un moment en 1950 par la montée des prix, augmentent en 1951 de 15,5 % et la balance commerciale accuse en 1951 une chute brutale. Ce phénomène a pour effet de restreindre les investissements dans un premier temps (leur croissance n'est que de 1 % en 1950) avant que la reprise de l'inflation ne leur permette de remonter à + 5,5 % en 1951.

Il est donc incontestable que la guerre de Corée, par ses divers effets, compromet l'effort de stabilisation entrepris en 1948-1949 et fait s'éloigner les perspectives d'une croissance dans la stabilité. Le choix qui est alors posé est de savoir s'il faut poursuivre l'expansion dans l'inflation ou la bloquer par une politique de stabilisation.

Le choix va être résolu de façon politique. En mars 1952, Antoine Pinay devient président du Conseil. Avec lui, c'est la droite classique qui est au pouvoir, avec sa politique de primauté aux grands équilibres, de maintien de la valeur de la monnaie, d'économies budgétaires et d'orthodoxie financière. Toutefois, le président du Conseil doit tenir compte d'une majorité où coexistent des modernistes, soucieux d'expansion, et même des dirigistes attachés à une politique sociale. Lui-même ne se veut nullement un théoricien et paraît décidé à conduire une politique pragmatique.

Sa volonté majeure est d'abord de stabiliser les prix. Il y est aidé par une conjoncture mondiale orientée à la baisse. En effet, après la surchauffe de la guerre de Corée, les États-Unis connaissent en 1952 une nouvelle vague de récession économique. Dans ces conditions, la campagne psychologique lancée par Antoine Pinay en faveur de la baisse des prix réussit. Entre mars et juillet 1952, l'indice des prix baisse de 4 %. Toutefois, ce résultat n'est que provisoire. Dès la fin de l'été, les prix remontent, et, en septembre 1952, le gouvernement doit les bloquer. L'inflation reprend, bien que le gouvernement, pour ne pas avoir à réajuster les salaires, s'efforce d'agir sur les prix de certains produits qui entrent dans la constitution de l'indice.

Parallèlement à cette volonté de stabilisation monétaire, le gouvernement Pinay multiplie les mesures destinées à donner confiance aux capitaux. En mai 1952, pour inciter les capitaux à rentrer en France, une amnistie fiscale est instaurée en faveur de ceux qui, malgré le contrôle des changes, ont fait fuir leur argent à l'étranger. La plus célèbre des mesures prises dans ce domaine est cependant le lancement de l'emprunt Pinay, emprunt à 60 ans et 3,5 %, mais qui, aux yeux des souscripteurs, présente deux vertus majeures : il est indexé sur l'or et garantit donc les porteurs contre toute dépréciation monétaire et il est exonéré d'impôt sur le revenu et d'impôt sur les successions, ce qui en fait un moyen légal d'évasion fiscale. En dépit de son succès auprès des porteurs de capitaux, le rendement de l'emprunt Pinay est médiocre. Il rapporte 428 milliards, dont seulement 200 milliards en argent frais et en or, le reste résultant de la conversion d'anciens emprunts ou de bons du Trésor. Comme, par ailleurs, il s'avère, en raison de l'indexation sur l'or des diverses exonérations, fort coûteux pour l'État, il apparaît comme une mesure à courte vue, qui n'éponge que 4,5 % de la masse monétaire.

Enfin, dans la meilleure tradition poincariste, Pinay s'efforce de réaliser l'équilibre budgétaire. Il présente un budget théoriquement en équilibre, grâce à des économies draconiennes de 110 milliards. Mais comme la plupart des postes budgétaires sont incompressibles, l'essentiel de son programme d'économies consiste à trancher dans les investissements publics, désignés par les libéraux comme une des causes de l'inflation. 95 des 110 milliards d'économies sont réalisés par des coupes sombres dans les investissements qui, pour la première fois depuis la Libération, connaissent un recul (-3,5 % en 1952, par rapport à 1951).

Quels ont été les résultats de l'« expérience Pinay » ? On note un extraordinaire contraste entre les résultats psychologiques de l'opération et la réalité économique. Sur le premier point, Pinay a su toucher les consommateurs et les persuader que, pour la première fois, une politique cohérente et adaptée a fait reculer l'inflation et rétabli la confiance. Antoine Pinay devient l'idole d'une classe moyenne de petits épargnants, gagne une réputation de grand thaumaturge des finances publiques, de nouveau Poincaré, qui va faire de lui l'un des rares hommes de la IVe République à jouir d'une réelle popularité. Le bilan économique est moins flatteur. La France de M. Pinay subit une récession économique. La croissance du Produit intérieur brut qui avait été de +7,9 % en 1950, de +6,4 % en 1951 tombe en 1952 à +2,3 % et en 1953 à +3 %. Les exportations françaises chutent de 6 % en 1952 et 1,2 % en 1953, les prix français ayant été stabilisés à 15 ou 20 % au-dessus des prix mondiaux. Le déficit du commerce extérieur atteint, en 1952, 618 millions de dollars et finalement le budget, qu'il s'agissait de rééquilibrer, est en déficit en raison des moins-values fiscales dues à la récession.

L'échec économique est donc patent et le mythe Pinay n'est qu'une illusion. Malgré l'effort de propagande qui a entouré son action, le président du Conseil de 1952 n'a résolu aucun problème. Jugulée quelques mois, l'inflation reprend, l'emprunt qui ne rapporte pas plus à l'État que les emprunts antérieurs lui coûte plus cher dans l'avenir. L'équilibre du budget n'est pas obtenu, mais l'effort poursuivi pour l'atteindre installe en France une récession économique. Fin 1952, les experts financiers considèrent la dévaluation comme inévitable. Sans doute la récession de 1952-1953 s'explique-t-elle assez largement par la conjoncture mondiale orientée à la baisse, mais la politique d'Antoine Pinay, loin d'en combattre les effets, en a aggravé les conséquences.

Or, au moment même où la France subit ainsi cette crise conjoncturelle de 1952, commence une crise structurelle d'une partie de la société française qui va rendre sa solution encore plus difficile.

La crise structurelle de la société française

Les catégories de producteurs ou de commerçants qui avaient le plus bénéficié de la situation de pénurie de la guerre et de ses suites des années d'après-guerre commencent à subir après 1950 le contrecoup de la disparition de la pénurie, puis celui de la stabilisation et de la modernisation de l'économie qui, partis des secteurs de base, s'étendent progressivement à l'ensemble de l'économie française.

Le premier de ces contrecoups est subi par le monde rural. Pendant dix ans, de 1939 à 1949, il a connu, du fait de la pénurie de denrées alimentaires, puis de l'inflation, une trompeuse euphorie. À l'abri de celle-ci, les structures agraires, déjà inadaptées dans l'entre-deux-guerres, ne se sont nullement modernisées. Alors que la France de 1946 compte 35 % d'agriculteurs dans sa population active, les carences des années trente demeurent : morcellement, faible productivité, utilisation insuffisante des engrais, ignorance de l'usage des semences sélectionnées, médiocre mécanisation. Les techniques agricoles modernes sont pratiquement ignorées et, sur la plupart des exploitations, on continue à employer les anciennes méthodes de culture. Quant à l'investissement agricole, il est réduit au maximum, même dans les grandes exploitations du Bassin parisien. Toutes les disponibilités servent à accroître la production en quantité pour bénéficier de la bonne conjoncture. La Confédération générale de l'Agriculture est une organisation conservatrice, se considérant non comme responsable de la promotion et de la modernisation de la profession agricole, mais comme un groupe de pression, qui est d'ailleurs tenu en main par les plus riches des agriculteurs.

Or, dès 1949, la production agricole retrouve son niveau d'avant-guerre et, la pénurie disparaissant, le rationnement est abandonné. Aussitôt commence la chute des prix à la production. Pour y faire face, les groupes de pression agissent sur le Parlement en constituant en son sein des « lobbies » de députés prêts à soutenir leurs intérêts. Le plus célèbre est celui formé autour du député de l'Oise, Jean Legendre, par les producteurs de betteraves du Bassin parisien, mais il en existe d'autres inspirés par les producteurs de céréales ou les viticulteurs du Languedoc et du Bordelais. En 1948, sous la pression des producteurs de betteraves, l'État accepte de distiller 27 % de la récolte de betteraves, afin de maintenir le prix du sucre.

Mais si les grands groupes de pression réussissent ainsi à défendre leurs intérêts, ils sacrifient sans problème ceux des petits producteurs mal organisés qui connaissent la mévente et chez qui commence une vague d'exode rural dès 1951-1952.

Plus tardif est le mouvement qui frappe artisans et commerçants. Il se révèle à la faveur de la stabilisation Pinay de 1952 qui, en freinant la consommation et en installant une situation de récession, met en relief l'inadaptation de tout un secteur de l'économie face à la modernisation des structures : artisans menacés par la production d'entreprises ayant investi pour renouveler leur matériel et produisant dans des conditions plus rentables, producteurs touchés par la diminution de la demande dans des secteurs comme le textile, la chaussure ou la confection et incapables de faire front à la concurrence étrangère, à partir du moment où les échanges se trouvent libérés, commerçants atteints par la naissance des formes modernes de distribution et ulcérés par la diminution de leurs marges bénéficiaires après l'heureux temps de la pénurie...

Toutes ces victimes de la modernisation constituent un bloc de mécontentement latent dont la colère perce avec la multiplication des contrôles fiscaux. Le poujadisme va y puiser l'essentiel de sa clientèle.

La conjonction de la crise conjoncturelle de 1952, effet de la récession américaine aggravée par l'expérience Pinay, et de la crise structurelle que subissent des secteurs importants de la société française, va conduire à partir de 1953 les gouvernements français à choisir l'expansion et la modernisation économique, tout en s'efforçant de préserver la stabilité. Entre 1953 et 1957, l'économie française connaît ses plus belles années sous la IVe République, celles de l'« expansion dans la stabilité ».

L'expansion dans la stabilité : la croissance française (1953-1957)

Devenu en juin 1953 ministre des Finances du gouvernement Laniel, Edgar Faure dirige pratiquement sans discontinuer l'économie française jusqu'à la fin de 1955, soit comme ministre des Finances et de l'Économie, soit comme président du Conseil. Son nom est attaché à la période la plus prospère de la IVe République, celle au cours de laquelle la France de l'après-guerre prend définitivement le virage vers l'expansion et la modernisation. Lui-même a d'ailleurs qualifié d'« expansion dans la stabilité » la période au cours de laquelle il est responsable de la politique économique de la France.

C'est en effet en 1953 que la France retrouve approximativement le niveau record de la production d'avant-guerre (celui de 1929-1930). Mais cette situation n'est pas perçue par les Français comme un retour à la prospérité, car la ponction des investissements sur le revenu national est beaucoup plus importante qu'avant la guerre et, de ce fait, la consommation n'a pas encore retrouvé, en 1953, le niveau de 1938. Dans ces conditions, Edgar Faure juge nécessaire une relance économique qui, portant à la fois sur l'investissement (pour préparer l'avenir) et sur la consommation (pour satisfaire les Français), permettrait de doubler en 10 ans le revenu national. C'est dans cette perspective qu'il décide la mise sur pied du Second Plan de modernisation et d'équipement, baptisé plan Hirsch, du nom du commissaire au Plan et qui est prévu pour couvrir la période allant du 1er janvier 1954 au 31 décembre 1957.

Par rapport au plan Monnet, le plan Hirsch présente une double originalité. La première réside dans l'accent mis sur la consommation qui devient le moteur essentiel de l'expansion. Le plan prévoit une augmentation de 6 % par an du revenu national. La construction doit être accrue de 60 % pendant la période du plan, l'industrie de 30 %, mais la priorité est, cette fois, donnée aux industries de consommation, l'agriculture doit enfin progresser de 20 %. Toutefois, signe des nouvelles préoccupations économiques, il ne s'agit pas seulement d'accroître la production, mais aussi de moderniser l'appareil productif français. C'est ainsi qu'en 1953 est créé un Commissariat à la Productivité dont l'objet est d'insister sur la rentabilité de la production nationale. La seconde originalité du plan Hirsch tient à la diversification de son financement. À la prépondérance quasi absolue des investissements d'État se substituent des formes de financement diverses. L'État continue à prendre à sa charge les frais d'investissement agricole et ceux qui concernent l'équipement national, soit 27 à 28 % du total des investissements des années 1953-1958. Mais le reste est à la charge des entreprises publiques ou privées qui doivent soit s'autofinancer, soit émettre des emprunts, parfois garantis par l'État (comme ceux émis par la sidérurgie). Sans abandonner sa mission de contrôle de l'économie nationale, l'État invite donc l'industrie privée, reconstruite, à prendre le relais de l'effort qu'il a consenti durant les 8 années qui ont suivi la Libération.

C'est cette politique qui explique la forte croissance des années 1953-1957. En effet, à partir de 1953-1954, la France s'engage dans un processus de croissance qui se poursuivra pratiquement sans interruption jusqu'en 1974, en dehors de quelques ralentissements temporaires. Alors qu'entre 1954 et 1957, les prix demeurent pratiquement stables, la production augmente en moyenne de 6 % par an. Les exportations se développent et, certaines années (1954, 1957), la balance commerciale de la

France devient excédentaire. Toutefois, la structure du commerce extérieur reste fragile, car la France exporte des produits agricoles vendus à perte par l'État ou des matières premières industrielles alors qu'elle importe de l'énergie ou des machines. Cependant, les reliquats de l'aide américaine lui permettent d'accroître ses réserves en devises qui atteignent, en 1955, 680 milliards contre 204 en 1953. Poursuivant dans la voie ouverte par René Mayer et Maurice Petsche, la France continue à libérer progressivement ses échanges, et les années 1953, 1954, 1955 voient la suppression des contingentements qui limitent l'importation de certains produits. Là encore existent des difficultés qui conduisent à imposer une taxe de 15 % sur les produits importés et à subventionner les exportations. En dépit de la précarité du commerce extérieur et du caractère artificiel de l'équilibre obtenu par la balance des paiements (aide américaine), les résultats sont spectaculaires. La France du milieu des années cinquante, dix ans après la Libération et la situation dramatique qu'elle a léguée au pays, s'engage dans la voie de l'expansion et de la croissance.

Si le plan Hirsch paraît particulièrement bien adapté à la situation économique de la France, les causes de cette croissance tiennent à des circonstances conjoncturelles et structurelles qui échappent en partie à la volonté des responsables de l'économie nationale.

Au premier rang de ces éléments favorables s'inscrit le contexte mondial. La croissance française du milieu des années cinquante est un élément de la croissance généralisée des pays industriels. Il reste que la France, sans doute parce que le retard qu'elle a accumulé depuis 1930 est considérable et qu'elle doit le rattraper, s'inscrit dans le peloton de tête de la croissance au sein des pays industriels.

Produit national brut en 1959
(Indice 100=1953)

République fédérale d'Allemagne	141
France	122
Royaume-Uni	113
États-Unis	104

Et, pour la première fois depuis la fin de la guerre, cette croissance se produit dans la stabilité des prix. La retombée de l'inflation coréenne se poursuit dans le monde et se manifeste par la baisse du prix des produits importés qui fait disparaître l'inflation par les coûts, cependant que la production stimulée efface l'inflation par la demande.

Cette situation permet une reprise de l'investissement public et privé, après le freinage dû à la politique Pinay en 1952.

Croissance des investissements en France

1954	+ 8,5 %
1955	+13 %
1956	+ 8,5 %
1957	+10,5 %

Au total, 900 milliards de francs (valeur 1958) sont investis en 4 ans, dont plus des deux tiers du fait de l'initiative privée. On est là en présence d'un tournant psychologique essentiel, marquant une étape fondamentale dans la prise de conscience des réalités économiques. À l'école des Américains (les missions de productivité envoyées aux États-Unis se sont multipliées depuis la Libération), les Français découvrent la nécessité absolue de l'investissement et de la recherche de la rentabilité.

Parmi les éléments conjoncturels qui expliquent la croissance et que le Plan a d'ailleurs pris en compte intervient enfin l'augmentation de la consommation des ménages. La stabilité des prix, en rendant moins tendus les rapports sociaux, a permis de mettre fin à la course prix-salaires. Dans le nouveau climat social et psychologique des années 1953-1957, on en vient à l'idée que la croissance nécessite une harmonisation permanente des salaires et des prix en fonction de l'augmentation de la production. La période 1953-1957 est d'ailleurs celle de la signature de nombreuses conventions collectives qui traduisent dans les faits cette prise de conscience. Le modèle demeure l'accord Renault du 15 septembre 1955, signé entre la direction et les syndicats, accord de portée historique car il est le premier à placer le problème social dans une perspective économique générale. L'accord prévoit une augmentation annuelle de 4 % des salaires pendant deux ans, trois semaines de congés payés plus onze jours chômés par an, en échange de quoi les syndicats s'engagent à ne pas recourir à la grève avant d'avoir épuisé toutes les possibilités de conciliation.

Cette distribution croissante de revenus permet un spectaculaire accroissement de la consommation des ménages qui, comme le Plan l'avait prévu, devient le moteur principal de l'expansion économique.

*Croissance de la consommation
des ménages*

1954	+4 %
1955	+6 %
1956	+5,5 %
1957	+5 %

Mais à ces éléments conjoncturels, il faut ajouter une cause structurelle, sans doute déterminante et qui explique le maintien de la croissance économique : la poussée démographique que connaît le pays. Ce phénomène contraste brutalement avec la stagnation démographique qu'a connue la France dans ce domaine jusqu'en 1945 puisque, entre 1935 et 1945, le taux brut de natalité s'établit à 15‰, tandis que le taux de mortalité est de 16‰, ce qui revient à un taux d'accroissement naturel négatif (-1‰), seulement compensé par l'immigration.

Au contraire, au lendemain de la guerre, on enregistre une augmentation marquée du taux de natalité, 20‰ entre 1946 et 1954, 18‰ entre 1954 et 1957. De son côté, la mortalité diminue rapidement, tombant à 12‰ dans les années 60. Dans la période 1950-1958, le chiffre des naissances ne descend jamais au-dessous de 800 000 par an, ce qui laisse un excédent de naissances de 250 000 à 280 000 individus par an. La France de la IVe République est donc un pays à la fois rajeuni par la croissance du taux de natalité depuis 1946 et vieilli par la diminution du taux de mortalité et l'augmentation de la durée moyenne de la vie qui en résulte (63 ans pour les hommes, 68 ans pour les femmes).

Au 1er janvier 1958, la France compte ainsi 44,3 millions d'habitants dont 11,4 millions ont moins de 15 ans et 5,1 millions plus de soixante ans. Il est certain que l'expansion démographique constitue un stimulant de la consommation, mais la structure de la population est telle que la population active ne comprend que 19,6 millions d'habitants, soit 44 % de la population. Chiffre qui apparaît nettement insuffisant, compte tenu de l'effort de production à entreprendre. Non seulement le plein emploi est réalisé, mais on constate une pénurie de main-d'œuvre, qui s'aggrave avec la guerre d'Algérie et l'allongement de la durée du service militaire. Il faut faire appel entre 1951 et 1957 à 164 000 étrangers et 154 000 Nord-Africains. Situation de pénurie de main-d'œuvre qui pousse à l'augmentation des salaires et permet de réaliser la croissance sans grandes tensions sociales.

Il va cependant de soi que cette croissance ne concerne pas également l'ensemble des secteurs économiques.

Les secteurs moteurs de la croissance

Parmi les secteurs industriels qui ont particulièrement bénéficié de la croissance, on ne sera pas surpris de trouver ceux qui furent considérés comme fondamentaux à l'époque du premier Plan (l'énergie), puis du second Plan (les industries de consommation).

Le développement du programme énergétique représente la poursuite de l'effort de modernisation et d'équipement entrepris durant la période de la reconstruction. C'est d'ailleurs lui qui a bénéficié de la grande masse des investissements publics. C'est ainsi que la production d'énergie électrique passe entre 1950 et 1958 de 40 à 57 milliards de kWh, grâce à la construction de centrales thermiques et surtout hydro-électriques. Les années de la IVe République voient la poursuite de l'aménagement du Rhône avec la construction du barrage de Rochemaure au nord de Montélimar, celle du canal d'Alsace avec l'achèvement des barrages de Kembs, Ottmarsheim, Fessenheim, cependant que sont mis en chantier ceux de Vogelgrün et de Marckolsheim. Enfin, en 1956 un accord franco-allemand pour l'aménagement de la Moselle est signé. Autre secteur dynamique, celui du raffinage du pétrole dont la capacité passe entre 1950 et 1958 de 24 à 33 millions de tonnes. Les recherches poursuivies en France permettent la mise en exploitation du gisement de pétrole de Parentis et surtout, à partir de 1957, du gisement de gaz naturel de Lacq, grâce à la découverte d'alliages permettant le transport du gaz malgré le soufre qu'il contient. Cette politique d'exploitation des hydrocarbures s'étend à l'Algérie. La société formée pour la recherche et l'exploitation des pétroles sahariens (la CREPS) découvre une série de gisements de pétrole à Edjelé et Hassi Messaoud et un gisement de gaz naturel à Hassi R'Mel. Il faut d'ailleurs noter que les efforts poursuivis dans le domaine de l'électricité et des hydrocarbures portent la marque d'une politique énergétique nouvelle tendant à substituer au charbon des formes plus modernes d'énergie.

Mais la vraie nouveauté qui caractérise l'époque est celle du développement des industries de consommation et sa signification sociologique est aussi importante que sa signification économique. Dans la mesure où la production des biens de consommation se substitue comme moteur de la croissance à celle des biens d'équipement, c'est que la France entre dans l'ère de la société de consommation, un moment entrevue à la fin des années vingt, et que la longue période de stagnation de la crise, de la guerre et de l'après-guerre, semblait avoir durablement éloignée. À partir du milieu des années cinquante, la France connaît une période de prospérité, ressentie comme telle, après la longue pénurie passée, et qui efface l'âge d'or de l'abondance d'avant-guerre qui avait hanté les Français pendant les années difficiles qu'ils viennent de vivre. Entre 1949 et 1957, les industries de consommation passent de l'indice 100 à l'indice 140,9, soit une croissance de plus de 40 % en 8 ans.

Quels sont les secteurs bénéficiaires de cette expansion de la consommation ?

Le secteur qui connaît la croissance la plus spectaculaire est celui de l'hygiène et de la santé dont les dépenses augmentent de 77 % entre 1949 et 1957. C'est évidemment l'effet de la création de la Sécurité sociale qui pousse les Français à prendre l'habitude de se soigner, ce qui introduit dans la société française une modification sociologique fondamentale.

Toutefois, immédiatement après, viennent les dépenses de confort, véritable bouleversement pour une société qui jusqu'alors était prioritairement concernée par la satisfaction des besoins fondamentaux, alimentation ou logement. L'automobile est probablement le domaine industriel qui tire le plus grand bénéfice de ces nouveaux comportements. En 1944, le parc automobile français comporte 900 000 véhicules dont 680 000 voitures particulières. En 1957, il atteint 5 818 000 véhicules dont 3 972 000 voitures particulières.

Entre 1950 et 1958, la demande triple. Pour y répondre, les constructeurs doivent investir massivement. Renault joue un rôle pilote en ce domaine et construit le premier véhicule original de l'après-guerre, destiné à une très large clientèle aux revenus moyens, la 4 CV, qui fera une éblouissante carrière et fait figure de symbole du redressement de l'économie française après la Seconde Guerre mondiale. Fait caractéristique du nouvel état d'esprit des industriels français qui semblait avoir disparu depuis la fin des années vingt, les constructeurs automobiles commencent à se tourner vers l'exportation. En 1957, les possibilités d'expansion demeurent très fortes pour l'industrie automobile. Cette année-là, les constructeurs français livrent 900 000 véhicules contre 500 000 en 1952. Mais les livraisons exigent de longs délais, en particulier pour les voitures les plus économiques comme la 2 CV Citroën qui connaît un extraordinaire succès populaire. L'automobile cesse d'être l'apanage de la bourgeoisie et de la classe moyenne, comme dans l'entre-deux-guerres, pour pénétrer progressivement l'ensemble de la société française.

Autre secteur moteur de la grande croissance fondée sur le succès des industries de consommation, celui de l'équipement électroménager. L'équipement du foyer en éléments de confort comme les réfrigérateurs, les aspirateurs, les machines à laver et les téléviseurs devient une des grandes préoccupations des Français et les industries fournissant ces appareils connaissent un âge d'or.

% *des ménages français possédant*

	en décembre 1954	*en septembre 1957*
Un récepteur radio	72 %	78 %
Un récepteur de télévision	1 %	6 %
Un réfrigérateur	7 %	17 %
Une machine à laver	7 %	18 %
Un aspirateur	14 %	22 %

Là aussi, le développement économique s'inscrit en termes de confort accru pour la société française, à quoi on pourrait ajouter l'augmentation des dépenses de culture et de loisir (33 % entre 1953 et 1957). Et la modification du climat quotidien est perceptible dans le fait qu'entre ces deux mêmes dates, le poste de consommation qui augmente le moins est celui des dépenses alimentaires (+ 14 %), pratiquement prioritaire jusqu'en 1949.

Dans le domaine des industries de consommation, entraînant ainsi le début d'une mutation si profonde des conditions de vie des Français, subsiste cependant un point noir, celui du logement. Le blocage des loyers en France durant la Première Guerre mondiale, puis dans les années de l'entre-deux-guerres, a eu pour résultat de maintenir ceux-ci à un taux relativement bas, ce qui permet à la part du budget familial consacrée au logement d'être deux fois plus faible en France que dans tous les autres pays de l'Europe occidentale. Mais, dans ces conditions, il est peu rentable d'investir dans la construction de logements à usage locatif et les capitaux se détournent de cette forme d'investissement. Il en résulte une énorme pénurie de logements et la quasi-impossibilité pour les jeunes ménages d'en trouver un.

Pour renverser cette situation, le gouvernement prend, à partir de 1950, une série de mesures : primes à la construction versées par le Crédit Foncier, prêts hypothécaires du Sous-Comptoir des Entrepreneurs, renforcement des pouvoirs du gouvernement en matière d'expropriation. En 1953 est votée une contribution patronale égale à 1 % des salaires et affectée à la construction. À partir de 1954, on accroît les fonds mis à la disposition des organismes d'HLM. Enfin, une loi de 1948 décide l'alignement progressif du loyer des logements anciens sur celui des logements neufs.

Cet effort n'est pas dépourvu de résultats. Un million de logements sont construits au cours du second plan contre 370 000 entre 1948 et 1952. Économiquement, le bâtiment est donc, avec l'automobile et l'électroménager, une des industries motrices de l'expansion. En revanche, sur le plan social, l'offre de logements est loin de correspondre à la demande et la crise du logement n'est pas achevée à la fin de la IVe République, s'accompagnant d'une hausse largement spéculative du prix des loyers.

En dépit de ce point noir, il n'est cependant pas excessif de dire que le tournant des années 1953-1957 est fondamental. L'économie française est reconstruite : en 1957, l'indice de la production industrielle est le double de celui de 1938 et dépasse largement celui de l'année-référence 1929. Et surtout, cette modification économique provoque dans la société française une mutation fondamentale qui en fait désormais une société mue par la consommation de masse.

*Les problèmes de la croissance française
à la fin de la IVe République*

La croissance extrêmement rapide de l'économie française durant les années 1953-1957, accompagnée d'une profonde modernisation, fait, bien entendu, surgir des problèmes et des difficultés que parviennent mal à maîtriser des gouvernements affrontés pour la première fois à des questions de ce type.

Les difficultés touchent d'abord l'industrie elle-même, tant sur le plan social que sur le plan économique. L'introduction des notions de productivité, de rationalisation du travail, d'automation provoque un malaise social dans le monde ouvrier habitué à un travail de type plus artisanal. Il en résulte des protestations syndicales, souvent sous forme de grèves, qui traduisent le malaise des ouvriers devant la modernisation. Mais les difficultés les plus graves sont d'ordre économique. Des secteurs entiers de l'industrie ne participent pas à la prospérité que connaissent l'automobile, l'électroménager ou la construction. Il s'agit d'industries, longtemps considérées comme essentielles, et qui végètent, soit en raison d'une diminution de la demande (les dépenses d'habillement, par exemple, n'augmentent entre 1953 et 1957 que de 18 %, soit à peine plus que les dépenses alimentaires), soit en raison de la concurrence étrangère. C'est le cas, par exemple, du textile qui perd le débouché colonial qui était le sien jusqu'alors et qui connaît une crise grave dans le Nord, les Vosges ou la Normandie ou de la chaussure qui périclite à Fougères ou à Limoges.

Le second grand problème de l'économie française est la crise agricole, née à partir de 1950, mais qui s'aggrave entre 1953 et 1957. Certains efforts sont tentés pour y mettre fin. On tente de promouvoir le remembrement et le total des parcelles remembrées passe de un million d'hectares en 1952 à 2,5 millions en 1957, ce qui est fort peu. La motorisation se développe, le nombre des tracteurs s'élevant de 177 000 en 1952 à 477 000 en 1957. L'accent est mis sur la production de produits considérés comme rentables, le lait et la viande en particulier. En même temps, le gouvernement s'efforce de limiter la production de betteraves (les quantités d'alcool achetées par l'État diminuent à partir de 1953), d'alcool (en 1954 le gouvernement Mendès France ose supprimer le privilège des bouilleurs de cru qui permettait aux paysans de fabriquer sans contrôle de l'alcool « pour leur usage personnel »), de blé (en 1953 le gouvernement fixe un prix garanti pour des quantités limitées). En fait, à travers la lutte contre les lobbies conservateurs de la betterave, du blé ou de l'alcool, c'est tout un effort d'orientation et de modernisation de l'agriculture qui est entrepris. Il aboutit à l'accélération de l'exode rural. Entre 1954 et 1957, 600 000 travailleurs quittent la campagne. Mais, là encore, la mutation entreprise ne va ni sans difficulté, ni sans tension.

Enfin, le troisième grand problème né de l'entrée de la France dans l'ère de la croissance et des vastes mutations en cours est la révélation d'un profond déséquilibre régional. La crise des industries traditionnelles et les difficultés les plus graves de l'agriculture touchent les même régions : l'Ouest, le Massif central, le Sud-Ouest, éloignés des grands courants d'échanges ou ne possédant pas un marché suffisant. La modernisation au contraire tend à concentrer les hommes et les entreprises là où se trouvent la main-d'œuvre, le marché, une infrastructure développée de transports, c'est-à-dire dans les zones urbaines, déjà économiquement évoluées : le Nord, la vallée du Rhône et surtout la région parisienne. Sans doute le phénomène est-il ancien. C'est en 1947 que le géographe Jean-François Gravier publie un ouvrage qui fait grand bruit, *Paris et le désert français*, dans lequel il dénonce la monopolisation par la capitale de toutes les activités économiques dynamiques aux dépens du reste du territoire national. Mais la croissance et la modernisation de l'économie française tendent à aggraver le phénomène.

On assiste alors à l'éclosion spontanée d'organismes de défense régionaux dans les zones économiquement menacées, par exemple, à l'initiative d'élus locaux et de chefs d'entreprise, le *Centre d'études et de liaison des intérêts bretons* (CELIB) ou encore le *Comité d'études et de liaison de la région Bas-Rhône-Languedoc*, animé par Philippe Lamour. C'est avec le gouvernement Mendès France en 1954 que l'on assiste à la prise de conscience du problème par le gouvernement. Une Direction de l'Aménagement du Territoire est créée au ministère de la Reconstruction et est chargée de regrouper l'action des différents comités d'études et de liaison, en en créant au besoin dans les régions qui en sont dépourvues. En décembre 1954, le gouvernement Mendès France crée un fonds spécial avançant des capitaux aux entreprises qui accepteraient de s'installer dans les zones déshéritées. En janvier 1955, la création de nouvelles usines est interdite dans un rayon de 80 km autour de Paris. Cette politique est poursuivie par le gouvernement Edgar Faure : définition des zones critiques qui connaissent le sous-emploi et octroi d'avantages aux entreprises qui s'y installent, sous forme d'exonérations d'impôts, de garantie de l'État aux emprunts, de formation de main-d'œuvre, de paiement par le Fonds de développement économique et social de 20 % des frais d'installation. Tout un programme de développement concerté est ainsi inclus dans les programmes d'action régionale. En fait, ce n'est qu'un début et on peut considérer que la IVe République finissante a tout au plus pris conscience des problèmes posés par l'aménagement du territoire plutôt qu'elle n'y a apporté de véritable solution.

La rançon de la croissance économique et de la modernisation réussie des années 1953-1957 est donc la naissance de nouveaux problèmes, contrepartie d'une croissance qui fait passer la France des années cinquante, sur le plan économique, du XIXe au XXe siècle.

Il convient donc de ne pas se leurrer. Toute l'histoire de la IVe République hormis les années 1952-1955 se déroule sur fond de crise financière, conséquence de l'inflation héritée de la guerre, mais aussi du choix du général de Gaulle en 1945, puis de la pénurie des années d'après-guerre, du boom coréen et des guerres coloniales. Le fait que le régime s'achève en pleine crise financière due aux conséquences de la guerre d'Algérie a largement contribué à projeter l'image d'une IVe République ayant échoué sur les plans économique et financier, image d'ailleurs complaisamment diffusée par la Ve République naissante.

Or la réalité apparaît bien différente de cette légende noire. Si la crise financière est indéniable, la IVe République a entrepris une transformation considérable des structures économiques et des conceptions sociales qui intègre la France dans la modernité des années cinquante.

D'abord en faisant de l'État le chef d'orchestre de la vie économique et sociale puisqu'il tient en main par le biais des entreprises nationalisées les clés du développement économique. Ensuite parce que cet État a choisi dès 1945 de s'engager dans la voie d'une reconstruction, puis d'une expansion planifiée qui permet le développement de l'économie française dans un contexte cohérent et qui la conduit à s'engager, conjoncture mondiale aidant, dans la période de croissance la plus longue et la plus soutenue de son histoire nationale, grâce à quoi la France pénètre au milieu des années cinquante dans l'ère de la production et de la consommation de masse. Dans ce processus, le rôle des grandes entreprises nationalisées est fondamental comme modèle qui conduit à la modification de la psychologie du patronat français et l'oriente, à la faveur de l'expansion démographique et de l'ouverture des frontières, vers des notions qui lui étaient jadis étrangères comme l'investissement, la productivité, la rentabilité, la gestion rationnelle... Enfin, parce que, dans le contexte de 1944, il a été admis que l'État avait un rôle d'arbitre social et qu'il lui appartenait de procéder à des corrections dans la distribution des revenus par des transferts sociaux : fiscalité, sécurité sociale, allocations familiales, retraites... Là, l'œuvre est importante surtout au niveau des principes proclamés, sa réalisation effective se heurtant aux difficultés financières, mais aussi aux résistances des intérêts économiques. En dépit de ces réserves, on ne saurait sous-estimer l'importance de notions nouvelles qui tendent à remplacer les vieilles lois du libéralisme économique fondées sur la conception du travail-marchandise soumis à la loi de l'offre et de la demande par des conceptions neuves selon lesquelles le travail doit recueillir sa part des fruits de l'expansion sous le contrôle de l'État qui s'efforce de mettre au point des pratiques de développement social concerté : l'institution de la Sécurité sociale en 1945, celle du salaire minimum interprofessionnel garanti (SMIG) en 1950, l'échelle mobile du SMIG en 1952, l'accord Renault de 1955 préfigurent un nouveau comportement social.

De ce point de vue, la IVe République représente une étape essentielle de la transition qui conduit la France d'une économie et d'une société purement libérales, mais attardées dans les conceptions du XIXe siècle dont la crise des années trente a révélé l'inadéquation, vers de nouvelles formules qui intègrent par le biais de l'action grandissante d'un État dirigiste l'économie et la société française au monde du XXe siècle. Mais ce début de modernisation économique et sociale dont la France est redevable à la IVe République s'est trouvé estompé dans les mémoires par la gravité de la crise qui emporte le régime entre 1954 et 1958.

IX

LA FRANCE ET LE MONDE EXTÉRIEUR DE 1945 À 1958

Au cours des deux années qui suivent la fin de la guerre, la politique extérieure de la France se trouve placée sous le double signe contradictoire de la continuité et de la rupture avec la période immédiatement antérieure au conflit. Continuité en ce sens que la IVe République continue de considérer l'Allemagne vaincue comme son principal adversaire potentiel, voire comme la seule puissance susceptible de constituer pour elle un danger. C'est la perception et l'amplification de ce danger qui inclinent ses gouvernements successifs à renouer avec la politique d'« Entente cordiale » que les cabinets de l'avant-guerre s'étaient efforcés de faire revivre, et à conclure avec les dirigeants de Londres, en mars 1947, le traité de Dunkerque. Mais rupture en même temps avec une configuration internationale dans laquelle la France faisait figure de grande puissance dont les choix de politique étrangère pouvaient s'exercer en toute indépendance, ce qui est loin d'être le cas au lendemain de la guerre.

Les illusions de la victoire

Il avait fallu beaucoup d'opiniâtreté au général de Gaulle pour que la France libre fût reconnue par les trois protagonistes de la « Grande Alliance » comme une associée à part entière. Installé à Paris au lendemain même de la Libération de la capitale, le Gouvernement provisoire de la République française dut attendre le 23 octobre 1944 sa reconnaissance officielle par les alliés. « *Le gouvernement français est satisfait qu'on veuille bien l'appeler par son nom* », dira de Gaulle deux jours plus tard dans une conférence de presse. Le 11 novembre, il obtiendra que soit annoncée, à l'occasion de la venue à Paris de Churchill et d'Eden, l'admission de la France à la « Commission consultative européenne » en tant que quatrième membre permanent. Pourtant, les causes de friction ne manquent pas avec les Alliés, et elles vont avoir tendance à se multiplier et à s'accentuer au cours des derniers mois de la guerre.

D'abord, on le sait, le général n'était guère en odeur de sainteté auprès de Roosevelt qui se méfiait des tendances trop autoritaires, estimait-il, du chef de la France libre. À la mise en place d'un gouvernement issu de cette dernière, il aurait préféré que fût désigné un « *gouvernement militaire allié* » et s'il accepta finalement de reconnaître le GPRF, c'est d'abord parce que l'immense enthousiasme qui, partout en France et en particulier à Paris, avait salué l'arrivée de l'homme du 18 juin avait apporté à ce dernier une légitimation populaire que Roosevelt pouvait difficilement contester, ensuite parce que, dès le 12 septembre, de Gaulle avait promis de faire procéder aussi vite que possible à l'élection d'une Assemblée nationale. Il reste que, jusqu'à la capitulation allemande, et même jusqu'à l'extrême fin du conflit mondial, les pommes de discorde avec Washington vont s'accumuler, ne serait-ce que sur le plan militaire. À la fin de 1944, lors de l'offensive allemande dans les Ardennes, de Gaulle refuse d'évacuer Strasbourg comme l'ordonne le haut commandement américain et oblige Eisenhower à céder sur ce point. En avril 1945, la 1ère armée française occupe Stuttgart en violation des décisions stratégiques arrêtées par les alliés. Début mai, ce sont les troupes du général Doyen qui, déferlant depuis les cols des Alpes sur le val d'Aoste et sur le Piémont, s'avancent jusqu'aux environs de Turin. À cette date, le général qui avait été poussé en 1943 par une partie de son entourage algérois à annexer le val d'Aoste a renoncé à cette revendication maximaliste et songe seulement à quelques « rectifications » de frontière dans la haute vallée de la Roya. Il s'agit donc essentiellement pour lui de prendre un gage dans la perspective de la future négociation de paix, et aussi d'afficher la différence qui existe à ses yeux entre la France, puissance victorieuse, et l'Italie qui, en dépit du revirement de 1943, doit être considérée comme un État vaincu et un ancien ennemi. Ce n'est pas l'avis de Truman, qui vient de s'installer à la Maison-Blanche après la mort de Roosevelt et qui redoute, comme son prédécesseur, les desseins impérialistes du chef de la France libre. Aussi ordonne-t-il de suspendre toute livraison de matériel et de munitions aux troupes françaises, obligeant celles-ci à se retirer et à céder la place aux alliés.

Les rebuffades essuyées du côté de Washington et le souci qu'a eu le général de Gaulle d'affirmer son indépendance à l'égard des Anglo-

Américains l'ont incité de bonne heure à chercher un contrepoids du côté de l'Est. Non que Staline lui ait été personnellement beaucoup plus favorable que Roosevelt et ait manifesté une grande sympathie envers la France libre. N'avait-il pas déclaré à Téhéran, selon Harry Hopkins, qu'il « *ne considérait pas qu'on pût, dans la période d'après-guerre, confier à la France des positions stratégiques en dehors de ses propres frontières* » ? Mais le général n'a pas le choix. L'idée qu'il se fait dès cette époque de l'Europe à venir — « *celle-ci ne pourra*, écrit-il dans ses *Mémoires de guerre, trouver l'équilibre et la paix que moyennant l'association entre Slaves, Germains, Gaulois et Latins* » (t. III, pp. 46-47) — et surtout de la place que l'Allemagne sera amenée à y occuper (« *plus de Reich centralisé* », autonomie interne de « *chacun des États appartenant au corps germanique* », « *statut spécial sous contrôle international* » pour la Ruhr, la Sarre érigée en entité indépendante reliée économiquement à la France, l'occupation prolongée de la rive gauche du Rhin, etc.), fait qu'il ne peut compter pour faire triompher ses projets « sécuritaires » sur l'appui de Washington et de Londres. Seule l'URSS, qui a payé un lourd tribut à la guerre et dont les desseins expansionnistes sont manifestes, est à même, estime-t-il, de seconder ses propres vues. À quoi il faut ajouter un mobile d'ordre intérieur, dont de Gaulle s'est toujours défendu, mais qui paraît pourtant avoir pesé sur sa décision de négocier un traité d'alliance avec Staline : la réinsertion des communistes à la vie politique française, que le rapprochement avec les Soviets ne pouvait que favoriser.

Déjà en mai 1944, alors que la Libération de la France n'était pas encore entamée, le général avait déclaré dans son discours de Tunis : « *Les Français veulent, une fois l'ennemi chassé, être à l'Ouest un centre de coopération directe et pratique et, vis-à-vis de l'Est, c'est-à-dire d'abord de la chère et puissante Russie, une alliée permanente.* » Et c'est bien dans cette disposition d'esprit, conforme, dira-t-il, « *à l'ordre naturel des choses* » (*Mémoires de guerre*, Paris, Plon, 1959, t. III, p. 54), qu'il se rend à Moscou dans les premiers jours de décembre 1944, en compagnie de son ministre des Affaires étrangères Georges Bidault, et signe avec Staline et Molotov, à l'issue d'une semaine de négociations, un traité d'alliance dont la clause principale stipule que les deux parties s'engagent à prendre « *toutes mesures nécessaires pour éliminer toute nouvelle menace provenant de l'Allemagne* ». Marché de dupes à bien des égards, en ce sens que si le général de Gaulle a tacitement approuvé la future annexion par la Pologne des territoires allemands situés à l'Est de la ligne Oder-Neisse, Staline ne lui a en échange donné aucune garantie concernant le soutien de sa politique allemande. La ligne adoptée dès l'été 1945 par la diplomatie soviétique devait confirmer que la « *belle et bonne* alliance » n'avait guère eu d'autre résultat que d'inquiéter passagèrement les Anglo-Américains : pas assez toutefois pour que Roosevelt et son successeur modifient radicalement leur attitude envers le chef du gouvernement français.

Lorsque s'ouvre la conférence de Yalta, le 5 février 1945, de Gaulle peut déjà dresser un bilan amer de sa politique à l'Est. Elle n'a pas été d'un poids suffisant pour que le président américain accepte d'inviter en Crimée le chef de la France libre, ce que Churchill et Staline étaient à la rigueur disposés à faire. C'est par la presse que le général a appris en janvier le projet de conférence à trois et il a très mal pris la chose. Les bonnes paroles prodiguées par Hopkins, à qui Roosevelt avait confié la délicate besogne, avant le rendez-vous de Malte, de passer par Paris pour tenter d'apaiser l'homme du 18 juin, n'y changeront rien et, lorsqu'à son retour de Crimée Roosevelt lui demandera de le rejoindre à Alger, il se heurtera à un refus hautain. « *Il se félicitait*, répondra-t-il, *d'apprendre que le président Roosevelt projetait de visiter un port français* », ajoutant que « *beaucoup d'affaires exigeaient sa présence à Paris... au lendemain d'une conférence entre trois chefs de gouvernement alliés... conférence à laquelle la France n'avait pas pris part et dont elle ignorait encore les multiples objets.* »

Parmi ces objets multiples de la rencontre de Yalta, il y avait ceux qui tenaient précisément au statut de la France dans l'Europe et dans le monde de l'après-guerre. On en parla beaucoup sur les bords de la mer Noire et Churchill — qui songeait aux difficultés qu'il y aurait pour son pays à assumer seul le face-à-face avec les Soviétiques, une fois les troupes américaines retirées du Vieux Continent — dut batailler ferme pour obtenir de ses deux alliés qu'ils consentent à la France le statut de puissance occupante dans l'Allemagne vaincue. Avec Roosevelt, qui était loin d'être enthousiaste, le Premier ministre britannique s'est assez vite mis d'accord pour qu'une zone d'occupation lui soit réservée, mais Staline s'y est fortement opposé, et s'il a finalement accepté de donner sur ce point satisfaction aux Occidentaux, c'est à la condition expresse que la zone française serait, comme l'avait proposé Churchill, prise sur les zones anglaise et américaine. En revanche, il s'est montré irréductiblement hostile à ce que la France disposât d'un siège dans la commission de contrôle interallié. « *Elle n'y a aucun droit*, a-t-il déclaré à ses interlocuteurs, *moins que la Pologne, moins que la Yougoslavie. Où sont les combats qu'elle a livrés ? N'oubliez pas que, dans cette guerre, elle a ouvert ses portes à l'ennemi. La Russie et la Grande-Bretagne n'auraient pas subi tant de pertes si les Français avaient eu la résolution de se battre. Le contrôle et l'administration de l'Allemagne ne doivent revenir qu'aux puissances dressées contre l'ennemi dès le début. Et aujourd'hui même, la France n'a que neuf divisions en ligne. Lublin en a dix !* »

Churchill eut beau expliquer au numéro un soviétique que concéder une zone d'occupation à de Gaulle sans lui offrir en même temps un siège à la commission de contrôle serait une humiliation inutile et lourde de conséquences, que la France, qu'on le veuille ou non, resterait le principal voisin de l'Allemagne, qu'il ne serait pas possible de prendre des décisions concernant le Reich vaincu sans la consulter, que l'équilibre de l'Europe à reconstruire voulait qu'elle retrouve sa place dans le concert des puissances, il ne put obtenir plus que le compromis proposé par Roosevelt et Hopkins. La France se voyait reconnaître à Yalta une zone d'occupation prélevée sur celles des deux autres puissances occidentales, mais la question de sa participation à la commission interalliée était remise à plus tard. En revanche, les décisions prises à l'automne 1944 à Dumbarton Oaks furent entérinées par les trois alliés. La France n'avait pas non plus été invitée à cette conférence au cours de laquelle avaient été jetées les bases de la future Organisation des Nations unies, mais on lui avait réservé un siège de membre permanent au Conseil de Sécurité, ce qui revenait à lui reconnaître, aux côtés des États-Unis, de l'URSS, de la Grande-Bretagne et de la Chine, un statut de grande puissance.

La France ne sera pas davantage invitée par les trois Grands à la conférence de Potsdam, qui a lieu en juillet-août 1945, mais elle obtient d'être admise dans l'organisme le plus important créé par les Trois : la Conférence des ministres des Affaires étrangères, dont la première réunion se tient en septembre 1945. Ainsi a-t-elle réussi, en dépit des humiliations qui ont été infligées à son principal dirigeant, à opérer en un an sa réinsertion dans le concert des grandes puissances. Aurait-elle obtenu le même résultat sans le volontarisme du général de Gaulle, sans l'acharnement déployé par ce dernier pour lui assurer la reconquête de son « rang » ? Les avis sur ce point sont partagés. Il est clair que, sans de Gaulle, les Alliés auraient eu en face d'eux un gouvernement satellite qui aurait entériné toutes les décisions prises en dehors de lui. Il n'est pas moins évident que celles qui ont été arrêtées lors des grandes conférences internationales dans le but de rendre à la France sa place en Europe et dans le monde, l'ont été en l'absence de ses représentants, sous la pression notamment de Churchill. Bien avant que les combats aient cessé, ce dernier avait en effet compris qu'une fois la paix rétablie et les Américains rentrés chez eux, l'Occident aurait besoin d'une France forte, alliée de la Grande-Bretagne, pour faire front au danger soviétique.

Le fait que soient reconnues à la République restaurée des responsabilités mondiales, en tant que membre permanent du Conseil de Sécurité de l'ONU et en tant que partie prenante au conseil des quatre ministres des Affaires étrangères, signifiait-il que la France était redevenue une « grande puissance », maîtresse de son destin et capable sinon d'assumer seule sa défense, du moins de fixer en toute souveraineté ses choix de politique étrangère ? Les Français le croient, si l'on se réfère aux sondages des derniers mois de la guerre européenne. Dès décembre 1944, un peu plus de trois mois après la libération de Paris, 64 % d'entre eux estiment que leur pays a retrouvé sa place de grande puissance. En janvier 1945, 87 % se déclarent favorables à la mobilisation de classes nouvelles. Début avril, ils sont 70 % à approuver les projets gouvernementaux d'expansion rhénane et de démembrement de l'Allemagne. Il y a donc à cette date un véritable consensus pour suivre le général dans la voie qu'il a choisie et qui est celle de la restauration du « rang » international de la France. Simplement, rares sont ceux qui en perçoivent les conséquences internes, et notamment la pesée que ne peut manquer d'exercer sur le niveau de vie de la nation le choix d'une politique rigoureusement indépendante à l'égard de Washington.

Pierre Mendès France, alors ministre de l'Économie nationale, est de ceux-là. Dans la lettre de démission qu'il adresse le 18 janvier 1945 au général de Gaulle, il place ce dernier en face de ce qu'il considère comme relevant de la logique même de l'option qu'il a choisie. « *Pouvons-nous*, écrit-il, *mener la France sur le chemin de la grandeur, exiger d'elle des sacrifices sanglants et des efforts sans nombre et poursuivre en même temps une politique de facilité dans le domaine financier et économique ?* » Autrement dit, il faut choisir entre la grandeur sans le consensus, dès lors que se manifesteront les effets d'une politique de rigueur impliquant, après quatre ans d'occupation et de pénurie, la pérennisation de l'austérité, et l'adéquation de la politique étrangère aux aspirations d'une opinion qui ne saurait très longtemps sacrifier son niveau de vie au fantasme de la grandeur. De Gaulle, en refusant de suivre Mendès, n'a pas véritablement choisi. Ou plutôt il a fait le choix ambigu du primat de la politique extérieure, sans se donner les moyens d'une indépendance financière véritable. Dans le contexte du moment, il ne pouvait guère, semble-t-il, faire autrement, les Français étant à la fois demandeurs de rêve et d'un minimum de bien-être.

L'illusion de la puissance retrouvée contraste avec les dures réalités de l'heure. Certes, la France fait partie du directoire des « grands ». Elle a partout rétabli sa souveraineté sur les territoires qui forment le second empire colonial du monde et si ces derniers commencent à manifester leur volonté d'indépendance (l'Algérie et l'Indochine dès 1945, Madagascar deux ans plus tard), l'immense majorité des Français continue de croire que le maintien de la « plus grande France » permettra à leur pays de conserver sa place dans le monde. Ni les événements de Sétif, en mai 1945, ni ceux d'Haiphong l'année suivante, ne suffiront à dissiper le mirage du « retour à la normale ». Qui est prêt alors à entendre le message d'un Raymond Aron, lorsqu'il écrit : « *La France n'a pas — et n'aura pas pour plusieurs années — les moyens matériels d'une grande puissance... La France reçoit du dehors les armes de ses soldats et les matières premières de ses usines. Tant qu'elle dépendra pour son existence même de la bienveillance des autres, elle n'aura pas le plus indispensable attribut d'une grande puissance* » ? (*L'Âge des Empires et l'avenir de la France*, Paris, Défense de la France, 1945, p. 340).

Or la dépendance financière à l'égard des États-Unis s'affirme comme l'une des données incontournables de la diplomatie bien avant que le général de Gaulle ait quitté le pouvoir. Les accords de Bretton Woods ont mis en place un système monétaire international faisant du dollar le pivot des échanges internationaux, et la France, comme les autres États européens, manque de dollars. Elle a, moins que l'Empire britannique et l'URSS, mais plus que d'autres pays, bénéficié des contrats de prêt-bail, or ceux-ci sont résiliés par le président Truman dès le 21 août 1945. De Gaulle voudrait-il, comme Mendès France le lui a suggéré, adopter une politique d'austérité, qu'il faudrait encore acquitter les indispensables achats de matières premières et de biens d'équipement en dollars (y compris le charbon de la Ruhr). Aussi faut-il se résoudre à demander aux Américains l'aide financière dont la France a besoin pour solder ses importations et entamer son effort de reconstruction. En décembre 1945 le gouvernement de Gaulle sollicite un prêt de 550 millions de dollars de l'Import-Export Bank destiné à financer le complément des commandes passées au titre du prêt-bail. Il l'obtient sans trop de difficulté, mais au prix semble-t-il de concessions importantes sur la question allemande. Le gouvernement français s'est en effet déclaré prêt en novembre, par la voix de Maurice Couve de Murville, à accepter l'établissement d'une administration centrale en Allemagne, à la condition que les pouvoirs de cet organisme ne s'étendent pas à la Ruhr et à la Rhénanie.

Le départ du général de Gaulle, en janvier 1946, ne fait qu'accentuer la tendance. Son successeur, Félix Gouin, envoie en mars Léon Blum à Washington, en qualité d'ambassadeur extraordinaire, avec pour mission d'obtenir des Américains la liquidation complète des dettes de guerre. Accompagné d'Emmanuel Monick, gouverneur de la Banque de France, et de Jean Monnet, commissaire au Plan, l'ancien leader du Front populaire obtient satisfaction sur ce point (soit un « coup d'éponge » portant sur 1 800 millions de dollars), ainsi que l'assurance d'un crédit de 500 millions de dollars offert par la BIRD : en échange de quoi les « accords Blum-Byrnes » stipulent que la France devra renoncer à sa politique de contingentement des importations américaines et accepter en particulier d'ouvrir massivement ses salles de projection aux produits de la cinématographie d'outre-Atlantique. Léon Blum pourra bien affirmer à son retour d'Amérique que « *la négociation menée à Washington n'a comporté ni explicitement, ni implicitement, ni directement, ni indirectement, aucune condition d'aucune espèce, civile, militaire, politique ou diplomatique* », un premier pas est accompli sur la voie d'une mise en tutelle qui n'a pas besoin, pour atteindre ses buts, d'opérer par ultimatums et menaces explicites de représailles.

Le syndrome allemand

Avec ses trois principales voisines continentales, la France a mené au lendemain de la guerre une politique fortement imprégnée de considérations idéologiques, mais dont la cohérence d'ensemble n'est pas évidente.

C'est avec l'Italie que des relations de bon voisinage ont été rétablies le plus vite. L'opinion a certes conservé la trace douloureuse du « coup de poignard » de 1940 et du mythe — totalement démenti par les archives — des mitraillages d'avions italiens sur les ponts de la Loire en juin 1940. Les souffrances endurées par les Transalpins après la déclaration de cobelligérance, l'invasion d'une partie de la péninsule par les armées allemandes, les atrocités commises par les SS et par leurs auxiliaires « *repubblichini* », l'action de masse menée par les partisans (parfois en relation avec leurs homologues des maquis alpins), la rédemption par la misère dont les films néoréalistes ont diffusé l'image à partir de 1946, tout cela a concouru à faire oublier, ou pardonner, une agression dont la responsabilité était imputée au fascisme et à son chef. Si bien qu'une fois l'annexion du val d'Aoste écartée et les menues rectifications de frontière opérées à Tende et à La Brigue, ce sont des rapports amicaux qui se sont noués entre les deux républiques. La France a choisi en 1947 de donner la priorité aux Italiens pour satisfaire ses urgents besoins de main-d'œuvre étrangère. Un accord commercial a été signé entre les deux pays en février 1946 et si, par la suite, le projet d'Union douanière proposé par Rome n'a pas abouti, c'est essentiellement pour des raisons économiques, non pour des mobiles politiques.

Avec l'Espagne au contraire, qui pourtant était restée neutre pendant la guerre, les relations se sont vite détériorées sous la pression des exilés politiques espagnols et des organisations syndicales et partisanes de la gauche. Considérant l'Espagne de Franco comme l'ultime repaire du fascisme européen, le gouvernement français a d'abord voté contre l'admission à l'ONU de cette puissance. Il a ensuite décidé de fermer la frontière à dater du 1er mars 1946, sans pour autant rompre ses relations diplomatiques avec la voisine ibérique et sans faire quoi que ce soit pour déstabiliser le régime du *caudillo*. Il faut attendre février 1948 pour que, dans un contexte qui est désormais celui de la guerre froide, la frontière pyrénéenne soit rouverte et pour que les deux pays normalisent leurs rapports.

L'Allemagne fait l'objet de son côté d'une hostilité très vive de la part de la France et de son gouvernement. À la différence des Italiens, les Allemands sont en effet considérés par beaucoup de Français comme collectivement responsables des crimes du nazisme. Seule une minorité exprime son animosité en termes ouvertement racistes, considérant, comme Henri Massis par exemple, que l'on ne peut « *s'obstiner à traiter les Allemands comme s'ils étaient des hommes comme les autres* » (*Allemagne d'hier et d'après-demain*, Paris, Éd. du Conquistador, 1949, p. 10), mais l'idée qui prédomine, et ceci jusque dans les secteurs les plus progressistes de l'intelligentsia, est que l'hitlérisme est le point d'aboutissement logique d'une évolution historique qui a fait que l'unité allemande s'est opérée autour de la Prusse autoritaire et militariste. Cette idée, on la trouve exprimée aussi bien par le grand germaniste Edmond Vermeil, auteur d'une *Allemagne, essai d'explication*, parue en 1945, que sous la plume d'historiens appartenant à la mouvance de la gauche et pour lesquels il existe un lien évident sinon entre Luther et Hitler, comme certains l'affirment, du moins entre ce dernier et l'entreprise bismarckienne. De là l'idée répandue dans tous les secteurs de l'opinion et de la classe politique françaises, que l'Allemagne doit être démembrée, ramenée en quelque sorte à la situation qui aurait pu accoucher au XIXe siècle d'une nation démocratique et pacifique, et que par conséquent la Prusse doit être détruite, les provinces orientales étant annexées par la Pologne et par l'URSS, tandis que la Rhénanie serait divisée en États autonomes et que la Ruhr serait détachée du Reich et « internationalisée ». Ce sont les thèses du général de Gaulle, mais aussi celles que défendent à cette date la majorité des dirigeants du MRP et de la SFIO.

Cette volonté de démembrement et de mise au ban de l'Europe d'une Allemagne que l'on considère comme l'héritière directe et non repentie du IIIe Reich, a d'abord été partagée par les trois grands vainqueurs de la guerre. Le secrétaire américain au Trésor, Henry Morgenthau, n'avait-il pas conçu un plan de désindustrialisation du Reich, dans le double but de le rendre militairement inoffensif et de rééduquer ses habitants grâce aux vertus expiatoires de la vie champêtre ? Ce projet, qui ne paraît pas avoir retenu longtemps l'attention de Roosevelt, coïncidait encore au moment de Yalta avec les vues de Staline, dont les exigences en matière de réparations ne visaient à rien moins qu'au transfert en URSS de 80 % de l'industrie lourde allemande. L'insistance de Churchill qui estimait que « *si l'on veut qu'un cheval tire une charrette, il faut au moins lui donner du foin* », fit que ne furent pas retenus à la conférence de Crimée les projets les plus intransigeants en matière de réparations. En revanche on maintint le principe du démembrement de l'Allemagne, décidé à Téhéran en 1943, sans préciser davantage la nature et l'importance de cette partition, et surtout pour donner satisfaction à Staline. Or, si à Potsdam Truman arrive encore avec dans ses bagages un plan de partage du Reich, la position du maréchalissime a changé du tout au tout, non pas sur la question de la démilitarisation de l'Allemagne et de sa désindustrialisation opérée principalement au profit de l'URSS, mais sur le problème du démembrement. Craignant de voir les Français établir leur protectorat de fait sur des États rhénans devenus autonomes, et jouant la carte d'une éventuelle révolution allemande que la situation catastrophique du pays rend tout à fait crédible à cette date, Staline a en effet lancé le 9 mai 1945, donc au lendemain même de la capitulation du Reich, un « message au peuple allemand » dans lequel il proclame qu'il n'a l'intention ni de détruire l'Allemagne, ni de la démembrer.

Churchill ayant lui aussi considérablement modifié sa position sur cette question depuis Téhéran, pour des raisons diamétralement opposées à celles du numéro un soviétique, on a donc décidé à Potsdam de désarmer et de démilitariser l'Allemagne, de l'épurer et de la démocratiser, de lui faire payer de lourdes réparations, mais pas de la démembrer. Simplement, ces décisions ont été prises en l'absence de représentants de la France, puissance occupante et membre désormais de la Conférence des ministres des Affaires étrangères. Elles doivent pour être appliquées être soumises à l'accord unanime de la commission de contrôle, dont la France est également membre. Or cette dernière s'engage d'entrée de jeu dans une politique solitaire visant à empêcher la reconstitution d'un gouvernement central en Allemagne, de façon à faire prévaloir ses thèses concernant le détachement complet de la Rhénanie et de la Ruhr.

Les Anglo-Saxons voudraient au contraire hâter la transformation des trois zones d'occupation occidentales en un État structuré pouvant servir de rempart contre l'extension du communisme et capable en même temps de s'assumer économiquement et politiquement, donc de peser moins lourdement sur le budget des puissances occupantes. L'opposition est totale avec la façon dont les Français conçoivent l'avenir de l'Allemagne et avec la manière dont ils administrent leur propre zone d'occupation. Il y a certes, pour nombre d'entre eux, une revanche à prendre sur les dures conditions de l'occupation nazie. Mais, comme le fait justement remarquer Alfred Grosser, ce ne sont en général ni les résistants les plus actifs ni les pionniers de la France libre qui manifestent le plus de zèle à faire payer aux civils allemands les exactions de la Wehrmacht et les crimes de l'hitlérisme (A. Grosser, *La IVe République et sa politique extérieure*, Paris, A. Colin, 1967). Ce sont même souvent des « épurés » récents qui ont tendance à en rajouter en matière d'antigermanisme et d'arrogance, ne serait-ce que pour faire oublier leurs propres écarts.

Les abus qui en résultent — marché noir, trafics en tout genre, abus d'autorité et extorsions diverses opérés aux dépens des populations occupées — passent d'autant plus inaperçus qu'il règne en haut lieu et à tous les niveaux, aussi bien dans l'entourage du commandant en chef à Baden-Baden, qu'à l'échelon des responsables de provinces, districts et cercles, une volonté sans retenue d'exercer, chacun pour son compte, la fraction de pouvoir absolu que la République a confiée à ses représentants. Tous ne sont certainement pas à blâmer. Certains ont montré beaucoup de sérieux et d'humanité dans leur tâche. C'est même dans la zone française que les efforts effectués pour exercer une action en profondeur sur la jeune génération ont été les plus fructueux, qu'il s'agisse de l'action culturelle proprement dite ou des rencontres entre jeunes des deux pays. Il s'agit cependant d'entreprises minoritaires, riches de conséquences positives pour l'avenir, mais qui dans le court terme se développent à contre-courant d'une politique d'ensemble visant à isoler la zone d'occupation française.

Jusqu'au milieu de 1948, la position de la France à l'égard du problème allemand n'évolue que lentement. L'image d'un Reich restauré et redevenu menaçant ne cesse de hanter l'esprit de ses dirigeants, lesquels continuent de prôner un « régime spécial » pour la Ruhr et maintiennent leurs exigences en matière de réparations. Ceci alors que la guerre froide bat son plein et que l'Allemagne est devenue l'enjeu majeur de l'affrontement Est-Ouest. Face à une menace communiste que l'on a peut-être tendance à exagérer dans le camp occidental, mais qui n'en est pas moins réelle, il est clair que les États-Unis et leurs alliés ne peuvent prendre le risque de maintenir au centre de l'Europe un vide dans lequel leurs adversaires peuvent être tentés de s'engouffrer. Il en résulte pour la France l'obligation de modérer son comportement en acceptant finalement que soit constituée cette entité politique allemande dont elle avait jusqu'alors rejeté le principe.

Avant d'en arriver là, les responsables de la diplomatie française vont s'efforcer de tirer le plus grand profit possible de l'opportunité qui leur est offerte de bloquer les travaux de la commission de contrôle et ceux de la Conférence des ministres des Affaires étrangères. À défaut de démantèlement de l'Allemagne et de constitution de la Rhénanie et de la Ruhr en entité politique indépendante, on se contentera de la Sarre, érigée par la conférence de Moscou, en mars-avril 1947, en un État détaché politiquement de l'Allemagne, rattaché économiquement à la France et bientôt doté d'un gouvernement qui, présidé par le leader du parti chrétien du peuple, Johannes Hoffmann, signera en décembre 1947 un traité d'union douanière et monétaire avec la République française.

Aux yeux de nombreux responsables français, ce statut d'autonomie — une autonomie au demeurant toute relative, en ce sens que le pays demeurait soumis à l'occupation française et à l'autorité du haut-commissaire Grandval — devait à plus ou moins long terme incliner la Sarre à s'intégrer à la France, ce que paraissaient confirmer les élections d'octobre 1947 qui avaient vu les partis favorables au nouveau statut l'emporter avec plus de 91 % des suffrages. En échange de cette espérance, qui relevait de la pure illusion, le gouvernement présidé par Robert Schuman accepta en juin 1948, lors de la conférence qui avait réuni à Londres les représentants des trois puissances occidentales occupantes et ceux du Benelux, le principe de la création d'un État ouest-allemand souverain. « *Tenant compte de la situation actuelle* », était-il précisé dans le communiqué final de cette rencontre, les délégations présentes dans la capitale britannique « *reconnaissent qu'il est nécessaire de donner au peuple allemand la possibilité de parvenir, dans le cadre d'une forme de gouvernement libre et démocratique, au rétablissement ultime de son unité aujourd'hui déchirée.* »

Pour donner à son acceptation — difficilement entérinée par l'Assemblée nationale où le gouvernement Schuman ne l'emporta qu'à une très faible majorité —, un contenu concret, le gouvernement français décida de réunir, le 1er août 1948, sa propre zone d'occupation à la « bizone » qui avait été constituée en janvier 1947 par la fusion des zones américaine et britannique. Finalement, le 8 avril 1949, les Trois se mirent d'accord sur une série de textes fixant le statut du futur État allemand, lequel aurait, conformément aux vœux continûment formulés par les Français, une structure fédérale. Un mois plus tard était adoptée la loi fondamentale qui donnait naissance à la RFA.

La France a donc placé, pendant plus de trois ans, la question allemande au centre de ses préoccupations internationales, menant contre ses alliées un combat d'arrière-garde qui n'a pu que retarder la restauration d'un État souverain au centre de l'Europe, là où s'exerçait avec le plus de force la menace d'extension du communisme. Si elle a fini par en accepter le principe, au prix de concessions réelles de la part de ses partenaires (par exemple la création en décembre 1948 d'une Autorité internationale destinée à exercer son contrôle sur l'exploitation du charbon de la Ruhr), c'est d'une part parce que les contraintes de sa propre situation économique et financière ont poussé ses dirigeants à se montrer plus souples dans leurs rapports avec les Anglo-Saxons, d'autre part parce qu'elle a fini par admettre, au lendemain du « coup de Prague » et du déclenchement de la première crise de Berlin, que l'ennemi principal et la menace la plus immédiate se situaient désormais au-delà de l'Elbe et qu'il y avait lieu d'en tenir compte dans la détermination de sa politique étrangère. Jusque-là, tout son comportement se trouve dicté par des considérations qui relèvent plus des « leçons », voire des fantasmes du passé que des impératifs d'une situation internationale qui est désormais placée sous le signe de la guerre froide.

La signature, en mars 1947, du traité de Dunkerque avec la Grande-Bretagne, s'inscrit entièrement dans cette perspective. Le texte prévoit en effet que dans le cas « *où l'une des hautes parties contractantes serait à nouveau engagée dans des hostilités avec l'Allemagne... l'autre partie lui viendra immédiatement en aide et lui prêtera assistance par tous les moyens en son pouvoir, militaires ou autres* ». Il s'agit donc bel et bien d'une alliance militaire dirigée contre l'ex-ennemie, et il n'est fait mention dans le traité d'aucun autre adversaire potentiel. À la veille du discours dans lequel le président Truman va lancer à la face du monde sa doctrine de l'endiguement du communisme, la France continue de percevoir les relations internationales à travers une grille de lecture qui est celle des années trente.

Le choix atlantique

Plus que la reconstitution d'une Internationale communiste directement reliée au Kremlin — le *Kominform* — à l'automne 1947, et la proclamation de la « doctrine Jdanov », c'est le coup de force opéré par les communistes en Tchécoslovaquie, en février 1948, qui incline l'opinion et les dirigeants français à modifier brusquement leur perception du système international et l'ordre de leurs priorités en matière de parade aux dangers extérieurs.

Est-ce à dire que le choix « atlantique » de la France a été le résultat d'une conversion immédiatement consécutive au « coup de Prague » ? Bien évidemment non. Si la question allemande reste au centre de ses préoccupations pendant toute l'année 1947, les effets de la guerre froide et la partition de l'Europe en deux blocs ne sont pas sans effet sur sa politique, de même que ceux qui résultent de l'acceptation par son gouvernement de l'aide Marshall. Celle-ci, on le sait, a joué un rôle décisif dans la reconstruction économique de la France en réduisant le *dollar gap* et en permettant la modernisation de l'appareil productif et l'accroissement de la production industrielle, tout en assurant un meilleur ravitaillement du pays en matières premières, pétrole, charbon et denrées alimentaires. Du printemps 1948 au début de 1952, la France va ainsi recevoir une aide de plus de 2,6 milliards de dollars, dont 85 % sous forme de don, le reste sous forme de prêt à 2,5 % d'intérêt remboursable en 35 ans à partir de 1956 : soit un peu plus de 20 % des crédits américains en Europe, contre 24,4 % au Royaume-Uni, 11 % à l'Italie et 10 % à l'Allemagne de l'Ouest (qui vient en fait en première position si l'on fait intervenir dans les calculs l'aide intérimaire, c'est-à-dire les sommes reçues antérieurement).

Cette manne généreusement distribuée par l'Amérique ne va pas sans contrepartie. Ainsi les sommes allouées, comme précédemment celles de l'aide intérimaire, doivent-elles être dépensées en achats aux États-Unis. Le 28 juin 1948, un accord de coopération franco-américain stipule que la France devra stabiliser sa monnaie, libéraliser ses échanges extérieurs, fournir aux États-Unis certaines matières premières stratégiques (dans le but de constituer des stocks en vue d'une guerre contre l'URSS), garantir enfin aux investisseurs américains des droits analogues à ceux des ressortissants français. Incontestablement, l'ingérence de la puissance donatrice dans la vie administrative et économique du pays assisté est une donnée qui ne saurait être tenue pour négligeable.

Faut-il pour autant parler de « colonisation » et établir une relation directe entre l'influence économique et financière exercée par les États-Unis grâce à l'aide Marshall et les choix politiques opérés par les équipes au pouvoir, tant sur le plan intérieur qu'international ? C'est la thèse qu'ont soutenue, avec des présupposés différents, communistes et gaullistes. C'est celle que défend aujourd'hui encore une historienne comme Annie Lacroix-Riz, dont le livre paru en 1985 — *Le Choix de Marianne. Les relations franco-américaines de la Libération au début du plan Marshall (1944-1948)*, Paris, Messidor/Éditions sociales, 1985) — fait grief à la « classe dirigeante » française (le terme englobant la droite, le centre et la SFIO) d'avoir en quelque sorte livré le pays aux ambitions de l'impérialisme américain, en échange de la protection accordée par celui-ci aux adversaires de la « révolution ».

Des travaux plus nuancés, ceux de Pierre Mélandri par exemple (*Les*

États-Unis et le « Défi européen », Paris, PUF, 1975), montrent que s'il y a eu effectivement « alignement » des positions françaises sur celles des États-Unis à partir de 1948, celui-ci n'est pas directement relié à l'aide Marshall et relève bien davantage de choix politiques effectués par des dirigeants qui, il est vrai, ont peut-être amplifié le danger communiste, mais de bonne foi, et avec le souci de préserver les institutions démocratiques. Ils n'ont pas pour autant été les agents du « grand capital » et les décisions politiques qu'ils ont été amenés à prendre n'ont pas nécessairement été « dictées » par Washington. Ainsi en est-il par exemple de celle qu'a prise en mai 1947 le socialiste Paul Ramadier, quand il a renvoyé les ministres communistes qui siégeaient à son gouvernement. Elle est antérieure d'un mois au discours de Harvard et ne peut donc constituer, comme on l'a écrit souvent, la contrepartie de l'aide Marshall. Tous les travaux qui, fondés sur une analyse minutieuse des archives américaines, ont analysé de près les rapports franco-américains pendant cette période, montrent qu'il n'y a eu de la part de la Maison-Blanche et du Département d'État aucune pression explicite sur le gouvernement français (pas plus que sur les gouvernements italien et belge qui, à quelques semaines d'intervalle, ont pris des décisions semblables). Ramadier a tiré parti d'un événement intérieur — le refus des ministres communistes de voter la confiance à son gouvernement sur sa politique économique et salariale — pour les « démissionner », et ceci pour des raisons qui tiennent en partie à la situation internationale. Ce faisant, il est incontestablement allé au-devant des desiderata américains, non par « servilité » mais parce que ces derniers coïncidaient avec ses propres analyses, et avec les vœux de la majorité de la classe politique française.

Si l'on fait le bilan politico-économique du plan Marshall, on constate deux choses. En premier lieu, qu'il a joué un rôle déterminant dans le relèvement économique de l'Europe, donc qu'il a contribué à lui rendre une partie de sa puissance et l'essentiel de son indépendance. D'autre part qu'il n'a pas servi aux Américains à établir leur protectorat militaire sur le Vieux Continent, en ce sens que ce ne sont pas les États-Unis qui ont été demandeurs d'un traité d'alliance mais les États de l'Europe occidentale à la suite d'événements qu'ils ont considérée comme des menaces directes dirigées contre eux.

Le « coup de Prague » et le blocus de Berlin ont fortement inquiété les gouvernements et les populations des démocraties occidentales, conscients de l'impossibilité dans laquelle ils se trouvent de résister à une éventuelle agression soviétique. Le 17 mars 1948, quelques semaines après les événements de Tchécoslovaquie, un traité cette fois clairement destiné à faire barrage à la poussée communiste — alors que le traité de

Dunkerque était, nous l'avons vu, exclusivement dirigé contre l'Allemagne — est signé à Bruxelles entre la France, le Royaume-Uni, la Belgique, le Luxembourg et les Pays-Bas. Conclu pour cinq ans, il stipule que dans le cas où l'une des parties serait l'objet d'une agression en Europe, les autres signataires « *lui porteront... aide et assistance par tous les moyens en leur pouvoir, militaires et autres* ». En paraphant ce texte, la France reconnaît explicitement que son principal adversaire potentiel n'est plus l'Allemagne mais l'Union soviétique.

Que peut-elle faire cependant, et que peuvent faire ses alliés du pacte de Bruxelles contre le déploiement éventuel de la formidable armée Rouge ? Le blocus de Berlin achèvera de convaincre les dirigeants des cinq pays que le seul moyen d'établir un barrage efficace à l'expansion du communisme est d'élargir le pacte aux autres pays de l'Europe occidentale, et surtout d'impliquer l'Amérique dans cette combinaison diplomatique.

L'entreprise n'est pas évidente. Les États-Unis, on l'a dit, ne sont pas demandeurs. Leur tradition diplomatique veut qu'ils ne s'engagent pas, en temps de paix, dans un système d'alliances pouvant les entraîner dans un conflit hors de l'hémisphère occidental. Pour que le président puisse le faire, il faut un vote du Sénat qui sera acquis, à une très forte majorité, le 11 juin 1948. C'est la « résolution Vandenberg », du nom du sénateur qui l'a proposée. Dès lors, des pourparlers s'engagent avec les gouvernements européens en vue d'établir un système unique de défense intégrant celui du traité de Bruxelles. Ils aboutissent le 4 avril 1949 à la signature du pacte de l'Atlantique Nord par les représentants des deux États d'Amérique du Nord et de dix pays européens : les cinq du pacte de Bruxelles auxquels se sont joints l'Italie, le Portugal, la Norvège, le Danemark et l'Islande.

Au cours des années suivantes seront constitués les organismes intégrés — civils et militaires — dont l'ensemble forme l'OTAN et auxquels la France participera jusqu'en 1966. En attendant, il est stipulé que le pacte atlantique a un caractère essentiellement défensif et il est fait référence aux grands principes sur lesquels doit reposer l'ordre international : la liberté des peuples, le « *règne du droit* », la « *justice* », le « *bien-être des populations* », le refus de l'emploi de la force dans le règlement des différends internationaux. Autrement dit, il se réclame de la communauté de civilisation et d'idéal qui lie les parties contractantes, respectueuses de la démocratie et des « *libertés individuelles* », ce qui ne sera pas le cas de certains États signataires, tels le Portugal de Salazar et, épisodiquement, la Grèce et la Turquie, admises l'une et l'autre en 1952 dans l'Alliance atlantique.

Lors du débat de ratification à l'Assemblée nationale, plusieurs voix s'élèvent en dehors de celles des communistes, qui ont d'entrée de jeu proclamé leur hostilité au pacte : les unes pour s'inquiéter que la France puisse se trouver entraînée malgré elle dans un conflit en Europe, d'autres au contraire pour regretter que l'intervention des forces américaines ne soit pas automatique. Le rapporteur du traité, René Mayer, réplique à ces dernières que chacun est juge des mesures que son obligation d'assistance mutuelle lui impose, cette stipulation étant, explique-t-il, un « *compromis... entre l'impossible automatisme* » (le Sénat américain ne l'aurait pas accepté) et « *l'absence de tout engagement* ». Le vote est sans ambiguïté : par 395 voix contre 189 (le PC, les progressistes et quelques députés d'outre-mer) et 15 abstentions, l'Assemblée nationale ratifie le traité le 25 juillet 1949.

Espérances et incertitudes « européennes »

Affrontée à la double contrainte de sa reconstruction et de sa sécurité, face à une Europe de l'Est en voie de satellisation, l'Europe occidentale a cherché, au cours des années qui ont suivi le conflit mondial, à assurer son redressement et sa survie en jouant successivement, ou simultanément, de l'aide américaine et de la volonté d'union manifestée par certains de ses dirigeants.

En 1945, ce sont les projets « paneuropéens » qui paraissent avoir le vent en poupe, encore que les individus et les groupes qui s'en réclament soient loin d'être d'accord sur le sens qu'il convient de donner à cette expression. À ceux qui, comme Winston Churchill dans le retentissant discours qu'il prononce à Zurich le 19 septembre 1946, estiment qu'il faut bâtir les « États-Unis d'Europe » autour de l'axe franco-allemand, sans la Grande-Bretagne et dans le respect de la souveraineté de chaque État, s'opposent les « fédéralistes » qui préconisent la création d'une structure forte, avec un gouvernement européen doté de véritables pouvoirs et la réduction de la souveraineté absolue des États membres. De 1945 à 1947, de multiples organisations paneuropéennes vont ainsi se constituer, la plus importante étant l'Union européenne des fédéralistes, dans laquelle figurent des personnalités françaises telles qu'Henri Frenay, Alexandre Marc et André Voisin. D'autres se sont fondées sur une base plus étroitement idéologique, comme le Mouvement socialiste pour les États-Unis d'Europe, présidé par André Philip, ou les Nouvelles équipes internationales, d'inspiration démocrate-chrétienne. De son côté, reprenant l'idée qu'il avait défendue aux côtés de Briand à la fin des années 20, le comte de Coudenhove-Kalergi rassemble autour de lui une Union parlementaire européenne regroupant un nombre important de représentants du peuple acquis à l'idée fédéraliste dans la plupart des États de l'Europe occidentale. Le comité français est présidé par René Coty, sénateur et futur président de la République.

Dès 1947, il est devenu clair pour la majorité des « unionistes » et des « fédéralistes » que la construction de l'Europe, quel qu'en soit le contenu, ne pourra se faire en y incluant les États en voie de satellisation par l'URSS et que par conséquent le projet doit, dans l'attente de jours meilleurs, être ramené aux dimensions de l'Europe de l'Ouest. Pour beaucoup, il constitue même le meilleur rempart contre l'extension du communisme, à condition qu'on lui donne une certaine cohérence et que les divergences de conception s'effacent devant l'urgence du moment. C'est dans cette perspective qu'en mai 1948, trois mois après le « coup de Prague », se tient à La Haye un grand « Congrès de l'Europe » réunissant, sous la présidence d'honneur de Churchill, près de 800 personnalités appartenant à la plupart des pays d'Europe occidentale : hommes politiques, hommes d'affaires, journalistes, syndicalistes, intellectuels, les plus nombreux étant les Britanniques et les Français. Bien que le clivage entre unionistes (surtout anglais) et fédéralistes (principalement représentés par les Français, les Italiens, les Néerlandais et les Belges) s'y soit une nouvelle fois manifesté, le congrès de La Haye se prononce sur la nécessité de mettre en commun une partie des droits souverains des États afin de coordonner et de développer leurs ressources, d'intégrer l'Allemagne dans le nouveau cadre européen et de constituer le plus vite possible une assemblée parlementaire qui pour certains, comme Paul Reynaud, devrait être élue au suffrage universel. En attendant, on décide de créer un Mouvement européen qui, sans remplacer les organisations existantes, se donne pour mission de coordonner leur action et de les représenter auprès des gouvernements.

La création, le 5 mai 1949 à Londres, du Conseil de l'Europe marque le point d'aboutissement des efforts entrepris depuis la fin de la guerre par les partisans d'une construction européenne fondée sur la coopération politique. À l'initiative du président du Conseil français, le MRP Georges Bidault, ce sont dix pays d'Europe occidentale — France, Royaume-Uni, Belgique, Pays-Bas, Luxembourg, Irlande, Italie, Danemark, Suède et Norvège — qui décident de se donner des institutions communes, aux attributions d'ailleurs strictement limitées. Celles-ci comprennent d'une part un Comité des ministres, constitué par les ministres des Affaires étrangères ou leurs suppléants, qui siège à huis clos et vote à l'unanimité sur tous les cas importants — ce qui suppose un véritable droit de veto de chaque membre —, et une assemblée consultative, établie à Strasbourg et formée de délégués désignés par les parlements nationaux.

Contrairement aux espérances qu'avaient nourries les dirigeants des mouvements paneuropéens, il ne s'agit ni d'une union, ni d'une fédération, mais plutôt d'une sorte de « club » des nations attachées au pluralisme et à la démocratie. Présidée par le Belge Paul-Henri Spaak, l'assemblée de Strasbourg, où siègent de brillantes personnalités — parmi lesquelles Paul Reynaud et Winston Churchill — n'est guère qu'un « laboratoire d'idées » dont l'application dépend du bon vouloir des divers gouvernements. Les réticences britanniques à l'extension de ses attributions font que, même élargie par la suite à l'ensemble des États démocratiques du Vieux Continent, elle devra cantonner ses activités dans les domaines juridique et culturel. Le Conseil de l'Europe adoptera notamment, le 4 novembre 1950, une Convention européenne des droits de l'homme que la France ne ratifiera d'ailleurs qu'en 1981.

L'année 1950 marque dans l'histoire de la construction européenne un tournant auquel la France a donné une impulsion décisive avec le projet de « pool charbon-acier » présenté le 9 mai par le ministre des Affaires étrangères Robert Schuman, dans un contexte international marqué par l'aggravation de la guerre froide et par la persistance du contentieux franco-allemand à propos de la Sarre.

L'idée de créer une Communauté européenne du charbon et de l'acier (CECA) revient à l'homme qui préside, depuis 1946, à la planification française, Jean Monnet, « Européen » de toujours, ancien concepteur en pleine débâcle de 1940 d'un projet d'union perpétuelle franco-britannique présenté à Paul Reynaud pour tenter d'empêcher la défection française, et promoteur, au paroxysme de la guerre froide, d'une Europe du charbon et de l'acier gérée par un organisme supranational. Les adversaires de Monnet ont parfois stigmatisé en lui le « technocrate », inspirateur d'une Europe des industriels et des banques, fondée sur les seuls intérêts économiques. Rien n'est plus faux. Jean Monnet a eu, en concevant son projet, le souci de rapprocher les peuples du Vieux Continent et de jeter les bases des futurs « États-Unis d'Europe ». Mais en même temps, il était conscient des immenses difficultés de l'entreprise. « *L'Europe* — dira-t-il — *ne se fera pas d'un coup ni dans une construction d'ensemble : elle se fera par des réalisations concrètes, créant d'abord une solidarité de fait.* » Or, que pouvait-il y avoir de plus concret et de plus urgent que de rapprocher la France et l'Allemagne en les associant dans un projet commun offrant à leurs économies réciproques la possibilité de tirer profit de leur complémentarité ? L'Allemagne est riche en coke, la France a besoin de celui-ci pour assurer l'approvisionnement de ses hauts fourneaux et peut, en retour, fournir à sa voisine des quantités importantes de minerai de fer. Pourquoi ne pas associer ces richesses et ces besoins dans une entreprise que l'on élargirait aussitôt à ceux des pays européens qui le souhaiteraient, première étape d'une communauté plus vaste et moins étroitement spécialisée ?

Tel est le projet que le Commissaire général au Plan va présenter au chef de la diplomatie française, le MRP Robert Schuman, Européen convaincu lui aussi et « homme de frontière » né en Lorraine annexée et partagé entre deux cultures, ce qui lui vaudra d'être traité de « Boche » par des parlementaires communistes. Considérant que la méfiance envers l'Allemagne est désormais dépassée et que la France ne peut se dérober indéfiniment aux suggestions américaines qui la pressent de « *prendre le leadership décisif en intégrant l'Allemagne occidentale dans l'Europe occidentale* » — selon les termes d'une note adressée en octobre 1949 par le secrétaire d'État Dean Acheson aux ambassadeurs des États-Unis en Europe —, Robert Schuman a tôt fait de faire sien le projet de Monnet. Le 9 mai 1950, il en expose les grandes lignes dans une déclaration proposée à l'ensemble des pays européens.

Le succès est immédiat. Pas chez tous les Européens : les sidérurgistes britanniques n'ont pas besoin d'échanger des matières premières avec le continent et les travaillistes au pouvoir redoutent que « l'Europe des patrons » ne remette en question les acquis du *Welfare State*. Ils seront suivis par les dirigeants scandinaves. L'URSS et ses satellites, comme d'ailleurs les grands PC occidentaux, dénoncent une politique qu'ils jugent inspirée par les « monopoles » et par les « fauteurs de guerre » d'outre-Atlantique. Mais en Allemagne, en Italie et dans les trois pays du Benelux, la réaction est très favorable. Le « plan Schuman » est également bien accueilli par les États-Unis, où l'on considère qu'il constitue le prologue d'une union européenne qui pourrait ensuite s'atteler au problème de la défense.

Les partisans d'une Europe intégrée économiquement et si possible politiquement se recrutent principalement dans les rangs de la démocratie chrétienne, du socialisme démocratique et des diverses formations libérales, c'est-à-dire dans des organisations politiques qui forment pour l'essentiel les coalisations au pouvoir dans les pays de l'Ouest européen. Ces affinités idéologiques, doublées souvent de relations amicales entre les principaux responsables de ces courants — les Français Schuman, Monnet, Ramadier et André Philip entretiennent les meilleurs rapports avec le Belge Paul-Henri Spaak, l'Allemand Adenauer, les Italiens de Gasperi et Spinelli — expliquent que le projet ait rapidement abouti. Dès le 18 avril 1951, six pays, la France, la RFA, l'Italie, la Belgique, les Pays-Bas et le Luxembourg (sept si l'on y ajoute la Sarre), signent le traité de Paris instituant la CECA pour une durée de 50 ans et fixant les attributions de ses organismes institutionnels : la Haute Autorité, dotée de pouvoirs autonomes et exécutoires, le Conseil des ministres qui exprime l'intérêt des États, l'Assemblée qui contrôle la Haute Autorité et la Cour de Justice qui juge les litiges.

Ces institutions communautaires seront mises en place dans le courant de 1952 et, dès l'année suivante, le « marché commun » du charbon et de l'acier commencera à fonctionner à la satisfaction générale. Économiquement, il constitue un incontestable facteur de croissance de la production et des échanges dont la France sera parmi les principales bénéficiaires. Politiquement, il pousse à la réconciliation franco-allemande, axe de la future Europe politique, et ceci quelques années seulement après l'effondrement du Reich hitlérien. Dans l'ensemble, il est jugé favorablement par l'opinion publique. Si gaullistes et communistes accordent leurs voix pour dénoncer les premiers l'Europe du « grand capital international », les seconds la « technocratie apatride », si les dirigeants de la sidérurgie, soutenus par le CNPF, le jugent dangereux pour leurs entreprises, les partis de la « troisième force » se montrent, à des degrés divers, favorables à l'entreprise, de même que la majorité des habitants de l'Hexagone, dès lors que l'intégration de l'Allemagne à l'espace économique et politique de l'Europe de l'Ouest ne s'accompagne pas du rétablissement de sa puissance militaire. Or, le problème du réarmement allemand ne peut être éludé très longtemps eu égard à l'évolution de la situation internationale et, sur ce terrain, la construction européenne va connaître en 1954 un échec cuisant.

Ce sont les Américains qui, affrontés aux problèmes que suscite le conflit coréen et inquiets de la radicalisation d'un bloc de l'Est dont la pièce maîtresse se trouve, depuis 1949, en possession de l'arme nucléaire, poussent dès le milieu de 1950 au réarmement de l'ancien Reich. Pour éviter que celui-ci n'aboutisse à la renaissance du militarisme outre-Rhin, et tandis qu'au sein de l'OTAN la France a tôt fait de constater son isolement, le Conseil de l'Europe vote en août une résolution défendue par Winston Churchill en appelant à la création d'une « armée européenne » dans le cadre du pacte atlantique. À l'automne, c'est le président du Conseil français, René Pleven, qui propose son « plan » prévoyant la constitution d'une armée européenne de 100 000 hommes juxtaposant dans les mêmes corps des bataillons nationaux, parmi lesquels des Allemands, et placée sous un commandement supranational dépendant de l'OTAN. Dans le débat qui suit à l'Assemblée nationale, la déclaration gouvernementale obtient 349 approbations contre 235 votes hostiles, mais 402 députés contre 168 affirment, dans un autre scrutin, leur volonté de ne pas permettre que soient reconstitués une armée et un état-major allemands.

Il faudra plus de dix-huit mois pour que soit mis au point, avec l'accord des États-Unis, le projet de Communauté européenne de défense (CED). Prêt en mars 1952, signé deux mois plus tard par les six pays membres de la CECA, le traité ne pouvait entrer en application qu'après ratification par les parlements des États signataires. Les pays du Benelux et la RFA le font en février et mars 1954. L'Italie, où une majorité est favorable à la ratification, décide d'attendre le vote des députés français. Tout dépend donc, pour que le « plan Pleven » entre dans les faits, de l'attitude de la France. Or, le débat qui s'engage au début de 1953, et qui va durer plus de dix-huit mois, prend dans ce pays la forme d'une véritable Affaire Dreyfus dont la dramatisation doit beaucoup aux événements d'Indochine et d'Afrique du Nord. L'opinion et la classe politique se trouvent divisées en deux camps aux contours fluctuants : d'un côté celui des « cédistes » composé principalement des MRP et des représentants de la droite libérale, de l'autre celui des « anticédistes » où se rejoignent communistes et gaullistes. Socialistes et radicaux se partagent pour moitié entre partisans et adversaires du traité, tandis que les « neutralistes » de la gauche non conformiste (*Combat*, *France-Observateur*, *Témoignage chrétien*) prennent position contre ce dernier, de même que le journal *Le Monde*, devenu en 1953 le principal vecteur de la campagne contre la CED.

L'évolution de la situation internationale, marquée par un relatif « dégel » au lendemain de la mort de Staline, favorise les adversaires de la ratification, en ce sens que, le danger de guerre s'éloignant, l'opinion se montre moins empressée de voir la France abandonner une partie de sa souveraineté dans l'aventure d'une armée multinationale. À l'automne 1951, 42 % des personnes interrogées se déclaraient partisanes d'une armée européenne, 26 % étaient contre, 32 % sans opinion. En juillet 1954, à la veille du débat de ratification, il n'y a plus que 36 % de Français pour se déclarer pour ou « plutôt pour » la CED, contre 31 % de contre ou « plutôt contre » et 33 % de « sans avis ».

C'est à Pierre Mendès France, devenu président du Conseil le 17 juin 1954, qu'il incombera, après dix-huit mois de tergiversations, de soumettre le traité à ratification. Conscient des très fortes divisions qui secouent le pays, parlant dans sa déclaration d'investiture du débat sur la CED comme de l'un des « *plus graves cas de conscience qui ait jamais troublé le pays* », mais considérant en même temps que la France a des préoccupations plus importantes que celle de l'armée européenne (l'Indochine et surtout, à cette date, la mise en ordre de l'économie nationale), Mendès va s'efforcer de trouver un compromis non pas avec les adversaires irréductibles du réarmement allemand, mais entre partisans des deux formes que pourrait prendre ce réarmement. Mais les quelques aménagements qui sont apportés au texte ne suffisent pas à apaiser les anticédistes et surtout, considérant que le projet qui est présenté aux députés n'est pas le sien, Mendès n'engage pas sa responsabilité devant ses collègues. Si bien que, le 30 août, dans une atmosphère survoltée, l'assemblée rejette la CED en adoptant par 319 voix (les 99 communistes et progressistes, 67 républicains-sociaux sur 73, 34 radicaux sur 67, 10 UDSR sur 18, 55 socialistes sur 105, 44 indépendants sur 124) contre 264 une question préalable qui clôt le débat sans discussion.

La réaction à la défection française est vive en Europe où nombreux étaient ceux qui avaient misé sur le projet de communauté de défense, pas seulement parce qu'il leur paraissait de nature à assurer à moyen terme la sécurité du Vieux Continent, mais parce qu'en donnant naissance à un organisme supranational à direction collégiale, il offrait à la communauté des six l'embryon institutionnel d'une future fédération européenne. Aux États-Unis, la déception n'est pas moins grande. Le secrétaire d'État, John Foster Dulles, évite même de passer par la France lors d'un voyage qu'il entreprend en Europe en septembre 1954. À cette date, les choses ont pourtant évolué grâce à l'initiative qu'a prise peu de temps auparavant le Britannique Anthony Eden. Au cours d'une tournée effectuée dans les capitales de la « petite Europe », celui-ci a en effet proposé de relancer l'Union occidentale, mise sur pied en 1948 par le pacte de Bruxelles, en y faisant entrer l'Italie et l'Allemagne. Accueilli avec enthousiasme dans les trois pays du Benelux, avec plus de réserve par Adenauer que l'échec de la CED a fortement déçu, Eden achève sa tournée par Paris où il rencontre Mendès France le 15 septembre et finit par obtenir de lui l'acceptation de l'entrée de la RFA dans l'OTAN.

Ainsi, de façon assez paradoxale, la France qui venait de rejeter le traité élaboré à partir du « plan Pleven », traité dont elle pouvait en quelque sorte revendiquer la paternité et qui visait à éviter de faire purement et simplement entrer l'Allemagne dans l'Alliance atlantique, accepte-t-elle quelques semaines plus tard une combinaison qui la ramène à la case départ. Dès le 23 octobre, après un premier accord paraphé à Londres entre les signataires du traité de Bruxelles et les deux États d'Amérique du Nord, les « accords de Paris » consacrent la souveraineté de la RFA, l'adhésion de l'Italie et de l'Allemagne à l'Union de l'Europe occidentale, et par là même l'entrée de cette dernière puissance dans l'organisation atlantique. Pour ne pas trop heurter les opinions publiques, en France notamment où l'antigermanisme demeure très virulent, on interdit à l'Allemagne fédérale de fabriquer ou de se procurer des armes dites « ABC » (atomiques, biologiques et chimiques). À cette réserve près, la remilitarisation de l'ancienne vaincue est acceptée, plus rien ne s'opposant à ce que la RFA, devenue puissance souveraine, ait sa propre armée dans le cadre du pacte atlantique.

Plus rien, sinon la résistance opposée à l'assemblée nationale française par les adversaires irréductibles du réarmement allemand et, fait plus surprenant, par des membres du MRP, cédistes de choc qui n'ont pas pardonné à Mendès d'avoir fait capoter le projet d'armée européenne. Le 23 décembre 1954, un premier vote sur la ratification des accords sur l'UEO est défavorable au gouvernement. Il faudra que le président du Conseil engage une semaine plus tard, sur un texte légèrement modifié, la responsabilité de son gouvernement, et que le chancelier allemand intervienne indirectement auprès de ses amis du MRP, pour que, les 29 et 30 décembre, les accords de Paris soient ratifiés par les députés français.

La crise de Suez

Au cours des dix années qui ont suivi la Seconde Guerre mondiale, la politique étrangère de la France a subi très fortement l'influence des problèmes coloniaux. D'abord par le poids que ceux-ci ont exercé sur ses finances, donc sur ses choix de politique économique et sociale, et sur ses possibilités d'action autonome en regard de la puissance détentrice du *leadership* occidental. Ensuite parce que les problèmes posés par la décolonisation ne peuvent être réduits aux relations entre États colonisateurs et peuples soumis à la domination européenne. De plus en plus, ils ont eu une résonance mondiale, s'inscrivant à l'échelle planétaire dans le conflit entre les deux blocs, puis dans une logique triangulaire faisant intervenir à partir des années 1950 ce que l'on a commencé à appeler le « tiers monde ». Affrontée à la rébellion de ses colonies d'Indochine, la France a dû faire appel aux États-Unis pour financer son effort de guerre, ce qui l'a conduite à devoir tenir compte de manière croissante de la façon dont Washington envisageait de manière globale la stratégie du « monde libre » dans l'aire Asie/Pacifique, puis à céder la main aux Américains. À propos de la question tunisienne, son refus de soumettre le règlement du conflit au Conseil de sécurité et à l'Assemblée générale de l'ONU devait inaugurer une période de « bouderie » à l'égard de cette organisation dont la guerre d'Algérie allait amplifier les effets.

La connexion entre les problèmes liés à la décolonisation et à l'émergence du tiers monde, et ceux relevant du conflit Est/Ouest va se manifester de façon spectaculaire à propos des événements de Suez, à l'automne 1956, événements dans lesquels la France se trouve directement impliquée et dont le dénouement aura de fortes incidences à la fois sur sa politique étrangère et sur son évolution interne.

À l'origine de la crise, il y a la décision prise le 26 juillet par le colonel Nasser — qui a pris le pouvoir en Égypte deux ans plus tôt et souhaite réaliser autour de son pays l'unité du monde arabe — de nationaliser la compagnie du canal de Suez, dont les actionnaires sont en majorité français et britanniques. Ce geste, qui est salué par les populations de la région comme un défi aux anciennes puissances coloniales, provoque aussitôt une vive réaction des deux États européens concernés. Le Royaume-Uni pour lequel le canal constitue à la fois un enjeu économique considérable — sur les 15 000 navires qui transitent chaque année par cette voie d'eau, les deux tiers sont des pétroliers et 35 % sont britanniques — et le symbole de son ancienne puissance impériale, redoute de se voir complètement éliminé d'une zone sur laquelle s'exerçait jusqu'à la guerre sa prépondérance. En France, où les responsabilités du pouvoir sont assumées depuis les élections de janvier par un gouvernement de « front républicain » présidé par Guy Mollet, l'hostilité à Nasser se nourrit principalement, outre la répulsion qu'inspire aux dirigeants socialistes et radicaux la nature d'un régime qu'ils ont eu tôt fait d'assimiler aux dictatures totalitaires de l'entre-deux-guerres (Nasser = Hitler), de considérations dictées par la guerre d'Algérie, devenue en 1956 le problème numéro un de la politique française. La complicité dont bénéficient auprès de Nasser les chefs de la rébellion, l'aide militaire et logistique qui leur est apportée par le gouvernement du Caire et dont on a tendance à Paris — classique référence au mythe du complot extérieur — à grossir les effets, les liens que les dirigeants français établissent mentalement entre l'Égypte, cheval de Troie de l'Union soviétique en terre d'Islam, et la subversion communiste pratiquée à l'échelle de la planète, fournissent à l'équipe gouvernementale autant de raisons de chercher à exploiter une situation qu'elle n'a pas créée mais qui peut lui permettre de retourner contre l'Égypte l'arme de la nationalisation.

Français et Britanniques ont donc intérêt, pour des raisons dissemblables, à intervenir aussi vite que possible en Égypte. Non pour rétablir leur autorité directe ou indirecte sur ce pays, mais pour favoriser, à l'occasion d'une opération limitée dans la zone du canal, le renversement de Nasser et son remplacement par des militaires plus coopératifs. Telle est du moins la solution maximaliste envisagée par les gouvernements de Londres et de Paris au lendemain même du coup de force nassérien. Dès le 28 juillet, en effet, des conversations au plus haut niveau ont lieu entre militaires et responsables politiques des deux pays, dans le but de mettre sur pied un plan de débarquement à Port-Saïd ou à Alexandrie. Un état-major mixte est aussitôt constitué, dont les réunions ultra-secrètes se tiendront jusqu'à l'automne dans le célèbre tunnel qui se prolonge sous la Tamise et où ont été préparés les plans du débarquement allié de 1944.

Des premières conversations entre militaires français et anglais, il ressort clairement que les deux puissances n'ont pas les moyens d'entreprendre immédiatement une action d'envergure contre l'Égypte. Il faut en effet plusieurs semaines, même en brusquant les choses, pour mettre sur pied une force d'intervention aéronavale agissant à partir de Malte ou de Chypre, et ceci d'autant plus qu'il n'y a pas grand-chose à attendre d'un appui éventuel de la VIe flotte américaine. Il faut donc temporiser, c'est-à-dire accepter la négociation internationale que propose Foster Dulles. Celle-ci ne donnera aucun résultat, de même que la tentative de conciliation effectuée par l'ONU, si bien qu'à la fin de l'été, Paris et Londres vont opter pour la manière forte.

En France comme en Angleterre, ce sont de petits groupes dominés par les politiques qui ont pris toutes les décisions importantes pendant la crise de Suez. Du côté français, l'équipe décisionnelle comprend, outre le président du Conseil Guy Mollet, qui arbitre entre les « faucons et les colombes » et pèsera fortement sur les choix essentiels, le ministre des Affaires étrangères Christian Pineau, le ministre de la Défense nationale Bourgès-Maunoury et celui de l'Armement Max Lejeune, assistés épisodiquement des généraux Challe et Ely et d'hommes de confiance comme Louis Mangin et Abel Thomas, directeur du cabinet de Bourgès-Maunoury. En fait, la décision d'intervenir militairement sur le canal, de concert avec les Israéliens, sera prise en octobre par une équipe encore plus restreinte et ce sont les Français qui en ont eu l'initiative, face à des dirigeants britanniques qui redoutent à la fois la mauvaise humeur de Washington et les retombées sur leurs amitiés arabes d'une alliance avec Israël.

À Paris, en effet, on n'a pas attendu la nationalisation du canal pour jouer contre Nasser la carte israélienne. Pas seulement par intérêt. Pas seulement parce qu'aux yeux des dirigeants français la victoire en Algérie passe par l'élimination du raïs. Mais parce qu'il existe des affinités idéologiques et une réelle sympathie entre les principaux dirigeants israéliens de l'époque — Ben Gourion, Golda Meir, Shimon Peres — et les vainqueurs, socialistes et radicaux, de l'élection législative de janvier. Depuis la fin juillet, les Français sont au courant des intentions de Tel-Aviv. Le feu couve depuis longtemps entre l'État hébreu et ses voisins arabes, nourri d'incidents de frontière, de raids de fedayin et de menaces proférées par les radios de Damas et du Caire. Mais ce sont les fournitures par les Russes de matériels nouveaux à l'Égypte qui ont décidé le gouvernement israélien à engager une guerre préventive contre Nasser. De passage à Paris, Shimon Peres a fait savoir à Bourgès-Maunoury que son pays se trouvait dans l'« ardente obligation » de nettoyer la zone du Sinaï, et on a parlé de l'éventualité d'une action commune, à deux ou à trois, avant de prendre rendez-vous pour l'automne.

Des négociations triangulaires qui s'engagent alors, l'épisode le plus important est la conférence secrète qui s'est tenue dans une villa de Sèvres du 22 au 24 octobre 1956 entre les principaux décideurs français, israéliens et britanniques. Après trois jours de discussions serrées et de va-et-vient entre Paris et Londres, on aboutit dans la soirée du 24 à la signature d'un protocole qui établit le scénario de l'agression contre l'Égypte, cyniquement travestie par les Franco-Britanniques en opération de maintien de la paix. Il est prévu que les Israéliens lanceront dans les derniers jours d'octobre une attaque dans le Sinaï dans le but d'atteindre le canal. Après avoir envoyé aux deux belligérants un ultimatum exigeant le retrait de leurs troupes à 15 kilomètres de la voie d'eau et leur remplacement par des troupes franco-anglaises, et dans le cas — hautement prévisible — d'un refus de Nasser, Français et Britanniques déclencheront deux jours plus tard une attaque contre l'Égypte.

Le succès de l'opération dépendait largement du respect du *timing* mis au point à Sèvres. Or, dès le début de l'offensive israélienne, il apparut clairement que les incertitudes de la politique britannique, la complexité de l'organigramme militaire, la mauvaise coordination entre décideurs civils et responsables sur le terrain de l'opération « mousquetaire » multipliaient les causes de retard. Il fallut, à la suite d'un appel dramatique de Ben Gourion, que le gouvernement français intervienne énergiquement auprès de Londres pour que, le 1er novembre, les Britanniques se décident — avec 24 heures de retard — à bombarder les aérodromes égyptiens afin de clouer au sol l'aviation de Nasser. Quant à l'opération aéroportée et amphibie, elle ne commença que le 5 novembre, six jours après la date prévue. Elle rencontra peu de résistance mais ne put obtenir, faute de temps, que des succès ponctuels, alors que l'essentiel se jouait déjà au niveau des superpuissances.

Les Soviétiques et les Américains réagirent en effet aussitôt, et avec une extrême vigueur, à une initiative qui pouvait les empêcher de substituer leur propre influence à celle des anciennes puissances coloniales. Les premiers en menaçant Paris et Londres de représailles nucléaires : « *Dans quelle situation se trouverait la France* — disait la note envoyée à Guy Mollet par le maréchal Boulganine — *si elle était l'objet d'une agression de la part d'autres États disposant de terribles moyens de destruction moderne ?... Le gouvernement soviétique est pleinement ré-*

solu à employer la force pour écraser les agresseurs. » Et pour que les choses soient claires, il précisait dans le message adressé à Eden : « *Ces États n'auraient même pas besoin d'expédier des forces navales et aériennes contre les Britanniques. Ils pourraient se servir d'autres moyens, comme des fusées par exemple.* »

Que le président du Conseil des ministres de l'URSS ait bluffé en menaçant Paris et Londres de l'holocauste nucléaire, cela ne fait guère de doute. Aussi fort qu'ait été l'intérêt de l'URSS à assurer sa présence en Égypte, elle pouvait difficilement porter le feu nucléaire sur le territoire des alliés de Washington — à une époque où la disparité des forces stratégiques restait considérable — sans encourir des représailles massives. Cela, les dirigeants français et anglais le savaient, mais ils ne pouvaient quand même pas prendre l'avertissement à la légère. D'autre part les messages soviétiques avaient été rendus publics et l'opinion des pays visés — notamment en Grande-Bretagne — ne montrait pas la même sérénité, même si les sondages effectués après coup, à un moment où le péril était écarté, paraissent dire le contraire (en France, en décembre 1956, il y aura 42 % des personnes interrogées pour approuver rétrospectivement l'opération de Suez, contre 33 % d'avis hostiles et 25 % de sans opinion).

Toutefois — et il est probable que les Russes en avaient soigneusement mesuré l'impact —, le principal résultat de l'ultimatum du 5 novembre est d'avoir permis au président Eisenhower — réélu le 6 novembre — d'exercer une pression indirecte sur Londres et sur Paris, en jouant sur l'effet dissuasif de la menace soviétique. Débarrassée de ses soucis électoraux, l'administration républicaine n'a pas l'intention de laisser les Français et les Britanniques poursuivre jusqu'à son terme une opération dont l'initiative lui a échappé et qui peut l'entraîner plus loin qu'elle ne le souhaite. Pour faire reculer ses alliés, Washington dispose, en plus de l'arme psychologique que lui fournit Boulganine, de deux atouts économiques majeurs : le chantage aux approvisionnements pétroliers et les pressions sur la livre sterling. Celles-ci vont être déterminantes. Depuis le début de la crise, John Foster Dulles a compris que le Royaume-Uni était le maillon le plus faible de la coalition antinassérienne. L'opposition à la politique gouvernementale y était en effet plus marquée qu'en France où le problème algérien jouait en faveur d'une action énergique. Face à une opposition travailliste déchaînée, lâché par les libéraux et par certains de ses collègues conservateurs, Eden ne résistera pas aux menaces d'effondrement de la livre qui résultait de l'action discrète des spéculateurs de Wall Street et de la Federal Reserve Bank de New York.

Sommé par Washington d'accepter le cessez-le-feu ordonné par l'ONU, en échange d'un prêt consenti à la Grande-Bretagne pour sauver sa monnaie, le Premier Ministre dut jeter l'éponge le 6 novembre à 13 heures, la capitulation anglaise entraînant aussitôt celle du gouvernement français, qui ne pouvait envisager de poursuivre seul l'aventure. Les troupes se trouvaient à 37 kilomètres au sud de Port-Saïd et n'avaient pas encore atteint Ismaïlia lorsque leur fut donné l'ordre de stopper leur progression pour céder la place aux forces de l'ONU. L'opération « mousquetaire » était terminée. Elle se soldait pour les anciennes puissances coloniales par un échec dans une affaire qui fut vite perçue comme l'ultime manifestation de la « politique de la canonnière », telle qu'elle avait été pratiquée par elles depuis le XIXe siècle. Pour la France, la reculade imposée par les deux Grands, outre qu'elle mettait fin à ses espérances et à ses illusions concernant le conflit algérien, indiquait quelle était désormais sa place dans le système international hérité de la guerre : celle d'une puissance moyenne dont l'autonomie se trouvait limitée par le jeu des deux Grands, et notamment par le droit de regard exercé sur la politique étrangère par les dirigeants de Washington. La prise de conscience de cette situation subalterne fait partie des éléments qui ont pesé sur l'évolution intérieure de la IVe République et ont précipité sa chute. Elle a aussi concouru à relancer en France la construction européenne et a accéléré un processus qui devait aboutir, moins de cinq mois après l'échec de l'intervention franco-anglaise à Suez, à la signature du traité de Rome.

La France et la relance européenne

Au lendemain de l'échec de la CED, l'entreprise européenne paraît enlisée. Tous les effets de création d'autorités supranationales ont échoué, à l'exception de la CECA, qui elle-même n'a pas que des partisans. En France, la poussée nationaliste qui coïncide avec la première phase de la guerre d'Algérie est peu propice à la relance de l'idée européenne. En Angleterre, la majorité de la population demeure hostile à la supranationalité. C'est en Italie, en Allemagne et dans les trois pays du Benelux que les partisans d'une Europe dans laquelle chaque partenaire accepterait d'abandonner une part de sa souveraineté sont les plus nombreux et les plus influents. Pas assez toutefois pour surmonter l'indifférence des populations.

Pourtant, dès la fin de 1954, donc au lendemain du rejet de la CED par les parlementaires français, de petits groupes d'Européens convaincus, au premier rang desquels figurent Jean Monnet et ses amis, vont effectuer une relance du projet communautaire en fondant leur action sur les problèmes très concrets de l'intégration économique. Or cette relance, dans laquelle la France joue un rôle important, va s'effectuer avec une rapidité et une ampleur inattendues, pour aboutir, en un peu plus de deux ans, à la signature par les Six d'un traité instituant la Communauté économique européenne et la Communauté européenne de l'énergie atomique.

Deux types d'initiatives vont se croiser dans le courant de l'année 1955, visant les unes et les autres à relancer l'idée communautaire. Les premières émanent de milieux restreints de technocrates pour lesquels la meilleure manière de faire avancer les choses est de se placer dans un cadre sectoriel, que ce soit celui de la CECA ou que l'on cherche à étendre les compétences communautaires aux transports et à l'énergie. Parmi les groupes et les personnalités, principalement françaises, qui agissent en ce sens, on trouve Jean Monnet et son équipe, mais aussi d'autres technocrates de haut vol, tels Louis Armand, président de la SNCF, et les dirigeants du Commissariat à l'énergie atomique, avec à leur tête le haut-commissaire Francis Perrin. Il existe à cette date un engouement très vif pour l'énergie atomique, dont l'utilisation pacifique fait figure de remède miracle aux difficultés d'approvisionnement énergétique qui paraissent menacer le Vieux Continent. Faire de l'atome le moteur de la relance européenne, telle est l'idée qui fait rapidement son chemin au lendemain de l'échec de la CED, notamment en France, où la chute du cabinet Mendès France, et son remplacement par un gouvernement présidé par Edgar Faure, semblent favoriser cette évolution des esprits.

Les autres initiatives portent sur l'élaboration d'un projet de Marché commun général. Elles émanent du ministre de l'Économie ouest-allemand Ludwig Erhard qui, en bon libéral, souhaite réduire les entraves aux échanges internationaux, des milieux dirigeants néerlandais et du Belge Paul-Henri Spaak, les uns et les autres favorables à une intégration économique globale dans une structure supranationale. Dès le début de 1955, des contacts sont pris entre les représentants de ces deux grandes tendances, Monnet et Spaak consacrant toute leur énergie à rapprocher les points de vue et à lier l'approche globale et l'approche sectorielle. Pendant quelque temps, les réticences les plus fortes vont encore venir de la France, Edgar Faure, qui compte dans son gouvernement un certain nombre de ministres gaullistes, envisageant favorablement une action dans le domaine des transports et de l'énergie, mais pas nécessairement par extension des compétences de la CECA. En revanche le Premier ministre luxembourgeois, Joseph Bech, et le ministre des Affaires étrangères des Pays-Bas, J.W. Beyen, manifestent beaucoup d'enthousiasme pour le projet présenté par Spaak. Adenauer est plus circonspect mais, une fois les accords de Paris entrés en vigueur, il va lui aussi pencher du côté des propositions du ministre belge, tout comme l'Italien Martino.

On aboutit finalement, le 9 mai 1955, au vote unanime de l'Assemblée de la CECA en faveur d'une reprise de la construction européenne incluant à la fois les projets sectoriels et le programme plus ambitieux des représentants du Benelux et de l'Allemagne. Le 3 juin, la Conférence de Messine, qui réunit les ministres des Affaires étrangères des Six, adopte une résolution qui affirme la commune volonté des États représentés de « *franchir une nouvelle étape dans la voie de la construction européenne* ». Un comité présidé par Paul-Henri Spaak et composé d'experts et de délégués des gouvernements intéressés est chargé d'élaborer un rapport esquissant les grandes lignes de ce qui va devenir la Communauté économique européenne et Euratom. Celui-ci est remis aux gouvernements des six États membres le 21 avril 1956.

Entre l'automne 1955 et le début de 1957, plusieurs éléments vont accélérer le cours de la construction communautaire. Tout d'abord l'effort déployé par le Comité d'action pour les États-Unis d'Europe, de Jean Monnet, qui rassemble un certain nombre de personnalités appartenant à diverses familles politiques — sociaux-démocrates, démocrates-chrétiens, libéraux — et pouvant servir de relais auprès des gouvernements et des opinions publiques. L'action d'autre part de nombreux mouvements européens, un peu tombés en sommeil au début des années 50 et qui trouvent un second souffle après la conférence de Messine : Union européenne des fédéralistes, Action européenne fédéraliste, Ligue européenne de coopération économique, et celle de hauts fonctionnaires et d'hommes politiques relevant des mêmes mouvances.

En France, bien qu'il ait été fort peu question de l'Europe durant la campagne des législatives, la victoire du « Front républicain » au début de 1956, et le recul des gaullistes, permettent de dégager une nouvelle majorité européenne, socialistes, radicaux, MRP et indépendants, en désaccord sur tous les autres points, se retrouvant sur la nécessité de la construction communautaire.

Joue également dans le sens de la recherche d'une solidarité ouest-européenne l'évolution du contexte international, marqué en 1956 par un retour à la guerre froide. La tension entre l'Est et l'Ouest à la suite du déclenchement de la guerre de Corée avait permis la mise sur pied de la CECA et la conclusion du traité instituant la CED. Au contraire, le dégel consécutif à la mort de Staline avait joué contre la ratification de cet instrument diplomatique. Avec les événements de Hongrie, et surtout avec la crise de Suez, qui fait comprendre aux Européens leur degré de dépendance énergétique, on en revient à l'idée que seule une Europe unie pourra faire entendre sa voix sur la scène internationale.

Aussi est-ce avec une grande diligence et dans un climat très convivial que le comité Spaak, réuni pendant plusieurs mois dans le petit château de Val-Duchesse, près de Bruxelles, va élaborer la rédaction des traités, en partant du modèle proposé par le rapport du ministre belge et en tenant compte des différentes positions nationales. Au cours de la négociation, c'est la France qui est amenée à faire le plus de concessions. Favorables à la relance européenne, ses dirigeants auraient en effet préféré que l'approche sectorielle fût privilégiée et ce n'est pas sans réserve qu'ils se sont finalement ralliés à l'idée d'un marché commun général. Ils posent toutefois un certain nombre de conditions, les unes d'ordre économique (harmonisation des charges sociales, politique agricole, association des territoires d'outre-mer), les autres d'ordre politique et institutionnel.

Pour éviter que se renouvelle la mésaventure de la CED, le président du conseil Guy Mollet engage devant l'Assemblée nationale, le 15 janvier 1957, un débat d'orientation sur le traité de marché commun en cours de négociation, qui permet aux députés d'exprimer leurs craintes et leurs réserves et d'indiquer au gouvernement les limites des concessions qui peuvent être faites aux partenaires de la France. Contré par Pierre Mendès France, qui se fait à cette occasion le pourfendeur de la supranationalité — « *une démocratie abdique*, déclare l'ancien président du Conseil, *en s'adonnant à une dictature interne, mais aussi en déléguant ses pouvoirs à une autorité extérieure* » —, le gouvernement obtient cependant l'adoption de l'ordre du jour par 332 voix contre 207 (communistes, poujadistes et 14 radicaux). Le 25 mars 1957, les deux traités instituant le Marché commun et la Communauté européenne de l'énergie atomique sont signés à Rome par les représentants des Six. Le débat de ratification à l'Assemblée nationale, qui a lieu début juillet alors que Bourgès-Maunoury a remplacé Guy Mollet à la tête du gouvernement, se déroule dans une atmosphère relativement sereine et s'achève par un vote favorable, obtenu par 342 voix contre 239. À la fin de 1957, les deux nouvelles communautés se trouvent donc placées sur orbite et, le 1er janvier 1959, le Marché commun entre en vigueur. Commence pour la France, qui s'est longtemps montrée réticente, la grande aventure de la construction communautaire.

Pendant que s'opéraient la relance européenne, puis la longue négociation qui devait aboutir à la création de la CEE, la France et l'Allemagne ont eu à résoudre le problème qui affectait leurs rapports depuis la fondation de la RFA en septembre 1949. Lors de la signature du traité instituant la CECA, cette dernière avait refusé que la Sarre fût admise en tant qu'État parmi les puissances signataires. Pour contourner la difficulté, Paris proposa et Bonn accepta l'idée d'« européaniser » la Sarre tout en maintenant celle-ci dans l'orbite économique de la France. Or, il apparut qu'à partir de 1953, les Sarrois étaient de plus en plus nombreux à manifester leur volonté de rattachement à la République fédérale, conséquence à la fois de la résurgence dans ce territoire du sentiment national allemand, d'autre part de l'attraction exercée par une RFA en pleine renaissance économique. Après de nombreuses tergiversations, on aboutit néanmoins, en octobre 1954, à la signature d'un accord établissant un statut qui faisait de la Sarre un territoire européen, doté d'un gouvernement local, représenté dans le domaine des affaires extérieures et de la Défense par un « Commissaire européen » désigné par le conseil des ministres de l'UEO et qui devra être ni français, ni allemand, ni sarrois. L'union économique et monétaire avec la France était maintenue. Il était stipulé que ce statut serait soumis à deux référendums, l'un après une campagne électorale de trois mois où les partis pro-allemands seraient libres de faire leur propagande, l'autre une fois signé le traité de paix avec l'Allemagne.

Ratifié par les deux parlements, sans grande opposition en France, plus difficilement en Allemagne, le statut de la Sarre allait être rejeté, en octobre 1955, par près de 68 % des habitants du territoire (424 000 voix contre 202 000), à la suite d'une campagne passionnée menée par les leaders pro-allemands, et notamment par Heinrich Schneider. Théoriquement, cela aurait dû entraîner le maintien du statu quo, mais les dirigeants français eurent la sagesse de comprendre que le vote négatif des Sarrois signifiait davantage que le simple refus de l'« européanisation » et qu'il y avait le plus grand intérêt à régler à l'amiable cette épineuse question, au moment où se profilait à l'horizon la « *nouvelle étape dans la voie de la construction européenne* » évoquée à Messine. Antoine Pinay dans un premier temps, puis Christian Pineau après l'arrivée au pouvoir du « front républicain », vont donc engager avec Bonn des négociations en vue du retour de la Sarre à l'Allemagne moyennant certaines garanties et compensations.

L'accord du 27 octobre 1956 admettait le rattachement politique du territoire à la République fédérale à dater du 1er janvier 1957, ainsi que son rattachement économique trois ans plus tard. La France disposait d'un délai de 25 ans pour se retirer des mines de la Sarre et recevait des garanties pour la livraison du charbon sarrois. Enfin, il était décidé de canaliser la Moselle entre Thionville et Coblence, les frais de construction des centrales électriques et le tiers des autres travaux étant à la charge de la RFA. Quoique plutôt mal accueilli dans les deux pays, l'accord sera ratifié sans grande difficulté par les parlements, en France par 354 voix contre 225 à l'Assemblée nationale et par 209 voix contre 66 au Conseil de la République. Il est vrai qu'à cette date les relations franco-allemandes ont acquis une intensité et une cordialité qui font qu'aucune des deux parties ne souhaite les voir achopper sur une question dont la solution apparaît de toute manière difficilement réversible. Au lendemain du traité de Rome et plus d'un an avant que le drame algérien n'entraîne la chute de la IVe République, l'axe Paris/Bonn paraît appelé à devenir le moteur de la construction communautaire et le noyau dur de l'Europe à construire. Ainsi, dans ce domaine des relations franco-allemandes, qui occupe depuis la fin de la guerre une place centrale dans la politique étrangère de la France, le général de Gaulle va-t-il recueillir à son arrivée au pouvoir un héritage que lui-même et son homologue d'outre-Rhin, Konrad Adenauer, sauront faire fructifier au bénéfice de leurs deux pays.

X

LES CULTURES DE L'APRÈS-GUERRE

La brève période qui sépare en France la Libération du début de la guerre froide est marquée dans le domaine de la culture par une volonté de rupture et de renouvellement qui coïncide avec la relève des générations et des magistères esthétiques et idéologiques. Ce sont très souvent des hommes nouveaux, des créateurs jusqu'alors peu connus du public, de nouveaux organes de presse qui tiennent le haut du pavé et qui vont pendant quelque temps donner le ton au débat intellectuel. Pas pour très longtemps : dès 1947 en effet les clivages de l'avant-guerre réapparaissent à la faveur de la bipolarisation idéologique qui affecte aussi bien le champ de la politique intérieure que celui des relations internationales. Écartées pour un temps de la consécration culturelle, les valeurs de droite reconquièrent une partie du terrain perdu à la Libération et trouvent un nouveau souffle dans la défense de la « liberté de l'esprit », tandis que l'intelligentsia de gauche se divise en fonction de l'attitude qu'adoptent ses représentants en regard du communisme et de l'appartenance à l'un ou l'autre camp.

Le vertige de la liberté

« *Cette victoire,* écrit Simone de Beauvoir, *effaçait nos anciennes défaites. Elle était nôtre et l'avenir qu'elle ouvrait nous appartenait... Avoir vingt ou vingt-cinq ans en septembre 1944, cela paraissait une énorme chance : tous les chemins s'ouvraient* » (*La Force des choses*, Paris, Gallimard, 1963, p. 19). La Libération inaugure en effet une courte période d'euphorie et d'illusion lyrique pour tous ceux qui, résistants authentiques ou attentistes prudents, ne se sont pas, à quelque degré que ce soit, compromis avec l'occupant ou avec ses auxiliaires vichyssois. Pendant quelques mois, l'unanimisme de façade qui règne dans le monde politique issu de la Résistance intérieure et de la France libre, a pour corollaire une homogénéisation apparente de l'intelligentsia. C'est l'époque où *Le Figaro* publie des poèmes d'Éluard — revenu au communisme en 1942 —, où des organes reliés au PCF comme *Action* et *Les Lettres françaises* accueillent les écrits de Prévert et de Simone de Beauvoir, voire de Mauriac et de Queneau, où Emmanuel Mounier prône dans *Esprit* la collaboration des trois courants qui « *se partagent actuellement la philosophie de la révolution en Occident* » : marxisme, existentialisme et personnalisme. La liberté retrouvée et la Révolution à faire, tels sont les maîtres mots d'un aréopage intellectuel qui rassemble tous les courants de l'« antifascisme », des gaullistes au PC, des chrétiens de gauche et des spiritualistes engagés dans le combat contre le nazisme aux diverses strates du socialisme démocratique et de la gauche non conformiste. Rares sont encore ceux qui font remarquer que tout le monde ne dit pas les mêmes choses avec les mêmes mots, ou que Révolution et Liberté ne se conjuguent pas nécessairement sur le même mode.

Après six années de guerre totale, d'occupation, de souffrances et de privations multiples, c'est d'abord la liberté qui est à l'ordre du jour, qu'il s'agisse des libertés « formelles », reconquises au prix fort sur les partisans de l'« Ordre nouveau » et qui vont bientôt servir de drapeau aux adversaires d'un autre totalitarisme, de la liberté pour l'homme d'affirmer et d'afficher ses propres choix d'existence contre les dogmes, les tabous et les conformismes imposés par les idéologies, les religions ou la simple pression du corps social, ou encore de l'acte voulu et choisi par lequel l'individu s'efforce d'échapper à sa condition d'être déterminé, biologiquement et socialement. Sous la plume d'un Paul Éluard (« *J'écris ton nom* »), d'un Sartre, d'un Camus, d'un Malraux et de beaucoup d'autres, le mot et la notion de liberté tendent à occuper un espace privilégié dans le champ de la production littéraire.

À l'exception peut-être d'une fraction très minoritaire de l'establishment germanopratin, pour laquelle liberté signifie affranchissement de toute contrainte et se conjugue avec fureur de vivre, il n'y a guère de profession de foi « libertaire » qui ne soit assortie de restrictions quant à la signification de cette valeur et aux règles qui doivent, estime-t-on, présider à son épanouissement. Or ces règles sont celles d'une société politiquement libre, mais dans laquelle les effets pervers du libéralisme seront annihilés, ou du moins corrigés par l'application de deux autres principes sacrés relevant de l'héritage républicain : la justice et la vertu. L'aspiration n'est pas nouvelle. Pendant toute la période de l'entre-deux-guerres, et principalement à la charnière des années 20 et 30, nombreux sont ceux qui, à gauche comme à droite, ont rêvé d'une rénovation politique restauratrice des valeurs et des pratiques de la République jacobine. La guerre et la Libération ayant fait table rase d'un régime qui a doublement failli, en ne sachant pas préparer la France à la guerre puis en se sabordant pour laisser le champ libre aux adversaires de la démocratie, le moment paraît venu de donner à celle-ci un autre visage que celui qu'elle avait pris avec la IIIe République finissante, et qui était celui de l'impuissance et du règne de l'argent.

Tel est le message des intellectuels qui, dans le droit fil du programme du CNR, rêvent de concilier ou de réconcilier pratique de la démocratie et efficacité gouvernementale, liberté et justice sociale, institutions républicaines et moralité politique. Tous ne sont pas d'accord sur la teneur de l'alliage qui fera, comme l'écrit *Combat*, une République « *pure comme l'acier de la lame de Roland* ». Mais tous, ou presque, s'accordent à proclamer qu'elle sera le produit d'une « révolution » qui substituera à l'oligarchie économique et aux politiciens de l'avant-guerre une élite nouvelle, forgée par la Résistance. La justice, écrit Camus, « *vaut bien une révolution* » (*Combat*, 25 novembre 1944), et Mounier n'est pas le dernier à admettre que celle-ci ne s'opérera pas sans heurt. L'« *opération radicale* », d'où sortira la « *démocratie réelle* » dont il se déclare partisan, « *ne se fera pas*, écrit-il, *sans résistances violentes qui amèneront des contre-violences* » (*Esprit*, décembre 1944). Plus modéré, parce que pressentant déjà de quelles dérives totalitaires sont porteuses les révolutions qui se réclament prioritairement de la justice et de la vertu, Raymond Aron privilégie pour sa part une « *évolution pacifique ordonnée* » dont l'instrument pourrait être la SFIO : il n'en évalue pas moins avec sympathie « *les chances du socialisme* » dans la société française de l'après-guerre et estime que l'action de cette organisation politique devrait aboutir à la « *direction de l'économie par l'État sous l'influence des masses populaires* » (*Les Temps modernes*, n° 2, novembre 1945, pp. 233-234).

Pour la majorité des écrivains et des artistes issus de la Résistance, ou ralliés à cette dernière au cours de la phase ultime de l'occupation, la priorité consiste à balayer devant leur porte et à procéder au grand nettoyage d'un milieu qui avait été particulièrement perméable aux diverses formes de la collaboration et du compagnonnage de route avec l'occupant. Tandis que l'appareil judiciaire frappe avec une rigueur particulière les plus compromis — Henri Béraud, Lucien Rebatet, Georges Suarez, Alphonse de Châteaubriant sont condamnés à mort et graciés, alors que Paul Chack et Robert Brasillach sont fusillés et que Drieu La Rochelle, qui s'est caché pendant quelques mois dans un appartement parisien, se donne la mort en mars 1945 —, le Conseil national des écrivains dresse des listes noires qui valent pour ceux qui y figurent interdiction d'être publiés dans la presse ou dans l'édition. L'établissement de ces listes, où l'on trouve à côté des noms précédemment cités ceux de Giono, de Maurras, de Montherlant, de Céline, de Jacques Chardonne, de Paul Morand, de Pierre Benoit, de Henry Bordeaux, etc. — la dernière liste, publiée en octobre 1944, comportant 165 noms —, ne fait pas l'unanimité au sein d'un CNE en proie aux règlements de comptes personnels et à la très forte influence du parti communiste. Jean Paulhan notamment s'élève dans une *Lettre aux directeurs de la Résistance* contre ce qu'il considère comme un déni de justice et une manipulation politique.

De même, les poursuites engagées contre les écrivains et les artistes soupçonnés d'avoir, à des titres divers, pactisé avec l'ennemi donnent lieu à un débat passionné. Il faut dire qu'après avoir pris la place des Juifs et des anciens résistants, à Drancy ou à Fresnes, ils vont être jugés, souvent de manière expéditive et par les mêmes magistrats qui avaient requis quelques mois plus tôt contre les résistants, pour « atteinte à la sûreté de l'État » telle que celle-ci est définie dans le Code pénal, ce qui implique — compte tenu de l'imbroglio politico-diplomatique franco-français du temps de guerre — un recours non formulé au verdict de l'histoire et à la raison du vainqueur dont Jean Paulhan et Raymond Aron seront parmi les premiers à dénoncer le caractère arbitraire.

C'est également la hantise de l'arbitraire qui fait que François Mauriac (« saint François des Assises » pour *Le Canard enchaîné*) se dresse non pas contre le principe de l'épuration judiciaire, mais contre le recours, trop fréquent à ses yeux, à la peine capitale. Invoquant le devoir de charité qui s'impose à chaque chrétien et s'insurgeant contre le caractère expéditif d'une procédure qui fait la part belle au risque de l'erreur judiciaire, Mauriac engage au début de 1945 dans les colonnes du *Figaro* une polémique acerbe avec Camus, pour qui la charité et le pardon doivent s'incliner devant « *la plus impitoyable et la plus déterminée des justices* ». « *En tant qu'homme*, écrit l'auteur des *Justes*, *j'admirerai peut-être M. Mauriac de savoir aimer les traîtres, mais en tant que citoyen, je le déplorerai, parce que cet amour nous amènera justement une nation de traîtres et de médiocres* » (*Combat*, 11 janvier 1945).

Bien qu'elle ne soit pas encore au courant des horreurs que vont révéler au printemps la découverte des camps d'extermination nazis et le retour des premiers déportés, l'opinion penche alors très fortement en faveur du second. Les sondages de l'IFOP révèlent en effet que 52 % des Français approuvent la condamnation à mort de Brasillach, contre 30 % qui se disent « sans opinion ». Mauriac, à qui le nazisme fait horreur et qui ne peut en aucune façon être suspecté d'inclination vichyste rétrospective, n'en a que plus de mérite à prendre publiquement position pour que Brasillach ne soit pas condamné à mort, puis, une fois le verdict acquis, pour que l'ancien rédacteur en chef de *Je suis partout* bénéficie de la grâce du chef du gouvernement provisoire. On sait que ni la lettre de l'écrivain catholique qui sera lue à l'audience, ni la pétition signée par 63 artistes et écrivains ne fléchiront le général de Gaulle. Le 6 février 1945, l'auteur de *Notre avant-guerre* est fusillé au fort de Montrouge. Le débat qui s'ensuit porte sur la responsabilité de l'intellectuel et de ses écrits dans le déchaînement de haines qui a conduit certains Français à se faire les alliés du nazisme et les complices de ses crimes. « *Il y a,* écrira Simone de Beauvoir, *des mots aussi meurtriers que des chambres à gaz.* »

Angoisse et engagement

Une fois passée l'euphorie de la Libération et de la victoire, l'air du temps se teinte d'un sentiment d'angoisse qui ne relève que partiellement du traumatisme de la guerre et qui suscite chez les écrivains et dans le public des réactions très diverses.

Au niveau le plus concret, le conflit mondial a fait rejouer, avec une force décuplée, les réflexes et les interrogations des intellectuels en regard d'un monde perçu comme de plus en plus irrationnel et inhumain. La science et la technologie de pointe mises au service de la tuerie de masse, la révélation des capacités de destruction propres aux armes nucléaires, les bombardements terroristes (Hiroshima et Nagasaki sans doute, mais aussi Dresde et Londres), le massacre des civils, la sinistre résurgence de la torture et de la famine, l'horreur soulevée par la « solution finale », etc., tout cela s'inscrit dans une perspective historique qui paraît une fois de plus contredire le schéma progressiste cher aux héritiers des Lumières et achève de ruiner l'ancien système de valeurs. Ceci, dans un climat où la peur d'une nouvelle guerre, plus meurtrière encore que celle qui vient de finir, a vite remplacé l'optimisme consensuel de la Libération.

À ce pessimisme ambiant, qui va s'amplifier avec les premiers développements de la guerre froide, beaucoup réagissent, surtout parmi les jeunes et dans les petits cénacles intellectuels parisiens, en affichant une « fureur de vivre » qui est à la fois, on l'a vu, refus de toutes les contraintes et de tous les tabous, et fuite un peu suicidaire dans un monde artificiel que symbolise, jusqu'au début des années 1950, le mythe de Saint-Germain-des-Prés. À la « Coupole » et au « Café de Flore », aux « Deux-Magots » et au « Bar Vert », au « Petit Saint-Benoît » et aux « Assassins », chez Marguerite Duras et à la « Rhumerie » se côtoient écrivains et artistes, poètes et chanteurs (Boris Vian, Juliette Gréco, Jacques Prévert), cinéastes et journalistes, et surtout, autour de Jean-Paul Sartre et de la petite équipe des « Temps modernes » (Simone de Beauvoir, Aron, Merleau-Ponty), tous ceux séduits, sans toujours la comprendre, par la philosophie nouvelle : l'existentialisme. À l'écoute des nouveaux maîtres à penser, la jeune génération bourgeoise se presse dans les « caves » à la mode, au Tabou, à la Huchette, au Lorientais, etc., cherchant un remède à son mal de vivre dans un étourdissement de musique de jazz, de danse et de transgressions provocatrices.

À l'angoisse et au sentiment de l'absurde qui occupent les esprits, répond chez de nombreux intellectuels le souci de donner un sens au monde dans lequel ils vivent en participant aux grands débats et combats de leur temps. L'engagement, quelle qu'en soit la forme, est à l'ordre du jour, et ceci d'autant plus qu'au lendemain de la guerre, il s'inscrit dans la continuité de la lutte antifasciste et de la Résistance. Nombreux sont ceux qui, comme Aragon, Éluard, Roger Vaillant, Edgar Morin, Claude Roy et beaucoup d'autres, ont adhéré au parti communiste plus par haine du fascisme et par souci de justice sociale qu'à la suite d'un choix idéologique délibéré. D'autres, se réclamant ou non du marxisme, se refusent à franchir le pas et à entrer dans une organisation dont ils ne partagent pas toutes les idées mais qui leur paraît porteuse d'avenir parce que « sur les positions de la classe ouvrière », acceptant de se ranger pendant quelque temps parmi les « compagnons de route » du PC.

Le succès que rencontrent au lendemain de la Libération l'œuvre romanesque et scénique de Jean-Paul Sartre et celle d'Albert Camus s'expliquent à bien des égards par le fait qu'elles sont emblématiques de leur temps, répondent aux inquiétudes de la génération issue de la guerre et offrent également à celle-ci une éthique de l'engagement qui diffère il est vrai de celle des adeptes de l'église communiste.

Il n'y a en effet pas grand-chose de commun au départ entre la démarche de l'intellectuel qui adhère au parti par antifascisme ou à la suite d'une prise de conscience des injustices de la société et celle du héros sartrien dont le choix relève du malaise métaphysique. L'angoisse qu'éprouvent le Roquentin de *La Nausée* ou le Mathieu des *Chemins de la liberté* naît en effet du sentiment de l'absurde que génère la perception du monde, du « fourmillement de la contingence » auxquels l'individu ne peut échapper que par l'action voulue et choisie. L'homme n'est ni la créature de Dieu, ni le représentant d'une « nature humaine » qui serait antérieure à sa propre existence. C'est son existence même qui le définit et il n'a de sens que par ses actes (« *l'homme est ce qu'il se fait* ») : ce qui fonde à la fois sa liberté et ses valeurs, car le bien et le mal ne doivent pas être considérés comme des absolus.

Albert Camus, dont la pensée présente de nombreuses analogies avec celle de Sartre sans relever toutefois *stricto sensu* du courant existentialiste, fait lui aussi le constat de l'absurdité d'un monde qui est à la fois étrange, hostile et « peuplé d'irrationnel ». Récusant à son tour les attitudes d'évasion que constituent à ses yeux le suicide et la croyance religieuse, il pense que ce qui fait la grandeur de l'homme et donne un sens à son existence, c'est d'agir en sachant quelle est la vanité des efforts qu'il déploie. Ce défi, cette révolte lucide et désespérée pour échapper à sa condition et à son destin biologique, font de l'homme un être libre et lui offrent le seul bonheur qui lui soit accessible : celui de la conscience de sa liberté et de sa dignité. « *La lutte vers les sommets*, écrit-il, *suffit à remplir un cœur d'homme. Il faut imaginer Sisyphe heureux* » (*Le Mythe de Sisyphe*, 1942).

Cette éthique peut servir d'alibi aux actions les plus éloignées de l'utilitarisme social. En effet, si l'acte individuel suffit à fonder la liberté et les valeurs humaines, sans référence à une métaphysique ou à une morale préétablie, toute action, quelle qu'elle soit, présente un aspect positif : aussi bien l'entreprise humanitaire et désintéressée que le geste gratuit du nihiliste (*Les Justes* de Camus), voire des actions nuisibles à autrui (le crime rêvé d'Erostrate dans *Le Mur* de Sartre). Les deux maîtres à penser de la génération de l'après-guerre ont eu, chacun à sa manière, conscience des dangers d'une telle attitude et n'ont cessé de la corriger, en intégrant dans leur schéma intellectuel — au prix de contradictions qui ne leur échappent pas — des données inspirées de l'humanisme traditionnel. Camus pose ainsi des limites à sa révolte, en proposant à ses contemporains de « *diminuer arithmétiquement la douleur du monde* », en se réclamant de valeurs telles que la justice et la fraternité, et en refusant toute forme de terreur, fût-elle destinée à préparer l'avènement d'une société plus juste. Alors que Sartre, qui se préoccupe déjà de « *ne pas décourager Billancourt* », accepte de faire « *un bout de chemin* » avec les communistes, l'auteur de *l'Étranger* condamne sans appel toute forme de terrorisme totalitaire.

Sartre, de son côté, ne se contente pas de faire grief à Flaubert et aux Goncourt d'être « *responsables de la répression qui suivit la Commune parce qu'ils n'ont pas écrit une ligne pour l'empêcher* ». Il exalte en même temps le combat d'un Voltaire et d'un Zola contre l'injustice et l'intolérance. « *Pour nous*, écrit-il, *l'écrivain est 'dans le coup', quoi qu'il fasse, marqué, compromis, jusque dans sa plus lointaine retraite.* »

Si la philosophie sartrienne ne bouleverse en rien la pensée contemporaine et ne fournit en quelque sorte qu'un apport modeste aux doctrines « existentialistes », l'influence qu'a exercée sur la génération de l'après-guerre l'auteur de *L'Être et le Néant* et l'équipe des *Temps modernes* a été considérable, comme en témoigne douze ans après la fin du conflit l'enquête sur la « Nouvelle Vague » effectuée auprès des lecteurs de *L'Express*. Jusqu'en 1945, Jean-Paul Sartre, qui avait alors une quarantaine d'années et plusieurs œuvres importantes derrière lui (*La Nausée* et *Le Mur* avaient été publiés avant la guerre, *L'Être et le Néant* date de 1943), était resté à peu près inconnu du grand public. Or en quelques mois sa notoriété atteint des sommets, de même que celle de Simone de Beauvoir, laquelle décrit et explique en ces termes le succès de la « tribu existentialiste » :

> « *Ce fut donc une 'offensive existentialiste' que, sans l'avoir concertée, nous déclenchâmes en ce début d'automne. Dans les semaines qui suivirent la publication de mon roman, les deux premiers volumes des* Chemins de la Liberté *parurent, et les premiers numéros des* Temps modernes. *Sartre donna une conférence* — L'existentialisme est-il un humanisme ? — *et j'en fis une au club* Maintenant *sur le roman et la métaphysique.* Les Bouches inutiles *furent jouées... Le tumulte que nous soulevâmes nous surprit.*
> *Ce fracas s'expliquait en partie par l''inflation' que sur le moment même Sartre a dénoncée ; devenue une puissance de second ordre, la France se défendait en exaltant, à des fins d'exportation, les produits de son terroir : haute couture et littérature. Le plus modeste écrit suscitait des acclamations, on menait grand tapage autour de son auteur : les pays étrangers s'émouvaient avec bienveillance de ce vacarme et l'amplifiaient. Cependant, si les circonstances jouèrent à un si haut point en faveur de Sartre, ce ne fut pas par hasard ; il y avait, du moins à première vue, un remarquable accord entre ce qu'il apportait au public et ce que celui-ci réclamait. Les petits bourgeois qui le lisaient avaient eux aussi perdu leur foi dans la paix éternelle, dans un calme progrès, dans des essences immuables ; ils avaient découvert l'Histoire sous sa figure la plus affreuse. Ils avaient besoin d'une idéologie qui intégrât ces révélations, sans les obliger cependant à jeter par-dessus bord leurs anciennes justifications. L'existentialisme, s'efforçant à assumer leur condition transitoire sans renoncer à un certain absolu, à affronter l'horreur et l'absurdité tout en gardant leur dignité d'homme, à préserver leur singularité. Il semblait leur fournir la solution rêvée.* »
>
> (S. de Beauvoir, *La Force des choses*, Paris, Gallimard, 1963).

L'immense fortune littéraire et médiatique de Sartre et de sa « tribu », leur impact sur une partie de la jeunesse intellectuelle et la réputation sulfureuse qu'une presse avide de scandale avait faite au locataire, au demeurant fort studieux, de la rue Bonaparte, eurent tôt fait de déchaîner contre lui ce qu'Ariane Chebel d'Appollonia a appelé le « clan des anti » (*Histoire politique des intellectuels en France, 1944-1954*, tome I, Bruxelles, Complexe, 1991, pp. 123 sq.). S'y croisaient, avec des arguments et des fureurs langagières peu dissemblables, des extrémistes de droite comme Pierre Boutang et de grands noms de l'establishment littéraire comme Gide (« le mouvement caca »), Mauriac (le « rat visqueux ») et Julien Benda, d'épisodiques compagnons de route du PC comme Emmanuel Mounier et les gros bataillons de l'intelligentsia communiste, Aragon et Garaudy en tête : tous s'accordant à voir dans l'« animal Sartre » (J. Kanapa) un corrupteur de la jeunesse et une émanation de la « pourriture » ambiante. Trois ans avant la condamnation par le porte-parole du jdanovisme des « *chacals tapant à la machine* » et des « *hyènes maniant le stylo* » (lors du « Congrès des intellectuels pour la paix » réuni à Wroclaw, en Pologne, en août 1948), le ton est donné, et par des clercs qui sont loin d'être unanimement placés sur les « positions de la classe ouvrière ».

Une culture de guerre froide

À partir de la fin de 1946, le champ culturel au sens large est devenu un terrain d'affrontement pour les influences rivales des deux principaux vainqueurs de la guerre. Celle des États-Unis bénéficie des atouts nouveaux que confère à cette puissance son avance technologique, sa prépondérance financière, industrielle et commerciale, ainsi que le prestige résultant du rôle qu'elle a joué dans la lutte contre la coalition hitlérienne, puis dans la reconstruction rapide des pays libérés.

À l'image, très répandue on l'a vu dans l'intelligentsia française de l'avant-guerre, d'un pays sans âme et sans culture, voué à la robotisation (cf. G. Duhamel et la plupart des auteurs de récits de voyage) et soumis à la toute-puissance du roi dollar, se substitue chez beaucoup de Français celle d'une civilisation qui a su allier aux avantages matériels qu'elle tire de sa haute technicité le respect des idéaux démocratiques. À l'heure où, dans le contexte des premiers affrontements de la guerre froide, l'Europe sinistrée et affaiblie paraît menacée par un totalitarisme non moins redoutable que celui qui a fait naufrage avec l'Allemagne hitlérienne, ils se tournent vers les principaux artisans de la victoire, à la fois pour leur demander d'assurer leur défense et pour se mettre à leur école, en occultant fréquemment il est vrai les zones d'ombre que recouvre à cette date le mythe de l'Amérique terre de liberté (problèmes raciaux, inégalités, maccarthysme).

Il est à noter d'ailleurs que cette évolution ne se fait pas brusquement. Interrogés par l'IFOP en 1944, 61 % des Français considèrent que l'URSS a plus que les autres pays contribué à la défaite de l'Axe, contre 29 % pour les États-Unis. En mars 1947, à la question « *une nation cherche-t-elle à dominer le monde ?* », l'URSS n'est encore placée devant sa rivale d'outre-Atlantique qu'avec un point de distance (contre 7 en juillet de la même année). Un an plus tard, le « désir sincère de paix » de l'Union soviétique n'est plus admis que par 23 % des personnes sondées contre 40 % qui sont d'un avis contraire. En août 1950 (deux mois après le déclenchement des hostilités en Corée), les sympathies des Français vont à 52 % aux Américains contre 13 % aux Soviétiques (presque tous relevant de l'électorat communiste). Enfin, en 1956, les opinions favorables à la superpuissance de l'Est tombent au-dessous de 12 %.

La force de pénétration du « modèle » américain concerne moins les formes traditionnelles et élitistes de la culture que les divers aspects d'une culture de masse dont les produits répondent aux aspirations d'un vaste public, composé principalement de jeunes et épris de modernité. Sans doute les grands noms du roman américain contemporain (Hemingway, Faulkner, Caldwell, Steinbeck, etc.) trouvent-ils dans l'Hexagone des lecteurs plus nombreux qu'avant la guerre, mais, comme en témoigne une enquête effectuée en 1948 auprès des étudiants en lettres de Paris, on leur préfère généralement les « classiques » de la littérature française du XXe siècle, les Gide, Valéry, Malraux, Duhamel, Claudel, ou les nouveaux « mandarins » de la Rive gauche. En revanche, il existe un vif engouement pour le jazz, fréquemment perçu il est vrai comme musique « noire », ce qui aboutit à un véritable renversement d'image, pour le cinéma américain (celui des années 30 plutôt que celui des *fifties*), pour la littérature de science-fiction et pour le roman policier, comme en témoigne le fulgurant succès de la « série noire », publiée par Gallimard et dirigée par Marcel Duhamel : un vecteur de l'influence américaine qui introduit lui aussi une image ambiguë de l'Amérique, tout comme les imitations et pastiches auxquels se livrent certains indigènes germanopratins, tel le Boris Vian de *J'irai cracher sur vos tombes*. Seule la bande dessinée d'outre-Atlantique voit son influence décroître par rapport à l'avant-guerre, son homologue français se trouvant protégée par la loi de 1949 sur les publications de la jeunesse.

Favorisée par la force de pénétration de puissants réseaux financiers, par l'hégémonie linguistique que l'anglais commence à exercer à cette époque, par l'action concertée d'hommes d'affaires et de gouvernants pour lesquels l'ouverture des marchés extérieurs aux produits de la culture nord-américaine présente à la fois un intérêt politique (en diffusant une « bonne image » de l'Amérique) et économique, la diffusion des modes et des modèles en provenance des États-Unis se heurte fréquemment à la résistance des formes traditionnelles de la culture hexagonale, qu'il s'agisse de l'attachement au « patrimoine » classique ou des formes multiples d'une culture populaire qui conserve à cette date nombre de ses traits spécifiques, que ce soit dans le monde rural ou en milieu urbain. Jusqu'au milieu des années 50, le temps n'est pas encore venu — il faudra attendre au moins un ou deux lustres — où Claude Nougaro et Yves Montand pourront dire en chanson « *quand le jazz est là, la java s'en va* ».

D'autre part, la puissance du courant communiste et le poids du parti communiste constituent un contrepoids important à la pénétration des influences américaines. Sans doute faut-il ramener à la juste mesure l'influence exercée par le PCF sur le monde intellectuel de l'après-guerre. Les travaux de Jeannine Verdès-Leroux (*Au service du parti. Le parti communiste, les intellectuels et la culture (1944-1956)*, Paris, Fayard-Éditions de Minuit, 1983) ont clairement montré que l'image du PCF comme « parti de l'intelligence française », dont Georges Cogniot avait fait l'un des slogans du Xe Congrès en 1945, était largement mythique, et qu'il y avait lieu de considérer à la fois la relative étroitesse de la base statistique de l'intelligentsia communiste et d'autre part sa très grande hétérogénéité.

Il n'en demeure pas moins que le PCF de l'après-guerre constitue dans le champ intellectuel, flanqué des bastions avancés que forment les divers noyaux de sympathisants et autres « compagnons de route » — très fortement ancrés ceux-là dans le monde du « mandarinat » —, une « citadelle » qui pour être assiégée n'en est pas moins redoutable, avec son réseau de presse et de revues spécialisées (de *La Pensée* à *Lettres françaises*, de *La Nouvelle Critique* à *Arts de France* et à *L'Écran français*, pour ne parler que des titres les plus significatifs), avec le rôle de magistère et de station d'« épuration » qu'exerce, nous l'avons vu, en début de parcours le CNE, placé sous le double symbole de la royauté aragonienne et du voisinage élyséen (la « Maison de la pensée » est située à l'angle de l'avenue Gabriel et de la rue de l'Élysée : en 1952, une foule de militants et de sympathisants du PC défilera pendant des heures devant le cercueil de Paul Éluard). Avec surtout sa puissante capacité de promotion interne et son aptitude à transformer d'obscurs intellectuels « organiques » ou « prolétaroïdes » en « intellectuels » reconnus, ou du moins en producteurs de culture auxquels (c'est le cas du romancier André Stil ou du peintre Fougeron) le parti fournit un public, une tribune et un formidable soutien médiatique. Tout cela certes va avoir tendance à se réduire avec le temps et avec le raidissement des blocs, mais jusqu'en 1956 — date du premier exode massif des intellectuels communistes de l'après-guerre — la citadelle tient bon.

Pour en revenir à l'affrontement des modèles idéologiques et culturels, disons qu'à ceux qu'ils jugent « décadents » et dont ils dénoncent le caractère « étranger » et la vocation impérialiste, les communistes opposent les modèles qui, dans la tradition nationale, s'accordent le mieux avec leurs propres idéaux. Pourtant, c'est moins la référence aux grandes œuvres du passé — celle d'un Zola, d'un Hugo ou d'un Courbet — qui guide la majorité des écrivains et artistes communistes dans leur activité de créateurs que les principes d'un « réalisme socialiste » dont Jdanov, principal idéologue du PCUS, a fixé les principes intangibles : exaltation de la classe ouvrière et du parti, culte du « héros positif », glorification des « valeurs prolétariennes » (travail, loyauté, abnégation et autres vertus morales supposées émaner du peuple), condamnation du « modernisme » dans les arts et les lettres, etc.

En août 1948, lors du « Congrès des intellectuels pour la paix » qui se tient à Wroclaw, en Pologne, ces articles du dogme sont énoncés avec véhémence à la tribune, non par Jdanov qui est alors tombé en disgrâce et mourra peu de temps après, mais par le romancier soviétique Fadeïev, lequel profite de la circonstance pour condamner avec une extrême violence Sartre, Malraux et divers autres écrivains « bourgeois », traités de « fauves » au service des « potentats » et des « monopoles américains », de « chacals tapant à la machine » et de « hyènes maniant le stylo ». Ceci, devant un parterre de 500 délégués parmi lesquels figurent nombre d'intellectuels n'appartenant pas au mouvement communiste, tels Irène Joliot-Curie, Julien Benda et Maurice Bedel, président de la société des gens de lettres.

À partir de cette date, la culture communiste de guerre froide s'enfonce pour de nombreuses années dans un conformisme idéologique et formel et dans un dogmatisme figé d'où émergent toutefois épisodiquement des œuvres de valeur, y compris lorsqu'elles se veulent politiques et s'inscrivent dans le contexte de l'affrontement entre les deux idéologies dominantes. Certaines, par exemple les poèmes de Guillevic et surtout ceux de Paul Éluard, seront bien accueillies par les instances dirigeantes du PC, en dépit de leur modernité, parfois de leur hermétisme. D'autres au contraire donneront lieu de leur part à des réactions de mauvaise humeur : tel le portrait de Staline, paru, avec l'aval d'Aragon, à la une des *Lettres françaises*, au lendemain de la mort du dictateur, en mars 1953. Un Staline rajeuni et passablement éloigné des canons du « réalisme socialiste », ce

794

qui, « à l'initiative de la base », allait entraîner une vigoureuse désapprobation de la part de l'état-major du parti. On pouvait ainsi, à la date du 18 mars 1953, lire dans *L'Humanité* le communiqué suivant :

> « *Le secrétariat du PCF désapprouve catégoriquement la publication dans* Les Lettres françaises *du 12 mars du portrait du grand Staline dessiné par le camarade Picasso.*
> *Sans mettre en doute les sentiments du grand artiste Picasso, dont chacun connaît l'attachement à la cause de la classe ouvrière, le secrétariat du PCF regrette que le camarade Aragon, membre du comité central et directeur des* Lettres françaises, *qui par ailleurs lutte courageusement pour le développement de l'art réaliste, ait permis cette publication.* »

C'est en fin de compte autour de l'affrontement entre ces deux modèles dominants que se structure pendant les années de la guerre froide le champ culturel et idéologique. D'un côté les communistes, engagés en première ligne de toutes les batailles, et les plus dociles des compagnons de route : aux uns et aux autres, le ton a été donné par Laurent Casanova lors du XIe congrès du PCF à Strasbourg, en 1947, lorsque ce responsable des questions culturelles au sein de l'organisation communiste a déclaré que les intellectuels devaient « rallier les positions de la classe ouvrière ». De l'autre, les partisans de l'« atlantisme », dont l'action s'est opérée avec retard sur celle des premiers, selon une logique négative — en tout cas défensive — qui est celle du rejet du modèle stalinien.

Entreprise difficile, dans un contexte marqué par la forte domination de l'intelligentsia de gauche, et qui a infiniment de difficulté à croître de manière autonome. De là le soutien apporté par les fonds secrets gouvernementaux, ou par les syndicats américains (en attendant le relais de la CIA) à de pures officines de propagande anticommuniste — comme « Paix et Liberté », créée par la présidence du Conseil en 1950 — ou à des entreprises plus consistantes et regroupant, sous la bannière alors difficile à porter du « monde libre », des intellectuels venus d'horizons divers. Ainsi en est-il des Congrès pour la Liberté de la culture, symboliquement lancés à Berlin-Ouest en juin 1950, et de la revue *Preuves* qui en est l'expression francophone et dans laquelle coexistent des personnalités de sensibilités aussi diverses que Michel Collinet, André Philip, Jules Monnerot, Thierry Maulnier, Denis de Rougemont et Raymond Aron, ce dernier ayant de bonne heure rompu les ponts avec son ancien condisciple Sartre et avec l'équipe des *Temps modernes*.

Entre ces deux pôles, qui reproduisent sur le plan de l'Hexagone et dans le champ de la culture, le partage bipolaire issu de la guerre froide, se mettent en place entre 1947 et 1950 les lignes de clivage dont les rencontres conflictuelles font le débat idéologique et culturel au cours de ces années tournantes de l'après-guerre.

Débat tout d'abord au sein de la famille divisée de la gauche non conformiste entre les inconditionnels de l'URSS et les « neutralistes » en quête d'une « troisième voie » (*Esprit*, *France-Observateur*, l'éphémère Rassemblement démocratique révolutionnaire que fondent Sartre et Rousset en 1948 et qui ne survivra pas à la rupture de ses deux principaux dirigeants, ou encore Gilson dans *Le Monde*), ou entre ceux qui choisissent d'entrée de jeu, ou presque, de dénoncer la dérive totalitaire du marxisme (Camus, Rousset, Castoriadis) et la petite cohorte d'intellectuels qui, malgré ses démêlés avec le PC, se refuse à dénoncer le Goulag pour ne pas « désespérer Billancourt ». Sartre appartient à cette dernière catégorie. D'abord pris à partie avec une violence extrême par les jdanoviens français — Courtade et Kanapa — qui, entre autres griefs, reprochent à l'auteur des *Mains sales* (1948) l'anticommunisme que révèle à leurs yeux ce grand succès théâtral, le philosophe revient en effet avec la guerre de Corée et les batailles pour la « sale guerre » d'Indochine à un compagnonnage de route qui durera jusqu'à la révélation des crimes de Staline au XXe Congrès du PCUS et à la répression de l'insurrection hongroise, provoquant la rupture d'Étiemble et de Merleau-Ponty avec l'équipe des *Temps modernes*.

Un débat symétrique oppose au même moment, au sein de la constellation anticommuniste, « atlantistes » et « gaullistes ». Rassemblés depuis 1949 autour de la revue *Liberté de l'esprit*, que dirige Claude Mauriac et dont le financement est assuré par le RPF, ces derniers s'en prennent en effet aussi bien à l'impérialisme soviétique qu'à des formes de domination et de déculturation jugées par eux aussi dangereuses pour la survie de l'esprit européen ; à savoir la communauté atlantique dominée par les États-Unis et l'« Europe de Monnet ».

Arts et lettres dans la tourmente du « grand schisme »

La littérature du second après-guerre porte fortement la marque de ces tensions. L'œuvre romanesque et théâtrale de Sartre, tout comme celle d'Albert Camus, traduisent à la fois l'évolution des deux écrivains les plus représentatifs de la « Rive gauche » en regard des problèmes de leur temps et le conflit qui oppose dès 1951 le fondateur des *Temps modernes*, qui considère désormais que le PCF est « l'expression nécessaire et exacte de la classe ouvrière », et l'auteur des *Justes* pour qui le « messianisme utopique » de Marx et de ses épigones ne peut avoir pour objet que de « fabriquer des esclaves ». Simone de Beauvoir fera de cette douloureuse querelle le sujet principal de son roman *Les Mandarins*, couronné par le jury Goncourt en 1954, mais il faudra attendre la mort en 1960 du prix Nobel de littérature pour que Sartre lui rende enfin justice. « *Son humanisme têtu*, écrira-t-il alors, *étroit et pur, austère et sensuel, livrait un combat douteux contre les événements massifs et difformes de ce temps. Mais, inversement, il réaffirmait, au cœur de notre époque, contre les machiavéliens, contre le veau d'or du réalisme, l'existence du fait moral.* »

Par leur qualité littéraire et par leur immense retentissement médiatique, les œuvres de Camus et de Sartre occupent pendant la décennie qui suit la guerre un espace que ne peut guère leur disputer la cohorte pourtant nombreuse et prolixe des écrivains directement reliés au PC. Trônant en majesté sur une intelligentsia communiste qui applique sans états d'âme les préceptes jdanoviens, Louis Aragon a abandonné le grand romanesque psychologique et social (*Aurélien*, *Les Beaux Quartiers*, *Les Voyageurs de l'Impériale*) pour la fresque politique et passablement pesante des *Communistes* (1949-1951), ou pour une « poésie » de circonstance à la gloire de Staline et de Maurice Thorez, en attendant de revenir à partir de 1954 à une plus grande autonomie esthétique (*Le Roman inachevé*, 1956). Elsa Triolet, qui a publié son meilleur livre en 1942 (*Le Cheval blanc*) et obtenu le Goncourt en 1944 avec *Le Premier Accroc coûte deux cents francs*), manifeste une plus grande discrétion dans son engagement formel, de même qu'Éluard et que Roger Vailland, dont le séjour relativement bref au sein de la famille communiste ne suffira pas à faire de ses romans les plus « militants » (*Beau Masque*, *325 000 francs*) d'authentiques échantillons de la littérature « prolétarienne ».

En revanche, il se développe au cours de la phase la plus aiguë de la guerre froide une littérature de combat, produite par des intellectuels « organiques » ayant fait carrière dans l'appareil du parti et dont le prototype est constitué par les deux volumes qu'André Stil, rédacteur en chef de *Ce Soir* puis de *L'Humanité*, a publiés en 1951 et 1952 sous le titre *Le Premier Choc*. Cet ouvrage de circonstance, qui met en scène des militants du PCF et des dockers de Saint-Nazaire en lutte contre l'« impérialisme américain » au moment de la guerre d'Indochine, vaudra à son auteur de recevoir la distinction suprême de l'intelligentsia communiste internationale : le Prix Staline de littérature. À la même veine glorificatrice du « héros positif » et des « vertus prolétariennes », évoqués avec peut-être des traits un peu moins accusés, se rattachent les romans d'un Pierre Courtade (*Jimmy*, 1951) ou d'un Jean Laffitte.

On a vu que face à ces courants engagés à gauche s'était peu à peu constitué un bastion d'intellectuels gaullistes, issu lui aussi de la Résistance et dont André Malraux — qui publie moins depuis la guerre et manifeste une certaine gêne devant ses propres chefs-d'œuvre, dès lors qu'ils constituent pour beaucoup de jeunes une sorte de propédeutique à l'entrée en marxisme — constitue la figure de proue. Rassemblés autour de la revue *Liberté de l'esprit*, les représentants de ce courant ne tardent pas à être rejoints puis dépassés en anticommunisme par des écrivains se rattachant à un droite plus traditionnelle.

Bien qu'il se réclame avec force du refus de l'engagement politique, le petit cénacle de jeunes écrivains auxquels Bernard Franck a donné le nom — qui lui restera — de « hussards » se situe, lui aussi, à droite du spectre idéologique. Il rassemble autour de la revue *La Table ronde* des littérateurs âgés pour la plupart de moins de trente ans dont le chef de file est Roger Nimier (*Les Épées*, 1948, *Le Hussard bleu*, 1950) : Jacques Laurent, Jean-Louis Curtis, Michel Déon, Kléber Haedens, Antoine Blondin, etc. Au-delà des anathèmes lancés contre le « terrorisme intellectuel » de la tribu sartrienne et contre la « tentative d'asservissement des lettres au nom du dogme de l'engagement », dont parlera plus tard Jacques Laurent, c'est un « apolitisme » tout relatif qui fait courir les « hussards », fait d'anticommunisme et de référence aux valeurs viriles, à l'élitisme et au nationalisme. Blondin ne se veut ni de droite ni de gauche, mais « au milieu », ce qui ne l'empêche pas de collaborer épisodiquement à des organes de la droite extrême, tels qu'*Aspects de la France* et *Rivarol*, et à rendre visite chaque dimanche à Céline, dans son pavillon de Meudon, en compagnie de Marcel Aymé et de Nimier (cf. A. Chebel d'Appollonia, *Histoire politique des intellectuels*, *op. cit.*, vol. 2, p. 103). Il n'en reste pas moins qu'autour de ceux que François Mauriac — qui a un moment servi de mentor au groupe — finira par considérer comme des « chevau-légers maurrassiens », a soufflé pendant quelque temps un air de liberté intellectuelle et d'« improvisation ingénue » (Michel Déon) qui tranche avec la dramatisation verbale de l'époque et qui imprègne notamment l'impertinente et allègre revue de Jacques Laurent, *La Parisienne*.

Tandis que s'affrontent ces différents courants, perdure dans les lettres françaises une tradition classique, incarnée par de grands écrivains en fin de carrière comme Valéry, Claudel, Montherlant, Gide (Prix Nobel de littérature en 1947) et François Mauriac.
Ils ne font pas l'actualité médiatique, à l'exception du dernier, qui consacre une partie de son énergie au lendemain du conflit mondial à défendre les vaincus de la Libération, puis s'engagera dès le début de la guerre d'Algérie dans la lutte militante contre la torture, mais ils jouissent,

798

tant à l'étranger qu'en dehors de l'Hexagone, d'une audience qui fait les beaux jours des grandes maison d'édition parisienne et concourt au prestige résiduel de notre pays.

Au début des années 1950, l'épicentre de l'innovation littéraire s'est toutefois déplacé de la France vers des pays tels que l'Italie (Vittorini, Pavese, Silone, Calvino, Pratolini, etc.), l'Allemagne (E.M. Remarque, H. Böll, E. Jünger), l'Angleterre (G. Orwell, T.S. Eliot, Lawrence Durrel) et bien sûr les États-Unis. Il faut attendre le milieu de la décennie pour que le relais de la « vague existentialiste » soit pris par de jeunes littérateurs dont le succès provient de leur aptitude à exprimer les nouvelles valeurs libérées des vieilles contraintes — *Bonjour tristesse* de Françoise Sagan paraît en 1954 — et surtout, accueilli par les Éditions de Minuit, par l'école du « Nouveau Roman » (Alain Robbe-Grillet, Nathalie Sarraute, Marguerite Duras, Michel Butor, couronné en 1957 par le Renaudot pour *La Modification*, etc.), pour laquelle l'œuvre romanesque devient à la fois un jeu de langage et une recomposition du réel, un peu à la manière des peintres cubistes. Se rattachent à cette tendance, dans le monde théâtral, des auteurs comme Jean Genet (dont *Les Bonnes* ont été montées par Jouvet dès 1947), Eugène Ionesco (sa *Cantatrice chauve*, montée aux Noctambules dès 1950, a pris racine en 1957 pour plus de trente ans à la Huchette) et Samuel Beckett (*En attendant Godot* et *Fin de partie* datent respectivement de 1953 et 1957).

Les arts plastiques sont dans l'ensemble moins directement impliqués dans le débat et dans le combat politiques de l'après-guerre que la littérature et si affrontement il y a, il se situe le plus souvent sur le terrain esthétique. En octobre 1944, deux mois après la libération de Paris, le Salon d'Automne est le théâtre d'une manifestation d'hostilité envers ce qu'une partie du public considère comme des « fumisteries ». Plusieurs toiles, parmi les plus provocantes, sont décrochées et circulent dans la foule sous les quolibets des adversaires de l'avant-garde. Cette petite émeute, vite oubliée, constitue la dernière manifestation de ce genre, émanant d'un public de connaisseurs, face à la percée inexorable de l'art non figuratif.

Désormais universellement connus grâce à la reproduction de leurs œuvres diffusées par les livres d'art et bientôt affichées en posters dans les demeures « petites-bourgeoises », les grands peintres du premier XXe siècle — cubistes, expressionnistes, surréalistes — connaissent un sort analogue à celui des impressionnistes, même lorsqu'ils ont conservé toute leur audace créative, comme le Matisse des grands papiers collés (*La Tristesse du roi*, 1952) ou le Picasso triomphant qui s'installe à Antibes en 1946 et va dominer pendant plus d'un quart de siècle l'art pictural européen. Bonnard, Braque, Rouault, Chagall, Derain, Fernand Léger, bénéficient de la même consécration au cours des dernières années de leur vie, tout en continuant d'apporter un sang neuf à l'art de leur temps.

Jusqu'au milieu des années 1960, l'abstraction, qui n'avait jusqu'alors rencontré qu'une audience confidentielle, va s'imposer en tant que forme privilégiée de l'art à partir des deux pôles new-yorkais et parisien. À côté de Vasarely, qui constitue au lendemain de la guerre la figure de proue de l'abstraction géométrique, les promoteurs de la nouvelle avant-garde parisienne s'orientent majoritairement vers une forme très spontanée d'abstraction — dite « lyrique » ou encore « gestuelle » —, les signes que l'artiste inscrit sur la toile étant plus, à la manière de Hans Hartung (venu de Dresde en 1935), des griffes, des traces de gestes, que les marques d'une écriture dominée. Se rattachent à cette tendance Nicolas de Staël, revenu pourtant à la figuration en 1952, mais à une figuration dont les éléments sont plus des signes que des représentations (cf. ses *Grands Footballeurs*), et surtout les artistes issus du groupe dit des « Jeunes peintres de tradition française », fondé sous l'occupation pour braver la censure nazie contre l'« art dégénéré » (cf. la thèse de Laurence Bertrand Dorléac : « Art, culture et société : l'exemple des arts plastiques à Paris entre 1940 et 1944 ») et d'où émergent les personnalités de Bazaine, Manessier et Estève. Ils seront rejoints dans les années 50 par d'autres peintres venus soit de l'art figuratif, comme Roger Bissière, soit du surréalisme comme Camille Bryen et Alfred Wols (né à Berlin, installé à Paris en 1932).

La prépondérance marquée de l'abstraction au cours des deux décennies qui suivent la guerre n'est pas exclusive néanmoins d'autres tendances. Ainsi, dans la foulée d'une génération qui s'efface — Kandinsky et Mondrian disparaissent l'un et l'autre en 1944 —, le surréalisme connaît une seconde jeunesse, illustrée par les noms de Paul Klee, Joan Miró, Salvador Dali et Magritte. S'y rattachent également les peintres du groupe Cobra, encore que leurs œuvres soient en général à mi-chemin du surréalisme et de l'abstrait. Né d'une dissidence du mouvement surréaliste révolutionnaire opérée par des artistes danois, belges et néerlandais, d'où le nom choisi pour qualifier leur entreprise (COpenhague, BRuxelles, Amsterdam), le groupe que domine la personnalité de Karel Appel s'est formé à Paris en 1948 et a acquis dans la capitale française une réputation internationale.

Par réaction contre ces tendances, qui répondent à bien des égards aux incertitudes, à l'angoisse et au sentiment de l'absurde qui caractérisent le second après-guerre, se développe un courant réaliste ou néo-réaliste qui obéit en même temps, chez certains artistes engagés aux côtés du parti communiste, aux préceptes que Jdanov a voulu imposer aux représentants de l'intelligentsia « progressiste ». Tout n'est cependant pas froide application de ces consignes dans les toiles d'un Fougeron, d'un Pignon ou d'un Taslitzky. Le premier notamment fait songer dans certaines de ses toiles de circonstance exposées en 1951 (« Le Pays des mines ») à ce qui deviendra une vingtaine d'années plus tard aux États-Unis le courant « hyperréaliste ». Dans un autre registre, l'opposition à l'abstraction va faire dans les années 1950 le succès du « misérabilisme » de Bernard Buffet et du petit groupe de peintres qui ont fondé en 1949 le salon du *peintre témoin de son temps* : André Minaux, Vénard, Rebeyrolle, etc.

La sculpture française des quinze années qui suivent la guerre subit pareillement la prédominance de l'abstrait. S'y ajoute, chez la plupart des créateurs, une ambition monumentale qu'illustrent notamment l'immense *Signal* posé en 1961 par Henri-Georges Adam devant le musée du Havre, le « signe-chapelle » du *Monument aux morts des Glières* par Émile Gilioli et le *Carmel* de Pierre Szekely à Valenciennes, ainsi que nombre d'œuvres signées par André Bloc et Morice Lipsi.

« Education populaire » et culture de masse

L'élan donné à l'« action culturelle » par le gouvernement de Front populaire (Pascal Ory, *La Belle Illusion, Culture et politique sous le signe du Front Populaire 1935-1938*, Paris, Plon, 1994), puis l'interventionnisme de Vichy ont fortement modifié en dix ans les relations entre les pouvoirs publics et le monde de la culture. Aussi, dans le droit fil du programme du CNR, le préambule de la Constitution d'octobre 1946 ne manque-t-il pas de proclamer pour tous le droit d'« égal accès » au culturel. Répondant aux initiatives associatives de Travail et Culture, organisation bientôt contrôlée par le parti communiste, et de Peuple et culture, organisation issue, via les maquis du Vercors, de l'école des Cadres d'Uriage et par conséquent marquée au double sceau du premier maréchalisme et de l'esprit de la Résistance, le gouvernement provisoire a créé au ministère de l'Éducation nationale une Direction des mouvements de jeunesse et de l'éducation populaire qui sera confiée pendant quelque temps à Jean Guéhenno, avant de donner naissance en 1948 à la Direction de la Jeunesse et des sports.

L'heure est donc à l'« éducation populaire » et à la diffusion dans le « peuple » du patrimoine culturel de la nation. L'idée ne va pas sans arrière-pensées paternalistes et élitistes, dès lors qu'on se propose de « relever » le goût du public et de faire accéder les masses à la « grande » culture, sans se préoccuper beaucoup des formes spontanées de création culturelle qui peuvent se manifester en dehors de l'élite. Dès 1948, dans le contexte de la guerre froide, les grandes espérances de la Libération ont fait long feu. Les gouvernements de la Troisième Force reviennent à des pratiques plus traditionnelles, comme en témoigne la résurrection au début des années 1950 d'un secrétariat d'État aux Beaux-Arts, privé de budget autonome et davantage préoccupé de gestion du patrimoine que de création (on lui doit notamment un coûteux et très médiatique « sauvetage » du château de Versailles). À cette date, le budget culturel est inférieur à celui de 1938 et plafonne à 0,10 % des dépenses de la nation : « *L'académisme 'humaniste'* — écrit Jean-Pierre Rioux — *s'en satisfait, mais l'action culturelle ne s'en relèvera pas. D'autant plus que les hommes de terrain, moins épaulés par les pouvoirs publics, ne peuvent pas manquer d'enregistrer les évolutions sociales. Leur populisme culturel qui rêvait d'un parcours rectiligne, des quarante-huitards aux maquis, de Michelet à Vilar en passant par Léo Lagrange, est écartelé entre un moralisme de la bonne volonté et le jdanovisme, entre un système scolaire qui reprend l'offensive et une culture de masse qui submerge toutes les classes. Le Peuple non seulement se dérobe mais se dissout sous leurs yeux, la Culture perd sa majuscule, les zones de création se circonscrivent dans un espace social plus étroit. Ils croyaient diffuser aux masses une culture unifiante qui changerait la vie : ils rencontrent dans leurs associations, leurs théâtres et leurs clubs de plus en plus des classes moyennes en mal de culture, qui valorisent ainsi leur mobilité sociale et non pas le plus grand nombre auquel d'autres loisirs suffisent* » (*La France de la Quatrième République*, 2/ *L'Expansion et l'impuissance, 1952-1958*, op. cit., p. 329).

Malgré ces déceptions, le bilan est loin d'être négligeable. Balbutiante en 1945, l'institution des Maisons des jeunes et de la culture comptera plus de deux cents unités à la fin de la IVe République, à quoi il faut ajouter les quelques milliers de maisons de jeunes, foyers ruraux et clubs divers. Surtout, la décentralisation théâtrale, menée sous l'égide d'un fonctionnaire de la Direction des Arts et Lettres, Jeanne Laurent, et les efforts de démocratisation entrepris dans ce secteur au lendemain même de la guerre ont connu d'incontestables succès. L'objectif était non seulement d'élargir le public national, mais de faire sortir le théâtre d'une orbite parisienne soumise aux caprices de la mode et de la critique spécialisée. En s'appuyant sur des initiatives locales et sur l'expérience de quelques pionniers enthousiastes, un Jean Vilar, formé par Dullin et fondateur en 1947 du Festival d'Avignon — qui connaît bientôt un immense succès —, ou un Jean Dasté à Grenoble, Jeanne Laurent et son équipe vont en quelques années développer des Centres dramatiques nationaux à Strasbourg, Saint-Étienne, Toulouse, Aix-en-Provence et Rennes, et relancer à partir de 1951 sous la direction de Vilar le Théâtre national populaire qu'avait fondé Firmin Gémier au début des années 20.

D'abord installé sous un chapiteau provisoire à Suresnes, puis dans la salle du Palais de Chaillot, et rompant avec le rituel social de la représentation « digestive », le TNP allait s'efforcer avec la collaboration des comités d'entreprises, des syndicats et d'associations comme Travail et Culture de faire passer dans un public plus large — attiré à la fois par des abonnements à prix modérés et par le « souffle » de mises en scènes rodées en Avignon — de grands classiques de la scène nationale et internationale (*Le Cid* et *Lorenzaccio* où triomphe Gérard Philipe, les chefs-d'œuvre de Molière et de Shakespeare) et quelques œuvres modernes (*Henri IV* de Pirandello, *Mère Courage* de Brecht). Malgré l'hostilité déclarée de la droite, qui se manifeste dès le débat budgétaire sur les Beaux-Arts à la fin de 1951 et aboutira deux ans plus tard au limogeage de Jeanne Laurent, l'entreprise du TNP est une incontestable réussite. Qu'il n'ait pas, comme on le lui reprochera à l'extrême gauche lors de la grande fièvre soixante-huitarde, apporté le théâtre au « peuple », si par ce terme il faut entendre l'ensemble des couches populaires de la nation, et qu'il ait principalement fait progresser le goût et la fréquentation théâtrale dans des catégories « émergentes » (fonctionnaires, employés, cadres subalternes, techniciens, étudiants, parfois même ouvriers qualifiés) n'enlèvent rien à son immense mérite : avec lui, c'est deux millions de spectateurs en plus qu'a pu compter, dès le début des années 1950, une scène hexagonale dont le versant « classique » cessait d'être monopolisé par les institutions vénérables et beaucoup plus fermées que constituaient l'Odéon et la Comédie-Française.

Il n'y a pas lieu de s'étonner si, dans ces conditions, la production scénique de la décennie qui suit l'entrée en guerre froide constitue l'un des vecteurs privilégiés du combat politique. Sans doute la plus grande partie des pièces représentées appartient-elle au répertoire « classique » (élargi aux grandes œuvres du théâtre européen des XIXe et XXe siècles) et à celui du « Boulevard », l'un et l'autre pouvant d'ailleurs se faire l'écho des préoccupations du temps présent (*Arturo Ui* de Brecht au TNP, *Le Procès* de Kafka monté au théâtre Marigny par la compagnie Renaud/Barrault) ou faire explicitement référence à l'actualité. Mais un nombre non négligeable d'œuvres scéniques développent explicitement les thèmes politiques qui sont ceux de la guerre froide. Peu représenté à droite, où il est surtout illustré par Jean Anouilh (*Ornifle*, *Pauvre Bitos*), ce théâtre « engagé » connaît dans l'autre camp un relatif succès, tantôt sous la forme indirecte que lui donnent Jean Vilar et son TNP, tantôt à travers des pièces qui se veulent partie prenante dans le débat d'idées et dans le combat idéologique. Le théâtre de Sartre révèle ainsi, au cours des dix années qui suivent la guerre, l'évolution des rapports compliqués que le compagnon de route sans illusion entretient avec le marxisme et avec sa dérive stalino-jdanovienne : de la critique acerbe de la société américaine (*La Putain respectueuse*, 1946) à celle de la presse capitaliste et inféodée à la politique américaine (*Nékrassov*, 1955), en passant par la dénonciation du tournant totalitaire des PC (*Les Mains sales*, dont le succès sur la scène sera assuré en 1948 au théâtre Antoine par le tandem André Luguet/ François Périer, en attendant la reprise cinématographique quelques années plus tard avec Pierre Brasseur et Daniel Gélin) et par la métaphore historique du *Diable et le Bon Dieu* (avec Pierre Brasseur également dans le rôle principal et une mise en scène signée Louis Jouvet). Celui de Camus traduit lui aussi le cheminement intellectuel et politique de son auteur, depuis le *Caligula* de 1945 interprété par Gérard Philipe, à *État de siège*, créé en octobre 1948 à Marigny avec une mise en scène de Jean-Louis Barrault et des décors de Balthus et aux *Justes*, donnés à la fin de l'année suivante au théâtre Hébertot.

Si Ionesco, dont *La Cantatrice chauve* s'est durablement implantée, on l'a vu, à la Huchette, répudie dès cette époque « *tout théâtre asservi à une cause quelconque* » et qui « *dépérit au moment où se révèle l'inanité de l'idéologie qu'il représente* », Arthur Adamov, dont *L'Invasion* et *La Parodie* sont montées en novembre 1950 par Barrault à la Comédie des Champs-Élysées, opte pour sa part résolument en faveur d'un théâtre politique et marxiste inspiré par les problématiques brechtiennes. Sa volonté d'« *historiser les personnages* » et de porter à la scène l'explication marxiste de l'aliénation de l'homme contemporain s'expriment au cours des années suivantes dans des œuvres telles que *Paolo Paoli* (réplique au *Galileo Galilei* de Brecht), *Ping-Pong* et *Printemps 71*, où sont mis en scène les travailleurs parisiens de la Commune « *tels qu'ils étaient, gais, travailleurs, turbulents, héroïques* ». Le « réalisme socialiste » codifié par Jdanov est passé par là, et avec lui, introduits par Roger Planchon dans la mise en scène de 1957 de *Paolo Paoli*, les procédés scéniques de Piscator alternant dialogues et projections de documentaires cinématographiques.

C'est cependant une œuvre de facture américaine qui devait, dans sa version hexagonale montée au théâtre Sarah Bernhardt en 1954, attirer le public le plus nombreux et le plus passionné. En juin 1953, accusés d'avoir fourni aux Soviétiques des secrets atomiques, les époux Rosenberg avaient été exécutés aux États-Unis en dépit de l'immense vague protestataire qui avait suivi leur condamnation, et la pièce d'Arthur Miller, *Les Sorcières de Salem*, dont l'action transposait dans la Nouvelle Angleterre puritaine et intolérante du XVIIe siècle les problèmes posés par le maccarthysme, s'inscrivait dans cette histoire immédiate. Mise en scène par Raymond Rouleau, sympathisant du PC, la pièce a dû l'essentiel de son succès au jeu et à l'engagement personnel des deux principaux acteurs, Yves Montand et Simone Signoret, eux aussi à cette date compagnons de route de l'organisation communiste. Un succès que ne confirmera pas la version cinématographique des *Sorcières de Salem*, tournée en Allemagne de l'Est en 1956 par le couple célèbre mais sortie sur les écrans après les événements de Budapest.

Quant à la pièce la plus directement inspirée par la guerre froide — *Le Colonel Foster plaidera coupable* — dans laquelle Roger Vailland développe, sur fond de conflit coréen, une thématique assimilant l'armée américaine aux occupants hitlériens (son héroïne, fille d'un notable de Séoul, n'est pas sans rappeler celle du *Silence de la mer* de Vercors), elle ne connaîtra que deux représentations en mai 1952, contemporaines de la grande manifestation du PC contre « Ridgway la peste ». Mise en scène par le cinéaste communiste Louis Daquin, assisté de Claude Sautet qui sera blessé lors des bagarres déclenchées par des commandos d'extrême droite, elle est en effet interdite par le préfet de police pour « menace contre l'ordre public ».

Ces manifestations de la guerre froide théâtrale ne se limitent pas à la capitale. Un certain nombre de pièces engagées sont en effet reprises en province par des troupes militantes et jouées devant des publics ouvriers. Il en est ainsi par exemple de *Drame à Toulon*, une œuvre de circonstance relatant l'action du quartier-maître Henri Martin, condamné pour avoir saboté les machines d'un navire en partance pour l'Indochine et condamné pour ce fait à une lourde peine de prison. José Valverde, qui deviendra plus tard directeur du théâtre Gérard Philipe de Saint-Denis et qui occupe aujourd'hui des fonctions identiques au théâtre Essaion, près du centre Beaubourg, raconte que, jeune militant, il a joué des dizaines de fois cette pièce devant des publics de dockers ou de mineurs, dans une version abrégée dont la durée était calculée en fonction du temps supposé nécessaire aux forces de l'ordre pour intervenir et mettre fin à la représentation [1].

Même élargi au public des adhérents et sympathisants du PCF et aux abonnés du TNP, le théâtre des années 50 reste limité à une frange très

---

[1] Entretien avec Pierre Milza.

minoritaire du corps social et ne peut être considéré comme relevant de la culture de masse. Il en est tout différemment du cinéma qui, malgré la concurrence que commence à lui faire le « petit écran », occupe toujours une position privilégiée dans ce secteur.

Au lendemain de la guerre, la cinématographie française — qui avait connu sous Vichy une sorte d'âge d'or prolongeant celui des années 30 — va rencontrer un certain nombre de difficultés dues à l'épuration d'abord, puis au manque de moyens matériels et de capitaux. La signature des accords Blum/Byrnes en 1946 stipulant (en échange d'avantages divers consentis à la France, à commencer par l'annulation de ses dettes à l'égard des États-Unis) un quota minimum à la projection des films d'outre-Atlantique ne manque pas de soulever une protestation quasi unanime de la profession, en principe mobilisée pour la défense de la production hexagonale, en fait travaillée par le PCF et la CGT, l'un et l'autre très fortement représentés dans le milieu. Objets d'un débat historiographique longtemps passionné (cf. les travaux d'Annie Lacroix-Riz, en particulier son article dans la *Revue d'Histoire moderne et contemporaine*, juillet-septembre 1984, pp. 417-447, « Négociation et signature des accords Blum-Byrnes, octobre 1945-mai 1946 », et celui de Jacques Portes dans la même publication, avril-juin 1986, pp. 314-329, « Les origines de la légende noire des accords Blum-Byrnes sur le cinéma »), ces accords (d'ailleurs révisés dès janvier 1948) sont plutôt considérés aujourd'hui comme ayant exercé une protection indirecte du cinéma français en marquant un seuil au flot de la production américaine.

Quoi qu'il en soit, effet de l'offensive et de la force de pénétration des produits *made in Hollywood* ou vide relatif créé par les difficultés de la cinématographie nationale, on voit en France beaucoup de films américains durant les années 50. Ils représentent en effet en 1952-1953 70 % des produits diffusés sur les écrans français (pourcentage équivalent à celui de la Grande-Bretagne qui n'a pas signé les accords Blum-Byrnes). Or, si l'on se réfère aux sondages (examinés par Patricia Hubert-Lacombe dans sa thèse sur « La Guerre froide et le cinéma français, 1946-1953 », IEP Paris, 1981, ex. dact.), cette « invasion », qui s'explique davantage par des raisons financières et techniques (concentration des firmes de production, haute technicité, prix de revient modéré) que par les pressions exercées depuis Washington, n'a guère été appréciée par le public.

Il faut dire que la prépondérance commerciale du cinéma d'outre-Atlantique rencontre en France de nombreuses résistances. Si la veine néo-réaliste, qui triomphe au même moment en Italie, donne en deçà des Alpes peu d'œuvres significatives (*Le Point du jour* de Louis Daquin et *Antoine et Antoinette* de Jacques Becker font un peu exception dans des genres au demeurant très différents), la pénétration des modèles nord-américains doit compter avec une tradition et un savoir-faire qui prolongent, sans beaucoup la renouveler, la cinématographie des années 30 et celle de l'Occupation. Films « roses » (à la Berthomieu) ou « noirs » (à la Yves Allégret ou à la Marcel Carné), comédies gaies et dramatiques (René Clair, René Clément, Claude Autant-Lara), films historiques à vocation récréative (la série des *Caroline chérie* de Christian-Jaque, avec le symbole sexuel de l'époque, Martine Carol) ou didactique (avec les lourdes promenades dans le temps filmées par Sacha Guitry), films poétiques (l'*Orphée* de Cocteau, avec Jean Marais), films « à thèse » (*Nous sommes tous des assassins* et *Justice est faite* d'André Cayatte), etc., s'éloignent peu des formes classiques et ne font l'événement que lorsqu'ils égratignent la morale traditionnelle, comme la *Manon* de Henri-Georges Clouzot ou *Le Diable au corps* de Claude Autant-Lara, avec Gérard Philipe.

Rien dans tout cela qui traduise une influence pesante des modèles hollywoodiens. Verneuil et Melville en sont encore à faire leurs premières armes et les réalisateurs qui se risquent à confectionner des *thrillers* à la française, comme Jacques Becker en 1954 avec *Touchez pas au grisbi* (adaptation du roman « noir » d'Albert Simonin) prennent bien soin de ne pas dépayser le public : le décor, le langage (l'argot nouveau du Pigalle des années 50 accommodé par Michel Audiard) et le « look » des personnages (Jean Gabin, René Dary, Lino Ventura) demeurent ceux du Paris des « voyous ».

Quant à la guerre froide, elle est beaucoup moins présente sur les écrans que sur les scènes de théâtre, du moins dans sa formulation explicite, telle qu'elle apparaît par exemple dans *Avant le déluge* de Cayatte (1955), une tragique histoire d'adolescents inspirée d'un fait divers qui avait défrayé la chronique des années 50 et qui se déroule sur fond de menace de conflit nucléaire. Si combat politique il y a, il s'inscrit dans le cadre d'une cinématographie « sociale », dans la veine déjà mentionnée du cinéma des années 30, ou prend la forme de la comédie humoristique, comme la série des *Don Camillo* — l'une des plus grosses recettes du cinéma de l'après-guerre — qui met en scène, sous les traits de Fernandel et de Gino Cervi, un curé de choc de la plaine du Pô aux prises avec un maire communiste bon enfant qui, comme beaucoup de ses semblables — c'est le très explicite message du film de Julien Duvivier, premier de la série (1952) —, rentrerait bien vite dans le giron de l'Église s'il n'était manipulé par la direction du parti.

Au début de la décennie 1950, le cinéma français paraît donc sorti de la crise qui avait suivi la fin du conflit. Il produit chaque année 130 ou 140 longs métrages de fiction et enregistre 380 millions d'entrées dans les salles. Pourtant, le moment est proche où la concurrence du « petit écran » va provoquer le relatif déclin du « 7ᵉ art ». En 1953, la France ne compte encore que 50 000 récepteurs de télévision. Il y en aura 600 000 en 1958, diffusant en noir et blanc les programmes qui, à cette date, maintiennent un certain équilibre entre l'information — le « journal télévisé » a été lancé par Pierre Sabbagh en 1949 —, le divertissement, avec des émissions de variétés telles que « 36 chandelles », « La piste aux étoiles » ou « La joie de vivre », le culturel représenté par des séquences de qualité comme « Lectures pour tous », « La caméra explore le temps », les dramatiques de Claude Santelli, les émissions scientifiques d'Étienne Lalou, etc. Le sport est diffusé à doses raisonnables (c'est la télévision qui va populariser en France le rugby à quinze), de même que les produits cinématographiques : à la fin de la période, le film du dimanche soir constitue déjà un rituel familial en passe de détrôner la séance du « ciné de quartier ». Enfin, de grands reportages commentés par un Léon Zitrone omniprésent et transmis en « eurovision » — par exemple le couronnement de la reine Elisabeth d'Angleterre en 1953 — mettent le public en prise directe avec les événements internationaux.

Ce ne sont encore cependant que 5 % des familles françaises — quasi exclusivement domiciliées dans les villes et principalement à Paris — qui sont concernées par les programmes télévisuels. La radio au contraire est devenue l'affaire de tous, le nombre des récepteurs passant de 5 millions à la fin de la guerre à plus de 10 millions en 1958, soit en moyenne un poste par foyer. Certes, la « révolution du transistor » qui va permettre aux ondes radiophoniques d'être présentes en tout lieu et à tout moment n'est pas encore accomplie et l'écoute reste essentiellement liée au temps du loisir, mais elle est devenue un phénomène de masse qui occupe un créneau temporel important dans la vie quotidienne des Français.

L'enjeu est suffisamment important pour que l'État veille jalousement au monopole qui lui a été accordé par les ordonnances et décrets de 1945, fondateurs de la Radio-télévision française (RTF). Il permet aux gouvernements de la IVᵉ République d'exercer un sévère contrôle de l'information, notamment pendant la guerre d'Algérie, voire d'introduire dans les programmes d'authentiques émissions de propagande, comme celle que diffusent Jean-Paul David et son officine « Paix et Liberté ». Moins pour cette raison peut-être que par souci de diversifier leurs loisirs, les auditeurs français vont être de plus en plus nombreux à quitter l'écoute des stations publiques — programme national, programme parisien, Paris-Inter — pour celle des postes « périphériques », émettant depuis des stations situées à l'extérieur de l'Hexagone : Radio-Monte-Carlo, Andorre et surtout Radio-Luxembourg et Europe 1. La première a commencé à émettre en 1945. Elle atteindra en fin de période un chiffre d'écoute de 14 millions d'auditeurs que ne rebutent pas l'abondance des séquences publicitaires et qui apprécient sans complexe les émissions de variétés (« Pêle-Mêle » de Jean-Jacques Vital), les jeux radiophoniques (« Quitte ou double » de Zappy Max) et les sketches (« La famille Duraton ») diffusés à haute dose par la station « luxembourgeoise ». Europe 1 — qui émet depuis la Sarre — fait son apparition dix ans plus tard, portée par la campagne de l'abbé Pierre en faveur des sans-abri durant le rude hiver 1954-1955. La diversité des programmes, le style nouveau apporté par les présentateurs, le reportage en images sonores imposé par Maurice Siégel dans le « journal », la place offerte à la musique d'outre-Atlantique, alors peu diffusée sur les autres stations, lui assurent un succès immédiat.

Postes nationaux et stations périphériques assurent, avec la diffusion de l'électrophone et du microsillon, une immense audience aux représentants de la nouvelle chanson française. Dans la foulée d'un Charles Trenet, véritable pionnier de la chanson poétique, Yves Montand et Juliette Gréco tiennent le devant de la scène depuis la fin de la guerre, rejoints au début des années 50 par Léo Ferré et Charles Aznavour, puis, au milieu de la décennie, par Georges Brassens, Jacques Brel et Gilbert Bécaud, en attendant l'arrivée massive sur les ondes des stars du rock américain et de leurs épigones européens.

La montée en puissance de la radio — qui vit son âge d'or — et de la télévision n'a pas encore ôté à l'imprimé son rôle essentiel dans la formation des esprits et la fabrication ou le polissage des opinions. Jusqu'à la fin des années 1950, le système éditorial conserve en partie le caractère familial et artisanal qu'il avait avant la guerre, et si le groupe Hachette forme un pôle de concentration qui englobe beaucoup d'autres activités que celle du livre, la plupart des maisons d'édition parisiennes et provinciales gardent des dimensions modestes et des activités assez strictement spécialisées. L'élargissement du marché qui résulte de la démocratisation de l'enseignement et de l'accroissement du pouvoir d'achat des catégories modestes pousse néanmoins à la transformation de ce secteur en une industrie soumise aux contraintes de la productivité et du profit. La course au *best-seller*, au gros tirage, devient la préoccupation majeure de nombreux comités de lecture, tandis que se confirme et s'accélère la tendance, déjà perceptible avant la guerre, à produire des articles de série permettant au grand public d'accéder au moindre coût aux grandes œuvres contemporaines. En 1953, Henri Filipachi lance à cette fin *Le Livre de Poche*, dont le succès est immédiat et qui ne tardera pas à être imité par d'autres collections de même nature.

809

La presse a plus fortement souffert de la concurrence de la radio, du moins dans sa forme classique privilégiant les grands quotidiens parisiens. Après la courte période d'euphorie qui a suivi la Libération (plus de 15 millions d'exemplaires en 1946), elle a subi un fort reflux au début des années 50 pour se stabiliser en fin de période à 10 ou 11 millions d'exemplaires quotidiens. Les grandes feuilles de province — comme *Ouest-France, La Dépêche de Toulouse* ou *Le Dauphiné libéré* —, qui apportent à leurs lecteurs des informations régionales que la presse de la capitale ne peut leur fournir, a mieux tenu la route, de même que les magazines illustrés et les hebdomadaires.

Dans la première catégorie triomphe *Paris-Match*. Reprenant à partir de 1949 la formule expérimentée avant la guerre avec le *Match* de Jean Prouvost, cet hebdomadaire qui fonde sa pénétration dans le public sur le choc des images photographiques glanées aux quatre coins de la planète, comptera en fin de période près de 8 millions de lecteurs pour 2 millions d'exemplaires vendus. C'est dire l'influence qu'il est susceptible d'exercer sur la façon dont les Français voient le monde et jugent les événements de leur temps (cf. les articles de Raymond Cartier sur l'aide « coûteuse » et « peu rentable » aux pays du tiers monde, d'où sortira le vocable « cartiérisme »). Au même titre que les magazines féminins — *Elle* dont le tirage atteindra 700 000 exemplaires, *Marie-Claire, L'Écho de la mode* — et que la « presse du cœur » (*Nous Deux* et *Confidences* ont un lectorat qui se chiffre par millions), il concourt à la standardisation culturelle de la population et au développement d'un conformisme social que nourrissent également la presse sportive (*L'Équipe, Miroir-Sprint*) et des publications telles que *L'Auto-Journal, Sélection du Reader's Digest* et les hebdomadaires populaires qui se sont fait une spécialité du fait divers plus ou moins scabreux, comme *Détective, France-Dimanche* et *Samedi-Soir*.

Les années 50 voient d'autre part se développer les hebdomadaires politico-culturels inspirés des « News » américains. En moins d'une décennie, *L'Express* et *France-Observateur* voient ainsi leur tirage décupler (de 50 000 à plus de 500 000 pour le premier, de 20 000 à 200 000 pour le second) du fait de leur pénétration dans les classes moyennes « émergentes » (enseignants, étudiants, personnel d'encadrement, techniciens) auxquelles ils apportent une information polyvalente privilégiant le politique (leur rôle dans le façonnement de l'opinion positionnée à gauche et au centre a été considérable pendant la guerre d'Algérie) et l'actualité culturelle au sens large, englobant le cinéma, la musique moderne et les sciences humaines qui leur doivent en partie l'élargissement de leur audience.

Toujours au chapitre de l'imprimé, il faut encore mentionner la bande dessinée dont la vogue continue à cette date, et contrairement à ce qui se passe aux États-Unis, à concerner prioritairement les moins de dix-huit ans. C'est pour mettre ces derniers à l'abri de l'influence, jugée pernicieuse, de la BD américaine, que sera votée la loi du 16 juillet 1949 sur les « publications destinées à la jeunesse », laquelle a établi en cette matière une censure rigoureuse dont le principal effet a été de privilégier, aux dépens des publications anglo-saxonnes, celles de l'« école belge », diffusées par des hebdomadaires comme *Tintin* et *Spirou* et dont les auteurs s'appellent Hergé, Franquin, Morris, etc.

Le sport

L'éducation physique et les activités du muscle en général révèlent de manière significative, et au même titre que l'éducation populaire, les ambiguïtés d'une politique qui, conçue dans l'« illusion lyrique » de la Libération, n'a survécu ni aux contraintes d'une France en reconstruction et en guerre coloniale, ni aux intrigues et aux contradictions du jeu partisan, ni enfin aux déchirements de la guerre froide et à l'inertie d'une population qui, interrogée en 1947 par l'IFOP, s'affirme « sportive » à 31 % et très majoritairement résolue à « ne rien faire » durant ses futures vacances (*Sondages*, 16 juillet et 1er novembre 1947).

Marianne Amar a souligné dans sa thèse pionnière (*Nés pour courir. Sport, pouvoirs et rébellions, 1944-1958*, Presses universitaires de Grenoble, 1987) le fossé, qui s'est rapidement creusé à partir de 1946, entre les intentions affichées par les dirigeants de la IVe République et la misérable réalité des efforts accomplis pour doter la France d'une infrastructure sportive conforme aux objectifs fixés.

Au départ, il y a d'abord le dessein — hérité du Front populaire et du programme du CNR — de bâtir un homme nouveau, équilibré, physiquement et intellectuellement « cultivé », et le sport tient dans cette perspective « éducative » reliée au progressisme républicain une place de choix. « *Le sport* — écrira Joffre Dumazedier — *est avant tout moyen de culture. Certes, il comporte aussi la recherche de la performance et la distraction mais il est essentiellement... un moyen de se perfectionner, un moyen de devenir un homme plus complet. Ainsi le sport peut être à l'origine d'une culture s'il est non seulement vécu, mais ressenti, pensé, compris comme tel* » (*Regards neufs sur le sport*, Paris, Seuil, 1950, p. 22). Il y a d'autre part, dans une perspective moins triomphaliste, le souci de pallier les effets de la guerre sur la génération sous-alimentée et moralement sinistrée des « J3 ». Pour beaucoup, l'éducation physique et le sport font alors figure de remède-miracle, à la fois destiné à fabriquer des génitrices saines — c'est à bien des égards la mission essentielle assignée au sport féminin —, de remodeler la « race » (le mot se fait plus rare mais il ne disparaît pas du champ lexical), de forger des citoyens responsables et de futurs soldats, enfin de faire reculer le mal de vivre et la délinquance qui sont censés caractériser la génération du marché noir et de l'amoralisme « zazou ».

Pour mener à bien l'entreprise, pour donner, comme le dit une ordonnance de 1945, « plus de cohésion, plus de vie et de moralité... au sport français, élément capital du redressement de la nation », les dirigeants de la IVe République vont, une fois l'épuration effectuée (avec une certaine mansuétude dans ce secteur), confier à l'État le soin d'organiser et de contrôler les activités sportives et mettre en place une structure administrative solide, coiffée par la Direction générale de l'Éducation physique et des Sports du ministère de l'Éducation nationale. Ce comportement dirigiste n'est pas sans provoquer de vives résistances de la part des fédérations et des milieux confessionnels qui font grief à la « République totalitaire » d'endoctriner la jeunesse jusque dans ses jeux.

Sport et jeunesse sont ainsi conjugués sur le même mode par les responsables politiques français qui entendent montrer clairement le rôle éducatif qu'ils assignent aux activités du corps. La nomination du recteur Jean Sarrailh à la tête de la nouvelle direction est à cet égard symbolique, tout comme celle de Guéhenno à la direction des mouvements de jeunesse et de l'éducation populaire. La nomination de Pierre Bourdan, l'animateur pendant la guerre à la BBC de l'émission « Des Français parlent aux Français », à l'éphémère ministère de la Jeunesse, des Arts et des Lettres du gouvernement Ramadier, paraît aller dans le même sens, mais l'entreprise ne survivra pas aux premiers déchirements de la guerre froide, aux économies drastiques que suppose la lutte contre l'inflation et aux turbulences du jeu parlementaire. Dès décembre 1946, il a été décidé de fusionner les services extérieurs des deux directions, et en 1948 il est procédé à l'installation d'une administration unique de la Jeunesse et des Sports.

Au point d'arrivée, il y a la « grande misère du sport français », telle qu'elle peut être constatée à la lecture des bilans budgétaires et des inventaires d'équipement. Au début de 1958, alors que l'Allemagne a déjà reconstitué depuis dix ans la plus grande partie de son patrimoine détruit, 52 départements n'ont pas de piscine couverte et 8 n'en ont aucune, 43 départements n'ont pas de salle de sport et 11 n'ont pas de stade. « *Triste bilan*, écrit Marianne Amar, *qui rejette la France aux dernières places de la hiérarchie européenne. Paris dépassé par Belgrade vaut mieux qu'un long discours* » (*op. cit.*, p. 52).

Le sport civil, en principe soutenu par les subventions de la Direction générale, n'est guère mieux loti. Dès 1946 une enquête du Comité national des Sports auprès d'une vingtaine de fédérations montre que l'État reprend d'une main, par le biais de la ponction fiscale, ce qu'il a parcimonieusement donné de l'autre. Pour surmonter cette contradiction ruineuse, nombreux sont ceux qui préconisent l'institution — sur le modèle britannique, italien ou espagnol — de concours de pronostics qui assureraient aux clubs aisance et indépendance. Le journal *L'Équipe* prend la tête d'une campagne en ce sens, mais l'ensemble de la classe politique s'oppose au nom de la morale à cette tentation « corruptrice ».

Il en résulte, dans un pays où la pratique sportive n'avait jamais mobilisé des foules très considérables, une stagnation du nombre des adeptes de la religion du muscle. En 1958, on compte tout juste un peu plus de 5 % de licenciés, tous sports confondus, parmi lesquels ceux qui pratiquent une activité réputée « noble », comme l'athlétisme et la gymnastique, forment les bataillons les moins nourris. Au-delà de ces pratiquants encartés, ceux qui déclarent simplement « faire du sport » — lors d'un sondage IFOP de juin 1948 — privilégient, à l'exception du football qui recueille 4 % des suffrages, de pures activités de loisir, comme le cyclisme et la natation. C'est dire que la base de masse du sport français est loin de constituer un vivier comparable à celui dont disposent les autres grandes nations industrielles ou les démocraties populaires de l'Est européen.

À défaut de militants de base, le sport hexagonal peut compter au lendemain de la guerre sur de gros contingents d'*aficionados* du spectacle sportif (essentiellement football et cyclisme) et — de façon plus inattendue — sur une pépinière de champions qui vont, pendant quelques années, relever les défis internationaux de la compétition de haut niveau. La voici en effet figurant pendant un lustre ou deux au palmarès des médailles et des titres mondiaux, et ceci dans des compartiments aussi divers que l'athlétisme (Pujazon, Marcel Hansenne, Alain Mimoun, vainqueur du marathon aux Jeux de Melbourne), la natation (Jany, Bozon, Boiteux), l'escrime (Christian d'Oriola), l'équitation (Jonquères d'Oriola), le cyclisme (Robic, Bobet), le tennis (Yvon Petra, vainqueur à Wimbledon en 1946), la boxe (Cerdan, Villemain, Charron), le judo (Pariset, De Heerdt, Courtine), le onze tricolore (3e à la Coupe du monde, en 1958 à Stockholm), etc. Au Jeux de Londres, en 1948, elle vient en troisième position du classement officieux, réponse de ses athlètes au message qui leur avait été adressé à la veille des JO par le Comité olympique et dit bien de quelle mission étaient investis les tricolores :

« *Il importe que dès le départ chacun conserve à tout moment la notion qu'il représente la France. Plus que jamais aux heures graves que nous vivons ; il est capital que nul d'entre vous ne se départisse du sens de la dignité nationale et ne puisse prêter le flanc à la critique, par son attitude et ses propos...*

Assurés de votre volonté de représenter toujours et victorieusement si possible notre patrie chez nos amis britanniques, qui ont su faire l'admiration du monde entier par leur courage et leur discipline, nous avons la conviction que tous vos efforts conjugués réussiront à faire hisser nos trois couleurs au mât olympique. Notre pays — et maints autres ! — va nous juger à l'œuvre. »

Symbole de la renaissance, la moisson de médailles aux premiers Jeux Olympiques de l'après-guerre ? Défi aux infortunes de l'heure, internes et externes (les grèves, le *dollar gap*, l'Indochine, la guerre froide) ? Assurément, si l'on en croit non seulement la presse de l'époque mais aussi le discours officiel. Et lorsqu'en septembre 1948, un mois après la clôture des Jeux de Londres, Marcel Cerdan devient champion du monde des poids moyens, en battant à Jersey City l'Américain Tony Zale, le mythe prend corps au plus haut niveau. Le petit Français est resté debout devant « l'Amérique » et l'a remporté par son énergie et son courage. Aussi les responsables ministériels lui envoient-ils télégrammes et messages pour le féliciter d'une si utile et si peu coûteuse propagande : ceci, bien qu'il incarne non le pur idéal olympique, mais au contraire le sport-spectacle par excellence. Et Pierre de Gaulle, frère du général et président du conseil municipal de Paris, qui se trouve alors de passage aux États-Unis, lui déclare : « *Vous avez fait à la France la meilleure propagande. Nous avons besoin d'hommes comme vous.* »

Il faut dire que les dirigeants français auraient bien du mérite à ne pas suivre la pente d'une opinion galvanisée par le mythe Cerdan et à se priver des services d'un tel ambassadeur. Car le mythe ne fonctionne pas seulement de ce côté-ci de l'Atlantique, comme en témoignent les articles de la presse américaine, saluant en Cerdan — bien avant le combat de Jersey City — un « héros de la France éternelle » : « *Il se bat comme un maquisard rencontrant un nazi dans l'arrière-boutique d'un bistrot* » ; « *Marcel, voilà un combattant avec les qualités qui ont fait de la France cette vieille chère terre historique... Cerdan, c'est le La Fayette du noble art* » (B. Corum dans *American Journal*) ; « *On ne trouvera pas dans les événements politiques un homme qui ait fait une pareille publicité à la France. Cerdan peut être considéré comme un véritable ambassadeur* » (Van Every dans *Sun*).

À défaut donc de régénération de la « race » et de moralisation de la jeunesse, le culte du muscle se trouve donc instrumentalisé et mis au service des relations publiques de la France. Avec les années 1950, lorsque viendra pour le sport français le temps du recueillement et du déclin accepté — la France était troisième on l'a vu au classement officieux des Jeux de Londres ; elle est sixième à Helsinki en 1952 et onzième à Melbourne quatre ans plus tard —, en attendant le « renouveau de la décennie gaullienne » (Michel Jazy, « Kiki » Caron, le XV de France, etc.), il faudra bien trouver d'autres sujets de fierté que les lauriers olympiques et afficher une autre image que celle de la puissance retrouvée. Ce sera celle du pays resté fidèle à l'idéal de Pierre de Coubertin, face aux géants qui fabriquent les champions à coups de dollars ou de promotions dans l'appareil d'État. David contre Goliath revus par l'imagerie d'Épinal : Gilbert Bozon, médaille d'argent en natation aux Jeux d'Helsinki, vit dans un « taudis », entre une mère malade et un père chômeur. Colette Thomas, championne de natation elle aussi, est vendeuse dans un magasin : debout toute la journée, elle ne peut s'entraîner qu'aux heures des repas. Macquet, candidat au titre olympique en javelot, est ouvrier d'usine et prend sur son temps de repos les heures nécessaires pour se hisser au niveau des meilleurs, etc. Ou encore, ce sera l'image du pays de la mesure, de l'intelligence, de la liberté, où les jeunes « *affectionnent trop leur indépendance d'hommes libres pour consacrer au sport toute l'énergie qu'exige la compétition moderne* » (*France-Soir*, 1-8-1952).

Les jeunes et les moins jeunes ont en effet majoritairement du « sport » un conception qui relève moins de l'éthique de l'énergie que de l'engouement hédoniste pour les loisirs. En 1950, l'année où se déclenche la guerre de Corée, le Club Méditerranée inaugure sa formule de vacances « clé en main » conjuguant tourisme, activités physiques et soirées récréatives. À cette date, le grand exode estival n'a pas encore commencé et les « sports d'hiver » restent le privilège d'une frange très minoritaire de vacanciers. Les temps sont proches cependant où va s'épanouir une civilisation des loisirs qui sera l'une des caractéristiques majeures du second XXe siècle.

XI

LES CRISES DE LA IVᵉ RÉPUBLIQUE
(1954-1958)

Après le drame de Diên Biên Phû, la IVᵉ République paraît toucher le fond de l'abîme. L'impopularité du régime est à son comble. La crise financière qui débute en 1957 va ôter le principal argument de la République en compromettant la croissance. Après l'échec d'Indochine, le déclenchement de la guerre d'Algérie paraît annoncer la décomposition de l'Empire. L'armée s'agite et on commence à évoquer à mots couverts la possibilité d'un putsch qui arrêterait la dégradation de la situation. Dans ce tableau sombre, la période du gouvernement Mendès France, puis les espoirs soulevés par la victoire de la gauche aux élections de 1956 paraissent donner un coup d'arrêt à l'effondrement du régime. Mais le sursis est bref. La guerre d'Algérie va bientôt emporter la IVᵉ République et *a posteriori* l'expérience Mendès France apparaît plutôt comme l'inexorable tournant vers l'effondrement que comme le début du redressement qu'il a paru signifier sur le moment.

Une expérience perturbatrice des pratiques de la IVᵉ République

Dans l'histoire de la IVᵉ République, les sept mois et 17 jours du gouvernement Mendès France occupent une place sans commune mesure avec la durée de l'expérience. Les historiens n'ont pas fini d'analyser la portée d'une expérience gouvernementale dont l'importance ne se mesure ni à la personnalité de l'homme qui la conduit, ni au contenu de la politique suivie, mais à la signification de l'événement dans l'histoire de la IVᵉ République. L'intérêt suscité dans l'opinion par ce gouvernement peut faire penser qu'il représente une tentative réelle de redressement du régime. Son échec porte condamnation définitive d'un système politique qui est incapable de se réformer. Mais dès sa naissance, l'expérience Mendès France apparaît perturbatrice des pratiques de la IVe République (voir F. Bédarida et J.-P. Rioux (sous la direction de), *Mendès France et le mendésisme*, Paris, Fayard, 1985).

Le premier caractère perturbateur de l'expérience Mendès France tient au fait que les partis politiques n'y tiennent pas la place essentielle qui a été la leur depuis le début du régime. Pierre Mendès France lui-même apparaît quelque peu en marge de ce système des partis. Sans doute est-il membre du parti radical, auquel il appartient depuis sa jeunesse (il y a adhéré en 1926, à 19 ans, et a été élu député radical en 1932). Mais depuis la fin de la guerre, son activité politique se déroule en marge de ce parti, aux organismes dirigeants duquel il n'a jamais participé. Ministre de l'Économie nationale du général de Gaulle en 1944, démissionnaire en 1945 pour n'avoir pu mettre en pratique la politique de rigueur qu'il préconisait, il a fait une carrière d'expert économique et financier, représentant la France dans les organismes financiers internationaux, créant la Commission des Comptes de la nation, ce qui lui donne une image de technicien compétent plus que d'homme politique et le met en contact avec nombre de hauts fonctionnaires et d'experts dont il partage les idées et les préoccupations. Son retour à la politique s'opère en 1950 lorsqu'il se fait le critique véhément de la guerre d'Indochine après le désastre de Cao Bang.

En 1953, lorsque le régime, à bout de souffle, est à la recherche d'hommes nouveaux, il se présente pour la première fois à l'investiture des députés. Son discours fait passer sur l'Assemblée un souffle nouveau par sa façon directe d'appréhender les problèmes et aussi par la conception qu'il développe de la formation et de l'action du gouvernement. Il s'engage en effet à constituer une équipe de personnalités compétentes capable de mettre en œuvre le programme qu'il aura présenté à l'Assemblée, sans négociation avec les partis sur la répartition des portefeuilles. Il ne lui manque alors que quelques voix pour être investi. Mais il apparaît désormais comme un recours possible pour la IVe République.

Son heure sonne avec le désastre de Diên Biên Phû, tragique issue d'une guerre d'Indochine dont il a dénoncé les dangers. Procureur de la politique du centre-droit, il est appelé par le président de la République, René Coty, à mettre en pratique la politique de négociations qu'il préconise depuis longtemps. Les conditions de son investiture et de la formation du gouvernement illustrent les thèses qu'il défendait dès 1953. Il propose en effet aux députés un programme dont la rubrique la plus spectaculaire est le « pari indochinois » : la promesse de parvenir en un mois à une paix négociée et de donner sa démission à l'issue de ce délai s'il ne remplissait pas sa part de contrat. Après quoi, l'investiture acquise, il constitue son gouvernement, comme il l'avait annoncé, sans négociation avec les partis. Cette attitude conduira le parti socialiste SFIO, qui, par ailleurs, soutient le gouvernement de ses votes au Parlement, à refuser d'y participer, ses dirigeants n'admettant pas que des ministres socialistes puissent être nommés sans l'accord de leur parti. Décision qui sera confirmée en novembre 1954 par le congrès socialiste SFIO après une nouvelle tentative de Pierre Mendès France pour obtenir la participation socialiste. Devant l'abstention socialiste, le gouvernement est formé de radicaux (Edgar Faure aux Finances, Berthoin à l'Éducation nationale), d'UDSR (Mitterrand à l'Intérieur), de Républicains-Sociaux (Kœnig à la Défense nationale, Chaban-Delmas aux Travaux publics, Fouchet aux Affaires marocaines et tunisiennes), de quelques modérés et même de deux MRP (dont Robert Buron à la France d'outre-mer) qui passent outre au veto de leur parti et seront traduits en commission de discipline. Mais ces ministres ne représentent pas leur parti et Pierre Mendès France les change comme il l'entend. C'est ainsi qu'en janvier 1955, il décidera de placer Edgar Faure aux Affaires étrangères pour prendre lui-même le portefeuille des Finances, avec l'aide de Robert Buron. De même, il ne démissionne pas lorsque certains d'entre eux se retirent du gouvernement, se contentant de les remplacer par d'autres personnalités.

Perturbateur des pratiques de la IVe République par sa volonté de mettre au second plan le rôle des partis, le gouvernement Mendès France l'est encore par le fait qu'il brouille les cartes du jeu politique traditionnel qui s'était établi depuis 1947. Premier élément nouveau : pour la première fois depuis les débuts de la guerre froide, les communistes décident de voter en sa faveur lors de son investiture, puisqu'il promet la paix en Indochine qu'ils réclament depuis longtemps. Cette décision est de nature à inquiéter les autres partis qui redoutent que, lors des négociations de Genève, le président du Conseil ne soit le prisonnier des communistes dont il aurait besoin pour se maintenir et ne soit, de ce fait, conduit à d'excessives concessions envers le Viêt-minh. Aussi Pierre Mendès France fait-il savoir qu'il décomptera les voix communistes de sa majorité et ne se considérera pas comme investi s'il n'atteint le seuil requis des 314 voix que grâce aux suffrages du PC. Le 18 juin, il gagne ce second pari puisqu'il est investi par 419 voix contre 47 et 143 abstentions (les 99 communistes ayant voté en sa faveur). En fait, la composition de la majorité révèle le caractère insolite de l'expérience. Si, outre les communistes, tous les socialistes ont voté l'investiture, le MRP s'est abstenu.

Quant aux autres formations, elles se divisent sur une formule politique qui ne rentre pas dans les catégories habituelles. La plupart des républicains-sociaux et des radicaux ont voté en faveur du président du Conseil, mais il subsiste au sein de ces formations des groupes hostiles qui ont voté contre ou se sont abstenus. C'est aussi le cas d'une partie des modérés devant une expérience qui paraît marquée à gauche, mais des Indépendants sont ministres et un certain nombre de députés de ce parti soutiendront l'expérience. Ce caractère discontinu d'une majorité qui ne constitue pas un bloc cohérent dans l'hémicycle, mais trouve des appuis de la gauche à la droite, a fait parler à son propos d'une « majorité saute-mouton » qui révèle la crise des grandes formations politiques, incertaines de l'attitude à adopter face au ministère.

Ajoutons enfin que cette majorité « saute-mouton » ne sera en rien durable. Les grands votes sur les questions clés — la paix en Indochine, les questions internationales, la politique européenne, la politique économique, l'Algérie — entraîneront le passage à l'opposition ou à l'abstention de quelques-uns des soutiens des débuts, cependant que d'autres, réticents à l'origine, approuveront telle ou telle mesure. Si on met à part le soutien permanent des socialistes et l'opposition de plus en plus nette du MRP, les majorités sont changeantes.

La prépondérance retrouvée du pouvoir exécutif, le dynamisme dont fait preuve Pierre Mendès France auront pour effet d'assurer le gouvernement d'une très réelle popularité dans l'opinion publique. L'image d'un président du Conseil doté d'une forte personnalité, capable de s'imposer à un Parlement soumis, de ramener les partis politiques à leur fonction traditionnelle sans tolérer leurs empiétements sur la politique gouvernementale, s'impose peu à peu à l'opinion publique. Dans la constitution de cette image, un rôle très important est tenu par l'hebdomadaire *L'Express*. Fondé en 1953 par Jean-Jacques Servan-Schreiber et Françoise Giroud, il se fait l'organe officiel du mendésisme, s'appliquant à populariser l'idée d'un homme neuf, capable d'appliquer une politique adaptée aux problèmes de la France des années 50, celle qui entre dans l'été de la croissance économique et du modernisme. L'utilisation de méthodes publicitaires efficaces pour lancer Pierre Mendès France, le fait que les idées qu'on lui prête sont effectivement celles qui correspondent à l'attente d'un pays à la recherche de formules neuves et lassé d'un jeu politique sclérosé et désuet rendent partiellement compte de l'extraordinaire percée du mendésisme dans l'opinion. Toutefois, deux correctifs s'imposent : le premier est de savoir ce qui dans ce « mendésisme » qui naît ainsi aux alentours de 1953 et s'épanouira en 1954-55 est le propre de Pierre Mendès France et ce qui appartient aux idées du fondateur de

L'Express, à la conception qu'il se fait d'un homme politique et qu'il projettera sur l'homme qu'il soutient et dont il fait PMF (comme on disait jadis FDR pour Roosevelt) ; le second est de savoir si l'audience — réelle — du mendésisme dépasse vraiment le monde politique et les milieux intellectuels (et sur ce point nous sommes assez mal renseignés).

Il reste que Mendès France lui-même a tout fait pour trouver le contact avec le peuple, donnant parfois l'impression de passer par-dessus la tête des parlementaires en une tentative de démocratie directe. Ses « discours au coin du feu », causeries radiodiffusées par lesquelles il explique hebdomadairement sa politique aux Français, sont à coup sûr imitées des pratiques de Roosevelt. Pour le président du Conseil, il s'agit de faire comprendre sa politique au peuple souverain, et, d'une certaine manière, de pratiquer une pédagogie démocratique en s'assurant que ses idées sont comprises et approuvées par les Français. Mais les dirigeants politiques et les parlementaires y verront une tentative, cohérente avec les efforts faits par le président du Conseil pour soustraire le gouvernement à leur pression, destinée à les mettre hors du jeu politique et des circuits de décision.

Il n'y a sans doute aucune réalité dans ces craintes. Pierre Mendès France, radical de tradition, est profondément attaché à la vie parlementaire qui, pour lui comme pour tous les radicaux, se confond avec la République elle-même. Admirateur du système politique britannique dont il a connu l'efficacité et la pratique démocratique durant la guerre, il cherche davantage à faire fonctionner le régime parlementaire dans des conditions acceptables qu'à le remettre en cause. Or, parmi ces causes de dysfonctionnement, il voit avant tout les empiétements de l'Assemblée sur le pouvoir exécutif, qu'il cherche à corriger en rétablissant un certain équilibre des pouvoirs. C'est d'ailleurs le sens de la petite réforme constitutionnelle de 1954, la « réformette », qui modifie les règles de l'investiture du président du Conseil (une seule investiture au lieu de la « double investiture » établie depuis 1947 et c'est désormais la majorité relative qui permet à un président du Conseil de s'installer, au lieu de la majorité absolue qui permettait le jeu de massacre par l'abstention), rend la dissolution plus facile par la suppression des modifications au sein du gouvernement exigées par la Constitution de 1946 et qui décourageait l'usage de cette arme de l'Exécutif, rétablit enfin les attributions législatives du Conseil de la République. En fait, il n'y a là aucune tentative de démocratie directe, mais une volonté de rendre viables des institutions qui demeurent d'essence parlementaire.

Cette tentative a été incontestablement populaire dans l'opinion. Mais l'audience de Pierre Mendès France ne tient pas seulement à ce style, apprécié par les Français et mis en valeur par *L'Express*, mais aussi au dynamisme de l'action gouvernementale.

Une action gouvernementale dynamique

D'une manière générale, l'opinion publique accoutumée à voir à l'œuvre des gouvernements passifs, sans cesse à la remorque de l'événement, apprécie de trouver un président du Conseil qui prend les initiatives et se montre capable de concevoir une politique d'ensemble. Toutefois, tous les domaines de l'action gouvernementale n'ont pas bénéficié au même titre de ce sentiment de succès et d'efficacité. Le secteur où le dynamisme gouvernemental est à coup sûr le mieux marqué est celui de la politique coloniale.

Le premier problème que doit traiter le président du Conseil est en effet celui de l'Indochine où il est le syndic d'une faillite dont il n'est pas responsable. Il reste que la défaite de Diên Biên Phû pèse lourd dans les négociations. L'habileté de Pierre Mendès France sera d'enfermer la Chine et le Viêt-minh dans le pari où il s'est enfermé lui-même et de les pousser à la conciliation pour conclure, en évitant les misères d'une guerre prolongée. Sa force consistera à les persuader de sa sincérité et de son désir d'aboutir. Il réussit ainsi à créer une dynamique de la négociation qui débloquera une situation difficile. Le 20 juillet 1954 les accords de Genève aboutissent à une solution réaliste : le partage du Viêt-nam en deux parties, de part et d'autre du 17e parallèle, le nord étant laissé au Viêt-minh qui le tient effectivement en main, le sud demeurant un État indépendant, et des élections libres devant avoir lieu dans les deux Viêt-nams dans un délai de deux ans. Solution réaliste puisqu'elle tient compte de l'équilibre des forces et dégage la France d'une guerre de sept ans qui lui a coûté près de 100 000 morts et a englouti 3 000 milliards de francs. Il est vrai que chez Mendès France, le désir de désengagement l'emporte sur celui de maintien de la présence française, car il acceptera volontiers fin 1954 que l'influence américaine remplace celle de la France au Sud-Viêt-nam.

Mais globalement, l'opinion publique est reconnaissante à Mendès France d'avoir sorti le pays d'une guerre interminable. Seuls le MRP et une partie de la droite l'accuseront de « brader l'Empire ».

En Tunisie où la situation ne cesse de se détériorer, Mendès France n'attend pas que la France soit acculée à la défaite pour négocier. C'est lui qui prend l'initiative. Fin juillet 1954, à peine signés les Accords de Genève, il se rend à Tunis accompagné du gaulliste Christian Fouchet et du maréchal Juin (deux personnages qu'on ne saurait accuser de vouloir « brader l'Empire » et qui lui servent de caution). Dans une déclaration solennelle, il promet d'ouvrir des négociations qui aboutiront à donner à la Tunisie la souveraineté interne, c'est-à-dire, nul n'en doute, l'indépendance à terme. La France, pour la première fois, s'engage dans la voie de la décolonisation consentie. Une autre preuve en est donnée par la rétrocession à l'Inde des comptoirs que la France y possédait depuis le XVIIIe siècle.

En Algérie, la situation est apparemment très différente. C'est sous le gouvernement Mendès France, le 1er novembre 1954, qu'éclate l'insurrection qui va donner naissance à la guerre d'Algérie. Mendès France et son ministre de l'Intérieur François Mitterrand répliquent par d'énergiques déclarations qui rejettent toute idée de négociation et affirment le caractère français de l'Algérie. Le paradoxe n'est qu'apparent. Le FLN qui est responsable des actions de la Toussaint 1954, n'a, à l'époque, aucune représentativité. Son action est désavouée par la plupart des leaders nationalistes algériens. Les auteurs des attentats sont soit arrêtés, soit pourchassés par la police et contraints de gagner la clandestinité. Un gouvernement responsable ne saurait engager une négociation sur des bases aussi fragiles. En revanche, le gouvernement considère que, s'il n'y a pas lieu de négocier, les actes du 1er novembre sont au moins le témoignage d'un malaise réel en Algérie, malaise qui peut trouver sa solution dans des réformes. À cette fin, Pierre Mendès France nomme gouverneur général de l'Algérie en janvier 1955 le gaulliste Jacques Soustelle. Le choix peut paraître habile. Le nouveau gouverneur général est considéré comme un libéral, apte à comprendre les mentalités non-occidentales (il est ethnologue), mais aussi comme un homme énergique et réaliste (il a dirigé les services secrets de la France libre). Entouré d'une équipe de libéraux, Soustelle gagne Alger où il est fort mal accueilli par les colons européens qui redoutent son réformisme, mais sa présence suscite de grands espoirs chez les notables algériens, tels Ferhât Abbas ou Ahmed Francis.

Dans le domaine colonial où la France a particulièrement souffert de sa politique d'immobilisme, Pierre Mendès France lui permet donc de reprendre l'initiative.

Le même réalisme marque la politique étrangère du gouvernement Mendès France.

À son arrivée au pouvoir, la droite française, mais aussi les alliés et les partenaires de la France, soupçonnent Pierre Mendès France de vouloir pratiquer une politique neutraliste en dégageant la France de l'alliance américaine. L'appui que lui apportent les communistes au début de son gouvernement est pour beaucoup dans cette analyse. En fait, dans le contexte de 1954, Pierre Mendès France considère qu'il n'y a pas d'alternative pour la France à l'alliance américaine. Et, lors de ses entretiens avec lui, le Secrétaire d'État américain Foster Dulles sera totalement rassuré au point de qualifier de « superman » le chef du gouvernement français.

Il reste que le principal problème que doit régler Pierre Mendès France est celui, toujours pendant, de la CED, cauchemar de tous les chefs de gouvernement. Personnellement, il n'est ni hostile au projet, considérant le réarmement allemand comme inéluctable, ni favorable, car il partage les inquiétudes d'une grande partie de l'Assemblée sur la supranationalité appliquée aux affaires militaires. Il souhaite dédramatiser le débat et conclure un compromis qui le débarrasserait de cet encombrant dossier.

Dans un premier temps, il confie à deux de ses ministres, le général Kœnig, adversaire de la CED, et le radical Bourgès-Maunoury, ferme partisan de celle-ci, le soin de trouver les termes d'une solution acceptable pour tous. Cette tentative échoue.

Pierre Mendès France se propose alors de renégocier le projet avec les partenaires européens de la France. En août 1954, il se rend à Bruxelles en compagnie d'Edgar Faure et propose que le traité soit ratifié, mais que les clauses supranationales ne s'appliquent qu'au terme d'un assez long délai. Mais il se heurte au refus des autres États, encouragés dans leur intransigeance par les partisans français de l'Europe supranationale et par les États-Unis, convaincus qu'il existe à l'Assemblée nationale une majorité favorable à la CED.

Dans ces conditions, le chef du gouvernement se désintéresse du problème et il décide de soumettre le projet à la ratification du Parlement tout en déclarant qu'il n'engagera pas sur ce vote l'existence du gouvernement. Le 30 août 1954, l'Assemblée nationale vote alors la question préalable qui aboutit au rejet de la CED sans même qu'une discussion sur le fond soit ouverte. Pierre Mendès France s'est débarrassé de la CED, mais les partisans de l'Europe supranationale, tout particulièrement au MRP, ne lui pardonneront jamais le « crime du 30 août » qui sonne le glas de leurs espoirs.

Au demeurant, le rejet de la CED laisse entier le problème du réarmement allemand que les États-Unis réclament toujours avec la même énergie. Il faut trouver une solution qui rende celui-ci possible, sans la supranationalité qui a fait échouer la CED. Pierre Mendès France imagine alors une construction à trois étages qui fait l'objet des traités de Londres et de Paris d'octobre 1954 et qui comporte :

— la reconnaissance totale de la souveraineté de l'Allemagne fédérale, y compris en matière militaire ;
— l'entrée de l'Allemagne dans l'OTAN, ce qui suppose l'intégration de son armée dans les forces atlantiques ;
— la signature d'un traité de *l'Union de l'Europe occidentale* (UEO), extension à l'Allemagne du traité de Bruxelles de 1948 entre la France, la Grande-Bretagne et le Benelux.

Ce réarmement qui s'opère dans le cadre de l'alliance atlantique et de l'alliance des États d'Europe occidentale est ratifié de justesse par le Parlement en décembre 1954 (les communistes, le MRP, une partie des radicaux et des socialistes votant contre).

Considéré comme un éminent spécialiste des questions économiques, Pierre Mendès France est attendu sur ce terrain. De fait, le 13 août, il obtient du Parlement des pouvoirs spéciaux d'ordre économique. Sur ce plan, on le sait dirigiste et partisan de profondes réformes de structure (ce qui inquiète la droite), mais aussi décidé à ne pratiquer une politique de redistribution sociale que dans la mesure où l'économie a dégagé des surplus redistribuables (ce qui l'oppose aux socialistes pour qui la redistribution doit se faire sans condition préalable). Mais ces intentions supposées demeurent à l'état de velléités. Entièrement absorbé par les problèmes coloniaux et les questions européennes, Pierre Mendès France n'aura guère le temps de se préoccuper des questions économiques. Tout au plus son passage au pouvoir est-il marqué par quelques idées neuves qu'il saura populariser, en particulier la nécessité pour l'économie française de se moderniser, de se préoccuper de rentabilité et de productivité, l'obligation d'un aménagement du territoire pour éviter que la croissance ne soit génératrice de déséquilibres. Mais ces idées sont partagées par son ministre des Finances Edgar Faure, comme par les hommes du Commissariat au Plan qui en ont fait les axes du second Plan — le Plan Hirsch — lancé dès 1953.

En fait, pendant le gouvernement Mendès France, les finances sont gérées par Edgar Faure qui poursuit la politique qu'il a inaugurée en 1953 d'expansion dans la stabilité, politique qui assure la croissance française et se préoccupe d'investissements et de modernisation. Bien que l'équipe de *L'Express* qui déteste Edgar Faure ait accrédité l'idée d'une différence fondamentale dans ce domaine entre le ministre des Finances et le président du Conseil, rien ne permet d'étayer cette thèse quant au but poursuivi. Les seules différences portent sur les méthodes, Edgar Faure faisant davantage confiance aux mécanismes du marché, au libéralisme économique et se montrant plus méfiant que le chef du gouvernement envers une modification autoritaire des structures. De ce fait, le ministre des Finances dispose de l'appui des milieux d'affaires. Ceux-ci s'alarmeront lorsqu'au début de 1955, le président du Conseil décide de gérer désormais le portefeuille des Finances en transférant Edgar Faure aux Affaires étrangères.

Ce transfert va jouer un rôle non négligeable dans la chute de Pierre Mendès France.

*L'échec de l'expérience Mendès France
et l'annonce de la crise du régime*

Si l'expérience Mendès France a suscité un très vif intérêt dans l'opinion publique, sa faiblesse réside dans le fait qu'elle s'appuie davantage sur l'audience du président du Conseil hors du Parlement que sur les groupes qui détiennent la réalité du pouvoir, les états-majors des partis. Seul le traumatisme indochinois a pu contraindre ceux-ci à abandonner provisoirement une part de leur influence. Mais le fonctionnement des mécanismes institutionnels s'opère dans le cadre de la toute-puissance des partis et ceux-ci ne supportent qu'impatiemment le style du président du Conseil, y compris parmi ceux qui soutiennent sa politique (comme les socialistes). En fait, depuis juin 1954, la politique dynamique de Mendès France, tranchant avec l'immobilisme prudent de ses prédécesseurs, accumule contre lui les rancunes ou les haines.

— Du début à la fin de son gouvernement, Mendès France a dû compter avec l'opposition tenace, obstinée, irréconciliable du MRP qui ne lui pardonne ni les accords de Genève ni l'enterrement de la CED.

— Sa politique extérieure provoque le détachement progressif des républicains-sociaux qui quittent le gouvernement lorsque Mendès propose au Parlement de ratifier la CED, puis des communistes et d'une partie des socialistes qui l'abandonnent en décembre 1954 lorsqu'il propose au Parlement d'autoriser le réarmement allemand.

— Ses intentions économiques et sociales suscitent la méfiance de la droite qui redoute les mesures qu'il s'apprête à prendre en janvier 1955.

— Il s'y ajoute des oppositions corporatives, celles des « bouilleurs de cru » dont le privilège de fabrication d'alcool a été supprimé en novembre 1954, celle des producteurs de vin qui ne lui pardonnent ni ses campagnes contre l'alcoolisme, ni la propagande en faveur de la consommation de lait.

— Enfin et surtout, sa politique coloniale suscite la colère des représentants des colons européens et lui aliène une fraction de son propre parti, le parti radical. Conduits par le sénateur Borgeaud et le député de

Constantine René Mayer, ils s'opposent violemment à la nomination de Jacques Soustelle. À la suite de René Mayer, nombre de radicaux rejettent la confiance que le président du Conseil demande le 5 février 1955.

Le 6 février, au milieu d'un déferlement de haine où l'antisémitisme a sa part, Pierre Mendès France est renversé par 379 voix contre 273. Ont voté contre lui les communistes, les modérés, le MRP et une partie des radicaux.

Désireux d'éviter un passage à l'opposition des radicaux mendésistes, le président René Coty désigne comme président du Conseil Edgar Faure, l'artisan des succès économiques des années 1953-1955, ministre de Mendès France. Bien que ce dernier ait souhaité, pour mettre fin aux mœurs parlementaires, qu'aucun de ses ministres ne lui succède, Edgar Faure accepte cette désignation en arguant du fait que l'hostilité des dirigeants de *L'Express* l'avait tenu à l'écart de l'équipe Mendès France (voir E. Faure, *Mémoires*, tome I, *Avoir toujours raison, c'est un grand tort*, Paris, Plon, 1982). À la différence de son prédécesseur, il constitue un gouvernement à l'image du centre-droit qui domine l'Assemblée avec des modérés (Antoine Pinay aux Affaires étrangères), des MRP (Pierre Pflimlin aux Finances), des Républicains-Sociaux (le général Kœnig à la Défense nationale), des radicaux (Bourgès-Maunoury à l'Intérieur) et les portefeuilles font l'objet d'une négociation avec les partis politiques. On en est assez largement revenu au gouvernement des partis.

Avec cette équipe de centre-droit, Edgar Faure va pratiquer une politique pragmatique, mais qui n'apparaît guère comme différente de celle du gouvernement Mendès France. On retrouve les lignes de force de la politique économique d'expansion et de modernisation que le président du Conseil poursuit, dans la voie qu'il avait lui-même tracée auparavant. On discerne une certaine volonté de relance européenne sans supranationalité, marquée par la décision d'examiner la perspective de constitution d'un marché commun européen. Et surtout, dans le domaine essentiel des questions coloniales, la pratique d'Edgar Faure ne diffère guère de celle de Mendès France. En Tunisie, il poursuit les négociations entamées par Mendès France et signe les Accords de juin 1955 qui prévoient les modalités de l'indépendance. Au Maroc où son prédécesseur avait laissé la situation en l'état, il obtient, à force d'obstination et d'habileté manœuvrière, d'une majorité réticente, le départ du sultan Ben Arafa et le retour sur le trône de Mohammed V auquel se rallie le Glaoui. Avec le souverain restauré commencent des négociations qui doivent déboucher sur « l'indépendance dans l'interdépendance », selon l'expression du président du Conseil. En Algérie enfin, il poursuit la politique de répression contre le FLN qui va le conduire à proclamer l'état d'urgence en juin 1955 (voir

S. Berstein, « Un Mendésisme sans Mendès France ? Les gouvernements Edgar Faure et Guy Mollet » in F. Bédarida et J.-P. Rioux, *op. cit.*).

Peut-on, dans ces conditions, caractériser le gouvernement Edgar Faure comme un mendésisme sans Mendès France ? Sans doute pas, car le mendésisme, pour l'opinion publique, ne réside pas dans le contenu de l'action gouvernementale, mais dans le style que Pierre Mendès France a imprimé à sa fonction. Or, à cet égard, les différences sont considérables entre ce dernier et Edgar Faure, respectueux de l'état des forces au Parlement et des états-majors de partis, comptant plus sur sa souplesse et son habileté pour répondre aux problèmes de l'époque que sur le poids de la raison et l'appui sur les masses. En fait, un mendésisme se développe au même moment dans l'opinion publique, mais largement comme une part d'un mouvement de rejet de la IVe République et contre le président du Conseil qui incarne le régime. À ce titre, sa fonction est proche de celle du poujadisme qui lui est contemporain.

À l'origine, le poujadisme est né du malaise des petits commerçants et artisans. Avec la disparition de la situation de pénurie des années 50, de nombreuses petites entreprises commerciales, artisanales, et bientôt agricoles, se révèlent mal adaptées aux conditions du marché et de la concurrence. La disparition de la prospérité artificielle qu'avait représentée pour eux la période de guerre et d'après-guerre est ressentie durement par les classes moyennes indépendantes qui subissent alors une crise profonde. L'amertume qui en résulte se cristallise contre les contrôles fiscaux exercés par les « inspecteurs polyvalents » qui surveillent la comptabilité (souvent sommairement tenue) des petites entreprises, procédant à des redressements fiscaux, voire provoquant des saisies. La multiplication de celles-ci à partir des années 50 donne naissance à un mouvement de protestation qui va se regrouper autour de Pierre Poujade, un papetier de Saint-Céré qui s'est rendu célèbre pour s'être opposé à des contrôles fiscaux. En novembre 1953, il fonde l'UDCÀ (Union de défense des commerçants et artisans) qui remporte un premier succès en s'assurant la majorité à la Chambre de commerce de Cahors. Mais très vite, en 1954, ce rassemblement corporatif des commerçants et artisans débouche sur une mise en accusation sommaire du régime, qui retrouve spontanément les thèmes de l'extrême droite de l'époque de l'Affaire Dreyfus ou des années trente : refus de l'impôt qui pèse sur les « petits » et épargne les riches, dénonciation de l'impuissance parlementaire, appel à balayer les politiciens, exaltation du nationalisme (contre les abandons coloniaux dont les gouvernements se rendraient coupables), xénophobie et antisémitisme (qui se nourrit du passage au pouvoir de Pierre Mendès France, comme jadis de celui de Léon Blum). De mouvement corporatiste qu'il était à l'origine, le poujadisme devient l'expression politique d'un populisme d'extrême droite qui rassemble, aux côtés des vaincus de la modernisation économique — commerçants, artisans, agriculteurs —, des adversaires convaincus du régime, nostalgiques d'une extrême droite autoritaire discréditée par son soutien à Vichy ou sa collaboration avec les nazis. Sans doute tous ceux qui applaudissent les mots d'ordre sommaires de Pierre Poujade n'adhèrent-ils pas aux thèmes d'une extrême droite qui cherche à utiliser un mouvement dont elle ne partage guère les préoccupations. Il reste que le succès du poujadisme est surtout révélateur du profond discrédit que connaît la IVe République dans la classe moyenne traditionnelle à sensibilité de droite et que le poujadisme sert de lieu d'accueil à la renaissance de l'extrême droite. (Sur le poujadisme, voir Stanley Hoffmann, *Le Mouvement Poujade*, Paris, Colin, 1956 et Dominique Borne, *Petits Bourgeois en révolte ? Le mouvement Poujade*, Flammarion, 1977).

À l'autre extrémité de l'échiquier politique, l'émergence dans l'opinion d'un courant mendésiste apporte une preuve supplémentaire de la lassitude des Français. La chute de Pierre Mendès France a considérablement accru son audience et sa popularité dans l'opinion publique. Rejetant l'idée de créer un nouveau parti politique mise en avant par certains de ses fidèles, il invite ses partisans à rejoindre le parti radical auquel lui-même appartient depuis sa jeunesse. Dans les grandes villes, et en particulier dans la France du nord, le radicalisme reçoit ainsi l'appoint de forces neuves, très différentes du radicalisme traditionnel. Avec l'aide de ces troupes fraîches, Pierre Mendès France arrache en mai 1955, au congrès de Wagram, la direction du parti radical aux hommes de centre-droit qui le conduisent depuis 1946. À l'issue d'un congrès haut en couleur au cours duquel la salle, noyautée par les militants mendésistes, met en minorité le président administratif du parti, Léon Martinaud-Deplat, Mendès France prend la tête du parti radical avec le titre de premier vice-président, Édouard Herriot étant président à vie. L'année 1955 est celle de l'épanouissement, à l'intérieur comme à l'extérieur, du parti radical, d'un courant mendésiste qui recrute surtout dans la jeunesse et catalyse autour de lui une gauche qui se sent mal à l'aise au sein des partis traditionnels, la SFIO de Guy Mollet ou le parti communiste de Maurice Thorez. On trouve dans ce courant toute une gauche moderniste, étudiants de l'UNEF, membres des jeunesses socialistes en rupture plus ou moins ouverte avec la SFIO, jeunes radicaux et républicains de tradition rassemblés par Charles Hernu dans le *Club des Jacobins*, chrétiens de gauche qui n'ont jamais pu constituer une formation importante, francs-maçons, syndicalistes, hauts fonctionnaires, lecteurs des hebdomadaires de gauche comme *L'Express*, *Témoignage chrétien*, voire *France-Observateur* (dont la plupart des rédacteurs se montrent cependant critiques envers un mouvement qui leur apparaît trop « bourgeois »).

En réalité, le mendésisme est un mouvement ambigu. Certains des membres de cette nébuleuse ont été attirés par les idées de Pierre Mendès France, par sa pratique du pouvoir et constituent un groupe de fidèles inconditionnels. Mais beaucoup voient dans le mendésisme autre chose que ce qu'il est réellement, et le sentiment prévaut que ceux-là projettent sur le mendésisme leurs propres aspirations. Ceux qui considèrent en lui l'homme de la modernisation des structures du pays ont sans doute raison, même s'il n'a pu donner sa mesure en ce domaine. Mais on s'éloigne déjà de ce que souhaitait Mendès France lui-même en voyant en lui le rénovateur de la gauche, car son ambition dans ce domaine se bornait à rénover le parti radical et il a rejeté avec horreur la suggestion de certains de ses amis de créer un nouveau parti politique, car à ses yeux, créer un parti autour d'un homme était du « fascisme ». Plus éloignés encore de la réalité, ceux qui tiennent le mendésisme pour une tentative de pouvoir autoritaire personnalisé, mettant à la raison les partis politiques, pratiquant le volontarisme, s'adressant au pays par-dessus la tête des parlementaires alors que Mendès France rejette toute idée de personnalisation du pouvoir, est fidèle au système traditionnel des partis et à un parlementarisme sans entraves. Il reste qu'il est exact qu'une partie de l'opinion a retenu ces aspects de l'expérience Mendès France et qu'à cet égard, et bien malgré lui, le mendésisme apparaît comme un pré-gaullisme.

Il faut donc distinguer le mendésisme de Mendès France. Débordant largement ce dernier, le mendésisme apparaît ainsi comme une sorte de catalyseur de toutes les oppositions, venues des rangs d'une gauche marginale et des courants modernistes, de la technocratie et du gaullisme, chacun projetant sur ce courant ses propres aspirations sans que Mendès France (qui rejette le vocable mendésiste) accepte de parrainer l'ensemble. (Sur le mendésisme, voir Jean Lacouture, *Mendès France*, Paris, Éditions du Seuil, 1981, et d'autre part le n° 27 de la revue Pouvoirs, *Le mendésisme*, Paris, Presses Universitaires de France, 1983).

Le succès du poujadisme et du mendésisme qui recueillent l'un et l'autre une incontestable adhésion populaire a pour effet d'affaiblir le régime et de compromettre l'autorité du gouvernement qui semble en sursis, puisque les élections législatives doivent avoir lieu en juin 1956. Or, affronté à la nécessité de décisions urgentes dans l'ordre international et sur les questions coloniales, le gouvernement Edgar Faure considère qu'il ne dispose pas d'une autorité suffisante pour les prendre puisque la majorité n'est pas assurée de sa survie. Désireux de hâter les échéances et de conforter la majorité, il propose à celle-ci de provoquer des élections anticipées avant que le poujadisme et le mendésisme n'aient le temps de consolider leur position. L'Assemblée refuse de se saborder, mais Edgar Faure ayant posé la question de confiance, elle le renverse en novembre 1955. Considérant que les conditions constitutionnelles, désormais simplifiées depuis la « réformette » de 1954, sont réunies (deux gouvernements renversés en moins de 18 mois à la majorité absolue), Edgar Faure décide alors, le 2 décembre 1955, de dissoudre l'Assemblée nationale, provoquant de nouvelles élections en janvier 1956. C'est la première fois depuis le 16 mai 1877 que la procédure de la dissolution est utilisée en France. Mendès France argüera du fait (peu convaincant politiquement et juridiquement) qu'il s'agit d'un « acte anti-républicain » pour exclure du parti radical Edgar Faure et un certain nombre de radicaux qui le soutiennent (dont Martinaud-Deplat et René Mayer). Les exclus se réfugient au RGR (*Rassemblement des Gauches républicaines*) qu'ils transforment en un véritable parti, à la présidence duquel ils portent Edgar Faure.

La crise de régime dont le mendésisme a représenté la première phase se précipite et la dissolution provoquée fin 1955 montre qu'il n'est plus guère possible pour un pays affronté à des échéances inéluctables de se contenter des majorités composites qui ont été la règle sous la IVe République.

Les élections du 2 janvier 1956
et les débuts du gouvernement Guy Mollet

Les élections du 2 janvier 1956 se déroulent, comme en 1951, au scrutin proportionnel avec apparentements (voir M. Duverger, F. Goguel, J. Touchard (sous la direction de), *Les Élections de janvier 1956*, Paris, A. Colin, 1957).

Elles voient s'affronter quatre types de listes : celles du parti communiste avec qui les socialistes ont refusé tout apparentement, celles de l'extrême droite qui sont pour la plupart des listes poujadistes et deux rassemblements qui réunissent les partis intégrés au régime, mais en entraînant la scission de trois d'entre eux.

Le premier de ces rassemblements qui prend le nom de *Front républicain* reconstitue pour l'essentiel la coalition mendésiste de 1954-1955. Il comprend le parti socialiste SFIO dans sa totalité et trois fractions de partis, le parti radical qui suit Pierre Mendès France (mais non Edgar Faure et les membres du RGR), la gauche de l'UDSR derrière François

Mitterrand, la gauche des républicains-sociaux derrière Jacques Chaban-Delmas. Aux yeux de l'opinion, le Front républicain est le rassemblement des mendésistes. Idée confirmée par le fait que *L'Express*, devenu quotidien pour la circonstance, conduit la propagande de la coalition et va distribuer une sorte d'investiture, celle du « bonnet phrygien » de la République, aux listes qu'il considère comme orthodoxes. En fait, les choses sont moins simples. Le seul groupe à peu près cohérent de ce rassemblement est le parti socialiste SFIO dont les membres sont loin d'approuver toutes les idées de Pierre Mendès France, en particulier sur le plan économique et social. Quant à Mendès France, leader des radicaux, il conseille non de voter pour le Front républicain, mais pour les listes radicales ; or nombre de radicaux qui se sont inclinés devant les décisions du congrès de mai 1955 sont personnellement réservés, voire hostiles à sa personne et à ses idées.

Les élections du 2 janvier 1956

Partis	% des suffrages exprimés	Nombre de députés
Parti communiste	25,9 %	150
Parti socialiste SFIO	15,2 %	96
Radicaux et UDSR	15,3 % (dont 11,3 % pour le Front républicain)	
UDSR + Rass. démocr. africain		19
Radicaux		58
RGR (E. Faure)		14
MRP et apparentés	11,1 %	
MRP		73
Apparentés d'outre-mer		10
Républicains-sociaux	3,9 % (dont 1,2 % pour le Front républicain)	22 (dont 7 Front républicain)
Modérés	15,3 %	95
Extrême droite (Poujadistes pour l'essentiel)	12,8 %	60
Divers	0,4 %	—

Face au Front républicain, le président du Conseil Edgar Faure a réuni la coalition de centre-droit qui domine l'Assemblée depuis 1952. Elle rassemble les Indépendants, le MRP, l'aile droite du radicalisme réfugiée dans le RGR, l'aile droite de l'UDSR, avec René Pleven et Claudius-Petit, l'aile droite des républicains-sociaux.

Entre ces divers groupes, la campagne électorale se déroule non autour de la guerre d'Algérie, devenue le principal problème de l'époque, mais autour de l'adhésion au mendésisme ou de son rejet.

Les résultats des élections du 2 janvier 1956 sont ambigus, la dispersion des listes, l'incertitude de l'appartenance de certaines d'entre elles et la division en quatre grands blocs ne permettant pas de dégager une majorité claire. L'inefficacité des apparentements a permis aux communistes de gagner des sièges, cependant que les républicains-sociaux, abandonnés par le général de Gaulle et partagés entre les deux coalitions rivales, s'effondrent. Pour sa part, le MRP continue un déclin amorcé depuis 1947. Les pertes des gaullistes et du MRP profitent à la droite classique du Centre national des Indépendants, mais aussi à l'extrême droite poujadiste qui effectue une véritable percée. Globalement, la gauche du Front républicain progresse dans ses composantes socialiste et radicalisante, ce qu'on peut interpréter avec beaucoup de prudence comme un acquiescement du corps électoral aux idées mendésistes (voir pour la prudence l'excellent article d'Alain Lancelot dans le numéro de la revue *Pouvoirs* sur le mendésisme).

L'interprétation de ces résultats peu clairs appartient au président de la République René Coty. La gauche (communistes compris) ayant rassemblé 56 % des suffrages, il considère que le scrutin traduit une poussée de l'opinion dans ce sens. Dans ce contexte, c'est évidemment au Front républicain qu'il appartient de constituer le gouvernement. Mais alors que l'opinion attend un ministère Mendès France, le chef de l'État, constatant que le parti socialiste possède le groupe parlementaire le plus nombreux de la coalition du Front républicain, confie à son secrétaire général, Guy Mollet, la mission de former le gouvernement. Décision qui va peser lourd dans l'avenir du régime dans la mesure où la mobilisation d'une partie de l'opinion autour de Pierre Mendès France va retomber, se traduisant par une profonde déception et une nouvelle désaffection envers la IVe République.

Le ministère formé par Guy Mollet bénéficie à ses origines d'un soutien considérable au Parlement. Outre les 170 députés du Front républicain, il peut compter sur les 150 communistes qui, à défaut d'un Front populaire qui aurait leur faveur, soutiennent le ministère, ce qui leur permet de sortir de leur isolement. Il est également assuré de l'appui des 73 élus du MRP, ce parti s'efforçant, sous l'influence de Pierre Pflimlin, de se débarrasser de l'image droitière acquise pendant la législature 1951-56 et de retrouver une place au centre. Mais, tout en acceptant ce double soutien, Guy Mollet constitue un gouvernement uniquement formé de ministres du Front républicain. La majorité de ses ministres sont des socialistes, Christian Pineau aux Affaires étrangères, Gaston Defferre à la France d'outre-mer, Albert Gazier aux Affaires sociales, Robert Lacoste, bientôt remplacé par Paul Ramadier, aux Affaires économiques. À leur côté, des républicains-sociaux (Jacques Chaban-Delmas, ministre d'État aux Anciens Combattants), des UDSR (François Mitterrand, ministre d'État à la Justice) et quatorze radicaux. On ne saurait considérer ces derniers comme des représentants du mendésisme. La place de Pierre Mendès France a d'ailleurs fait problème. Il aurait souhaité être ministre des Affaires étrangères, mais Guy Mollet s'y est opposé en raison des sentiments trop peu européens de l'ancien président du Conseil et de l'hostilité du MRP à cette nomination. Le chef du gouvernement lui offre les Finances qu'il refuse, se sachant en désaccord avec les socialistes sur les problèmes économiques et financiers. Finalement, il devient ministre d'État sans portefeuille, ce qui ne lui donne pas de réelle influence sur la politique du gouvernement. Il le quittera d'ailleurs dès mai 1956, en désaccord avec la politique algérienne du président du Conseil. Les autres ministres radicaux ne sont pas des mendésistes, mais des notables du Sud-Ouest faisant partie de la clientèle de Jean Baylet, le tout-puissant directeur de *La Dépêche de Toulouse*, comme Maurice Bourgès-Maunoury, ministre de la Défense nationale, Maurice Faure, secrétaire d'État aux Affaires européennes, René Billères, ministre de l'Éducation nationale. Si ce gouvernement est moins mendésiste qu'une partie de l'opinion ne l'espère, il n'en reste pas moins qu'il est le premier gouvernement véritablement orienté à gauche depuis celui de Paul Ramadier en 1947. Il est malaisé de discerner ses intentions, tant la guerre d'Algérie devient rapidement le problème clé du ministère. Si on fait abstraction de celle-ci, on constate que, dans le droit fil de la politique de Mendès France et d'Edgar Faure (avec en outre un certain nombre d'éléments nouveaux) le gouvernement Guy Mollet s'est efforcé de mettre la France à l'heure du monde moderne. (Voir S. Berstein, « Un Mendésisme sans Mendès France ? Les gouvernements Edgar Faure et Guy Mollet », *op. cit.*).

Dès ses débuts, le gouvernement Guy Mollet renoue avec la tradition sociale des gouvernements de gauche. Dans la ligne de la politique du Front populaire, il accorde une troisième semaine de congé aux salariés. Il décide l'attribution d'une retraite aux vieux travailleurs et, pour la financer, crée un Fonds national de solidarité alimenté par le produit de la vignette automobile, créée à cette occasion. Une réforme de la Sécurité sociale diminue les frais de santé à la charge des salariés par un contrôle plus strict des honoraires médicaux.

La politique étrangère, sans trancher ouvertement avec celle des gouvernements précédents, connaît un début d'adaptation à la nouvelle conjoncture marquée par la fin de la guerre froide. Christian Pineau, ministre des Affaires étrangères, esquisse un dégagement de la France de l'étroite sujétion dans laquelle elle se trouvait vis-à-vis des États-Unis. Il fait un voyage en Union soviétique et surtout, fait caractéristique, tente une exploration vers les pays neutralistes du tiers-monde, se rendant en Inde et en Égypte, deux des pays chefs de file de cette tendance.

Au bilan des tentatives de renouveau, il faut faire figurer la relance européenne, dans la voie ouverte par Edgar Faure. La plupart des ministres sont, comme le président du Conseil, des Européens convaincus. Ils sont résolus à mettre sur pied une union douanière avec les partenaires de la France afin de faire jouer les solidarités économiques, avec l'espoir de consolider ainsi une union politique dont la CED a montré les difficultés. C'est le radical Maurice Faure, Secrétaire d'État aux Affaires étrangères, qui, dans ce domaine, joue le rôle essentiel. Il négocie et fait approuver par le Parlement français le projet d'Euratom (Communauté nucléaire européenne) et celui de Communauté économique européenne (Marché commun) qui concrétisent ces vues. Le 25 mars 1957, il signe au nom de la France le traité de Rome qui prévoit la mise en place, par étapes, de l'union douanière, préface à l'union économique du Marché commun.

Enfin, paradoxe évident quand on considère sa politique en Algérie, le gouvernement Guy Mollet s'efforce de mettre en place une politique libérale dans les colonies. C'est lui qui conduit à son terme les processus de négociation amorcés par Mendès France en Tunisie et par Edgar Faure au Maroc, si bien qu'en mars 1956, les deux protectorats accèdent à l'indépendance. En Afrique noire, le gouvernement prend les devants et ébauche prudemment le processus de décolonisation en faisant voter la loi-cadre Defferre qui met en place l'autonomie politique progressive des colonies africaines. Dans chaque territoire est élue une Assemblée qui investit un gouvernement. Le chef de ce gouvernement est nécessairement le représentant de la France (haut-commissaire ou gouverneur), mais le vice-président du Conseil est responsable devant l'Assemblée. C'est à ce poste que les futurs chefs d'État de l'Afrique noire indépendante feront leurs premières armes politiques, comme vice-présidents des gouvernements de leur pays, Léopold Senghor au Sénégal, Félix Houphouët-Boigny en Côte-d'Ivoire, Mokhtar Ould Daddah en Mauritanie, l'abbé Youlou au Congo...

Au total, l'œuvre ainsi esquissée au début de 1956 par le gouvernement du Front républicain est loin d'être négligeable. Elle représente, dans la ligne de l'action des gouvernements Mendès France et Edgar Faure, un réel effort d'adaptation au monde du XXe siècle. Sur le plan de l'action politique, la continuité est grande entre ces trois gouvernements, même s'il en va différemment sur le plan de l'impact de leur action sur l'opinion, ni Edgar Faure, ni Guy Mollet, prisonniers du système des partis, n'ayant su créer une dynamique comparable à celle du gouvernement Mendès France. Mais cette modernité et les intentions positives du gouvernement Guy Mollet sont passées inaperçues des contemporains et ont, le plus souvent, été oubliées des historiens. Paradoxe apparent, car dès le printemps 1956 la guerre d'Algérie devient la priorité fondamentale du gouvernement et tous les autres domaines politiques s'y trouvent subordonnés. Même si les intentions du gouvernement Guy Mollet étaient libérales, le poids des contraintes a poussé ce gouvernement à pratiquer la guerre à outrance, au point d'hypothéquer tout le reste de son action, et c'est cet aspect que l'histoire a retenu.

Origines et début de la guerre d'Algérie (1954-1956)

(Sur cette question, on se référera à C.-A. Julien, *L'Afrique du Nord en marche*, Paris, Julliard, 1972, à la commode mise au point de B. Droz et E. Lever, *Histoire de la guerre d'Algérie*, Paris, Seuil, 1982, et surtout à J.-P. Rioux (sous la direction de), *Les Français et la guerre d'Algérie*, Paris, Fayard, 1990).

Les origines de la guerre d'Algérie sont à rechercher dans l'aggravation depuis la fin de la Seconde Guerre mondiale d'une situation dont les racines sont beaucoup plus anciennes.

Première série de causes, celles qui tiennent au statut politique de l'Algérie. Formée de trois départements (Alger, Oran, Constantine), elle est, comme tous les départements français, rattachée au ministère de l'Intérieur. Mais, en réalité, elle constitue une entité très différente des départements de métropole. Elle est en effet soumise à l'autorité d'un Gouverneur général nommé en Conseil des ministres et elle comprend deux catégories de citoyens qui possèdent des droits politiques inégaux : les Français, citoyens de plein exercice, qui élisent leurs représentants aux assemblées françaises et désignent les élus locaux d'une part, les musulmans, de statut coranique, dépourvus de droits politiques, de l'autre. En 1947, l'Assemblée nationale française vote un nouveau statut de l'Algérie qui, tout en modifiant quelque peu la situation, perpétue l'inégalité. Il prévoit l'élection d'une Assemblée algérienne de 120 membres, aux prérogatives restreintes (ses pouvoirs sont surtout financiers) désignée au double collège : les 9 millions de musulmans désignent 60 députés, le même nombre que le million d'Européens. De surcroît, le gouverneur général Naegelen, nommé en janvier 1948, procède au truquage manifeste des élections d'avril à l'Assemblée algérienne, faisant élire quasi uniquement des candidats de l'administration dans le second collège (musulman) et ne laissant aux candidats des partis nationalistes musulmans, dont les élections municipales de 1947 ont révélé l'audience, qu'un nombre ridicule d'élus.

Cette attitude intransigeante de l'administration française conduit à l'impasse le nationalisme musulman et, de ce fait, prive les autorités d'interlocuteurs représentatifs. Traditionnellement, le nationalisme algérien est constitué de trois courants qui sont, tous trois, privés de perspectives dans les années cinquante :

— Le courant traditionaliste, celui des *Ulémas*, entend résister à l'intégration française en s'appuyant sur l'Islam et sur la culture musulmane. Il trouve son inspiration dans le monde arabe, et tout particulièrement à l'Université islamique el-Azar du Caire. Mais la mort de son principal leader Ben Badis le prive de chef et de perspectives.

— Le courant réformiste est formé de bourgeois et d'intellectuels musulmans. Attachés à la voie légale, à une évolution acceptée par la France, ils ont pour chefs Ferhât Abbas et Ahmed Francis. Longtemps partisans de l'intégration de l'Algérie à la France avec des droits égaux pour tous les Algériens, ils n'ont que très tardivement choisi la solution d'une République algérienne liée à la France. C'est pendant la guerre, alors que les Américains occupent l'Algérie, que Ferhât Abbas lance le Manifeste algérien qui propose cette issue. Rassemblés dans l'*Union démocratique du Manifeste algérien (UDMA),* ils s'efforcent de convaincre les Français d'accepter une évolution dans le sens qu'ils indiquent. Mais le choix de la France en faveur d'un maintien quasi intangible des structures coloniales montre que cette perspective est irréaliste.

— Le courant activiste et révolutionnaire est mené par Messali Hadj. Proche du parti communiste dans l'entre-deux-guerres, il s'est détaché de lui pour devenir le prophète d'une révolution algérienne à base musulmane. Les « messalistes » forment en 1945 le *Mouvement pour le triomphe des libertés démocratiques (MTLD)*. Ce sont eux qui, le 8 mai 1945, provoquent les émeutes du Constantinois qui donnent lieu à une sévère répression. Leur succès aux élections municipales de 1947 ne fait que renforcer celle-ci. Aussi dès cette date songent-ils à passer à l'action directe et créent-ils à cette occasion l'OS (Organisation spéciale) sous la direction d'Ahmed Ben Bella. Pourchassés par la police et la gendarmerie, les militants du MTLD sont contraints de vivre dans la clandestinité. Leur chef, Messali Hadj, est assigné à résidence en métropole. Ces conditions favorisent une crise permanente de ce parti. Éloigné d'Algérie, Messali Hadj entre rapidement en conflit avec le Comité central de son parti (les « Centralistes »).

Les crises et les scissions se multiplient. Là aussi, l'impasse est quasi totale. Or, l'immobilisme qui résulte de cette absence d'interlocuteurs valables est grave, compte tenu des problèmes que connaît l'Algérie en 1954.

Les problèmes économiques et sociaux constituent en effet la troisième cause du déclenchement de la guerre d'Algérie. L'économie algérienne apparaît en effet comme dualiste. On voit se développer côte à côte une agriculture moderne aux mains des Européens, disposant de crédits, de machines, et tournée vers l'exportation du vin, des céréales, des agrumes, des primeurs, et une agriculture musulmane routinière et peu productive, mais qui concerne la plus grande partie de la population. De la même manière, on constate un début d'implantation de l'industrie du fait des groupes financiers français qui commencent à investir outre-Méditerranée, alors que les musulmans sont, pour la plupart, privés d'emplois industriels et tributaires de l'artisanat, condamnés au chômage ou à des emplois précaires lorsqu'ils sont citadins. Au total, la majorité des musulmans connaît la sujétion économique.

Cette économie dualiste est à l'origine d'une société inégalitaire. Les 984 000 Européens (dont 80 % sont nés en Algérie) sont en grande majorité des citadins, ouvriers ou membres de la classe moyenne (commerçants, cadres, employés). Leur niveau de vie est, dans l'ensemble, médiocre, comparé à celui de leurs homologues de métropole. Mais cette population refuse toute réforme qui donnerait l'égalité aux musulmans. Même modeste, elle se montre donc résolument conservatrice et attachée à son statut privilégié qui lui donne une supériorité sur le reste de la population d'Algérie. Celle-ci qui est numériquement majoritaire (on compte 8 400 000 musulmans) connaît en outre une véritable explosion démographique (sa croissance est de 2,5 % par an), ce qui aggrave les problèmes du pays. En effet, seuls deux millions de musulmans ont un niveau de vie comparable à celui des Européens. Les autres souffrent de la pauvreté, d'une scolarisation insuffisante (seulement 18 % des enfants musulmans sont scolarisés) et de sous-administration (l'arrêt du recrutement des administrateurs en 1947 livre la population à des auxiliaires indigènes qui l'exploitent).

L'ensemble de ces problèmes explique le déclenchement de l'insurrection de 1954. Celle-ci est étroitement tributaire de la conjoncture de l'époque, marquée par l'immense écho de la conférence de Genève de l'été 1954 qui conduit à l'indépendance du Viêt-nam, arrachée de force à la France et qui suscite, dans les milieux nationalistes, une volonté d'imitation du Viêt-minh, d'autant qu'au même moment la France entre en pourparlers avec la Tunisie voisine. Il s'y joint la volonté d'un certain nombre de jeunes nationalistes du MTLD, comme Ben Bella, las des querelles qui agitent le mouvement, de refaire son unité dans le combat contre les colonisateurs. C'est dans ces conditions qu'ils déclenchent l'insurrection de la Toussaint 1954 qui frappe surtout par la simultanéité des 70 actions lancées contre des bâtiments civils et militaires (attaques, lancement de bombes, attentats individuels). Militairement, les résultats sont à peu près nuls, si bien que la proclamation d'un *Front de Libération nationale* (FLN) et l'annonce de la création d'une *Armée de Libération nationale* (ALN) apparaissent dérisoires, de même que semble exorbitante la prétention des organisateurs de l'insurrection de négocier l'indépendance de l'Algérie avec le gouvernement français.

Les réactions françaises sont en rapport avec l'importance apparente du mouvement. Sur place, les colons réclament une vigoureuse répression et, de fait, l'armée et la gendarmerie démantèlent la plupart des réseaux du FLN, réduisant le mouvement à une activité sporadique dans les zones montagneuses des Aurès et de la Kabylie. À Paris, le président du Conseil Mendès France et son ministre de l'Intérieur François Mitterrand multiplient les énergiques déclarations sur leur volonté de maintenir l'ordre. Cependant, analysant la situation comme le résultat d'un malaise, ils concluent à la nécessité de réformes profondes et, à cette fin, désignent pour les pratiquer le gaulliste Jacques Soustelle comme gouverneur général de l'Algérie. Mal accueilli par les colons à son arrivée, début février 1955, il décide la pacification des zones rebelles et l'intégration de l'Algérie à la France par une application loyale du statut de 1947, la modernisation économique et sociale du pays et un large programme de scolarisation. À cette date, la guerre d'Algérie n'a encore qu'une ampleur très limitée et ce programme paraît susceptible de réussir.

Ce n'est véritablement qu'en 1955 qu'est pris le tournant définitif vers la guerre. Décidé à empêcher une politique d'intégration qui apparaît inacceptable aux yeux du nationalisme algérien, le FLN prend une initiative destinée à affirmer son audience sur les masses musulmanes, à creuser le fossé entre les communautés et à intimider les Algériens partisans d'un dialogue avec la France. Les 20 et 21 août, il provoque et encadre un soulèvement des musulmans du Constantinois qui s'attaquent aux quartiers européens des villes et aux fermes isolées tenues par des Français. Une centaine de morts sont dénombrés autour de Constantine. Il en résulte une répression, d'abord spontanée, qui prend la forme de « ratonnades » (chasses à l'Arabe) et qui est le fait des civils européens. Lorsque les autorités parviennent enfin à reprendre les choses en main, on compte un millier de morts parmi les musulmans. Un fossé de sang sépare désormais les deux communautés.

Les conséquences des massacres du Constantinois sont considérables et elles vont rendre irréversible le processus de la guerre. Les Européens, horrifiés par les massacres, se dressent désormais en bloc contre les musulmans. L'action du FLN devient pour eux synonyme d'assassinats, et ils attendent des autorités une énergique répression. De leur côté, les musulmans, indignés par les représailles aveugles dont ils ont été l'objet, passent massivement dans le camp du FLN. Les plus modérés, comme Ferhât Abbas qui se ralliera en 1956, font de même, conscients qu'il leur faut faire un choix et que celui-ci ne peut être que celui des musulmans (il est vrai que le FLN les contraint à ce choix par l'intimidation dont ils sont l'objet). Le FLN étend ainsi son emprise sur l'Algérie et peut porter la guerre dans toute l'étendue du pays. Enfin, bouleversé par les massacres, le Gouverneur général Soustelle fait passer au second plan ses objectifs de réforme et considère que sa tâche prioritaire est désormais de rétablir l'ordre en luttant contre le FLN. La guerre devient la priorité de l'action gouvernementale. C'est cette situation que doit affronter en 1956 le gouvernement de Front républicain conduit par Guy Mollet.

La guerre d'Algérie et ses conséquences internationales

Le Front républicain avait conduit une campagne électorale dont l'un des thèmes était de mettre fin à la guerre d'Algérie considérée comme une « guerre imbécile ». Le projet de Guy Mollet est de pratiquer en Algérie des réformes qui rallieront la masse de la population musulmane, et d'ouvrir une négociation secrète avec le FLN. Dans cette optique, il décide de remplacer le Gouverneur général Soustelle, désormais gagné à une solution militaire par un ministre résidant en Algérie, poste qu'il confie à un libéral, le général Catroux. Le 6 février 1956, il se rend lui-même à Alger pour y installer le ministre-résidant. Accueilli par les manifestations hostiles des colons, conspué par la foule, cible de jets de tomates, il découvre le problème que posent les Français d'Algérie pour la solution qu'il préconise. Devant cette révélation, il fait machine arrière, remplace le général Catroux par le socialiste Robert Lacoste et définit une nouvelle politique algérienne qui tient compte des angoisses des Européens, affolés par l'idée d'un abandon de la métropole. Cette politique se résume par le triptyque « Cessez-le-feu, élections, négociations » : la France accepte de négocier le sort de l'Algérie, mais avec des interlocuteurs désignés par des élections libres ; or celles-ci ne sont possibles qu'une fois instauré le cessez-le-feu, c'est-à-dire le FLN vaincu. À son tour, Guy Mollet abandonne ses velléités libérales pour entrer dans la voie de l'action militaire prioritaire. En mars 1956, l'Assemblée nationale (communistes compris) vote massivement des pouvoirs spéciaux au gouvernement pour mettre en œuvre cette politique. Les dernières velléités de négociations disparaissent lorsque le gouvernement couvre, en octobre 1956, une initiative de l'armée qui détourne l'avion conduisant à Tunis plusieurs dirigeants du FLN (dont Ben Bella) avec lesquels la France était en contact, et procède à leur arrestation. Le ministre Alain Savary, responsable des Affaires tunisiennes et marocaines et partisan de la négociation, donne alors sa démission, mais plusieurs membres du gouvernement manifestent leur désapprobation (Mendès France, maintenant partisan d'une négociation en Algérie, a quitté le gouvernement depuis mai 1956).

Résolu à remporter un succès militaire décisif, le gouvernement s'engage dans une lutte à outrance en Algérie. Le rappel des réservistes et le maintien de plusieurs classes sous les drapeaux permettent de porter les troupes engagées de 200 000 à 400 000 hommes. Sur place, Robert Lacoste, inamovible ministre-résidant jusqu'en 1958, laisse en fait l'armée conduire à sa guise le conflit et transformer l'Algérie en une véritable province militaire. Les frontières avec le Maroc et la Tunisie par où transitent les hommes et les armes à destination du FLN sont hermétiquement fermées par des lignes de barbelés électrifiés, appuyées sur des postes fortifiés, équipés de radars et dotés de garnisons qui font la chasse aux commandos qui tentent de s'infiltrer. À l'intérieur du territoire algérien, l'armée française procède au « quadrillage » du pays, tout en pratiquant également une activité d'assistance sociale (alphabétisation, soins médicaux...) et d'action psychologique afin de gagner les populations à une solution française et d'isoler le FLN. Pour accroître l'efficacité de ces procédés et tenter de soustraire les musulmans à l'influence des « fellagha », les populations sont regroupées.

À Alger où cette action est peu efficace contre le terrorisme urbain, le ministre-résidant confie au général Massu, chef de la 10e division parachutiste, la responsabilité de la sécurité. Ainsi débute en janvier 1957 la « bataille d'Alger » qui va durer 9 mois et au cours de laquelle à la vague d'attentats FLN répond la multiplication des fouilles, des contrôles, des arrestations et, pour obtenir des renseignements, l'appel aux indicateurs et même l'utilisation de la torture.

Sur le plan militaire, l'efficacité de cette action est certaine. L'organisation du FLN à Alger est démantelée et, dans le pays, sa force militaire est très amoindrie. Désormais la perspective d'une défaite militaire française, d'un Dieñ Biên Phû algérien, peut être considérée comme exclue. Mais politiquement, l'armée ne peut empêcher la poursuite du terrorisme ni les harcèlements de la guérilla. L'action psychologique est un échec, car les regroupements de population, la multiplication des contrôles, l'intimidation et la torture provoquent l'hostilité des musulmans, cependant que la terreur que fait régner le FNL contre ceux qui collaboreraient avec les Français précipite les ralliements, volontaires ou forcés. Enfin, les troupes du FLN trouvent refuge au Maroc et surtout en Tunisie. Exaspérés, les militaires n'ont d'autre solution que de pratiquer l'escalade. Ainsi, en février 1958, en vertu du « droit de suite », l'aviation française bombarde le village tunisien de Sakhiet Sidi-Youssef qui servait de base au FLN, faisant 69 morts, dont 21 enfants. Une vague d'indignation contre la France déferle dans le monde.

En fait, c'est l'ensemble de la vie politique française qui se trouve hypothéqué par les conséquences de la guerre d'Algérie, laquelle va, très rapidement, faire échouer tous les aspects novateurs du gouvernement du Front républicain.

Ces conséquences atteignent tous les domaines de la vie politique et, dans la mesure où elles interdisent la tentative d'adaptation de la France au monde moderne que représentait l'expérience du Front républicain, elles compromettent les chances de survie de la IVe République. Mais surtout, dans un premier temps, la guerre d'Algérie détériore la position internationale de la France. En octobre 1956, le gouvernement prend la décision de frapper l'Égypte, qu'il tient pour la « base arrière » du FLN : la Délégation extérieure de celui-ci, qui réunit autour de Ferhât Abbas des personnalités politiques, s'est réfugiée au Caire. D'accord avec les Britanniques (qui ne pardonnent pas au colonel Nasser, le « raïs » égyptien, la récente nationalisation du canal de Suez) et avec les Israéliens qui craignent une nouvelle guerre déclenchée contre eux par l'Égypte, le gouvernement Guy Mollet prépare une expédition militaire contre le canal de Suez. L'opération s'avère un succès militaire et un fiasco diplomatique. Suez est prise, de même que Port-Saïd, et le régime du colonel Nasser semble au bord de l'effondrement. Mais la France et la Grande-Bretagne sont mises en accusation à l'ONU et, sous la pression conjointe des États-Unis et de l'URSS (qui brandit des menaces de guerre), sont contraintes d'évacuer précipitamment la zone du canal (voir Marc Ferro, *Suez*, Complexe, 1983).

Cette agression fait sombrer la timide ouverture neutraliste tentée par le gouvernement français. Suspect aux yeux du tiers-monde, il fait figure d'accusé devant l'organisation internationale qui, à diverses reprises, et malgré les protestations françaises, se saisit du problème algérien. La France ne peut guère compter sur l'aide de ses alliés, anglais et américains. Après le bombardement de Sakhiet, ces deux États proposent leurs « bons offices » à la France et à la Tunisie, et cette démarche apparaît comme le début d'une internationalisation du conflit algérien.

Les conséquences financières, économiques et sociales de la guerre d'Algérie

Jusqu'en 1955, l'expansion française s'était réalisée dans la stabilité monétaire. Mais la guerre d'Algérie va avoir pour effet de provoquer dans l'économie française une période de « surchauffe » qui fait renaître les déséquilibres si laborieusement corrigés à partir de 1947. Trois facteurs expliquent cette situation.

En premier lieu, un gonflement de la demande. Celle-ci est d'abord due à l'évolution normale de l'économie. La croissance des investissements en 1953-1955 stimule la demande dans le domaine des biens d'équipement (machines-outils, industries mécanique et électrique, etc.). Or, à cette demande normale s'ajoutent les commandes militaires de la guerre d'Algérie : en 1956, les dépenses militaires augmentent de 30 %, puis à nouveau de 15 % en 1957. Ce gonflement de la demande a certes des aspects positifs, en permettant par exemple la relance de certaines industries en stagnation comme la chaussure ou le textile. Mais globalement, l'industrie française ne peut répondre à ce soudain gonflement de la demande et celle-ci stimule les importations, par exemple dans les secteurs des industries mécanique ou électrique (+25 % en 1956 ; +15 % en 1957).

En second lieu, la guerre d'Algérie provoque une raréfaction de l'offre. Le rappel des disponibles sous les drapeaux à partir de 1956, puis la prolongation de la durée effective du service militaire jusqu'à 30 mois, privent la production de 400 000 à 500 000 hommes, entraînant un freinage de celle-ci. À ce phénomène s'ajoute un accident occasionnel, le gel de l'hiver 1956, qui fait de la récolte de cette année la plus mauvaise de l'après-guerre et provoque une hausse des prix agricoles.

En troisième lieu enfin, la guerre d'Algérie entraîne une augmentation des coûts. Celle-ci résulte d'abord de la raréfaction de la main-d'œuvre à laquelle on tente de remédier par l'accroissement de l'immigration, l'encouragement à l'exode rural, le travail des femmes ou des retraités. Mais malgré ces correctifs, le manque de main-d'œuvre aboutit à une hausse rapide des salaires qui pèse sur les coûts de production. Mais cette augmentation des coûts a aussi pour cause la politique sociale du Front républicain (Fonds national de solidarité, 3e semaine de congés payés) qui accroît les charges sociales des entreprises (l'augmentation des salaires et des charges sociales est ainsi de 12 % en 1956, de 12,5 % en 1957). Enfin à ces causes s'ajoutent les effets de l'expédition de Suez qui conduisent au rationnement de l'essence en France et augmentent les prix du pétrole qu'il faut faire venir du Venezuela, puisque le Moyen-Orient n'en fournit plus.

La surchauffe de 1957 n'est donc due que très partiellement au jeu des forces économiques. Sa cause essentielle réside dans les perturbations que font subir à l'économie les conséquences de la guerre d'Algérie et elle révèle que la France ne peut mener de front l'expansion économique, une politique sociale et une guerre coloniale. La preuve va en être administrée par la crise financière que connaît la France du fait de l'accélération de la guerre d'Algérie.

Le déséquilibre économique créé par celle-ci trouve son expression dans la reprise de l'inflation. Celle-ci est due à la fois au décalage entre l'offre et la demande et à la hausse des coûts. Or, le gouvernement redoute que, par le jeu de l'échelle mobile du SMIG, instituée par Antoine Pinay en 1952, la hausse des prix n'entraîne des revendications salariales qui relanceront la spirale inflationniste. C'est pourquoi, dès 1956, le gouvernement Guy Mollet ne parvenant pas à juguler la hausse des prix s'efforce de freiner son thermomètre, l'indice des 213 articles. Pour y parvenir, il décide de subventionner certains produits entrant dans la composition de l'indice afin de masquer la hausse. Au premier trimestre 1956, l'État a déjà déboursé 25 milliards pour agir sur l'indice et, en septembre, on en est à 50 milliards. Si bien qu'en 1957, le gouvernement doit renoncer à cette politique et laisser filer les prix. Mais pour éviter les conséquences qui résulteraient du dérapage, il modifie l'indice, substituant à celui des 213 articles un nouvel indice fondé sur 179 articles.

Quels que soient les expédients utilisés pour masquer les réalités de l'inflation, la politique suivie débouche sur le déficit budgétaire. Sans doute, depuis 1944, les dépenses de l'État ont toujours dépassé ses recettes. Mais l'explication de ce déficit permanent réside dans le fait que l'État, à travers le Trésor public, finance une importante partie des investissements. Toutefois, il ne s'agit pas là d'un déficit réel, mais selon l'expression inventée par Edgar Faure d'une « impasse », l'État soldant ce déficit, soit grâce aux fonds provenant de l'aide américaine, soit grâce à l'emprunt. Entre 1952 et 1955, l'« impasse » est ainsi de 650 milliards de francs.

Mais le poids des charges militaires, de la politique sociale et des subventions destinées à peser sur l'indice des prix la font monter dès 1957 à 1 000 milliards. Désormais, les procédés habituels ne suffisent pas, bien que l'État s'efforce de drainer l'épargne à son profit et, durant l'année 1957, le gouvernement doit demander à deux reprises des avances de la Banque de France (pour 550 milliards). D'autre part, les entreprises, contraintes de développer leur production pour répondre à la demande croissante, doivent, elles aussi, emprunter et s'adressent aux banques. Les crédits bancaires aux entreprises s'accroissent de 20 % en 1957 (passant de 2 200 milliards à 2 620 milliards), constituant ainsi une nouvelle cause d'inflation.

Ces déséquilibres économiques nés de la guerre d'Algérie se répercutent sur la balance des paiements. Il faut importer davantage pour les besoins militaires, la poursuite de l'équipement national, le comblement des récoltes insuffisantes. En même temps, le prix du pétrole augmente du fait de la crise de Suez. Enfin, l'appel à la main-d'œuvre étrangère entraîne des transferts de salaires à l'étranger. Or la France exporte de moins en moins. La balance des paiements qui en 1955 avait été excédentaire de 423 millions de dollars présente en 1956 un déficit de 783 millions de dollars, et, en 1957, de 859 millions de dollars. La principale conséquence est qu'au début de 1958, la France n'a plus de réserve de devises, ce qui fera dire au général de Gaulle : « *J'ai trouvé les caisses vides.* » Pour faire face à cette situation difficile, le gouvernement doit obtenir d'urgence un crédit du Fonds monétaire international. Celui-ci y consent fin 1957 et avance à la France 300 millions de dollars, mais à la condition expresse qu'elle remette de l'ordre dans son économie.

La solution de la crise financière, compte tenu des exigences du FMI, va donc être le freinage de l'expansion et la renonciation à la politique sociale inaugurée par le gouvernement Guy Mollet début 1956. C'est à la solution de cette crise que se consacrent les deux derniers gouvernements de la IVe République qui ont encore quelques possibilités d'action, ceux de Maurice Bourgès-Maunoury et de Félix Gaillard (auparavant ministre des Finances du gouvernement Bourgès-Maunoury).

Pour rééquilibrer les finances françaises, il faut comprimer la consommation des Français au niveau de la production disponible, puisqu'il est exclu, tant que dure la guerre d'Algérie (et on ne voit pas qui aurait l'autorité de l'arrêter), que l'on puisse augmenter la production. C'est la raison pour laquelle, durant l'année 1957, sont prises deux séries de mesures, essentiellement par le gouvernement Félix Gaillard. En premier lieu, il s'agit de comprimer les dépenses de l'État. Le budget préparé pour 1958 fait des coupes sombres dans les dépenses sociales et même, pour la première fois depuis l'expérience Pinay, dans les investissements. La politique sociale et l'expansion apparaissent donc comme les principales victimes de la nouvelle politique d'austérité. Parallèlement, l'État cesse de subventionner les prix de l'indice qui sont lâchés.

Cette compression des dépenses publiques s'accompagne d'un accroissement des recettes. Le budget prévoit pour 1958 32 % d'augmentation d'impôts. En ce qui concerne les entreprises, le gouvernement Gaillard augmente le taux de l'escompte, rendant ainsi le crédit plus cher, et il multiplie les obstacles aux emprunts lancés par les entreprises.

L'objectif est clair. Il s'agit dans la situation de surchauffe que connaît l'économie française de conduire une action déflationniste, afin de freiner les possibilités d'achat et de restreindre la consommation pour stopper la hausse des prix qui atteint 10 % entre juin et décembre 1957 et se maintient encore à 7,5 % entre décembre 1957 et juin 1958. Comme, pendant ce temps, les salaires demeurent stables (les employeurs ne pouvant trouver de crédits pour financer les hausses de salaires), on a une stagnation du pouvoir d'achat. Mais la politique conduite par Félix Gaillard aboutit au freinage désiré.

	1957	*1958*
Production	+ 6,7 %	+2,6 %
Consommation des ménages	+ 5,3 %	+1 %
Investissements	+ 10,4 %	+4,6 %

La crise financière a donc pour résultat de freiner l'expansion économique et l'accroissement du niveau de vie.
La seconde série de mesures a pour objet de rétablir l'équilibre des finances extérieures. En août 1957, Félix Gaillard, n'osant pas procéder

à une dévaluation ouverte du franc, met en place « l'opération 20 % » qui revient à une dévaluation déguisée : les touristes étrangers reçoivent de l'Office des Changes une prime égale à 20 % de leurs achats de devises et les exportateurs un surplus identique du montant de leurs exportations. Quant aux Français, ils paient leurs devises étrangères 20 % plus cher à l'Office des Changes. Cette dévaluation de fait sera régularisée en droit en juin 1958, le franc étant alors défini par rapport au dollar par un rapport de 1 dollar contre 420 F (au lieu de 350 F auparavant). Le franc ne vaut plus que 2,35 mg d'or.

La IVe République s'achève donc en pleine crise financière, compromettant les principaux succès obtenus auparavant, la croissance économique et l'augmentation du niveau de vie de la population, et faisant sombrer les équilibres si difficilement réalisés au cours des années d'après-guerre.

La crise morale et l'impasse politique de la IVe République

La guerre provoque en France une profonde crise morale. Le conflit entraîne un très vif malaise au sein de la jeunesse, du monde étudiant, des Églises, des milieux intellectuels, des syndicats. Ces milieux admettent mal de voir la France engagée dans un conflit contre les aspirations nationales d'un peuple. Ils s'indignent de voir l'armée user pour parvenir à ses fins de l'arme de la torture et certaines « affaires » ont un immense retentissement, par exemple la disparition de certains musulmans ou libéraux européens comme Maurice Audin, assistant à la Faculté d'Alger, « disparu » après avoir été arrêté par la police. Le livre du communiste algérien Henri Alleg, *La Question*, qui décrit les tortures dont il a été l'objet, a un écho considérable, malgré son interdiction. Pour un nombre croissant de Français, faire la paix est devenu une nécessité. On voit même certains petits groupes d'extrême gauche, très minoritaires il est vrai, prendre le parti du FLN et l'aider dans son combat. Face à cette aspiration à une paix négociée, le gouvernement répond par des saisies de journaux, des poursuites judiciaires, des révocations. Il est vrai qu'une autre partie de l'opinion est hostile à toute négociation, soit par attachement au maintien de la souveraineté française, soit par crainte du sort réservé aux Français d'Algérie, soit par hostilité au FLN dont les méthodes de guerre ne sont pas moins cruelles que celles imputées à l'armée française (attentats aveugles, massacres, intimidation).

Mais surtout, le conflit a de graves conséquences sur la vie politique française. Il aboutit en effet à l'éclatement rapide de la majorité de gauche et à la paralysie de la vie politique. Dès 1956, une grande partie de la gauche, constatant l'extension du soulèvement algérien, souhaite une solution négociée du conflit et rejette la politique suivie par Guy Mollet et ses successeurs. Mendès France démissionne dès mai 1956 ; en décembre, les communistes votent contre la politique algérienne du gouvernement, qu'ils ont d'abord soutenue ; au sein même de l'équipe ministérielle, certains ministres (Albert Gazier, Gaston Defferre, François Mitterrand) font connaître leur désaccord avec la ligne suivie. Plus grave encore aux yeux de Guy Mollet, à l'intérieur même du parti socialiste se constitue une opposition à la politique algérienne du gouvernement, animée par des leaders de premier plan, Édouard Depreux, Daniel Mayer, André Philip, Alain Savary, Robert Verdier. Très vite, pour trouver une majorité à l'Assemblée, Guy Mollet est conduit à un renversement d'alliances : il doit compter sur le MRP et les Indépendants, alors que les communistes et les radicaux mendésistes votent contre lui et que nombre de socialistes sont tentés d'en faire autant. Pour éviter une scission de son parti, Guy Mollet choisit de se faire renverser sur un vote financier en mai 1957.

Dès lors, la vie politique est paralysée. En dehors des socialistes, il n'existe dans l'Assemblée élue en 1956 aucune majorité viable. René Coty donne pour successeurs à Guy Mollet le radical Maurice Bourgès-Maunoury qui tente de se rapprocher des partisans de l'Algérie française mais qui est renversé en septembre 1957 (pour avoir tenté de faire voter une loi-cadre sur l'Algérie instituant le collège unique) par une coalition de la droite et des communistes, puis un autre radical, Félix Gaillard, mis en minorité en avril 1958 pour avoir accepté les « bons offices » anglo-américains après l'affaire de Sakhiet. En fait ces gouvernements qui ne se maintiennent au pouvoir qu'avec l'accord tacite des socialistes sont dépourvus de toute autorité. D'autant que Guy Mollet souhaiterait tenir son parti à l'écart de la vie gouvernementale afin de préserver une unité que l'affaire algérienne compromet davantage chaque jour. Conscient du scandale que constitue pour nombre de socialistes la politique suivie à Alger par Robert Lacoste, il décide, en avril 1958, que les socialistes ne seront pas membres du prochain gouvernement, ce qui entraînera *ipso facto* le départ du ministre-résidant.

En fait, la principale préoccupation de tous les gouvernements est désormais de trouver une issue politique négociée à la crise algérienne, mais ils n'osent faire connaître ouvertement cet objectif, car ils manquent d'autorité pour imposer leurs vues au Parlement, aux colons européens, à l'armée d'Algérie. Toute esquisse de solution (la loi-cadre Bourgès-

Maunoury, les « bons offices » de Félix Gaillard) condamne le gouvernement à la chute. À nouveau, comme sous la première législature pour les questions économiques et sociales, comme sous la seconde législature pour la CED, l'Algérie constitue un ferment de dissolution pour la majorité de gauche de la troisième législature, provoquant comme précédemment instabilité et immobilisme.

Il n'existe aucun espoir de trouver une solution dans le système des partis qui, dès l'origine, a constitué la colonne vertébrale de la IVe République, car l'affaire d'Algérie achève, en ce qui les concerne, une crise dont le mendésisme a été une des premières manifestations. Si le parti communiste trouve dans son hostilité à la guerre d'Algérie et dans la cohésion de ses structures le moyen d'y échapper, toutes les autres formations politiques sont en état de scission plus ou moins ouverte. À gauche, la scission n'est encore qu'une fêlure chez les socialistes entre partisans et adversaires de la négociation en Algérie, mais pour masquée qu'elle soit, la cassure est réelle et elle jouera quelques mois plus tard en septembre 1958. Les radicaux sont désormais divisés en quatre tronçons. À la scission d'Edgar Faure et René Mayer fin 1955 s'est ajoutée en octobre 1956 celle des radicaux hostiles à la négociation en Algérie, conduits par Henri Queuille et André Morice, qui ont fondé un parti rival qui prend bientôt le nom de Centre démocrate ; par ailleurs, en 1957, Mendès France, ayant échoué à imposer au groupe parlementaire radical la discipline de vote, démissionne de la direction du parti et se trouve dès lors en état de quasi-scission avec une quinzaine de députés ; la place de Valois, siège du parti, reste alors aux mains des centristes du groupe de *La Dépêche*, Maurice Faure, Bourgès-Maunoury, René Billères, Félix Gaillard. La scission de l'UDSR est également consommée entre la gauche de François Mitterrand et la droite de René Pleven et Claudius-Petit. La même remarque s'impose pour ce qui reste des républicains-sociaux, partagés entre une aile de centre-gauche avec Chaban-Delmas et une majorité de droite dont Roger Frey est l'inspirateur. Ni le MRP ni les Indépendants ne sont à l'abri du clivage. Au sein du premier la majorité se rallie à la voie centriste définie par Pierre Pflimlin, le nouveau président, qui considère que seule une solution négociée est désormais possible en Algérie, mais il existe un groupe attaché à la prépondérance de l'Algérie française conduit par l'ancien président Georges Bidault. Enfin, malgré la souplesse de leurs structures, les modérés du CNI ne sont pas moins divisés : la plupart à la suite de leur secrétaire général Roger Duchet rejettent toute négociation, mais quelques-uns jugent celle-ci inévitable. Preuve de cette profonde division des forces politiques, qui ne permet d'envisager aucune solution à base parlementaire, la constitution en avril

1956 de l'*Union pour le Salut et le renouveau de l'Algérie française*, dirigée par le gaulliste Soustelle, le radical Morice, le MRP Bidault, l'Indépendant Duchet, sans qu'aucun d'entre eux n'engage son parti.

La guerre d'Algérie débouche ainsi sur une véritable paralysie du régime, incapable d'affronter un problème qui dépasse ses forces, et sans qu'il paraisse exister de solution interne au système de la IVe République, en raison de l'éclatement des partis politiques qui en constituaient les seules forces réelles. L'heure paraît propice aux adversaires du régime.

L'état des forces en mai 1958

Le marasme des forces politiques analysé plus haut ne permet pas d'opérer un classement de l'opinion selon les critères habituels. La distinction entre partis ne signifie plus grand-chose compte tenu des perturbations entraînées par l'affaire algérienne et du discrédit du Parlement. En fait, en 1958, il faudrait distinguer trois grands courants d'importance quantitative inégale, mais dont l'activité paraît inversement proportionnelle à leur importance.

La majorité de l'opinion publique métropolitaine est, à l'image du Parlement et des forces politiques, en plein désarroi en raison de l'affaire algérienne. Quelle que soit la tendance dont elle se réclame, elle est consciente que les gouvernements ne disposent plus de l'autorité nécessaire pour diriger le pays dans un contexte aggravé par la guerre d'Algérie.

À gauche, elle est convaincue depuis l'échec du mendésisme et la politique algérienne du gouvernement Guy Mollet qu'il n'y a rien à espérer des partis de gouvernement et elle est à la recherche de formules nouvelles que le mendésisme lui a laissé entrevoir, mais qui ne paraissent pas en mesure de se concrétiser. Elle se tourne vers de petits groupes marginaux aux grands partis qui lui semblent incarner ce courant, mais qui apparaissent comme profondément minoritaires, la « Nouvelle Gauche », constituée par des journalistes (Claude Bourdet, Gilles Martinet) avec l'appui de militants chrétiens, les opposants socialistes, les radicaux mendésistes.

À droite, elle a été humiliée dans son nationalisme par les échecs d'Indochine et de Suez et elle est prête à se rallier à toute solution qui éviterait un nouvel échec en Algérie.

Mais, toutes tendances confondues, cette opinion métropolitaine redoute les initiatives que pourraient prendre ceux qu'on appelle les activistes de l'Algérie française.

La paralysie des institutions, le désarroi des partis et de l'opinion laissent le champ libre à des forces d'extrême droite dont le poujadisme avait déjà montré qu'elles étaient prêtes à renaître et que la guerre d'Algérie va stimuler. En fait, on est en présence de groupes très différents qui n'ont en commun que des tendances autoritaires, voire fascisantes.

— Le premier est celui de l'opinion d'extrême droite en France. Il est formé de toute une série de groupuscules qui prolifèrent à partir de 1954, *Association des Anciens Combattants d'Indochine*, *Jeune Nation* qui recrute surtout en milieu étudiant, *Parti patriote révolutionnaire* fondé en 1957 par Me Biaggi. Ils trouvent l'appui d'un certain nombre de poujadistes comme Jean-Marie Le Pen, élu député du Ve arrondissement de Paris en 1956. Peu nombreux, n'entraînant avec eux que d'étroites minorités, leurs thèmes rencontrent cependant un certain écho dont le succès du poujadisme a permis de mesurer l'ampleur : antiparlementarisme, xénophobie, antisémitisme, racisme antiarabe, choix d'un pouvoir fort qui conduirait sans défaillance la guerre d'Algérie et ferait taire les intellectuels de gauche qui la dénoncent. En fait, ce groupe n'a d'intérêt, en dépit de la faiblesse de son audience, que parce qu'il paraît être le répondant en métropole des deux suivants, dont le poids est beaucoup plus considérable.

— L'activisme algérien est fondé sur un contexte permanent, celui de l'audience qu'ont toujours connue les idées d'extrême droite en Algérie. L'antisémitisme y a d'anciennes racines avec Drumont, les colons d'Algérie ont été largement pétainistes, soutenant tour à tour Weygand, Darlan et Giraud, et ne se sont ralliés que du bout des lèvres au général de Gaulle. Enfin, les maurrassiens y ont toujours trouvé un terrain favorable à l'expansion de leurs idées. Dans ces conditions, la crainte de voir la métropole abandonner les départements algériens a stimulé un activisme antiparlementaire, antirépublicain et méfiant envers la métropole, qui ne demandait qu'à s'épanouir. Il fait ses premières armes le 2 février 1956 lors du départ de Soustelle qu'il tente d'empêcher et remporte son premier succès politique le 6 février lors du voyage de Guy Mollet. La reculade du président du Conseil convainc les activistes d'Alger de leur puissance et de leur aptitude à imposer à Paris la solution de leur choix. Conduits par des exaltés comme l'avocat Lagaillarde, le cafetier Ortiz ou le docteur Martel, ils recrutent largement dans la jeunesse européenne qui se lance avec un enthousiasme romantique dans les défilés, les manifestations, voire les complots plus ou moins réels. Le rêve de cet activisme algérien est celui d'un putsch qui, parti d'Alger, instaurerait en métropole un pouvoir autoritaire décidé à conduire la guerre jusqu'à la victoire. Et si ce rêve prend quelque consistance, c'est qu'il semble pouvoir s'appuyer sur une réalité, l'accord d'une partie de l'armée.

— L'activisme militaire est, en effet, la troisième composante de ce courant. Il est le fait d'un groupe d'officiers de carrière (car le contingent est peu enthousiasmé par la guerre qu'il doit faire en Algérie), surtout des capitaines et des colonels (les généraux, soucieux de leur carrière, se montrant généralement d'une grande prudence). Ces militaires ont été profondément traumatisés par l'échec d'Indochine qu'ils attribuent à l'abandon dans lequel le gouvernement a laissé le corps expéditionnaire et à la trahison des civils (par exemple la rocambolesque « affaire des fuites » de 1954 dans laquelle on tente de compromettre François Mitterrand et Edgar Faure, après la divulgation de secrets de la Défense nationale, et qui s'avère être une médiocre provocation montée par un réseau de policiers d'extrême droite). Méprisant le pouvoir civil et les hommes politiques, ces militaires rêvent de gagner la guerre d'Algérie en utilisant contre le FLN les méthodes de la guerre psychologique qui les ont vaincus au Viêt-nam, avec leur mélange de terreur à l'encontre des adversaires, de persuasion et d'action sociale destinées à gagner la population et à vaincre l'adversaire sur son terrain. L'autonomie que Robert Lacoste laisse aux militaires leur permet de tenter l'expérience. Mais celle-ci se révèle assez peu efficace et ils en tirent la conclusion qu'ils n'aboutissent pas parce que le gouvernement ne les soutient pas, qu'il est tenté par une paix négociée, qu'il laisse se développer les campagnes de presse qui diffament l'armée. Chez les militaires aussi s'impose l'idée que c'est à Paris qu'il faut gagner la guerre d'Algérie en renversant le régime pour lui substituer un gouvernement décidé à faire la guerre en employant à grande échelle les méthodes d'action psychologique et révolutionnaire.

Partis de prémisses très différentes, ces trois courants convergent donc pour attendre d'un coup de force appuyé par l'armée d'Algérie l'instauration à Paris d'un pouvoir fort qui ne reculerait pas devant les méthodes fascisantes pour vaincre l'adversaire. Dans ces conditions, les bruits de complot se multiplient et la nervosité ne cesse de gagner l'armée et la population d'Algérie, qui ne dissimulent pas leur exaspération devant l'indifférence d'une métropole qui se laisse gagner par les délices de la société de consommation et paraît aussi éloignée que possible de la solution souhaitée outre-Méditerranée. En 1957 on découvre un complot contre la République ourdi par le général parachutiste Jacques Faure, qui est mis aux arrêts de rigueur. Le 26 avril 1958, l'armée laisse se développer une manifestation à Alger, qui réclame la formation d'un gouvernement de Salut public pour sauver l'Algérie française. Le décalage est total entre Paris et Alger, et le fiévreux romantisme qui gagne cette dernière reste sans écho en métropole. Entre les deux, les gaullistes vont faire la liaison.

Ils forment le troisième courant significatif qui joue un rôle dans l'effondrement de la IVe République. Depuis 1955, le général de Gaulle, découragé par l'échec du RPF et l'intégration au régime des républicains-sociaux, a annoncé sa retraite politique et s'est enfermé dans le silence de Colombey-les-deux-Églises. Toutefois, il ne se laisse pas oublier et, à bien des égards, la distance prise par rapport à la politique immédiate le sert. La parution de ses *Mémoires de guerre* qui sont un immense succès d'édition campent sa stature historique aux yeux des Français. Les voyages qu'il accomplit outre-mer et l'accueil enthousiaste qui lui est fait, au Sahara ou en Afrique noire, le font apparaître comme l'homme susceptible de résoudre les difficultés coloniales que le régime ne parvient pas à maîtriser. L'interminable crise ministérielle qui suit la chute de Guy Mollet et le sentiment que la République est dans l'impasse font que, à partir du printemps 1958, son nom est de plus en plus souvent prononcé comme celui d'une possible solution, même par des hommes politiques qu'on ne saurait considérer comme des inconditionnels du gaullisme, par exemple Edgar Faure. Au début de mai 1958, devant l'impossibilité de former un gouvernement sans la participation socialiste, le président Coty fait sonder le général de Gaulle sur les conditions de son éventuel retour au pouvoir. Mais ces symptômes n'ont de valeur qu'*a posteriori*, car jusqu'au 13 mai 1958, cette hypothèse est toute gratuite : en janvier 1958, un sondage révèle que 13 % seulement des Français verraient le général de Gaulle s'installer à Matignon !

Toutefois, la crise du régime convainc les gaullistes que le retour au pouvoir de leur chef est désormais possible. La tactique des gaullistes semble être de noyauter les complots qui s'ourdissent un peu partout pour canaliser ceux d'entre eux qui auraient une chance de réussir. Des réunions se tiennent périodiquement chez Me Biaggi, réunissant des gaullistes notoires comme Michel Debré, Roger Frey, Jacques Soustelle, Olivier Guichard pour faire le point de la situation. Jacques Chaban-Delmas, ministre de la Défense nationale du cabinet Félix Gaillard, a envoyé à Alger comme représentant Léon Delbecque qui se tient au courant des complots militaires. On agite dans ces milieux l'idée qu'un putsch se produira en Algérie, qui pourrait être relayé par des opérations coordonnées en métropole ; on évoque le largage de parachutistes en France, l'appui qu'ils pourraient trouver dans le Sud-Ouest où le général Miquel, gouverneur militaire de Toulouse, paraît gagné aux vues des putschistes, ainsi que le général Gribius qui commande les chars à Rambouillet et pourrait marcher sur Paris. L'idée prévaut, en tout cas, que si une insurrection éclatait à Alger, Soustelle, devenu pour les Européens d'Algérie le symbole de l'Algérie française, devrait s'y rendre pour imposer une solution gaulliste.

Il est incontestable que le général de Gaulle est au courant de ces complots par Delbecque qu'il a reçu à plusieurs reprises, bien qu'il feigne de les ignorer. Mais s'il ne les décourage pas, il ne fait rien pour les encourager. En fait, il se veut tout à la fois au-dessus de ces médiocres complots et disponible pour les utiliser si la situation évoluait favorablement. Il entend se garder de toute prise de position hâtive, joue les vieillards découragés, mais demeure attentif et prêt à agir. (Sur l'ensemble du contexte des complots qui marquent les prémices du 13 mai, deux ouvrages qui en évoquent les détails : Serge et Merry Bromberger, *Les treize complots du 13 mai*, Paris, Fayard, 1959, et Raymond Tournoux, *Secrets d'État*, Paris, Plon, 1960).

Le 13 mai et l'effondrement de la IVe République (13 mai-3 juin 1958)

(Sur cette question, voir l'excellente mise au point de René Rémond, *Le Retour de De Gaulle*, Complexe, 1983, et l'ouvrage fondamental d'Odile Rudelle, *Le 13 mai, de Gaulle et la République*, Paris, Plon, 1988, coll. L'espoir).

Le 13 mai est le jour où le président du Conseil, enfin désigné par René Coty, le MRP Pierre Pflimlin, doit se présenter devant l'Assemblée nationale pour obtenir son investiture. Le même jour, un Comité de vigilance qui regroupe les associations d'anciens combattants, les groupements patriotiques, des partis, appelle la foule d'Alger à une grande manifestation de protestation contre l'assassinat par le FLN de trois militaires français faits prisonniers. La désignation de Pierre Pflimlin que l'on soupçonne de méditer une politique d'abandon en Algérie (ne s'est-il pas prononcé pour une solution négociée devant le Conseil général du Bas-Rhin ?) va faire dériver la manifestation sur le terrain politique. L'heure semble d'autant plus propice que Robert Lacoste qui représente le pouvoir en Algérie (mais il fait partie d'un gouvernement démissionnaire) a regagné la métropole sans attendre son successeur. Les colonels de l'armée d'Algérie laissent se développer la manifestation qui dégénère en émeute et aboutit à la prise du Gouvernement général, siège des autorités. Là, dans le brouhaha, est proclamée la naissance d'un Comité de Salut public dans lequel on fait entrer, un peu au hasard, des civils activistes, des militaires, des musulmans. Le gaulliste Delbecque parvient à s'y intégrer. À la tête du Comité est placé le général Massu, fort embarrassé par cet honneur inattendu, et qui cherche plus à canaliser le mouvement qu'à le développer. Respectueux de la hiérarchie militaire, le général Massu obtient que le général Salan, commandant en chef de l'armée d'Algérie, soit nommé à la tête d'un vague *Comité de Salut public de l'Algérie française*. Poussé par Massu et Delbecque, le général Salan lance le 15 mai un appel au général de Gaulle. En apparence, l'armée d'Algérie a basculé dans le camp des émeutiers. Mais les choses ne sont pas si simples, car le 13 mai, pour ne pas perdre la face, le gouvernement a nommé le général Salan *Délégué général en Algérie*. Salan gouverne donc effectivement l'Algérie, mais on ne sait trop s'il le fait comme chef nominal des Comités de Salut public, c'est-à-dire chef d'un pouvoir insurrectionnel, ou comme Délégué général, c'est-à-dire représentant d'un pouvoir légal.

Ce jeu ambigu, encouragé par le gouvernement qui souhaite éviter une rupture entre Paris et Alger, subit cependant un choc le 17 mai avec l'arrivée à Alger de Jacques Soustelle qui a réussi à échapper à la surveillance dont il était l'objet. Soustelle affermit le courant gaulliste dans le pouvoir insurrectionnel algérien tout en poussant à la préparation d'opérations en métropole. Désormais, la coupure s'accentue et la guerre civile semble proche. Le 24 mai, la Corse bascule dans le camp d'Alger, à l'instigation des gaullistes. Une opération de parachutage en métropole, l'opération « Résurrection », est prévue dans la nuit du 27 au 28 mai.

Face à cette sécession de l'Algérie et au risque d'une guerre civile en métropole, le gouvernement paraît mal armé pour résister. Le 13 mai, dans un sursaut de défense républicaine, le gouvernement Pflimlin a reçu une large investiture : 274 voix pour, 120 contre (la droite), 137 abstentions dont celles des communistes qui ont renoncé à voter contre, compte tenu des menaces qui pèsent sur le régime. Le président du Conseil décide aussitôt de former un gouvernement d'union nationale. Si Antoine Pinay refuse sa participation, Guy Mollet accepte d'y faire entrer les socialistes. On place symboliquement au ministère de l'Intérieur Jules Moch qui avait fait la preuve de son énergie en 1947-1948 contre la subversion communiste. En principe, le gouvernement est décidé à faire usage de la force pour mater la rébellion d'Alger. En fait, il manque de moyens : André Mutter, ministre-résidant, ne peut se rendre à Alger ; Pierre de Chévigné, ministre MRP de la Défense nationale, n'est guère obéi par l'armée dont les généraux hésitent à prendre parti pendant que les colonels les poussent vers les insurgés. Lorsque le gouvernement proclame l'état d'urgence et que de Chévigné prend des sanctions contre des généraux de la métropole, le général Ély, chef d'état-major de l'armée, dont l'autorité morale est considérable sur les officiers, démissionne. Jules Moch ne peut davantage compter sur la police. Celle-ci a manifesté en avril 1958 devant le Palais-Bourbon et on sait que le courant antiparlementaire y est très puissant. Dans les années précédentes, elle a été noyautée par des réseaux d'extrême droite mis en place par le commissaire Jean Dides, avec l'appui du préfet de police Baylot. Au lendemain du 13 mai, elle manifeste sa sympathie à la cause de l'Algérie française et du général de Gaulle.

La lutte qui s'esquisse entre la rébellion algérienne et le gouvernement de la République est donc inégale. La première peut compter sur les corps d'élite de l'armée (blindés, paras), sur de nombreuses sympathies activistes en métropole, et elle bénéficie du prestige du général de Gaulle qu'elle appelle à sa tête ; le second est dépourvu de moyens d'actions et ne peut guère compter sur une opinion publique lasse du régime. En outre la plupart des ministres sont décidés à éviter à tout prix la guerre civile qui menace. C'est dans ce contexte qu'intervient le général de Gaulle qui va faire dériver l'affrontement vers une solution politique.

Du 13 mai au 3 juin, le général de Gaulle va peser sur les événements sans autre arme que la parole. Une série de trois déclarations qui apparaissent comme autant d'actes politiques décisifs vont infléchir la situation dans un sens favorable à ses vues.

— La première est le communiqué à la presse du 15 mai, le jour même où Salan crie « *Vive de Gaulle !* » au forum d'Alger. Cette déclaration rend le « régime des partis » responsable du désastre dans lequel la France est engagée et fait savoir que le général de Gaulle « *se tient prêt à assumer les pouvoirs de la République* ». Cette déclaration fait un effet désastreux sur le gouvernement et l'Assemblée car elle semble montrer que de Gaulle est solidaire de la rébellion algérienne et encourage celle-ci à lui confier le pouvoir.

— La seconde étape est la conférence de presse du 19 mai qui est au contraire destinée à rassurer les milieux politiques. De Gaulle y rappelle son passé, le respect qu'il a montré pour la démocratie, rejette toute idée de dictature et, s'il ne fait aucune concession sur le régime, prononce des paroles aimables pour les dirigeants de la IVe République.

Cette étape est capitale car elle ouvre la porte à des négociations entre les hommes de la IVe République et le général de Gaulle. Jacques Chaban-Delmas et Antoine Pinay, qui est un des premiers à rencontrer le général, y poussent fortement. Le fait essentiel est le ralliement de Guy Mollet à la nomination à la tête du gouvernement du général de Gaulle. Il redoute en effet que l'émeute d'Alger n'aboutisse à deux solutions, également détestables à ses yeux : une dictature militaire fascisante ou un Front populaire qui ouvrirait la voie à une dictature communiste. Le 25 mai, il rencontre de Gaulle à Colombey et obtient de lui des garanties précises, en particulier le maintien d'un gouvernement parlementaire responsable devant l'Assemblée. Dès lors, il s'efforce de convaincre le groupe socialiste, méfiant, que de Gaulle n'est pas un dictateur. Dans la nuit du 26 au 27 mai, le général de Gaulle rencontre le président du Conseil Pierre Pflimlin, mais l'entrevue est sans résultat. Une troisième déclaration du général de Gaulle va débloquer la situation.

— Le 27 mai (l'opération « Résurrection » est prévue pour la nuit suivante), il fait paraître un communiqué par lequel il fait savoir qu'il a entamé « le processus régulier nécessaire à l'établissement d'un gouvernement républicain ». En fait cette assertion ne repose sur aucune réalité, mais la déclaration va avoir un triple effet qui va effectivement rendre inéluctable le processus annoncé.

De Gaulle parlant déjà en chef du gouvernement, l'opinion est convaincue que son retour au pouvoir est décidé et elle manifeste dans l'ensemble sa satisfaction de cette solution.

Les militaires, obéissant à l'injonction qui leur est faite à mots couverts dans la déclaration, ajournent l'opération « Résurrection » : la guerre civile est évitée.

Le gouvernement Pflimlin, constatant qu'il est miné de l'intérieur par les initiatives de Guy Mollet et que de Gaulle parle en maître, démissionne dans la nuit du 27 mai alors que l'Assemblée vient de lui renouveler sa confiance par 408 voix contre 165. Le 28 mai, le pouvoir est vacant et de Gaulle maître du jeu.

C'est entre le 28 mai et le 3 juin que la IVe République accepte sa disparition et remet le sort du pays entre les mains du général de Gaulle. Pendant que le général négocie avec les présidents des deux Chambres les conditions de son investiture, le président Coty prend parti pour de Gaulle dans un message au Parlement lu le 29 mai : il y fait connaître qu'il démissionnera si les députés n'investissent pas le général de Gaulle. Trois étapes marquent alors la fin du régime :

— le 1er juin, 329 députés contre 250 (communistes, mendésistes, une partie des socialistes) votent l'investiture au gouvernement de Gaulle ;

— le 2 juin, les pleins pouvoirs pour six mois sont votés au gouvernement ;

— le 3 juin enfin, par 351 voix contre 161 (communistes et mendésistes) et 70 abstentions (socialistes), une loi donne au gouvernement de Gaulle le pouvoir de réviser la Constitution à trois conditions :

• le respect des principes fondamentaux des lois constitutionnelles, en particulier la séparation des pouvoirs (voulue par de Gaulle) et la responsabilité du gouvernement devant le Parlement exigée par les chefs de partis ;

• l'avis du Comité consultatif constitutionnel (dont les 2/3 des membres représentent les Commissions du Parlement) et du Conseil d'État ;

• la subordination de la promulgation de la nouvelle Constitution à un référendum populaire.

Le vote du 3 juin signifie l'arrêt de mort de la IVe République. Mais l'opposition est insignifiante : seuls les enseignants font grève.

La IVe République meurt en 1958 dans l'indifférence générale. Même la gauche mendésiste, qui vote contre de Gaulle, estime qu'il faut réformer le régime. En fait, depuis 1947, les institutions, viables dans le cadre d'un tripartisme cohérent, n'engendrent plus que l'immobilisme ou l'instabilité. L'esprit de rénovation qui avait marqué la Résistance s'est montré sans lendemain et n'a guère engendré de formation partisane neuve ni de vision moderne de la vie politique. Passé les mois qui suivent immédiatement la Libération, la France en revient aux conceptions et aux clivages politiques de la IIIe République. La Troisième Force n'est guère autre chose que la concentration des années trente, l'expérience Pinay un substitut nostalgique du poincarisme, le Front Républicain un nouveau Cartel des gauches et le poujadisme une pâle résurrection des ligues. Caractéristique, dans ce climat, est l'échec d'un Mendès France, le seul à proposer des solutions modernes, adaptées à la France des années 50.

Or le décalage entre les conceptions politiques héritées des années trente et la réalité des problèmes posés au pays est d'autant plus grave que ceux-ci ont nom guerre froide, décolonisation, intégration européenne, modernisation économique. Sur tous ces plans, le régime est à la remorque des événements, provoquant la lassitude de l'opinion qui est consciente de l'impasse dans laquelle s'enfonce la IVe République et accueille comme un sauveur le général de Gaulle qui paraît apte à affronter les problèmes du moment (particulièrement la guerre d'Algérie) et écarte le spectre de la guerre civile. Reste un problème historique que nous poserons sans le trancher. Le général de Gaulle est-il revenu au pouvoir dans le sillage des émeutiers d'Alger et son régime porte-t-il la tare originelle du coup d'État qui l'a fait naître, comme l'en accusera la gauche ?

Ou bien, n'approuvant en rien l'insurrection tout en comprenant ses motifs, s'est-il interposé pour éviter une guerre civile menaçante en respectant rigoureusement les formes légales (désignation par le chef de l'État, investiture par l'Assemblée, approbation par le référendum populaire) ?

président de la IVe République (1954-1958)

René Coty   janvier 1954-janvier 1959

Les présidents du Conseil de la IVe République
(juin 1954-juin 1958)

Pierre Mendès France (radical)	19 juin 1954-5 février 1955
Edgar Faure (radical)	23 février 1955-24 janvier 1956
Guy Mollet (SFIO)	1er février 1956-21 mai 1957
Maurice Bourgès-Maunoury (radical)	12 juin 1957-30 septembre 1957
Félix Gaillard (radical)	5 novembre 1957-15 avril 1958
Pierre Pflimlin (MRP)	14 mai 1958-28 mai 1958
Charles de Gaulle	1er juin 1958-8 janvier 1959

Conclusion
de la troisième partie

Au lendemain du putsch larvé de 1958 qui voit sombrer, avec la IVe République un régime parlementaire qui règne presque sans partage sur la France depuis plus de 80 ans (à l'exception de la parenthèse de Vichy), faut-il conclure que l'espoir du renouveau si clairement manifesté en 1944 s'est avéré vain ?

En fait l'aspiration à la modernisation n'a cessé de mobiliser la France depuis cette date et la poursuite des troubles politiques ne saurait masquer la réalité des mutations de tous ordres qui témoignent de ce que l'on peut appeler sans hésitation une véritable renaissance française. La Libération, aube d'une ère nouvelle, voit sous la poussée de sève d'une France jeune, rénovée par le « baby-boom » démographique, se poursuivre et se développer quelques-unes des tendances des années antérieures. L'essor le plus remarquable est celui de l'économie. Les gouvernements provisoires et la IVe République posent les bases d'une profonde transformation des structures économiques, où la part de l'État est prépondérante et dont l'objet est de reprendre, là où elle avait été abandonnée en 1930, la modernisation de l'économie française. Nationalisations, planification, ouverture des frontières mettent en place un nouveau décor économique, contrastant avec le frileux repli des années 1930-1940. Cette France moderne sur le plan économique entend l'être aussi sur le plan social. La Libération pose les bases d'une nouvelle conception des rapports sociaux dont les Assurances sociales n'avaient été qu'une ébauche insuffisante en jetant les fondements, infiniment plus ambitieux, d'un système de Sécurité sociale modifiant profondément les conditions de vie des Français. Les tendances culturelles d'un art de masse, de l'éducation populaire, de la promotion du sport trouvent dans la France de la Libération un climat particulièrement favorable, rappelant à beaucoup d'égards celui du Front populaire. Dans ce contexte de modernisation de tous les domaines de la vie nationale, il n'est pas jusqu'à la position internationale de la France qui ne subisse le début d'une réorientation de grande ampleur. La décolonisation, subie à travers deux guerres dramatiques dont la seconde emportera le régime, la domination du monde par le directoire, puis par l'affrontement indirect des deux super-Grands, remet en cause le rôle mondial que la France jouait avant la guerre. Mais en même temps, les origines de la construction européenne, elle aussi imposée par les circonstances, ouvrent de nouvelles perspectives d'avenir. À beaucoup d'égards, la Libération et la IVe République tiennent ainsi les promesses de modernisation des années vingt que la crise et la guerre avaient ajournées.

Toutefois, le tableau d'une modernisation française réelle sous la IVe République laisse subsister des ombres. La première est la faible transformation des structures sociales. Même si une lente évolution s'opère, entraînant une légère diminution du nombre des paysans et des petits patrons de l'industrie et du commerce, la France des années cinquante reste celle des « petits », préservée par la guerre et la pénurie. Ce n'est pas avant 1953-1954 que ces vieilles structures se mettent à craquer, et la crise poujadiste permet de dater avec une relative précision le moment où ces groupes prennent conscience qu'ils sont condamnés par la modernisation économique. Ce n'est réellement qu'à partir des années soixante qu'on voit se mettre en place progressivement la nouvelle société née de la croissance économique.

Seconde ombre au tableau, celle qui concerne le politique. En dépit de la volonté de modernisation, la IVe République s'est écartée avec horreur des novations proposées dans les années trente sur lesquelles se profilait à ses yeux l'ombre du « fascisme ». Cette donnée, et le poids des traditions et de la culture politique, conduisent par conséquent à revenir pour l'essentiel à un régime proche de celui de la IIIe République. Et du même coup, ce régime connaît les faiblesses et les insuffisances déjà dénoncées auparavant. Or, les problèmes qu'il a à résoudre sont à beaucoup d'égards dramatiques et supposeraient un pouvoir doté d'une forte capacité d'action et d'une réelle continuité : guerre froide, décolonisation, construction européenne, inflation, effets inattendus des débuts de la croissance économique. L'enjeu est trop gros pour un régime taillé aux mesures des périodes de relative stabilité du début du XXe siècle. Il se brise sur la plus dramatique des épreuves subies par la France des années cinquante : la guerre d'Algérie. Il appartiendra au général de

Gaulle d'apporter à la France la modernisation institutionnelle différée en 1946.

Avec le début des années soixante et la naissance de la Ve République s'amorce un nouveau tournant de l'histoire de la France au XXe siècle, celui qui voit la modernisation gagner les structures sociales et les structures politiques et se prolonger dans les domaines où la IVe République avait jeté les bases du renouveau, pour faire de l'adaptation de la France au XXe siècle le maître mot et le thème majeur de l'histoire nationale.

QUATRIÈME PARTIE
1958-1974

Avant-Propos

Avec la chute de la IVe République le 13 mai 1958 et l'arrivée au pouvoir de Charles de Gaulle, c'est incontestablement une rupture politique de grande ampleur qui s'opère dans l'histoire nationale. Le 13 mai met fin à une histoire politique de la France organisée autour de la conception parlementaire de la République, née en 1877, et poursuivie, au-delà de la parenthèse vichyste, sous la République restaurée en 1944. Le tournant du 13 mai remet en question une conception des institutions qui paraissait solidement installée. Non que le parlementarisme soit jeté aux orties puisqu'en théorie le régime qui naît à l'automne 1958 se veut parlementaire. Mais, face au Parlement, représentant de la nation souveraine qui, dans la conception « républicaine », constituait l'organe suprême et nécessairement omnipotent des institutions, se dresse désormais un pouvoir exécutif fort aux mains d'un président de la République aux pouvoirs étendus. Et surtout, au-delà des textes, il y a la pratique, une pratique qui fait du chef de l'État la clé de voûte des institutions et, pour tout dire, un souverain temporaire soumis à la seule sanction du suffrage universel à travers le référendum et, bientôt, sa désignation au suffrage universel. Avec Charles de Gaulle, puis son successeur Georges Pompidou, se modèle l'image d'un pouvoir exécutif fort qui fait du président français le personnage aux pouvoirs les plus considérables dans toute l'Europe de la démocratie libérale. À beaucoup d'égards, la Ve République fait ainsi passer dans les faits les anticipations audacieuses des théoriciens de la réforme de l'État des années trente, dont les vues ont été rejetées à la Libération comme suspectes de fascisme ou d'autoritarisme et qui remportent, sous la Ve République, une victoire longtemps différée.

Avec le recul du temps ce bouleversement institutionnel prend figure de modernisation politique et marque ainsi une étape essentielle dans l'aventure de la France au XXe siècle.

C'est d'ailleurs sous le signe de la modernisation que se place la France des années 1958-1974. Avec cette nuance que, dans les autres domaines que le champ du politique, la modernisation fait moins figure de rupture que de poursuite des innovations antérieures. C'est vrai du domaine économique où la Ve République va construire sur les fondements posés par le précédent régime. Non que son œuvre soit négligeable, mais, dans ce domaine, les transformations structurelles de base ont été opérées. Il reste que, de 1958 à 1974, la république gaullienne s'efforce de faire disparaître les blocages de tous ordres qui pèsent sur l'économie française pour poursuivre la modernisation entreprise et lui permettre d'affronter à armes égales la concurrence internationale. C'est vrai du social où les mutations inaugurées par la IVe République se poursuivent et où, à la faveur de la croissance, naît, non sans douleurs et sans difficultés, une société nouvelle qui est fondée sur l'augmentation permanente des revenus et qui connaît une révolution de son existence quotidienne. La croissance de la consommation se traduit par la mise à la disposition des Français de logements, d'automobiles, d'appareils électro-ménagers, par l'augmentation du niveau d'éducation de la masse de la population, par une course aux loisirs et aux vacances, qui amènent une transformation totale des mentalités et des réactions. On ne s'étonnera pas que ces bouleversements aient leur répercussion sur la culture, qu'il s'agisse de la création ou des comportements de la société. C'est une culture de la croissance qui se met en place, éclairée par des préoccupations et des recherches nouvelles et qui traduit à sa manière les réactions de la société française à la période d'exceptionnelle prospérité qu'elle enregistre.

Il reste que, pour les gouvernants de la France des années 1958-1974, cette évolution heureuse fondée sur une conjoncture mondiale favorable et sur une habile politique doit moins avoir pour objet d'accroître les possibilités de consommation des Français que de mettre la France en mesure de jouer un rôle mondial de premier plan. Comment parvenir à ce résultat quand le pays n'est plus à l'évidence qu'une puissance moyenne face aux super-Grands qui dominent la planète ? Ce sera l'œuvre de Charles de Gaulle que d'inventer, dans cette conjoncture, une stratégie internationale pour la France fondée sur la liquidation des hypothèques qui pèsent sur la liberté d'action du pays, l'acquisition des moyens de l'indépendance et une pratique qui consiste à se faire le porte-parole d'un monde muet ou passif pour dénoncer les dysfonctionnements du système international. Même si le verbe l'emporte souvent sur les réalités et si le comportement des gouvernants français irrite fréquemment leurs partenaires, la France de la Ve République occupe une place importante dans le monde des années soixante et contribue à remettre en cause un ordre international que la Seconde Guerre mondiale paraissait avoir figé.

Si bien qu'au total, c'est cette modernisation, recherchée en vain à travers des pratiques différentes depuis le début du siècle, que la Ve République paraît avoir réussi à réaliser durant les années 1958-1974 qui se révèlent *a posteriori* une des périodes les plus stables et les plus prospères de la France du XXe siècle.

I

LA FONDATION DE LA Ve RÉPUBLIQUE ET LE TEMPS DU GAULLISME TRIOMPHANT (1958-1968)

Le ministère de Gaulle

De juin 1958 à janvier 1959 se déroule une phase de transition entre la IVe et la Ve République. Durant cette période, le général de Gaulle est président du Conseil de la IVe République, les institutions de 1946 demeurant en place, tout au moins formellement et René Coty restant chef de l'État. Cependant, il est évident que la IVe République est appelée à disparaître puisque le vote du 3 juin a donné au gouvernement le pouvoir de rédiger une nouvelle Constitution. Au demeurant, le Parlement qui avait été la clé de voûte du régime est en vacances et il est clair qu'il ne se réunira plus puisque les pleins pouvoirs permettent au général de Gaulle de gouverner à sa guise.

Si ces circonstances donnent le sentiment d'une situation extraordinaire qui voit la légalité républicaine formellement respectée, mais violée dans son esprit puisque la République s'identifie au parlementarisme pour la majorité des Français, la composition du gouvernement de Gaulle est faite pour rassurer. Si on se fie aux apparences, il ne comprend que deux gaullistes, le sénateur Michel Debré, rédacteur d'un périodique extrêmement violent à l'égard de la IVe République, *Le Courrier de la colère*, qui est ministre de la Justice, et l'écrivain André Malraux qui est en charge de l'Information. En revanche, toutes les grandes familles politiques sont représentées au sein du gouvernement (sauf les communistes), si bien que l'équipe réunie autour du général de Gaulle a une coloration d'union nationale. Quatre ministres d'État entourent le président du Conseil et lui apportent l'appui des principales forces politiques, Guy Mollet (socialiste), Pierre Pflimlin (MRP), Louis Jacquinot (Indépendant) et Félix Houphouët-Boigny (Rassemblement démocratique Africain, apparenté à l'UDSR). Les grands partis reçoivent les portefeuilles auxquels ils sont traditionnellement attachés : le modéré Antoine Pinay est ministre des Finances, le radical Berthoin est à l'Éducation nationale, le MRP Bacon détient le portefeuille du Travail. Pour souligner ce caractère d'unanimité de son gouvernement, le général de Gaulle aurait déclaré, non sans ironie, lors de la réunion du premier Conseil des ministres : « Messieurs, nous sommes au grand complet, il ne manque que MM. Thorez, Poujade et Ferhât Abbas » !

En réalité, l'union nationale et la participation de tous les partis ne sont qu'apparences. En fait, le gouvernement de Gaulle est un ministère où les politiques ont un rôle plus décoratif qu'effectif. Pratiquement, le général de Gaulle décide seul des grandes questions avec ses experts et ses conseillers. Il est caractéristique que les ministères essentiels à ses yeux aient été confiés à des techniciens et non à des politiques, le diplomate Couve de Murville aux Affaires étrangères, le préfet Pelletier à l'Intérieur, le polytechnicien Guillaumat aux Armées. Même là où des politiques sont formellement en charge des ministères, c'est ailleurs que se prennent les décisions. Un plan d'assainissement économique et financier est préparé par l'économiste Jacques Rueff et imposé par le général de Gaulle à Antoine Pinay réticent ; il deviendra le « plan Pinay-Rueff » sans que le premier ait vraiment pris part à l'élaboration et aux décisions. Enfin, pour le domaine-clé qui est la préparation des nouvelles institutions, le général de Gaulle a confié le ministère de la Justice à un de ses fidèles, le républicain-social Michel Debré.

La préparation des nouvelles institutions
et le référendum de septembre 1958

Outre l'affaire algérienne (que le général de Gaulle se réserve et qui sera étudiée dans le prochain chapitre), la tâche essentielle du gouvernement de Gaulle est de préparer une nouvelle Constitution, puisque c'est à cette condition expresse que le général de Gaulle est revenu au pouvoir. Le maître d'œuvre en est le ministre de la Justice, Michel Debré qui, jadis, dans la Résistance, avait mis au point avec Emmanuel Monick un projet de Constitution, le projet « Jacquier-Bruère » (du nom du pseudonyme des deux auteurs dans la clandestinité) destiné à renforcer le pouvoir exécutif en le confiant à un président de la République, véritable « monarque temporaire » désigné par élection. Autour de Michel Debré, un groupe de juristes rédige le nouveau texte constitutionnel en s'inspirant des grands principes juridiques français, des idées de Michel Debré, des lignes de force définies par le général de Gaulle dans son discours de Bayeux de 1946, mais aussi des remarques des ministres chefs de parti. En effet un comité ministériel examine avec attention les projets des juristes et fait adopter de nombreux amendements, tout particulièrement le socialiste Guy Mollet qui joue un rôle extrêmement actif dans ce comité ministériel. Le texte est enfin soumis au Comité Consultatif Constitutionnel formé de parlementaires sous la présidence du modéré Paul Reynaud. Ainsi élaborée, la Constitution est adoptée le 3 septembre 1958 par le Conseil des ministres. Le général de Gaulle la présente symboliquement à la nation place de la République à Paris, le 4 septembre 1958, jour anniversaire de la proclamation de la IIIe République. Pour qu'elle entre formellement en application, il lui faut encore être adoptée par le peuple, qui doit être consulté par référendum le 28 septembre 1958.

La campagne pour le référendum qui s'ouvre aussitôt révèle l'ampleur des soutiens dont dispose le général de Gaulle. Sauf le parti communiste, tous les grands partis préconisent le « oui », le MRP, la SFIO (qui réunit pour la circonstance un congrès extraordinaire), le parti radical-socialiste, les Indépendants, les républicains-sociaux. Si on met à part Pierre Poujade, dont le mouvement est d'ailleurs en plein déclin, les appels au vote négatif viennent pour l'essentiel de la gauche. En premier lieu du parti communiste qui mobilise ses militants dans une vigoureuse campagne pour le « non ». Ensuite des hommes de gauche qui ont fait campagne contre la guerre d'Algérie ou ont soutenu le mouvement mendésiste et qui se rassemblent dans une nouvelle organisation, l'*Union des Forces démocratiques* (UFD) : syndicalistes de la CGT et surtout de la CFTC, aile gauche de la SFIO qui fait scission au congrès extraordinaire de septembre 1958 pour constituer le *Parti socialiste autonome* (PSA) avec Édouard Depreux, Daniel Mayer, André Philip, Alain Savary, Robert Verdier, radicaux qui suivent Pierre Mendès France et qui seront exclus du parti radical pour leur appartenance à l'UFD, UDSR entraînés par François Mitterrand, chrétiens de gauche de la *Jeune République*, militants de la Ligue des Droits de l'Homme... L'échec des adversaires de la nouvelle Constitution est très net. Le 28 septembre, la Constitution est adoptée par 79,25 % des voix. Le nouveau régime est fondé et peut désormais se targuer d'une très large légitimité démocratique. La gauche qui l'a combattu s'est effondrée puisque la coalition des communistes et de l'UFD (à laquelle il faudrait joindre quelques suffrages d'extrême droite) rassemble à peine 20 % des votes.

On passe désormais à la mise en place des nouvelles institutions.

La mise en place des nouvelles institutions

En novembre 1958 ont lieu les élections à l'Assemblée nationale. En octobre, le Conseil des ministres a décidé de substituer au scrutin proportionnel utilisé sous la IVe République le scrutin uninominal majoritaire à deux tours par circonscription (celui que nous connaissons toujours), réputé créateur de majorités stables. La campagne électorale voit toutes les grandes formations politiques se réclamer du gaullisme, depuis le parti socialiste jusqu'à l'*Union pour la nouvelle République* (UNR), créée à la veille des élections pour rassembler les gaullistes, jusqu'alors dispersés entre diverses obédiences. Seuls prennent nettement parti contre le gaullisme le parti communiste et les candidats de l'*Union des Forces démocratiques*.

Du premier tour des élections, on peut tirer quatre conclusions.

1) Une assez forte abstention (environ 23 %) qui révèle que l'opinion publique demeure très méfiante envers les partis politiques, alors qu'elle fait une large confiance au général de Gaulle (il n'y a eu que 15 % d'abstentions au référendum de septembre).

2) Une lourde défaite des adversaires du gaullisme, à gauche comme à droite. Le poujadisme et l'extrême-droite qui avaient effectué une percée en 1956 s'effondrent, ne rassemblant que 2,6 % des suffrages (dont 0,5 % pour les candidats se réclamant de Pierre Poujade). Le parti communiste qui n'était jamais descendu au-dessous de 25 % sous la IVe République tombe à 19,2 %, perdant ainsi le tiers de ses électeurs. Quant à l'Union des Forces démocratiques, en dépit du prestige de ses dirigeants, elle connaît une déroute totale qui vaut condamnation politique avec 1,2 % des voix.

3) Les partis qui s'étaient identifiés à la IVe République connaissent la stagnation ou l'effondrement, stagnation pour la SFIO (15,7 %) ou le MRP (11,1 %), effondrement pour les radicaux (7,3 %).

4) Enfin les élections manifestent une forte poussée à droite parmi les partis qui semblent le mieux s'identifier au mouvement gaulliste. Les Indépendants remportent un succès spectaculaire avec 22,1 % des voix, cependant que l'UNR, inconnue quelques jours auparavant, rassemble plus de 20 % des suffrages exprimés.

Le second tour des élections amplifie les résultats du premier, comme il est de règle avec le scrutin majoritaire, puisque le candidat arrivé en tête bénéficie du désistement des autres candidats de sa tendance. En outre, dans le cas de 1958, cet effet est accentué par trois facteurs qui jouent tous dans le même sens : l'amplification par l'opinion de la poussée gaulliste du premier tour, la volonté de l'UNR d'apparaître comme un vaste parti centriste et rassembleur plutôt que comme un parti de droite, l'isolement du parti communiste avec lequel aucun parti ne conclut d'accord de désistement, ce qui défavorise la gauche. Si bien que les résultats enregistrent une hécatombe de sortants qui se traduit par l'effondrement de la représentation parlementaire des partis qui avaient dominé la IVe République. Dans l'Assemblée élue en 1958 il ne reste plus que 10 communistes, 44 socialistes, 23 radicaux, 57 MRP. La gauche et le centre sont littéralement balayés. En revanche les vainqueurs du premier tour sont les triomphateurs du second : l'UNR fait élire 198 députés et ses alliés de la droite classique, les Indépendants 133. L'Assemblée de 1958 est ainsi fortement marquée à droite, cependant que quelques-uns des personnages-clés de la IVe République disparaissent de la représentation parlementaire : Pierre Mendès France, François Mitterrand, Robert Lacoste, Edgar Faure, Joseph Laniel, Gaston Defferre, etc.

Qui sont les nouveaux élus ? Aux yeux de l'opinion publique, l'Assemblée possède une forte majorité de droite qui se rassemble sur le thème de « l'Algérie française ». L'impression est particulièrement forte pour l'UNR, d'autant que Jacques Soustelle fait figure de chef de file du mouvement. Mais les études de Jean Charlot (*L'UNR, étude du pouvoir au sein d'un parti politique*, A. Colin, 1967) ont montré qu'il n'en était rien. En fait, les leviers de commande de l'UNR sont tenus par les anciens « républicains-sociaux » soutenus par le général de Gaulle, qui entravent les initiatives « Algérie française » de Soustelle. Les investitures pour les élections de 1958 sont distribuées par un triumvirat de républicains-sociaux, Roger Frey, Jacques Baumel, Jacques Marette qui choisissent des gaullistes de longue date. Ce sont les gaullistes « historiques », ceux de la Résistance, qui constituent le gros des élus et des cadres du nouveau parti. Son ciment n'est nullement l'« Algérie française » mais la fidélité au général de Gaulle, et Soustelle apparaîtra bien vite marginalisé au sein du mouvement. Caractéristique de la volonté des gaullistes de constituer le levain d'un régime nouveau autour du général de Gaulle est l'élection en décembre 1958 à la présidence de la nouvelle Assemblée nationale du gaulliste historique Jacques Chaban-Delmas contre Paul Reynaud, cependant discrètement appuyé par le général de Gaulle mais qui, aux yeux des nouveaux élus, rappelle trop les IIIe et IVe Républiques.

Le 21 décembre 1958 a lieu l'élection du président de la République par le collège de 80 000 notables, prévu par la Constitution. Le général de Gaulle est élu sans surprise par 78,5 % des suffrages contre 13,1 % au communiste Georges Marrane et 8,4 % au doyen Chatelet, un universitaire, candidat de principe présenté par l'Union des Forces démocratiques.

En janvier 1959, le général de Gaulle prend ses fonctions de président de la République et nomme comme nouveau Premier ministre Michel Debré, le principal rédacteur de la Constitution, qui a désormais pour charge de la mettre en pratique.

Les pouvoirs publics seront enfin complétés par l'élection du Sénat en avril 1959 et à cette occasion, nombre d'hommes politiques battus en novembre 1958 retrouvent une tribune parlementaire. C'est le cas d'Edgar Faure, Gaston Defferre, François Mitterrand.

Quelles sont les nouvelles institutions qui vont régir la Ve République ainsi créée ?

La constitution de la Ve République :
un président aux prérogatives renforcées

Elle est fondée sur quelques idées simples, et résulte d'un compromis entre les conceptions du général de Gaulle exprimées dans le discours de Bayeux en 1946 et les vues des hommes de la IVe République qui ont négocié avec le général de Gaulle son retour au pouvoir et ont joué un rôle important au comité ministériel chargé d'examiner la Constitution (Guy Mollet surtout, mais aussi Pierre Pflimlin). Le général de Gaulle a exigé que la Constitution s'inspire du principe de la séparation des pouvoirs afin de renforcer l'autorité du pouvoir exécutif et en particulier celle du chef de l'État ; les dirigeants des partis politiques ont combattu pour le maintien en France d'un régime parlementaire qui laisserait le gouvernement responsable devant l'Assemblée nationale. Ces deux principes, sans être réellement contradictoires, peuvent aboutir à des régimes très différents ; si l'accent est mis sur le premier, on assiste à la mise en place d'un régime présidentiel à l'américaine où l'essentiel du pouvoir est aux mains de l'Exécutif ; si c'est le second qui l'emporte on en revient à un régime proche de celui des IIIe et IVe Républiques qui réduit le président de la République à un rôle honorifique. En 1958, la tendance va incontestablement dans la première direction, et le texte constitutionnel s'en ressent. Mais en la matière, des évolutions sont possibles et le résultat est largement fonction du rapport des forces.

La clé de voûte du renforcement du pouvoir exécutif est l'importance nouvelle donnée au président de la République dans les institutions. Sans doute la définition de son rôle innove-t-elle peu par rapport à la tradition fixée par les IIIe et IVe Républiques. Il veille au respect de la Constitution. Il assure, par son arbitrage, le fonctionnement régulier des pouvoirs publics. Il est le garant de la continuité de l'État, de l'indépendance nationale, de l'intégrité du territoire.

Mais, plus que l'énoncé de ses fonctions, ce qui est nouveau c'est son mode de désignation et les armes dont il dispose pour imposer ses vues.

Le général de Gaulle entendait que le chef de l'État soit soustrait à la pression du Parlement et, pour ce faire, il considérait que le meilleur moyen était qu'il n'en émane pas. Aussi, comme il l'avait préconisé à Bayeux, inscrit-il dans la nouvelle Constitution l'élection par un collège comprenant certes députés et sénateurs, mais qui se trouvent noyés dans la masse des conseillers généraux et des représentants des conseils municipaux, un collège somme toute assez proche de celui des délégués sénatoriaux où les notables locaux constituent l'écrasante majorité des quelque 80 000 membres qui le composent.

Le président ainsi désigné par la France des notables, et non par les parlementaires, dispose d'armes puissantes pour remplir le rôle que la Constitution lui assigne.

— Il nomme le Premier ministre et, sur proposition de celui-ci, nomme les autres membres du gouvernement et met fin à leurs fonctions.

— Il possède le droit de dissolution sans autre condition que de consulter le Premier ministre et les présidents des deux Chambres (mais sans aucune obligation de suivre leur avis).

— Il peut recourir au référendum en posant des questions au suffrage universel, ce qui lui permet de passer par-dessus la tête des parlementaires en s'adressant directement au peuple — toutefois cette procédure est en principe limitée à des questions concernant l'organisation des pouvoirs publics.

— Enfin, l'article 16 prévoit l'octroi de pouvoirs exceptionnels au président de la République si les institutions de la République, l'indépendance de la nation ou l'intégrité de son territoire sont menacées.

Ces pouvoirs sont considérables, mais ils seront encore largement dépassés par la pratique du général de Gaulle. Sa personnalité, la légitimité historique dont il se prévaut depuis 1940 et les circonstances historiques particulières que constituent les événements d'Algérie conduiront le président à occuper dans les institutions une place sans commune mesure avec celle, déjà considérable, que lui octroie le texte constitutionnel.

Ce que le pouvoir exécutif gagne en puissance, le Parlement le perd. Constitué de deux Chambres, comme sous les IIIe et IVe Républiques, il voit ses prérogatives étroitement limitées.

L'*Assemblée nationale* est élue pour cinq ans au scrutin uninominal majoritaire à deux tours. Les députés sont confinés dans leurs rôles législatif et budgétaire et voient leurs initiatives limitées et leur contrôle sur le gouvernement sévèrement réglementé. Ils ne peuvent proposer un texte qui aurait pour effet de diminuer les ressources publiques ou d'aggraver les charges. Les interpellations sont supprimées. Le gouvernement ne peut être renversé que par une motion de censure rassemblant la majorité absolue des députés (les abstentions étant considérées comme des votes favorables au ministère) ou par le rejet d'une question de confiance posée par le Premier ministre (mais cette procédure ne sera qu'exceptionnellement utilisée, et là aussi, les abstentions sont assimilées aux votes en faveur du gouvernement). Enfin, l'Assemblée nationale n'est maîtresse ni des dates de ses sessions (elles sont fixées par une loi), ni de son ordre du jour (c'est le gouvernement qui l'établit dans la pratique).

Le *Sénat* qui retrouve son nom de la IIIe République est toujours désigné au suffrage indirect par des collèges formés dans chaque département par les élus, députés, conseillers généraux, représentants des Conseils municipaux. Élus pour neuf ans et renouvelables par tiers, les Sénateurs n'ont qu'un rôle très restreint de confirmation des lois. En cas de désaccord entre l'Assemblée nationale et le Sénat, les lois font deux « navettes » entre les Assemblées. Après quoi, si le désaccord persiste, une Commission mixte paritaire tente de dégager un texte commun. En cas d'échec, le dernier mot appartient à l'Assemblée nationale.

On peut se faire une idée du poids relatif du président et du Parlement dans la vie politique en examinant le statut du gouvernement.

Nommé par le président de la République, mais responsable devant l'Assemblée nationale, le gouvernement se trouve à la charnière des deux pouvoirs. Ses attributions sont capitales puisque la Constitution dit qu'il « détermine et conduit la politique de la Nation ». En fait, appuyé sur une majorité à l'Assemblée nationale, on pourrait concevoir que le Premier ministre, se prévalant du texte constitutionnel, impose une politique qui n'aurait pas l'agrément du chef de l'État. Ce risque de pouvoir à deux têtes, de « dyarchie » est un risque permanent des institutions de la Ve République et rend compte du soin jaloux que les chefs d'État successifs ont mis à confiner leurs Premiers ministres dans un rôle d'exécution de décisions prises par eux. Quoi qu'il en soit, le texte constitutionnel mais aussi la pratique font du gouvernement une émanation du président de la République beaucoup plus que du Parlement.

C'est le président de la République qui, nous l'avons vu, nomme le Premier ministre et les ministres et met fin à leurs fonctions. En fait, le général de Gaulle change quand il lui convient le Premier ministre comme les ministres, la démission du premier ou sa proposition en cas de changement de ministres apparaissant de pure forme. On demande seulement à l'Assemblée nationale d'approuver le programme du gouvernement (avec menace de dissolution si elle refuse). Par ailleurs la Constitution prévoit l'incompatibilité entre fonction ministérielle et fonction parlementaire, ce qui oblige les parlementaires nommés ministres à démissionner de leurs fonctions électives et distend les liens entre Parlement et gouvernement puisque, par définition, les ministres ne font plus partie du Parlement. Enfin, le recours systématique à des fonctionnaires ou à des personnalités non parlementaires pour exercer des fonctions gouvernementales accroît encore l'indépendance du ministère par rapport à l'Assemblée.

Entre 1958 et 1969 s'impose en France la tradition de voir le gouvernement dépendre directement du chef de l'État, véritable chef du pouvoir exécutif, le contrôle du Parlement tendant à se restreindre.

Sur le modèle de la Cour suprême américaine, la Ve République a créé un Conseil constitutionnel chargé de veiller à la constitutionnalité des lois. Formé de neuf membres, nommés pour neuf ans et renouvelables par tiers tous les trois ans, il est désigné par les trois premiers personnages de l'État, le président de la République, le président de l'Assemblée nationale, le président du Sénat qui, tous les trois ans, choisissent chacun un membre du Conseil. Il est à la fois le juge suprême des élections et le gardien de la Constitution et son rôle ne cesse de s'accroître depuis 1958.

Les institutions mises en place en 1958 sont justifiées aux yeux de ceux qui les ont établies par la nécessité de donner au pays un gouvernement stable capable d'affronter les problèmes de toutes sortes qui se trouvent posés au pays et que la faiblesse des gouvernements successifs de la IVe République n'ont pas permis de résoudre de manière valable. De tous ces problèmes, le plus grave est précisément celui qui a provoqué la chute de la IVe République et conduit au pouvoir les nouveaux dirigeants, la guerre d'Algérie. De 1958 à 1962 c'est elle qui domine la vie politique française et constitue la priorité fondamentale de l'action gouvernementale. Mais elle-même infléchit le devenir de la Ve République et joue un rôle essentiel dans la pratique institutionnelle qui fait du président de la République le dépositaire principal du pouvoir.

L'évolution politique du général de Gaulle sur l'affaire algérienne

Ramené au pouvoir par l'émeute algéroise du 13 mai, le général de Gaulle a en quelque sorte pour mission fondamentale de mettre fin au conflit algérien. Mais alors que les activistes attendaient de lui qu'il débouche sur une solution conforme aux vœux des partisans de l'Algérie française, c'est finalement à l'indépendance de l'Algérie que conduira la politique qu'il mène. Cette évolution pose un problème historique : le général était-il convaincu dès son arrivée au pouvoir qu'il n'était pas d'autre issue possible, comme il l'affirmera dans ses *Mémoires d'espoir* (Paris, Plon, 1970) ou bien au contraire espère-t-il maintenir l'Algérie sous souveraineté française ? Le sentiment prévaut qu'en 1958 il n'a pas d'avis arrêté sur la solution à apporter au conflit. Les interlocuteurs qu'il reçoit avant son arrivée au pouvoir retirent de leurs entretiens avec lui des impressions contradictoires, les libéraux revenant convaincus qu'il est disposé à négocier avec le FLN, les tenants de l'Algérie française affirmant de leur côté que lui seul saura trouver les moyens de maintenir la présence française. En fait, le général va adopter une ligne pragmatique, s'efforçant de préserver au maximum la place de la France dans les départements d'Algérie, mais en s'adaptant sans cesse aux circonstances. Or celles-ci évoluent dans un sens défavorable à l'Algérie française, marqué par un durcissement permanent du FLN qui ne cesse d'affirmer sa détermination à ne discuter que de l'indépendance, par un désaveu de plus en plus net de la politique française en Algérie par l'opinion internationale, enfin en France même par l'opposition croissante de l'opinion publique à la poursuite d'une guerre qui semble sans issue. L'adaptation du général de Gaulle à cette situation va prendre la forme d'une série de discours et de déclarations qui marquent le cheminement de ses convictions et constituent une pédagogie politique à l'usage de l'opinion publique nationale et internationale, de l'armée et de la population européenne d'Algérie, illustrant ce que le journaliste Pierre Viansson-Ponté a appelé le « gouvernement de la parole ». On peut ainsi suivre de déclaration en déclaration les étapes qui marquent l'évolution du général sur l'affaire algérienne.

Dès le 4 juin 1958, le lendemain de son investiture et de la loi qui lui donne le pouvoir de préparer une nouvelle Constitution, le général de Gaulle se rend à Alger et déchaîne l'enthousiasme de la foule en lançant la formule ambiguë « Je vous ai compris... ». Au cours de ce voyage il criera, à Mostaganem, « Vive l'Algérie française ». Sans prononcer le mot d'intégration, il accorde aux musulmans le collège unique et, tout en renforçant l'action militaire française, annonce le *Plan de Constantine* qui prévoit un développement économique de l'Algérie. Il semble donc que cette première phase soit orientée par le souci de donner une réponse positive aux colons d'Algérie, ce que semble confirmer la conférence de presse du 23 octobre 1958 dans laquelle le général de Gaulle n'offre d'autre perspective au FLN qu'une reddition honorable, la « paix des braves ». En fait le FLN ne répondra même pas à cette offre ou du moins lui apportera une réponse négative en constituant en décembre au Caire le *Gouvernement provisoire de la République algérienne* (GPRA) sous la présidence de Ferhât Abbas, affirmant ainsi le caractère politique de sa revendication alors que le général ne parlait que de reddition militaire. Il est vrai qu'au même moment le président de la République démantèle les pouvoirs parallèles nés du 13 mai en remplaçant le général Salan dont le rôle avait été particulièrement ambigu par un haut fonctionnaire, Paul Delouvrier, cependant que dans son rôle de commandant en chef il est remplacé par le général Challe.

La seconde étape débute en septembre 1959. Prenant acte de son échec de 1958, le général de Gaulle proclame dans une conférence de presse le 16 septembre le droit de l'Algérie à l'autodétermination, affirmant qu'une fois le cessez-le-feu intervenu les Algériens se verront offrir le choix entre trois solutions, la sécession, la francisation, la constitution d'une Algérie gouvernée par les Algériens, mais liée à la France. Cette position inquiète les partisans de l'Algérie française, mais elle est une incontestable ouverture politique. Celle-ci se trouve confirmée en juin 1960 par une offre de négociation faite au FLN. Mais la rencontre qui a lieu à Melun fin juin 1960 entre représentants du gouvernement français et du GPRA tourne court, sans qu'aient pu être abordés d'autres points que les conditions de déroulement des pourparlers.

En novembre 1960 s'ouvre la troisième étape, la plus difficile, au cours de laquelle le général de Gaulle passe d'une position de maintien de la présence française à l'acceptation d'une Algérie indépendante. Dès mars 1960 lors d'une tournée en Algérie pour prendre contact avec l'armée (la « tournée des popotes »), il avait évoqué l'idée d'une « Algérie algérienne liée à la France » qui avait suscité nombre de spéculations, les commentateurs insistant tantôt sur le premier terme de la formule tantôt sur le second. Mais le 4 novembre 1960, lors d'une conférence de presse télévisée, le général de Gaulle parle d'une « République algérienne ». Comme pour souligner que c'est bien une politique nouvelle qui est mise en œuvre, le général de Gaulle remplace M. Delouvrier, délégué général, par un autre fonctionnaire M. Morin, mais qui est placé sous l'autorité d'un ministre d'État chargé des Affaires algériennes, Louis Joxe. Ce tournant, entériné par un référendum sur l'autodétermination provoque une vive agitation en Algérie et débouche sur une tentative de putsch militaire à Alger en avril 1961. Le 20 mai 1961 s'ouvrent à Évian des négociations avec le FLN rompues dès le 13 juin sur le problème du statut du Sahara que les négociateurs du GPRA exigent de voir reconnu comme partie intégrante du futur État algérien.

La quatrième phase ouvre une période trouble de vive agitation en métropole et en Algérie. Pendant ce temps, en sous-main se poursuivent des négociations avec le GPRA (à la présidence duquel Ferhât Abbas a été remplacé par Ben Khedda en août 1961) qui aboutissent à l'aplanissement du contentieux existant par la reconnaissance du caractère algérien du Sahara et le statut des Européens d'Algérie qui renoncent à former une communauté protégée. De leur côté les Algériens prennent des engagements sur les liens économiques, militaires, culturels, qui lieront, après l'indépendance, la France et l'Algérie. Le 21 février 1962, l'essentiel étant réglé sur le fond, les négociations officielles reprennent à Évian. Le 18 mars au soir, un cessez-le-feu est conclu, valable à partir du lendemain, Ben Bella est libéré et le *Journal Officiel* publie la substance des accords. Moins de quatre ans après le 13 mai et l'arrivée au pouvoir du général de Gaulle, l'Algérie est devenue un État indépendant.

Toutefois, une évolution aussi radicale ne s'est pas faite sans heurts et la solution gaulliste de la guerre d'Algérie a entraîné de profonds remous en Algérie et en métropole.

Les retombées politiques de l'évolution du général de Gaulle sur l'Algérie

L'évolution du général de Gaulle a d'abord des répercussions considérables en Algérie même où les activistes civils et militaires qui considèrent que c'est leur action qui a ramené de Gaulle au pouvoir pour maintenir l'Algérie française vont se considérer comme trahis par lui et apparaître progressivement comme des adversaires du régime. Le tournant s'opère dès le discours de septembre 1959 sur l'autodétermination, considéré (avec raison) comme une menace pour les thèses de l'Algérie française. Dès lors, les activistes rêvent d'un nouveau 13 mai, qui se ferait cette fois contre le général de Gaulle. Dans cette rupture progressive des activistes avec de Gaulle, trois temps forts qui ramènent le spectre de la guerre civile, du putsch militaire pour instaurer un régime fasciste, dont la crainte n'a cessé de hanter l'esprit des Français durant la guerre d'Algérie.

En janvier 1960, c'est la *Semaine des barricades d'Alger*. Le prétexte en est la décision du chef de l'État de relever de son commandement le général Massu après sa déclaration à un hebdomadaire allemand qui affirme le soutien de l'armée aux thèses de l'Algérie française. Une manifestation se produit le 24 janvier 1960 qui, comme le 13 mai, tourne à l'émeute. Des réduits se constituent aux Facultés d'Alger sous la direction de Pierre Lagaillarde et dans le centre de la capitale sous le commandement d'Ortiz. L'armée les isole sans les attaquer. Durant quelques jours, la situation reste bloquée. Elle est résolue le 29 janvier par un discours très ferme du général de Gaulle qui affirme sa volonté de poursuivre la politique d'autodétermination définie en septembre 1959 et appelle l'armée à respecter la discipline. À la différence du 13 mai, l'armée ne bascule pas et le mouvement se liquéfie sans drame.

Beaucoup plus grave est, en avril 1961, *le putsch des généraux*. Quatre officiers généraux dont deux anciens commandants en chef en Algérie, Salan et Challe, le commandant de l'aviation, Jouhaud, né en Algérie et l'ancien chef d'état-major de l'armée de terre, Zeller décident de prendre le pouvoir à Alger. Ils trouvent l'appui d'un certain nombre d'officiers de carrière et d'unités de la Légion étrangère ou des parachutistes. Mais le mouvement est purement militaire, sans participation des organisations civiles activistes qui sont sympathiques au mouvement, mais dont les généraux putschistes se méfient. Le *pronunciamento* trouve très vite ses limites : refus d'adhésion de nombreux généraux peu désireux, quand bien même ils partagent les vues des dirigeants du putsch, de risquer leur carrière dans une aventure qui paraît bien hasardeuse, attitude très ferme des recrues du contingent informées par l'écoute des transistors de ce qui se passe en métropole et qui refusent d'obéir aux officiers putschistes, enfin absence d'écho au mouvement en métropole. Après avoir attendu quelques jours pour laisser jouer les hésitations qui gagnent l'armée, le général de Gaulle va mettre fin au putsch par une très ferme allocution télévisée qu'il prononce en uniforme et à l'issue de laquelle il annonce qu'il met en application les pouvoirs spéciaux que lui attribue dans des circonstances graves l'article 16 de la Constitution. Appel qui provoque une mobilisation en métropole pour s'opposer à une tentative éventuelle de débarquement de parachutistes et une grève des syndicats qui manifestent leur opposition au putsch. Le 25 avril, trois jours après la proclamation des généraux, le mouvement, dépourvu d'assises solides, s'effondre.

Désormais, pendant que se poursuivent les négociations avec le FLN, l'initiative passe aux activistes civils qui ont constitué dans l'hiver 1960-1961 l'*Organisation Armée Secrète* (OAS). Celle-ci se trouve renforcée d'officiers putschistes passés à la clandestinité après l'échec du mouvement d'avril 1961, entre autres les généraux Salan et Jouhaud. Elle va pratiquer une activité terroriste en s'appuyant sur la population européenne d'Algérie qui voit en elle la dernière barrière contre un abandon de l'Algérie par la métropole. Par une série d'attentats contre des personnalités politiques (à commencer par le général de Gaulle lui-même qui échappe à un attentat à Pont-sur-Seine le 9 septembre 1961), l'OAS s'efforce d'empêcher l'aboutissement d'un accord avec le FLN. Une fois acquis l'accord d'Évian, l'OAS se lance dans une série d'actions aveugles et désespérées afin de rendre impossible l'application de l'accord. Lorsqu'il s'avère que cette tactique est vaine, elle lance comme mot d'ordre une campagne de destructions systématiques afin de rendre l'Algérie au FLN dans l'état où les Français l'ont trouvée 130 ans plus tôt. Faisant agir la foule européenne qu'elle entraîne dans de grandes manifestations, elle va rendre impossible toute coexistence entre les communautés européennes et musulmanes après l'indépendance. Ses mots d'ordre vont conduire à de dramatiques affrontements au cours desquels l'armée, prise à partie par la population, fait usage de ses armes, provoquant des morts et des blessés (fusillade de Bab-el-Oued à Alger le 26 mars 1962). À mesure qu'approche la date prévue pour l'indépendance, les Européens, épouvantés, regagnent la métropole, malgré les menaces de mort de l'OAS contre ceux qui quitteraient le pays. C'est un tragique exode de 700 000 Européens qui quittent avec déchirement et en abandonnant l'essentiel de leurs biens une terre où ils sont nés pour affronter un difficile reclassement en métropole. Quant à l'OAS, traquée par la police, elle n'a plus comme objectif que la vengeance contre le général de Gaulle : le 22 août 1962, elle manque de peu son assassinat, lors de l'attentat du Petit-Clamart.

La politique algérienne du général de Gaulle a aussi de profondes répercussions au sein des forces politiques en métropole. Tout d'abord sur les forces de droite ou d'extrême-droite qui ne se sont ralliées au général de Gaulle en mai 1958 que parce qu'elles voyaient en lui le mainteneur de l'Algérie française. On assiste à une prise de distance progressive de cette droite qui a le sentiment d'avoir été flouée. Dès 1959, elle s'abstient ou refuse de prendre part au vote sur l'autodétermination. En 1960, 75 députés refusent d'approuver le vote de pouvoirs spéciaux au lendemain de l'affaire des barricades, cependant que Jacques Soustelle qui avait manifesté sa compréhension envers les émeutiers, est exclu du gouvernement. Cette opposition de droite ne cesse de se durcir jusqu'aux accords d'Évian, certaines personnalités politiques comme Georges Bidault ou Jacques Soustelle gagnant même la clandestinité, de crainte d'être arrêtés en raison de leur sympathie pour la cause de l'Algérie française désormais assumée par l'OAS. En mars 1962, le général Salan, chef de l'OAS décide la création d'un Conseil National de la Résistance en métropole, à la présidence duquel on place Georges

Bidault, le président du CNR de l'époque de l'occupation. Pour la droite, le général de Gaulle devient l'adversaire.

À gauche, la situation est beaucoup plus ambiguë. Les socialistes ont rejoint les communistes dans l'opposition au régime de la Ve République dès 1959, mais force est de constater que le général de Gaulle fait dans l'affaire d'Algérie la politique que la plupart d'entre eux souhaitent, mais qu'ils ont été incapables d'imposer lors de leur passage au pouvoir en 1956-1957. Aussi, si les communistes se maintiennent dans une opposition dont ils ne sortent que rarement, les socialistes sont infiniment plus embarrassés, rejoignant le gouvernement dans les votes sur l'Algérie et préconisant des réponses positives aux deux référendums portant sur la question. Plus que les partis politiques, ce sont les syndicats qui vont tenter d'exercer une action distincte de celle du pouvoir sur l'évolution de la guerre d'Algérie. Lors du putsch d'avril, les syndicats organisent une grève qui a pour objet d'opposer un barrage populaire aux activistes. Le général de Gaulle, peu soucieux de se lier les mains en s'appuyant sur des forces qui ne sont guère sympathiques au régime, ne les encourage pas dans cette voie. Aussi désormais, la gauche va-t-elle jouer un rôle autonome par rapport au pouvoir, s'opposant à l'action de l'OAS et réclamant la paix en Algérie par la négociation avec le FLN. Son moyen d'action consiste en vastes mobilisations populaires, en particulier durant l'hiver 1961-1962 où des dizaines de milliers de ses partisans manifestent, souvent malgré l'interdiction du gouvernement. Certaines de ces manifestations tournent au drame, comme celle du métro Charonne à Paris où huit personnes meurent étouffées à la suite de charges de police contre une foule bloquée par les grilles tirées de la station de métro. Certains vont plus loin. En septembre 1960 est publié le « Manifeste des 121 » où un certain nombre d'écrivains (dont Jean-Paul Sartre) et d'enseignants lancent un appel à l'insoumission en Algérie.

D'autres, comme le philosophe Jeanson, organisent des réseaux d'aide au FLN. Au total, tout en s'indignant des lenteurs de la négociation et en préconisant un mouvement populaire qui imposerait la paix immédiate, la gauche approuve la politique gouvernementale, tout en blâmant les méthodes employées, et le régime lui-même.

C'est que la guerre d'Algérie a pour résultat de provoquer un profond infléchissement du régime dans le sens du renforcement du pouvoir exécutif.

*La guerre d'Algérie et l'évolution
des institutions françaises de 1958 à 1962*

Le poids déterminant de la guerre d'Algérie dans la vie politique française a pour effet de renforcer considérablement l'autorité du général de Gaulle. Les partis politiques, fort réservés à son égard et qui contestent la dérive présidentielle des institutions, ne songent pas à le mettre en difficulté, ni à provoquer son départ, parce qu'ayant fait l'expérience de la difficulté du problème à la fin de la IVe République, ils n'ont nulle envie d'avoir à le remplacer dans une tâche que la plupart tiennent pour impossible. Seul de Gaulle, estiment-ils, est en mesure d'imposer l'autorité de l'État à l'armée et de mettre au pas les activistes d'Alger. Sans doute estiment-ils qu'il n'est guère acceptable de laisser le président de la République gouverner à sa guise, mais il est tacitement entendu que les comptes seront réglés après la guerre d'Algérie, lorsque le chef de l'État aura débarrassé la France du conflit.

L'une des raisons qui poussent à la prudence les forces politiques est l'extraordinaire popularité dont jouit le général de Gaulle du fait de sa politique algérienne. La pratique des étapes progressives qu'il a choisie répond à l'évolution de l'opinion sur la question. Même chez les moins politisés, la lassitude de la guerre s'accroît. Elle touche nombre de Français puisque tous les conscrits doivent accomplir une grande partie de leur temps de service militaire en Algérie ; or la guerre fait des morts et des blessés et suscite les inquiétudes des familles. Par ailleurs, beaucoup constatent que le conflit entraîne un blocage économique et interdit à la France de participer pleinement à la grande vague de croissance qui atteint le monde industriel. Enfin, il détériore l'image de la France dans le monde et place le pays en posture d'accusé sur la scène internationale. Aussi l'opinion approuve-t-elle la démarche du général de Gaulle. Elle lui fait d'autant plus confiance que la crainte d'un putsch militaire fasciste parti d'Algérie ne cesse de hanter les esprits et que le général de Gaulle apparaît dans cette éventualité comme le seul dirigeant capable de faire échec à une tentative dictatoriale. À la différence de la IVe République qui s'est effondrée le 13 mai, le fondateur de la Ve République a montré son autorité aussi bien en janvier 1960 qu'en avril 1961. Cette confiance quasi aveugle que les Français font à de Gaulle sur la question de l'Algérie est perceptible lors des référendums de janvier 1961 sur l'approbation de l'autodétermination et d'avril 1962 sur les accords d'Évian. 75 % des Français dans le premier cas, 90 % dans le second répondent positivement.

Appuyé sur un large consensus populaire, bénéficiant de la paralysie de l'opposition partisane, le général va utiliser la conjoncture pour donner des institutions une interprétation fort éloignée de ce qu'avaient imaginé certains des rédacteurs du texte de 1958, en particulier Guy Mollet et Pierre Pflimlin.

Investi de la confiance des Français, le général de Gaulle est conduit à prendre une série de décisions qui vont toutes dans le sens d'un renforcement du rôle du président dans les institutions, au détriment du gouvernement, qui fait de plus en plus figure de rassemblement de techniciens, et du Parlement qui a le sentiment d'être réduit à la situation d'une Chambre d'enregistrement. Comment se marque cette évolution des institutions ?

D'abord par l'idée qu'il existe un « domaine réservé » au président de la République. L'expression, qui n'a rien d'officiel, et que le général de Gaulle et ses Premiers ministres ont toujours contestée, serait due à Jacques Chaban-Delmas qui l'aurait employée lors des Assises de l'UNR en novembre 1959. Ce domaine réservé serait celui des « grandes questions nationales ». Et Chaban-Delmas de citer en 1959 la défense nationale, la diplomatie, l'Algérie, la Communauté. Mais il est entendu qu'il peut s'élargir selon les circonstances. Même s'il ne fait pas l'objet d'une doctrine, il correspond à une réalité, selon laquelle il appartient au président de la République de prendre en main et de régler les questions-clés qui conditionnent le destin de la nation.

En conséquence se constitue à l'Élysée d'un véritable super-cabinet de conseillers, de comités, d'experts, « l'entourage », chargé d'informer le chef de l'État, de préparer les dossiers, d'éclairer les décisions, de suivre l'exécution. La puissance de ce groupe qui se trouve au contact du principal centre de décision est telle qu'elle dépossède inévitablement d'une partie de leurs attributions les ministres concernés. Ceux-ci deviennent des exécutants chargés de mettre en œuvre une politique décidée ailleurs et à l'élaboration de laquelle ils n'ont pas nécessairement participé.

Ce rôle subordonné du gouvernement est d'ailleurs souligné par les conditions de sa formation et de son fonctionnement. Le Premier ministre est l'homme du président de la République. La Constitution lui donne d'ailleurs la prérogative de le choisir, mais il est entendu qu'il doit en outre bénéficier de la confiance de l'Assemblée ce qui, en théorie, limite l'initiative présidentielle. En fait, le général de Gaulle considérera toujours cette limitation comme secondaire. En nommant Michel Debré en 1958, c'est d'abord un fidèle qu'il choisit, qu'il contraindra à mettre en œuvre l'indépendance de l'Algérie, contre sa conscience, car Debré figure parmi les fermes partisans de l'Algérie française. Si bien que la politique du gouvernement est moins celle de l'équipe réunie par le

Premier ministre que celle décidée par le chef de l'État. D'ailleurs le général de Gaulle révoque les ministres comme il l'entend, la proposition du Premier ministre étant purement formelle. C'est ainsi qu'en janvier 1960, il renvoie sans ménagement M. Pinay en désaccord sur la politique industrielle et commerciale suivie par le ministre Jean-Marcel Jeanneney et qui s'était plaint d'être insuffisamment informé de la politique étrangère suivie. En février 1960, c'est le tour de MM. Soustelle et Cornut-Gentile en désaccord avec la politique algérienne du gouvernement.

Le Parlement n'est guère mieux traité. Le général de Gaulle s'attribue à son détriment, en tant que gardien de la Constitution, le droit d'interpréter celle-ci. C'est ainsi qu'en mars 1960 la majorité des députés ayant demandé la convocation du Parlement (et elle est alors de droit d'après la Constitution), le chef de l'État refuse de le convoquer, jugeant que la décision a été prise sous la pression des organisations agricoles qui constituent un groupe d'intérêts particuliers.

Et surtout le chef de l'État montre une propension à gouverner en vertu de pouvoirs spéciaux qui donnent aux parlementaires le sentiment d'être dessaisis. Ainsi en février 1960, après la semaine des barricades, le gouvernement fait-il voter une loi lui permettant de légiférer par ordonnances. En avril 1961, après le putsch d'Alger, le général prend les pouvoirs spéciaux en application de l'article 16 de la Constitution, et il les conserve jusqu'au 30 septembre 1961, ce qui lui permet de prendre des mesures d'autorité en Algérie, alors que les parlementaires estimaient qu'il devait y être mis fin sitôt la situation rétablie à Alger.

L'amertume des parlementaires se trouve enfin exacerbée par les pratiques de démocratie directe adoptées par le président de la République, qui marginalisent un peu plus les élus et le gouvernement, et donnent le sentiment d'un dialogue direct entre le chef de l'État et le peuple dont les parlementaires seraient exclus. Le pouvoir s'exerce en effet, pour ce qui est des grandes décisions, à travers les déclarations du général de Gaulle au pays. Les modalités de ce « gouvernement de la parole », pour être multiples, vont toutes dans le même sens : déclarations à la radio et à la télévision, conférences de presse, voyages dans les diverses régions de France où le chef de l'État s'adresse au pays et, par-dessus tout, pratique des référendums qui apparaissent comme les éléments-clés de la conception gaulliste des institutions. Ils constituent en effet tout à la fois des questions posées aux Français sur des problèmes fondamentaux, dépassant d'ailleurs souvent les problèmes d'organisation des pouvoirs publics à quoi les limite la Constitution, et des renouvellements périodiques de légitimité pour un pouvoir qui se veut fondé sur l'appui permanent du suffrage universel. C'est pourquoi l'opposition dénonce comme des plébiscites les référendums répétés qui rythment, de 1958 à 1969, l'histoire de la République gaullienne.

Cette pratique du pouvoir qui réduit sans cesse le rôle du Parlement, et, de ce fait, celui des partis dont il est le lieu naturel d'expression, est d'autant plus mal supportée par ceux-ci qu'elle contraste violemment avec la puissance qui était la leur naguère sous la IVe République. Seule la guerre d'Algérie empêche l'éclatement d'un conflit entre eux et le président de la République. Mais dès les lendemains des accords d'Évian, l'affrontement, jusque là différé, se noue. L'année 1962 marque un tournant capital pour le régime qui lui donne sa véritable nature.

La situation en avril 1962

La fin de la guerre d'Algérie entraîne une nouvelle orientation de la politique française. L'hypothèque que constituait le conflit est désormais levée. L'irritation que la politique du général de Gaulle suscite au sein des partis politiques peut dorénavant se donner libre cours et il fait peu de doute qu'un conflit couve entre les diverses formations et le chef de l'État. Progressivement, en effet, le très large soutien dont il bénéficiait s'est effrité, et une grande partie du monde dirigeant traditionnel se situe désormais dans une opposition plus ou moins ouverte au chef de l'État. Les socialistes affirment leur désaccord dès fin 1958 lorsqu'est discuté en Conseil des ministres le plan Pinay-Rueff et ce n'est que sur l'insistance du général de Gaulle que Guy Mollet accepte de rester au gouvernement jusqu'à la nomination d'un nouveau ministère en janvier 1959. Mais dès la formation du gouvernement Debré, les socialistes se retirent et évoluent vers une opposition de plus en plus radicale au président, sauf sur la question d'Algérie, d'autant que Guy Mollet reproche au général de Gaulle de trahir l'esprit des institutions par la note présidentielle qu'il donne au régime. Dès 1959-1960, les radicaux, d'ailleurs pratiquement écartés du pouvoir, s'affirment à leur tour comme une force d'opposition. Si la gauche, vaincue aux élections de 1958 et réduite à un rôle de figuration, gagne ainsi très rapidement l'opposition, la droite ou le centre-droit, cependant proches du général de Gaulle, font de même. Le renvoi du gouvernement de M. Pinay ulcère les Indépendants, qui prennent leurs distances dès janvier 1960 et montreront une réticence, que le général de Gaulle ne leur pardonne guère, à soutenir sa politique algérienne. Plus généralement, tous ceux qui, à l'UNR ou à droite se sont montrés les fidèles de l'Algérie française, ont rompu dès 1960-1961 et les députés d'Algérie, les dissidents de l'UNR (une trentaine de députés), une partie des modérés constituent une opposition de droite au régime.

À cette addition de mécontentements qui s'explique par des griefs très précis à l'encontre du chef de l'État, il faut ajouter, même parmi ceux qui continuent à voter pour le gouvernement (membres du MRP, Indépendants par exemple), le malaise des parlementaires devant une pratique institutionnelle qui les marginalise si évidemment. Dans ces milieux, la tentation est forte de se joindre aux opposants déclarés pour faire sentir au régime le poids d'un Parlement qu'il néglige et le ramener dans les voies traditionnelles, celles de « l'esprit républicain » qui implique la souveraineté du pouvoir législatif. Tant que la guerre d'Algérie rend le général de Gaulle indispensable, l'explication est différée. Mais il est clair que la fin de la guerre d'Algérie rend possible ce qui ne l'était pas jusqu'alors. Le Premier ministre Michel Debré en est si conscient qu'il propose au général de Gaulle une stratégie : dissoudre l'Assemblée nationale et, dans le sillage des succès que constituent la paix en Algérie et le référendum triomphal d'avril 1962 qui l'approuve, faire de nouvelles élections qui ramèneraient à l'Assemblée nationale une majorité fermement décidée à appuyer la politique du général de Gaulle. Non moins convaincu que son Premier ministre du caractère inéluctable de l'affrontement, le général de Gaulle choisit une autre stratégie : la multiplication des défis au Parlement afin de laisser à l'Assemblée l'initiative de la rupture. C'est cette stratégie qui se développe d'avril à octobre 1962.

Les défis du général de Gaulle

Premier défi lancé aux parlementaires, le général de Gaulle change de Premier ministre sans que l'Assemblée ait à en connaître. Alors que M. Debré avait toujours eu une majorité, le général de Gaulle « accepte » sa démission le 14 avril 1962. En fait, il considère qu'en mettant en œuvre la politique qui a conduit à la paix en Algérie, le Premier ministre a rempli la tâche qui lui avait été assignée. Pour la nouvelle phase politique qu'il entend aborder, le chef de l'État veut un homme neuf. C'est dire de la manière la plus claire ce qui n'était pas aussi évident dans la Constitution, à savoir que le Premier ministre procède du chef de l'État et que son unique mission est de mettre en pratique la politique dont lui-même a tracé les grands traits. À ce que le Parlement ne peut considérer que comme une nouvelle entorse à la pratique parlementaire, s'ajoute un second défi : à Michel Debré, sénateur, habitué des luttes parlementaires, le président de la République donne comme successeur un inconnu, Georges Pompidou.

Ce n'est ni un homme politique, ni un parlementaire, ni même une personnalité connue. Normalien, professeur, n'ayant jamais adhéré à aucun parti, il est devenu en 1944 membre du cabinet du général de Gaulle, chargé de travaux techniques ; il lui reste fidèle après son départ du pouvoir en dirigeant son cabinet jusqu'en 1954. Le retour au pouvoir du général de Gaulle l'arrache à la banque Rothschild où il faisait carrière pour lui faire retrouver le poste de directeur du cabinet du nouveau président du Conseil. Nommé en janvier 1959, membre du Conseil constitutionnel, il se charge de diverses missions secrètes pour le général de Gaulle. Sa nomination comme Premier ministre signifie à l'évidence que le général de Gaulle entend prendre en charge directement les affaires du pays, accentuer la tonalité présidentielle des institutions et gouverner par Premier ministre interposé puisqu'il choisit pour cette fonction son collaborateur personnel, qui est dépourvu, face aux députés comme au pays, de toute autorité autre que celle que lui confère le chef de l'État. Bien qu'il constitue un gouvernement où les parlementaires sont plus nombreux que dans le ministère Debré (UNR, membres du Centre national des Indépendants et surtout, 5 MRP derrière Pierre Pflimlin et Maurice Schumann, et en dépit d'un réel effort d'ouverture vers l'Assemblée, celle-ci n'accorde sa confiance à Georges Pompidou qu'avec répugnance. 259 députés votent en sa faveur le 26 avril, 128 prennent parti contre lui et 119 s'abstiennent. Les trois quarts des Indépendants, la moitié du MRP se sont joints à l'opposition de gauche et de droite pour refuser un gouvernement qui prend la signification d'un désaveu du Parlement.

Cette étroite marge de confiance va fondre très rapidement en raison des attitudes politiques du général de Gaulle qui accroissent la colère des parlementaires.

Le 15 mai 1962, dans une conférence de presse qui a un écho considérable, il affirme son choix d'une Europe des États qui maintiendrait la souveraineté nationale et brocarde cruellement toute idée d'Europe supranationale, couvrant de sarcasmes ceux qui pensent qu'il est possible de s'exprimer en *« quelque espéranto ou volapük intégré »*. Atteints dans leurs convictions les plus profondes, Pierre Pflimlin et ses collègues du MRP donnent leur démission. L'Europe va désormais constituer un des fondements de l'opposition du MRP au gaullisme, mais aussi des modérés, des socialistes, des radicaux qui avaient fait dans les années 50 le choix de l'intégration.

À cette opposition des partis de la IVe République qui s'étaient ralliés au général de Gaulle en 1958, s'ajoute l'exaspération des tenants de l'Algérie française durant la période qui va de la signature des accords d'Évian en avril à l'indépendance de l'Algérie début juillet. Pendant que l'OAS multiplie les exactions, provoquant les chocs entre l'armée et la population dont on a parlé précédemment, le pouvoir met méthodiquement en œuvre le processus de l'indépendance en préparant le référendum qui, le 1er juillet, ratifie le nouveau statut de l'Algérie à la quasi-unanimité des votants. Dans le même temps le haut tribunal militaire condamne à mort le général Jouhaud et à la réclusion à perpétuité le général Salan auquel sont reconnues des circonstances atténuantes (le général de Gaulle dissout d'ailleurs cette instance qu'il accuse d'indulgence pour la remplacer par une Cour militaire de Justice). Enfin, l'exode des Européens d'Algérie qui fuient en abandonnant tous leurs biens et connaissent des conditions difficiles à leur arrivée en métropole accroît encore la colère de ceux qui considèrent qu'ils ont été trompés par le chef de l'État sur ses intentions. C'est à partir de cette situation que germent, chez quelques marginaux, des projets d'assassinat du président de la République qui aboutiront à l'attentat du Petit-Clamart. De manière plus politique, l'opposition de la droite et de l'extrême-droite prend la forme d'une motion de censure proposée par les députés d'Algérie le 6 juin et qui est votée par 113 élus dont une bonne partie du groupe des Indépendants.

Loin de choisir l'apaisement face à cette fronde montante, le général de Gaulle va répondre par un nouveau défi. Dès l'été 1962 courent des rumeurs de réforme constitutionnelle (on songe alors surtout à l'institution d'une vice-présidence). Profitant de l'émotion créée par l'attentat du Petit-Clamart (le 22 août), le général de Gaulle décide, au Conseil des Ministres du 12 septembre, de proposer un référendum sur l'élection du président de la République au suffrage universel. Cette décision, dans l'atmosphère du moment, fait l'effet d'une déclaration de guerre aux partis politiques qui voient dans le référendum une menace destinée à renforcer encore le pouvoir présidentiel sans qu'ils soient en mesure d'en discuter eux-mêmes.

La rupture : la motion de censure d'octobre 1962

La décision du général de Gaulle provoque un tollé général qui porte aussi bien sur la finalité de la réforme que sur la procédure choisie.

En ce qui concerne le premier point, le général de Gaulle tranche ainsi en faveur de la lecture présidentielle l'interrogation sur la nature de la Constitution qui demeurait depuis 1958. Il est en effet évident que le chef de l'État désigné par le suffrage universel se prévaudra désormais d'une autorité telle que tous les autres pouvoirs apparaîtront insignifiants. Les accusations de pouvoir personnel fusent à gauche, mais aussi à droite.

L'élection du président de la République au suffrage universel signifie la fin de la prédominance parlementaire, avec laquelle la République s'est longtemps confondue. Elle provoque la colère des républicains de tradition : au congrès radical de Vichy en septembre, le président du Sénat, Gaston Monnerville, parle de violation de la Constitution et accuse le Premier ministre de « forfaiture », qualificatif que le général de Gaulle ne lui pardonnera jamais. Plus directement, tous les partis politiques annoncent d'emblée leur intention de voter « non » au futur référendum. C'est évident pour le parti communiste qui entame une ardente campagne pour une réponse négative. Par ailleurs, les socialistes, les radicaux, le MRP, les Indépendants décident de se regrouper dans un « Cartel des non » qui défendra les « principes républicains », c'est-à-dire parlementaires contre la tentative de « pouvoir personnel » du général de Gaulle. Le vieux parlementaire modéré qu'est Paul Reynaud en prend la tête.

Pour ce qui est de la procédure, la critique porte sur le dessaisissement du Parlement. Les parlementaires font remarquer qu'il existe une procédure de révision constitutionnelle par les deux Chambres et que le général de Gaulle aurait pu l'utiliser, au lieu de passer par-dessus leurs têtes pour s'adresser directement au peuple. Une fois de plus, le Parlement a le sentiment d'être traité en quantité négligeable. En fait, ce référendum sur l'élection du président de la République au suffrage universel est perçu comme la déclaration de guerre du chef de l'État aux partis politiques. Ceux-ci, qui dominent l'Assemblée nationale, vont répondre en utilisant l'arme qui leur reste, la motion de censure.

Le 5 octobre, à la suite de Paul Reynaud, des représentants de tous les groupes votent une motion de censure qui accuse le président de la République d'avoir violé la Constitution en soumettant au référendum le projet de révision avant de l'avoir proposé aux Chambres, motion de censure qui vise le gouvernement, constitutionnellement responsable devant l'Assemblée nationale (à la différence du président de la République). Adoptée par 280 voix (la majorité absolue étant de 241), elle aboutit au renversement du gouvernement Pompidou. Le général de Gaulle réplique aussitôt en décidant la dissolution de l'Assemblée nationale, le gouvernement restant en fonction pour expédier les affaires courantes. Le référendum doit avoir lieu le 28 octobre, les nouvelles élections législatives le 25 novembre.

*Le référendum du 28 octobre :
la victoire de la lecture présidentielle de la Constitution*

L'enjeu du référendum du 28 octobre n'est pas sans rappeler celui du 16 mai 1877. Si le président de la République l'emporte, la prépondérance du pouvoir exécutif exercé par le chef de l'État est définitivement affermie. Si, au contraire, les « non » obtiennent la victoire, on en revient à la conception parlementaire qui avait été celle de la IIIe et de la IVe République, le Premier ministre redevenant l'émanation de la majorité de l'Assemblée et le président se trouvant réduit bon gré mal gré à un rôle honorifique. Or, dans la partie qui se joue en octobre 1962, les chances peuvent paraître inégales. Le général de Gaulle a contre lui *tous* les partis politiques, qu'ils soient unis comme ceux du *Cartel des non* ou isolés comme le parti communiste. Seul, dans le jeu des formations politiques, le parti gaulliste, l'UNR s'est prononcé pour le « oui ». Les « non » peuvent compter sur les organisations syndicales et sur presque toute la presse. Les juristes se rangent dans leur camp, car le Conseil d'État, consulté par le gouvernement, appuie la thèse selon laquelle la révision aurait dû s'opérer par la voie parlementaire et non par la voie référendaire. C'est bien la grande bataille entre le chef de l'État et les partis, c'est l'explication, retardée depuis 1958, entre les tenants du parlementarisme et ceux d'une République dans laquelle la primauté appartiendrait au pouvoir exécutif. Mais le général de Gaulle dispose d'un atout essentiel, son immense popularité après la fin de la guerre d'Algérie et l'avertissement sans équivoque donné aux électeurs : son retrait en cas de réponse négative ou même faiblement positive.

Le 28 octobre 1962, la bataille s'achève à l'avantage du général de Gaulle : 62,25 % des électeurs ont voté « oui », 37,75 % « non », mais il y a 23 % d'abstentions. Le général de Gaulle l'a emporté clairement sur la coalition de tous les partis politiques. Sa victoire est d'ailleurs renforcée par l'analyse détaillée du scrutin. Outre les bastions traditionnels de la droite, l'Est et l'Ouest, c'est la France du Nord et les grandes villes, c'est-à-dire les régions dynamiques du pays qui ont donné la plus nette majorité au « oui ». Le « non » l'a emporté en revanche au sud de la Loire, en particulier dans le Sud-Ouest, région de tradition républicaine et radicale, mais qui apparaît comme une zone moins engagée dans les mutations économiques modernes que la France du « oui ». La netteté de la victoire du général de Gaulle et le prestige d'avoir été acquise par un vote populaire massif la rend irréversible aux yeux de tous, même si certains, tel Pierre Mendès France, refusent toujours d'accepter une modification constitutionnelle qu'ils considèrent « antirépublicaine ». En fait, cette attitude les marginalisera, tant la réforme correspond aux vœux d'une population qui éprouve une sympathie modérée pour la classe politique.

Désormais, la Constitution, telle que l'avait souhaitée le général de Gaulle est complète. Tous les Français peuvent se porter candidats à l'élection présidentielle, à condition d'être présentés par cent citoyens, élus nationaux ou locaux ou membres du Conseil économique et social, recrutés dans au moins dix départements. Le scrutin est à deux tours, séparés l'un de l'autre par quinze jours. Au premier tour, seul peut être élu le candidat ayant recueilli la majorité absolue des suffrages. En cas de second tour, ne peuvent se maintenir que les deux candidats ayant recueilli le plus de voix au premier, après désistement éventuel de ceux qui le souhaitent.

Le général de Gaulle l'ayant emporté contre les partis dans la querelle sur les institutions, il lui reste à parachever sa victoire en ramenant du scrutin législatif des 18 et 25 novembre une majorité vraiment gaulliste.

L'écrasement des partis politiques traditionnels

Le scrutin des 18 et 25 novembre prend toute sa signification à la lumière du discours du 7 novembre du général de Gaulle qui le présente clairement comme une explication entre la nouvelle République et les partis du passé. Dans ces conditions, la simplicité de l'enjeu entraîne un certain nombre de regroupements au sein des deux camps.

Dans celui du général de Gaulle, André Malraux crée une *Association pour la Ve République* qui donne l'investiture aux candidats soutenant le général de Gaulle. À l'occasion du scrutin, les gaullistes de gauche groupés dans l'*Union démocratique du Travail* (UDT) ont fusionné avec l'UNR, les deux partis oubliant les querelles qui les divisent dès lors que le sort du régime paraît se jouer.

Le Cartel des non a conclu des accords qui aboutissent dans de très nombreux cas à l'unité de candidature entre socialistes, radicaux, MRP et Indépendants. Si le parti communiste qui est tenu à l'écart, ne participe pas à cet accord, du moins passe-t-il avec les socialistes des accords de désistements réciproques pour le second tour. Si bien que, en dépit des nuances, on peut considérer qu'il y a deux camps, celui des gaullistes et celui des anti-gaullistes. On peut cependant se demander si l'isolement dans lequel se trouvent les gaullistes, abandonnés par les Indépendants, ne va pas peser plus lourd aux législatives que lors du référendum.

Les résultats du premier tour, au soir du 18 novembre, montrent qu'il n'en est rien. Malgré les 31 % d'abstentions, les gaullistes remportent une écrasante victoire. Avec 32 % des suffrages exprimés, ils établissent un record historique dans l'histoire parlementaire de la France, aucune formation n'ayant jamais franchi la barre des 30 %. Le parti communiste, qui, pour la première fois depuis 1947, est sorti du ghetto politique dans lequel il était confiné, refait un peu du terrain perdu en 1958 en passant de 19 à 22 % des suffrages. En revanche, les partis du *Cartel des non* subissent une écrasante défaite allant du recul (les socialistes perdent 3 % des suffrages) à l'effondrement (les modérés perdent un tiers de leur électorat, le MRP achève son déclin en tombant à moins de 9 %). C'est l'effondrement du jeu des partis politiques tel qu'il avait été replâtré sous la IVe République et que la Ve République disloque définitivement après la longue crise qu'il a subie depuis les années cinquante.

Le second tour, le 25 novembre ne fait qu'amplifier les enseignements du premier. La victoire gaulliste est accentuée. L'UNR-UDT rassemble désormais 233 députés et frôle de peu la majorité absolue dans la nouvelle Assemblée. Elle l'obtient en fait en ajoutant à ses élus le nouveau groupe des « républicains-indépendants » qui compte 36 députés et qui a été fondé précipitamment entre les deux tours par Valéry Giscard d'Estaing avec des modérés ralliés au gaullisme, qui se séparent par conséquent du Centre national des Indépendants acquis à l'opposition. Mais l'essentiel de cette opposition est désormais représentée par la gauche. Grâce aux accords de désistement qui les unissaient, communistes et socialistes ont considérablement accru leur représentation parlementaire, le parti communiste la quadruplant, la SFIO l'augmentant de 50 %. Entre les deux grandes forces que sont le gaullisme et la gauche, ceux qui se réclament du « centrisme » font pâle figure. Les radicaux et l'UDSR de M. Mitterrand, avec 39 élus, forment un groupe de centre-gauche, le *Rassemblement démocratique*, proche de l'opposition de gauche. Mais les grands vaincus sont le centre-droit et la droite classique. Des 133 modérés de 1958 ne subsistent qu'une cinquantaine d'élus dont la majorité sont des républicains-indépendants. Les Indépendants opposants ne sont plus qu'une quinzaine, pour la plupart non-inscrits ou figurant dans le groupe du *Centre démocratique* qui réunit une quarantaine de MRP derrière M. Pflimlin et des libéraux qui suivent René Pleven. La droite classique a payé le prix de ses hésitations dans la guerre d'Algérie ou de sa rupture avec le gaullisme. Elle disparaît, absorbée par celui-ci ou vaincue.

Au soir du 25 novembre 1962 le général de Gaulle a remporté sa seconde grande victoire sur les partis politiques. Il est désormais maître du jeu, au zénith de sa popularité et a les mains libres pour exercer l'action de son choix jusqu'à la prochaine grande échéance électorale, l'élection présidentielle de décembre 1965, à laquelle nul ne doute qu'il se pré sentera et que chacun s'attend à lui voir gagner dès le premier tour. La Ve République a pris son tournant définitif. La crise de 1962 la fonde une seconde fois.

Les belles années de la République gaullienne (1962-1968)

Jusqu'à la crise de 1968 et en dépit d'alertes et de déconvenues qui témoignent de la persistance d'un sourd mécontentement, la République gaullienne va pouvoir développer pratiquement sans entraves la politique souhaitée par le général de Gaulle. Débarrassé d'une opposition condamnée pour longtemps à demeurer minoritaire, le chef de l'État peut poursuivre une politique économique destinée à utiliser la croissance pour moderniser le pays, bénéficier de l'achèvement de la décolonisation pour conduire enfin la politique planétaire qu'il appelle de ses vœux, permettre aux Français d'accroître leur niveau de vie et d'accéder aux formes multiples de la culture qu'autorise une société de consommation. L'ensemble de cette politique est placée sous le signe de la modernité (« *La France a épousé son siècle* » déclare le général lors d'une de ses conférences de presse). Mais la modernité touche aussi le domaine politique et, sur ce point, la Ve République propose aux Français un régime nouveau qui a, sur ses prédécesseurs, l'immense avantage d'être marqué du sceau de la stabilité.

La IVe République avait été le régime de l'instabilité chronique et des chutes répétées de gouvernement. Face à cette caractéristique dénoncée par le général durant la période 1946-1958 comme la tare propre au régime des partis, la Ve République peut effectivement se prévaloir d'une remarquable stabilité des gouvernements. En onze années de présidence, le général de Gaulle n'a que trois Premiers ministres, Michel Debré (1958-1962), Georges Pompidou (1962-1968), Maurice Couve de Murville (1968-1969). De cette longévité des Premiers ministres résulte une possibilité de continuité de l'action gouvernementale (l'impulsion qui s'exerce au sommet étant durable et toujours orientée dans le même sens), une bonne connaissance des dossiers, un suivi de l'action du pouvoir. Cela est d'autant plus vrai que la stabilité vaut aussi pour certains titulaires de portefeuilles ministériels qui se maintiennent à leurs postes pour une durée inaccoutumée dans l'histoire de la République.
C'est le cas de Maurice Couve de Murville, ministre des Affaires étrangères sans discontinuer de 1958 à 1967 ou de Pierre Messmer, ministre des Armées de 1960 à 1969.

Mais les deux cas qui viennent d'être cités concernent précisément deux ministères tenus par le général de Gaulle pour des départements fondamentaux, inclus dans son domaine réservé, et dont les titulaires apparaissent comme ses collaborateurs directs. Si, passant des Premiers ministres et des titulaires des grands ministères qui contrôlent la diplomatie ou l'armée, aux autres postes ministériels, on observe la succession des ministres, on ne constate guère une stabilité identique. C'est ainsi que des ministères fondamentaux comme les Finances, la Justice et l'Agriculture ont eu successivement cinq titulaires, l'Éducation Nationale battant une sorte de record avec huit titulaires en onze années. La stabilité des chefs de gouvernement ne peut dissimuler le maintien d'une instabilité ministérielle, résultat des difficultés, voire des crises qui atteignent les secteurs concernés.

Si le général de Gaulle donne volontiers comme explication de l'apparente stabilité du pouvoir l'excellence des institutions mises en place, une analyse historique du phénomène conduit à considérer que deux facteurs fondamentaux ont joué, dont aucun n'est inscrit de manière indélébile dans les institutions.

Le premier est la prépondérance du président dont nous avons vu qu'elle est un fait de pratique beaucoup plus que de texte constitutionnel. La Constitution pouvait instaurer une « dyarchie » entre un président de la République irresponsable, mais pouvant se prévaloir de l'autorité du suffrage universel pour définir les grandes orientations politiques, et un Premier ministre responsable devant le Parlement et pouvant s'appuyer sur la majorité qu'il dirige et dont la confiance le maintient au poste où le président l'a nommé. À cet égard, l'ambivalence du texte constitutionnel ne permet pas d'exclure l'existence de conflits entre ces deux pouvoirs. Or, le général de Gaulle va résoudre le problème d'une manière originale ; il fait du Premier ministre l'homme du président, chargé de la gestion d'une politique définie à l'Élysée. Dans une conférence de presse du 31 janvier 1964, le général de Gaulle va d'ailleurs écarter définitivement l'idée même d'une dyarchie en faisant du président le dépositaire privilégié de la souveraineté nationale :

« L'esprit de la Constitution nouvelle consiste, tout en gardant un Parlement législatif à faire en sorte que le pouvoir ne soit plus la chose des partisans, mais qu'il procède directement du peuple, ce qui implique que le chef de l'État élu par la nation, en soit la source et le détenteur... Le président est évidemment seul à détenir et à déléguer l'autorité de l'État... Mais s'il doit être évidemment entendu que l'autorité indivisible de l'État est confiée tout entière au président par le peuple qui l'a élu, qu'il n'en existe aucune autre, ni ministérielle, ni civile, ni militaire, ni judiciaire qui ne soit conférée et maintenue par lui, enfin qu'il lui appartient d'ajuster le

domaine suprême qui lui est propre avec ceux dont il attribue la gestion à d'autres, tout commande, dans les temps ordinaires, de maintenir la distinction entre la fonction et le champ d'action du chef de l'État et ceux du Premier ministre... »

De fait, le Premier ministre apparaîtra bien comme l'homme de la gestion quotidienne des temps ordinaires, amené à s'effacer dès lors que le président entend occuper le devant de la scène ou modifier sa politique. Si Michel Debré est poussé à se retirer après la fin de la guerre d'Algérie parce que le général de Gaulle entend signifier qu'une page est tournée, Georges Pompidou sera démissionné en plein triomphe et vraisemblablement à cause de celui-ci, parce qu'il apparaît désormais que ses succès risquent de remettre en cause la prépondérance absolue du chef de l'État. Si on comprend que des hommes, dont l'existence en tant que Premiers ministres doit tout à l'initiative du président, aient accepté de s'effacer dès lors que celui-ci le leur demandait, cette attitude supposait une condition fondamentale, l'existence d'une majorité docile.

La stabilité à base de prépondérance présidentielle telle que la concevait le général de Gaulle n'était possible que pour autant que la majorité de l'Assemblée n'y fasse pas obstacle, puisque la motion de censure lui en donne les moyens. Or, la chance historique de la « République gaullienne » a été que les consultations électorales successives aient sans cesse donné au parti qui se réclamait du général de Gaulle et à ses alliés une majorité suffisante pour gouverner. Là encore, si le système électoral majoritaire explique en partie ce résultat, le texte institutionnel lui-même n'y est pour rien.

On conclura donc sur ce point que la stabilité gouvernementale (valable seulement pour les Premiers ministres et les grands départements politiques) à laquelle l'opinion a été sensible s'explique moins par les institutions elles-mêmes que par l'interprétation qu'en a donnée le général de Gaulle et par la chance qu'a constitué l'existence permanente d'une majorité.

Il reste que, jusqu'à la crise de 1968, l'autorité du général de Gaulle paraît inentamée et que l'existence d'une majorité qui lui est toute dévouée, d'un Premier ministre qui n'a d'autre possibilité d'action que de mettre en œuvre la politique du président permet à celui-ci de faire, dans tous les domaines, triompher ses vues sans que l'opposition ait la moindre chance de s'y opposer. Si bien qu'au lendemain de sa double victoire électorale de 1962 sa popularité apparaît au zénith et que sa réélection en 1965 lors de la future désignation du chef de l'État au suffrage universel paraît une simple formalité.

Or, les années 1962-1967 sont celles où naît dans l'opinion un climat de désenchantement qu'espère exploiter une opposition en voie de réorganisation.

La montée des mécontentements et la réorganisation de l'opposition

Quelles sont les causes du désenchantement des Français dans une période que les historiens tiennent pour une des plus fastes qu'ait connues le pays au cours du XXe siècle ?

Les unes tiennent à la politique étrangère et provoquent le détachement de toute une partie de l'opinion attachée à l'Europe supranationale (c'est la conférence de presse du 15 mai 1962, celle du « *volapük* »), à l'élargissement de la Communauté (à quoi le général de Gaulle répond par la conférence de presse de 1963 sur le refus d'élargissement du Marché Commun), à l'alliance américaine (le retrait de la flotte française de l'OTAN en 1963 et la reconnaissance de la Chine Populaire en 1964).

Les autres sont d'ordre économique et social et provoquent une conjonction de mécontentements. Certaines proviennent des agriculteurs qui acceptent mal la politique de modernisation mise en œuvre par la loi-cadre Pisani, laquelle tranche avec la politique de subventions et de maintien du statu quo qui a été la règle dans ce secteur, souvent pour des raisons électorales. D'autres sont la conséquence du mécontentement des fonctionnaires et des salariés du secteur public et nationalisé devant la moindre augmentation de leurs salaires par rapport à ceux du secteur privé, entraînant les grandes grèves de 1963-1964. Enfin, les effets du Plan de stabilisation de Valéry Giscard d'Estaing entretiennent dans l'opinion un mécontentement diffus lié à l'arrêt provisoire de la croissance.

Tous ces éléments pris en ordre dispersé n'apparaissent certes pas de nature à menacer un régime qui vient d'être consolidé par les consultations de 1962, mais ils entretiennent un climat de lassitude et de mécontentement qui est d'autant moins négligeable que l'opposition, taillée en pièces en 1962, cherche des voies nouvelles qui lui permettront de jouer un rôle face à un pouvoir omnipotent.

Écrasée en 1962, vaincue sur le plan de ses conceptions institutionnelles, l'opposition semble hors d'état de se relever d'une défaite qui paraît avoir condamné le régime traditionnel des partis politiques. Sa situation est d'autant plus difficile que la prochaine échéance politique, prévue pour décembre 1965, est l'élection présidentielle au suffrage universel contre laquelle se sont prononcées toutes les grandes forces politiques. Devant cet effondrement général, c'est du centre de l'échiquier politique que vont venir plusieurs initiatives qui témoignent de la volonté des formations de trouver les voies d'un certain renouveau. Entre les deux tours des élections de 1962, Maurice Faure, président du parti radical, appelait de ses vœux un rassemblement des partis démocratiques du centre et de la gauche, capable de dépasser les clivages traditionnels pour constituer un vaste ensemble entre la majorité et les communistes. À cet appel répond, après les élections, la constitution du *Rassemblement démocratique* qui regroupe autour de Maurice Faure des hommes du centre-gauche, André Morice, fondateur du Centre républicain, François Mitterrand et Édouard Bonnefous, venus de l'UDSR ou d'ex-radicaux tels que Jacques Duhamel et Bernard Lafay. Une étape supplémentaire est franchie avec le congrès de La Baule du MRP en 1963 où les nouveaux dirigeants du mouvement, son président Jean Lecanuet, son secrétaire général Joseph Fontanet acceptent l'idée de la fusion de leur parti dans un grand rassemblement centriste. En avril 1963 cette initiative aboutit à la naissance du *Comité de Liaison des Démocrates* où se retrouvent dirigeants du rassemblement démocratique, du MRP, mais aussi des Indépendants, des syndicalistes de la CGC, de la CFTC, de la FNSEA. On tente d'y jeter les bases d'un grand parti centriste, dont le grand problème est de savoir s'il comprendra les socialistes SFIO malgré les réticences de leur secrétaire général Guy Mollet.

À cette démarche traditionnelle de forces politiques qui tentent de se fédérer pour accroître leurs forces, s'oppose l'initiative toute différente de l'hebdomadaire *L'Express*. Se plaçant dans la nouvelle logique institutionnelle qui fait de l'élection présidentielle l'acte majeur de la vie politique française, cet hebdomadaire lance, fin 1963, l'idée de l'élaboration du portrait-robot du candidat idéal de l'opposition pour les élections présidentielles de 1965, M. X... De semaine en semaine, le portrait de M. X. se précise pour faire progressivement apparaître les traits du député-maire socialiste de Marseille, Gaston Defferre. Dès lors, le candidat lancé par *L'Express* va s'efforcer de faire coïncider sa démarche présidentielle avec la démarche partisane centriste en rassemblant derrière lui comme force de soutien à sa candidature les parties prenantes du Comité de Liaison des Démocrates et le parti socialiste au sein d'une « Grande » *fédération démocrate-socialiste*. Les conversations qui ont lieu le 13 mars 1965 pour tenter de rassembler le centre et la gauche achoppent sur l'incompatibilité entre les vues socialistes et celles du MRP qui ne peut accepter ni l'épithète socialiste, ni la référence à la laïcité, ni les conversations avec le parti communiste, toutes conditions posées par Guy Mollet pour faire échouer le projet.

À quelques mois des élections présidentielles, le thème du rassemblement centriste qui avait occupé le devant de la scène depuis 1962 s'effondre en même temps qu'échoue la candidature Defferre. Le renouvellement de l'opposition par la voie partisane ou par le rassemblement autour d'un candidat-président ont pareillement achoppé sur la puissance inentamée des patriotismes de partis.

La crise permanente des forces politiques à la fin de la IVe République et au début de la Ve République a eu pour résultat de faire naître, puis de développer d'assez nombreux clubs, en particulier dans les milieux de l'opposition. Rassemblant de petites minorités de hauts fonctionnaires, de cadres, d'intellectuels méfiants envers l'action politique immédiate, ils se veulent des sociétés de pensée à la recherche d'un programme politique capable d'exprimer les aspirations de la France dans le monde du XXe siècle sans retomber dans les ornières des idéologies traditionnelles qui semblent désavouées par les électeurs. D'une manière générale, même lorsqu'ils refusent de se qualifier politiquement, ces clubs sont plus proches de l'opposition que de la majorité qui trouve son expression politique naturelle dans l'UNR ou les groupes qui gravitent autour d'elle. Ces clubs, s'ils entraînent derrière eux peu d'adhérents jouent cependant un rôle politique qui n'est pas négligeable à deux niveaux. D'une part, ils constituent un laboratoire d'idées où l'opposition va trouver les voies d'une incontestable modernisation de ses thèmes, de son discours, de ses programmes. D'autre part, les clubs font naître une élite politique qui va permettre, au moment où la Ve République paraît s'essouffler, de dégager de nouveaux cadres prêts à entrer dans les formations d'opposition. Il est caractéristique que ce soit entre 1958 et 1962 que se multiplient les créations de clubs, même si certains sont plus anciens comme le *Club des Jacobins* fondé par Charles Hernu en 1950 et qui avait été, dans les milieux radicalisants, un des creusets du mendésisme. En 1958 est fondé le plus important de ces clubs, le *Club Jean-Moulin* qui rassemble d'anciens élèves de l'ENA, des universitaires, des cadres et des membres des professions libérales. Le Club publie des dossiers et des études très approfondies et il soutient en 1963 la candidature Defferre qui porte ses espoirs. En 1959, François Mitterrand dont les dirigeants du PSA rejettent la demande d'adhésion crée à son tour un club, la *Ligue pour le Combat républicain*. En 1960 les chrétiens du mouvement *Vie nouvelle*, issu du scoutisme, fondent le club *Citoyens 60*. Il faudrait y ajouter des clubs de moindre importance ou à audience plus locale, comme le *Cercle Tocqueville* à Lyon ou *Démocratie nouvelle* à Marseille.

Longtemps cantonnés dans une pure activité de réflexion, ces clubs deviennent à partir de 1962, lorsque s'impose l'urgence d'un renouvellement de la vie politique, le creuset d'une véritable résurrection de l'opposition, prête à déboucher sur une action politique concrète, comme le prouve l'adhésion du *Club Jean-Moulin* à la candidature Defferre. C'est surtout à gauche que s'opère ce mouvement. Ainsi en 1964 les clubs républicains et radicalisants se rassemblent autour de François Mitterrand : le *Club des Jacobins* et la *Ligue pour le Combat républicain* fusionnent au sein du *Centre d'Action institutionnelle*. Peu après en juin 1964, celui-ci absorbe d'autres groupes de pensée de même idéologie, l'*Atelier*, le *Club Robespierre*, le *Centre Montaigne* pour donner naissance à la *Convention des Institutions républicaines*. Parallèlement, mais dans une perspective assez largement rivale, les groupes de pensée modernistes comme le *Club Jean-Moulin*, les adhérents du PSU (créé en 1960 par la fusion du PSA et de l'Union de la Gauche socialiste rassemblant des chrétiens de gauche et des lecteurs de l'hebdomadaire *France-Observateur*), les catholiques lecteurs de *Témoignage chrétien*, des intellectuels se rassemblent en 1966 au *colloque de Grenoble* pour poursuivre la réflexion sur un programme de gauche adapté au monde de la croissance.

Tous ces mouvements retiennent peu l'attention de l'opinion, car ils ne concernent que des groupes aux effectifs restreints ou des intellectuels. Mais ils témoignent d'une fermentation de l'opposition, d'un effort de renouvellement qui montrent que la majorité ne détient plus seule l'initiative. C'est la révélation de ce renouvellement lors des élections présidentielles de 1965 qui constitue le premier témoignage d'une certaine usure du pouvoir gaulliste.

Les élections présidentielles de 1965

De 1963 au printemps 1965, le terrain politique a été occupé par la candidature Defferre fondée sur un projet d'union de l'opposition centriste et de la gauche non communiste. Le projet a échoué sur la force des appartenances partisanes, mais aussi sur l'impossibilité de faire coïncider les vues idéologiques des deux composantes centriste et de gauche, impossibilité mise en évidence par le secrétaire général de la SFIO, Guy Mollet. C'est en se fondant sur ce constat d'échec qu'au début du mois de juillet la *Convention des Institutions républicaines* propose une formule rassemblant les hommes de la gauche non communiste, socialistes, radicaux, membres des clubs, qui pourrait désigner un candidat commun acceptant les principes socialistes, la laïcité et l'idée de conversations avec les communistes. On s'achemine ainsi vers l'idée de la division en deux groupes de la défunte « Grande fédération », les socialisants d'un côté, les centristes de l'autre présentant chacun leurs candidats.

À gauche, devant la répugnance des dirigeants des grands partis politiques à entrer en lice ès qualité après avoir rejeté la procédure d'élection au suffrage universel, on cherche un candidat libre d'attaches à l'égard des grands partis. Brusquant les choses, François Mitterrand décide de poser sa candidature le 9 septembre 1965. Il reçoit l'appui du parti socialiste SFIO, de la Convention des Institutions républicaines, de la Ligue des Droits de l'Homme, des radicaux. Le PSU, assez réservé sur une démarche qu'il juge électoraliste, finit par se rallier. Mais, surtout, le parti communiste, qui ne tient pas à aller isolé à cette bataille et qui cherche à consolider sa sortie du ghetto politique commencée en 1962, décide fin septembre de soutenir la candidature Mitterrand.

Cet appui lui fait perdre définitivement (mais son programme l'excluait en fait) tout espoir de voir les centristes se rallier à lui. Après avoir en vain tenté de provoquer la candidature de M. Pinay, le MRP et le Centre national des Indépendants, mais aussi certains radicaux comme Maurice Faure, président du parti jusqu'en octobre 1965, décident de soutenir l'initiative de Jean Lecanuet, jusqu'alors président du MRP, qui a décidé le 19 octobre de se porter candidat.

Le général de Gaulle qui, pour ménager ses effets, a retardé le plus possible l'annonce de sa candidature fait connaître à son tour le 4 novembre qu'il se présentera tout en mettant en garde les Français contre l'inévitable retour au désordre que pourrait signifier son échec (ce discours a été résumé par la formule « *Moi ou le chaos* »).

À ces trois candidatures principales s'ajoutent celles du dirigeant d'extrême-droite Jean-Louis Tixier-Vignancour, du sénateur de la Charente Pierre Marcilhacy qui entend incarner le courant libéral et d'un particulier, Marcel Barbu qui ne représente aucune force politique, mais a recueilli les cent signatures d'élus nécessaires pour se présenter.

Au demeurant, toutes ces candidatures apparaissent aux yeux de l'opinion comme des candidatures-témoignages qui permettront surtout d'user de la télévision, tant il apparaît certain que le général de Gaulle sera réélu dès le premier tour.

La campagne électorale va remettre en cause ces certitudes. Pour la première fois, deux éléments-clés vont intervenir et infléchir sensiblement les prévisions. Le premier est la télévision. L'apparition publique et répétée des leaders de l'opposition qui en étaient pratiquement exclus et qui vont avoir le temps, soir après soir, de présenter leurs idées et de se faire connaître a, pour l'opinion publique, un effet de choc dont le général de Gaulle va faire les frais. Les dirigeants de l'opposition séduisent une partie du public par leur jeunesse et par leur conviction, par la nouveauté de leur langage, alors que le général de Gaulle qui a 75 ans et dont les idées et les thèmes sont ressassés par les médias officiels depuis 7 ans apparaît du coup comme moins moderne que ses rivaux. La propagande de MM. Mitterrand et Lecanuet insiste d'ailleurs également sur la nécessité de donner un président jeune à une France moderne.

Les effets de cette campagne télévisée peuvent être suivis dans les sondages qui sont utilisés pour la première fois à grande échelle et permettent de juger semaine après semaine de l'évolution de la position des candidats. Mais comme toujours, le sondage n'est pas un élément neutre et les tendances qu'il révèle infléchissent à leur tour le jugement des électeurs. Or le mouvement révélé par les sondages est clair. Ils mettent en évidence une assez nette progression de François Mitterrand, candidat unique de la gauche, qui passe de 22 à 27 % des intentions de vote, mais surtout une percée spectaculaire de Jean Lecanuet qui, parti de 5 % des intentions en début de campagne, achève celle-ci à 20 %. Cette poussée du candidat centriste qui mord sur l'électorat du général de Gaulle engendre un rapide effritement des positions de celui-ci. Crédité en octobre 1965 de 69 % des intentions de vote, en détenant encore 61 % début novembre, il tombe dès la seconde quinzaine de novembre au-dessous de la barre des 50 % et à la veille même du scrutin 43 % seulement des électeurs sont décidés à voter pour lui au premier tour.

Dans ces conditions, au soir du 5 décembre le premier tour du scrutin qui voit la mise en ballotage du général de Gaulle ne constitue qu'une demi-suprise. Les sondages l'annonçaient, mais la réputation d'invulnérabilité du général de Gaulle était telle que l'opinion était demeurée incrédule. Quoi qu'il en soit, ce résultat montre l'usure du gaullisme dans l'opinion et apparaît comme une victoire spectaculaire pour les oppositions, l'opposition centriste d'une part qui, grâce à une percée spectaculaire s'affirme comme une force avec laquelle il faut compter, l'opposition de gauche de l'autre qui, avec François Mitterrand, a réalisé un score inespéré et qui reste en lice pour le second tour.

La loi électorale disposant que seuls les deux candidats arrivés en tête peuvent se maintenir au second tour, celui-ci se joue entre François Mitterrand et le général de Gaulle. Le premier, qui bénéficie du désistement effectif de MM. Barbu et Tixier-Vignancour et du désistement implicite de MM. Lecanuet et Marcilhacy qui invitent leurs électeurs à ne pas voter pour le général de Gaulle, se présente comme le « candidat de tous les Républicains » et va très largement développer des thèmes unificateurs et anti-gaullistes. Le général de Gaulle, de son côté mène une campagne habile, faite d'entretiens où il apparaît comme un personnage proche des préoccupations des Français plutôt que comme le dirigeant olympien qu'il avait joué au premier tour.

Annoncés par les sondages, les résultats sont sans surprise. Le général de Gaulle l'emporte par 54,5 % des voix contre 45,5 % à son compétiteur. Il a bénéficié du report des voix de la plus grande partie de l'électorat centriste, mais aussi d'un nombre important d'électeurs de gauche (on évalue ce nombre à trois millions). Il n'en reste pas moins que cette victoire est perçue par l'opinion comme un demi-échec et que, de fait, le paysage politique français s'en trouve durablement bouleversé. La mise en ballotage du général de Gaulle est un incontestable affaiblissement pour l'homme qui a remporté sans coup férir toutes les consultations électorales depuis 1958. Le président a été contesté, a dû courtiser les suffrages des électeurs. Il cesse d'être le personnage hors du commun qu'il était depuis son retour au pouvoir. L'opposition écrasée en 1962 retrouve dès 1965 une crédibilité certaine puisque, rassemblée, elle a réuni plus de 45% des voix. Enfin, en quelques semaines, des hommes peu connus du grand public sont devenus des leaders de premier plan, éclipsant les appareils des partis, et apparaissant aux yeux de l'opinion comme ayant vocation à rassembler les forces politiques dont ils ont été les champions. François Mitterrand à gauche, Jean Lecanuet au centre-droit sont devenus les dirigeants naturels de l'opposition pour les combats futurs.

Or les enseignements inattendus des élections présidentielles de 1965, la révélation de la fragilité du pouvoir gaulliste, la remise en selle de l'opposition accroissent l'enjeu de la consultation électorale à venir, celle des élections législatives de 1967.

*La réorganisation des forces politiques
en vue des élections législatives de 1967*

Dès les lendemains de l'élection présidentielle de 1965 commence la préparation des législatives prévues pour mars 1967 et considérées comme le « troisième tour » de l'élection présidentielle.

La majorité tente de tirer les leçons de la mise en ballotage du général de Gaulle et de la sous-estimation de l'opposition qui a été l'origine de la déconvenue du 5 décembre 1965. Pour tenter de répondre aux réserves qui se sont manifestées à ce moment, un élargissement du gouvernement est tenté. Pour l'essentiel, le gouvernement Pompidou est remanié. On y fait entrer deux personnalités du centre-gauche, issues des milieux radicalisants, l'ancien président du Conseil Edgar Faure qui devient ministre de l'Agriculture et le professeur Jean-Marcel Jeanneney chargé des Affaires sociales. Leur tâche sera d'une part de ramener au gaullisme les paysans tentés par le centrisme d'opposition et qui ont donné une de ses bases électorales à Jean Lecanuet, et de tenter de maintenir grâce à une politique sociale ouverte l'électorat populaire qui s'est porté sur le général de Gaulle de l'autre. Dans la même optique, Valéry Giscard d'Estaing est écarté du ministère des Finances, le plan de stabilisation et la politique libérale qu'il a fait prévaloir étant jugés responsables de la mise en ballotage du général. Le leader des Républicains-Indépendants est remplacé par Michel Debré, beaucoup plus dirigiste et réformateur que son prédécesseur. Mais Valéry Giscard d'Estaing ayant refusé un ministère de l'Équipement et quitté le gouvernement apparaît désormais comme un allié beaucoup moins solide du gaullisme. Il fonde d'ailleurs en juin 1966 la Fédération des Républicains indépendants qui se distingue des gaullistes en s'affirmant libérale, centriste et européenne. Mais le Premier ministre Georges Pompidou n'entend pas laisser se développer une fronde au sein de la majorité. Dès le mois de mai 1966 il impose l'idée d'une candidature unique de la majorité dans toutes les circonscriptions au lieu des « primaires » voulues par Valéry Giscard d'Estaing et, pour préparer les élections, il constitue sous sa direction le *Comité d'Action pour la Ve République* chargé de distribuer les investitures. En dépit de cette rigoureuse prise en main de la majorité par le Premier ministre, l'ancien ministre des Finances marque ses réserves par rapport au gaullisme en définissant sa position par le célèbre : « Oui, mais... » lors de sa conférence de presse de janvier 1967.

Dans l'opposition de gauche, les choses sont plus claires. En posant sa candidature en septembre 1965, François Mitterrand a exigé que les forces qui le soutiennent s'unissent au sein d'une *Fédération de la Gauche démocrate et socialiste* (FGDS) rassemblant la SFIO, les radicaux et la Convention des Institutions républicaines et préparent ensemble les élections législatives. Malgré les rivalités des trois formations, il est entendu qu'il y aura un seul candidat fédéré par circonscription. Dans cette perspective, M. Mitterrand décide en mai 1966 de créer une « équipe formatrice du contre-gouvernement » sur le modèle du shadow-cabinet britannique. L'initiative est malheureuse, car l'inclusion dans cette équipe d'hommes politiques peu populaires, à l'exemple du socialiste Guy Mollet ou de technocrates inconnus du grand public provoque une certaine déception de ceux qui s'étaient attendus à l'apparition d'un courant vraiment novateur. L'archaïsme de la démarche est d'ailleurs souligné par la tenue au même moment — mai 1966 — du colloque de Grenoble où le PSU, le club Jean-Moulin, les syndicalistes, des intellectuels réunis autour de Pierre Mendès France débattent d'un programme neuf pour l'opposition. Toutefois, la mise au point par la FGDS d'un programme commun publié en juillet 1966 et l'accord électoral signé avec le parti communiste en décembre font de la gauche non communiste une force politique crédible, d'autant que le PSU qui s'était tenu à l'écart, décide en janvier 1967 de se rallier à l'accord électoral de désistement PC-FGDS.

Enfin, de son côté, le centrisme d'opposition qui avait soutenu la candidature de Jean Lecanuet en 1965 décide de se rassembler autour de celui-ci. Dès le lendemain du premier tour des présidentielles de 1965, le candidat centriste avait proposé de regrouper dans un *Centre démocrate* les forces qui ont soutenu sa candidature. Celui-ci est constitué le 2 février 1966 et rassemble pour l'essentiel le MRP, le Centre national des Indépendants et Paysans et quelques radicaux qui suivent Maurice Faure, mais qui, sur injonction de leur parti, engagé dans la FGDS, se retireront rapidement. Le *Centre démocrate* est ainsi fortement marqué au centre-droit.

Ces regroupements font bien des législatives de 1967 la prolongation des élections présidentielles de 1965.

Les élections de mars 1967 : un nouvel affaiblissement du gaullisme

Marqué par une très forte participation (plus de 80 % des inscrits se rendent aux urnes), le premier tour des élections législatives permet de tirer quatre leçons :

— en premier lieu, le gaullisme accentue son emprise sur le corps électoral en établissant un nouveau record qui dépasse celui des élections de 1962. Les candidats de la Ve République recueillent 37,8 % des suffrages exprimés, même si ce score résulte du fait que les Républicains-Indépendants et un certain nombre de non-inscrits de 1962 ont cette fois rallié la majorité. Celle-ci s'affirme bien comme la première force politique française, mais elle n'est pas majoritaire dans le corps électoral, si on considère que l'ensemble des autres forces s'oppose à elle ;

— le parti communiste, sorti de son ghetto politique, ayant joué loyalement le jeu de l'union de la gauche lors des présidentielles de 1965 et accepté de passer des accords de désistement avec les autres forces de gauche améliore nettement ses résultats de 1962 avec 22,5 % des voix, progressant en particulier dans les régions ouvrières touchées par la récession qui est la conséquence du Plan de stabilisation;

— la Fédération de la Gauche démocrate et socialiste ne réalise pas la percée électorale attendue par François Mitterrand. Avec 18,7 % des voix, elle enregistre une stabilité par rapport à l'addition des voix obtenues en 1962 par les forces qui la composent. On ne saurait dire que cette initiative enthousiasme l'opinion publique;

— enfin, le Centre démocrate connaît un très net échec. Avec 13,4 % des voix, il est très en deçà du score de Jean Lecanuet aux présidentielles de 1965 et ne réalise pas cette percée qui aurait pu en faire l'arbitre du jeu politique français.

On est donc tenté de parler de stabilité à propos des élections de 1967 et de déception pour les adversaires du gaullisme qui espéraient capitaliser l'audience acquise par les champions de l'opposition aux présidentielles de 1965. En fait, la configuration politique de la France paraît figée.

Or, contre toute attente, le second tour va provoquer la surprise. Alors qu'on considérait que les scores enregistrés auraient dû conduire à un nouveau succès très net de la majorité en vertu des règles du scrutin majoritaire, plusieurs éléments vont intervenir pour déjouer ces pronostics. En premier lieu, l'alliance électorale PC-FGDS va jouer à plein, et de manière encore plus favorable à la gauche que celle-ci ne l'espérait : des communistes arrivés devant les candidats de la FGDS se retirent en faveur de ces derniers dont ils considèrent qu'ils ont plus de chances de l'emporter. De surcroît, devant le sentiment d'une écrasante victoire des gaullistes, une partie de l'électorat centriste reporte ses suffrages sur les candidats de la gauche afin de donner un avertissement sans frais au pouvoir.

Le résultat est inattendu : il s'en faut de peu que la majorité ne perde sa prédominance à l'Assemblée nationale. Sur 487 sièges, la majorité n'emporte que 245 élus et ne conserve — d'une courte tête — l'avantage que grâce au vote de l'outre-mer qui lui donne l'appoint d'élus nécessaires pour ne pas se retrouver en minorité. La gauche est la grande triomphatrice des élections de 1967 puisque les communistes ont 73 députés, la FGDS 120, le centrisme d'opposition apparaissant pour sa part comme le grand vaincu avec une quarantaine de députés.

Après sa déception des élections présidentielles, et en dépit de son score du premier tour, la majorité a frôlé de peu une défaite historique et la crise de régime. L'atmosphère politique va s'en ressentir.

La double déconvenue pour la majorité que constituent les consultations de 1965 et de 1967 donne le sentiment d'un affaiblissement du pouvoir, qui se trouve désormais à la merci du premier incident venu. C'est ce qu'exprime Pierre Mendès France en déclarant au soir des élections que le second tour ne clôt pas l'affrontement entre la Ve République et ses adversaires. De fait, l'opposition encouragée par la fragilité révélée du pouvoir va accentuer son action hostile au gouvernement. Elle le montre sur le plan parlementaire en conduisant une offensive acharnée contre la procédure des ordonnances décidée par le gouvernement pour prendre des mesures d'ordre économique et social, procédure contre laquelle la gauche dépose trois motions de censure qui n'échouent qu'à quelques voix. Parallèlement, les syndicats mènent une lutte très vive contre la politique sociale du gaullisme, organisant des grèves et des manifestations qui connaissent un certain succès. L'opposition de gauche (car les centristes sont divisés entre les opposants déterminés dirigés par Jean Lecanuet et Pierre Abelin et une tendance gestionnaire tentée par le ralliement à la majorité et conduite par Jacques Duhamel, président du groupe *Progrès et Démocratie moderne* et par Joseph Fontanet) sentant le pouvoir ébranlé accentue donc ses efforts pour le déstabiliser.

De son côté, le général de Gaulle, considérant que seule l'élection présidentielle décide des grandes options politiques et refusant d'admettre que les législatives puissent la remettre en cause, va raidir son attitude en montrant ostensiblement qu'il ne tient pas compte du scrutin de mars 1967. Il maintient au gouvernement des ministres battus aux élections comme Maurice Couve de Murville ou Pierre Messmer. Par la procédure des ordonnances, il défie une Assemblée où les opposants tentent de gêner le pouvoir. Enfin, et surtout, en 1967 il va prendre sur les problèmes de politique étrangère des positions qui montrent qu'il n'entend tenir aucun compte des vues du monde politique, fussent-elles celles de la majorité. En juin 1967, lors de la « Guerre des Six jours », il condamne l'agression israélienne et décide l'embargo sur les armes à destination du Proche-Orient (c'est-à-dire essentiellement d'Israël) alors que l'opinion publique française est, dans sa grande majorité, favorable aux Israéliens. En juillet, lors d'un voyage officiel au Canada, il lance à Québec le cri : « *Vive le Québec libre !* », se ralliant ainsi aux thèses indépendantistes, à la grande colère du gouvernement fédéral. En novembre 1967, lors d'une conférence de presse il parle d'Israël comme d'un « *peuple d'élite, sûr de lui-même et dominateur* », expression qui est interprétée comme une déclaration anti-israélienne, en même temps qu'il rejette une nouvelle fois l'entrée de la Grande-Bretagne dans le Marché Commun. Ces prises de position qui n'ont fait l'objet d'aucune discussion au sein de la majorité provoquent un malaise. Valéry Giscard d'Estaing qui s'efforce de se situer à mi-chemin de la majorité et de l'opposition dénonce alors « l'exercice solitaire du pouvoir » auquel se livrerait le général de Gaulle.

À l'issue des années 1963-1967 on constate une incontestable usure du pouvoir gaulliste après son écrasante victoire de 1962. Alors que l'opposition encouragée par les résultats électoraux de 1965 et de 1967 a le vent en poupe, la majorité, en perte de vitesse, est inquiète sur son avenir et des divisions sont perceptibles dans ses rangs. En novembre 1967, pour reprendre l'initiative, Georges Pompidou réorganise le parti majoritaire aux Assises de Lille en transformant l'UNR en une *Union des Démocrates pour la Ve République*, remplaçant les cadres issus du gaullisme historique par une nouvelle génération de dirigeants souvent issus (comme lui-même) de la période du RPF et qui lui doivent leur promotion. En fait, cette réorganisation s'explique parce que le gaullisme est désormais sur la défensive et paraît à la merci d'un incident qui pourrait transformer son affaiblissement en échec. C'est le cas de figure que semble réaliser la crise de 1968, qui ne doit rien par ses origines aux phénomènes politiques mais qui va devenir une crise politique en raison de la fragilité du régime.

Les élections législatives (1958-1967)

(% des suffrages exprimés au premier tour et nombre de députés au second tour)

PARTIS / SCRUTINS	PARTI COMMUNISTE	EXTRÊME GAUCHE OU DIVERS GAUCHE	PARTI SOCIALISTE SFIO	RADICAUX ET ASSIMILÉS	MRP	MODÉRÉS	GAULLISTES	EXTRÊME DROITE
23-30 novembre 1958	19,2 % 10	UFD 1,2 % —	15,7 % 44	7,3 % 23	11,1 % 57	22,1 % 133	20,4 % 198	2,6 % —
18-25 novembre 1962	21,7 % 41	2,4 % —	12,6 % 66	7,5 % rassemblement démocratique 39 (dont 26 radicaux)	8,9 % centre démocratique 55 (dont 40 MRP)	9,6 % Rép. ind. 4,4 % 36	31,9 % 233	0,9 % —
5-12 mars 1967	22,4 % 73	2,2 %	fédération de la gauche démocrate et socialiste 18,7 % 121		centre démocrate 13,4 % 41	comité d'action pour la Vᵉ République 37,7 % 44	200	divers droites 8,8 % non inscrits 8

Les élections présidentielles de 1958 et 1965

Élection du 21 décembre 1958

Charles de Gaulle	78,5 %
Georges Marrane (PC)	13,1 %
M. Chatelet (UFD)	8,4 %

Élection des 5 et 19 décembre 1965
(au suffrage universel)

1er tour : 5 décembre

Abstentions	14,9 %
Charles de Gaulle	43,7 %
François Mitterrand	32,2 %
Jean Lecanuet	15,8 %
Jean-Louis Tixier-Vignancour	5,2 %
Pierre Marcilhacy	1,7 %
Marcel Barbu	1,1 %

2e tour : 19 décembre

Abstentions	15,4 %
Charles de Gaulle	54,5 %
François Mitterrand	45,4 %

Les Premiers ministres

Charles de Gaulle, président du Conseil	Juin 1958-Janvier 1959
Michel Debré, Premier ministre	Janvier 1959-Avril 1962
Georges Pompidou, Premier ministre	Avril 1962-Juillet 1968

Les référendums sous la Ve République
1958 et 1965

Référendum du 28 septembre 1958
Adoption de la Constitution de la Ve République

Abstentions	15,06 %
oui	79,2 %
non	20,7 %

Référendum du 8 janvier 1961
Approbation de l'autodétermination en Algérie

Abstentions	23,5 %
oui	75,2 %
non	24,7 %

Référendum du 8 avril 1962
Approbation des accords d'Évian

Abstentions	24,4 %
oui	90,6 %
non	9,3 %

Référendum du 28 octobre 1962
Approbation de l'élection du président de la République au suffrage universel

Abstentions	22,7 %
oui	61,7 %
non	38,2 %

II

LA CRISE DU GAULLISME ET LE QUINQUENNAT DE GEORGES POMPIDOU (1968-1974)

Avec le recul du temps, la crise multiforme de 1968 apparaît aujourd'hui comme un tournant majeur dans l'histoire de la Ve République. En dépit des apparences de restauration de l'état de choses antérieur que revêt son issue en juin 1968, rien ne sera plus jamais comme avant et le régime gaulliste est frappé d'un coup qui finira par s'avérer décisif. Et pourtant, la crise de 1968 n'apparaît pas fondamentalement comme un phénomène politique. Elle est avant tout une crise de la société dans ses profondeurs qui met en jeu les bases sur lesquelles s'est reconstruite la France de l'après-guerre et les valeurs fondamentales qu'elle a adoptées. Ce n'est que par ses conséquences qu'elle débouche dans le champ politique, parce que, d'une manière ou d'une autre, c'est dans le langage politique que s'articulent en démocratie les aspirations d'une société. À ce moment, la crise débouche sur une très profonde remise en question du régime gaulliste dont celui-ci sort vainqueur après avoir été sur le point de sombrer.

Il est devenu classique aujourd'hui de diviser la crise de 1968 en trois phases successives, du 2 mai au 23 juin 1968 :
  du 2 au 12 mai :   la phase étudiante,
  du 13 au 27 mai :   la phase sociale,
  du 27 mai au 23 juin : la phase politique.

En fait, on parle de phase politique pour la troisième séquence puisque c'est durant cette période que le pouvoir est remis en question. Mais dans les deux phases précédentes où le pouvoir ne semble pas menacé, la crise fait apparaître de nouveaux thèmes, des problèmes inédits, un questionnement imprévu pour lequel les forces et les idéologies politiques n'ont pas de réponse adéquate et qui, en les prenant à contre-pied, apporte la révélation d'une distorsion entre structures politiques et aspirations sociales.

La phase étudiante de la crise de mai 1968

Elle n'est que l'aspect français d'un mouvement international qui n'a épargné aucun des grands pays industriels et qui a affecté, avant la France, les États-Unis, le Japon et l'Allemagne fédérale. Ce mouvement résulte de l'interrogation sur la validité de la société de consommation qui s'est instaurée dans les pays industriels au lendemain de la Seconde Guerre mondiale et qui développe une société sans valeurs autres que la rentabilité financière, tout en laissant susbsister de profondes inégalités, à l'intérieur même des pays concernés ou dans le reste du monde, en compromettant le cadre de vie du fait de la pollution, en aliénant l'homme dans une idéologie productiviste. Ce mouvement qui est la réaction de sociétés affrontées au problème nouveau de la croissance est particulièrement marqué dans les milieux intellectuels et spécifiquement étudiants. Il est caractéristique que les étudiants de sociologie dont l'une des fonctions est précisément de réfléchir sur l'organisation sociale et sur ses justifications ont été, pratiquement partout, à la pointe de ce mouvement de contestation.

En ce qui concerne le cas français, le seul qui nous intéresse ici, le mouvement prend naissance à la Faculté de Nanterre, inaugurée en 1963, pour déconcentrer une Sorbonne hypertrophiée. Cette localisation n'est sans doute pas le fait du hasard. Symbole de l'expansion universitaire qui est l'un des aspects de la croissance française, la Faculté de Nanterre a été érigée au milieu d'un immense bidonville où s'entassent les immigrés qui vivent dans des conditions difficiles. Elle symbolise ainsi les contrastes jugés insupportables d'une société qui ne se soucie que de profits et ignore l'homme et ses besoins. La première manifestation du mouvement de contestation est l'occupation, le 22 mars 1968, de la salle du Conseil de la Faculté par des étudiants d'extrême-gauche, conduits par un étudiant en sociologie, Daniel Cohn-Bendit qui a suivi avec intérêt le mouvement qui, depuis 1967, atteint les universités allemandes. À la suite de cette manifestation, ces étudiants révolutionnaires (anarchistes, trotskystes, maoïstes, ...) se fédèrent dans le *Mouvement du 22 mars*. Le but de ces étudiants est nettement politique et l'Université ne les intéresse guère. Il s'agit de lancer un mouvement qui, parti de l'Université, transformera la société en bouleversant ses structures, en jetant bas les valeurs de consommation, en contestant l'État pour faire naître une société libertaire aux traits assez vagues où l'homme pourrait trouver individuellement son accomplissement au sein d'un ensemble où le pouvoir serait décentralisé, démocratiquement exercé et cesserait d'imposer à l'individu des contraintes insupportables qu'il s'agisse de celles de l'État, de la famille, de la religion, de la morale. Inspirés des thèses marxo-freudiennes du philosophe germano-américain Herbert Marcuse et de l'École de Francfort, ces étudiants rêvent en fait d'une profonde révolution sociale.

Si la réforme de l'Université leur paraît dérisoire et inutile, ils estiment cependant que le milieu universitaire constitue un point de départ utile pour gagner l'ensemble de la société. D'abord parce qu'il est constitué d'intellectuels dont l'activité est la pensée. Ensuite parce que les problèmes sont nombreux dans une institution conçue pour s'adresser à une mince élite et qui doit affronter une arrivée massive d'étudiants du fait de la démocratisation des études supérieures qui résulte de la croissance. Les amphithéâtres surchargés, le manque de contacts entre enseignants et étudiants, la passivité engendrée par les cours magistraux apparaissent comme autant de problèmes susceptibles de mobiliser les étudiants dans des mouvements de contestation contre l'institution universitaire. Mais si la grande masse des étudiants songe surtout à réformer celle-ci, ce n'est pas le cas des « gauchistes ». Il s'agit pour eux non de transformer, mais de jeter bas l'institution universitaire tenue pour l'un des cadres de la société capitaliste. Dans cette optique leur but est de faire prendre conscience à la masse des étudiants du rôle que jouerait l'Université comme dispensatrice d'une forme de savoir qui préparerait ceux qui le reçoivent à exploiter les travailleurs au bénéfice des riches, à devenir les « chiens de garde du capitalisme ». Le but ultime est de faire des étudiants des révolutionnaires qui se joindraient aux « travailleurs en lutte », non des syndicalistes attachés à la réforme de l'Université.

Cette stratégie, même si elle ne porte que sur des petits groupes minoritaires d'activistes, suffit à paralyser l'activité universitaire. Devant l'impossibilité d'assurer le déroulement normal des cours, le doyen de la Faculté des Lettres décide le 2 mai 1968 la fermeture de Nanterre. Cette décision va transporter le mouvement au centre de Paris et transforme l'agitation nanterroise en émeute parisienne. Le phénomène paraît avoir si peu de gravité que le Premier ministre Georges Pompidou quitte Paris ce même 2 mai pour un voyage de dix jours en Afghanistan. Ne pouvant développer leur activité à Nanterre, les étudiants « gauchistes » se transportent à la Sorbonne le 3 mai et en occupent la cour. À la demande du recteur, la police les en expulse, faisant 500 arrestations. Il en résulte une émeute qui dure une partie de la nuit, les manifestants dressant des barricades, la police faisant usage de gaz lacrymogènes et de matraques. C'est le début d'un processus de dégradation de la situation qui dure jusqu'au 11 mai : cortèges étudiants dans Paris, répression policière, le tout culminant le 10 mai dans une nuit d'émeute où de véritables combats de rues se déroulent entre étudiants et forces de l'ordre, où des voitures sont incendiées, des rues dépavées, des vitrines brisées. Lorsque le 11 mai Georges Pompidou revient à Paris, la situation s'est envenimée au point de devenir incontrôlable et les décisions libérales qu'il prend (réouverture de la Sorbonne, libération des étudiants emprisonnés) sont impuissantes à arrêter un mouvement qui va trouver des relais dans le monde politique et syndical.

Jusqu'au 11 mai, le mouvement étudiant s'est déroulé dans l'isolement le plus total. Le parti communiste condamne sévèrement les étudiants gauchistes de Nanterre (qui dénoncent le stalinisme en termes très vifs), les autres forces politiques sont déconcertées et rebutées par un désordre dont elles voient mal la signification et qui leur paraît disproportionné par rapport à son objet (les difficultés de l'Université). Quant à la masse de l'opinion, d'abord hostile à l'agitation étudiante, elle montre plutôt de la sympathie envers les manifestants en réaction à une répression policière qu'elle condamne. C'est cette évolution qui va donner à la crise étudiante une nouvelle tonalité. Le lundi 13 mai, les organisations syndicales, jusqu'alors très réservées déclenchent une grève générale et un défilé dans Paris de la République à Denfert-Rochereau pour protester contre la répression policière. Pour la première fois, dirigeants étudiants et syndicalistes défilent côte à côte à la tête d'un rassemblement de 200 000 personnes.

La phase sociale de la crise

Pendant que le général de Gaulle, qui refuse de considérer l'événement comme important, prend le 14 mai l'avion pour la Roumanie, l'attention est désormais portée sur le mouvement de grèves qui prend le pas sur le mouvement étudiant. Non que celui-ci ait cessé ; les étudiants occupent progressivement leurs facultés où les cours s'arrêtent, remplacés par des « Assemblées générales » qui sont le lieu de fiévreuses discussions, où, selon les cas, on reconstruit le monde ou on réforme l'Université. Mais cette activité n'occupe plus le devant de la scène. En revanche, la vague de grèves qui va progressivement paralyser le pays durant la seconde quinzaine de mai revêt aux yeux des Français une autre gravité que le mouvement universitaire. Les grèves débutent le 14 mai à l'usine Sud-

Aviation de Nantes, selon un scénario qui va bientôt devenir classique : les locaux sont occupés, le directeur et les cadres séquestrés. Le lendemain, la grève gagne les usines Renault de Boulogne-Billancourt sans que les syndicats l'aient déclenchée (ils donneront un mot d'ordre officiel le 16 mai). Puis, progressivement, jusqu'au 22 mai, sans mot d'ordre national, les grèves gagnent l'ensemble du pays, atteignant 10 millions de salariés et bloquant toute l'activité nationale.

Les grèves de mai 1968 revêtent un caractère inédit dans l'histoire sociale française et font davantage penser à un immense psychodrame qu'à un classique mouvement revendicatif. Ce sont des grèves spontanées que les organisations syndicales tentent d'encadrer *a posteriori*. Elles concernent tous les domaines d'activité, le secteur public et les entreprises privées, la fonction publique comme les activités de service, les ouvriers et les cadres. Leurs motivations sont nouvelles et les demandes d'augmentations de salaires y tiennent une place mineure à côté de revendications « qualitatives » très différentes d'un secteur à l'autre, d'une entreprise à l'autre, mais qui portent surtout sur les conditions de travail. Ce qu'exigent les grévistes, c'est souvent une modification des rapports dans l'entreprise qui donnerait aux salariés une responsabilité, qui remettrait en cause les liens hiérarchiques fondés sur l'autorité au profit de décisions collectives, qui prendrait en compte les aspirations des travailleurs à saisir la signification de leur travail... Revendications de type nouveau (qui n'excluent pas ici ou là des demandes classiques d'augmentation de salaires) qui traduisent les frustrations et les difficultés morales d'une société.

En face de ces caractères nouveaux de la crise sociale de 1968, le pouvoir et les organisations syndicales n'ont à apporter que des réponses classiques qui, de ce fait, paraissent sans effet et contribuent à donner le sentiment que la situation est insaisissable. Revenu de Roumanie, le 18 mai, le général de Gaulle annonce une reprise en main par la célèbre formule : « *La réforme, oui, la chienlit, non* ». En fait, la seule réponse qu'il donne aux aspirations des Français dans un discours prononcé le 24 mai est l'annonce d'un référendum qui paraît fort éloigné des préoccupations des grévistes et est sans aucun effet sur le mouvement. Plus proche des réalités est l'attitude du Premier ministre Georges Pompidou qui décide de réunir rue de Grenelle une conférence rassemblant, sous sa présidence, le CNPF et les représentants des principaux syndicats ouvriers. Mais ceux-ci font de la situation une analyse différente. La CGT et son secrétaire général Georges Séguy sont désireux, comme le Premier ministre, de mettre fin le plus rapidement possible à un mouvement qu'ils ne contrôlent pas et ils préconisent les remèdes classiques : augmentation des salaires, nouveaux droits syndicaux etc. En revanche la CFDT (née en 1964 de la déconfessionnalisation de la majorité de la CFTC) souhaite au contraire tirer toutes les conséquences du mouvement en obtenant une profonde réforme des structures et des conditions de travail dans les entreprises. Georges Pompidou choisit de s'appuyer sur la CGT, le premier syndicat français, et de céder sur les salaires ce qui lui paraît moins engager l'avenir que les transformations structurelles souhaitées par la CFDT. Le 27 mai à l'aube, les négociations de Grenelle s'achèvent sur un accord qui prévoit une augmentation de 35 % du SMIG, une augmentation de 10 % des salaires en deux étapes, une diminution du ticket modérateur de la Sécurité sociale, des droits syndicaux dans l'entreprise. Mais lorsqu'à la fin de la matinée, Georges Séguy soumet aux grévistes de Renault les Accords de Grenelle, il se heurte au refus de la « base » de les entériner et de cesser la grève.

Le pouvoir semble avoir brûlé ses dernières cartouches et n'avoir plus rien à proposer, les syndicats ont démontré qu'ils ne contrôlaient pas le mouvement. La crise passe sur le terrain politique et atteint un régime qui ne parvient plus à contrôler la société qu'il est supposé diriger.

Le pouvoir gaulliste dans la tourmente

Le double échec du discours du général de Gaulle le 24 mai et des négociations sociales de son Premier ministre le 27 donne le sentiment d'une véritable vacance du pouvoir et dans les heures et les jours qui suivent des solutions alternatives sont proposées au peuple comme issue à l'impasse politique désormais révélée. C'est tout d'abord le 27 mai la virtualité révolutionnaire qui se manifeste. Deux des mouvements qui jouent dans la crise un rôle moteur, le syndicat étudiant, l'UNEF, et le PSU convoquent au stade Charléty une grande manifestation qui a l'appui de la CFDT. Les animateurs du mouvement de mai y affirment la possibilité d'une solution véritablement révolutionnaire. Ils semblent même avoir un leader à mettre à la tête du mouvement, Pierre Mendès France, présent à la manifestation de Charléty, mais qui reste silencieux.

Seconde solution qui se profile à l'horizon le 28 mai, celle de la gauche non communiste. François Mitterrand, président de la FGDS, constate la vacance du pouvoir et préconise pour y mettre fin la formation d'un gouvernement provisoire placé sous la direction de Pierre Mendès France, lui-même se déclarant candidat à la présidence de la République. Le lendemain, Pierre Mendès France fait connaître qu'il est prêt à exercer le mandat que lui proposerait la gauche tout entière.

Mais ce même 28 mai, le parti communiste lance un appel à un gouvernement populaire dont nul ne sait exactement en quoi il consiste.

L'impression d'une vacance du pouvoir dont il est urgent de prévoir le remplacement est encore accentuée en cette journée du 29 mai par l'annonce de la disparition du général de Gaulle. Les rumeurs les plus folles courent sur cette disparition, depuis le suicide jusqu'au départ pour l'exil, sans oublier le retrait à Colombey. En fait, le général de Gaulle est allé à Baden-Baden où il a rencontré le général Massu, commandant des forces françaises en Allemagne. Les raisons de cette visite demeurent toujours controversées : volonté de s'assurer de l'appui de l'armée au cas où les choses dégénéreraient ? Crise de découragement ? Goût de la mise en scène destinée à inquiéter l'opinion pour donner plus de portée au discours qu'il médite ?

Quoi qu'il en soit, le 30 mai au soir, après le Conseil des Ministres, le général de Gaulle prononce une allocution radiodiffusée qui est celle de la reprise en main. Il y annonce une série de décisions : sa volonté de se maintenir et de conserver le Premier ministre, la dissolution de l'Assemblée nationale et la tenue de nouvelles élections, sa détermination d'user de moyens exceptionnels au cas où la situation se dégraderait et il termine par un appel à l'action civique des Français afin de soutenir son action. Appel qui est aussitôt suivi d'effet. Une manifestation soigneusement organisée par les dirigeants gaullistes rassemble aux Champs-Élysées 4 à 500 000 personnes derrière les fidèles du général, André Malraux, François Mauriac, Michel Debré, etc. Pour la première fois depuis le début mai, ce n'est pas la gauche qui est dans la rue, mais les amis du pouvoir. Alors que celui-ci semblait la veille au seuil de l'effondrement, la situation se retourne brusquement.

Le 31 mai, Georges Pompidou remanie son gouvernement dont sont exclus les ministres qui, à un titre ou à un autre, ont eu une responsabilité dans les événements soit en raison de leurs décisions, soit pour n'avoir pas su les prévoir, soit pour avoir par leurs maladresses laissé la situation se dégrader. Quittent ainsi le pouvoir le ministre de l'Éducation Nationale Alain Peyrefitte, Louis Joxe, Premier ministre par interim pendant le voyage afghan de G. Pompidou, Christian Fouchet, ministre de l'Intérieur, François Missoffe, ministre de la Jeunesse, Jean-Marcel Jeanneney, ministre des Affaires sociales.

Les élections de juin 1968 et la consolidation du gaullisme

La décision d'organiser de nouvelles élections a pour effet de couper l'herbe sous le pied des révolutionnaires. Du jour au lendemain, syndicats et partis politiques se consacrent aux échéances électorales, préparant la campagne et les listes de candidature et se gardant de tout ce qui pourrait apparaître comme une entrave au fonctionnement normal de la démocratie. La lassitude d'un vaste mouvement de défoulement collectif, mais qui paraît sans issue, les difficultés de l'existence quotidienne dues à la prolongation des grèves expliquent que le mouvement s'effiloche, que, durant le mois de juin, le travail et la vie quotidienne reprennent progressivement leurs cours. Du même coup ceux qui entendent continuer le mouvement, étudiants gauchistes et syndicalistes qui dénoncent dans les élections une trahison, sont désormais isolés et sans prise sur une réalité sociale qu'ils ont déterminée un mois durant.

Les mesures symboliques prises à la mi-juin, dissolution de divers mouvements gauchistes, évacuation de l'Odéon et de la Sorbonne, sans susciter d'autre réaction que des protestations de principe, montrent que le mouvement de mai appartient déjà au passé.

La campagne électorale du mouvement gaulliste qui a pris le nom nouveau d'UDR (Union pour la défense de la République) est tout entière orientée autour de la volonté de maintenir l'ordre contre une conjuration dénoncée comme un « complot communiste » (contre toute réalité). En revanche, les autres forces politiques sont nettement moins à l'aise. Seul le PSU fait campagne sur les thèmes propres au mouvement de mai. Mais la FGDS, le parti communiste et les centristes sont fort embarrassés et leur propagande tente tout à la fois de rassurer les électeurs en affirmant leur volonté de maintenir l'ordre et la légalité et de faire leur part à certaines des préoccupations qui se sont manifestées lors des grèves ou des mouvements étudiants.

À cette campagne, la réponse des électeurs sera sans ambiguïté. Les élections de 1968 apparaissent comme des élections de la peur. Peur devant le désordre, la subversion, l'aventure, la remise en cause des avantages acquis grâce à la croissance. Sans doute cette peur est-elle celle de la majorité silencieuse qui ne s'est pas exprimée en mai et a assisté avec épouvante au basculement de la société et des pouvoirs établis. Mais elle est aussi celle de participants du mouvement de mai qui ont, comme d'autres, exprimé leurs aspirations ou leur mécontentement, mais n'entendent pas pour autant aller trop loin dans une voie révolutionnaire dont on ne sait où elle conduira, qui donne le vertige et effraie. Le résultat du premier tour (voir tableau p. 946) est un triomphe de la majorité qui rassemble 46 % des suffrages, cependant que les communistes, la FGDS, les centristes perdent des voix, l'opinion les considérant comme complices du mouvement révolutionnaire ou complaisants à son égard.

Le second tour accentue encore l'impression d'écrasante domination des gaullistes. À elle seule, l'UDR avec 294 députés sur 485 conquiert la majorité absolue. Avec ses alliés Républicains-Indépendants, elle rassemble les trois quarts des députés. Les communistes qui passent de 72 à 34, la FGDS de 121 à 57 élus sont écrasés. Quant aux centristes, ils sont une nouvelle fois laminés et n'ont plus que 32 élus.

Menacé d'effondrement fin mai 1968 par un mouvement de contestation qui ne le vise pas spécifiquement mais sur lequel il est sans action, le gaullisme remporte un mois plus tard une stupéfiante victoire électorale, la plus spectaculaire depuis son arrivée au pouvoir en 1958, victoire qui constitue un record historique sans précédent dans le passé parlementaire et sans égal depuis lors. En apparence, il se trouve consolidé et le général de Gaulle peut se targuer d'avoir une nouvelle fois victorieusement franchi une passe difficile et dramatique. En fait, l'écrasante victoire électorale de 1968 soulève autant de problèmes qu'elle en résout. La « Chambre introuvable » de 1968 est constituée d'élus conservateurs, désignés par un électorat épouvanté, pour maintenir l'ordre contre les velléités révolutionnaires. Elle va se montrer sensiblement plus conservatrice que le chef de l'État et méfiante envers des initiatives qui apparaissent comme audacieuses. Par ailleurs, si le corps électoral a réagi massivement à la peur de voir compromis les acquis de la croissance, aucun des problèmes antérieurs à 1968 et qui avaient fragilisé le gaullisme et provoqué les déceptions électorales de 1965 et de 1967 n'est vraiment résolu. Les élections passées, les problèmes vont rejouer et il apparaît que l'Assemblée élue en 1968 constitue moins une aide pour le pouvoir qu'une entrave à un certain nombre de ses initiatives. Si bien que la consolidation du pouvoir du général de Gaulle en juin 1968 n'est qu'apparente. Neuf mois plus tard une nette défaite devant le suffrage universel conduit le général de Gaulle à la démission et met fin à la « République gaullienne ».

Le gouvernement Couve de Murville

Au lendemain de la crise de mai 1968 dont il est finalement sorti vainqueur, le général de Gaulle entend reprendre les choses en main. On en a la preuve lorsque, début juillet, le chef de l'État décide « d'accepter la démission » du Premier ministre Georges Pompidou. Sans doute celui-ci lui a-t-il, à diverses reprises, offert de se retirer, en particulier durant la crise de mai, mais le président de la République a décliné cette offre. Or, la crise surmontée largement grâce à l'énergie du Premier ministre qui n'a cessé d'être sur la brèche durant les événements, il semble au contraire que la position de Georges Pompidou, qui a prouvé dans la tourmente ses qualités d'homme d'État, soit plutôt consolidée. Et ce d'autant plus qu'il a organisé et conduit la majorité durant la campagne électorale et remporté à sa tête une victoire historique. Au demeurant, beaucoup d'élus de juin 1968, désignés ou confirmés comme candidats par Georges Pompidou, le tiennent pour le véritable chef de la majorité, davantage que le général de Gaulle qui semble un personnage bien lointain et fort à l'écart de la politique quotidienne.

Il semble d'ailleurs bien que ce soit cette exceptionnelle réussite de Georges Pompidou qui explique son retrait. Au-delà des justifications avancées sur la nécessité de changer de Premier ministre au bout de quelques années — Georges Pompidou occupe ce poste depuis plus de six ans —, sur l'usure du pouvoir ou sur des divergences de vues quant aux réponses à donner à la crise de mai — le président de la République songeant à une relance réformatrice et le Premier ministre se montrant plus conservateur —, la réponse la plus convaincante à la question posée sur les raisons du départ du Premier ministre semble résider dans le refus de la dyarchie : dès lors que le Premier ministre dispose d'une forte position personnelle, il cesse d'être l'homme-lige du président de la République et risque de l'éclipser, perspective insupportable dans le cadre d'un régime fondé sur la prépondérance présidentielle. Toutefois, le général assortit sa décision de propos flatteurs pour le Premier ministre sortant, propos qui semblent de plus lui ouvrir un avenir politique puisqu'après avoir déclaré qu'il le mettait « en réserve de la République », le général l'invite à se préparer « à tout mandat que la nation pourrait un jour lui confier ».

À Georges Pompidou, le général de Gaulle donne pour successeur Maurice Couve de Murville, l'inamovible ministre des Affaires étrangères des années 1958-1967 dont il a apprécié l'efficacité et la discrétion à la tête de la diplomatie française. Pour le reste, l'ossature du dernier gouvernement Pompidou est maintenue. Seul le ministère des Finances, occupé jusqu'alors par le nouveau Premier ministre reçoit un nouveau titulaire, François-Xavier Ortoli. Les deux nominations les plus caractéristiques sont cependant celles qui ont trait aux attributions des deux hommes entrés au gouvernement en 1966 pour y mettre en œuvre l'ouverture souhaitée par le chef de l'État. Edgar Faure devient ministre de l'Éducation nationale et est chargé de rebâtir un système scolaire et universitaire qui a volé en éclats durant la crise de mai et qui n'est plus qu'un champ de ruines. Jean-Marcel Jeanneney est nommé ministre d'État chargé des réformes institutionnelles. C'est sur ces deux hommes que le général de Gaulle entend s'appuyer pour apporter sa réponse à la crise de mai 1968.

Cette réponse se caractérise d'un mot : la participation. Le président de la République a analysé — non sans lucidité — la crise de mai comme la revendication d'une population lasse d'être conduite et qui entend participer aux décisions prises en ce qui la concerne. Aussi décide-t-il de faire droit à cette aspiration en plaçant la Ve République consolidée par les élections de juin sous le signe de la participation. Cette participation, il entend l'appliquer dans deux domaines où il lui semble que la demande en est forte : d'abord l'Université où elle s'est exprimée avec force pendant la crise de mai, et c'est là la tâche du nouveau ministre de l'Éducation nationale ; ensuite l'organisation administrative de la France, avec la volonté de rapprocher des citoyens les centres de décision en mettant en œuvre la régionalisation et d'associer à cette décision, comme il l'avait envisagé dans le discours de Bayeux « les forces vives de la nation », réforme confiée à M. Jeanneney.

La réforme universitaire d'Edgar Faure

Nommé ministre de l'Éducation nationale, Edgar Faure se trouve contraint par l'urgence d'agir rapidement. La crise de mai a interrompu l'année universitaire, les examens n'ont pas été passés et il semble impossible d'envisager une rentrée sans promettre une réforme universitaire qui donnerait des satisfactions à la majorité des étudiants et isolerait les gauchistes qui attendent la fin des vacances pour reprendre leur action dans les universités. Entouré d'une équipe active et constituée d'universitaires aux idées avancées, souvent proches de la gauche, Edgar Faure jette durant l'été 1968 les bases d'une réforme qui, annonce-t-il, fera l'objet d'une loi-cadre soumise au Parlement. Adoptée le 19 septembre par le Conseil des Ministres, présentée au Parlement convoqué en session extraordinaire le 24 septembre, elle fait l'objet de discussions durant le mois d'octobre pour être définitivement adoptée le 12 novembre 1968.

La *loi d'orientation de l'enseignement supérieur* qui sera mise en œuvre dans les années qui suivent s'appuie sur deux grands principes qui constituent effectivement une réponse aux vœux de la plus grande partie de la communauté universitaire, même si elle suscite les réserves des éléments les plus conservateurs et la franche hostilité des étudiants gauchistes qui dénoncent et redoutent son réformisme.

Tout d'abord la *participation* qui consiste à donner la gestion des universités et des Unités d'enseignement et de recherche qui les composent à des conseils élus où l'ensemble de ceux qui travaillent à l'université sont représentés : enseignants des différents grades, personnel administratif et de service, étudiants. C'est la fin de la direction exclusive des facultés par les professeurs et nombre de ceux-ci n'envisagent pas sans hostilité une réforme qui remet en cause leur pouvoir.

Le second principe affirmé par la loi d'orientation est celui de l'autonomie des universités. Elle doit permettre aux universités de mettre en œuvre des formations nouvelles fondées sur la pluridisciplinarité, d'innover en matière de programmes et de méthodes pédagogiques d'autant que la substitution du système très souple des unités de valeur représentant des acquis pouvant faire l'objet de multiples combinaisons se substitue à l'organisation rigide en certificats ou années universitaires. Toutefois le maintien de diplômes nationaux et le refus de donner aux universités l'autonomie financière apparaissent d'emblée comme d'importantes restrictions au principe de l'autonomie.

En dépit d'un certain nombre de séquelles de l'agitation de mai, la loi d'orientation est assez bien accueillie dans les universités qui vont progressivement se consacrer à sa mise en œuvre. Elle peut aussi être considérée comme un succès politique. Elle a été votée à l'Assemblée nationale par 441 voix contre 0 et 39 abstentions (les communistes et 6 UDR) et adoptée au Sénat dans des conditions tout aussi favorables. En fait, c'est un triomphe en trompe-l'œil. Les discussions sur la loi d'orientation ont relevé la différence d'attitude entre un ministre réformateur qui peut se prévaloir de l'appui total du chef de l'État et une majorité qui juge qu'on fait la part trop belle aux revendications des gauchistes, qu'on leur livre l'Université et qui ne dissimule pas sa préférence pour une reprise en main autoritaire. Si la majorité vote finalement la loi d'orientation, c'est sous la pression du général de Gaulle et ce premier clivage entre le chef de l'État et la majorité de juin 1968 est révélateur. Au demeurant, faute de pouvoir critiquer le président de la République, l'aile la plus conservatrice de la majorité va s'attaquer aux ministres qui mettent en œuvre la politique de réforme. Edgar Faure constitue la cible de choix de ces *Comités de défense de la République* (CDR) qui rassemblent depuis la crise de mai les éléments les plus conservateurs du gaullisme et qui reconnaissent souvent en Georges Pompidou leur chef. Lorsque le 27 décembre 1968 le CDR de Dijon attaque vivement le ministre de l'Éducation nationale, parlant de « bluff » à propos de sa politique, les observateurs s'interrogent pour savoir si l'ancien Premier ministre n'est pas derrière cette offensive.

La réforme régionale de Jean-Marcel Jeanneney

À la différence de la réorganisation universitaire que les circonstances imposaient, la réforme régionale et la réforme constitutionnelle qui la suit ne sont nullement imposées par la situation. Elles apparaissent plutôt comme un terrain délibérément choisi par le chef de l'État pour provoquer un référendum qui lui permettrait, après la crise de mai, de renouveler sa légitimité devant le suffrage universel. L'annonce du référendum date du 24 mai. Après les élections le général ne cesse de l'évoquer. Seul manque le terrain et le général de Gaulle charge Jean-Marcel Jeanneney de le préparer.

Deux textes vont être soumis au référendum le 27 avril 1969.

Le premier prévoit la création de régions, administrées par des conseils. Ces conseils régionaux comprennent pour les 3/5 des conseillers désignés par les conseils généraux ou municipaux parmi leurs membres et les députés de la région. Les 2/5 restants sont les représentants des « forces vives » économiques, sociales, culturelles désignés par les organisations professionnelles, chambres de commerce, syndicats, associations diverses.

Le second prévoit le remplacement du Conseil économique et social et du Sénat par un Sénat consultatif qui comprendrait 173 représentants des collectivités territoriales de métropole et d'outre-mer (c'est le rôle traditionnel du Sénat) élus pour six ans dans le cadre de la région et 146 représentants des activités économiques, sociales et culturelles désignés par les organisations nationales représentatives. Il est clair que ce second texte aboutit à priver le Sénat de toute attribution législative, même modeste, et il est reçu comme la volonté du président de la République de réduire le rôle d'une assemblée qui s'est sans cesse opposée à lui depuis 1958. Aussi ce second texte provoque-t-il une très vive opposition de la part des sénateurs et plus généralement des élus locaux qui y voient une volonté de suppression de l'Assemblée qui les représentait.

Si le général de Gaulle a choisi de livrer le combat politique sur la réforme régionale et celle du Sénat, c'est qu'on est bien ici dans le cadre de l'organisation des pouvoirs publics pour lesquels le référendum s'impose. Or il est de fait que les transformations proposées entraînent une modification de divers articles de la Constitution, l'article 72 qui traite des collectivités territoriales (il faudra y ajouter la région), et surtout l'ensemble des articles qui portent sur le Parlement puisque le Sénat, nouvelle formule, cesserait d'en faire partie. Mais dans l'esprit du général de Gaulle, la participation ne se limitera pas à l'Université et aux régions. Il entend qu'elle s'étende, une fois le principe approuvé par le référendum, à l'ensemble de la vie économique et sociale, et, en particulier, il songe très précisément à un projet de loi qui établirait la participation dans l'entreprise, aux applaudissements des gaullistes de gauche (spécifiquement du ministre de la Justice René Capitant).

La conjonction des oppositions au général de Gaulle en avril 1969

On ne peut comprendre l'échec du général de Gaulle au référendum du 27 avril 1969, échec qui va mettre fin à son rôle historique, sans examiner l'ensemble de la situation de l'opinion publique au printemps 1969 et faire l'inventaire des mécontentements de tous ordres qui vont se coaliser contre le président de la République.

Dans la campagne électorale qui s'ouvre, le général a la gauche contre lui. Il n'y a là aucune nouveauté. Mise à l'écart du régime depuis 1958, la gauche est structurellement une opposition qui rejette les projets du pouvoir. De surcroît, le référendum est pour elle une occasion d'en appeler de sa lourde défaite électorale de juin 1969. Alors qu'elle avait éprouvé entre 1965 et 1967 la fragilité du régime, elle n'a pas su tirer profit de la contestation de mai 1968 et lorsqu'elle a tenté de le faire, à la fin du mois, son initiative s'est retournée contre elle, puisqu'elle a paru avoir partie liée avec les gauchistes au moment même où l'opinion manifestait sa lassitude de l'agitation et souhaitait un retour à l'ordre. À cette hostilité habituelle de la gauche politique s'ajoute celle des syndicats. La forte poussée inflationniste qui a suivi les Accords de Grenelle a eu pour résultat d'annuler l'effet des hausses de salaires de mai 1968. Les syndicats ont obtenu une nouvelle négociation d'ensemble avec le patronat ; mais la « conférence de Tilsitt » s'est achevée sur un échec, en partie du fait de la volonté du gouvernement de « tenir » les salaires pour bloquer l'inflation. Il en résulte une profonde amertume des syndicats ouvriers qui tend à aigrir le climat social et à accroître l'hostilité au pouvoir de l'électorat populaire.

À cette opposition de milieux où le gaullisme ne trouve qu'un électorat marginal s'ajoute celle de la clientèle traditionnelle de la majorité. Il s'agit tout d'abord de l'agitation des milieux du commerce et de l'artisanat. La croissance économique et la modernisation de l'appareil productif et des formes de distribution ont pour résultat, comme en 1950-1953, de menacer la survie de petites entreprises peu compétitives et mal adaptées au marché. Cette situation se solde par une cascade de faillites, de démêlés avec le fisc, de saisies qui entretiennent la colère et le désir de réaction de la classe moyenne indépendante. Cette agitation néo-poujadiste des années 1968-1969 trouve un leader en Gérard Nicoud qui s'oppose violemment au pouvoir, coupable de ne pas défendre avec une vigueur suffisante les petits entrepreneurs. Moins visible, mais non moins redoutable est le sourd mécontentement des milieux économiques les plus performants qui acceptent mal la politique économique pratiquée par Michel Debré dont le dirigisme les inquiète. En particulier, ils admettent très mal la pression fiscale décidée par le ministre des Finances qui augmente les tranches supérieures de l'impôt sur le revenu et les droits de succession. Il en résulte une fuite des capitaux français à l'étranger (le contrôle des changes a été supprimé en septembre 1968) et des manœuvres spéculatives contre le franc. Les milieux d'affaires souhaitent d'ailleurs une dévaluation qui permettrait de donner aux produits français une prime à l'exportation rattrapant l'alourdissement des coûts liés aux concessions salariales de 1968. Alors qu'on s'attend à une dévaluation du franc en novembre sous l'effet de ces pressions conjuguées, le général de Gaulle s'oppose vigoureusement à cette mesure, à la grande fureur des milieux patronaux.

Plus larvée encore est la dernière forme d'opposition, politique celle-là et venue des rangs de la majorité. C'est en premier lieu celle des Républicains-Indépendants. Écarté du pouvoir, Valéry Giscard d'Estaing multiplie les critiques voilées de la pratique du général de Gaulle, de son autoritarisme et s'applique à présenter de lui-même et de ses amis une image plus ouverte et moderniste. Les gaullistes supportent mal cette attitude et la lui font payer en le mettant en échec lors du vote pour la présidence de la Commission des Finances de l'Assemblée nationale où est élu l'UDR Jean Taittinger. Du coup, les Républicains-Indépendants accentuent leurs distances à l'égard du pouvoir. Il faut noter enfin le malaise de nombreux députés UDR face à l'action réformatrice que conduit le général de Gaulle dans le cadre de la politique de participation. Élus par un électorat conservateur, ils ne peuvent assister avec plaisir à une politique qui tente de changer en profondeur la société française. Leurs réserves, exprimées seulement à demi-mot, traduisent celles de leurs électeurs. Et beaucoup d'entre eux regardent avec nostalgie vers Georges Pompidou, député du Cantal, en songeant au destin national que semble lui avoir promis le général de Gaulle en juillet 1968. Or le 17 avril lors d'un voyage à Rome, l'ancien Premier ministre fait une déclaration inexactement rapportée par les médias et selon laquelle il sera, le moment venu, candidat à la présidence de la République. Un très sec communiqué de l'Élysée faisant savoir que le général de Gaulle entend remplir son mandat jusqu'au bout, une mise au point de M. Pompidou donnant de ses propos une interprétation beaucoup plus floue, un dîner à l'Élysée de M. et Mme Pompidou, n'empêchent pas que, désormais, dans l'esprit de nombreux Français de la majorité, l'ancien Premier ministre est prêt à assurer la succession du général si celui-ci était conduit à se retirer. L'ensemble de ces positions vont peser sur le référendum de 1969.

L'échec du référendum et la démission du général de Gaulle

Le référendum va voir se multiplier les désaveux du général de Gaulle par l'ensemble des forces d'opposition. Comme il était prévisible, la gauche se prononce pour le « non », mais le camp des adversaires du Général s'élargit considérablement. Il se renforce à droite, comme en 1962, des ex-partisans de l'Algérie française qui, à la suite de Jacques Soustelle, prennent parti contre le général. Allant au bout d'une opposition, larvée depuis plusieurs années, Valéry Giscard d'Estaing rejoint l'opposition en préconisant un vote négatif. Il est suivi dans cette attitude par les centristes, aussi bien Jean Lecanuet, opposant de longue date, que Jacques Duhamel tenté par un ralliement au pouvoir. Enfin, une grande partie des sénateurs se rassemble derrière le président du Sénat, Alain Poher qui va, dans la bataille, servir de chef de file au centrisme. Sans doute Georges Pompidou se prononce-t-il pour le « oui » et entame-t-il une campagne nationale en faveur d'une réponse positive, mais à la limite cette attitude loyale ne sert pas le général de Gaulle car elle rappelle Georges Pompidou à l'attention des Français et leur fait souvenir qu'il est un successeur possible.

Le 27 avril 1969, les « non » l'emportent par 11 945 000 (52,41 %) contre 10 512 000 (47,59 %). La défaite du général est nette : 71 départements ont voté en majorité pour le « non » contre 24 pour le « oui ». Les études faites sur le scrutin du 27 avril montrent que c'est l'électorat centriste, les modérés, partisans de Valéry Giscard d'Estaing qui ont mis le général en échec. Sociologiquement, les agriculteurs, les commerçants, les cadres ont basculé dans le camp antigaulliste.

Le 28 avril, le général de Gaulle donne sa démission.

C'est la fin de la République gaullienne.

Les élections présidentielles de 1969

La démission inattendue du général de Gaulle fait jouer la procédure de succession prévue par les institutions de la Ve République. Pendant que le gouvernement Couve de Murville reste en place pour gérer l'État et organiser l'élection présidentielle, le président du Sénat Alain Poher, l'un des adversaires du général de Gaulle en avril 1969 assure l'interim de la présidence de la République. Mais la grande affaire, c'est évidemment la nouvelle élection présidentielle qui va désigner le successeur du général de Gaulle. À cet égard, il fait peu de doute que Georges Pompidou, qui, dès janvier avait fait connaître ses intentions en se présentant comme l'héritier présomptif du général, sera candidat. Il le confirme d'ailleurs dès le 29 avril, plaçant d'emblée sa campagne sous le double signe de la continuité (et la promesse vise aussi bien les gaullistes que l'électorat conservateur de la majorité qui s'était reconnu dans son attitude de mai 1968) et du changement, ouverture directe aux modérés qui avaient abandonné de Gaulle en avril 1969 ou aux centristes qui l'avaient combattu. Tactique qui apparaît couronnée de succès puisque le candidat reçoit aussitôt l'appui de Valéry Giscard d'Estaing et des Républicains-Indépendants, et d'un certain nombre de centristes qui abandonnent l'opposition comme MM. Duhamel, Pleven et Fontanet. Face à ce candidat dont l'élection est plus que probable, la gauche qui avait menacé le général de Gaulle en 1965, apparaît divisée et impuissante : les socialistes présentent Gaston Defferre qui fait savoir qu'en cas d'élection, il prendra comme Premier ministre Pierre Mendès France, le parti communiste lance Jacques Duclos dans l'arène, le PSU engage M. Michel Rocard et les trotskystes de la Ligue communiste M. Alain Krivine. C'est en fait du centrisme d'opposition que va venir pour Pompidou le véritable danger. L'issue du référendum et l'interim qu'il exerce ont fait connaître dans l'opinion M. Alain Poher qui bénéficie rapidement d'un grand capital de sympathie et évoque irrésistiblement, avec sa rassurante bonhomie, les présidents méridionaux de la IIIe République, les Loubet, Fallières, Doumergue. Au demeurant, avant même qu'il se déclare, M. Alain Poher dispose d'une forte position dans les sondages où il talonne M. Pompidou. Derrière lui se rangent non seulement les opposants modérés ou centristes au gaullisme, mais une notable partie de la gauche non communiste décidée à voter utile dès le premier tour et qui constate rapidement que la gauche n'a aucune chance de l'emporter. Toutefois, la déclaration de candidature de M. Poher va amener un tassement des intentions de vote en sa faveur, la nécessité où il se trouve de préciser ses conceptions politiques aboutissant à écarter de lui un certain nombre d'électeurs de gauche qui semblent reporter leur suffrage sur le candidat communiste Jacques Duclos, lequel conduit une campagne rassurante et bonhomme.

Le premier tour de scrutin, le 1ᵉʳ juin 1969 ne fait que confirmer la quasi-certitude de l'élection de Georges Pompidou qui écrase tous ses adversaires :

G. Pompidou	43,9 %
A. Poher	23,4 %
J. Duclos	21,5 %
G. Defferre	5,1 %
M. Rocard	3,7 %
A. Krivine	1,1 %

Les résultats du premier tour laissent peu de doute sur l'issue du second qui place face à face Georges Pompidou et Alain Poher. Comment ce dernier pourrait-il espérer l'emporter alors que la gauche non-communiste a connu un véritable effondrement et que le parti communiste préconise l'abstention ?

C'est sans aucune surprise que, le 15 juin 1969, Georges Pompidou est élu président de la République par 57,8 % des suffrages exprimés (10 700 000 voix) contre 42,2 % à Alain Poher (7 900 000).

L'élection qui sacre Georges Pompidou héritier du général de Gaulle couronne une brillante carrière, mais que rien ne semblait devoir conduire à la magistrature suprême. Né le 5 juillet 1911 à Montboudif dans le Cantal, Georges Pompidou qui parvient à 58 ans à la présidence de la République n'a, semble-t-il, guère songé à faire une carrière politique. Issu d'une famille d'instituteurs, élève de l'École Normale Supérieure en 1931, agrégé de Lettres, il fait jusqu'en 1944 une carrière classique de professeur, sans jouer de rôle dans le gaullisme de guerre. En octobre 1944, il entre au cabinet du général de Gaulle comme chargé de mission auprès du ministre de l'Information. Le départ du pouvoir du général de Gaulle conduit Georges Pompidou au Conseil d'État où il reste jusqu'en 1954 et qu'il quitte pour occuper de hautes fonctions de direction à la Banque Rothschild. De 1946 à 1958, il ne cesse de conserver d'étroites relations avec le général de Gaulle dont il demeure, dans l'ombre, un des collaborateurs privés sans jamais exercer de fonction politique importante. Directeur du cabinet du général en septembre 1958, il devient son principal conseiller lorsque celui-ci accède à la présidence de la République, et accomplit pour son compte des missions essentielles. Il n'en reste pas moins que sa nomination à la tête du gouvernement en avril 1962, alors qu'il est un inconnu n'ayant jamais exercé de mandat politique apparaît comme un défi au Parlement, que l'inexpérience du nouveau chef du gouvernement transforme bientôt en franche hostilité. Aussi, pour manifester leur désapprobation de la réforme constitutionnelle sur l'élection du président de la République au suffrage universel, l'Assemblée nationale renverse-t-elle Georges Pompidou, pour la première (et unique) fois sous la Ve République. La victoire électorale des gaullistes en novembre le confirme à son poste, et il va battre un record de longévité ministérielle en restant plus de six ans Premier ministre. Six ans durant lesquels il aura le temps d'acquérir l'expérience qui lui manquait et de gagner ses galons d'homme d'État, de chef respecté de la majorité, au point d'apparaître en 1968 comme le véritable meneur de jeu, voire comme un rival en puissance du général de Gaulle. Attendue depuis un an, souhaitée par nombre de gaullistes, soucieux de la pérennité du régime, l'arrivée au pouvoir de Georges Pompidou ne fait pas que couronner une carrière. Elle semble donner pour longtemps à la majorité un nouveau chef compétent, énergique et ouvert. Il reste à Georges Pompidou qui a enfin les coudées franches à confirmer au poste suprême où il a accédé, les espoirs placés dans ses qualités d'homme d'État. En fait, il est difficile de juger comme un tout la présidence de Georges Pompidou, tant elle apparaît clairement séparée en deux phases distinctes.

La continuité et l'ouverture : le gouvernement Chaban-Delmas

Le nouveau président de la République entend placer son mandat sous le double signe de la continuité et de l'ouverture dans le droit fil de sa campagne électorale. La continuité est garantie par sa présence à la tête de l'État, comme par la prédominance des gaullistes élus en 1968 à l'Assemblée nationale ; elle est assurée par le fait que le personnel politique gaulliste demeure la clé de voûte du pouvoir d'État. Quant à l'ouverture, elle se fait principalement en direction des centristes et des alliés modérés des gaullistes, ce qui conduit le régime à affirmer un respect plus grand du Parlement, à insister sur ses préoccupations sociales, à s'affirmer libéral et européen. Cette double préoccupation est visible dans la composition du premier gouvernement, comme dans la politique avec l'accord du chef d'État.

De la volonté de continuité relève incontestablement la présence à la tête du gouvernement d'un gaulliste historique aux prestigieux titres de résistance en la personne de Jacques Chaban-Delmas (mais ce gaulliste est aussi un homme à la réputation libérale, président de l'Assemblée nationale quasi inamovible depuis 1958 et à la sensibilité de centre-gauche comme en témoigne son ancienne appartenance au parti radical). De même, la présence de nombreux gaullistes de premier plan dans le gouvernement comme MM. Debré, Maurice Schumann, Olivier Guichard atteste que les gaullistes demeurent aux postes-clés. Mais à leurs côtés on voit reparaître M. Giscard d'Estaing, qui avait préconisé le « non » au référendum d'avril et qui symbolise la droite d'affaires, et les trois leaders centristes qui avaient rallié M. Pompidou, MM. Duhamel, Fontanet et Pleven. Le même savant dosage préside à la politique suivie par le nouveau gouvernement qui mêle subtilement l'héritage du général de Gaulle à des innovations de forme ou de fond. C'est ainsi que, si, comme du temps du général de Gaulle, la présidence de la République demeure le centre d'impulsion fondamental et, en dernière analyse, le seul centre de décision véritable, le gouvernement conduit par un des meilleurs connaisseurs de la vie parlementaire témoigne d'un respect formel du Parlement (y compris à l'opposition), habitué à être rudoyé par le général. Le Premier ministre veille à faire connaître aux parlementaires les grandes lignes de sa politique et ses déclarations de politique générale constituent des événements. Il ira même, lors d'un malaise du monde politique vis-à-vis de la politique gouvernementale, jusqu'à engager sa responsabilité devant l'Assemblée en mai 1972. Les relations avec l'opposition se détendent et deviennent courtoises. Dans le domaine économique, le retour aux affaires de M. Giscard d'Estaing marque une ouverture vers les milieux libéraux et le retour aux doctrines orthodoxes en matière économique et financière. Le gouvernement, comme le souhaitaient les milieux d'affaires, dévalue le franc de 12,5 % au mois d'août 1969, et sur ces bases nouvelles, M. Giscard d'Estaing va bientôt faire de l'établissement de l'équilibre budgétaire et du refus de « l'impasse » le dogme de sa politique économique. Enfin, dans le domaine des relations internationales, si le président Pompidou et son gouvernement restent fidèles aux grandes orientations du général de Gaulle en ce qui concerne l'indépendance nationale et le refus de l'alignement sur les États-Unis, l'ouverture se manifeste par un style moins abrupt et moins froid dans la mise en œuvre de cette politique. Plutôt qu'une politique ombrageuse, le président Pompidou préfère pratiquer l'entente avec toutes les grandes puissances et la politique d'indépendance se marque par l'établissement de relations amicales avec les États-Unis comme avec l'URSS. Enfin, donnant ainsi satisfaction aux modérés et aux centristes qu'il a ralliés, le président Pompidou procède à une relance de la politique européenne. Il lève le veto français à l'entrée de la Grande-Bretagne dans le Marché Commun et accepte l'ouverture de négociations sur son élargissement. Enfin, à la grande satisfaction des agriculteurs français, il relance la politique agricole commune. Si la politique extérieure porte incontestablement la marque du président Pompidou qui la considère comme son « domaine réservé », une grande partie de la politique intérieure est visiblement du ressort du Premier ministre Jacques Chaban-Delmas, créateur du thème de la « nouvelle société ».

La « nouvelle société »

Chargé de mettre en œuvre la volonté d'ouverture dans la continuité, le nouveau Premier ministre va faire mieux qu'appliquer les idées du chef de l'État ; il va leur donner une interprétation très large, en faire l'instrument d'un « grand dessein » qui se situe dans le droit fil de l'inspiration du général de Gaulle après 1968, la « nouvelle société ». Définie dans le discours-programme du Premier ministre à l'Assemblée nationale prononcé le 16 septembre 1969, elle entend répondre aux problèmes posés par la crise de mai 1968. Celle-ci est interprétée comme la preuve que la société française est une « société bloquée » selon la définition du sociologue Michel Crozier. Pour y remédier, le Premier ministre entend mieux informer les citoyens, repenser le rôle de l'État, moderniser l'économie, transformer les structures sociales. Trouvant des accents kennedyens pour proposer à la France les objectifs qu'il définit, M. Chaban-Delmas persuade ses auditeurs, et, au-delà, l'opinion publique, de sa volonté de libéralisme, de modernisme, de dialogue et de politique réformatrice. Toutefois, on peut se demander comment la majorité élue en 1968 pourrait soutenir un tel programme aussi réformiste, et, à cet égard, force est de reconnaître la pertinence de l'argumentation de M. Mitterrand lorsqu'il rétorque au Premier ministre : « *Quand je vous regarde, je ne doute pas de votre sincérité, mais quand je regarde votre majorité, je doute de votre réussite* ».

Et cependant, durant trois années, avec l'appui du président de la République, M. Chaban-Delmas va s'efforcer de mettre en application les idées de la « nouvelle société ». Entouré d'une équipe recrutée parmi les anciens collaborateurs de Pierre Mendès France, le Premier ministre procède à la libéralisation de la radio-télévision dont l'autonomie est garantie, en particulier par la suppression du ministère de l'Information et la création d'unités autonomes d'information. Reprenant le projet avorté du général de Gaulle en 1969, il procède à une réforme régionale qui n'est assortie, il est vrai, d'aucune réforme du Sénat et dont les modalités sont plus timides que celle de 1969. Plus énergique est l'effort d'industrialisation pour rendre aux entreprises françaises leur compétitivité : le gouvernement encourage industrialisation et concentration et s'efforce de stimuler les exportations. Enfin, la transformation des structures sociales passe par une série de réformes non négligeables : un nouveau régime des conventions collectives, la négociation de contrats de progrès dans les entreprises nationales, et surtout deux mesures fondamentales : la création en 1970 du SMIC qui aligne désormais le salaire minimum, non sur le « minimum vital », mais sur les progrès de la croissance économique ; la « politique contractuelle » qui entend associer les syndicats à toute mesure sociale prise par le gouvernement. Il faudrait ajouter à l'œuvre du gouvernement Chaban-Delmas l'insertion dans les préoccupations des pouvoirs publics de quelques-unes des revendications qualitatives formulées en mai 1968 comme celle de la défense du cadre de vie, pour laquelle est créé un ministère de la protection de la nature et de l'environnement.

Ce bilan incontestablement positif qui fait apparaître la nouvelle présidence comme celle de la modernisation de la France et de l'effort d'adaptation aux mutations des mentalités révélées en mai 1968, entraîne un renouvellement considérable de l'audience de la majorité dans le pays. Jacques Chaban-Delmas est le Premier ministre le plus populaire depuis les débuts de la Ve République. Chacune des élections successives (législatives partielles, cantonales, municipales, sénatoriales) se solde par de nouveaux succès de la majorité. L'élargissement de celle-ci devient institutionnelle, le centriste Jacques Duhamel créant le « Centre Démocratie et Progrès » destiné à rassembler les centristes qui se rallieraient à la majorité et ambitionnant d'être l'aile européenne et sociale de la majorité présidentielle. Mais ces succès ont leurs revers. L'un des plus spectaculaires est la remise en cause, dans l'esprit d'une partie de l'opinion publique, de la primauté absolue du président de la République. La « nouvelle société » apparaît comme la politique de Matignon et les Français ont tendance à en attribuer le mérite au Premier ministre. Les institutions évoluent-elles vers une « dyarchie », un pouvoir à deux têtes, où le chef de l'État verrait son rôle limité aux grandes orientations et à la politique étrangère, pendant que, dans le domaine intérieur, le Premier ministre responsable disposerait d'une marge d'autonomie très large ? Conforme à la lettre de la Constitution, cette interprétation n'est guère dans l'esprit des institutions de la Ve République et elle va vite être insupportable à Georges Pompidou. D'autant que la majorité conservatrice de l'Assemblée nationale éprouve un malaise grandissant devant la politique « de gauche » du Premier ministre.

Le malaise majoritaire et la démission de M. Chaban-Delmas

Depuis 1969, le président Pompidou et son Premier ministre doivent affronter une coalition de mécontentements au sein de la majorité. Trois groupes manifestent leur défiance plus ou moins prononcée à l'égard du nouveau pouvoir. Tout d'abord ceux des gaullistes pour qui l'ouverture voulue par le président Pompidou est assimilée à une trahison des objectifs du gaullisme. C'est le cas de certains gaullistes de gauche de l'UDT qui refusent d'emblée de suivre M. Pompidou comme Louis Vallon. Mais c'est aussi le cas d'un certain nombre de parlementaires qui, pour défendre les fondements de l'inspiration gaulliste contre les possibles déviations du chef de l'État, créent l'amicale « Présence et action du gaullisme ». Sans doute s'agit-il plus d'un lieu de rencontre et de réflexion que d'un organisme d'opposition, mais certains de ses membres n'hésitent pas à rompre avec la majorité en démissionnant du parti gaulliste, l'UDR et, parmi eux, des personnalités de premier plan comme le beau-frère du général de Gaulle, Jacques Vendroux et les anciens ministres Christian Fouchet et Jean-Marcel Jeanneney. Tout différent est le cas de la seconde tendance, formée d'un grand nombre de députés conservateurs élus dans les rangs du parti gaulliste en 1968 et qui, fidèles au président de la République, s'attaquent en revanche à la politique jugée trop réformiste de M. Chaban-Delmas. Ils protestent contre les mesures libérales, s'indignent du laxisme dont le gouvernement ferait preuve envers le gauchisme et s'en prennent particulièrement à M. Edgar Faure, coupable d'avoir, par la loi d'orientation de l'enseignement supérieur, livré les universités à la loi des gauchistes et des communistes. Exprimée par les Comités de défense de la République, cette opposition au Premier ministre est cautionnée par le secrétaire général de l'UDR, M. René Tomasini, dont les déclarations laissent peu de doute sur sa défiance envers le gouvernement et traduisent le malaise d'une partie des gaullistes. Le troisième souci du pouvoir concerne l'attitude des Républicains-Indépendants incarnant la droite libérale dans la majorité. Interprètes des ambitions de leur chef Valéry Giscard d'Estaing qui s'efforce de se donner une image de marque lui permettant un jour de se porter candidat à la présidence de la République, les Républicains-Indépendants conduisent un jeu difficile : se rangeant sans hésiter derrière le président Pompidou, ils entendent se distinguer à la fois du gouvernement et de leurs alliés de l'UDR. Dans ce domaine s'institue un partage des tâches. Membre éminent du gouvernement, M. Valéry Giscard d'Estaing multiplie les protestations de fidélité ; son ami personnel M. Poniatowski, secrétaire général des Républicains-Indépendants, se charge pour sa part de faire connaître les réserves de ses amis envers le gouvernement et son hostilité à l'UDR.

Jusqu'en 1971, ces diverses frondes revêtent peu d'importance, tant le succès de l'équipe au pouvoir est évident. Mais lorsque surgissent les difficultés, Georges Pompidou se montre d'autant plus sensible à l'opinion de ceux qui mettent en cause son Premier ministre que la popularité de celui-ci lui porte incontestablement ombrage en diminuant son autorité. Tout d'abord, à partir de l'été 1971, une série de scandales politico-financiers éclabousse des membres de la majorité, accusés de s'être servis de leur influence politique pour cautionner des affaires douteuses. Le Premier ministre lui-même est l'objet d'une campagne de presse qui l'accuse de s'être servi de dispositions législatives pour ne pas payer d'impôts. Dans la révélation de ces scandales, beaucoup voient la main des collaborateurs de M. Giscard d'Estaing au ministère de l'Économie et des Finances, désireux d'utiliser politiquement des « affaires » qui mettent en cause les hommes de l'UDR.

À ces scandales, un échec politique imputable au président de la République va s'ajouter pour rendre urgente une relance politique. Désireux d'échapper à l'usure qui guette manifestement le pouvoir, de ressaisir l'initiative en empêchant le débat politique de se cantonner aux scandales, le président de la République décide d'organiser un référendum en mai 1971. Il s'agit, selon la lecture gaulliste des institutions, de renouveler la légitimité populaire du chef de l'État. Le terrain choisi peut sembler habile : il s'agit en effet de faire approuver par les Français l'élargissement du Marché Commun à la Grande-Bretagne, à l'Irlande, au Danemark et à la Norvège. Or, si les gaullistes, contraints de suivre le chef de l'État, rejoindront incontestablement centristes et Républicains-Indépendants dans un vote positif, resserrant ainsi la cohésion de la majorité, socialistes et communistes se sépareront irrémédiablement, les premiers étant européens, les seconds hostiles à l'Europe. Deux faits vont intervenir pour déjouer les calculs de M. Pompidou : le mot d'ordre d'abstention des socialistes, peu désireux de cautionner par un vote positif le pouvoir de la majorité ; le peu d'intérêt éprouvé par l'opinion française pour ce qui concerne la construction européenne. Les deux phénomènes se conjugent pour aboutir, lors du référendum du 23 avril 1972, à 46,6 % d'abstentions et de votes nuls, ôtant toute signification aux 67,7 % de votes positifs au référendum. Cet échec personnel du président de la République s'accompagne en revanche d'un succès tactique de M. Chaban-Delmas. Désireux d'arrêter le sentiment d'une détérioration de la position de son gouvernement, le Premier ministre demande, en dépit des réserves de M. Pompidou, un vote de confiance à l'Assemblée nationale le 24 mai 1972. Il obtient de l'Assemblée un soutien massif : 386 voix contre 96 ! La perspective de la dyarchie se précise donc, perspective qu'aucun chef d'État gaulliste ne peut tolérer. Le 5 juillet 1972, M. Chaban-Delmas donne sa démission, qui est acceptée. Le président de la République entend reprendre en mains la situation ce qu'il fera dans un sens conservateur.

Le gouvernement Messmer et les élections de 1973

Qu'il s'agisse pour le président de la République de reprendre en mains la situation politique et d'affirmer son autorité avant les élections qui doivent avoir lieu en 1973, on ne tarde guère à en avoir la preuve. D'abord par le choix du nouveau Premier ministre, peu susceptible d'apparaître comme indépendant du chef de l'État et dont la personnalité rassure à la fois les gaullistes de tradition et les conservateurs. Discret, austère, discipliné, pétri de traditions militaires et considérant le service de l'État comme une mission, Pierre Messmer est visiblement dépourvu d'ambition personnelle et ne se considère pas comme un homme politique. Animateur de l'amicale « Présence et action du gaullisme » son arrivée à l'Hôtel Matignon ne peut que rassurer les fidèles du général sur les intentions du M. Pompidou quant à la continuité. Enfin, de cet homme de rigueur, les conservateurs de la majorité n'ont visiblement pas à redouter le laxisme. Aussi est-il dès lors évident que Georges Pompidou est désormais, sans aucune ambiguïté, le seul maître du jeu politique.

Les nouvelles règles de ce jeu ne tardent guère à être révélées et permettent de qualifier de tournant conservateur le changement de Premier ministre de juillet 1972. Tout d'abord, le Parlement, ménagé depuis 1969, est totalement tenu à l'écart par le nouveau pouvoir. La révocation de M. Chaban-Delmas quelques semaines après qu'il eut obtenu une large majorité à l'Assemblée nationale, montre le peu de cas qui est fait de son pouvoir. De surcroît, le chef de l'État ne juge pas utile de le convoquer pour l'informer des changements survenus à la tête de l'État, et M. Messmer néglige, lors de la rentrée d'automne, de soumettre au vote des députés sa déclaration de politique générale. À cette volonté de diminuer le rôle du Parlement s'ajoute la remise en question de la libéralisation de l'information. La radio-télévision perd l'autonomie dont elle jouissait ; elle reçoit un président en la personne de M. Arthur Conte, ancien député socialiste passé à la majorité et considéré comme proche de M. Pompidou ; les unités autonomes d'information sont supprimées et les membres les plus libéraux des équipes de journalistes et de réalisateurs sont éliminés. Enfin, si le ministère de l'Information n'est pas rétabli, les services de l'information sont rattachés au secrétariat d'État à la fonction publique. En fait, tout se passe comme si le chef de l'État, en reprenant en mains la majorité, avait décidé de faire cesser l'ambiguïté qui régnait quant aux intentions réelles du pouvoir. Entre les deux termes que MM. Pompidou et Chaban-Delmas avaient tenté de faire prévaloir simultanément, la continuité et l'ouverture, la première est réaffirmée, la seconde abandonnée. À la tête d'une majorité de centre-droit fondée sur les gaullistes, M. Messmer invite au fond l'électorat traditionnel de la majorité à resserrer les rangs en vue des élections de 1973. C'est que, pour la première fois depuis 1958 (si on met à part la surprise des élections de 1967) la gauche présente un réel danger pour le pouvoir. Depuis 1971, le parti socialiste s'est rénové en portant à sa tête François Mitterrand, le candidat unique de la gauche de 1965. Ce parti renouvelé apparaît en outre comme un parti dynamique qui gagne des adhérents et peut-être des électeurs. De surcroît, durant l'été 1972, il a signé avec le parti communiste le programme commun de gouvernement, rendant caduques les affirmations de la majorité sur l'impossibilité pour les deux partis de gouverner ensemble. C'est sans doute la raison pour laquelle le président Pompidou décide personnellement la préparation des élections. Afin d'éviter des querelles entre les trois composantes de la majorité qui risqueraient d'être fatales, il procède lui-même aux arbitrages nécessaires entre les diverses formations quant à la répartition des sièges, donnant aux centristes ralliés et aux Républicains-Indépendants un nombre de circonscriptions suffisantes pour qu'ils ne se sentent pas écrasés par la prépondérance des gaullistes. Enfin, il lance un appel aux centristes d'opposition, les invitant à rejoindre la majorité pour combattre la gauche. Cette tactique semble d'ailleurs couronnée de succès. Les élections des 4 et 11 mars 1973 sont une indéniable victoire pour la majorité qui, avec plus de 9 millions de voix (soit 38 % des suffrages exprimés) l'emporte nettement et s'assure une nette prépondérance en sièges : 278 sur 490 (dont 183 UDR, 55 Républicains-Indépendants et une trentaine de centristes) ; cependant, si la majorité est victorieuse, elle ne peut ignorer la poussée de la gauche (les communistes ont eu plus de cinq millions de voix, les socialistes et les radicaux de gauche presque autant) même si la traduction en sièges de cette poussée est moins évidente en raison du système majoritaire (73 députés communistes, 102 socialistes et radicaux de gauche).

Mais le président Pompidou, ayant sauvé sa majorité, l'ayant reprise en mains et ramenée sur les positions de droite où elle est la plus solide, semble désormais en mesure d'imprimer au septennat sa marque personnelle. Or, on assiste durant quelques mois à un étrange paradoxe : le président ne cesse de renforcer son pouvoir, mais c'est apparemment pour n'en rien faire.

Le septennat interrompu

Au lendemain de la victoire électorale, le président de la République semble vouloir prendre en mains lui-même le gouvernement, par Premier ministre interposé. Si Pierre Messmer est reconduit dans ses fonctions, il est clair que c'est à l'Élysée qu'est dressée la liste des ministres. Des intimes du président accèdent à des postes ministériels, comme M. Michel Jobert qui devient ministre des Affaires étrangères ou M. Maurice Druon, chargé du portefeuille de la Culture. L'entrée au gouvernement comme ministre de la Santé de M. Michel Poniatowski, ami de M. Giscard d'Estaing, doit probablement moins être interprétée comme une volonté d'élargissement que comme résultant du souhait de contraindre au silence l'habituel critique de l'UDR. Les ministres de ce gouvernement tiennent d'ailleurs volontiers un langage énergique destiné à témoigner de leur volonté d'agir. Mais en fait, il est clair désormais que c'est à l'Élysée que tout se règle. Georges Pompidou ne se contente pas, comme le général de Gaulle, de définir les grandes options et de traiter les questions fondamentales du domaine réservé ; désormais, toute la vie politique française semble relever du domaine réservé. Aucune décision, aucune nomination ne devient effective avant d'avoir été approuvée par le président et celui-ci entend régler jusque dans ses détails les plus minces la vie des Français. Une autorité aussi large, mais qui dépossède pratiquement le gouvernement devrait être synonyme d'efficacité, la concentration du pouvoir permettant des décision rapides. Or, c'est le contraire qui se produit. Le gouvernement, dessaisi par l'Élysée, reste incertain devant les événements, attendant que le chef de l'État tranche et n'osant intervenir tant que la décision n'est pas prise. L'absence de direction manifeste a pour effet de donner à la vie politique française une allure hésitante et chaotique. Lorsque se produit la très grave crise sociale résultant de la faillite de l'entreprise Lip, occupée par son personnel qui entend remettre en marche l'usine, le gouvernement ne parvient pas à dégager une attitude nette. De même, en dépit de la guérilla qu'entretient M. Michel Jobert à l'encontre des États-Unis, la France est absente des grands débats internationaux. Cette passivité, grave en temps normal dans un régime où le pouvoir est concentré entre les mains du chef de l'État, devient franchement dramatique à l'automne 1973 : la guerre du Kippour provoque la flambée des prix du pétrole, entraînant l'Occident dans une crise économique que l'inflation annonçait de longue date. Or, là non plus, le chef de l'État n'intervient pas, et le gouvernement se contente de prendre des mesures ponctuelles. La cohésion du gouvernement ne résiste guère à l'absence de direction politique. Sur toutes les questions du moment, les ministres font des déclarations contradictoires, qu'il s'agisse de l'affaire Lip ou de la limitation de vitesse sur les autoroutes.

En fait cette surprenante abstention d'un chef d'État qui concentre tous les pouvoirs a une explication que le monde politique se répète de bouche à oreille malgré les consignes de secret, qui filtre dans les médias, qui arrive à la connaissance de l'opinion publique : le chef de l'État est gravement malade. Les démentis de l'Élysée invoquant des « grippes à répétition » pour expliquer l'annulation des rendez-vous et des voyages du président ne trompent personne. Les dernières apparitions en public du chef de l'État révèlent un homme épuisé, physiquement transformé, visiblement hors d'état d'exercer le pouvoir qu'il détient. Dans ces conditions, la réalité du pouvoir est entre les mains, non de l'élu du suffrage universel, mais de ses conseillers, M. Pierre Juillet et Mme Marie-France Garaud, véritables inspirateurs de la politique française.

Celle-ci connaît alors une véritable atmosphère de fin de règne, les formations politiques préparant fiévreusement la succession du président. C'est le cas même de l'UDR qui tient ses Assises à Nantes en novembre 1973 et qui se distancie clairement de l'Élysée comme de Matignon, les sondages révélant à l'envi le mécontentement des Français devant la crise économique. Mettant en avant les thèmes traditionnels du gaullisme abandonnés par le chef de l'État, comme la participation, le mouvement, organisé autour de son secrétaire général Alexandre Sanguinetti, fait un triomphe à l'ancien Premier ministre Jacques Chaban-Delmas, véritablement intronisé comme successeur potentiel du président Pompidou, et que les sondages électoraux révèlent en hausse permanente. De leurs côtés, les Républicains-Indépendants reprennent leurs critiques contre la politique du gouvernement dont M. Giscard d'Estaing fait toujours partie, et la publicité qu'il entretient autour de ses faits et gestes en fait à coup sûr un candidat potentiel à l'Élysée.

Pour tenter d'enrayer cette décomposition de l'autorité d'un président que la classe politique s'attend à voir disparaître, l'Élysée décide un remaniement ministériel le 27 janvier. Celui-ci apparaît si peu significatif que chacun se perd en conjectures sur sa portée réelle. Toutefois, une nomination a, au moins, de l'importance et éclaire probablement le remaniement, le passage de M. Jacques Chirac, qui apparaît comme l'homme du président de la République, de l'Agriculture au ministère de l'Intérieur. Plus pompidolien que gaulliste, ne serait-ce qu'à cause de son âge (il est venu au gaullisme à l'époque où celui-ci était pris en mains par la nouvelle génération de l'après-guerre), il sera chargé, à son nouveau poste, de présider à de nouvelles élections.

Après un voyage en Russie en mars 1974, qui révèle son état d'épuisement, Georges Pompidou meurt le 2 avril sans avoir pu donner véritablement sa mesure comme président de la République. Mais, avec lui, l'institution présidentielle s'est encore renforcée, l'autorité du président s'étendant à tous les domaines de la vie publique et restreignant encore la marge d'initiative du gouvernement et du Parlement. Au demeurant, les intentions d'ouverture du président, et le sort qu'elles ont connu révèlent que la logique des institutions de la Ve République poussent celles-ci dans un sens monarchique qui ne s'accommode ni du maintien d'un pouvoir réel au Premier ministre qui instituerait une dyarchie, ni du rôle du Parlement qui maintiendrait face à celui du chef de l'État, un autre centre de pouvoir.

Clôturant seize années de pouvoir gaulliste, la mort de Georges Pompidou incite à s'interroger sur le bilan des deux premiers présidents de la Ve République. Durant les onze années de règne de Charles de Gaulle, la Ve République est apparue à une partie de l'opinion française comme une pure et simple parenthèse dans une histoire politique marquée depuis 1871 par la prépondérance du parlementarisme. À cet égard, pour beaucoup de Français de 1958 pétris de culture républicaine, l'incompatibilité entre la République et un pouvoir fort demeure totale. Sans doute, passées les premières semaines d'exercice du pouvoir par le général de Gaulle, la majorité de l'opinion publique admet-elle volontiers que l'autorité exercée par le général n'est ni la dictature ni la tyrannie, mais seuls les zélateurs du nouveau pouvoir le considèrent comme la République. Tout au plus estime-t-on que la nature particulière du régime est liée à la personnalité exceptionnelle de Charles de Gaulle et que sa succession ramènera les choses à leur état normal, c'est-à-dire au parlementarisme classique. Or, à cet égard, l'accession au pouvoir suprême de Georges Pompidou, homme de stature ordinaire succédant à un personnage historique entré vivant dans la légende, est d'une importance exceptionnelle. Que Georges Pompidou ait conservé dans leur intégralité les pouvoirs présidentiels, voire les ait accrus en faisant admettre que le président est fondé à s'intéresser, quand il le désire, à tous les aspects, fussent-ils secondaires, de la vie de la nation, crée un précédent fondateur d'une tradition politique. Il est désormais établi, et tous les successeurs de Georges Pompidou auront la même conception des institutions, que le président peut faire jouer à son profit toutes les dispositions de la

Constitution qui établissent sa primauté, mais aussi qu'il peut, comme Charles de Gaulle, infléchir par la pratique et en s'appuyant sur une majorité docile, la lettre de la Constitution pour faire triompher ce qu'il estime être, en conscience, l'intérêt national. Georges Pompidou acclimate ainsi à la vie politique pratique de la France les institutions de la Ve République nées en 1958 et donne naissance à une nouvelle tradition politique républicaine qui juge conciliables le régime républicain et un pouvoir exécutif fort. Il est vrai que cette consolidation des institutions a bénéficié d'une conjoncture économique particulièrement favorable et d'une politique économique et sociale qui s'est attachée à la modernisation du pays. Il est peu douteux que ces facteurs ont largement contribué à l'implantation du nouveau régime. Lorsqu'après la mort de Georges Pompidou en 1974, la conjoncture se retourne et que la France doit faire face à la crise, l'existence des nouvelles institutions est déjà largement entrée dans les mœurs et une nouvelle génération arrive à l'âge d'homme qui n'a jamais connu d'autre cadre politique que celui de la Ve République. Le retour à la prépondérance parlementaire, encore réclamé par la gauche, apparaît désormais hors de saison. Face à la crise qui atteint le pays, les institutions de 1958 permettront à la France de traverser les turbulences sans les troubles politiques graves qui avaient affecté les régimes précédents. Mais c'est aussi que la Ve République entre 1958 et 1974 a profondément modifié les structures de l'économie, de la société, voire les mentalités des Français.

Les référendums de 1968 à 1974

Référendum du 27 avril 1969
Approbation de la réforme régionale et de la réforme du Sénat

Abstentions	19,4 %
oui	46,7 %
non	53,2 %

Référendum du 23 avril 1972
Approbation du traité sur l'entrée de la Grande-Bretagne dans le Marché commun

Abstentions	39,5 %
oui	67,7 %
non	32,2 %

L'élection présidentielle de juin 1969

1er tour :
Georges Pompidou	43,9 %	
Alain Poher	23,4 %	
Jacques Duclos	21,5 %	
Gaston Defferre	5,1 %	
Michel Rocard	3,7 %	
Alain Krivine	1,1 %	

2e tour :
Georges Pompidou	57,8 %	(10 700 000)
Alain Poher	42,2 %	(7 900 000)

Les Premiers ministres de 1968 à 1974

Maurice Couve de Murville	Juillet 1968-Juin 1969
Jacques Chaban-Delmas	Juin 1969-Juillet 1972
Pierre Messmer	Juillet 1972-Mai 1974

Les élections législatives (1968-1973)

(% des suffrages exprimés au premier tour et nombre de députés au second tour)

Partis / Scrutins	Parti communiste	Extrême gauche ou Divers gauches	Parti socialiste (SFIO jusqu'en 1970)	Radicaux et assimilés	MRP	Modérés	UDR	Extrême droite
23-30 juin 1968	20 % — 34	PSU 3,9 %	FGDS 16,5 % — 57		Centre progrès et démocratie moderne 10,3 % — 32		46 % — 294	divers droites 1,8 %
4-11 mars 1973	21,4 % — 73		rad. de gauche 20,71 % — 102	réformateurs 12,88 % — 34	Union Centriste — 30	Union des républicains de progrès 34,02 % / Union Républ. Ind. — 55	UDR — 183	

III

CROISSANCE ET MODERNISATION DE L'ÉCONOMIE FRANÇAISE (1958-1974)

La période qui débute avec l'arrivée au pouvoir du général de Gaulle en mai 1958 et s'achève au début de 1974 avec la mort de son successeur Georges Pompidou est, pour la France, une période de mutations considérables au cours de laquelle le pays réalise sur le plan de ses institutions politiques, de sa place dans le monde, de la vie quotidienne de ses habitants, de ses mentalités et de ses manières de vivre, les transformations les plus radicales de son histoire. Mais il apparaît à l'évidence que l'ensemble de ces modifications souvent bouleversantes sont fonction d'un phénomène qui commande et détermine très largement la vie de la France durant ces seize années et qui est celui de la croissance économique. C'est en fonction de celle-ci et de la modernisation des structures économiques de la France qui en est la conséquence que naissent et se développent les mutations de grande ampleur qui, sur la lancée des novations dont la IVe République avait été le théâtre, placent la France au premier rang de cette modernité qu'elle poursuit avec des bonheurs divers depuis le début du siècle, illustrant des capacités d'adaptation et des ressources qu'on avait souvent tendance à lui dénier par comparaison avec les plus dynamiques des pays étrangers. Sans doute faudrait-il se garder de considérer que, ce faisant, la France opère une rupture avec la situation qui était la sienne jusqu'alors et que la croissance est un fait spécifique de la Ve République. Même si, comme on le verra, le rôle du pouvoir est loin d'être négligeable, la croissance française a commencé dès 1945 (ce n'est pas sans raison que Jean Fourastié a dénommé « les Trente Glorieuses » la période 1945-1975) et s'est poursuivie sous des gouvernements faibles et instables. Il n'en reste pas moins que c'est sous les présidences successives de Charles de Gaulle et de Georges Pompidou que la croissance française atteint son apogée et que les transformations qu'elle entraîne sont génératrices d'une véritable révolution dans les conditions d'existence des Français et, de ce fait, dans l'ensemble de leurs comportements, y compris politiques. Pour aboutir à ce résultat, outre les facteurs d'ensemble qui conditionnent la croissance mondiale de la période, il est nécessaire de voir sur quel socle s'est développée la croissance de la Ve République et en fonction de quels choix de la part de gouvernants qui ont désormais les mains beaucoup plus libres que tous leurs prédécesseurs.

L'héritage de la IVe République

L'idée selon laquelle la IVe République aurait laissé au général de Gaulle une économie délabrée qu'il aurait été nécessaire de reconstruire de fond en comble est, on l'a vu précédemment, une idée fausse représentant l'extrapolation abusive à l'ensemble de l'économie de la crise qui frappe les seules finances publiques, crise très réelle celle-là.

Dans ce domaine, le passif est évident et rend compte de la phrase du général de Gaulle évoquant la situation financière à son arrivée au pouvoir : « *J'ai trouvé les caisses vides !* » De fait, le déficit budgétaire, lié aux dépenses de reconstruction, puis de modernisation de la France est permanent depuis 1949, date à laquelle la production a retrouvé approximativement son niveau de 1930 et a même tendance à s'accroître jusqu'en 1952. Stabilisé entre 1952 et 1954, il se trouve relancé à partir de cette date par les nécessités du financement de la guerre d'Algérie et frôle les 5 % en 1956 et 1957. Pour y faire face, le gouvernement a dû s'endetter, chargeant le pays d'un lourd service qui limite sa marge de manœuvre. À ce délabrement des comptes intérieurs s'ajoute la situation précaire des comptes extérieurs. La balance commerciale de la France est en déficit permanent et ni les revenus du capital ni ceux des services ne parviennent à rééquilibrer la balance des paiements. Jusqu'en 1956 l'aide américaine permet de combler ce déficit des paiements courants. Mais à partir de cette date, le déficit des paiements extérieurs ne cesse de s'accroître, atteignant 1,2 % du PNB en 1956 et 2,4 % en 1957. Dans ces conditions, le franc perd sans cesse de sa valeur et le gouvernement doit périodiquement le dévaluer. L'ensemble de ces déséquilibres aboutit à une situation de crise en 1957-1958. L'indice des prix à la consommation s'élève brutalement de 16 %, la production industrielle tombe de 3 % et, pour la première fois depuis 1949 le produit intérieur marchand chute. Sans doute, pour tenter d'éviter l'effondrement de la balance des paiements et limiter les importations, le gouvernement tente-t-il une dévaluation déguisée de 20 %, mais si celle-ci parvient à limiter le déficit de la balance commerciale, elle entraîne un ralentissement d'activité qu'accompagne (à la différence des pays étrangers où ce ralentissement se constate également) une forte hausse des prix (voir sur ce point Jean-Marcel Jeanneney, « L'économie française pendant la présidence du général de Gaulle », *De Gaulle en son siècle, 3 - Moderniser la France*, Paris, La documentation française, Plon 1992).

Toutefois, cette crise des finances publiques de la IVe finissante ne doit pas faire oublier que l'héritage comporte aussi, à côté de ces difficultés conjoncturelles, bien des apports positifs qui vont incontestablement servir de soubassement à la remarquable croissance dont peut, à bon droit, s'enorgueillir la Ve République de 1958 à 1974. La Ve République hérite ainsi d'un important secteur public, résultat des nationalisations de 1944-1946 qui ont mis entre les mains de l'État une grande partie du secteur du crédit, de l'énergie et des transports, permettant à la puissance publique d'agir directement sur la production et les investissements. Elle trouve dans la succession du régime défunt les institutions et la pratique de la planification qui permet d'assigner à la croissance des buts conformes aux grands intérêts nationaux et de limiter la part du hasard et des phénomènes incontrôlés dans le développement économique. Le Commissariat au Plan, les études statistiques conduites par l'INSEE et qui permettent de mieux connaître les ressorts de l'économie française constituent un legs précieux, de même que la formation d'équipes de hauts fonctionnaires qui se sentent comptables de la modernisation du pays. Plus encore peut-être que les institutions, la IVe République a profondément transformé les mentalités en faisant de notions quasiment étrangères à la France de l'avant-guerre comme l'investissement, la rentabilité, la productivité des soucis permanents des dirigeants de grandes entreprises comme des techniciens modernistes de l'appareil d'État. Et surtout, elle a ancré dans les esprits l'idée que l'expansion économique ne saurait se faire par un repli frileux sur un marché protégé, mais par l'acceptation des défis de la concurrence et des risques qu'elle comporte et qui impliquent une adaptation permanente aux règles du marché international. Il faudrait enfin ajouter que la IVe République a aussi créé les conditions sociales d'une intégration, garante de la stabilité de la société, en mettant en place l'institution majeure de la Sécurité sociale, garantie contre les aléas de l'existence pour les plus démunis et qui, à beaucoup d'égards, modifie la condition des Français en les mettant à l'abri en cas de maladie, de vieillesse, de grossesse, d'invalidité, d'une perte de revenus qui les réduirait à la misère. Dans la balance de l'héritage de la IVe République, le général de Gaulle trouve certes une situation financière et monétaire difficile. Mais, au total, les atouts structurels que lui a légués le régime défunt l'emportent très largement. Ils ont permis à la France de relever les ruines et les destructions de la guerre et de connaître une croissance économique entre 1949 et 1957, de 4,6 % par an, supérieure à celle des États-Unis et du Royaume-Uni et une croissance de la production industrielle de l'ordre de 9,4 % en moyenne annuelle, croissance qui n'est dépassée en Europe occidentale que par l'Allemagne et l'Italie.

Mais il est vrai que là où la IVe République n'avait pu profiter pleinement des progrès accomplis en matière de transformation des structures, en raison du poids des guerres coloniales et de leurs dépenses improductives, et aussi du fait d'une instabilité politique qui interdit de poursuivre des desseins à long terme, la Ve République va bénéficier d'un pouvoir fort, maîtrisant très largement les paramètres divers de la politique économique et capable d'orienter la croissance dans ses axes majeurs. Et le rôle du général de Gaulle, en ce domaine comme en d'autres, apparaît essentiel.

La politique économique du général de Gaulle

« *L'intendance suivra.* » Durant longtemps cette phrase apocryphe a servi à illustrer le mépris supposé du général de Gaulle pour les questions économiques. Or nul n'ignore aujourd'hui, et les plus proches collaborateurs du fondateur de la Ve République en ont témoigné, que le général accordait au contraire aux problèmes économiques et financiers une attention particulière. Non par goût des affaires, comme ce sera le cas d'un Georges Pompidou. Bien au contraire. Par sa formation, son milieu, son système de valeurs, le général de Gaulle se montre méfiant envers l'idolâtrie du profit et la priorité donnée à l'argent sur l'intérêt général. Quand il déclare, dans une phrase célèbre « *la politique de la France ne se fait pas à la corbeille* », il faut y discerner l'héritage de la tradition catholique qui redoute que l'argent pollue la société et ses valeurs et non pas une quelconque méfiance envers les mécanismes de la Bourse ou du marché. Ceci posé, le général de Gaulle ne se montre nullement indifférent à la situation de l'économie nationale. Se fixant comme objectif majeur de rendre à la France sa puissance et son rang international, il n'ignore pas que l'indépendance du pays est largement déterminée par son aptitude à échapper aux contraintes de l'endettement envers l'étranger ou à la sujétion qu'implique inévitablement le recours aux crédits internationaux.

Il serait absurde par conséquent de faire du général de Gaulle un théoricien économique ou de prétendre trancher le débat récurrent qui consiste à savoir si le fondateur de la Ve République se réclamait du libéralisme ou du dirigisme. À ses yeux, l'économie n'est qu'un des moyens de la grandeur et non pas un absolu qui supposerait une attitude dogmatique. Pragmatiques avant tout, ses vues en matière économique se réclament d'un ensemble de convictions qui vont largement orienter les pratiques de la France entre 1958 et 1969. D'abord la certitude fortement ancrée que l'État possède une responsabilité majeure dans le fonctionnement de la vie économique. Il lui appartient d'en assurer les conditions optimales en veillant au maintien des grands équilibres. En premier lieu, en assurant l'équilibre budgétaire, en supprimant le déficit (ce qui sera accompli en 1965) et en finançant l'impasse éventuelle du budget par l'épargne et non par une création monétaire génératrice d'inflation. En second lieu, l'État doit veiller à préserver les comptes extérieurs en préservant l'équilibre de la balance commerciale et surtout de la balance des paiements, condition indispensable pour assurer l'indépendance du pays vis-à-vis de l'étranger. Cette responsabilité s'étend à la garantie de la valeur de la monnaie qui doit inspirer une confiance totale et donner toute garantie en matière de change aux détenteurs de francs. La défense du franc sera l'un des éléments-clés de la politique du général de Gaulle et rendra compte de ses interventions les plus remarquées dans la vie économique et financière, par exemple en 1963 quand il impose au Premier ministre un Plan de stabilisation beaucoup plus rigoureux que celui-ci ne l'avait envisagé ou en novembre 1968 quand il refuse, malgré les pressions des milieux d'affaires, de procéder à une dévaluation du franc.

Mais la responsabilité de l'État en matière économique ne se borne pas à ses yeux à la création des conditions qui permettront un développement économique harmonieux. Il a le souci prioritaire de voir la France tenir une place de choix dans la compétition internationale et, pour ce faire, il juge nécessaire une modernisation des structures de l'économie française. C'est ce souci prioritaire qui rend compte du choix qu'il fait en 1958 d'ouvrir le pays aux assauts de la concurrence internationale afin de contraindre les entrepreneurs français à jouer le jeu de l'investissement pour mettre leurs entreprises en état d'affronter la compétition économique. C'est encore elle qui explique que là où il considère qu'un grand intérêt national est en jeu, il appartient à l'État de pratiquer ou d'encourager les initiatives qui permettront au pays de ne pas se trouver en retard d'une évolution, de ne pas manquer le train de la modernité. D'où le rôle éminent des pouvoirs publics dans la mise au point de la filière nucléaire civile destinée à doter la France d'une industrie capable de produire de l'énergie nucléaire et de maîtriser les diverses étapes allant de l'extraction de l'uranium au retraitement des déchets. Des exemples analogues pourraient être fournis en ce qui concerne l'industrie aéronautique et spatiale (construction du supersonique Concorde et de l'Airbus), l'informatique (Plan « Calcul » pour les années 1968-1971), le programme spatial des années 1969-1970, le procédé français de télévision en couleur SECAM, etc. C'est aussi dans le cadre des responsabilités de l'État que le général évoquera « l'ardente obligation du Plan », c'est-à-dire, dans la lancée de la IVe République, la fixation d'objectifs quinquennaux, de dégagement de financements permettant de les atteindre et le soutien des entreprises qui s'appliquent à les réaliser. Le troisième plan (1958-1961) qui coïncide avec le retour au pouvoir du général de Gaulle se fixe comme but principal de réduire le déficit des finances publiques et l'inflation. Entre 1962 et 1965, le quatrième plan qui prend en compte la poussée démographique met l'accent sur le développement des équipement, collectifs. Avec les Ve et VIe plans (1965-1970 et 1971-1975) c'est la modernisation qui devient le souci prioritaire, en commençant par le secteur industriel d'État (pétrole, charbonnages, aéronautique...), mais en encourageant, d'une manière plus globale, la réorganisation des branches-pilotes de l'économie nationale.

Ce rôle important joué par l'État, le fait que celui-ci se refuse à abandonner sur l'autel des dogmes du libéralisme économique ses responsabilités en la matière et parfois à la grande colère des milieux d'affaires (voir Henri Lerner, « De Gaulle et le patronat », *De Gaulle en son temps*, *op. cit.* tome 3, pp. 181-194) conduisent-ils à faire du général de Gaulle un dirigiste ? Selon ses plus proches collaborateurs, il n'en est rien (André de Lattre, « Introduction aux travaux du groupe ''Politique économique et monétaire'' », *De Gaulle en son temps, op. cit.* pp. 17-24 et dans le même ouvrage témoignage de M. Jean-Maxime Lévêque, p. 46). Conseillé par Jacques Rueff, apôtre du libéralisme économique et de l'orthodoxie libérale, le général de Gaulle souhaite que l'économie fonctionne selon les règles du marché. Mais l'État doit contrôler, donner l'impulsion et, en dernier ressort, intervenir si les mécanismes naturels ne remplissent pas la fonction attendue. Mais il est clair que la préférence du chef de l'État va à une économie qui fonctionnerait sans que l'État ait à s'en mêler. Du moins appartient-il à celui-ci de stimuler la prise de conscience, par la communauté nationale, les chefs d'entreprise, les syndicats, de la nécessité de s'adapter à une économie dans laquelle rien ne viendrait fausser le jeu normal de l'activité économique. C'est pourquoi le général de Gaulle créera le comité « Rueff-Armand » chargé de discerner et de proposer des correctifs aux rigidités de tous ordres qui constituent autant d'obstacles à l'adaptation harmonieuse de l'économie française aux conditions du marché.

Dans la mise en œuvre de cette politique, le général de Gaulle joue rarement un rôle direct d'impulsion. On peut discerner son intervention personnelle au moment des grandes difficultés (1958, 1963, 1968) lorsque des choix déterminants s'imposent, le général se contentant alors de fixer les grandes orientations, laissant à ses Premiers ministres successifs, Michel Debré, Georges Pompidou, Maurice Couve de Murville, le soin de mettre en œuvre les décisions prises. Toutefois, on remarque qu'après 1962 et l'arrivée au pouvoir de Georges Pompidou, la pratique des conseils restreints consacrés aux questions économiques tend à se multiplier, impliquant un contrôle plus fréquent de l'Élysée sur ce domaine considéré comme essentiel.

Peut-on discerner, après 1969 et la démission du général de Gaulle un infléchissement sensible de la politique économique suivie sous la présidence de Georges Pompidou ?

Si les équilibres majeurs demeurent, si beaucoup de décisions prises après 1969 ont en fait été préparées dans les années qui précèdent et si l'objectif d'ensemble (assurer grâce à l'économie la puissance de la France et son rôle international) ne se modifie pas, force est cependant de constater que la tonalité a changé. D'abord parce que la personnalité de Georges Pompidou est différente. Le nouveau chef de l'État, qui a accompli une grande partie de sa carrière comme fondé de pouvoirs de la banque Rothschild, ne partage pas les préventions du général de Gaulle vis-à-vis des milieux d'affaires, de l'argent et du profit. Beaucoup plus sensible que le général de Gaulle aux sollicitations du patronat, il acceptera en 1969 d'abandonner la rigoureuse attitude de son prédécesseur sur la défense de la monnaie et consentira à dévaluer le franc. En revanche, il se contentera d'accentuer des évolutions qui trouvent leurs origines sous la présidence précédente en poursuivant le retour vers le libéralisme déjà discernable à l'époque du général de même que l'insistance sur le processus de modernisation et de concentration, également amorcé auparavant. C'est à partir de 1963, avec l'accession au ministère de l'Économie et des Finances de Valéry Giscard d'Estaing que l'on peut discerner un tournant libéral sous la Ve République, inscrit dans les Ve et VIe plans qui encouragent l'investissement privé afin de le substituer dans toute la mesure du possible aux interventions des organismes publics. De la même manière, l'aide de l'État aux entreprises publiques est diminuée afin de les mettre en concurrence avec le privé. Enfin, c'est aussi à partir de 1963 que l'intérêt de l'État va en priorité au secteur industriel capable d'affronter la compétition internationale. Si bien que, tout en faisant la part des différences dues aux personnalités des deux premiers présidents de la Ve République, on peut admettre que, dans ses grandes lignes, la politique économique poursuivie de 1958 à 1974 s'inscrit largement dans le même axe.

C'est en fonction des priorités indiquées que la Ve République va en premier lieu se préoccuper d'assainir la situation économique et financière laissée par le régime défunt afin d'ancrer sur des bases solides l'élan économique souhaité par le général de Gaulle.

L'assainissement : le plan de redressement de l'économie française

Au moment où le général de Gaulle parvient au pouvoir, il se trouve face à un certain nombre d'urgences. Les unes tiennent à la situation difficile de la trésorerie et à la nécessité pour l'État d'alimenter les caisses afin de pouvoir faire face à ses dépenses. Les autres plus structurelles, à la poussée inflationniste que la dévaluation déguisée de 20 % décidée par le gouvernement Félix Gaillard n'a pas résolues. Il s'y ajoute la nécessité de préparer le budget de 1959 et, pour ce faire, de disposer des lignes de force d'une véritable politique économique qui marquerait une rupture nette avec les pratiques précédentes, si fréquemment dénoncées par le général. Il faut tenir compte enfin des engagements pris dans l'ordre international par la France, c'est-à-dire le retour généralisé des monnaies à la parité externe, la libération des échanges promise par les pays membres de l'OECE et, pour faire bonne mesure, l'entrée en vigueur le 1er janvier 1959 du Traité de Rome.

La nouvelle politique mise en œuvre par le général de Gaulle pour faire face à ces urgences s'inscrit autour de trois pôles. Le premier est d'ordre psychologique et consiste en la nomination au ministère des Finances du modéré Antoine Pinay qui a acquis sous la IVe République une réputation de thaumaturge des finances et est devenu l'idole des petits épargnants. Avec cette nomination, il s'agit d'inspirer confiance à l'opinion et aux milieux d'affaires inquiets de l'interventionnisme supposé du général et qui n'ont pas oublié les mauvaises relations de 1944-1946. Le second pôle de l'action du général consiste à faire face aux problèmes les plus urgents. Il s'agit dans un premier temps de donner un peu d'aisance à la Trésorerie pour pouvoir atteindre le nouveau budget en décembre 1958. Un nouvel emprunt Pinay est lancé en juin 1958 pour bénéficier du potentiel favorable créé par la nomination rue de Rivoli de « l'homme au chapeau rond ». Il s'agit aussi de tenter de juguler les tendances inflationnistes léguées par le gouvernement précédent en prenant d'emblée des mesures de rigueur qui permettront le redressement escompté : les augmentations déjà annoncées du traitement des fonctionnaires et des prix agricoles sont reportées, les bénéfices commerciaux sont plus lourdement taxés, les impôts sur les sociétés sont accrus, le prix de l'essence est augmenté, enfin des subventions et des crédits sont supprimés. Toutes ces mesures, si elles ont pour objet de juguler l'inflation, de diminuer le déficit budgétaire et de restreindre la consommation au bénéfice des exportations ne sont cependant que des palliatifs.

L'essentiel est ailleurs : il est dans la définition d'une nouvelle politique économique. Las d'attendre que le ministre des Finances lui propose un plan cohérent, le général de Gaulle décide le 30 septembre la création d'une Commission d'experts présidée par l'économiste libéral Jacques Rueff qui dispose de deux mois pour remettre son rapport. Créé sans publication au *Journal Officiel*, fonctionnant dans la plus grande discrétion et quasi clandestinement, le « Comité Rueff », constitué de huit experts remet son rapport le 12 novembre et, en dépit de certaines réticences de M. Pinay, le général de Gaulle décide de l'accepter globalement. Le « plan Pinay-Rueff » (le ministre des Finances, réservé sur un certain nombre de dispositions, va cependant peser de tout son poids pour qu'il soit entériné sans être trop défiguré) se fixe trois objectifs : lutter contre l'inflation, stabiliser la monnaie et libérer les échanges extérieurs. Sur le premier point, le gouvernement doit évidemment agir sur le déficit des finances publiques en diminuant les dépenses et en augmentant les recettes. Pour parvenir à ce résultat, le plan exclut la solution la plus simple, mais la plus impopulaire, les augmentations d'impôts. L'accroissement des recettes résultera donc d'une augmentation de la taxe sur les sociétés et les hauts revenus et de la majoration de diverses taxes (sur les vins et les alcools, le tabac, etc.). Beaucoup plus délicat était le problème des compressions de dépenses. Comme il ne saurait être question de tailler dans les investissements, l'essentiel de l'effort porte sur les diverses subventions accordées au secteur nationalisé et aux entreprises publiques. Au prix d'une hausse de 10 à 16 % des tarifs, le gouvernement diminue la subvention au déficit de la SNCF, celles consacrées à certains secteurs industriels comme la construction navale et aux prix des produits de grande consommation. Les salaires des fonctionnaires voient leur augmentation annuelle limitée à 4 % et le gouvernement décide de ne pas verser en 1959 la retraite des Anciens combattants valides.

Le second volet de l'action gouvernementale préconisée par le plan Pinay-Rueff porte sur la valeur de la monnaie. Pour stabiliser le franc, le gouvernement décide de supprimer toutes les indexations à commencer par celles des salaires et des prix agricoles (sauf en ce qui concerne le

SMIG). Mais encore faut-il fixer la valeur du franc de manière à lui rendre sa convertibilité sur les places financières internationales tout en dégageant une marge qui donne aux produits français une compétitivité sur le marché mondial. Une dévaluation de 17,4 % permet de parvenir à ce résultat. Une mesure psychologique complète ces dispositions : la création du « franc lourd » valant 100 anciens francs, ce qui place la monnaie française dans une situation comparable à celle des monnaies de référence du Vieux Continent, le mark ou le franc suisse.

Peut-être la mesure la plus importante préconisée par le plan Pinay-Rueff est-elle finalement la libération des échanges qui tient, à la grande surprise des pays étrangers, les promesses faites par les gouvernements précédents. Il est décidé que le 1er janvier 1959, 90 % des échanges avec les pays européens seront libérés et 50 % des échanges pratiqués avec la zone dollar. La France de la Ve République inaugure sa politique économique en prenant le pari de l'ouverture sur l'Europe (sur le plan Pinay-Rueff, voir le témoignage de Roger Goetze « Les caractéristiques du plan de redressement », *De Gaulle en son temps*, *op. cit.*, pp. 51-58).

C'est sur des bases assainies par la mise en application des recommandations du rapport Pinay-Rueff que la Ve République fait entrer la France dans l'ère de la grande croissance et de la modernisation. Mais celle-ci ne saurait s'expliquer ni par l'héritage de la IVe République, ni par la seule politique économique poursuivie. Elle est liée à toute une série de facteurs dont les uns dépendent de la politique gouvernementale, mais dont beaucoup lui échappent assez largement, mais qui lui permettent de donner ses pleins effets.

Les facteurs d'impulsion de la croissance française

Outre la poussée démographique dont a déjà bénéficié la IVe République et qui va jouer sous la Ve en aboutissant à une forte augmentation de la population active qui correspond à partir de 1965 aux besoins de l'économie française, quatre facteurs principaux rendent compte de l'exceptionnelle croissance française des années 1958-1974. Deux de ces facteurs sont d'ordre international : la conjoncture économique mondiale d'une part, le coût décroissant de l'énergie de l'autre.

Il faut en effet noter que la croissance française n'est nullement un phénomène isolé, mais l'aspect français d'une excellente conjoncture internationale qui concerne l'ensemble des pays industrialisés et qui marque une nette rupture avec la situation de la première moitié du siècle.

La croissance au XXe siècle
(taux annuels moyens du PNB)

	1913-1950	1950-1970	1973
États-Unis	2,9 %	3,9 %	5,9 %
Royaume-Uni	1,7 %	2,8 %	5,3 %
France	0,7 %	4,3 %	6 %
RFA	1,2 %	5,5 %	5,3 %
Italie	1,3 %	5,4 %	
Japon	4 %	10,9 %	10,2 %

Les choses sont donc claires : la France participe à la croissance générale des grands pays industriels. En moyenne, elle se situe derrière les pays des grands « miracles économiques », le Japon, l'Allemagne et l'Italie, mais elle fait mieux que le Royaume Uni et les États-Unis. Toutefois, les chiffres de 1973 montrent qu'elle est en train, à la fin de la période de croissance, de rattraper tous ses concurrents, à la seule exception du Japon.

Cette expansion générale de l'économie mondiale à laquelle la France de la Ve République participe à un rang très honorable s'explique partiellement par un phénomène mondial lui aussi et qui est le coût décroissant de l'énergie, permettant à l'industrie d'abaisser la part de ce facteur dans ses coûts de production. Cette évolution s'explique très largement par la baisse du coût des produits pétroliers. On considère que c'est une diminution de l'ordre de 60 % du prix de la thermie provenant du fuel que l'on constate entre 1958 et 1970. Du même coup, le charbon cesse d'être concurrentiel, son utilisation aboutissant à doubler le coût de l'énergie par rapport à celle issue des hydrocarbures. La conséquence de cette situation est double. D'une part, cette énergie bon marché est largement utilisée, à telle enseigne que la consommation d'énergie en France double entre 1960 et 1973. D'autre part, dans la répartition de la consommation d'énergie, la part du charbon s'effondre, chutant de 75 % environ en 1950 à 17 % en 1973 alors que la part des hydrocarbures passe durant la même période de 18 à 75 % (le reste de l'énergie étant fourni par l'électricité d'origine hydraulique, en décroissance lente et l'électricité d'origine nucléaire qui ne représente encore que 2 % de la consommation d'énergie en 1973).

La France n'étant pas productrice d'hydrocarbures (ou ne l'étant que pour une part négligeable), cette situation aboutit à rendre le pays dépendant des importations étrangères pour près des trois quarts de sa consommation. Les effets de cette dépendance apparaîtront en pleine lumière après 1973 lorsque l'augmentation brutale du prix de l'énergie montrera qu'elle constitue un facteur de vulnérabilité de l'économie française. Mais, dans les années 1960-1973 la dépendance énergétique de la France est délibérément acceptée puisqu'elle permet de se procurer aisément de l'énergie bon marché et, par conséquent, à la production française de demeurer compétitive sur le marché international, ce que ne permettrait pas l'utilisation de l'énergie produite dans le pays. Toute la politique énergétique française est organisée autour de ce choix. Le « plan Jeanneney » (du nom du ministre de l'Industrie de De Gaulle) prévoit en 1959 la fermeture des mines de charbon les moins rentables. En revanche, l'accent est mis sur l'équipement pétrolier du pays, les industries du raffinage et de la pétrochimie connaissant une remarquable expansion. Les recherches pétrolières sont poursuivies avec ardeur, aboutissant à l'exploitation du gisement de gaz naturel de Lacq découvert en 1957 qui permettra à la France de couvrir en 1973 la moitié de sa consommation de gaz naturel, cependant que l'exploitation du gisement pétrolier d'Hassi-Messaoud et du gisement de gaz d'Hassi R'Mel en Algérie est intensifiée. Par contrecoup, la priorité donnée au pétrole freine les travaux de construction des centrales nucléaires en raison de difficultés techniques, mais aussi du caractère jugé peu concurrentiel de l'énergie nucléaire par rapport à la thermie provenant des hydrocarbures.

Il reste que si la France a pu ainsi bénéficier dans une très large mesure d'une conjoncture mondiale favorable et du facteur exceptionnel que représentait le coût peu élevé de l'énergie, c'est aussi que la politique économique suivie par les gouvernements de la Ve République a permis de faire jouer à plein ces données. À cet égard, deux facteurs sont à retenir qui ne représentent pas une innovation par rapport à la IVe République, mais une amplification de tendances antérieures : le choix de l'ouverture extérieure et l'accent mis sur les investissements.

On a déjà vu que, dès son arrivée au pouvoir, le général de Gaulle avait décidé de respecter les engagements pris par la France lors de la signature du traité de Rome et de jouer le jeu de la libération des échanges projetée par les pays de l'OECE. L'un des volets du « plan Pinay-Rueff » était d'ailleurs destiné à mettre en œuvre cette politique. Or, de 1958 à 1973, cette politique d'ouverture de caractère libre-échangiste est poursuivie avec une grande constance et ses objectifs demeurent identiques : profiter à plein de l'opportunité qu'offre un marché européen considérablement élargi en y imposant les produits français les plus concurrentiels, faire jouer les « économies d'échelle » qui accroîtront la rentabilité des entreprises françaises, enfin contraindre celles-ci, sous le poids de la concurrence internationale, à se moderniser pour affronter leurs rivales, les firmes les moins bien adaptées et qui ne survivent que grâce à l'intervention de l'État étant appelées à disparaître. Comme on l'a déja vu, le marché constitue bien le cadre dans lequel se déploie la politique économique de la Ve République, même si l'État juge qu'il est de sa responsabilité d'encourager l'adaptation des entreprises nationales à ses règles du jeu.

Le traité de Rome avait prévu la disparition rapide des contingentements qui constituaient autant d'entraves à la liberté des échanges, de même que la diminution progressive des droits de douane entre les pays membres, de manière à aboutir à leur disparition au bout d'une quinzaine d'années. Parallèlement, les pays du Marché commun devaient mettre en place un « Tarif extérieur commun » calculé sur la moyenne des droits pratiqués par les pays membres, ce « Tarif extérieur commun » devant aboutir à une diminution générale des droits de douane dans le monde, négociée dans le cadre du GATT. Pour ce qui concerne la première partie du programme, la France encourage et accélère les étapes prévues. Dès le 1er janvier 1959, elle supprime, on l'a vu, les contingentements de 90 % de ses produits et elle diminue comme prévu ses droits de douane de 10 % sur les échanges mutuels au sein de la CEE. Par la suite, elle accélère le rythme de son ouverture internationale, décidant dès le 1er juillet 1962 d'abaisser de 50 % les droits de douane sur les produits industriels et de les supprimer totalement le 1er juillet 1968, mettant en œuvre, avec une sensible avance sur le calendrier prévu, cette politique de libre-échange que la IVe République avait conçue sans être capable de la réaliser. Il est vrai qu'en échange de sa bonne volonté européenne dans le domaine industriel, la France impose à ses partenaires réticents en 1962 la mise en place du « Marché commun agricole », obtenant ainsi, dans un domaine où la France a une carte majeure à jouer un système de prix garantis et de subventions permettant à ses agriculteurs de bénéficier à leur tour de ce large marché qui a permis aux industriels français de connaître une remarquable expansion depuis les années cinquante. De fait, la France voit (comme les autres pays de la CEE) ses exportations croître et la Communauté occuper une place majeure dans ses échanges extérieurs. Alors que les exportations françaises représentaient en 1960 13 % du PNB, elles se hissent à plus de 18 % en 1973. Et cette croissance s'accompagne d'une réorientation du commerce extérieur de la France. Au moment où la part des exportations françaises à destination des territoires d'outre-mer s'effondre, chutant de 30 % à 3,9 %, on voit parallèlement les exportations vers les pays du Marché Commun passer entre 1952 et 1970 de 16 % à 50 %. Il est vrai qu'en même temps, la pénétration des importations industrielles en provenance des pays du Marché Commun tend à s'augmenter, contraignant les producteurs français à s'organiser pour défendre leurs parts de marché et accroître leur compétitivité.

C'est aussi pourquoi l'État met l'accent sur la modernisation de l'économie française à travers les Ve et VIe plans et encourage dans les secteurs exposés la constitution de grands groupes de taille internationale, capables d'affronter la concurrence. Dans des domaines-clés comme l'informatique, l'aéronautique, l'espace, cette action revêt un caractère d'incitation où les pouvoirs publics jouent un rôle moteur. Mais l'État entend aussi rendre viables grâce à des fusions et des absorptions les industries traditionnelles employant un grand nombre de salariés comme les industries agricoles et alimentaires, la mécanique, l'électronique, la chimie. Pour ce faire, des mesures fiscales encouragent l'investissement, l'achat d'actions et d'obligations, les fusions d'entreprise. Acceptant ainsi toutes les conséquences de l'ouverture extérieure, la France des années 1958-1973 entreprend la modernisation des structures économiques de la France.

Il n'est possible d'envisager cette tâche de grande ampleur qui joue sur le long terme qu'au prix d'investissements massifs qui apparaissent plus encore que sous la IVe République, en raison de la contrainte représentée par l'ouverture extérieure, comme la clé de voûte de la modernisation économique. On a vu que, dès les mois qui ont suivi la Libération l'effort d'investissement avait été considérable par rapport à l'avant-guerre. Or cet effort est poursuivi de manière constante, la croissance des investissements entre 1960 et 1974 étant en moyenne annuelle de 7,4 %, c'est-à-dire qu'elle dépasse la croissance de la production elle-même. Si bien que le taux d'investissement français qui s'établissait à 20 % autour de 1950 atteint 23,5 % en moyenne vers les années 1970 et frôle les 25 % en 1974 (Jean-Charles Asselain, *Histoire économique de la France*, tome 2, Paris, Seuil, 1984). Il s'agit là d'un effort tout à fait remarquable qui témoigne d'une véritable rupture avec les comportements traditionnels des Français. Toutefois, par rapport aux années de la IVe République, il convient de noter une transformation significative de l'origine des investissements qui est la marque de ce retour constant vers les pratiques du libéralisme qui caractérise la France de la Ve République : la part des investissements en provenance des administrations et des entreprises publiques ne cesse de décliner au profit des investissements privés. En 1949-1953, la part des investissements publics est encore de 38,4 % du total ; au moment où le général de Gaulle arrive au pouvoir en 1958, elle s'établit à 34,8 % ; pour la période 1969-1973, elle tombe à 28,5 %. Non que les entreprises publiques aient diminué leur effort d'investissement, bien au contraire. Celui-ci ne cesse de s'accroître. Mais le relais est pris désormais par les capitaux privés dont la croissance est telle qu'elle relègue en position minoritaire les investissements publics. Même si l'État continue à orienter et à donner l'impulsion, à suggérer et encourager, il tend à se dégager progressivement de son rôle économique direct : la part du budget de l'État par rapport au PIB tend à diminuer. La charge fiscale indirecte est allégée, l'épargne privée et les investissements privés encouragés grâce à des dispositions fiscales avantageuses. Enfin, les crédits bancaires et les investissements étrangers tendent à prendre la place de l'effort public dans une économie désormais performante.

C'est l'ensemble de ces facteurs qui rend compte de l'ampleur de la croissance française, laquelle constitue le contexte économique de la Ve République jusqu'en 1974.

La croissance française et ses phases (1958-1974)

Les années 1958-1973 sont, dans l'histoire économique de la France, la plus longue période de forte croissance jamais constatée. Le taux de croissance du Produit intérieur brut qui avait été de 1949 à 1958 de 4,6 % en moyenne annuelle monte à 5,5 % par an, atteignant des taux voisins de ceux de l'Allemagne, de l'Italie ou des Pays-Bas et l'emportant nettement sur ceux des autres pays européens. Cette augmentation du taux de croissance amène de nombreux observateurs à considérer que la France des années 1980 sera la première puissance économique d'Europe. Une des preuves de ce dynamisme est fournie par l'augmentation du taux d'investissement précédemment évoqué. Cette croissance française apparaît dans ces années un peu plus forte et surtout plus régulière que celle de l'Allemagne.

Elle est due en partie à l'essor des exportations, conséquence de l'ouverture des marchés. Dans tous les secteurs, la part de la production exportée a fortement augmenté. C'est le cas dans l'agriculture où elle passe de 4 % en 1959 à 14 % en 1972, des industries agro-alimentaires où elle croît de 6 à 10 %, de celles des biens d'équipement (où elle monte de 18 à 26 %). Globalement, la part des produits industriels représente environ les deux tiers des exportations françaises. Toutefois cet essor des exportations dû à l'ouverture des marchés joue aussi pour les importations. Celles-ci connaissent un spectaculaire accroissement, en particulier dans le domaine industriel où le taux de pénétration du marché français par les pays étrangers augmente pour toutes les branches. Si bien que, paradoxalement, alors que les exportations françaises connaissent un essor sans précédent, la part de la France dans les exportations mondiales de produits industriels s'amenuise (de 8,5 à 7 % entre 1961 et 1969) et le taux de couverture des importations industrielles par les exportations industrielles se dégrade, de 204 % en 1959 à 98 % en 1969 (Jean-Charles Asselain, *op. cit.*). Ce point noir ne doit cependant pas faire oublier les aspects très positifs de la croissance française des années 1958-1973 qui se réalise dans le respect des grands équilibres : équilibre budgétaire, équilibre de la balance commerciale, équilibre de la balance des paiements courants, équilibre des mouvements de capitaux à long terme. De 1959 à 1962, la France rembourse par anticipation la plus grande partie de sa dette extérieure. Jusqu'en 1968, la croissance se développe donc dans le contexte d'une économie et d'une situation monétaire et financière saine.

Pour autant, on ne saurait considérer que la période de croissance est totalement homogène et les aléas de la conjoncture ou les retombées économiques des événements politiques conduisent à individualiser cinq phases (sur ce point voir Jean-Marcel Jeanneney, « L'économie française pendant la présidence du général de Gaulle », *op. cit.*).

La première phase correspond à la période durant laquelle le général de Gaulle, président du Conseil, prend les mesures d'urgence précédemment indiquées, sans que celles-ci soient capables d'infléchir sensiblement les évolutions antérieures. C'est dire que les tendances léguées par ce que l'on peut appeler la crise économique et financière de 1958 se poursuivent. On constate ainsi une diminution de la production industrielle et du Produit intérieur brut. L'investissement chute de 5 % au total suite à une forte diminution (7,5 %) de l'investissement des ménages que la croissance de l'investissement des administrations (2,7 %) ne parvient pas à compenser. Les gains de productivité sont nuls tandis que le coût de la vie s'élève de 3,7 % en six mois. Du même coup, le salaire réel diminue. Le taux d'épargne des ménages s'effondre. Seul point relativement positif, dû aux mesures d'urgence prises pour stopper l'inflation, la progression de la masse monétaire se ralentit. Cette période s'achève fin décembre 1958 avec la dévaluation du franc.

Commence alors la seconde phase au début de l'année 1959 et qui va se poursuivre jusqu'à la fin de l'année 1963. Elle est marquée par les effets du plan Pinay-Rueff, c'est-à-dire par l'assainissement de l'économie et le stimulant de l'ouverture extérieure. C'est, économiquement parlant, la plus belle période des années 1958-1973, marquée par une forte croissance et une bonne tenue de tous les indicateurs économiques. L'augmentation annuelle du PIB marchand est de 8,1 %, celle de la production industrielle de 7,3 %. La productivité du travail s'accroît de presque 5 % par an, tandis que l'investissement progresse en moyenne de 9,8 % par an, le rôle moteur étant tenu par les administrations et les entreprises. Bien que le pouvoir s'efforce de la contenir, la hausse des prix demeure plus forte en France que chez ses voisins, atteignant 4,2 % par an en moyenne et ayant tendance à s'accroître en 1962 et 1963. Les salaires réels s'accroissent, entretenant une forte demande due à l'augmentation de la consommation des ménages. Mais celle-ci n'empêche pas une forte croissance de l'épargne des ménages qui monte en 1963 à près de 15 % du revenu par an. Quant au nombre de chômeurs recensés, il devient à peu près négligeable se situant en 1963 à un niveau inférieur à 100 000.

En même temps, on constate une forte baisse du déficit budgétaire, une baisse des taux d'intérêt, cependant que le cours des actions s'élève. Les comptes extérieurs deviennent positifs et la balance des paiements devient excédentaire. La consolidation du franc en 1958 et la bonne tenue de l'économie française expliquent l'afflux des capitaux. Les avoirs en or et en devises s'élèvent à 21,8 milliards en 1963 alors qu'ils étaient tombés à 2,7 milliards fin 1957 cependant que les réserves d'or de la Banque de France passent de 500 tonnes à 2 700 tonnes durant la même période.

Cette situation éminemment favorable connaît cependant quelques ombres conjoncturelles à partir de 1961. Les besoins en main-d'œuvre industrielle provoquent une poussée des salaires. Les mesures structurelles prises en faveur de l'agriculture et sur lesquelles nous reviendrons accroissent les charges publiques et les prix agricoles. La hausse des impôts et des cotisations sociales pèse sur les charges des entreprises. Et surtout, le retour en 1962 de 700 000 « pieds-noirs » rapatriés d'Algérie relance brusquement la demande de biens de consommation et d'équipement. Ajoutons que, à l'automne 1962, la reprise des luttes politiques et les deux consultations électorales poussent le Premier ministre Georges Pompidou à relâcher la politique de rigueur en matière salariale pour le SMIG, la fonction publique et les entreprises nationalisées. Les risques de dérapage inflationniste inquiètent les conseillers économiques du général de Gaulle, Jacques Rueff, Jean-Maxime Lévêque et le secrétaire général de l'Élysée, Étienne Burin des Roziers qui poussent le général à intervenir. Pour répondre à ces inquiétudes, le ministre des Finances Valéry Giscard d'Estaing prend dès septembre 1963 un certain nombre de mesures que le général juge trop laxistes. Une nouvelle vague de mesures prises en novembre 1963 donne naissance au « plan de stabilisation » destiné à refroidir une économie française en état de surchauffe : contrôle des prix, restriction du crédit, réduction des droits de douane, etc.

Avec le plan de stabilisation s'ouvre une troisième période dans le développement conjoncturel de l'économie française sous la Ve République qui va durer du début de 1964 à la fin de 1967 et qu'on peut considérer comme une période de consolidation de la croissance à un rythme désormais assagi. La croissance du PIB s'établit à 5,4 % en moyenne, ce qui représente un net ralentissement par rapport à la phase précédente. Il en va de même pour la croissance de la production industrielle (4,3 %), pour celle des investissements, en dépit d'une progression de l'investissement des ménages, surtout consacré à la construction de logements. Cette croissance plus modérée s'accompagne cependant de gains de productivité constants cependant que les budgets de 1964 et de 1965 sont en équilibre et que la hausse des prix se ralentit (à une moyenne de 3 % par an). Enfin la balance commerciale et celle des paiements courants maintiennent un excédent. Si bien qu'au total, la belle période de croissance se poursuit, mais sans les déséquilibres dus à la surchauffe constatés dans la phase précédente. Avec cependant deux périodes de net ralentissement en 1964-1965 (l'effet du plan de stabilisation) et 1966-1967 (conséquence de la récession allemande). Dès fin 1967 la France retrouve une forte croissance.

Celle-ci va se trouver brutalement interrompue par la crise de mai-juin 1968 qui fait sentir ses effets jusqu'à la démission du général de Gaulle en avril 1969. Les grèves de mai-juin 1968 entraînent une chute brutale de la production industrielle, mais dès juillet 1968 et jusqu'en avril 1969 celle-ci redémarre énergiquement, si bien qu'au total la période est marquée par une assez forte augmentation.

Le PIB marchand est lui aussi en forte augmentation et la productivité du travail continue à s'améliorer. C'est essentiellement dans le domaine du budget, des prix et de la balance commerciale que les conséquences de la crise de mai-juin 1968 vont faire sentir leurs effets. Les décisions prises lors des Accords de Grenelle, puis les accords salariaux ultérieurs se traduisent par une forte hausse des salaires (30 % pour le SMIG, 10 % en moyenne pour les autres salaires, la hausse se poursuivant dans les mois qui suivent). Les conséquences sont considérables : une croissance de 19 % de la masse monétaire, une hausse des prix de 7,2 % en un an, un relèvement du taux d'escompte et un plafonnement du salaire réel. Les effets de ces déséquilibres se répercutent sur la balance commerciale qui, d'excédentaire en 1967, devient fortement déficitaire en 1968. Il en résulte un mouvement de fuite des capitaux qui aboutit à la réduction de près de 30 % de l'encaisse-or de la Banque de France et à une importante diminution de ses réserves en devise. Une forte pression s'exerce sur le gouvernement pour qu'il consente à dévaluer la monnaie afin de rattraper les hausses de salaires. À quoi le général de Gaulle, poussé par son ministre d'État, Jean-Marcel Jeanneney, se refusera avec énergie. Mais, dès 1969 l'effet de ces déséquilibres met en déficit de près de 2 milliards de dollars la balance des paiements courants.

La cinquième phase se situe après la démission du général de Gaulle et couvre les mois allant de juillet 1969 (élection de Georges Pompidou à la présidence de la République) au premier choc pétrolier qui se situe à l'automne 1973 et qui marque l'entrée dans une nouvelle ère économique. Durant cette cinquième phase se conjuguent deux phénomènes différents : l'héritage de la grande croissance et des modifications économiques structurelles établies durant la République gaullienne et la volonté d'apurer les comptes de la crise de 1968. C'est de cette dernière que relève la décision prise en août 1969 de dévaluer le franc de 11 %, c'est-à-dire de répondre au vœu du patronat et du ministre de l'Économie et des Finances Valéry Giscard d'Estaing en acceptant une mesure que le général de Gaulle s'était refusé à prendre. Cette décision a pour effet de relancer la croissance, mais aussi l'inflation. La croissance du PIB marchand dépasse 6 % en moyenne annuelle, l'investissement total croît de 7,2 % par an. Parallèlement les salaires réels augmentent de 4,7 % par an et le coût de la vie de 5,4 % en moyenne. Quant à la productivité du travail, elle poursuit ses progrès. Pour la masse monétaire, elle augmente de 14 % par an. Il est vrai que cette croissance dans l'inflation est partagée par les autres grands pays industriels et qu'elle alimente un essor du commerce extérieur : la France accroît sa part dans les exportations mondiales (de 5,5 % à 6,3 %), et la balance des paiements courants redevient excédentaire dès 1970. En d'autres termes, au-delà des aléas conjoncturels et des dérapages dus aux événements politiques, la période 1958-1974 est celle d'une croissance forte et continue de l'économie française. Mais celle-ci s'accompagne, et en grande partie du fait des impulsions gouvernementales, d'une évidente modernisation des structures économiques. Le fait est particulièrement frappant dans le domaine de l'agriculture.

La révolution silencieuse de l'agriculture

La modernisation la plus spectaculaire est celle qui affecte l'agriculture française qui va, entre 1958 et 1973 connaître une véritable révolution. Non que la Ve République soit l'initiatrice d'une modernisation des campagnes françaises. Celle-ci a débuté dès 1945, sous l'effet des contraintes du marché et on constate que l'utilisation de machines, l'achat d'engrais et de semences sélectionnées, l'amélioration de la productivité se sont considérablement accrus sous la IVe République. Pour autant, dans une France en voie de modernisation, l'agriculture apparaît comme un îlot d'archaïsme, un facteur de blocage de l'ensemble de l'essor économique national. Face au dynamisme du monde industriel ou de celui des services, l'agriculture fait figure d'élément d'inertie. Le rapport Rueff-Armand sur les rigidités de l'économie française opposant des entraves à la croissance ne dénonce-t-il pas dans le monde agricole « des mentalités et des comportements indifférents ou hostiles au changement » ? De fait, avec 25 % de la population active employée dans l'agriculture, avec une grande majorité d'exploitations de taille trop exiguë pour que des investissements importants y soient rentables, avec de nombreux chefs d'exploitation âgés et peu désireux de prendre des risques financiers, l'agriculture française en dépit de l'émergence du tracteur reste un bloc conservateur imperméable à la modernisation. Or, à la fin des années cinquante, le poids du monde rural dans les mentalités demeure puissant. Le monde rural français vit sur le prototype de la petite exploitation familiale et la défense de celle-ci, en dépit de son inadaptation aux conditions économiques modernes, demeure un thème majeur de la puissante fédération nationale des syndicats d'exploitants agricoles, des partis politiques de tous bords, des Indépendants, largement implantés dans le monde rural aux communistes qui cherchent à pénétrer le puissant groupe de pression des petits et moyens exploitants en passant par les radicaux, le MRP et les socialistes. En dépit de la volonté de modernisation exprimée par les gouvernements successifs, aucun ministre n'ose affirmer cette vérité d'évidence : la modernisation de l'agriculture passe par la transformation des exploitations en entreprises adaptées au marché et postule la disparition de la petite exploitation familiale traditionnelle selon le modèle français.

C'est cette politique qu'osera entreprendre à partir de 1960 le gouvernement de Michel Debré : moderniser les structures agricoles. Pour y parvenir, il s'appuiera sur le seul élément moderniste du monde rural, le Centre national des Jeunes Agriculteurs (CNJA) formé d'anciens militants de la Jeunesse agricole chrétienne (JAC) et qui, autour de son président, Michel Debatisse, a pris conscience que la survie de la paysannerie française passe par une transformation des structures afin de les adapter au marché. Au demeurant, cette adaptation est indispensable si on veut mettre en place le Marché commun agricole que les agriculteurs modernistes appellent de leurs vœux et que le gouvernement s'efforce d'organiser. Elle est d'autant plus urgente que les années 1960-1961 sont marquées par de violents mouvements de protestation paysanne résultant de la mévente des produits agricoles en raison de leur surproduction alors que les paysans qui se sont endettés afin de s'équiper pour produire davantage doivent payer les intérêts et l'amortissement de leurs emprunts.

À partir de 1960, en s'appuyant sur le CNJA, Michel Debré, puis son ministre de l'Agriculture nommé en 1961, Edgard Pisani, vont s'efforcer de moderniser les structures de l'agriculture française (Bernard Bruneteau, « Mutation politique et mutation agricole : le gaullisme et la révolution silencieuse des paysans », *De Gaulle en son siècle, tome 3 : Moderniser la France, op. cit.*). Il s'agit tout à la fois d'encourager le départ des ruraux de la terre afin de constituer des exploitations de taille rentable, d'organiser les marchés et surtout, d'encourager les transformations de la structure des exploitations. Tel est l'objet de la loi d'orientation agricole présentée au Parlement par Michel Debré en 1960 et complétée en 1962 et 1964 par de nouveaux textes d'Edgard Pisani. Des SAFER (Sociétés d'aménagement foncier et d'établissement rural) sont créées et disposent d'un droit de préemption sur l'achat des terres agricoles. Un Fonds d'action sociale pour l'aménagement des structures agricoles est mis sur pied, cependant que les groupements de producteurs et les coopératives sont encouragés. Cette politique qui a le mérite de la cohérence rompait par trop avec les habitudes et les traditions françaises pour ne pas susciter de fortes résistances qui se manifestent par le rejet par le monde rural des transformations entreprises et une opposition de plus en plus marquée au gaullisme. Les choses s'aggravent encore avec la mise en place du Marché commun agricole en 1962 qui voit la maîtrise du prix de certains produits comme le lait et la viande échapper au gouvernement au profit de la Commission. Et lorsqu'en 1968 le rapport Mansholt (du nom du président de la Commission européenne) préconise une diminution de moitié du nombre des agriculteurs de la CEE en dix ans, un tollé s'élève dans les rangs des paysans. Ceux-ci ne se résignent que très difficilement à n'être plus qu'un groupe marginal dans une société dont ils ont longtemps constitué l'archétype.

C'est ce malaise du monde rural, manifesté par un vote d'opposition lors des élections de 1967 qui poussera Georges Pompidou à appeler au ministère de l'Agriculture l'habile Edgar Faure à la place d'Edgard Pisani, à charge pour lui de poursuivre la même politique, mais en y mettant les formes. Sans rompre avec les lignes directrices de la politique de son prédécesseur, Edgar Faure retrouve, au moins au niveau du discours, les accents traditionnels pour exalter la petite exploitation familiale.

Globalement et en dépit des résistances, la Ve République a réalisé la modernisation des structures du monde rural. En 1972, les paysans ne représentent plus que 12 % de la population active contre 25 % en 1958. Le nombre des exploitations a diminué à un rythme moins rapide (de l'ordre de 2 % par an). Mais il est peu douteux que le processus de concentration des exploitations est en marche dans l'agriculture. Par contre la production agricole est, en 1974, le double de ce qu'elle était en 1946, progression due essentiellement à des gains de productivité. Favorisées par la mise en place du Marché commun agricole, les exportations agricoles ont connu un essor remarquable, le taux de couverture des importations agricoles par les exportations étant passé de 21 % en 1959 à 104 % en 1973. Toutefois cette croissance de la production et de la productivité, cette modernisation des structures n'empêchent pas que la place relative de l'agriculture dans l'économie française ait diminué. La production agricole croît deux fois moins vite que la production industrielle ou les services, et l'agriculture ne fournit plus, en 1974, que 5 % du PIB contre 17 % en 1946.

C'est dire que l'aspect majeur de la modernisation de l'économie française concerne l'industrie.

La modernisation industrielle

En matière industrielle, la politique de modernisation est commandée par les choix décisifs de 1958 dans le domaine de l'ouverture des frontières et de leurs conséquences, c'est-à-dire la nécessité d'aider à la mise en place d'une industrie compétitive adaptée à la concurrence internationale. Telle est la philosophie qui se dégage du Ve plan qui préconise une politique de concentration des structures industrielles pour les secteurs particulièrement exposés à la concurrence. Les divers organismes chargés de définir la politique industrielle de la Ve République (Comité des Entreprises publiques en 1966-1967, Comité de développement industriel en 1966-1968) vont dans le même sens ainsi que les rapports Nora ou Ortoli-Montjoie. La recommandation de ces derniers est de donner aux entreprises publiques une plus grande autonomie de gestion et de respecter, en ce qui les concerne, la vérité des coûts en mettant fin aux subventions qui les soutiennent. C'est donc bien dans le sens d'une adaptation aux règles du marché et du libéralisme économique qu'est orientée l'industrie française, avec une conséquence majeure sur la structure des entreprises : il s'agit de transformer un pays dont le tissu industriel est formé de petites et moyennes entreprises en un ensemble de grandes entreprises concentrées capables d'agir sur le marché international.

C'est en 1965, avec le Ve plan, que cette politique d'encouragement systématique à la concentration des entreprises entre en vigueur sous forme d'un ensemble de mesures favorisant les fusions, en particulier la création en 1967 d'un cadre juridique nouveau, celui des « Groupements d'intérêt économique » qui permet aux entreprises de conserver leur indépendance tout en participant à des groupes capables d'affronter la concurrence internationale. Cette politique d'encouragement de l'État à la concentration explique l'ampleur des restructurations d'entreprise. Alors que, de 1950 à 1960 s'étaient opérées 850 concentrations de sociétés anonymes, pour la décennie 1961-1970 ce nombre monte à 1 850. Jusqu'en 1964, il s'agit surtout de l'absorption de petites entreprises par des firmes plus grandes, alors que, de 1965 à 1975, on constate que le processus concerne la restructuration de très grosses firmes dans des secteurs essentiels comme la chimie, la sidérurgie, l'industrie électrique (Anthony Rowley, « La modernisation économique de la France », *De Gaulle et son siècle, tome 3 : Moderniser la France, op. cit.*, pp. 174-180).

L'action de l'État, poursuivie à travers les Ve et VIe plans porte en premier lieu sur le secteur des biens d'équipement et des biens intermédiaires, l'objectif étant de combler le retard français en matière d'exportations industrielles dans les secteurs les plus modernes et à technologie avancée. L'État porte d'abord l'accent sur le secteur public où il est maître d'œuvre. C'est ainsi que sont constitués d'importants groupes dans le domaine du raffinage pétrolier avec la création de l'ERAP, que, dans le domaine bancaire, la fusion de la Banque nationale pour le Commerce et l'industrie et du Comptoir national d'escompte de Paris donne naissance en 1965 à la BNP, que, dans le domaine des moteurs d'avions la SNECMA absorbe Hispano, cependant que Nord-Aviation et Sud-Aviation fusionnent...

L'adaptation du secteur public n'est évidemment qu'un aspect partiel de la politique poursuivie. L'action gouvernementale va, par le biais d'incitations, d'aides, de pressions diverses, encourager la restructuration des branches-pilotes de l'économie française appartenant au secteur privé. De cette action relèvent la convention signée en 1966 par les pouvoirs publics avec la sidérurgie (qui promet l'aide de l'État à ce secteur s'il transforme ses structures) et celle de 1968 passée avec la construction navale. En 1968-1970, la volonté de développer une industrie informatique nationale pour ne plus dépendre des Américains donne naissance au « plan calcul », cependant qu'un programme spatial est mis au point pour les années 1969-1970. Il n'est pas jusqu'aux secteurs traditionnels du textile et de l'ameublement qui ne soient encouragés à moderniser leurs structures pour mieux résister à la concurrence internationale. Politique qui exige des investissements considérables que l'État, seul, ne saurait fournir. Si bien que l'une des conséquences de la politique de modernisation systématiquement poursuivie est le rôle croissant joué par les grands groupes financiers dans l'industrie. Suez, Rothschild, Empain-Schneider, Paribas pratiquent massivement l'investissement industriel et prennent en main une notable partie de l'économie française.

Il est peu douteux que cette action de l'État, sous ses diverses formes, a abouti à une réelle modernisation de l'industrie française. La part de celle-ci dans la formation du Produit intérieur brut atteint 38,8 % en 1973 (en y incluant l'énergie et les industries agro-alimentaires). Le pourcentage de population active employée dans l'industrie ne cesse de grimper jusqu'en 1962 où il atteint environ 40 %, mais, par la suite, les gains de productivité la font stagner. Le mouvement de concentration aboutit à une diminution très sensible du nombre des petites et moyennes entreprises au profit des grandes. Mais la France n'a pour autant pas véritablement réussi à créer ces grands groupes de taille internationale dont rêvait Georges Pompidou, Premier ministre de 1962 à 1968, puis président de la République de 1969 à 1974. La France ne possède de groupes de taille internationale que dans un nombre limité de secteurs, comme dans celui de l'automobile où Peugeot et Citroën fusionnent dans les années 1970 ; mais Renault, premier groupe français n'est qu'au 22e rang mondial. Figurent encore dans ces groupes de taille internationale Michelin pour les pneumatiques, Saint-Gobain, Pont-à-Mousson et BSN-Gervais-Danone pour le verre et les matériaux de construction (sans compter l'agro-alimentaire pour la dernière de ces firmes), Péchiney-Ugine-Kühlmann pour l'aluminium, les constructeurs d'avion. La chimie (en dépit d'une tentative de l'État rejetée par la profession en 1964-1965 pour la restructurer), l'informatique, la mécanique, le matériel électrique ou la sidérurgie ne possèdent quant à eux aucun groupe de taille internationale.

Il est certain qu'entre 1958 et 1974, un effort sans précédent de modernisation et d'adaptation de l'industrie française au marché international a été fait. Et il importe d'y signaler le rôle personnel important joué par Georges Pompidou qui, Premier ministre ou chef de l'État, placera « l'impératif industriel » au premier plan des préoccupations gouvernementales et marquera son quinquennat d'une série de grands projets industriels confiés soit au secteur public, soit à des entreprises privées liées à l'État par contrat pour des objectifs précis.

Le bilan de la modernisation industrielle des années 1958-1973 apparaît ainsi comme incontestablement positif. La France a pris, en 1958, le tournant de l'ouverture des frontières, du jeu de la concurrence internationale et elle a su commencer l'adaptation de son industrie (comme de son agriculture) aux conditions nouvelles ainsi créées. Le pays a dès lors su maintenir sa place de grande puissance économique moderne et, comme on le verra, cette situation a contribué à une amélioration d'ensemble des conditions de vie de la population, qui représente une véritable révolution sociale. Le tableau n'est pas sans ombres pour autant et la croissance a révélé d'importantes disparités et accentué des déséquilibres structurels.

*Les ombres de la croissance :
déséquilibres régionaux et déséquilibres sectoriels*

La modernisation de l'économie française a fait ressortir par contraste des déséquilibres régionaux dont l'existence est sans aucun doute antérieure à la Ve République, mais que la croissance a accentués. Celle-ci s'opère en effet à partir des régions économiquement les plus dynamiques dont le dynamisme se trouve accru, et au détriment des zones géographiques que la stagnation marquait dès les années antérieures. Globalement les régions bénéficiaires de la modernisation économique sont l'Île de France, la Provence, la région des Alpes et la vallée du Rhône, alors que l'Ouest, le Sud-Ouest, le Massif central apparaissent en marge de la croissance. En second lieu, celle-ci s'est opérée au profit des villes, en particulier des grandes et des moyennes agglomérations, cependant que le processus de désertification des zones rurales s'est accru, en particulier en raison de l'émigration des jeunes à la recherche d'emplois vers les villes et de la chute du taux de natalité qui en résulte.

La prise de conscience de cette situation est antérieure à l'arrivée au pouvoir du général de Gaulle. Dans un livre au grand retentissement *Paris et le désert français*, le géographe Jean-François Gravier lançait un cri d'alarme dès 1946. Sous la IVe République, des efforts sont entrepris, d'abord d'origine locale, puis à l'initiative des gouvernements Mendès France et Edgar Faure pour tenter de rééquilibrer la croissance sur le territoire national et d'aider à reconvertir les régions dépourvues d'industries (comme l'Ouest) ou celles dont les industries sont en crise (le Nord ou la Lorraine). Sur ce point, la Ve République ne fera que poursuivre et coordonner les efforts antérieurs. Il s'agit de mettre fin à une centralisation excessive qui concentre sur la capitale tous les éléments de dynamisme économique en procédant à une régionalisation. C'est vers 1963-1964 que les premières mesures voient le jour avec la création de la DATAR (Délégation à l'aménagement du territoire) en 1963, administration de coordination et d'impulsion, directement rattachée au Premier ministre, dont le premier titulaire sera Olivier Guichard. En 1963-1964 sont créés les « préfets de région » et les Commissions de développement économique régional (les CODER) qui sont responsables du développement économique des régions dans les vingt-deux « régions de programme » créées en 1957. Jusqu'à la réforme régionale préparée en 1969 et qui devait faire l'objet du référendum d'avril, le général de Gaulle, tout en prenant conscience des nécessités de l'aménagement du territoire ne semble nullement avoir fait de celui-ci un thème majeur de son action. Au demeurant, il faut noter que les résultats de cette « géographie volontaire » du développement paraissent avoir été assez limités. C'est que les déséquilibres constatés proviennent de données naturelles ou géographiques sur lesquelles l'action des hommes, sans être nulle, paraît peu déterminante. Tout au plus est-on en présence de tentatives de correction partielle de phénomènes qui échappent très largement à toute action politique.

Il en va largement de même des déséquilibres sectoriels. Un certain nombre d'industries connaissent de graves problèmes, soit du fait de la vétusté de leurs structures (et sur ce point, l'État s'efforce de promouvoir une modernisation), soit du fait d'une moindre demande des marchés et d'une concurrence accrue (et dans ce domaine, toute action ne peut avoir que des résultats peu significatifs). C'est très largement le cas du secteur agricole où la très grande majorité des exploitations (1 350 000 sur 1 500 000) est inférieure à 50 hectares, c'est-à-dire située au-dessous du seuil moyen de rentabilité. C'est, bien entendu, vrai pour le domaine du commerce et de l'artisanat. Dans tous ces cas, il s'agit de petites entreprises, condamnées à la disparition lorsqu'elles sont inadaptées aux conditions du marché, mais dont un certain nombre, dans le commerce ou l'artisanat, parviennent à survivre en se spécialisant. En revanche, dans le secteur industriel, trois secteurs importants parce qu'ils animent des régions entières et sont gros employeurs de main-d'œuvre apparaissent menacés dans ces années de la croissance. C'est en premier lieu le cas de l'industrie textile, concurrencée par les produits des pays où le coût de la main-d'œuvre est faible (l'Italie d'abord, la Grèce et le Portugal ensuite) et qui connaît une cascade de faillites, en Alsace, dans le Nord, en Normandie, avant que le gouvernement n'y encourage une modernisation des structures qui ne résout que très partiellement une crise née des conditions du marché mondial. Du même ordre est la crise qui frappe les charbonnages face à l'irrésistible montée des hydrocarbures dans la consommation énergétique. Le « plan Jeanneney » prévoit, on l'a vu, la fermeture des puits les moins rentables et pèse comme une menace sur une profession désormais considérée comme condamnée à terme dans sa majorité. La grande grève des mineurs de 1963 sonne comme le cri d'alarme d'une activité économique promise à la disparition. Plus inattendue est la crise de la sidérurgie. Alors que la production de produits sidérurgiques a longtemps été considérée comme un instrument de mesure de la puissance économique d'un État, que des installations de « sidérurgie sur l'eau » comme celle de Dunkerque ont été construites pour pouvoir recevoir dans des conditions économiques le minerai de fer importé ou l'énergie à bon marché venue de l'étranger, le marché mondial apparaît tout à coup saturé au milieu des années soixante et les entreprises françaises insuffisamment concentrées pour affronter la concurrence. L'État réagit sur ce point en signant en 1966 la convention avec la sidérurgie qui a pour objet de moderniser ses structures et donnera un sursis de quelques années à cette industrie.

La croissance, pour être un phénomène capital, se révèle ainsi comme un phénomène hétérogène qui ne concerne ni toutes les régions, ni l'ensemble des secteurs et qui produit des laissés pour compte dont l'amertume est d'autant plus grande que leurs propres difficultés contrastent avec l'insolente prospérité des autres régions ou des autres secteurs. Situation que nous retrouverons avec les tensions sociales des années 1958-1974. Mais la croissance est aussi génératice d'autres déséquilibres, liés à l'inflation et aux faiblesses structurelles d'un commerce extérieur, d'autant plus préoccupantes que les exportations sont désormais avec la consommation l'un des moteurs de la croissance.

Les ombres de la croissance :
l'inflation et les fragilités du commerce extérieur

L'ensemble de la croissance française se déroule, depuis les années de la Libération, dans un contexte inflationniste. Jugulée par des mesures périodiques d'austérité, l'inflation, à peine ralentie, se trouve aussitôt relancée par diverses causes (pénuries relatives, forte demande, brusque augmentation du pouvoir d'achat...). Au moment où le général de Gaulle arrive au pouvoir, la France connaît ainsi une situation d'inflation liée à la demande résultant de la guerre d'Algérie, laquelle diminue en même temps la main-d'œuvre disponible pour la production. On a vu comment le plan Pinay-Rueff, complétant les mesures d'urgence prises dès juin 1958, avait fait de la lutte contre l'inflation une de ses priorités. Ses effets permettent, jusqu'à l'automne 1962, de maintenir l'inflation dans des limites modérées ne dépassant pas les 4 % annuels. Mais dès l'automne 1962 la conjonction du retour des pieds-noirs engendrant une forte demande, les tensions sur le marché du travail relançant les hausses de salaire et un relâchement de la rigueur salariale provoquent un retour aux tensions inflationnistes. Comme en 1958, la réponse sera un renouveau de la rigueur avec le plan de stabilisation mis en œuvre par M. Giscard d'Estaing, dont les effets se font sentir jusqu'en 1966 et qui est relayé par les effets de la crise allemande. En revanche, dès le début de 1968, la forte croissance redonne un élan à l'inflation. La crise de mai-juin et les fortes augmentations salariales qui la suivent emportent toutes les barrières et l'économie française revient à ses démons inflationnistes. Refusant de céder à la facilité préconisée par le patronat, le général de Gaulle rejette la dévaluation et défend une politique de stricte rigueur. Celle-ci n'aura pas le temps de produire des effets. Après la démission du général, Georges Pompidou décide de dévaluer le franc et il se résignera à maintenir une forte croissance au prix de tensions inflationnistes.

Il faut bien le constater, en dépit d'efforts permanents des gouvernements successifs, l'inflation, même maintenue dans des limites acceptables, baigne la croissance française. Or si les autres pays ont également connu des tendances inflationnistes, celles de la France sont incontestablement plus fortes et plus difficiles à juguler que dans les pays voisins, ce qui implique qu'en dehors des causes conjoncturelles indiquées, il existe des origines structurelles à l'inflation. Les contemporains ont dénoncé les « rigidités » propres à la France : le poids des syndicats et des revendications salariales permanentes qu'ils stimulent, la politique contractuelle qui, dans la fonction publique et les entreprises nationalisées, entraîne des hausses annuelles de salaires et que les pratiques des débuts de la présidence Pompidou ont accentuées en indexant le minimum vital sur la croissance, par l'institution du SMIC et la pratique des « contrats de progrès » qui aboutissent finalement à une indexation générale des salaires, l'importance des prestations sociales, etc. S'y ajoutent les phénomènes psychologiques induits par l'inflation et qui contribuent à l'entretenir, tels que l'anticipation des achats (il s'agit d'acheter avant que les prix ne montent davantage) ou l'anticipation des hausses (la tentation d'augmenter les prix pour gagner davantage avant même d'y être contraint par la hausse des fournitures ou des transports). Mais si l'inflation se maintient si longtemps, c'est aussi que les gouvernements y trouvent, à court terme, des avantages politiques. Elle permet de financer la croissance sans douleur, puisque, même en cas d'augmentation des prélèvements, chacun continue de percevoir des revenus nominaux en hausse, la pression fiscale devenant en partie indolore puisqu'elle ne consiste qu'en une moindre augmentation des revenus nominaux. Et surtout, elle réduit la valeur des dettes, permettant à l'État de rembourser ses emprunts, aux chefs d'entreprise de s'acquitter de leurs dettes à bon compte et aux classes moyennes de financer sans difficulté leurs achats de logements. Il est vrai que les inconvénients ne sont pas minces, toute une partie de la population française payant d'une amputation de ses revenus réels le prix de l'inflation : détenteurs de revenus fixes, rentiers souscripteurs des emprunts d'État, détenteurs de comptes d'épargne ou d'obligations à intérêts fixes, propriétaires urbains ou ruraux dont les revenus sont fixés par les baux à long terme. Et surtout, en renchérissant les prix français, l'inflation gêne les exportations et favorise les importations de produits étrangers en France, c'est-à-dire qu'elle entraîne un risque de déficit de la balance commerciale.

De fait, celle-ci constitue un souci permanent du gouvernement.

Le choix de l'ouverture extérieure impliquait en effet que la France soit capable d'affronter la concurrence internationale. En 1965 les exportations françaises représentent 10,8 % du PNB, plaçant la France au 4e rang mondial des pays exportateurs. Dès 1959, la balance commerciale de la France devient excédentaire et elle le demeure jusqu'en 1963. Au cours des années qui suivent, on assiste à un accroissement des échanges commerciaux, mais qui s'accompagne d'une fragilité persistante de la balance des paiements due à la structure du commerce extérieur de la France. Les résultats de celui-ci s'améliorent pour les produits agricoles et alimentaires, mais se détériorent dans le domaine de l'énergie pour lequel le pays connaît une dépendance croissante, la part des produits semi-manufacturés dans les exportations diminue, et surtout la dégradation est très forte en ce qui concerne les produits manufacturés. Globalement, la balance commerciale de la France, excédentaire en 1965 encore grâce aux effets du plan de stabilisation tend ensuite à se dégrader et est sans cesse menacée de tomber au-dessous du niveau d'équilibre de 95 %. Après une situation difficile en 1966-1967, la crise de 1968 entraîne pour cette année et 1969 une brusque détérioration qui est en grande partie à l'origine de la dévaluation de 1969.

Même en faisant la part des ombres au tableau que constituent les déséquilibres sectoriels et régionaux, l'inflation et la fragilité du commerce extérieur, le bilan économique des années 1958-1974 est largement positif. La France du général de Gaulle et de Georges Pompidou a accepté le défi de l'ouverture des frontières et de la concurrence internationale, elle a très largement surmonté les handicaps conjoncturels légués par la IVe République finissante et s'est résolument attaquée à la modernisation des structures économiques et à la disparition des rigidités structurelles qui pesaient sur ce pays. De ce fait, elle a connu une remarquable croissance et a enfin pris le virage de la modernité recherchée depuis le début du siècle. Ce faisant, elle a amélioré, dans des proportions sans aucun précédent historique, les conditions de vie quotidienne de ses habitants. La France de 1974 est une des grandes puissances économiques du monde et un des pays les plus évolués de la planète. À cet égard, même si tous les obstacles n'ont pas été surmontés, la Ve République peut se targuer d'un bilan économique incontestable.

IV

VERS LA SOCIÉTÉ DE CONSOMMATION

Comme dans la plupart des pays européens dont l'économie a connu au cours des années soixante une très forte croissance, la société française a été l'objet, durant cette période, de mutations profondes. Celles-ci ont affecté non seulement le profil sociologique et professionnel des populations de l'hexagone, mais aussi les mentalités, les modes de vie, les pratiques sociales, les rapports entre les générations et entre les sexes. C'est donc, par rapport aux années du second après-guerre, un tissu social renouvelé — en tout cas très largement modifié — qui va devoir affronter, au milieu de la décennie 1970, les effets déstabilisateurs de la crise.

Croissance démographique et immigration

Entre le début et le milieu du siècle, les effectifs de la population française étaient restés inchangés, ou presque : un peu plus de 38 450 000 d'habitants en 1901, 39 848 000 en 1946 (sur un territoire agrandi en 1919 de l'Alsace-Lorraine). Dès 1954, les premiers effets du *baby boom*, reliés à ceux de l'entrée en masse de nouveaux migrants ont porté à 42 781 000 le nombre des individus recensés, mais c'est surtout à partir de cette date que s'est affirmé l'accroissement de la population française : 46 460 000 en 1962, 49 655 000 en 1968 et 52 600 000 en 1975, soit un gain de dix millions de personnes en vingt ans.

À l'origine de ce phénomène entièrement nouveau à l'échelle des temps contemporains (entre 1851 et 1946 l'augmentation de population n'avait pas dépassé quatre millions d'individus), il y a tout d'abord l'accroissement naturel résultant du recul de la mortalité — tombée de 16 ‰ à 11 ‰ entre 1939 et 1960 — et surtout d'une surprenante reprise de la natalité, conséquence à la fois des mesures en faveur de la famille adoptées par les gouvernements successifs et, semble-t-il, d'un regain d'optimisme manifesté au lendemain des années sombres par les générations en âge de procréer. Toujours est-il qu'entre 1960 et 1974, la France enregistre en moyenne 850 000 naissances par an, avec un taux de natalité qui plafonne en début de période à 18 ‰ sans jamais retomber au-dessous de 17 ‰ (contre 15 ‰ en moyenne dans les années trente). Il en découle un gain annuel d'environ 300 000 personnes, avec une pointe en 1964 (358 000) et l'amorce d'un repli à partir de 1967 qui va s'accélérer au cours des années suivantes (282 000 en 1968, 269 000 en 1969).

Le bilan migratoire positif constitue le second facteur de la croissance démographique française à l'époque des « trente glorieuses ». Après 1945, l'immigration de main-d'œuvre étrangère, qui s'était très fortement réduite durant les années du conflit, a repris à un rythme rapide, sans atteindre toutefois celui des années vingt. Il y avait, en chiffres arrondis, 1 740 000 étrangers en 1946 (contre 2 715 000 officiellement recensés en 1931) : il y en aura 1 765 000 en 1954 et 2 170 000 en 1962. La nouveauté, toute relative si l'on juge par les résultats obtenus, par rapport à l'avant-guerre, réside dans la tentative faite par les pouvoirs publics pour organiser et maîtriser les flux migratoires. En 1945 a été créé par ordonnance l'Office national d'immigration (ONI), aboutissement d'une revendication formulée avant la guerre par les partisans d'une véritable politique de l'immigration, refusant à la fois le malthusianisme et la mainmise des intérêts privés sur les flux de la main-d'œuvre étrangère. Prenant le relais des anciens organismes privés, l'ONI se voyait confier le monopole en matière d'introduction des travailleurs et de regroupement des familles. La particularité de la politique française d'immigration, comparée notamment à ce qu'allait devenir plus tard celle de l'Allemagne fédérale, était en effet de concevoir les apports de sang neuf non seulement en fonction des besoins de l'économie française, mais dans une perspective de repeuplement de l'espace hexagonal. En attendant les « quelques millions de beaux bébés » promis par le général de Gaulle, la philosophie qui devait présider aux initiatives de l'Office était claire : il s'agissait de favoriser une immigration de peuplement, aux origines géographiques variées mais qui soit « culturellement assimilable ».

À la fin des années cinquante, il est clair que les objectifs fixés à l'ONI n'ont été que très partiellement atteints. Certes, l'immigration réputée aisément assimilable a continué de progresser à un rythme régulier. Il y avait 450 000 Italiens en France en 1946. Ils seront 507 000 en 1954 et

*Nombre d'étrangers pour 100 habitants présents
dans chaque département français en 1961
(selon les statistiques du ministère de l'Intérieur)*

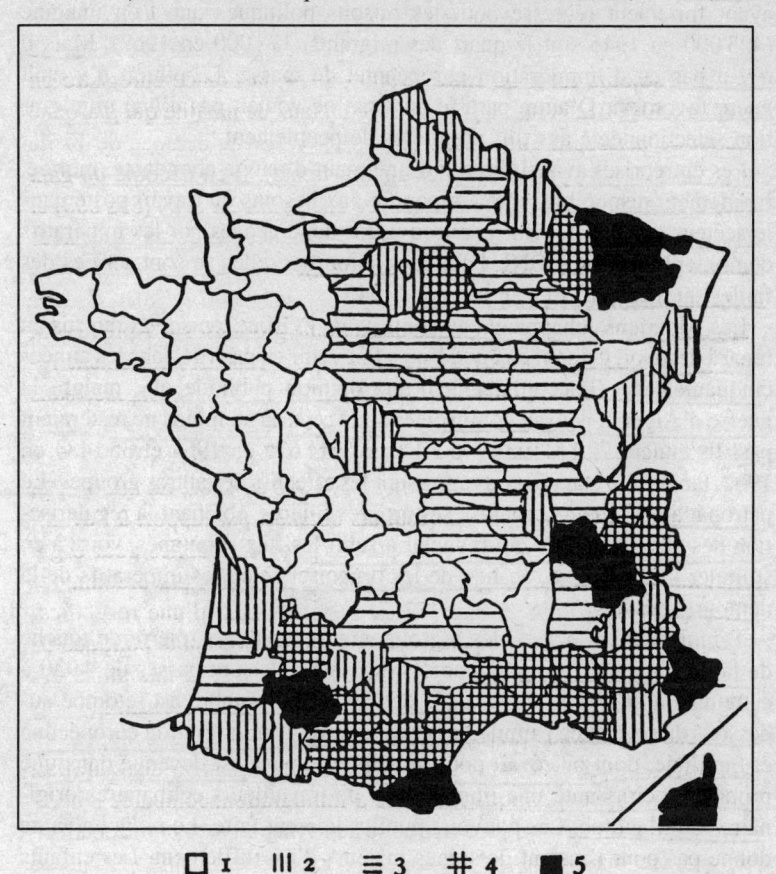

☐ 1 ||| 2   ≡ 3   # 4   ■ 5

1 : moins de 2 %
2 : de 2 à 4 %
3 : de 4 à 6 %
4 : de 6 à 8 %
5 : plus de 8 %

près de 629 000 en 1962. Dans le même temps, l'effectif des Espagnols est passé de 302 000 à 441 000. Réunies, ces deux nationalités représentent à peu près la moitié de la population immigrée, le nombre des Polonais ayant fortement régressé pour les raisons politiques que l'on imagine (423 000 en 1946 soit le quart des migrants, 177 000 en 1962). Mais il n'y a pas eu d'immigration européenne de masse. L'opinion n'y était guère favorable. D'autre part, le patronat ne voulait pas d'une immigration sélectionnée à des fins premières de peuplement.

Les entreprises avaient besoin d'une main-d'œuvre abondante, mobile, rapidement disponible, apte à répondre aux besoins du travail posté dans le secteur secondaire. Elles se trouvaient donc gênées par les impératifs démographiques de l'ONI. Pour les contourner, elles se sont servies des failles du dispositif mis en place en 1945.

Les Algériens échappaient au contrôle de l'Office, puisque Français au regard de la loi. Ce sont eux que l'on a fait venir en priorité dans les années cinquante, avec l'accord tacite d'une opinion publique qui, malgré la guerre d'Algérie, pensait confusément que ceux-là au moins ne resteraient pas. Ils étaient 22 114 en 1946 : ils sont 211 675 en 1954 et 350 484 en 1962, tandis que stagnent ou régressent les effectifs des autres groupes. Le patronat a par ailleurs organisé ses propres filières, obtenant la régularisation des clandestins, ce qui revenait à subir les flux spontanés, voire à en stimuler l'écoulement, au lieu de les organiser selon les impératifs de la démographie.

Témoins de cet échec : les regroupements familiaux, pierre de touche de la politique de l'ONI. Organisés dès 1947, ils sont passés de 4 930 à cette date à 26 597 en 1949, mais dès 1954 leur nombre est retombé au-dessous du niveau de l'immédiat après-guerre. L'immigration européenne et familiale, dont on rêvait pour repeupler le pays est devenue dans une proportion croissante une immigration de travailleurs célibataires originaires du Maghreb. Les pouvoirs publics laissent faire. Le *baby boom* ne donne pas pour l'instant de signes majeurs d'essoufflement. Les enfants français grandissent. L'immigration à des fins de peuplement ne présente plus la même urgence et l'on se dit qu'il sera temps, plus tard, de faire repartir ces migrants inadaptés. En 1965-1966, 80 % des entrées se feront hors de tout contrôle de l'ONI. Les dispositions communautaires, qui prévoient la libre circulation des travailleurs, et les accords passés avec les anciennes colonies, achèveront de défaire le monopole de l'Office, réduit pratiquement à néant lorsque surgit la crise économique. En 1974, au moment où les frontières se ferment à l'immigration hors CEE, le bilan de cet organisme apparaît donc comme largement négatif. Pourtant le nombre des regroupements familiaux a trouvé un second souffle au cours des *sixties* : on en dénombre 23 000 en 1960, 43 454 l'année suivante, 81 496 dix ans plus tard.

Il faut dire qu'au cours des quinze années qui ont suivi l'avènement de la Ve République, l'origine des populations étrangères s'est profondément modifiée. Si l'on dénombre encore 607 000 Espagnols et 571 000 Italiens en 1968 (soit au total 45 % des migrants), ils ne sont plus respectivement que 497 000 et 462 000 en 1975 (28 %), l'effectif des Polonais étant réduit à cette date à 93 000 personnes. Dans le même temps, le nombre des Algériens est passé de 473 000 à 710 000 (20,6 %), celui des Marocains de 84 000 à 260 000 et celui des Tunisiens de 61 000 à 140 000. Mais surtout, l'élément nouveau au cours de la décennie 1960 est le gonflement rapide de la population portugaise, passée d'un peu plus de 50 000 personnes en 1962 à 296 000 en 1968 et 759 000 en 1975.

Le phénomène est exceptionnel. Aucune autre population étrangère ne s'est, dans l'histoire de l'immigration en France, formée aussi précipitamment, à l'exception peut-être des Polonais. Les causes de l'émigration portugaise ne datent pas de 1962. Ce qui est nouveau, c'est le choix de la France. Pendant les années 1950, les difficultés économiques de ce petit État de la périphérie européenne et l'exode rural qui en résulte poussent déjà de nombreux Portugais à s'expatrier. Mais ils préfèrent alors le Brésil, pour d'évidentes raisons de proximité linguistique, et parce que ce pays paraît doté d'un potentiel économique plus grand que les vieux États européens. Tout change lorsque le régime salazariste s'engage, en 1963, dans une interminable guerre coloniale contre les mouvements de libération de ses possessions africaines. Les jeunes soldats doivent rester trois ou quatre ans sous les drapeaux et participer à des campagnes pénibles et meurtrières. Aussi les réfractaires vont-ils rejoindre dans l'exil ceux qui partent avec l'espoir d'une vie meilleure. Au Brésil, ils préfèrent la France, plus proche, plus facile d'accès pour les clandestins, grâce aux passeurs portugais et espagnols. La croissance garantit l'emploi, les pouvoirs publics se montrent indulgents pour les sans-papiers. Dès 1968, plus de 100 000 clandestins ont réussi à faire régulariser leur situation.

Au tournant des années 1960 et 1970, les Portugais arrivent au rythme de 150 000 par an. Sur ce total, on compte une bonne moitié de clandestins et un tiers de migrants entrés au titre des regroupements familiaux (47 000 en 1969 et 1970). Aussi faut-il envisager de remplacer l'accord tacite de régularisation par un instrument bilatéral moins précaire. En 1970, le gouvernement de Lisbonne accepte de normaliser la situation des déserteurs afin que leurs familles puissent entrer en France dans des conditions régulières. En juillet 1971, un protocole d'immigration est signé entre les deux gouvernements pour essayer de contrôler les départs et d'organiser la sélection des travailleurs : ce qui va avoir pour effet de tarir les flux. Commence alors pour cette population, qui a largement pris le relais des Italiens et des Espagnols, le temps de l'installation et de l'intégration.

Intégration qui s'est opérée de manière exemplaire. Nombreux surtout en région parisienne (près de la moitié de l'effectif total), les Portugais constituent également des noyaux denses dans le Sud-Ouest, le Centre et la région Rhône-Alpes. Les débuts ont été difficiles. Les Portugais ont partagé avec les migrants du Maghreb les emplois les plus rebutants, souvent au prix d'une déqualification professionnelle. Leurs conditions de vie et d'habitat, dans des cités improvisées et dépourvues de tout confort, ont été aussi déplorables — en pleine euphorie des « trente glorieuses » — que celles des migrants italiens de la « Belle Époque ». À Nanterre, où était situé à la fin des années soixante le plus tristement célèbre de ces « bidonvilles », il semble bien que le spectacle au quotidien des familles entassées dans ce ghetto situé à quelques kilomètres des beaux quartiers n'a pas été pour rien dans le déclenchement des événements du printemps 1968.

Pourtant l'insertion à la société d'accueil s'est faite et elle s'est faite en un temps record de la part d'une population qui a exercé sur elle-même et notamment sur ses jeunes un fort contrôle social. Proches du modèle italien par la nature des emplois que nombre d'entre eux ont occupés et qui les ont amenés à être en contact permanent avec les autochtones — les hommes travaillent souvent dans de petites entreprises du bâtiment, effectuant en dehors de leur activité officielle des tâches « au noir » chez les particuliers, leurs épouses ont remplacé les Espagnoles comme femmes de ménage —, les Portugais ont, plus que les Transalpins, manifesté une grande discrétion et assez forte malléabilité. La très grande majorité d'entre eux était constituée, rappelons-le, de ruraux et de clandestins : deux traits qui ne les prédisposaient pas à la contestation sociale et politique. Le régime de Salazar qui se méfiait des idées subversives, de la pédagogie des syndicats français et du contact avec la modernité, n'a pas ménagé ses efforts pour pourvoir à l'encadrement religieux des migrants, dépêchant occasionnellement auprès des plus récalcitrants sa redoutable police politique, comme l'avait fait avant lui le fascisme.

Cette vigilance paraît avoir été bien excessive. Les immigrés portugais des années 1960 ne sont guère portés vers l'action politique. Ils sont venus pour gagner de l'argent en un minimum de temps, et ils entendent profiter de la moindre occasion offerte. Compte tenu de leurs origines rurales et de leur faible niveau d'instruction, ils préfèrent les réseaux familiaux ou villageois aux organisations structurées du monde ouvrier.

L'intégration est au contraire extrêmement difficile pour les ressortissants des anciennes possessions françaises d'Afrique du Nord et au premier chef pour les Algériens, de loin les plus nombreux et les plus durement touchés par les effets retardés de la décolonisation. La Ve République n'a pas seulement hérité en effet d'une guerre coloniale que le général de Gaulle mettra encore quatre ans à terminer. Elle doit, sur fond de déchirements interethniques et de conflits meurtriers entre les diverses composantes de la résistance clandestine, gérer la présence dans l'hexagone de plusieurs centaines de milliers d'Algériens. Cela n'ira pas sans débordements de part et d'autre : d'un côté les règlements de comptes entre militants du FLN et du MNA de Messali Hadj et les « cotisations » imposées par ces organisations aux commerçants et même aux ouvriers algériens, de l'autre les ratissages dans les bidonvilles, les interrogatoires « musclés » et les liquidations opérés — à Paris — sous l'égide du préfet Papon par une force de supplétifs musulmans encadrés par des policiers français. Le 17 octobre 1961, à la suite d'une manifestation de plusieurs dizaines de milliers d'Algériens sur les grands boulevards, les affrontements avec les forces de l'ordre, puis la chasse aux Arabes qui leur fait suite donnent lieu à un véritable massacre : 3 morts et 64 blessés selon les autorités, 200 tués selon l'Institut médico-légal, sans parler des disparus.

Au-delà de cette « ratonnade » d'une ampleur inégalée, la violence a été au quotidien le lot des travailleurs algériens durant cette période tourmentée de notre histoire. Elle a éclipsé les efforts mis en œuvre par les autorités dans le domaine économique et social. Créé en 1958, le Fonds d'action sociale (FAS) a mené une politique active en matière de logement, d'alphabétisation et de formation professionnelle, qui s'est poursuivie après l'indépendance.

Une fois celle-ci acquise, les retours en Algérie seront peu nombreux. Les accords d'Évian garantissaient la libre circulation entre la France et l'Algérie et accordaient aux résidents de ce pays les mêmes droits que les nationaux, à l'exception des droits politiques. Les travailleurs déjà installés pouvaient rester en France sans trop de préjudices et sans renoncer à leur nouvelle nationalité. En fait, cette position n'est guère confortable. Pour les autorités algériennes, ils sont des expatriés temporaires ayant des devoirs envers leur pays, et leurs enfants sont Algériens. En France, ils sont étrangers mais bénéficient d'un statut particulier, et leurs enfants, s'ils sont nés en France, sont Français puisque nés de parents eux-mêmes nés en France lorsque l'Algérie était formée de trois départements français. Aux yeux enfin de l'opinion, ils cumulent les handicaps et sont chargés de tous les péchés. Ils sont au bas de la pyramide sociale, monopolisant les tâches les plus ingrates et les moins bien rémunérées de l'industrie et du tertiaire. Ils vivent dans des conditions déplorables d'habitat et de concentration qui favorisent la délinquance et reproduisent le hiatus avec les autochtones qu'ont connu au cours du premier XXe siècle les Italiens, puis les Polonais. Musulmans, on leur dénie la capacité de s'intégrer à la société française. Algériens surtout, ils subissent les rancœurs accumulées au cours des sept années de guerre.

Pourtant, ceux qui choisissent de revenir sont peu nombreux, tandis que croît le flux des nouveaux arrivants. Des besoins nouveaux ont surgi, éducatifs, culturels ou de simple consumérisme, que le jeune État algérien ne peut satisfaire. Signes d'un choix qui paraît irréversible, les regroupements familiaux s'accélèrent et l'engagement dans la vie politique et syndicale françaises se précise. Les autorités algériennes s'en préoccupent. Elles voient dans une émigration qui perdure et s'amplifie une opposition larvée, un refus du régime, qu'elles tentent d'enrayer en soutenant l'action de l'Amicale des Algériens, fondée en 1962 dans la mouvance du FLN et organisée comme lui en wilayas. Porte-parole de la communauté auprès du gouvernement français, l'Amicale a contribué à stabiliser une communauté en pleine expansion, mal intégrée et en butte à l'hostilité du pays d'accueil. Mais ses liens avec Alger, ses ambitions politiques et son empressement à réaffirmer solennellement son identité algérienne ont vraisemblablement freiné un processus d'intégration qui exigeait sans doute plus de neutralité.

Du côté français, les efforts prodigués pour intégrer les migrants algériens ont également été insuffisants. Pas plus que le gouvernement d'Alger, celui de la République ne souhaite en effet que les flux spontanés continuent de croître, ni surtout que les immigrés fassent souche dans le pays d'accueil. Aussi, l'accord signé entre les deux pays en décembre 1968 fixe-t-il de nouvelles règles du jeu. Désormais, les deux parties établiront chaque année un contingent de salariés autorisés à s'expatrier, le contrôle et la sélection des candidats étant à la charge de l'Office national algérien de la main-d'œuvre. Le passeport et le titre de séjour sont rétablis, sans faire pour autant des Algériens des étrangers de droit commun, comme si la France ne parvenait pas à les considérer comme définitivement indépendants. Cantonnés dans cette zone d'incertitude juridique, ils vont perdre une bonne partie de leurs avantages (notamment en matière de droit social), sans rien gagner, payant ainsi le prix d'un ressentiment historique qui n'ose pas dire son nom.

Les choses sont sensiblement différentes pour les Marocains et les Tunisiens, même si la distinction avec les Algériens ne s'opère pas toujours très nettement dans l'imaginaire social des Français et si les conditions de vie des uns et des autres diffèrent peu. Les premiers ont vu leurs effectifs quadrupler entre 1962 et le début des années 70. La convention signée avec le Maroc en juillet 1963 s'est bien efforcée de canaliser les flux et d'organiser la sélection et l'installation des migrants, mais sans grand résultat. Elle n'a empêché ni le gonflement de l'immigration clandestine, ni la forte croissance des regroupements familiaux, opérés soit par le truchement de l'ONI, soit à travers les filières « touristiques ». Il en est de même pour les Tunisiens. Les uns et les autres sont majoritairement regroupés dans les trois pôles privilégiés de l'immigration maghrébine : au moins 45 % dans la région parisienne, de 15 à 18 % dans la région Rhône/Alpes, entre 20 et 22 % dans la région Provence/Côte d'Azur. Ils y occupent des emplois qui se répartissent entre trois secteurs dominants : l'industrie de transformation (notamment l'automobile), le bâtiment et les travaux publics, le commerce et les services où les Tunisiens, généralement plus qualifiés, priment sur les deux autres nationalités du Maghreb.

Les nouvelles structures démographiques

L'appel à la main-d'œuvre étrangère est devenu une nécessité d'autant plus forte dans la France des « trente glorieuses » que la croissance démographique au cours de cette période d'euphorie économique ne s'est pas accompagnée d'une augmentation symétrique de la population active. De 1946 à 1972, la première s'est accrue de 18 %, la seconde de 12 % seulement. Les raisons de cette distorsion croissante sont bien connues. On assiste tout d'abord, conséquence à la fois de l'arrivée de la génération du *baby boom* à l'âge scolaire, de l'amélioration globale du niveau de vie, d'une demande sociale motivée par l'aspiration des catégories moyennes ou modestes à la promotion et à l'« égalité des chances », à un gonflement sans précédent des effectifs scolarisés. Dans le primaire, ils passent de 4,5 millions en 1945 à plus de 6 millions en 1960 ; dans l'enseignement du second degré, ils doublent puis triplent au cours des vingt années qui suivent la fin de la guerre. Le nombre des bacheliers — bon baromètre, jusqu'au milieu des années 1970, du degré d'instruction d'une population — s'élève en chiffres arrondis de 32 000 en 1950 à 42 000 dix ans plus tard et à 140 000 en 1970.

Pour faire face à ces vagues conjuguées de la population scolaire, les pouvoirs publics doivent improviser des solutions de fortune : bâtir à la hâte des locaux « provisoires », qui continuent aujourd'hui d'abriter les petits-enfants de la génération du *baby-boom*, former sur le tas des enseignants de tous niveaux, tenter d'adapter l'institution scolaire aux besoins nouveaux d'une éducation de masse. Jusqu'à la guerre, le lycée a été le lieu où s'opérait la sélection et la reproduction des élites. La réforme de 1941, conçue par le ministre Jérôme Carcopino pour sauvegarder les humanités classiques et pour débarrasser le secondaire de la concurrence du primaire supérieur, a été l'ultime tentative faite pour conserver au lycée sa fonction reproductrice. Or, comme l'ont montré les travaux d'Antoine Prost (*Éducation, société et politiques. Une histoire de l'enseignement en France de 1945 à nos jours*, Paris, Seuil, 1992), elle a abouti à un résultat contraire en organisant l'accueil, dans le second cycle du secondaire, des élèves formés par le primaire supérieur. Sous la IVe République, tandis que se réduit la proportion d'enfants des milieux favorisés dans les lycées et que croît celle des fils et filles d'ouvriers (selon A. Prost, celle-ci est passée de 8,7 % en 1947-1949 à 21,5 % en 1962-1964), les « cours complémentaires » des écoles primaires effectuent une percée spectaculaire, le nombre des élèves fréquentant ces établissements passant durant cette période de 152 000 à 410 000. Avec la République gaullienne, les derniers verrous sautent, emportés l'un après l'autre par les réformes successives. Celle de 1959 prolonge de deux ans la scolarité obligatoire, transforme les cours complémentaires en « collèges d'enseignement général » et institue un « cycle d'observation » de deux ans en sixième et en cinquième. Celle de 1963 (dite « réforme Fouchet ») reporte en seconde l'orientation vers les filières « longue » et « courte », et surtout elle crée une nouvelle catégorie d'établissements, les CES, qui vont progressivement se substituer aux premiers cycles des lycées. Après la tornade de 1968, le ministre Edgar Faure décide de reporter le début du latin en quatrième, ce qui supprime la section classique. L'ultime étape est celle que conduit René Haby en 1975-1976, avec la suppression des différentes sections des CES.

Désormais, la France possède une « école moyenne » répondant au désir d'égalité formelle de la majorité des citoyens. Que cette évolution, qui coïncide avec les progrès de la démocratie, ait eu pour effet pervers de « primariser » l'enseignement secondaire, cela ne fait guère de doute. Mais elle a en même temps accompagné et canalisé une explosion scolaire qu'aucun gouvernement ne pouvait ni ne voulait endiguer, et elle a fortement concouru — comme le montre Antoine Prost à partir d'indicateurs non discutables — à l'élévation du niveau moyen de formation des Français.

La génération du *baby boom* n'a pas seulement posé aux responsables politiques français des problèmes d'équipement et d'encadrement scolaires. Elle a été la première à se constituer dans les années soixante en un groupe autonome, voire en un véritable « modèle » imposant ses modes, sa culture, sa manière de vivre et de penser à toute une partie du corps social. Être « jeune » a toujours été dans l'histoire, surtout lors des périodes de mutations rapides, synonyme de révolte, de non-conformisme, d'opposition identitaire aux hiérarchies en place.

En ce sens, la jeunesse des *sixties* ne fait que reproduire les refus et les comportements provocateurs de ses devancières. Ce qui est nouveau pour cette classe d'âge dont l'adolescence et l'arrivée à l'âge adulte coïncident avec l'emballement de la croissance et avec le soulagement qui accompagne la fin de la guerre d'Algérie, c'est le caractère collectif du phénomène. En France, la poussée démographique de l'après-guerre et l'espace qu'occupent concrètement les jeunes dans le paysage social des années soixante y sont pour quelque chose. Mais à la conscience qu'ils ont de leur pesanteur et de leur influence potentielle, s'ajoutent les effets d'un environnement technologique et économique qui nourrit le souci de distinction des *teenagers*.

Disposant, avec l'amélioration générale du niveau de vie, d'une relative aisance, les jeunes deviennent la cible privilégiée d'un système industriel et commercial qui cherche à tirer profit de leurs besoins et de leurs goûts et met à leur disposition les objets symboliques de leur statut : le « tourne-disques », le transistor, le scooter, etc. Au-delà de cette clientèle constamment renouvelée, les bénéficiaires de cette fièvre consommatrice des jeunes touchent d'ailleurs des cercles beaucoup plus larges du corps social, tant est grande l'aspiration des autres générations à se rapprocher d'un mode de vie qui, beaucoup plus qu'une mode, est en passe de devenir un style ou, comme l'écrit Michel Winock, « une exigence pour tous » (*Chronique des années soixante*, Paris, Seuil, édition 1990).

La jeunesse n'est pas la seule fraction du corps social à se constituer en un groupe autonome. Comme dans les autres pays industrialisés jouissant d'un niveau de vie élevé, d'un équipement sanitaire moderne et d'un mode de couverture sociale satisfaisant, la vieillesse a reculé et avec elle la proportion des individus qui continuent d'exercer une activité professionnelle après 65 ans (elle est tombée de 42 % à 19 % entre 1962 et 1975), voire après 60 ans (54 % au lieu de 71 %). Il s'est ainsi dégagé un espace dit du « troisième âge » qui est celui des retraités récents, gros consommateurs de loisirs et de voyages organisés, de lecture, de spectacles, en attendant le recyclage universitaire qui commencera à faire des adeptes à la fin des années 1970.

La difficile maîtrise de l'espace urbain

Jusqu'à la Deuxième Guerre mondiale, la France est restée majoritairement un pays de « ruraux », ce terme étant compris non comme synonyme de travailleur de la terre mais comme relié à la domiciliation hors des agglomérations de plus de 2 000 habitants. En 1946, ces dernières abritent déjà un peu moins de la moitié des habitants de l'hexagone ; en 1974, la proportion est tombée à 25 %, le transfert s'opérant surtout au profit des grandes métropoles régionales jusqu'en 1968, puis des villes moyennes (50 000/100 000 habitants) à partir de cette date.

Cette nouvelle explosion urbaine pose aux pouvoirs publics et aux populations citadines d'immenses problèmes. Le plus préoccupant est celui du logement. Les retards accumulés durant les années vingt et trente, l'arrêt des constructions nouvelles pendant la guerre, les pesanteurs d'une reconstruction qui ne permet guère d'ouvrir de nouveaux chantiers, les effets du retour massif des Français d'Algérie en attendant ceux du *baby boom*, tout cela se traduit par un déficit croissant de logements. Dans la région parisienne, celui-ci s'élève à plus de 500 000 en 1963, 30 % des locaux occupés étant, par ailleurs, considérés comme surpeuplés.

Divers remèdes ont été expérimentés pour tenter de résoudre ce problème majeur. On s'est d'abord efforcé de libérer les loyers afin de susciter un regain d'intérêt de la part des propriétaires pour la construction et l'entretien des locaux d'habitation. Limitée aux logements neufs, cette législation a été étendue par la suite, dans les années soixante, aux locaux anciens présentant certaines garanties de confort. Le résultat fut un engouement général pour le placement des capitaux dans les constructions immobilières et une hausse très forte de certains loyers, absorbant une part importante du revenu des classes moyennes et interdisant l'accès de cette catégorie de logements aux bénéficiaires de revenus modestes. Aussi une autre solution a-t-elle été recherchée dans la constitution par les collectivités locales (conseils généraux, municipalités) d'offices publics de HLM (Habitations à loyer modéré), les immeubles édifiés par ces sociétés étant généralement destinés à la location. L'État surveille leur construction, consent des prêts à taux très bas aux offices de HLM, fixe les prix des loyers (inférieurs de moitié au moins aux prix du marché) et attribue aux familles dont les revenus ne dépassent pas un certain seuil des « allocations de logement ». Le IVe plan réservait aux HLM le tiers de l'effort à accomplir. Une loi-programme de 1962 fixait de son côté à 390 000 le nombre de logements HLM à construire annuellement. Or, dans les faits, la part des HLM a diminué au profit des autres catégories de logements construits comme le montre le tableau ci-contre.

L'effort des pouvoirs publics a surtout porté sur une formule permettant aux particuliers d'accéder — avec l'aide de l'État — à la propriété ou à la copropriété. Dans cette perspective, un dispositif a été mis en place, comportant le versement annuel par l'État d'une prime à la construction, des prêts aux particuliers à des taux relativement modérés (6 à 7 %) et de longue durée, ainsi que diverses incitations fiscales dont les principaux bénéficiaires ont été, il est vrai, les investisseurs et les propriétaires de logements construits par des sociétés privées. À partir de 1962, la tendance est donc plutôt, en ce domaine, à un désengagement de l'État.

Tableau par catégories de la construction française de 1959 à 1963

Nature des logements	Nombre				
	1959	1960	1961	1962	1963
HLM locataires	82 800	77 000	70 800	67 400	79 300
HLM propriétaires	18 100	18 800	20 700	20 800	22 500
Logements économiques & familiaux	86 600	89 100	98 900	102 100	112 000
Autres logements primés	87 600	87 700	81 400	73 500	79 100
Non primés	28 200	31 300	32 100	35 000	38 700
Reconstructions	17 100	12 700	11 800	8 100	4 000
Totaux	320 400	316 600	315 700	306 900	335 600

Néanmoins, l'objectif minimum de 320 000 logements par an fixé par l'INED dès les années 1950 est à peu près atteint dès le milieu de la décennie suivante. Quantitativement, la politique des divers gouvernements de la IVe et de la Ve République a donc porté ses fruits. Le nombre des familles vivant dans les taudis sordides des périphéries urbaines, sans le moindre confort et dans des conditions d'entassement et de manque d'hygiène déplorables, s'est fortement réduit. Pourtant, la politique du logement est loin d'avoir résolu tous les problèmes.

Celui tout d'abord de l'aménagement de l'espace urbain et péri-urbain. Dans le droit fil de ce qui s'était passé entre les deux guerres, l'espace construit s'est en effet constitué en fonction de l'urgence des besoins et de la rentabilité des opérations. Habitat individuel en zones pavillonnaires et « cités HLM » se sont édifiés là où les terrains étaient disponibles et où les effets de la spéculation immobilière rendaient leur acquisition tolérable, aussi bien pour les particuliers que pour les collectivités locales. Il en est résulté — dans un contexte d'ensemble qui a vu l'espace occupé par les agglomérations urbaines doubler entre 1954 et 1975 — une nouvelle poussée de croissance des banlieues, jusqu'au milieu des années soixante, qui s'est effectuée de façon tout aussi anarchique que la précédente, c'est-à-dire sans grand souci de fournir aux populations concernées les équipements collectifs (voierie, écoles, crèches, transports) que leur implantation massive rendait nécessaires.

La plupart des grandes métropoles françaises ont été confrontées à des problèmes de ce type. Mais c'est en région parisienne qu'ils se sont posés avec une acuité dramatique. La centralisation à Paris des administrations, héritée de l'Ancien Régime, la concentration des industries et des services, due aux facilités pour toute entreprise qui s'installe de trouver capitaux, main-d'œuvre, matières premières et clients nombreux, ont fait de la capitale et de sa périphérie proche le grand pôle attractif de la France contemporaine. En huit ans, de 1954 à 1962, la population de la région parisienne a augmenté d'un million d'habitants, soit le tiers de l'accroissement de la population française. En 1964, elle rassemble 8 millions d'habitants, le quart des salariés de l'industrie et des fonctionnaires, 40 % des étudiants (et même 50 % pour le Droit et les Lettres). Le tiers des banques françaises et des abonnés au téléphone sont domiciliés à Paris où sont distribués le quart des salaires et revenus perçus dans toute la France. Et chaque année, la population de la région s'accroît de 150 000 personnes, pour les trois quarts originaires de la province. Avec tout ce que cela comporte de problèmes en matière de logement, de voierie, d'équipements divers, de transports et d'étouffement de l'espace urbain. Le réseau de rues a été conçu pour 50 000 voitures alors que le parc automobile est de plus d'un million de véhicules en 1962. Les transports publics ne sont utilisés massivement que quelques heures par jour et fonctionnent le reste du temps au ralenti, ce qui rend leur gestion par l'État déficitaire et ne permet ni de renouveler le matériel, ni surtout d'investir les sommes nécessaires pour améliorer les déplacements des banlieusards. Les égouts datent du Second Empire et écoulent difficilement les eaux usées de la capitale. 1 200 000 tonnes d'ordures ménagères doivent d'autre part être évacuées chaque année, utilisées souvent comme remblaiement dans les décharges. Le rythme d'évacuation et de destruction suit difficilement l'accroissement de volume de ces déchets, ce qui concourt — avec les fumées industrielles, le chauffage au mazout et les gaz d'échappement des automobiles — à la pollution de l'atmosphère. On a ainsi évalué que, de 1950 à 1955, le taux de mortalité pour maladie des bronches avait augmenté de 38 % à Paris, alors qu'il avait au contraire diminué de 18 % pour l'ensemble de la France.

Dans le cadre de la politique d'« aménagement du territoire », les pouvoirs publics se sont efforcés de remédier aux inconvénients les plus criants de l'urbanisme sauvage. Pour cela, on a conçu de développer à la périphérie des grandes villes de « grands ensembles » planifiés comprenant à la fois de vastes unités d'habitation et les équipements collectifs censés leur conférer une autonomie quasi complète. Après Sarcelles, dans la banlieue nord de la capitale, des réalisations de ce type ont été programmées à Massy, Créteil, Villeneuve-la-Garenne, etc., ainsi que dans la région lyonnaise (Vénissieux) et à Marseille. En 1965 a été élaboré un « schéma directeur de la région parisienne » qui envisageait de créer, sur le modèle des cités-satellites anglaises et nord-européennes, des « villes-nouvelles », situées à une distance suffisante de la capitale pour se constituer en pôles urbains autonomes capables d'attirer des activités économiques secondaires et tertiaires et de maintenir sur place une partie au moins des résidents. Les premières furent Cergy-Pontoise et Évry, respectivement situées au nord et au sud de Paris.

On pensait pouvoir fixer dans ces agglomérations les populations que les « banlieues-dortoirs » de la seconde génération n'avaient pas réussi à sédentariser durablement. Or ni les « grands ensembles » ni les « villes nouvelles » n'ont su répondre aux besoins profonds des nouveaux citadins, ou de ceux que la nécessité de trouver un logement décent pour un prix abordable rejetait à la périphérie des grandes métropoles. Certains problèmes qui s'étaient déjà posés avant la guerre aux habitants de la banlieue sont ainsi réapparus : celui des transports en tout premier lieu, surtout pour les déplacements d'une localité à l'autre de la ceinture périurbaine. D'autres ont surgi dès l'éclosion des nouvelles formes d'habitat, liés tantôt à la médiocrité des matériaux employés et à la hâte avec laquelle ont été édifiées les immenses demeures collectives (insonorisation inexistante, chauffage « au sol », étanchéité déficiente, etc.), tantôt à l'isolement des cités dans un environnement semi-désertique et aux effets sur la psychologie des usagers de la monotonie architecturale imposée par les contraintes financières et techniques, de l'absence d'une sociabilité citadine qui a besoin pour s'exprimer de lieux de rencontre et d'animation, donc d'un sentiment de désœuvrement et d'abandon qui se traduit, chez les jeunes, par diverses formes de révolte et de délinquance, chez les femmes encore nombreuses à cette date à demeurer au foyer pour élever les enfants, par une « déprime » parfois baptisée « sarcellite » par référence au grand ensemble de la banlieue-nord.

Les difficultés du monde paysan et du petit patronat

La croissance économique qui caractérise les années de la République gaullienne a bouleversé les équilibres de la société française, qu'il s'agisse des catégories socio-professionnelles ou des groupes qui se définissent par rapport à la nature et à l'importance de leurs revenus, par leur mode de vie et/ou par la conscience qu'ils ont d'appartenir à telle ou telle « classe ».

Entre 1958 et le milieu de la décennie suivante, la France s'est « modernisée » à un rythme plus rapide que nombre de ses partenaires européens. Cette mutation s'est traduite par une forte redistribution de la population active entre les divers secteurs qui la constituent. Entre 1962 et 1975, le pourcentage des agriculteurs-exploitants est passé de 15,8 % à 7,7 %, celui des salariés agricoles de 4,3 % à 1,8 %, celui des patrons de l'industrie et du commerce de 10,6 % à 8,7 %. Dans le même temps, la part des cadres supérieurs et des professions libérales s'est élevée de 4 % à 6,9 %, celle des cadres moyens de 7,8 % à 13,8 %, celle des employés de 12,5 % à 16,6 %, tandis que se maintenait la proportion des ouvriers et du personnel de service (respectivement 36,7 % et 37 % ; 5,4 % et 6,1 %). Il y a donc eu d'un côté maintien ou expansion, de l'autre au contraire rétraction et concentration, ou si l'on veut des « vainqueurs » et des « vaincus » de la croissance.

Parmi ces derniers figurent les représentants de la paysannerie. Pour cette catégorie sociale, longtemps emblématique de la nation française et des valeurs qui fondaient l'identité de notre pays, la ponction a été particulièrement forte, puisque l'on est passé en deux décennies (de 1954 à 1975) de 26,7 % à moins de 10 % de la population active : ceci pour des raisons qui relèvent à la fois de l'évolution économique de la France et de la politique pratiquée par les gouvernements de la Ve République. Pour adapter l'agriculture hexagonale aux impératifs du marché, ceux-ci ont en effet favorisé la création d'entreprises plus rentables, c'est-à-dire d'un gabarit suffisant (de 20 à 50 hectares) pour que l'investissement engagé dans les achats d'engrais et de matériel mécanique permette de dégager des bénéfices. On a ainsi poussé au remembrement des terres (environ 300 000 hectares par an à partir de 1962) et à la concentration des entreprises. La loi du 19 décembre 1961 a apporté d'importantes réformes au régime de leur transmission successorale, de façon à lutter contre la microparcellisation des terres. Elle a attribué, de préférence à celui des héritiers qui entendait demeurer à la terre, les bâtiments d'exploitation et lui a donné, pendant une durée de cinq ans, un droit de priorité pour racheter ou louer les terres échues aux autres héritiers. La loi d'orientation agricole a prévu en 1960 la définition, pour chaque région et pour chaque type d'exploitation, de la superficie considérée comme viable. Un Fonds d'action sociale et d'amélioration des structures agricoles (FASASA) a été créé, avec pour mission de favoriser le départ des agriculteurs âgés en leur allouant un complément de retraite, et l'installation des agriculteurs quittant une région surpeuplée pour s'installer dans une zone déficitaire. Enfin les SAFER (Société d'aménagement foncier et d'établissement rural) ont été chargées de préempter les terres mises en vente et de les céder ensuite soit à de petits cultivateurs soucieux d'accroître leur lot, soit à de nouveaux exploitants, de manière à favoriser la constitution d'unités de production d'une taille suffisante.

Ces diverses mesures ont donné un nouveau coup d'accélérateur à l'exode rural, nombre de salariés agricoles et d'exploitants modestes choisissant de quitter la terre pour chercher, en ville, un emploi relevant du secteur industriel ou du tertiaire. Ceux qui sont restés ont vu globalement leurs revenus croître durant les années soixante, en partie en fonction des gains de productivité dus à la mécanisation et à l'emploi massif des engrais, en partie grâce à la mise en œuvre de la politique agricole commune. Toutefois cette amélioration d'ensemble recouvre d'importantes disparités de revenus. Parmi ceux que les impératifs de rentabilité n'ont pas purement et simplement condamnés à disparaître, on peut en effet distinguer deux grandes catégories d'exploitants : les agriculteurs capitalistes possesseurs de grandes unités de production — particulièrement dans les plaines céréalières du Bassin parisien —, qui dégagent des bénéfices importants en partie réinvestis dans l'entreprise, qui pratiquent une agriculture scientifique suivant les fluctuations du marché et disposent de revenus élevés leur permettant un haut niveau de consommation ; et la masse des cultivateurs moyens. Ces derniers ont dû s'endetter pour rendre leurs exploitations compétitives, et parfois simplement pour survivre. Au prix d'un travail considérable, mobilisant tous les membres d'une même famille, ils ont réussi à améliorer sensiblement leurs conditions d'habitat et à entrer, eux aussi, dans le monde de la consommation. La plupart d'entre eux ont acquis des biens semi-durables et les objets-symboles de la société d'abondance (automobile, instruments électro-ménagers, télévision). Quand ils en avaient les capacités, leurs enfants ont, comme ceux des classes moyennes urbaines, investi l'enseignement secondaire et commencé à fréquenter les bancs de l'université. Tout cela cependant, dans une grande précarité, le niveau de vie de cette catégorie de ruraux dépendant étroitement du marché. C'est elle qui, dans le souci d'exercer une pression sur les pouvoirs publics et sur la Commission de Bruxelles — afin que les prix soient maintenus à un niveau suffisant — a formé les gros bataillons du syndicalisme agricole, adhérant soit à la

Fédération nationale des syndicats d'exploitants agricoles (FNSEA), soit au Centre national des jeunes agriculteurs (CNJA), ce dernier plus combatif et orienté vers des actions plus spectaculaires et parfois plus violentes : marches d'agriculteurs, barrages de tracteurs, manifestations devant les préfectures, etc.

Un autre groupe social qui avait constitué, lui aussi, l'une des assises de la société française jusqu'aux années trente a subi de plein fouet les effets de la croissance. Celui des représentants de la classe moyenne indépendante : petits patrons d'industrie, artisans et boutiquiers que les contraintes du marché, la concurrence des grandes entreprises et la mise en place de nouveaux circuits de distribution ont contraints à cesser leurs activités. Jusqu'au milieu des années cinquante, les séquelles des pénuries du temps de guerre leur ont permis de se maintenir à la surface, mais à partir de cette date nombre d'entre eux doivent renoncer à une compétition que l'exiguïté de leurs affaires et l'archaïsme de leurs méthodes ne les autorise plus à poursuivre.

Il en résulte une forte rétraction du nombre des chefs d'entreprise recensés dans ce secteur, au demeurant très activiste. Se sentant à la fois menacés par la concentration capitaliste et par des revendications salariales qui, relayées par les grandes centrales syndicales, aboutissent à l'alourdissement de leurs charges, ils militent activement au sein de la Confédération générale des petites et moyennes entreprises, fondée par Léon Gingembre pour défendre leurs intérêts face aux puissantes organisations ouvrières et patronales (CNPF). Au-delà de cette réaction purement corporatiste, ils ont constitué, dans les années cinquante, les gros bataillons du poujadisme et apporteront plus tard leur soutien à Gérard Nicoud et au CID-UNATI une dizaine d'années après.

Une « nouvelle classe ouvrière » ?

Les bouleversements économiques et la forte concentration qui caractérisent les années de la République gaullienne n'ont pas modifié quantitativement la place que le monde ouvrier occupait depuis la guerre dans la société française. De 7 millions en 1958, celui-ci est passé à un peu plus de 8 millions en 1975. En pourcentage, l'effectif plafonne à cette date à 37,7 % contre 33,8 % en 1954. Toutefois, au-delà de ces statistiques globales traduisant une grande stabilité des effectifs, on constate d'importants changements dans la composition de cette catégorie sociale. Des années trente aux années cinquante, ce qu'il était convenu d'appeler la « classe ouvrière » offrait un visage relativement structuré et homogène.

Avec la décennie 1960 s'amorce une désagrégation qui va s'accélérer avec la crise.

Les mutations technologiques qui ont affecté les diverses branches de l'industrie ont d'abord accru la demande de qualification. La « nouvelle classe ouvrière », décrite par Serge Mallet dans un livre publié sous ce titre en 1963, englobe de nouvelles couches de professionels dont la formation exige un solide bagage scolaire, un apprentissage sophistiqué et de réelles aptitudes intellectuelles. Techniciens, ingénieurs de fabrication, dessinateurs industriels, personnel des bureaux d'études se situent ainsi à mi-chemin des classiques ouvriers qualifiés et du personnel technique d'encadrement. Ce sont les « ouvriers en blouse blanche » dont le nombre augmente durant cette période tandis que diminue au contraire, du moins dans les grandes unités de production, celui des travailleurs manuels à haute qualification : tourneurs, fraiseurs, ajusteurs, outilleurs, metteurs au point, etc.

Dans le diagnostic qu'il formulait à l'heure de l'émergence de cette catégorie nouvelle, Serge Mallet imaginait qu'elle allait peu à peu supplanter les autres composantes du monde ouvrier, l'automatisation libérant les travailleurs des tâches les plus ingrates et la sophistication croissante du travail industriel faisant que l'on devrait de plus en plus recourir à des individus dotés d'une formation associant qualification technique et capacité d'initiative. Or s'il est vrai que le nombre des techniciens et des ouvriers en blouse en blanche a augmenté de manière significative durant cette période, tandis que reculait celui des « métallos » et des « gueules noires », les travaux durs, salissants et dangereux sont loin d'avoir disparu de l'univers industriel. À la fin des années soixante, les ouvriers spécialisés (OS) représentent encore en effet 57 % de l'ensemble des effectifs ouvriers. Simplement, les postes de travail qu'ils occupent tendent de plus en plus à être monopolisés par les femmes (80 % d'OS parmi celles qui travaillent dans les industries de consommation) et par un sous-prolétariat immigré dont les représentants viennent, d'une décennie à l'autre, combler les postes laissés vacants par ceux qui, appartenant à la vague précédente, ont commencé à gravir les premiers échelons de l'échelle sociale. D'autre part, l'image futuriste et quelque peu irénique d'une classe ouvrière enfin libérée du « bagne » industriel n'a pas résisté bien longtemps à l'examen de la réalité. Certes le recul progressif des travaux manuels exigeant plus de force physique et de résistance que de qualification ne peut être nié, mais il est clair qu'il n'a pas fait disparaître de l'atelier ou de la chaîne de montage l'aliénation produite par le travail parcellaire. Ajoutons que, même là où l'automatisation a progressé, il y a moins eu homogénéisation de la condition ouvrière que déplacement et redéfinition des différences.

Néanmoins les transformations enregistrées dans les structures du monde ouvrier, notamment l'accroissement du nombre des techniciens et des petits cadres aux dépens de l'effectif des travailleurs manuels, ont eu des conséquences importantes sur le mode de vie et sur le comportement syndical et politique de cette fraction du corps social. De moins en moins, on peut parler d'une « classe ouvrière » constituant, par son statut dans la société, ses revenus, son mode de vie, sa conscience d'appartenir à une catégorie sociale radicalement différente des autres, une entité homogène. D'un côté, on voit émerger de nouvelles couches qui ne se distinguent guère de la classe moyenne citadine : employés, salariés du tertiaire, cadres moyens, petits fonctionnaires, enseignants, etc. Ils résident dans les mêmes quartiers et les mêmes banlieues, parfois dans les mêmes immeubles acquis en copropriété avec l'aide de l'État, fréquentent les mêmes lieux de loisirs et de villégiature (la Costa Brava, le « Club Med », les stations de sports d'hiver), envoient leurs enfants dans les mêmes écoles. D'autre part, il se maintient un pourcentage non négligeable, aussi bien dans le secteur artisanal que dans l'industrie, de travailleurs manuels qualifiés, dont le mode de vie et la culture restent ceux des précédentes générations, et surtout une proportion importante d'OS qui continuent de vivre et de travailler dans des conditions pénibles : semaines de 48 heures, travail parcellisé et chronométré, tâches épuisantes et salissantes, salaires réduits au « minimum vital », logement en « cités » HLM ou dans les « grands ensembles », déplacements interminables, difficulté à faire sortir leurs enfants d'un parcours scolaire aboutissant à l'enseignement « court » et au « préapprentissage ».

Il résulte de cette évolution à deux vitesses, à laquelle s'ajoutent d'autres clivages découlant de l'opposition des générations, de l'implantation plus ou moins récente dans les zones urbaines, de la domiciliation dans les grandes villes ou dans des agglomérations plus modestes, de la taille des entreprises, etc., une division du monde ouvrier entre ceux qui rejettent globalement la société telle qu'elle est et aspirent à un bouleversement radical du système, et ceux qui, au contraire, entendent s'intégrer à celui-ci et dont les revendications portent à la fois sur une répartition plus juste des fruits de l'expansion et sur des progrès d'ordre qualitatif : réduction du temps de travail, reconnaissance des droits des salariés dans l'entreprise, participation au processus décisionnel et à la gestion, etc.

Or cette évolution ne se traduit pas, sur le plan syndical, par une progression parallèle des choix réformistes aux dépens des traditions et du discours révolutionnaires : ce qui, a pour effet d'entraîner une lente mais inéluctable désaffection du monde ouvrier envers des organisations que leurs clivages idéologiques et stratégiques divisent profondément. Certes, on voit se développer durant cette période des initiatives, impulsées par l'État, pour tenter de placer sur une base contractuelle les rapports entre les principaux acteurs sociaux. Le rapport Toutée de 1964, qui envisage de lier l'accroissement des salaires dans le secteur nationalisé aux résultats de l'entreprise (contrats de progrès), la création la même année de commissions salariales mixtes dans la fonction publique, celle en 1967 de l'Agence nationale pour l'emploi où sont associés, sous l'égide de l'État, les représentants du patronat et ceux des syndicats, relèvent de la volonté qu'ont les gouvernements de la Ve République de favoriser les procédures de conciliation entre les détenteurs du pouvoir économique et le monde du travail. Mais cette tendance se trouve contrariée par les réticences qui règnent dans les deux camps : celui du patronat, très méfiant envers tout ce qui est censé porter atteinte aux lois du marché, celui également des syndicats, traditionnellement hostiles en France à l'intervention du politique, et surtout rivaux en surenchères verbales dès lors qu'il s'agit de dénoncer les méfaits du réformisme et de la « collaboration de classe ».

Seule des grandes centrales syndicales, Force ouvrière paraît prête à jouer le jeu de l'institutionnalisation des conflits du travail. Mais, née en 1947 de la guerre froide — elle a été fondée à cette date à la suite d'une scission au sein de la CGT et a longtemps bénéficié du soutien de certains syndicats américains — et violemment anticommuniste, elle offre à toute une partie du monde ouvrier l'image, au demeurant tout à fait abusive, d'un syndicat lié au patronat et au gouvernement. De là son implantation modeste en dehors de quelques secteurs géographiques (le Nord en particulier), de certaines branches du tertiaire (les banques) et de la fonction publique.

L'essentiel de la clientèle ouvrière syndicalisée se partage entre la CGT, d'obédience communiste, et la Confédération française des travailleurs chrétiens (CFTC), devenue en 1964 Confédération française démocratique du travail (CFDT). La première n'a cessé depuis la Libération de resserrer ses liens avec le PCF dont de nombreux représentants, à commencer par le secrétaire général (Benoît Frachon jusqu'en 1967, puis Georges Séguy) siègent dans les instances dirigeantes de la centrale. Forte des deux millions de salariés dont elle revendique l'appartenance au début des années 1960, et des positions majoritaires qu'elle continue d'occuper dans la plupart des élections professionnelles, la CGT affiche sinon sa relation privilégiée avec le PC, du moins une identité marxiste et révolutionnaire qui incline ses dirigeants à refuser toute conciliation avec le patronat et à rejeter le principe de la contractualisation des rapports sociaux. Son arme de prédilection demeure la grève de masse, mobilisant un ou plusieurs secteurs d'activité et visant autant à l'ébranlement du pouvoir qu'à la satisfaction des revendications présentées par les travailleurs.

La grève générale des mineurs de 1963 traduit à la fois la puissance apparente de la CGT, la montée en force de sa principale concurrente, et l'incapacité de ces deux centrales à freiner la tendance à l'institutionnalisation des conflits sociaux. Engagée à la suite du refus par la direction des Charbonnages de France d'augmenter de 11 % les salaires des mineurs, nourrie du ressentiment qui affecte cette profession menacée et qui se sait condamnée à terme (le plan Jeanneney de 1960 prévoyait la fermeture des puits non rentables), la grève qui a commencé le 1er mars s'est vite transformée en épreuve de force, le général de Gaulle décidant de réquisitionner le personnel des Houillères et ce dernier refusant de se plier à cette décision. Quelques jours après le commencement de la grève, le mouvement a gagné d'autres branches du secteur nationalisé (SNCF, EDF, Air-France, etc.) agissant par solidarité avec les « gueules noires » et au nom de la défense du droit de grève. Le 24 mars, sur la base du rapport établi par un « comité des sages » présidé par Pierre Massé, la direction des Charbonnages de France accepte, à la demande du gouvernement Pompidou, d'engager des négociations avec les grévistes. Début avril, celles-ci aboutissent à un accord qui satisfait les revendications salariales des mineurs et les gratifie au passage d'une quatrième semaine de congés payés.

Apparemment, les travailleurs de la mine ont gagné. L'équipe dirigeante n'a pas voulu livrer un assaut frontal contre une catégorie socioprofessionnelle qui jouit dans l'opinion d'un prestige immense. La cote du général de Gaulle dans les sondages n'a-t-elle pas perdu cinq points au cours des quinze premiers jours de grève ? Pourtant le succès retentissant des mineurs fait un peu figure de victoire à la Pyrrhus, tant paraît irrémédiable le déclin de la consommation charbonnière (75 % de l'énergie consommée en France en 1950, 48 % en 1963), donc l'avenir de la profession.

La grève des Houillères a révélé que la force apparente de la CGT ne pouvait ni enrayer une évolution qui allait dans le sens de la contractualisation des rapports sociaux — le « rapport Massé » a été rédigé par Jacques Delors en collaboration avec les syndicats —, ni empêcher que se développent de nouvelles formes d'action ouvrière avec notamment la constitution de comités intersyndicaux à la base. Elle a également souligné le rôle de la Confédération française des travailleurs chrétiens (CFTC), devenue depuis la guerre — avec près de 800 000 adhérents et

20 % des suffrages dans les élections professionnelles — la seconde centrale syndicale. Cette progression s'est accompagnée d'une transformation profonde, opérée sous l'égide d'une minorité dynamique de catholiques de gauche, rassemblée notamment autour du Syndicat général de l'Éducation nationale (SGEN). L'action menée durant la guerre d'Algérie en faveur d'une solution négociée a hâté le mouvement et, en novembre 1964, la majorité des représentants au congrès de la CFTC a décidé de déconfessionnaliser la centrale et de transformer son nom en celui de Confédération française démocratique du travail (CFDT).

Sous l'impulsion de son dynamique secrétaire général, Eugène Descamps, la CFDT adopte aussitôt une stratégie de rupture avec le système en place, prônant l'établissement du « pouvoir ouvrier » dans l'entreprise et privilégiant, dans cette perspective révolutionnaire et « autogestionnaire », l'action à la base sur les initiatives élaborées par les directions nationales des grandes fédérations. Ses dirigeants développent en même temps une philosophie des finalités des mouvements sociaux dénonçant les excès du consumérisme et mettant l'accent sur les aspects qualitatifs des revendications ouvrières. Cette évolution très contestataire de l'ancienne centrale catholique n'est pas acceptée par tous ses adhérents. Une centaine de milliers d'entre eux décident de se séparer de la nouvelle confédération, de conserver — avec le sigle CFTC — la référence au christianisme et de se maintenir sur des positions résolument réformistes.

Bien qu'un pacte d'unité d'action mêlant de classiques revendications salariales et des mots d'ordre qualitatifs (conditions de vie et de travail, extension des droits syndicaux, garantie du droit à l'emploi, etc.) ait été signé en janvier 1966 entre la CGT et la CFDT, il est clair que la situation du mouvement syndical traduit, à la veille de l'explosion de 1968, les incertitudes et les contradictions du monde ouvrier. Éclaté entre quatre confédérations jugées représentatives par les pouvoirs publics — CGT, FO, CFDT, CFTC—, il paraît inadapté aux besoins et aux attentes d'une catégorie sociale qui ne coïncide plus que partiellement avec la culture produite par les générations précédentes. Même une organisation comme la CFDT, dont le discours semble plus proche des aspirations de la « nouvelle classe ouvrière » que celui des autres centrales, se trouve entraînée par la surenchère verbale avec sa principale concurrente sur le terrain d'une contestation radicale du capitalisme que nombre de ses adhérents potentiels ne sont pas prêts à entreprendre. Le grand ébranlement de mai ne fera que révéler et accentuer l'inadaptation du syndicalisme français aux nouvelles données économiques et sociales.

La classe dirigeante

En termes de délimitation, de stratification interne et d'effectifs, le groupe qui occupe la position dominante dans la société française n'a pas radicalement changé depuis la « Belle Époque ». Peut-être le nombre des familles qui se rattachaient au début du siècle à ce que nous avons défini comme la « bonne bourgeoisie » a-t-il un peu diminué, mais ce terme ne recoupe pas tout à fait ce que nous entendons aujourd'hui par « classe dirigeante ». Selon les estimations de M. Parodi (*L'économie et la société française depuis 1945*, Paris, Colin, 1981, p. 221), celle-ci aurait compté au début des années soixante une centaine de milliers de personnes : grands propriétaires fonciers (environ 30 000), dirigeants et gros actionnaires des grandes entreprises industrielles, commerciales et financières, membres de la haute administration, détenteurs du pouvoir politique, représentants des professions libérales reliés aux milieux d'affaires (agents de change, avocats d'affaires, directeurs de cabinets d'études, promoteurs immobiliers), personnalités reconnues du monde intellectuel et artistique, etc.

Le principal changement intervenu depuis la guerre concerne la substitution progressive d'un patronat de gestionnaires salariés aux anciennes dynasties d'entrepreneurs capitalistes. Certes, ces dernières n'ont pas complètement disparu, aussi bien dans le domaine industriel (avec les Michelin, de Wendel, Peugeot, Béghin, etc.) que dans celui des banques privées (Rothschild). Mais, de plus en plus, les représentants de ce capitalisme familial ont dû s'allier avec les groupes financiers et passer le relais de la direction de leurs entreprises à des *managers* recrutés pour leur compétence. Cela ne signifie pas que le pouvoir économique a complètement changé de mains. Les *managers* sont en effet, pour la plupart, issus des couches dirigeantes, et ceux qui, venus de catégories plus modestes — un Francis Bouygues dans les travaux publics, un Édouard Leclerc dans la grande distribution — se sont hissés au tout premier rang sont relativement peu nombreux.

L'accès aux postes de commande passe en effet par des voies étroites qui sont celles d'une formation de haut de gamme dispensée de manière extrêmement sélective. Le tri s'opère dès la fin du premier cycle du secondaire, avec la reconnaissance tacite d'une filière « noble » à dominante mathématique conduisant au bac C et aux « classes préparatoires » des lycées (Hypokhâgne et Khâgne pour les littéraires, « Math sup » et « Math spé » pour les scientifiques), ou encore à l'Institut d'Études politiques de Paris. Les meilleurs éléments, recrutés par concours, sont finalement admis dans l'une des « grandes écoles » où ils reçoivent une formation spécialisée : Polytechnique, Centrale ou les mines pour les ingénieurs, l'ENA pour les hauts cadres de la fonction publique, HEC ou l'ESSEC pour les *managers*, les Écoles normales supérieures pour les futurs universitaires, etc. Parcours difficiles exigeant de la part de ceux qui l'accomplissent de grandes qualités intellectuelles et un immense effort prolongé, mais aussi des conditions de vie et de travail, un suivi familial, une aisance dans le maniement des outils de la communication, bref un arrière-plan socio-culturel que les enfants de la bourgeoisie trouvent plus facilement que ceux des autres catégories sociales. Il en résulte un phénomène de reproduction des élites, générateur d'une certaine sclérose, qui constitue à la fin des années soixante et au début de la décennie suivante l'un des grands thèmes de la contestation du système (Cf. P. Bourdieu et J.-C. Passeron, *Les héritiers, les étudiants et la culture*, Paris, Éd. de Minuit, 1964).

Qu'ils soient de simples héritiers des grandes dynasties bourgeoises, ou qu'ils aient accédé aux fonctions de direction et de gestion par la voie des « grandes écoles », les « décideurs » appartiennent donc pour la plupart à une même classe dirigeante qui se renouvelle peu. Sans doute, la fortune a-t-elle cessé d'être la clé essentielle de l'appartenance à l'élite, même si survit, en marge, un *establishment* de riches rentiers et de patrons de droit divin. Mais le mérite et la compétence qui caractérisent majoritairement cette élite s'acquièrent plus aisément en son sein que dans les autres fractions du corps social. De toutes les catégories qui forment la société française, la classe dirigeante est celle qui a, semble-t-il, le mieux résisté aux bouleversements de la croissance. Tout au plus peut-on dire qu'elle s'est adaptée au changement en investissant les nouvelles voies d'accès aux postes de décision et en s'agrégeant des éléments particulièrement performants issus de milieux moins favorisés.

Faut-il admettre pour autant que la « bourgeoisie » présente une plus grande homogénéité que les autres groupes sociaux ? Bien évidemment non, que les ressemblances et les dissemblances s'évaluent en fonction des revenus, des pratiques sociales ou des choix idéologiques et politiques. Le patronat lui-même se structure en fonction de son appartenance à la catégorie des entreprises modernes dotées d'une forte productivité et tournées vers l'exportation — un millier environ au milieu des années 1970 sur un total de 60 000 — et celle des entreprises traditionnelles. Ce sont les premières qui, dirigées par des *managers* performants, très intégrés dans le circuit international des affaires, exercent une influence déterminante sur le Centre national du patronat français (CNPF). Mais elles doivent en même temps tenir compte des intérêts et des vœux des chefs d'entreprise plus modestes. Ceux-ci sont en général étroitement protectionnistes et attendent du CNPF qu'il exerce sur les pouvoirs publics une pression dans ce sens. En revanche, ils sont résolument hostiles à tout ce qui peut limiter leur liberté de mouvement et leur pouvoir dans l'entreprise, donc à toute ingérence de l'État dans la gestion des conflits sociaux. La « charte » adoptée par le CNPF en janvier 1965 insiste, dans cette perspective très conservatrice, sur la nécessité de préserver la « fonction patronale ».

De plus en plus, les dirigeants et les gros actionnaires des entreprises privées voient ainsi leur influence contre-balancée par les « technocrates » qui pilotent la machine administrative, et par les politiques qui engagent les choix décisifs de la nation. Il faut souligner toutefois qu'issus pour une bonne part du même milieu et formés dans le même moule, *managers* privés et décideurs publics ont en commun des intérêts et une culture qui les rendent solidaires les uns des autres et qui transcendent parfois les clivages idéologiques et politiques. Ceci d'autant plus qu'il existe une osmose très grande entre les trois secteurs considérés. Entre le monde politique et l'administration, assez nettement séparés sous la IIIe et la IVe République la fusion n'a cessé de progresser durant les années de la République gaullienne, près du tiers des ministres provenant, en fin de période, de la haute fonction publique (Cf. P. Birnbaum, *Les sommets de l'État. Essai sur l'élite du pouvoir en France*, Paris, Seuil, 1977). Entre les dirigeants politiques et administratifs d'une part, les détenteurs des leviers de commande de l'économie d'autre part, la mobilité s'est également accélérée, nombre d'anciens énarques ayant ou non transité par les cabinets ministériels choisissant de « pantoufler » dans le secteur privé, de même que d'anciens ministres et des militaires de haut rang ayant quitté le service actif.

Une catégorie en expansion : la classe moyenne salariée

Contrairement aux représentants des catégories intermédiaires exerçant une activité indépendante, qui comptent nous l'avons vu parmi les vaincus de la croissance, la masse des salariés dont le statut ne peut être relié ni au monde ouvrier ni à la classe dirigeante connaît un essor sans précédent. Au milieu des années 1970, elle représente près de 45 % de la population active de la France, alors que le pourcentage des individus appartenant à la classe moyenne indépendante est tombé à 15 %.

Là encore, l'hétérogénéité est la règle, aussi bien en termes de niveaux de revenus que de positionnement social, tant est grande la distance qui sépare les catégories les plus modestes (employés de commerce, personnel de service) des plus favorisées (cadres supérieurs, ingénieurs). Il existe pourtant entre les individus et les groupes qui composent cette nébuleuse des éléments qui les rendent solidaires et qui concourent à donner une relative cohésion à la classe moyenne salariée. Le sentiment en tout premier lieu, partagé avec les membres de la classe moyenne indépendante, d'appartenir à des couches intermédiaires entre le monde ouvrier ou paysan, dont beaucoup sont issus, et la bourgeoisie que l'on aspire plus ou moins confusément à rejoindre. Le mode de vie et les pratiques sociales d'autre part, mesurés en terme de consommation et d'acquisition d'objets symboliques de l'ascension sociale — l'appartement confortable situé en dehors des zones dortoirs, l'automobile, la télévision, les instruments du confort ménager, voire la résidence secondaire —, de loisirs (vacances d'été et d'hiver, séjours en « clubs », pratique de sports autrefois réservés à l'élite comme le tennis ou l'équitation, etc.), ou encore de demande d'éducation pour les enfants. Enfin une conscience aiguë de la précarité du statut social obtenu en une ou deux générations, qui influence cette large fraction de la société française et la pousse à rejeter les modes d'action revendicative susceptibles de porter atteinte à la prospérité de l'économie, ainsi que les politiques sociales visant à écraser la grille hiérarchique des salaires.

Telle est du moins l'orientation majoritaire de cette catégorie coincée entre deux modèles et deux cultures. Elle génère des comportements individualistes et un conformisme qui constituent de puissants moteurs de la croissance. La conquête des « marqueurs » sociaux qui témoignent aux yeux des autres de la plus ou moins grande réussite de chacun est en effet un enjeu inépuisable — et continûment renouvelé par la publicité — qui nourrit la propension à consommer des représentants de la classe moyenne salariée. Joue en ce sens la reconnaissance d'un archétype de la réussite qu'incarne durant cette période le « jeune cadre dynamique », gros consommateur d'objets à forte charge symbolique (la « voiture de sport ») et figure emblématique d'un bonheur défini par l'avoir et le paraître.

Aussi prégnant que soit ce modèle dans la France des années soixante, il n'est pas exclusif d'autres comportements motivés soit par un positionnement moins favorable dans la répartition des fruits de la croissance, soit par des choix idéologiques affirmés, contestataires de l'ordre existant et de la logique du système, soit encore par la juxtaposition de ces deux mobiles. Il en est ainsi par exemple d'une partie des enseignants, à tous les niveaux, de nombreux étudiants, de représentants du monde des arts, des lettres, du spectacle, bref des « intellectuels », passés de la contestation des guerres coloniales à la critique globale du capitalisme « impérialiste » et consumériste incarné par les États-Unis.

La « société de consommation »

Dès la fin des années cinquante, à contre-courant sans doute de l'aspiration générale, mais avec une remarquable prémonition des événements de 1968, certains observateurs du changement social formulaient un diagnostic sévère sur le futur de ce que l'on commençait tout juste à appeler la « société de consommation ». Ainsi Edgar Morin dans l'hebdomadaire *France-Observateur* :

> « De plus en plus — écrivait-il — apparaîtront aux sociétés évoluées, si elles continuent leur course à la prospérité, l'irrationalisme de l'existence rationalisée, l'atrophie d'une vie sans communication véritable avec autrui comme sans réalisation créatrice, l'aliénation dans le monde des objets et des apparences. Les crises de fureur des jeunes gens, les tourments existentiels des intellectuels, les névroses spiritualistes des bourgeoises de Passy sont déjà les symptômes d'une crise qui se généralisera sans doute un jour. »
>
> (« Sociologie d'un échec », *France-Observateur*, 5 novembre 1959).

Le monde des objets et des apparences est également celui que décrit avec un humour corrosif Georges Perec dans *Les Choses*, un récit publié et couronné par le prix Renaudot en 1965, dans lequel l'écrivain évoque la frénésie de consommation qui a saisi ses contemporains depuis le milieu de la décennie précédente.

Deux faits expliquent ce bond en avant de la consommation des ménages. D'une part, les gains de productivité obtenus dans l'industrie grâce à l'extension et au perfectionnement du travail parcellisé et automatisé, de l'autre la formidable croissance du revenu par tête des Français. Durant les années de la République gaullienne celui-ci a, exprimé en francs constants, augmenté de 50 %. Si l'on ajoute à cela, la diffusion du crédit à court terme appliqué à l'équipement du foyer en outils électroménagers ou à l'achat d'une automobile, et la révolution dans la distribution qu'a représenté l'essor des grandes surfaces commerciales, on comprend que le niveau et le mode de vie des habitants de l'hexagone aient subi de profondes transformations pendant cette période.

On constate ainsi une redistribution sensible des postes dans les budgets des ménages. L'alimentation qui mobilisait encore plus de 34 % des dépenses en 1959 n'en représente plus que 23,9 % en 1975, tandis que l'habillement maintient ses positions autour de 8 ou 9 %. Autrement dit, ce qui avait été durant des siècles la préoccupation majeure des Français tend sinon à devenir marginal, du moins à passer au second rang de leurs préoccupations. En revanche, les dépenses de logement et d'équipement du foyer progressent, passant (si l'on regroupe ces deux postes) de 22 à 26 %. On est de plus en plus souvent propriétaire de son appartement (20 % des 40 ans et plus en 1955, 50 % en 1978), et l'on s'applique à le doter de toutes les commodités offertes par l'« électroménager ». En 1975, le pourcentage des ménages disposant d'un réfrigérateur est supérieur à 90 % : il n'était que de 10 % au début de l'ère gaullienne. Dans le même temps, le pourcentage passait de 15 % à 80 % pour les récepteurs de télévision, de 10 % à 70 % pour les machines à laver.

Trois postes sont également en progrès, bénéficiant des disponibilités fournies par la diminution du poste alimentaire. Les dépenses de santé passent de 7,2 % en 1959 à 11,8 % en 1975. Celles consacrées aux transports s'élèvent durant la même période de 8,9 % à 11,7 %, chiffres qui traduisent mal la véritable révolution que constitue, pour la vie quotidienne des Français, la diffusion de l'automobile. Un peu plus de 20 % des chefs de famille en possédaient une en 1953, ils sont 70 % vingt ans plus tard et nombreuses sont les familles qui disposent de deux voire de plusieurs véhicules motorisés. Quant aux loisirs et à la « culture », leur part dans la consommation des ménages croît de 50 % entre 1958 et 1975, période au cours de laquelle le pourcentage de Français partant en vacances passe de 31 % à 62 %.

À la veille du grand chambardement de 1968, plus de la moitié des ménages français se trouvaient ainsi en possession des quatre produits symboles de l'ère nouvelle : le réfrigérateur, la machine à laver le linge, la télévision et l'automobile, cette dernière constituant à la fois la locomotive de la croissance et un objet de reconnaissance, érigé en mythe social. De cette diffusion du « confort », certains observateurs du paysage social ont conclu un peu vite à l'uniformisation des modes de vie et à l'« embourgeoisement » des classes populaires. Or ces deux notions prêtent à discussion.

L'uniformisation tout d'abord. S'il est vrai que la télévision, la publicité, l'extension des « grandes surfaces », la fabrication en séries d'objets à bon marché, concourent à divers titres au gommage des différences et au développement d'un conformisme « culturel », il n'en est pas moins vrai que la production de masse permet une diversité des produits consommés que ne connaissaient pas les générations précédentes, qu'il s'agisse par exemple du vêtement ou même de l'alimentation. « Le postulat — écrit justement Dominique Borne — consistant à affirmer que la possession des mêmes types de consommation entraîne une uniformisation des comportements serait à examiner de près : en quoi la possession d'un réfrigérateur provoque-t-elle une uniformisation plus grande que la

1005

pratique antérieure du garde-manger ? » (*Histoire de la société française depuis 1945*, Paris, A. Colin, Coll. « Cursus », 1988, p. 132).

Plus discutable encore est la notion d'embourgeoisement des catégories à la base de la pyramide sociale. Pour celles-ci, comme d'ailleurs pour la majorité des Français, l'âge d'or des années soixante constitue plutôt une reconstruction de l'esprit, une relecture du passé effectuée *a posteriori*, par comparaison avec les temps difficiles qui ont suivi, qu'une donnée dont ils ont eu conscience : l'équivalent, si l'on veut de la « Belle Époque » pour la génération des rescapés de la guerre, ou de la « prospérité » pour les témoins de la grande dépression. Tous les sondages réalisés entre 1959 et 1969 font état d'une dissymétrie entre les opinions favorables à l'évolution politique du régime (majoritaires) et le jugement négatif porté par les personnes interrogées sur la situation économique de la France et sur leur propre niveau de vie. Contre toute raison, les Français estiment que celui-ci a régressé depuis les années cinquante, sans doute parce que nombre d'entre eux jugent moins l'évolution de leur « standing » par rapport à ce qu'ils ont vécu dix ou quinze ans plus tôt, que par référence à celui des catégories les plus favorisées.

Or, il est vrai que les fruits de la croissance n'ont pas profité à tous de la même façon. Les détenteurs d'avoirs susceptibles d'être investis dans des entreprises rentables ou placés dans l'immobilier — lequel connaît un boom spectaculaire à Paris — ont été largement bénéficiaires de l'expansion, et ceci d'autant plus que le système fiscal français ponctionne moins les revenus du capital que ceux du travail. Ont tiré profit de cette situation d'une part les « possédants » — 5 % des Français se partagent encore à cette date 45 % du patrimoine national —, et les titulaires de très hauts revenus (8 000 foyers fiscaux ont déclaré en 1970 un revenu supérieur à 400 000 francs à l'administration), d'autre part les cadres supérieurs et les membres des professions libérales disposant de ressources suffisantes pour en investir une partie dans l'achat de biens immobiliers ou de valeurs mobilières. Le phénomène a même eu tendance à s'étendre à des catégories moins fortunées de la classe moyenne salariée.

La croissance en effet a fortement ouvert l'éventail des salaires, les besoins de l'économie en cadres, techniciens supérieurs, ingénieurs, gestionnaires, etc., tirant vers le haut les rémunérations les plus élevées. Au contraire, les bas salaires stagnent et ne doivent d'être réajustés périodiquement (et avec retard) au coût de la vie qu'au souci qu'ont les gouvernements de ne pas laisser s'aggraver des inégalités qui pourraient être à la longue génératrices d'explosion sociale. Cette volonté n'a pas empêché les écarts de la grille des salaires de se creuser. Entre 1955 et 1970, ceux des cadres supérieurs sont passés de l'indice 100 à l'indice

376, tandis que, dans le même temps, le salaire minimum (le SMIG jusqu'en 1969) atteignait seulement l'indice 276, soit un décalage de 100 points par rapport aux rémunérations les plus hautes.

Or tous les Français sont loin de disposer à la fin des années soixante du salaire minimum « garanti ». On évalue à environ 5 millions de personnes (soit près de 10 % de la population totale) ceux qui perçoivent un revenu inférieur à ce qui peut être considéré comme le « seuil de pauvreté » : personnes âgées, chômeurs de longue durée, malades, travailleurs immigrés employés illégalement et soumis par leurs employeurs à des conditions léonines, salariés et petits exploitants agricoles, etc. D'autre part, des catégories moins défavorisées mais dont les rémunérations progressent moins vite que celles du secteur privé parce que, dépendant de l'État, elles ne s'inscrivent pas dans la logique du marché — il en est ainsi des fonctionnaires et du personnel des entreprises nationalisées — se trouvent également en décalage par rapport aux principaux bénéficiaires de la croissance. Il en résulte, dans ce secteur comme dans les branches en perte de vitesse du secteur privé, une agitation sociale plus ou moins sporadique qui peut, comme dans le cas des mineurs en 1963, déboucher sur des mouvements de grande amplitude.

Pour pallier ces effets pervers de la croissance, les gouvernements procèdent, par le jeu de la progressivité de l'impôt, des équipements collectifs (crèches, hôpitaux, stades, bibliothèques, etc.), de « prestations sociales » (Sécurité sociale, allocations familiales, allocations de logement et primes diverses) qui finiront par représenter en 1970 plus de 20% du revenu national, à une redistribution partielle de ce dernier. Il n'en reste pas moins qu'en fait de « société de consommation », la propension à consommer diffère beaucoup d'un groupe à l'autre. Si l'automobile, la télévision, l'équipement électro-ménager sont désormais présents dans la plupart des ménages — au prix d'un endettement qui grève fortement les budgets modestes —, de grandes disparités apparaissent dans des postes tels que la santé, les loisirs et la culture. À la fin de la période, 80 % des cadres supérieurs et des membres des professions libérales prennent des vacances, contre moins de 50 % des ouvriers. Seule une élite fréquente le théâtre, les musées, les expositions de peinture, les salles de concert et voyage — en France ou à l'étranger — dans des conditions qui n'ont pas grand-chose à voir avec les pratiques du tourisme de masse. Enfin, si le cursus scolaire et universitaire est en principe accessible à tous et, si les gouvernements de la Ve République ont fait de réels efforts pour démocratiser l'enseignement, l'accès de fait aux études ouvrant les postes supérieurs d'encadrement reste limité pour les enfants des milieux modestes.

Faut-il admettre dans ces conditions que les mutations qui ont affecté la société française durant les années de forte croissance qui ont coïncidé avec l'ère gaullienne n'ont en rien modifié les hiérarchies sociales ? Cela serait sans doute excessif. Toutefois, l'examen des statistiques montre que la mobilité apparente de cette période correspond davantage à des changements catégoriels liés à la redistribution de la population active entre les principaux secteurs d'activité qu'à une véritable promotion sociale. Le fils d'agriculteur est devenu ouvrier d'usine, celui du boutiquier employé de commerce, mais ni l'un ni l'autre n'ont gravi le ou les degrés qui leur auraient permis de changer de « classe », ou plutôt rares sont ceux qui ont réussi à le faire. Selon les chiffres fournis par l'INSEE pour 1970, plus de 80 % de fils d'agriculteurs sont eux-mêmes devenus agriculteurs (45 %) ou ouvriers (35 %), 65 % de fils d'ouvriers occupent un emploi semblable, tandis que 60 % des fils de cadres moyens et 52 % des fils de cadres supérieurs reproduisent le statut de leurs pères. À la même date, on compte 5,9 % de fils d'agriculteurs, 13 % de fils d'ouvriers et 9,6 % de fils d'employés à l'université, ce qui est très inférieur au pourcentage représenté par ces catégories dans la population active française. Pourtant, il y a eu progression en dix ans, notamment pour les fils d'ouvriers qui n'étaient que 5,5 % en 1961. La question, on le voit, est complexe, et les réponses qui lui sont données dépendent fréquemment des orientations idéologiques de ceux qui les fournissent.

Plutôt que d'une « société bloquée » dans laquelle la mobilité ascendante serait, à chaque niveau, réduite à des transferts quasi marginaux, on peut parler semble-t-il pour cette période d'une mobilité à deux vitesses : relativement rapide du bas de l'échelle aux premières strates de la classe moyenne, puis aux franges supérieures de cette nébuleuse, beaucoup plus lente pour l'accès à l'élite dirigeante, le phénomène de « reproduction » jouant principalement à ce niveau. On peut se demander, s'interrogeaient les auteurs d'un ouvrage paru en 1970 pour tirer les conclusions d'une grande enquête de l'INED portant sur l'évolution de la population scolaire des années soixante, « si les concours d'admission aux Grandes Écoles n'ont pas pour fonction de sélectionner, parmi les adolescents issus des milieux culturellement favorisés, les plus ''doués'', en y admettant également les ''surdoués'' issus de milieux défavorisés et étant parvenus à surmonter le handicap de leur ''malédiction originelle'' en menant à son terme — et brillamment — leur ''scolarité secondaire'' » (*La population et l'enseignement*, Paris, PUF/INED, 1970) [1].

---

[1] Citation tirée de G. Vincent, *Les Français, 1945-1975. Chronologie et structures d'une société*, Paris, Masson, 1977, p. 289.

V

CRÉATION, PRATIQUES CULTURELLES ET CULTURE DE MASSE À L'ÉPOQUE DE LA CROISSANCE

Les quelque quinze années qui s'écoulent entre l'avènement de la République gaullienne et la fin de règne tragique de Georges Pompidou sont-elles révélatrices d'une quelconque unité ou cohérence dans l'ordre du culturel ? Y a-t-il une « culture de guerre froide » qui prend fin avec la IVe République et à laquelle succéderait une « culture de la croissance », puis une « culture de la contestation » ? Et si cela était, compte tenu des inévitables chevauchements et résurgences, de quel côté faudrait-il placer l'ébranlement qu'ont provoqué, dans le champ culturel français, le conflit algérien et ses retombées métropolitaines ? Ultime avatar de la bipolarisation des élites et des créateurs ? Premiers signes d'une remise en cause générale des pratiques et des valeurs liées aux sociétés industrielles et à la croissance ? Quelle importance attribuer d'autre part à ces facettes émergentes de la culture — le terme s'appliquant ici, comme dans les autres séquences de l'histoire du XXe siècle français évoquées dans cet ouvrage, à l'ensemble de la production et de la consommation d'objets symboliques —, en regard de tendances lourdes, inscrites dans la longue durée et peu affectées par les ondes de choc du combat politique ou les simples frémissements de la mode ?

Ce type d'interrogation n'est en rien spécifique de la période considérée ici. Nous nous sommes en gros posé les mêmes problèmes à propos de la « Belle Époque », des « années folles », pour à chaque fois leur apporter la même réponse : à savoir que s'il existe dans un champ temporel donné une ou des tendances dominantes, celles-ci ne sont en quoi que ce soit pas exclusives de lignes de force orientées dans d'autres directions. Ce qui interdit d'appliquer à cette séquence délimitée par un bornage essentiellement politique (1958 : la naissance de la Ve République — 1974 : l'élection présidentielle qui inaugure une nouvelle phase de son histoire) une grille de lecture unique du fait culturel propre aux *sixties*.

Les années algériennes

Jusqu'au milieu des années cinquante, les producteurs de culture ont vécu à l'ombre du « grand schisme » : intellectuels engagés « à leur créneau » dans tous les combats de la guerre froide, aussi bien que simples spectateurs appliqués à dissocier leur art des pesanteurs du politique. Or, si la guerre froide est un phénomène mondial qui ne prend fin — dans sa forme la plus aiguë — qu'au début de la décennie suivante, elle se trouve relayée dans l'hexagone par un événement qui a tôt fait de reléguer au second plan les aspects culturels de l'affrontement bipolaire. « Ce n'est pas de gaieté de cœur, dira Simone de Beauvoir dans *La Force des choses* (publiée l'année qui a suivi les accords d'Évian) que j'ai laissé la guerre d'Algérie envahir ma pensée, mon sommeil, mes humeurs. »

Jean-François Sirinelli a expliqué dans ses travaux [1] que la très relative détente internationale consécutive à la mort de Staline avait été suivie en France d'une véritable « dépression idéologique » : crise sinon du marxisme, du moins de son audience dans toute une partie de la « haute intelligentsia », vide doctrinal d'un molletisme incapable de surmonter ses contradictions, silence de la droite intellectuelle, encore mal remise du discrédit qui l'a frappée à la Libération, et plus généralement incapacité des idéologies et des formations classiques à répondre aux besoins et aux attentes de la jeune génération. Avant même que s'engage la bataille pour ou contre l'indépendance de l'Algérie, le « mendésisme » a servi pendant quelque temps de pôle d'attraction aux déçus et à quelques exclus des grandes familles idéologiques : des jeunes pour la plupart, mais aussi des représentants des générations précédentes comme François Mauriac, des transfuges du PCF et de la SFIO comme des catholiques de gauche et des libéraux en quête d'une « troisième voie », plus efficace et plus humaine que celle dont les « modérés » se faisaient jusqu'alors les paisibles champions.

---

[1] Cf. P. Ory & J.-F. Sirinelli, *Les intellectuels en France de l'Affaire Dreyfus à nos jours*, Paris, A. Colin, 1986, chapitre 9 ; — J.-F. Sirinelli, *Intellectuels et passions françaises. Manifestes et pétitions au XXe siècle*, Paris, Fayard, 1990 ; et du même auteur : « Les intellectuels français en guerre d'Algérie », in *La guerre d'Algérie et les intellectuels français*, sous la direction de J.-F. Sirinelli et J.-P. Rioux, Bruxelles, Complexe, 1991.

Le déclenchement, et surtout l'intensification de la guerre d'Algérie à partir de 1956, allaient vite combler cette vacuité idéologique. La guerre d'Indochine, trop lointaine pour mobiliser les foules, trop exclusivement menée par des militaires de carrière pour inquiéter la masse des Français, n'avait guère remué la conscience nationale qu'au moment du drame final de Diên Biên Phû. Les événements qui ont commencé sur l'autre rive de la Méditerranée à la Toussaint 1954 sont au contraire au cœur des préoccupations hexagonales. L'Algérie, ce sont « trois départements français », a-t-on appris à l'école primaire. Un million d'habitants d'origine européenne y ont pris racine et ont importé dans cette ancienne province de l'Empire turc *la* civilisation. Enfin, la défense de l'Algérie française passe par l'envoi et le maintien sur place des soldats du contingent, donc par un bouleversement radical — et d'autant plus insupportable à beaucoup que la France est alors le seul pays européen à payer de ce prix le maintien de sa présence outre-mer — de la vie familiale, professionnelle, sentimentale de toute une génération.

Le tournant est pris dès 1955 lorsque commencent à filtrer les premières informations concernant l'emploi de la torture par certaines unités de l'armée française. Les premières condamnations viennent des hebdomadaires qui vont devenir les organes de la « nouvelle gauche » : *France-Observateur*, dans lequel Claude Bourdet dénonce la « Gestapo d'Algérie » (n° 244, 13 janvier 1955) et *L'Express* qui publie deux jours plus tard un « papier » retentissant signé de François Mauriac intitulé « La Question ». Suivent des prises de position individuelles et des engagements collectifs s'exprimant à travers des meetings et surtout des pétitions regroupant des personnalités de sensibilité très diverses. Le Comité d'action contre la poursuite de la guerre en Afrique du Nord, qui se constitue quelques mois plus tard, réunit des signatures relevant d'une nébuleuse idéologique composite : à côté de celles d'Edgar Morin, de Sartre, de Dionys Mascolo, de Frédéric Joliot, d'André Breton, on trouve en effet les noms de Jean Cassou, Roger Martin du Gard, Jean Guéhenno, Jean Rostand, Jacques Madaule, Jean Cocteau, Claude Lévi-Strauss, Georges Gurvitch, Jean-Louis Barrault, etc.

Jean-François Sirinelli, à qui nous devons une étude minutieuse et riche d'enseignements sur la fièvre pétitionnaire qui s'est emparée du monde intellectuel français pendant la guerre d'Algérie (*Intellectuels et passions françaises, op. cit.*, chapitre 9), a montré que ces premières prises de position collectives étaient encore très modérées. On appelle à la « cessation de la répression » et à l'« ouverture de négociations ». On dénonce la torture et la « discrimination raciale », mais il n'est fait mention d'aucune solution politique à apporter à la guerre, à commencer par celle de l'indépendance. Il existe donc encore une forte connexion entre le petit monde des intellectuels que révoltent certains aspects de la répression et la majorité des Français qui aspire à la fois au retour à la paix et au maintien de l'Algérie dans la mouvance de la République.

Les choses changent à partir de 1956 avec l'intensification de la guerre, impulsée — contre toute attente — par un gouvernement de gauche présidé par un socialiste. D'une part, le fossé se creuse entre les pétitionnaires réclamant une solution négociée et les partisans de la guerre à outrance. D'autre part, la gauche se scinde entre ceux qui, pour des raisons éthiques et par fidélité aux principes de la démocratie, font passer la justice avant les contraintes de la « pacification », et ceux qui, au contraire, défendent au nom des mêmes principes la nécessité absolue de maintenir en Algérie une présence française érigée en rempart contre le communisme totalitaire et l'obscurantisme. Parmi ces derniers, on trouve des hommes comme Paul Rivet et Albert Bayet, nullement suspects l'un et l'autre de sympathies pour les solutions musclées et dont les positions sur la question algérienne ne sont pourtant pas très éloignées de celles de la droite intellectuelle. Certains, parce que trop impliqués dans le conflit, en même temps que trop intimement liés à la culture politique de la gauche pour trancher aisément, se réfugieront dans le silence : tel Camus, après sa « sortie » à Stockholm en décembre 1957, à l'occasion de la remise de son prix Nobel : « Je crois à la justice, mais je défendrai ma mère avant la justice ».

Divisions à gauche donc, et qui vont s'accentuer avec la poursuite de la guerre, mais aussi divisions chez les catholiques et les libéraux. En témoignent d'un côté l'engagement de Mauriac et celui d'Henri-Irénée Marrou, auteur d'un article publié dans *Le Monde* en avril 1956, « France, ma patrie », dans lequel le grand historien des temps paléo-chrétiens dénonce les « laboratoires de torture », ou encore ce manifeste des intellectuels catholiques portant entre autres signatures celles de Marrou, Mauriac, Pierre-Henri Simon, Jean Delumeau, Jean Lacroix, Georges Suffert, René Rémond, et dans lequel on peut lire ces lignes : « Il faut que les catholiques sachent qu'ils peuvent 'voter à gauche'... Nous souhaitons avant tout être le grain de sable qui bloque l'engrenage de la violence préparé par des fanatiques, des inconscients et des myopes à l'usage des habiles » (*Le Monde*, 23 décembre 1955, cité par J.-F. Sirinelli, « Les intellectuels et Pierre Mendès France : un phénomène de génération ? », in *Pierre Mendès France et le mendésisme*, sous la direction de et J.-P. Rioux, Paris, Fayard, 1985). De l'autre côté, pour ne citer que cet exemple, la légion composite des collègues d'Henri Marrou, tous professeurs en Sorbonne et pour nombre d'entre eux de fibre républicaine et catholique, qui publient, six semaines après le texte du « cher professeur » (selon la formule ironique de Maurice Bourgès-Maunoury), un appel approuvant la politique gouvernementale et « leur adhésion réfléchie à l'effort militaire qui est demandé au pays » (*Le Monde*, 23 mai 1956).

Du refus opposé par nombre de militants et de symphatisants de la gauche aux organisations traditionnelles de cette famille politique — à l'exception du parti communiste, dont l'engagement en faveur de la négociation et de l'indépendance a peut-être freiné le déclin, du moins dans le milieu intellectuel, après le grand exode de 1956 — est née, à la charnière de la IVe et de la Ve République, une « nouvelle gauche » dont la caractéristique majeure a été précisément de se nourrir des désillusions et de la volonté de changement de la nouvelle génération intellectuelle, confrontée aux problèmes posés par la guerre d'Algérie. Ses vecteurs, en attendant la naissance du PSA, puis du PSU : l'UNEF, où les minoritaires prennent le pouvoir en 1956, et le SGEN, le syndicat enseignant de sensibilité chrétienne qui est à l'origine de la CFTD, ainsi que des revues engagées de longue date dans le chemin du non-conformisme idéologique mais auxquelles le combat anticolonialiste va donner un second souffle — *Esprit* et *Les Temps modernes* — et des trois hebdomadaires qui doivent leur percée à la guerre d'Algérie : *L'Observateur*, fondé par Claude Bourdet, Roger Stéphane et Gilles Martinet en 1950 et devenu *France-Observateur* quatre ans plus tard, *L'Express*, apparu en 1953 et porteur pendant quelques années des espérances « mendésistes », *Témoignage Chrétien* enfin auquel ses origines clandestines confèrent un grand prestige au-delà des cercles du catholicisme de gauche. Il faut y ajouter le journal *Le Monde*, principal véhicule au quotidien des écrits et des manifestes émanant des intellectuels favorables à une solution « progressiste » du problème algérien, tandis que *Le Figaro* sert de point de rencontre aux clercs de sensibilités diverses, partisans de l'Algérie française.

Naissance d'une « nouvelle gauche » donc, qui donnera vie quelques années plus tard au PSU, avant de se développer en courant rénovateur au sein même de la vieille maison SFIO. Mais aussi renaissance d'une extrême gauche, marginalisée par le PCF depuis la guerre et à laquelle le conformisme du « parti de la classe ouvrière » permet de retrouver un espace et une clientèle. Vétérans du trotskysme et de la gauche révolutionnaire des années trente, neutralistes et non-conformistes du temps de la guerre froide, appartenant ou non à la famille sartrienne, dissidents communistes sortis par vagues successives de la forteresse stalinienne, sont alors rejoints par de jeunes intellectuels dont beaucoup sont eux-mêmes en rupture avec le PC, à commencer par le groupe des étudiants communistes de la Sorbonne d'où surgiront quelques-uns des leaders étudiants de 68. Le « gauchisme » qui fleurira à cette date prend sa source dans la contestation de la guerre coloniale et forge ses premières armes dans les combats pour l'Algérie algérienne.

La phase « gaullienne » de la guerre, et notamment les deux dernières années du conflit voient les positions se durcir dans les deux camps. L'année 1960 est celle de la « guerre des manifestes ». En octobre commence à circuler un texte signé par un certain nombre de personnalités représentatives des divers cercles de l'extrême gauche non communiste (le PCF se hâte d'ailleurs de le désavouer) : c'est la « Déclaration sur le droit à l'insoumission dans la guerre d'Algérie », plus connu sous le nom de « Manifeste des 121 ». Il porte, entre autres signatures, celles d'écrivains comme Jean-Paul Sartre, Simone de Beauvoir, André Breton, Claude Roy, Claude Lanzmann, André-Pieyre de Mandiargues, Vercors, Alain Robbe-Grillet, Nathalie Sarraute, Marguerite Duras, Claude Simon ; de représentants du monde théâtral et cinématographique comme Arthur Adamov, Alain Resnais, Claude Sautet, Simone Signoret, Alain Cuny ; d'éditeurs comme Jérôme Lindon (Éditions de Minuit), François Maspero, Eric Losfeld ; de journalistes et essayistes comme Jean-François Revel et Jean-Louis Bory ; d'universitaires comme Pierre Vidal-Naquet, Henri Lefebvre et René Zazzo, etc. Le dernier paragraphe de l'appel — dont la publication est interdite mais dont le texte est vite connu — provoque un véritable scandale :

> « — Nous respectons et jugeons justifié le refus de prendre les armes contre le peuple algérien.
> — Nous respectons et jugeons justifiée la conduite des Français qui estiment de leur devoir d'apporter aide et protection aux Algériens opprimés au nom du peuple français.
> — La cause du peuple algérien, qui contribue de façon décisive à ruiner le système colonial, est la cause de tous les hommes libres. »

En réplique au « Manifeste des 121 », paraît — en octobre 1960 également — un « Manifeste des intellectuels français » qui assimile les signataires du texte sur le droit à l'insoumission à « une cinquième colonne qui s'inspire de propagandes étrangères », et les accuse d'être les instruments d'une « guerre subversive, entretenue, armée et financée par l'étranger sur notre territoire — tendant à la désagrégation morale et sociale de la nation ». Parmi ceux qui dénoncent ainsi « les professeurs de trahison », on trouve un certain nombre d'universitaires de droite, qui ont eu l'initiative de la risposte (Jacques Heurgon, Guy Fourquin, Roland

Mousnier, Raoul Girardet, François Bluche, Charles et Gilbert Picard), mais aussi des écrivains comme Roger Nimier, Antoine Blondin, Roland Dorgelès, Pierre Nord, Jules Romains, Michel de Saint-Pierre, des journalistes, artistes, médecins, avocats, ainsi que le maréchal Juin.

C'est également dans le vivier des intellectuels d'extrême gauche que vont se recruter les « porteurs de valises ». Accusés d'avoir aidé dans leurs entreprises des militants du FLN, une vingtaine d'entre eux seront déférés en septembre 1961 devant le tribunal militaire pour atteinte à la sûreté extérieure de l'État. Le chef du réseau, Francis Jeanson, sera condamné par contumace tandis que plusieurs membres de l'organisation seront frappés de lourdes peines de prison (Cf. H. Hamon & P. Rotman, *Les porteurs de valises. La résistance française à la guerre d'Algérie*, Paris, Albin Michel, 1979). À l'audience, est lue une lettre de Jean-Paul Sartre se déclarant solidaire des accusés.

Aussi intense qu'ait été leur action, l'influence des intellectuels sur l'opinion des Français à propos de la guerre d'Algérie est difficile à mesurer. Vilipendés par la presse et par les hommes politiques de droite et d'extrême droite (« La France, déclare Jean-Marie Le Pen en décembre 1955, est gouvernée par des pédérastes : Sartre, Camus, Mauriac »), les pétitionnaires de la « nouvelle gauche » et de l'extrême gauche ont été sévèrement jugés par les détenteurs du pouvoir, aussi bien sous la IVe finissante (Bourgès-Maunoury ironisant sur les « chers professeurs ») que sous la République gaullienne. Le public a dans l'ensemble suivi la condamnation de la généreuse utopie, voire celle de la trahison des clercs, renvoyant à leurs livres et à leurs cafés-crème les « cousins Saint-Germain » (*Paris-Presse — l'Intransigeant*, 24 septembre 1960). Pourtant, les revues et les journaux dans lesquels ils ont écrit — et qui sont des revues et des journaux d'intellectuels — ont eu sur l'évolution du sentiment collectif un impact non négligeable. Les textes de Mauriac et de Françoise Sagan dans *L'Express* dénonçant la torture en Algérie, ceux de Jean Cau stigmatisant les « ratonnades » opérées par les paras dans l'est de la France, les innombrables textes parus dans la presse de gauche après le drame du métro Charonne, n'ont pas été sans écho dans l'opinion. Il y a bien eu, durant les huit années qu'a duré le conflit, une « bataille de l'écrit » dont les partisans les plus résolus de l'Algérie française ont jugé la pression assez forte pour tenter, en fin de parcours, d'en éliminer les acteurs. Parmi les cibles de l'OAS-métropole au début de 1962, figurent en bon rang des intellectuels progressistes et des lieux de diffusion de leurs libelles : des journalistes du *Monde* et son directeur Hubert Beuve-Méry, la librairie Maspero au Quartier Latin, la revue *Esprit*, sont ainsi victimes d'attentats au plastic.

En sens inverse, la guerre d'Algérie a profondément marqué toute une génération intellectuelle. Trop jeune pour participer aux combats de la Résistance et aux affrontements de la guerre froide, celle-ci s'est forgée une conscience et une culture politiques à travers l'engagement qu'elle a pris pour ou contre l'Algérie française. Sa vision du monde, son rapport à la morale et à la *Realpolitik*, son système de références, le souvenir qu'elle a conservé d'événements vécus en commun, tout cela a concouru à façonner chez beaucoup de ceux qui ont été étudiants — et/ou combattants outre-mer — entre le milieu des années cinquante et le début de la décennie suivante une identité collective qui distingue cette génération née autour de 1935-1940 de celle de l'immédiat après-guerre et de la génération 68.

Quant à la création (littéraire, artistique, etc.) directement liée au conflit algérien, elle est — si l'on se place dans la contemporanéité de la guerre — à peu près inexistante. Différence fondamentale avec la guerre américaine au Viêt-nam, dont on sait à quel point elle a servi de matériau brûlant aux créateurs : écrivains, peintres, cinéastes, auteurs de « polars » et de « BD », et ceci dès la début du conflit ou à peu près. En France, interdits judiciaires et autocensure ont conjugué leurs effets inhibiteurs pour gommer les événements du Maghreb dans le paysage culturel des années cinquante et soixante. À l'écran, on n'aborde généralement le sujet que par allusion ou comparaison, comme le fait Marcel Camus dans *Mort en fraude* : la toile de fond est l'Indochine des derniers temps de la domination française, mais le spectateur de 1957 y perçoit la pesanteur du présent et d'ailleurs, les nervis d'extrême droite qui provoquent des incidents dans les salles ne s'y trompent pas. Seul Godard prend le risque dans *Le Petit soldat* (1960) de mettre en scène un déserteur français réfugié à Genève pendant la guerre d'Algérie, renvoyant dos à dos tueurs du FLN et activistes tortionnaires. Il faudra attendre une dizaine d'années pour voir des réalisateurs comme René Vautier, avec *Avoir vingt ans dans les Aurès* (1971) et Yves Boisset, avec *RAS* (1973) faire de la guerre menée par les soldats du contingent le sujet de leurs films.

Il en est de même de tous les genres littéraires — nobles et mineurs — et, pour l'essentiel, des principaux vecteurs de la culture de masse, à l'exception peut-être de la chanson, encore que, pour être entendus — et d'abord tolérés —, ceux qui usent de ce moyen d'expression doivent jouer avec l'ambiguïté ou l'intemporalité des textes : on peut entendre à domicile Yves Montand chanter « La Butte Rouge » et « Giroflée/Girofla » dans un 33 tours consacré aux « vieilles chansons françaises » qui contient également « Le Temps des cerises » et le « Chant des partisans », mais Boris Vian et Mouloudji avec « Le déserteur », ou Francis Lemarque et son « Quand un soldat part à la guerre » sont interdits sur les ondes. Au total, la moisson est maigre. « Qu'est donc — écrit Jean-Pierre Rioux — cette guerre, sans nom mais peuplée de tant de visages défaits, qui n'a fait naître aucun *Temps retrouvé* et aucun *Guernica ?* » (« La guerre d'Algérie dans l'histoire des intellectuels », in *La guerre d'Algérie et les intellectuels français, op. cit.,* p. 53).

Coup de jeune

La fin de la guerre d'Algérie est contemporaine à la fois de l'accélération de la croissance et de la constitution en « classe d'âge » de la génération du *baby boom*. Les quelques millions de « beaux bébés » nés dans les années de l'immédiat après-guerre entrent en adolescence quand cesse l'ultime conflit de la décolonisation française. L'heure n'est plus au tragique, à l'attente plus ou moins consciente et angoissée, du séjour dans les djebels. Pour les *teenagers* — les moins de vingt ans — elle est à l'affirmation d'une identité qui se cherche à travers un rejet collectif des modèles imposés par leurs aînés. Le phénomène n'est pas nouveau. Les « zazous » des années d'occupation, la génération « be-bop » de l'immédiat après-guerre se sont également sentis et voulus en rupture avec les pratiques et les valeurs du monde des adultes. Mais il ne s'agissait que de petits cercles, géographiquement et sociologiquement très circonscrits. Ce qui fait l'originalité des *sixties*, c'est l'émergence d'une culture qui, à des degrés divers, irrigue sinon toute la « jeunesse », du moins une fraction importante de la classe d'âge considérée, et qui de surcroît tend à se constituer elle-même en modèle pour d'autres segments du corps social.

Les avancées technologiques et la sensible amélioration du niveau de vie général qui caractérisent les années soixante sont à la base de cette mutation. Le transistor, l'électrophone, le microsillon qui se répandent dès le début de la décennie dans toutes les couches de la société offrent aux professionnels de la radio, du disque et de la presse spécialisée — en attendant l'explosion télévisuelle — un formidable marché sur lequel ont commencé à opérer dès la fin des années cinquante les observateurs les plus perspicaces du bouleversement en cours. Dès 1959, Daniel Filipacchi et Frank Ténot ont lancé sur Europe 1 une émission — *Salut les copains !* — explicitement destinée au jeune public des « fans » de la nouvelle vague musicale. Le succès croissant de ce rendez-vous quotidien avec les *teenagers* donne à Filipacchi l'idée de prolonger et d'exploiter l'audience de l'émission en lançant un magazine qui paraît sous le même titre à partir de juillet 1962 et qui, dès l'année suivante, tire malgré la multiplication des hebdomadaires concurrents à plus d'un million d'exemplaires. C'est à l'initiative de son fondateur qu'a lieu, le 22 juin 1963 à la Nation, la première grande messe en plein air du culte *rocker*, version « yé-yé » : 150 000 jeunes y applaudissent Johnny Hallyday, Sylvie Vartan, Richard Anthony, les Chats sauvages, etc.

« Quand le jazz est là, la java s'en va », dit une chanson de Claude Nougaro, interprétée par Yves Montand. La formule résume assez bien la mutation qui s'accomplit au tout début de la décennie 1960. Encore que ce ne soit déjà plus le jazz proprement dit qui substitue sa suprématie à celle du « musette » ou de la classique chanson populaire, mais plutôt une forme commerciale et hybride du blues et de la *country music* : le *rock and roll*, apparu aux États-Unis au milieu des années 1950 et popularisé, sous une forme originelle plutôt lénifiante mais avec un immense succès, par des chanteurs tels qu'Eddy Cochran, Elvis Presley et Paul Anka.

Bénéficiant de la diffusion du transistor et du microsillon, le rock a fait une entrée fracassante en Europe aux environs de 1960. En Angleterre, où il trouve son premier public de masse et ses premiers adaptateurs, il se transforme en musique de contestation sociale. Né dans les milieux populaires des grandes métropoles industrielles, il exprime, avec les Beatles et les Rolling Stones, la fureur de vivre d'une génération perturbée par les effets déstabilisateurs de la croissance, alors que le rock américain première manière se voulait plutôt porteur d'un message intégrateur et consensuel. La vogue des rockers d'outre-Manche déferle vite sur la France, mais c'est surtout la musique et la gestuelle des Beatles et de leurs épigones qui déchaînent l'enthousiasme des fans. Le goût du jeune public va plutôt en effet vers une forme très assagie du genre, s'agissant de textes qui ne s'éloignent guère de la thématique sentimentale traditionnelle. Le style « yé-yé » fera ainsi la renommée des officiants du concert de la Nation, et de quelques autres stars du rock francisé : les « Chaussettes noires », Eddy Mitchell, Dick Rivers, etc.

Les générations précédentes s'interrogent sur la signification d'une mode qui conjugue niaiserie et violence. On oppose les caciques de la « chanson française » — ancienne et nouvelle — aux stars déchaînées de la guitare électrique. On oublie qu'on a pris longtemps Trenet pour un fou et qu'il a fallu des années à Brassens pour s'imposer. On ne veut plus se souvenir de la débilité des textes qui ont bercé pendant des décennies les danseurs du samedi soir. Plus près temporellement des jeunes gens qui brisent les sièges de l'Olympia, ceux qui ont eu leur âge dix ans plus tôt n'ont pas toujours gardé un souvenir très vif d'exploits de la même nature : par exemple les sièges cassés et le bar mis à sac lors du concert donné à la salle Wagram par Sydney Bechet et Claude Bolling, pour la « nuit du bac 1950 ».

Ce ne sont pas seulement les goûts musicaux des jeunes que l'on brocarde, ni leurs violences épisodiques qui inquiètent une bonne partie de leurs aînés. Ce sont aussi leur langage, leurs gestes, leurs choix vestimentaires, leur manière de vivre au quotidien et surtout le rejet des valeurs traditionnelles qu'affichent les plus émancipés. Bref, toute une culture qui se dessine en creux par rapport à celle des générations en place, y compris les plus proches chronologiquement. Dans *Rendez-vous de juillet*, sorti sur les écrans en 1949, Jacques Becker dépeignait une jeunesse avide de vivre et peu respectueuse des structures familiales mais authentique et somme toute « positive ». Dans *Avant le déluge*, réalisé en 1953, André Cayatte mettait en scène des « J3 » tragiques, que la menace de guerre et la veulerie des adultes poussaient au crime, les véritables responsables du drame étant les parents. Au contraire les personnages de jeunes bourgeois germanopratins que Michel Carné prend comme cible dans *Les Tricheurs* en 1958 incarnent tous les péchés d'une génération qui ne pense plus qu'à s'étourdir et à jouir du présent. Une génération sans idéal et sans mémoire, telle que la représente en 1963, à travers une dizaine d'interviews soigneusement sélectionnées, Bertrand Blier dans *Hitler connais pas*.

Et pourtant « le temps des copains » a tôt fait de déborder sur d'autres tranches d'âge. Peu à peu les signes vestimentaires et langagiers de la jeunesse, ses goûts — ils ne sont pas tous « mauvais », comme en témoigne le succès retardé des œuvres romanesques de Boris Vian —, sa désinvolture apparente, son refus des conformismes vont être érigés par beaucoup en nouvelles normes sociales. « Être jeune », « rester jeune » devient un impératif prioritaire dans une société qui privilégie, on l'a vu, le dynamisme et les facultés d'adaptation à un monde en pleine mutation. « Toute poussée juvénile — écrit Edgar Morin — correspond à une accélération de l'histoire : mais plus largement, dans une société en évolution rapide, et surtout dans une civilisation en devenir accéléré comme la nôtre, l'essentiel n'est plus l'expérience mais *l'adhérence au mouvement* » (*L'Esprit du temps, op. cit.*, p. 206). Et il ajoute : « La vieillesse est dévaluée. L'âge adulte se juvénilise. La jeunesse, de son côté, n'est plus à proprement parler la jeunesse. *L'adolescence surgit en tant que classe d'âge dans la civilisation du XXe siècle*... Ainsi la culture de masse désagrège les valeurs gérontocratiques, elle accentue la dévaluation de la vieillesse, elle donne forme à la promotion des valeurs juvéniles, elle assimile une partie des expériences adolescentes » (*ibid.*, p. 219).

Les corps constitués de l'État et de société civile vont devoir compter avec le poids de ce nouvel acteur social. L'Église catholique et le PC tentent de canaliser les aspirations des jeunes en développant des entreprises de presse qui sont censées leur répondre : *Nous les garçons et les filles, Bonjour les amis*, etc., sans réussir à entamer les positions du groupe Filipacchi. Les gouvernements de la Ve République développent une politique d'« éducation populaire » qui va connaître ses beaux jours avec les Maisons des Jeunes et de la Culture (un millier environ en 1966). Pourtant, comme le fait remarquer Pascal Ory, les crises à venir sont en germe à l'époque dans le décalage existant entre le projet progressiste des MJC et un discours gouvernemental qui met en avant la nécessité de lutter contre le « désarroi » des jeunes et leur engouement « pour une certaine philosophie de l'absurde » (P. Ory, *L'Aventure culturelle française, 1945-1989*, Paris, Flammarion, 1989, p. 156).

Nouveaux regards

Le temps de la juvénilité est aussi celui de la « nouveauté » recherchée, affichée, ou simplement proclamée par les distributeurs d'étiquettes qui, par médias interposés, font et défont les modes intellectuelles et artistiques.

Nouveauté en littérature avec l'apparition, à la charnière des années cinquante et soixante, d'une production romanesque orientée dans deux directions différentes. D'un côté, prenant le relais de la vague « existentialiste » et du roman social en vogue au temps de la guerre froide, l'innovation vient de jeunes auteurs dont le succès provient de leur aptitude à exprimer les nouvelles valeurs libérées des contraintes de la tradition : Françoise Mallet-Joris (*Le Rempart des béguines*), et surtout Françoise Sagan (*Bonjour tristesse*, 1954, *Un certain sourire*, 1955, *Aimez-vous Brahms ?*, 1959). De l'autre, l'école du « nouveau roman », pour laquelle l'œuvre romanesque devient à la fois un jeu de langage et une recomposition du réel, un peu à la manière dont opèrent les peintres cubistes.

Publiés essentiellement aux éditions de Minuit par Jérôme Lindon, les auteurs que la critique a rassemblés sous cette étiquette — Alain Robbe-Grillet, Claude Simon, Michel Butor, Robert Pinget, Nathalie Sarraute, Claude Ollier et Jean Ricardou — ne constituent en fait une « école » que par le rapprochement qui a été fait entre leurs œuvres respectives de l'extérieur et *a posteriori*. « Pas de chef, écrira Jean Ricardou, de revue, de manifeste » (*Le Nouveau Roman*), ce qui n'est pas tout à fait exact. L'histoire littéraire associe surtout semble-t-il le nom de Robbe-Grillet

(*Les Gommes*, 1953) à l'émergence de ce que Roland Barthes a appelé « à chaud » (ses premiers commentaires critiques datent de la même époque) « littérature objective » ou « littérature littérale », et c'est le même Robbe-Grillet qui publiera en 1963 un recueil de textes dont le caractère de manifeste ne fait guère de doute : *Pour un nouveau roman*.

Là où l'existentialisme avait privilégié le « message » en littérature et favorisé un type de discours « engagé », les protagonistes du Nouveau Roman refusent d'entrée de jeu de confondre le projet littéraire et l'engagement de l'écrivain. Non par souci de rester dans leur tour d'ivoire. L'équipe des éditions de Minuit a pris une part très active aux combats menés par les intellectuels pendant la guerre d'Algérie (notamment au moment du « Manifeste des 121 »). Mais l'on se méfie du bavardage et des « idées » et l'on revendique pour l'écriture le droit de n'être « pourchasseuse que d'elle-même » (Barthes).

Seconde ligne de rupture avec le romanesque traditionnel, la remise en cause de l'« illustration représentative » selon laquelle le roman ne serait que le reflet du monde réel. « Le monde — écrit Robbe-Grillet — n'est ni signifiant ni absurde, il est tout simplement. » Le roman n'a pour but ni de raconter une histoire ni de faire vivre des personnages : il est — écrit Michel Butor — « le domaine phénoménologique par excellence, le lieu par excellence où étudier de quelle façon la réalité nous apparaît ou peut nous apparaître ; c'est pourquoi le roman est le laboratoire du récit ». De là l'importance accordée au formel, à la description minutieuse des formes et des choses telle que la pratiquent Robbe-Grillet dans *Le Voyeur* (1955), Butor dans *La Modification* (prix Renaudot 1957) ou Nathalie Sarraute dans *Le Planétarium* (1956). De là également la volonté de reconstruire subjectivement le monde extérieur. « Chaque homme, dit encore Robbe-Grillet, à son tour, doit réinventer les choses autour de lui. Ce sont les vraies choses, nettes, dures, brillantes, du monde réel. Elles ne renvoient à aucun autre monde. Elles ne sont le signe de rien d'autre que d'elles-mêmes. Et le seul contact que l'homme puisse entretenir avec elles, c'est de les imaginer. » De là enfin le souci de rendre au langage son autonomie, de substituer à l'écriture narrative un langage fragmentaire, hésitant, volontiers elliptique, le seul qui soit à même de reconstruire, à travers le tissu serré de la conversation, la complexité et la subsistance des consciences : une technique que Nathalie Sarraute a expérimentée de bonne heure. En intitulant, dès 1938, son premier roman *Tropismes*, elle a inventé un mot qui allait faire fortune pour définir un type d'exploration scripturale par touches et imperceptibles mouvements de la pensée.

Si les principaux représentants du Nouveau Roman ont en commun une structure narrative qui les différencie des formes ordinaires de la littérature romanesque, ils se distinguent néanmoins les uns des autres par l'accent mis sur tel ou tel aspect de la recherche. La prégnance du temps chez le Michel Butor de *La Modification* (24 heures de la vie d'un homme reconstituées dans les moindres détails pour éclairer une décision intérieure), de *L'Emploi du temps* (1956) et de *Degrés* (1960). La reconstruction de la mémoire dans l'ordre du langage chez Claude Simon (*La Route des Flandres*, 1961 — *Le Palace*, 1962 — *Histoire*, 1967), l'invention d'un « ton » chez Robert Pinget (*L'Inquisitoire*, 1962), l'alliance de la pratique scripturale et de l'analyse théorique chez Jean Ricardou. On ne peut d'autre part limiter la mouvance du Nouveau Roman à l'équipe des éditions de Minuit. Des écrivains comme Jean Cayrol et Claude Mauriac (*Le Dîner en ville, L'Agrandissement*) ont été pendant quelque temps très proches de l'« école du regard ». Raymond Jean (*La Conférence*, 1961) et Georges Perec (*Les Choses*, 1965) en ont fortement subi l'influence, de même que Marguerite Duras (*Les Petits chevaux de Tarquinia*, 1953 — *Moderato Cantabile*, 1958 — *L'Amante anglaise*, 1967, etc.).

Stricto sensu, l'aventure littéraire du Nouveau Roman coïncide avec les années de la guerre d'Algérie et avec celles de la République gaullienne. Lucien Goldmann a pu ainsi la mettre en relation avec les transformations rapides d'une société de consommation dans laquelle, les individus devenant de plus en plus passifs, les « choses » prenaient le pas sur les hommes. En fait, ce qui a été fondamental dans la recherche accomplie pendant une quinzaine d'années par les « nouveaux romanciers », c'est la conscience qu'ils ont eue, et qu'ils ont fait prendre à beaucoup d'autres (Philippe Sollers, Jean Thibaudeau, Jean-Pierre Faye, etc.) du rôle des formes et du langage dans la création romanesque. L'œuvre de Marguerite Duras, qui ne s'inscrit que marginalement dans les frontières du Nouveau Roman, a puisé dans celui-ci une partie de ses éléments novateurs (traitement des personnages, déconstruction du récit, renouvellement des formes scripturales, etc.).

La recherche formelle, l'accent mis sur l'autonomie du langage et la centralité des objets, le rejet des notions traditionnelles d'« intrigue » et de « personnages », pour certains (pas tous) le refus de l'engagement politique, tous ces traits qui caractérisent le Nouveau Roman s'appliquent également à ce que l'on a baptisé non pas « nouveau théâtre » mais « antithéâtre » ou « théâtre de l'absurde ». L'événement fondateur en a été la pièce de Samuel Beckett (né en Irlande en 1906 mais dont les œuvres sont directement écrites en français) : *En attendant Godot*, créée en 1953 au Théâtre de Babylone. L'œuvre théâtrale de Beckett (*Fin de partie*, 1957, *Oh! les beaux jours!*, 1963, *L'Acte sans parole*, 1957 et 1966), comme celle d'Eugène Ionesco (*La Cantatrice chauve*, 1953, *Tueurs sans gages*,

1957, *Rhinocéros*, 1958, *Jeux de massacre*, 1970, etc.), d'Arthur Adamov (*Tous contre tous*, 1953) et de Roland Dubillard (*Naïves hirondelles*, 1961) mettent en scène des individus entre lesquels règne une totale incommunicabilité. Dans « Godot » de Beckett, deux demi-clochards attendent un hypothétique visiteur (Godot, déformation dérisoire de God ?) en poursuivant un dialogue incohérent. Dans *Naïves hirondelles* de Dubillard, les personnages parlent pour ne rien dire et se livrent à des activités gratuites. « Parler pour ne pas penser », pour ne pas agir, en attendant, face à la béance du temps, le silence définitif, tel est le rôle que Beckett assigne à ses misérables « héros ». Son théâtre, écrit Ludovic Janvier, « mince de poids mais lourd de paroles, est avant tout celui du dernier mot, du dernier souffle, du dernier accord de la voix humaine proféré avec maîtrise et dignité à la veille de se taire pour toujours ».

L'innovation scénique ne se réduit pas au « théâtre de l'absurde ». Elle est également présente chez un auteur comme Jacques Audiberti (*L'Effet Glapion*, 1959, *La Fourmi dans le corps*, 1962) dont la dramaturgie baroque se marie avec un langage libéré de toutes les entraves, et surtout chez Jean Genet. Ce dernier, ancien pupille de l'Assistance publique, ancien repris de justice devenu bouquiniste avant d'être découvert par Cocteau et quasiment « statufié » par Sartre (*Saint Genet comédien et martyr*, 1952), a touché à tous les genres littéraires. Dans les œuvres qu'il a écrites pour le théâtre (*Les Bonnes*, 1947, *Le Balcon*, 1956, *Les Nègres*, 1959, *Les Paravents*, 1961), Genet rejette toutes les conventions scéniques pour représenter le réel tel qu'il apparaît dans le jeu de miroirs déformants que constitue le fait théâtral. Créés en 1966 au Théâtre national de l'Odéon dont Jean-Louis Barrault est alors le directeur, *Les Paravents* (qui avaient déjà été montés en Allemagne) font scandale. La guerre d'Algérie est encore toute proche et, à la suite d'un article de Jean-Jacques Gautier dans *Le Figaro*, la critique bien pensante se déchaîne contre une pièce dans laquelle elle ne voit qu'une grossière caricature de l'armée et de la colonisation françaises, alors qu'elle fustige globalement une humanité en déroute, tout entière tournée vers le mal. Un député demande la suppression des subventions accordées à l'Odéon mais André Malraux, alors ministre de la Culture, prend la défense de l'auteur et du metteur en scène (Roger Blin) au nom de la liberté d'expression. Parmi les auteurs qui cherchent à concilier recherche dramaturgique et engagement politique, il faut enfin citer Fernando Arrabal, un antifranquiste espagnol en exil en France et qui écrit en français à partir de 1955 des pièces baroques dans lesquelles il met en scène, lui aussi, une humanité sinistre.

C'est également à la charnière des années 1950 et 1960 que se produit le grand tournant du cinéma français. Il a lieu à un moment où se conjuguent les effets de la croissance, de la stabilisation politique et de la guerre d'Algérie pour donner naissance au phénomène de la « nouvelle vague ». Si l'on considère généralement que ce label ne s'applique qu'aux films sortis sur les écrans à partir de la fin de 1958 — le premier du genre étant *Les Amants* de Louis Malle — il est clair que le mouvement a des précurseurs dont l'œuvre s'inscrit elle aussi à contre-courant d'un conformisme formel qui est un peu la contrepartie de la « qualité française » en matière cinématographique : le Jacques Becker de *Casque d'or* (1952) et du *Trou* (1959), le Robert Bresson du *Journal d'un curé de campagne* (1950), le Jacques Tati des *Vacances de Monsieur Hulot* (1953) et de *Mon oncle* (1958), le Max Ophüls de *La Ronde* (1950) et de *Lola Montès* (1955). L'explosion annoncée de la « nouvelle vague » se situe d'autre part au point d'aboutissement de la réflexion critique entreprise au début des années cinquante par la petite équipe réunie autour des *Cahiers du cinéma* : réaction contre la tendance à la commercialisation de la production cinématographique, visant à substituer un « cinéma d'auteur », réalisé avec des petits budgets, aux productions industrielles, standardisées et essentiellement récréatives qui paraissent devoir l'emporter avec l'essor de la société de consommation.

La « nouvelle vague » proprement dite a ainsi été précédée par le « cinéma d'auteur ». Dès 1948, Alexandre Astruc énonçait en ces termes les canons de la « nouvelle avant-garde » :

> « Le cinéma est en train tout simplement de devenir un moyen d'expression, ce qu'ont été tous les autres arts avant lui... il devient peu à peu un langage. Un langage, c'est-à-dire une forme dans laquelle et par laquelle un artiste peut exprimer sa pensée, aussi abstraite soit-elle, ou traduire ses obsessions exactement comme il en est ajourd'hui de l'essai ou du roman. C'est pourquoi j'appelle ce nouvel âge celui de la caméra-stylo. Cette image a un sens bien précis. Elle veut dire que le cinéma s'arrachera peu à peu à cette tyrannie du visuel, de l'image pour l'image, de l'anecdote immédiate, du concept, pour devenir un moyen d'écriture aussi souple et aussi subtil que celui du langage écrit » (*L'Écran français*, n° 144, 30 mars 1948).

Ces règles, il est vrai, ne seront guère suivies que par un petit nombre de réalisateurs, au premier rang desquels figurent Astruc lui-même (*Le Rideau cramoisi*, 1952, *Les Mauvaises rencontres*, 1955) et surtout Agnès Varda, ancienne photographe au TNP à qui l'on doit, dès 1954, la réalisation d'un premier long métrage — *La Pointe courte* — mêlant l'histoire d'un couple en train de se séparer et la vie des habitants d'un quartier de Sète, en passant constamment d'un sujet à l'autre de façon à déconcerter le spectateur et à empêcher toute identification. Le genre n'est pas encore prêt à trouver un public : le film reste sans distributeur et le second projet de long métrage de son auteur n'obtient pas le financement nécessaire à sa réalisation. Ce n'est qu'en 1961, avec *Cléo de 5 à 7*, qu'Agnès Varda accède enfin à la consécration.

Dans l'intervalle, le séisme a commencé à ébranler le monde des salles obscures et de la critique cinématographique. En 1958, Louis Malle ouvre la voie avec *Les Amants*, un film brûlant dont la séquence centrale, que François Truffaut qualifiera de « première nuit d'amour du cinéma », est dénoncée par la presse catholique pendant le festival de Venise et dont la sortie commerciale bénéficie d'un gros succès de scandale. Suivent en 1959 les deux premiers longs métrages de Claude Chabrol, avec le tandem Gérard Blain/Jean-Claude Brialy, *Le Beau Serge* et *Les Cousins, Moi un noir* de Jean Rouch, *Les Quatre cents coups* de Truffaut et *Hiroshima mon amour* d'Alain Resnais. Viendront ensuite en 1960 *L'Eau à la bouche* de Jacques Doniol-Valcroze, rédacteur en chef des *Cahiers du cinéma, Le Bel âge* de Pierre Kast et *À bout de souffle* de Jean-Luc Godart, dont l'écriture cinématographique (déconstruction des personnages et de l'intrigue, banalité recherchée du dialogue, insistance mise sur les objets) n'est pas sans correspondance avec le Nouveau Roman ; en 1961 *Lola* de Jacques Demy, et *Paris nous appartient* de Jacques Rivette ; en 1962 *Le Signe du lion* d'Éric Rohmer, *Cléo de 5 à 7* d'Agnès Varda et *Le Combat dans l'île* d'Alain Cavalier ; en 1963 enfin *Adieu Philippine* de Jacques Rozier.

L'année 1965 marque la fin de la nouvelle vague en tant qu'« école » cinématographique, encore qu'en fait d'école il en est de ce jeune cinéma d'auteurs comme des mouvements qui agitent au même moment le monde du roman et celui du théâtre. L'hétérogénéité en est grande et les sensibilités qui la composent extrêmement diverses. Du pôle « nouvelle vague » du début des années soixante vont diverger dès le milieu de la décennie des destins cinématographiques aussi dissemblables que ceux d'Alain Resnais et de Jacques Demy, de Claude Chabrol et d'Éric Rohmer, de François Truffaut et Jean-Luc Godard, tous promis à une longue et prolifique carrière. Mais déjà, en 1960 ou 1961, il pouvait paraître abusif de classer sous une même étiquette un cinéma de facture classique comme celui de Louis Malle et les recherches formelles auxquelles s'adonnaient des réalisateurs tels que Godard et Rivette.

Avec le recul du temps, il apparaît que la nouvelle vague n'a pas été porteuse d'une véritable révolution de l'esthétique cinématographique. Elle tranche néanmoins avec la production de la période précédente par un certain nombre de traits. D'abord le renouvellement du personnel : réalisateurs, techniciens, acteurs et actrices (Belmondo, Jean-Pierre Léaud, Gérard Blain, J.-C. Brialy, Jeanne Moreau, Emmanuelle Riva, etc.). En second lieu le style : les films sont tournés en extérieur, sans éclairage additionnel, ce qui donne aux œuvres un ton plus simple et plus léger que celles confectionnées en studio. Les sujets également changent : anecdotes quotidiennes plutôt que les vastes sujets affectionnés par le cinéma « de qualité française ». La technique y est moins prisée dès lors que l'on privilégie le réalisme et non l'esthétique fabriquée des studios. On a dit des réalisateurs de la nouvelle vague qu'ils étaient « davantage des hommes de lettres que des cinéastes... des écrivains qui se servent de la caméra » (Raoul Mille). Comme les praticiens du Nouveau Roman et les dramaturges de l'« anti-théâtre », leur art est principalement un art du regard.

Avant-gardes

Domaines privilégiés depuis le début du siècle des mouvements avant-gardistes, les arts plastiques et la musique dont la musique dite « contemporaine » n'échappent pas au syndrome de la « nouveauté » qui caractérise — dans tous les secteurs de la culture — le discours critique des *sixties*. Pourtant, si innovation il y a durant cette période, la France est loin d'en être l'épicentre. On observe au contraire un assagissement qui tranche avec certaines expériences étrangères, notamment anglo-saxonnes.

Dans le champ de la peinture tout d'abord, la tendance est à la fois à la consécration, voire à la statufication des grands maîtres du non-conformisme d'hier — Clouzot consacre un film au *Mystère Picasso*, Matisse et Léger, morts respectivement en 1954 et 1955, laissent derrière eux d'authentiques musées —, et au retour du « réel ». Cette réaction réaliste, qui n'a pas grand-chose de commun avec les entreprises des disciples français de Jdanov durant les années de la guerre froide, doit également assez peu au *Pop Art* anglo-américain. Celui-ci s'est développé au même moment des deux côtés de l'Atlantique, à Londres d'abord, à la suite de l'exposition à la Whitechapel Art Gallery (*This is tomorrow*, 1956), puis aux États-Unis (Andy Warhol, Jamesquist), dans une perspective visant à appréhender la réalité à travers le quotidien et dans un souci de récupération du matériel iconographique véhiculé par la culture de masse (affiches publicitaires, images télévisuelles, photographies de presse, bandes dessinées, etc.).

C'est en avril 1960 que le critique Pierre Restany publie à Milan son *Manifeste du nouveau réalisme*. La peinture de chevalet, estime-t-il, a fait son temps. Il faut que « désormais la vision des choses s'inspire du sens de la nature moderne, qui est celle de la ville et de l'usine, de la publicité et des mass media, de la science et de la technique ». Pas d'autre style donc que celui qui réside dans la réalité brute de la rue. Quelques jours plus tard se constitue le groupe des Nouveaux Réalistes. Il comprend des artistes tels qu'Yves Klein, Arman, César, Raymond Hains, Martial Raysse, Daniel Spoerri, Jean Tinguely, Jacques Mahé de La Villeglé, rejoints un peu plus tard par Niki de Saint-Phalle, Christo et Gérard Deschamps. En mai 1961 a lieu à Paris la première grande exposition du groupe : *Quarante degrés au-dessous de Dada*. Elle sera suivie d'autres manifestations ; toutefois, à partir de 1963 les activités collectives se raréfient et, en 1970, l'école célèbre publiquement sa dissolution au cours d'une fête organisée à Milan.

Retour au réalisme donc, mais non au figuratif. Réalistes, les peintres et les sculpteurs qui se rassemblent autour du manifeste de Restany ne le sont, comme leurs homologues et contemporains de la *pop culture*, que par les emprunts qu'ils font, pour construire leurs œuvres, à la panoplie d'objets qui peuplent notre environnement citadin, mais le collage ainsi réalisé à partir d'éléments disparates est en fait une pure construction de l'esprit. Hains et Mahé de La Villeglé composent leurs toiles avec des fragments d'affiches lacérées. Arman utilise les objets de manière répétitive ou des débris d'objets préalablement détruits. César procède à des « compressions » (d'automobiles par exemple transformées en balles rectangulaires) ou à des « expansions » (coulées de matière plastique répandues sur le sol). Jean Tinguely confectionne ses sculptures dynamiques avec des pièces de récupération. Daniel Spoerri colle directement sur le support de son ouvrage des objets représentatifs d'un moment et d'un lieu (par exemple ceux qui se trouvent sur la table d'une chambre d'hôtel).

Bien qu'il appartienne en principe, en cette ultime phase de sa brève existence (1960-1962), à l'école du Nouveau Réalisme, Yves Klein se situe en fait très en marge. Poussant à ses limites la logique de l'abstrait, il a présenté en 1958 à la galerie Iris-Clert son *Exposition du vide*, de grands espaces blancs exprimant sa quête du vide et de l'immatériel. Les œuvres qui suivent la naissance du groupe — les *Cosmogonies* qui utilisent des éléments naturels (pluie, foudre, etc.), les *Anthropométries*, empreintes sur la toile de modèles nus féminins enduits de bleu, les « peintures de feu », etc. — visent moins à représenter le « réel » qu'à exprimer une sorte d'angoisse existentielle devant le mystère du futur.

Dans le domaine musical, y compris dans ses formes les plus novatrices et les plus futuristes, l'École de Paris a continué au contraire à jouer un rôle pionnier. Les années soixante voient la « musique concrète » — qui avait connu de beaux succès au cours de la décennie précédente avec les œuvres composées par Pierre Schaeffer et Pierre Henry — se muer en « musique électro-acoustique ». Au sein de la Radio-télévision française se constitue un Groupe de recherches musicales (GRM) qui donne en 1963 son premier concert public. Y collaborent des musiciens comme François Bayle, Luc Ferrari, François-Bernard Mâche, Michel Philippot, Ivo Malec, Guy Reibel, dont le style se démarque des travaux de Schaeffer. Les uns et les autres vont donner au cours des années suivantes des œuvres poétiques et intimistes qui tranchent assez nettement avec le reste de la production européenne : *Espaces inhabitables* de François Bayle — principal animateur du GRM en 1968 —, *Hérétozygote* (1964) de Luc Ferrari, *Cantate pour elle* (1966) d'Ivo Malec, *Violostries* (1964) de Bernard Parmegiani, etc. Quant à Pierre Henry, qui poursuit ses recherches solitaires dans une direction également très différente de celle du maître Schaeffer, il donne en 1967 au festival d'Avignon une *Messe pour le temps présent*, composée avec Michel Colombier pour le Ballet du XXe siècle de Maurice Béjart et qui obtient un très vif succès.

L'autre versant de l'innovation musicale se situe dans le droit fil du « sérialisme intégral », utilisé et diffusé en France par l'un des meilleurs disciples d'Olivier Messiaen : Pierre Boulez. Celui-ci mène depuis le milieu des années cinquante une carrière parallèle de compositeur (*Soleil des eaux*, 1950, *Le Marteau sans maître*, 1955), de chef d'orchestre (il dirige en 1963 à l'Opéra de Paris le création d'un *Wozzeck* mis en scène par Jean-Louis Barrault), d'enseignant et de chercheur (à la tête de l'IRCAM, le département musical du Centre Georges Pompidou). C'est dans la mouvance du Domaine musical, que Boulez anime depuis 1954, que se développent dans les années soixante de nouvelles formes de musique contemporaine, utilisant comme le fait Iannis Xenakis les ressources conjuguées des mathématiques, de la physique (la théorie cinétique des gaz) et de l'ordinateur.

L'architecture française des années soixante est fille d'une nécessité que lui imposent la croissance démographique et l'explosion urbaine. C'est dire que l'espace y est rare pour les tendances avant-gardistes. Le Corbusier meurt en 1965, sans avoir beaucoup marqué, depuis les années trente, le paysage urbanistique français. Les deux « unités d'habitation à grandeur conforme » qui lui ont été concédées une dizaine d'années plus tôt (Marseille et Rezé-lès-Nantes) n'ont guère d'autre signification que celle de « buttes-témoins » dans des ensembles résidentiels dépourvus d'unité et de logique. Son rêve urbanistique, Le Corbusier ne pourra le réaliser qu'hors de France, et même hors d'Europe, en dessinant les plans de la lointaine Chandigarh, au Pendjab. Lui disparu, la France de la croissance va devoir se rallier aux solutions fonctionnalistes de l'avant-guerre, mais, comme l'écrit Pascal Ory, « ce sont celles du Bauhaus simplifiées et industrialisées par les agences américaines, où Mies et Gropius sont devenus des sortes de superproducteurs de prestige, inspirant les travaux de vastes équipes et les exercices d'application de maints artisans plus ou moins talentueux » (*L'Aventure culturelle française, op. cit.*, p. 175).

L'heure est à l'urgence dans la cité. Le rythme de la construction urbaine et péri-urbaine s'accélère jusqu'à atteindre 500 000 logements pour la seule année 1969. Les ZUP (zones à urbaniser en priorité), créées en 1958, donnent lieu à un urbanisme de « barres » et de « tours », où le béton est roi et dont les effets sur la santé et la sécurité des habitants sont catastrophiques. À partir de 1967, quelques tentatives sont faites pour tirer parti des nouveaux plans d'occupation des sols et pour mettre en place un « habitat intermédiaire » moins inhumain : ainsi le groupement de petits immeubles collectifs et de logements individuels que Jacques Bardet réalise dans le Val d'Yerres. Mais la tendance lourde reste celle des « grands ensembles », en attendant les « villes nouvelles » des années soixante-dix.

À défaut d'urbanisme d'avant-garde, Paris se dote néanmoins des signes de la modernité. Dès 1958, de vastes opérations de rénovation sont lancées dans la capitale : l'aménagement du « Front de Seine » par Raymond Lopez, Henry Pottier et M. Proux ; celui du XIIIe arrondissement (« Olympiades » et « Italie-Gobelins »), l'opération Maine-Montparnasse entreprise par Eugène Beaudouin, Raymond Lopez, Urbain Cassan, etc., et qui s'achève en 1973 par la réalisation d'une tour d'acier et de verre haute de 220 mètres. Plusieurs édifices de grand gabarit se voulant représentatifs de leur temps sont édifiés pendant la première décennie de la République gaullienne : l'aérogare d'Orly, à l'esthétique sobre conçue par André Vicariot (1961), le siège de l'UNESCO (1963-1969), près du Champ-de-Mars, dont le plan en Y, l'ossature en béton et les façades en pans de verre signées par Jean Prouvé n'obtiendront que tardivement l'adhésion du public, les Abattoirs de La Villette (1964), aujourd'hui démolis et qui ne sont restés dans les mémoires que par le scandale financier auxquels ils ont donné lieu ; enfin et surtout la Maison de la RTF (1963), un immense ensemble circulaire où le concepteur, Henry Bernard, a su tirer un excellent parti de l'alliance du verre et de l'aluminium.

C'est cependant l'aménagement du quartier de la Défense, prolongement vers l'ouest de l'axe Louvre/Étoile/Porte Maillot, qui constitue le projet urbanistique le plus ambitieux et le plus audacieux de l'après-guerre. Décidé sous la IVe République (1956), il a donné lieu, dès 1958, à la construction du palais du CNIT (Centre national des industries et des techniques), avec son immense voûte d'arête de 22 000 mètres carrés. Ont ensuite été édifiés la tour Nobel de Jean de Mailly et Depussé, les tours Aquitaine, Europe, Charras et une trentaine d'autres immeubles d'une hauteur moyenne de 100 mètres qui font de ce quartier futuriste une sorte de petite Manhattan et un véritable laboratoire de l'architecture de pointe de facture hexagonale.

Permanences

Nouveau Roman, Nouvelle Vague, Nouveau Théâtre, Nouveau Réalisme, tous ces mouvements qui se réclament d'une modernité poussée sur le terreau de la croissance ne représentent, comme les minces légions avant-gardistes des décennies précédentes, que la partie émergée d'un immense archipel que l'innovation affecte peu et qui, en tout cas, constitue l'essentiel de la nourriture culturelle des Français.

Cette nourriture de l'esprit est plus abondante que par le passé. Elle passe, nous l'avons vu par la démocratisation du système scolaire, l'amélioration du niveau de vie, la multiplication des équipements culturels (bibliothèques, salles de théâtre, de cinéma, de concert), ainsi que par un certain nombre de vecteurs et d'institutions (presse, radio, télévision, associations culturelles, ciné-clubs, TNP, etc.). Autant d'agents et de médiateurs qui ne cessent d'accroître leur audience au cours de la décennie 1960. Les « collections de poche » et les « livres-clubs » — le plus souvent distribués par *mailing* — ont permis aux tirages de croître dans des proportions jamais atteintes et à nombre d'écrivains — français et étrangers — d'atteindre une audience qui recouvre désormais de larges secteurs du corps social.

La politique culturelle engagée par la IVe République a été poursuivie et amplifiée par les gouvernements de la Ve. Un ministère de la Culture est créé et confié à André Malraux qui occupe ce poste de 1959 à 1969. S'adressant aux députés en octobre 1966, l'auteur de *La Condition humaine* résume en ces termes son programme d'éducation populaire permanente : « Autant qu'à l'école, les masses ont droit au théâtre, au musée. Il faut faire pour la culture ce que Jules Ferry a fait pour l'instruction. » Vaste projet, qu'il n'est guère facile de mener à bien avec un budget qui n'atteint pas 0,50 % du budget national, mais qui reçoit néanmoins un début de réalisation avec la création des Maisons des jeunes et de la culture : les MJC, conçues comme des centres polyvalents et des lieux de sociabilité, avec bibliothèque, discothèque, salle de lecture, théâtre, cinéma, etc. Malraux crée également la Caisse nationale des Lettres, le Théâtre de l'Est parisien, le système d'avances sur recette pour le financement du cinéma de qualité. Il confie le Théâtre national de l'Odéon à Madeleine Renaud et Jean-Louis Barrault. Dans leur ouvrage célèbre publié en 1963, *Les Héritiers*, Pierre Bourdieu et J.-L. Passeron dénonçaient la reproduction d'un système qui faisait de la culture — au sens noble du terme — le privilège d'une élite bourgeoise. La politique culturelle de la République gaullienne n'a pas aboli ce privilège. Du moins a-t-elle impulsé un mouvement d'accompagnement de la démocratisation culturelle qui sera poursuivi, avec une intensité diverse et des résultats inégaux, après 1969 et jusqu'à nos jours.

La diffusion par les éditions de poche, le disque, les reproductions d'œuvre d'art, etc., favorisent les créateurs dont la réputation est déjà faite : qu'il s'agisse des classiques de la littérature — on n'a jamais autant lu *Madame Bovary* et *Le Rouge et le noir* —, ou d'auteurs contemporains qui ont fait leurs preuves et ont fidélisé un large public. Parmi ces derniers, Sartre et Camus continuent d'occuper une place de choix sur les rayons des librairies, le premier pour son œuvre romanesque et théâtrale des années de la guerre et de l'après-guerre plutôt que pour ses écrits les plus récents, le second « profitant » en quelque sorte de l'effet de mode qui suit sa disparition dans un accident de voiture en janvier 1960. Les tirages de *L'Étranger* et de *La Peste* vont connaître en effet une courbe ascendante qui culminera dans les années 1970 à plusieurs centaines de milliers d'exemplaires chaque année. Quant aux deux grands survivants de la génération littéraire des années trente, s'ils continuent d'écrire beaucoup, ce n'est pas pour prolonger un cycle romanesque qui paraît achevé, mais pour tirer de leur expérience des leçons qu'ils essaient de communiquer aux autres : François Mauriac en se faisant journaliste (le « Bloc-notes » de *l'Express*), critique littéraire (*Le Romancier et ses personnages*, 1953) et mémorialiste (*Mémoires intérieurs*, 1959 et 1965), André Malraux en devenant historien et psycho-sociologue de l'art (*Musée imaginaire*, 1952, *Métamorphose des Dieux*, 1957) ou en recueillant pour la postérité les dernières pensées du général de Gaulle (*Les Chênes qu'on abat*, 1971).

Au-delà de ces caciques et de quelques autres (Aragon, Giono, Simone de Beauvoir, Paul Morand, Montherlant, Anouilh, etc.), les goût du public vont à une production littéraire qui ne s'aventure guère sur les chemins de l'avant-garde. Il y a certes, hors de la mouvance du Nouveau Roman, des exceptions qui font recette, parfois à titre posthume comme Boris Vian. Jusqu'à sa mort en 1959, cet ancien ingénieur centralien devenu une figure du Saint-Germain-des-Prés de l'époque héroïque, écrivain, poète, joueur de trompette, compositeur de chansons, cinéaste, ami de Sartre et de Queneau a produit quelques romans d'inspiration surréaliste qui n'ont trouvé de lecteurs que dans les cercles étroits du Paris « existentialiste » : *L'Automne à Pékin* et *L'Écume des jours* en 1947, *L'Herbe rouge* en 1950, *L'Arrache-Cœur* en 1953. Soixante-huitard avant l'heure, l'onde de mai va faire de lui un des auteurs les plus lus — notamment par les jeunes — de la décennie 1970.

Pour le reste, la tendance est à la permanence des genres et à une relative sagesse de l'écriture : romans d'analyse personnelle comme ceux de Paul Guimard (*Les Choses de la vie*, 1967), Jacques Laurent (*Les Bêtises*, prix Goncourt 1971), Kléber Haedens (*Adios*, 1974) et François Nourrissier (*Bleu comme la nuit*, 1958, *Un petit bourgeois*, 1963, *Une Histoire française*, 1965, *Le Maître de maison*, 1968) ; romans anecdotiques d'une Edmonde Charles-Roux (*Oublier Palerme*, 1966), d'un Pierre-Jean Rémy (*Le Sac du Palais d'été*, Prix Renaudot, 1971) ou d'un Hervé Bazin (*Au nom du fils*, 1960) ; romans de « mœurs » et d'analyse sociologique signés Christiane Rochefort (*Les Stances à Sophie*, 1963, *Les Petits enfants du siècle*, 1961), Romain Gary/Émile Ajar (*Les Racines du ciel*, 1956, *La Vie devant soi*, 1975) ou René-Victor Pilhes (*L'Imprécateur*, 1974) ; récits autobiographiques à la manière de Claude Roy (*Moi, je*, 1969) ; récits sur fond légendaire ou historique avec Michel Tournier (*Le Roi des Aulnes*, 1970) et Marguerite Yourcenar (*Mémoires d'Hadrien*, 1951, *L'Œuvre au noir*, 1968) ; romanesque inclassable enfin d'un Albert Cohen (*Belle du Seigneur*, 1968), d'un J.-M.G. Le Clézio (*Le Procès Verbal*, prix Renaudot 1963) ou d'un Julien Gracq (*Le rivage des Syrtes*, prix Goncourt 1951, *Un Balcon en forêt*, 1958). La liste, on s'en doute, est loin d'être close.

Crise du religieux

Parmi les tendances lourdes de la période, il faut également citer la crise que traversent les églises constituées, à commencer par celle qui rassemble en France le plus grand nombre de fidèles : l'Église catholique. Les années soixante sont celles du concile Vatican II et des retombées post-conciliaires. Le concile œcuménique qui s'est tenu à Rome d'octobre 1962 à décembre 1965 a eu pour effet d'opérer l'*aggiornamento* de l'Église en affirmant le reconnaissance du pluralisme, à l'intérieur et à l'extérieur de l'institution ecclésiale, en proclamant la liberté religieuse, la primauté donnée à la destination commune des biens sur la propriété privée, l'épuration du concept de tradition qui n'est plus confondu avec le respect aveugle du passé, en reconnaissant le rôle essentiel du gouvernement des évêques, enfin en instituant une réforme liturgique qui a substitué l'usage des langues nationales au latin et cherché à obtenir une participation plus active des fidèles aux offices religieux.

Les retombées de cet immense tournant réformiste ont été, en France comme ailleurs, considérables. Encore qu'il ne faille pas attribuer au seul concile des phénomènes qu'il ne fait qu'accentuer et qui relèvent davantage de l'évolution générale des mœurs et de la crise des pratiques religieuses et des croyances qui affecte depuis le siècle précédent le monde industrialisé. La rapide croissance de la décennie 1960 et la déstructuration du corps social qui en est le corollaire se traduisent toutefois par un effondrement de l'appareil clérical et par un spectaculaire recul de la pratique que soulignent toutes les études de sociologie religieuse.

Le nombre des ordinations, qui avait connu une relative stabilisation en amont et en aval du deuxième conflit mondial — on en compte encore 500 par an au début des années cinquante — plonge dès le début de la décennie 1960. Ce ne sont d'ailleurs plus les mêmes prêtres qui s'engagent dans le sacerdoce. Ils se veulent résolument dans le siècle et rejettent les aspects les plus visibles de la présence cléricale dans la société. La plupart d'entre eux troquent la soutane contre le polo et le blouson. Ils cessent, avec la complicité d'une majorité de fidèles, d'organiser les manifestations les plus voyantes du culte, en particulier les grandes processions de la Fête-Dieu et des Rogations. Un certain nombre d'entre eux vont plus loin : ils jugent insuffisantes les réformes introduites par Vatican II et réclament l'abrogation du célibat, le droit d'exercer une activité salariale et celui de s'engager politiquement dans la voie du socialisme. Beaucoup moins nombreux que dans le passé, ils cessent d'apparaître comme les intermédiaires entre Dieu et les hommes et tendent à se fondre dans le corps social.

Du côté de la fréquentation religieuse, la débandade est tout aussi manifeste. La pratique dominicale, qui n'avait baissé que de trois points entre 1948 et 1961 en perd dix au cours des cinq années suivantes : 34 % en 1961 contre 24 % en 1966, conséquence en tout premier lieu du déclin d'une France rurale qui avait depuis un siècle servi de vivier pour les vocations et aussi, s'agissant des régions de l'Ouest, de l'Est et du Centre, de bastions résiduels pour la pratique. Sans doute, plus de 80 % des Français se disent encore catholiques et restent attachés aux pratiques liées aux grands événements de la vie familiale. Il reste que, dès 1970, 20 % d'entre eux optent pour des obsèques civiles et que le nombre de ceux qui s'avouent « incroyants » ne cesse de croître.

La baisse de la fréquentation s'accompagne toutefois, pour ceux qui continuent de se rendre à l'église, d'un approfondissement de leur foi et de l'adoption d'une conception moins formaliste de la pratique. D'autre part, l'Église post-conciliaire a favorisé le retour au pluralisme des options politiques et le glissement vers la gauche d'une partie des catholiques : la conversion de la CFTC en CFDT, l'émergence du PSU dans les années soixante, le rajeunissement et le renouvellement doctrinal du parti socialiste au début de la décennie suivante, le renversement de la conjoncture électorale dans certaines régions de forte pratique en 1981, sont des phénomènes qui, en tout ou en partie, sont liés à cette ouverture de l'institution ecclésiastique et aux changements qui ont affecté la mentalité des croyants dans le sens de la tolérance, de la justice sociale et des libertés.

Cette mutation affecte assez peu le champ culturel. Les grands noms de la littérature catholique — les Péguy, Claudel, Bernanos, Mauriac, Maritain — n'ont pas d'équivalent dans la période post-conciliaire. Gilbert Cesbron poursuit une œuvre estimable de pourfendeur des tares et des injustices sociales (*Chiens perdus sans collier*, 1954, *Libérez Barabbas*, 1957, *Il est plus tard que tu ne penses*, 1958). Henri Queffélec exalte l'homme en communion avec Dieu au travers d'une nature tourmentée (*Un Royaume sous la mer*, 1960). Enfin et surtout, Julien Green rend sensible la présence de Dieu et du Mal dans ses pièces de théâtre (*Sud*, 1953, *L'Ennemi*, 1954) et dans ses romans (*Moïra*, 1950, *Chaque homme dans sa nuit*, 1960).

Si, dans l'ensemble, la communauté protestante épouse — en termes de vocations et de pratique religieuse — la même courbe descendante que la communauté catholique, le judaïsme français a été renouvelé par l'arrivée de 300 000 juifs séfarades à la fin de la guerre d'Algérie, et modifié dans le sens d'un plus grand attachement à la tradition (apprentissage de l'hébreu, retour aux pratiques traditionnelles, etc.).

Génération 68

La poussée de croissance des années soixante a donné naissance à la fois à une sorte de philosophie de la modernité, faite de pragmatisme, de confiance dans le progrès, de volonté réformiste, et symétriquement au refus radical d'un modèle de société, fondé sur le consumérisme et la soumission de la planète aux impératifs du capitalisme.

Sur le versant moderniste et productiviste, les intellectuels ne se bousculent pas. On y trouve le Raymond Aron des *Dix-huit leçons sur la société industrielle* (1962) et des *Trois essais sur l'âge industriel* (1966) et un Jean Fourastié qui n'a pas attendu l'essor des *sixties* pour développer ses vues prospectives et optimistes. *Le Grand Espoir du XXe siècle, Machinisme et bien-être, L'Histoire de demain* ont été publiés dans les années quarante et cinquante, de même que le célèbre « Que-sais-je ? » *La Civilisation de 1960* (1947), devenu « de 1975 » en 1953 et « de 1995 » en 1970. On y rencontre également une petite cohorte d'économistes de réputation internationale, quelques sociologues comme Michel Crozier, quelques politistes également que le séjour outre-Atlantique n'a pas convaincus de la perversité du modèle de développement américain. Au niveau des décideurs politiques, des managers, et semble-t-il de l'opinion majoritaire, l'air du temps est au néo-scientisme et au culte de la déesse croissance. En témoigne le ralliement quasi général de tous ceux qui ont leur mot à dire dans l'aménagement du système scolaire à l'impérialisme des mathématiques.

L'autre versant est plus animé. S'y croisent, après la pause qui a suivi la guerre d'Algérie, de petits groupes d'intellectuels officiant principalement dans le secteur des sciences sociales et les poissons-pilotes d'une génération lycéenne et étudiante qui a grandi avec la croissance et qui, en même temps que le « vieux monde », en répudie les effets pervers. L'Amérique est, dans les deux cas, au centre de leurs préoccupations : en tant que principal acteur d'une histoire au présent qui, pour beaucoup, est celle de l'hégémonie imposée au Tiers Monde par la superpuissance atlantique — le manifeste du « tiers-mondisme » militant, *Les Damnés de la terre*, de Frantz Fanon, est publié en 1961 avec une préface de Jean-Paul Sartre —, en tant que modèle d'organisation sociale débouchant sur la massification, l'uniformisation et l'aliénation des individus, et aussi parce que c'est d'Amérique que viennent, en partie du moins, les outils conceptuels de la contestation.

Sciences humaines et sciences de la société ont en France le vent en poupe depuis le milieu des années cinquante. Dans la mouvance institutionnelle de l'ethnologie, l'« anthropologie sociale » a pris son essor avec les écrits fondateurs de Claude Lévi-Strauss, directeur d'études à l'École pratique des hautes études depuis 1950 : *Structures élémentaires de la parenté* (1949), dans lequel Lévi-Strauss montre comment les rapports de parenté, dont le rôle est central dans les sociétés primitives, s'ordonnent selon des règles symboliques dont la signification varie d'une société à l'autre. Les textes qui suivent, *Tristes Tropiques* (1955), *Anthropologie structurale* (tome I, 1958), *La Pensée sauvage* (1962) mettent l'accent sur les « structures » des groupes humains étudiés, c'est-à-dire sur les liaisons inapparentes mais cohérentes qui régissent la vie de leurs membres. Ce « structuralisme », dont les outils sont largement empruntés à la linguistique et qui occupe bientôt le centre du débat intellectuel, débouche chez certains sur un déterminisme absolu. Le langage devenant le phénomène culturel par excellence et les lois de la pensée s'avérant identiques aux lois de l'univers, il ne peut plus être question pour l'homme de se choisir. On arrive ainsi à un discours philosophique qui se situe, et de manière radicale, à l'opposé de la thématique de la liberté, développée par Sartre.

Sans doute est-il abusif de placer sous la même et commode étiquette du « structuralisme » les entreprises intellectuelles des principaux maîtres à penser de la décennie 1960 : Claude Lévi-Strauss, Louis Althusser, Roland Barthes, Michel Foucault et Jacques Lacan. Chacun a eu semble-t-il, même s'il récuse l'appartenance, au moins sa saison structuraliste. Tous ont en commun d'avoir été partie prenante dans un mouvement de la pensée qui, en privilégiant les structures profondes des agglomérats sociaux, évacue l'homme en tant qu'individu libre et agissant.

Il est vrai que l'humanisme issu des Lumières, donc « bourgeois », n'a pas très bonne presse dans l'intelligentsia d'avant-garde. L'heure est au décapage et à la mise à nu des mécanismes et des illusions qui assurent le fonctionnement et la reproduction de nos sociétés d'abondance et d'aliénation. Pour ce faire, les maîtres à penser de la nouvelle génération intellectuelle disposent de deux outils jusqu'alors jamais utilisés de concert et dont on s'efforce précisément de concilier et de conjuguer les usages : la pensée de Marx, saisie dans sa forme originelle et riche d'interprétations multiples, et celle de Freud brusquement ressurgie sur la scène intellectuelle européenne. On vendait, chaque année depuis les années trente, un millier d'exemplaires de l'*Introduction à la psychanalyse*, et voilà que de 1962 à 1967 les ventes annuelles tournent autour de 25 000.

Parmi les philosophes et les spécialistes des sciences sociales qui s'appliquent ainsi à relier Marx à Freud, il faut d'abord citer Louis Althusser. Né en Algérie en 1918, dans une famille de moyenne bourgeoisie catholique, lui-même fortement marqué dans sa jeunesse par le militantisme « thala », Althusser occupe dans les années soixante une position stratégique très forte dans le modelage de la jeune génération intellectuelle en tant que directeur d'études à l'École normale de la rue d'Ulm. Agrégé de philosophie, entré au parti communiste au temps de la guerre froide, il enseigne à l'ENS une lecture de Marx (*Pour Marx*, 1965, *Lire Le Capital*, 1966-1968), qui, sans sortir complètement de l'orthodoxie, répudie certains dogmes dépassés (*Réponse à John Lewis*, 1973). Son influence sur plusieurs strates de disciplines qui vont, d'une manière ou d'une autre, jouer un rôle important dans les événements de 1968 et au cours des années suivantes — les Balibar, Macherey, Lecourt, Linhart, Régis Debray, etc. — a été considérable.

Dans un autre registre, celle du psychanalyste Jacques Lacan, a été également importante. Installé par Althusser dans les locaux de la rue d'Ulm en 1964, son séminaire — qui drainera pendant quelques années, comme jadis les cours de Bergson au collège de France, le tout Paris des mondanités culturelles — porte sur une lecture des écrits freudiens à travers une grille de lecture linguistique. L'accent est mis sur les lois du langage qui président au destin des hommes, dès leur naissance et avant leur naissance (l'enfant étant déjà présent dans le discours des parents), et qui gouvernent leurs névroses.

De proche en proche, la lecture corrosive du système qui ressort des écrits d'Althusser et de Lacan, aussi bien que de ceux de Roland Barthes ou de Michel Foucault, l'un et l'autre appliqués à pister le « signifiant » et à opérer ce que le second appelle « archéologie du savoir », se diffuse dans une intelligentsia à vrai dire très « parisienne » mais qui s'élargit peu à certains secteurs du monde universitaire. Lecture et corrosion effectuées au demeurant en des lieux idéologiquement très divers, où marxistes, structuralistes et sartriens se croisent et croisent volontiers le fer. Lorsque Foucault publie *Les Mots et les choses* (1966), Sartre déclare dans un entretien avec Bernard Pingaud « C'est le marxisme qui est visé. Il s'agit de constituer une idéologie nouvelle, le dernier barrage que la bourgeoisie puisse dresser contre Marx » (Numéro spécial de *L'Arc*, cité *in* Didier Éribon, *Michel Foucault*, Paris, Flammarion, 1989, p. 192). C'est une façon de rejeter Foucault « à droite », comme le font au même moment les intellectuels orthodoxes du PCF. « Le préjugé anti-historique de Michel Foucault — écrit par exemple Jacques Milhau dans les *Cahiers du communisme* — ne tient que sous-tendu par une idéologie néonietzschéenne qui sert trop bien, qu'il s'en rende compte ou non, les desseins d'une classe dont tout l'intérêt est de masquer les voies objectives de l'avenir. » L'auteur des *Mots et les choses* devra se défendre avec énergie contre la condamnation de son livre par toute une fraction de la haute intelligentsia de gauche. Dans une interview publiée en Suède en mars 1968, opposant le marxisme « mou, fade, humaniste » défendu par Garaudy au marxisme dynamique et rénovateur d'Althusser et de ses élèves, il proclame sa parenté avec le philosophe de la rue d'Ulm : « Vous comprenez en quoi consiste la manœuvre de Sartre et Garaudy quand ils prétendent que le structuralisme est une idéologie typiquement de droite. Cela leur permet de désigner comme complices de la droite des gens qui se trouvent en réalité sur leur gauche ». Et il est vrai que ses écrits et sa pensée connaissent un vif succès dans les cercles qui gravitent autour d'Althusser et qui vont devenir le noyau fondateur de l'extrême gauche « maoïste ».

Ces mouvements concoctés dans les petits cénacles de l'intelligentsia parisienne se développent en même temps que la vague de fond qui, venue d'outre-Atlantique, déferle sur l'Europe de l'Ouest un peu après le milieu de la décennie. La fin de la guerre d'Algérie avait été suivie d'une forte baisse d'intensité du militantisme intellectuel, « les oscillations de l'encéphalogramme de l'intelligentsia française épousant — écrit Jean-François Sirinelli — celles de l'électrocardiogramme du corps civique tout entier » (*Les intellectuels en France, op. cit.*, p. 204). La guerre américaine au Viêt-nam va brusquement ranimer le paysage intellectuel et, dans la bataille qui s'engage autour de 1965, ce sont les jeunes, issus de la génération du *baby boom* ou de leurs aînés — qui vont occuper le premier rang.

Le mouvement de contestation du capitalisme technocratique et de la « société de consommation » qu'incarne prioritairement le modèle américain a commencé à se développer aux États-Unis dès les années cinquante (mouvement *beatnik*), mais c'est surtout à partir de 1964-1965 qu'il a pris l'importance, par réaction à un conflit opposant la nation la plus riche et la plus puissante du globe à un peuple pauvre en révolte contre les séquelles de l'« impérialisme ». Partie des universités californiennes et des milieux intellectuels de la côte Est, la remise en cause de l'ordre mondial de l'après-guerre et de ses fondements économiques et idéologiques s'est vite étendue à d'autres secteurs de l'opinion américaine, trouvant son principal vecteur dans toute une partie de la jeunesse. Elle a ensuite gagné d'autres parties du monde et notamment l'Europe de l'Ouest.

Ici, comme aux États-Unis, la vague contestataire trouve un terrain propice, la prospérité et la liberté dont jouissent les pays de l'Ouest européen paraissant aller de soi pour une génération qui n'a connu ni les privations de la guerre, ni la pesanteur morale de l'occupation, ni même le climat d'insécurité de la guerre froide. Une génération dont la soif d'absolu qui caractérise la prime jeunesse se traduit par d'autres formes de mobilisation et d'engagement que celles de ses aînés. Ses maîtres à penser, elle les trouve chez les représentants les plus en vue de la science sociale américaine ou parmi les grands noms de la sociologie gauchisante qui s'est développée autour de l'École de Francfort : les Marcuse, Adorno, Horkheimer, Habermas, Wilhelm Reich, etc. L'Allemagne va d'ailleurs servir de relais à un mouvement qui, dès 1967, gagne, sous des formes diverses, le Royaume-Uni, l'Italie et bien sûr la France.

Le « gauchisme » qui surgit au-devant de la scène au printemps 1968 prend en fait ses racines dans le mouvement d'opposition à la guerre d'Algérie qui a agité la jeune génération intellectuelle à la charnière des années cinquante et soixante et qui a conduit certains de ses membres à flirter avec les réseaux de soutien au FLN. Il s'est prolongé, on l'a vu, dans un tiers-mondisme auquel la guerre du Viêt-nam fournit brusquement une audience accrue. Dès l'automne 1965, se déroulent à Paris et dans quelques villes de province les premières manifestations contre l'« impérialisme américain ». L'année suivante un Comité Viêt-nam national est créé : il assure la coordination des « comités Viêt-nam de base » qui se constituent dans les universités et les lycées et où nombre de jeunes gens vont faire leur apprentissage politique. Ils serviront souvent de noyaux de contestation lors des événements qui préludent au grand ébranlement de mai-juin 1968.

Jean-Paul Sartre, que l'émergence du structuralisme et le succès rencontré par les nouveaux caciques de la philosophie et des sciences sociales avaient un peu marginalisé, effectue un retour en force spectaculaire en se mettant à l'écoute de la nouvelle classe d'âge et en se faisant le porte-parole du tiers-mondisme militant. Il participe en 1966 au « tribunal Russell », un rassemblement d'intellectuels pour juger les « crimes de guerre » dont les Américains se rendent coupables en Asie du Sud-Est. L'année suivante, il dénonce les bombardements « terroristes » contre le Viêt-nam du Nord et parle de « génocide » pour qualifier l'action des B 52. Il soutient avec éclat la cause de tous les peuples en lutte pour leur indépendance : de l'Amérique latine à l'Asie et de l'Afrique du Sud au Moyen-Orient. Le refus, par l'auteur des *Chemins de la liberté*, de son prix Nobel en 1964 lui confère un grand prestige au sein de la jeune intelligentsia contestataire.

L'heure est à la substitution à la lutte des classes traditionnelle d'une lutte des classes planétaire opposant pays riches dominateurs et Tiers Monde « prolétaire ». Dans la bataille à laquelle participent nombre de lycéens, d'étudiants, de bons élèves des classes préparatoires (la *Khâgne* de Louis-le-Grand constitue l'un des principaux viviers du gauchisme naissant), les textes de référence sont signés Sartre, Régis Debray ou Frantz Fanon, et les signes rassembleurs sont les drapeaux du Viêt-nam et de Cuba : ce sont eux qui flotteront sur la Sorbonne en mai 68.

Dans ce bouillonnement qui agite la jeune génération intellectuelle, l'ennemi n'est pas seulement le capitalisme et l'impérialisme *made in USA*. Ce sont les fondements même de la société industrielle qui sont dénoncés — le modèle de développement adopté depuis le XIXe siècle et que les Soviétiques se sont empressés de copier, la consommation effrénée et ses instruments incitateurs et aliénateurs (publicité, télévision), et avec eux les tendances au contrôle bureaucratique du corps social. La contradiction fondamentale n'est plus celle qui oppose, comme chez les marxistes orthodoxes, capitalisme et « socialisme », mais celle qui existe entre riches et pauvres, impérialistes et anti-impérialistes, Nord3 et Sud, l'URSS « révisionniste » et bureaucratique étant mise dans le même sac que les États-Unis et leurs alliés. De là la fascination qu'exerce sur cette génération la Chine de Mao et le transfert affectif qui s'opère à son profit parmi d'anciens militants du PCF. Pays pauvre en passe de devenir le porte-parole des « damnés de la terre » à l'échelle du monde dominé, la Chine a commencé à expérimenter un nouveau modèle de communisme, un nouveau modèle de développement équilibré entre villes et campagnes, un nouveau modèle révolutionnaire privilégiant la paysannerie et la conquête du champ culturel, comme le recommandait l'Italien Gramsci que redécouvrent au même moment les disciples d'Althusser. Un an avant l'explosion de mai, Jean-Luc Godard évoque en images dans *La Chinoise* cet attrait de la jeune génération d'extrême gauche pour la formule maoïste. Deux organisations politiques s'en réclament : l'Union des jeunesses communistes marxistes-léninistes et le Parti communiste marxiste-léniniste.

La floraison des groupuscules, qui précède les événements de mai-juin 1968, ne s'opère pas seulement dans la mouvance maoïste. Un certain nombre de jeunes communistes ayant rompu avec l'UEC après la guerre d'Algérie, comme Alain Krivine, Pierre Goldmann, Serge July, Alain Forner, Bernard Kouchner, et beaucoup d'autres, vont se retrouver dans des formations qui s'affirment « trotskystes » — c'est le cas de la Jeunesse communiste révolutionnaire, fondée en 1966 — par référence aux thèses défendues trente ans plus tôt par l'ancien adversaire numéro un de Staline : le rejet de la bureaucratie, la révolution permanente, le refus de l'isolement stalinien, etc. Leur fidélité au marxisme, donc à une forme autoritaire de pouvoir prolétarien, éloigne d'eux ceux qui répudient, avec la bureaucratie, toute forme de totalitarisme et d'autoritarisme.

À côté de la composante marxiste, qui occupe le devant de la scène avant le déclenchement de la révolte étudiante, s'est ainsi dévloppée une tendance libertaire qui va, à bien des égards, donner sa tonalité au mouvement de mai et qui doit beaucoup à l'influence du gauchisme allemand, tel qu'il s'est structuré autour des universités de Francfort — où enseignent quelques-uns des grands noms de la sociologie contestataire (Horkheimer, Adorno, Habermas, etc.) — de Göttingen et surtout de l'université libre de Berlin, véritable épicentre de la contestation. De nombreux étudiants de cette université sont venus soit de la République fédérale pour échapper au service militaire, soit de RDA. Ces derniers représentent au milieu des années soixante 5 % de l'effectif total, mais il s'agit d'étudiants fortement politisés qui ont éprouvé une double déception : celle du communisme dans leur prime jeunesse et celle du capitalisme à leur arrivée à Berlin-Ouest. Aussi, rejetant tous les conformismes idéologiques, ils sont à la recherche d'un socialisme « humain » et volontiers libertaire qui imprime sa marque à l'ensemble du mouvement étudiant.

De la critique universitaire (« amphis » surchargés, manque d'enseignants et de moyens, méthodes pédagogiques archaïques, contenu des cours, etc.), ils passent très vite — comme leurs homologues américains et comme le feront leurs épigones parisiens — à la mise en accusation globale du système social fondé sur le consumérisme et l'autorité. Porteurs des aspirations de toute une génération à laquelle le « miracle économique » ne suffit plus et qui refuse toute entrave à sa liberté, les plus déterminés de ces contestataires, pour la plupart enfants gâtés de l'*establishment*, classiquement en rupture avec leur milieu et avec sa morale, vont se regrouper dans ces îlots d'émancipation que veulent être, au sein de la « société répressive », les communautés marginales qui vont prendre le nom de *Kommune I*, puis de *Kommune II* : attitude marginale qui conduira dans les années 1970 un certain nombre d'entre eux à l'action directe et au terrorisme et qui, chez beaucoup d'autres, ne se manifestera que par une transformation radicale du comportement social (mouvement « alternatif », contestation « verte », féminisme militant).

En attendant, le mouvement se sera donné des structures politiques radicales avec le SDS, la Fédération des étudiants socialistes, dissidente du SPD et divers groupuscules, et il aura exercé une influence tout autre que négligeable sur le gauchisme français. Daniel Cohn Bendit, l'un des premiers « enragés » nanterrois, devenu pendant les journées de mai-juin 1968 pour l'opinion bien-pensante le symbole même de la « chienlit » gauchiste, arrive tout droit de l'université de Francfort. Ce qui ne veut évidemment pas dire (on l'a pourtant dit à l'époque) qu'il y ait eu en quoi que ce soit un « complot » fomenté outre-Rhin pour déstabiliser la République gaullienne et/ou le parti communiste. Simplement, l'antériorité du mouvement allemand joue à fond sur un contexte fait des mêmes aspirations (à une plus grande liberté des mœurs, à plus de justice sociale), des mêmes revendications universitaires et d'une identique remise en question de l'ordre social et de l'ordre politique national et international.

Les idées de mai forment ainsi un alliage composite où coexistent, contre toute attente, un marxisme il est vrai revu et corrigé par les analyses althussériennes et un anarchisme diffus, sans projet politique, mais qui irrigue en profondeur l'action et le discours des jeunes gens en révolte. La tendance est en effet au refus de l'autorité et au rejet des contraintes opposées à la liberté et à l'épanouissement de l'être par les institutions en place (État, patronat, armée, parents, professeurs, églises, etc.) et par les morales traditionnelles. Cette volonté de défoulement et de rupture avec les valeurs « bourgeoises », qui relève en partie d'un classique conflit de génération — étendu il est vrai à toute une classe d'âge, ce qui en fait la nouveauté — recherche moins sa légitimation du côté de Marx que de Freud, ou plutôt de ses épigones américains ou germano-américains : Herbert Marcuse (*Eros et Civilisation*, 1955 — *L'Homme unidimensionnel*, 1964) ou Wilhelm Reich. Elle se manifeste dans les slogans affichés sur les murs : « Jouissez sans entraves ! », « Faire l'amour c'est faire la révolution », dans les actions (le refus de la ségrégation entre les sexes dans les résidences universitaires) et dans un comportement social qui vise à faire sauter barrières et conformismes en tout genre.

Au chapitre du politique, deux faits sont à considérer. D'une part, nous l'avons vu, une contestation globale du système qui relie la critique du capitalisme et de la démocratie libérale à la mise en cause du productivisme et à la volonté de préserver la personne humaine des aliénations provoquées par la société de consommation. D'autre part une exigence d'autonomie du mouvement qui a pris naissance dans les universités : autonomie à l'égard des formations politiques classiques, mais aussi de groupes gauchistes jugés trop dépendants des idéologies traditionnelles, fussent-elles « révolutionnaires ». Exemplaire à cet égard a été l'entreprise du mouvement « situationniste », apparu une dizaine d'années plus tôt aux Pays-Bas, implanté en France au milieu des années soixante (notamment à Strasbourg) et dont le « Questionnaire », paru en août 1968 dans la revue *Internationale situationniste* définit la nature et les objectifs. Le mot situationniste, est-il dit dans ce texte,

> « définit une activité qui entend *faire* les situations, non les *reconnaître* comme valeur explicative. Ceci à tous les niveaux de la pratique sociale, de l'histoire individuelle. Nous remplaçons la passivité existentielle par la construction des moments de la vie... Puisque l'homme est le produit des situations qu'il traverse, il importe de créer des situations humaines. Puisque l'individu est défini par sa situation, il veut le pouvoir de créer des situations dignes de son désir... Les mots 'mouvement politique' recouvrent aujourd'hui l'activité spécialisée des chefs de groupes et de partis, puisant dans la passivité organisée de leurs militants la force oppressive de leur pouvoir futur. L'IS ne veut rien avoir de commun avec le pouvoir hiérarchisé, sous quelque forme que ce soit. L'IS n'est donc ni un mouvement politique, ni une sociologie de la mystification politique. L'IS se propose d'être le plus haut

degré de la conscience révolutionnaire internationale » (*Internationale socialiste*, n° 9, août 1968, p. 24).

La coupure de 1974 qui marque le terme de cette partie n'ayant de sens que politiquement, nous verrons dans la suivante quelles ont été, du lendemain des événements de mai à la fin de la décennie suivante les retombées de cette « révolution introuvable » : reflux du gauchisme « généraliste » (P. Ory), développement au contraire d'un gauchisme « spécialisé », ciblant ses attaques sur les nouveaux enjeux de société (l'autogestion ouvrière, le combat des femmes, l'action régionaliste, la défense des minorités sexuelles et bien sûr l'écologie), transfert d'une partie des « idées de mai » sur une large fraction du corps social et récupération de leur capacité novatrice par une société de consommation qu'elles se proposaient de détruire, production enfin d'une culture plus ou moins directement reliée à ces idées et aux événements qui leur sont associés.

Pratiques sociales et culture de masse

Les années de la croissance coïncident avec un formidable bouleversement des pratiques sociales et culturelles des Français. Dans une société dont le pouvoir d'achat moyen ne cesse de croître, où les chômeurs sont peu nombreux, la part des budgets familiaux consacrée à la satisfaction des besoins immédiats (alimentation, logement, vêtement) moindre que par le passé, le « temps de vivre » moins compté que pour les générations précédentes, l'éducation et les loisirs sont devenus prioritaires. C'est en 1962 que le sociologue Joffre Dumazedier publie *Vers une civilisation des loisirs*. L'idée de « loisir », explique-t-il, n'est possible que dans une civilisation qui s'éloigne de ses racines paysannes. Le monde rural est le monde de la « fête », c'est-à-dire d'une activité qui tranche avec la grisaille ou avec la peine de l'existence quotidienne mais qui n'est pas moins intégrée à celle-ci. Le loisir au contraire fait partie de l'univers du citadin, il est le produit d'un mode de vie qui segmente le temps en séquences bien distinctes les unes des autres ; il est — écrit Dominique Borne — « revanche du travail subi » et « symbole d'une autre vie » (*Histoire de la société française depuis 1945*, Paris, A. Colin, 1988).

La pratique du *week end* se répand. Peu nombreux encore certes sont ceux qui possèdent une « résidence secondaire » proche de la ville. Mais les moyens de passer une fin de semaine à la campagne ne manquent pas : petits hôtels et « locations » à la journée, camping, caravaning, visites rendues à des parents ou à des amis, etc. La forte présence du *week end* dans la vie sociale des *sixties* et de la décennie suivante transparaît d'ailleurs à travers les produits culturels du temps : le cinéma notamment, du très symbolique et énigmatique *Week end* de Godard (1967) aux productions du « cinéma-miroir des classes moyennes » réalisées par Claude Lelouch (*Un homme et une femme*, 1966) et Claude Sautet.

Pour ceux qui n'ont pas la possibilité de l'évasion à la campagne, ou lorsque la saison ne se prête pas aux escapades prolongées, le dimanche est par excellence le temps du « loisir ». Un jour chômé dont la signification et la fonction ont considérablement changé depuis le début du siècle, comme l'explique le sociologue Paul Yonnet :

> « En dernier lieu, le temps non travaillé est soumis à une véritable épuration interne. Celle-ci touche essentiellement le dimanche — traditionnellement consacré aux cérémonies du temps contraint — et ne s'applique pas aux congés annuels, initialement vides et comme tels, effectivement, loisir pur. L'évidement du dimanche, sa naissance au loisir moderne, se dessine également dans les années cinquante. Le dimanche devient peu à peu le jour du libre-vouloir, en temps de libre activité — qui peut être le temps du « rien faire-rien penser » — et sur l'utilisation duquel aucune obligation ni contrainte ne doit peser. Cette évolution se traduit par une baisse sensible de la fréquentation religieuse (temps contraint) et par la dépolitisation du dimanche, qui devient une durée blanche et neutralisée, inscrite entre parenthèses dans la vie sociale. L'un des phénomènes les plus caractéristiques de la société des loisirs est l'apparition, dans les années cinquante, du dimanche anomique. Le dimanche évidé devient un jour de cafard (« Je hais les dimanches », chante alors Juliette Gréco, chanson inconcevable trente ans plus tôt... » (P. Yonnet, *Jeux, modes et masses*, Paris, Gallimard, 1985, pp. 71-72).

Le tiercé, lancé par le PMU en 1954 et dont la mise annuelle est passée en vingt ans de 18 millions à plus de 6 milliards de francs, le « foot » et le *footing* (devenu un peu plus tard *jogging* sans beaucoup changer de nature), le déjeuner chez les parents, les soins donnés à la « bagnole » avant la sortie de l'après-midi, la « télé » remplaçant peu à peu le « ciné de quartier », telles sont pour des millions de familles citadines les séquences de cet espace privilégié de la « société des loisirs ».

Les vacances en sont une autre manifestation. Nous avons vu qu'entre 1958 et 1975 le nombre des Français partant en congé était passé de 31 % à 62 % soit un doublement en un peu plus de quinze ans. Vacances d'été tout d'abord qui draînent vers les plages françaises, mais aussi italiennes et espagnoles, des foules de plus en plus nombreuses, qu'attirent, pour les uns, les possibilités d'activité physique et de gardiennage des enfants qu'apportent les jeux de la plage, pour d'autres les longues séances de « bronzage » qu'exigent les canons de la « beauté » stéréotypée, tels que les véhiculent l'image publicitaire et le message des magazines. Là encore, les modalités du séjour estival varient à l'infini, au gré des possibilités financières et des goûts des intéressés : du village de toile aux « quatre étoiles » de la Riviera, en passant par la location d'un meublé ou par les vacances « à la carte » qu'offrent les promoteurs et les « gentils organisateurs » du Club Méditerranée. Créé en 1950, le « Club Med » a pris son essor avec l'arrivée dans l'affaire de Gilbert Trigano, un marchand de toiles de tente qui en a fait en quelques années un véritable mythe hédoniste, un lieu de sociabilité et de permissivité prioritairement destiné à la nouvelle classe moyenne. Entre 1960 et 1970, l'effectif de ses adhérents passera de 60 000 à près de 400 000.

Vacances d'hiver également, pour toutes les bourses (ou presque) et pour tous les âges, le goût de la « glisse » étant communiqué de bonne heure aux générations montantes, avec la complicité des pouvoirs publics et la multiplication des « classes de neige ». De la nécessité d'accueillir, été comme hiver, des foules toujours plus nombreuses de vacanciers, est née toute une infrastructure : « autoroute du soleil » doublant la mythique « nationale 7 » (titre d'une chanson de Charles Trenet), stations de sports d'hiver poussées comme champignons sur les pentes du Jura et des Alpes (Tignes, Avoriaz, La Plagne, Chamrousse) et pour lesquelles promoteurs et collectivités locales ont fait appel à des architectes de talent (Michel Bezançon, Marcel Breuer, Jean Labro, l'équipe UA 5 de Strasbourg, etc.), villages de vacances sur le modèle de ceux édifiés entre 1963 et 1965 à Cap Camarat-Ramatuelle et à Port-Grimaud, ou encore vastes ensembles dessinés à l'échelle d'une ville comme celui que Jean Balladur a conçu pour La Grande-Motte (1965-1969). Ceci, au prix d'une profonde modification de l'environnement et parfois de la destruction du cadre naturel.

Du loisir de masse à la « culture de masse », la distance est courte et le cheminement passe par un certain nombre de médias dont l'importance et la hiérarchie évoluent également très vite au cours de la période considérée. La presse tout d'abord qui, après avoir été jusqu'au milieu des années cinquante le véhicule privilégié de l'information, connaît depuis cette date un déclin régulier, conséquence à la fois de l'émergence de l'audio-visuel, de la raréfaction ou de la disparition de certains lieux de sociabilité (le café, le cercle, etc.), du recul de l'intérêt pour l'écrit, et aussi de nouvelles contraintes économiques. En effet, la révolution technique des procédés de fabrication (photocomposition, recours à l'informatique, *offset*, etc.) ne s'est pas accompagnée, comme dans d'autres domaines, d'une réduction des coûts, car il s'agit de procédés onéreux, vite dépassés et exigeant des investissements considérables. D'autre part, l'organisation très forte des métiers de l'imprimerie et leur traditionnelle combativité ont empêché les entreprises de presse de comprimer autant qu'elles l'auraient souhaité leurs effectifs.

Il en est résulté, dès cette période, un déficit croissant des budgets de fonctionnement des journaux, de plus en plus difficilement comblés par l'augmentation du prix de vente et le recours à la publicité. Nombre de titres issus de la période héroïque de la Résistance et de l'immédiat après-guerre, comme *Franc-Tireur*, disparaissent, tandis que certaines feuilles d'information à grand tirage (*Paris-Presse* par exemple) commencent à éprouver quelque difficulté pour retenir leurs lecteurs. Les quotidiens régionaux — *Ouest-France, La Dépêche, Nice-Matin*, etc. — dans lesquels l'information locale retient en priorité l'attention du public, résistent mieux, de même que les hebdomadaires politico-culturels. Ces derniers connaissent une forte mutation au milieu de la décennie 1960. C'est à l'automne 1964 que paraissent, prenant le relais de *France-Observateur*, les premiers numéros du *Nouvel Observateur*. Comme *L'Express* nouvelle formule, qui accomplit sa mue au même moment, le « Nouvel Obs » s'inspire du modèle des « news magazines » américains (*Time, Newsweek*) ou allemands (*Der Spiegel*). La culture, sous toutes ses formes, avec une prédilection pour les sciences humaines, y occupe un espace au moins aussi important que la politique, et c'est ce dosage qui attire et fidélise un lectorat nouveau : moins d'intellectuels classiques (étudiants, enseignants, professionnels des arts et du spectacle) et davantage de cadres auxquels les diverses rubriques de ces publications fournissent un *digest* culturel intelligemment dosé.

Avec la diffusion du transistor, la radio connaît une seconde jeunesse. Certes, elle occupe dans le système médiatique une place très différente de celle qui avait fait son succès entre les deux guerres et jusqu'au milieu des années cinquante, lorsque la « TSF » trônait au milieu des pièces de séjour et occupait les soirées familiales. Désormais, la mobilité et le faible encombrement des récepteurs permet d'étendre l'écoute à toutes les heures du jour : celles passées à domicile mais aussi à l'atelier, pour les professions n'exigeant pas une attention soutenue, et sur les parcours accomplis en voiture grâce à l'« auto-radio ». Il en résulte des changements importants dans la nature des émissions : le théâtre et les « feuilletons » radiophoniques disparaissent peu à peu, concurrencés par les produits similaires que fournit la « petite lucarne ». Il en est de même des émissions de variété. En revanche, la radio conserve un rôle important pour les informations (plus détaillées que celles de la télévision) et les reportages sportifs. Surtout, elle constitue le véhicule principal d'une subculture « musicale » où coexistent, en proportions inégales, classique et « musique légère », chanson de qualité et romances populaires, jazz, musique « pop » importée ou non d'outre-Manche et, bientôt distillés à hautes doses, produits stéréotypés du « yé-yé ». Relayée par le disque et par les *shows* télévisés, elle concourt très fortement au succès des idoles de la nouvelle génération — les Johnny Halliday, Eddy Mitchell, Richard Anthony, Sheila, Sylvie Vartan, etc. —, ainsi qu'à celui (tout aussi considérable) des représentants de la chanson poétique, et souvent engagée : Charles Trenet, qui poursuit une carrière entamée avant la guerre et constitue toujours un modèle pour les auteurs-compositeurs des générations suivantes, Georges Brassens, Léo Ferré, Jean Ferrat, Claude Nougaro, Francis Lemarque, auxquels il faut ajouter, parmi les interprètes les plus écoutés, Yves Montand et Édith Piaf.

Si la radio réussit à maintenir ou à élargir son audience en occupant les quelques espaces laissés vacants par la télévision, il est clair que cette dernière constitue, à partir du milieu de la décennie 1960, l'instrument médiatique dominant. Son envol coïncide à peu près exactement avec les débuts de la République gaullienne : il y avait en 1958 un peu moins d'un million de récepteurs équipant seulement 9 % des ménages. Sept ans plus tard, on dénombre 5 millions d'appareils (42 % des foyers), 10 millions en 1969 (plus de 60 %). À cette date, les téléspectateurs consacrent déjà 22 heures par semaine à ce qui est devenu pour nombre d'entre eux leur principale activité de loisir.

L'État, par le truchement de la RTF puis de l'ORTF, exerce sur ce nouveau média un monopole absolu qui n'est pas sans effet sur l'orientation des programmes et surtout sur la manière dont est choisie, présentée et commentée l'« information », sur la chaîne unique — jusqu'en 1964 — puis sur les deux chaînes du réseau. Contrôle donc, de la part des pouvoirs publics, et par conséquent risque de conformisme, tant politique que culturel. Mais ce contrôle génère aussi un souci du service public qui est une garantie de la qualité des programmes. Certes, tout n'est pas d'égale facture dans les productions de la « télé » des années soixante. La publicité y fait une entrée discrète en 1969. Les « variétés » (le *Palmarès des chansons* et les « jeux » (*Intervilles*) trouvent en Guy Lux leur animateur de choc : l'équivalent des Jean Nohain et Jean-Jacques Vital de la radio des années cinquante. Les « feuilletons » y drainent un public de plus en plus nombreux, qu'ils soient américains (*Les Incorruptibles, Au nom de la loi, Les Envahisseurs*, etc.) ou français (*Thierry la fronde, La Caravane Pacouli, Chambre à louer, Janique aimée*). Les intellectuels rechignent devant ce qu'ils considèrent comme une machine à conditionner et à abêtir les masses, et ceci d'autant plus que le

« message » télévisuel dispose de nombreux relais dans la presse : pages spécialisées des quotidiens et des hebdomadaires et surtout organes particuliers. Lancé en 1960, *Télé 7 jours* dépasse déjà les deux millions d'exemplaires cinq ans plus tard.

Querelle des anciens et des modernes ? Pas tout à fait semble-t-il car, si la « télé » est capable du pire, elle peut aussi avoir vocation à produire et à diffuser le meilleur ou le passable. En octobre 1961, Jean Prat obtient un très vif succès avec son adaptation des *Perses* d'Eschyle. De grands magazines d'actualité comme *Cinq colonnes à la une* (Pierre Dumayet, Pierre Lazareff, Pierre Desgraupes), des émissions historiques de haute tenue comme *La Caméra explore le temps* (Stellio Lorenzi, André Decaux, André Castelot), des « dramatiques » confectionnées par des réalisateurs de talent (Stellio Lorenzi, Marcel Bluwal, Jean Prat), des émissions culturelles (*Lectures pour tous, Terre des arts*), retiennent devant le petit écran des publics qui ne sont pas seulement composés d'enseignants et d'individus ayant poursuivi des études supérieures.

La télévision concourt ainsi à forger une sorte de *vulgate* culturelle commune, où les Français puisent leurs références et leurs modèles d'identification. Ceux-ci peuvent être des vedettes de l'écran, les héros des feuilletons ou les stars du *show biz*. Ils peuvent aussi appartenir à l'élite du sport-spectacle en ces années d'expansion et de « grand dessein » qui constituent un temps faste pour de nombreuses disciplines du muscle. La troisième place de la France à la Coupe du monde de football à Stockholm (1958), les succès récurrents du Quinze de France dans le Tournoi des cinq nations (commentés par Roger Couderc, jusqu'à son limogeage en 1968 : « Allez les petits ! »), ceux des skieurs « tricolores » lors des Jeux d'Hiver à Grenoble en 1968 (Jean-Claude Killy, Marielle Goitschel), les exploits accomplis par Christine Caron en natation (record du monde du 100 mètres dos en 1964), Colette Besson (médaille d'or du 400 mètres aux Jeux de Mexico en 1968), Michel Jazy en athlétisme (jusqu'à sa défaillance au 5 000 mètres des JO de Tokyo en 1964, transformée en déroute nationale par les commentateurs du petit écran), Jacques Anquetil et Raymond Poulidor en cyclisme, etc., tous ces événements ont eu, grâce à la « télé » un écho qui n'a pas été sans effet sur le façonnement d'un certain consensus français en regard de la politique de « grandeur » impulsée par le général de Gaulle.

VI

LE « GRAND DESSEIN » PLANÉTAIRE DU GÉNÉRAL DE GAULLE ET SES ALÉAS (1958-1974)

La présence du général de Gaulle à la tête d'une France modernisée et dotée d'institutions solides s'inscrit dans un contexte international qui est à la fois celui de l'apogée des « trente glorieuses » et, à partir de 1963, celui de la « détente » entre l'Est et l'Ouest : deux conditions éminemment favorables, que le fondateur de la Ve République va mettre à profit pour tenter d'imposer à ses partenaires occidentaux sa propre conception de l'alliance et l'idée qu'il se fait de la construction de l'Europe.

Une fois réglés — non sans difficulté — les problèmes posés par la seconde vague de la décolonisation, il va engager la France dans une voie qui, en donnant la priorité à l'affirmation de son indépendance nationale, n'est pas sans effet sur l'évolution de l'Europe. Politique que va poursuivre, avec quelques correctifs, son successeur Georges Pompidou.

La France et le monde dans la vision du général de Gaulle

Indépendance et souveraineté, tels sont les deux maîtres mots du discours gaullien en matière de politique internationale. « Il n'y a rien de plus constant — affirme-t-il dans sa conférence de presse du 28 octobre 1966 — que la politique de la France. Cette politique, en effet, à travers les vicissitudes très diverses que nous présentent notre temps et notre univers, tend à ce que la France soit et demeure une nation indépendante » (*Discours et messages*, Paris, Plon, V, p. 97).

Ainsi la politique étrangère doit-elle poursuivre un objectif majeur, celui d'assurer non seulement la simple survie de la nation — mission à laquelle n'ont pas failli les gouvernements de la IVe République —, mais son indépendance et sa « grandeur ». Une telle conception s'inscrit, chez le général de Gaulle, dans une philosophie de l'histoire fondée sur la primauté de l'État-nation, seule entité vivante et durable de la société internationale, forgée par un passé commun, définie par des valeurs et une culture spécifiques et maintenue soudée par des épreuves, des projets, une volonté d'appartenance vécus collectivement. De là, la mission historique qui s'impose aux gouvernants, et en particulier au chef de l'État : le général de Gaulle le dit clairement dans sa conférence de presse du 9 septembre 1965 :

> « Dès lors qu'une nation est formée, qu'à l'intérieur d'elle-même des données fondamentales, géographiques, ethniques, économiques, sociales, morales sont la trame de sa vie, et qu'au-dehors elle se trouve en contact avec les influences et les ambitions étrangères, il y a pour elle en dépit et au-dessus de ses diversités, un ensemble de conditions essentiel à son action et, finalement, à son existence, qui est l'intérêt général. C'est d'ailleurs l'instinct qu'elle en a qui cimente son unité et c'est le fait que l'État s'y conforme ou non, qui rend valables ou incohérentes ses entreprises politiques. Dans une démocratie moderne, tournée vers l'efficacité, et, en outre, menacée, il est donc capital que la volonté de la nation se manifeste globalement quand il s'agit du destin. Telle est bien la base de nos présentes institutions. »
>
> (*Discours et messages, op. cit.*, IV, p. 388.)

La Constitution de 1958 marque-t-elle en ce domaine une rupture avec celles de 1875 et de 1946 ? Dans une certaine mesure non. Elle stipule en effet, comme celle qui a donné naissance à la IIIe République, que « le président de la République négocie et ratifie les traités », et « est informé de toute négociation tendant à la conclusion d'un accord international non soumis à ratification ». Si elle précise d'autre part, en son article 5, que le chef de l'État est « le garant de l'indépendance nationale, de l'intégrité du territoire, du respect des accords de Communauté et des traités », et en son article 15 qu'il est « le chef des armées » présidant « les conseils et comités supérieurs de la Défense nationale », elle ne lui confère en principe aucun monopole dans la conduite de la politique étrangère. En effet, selon les articles 20 et 21, c'est le gouvernement qui « détermine et conduit la politique de la nation » ; c'est lui qui « dispose de la force armée », et c'est le Premier ministre qui « dirige l'action du gouvernement » et est « responsable de la défense nationale ».

Comment a-t-on pu parler dans ces conditions de « domaine réservé » pour qualifier l'action du président dans le domaine extérieur ? Sans doute faut-il y voir un abus de langage de la part d'adversaires politiques qui, une fois parvenus au pouvoir, ont poursuivi les mêmes buts et utilisé les mêmes pratiques que l'ancien chef de la France libre. Il est clair toutefois que, dans les faits sinon dans la lettre de la constitution, les contrepoids au pouvoir présidentiel sont, en ce domaine, de peu de d'importance. Le Parlement, surtout après la réforme instituant en 1962 l'élection du chef de l'État au suffrage universel, n'a qu'une faible prise sur la conduite et le contrôle des affaires extérieures. Le gouvernement et le Premier ministre sont — et ils le resteront jusqu'à la « cohabitation » de 1986 — choisis par le président au sein d'une majorité stable se réclamant des grandes options présidentielles. Les titulaires du Quai d'Orsay — Maurice Couve de Murville de 1958 à 1968, puis Michel Debré jusqu'à la retraite du général, Maurice Schumann et Michel Jobert sous la présidence de Georges Pompidou — sont des fidèles du général, tout comme Pierre Messmer, ministre des Armées de 1960 à 1969. Enfin le développement de l'arme nucléaire a fortement favorisé la concentration et la personnalisation du pouvoir présidentiel dans tous les domaines liés à la diplomatie et à la défense. Le responsable des destinées du pays, élu par les citoyens, n'est-il pas investi en effet de la responsabilité suprême que lui confère le choix éventuel d'engager ou non la France dans un conflit nucléaire ?

L'« idée de la France » qui nourrit le discours et l'action du général de Gaulle implique tout d'abord qu'aucune restriction ne soit apportée au principe de la souveraineté de la nation. Il y a là un postulat fondamental qui a guidé jusqu'à nos jours tous ceux qui se réclamaient du gaullisme historique et qui explique les résistances que certains d'entre eux opposent aujourd'hui encore à toute avancée européenne allant dans le sens de la supranationalité. La conception gaullienne de l'État-nation se traduit d'autre part par de vives réticences envers les entraves à la souveraineté, qui peuvent résulter des engagements que la nation a dû souscrire pour faire face aux défis de la guerre froide. Non pas que le général de Gaulle soit hostile à l'alliance elle-même : il le montrera lors des graves crises internationales du début des années soixante. Mais il entend que la France reste maîtresse de son destin et s'oppose à tout ce qui, dans l'organisation et le fonctionnement du traité de l'Atlantique Nord, limite sa marge d'action et subordonne les choix imposés par la défense commune aux décisions de la superpuissance tutélaire.

Il ne s'agit pas seulement de restituer à la France l'indépendance que lui a fait perdre le « régime des partis » : il faut encore restaurer sa position mondiale, lui « rendre son rang ». On a beaucoup glosé à l'époque sur le caractère jugé dérisoire par certains de la politique de « grandeur » que le général entendait mener à l'échelle planétaire, comme s'il avait nourri l'illusion de voir notre pays faire jeu égal avec les superpuissances de l'heure. Il avait trop le sens du réel pour ne pas voir que la France était devenue une puissance moyenne que la montée de nouveaux pôles condamnait, à terme, à un relatif déclin. Ce qu'il voulait, c'était enrayer ce déclin amorcé au lendemain du premier conflit mondial et accéléré, selon lui, par le « régime des partis ». La France ne serait sans doute plus jamais une très grande puissance. Mais elle pouvait aspirer à figurer au premier rang des puissances de moindre envergure. Il lui en avait donné, estimait-il, les moyens institutionnels et militaires. Il fallait encore qu'elle en eût la volonté. Le « grand dessein » planétaire ne visait ainsi à rien d'autre qu'à mobiliser les Français, à les rassembler autour d'un projet commun, à leur redonner confiance en la destinée de leur pays. De là l'impatience avec laquelle de Gaulle s'est emparé des premiers signes du « redressement » pour convaincre ses compatriotes de l'utilité des efforts qui leur étaient demandés. Ainsi dans sa conférence de presse de septembre 1965 :

« Sans doute, l'inconsistance du régime d'hier avait-elle contrarié le redressement national. Mais celui-ci est maintenant évident, voire impressionnant. Nous sommes un peuple qui monte, comme montent les courbes de notre population, de notre production, de nos échanges extérieurs, de nos réserves monétaires, de notre niveau de vie, de la diffusion de notre langue et de notre culture, de la puissance de nos armes... Nos pouvoirs publics font preuve d'une stabilité et d'une efficacité que, depuis bien longtemps, on ne leur avait pas connues. Enfin, dans le monde entier, les possibilités de la France, ce qu'elle fait, ce qu'elle veut faire, suscitent à présent une attention et une considération qui tranchent avec l'indifférence ou la commisération dont, naguère, elle était trop souvent entourée. Bref, nous pouvons et nous devons avoir une politique qui soit la nôtre. »

(*Discours et messages, op. cit.*, IV, p. 383.)

Certains ont voulu voir dans le projet volontariste du général de Gaulle, appliqué à la politique étrangère, un moyen de forger un consensus pour surmonter les clivages traditionnels de la vie politique et de la société françaises. Telle est la thèse avancée dans un ouvrage récent par Philip G. Cerny (*Une politique de grandeur*, Paris, Flammarion, 1986) : le projet planétaire conçu par de Gaulle n'aurait pour cet auteur qu'une signification métaphorique, l'objectif réel étant d'ordre intérieur et visant à rétablir l'unité de la nation. Or, s'il est incontestable que la politique extérieure gaullienne a recueilli une large approbation dans les diverses couches de la population française — 50 % de satisfaits entre juin 1965 et décembre 1968 contre moins de 20 % de mécontents et 30 % de sans avis —, il est beaucoup moins sûr que tel ait été le but principal du fondateur de la Ve

République. Tout ce que nous savons de lui, tout ce qu'il a écrit et dit à ce sujet incline au contraire à penser que la politique extérieure était pour de Gaulle la seule qui ait une importance véritable. Que le consensus ait été nécessaire à sa réussite, et que le discours mobilisateur du général ait concouru à son élargissement, tant mieux. Mais il s'agissait davantage d'un moyen que d'une fin. De même, la politique économique, la politique sociale, la politique culturelle de la Ve République visaient avant tout à donner à la France les moyens d'exercer son action dans le monde, de reconquérir son rang, de figurer parmi les puissances indépendantes et souveraines, bref d'« être à nouveau la France ».

Pour cela, il importe d'abord de parer au plus pressé. Lorsque le général de Gaulle reprend en main la direction des affaires, la position internationale de la nation est fortement dégradée. Si les gouvernements précédents ont réglé sans trop de heurts les questions tunisienne et marocaine, le problème algérien paraît engagé dans une impasse dont les retombées internationales entravent l'action de la France et ternissent son image de puissance moderne et respectueuse des droits de l'homme. Sa situation financière catastrophique la met à la merci de ses créanciers étrangers. Sa dépendance militaire à l'égard de la superpuissance atlantique — seule capable en cas de conflit de relever le défi nucléaire soviétique — rend sa souveraineté illusoire, ou du moins limite fortement son autonomie politique. Aussi, les premières années de la République gaullienne vont-elles être consacrées à la liquidation de ce passif et à la mise en place des moyens jugés nécessaires pour que soient réalisés les objectifs d'indépendance nationale et de reconquête du rang fixés par le chef de l'État.

La difficile levée de l'hypothèque algérienne

L'immense majorité des Français qui ont approuvé par leurs suffrages le retour au pouvoir du général de Gaulle l'ont fait avec l'espoir d'une fin prochaine de la guerre d'Algérie. Simplement, tous ne concevaient pas de la même manière le scénario du rétablissement de la paix. Pour les « pieds noirs », comme pour la majorité des habitants de l'hexagone, celle-ci ne peut être que le résultat d'une victoire sur le terrain ou d'une négociation en position de force qui obligerait le FLN à accepter la solution de l'intégration. 52 % des personnes interrogées, selon un sondage de l'IFOP, se déclarent favorables à cette solution, contre 41 % seulement de partisans de l'« Algérie algérienne ». Ceux-ci ne cessent toutefois d'élargir leur audience au sein d'une opinion qui souhaite avant tout la fin des combats et le retour dans leurs foyers des hommes du contingent.

Entre ces impulsions contradictoires, le général de Gaulle ne peut que rechercher une voie de compromis. De ce qu'il pense lui-même de l'avenir de l'Algérie, nous ne savons pas encore grand chose aujourd'hui. A-t-il été conscient depuis 1955 ou 1956, comme l'affirment certains, de l'inéluctabilité du processus de décolonisation, y compris pour cette terre conquise de longue date, dotée d'un statut particulier et sur laquelle a fait souche une importante minorité européenne ? A-t-il au contraire piloté à vue, sans projet véritablement arrêté au départ, en épousant en quelque sorte le fil des événements et l'évolution des esprits ? Des deux hypothèses, la seconde paraît la plus vraisemblable.

Quelles que soient ses préférences initiales, de Gaulle se garde bien de se découvrir. Certes, lorsqu'il se rend en Algérie pour la première fois après son retour au pouvoir, en juin 1958, il paraît incliner du côté des défenseurs de l'Algérie française. Le fameux « Je vous ai compris » lancé à la foule algéroise le 4 juin n'est pas très explicite, mais à Mostaganem il s'est laissé aller à crier « Vive l'Algérie française ! » et les termes qu'il emploie dans son allocution radio-diffusée du 13 juin ne disent guère autre chose : « Pacifier l'Algérie. Faire en sorte qu'elle soit toujours, de corps et d'âme, avec la France. » Les décisions qui suivent, politiques et militaires, paraissent confirmer ces paroles prononcées dans la chaleur du contact avec ceux qui attendent de lui un engagement total dans la lutte contre l'ALN. Élu président de la République, il fait appel pour diriger le gouvernement à Michel Debré dont les interventions à la tribune du Sénat et les articles du *Courrier de la colère* ont fait l'un des chefs de file de l'Algérie française. Le 3 octobre, à l'occasion d'un quatrième voyage, il présente les grandes lignes d'un plan quinquennal destiné à rallier les masses algériennes à la solution française. Ce « plan de Constantine » prévoit en effet la redistribution aux indigènes de 250 000 hectares de terres cultivables enlevées aux colons, la création de 400 000 emplois nouveaux, la mise en place d'une industrie sidérurgique et d'une industrie chimique, la scolarisation de toute la jeunesse algérienne, le développement de l'équipement sanitaire et des transports, et prend l'engagement de réserver aux musulmans le dixième des postes administratifs, etc. Le coût prévu est de l'ordre de 2,5 milliards de francs : on voit mal comment un tel effort financier pourrait être consenti s'il ne correspondait pas à la volonté de maintenir l'Algérie dans le giron de la France.

Il en est de même des efforts militaires. En décidant de substituer au « quadrillage » des zones contaminées par la rébellion des opérations offensives dirigées contre l'ALN, solidement implantée en Kabylie, dans la région de Tlemcen, les Aurès et les Nementchas, le général de Gaulle et son principal exécutant sur le terrain, le général Challe, paraissent signifier qu'ils ont choisi de détruire intégralement les forces rebelles. En fait, cette satisfaction donnée aux militaires vise au moins autant à les rassurer, à leur rendre confiance de façon à reprendre en main une armée que les déboires subis en Indochine et dans le Maghreb ont conduite au bord de la dissidence.

Tel est le contexte dans lequel de Gaulle va offrir aux chefs de la rébellion une reddition honorable. Ignorant la constitution en septembre 1958 au Caire d'un Gouvernement provisoire de la République algérienne, présidé par Fehrat Abbas, il lance dans sa conférence de presse du 23 octobre la formule de la « paix des braves » : « Que ceux qui ont ouvert le feu le cessent et qu'ils retournent sans humiliation à leurs familles et à leur travail ». Les libéraux français qui voient dans cette perche tendue aux rebelles une perspective de négociation accueillent favorablement le propos du chef de l'État. Les partisans de l'Algérie française manifestent au contraire leur scepticisme et leurs inquiétudes. Quant au FLN, il refuse tout net d'envisager un « cessez-le-feu » préalablement à l'ouverture de négociations.

Or, s'il est militairement affaibli, le FLN ne cesse de marquer des points sur la scène internationale et de cela, le général de Gaulle, très soucieux de l'image de la France dans le monde, ne peut se désintéresser. En août 1959, le GPRA a été admis à la conférence de Monrovia qui réunit les premiers pays indépendants d'Afrique, et il s'est vu promettre par ses partenaires une aide politique et militaire (sous forme de livraisons d'armes). À l'ONU, où l'Assemblée générale doit se saisir à l'automne du dossier algérien, les pays du Commonwealth ont fait savoir qu'ils s'abstiendraient ou voteraient contre la France. Aux États-Unis se manifeste un fort courant en faveur d'une solution négociée. Bien qu'il entende ne céder à aucune pression étrangère, le chef de l'État perçoit bien que l'opinion internationale désavoue de plus en plus nettement la politique algérienne française et cette condamnation d'une attitude colonialiste dépassée contrarie les objectifs de sa politique étrangère. À cela s'ajoute la montée des oppositions à la guerre en France même où la gauche n'est plus seule à réclamer l'ouverture de négociations. Un sondage de mai 1959 révèle que 71 % des Français sont désormais favorables à cette solution.

Jusqu'à l'automne, le général de Gaulle paraît encore hésiter entre les deux voies possibles : la négociation avec le GPRA ou la guerre à outrance contre la rébellion. Tenant deux fers au feu, il ne décourage ni ceux de ses interlocuteurs qui lui demandent d'assurer par les armes la survie de l'Algérie française, ni les éléments libéraux l'incitant à agir dans l'autre sens, y compris dans les rangs du gouvernement (Pierre Sudreau, Jean-

Marcel Jeanneney, André Boulloche, Paul Bacon). Finalement, le 16 septembre 1959, il annonce, dans une allocution radiotélévisée, la nouvelle donne de sa politique algérienne. Il reconnaît le droit des Algériens à l'autodétermination, avec la faculté de choisir entre la « francisation » — c'est-à-dire l'intégration à la métropole, à laquelle il ne croit guère —, la « sécession » (autrement dit l'indépendance, qu'il assimile au chaos) et l'autonomie dans l'association, ses préférences allant de toute évidence à cette troisième voie. Mais il pose deux conditions au FLN : le maintien du Sahara hors de la mouvance algérienne et la cessation des combats.

Pourtant la guerre va durer encore trente mois. Une guerre de « routine » principalement axée sur le maintien du « quadrillage » et la surveillance des frontières, mais également ponctuée d'opérations sporadiques dans les zones montagneuses servant de refuges à l'ALN et d'actes terroristes entraînant représailles et emploi de la torture. Pour la mener à bien les Français ont fait appel à des unités indigènes, les *harkas*, sortes de milices villageoises qui servent de force supplétive à l'armée et qui soulèvent une haine très vive de la part de leurs compatriotes passés à l'ALN ou simplement sympathisants de la rébellion. Parallèlement aux opérations de maintien de l'ordre, on s'est efforcé sur le terrain de rallier à la cause de la « francisation » une partie de la population musulmane. De jeunes officiers SAS (de carrière ou issus du contingent) ont ainsi reçu pour mission de protéger les indigènes, et aussi d'exercer auprès d'eux une œuvre d'alphabétisation et d'action sanitaire et sociale. Beaucoup l'accompliront avec une grande abnégation, ralliant des villages entiers à la cause de l'Algérie française, sans réussir cependant à faire basculer de ce côté des masses algériennes pour lesquelles l'action de l'ALN représente le combat pour la liberté et la dignité. La rigueur et l'aveuglement manifestés dans certaines actions de représailles — moins nombreuses et moins sanglantes qu'on l'a dit parfois mais néanmoins brutales et peu compatibles avec l'image que la France entendait donner d'elle-même — ont fait le reste.

L'allocution du 16 septembre 1959 ne règle rien dans l'immédiat. Du côté du FLN, on reste ferme sur le principe de la négociation préalable au cessez-le-feu. Des contacts sont noués en mars 1960 entre le chef de la wilaya 4 (l'une des provinces militaires du FLN) et des représentants du gouvernement français, puis repris en juin avec l'envoi d'une délégation de la rébellion à Melun et un projet de voyage en France de Fehrat Abbas, mais ils achoppent du fait des divisions internes du FLN et de l'intransigeance de ses interlocuteurs.

Du côté des partisans de l'Algérie française, la proclamation du droit des Algériens à l'autodétermination a marqué le début de la rupture avec le général de Gaulle. En France même, si un homme comme Michel Debré, dont l'attachement à la présence française en Algérie ne fait pourtant aucun doute, choisit la fidélité au chef de la France libre et le respect d'un État républicain qu'il a fortement contribué à restaurer, des hommes politiques et des intellectuels venus d'horizons divers (le gaulliste Jacques Soustelle, le démocrate-chrétien Georges Bidault, les socialistes Robert Lacoste et Max Lejeune, etc.) optent pour la résistance à la politique gaullienne : les uns par simple réflexe nationaliste, les autres parce qu'ils se sentent héritiers d'une culture républicaine pour laquelle la France, pays-phare de la civilisation, se doit d'apporter aux peuples d'outre-mer protection et « progrès ». En face d'eux, outre la masse de ceux qui approuvent la politique du chef de l'État ou qui souhaiteraient qu'elle soit plus rapidement mise en œuvre (c'est le cas de la majorité réformiste de la SFIO), se dressent les représentants de l'opposition de gauche, communistes en tête, et les gros bataillons des intellectuels qui militent en faveur de la négociation et de l'indépendance. Des hebdomadaires comme *L'Express* et *France-Observateur*, des livres comme *La Question*, d'Henri Alleg, dénoncent la torture et les méthodes répressives de l'armée. Des manifestes et des contre-manifestes circulent : celui des « 121 » signé en septembre 1960 par un groupe d'intellectuels parmi lesquels figurent Jean-Paul Sartre, Françoise Sagan, Marguerite Duras, Simone Signoret, défend le droit à l'insoumission pour les jeunes du contingent appelés à combattre en Algérie, ou celui que paraphe quelques jours plus tard un petit groupe d'intellectuels de droite rassemblés autour de Roger Nimier, Antoine Blondin, Roland Dorgelès, Jules Romains et Michel de Saint-Pierre pour dénoncer les « professeurs de trahison ». On voit même s'organiser des réseaux de soutien au FLN, comme le Réseau Jeune Résistance de Francis Jeanson.

En Algérie, les partisans de la négociation ne représentent qu'une mince frange de la population européenne, acquise dans sa grande masse aux thèses de l'Algérie française. Sans doute les « activistes » qui militent dans divers mouvements extrémistes — le MP 13 de Robert Martel, le Front national français de Jean-Jacques Susini et Joseph Ortiz, etc. —, ne représentent-ils qu'une minorité bruyante dont l'objectif est de substituer une dictature « de salut public » au régime en place à Paris, mais dans les conditions dramatiques que connaît l'Algérie leurs voix ne sont pas sans écho, aussi bien dans la masse des « petits Blancs » qui ont tout à perdre de la « sécession » d'un pays où ils sont nés et qu'ils considèrent comme leur patrie, que parmi les membres de la classe moyenne et dans les rangs des étudiants algérois. L'armée pour sa part est divisée entre ceux qui, par fidélité, par tradition d'obéissance ou par souci de leur carrière font passer ces considérations avant leur attachement à l'Algérie française, et ceux qui — nombreux surtout parmi les colonels et les capitaines ayant combattu en Indochine — vont choisir de franchir le Rubicon, les uns pour des raisons idéologiques, les autres parce qu'ils s'estiment détenteurs d'une légitimité historique qu'ils ne manquent pas de comparer à celle dont le général de Gaulle s'est lui-même réclamé en juin 1940.

Considérant que l'ancien chef de la France libre doit son retour au pouvoir à son engagement tacite en faveur de l'Algérie française, les uns et les autres ont le sentiment d'avoir été bernés. Dès l'automne 1959, ils rêvent d'un nouveau 13 mai qui se ferait cette fois contre le général de Gaulle et porterait au pouvoir un groupe de militaires décidés à mettre fin à la rébellion. À deux reprises, les partisans les plus résolus de l'Algérie française vont ainsi engager l'épreuve de force avec Paris.

Du 24 janvier au 1er février 1961, à la suite de la destitution du général Massu — auteur d'une interview accordée à un journal allemand, dans lequel l'ancien vainqueur de la « bataille d'Alger » faisait état du divorce intervenu entre l'armée et le pouvoir —, les activistes algérois tentent de soulever la population civile et d'entraîner les militaires : c'est la « semaine des barricades » qui ébranle un moment le gouvernement mais échoue en raison de la fermeté manifestée par de Gaulle et du loyalisme affiché par le haut commandement. Il suffit d'une apparition du chef de l'État en uniforme sur les écrans de la télévision, le 29 janvier, pour que les choses rentrent dans l'ordre. Les gendarmes mobiles entourent les réduits retranchés que les étudiants de Pierre Lagaillarde et les militants extrémistes ont édifiés à Alger, sans qu'il soit nécessaire de donner l'assaut. Privé de perspectives politiques et abandonné à ses seules forces, le mouvement s'est effondré de lui-même.

L'alerte est plus sérieuse en avril 1961. Le pourrissement de la situation sur le terrain et la montée du courant indépendantiste en France ont amené le général de Gaulle à relancer la dynamique de la négociation. De discours en conférences de presse, il en est venu à préciser les notions d'autodétermination et d'« Algérie algérienne ». Dans l'allocution radiotélévisée prononcée le 4 novembre 1960, il a pour la première fois parlé d'une « République algérienne » qui aurait « son gouvernement, ses institutions et ses lois » et « où les responsabilités seront aux mains des Algériens ». Autrement dit, il a fait savoir aux Français des deux rives de la Méditerranée et à leurs interlocuteurs musulmans, en même temps qu'à l'ensemble de la société internationale, qu'il ne s'opposerait pas à la constitution d'un État indépendant. Lors de l'ultime voyage qu'il a fait en Algérie, du 9 au 13 décembre, il a pris le pouls des populations concernées, et il n'a pu que constater leur division et leur radicalisation. À Alger, les 9, 10 et 11 décembre, des heurts violents ont opposé les « pieds noirs » aux forces de l'ordre, puis aux manifestants indépendantistes.

Tel est le contexte dans lequel s'est déroulée la campagne pour le référendum sur l'autodétermination et l'organisation provisoire des pouvoirs publics en Algérie. Prévu pour le 8 janvier 1961, celui-ci visait très clairement à ratifier les orientations de la politique algérienne du général et à lui donner l'autorité nécessaire pour négocier directement avec le FLN. Or il s'est traduit en métropole par un raz-de-marée des « oui » : 75 % des suffrages exprimés contre 25 % à un cartel des « non » regroupant les communistes, les radicaux, l'extrême droite et diverses personnalités irréductiblement attachées à la défense de l'Algérie française, parmi lesquelles Jacques Soustelle et le maréchal Juin. En Algérie, où les deux communautés étaient invitées à exprimer leur avis, il n'y a eu au total que 30 % de suffrages négatifs, mais à Alger-Ville la proportion des « non » a atteint 72 %. Les partisans de l'Algérie française se trouvent donc le dos au mur quand s'amorce la négociation avec le GPRA.

Dans la nuit du 21 au 22 avril 1961, les hommes du 1er REP s'emparent des points stratégiques d'Alger sans rencontrer de résistance sérieuse et arrêtent le général Gambiez, commandant en chef, le préfet de police de la ville et quelques autres personnalités qui ont tenté de s'interposer. Les généraux Challe, Jouhaud et Zeller, rejoints le 23 par le général Salan, venu d'Espagne, prennent la tête de la rébellion contre Paris et envisagent une action aéroportée en métropole. Le refus des soldats du contingent de suivre les putschistes, une série d'arrestations dans les milieux activistes métropolitains et une très ferme intervention télévisée du chef de l'État suffisent à provoquer en quelques jours la désintégration du mouvement. Poussé par les Européens d'Algérie à se joindre aux militaires rebelles, le gros de l'armée n'a pas suivi, incliné à l'obéissance par le sang-froid et l'autorité du général : « Au nom de la France, j'ordonne — a déclaré celui-ci — que tous les moyens, je dis tous les moyens soient employés pour barrer partout la route à ces hommes-là, en attendant de les réduire. J'interdis à tout Français, et d'abord à tout soldat, d'exécuter aucun de leurs ordres ».

On ne pouvait être plus clair. Conscient de l'importance de la partie qui se joue, non seulement pour l'avenir du régime qu'il a instauré trois ans plus tôt, mais pour celui de la France et pour le rôle qu'il souhaite lui voir tenir dans un monde qu'a stupéfié l'annonce du putsch, le général de Gaulle a pris le risque d'un affrontement direct avec les unités rebelles. Sa détermination a fait que le pire a été évité. Dès le 25 avril, les généraux Challe et Zeller choisissent la voie de la reddition, tandis que Salan,

Jouhaud et les colonels organisateurs du putsch prennent le chemin de l'exil. La voie est libre pour l'ultime étape.

Depuis la rencontre de Melun, en juin 1960, toutes les tentatives faites pour engager un véritable dialogue avec le FLN ont échoué. La négociation n'a pu s'engager qu'à partir du moment où de Gaulle a accepté les trois conditions posées par ses interlocuteurs : cessez-le-feu, maintien de la souveraineté algérienne sur le Sahara — dont la France souhaitait garder le contrôle en raison de ses ressources en hydrocarbures — et règles de l'attribution aux Français d'Algérie de la double nationalité. Le général ayant cédé sur le second point, des entretiens secrets peuvent être engagés en Suisse en février 1962, suivis de négociations officielles qui commencent le 7 mars à Évian.

En Algérie, les derniers mois de la guerre sont marqués, de part et d'autre, par une escalade de la violence qui frappe indistinctement les combattants et les populations civiles. Groupés depuis l'hiver 1960-1961 dans une organisation paramilitaire clandestine qui s'est donné pour objectif d'empêcher par tous les moyens que l'Algérie cesse d'être française — l'Organisation Armée secrète (OAS) —, les activistes ont commencé, après l'échec du putsch, à multiplier les attentats terroristes, en Algérie comme en métropole. Du côté du FLN, on a conscience de la hâte du général de Gaulle d'en finir avec une guerre qui l'empêche de réaliser son programme de politique étrangère et trouble fortement la conscience collective des Français (la manifestation du 8 février au métro Charonne, à Paris, a fait huit morts). On cherche donc à faire pression sur le gouvernement français en provoquant sur place une aggravation irréversible de la situation, d'une part en intensifiant l'action militaire, d'autre part en accélérant le rythme des attentats.

C'est dans ce climat que se déroulent à partir du 7 mars les discussions finales d'Évian. Les accords auxquels elles aboutissent le 18 mettent fin à la guerre, en même temps qu'à 130 ans de souveraineté française en Algérie. Un cessez-le-feu doit intervenir dans les 24 heures. En attendant le scrutin d'autodétermination, qui aura lieu dans les trois mois, un Exécutif provisoire de 12 membres (dont 9 musulmans), nommé par Paris, exercera le pouvoir. Il est placé sous la présidence du nationaliste modéré Abderhamane Farès. Les combattants et détenus politiques devront être libérés dans les vingt jours. L'armée française a trois ans pour évacuer le pays, à l'exception de la base de Reggane au Sahara et de celle de Mers el-Kébir (respectivement conservées pour une durée de cinq et quinze ans). L'Algérie reste dans la zone franc et reçoit l'aide prévue par la France dans le cadre du plan de Constantine. Les Français doivent choisir, dans les trois ans, entre l'une ou l'autre nationalité, ceux qui souhaitent conserver la nationalité française et rester en Algérie jouissant d'un statut privilégié. Une coopération économique et culturelle est prévue. En apparence, les accords d'Évian rendent possible le régime d'association souhaité par le général de Gaulle. En fait, le FLN a obtenu l'essentiel de ce qu'il exigeait, la France devant se contenter de garanties précaires pour un temps limité.

L'application des accords implique d'une part qu'ils soient ratifiés par les populations intéressées, d'autre part que les deux parties respectent leurs engagements, à commencer par celui qui consiste à faire taire les armes. Sur le premier point, la réponse est sans ambiguïté. Le 8 avril, 90 % des suffrages exprimés par les électeurs français (il y a 24,4 % d'abstentions) vont au « oui » à la ratification. Le 1er juillet, 99,7 % des Algériens ayant pris le chemin des urnes (91,2 % des inscrits) approuvent l'accession de leur pays à l'indépendance.

En revanche, la proclamation du cessez-le-feu ne met pas fin à la tuerie. L'OAS tente en effet de rendre impossible l'application des accords d'Évian en pratiquant le terrorisme à grande échelle et en essayant d'entraîner la population européenne dans une insurrection générale. Cette tactique s'étant avérée vaine, elle lance comme mot d'ordre de rendre l'Algérie au FLN dans l'état où elle se trouvait 130 ans plus tôt, et elle s'engage dans une campagne de destructions systématiques, approuvée par la majorité des « pieds noirs ». Ces consignes, en même temps que le désespoir d'une population qui se sent lâchée par la métropole et menacée de quitter une terre qu'elle considère comme sienne, vont conduire à de dramatiques affrontements au cours desquels l'armée doit faire usage de ses armes. Le 26 mars, il y a 46 morts à Alger à la suite d'une manifestation organisée par l'OAS.

La coexistence des communautés prévue par les accords d'Évian s'avère donc impossible. En prenant l'initiative d'une action terroriste généralisée, l'OAS a déclenché un processus que plus personne ne peut contrôler et qui a fait basculer dans le cauchemar la population européenne. Terrifiée par les attentats et les menaces de vengeance, se sentant obligée de choisir « entre la valise et le cercueil », celle-ci quitte massivement et avec déchirement une terre où elle est née, abandonnant l'essentiel de ses biens pour affronter un difficile reclassement en métropole. Quant à l'OAS, pourchassée par la police, elle ourdit de multiples complots pour assassiner le chef de l'État, ce dernier échappant de peu à celui du Petit-Clamart, le 22 août 1962.

La décolonisation en douceur de l'Afrique Noire

Ultime convulsion tragique de la décolonisation française — elle a fait quelque 500 000 morts, provoqué l'exode d'un million d'Européens et de 150 000 harkis, coûté à la France de 40 à 50 milliards de francs, — la guerre d'Algérie a laissé des cicatrices profondes dans les cœurs et dans les esprits.

Aussi dramatique qu'il soit, son achèvement marque néanmoins la fin d'un cauchemar collectif et va permettre au général de Gaulle de mettre enfin en œuvre son programme international. Ceci d'autant plus que, dans l'intervalle, il a réglé sans heurt majeur les problèmes posés par la décolonisation de l'Afrique subsaharienne.

La loi-cadre Defferre de 1956 avait préparé l'évolution de l'Afrique noire vers une certaine autonomie et le général de Gaulle était bien décidé à poursuivre dans la même voie, conscient qu'il était de l'inéluctabilité du processus de décolonisation et de l'impossibilité dans laquelle se trouvait la France d'affronter en même temps plusieurs guerres d'émancipation. Dès son arrivée au pouvoir, ses intentions sont claires sur ce point : « En reprenant la direction de la France — écrira-t-il dans les *Mémoires d'espoir* — j'étais résolu à la dégager des contraintes, désormais sans contrepartie, que lui imposait son Empire » (T. 1, *Le Renouveau*, p. 49).

Dans les territoires francophones situés au sud du Sahara, les problèmes à résoudre sont, il est vrai, moins ardus que ceux auxquels il a fallu faire face en Indochine et dans le Maghreb. Pas de mouvements nationalistes aussi anciens, ni surtout aussi puissants que dans ces deux secteurs de l'Empire. Pas davantage de fortes minorités européennes, pesant sur les choix gouvernementaux et constituant un enjeu difficilement contournable. En revanche, les élites locales fortement francisées exercent ici une influence sur les autochtones qui favorise le maintien de liens privilégiés avec la métropole. Si bien que l'essentiel a pu se jouer entre un petit nombre d'acteurs : les cadres des partis politiques organisés, des groupes numériquement faibles de colons rarement implantés de manière durable et les représentants des instances gouvernementales françaises.

Le système mis en place par la loi-cadre Defferre fonctionnait dans l'ensemble de manière satisfaisante. Il généralisait le suffrage universel et fusionnait les deux collèges destinés à élire les assemblées territoriales, désormais autorisées à voter le budget et à légiférer sur des matières locales. Elle créait dans chaque territoire un exécutif élu par l'assemblée territoriale et présidé par le gouverneur, mais dont le vice-président, issu des rangs de l'assemblée, était en général une personnalité prestigieuse : Houphouët-Boigny en Côte d'Ivoire, l'abbé Fulbert Youlou au Congo,

Sékou Touré en Guinée, etc. Enfin, elle ouvrait largement l'accès de la fonction publique aux indigènes.

Ces réformes démocratiques n'ont pas détourné les leaders africains de l'aspiration à l'indépendance. Les deux grandes formations politiques, le Rassemblement démocratique africain (RDA) d'Houphouët-Boigny et le Parti du regroupement africain (PRA) du Sénégalais Léopold Senghor, la réclament avec insistance dès 1957, le premier concevant l'association avec la France dans un cadre fédéral, le second se prononçant pour la création d'une « confédération multinationale de peuples libres et égaux ». L'un et l'autre refusent le projet initial du général de Gaulle, à savoir un simple statut d'autonomie interne.

C'est le texte même de la constitution de 1958, rédigé en collaboration avec certains dirigeants africains, qui va permettre de résoudre le problème. À l'Union française est substituée la Communauté, qui regroupe la métropole et les territoires d'outre-mer et dont la compétence s'étend aux domaines de la politique économique, de la monnaie, de la politique étrangère et de la défense. Elle a à sa tête un Exécutif qui comprend le président de la République, le Premier ministre, les ministres français des affaires communes et les chefs de gouvernement des États-membres. Le législatif est confié à un Sénat qui compte 186 délégués français et 98 délégués représentant les treize autres États : son rôle est essentiellement consultatif. Enfin, une Cour arbitrale de sept juges nommés par le président de la Communauté est chargée de régler les éventuels litiges entre les membres.

Le projet de Communauté laisse donc à la France l'essentiel du pouvoir dans une Confédération dont tous les éléments ne sont pas sur un pied d'égalité. Tel qu'il est, il est à prendre ou à laisser, l'article 86 de la Constitution donnant à chaque État le pouvoir de modifier son statut par un vote de l'assemblée législative confirmé par un référendum local, autrement dit de sortir à sa convenance de la Communauté. Soumis à l'approbation des populations africaines par le référendum du 28 septembre 1958, il apparaît comme un franc succès pour le chef de l'État : entre 78 % (au Niger) et 99,9 % (en Côte d'Ivoire) de « oui ». Seule la Guinée de Sékou Touré a choisi à 95% d'émettre un vote négatif. Conséquence immédiate : elle est exclue de la Communauté et se voit refuser par le général de Gaulle le statut d'association prévu par l'article 88 de la Constitution.

Il ne faudra que deux ans pour que vole en éclats le bel édifice communautaire. Les premiers à réclamer leur indépendance sans rupture avec la Communauté seront le Sénégal et le Soudan de Mobido Keita, fusionnés en janvier 1959 en une République du Mali. Poussé par Michel

Debré à adapter la Communauté plutôt que de la voir se dissoudre, le général de Gaulle finit par accepter cette solution et par en étendre le bénéfice à Madagascar. Les autres États réclamant l'un après l'autre d'accéder à l'indépendance dans les mêmes conditions, la loi constitutionnelle du 4 juin 1960 ajoute à l'article 86 un alinéa prévoyant que tout membre peut, « par voie d'accords, devenir indépendant, sans cesser de ce fait d'appartenir à la Communauté ». Tous vont opter pour cette formule, signer avec la France des accords bilatéraux de coopération et devenir membres de l'ONU. En 1961, les institutions communautaires disparaissent.

La France conserve pourtant une forte influence dans les pays de l'Afrique francophone. Si ses rapports avec eux sont du ressort ordinaire du Quai d'Orsay et du ministère de la Coopération, il se constitue à l'Élysée un secrétariat général pour la Communauté et les Affaires africaines et malgaches, dirigé par Jacques Foccart et qui place ce secteur de la politique internationale dans la mouvance directe du président. Par son intermédiaire, le chef de l'État coordonne et contrôle l'action africaine des divers ministères intéressés et négocie avec les chefs d'État africains. Le but est d'apporter un soutien systématique aux jeunes États francophones : aide financière, assistance technique par l'envoi de fonctionnaires et surtout d'enseignants (10 000 personnes au total à la fin des années 1960), aide militaire également destinée non seulement à protéger les nouveaux États contre une éventuelle agression extérieure, mais aussi à mettre les régimes en place à l'abri d'un putsch ou d'une révolution. Le président gabonais M'Ba en février 1964, le Tchadien Tombalbaye en août 1968 bénéficieront ainsi d'une intervention de l'armée française qui leur permettra de conserver leur pouvoir.

L'aide accordée aux anciennes colonies africaines a coûté cher à la France, suscitant parfois de vives critiques de la part d'hommes politiques et de journalistes prônant une attitude frileuse de repli sur l'hexagone (« Plutôt la Corrèze que le Zambèze ! »). Elle a aussi permis au commerce extérieur français de conserver et parfois d'élargir ses marchés extra-européens. Mais surtout, la politique africaine du général de Gaulle et de son successeur a rempli deux fonctions essentielles : elle a concouru au maintien d'une relative stabilité politique au sud du Sahara, et elle a fourni à la France le moyen d'asseoir son rayonnement culturel et de donner un contenu aux ambitions mondialistes affichées par le chef de l'État. Achevée en Algérie dans le chaos et le drame, l'aventure impériale a trouvé ici une issue honorable que l'opinion française a largement approuvée, 54 % des personnes interrogées par l'IFOP en décembre 1962 jugeant positif le bilan de la décolonisation en Afrique noire, contre 13 %

d'avis contraire. Succès donc pour le général de Gaulle qui, l'hypothèque coloniale étant levée, va pouvoir consacrer tous ses efforts à son « grand dessein » international.

L'OTAN contestée

Le premier volet de la « grande politique » gaullienne concerne les rapports que le fondateur de la Ve République entend entretenir avec les États-Unis. Pour lui, les engagements que la France a pris en 1949 en adhérant au pacte atlantique — engagements qu'il a, à l'époque, approuvés — ne correspondent plus à la situation de l'Europe et du monde à la fin des années cinquante. La menace communiste s'éloigne et, dès lors, la nécessité de subordonner la politique française à la protection du « parapluie nucléaire » américain ne s'impose plus. Elle s'impose d'autant moins qu'à une époque où les Soviétiques ont eux-mêmes acquis les moyens de riposter aux armes de l'Apocalypse que leurs adversaires potentiels étaient jusqu'alors les seuls à détenir, il est devenu illusoire de croire que les deux superpuissances se frapperaient directement en cas de conflit.

L'arrivée à la Maison-Blanche de John F. Kennedy au début de 1961 n'a-t-elle pas eu pour conséquence un changement radical de la doctrine stratégique américaine ? Aux « représailles massives » dont était menacé l'adversaire en cas d'agression contre les États-Unis et leurs alliés, l'équipe dirigée par le secrétaire à la Défense McNamara a substitué l'idée de la « riposte flexible », laquelle prévoit qu'avant d'en venir à l'usage des missiles nucléaires à longue portée, les Américains utiliseraient l'arsenal conventionnel de l'alliance, puis les armes nucléaires à courte et moyenne portées, l'« escalade » pouvant à chaque étape être interrompue par une négociation directe entre les décideurs suprêmes des deux camps (rendue possible par l'installation du « téléphone rouge » en 1963). Du coup, l'Europe apparaît comme la cible privilégiée d'un éventuel affrontement Est-Ouest et la moindre des choses serait qu'elle ait son mot à dire dans les décisions dont dépendent sa liberté et sa survie. En tout cas, s'agissant de la France, il ne saurait être question pour de Gaulle de voir plus longtemps son sort relever de décisions prises par le seul président des États-Unis. Ni le réalisme politique, ni l'éthique de l'État-nation souverain qui forme le substrat de la pensée gaullienne, n'autorisent le chef de l'État à prolonger une situation héritée de la guerre froide.

Quelques semaines après son arrivée au pouvoir, l'occasion est donnée au général de Gaulle de poser la question du rôle tenu par la France dans le fonctionnement de l'alliance. Le 3 juillet 1958 un accord est en effet signé entre Washington et Londres sur l'échange d'informations confidentielles dans le domaine nucléaire et la vente au Royaume-Uni de sous-marins atomiques et d'uranium 235. Le lendemain, le secrétaire d'État Foster Dulles rencontre le général à Paris et lui refuse l'aide nucléaire demandée aussi longtemps qu'il n'acceptera pas lui-même, en France, le déploiement de missiles stratégiques à moyenne portée (IRBM), en application d'une décision de l'OTAN. Devant la perspective d'un directoire anglo-américain, de Gaulle adresse le 17 septembre au général Eisenhower et au Premier ministre Macmillan un mémorandum dans lequel il réclame une direction tripartite de l'OTAN (États-Unis, Grande-Bretagne et France) qui impliquerait la définition et la mise en œuvre d'une stratégie politique et militaire commune, le contrôle collectif des armes atomiques et la mise en commun des secrets nucléaires. L'ultimatum est clair : la France — écrit le chef de l'État — « subordonnerait » sa participation à l'OTAN à la reconnaissance de ses « intérêts mondiaux » et à son « égale participation » à une stratégie globale.

Dans la réponse très ferme qu'il adresse au fondateur de la Ve République le 20 octobre, le président américain fait valoir que si la menace exercée par l'URSS est bien une menace « globale », la seule manière d'y répondre est celle des pactes régionaux, lesquels fonctionnent sur la base de la consultation entre les alliés. Il adjure de Gaulle « d'éviter tout ce qui pourrait faire obstacle à la confiance grandissante en ces consultations entre membres de l'OTAN, ou la détruire ». « Nous ne sommes pas à même d'adopter un système, précise Eisenhower, qui donnerait à nos autres alliés ou à d'autres pays du monde libre l'impression que des décisions fondamentales affectant leurs propres intérêts vitaux sont prises sans leur participation. » Autrement dit, il s'agit d'une fin de non-recevoir catégorique aux demandes formulées par le chef du gouvernement français : la mise en place d'une direction politique tripartite à la tête de l'OTAN et la revendication du *veto* sur l'emploi de la force de dissuasion américaine, demande exorbitante si l'on songe qu'à cette date la France n'avait pas encore fait exploser sa première bombe atomique. On en reste là, l'Algérie absorbant alors toute l'attention du général de Gaulle.

Lorsque l'affaire rebondit, quatre ans plus tard, la France est à la fois débarrassée de l'hypothèque algérienne et dotée d'un embryon de force nucléaire de dissuasion. C'est en effet en juillet 1962 que le successeur d'Eisenhower, John F. Kennedy propose à ses alliés européens le « grand dessein » qui lui a été en partie inspiré par Jean Monnet et qui envisage une redéfinition complète des rapports entre les États-Unis et l'Europe de l'Ouest. Au *leadership* de Washington serait substitué un *partnership* atlantique reposant sur deux « piliers » égaux, sauf sur un point essentiel : les Américains garderaient le monopole de la force nucléaire, à laquelle seraient intégrées celle du Royaume-Uni ainsi que la toute jeune « force de frappe » française. Au moment où le Pentagone adoptait la doctrine stratégique de la « riposte flexible », il ne pouvait y avoir, selon Kennedy et son secrétaire à la Défense, Robert McNamara, « qu'un seul doigt sur la détente ».

À la fin de 1962, le « grand dessein » du président américain va recevoir une formulation plus concrète avec le projet de « force multilatérale », accepté par le Premier ministre britannique Macmillan lors d'une entrevue avec Kennedy à Nassau (Bahamas). Des navires de guerre dont l'équipage serait binational seraient équipés d'armes nucléaires fournies par les Américains. Il faudrait l'accord des deux pays pour lancer les missiles. En même temps, les États-Unis décident unilatéralement de renoncer à la production de fusées *Skybolt* qui devaient servir à propulser les armes atomiques anglaises, et proposent de mettre en échange, à la disposition des États européens, des missiles *Polaris* à la condition qu'ils soient intégrés à l'OTAN et que leur mise à feu soit subordonnée à la décision du chef de la Maison-Blanche. Dans sa conférence de presse du 14 janvier 1963, de Gaulle refuse tout net. Il ne peut, affirme-t-il, accepter une « affaire » qui « ne répond pas au principe... qui consiste à disposer, en propre, de notre force de dissuasion. Verser nos moyens, dans une force multilatérale, sous commandement étranger, ce serait contrevenir à ce principe de notre défense et de notre politique ». Pour les mêmes raisons, il refuse de parapher à l'automne 1963 le traité interdisant les expériences nucléaires dans l'atmosphère.

Dans l'intervalle, la France gaullienne a commencé à prendre ses distances vis-à-vis de l'OTAN. Le 3 novembre 1959, dans une allocution prononcée à l'École militaire, de Gaulle a énoncé clairement sa conception de l'Alliance : « Il faut, a-t-il dit, que la défense de la France soit française. Un pays comme la France, s'il lui arrive de faire la guerre, il faut que ce soit sa guerre... Naturellement, la défense française serait, le cas échéant, conjuguée avec celle d'autres pays... mais il est indispensable qu'elle nous soit propre, que la France se défende par elle-même, pour elle-même et à sa façon... Le système appelé 'intégration' a vécu... Notre stratégie doit être conjuguée avec la stratégie des autres. Mais que chacun ait sa part à lui. »

Déjà, le général a en tête ce qui va devenir la doctrine stratégique de la France, à savoir une dissuasion assurée par elle-même et dont il va s'avérer de plus en plus évident au cours des années suivantes qu'elle s'inscrit dans une autre logique que celle du Pentagone. C'est pourquoi il a été décidé en février 1959 que la flotte française de Méditerranée serait soustraite en temps de guerre au commandement intégré de l'OTAN. Il en sera de même quelques années plus tard de la flotte de l'Atlantique (juin 1963). Viendront ensuite le retour sous contrôle national des moyens de défense aérienne, l'interdiction faite aux Américains d'introduire en France des bombes atomiques, le refus de participer en septembre 1964 aux manœuvres navales de l'OTAN et en mai 1965 aux exercices stratégiques « Fallex ».

Finalement la décision majeure est signifiée par de Gaulle au président Johnson dans un message personnel du 7 mars 1966. Une quinzaine de jours plus tôt, le chef de l'État a laissé clairement entendre dans une conférence de presse que les conditions nouvelles de la vie internationale impliquaient pour la France une redéfinition de sa participation à l'Alliance. La menace russe s'estompe. « Voici que des conflits où l'Amérique s'engage dans d'autres parties du monde, comme avant-hier en Corée, hier à Cuba, aujourd'hui au Viêt-nam, risquent de prendre, en vertu de la fameuse escalade, un extension telle qu'il pourrait en sortir une conflagration générale. Dans ce cas, l'Europe, dont la stratégie est, dans l'OTAN, celle de l'Amérique, serait automatiquement impliquée dans la lutte lors même qu'elle ne l'aurait pas voulu. » (Conférence de presse du 21 février 1966). Au président américain, le général de Gaulle annonce que la France resterait membre de l'Alliance conclue en 1949 et qu'elle n'a pas l'intention de dénoncer le traité dans les trois ans, comme elle est autorisée à le faire en vertu de l'article 13 du Pacte atlantique. « À moins d'événements qui, au cours des trois prochaines années, viendraient à changer les données fondamentales des rapports entre l'Est et l'Ouest, elle serait en 1969 et plus tard résolue, tout comme aujourd'hui, à combattre aux côtés de ses alliés au cas où l'un d'entre eux serait l'objet d'une agression qui n'aurait pas été provoquée. » En revanche, « la France se propose de recouvrer sur son territoire l'entier exercice de sa souveraineté, actuellement entravé par la présence permanente d'éléments militaires alliés ou par l'utilisation qui est faite de son ciel, de cesser sa participation aux commandements intégrés, et de ne plus mettre de forces à la disposition de l'OTAN ».

Décision approuvée le 9 mars par le conseil des ministres et qui sera appliquée dans les douze mois suivants. Le 1er juillet 1966, les représentants de la France quittent les organismes militaires de l'OTAN, et le 1er avril 1967 toutes les bases américaines et canadiennes sont évacuées. Ce choix, que la France gaullienne est seule à faire parmi les pays membres de l'OTAN, va poser de nombreux et graves problèmes, non seulement aux États-Unis mais aux alliés européens, en ce sens qu'il ouvre une brèche dans le dispositif occidental de défense. Aussi la réaction des divers gouvernements sera-t-elle très vive. On parviendra toutefois à trouver un *modus vivendi* sur deux questions essentielles : le survol du territoire français par les appareils alliés (l'autorisation étant désormais donnée non plus pour un an mais pour trente jours) et le stationnement des forces françaises en Allemagne. Mais le caractère unilatéral de la décision française choque profondément les décideurs et les opinions publiques des pays alliés, à commencer par l'Allemagne dont le général avait choisi de faire le partenaire privilégié de la France.

Le retrait de l'OTAN ne signifiait nullement que la France, ayant recouvré sa pleine souveraineté militaire, allait s'engager dans la voie du neutralisme, encore moins qu'elle s'apprêtait à opérer un renversement d'alliance. Au cours des années précédentes, nombreuses ont été en effet les occasions pour de Gaulle d'affirmer sa solidarité de fait avec les États-Unis et avec les partenaires européens de la France. En novembre 1958, lorsque Khrouchtchev a menacé de modifier unilatéralement le statut de Berlin, il s'est aussitôt prononcé pour un énergique refus commun (en plein accord avec Adenauer et à l'opposé du gouvernement britannique qui paraissait incliner vers une solution de compromis). En mai 1960, lors de la conférence au sommet de Paris, il a mis en garde Eisenhower contre toute concession faite au numéro un soviétique à la suite de l'affaire de l'U2 : l'avion espion abattu au-dessus du territoire de l'URSS. Enfin, lors de la crise provoquée à l'automne 1962 par l'installation de missiles soviétiques à Cuba, le président français a encore une fois manifesté à l'égard de son homologue d'outre-Atlantique une solidarité sans faille.

La France continue donc d'honorer ses engagements envers l'Alliance atlantique. Elle reste présente dans le Conseil de l'Atlantique Nord, organisme politique et instance de décision suprême de l'OTAN, ainsi que dans les organismes de recherche liés à la technologie militaire. Elle participe au système de détection aérienne et à diverses manœuvres militaires et navales de l'organisation atlantique. Enfin en avril 1969, quelques jours avant de démissionner de ses fonctions de chef de l'État, le général de Gaulle décide de reconduire le Pacte.

Le défi technologique et économique

L'indépendance militaire recouvrée n'a de sens que si la France est capable d'assurer seule sa défense et de résister aux pressions économiques, financières et techniques dont la superpuissance atlantique dispose pour imposer ses vues à ses partenaires européens. De cela, de Gaulle a conscience comme il a conscience du risque que fait courir à l'identité des nations européennes une certaine « américanisation » de leurs modes de vie et de leurs cultures. Aussi, est-ce pour enrayer cette évolution qu'il va s'efforcer d'agir dans un domaine, celui de l'économie et de la technique, où le volontarisme au sommet ne suffit pas à inverser les tendances, mais où les impulsions données par l'État peuvent concourir à créer une dynamique nouvelle.

Motivée également par les impératifs de l'édification d'une « force de frappe nucléaire » et par le souci de produire à l'extérieur une image positive du savoir français, la politique industrielle du général de Gaulle vise en premier lieu à opérer un certain rééquilibrage technologique avec les États-Unis. En 1967, Jean-Jacques Servan-Schreiber publie *Le Défi américain*, un ouvrage dans lequel le directeur de *L'Express* fait le constat de l'avancée effectuée en Europe par les investissements et par la technologie d'outre-Atlantique. Dans quinze ans, explique-t-il, « la troisième puissance industrielle mondiale, après les États-Unis et après l'URSS, pourrait bien être... non pas l'Europe mais l'industrie américaine en Europe » (*Le défi américain*, Paris, Denoël, 1967, p. 17). Le livre est un immense succès éditorial dont les sondages effectués la même année (46 % des personnes interrogées par l'IFOP estiment que la France a des intérêts fondamentaux différents ou très différents de ceux des États-Unis, contre 29 % d'avis contraires) indiquent qu'il répond en ce domaine à une certaine inquiétude de l'opinion.

Répondre au « défi américain » constitue donc pour le général de Gaulle une nécessité évidente qui est de donner à la France les moyens de son indépendance, tout en contribuant au renforcement du consensus dans un pays où l'antiaméricanisme est devenu quasiment structurel et où l'on supporte mal le mépris ou l'ignorance avec lesquels sont accueillis de l'autre côté de l'Atlantique les avancées technologiques françaises. De là le soutien et la publicité donnés par les gouvernements de la Ve République à quelques grands projets d'audience internationale : l'avion de transport supersonique *Concorde*, préféré pour des raisons de prestige au plus raisonnable « Super-caravelle » et fabriqué en collaboration avec la Grande-Bretagne, le procédé français de télévision en couleurs SECAM, l'adoption d'une filière française d'enrichissement de l'uranium, le lancement en mars 1967 du *Redoutable*, premier sous-marin nucléaire français, la mise en place du « Plan Calcul » pour la production d'un matériel informatique sophistiqué après le refus opposé en 1963 par les États-Unis à la vente d'un ordinateur jugé indispensable à la réalisation de la force de dissuasion. Dans tous les cas il s'agit de faire au moins aussi bien que les Américains.

La contre-offensive technologique voulue par le général de Gaulle se double d'une action entreprise dans le but de freiner, ou du moins de canaliser, l'afflux des investissements américains dans l'hexagone. « L'Europe du Marché commun, écrit Jean-Jacques Servan-Schreiber, est devenue pour les hommes d'affaires américains un nouveau Far West, et leurs investissements se traduisent moins par de larges transferts de disponibilités que par une *prise de pouvoir* au sein de l'économie européenne » (*op. cit.*, p. 23). J.-J. Servan Schreiber n'est pas suspect d'anti-américanisme primaire et ses propos, partagés par nombre de technocrates et d'hommes politiques, ne sont pas le reflet de purs fantasmes. On ne comptait en 1957 que 1 200 filiales de sociétés américaines, alors qu'il y en a plus de 4 000 dix ans plus tard. La valeur des investissements directs effectués en France par des détenteurs de capitaux d'outre-Atlantique est passée de 464 millions de dollars en 1957 à 1 240 millions en 1963 et à près de 2 milliards de dollars en 1968.

Il y a à cela des conséquences positives pour l'économie française. Les investissements américains sont destinés à créer ou à développer des entreprises en principe génératrices d'emplois. Leur implantation favorise les exportations, et un accroissement plus rapide de la productivité, du produit national et de la prospérité du pays d'accueil. Mais la médaille a son revers. Ouvertures et fermetures d'usines s'accomplissent en regard de critères de rentabilité qui font bon marché de l'intérêt des autochtones et des impératifs de l'aménagement du territoire. Les stratégies d'ensemble développées par les firmes concernées jouent sur des variations d'amplitude de la production dont les conséquences sur le marché du travail peuvent être localement considérables. La possibilité donnée à chacune de marchander la création et le maintien de postes de travail contre des avantages divers offre à leurs dirigeants des moyens de pression difficilement supportables. Enfin l'utilisation par ces entreprises hautement compétitives d'une technologie sophistiquée importée de l'étranger rend la France dépendante en ce domaine, ce qui va à contre-courant des efforts déployés par ailleurs.

Jusqu'en 1962-1963, les avantages paraissent l'emporter sur les inconvénients et la question des investissements étrangers ne pose pas de véritable problème. Les choses changent cependant lorsque surgissent à cette date les premiers signes négatifs : des licenciements dans certaines filiales de firmes américaines (réfrigérateurs General Motors à Gennevilliers, machines à écrire Remington à Caluire) et des prises de participation dans des secteurs jugés stratégiques (l'informatique par exemple avec les tentatives d'absorption de la société Bull par la General Electric) ou à haute charge symbolique (le contrôle de Simca par Chrysler). Dès lors, la doctrine française se modifie. Georges Pompidou explique aux responsables d'outre-Atlantique que si le gouvernement français demeure favorable aux investissements américains, il ne saurait tolérer qu'ils aboutissent à placer tel ou tel secteur économique ou géographique entre des mains étrangères. Il en résulte l'adoption d'une politique sélective appliquée avec plus ou moins de rigueur jusqu'en janvier 1967. À cette date, un décret est adopté, qui soumet la constitution d'investissements étrangers directs à une déclaration effectuée auprès du ministère de l'Économie et des Finances et autorise ce dernier à prononcer dans les deux mois l'ajournement de l'opération envisagée.

Mais c'est surtout dans le domaine monétaire que le différend avec les États-Unis se manifeste avec le plus d'ampleur. Dans sa conférence de presse du 4 février 1965, le général de Gaulle s'en prend directement au système instauré par les accords de Bretton Woods et qui fait du dollar une monnaie de réserve, convertible en or et utilisée par tous pour solder les échanges internationaux. Tant que l'émission de dollars s'est trouvée garantie par des réserves métalliques suffisantes, le système monétaire international a pu fonctionner normalement. Mais la croissance du déficit commercial et la nécessité pour le Trésor américain de financer des dépenses publiques grandissantes, du fait de l'engagement tous azimuts de la République Impériale et du poids de la guerre en Asie du Sud-Est, ont incliné les dirigeants de Washington à émettre des quantités de dollars sans rapport effectif avec les stocks d'or entreposés à Fort Knox. Pour de Gaulle, les États-Unis retirent des avantages considérables de cette situation hégémonique, à commencer par celui de « s'endetter gratuitement » en soldant le déficit de leur balance des paiements avec des signes monétaires dont l'acquisition ne leur demande d'autre effort que celui de mettre en route la planche à billets.

La solution de rechange, c'est celle dont Jacques Rueff, conseiller économique du président, s'est fait l'apôtre. « La France, explique le général de Gaulle dans sa conférence de presse de février 1965, préconise que le système international soit changé. Nous tenons donc pour nécessaire que les échanges internationaux s'établissent... sur une base monétaire indiscutable et qui ne porte la marque d'aucun pays particulier... Quelle base ? En vérité, on ne voit pas qu'à cet égard il ne puisse y avoir de critère, d'étalon autre que l'or. » Bien que la France ne soit suivie dans cette voie par aucun de ses partenaires européens, l'irritation est grande outre-Atlantique où l'on estime que la politique monétaire pratiquée par de Gaulle témoigne d'un antiaméricanisme dont les sondages indiquent qu'il coïncide assez bien avec l'état moyen de l'opinion. Interrogés en mai 1965 par l'IFOP, 50 % des Français ne jugent-ils pas « comme il faut » la politique de leur président à l'égard des États-Unis, contre respectivement 16 % et 6 % qui la trouvent « trop dure » ou au contraire « trop conciliante » ?

Cette approbation ne peut qu'encourager le chef de l'État à poursuivre son offensive contre le dollar. En juin 1967, la France qui a commencé à convertir ses dollars en or, entamant ainsi les réserves américaines, quitte le « pool de l'or ». Cet organisme avait été mis en place en 1961 avec la RFA, le Royaume-Uni, la Belgique, l'Italie et la Suisse pour travailler à la stabilisation du marché de l'or, et si la France s'en retire c'est largement pour faire pièce à l'engagement pris par la Bundesbank de ne pas convertir ses dollars en or. Washington ne peut y voir qu'un geste d'hostilité, de même que dans le refus de la France d'accepter, en novembre 1967, le principe des droits de tirage spéciaux (DTS), mécanisme destiné à remplacer l'or comme garantie des monnaies et considéré par de Gaulle comme un nouvel instrument de l'hégémonie américaine en matière financière et monétaire.

Les retombées de la crise de mai-juin 1968 auront raison de cette politique. La forte hausse des salaires intervenue à la suite des « accords de Grenelle » et la fuite des capitaux à l'étranger vont rendre inévitable une dévaluation du franc que le général de Gaulle se refuse toutefois d'opérer en novembre 1968, mais à laquelle son successeur Georges Pompidou ne pourra pas échapper. Au moment où se termine le règne du fondateur de la Ve République, les bases sur lesquelles reposait la volonté offensive de la France en matière monétaire sont fortement ébranlées. Les réserves en or de la Banque de France, passées de 1,6 milliard en 1960 à 5,2 milliards de dollars en 1967, sont retombées deux ans plus tard à 3,5 milliards : celles de Fort Knox ont vu au contraire leur décrue se ralentir : 17,8 milliards de dollars en 1960, 12,1 milliards en 1967, 11,9 milliards en 1969.

L'outil militaire

La constitution d'une force nucléaire autonome est le résultat d'une série de décisions auxquelles le général de Gaulle a fini par donner une cohérence et une finalité qu'elles n'avaient pas au départ, mais dont la source remonte aux dernières années de la IVe République.

Dès mars 1952 en effet, dans son rapport au chef d'état-major général de l'armée de terre, le colonel Ailleret, responsable de la toute récente sous-direction des armes spéciales, concluait à la nécessité de doter au plus vite la France d'armes nucléaires stratégiques : thèse dont il a par la suite précisé les contours et souligné les avantages (en matière d'efficacité et de coût) dans divers articles de la *Revue de la Défense nationale* (Cf. J. Doise & M. Vaïsse, *Diplomatie et outil militaire*, Paris, Imprimerie nationale, 1987, p. 474-475). Sans que son propos déborde beaucoup de l'audience des cercles militaires spécialisés.

C'est en 1954 qu'intervient le tournant décisif. D'une part, le plaidoyer pour l'arme nucléaire gagne d'autres milieux que celui, au demeurant très divisé sur ce point, des officiers d'état-major en exercice. René Pleven, ministre de la Défense nationale dans le cabinet Laniel, puis le général de Gaulle lui-même (dans sa conférence de presse du 7 avril 1954) se prononcent en ce sens. D'autre part, une première décision tangible est prise, en octobre de la même année, par le gouvernement de Pierre Mendès France : elle se traduit par la mise en place d'un comité des explosifs nucléaires. Le général Buchalet est chargé de préparer une unité spéciale de recherche sur l'arme atomique dans le cadre du CEA, tandis que le président du Conseil se déclare favorable au lancement d'un programme d'études et de prototype d'arme nucléaire et d'un sous-marin nucléaire. Le branle est donné, mais Mendès France est renversé avant que soit définie une véritable politique en matière d'armement et de stratégie nucléaires.

Deux faits ont probablement pesé lourd dans ces décisions préliminaires. D'une part le désastre de Diên Biên Phû et la prise de conscience de la dépendance absolue de la France en matière d'armement atomique. L'issue de la bataille n'était-elle pas directement liée au refus américain d'apporter un soutien aérien et nucléaire aux forces françaises encerclées par les hommes de Giap ? D'autre part, le réarmement de l'Allemagne et son entrée dans l'OTAN ont réveillé de vieux réflexes de peur face à la renaissance possible du militarisme allemand. De là, la préoccupation de donner à la France les moyens d'éviter une nouvelle humiliation outre-mer et d'assurer sa sécurité en Europe par la possession d'une arme dont la production et la détention étaient interdites à sa voisine d'outre-Rhin.

La seconde étape importante se situe sous le gouvernement Guy Mollet. La crise de Suez, et la menace d'intervention nucléaire brandie à cette occasion par le maréchal Boulganine ont achevé de convaincre les dirigeants français de l'impossibilité pour la France de résister, le cas échéant, au chantage atomique. Aussi est-il décidé à la fin de 1956 d'accélérer le programme nucléaire français par la construction de centrales et d'une usine de séparation isotopique. Un comité présidé par le général Ély, est mis en place, tandis que l'armée de l'air est invitée à préparer un projet de « force de frappe » aérienne. Enfin, dans le courant de l'année 1957, le CEA commence à construire les premiers engins expérimentaux. On choisit le site de Reggane, au Sahara, pour une première explosion dont la date est fixée en avril 1958 au premier trimestre 1960 par le gouvernement de Félix Gaillard.

Le général de Gaulle n'hérite donc pas, en arrivant au pouvoir, d'un dossier vide. Simplement, ce qui n'avait été jusqu'alors que décisions ponctuelles et désordonnées devient avec lui un projet cohérent dont il va faire la clé de voûte de sa politique d'indépendance nationale. Témoignent notamment de sa volonté de faire de la « force de frappe » nucléaire la priorité majeure en matière de défense, la désignation comme ministre des Armées de Pierre Guillaumat, commissaire à l'Énergie atomique, et le rôle désormais dévolu à la tête des forces armées aux théoriciens du nucléaire comme le général Ailleret. Le 13 février 1960, la première bombe A française est expérimentée avec une pleine réussite à Reggane au Sahara. « Hourra pour la France ! Depuis ce matin, elle est plus forte et plus fière. Du fond du cœur, merci à vous et à ceux qui ont, pour elle, apporté ce magnifique succès » : tel est le texte du télégramme que le chef de l'État adresse à Pierre Guillaumat, ministre des Armées et responsable de l'opération « Gerboise bleue ». Et il s'applique aussitôt à faire accélérer les recherches en vue de la mise au point de l'arme thermonucléaire. Il faudra néanmoins plus de huit ans à la France pour que la première bombe H soit expérimentée à Mururoa dans le Pacifique (août 1968).

Si le président de la République attache une telle importance à l'arme nucléaire, ce n'est pas seulement parce qu'elle constitue à ses yeux, comme la force blindée une trentaine d'années plus tôt, l'élément-clé de la défense de la France. Mais parce qu'il voit en elle un moyen d'atteindre ses objectifs de politique étrangère. L'existence d'une « force de frappe » autonome confère en effet à la France un poids dans l'Alliance, qui permet à de Gaulle de contester l'hégémonie américaine et de réclamer une place au moins équivalente à celle de la Grande-Bretagne. Elle met notre pays à l'abri d'une menace extérieure directe, voire d'un simple chantage nucléaire, et elle constitue un contrepoids au moins symbolique à la montée en force de l'économie allemande. Surtout, elle est plus que tout autre instrument de puissance, l'outil par excellence de l'indépendance, le signe du rang que le général de Gaulle entend redonner à la France. Encore faut-il qu'elle soit crédible, autrement dit qu'elle soit capable de dissuader un adversaire potentiel, ce qui implique d'une part que soit atteint rapidement un seuil quantitatif minimum de charges nucléaires utilisables, d'autre part que l'on dispose pour transporter celles-ci de « vecteurs » aussi nombreux et aussi peu vulnérables que possible, enfin que soient posées et explicitées les règles du jeu, en matière d'emploi des armes de l'Apocalypse.

La tâche la plus urgente consiste à doter la force nucléaire française des engins porteurs destinés à frapper l'auteur d'une éventuelle agression. La France ne disposant pas d'engins balistiques appropriés, c'est à l'armée de l'air qu'il incombe dans un premier temps d'assumer cette mission. La « force de frappe » proprement dite comportera, en 1967, 62 appareils Mirage IV, construits par la société Marcel Dassault, répartis entre neuf bases aériennes reliées au poste de commandement de Taverny et capables de transporter des bombes A de 60 kilotonnes chacune. Quatre ans seulement après l'explosion de Reggane, les forces aériennes stratégiques (FAS) sont déjà opérationnelles, et s'il est toujours de bon ton de railler la « bombinette » dans certains milieux d'opposition et à l'étranger, il est clair que, d'année en année la dissuasion devient plus crédible.

Mais le vecteur aérien choisi a ses limites. Il est précis, il permet d'envisager des frappes « chirurgicales », il peut être rappelé à tout moment en cas d'erreur d'appréciation sur les intentions de l'adversaire. Mais il est vulnérable et son rayon d'action est relativement faible (3 000 kilomètres). Aussi commence-t-on dès 1960 les études d'un missile sol-sol-balistique-stratégique (SSBS) qui ne deviendra opérationnel, il est vrai, qu'après le départ et la mort du général de Gaulle (en 1971). C'est également en 1960 que débutent les études en vue de la construction d'un sous-marin nucléaire équipé de seize missiles mer-sol d'une portée de 2 500 à 3 000 kilomètres, possédant chacun une tête nucléaire de 500 kilotonnes : arme absolue de la dissuasion nucléaire, en ce sens qu'il est à peu près impossible de la détecter. Premier de la série, *Le Redoutable* est lancé en mars 1967, suivi deux ans plus tard du *Terrible*, puis du *Foudroyant*. Dès le début des années soixante-dix, la France dispose donc d'un armement stratégique à trois composantes — les Mirage IV, les fusées SSBS entreposées dans les silos du plateau d'Albion et les missiles MSBS embarqués sur les deux sous-marins nucléaires en service — qui font d'elle la troisième puissance nucléaire du monde.

L'accent mis sur la « force de frappe » nucléaire a donc favorisé l'armée de l'air et la marine aux dépens des forces terrestres. L'armée française voit ainsi ses effectifs passer d'un million d'hommes environ au cours des dernières années de la guerre d'Algérie à 500 000 hommes en 1970, dont 330 000 seulement pour l'armée de terre qui en comptait 830 000 dix ans plus tôt. L'arme nucléaire étant considérée d'autre part comme un instrument essentiellement politique, son emploi et par voie de conséquence le maniement de l'outil militaire dans son ensemble sont de plus en plus étroitement soumis aux directives du pouvoir civil. Définie par l'ordonnance du 7 janvier 1959 comme englobant « en tous temps, en toutes circonstances et contre toutes les formes d'agression » tous les secteurs de la vie du pays, la défense est désormais rattachée au Premier ministre. Le ministre de la Défense disparaît de la nomenclature officielle au profit d'un ministre des Armées, chargé de mettre en œuvre la politique du gouvernement avec l'aide du chef d'état-major des Armées, conseiller militaire du gouvernement et non chef des Armées. Quant au président de la République, dont l'article de la Constitution dit qu'il est « chef des Armées », il se voit attribuer par un décret en date du 14 janvier 1964 la responsabilité suprême de la mise en œuvre de la force aérienne stratégique. C'est à lui qu'il incombe de mettre en œuvre, le cas échéant, la stratégie dissuasive élaborée par les théoriciens du « *deterrent* » nucléaire.

Jusqu'au milieu des années 1970, la doctrine stratégique française est en effet fondée sur le principe de la dissuasion, le but étant non pas de *gagner* une guerre atomique — qui peut prétendre gagner quoi que ce soit dans l'Apocalypse déclenchée par le feu nucléaire ? — mais de rendre impossible la guerre entre des puissances nucléaires. Critiquant en 1964 dans la *Revue de la Défense nationale* la nouvelle doctrine américaine de la riposte flexible, le général Ailleret écrivait ceci : « La dissuasion réciproque entre les blocs occidental et soviétique résulte de l'action nucléaire immédiate qui pourrait être consécutive à une agression. C'est cette action qui reste le meilleur gage de l'élimination de la guerre extérieure comme moyen de la politique ».

Autrement dit, il s'agit d'appliquer classiquement la doctrine qui a fait les beaux jours des stratèges américains durant la phase la plus dangereuse de la guerre froide, à savoir celle des « représailles massives ». Vue d'Europe, toute autre hypothèse s'avère à la fois peu crédible et éminemment dangereuse pour la survie du vieux continent. Peu crédible en ce sens qu'on ne voit pas très bien comment les Américains pourraient, en cas de conflit avec l'URSS, prendre le risque d'une riposte nucléaire à une attaque soviétique effectuée sur leur propre territoire pour défendre l'Europe en usant d'une première salve d'engins stratégiques. Dangereuse et même mortelle parce que, en supposant qu'ils le fassent après avoir franchi les diverses étapes de l'« escalade », le déclenchement en Europe d'une guerre nucléaire généralisée ne pourrait avoir d'autre effet que la destruction assurée de cette partie du monde. L'Europe, et avec elle la France, deviendraient ainsi — l'expression est du général Gallois — le « terrain de parcours » des deux Grands, et c'est contre cette éventualité sinistre que se développe un discours stratégique qui rejette la riposte flexible et fonde sa logique sur le principe de la « dissuasion du faible au fort ».

En effet, à ceux qui font valoir que la force de frappe française ne représente pas grand-chose, comparée à l'arsenal nucléaire des deux Grands, le général de Gaulle rétorque dans sa conférence de presse du 23 juillet 1964 : « Sans doute les mégatonnes que nous pourrions lancer n'égaleraient pas en nombre celles qu'Américains et Soviétiques sont en mesure de déchaîner. Mais, à partir d'une certaine capacité nucléaire et pour ce qui concerne la défense directe de chacun, la proportion des moyens respectifs n'a plus de valeur absolue. En effet puisqu'un homme et un pays ne peuvent mourir qu'une fois, la dissuasion existe dès lors qu'on a de quoi blesser à mort son éventuel agresseur, qu'on y est très résolu et que lui-même en est bien convaincu » (*Discours et messages*, t. IV, p. 233).

C'est dans cette optique reposant sur le principe du « pouvoir égalisateur de l'atome » qu'a été conçue et réalisée au début des années 1960 la force nucléaire française. Moins sans doute à cette date pour défendre le territoire national contre une invasion que pour le mettre à l'abri d'une destruction nucléaire ou d'un chantage à la destruction nucléaire, tel que celui que Khrouchtchev et Boulganine avaient pratiqué en 1956 lors de la crise de Suez. Par la suite, c'est-à-dire après son retrait des organismes intégrés de l'OTAN, la France est allée beaucoup plus loin. Elle a en effet adopté une doctrine de représailles massives et de sanctuarisation absolue de son territoire que l'on peut résumer de la façon suivante : pas de riposte tant que l'ennemi n'envahit pas son territoire ; riposte nucléaire totale dès lors qu'il en franchit les limites et application d'une stratégie anticipées.

Encore faudrait-il préciser qui est l'ennemi. En principe, on s'accorde dans les milieux politiques et militaires à considérer qu'il est à l'Est. En fait, la politique d'indépendance prônée par le chef de l'État implique que la force nucléaire soit — comme le dira le général Ailleret (dans un article publié en décembre 1967 dans la *Revue de la Défense nationale*) — « capable d'intervenir partout ». On a vu alors dans cette option stratégique « tous azimuts » le signe d'une tentation neutraliste dont le chef d'état-major des armées se serait fait le porte-parole, sans que ses déclarations engagent en quoi que ce soit le président de la République. En fait, nous savons aujourd'hui que l'idée avait été suggérée au général Ailleret par de Gaulle lui-même, et ceci dans le droit fil d'une pensée qui ne relevait en rien du neutralisme mais visait à promouvoir une totale souveraineté de la France en matière de choix défensifs. Elle n'annonçait pas un renversement des alliances, mais elle concrétisait une volonté de négocier souverainement et sur un plan de parfaite parité des accords avec les partenaires militaires de la France, tels ceux qui seront réalisés en août 1967 avec le général Lemnitzer, commandant en chef des forces de l'OTAN, pour envisager en cas de conflit l'engagement des forces militaires françaises en coopération avec les unités intégrées de l'organisation atlantique. N'est-ce pas cette parité que réclamait de Gaulle en 1958 ?

Europe intégrée ou Europe des États ?

En arrivant au pouvoir en 1958, le général de Gaulle trouve un autre héritage qui est celui du traité de Rome, paraphé l'année précédente par les responsables de la diplomatie française et ratifié par les assemblées. Les institutions des deux Communautés qu'il a créées — CEE et Euratom — sont en place depuis plusieurs mois. Trois représentants de la France sont appelés à y jouer un rôle décisif : Robert Marjolin à la vice-présidence de la Commission de Bruxelles (dont le président est l'Allemand Walter Hallstein), Louis Armand à la tête de la Commission de l'Euratom et Robert Schuman à la présidence de la nouvelle Assemblée européenne, installée à Strasbourg. Le processus destiné à créer l'économie communautaire, première étape de la « construction européenne », est entamé, et le fondateur de la Ve République paraît résolu à en jouer le jeu. Dès le 1er janvier 1959, un premier abaissement des droits de douane à l'intérieur du Marché Commun est appliqué.

Est-ce à dire que le général de Gaulle s'est rallié à l'idée d'intégration progressive des États membres de la Communauté dans un ensemble « supranational », idée dont les « pères fondateurs » de l'Europe, les Monnet, Schuman, Spaak et autres Joseph Luns s'étaient fait les apôtres depuis l'institution de la CECA au début des années cinquante ? Assurément pas. Sa vision de « l'Europe », qu'il lui arrivera de définir comme une entité géographique allant « de l'Atlantique à l'Oural », mais qu'il rattache le plus souvent à une « communauté de destins », s'inscrit en effet à contre-courant de tout ce qu'ont pensé et fait les promoteurs de la Communauté à Six en jetant les bases d'une union qui se construirait progressivement, par le jeu d'institutions supranationales élargissant peu à peu leurs attributions et de projets communs nourrissant une solidarité de fait. À cette idée d'une construction reliant l'économique au politique, qui transcenderait les frontières et la souveraineté des États et qui, étroitement liée aux États-Unis et à l'OTAN, s'efforcerait de s'intégrer le Royaume-Uni, de Gaulle oppose en effet sa propre conception d'une « Europe des patries », totalement indépendante des deux blocs, et au sein de laquelle chaque État-nation conserverait sa souveraineté et son identité. Que serait, déclare-t-il dans sa conférence de presse du 15 mai 1962, une

Europe « intégrée », « dès lors qu'il n'y aurait pas de France, pas d'Europe, qu'il n'y aurait pas une politique, faute qu'on puisse en imposer une à chacun des six États » ? Car, précise-t-il, « Dante, Goethe, Chateaubriand... n'auraient pas beaucoup servi l'Europe s'ils avaient été des apatrides et s'ils avaient pensé, écrit, en quelque 'esperanto' ou 'volapuk' intégrés. »

Pas d'Europe intégrée donc dans un ensemble supranational géré par des « technocrates apatrides » (l'expression aura la vie dure !), mais une confédération des nations, dans laquelle chacune resterait maîtresse de son propre destin : tel est le projet que le fondateur de la Ve République oppose aux tenants d'une Europe à vocation fédérale, évoluant vers une supranationalité dont l'instrument serait la Commission de Bruxelles et le principe directeur la règle de la majorité dans les votes au Conseil de la CEE. Pour battre en brèche cette conception de l'Europe, et pour faire prévaloir sa propre vision de l'avenir, le général de Gaulle va obtenir de ses partenaires que soit mise sur pied en 1961 une commission chargée de poser les bases d'une Europe politique et présidée par le Français Christian Fouchet. Présenté en octobre 1961, le « plan Fouchet » propose que soit mise en place une « union des États » ayant une politique étrangère commune, une politique de défense commune en coopération avec les autres nations libres, une politique culturelle commune également, mais dont le Conseil — organe exécutif composé des chefs d'État ou de gouvernement — fonctionnerait selon la règle de l'unanimité. Autrement dit, on envisageait de constituer une Confédération dont Pierre Gerbet a raison de dire qu'elle « ne dépassait pas le stade d'une organisation internationale de type classique. » (*La Construction de l'Europe*, Paris, Imprimerie nationale, 1983, p. 281).

On conçoit que le projet ait rencontré peu d'échos auprès des partisans de l'Europe supranationale. Après d'interminables discussions et des marchandages très serrés, le « plan Fouchet » paraît néanmoins sur le point d'aboutir, Allemands, Italiens et Luxembourgeois acceptant en fin de compte de se rallier aux propositions françaises, mais l'intransigeance de Paul-Henri Spaak et du Néerlandais Joseph Luns d'une part, le raidissement de la position gaullienne d'autre part aboutissant, en janvier 1962, à la présentation d'un nouveau texte en retrait sur le précédent (peut-être faut-il voir là la conséquence de l'offensive atlantiste engagée à cette date par le président Kennedy) entraînent quelques mois plus tard l'échec de l'union politique, version Charles de Gaulle. Le 15 mai 1962, la conférence de presse dans laquelle ce dernier énonce qu'« il n'y a pas et ne peut y avoir d'autre Europe possible que celle des États, en dehors, naturellement, des mythes, des fictions, des parades », et couvre de sarcasmes les « apatrides », marquent l'enterrement définitif du projet et entraîne aussitôt le retrait des ministres MRP du gouvernement.

Ce raidissement de la position française se trouve confirmé, l'année suivante, avec le refus que le général oppose à la demande d'adhésion de la Grande-Bretagne au Marché commun. Celle-ci a été présentée par le gouvernement britannique le 2 août 1961, mais, au fur et à mesure que se précise l'accord entre Washington et Londres à propos des armements nucléaires et de la « force multilatérale », le président français manifeste un scepticisme croissant quant à la conversion européenne des Britanniques. Le Premier ministre Harold Macmillan a beau l'assurer de ses sentiments communautaires lors de l'entrevue de Rambouillet, le 15 décembre 1962, de Gaulle ne se laisse pas fléchir. Pour lui, il est clair que le Royaume-Uni, naturellement tourné vers le « Grand large » et solidaire des États-Unis, ne peut être que le « cheval de Troie » des Américains dans la Communauté élargie et le fossoyeur de l'Europe des Six. Lors de la conférence du 14 janvier 1963, il rend publique sa décision de s'opposer à la candidature anglaise : démarche unilatérale et qui choque profondément les partenaires de la France dans la CEE qui avaient, de leur côté, émis un avis favorable. Il en sera de même lorsqu'en 1967 le Premier ministre travailliste Harold Wilson, poussé par le secrétaire au *Foreign Office*, George Brown, reviendra à la charge. Une fois encore, et pour les mêmes raisons, la candidature britannique sera repoussée par un général naviguant à contre-courant de ses partenaires européens, lesquels en concevront une amertume tenace.

Cette crise larvée entre la France gaullienne et ses partenaires de la CEE va se transformer en crise ouverte en 1965. À l'origine du conflit, il y a d'une part les difficultés qui se font jour dans la Communauté en matière de financement de la politique agricole commune — que la France juge fondamentale mais qui suscite les réticences des autres États membres —, et d'autre part la nouvelle offensive des partisans de l'intégration. Ces derniers soutiennent les efforts déployés par Walter Hallstein pour donner un véritable rôle politique à la Commission et pour appliquer intégralement les articles du traité de Rome qui donnent au Conseil des ministres, fonctionnant selon la règle de la majorité, un véritable pouvoir de décision. Face à ce qu'il considère comme une menace directe contre sa propre conception de l'Europe, le général de Gaulle va brusquement dramatiser le débat. Le 1er juillet 1965, le Conseil des ministres français fait le constat de l'échec des négociations en cours et décide de rappeler à Paris son représentant auprès des Communautés. C'est la « politique de la chaise vide ». Elle va durer six mois, entraîner un blocage complet du fonctionnement de la CEE et la menacer d'éclatement.

Finalement, le président français aura gain de cause sur toute la ligne. En janvier 1966, la France reprend sa place à la Commission de Bruxelles après avoir obtenu l'essentiel de ce qu'elle exigeait, tant en matière de financement de la politique agricole commune que de procédure décisionnelle. Le « compromis de Luxembourg » stipule en effet que la règle du vote à l'unanimité s'impose dès lors qu'un État juge que ses intérêts essentiels sont en jeu. Autrement dit, chaque pays dispose d'un droit de *veto* qui n'est guère dans l'esprit du traité de Rome. La marche vers la supranationalité est donc cassée pour longtemps. Le lien établi par les fondateurs de l'Europe des Six entre l'intégration économique et la future union politique supranationale est coupé au profit de la vision gaullienne d'une « Europe des patries » dont la direction serait assurée par la France.

Car c'est bien ici que réside la signification profonde de la politique « européenne » du général. Que l'Europe se fasse, pourquoi pas ? Si dans la configuration projetée, l'identité française ne se trouve pas dissoute, et si, par Europe interposée, la France peut conserver ou recouvrer son influence planétaire. « Il parle de l'Europe, mais c'est de la France qu'il s'agit », écrira Macmillan, parlant de la visite que le général de Gaulle lui a rendue à Birch Grove en 1961 (*Mémoires*, VI, *Pointing the Way*, Londres, Macmillan, 1972, p. 427).

À trente années de distance, on ne peut que porter un jugement nuancé sur cette politique. À court terme et si l'on se place dans la perspective de la construction d'une Europe politique, le bilan peut paraître désastreux. En revanche, on peut se demander si, en faisant échouer au début des années 1960 le projet élaboré par les partisans de la supranationalité, le général de Gaulle ne l'a pas involontairement servi. Peut-être, en effet, était-il un peu tôt pour que le grand dessein d'union politique supranationale intégrant le Royaume-Uni, conçu par les Monnet, Schuman, Spaak, etc., prît corps, sans qu'il y eût, comme le redoutait l'ancien chef de la France libre, un risque sérieux de dilution de la Communauté dans un vaste ensemble atlantique dominé par les États-Unis. En ce sens, le freinage exercé par le président français, au nom de principes de philosophie politique qui étaient ceux du XIXe siècle, et aussi il faut le reconnaître d'une vision réaliste de l'environnement international du moment, a peut-être été un bien.

De là à faire du général de Gaulle, comme l'ont fait sans complexe ses admirateurs posthumes à l'occasion de la commémoration du centenaire de sa naissance, une sorte de visionnaire de l'Europe en avance d'une génération sur ses contemporains, il y a un pas que l'on peut difficilement franchir. On voit mal en effet quel aurait pu être concrètement — à supposer que le plan Fouchet ait été adopté et que l'« Union des États » ait vu le jour au début des années soixante — le destin de la politique extérieure commune de l'Europe des Six à l'heure de la remise en cause du *leadership* américain et du rejet de l'OTAN par la France. Si certains Européens ont eu alors un quart de siècle d'avance sur les hommes de leur génération, c'est sans doute du côté des champions de la supranationalité qu'il faut les chercher, non parmi les chantres de « l'Europe des patries ».

Et pourtant, aussi négative qu'elle soit en apparence, l'action de ces derniers a eu le mérite de poser des garde-fous et d'établir des principes qui ont empêché une dérive atlantique trop accentuée de l'Europe de l'Ouest, avec le risque majeur de voir se dissoudre non, comme le redoutait de Gaulle, la forte identité de chaque État-nation, mais la fragile identité naissante du pôle communautaire. Aujourd'hui, dans une Europe économiquement forte, face à une superpuissance dont le poids a beaucoup diminué tandis que l'autre disparaissait en tant que telle, et dans un monde où s'effacent les déchirures de la guerre froide, l'évolution de l'Europe vers la supranationalité — au demeurant fort lente — ne présente pas les mêmes dangers qu'au lendemain de la « crise des fusées ».

Le « couple France-Allemagne »

L'évocation de la politique européenne du général de Gaulle serait incomplète si l'on omettait de souligner l'importance qu'ont eu, dans sa vision de l'Europe, les rapports privilégiés qu'il s'est efforcé d'établir avec l'Allemagne. Là encore, c'est au regard du moyen et du long terme qu'il faut apprécier l'amitié nouée par le général avec son homologue ouest-allemand Konrad Adenauer, la forte image des deux hommes côte à côte dans la nef de la cathédrale de Reims en juillet 1962, lors du voyage du chancelier en France, la signature en janvier 1963 du traité franco-allemand instituant des rencontres périodiques entre les chefs d'État et de gouvernement des deux pays, la naissance en juillet de la même année de l'Office franco-allemand de la jeunesse, etc. De la main tendue à l'ancienne ennemie, de Gaulle attendait que l'axe Paris-Bonn pût servir de clé de voûte à son projet d'Europe des États. Or, dans ce domaine également la situation n'était pas mûre pour que la RFA acceptât de troquer la protection américaine contre une hypothétique défense européenne dans laquelle la France, puissance nucléaire encore balbutiante, aurait sur elle suffisamment de prise pour imposer ses vues et trop peu de poids par rapport à l'URSS pour offrir une garantie véritable.

S'ajoute à cela le fait que si le vieux chancelier — qui abandonne d'ailleurs le pouvoir à la fin de 1963 — avait pour le général de Gaulle une forte sympathie, il était loin d'en être de même pour l'ensemble de la classe politique allemande. Adenauer parti, son successeur Ludwig Ehrard, qui s'intéressait peu aux affaires internationales, a laissé la bride sur le cou au ministre des Affaires étrangères Gerhard Schröder, à qui le général inspirait une vive antipathie et qui allait s'appliquer à prendre le contrepied des positions françaises dans des domaines aussi divers que le refus d'un accord avec la France sur le procédé de télévision en couleurs, la Force multilatérale ou l'attitude adoptée à l'égard de l'engagement américain au Viêt-nam.

À l'échelle de son règne, le fondateur de la Ve République a donc surtout engrangé des déconvenues dans sa politique de rapprochement avec l'Allemagne. Là encore cependant, c'est à l'échelle du temps long qu'il faut la juger. Or, il est incontestable que le rôle que le général de Gaulle a personnellement joué pour réconcilier les deux anciennes ennemies et pour établir entre elles des procédures régulières de concertation a été capital pour l'avenir de la construction européenne. Probablement était-il également trop tôt — compte tenu de l'intransigeance des deux partenaires sur un certain nombre de points et des séquelles encore tangibles de la guerre froide — pour que l'axe Paris-Bonn pût effectivement servir de moteur au processus d'intégration. Il faudra pour cela que les mentalités évoluent, notamment en France, que la pesanteur du passé se fasse moins prégnante, et que la « détente » offre à leur action un cadre propice. Le mérite de la politique « allemande » du général — et il est considérable — est d'avoir préparé le terrain, et d'avoir conçu, dans une perspective certes toute différente de celle de Schuman et de Monnet, que l'Europe, quelle que soit la façon dont on envisageait de la construire, ne pourrait exister hors de l'amitié franco-allemande.

Une politique mondiale

Débarrassée de l'hypothèque coloniale, dotée d'un armement nucléaire qui lui permet de parler d'égal à égal avec les « Grands » et d'affirmer son indépendance et sa souveraineté, engagée dans un processus d'association avec les États libres de l'Europe, la France se doit, estime le général de Gaulle, de jouer à l'échelle planétaire un rôle qui soit conforme à son « destin ». Cela implique d'abord qu'elle prenne position sur tous les problèmes qui agitent le monde, non en tant qu'acteur secondaire, subordonné aux intérêts et aux choix politiques de la superpuissance dominant le « camp » dans lequel la force des choses l'a obligée à se ranger, mais comme membre autonome et souverain d'une société internationale que le président français voudrait voir sortir de la logique des « blocs ».

Toute sa politique va tendre ainsi à se démarquer du système bipolaire dans lequel le monde évolue depuis la guerre et dont de Gaulle fixe la naissance à Yalta. Écarté de la conférence de Crimée, le chef de la France libre a conçu une rancune tenace envers ceux qui l'ont exclu du règlement provisoire du conflit et qui se sont, estime-t-il, « partagé » le monde en toute bonne conscience. On sait que les choses n'ont pas été aussi simples et qu'en février 1945 Roosevelt et Churchill n'ont rien concédé à Staline qu'il n'ait déjà conquis par les armes. Peu importe, dès lors que le mythe du « partage » est solidement ancré dans la pensée du chef de l'État, comme dans celle de nombreux Français, « Yalta » est devenu le symbole de l'âpreté des puissants à se partager les dépouilles du vaincu, en même temps que celui de l'humiliation de la France.

De ce « partage » et des tensions qui l'ont suivi serait issu le monde des « blocs » dont le général de Gaulle conteste la pérennité, comme il conteste la prétention des Américains à parler au nom du « monde libre » dans le dialogue qu'ils ont engagé avec les Soviétiques au début des années 1960. Tel est le sens d'une « politique à l'Est » qui comporte en fait deux volets : un rapprochement avec l'URSS opéré hors de toute considération idéologique (pour de Gaulle l'idéologie et les régimes politiques sont des éléments éphémères, seule l'identité de la nation s'inscrit dans le temps long : il parle d'ailleurs de la « Russie »), et un contact direct établi avec les pays de l'Est européen.

C'est à partir de 1963, une fois dissipées les retombées des crises de Berlin et de Cuba — au cours desquelles rappelons-le, le général a manifesté une grande fermeté envers Moscou — que s'effectue le grand dégel des relations franco-soviétiques. En juin 1966, le président français se rend en URSS où il signe des accords commerciaux, économiques, techniques et scientifiques dont l'application est placée sous le contrôle d'une commission mixte permanente franco-soviétique. « En ma personne, déclare-t-il à cette occasion, le peuple français salue le grand peuple soviétique. Vive la Russie ! » Une ligne téléphonique reliant le Kremlin à l'Élysée et permettant aux deux principaux décideurs d'entrer en communication directe en cas de crise, est installée sur le modèle du « télétype rouge » qui relie Moscou à Washington. Il n'en faut pas beaucoup plus pour que, du côté des atlantistes purs et durs — que ce soit aux États-Unis, chez nos partenaires européens ou en France même — on dénonce la dérive « neutraliste » du général, voire son intention cachée de procéder à un renversement des alliances. Il n'en est évidemment rien. En se rapprochant des « Russes », le chef de l'État cherche moins à renouer avec une tradition géopolitique aussi ancienne que la diplomatie française qu'à trouver un contrepoids à l'influence de la toute-puissante Amérique. André Fontaine rapporte que lors d'un entretien avec Brejnev, le général aurait lancé à celui-ci : « Ah ! monsieur le secrétaire général, comme nous sommes heureux de vous avoir pour nous aider à résister aux pressions des États-Unis... » ; pour aussitôt corriger : « ... de même que nous sommes bien contents d'avoir les États-Unis pour nous aider à résister aux pressions de l'Union soviétique » (A. Fontaine, *Histoire de la « détente »*, Paris, Seuil, 1984, p. 76).

L'autre aspect de l'ouverture à l'Est concerne les rapports avec les démocraties populaires. Non que dans son désir de voir se modifier l'ordre planétaire figé, selon lui, par les accords de Yalta, de Gaulle ait eu l'intention de pousser à la déstabilisation du glacis soviétique. Il a trop conscience des réalités du rapport de force pour s'aventurer dans une voie aussi dangereuse. Mais il croit possible une évolution des régimes communistes dans le sens de la libéralisation intérieure et extérieure, et dans cette perspective il entend ménager l'avenir en établissant avec les pays concernés des relations amicales. De là l'image d'une Europe future allant « de l'Atlantique à l'Oural », telle qu'elle a été évoquée à plusieurs reprises par l'homme du 18 juin. Et aussi ces propos tenus en 1965 au cours d'un voyage dans l'ouest de la France :

> « Vers l'est de l'Europe, nous reprenons et nous resserrons des liens qui sont bien anciens, qui sont traditionnels. Vous savez combien de fois nous avons pensé, nous Français, à l'alliance, la vieille alliance franco-russe. Il ne s'agit plus de cela aujourd'hui, puisque le danger n'est plus du tout le même. Mais il s'agit dans la mesure où ces peuples de l'Est commencent à échapper à l'idéologie totalitaire, et à l'esprit de domination qui les avaient quelque temps entraînés, il s'agit que l'on reprenne avec eux des rapports féconds, dans leur intérêt, dans le nôtre et dans celui de la paix universelle » (discours de Mayenne, cité *in* J. Lacouture, *De Gaulle*, 3. *Le souverain*, Paris, Seuil, 1986, p. 400).

Il est arrivé cependant que le général de Gaulle s'écarte de cette réserve prudente, pour inciter les peuples et les dirigeants de l'Est à se montrer moins dépendants du « grand frère ». Ainsi en Pologne, en septembre 1967, où en dépit des réserves de Gomulka il invite les Polonais à « voir loin » et « grand ». Et plus nettement encore en Roumanie l'année suivante lorsqu'il rejette avec énergie la sujétion des États qui, « répartis entre deux blocs opposés, se plient à une direction politique, économique et militaire provenant de l'extérieur, subissent la présence permanente des forces étrangères sur leur territoire ». Néanmoins, ce qu'il condamne avant tout dans la situation faite depuis la guerre aux pays situés au-delà du rideau de fer, c'est une fois encore le « partage » opéré à Yalta en 1945 et perpétué depuis cette date par le consentement mutuel des deux Grands. Lors de l'invasion de la Tchécoslovaquie par les forces du pacte de Varsovie, en août 1968, de Gaulle désapprouve certes le geste soviétique, mais dans des termes qui dénoncent clairement la coresponsabilité des superpuissances dans la pérennisation du *statu quo* hérité de la guerre : « L'intervention armée de l'Union soviétique en Tchécoslovaquie — est-il dit dans un communiqué de la présidence de la République — montre que le gouvernement de Moscou ne s'est pas dégagé de la politique des blocs qui a été imposée à l'Europe par l'effet des Accords de Yalta qui est incompatible avec le droit des peuples à disposer d'eux-mêmes et qui n'a pu et ne peut conduire qu'à la tension internationale. »

Le refus de la politique des blocs, conjugué avec un anti-américanisme qui est, en France, assez largement répandu, mais qui chez de Gaulle se nourrit du souvenir des humiliations subies durant la guerre, incline le fondateur de la Ve République à contester de plus en plus ouvertement le *leadership* des États-Unis et à prendre, un peu partout dans le monde, le contrepied de leur politique. En janvier 1964, il décide de reconnaître la Chine communiste. En mai 1965, le représentant de la France à l'ONU condamne devant le Conseil de Sécurité le débarquement des *marines* à Saint-Domingue pour empêcher le retour au pouvoir de l'ex-président Juan Bosch, suspect de « sympathies pour le communisme ». En septembre 1966, en visite au Cambodge, le général prononce à Phnom-Pehn un discours retentissant, dans lequel il critique vivement l'intervention américaine au Viêt-nam, rejette sur les Américains la responsabilité du conflit et leur suggère d'évacuer l'Indochine et d'engager des négociations avec le Viêt-cong. Si son propos irrite profondément les dirigeants d'outre-Atlantique, de Gaulle en retire une immense popularité dans le Tiers Monde, et lorsqu'en mars 1968 le président Johnson se résout finalement à cesser les bombardements sur le Viêt-nam du Nord et à engager des pourparlers avec Hanoï et avec le FNL, c'est à l'hôtel Kléber, à Paris, que s'ouvrent les négociations.

Plus provocatrices encore à l'égard de la superpuissance atlantique sont les démarches que le président accomplit en 1964 et en 1967 dans l'hémisphère occidental. La première en Amérique latine, où le général se rend à deux reprises dans le courant de l'années 1964, provoquant des tempêtes d'acclamations lorsqu'il évoque l'indépendance des États et l'aspiration des peuples à résister aux hégémonies. La seconde durant l'été 1967 au Canada. Le 24 juillet, du balcon de l'Hôtel de Ville de

Montréal, il lance devant une population francophone enthousiaste et auprès de laquelle il veut témoigner du soutien de la France un « Vive le Québec libre ! » qui entraîne aussitôt une très vive protestation du gouvernement d'Ottawa et amène le général de Gaulle à écourter son séjour.

Jusqu'alors, les Français ont en majorité approuvé la politique extérieure du chef de l'État, y compris dans la direction qu'il a donnée aux relations avec Washington. Or, l'année 1967 marque en ce domaine un reflux du consensus. Interrogés en août par l'IFOP sur l'opportunité du geste accompli à Montréal, 45 % des Français désapprouvent, contre 18 %, ce qui apparaît à beaucoup comme un acte gratuit et dangereux. Mais c'est surtout l'attitude nouvelle adoptée par la France à l'égard du conflit israélo-arabe qui va modifier en profondeur l'idée que de nombreux Français se font des choix de politique étrangère du général.

L'amitié franco-israélienne, qui avait été une constante durant le précédent régime et que de Gaulle lui-même célébrait encore en juin 1961, dans un toast porté à Ben Gourion, « notre ami et notre allié », subit à partir de 1962 les effets d'une double série de contraintes. Celles tout d'abord qui tiennent à la réorientation de la politique française vis-à-vis du monde arabe. Longtemps contrariée par la guerre d'Algérie, celle-ci peut, après les accords d'Évian, se redéployer dans un sens plus conforme aux traditions de la diplomatie hexagonale et aux impératifs de notre approvisionnement en pétrole. Celles d'autre part qui relèvent des options tiers-mondistes de la France et du grief que celle-ci fait à l'État hébreu d'évoluer sans complexe dans l'orbite américaine. Dans le conflit armé qui s'annonce au printemps 1967, à la suite de la décision prise par Nasser d'interdire l'entrée du golfe d'Akaba à tout navire israélien et à tout bateau transportant des produits stratégiques (dont le pétrole) à destination d'Israël, le gouvernement français marque d'entrée de jeu sa neutralité. « La France, précise-t-il le 2 juin, n'est engagée à aucun titre avec aucun des États en cause. De son propre chef, elle considère que chacun de ces États a le droit de vivre. Mais elle estime que le pire serait l'ouverture des hostilités. En conséquence, l'État qui, le premier et où que ce soit, emploierait les armes, n'aurait ni son approbation, ni, à plus forte raison, son appui. »

Une fois la « guerre des Six jours » engagée, le général de Gaulle maintient sa position, proclamant l'embargo sur les livraisons de matériel militaire aux « pays du champ de bataille » : une décision qui ne touche en fait qu'Israël, à qui la France avait fourni depuis toujours une partie importante de ses armes, à commencer par les avions avec lesquels il venait de remporter une victoire décisive sur les forces conjuguées de ses voisins arabes. Le 21 juin, une déclaration du gouvernement « condamne l'ouverture des hostilités par Israël », ajoutant que la France « ne tient pour acquis aucun des changements réalisés sur le terrain par l'action militaire », et à l'ONU le représentant français vote une motion yougoslave qui exige le retrait des troupes israéliennes. L'opinion française, aussi bien au sein de la majorité que dans l'opposition, se trouve passablement décontenancée par ce revirement du chef de l'État et qui suscite des troubles dans les consciences jusque dans l'entourage proche du général. Elle le sera davantage lorsque, dans sa conférence de presse du 27 novembre 1967, ce dernier dressera en ces termes un réquisitoire en bonne et due forme contre la façon dont s'était opérée la colonisation juive en Palestine.

> « On pouvait se demander... si l'implantation de cette communauté sur des terres qui avaient été acquises dans des conditions plus ou moins justifiables et au milieu des peuples arabes qui lui étaient foncièrement hostiles n'allait pas entraîner d'incessants, d'interminables frictions et conflits. Certains même redoutaient que les Juifs, jusqu'alors dispersés, mais qui étaient restés ce qu'ils avaient été de tous temps, c'est-à-dire un peuple d'élite, sûr de lui-même et dominateur, n'en viennent, une fois rassemblés dans le site de leur ancienne grandeur, à changer en ambition ardente et conquérante les souhaits très émouvants qu'ils formaient depuis dix-neuf siècles. »

Malgré l'évocation des « abominables persécutions » que les Juifs avaient subies pendant la Seconde Guerre mondiale, nombreux sont ceux qui retiendront surtout dans le propos gaullien la formule du peuple « sûr de lui-même et dominateur », ainsi que l'allusion aux « malveillances qu'ils provoquaient, qu'ils suscitaient plus exactement », et ils verront un relent d'antisémitisme dans ce qui n'était probablement — si l'on se réfère à l'immense masse des écrits du général — qu'un propos maladroit. Le sondage effectué en décembre 1967 par l'IFOP n'en indique pas moins un net fléchissement des avis favorables à sa politique étrangère, 33 % des Français désapprouvant son attitude dans le conflit israélo-arabe, contre 30 % d'approbations : fléchissement que confirme un autre sondage réalisé en janvier 1969.

Ainsi, deux ans avant de quitter ses fonctions, l'ancien chef de la France libre est-il amené à faire le constat d'une certaine désaffection des Français à l'égard de ses options de politique étrangère, ou du moins de certaines d'entre elles. En osmose avec leur président tant qu'il s'agit de l'indépendance et de la souveraineté de la France, de la construction européenne, de la contestation de la tutelle américaine, voire d'un certain rééquilibrage du système international, ils se montrent plus hésitants dans le jugement porté sur la légitimité et l'efficacité de l'arme atomique, et majoritairement hostiles à une *Realpolitik* qui ne tiendrait compte que des contraintes de l'économie et de la stratégie. Et ceci d'autant plus que la fin du règne s'accomplit dans un environnement international qui trahit le faible poids de la France dans la conduite de la destinée des peuples. Les Américains poursuivent *leur* guerre au Viêt-nam et engagent avec les Soviétiques un dialogue visant à une cogestion des affaires mondiales. Brejnev envoie ses chars à Prague pour y restaurer l'ordre socialiste et proclame l'irréversibilité des « conquêtes du socialisme ». La logique des blocs continue de peser sur le déclenchement et le règlement des conflits.

Faut-il parler d'un échec du « grand dessein » conçu par le général de Gaulle ? Oui, si l'on s'en tient aux résultats tangibles, mesurés en termes de *Realpolitik*. Non, si l'on veut bien se souvenir dans quel état de dépendance et d'aliénation il a trouvé la politique extérieure de la France en arrivant aux affaires. Non encore, si l'on juge son action, comme il le fait lui-même, à l'aune d'un volontarisme fondé sur la conscience et le refus du déclin :

> « J'ai tenté de dresser la France contre la fin d'un monde. Ai-je échoué ? D'autres verront plus tard. Sans doute assistons-nous à la fin de l'Europe...
> ... L'Europe, vous le savez comme moi, sera un accord entre les États, ou rien. Donc rien. Nous sommes les derniers Européens de l'Europe, qui fut la chrétienté. Une Europe déchirée, qui existait tout de même. L'Europe dont les nations se haïssaient avait plus de réalité que celle d'aujourd'hui. Oui, oui ! Il ne s'agit plus de savoir si la France fera l'Europe, il s'agit de comprendre qu'elle est menacée de mort par la mort de l'Europe...
> Bien entendu, il y a une autre question qui domine tout : dans la première civilisation sans foi, la nation peut gagner du temps, le communisme peut croire qu'il en gagne. Je veux bien qu'une civilisation soit sans foi, mais je voudrais savoir ce qu'elle met à la place, consciemment ou non. Bien sûr, rien n'est définitif...
> Tout de même, cette fois-ci, il se peut que l'enjeu la concerne à peine. Enfin ! j'aurai fait ce que j'aurai pu. S'il faut regarder mourir l'Europe, regardons, ça n'arrive pas tous les matins » (A. Malraux, *Les chênes qu'on abat*, Paris, Gallimard, 1971, pp. 226-229).

La succession

L'homme qui succède au général de Gaulle en 1969 n'a pas eu les mêmes rendez-vous avec l'histoire que l'ancien chef de la France libre.

« Je souhaiterais, déclarait-il peu de temps après son élection à la présidence de la République, que les historiens n'aient pas trop de choses à dire sur mon mandat. » On ne passe pas pour autant, Alfred Grosser a raison de le souligner, « de Don Quichotte à Sancho Pança » (*Affaires extérieures. La politique de la France, 1944-1984*, Paris, Flammarion, 1984, p. 231). Il est discret mais sa parole a du poids. Il n'aime pas les éclats mais il est capable de décisions brusques, comme celle d'interrompre son séjour aux États-Unis en 1970. Il est solidement ancré dans son terroir auvergnat et préoccupé de concret, mais « l'homme de la banque Rothschild » est aussi un homme de culture : ancien normalien, il est agrégé des lettres, nourri d'humanités classiques et passionné d'art contemporain. Sa longue pratique des affaires l'a familiarisé avec le monde économique international et son expérience de Premier ministre avec les dirigeants politiques européens et extra-européens. Pour l'assister dans la conduite des Affaires extérieures, il choisit dans un premier temps l'affable et expérimenté Maurice Schumann (il a été secrétaire d'État), puis à partir d'avril 1973, le secrétaire général de l'Élysée Michel Jobert qui va se révéler, à la faveur de la maladie présidentielle, intransigeant sur le fond et passablement provocateur sur la forme.

Pris entre sa fidélité aux principes de politique étrangère énoncés par le général de Gaulle et les nécessités de l'heure, qui sont principalement d'ordre économique, Georges Pompidou va devoir choisir. D'abord entre le « constat de la valeur réelle du franc » (déclaration à l'issue du Conseil des ministres du 8 août 1969) et les impératifs du prestige et de la grandeur, il opte pour la dévaluation que de Gaulle avait refusée en novembre. Ensuite entre la « petite Europe » à six et l'Europe élargie à dix, il se déclare sans enthousiasme excessif pour la seconde. Pas plus que son prédécesseur en effet, il n'est un partisan convaincu de l'Europe supranationale. Mais là où le fondateur de la Ve République voyait dans l'Europe une simple possibilité, et surtout un moyen de la politique française, son ancien Premier ministre croit fermement à la nécessité de la construction européenne et se rend compte que l'approfondissement des liens entre les États membres passe paradoxalement par l'élargissement de la Communauté, et en tout cas par son ouverture à la Grande-Bretagne.

Georges Pompidou se trouve d'ailleurs incliné dans cette voie par les engagements qu'il a pris, lors de la campagne présidentielle, pour ne pas paraître en retrait par rapport à son concurrent du second tour Alain Poher, ancien collaborateur de Robert Schuman et lui même « Européen » convaincu. Le choix de Jacques Chaban-Delmas comme Premier ministre et de Maurice Schumann comme ministre des Affaires étrangères, tous deux gaullistes mais favorables à l'élargissement, l'entrée dans le gouvernement de quatre membres du Comité d'action de Jean Monnet (Valéry Giscard d'Estaing, René Pleven, Jacques Duhamel, Joseph Fontanet) ont tôt fait de confirmer la volonté d'ouverture du président. Dès le 10 juillet 1969, celui-ci déclare dans sa première conférence de presse : « Nous n'avons pas d'objection de principe à l'adhésion de la Grande-Bretagne ou de tel autre pays à la Communauté », et il suggère que des réunions de chefs d'État ou de gouvernement discutent des problèmes posés par la demande d'adhésion du Royaume-Uni, de l'Irlande, du Danemark et de la Norvège.

L'accord s'étant fait entre les six États membres de la CEE, des négociations peuvent s'engager en juillet 1970 avec les États demandeurs. Elles aboutiront aux traités d'adhésion signés à Bruxelles le 22 janvier 1972 et que ratifieront sans difficulté la Grande-Bretagne (où la ratification n'est tributaire que d'un vote des Communes), l'Irlande (83 % de « oui »), le Danemark (89,4 %) et la France (68 % de « oui » mais avec près de 40 % d'abstentions et 7 % de votes blancs ou nuls). Seule la Norvège, où une coalition hétéroclite réunissant l'extrême gauche, une partie de la gauche hostile à « l'Europe du grand capital », et les milieux nationalistes et traditionalistes s'est prononcée pour le rejet du traité. La Communauté des Six se transforme ainsi officiellement en une Communauté des Neuf le 1er janvier 1973, avec à sa tête une Commission élargie à treize membres et présidée par François-Xavier Ortoli.

Pour le reste, la politique étrangère de Georges Pompidou s'inscrit dans le droit fil de celle de son prédécesseur. Les relations avec l'URSS demeurent excellentes, comme en témoigne la fréquence des rencontres entre les deux chefs d'État. Le président français se rend en URSS en octobre 1970, janvier 1973 et mars 1974. Leonid Brejnev est l'hôte de la France en octobre 1971 et en juin 1973. Les conversations portent principalement sur la « coopération et la sécurité en Europe » et sont empreintes d'une grande cordialité. Ce qui n'empêche pas le successeur du général de Gaulle de rester ferme sur les principes et de rejeter la proposition d'un traité d'amitié en bonne et due forme avec l'URSS.

Pas davantage de bouleversement majeur dans les rapports avec les États-Unis. Certes, le voyage effectué en Amérique en février-mars 1970 par le chef de l'État laissera un très mauvais souvenir au couple présidentiel. À Chicago, des manifestants hostiles à la politique française à l'égard d'Israël envahissent l'hôtel où est donné un dîner officiel, bousculant et insultant le président et son épouse, et provoquant leur retour anticipé en France. Il n'empêche que, jusqu'à la guerre du Kippour, les relations avec le grand allié occidental demeurent sereines. Georges Pompidou, il est vrai, se fait une règle de ne rencontrer Nixon qu'en dehors du territoire américain et ne le reçoit pas en France, mais lors des entrevues qu'il a avec l'hôte de la Maison-Blanche — en décembre 1971 aux Açores et en mai 1973 à Reykjavik — l'accord se fait sans grande difficulté, aussi bien sur les questions monétaires que dans le domaine de la défense.

Le quatrième conflit israélo-arabe marque le retour à une attitude moins coopérative dans les rapports avec Washington. Dès son arrivée à l'Élysée, Georges Pompidou a nettement manifesté son intention de poursuivre au Moyen-Orient la politique inaugurée en 1967 par le général de Gaulle. En fait, désireux de mener une « politique méditerranéenne » cohérente, il va de plus en plus nettement marquer ses distances envers l'État israélien, soutenu et parfois précédé dans cette voie par son ministre des Affaires étrangères Michel Jobert. C'est ainsi que l'embargo sur les livraisons d'armes à Israël, qui avait été décidé au moment de la Guerre des Six jours, se trouve renforcé en janvier 1969 à la suite du bombardement de l'aéroport de Beyrouth par l'aviation israélienne. Désormais ne seront plus livrés à l'État hébreu ni matériel militaire ni pièces de rechange indispensables à la maintenance de ce matériel, ni même les armements déjà commandés et payés, telles ces cinq vedettes construites par les chantiers de Cherbourg et qui, dans la nuit du 24 au 25 décembre, prendront clandestinement la mer pour rejoindre le port d'Haïfa.

Cette intransigeance appliquée à l'un des protagonistes du conflit, de surcroît ancien allié de la France, est d'autant plus mal perçue en Israël et aux États-Unis qu'elle s'accompagne d'une moindre vigilance envers les livraisons d'armes à destination des pays arabes. Sous prétexte que la Libye du colonel Kadhafi n'est pas « pays du champ de bataille », le gouvernement français accepte en effet de lui livrer une centaine d'avions de combat, dont 50 Mirage V qui seront mis en 1973 à la disposition de l'Égypte et de la Syrie au moment de la guerre du Kippour.

Deux considérations motivent la position de la France. D'une part son souci de se démarquer radicalement de la politique américaine au Moyen-Orient. D'autre part la volonté affichée par ses dirigeants de mener une véritable politique méditerranéenne. « La France, déclare Michel Jobert devant l'Assemblée nationale, a une longue pratique des États arabes... La France a des intérêts tout autour de la Méditerranée... et les liens traditionnels qu'elle a eus avec l'Islam ont été perturbés un moment, et même sérieusement perturbés, par les incidents graves, regrettables pour beaucoup d'entre nous, qui se sont produits en Algérie » (Cité in A. Grosser, *Affaires extérieures, op. cit.*, p. 251). On peut admirer l'aisance avec laquelle le ministre français pratique l'art de la litote. Son propos n'en indique pas moins de quel côté penche désormais la diplomatie hexagonale : celui des amitiés « traditionnelles » : des amitiés qu'il est devenu d'autant plus utiles de faire revivre qu'elles se situent dans le camp des pays gros exportateurs de pétrole. Or, depuis le début des années 1970, l'OPEP multiplie les initiatives visant à réajuster le prix du brut, fixé jusqu'alors par les grandes firmes multinationales et resté quasiment inchangé depuis plusieurs décennies. En pleine guerre du Kippour, les 16 et 17 octobre 1973, les ministres des pays arabes membres de cette organisation, réunis à Koweït, ont décidé d'augmenter unilatéralement le prix du brut — première étape d'une escalade qui, en deux mois, aboutira au quadruplement du prix du pétrole — et en même temps de réduire chaque mois de 5 % leur production de pétrole « jusqu'à ce que les Israéliens se soient complètement retirés des territoires occupés et que les droits légitimes du peuple palestinien aient été restaurés ».

La France, dans cette affaire, va bénéficier à court terme du choix qu'elle a fait depuis 1967 d'une politique visant à reconquérir une partie de son influence dans le monde arabe et à contrer l'hégémonie américaine dans la région. Les positions qu'elle a prises à l'ONU à l'égard du problème des territoires occupés par Israël durant la Guerre des Six jours — en donnant de la résolution 242 du Conseil de sécurité une interprétation rigoureuse fondée sur la version française de ce texte (retrait exigé *des* territoires occupés par l'armée israélienne et non *de* territoires occupés comme le dit de manière ambiguë le texte anglais) — lui ont permis d'engranger des sympathies arabes dont elle a tiré un avantage immédiat lors de la guerre d'octobre, en évitant le boycott qui a frappé les États-Unis et les Pays-Bas. En décembre 1973, elle obtient de l'Arabie Saoudite — au prix fort il est vrai — un accord lui assurant des livraisons particulières de brut.

À cette date, le pétrole représente plus de 72 % de notre consommation énergétique, et il est clair que les dirigeants français ne peuvent pas ne pas tenir compte de certaines des exigences de l'OAPEP (l'Organisation arabe des pays exportateurs de pétrole qui regroupe l'Arabie Saoudite, l'Irak, le Koweït, Abu Dhabi, le Qatar, la Libye et l'Algérie). Mais il y a deux manières de le faire : en ordre dispersé, en négociant au coup par coup avec les intéressés, ou en parlant « d'une seule voix » avec les autres pays membres de la CEE, tous (à l'exception peut-être de la Grande-Bretagne qui commence à exploiter ses ressources pétrolières de la mer du Nord), étroitement dépendants des livraisons de brut en provenance du golfe Persique. Dans un premier temps, il semble que Paris soit prêt à jouer le jeu du front uni. Lors du sommet des Neuf à Copenhague, en décembre 1973, s'engage un dialogue euro-arabe, au demeurant passablement faussé par les négociations parallèles que mènent en coulisse les représentants des divers États membres de la Communauté avec les ministres des Affaires étrangères de certains pays arabes. Là où la France se sépare de ses partenaires européens, c'est lorsque ces derniers manifestent leur intention d'agir de concert avec l'allié américain. Lors de la conférence qui se tient à Washington en février 1974, Georges Pompidou envoie non pas son ministre des Finances, comme l'ont fait les autres États membres de la CEE (Valéry Giscard d'Estaing étant jugé trop conciliant), mais l'hôte du Quai d'Orsay, Michel Jobert, dont l'hostilité envers les États-Unis, les positions favorables aux Arabes dans le conflit du Moyen-Orient et les excès de langage, sont connus, surtout depuis que la maladie du chef de l'État lui a conféré une marge d'autonomie qu'il n'avait pas en début de règne. Lâché par ses collègues, Michel Jobert ne peut empêcher que soit créé lors de cette conférence, où la France s'est trouvée complètement isolée, un groupe de coordination dont naîtra l'Agence internationale de l'énergie.

Face à une Europe qui n'a su ni affirmer son identité, ni même « parler d'une seule voix » à propos d'une question aussi vitale que ses approvisionnements énergétiques, les États-Unis ont ainsi mis à profit la crise pétrolière pour rétablir leur position dominante sur le vieux continent. Les dirigeants français ne peuvent qu'en faire le constat amer, sans autre recours que le choc des mots et le jeu des images. Michel Jobert dénonce à la tribune de l'Assemblée nationale le « condominium américano-soviétique ». Il parle de « non-personne » pour désigner la façon dont Washington a considéré ses alliés européens lors de la guerre du Kippour. Il engage contre Henry Kissinger une guérilla verbale qui n'a d'autre effet que d'accroître l'irritation de l'opinion américaine à l'égard de la France. Sur le fond, la crise pétrolière et la crise monétaire indiquent clairement quelles sont les limites de l'indépendance proclamée par les dirigeants politiques français. La contrainte énergétique veut que ce qui est refusé à Washington soit accepté des pays membres de l'OAPEP. Le chacun pour soi européen a fait qu'aucune solution de rechange n'a été trouvée au vétuste et inique système monétaire international conçu à Bretton Woods à la fin de la guerre. La France pompidolienne a dû s'y résoudre, comme l'avait fait la France gaullienne en des temps moins troublés. Même sur une question aussi « intime » que ses relations avec Bonn, Paris a dû tabler sur la grande alliée atlantique lorsque s'est profilé, suite à l'*Ostpolitik* de Willy Brandt, le spectre d'une dérive à l'Est de la RFA. Que celle-ci ait été largement mythique n'a pas empêché les dirigeants français de s'inquiéter et de faire part de leurs inquiétudes à Washington, où elles ont rencontré un écho. Tout cela fait que les derniers mois de la présidence de Georges Pompidou se sont écoulés, malgré les gesticulations de son ministre des

Affaires étrangères, dans un relatif apaisement. Au moment où apparaissent les premiers signes d'un grave dérèglement de l'économie mondiale, il est clair que la « grande politique » voulue et expérimentée par le général de Gaulle a fait long feu.

CONCLUSION

Avec la mort de Georges Pompidou en avril 1974, une page d'histoire de la France du XXe siècle, inaugurée en 1958 avec l'avènement du général de Gaulle paraît tournée. La République gaullienne meurt avec le second président de la Ve République et alors que l'œuvre entreprise paraît devoir être remise en question.

Georges Pompidou disparaît en effet au moment où la croissance économique qui avait constitué le contexte de la modernisation de la France est menacée par la crise qui atteint le monde.

Or le nouveau contexte de la crise va jouer comme un catalyseur remettant en cause l'ensemble des structures nouvelles mises en place par la croissance. Alors que le partage des fruits de celle-ci et l'accès généralisé et croissant à la consommation avaient été les caractéristiques de la société nouvelle, deux éléments interviennent pour en modifier les données. En premier lieu, l'apparition, révélée par la crise de 1968, d'aspirations nouvelles qui dépassent la simple volonté d'une consommation accrue : volonté d'une modification des rapports qualitatifs dans la société et l'entreprise, avec l'exigence de la reconnaissance de la participation des citoyens et des salariés, volonté de la prise en compte de la qualité de la vie, l'homme refusant de n'être considéré que comme un producteur, exigences nouvelles en ce qui concerne le cadre de vie détruit par les diverses pollutions de l'âge industriel. Or ces aspirations, qui sont celles d'une société post-industrielle, se manifestent au moment même où la croissance dont les divers maux dénoncés étaient la contrepartie a tendance à décliner ou à disparaître. Par ailleurs, les mutations engendrées par la modernisation de la société ont laissé leur héritage. De nouveaux groupes s'individualisent, qui ont leurs propres exigences, distinctes de celles de la société prise dans son ensemble : les jeunes qui ont désormais accès à des formes propres de consommation, les femmes dont une partie refuse le statut qui a été le leur depuis des siècles et qui en faisait des êtres subordonnés. À ces héritages de la période de croissance, la phase qui s'ouvre en 1974 ajoute d'autres données propres à la crise : le chômage, plaie permanente de la société française, qui s'abat sur un monde où la consommation est la marque principale de la dimension sociale et qui frappe en particulier les deux groupes nouvellement individualisés des femmes et des jeunes.

C'est dire que le contexte de la période qui commence en 1974 diffère du tout au tout de ceux des périodes précédentes. Ce que les successeurs de Georges Pompidou doivent désormais gérer, c'est une crise économique grave, un chômage qui ne cesse de croître, la multiplication des risques de marginalité, une société « à deux vitesses » qui sépare non plus patrons et ouvriers, capitalistes et prolétaires, mais citoyens ayant du travail et bénéficiant du haut niveau de consommation permis par une société hautement développée et ceux, condamnés au chômage, mais qui vivent, eux aussi, dans une société de consommation. C'est bien une France nouvelle, dont les traits commencent à s'esquisser à partir de 1974, où modernité et prospérité ne vont plus de pair, qui caractérise les années du dernier quart du XXe siècle.

CINQUIÈME PARTIE
1974 À NOS JOURS

I

La crise française depuis 1974 :
aspects et problèmes

Au moment où meurt Georges Pompidou, en avril 1974, se produit un retournement dramatique de la conjoncture économique. Alors que le monde industriel vivait depuis 1945 dans un contexte de forte croissance, que l'économiste Jean Fourastié a baptisé « les trente glorieuses », c'est désormais une situation nouvelle qui s'installe, marquée par le ralentissement de la production de biens et des services, voire par son recul certaines années. Cette « crise » apparaît désormais comme le phénomène dominant qui atteint la France comme le reste du monde, mettant fin à l'illusion entretenue depuis la fin de la Seconde Guerre mondiale d'une croissance indéfinie de l'économie soutenant un progrès constant des sociétés. En fait, la durée du phénomène (plus de vingt années) exclut l'idée même de crise conjoncturelle, d'autant que les observateurs identifient désormais trois phases successives marquées par de brèves périodes de reprise. On est bien en présence d'une de ces grandes périodes cycliques de dépression comme le monde en a connu au cours du XIXe siècle, de 1873 à 1896 ou au XXe siècle avec la crise de 1929 à laquelle met fin la Seconde Guerre mondiale, c'est-à-dire à un phénomène de mutation structurelle de l'économie mondiale, lié à la chute de rentabilité des grandes industries qui avaient constitué le moteur de la croissance et à la lente mise en place d'une nouvelle civilisation où les activités tertiaires et la révolution informatique modifient les conditions de vie et de travail dans la France du XXe siècle. Quelle que soit la signification de cette mutation, elle devient de fait le grand problème national qui détermine la vie politique depuis 1974. Mais parce que ses manifestations s'inscrivent dans une chronologie rigoureuse, marquée par des alternances de pessimisme (les séquences de la crise) et d'espoir (la sortie de crise), parce que la perception des phénomènes économiques varie au sein de l'opinion en fonction des moments, force est de considérer la manière dont la crise est vécue par les Français depuis vingt ans.

Un phénomène mondial

De même que la croissance en France avait été l'aspect national d'un phénomène mondial, de même la France subit-elle de plein fouet en 1974 les effets d'une récession qui concerne l'ensemble de la planète. Cette situation s'explique aisément par l'intégration de plus en plus forte du pays dans l'économie mondiale, accélérée en particulier par l'ouverture des frontières et le désarmement douanier que l'entrée de la France dans la construction européenne a provoqués. La place de plus en plus grande tenue par les échanges extérieurs dans le PNB, les mouvements de capitaux internationaux au sein desquels elle est insérée lui ont permis de tirer des bénéfices considérables de la croissance mondiale et de moderniser son appareil de production. Mais, du même coup, il lui est impossible d'échapper aux effets d'une récession mondiale, comme de mener une politique à contre-courant de celle des autres grands pays industriels. Or au moment où les premiers craquements dans la croissance mondiale se font sentir, la France continue à courir sur l'aire de la croissance et même, elle a tendance à en accélérer les effets.

C'est en effet au milieu des années soixante que se manifestent les premiers symptômes de la crise à travers une série de déséquilibres dont les manifestations les plus visibles sont d'ordre monétaire. À partir de 1967, on constate en effet un ralentissement de la croissance du PNB américain et de la productivité du travail aux États-Unis, cependant que la hausse des prix a tendance à s'y accélérer. Sous l'effet de la guerre du Vietnam, le budget fédéral américain enregistre un déficit record et les capitaux ont tendance à fuir les États-Unis. Servi par la situation hégémonique du dollar, monnaie des échanges internationaux, le gouvernement américain finance son déficit commercial international par des émissions de dollars sans contrepartie, entretenant ainsi un climat inflationniste. Il en résulte une accumulation de dollars à l'étranger, qui, depuis 1960, est supérieure au stock d'or officiel de la Réserve fédérale américaine sur la base de l'évaluation qui sert de fondement au système monétaire international (35 dollars l'once). C'est dire que les bases mêmes de ce système, c'est-à-dire la convertibilité du dollar en or ne sont plus qu'une fiction puisqu'il est impossible désormais de procéder à cette conversion. Pour contraindre les États-Unis à freiner une inflation qui leur est hautement profitable puisqu'elle leur permet d'investir à l'étranger, certaines banques centrales (la Banque de France en particulier) exigent la conversion en or de leur stock de dollars. Ce faisant, elles atteignent non seulement la position dominante des États-Unis, mais aussi le climat inflationniste qui avait favorisé la croissance. Les turbulences du marché de l'or, puis des manœuvres spéculatives contre les monnaies les plus faibles, en particulier la livre sterling aboutissent à la dévaluation de celle-ci en novembre 1967.

Dans les années qui suivent, les contradictions économiques et monétaires ne cessent de s'amplifier. En 1968, les États-Unis décident de supprimer la convertibilité de leur monnaie en or pour les détenteurs privés et, pour soulager la pression pesant sur le dollar, font décider la création de nouvelles liquidités internationales avec les Droits de tirage spéciaux. Pour tenter de sauver le système monétaire international, l'Allemagne accepte en octobre 1969 de réévaluer le deutsche mark. Inquiètes des signes de déséquilibre qui se multiplient, les banques centrales décident dès 1969 de freiner une croissance qui a tendance à s'emballer dans un contexte inflationniste : la République fédérale d'Allemagne augmente ses taux d'intérêt, les États-Unis et le Japon restreignent le crédit.

La situation semble se détériorer encore en 1970-1971. Les États-Unis connaissent une récession cependant que la croissance se ralentit en Europe et au Japon. Les réajustements monétaires se multiplient : réévaluation du deutsche mark, des monnaies néerlandaise, autrichienne, suisse... Ce qui n'empêchera pas le président Nixon de dévaluer le dollar de 7,9 % en 1971, sans rétablir sa convertibilité par rapport à l'or, puis, devant une nouvelle poussée inflationniste, de décider une nouvelle dévaluation de 10 % en février 1973, la plupart des pays choisissant alors de laisser flotter leur monnaie pour éviter de coûteuses et inutiles interventions sur les marchés des changes. C'est dire qu'à ce moment, le système monétaire mondial mis en place à Bretton Woods n'existe plus. La disparition des taux de change fixes entrave les échanges internationaux, entretenant un climat de méfiance qui se traduit par la diminution de la production industrielle dès l'été 1973, par exemple aux États-Unis et en République fédérale d'Allemagne (J. Adda, R. Colin, G. Collange, M. Fouet, « La mise en cause des équilibres d'après-guerre » in J.-M. Jeanneney, *L'économie française depuis 1967, la traversée des turbulences mondiales*, Paris, Seuil, 1989).

Or, force est de constater qu'alors que se manifestent ces perturbations de l'économie mondiale poussant les grands pays industriels à lutter contre la surchauffe en freinant une expansion de caractère inflationniste, la France, alors gouvernée par le président Pompidou, choisit une tout autre voie. Sans doute a-t-elle à régler des problèmes qui lui sont propres, liés aux conséquences de la crise de 1968. Pour assainir la situation, Georges Pompidou a décidé, durant l'été 1969, de dévaluer le franc. Mais il choisit ensuite un taux de croissance élevé ayant incontestablement l'avantage de permettre la modernisation de l'appareil industriel de la France qui est une de ses préoccupations fondamentales et de dégager un excédent de croissance dont le partage rendra plus aisée la solution des problèmes sociaux posés par la crise de 1968. C'est grâce à cette forte croissance, supérieure d'environ un point à celle des autres grands pays industriels que peuvent être prises des mesures comme la mensualisation des salaires ou mise en place la « nouvelle société » dont le Premier ministre Jacques Chaban-Delmas se fait le chantre. Ce faisant, la France entre dans un processus de forte inflation (entre 5 % et 6 % par an) et paraît s'installer dans un climat de croissance indéfinie alors que les autres pays du monde mènent une politique de freinage général. Sans doute serait-il excessif de dire que, dans un contexte de politique déflationniste, la France mène seule une politique de croissance inflationniste, mais il est vrai qu'elle ne réagit que tardivement et timidement à une conjoncture dont tous les autres États industriels ont perçu depuis longtemps la gravité et à laquelle ils ont tenté de faire face. Il faut attendre septembre 1973 pour que quelques mesures anti-inflationnistes soient prises comme l'augmentation du taux d'escompte de la Banque de France, porté à 11 %, et l'augmentation du coefficient des réserves obligatoires des banques. À quelques nuances près, il est donc exact de dire que la crise frappe de plein fouet en 1974 une économie française fondée sur des perspectives de forte croissance et qui vient de créer avec la « nouvelle société » un modèle social adapté à la croissance (S. Berstein et J.-P. Rioux, *La France de l'expansion 2 — L'apogée de la croissance française*, Paris, Seuil, 1994).

Le premier choc pétrolier et la récession économique de 1974-1975

Si les mécanismes de dérèglement des équilibres économiques internationaux se trouvent bien en place dès 1973, un phénomène conjoncturel va brusquement les aggraver, provoquer la rupture brutale de la croissance, au point qu'il apparaîtra dans un premier temps comme la cause de la crise, alors qu'il n'est que le catalyseur de son déclenchement. À l'origine de ce retournement, un fait politique, la guerre du Kippour, c'est-à-dire l'attaque lancée par l'Égypte et la Syrie contre les territoires occupés par Israël en 1967. Finalement en position de remporter la victoire, l'armée israélienne doit consentir le 22 octobre 1973 à un cessez-le-feu. Mais dès le 17 octobre, sous la pression de l'OPAEP (Organisation des pays arabes exportateurs de pétroles), l'OPEP (Organisation des pays exportateurs de pétrole) a décidé d'augmenter de 70 % le prix du baril de pétrole brut, de réduire la production de 5 % chaque mois jusqu'à ce qu'Israël restitue tous les territoires occupés, et de frapper d'embargo pétrolier les États clairement liés à Israël, comme l'Afrique du Sud, les États-Unis, le Portugal et les Pays-Bas. Décision qui, outre son aspect circonstanciel, s'explique par le long conflit qui oppose les pays producteurs de pétrole aux compagnies pétrolières mondiales, mais aussi par une conjoncture particulièrement favorable, marquée par la hausse du prix des matières premières depuis 1972 et par des tensions sur le marché pétrolier liées à l'accélération de la consommation mondiale de pétrole et à la rareté de la découverte de nouveaux gisements. C'est le début d'un phénomène de hausse accélérée des prix du pétrole qui va aboutir, entre octobre et décembre 1973 à un quadruplement des prix du brut, le coût du baril passant de moins de 3 dollars à 11,65, voire à 19,35 dollars sur le marché libre (Yves Gauthier, *La crise mondiale de 1973 à nos jours*, Bruxelles, Éditions Complexe, 1989).

Le choc pétrolier va aboutir dans l'ensemble du monde à un phénomène inédit, celui de la *stagflation*, c'est-à-dire à la combinaison de la stagnation de la production avec une forte inflation, contrastant ainsi avec le schéma habituel des crises cycliques au cours desquelles la chute de la production entraînait *ipso facto* une chute des prix. Contre toute attente, on voit en effet l'inflation se poursuivre, entraînée par l'augmentation du prix du pétrole qui pèse sur les coûts de fabrication d'un grand nombre de produits pour lesquels les hydrocarbures servent soit de matière première, soit de source d'énergie, comme sur les coûts de transport. Il en résulte de fortes hausses des prix à la consommation qui atteignent 25 % au Japon en 1974, 11 % aux États-Unis, près de 10 % en France et seulement 7 % en Allemagne fédérale. Comme les salaires sont, dans tous les pays industriels, pratiquement indexés sur les prix, les coûts salariaux s'accroissent à leur tour, d'autant que les salariés obtiennent, comme la pratique s'en est instaurée depuis la fin de la Seconde Guerre mondiale, le maintien voire la poursuite de l'accroissement de leur pouvoir d'achat. L'augmentation des prix du pétrole a donc pour effet d'accentuer le climat inflationniste qui s'était installé avant 1973.

Mais elle a aussi pour résultat d'accentuer les phénomènes de récession que les tentatives déflationnistes des années 1967-1973 avaient provoqués dans certains pays et de faire naître la récession dans ceux (comme la France) qui avaient choisi de poursuivre une politique de forte expansion. La première cause en réside dans la ponction opérée par la « facture pétrolière » sur la richesse nationale des pays importateurs : 1,5 % du PNB pour les États-Unis, 2,5 % pour l'Allemagne, 3 % pour la France, 4,5 % pour le Royaume-Uni. De surcroît, si un certain nombre de pays, comme les États-Unis ou l'Allemagne fédérale, sont en mesure de compenser ces dépenses par la vente de biens d'équipement aux pays enrichis par la rente pétrolière tels l'Arabie saoudite ou le Koweit, ce n'est pas vrai de pays comme la France qui n'ont d'autre choix que de réduire leurs importations de pétrole, au détriment de leur production industrielle qui repose sur l'énergie produite par les hydrocarbures, et de tenter de comprimer la consommation intérieure pour augmenter leurs exportations. Le mécanisme de la crise est ainsi bien en place, aboutissant à la réduction de la production et de la consommation.

Or ces effets du premier choc pétrolier, s'ils touchent l'ensemble du monde, sont particulièrement marqués dans un pays comme la France. En premier lieu, parce qu'au cours des années de la croissance, le choix a été fait de fonder celle-ci sur l'énergie bon marché des hydrocarbures. En 1973, ceux-ci représentent les 3/4 de la consommation énergétique de la France. Comme cette dernière ne produit pratiquement pas de pétrole, il faut importer la totalité de celui-ci et le poids du financement de ces importations sur la balance des paiements de la France va s'avérer insupportable, conduisant le pays à tenter de diminuer ses achats d'hydrocarbures. L'effet inflationniste se trouve en outre accentué en France par la politique mise en œuvre depuis le début des années cinquante et qui consiste à indexer la hausse des salaires sur celle des prix, puis, en 1969, sur la croissance. Le poids des syndicats et de l'opinion va conduire à contraindre les gouvernements à s'engager au maintien et même à l'augmentation du pouvoir d'achat, alors que la croissance, qui en était le moteur, a disparu. Ces phénomènes s'installent entre novembre 1973 et août 1974, marqués dans un premier temps par un ralentissement de la croissance qui se poursuit légèrement en raison de la date tardive de mise en place en France des mesures de stabilisation, puis à partir de l'été 1974 et jusqu'au début de 1975 par un recul de la production industrielle de l'ordre de 12 % entre le 3e trimestre de 1974 et le 3e trimestre de 1975. Provoquée par la chute de la demande, la réduction de la production apparaît d'autant plus brutale que les stocks des entreprises sont à saturation et qu'il faut les écouler.

Évolution de la production industrielle
(Base 100 en 1970)

Années	France	RFA	GB	USA	JAPON
1973	120	113	110	120	127
1974	123	111	105	120	127
1975	112	105	102	109	110
1976	124	114	102	122	125

Le recul de la production industrielle se traduit par une sous-utilisation des capacités productives des entreprises qui, en 1975, ne sont plus utilisées en France qu'à 70 % de leur potentiel, ce qui atteint la rentabilité de celles-ci et les plonge dans d'incontestables difficultés financières. La courbe des faillites déclarées en témoigne : en France, elle atteint 17 224 en 1975 soit une augmentation d'un tiers par rapport à 1973. Ce sont les petites et moyennes entreprises, les moins bien adaptées aux conditions du marché, qui représentent 80 % de ces faillites. Pour les autres, la solution la plus immédiate permettant d'éviter le dépôt de bilan est le « dégraissage » des effectifs, c'est-à-dire le licenciement d'une partie du personnel. Le chômage, dont les chiffres avaient tendance à augmenter depuis le milieu des années soixante connaît une brusque poussée et devient la plaie sociale de la crise, la manifestation de celle-ci à laquelle les opinions prêtent la plus grande attention, tant chacun vit dans la crainte d'être touché à son tour. Avec le retour du spectre du chômage, c'est toute la société née de la mise en place depuis 1945 de l'État-Providence qui voit ses fondements mis en cause. Dès 1974, la France compte 420 000 chômeurs, et la courbe du chômage qui s'accélère brusquement en 1975, avant de connaître un léger ralentissement à l'automne, ne va plus cesser de croître alors qu'une sortie de crise paraît s'esquisser en 1976-77 ; le nombre des chômeurs indemnisés atteint un million en 1977.

Parallèlement, et comme nous l'avons dit, la crise n'entraîne aucune baisse de prix, mais s'accompagne au contraire d'une inflation particulièrement forte en 1974-1975. Bien qu'il existe des écarts considérables d'un pays à l'autre, la France figure dans la liste des pays fortement inflationnistes (moins, il est vrai, que le Royaume-Uni ou l'Italie) et dès 1974, la hausse des prix dépasse le seuil critique des 10 % par an, « l'inflation à deux chiffres ». Les effets de cette situation sont ravageurs. Ils provoquent une forte hausse des taux d'intérêt, puisqu'il convient de rémunérer l'épargne au-dessus du taux d'inflation, renchérissant le crédit et freinant l'activité économique. Ils détournent les capitaux de l'investissement au profit des spéculations à court terme. Ils perturbent les relations entre les monnaies qui flottent les unes par rapport aux autres et encouragent les dépréciations compétitives afin de relancer les exportations, faisant des taux de change une arme manipulable dans la guerre économique

Taux d'augmentation annuelle des prix à la consommation
(Pourcentage de variation par rapport à l'année précédente)

Pays	1973	1974	1975
États-Unis	2 %	11 %	9 %
RFA	6,9 %	7 %	6 %
Royaume-Uni	9,2 %	16 %	24,2 %
France	7,3 %	13,7 %	11,8 %
Italie	10,4 %	19,4 %	17,2 %
Japon	11,7 %	24,5 %	11,8 %

Cette situation préoccupante de l'économie française se trouve cependant corrigée par la croyance générale en une crise conjoncturelle de l'économie mondiale, qui, une fois effacées les conséquences du choc pétrolier, pourrait retrouver les rythmes de croissance antérieurs. De fait, des signes de reprise paraissent se manifester en 1976-1979, marqués par un redémarrage de l'activité industrielle, un retour de la croissance du PNB, cependant qu'on constate une légère décélération de l'inflation. Toutefois, l'espoir de retrouver une croissance forte est assez rapidement déçu. Sans doute l'augmentation de la production est-elle

Croissance du produit intérieur brut
(Pourcentage de variation par rapport à l'année précédente)

Pays	1976	1977	1978	1979
USA	4,9 %	4,5 %	5,2 %	2 %
Japon	4,8 %	5,3 %	5,1 %	5,2 %
RFA	5,4 %	3 %	2,9 %	4,2 %
France	5,2 %	3,1 %	3,8 %	3,3 %
GB	3,8 %	1,1 %	3,5 %	2,2 %
Italie	5,9 %	1,9 %	2,7 %	4,9 %

réelle, mais après une nette reprise en 1976 permettant de rattraper le terrain perdu en 1974-1975, la croissance s'essouffle et devient cahoteuse et irrégulière.

Et surtout, malgré le retour de la croissance, le taux de chômage ne diminue nullement, non plus que la situation d'inflation. La croissance du chômage se poursuit régulièrement, les entreprises réagissant à la baisse de rentabilité qui les frappe en modernisant leurs appareils productifs par la mise en œuvre de nouvelles technologies qui aboutissent à l'automatisation de nombreuses tâches et à la réduction des effectifs salariés dans les secteurs manufacturiers. Comme cette tendance coïncide avec l'arrivée de nombreux jeunes issus de la génération du « baby boom » sur le marché du travail, le chômage se trouve gonflé en particulier pour nombre de jeunes et de femmes. Enfin, l'inflation, en dépit des mesures prises pour la freiner se maintient autour de la barre des 10 %. En d'autres termes, il apparaît bien que, dans le maintien des phénomènes de stagflation, se profilent d'autres causes que le choc pétrolier. Sans doute les effets de celui-ci ont-ils aggravé la situation, mais il devient évident que le choc pétrolier a servi à masquer d'autres facteurs de déséquilibres économiques, structurels ceux-là, qui se faisaient jour depuis 1967. L'idée commence à poindre que c'est bien à une mutation structurelle de l'économie mondiale qu'est due la crise. La reprise de celle-ci en 1979-1980 va confirmer cette analyse en mettant brutalement fin à la timide reprise qui s'esquissait depuis 1976.

Le second choc pétrolier et les nouvelles conditions économiques (1979-1981)

Les caractères revêtus par la seconde phase de la crise économique tiennent essentiellement à trois facteurs qui en modifient profondément le caractère par rapport à la période précédente : le renouveau du libéralisme, la nouvelle politique monétaire américaine et enfin le second choc pétrolier (Yves Gauthier, *La crise mondiale de 1973 à nos jours, op. cit.*)

Le retour au libéralisme s'explique par la critique de l'État-Providence qui provoquerait de trop lourds prélèvements sur la richesse nationale, conduirait le secteur public tenu en main par l'État à une inefficacité économique génératrice de déficits placés à la charge des finances publiques, mènerait enfin à des politiques anticycliques maladroites entraînant l'inflation sans provoquer la reprise. Ce renouveau libéral, manifesté par l'attribution en 1974 du prix Nobel d'économie à l'économiste autrichien Hayek et par l'exaltation de l'entrepreneur se traduit concrètement par une volonté de voir les prix réguler désormais l'économie sans intervention de l'État et par le rôle fondamental de la monnaie dans ces mécanismes de régulation, défendu par l'économiste américain Milton Friedmann (prix Nobel d'économie en 1976) et par l'école de Chicago. C'en est fini du règne sans partage du néo-libéralisme interventionniste de Keynes qui avait dominé le monde depuis 1945. Désormais, le rôle de l'État doit se limiter à contrôler l'évolution quantitative de la masse monétaire, laissant aux mécanismes du marché le soin d'ajuster, avec l'évolution des taux d'intérêt, l'offre à la demande. C'est fondamentalement en Angleterre avec l'arrivée au pouvoir de Mme Thatcher en 1979 et aux États-Unis avec Ronald Reagan, élu président en novembre 1980, que ces nouvelles conceptions vont trouver leurs lieux d'élection, mais il va de soi que la mondialisation de l'économie ne permet à aucun pays, France comprise, d'échapper à ce nouveau courant. C'est dire que, là comme ailleurs, la préservation de la valeur de la monnaie (avec l'entrée de la France dans le système monétaire européen qui établit des possibilités de fluctuation très limitées entre les monnaies à partir du 1er mars 1979), le rétablissement des finances publiques par la réduction du déficit budgétaire obtenu essentiellement par une diminution des dépenses de l'État, l'allègement des charges pesant sur les entreprises du fait de la fiscalité ou du poids des salaires, la libération des prix deviennent les éléments majeurs de la politique économique des gouvernements.

C'est en fonction des thèses monétaristes de Milton Friedmann que le nouveau directeur de la réserve fédérale américaine, Paul Volcker, nommé par Jimmy Carter fin octobre 1979, prévoit de réorienter la politique financière des États-Unis. Il s'agit de mettre fin à l'énorme déficit budgétaire du pays, à son considérable déficit commercial et à la dangereuse dépréciation du dollar. Les taux d'intérêt américains connaissent une véritable flambée (près de 20 % en 1981), les dépenses sociales subissent des coupes sombres, une déréglementation bancaire démantelant les dispositions adoptées en 1933 se met en place. Si les mesures prises ne parviennent nullement à réduire le déficit budgétaire américain, compte tenu de la croissance vertigineuse des dépenses d'armement à l'époque de la présidence Reagan, l'augmentation des taux d'intérêt attire les capitaux étrangers et pousse le dollar à la hausse.

Les conséquences de cette situation sur le reste du monde sont catastrophiques. La hausse des taux d'intérêt américains en provoquant un phénomène d'attraction sur les capitaux étrangers oblige les autres États du monde à augmenter à leur tour leurs taux, renchérissant le crédit et entravant l'activité économique. Le drainage des liquidités vers les États-

Unis détourne les détenteurs de capitaux privés et les entreprises de l'investissement dans leur pays d'origine pour souscrire aux Bons du Trésor fédéral, grassement rémunérés. Les capitaux fuient le Japon et les pays européens, ainsi fragilisés, pour s'investir aux États-Unis, cependant que les importations de ces pays, libellées en dollars, se trouvent renchéries d'autant (H. Bourguinat, *L'économie mondiale à découvert*, Paris, Calmann-Lévy, 1985).

C'est dans cette situation de limitation du rôle de l'État et de fragilisation financière que la France, comme le reste du monde, subit le second choc pétrolier. À la différence du premier, celui-ci n'est nullement dû à une tension entre un accroissement de la demande pétrolière et une relative stagnation des capacités de production existantes. Bien au contraire, la croissance de la production dans les zones échappant au contrôle de l'OPEP comme la mer du Nord, le Mexique ou les pays socialistes et la stabilisation de la consommation due à la fin de la croissance, allègent les pressions sur le marché pétrolier. Le second choc pétrolier s'explique donc par des phénomènes psychologiques de panique devant la crainte d'une rupture des approvisionnements et par un stockage spéculatif du pétrole par les pays de l'OPEP afin d'obtenir une augmentation des cours. À l'origine, la révolution iranienne contre le Shah qui, de l'automne 1978 qui voit les troubles compromettre la production et l'exportation du pétrole, à l'arrivée au pouvoir de l'ayatollah Khomeiny en février 1979, prive le marché international de 6 millions de barils par jour. Or loin de compenser le manque à produire iranien les pays de l'OPEP, poussés par l'Irak, la Libye, l'Algérie et l'Iran de Khomeiny, laissent monter les prix, en dépit des efforts de l'Arabie saoudite pour les limiter. Les prix du baril, fixés en 1978 à environ 13 dollars passent à 24 dollars en décembre 1979, à 32 dollars en décembre 1980 cependant que sur le marché libre, ils frôlent les 40 dollars. En deux ans, les prix ont triplé ; ils ont décuplé par rapport à 1973. Les conséquences de cette flambée des prix du pétrole apparaissent redoutables pour l'économie mondiale, à court terme et à long terme.

Les conséquences du second choc pétrolier

Comme lors du premier choc pétrolier, les effets immédiats de l'accroissement brutal du prix du baril ont pour effet de relancer l'inflation en accroissant le prix de la facture énergétique et d'entraîner une sévère récession. L'inflation se trouve relancée à l'évidence par la nécessité où se trouvent les pays importateurs, dont la France, de débourser des sommes importantes pour payer leur énergie. Cette dernière qui dépensait ainsi 83 milliards de francs en 1979 pour financer ses importations énergétiques doit payer 178 milliards de francs en 1982. Il est vrai que, dans ce doublement de la facture pétrolière intervient non seulement l'augmentation du prix du brut, mais également la hausse du dollar due à la nouvelle politique financière américaine puisque les transactions internationales demeurent libellées en dollars. Or celui-ci ne cesse d'augmenter passant, de 1980 à 1985, de 4 à 10 francs français. Il en résulte un surcroît d'inflation estimé à 2 ou 3 % qui annule les effets de la politique de désinflation tentée par les gouvernements et conduit à une hausse des prix qui, de 11,8 % par an en 1978, atteint progressivement plus de 14 % en 1981.

L'inflation dans les grands pays industriels (1973-1981)

Pays	1973	1974	1975	1976	1977	1978	1979	1980	1981
France	8,1 %	15,2 %	11,7 %	9,6 %	9,6 %	11,8 %	13,4 %	13,6 %	14,1 %
GB	9,8 %	17,1 %	24,2 %	16,5 %	15,9 %	11,2 %	17,2 %	18 %	11,7 %
RFA	6,6 %	6,9 %	6 %	4,5 %	4 %	2,4 %	5,4 %	5,5 %	6,7 %
Italie	11,4 %	19,3 %	17 %	16,5 %	17 %	13,3 %	21,4 %	21,2 %	18,6 %
USA	7,8 %	11,8 %	9,1 %	5,8 %	6,5 %	9 %	13,3 %	13,5 %	10,2 %
Japon	11,3 %	25 %	11,8 %	9,3 %	8,1 %	3,5 %	5,8 %	8 %	4,1 %

Parallèlement se produit à partir de 1980 une rechute dans la récession de l'économie des grands pays industriels qui va durer jusqu'en 1982. Pour un indice 100 en 1967, la production industrielle française qui avait repris sa croissance après le premier choc pétrolier et était parvenue en 1979 à l'indice 162,3, stagne en 1980 et décline ensuite en permanence jusqu'en 1982, tombant à l'indice 157,5 à cette dernière date.

Si la chute de la production industrielle apparaît relativement moins marquée en France que dans la plupart des grands pays de structure similaire (à l'exception du Japon qui poursuit sa croissance), c'est en raison de la politique anticyclique menée à partir de 1981 par les socialistes au pouvoir et sur laquelle nous reviendrons au chapitre 3. Sans doute, tous les secteurs ne connaissent-ils pas un recul identique. Celui-ci frappe particulièrement la sidérurgie qui, dès 1971, manifeste son essoufflement, l'industrie textile qui connaît un véritable effondrement à partir de 1973, enfin les industries mécaniques qui, à partir de 1975, sombrent à leur tour. Au contraire, la crise révèle la forte résistance de secteurs

Indice de la production industrielle
(100 en 1967)

Années	France	RFA	USA	Japon	GB
1973	144,5	145,1	134,7	192	120,7
1974	148,2	142,7	134,2	184,7	118,3
1975	137,2	133,3	122,3	165,2	111,8
1976	149	143,5	135,4	183,2	115,5
1977	151,8	146,7	143,3	190,9	121,5
1978	155,5	149	151,7	202,6	125,1
1979	162,3	156,9	158,3	217	129,9
1980	162,3	156,9	152,7	227	121,3
1981	159,9	154,9	156,6	229,3	116,9
1982	157,5	149,8	143,9	230,1	119,1
1983	158,7	151	153,2	238,3	123,7
1984	161,5	155,7	170,6	264,4	125,2
1985	161,5	163,9	174,2	276,3	131,2

comme la chimie, moins la chimie de base qui connaît un recul, que des activités comme la pharmacie, cependant que le matériel de transport ou le matériel électrique continuent à enregistrer de bons résultats. Globalement, entre 1980 et 1985, la France est le seul pays du monde industriel à voir le volume de sa production diminuer.

Comme en 1974-75, c'est par le biais de la montée du chômage que la société prend conscience de la crise. Sans doute le chômage n'a-t-il jamais cessé de croître depuis le premier choc pétrolier, même si cette croissance connaît un certain ralentissement depuis 1976, puisqu'il n'atteint la barre du million qu'en 1977. Mais, avec le second choc pétrolier, il connaît une brusque accélération. Il atteint en effet le million et demi en 1980, les deux millions en octobre 1981. À cette date, 8,9 % de la population active sont au chômage. Désormais, sauf de brèves périodes de ralentissement, le chômage en France poursuit une progression inexorable, dépassant vers 1985 les 10 % de la population active, atteignant en février 1993 la barre des trois millions et poursuivant ensuite sa montée. Ce chômage frappe particulièrement les régions d'industries anciennes, désormais mal adaptées au marché, en raison de la concurrence de pays du tiers-monde qui développent ce type d'industries avec des coûts de main-d'œuvre très faibles en raison du bas niveau de la vie de la population et de l'absence de protection sociale. Il atteint particulièrement certaines catégories de la population dont les taux de chômage excèdent de très loin la moyenne nationale, les femmes, les jeunes âgés de moins de vingt-cinq ans, nouveaux venus sur le marché de l'emploi où ils ne trouvent pas leur place, les travailleurs non qualifiés que l'automatisation des processus de production rendent moins nécessaires. C'est la première fois que la France connaît une aussi longue période de sous-emploi, qui semble imperméable à la fois à l'évolution de la conjoncture (la reprise relative qui se manifeste de 1983-84 à 1990) et aux politiques gouvernementales de lutte contre le chômage qui paraissent impuissantes à enrayer le phénomène. La gravité de cette situation qui place la société française en risque permanent de rupture a conduit à s'interroger sur les causes spécifiques de ce chômage dans lequel on a voulu voir un effet des « rigidités » que connaîtrait l'économie française du fait de l'intervention de l'État : existence d'un salaire minimum, réglementation du droit de licenciement, large indemnisation du chômage, rigidité de l'éventail des salaires, faible mobilité du travail etc. Une telle analyse devait tout naturellement conduire à des tentatives de déréglementation permettant, selon les conceptions libérales, aux forces du marché de s'exercer librement et de permettre ainsi aux régulations naturelles de s'opérer. Depuis 1982, l'économie française s'engage donc dans la voie de la déréglementation, de la désindexation des salaires, du rétablissement des marges de profit des entreprises, sans que pour autant la courbe du chômage soit infléchie dans un sens favorable.

Force est donc de s'interroger pour savoir si le maintien et la progression du chômage ne résultent pas d'un choix politique strictement inverse de celui qui a été fait à l'époque de la grande croissance où dans un cadre keynésien, les gouvernements choisissent la croissance et le plein emploi au risque de l'inflation. Dans le contexte libéral et monétariste qui l'emporte désormais, le choix est fait de l'équilibre extérieur et de la désinflation au détriment de la croissance et de l'emploi. La mondialisation des économies impose d'ailleurs un tel choix à partir du moment où des économies dominantes comme celles des États-Unis ou de l'Allemagne les pratiquent. On en aura la preuve lorsque le gouvernement socialiste français des années 1981-1982 tentera de pratiquer une politique opposée. Mais dans la mesure où tous les pays du monde s'engagent dans la même voie, la conséquence inéluctable en est la paralysie du commerce international puisque tous les participants choisissent une compétitivité dont les effets s'annulent (Gérard Cornilleau, Jean-Paul Fitoussi, Michel Forsé, « Emploi et chômage », in J.-M. Jeanneney, *L'économie française depuis 1967, op. cit.*). De fait, on constate en 1980 un fort ralentissement de la croissance du commerce international (1,5 % contre 6 % en 1979) et dès 1981 une diminution de 1 %. Cette situation qui se prolonge en 1982 entraîne des comportements protectionnistes qui prennent la forme de barrières non tarifaires entravant les échanges de biens manufacturés.

Or on constate que, lors même que se produit progressivement à partir de 1983 une timide reprise économique, celle-ci n'affecte nullement la poussée du chômage, mais fait triompher la désinflation et l'expansion financière, témoignant ainsi des choix libéraux des grandes nations qui dominent l'économie mondiale et auxquels la France est tenue d'adhérer.

Une reprise marquée par la désinflation et l'expansion financière (1983-1990)

C'est à partir de 1983-1984 que se manifestent dans le monde les premiers signes de reprise, marqués par une énergique relance de l'économie américaine dont les importations (qui augmentent de 23 % en 1984) stimulent des échanges internationaux en pleine atonie. Il est vrai que cette reprise est fortement différentielle selon les zones économiques concernées et que, si elle est fortement marquée aux États-Unis, dans la zone Pacifique dominée par le Japon, elle l'est beaucoup moins sur le continent européen. Celui-ci connaît un régime de croissance lente, particulièrement en France où la progression de l'indice industriel entre 1980 et 1986 ne dépasse pas 2 % sur les six années, soit une quasi-stagnation, cependant que, comme on l'a vu, le chômage poursuit inexorablement sa progression. Ce n'est guère qu'en 1987-1988 que se produit un redémarrage industriel qui se poursuit jusqu'en 1990 et qui est dû à deux facteurs nouveaux : le contre-choc pétrolier et la baisse du dollar.

Le second choc pétrolier, dont on a vu les caractères, ne pouvait prétendre comme c'était le cas du premier rétablir l'équilibre entre le prix du pétrole et les conditions du marché mondial. Par son caractère excessif, il aboutit donc à trois résultats : une chute de 20 % de la consommation pétrolière des pays industrialisés, génératrice de récession, mais aussi l'accélération de la recherche d'énergies de substitution aux hydrocarbures (en particulier en France, un vaste programme de construction de centrales nucléaires), enfin le très large appel à des sources de production pétrolière échappant au contrôle de l'OPEP (hydrocarbures américains dont l'exploitation est désormais rentable, pétrole de la mer du Nord, pétrole du Mexique). Dans ces conditions, les pays de l'OPEP voient la maîtrise du marché pétrolier leur échapper. Pour éviter un effondrement des cours, ils sont contraints de réduire leur production, utilisant ainsi comme une arme défensive l'arme offensive qu'ils avaient choisi d'utiliser en 1979 pour faire monter les prix : entre 1978 et 1985 leur part dans la production mondiale tombe de 50 à 30 %, essentiellement du fait de l'Arabie saoudite qui accepte de diminuer sa production des deux tiers. En dépit de quoi, l'OPEP doit consentir en 1983 à faire tomber le prix du baril de brut de 34 à 29 dollars et à imposer à ses membres des quotas de production. Le fait que les pays membres ne respectent pas ces derniers oblige l'Arabie saoudite à réduire encore sa propre production qui, en 1985, ne correspond plus qu'au quart de ses capacités. C'est une situation intenable qui rend compte de la décision prise à l'été 1985 de faire reprendre la production pétrolière saoudienne et de laisser s'effondrer les cours pour gêner les concurrents de l'OPEP : le baril tombe en un an de 28,5 dollars à 10 dollars. Il sera finalement stabilisé en 1986 autour de 18 dollars, mais désormais les nouveaux caractères du marché de l'énergie font qu'il est orienté à la baisse : c'est le « contre-choc pétrolier » qui allège la facture énergétique de tous les pays importateurs.

Parallèlement, un second élément va jouer dans le même sens de l'allègement des charges des pays industriels, la politique concertée de dépréciation du dollar engagée fin février 1985 avec comme but de stabiliser la croissance aux alentours de 3 %. Profitant de ces deux facteurs, les grands pays industriels se lancent dans de vigoureuses politiques anti-inflationnistes dont les résultats sont vite spectaculaires puisque dès 1986, le Japon, la RFA, la Suisse et les Pays-Bas éliminent toute hausse des prix. La France qui partait de plus loin s'engage dans la même voie et parvient en 1986 à réduire l'inflation à 2,7 %. Mais ce résultat n'a pu être obtenu, outre les conditions générales indiquées, que par une maîtrise des coûts salariaux à laquelle la France elle-même, pourtant gouvernée par les socialistes, adhère à partir de 1982. La nouvelle phase de croissance lente inaugurée depuis 1983 coïncide donc avec une désinflation spectaculaire.

Elle coïncide également avec une phase de remarquable expansion financière qui contraste avec la faible croissance économique et la poussée du chômage et qui apparaît comme la conséquence des choix libéraux faits par les gouvernements des pays industriels. On assiste donc à un phénomène inédit dans l'histoire : alors que les finances jouaient jusqu'alors un rôle moteur dans l'économie par les investissements et le crédit, tout se passe désormais comme si elles obéissaient à leur propre logique et avaient conquis un champ d'autonomie à l'intérieur duquel elles évoluaient sans souci de l'économie. Cette situation s'explique par une série de mutations qui ont profondément transformé les marchés financiers. Ceux-ci se sont internationalisés avec l'action des grandes firmes multinationales d'origine américaine, européenne et surtout japonaise qui interviennent désormais dans le monde entier à la recherche de placements fructueux ou d'opérations de prise en main d'entreprises jugées rentables, par le biais d'achat massif d'actions (les « Offres publiques d'achat », OPA). Ce rôle nouveau des marchés financiers les conduit à se substituer aux banques en proposant de nouveaux instruments financiers aux entreprises dans une perspective parfois spéculative avec la négociation à terme de contrats ou d'options. Il est facilité par les progrès de la télématique qui permet la transmission instantanée des informations ou des ordres et le fonctionnement continu des Bourses qui peuvent poursuivre leurs cotations sans interruption et par la déréglementation des marchés boursiers aux États-Unis et au Royaume-Uni, voie dans laquelle l'Europe ne s'engage après 1990 qu'avec une extrême prudence. Ces nouvelles conditions rendent les marchés financiers à peu près incontrôlables, permettant des restructurations au sein du monde industriel et la spécialisation des firmes dans les secteurs où leur vocation est le plus nettement affirmée, mais multipliant également les risques liés à des opérations spéculatives dans lesquelles se spécialisent des « raiders » à la recherche de proies qui permettront une rentabilité financière immédiate sans souci de logique économique.

Ce sont ces caractères nouveaux et difficilement contrôlables des marchés financiers qui rendent compte du « krach boursier » d'octobre 1987. Le 19 octobre, la Bourse de New-York chute de 22,6 % en une seule séance (contre seulement 12 % lors du « jeudi noir » de 1929), entraînant à sa suite toutes les bourses mondiales dont celle de Paris qui recule de 9,3 %. Cet effondrement est suivi ensuite d'une cascade de séances de baisse de très grande ampleur. Au total, le 12 novembre, la Bourse de Paris a perdu 38 % par rapport à son meilleur indice de l'année. Le « CAC 40 » qui atteignait l'indice 460,40 le 26 mars tombe le 29 janvier 1988 à 251,3. L'explication par un phénomène de correction d'une spectaculaire progression boursière depuis 1982, si elle vaut partiellement, apparaît cependant globalement insuffisante. Plus convaincante est l'analyse qui combine un phénomène de méfiance lié à la hausse des taux d'intérêt allemands et américains qui détournent les acheteurs des actions pour les reporter sur les obligations (qui bénéficient du relèvement des taux d'intérêt) et l'effet amplificateur des méthodes modernes et sophistiquées de gestion des marchés financiers, les ordinateurs ayant massivement analysé les conséquences des décisions financières prises et ayant poussé les opérateurs à vendre non moins massivement. Une telle situation aurait pu conduire à une rechute grave dans la crise. Or, si certaines entreprises ont subi des pertes réelles, rien de tel ne se produit. Pour éviter la dépression, la Réserve fédérale américaine injecte massivement des liquidités dans le circuit économique si bien que, dès le début de 1988, c'est la crainte de l'inflation, et non de la récession qui domine (H. Bourguinat, *Les vertiges de la finance internationale*, Paris, Économica, 1987).

Jusqu'en 1990 se poursuit donc une lente croissance, accompagnée d'une forte poussée du chômage, cependant que l'inflation est en voie de disparition, évoluant en France entre 2 et 3 % par an et que l'expansion financière se poursuit, les bourses comblant rapidement les pertes subies en 1987.

La rechute (1990-1993)

À partir de 1983, et de manière de plus en plus nette à partir de 1985, le retour de la croissance, même lente, conforte les analyses sur la fin de la crise. Or, dès le second semestre 1990, ces prévisions optimistes se trouvent démenties. Comme en 1973 et 1979 avec les chocs pétroliers, un événement politique va servir de détonateur à la troisième phase de la crise : l'invasion de l'émirat pétrolier du Koweit par les Irakiens de Saddam Hussein, l'ultimatum de l'ONU enjoignant à l'Irak, sous peine de sanctions d'avoir à évacuer le Koweit puis, devant le refus de cet État, la préparation d'une intervention internationale qui fait redouter une guerre longue et pleine d'aléas. Il n'en sera rien, la victoire des Alliés sur l'Irak s'avérant en quelques jours écrasante, mais dans le contexte de fragile reprise que connaissait le monde industriel depuis 1983 s'installe un nouveau climat de méfiance et de crainte de l'avenir. L'une des manifestations en est la chute des investissements : dès 1991, ils diminuent pour l'ensemble des entreprises françaises de 2,8 % par rapport à 1990, la baisse ne cessant de s'accentuer les années suivantes (− 6,1 % en 1992 ; − 9 % en 1993). Tout naturellement, la croissance annuelle de la production chute dans d'importantes proportions, passant de 2,4 % en 1990 à 0,6 % en 1991, puis après une faible remontée à 1,2 % en 1992, tombant enfin à − 0,8 % en 1993. En d'autres termes, l'année 1993 a été en France, après une lente dégradation, une année de récession au cours de laquelle elle a perdu 70 milliards de francs de richesse. Cette dégradation s'est traduite par une nouvelle poussée du chômage dans l'ensemble du monde industriel, à laquelle la France paie son tribut : après avoir connu une très légère décélération en 1989-1990, le chômage reprend sa progression dès 1991 atteignant trois millions d'actifs dès février 1993, soit

11 % de la population active. Si on observe que sur ces trois millions de chômeurs plus du tiers (37 %) sont en chômage de longue durée, c'est-à-dire excédant une année, que le chômage des jeunes de moins de 25 ans représente 20 % du total, on constate une aggravation des tendances antérieures, faisant peser l'épée de Damoclès de la « fracture sociale » sur la société française.

Mais, parallèlement, la désinflation se poursuit, les années 1992 et 1993 étant marquées par une hausse de prix de détail qui se maintient à 2 %, encore l'augmentation des taxes fiscales étant pour une grande part responsable de cette hausse. De la même manière, la forte pression des autorités françaises sur ses partenaires européens, l'Allemagne en particulier, permet d'obtenir, afin de lutter contre la récession, une forte baisse des taux d'intérêt (près de 3 %) sur les emprunts à court terme et à long terme. Stimulée par la perspective de taux d'intérêt bas, la Bourse de Paris bat de véritables records surtout en 1993 l'année la plus noire pour la production et le chômage. Alors qu'en 1992, la Bourse n'avait progressé que de 5 % sur l'année, elle gagne 22 % en 1993. L'indice CAC 40 qui avait atteint un record historique en mai 1992 à 2 077,49 points, mais qui, ensuite connaît une baisse continue jusqu'en octobre où il descend à 1 611 points, montre ainsi une insolente santé, parvenant fin décembre 1993 au nouveau record de 2 268,22 points, résultats spectaculaires qui s'expliquent par le train quasi continu de privatisations, l'arrivée au pouvoir d'un gouvernement de droite décidé à jouer la libéralisation de l'économie et surtout la baisse des taux d'intérêt. De même, le commerce extérieur paraît manifester une belle vitalité puisqu'après un excédent de 30 milliards en 1992, il enregistre un solde positif de 70 milliards en 1993. Il est vrai qu'une des explications est probablement la diminution des importations du fait de la récession française.

Il reste que cette troisième phase de la crise accentue jusqu'à la caricature les traits enregistrés lors de la seconde phase, c'est-à-dire le contraste existant entre d'une part la stagnation ou la chute de la production et la croissance inquiétante du chômage qui menace la stabilité sociale, et, de l'autre, la belle santé financière d'un certain nombre d'entreprises, la solidité de la monnaie et l'envol de la Bourse. Il est clair qu'on ne saurait expliquer par de simples faits conjoncturels (chocs pétroliers, guerre du Golfe, crise yougoslave, réunification allemande...) une situation qui dure depuis 1974 avec de brèves périodes de lente rémission. À l'évidence, l'explication de la crise repose sur des phénomènes structurels de grande ampleur qui se situent à l'échelle mondiale et à l'intérieur desquels s'inscrivent les évolutions nationales.

Selon un certain nombre d'économistes, les premiers éléments de déséquilibre constatés depuis 1967 et les phases successives de la crise survenues ensuite représenteraient la difficile adaptation du monde industriel à une mutation technico-économique, l'essoufflement des vieilles activités nées de la première et de la seconde révolution industrielle et la percée des nouvelles technologies qui font naître une troisième révolution industrielle. En d'autres termes, les innovations nées de la seconde révolution industrielle et qui ont soutenu la grande croissance des années soixante, en particulier les méthodes d'organisation scientifique du travail ont atteint à la fin des années soixante les limites de leurs effets stimulants sur l'économie mondiale. La rentabilité économique des grands secteurs industriels tend à diminuer et exige d'importants efforts de restructuration. En même temps se met en place une troisième révolution industrielle fondée sur de nouvelles formes d'énergie (le nucléaire et les énergies renouvelables), de nouvelles industries motrices (l'électronique), de nouvelles normes de production et de consommation conduisant à une conception différente de l'entreprise, de nouvelles formes d'organisation du travail (Jacques Marseille, « 1873, 1929, 1973 : la crise économique est-elle cyclique ? », *L'Histoire*, n° 172, décembre 1993). Comment inclure dans des structures économiques, sociales et mentales qui sont celles de la seconde révolution industrielle et qui représentent encore l'essentiel de l'activité d'un pays comme la France et emploient la majorité de la main-d'œuvre ces nouveautés perturbantes ? Or la mutation s'est avérée d'autant plus difficile que des événements conjoncturels comme les chocs pétroliers sont venus ponctionner les disponibilités financières des grands États industriels ou contraindre certains États (comme la France précisément) à consacrer à la production d'énergie nucléaire des sommes considérables pour parvenir à couvrir, grâce à elle, les 2/3 de ses besoins d'électricité.

Dans ces conditions, on comprend que les principales victimes de la crise soient les industries anciennes des vieux pays industriels, grandes utilisatrices de main-d'œuvre et dont les tentatives (parfois vaines) de rénovation ont absorbé beaucoup d'énergie et de capitaux. Parmi elles, les industries textiles, la sidérurgie dont l'effondrement en 1978 fait de la Lorraine une région sinistrée, les constructions navales qui disparaissent pratiquement en France durant la crise, et l'automobile elle-même, industrie-reine des grandes années de la croissance qui connaît un véritable essoufflement et ne survit que par des restructurations drastiques qui ne laissent subsister que deux grands groupes nationaux (Renault et Peugeot-Citroën-Talbot) et au prix d'une modernisation et d'une automatisation de la production entraînant une forte réduction du personnel. En revanche, la troisième révolution industrielle se manifeste par la percée des industries de pointe, fortes consommatrices de capitaux et de matière grise pour la recherche-développement qui lui est indispensable, mais nécessitant peu de main-d'œuvre traditionnelle : l'énergie nucléaire, les industries aérospatiales, la filière électronique dont l'ordinateur est le symbole, la chimie fine, les applications industrielles de la biologie. Cette troisième révolution industrielle n'exigeant qu'une main-d'œuvre réduite s'accompagne en revanche d'un glissement croissant de la population active vers les activités de service qui représentaient en France, en 1990, 65 % des actifs et un pourcentage équivalent du PIB. On assiste ainsi, dans le sillage de la troisième révolution industrielle à une « tertiarisation » de l'économie dans les grands pays industriels. Mais ce secteur à son tour subit les effets de la modernisation par l'informatisation qui a pour effet de diminuer là aussi les besoins en main-d'œuvre. Il semble donc que le processus de modernisation en cours en faisant disparaître ou se modifier considérablement les vieilles industries utilisatrices de main-d'œuvre tout en assurant la promotion de nouvelles formes d'activité où la main-d'œuvre ne joue qu'un rôle limité fasse naître une forme de chômage structurel qui risque de menacer gravement les équilibres économiques et sociaux et dont les solutions ne peuvent résider que dans une reprise forte et durable de la croissance, dans une révision du partage du temps social entre travail et loisir ou dans un découplage entre travail et revenu, ces diverses solutions paraissant échapper à la volonté des hommes ou heurtant trop profondément les mentalités pour pouvoir être pratiquées dans un avenir proche. Ajoutons que, de surcroît, la crise produit des effets différents dans les grandes aires du monde industriel. Si les États-Unis ou le Japon entraînant avec lui certains pays du Pacifique paraissent réussir assez bien leur adaptation aux nouvelles conditions technico-économiques (en dépit de la grave crise que traverse le Japon en 1993), il n'en va pas de même de l'Europe qui paraît bien être la grande victime de la crise de la fin du XXe siècle : la désindustrialisation frappe de plein fouet un continent qui a fondé sa puissance sur la croissance industrielle ; le ralentissement démographique, la résistance de structures vétustes, le poids important des vieilles industries, les coûts sociaux le placent dans une situation difficile qu'accroissent encore le cloisonnement du continent et les difficultés d'une construction communautaire partielle et inachevée qui se heurte à de fortes résistances nationales. Longtemps considéré comme la locomotive économique de l'Europe, l'Allemagne est handicapée depuis 1990 par la nécessité d'intégrer sa fraction orientale sortie de l'expérience communiste avec un appareil industriel particulièrement obsolète. Atteinte par une crise profonde qui se marque par l'existence de quatre millions de chômeurs en 1993, elle a perdu le dynamisme qui lui permettait d'être ce facteur de reprise que l'Europe attend avec angoisse. C'est donc cette crise grave qui sert de toile de fond à la vie politique française depuis 1974, la politique économique comme les mesures sociales constituant l'essentiel des préoccupations d'une population sévèrement atteinte par ses effets. Or, comme on l'a vu par la description d'une crise mondiale, de caractère structurel, la marge de manœuvre des gouvernants français est fort réduite puisque la plus grande partie des leviers qui permettraient de redresser la situation échappe à leur initiative. Comment gouverner un pays atteint par une dépression dont les causes sont mal discernables et dont les remèdes échappent aux gouvernements ? Telle est la gageure qui marque la vie politique durant les vingt années de la crise.

II

LE SEPTENNAT DE VALÉRY GISCARD D'ESTAING (1974-1981) :
UNE SOLUTION NÉO-LIBÉRALE DE LA CRISE FRANÇAISE ?

L'élection présidentielle de 1974

La mort de Georges Pompidou le 2 avril 1974 ne constitue pas une surprise. La France entière savait le président malade depuis la fin mai 1973 où les chaînes de télévision ont transmis les images du chef de l'État à Reykjavik en Islande où il était allé rencontrer le président Nixon. Mieux informés, les hommes politiques de premier plan, s'ils ignorent le terme de la maladie présidentielle, n'ont aucun doute sur le caractère fatal de son issue et se préparent en conséquence.

Il reste que la disparition de Georges Pompidou, si elle trouve une gauche unie prête à affronter la campagne présidentielle va au contraire provoquer au sein de la majorité une crise profonde aux conséquences durables. À gauche, en effet, les choses sont simples. Depuis 1971, la majorité des tendances socialistes se sont unies au sein du parti socialiste, solidement tenu en main par son premier secrétaire François Mitterrand. En 1972 le PS, le Parti communiste et le Mouvement des radicaux de gauche ont signé un programme commun de gouvernement. Sans doute les partis du Programme commun ont-ils échoué lors des élections législatives de 1973, mais celles-ci ont consolidé l'unité de la gauche. C'est donc sans surprise qu'on apprend le 5 avril que les trois partis du Programme commun désignent François Mitterrand comme candidat unique de la gauche, approuvés par les grandes centrales syndicales CGT, CFDT et FEN, puis, le 7 avril, par le PSU conduit par Michel Rocard. Les candidatures d'Alain Krivine pour le Front communiste révolutionnaire et d'Arlette Laguiller pour Lutte ouvrière sont à l'évidence des candidatures de témoignage qui ne peuvent mobiliser qu'un nombre réduit de suffrages capables qui se reporteront au second tour sur le candidat unique de la gauche.

Rien de tel à droite. L'UDR a depuis longtemps un candidat déclaré en la personne de Jacques Chaban-Delmas, plébiscité en 1973 par les Assises de Nantes du mouvement gaulliste. Mais il a contre lui de ne pas faire l'unanimité au sein de celui-ci, et en particulier d'être en butte à une franche hostilité de la part des proches conseillers du président Pompidou, Pierre Juillet et Marie-France Garaud qui poussent en avant Jacques Chirac, jeune ministre de l'Intérieur du gouvernement Messmer. Redoutant des manœuvres de ses adversaires, Jacques Chaban-Delmas prend les devants : dès le 4 avril, à peine Georges Pompidou inhumé, il fait connaître sa candidature à la présidence de la République. Le 7 avril, le comité central de l'UDR lui apporte son soutien unanime, négligeant les candidatures déclarées le 5 du président de l'Assemblée nationale Edgar Faure et du gaulliste Christian Fouchet qui a rompu avec l'UDR et qui, l'un et l'autre, se retireront quelques jours plus tard. Mais face à Jacques Chaban-Delmas, l'opinion attend que se déclare le ministre de l'Économie et des Finances Valéry Giscard d'Estaing qui, depuis de nombreuses années, soigne son image dans l'opinion sans dissimuler ses ambitions. Ce n'est que le 8 avril que ce dernier, en soulignant qu'il a respecté le délai de décence nécessaire après le décès du chef de l'État, fait connaître sa candidature.

Par la suite, d'autres candidats entreront en lice, le maire de Tours Jean Royer, ministre du Commerce, fortement marqué à droite, le maire de Mulhouse Émile Muller, champion des réformateurs, Jean-Marie Le Pen au nom du Front national et le dirigeant de la Nouvelle Action française, Bertrand Renouvin, l'agronome René Dumont défenseur d'une plateforme écologiste, etc. Mais il est clair que l'enjeu des élections est double : qui l'emportera au second tour de François Mitterrand ou du candidat de droite qui lui sera opposé ? Et qui, de l'UDR Jacques Chaban-Delmas ou du républicain-indépendant Valéry Giscard d'Estaing sera désigné au soir du premier tour comme le champion de droite ?

Or, avant que les électeurs ne tranchent, les manœuvres au sein de l'UDR et les sondages vont déterminer l'issue de la compétition. Le 5 avril, le ministre de l'Intérieur, Jacques Chirac a obtenu du gouvernement que la date du premier tour de l'élection soit fixée au 5 mai, c'est-à-dire le plus tard possible, décision généralement interprétée comme résultant de la volonté de trouver un autre candidat que le maire de Bordeaux. Le 9 avril, la manœuvre se précise ; poussé par Jacques Chirac et les conseillers de Georges Pompidou, le Premier ministre Pierre Messmer se propose comme candidat d'union si Jacques Chaban-Delmas et Valéry Giscard d'Estaing acceptent de se retirer. Consulté, ce dernier fait connaître qu'il est prêt à le faire si Jacques Chaban-Delmas renonce (condition qu'il sait évidemment impossible). Le maire de Bordeaux ayant réaffirmé au Premier ministre son intention de poursuivre, Pierre Messmer retire sa candidature dans l'après-midi du 9 avril. Le bilan de l'opération est de faire apparaître Jacques Chirac comme l'inspirateur moral d'une candidature unique à laquelle Valéry Giscard d'Estaing était prêt à se rallier, et le maire de Bordeaux comme le responsable de la division de la majorité. Les sondages publiés le 12 avril enregistrent les conséquences de la manœuvre. Crédité quelques jours auparavant de 30 % des intentions de vote, Jacques Chaban-Delmas tombe à 25 %, cependant que le ministre de l'Économie et des Finances se maintient à 26 ou 27 %. La décision prise par Jacques Chirac le 13 avril d'enfoncer le clou en publiant un « Appel » signé par 43 membres de la majorité (parmi lesquels 4 ministres et 39 députés dont 33 UDR), déplorant qu'une candidature d'union n'ait pu se réaliser et persistant à la souhaiter, va accentuer ces tendances. Sans doute l'appel ne constitue nullement un ralliement à Valéry Giscard d'Estaing, mais il le sert objectivement en montrant qu'une importante fraction de la majorité — et de l'UDR — refuse d'appuyer le candidat officiel du mouvement (Jean Bothorel, *Le Pharaon, Histoire du septennat giscardien 19 mai 1974-22 mars 1978*, Paris, Grasset, 1983).

Inaugurée avec ce handicap d'un soutien plus que modéré de la famille politique gaulliste et spécifiquement de sa branche pompidolienne, la campagne électorale va se solder par une dégradation relativement rapide de la cote de Jacques Chaban-Delmas. S'il peut compter sur le soutien du Centre Démocratie et Progrès de Jacques Duhamel et Joseph Fontanet, son adversaire républicain-indépendant reçoit l'appui, numériquement plus significatif des centristes d'opposition de Jean Lecanuet. Mal à l'aise à la télévision, il se fait assister par des gaullistes historiques comme Michel Debré ou André Malraux dont les déclarations paraissent archaïques ou grandiloquentes, alors que Valéry Giscard d'Estaing qui maîtrise parfaitement cet instrument réussit à adopter un style intimiste qui crée l'illusion d'une communication directe avec les Français : « Je voudrais regarder la France au fond des yeux, lui dire mon message et écouter le sien ». La volonté du maire de Bordeaux de capter l'héritage du gaullisme le conduit à s'enfermer dans cette famille, au risque de polariser sur lui les accusations d'être le représentant de « l'État-UDR » dénoncé par le directeur de *L'Express*, Jean-Jacques Servan-Schreiber. Elle le pousse également à brandir l'étendard de l'anticommunisme. Face à lui, Valéry Giscard d'Estaing va se présenter en personnage ouvert, tolérant, modéré illustrant sa formule de naguère : « La France veut être gouvernée au centre ». Il met en avant sa jeunesse : il a 48 ans, une dizaine d'années de moins que ses deux principaux compétiteurs. Et surtout, sans pour autant prendre d'engagement précis, il va savoir présenter sa candidature comme incarnant le « changement sans le risque », allant ainsi au-devant des aspirations d'une opinion qui souhaite un pouvoir moins autoritaire et moins compassé, mais qui redoute les bouleversements qu'entraînerait l'arrivée de la gauche au pouvoir. Supérieurement conduite, la campagne électorale de Valéry Giscard d'Estaing apparaît comme un modèle du genre et annonce son succès sur Jacques Chaban-Delmas (Jacques Berne, *La campagne présidentielle de Valéry Giscard d'Estaing en 1974*, Paris, PUF, 1981). Si on y ajoute les rumeurs que son entourage laisse complaisamment circuler sur la vie privée, la fortune et le caractère du maire de Bordeaux, le sort de ce dernier semble scellé. Les sondages, largement utilisés comme argument de campagne, soulignent d'ailleurs la dégradation de la position de l'ancien Premier ministre : le 22 avril il n'est plus crédité que de 22 % des intentions de vote contre 26 % au ministre des Finances et, deux jours plus tard, l'écart entre les compétiteurs s'accentue : 18 % contre 31 %. À la veille même du scrutin le maire de Bordeaux voit son capital se réduire à 15 %. L'UDR a perdu la bataille du premier tour et, virtuellement, l'Élysée. Au soir du 5 mai, les résultats ne font que confirmer les indications des sondages.

Élection présidentielle
(1er tour — 5 mai 1974)

François Mitterrand	43,3 %
Valéry Giscard d'Estaing	32,9 %
Jacques Chaban-Delmas	14,6 %
Jean Royer	3,2 %
Arlette Laguiller	2,3 %
René Dumont	1,3 %
Jean-Marie Le Pen	0,7 %
Émile Muller	0,7 %
Alain Krivine	0,4 %
Bertrand Renouvin	0,2 %
Jean-Claude Sebag	0,1 %
Guy Héraud	0,07 %

Si la défaite de Jacques Chaban-Delmas est sans appel, les pronostics du second tour apparaissent très serrés, liés qu'ils sont aux désistements et à la discipline des électeurs. Blessé, Jacques Chaban-Delmas se retire de la compétition sans recommander un vote pour son heureux compétiteur, mais en rappelant son « opposition résolue » à la candidature de François Mitterrand. Le bureau exécutif et le groupe parlementaire UDR décident d'apporter leur soutien à Giscard, mais au milieu des vociférations et des huées hostiles à Pierre Messmer et Jacques Chirac, jugés responsables de la défaite du candidat UDR. Le candidat de droite reçoit par ailleurs l'appoint des voix de Jean Royer, Jean-Marie Le Pen, Émile Muller, le soutien d'Edgar Faure, de Jacques Duhamel et *in extremis* de Jean-Jacques Servan-Schreiber. L'arithmétique électorale ne départage pas les deux candidats et les sondages révèlent qu'ils sont au coude à coude. La campagne du second tour est donc tendue, trouvant son point d'orgue le 10 mai dans un face-à-face télévisé entre François Mitterrand et Valéry Giscard d'Estaing au cours duquel le second paraît l'emporter, ayant réussi à esquiver le duel droite-gauche dans lequel voulait l'enfermer le premier secrétaire du Parti socialiste et étant parvenu, en revanche, à étiqueter ce dernier comme « un homme du passé ».

Le 19 mai, Valéry Giscard d'Estaing est élu d'une courte tête président de la République, battant son compétiteur de 425 599 voix.

Élection présidentielle
(second tour — 19 mai 1974)

Valéry Giscard d'Estaing	50,8 %
François Mitterrand	49,2 %

La France, stupéfaite (et déçue pour une moitié d'entre elle) s'aperçoit qu'elle est passée à deux doigts d'une arrivée de la gauche au pouvoir. Mais si ce n'est pas le bouleversement, c'est au moins une profonde transformation qu'annonce le nouveau président : « Vous serez surpris par l'ampleur et la rapidité du changement », avait-il promis aux Français le 10 mai. Et il salue l'annonce de son élection par une phrase qui en dit long sur ses intentions : « De ce jour date une ère nouvelle de la politique française ».

Une ère nouvelle ?

S'il est deux termes qui peuvent symboliser la volonté d'action du président fraîchement élu, ce sont bien ceux de « nouveauté » et de

« changement ». Avant d'être une nouvelle politique, la pratique de Valéry Giscard d'Estaing est un nouveau style qui se veut moins guindé, moins cérémonieux, moins crispé que celui de ses prédécesseurs, plus ouvert sur la jeunesse, les préoccupations quotidiennes des Français. Et les débuts du septennat sont marqués par une forêt de symboles témoignant de cette ère nouvelle annoncée par le président : marche à pied et non en voiture officielle pour la cérémonie aux Champs-Élysées, port du veston et non de la jaquette, refus de porter le lourd collier de grand-croix de la Légion d'Honneur (Valéry Giscard d'Estaing, *Le pouvoir et la vie*, Paris, Compagnie 12, 1988).

De plus grande portée est le choix du Premier ministre. C'est sans surprise que l'opinion apprend la nomination de Jacques Chirac dont les initiatives ont joué un si grand rôle dans l'élection présidentielle et qui, à 42 ans, symbolise cette jeunesse que le président ne cesse d'exalter. Cette nomination soulève nombre de réticences au sein de l'UDR qui voit dans cette promotion la récompense de l'opération menée contre Jacques Chaban-Delmas. Mais elle est peu de chose à côté de la colère qui saisit l'UDR à l'annonce de la composition du gouvernement, opérée directement par le chef de l'État. Sur les 15 ministres, 4 seulement appartiennent à l'UDR et, en dehors de Robert Galley, confiné au ministère de l'Équipement, ce sont tous des personnalités de second plan. Tous les dirigeants du mouvement, les « barons » du gaullisme ont été éliminés. Leur amertume est d'autant plus grande que le gouvernement est peuplé de ministres républicains-indépendants ou réformateurs connus pour leur hostilité marquée à l'UDR comme Michel Poniatowski, ministre d'État, ministre de l'Intérieur, Jean Lecanuet, ministre de la Justice, Pierre Abelin, ministre de la Coopération et, surtout, Jean-Jacques Servan-Schreiber, ministre des Réformes (qui sera d'ailleurs contraint de démissionner dès le 9 juin pour avoir fait connaître son opposition à la poursuite des expériences nucléaires dans le Pacifique). Le gouvernement comprend également des proches du chef de l'État comme Christian Bonnet, ministre de l'Agriculture et Michel d'Ornano, ministre de l'Industrie et quatre non-parlementaires, l'ambassadeur Sauvagnargues aux Affaires étrangères, l'Inspecteur des Finances Fourcade à l'Économie et aux Finances, le recteur Haby à l'Éducation nationale et le magistrat Simone Veil à la Santé. Peut-être, en dehors du choix des hommes qui marque bien la volonté du nouvel élu de s'affranchir de la tutelle de l'UDR, les intentions du nouveau président et sa volonté de novation sont-elles manifestées par la création d'une série de nouveaux secrétariats d'État : à la condition pénitentiaire, à l'enseignement préscolaire, aux travailleurs immigrés, à l'action sociale, et enfin, le 16 juillet, à la Condition féminine, poste confié à

Mme Françoise Giroud, directrice de *L'Express* et adversaire déterminée du mouvement gaulliste.

Or, la tonalité du gouvernement est d'autant plus paradoxale que les élections de 1973 ont porté à l'Assemblée nationale un puissant contingent de députés gaullistes (183) et qu'en ajoutant aux 55 députés Républicains-Indépendants les 34 Réformateurs et les 30 membres de l'Union centriste (encore que certains soient proches de l'UDR), le chef de l'État ne peut guère compter sur la fidélité que d'une centaine de députés. En d'autres termes, sans l'UDR, le président ne dispose plus d'une majorité parlementaire, fait inédit sous la Ve République. Le chef de l'État attend donc de son Premier ministre qu'il lui assure la docilité, voire le ralliement des députés gaullistes, alors que les cicatrices du premier tour sont encore mal guéries et que les plaies viennent d'être rouvertes par la composition du gouvernement.

Car s'il est une évidence qui s'impose avec force, c'est la volonté affirmée du nouveau président de la République de gouverner lui-même en cumulant dans la pratique les fonctions de chef de l'État et celles de chef du gouvernement. La composition du ministère est à cet égard éloquente puisque des postes fondamentaux ont été pourvus par le chef de l'État en faisant appel à des techniciens qui ne sont pas des hommes politiques comme Jean-Pierre Fourcade aux Finances, le diplomate Sauvagnargues aux Affaires étrangères ou le recteur René Haby à l'Éducation nationale. Le président adresse publiquement ses directives au Premier ministre, multiplie la tenue à l'Élysée de conseils restreints où ne sont convoqués que quelques ministres et quelques hauts-fonctionnaires pour régler des problèmes précis, procède à un examen très précis des nominations et des affectations de hauts-fonctionnaires. Cette volonté se marque par une orientation d'ensemble assez nettement différente de celle qui avait prévalu jusqu'alors dans la Ve République et que Valéry Giscard d'Estaing définit comme celle d'une « démocratie libérale avancée », appuyée sur un triptyque qualifié de « libéral, centriste et européen ». Le problème est de savoir avec quel personnel et avec quelle majorité le nouveau chef de l'État entend pratiquer cette politique dont il estime que le vote des Français lui a donné mandat de la mettre en œuvre.

Le personnel est, à l'évidence, celui constitué d'hommes jeunes, brillants techniciens épris d'efficacité, peu engagés ou peu fixés politiquement et qui ont en commun avec le président leur jeunesse et leur formation administrative au sein de l'École nationale d'Administration. Membres de l'entourage présidentiel comme son conseiller Jean Serisé, le secrétaire général de l'Élysée Claude-Pierre Brossolette ou son adjoint

Yves Cannac, son conseiller économique, le polytechnicien Lionel Stoleru, membres du gouvernement comme Jacques Chirac ou Michel Poniatowski, l'heure est aux « jeunes loups », même si certains ont assez largement dépassé la quarantaine qui sert d'emblème à cette volonté de rajeunissement du personnel.

Plus difficile est l'opération politique qui doit sous-tendre l'ère nouvelle. Sans doute Valéry Giscard d'Estaing, convaincu, comme il l'exprimera dans son ouvrage *Démocratie française* paru en 1976, que la société française n'est plus celle de la lutte des classes antagonistes, mais constituée d'un vaste « groupe central » de classe moyenne salariée, qui aspire à être gouverné au centre, rêve-t-il d'une vie politique apaisée où les débats resteront courtois et dépassionnés, où une atmosphère décrispée présidera à l'exercice d'une démocratie moderne. Mais les gestes nombreux et incontestables qu'il prodigue pour parvenir à faire régner cette atmosphère nouvelle se heurtent à une rude réalité qui échappe à sa volonté (Christian Petitfils, *La démocratie giscardienne*, Paris, PUF, 1981).

Ainsi en va-t-il de ses contacts avec l'opposition avec laquelle il souhaite dialoguer régulièrement pour évoquer les grands problèmes qui se posent au pays. Mais il se heurte aussi bien à la méfiance de celle-ci qui redoute un piège la contraignant à tempérer le caractère tranché de son hostilité et le rôle d'alternance qu'elle aspire à jouer qu'à l'inquiétude de ses alliés de l'UDR qui s'estiment mal traités et qui le suspectent de méditer un renversement des alliances.

Non moins marqués d'insuccès sont ses efforts pour faire régner entre l'exécutif et le Parlement une ambiance plus confiante et moins tendue. Le gouvernement de Jacques Chirac présente devant les deux assemblées une déclaration de politique générale suivie d'un vote. Le président autorise des séances de « questions d'actualité » permettant aux députés de demander des explications au gouvernement et il flatte et ménage le Sénat. Mais, en dépit de ces gestes de bonne volonté, il ne peut faire que la logique du pouvoir de la Ve République ne réside dans l'exécutif et que les assemblées ne soient le lieu où s'exprime le mécontentement des forces organisées du pays.

Enfin, la « décrispation » s'étend aussi aux relations avec le pays. Décidé à en finir avec le caractère guindé d'un pouvoir coupé du peuple, le président multiplie les gestes qu'il juge démocratiques : « réunions de presse » moins solennelles que les conférences présidentielles d'antan, multiplication des interviews, des apparitions sans décorum à la télévision, voire gestes plus inattendus comme une visite aux détenus d'une prison de Lyon, un contact avec les travailleurs immigrés de Marseille, un petit déjeuner pris avec les éboueurs du quartier de l'Élysée, voire bientôt les dîners pris avec son épouse chez de simples citoyens, autorisés à inviter, s'ils le désirent, le couple présidentiel. Gestes de bonne volonté, mais dont les adversaires du président dénoncent le caractère ostentatoire, l'affectation de simplicité qui fait confondre la démocratie avec une démagogie calculée.

Quoi qu'il en soit de cette volonté de changement de style destinée à marquer «l'ère nouvelle», celle-ci est surtout déterminée dans l'ordre politique par le fait que, pour la première fois dans l'histoire de la Ve République, le président n'a plus de majorité à l'Assemblée si l'UDR lui est hostile. C'est dans ce cadre que s'explique sans doute le choix de Jacques Chirac. Le nouveau président peut à bon droit considérer qu'il vient de créer politiquement son Premier ministre qui n'avait jusqu'alors d'existence dans ce domaine que comme protégé du président défunt. L'avantage est double : en choisissant un homme jeune et que son attitude dans l'élection présidentielle fait suspecter au sein de son propre parti, il peut espérer gouverner à travers un Premier ministre réduit au rôle de factotum ; en désignant un UDR, il neutralise le principal groupe de la majorité contraint pour respecter la solidarité de celle-ci à passer sous les fourches caudines présidentielles ou à prendre la responsabilité d'ouvrir une crise dont la gauche, battue de peu en 1974, risque cette fois d'être bénéficiaire. Il est donc clair que la tâche principale de Jacques Chirac, dont il va s'acquitter avec conscience, est la prise en main d'un parti gaulliste orphelin de ses dirigeants traditionnels. Dès le 27 avril, la réunion du groupe parlementaire UDR révèle à la fois les difficultés de la tâche et les limites de la marge de manœuvre de l'UDR. Jacques Chirac y est très vivement critiqué et paraît profondément isolé, mais le groupe n'ose aller plus loin et il fera bloc avec les républicains indépendants et les centristes pour approuver à l'Assemblée le programme de Jacques Chirac. Il reste que le danger demeure d'une émancipation par rapport au pouvoir du principal parti de la majorité. Or, dans cette situation confuse, les anciens conseillers de Georges Pompidou, Pierre Juillet et Marie-France Garaud, conscients que Jacques Chirac risque fort d'être marginalisé par le président, vont imaginer de le voir renforcer sa position en arrachant aux «barons» du gaullisme qu'ils détestent une UDR désorientée et incertaine. Pour y parvenir, ils disposent de l'arme redoutable que constitue les moyens d'un Premier ministre, capable de rassurer des élus sur leur réélection (en particulier par le maintien du mode du scrutin), de leur fournir des appuis pour leur permettre de conserver ou de gagner des électeurs, de se proposer comme le chef capable de protéger, de préserver, de maintenir un parti en déshérence. Dès le mois de juillet 1974, l'entreprise prend forme avec le ralliement spectaculaire au Premier ministre du secrétaire général de l'UDR Alexandre Sanguinetti, jusque-là homme-lige des « barons ». Elle trouve sa conclusion le 14 décembre au Comité central de l'UDR où Alexandre Sanguinetti ayant démissionné, Jacques Chirac est élu secrétaire général du RPR, coupant ainsi court aux ambitions des « barons » qui, deux jours plus tôt, avaient averti le Premier ministre de leur intention de faire élire à ce poste l'un d'entre eux, Olivier Guichard.

Du même coup, le statut de Jacques Chirac se modifie. De simple créature du président, sans aucun appui en dehors de sa confiance, il devient le chef en titre du principal parti de la majorité, l'homme sans qui il n'est plus de majorité parlementaire. À l'horizon, se profile le risque, permanent sous la Ve République, de la dyarchie. En ce mois de décembre 1974, Jacques Chirac a renversé l'ordre des facteurs : c'est désormais le chef de l'État qui devient son obligé. Et du même coup se trouve hypothéquée l'intention présidentielle d'exercer seul le pouvoir.

Toutefois, l'opinion perpétue l'état de grâce dont bénéficie encore le président qui tente, avec l'accord de son Premier ministre, de faire passer dans les faits le « changement » qu'il entend conduire et qui consiste à la fois en une série de réformes de caractère libéral et en une politique habile de lutte contre la crise.

Le temps des réformes

Les promesses du chef de l'État sur « l'ampleur et la rapidité du changement » paraissent correspondre chez lui à un désir sincère de libéralisation « à l'anglaise » de la vie politique afin de créer un consensus dans l'opinion, mais aussi à une adaptation de la loi à l'évolution des mœurs de la société. Les premières semaines du septennat sont en effet le moment d'une fiévreuse activité réformatrice.

Sur le plan politique, après avoir songé à une privatisation de la radio-télévision, à laquelle il renonce finalement, sous la pression de son Premier ministre qui tient au monopole, le chef de l'État décide de faire éclater l'ORTF en sept sociétés autonomes et concurrentes dont quatre géreront la radio et les trois chaînes de télévision. Bien que le président ait affirmé en présentant la réforme aux Français le 8 janvier 1975 qu'il s'agissait de rompre les liens entre l'information et le pouvoir (« les organismes de radio et de télévision ne sont pas la voix de la France. Les journalistes de la télévision sont des journalistes comme les autres »), la réforme paraît avoir pour résultat essentiel d'éliminer des journalistes qui déplaisent et de nommer à la tête des nouvelles sociétés des fidèles du président.

De beaucoup plus grande portée est la réforme, cependant vilipendée sur le moment, de la saisine du Conseil constitutionnel. Depuis sa création en 1958, celui-ci ne pouvait être saisi que par le chef de l'État, le Premier ministre et les présidents des deux assemblées. Or la loi constitutionnelle de 1974 adoptée le 29 octobre par le Congrès réunissant l'Assemblée nationale et le Sénat (c'est la procédure parlementaire de révision constitutionnelle qui est ici utilisée) ouvre la saisine à 60 députés ou 60 sénateurs. Jugée négligeable par la majorité qui la vote par indifférence, inutile par l'opposition qui considère que la composition même du Conseil en fait un organisme lié au pouvoir en place, la loi permet cependant à l'opposition d'en appeler aux juges constitutionnels des décisions de la majorité, et, comme telle, elle donne à la minorité des garanties et au Conseil une influence qui, à l'expérience, se révéleront considérables. Elle accroît en outre le caractère d'État de droit de la France, souhaité par les constituants de 1958 en confirmant l'idée qu'au-dessus de la volonté du peuple exprimée lors des élections existent des principes qui règlent la vie nationale.

Il est vrai que l'opinion est beaucoup plus frappée par une série de réformes portant sur l'adaptation de la loi à l'évolution de la société et qui apparaissent comme autant de réponses aux manifestations de ces transformations structurelles qui se sont produites depuis 1968. Quatre textes adoptés entre juillet 1974 et janvier 1975 témoignent de ce remodelage en profondeur de la législation sociale. Le premier, mis en route lors du Conseil des ministres du 10 juin et adopté le 5 juillet abaisse de 21 à 18 ans l'âge de la majorité électorale ou civile. Acceptée par toutes les forces politiques, la réforme apparaît d'autant plus courageuse qu'elle crée 2 400 000 électeurs qui votent majoritairement pour la gauche. Il est vrai que, depuis 1968 et l'irruption de la jeunesse dans un rôle nouveau d'agent historique déterminant, elle était devenue inévitable. On pourrait en dire autant des autres textes réformant les mœurs et où la législation, ouvertement violée ou tournée, apparaît en discordance avec la réalité sociale. Ainsi en va-t-il des textes adoptés en 1974-75 sur la régulation des naissances qui donnent un statut légal à la contraception, sur le divorce par consentement mutuel, et surtout de la loi Veil de janvier 1975 sur l'interruption volontaire de grossesse. Acquise au terme d'un débat ardent dans lequel interviennent les autorités morales et religieuses, qui ne s'achève positivement que grâce aux voix de l'opposition et alors qu'une grande partie de la majorité vote contre et défère le texte au Conseil constitutionnel suivant la nouvelle procédure de saisine, cette loi, adoptée pour cinq ans, autorise l'avortement sous certaines conditions.

La volonté de réforme présidentielle paraît ainsi introduire dans la majorité composite dont dispose le président un profond clivage. Si l'état-major de l'UDR, désormais rassemblé autour du Premier ministre, a, pour l'essentiel, suivi, nombre de députés gaullistes de base éprouvent un profond malaise et se sentent fort éloignés du nouveau président. Il est vrai que celui-ci est largement attendu par l'opinion sur sa gestion d'une crise économique qui, pour la première fois, depuis trente ans, fait sentir ses ravages (chapitre 1).

La politique de lutte contre la crise (1974-1976)

Spécialiste des questions économiques et financières, le nouveau chef de l'État a confié « son » portefeuille à Jean-Pierre Fourcade, un inspecteur des finances, ancien membre de son cabinet. Dès le 12 juin 1974, celui-ci présente au Conseil des ministres un plan dont la clé de voûte est la lutte contre l'inflation par les remèdes classiques qui permettent d'obtenir un « refroidissement » de l'économie : majoration de l'impôt sur les revenus des sociétés et des gros contribuables, relèvement du taux d'intérêt de l'épargne, hausse des tarifs publics, strict encadrement du crédit, économies budgétaires, économies d'énergie. Approuvé par le chef de l'État, ce plan de rigueur va déconcerter et décevoir l'opinion (en juillet, l'IFOP révèle que 48 % seulement des Français sont satisfaits du nouveau président) et provoquer une levée de boucliers, en particulier où la majorité trouve sa clientèle électorale : protestations du monde agricole qui réclame une forte hausse des prix de ses produits, agitation des petits commerçants du CID — UNATI qui mènent la bataille contre les grandes surfaces avec l'appui des députés UDR, colère des petites et moyennes entreprises qui connaissent dépôts de bilan, mises en règlements judiciaires et faillites. Si le président n'a cure de l'agitation de ces catégories qui lui paraissent condamnées par l'évolution économique et dans lesquelles il voit l'effet de « pesanteurs sociologiques », il montre plus d'inquiétude devant les difficultés que connaissent de très grosses sociétés comme Titan-Coder, Citroën, la SNIAS de Toulouse ou devant les mouvements sociaux très durs qui affectent plusieurs semaines durant les PTT à l'automne 1974.

À cette crise, le chef de l'État va apporter dans un premier temps une double réponse : une réponse sociale de type keynésien destinée à proposer une solution des difficultés ménageant les éléments les plus faibles de la société ; une réponse structurelle dont l'objet est de prendre en compte un certain nombre de revendications « qualitatives » restées sans solution depuis 1968. On assiste donc à un véritable projet de société donnant un contenu concret au « libéralisme avancé » dont se réclame Valéry Giscard d'Estaing.

Ce projet prend en premier lieu la forme d'une redistribution des revenus que ne renieraient nullement les sociaux-démocrates et qui consiste à développer la solidarité nationale en faveur des plus démunis, l'État trouvant les moyens de cette action en augmentant les prélèvements obligatoires, fiscaux ou sociaux. Entre 1974 et 1981, ceux-ci passent de 37 % à 43 % de la richesse nationale, provoquant les protestations des commerçants, des paysans, des dirigeants de petites et moyennes entreprises qui multiplient les doléances sur la lourdeur des charges qui les accablent et dénoncent dans la politique présidentielle une forme de socialisme déguisé. De fait, c'est bien une forme d'accentuation de « l'État-Providence » que met en œuvre le nouveau pouvoir au profit des victimes de la crise. Ainsi, des lois de 1974 et 1975 généralisent-elles la Sécurité sociale en l'étendant aux non-salariés. Les licenciements sont rendus plus difficiles par une loi de janvier 1975 qui exige désormais pour les mettre en application une autorisation administrative délivrée par l'Inspection du Travail. Le sort des licenciés pour raison économique est provisoirement garanti par un accord signé en octobre 1974 qui crée « l'Allocation supplémentaire d'attente », permettant aux travailleurs privés d'emploi de conserver un an durant 90 % de leur salaire brut antérieur.

D'autres catégories font l'objet de la sollicitude du pouvoir : des mesures sont prises en faveur des handicapés pour faciliter leur insertion dans la société ; le minimum vieillesse est relevé ainsi que les prestations familiales, ce qui constitue un encouragement à la consommation des moins fortunés ; une attention particulière est portée aux travailleurs manuels dont le président promet d'abaisser l'âge de la retraite et de réduire la durée du travail... Même si l'opposition dénonce une politique au coup par coup, le réformisme social est indéniable et s'inscrit dans le droit fil des politiques de protection poursuivies depuis la fin de la Seconde Guerre mondiale.

Le président de la République s'engage d'ailleurs plus avant. Convaincu que le monde va entrer pour longtemps dans une ère de croissance ralentie où la principale fonction sociale du pouvoir sera de maintenir le plein emploi, il entend agir sur les structures de la société. Toute une série de réformes sont alors entreprises qui traduisent un véritable dessein, mais dont beaucoup ne parviendront pas à se concrétiser. La plus importante est la réforme de l'enseignement secondaire résultant de la loi Haby de juillet 1975. Fondée sur le collège unique, aux sections homogènes qui remplacent les anciens clivages entre sections I, II et III rassemblant respectivement les élèves destinés à poursuivre leurs études jusqu'au baccalauréat, ceux qui s'arrêtent au BEPC et ceux qui s'orientent vers la vie professionnelle, elle se veut une réforme de type égalitaire, donnant à tous les enfants, quelle que soit leur origine sociale, des chances égales jusqu'à la fin du premier cycle du second degré. Si les résultats de la réforme ne sont pas à la hauteur des espérances de ses promoteurs, l'intention démocratique est indéniable. De la même inspiration procède le rapport confié à Pierre Sudreau sur la réforme de l'entreprise, qui est remis au chef de l'État en février 1975 : il s'agit dans le cadre de la « participation » d'assurer une représentation minoritaire des salariés dans les conseils de surveillance et dans certains conseils d'administration des entreprises. Accueilli avec hostilité par le patronat qui dénonce une « cogestion » rampante, dénoncé par les syndicats CGT et CFDT comme une forme d'intégration du monde ouvrier au capitalisme, le rapport n'aura aucune suite en raison de l'hostilité de l'UDR qui tient compte de la fureur du petit patronat.

Tel sera aussi, à peu de choses près, le sort de l'imposition des plus-values du capital, proposée par le président en juillet 1974 dans un but de justice sociale. Après l'examen de plusieurs commissions, le texte fait finalement l'objet d'un projet de loi déposé en avril 1976 par le ministre de l'Économie et des Finances, Jean-Pierre Fourcade. Soumis aux critiques virulentes de l'UDR, défendu avec réticences par le Premier ministre, il ne sera finalement adopté que sous une forme très édulcorée en juillet 1976.

Il apparaît donc de plus en plus clairement que si la volonté réformiste du chef de l'État est réelle et se traduit par de multiples tentatives d'esprit social-démocrate, elle se heurte de façon croissante à des obstacles politiques qui aboutissent à la freiner.

Les difficultés politiques et la démission de Jacques Chirac

La tentative réformiste de Valéry Giscard d'Estaing apparaît d'autant plus difficile à mettre en œuvre qu'elle s'opère dans un climat de difficultés politiques et sociales liées aussi bien aux suites du mouvement de 1968 qu'aux effets de la crise qui atteint la France. Le gouvernement doit ainsi faire face à une fronde des appelés du contingent qui, avec l'appui des forces politiques de gauche, constituent des syndicats contre lesquels des poursuites sont engagées. En même temps, des manifestations ont lieu contre les expropriations de paysans du Larzac où sont installés des sites militaires et effectués des manœuvres de grande envergure. La nomination du général Bigeard à un secrétariat d'État à la condition militaire créé en 1975 a pour objet de désamorcer cette contestation naissante. Non moins préoccupantes sont les revendications autonomistes ou séparatistes qui secouent certaines régions françaises, l'Occitanie, la Bretagne et surtout la Corse. Dans ce dernier cas, l'agitation prend une tournure dramatique avec la fusillade d'Aléria le 22 août 1975 au cours de laquelle deux membres des forces de l'ordre trouvent la mort, puis l'émeute qui se produit à Bastia cinq jours plus tard. Si le président et son Premier ministre s'opposent à toute régionalisation, le problème est néanmoins posé au niveau de l'opinion.

Enfin, l'agitation sociale ne désarme pas. Le pouvoir doit affronter en 1975 la colère des vignerons du Languedoc, la vague de grèves universitaires provoquée par le projet de réforme du second cycle élaboré par le secrétaire d'État aux Universités, Jean-Pierre Soisson et que son successeur en janvier 1976, Alice Saunier-Séïté entend mettre en œuvre non sans rudesse. Il connaît une multiplicité d'occupations d'entreprises là où menacent les licenciements et le dépôt de bilan.

Si bien que la volonté de décrispation présidentielle se heurte à ce climat troublé et que son parti pris de minoration de l'agitation et des difficultés apparaît comme une forme d'insouciance, de laxisme, voire de fragilité qui exaspère l'aile droite de la majorité, particulièrement active au sein de l'UDR et qui ne dissimule pas son vœu d'une énergique reprise en main et reproche au président d'être plus soucieux de séduire ses adversaires que de donner satisfaction à ceux qui l'ont élu. Il est vrai que le jeu du chef de l'État est rendu difficile par le fait qu'il ne l'a emporté que d'extrême justesse sur la gauche et que celle-ci paraît se renforcer dans les semaines qui suivent l'élection présidentielle.

Ce renforcement est avant tout le fait du Parti socialiste. Le remarquable score au second tour de la présidentielle de son premier secrétaire François Mitterrand a fait de celui-ci, aux yeux de l'opinion, le principal dirigeant de l'opposition. Sa position s'est trouvée encore renforcée par l'adhésion à l'automne 1974 du « courant des Assises », c'est-à-dire de la majorité du PSU avec Michel Rocard et de membres de la CFDT, comme par le rejet dans l'opposition interne au congrès de Pau (janvier-février 1975) du CERES de Jean-Pierre Chevènement, idéologiquement proche du Parti communiste. Au demeurant, celui-ci, tout en se montrant concurrent d'un allié socialiste qui semble désormais le dépasser en audience dans l'opposition présente un visage modernisé, capable de désarmer les méfiances. En 1975, il adopte une « déclaration des libertés », abandonne officiellement en 1976 le principe de la « dictature du prolétariat », affirme son indépendance par rapport au Parti communiste soviétique et participe avec les partis communistes italien et espagnol à l'exploration des voies d'un « eurocommunisme » à l'usage des pays développés d'Europe occidentale. Entre un Parti socialiste ayant le vent en poupe et s'offrant à pratiquer une alternance sociale et un Parti communiste moderne et apparemment converti aux principes de la démocratie libérale, les électeurs n'hésitent plus à voter pour la gauche. On en a la preuve à l'automne 1974 lorque six anciens ministres du gouvernement Messmer tentent de retrouver leurs sièges de députés. Deux d'entre eux, MM. Fontanet et Lecat, sont largement battus par des candidats de l'opposition. Les sondages d'opinion révèlent d'ailleurs que, dès ce moment, la gauche est majoritaire dans le pays. Mais ce sont les élections cantonales des 7-14 mars 1976 qui vont en apporter la confirmation spectaculaire. Au premier tour, les trois partis du Programme commun du gouvernement (PC, PS, radicaux de gauche) rassemblent 52,5 % des suffrages, mais la gauche atteint 56,1 % si on lui adjoint les « divers gauche ». Le grand vainqueur est le Parti socialiste qui progresse dans toutes les régions de France, devançant un parti communiste qui se maintient cependant à près de 23 % des suffrages, alors que l'UDR enregistre un net recul. La sanction de ce vote à gauche interviendra au lendemain du second tour : quinze présidences de Conseil général passent à la gauche.

Cette défaite électorale sévère va aggraver la crise larvée de la majorité qui se dessine depuis l'élection présidentielle de 1974. En nommant Jacques Chirac, qu'il sous-estime, comme Premier ministre, le président de la République n'a d'autre objectif que de neutraliser l'UDR. Il ne paraît pas prendre conscience du tournant que représente l'accession de son Premier ministre au poste de secrétaire général de la principale formation politique de la majorité, d'autant que celui-ci adhère à la conception d'un chef de l'État qui gouverne et accepte qu'il forme et remanie le gouvernement, se montrant d'une parfaite loyauté à son égard. Cependant l'autonomie politique dont dispose désormais le Premier ministre va se trouver accentuée par le rôle que jouent auprès de lui les anciens conseillers de Georges Pompidou, Pierre Juillet et Marie-France Garaud qui poussent Jacques Chirac à rendre publiques ses différences avec le président et à manifester sa propre ambition. Cette ligne lui est d'ailleurs dictée par son nouveau rôle de chef de parti, les députés de base du mouvement gaulliste ne dissimulant pas leur exaspération envers la politique du président qui leur paraît se faire contre eux et contre leur clientèle électorale : rien ne peut mieux servir la carrière du Premier ministre que de se faire le porte-parole de ses troupes. Mais une telle attitude est évidemment incompatible avec les responsabilités qu'il exerce. Or très rapidement, des divergences d'analyse vont se produire entre Valéry Giscard d'Estaing et Jacques Chirac, divergences qui portent sur trois domaines principaux. En premier lieu, dès 1975, le Premier ministre émet les plus vives réserves sur la politique économique et financière conduite par Jean-Pierre Fourcade qui donne la priorité à la lutte contre l'inflation et provoque la colère de l'électorat UDR atteint par les difficultés économiques qui frappent le commerce, la paysannerie, les petites et moyennes entreprises. Il réclame avec ardeur une « relance » que le président répugne à accorder. Il faut attendre l'automne 1975 pour qu'il se résigne à lancer un plan de soutien, aux effets d'ailleurs spectaculaires, mais dont le résultat sera de maintenir une forte inflation, fragilisant l'économie française par rapport à ses partenaires.

Le second élément de la crise tient aux problèmes politiques. Conscient de la poussée de l'opposition de gauche, Jacques Chirac souhaite que l'exécutif adopte une stratégie plus offensive et il s'irrite des ménagements du président envers l'opposition, de ses avances aux « barons du gaullisme », de la politique favorable à la clientèle politique de la gauche qu'il conduit alors qu'il ne paraît guère se soucier de l'électorat de la majorité dans sa politique économique et financière ou dans ses projets sur la réforme de l'entreprise ou l'imposition des plus-values. Les visibles réserves de Matignon quant à ce dernier projet attestent de la faille qui se dessine au sein de l'Exécutif. À ce contentieux, les élections cantonales de mars 1976 ajoutent, aux yeux de Jacques Chirac, la preuve de la nocivité de la politique présidentielle qui conduit tout droit, selon lui, à la victoire des socialistes en 1978. Dans un premier temps, à la demande de son Premier ministre, le président accepte de changer de cap. Son intervention télévisée du 24 mars annonce une neutralisation des réformes, contient une profession de foi sur son attachement à la sécurité et à la morale, confie au Premier ministre une mission de coordonnateur de la majorité. Tout se passe donc comme si, admettant que le combat qui s'ouvre est celui d'une lutte entre la société libérale et la société socialiste, le président acceptait la stratégie de Jacques Chirac. Il faut peu de temps à ce dernier pour s'apercevoir que le président n'a en rien l'intention de renoncer à gouverner lui-même. Dans ces conditions, le Premier ministre adresse au président une lettre dans laquelle il lui propose de prendre de vitesse la progression du parti socialiste en dissolvant l'Assemblée nationale et en procédant à des élections législatives anticipées. Démarche qui est à l'opposé des vues du chef de l'État, lequel compte gouverner sans coup de théâtre, en respectant les échéances, et en comptant sur les résultats de sa politique et son pouvoir de conviction pour dissuader la majorité des électeurs de l'aventure d'un vote pour les partis du programme commun.

À ces divergences sur la politique économique et financière s'ajoutent celles portant sur les problèmes tactiques, militaires et internationaux, la politique présidentielle heurtant, sur ces deux points, les sensibilités gaullistes. En juin 1976, le général Méry, chef d'État-major des Armées expose dans la revue *Défense nationale* l'idée qu'en cas de conflit en Europe, les troupes françaises auraient à combattre sur le sol de la République fédérale aux côtés des troupes américaines, perspective qui rend à ses yeux souhaitable l'unification européenne qui donnerait aux pays du continent un poids bien supérieur à celui qui est le leur au sein de l'OTAN. Déclaration approuvée par le président mais qui provoque une tempête chez les gaullistes qui dénoncent un retour à la période prégaullienne. Non moins sensible est le rôle que joue le président de la République dans le processus d'approfondissement de la construction européenne. En juillet 1976 les Neuf du Marché commun décident l'élection au suffrage universel direct de l'Assemblée commune des Communautés européennes. C'est face à un Premier ministre réticent que le Conseil des ministres du 15 juillet approuve cette décision. Le 26 juillet, Jacques Chirac adresse sa lettre de démission au président de la République qui lui demande de différer d'un mois son départ. Celui-ci aura lieu le 25 août dans des conditions inhabituelles sous la Ve République puisque le Premier ministre sortant, après avoir donné sa démission au Conseil des ministres, va la commenter pour les Français devant les caméras de la télévision. Tendu, crispé, il fait connaître que la décision de son départ est volontaire, nullement imposée par le chef de l'État, et en fournit les raisons qui sonnent comme un acte d'accusation envers le président : « Je ne dispose pas des moyens que j'estime aujourd'hui nécessaires pour assurer efficacement mes fonctions de Premier ministre ».

Ce même 25 août à 18 heures l'Élysée annonce la nomination comme Premier ministre de Raymond Barre, professeur d'économie politique et ministre du Commerce extérieur du gouvernement sortant. La première phase du septennat de Valéry Giscard d'Estaing s'achève.

Le gouvernement Barre : une nouvelle approche
des problèmes du pouvoir (1976-1978)

La nomination de Raymond Barre est une surprise pour l'opinion. Le nouveau Premier ministre est pour elle un inconnu et ce fait donne au changement de gouvernement sa signification. Comme jadis de Gaulle avec Georges Pompidou, Valéry Giscard d'Estaing a choisi en Raymond Barre un homme qui n'a d'existence politique que par lui, signifiant par là que c'est bien le président qui gouverne. À certains égards, il reprend ainsi la tentative manquée avec Jacques Chirac. Toutefois, la différence est sensible sur un point essentiel. Au contraire de son prédécesseur, le nouveau Premier ministre n'est pas, et ne se veut pas un politique, mais un technicien. Professeur d'économie politique, directeur du cabinet de Jean-Marcel Jeanneney, ministre de l'Industrie du général de Gaulle et conseiller économique de celui-ci, il a en outre été vice-président de la Commission des Communautés européennes. Spécialiste des questions économiques, il a été choisi pour ses compétences, et le président fait connaître à l'opinion les raisons de son choix en qualifiant Raymond Barre de « meilleur économiste de France » ou encore de « Joffre de l'économie ». Sa mission est donc claire : il lui appartient de gagner la « Bataille de la Marne » de l'économie française en redressant celle-ci avant l'échéance des élections législatives de 1978. Pour ce faire, Raymond Barre a exigé d'avoir la haute main sur l'ensemble de la politique économique, cumulant les fonctions de Premier ministre avec celles de ministre de l'Économie et des Finances. Évincé de la rue de Rivoli, Jean-Pierre Fourcade devient ministre de l'Équipement. Tout à l'intérêt de la mission qui lui a été confiée, le Premier ministre feint de négliger, voire de mépriser la « politique politicienne ». Tel n'est pas le cas du président, tenu de se préoccuper de la cohésion d'une majorité ébranlée par le coup d'éclat de Jacques Chirac. C'est pourquoi le Premier ministre est flanqué de trois ministres d'État représentant les grandes composantes de la majorité : Olivier Guichard pour l'UDR, Michel Poniatowski pour les républicains-indépendants, Jean Lecanuet pour le centrisme réformateur. Avec Olivier Guichard et Robert Boulin, ministre chargé des relations avec le Parlement, le président, après avoir joué en 1974 Jacques Chirac contre les « barons » du gaullisme, joue désormais les « barons » contre Jacques Chirac. Sous la direction d'Olivier Guichard, les trois ministres d'État sont chargés, avec la collaboration du radical Michel Durafour, ministre délégué auprès du Premier ministre chargé de l'Économie et des Finances de régler les problèmes strictement politiques. Les inconvénients de ce montage apparaissent assez vite, le Premier ministre paraissant confiné dans les tâches économiques, cependant que les déclarations, parfois intempestives, de MM. Lecanuet et Poniatowski constituent une gêne pour son action. Aussi, dès le lendemain des élections municipales de mars 1977, un remaniement ministériel aboutit-il à écarter les trois ministres d'État pour resserrer le gouvernement autour d'un Premier ministre dont l'autorité se trouve ainsi consolidée.

En charge de la politique française, Raymond Barre entend à l'évidence donner une priorité absolue aux questions économiques et financières dont l'urgence est d'autant plus grande que la montée du chômage constitue une préoccupation majeure pour l'opinion. Comment entend-il gérer cette difficile situation ? À l'évidence par une thérapeutique d'inspiration libérale. Pour le Premier ministre, qui se garde cependant bien de se réclamer d'une quelconque théorie politique et de dévoiler ses projets à long terme, la solution de la crise française réside dans la restauration en France d'une véritable économie de marché fondée sur des entreprises dynamiques capables d'affronter la compétition internationale. Un tel projet suppose une monnaie forte, et par conséquent une action énergique contre l'inflation, et un nouveau partage des bénéfices de la production et des services au détriment des salariés, en particulier de ceux dont les salaires sont les plus élevés (les « nantis » selon l'expression de Raymond Barre), et au bénéfice de la trésorerie des sociétés qui pourront ainsi investir. Quant au chômage, il sera vaincu par le rétablissement des grands équilibres et le retour à l'expansion. Pour autant, le libéralisme barriste, s'il peut se caractériser comme une prise de distance par rapport à la pratique keynésienne afin d'adapter l'économie française à la fin de la période de grande croissance ne signifie pas un désengagement de l'État et le retour à une politique de « laissez faire, laissez passer ». L'État, garant de l'intérêt général, doit veiller au retour des grands équilibres et agir pour mettre fin aux « rigidités » qui bloqueraient l'économie française. Toutefois, conscient de la difficulté de la tâche à entreprendre, Raymond Barre va procéder par étapes, ne serait-ce que pour contourner les résistances prévisibles. Aussi le « plan Barre » adopté par le Conseil des ministres du 22 septembre se contente-t-il de proposer trois objectifs dont l'énoncé ne devrait soulever aucune objection : la maîtrise de la hausse des prix, le rétablissement du commerce extérieur, la réduction du déficit budgétaire. Les moyens mis en œuvre n'apparaissent pas comme particulièrement originaux : blocage des prix jusqu'à la fin de l'année 1976 et des tarifs publics jusqu'au printemps 1977 ; réduction temporaire du pouvoir d'achat des hauts salaires et maintien (mais non plus progression) de celui des autres catégories ; impôt complémentaire sur le revenu et majoration de l'impôt sur les sociétés ; augmentation du prix de l'essence et de la vignette automobile ; mesures de redressement de la Sécurité sociale... En dépit des protestations des syndicats et de l'opposition, ces mesures ne sont rien d'autre qu'un plan classique de « refroidissement » de l'économie, tel que les autres pays industriels en ont adopté dans les années antérieures. Le plan est présenté à l'Assemblée nationale en octobre, le Premier ministre recourant pour son adoption à l'article 49-3 de la Constitution qui stipule que le texte est acquis si aucune motion de censure n'est déposée ou si une motion de censure est rejetée. C'est cette dernière hypothèse qui se réalise le 19 octobre, la motion de censure déposée par la gauche ne recueillant que 181 voix au lieu des 242 nécessaires.

Mais si le Premier ministre entend négliger la politique pour se consacrer à sa tâche économique, la politique le rattrape. D'abord parce que les élections partielles confirment l'idée que la gauche est en pleine ascension, ce qui rend toute consultation nationale aléatoire et pleine de périls pour le pouvoir. Ensuite parce que la cohésion de la majorité paraît durablement ébranlée par la rupture entre Jacques Chirac et le président. Si ce dernier avait espéré que le départ de Jacques Chirac de Matignon le rendrait au néant politique dont il l'avait tiré, l'UDR retombant aux mains des « barons » qu'il ménage, il ne tarde pas à apercevoir son erreur. Triomphalement réélu à l'automne 1976 député de la Corrèze, Jacques Chirac appelle à la formation d'un « vaste mouvement populaire » faisant la synthèse de l'héritage gaulliste et d'un projet social qu'il baptise « travaillisme français ». C'est sur cette base que, le 5 décembre 1976, l'UDR disparaît pour donner naissance au RPR (Rassemblement pour la République) dont Jacques Chirac est élu président et dont il va faire un parti puissant, bien organisé, dont les responsables (nommés par lui) lui sont tout dévoués et qui apparaît dès ce moment comme l'instrument de ses ambitions présidentielles. C'est dire que, potentiellement, il apparaît comme concurrent du président de la République. Tenu par la logique majoritaire et la crainte d'une victoire socialiste de ne pas rompre la solidarité qui l'unit aux autres formations de droite à l'Assemblée nationale, il va tout faire pour marquer sa différence avec le président et le gouvernement. Or les élections municipales de 1977 vont lui en fournir l'occasion.

Cette nouvelle consultation électorale est abordée non sans appréhension par le pouvoir. Précédant d'une année les élections législatives de 1978, elles peuvent marquer une nouvelle étape dans la conquête du pouvoir par la gauche. D'autant que les épreuves n'épargnent pas le chef de l'État. En décembre 1976, un intime du président, le prince de Broglie est assassiné et l'enquête (qui n'aboutira jamais) révèle les relations douteuses de la victime et ses opérations financières troubles. De surcroît, le ministre de l'Intérieur, Michel Poniatowski annonce triomphalement dans une conférence de presse l'arrestation des coupables, avant même que la justice ait connaissance du dossier. Autre embarras du pouvoir, l'arrestation en janvier 1977 du terroriste palestinien Abou Daoud soupçonné d'être l'instigateur du massacre des athlètes israéliens aux Jeux Olympiques de Munich en 1972 et sa libération précipitée qui scandalise l'opinion. Dans ce contexte défavorable va surgir en outre un nouvel accroc au sein de la majorité avec l'affaire de la mairie de Paris. Privée de maire au cours de son histoire en raison du rôle particulier qu'elle joue dans l'État et du souvenir de ses multiples insurrections, la capitale a vu son statut transformé par une loi du 31 décembre 1975 qui est prise en plein accord entre l'Élysée et Matignon, alors occupé par Jacques Chirac, et qui décide que Paris aura son maire comme toutes les grandes métropoles. En novembre 1976, le président de la République confie à son ami Michel d'Ornano, maire de Deauville, le soin de conduire les listes de la majorité dans la capitale, ce qui implique sa future élection comme maire de Paris. Or en janvier 1977, Jacques Chirac, nouveau président du jeune RPR, décide de se lancer dans la bataille et de briguer lui aussi la mairie de Paris. La campagne électorale va donc se résumer dans la capitale à un affrontement entre les gaullistes et les giscardiens que la gauche, minoritaire à Paris, risque d'arbitrer. Les résultats des élections municipales apparaissent comme une incontestable défaite pour le chef de l'État, voire pour la majorité tout entière.

Dans l'ensemble du pays, on assiste en effet à une nouvelle poussée de la gauche qui emporte dès le premier tour des municipalités apparemment solidement tenues par la droite comme Brest, Dreux, Angers ou Chartres. La dynamique unitaire joue aussi bien au profit des communistes à Reims, Châlons-sur-Marne ou Montluçon qu'en faveur des socialistes à Angers, Aurillac, Brest ou Valence. Mais globalement, les socialistes apparaissent comme l'élément moteur de la victoire de la gauche. À Paris où il était clair que la gauche ne pouvait l'emporter, Jacques Chirac arrive nettement en tête, condamnant à l'échec le candidat du président, Michel d'Ornano. Le second tour, le 20 mars, confirme le premier. Nettement majoritaire en voix dans les villes de plus de 30 000 habitants, la gauche qui détenait 98 de ces villes sur 221 avant les élections en contrôlera désormais 156 (dont 81 au profit du PS et 72 pour le PC). Le 25 mars, Jacques Chirac est élu maire de Paris.

Entre l'hostilité de la gauche et la concurrence du RPR au sein de la majorité, les élections législatives de 1978 s'annoncent sous de sombres auspices pour le pouvoir. L'alternance politique pointe à l'horizon.

Les élections législatives de 1978

Au lendemain des élections municipales, la situation du président apparaît aussi mauvaise que possible. Les sondages révèlent une détérioration de son image, le nombre des mécontents l'emportant largement sur celui des satisfaits. Quant au Premier ministre Raymond Barre, présenté comme l'homme d'une rigueur antisociale, il bat des records d'impopularité cependant que le nombre des chômeurs ne cesse de monter, dépassant désormais la barre symbolique du million. Dans ces conditions, les sondages sur les intentions de vote des Français prédisent une nette victoire de la gauche, créditée en janvier 1978 de 51 % des intentions de vote contre 44 % pour la majorité et 4 % pour les écologistes.

Face à cette situation dramatique, la majorité n'a d'autre choix que de s'organiser. En mai 1977, au congrès de Fréjus, les républicains-indépendants se réorganisent sous le nom de « Parti républicain » en incluant diverses formations giscardiennes et se donnent un nouveau secrétaire général en la personne de Jean-Pierre Soisson, Michel Poniatowski étant écarté. En février 1978, le président décide la constitution d'un cartel électoral entre les formations libérales qui le soutiennent, Parti républicain, Centre des démocrates sociaux de Jean Lecanuet et Parti radical présidé par Jean-Jacques Servan-Schreiber. Ainsi se trouve formée, « L'union pour la démocratie française » (UDF), visiblement destinée à équilibrer le RPR au sein de la majorité. Quant à ce dernier, il accepte l'idée de « primaires » dont il pense à juste titre qu'elles lui seront favorables et il propose un « pacte majoritaire », code de bonne conduite électorale qui sera adopté en juillet 1977 et un manifeste de la majorité, approuvé le 5 septembre. En dépit de tensions entre les radicaux et le RPR, la majorité présente finalement 118 candidatures uniques, cependant que 373 « primaires » seront disputées entre RPR et UDF. Couronnant le tout, le Premier ministre Raymond Barre propose, en janvier 1978, un programme d'action à Blois, ville administrée par un maire centriste, Pierre Sudreau.

La véritable question qui est posée à la majorité est celle de savoir quelle sera l'attitude du président en cas de victoire prévisible de la gauche. Sur ce point, la réponse du président de la République est sans ambiguïté. Élu par les Français, il entend accomplir jusqu'à son terme le mandat qui lui a été confié et il refuse de dramatiser l'enjeu des élections comme l'avait fait le général de Gaulle, se réservant toutefois de faire connaître à son heure le « bon choix pour la France ». C'est ce qu'il fait le 27 janvier à Verdun-sur-le-Doubs, mettant les Français en garde contre l'illusion qu'il pourrait, de l'Élysée, empêcher la mise en œuvre du

Programme commun de gouvernement si l'électorat donne la majorité aux partis qui s'en réclament.

Mais dès ce moment, l'hypothèse d'une victoire électorale de la gauche qui semblait inéluctable un an plus tôt, paraît compromise. Ce retournement apparaît dû à la nouvelle stratégie du Parti communiste. Depuis la signature du Programme commun de gouvernement avec le PS et les radicaux de gauche en 1972, les communistes ont pris conscience que, si la dynamique unitaire profitait à tous, l'équilibre des forces au sein de la gauche tendait à se rompre à leur détriment et au profit des socialistes qui, des élections cantonales de 1976 aux municipales de 1977 en passant par les diverses partielles ne cessent d'engranger les bénéfices de la stratégie d'union de la gauche. Le risque apparaît grand pour eux, en particulier du fait des effets du scrutin majoritaire, de voir une victoire de la gauche aux législatives, se solder par un triomphe des socialistes, le PC ne constituant plus qu'une force d'appoint promise à la marginalisation, comme c'est le cas dans les pays d'Europe du nord. Face à cette perspective, le parti communiste paraît alors choisir d'affronter son partenaire pour lui imposer ses vues, au risque pleinement assumé de provoquer à court terme la défaite de la gauche. Le vecteur de l'opération sera l'actualisation du Programme commun de gouvernement. Au cours des réunions destinées à mettre en œuvre cette actualisation, le Parti communiste fait montre d'une intransigeance totale sur les nationalisations, la politique extérieure ou la politique de défense. En septembre 1977, c'est la rupture entre les partis du Programme commun. Parallèlement, le Parti communiste ne cesse de dénoncer le « virage à droite » des socialistes, ses élus dans les municipalités de gauche conduisant une opposition interne contre les maires socialistes. Enfin, décidé à se présenter comme une force révolutionnaire hostile à tout compromis, il multiplie discours tranchants et gestes spectaculaires, souvent mal compris par l'opinion. Si bien qu'à la veille des élections de 1978 l'union de la gauche est brisée et ne constitue plus une alternance crédible à la majorité. Les élections vont donc présenter un cas de figure inédit. À la bataille traditionnelle entre majorité et opposition se surajoute une rivalité interne à chacun des deux camps dont l'enjeu est de savoir qui dominera en cas de victoire, du RPR ou de l'UDF à droite, du PC ou du PS à gauche.

Au soir du premier tour, le 12 mars 1978, rien n'est tranché. La gauche (45,5 %) fait à peu près jeu égal avec la majorité (46,2 %) surtout si on tient compte des 2,2 % de voix écologistes. Néanmoins, le résultat est satisfaisant pour la majorité qui peut constater que l'irrésistible ascension de la gauche annoncée par les sondages a été enrayée. Pour ce qui est de l'équilibre des forces au sein de chacun des camps, le RPR doit à la dynamique campagne de Jacques Chirac de conserver une courte suprématie, mais l'UDF, de création récente, réalise un excellent score qui la met au coude-à-coude avec le mouvement gaulliste. Plus que jamais, la majorité sortante paraît divisée en deux camps de force sensiblement égales. Il en va différemment à gauche. Le Parti communiste enregistre un léger recul (passant, par rapport à 1973 de 21,4 % des voix à 20,6 %), mais ce recul contraste avec la nette progression du parti socialiste et de ses alliés radicaux de gauche qui, par rapport aux mêmes dates de référence, voient leur résultat passer de 20,8 % à 24,9 % grâce à une audience croissante dans toutes les régions de France et surclasser ainsi le partenaire rival.

Élections législatives de mars 1978
(1er tour — 12 mars)

Parti communiste 20,6	%
Parti socialiste et rad. de gauche	24,9 %
Écologistes	2,2 %
UDF	21,4 %
RPR	22,5 %
Divers majorité	2,3 %

L'étroitesse de la marge séparant les deux camps les pousse à taire, tout au moins provisoirement, leurs querelles pour tenter de l'emporter. Le RPR et l'UDF s'emploient à aplanir leurs divergences pour éviter le risque d'une victoire des partis du Programme commun. La gauche règle en un tournemain ses conflits apparemment insolubles et décide un désistement automatique pour le candidat le mieux placé. Mais il apparaît que tout est joué. Le résultat de la gauche se révèle à la fois insuffisant pour lui permettre de l'emporter et trop élevé pour ne pas provoquer dans l'électorat une réaction de peur devant l'aventure. Le scrutin majoritai-

Élections législatives de 1978
(2e tour — 19 mars)

Parti communiste	86 députés
Parti socialiste et rad. de gauche	114 députés
UDF	24 députés
RPR	154 députés
Divers majorité	12 députés

re aidant, la droite l'emporte le 19 mars. Sans doute les partis de gauche ont-ils gagné quelques sièges, mais avec 200 députés sur 491, ils sont loin de réaliser leurs espoirs. Au sein de la majorité, le RPR perd une trentaine de sièges, mais demeure le groupe le plus nombreux, l'UDF avec 124 élus améliorant d'une dizaine de députés l'effectif des partis qui la composent.

Au total, le président de la République et son Premier ministre l'ont, contre toute attente, emporté. Mais la majorité sur laquelle ils s'appuient demeure tout aussi composite et il leur faut, comme auparavant, compter avec un RPR qui apparaît autant comme un rival que comme un allié contre la gauche. C'est dans ces conditions difficiles que le gouvernement de Raymond Barre va tenter, dans les trois années qui précèdent l'élection présidentielle de 1981 de résoudre les problèmes économiques et politiques qui se posent au pays.

L'échec de la politique de Raymond Barre (1978-1981)

Remanié après les élections législatives, le gouvernement Barre va se fixer comme objectif essentiel de sortir le pays de la crise dans laquelle il est plongé depuis les débuts du septennat. Désormais les aménagements qui paraissaient nécessaires avant les élections de 1978 ne sont plus de mise et le Premier ministre, épaulé par son nouveau ministre de l'Économie, le très libéral René Monory et par l'ancien préfet Papon au Budget, peut mettre en œuvre la politique qu'il préconisait depuis 1976 sans avoir jusque-là les coudées franches pour la pratiquer.

Comme on l'a vu, cette politique s'inscrit clairement dans un cadre libéral et, de ce point de vue, le gouvernement (conformément à une tendance qui s'impose dans l'ensemble du monde industriel, comme on l'a vu au chapitre 1) prend un ensemble de mesures qui sont sans équivalent depuis la Libération et qui consistent à placer les entreprises françaises dans le contexte du marché en pratiquant la vérité des prix, afin d'affirmer leur compétitivité. Annoncée à son de trompe comme le début d'une ère nouvelle par René Monory, la nouvelle politique apparaît redoutable aux yeux des Français. Durant l'été 1978 est instaurée la liberté des prix industriels. Les entreprises qui ne subsistaient que grâce à l'aide publique et qui ne paraissent pas capables d'affronter par leurs propres moyens la compétition internationale (les « canards boîteux » selon Raymond Barre) sont abandonnées à leur sort. Les autres sont affranchies des divers contrôles qui limitaient leur marge de manœuvre et invitées à affronter le marché ; pour ce faire, elles se voient désormais libres de fixer les prix de leurs produits en fonction de la concurrence et l'encadrement du crédit est supprimé, les taux d'intérêt fixant désormais le coût de celui-ci. Pour leur permettre d'affronter la compétition internationale, le gouvernement entend leur permettre de reconstituer leur trésorerie afin qu'elles puissent investir, si bien qu'elles sont affranchies d'une partie des charges sociales, mises au compte des salariés ou du budget de l'État. De même, afin d'encourager l'épargne à s'investir dans l'industrie, sont prises diverses mesures, en particulier fiscales, permettant par exemple de déduire du revenu imposable la souscription de SICAV destinées à l'investissement industriel.

Cet ensemble de mesures, marquées du sceau du libéralisme et qui s'éloigne des pratiques de l'État-Providence mises en œuvre depuis 1945, a le mérite de la cohérence, à partir du moment où il s'agit de mettre l'économie française en mesure de jouer sa partie dans la compétition internationale. Elles ne signifient cependant pas un désengagement total de l'État dès lors que l'intérêt national est en jeu, comme le prouve par exemple l'intervention de la puissance publique dans un certain nombre de secteurs-clés jugés indispensables à la vie de la nation, et spécifiquement dans le domaine de l'énergie nucléaire où, en dépit des protestations des écologistes et d'une partie de la gauche, le programme d'équipement en centrales nucléaires est poursuivi, afin d'assurer l'indépendance énergétique du pays.

Au demeurant, dans un premier temps, la politique gouvernementale paraît donner quelques résultats. La stabilité de la monnaie (essentiellement par rapport au Deutsche Mark) est acquise et permet la participation de la France au Système monétaire européen mis en route en mars 1979. En 1978 la balance commerciale dégage un excédent. Mais ces premiers résultats vont se trouver compromis par un événement extérieur qui relance la crise, la révolution iranienne de 1979 et le second choc pétrolier qui s'ensuit. Dès lors, la politique économique est condamnée à l'échec et les années 1979-1981 sont celles de l'accumulation des difficultés.

La lutte contre l'inflation dont le Premier ministre avait fait sa priorité est rendue vaine par le retour de la « stagflation ». Stabilisée à 9,6 % en 1977, la hausse des prix atteint 11,8 % en 1978, 13,4 % en 1979, 13,6 % en 1980 et elle dépassera 14 % en 1981, atteignant ainsi son record historique en France sous la Ve République. L'échec ne saurait être plus patent.

Il en va de même en ce qui concerne le chômage. La nouvelle politique économique suivie aboutit à la faillite de nombreuses petites et moyennes entreprises, cependant que l'insistance mise sur la productivité pousse les entreprises les plus performantes à diminuer leur personnel pour restreindre les coûts salariaux. Dans ces conditions, les années 1977-1981 voient la progression du chômage croître dans des proportions spectaculaires passant d'un million à 1 600 000 à la veille des élections de 1981. Le phénomène touche particulièrement les jeunes qui arrivent sur le marché du travail et les pactes nationaux pour l'emploi que le gouvernement conclut avec le CNPF pour tenter d'enrayer le phénomène apparaissent remarquablement inefficaces, de même que la dégressivité de l'indemnisation du chômage, instaurée en 1979 et supposée encourager les chômeurs à rechercher du travail, ou les restrictions à l'accueil des travailleurs immigrés et l'encouragement au départ d'un certain nombre d'entre eux. En fait, la crise s'aggravant, la logique du plan de Raymond Barre attendant de la reprise la solution du problème du chômage, développe ses effets implacables.

On ne saurait s'étonner que, dans ces conditions, la pratique libérale du pouvoir entraîne une agitation permanente. Agitation contre la politique de maîtrise des dépenses de santé par l'augmentation des cotisations et le freinage des dépenses médicales et hospitalières, agitation du monde paysan contre la compression des prix agricoles par la Commission du Marché Commun, agitation du secteur public contre le blocage des salaires, occupation par leur personnel des entreprises menacées de fermeture, agitation des sidérurgistes lorrains contre les menaces qui pèsent sur la production française d'acier...

Le président de la République devra affronter les élections de 1981 avec un bilan négatif de lutte contre la crise économique, un Premier ministre dont l'impopularité croît à la mesure de son échec, mais aussi de son assurance dans la légitimité de sa politique et, plus encore, dans une atmosphère de crise politique liée à la rivalité, désormais ouverte qui l'oppose au président du RPR.

La crise politique de la majorité (1978-1981)

Les élections législatives de 1978 ont sur la majorité un effet sécurisant. La gauche qui avait le vent en poupe a été incapable de concrétiser sa victoire et, une fois de plus, le parti communiste s'est avéré le principal obstacle à l'alternance. Dans ces conditions, c'est avec la plus grande confiance que la majorité aborde la nouvelle période, convaincue que rien n'est réellement en mesure de remettre en cause sa suprématie, les Français n'étant pas prêts à tenter l'aventure du Programme commun.

De surcroît, les preuves paraissent abonder de la stagnation de la gauche et des déchirements qui continuent à l'affaiblir. Les premières élections à l'Assemblée européenne au suffrage universel qui ont lieu en juin 1979 montrent en effet que la progression de la gauche, stoppée en 1978, paraît bien définitivement arrêtée. Les deux coalitions font à nouveau jeu égal, autour de 44 % des suffrages, mais le PC stagne à 20,5 % et le PS, uni aux radicaux de gauche, enregistre un recul à 23,7 %. Ce relatif échec alimente les reproches réciproques que s'adressent les deux partis de gauche quant aux responsabilités des défaites successives de 1978 et de 1979, le PC et le PS s'accusant mutuellement d'avoir partie liée avec le président. À cette désunion réaffirmée s'ajoutent les polémiques qui affaiblissent l'un et l'autre parti. Le Parti communiste qui, depuis 1978, a amorcé un mouvement de réalignement inconditionnel sur l'Union soviétique de Brejnev voit sa ligne politique contestée par les intellectuels et par les politiques. Sur le premier plan, il doit affronter à la fois les critiques des philosophes marxistes Althusser et Balibar qui lui reprochent d'avoir bradé la doctrine en pratiquant l'union de la gauche et celles de l'historien Jean Ellenstein qui rejette le stalinisme et l'alignement du PC sur l'URSS. C'est aussi la rupture de l'union de la gauche qui provoque la démission du principal dirigeant des communistes parisiens, Henri Fiszbin. Pour faire bonne mesure, M. Marchais qui ne dissimule guère son intention de se porter candidat à la présidence de la République est l'objet d'une vive campagne de presse qui l'accuse de s'être porté volontaire durant la guerre pour aller travailler en Allemagne. Même si les faits sont obscurs, le Parti communiste apparaît en pleine crise.

La situation n'est pas plus favorable au sein du parti socialiste. Au soir même de la défaite de 1978, Michel Rocard avait mis en cause la ligne de M. Mitterrand en dénonçant « l'archaïsme » de l'union de la gauche, se posant ainsi en compétiteur du premier secrétaire pour la future présidentielle. Cette rivalité va permettre à Michel Rocard de devenir la vedette des sondages d'opinion qui font de lui le meilleur candidat de la gauche à l'élection présidentielle. Mais elle va avoir pour effet de dresser contre lui une grande partie des socialistes, fidèles de François Mitterrand ou marxistes du CERES qui dénoncent en lui le chef de file de la « gauche américaine », gagnée aux conceptions économiques libérales. Cette rivalité va déboucher sur un affrontement très dur au congrès de Metz d'avril 1979 où la coalition des amis de François Mitterrand (Laurent Fabius, Paul Quilès, Lionel Jospin) et du CERES de Jean-Pierre Chevènement met en minorité Michel Rocard et Pierre Mauroy qui le soutient.

Il n'est pas jusqu'au Mouvement des radicaux de gauche qui ne soit en crise, la démission de son président Robert Fabre, puis la polémique sur l'opportunité du maintien des rapports privilégiés avec les socialistes entretenant le trouble au sein de cette formation dont le nouveau président élu en mai 1978, Michel Crépeau, maire de la Rochelle, décide de poser sa candidature à l'Élysée.

Mais, tout à la satisfaction de voir l'opposition se déchirer, la majorité prend insuffisamment garde à ses propres tensions. Or celles-ci sont envenimées par les ambitions rivales du président qui ne doute guère de sa réélection de 1981 et de Jacques Chirac qui, se fiant à la supériorité numérique de l'électorat RPR et à la meilleure organisation de sa formation, se montre convaincu de sa possibilité de l'emporter sur le président sortant. Le danger de gauche paraissant pour longtemps écarté, les ménagements unitaires de 1978 ne sont plus de mise et le président du RPR pousse aussi loin qu'il est possible son souci de se différencier du président et de l'UDF, la seule limite aux critiques et à la rivalité étant de ne pas aller jusqu'à voter une motion de censure avec l'opposition qui aboutirait au renversement du gouvernement. Mais, dès le lendemain des élections législatives, cette opposition larvée du RPR se donne libre cours. Elle prend la forme d'un nouveau conflit avec le pouvoir pour l'élection du président de l'Assemblée nationale, le RPR soutenant la candidature d'Edgar Faure contre celle de Jacques Chaban-Delmas, pourtant issu de ses rangs, mais appuyé par le président dans le cadre de sa réconciliation avec les « barons gaullistes ». L'élection de ce dernier est un premier échec pour M. Chirac.

Celui-ci subit une nouvelle déconvenue avec les élections européennes de juin 1979. S'appuyant sur les sentiments de méfiance envers la construction européenne d'une grande partie du mouvement gaulliste, en particulier de Michel Debré qui fonde un Comité pour l'indépendance et l'unité de la France, Jacques Chirac va prendre violemment position contre la liste unique de la majorité souhaitée par le président. De l'hôpital Cochin où il a été admis après un accident d'automobile, il lance un communiqué qu'on retiendra sous le nom d'« Appel de Cochin » et qui est une véritable déclaration de guerre aux giscardiens jugés partisans d'une Europe supranationale (ce qui est pour le moins excessif). Dénonçant « l'asservissement économique » qui guette le pays, le président du RPR fustige en termes particulièrement abrupts les intentions qu'il prête au pouvoir : « Comme toujours quand il s'agit de l'abaissement de la France, le parti de l'étranger est à l'œuvre, avec sa voix paisible et rassurante. Français, ne l'écoutez pas ». Le résultat ne sera pas à la mesure de cette volonté de sursaut nationaliste auquel appelle Jacques Chirac. La liste RPR ne rassemble que 16,2 % des suffrages alors que celle qui traduit les options du gouvernement et que conduit Mme Veil remporte un franc succès avec 27,6 % des voix : l'anti-européanisme s'avère électoralement peu payant.

Désormais entre les deux familles de la majorité, la lutte est quasiment ouverte, exacerbée par les ambitions présidentielles de M. Chirac. Le RPR affirme ainsi que les ministres issus de ses rangs ne représentent qu'eux-mêmes et n'engagent pas la responsabilité du mouvement. Et surtout, capable de réunir une majorité à l'Assemblée en joignant ses suffrages à ceux de l'opposition, il va systématiquement s'efforcer d'embarrasser le gouvernement. On le voit ainsi exiger, au printemps 1979, une session extraordinaire du Parlement, refuser de voter le budget à l'automne 1979, faire connaître son opposition au projet de loi sur le financement de la Sécurité sociale en décembre 1979, s'opposer au renouvellement de la loi Veil sur l'interruption volontaire de grossesse. Impassible, le Premier ministre Raymond Barre neutralise l'opposition larvée du RPR, soit en recourant à la procédure du vote bloqué pour éviter que les textes ne soient vidés de leur substance, soit en faisant appel à l'article 49-3 de la Constitution, mettant ainsi les gaullistes au défi de joindre leurs voix à celles de l'opposition pour faire adopter une motion de censure. Pour autant, cette opposition interne à la majorité ne paraît guère avoir d'effet destructeur pour celle-ci. Sans doute les élections partielles, les élections cantonales de 1979 ou les sénatoriales de 1980 enregistrent-elles une reprise de la progression du PS, mais sans que celle-ci soit spectaculaire. Les sondages révèlent que si le Premier ministre bat ses propres records d'impopularité (fin 1980, 25 % des Français se déclarent satisfaits de son action et 60 % mécontents), le président conserve, jusqu'à la fin de 1980, un indice de popularité oscillant autour de 50 % et sa réélection paraît ne faire aucun doute. Les « affaires » qui touchent le pouvoir de plus ou moins près, les dons en diamant que l'ex-empereur de Centrafrique Bokassa aurait fait au président, les obscurités de l'affaire de Broglie, l'assassinat inexpliqué de l'ancien ministre Joseph Fontanet et le suicide du ministre du Travail Robert Boulin ne parviennent guère à émouvoir durablement l'opinion. Au début de l'année 1981, un second mandat du président apparaît comme l'hypothèse la plus vraisemblable.

L'élection présidentielle de 1981
et la défaite de Valéry Giscard d'Estaing

De fait, si le président s'attend à devoir affronter la candidature de M. Chirac, il n'ignore pas qu'à gauche, la situation est loin d'être claire. Outre Michel Crépeau qui a annoncé son intention d'être candidat au nom des radicaux de gauche, Georges Marchais ne fait pas mystère de ses projets qui sont officialisés dès septembre 1980 et il apparaît évident que son intention est de stopper la progression du PS en ôtant un maximum de voix à son candidat. Objectivement, la candidature de Georges Marchais, dirigée contre les socialistes, même si le secrétaire général du PC se présente comme le « candidat anti-Giscard », sert le président. D'autant qu'au sein du PS lui-même, l'unité ne prévaut guère. Dès le 19 octobre 1980, Michel Rocard, de sa mairie de Conflans-Sainte-Honorine, se présente comme « candidat à la candidature », provoquant aussitôt l'entrée en lice de Jean-Pierre Chevènement. La désignation officielle de François Mitterrand par les instances dirigeantes du PS en novembre 1980 fait rentrer dans le rang ses compétiteurs, mais le Premier secrétaire du PS part avec le handicap de son âge, de ses échecs successifs et de la contestation dont il fait l'objet au sein de sa propre famille politique. D'autant que l'extrême gauche présente deux autres candidatures, celles d'Huguette Bouchardeau pour le PSU et d'Arlette Laguiller pour Lutte ouvrière.

Il est vrai que si le président bénéficie d'une rente de situation, l'unité du camp majoritaire n'est pas davantage assurée. Au sein du RPR, si Jacques Chirac attend le 3 février 1981 pour faire connaître une candidature largement attendue, la famille gaulliste sécrète un candidat inattendu et fort respecté dans ses rangs, Michel Debré qui annonce son intention en juin 1980. Des rangs pompidoliens surgit le nom de Marie-France Garaud, ex-conseillère de Georges Pompidou et de Jacques Chirac, qui paraît animé de violents sentiments antigiscardiens. Enfin, l'écologie aura son candidat en la personne de Brice Lalonde.

La campagne électorale est difficile pour le président sortant qui doit défendre un bilan largement hypothéqué par la reprise de la crise économique et la progression du chômage. De surcroît, il est la cible de ses neuf adversaires et en particulier de Jacques Chirac qui ne dissimule pas son espoir d'être présent pour le battre au second tour, anticipant dès le premier tour les arguments qu'il compte alors utiliser. Il est vrai que, dans cette lutte à fronts renversés, on a souvent le sentiment que Georges Marchais réserve à François Mitterrand ses coups les plus durs afin de prouver qu'il représente à gauche la seule alternative fiable. Mêlée confuse qui fait le jeu de François Mitterrand. Prenant comme symbole de sa campagne « la force tranquille », refusant de polémiquer avec le Parti communiste dont il attend de recueillir les voix au second tour, il se pose d'emblée en président virtuel, sûr de lui, calme et serein. Or, les sondages du premier trimestre 1981 révèlent une érosion de l'image du président et une relative démobilisation de son électorat que confirment les résultats du premier tour de scrutin le 26 avril 1981. Avec un taux de participation très élevé, le résultat comporte trois enseignements. En premier lieu, Valéry Giscard d'Estaing, président sortant, s'il arrive en tête avec 27,8 % des suffrages fait beaucoup moins bien que le candidat qu'il était en 1974, ce qui confirme la démobilisation de l'électorat de droite. François Mitterrand qui réalise un excellent résultat avec 26 % des voix sera présent au second tour et ses chances de l'emporter sont réelles, compte tenu des reports prévisibles des voix des radicaux de gauche, de l'extrême gauche et d'une partie des suffrages écologistes. En troisième lieu, les compétiteurs des champions de la droite et de la gauche enregistrent un sévère échec, Jacques Chirac ne parvenant à rassembler que 18 % des voix et Georges Marchais connaissant une véritable déroute avec 15,4 % des suffrages exprimés, ce qui ramène le Parti communiste à ses scores d'avant la Seconde Guerre mondiale.

Élection présidentielle de 1981
(1er tour — 26 avril 1981)

Valéry Giscard d'Estaing	27,8 %
François Mitterrand	26 %
Jacques Chirac	18 %
Georges Marchais	15,4 %
Brice Lalonde	3,9 %
Arlette Laguiller	2,3 %
Michel Crépeau	2,2 %
Michel Debré	1,6 %
Marie-France Garaud	1,3 %
Huguette Bouchardeau	1,1 %

Pour le second tour, dont chacun prévoit qu'il sera très serré, tout va se jouer sur les désistements. Or, tous les candidats de gauche se désistent sans condition pour François Mitterrand, de Michel Crépeau à Huguette Bouchardeau, et d'Arlette Laguiller à Georges Marchais. Quant au candidat écologiste, s'il ne donne pas de consigne de vote, il ne dissimule pas qu'il se juge plus proche du premier secrétaire du Parti socialiste que du président sortant. À droite, les choses sont beaucoup moins claires. Si Michel Debré finit par se désister le 5 mai pour le président, Marie-France Garaud appelle à voter blanc et surtout Jacques Chirac laisse planer l'ambiguïté. Après avoir affirmé que, s'il entend voter personnellement pour Valéry Giscard d'Estaing, il laisse ses électeurs libres de se prononcer selon leur conscience, il attend le 6 mai pour lancer un appel aux

Français afin qu'ils barrent la route à François Mitterrand. L'opposition larvée des années 1979-1981 a laissé des traces. Si on ajoute que le duel télévisé entre les deux concurrents qui a lieu le 5 mai tourne plutôt à l'avantage du candidat socialiste qui qualifie le président d'«homme du passif» et apparaît calme et sûr de lui face à un Valéry Giscard d'Estaing qui ne parvient pas à le placer en difficulté, la réélection du président apparaît bien compromise. Au soir du second tour le 10 mai, à la surprise de l'opinion, mais non des observateurs politiques, François Mitterrand est élu président de la République.

Élection présidentielle de 1981
(2e tour — 10 mai)

François Mitterrand	52,2 %
Valéry Giscard d'Estaing	47,8 %

Plus que d'une victoire du candidat socialiste, il serait plus juste de parler d'une défaite du président sortant, les analyses du scrutin ayant révélé que c'est plus à l'abstention d'une fraction de l'électorat de droite qui a refusé de voter pour le président sortant qu'à une mobilisation de l'électorat de gauche que le Premier secrétaire du PS doit son élection. Comment s'explique cet échec de l'expérience de «libéralisme avancé» qui n'a pas tenu ses promesses de 1981. Trois éléments paraissent devoir être pris en compte.

L'explication probablement la plus déterminante tient à la persistance et à l'aggravation de la crise économique. Si le fait est totalement indépendant de la volonté du président et tient à la conjoncture mondiale (chapitre 1), il s'inscrit néanmoins à son passif. Comment une société qui a vécu depuis 1945 à l'heure du plein emploi et de la croissance n'imputerait-elle pas au pouvoir en place la responsabilité de l'arrêt de celle-ci et de la poussée vertigineuse d'un chômage d'une ampleur sans exemple au XXe siècle ? Et ce, d'autant plus que le chef de l'État et son entourage sont ces spécialistes de l'économie à qui les «trente glorieuses» ont valu une réputation de thaumaturges infaillibles ? Si le brillant polytechnicien qui gouverne le pays, si le «meilleur économiste de France» ont échoué, le temps n'est-il pas venu de confier le pouvoir à ceux qui préconisent une rupture avec le capitalisme ?

Mais l'explication ne vaut que pour ceux qui ont apporté leurs suffrages au champion de cette autre politique, François Mitterrand. Si l'élection présidentielle de 1981 est davantage que la victoire de ce dernier la défaite du président sortant qui n'a pas su mobiliser son électorat, c'est dans ce camp qu'il faut chercher les raisons du résultat. Et deux facteurs paraissent alors s'imposer. Le premier tient à la stratégie de Jacques Chirac. En affirmant, parfois avec une grande violence comme lors de l'« Appel de Cochin », sa différence avec le président, il semble avoir franchi à diverses reprises la frontière de la concurrence légitime pour s'aventurer sur le territoire de l'opposition. Concurrent du président sortant, il a fourni à ses partisans un arsenal d'arguments destinés à les convaincre de ne pas voter en sa faveur qui a incontestablement joué au second tour. D'autant qu'en appelant tardivement et visiblement à contre-cœur à voter contre François Mitterrand et non pour le président sortant, il indiquait à mots couverts sa répugnance à préconiser cette solution. En d'autres termes, comme il avait joué un rôle déterminant dans l'échec de Jacques Chaban-Delmas, le président du RPR a non moins clairement contribué à celui de Valéry Giscard d'Estaing. Mais, dans un cas comme dans l'autre, ce choix n'aurait sans doute pas suffi à rendre compte du résultat si l'image du candidat avait imposé sa réélection. Or, il est clair que la personnalité de Valéry Giscard d'Estaing, après avoir séduit l'électorat en 1974 par sa jeunesse et son dynamisme s'est durablement brouillée. Ses apparitions répétées à la télévision dans des émissions sans rapport avec ses fonctions ont déconcerté l'opinion, son refus de la solennité a été perçu comme l'affectation de simplicité d'un homme que ses origines et son milieu éloignaient naturellement des Français, la clarté et le caractère pédagogique de ses exposés sont apparus comme la marque d'une supériorité intellectuelle ostensiblement affirmée. À ces facteurs qui tiennent à la personnalité du président et qui, en dépit de ses efforts, ont maintenu la distance entre les citoyens et le chef de l'État, se sont ajoutées des rumeurs, le plus souvent infondées, mais qui n'ont pris consistance qu'en raison de la représentation que se font les Français de Valéry Giscard d'Estaing, sur ses prétentions monarchiques, sur le cérémonial qui présiderait à sa vie quotidienne, sur l'étiquette instaurée dans les résidences présidentielles...

En rejetant le président sortant, les Français ouvrent la voie à un maelström politique de grande ampleur, le retour de la gauche au pouvoir dans un pays où, depuis vingt-trois ans, elle était rejetée dans l'opposition. <u>Le « libéralisme avancé » ayant échoué, l'heure est à la solution socialiste de la crise.</u>

III

L'ÉCHEC DE LA SOLUTION SOCIALISTE
À LA CRISE (1981-1984)

L'alternance

L'élection du 10 mai 1981 d'un président de la République socialiste fait figure de véritable tornade dans une Ve République gouvernée à droite depuis sa fondation 23 ans auparavant. La surprise se manifeste par des explosions de joie spontanée à gauche qui donnent lieu à des manifestations à la Bastille et dans un certain nombre de villes de province et par un accablement de la droite qui éprouve à la fois le sentiment qu'elle vient d'être frustrée d'un bien qui lui appartenait et que ses propres divisions en sont responsables. La stupéfaction n'est pas moindre dans les milieux financiers et l'effondrement de la Bourse contraint à la suspension des cotations. Enfin, une grande incertitude marque les milieux diplomatiques devant le sentiment que la France s'engage dans une aventure aux conséquences peut-être incalculables.

L'installation officielle du président élu le 21 mai s'entoure d'une symbolique qui marque les intentions du nouveau chef de l'État. Outre les rites d'entrée traditionnelle à l'Élysée, à l'Arc de Triomphe, à l'Hôtel de Ville de Paris, François Mitterrand innove en remontant la rue Soufflot, au cœur de ce Paris intellectuel qui a donné à la gauche un constant appui, pour se rendre au Panthéon afin de déposer une rose sur les tombes de Jean Jaurès, de Jean Moulin et de Victor Schœlcher, plaçant ainsi le septennat qui s'ouvre sous la triple inspiration du socialisme, de la Résistance et de l'abolition de l'esclavage. Si, dans son discours à l'Élysée, il appelle au rassemblement de tous les Français, l'analyse qu'il fait de son élection s'inscrit dans la vision d'une société française marquée par l'affrontement

1159

de classes puisqu'il observe (en contradiction avec toutes les analyses qui attestent du caractère interclassiste des grandes forces politiques) que la « majorité politique des Français vient de s'identifier à la majorité sociale ».

Gestes et propos qui caractérisent à l'évidence les débuts du septennat. Le nouveau président entend opérer la rupture promise avec la situation précédente, proposer au pays les solutions socialistes préparées depuis longtemps par lui-même et ses amis politiques. Encore faut-il qu'il ait les moyens de mettre en œuvre cette politique. Et d'abord par la nomination d'un nouveau gouvernement qui partage ses vues. Raymond Barre ayant démissionné dès le Conseil des ministres du 13 mai et se contentant d'expédier les affaires courantes, François Mitterrand lui donne comme successeur dès le 21 mai le député-maire socialiste de Lille, Pierre Mauroy qui avait été son directeur de campagne pour l'élection présidentielle. Le choix est habile : il est celui du gestionnaire d'une grande ville, mais aussi celui d'un ancien adhérent de la SFIO qui a fait partie de ses tendances novatrices, de l'homme qui incarne sans doute le mieux la tradition républicaine socialiste par ses idées, son discours, son enracinement dans un vieux fief socialiste et son attachement à l'unité d'un PS divisé en tendances rivales. Succédant aux hauts fonctionnaires, aux économistes et aux énarques, c'est un politique au verbe chaleureux dans lequel se reconnaissent les militants, qui va symboliser la volonté de changement. Le gouvernement constitué sans ministres communistes présente un savant dosage entre les diverses tendances du PS dont les dirigeants se partagent les ministères d'État, les rocardiens, manifestement sous-représentés, payant le prix de la rivalité de leur chef avec le nouveau président. L'élargissement vers le centre-gauche, limité au Mouvement des radicaux de gauche et à l'ancien ministre des Affaires étrangères de Georges Pompidou, Michel Jobert, nommé lui aussi ministre d'État, apparaît fort mince. C'est bien le Parti socialiste qui est aux affaires.

Avec quelle majorité ? La gauche ne compte que 200 députés depuis le scrutin de 1978 et François Mitterrand sait que sa politique est condamnée à l'échec si elle doit s'appuyer sur une Assemblée de droite qui n'aura de cesse de la faire échouer. Aussi dès le 22 mai, comme on s'y attendait, le chef de l'État décide-t-il la dissolution de l'Assemblée nationale. La campagne électorale qui s'ouvre oppose une droite vaincue et traumatisée par sa défaite qui s'est unie au sein de l'UNM (Union pour une nouvelle majorité), tentant tardivement d'éviter que le désastre législatif ne suive l'effondrement présidentiel et une gauche qui, du fait de la victoire de son champion le 10 mai, a le vent en poupe et dont les composantes ont conclu pour le second tour un accord de désistement réciproque. Dans ces conditions, le résultat des élections est attendu et la seule interrogation porte sur l'ampleur de la nouvelle majorité qui sortira des urnes. À cet égard, le premier tour des élections législatives annonce une éclatante victoire de la gauche. Les résultats sont en effet marqués par trois traits fondamentaux.

Élections législatives de 1981
(1er tour – 14 juin)

Abstentions	29 %
Extrême gauche	1,33 %
Parti communiste	16,12 %
Parti socialiste et MRG	37,77 %
Divers gauche	0,57 %
Écologistes	1,09 %
RPR	20,91 %
UDF	19,16 %
Divers droite	2,66 %
Extrême droite	0,36 %

La première remarque porte sur le taux élevé d'abstentions, près de 30 %. La nature de cet absentionnisme a attiré l'attention des observateurs qui sont unanimes à considérer qu'il a sans doute beaucoup plus touché la droite que la gauche et explique de ce fait, du moins partiellement, la défaite de la première (voir Jérome Jaffré in *Pouvoirs*, n° 20, 1981 et François Goguel, *Chroniques électorales*, Paris, Presses de la Fondation nationale des Sciences politiques, t. III, 1983). De fait, le sentiment que tout était joué après l'élection présidentielle, que l'élection d'une majorité de gauche était quoi qu'on fasse, inéluctable, a sans doute pesé pour expliquer qu'un grand nombre des électeurs ait déserté les urnes. Le second fait majeur est la très nette victoire de la gauche qui accentue encore le verdict des présidentielles, puisque l'addition des voix de ses diverses composantes la conduit à plus de 55 % des suffrages contre moins de 40 % pour le RPR et l'UDF. Compte tenu des effets du scrutin majoritaire, la majorité absolue à l'Assemblée nationale ne peut guère échapper à la majorité présidentielle, ce qui confirme la règle implicite de correspondance entre les deux majorités qui paraît être celle de la Ve République. En revanche, la répartition des voix au sein de la gauche apporte un troisième enseignement. Alors que jusqu'aux élections législatives de 1978 communistes et socialistes restaient au coude-à-coude,

1161

même si les seconds disposaient d'un léger avantage, cette fois l'écart se creuse, confirmant celui des présidentielles, au point qu'on peut parler d'un véritable déclin structurel du Parti communiste. En rassemblant près de 38 % des voix contre 16 % au PC, le Parti socialiste s'affirme comme le parti de l'alternance. Les craintes des communistes qui expliquaient le retournement de 1978 (voir chapitre 2) se trouvent ainsi confirmées : au moment où la gauche arrive au pouvoir, le parti communiste se trouve réduit à un simple rôle de force d'appoint sans avoir le poids nécessaire pour pouvoir infléchir une politique.

Les résultats du second tour ne font qu'enregistrer en quelque sorte mécaniquement les effets des indications du premier. Comme on pouvait s'y attendre, la gauche remporte une écrasante victoire, réunissant 68 % des députés élus. Au total, elle dispose de 334 députés sur 491, l'opposition devant se contenter de 157 élus (88 RPR, 62 UDF et 7 divers droite) qui ne peuvent guère peser sur les scrutins de l'Assemblée nationale. Mieux, au sein de la majorité, l'écart des voix du premier tour entre socialistes et communistes a encore été amplifié par les effets du scrutin majoritaire : les socialistes avec 285 élus disposent à eux seuls de la majorité absolue. Les 44 députés communistes ne comptent guère sur le plan législatif.

Élections législatives de 1981
(2e tour – 21 juin)

Parti communiste	44 députés
Parti socialiste et MRG	285 députés
Divers gauche	5 députés
RPR	88 députés
UDF	62 députés
Divers droite	7 députés

Le 23 mai au soir, Pierre Mauroy qui avait démissionné la veille est chargé de former un nouveau gouvernement. Celui-ci comprend quatre ministres communistes dont un ministre d'État (Charles Fiterman, ministre des Transports), novation sans doute moins due aux résultats électoraux médiocres du PC qu'à la volonté de neutraliser la puissante CGT, susceptible de gêner sur le terrain social le nouveau pouvoir. Par ailleurs, le gouvernement se caractérise par le dosage entre les diverses tendances du PS dont les chefs sont ministres d'État, par la marginalisation de Michel Rocard, ministre d'État chargé du Plan, c'est-à-dire sans prise sur les décisions politiques immédiates et par la présence de non-parlementaires souvent proches du président de la République, comme l'avocat Robert Badinter au ministère de la Justice, le diplomate Claude Cheysson aux Affaires étrangères, l'ancien conseiller de Jacques Chaban-Delmas Jacques Delors à l'Économie et aux Finances, le professeur de droit Jack Lang à la Culture, ou l'ancien PDG de Renault Pierre Dreyfus à l'Industrie. C'est bien un gouvernement du président qui est formé, même si une part a été laissée aux équilibres au sein du PS. Le dispositif sera d'ailleurs complété par l'élection de deux proches du chef de l'État à la présidence de l'Assemblée nationale (Louis Mermaz) et à celle du groupe socialiste (Pierre Joxe).

En cette fin du mois de juin 1981, l'alternance est donc un fait accompli. La nouvelle majorité est à pied d'œuvre et il lui appartient de faire entrer dans la pratique cette rupture promise à la France depuis un quart de siècle.

Le changement

Le changement est d'abord perceptible au niveau de l'exercice même du pouvoir. Le président de la République prend, par rapport à son prédécesseur, une réelle distance par rapport aux problèmes quotidiens, laissant au Premier ministre et au gouvernement la responsabilité de la gestion des affaires courantes et se contentant de fixer des directions d'ensemble. Mais le gouvernement apparaît bien différent par le style de ceux qui l'ont précédé. Alors que les ministres avaient fini par se considérer moins comme des politiques que comme des techniciens chargés de gérer dans les conditions les plus efficaces et avec l'aide de hauts fonctionnaires politiquement neutres les problèmes de leur compétence, ce sont désormais des hommes politiques engagés, férus d'idéologie, qui gouvernent, et qui font connaître leur lecture politique des événements, leurs réticences devant certaines mesures prises, parfois leurs états d'âme. Il en résulte une multiplicité de déclarations, parfois tonitruantes, fréquemment contradictoires, que le Premier ministre justifiera dans la presse en considérant, face aux critiques que suscite cette cacophonie, qu'il convient à la gauche de « gouverner autrement ». Ce sentiment d'un débat permanent ouvert sur la place publique par le nouveau pouvoir est encore accru par le poids du Parti socialiste, propulsé en quelques semaines de la situation de parti d'opposition à celle de parti majoritaire tout-puissant et qui entend faire prévaloir ses vues dans la politique suivie. Son impatience se manifeste par exemple au congrès de

Valence d'octobre 1981 où des propos excessifs tenus par des responsables socialistes conduisent à donner l'image d'un parti brûlant de toucher les dividendes de sa victoire en s'emparant de tous les leviers de l'État et de la société.

Si bien que le sentiment prévaut d'une majorité massive, décidée à modifier en profondeur la société française dans le sens des vues idéologiques qu'elle professe et en possédant les moyens. En effet, pour la première fois dans l'histoire française, une expérience de gauche est assurée de la durée dans le cadre des échéances politiques normales. L'élection présidentielle et les législatives de 1981 donnent cinq années à la gauche pour tenter son expérience sans qu'elle ait à redouter de voir son pouvoir mis en cause, les seuls obstacles éventuels à sa toute-puissance étant la possibilité pour l'opposition de saisir le Conseil constitutionnel des mesures qui paraîtraient en contradiction avec la Constitution, l'opposition du Sénat où la droite est majoritaire, mais qui n'est en mesure d'effectuer que des actions de retardement, sauf en matière de révision constitutionnelle où son poids est réel ou les réactions hostiles de l'opinion publique. Dans ces conditions, la gauche se trouve placée au pied du mur et pratiquement contrainte de prouver son aptitude à gouverner selon les lignes qu'elle a définies.

Au demeurant, la volonté des nouveaux gouvernants de modifier en profondeur la société française est en tous points évidente. La France devient en quelques mois un immense chantier où tous les aspects de la vie nationale font l'objet d'un réexamen et de propositions de réformes inspirées des conceptions idéologiques du Parti socialiste, même si certaines d'entre elles ont également pour objet de répondre à des besoins très réels d'adaptation de la société.

De l'idéologie comme de la solution socialiste à la crise relève la politique de nationalisation. Comme en 1945, l'idée selon laquelle seul l'État, à condition qu'il en ait les moyens, a la possibilité de sortir l'économie française de la recrudescence de crise, inspire l'urgence d'une mesure qui s'inscrit par ailleurs dans la conception selon laquelle il est légitime que les secteurs clés de l'économie française, commandant la prospérité de la nation, soient entre les mains de l'État qui la représente, pour servir l'intérêt général et non celui des seuls actionnaires. Selon ces vues, en septembre 1981, le gouvernement décide la nationalisation de cinq grands groupes industriels, les plus performants de l'économie française (Compagnie générale d'électricité, Compagnie de Saint-Gobain, Péchiney-Ugine-Kühlmann, Rhône-Poulenc, Thomson-Brandt), de deux compagnies financières (Compagnie financière de Paris et des Pays-Bas, Compagnie financière de Suez), et de 36 banques d'affaires dont les dépôts dépassent, pour chacune, un milliard de francs et, au total, représentent 95 % des dépôts nationaux. À l'issue d'une longue bataille de procédure dans les deux assemblées et de deux recours au Conseil constitutionnel, la loi est finalement adoptée en février 1982, au prix d'une indemnisation des actionnaires plus large que prévue.

Non moins fondamentales sont les lois de décentralisation auxquelles le ministre de l'Intérieur et de la Décentralisation Gaston Defferre attache son nom. Ralliée de fraîche date à cette profonde transformation des structures administratives et de décision qui était jusqu'alors l'apanage de la droite traditionaliste, la gauche les présente comme une mesure de liberté destinée à rapprocher des citoyens les centres de décision. Là encore, à l'issue d'interminables controverses juridiques sur les modalités de mise en œuvre du principe et de plusieurs recours au Conseil constitutionnel, la loi est adoptée en 1982. Elle donne aux autorités élues des communes, départements et régions, c'est-à-dire les maires et les présidents des conseils généraux et régionaux le pouvoir de faire exécuter les décisions des assemblées qu'elles président, attributions jusqu'alors dévolues aux préfets. Ceux-ci, qui ajoutent à leur titre celui de Commissaire de la République, demeurent toutefois à la tête des services de l'État dans le département.

C'est la volonté d'un contrôle de l'État sur la vie économique du pays qui rend compte du renouveau d'intérêt pour la planification, mise en sommeil du fait de l'évolution libérale des précédents gouvernements, depuis les années soixante. Sous la direction de Michel Rocard, ministre d'État chargé du plan, celui-ci redevient le projet de développement de la France. Un plan intérimaire de deux ans (1982-1983) est jugé nécessaire pour corriger les tendances héritées du précédent septennat, cependant qu'un IXe plan (1984-1988) est préparé pour inscrire dans la réalité économique le projet socialiste. C'est aussi le souci de l'avenir qui conduit le ministre Jean-Pierre Chevènement qui, en juin 1982, ajoute le portefeuille de l'Industrie à celui de la Recherche, à promouvoir un développement de cette dernière pour accélérer la modernisation du pays.

Si nationalisations, décentralisation, planification constituent les grands axes d'une politique qui vise à donner à l'État, représentant de l'intérêt national, la maîtrise de l'avenir, c'est aussi la volonté de moderniser la société dans le sens de la justice, de l'humanisation, du respect des valeurs qui inspire l'ensemble des mesures destinées à modifier en profondeur le visage de la société française. Ainsi en va-t-il de la nouvelle politique de la Santé mise en œuvre par le ministre communiste Jack Ralite qui insiste sur la modernisation des équipements, la réforme des études médicales, supprime la coexistence dans les hôpitaux d'un secteur public et d'un secteur privé, considérée comme une source d'inégalités et prévoit que les chefs des grands services médicaux seront désormais élus par l'ensemble du personnel hospitalier et non par les seuls médecins. Dans le domaine de la justice, le ministre Robert Badinter met l'accent sur l'humanisation des pratiques pénales, fait voter l'abolition de la peine de mort et la suppression de la Cour de Sûreté de l'État, supprime les Quartiers de Haute Sécurité des prisons, en adoucit le régime pénal et enfin, corrige en 1983, la loi « Sécurité et liberté » élaborée sous le septennat précédent par le Garde des Sceaux Alain Peyrefitte et que la gauche juge répressive à l'excès. Sur le plan social, les lois Auroux votées en 1982 concernent les droits des travailleurs dans l'entreprise : possibilité d'une expression directe et collective sur les problèmes du travail, négociation annuelle par branche des minima de salaires, élargissement des attributions et des moyens des comités d'entreprise. Une réforme des organismes de Sécurité sociale accroît la représentation des salariés dans les organismes directeurs. Dans le domaine du logement, la loi Quilliot aménage la législation afin de favoriser les locataires par rapport aux propriétaires. C'est encore la volonté d'élargissement dans un sens démocratique du recrutement de la haute fonction publique qui inspire la décision de création d'une troisième voie d'accès à l'ENA, réservée à ceux qui ont exercé des fonctions politiques ou syndicales. Si l'audiovisuel, réputé déterminant pour le contrôle de l'opinion, fait l'objet dans l'été 1981 de très importants changements parmi les responsables de haut niveau, il faut attendre 1982 pour qu'une nouvelle loi fixe son statut, loi dont la disposition la plus neuve est la création d'une Haute Autorité de l'audiovisuel, désignée selon les mêmes modalités que le Conseil constitutionnel et chargée d'assurer l'indépendance et le bon fonctionnement de la radio et de la télévision. Enfin, le ministre de l'Éducation nationale, Alain Savary fait voter au Parlement en 1983 une loi sur l'enseignement supérieur qui en modifie profondément les missions et les structures, l'objet étant de mieux adapter les universités aux nécessités du développement économique et social du pays, cependant que des commissions préparent des réformes dans les collèges, les lycées ou l'enseignement des diverses disciplines. Mais la grande affaire dans ce secteur est la mise en œuvre de la 90e proposition du candidat François Mitterrand sur la constitution d'un grand service public unifié et laïque de l'Éducation nationale incluant les établissements privés sous contrat. Ce n'est qu'en décembre 1982 que les propositions du gouvernement sont connues et que commence une longue négociation aux multiples rebondissements sur laquelle nous reviendrons.

La fièvre de transformations qui saisit ainsi le pouvoir socialiste ne laisse guère en dehors de son champ que les questions militaires et internationales qui sont de la responsabilité quasi exclusive du président de la République et où, la continuité paraît largement l'emporter. Mais plus que sur les réformes de structure, souvent souhaitées par les militants et diversement accueillies par l'opinion, c'est sur l'efficacité de leur action contre la crise que les Français entendent juger les socialistes.

Le traitement social de la crise

L'arrivée des socialistes au pouvoir signifie un renversement complet de stratégie dans la lutte contre la crise. Pour l'essentiel, et en se fondant sur les liens étroits de solidarité entre l'économie française et le marché international, les gouvernements précédents avaient préconisé un rétablissement des grands équilibres par la lutte contre l'inflation et les déficits, comptant sur les mécanismes du marché pour provoquer une reprise, dont la diminution du chômage devait être la conséquence. C'est une perspective strictement inverse qu'adopte le gouvernement Mauroy. Il préconise une action volontariste de lutte contre le chômage, une relance de l'économie par la distribution de pouvoir d'achat aux plus démunis, et en trouvant les moyens de cette politique par un accroissement des prélèvements sur les plus riches, ce qui aura pour effet de satisfaire en outre la justice sociale que prône la gauche. On devrait donc tout à la fois mettre fin à la crise, en anticipant une reprise économique mondiale et corriger quelque peu l'inégalité des fortunes.

La mise en œuvre de cette politique est quasi immédiate. Dès juin 1981, le gouvernement procède à une distribution de pouvoir d'achat au profit des familles (les allocations familiales sont relevées de 25 %), des personnes âgées qui voient le minimum vieillesse accru de 20 %, des salariés payés au SMIC dont les réajustements dépassent la hausse du coût de la vie...

Parallèlement, les taux de l'impôt sont augmentés pour les revenus les plus élevés et, mesure symbolique entre toutes, un Impôt sur les grandes fortunes (IGF) est institué sur les patrimoines dépassant 3 millions de francs (ou 5 millions si s'y trouvent inclus des biens professionnels) : 200 000 contribuables, soit 1 % des foyers fiscaux, sont touchés.

Pour favoriser la relance économique, le gouvernement desserre le crédit et abaisse les taux d'intérêt. Mais l'ensemble de mesures le plus spectaculaire est probablement celui qui doit permettre de lutter contre le chômage. Durant les premières semaines de 1982 sont ainsi adoptées des ordonnances instaurant une cinquième semaine de congés payés, créant des contrats de solidarité favorisant des départs anticipés à la retraite en échange du recrutement de nouveaux salariés, facilitant le travail à temps partiel, améliorant la formation professionnelle des jeunes de 16 à 18 ans. Les deux mesures dont l'écho sera le plus considérable dans cette politique destinée à la fois à améliorer le sort des travailleurs tout en luttant contre le chômage sont la diminution de la durée légale hebdomadaire du travail qui passe de 40 à 39 heures sans diminution de salaires, mesure présentée comme le prélude à une semaine de 35 heures et l'abaissement à 60 ans de l'âge possible de la retraite.

L'ensemble de ce dispositif évoque irrésistiblement le dispositif adopté par le Front populaire en 1936 et dont l'échec avait été de longue date analysé par les spécialistes. La politique de lutte contre la crise de 1981 devait aboutir au même résultat. Dès l'automne 1981, il est évident que les buts recherchés sont loin d'être atteints et que les déséquilibres économiques se trouvent accentués par les mesures adoptées. L'inflation, que le précédent gouvernement n'avait pas réussi à juguler, connaît une nouvelle poussée et atteint le taux-record de 14,1 % pour 1981. Le maintien de la parité du franc qui avait été la priorité de Raymond Barre n'est plus celle du nouveau gouvernement et, dès le 4 octobre, intervient un « réajustement » des monnaies du système monétaire européen qui, au-delà des formules pudiques adoptées pour masquer la réalité, aboutit à une dévaluation de 8,5 % du franc par rapport au Deutsche Mark. Quant au chômage, objet, on l'a vu, de tous les soins du nouveau pouvoir, il atteint fin octobre le chiffre de 2 millions.

Dès ce moment, Jacques Delors, ministre de l'Économie et des Finances, inquiet des évolutions qu'il constate, préconise une « pause » dans les réformes, langage qui évoque irrésistiblement celui des responsables du Front populaire au moment où ils prennent conscience de l'échec de leur politique. Dès ce moment se trouve posée aux yeux de l'opinion, et de nombreux responsables la question de la validité de la solution sociale, de la crise telle que les socialistes ont entendu la mettre en œuvre. Or les choses se présentent de manière d'autant plus délicate que, parallèlement, se manifestent dans la société française des résistances aux réformes de structure que l'opposition politique, qui relève la tête, commence à exploiter.

La montée des difficultés

La volonté de modifier en profondeur la société française qui marque l'action du pouvoir socialiste depuis 1981 a pour résultat de manière relativement rapide de susciter dans l'opinion inquiétudes, frustrations et résistances. Si les réformes ont d'abord été bien accueillies par une opinion avide de changement, faisant régner un éphémère « état de grâce » et isolant l'opposition qui, par conservatisme, paraît refuser toute transformation, l'atmosphère se dégrade dès l'automne 1981, et pour des raisons parfois contradictoires. Les militants qui se considèrent comme les acteurs de l'alternance s'irritent d'une activité réformatrice jugée trop lente ou incomplète comme des ménagements du pouvoir vis-à-vis des forces de résistance au changement. Ils trouvent un relais efficace dans le Parti socialiste qui se considère souvent comme l'aiguillon du pouvoir et auquel celui-ci se sent tenu de donner des gages. Mais les surenchères des militants et certaines décisions prises par le gouvernement exaspèrent, non seulement les opposants, mais aussi une partie des électeurs qui ont porté la gauche au pouvoir pour sortir de la crise mais qui n'entendent nullement voir remis en cause des acquis ou admettre que leurs intérêts puissent être lésés. Si le mot d'ordre des socialistes « Changer la vie » a pu séduire, nul n'entend que ce changement s'effectue à son détriment. Du même coup, le gouvernement et le parti socialiste se trouvent pris entre les surenchères des militants et la résistance de la société. Le choix entre s'appuyer sur les seuls militants au risque de perdre l'appui de l'opinion ou satisfaire le conservatisme de la société en tournant le dos aux promesses électorales, va s'avérer impossible. Si bien que, dans un premier temps, celui du « changement », le pouvoir feint de confondre les vœux des militants avec les aspirations de l'opinion. Le résultat en est une multiplication des mécontentements catégoriels dont les manifestations entretiennent, dès 1982, une atmosphère d'agitation traduisant le refus des réformes engagées et qui entretiennent la colère et l'exaspération d'une partie de l'opinion. L'agitation dans les grands ensembles périurbains, à forte population d'immigrés lourdement touchés par la crise économique, fait naître un réflexe d'inquiétude pour la sécurité quotidienne des Français, d'autant que des attentats terroristes ou antisémites paraissent montrer que le pouvoir ne parvient pas à rétablir l'ordre. Commerçants et industriels manifestent pour protester contre la lourdeur des charges sociales. Les paysans entrent en lutte ouverte avec le ministre de l'Agriculture, Édith Cresson, qui tente sans succès de remettre en cause le quasi-monopole exercé par la FNSEA et son président François Guillaume dans la représentation du monde rural. Les cadres se plaignent à la fois de la pression fiscale qui s'exerce à leur encontre et de la perte d'autorité qui résulterait pour eux de l'adoption des lois Auroux. Les médecins se mobilisent contre les transformations du système hospitalier et la réforme des études médicales. Les professeurs d'université protestent contre les projets prêtés au ministre Alain Savary, qui leur paraissent faire passer les considérations politiques avant les exigences scientifiques. Enfin, toujours dans le domaine de l'éducation nationale, les défenseurs de l'école privée, entraînés par les parents d'élèves de l'UNAPEL (Union nationale des associations de parents d'élèves des écoles libres) commencent à organiser de vastes rassemblements dès le printemps 1982 pour intimider un pouvoir qu'ils soupçonnent de vouloir supprimer les écoles libres.

Or si les résistances à l'action du gouvernement venues de la société sont nombreuses et préoccupantes, elles s'accompagnent de causes de faiblesse plus grande encore, provenant cette fois des milieux favorables à la gauche et qui ont pour point commun l'écart entre les vues idéologiques de cette dernière et les réalités de la pratique du pouvoir. Exemplaires à cet égard sont les motifs de la démission en décembre 1982 du ministre de la Coopération, le rocardien Jean-Pierre Cot, qui constate tout à la fois que c'est l'Élysée qui gère la politique africaine de la France et que, dans cette gestion, la raison d'État l'emporte très largement sur le souci des droits de l'Homme. Non moins éclairante est la crise qui se produit à l'automne 1982 entre le gouvernement et le parti socialiste à propos de la réintégration souhaitée par le chef de l'État des généraux putschistes d'Algérie dans les cadres de réserve de l'armée, réintégration qui sera imposée à la majorité de gauche qui refuse de la voter par le recours à l'article 49-3 de la Constitution, le PS ne pouvant évidemment se résoudre à déposer sur ce point une motion de censure.

Or, ce malaise de la gauche coïncide avec un redressement de l'opposition de droite. D'abord assommée par la lourdeur de sa défaite de 1981, déchirée entre les partisans de Jacques Chirac et ceux de Valéry Giscard d'Estaing qui se renvoient réciproquement la responsabilité de l'échec, elle a, dans un premier temps, pansé ses blessures sans parvenir à engager un véritable combat politique. Mais elle perçoit très vite l'opportunité que lui offre le malaise de l'opinion publique et l'intérêt qu'elle peut trouver à se présenter comme le barrage au bouleversement entrepris par les socialistes. Très minoritaire à l'Assemblée nationale, elle supplée à cette faiblesse par la vigueur de son opposition, menant au Parlement de violentes batailles contre les projets gouvernementaux, pratiquant l'obstruction par la multiplication du nombre des amendements, conduisant des manœuvres de retardement en déférant la plupart des nouvelles lois au

Conseil constitutionnel, encourageant les protestations catégorielles. Elle se trouve encouragée dans son action par les sondages qui révèlent le recul accentué des socialistes dans l'opinion et surtout par les scrutins qui montrent la désaffection des Français vis-à-vis du nouveau pouvoir et font espérer à la droite la « reconquête » de positions qu'elle ne se pardonne pas d'avoir perdues. Dès janvier 1982, quatre élections partielles dues à des invalidations prononcées par le Conseil constitutionnel ramènent au Palais-Bourbon quatre élus de l'opposition et parmi eux, Alain Peyrefitte, le Parti socialiste perdant en moyenne 6 % des suffrages par rapport à juin 1981. De beaucoup plus grande signification sont les élections cantonales de mars 1982, les premières depuis les lois de décentralisation donnant un pouvoir accru aux présidents de Conseils généraux. Fortement politisées, mobilisant largement les électeurs, elles révèlent un net recul de la gauche et une poussée de la droite, qui va avoir pour résultat de faire perdre à la majorité 8 présidences de Conseils généraux, l'opposition en détenant désormais 59 et la gauche 36. Un an plus tard, les élections municipales de mars 1983 qui se déroulent avec un nouveau mode de scrutin combinant système majoritaire et système proportionnel pour la représentation des minorités, cependant que des maires et des conseillers d'arrondissement sont élus à Paris, Lyon et Marseille, fait plus que confirmer la tendance. Au premier tour, la droite remporte une écrasante majorité rassemblant 53,6 % des suffrages alors que la gauche ne réunit que 44,2 % des voix. Même si le second tour corrige un peu le premier, la droite remporte les vingt arrondissements de Paris, renforçant ainsi le pouvoir du maire Jacques Chirac, et conquiert trente villes de plus de 30 000 habitants dont Grenoble, Brest, Châlon-sur-Saône, Chambéry, Nantes, Roubaix, Tourcoing, Nîmes, Reims ou Sète.

La défaite de la gauche lors des législatives de 1986 paraît programmée et la crise du pouvoir est telle que la droite se prend à espérer que le chef de l'État soit conduit par la pression de l'opinion à avancer les échéances et à organiser des élections anticipées. Comment s'explique ce rapide détournement qui voit, en deux ans, la gauche perdre l'avantage conquis dans les urnes en 1981 et une droite, condamnée et vaincue, en position de revenir au pouvoir ? Sans doute en partie par la boulimie réformiste et la volonté d'imposer à la société des transformations dont la mise en œuvre est commandée par les postulats idéologiques des militants socialistes. Mais aussi et surtout parce que la politique économique et sociale conduite par le gouvernement socialiste s'avère un échec total.

L'échec économique et le tournant de 1983

Dès l'automne 1981, avec la dévaluation du franc et la poussée du chômage, le Parti socialiste fondé sur le principe keynésien d'une relance économique par le relèvement des bas salaires, des prestations sociales et des dépenses publiques paraît s'acheminer à l'échec, du fait de l'absence de cette reprise économique mondiale sur laquelle comptait le gouvernement. Le décalage est d'autant plus grand que la France poursuit seule cette politique d'expansion alors que tous les grands États industriels du monde mettent la priorité sur le rétablissement des grands équilibres en restreignant le crédit et la consommation. Dans ces conditions, la poursuite de la politique antérieure va, jusqu'en juin 1982, conduire à accentuer les déséquilibres. La relance de la consommation qui résulte de l'injection de pouvoir d'achat profite surtout aux importations, cependant que l'accroissement des charges des entreprises les rend moins compétitives, ce qui atteint les exportations. Il en résulte un déficit croissant du commerce extérieur qui atteint, en 1982, d'inquiétantes proportions. À l'intérieur, la hausse du pouvoir d'achat alimente une forte inflation qui conduit à la poursuite de la dépréciation du franc. Enfin, l'augmentation des dépenses publiques creuse le déficit budgétaire que l'État résout en accroissant son endettement intérieur et extérieur. Très vite, il apparaît que, dans leurs projets économiques, les socialistes ont gravement sous-estimé la nouvelle situation née de l'étroite imbrication de l'économie française dans l'économie mondiale. À partir de là, conduire une politique de croissance de type keynésien dans une conjoncture économique de crise ne pouvait qu'aboutir à un échec. Mais il y a plus grave et qui met en cause le projet socialiste lui-même : reconnaître qu'en raison de l'ouverture de la France sur le monde extérieur il devient impossible de conduire une politique nationale à contre-courant des tendances internationales, c'est remettre en cause toute l'argumentation qui fonde l'identité du Parti socialiste sur la possibilité de mener, en régime économique libéral, une politique économique volontariste sous le contrôle de l'État, condition nécessaire d'une croissance, elle-même clé de voûte de la société plus juste voulue par la gauche. À partir de là, le dilemme socialiste est clair : ou bien, comme le préconise Jean-Pierre Chevènement, la France doit, pour développer son projet, rompre avec l'économie de marché, quitter le système monétaire international, s'entourer de barrières protectionnistes et viser une économie administrée par l'État ; ou bien, il lui faut reconnaître, comme le souhaite Jacques Delors, que la loi du marché s'impose au pays et, dès lors, se plier à ces règles qui consistent à s'adapter à la conjoncture économique, à jouer de la concurrence internationale et, par conséquent, à renoncer à un traitement social de la crise générateur de déséquilibres. Dans les deux cas, le risque est évident : il est celui d'un décrochage par rapport aux grands pays industriels de la planète avec la mise en œuvre d'un processus de moindre développement compromettant l'avenir du pays si la première solution est adoptée ou celui d'une renonciation aux objectifs proclamés de longue date du socialisme, le PS devenant alors le gestionnaire d'une politique identique dans ses principes à celle de la droite libérale, au cas où l'on se rangerait à la seconde solution.

Pris dans cet engrenage, le pouvoir va refuser de choisir jusqu'en mars 1983, la situation connaissant de ce fait une détérioration permanente. En juin 1982, au lendemain d'un sommet des grands pays industrialisés tenu à Versailles où les fastes déployés par le pouvoir ne peuvent faire oublier la gravité de la situation économique, le gouvernement Mauroy annonce une seconde dévaluation du franc depuis juin 1981, la monnaie française se trouvant dépréciée par rapport au Deutsche Mark de 9,5 %. Cette fois il ne semble pas possible de maintenir la même politique, dont l'échec est patent. Le départ du ministre de la Solidarité nationale, Mme Nicole Questiaux qui avait refusé d'être le « ministre des comptes » et avait laissé se développer le déficit de la Sécurité sociale et son remplacement par un proche du chef de l'État, Pierre Bérégovoy, jusqu'alors secrétaire général de l'Élysée, indique clairement que le moment de l'inflexion de la politique économique est venu. De fait, Pierre Mauroy accompagne la dévaluation d'un plan de rigueur, montrant ainsi que le rétablissement des grands équilibres fait désormais partie des préoccupations du gouvernement : compressions budgétaires, redressement des comptes de la Sécurité sociale par l'instauration d'un forfait hospitalier, d'une contribution de 1 % sur les salaires des fonctionnaires pour combler le déficit de l'assurance-chômage et d'une vignette sur les tabacs et alcools, puis d'un relèvement des cotisations, enfin et surtout blocage des prix et des salaires jusqu'à l'automne 1982 et strict contrôle de ceux-ci après la sortie du blocage. Cet infléchissement brutal de la politique suivie depuis juin 1981 alarme les syndicats, le parti communiste, une partie des socialistes. De fait, si le gouvernement ne renonce pas à la lutte contre le chômage, il apparaît évident qu'il place désormais au premier plan le rétablissement des grands équilibres, l'accent étant mis sur le ralentissement de la hausse des prix, le redressement de la balance commerciale, la limitation du déficit budgétaire et l'allégement des charges des entreprises dont on attend en échange qu'elles reprennent leurs investissements. Toute la question est en effet de savoir si le plan de rigueur n'est qu'une parenthèse qui permettra de reprendre sur des bases plus saines la politique socialiste définie en 1981 ou s'il s'agit d'un tournant vers une conception libérale de la politique économique. Or l'ambiguïté demeure, le gouvernement affirmant la continuité de sa politique et n'acceptant visiblement pas le choix que lui imposent les circonstances. On peut cependant noter que, dès la sortie du blocage des salaires et des prix fin 1982, le gouvernement passe une série d'accords contractuels de limitation des hausses de prix et de désindexation des salaires dans le secteur public. C'est bien, en dépit des affirmations officielles, une nouvelle politique économique de nature libérale qui se met en place.

Le choix éludé en juin 1982 va s'imposer en mars 1983, date à laquelle se situe le tournant décisif. En dépit des emprunts répétés du gouvernement, les réserves en devises s'épuisent d'autant plus que les déficits du commerce extérieur et de la balance des paiements alimentent une spéculation contre le franc. En janvier 1983, l'hémorragie de devises rend inéluctable une nouvelle dévaluation et un nouveau plan de rigueur. Au lendemain des élections municipales de mars 1983, catastrophiques pour la gauche, l'heure est venue de la décision que le président de la République retarde durant une dizaine de jours, hésitant entre la sortie du Système monétaire européen, la rupture avec le Marché commun, l'instauration d'un système protectionniste permettant de relancer la consommation et de lutter contre le chômage en acceptant le déficit de la balance commerciale et la détérioration de la monnaie, solution préconisée par Jean-Pierre Chevènement et Michel Jobert et l'acceptation des contraintes internationales au prix de la rigueur, que soutiennent le Premier ministre Pierre Mauroy, le ministre de l'Économie et des Finances Jacques Delors et le ministre du Budget Laurent Fabius. Finalement, le président de la République tranche en faveur des seconds. Le franc connaît par rapport au mark un nouveau décrochement de 8 % et la rigueur est renforcée : hausse du forfait hospitalier, prélèvement de 1 % sur les revenus imposables de 1982, emprunt forcé sur les contribuables les plus imposés, hausse des tarifs publics, nouvelles compressions budgétaires et renforcement du contrôle des changes. La rigueur n'apparaît plus comme une solution provisoire, mais comme la ligne définitive de la politique gouvernementale.

Le tournant de 1983 marque la reconnaissance de l'échec de la solution socialiste à la crise économique, de l'impossibilité de mettre en pratique, compte tenu des risques encourus, la rupture promise avec le capitalisme et les contraintes du marché. Ce faisant, c'est toute la culture économique du socialisme français depuis le XIXe siècle qui se trouve rejetée. À cet égard, la démission de Jean-Pierre Chevènement, principal dirigeant du CERES est chargée d'une plus grande signification que celle de l'inclassable Michel Jobert, ministre du Commerce extérieur. Avec la décision de mars 1983 s'ouvre la crise d'identité du socialisme français que vient de révéler l'expérience du pouvoir.

Mais en dépit de ce tournant, le chemin de croix des socialistes n'est pas achevé et il va atteindre son point culminant en 1983-1984.

La crise politique et sociale de 1983-1984 et la démission de Pierre Mauroy

Remanié après la crise monétaire de mars 1983, le gouvernement Mauroy va être chargé d'achever le tournant libéral entamé dès juin 1982. À cet égard, autant que les départs de Michel Jobert et de Jean-Pierre Chevènement, les promotions des acteurs essentiels du choix qui vient d'être opéré sont significatives. Si Jacques Delors n'obtient pas le poste de Premier ministre qu'il ambitionnait, le regroupement sous son autorité de l'Économie, des Finances et du Budget en fait l'inspirateur de la politique économique du gouvernement. Un rôle identique est accordé pour le secteur social à Pierre Bérégovoy, ministre des Affaires sociales et de la Solidarité nationale, dont l'autorité s'exerce sur un ministre délégué à l'Emploi et quatre Secrétaires d'État. Enfin, la nomination de Laurent Fabius au ministère de l'Industrie et de la Recherche, celle de Michel Rocard qui quitte le ministère marginal du Plan pour celui, exposé mais important, de l'Agriculture, illustrent la montée en force des partisans d'une social-démocratie à la française.

La mise en œuvre de la nouvelle logique économique décidée en mars ne tarde pas à faire sentir ses conséquences. Pendant que François Mitterrand présente la défense de la nouvelle ligne aux Français et que Laurent Fabius développe un discours surprenant dans la bouche d'un socialiste, prônant la modernisation et l'innovation, l'alourdissement de la rigueur se traduit par une restriction de la consommation des Français, une aggravation de la pression fiscale et la relance du chômage, stoppé au chiffre de deux millions depuis l'automne 1981. En effet, la nouvelle logique implique le refus de continuer à financer sur des fonds publics des industries déficitaires, de manière à consacrer les ressources disponibles aux investissements destinés à moderniser l'appareil industriel. Il en résulte une vague de restructurations dont les conséquences se traduisent par des licenciements, voire des menaces pesant sur l'avenir de régions entières. Pendant que l'accent est mis sur l'informatique, tenue pour la clé du développement futur ou sur les industries chimiques, le gouvernement encourage à l'automne 1983 la restructuration du groupe Peugeot-Talbot, décide de diminuer l'activité des charbonnages et de la sidérurgie, ce qui entraîne fermetures de sites et suppressions d'emplois. Désormais, les entreprises comptent sur la diminution des effectifs pour rétablir leur situation financière. Les socialistes président ainsi à une politique économique tournant le dos aux objectifs sociaux dont ils sont traditionnellement les défenseurs.

Si bien que le gouvernement doit affronter la colère de sa clientèle traditionnelle de salariés et de syndicalistes, qui organisent contre sa politique grèves et défilés de protestations, voire l'inquiétude des régions touchées par une politique d'alignement sur le marché. Le plan acier d'avril 1984 provoque ainsi une marche des sidérurgistes lorrains sur Paris, cependant que le Nord, département du Premier ministre, se mobilise contre les fermetures de sites. Le gouvernement doit compter avec les syndicats qui organisent la riposte ouvrière. Il doit aussi affronter ses adversaires traditionnels du petit patronat dont l'exaspération se manifeste par les grèves-bouchon des transporteurs routiers de janvier 1984 qui font craindre un putsch à la chilienne dans un pays paralysé. Cette politique entraîne de très vives tensions. Au sein même du Parti socialiste, le CERES de Jean-Pierre Chevènement s'oppose à la politique suivie. Le Parti communiste, de plus en plus mal à l'aise au sein de la majorité, prend ses distances avec une politique dans laquelle il dénonce une trahison de l'union de la gauche sans oser toutefois rompre la solidarité gouvernementale et majoritaire.

Enfin, le climat de tension est porté à son comble par la querelle de l'école privée. Bien que le ministre Alain Savary ait entamé une longue négociation avec les responsables de l'enseignement catholique pour parvenir à un compromis permettant de créer le « grand service public unifié et laïque de l'éducation nationale », par étapes et sans faire disparaître la spécificité de l'enseignement catholique, les négociateurs sont soumis aux pressions permanentes des extrémistes des deux camps, le Comité national d'action laïque d'une part et son antenne syndicale de la Fédération de l'Éducation nationale, soutenue par le parti socialiste, et d'autre part l'Union nationale des associations de parents d'élèves des écoles libres, proche de l'opposition de droite. Cette récupération politique va contribuer à aigrir le débat et à fragiliser le gouvernement. Les défenseurs de l'école libre parviennent en effet à mobiliser l'opinion, sur le thème de la liberté, contre la volonté supposée du pouvoir de supprimer l'enseignement libre, considéré comme un recours possible par les familles contre l'échec scolaire. Une série de manifestations de plus en plus suivies (il y aura à Versailles le 4 mars 800 000 manifestants) illustre le succès de cette tactique et conduit le camp laïque qui ne parvient pas à susciter un pareil engagement à durcir sa position. Lorsque le 22 mai, le ministre Alain Savary propose à l'Assemblée nationale son projet de loi dont, en dépit de quelques réticences, l'enseignement privé accepte les grandes lignes, on peut penser que la querelle scolaire est peut-être définitivement enterrée en France. Mais les pressions des dirigeants socialistes sur le Premier ministre remettent tout en question. Pierre Mauroy accepte en effet deux amendements proposés par le Parti socialiste qui remettent en cause le compromis négocié. Adopté par l'Assemblée nationale le 24 mai, le texte doit encore être soumis au Sénat. La crise politique qui atteint alors son apogée ne lui en laissera pas le temps.

Pendant que la cote de popularité du président s'effondre, glissant au-dessous de 30 % et que celle du Premier ministre est du même ordre, le pouvoir subit deux échecs cinglants. Le premier est électoral et représente une nouvelle étape de la crise de la gauche avec les élections européennes du 17 juin 1984. 43,3 % des électeurs s'abstiennent et ceux qui votent donnent 43 % des voix à la liste d'opposition conduite par Simone Veil et seulement 33 % à la majorité, le Parti socialiste tombant à moins de 21 % et le parti communiste connaissant un véritable effondrement avec 11 % des suffrages. En outre, le principal enseignement de ces élections est la percée de l'extrême droite représentée par le Front national de Jean-Marie Le Pen qui rassemble plus de 2 200 000 voix, soit 11 % des suffrages (autant que le PC), témoignant ainsi de la radicalisation d'un certain nombre d'électeurs de droite et de l'apparition d'une nouvelle force dans le jeu politique.

Le second échec intervient le 24 juin avec la grande manifestation organisée à Paris avec les défenseurs de l'école libre, qui rassemble plus d'un million de participants, montrant ainsi de manière éclatante le désaveu par la population du texte voté par l'Assemblée nationale et illustrant de manière flagrante le fossé creusé entre le pouvoir et l'opinion.

Prenant acte de ces échecs et du caractère aigu de la crise qui atteint le pays, le chef de l'État décide de reculer, sanctionnant ainsi, après le tournant de 1983, l'échec de la politique entreprise depuis 1981. Le 14 juillet, il annonce le retrait du projet Savary, provoquant la démission du ministre de l'Éducation nationale qui s'estime désavoué moins par ce geste que par les amendements imposés à son projet. Trois jours plus tard, le président accepte la démission de Pierre Mauroy, le Premier ministre qui incarnait la tradition socialiste. En juillet 1984, une page est tournée qui clôt sur un constat d'échec l'expérience socialiste inaugurée en 1981.

IV

LA GESTION LIBÉRALE DE LA CRISE :
LE TEMPS DES ALTERNANCES (1984 - ...)

Une phase nouvelle de la vie politique française

Depuis la fin de la Seconde Guerre mondiale, la France vivait dans un cadre dominé par l'expansion économique et par la pratique des principes keynésiens d'intervention de l'État dans l'économie et la société, la puissance publique étant chargée, en vertu d'un très large consensus, de la mission de corriger les dysfonctionnements de la conjoncture économique et de procéder par le biais de la fiscalité, des prestations sociales ou familiales, de l'investissement dans les équipements publics à une redistribution limitée des revenus au nom de la solidarité nationale. La crise de 1974 a fait disparaître la croissance, moteur des politiques économiques et sociales pratiquées depuis la Libération sans toutefois remettre en cause les principes fondamentaux de l'interventionnisme d'État, le septennat giscardien se caractérisant, au moins dans sa première phase, par le maintien d'une politique de nature social-démocrate. Celle-ci avait été jugée insuffisante par la gauche, qui, en 1981, avait envisagé d'accentuer le rôle de l'État de manière à en faire l'instrument de la rupture avec le capitalisme promise par la gauche. Les leçons, tirées en 1983-1984 de l'échec de l'expérience, sont lourdes de conséquences. En effet, désormais, à l'exception d'un Parti communiste dont l'audience ne cesse de se réduire et d'une extrême gauche marginalisée, aucun parti de gouvernement ne remet plus en cause l'idée selon laquelle il est impossible de conduire une politique économique en dehors des lois du marché et de la concurrence internationale, sauf à accepter de prendre la route du sous-développement. En d'autres termes, la conversion au libéralisme de la

1179

pensée économique mondiale, constatée au début des années 80 n'épargne pas la France. Il en résulte, en France comme dans l'ensemble du monde, une résignation à la fatalité des lois du marché, une exaltation de l'entreprise considérée comme la seule source de production de richesse, une volonté de lui laisser les mains libres en l'affranchissant de tout contrôle, la conviction que seule la diminution des coûts salariaux peut lui permettre d'acquérir la compétitivité nécessaire au jeu de la concurrence internationale et, par conséquent, la soumission à l'existence d'un fort volant de chômage dont il s'agit simplement de pallier les conséquences les plus dramatiques afin d'éviter une explosion sociale. En d'autres termes, ce n'est plus l'homme, le salarié, mais l'entreprise qui devient l'objet prioritaire de la politique économique. En dépit de discours lénifiants, ces conceptions sont partagées par la droite (ce qui est conforme à ses traditions) et par la gauche (ce qui représente une conversion radicale au libéralisme). Force est de constater que cette politique largement consensuelle des forces politiques ne parvient en rien à juguler la crise, ce qui rend compte des choix en faveur des forces d'opposition des Français à chaque élection décisive (législative ou présidentielle). C'est l'échec des politiques de lutte contre la crise qui explique ainsi les alternances successives de 1986, 1988, 1993. Or le paradoxe veut que le tournant vers le libéralisme soit pris en 1983-1984 sous une majorité socialiste et que le gouvernement formé en 1984 soit le premier à admettre nettement qu'il tente de mettre en œuvre une gestion libérale de la crise économique.

Le gouvernement Fabius et les débuts du social-libéralisme (1984-1986)

En acceptant la démission de Pierre Mauroy, il est évident que François Mitterrand entend reprendre en main les rênes politiques alors que se profile à l'horizon l'échéance des élections législatives de 1986. L'ampleur du recul socialiste, mesuré par exemple par le score des élections européennes de juin 1984 laisse prévoir un écrasement historique du Parti socialiste par la droite. Pour éviter une telle issue, le président de la République va jouer le jeu de la novation, rejetant ainsi implicitement la politique de la première phase du septennat.

La novation est d'abord marquée par le changement des hommes. À Pierre Mauroy, symbole de la tradition socialiste, François Mitterrand substitue un homme jeune (il n'a que 38 ans), à la carrière politique brève, tout entière accomplie sous sa tutelle, Laurent Fabius. L'équipe dont il s'entoure est profondément modifiée. D'abord parce que les communistes qui, depuis 1982, se sentaient mal à l'aise dans des gouvernements pratiquant la rigueur de façon de plus en plus drastique, refusent de participer à une équipe qui s'apprête à mettre en œuvre une politique d'inspiration libérale. Ensuite parce que deux des ministres de premier plan souhaitent reprendre leur liberté, Alain Savary qui juge qu'il a été utilisé sans ménagements dans la querelle scolaire, et Jacques Delors, convaincu que la maîtrise de la politique économique et financière lui échappera désormais et qui se voit promettre la présidence de la Communauté économique européenne. Le nouveau gouvernement est organisé autour d'une ossature de fidèles du chef de l'État, de Pierre Bérégovoy, ministre de l'Économie et des Finances à Pierre Joxe, ministre de l'Intérieur en passant par Roland Dumas (Affaires Étrangères). Au poste névralgique de ministre de l'Éducation nationale, on enregistre le retour de Jean-Pierre Chevènement, dont la mission principale paraît être d'apaiser la querelle scolaire.

Au demeurant, le nouveau Premier ministre illustre son objectif de reconquête de l'opinion par la double mission qu'il assigne à son gouvernement : « Moderniser la France et rassembler les Français ». En d'autres termes, le temps où les socialistes entendaient mettre en œuvre un changement impliquant la rupture avec l'état de choses antérieur est révolu. Il s'agit désormais de gérer en pratiquant l'apaisement pour éviter les polémiques inutiles et d'orienter l'effort de la France, ainsi rassemblée pour mettre en application la nouvelle politique économique.

La réconciliation des Français est la plus rapide à mettre en œuvre. Elle consiste en un retrait d'une proposition de révision constitutionnelle proposée par le chef de l'État, ayant pour objet de permettre des référendums sur les grands projets de société, mais à laquelle s'oppose le Sénat. Elle passe par des dispositions conciliantes proposées par le Premier ministre pour l'application d'une loi sur la presse qui vise les concentrations opérées dans ce domaine, et spécifiquement par le groupe Hersant, dont les journaux se font les porte-parole de l'opposition. Elle repose surtout sur l'abandon par le nouveau ministre de l'Éducation nationale, Jean-Pierre Chevènement du projet Savary au profit de « mesures simples et pratiques » qui marquent un retour à la loi Debré de 1959 à quoi s'ajoutent des garanties sur le financement des établissements privés. Cet apaisement est complété par l'adoption d'un statut de l'enseignement agricole privé préparé par Michel Rocard qui s'accompagne d'une rénovation de l'enseignement agricole public.

Cet apaisement va de pair avec une volonté de modernisation des structures nationales, qui est la marque du gouvernement Fabius et qui suscite l'intérêt de l'opinion. Cette volonté imprègne tous les domaines de la politique gouvernementale. Elle est visible dans le domaine de l'école où le ministre Jean-Pierre Chevènement ne se contente pas de se débarrasser d'une querelle scolaire qu'il juge « archaïque », mais entend faire du système scolaire le « fer de lance » de la modernisation. Se réclamant de l'héritage de Jules Ferry, il affirme que la mission de l'école élémentaire est d'inculquer les connaissances fondamentales. Rejetant les théories pédagogiques des années 1960-70, il prône une restauration de l'effort et assigne au système scolaire la mission de dégager une « élite républicaine » au prix d'une certaine sélection. Enfin, en accord avec le Premier ministre, il fixe au système éducatif français l'objectif de conduire, en l'an 2 000, 80 % d'une classe d'âge au niveau du baccalauréat, ce qui entraîne une promotion de l'enseignement technique et professionnel, une réforme des lycées modifiant les filières du baccalauréat et un accent plus important mis sur l'économie, l'étude des problèmes contemporains, voire la formation civique. Si on ajoute qu'en janvier 1985, le gouvernement Fabius décide d'équiper tous les établissements publics d'enseignement d'ordinateurs, on voit la place essentielle tenue par le système d'enseignement au sein du projet modernisateur du Premier ministre.

Dans le domaine économique, la modernisation passe par la mise en œuvre des recettes libérales auxquelles la gauche s'est ralliée. Elle se traduit par la priorité accordée à la lutte contre l'inflation par le ministre Pierre Bérégovoy. Celui-ci est servi par le budget de rigueur préparé pour 1984 par Jacques Delors, mais aussi par la chute du cours du dollar à partir de janvier 1985 et par les effets du contre-choc pétrolier. Si bien que fin 1985, les résultats obtenus, compte tenu de la nouvelle logique économique sont importants : la désinflation est spectaculaire, la hausse des prix se trouvant limitée à 4,7 % en 1984 et son ralentissement se poursuivant en 1985 et 1986 ; la Bourse connaît un envol spectaculaire en 1985 permettant aux opérateurs de réaliser de spectaculaires bénéfices ; les prix et le contrôle bancaire font l'objet de déréglementations progressives ; les budgets marquent une nette décélération des dépenses de l'État. Si l'on y ajoute la décision du Premier ministre de limiter l'intervention de l'État dans les entreprises nationalisées, afin de laisser jouer les mécanismes du marché, ses éloges de l'entreprise, de la rentabilité, de la productivité, voire du profit, on constate l'ampleur de la mutation intervenue depuis 1981. Sans doute demeure-t-il des ombres au tableau : l'importance du déficit commercial, la faiblesse de la croissance, le poids de l'endettement extérieur. Mais on conçoit que cette politique puisse valoir au gouvernement un satisfecit de l'ancien Premier ministre de droite Raymond Barre, et qu'à l'inverse, elle provoque incompréhension et amertume dans les rangs des militants socialistes. Tout se passe en effet comme si le gouvernement Fabius entendait couper l'herbe sous le pied de l'opposition en pratiquant d'avance la politique que celle-ci préconise.

D'autant que si la politique de modernisation remporte des succès sur le plan économique, il n'en va pas de même dans le domaine social. Le chiffre des chômeurs atteint les deux millions et demi en 1984-86, touchant particulièrement les jeunes qui ne trouvent pas place sur le marché de l'emploi. Sans doute le Premier ministre peut-il valablement alléguer que ses efforts de formation, les encouragements donnés à la recherche et à l'investissement répondent à la volonté de résoudre le problème sur le long terme. Mais, à court terme, les restructurations industrielles encouragées par le gouvernement, dans le secteur nationalisé par exemple, se traduisent par des diminutions d'effectifs. La volonté de lutte contre l'inflation exige une stricte austérité en matière de salaires. Enfin, le gouvernement cherche le moyen de faire droit aux exigences du patronat en matière de flexibilité du temps de travail et de suppression de l'autorisation administrative de licenciement sans provoquer une trop vive réaction des syndicats qui veillent jalousement sur les « droits acquis ». Ce n'est qu'en février 1986, que le ministre du Travail Delebarre parvient à faire adopter un texte de compromis qui prévoit que ces mesures seront mises en œuvre par branches industrielles, chacune d'entre elles devenant le lieu d'une négociation spécifique.

Pour le court terme, le gouvernement en est réduit à proposer des expédients destinés davantage à réduire les statistiques du chômage qu'à faire reculer réellement celui-ci, comme les Travaux d'utilité collective, les TUC, rémunérés très au-dessous du SMIC et qui traduisent un fait lourd de conséquences pour la société : l'acceptation par le pouvoir d'un retour à la précarité de l'emploi et à l'abandon des principes du plein emploi et du salaire minimum qui avaient constitué les fondements de l'État-Providence. C'est bien un tournant fondamental que, sous la pression des circonstances, doit prendre le gouvernement socialiste. Il fait le sacrifice du progrès social garanti par la loi sur l'autel de la reprise économique, au bénéfice de l'entreprise, dont on attend en retour la restauration du plein emploi. Mais cette conséquence s'avère illusoire.

Il faut cependant reconnaître que le nouveau style de pouvoir plaît davantage à l'opinion que celui, plus idéologique, de Pierre Mauroy. La jeunesse du Premier ministre, son modernisme séduisent. L'image de compétence au niveau de la gestion économique, la mise en sourdine des grands thèmes de rupture avec le capitalisme au profit de la recherche pragmatique de solutions accroissant l'efficacité des structures en place, le sérieux de la nouvelle équipe sont bien accueillis par l'opinion. La cote de confiance du Premier ministre est considérable, s'établissant à près de 60 % des personnes interrogées. La cote de satisfaction du président de la République ne suit pas immédiatement puisqu'il touche le fond en novembre 1984 avec seulement 26 % de satisfaits, mais ensuite, sa popularité connaît une remontée lente et continue, bloquée toutefois en 1985-1986 autour d'un tiers de satisfaits. « L'état de grâce » de Laurent Fabius permet ainsi aux socialistes d'espérer, sinon une victoire aux élections de 1986 qui semble hors de portée compte tenu du faible délai qui subsiste, du moins une limitation de la défaite qui permettrait au chef de l'État d'exercer un rôle d'arbitre face à une majorité exiguë.

Il est vrai que les difficultés politiques n'épargnent pas le gouvernement de Laurent Fabius, donnant souvent le sentiment d'une impuissance du pouvoir à trancher, voire d'une maladresse ou d'un amateurisme face aux problèmes qui se posent au pays. La question la plus grave est celle de la Nouvelle-Calédonie, l'un des territoires d'outre-mer, vestige d'un empire colonial désormais disparu. Confrontés au développement d'un courant indépendantiste en Nouvelle-Calédonie, les gouvernements socialistes réagissent par la proposition d'un statut d'autonomie interne en 1984, puis, devant le boycott des élections qui suivent, en envisageant en 1985 un statut provisoire avec découpage en quatre régions et décentralisation des pouvoirs. Mais, sur le terrain, les violences se multiplient entre les indépendantistes qui barrent les routes, incendient les mairies, s'attaquent aux Européens et ces derniers, concentrés pour l'essentiel à Nouméa, qui réclament le maintien dans la République. Le débat épouse vite le clivage droite-gauche, la majorité envisageant un statut d'indépendance par étapes, l'opposition défendant la « Nouvelle-Calédonie française ». À l'automne 1985 ont lieu des élections qui révèlent que les anti-indépendantistes sont majoritaires en voix, mais ne dominent que la région de Nouméa, les indépendantistes ne disposant que de 29 % des suffrages, mais rassemblant 80 % des voix mélanésiennes et conquérant la majorité dans les trois autres régions. À l'évidence, le problème n'est qu'ajourné d'autant que se pose la question d'une réforme foncière difficile à mettre en œuvre et que la tension entre communautés demeure très forte. Beaucoup plus dommageable encore pour l'image du gouvernement est l'affaire « Greenpeace ». En juillet 1985, un bateau, le *Rainbow Warrior*, appartenant à cette organisation écologiste internationale, a fait l'objet d'un attentat entraînant la mort d'un homme en Nouvelle-Zélande, alors qu'il s'apprêtait à tenter d'empêcher des expériences nucléaires françaises dans le Pacifique. L'enquête de la police néo-zélandaise aboutit à l'arrestation d'agents des services secrets français qui sont emprisonnés. Outre la tension internationale qui en résulte avec la Nouvelle-Zélande, la volonté du gouvernement français d'étouffer l'affaire se heurte aux révélations de la presse. Le Premier ministre tente d'esquiver toute responsabilité en faisant porter celle-ci sur le ministre de la Défense nationale Charles Hernu et sur le directeur général de la Direction générale de la sécurité extérieure, l'amiral Lacoste qui sont conduits, l'un et l'autre, à démissionner. Mais l'opinion conserve les plus grands doutes sur l'ignorance des faits par les plus hautes autorités de l'État. Enfin, la visite officielle en France en décembre 1985 du chef de l'État polonais, le général Jaruzelski, qui a proclamé l'état de siège et dissous le syndicat *Solidarité* en 1981 provoque une vive émotion dans l'opinion, à droite comme à gauche, et conduit le Premier ministre à se désolidariser du chef de l'État en se déclarant, à l'Assemblée nationale, « troublé » par cette décision présidentielle.

C'est donc dans un contexte politique défavorable que le gouvernement socialiste va aborder les élections de 1986. La dernière consultation avant les législatives, les élections cantonales de mars 1985, confirme les enseignements des élections européennes de 1984 : la gauche est écrasée (41 %) alors que la droite réunit 58 % des suffrages. Cette défaite qui laisse mal augurer pour la majorité de la future consultation est cependant due pour l'essentiel à l'effondrement du Parti communiste qui rassemble moins de 13 % des suffrages, cependant que la poussée à droite doit tenir compte des voix du Front national (8,85 % mais il n'est pas présent dans toutes les circonscriptions). Tout le problème de la gauche est donc de savoir comment limiter la victoire probable de la droite, d'abord dans les urnes puis, au pouvoir, si, comme il est vraisemblable, elle l'emporte.

Les élections de 1986 : l'alternance dans l'alternance

La perspective d'une victoire de la droite aux législatives représente pour la Ve République un véritable saut dans l'inconnu. Depuis la fondation du régime en 1958, la majorité législative a toujours coïncidé avec la majorité présidentielle, même lorsqu'ont existé des tensions entre les deux comme ce fut le cas lors du septennat de Valéry Giscard d'Estaing. Au demeurant, cette dernière expérience conduit au pessimisme sur les effets d'une distorsion entre les deux majorités, l'opposition larvée du RPR ayant contraint le président à modérer ses velléités réformatrices. Or là, l'enjeu s'avère plus redoutable encore : que va-t-il se passer si on trouve face à face une majorité législative de droite et un président de gauche ? L'un des pouvoirs ne va-t-il pas annuler l'autre, et lequel l'emportera ? Bien que François Mitterrand ait fait valoir qu'il ne resterait pas inerte, le risque est cependant grand de voir le pouvoir présidentiel amoindri. C'est ce qui conduit l'ancien Premier ministre Raymond Barre à refuser toute idée de « cohabitation » qui, à ses yeux, mettrait fin à ce qui fait l'essence même de la Ve République et à préconiser une pression sur le président pour le contraindre à la démission. Jugeant qu'il est difficile de solliciter les suffrages des électeurs pour déclencher une crise de régime, Jacques Chirac et le RPR prônent au contraire une pratique sans concession de la Constitution qui stipule que le gouvernement « détermine et conduit la politique de la nation », ce qui permettrait de cantonner le chef de l'État dans des fonctions représentatives et au futur Premier ministre (poste pour lequel Jacques Chirac pose sa candidature) de se prévaloir de son bilan gouvernemental pour remporter en 1988 les élections présidentielles qui ramèneraient la droite au pouvoir. Quelle que soit la stratégie mise en œuvre, son objet est à coup sûr de mettre fin à l'expérience socialiste.

Or, malgré leur déception des élections cantonales de 1985, les socialistes constatent que leur audience remonte dans l'opinion. D'où la tentation de modifier le mode de scrutin pour limiter la victoire de la droite, voire pour lui interdire de réunir une majorité absolue, surtout si la poussée du Front national se confirmant, la droite était placée dans la situation impossible de n'avoir de majorité qu'en incluant l'extrême-droite, ce qui provoquerait *ipso facto* une crise profonde dans ses rangs, ou de ne réunir qu'une majorité relative qui l'empêcherait pratiquement de gouverner. Telles sont les raisons fondamentales qui expliquent l'adoption, en 1985, du scrutin proportionnel pour les futures législatives. Cette décision provoque le retrait du gouvernement de Michel Rocard au motif que le nouveau scrutin favorisera l'extrême droite en lui donnant une représentation au Parlement, mais aussi qu'il risque d'interdire à tout jamais le retour du pouvoir du parti socialiste qui a fort peu de chances de pouvoir rassembler assez largement pour disposer d'une majorité à la proportionnelle.

Telles sont les conditions qui prévalent lors des élections législatives du 16 mars 1986 dont les résultats coïncident assez largement avec ce qu'annonçaient les sondages pré-électoraux.

Ces résultats permettent de tirer un certain nombre d'enseignements qui dessinent l'état de l'opinion française. En premier lieu, on constate un

Élections législatives du 16 mars 1986

Forces politiques	% des suffrages exprimés	Élus
Parti communiste	9,78 %	35
Parti socialiste et radicaux de gauche	32,65 %	215
UDF	{ 41 %	129
RPR		145
Divers droite	3,90 %	14
Front national	9,65 %	35

pourcentage relativement élevé d'abstentions (21,2 %) et une proportion inhabituellement importante de bulletins blancs et nuls (3,37 %). Or l'analyse du scrutin montre que ce phénomène a touché plus partiellement les électeurs de gauche et spécifiquement ceux du Parti communiste. Comme en 1981, les élections voient leur résultat déterminé davantage par les déceptions de l'électorat vis-à-vis de la majorité sortante que par une lame de fond portant la nouvelle majorité.

En second lieu, les espoirs socialistes ont été déçus par les électeurs qui ont donné une majorité relative des voix aux partis de la droite parlementaire (RPR et UDF), mais la majorité absolue des sièges, de justesse puisque deux voix seulement permettent à la coalition victorieuse de franchir la barre. De surcroît, au sein de l'équipe majoritaire, si le RPR s'assure un léger avantage de 16 sièges qui permet à son président Jacques Chirac de revendiquer le poste de Premier ministre, les rivalités demeurent, surtout dans la perspective des élections présidentielles de 1988, l'ancien Premier ministre Raymond Barre se présentant comme le champion de l'UDF. Enfin, le mode de scrutin a fait naître, sur la droite de la nouvelle majorité, un groupe de 35 députés du Front national dont l'appoint n'est pas nécessaire à celle-ci, mais dont on peut être assuré qu'il va jouer la surenchère et placer les vainqueurs du scrutin en position difficile. En d'autres termes, la remontée socialiste et les effets du scrutin proportionnel ont brisé la vague montante de la droite en limitant son ampleur et en la fragilisant face au pouvoir présidentiel et à la gauche.

Car, paradoxalement, si le Parti communiste enregistre un nouveau recul, tombant sous la barre des 10 % des suffrages exprimés et faisant jeu égal avec le Front national, naguère encore un simple groupuscule, le Parti socialiste peut tirer satisfaction de ce résultat. Avec 32,65 % des suffrages exprimés et 215 députés, il fait figure de premier parti de France et peut espérer reconquérir le pouvoir qu'il vient de perdre, d'autant que son chef demeure à l'Élysée et que le score atteint renforce la position de la gauche comme force d'alternance crédible.

Si bien que les élections de 1986 qui ouvrent la période originale de la cohabitation entre un président de gauche et une droite majoritaire au Parlement apparaissent moins comme le coup de tonnerre annoncé, qui devait changer la nature du régime, que comme le premier acte de l'élection présidentielle de 1988, principale préoccupation des forces politiques, du chef de l'État et du gouvernement formé au lendemain des élections.

La cohabitation : une rupture libérale ?

C'est sous le signe du retour au dogme libéral que se met en place la cohabitation. D'abord dans la formation du gouvernement. Comme on pouvait s'y attendre, et comme l'imposent les résultats des élections et l'arithmétique parlementaire, le président de la République nomme Premier ministre Jacques Chirac. Il prouve ainsi sa volonté de respecter le verdict du suffrage universel et montre qu'il n'entend nullement ruser avec la nouvelle majorité. Mais certains s'interrogent déjà sur le fait de savoir, si en agissant ainsi, le président n'entend pas mettre au pied du mur face à l'exercice du pouvoir celui qui se présente comme son principal rival lors du futur scrutin de 1988. Toutefois, l'homme qui prend ainsi en charge la direction du gouvernement n'est plus l'ancien Premier ministre de Valéry Giscard d'Estaing qui prônait une action volontariste contre la crise. Désormais convaincu, comme son parti, que la solution à la crise réside dans les solutions libérales que mettent en œuvre au même moment Ronald Reagan aux États-Unis, Margaret Thatcher au Royaume-Uni, il brûle d'appliquer à la France les recettes nouvelles. Le « Projet pour la France » qui sert de plate-forme au RPR se réclame d'un libéralisme pur et dur qui traduit une foi de néophytes et suscite l'ironie de l'ancien Premier ministre Raymond Barre, partisan d'un libéralisme corrigé par l'intervention de l'État, garant de la cohésion sociale et des conquêtes de l'État-Providence, qui ne cache pas son scepticisme devant le « reaganisme à la française ». Dénationalisations, baisse des prélèvements obligatoires, déréglementation, défense de l'enseignement privé... constituent le programme que le Premier ministre entend mettre en œuvre.

Avec qui ? La formation du gouvernement relève en effet pour l'essentiel des choix du Premier ministre, le président n'intervenant que pour récuser des noms qui lui déplaisent dans les domaines relevant de son autorité où seront finalement, nommés deux techniciens, l'ambassadeur Jean-Bernard Raimond aux Affaires étrangères, et l'ancien Commissaire à l'Énergie atomique, André Giraud à la Défense. Pour le reste, l'axe du gouvernement est résolument libéral avec la nomination comme (seul) ministre d'État, ministre de l'Économie, des Finances et de la Privatisation du RPR Édouard Balladur, collaborateur de Georges Pompidou à divers postes et tenant au sein du mouvement gaulliste d'une ligne libérale qui ne fait pas l'unanimité. Par ailleurs, d'autres membres du RPR, représentant diverses tendances du mouvement héritent de ministères-clés, comme Charles Pasqua à l'Intérieur, Philippe Séguin aux Affaires sociales, Bernard Pons aux départements et territoires d'outre-mer, Albin Chalandon à la Justice. De même, si au sein de l'UDF, les portefeuilles sont répartis de manière à satisfaire les diverses composantes avec la nomination de deux CDS (René Monory à l'Éducation nationale, Pierre Méhaignerie à l'Équipement, logement, aménagement du territoire et transports), d'un radical (André Rossinot), le choix du Premier ministre se porte prioritairement sur la tendance des jeunes libéraux du parti républicain comme François Léotard, ministre de la Culture et de la Communication et Alain Madelin, ministre de l'Industrie au détriment des giscardiens qui sont écartés.

Non sans analogie avec le dogmatisme et la précipitation de la politique socialiste en 1981, la nouvelle équipe entend mettre en œuvre le libéralisme dont elle fait son slogan avec un esprit de système qui va la conduire à prendre en tous domaines le contre-pied de l'ancienne majorité. Utilisant la procédure des ordonnances pour gagner du temps, le gouvernement multiplie les mesures symboliques et spectaculaires. Le domaine privilégié est évidemment celui de la politique économique. Une loi d'habilitation de juillet 1986 prévoit la privatisation en cinq ans de soixante-cinq entreprises financières et industrielles, non seulement celles qui ont été nationalisées en 1982, mais aussi certaines dont la nationalisation date de 1945 comme la Société générale. Dès la première année, vingt entreprises sont ainsi promises à la privatisation. La mise en œuvre de celle-ci constituera un incontestable succès du gouvernement, la vente d'actions dans le public étant accueillie avec une grande faveur et faisant naître un « capitalisme populaire ». En revanche, la constitution de « noyaux durs » qui possèdent la majorité du capital sera vivement critiquée, l'opposition, mais aussi les barristes reprochant au ministre de l'Économie et des Finances de favoriser des dirigeants de grandes entreprises proches du RPR. Ajoutées à la libération des prix et des produits industriels et à la suppression du contrôle des changes, ces mesures témoignent de la volonté de retour au libéralisme de la nouvelle majorité. Il en ira de même de la réduction des impôts décidée par Édouard Balladur et de la diminution des dépenses publiques dans le budget de 1987 qui semble attester la volonté de désengagement de l'État.

La même inspiration concerne le domaine social. Le libéralisme inspire la suppression de l'autorisation administrative de licenciement ou l'aménagement du temps de travail, mesures réclamées de longue date par les chefs d'entreprise, qui sont destinées à rétablir leur confiance et leur autorité et dont on espère une reprise de l'embauche. Enfin, l'électorat de la majorité applaudit bruyamment à toute une série de mesures particulièrement symboliques comme la suppression de l'Impôt sur les grandes fortunes, l'amnistie pour la fuite des capitaux, le rétablissement de l'anonymat sur les achats d'or, l'abrogation de la loi Quilliot, très favorable aux locataires. Toutes ces mesures seront dénoncées par l'opposition comme témoignant de la volonté du pouvoir de défendre les intérêts des riches, des spéculateurs, des propriétaires et feront apparaître le gouvernement Chirac comme celui des « gros ».

C'est tout simplement pour répondre aux vœux de la clientèle électorale de la majorité que sont prises des mesures fiscales favorables aux agriculteurs, aux professions libérales et aux commerçants. C'est encore pour tenter de ramener à la droite parlementaire les électeurs tentés par le Front national et ses thèmes sécuritaires et hostiles à l'immigration que le ministre de la Justice et celui de l'Intérieur rétablissent les contrôles et vérifications d'identité, renforcent le contrôle de l'immigration en faisant expulser sur décision administrative des étrangers en situation irrégulière, en renforçant les mesures pénales contre le terrorisme, en faisant construire de nouveaux établissements pénitentiaires. Enfin, un nouveau Code de la nationalité, beaucoup plus restrictif dans l'attribution de la nationalité française est étudié.

Dans le domaine de l'information, les mesures prises par les socialistes pour tenter d'empêcher la constitution de monopoles de presse (mesures qui visent en particulier le groupe Hersant, proche du RPR) sont abrogées, de même que la loi de 1982 sur la communication audiovisuelle. La Haute-Autorité de l'Audiovisuel est supprimée et remplacée par une Commission nationale de la Communication et des Libertés dont les membres sont généralement proches de la nouvelle majorité et qui va procéder à des changements de caractère politique dans la direction des chaînes de radio et de télévision, cependant que les concessions des trois chaînes privées (TF1 et les 5e et 6e chaînes) accordées par le précédent gouvernement sont annulées.

Il faudrait encore ajouter à cette volonté de rupture avec les pratiques précédentes le vote d'un mode de scrutin rétablissant le système électoral majoritaire à deux tours, assorti d'un nouveau découpage des circonscriptions, dénoncé par l'opposition comme destiné à favoriser la droite et la mise à l'étude, sous la pression des universitaires proches de la droite, d'une nouvelle loi sur les universités destinée à remettre en cause les mesures décidées par Alain Savary.

En d'autres termes, la période 1986-1987 n'est pas sans évoquer un dogmatisme libéral et conservateur qui constitue l'exact contrepoint du dogmatisme socialiste de 1981-1982. Comme 5 ans plus tôt, la France devient un immense chantier où la nouvelle majorité s'applique à remettre en cause tout ce qu'avait fait la majorité précédente. Et comme en 1981-1982, cette politique va échouer face à son inefficacité, à l'exaspération d'une partie de l'opinion et à la renaissance de l'opposition socialiste.

La cohabitation : l'échec de l'expérience Chirac

Le pari du gouvernement Chirac était, grâce à la politique d'Édouard Balladur, d'obtenir un redressement significatif de l'économie française au prix d'une logique libérale supposée résoudre tous les problèmes du pays : le rôle de l'État dans l'économie doit être diminué par une réduction des dépenses publiques, permettant de mettre fin au déficit budgétaire, de diminuer la pression fiscale, d'alléger la dette. Il en résultera une baisse des taux d'intérêt permettant aux entreprises d'emprunter pour investir, relançant ainsi la croissance. La rupture apparaît ainsi davantage dans les intentions proclamées haut et fort que dans des pratiques dont la plupart ont été mises en œuvre en 1984 par le gouvernement Fabius.

Les résultats sont-ils à la hauteur des espérances du nouveau pouvoir ? Partiellement sans doute. La croissance économique qui n'avait été que de 1,6 % en 1985, remonte en 1986 à 2,2 % et en 1987 à 2,3 %. C'est plus une consolation à un niveau médiocre que la grande relance attendue. Et ce d'autant plus que la forte reprise du commerce mondial (6,4 % en volume en 1987) ne profite que très partiellement à l'économie française dont les exportations ne progressent que de 1,8 %. Le déficit du commerce extérieur (314 milliards de francs en 1987) mesure l'affaiblissement commercial de la France dans le monde, surtout si l'on prend en compte le déficit de la balance des produits manufacturés qui permet de juger de la compétitivité de l'industrie nationale. Cette situation entraîne un déficit de la balance des paiements courants de 25 milliards en 1987. Il en résulte une menace sur la monnaie française, gênée en permanence par une inflation qui dépasse celle de la République fédérale d'Allemagne et qui contraint au maintien de taux d'intérêt élevé, interdisant toute véritable relance économique. Cet échec relatif est mesuré par les deux réajustements monétaires d'avril 1986 et de janvier 1987, aboutissant chacun à une dévaluation de 3 % par rapport au Deutsche Mark. Les résultats sont-ils du moins plus favorables en matière d'emploi, qui constitue désormais une préoccupation quotidienne des Français ? Sans doute la progression du chômage connaît-elle un coup d'arrêt en 1986. Mais dès le début de 1987, la progression reprend et la baisse sensible de ses chiffres du début de 1988 (10,3 % de la population active en mars 1988 contre 10,7 % un an plus tôt) semble davantage due à un dégonflement des statistiques qu'à une inversion de tendance : multiplication des stages pour les chômeurs de longue durée ou de préparation à l'emploi des jeunes (dont le nombre croît de plus de 80 % en 1987-1988), radiations des listes, nouvelle comptabilisation des contrats d'intérim de courte durée, etc. Il faudrait y ajouter un fait de conjoncture qui échappe à la maîtrise du gouvernement mais a des conséquences sur sa politique : le krach boursier de l'automne 1987 qui provoque une chute des cours spectaculaire, d'importantes pertes financières pour les souscripteurs des actions des sociétés privatisées et contraint le gouvernement à renvoyer à des temps meilleurs la suite de son programme de privatisations. Si l'on y ajoute le fait que la politique d'allègement des prélèvements obligatoires, qui est au cœur du dispositif gouvernemental, est contredite par la hausse des prélèvements sociaux nécessitée par l'importance du déficit de la Sécurité sociale, force est de constater que, même si le gouvernement se targue d'avoir entamé un redressement qu'il promet de poursuivre si les Français lui font à nouveau confiance lors de l'élection présidentielle de 1988, la médecine libérale n'a nullement réussi à guérir le pays de la crise.

Si le contexte économique et social demeure morose, c'est cependant le contexte politique qui va conduire à l'échec l'expérience Chirac. Le gouvernement doit en effet affronter la résistance active à ses projets du président de la République qui trouve son prolongement dans l'opposition du Parti socialiste, une vigoureuse fronde sociale et, peut-être plus encore, les attaques ouvertes de l'extrême droite qui exerce un effet attractif sur son électorat et la concurrence feutrée de l'UDF dont le champion, l'ancien Premier ministre Raymond Barre, se porte candidat à l'élection présidentielle.

La principale difficulté du gouvernement provient à coup sûr du président de la République qui, sans interférer sur les prérogatives du gouvernement, va utiliser toutes les ressources de ses fonctions pour faire entendre sa voix. En premier lieu, il refuse de se laisser confiner dans le rôle strictement représentatif où tente de l'enfermer le Premier ministre et va s'appuyer sur la Constitution, les textes législatifs et réglementaires pour affirmer son autorité dans les domaines de la politique étrangère comme de la défense. Les tentatives de Jacques Chirac pour jouer à cet égard le premier rôle échoueront, qu'il s'agisse de la décision des opérations militaires (c'est l'Élysée qui décide de l'intervention au Tchad en 1986), de la loi de programmation militaire pour la rédaction de laquelle les choix présidentiels prévalent ou de la représentation de la France dans les grandes conférences internationales où Jacques Chirac ne parvient pas à évincer le chef de l'État ni à le cantonner dans un rôle honorifique.

En revanche, en politique intérieure le gouvernement dispose d'une prééminence que lui reconnaît la Constitution. Cependant, là encore, le président montre qu'il dispose de réels atouts dont il n'hésite pas à se servir. Ainsi refuse-t-il de signer les ordonnances portant sur la suppression de l'autorisation administrative de licenciement, sur les privatisations, sur l'aménagement du temps de travail ou sur le découpage des circonscriptions électorales, contraignant ainsi le gouvernement à passer par la voie parlementaire beaucoup plus longue et se présentant du même coup, face au Premier ministre, comme le gardien vigilant des acquis sociaux, des intérêts nationaux ou des droits du Parlement. De même ne se prive-t-il pas de faire connaître ses réserves sur le recours systématique au vote bloqué ou à la procédure de l'article 49-3 de la Constitution, ni de s'interroger sur la constitutionnalité de certains textes, poussant ainsi les parlementaires socialistes à les déférer au Conseil constitutionnel, dont le président, nommé en 1986, est l'ancien Garde des Sceaux, Robert Badinter. Si bien que le président finit par jouer le rôle d'un porte-parole des Français, critiquant le gouvernement au nom des divers groupes qui « pourraient souffrir d'un manque de justice ». On se trouve donc dans la situation inédite d'un chef de l'État portant l'opposition au cœur même de l'Exécutif, refusant des nominations, exigeant des compensations en faveur des personnalités révoquées de leur fonction, critiquant le fonctionnement d'instances comme la Commission nationale de la Communication et des libertés, voire n'hésitant pas à prendre le parti de l'opinion contre le gouvernement lorsqu'il apparaît que des fractures s'installent entre eux. Ainsi en va-t-il, en novembre 1986, lorsque le projet de loi du Secrétaire d'État aux Universités, Alain Devaquet, est soupçonné de rétablir insidieusement la sélection à l'Université. Les manifestations d'étudiants et de lycéens qui se déroulent en novembre-décembre 1986 se terminent tragiquement par la mort d'un étudiant et contraignent le gouvernement à retirer son projet, non sans que le chef de l'État ait fait savoir qu'il comprenait l'émotion de la jeunesse étudiante. De même, le gouvernement est-il fragilisé par la vague de grèves qui éclatent à la mi-décembre et donnent le sentiment d'un gouvernement débordé, incapable d'assurer la vie quotidienne du pays. Tour à tour, le personnel des ports, les journalistes de l'AFP, la SNCF, la RATP, les enseignants cessent le travail, rendant la vie des Français difficile en cette fin d'année 1986. Quelques mois après les élections, une partie des Français manifeste à l'égard de la nouvelle majorité une exaspération qui rappelle celle dont les socialistes ont été l'objet en 1982-84. L'indice de popularité du Premier ministre dans les sondages s'effondre. Dès la fin 1986, l'expérience Chirac paraît avoir échoué, d'autant que si le chef de l'État prend ostensiblement ses distances par rapport aux décisions les plus impopulaires du gouvernement, le président du RPR doit également compter avec une opposition de droite et une fronde au sein même de la coalition majoritaire.

Mis en cause plus ou moins directement par le président, le Premier ministre est soumis à la surenchère de l'extrême droite dont le principal dirigeant, Jean-Marie Le Pen, qui a annoncé dès le printemps 1987 sa candidature à l'élection présidentielle, l'accuse de mollesse. Lorsque pour tenter de capter l'électorat du Front national dont les voix lui sont indispensables pour l'élection présidentielle de 1988, le chef du gouvernement propose un nouveau code de la nationalité, rendant plus restrictives les conditions d'acquisition de la nationalité française, il se heurte à une mobilisation de la gauche antiraciste qui le contraint à retirer son projet. Ainsi pris entre deux feux, il doit en outre affronter les dissensions au sein de sa propre majorité. Les relations avec le Front national en sont une des causes. Conscient que ce sont les reports éventuels des voix qui se seront portées au premier tour sur Jean-Marie Le Pen qui feront la décision au scrutin présidentiel, le président du RPR hésite sur la tactique à suivre, partagé entre ceux qui lui conseillent le compromis et la modération à l'égard de l'extrême-droite et les jeunes ministres de son gouvernement, Michèle Barzach (Santé), Michel Noir (Commerce extérieur), Claude Malhuret (Droits de l'Homme) qui refusent toute concession au Front national. Ce débat, non totalement tranché, demeure récurrent jusqu'en 1988, entretenant une atmosphère délétère au sein de la majorité. Il s'y ajoute la rivalité qui s'esquisse en vue de l'élection présidentielle entre Jacques Chirac et Raymond Barre. L'ancien Premier ministre, très soutenu par le CDS et influençant largement l'UDF, marque nettement son désaveu de la politique gouvernementale dans tous les domaines, qu'il s'agisse du budget, des privatisations et de la composition des « noyaux durs », du Code de la nationalité, etc.

Attaqué sur sa gauche et sur sa droite, contesté au sein de son propre camp, en chute libre dans les sondages alors que la popularité du président de la République est à son zénith (60 % d'opinions favorables en janvier

1988), le Premier ministre a perdu son pari qui consistait à se faire élire chef de l'État sur son bilan gouvernemental. C'est sous les plus mauvais auspices que débute pour lui le scrutin présidentiel de 1988.

*La réélection de François Mitterrand
et le retour des socialistes au pouvoir*

Rarement scrutin présidentiel aura été aussi peu marqué par la surprise que l'élection de 1988. La remontée de la cote de popularité du président, le fait qu'éloigné de la gestion quotidienne, il ait pu prendre du recul et apparaître comme incarnant, au-delà des clivages partisans, l'unité nationale, ses nombreux voyages en provinces en 1987 font qu'avant même qu'il ait déclaré sa candidature (ce qui sera fait le 22 mars 1988), les sondages le donnent gagnant. Lui accordant de 35 à 37 % des suffrages au premier tour et la victoire au second dans tous les cas de figure. Si bien que sa campagne électorale apparaît comme le simple prolongement de son action de 1986-1988, autour du thème de la « France unie », son programme se trouvant détaillé début avril par une « Lettre à tous les Français ». Sa sérénité contraste avec l'agitation qui marque la droite au sein de laquelle Jacques Chirac et Raymond Barre se livrent une lutte difficile pour figurer au second tour, l'enjeu consistant en outre à montrer en quoi ils se distinguent sans toutefois s'aliéner l'électorat du rival, indispensable au second tour. De surcroît, la campagne est rendue encore plus difficile par la concurrence de Jean-Marie Le Pen sans les voix duquel la droite ne peut espérer l'emporter. En fait, le véritable enjeu du premier tour est de savoir qui, de Raymond Barre ou de Jacques Chirac, sera opposé au second tour à François Mitterrand. Parti avec une sérieuse avance dans les sondages, Raymond Barre va voir celle-ci rognée par les incertitudes de sa stratégie (est-il, comme il l'affirme un candidat au-dessus des partis ou est-il le champion de l'UDF ?) et par le choix comme cible privilégiée de Jacques Chirac par François Mitterrand qui se sent assurément plus à l'aise face à son Premier ministre que face au centrisme de Raymond Barre.

Dès le soir du premier tour, le 24 avril, la victoire de François Mitterrand paraît acquise. Avec 34,09 % des suffrages, il fait presque jeu égal avec ses deux adversaires de droite qui, réunis, n'atteignent pas 37 % des suffrages. Jacques Chirac (19,90 %) devance certes Raymond Barre (16,54 %), mais il est fort loin du chef de l'État qui peut compter sur les 10 % des suffrages rassemblés par les divers candidats d'extrême gauche et sans doute sur une partie des suffrages écologistes. De son côté,

Jacques Chirac ne peut espérer l'emporter que s'il réunit sur son nom à la fois les suffrages qui se sont portés sur Raymond Barre et la quasi-totalité des voix du candidat du Front national Jean-Marie Le Pen, qui a créé la surprise en opérant une percée qui le porte à 14,4 %. Or, précisément, cette conjonction apparaît impossible, Raymond Barre n'acceptant de se désister en faveur du Premier ministre que si aucune concession, aussi faible soit-elle, n'est faite au Front national. Les déclarations de Charles Pasqua sur l'identité de valeurs entre le Front national et la majorité provoquent un réflexe de rejet dans une partie de l'électorat centriste, qui profite au président. Les tentatives de Jacques Chirac pour forcer le destin en multipliant les coups de théâtre spectaculaires à la veille du second tour, en obtenant la libération d'otages français détenus au Liban ou en libérant par la force (au prix de 22 morts) des gendarmes retenus par les indépendantistes de Nouvelle-Calédonie, donnent le sentiment d'une fiévreuse ambition qui ne recule devant rien et contrastent avec la sérénité qu'affiche le président. Le 8 mai 1988, comme l'annonçaient tous les sondages, il est réélu pour un second mandat par 54,02 % des suffrages contre moins de 46 % au président du RPR qui échoue pour la seconde fois dans la course à l'Élysée.

Cette écrasante victoire atteste que le thème de la France unie, sur lequel le président a axé sa campagne, a fait recette. Il est évident que François Mitterrand a rassemblé bien au-delà de la gauche, recueillant les suffrages d'électeurs de Raymond Barre, voire une partie de ceux du Front national. Cohérent avec lui-même, le président réélu préconise l'ouverture de la majorité aux centristes et nomme Premier ministre le socialiste Michel Rocard qui incarne au sein de son parti une voie réformiste et forme un gouvernement où les fidèles de François Mitterrand sont en position de force avec rang de ministres d'État : Lionel Jospin à l'Éducation nationale, Pierre Bérégovoy à l'Économie et aux Finances, Roland Dumas aux Affaires étrangères, voire le radical de gauche Maurice Faure à l'Équipement. Quant à l'ouverture annoncée, elle se réduit dans un premier temps à l'entrée au gouvernement de deux centristes, Michel Durafour et Jacques Pelletier et de l'ancien giscardien Lionel Stoléru. Mais des négociations ont lieu avec le CDS de Pierre Méhaignerie, dont l'éventuel ralliement permettrait au chef de l'État de faire l'économie d'une dissolution.

Les centristes hésitant à sauter le pas, le chef de l'État désireux de pouvoir compter sur une majorité stable, décide la dissolution de l'Assemblée, les nouvelles élections devant avoir lieu les 5 et 12 juin, au scrutin majoritaire rétabli par la droite. Or, paradoxalement, à la différence de ce qui s'était passé en 1981, le Parti socialiste se présente à ces élections en état de faiblesse. Alors que la droite fait campagne contre le retour de l'« État-PS » des années 1981-82, le chef de l'État met en garde l'électorat contre le fait de confier le pouvoir à un unique parti, semblant aller ainsi dans le sens des adversaires du PS. En outre, la succession de Lionel Jospin au premier secrétariat du Parti socialiste a donné lieu à une lutte sévère entre Laurent Fabius qui dissimule à peine qu'il voit dans ce poste un tremplin présidentiel et ses adversaires qui imposent finalement l'élection de Pierre Mauroy.

Dans ces conditions, et en dépit de l'ardeur de Michel Rocard qui conduit la bataille des législatives, le premier tour est une déception pour les socialistes qui font moins bien que leurs adversaires de la droite parlementaire, rassemblés dans l'Union du Rassemblement et du Centre (URC) sous la houlette de Valéry Giscard d'Estaing. Il est vrai que ces élections ont peu mobilisé, le total des abstentions s'élevant à 34,4 %. Au second tour, les efforts de Michel Rocard permettront un sursaut de l'électorat de gauche, donnant une légère avance en sièges aux socialistes. On aboutit ainsi à un résultat inédit sous la Ve République : la droite, majoritaire en voix, perd la majorité absolue qu'elle détenait à l'Assemblée depuis 1986 sans que, pour autant, le parti socialiste parvienne à conquérir celle-ci (il lui manque 13 sièges). Le gouvernement n'est donc assuré que d'une majorité relative des députés et doit compter avec la bonne volonté des centristes ou des communistes pour gouverner. Toutefois, la procédure parlementaire de la Ve République lui permet de demeurer au pouvoir, puisqu'il ne peut en être écarté que par une motion de censure rassemblant l'ensemble des voix de la droite et du parti communiste, hypothèse que M. Marchais exclut au lendemain du second tour.

Élections législatives des 5 et 12 juin 1988

Partis	% des suffrages exprimés (1er tour)	Élus
Parti communiste	11,31 %	27
Parti socialiste et divers gauche	37,54 %	279
Union du Rassemblement et du Centre dont :	40,44 %	
— UDF		130
— RPR		128
— divers droite		13
Front national	9,78 %	1

Le second septennat s'ouvre ainsi dans un cadre et avec des perspectives bien différents du premier. Les socialistes au pouvoir n'envisagent plus la rupture avec le capitalisme, mais une gestion sociale de l'économie de marché, ouvertement réformiste, et dont le modèle est celui des social-démocraties de l'Europe du Nord. La politique gouvernementale ne s'opère plus droite contre gauche, mais recherche un consensus qu'imposent de toutes manières l'étroitesse de la majorité parlementaire et la recherche de la neutralité ou de l'appui des centristes du CDS. Cette tentative originale bénéficie en outre d'un redressement (provisoire) de la conjoncture économique ; les effets conjugués du contre-choc pétrolier et de la baisse du dollar semblent marquer une sortie de crise qui va colorer d'optimisme les débuts du gouvernement Rocard.

Le gouvernement Rocard : une tentative de gestion sociale réformiste et consensuelle (1988-1991)

Formé au lendemain des élections législatives, le second gouvernement Rocard traduit la volonté d'ouverture et la recherche du consensus qui vont être l'obsession du Premier ministre. Aux côtés des socialistes, on voit en effet entrer au gouvernement quelques centristes ralliés comme Jean-Pierre Soisson, Théo Braun ou Jean-Marie Rausch, mais surtout une quinzaine de ministres, supposés représenter la « société civile », savants, sportifs, économistes dont le trait commun est leur caractère médiatique.

À peine le gouvernement est-il formé qu'il remporte un succès spectaculaire avec la signature à l'Hôtel Matignon d'un accord entre les diverses parties du conflit néo-calédonien, écartant ainsi le risque d'une nouvelle guerre coloniale dans ce territoire d'outre-mer, ensanglanté par le drame des derniers jours de la cohabitation. L'accord de juin 1988 rétablit durablement la paix dans la région.

Toutefois, le trait essentiel du gouvernement Rocard réside dans sa volonté de donner la préférence à la solution des grands problèmes fondamentaux qui se posent à la société française sur les événements conjoncturels qui ne sont que la manifestation de ces derniers. Il en résulte un style de gouvernement où le sérieux l'emporte sur le spectaculaire, le long terme sur l'événement, mais qui, de ce fait, déçoit parfois l'opinion qui apprécie peu le « devoir de grisaille » qu'évoque le Premier ministre.

Michel Rocard n'est guère épargné par les mouvements sociaux qui contestent l'action de son gouvernement et qui donnent lieu à de multiples manifestations de rue qui rencontrent le soutien de l'opinion publique, des forces politiques (y compris le parti socialiste), voire du président de la République lui-même qui paraît parfois être un opposant à son propre gouvernement. Les années 1988-1991 verront ainsi se déployer les mouvements protestataires des infirmières, des gardiens de prison, des centres de tri des PTT, de la RATP, des fonctionnaires corses, des personnels de justice, des lycéens, des fonctionnaires, des enseignants... Plus grave est sans doute la révolte des banlieues qui met en évidence les dysfonctionnements sociaux et les clivages d'une société où un fossé se creuse entre ceux qui disposent d'un emploi et ceux qui se trouvent marginalisés, en particulier les jeunes, et spécifiquement les immigrés de la seconde génération, rejetés dans les banlieues défavorisées, véritables ghettos de pauvreté.

Or, face à ces mouvements, la « méthode Rocard », tout en maintenant le dialogue social propose des solutions qui consistent moins à traiter le court terme dans l'urgence qu'à poser les problèmes de fond qui sont à l'origine des malaises constatés. Ainsi en va-t-il du problème de la pauvreté : refusant aides et subventions qui conduiraient au laxisme financier et au déficit budgétaire, le Premier ministre vise à réinsérer dans les circuits du travail les Français en voie de marginalisation. C'est pourquoi, à l'automne 1988, il fait voter le « Revenu minimum d'insertion » offrant une garantie de ressource aux plus défavorisés pour leur donner les moyens de trouver un emploi et finançant ces dépenses à l'aide du rétablissement d'un impôt sur les grandes fortunes, « l'Impôt de solidarité sur la fortune », remplaçant celui supprimé par Jacques Chirac en 1986. De même entend-il répondre aux manifestations des fonctionnaires, non par de simples solutions quantitatives, mais par une rénovation des entreprises publiques et une réforme du fonctionnement de la fonction publique permettant sa modernisation, en particulier par la refonte d'une grille de salaires jugée trop rigide. Enfin, seront abordés de 1988 à 1991 toute une série de problèmes de fond, témoignant d'une volonté d'adapter à son temps la société française : amélioration du système éducatif, adaptation du système universitaire avec le plan « Universités 2000 », institution, en dépit de l'opposition syndicale, de la « Contribution sociale généralisée » destinée à permettre le financement du déficit permanent de la Sécurité sociale, étude du problème du financement des retraites que l'évolution démographique de la France rend préoccupant, etc. Dans cette manière de gérer le pays, tout en assurant l'expansion économique dans le respect des grands équilibres, on retrouve les lignes directrices de la politique suivie en 1984-1986, politique qui exclut les grands débats idéologiques et recherche le consensus sur les grands problèmes nationaux en dehors des clivages partisans traditionnels. Cette volonté est sans doute dans le droit fil de la campagne présidentielle de 1988 et elle fait du Premier ministre le porte-parole de la « France unie », lui valant d'incontestables sympathies dans les rangs centristes et lui assurant une popularité considérable dans l'opinion.

Mais la « méthode Rocard » en estompant les clivages politiques traditionnels va avoir des conséquences importantes sur l'opinion et les forces politiques. Paradoxalement, c'est du côté du Parti socialiste que l'opposition est la plus forte. Inquiets de voir l'image de leur parti s'affadir dans une pratique consensuelle, les dirigeants socialistes s'irritent de la timidité du Premier ministre à prendre des mesures sociales à court terme et des vagues successives de mouvements sociaux dans la fonction publique et le secteur privé qui risquent de leur faire perdre leur clientèle électorale. Cette mauvaise humeur envers le gouvernement trouve un chef de file dans l'ancien Premier ministre Laurent Fabius qui, avec l'appui du président, se réclame de la tradition de gauche du Parti socialiste et se pose en rival de Michel Rocard. Sa décision de se porter candidat contre Pierre Mauroy au poste de Premier secrétaire du Parti socialiste va dresser contre lui ses rivaux et aboutir au désastreux congrès de Rennes de 1990 où les dirigeants du Parti socialiste se déchirent dans une lutte sans merci qui affaiblit à la fois leur parti et le gouvernement. La droite est déconcertée par une politique modérée, qui a l'aval de l'opinion, mais qui lui ôte une partie de sa raison d'être et exerce une incontestable attraction sur le centrisme. Mais sa seule alternative est une radicalisation sur les thèmes du Front national qui risque d'aggraver son isolement et de la faire entrer dans une crise interne profonde.

Quant à l'opinion, si elle approuve la politique du gouvernement, elle apparaît désorientée par la disparition des grands débats idéologiques et réagit par une abstention massive lors des consultations électorales (51 % aux élections cantonales de 1988, 63 % lors du référendum de novembre 1988 sur la Nouvelle-Calédonie...) ou par le vote en faveur des forces qui paraissent étrangères au jeu politique traditionnel comme le Front national dont l'implantation se renforce ou les écologistes qui effectuent une timide percée.

Vers l'automne 1990, la détérioration de la situation économique, jointe à ces multiples critiques ou à l'indifférence électorale des Français, aboutit à un tassement de la courbe de popularité du Premier ministre (qui demeure cependant positive). Le déclenchement de la Guerre du Golfe en janvier 1991 en renforçant le consensus national permettra un regain de popularité de Michel Rocard comme du président, en dépit de la démission du ministre de la Défense Jean-Pierre Chevènement qui désapprouve la participation de la France à l'opération. Mais dès la fin du printemps 1991, cette brève période d'euphorie s'achève et la morosité de l'opinion, affrontée à une recrudescence de la crise, s'affirme.

Il en résulte une tension à peine dissimulée entre l'Élysée et Matignon. Si le chef de l'État a nommé Premier ministre son ancien rival, c'est à coup sûr que le profil de celui-ci correspondait à la volonté politique d'ouverture qui avait constitué sa plate-forme électorale de 1988. De surcroît, la politique suivie, approuvée par l'opinion, répondait à la ligne tracée par le chef de l'État, dont Michel Rocard, par des déclarations réitérées d'allégeance, renforçait la primauté. Pour autant, le président de la République ne laisse pas d'être irrité par son Premier ministre dont la forte popularité dans l'opinion contraste avec l'effritement de sa propre cote, et qui apparaît comme son dauphin au sein du Parti socialiste, rôle qu'il attribuerait plus volontiers à Laurent Fabius. Si bien qu'en 1990-1991, le président ne ménage à son Premier ministre ni les critiques indirectes, ni les attaques directes provenant de son entourage, de ses familiers, parfois des ministres dont il a imposé la présence au gouvernement. On voit le chef de l'État apporter son soutien aux manifestants qui contestent le pouvoir, par exemple aux lycéens qui, en novembre 1990, réclament du Premier ministre et du ministre de l'Éducation nationale Lionel Jospin des crédits pour la rénovation des locaux et l'extension des droits des élèves. En d'autres termes, le problème du remplacement de Michel Rocard à Matignon se pose dès l'automne 1990 et la vie politique française paraît se résumer aux manifestations de mauvaise humeur du président à l'égard de son Premier ministre et aux suppositions sur le nom de son successeur éventuel. La chute de popularité du président et du gouvernement après la Guerre du Golfe paraît fournir l'occasion cherchée depuis longtemps : en mai 1991, le président révoque le Premier ministre dans un style qui évoque plus le congédiement d'un subordonné désavoué que la pratique fondée sur l'apparence d'un accord tacite des deux protagonistes qui est d'usage sous la Ve République.

La crise du pouvoir socialiste (1991-1993)

Décidée pour reprendre en main une situation qui paraît se dégrader, la révocation de Michel Rocard va au contraire accentuer la crise du socialisme au pouvoir. Le président avait cru pouvoir interpréter le début de désaffection de l'opinion à l'égard du gouvernement comme résultant de la politique consensuelle recherchée par Michel Rocard et de l'absence de grande mesure sociale capable de mobiliser l'opinion et de satisfaire la gauche. En fait, la cause du désenchantement est tout autre. Elle tient d'une part à la détérioration de la conjoncture économique qui fait replonger le pays dans la crise lors du 2e semestre 1990. La croissance se ralentit, les entreprises tentent de rétablir leur situation financière en diminuant systématiquement leurs effectifs, le chômage augmente et, dès 1992, plus de 10 % de la population active sont sans emploi, le gouvernement vivant dans la hantise de voir dépassée la barre symbolique des trois millions de chômeurs. Mais d'autre part, le mécontentement résultant de cette détérioration de la situation dont le pouvoir fait les frais est aggravé à gauche par le fait que les socialistes se sont ralliés à la logique du marché et considèrent désormais que la reconstitution de la marge de profit des entreprises est la priorité de la gestion économique, si bien qu'ils ne représentent plus l'espoir d'une politique différente qui donnerait la première place au social et lutterait contre la fatalité des lois du marché. La crise économique qui fragilise la société française se double donc d'une crise d'identité du socialisme. Celle-ci est d'autant plus forte que le chef de l'État, au pouvoir depuis plus de dix ans, connaît un phénomène d'usure et que le Parti socialiste se trouve déconsidéré à la fois par les divisions inexpiables qui opposent ses chefs et par une série de scandales qui l'atteignent dans la rigueur morale qui a longtemps constitué l'un de ses atouts. Quelques élus sont convaincus d'escroqueries ayant pour objet leur enrichissement individuel. Mais surtout, la justice dévoile les procédés illégaux de financement du PS par le biais de bureaux d'études et de fausses factures, procédés largement utilisés par toutes les forces politiques en l'absence de loi sur le financement des partis, mais qui va atteindre plus durement le Parti socialiste dans la mesure où il s'est efforcé de tenir une comptabilité en règle de ces pratiques illégales. Enfin, les retombées du scandale lié à la transfusion du sang contaminé par le virus du sida et injecté aux hémophiles jusqu'en 1985, vont conduire à poser le problème des responsabilités politiques des gouvernants de l'époque et à dénoncer, sans preuve très convaincantes à l'appui, l'action de Laurent Fabius, alors Premier ministre et devenu entre temps Premier secrétaire du parti socialiste et de deux anciens ministres, hauts dirigeants de ce parti, Edmond Hervé et Georgina Dufoix. L'affaire restera provisoirement sans suite, la convocation de la Haute Cour de justice étant jugée impossible par la Cour de Cassation qui déclare les faits prescrits, mais elle aggrave la crise du pouvoir socialiste.

Dans ces conditions, les tentatives du chef de l'État pour redresser la situation paraissent vouées à l'échec. En donnant comme successeur à Michel Rocard, Mme Édith Cresson, première femme Premier ministre de l'histoire française, le président de la République espère provoquer un mouvement de sympathie de l'opinion publique, d'autant qu'à ses côtés le gouvernement comprend six femmes. Par ailleurs, la réputation de courage, d'énergie et d'autorité du nouveau Premier ministre, qui n'avait pas ménagé ses critiques envers son prédécesseur, paraît de nature à provoquer ce sursaut que les socialistes appellent de leurs vœux après la cure de sérieux sans coup d'éclat que leur a imposée Michel Rocard. Au demeurant, le chef de l'État assigne à Mme Cresson la double mission de préparer le pays à l'échéance du Marché unique européen qui doit s'ouvrir le 1er janvier 1993 et de reconquérir une opinion dont la désaffection pourrait être catastrophique pour les socialistes aux élections de 1993, en particulier en proposant un projet social mobilisateur. Or sur toute la ligne, l'opération est un fiasco, moins en raison d'une misogynie supposée de l'opinion française que pour des motifs de fond : depuis le choix de mars 1983 et le ralliement des socialistes à l'économie de marché, il n'est pas de nouvelle politique possible. En dépit d'annonces non suivies d'effets comme la valorisation des petites et moyennes entreprises, décrétées créatrices d'emploi, le gouvernement Cresson poursuit la politique de rigueur dans les finances publiques et le financement de la Sécurité sociale, et, en l'absence d'une évolution favorable de la conjoncture économique mondiale, ne parvient ni à provoquer la moindre reprise économique, ni à enrayer la progression du chômage.

Mais à ces contraintes extérieures qui échappent en grande partie à la volonté du Premier ministre s'ajoutent des raisons plus personnelles qui expliquent son échec : un mépris peu dissimulé pour le personnel politique, la haute administration et les dirigeants de son parti, une affectation de langage direct qui tourne volontiers à la verdeur et qui choque l'opinion et le monde politique comme peu compatible avec la fonction de Premier ministre, une brutalité dans la décision qui contraste avec la recherche de consensus d'un Michel Rocard, une méthode de travail qui ignore les réalités administratives et les compétences au profit de la toute-puissance de conseillers directs. Les résultats ne se font pas attendre. Le Premier ministre dresse contre elle la fonction publique, choquée par la brutalité de la « délocalisation » en province ou en banlieue d'une vingtaine d'établissements publics (l'École nationale d'Administration est exilée à Strasbourg), sans que la moindre concertation ait eu lieu sur le sujet. Elle se heurte à la résistance de ses ministres qui n'acceptent pas de mettre en œuvre une politique qui n'a pas leur aval, et au premier rang d'entre eux de Pierre Bérégovoy, ministre d'État en charge de l'ensemble des secteurs économiques et financiers qui fait prévaloir la rigueur et le maintien des grands équilibres sur les demandes de financement du Premier ministre. De même devra-t-elle enregistrer le refus du ministre de l'Éducation nationale, Lionel Jospin, de remettre en cause le principe de la scolarité obligatoire jusqu'à 16 ans et ses réticences sur le développement de l'apprentissage. Enfin, elle doit faire front à l'hostilité quasiment déclarée des principaux dirigeants socialistes et du groupe parlementaire du PS qui ne soutient son action que du bout des lèvres, sur injonction du président de la République seul appui indéfectible du Premier ministre.

Mme Cresson aurait sans doute pu, dans le système institutionnel de la Ve République, surmonter cette levée de boucliers si elle avait réussi à obtenir le soutien de l'opinion. Or c'est le contraire qui se produit. Passé le premier moment de surprise que constitue la nomination d'une femme à l'Hôtel Matignon, le Premier ministre va enregistrer les plus mauvais indices de popularité de la Ve République, fortement négatifs moins d'un mois après sa nomination et qui ne cessent de descendre en chute libre, battant largement les records de Raymond Barre en ce domaine. En mars 1992, 10 mois après sa nomination, 19 % des Français se déclarent satisfaits de son action, 59 % mécontents, ces derniers se recrutant aussi bien à droite que chez les communistes et les socialistes. Le soutien du président, dernier atout de Mme Cresson, ne va pas résister à la déroute enregistrée par la gauche aux élections régionales et cantonales de mars 1992. Aux régionales, le Parti socialiste tombe à 18,2 % des suffrages et les communistes à 8,1 %, la gauche dans son ensemble réunissant moins de 30 % des voix, chute qui profite d'ailleurs moins à la droite parlementaire (33 %) qu'aux forces politiques en marge du système, Front national (13,6 %), écologistes (14,7 %), voire chasseurs et pêcheurs ! Les élections cantonales, en revanche, apparaissent comme un succès considérable pour la droite qui écrase le Parti socialiste et ses alliés. Déjà largement dominante dans les régions et les conseils généraux, la droite renforce encore son emprise, ne laissant à la gauche qu'une région et une vingtaine de départements. La leçon du scrutin est claire : le Parti socialiste au pouvoir a été condamné par le suffrage universel et son éviction du pouvoir semble annoncée par les élections de 1993. Cette fois, le chef de l'État n'a plus le choix et doit se séparer de son Premier ministre dont l'échec est patent. C'est chose faite le 2 avril, Mme Cresson quittant le pouvoir moins de onze mois après sa nomination.

Comme on s'y attendait, c'est le ministre de l'Économie et des Finances Pierre Bérégovoy qui succède à Édith Cresson, en dépit des réserves de cette dernière qui lui reproche (comme aux dirigeants du Parti socialiste) d'avoir beaucoup fait pour assurer son échec. L'accession au poste de Premier ministre de M. Bérégovoy a incontestablement la signification d'un nouveau renforcement de l'emprise du président et de ses choix sur le gouvernement. Il est d'ailleurs significatif que ce sont des proches du chef de l'État qui accèdent à tous les postes ministériels importants, ce qui entraîne par exemple la mise à l'écart de Lionel Jospin, remplacé au ministère de l'Éducation nationale (qu'il cumule avec la Culture) par Jack Lang et qui paie sans doute ainsi son hostilité marquée aux ambitions de Laurent Fabius.

Accueilli avec faveur par l'opinion publique, Pierre Bérégovoy bénéficie d'un bref état de grâce, résultant en grande partie du contraste parfait qu'il présente par rapport à Mme Cresson. Ne disposant que de moins d'une année pour tenter de remonter la pente avec les législatives de 1993, il se garde de toute déclaration tonitruante, de tout grand projet susceptible de mobiliser l'opinion contre le pouvoir et se présente comme le gestionnaire prudent et modeste d'une France en difficulté. Le problème est de savoir si, comme Laurent Fabius en 1984-1986, il pourra rendre aux socialistes les faveurs de l'opinion avant l'échéance de 1993.

Or, il s'avère très vite que la tâche est impossible. Pierre Bérégovoy est devenu, au fil des années, l'incarnation au sein du parti socialiste de l'orthodoxie budgétaire, de la défense de la monnaie et du maintien des grands équilibres économiques. Chargé depuis 1988 (après une première expérience au sein du gouvernement Fabius) de la politique économique et financière de la France, on ne peut attendre de lui que la poursuite de celle-ci. Or, dans le cadre de la crise mondiale en pleine recrudescence, celle-ci signifie la chute de la croissance et la poursuite de la montée du chômage qui, sous son gouvernement, dépassera la barre des trois millions en février 1993. Si bien que, très vite, l'initiative lui échappe et que sa popularité chute dès l'automne 1992. Désormais la dégradation de la situation sociale, la multiplication des « affaires » politico-financières dans lesquelles sont impliqués les socialistes et leurs alliés, et surtout le sentiment que le pouvoir est à bout de course en attendant la sanction des élections de 1993 dont les sondages font pressentir qu'elle sera d'une ampleur sans égale, condamnent le gouvernement à gérer le quotidien en attendant l'inéluctable désastre.

On le voit bien avec le problème de la ratification du traité de Maastricht à propos duquel le chef de l'État tente sans succès de reprendre l'initiative. Ayant fait de la construction de l'Europe l'axe majeur de son second septennat, ardent promoteur du traité de Maastricht signé en décembre 1991 et créant une Union européenne, étape essentielle de l'approfondissement de la construction européenne (chapitre 7), il propose et obtient en juin 1992 une révision constitutionnelle par la voie parlementaire (les parlementaires RPR refusant de siéger pour ne pas étaler leurs divisions sur la question) afin de rendre le traité compatible avec la Constitution française. Mais lorsque le chef de l'État décide de soumettre à référendum la ratification du traité de Maastricht (peut-être afin de mettre en évidence les divisions sur le sujet du RPR et de l'UDF), les limites de la marge d'action d'un pouvoir paralysé vont apparaître au grand jour. L'opération paraît sans danger puisque les sondages révèlent que 70 % de l'opinion sont favorables à l'approfondissement de la construction européenne. Mais la campagne hostile à Maastricht conduite par des dirigeants du RPR, MM. Pasqua et Séguin et un membre de l'UDF, le député Philippe de Villiers, va se nourrir de la volonté d'une partie de l'opinion de sanctionner le gouvernement socialiste en émettant un vote négatif. Il faut que le Premier ministre sollicite les dirigeants de l'opposition parlementaire partisans de la ratification et qui n'avaient jusqu'alors mené qu'une campagne assez molle pour éviter que la chute des intentions de vote favorables n'aboutisse à un désastre. Ce n'est que d'extrême justesse que, le 20 septembre, 51,04 % des Français approuvent finalement le traité.

Lorsque le président voudra aller plus loin et procéder à une large révision de la Constitution destinée à la remettre à jour et à réduire la durée du mandat présidentiel, il se heurte au veto d'une opposition qui considère qu'un pouvoir condamné ne possède plus la légitimité nécessaire pour entreprendre une réforme de cette ampleur. Les élections de mars 1993 apparaissent ainsi, avant même que leurs résultats ne soient connus, comme le fond de l'abîme d'un pouvoir socialiste qui vit depuis 1993 une forme de crise permanente. La seule question est celle de l'ampleur du désastre électoral qui s'annonce.

Les élections législatives de mars 1993
et les débuts de la seconde cohabitation

Comme il devient de règle dans le contexte de crise que connaît la France, le scrutin législatif de mars 1993 annonce donc une nouvelle alternance. À cet égard, la période pré-électorale ne fait qu'amplifier les prévisions. Les sondages ne cessent d'enregistrer la chute des intentions de vote en faveur des socialistes, au point que certains d'entre eux prévoient même qu'ils seront devancés par les écologistes. Alors que ces derniers refusent toutes les avances du Parti socialiste dans la conviction qui est la leur qu'ils sont appelés à lui succéder, le parti gouvernemental achève de se déchirer. Une vive polémique oppose le Premier ministre, Pierre Bérégovoy au Premier secrétaire du Parti socialiste Laurent Fabius afin de savoir qui dirigera la campagne électorale, et ce alors que l'un et l'autre sont affaiblis par les accusations lancées contre eux, celle d'avoir bénéficié d'un prêt sans intérêt d'un million pour l'achat de son appartement de la part d'un financier par ailleurs compromis dans des délits d'initiés en ce qui concerne le Premier ministre et les séquelles de l'affaire du sang contaminé pour le Premier secrétaire. Par ailleurs, Michel Rocard, considéré comme le futur candidat socialiste à l'élection présidentielle, préconise un bouleversement du paysage politique (le « big bang ») qui ferait disparaître le PS au profit d'un large regroupement de gauche incluant les écologistes et les contestataires communistes. De surcroît, il fait d'avance retomber la responsabilité de l'échec électoral sur le chef de l'État en déclarant qu'il sera le résultat d'« un règlement de comptes personnels entre beaucoup de Français et le président de la République ».

Face à un Parti socialiste vaincu d'avance, la droite est moins préoccupée par la recherche d'une victoire qui ne peut lui échapper que par la gestion de celle-ci, avec en ligne de mire, les futures élections présidentielles de 1995 et la renaissance dans cette perspective de l'éternelle concurrence entre Jacques Chirac et Valéry Giscard d'Estaing. Le problème se cristallise autour des conséquences à tirer de l'effondrement électoral des socialistes, interprété comme un vote de méfiance envers le président : faut-il exiger sa démission, provoquant ainsi des présidentielles anticipées comme le préconise Valéry Giscard d'Estaing qui souhaite précipiter les échéances ou respecter les délais constitutionnels comme le pense Jacques Chirac qui compte sur l'organisation de primaires qui feraient de lui le candidat unique de la droite ? Par ailleurs, ce dernier juge que les élections placeront le RPR en position de force par rapport à l'UDF, permettant ainsi au mouvement néo-gaulliste de revendiquer la direction du gouvernement que Jacques Chirac, échaudé par son échec de 1986-1988, songe à confier à Édouard Balladur, son ancien ministre d'État à l'Économie et aux Finances, considéré comme son fidèle lieutenant. Au demeurant, la polémique sur l'éventuel départ du président tourne court, ce dernier ayant fait savoir qu'il entendait exercer son mandat jusqu'au bout et que rien dans la Constitution ne peut le contraindre à quitter l'Élysée.

Les élections législatives des 21 et 28 mars 1993 enregistrent comme prévu la défaite sans appel du Parti socialiste qui perd 4 millions de suffrages par rapport à 1988 et ne parvient à sauver qu'une soixantaine de sièges. Bien que le Parti communiste connaisse aussi un recul, plus limité il est vrai (il perd 2 % des suffrages), la régionalisation de son implantation dans un nombre limité de départements lui permet de faire élire 24 députés. Mais au total, avec 91 élus sur 577 députés, la gauche est écrasée.

Élections législatives des 21-28 mars 1993

Partis	% des suffrages exprimés (1er tour)	Élus
Parti communiste	9,18 %	24
Parti socialiste et majorité présidentielle	19,20 %	67
Écologistes	7,60 %	—
RPR	19,83 %	242
UDF	18,64 %	207
Divers droite	4,40 %	36
Front national	12,42 %	—

La principale surprise des élections vient du score médiocre des écologistes qui ne bénéficient nullement de l'effondrement socialiste. En ne rassemblant que 7,60 % des suffrages au lieu des 15 ou 20 % que leur promettaient les sondages, ils se trouvent ramenés à une fonction d'exutoire d'un mécontentement diffus plutôt que de réelle force politique fondée sur une culture spécifique susceptible de fixer un électorat. De surcroît, aucun de leurs dirigeants ne parvient à se faire élire au Parlement.

Cette écrasante défaite de la gauche explique par contrepoint la spectaculaire victoire de la droite en terme d'élus, qui est davantage l'effet du scrutin majoritaire que d'une réelle dynamique. Bien que disposant d'une imposante majorité de 449 députés (et même de 485 élus si on ajoute les « divers droite »), elle n'a cependant réuni que 40 % des voix en faveur de l'Union pour la France, formée de l'addition du RPR et de l'UDF. Bien que les 12,42 % du Front national ne lui aient permis d'avoir aucun député, il fait cependant peu de doute que l'implantation de l'extrême droite constitue pour la droite parlementaire un sujet de préoccupation. Si bien que, comme pour la plupart des élections du temps de crise, l'alternance de 1993 est davantage née d'une défaite de la gauche que d'une victoire de la droite.

Pour autant, elle met en œuvre une seconde cohabitation, bien différente de la première. D'abord parce que la défaite du PS étant largement la sienne, François Mitterrand se trouve affaibli et sa marge de manœuvre réduite. Ensuite parce que, cette fois, le président n'étant pas candidat à sa propre succession, l'intérêt d'un jeu personnel pour préparer l'échéance de 1995 a disparu. Enfin, parce que le Premier ministre va prendre le plus grand soin d'éviter tout heurt avec le chef de l'État et que le souci des deux dirigeants de l'Exécutif de se ménager et de ne pas empiéter sur leurs prérogatives réciproques aboutit au paradoxe d'une cohabitation beaucoup plus harmonieuse qu'on ne l'attendait.

Comme prévu, le chef de l'État nomme en effet Premier ministre au lendemain des élections l'homme que Jacques Chirac, peu désireux de jouer à nouveau son destin présidentiel sur une expérience de gouvernement, a désigné à cette fin, Édouard Balladur. Or, contre toute attente, celui-ci constitue un gouvernement qui comprend certes toutes les sensibilités de la majorité, de Charles Pasqua, ministre d'État, ministre de l'Intérieur à François Léotard, ministre d'État, ministre de la défense nationale en passant par le secrétaire général du RPR, Alain Juppé, ministre des Affaires Étrangères et par celui de l'UDF François Bayrou, ministre de l'Éducation nationale, mais dont la caractéristique que retient l'opinion est sa forte composante centriste marquée par deux ministres d'État représentant cette tendance, Mme Veil (Affaires sociales) et M. Méhaignerie (Justice) alors que le CDS a enregistré un relatif échec électoral.

Ce n'est pas le seul paradoxe du gouvernement Balladur. Au-delà d'un effort de courtoisie réciproque du président et du Premier ministre, le premier veillant à laisser le gouvernement déterminer et conduire la politique de la nation, le second prenant grand soin d'informer le président des grands dossiers, de ne pas remettre en cause sa primauté en matière de défense et de politique internationale et réglant par la négociation les conflits qui surgissent, une véritable connivence s'instaure entre les deux hommes.

Le troisième paradoxe tient à l'extraordinaire popularité du Premier ministre durant les premiers mois de son gouvernement, popularité qui paraît plus tenir à sa personne qu'à la politique qu'il conduit. Celle-ci apparaît en effet comme la mise en œuvre de la politique traditionnelle de la droite qui, en d'autres temps, aurait provoqué de vives réactions de l'opinion. Dans le domaine économique, on ne saurait dire que la politique d'Édouard Balladur rompt avec celle de ses prédécesseurs. Tout au plus, prenant en compte l'importance des déficits publics (350 milliards au moins de déficit budgétaire, 100 milliards de déficit de la Sécurité sociale, 36 milliards de déficit de l'assurance-chômage), le Premier ministre annonce-t-il un rigoureux plan de redressement qui met l'accent sur la réduction des déficits : économies budgétaires, en particulier par la diminution des dépenses de l'État, hausse des taxes, augmentation de la Contribution sociale généralisée, réforme du régime des retraites, modifications du financement du système de santé. Devant les réactions des parlementaires et des syndicats à un plan qui ne prend en compte que les aspects financiers de la situation, le Premier ministre lance un grand emprunt national pour financer un soutien à l'emploi et aux équipements publics. Celui-ci sera d'ailleurs un succès, rapportant près de trois fois le montant prévu et témoignant de la confiance de l'opinion dans le Premier ministre.

La politique de retour au libéralisme total amorcée durant la première cohabitation se poursuit avec la réforme du statut de la Banque de France assurant l'autonomie de celle-ci par rapport au gouvernement et par la loi de privatisations qui relance celles-ci, pratiquement arrêtées depuis 1988, et qui vont donner lieu à quelques opérations couronnées de succès comme la privatisation de la BNP ou celle d'Elf-Aquitaine.

C'est également la politique sécuritaire et hostile à l'immigration souhaitée par la droite que met en œuvre le ministre de l'Intérieur Charles Pasqua. Une loi vise à réduire les possibilités de regroupement familial et les demandes d'asile (elle sera en partie annulée par le Conseil Constitutionnel, contraignant le gouvernement à la réviser et même à modifier la Constitution) ; une autre renforce les moyens mis à la disposition de la police pour les contrôles d'identité ; une troisième rend plus difficile l'acquisition de la nationalité française.

Non moins caractéristiques de la volonté du pouvoir de tirer les conséquences de sa victoire électorale sont les mesures concernant l'enseignement. La majorité vote un texte autorisant les universités à déroger à la loi d'orientation universitaire de 1984 en matière de statut et de financement des universités, ce qui est une manière d'abroger cette loi, mais le Conseil constitutionnel annulera ce texte qu'il juge contraire à la Constitution. De même, pour satisfaire sa clientèle, le gouvernement fait voter en décembre, en fin de session d'automne, une révision de la loi Falloux autorisant les collectivités locales à financer l'enseignement privé sous contrat, disposition que le président de la République avait refusé d'inscrire à l'ordre du jour de la session extraordinaire de juillet 1993.

Si le Premier ministre peut ainsi mener sans entrave la politique de la droite, c'est qu'il rencontre dans l'opinion un accueil extraordinairement favorable. Les indices de popularité dont il bénéficie sont en tous points comparables à ceux de Jacques Chaban-Delmas en 1969-70 ou de Pierre Mauroy en 1981. 60 à 70 % des Français jugent son action positive et apprécient un « parler vrai » qui se garde bien de farder la réalité de la situation de la France. Le calme, le sérieux, la pondération du Premier ministre rassurent les Français qui tablent sur sa compétence pour sortir le pays de l'ornière. Ils apprécient également son apparente objectivité qui rejette toute chasse aux sorcières, le caractère mesuré de ses propos, les relations apaisées qu'il a su nouer avec le chef de l'État qui ne manque aucune occasion de prononcer l'éloge de son Premier ministre. De surcroît, il tire bénéfice de la solution qu'il apporte, en accord avec le chef de l'État, à une série de crises qui secouent le pays. Ainsi en va-t-il de la spéculation monétaire déclenchée contre le franc en juillet 1993, en raison des baisses répétées de taux d'intérêt pratiquées par le gouvernement français pour stimuler l'économie. Malgré la tempête, le Premier ministre, en liaison avec le président, réussit à maintenir le principe de la solidarité des monnaies européennes pour l'avenir même si, dans l'immédiat, l'élargissement des marges de fluctuation des monnaies vide de tout contenu réel le système monétaire européen. Le Premier ministre fera preuve de la même maîtrise à l'automne 1993 lorsque les négociations commerciales du GATT entrant dans leur phase finale, il obtient le soutien de ses partenaires européens pour renégocier des accords agricoles jugés défavorables à la France et pour négocier un compromis avec les États-Unis qui, pour l'essentiel, répond aux vœux du gouvernement français. Ces qualités politiques se retrouvent encore lorsque le ministre de l'Intérieur Charles Pasqua exige une révision constitutionnelle qui permette de passer outre à l'annulation par le Conseil constitutionnel de certaines dispositions de la loi réglementant les conditions de séjour des étrangers en France. Face au risque d'un conflit majeur avec le chef de l'État, Édouard Balladur choisit la voie du compromis, proposant un texte qui comporte une adaptation limitée de la Constitution et que l'Élysée amende avant son adoption. Si le Premier ministre accepte, pour satisfaire la majorité, de prononcer une sévère mise en garde au Conseil constitutionnel, accusé de faire obstruction à la volonté du peuple souverain, il a une nouvelle fois évité l'affrontement ouvert au sein de l'Exécutif.

Si bien que, jusqu'à l'automne 1993, le Premier ministre conforte son image d'homme responsable, compétent, apte à piloter avec prudence et sagacité la France au milieu des tempêtes. Porté par des sondages flatteurs, il est d'autant plus à l'aise que l'opposition socialiste, traumatisée par son écrasante défaite de mars paraît s'enfoncer dans le néant. Les retombées de l'échec socialiste conduisent à une crise profonde qu'illustre de manière dramatique le 1er mai 1993 le suicide de l'ancien Premier ministre Pierre Bérégovoy. Au lendemain des élections, alors que Lionel Jospin abandonne provisoirement toute responsabilité au sein du PS, Michel Rocard, appuyé par les amis de Lionel Jospin, met en minorité le Premier secrétaire du parti, Laurent Fabius et prend la tête du PS. Celui-ci paraît menacé d'une scission entre les nouveaux dirigeants d'une part, les partisans de Laurent Fabius appuyés par le président de la République et ses proches de l'autre. Ce n'est donc pas de l'opposition, mais des rangs de la majorité qu'Édouard Balladur peut redouter des difficultés. La voie centriste et apparemment modérée qu'il a choisie mécontente une partie du RPR et, au sein de l'UDF, un Parti républicain qui s'estime mal représenté au gouvernement. Mais surtout, la grande popularité dont jouit Édouard Balladur pousse une partie des parlementaires de la majorité à juger qu'il serait le meilleur présidentiable de la droite pour 1995, ce que confirment les sondages opérés sur ce sujet. Bien que le Premier ministre s'impose et impose à ses ministres de ne pas évoquer la présidentielle avant le début de 1995, cette situation de favori des sondages en fait le rival potentiel de Jacques Chirac dont les ambitions risquent de se trouver une nouvelle fois déçues. Sous les dehors d'un accord parfait et d'une amitié indéfectible, nourris de part et d'autre par des protestations de fidélité et une volonté d'unité, s'instaure une rivalité larvée entre le président du RPR et le Premier ministre, sans compter celle qui oppose à l'un et à l'autre Valéry Giscard d'Estaing.

Mais surtout, à partir de l'automne 1993 se multiplient les signes d'une éclipse de l'« état de grâce » dont a bénéficié jusqu'alors le Premier ministre. Les facteurs politiques y jouent leur rôle comme la forte mobilisation des défenseurs de l'école publique contre les faveurs consenties au privé sous contrat par la modification de la loi Falloux votée en décembre 1993. Devant l'ampleur des manifestations, le gouvernement doit faire précipitamment machine arrière en janvier 1994 et retirer le texte, au grand dam d'une partie de sa majorité. Mais l'essentiel demeure les effets de la crise que, pas plus que ses prédécesseurs et en dépit de ses déclarations optimistes, le Premier ministre ne semble en mesure de combattre. À l'automne, le gouvernement fait voter une loi quinquennale sur l'emploi qui insiste sur la flexibilité du temps de travail, mesure demandée depuis longtemps par le patronat. Mais les plans de réduction d'effectifs ou les mesures de « restructuration » dont nul n'ignore plus que la traduction concrète consiste en une vague de licenciements, provoquent une grande agitation et des grèves répétées dans le secteur public, à Air France, à la SNECMA, à France Telecom, à la RATP ou à la SNCF. Lorsque le gouvernement, en application de la loi quinquennale sur l'emploi, décide au début de 1994 de prendre un décret instituant un « Contrat d'insertion professionnelle » permettant de payer au-dessous du SMIC des jeunes qui postulent un premier emploi, une série de violentes manifestations de lycéens et d'étudiants contraint le gouvernement à faire machine arrière malgré sa volonté de ne pas perdre la face. Mais les critiques se multiplient contre l'action d'Édouard Balladur au sein même de la majorité. Les sondages d'opinion enregistrent ce tournant. Pour la première fois, en mars 1994, le Premier ministre enregistre des sondages négatifs, le nombre des mécontents dépassant celui des satisfaits. Si les intentions de vote pour les présidentielles lui demeurent favorables, c'est largement parce que la crise de confiance qui a frappé le Parti socialiste perdure. Elle s'aggrave, même au lendemain des élections européennes de juin 1994, avec l'éviction de Michel Rocard de la direction du Parti socialiste, qui montre que celui-ci n'en finit pas de régler ses difficultés internes.

En fait, la perspective de l'élection présidentielle de 1995 domine l'horizon politique. C'est à coup sûr une époque qui s'achève avec la retraite annoncée de François Mitterrand, alors qu'à gauche comme à droite se dessinent des problèmes de succession dans un climat qui demeure obscurci par le poids d'un chômage qui mine la cohésion sociale du pays. De surcroît, la multiplication des « affaires » qui touchent successivement des hommes de gauche et de droite convaincus d'actes délictueux, soit pour financer leurs campagnes électorales, soit pour assurer leur enrichissement personnel, le développement des enquêtes qui révèlent les procédés de financement du Parti socialiste, du Parti républicain, du RPR à base de fausses factures et d'échanges de subventions contre l'attibution de marchés publics, minent la démocratie, tout le monde politique est suspect de corruption généralisée. Enfin, la tension qui règne au sein du RPR du fait des ambitions rivales de MM. Balladur et Chirac, le refus de M. Delors, porté par les sondages, d'être le candidat du PS aux présidentielles font que l'élection de 1995 s'inscrit dans le contexte d'une démocratie malade, menacée d'une déstabilisation identique à celle qui affecte l'Italie voisine.

V

LA SOCIÉTÉ FRANÇAISE
DEPUIS LE MILIEU DES ANNÉES 70

La longue dépression qui a commencé au milieu de la décennie 1970 a eu sur la société française des conséquences diverses. Elle a accéléré des processus en cours depuis longtemps, qu'il s'agisse des mutations socio-professionnelles liées aux restructurations de l'économie, voire à la « désindustrialisation » de régions autrefois prospères comme la Lorraine et le Nord, de l'exode rural aboutissant à la désertification de certaines campagnes, des effets de l'urbanisation sauvage sur la vie des populations citadines, ou encore de l'érosion des structures et des valeurs traditionnelles. Mais elle a également inversé certaines tendances caractéristiques des « trente glorieuses ». Au plein-emploi s'est substitué un chômage structurel, générateur d'exclusion sociale et de désespérance. La progression régulière des revenus a subi un fort ralentissement, particulièrement ressenti par les classes moyennes. Les écarts entre les catégories sociales ont eu tendance à se creuser. L'individualisme hédoniste qui s'était répandu à l'époque de la croissance n'a certes pas disparu, mais il coexiste avec des comportements qui tendent à réhabiliter des institutions et des valeurs-pivots de l'ordre social.

Comme nous l'avons observé pour les périodes précédentes, les tendances générales dont rendent compte les statistiques et les sondages démentent bien souvent l'impression qui se dégage de la représentation médiatique de l'actualité sociale, de plus en plus tributaire d'impératifs commerciaux qui privilégient le sensationnel. Ceci est vrai par exemple de la soi-disant « montée de la violence » dans notre société, alors que toutes les études qui ont été menées sur cette question concluent à la régression globale des crimes de sang au cours des 50 dernières années et à la relative stabilité des autres délits. L'examen des dysfonctionnements qui affectent depuis une vingtaine d'années la société française doit tenir compte de cet effet d'optique.

Démographie, immigration et intégration des migrants

Le recensement de 1990 fait état d'une population totale de 56 634 000 habitants, parmi lesquels on comptait 51 248 000 Français de naissance, 1 778 000 Français par acquisition et 3 608 000 étrangers. Par rapport aux chiffres de 1975, l'effectif global a augmenté d'un peu plus de 4 millions de personnes et pour l'essentiel cette croissance est due à l'excédent naturel.

Tandis que le nombre des décès demeure à peu près stationnaire — 517 000 en 1960, 528 000 en 1993 —, celui des naissances continue de fléchir, après la sensible reprise de 1980. On en avait en effet enregistré 800 000 à cette date, contre 745 000 cinq ans plus tôt, mais dès 1985 l'effectif des nouveau-nés était retombé à 768 000 et il a depuis subi une nouvelle décrue (762 000 en 1990, 712 000 en 1993). Avec un taux brut de natalité de 12,3‰, la France n'est pourtant pas la plus mal placée en ce domaine des pays de l'Europe des Douze, mais comparée à la situation des années 60 (plus de 18‰), la baisse est néanmoins très sensible. La question que se posent les démographes est de savoir si la récente décrue est le résultat d'un phénomène conjoncturel, lié aux effets de la crise économique, ou de changements structurels qui peuvent d'ailleurs s'interpréter de deux manières différentes : refus de procréer pour un certain nombre de mères ou simple recul de l'âge de la maternité que peuvent expliquer la prolongation des études, le chômage des jeunes et leur hésitation à s'engager dans une vie de famille, ou encore le souci des femmes de concilier vie familiale et vie professionnelle. Selon que l'une ou l'autre de ces hypothèses sera vérifiée, le taux de fécondité des femmes se stabilisera à son niveau actuel de 1,8 enfant par femme, ou remontera très progressivement pour atteindre 2,1 aux environs de 2015.

La baisse régulière du taux de mortalité — 12,7‰ en 1950, 10,6‰ en 1970, 9,2‰ aujourd'hui — et l'augmentation de l'espérance de vie qui en résulte — 69,2 pour les femmes et 66,4 pour les hommes en 1950, 81,5 et 73,3 en 1993 — ont eu pour effet d'accuser le vieillissement de la population française. Celle-ci compte à l'heure actuelle environ 11 millions de plus de 60 ans, et l'on évalue leur effectif à 12,6 millions en 2005. Depuis 1946, la proportion des plus de 65 ans est passée de 11 % à 15 % de la population totale, tandis que celle des moins de 20 ans reculait de 30 %

à 27 %. Ceci n'est pas sans poser de sérieux problèmes, notamment en matière de financement des retraites. Pour tenter d'y porter remède, le gouvernement d'Édouard Balladur a pris la décision, en 1993, d'augmenter progressivement la durée des cotisations versées par les salariés, ce qui constitue indirectement un recul de l'âge de la retraite, alors que dans le même temps les contraintes de la lutte contre le chômage militent en faveur de la relève des générations : il y a là une contradiction majeure que tous les gouvernements auront à affronter au cours des prochaines années.

Si l'accroissement des effectifs du « troisième âge » ne paraît guère propice au dynamisme de la société française, il ne constitue pas nécessairement une calamité. D'abord parce que le vieillissement démographique ne se confond pas avec le vieillissement physiologique des individus. On est aujourd'hui, à 65 ou 70 ans, moins « vieux » qu'on ne l'était il y a encore une trentaine ou une quarantaine d'années. Ensuite, parce qu'une fraction relativement importante des retraités jouit d'une aisance matérielle qui lui permet de satisfaire des besoins et de réaliser des projets jusqu'alors différés, notamment en matière de loisirs (lecture, spectacles, voyages), ou encore d'aider financièrement les plus jeunes à « démarrer dans la vie », se substituant à cet égard aux carences et à la frilosité qui caractérisent en temps de crise le système bancaire français. Autant et peut-être davantage que les jeunes, les plus de 60 ans se sont ainsi constitués en un marché spécifique sur lequel jouent les divers ressorts de la consommation de masse.

Si la forte diminution de la croissance qui, avec des hauts et des bas, affecte depuis vingt ans l'économie française, n'a eu que des effets marginaux sur la natalité et la mortalité, donc sur l'accroissement naturel de la population, elle a eu en revanche pour conséquence de modifier radicalement le phénomène migratoire en provenance de l'étranger. Dès 1974 en effet, il a été décidé de fermer les frontières à l'immigration du travail, décision continûment reconduite depuis cette date et qui, si elle n'a pu empêcher ni les regroupements familiaux, ni la persistance de flux clandestins, a tout de même porté un sérieux coup de frein à l'entrée de nouveaux migrants. Le nombre d'étrangers résidant en France, qui était passé de 1 765 000 en 1954 à 3 442 000 en 1975, s'est en effet à peu près stabilisé depuis cette date. On en a recensé 3 714 000 en 1982 et 3 608 000 en 1990, soit un recul de quelques dixièmes de points en pourcentage.

Le tarissement ou le ralentissement des flux (on estime qu'il y a encore une soixantaine de milliers d'entrées nettes par an en France métropolitaine depuis le début des années 1980), conséquence de la désindustrialisation d'une économie jusqu'alors fortement consommatrice de main-d'œuvre destinée aux secteurs primaire et secondaire, a eu des incidences sensibles sur la nature et sur la perception du fait migratoire dans notre pays. Tout d'abord, il a très fortement perturbé le classique mouvement de *turn over* qui caractérisait depuis toujours, en France, le processus migratoire et qui faisait que nombre d'individus procédaient à des va-et-vient permanents entre le pays de départ et le pays d'accueil, les moins bien adaptés, ou simplement les chômeurs n'hésitant pas à rentrer chez eux dès lors que la possibilité leur était offerte d'une expatriation ultérieure. La fermeture des frontières leur ayant ôté cette perspective, beaucoup ont choisi de prolonger indéfiniment leur séjour, quelles que soient les difficultés rencontrées en matière d'insertion dans la société française, qu'il s'agisse de l'emploi, des conditions de travail et de logement, ou des rapports avec les autochtones.

Du coup, le regroupement familial a pris une place prépondérante dans la composition des flux, femmes et enfants rejoignant le migrant ainsi sédentarisé et modifiant de manière sensible la composition par sexe et par âge de la population étrangère. Les conséquences de ce phénomène sont multiples et varient d'ailleurs beaucoup d'une nationalité à l'autre. On constate en premier lieu une forte féminisation des populations immigrées. Déjà très avancée en 1975 parmi les étrangers originaires des pays de la CEE (89 femmes pour 100 hommes), celle-ci a fortement crû chez les immigrés en provenance du Maghreb (32 femmes pour 100 hommes il y a vingt ans, près de 70 femmes pour 100 hommes à l'heure actuelle) et d'Afrique noire. Au total, on estime que, de 1975 à 1990, le nombre d'étrangers de sexe féminin a augmenté de 200 000, alors que le nombre d'hommes a diminué de plus de 100 000.

Deuxième conséquence, accentuée par le fait que cette forte immigration concerne des pays à fécondité élevée, l'augmentation du nombre d'étrangers nés en France et de jeunes issus de l'immigration ayant acquis la nationalité française, soit par naturalisation s'ils sont eux-mêmes nés à l'étranger (entre 1975 et 1981, sur les 290 000 immigrés entrés en France en vertu des regroupements familiaux, plus de 55 % étaient des mineurs), soit à leur majorité s'ils sont nés en France, en vertu de l'article 44 du code de la nationalité (jusqu'aux dispositions prises en 1993 par le gouvernement Balladur et qui exigent des jeunes de plus de 16 ans une démarche en ce sens auprès de l'administration française). Il en résulte que la population immigrée comprend une proportion de moins de 25 ans plus élevée que l'ensemble de la population française : 40 % au lieu de 36 %, avec toutefois de fortes disparités selon l'origine des migrants (plus de 50 % pour les Maghrébins et les Turcs, 46 % pour les Portugais, mais seulement 27,5 % pour les Espagnols et 20 % pour les Italiens).

Avec le temps, et compte tenu du fait que l'immigration économique se trouvant stoppée depuis 20 ans les regroupements familiaux concernent de moins en moins de personnes, les différences entre les groupes ne peuvent que s'estomper. Déjà, alors qu'il y a une dizaine d'années la contribution des étrangers à la natalité française dépassait de beaucoup celle des autochtones (13 % des naissances légitimes et une proportion plus importante encore des naissances hors-mariage) la nuptialité et la natalité étrangères tendent à s'aligner sur les normes françaises, tandis que se modifie la nature des mariages mixtes : moins de couples franco-italiens, franco-espagnols, franco-portugais, et davantage de couples franco-algériens, franco-marocains et franco-tunisiens.

Bien sûr, le changement le plus caractéristique intervenu depuis le milieu de la décennie 1970 réside dans la répartition des groupes nationaux, ou plus exactement dans le rapport entre représentants de l'immigration européenne et migrants venus des autres parties du monde. En 1975, les premiers représentaient encore un peu plus de 60 % de l'ensemble de la population étrangère, contre 47,6 % en 1982 et 43 % aujourd'hui. Dans l'intervalle, la part des populations venues d'Afrique est passée de 34,6 % (32 % pour les seuls Maghrébins) à 42,8 % en 1982. Elle reste à l'heure actuelle à un niveau à peu près semblable, mais les populations originaires d'Afrique du Nord représentent désormais, à elles seules, 36 % de l'ensemble.

La répartition par nationalités s'est un peu modifiée au cours des deux dernières décennies. En tête viennent toujours les Portugais (759 000 en 1975, 650 000 en 1990) et les Algériens (711 000 et 614 000), mais les Marocains (260 000 et 573 000) ont ravi la troisième place aux Espagnols (tombés de 497 000 à 216 000), relégués en cinquième position derrière les Italiens (463 000 et 253 000) et devant les Tunisiens (140 000 et 206 000) et les Turcs (51 000 et 198 000). Arrivent ensuite, dans des proportions moindres, les diverses nationalités d'Asie (Chinois, Vietnamiens, Cambodgiens, etc.) et les individus originaires de l'ex-Yougoslavie (70 000 et 52 000), puis les Allemands, les Belges et les Polonais (94 000 et 47 000).

Pas non plus de changements majeurs dans la répartition géographique de la population immigrée. Malgré la crise, qui a surtout affecté les secteurs traditionnellement gros consommateurs de main-d'œuvre (mines, sidérurgie, textile, industries chimiques, constructions navales), la population étrangère demeure concentrée dans la moitié est de l'hexagone, plus particulièrement en région parisienne, en Alsace, Franche-Comté, Lorraine, Rhônes-Alpes et Midi Méditerranéen. Là encore avec de fortes disparités qui tiennent à l'origine des migrants. En Aquitaine, Midi-

Pyrénées et Auvergne, les étrangers en provenance de l'Europe des Douze restent majoritaires, tandis qu'en Ile-de-France, Rhônes-Alpes, Alsace, Provence-Alpes-Côte d'Azur, Nord-Pas-de-Calais et Franche-Comté, les deux tiers au moins des étrangers viennent du reste de l'Europe et surtout de pays extra-européens.

Sur les 3 600 000 étrangers recensés en France en 1990, on comptait un peu plus de 1,5 million d'actifs, parmi lesquels on dénombrait 68 % d'hommes, 55 % de moins de 40 ans et 56 % d'ouvriers. C'est dire que la structure de la population active immigrée a peu changé depuis les dernières décennies du XIXe siècle. Ce qui a changé en revanche, ce sont les possibilités d'insertion professionnelle de ces jeunes adultes exerçant majoritairement une activité manuelle n'exigeant qu'une faible qualification. Jusqu'au milieu des années 70, ils trouvaient tout naturellement leur place dans un système de production qui faisait encore la part belle au travail de force et aux gestes stéréotypés du manœuvre et de l'OS. Or, les choses ont beaucoup changé depuis cette date. Les secteurs traditionnellement demandeurs de main-d'œuvre faiblement qualifiée sont ceux qui ont le plus souffert des restructurations économiques. Du coup, moins bien formés en moyenne que leurs homologues français, issus de milieux défavorisés et médiocrement scolarisés (68 % d'entre eux n'ont aucun diplôme, ou sont seulement titulaires du CEP), n'ayant que rarement accès à la formation continue, les étrangers ont été particulièrement touchés par la crise et connaissent un taux de chômage deux fois plus élevé que celui des autochtones.

À ces difficultés d'accès au marché de l'emploi, s'ajoutent celles qui résultent de la concentration des populations étrangères, soit dans certains quartiers non encore « réhabilités » des grandes villes, soit dans des zones périurbaines qui constituent de véritables ghettos. Certes, les « bidonvilles » des années 60 ont partout disparu, remplacés par des cités-HLM qui, en principe, représentent un progrès par rapport aux îlots insalubres de l'époque des « trente glorieuses ». Mais celles-ci n'ont pas tardé à leur tour à se dégrader, provoquant le départ de familles appartenant à des catégories mieux insérées que les immigrés ou attisant les tensions entre étrangers et autochtones.

Depuis quinze ans, le problème de l'intégration des travailleurs étrangers et de leurs familles est devenu l'une des préoccupations majeures des Français, en même temps que le principal ressort d'une entreprise politique qui joue démagogiquement sur les réflexes identitaires et sécuritaires de catégories sociales en difficulté. Le relatif succès rencontré depuis dix ans par le Front national de Jean-Marie Le Pen s'explique en tout premier lieu en effet par l'instrumentalisation qu'a faite de la « question

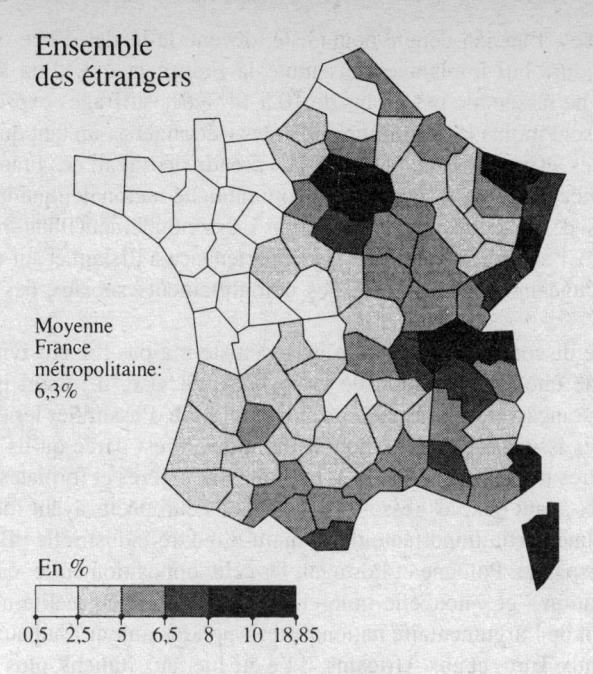

Ensemble des étrangers

Moyenne France métropolitaine: 6,3%

En %
0,5 2,5 5 6,5 8 10 18,85

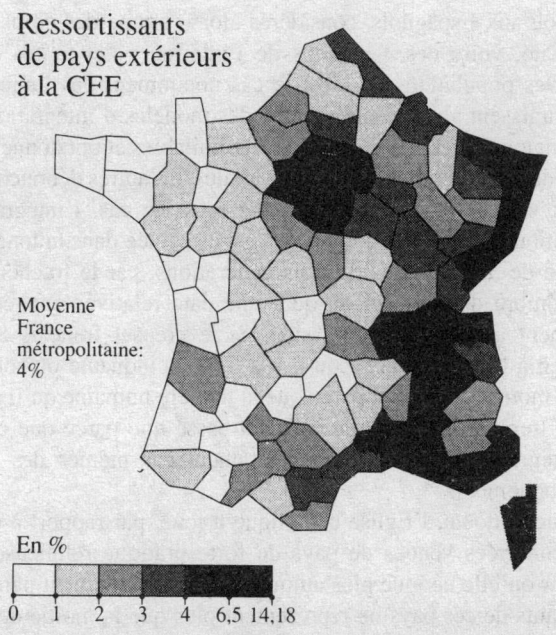

Ressortissants de pays extérieurs à la CEE

Moyenne France métropolitaine: 4%

En %
0 1 2 3 4 6,5 14,18

immigrée » l'ancien député poujadiste, devenu le leader d'une organisation aujourd'hui implantée dans toute la France et qui, d'un scrutin à l'autre, ne rassemble pas moins de 10 à 14 % des suffrages exprimés. En fait, ce sont moins les « immigrés » ou les « étrangers » en tant que tel qui sont visés, et auxquels on fait grief de « prendre le travail des Français » et d'être incapables de s'intégrer à la communauté nationale, que les représentants de la « nouvelle immigration » essentiellement maghrébine et africaine, l'accent étant mis sur son appartenance à l'islam et sur un mode de vie jugé incompatible avec les comportements sociaux des autochtones.

De ce discours, dont l'ultradroite lepéniste n'a pas l'exclusivité et qui imprègne une large fraction de la société française, il ressort que si le creuset français n'est plus aujourd'hui en mesure d'assimiler les éléments allogènes issus de l'immigration économique, c'est parce qu'ils relèvent de cultures trop éloignées de la nôtre pour être digérés et formatés comme l'ont été, avant eux, les ressortissants d'États européens ayant fourni à la France une partie importante de sa main-d'œuvre industrielle : Belgique, Italie, Espagne, Pologne et Portugal. Or cette opposition entre « ancienne immigration » et « nouvelle immigration » constitue en réalité un thème récurrent de l'argumentaire nationaliste. Appliqué aujourd'hui aux Maghrébins, aux Turcs et aux Africains, il l'a été hier aux Italiens, plus tard aux Polonais ou aux Espagnols, considérés alors comme des corps étrangers dans la Cité, voire des « ennemis de l'intérieur », et traités en conséquence. Des populations — c'est le cas notamment des Italiens — qui nous apparaissent aujourd'hui comme des modèles d'intégration réussie, ont été longtemps perçues comme peu assimilables et ont donné lieu à des réactions de rejet, les unes purement verbales, les autres débouchant sur de véritables violences xénophobes. Dans tous les cas, l'intégration puis l'assimilation des groupes allogènes s'est effectuée dans la longue durée, à l'échelle de deux parfois de trois générations, par le truchement d'un certain nombre d'outils qui, jusqu'à une date relativement récente, ont correctement accompli leur mission. Si le creuset français fonctionne moins bien à l'heure actuelle qu'il y a trente, cinquante ou soixante-dix ans, c'est moins semble-t-il parce que la matière humaine qu'il a à fondre est d'une trempe différente de celle du passé que parce que ces instruments intégrateurs et assimilateurs donnent eux-mêmes des signes de dysfonctionnement.

Sans aucun doute, l'Église catholique a joué, par rapport à des populations immigrées venues de pays de forte pratique religieuse, un rôle intégrateur qu'elle ne joue plus aujourd'hui, non seulement parce que les ressortissants de ces pays ne représentent plus que la moitié de l'effectif des migrants, mais encore et surtout parce qu'une fraction importante d'entre eux est désormais détachée de la pratique, voire de la foi catholique, de même que celle du pays d'accueil. Rappelons d'ailleurs que, même à une époque où les communautés immigrées étaient encore très fortement attachées à leurs traditions religieuses, la façon même dont celles-ci étaient vécues et affichées ne jouait pas toujours, en tout cas à court terme, dans le sens de l'acceptation de la part de populations autochtones elles-mêmes déjà fortement déchristianisées. Les dockers napolitains de Marseille, qui descendaient des bateaux en se signant et en évoquant « *Gesù e Madonna* » à la fin du siècle dernier, en ont fait parfois la cruelle expérience.

Il est clair néanmoins que l'appartenance de plus de 46 % des migrants à une religion différente de celle des autochtones constitue, par rapport aux décennies qui ont précédé l'arrivée massive d'individus originaires du Maghreb et d'Afrique noire, un changement profond, qu'il importe toutefois de relativiser. Sans doute, les musulmans sont-ils plus nombreux à observer les préceptes de leur religion et le font-ils avec un engagement plus fort que la majorité des chrétiens, Français ou ressortissants des autres communautés étrangères. Pour ceux d'autre part qui, parmi eux, adhèrent à une conception intégrale, sinon intégriste, de l'islam, la loi musulmane et avec elle l'observance de certaines règles morales qui en découlent, l'emportent sur les lois civiles du pays d'accueil : ce qui ne peut manquer de provoquer des conflits avec ceux qui sont chargés de les faire respecter, comme avec les Français qui admettent mal ce refus de se conformer aux principes et aux lois de la République, de même que certaines dépendances extérieures (liées notamment au financement du culte) ou que les allégeances à des États étrangers (la nomination du recteur de la mosquée de Paris est ainsi du ressort traditionnel de l'Algérie). De là à voir dans les trois millions et demi de musulmans qui vivent en France un milieu majoritairement réceptif à la propagation du fondamentalisme islamique, peuplé de terroristes en puissance et formant un pôle de résistance quasi inébranlable, il y a un pas qui ne saurait être franchi aisément.

Il est vrai que, depuis dix ans, l'islam intransigeant a gagné un peu de terrain dans les communautés immigrées, favorisé parfois, notamment parmi les jeunes, par les réactions de rejet des populations autochtones, ou par la désespérance inhérente à une situation qui conjugue exclusion sociale et xénophobie, chômage endémique et enfermement en ghettos, malaise identitaire et sentiment d'appartenance à une communauté transcendant les frontières du pays d'origine et du pays d'accueil. Mais le phénomène reste étroitement minoritaire. Pour la majeure partie des musulmans qui vivent en France, la tendance est plutôt à la « sécularisation », sinon au détachement des aspects les plus contraignants de la pratique, et ce qui est vrai de la première génération l'est davantage encore de la seconde, et à plus forte raison de la troisième, dans un contexte de déracinement et d'implantation périurbaine peu propices au maintien des traditions religieuses, comme d'ailleurs des structures traditionnelles de la famille et de la société. Le port du « voile islamique » par quelques collégiennes, centaines de soumises aux pressions du clan familial, ne doit pas dissimuler cette réalité autrement significative que des centaines de milliers de jeunes musulmans s'abstiennent de toute marque ostentatoire d'appartenance à la religion de leurs pères.

L'essentiel, s'agissant des dysfonctionnements du creuset hexagonal, est donc à rechercher ailleurs, dans la crise qui, au-delà du simple contexte conjoncturel, affecte la société française dans son ensemble et avec elle les instruments privilégiés de l'intégration. Crise de l'institution scolaire qui, pour des raisons diverses, remplit moins bien sa fonction assimilatrice. Crise du modèle culturel produit par l'école, et dont s'est nourrie pendant près d'un siècle, une identité nationale aisément adoptée par les enfants d'immigrés. Crise enfin liée aux mutations en cours de la société postindustrielle.

L'une des principales raisons du bon fonctionnement du *melting pot*, jusqu'au milieu des années 70, a été, compte tenu de la nature même du fait migratoire dans notre pays, le maintien et la reproduction d'une culture ouvrière fournissant aux nouveaux venus et à leur descendance directe, majoritairement employés aux mêmes tâches, un système de valeurs aujourd'hui en voie de disparition. Y entraient, outre ce qui faisait directement partie du champ politique, des éléments découlant du savoir et des pratiques professionnels, et d'autres se rattachant aux comportements socio-culturels du monde ouvrier (violence, culte de la virilité et de la lutte, mépris pour les « intellectuels » et les « bourgeois », etc.). Autant d'éléments d'intégration à la classe ouvrière en tant que telle et, à travers les organisations qui structurent celle-ci, à la société du pays d'accueil. Or cette culture ouvrière traditionnelle est en crise, et ceci pour des raisons qui ne touchent pas toutes à la conjoncture économique. Y concourent très largement les mutations du monde du travail — recul de l'usine classique et, à l'intérieur de l'usine, de l'instrument humain —, la dilution de la culture spécifiquement ouvrière dans une culture de masse beaucoup plus uniforme et, plus nettement encore, la crise des organisations politiques et syndicales du monde ouvrier, en particulier de celles qui se rattachent au Parti communiste français.

À la limite, c'est le travail industriel lui-même qui paraît, à moyen terme, en voie de dépérissement. Et, avec lui, la possibilité pour les migrants de s'intégrer au corps social et de franchir les premières étapes d'un parcours plus ou moins long, plus ou moins difficile, selon les conditions de temps, de lieu et dans une certaine mesure d'origine. Probablement est-ce à ce niveau que se définit le plus clairement une situation nouvelle, par rapport à l'histoire plus que séculaire de l'immigration économique dans notre pays.

Ces difficultés d'insertion des populations issues de l'immigration dans un tissu social en proie aux tensions, aux déchirements, aux interrogations identitaires, à la peur du métissage et de l'« invasion » qui caractérisent le dernier quart de ce siècle, ont eu pour effet de provoquer dans diverses couches de la population française des réactions de rejet de l'étranger qui prennent souvent le visage du racisme, et provoquent épisodiquement des manifestations de violence. Certes, la France n'a pas connu depuis le début de cette vague xénophobe des heurts aussi graves que ceux qui ont eu lieu à la fin du siècle à Aigues-Mortes (août 1893) ou à Lyon (juin 1894), aux dépens des Italiens. Les migrants qui vivent sur son sol ont jusqu'à présent échappé aux « ratonnades » massives, comparables à celles qui se sont déroulées en Allemagne depuis la réunification. Il n'en reste pas moins que depuis le début de la décennie 1970, on dénombre en moyenne un assassinat xénophobe par mois, généralement perpétré contre un Maghrébin, et que les incendies criminels contre des immeubles abritant des immigrés ou contre des lieux de culte sont devenus monnaie courante.

Au-delà de ces réactions brutales, peu conformes aux traditions d'un peuple qui fait du respect des droits de l'homme le fondement même de son identité, la question immigrée a donné lieu en France depuis quinze ans à un débat passionné. À ceux qui estiment que l'identité française se trouve menacée par l'afflux d'immigrés que l'on considère comme inassimilables, répondent les partisans d'une France ouverte au monde extérieur et qui, en dépit des difficultés rencontrées, a toujours su intégrer ses hôtes. Pour eux, les ratés du creuset ne sauraient empêcher qu'il en soit de même pour les trois millions et demi d'étrangers qui résident aujourd'hui dans notre pays, ainsi que pour leurs descendants des deuxième et troisième générations. Tous cependant n'envisagent pas de la même manière le processus d'intégration à la société française. Les partisans d'une « France plurielle » défendent l'idée d'une intégration qui respecterait l'identité culturelle de chaque groupe. Rassemblés autour de l'association SOS Racisme, fondée en 1984 et longtemps dominée par la personnalité de son leader, Harlem Désir, ils ont eu le vent en poupe au début de l'ère socialiste, pesant sur les orientations du pouvoir et bénéficiant du soutien d'une partie de l'opinion (le slogan « Touche pas à mon pote ! » répondait aux mots d'ordre agressifs du Front national). Bientôt, il est apparu cependant qu'en prônant une société multiculturelle, un mouvement comme SOS Racisme avait pour effet d'encourager, consciemment ou non, ceux qui, côté français, justifiaient les discriminations par une altérité irréductible, et ceux qui, côté étranger, refusaient l'intégration en évoquant la tradition.

Dès lors la balance a penché dans le sens des thèses assimilationnistes. Celles-ci mettent l'accent sur le danger que ferait courir à la cohésion sociale et à la paix civile le maintien de noyaux communautaires privilégiant leur culture et la solidarité entre leurs membres au dépens des liens entre citoyens d'origine diverse. Ils font remarquer qu'en France l'intégration des immigrés s'est toujours faite par une lente acculturation et par l'adhésion des individus aux valeurs de la République. Ce mode d'agrégation des étrangers à la société du pays d'accueil n'implique pas que soient gommées toutes les « différences », mais elle suppose dès la première génération un minimum de références communes et, de la part de la seconde, une volonté affirmée d'appartenance à la nation française.

Les *Beurs* (expression désignant en « verlan » les jeunes d'origine « arabe »), qui constituent les plus gros contingents de la deuxième génération, inclinent très majoritairement dans le sens de l'intégration individuelle. Certes les pressions familiales, l'enfermement en ghetto et l'exclusion dont nombre d'entre eux sont victimes, jouent parfois, chez les garçons davantage que chez les filles, en faveur du maintien de la tradition et du sentiment d'appartenance à la culture arabo-islamique. Par fierté, par réaction à leur malaise identitaire, ils se plaisent à cultiver leur « différence » et à afficher certains traits qui les distinguent des Français de souche, comme l'ont fait avant eux des millions de jeunes gens issus de l'immigration italienne, polonaise ou espagnole, sans que cela les empêche au bout du compte de devenir des Français « transparents ». Contrairement à certaines idées reçues, les jeunes Beurs sont en majorité à vouloir effectuer leur service national en France et à se déclarer prêts à défendre le pays qui a accueilli leurs parents si celui-ci était l'objet d'une agression. Contrairement à l'attente des médias, leur comportement responsable lors de la Guerre du Golfe, au début de 1991, dit assez clairement leur refus de réagir en tant que membres d'une « communauté musulmane » se situant en marge de la nation. Leur complète intégration, comme celle d'ailleurs de nombreux jeunes Français vivant dans les mêmes conditions difficiles d'habitat et d'exclusion du marché du travail, est une question de temps, de moyens, de volonté politique et de tolérance.

Migrations internes et urbanisation

Le fait migratoire ne concerne pas seulement les travailleurs étrangers et leurs familles. Aux transferts de populations à l'échelle internationale s'ajoutent en effet les déplacements dûs à l'exode rural et les mouvements interrégionaux liés aux restructurations économiques et au changement de comportement de certaines catégories, notamment les retraités et les jeunes.

Depuis le début des années 1970, ces déplacements interrégionaux se sont fortement amplifiés et ont cessé de s'opérer prioritairement au profit de la région parisienne. Durant les « trente glorieuses », l'Ile-de-France occupait en effet, et de loin, la tête des régions les plus attractives, avec un solde positif de plus de 10 000 personnes en fin de période qu'expliquait notamment l'afflux de jeunes adultes en quête d'un emploi dans le secondaire et le tertiaire. Dans le même temps, l'exode rural se poursuivait et s'accélérait, provoquant dans certaines régions de l'hexagone — le Sud-Ouest, le Centre, les Alpes du Sud — une véritable désertification des campagnes. Pour tenter de renverser la tendance, ou du moins de freiner l'hémorragie dans les zones les plus menacées, la Délégation à l'aménagement du territoire et à l'action régionale (DATAR) a mené dans les années soixante une active politique de rééquilibrage, favorisant l'émergence de métropoles d'équilibre destinées à contrebalancer le poids de l'agglomération parisienne, poussant les entreprises et les administrations à se décentraliser, ou aidant à l'industrialisation des régions à dominante agricole. Non sans résultats. Dès la fin de la décennie 1960, on constate en effet que les effectifs concernés par l'exode agricole se réduisent, que les jeunes ruraux qui quittent la terre trouvent à s'employer sur place, dans les nouvelles industries et le tertiaire, que des régions de forte émigration, comme l'Ouest et le Sud-Ouest, voient leur population se stabiliser, tandis qu'avec le déclin des mines, de la sidérurgie et du textile, s'amorce un mouvement inverse dans les régions de vieille tradition industrielle.

Ces mouvements se sont accentués au cours des années 1970, sauf en ce qui concerne la région parisienne, passée d'une situation d'excédent au cours de la période précédente à un déficit de plus en plus marqué : 24 000 personnes en moyenne par an pour les années 1968-1975, 64 000 pour les sept années suivantes. Durant la même période, l'Ouest et le Sud-Ouest passent au contraire d'un solde migratoire déficitaire à un excédent, particulièrement marqué en Bretagne, et les régions de vieille industrie — Lorraine, Nord-Pas-de-Calais, Franche-Comté, Champagne-Ardenne — particulièrement touchées par la crise, deviennent des zones de forte émigration.

Nouvelle inflexion depuis le début des années quatre-vingt, avec un solde migratoire qui reste positif mais qui tend à se réduire dans la moitié ouest de la France, tandis que s'aggrave le déficit des vieilles régions industrielles et que diminue au contraire très sensiblement celui de l'Ile-de-France (30 000 personnes par an). La région parisienne a retrouvé en effet une bonne partie de son attrait. Sans doute les départs y sont-ils nombreux, qu'il s'agisse des retraités qui font retour au pays, ou de ceux des 30/40 ans qui, une fois les études achevées ou à la suite d'une promotion (fonctionnaires, cadres d'entreprise), vont accomplir en province l'essentiel de leur carrière. Mais ils sont en partie compensés par l'arrivée de jeunes adultes, pour la plupart des moins de trente ans, venus pour étudier ou pour chercher leur premier emploi. La région parisienne a bénéficié en effet depuis une dizaine d'années d'une croissance plus forte que celle des autres régions en matière de création de postes de travail — 5,8 % contre 2,5 % —, conséquence à la fois de la nature de ses activités, plus nettement orientées vers les industries de pointe et le tertiaire, de l'élargissement de l'Europe et de l'ouverture du « Grand Marché », de la place occupée par Paris dans le réseau, présent et futur, des communications transeuropéennes à grande vitesse, et aussi du caractère moins directif d'une planification qui s'était appliquée jusqu'alors à orienter vers la province les créations d'entreprises. Pour tenter de corriger, sinon d'inverser la tendance, les gouvernements Rocard, Cresson et Bérégovoy ont procédé, entre 1988 et 1993, à des « délocalisations » administratives et universitaires (l'École normale d'administration a été transférée à Strasbourg) plus symboliques qu'efficaces.

Ces divers mouvements s'expliquent à la fois par les effets des restructurations économiques, qui chassent les chômeurs des régions sinistrées du Nord et de l'Est, au profit de zones plus dynamiques, et par des raisons psychologiques qui tiennent également à l'évolution de notre société. Chez les jeunes provinciaux, la volonté de « vivre au pays », affirmée avec véhémence dans la foulée de 68 et qui pousse nombre d'entre eux (20 % de la classe d'âge des 30/39 ans) à réintégrer leur région d'origine après plusieurs années passées dans un autre secteur de l'hexagone. Chez les plus âgés, le choix du retour au pays au moment de la retraite, surtout s'ils sont originaires du Midi méditerranéen, de l'Aquitaine ou des départements bretons. Ainsi, parmi les 5 millions de personnes qui ont changé de région entre le recensement de 1982 et celui de 1990, 1 150 000 ont regagné leur région de naissance.

Au total, on le voit, une mobilité interrégionale qui affecte près de 10 % de la population, ce qui est loin d'être négligeable et paraît indiquer que le Français n'est pas aussi casanier qu'on le pense. En fait, il ne faut pas trop se leurrer sur la signification des mouvements enregistrés. Sauf chez les plus jeunes, sauf dans les régions qui ont subi le plus durement les effets de la crise — ce sont souvent celles qui, du fait de leur morphologie et de leur climat, étaient au départ les moins attractives (Nord, Lorraine, Centre) —, les migrations intérieures sont dans la majorité des cas dues à des raisons qui n'ont rien à voir avec l'adaptation aux contraintes de l'économie et qui tiennent au contraire à l'attachement au pays natal et au désir qu'ont les migrants de retrouver un cadre et un mode de vie familiers, plus proches de la nature et plus humains que ceux de la grande ville.

La croissance urbaine, qui avait connu jusqu'à la fin des années soixante un rythme particulièrement rapide (2 % par an pour les grandes agglomérations), a subi depuis 1975 un sensible ralentissement. À cette date, la part des citadins dans la population de la France dépassait 72 % contre 53 % au lendemain de la guerre. Cette montée en puissance des villes avait provoqué d'une part une fièvre de construction immobilière telle que la France n'en avait pas connue depuis le Second Empire — près de 9 millions de logements construits entre 1954 et 1975, soit la moitié du parc total d'habitations —, d'autre part, favorisée par le développement des moyens de communication, l'extension du modèle et des comportements incarnés par le monde citadin. Démographes, spécialistes de la géographie urbaine et futurologues s'accordaient alors pour penser qu'à l'aube du XXIe siècle 80 % au moins de la population française vivraient en ville.

Or les deux derniers recensements ont fait apparaître une réalité toute différente. Entre 1975 et 1982, pour la première fois depuis le milieu du XIXe siècle, la croissance des campagnes a été plus forte que celle des communes urbaines. Seules les agglomérations de petites dimensions ont maintenu un taux de croissance rapide, tandis que celui des villes de plus de 20 000 habitants fléchissait de manière sensible et que près du tiers des communes de plus de 50 000 habitants (36 sur 112) voyait leur population diminuer. Au total, entre 1975 et 1990, le taux de croissance, qui était de l'ordre de 3 % pour l'ensemble de la population hexagonale, atteignait 7 % dans les communes rurales et 1 % seulement dans les villes.

Faut-il en conclure que, comme l'écrit le sociologue Henri Mendras, « malgré trente ans d'urbanisation, la France est restée le plus rural de tous les pays industrialisés » (*La seconde révolution française, 1965-1984*, Paris, Gallimard, « folio essais », éd. 1994, p. 15) ? Sans doute, mais il faut préciser ce que l'on entend par rural. Les changements récents ne signifient pas en effet qu'il y ait eu un véritable « retour à la terre » entraînant la revitalisation des communes rurales traditionnelles. Certes, les pertes enregistrées par ces dernières au cours des trente années précédentes ont connu un fléchissement non négligeable. Mais la croissance proprement dite concerne essentiellement les communes rurales des périphéries urbaines, celles qui, avec la ville qui en forme le noyau, constituent une « zone de peuplement industriel ou urbain » (ZPIU). Le fort accroissement de leur population n'est que la contrepartie du recul de l'effectif des villes-centres, conséquence en tout premier lieu de la forte hausse du marché immobilier qui caractérise la décennie 1980. Nombreuses sont en effet les familles, notamment parmi les 20/30 ans, qui ont dû quitter les zones les plus anciennement urbanisées pour se loger à moindre coût dans de lointaines communes dont la population s'est ainsi fortement accrue au cours des quinze ou vingt dernières années.

Ce phénomène, surtout perceptible entre 1975 et 1982, a subi un léger ralentissement au cours des années 1982-1990. La population des communes rurales a continué de croître à un rythme plus rapide que celle des villes, mais l'écart s'est réduit, et pour près de 60 % des 100 agglomérations les plus importantes (dont Paris) la croissance a été plus forte qu'au cours de la période précédente. En somme, le phénomène dominant demeure l'extension et le gonflement des « banlieues » au sens large du terme : banlieues proprement dites, directement reliées à la ville-centre — notamment la grande couronne parisienne et la périphérie de villes du Sud-Est telles que Nice, Marseille, Montpellier et Toulon —, et communes rurales périurbaines situées dans l'orbite de la capitale ou des grandes métropoles régionales : Marseille, Lyon, Lille, Toulouse, Nice, Grenoble. Bien que le rural traditionnel ait enregistré durant la même période un nouveau ralentissement de la décrue des populations qui s'y rattachent — essentiellement du fait du retour au pays des retraités —, il est clair que la tendance générale est à l'extension continue de l'influence des villes sur les campagnes environnantes.

On conçoit que, dans ces conditions, le problème de la ville et de son environnement, proche ou lointain, soit au cœur des préoccupations des Français et de ceux qui ont à charge de les administrer ou de les gouverner. Aux effets, déjà très prégnants au début des années 1970, de l'urbanisation accélérée et de la croissance des banlieues, sont venus s'ajouter ceux de la crise multidimensionnelle que traverse depuis une vingtaine d'années l'ensemble du monde industrialisé.

Le premier problème est resté celui du logement, principalement dans la région parisienne. Quantitativement, on assiste depuis la fin des années 70 à une diminution du nombre de logements construits, tant à des fins locatives que dans la perspective d'accession à la propriété. De 546 000 en 1972, leur nombre est tombé à 440 000 en 1978, 400 000 en 1981, 295 000 en 1984, et il plafonne depuis cette date autour de ce chiffre, conséquence à bien des égards de la saturation du marché. En effet, le déficit annuel en unités d'habitation peut être considéré globalement comme marginal par rapport au stock existant de 21 millions de résidences principales. D'autre part, si le nombre des mises en chantier de HLM destinés à la location a lui-même fortement chuté (environ 100 000 par an entre 1967 et 1975, moins de 60 000 aujourd'hui), l'aide de l'État continue, sous des formes diverses — prêts directs du Trésor aux sociétés HLM, prêts locatifs aidés, prêts d'accession à la propriété, aide personnalisée au logement, incitations fiscales — a entretenir la demande et à satisfaire les besoins de catégories modestes.

En 1990, 54 % des ménages français étaient propriétaires de leur résidence principale. Bien que la France ne vienne qu'en dixième position au sein de l'Europe des Douze, devant les Pays-Bas et l'Allemagne, la progression au cours du dernier quart de siècle a donc été considérable, de même qu'en matière d'espace occupé et de confort. La surface moyenne des logements est passée en effet de 68 m^2 en 1970, à 72 m^2 en 1973, 82 m^2 en 1984 et 85 m^2 à la fin des années 80, soit une augmentation de la surface par personne de l'ordre de 50 % qui s'est notamment effectuée au profit des enfants (3 sur 5 disposent à l'heure actuelle d'une chambre personnelle). Le nombre des logements ne comportant ni baignoire ni douche est en recul constant, même à Paris où a longtemps pesé le handicap de l'ancienneté (50 % des logements recensés en 1990 avaient été construits avant 1915) et où la proportion est passée de 57 % en 1968 à 13 % aujourd'hui.

Ces repères statistiques plutôt favorables, si on les compare à ceux des années 50 ou 60, ne doivent pas dissimuler les fortes disparités qui subsistent, selon les régions, les catégories sociales concernées, la localisation et la nature des sites résidentiels. Pas de déficit grave, avons-nous dit, en matière de constructions neuves, à l'échelle de l'hexagone, mais d'incontestables carences dans les zones les plus densément peuplées et qui ne tiennent pas toutes aux difficultés économiques. Si celles-ci en effet ont eu des incidences directes sur les possibilités d'accès à la propriété, voire à la location dans les quartiers anciennement urbanisés ou les banlieues proches, si l'aggravation et la pérennisation du chômage ont augmenté, dans des proportions considérables encore que mal connues, le nombre des « sans domicile fixe » (de 100 000 à 200 000 selon les services administratifs, un million selon l'abbé Pierre), la crise actuelle du logement paraît relever davantage du dysfonctionnement des modes de régulation du marché. Pendant une trentaine d'années en effet, le système a fonctionné selon un modèle simple, reliant le statut social au type de logement occupé : logement social locatif pour les jeunes ménages modestes, puis accession au secteur locatif privé et finalement accession à la propriété ou à la copropriété. Or le bouleversement des mœurs, la diversification des modes de vie et des trajectoires individuelles (moins souvent linéaires et ascendantes que dans le passé) ont largement brouillé les cartes, multipliant le nombre des personnes isolées, des ménages monoparentaux, des familles « recomposées », etc., et entretenant une demande locative persistante.

Les carences quantitatives et l'inadaptation du parc immobilier aux nouvelles demandes sociales ne constituent cependant qu'un aspect du problème de l'habitat urbain et surtout périurbain. Dans le région parisienne, comme à la périphérie des grandes métropoles régionales (Lyon, Marseille) et de villes situées dans les zones économiquement sinistrées, les effets de la crise se sont conjugués avec ceux d'une urbanisation sauvage, opérée pour des raisons d'urgence et sans grand souci de la qualité de la vie offerte aux populations intéressées. Les plus graves sont ceux qui affectent les « grands ensembles » composés de cités HLM, mal reliées au noyau urbain et largement dépourvues d'installations autonomes leur permettant d'échapper au statut de « villes-dortoirs ». Nous avons vu que, dès les années 60, ces zones d'habitat populaire concentré connaissaient un certain nombre de problèmes liés à leur isolement et à l'indigence de leurs équipements collectifs, tant en matière de transports que de loisirs. Ces problèmes se sont aggravés depuis quinze ans, avec la montée du chômage, qui frappe avec une acuité particulière les jeunes sans qualification, particulièrement nombreux dans les banlieues-dortoirs, la place croissante des ménages à revenus modestes et des ménages étrangers logés en HLM (28,2 % d'entre eux occupent un logement de ce type contre 23,6 % en 1982 et 13,7 % des ménages français), la forte augmentation de la proportion des inactifs et notamment des retraités, celle du nombre de loyers impayés ou payés avec retard, avec pour conséquences la rapide dégradation de nombreux immeubles, la multiplication des nuisances, la montée de l'insécurité et des formes diverses de la délinquance (vols, incendies criminels, destructions matérielles diverses, violences physiques, trafic de drogue, etc.) provoquant en retour la généralisation des comportements sécuritaires (auto-défense individuelle et collective), de la xénophobie et du racisme.

Pour tenter d'enrayer cette dégradation des conditions de vie dans les ghettos des périphéries urbaines, l'État et les collectivités publiques ont expérimenté diverses formes d'intervention. Un ministère de la Ville a été créé sous le gouvernement de Pierre Bérégovoy, avec pour mission de coordonner les efforts entrepris aux échelons régional et local et d'impulser une politique cohérente en matière de gestion des espaces urbains et périurbains. Entre 1984 et 1993, plus de 500 quartiers ont bénéficié de procédures de développement social urbain visant à leur réhabilitation, à leur équipement (installations sportives et culturelles, aménagement d'espaces verts et de lieux de sociabilité, notamment pour les jeunes, etc.) et à leur désenclavement. On s'est efforcé à la fois de « changer l'image des cités » et d'associer les populations locales au développement de leur environnement. Sans réussir à modifier radicalement l'idée très négative que la majorité des Français s'est forgée à distance — on s'y aventure peu en effet et on ne les connaît guère que par les représentations qu'en donnent la presse et la télévision — des banlieues-dortoirs et autres grands ensembles édifiés dans la fièvre constructrice des « trente glorieuses ». Si bien que la solution passe parfois par leur destruction pure et simple, comme cela a été fait par exemple pour le « Bloc des 4 000 » à la Courneuve, en février 1986, et pour un partie du quartier des « Minguettes », dans la banlieue lyonnaise, à l'automne 1994..

Déclin et mutations du monde agricole

Dès 1967, dans un ouvrage devenu classique — *La fin des paysans*, Paris, Colin —, Henri Mendras montrait comment la France s'était transformée en un peu plus de vingt ans de pays encore fortement relié à la terre (45 % de la population habitant en 1945 dans des communes « rurales » et 35 % « vivant de l'agriculture ») en pays industrialisé comparable à ses grands voisins européens. Depuis le début des années 1970, cette évolution s'est poursuivie et même fortement accentuée, conséquence à la fois des gains de productivité liés à la mécanisation du matériel agricole (1,5 million de tracteurs en 1988 contre 20 000 en 1945), à l'emploi massif des engrais chimiques (1 million de tonnes en 1946, 6 millions de tonnes en 1985), aux progrès de l'agronomie et de l'enseignement agricole, mais aussi à la stagnation ou à la diminution du revenu des exploitants les plus modestes, incapables de s'adapter aux contraintes de l'économie de marché et amenés de ce fait à quitter la terre et à grossir les flux de l'exode rural.

L'évolution de la population agricole au cours du dernier quart de siècle traduit très clairement ce bouleversement majeur de notre société. De 4 100 000 en 1968 (dont 3 millions d'actifs et 2,5 millions d'exploitants), elle est passée à 3 400 000 en 1975, 3 098 000 en 1982 et 2 521 000 en 1990. À cette date, les actifs agricoles ne représentaient plus que 5 % de la population active contre près de 15 % en 1968 et 20 % en 1962. Le changement est donc considérable, mais il l'est encore davantage si, au-delà des effectifs employés dans ce secteur, on considère les modifications structurelles et comportementales du monde paysan. Tout d'abord, celui-ci comporte une proportion moins forte d'actifs âgés (3 % de plus de 64 ans en 1990 contre 12 % en 1962) et de femmes. De 1979 à 1988, le nombre d'épouses d'agriculteurs exerçant l'activité agricole comme profession principale a été divisé par deux, passant de 600 000 à 300 000. Parmi celles qui ont moins de 35 ans, la moitié est employée dans un autre secteur que l'agriculture et celles qui acceptent d'y travailler refusent le statut traditionnel d'aide-familiale et revendiquent celui d'exploitante à part entière.

Les départs à la retraite, facilités par l'instauration en 1960 de l'indemnité viagère de départ (IVD), se sont multipliés au cours des quinze dernières années, libérant les terres pour les jeunes qui acceptent de reprendre l'exploitation familiale.

Ceux-ci sont aujourd'hui fortement minoritaires et ne représentent plus que 35 % de l'effectif des fils d'agriculteurs dans la catégorie des 40/59 ans, 25 % dans celle des 25/39 ans. Les autres, même lorsqu'ils conservent une domiciliation « rurale », exercent une autre profession que celle de leurs parents. Parmi les moins de 40 ans, plus de la moitié des fils d'agriculteurs sont ouvriers, 11 % sont employés et 19 % exercent une autre activité dans le tertiaire (petits commerçants, artisans, fonctionnaires, etc.).

Ceux qui ont repris l'exploitation paternelle ont en général un niveau de formation supérieur à celui de la génération précédente. Certes, 16 % seulement des jeunes agriculteurs (moins de 35 ans) possèdent le Brevet de technicien agricole, c'est-à-dire le diplôme qui leur permet en principe — selon la réglementation européenne — de postuler l'aide à l'installation. Cette proportion n'en a pas moins doublé depuis 1984 et ne cesse de croître d'année en année. On évalue aujourd'hui à plus de 75 % la proportion des moins de 25 ans qui ont suivi une formation professionnelle hors du cadre familial, ce qui modifie profondément le rôle et l'image du père dans la structure du monde paysan.

Disposant d'un bagage technique plus élevé que celui de ses parents, le jeune agriculteur a adopté au cours des deux dernières décennies un comportement d'entreprise qui tranche avec celui de la génération précédente. Il a, aussi souvent que possible, augmenté la surface de son exploitation, achetant ou louant les terres disponibles. Il s'est endetté, parfois au-delà de ses possibilités de remboursement, pour acquérir terres et cheptel, ou pour achever d'équiper son entreprise en hangars, silos, et engins mécaniques divers : au point qu'en 1982, il a fallu par la « procédure Cresson » mettre en place un système de sauvetage des exploitations en difficulté — on en dénombrait 82 000 en 1988 — les chefs d'entreprise les plus touchés étant des moins de 35 ans ayant acquis une formation professionnelle se situant au moins au niveau du baccalauréat.

Le mode de vie et la mentalité des agriculteurs ont également fortement changé depuis la fin des années soixante, se rapprochant toujours de ceux des autres représentants du monde rural et des populations citadines. À la ferme, comme dans la maison neuve voisine qu'ont fait construire les enfants (avant de prendre le relais) ou les parents (dans la perspective de la retraite), et qui ressemble comme une sœur à un pavillon de banlieue, la télévision, le réfrigérateur, la cuisinière électrique, la machine à laver, voisinent avec les meubles rustiques et la pendule à balancier. Le fils n'est plus soumis comme un domestique au « père-patron ». La bru élève ses enfants à sa guise. La totalité de la journée n'est pas consacrée aux tâches agricoles, car il faut gérer l'entreprise, recevoir les représentants, les réparateurs de matériel agricole, le vétérinaire, se rendre aux réunions du syndicat et de la coopérative, aller au bourg ou à la ville voisine pour les achats, les réparations, les rendez-vous avec le banquier. On sort peu, sauf pour les fêtes familiales, les mariages, les enterrements, les baptêmes. On prend, dans le meilleur des cas, quelques jours de vacances et de rares week-ends. On accueille en « gîte rural » des citadins en quête de nature et de contacts avec ce qu'il subsiste de vie rustique dans la France hyperurbanisée de cette fin de siècle ainsi décrite par Henri Mendras :

> « Cette extraordinaire mutation a duré moins de trente ans et marque une révolution historique à l'échelle des siècles, et même des millénaires. En 1940, le paysan breton ou rouergat vivait, travaillait et mourait comme le paysan d'Hésiode ou d'Olivier de Serres : il était l'incarnation d'un type humain qui paraissait éternel. On parlait de l'âme paysanne, de l'éternel paysan, comme de l'éternel féminin. Le jeune agriculteur d'aujourd'hui n'a plus rien de commun avec son grand-père. C'est un producteur urbanisé qui vit à la campagne, regarde la télévision, et fait ses comptes ou les confie à un expert, comme un cadre ou un commerçant des villes. La vie dans un village est aujourd'hui si différente de celle d'hier, qu'on s'interroge pour savoir si ce sont les mêmes maisons, la même église, la même école qui sont peuplées par les enfants des villageois d'hier. La civilisation paysanne est morte en France avec la dernière génération de paysans » (*La seconde révolution française, 1965-1984, op. cit.*, p. 39)

Cette profonde mutation ne s'est pas faite sans turbulences, provoquées par les difficultés d'écoulement des produits agricoles. Pendant une vingtaine d'années, du milieu des années soixante à 1983, la politique de débouchés garantis à prix élevés de la politique agricole commune, le faible coût du crédit (vite amorti par l'inflation), l'accroissement de la demande mondiale, ont encouragé les agriculteurs à investir et à emprunter massivement, assurant à la majorité d'entre eux un revenu décent. Cela n'a pas empêché les moins bien adaptés aux contraintes du marché de subir durement la loi de la concurrence et de devoir quitter la terre. Depuis 1984, la crise du monde agricole a pris une tout autre envergure, conséquence du contrechoc pétrolier de 1986, qui a provoqué une baisse sensible de la demande solvable mondiale et un regain de la concurrence internationale, caractérisée notamment par la « guerre commerciale » entre les États-Unis et la CEE. La forte hausse du coût budgétaire des politiques agricoles a entraîné dès 1984 une première réforme de la PAC impliquant discipline budgétaire et instauration de quotas pour les produits laitiers. En 1992, une nouvelle réforme, plus radicale, a été adoptée par les Douze : elle réduit le soutien des prix et les remplace par des aides directes aux agriculteurs pour les céréales, les oléo-protéagineux, la viande bovine, la viande ovine et le tabac, prologue à la conclusion des accords du GATT, signés l'année suivante et qui, comme l'explique Édouard Balladur dans son *Dictionnaire de la réforme*, doit aboutir à « une accélération de la mutation de notre agriculture ».

Cette politique, visant à rentabiliser un secteur qui constitue l'un des points forts de notre commerce extérieur, a été menée avec une constance à peu près identique depuis dix ans par les gouvernements de la gauche et de la droite. Incontestablement favorable à l'équilibre de la balance des comptes, et au maintien global du revenu agricole, elle ne peut en revanche qu'accentuer la disparité entre une agriculture rentable, adaptée à la demande et qui permet à ceux qui la pratiquent de dégager des gains appréciables, et la masse des petits agriculteurs-éleveurs qui souffrent à la fois de la baisse des produits excédentaires et du relatif désengagement de l'État. Ainsi, sur les 526 197 exploitations (56 % du nombre total) qui, selon le Réseau d'information comptable européen, réalisent 94 % du « chiffre d'affaires » de l'agriculture française, on observe que 11 % ont un revenu négatif et 38,4 % un revenu inférieur au SMIC. 60 000 agriculteurs sont considérés comme « en difficulté » et 20 000 bénéficient du RMI.

Certes, ces chiffres doivent être pondérés et mis en relation avec d'autres sources de revenus, ceux notamment de l'épouse ou d'autres membres de la famille qui travaillent en dehors de l'exploitation. Selon l'INSEE (1988), le revenu global des ménages agricoles serait supérieur de quelques points à la moyenne nationale. Il reste que, compte tenu du fort endettement des exploitations, leur survie en tant que petites unités autonomes demeure, pour beaucoup d'entre elles, hautement problématique. Quant aux entreprises plus rentables, productrices par exemple de porcs, de fruits, de vins de qualité, si elles peuvent compter sur des revenus élevés quand la conjoncture est bonne, il leur arrive également de voir ceux-ci s'effondrer avec les prix ou à la suite d'un accident imprévu, climatique ou autre (par exemple la grève des camionneurs de l'été 1992).

Les mêmes problèmes se posent pour les marins-pêcheurs soumis, eux aussi, aux effets non seulement de la concurrence des États maritimes de la CEE, mais à celle d'autres pays, européens et extra-européens, et aux politiques de quotas mises en place par Bruxelles. On conçoit que, dans ces conditions, ce qu'il subsiste du monde paysan et maritime soit enclin aux fièvres récurrentes, les syndicats agricoles ayant de plus en plus de mal à contenir la colère d'une catégorie sociale qui se sent abandonnée, et dont la désespérance est d'autant plus grande qu'elle a été longtemps érigée en modèle de la francité profonde. De là des manifestations fréquentes (barrages de tracteurs, marches sur les préfectures, fruits et autres produits déchargés sur la voie publique) et des violences sporadiques, qui peuvent éventuellement tourner à l'émeute, l'incident le plus grave étant celui qui a indirectement provoqué à Rennes, à la suite d'une manifestation de marins-pêcheurs en décembre 1993, l'incendie du Parlement de Bretagne.

La fin de la « classe ouvrière »

Avec un effectif de 8,5 millions de personnes, constituant en valeur absolue leur maximum historique, les travailleurs de l'industrie représentaient encore en 1975 près de 40 % de la population active, contre un peu plus de 50 % pour les services. En 1993, le taux est tombé à 28,5 %, tandis que le tertiaire occupe plus de 65 % des actifs. Entre les deux recensements de 1982 et 1990, l'industrie a perdu au total 798 000 emplois, répartis de la manière suivante :

bâtiment et travaux publics	: 122 000
textiles et habillement	: 108 000
automobile, transports terrestres	: 62 000
construction mécanique	: 55 000

1237

sidérurgie	: 53 000
construction navale, aéronautique, armements	: 37 000
construction électrique	: 30 000
charbonnages	: 27 000
matériaux de construction	: 25 000
chimie de base	: 23 000
cuir, chaussures	: 21 000
mines et métaux non ferreux	: 14 000
électricité, gaz, eau	: 13 000
	etc.

Ces chiffres sont éloquents. Ils soulignent en premier lieu la crise des industries traditionnelles — mines, sidérurgie, textiles, constructions navales —, dont le déclin est antérieur à 1975. Mais ils montrent en même temps que des secteurs qui ont été à bien des égards les moteurs de la croissance dans les années soixante, comme l'automobile, les constructions mécaniques et électriques, le bâtiment, l'aéronautique, l'armement, ont subi également de plein fouet les effets des restructurations industrielles. On préférera ce terme à celui de « désindustrialisation », dans la mesure où, pour un certain nombre de branches, la diminution du nombre des ouvriers s'est trouvée compensée par l'augmentation de celui des employés, techniciens et cadres. Ainsi, si l'on considère l'évolution de la structure globale de l'emploi industriel entre 1982 et 1990, on constate que la part des ouvriers est passée de 62 % à 58 %, celle des cadres de 6 % à 8,1 % et celle des « professions intermédiaires » de 14,4 % à 16,7 %.

Deux raisons principales expliquent cette décrue. D'une part la baisse de la demande mondiale pour des produits tels que le charbon, le fer, l'acier, les textiles traditionnels, sur lesquels avait reposé la première révolution industrielle. D'autre part la nécessité pour les entreprises de réduire leurs coûts pour résister à une concurrence internationale de plus en plus forte, donc d'utiliser au maximum les possibilités de substitution de la machine à l'homme qu'offrent les progrès de l'informatisation et de l'automatisation. Ce qui implique, outre la réduction des effectifs, y compris dans des secteurs de pointe tels que l'automobile, l'aéronautique, la construction électrique et l'électronique professionnelle, une transformation de la nature des emplois industriels. On a moins besoin de manœuvres et d'ouvriers « spécialisés », alors que croît la demande en personnel qualifié, ayant reçu une formation générale et technique plus élevée que dans le passé. On comptait, en 1990, 42 % d'ouvriers titulaires d'un diplôme du niveau CAP ou BEP, contre seulement 29 % en 1982.

Cette diminution globale du nombre des ouvriers s'accompagne d'un transfert massif vers les activités du tertiaire : 37 % d'entre eux étaient employés dans ce secteur en 1990 contre 31 % en 1982. Ce n'est donc pas seulement en termes d'effectifs que se mesure le déclin de la « classe ouvrière », longtemps assimilée au prolétariat de la grande industrie. Aux tâches proprement industrielles, à la concentration en grandes unités de production, au sentiment d'appartenance à un groupe social cohérent que favorise cette focalisation des sites et qui a nourri une véritable culture ouvrière, se substituent des formes d'activité moins directement liées à la production — manutention, gardiennage, entretien, nettoyage, etc. —, des localisations plus dispersées relevant d'entreprises aux destinées souvent éphémères, un émiettement du personnel fourni par les entreprises d'intérim, une forte mobilité de l'emploi (en 1993, 23 % des ouvriers du tertiaire avaient moins d'un an d'ancienneté dans leur emploi). Autant de données qui se traduisent chez les travailleurs employés dans ce secteur par une perte d'identité par rapport aux générations de l'industrialisation triomphante, par la forte érosion de la culture ouvrière, et bien sûr par une désaffection croissante à l'égard des modes traditionnels de représentation et de revendication du monde prolétaire.

Depuis une vingtaine d'années, le syndicalisme français connaît en effet une crise grave, sans commune mesure avec celle qui sévit dans les autres pays occidentaux. L'effectif des syndiqués a chuté des deux tiers. Il ne dépasse pas aujourd'hui 2 500 000 adhérents, soit un taux de syndicalisation qui est en gros celui de 1914 et qui est particulièrement faible dans les PME. Si les organisations représentatives des salariés de la fonction publique ont un peu mieux résisté que les autres, les grandes centrales ont subi de plein fouet le choc d'une désaffection dont les causes sont multiples. Les restructurations industrielles ont entraîné le déclin des secteurs à forte tradition syndicale, comme les mines, la métallurgie, l'imprimerie, etc. Le chômage et la précarité de l'emploi ont démobilisé la masse des travailleurs et émoussé la combativité des militants, peu enclins en période de crise à prendre le risque d'être débauchés. Bien que les directions centrales se soient renouvelées — Louis Viannet a remplacé Henri Krasucki à la tête de la CGT en janvier 1992, après le long règne d'Edmond Maire (1971-1988), Nicole Notat a succédé à Jean Kaspar au secrétariat national de la CFDT en octobre de la même année —, l'encadrement a vieilli et n'a pas su s'adapter à la demande et aux problèmes spécifiques de certaines catégories de salariés, les femmes notamment — beaucoup plus nombreuses dans l'entreprise qu'à la fin des années soixante — les jeunes et les travailleurs immigrés.

Façonné par des décennies de rudes batailles menées dans un contexte de « lutte des classes », le mouvement syndical n'a pas perçu que les changements de notre société impliquaient la remise en cause de certaines méthodes, voire de certaines dispositions qui avaient pu, en d'autres temps, constituer d'indubitables acquis, mais qui font un peu aujourd'hui figure d'archaïsmes aux yeux de l'ensemble du corps social, qu'il s'agisse du dogme du septième jour chômé — contesté, avec l'appui du personnel, par certaines entreprises comme le disquaire *Virgin* condamné à de lourdes amendes en 1993 pour avoir ouvert son magasin des Champs-Élysées le dimanche —, ou de l'interdiction (sauf cas dûment répertoriés) du travail de nuit des femmes.

Ont également concouru au déclin du syndicalisme français les fortes divisions qui opposent entre elles les principales centrales, et leur politisation marquée. Très liée depuis toujours à un PCF en plein reflux, la CGT n'a pas su prendre ses distances à l'égard du « parti de la classe ouvrière » et a été emportée comme lui dans la tourmente produite par l'effondrement du monde communiste. Sa stratégie jusqu'auboutiste et son refus du compromis de classe, autant que la très forte bureaucratisation de ses structures (la fonction de permanent, comme au PC, est devenue une carrière) et l'absence de véritable démocratie dans son fonctionnement ont éloigné d'elle en dix ans la moitié de ses adhérents. Elle n'en restait pas moins, en 1992, la plus représentative des organisations du syndicalisme français, avec 33 % des voix aux élections prud'homales, contre 23,8 % à la CFDT, 20,4 % à FO et 8,5 % à la CFTC.

La CFDT, après une phase de radicalisation (1966-1977) a cessé au début des années 80 de se réclamer de la « rupture avec le capitalisme » pour s'engager sur la voie du réformisme et de la pratique contractuelle, autrement dit d'un syndicalisme inspiré, toutes proportions gardées, du modèle allemand. Elle n'en a pas moins subi une forte érosion, due au fait que, comme la Fédération de l'Éducation nationale (FEN), elle est apparue aux yeux de nombreux adhérents comme la courroie de transmission du PS. De 1988 à 1992, son secrétaire national Jean Kaspar a poussé dans la voie de la collaboration avec le pouvoir socialiste, soutenant des réformes gouvernementales telles que le RMI (Revenu minimum d'insertion) et la CSG (Contribution sociale généralisée). Ce qui lui a valu d'être écarté de son poste en octobre 1992 par les représentants d'une base qui ne se reconnaissait pas dans la pratique ultraréformiste du successeur d'Edmond Maire.

La CGT-FO, si elle a dans une certaine mesure bénéficié du recul de ses deux concurrentes, connaît elle aussi depuis quelques années des problèmes liés aux incertitudes de sa ligne politique. Sous la houlette d'André Bergeron, elle s'est longtemps distinguée de la CGT et de la CFDT par sa grande modération, par son souci de se démarquer des formations partisanes et par son attachement à la politique contractuelle. Mais, depuis 1989, le nouveau secrétaire général de FO, Marc Blondel, a imprimé une orientation plus engagée à la centrale réformiste, appelant à la grève, refusant certains accords, prenant l'initiative de revendications audacieuses, comme la semaine de 35 heures. Cette ligne activiste, qui tranche avec la modération traditionnelle de FO, suscite des réactions hostiles de la part de militants qui reprochent au secrétaire général de s'appuyer sur la minorité trotskyste, de négliger la politique contractuelle et de ne pas être assez « européen ».

La crise que traverse depuis quinze ou vingt ans le syndicalisme français a fortement affecté sa représentativité. Lors des scrutins pour les comités d'entreprise, les listes de non-syndiqués n'ont cessé de gagner du terrain : 26 % en 1990, 31 % en 1991. Aux élections prud'homales de 1992, près de 60 % des salariés du secteur privé n'ont pas pris part au vote. Surtout, la désaffection des travailleurs pour les organisations classiques, jugées tantôt trop politisées, tantôt trop attachées au consensus social, et de toute manière incapables de répondre à la demande des salariés, notamment en termes de défense de l'emploi, se traduit depuis 1986 par la multiplication des initiatives à la base, sous la forme de coordinations extra-syndicales qui affectent aussi bien le secteur public (infirmières, cheminots, assistantes sociales) que le privé. Il en résulte sinon une augmentation du nombre des conflits sociaux, au contraire continûment à la baisse (500 000 jours de grève comptabilisés en 1991 contre 6 000 000 en 1963), du moins un durcissement de ces conflits, plus longs, plus spontanés et surtout plus étroitement localisés que dans le passé. Aux solidarités larges, qui ont longtemps caractérisé l'action revendicative du mouvement ouvrier — à l'échelle d'une branche, voire au niveau interprofessionnel — se substituent de plus en plus des solidarités locales, génératrices de conflits qui ne concernent dans l'usine qu'un atelier ou une catégorie de travailleurs : les OS, les immigrés, les femmes, telle ou telle catégorie de spécialistes. À l'émiettement du travail qui caractérise largement aujourd'hui l'activité ouvrière, coïncide ainsi un émiettement des revendications et des formes de représentativité.

Tout n'est pas absolument négatif dans cette évolution qui correspond en fait à une progressive adaptation du syndicalisme français aux changements et aux contraintes du temps. Ni les responsables politiques, qu'ils soient de droite ou de gauche, ni les dirigeants patronaux ne souhaitent que se substituent aux syndicats — qui constituent des interlocuteurs avec lesquels on peut toujours négocier — des formes de contestation « sauvage » pouvant déboucher sur de graves troubles sociaux. Conscients du danger qu'il y avait à voir s'aggraver le dépérissement des syndicats, les gouvernements socialistes ont, depuis 1981, multiplié les initiatives visant à accroître leur représentativité dans l'entreprise, donnant aux salariés des possibilités plus nombreuses de choisir leurs représentants et élargissant — par les lois Auroux, Roudy et Rigout — les fonctions des comités d'entreprise. Les organisations syndicales y ont gagné en légitimité auprès des travailleurs et des patrons ce qu'elles ont perdu en termes de militantisme. Certes, le poids du passé demeure très lourd et, jusqu'à présent, ce renouveau encore timide n'a pas renversé la tendance à la désyndicalisation du monde ouvrier. On n'en constate pas moins la naissance d'une véritable démocratie socioprofessionnelle, première étape d'une intégration des syndicats à la société civile qui devrait, à moyen terme, rapprocher le syndicalisme français des modèles en vigueur en Europe du Nord.

Les couches moyennes

Comme dans tous les autres pays industrialisés, les catégories intermédiaires occupent en France, entre la « classe dirigeante » et le monde ouvrier, une place de plus en plus importante.

Dans l'ensemble, les tendances enregistrées au cours de la période précédente se confirment. Le nombre des petits patrons de l'artisanat et du commerce continue de décroître à un rythme régulier, surtout si l'on y inclut une partie des exploitants agricoles. En 1962, on dénombrait 2 124 000 indépendants sans salariés. Ils n'étaient plus que 1 657 000 en 1975, 1 583 000 en 1982 et 1 271 000 en 1990, alors que l'effectif des employeurs (tous gabarits mêlés) est resté à peu près constant : 695 000 en 1962, 620 000 en 1975, 670 000 aujourd'hui (dont 166 000 chefs d'entreprise employant au moins dix salariés). En même temps, les professions se transforment. Le développement des grandes surfaces a porté un coup très dur aux petits détaillants, qu'il s'agisse de l'alimentation (épiciers, bouchers, boulangers) de l'habillement, de l'électro-ménager, du livre, du disque, etc. Le bâtiment, à la fois parce qu'il s'est modernisé — y compris dans le secteur de la maison individuelle — et parce que le marché s'est réduit, a également beaucoup souffert, notamment pour le gros œuvre (entre les deux derniers recensements le nombre des artisans maçons a chuté de 12 %).

En revanche, certains secteurs se sont développés, en relation avec les besoins d'une société qui privilégie les déplacements, professionnels ou touristiques (garagistes, agences de voyages, agences immobilières, hôtellerie), le transfert des tâches ménagères à des prestataires de services (laveries, nettoyage, restauration rapide) et les loisirs. Souvent dirigées par des individus plus jeunes que dans le commerce traditionnel, mais ne disposant ni d'une couverture financière suffisante ni d'une véritable qualification, ces petites entreprises offrent une grande vulnérabilité aux aléas du marché et sont parmi celles qui, lors des phases de forte récession, doivent les premières déposer leur bilan.

Déjà largement entamée lors de la période précédente, la montée des cadres s'est poursuivie et accélérée au cours des deux dernières décennies, de même que celle des professions libérales et des professions intellectuelles supérieures. Au total, entre 1975 et 1990, le nombre de personnes exerçant leur activité dans ces diverses catégories est passé de 1,6 à plus de 2,6 millions. Parmi les cadres d'entreprise, dont le nombre a crû de 42 % durant cette période, les gestionnaires, les technico-commerciaux, les informaticiens, les spécialistes des « ressources humaines » et de la communication ont vu leur rôle — et leur rémunération — augmenter dans des proportions beaucoup plus fortes que les ingénieurs de fabrication, ce qui n'a pas manqué de modifier les stratégies de carrière et les filières de formation et de recrutement. Autant et davantage parfois que les prestigieuses « grandes écoles » ayant vocation à former des cadres de production (Centrale, les Mines, les Ponts-et-Chaussées, etc.), des établissements tels que HEC, l'ESSEC, « Sup de Co », attirent les meilleurs élèves des classes scientifiques du lycée.

La catégorie des « cadres », au sens large, embrassant le monde des professions libérales et intellectuelles, continue à bien des égards à donner le « la » à l'ensemble du corps social. C'est elle qui fait et défait les modes, impose ses goûts, diffuse ses tics linguistiques, empruntés souvent aux marginaux et aux jeunes (voir le succès durable du « verlan ») ou dérivant de pratiques professionnelles qui font la part belle à l'anglais. C'est elle qui façonne le noyau dur d'une culture commune à toute la classe moyenne, diffusée par les médias audiovisuels, par les magazines et par les hebdomadaires politico-culturels (*L'Express, Le Point, Le Nouvel Observateur*). Elle enfin qui s'impose comme modèle de « réussite » et de consommation sophistiquée.

Dans la foulée de cette avant-garde évolue la galaxie des salariés moyens, de loin les plus nombreux. Elle comporte deux groupes principaux : celui des professions dites « intermédiaires » et celui des employés. L'un et l'autre ont connu une progression soutenue au cours des vingt dernières années, moins rapide toutefois que lors de la décennie précédente. Entre 1982 et 1990, les professions intermédiaires — enseignants, fonctionnaires, personnel paramédical et hospitalier, techniciens, contremaîtres, agents de maîtrise, etc. — ont vu leurs effectifs passer de 3,8 à 4,4 millions, tandis que le nombre des employés passait de 5,5 à près de 6 millions, soit une progression respective de 17 % et 7 %. Aucune homogénéité donc dans cette catégorie des salariés moyens, mais la présence en son sein d'un noyau doté d'une identité forte et qui rassemble les enseignants (instituteurs et professeurs du secondaire), les animateurs socio-culturels et les personnels des services médico-sociaux (infirmières, assistantes sociales, kinésithérapeutes, orthophonistes, etc.). Comportant une proportion importante de jeunes et de femmes, issus de catégories sociales très diverses, ce groupe a généré au lendemain de 1968 une idéologie alliant préoccupations égalitaires et esprit libertaire, qui a fortement contribué à la rénovation idéologique du Parti socialiste dans les années 1970 et s'est ensuite diffusée dans l'ensemble du corps social. Les individus qui le composent, explique Henri Mendras, ont été « les inventeurs et les diffuseurs du style de vie post-soixante-huitard, dont le concubinage prémarital a été l'innovation la plus spectaculaire » (*La seconde révolution française, 1965-1984, op. cit.*, p. 88).

Aux extrêmes : élites et exclus

On n'enregistre pas de changement majeur, depuis le milieu des années 1970, dans la structure comme dans le mode de vie de la « classe dirigeante ». Dans l'ensemble, la relative homogénéité de cette catégorie sociale a plutôt eu tendance à se renforcer. L'osmose entre le monde des *managers* et celui des « technocrates » et des politiques n'a cessé de s'affirmer au fil des décennies, favorisant la constitution d'une élite dont les membres ont en commun des intérêts et une culture qui les rendent solidaires les uns des autres et qui transcendent parfois les clivages idéologiques et politiques.

Au cours des quinze dernières années, la tendance a plutôt été, après la relative ouverture des deux décennies précédentes, à la refermeture et au repli sur soi. Certes, on compte de plus en plus d'enfants issus des catégories intermédiaires dans les universités. Entre 1981 et 1991, le nombre d'inscrits dans l'enseignement supérieur est passé de moins de 1,2 à près de 1,7 million, et l'on en attend 2,6 millions aux alentours de l'an 2 000. Mais cette croissance globale des effectifs ne s'accompagne pas, ou très peu, d'un élargissement des filières qui donnent accès aux postes de commande de notre société. Celles-ci demeurent le fait d'un petit nombre d'établissements qui ont maintenu des procédures de sélection extrêmement restrictives et qui, pour l'essentiel, recrutent leurs élèves dans un milieu financièrement et intellectuellement favorisé. Ces pratiques sélectives rigoureuses, jusqu'alors surtout pratiquées par les grandes écoles scientifiques et commerciales, ont gagné du terrain dans certaines disciplines universitaires, notamment le droit, la médecine et l'économie.

Plus généralement, la mobilité sociale conserve en cette fin de XXe siècle des limites relativement strictes. D'une génération à l'autre, les mouvements entre les catégories extrêmes sont à peu près nuls. Selon une enquête menée en 1985 par l'INSEE, 60 % des fils de cadres deviennent eux-mêmes cadres, 27 % sont employés ou exercent une profession intermédiaire, 3 % sont chefs d'entreprise, 4 % seulement deviennent et restent ouvriers. En sens inverse, les fils d'ouvrier conservent, pour la moitié d'entre eux, le statut socio-professionnel de leurs pères ; 32 % accèdent aux professions intermédiaires, 8 % au statut de cadre, 9 % sont artisans ou commerçants, et 1 % deviennent chefs d'entreprises. En général, le passage de la catégorie la moins favorisée (ouvriers et agriculteurs modestes) à celle des cadres demande plus d'une génération, sauf pour des individus particulièrement doués et chanceux, ou par le biais de procédures d'ascension sociale qui font la part belle au vedettariat. Nombreuses on le sait sont les stars du sport professionnel, du cinéma ou du *show business* qui sont directement issues du milieu ouvrier et qui, en peu d'années, ont acquis, en termes de revenus et de prestige social, un capital considérable. Il s'agit néanmoins de parcours exceptionnels.

Si certaines catégories de nantis — celles qui ont bénéficié à certains moments de l'envol des valeurs boursières ou de la flambée des prix dans l'immobilier — ont tiré profit des mutations récentes de l'économie, nombreux sont ceux que la crise a fait régresser socialement : petits commerçants ou patrons de petites et moyennes entreprises emportées par la multiplication des faillites et des dépôts de bilan, cadres dévalués par l'arrivée sur le marché de l'entreprise de jeunes mieux formés, plus dynamiques et moins exigeants en matière de rémunération et de conditions de travail, et surtout victimes innombrables d'un chômage devenu endémique dans les sociétés européennes de la fin du XXe siècle. En France, le nombre des chômeurs est passé de 450 000 au début des années 70 à 900 000 en 1975, 1,5 million en 1980, 2,2 millions en 1984, 2,5 millions en 1986. De 1987 à 1990, la courbe s'est insensiblement inversée, avec la création de 850 000 emplois en trois ans et demi et une baisse de l'effectif des chômeurs de près de 400 000. Pause de courte durée : dès l'automne 1990, la croissance de l'emploi s'est à nouveau ralentie, et depuis cette date la montée du chômage a inexorablement repris : 2,5 millions en 1991, 3,4 millions en décembre 1993, soit 12 % des actifs : un taux jamais atteint dans notre pays et qui, en ce domaine, place la France au dernier rang des pays les plus riches rassemblés dans le G 7.

À cet effectif des « chômeurs » proprement dit, tels qu'ils sont recensés et comptabilisés par les services du ministère du Travail, il faut ajouter les millions d'individus qui occupent un emploi précaire — temps partiel, contrats à durée déterminée, intérim, stages rémunérés, travaux d'utilité collective, etc. — ainsi que les femmes qui désireraient travailler mais qui, conscientes de l'inutilité de la démarche, ne s'inscrivent même pas à l'ANPE. Au total, on estime que 65 % seulement de la population active détient aujourd'hui ce que l'on peut considérer comme un emploi « stable », contre plus de 80 % en 1975.

Comparé à celui des principaux États de l'Union européenne, le chômage français présente deux caractères spécifiques. Il est particulièrement élevé parmi les jeunes. En 1992, il touchait en effet 22 % des moins de 25 ans, contre 4 % environ en Allemagne, la différence entre les deux pays tenant essentiellement à la qualité de la formation professionnelle. D'autre part la France a plus que ses partenaires européens développé un chômage de longue durée (plus d'un an) qui atteignait en 1993 33 % du nombre total des chômeurs, dont près de la moitié sont inscrits à l'ANPE depuis au moins deux ans. À cela il faut ajouter que la croissance économique est moins créatrice d'emplois chez nous que dans d'autres pays, l'Allemagne par exemple qui, avec un taux de croissance à peu près équivalent au nôtre, entre 1979 et 1990, a créé deux fois plus d'emplois. Il faut, estiment les économistes, un taux de croissance au moins égal à 3,5 % par an pour que les chiffres du chômage commencent en France à diminuer, et il faudrait à ce rythme une quinzaine d'années pour que l'emploi retrouve son niveau de 1974.

Ce sont évidemment les catégories socio-professionnelles les plus fortement menacées par les restructurations économiques qui comptent le plus grand nombre de chômeurs : les ouvriers (62 % du total), principalement dans les secteurs les plus durement touchés par la crise (mines, sidérurgie, textiles, etc.) et les employés du tertiaire dont les emplois sont supprimés du fait de l'informatisation croissante. Si les femmes et les non-diplômés paient un tribut particulièrement lourd à la crise, celle-ci affecte depuis quelques années le monde jusqu'alors préservé des cadres d'entreprise. Pas seulement ceux qui ayant dépassé la cinquantaine, ont dû accepter un emploi moins bien rémunéré et une régression, parfois dramatique, toujours traumatisante, de leur niveau de vie, mais aussi les jeunes gens fraîchement sortis de l'université et des écoles de commerce ou de gestion, pour lesquels l'attente du premier poste de travail peut demander plusieurs mois, voire davantage ; sans parler du salaire, de la stabilité de l'emploi et des conditions de travail, très fréquemment orientés à la baisse dans les périodes de forte récession.

Cette situation a donné naissance à un phénomène de marginalisation des catégories les plus vulnérables, la « nouvelle pauvreté » atteignant des individus jusqu'alors bien intégrés à la société de consommation. Elle frappe tout particulièrement les jeunes et les chômeurs de 50 ans et plus en « fin de droits » n'ayant pas encore atteint l'âge de la retraite, mais elle concerne également des ménages dont la modeste ascension sociale s'est trouvée brusquement stoppée par la crise. Endettés par l'accession à la propriété et par les crédits à la consommation, ils ne peuvent faire face à leurs engagements financiers dès que la perte d'un salaire, parfois des deux, réduit leurs ressources au maigre versement des indemnités de chômage. Nombreux sont ceux qui, parmi ces « nouveaux pauvres », se trouvent réduits à fréquenter les « restaurants du cœur » (version modernisée et humanisée des « soupes populaires » de l'avant-guerre), à pratiquer dans les lieux publics des formes variées de mendicité, voire pour les plus démunis — les « sans domicile fixe » (SDF) —, à attendre des pouvoirs publics ou d'organisations caritatives qu'ils mettent à leur disposition un gîte provisoire pour survivre au moment des grands froids. Le comédien Coluche, fondateur des « restaurants du cœur », et l'abbé Pierre, inlassable défenseur des sans-logis, sont ainsi devenus les symboles d'une solidarité dont on n'imaginait pas, il y a seulement quinze ans, à quel point elle aurait à s'exercer pour pallier les effets les plus traumatisants des déséquilibres générés par la crise.

Ces phénomènes d'exclusion et de marginalisation se développent dans un monde où les profits des entreprises qui réduisent leur personnel et se « délocalisent » dans certains pays du Tiers Monde ne cessent de croître, et où ceux qui bénéficient d'un emploi stable continuent — à des degrés divers — à profiter du bien-être matériel que leur offre la société de consommation. Les frustrations n'en sont que plus fortes pour les victimes des mutations qui caractérisent l'accès à l'ère post-industrielle. Il en résulte une déstabilisation de notre société, en proie aux convulsions sporadiques qui affectent principalement les banlieues des grandes villes, là où s'accumulent les handicaps générés par la crise et par les effets différés de l'urbanisation sauvage : la concentration en ghettos, la médiocrité des équipements collectifs, les effets conjugués de l'échec scolaire et de la pénurie d'emplois non qualifiés, les difficultés d'intégration de populations immigrées en proie à la montée de la xénophobie, etc. De là découlent les réactions d'une jeunesse qui manifeste son désespoir par des explosions de violence incontrôlée, des heurts avec les forces de l'ordre, des pillages de grands magasins et de centres commerciaux, l'usage de plus en plus répandu de la drogue, autant de manifestations sommaires de refus à l'égard d'une société de consommation qui n'en finit pas d'exposer ses produits-symboles et de valoriser l'image de ceux qui ont les moyens de les acquérir.

La montée de la violence et de la délinquance qui, sous des formes très diverses, affecte prioritairement les quartiers et les zones périurbaines les plus défavorisées (quartiers nord de Marseille, cités ouvrières de la périphérie parisienne et lyonnaise), et peut aussi s'étendre sporadiquement à l'ensemble du tissu urbain, voire à certaines zones de contact entre la ville et la campagne, constitue certes un problème majeur de notre société. Il faut cependant la relativiser et faire la part d'une obsession sécuritaire qui rappelle les craintes du XIXe siècle devant les « nouveaux barbares » campant aux portes de la ville, obsession qui est devenue un enjeu politique, en même temps qu'un inépuisable sujet pour les grands médias d'information.

Ainsi, s'il est vrai que le nombre des homicides volontaires a, en France, sensiblement augmenté depuis dix ans, un regard porté sur la longue durée nous montre qu'il est aujourd'hui — proportionnellement à la population de l'hexagone — deux fois moins élevé qu'au lendemain de la guerre et trois fois plus faible qu'en 1820. Simplement, comparé aux creux des années soixante, le regain de violence et de criminalité qui accompagne la « crise » (on comptait au début de 1994 plus de 56 000 détenus dans les prisons françaises, chiffre jamais atteint jusqu'alors) frappe davantage les esprits que d'autres formes d'insécurité : les accidents de la route par exemple qui font en moyenne 10 000 morts par an — dont une bonne part imputable à une faute pénale —, alors que le nombre des homicides volontaires oscille entre 600 et 800.

Plus généralement, on peut dire de la société française à l'aube du XXIe siècle que l'amélioration sensible des conditions d'existence de chacun a fait reculer le seuil de tolérance à l'égard de tares sociales que l'on croyait promises à la disparition ou du moins à la marginalisation : en ce sens que plus un phénomène difficile perd de son intensité, plus ce qu'il en reste devient insupportable. Ceci est vrai de la violence, comme de la pauvreté, définie aujourd'hui par des critères qui situent les « nouveaux pauvres » à un niveau de consommation très supérieur à celui des chômeurs des années trente. Cela ne signifie pas que le phénomène soit moralement et humainement tolérable dans une société qui s'enorgueillit de son niveau de vie élevé et du souci qu'elle a des droits et de la dignité de l'homme. Mais simplement que les avancées accomplies en ce domaine depuis un demi-siècle ne sauraient être masquées par les retombées, vraisemblablement conjoncturelles, de la crise.

VI

PRATIQUES SOCIALES, CROYANCES ET CULTURES À L'ÉPREUVE DE LA CRISE

Depuis le milieu des années soixante-dix, les pratiques sociales et culturelles des Français se trouvent conditionnées à la fois par les tendances lourdes qui caractérisent l'ère de la consommation de masse et par les incidences directes ou indirectes de la crise. Ces deux phénomènes jouent tantôt dans un sens cumulatif, avec pour résultat d'accélérer le processus de dépérissement des structures et des valeurs traditionnelles, tantôt au contraire en s'opposant, la brutalité même du changement entraînant par réaction chez beaucoup de nos contemporains, y compris parmi les jeunes, une volonté de retour aux sources qui s'accommode tant bien que mal avec l'hédonisme ambiant.

Individualisme et libération des mœurs

Au cours du dernier quart de siècle, la société française a évolué dans le sens d'une affirmation croissante de l'individu. Au terme d'une évolution séculaire, qui n'est pas propre à notre pays — et dont les racines profondes remontent au moins jusqu'à la Renaissance et à la Réforme —, les contraintes sociales liées aux croyances religieuses, aux règles morales véhiculées par la famille, par l'école, par divers groupes d'appartenance (la « classe », le parti, etc.), se sont relâchées en même temps que se transformaient les institutions qui les avaient produites. Le recul de la pratique religieuse, la crise des idéologies globalisantes, l'éclatement de la famille traditionnelle ont eu à la fois pour cause et pour effet de privilégier l'individu par rapport aux formes collectives de la vie sociale et d'ériger la liberté de chacun en valeur absolue.

Certes, comme l'écrit avec talent l'un des dirigeants « gauchistes » de 68, il serait exagéré de « parler d'ordre moral pour qualifier le climat culturel des années 60 : le Club Méditerranée multipliait déjà ses villages de vacances, Roger Vadim avait déjà dénudé B.B., dans les « surboums » les « tricheurs » jouaient au « jeu de la vérité », « la libéralisation des mœurs allait bon train » (Henri Weber, *Vingt ans après. Que reste-t-il de 68 ?* Paris, Seuil, 1988, pp. 143-144). La révolte des jeunes n'en a pas moins bousculé une société dont on a un peu vite oublié peut-être qu'elle pratiquait encore la ségrégation des sexes à l'école et dans les cités universitaires, interdisait la publicité sur la contraception, réprimait l'avortement avec une sévérité extrême et considérait l'homosexualité comme un délit. Et il n'a pas fallu beaucoup de temps pour qu'une adéquation s'opère entre l'éthique nouvelle, surgie du grand chambardement soixante-huitard, ou plutôt révélée par lui, et la pratique législative d'une République qui semblait enfin s'apercevoir que les principes de liberté et de laïcité qui étaient au cœur de sa culture pouvaient aussi s'appliquer au domaine des mœurs.

L'affirmation du droit au bonheur et à l'épanouissement personnel s'est ainsi traduite par une révolution morale avec laquelle le législateur a dû compter. Dès 1967, la loi Neuwirth officialisait la contraception. En 1974, la loi Veil autorisait, dans certaines conditions, l'interruption volontaire de grossesse. Tandis que la majorité civile et politique était ramenée de 21 à 18 ans au début du septennat de Giscard, l'école, à tous les niveaux, cessait d'être un lieu de séparation des sexes. À défaut d'être banalisée, l'homosexualité n'est plus considérée par la majorité des Français comme une « tare » indélébile, dont certains préconisaient autrefois qu'elle dût être « guérie » par quelque intervention chirurgicale ou médicamenteuse. Quant à la sexualité « ordinaire », non seulement elle a cessé d'être un tabou, mais elle est devenue dans notre société permissive et passablement voyeuriste un thème omniprésent dont se nourrit de manière quasi obsessionnelle l'image cinématographique, télévisuelle ou publicitaire. En témoignent, entre autres exemples, le statut du film « classé X », passé en trente ans de l'officine clandestine des quartiers « chauds » de nos grandes villes, à l'écran de « Canal Plus » et autres chaînes à péage, ou encore la diffusion aux heures de « grande écoute » des confidences intimes de nos contemporains sur les ondes radiophoniques ou à la télévision.

On continue de vivre en couple, mais l'on se marie moins. Depuis 1972, le taux de nuptialité a fortement baissé, passant de 9 % à 6 % en 1980 et à moins de 5 % en 1993. En 1991, on a célébré 280 000 mariages, cent mille de moins qu'en 1975. On se marie également plus vieux qu'à cette date : 26 ans au lieu de 22 pour les femmes, 28 ans au lieu de 25 pour les hommes. Les divorces, qui avaient commencé à augmenter à partir de 1965, ont vu leur nombre tripler entre 1970 et 1990, passant de 11,8 à 32,1 %, soit pratiquement un couple sur trois. Certes, le divorce est souvent suivi d'un remariage, ou d'un concubinage prolongé s'accompagnant d'une « recomposition familiale », dont les sociologues s'appliquent aujourd'hui à mesurer les effets (pas toujours négatifs) sur les enfants, mais nombre de divorcés, principalement des femmes, restent isolés.

Le culte du corps, signe majeur de l'individualisme ambiant, ne se limite pas à la libération sexuelle. Il constitue, sous des formes diverses, l'une des grandes préoccupations de nos contemporains, et pas seulement dans un sens hédoniste. On fait du *jogging*, de l'*aérobic*, de la « musculation », des arts martiaux, on suit des stages de parachutisme ou de varappe, non seulement pour se faire plaisir, ou pour sacrifier à une mode, mais par souci de dépassement de soi et d'équilibre à la fois personnel et dans les rapports avec les autres. Néanmoins, ce goût renouvelé des Français pour l'activité physique profite essentiellement aux sports individuels — tennis, ski, natation, etc. — aux dépens des sports d'équipe. Il ne constitue d'ailleurs qu'un aspect de la redécouverte du corps, moins narcissique peut-être que ceux qui visent à la recherche de la « beauté », définie en fonction de modèles fournis par le cinéma, la photographie de mode ou la publicité et qui privilégient aujourd'hui encore, malgré les avertissements prodigués par les diététiciens et les cancérologues, la minceur et le bronzage. Sans doute, tout n'est-il pas artificiel et illusoire dans cette religion du corps qui touche aujourd'hui indistinctement les deux sexes et fait les beaux jours des fabricants de « produits de beauté », des « gymnases-clubs », des centres de « régénération » et de thalassothérapie, des inventeurs de recettes-miracles pour « perdre du poids sans effort », etc. La recherche du bien-être et le culte de l'image de soi qui caractérisent nombre de nos contemporains peuvent avoir des effets bénéfiques sur leur santé. Globalement, on fume et on boit moins qu'il y a vingt ans. L'obésité est moins répandue. On commence à se préoccuper de son « régime » en termes d'équilibre et de prévention de la maladie et de la vieillesse, et plus seulement pour des raisons esthétiques. Sport et alimentation ne sont pas pour rien d'ailleurs dans ce que l'on aurait appelé sans complexe il y a cent ans « l'amélioration de la race ». La taille moyenne des Français n'a-t-elle pas augmenté depuis un demi-siècle de 7 centimètres pour les hommes et de 5 pour les femmes ?

L'importance des loisirs dans la vie quotidienne, leur diversité, la multiplicité des contacts entretenus à l'occasion des voyages et des séjours de vacances, comme le désir pour chacun d'affirmer son individualité, ont fait reculer les conformismes d'antan, en matière d'« intérieur » et d'habillement, parfois pour en introduire de nouveaux. Depuis plusieurs décennies déjà, la pièce principale des appartements n'est plus la « salle à manger » ou le salon, mais le « séjour », espace par excellence du « temps libre », où l'on célèbre le rite télévisuel. Quant au vêtement, il traduit à la fois un refus d'identification automatique au milieu social, la volonté de gommer les clivages sexuels et l'engouement majoritaire pour les activités de loisir : la vogue persistante du *jean* (on en vend 45 millions par an) en est la manifestation la plus caractéristique.

Les rapports entre les générations et entre les sexes ont également changé. L'une des grandes nouveautés des trente ou quarante dernières années a été, rappelons-le, la constitution de classes d'âge en groupes plus ou moins autonomes, avec leurs manières de consommer, leurs modes de vie, leurs mentalités et leurs choix culturels spécifiques. La vieillesse a reculé, dégageant un espace au « troisième âge », celui des retraités récents, gros consommateurs de loisirs et de voyages organisés, de lecture, de spectacles, voire de recyclage universitaire. Bénéficiant d'un revenu assuré, détenteurs d'un patrimoine accumulé au cours de leur vie active (70 % sont propriétaires de leur logement), dégagés des dettes contractées pour l'acquérir, nombreux sont ceux qui peuvent consacrer une partie relativement importante de leurs gains à la consommation, quand ils ne cherchent pas à accroître encore leurs ressources en intervenant sur le marché financier (par le biais notamment des SICAV). Certes, cette modification du statut des plus de soixante ans ne concerne encore à l'heure actuelle qu'une minorité regroupant principalement les cadres retraités, les anciens fonctionnaires et les représentants des professions libérales ayant cessé leur activité. Pour la masse des personnes âgées, le temps de la retraite ne coïncide pas avec celui des loisirs coûteux. D'abord parce qu'ils n'en ont pas les moyens. Ensuite parce que, pour les plus âgés, les habitudes de consommation ont été prises avant la grande expansion des années cinquante et le bouleversement des modes de vie de la décennie suivante. C'est seulement depuis une date très récente que les sexagénaires et septuagénaires, de surcroît dotés d'un niveau d'instruction très supérieur à celui de leurs prédécesseurs, ont acquis des réflexes qui les rendent perméables à toutes les sollicitations de la consommation moderne.

Les relations entre parents d'une part, enfants et adolescents d'autre part, reposent moins sur l'autorité que par le passé et, avec toutes les difficultés que cela comporte, l'éducation tend à devenir un apprentissage de la liberté. Plus nombreuses qu'autrefois et ayant grandi dans le climat euphorique de la croissance, les générations du *baby boom*, arrivées à l'âge adulte dans la seconde moitié des années soixante, ont beaucoup contribué au changement global de la société. Avec ses excès, 1968 a été à bien des égards, dans cette perspective, un ajustement des valeurs : celles de la modernité, incarnées souvent maladroitement par les jeunes, et celles de la tradition, parfois dégénérées en conformisme.

Plus importante encore a été l'émergence des femmes en tant que catégorie aspirant à jouer un rôle actif dans la société, et pas seulement celui d'épouse et de mère dans lequel elles avaient été cantonnées jusqu'alors. Enfin dotées du droit de vote en 1944, elles ont bénéficié dans leur conquête de l'égalité de fait avec les hommes de plusieurs conditions favorables : outre l'évolution générale des mœurs et les progrès du confort de la maison, qui les a « libérées » de certaines tâches ménagères, la mixité scolaire, le « contrôle des naissances », enfin les effectifs longtemps insuffisants de la population active qui ont poussé à la généralisation du travail féminin. Aux alentours de 1965, les femmes représentaient 33 % de la population active (contre 36 % en 1906 !). Trente ans plus tard, le taux atteint près de 47 %.

La création en 1974 du secrétariat d'État à la condition féminine — confié à Françoise Giroud — a concrétisé une évolution qui ne s'est pas faite sans l'intervention directe et militante d'une minorité de femmes qui ont joué un rôle déterminant dans la prise de conscience par le « Deuxième sexe » (titre du livre pionnier publié en 1949 par Simone de Beauvoir) des aliénations et des inégalités qui pesaient encore sur lui à l'époque de la croissance triomphante, de la société de consommation et de la libération des mœurs. Le féminisme n'est pas né au début des années 70. Il a eu au XIXe siècle ses temps forts (1830, 1848, les débuts de la IIIe République), suivis de longues périodes d'éclipse. Mais c'est au lendemain du grand remue-ménage de 1968 qu'il a pris une dimension nouvelle, en s'intégrant à la thématique des mouvements contestataires, en imprégnant peu à peu le discours politique, notamment celui de la gauche non communiste, en trouvant un puissant levier dans la lutte en faveur de la contraception et de l'avortement, en gagnant de proche en proche des fractions de plus en plus larges du monde féminin.

Né à la charnière des années 60 et 70, rassemblant des femmes issues des groupes d'extrême gauche — maoïstes ou spontanéistes — le MLF (Mouvement de libération des femmes) a joué un rôle important dans cette prise de conscience. Souvent excessif dans ses manifestations verbales ou gestuelles, brocardé par une opinion majoritaire, et principalement masculine, qui tournait volontiers en dérision ses cortèges bruyants et folkloriques, ses appels à la grève conjugale ou domestique, la virulence de sa presse (*Le torchon brûle*) ou le *look* de ses militantes, le MLF n'a pas été pour rien dans le grand mouvement d'émancipation des femmes qui caractérise les deux dernières décennies et dans la substitution au modèle traditionnel de la « femme au foyer » de celui de la femme « libre », qui mène de front, comme un homme, son activité professionnelle, sa vie personnelle et ses obligations familiales. Se voulant totalement indépendant des forces politiques organisées, fussent-elles de gauche ou d'extrême gauche, et refusant de subordonner la « question des femmes » à celle de l'organisation sociale, il a incontestablement concouru à faire prendre conscience aux femmes, et à beaucoup d'hommes, des retards à combler en matière de pratiques égalitaires entre les sexes. Ce qui ne veut pas dire que les rôles attribués à chacun soient devenus universellement interchangeables dans le couple. Simplement, la vie à deux se construit aujourd'hui sur des bases moins démesurément inégalitaires qu'il y a encore trente ou quarante ans.

Le choc de la crise

Hédonisme, exaltation du moi, refus des contraintes et des interdits en tout genre, libération des femmes et indépendance des jeunes ont eu à subir depuis quinze ans les effets d'une vague en retour qui relève à la fois de la réaction classique à ce que certains considèrent comme symptomatique de la « décadence », et des simples incidences — matérielles ou autres — de la crise que traverse depuis vingt ans notre société postindustrielle.

Première constatation, l'hédonisme et l'individualisme ambiants, le naufrage des idéologies globalisantes, la crise de la famille et du couple traditionnels n'ont pas fait disparaître, loin de là, un système de valeurs dont on pouvait croire que certaines étaient obsolètes. En témoigne ce sondage de la SOFRES, réalisé en mai 1987 pour le compte du journal *La Croix*. À la question : « Pouvez-vous me dire si vous êtes engagé ou si vous seriez prêt à vous engager pour les causes suivantes ? », ont répondu, parmi les personnes interrogées :

Résultats en %	Déjà engagés	Prêts à le faire	Pas prêts
La défense de la famille	9	75	13
La lutte contre le chômage	6	77	14
La défense des droits de l'homme	5	72	19
La défense de l'environnement	5	68	23
La défense de la France	5	62	27
La lutte contre le racisme	6	54	32
La défense de la liberté religieuse	6	56	31
La défense de la paix et du désarmement	4	48	41
La lutte contre la pornographie	2	35	41

(Sondage SOFRES, publié dans *La Croix*, 21-26 mai 1987).

On voit que des institutions et des valeurs qui peuvent être considérées comme autant de pivots de l'ordre social se portent dans l'ensemble assez bien. Certes, on se marie moins et l'on a moins d'enfants que dans le passé, mais on place la famille au premier rang des valeurs à défendre. On est favorable à la paix et au désarmement, mais l'on continue de proclamer son attachement à la patrie. Si la lutte contre la « pornographie » — notion éminemment subjective — ne fait guère recette, la « défense des droits de l'homme » fait partie des préoccupations majeures de nos contemporains.

La crise et les menaces extérieures qui l'ont accompagnée à la charnière des années 1970 et 1980, ont eu pour conséquence en effet de marginaliser les idéologies qui affichaient leur hostilité radicale au modèle de société incarné par les démocraties pluralistes. Du coup, l'accent a été mis sur les valeurs qui forment le noyau dur de l'héritage des Lumières et de la « Révolution » — celle de 1789, dont la célébration du bicentenaire a donné lieu à un immense débat sur ces questions — : la liberté, l'égalité des droits et des chances, le respect de la personne humaine, etc.

Ce « consensus » autour de la démocratie et du socle d'idéaux et de principes sur lequel elle repose n'est cependant ni total ni exempt d'ambiguïtés. Les extrémismes de droite et de gauche, qui continuent de lui être hostile sans le dire toujours très clairement, sont minoritaires mais non absents de la scène politique. Quant aux autres, soit en moyenne plus de 80 % de ceux qui émettent une opinion politique ou un jugement sur les valeurs, ils se reconnaissent de plus en plus difficilement dans des familles politiques et dans des idéologies qui privilégient de manière exclusive tantôt la liberté, tantôt l'égalité des chances et la solidarité, et ils recherchent un difficile accommodement entre ces deux parts du patrimoine.

Cette adhésion à un système de valeurs associant liberté individuelle et solidarité, droits de l'homme et préoccupations égalitaires, est particulièrement forte parmi les jeunes. À la « génération bof » des années 70, caractérisée par son individualisme hédoniste, son désintérêt pour la politique et son apparente désinvolture, a succédé une « génération morale », façonnée par la crise et par le naufrage des certitudes inculquées naguère par les « maîtres penseurs ». Différence fondamentale avec leurs aînés de 1968, les lycéens et les étudiants qui ont manifesté en masse en 1986 contre la « réforme Devaquet », ne cherchaient pas à détruire la société, mais au contraire à s'y intégrer, le diplôme universitaire, aussi dévalué soit-il, constituant à leurs yeux une sorte de « potion magique » contre le chômage et l'exclusion. Pas plus que ceux qui, tout aussi nombreux, se mobiliseront au début de 1994 contre le projet de contrat d'insertion professionnelle (CIP) du gouvernement Balladur, ils ne contestaient les fondements de la démocratie française. Ils exigeaient simplement que celle-ci se conforme à ses propres principes en donnant à chacun la chance à laquelle il a droit.

Rien de spécifiquement « corporatiste » et « narcissique » dans tout cela, comme l'affirmeront avec la même assurance qu'ils avaient en d'autres temps prêché la révolution nihiliste, d'ex-soixante-huitards devenus les pourfendeurs du « culte crétinisant et démagogique de la jeunesse ». Mais plutôt, et bien que le souci de leur propre avenir ne soit évidemment pas absent de leur démarche, la volonté manifestée par nombre de jeunes appartenant à cette génération d'affirmer des valeurs solidaires qui apparaissent au même moment dans le soutien que nombre d'entre eux apportent aux campagnes menées par l'organisation SOS-Racisme de Harlem Désir, ou encore dans le sondage publié en 1987 par *L'Expansion* à l'occasion de son vingtième anniversaire. 69 % des jeunes interrogés déclarent qu'ils préfèrent que la société privilégie la solidarité au détriment de l'initiative individuelle et 40 % qu'ils souhaitent devenir Européens de nationalité (contre 16 % quatre ans plus tôt).

Une nouvelle classe d'âge s'est ainsi constituée au milieu des années 80 en génération politique, en même temps que s'affirmait une nouvelle culture juvénile dont les figures emblématiques s'appellent Balavoine (mort accidentellement lors du rallye automobile Paris-Dakar), Coluche (fondateur des « restaurants du cœur », tué en moto en 1986), Jean-Jacques Goldman, Jean-Luc Lahaye, Bob Geldof, tous engagés dans la cause de l'antiracisme et de la solidarité avec les peuples du Tiers Monde. Ses représentants se mobilisent contre la faim en Éthiopie, l'apartheid en

Afrique du Sud, ou simplement contre la xénophobie et l'exclusion dans l'hexagone lors des manifestations organisées par SOS-Racisme sur le thème « Touche pas à mon pote » en juin 1985 à la Concorde, en 1986 à la Bastille, ou en 1987 à Vincennes.

Les responsables politiques n'ont pas tardé à saisir la balle au bond, conscients qu'ils étaient de l'enjeu constitué par cette classe d'âge en passe d'investir l'horizon électoral. À gauche, Bernard Kouchner et Bernard Tapie se sont ainsi taillé une popularité parmi les jeunes et peut-être construit un avenir politique, le premier en se posant en champion inlassable de la cause humanitaire, le second en proposant de faire entrer la Bosnie dans l'Union européenne et de rendre le chômage « illégal ». À droite, les gouvernants des deux phases cohabitationnistes se sont, devant la mobilisation des jeunes, empressés de retirer leurs projets les plus impopulaires et de caresser les moins de vingt-cinq ans dans le sens du poil, Jacques Chirac en faisant la promotion du concert de Madonna à Sceaux en 1987, Édouard Balladur en organisant en 1994 des « États généraux » de la jeunesse. Jusqu'à présent, et malgré l'aggravation de la crise et du chômage qui a caractérisé les années 1993-1994, la charge émotionnelle dont est porteuse la nouvelle classe d'âge adolescente-juvénile ne s'est guère manifestée de manière massive qu'épisodiquement, et sans jamais remettre en cause le consensus démocratique. Simplement, à l'optimisme révolutionnaire et utopique de la génération du *baby boom* s'est substitué un pessimisme mesuré, ou, comme l'écrit Henri Weber, « un sentiment aigu de la complexité des choses et du peu de puissance des hommes à les maîtriser » (*Vingt ans après..., op. cit.*, p. 209), qui ne compromet pas l'adhésion majoritaire des fils à la société des pères et n'a pas engendré, jusqu'alors, une contestation radicale de masse comparable à celle de la fin des années soixante. C'est également ce que dit Luc Ferry :

> « Il faudrait être aveugle pour ne pas voir qu'aujourd'hui le danger, si danger il y a, ne vient plus du dogmatisme des « maîtres penseurs »... ; s'il est un fait certain, c'est bien l'absence de certitude, s'il est une idéologie unanimement partagée, c'est bien le relativisme des valeurs, l'idée qu''il n'y a pas de faits mais seulement des interprétations' et que toute prétention à la Vérité est suspecte.
>
> Faut-il s'en réjouir ? Toute la question est là. Il est indéniable que le relativisme spontané, presque viscéral, qui nous entoure, favorise l'adhésion aux valeurs démocratiques et au pluralisme (mou, faut-il le dire, mais à bien des égards inoffensif). Il est clair également que, dans cette optique, la période de l'après-guerre, dominée par la figure de l'intellectuel 'critique', si bien incarnée par Sartre, puis par Foucault, est révolue. Peu ou prou, les

intellectuels, même s'ils furent les derniers à le faire, se sont réconciliés avec cette démocratie qu'on disait autrefois formelle...

Telle est notre situation : sur les plans politique, éthique, esthétique, scientifique, religieux même, nous avons perdu toute possibilité de nous référer sans autre forme de discussion à des évidences... Le ciel des idées est vide...

L'éthique du XXIe siècle : un humanisme négatif. Pourquoi pas, si l'on entend par là une critique de l'univers démocratique qui, sans s'alimenter à des certitudes, serait tout à la fois *argumentée* et interne, je veux dire : s'effectuant au nom de promesses qui furent et restent celles de sociétés démocratiques, même lorsqu'elles s'évertuent à ne pas les tenir. »

(L. Ferry, « La morale du XXIe siècle : un humanisme négatif », *Le Monde*, 21/11/1987)

Cette réponse raisonnable aux effets conjugués de la crise des valeurs et de la dépression économique ne concerne pas la jeunesse dans sa totalité, pas plus que les représentants des autres classes d'âge que le chômage et l'exclusion placent dans une situation de marginalité croissante. Pour ceux-là, la violence et le rejet agressif des normes sociales constituent un moyen d'exprimer leur désespérance : violence du geste et du vêtement, parodie de la « normalité » chez les *Punks*, agression physique et exaltation de contre-valeurs empruntées par exemple au modèle nazi chez les *Skins-Heads* et qui peut se traduire aussi bien par le hooliganisme sportif — notamment à l'occasion des rencontres de football — que par des actes de vandalisme à forte connotation politique ou raciste, comme les profanations de tombes juives. Violence du son également, et aussi violence du verbe, avec la seconde vague du rock, qui traduit désormais la révolte et le désespoir des ghettos urbains. Déjà, au début des années 1980, faisant écho au chant syncopé et meurtri du Jamaïcain Bob Marley, un Bernard Lavilliers communiait en musique avec les « barbares », poussés à la périphérie du monde civilisé. Depuis quelques années, de nouvelles formes de musique populaire, surgies elles aussi des périphéries urbaines, comme le *rap*, ont pris le relais : elles disent l'impossible réconciliation de toute une fraction de la jeunesse avec une société qui ne lui laisse guère d'autre issue que la délinquance et la toxicomanie.

La culture de notre temps, particulièrement le cinéma, rend compte de cette violence latente, dans ses reportages filmés comme le *Houston Texas* de François Reichenbach (1980) ou des films de fiction à l'image de *Série noire* d'Alain Corneau (1979). Dans cette dernière œuvre apparaît l'anti-héros d'un univers décadent, jeune employé marginalisé poussé au crime à la fois « crapuleux » et « passionnel », sur fond de solitude et d'architecture urbaine déliquescente, tel qu'on le trouve, au plan littéraire, dans le « nouveau polar » français, à travers les livres de Fajardie (*Sniper, Gentil Fathy!*), Demouzon *(Section rouge de l'espoir, Paquebot)* ou ADG *(Cradoque's Band)*.

En réaction aux phénomènes de destructuration du corps social et d'érosion des institutions et des valeurs traditionnelles, qui ont commencé à se manifester à l'époque de la croissance triomphante mais que la crise a fortement accélérés, on assiste depuis quelques années à des manifestations qui traduisent, dans toute une fraction de l'opinion, une volonté de « retour à l'ordre ». Celle-ci se traduit sur le plan politique par l'adhésion d'un plus grand nombre de Français aux valeurs affichées par la droite « dure » et à son programme politique : autorité, refus du « laxisme », condamnation des déviances, retour au nationalisme, rétablissement de la peine de mort, interdiction de l'avortement, etc. Aux élections « européennes » de juin 1994, les deux listes qui, avec des nuances, se réclamaient ouvertement de ce courant — celle de Philippe De Villiers et celle de Jean-Marie Le Pen — totalisaient plus de 22 % des suffrages. Mais, au-delà de ce vote militant en faveur de la tradition restaurée, c'est une fraction beaucoup plus large de l'opinion qui aspire, sous des formes diverses, au rétablissement de l'ordre. Le principal d'un collège public du sud-ouest de la France n'a-t-il pas, en juin 1994, sans soulever de tollé général, y compris parmi les jeunes, interdit dans l'établissement dont il avait la charge le port des chaussures de basket en dehors des séances d'éducation physique ? Signe apparemment anodin, mais en réalité significatif du changement intervenu dans les mentalités, un quart de siècle après le grand défoulement de 1968.

Une nouvelle religiosité

Les incertitudes qui pèsent sur l'avenir de nos sociétés contemporaines et la crise des grandes constructions idéologiques ont suscité, en France comme ailleurs, un renouveau religieux qui, en dépit des apparences, profite d'abord aux Églises constituées.

Certes, les statistiques indiquent clairement un rétrécissement sensible de leur influence auprès des populations de l'hexagone, à commencer par celle de l'Église catholique. Si plus des trois quarts des Français se déclarent aujourd'hui encore « catholiques » (ils étaient 90 % en 1945), 13 % seulement d'entre eux — selon un sondage effectué par la SOFRES en 1986 — assistent régulièrement à la messe dominicale, 6 % y participent une ou deux fois par mois, 19 % s'y rendent « de temps en temps »,

52 % à l'occasion seulement des cérémonies familiales et 9 % s'abstiennent de toute pratique officielle. Dans certains quartiers des grandes villes, la pratique régulière ne concerne plus guère que de 5 à 10 % de la population. Tout aussi spectaculaire est le tarissement des vocations sacerdotales. Entre 1963 et 1975, le nombre des ordinations annuelles est tombé de 610 à 156 et il est, à l'heure actuelle, inférieur à 100, ce qui se traduit par un fort vieillissement du clergé et pose à l'Église un problème majeur qui est celui de sa présence effective dans un certain nombre de paroisses de petites dimensions qui doivent parfois se contenter du passage d'un prêtre itinérant pour assurer l'administration des sacrements. Ce manque d'ecclésiastiques — tout aussi manifeste dans le clergé régulier — est dû également au fait que, depuis la fin des années 1960, nombre d'entre eux ont quitté l'état clérical. Réclamé par de nombreux prêtres, l'abandon du célibat a, jusqu'à présent, été refusé de manière catégorique par la hiérarchie catholique, de même que l'admission des femmes aux fonctions sacerdotales.

Autres signes de la perte d'influence de l'Église auprès de la population, le recul du nombre des baptêmes (92 % des naissances en 1958, 60 % aujourd'hui), la diminution des effectifs des organisations qui gravitent autour d'elle — Action catholique, mouvements de jeunesse (JOC, JEC, scoutisme, etc.), syndicalisme chrétien, etc. —, la moindre observance des règles édictées par la hiérarchie, notamment en matière de comportement moral, de sexualité, de contraception (selon un sondage publié en octobre 1988 dans *Le Nouvel Observateur* 48 % seulement des femmes catholiques pratiquantes se déclaraient hostiles à la pilule), voire l'adhésion à certains articles du dogme et à des notions aussi fondamentales que celle de la croyance en l'« au-delà ». Selon un sondage réalisé en octobre 1986 par la SOFRES, 60 % seulement des catholiques déclarent qu'ils croient à la résurrection du Christ (49 % pour l'ensemble de la population), 47 % au Ciel et 27 % à l'Enfer. À la question : « Qu'y-a-t-il après la mort ? », 25 % des pratiquants répondent rien, 10 % sont sans opinion, 46 % pensent qu'il y a « quelque chose » mais ne savent pas quoi et 21 % seulement évoquent « une nouvelle vie ». Que tout cela traduise une désaffection des fidèles à l'égard de l'institution religieuse et de l'autorité du clergé, cela ne fait aucun doute. Non seulement la pratique catholique, mais l'observance des enseignements de l'Église et jusqu'aux croyances autrefois les plus consensuelles sont devenues en France des phénomènes minoritaires. La religion est désormais un fait d'ordre personnel et privé.

Il s'agit toutefois d'un recul quantitatif qui affecte des catégories de chrétiens dont la pratique avait eu, de tout temps, un caractère éminemment formel, lié à des considérations sociales ou simplement à la peur du châtiment divin. Des ressorts auxquels l'Église post-conciliaire a de moins en moins recours.

En contrepartie, on constate chez de nombreux fidèles un approfondissement et un enrichissement du sentiment religieux, tourné vers l'action et la spiritualité, engagé socialement et parfois politiquement, plutôt que réduit aux aspects rituels de la parole et du geste. Nombreux sont les chrétiens qui se rassemblent dans des « communautés émotionnelles » affinitaires pratiquant la prière et dont les membres entretiennent entre eux des rapports étroits. À l'instar de ce qui se passe depuis une quinzaine d'années aux États-Unis et au Canada, ce type de convivialité spirituelle a donné naissance au mouvement charismatique qui recrute principalement ses ouailles dans les classes moyennes et se consacre lui aussi à la prière collective et au chant prophétique. Les monastères ont commencé à retrouver un recrutement parmi les jeunes, et surtout ils ont acquis au cours des dernières années un fort pouvoir d'attraction sur les laïcs en quête de ressourcement, remède au stress et au matérialisme croissants de la vie moderne.

Le retour du religieux, s'il n'affecte qu'une minorité du corps social, constitue pour l'Église catholique un puissant ferment de renouveau. Il s'accompagne toutefois, chez certains croyants, du refus militant de modernisation et d'ajustement à la société contemporaine que l'institution ecclésiastique a imposés à ses fidèles depuis le Concile Vatican II. Une fraction intégriste et ultraminoritaire de catholiques qui ne reconnaissent plus l'Église de leur jeunesse s'est rassemblée à partir du début des années 70 autour de Mgr Marcel Lefebvre, lui-même issu d'une famille très catholique et monarchiste de Tourcoing. Au-delà du symbole de la messe en latin, c'est toute l'évolution de l'Église post-conciliaire qui a été mise en cause par ce prélat traditionaliste, fondateur en 1970, à Écône en Suisse, de la Fraternité sacerdotale Saint-Pie X, et avec elle celle d'une société considérée comme « laxiste » et décadente. D'où les liens qui unissent certains de ces catholiques intransigeants, ainsi que les disciples de l'abbé G. de Nantes groupés autour de la Ligue de la Contre-Réforme catholique (également fondée en 1970), à l'ultradroite politique (par l'intermédiaire du Journal *Présent*). En 1988, le conflit entre Mgr Lefebvre — qui a ordonné un certain nombre de prêtres en dépit des interdictions de Rome — et le pape Jean-Paul II a abouti à un véritable schisme qui ne concerne il est vrai qu'un nombre extrêmement réduit de fidèles. Cette contestation interne a néanmoins amené l'Église à tenir compte de l'attachement d'une partie des croyants à la tradition. En 1984, sous réserve de la décision de l'évêque, le Saint-Siège a autorisé la célébration de la messe ancienne.

L'intransigeance manifestée par le pape Jean-Paul II en matière de mœurs et de contrôle des naissances, a provoqué en sens inverse des réactions d'éloignement de la part d'un certain nombre de catholiques que le conservatisme de l'Église a déçus, voire d'ecclésiastiques qui réclament leur intégration totale à la vie de la société (abrogation de l'obligation du célibat, droit d'exercer une activité salariale et de s'engager politiquement à gauche, etc.). Certains prélats libéraux et soucieux de répondre aux préoccupations de leur temps — tel est le cas de Mgr Gaillot à Évreux — ont pris parfois des positions qui tranchent avec celles de la hiérarchie, par exemple sur les problèmes de la contraception, du sida, de l'homosexualité, ce qui a entraîné des rappels à l'ordre de la part du Saint-Siège et de l'épiscopat. Ce dernier ne se prive pas cependant d'intervenir dans le débat public lorsque les principes qui fondent à ses yeux l'humanisme chrétien se trouvent bafoués, qu'il s'agisse de la pornographie, des atteintes portées au respect de la chose sacrée (cf. les débats qui ont suivi la projection en France du film de Martin Scorsese, *La dernière tentation du Christ*, ou la publication des *Versets sataniques* de Salman Rushdie), de la dénonciation du racisme et de l'exclusion sociale, ou encore de l'attitude bienveillante de certains ecclésiastiques envers des individus convaincus de « crime contre l'humanité » (affaire Touvier).

L'évolution du catholicisme français s'effectue donc sous le signe d'un pluralisme qui n'est pas sans conséquences politiques. Encore que, comparés à leurs homologues des autres religions représentatives, les catholiques pratiquants soient nettement plus orientés à droite. Au premier tour des élections présidentielles de 1988, 15,8 % seulement d'entre eux ont donné leur voix à François Mitterand (0,5 % au communiste André Lajoinie), contre 33,7 % à Jacques Chirac, 32,7 % à Raymond Barre et 12,2 % à Jean-Marie Le Pen, alors que 51,2 % des protestants, 44,5 % des juifs et 68,9 % des musulmans ont voté pour le candidat de la gauche.

Toujours très fortement minoritaire et enclin de ce fait à prendre le contrepied de l'Église catholique, le protestantisme français rassemble aujourd'hui environ un million de fidèles, dont 450 000 réformés, 270 000 luthériens (surtout présent dans l'Est et notamment en Alsace) et 280 000 évangéliques. La pratique religieuse a évolué de la même façon que celle des catholiques. Au cours des deux derniers siècles, la bourgeoisie protestante a occupé un espace spécifique dans la société française. Plus tolérante, plus ouverte au changement que son homologue catholique, elle a fourni à la République une fraction importante de ses élites, aussi bien au niveau local (à Marseille, Bordeaux, Nîmes, Strasbourg, etc.) que national. Cette spécificité tend aujourd'hui à disparaître, ou du moins à très fortement s'atténuer, même si — majoritairement — les protestants continuent à se montrer plus libéraux que les catholiques en matière de contrôle social et de mœurs, d'afficher des convictions laïques et d'apporter leurs voix aux organisations de la gauche non communiste. En leur sein s'est néanmoins développée depuis une vingtaine d'années une minorité intransigeante s'appuyant sur la confession de foi dite de La Rochelle (1559) et sur l'enseignement de la Faculté de théologie réformée qui s'est ouverte à Aix-en-Provence en 1974. Elle dénonce la «catholicisation» du protestantisme —, le «laxisme» des mœurs et l'avortement.

Retour au religieux également, et au conservatisme moral, au sein de la communauté juive. Au lendemain de la guerre, celle-ci se trouvait numériquement réduite à 200 000 personnes, en majorité ashkenazes. À partir du milieu des années 1950, les vagues successives de réfugiés en provenance du Maghreb et d'Égypte ont porté son effectif à plus de 600 000 et modifié sa composition au profit des sépharades, très largement majoritaires. Une fraction importante de la communauté israélite réside en région parisienne, mais ses représentants sont également nombreux à Marseille, Lyon, Toulouse, Strasbourg. Sociologiquement très diverse, elle entretient des liens privilégiés avec l'État d'Israël. Au cours des deux dernières décennies, la tendance a été au retour à une identité affirmée, conséquence à la fois du retentissement en France des événements du Moyen-Orient — parfois chèrement payé par la communauté (attentat contre la synagogue de la rue Copernic en octobre 1980, fusillade de la rue des Rosiers, etc.) — et de la crise des idéologies, en particulier de l'idéologie marxiste, très fortement ancrée dans la population juive et notamment parmi les intellectuels.

Ce sont 36 % des juifs de France, selon l'enquête réalisée en 1987 par Érik Cohen, qui s'affirment «non-observants», contre 49 % qui se rangent parmi les «traditionalistes», respectueux d'un minimum de prescriptions alimentaires ou autres, et 15 % d'observants stricts qui se conforment aux interdits rituels (nourriture, pas de télévision durant le sabbat, etc.). Autrement dit, l'influence des «laïques» a fortement reculé au profit de celle des «religieux» et, parmi ces derniers, des orthodoxes, peu favorables aux conversions effectuées à l'occasion d'un mariage mixte. Le président du Consistoire de Paris, Benny Cohen, et les deux derniers Grands Rabbins de France, René-Samuel Sirat et Joseph Sitruk, tous sépharades, relèvent de ce courant. Il existe également une minorité active et conviviale de «juifs pieux», les Loubavitch, qui se rattachent au hassidisme, courant spirituel qui s'est développé en Pologne au XVIIIe siècle, et qui se singularisent au sein de la communauté israélite par leur comportement vestimentaire et leur respect scrupuleux de la tradition.

Conséquence d'une immigration en provenance du Maghreb, de Turquie et d'Afrique noire, qui s'est développée depuis la guerre et qui a largement fait souche, l'islam constitue aujourd'hui, avec 3 millions d'adeptes, la deuxième des grandes religions pratiquées dans l'hexagone. Là encore, on constate depuis une vingtaine d'années un réveil de la foi et de la pratique qu'expliquent d'une part le renouveau de la religion musulmane et le prosélytisme auquel se livre sur tous les continents la Ligue islamique mondiale (à commencer par la distribution gratuite du Coran), d'autre part le repli de nombreux migrants, en butte à des réactions de rejet de la part des populations autochtones, sur des valeurs identitaires auxquelles se rattachent également des représentants de la seconde et maintenant de la troisième génération. Il en résulte une demande plus forte que dans le passé en matière d'ouvertures de mosquées, de salles de prière sur les lieux de travail et dans les foyers, de boucheries rituelles, et une plus grande observance des fêtes religieuses et du Ramadan.

De là à voir dans ce réveil de l'islam populaire une adhésion massive au fondamentalisme en vigueur dans certains pays du Moyen-Orient et du Maghreb, il y a loin. Certes, le retour à la religion a progressé depuis quinze ans parmi les jeunes issus de l'immigration, mais il s'agit souvent d'un réflexe identitaire à l'exclusion dont nombre d'entre eux se sentent victimes plus que d'une véritable conversion à la foi musulmane. En dépit des efforts prodigués par des associations islamistes ultraminoritaires — liées souvent à des États étrangers et financées par eux —, ce mouvement n'affecte qu'une petite partie des familles de migrants. Au début des années 1990, moins de 40% des musulmans résidant en France se déclaraient croyants et pratiquants, 16% seulement fréquentaient la mosquée le vendredi. Beaucoup plus que la « montée » des courants intégristes, dont certaines organisations politiques et certains vecteurs médiatiques ont fait un épouvantail auprès d'une opinion en proie aux interrogations identitaires, c'est la laïcisation des nouvelles générations issues de l'immigration qui est à l'ordre du jour.

C'est également un retour au religieux que traduit le succès durable des sectes et des églises parallèles, les unes poussées sur le terreau du christianisme, les autres importées d'Orient. Parmi les premières, il faut citer les baptistes (on en comptait plus de 20 000 au début des années 1990), les adventistes (8 000), les mormons (15 000), les pentecôtistes (70 000 membres répartis en 500 communautés), les « témoins de Jéhovah » (près de 200 000 adeptes). Parmi les secondes, les plus fréquentées sont l'Église de scientologie (30 000 membres) qui tente d'allier haute technologie moderne, pratique de la méditation transcendale empruntée à l'hindouisme... et sens des affaires, les Enfants de Dieu et la secte Moon, dont la prédication s'est nourrie, jusqu'à une date récente, d'un anticommunisme virulent. À quoi il faut rattacher les innombrables groupuscules et officines en tout genre qui tirent leur fonds de commerce de l'ésotérisme, de la parapsychologie, de l'astrologie, de la croyance en la réincarnation, etc. Au total un monde de la « nouvelle religiosité » qui mobilise entre 500 000 et 600 000 personnes et dont la pérennisation dans notre société s'explique par la recherche d'une religion individualisée et non structurée qui guide dans leur quête d'absolu un certain nombre de nos contemporains.

Politique et pratiques culturelles des Français

Inaugurée au début des années 1960 avec la création d'un département ministériel spécifique, confié à André Malraux, la politique culturelle n'a cessé de prendre de l'ampleur depuis cette date, tant au niveau de l'État que des collectivités locales. Disposant d'un budget qui a augmenté trois fois plus vite que celui des autres départements, le ministère de la Culture a orienté ses interventions dans deux directions : politique du « patrimoine » d'une part, axée sur la conservation des biens culturels, la construction et l'entretien des musées, bibliothèques, vidéothèques et autres lieux de diffusion de la culture, l'acquisition de nouvelles œuvres (par exemple *L'Astronome* de Vermeer au Louvre), etc., et soutien d'autre part à la création et à l'animation culturelles. Celui-ci, pratiqué notamment par les gouvernements de gauche et sous l'impulsion de Jack Lang, entre 1981 et 1986, s'est effectué à tous les niveaux, qu'il s'agisse de la commande publique en matière d'œuvres d'art — elle dispose d'un fonds spécifique doté d'un budget qui atteignait 33 millions de francs en 1990 — du financement des Maisons des jeunes et de la Culture, ou des subsides dont bénéficient des initiatives de tous ordres telles qu'expositions, colloques, groupes musicaux, etc.

Mais le budget du ministère de la Culture ne constitue qu'une part très réduite de l'ensemble des sommes consacrées aux activités intellectuelles et artistiques. S'y ajoutent les budgets culturels des autres ministères, d'une ampleur à peu près équivalente, celui des « grands travaux » qui relève directement de la présidence de la République et auquel Paris doit de s'être doté depuis quinze ans d'une nouvelle génération de lieux consacrés à la culture (Musée d'Orsay, Grand Louvre, Bibliothèque de

France, etc.), et surtout les dépenses des collectivités locales. Parties de rien au début des années 1970, ces dernières augmentent à l'heure actuelle au rythme de 10 % par an et représentent le double de celles de l'État. En 1990, les départements ont dépensé pour la culture plus de 4 milliards de francs, soit 2,5 % de leur budget. Les villes, quelles que soient leurs dimensions, ont multiplié les initiatives qu'il s'agisse de l'animation culturelle, pratiquée à tous les niveaux — de la fête de rue au concert de musique classique, en passant par les spectacles « son et lumière » et les innombrables festivals (musical à Aix-en-Provence, théâtral en Avignon, cinématographiques à Cannes, Deauville ou Avoriaz, de la bande dessinée à Angoulême et Saint-Malo, etc.) —, ou de l'équipement lourd en bibliothèques, musées ou théâtres. Ce sont généralement les grandes villes (de plus de 150 000 habitants) qui consacrent la proportion la plus forte de leur budget (14 % en moyenne) aux activités culturelles. Partout, la culture est devenue pour les municipalités, les conseils généraux et régionaux, comme pour le pouvoir central, un enjeu politique important.

Cette participation croissante des pouvoirs publics dans le financement de l'activité culturelle des Français ne s'accompagne pas d'un investissement identique de la part des ménages. Toutefois, depuis le début des années soixante, les dépenses culturelles ont augmenté bon an mal an au même rythme que l'ensemble des dépenses et représentent aujourd'hui en moyenne entre 7 et 8 % du budget. Ce sont surtout celles que les individus et les familles consacrent à l'équipement audiovisuel à domicile qui ont augmenté depuis vingt ans. À la fin des années 1970, les achats de téléviseurs, magnétoscopes, chaînes Hi-fi, postes de radio, etc., représentaient 70 % de la « consommation culturelle » des Français. Depuis cette date, cette proportion a sensiblement baissé, suite aux effets conjugués de la récession et du chômage, de la baisse sensible du prix de ces biens et de la saturation du marché ; plus de 95 % des foyers de l'hexagone sont dotés d'au moins un récepteur de télévision.

La « petite lucarne » est devenue en effet le principal instrument d'information et de récréation des Français. En 1967, un peu plus de 51 % d'entre eux déclaraient regarder la télévision « tous les jours » ou « presque tous les jours » ; en 1992 ils étaient 82,6 % à le faire et l'on estimait que les habitants de l'hexagone consacraient 43 % de leur temps libre à cette activité et que la moitié d'entre eux stationnaient devant le petit écran plus de 17 heures par semaine.

Est-ce-à-dire que cette dépendance croissante à l'égard de la subculture télévisuelle a marginalisé les autres pratiques culturelles des Français ? Il ne le semble pas, bien au contraire. La lecture par exemple, contrairement à une idée reçue, a gagné des adeptes : 75 % des personnes interrogées en 1988 déclaraient avoir lu au moins un livre dans l'année, contre 70 % dix ans plus tôt. Si recul il y a en ce domaine, il se situe du côté des gros lecteurs (plus de 25 livres par an), appartenant à la tranche cultivée des populations urbaines, et du côté des jeunes. Entre 1970 et la fin des années quatre-vingt, le pourcentage des moins de 24 ans qui étaient censés avoir lu au moins un livre par mois est tombé de 57 à 41 %. S'agissant des revues et des magazines — tous genres mêlés —, le lectorat a également augmenté de manière sensible, passant de 56 % en 1967 à près de 80 % aujourd'hui, conséquence également de l'élévation du niveau moyen d'éducation de la population française et en dépit de la persistance ou de la résurgence de l'analphabétisme (ou du moins de l'inaptitude à déchiffrer correctement un texte) dans les catégories les plus touchées par l'exclusion sociale.

On lit donc davantage. On sort également davantage. En 1967, une personne sur trois sortait une fois par mois, contre une sur deux à l'heure actuelle. Ces « sorties », qui sont surtout le fait des jeunes adultes citadins, n'ont pas toutes évolué au même rythme. Entre 1967 et 1988, le nombre des personnes qui sortaient au restaurant au moins une fois par mois est passé de 8,4 à 24,6 %. Au cours de la même période la proportion de ceux qui accomplissaient une sortie culturelle mensuelle est passée de 17,8 à 18,9 % pour le cinéma — ainsi gratifié d'une légère reprise de la fréquentation —, de 20,9 à 17,9 % pour le théâtre, lequel connaît lui aussi, mais depuis une date plus récente, un nouveau regain d'intérêt et de public. Quant aux personnes qui ont visité au moins un musée dans l'année, leur proportion a plus que doublé : 17,8 % en 1967, près de 39 % en 1992. Les expositions et musées nationaux accueillent aujourd'hui plus de 12 millions de visiteurs, dont 2 millions pour le Louvre et autant pour Versailles. En 1993, l'inauguration du Grand Louvre a été un immense événement populaire.

Il est donc abusif de parler, comme on le fait souvent, d'une accentuation du caractère élitiste de la culture. Certes, le public du concert, celui qui fréquente les galeries de peinture « branchées » de la rue de Seine, ou celles, plus classiques, de l'avenue Matignon, les *happy few* qui disposent des moyens et d'un entregent suffisants pour assister aux prestigieuses soirées où se produit quelque star du *bel canto,* un Ruggiero Raimondi ou un Luciano Pavarotti, constituent un monde exigu et passablement fermé. Mais, à côté de lui, s'est développé un public plus large et plus composite qui se presse aux grandes expositions de « Beaubourg » ou du musée d'Orsay, aux représentations d'art lyrique de l'« Opéra Bastille » et de « Bercy » (où se succèdent, dans l'immense salle futuriste du palais omnisport, rencontres de tennis, opéras de Verdi et concerts rock), ainsi qu'aux innombrables manifestations culturelles provinciales. Comme au TNP des années cinquante, on y trouve rassemblés sinon les représentants du monde ouvrier, du moins, de plus en plus nombreux, ceux des catégories intermédiaires — fonctionnaires, enseignants, membres des professions libérales, cadres moyens, etc. — drainés jusqu'à ces nouveaux temples de la culture par tout un réseau d'associations et de comités d'entreprise.

Le virus TV n'a donc pas rendu les Français aussi casaniers qu'on le croit. Sans doute sont-ils de plus en plus nombreux à écouter quotidiennement, chez eux, de la musique sur disque ou sur cassette (9 % en 1973, 18 % en 1988), et à pratiquer en famille les « jeux de société » (18 % des Français en 1987 contre 13 % vingt ans plus tôt). Mais les loisirs d'extérieur, les voyages (on va de plus en plus loin), les séjours de vacances (plus courts qu'il y a trente ans et répartis sur toutes les saisons) ont progressé, de même que les pratiques sportives, notamment celles pour lesquelles le temps d'apprentissage est bref et que l'on peut poursuivre plus longtemps : jogging, cyclisme, natation, randonnées pédestres, ou gymnastique. En 1991, on estimait que 72 % des hommes et 54 % des femmes (contre 29 % en 1967) se livraient, plus ou moins régulièrement, à une activité sportive. À la même date, on comptait plus de 12 millions de titulaires d'une licence fédérale, alors qu'ils n'étaient guère plus de 5,5 millions vingt ans plus tôt. Signe des temps, la disproportion entre sports collectifs et sports individuels s'est fortement accentuée au cours des deux dernières décennies. Les premiers ne sont pratiqués que par un Français sur quinze, tandis que les seconds en mobilisent un sur trois. Ainsi, le football qui, en tant que spectacle de masse, draine des foules considérables, aussi bien sur les stades que devant le petit écran à l'occasion des finales de coupes et des rencontres du « Mundial », ne vient qu'au septième rang des sports pratiqués dans l'hexagone. Le tennis en revanche, longtemps considéré comme réservé à une élite, est devenu — largement grâce aux retransmissions télévisées des Internationaux de France à Roland-Garros et des tournois de Wimbledon et de Flushing Meadow — un véritable sport de masse, dont le nombre de licenciés est passé de 53 000 en 1950 à 311 000 en 1975 et à près de 1 400 000 en 1993. Parmi les autres sports qui ont connu un fort développement au cours des vingt dernières années, il faut citer le ski, le rugby (220 000 licenciés), le handball et surtout le judo, avec 460 000 licenciés dont 35 000 ceintures noires et 21 % de femmes.

Une culture de masse

Les grandes mutations technologiques, économiques et sociales des quarante dernières années ont eu pour effet de fortement éroder la culture populaire et la culture dite « bourgeoise ». Transmise par la famille, le lycée et l'institution religieuse, cette dernière a longtemps conservé une cohérence qui reposait sur un socle commun de références puisées dans les humanités classiques — le grec, le latin, la littérature française, l'histoire, la philosophie — et dans l'enseignement de l'église. Entre l'ingénieur sorti de l'X, le médecin généraliste, le haut fonctionnaire, l'avocat, le gestionnaire de haut niveau, il existait une connivence intellectuelle et esthétique, un sentiment d'appartenance au même système de valeurs qui s'étaient nourris de la fréquentation des « bons auteurs », de la récitation par cœur des « grands textes », de la connaissance des mythes fondateurs de la culture occidentale et de l'admiration vouée aux héros et aux saints. Tout ceci a volé en éclats avec la démocratisation de l'enseignement, la marginalisation des études classiques et le recul de l'éducation religieuse. Comme l'écrit Henri Mendras, « ce qui était patrimoine commun de tout homme cultivé devient érudition de spécialistes. Les humanités s'évanouissent et avec elles l'humanisme qui les inspirait » (*La seconde révolution française, op. cit.,* p. 346).

Si la culture « savante » a ainsi subi de plein fouet le contrecoup du bouleversement social qui a caractérisé les « trente glorieuses », la culture « populaire » — paysanne et ouvrière — qui s'est constituée au cours des siècles à la fois comme reflet et comme rejet de la première, n'a pas davantage résisté aux mutations de notre temps. Que reste-t-il en cette fin de siècle des cultures régionales, sinon de nostalgiques entreprises d'exhumation d'un folklore dont on oublie trop souvent qu'il n'est pas le produit spontané et mûri d'une très ancienne tradition populaire, mais qu'il a été façonné par des élites locales au XIXe siècle ? Et que reste-t-il de la « culture ouvrière », et plus généralement de la culture populaire urbaine qui s'est, elle aussi, forgée au siècle dernier, et qui a connu son apogée sous la Troisième République ? Les derniers feux d'une culture qui relie dans le temps « Casque d'or » et les héros d'Eugène Sue à ceux des films réalistes de l'immédiat avant-guerre (Gabin, Michel Simon, Arletty, Carette), ont disparu avec les années cinquante et les guinguettes du bord de la Marne, en même temps que s'estompaient les types sociaux qui leur avaient servi de modèles : le « métallo », la « gueule noire », le « titi parisien ».

Sur les ruines de ces deux cultures éclatées, qui coïncidaient avec des groupes clairement délimités, s'est constitué un système de diffusion culturelle qui obéit à des règles toutes différentes, dès lors que la classe dirigeante n'est plus en mesure de légitimer, ou simplement de reproduire sa culture propre. Chaque catégorie peut ainsi sélectionner dans l'immense catalogue de produits culturels qui sont mis à sa disposition par les médias ceux qui correspondent le mieux à ses besoins et à ses goûts, l'impulsion n'étant plus donnée comme dans le passé par une élite bourgeoise rompue aux humanités classiques, mais par ce que les sociologues appellent les « noyaux dynamiques de la constellation centrale » (cadres, diplômés universitaires, enseignants, animateurs sociaux, etc.), principaux innovateurs en matière de goût, de modes et de normes esthétiques.

La presse, principalement les hebdomadaires politico-culturels (*L'Express, Le Nouvel Observateur, Le Point, Le Figaro Magazine*), les supports publicitaires, la radio et bien sûr la télévision constituent les vecteurs privilégiés de cette culture de masse, hétéroclite mais continûment renouvelée, dans laquelle chaque individu ou chaque groupe vient puiser pour se constituer son propre bagage culturel. Le conformisme social et les impératifs économiques aidant, il en est résulté l'irruption d'une « sous-culture » uniformisée et commercialisée, qui n'est pas exclusive toutefois d'une production de qualité. Le « petit écran » peut ainsi être porteur du meilleur ou du pire. Le pire réside dans la toute puissance de l'« audimat » — la technique de sondage qui permet à tout moment de mesurer l'audience d'une émission, donc d'évaluer son impact sur le téléspectateur des « spots publicitaires » qui l'accompagnent, et d'établir les programmes en fonction de la rentabilité des produits offerts au public. Les heures de grande audience se trouvent de ce fait monopolisées par les productions qui répondent le plus au goût d'une population pour laquelle la télévision est essentiellement un outil d'évasion : émissions de « variétés », films, feuilletons, téléfilms, etc. Tout n'est pas uniformément à rejeter dans cette production télévisuelle de loisir qui, après tout, peut familiariser les Français avec les paysages, les pratiques sociales et la culture de leurs voisins européens (cf. par exemple les « séries » réalisées en Allemagne et dont les héros sont l'inspecteur Derrick ou le commissaire Schimanski), ou qui fait se côtoyer sur le même plateau tel chanteur de variété et telle ou telle des grandes figures de l'art lyrique : Michele Placido, Pavarotti, Barbara Hendrickx ou Jessie Norman. Quant au meilleur, il n'est pas totalement absent de la « petite lucarne », tantôt sous la forme d'une création originale, signée Moatti ou Bluwal et programmée sur une chaîne de grande audience, tantôt d'une émission mêlant reportage et réflexion (comme *Géopolis*), tantôt encore d'une production historique de qualité comme les *Brûlures de l'Histoire* de Laure Adler et Patrick

Rotman ou *Histoire parallèle* de Marc Ferro. Des émissions aussi austères dans leur propos que *Shoah* de Claude Lanzmann et *De Nuremberg à Nuremberg* de Frédéric Rossif ont constitué lors de leur premier passage sur le petit écran de véritables événements. La multiplication des réseaux câblés ou transmis par satellite (dont certains spécialisés dans la diffusion des grands classiques du cinéma ou dans le documentaire), la mise en place d'une chaîne culturelle — « Arte » — accessible sans péage et dispensatrice de « soirées thématiques » sur les sujets les plus variés, ainsi que la diffusion du magnétoscope ont permis à un public qui tend aujourd'hui à s'élargir de diversifier sa consommation télévisuelle et de donner à celle-ci un contenu moins strictement récréatif que celui des chaînes ordinaires.

Ce que la télévision a gagné en audience au cours des vingt dernières années, le cinéma l'a-t-il irrémédiablement perdu ? Certes, il existe — et elle se fait de plus en plus pressante — une concurrence du petit écran qui contraint les industriels du septième art et les créateurs à privilégier les critères de rentabilité, et pour cela à attirer par tous les moyens les spectateurs potentiels. Le pari est d'autant plus difficile à relever qu'aux coûts de plus en plus élevés de la production cinématographique s'ajoutent les effets de la crise sur les budgets des ménages. Il en résulte, s'agissant de la production courante, une uniformisation des produits et une baisse globale de la qualité qui doivent cependant être relativisées. Il en est du cinéma comme de la littérature. Les chefs-d'œuvre du passé ne doivent pas nous faire oublier qu'ils sont dans notre mémoire collective la partie émergée d'un immense continent perdu de productions médiocres et à jamais oubliées. La cinématographie que les Français consomment depuis le début des années 1970 n'est statistiquement ni meilleure ni pire que celle de l'avant-guerre ou celle des années cinquante. Les ratés de série B font la grosse masse des recettes, comme il y a trente et quarante ans. Les chefs-d'œuvre sont peut-être un peu moins nombreux depuis que quelques géants comme Carné, Renoir, Truffaut ou Melville ont disparu ou ont cessé d'exercer leur art. Mais beaucoup ont conservé intacte leur capacité de création et d'innovation et surtout, quoi qu'en pensent les éternels contempteurs du temps présent, il existe une relève qui conçoit et travaille différemment, vit avec son époque, et ne considère pas toujours la télévision comme le mal absolu.

L'innovation créatrice n'exclut pas le recul de la consommation cinématographique depuis une dizaine d'années. En 1981, on avait enregistré 189 millions d'entrées, soit 14 millions de plus qu'au cours des deux années précédentes, et en 1982 et 1983, des chiffres tournant autour des 200 millions d'entrées. C'est à partir de cette date que la fréquentation a fléchi de manière spectaculaire : 191 millions d'entrées en 1984, 172 millions en 1985, 163 millions en 1986, 122 millions en 1988, 118,9 millions en 1989, 115 millions en 1992. Sur ce total, la part des films français est tombée de 44,3 % en 1981 à 37 % en 1989 et à un peu plus de 30 % en 1991. Durant cette période, ce sont des milliers de salles qui ont fermé, le « ciné de quartier » se transformant en magasin de vêtements, en restaurant ou en succursale de banque. D'autres n'ont survécu qu'en découpant les anciens espaces en petites unités, pas toujours très confortables, de manière à diversifier leurs programmes et à capter des clientèles diverses. Le public a tendance en effet à se segmenter très fortement et rares sont les films français qui, par leurs aspects spectaculaires, s'inscrivent en tête des recettes comme *Le Grand Bleu* de Luc Besson en 1988, *Cyrano de Bergerac* de Jean-Paul Rappenau en 1990, *Germinal* de Claude Berri en 1993 et *La Reine Margot* de Patrice Chéreau en 1994.

Entre le début des années 1970 et le milieu de la décennie suivante, le cinéma français s'est partagé — s'agissant aussi bien du contenu que du style des réalisations — entre quatre courants principaux. Le premier est, au sens large du terme, celui du cinéma politique. En France, la cinématographie militante, d'inspiration soixante-huitarde, n'a eu sur les écrans qu'une présence marginale et éphémère, essentiellement représentée par deux réalisateurs qui, chacun à sa manière, n'ont pas attendu l'explosion de Nanterre pour développer dans leurs œuvres une thématique qui allait, à bien des égards, être celle du mouvement étudiant. Jean-Luc Godard dans *La Chinoise* (1967), Chris Marker dans *Loin du Viêt-Nam* (1967) et dans *À bientôt j'espère,* font ainsi figure de précurseurs du grand chambardement de mai 1968, mais, au moment où celui-ci éclate, personne n'est là pour le filmer en direct, ou du moins pour faire un véritable film avec les séquences prises à chaud par quelques-uns de ses acteurs. Il faudra attendre 1977 pour que Marker replace l'événement dans le contexte de la décennie « révolutionnaire » qui relie le mai européen aux mouvements de libération du Tiers Monde (*Le Fond de l'air est rouge,* 1977), et 1982 pour que Romain Goupil se hasarde à évoquer dans *Mourir à trente ans* les illusions perdues de la génération des barricades. Quant à l'« esprit de mai », il n'a guère inspiré que quelques œuvres qui auront d'ailleurs du mal à trouver un public au-delà des salles du Quartier Latin, qu'il s'agisse de *L'An 01* de Jacques Doillon, de *On n'arrête pas le printemps* de René Gilson, de *Tout va bien,* de Jean-Luc Godard, tous trois réalisés en 1972, ou de films féministes tels que *L'une chante l'autre pas* d'Agnès Varda, *Mon cœur est rouge* de Michèle Rosier et *Qu'est-ce que tu veux Julie ?* de Charlotte Dubreuil, sortis sur les écrans en 1976.

En revanche, le cinéma politique de grande consommation a connu un immense succès au cours de la décennie 1970, comme si, après l'échec de 1968 et sur fond de blocage de la situation intérieure et internationale, une large fraction du public français avait cherché sur les écrans un exutoire à l'immobilisme de l'ère pompidolo-giscardienne. Le phénomène n'est pas d'ailleurs particulier à la France et affecte sans doute davantage encore le cinéma italien, mais chez nous il constitue une rupture spectaculaire avec la période de l'après-guerre et de la décolonisation, marquée par un désengagement à peu près complet (combien de films par exemple sur la guerre d'Indochine en dehors du très beau *Mort en fraude* de Marcel Camus, sorti sur les écrans trois ans après les accords de Genève). Le ton est donné, dès 1969, avec le film de Costa-Gavras, *Z, ou l'anatomie d'un assassinat politique,* dans lequel ce cinéaste d'origine grecque met en scène, sur un scénario de Jorge Semprun, l'élimination d'un dirigeant de l'opposition démocratique (Lambrakis, incarné par Yves Montand) dans la Grèce des colonels. Premier volet d'une trilogie que compléteront en 1970 *L'Aveu* et en 1973 *État de siège* et qui inaugure une véritable mode cinématographique (parfois baptisée « série Z » par référence au modèle du genre) à laquelle sacrifient nombre de réalisateurs connus : Jean-Pierre Mocky (*Solo,* 1970, *L'Albatros,* 1971), Michel Drach (*Élise ou la vraie vie,* 1970), André Cayatte (*Mourir d'aimer,* qui relate en 1970 l'affaire Gabrielle Russier, *Il n'y a pas de fumée sans feu,* 1972), Alain Corneau (*Police Python 357,* 1976, *La Menace,* 1977), Laurent Heynemann (*La Question,* 1976), et surtout Yves Boisset, lui aussi auteur d'une trilogie comprenant *L'Attentat* (1972, sur l'affaire Ben Barka), *Dupont-Lajoie* (1974, sur le racisme ordinaire) et *Le Juge Fayard, dit le sheriff* (1976, sur l'assassinat du juge Renaud, abattu à Lyon en 1975).

S'il satisfait les consciences de gauche et regorge de bons sentiments, ce qui lui assure un succès appréciable dans la France affairiste des « trente glorieuses » finissantes, ce cinéma politico-policier a tôt fait de lasser par son manichéisme pesant et par la façon caricaturale dont il dépeint les milieux et les types sociaux qu'il a pris pour cibles (cf. par exemple *La Femme flic* de Boisset, 1979, avec Miou-Miou dans le rôle d'une jeune inspectrice mutée dans une ville du Nord contrôlée par un riche industriel). L'arrivée au pouvoir des socialistes en 1981 le prive de sa fonction tribunicienne et le condamne à un prompt dépérissement.

La peinture de la société, complaisante, indifférente ou corrosive, suivant les auteurs, constitue le second courant — l'un des plus féconds — de la cinématographie française des années 1970. D'un côté, le cinéma de Lelouch et de Sautet, reflet des états d'âme et du mode de vie de la classe moyenne, peintres du quotidien (Sautet : *Les Choses de la vie,*

1969, Lelouch : *Si c'était à refaire,* 1976), du couple moderne (Lelouch : *Vivre pour vivre,* 1967, Sautet : *César et Rosalie,* 1972), des pratiques sociales des « nouvelles couches » (Sautet : *Vincent, François, Paul et les autres,* 1975, *Une Histoire simple,* 1978) ; de l'autre la critique acerbe, et parfois passablement caricaturale de la société « bourgeoise » qui continue de nourrir la cinématographie d'un Claude Chabrol (*La Femme infidèle,* 1969, *Que la bête meure,* 1969, *Les Innocents aux mains sales,* 1975), la vision à la fois généreuse et pessimiste d'un Bertrand Tavernier (*L'Horloger de Saint-Paul,* 1974, *La Mort en direct,* 1979, *Une semaine de vacances,* 1980), la désespérance qui imprègne l'œuvre cinématographique d'un Pialat (*Nous ne vieillirons pas ensemble,* 1972, *La Gueule ouverte,* 1973, *Loulou,* 1980), d'un Alain Corneau (*Série noire,* 1979) ou d'un Téchiné (*Barocco,* 1976), ou encore le traitement par la provocation, la caricature et la dérision dont font usage des réalisateurs aussi différents que Jean Yanne (*Tout le monde il est beau, tout le monde il est gentil,* 1972, *Moi y en a vouloir des sous,* 1973) et Bertrand Blier (*Les Valseuses,* 1973, *Buffet froid,* 1979).

C'est moins la société, en tant que telle, que la psychologie et le comportement des individus, ainsi que leurs rapports — souvent difficiles — avec les autres qui constituent le matériau du troisième courant, celui d'un romanesque cinématographique aux multiples facettes, tel qu'il se développe par exemple chez Jean Eustache, auteur avec *La Maman et la putain* (1973), *Mes petites amoureuses* (1974), *Une sale histoire* (1977), d'une œuvre qui symbolise à bien des égards les années 70 et l'esprit post-soixante-huitard qui continue d'habiter nombre de jeunes cinéastes français, Jacques Doillon (*Les Doigts dans la tête,* 1974, *La femme qui pleure,* 1978), André Téchiné (*Hôtel des Amériques,* 1982), Philippe Garrel (*Le Lit de la Vierge,* 1969, *L'Enfant secret,* 1983) et bien sûr François Truffaut. Après les œuvres à fortes résonances autobiographiques qui ont caractérisé chez lui la période de la « nouvelle vague », et auxquelles il donne une suite durant la décennie 1970 (*Domicile conjugal,* 1970, *L'Amour en fuite,* 1978), ce dernier abandonne son double — le personnage gauche et déphasé d'Antoine Doisnel, incarné par Jean-Pierre Léaud — pour un univers purement romanesque auquel son regard confère une intense vérité : *Deux Anglaises et le continent* (1971), *Adèle H* (1975), *La Nuit américaine* (1973), *Le dernier métro* (1980), *La Femme d'à côté* (1981). Au même filon d'un cinéma intimiste, d'une limpidité et d'une retenue toutes classiques, on peut rattacher le cycle des « Contes moraux » d'Éric Rohmer : *Ma nuit chez Maud* (1969), *Le Genou de Claire* (1970), *L'Amour l'après-midi* (1972), ainsi que des films comme *La Maison des bories* de Jacques Doniol-Valcroze (1970), *Une femme douce* de Robert Bresson (1969), ou *Le Soleil en face* (1979), pour ne citer que ces échantillons d'une production multiforme et de grande qualité.

Tandis que les cinéastes de la « Nouvelle Vague » continuent de filmer, chacun poursuivant sa propre trajectoire —Chabrol on l'a vu dans la peinture sociale corrosive, Truffaut dans le romanesque intimiste, Godard dans l'évocation de la folie du monde (*Sauve qui peut la vie,* 1980, *Prénom Carmen,* 1983, *Soigne ta droite,* 1987), Rivette dans le cinéma littéraire (*Out One,* 1970, *Céline et Julie vont en bateau,* 1974), tout comme Marguerite Duras (*La Femme du Gange,* 1973, *Indiana Song,* 1974), Agnès Varda dans la saisie de l'air du temps (*Sans toit ni loi,* 1985), Louis Malle dans un éclectisme toujours prompt à s'emparer de « grands sujets » et à leur imprimer sa marque (*Lacombe Lucien,* 1974, *Le Souffle au cœur,* 1971, *Au revoir les enfants,* 1987) — l'essentiel (en termes quantitatifs) de la production française nourrit un quatrième courant qui est, si l'on peut dire, celui du cinéma « récréatif » lequel rassemble un certain nombre de genres dans lesquels les producteurs ont depuis toujours risqué les plus gros budgets, assurés qu'ils étaient du résultat commercial.

Le cinéma burlesque continue d'attirer un public nombreux, particulièrement sensible aux efforts de renouvellement que prodiguent des réalisateurs tels que Gérard Oury (*La Folie des grandeurs,* 1971, *Les Aventures de Rabbi Jacob,* 1973, *La Carapate,* 1978), Claude Zidi (la série des « Charlots » à partir de 1972, *L'Aile ou la cuisse,* 1976, *La Zizanie,* 1978, *Inspecteur La Bavure,* 1980), Robert (*Le Grand Blond avec une chaussure noire,* 1972, *Nous irons tous au paradis,* 1977), Jean Giraut (*L'Avare,* 1979) et Georges Lautner, le succès du genre reposant sur une mise en scène rapide, sur l'inventivité et le rythme en matière de gags et sur un échantillon de comédiens parfaitement adaptés aux diverses facettes du comique : Louis de Funès, Bourvil, Coluche, Richard, Gérard Depardieu, Yves Montand, Alice Sapritch, Mireille Darc, etc., bientôt suivis d'une nouvelle génération issue du café-théâtre et notamment du « Splendid » dont les vedettes s'appellent Michel Blanc, Gérard Jugnot, Thierry Lhermitte, Dominique Lavanant ou Josiane Balasko. À mi-chemin du burlesque pur, que peuvent pratiquer épisodiquement des réalisateurs dont l'œuvre se situe généralement dans un autre registre (Lelouch dans *L'Aventure c'est l'aventure* par exemple), et de la comédie légère ou du « film d'action », on rencontre un certain nombre de cinéastes dont les œuvres trouvent également une audience très large, et pour les mêmes raisons que les précédents, à savoir le rythme de la mise en scène, le recours au spectaculaire et l'appel systématique à des vedettes dont la présence au générique assure, à elle seule, le succès du film. Se rattachent à ce versant du cinéma d'évasion des réalisateurs tels que Jean-Paul Rappenau (*Le Sauvage*, 1975, avec Yves Montand et Catherine Deneuve, *Tout feu tout flamme*, 1981, avec le même Yves Montand et Isabelle Adjani), Philippe de Broca (*Le Magnifique*, 1973, avec J.-P. Belmondo, *L'Africain*, 1982, avec le couple Noiret/Deneuve), Michel Boisrond, Jean-Daniel Pollet, Gérard Pirès, Michel Lang, pour ne citer que les plus connus.

Enfin, toujours dans le domaine de l'évasion, le *thriller* à la française continue de faire recette, que ce soit dans la forme classique que cultivent Jean-Pierre Melville jusqu'à sa mort survenue en 1973 (*Le Cercle rouge*, 1970, *Un flic*, 1972), Henri Verneuil (*Peur sur la ville*, 1974, *Le Corps de mon ennemi*, 1976, *I comme Icare*, 1979), Robert Enrico (*Pile ou face*, 1980), Lautner (*Mort d'un pourri*, 1977) Granier-Deferre (*Adieu poulet*, 1976) ou José Giovanni (*Deux hommes dans la ville*, 1973, *Les Égouts du paradis*, 1978), ou dans un style qui se rapproche davantage des modèles américains contemporains, tant par la nervosité de la mise en scène que par la violence des images. Dans les rôles quasi interchangeables de « voyous » et de « flics », les « quadras » du cinéma français des années 80 (Gérard Lanvin, Bernard Giraudeau, Richard Berry, etc.), succèdent peu à peu aux stars des deux décennies précédentes : Gabin, Ventura, Trintignant, Delon, Belmondo, mais les archétypes demeurent.

La disparition prématurée de François Truffaut, mort d'un cancer au cerveau en 1984, marque à bien des égards la fin d'une époque au cours de laquelle un certain nombre de réalisateurs de talent avaient réussi à concilier les ambitions du cinéma « d'auteur » et les impératifs du cinéma « commercial ». Désormais, les deux versants du septième art vont s'écarter de plus en plus, le premier cherchant désespérément à rencontrer un public, ou du moins à le fidéliser, le second jouant sur les recettes classiques du *star system* à la française pour conserver ses parts de marché, face à la concurrence étrangère (essentiellement américaine).

Cinéma commercial ne signifie d'ailleurs pas nécessairement cinéma de qualité médiocre, comme en témoigne le classement annuel des films ayant fourni les plus grosses recettes. En effet, si le genre policier et le comique continuent globalement d'attirer les publics les plus nombreux, les réalisateurs qui bénéficient de cet engouement des Français pour une cinématographie récréative, qu'ils s'appellent Gérard Oury (*Lévy et Goliath*, 1987), Claude Zidi (*Ripoux contre Ripoux*, 1990), Francis Veber (*Les Fugitifs*, 1986), Étienne Chatiliez (*La Vie est un long fleuve tranquille*, 1989, *Tatie Danielle*, 1991), ou Georges Lautner (*Joyeuses Pâques*, 1984), ont à cœur d'entretenir l'image d'une production soignée, conforme au label de la « qualité française ». On constate d'autre part que, parmi les productions qui viennent en tête du *box office* depuis dix ans, figurent des films qui n'ont rien à voir avec ces deux genres quantitativement dominants, et qui fondent leur succès soit sur l'attrait exercé par quelques stars du grand écran (Yves Montand et Daniel Auteuil dans l'adaptation qu'a faite Claude Berri en 1986 de deux œuvres de Marcel Pagnol, *Jean de Florette* et *Manon des sources,* Gérard Depardieu dans *Tenue de Soirée,* 1986, et dans *Trop belle pour toi,* 1989, de Bertrand Blier, Catherine Deneuve dans *Indochine* de Régis Wargnier, 1991, etc.), soit sur le caractère spectaculaire ou insolite de la mise en scène (*Le Grand Bleu* de Luc Besson, 1989, *Cyrano de Bergerac* de J.-P. Rappeneau, 1990, *L'Ours* de J.-J. Annaud), soit sur la conjugaison de ces deux facteurs (*Itinéraire d'un enfant gâté* de Claude Lelouch, avec Jean-Paul Belmondo, en 1989, *Germinal* de Claude Berri, avec Depardieu, Renaud et Miou-Miou, en 1993 ou *La Reine Margot* de Patrice Chéreau, avec Isabelle Adjani, en 1994), soit enfin sur l'intérêt que porte le public à certaines périodes de l'histoire contemporaine qui servent de toile de fond à toute une partie de la production filmique, qu'il s'agisse de la Révolution française (*Les Chouans* de Philippe de Broca, 1989), de la « Belle Époque » (*Camille Claudel* de Br. Nuytten, 1989, *La Gloire de mon père* et *Le Château de ma mère* d' Robert, 1990) ou de la Deuxième Guerre mondiale (*Au Revoir les enfants* de Louis Malle, 1987, *L'œil de Vichy* de Claude Chabrol, 1993).

Face à cette cinématographie destinée à un public large, transcendant les catégories sociales et les classes d'âge, s'est développé, dans le contexte de la crise multidimensionnelle qui affecte nos sociétés post-industrielles, un « jeune cinéma français », qui peut éventuellement faire recette (*Le Grand Bleu* de Besson a attiré près de 9 millions de spectateurs, ce qui le place au huitième rang des *best sellers* depuis 1956), mais qui est d'abord un cinéma « d'auteur », intimiste et personnel, dans la postérité de ce que fut, il y a trente ans, la Nouvelle Vague.

Parmi les représentants de ce courant parfois qualifié de « néo-baroque », et dont le trait principal est de privilégier la technique et l'image (à la différence d'un Godard qui donne la priorité au plan, ou de cinéastes tels que Rohmer et Doillon qui s'attachent surtout aux personnages), émergent trois personnalités très différentes l'une de l'autre, mais que la critique et le public « branché » associent comme ils le faisaient il y a trente ans pour Godard, Chabrol et Truffaut. Tous trois fondent leur esthétique sur un panachage d'expressions culturelles, les unes majeures et classiques (musique, peinture), les autres mineures et modernes (BD, images publicitaires, graffiti, TV). Tous trois cherchent à exprimer le désarroi de leur époque, l'étouffement et la quête d'absolu d'une génération qui a de plus en plus de mal à communiquer et à vivre ses passions. Tous trois ont le goût de composer de belles séquences, sans trop se préoccuper du lien logique qui est censé leur conférer une cohérence dramatique. Luc Besson oscille ainsi entre deux univers oniriques dans lesquels s'égarent ses personnages suicidaires : l'infini marin du *Grand Bleu* (1988) et d'*Atlantis* (1990) et les coulisses poisseuses et angoissantes de la métropole post-moderne (*Subway,* 1986, *Nikita,* 1989). Jean-Jacques Beineix évoque avec *Diva* (1981), et surtout avec *La Lune dans le caniveau* (1983), *37°2 le matin* (1985) et *Roselyne et les lions* (1988), le retour désespéré à la passion amoureuse d'une génération qui, sur fond de crise du couple et de sida, ne se reconnaît pas plus dans le marivaudage des années 60 et 70 que dans la sexualité pure de la décennie suivante. Leos Carax avec *Boy Meets Girl* (1984), *Mauvais Sang* (1986) et *Les Amants du Pont-Neuf* (1991) exprime dans un langage filmique expressionniste et poétique, la subjectivité d'un auteur qui vibre à l'unisson de la jeunesse d'aujourd'hui. Il en est de même de cinéastes tels qu'Éric Rochant (*Un Monde sans pitié*, 1989), Philippe Faucon (*L'Amour*), Cédric Kahn (*Bar des rails*, 1990), et surtout Cyril Collard, dont le destin tragique — il est mort du sida en 1993, comme le personnage de son film, *Les Nuits fauves* — symbolise le mal de vivre d'une génération sacrifiée, comme celui de James Dean avait incarné, quarante ans plus tôt, la révolte des *teenagers* de l'après-guerre.

La vie intellectuelle et artistique

À l'autre pôle de la production d'objets symboliques, celui de la culture dite des élites, le dernier quart de siècle se caractérise par une réduction de la distance qui séparait traditionnellement les créateurs du « grand public », conséquence des progrès accomplis depuis trente ans en matière d'éducation et de communication, de la médiatisation croissante des faits culturels, et aussi semble-t-il de la désacralisation, voire de la banalisation de la fonction intellectuelle et artistique dans notre société. Démocratisation si l'on veut, mais qui n'est pas sans conséquence sur la nature même de l'objet concerné.

Il en est ainsi du « débat intellectuel », longtemps cantonné dans la sphère exiguë des cénacles philosophico-littéraires, aujourd'hui diffusé à grande échelle, digéré par les médias et livré au public sous une forme assimilable, sinon par le plus grand nombre, du moins par ce qu'il est convenu d'appeler le « public cultivé », lecteur de revues et de magazines politico-culturels, d'ouvrages « savants » présentés dans les pages spécialisées de ces périodiques, et spectateurs assidus des rencontres télévisuelles concoctées par Bernard Pivot ou Bernard Rapp. De cette médiatisation, et de la pratique du vedettariat qui en résulte, découle — le mirage du *scoop* éditorial aidant — une transformation radicale de l'objectif poursuivi par les spécialistes des sciences de l'homme et de la société, bien mis en évidence par Raymond Boudon. « Le philosophe, l'historien, le sociologue, l'économiste, écrit ce dernier, ne peuvent officiellement — ce serait contradictoire avec les objectifs traditionnels de ces disciplines — annoncer que leur but est de plaire et de toucher. Or, si l'on veut avoir accès au vedettariat, il faut plaire et toucher. Il faut donc se comporter comme un littérateur, mais tenter de passer pour un scientifique. Comment ? par exemple en faisant œuvre d'imagination, mais en laissant entendre que cette réalité invisible que l'on décrit n'est pas une fiction, mais au contraire la 'réalité' dans ce qu'elle a de plus profond et de plus essentiel. (« L'intellectuel et ses marchés », *Universalia 1988*, pp. 331-334).

Le résultat ? Dans le champ des idées, une importance croissante donnée au « divertissement » — au sens pascalien du terme — aux dépens de l'approfondissement du savoir. Déjà, avec ces deux figures de proue de l'intelligentsia contemporaine que furent Roland Barthes et Michel Foucault, disparus respectivement en 1980 et 1984, l'esthétisme et l'imagination l'emportent souvent sur la Science, dans l'acception ordinaire du terme. Encore ont-ils, chacun dans son domaine, apporté des matériaux neufs aux disciplines de l'esprit et cultivé des terrains jusqu'alors demeurés en jachère (par exemple l'histoire de l'enfermement, de la folie ou de la sexualité chez Foucault, les rapports entre sémiologie et littérature chez Roland Barthes). Mais à côté de ces défricheurs talentueux et féconds, combien de chercheurs détournés de leur tâche par le goût du vedettariat, combien de questions austères et de branches entières du savoir délaissées au profit de sujets à la mode, censés répondre à la curiosité du grand public ?

Mais la crise de l'intelligentsia française n'est pas seulement liée au phénomène médiatique. Elle est aussi le produit d'une configuration historique qui, à partir du milieu des années 1970, a ruiné les certitudes offertes par les idéologies globalisantes. Celles-ci triomphent encore au lendemain des événements de mai, tantôt sous l'étiquette multiforme du « structuralisme », appliquée à des destinées et à des magistères intellectuels aussi différents que ceux d'un Lacan, d'un Lévi-Strauss et d'un Foucault, tantôt dans la mouvance d'un marxisme que beaucoup tentent de concilier avec l'enseignement de Freud, voire avec l'esprit libertaire qui a animé nombre de groupuscules gauchistes (à commencer par le

Mouvement du 22 mars, initiateur de la révolte nanterroise). Dans l'immense bouillonnement d'idées et d'actions qui suit l'explosion de 1968, nombre d'intellectuels vont s'engager, à des degrés divers, les uns en participant de manière militante au combat des groupes contestataires, d'autres en utilisant la quasi-impunité que leur confère leur célébrité pour soutenir les premiers et pour mener, au bénéfice des révolutions du Tiers Monde, une inépuisable activité pétitionnaire — c'est le cas de Jean-Paul Sartre bien sûr, cautionnaire de périodiques gauchistes tels que *La Cause du Peuple, J'Accuse!, Les Cahiers prolétariens*, mais aussi de Michel Leiris, de Bernard Clavel et de Jean Genet —, d'autres encore pour se livrer, comme Foucault et Barthes, comme Gilles Deleuze et Félix Guattari (*L'Anti-Œdipe*, 1970), ou comme Ivan Illitch (*Libérer l'avenir* 1970, *Une société sans école*, 1971, *La Convivialité*, 1973), à un formidable travail de sape de l'idéologie dominante.

Pourtant, dès le début des années soixante-dix — on retient généralement la date symbolique des obsèques de Pierre Overney, tué par un vigile à l'entrée des usines Renault à Billancourt, en février 1972 —, s'amorce un recul du « gauchisme généraliste » (P. Ory & J.-F. Sirinelli, *Les Intellectuels en France de l'affaire Dreyfus à nos jours*, Paris, Colin éd., 1992, p. 223) au profit de mouvements contestataires ciblés sur tel ou tel problème de société : la dénonciation de la société de consommation, l'écologie (Pierre Fournier fonde en novembre 1972 *La Gueule ouverte*), la défense de l'enracinement au pays contre les effets de l'industrialisation sauvage et de la désertification imposée par le pouvoir (Michel Le Bris, ex-directeur avec Jean-Pierre Le Dantec du journal maoïste *La Cause du Peuple* s'investit complètement dans cette cause qui conduira nombre de militants et d'intellectuels à appuyer la résistance des paysans du Larzac, menacés d'expropriation par l'armée), la défense des travailleurs immigrés, des homosexuels, des marginaux et des prisonniers (avec la fondation en février 1971, à l'initiative de Sartre, de Foucault et de Pierre Vidal-Naquet, du Groupe d'information sur les prisons). Celle enfin des droits de la femme dans une société qui continue d'appliquer au « Deuxième sexe » des pratiques discriminatoires en matière d'emploi, de salaire, de distribution des rôles à l'intérieur du couple, et surtout de répression de l'avortement. Largement tributaire de l'impulsion donnée dès 1949 par la publication du *Deuxième Sexe*, de Simone de Beauvoir, le mouvement féministe va trouver un second souffle vingt ans plus tard, avec la diffusion en France des écrits de militantes américaines — notamment *La Politique du mâle* de Kate Millet —, puis avec les immenses succès éditoriaux d'ouvrages tels que *Les Mots pour le dire* de Marie Cardinal (1974), *Parole de femme* d'Annie Leclerc (1974), *Ainsi soit-elle* de Benoîte Groult. Avec les résultats que l'on sait (cf. *supra*) sur la rapide et spectaculaire évolution des rapports entre les sexes et sur la légalisation de l'interruption volontaire de grossesse.

Une rupture profonde va s'opérer au milieu des années 1970, conséquence à la fois d'un renversement de conjoncture qui rend moins crédible la critique du modèle productiviste, et de la crise du marxisme. Les énormes difficultés traversées par les pays de l'Est européen, l'écho en Europe occidentale des événements de Prague et de Gdansk, le véritable traumatisme provoqué à gauche par la publication en 1974 de *L'Archipel du Goulag* d'Alexandre Soljenitsyne, enfin la révélation des crimes commis au nom du « socialisme » en Chine, au Cambogde ou en Afghanistan, font que de nombreux intellectuels qui étaient restés jusqu'alors sourds aux appels de ceux qui, venus du marxisme et parfois ex-militants et intellectuels communistes prestigieux, en dénonçaient depuis longtemps la dérive totalitaire, ont eu la brusque révélation de la « barbarie à visage humain ».

Cet ébranlement des certitudes qui avaient structuré la pensée et l'action de la gauche intellectuelle depuis la Libération a coïncidé avec la disparition de quelques-unes des figures de proue de l'intelligentsia engagée : Sartre (1980) et Aron (1983) pour la génération née avant le premier conflit mondial, Barthes (1980), Lacan (1981), Foucault (1984), Althusser (sombré dans la démence criminelle en 1980), pour la génération surgie dans le champ de la pensée militante dans le courant des années soixante, disparition précédée parfois d'une remise en question au moins partielle du bilan de leur action par les intéressés eux-mêmes. La visite de Sartre à l'Élysée, en compagnie de son ex-condisciple et adversaire Raymond Aron, pour plaider en juin 1979 la cause des *boat people* vietnamiens fait à cet égard figure de symbole.

Avant même que s'effacent les silhouettes des maîtres à penser du deuxième après-guerre, avaient surgi, avec l'ambition d'occuper l'espace laissé vacant par le naufrage du marxisme, une nouvelle génération d'« intellocrates », tout droit sortie de la contestation soixante-huitarde et reconvertie dans la conquête du pouvoir médiatique. Baptisés « nouveaux philosophes » par les hebdomadaires politico-littéraires, ses représentants ont constitué pendant quelque temps une petite cohorte dont le point commun a été, à partir de la « découverte » du Goulag, la remise en cause non seulement du stalinisme et du post-stalinisme soviétiques, mais, au-delà de ce modèle déjà fortement dévalorisé en 1968, de modèles marxistes de substitution (la Chine, le Vietnam, Cuba) au contraire exaltés au temps des grandes espérances révolutionnaires. Se sont ainsi croisés les destins politico-littéraires d'un André Glucksman (*La Cuisinière et le mangeur d'hommes*, 1975), d'un Jean-Paul Dollé, d'un Jean-Marie Benoist (*Pavane pour une Europe défunte*, 1976), d'un Philippe Nemo (*L'Homme structural*, 1975), de Christian Jambet, de Guy Lardreau (*L'Ange*, 1976), et surtout de Bernard-Henri Lévy, avec *La Barbarie à visage humain* (1977), *Le Testament de Dieu* (1979), *L'Idéologie française* (1981), qui s'est révélé être le principal idéologue de ce groupe éphémère en même temps que son médiateur par le truchement de la presse, de l'édition (Grasset), de la télévision et finalement du cinéma (*Bosnia*, 1994).

De la critique du « socialisme réel », on est vite passé à celle du marxisme en tant qu'idéologie globalisante, porteuse en soi des germes du totalitarisme, et de proche en proche à la dévalorisation du « progressisme ». À partir de là, la « nouvelle philosophie » s'est engagée dans deux directions distinctes : critique de la modernité d'une part (Jean-Paul Dollé : *L'Odeur de la France*, 1979, Jean-François Lyotard : *La Condition post-moderne*, 1979), réhabilitation d'autre part d'un humanisme fondé sur les principes fondateurs de la démocratie pluraliste : la liberté, l'égalité des droits, le respect de la personne humaine, etc. La France n'a pas le privilège exclusif de ce ralliement à l'idéologie des droits de l'homme devenue, depuis l'implosion du bloc de l'Est et le naufrage du communisme, la base d'une éthique consensuelle au nom de laquelle les États qui s'en réclament peuvent s'engager parfois dans des entreprises douteuses. Mais elle a joué et elle joue encore à l'heure actuelle dans sa diffusion un rôle moteur — ceci apparaît par exemple dans les positions qu'elle a prises à propos de la situation dans les territoires de l'ex-Yougoslavie —, et il est clair que le mouvement impulsé il y a maintenant plus de quinze ans par la petite légion des « nouveaux philosophes », transfuges ou non du gauchisme soixante-huitard, n'a pas été pour rien dans le retour en force d'une idéologie « républicaine » que l'on aurait pu croire définitivement remisée aux magasins des antiquités. Que cette idéologie soit ou non définie comme « molle », que les prestations médiatiques de ses thuriféraires participent de cette société-spectacle autrefois vilipendée par ceux qui en sont aujourd'hui les vedettes, et qu'il n'y ait finalement pas grand-chose de commun entre ceux qui furent les chefs de file de la « nouvelle philosophie » et la philosophie proprement dite ne changent rien à l'affaire.

La critique par des intellectuels venus de la gauche et de l'extrême gauche d'une filiation reliant le jacobinisme aux totalitarismes contemporains ne pouvait que fournir des armes nouvelles à tous ceux qui, à l'autre extrémité du spectre idéologique, n'avaient pas cessé d'affirmer que le déclin de notre société prenait sa source dans la révolution libérale.

Au-delà de cette explication classique, qui faisait remonter la longue agonie de la France à la philosophie des Lumières, c'est toute la culture judéo-chrétienne — humaniste et égalitaire dans son principe — qui était mise en question par les tenants de la « nouvelle droite » intellectuelle, surgie, elle aussi, dans les années 1977-1978 et constituée d'anciens activistes de la droite extrême reconvertis dans l'action « métapolitique » et de jeunes gens fraîchement sortis de Polytechnique, de l'ENA et des écoles normales supérieures.

Bénéficiaire du grand reflux post-soixante-huitard et de la débandade du gauchisme intellectuel, tirant profit elle aussi de la crise du marxisme et de l'image, devenue à peu près universellement insupportable, du modèle constitué par l'URSS et par son « socialisme réel », jouant sur le désarroi causé dans nos démocraties permissives par le sentiment récurrent de la décadence, cette droite idéologique musclée, qualifiée de « nouvelle » par les faiseurs d'opinion, s'est engouffrée dans la brèche avec un objectif bien défini : promouvoir le renouveau de l'Occident en faisant, de l'intérieur, la conquête des élites et de l'appareil d'État, et en substituant à l'hégémonie culturelle de la gauche celle de la pensée droitière rénovée et radicalisée. Révolution culturelle à rebours, si l'on veut, récupérant Gramsci à droite pour faire triompher les idées de ses adversaires.

Des idées qui vont fournir pendant une dizaine d'années les thèmes majeurs des colloques du GRECE (Groupe de recherches et d'études sur la civilisation contemporaine) et du Club de l'Horloge, des séminaires de la Nouvelle École, des articles publiés dans la revue *Éléments* ou dans le *Figaro-Magazine*, des écrits de ses théoriciens et compagnons de route — un Alain de Benoist (*Vu de droite*, 1977, *L'Europe païenne*, 1979, *Les Idées à l'endroit*, 1979), un Jean Mabire, un Louis Pauwels, un Michel Marmin, un Jean-Claude Valla, etc. —, eux-mêmes fortement inspirés des conceptions spirituelles et des fantasmes raciaux et néo-darwiniens développés, en d'autres temps, par des penseurs comme Spengler ou Julius Evola.

L'influence de la Nouvelle Droite a largement dépassé le cercle exigu des petits cénacles politico-culturels dans lesquels évoluaient les membres du GRECE. Par le truchement de diverses publications, les thèmes qu'elle a mis à la mode se sont répandus dans le « grand public éclairé » où certains ont d'autant plus aisément pris racine qu'ils touchaient au vif des points sensibles de l'opinion conservatrice : problèmes de l'école, crise de l'autorité parentale, menace de métissage ethnique et culturel causé par l'immigration de masse, hantise du nivellement social dont serait porteur l'État-Providence, etc. Appelant à la rescousse des données scientifiques soigneusement triées et isolées fournies par des anthropologues, des biologistes ou des généticiens, les penseurs et les vulgarisateurs de la Nouvelle Droite ont élaboré un système où se trouvent réhabilités de façon plus ou moins feutrée le racisme, le darwinisme social, l'anti-égalitarisme, la soumission aux hiérarchies et à l'autorité, et pourfendues, au nom du mythe aryen, les « utopies judéo-chrétiennes ». Prudemment, toutes les conséquences de ce néo-paganisme ne sont pas tirées par les nouveaux admirateurs de la civilisation nordique (germanique ou celte), du moins à haute voix, mais la parenté avec le délire pseudo-scientifique et auto-justificateur des années brunes peut difficilement être niée.

De même que la « nouvelle philosophie » s'est transformée en instance de relégitimation des idéaux démocratiques, la Nouvelle Droite a évolué dans le courant des années 1980 dans le sens d'une réhabilitation des postulats libéraux. Dans le climat produit en France par l'arrivée au pouvoir des socialistes en 1981 et par la « reaganomanie » ambiante, celle-ci a bénéficié d'une part du ralliement d'anciens intellectuels venus de la gauche, comme Jean-François Revel, éditorialiste à *L'Express* et auteur en 1976 de *La Tentation totalitaire*, et d'autre part du « silence » (dénoncé dans *Le Monde* en juillet 1983 par Max Gallo) des clercs supposés par principe favorables au régime et en fait déçus par celui-ci. Depuis cette date, tandis que la droite libérale et conservatrice achevait d'assimiler et de faire siens les moins compromettants des thèmes développés par la Nouvelle Droite, la gauche gouvernementale demeurait en délicatesse avec ses scribes, que ce soit sur le terrain de la politique intérieure et notamment sociale, ou sur celui de la politique étrangère. Ceci, sur fond de dérive médiatique et carriériste des clercs, dénoncée avec force on l'a vu par Boudon, mais aussi par Pierre Bourdieu (*Homo academicus*, 1984), Régis Debray (*Le Pouvoir intellectuel en France*, 1979, *Le Scribe*, 1980) et François de Negroni (*Le Savoir-vivre intellectuel*, 1985), de réaction antiprogressiste et de retour (pour combien de temps ?) à la tradition.

L'affadissement du débat d'idées au cours des quinze dernières années — on a pu parler de *L'Ère du vide* (Gilles Lipovetsky, 1982) et de la *Défaite de la pensée* (Alain Finkielkraut, 1987) —, le recul, en France comme ailleurs, des idéologies et des systèmes globalisants, et les pratiques du *star system* appliquées au secteur des sciences humaines et sociales n'impliquent pas que celles-ci aient cessé de produire des travaux et des œuvres de qualité. Certes, les grands noms et les grandes œuvres se font rares dans le domaine proprement philosophique. Vladimir Jankélévitch, moraliste et métaphysicien, a publié son dernier livre (*Le Paradoxe de la morale*) en 1981, quatre ans avant de disparaître. Sartre et

Foucault avaient largement délaissé le terrain de la pensée pure avant de mourir à la charnière des années 80. Néanmoins, outre les médiateurs de talent que sont Derrida et Deleuze, les maîtres contemporains de la philosophie universitaire, qu'ils s'appellent Paul Ricœur, Michel Serres, Gilles-Gaston Granger, Emmanuel Levinas ou Georges Canguilhem, pour ne citer que les plus connus, ont produit une œuvre considérable et animé des équipes de recherche dont les travaux font tout à fait autorité à l'étranger.

C'est également dans le giron de l'université et des grandes institutions de recherche (CNRS, Collège de France, École des hautes études en sciences sociales, Fondation nationale des sciences politiques, laboratoires des Écoles normales supérieures, grands établissements à l'étranger) que s'effectuent, pour l'essentiel, les travaux qui assurent le renouvellement des problématiques et l'élargissement des champs de recherche dans le domaine des sciences de l'homme et de la société. Dresser une liste des questions abordées et des personnalités universitaires qui illustrent cet immense secteur du champ intellectuel serait fastidieux et nécessairement incomplet. Il suffit de rappeler que l'histoire, la sociologie, la science politique, l'anthropologie, la linguistique, la géographie française occupent en Europe et dans le reste du monde une place de tout premier plan, comme en témoigne l'écho hors de l'hexagone des revues, colloques et publications spécialisées produits dans notre pays.

Il n'en est pas tout à fait de même dans le domaine des arts plastiques et de l'architecture. En effet, si Paris demeure — avec Londre et Rome mais après New York — un lieu privilégié de consécration, les noms importants de l'art contemporain sont devenus pour l'essentiel étrangers à l'hexagone. Après la disparition des maîtres du « premier XXe siècle » (Braque, Matisse, Picasso, Rouault, Chagall) — qui ont maintenant leur fondation ou leur musée — échappe à la relative grisaille des dernières décennies l'œuvre picturale d'un Soulages, d'un Bernard Buffet, d'un Vasarély, d'un Nicolas de Staël, d'un Jean Bazaine, d'un Georges Mathieu, d'un Alfred Manessier, plus récemment d'artistes comme Le Gac, Debré, Klossowski, Alberola, Di Rosa, Combas ou Viallat, ou celle de sculpteurs ou d'« architectes-décorateurs » comme César, Boltanski et Buren. Quant à l'architecture proprement dite, si elle a donné lieu à d'incontestables réussites, celles-ci sont souvent le fait de personnalités étrangères : le Brésilien Oscar Niemeyer, le Catalan Ricardo Bofill (Montpellier, Marne-la-Vallée), l'Américain d'origine chinoise Yeoh Minh Peï (la pyramide du Louvre), le Danois Johann Otto von Spreckelsen (l'Arche de la Défense), le Canadien d'origine uruguayenne Carlos Ott (l'Opéra-Bastille), etc.

Ceci, il est vrai, dans un contexte d'internationalisation croissante de la création et du marché artistiques.

De même, dans le domaine littéraire, les vingt dernières années ont été à la fois moins fertiles que les décennies précédentes en œuvres majeures et marquées par les effets pervers de la commercialisation et de la médiatisation à outrance. Les grands noms comme celui d'Albert Cohen (*Belle du Seigneur*, 1968, *Les Valeureux*, 1969) et de Marguerite Yourcenar (*Mémoires d'Hadrien*, 1951, *L'œuvre au noir*, 1968, *Archives du Nord*, 1977), première femme à entrer à l'Académie française et disparue en 1987, appartiennent à la génération précédente. Les maîtres du « Nouveau Roman » (Robbe-Grillet, Butor, Nathalie Sarraute, Jean Ricardou) ont pour la plupart déserté le champ romanesque. Georges Pérec est mort en 1982, après avoir publié *La Vie mode d'emploi* (1978) et *Un Cabinet d'amateur* (1979) et si Marguerite Duras poursuit sa féconde carrière de romancière (*Les Yeux verts*, 1980, *L'Homme atlantique*, 1982, *L'Amant*, 1984) et d'auteur dramatique (*L'Éden cinéma*, 1977), son écriture et la structure de ses livres ont en partie retrouvé l'ordonnance classique de ses premiers écrits.

En partie seulement car, après le décapage effectué par les Nouveaux Romanciers, rares sont les auteurs qui peuvent encore écrire sans tenir compte de leur enseignement. De même que les arts plastiques ont rompu avec la figuration traditionnelle, le romanesque moderne marque une désaffection prononcée pour la fiction pure, l'analyse psychologique linéaire et la caractérisation des personnages. Les préoccupations morales, didactiques et politiques cèdent la place à l'imaginaire et à la subjectivité. La narration et la description s'effacent devant la peinture du paysage intérieur. L'écriture en tant que telle, avec son code de signes bien spécifiques, prend le pas sur le suivi et la logique du récit. Derrière ces traits communs au roman « littéraire » — il existe toujours on s'en doute un romanesque « grand public » qui, sous la signature par exemple d'un Guy des Cars ou d'un Paul-Loup Sulitzer, fait les gros tirages —, se dessinent des personnalités et des écritures très diverses parmi lesquelles émergent, entre autres noms, ceux de Michel Tournier (*Le Roi des Aulnes*, 1970, *La Goutte d'or*, 1985), de J. M. G. Le Clézio (*Désert*, 1980, *Le Rêve mexicain*, 1986), de Philippe Sollers (*Femmes*, 1983, *Le Lys d'or*, 1989), de Patrick Modiano (*Villa triste*, 1975, *Vestiaire de l'enfance*, 1989), Angelo Rinaldi (*Les Jardins du consulat*, 1984), Érik Orsenna (*La Vie comme à Lausanne*, 1977, *L'Exposition coloniale*, 1988), Yann Queffélec (*Les Noces barbares*, 1985), Patrick Grainville (*Les Flamboyants*, 1976, *L'Atelier du peintre*, 1988), Jacques Lacarrière (*L'Été grec*, 1976), Yves Navarre (*Le Jardin d'acclimatation*, 1980), etc. Auxquels il faut ajouter ceux d'écrivains qui avaient déjà acquis une immense notoriété dans les années 1950 et 1960, comme Françoise Sagan, Françoise Mallet-Joris, Christiane Rochefort, Alphonse Boudard, François Nourissier, Edmonde Charles-Roux, et ceux de quelques francs-tireurs de l'écriture, comme François Cavanna, auteur des *Ritals* (1978) et Prix interallié l'année suivante avec *Les Russkoffs*.

Le théâtre enfin se partage entre la tradition toujours bien vivante du « Boulevard », la mise en scène d'œuvres du « répertoire », classique ou moderne, dans laquelle s'illustrent des artistes comme Roger Planchon, Patrice Chéreau, Daniel Mesguish ou Antoine Vitez, et un théâtre d'auteurs, en renouveau depuis quinze ans, et dont les principaux protagonistes s'appellent Marguerite Duras, Jean-Claude Grumberg, Loleh Bellon, Jean-Claude Brisville, Michel Vinaver ou Bernard-Marie Koltès.

VII

Les relations extérieures

Depuis la disparition de Georges Pompidou, en avril 1974, le problème de la « continuité » ou de la « rupture » avec la politique inaugurée une quinzaine d'années plus tôt par le général de Gaulle s'est posé avec force à chaque changement de titulaire de la charge présidentielle, ainsi qu'au début des deux périodes de « cohabitation » qui ont suivi les victoires électorales de la droite, en 1986 et en 1993. En 1974, le libéral Giscard d'Estaing allait-il faire rentrer la France dans le giron atlantique, autrement dit dans la dépendance plus ou moins affichée des États-Unis d'Amérique ? En 1981, le socialiste Mitterrand pratiquerait-il une politique étrangère conforme aux idéaux de la force politique qui l'avait porté au pouvoir, renonçant aux attributs de la « monarchie nucléaire » et faisant partout triompher les impératifs de la « morale » et des « droits de l'homme » au dépens de ceux de la *Realpolitik* ?

L'un et l'autre, tout comme le gouvernement de Jacques Chirac entre 1986 et 1988, ont bien essayé de modifier, à la marge, certains choix de politique étrangère, mais les correctifs apportés à la ligne générale adoptée il y a plus de trente-cinq ans par le fondateur de la Ve République sont restés le plus souvent de l'ordre du discours, ou n'ont pas résisté très longtemps à la pression des contraintes intérieures et extérieures.

Nouvelle équipe, nouveau style

Déjà, bien que fortement attaché à la personne et à la politique du général de Gaulle, son successeur immédiat, Georges Pompidou, avait dû tenir compte des pesanteurs internes et externes, qu'il s'agisse de l'ouverture européenne souhaitée par une large fraction de sa majorité ou des effets de la crise énergétique et monétaire sur les relations avec Washington. L'homme qui fait son entrée à l'Élysée au printemps 1974 n'a pas les mêmes attaches avec la tradition gaullienne. Centriste, libéral, européen — il a été membre du Comité d'action de Jean Monnet —, parfaitement anglophone, il ne partage ni l'antiaméricanisme qui imprègne une partie des milieux gaullistes ni la conception étroite et un peu frileuse de la nation qui incline ces derniers à rejeter toute menace, même bénigne, d'abandon de souveraineté, que ce soit dans le cadre européen ou dans celui d'une organisation atlantique dont la France a, depuis 1966, quitté les organismes militaires intégrés. De là à voir en lui un liquidateur en puissance de l'héritage gaullien, il n'y a qu'un pas aisément franchi par ses partenaires/adversaires, au sein d'une majorité présidentielle dont l'UDR demeure, et de loin, la composante majoritaire.

Pourtant, dès le début de sa campagne présidentielle, Valéry Giscard d'Estaing a annoncé la couleur. « Si je suis élu, déclarait-il dans une circulaire électorale, je maintiendrai la dignité et l'indépendance de la France, que lui ont données ses deux derniers présidents ». Un peu plus tard, lors de sa deuxième conférence de presse tenue à l'Élysée, il définissait en ces termes le style qu'il entendait imprimer à la politique étrangère de la France :

> « *D'abord, la souveraineté de décision... bien entendu dans le respect des traités et des accords que la France a conclus. C'est ensuite une politique mondialiste, parce que je suis convaincu, à l'heure actuelle, que les problèmes se posent, en réalité, à l'échelle mondiale, et qu'il faut donc prendre la perspective et la dimension mondiales dans la recherche des solutions. C'est une politique de concertation, donnant le pas à la concertation sur la confrontation.* »

Continuité donc, au niveau des principes, ne serait-ce que par l'obligation qui est faite au nouveau président de faire la politique de sa majorité, mais en même temps adoption dans la conduite de cette politique d'un style nouveau, privilégiant le dialogue et la « décrispation », que ce soit dans les rapports avec l'allié américain, dans les relations avec Moscou à l'heure où s'opère, avec la montée en puissance et les actions déstabilisatrices de l'URSS, un sensible refroidissement du climat diplomatique mondial, ou dans la recherche d'un « nouvel ordre économique international ». Pour le mener à bien, Valéry Giscard d'Estaing va s'entourer, conformément à la tradition désormais bien établie de la Ve République, de personnalités entièrement dévouées à sa personne, non impliquées jusqu'alors dans le combat politique, dont la nomination échappe à tout dosage partisan, et qui peuvent de ce fait être révoquées à tout moment sans entraîner de vagues au sein de la majorité.

Il en est ainsi des trois hommes qui se succèdent au Quai d'Orsay entre 1974 et 1981. Tous trois appartiennent à la fois au corps diplomatique — gage en principe de compétence et de discrétion — et au petit clan des « hommes du président ». Le premier, Jean Sauvargnargues est un ancien normalien, agrégé d'allemand, entré dans la « carrière » en 1941, longtemps ambassadeur à Tunis puis directeur des affaires africaines au Quai d'Orsay et en poste à Bonn depuis quatre ans au moment de sa nomination à la tête de la diplomatie française. Par ce choix, l'accent est donc mis par Valéry Giscard d'Estaing sur la continuité d'une politique européenne axée sur le couple franco-allemand et sur la volonté présidentielle d'ouverture en direction du monde arabe et de l'Afrique. Louis de Guiringaud, son successeur dans le gouvernement présidé par Raymond Barre, est un ancien inspecteur des Finances, passé lui aussi aux Affaires étrangères et depuis 1972 représentant permanent de la France à l'Organisation des Nations unies. Expérience des questions économiques et vision mondialiste des affaires internationales se conjuguent ainsi en ce personnage un peu effacé, mais dont les compétences répondent à la fois aux nécessités de l'heure et aux perspectives ambitieuses que le chef de l'État entend imprimer à la diplomatie française.

En novembre 1978, Louis de Guiringaud est remplacé par Jean François-Poncet, fils d'ambassadeur et lui-même entré dans la Carrière à la sortie de l'ENA. Ancien membre de la délégation française chargée de négocier le traité du Marché commun, puis sous-directeur des Affaires européennes au Quai d'Orsay, François-Poncet doit à ses engagements « européens » d'avoir été mis sur la touche par les deux prédécesseurs de Valéry Giscard d'Estaing, au point d'être placé en disponibilité en 1971. Trois ans plus tard, il devient secrétaire de la présidence de la République, et en 1978, c'est lui qui accède à la direction des Affaires étrangères, signes manifestes du souci qu'a le président d'afficher son propre engagement en faveur de la construction européenne. Le choix de Raymond Barre, qui a été de 1967 à 1972 vice-président de la Commission de la CEE à Bruxelles, comme Premier ministre en remplacement de Jacques Chirac, et celui de Jean-François Deniau, commissaire à Bruxelles de 1967 à 1973, comme éventuel successeur de ce dernier en cas de victoire aux présidentielles de 1981, vont dans le même sens.

Parmi les nombreux acteurs qui assistent le président en matière de politique étrangère et forment le noyau dur d'un « domaine réservé » qui comprend également la Défense et la Coopération, figurent le secrétaire général de la présidence de la République, poste généralement confié à un grand commis de l'État sans stature excessive ni engagement politique trop marqué, et surtout le « conseiller diplomatique » de l'Élysée et le conseiller pour les affaires africaines et malgaches. De 1973 à 1979, la fonction de conseiller technique pour les Affaires étrangères a été assumée par Gabriel Robin, un ancien normalien, agrégé d'histoire puis énarque et diplomate entré en 1969 dans la proche mouvance pompidolienne et en poste à l'Élysée au moment du décès du second président de la Ve République. C'est dire qu'en choisissant de le maintenir dans ses fonctions, Valéry Giscard d'Estaing marque clairement son souci d'afficher une certaine continuité avec la politique extérieure de son prédécesseur. Bien qu'il ait été de 1967 à 1969 conseiller à la représentation auprès des Communautés européennes, Gabriel Robin en effet est une personnalité de stricte obédience gaullienne, que préoccupent à la fois les tendances atlantistes d'une partie de la majorité présidentielle et le risque de voir la construction européenne déboucher sur une entité transnationale dominée en fait par l'Allemagne. Aussi est-il favorable à une politique d'équidistance entre Washington et Moscou, difficilement tenable après le « coup de Kaboul » et la décision de l'OTAN d'installer en Europe — pour contrer le déploiement des SS 20 soviétiques — des fusées Pershing II et des missiles de croisière.

L'Afrique constitue, on le sait, un domaine présidentiel propre qui échappe très largement aux hommes du Quai d'Orsay et aux collaborateurs habituels du président. Successeur de Jacques Foccart, René Journiac assume de 1975 à 1980, dans la mouvance directe du chef de l'État, les fonctions de conseiller pour les Affaires africaines et malgaches. En février 1980, à la suite de l'accident aérien dans lequel il a trouvé la mort, il est remplacé par un autre ancien administrateur de la France d'Outre-mer, Martin Kirsch, secrétaire d'État aux DOM-TOM de 1968 à 1974. L'un et l'autre sont des conseillers écoutés pour leur compétence, en même temps que les *missi dominici* d'une politique qui se décide essentiellement à l'Élysée.

Les dosages effectués par le président dans le choix de ses principaux collaborateurs diplomatiques traduisent la volonté qu'a Valéry Giscard d'Estaing de concilier ses propres penchants européens et atlantistes avec les contraintes que lui imposent la nature de sa majorité et, au-delà de l'arithmétique parlementaire, l'adhésion profonde des Français aux conceptions gaulliennes d'indépendance et de souveraineté nationales. Plus qu'à un changement radical par rapport aux grandes orientations de la politique étrangère du tandem Pompidou/Jobert, on assiste donc au début du septennat Giscard à des retouches partielles qui tiennent principalement au style de la diplomatie française.

Ce style, ce sera celui de la « décrispation ». Il se manifeste tout d'abord dans le souci qu'a Valéry Giscard d'Estaing de multiplier les contacts directs avec ses partenaires internationaux et d'offrir à cette occasion aux médias l'image d'un homme d'État décontracté, moderne et sportif (il se fait volontiers photographier en maillot de bain au bord de la piscine). Surtout, il se traduit par le refus des déclarations et des gestes fracassants, dont le ministre des Affaires étrangères de Georges Pompidou s'était fait une spécialité à la fin du septennat précédent, et par une volonté affichée de conciliation tous azimuts. « C'est pourquoi on peut dire — écrira-t-il plus tard — : vous êtes l'ami de tout le monde, vous êtes l'ami des Américains, vous êtes l'ami des Soviétiques, vous organisez l'Europe politique, vous êtes l'ami des Arabes. Effectivement, je crois que notre rôle, c'est d'être un facteur de conciliation chaque fois que cela est possible, et chaque fois que l'indépendance de notre position nous en donne les moyens ». Cela n'empêchera pas Valéry Giscard d'Estaing de manifester à diverses reprises un gallocentrisme un peu arrogant dont s'irritent, avec plus ou moins d'humour, les autres dirigeants occidentaux, par exemple lorsqu'il lance en octobre 1975 : « La définition de la France, c'est ce qu'il y a de meilleur ».

La France giscardienne entre Washington et Moscou

Dès son arrivée au pouvoir, les adversaires de Valéry Giscard d'Estaing ont, au sein même de sa propre majorité, dénoncé le risque de dérive atlantiste que paraissait comporter sa politique de conciliation, ainsi que les liens que ce libéral, proche des milieux d'affaires, était censé entretenir avec les représentants du « capitalisme international ». En décembre 1974 à la Martinique, lors de la rencontre avec Gerald Ford, qui venait de remplacer Nixon à la Maison Blanche, les deux hommes avaient dans un communiqué commun déclaré qu'ils considéraient que la coopération entre la France et l'OTAN était « un facteur important pour la sécurité de l'Europe ». Six mois plus tôt, le 26 juin 1974, avait été signée à Bruxelles par les membres de l'Alliance la « Charte d'Ottawa », une déclaration sur les relations atlantiques, qui semblait admettre le principe de la prise en compte de la force de frappe française dans le dispositif militaire occidental. Pour les gaullistes de stricte obédience, comme pour toute une partie de la gauche, ces signes indiquaient à n'en pas douter un prochain retour de la France dans le giron de l'OTAN, de même que l'acceptation par Paris des vues américaines concernant l'abandon du prix officiel de l'or et la légalisation des taux de change flottants, lors de la conférence de la Jamaïque en janvier 1976, marquaient dans le domaine monétaire un alignement pur et simple sur les positions de Washington.

Or la France n'a ni réintégré l'OTAN, ni placé sa force de dissuasion nucléaire sous le contrôle des États-Unis, ni renoncé à son indépendance en matière énergétique, technologique ou monétaire. Elle a dû certes adopter parfois un profil bas dans ses rapports avec la superpuissance de l'Ouest, et céder sur des points où, compte tenu des immenses contraintes induites par la crise, elle n'avait aucune chance de faire prévaloir son point de vue. Mais, dans l'ensemble, le cap a été maintenu.

En matière de dissuasion, la doctrine gaullienne a été adaptée aux nouvelles conditions de la situation en Europe, ainsi qu'aux changements intervenus du fait de la sophistication et de la diversification des armes nucléaires stratégiques et tactiques, mais elle n'a pas été abandonnée. Au tout début de son mandat, Valéry Giscard d'Estaing a certes marqué quelque hésitation, parlant de défense « autonome », envisageant d'interrompre les essais nucléaires dans l'atmosphère à Mururoa (c'est Jacques Chirac qui l'aurait fait revenir sur cette décision), s'efforçant de relever le seuil d'utilisation de la dissuasion en soulignant que l'arme atomique ne devait être employée que contre une puissance dotée des mêmes armes. Mais, dès 1975, le non-retour dans l'OTAN était solennellement réaffirmé, de même que l'indépendance de la force de dissuasion. « J'en suis arrivé, écrivait alors Valéry Giscard d'Estaing, aux mêmes conclusions que le général de Gaulle : la France fait partie d'une alliance, mais elle doit assurer sa défense indépendamment. Ceci veut dire deux choses : d'abord disposer nous-mêmes des moyens nécessaires à notre défense, et deuxièmement, décider seuls dans quelles circonstances ils seraient utilisés » (allocution radiotélévisée du 25 mars 1975).

Défense indépendante donc, mais dans une perspective nouvelle qui n'était plus tout à fait celle de la « sanctuarisation » du seul territoire national. Encore que sur ce point, le chef de l'État a dû tenir compte des fortes résistances de l'opposition et du parti gaulliste. En juin 1976, le général Méry, chef d'état-major des armées, avait, dans un article très controversé de la *Revue de la Défense nationale*, évoqué avec prudence l'éventualité d'une participation de la France à la « bataille de l'avant », autrement dit à une intervention aux côtés de ses alliés dans l'hypothèse d'une attaque soviétique dirigée contre l'Allemagne fédérale. Cela impliquait une sorte d'automaticité de l'intervention française en cas d'agression contre un pays ami et voisin qui n'était nullement dans l'esprit des doctrinaires du « tout ou rien », jusqu'alors maîtres du jeu en matière de dissuasion nucléaire. Dans la polémique qui avait suivi, Valéry Giscard d'Estaing s'était prononcé dans le même sens, estimant comme le général Méry que la menace contre les « intérêts vitaux » de la France ne se limitait pas aux strictes frontières de l'hexagone, et substituant en quelque sorte à la doctrine établie celle de la « sanctuarisation élargie ». Mais il ne put guère aller plus loin. Parlant en juin 1977 au camp de Mailly, le Premier ministre Raymond Barre dut se contenter d'expliquer que le concept de dissuasion s'appliquait « à la défense de nos intérêts vitaux, c'est-à-dire essentiellement à notre territoire national, cœur de notre existence en tant que nation, mais également à ses approches, c'est-à-dire aux territoires voisins et alliés ».

Bon an mal an, c'est donc l'orthodoxie gaullienne qui continue d'orienter les choix du gouvernement français en matière d'armement et de dissuasion nucléaires. Dans un contexte international qui, dès 1974, n'est plus tout à fait celui de la « détente », et qui ne va cesser de se détériorer jusqu'à la fin du septennat de Valéry Giscard d'Estaing, la France conserve en ce domaine une totale autonomie, n'acceptant d'élargir le champ d'intervention de sa force de frappe que dans l'éventualité d'une menace directe contre ses intérêts vitaux.

La volonté d'indépendance des dirigeants français se heurte toutefois aux contraintes nées de la nouvelle configuration mondiale. En effet, la crise économique qui a commencé à se manifester dans les pays industriels au début de la décennie, et à laquelle le quadruplement du prix du pétrole a donné un brusque coup d'accélérateur, n'a pas frappé avec la même intensité les économies occidentales. Les retombées de la « guerre d'octobre » ont été beaucoup plus fortes dans les pays importateurs de brut, comme la France et comme ses principaux partenaires européens (à l'exception de la Grande-Bretagne), qu'aux États-Unis, offrant à cette puissance des moyens de pression accrus pour renforcer son *leadership*. La politique de Valéry Giscard d'Estaing doit être jugée en fonction de cet environnement modifié, infiniment moins favorable à l'affirmation de l'indépendance des puissances moyennes que ne l'était celui dans lequel s'était épanouie pendant quinze ans la diplomatie gaullienne et pompidolienne.

Ainsi, si le climat politique franco-américain s'est un peu réchauffé au début du septennat Giscard, la pesanteur des problèmes économiques et financiers a tôt fait de réveiller les tensions entre Paris et Washington. En novembre 1974, le gouvernement de Jacques Chirac a confirmé la décision prise par l'équipe précédente de ne pas adhérer à l'Agence internationale de l'énergie, la France étant le seul État de l'Europe des Neuf à ne pas s'aligner sur les positions américaines.

Au printemps de l'année suivante, ce sont les États-Unis qui prennent l'initiative d'une épreuve de force dirigée contre les consommateurs européens d'uranium enrichi, au premier rang desquels figurent l'Allemagne fédérale et la France. La Nuclear Energy Regulatory Commission décide en effet l'embargo sur les livraisons à l'Europe de ce produit essentiel à la marche des centrales nucléaires. Quelques années plus tôt, dans une perspective visant à assurer à la France sa pleine indépendance en la matière, le Commissariat à l'énergie atomique avait opté pour la construction d'un réacteur qui, techniquement très performant, avait été un désastre commercial. Il avait fallu se résigner à fabriquer sous brevet US et à acheter outre-Atlantique l'uranium enrichi nécessaire au fonctionnement des centrales nucléaires. L'embargo ne dura que peu de temps, assez toutefois pour que soit mise en évidence la dépendance de la France dans un secteur jugé essentiel au maintien de sa pleine souveraineté.

Deux autres projets spectaculaires et symboliques du savoir-faire français ont également subi de graves déconvenues. En premier lieu, le « plan Calcul », qui avait été lancé en 1964 pour faire pièce à l'hégémonie de l'informatique américaine, sans toutefois que soient mis en œuvre les moyens financiers qui auraient permis à la production française d'être compétitive. En mai 1975, le gouvernement annonce la fusion de la CII (Compagnie internationale pour l'informatique), société française née du regroupement en 1966 de plusieurs firmes soutenues par l'État, avec l'entreprise américaine Honeywell-Bull, le but affiché étant de contrer l'hégémonie du groupe IBM. Dans les milieux gaullistes de stricte obédience, autant que dans l'opposition, on s'indigne d'une décision qui est censée livrer aux Américains l'informatique française et dont la responsabilité est entièrement rejetée sur le président de la République et sur le ministre de l'Industrie, Michel d'Ornano, l'un et l'autre relevant de la mouvance libérale. En fait, le choix « américain » du gouvernement (alors présidé par Jacques Chirac) paraît surtout avoir été dicté aux dirigeants français par la crainte d'une domination allemande, jugée plus pesante que celle du lointain allié atlantique, la solution de rechange à la fusion CII/Honeywell-Bull étant un regroupement à l'échelle européenne associant à Unidata et à la firme néerlandaise Philips, le géant allemand Siemens. En optant pour la constitution de la société CII-HB, le gouvernement maintenait en réalité son contrôle sur une entreprise qui était pour 53 % française, dont il assurait partiellement le financement et sur laquelle il pouvait exercer un pouvoir de blocage.

Échec commercial également que celui de l'avion supersonique Concorde, entreprise franco-britannique lancée en 1962 et qui va s'enliser, quinze ans plus tard, pour des raisons qui ne tiennent que secondairement à la mauvaise volonté américaine. Expérimenté en vol dès mars 1969, opérationnel quatre ans plus tard sur un trajet Paris-Washington effectué en un peu plus de trois heures, le Concorde va devoir affronter pendant plusieurs années une guérilla juridique menée par les riverains de l'aéroport Kennedy de New York. Lorsque British Airways et Air-France recevront finalement, en novembre 1977, l'autorisation d'assurer le service commercial avec cette ville, l'énorme déficit d'exploitation du supersonique apparaîtra au grand jour, et avec lui la vanité d'un projet qui, pour des raisons de prestige, avait été préféré à celui du Super-Caravelle et avait lourdement pesé sur les finances publiques. Touchés dans leur amour-propre, les Français dans leur majorité ont vu dans l'échec du Concorde le produit des manœuvres de l'administration et des lobbies d'outre-Atlantique, plutôt que le résultat de choix aventureux effectués à l'apogée de la période gaullienne. L'antiaméricanisme latent d'une opinion qui n'avait encore oublié ni le drame du Vietnam, ni la façon dont Richard Nixon avait dû quitter le pouvoir, ne pouvait qu'être ravivé par cette blessure.

Les échecs ainsi enregistrés dans le domaine de la compétition technologique internationale sont largement imputables aux effets directs et indirects de la crise. Conçus en un temps d'euphorie économique et d'aspiration générale à la libéralisation des échanges, les grands projets de l'ère gaullo-pompidolienne sont arrivés à maturité à un moment où le dérèglement du système monétaire international et la récession entraînaient un peu partout des réactions protectionnistes. Confrontés successivement aux deux « chocs pétroliers », les gouvernements de l'ère giscardienne ont dû sur ce terrain, comme en matière financière et monétaire, adapter leurs ambitions et leurs choix à une situation mondiale qui permettait aux États-Unis de faire prévaloir leurs propres intérêts dans les grandes négociations internationales.

Initiateur des réunions qui vont, à partir du « sommet » de Rambouillet en novembre 1975, réunir périodiquement les représentants des six, puis sept principaux pays industriels (États-Unis, Canada, Japon, France, RFA, Grande-Bretagne, Italie) — ce que l'on appellera le G7 —, dans le but d'éviter que l'on retombe dans la politique du « chacun pour soi » qui avait aggravé la crise des années 30, Valéry Giscard d'Estaing ne réussira pas, en dépit de tous ses efforts, à imposer à ses partenaires le maintien des parités fixes. Le 9 janvier 1976, le gouvernement français devra signer l'accord sur la réforme du Fonds monétaire international mis au point à Kingston, à la Jamaïque, par les ministres des Finances de vingt pays : réforme qui légalise la pratique du flottement des taux de change et consacre l'abandon du prix officiel de l'or. Considérés par les gaullistes comme une capitulation devant les exigences américaines, les accords de la Jamaïque vont servir de fer de lance à l'opposition « antigiscardienne » au sein de la majorité, cette dernière obligeant le gouvernement de Raymond Barre a repousser le débat de ratification jusqu'à la dernière session parlementaire de la législature (1978).

Un peu pour compenser les effets de la pression américaine en matière financière, économique et techno-technologique, beaucoup parce qu'il se voulait un partisan résolu de la détente, Valéry Giscard d'Estaing s'est engagé, dès le début de son septennat, dans une politique de rapprochement avec les pays de l'Est qui lui vaudra bien des critiques à l'heure du « coup de Kaboul » et du déploiement des SS 20. Non par sympathie, on s'en doute, pour le régime communiste, ni — comme on le lui reprochera — du fait d'un penchant neutraliste qui l'aurait incliné à accepter la « finlandisation » de l'Europe. Mais par conviction profonde : Valéry Giscard d'Estaing a été semble-t-il profondément influencé, dans son approche des rapports avec l'URSS, par la lecture du livre de Samuel Pisar, *Les Armes de la paix*, ouvrage dans lequel cet avocat international et président de la Conférence sur le commerce et la coopération Est/Ouest, formule l'idée d'une « convergence » entre les deux systèmes politico-économiques dominants du monde contemporain, et plaide en faveur d'une entente avec le bloc de l'Est, condition à ses yeux d'une rapide évolution des pays communistes dans la voie de la libéralisation et de la paix. Dans *Démocratie française*, le livre-programme qu'il publie en 1976, Valéry Giscard d'Estaing fait sienne l'idée d'un dépérissement des idéologies, qui devrait amener les deux camps à rapprocher leurs points de vue. Il en tire la conclusion que seule la détente permettra de désarmer les méfiances résiduelles entre les deux camps et que la France, tout en restant fidèle à ses alliances, a vocation à encourager le rapprochement entre l'Est et l'Ouest :

> « *Sans doute — écrit-il —, le monde reste dominé par des rapports de force, ceux qui s'établissent entre les super-puissances, et ceux qui sont maintenus entre les principales alliances. La compétition idéologique revêt, ici et là, un caractère interventionniste. Aussi longtemps que subsisteront ces rapports de force et ces affrontements idéologiques, la France continuera d'exercer ses responsabilités avec vigilance, en respectant ses alliances, dans le sens de la paix et du respect du droit des peuples à disposer d'eux-mêmes.*
>
> *Elle continuera à œuvrer patiemment pour la détente. Si celle-ci ne résout pas tous les problèmes, du moins constitue-t-elle la seule voie ouverte à une évolution pacifique. La coopération économique et technique, les relations culturelles, les rencontres périodiques des dirigeants au sommet, permettant*

> d'établir, entre des pays ayant opté pour des systèmes différents, une communication d'informations et d'idées qui facilite la solution des problèmes concrets. La France se félicite de l'état d'esprit qu'elle rencontre chez ses principaux partenaires de la détente. Elle souhaite intensifier son contenu concret par une approche bilatérale et la modération souhaitable des confrontations idéologiques » (*Démocratie française*, Paris, Fayard, 1976, pp. 163-164).

Giscard ne croit pas à l'éventualité d'une agression soviétique en Europe. L'équipe de vieillards qui règne au Kremlin lui paraît avant tout préoccupée de maintenir le statu quo hérité de la guerre. Les Russes certes entendent profiter des difficultés de l'Occident, et notamment de la paralysie américaine, consécutive au syndrome vietnamien, pour faire avancer leurs pions à la périphérie — en Afrique, au Proche-Orient, en Extrême-Orient — et pour obtenir quelques-uns de ces « avantages unilatéraux » dont Nixon et Kissinger estimaient qu'ils constituaient une remise en question de la détente. Mais ils sont trop conscients du risque qu'il y aurait pour eux à vouloir rompre l'équilibre instauré en Europe depuis la guerre — et officialisé en août 1975 par les accords d'Helsinki — pour s'engager dans une épreuve de force dont l'enjeu serait la partie occidentale du vieux continent : ceci, à la condition expresse que l'on ne provoque pas le Kremlin en agitant l'épouvantail d'une défense européenne renforcée. En 1975, lors d'un déjeuner de presse à l'Élysée, le président évoque ainsi « les craintes explicables pour l'Union soviétique des projets d'organisation de défense européenne, dans laquelle elle voit, au moins à terme, le risque d'une certaine menace d'une pression militaire européenne vis-à-vis d'elle-même ». « Je comprends, déclare-t-il, cette préoccupation de l'Union soviétique ». Et il ajoute : « Je considère que les dirigeants de l'Union soviétique n'ont pas d'intentions agressives à l'encontre de l'Europe occidentale, et ceci est un des principes de notre politique. D'ailleurs, si nous n'avions pas cette opinion, que signifierait la détente ? Les conversations que j'ai eues avec Leonid Brejnev m'ont confirmé dans cette analyse et cette conviction ».

La pratique de rencontres périodiques avec les dirigeants du Kremlin n'a pas été inventée par Giscard. Le principe en avait été posé dès le septennat de Georges Pompidou et Valéry Giscard d'Estaing n'a fait que l'appliquer, dans un esprit peut-être moins protocolaire que son prédécesseur. En tout, les deux hommes se rencontreront cinq fois entre 1974 et 1981 : deux fois en France, en décembre 1974 et juin 1977, deux fois à Moscou, en octobre 1975 et avril 1979, une fois enfin en Pologne, en mai 1980. À cette date, la détente paraît bel et bien enterrée, suite à l'invasion de l'Afghanistan par les troupes soviétiques et au déploiement des SS 20 — des missiles à portée intermédiaire, d'une extrême précision, capables en une seule frappe d'éliminer les moyens de riposte nucléaire de l'OTAN —, suivi de la décision prise en décembre 1979 par cette dernière d'installer à partir de 1983 des fusées Pershing II et des missiles de croisière sur le territoire de cinq États membres. Effectué en pleine période de retour à la guerre froide, alors que le président Carter a lui-même pris le contrepied de sa propre politique, donnant le coup de pouce aux dépenses militaires, accélérant la mise en place d'une force d'intervention rapide et proclamant sa détermination de ne plus céder un mètre de terrain aux Russes, le voyage de Valéry Giscard d'Estaing à Varsovie a donné lieu à de vives critiques, tant en France que chez nos alliés, et ceci d'autant plus que contrairement à Helmut Schmidt, qui rencontrera lui aussi Brejnev quelques mois plus tard, le président français a omis de tenir ces derniers au courant de sa démarche.

En se rendant en Pologne au printemps 1980, le chef de l'État entendait profiter du rôle d'arbitre qu'étaient censées conférer à la France son indépendance nucléaire et la prudence de sa diplomatie. N'avait-elle pas manifesté beaucoup de réserve en regard de la politique des droits de l'homme mise en œuvre par le président Carter, s'agissant notamment de l'appui donné aux dissidents soviétiques ? N'avait-elle pas refusé de prendre officiellement position sur l'installation des Pershing dans les pays de l'OTAN ? N'avait-elle pas surtout, tout en proclamant sa « vive préoccupation » devant le « coup de Kaboul », refusé de s'associer aux sanctions américaines, à commencer par le boycott des Jeux olympiques d'été, qui auront lieu à Moscou en juillet 1980 et auxquels la France participera ?

Sans doute Valéry Giscard d'Estaing s'est-il trompé d'histoire en croyant qu'il pourrait, comme aux plus belles heures de l'« équidistance » gaullienne, faire prévaloir le point de vue de la France face à la logique de l'escalade qui était en train de s'imposer dans les deux camps. Ceci moins semble-t-il pour des raisons de charisme et de prestige personnel que parce que le monde avait profondément changé depuis la fin des années 1960. La détente avait fait place à la « paix tiède » sur fond de crise économique mondiale et de montée en puissance de l'URSS. Face à une Amérique en perte de vitesse, Brejnev entendait bien faire avancer ses pions, ne serait-ce que pour imposer à ses adversaires un marchandage global, une sorte de « Yalta planétaire ». Penser dans ces conditions que la France était la mieux placée des nations occidentales pour faire accepter au numéro un soviétique l'idée d'un retour à la case départ en Afghanistan tenait largement de la méthode Coué. L'entrevue de Varsovie n'eut d'autre effet que de conforter le président français dans son optimisme un peu hors de saison, Brejnev ayant promis de retirer une partie de ses troupes, ce qu'il ne fit pas, et surtout d'apporter de l'eau au moulin de ceux qui, en France et tout particulièrement dans les rangs gaullistes, faisaient grief au chef de l'État de vouloir « finlandiser » l'Europe.

La politique européenne à l'heure giscardienne

La situation économique résultant des deux chocs pétroliers de 1974 et 1979 n'a certes pas instauré en Europe un climat favorable à l'approfondissement et à l'élargissement de la CEE. Pourtant, si la politique du « chacun pour soi », pratiquée notamment dans le domaine monétaire et dans celui des approvisionnements énergétiques, a freiné à plusieurs reprises le processus d'intégration conçu en phase de haute conjoncture, l'Europe des « Neuf », puis des « Dix », n'a pas volé en éclats, contrairement aux prévisions des Cassandre de tout poil, issus de familles politiques depuis toujours hostiles à la constitution d'une entité transnationale dotée des attributs de la souveraineté. Bon an mal an, elle a survécu aux effets conjugués du raidissement des blocs et des chocs pétroliers. Dans deux domaines au moins, celui de la monnaie et celui des institutions et de la représentation des peuples, elle a même fortement progressé, et dans cette avancée de « l'Europe », la France et son président ont joué un rôle déterminant.

Hostile à la supranationalité, Georges Pompidou ne souhaitait pas que la Commission de Bruxelles et le Parlement de Strasbourg accroissent leurs pouvoirs. Il était favorable en revanche au principe de « sommets » périodiques réunissant de manière régulière les chefs d'État ou de gouvernement des États membres (en fait un seul chef d'État, celui de la France, et huit chefs de gouvernement). Dès son arrivée à l'Élysée, profitant de la présidence française à la tête de la Commission, son successeur va pousser dans cette voie et faire admettre que ces rencontres soient institutionnalisées, les « conseils européens » ayant pour but de régler les problèmes les plus importants ou les plus urgents.

Deuxième étape, l'acceptation par la France, qui s'y était jusqu'alors opposée avec vigueur, du principe de l'élection du Parlement européen au suffrage universel. Européen convaincu et militant — il avait adhéré de bonne heure au Comité d'action de Jean Monnet —, Valéry Giscard d'Estaing s'était prononcé durant la campagne présidentielle pour une relance de la construction européenne impliquant l'accroissement des pouvoirs du parlement de Strasbourg et son élection au suffrage universel.

Conformément à cet engagement, il rend sa position officielle lors du sommet des 9 et 10 décembre 1974, soulevant aussitôt de vives critiques de la part des communistes et des gaullistes, unis dans la même condamnation de la supranationalité.

Décidée lors du Conseil européen de septembre 1976, qui en fixe les principales modalités, l'élection du parlement de Strasbourg au suffrage universel va continuer pendant trois ans de susciter en France une opposition résolue de ces deux familles politiques, politique intérieure et politique étrangère interférant continûment dans un débat auquel la majorité des Français demeure largement indifférente. Tandis que le PCF use de l'argument national pour tenter de freiner la montée en force de ses partenaires socialistes, Jacques Chirac lance le 6 décembre 1978, de l'hôpital Cochin où il est alité, un appel véhément à la défense de l'héritage gaullien : « Non à la politique de supranationalité. Non à l'asservissement économique... comme toujours quand il s'agit de l'abaissement de la France, le parti de l'étranger est à l'œuvre avec sa voix paisible et rassurante ».

Les élections européennes ont lieu le 10 juin 1979. Pour apaiser l'aile gaulliste de la majorité et rappeler que la République est une et indivisible, le Premier ministre Raymond Barre a choisi comme mode de scrutin la proportionnelle dans le cadre d'une circonscription unique. Le « parti de l'étranger », qui a d'ailleurs adopté durant la campagne un discours très prudent en matière d'intégration européenne, l'emporte sur les formations hostiles à la supranationalité. La liste Mitterrand bat de trois points celle de Georges Marchais (23,7 % des suffrages exprimés contre 20,6 %) et la liste Veil, qui a le soutien du chef de l'État, l'emporte très largement sur celle de Jacques Chirac (27,4 % contre 16,1 %). L'élection de Simone Veil à la présidence de l'assemblée de Strasbourg symbolise le changement intervenu dans la politique européenne de la France depuis la fin du septennat Pompidou.

La France a également joué un rôle capital dans la mise en place du Système monétaire européen. Confrontée à divers problèmes, la CEE avait dû abandonner, au milieu des années 1970, le projet d'union économique et monétaire, envisagé au début de la décennie, pour sauvegarder l'essentiel des acquis communautaires, en particulier l'union douanière, achevée pour les Neuf au début de 1978, et la politique agricole commune. Déjà, à partir de 1972, avait été instauré un instrument de stabilisation des monnaies nationales, le « serpent monétaire », qui établissait à 2,25 % la marge maximale de fluctuation de change pour les monnaies européennes qui flottaient de façon concertée par rapport au dollar. Toutefois, les accords de la Jamaïque ayant entériné la pratique des changes flottants au sein du FMI, l'incertitude planait sur l'avenir du système monétaire international. Il apparaissait donc que les Neuf ne devaient compter que sur eux pour rétablir une stabilité monétaire indispensable aux échanges intérieurs à la Communauté. D'où la proposition faite le 27 octobre 1977 par le président de la Commission en exercice, le Britannique Roy Jenkins, de relancer l'union économique et monétaire. La balle fut reprise au bond par Valéry Giscard d'Estaing et Helmut Schmidt et aboutit à la décision du Conseil en date du 8 avril 1978, instituant le Système monétaire européen et une monnaie de compte, l'ECU, dont la valeur était calculée chaque jour sur la base d'un « panier » de monnaies européennes dont la composition reflétait la part de chaque pays membre dans la production et les échanges intercommunautaires (19,8 % pour le franc français).

Progrès également, lui aussi largement tributaire des initiatives françaises, la timide élaboration d'une politique étrangère commune dont la première manifestation tangible est la « déclaration de Venise », élaborée lors du sommet européen des 12 et 13 juin 1980. S'appliquant à « parler d'une seule voix », les représentants des neuf pays membres de la CEE demandent « la reconnaissance des droits légitimes du peuple palestinien » et l'association de l'OLP aux négociations à venir. Bien que les Neuf se soient engagés, dans le même temps, à garantir « le droit à l'existence et à la sécurité de tous les États de la région, y compris Israël, la déclaration de Venise sera qualifiée quelques jours plus tard par Menahem Begin de « capitulation semblable à celle de Munich ». Elle ne constitue pas moins aujourd'hui encore le texte de référence pour la Communauté sur les bases d'un règlement pacifique au Proche-Orient.

Ces pas en avant enregistrés dans le domaine de la construction européenne doivent beaucoup aux excellentes relations qu'entretiennent le président français et le chancelier allemand, le social-démocrate Helmut Schmidt. Reçu à l'Élysée dix jours seulement après la victoire de Valéry Giscard d'Estaing aux présidentielles de 1974, ce dernier partage les convictions du successeur de Georges Pompidou quant au déclin de l'influence des États-Unis dans le monde et au risque que fait courir à l'Europe le très hypothétique engagement nucléaire américain dans le cas d'une agression soviétique : craintes que vont accroître les volte-face de Jimmy Carter, ainsi que sa décision de renoncer à la fabrication de la bombe à neutrons.

Entre la France et l'Allemagne, ce sont donc des rapports privilégiés qui s'instaurent à partir de 1974, comparables à ceux qui avaient régné aux plus beaux jours de l'ère de Gaulle/Adenauer. Certes, l'intimité n'est pas exclusive de frottements, par exemple dans la question des montants compensatoires monétaires, à propos des difficultés d'application de la politique agricole commune, ou encore de l'attitude adoptée par de larges secteurs de l'opinion française en regard de la répression du terrorisme en RFA (extradition de Klaus Croissant, avocat de la bande à Baader, en novembre 1977). Mais, dans l'ensemble, les deux pays naviguent de concert et les sentiments suivent, comme le montre la belle régularité avec laquelle les personnes interrogées par les instituts de sondage placent l'ancien ennemi héréditaire au tout premier rang des nations pour lesquelles on éprouve de la sympathie.

Il n'en est pas de même du Royaume-Uni, troisième « grand » de l'Europe communautaire, sur lequel Georges Pompidou avait compté pour rééquilibrer l'alliance, un peu trop axée à son goût sur le couple franco-allemand. L'arrivée au pouvoir de Valéry Giscard d'Estaing coïncide avec un refroidissement des relations franco-britanniques, conséquence à la fois des prétentions budgétaires anglaises et de l'idée que le président français — tout comme son homologue allemand — se fait de la Grande-Bretagne, puissance en déclin, en proie au « nombrilisme » politique et économique. La victoire des conservateurs en 1979 et l'arrivée de Margaret Thatcher à Downing Street n'y changeront rien, bien au contraire, les aspérités de la « dame de fer », son intransigeance dans la question de la contribution britannique au budget communautaire et sa totale imperméabilité au discours mondialiste de Valéry Giscard d'Estaing inclinant celui-ci à une grande réserve dans ses rapports avec le Premier ministre britannique.

L'ouverture au Sud

Inaugurée par le général de Gaulle, la politique de coopération avec les États du Tiers Monde va trouver un deuxième souffle sous le septennat de Valéry Giscard d'Estaing. Privée de son Empire, exclue du dialogue entre les deux Grands, mais dotée de moyens d'assurer seule sa défense et héritière d'un messianisme planétaire qui constitue l'un des fondements de sa politique étrangère, la France se doit, pour continuer de figurer parmi les puissances mondiales, de jouer un rôle actif dans le Tiers Monde. Elle dispose pour cela de quelques atouts importants : le maintien de liens étroits avec ses anciennes possessions coloniales, notamment en Afrique francophone, le capital de prestige et de sympathie accumulé par le général de Gaulle, l'utilisation d'un discours qui valorise l'indépendance des nations et conteste le « condominium américano-soviétique ».

L'objectif est double. D'une part il s'agit de donner de la France l'image d'une puissance mondiale désintéressée, dont la spécificité tient à son rôle d'intercesseur entre les pays « en développement » et les riches États industrialisés. De l'autre, cette mission, qui se réclame d'une culture politique issue de la philosophie des Lumières et des principes de la Révolution française, n'est pas exclusive d'intérêts économiques et commerciaux bien compris : à l'heure où la crise mondiale frappe de plein fouet les économies occidentales, de bonnes relations avec les pays du Tiers Monde ne peuvent qu'aider à limiter les dégâts, qu'il s'agisse de s'assurer des matières premières à bon marché ou des débouchés pour les produits industriels de l'hexagone.

Devant faire face aux deux chocs pétroliers de 1974 et 1979 et aux effets ravageurs de la stagflation, Valéry Giscard d'Estaing va se trouver, plus encore que son prédécesseur, tributaire de cette double finalité. Toutefois, si les préoccupations économiques à court terme sont présentes dans le choix qu'il fait, dès le début du septennat, d'une politique ouverte sur le « Sud », interviennent également et très fortement des considérations moins strictement dictées par les nécessités de l'heure. Le système international, estime-t-il, ne saurait reposer très longtemps sur la base des rapports inégaux qui se sont établis entre le « Nord » industrialisé, doté d'un haut niveau de vie et en rapide déclin démographique et les États pauvres d'un « Sud » surpeuplé et endetté. Les décisions prises par les pays arabes exportateurs de pétrole, pendant et après la « guerre d'octobre », ont montré que lorsqu'ils voulaient bien s'unir les détenteurs de produits nécessaires à la survie des économies occidentales avaient le moyen d'imposer leurs vues. Pourquoi dans ces conditions attendre que se nouent d'autres ententes, conduisant à un renchérissement des produits de base décidé de manière unilatérale ? Pourquoi ne pas prendre les devants en répondant à la demande globale des pays du Tiers Monde, telle qu'elle a été formulée depuis la fin des années 1960 dans le cadre de la CNUCED, du groupe dit des 77 et du mouvement des non-alignés ? Lors du quatrième sommet de cette dernière organisation, qui a réuni à Alger en septembre 1973 les représentants de 84 pays, les thèmes développés quatre ans plus tôt à Lusaka ont été repris sous une forme beaucoup plus radicale et en privilégiant celui du « Nouvel ordre économique international ».

Face à ce véritable consensus des pauvres (6 000 délégués, une soixantaine de chefs d'État), fondé sur l'idée de la « décolonisation économique » et débouchant sur une stratégie offensive — l'action concertée et l'aide mutuelle entre pays producteurs de matières premières — l'Occident n'a-t-il pas intérêt à négocier à froid un rééquilibrage qui, de toute manière, ne pourra être évité, avec le risque qu'il s'opère dans les pires conditions ? Telle est en tout cas l'idée que Valéry Giscard d'Estaing se fait de ce que devrait être la politique de la France à l'égard du Tiers Monde, et c'est dans cette perspective qu'il lance, dès le début de son septennat, l'idée d'une « conférence Nord-Sud » destinée à promouvoir, par la concertation entre pays riches et pays pauvres, le nouvel ordre économique réclamé par ces derniers.

Cette conférence s'ouvre à Paris en décembre 1975. Elle rassemble à la fois les délégués des grands États industriels, ceux des principaux pays du Tiers Monde et les représentants d'États membres de l'OPEP qui, sans relever à proprement du « Nord », doivent à la rente pétrolière de ne plus figurer dans la seconde catégorie. Après une longue interruption, la conférence reprend en 1977 sans aboutir à quoi que ce soit de concret. On évoque les grands principes de solidarité et de coopération internationales, on parle de produits de base et de développement, mais la conférence s'enlise vite dans la rhétorique et les débats en commission. À la fin de 1978, l'échec est patent. Conscient du peu d'enthousiasme que l'idée de nouvel ordre économique international suscite aux États-Unis, l'Élysée tente de lui donner un objectif moins ambitieux en limitant la concertation et la coopération à l'Europe, au monde arabe et à l'Afrique. Élaborée par le gouvernement français, l'idée du « trilogue » se propose en effet d'associer la capacité de production et le savoir-faire occidental, les matières premières du continent noir et le pétrole du Moyen-Orient. Mais là encore, il ne sortira rien de pourparlers qui vont traîner en longueur et achopper sur la question de la participation des Palestiniens.

Plus tangibles ont été les résultats obtenus dans les rapports directs entre les États membres de la CEE et un certain nombre de pays dits ACP (Afrique, Caraïbe, Pacifique). La France en effet a joué un rôle important dans la préparation et la conclusion des accords qui, dans le droit fil de ceux de Yaoundé (1965 et 1969), ont été signés avec 46 d'entre eux à Lomé en février 1975. La convention permet à la quasi-totalité des produits de ces pays d'entrer en franchise dans la Communauté européenne et de n'être soumis à aucune mesure de restrictions quantitative autres que celles que les États membres appliquent entre eux. Par ses fonds de développement, la CEE assure une aide aux 46 États signataires et le STABEX, système de stabilisation des exportations, leur garantit un revenu minimal pour les ventes à l'étranger de leurs principales matières premières. Entrée en vigueur le 1er janvier 1976, pour cinq ans, la convention sera renouvelée le 31 octobre 1979. Incontestablement, elle constitue un succès de la diplomatie française au sein de la CEE.

L'Afrique, et tout particulièrement l'Afrique noire francophone, continue d'occuper une place privilégiée dans la politique tiers-mondiste de la France : une politique qui, en matière d'aide publique au développement, préfère l'action bilatérale aux entreprises multilatérales. À cet égard, il convient de noter que, contrairement à ce que laissent entendre les responsables politiques, cette action est loin d'être la plus importante, si l'on veut bien rapporter les sommes distribuées au produit national brut et omettre d'y inclure celles qui sont destinées aux départements et territoires d'outre-mer. En 1980, avec 0,36 % du PNB, l'aide française au développement ne vient ainsi qu'en neuvième position, devant celles de la Grande-Bretagne et des États-Unis mais loin derrière des pays tels que les Pays-Bas (0,99 %) et la Norvège (0,82 %).

Très attaché au continent noir, où il a effectué de nombreux séjours, officiels ou privés, Valéry Giscard d'Estaing va apporter sa marque personnelle à la politique africaine de la France. En 1974, celle-ci était entièrement axée sur les rapports avec les anciennes colonies francophones et conservait un caractère paternaliste avec lequel le nouvel hôte de l'Élysée entendait rompre au plus vite. Dès le début du septennat, Valéry Giscard d'Estaing va ainsi supprimer le Haut commissariat pour les affaires africaines, instrument d'une politique d'intervention dans les affaires intérieures des États, sur lequel avait longtemps régné Jacques Foccart. Il va ensuite institutionnaliser les « sommets » franco-africains, en leur donnant un rythme annuel et en les tenant alternativement à Paris et en Afrique. Sous sa présidence, une vingtaine de chefs d'État ou de délégués, parmi lesquels figurent de plus en plus nombreux les représentants de l'Afrique anglophone, passent en revue les problèmes de coopération économique et de défense.

Très fortement engagée dans le domaine de la coopération économique, technique, culturelle et militaire avec de nombreux pays africains auxquels elle est liée par des accords signés au début des années 60, soucieuse d'y maintenir son influence en même temps que la stabilité politique de la région — ce qui suppose en premier lieu que soient préservées les frontières de la décolonisation —, la France va se trouver entraînée à diverses reprises dans des entreprises aventureuses, le plus souvent destinées à sauvegarder le statu quo territorial ou le pouvoir de l'équipe dirigeante, lorsque celle-ci lui est favorable. Ceci, sans se préoccuper à l'excès du comportement des dirigeants en place en matière de droits de l'homme.

C'est ainsi que la France intervient à Djibouti, en 1976-1977 (opérations Louada et Saphir) contre la menace somalienne, au Sahara occidental en décembre 1977, en faisant attaquer par ses Jaguar les troupes du Polisario en lutte contre la Mauritanie, au Tchad en 1978 et 1980, pour empêcher la mainmise libyenne sur ce pays en proie à la lutte des clans depuis le coup d'État d'avril 1975 contre le président Tombalbaye, et surtout au Zaïre. À deux reprises, Valéry Giscard d'Estaing apporte son soutien au régime du maréchal Mobutu : un régime qui ne brille pas par son respect des droits de l'homme mais qui, aux yeux de l'Occident, a le mérite d'assurer une certaine stabilité de la région et de constituer un barrage contre les risques de contagion communiste en Afrique centrale et australe. Soutien indirect en avril 1977, sous la forme d'une aide logistique apportée aux troupes envoyées par le Maroc pour réprimer les troubles du Shaba, et intervention directe en mai 1978, avec l'envoi de deux compagnies de parachutistes à Kolwezi, à la fois pour sauver les ressortissants européens menacés et pour aider Mobutu à rétablir son autorité dans cette riche province minière.

La politique africaine de Valéry Giscard d'Estaing ne manifeste pas partout la même cohérence. Alliée de Mobutu dans la question du Shaba, conservant malgré l'apartheid des liens avec l'Afrique du Sud, la France a été parmi les premières puissances à reconnaître le régime « marxiste » d'Agostinho Neto en Angola. Surtout, elle va mener en Centrafrique entre 1976 et 1979 une politique de soutien inconditionnel au régime ubuesque de Jean-Bedel Bokassa, qui va très fortement compromettre son image et sa position dans cette partie du monde. Valéry Giscard d'Estaing sera le premier à payer les mécomptes de cette politique, ses adversaires de tous bords utilisant contre lui les « révélations » de la presse concernant les « cadeaux de Bokassa » au président de la République pour le déstabiliser.

Que l'« affaire des diamants » ait été montée en épingle pour des raisons de politique intérieure ne change rien au fait que la diplomatie élyséenne s'est comportée avec une grande légèreté dans son soutien au dictateur centrafricain, les finances de la République étant mises à contribution pour satisfaire ses caprices les plus déments, à commencer par le grotesque sacre impérial du 4 décembre 1977, et les autorités françaises restant muettes à l'annonce des massacres des enfants perpétrés par le régime. Les échos indignés de ce « pseudo-événement » (*dixit* le ministre de la Coopération de l'époque) dans l'opinion internationale, les réactions négatives de nombreux chefs d'État africains, et aussi le rapprochement entamé par Bokassa Ier avec la Libye du colonel Kadhafi, vont finalement incliner le gouvernement français à lâcher cet encombrant allié. Profitant du séjour de Bokassa à Tripoli en septembre 1979, la France engage contre ce dernier une opération militaire sur Bangui qui permet de placer à la tête de la république centrafricaine restaurée l'ancien président David Dacko.

Au Proche-Orient, la politique française s'est efforcée sous le septennat de Valéry Giscard d'Estaing de jouer un rôle de médiation entre les deux camps, tout en resserrant les liens avec les pays arabes pour des raisons à la fois géostratégiques (la volonté de la France de conserver son influence en Méditerranée orientale) et économiques (approvisionnements en hydrocarbures et contrats fructueux passés avec les États bénéficiaires de la rente pétrolière). Entreprise difficile, le gouvernement français devant faire passer ses préoccupations tiers-mondistes et les contraintes matérielles liées à la crise avant les inclinations du cœur. Dès 1974, le ministre des Affaires étrangères, Jean Sauvagnargues, rencontre officiellement Yasser Arafat, jusqu'alors dénoncé par les médias comme le chef d'une organisation terroriste. L'année suivante, l'OLP est autorisée à ouvrir à Paris un bureau d'information et de liaison qui va devenir une sorte d'ambassade palestinienne. En mars 1978, la France participe avec le plus fort contingent à la force internationale envoyée par les Nations-Unies au Liban (FINUL) pour veiller au retrait des forces israéliennes.

L'engagement personnel de Valéry Giscard d'Estaing en vue d'une solution fondée sur un accord d'ensemble entre tous les acteurs concernés, y compris les Palestiniens, sur la base de la résolution 242 du Conseil de sécurité, conduit le président de la République à accueillir avec beaucoup de réserve les accords de Camp David et le traité de paix israélo-égyptien de mars 1979. Sans doute y a-t-il dans cette réaction le résultat d'une certaine déception à voir occupé par Jimmy Carter le rôle d'intercesseur que Valéry Giscard d'Estaing entendait s'attribuer. Mais surtout, le chef de l'État craint de voir son projet de « trilogue » voler en éclats en même temps que l'unité du monde arabe. Aussi, après avoir dans un discours prononcé à Amman, en Jordanie, le 8 mars 1980, reconnu le droit des Palestiniens à l'autodétermination, pousse-t-il ses partenaires européens à adopter, lors du sommet de Venise en juin de la même année, une déclaration commune réclamant la « reconnaissance des droits légitimes du peuple palestinien » et un règlement global assorti d'un système de garanties internationales.

Ces prises de position plutôt favorables aux Palestiniens s'accompagnent du resserrement des relations avec le monde arabe. Amorcée sous le septennat précédent, la coopération se développe avec l'Irak de Saddam Hussein, auquel est livré — conformément aux protocoles signés par le gouvernement Chirac — du matériel nucléaire baptisé « civil » pour les besoins de la cause, ce qui n'empêchera pas l'aviation israélienne de détruire plus tard le réacteur incriminé. En 1980, lorsque profitant de l'affaiblissement de l'Iran — où l'imam Khomeiny, réfugié en France en octobre 1978 et très confortablement installé dans une villa de Neauphle-le-Château, a pris le pouvoir en février 1979 —, l'Irak attaque sa grande voisine du golfe Persique, Paris se garde bien de dénoncer l'agression et apporte d'entrée de jeu son soutien à Saddam Hussein.

Les adversaires politiques de Valéry Giscard d'Estaing, au sein ou en dehors de sa majorité, lui reprochent sans trop nuancer leurs propos l'inconstance et les contradictions de sa politique étrangère. On lui fera grief de ses malencontreuses amitiés africaines, du caractère ouvertement pro-arabe de ses engagements au Moyen-Orient, de sa rhétorique tiers-mondiste et plus généralement du désir qu'il a eu d'être l'ami de tout le monde, avec le risque que cela comportait pour la liberté de l'Europe, lorsque l'interlocuteur s'appelait Brejnev et que la volonté de prolonger à tout prix la détente pouvait aboutir à la « finlandisation » de notre continent. Ces critiques, souvent à usage interne, sont pour la plupart excessives et ne doivent faire oublier ni l'ampleur du défi auquel s'est trouvé confronté le troisième président de la Ve République — chocs pétroliers, stagflation et retour à la guerre froide —, ni les véritables succès enregistrés par la diplomatie française, notamment dans le domaine de la construction européenne.

1981 : un tournant ?

Dans un livre publié au terme de la première législature socialiste, François Mitterrand définissait en ces termes les grandes orientations de la diplomatie française :

> « *La politique extérieure de la France s'ordonne autour de quelques idées simples : l'indépendance nationale, l'équilibre des blocs militaires dans le monde, la construction de l'Europe, le droit des peuples à disposer d'eux-mêmes, le développement des pays pauvres* » (*Réflexions sur la politique extérieure de la France*, Paris, Fayard, 1986, p. 7)

On ne saurait affirmer plus clairement le souci de continuité avec la politique gaullienne, pourtant combattue par les socialistes lorsqu'ils se trouvaient dans l'opposition, et la distance que le nouveau président de la Ve République a prise vis-à-vis des positions idéologiques des formations sur lesquelles ont reposé sa victoire électorale aux présidentielles de 1981, qu'il s'agisse de son propre parti ou de celui de Georges Marchais.

Déjà, entre les déclarations et décisions qui, en ce domaine, suivent l'élection de 1981, et les textes programmatiques du PS et de la gauche qui avaient émaillé depuis 1972 l'histoire de l'union socialo-communiste, le chemin parcouru est considérable. Le programme commun du 27 juin

1972 exigeait « la renonciation à la force de frappe nucléaire stratégique sous quelque forme que ce soit », la « reconversion de l'industrie nucléaire militaire française en industrie atomique pacifique », « l'arrêt immédiat des expériences nucléaires », « la stricte réglementation des ventes éventuelles d'armements à l'étranger ». Fortement influencé sur ce point par le CERES de Jean-Pierre Chevènement, le programme du Parti socialiste mettait l'accent sur la nécessaire rupture avec l'impérialisme, sur l'appui qui devait être apporté aux mouvements d'émancipation du Tiers Monde et sur le refus, sinon de l'alliance atlantique, « contrepoids nécessaire à la puissance soviétique », du moins d'un « alignement de la France sur les positions de l'impérialisme dans le monde ».

Or, dans les semaines qui suivent l'installation de François Mitterrand à l'Élysée, les premières options arrêtées par le chef de l'État et par le gouvernement Mauroy marquent, au moins dans le domaine de la défense, un net changement d'orientation. Dès le 3 juin, il est décidé de procéder en Océanie aux essais nucléaires prévus par le gouvernement précédent. Le 16 juillet, Matignon annonce que les engagements de la France en matière de vente d'armes seront honorés, à commencer par celles qui sont destinées à la Libye. Quelques jours plus tard, le président donne connaissance à la presse de sa décision de construire un septième sous-marin nucléaire. On est loin du programme commun et du discours anti-force de frappe, omniprésent dans la culture socialiste d'opposition.

Qu'en est-il du projet « anti-impérialiste » décliné sur tous les registres avant et après le 10 mai 1981 ? Sans doute, durant les deux premières années de l'ère mitterrandienne, le désir sincère de donner un autre contenu au « tiers-mondisme » prôné par l'Élysée à l'époque de Giscard, en soutenant dans divers secteurs de la planète les luttes révolutionnaires et les mouvements d'émancipation dirigés contre les bourgeoisies réactionnaires et contre leurs alliés américains. Autrement dit, le souci de conduire, au moins dans ce domaine où les éclats du verbe ont peut-être de moindres conséquences qu'ailleurs, une politique étrangère spécifiquement « socialiste ».

L'Amérique latine a été, au début du septennat, le terrain privilégié de cette politique. Un terrain sur lequel François Mitterrand ne s'est pas aventuré seul. Certes, c'est lui qui, en tout début de règne, donne le ton en faisant de Régis Debray, ancien compagnon d'armes de Che Guevarra en Bolivie à la fin des années 60, un conseiller technique chargé à l'Élysée de suivre les affaires latino-américaines. Mais si ce dernier joue un rôle non négligeable dans la préparation des dossiers et des discours présidentiels, ce n'est pas lui qui *fait* la politique de la France dans cette partie du monde. Il a, explique Samy Cohen, « plus certainement joué un rôle d'épouvantail que de Père Joseph » (*La monarchie nucléaire*, Paris, Hachette, 1986, p. 68). Le symbole n'en est pas moins significatif.

Pierre Mauroy et Claude Cheysson, respectivement Premier ministre et ministre des Affaires étrangères jusqu'en 1984, partagent les vues du président sur cette question, et avec eux la très grande majorité des socialistes que les événements du Chili en 1973 ont fortement traumatisés. L'élimination par l'armée d'un gouvernement d'unité populaire dirigé par un socialiste, avec l'appui plus ou moins direct de la CIA, avait réveillé à l'époque, à gauche, le syndrome lointain de la Guerre d'Espagne et nourri un anti-américanisme déjà très vif. Huit ans plus tard, le putsch du général Pinochet n'est pas oublié, et c'est à bien des égards par référence au drame de Santiago que les militants et une partie des sympathisants des partis de la nouvelle majorité considèrent ce qui se passe en Amérique centrale depuis l'arrivée de Ronald Reagan à la Maison Blanche.

Dès le 28 août 1981, le chef de l'État rend publique une déclaration préparée conjointement avec son homologue mexicain, Lopez Portillo, affirmant que le Front d'opposition à la junte salvadorienne constitue « une force politique représentative ». Quelques semaines plus tard, répondant à un journaliste de *Time Magazine*, il explique qu'il faut soutenir les mouvements révolutionnaires latino-américains pour les empêcher de tomber dans l'orbite communiste, comme l'avait fait Fidel Castro deux décennies auparavant. Mais surtout, c'est le discours prononcé devant le monument de la Révolution de Mexico le 20 octobre 1981, deux jours avant l'ouverture de la conférence Nord-Sud de Cancun — discours auquel Régis Debray a prêté la main — qui proclame dans un registre lyrique l'engagement de la France aux côtés de ceux qui « prennent les armes pour défendre les libertés » :

> « *Salut aux humiliés, aux émigrés, aux exilés sur leur propre terre, qui veulent vivre et vivre libres.*
>
> *Salut à celles et à ceux qu'on bâillonne et qu'on persécute ou qu'on torture, qui veulent vivre et vivre libres.*
>
> *Salut aux séquestrés, aux disparus et aux assassinés qui voulaient seulement vivre et vivre libres.*
>
> *Salut aux prêtres, aux syndicalistes emprisonnés, aux chômeurs qui vendent leur sang pour survivre, aux Indiens pourchassés dans leur forêt, aux travailleurs sans droits, aux payans sans terre, aux résistants sans armes, qui veulent vivre et vivre libres.*
>
> *À tous, la France dit : courage, la liberté vaincra !...*
>
> *... Et si j'en appelle à la liberté pour les peuples qui souffrent de l'espérer encore, je refuse tout autant ses sinistres contrefaçons : il n'y a de liberté que par l'avènement de la démocratie.* »

Le problème est de savoir où commence la « contrefaçon », et il ne va pas tarder à se poser de manière insistante à la diplomatie française à propos de l'évolution du régime sandiniste au Nicaragua. Question fondamentale et qui oppose, au sein même de l'Internationale socialiste, ceux qui estiment que les mouvements d'émancipation latino-américains sont dès l'origine à ce point gangrénés par les éléments communistes qu'ils ne peuvent, une fois détenteurs des leviers de commande, que générer un pouvoir totalitaire, et ceux pour lesquels l'adhésion au modèle soviétique et l'alignement sur l'URSS découlent de l'attitude des États-Unis à l'égard de régimes qui menacent directement les intérêts américains dans la région. Ainsi en a-t-il été de Cuba au lendemain de la victoire castriste. Ainsi en est-il vingt ans plus tard du Nicaragua sandiniste. Pour les socialistes français, c'est la seconde interprétation qui est la bonne, et c'est dans cette direction également que penchent le chef de l'État et les principaux responsables politiques.

Pas pour très longtemps il est vrai. Au début de 1982, des armes sont livrées aux sandinistes engagés dans la lutte contre les forces d'opposition, la *contra*, encore largement composée à cette date de partisans de l'ancien dictateur Somoza. En février de la même année, le Parti socialiste dépêche dans les Caraïbes une mission dont l'objectif est d'améliorer les relations avec Cuba et de mettre sur pied une aide multinationale en faveur du Nicaragua, aide qui aurait dû être décidée par le Bureau de l'Internationale socialiste, lors d'une réunion fixée au 24 février à Caracas et qui sera ajournée du fait des désaccords entre pays membres à propos précisément de l'interprétation du régime sandiniste. Dans la foulée, on songe à Paris à inviter Fidel Castro à se rendre en visite officielle en France, dans le but de lui offrir une solution de rechange à l'alliance soviétique et de l'inciter à retirer ses troupes d'Angola.

Dans les interviews données à la presse française, Jeane Kirkpatrick, ambassadeur des États-Unis auprès de l'ONU, qualifiera de « fantaisies romantiques » les initiatives de la diplomatie mitterrandienne, et Ronald Reagan ne se privera pas davantage de critiquer la politique de la France en Amérique centrale. Pourtant, ce sont moins les manifestations de la mauvaise humeur américaine devant ces « coups d'épingle », jugés d'autant plus irritants à Washington qu'ils concernaient des pays constituant l'« arrière-cour » de la République impériale, que l'évolution du régime sandiniste dans le courant de l'année 1982 — tant sur le plan intérieur avec les atteintes très graves aux libertés publiques que dans le domaine international, avec l'alignement de Managua sur les positions soviétiques — qui vont incliner le gouvernement français à modifier sa politique dans les Caraïbes.

On continuera à Paris à plaider pour une attitude conciliante envers les sandinistes, afin de freiner la dérive totalitaire du régime, mais l'on renonce à aider celui-ci dans sa lutte contre une guérilla qui rassemble désormais toutes les composantes de l'opposition. L'ultime manifestation de la politique menée par la France dans cette région au nom de l'« anti-impérialisme » aura lieu en octobre 1983, lorsque François Mitterrand condamnera l'intervention américaine à la Grenade. Elle sera de courte durée, Paris découvrant en même temps le degré de pénétration des influences russes dans cette île, et le danger de subversion castriste dans les Antilles françaises.

Nulle part plus qu'en Afrique noire ne se manifeste le décalage entre un discours affirmant la volonté de rupture avec la politique menée par la droite et la continuité de fait de cette politique, imposée au pouvoir socialiste par des contraintes de tous ordres. Comme son prédécesseur, François Mitterrand cultive, depuis son passage au ministère de la France d'Outre-mer sous la IVe République, une grande affinité envers le monde africain. L'homme à qui il confie en 1981 la charge de la Coopération est de sensibilité tiers-mondiste, tout comme son ministre de tutelle, Claude Cheysson, titulaire du Quai d'Orsay. L'un et l'autre partagent le sentiment de la majorité des socialistes en regard de la politique menée en Afrique par l'équipe sortante à qui l'on reproche son paternalisme néo-colonial, sa propension au soutien des régimes douteux, et surtout la façon dont s'opèrent, en toute majesté, les choix élyséens d'intervention sur le continent noir. Durant la campagne présidentielle, François Mitterrand a annoncé que, dans ce domaine, il ne pouvait « ni dans la forme, ni dans le fond », « y avoir de dénominateur commun avec la politique de faillite de l'ancien régime », et Jean-Pierre Cot a, dès sa nomination au ministère de la Coopération, fait connaître les quelques principes sur lesquels devait à ses yeux reposer la politique de la France dans cette partie du monde : des relations ordinaires d'État à État et non plus fondées sur les rapports personnels entre responsables français et africains, une diplomatie ouverte à l'ensemble du continent et pas au seul bastion francophone, une coopération rationalisée et soucieuse du respect des droits de l'homme dans les pays concernés, etc. Or, ces velléités de changement ne vont pas résister très longtemps à l'épreuve et aux contraintes du pouvoir.

La continuité s'impose d'abord dans le style. Pas plus que son prédécesseur, François Mitterrand n'entend renoncer aux prérogatives non écrites qui président depuis de Gaulle à la conduite des affaires africaines. Aussi utilise-t-il dans ses relations avec les gouvernements intéressés les services de personnalités relevant directement de lui, qu'il s'agisse de simples conseillers techniques ou d'amis personnels

— comme Roland Dumas, avant sa nomination aux Affaires européennes en décembre 1983 — ou du conseiller spécialisé permanent de l'Élysée, poste qui est également confié à un familier du président, Guy Penne, doyen de la faculté de chirurgie dentaire de Paris et ancien dignitaire du Grand-Orient de France.

Continuité également dans le fond, du fait de la pesanteur des contraintes économiques et géostratégiques. Dès le sommet franco-africain de Paris, en novembre 1981, celle-ci est clairement perceptible. D'où les dissensions qui opposent, au cours de l'année suivante, les responsables élyséens de la politique africaine et le ministre délégué, chargé de la Coopération et du Développement, Jean-Pierre Cot. Celui-ci ne cache pas en effet son hostilité à l'égard de certains chefs d'État particulièrement répressifs envers leurs opposants, tels Mobutu au Zaïre, Omar Bongo au Gabon et Sekou Touré en Guinée. Lors de la visite de ce dernier à Paris, en septembre 1982, il manifeste de vives réticences pour participer à son accueil, attitude qui n'est pas sans lien avec sa mise à l'écart discrète deux mois plus tard, Jean-Pierre Cot se voyant d'abord proposer par Pierre Mauroy la prestigieuse ambassade de Madrid, ce qu'il refuse, puis négociant directement avec le président une sortie honorable. Son poste, déclaré « vacant » sans qu'il ait donné sa démission, va dès lors échoir à un exécutant sans états d'âme des volontés présidentielles, le député de l'Isère Christian Nucci.

Les critiques formulées par les socialistes lorsqu'ils étaient encore dans l'opposition, en regard des interventions militaires décidées par l'Élysée, ne vont pas empêcher le gouvernement français de s'engager dans des actions du même genre, dès lors que la menace d'une déstabilisation de la région lui impose d'y exercer des fonctions de « gendarme ». Ainsi, en 1983, François Mitterrand doit-il faire face au rebondissement de la crise tchadienne, soutenant l'ancien rebelle Hissène Habré, devenu maître du pouvoir à N'Djamena et appuyé par les États-Unis et les États africains « modérés » (dont Mobutu), contre l'ancien chef du gouvernement légitime Goukouni Oueddeï, protégé de la Libye. Malgré les réticences de Claude Cheysson, peu enclin à voir la France se comporter « comme les États-Unis au Honduras ou au Nicaragua », l'Élysée décidera en août 1983 d'engager 3 000 hommes au Tchad dans l'opération Manta, aux côtés de 2 000 soldats zaïrois. Il n'y aura pas d'engagement direct avec les hommes de Goukouni, ni avec leurs alliés libyens, et à la fin de 1984 un accord sera signé entre Paris et Tripoli stipulant le « retrait simultané » des forces en présence, accord non suivi d'effet du côté libyen en dépit des engagements solennels pris par le colonel Kadhafi lors de son entrevue en Crète avec le président français. D'où une nouvelle intervention en 1986.

Dernier point enfin marquant la continuité de la politique française à l'égard du Tiers Monde, les ventes d'armes sur lesquelles ont faiblement pesé, une fois dissipées les illusions de l'après 10 mai, les considérations d'ordre idéologique ou humanitaire. Visitant le Salon aéronautique du Bourget, peu de temps après son arrivée au pouvoir, François Mitterrand avait tenu à ce que fussent enlevées toutes les armes des appareils près desquels on allait le voir. Trois ou quatre ans plus tard, les exportations battront tous les records préalablement enregistrés, et ceci sans qu'aient été pris en compte de manière excessive les comportements des États bénéficiaires en matière de droits de l'homme. Même l'Afrique du Sud, soumise à quelques réductions ponctuelles, continuera d'acheter une partie de son armement sophistiqué en France, restée, à la satisfaction des responsables de son commerce extérieur et de la politique de l'emploi, le troisième exportateur mondial d'armes.

Une monarchie nucléaire

On voit que les velléités d'adoption d'une politique étrangère fondée sur l'idéologie et conforme aux engagements du programme commun n'ont pas résisté bien longtemps aux exigences du pouvoir. Dès la fin de 1982, il est clair que la diplomatie mitterrandienne se trouve engagée dans une voie qui, sauf en ce qui concerne la construction communautaire, s'éloigne peu des chemins tracés par le général de Gaulle. Ni la pression directe du PCF jusqu'en 1984, ni l'expérience de la première cohabitation en 1986-1988, ne feront beaucoup dévier l'Élysée des grandes options arrêtées en début de règne, et ceci d'autant moins qu'elles suscitent pour l'essentiel l'acquiescement de la grande majorité des Français.

Jusqu'aux législatives de 1986, perdues par la gauche, puis du printemps 1988 à 1993, soit pendant dix ans, la politique extérieure de la France est demeurée l'apanage, sinon le « domaine réservé » du président, et ceci bien qu'au cours des dix années précédentes François Mitterrand n'ait pas cessé de dénoncer la dérive monarchique de la Ve République. Comme pour ses prédécesseurs, le choix du ministre des Affaires étrangères, comme celui des responsables de la Défense et de la Coopération, s'est effectué le plus souvent en faveur de grands commis de l'État ou de personnalités étroitement liées au président. Au Quai d'Orsay, Claude Cheysson sous les deux gouvernements Mauroy et Jean-Bernard Raimond durant la première cohabitation, relève de la première catégorie, tandis que Roland Dumas, chef de la diplomatie française de 1984 à 1986, puis de 1988 à 1993, et ami de longue date du président, appartient à la seconde. À la Défense, Charles Hernu jusqu'en 1985, Paul Quilès en 1985-1988, Pierre Joxe après la démission de Jean-Pierre Chevènement au début de 1991 sont également des familiers du chef de l'État ou des partisans inconditionnels de sa politique. Ceux qui, au sein de l'équipe décisionnelle, se trouveront en opposition avec les grandes orientations de la diplomatie élyséenne — Jean-Pierre Cot au début du premier septennat, Jean-Pierre Chevènement au moment de la guerre du Golfe —, n'auront d'autre alternative que de se soumettre ou de se démettre.

C'est dans le domaine de la Défense que la continuité avec la période qui précède est la plus flagrante. S'appuyant sur un consensus au demeurant équivoque — l'immense majorité des Français se déclare à la fois favorable à la force de frappe nucléaire et opposée à son emploi automatique en cas d'agression caractérisée —, les gouvernements successifs ont, depuis 1981, maintenu et renforcé le système qui fait du chef de l'État la pièce maîtresse de la stratégie de dissuasion et de l'arsenal stratégique à trois composantes (les Mirages IV, les missiles du plateau d'Albion et les sous-marins nucléaires lanceurs d'engins équipés de missiles M4 d'une portée de 4 000 km) le cœur de notre dispositif défensif. C'est le président de la République qui décide, en dernier ressort, de l'utilisation des armements stratégiques contre un agresseur éventuel. C'est lui également qui peut engager, pour enrayer une offensive ennemie, ou comme ultime avertissement avant les représailles massives, les forces nucléaires de portée intermédiaire. Son rôle est donc primordial, au point que l'on parle de *monarchie nucléaire* pour qualifier le système politico-stratégique qui sert de cadre aux initiatives de la diplomatie française. La guerre du Golfe, intervenant, il est vrai, en dehors des deux périodes de cohabitation, offre une illustration saisissante de son fonctionnement :

> « *Tout au long de cette crise, le Premier ministre joue un rôle de second plan. Ce n'est pas lui qui définit les orientations, même s'il participe à toutes les réunions élyséennes et peut émettre son avis. Ses interventions portent la plupart du temps sur les conséquences intérieures de la crise, conséquences économiques, politiques, et de sécurité. L'orientation diplomatique et militaire relève entièrement du président, qui dose gesticulation militaire et action diplomatique, contrôle au plus près chacune des étapes de l'engrenage militaire, veille à ce que la participation française s'effectue dans le cadre de limites strictes...*
>
> *... Le ministre de la Défense nationale, Jean-Pierre Chevènement, n'exerce qu'une influence marginale. Ses tentatives pour tenir la France à l'écart sont un échec complet. Il n'est d'ailleurs pas un maillon essentiel dans le processus de décision. Son départ au beau milieu des hostilités n'entravera pas le cours des opérations militaires françaises. Les deux*

rouages clés sont le chef d'état-major des armées et le chef de l'état-major particulier du président ». (Samy Cohen, *La Défaite des généraux. Le pouvoir politique et l'armée sour la Ve République,* Paris, Fayard, 1994, pp. 129-130)

Il est clair que la France mitterrandienne entend rester une puissance nucléaire. Il y va de sa sécurité, de son indépendance, et surtout de son influence dans le monde. Détentrice d'une force de frappe crédible et d'un siège permanent au Conseil de sécurité de l'ONU, elle se distingue des autres puissances moyennes, et notamment de l'Allemagne, compensant ainsi son handicap industriel et commercial sur ce pays. Encore faut-il que l'outil stratégique forgé depuis plus de trente ans conserve sa fiabilité, ce qui implique la modernisation continue de l'arsenal atomique et la poursuite des expériences sous-marines. Exclusivement souterraines depuis 1974, celles-ci ont pour théâtre la Polynésie française et ont donné lieu en 1985 à une grave crise dans les relations avec les pays du Pacifique-Sud : Australie et Nouvelle-Zélande. Deux agents secrets français (les « faux époux Thurenge ») ont saboté et coulé, dans le port d'Auckland, un navire frêté par l'organisation écologiste Greenpaece, le *Rainbow Warrior*, dans le but de faire obstacle aux expériences nucléaires françaises. L'affaire a entraîné de vives réactions de la part du gouvernement néo-zélandais et a eu en France de fortes retombées intérieures : démission du ministre de la Défense Charles Hernu et frictions entre le Premier ministre (Laurent Fabius) et l'Élysée.

Si, dans ses grandes lignes, la doctrine stratégique de la France a peu changé depuis le septennat giscardien — sanctuarisation « élargie », mais refus d'engager à l'avance ses forces dans un dispositif sous commandement de l'OTAN —, il a bien fallu adapter l'outil militaire aux nouvelles données technologiques et géostratégiques. On a donc doté la force de frappe française de missiles Pluton dits « préstratégiques », d'une portée de 120 km, puis de missiles Hadès (350 km de rayon d'action), ce qui n'a pas été sans poser de problèmes dans les rapports avec l'Allemagne, directement visée par l'emploi de ces armes à l'occasion d'une « bataille de l'avant ». On a rénové l'armement des forces terrestres (chars AMX Leclerc, missiles antichars et antiaériens, lance-roquettes), mis sur pied une Force d'action rapide de 50 000 hommes destinée aux interventions hors de l'hexagone, déployé un réseau de satellites d'observation. S'agissant des forces navales, l'accent a été mis sur les sous-marins (7 SNLE, 18 sous-marins d'attaque dont deux nucléaires) et les navires porteurs d'engins aériens (2 porte-avions de 32 000 t, 1 porte-hélicoptères, en attendant le *Charles de Gaulle*, un porte-avions de 60 000 t à propulsion nucléaire).

Cet effort d'armement coûte cher. Troisième puissance militaire du monde, la France ne consacre que 13 à 14 % de son budget et 3,7 % de son PNB à sa Défense, soit des pourcentages comparables à ceux de ses principaux partenaires européens. Aussi lui faut-il faire des choix, rendus plus prégnants par la persistance des difficultés économiques. Depuis le début des années 80, on a procédé à des aménagements ponctuels, sans incidences budgétaires majeures : réduction de la durée du service militaire, évacuation progressive des troupes stationnées en Allemagne, abandon de certains programmes militaires, suspension par le gouvernement de Pierre Bérégovoy des essais nucléaires, etc. Mais l'on n'a pas résolu le dilemme fondamental, lequel réside dans l'impossibilité de concilier les grandes ambitions diplomatiques de la France et les ressources financières relativement modestes consacrées à la modernisation de l'instrument militaire. Ni le président de la République, ni les Premiers ministres socialistes ou cohabitationnistes n'ont su choisir jusqu'à présent entre l'adoption d'un profil international moins ambitieux et un accroissement significatif du budget de la Défense.

La question est d'autant plus compliquée que le contexte international a fortement changé depuis 1989, et que la France, comme tous ses partenaires européens, se trouve affrontée à de nouveaux défis. L'accent mis sur le nucléaire depuis plus de trente ans, alors qu'ont volé en éclats l'URSS et le pacte de Varsovie, la guerre du Golfe, les opérations « humanitaires » ou de maintien de l'ordre aux quatre horizons de la planète, les difficultés de l'intervention des casques bleus français en Bosnie ont souligné les limites et les carences d'une puissance militaire qui n'est plus tout à fait adaptée aux contraintes géopolitiques de cette fin de siècle tourmentée. Et avec elles le relatif isolement d'une « monarchie nucléaire » dont le fonctionnement ne paraît guère compatible avec celui de l'Europe communautaire.

Retour aux grands équilibres

L'attitude de la France dans la question de l'Amérique centrale, au cours des deux premières années de l'ère mitterrandienne, a suscité on l'a vu une certaine irritation à Washington, où l'on s'est inquiété de la présence de ministres communistes dans l'équipe présidée par Pierre Mauroy. Or, on s'est vite rendu compte dans l'entourage du président Reagan que, loin de se rapprocher d'elle, la France socialiste prenait ses distances à l'égard de l'URSS, épousant en quelque sorte l'évolution des relations internationales depuis le « coup de Kaboul », en même temps que celle d'une opinion publique devenue très majoritairement hostile au régime et à la diplomatie du Kremlin.

Sans pour autant engager la politique française dans la voie du retour à l'atlantisme, François Mitterrand s'est appliqué en effet à la rééquilibrer, et pour cela il a, d'entrée de jeu, adopté à l'égard de Moscou, une attitude ferme. Non par souci de « punir » les Russes qui, de toute évidence, auraient préféré voir Valéry Giscard d'Estaing se succéder à lui-même et n'avaient pas fait secret de leur choix durant la campagne présidentielle. Mais parce qu'il partageait — au moins jusqu'à un certain point — les vues des décideurs américains concernant les illusions de la détente et la menace sérieuse que faisait courir à la paix et à l'indépendance des nations européennes la propension des Russes à rechercher, depuis le milieu des années 70, des « avantages unilatéraux ».

Durant les deux premières années de son mandat, François Mitterrand rencontre six fois le président des États-Unis alors que, rompant avec la pratique des sommets annuels établie par son prédécesseur, il attend trois ans pour se rendre à Moscou. Le 20 janvier 1983, en visite officielle à Bonn pour le 20ᵉ anniversaire du traité de coopération franco-allemand, il prononce devant le Bundestag un discours dans lequel il adjure les parlementaires allemands d'accepter l'installation de fusées Pershing II et de missiles de croisière, décidée par le Conseil de l'OTAN en décembre 1979 :

> « *Notre analyse et notre conviction — explique-t-il —, celle de la France, sont que l'arme nucléaire, instrument de cette dissuasion, qu'on le souhaite ou qu'on le déplore, demeure la garantie de la paix, dès lors qu'il existe un équilibre des forces. Seul cet équilibre, au demeurant, peut conduire à de bonnes relations avec les pays de l'Est, nos voisins et nos partenaires historiques. Il a été la base saine de ce qu'on a appelé la détente ; il vous a permis de mettre en œuvre votre 'Ost-Politik'. Il a rendu possible les accords d'Helsinki.*
>
> *Mais le maintien de cet équilibre implique à mes yeux que des régions entières d'Europe ne soient pas dépourvues de parade face à des armes nucléaires dirigées contre elles. Quiconque ferait le pari sur le 'découplage' entre le continent européen et le continent américain mettrait, selon nous, en cause l'équilibre des forces et donc le maintien de la paix »*.

À l'heure où le président français prononce ces paroles l'Europe de l'Ouest et les pays méditerranéens sont la proie d'une immense vague pacifiste. De Rome à Amsterdam, de Londres à Madrid et à Athènes, le « mouvement de paix » rassemble dans les rues des grandes métropoles européennes des centaines de milliers de manifestants. En Allemagne, où ils sont particulièrement nombreux et résolus, on proclame qu'il vaut mieux être « rouge » que « mort » et les adversaires du déploiement des Pershing paraissent en mesure de fortement perturber le résultat des élections législatives. Aussi le discours de François Mitterrand, pour qui « les pacifistes sont à l'Ouest et les missiles à l'Est », ne peut-il que conforter dans sa détermination le chancelier Kohl, dont le parti obtiendra lors du scrutin du 6 mars près de 49 % des suffrages. En France, où il est surtout structuré autour d'un Parti communiste embarrassé par sa présence au gouvernement, le courant pacifiste ne rencontre qu'une audience médiocre, conséquence probable du sentiment de sécurité — largement illusoire au demeurant — que la possession de la bombe donne aux habitants de l'hexagone.

En 1988, à l'heure où s'achève la première cohabitation, Henry Kissinger pourra dire en confidence de François Mitterrand qu'il a été « un très bon allié, le meilleur de tous les présidents français ». Pourtant, le rapprochement franco-américain n'a pas été sans à-coups, et à partir de 1984 l'Élysée a procédé, à petit pas, à un rééquilibrage de sa politique, cette fois en direction de l'Est. Soucieux de diversifier ses approvisionnements énergétiques, le gouvernement français a conclu en janvier 1982 un accord avec les Soviétiques portant sur l'achat de gaz sibérien et sur la participation de la France à la construction de l'oléoduc. Washington manifeste une vive irritation et, en riposte de cette décision, la Réserve fédérale américaine cesse de soutenir le franc ; ce qui contraindra le gouvernement Mauroy à une deuxième dévaluation en juin 1982.

Nouveau coup de barre à l'Ouest en 1983. En février, le ministre des Affaires étrangères Claude Cheysson condamne, lors de la conférence sur la coopération et la sécurité en Europe à Madrid (prolongement de celle d'Helsinki), la destruction par l'aviation soviétique d'un appareil civil sud-coréen égaré au-dessus du territoire de l'URSS. En mai, François Mitterrand se rend en Chine où est signé un contrat portant sur l'achat par ce pays de quatre réacteurs nucléaires français. En août, le gouvernement français décide de procéder à l'expulsion de 47 diplomates et ressortissants soviétiques suspects d'activités d'espionnage.

Le réchauffement des relations avec Moscou s'amorce avant l'arrivée au pouvoir de Mikhaïl Gorbatchev. En juin 1984, François Mitterrand entreprend enfin de rendre visite aux dirigeants du Kremlin, mais sa rencontre avec Tchernenko lui fournit l'occasion d'évoquer sans complaisance le sort des dissidents, en particulier celui d'Andreï Sakharov. Lors d'un dîner offert par le numéro un soviétique, répondant au toast dans lequel Tchernenko a dénié à quiconque le droit de s'ingérer dans les affaires intérieures de l'URSS, le président français réplique en évoquant les libertés, en citant le nom de l'exilé d'Alma-Ata, et en redisant son désaccord sur l'Afghanistan et la Pologne. Son discours est censuré par la *Pravda*, mais lors du Conseil européen qui se réunit quelques jours plus tard à Fontainebleau, les représentants des neuf partenaires de la France lui adressent leurs félicitations, de même que Ronald Reagan qui lui téléphone personnellement de Washington.

En revanche, les réactions sont nettement moins favorables, tant en France qu'à l'étranger, lorsqu'en décembre 1985 le chef de l'État reçoit à Paris le général Jaruzelski, chef du parti et de l'État polonais et responsable de la proclamation de l'« état de guerre » en 1981. L'accueil est certes sans chaleur, le numéro un polonais devant, pour entrer, à l'Élysée emprunter la grille du jardin. Mais François Mitterrand est tout de même le premier dirigeant occidental à recevoir l'homme qui a mis hors-la-loi le syndicat *Solidarność*, très populaire en France. Venant d'un homme qui, lors de la campagne présidentielle de 1981, avait vertement reproché à Giscard d'Estaing de jouer au « petit télégraphiste », l'initiative choque profondément l'opinion. À l'exclusion du PCF, tous les partis, y compris le PS, critiquent l'attitude du chef de l'État, tandis que répondant à l'assemblée nationale à l'interpellation d'un député socialiste, le Premier ministre Laurent Fabius se déclare « personnellement troublé » par la visite de Jaruzelski.

Deux événements ont concouru à l'amélioration du climat franco-soviétique. En juillet 1984, les ministres communistes ont quitté le gouvernement, donnant indirectement au chef de l'État les coudées plus libres pour amorcer un rapprochement avec l'URSS. Mais surtout, c'est l'arrivée au pouvoir de Gorbatchev qui, dès l'année suivante, va permettre une amélioration des rapports entre les deux pays. En octobre 1985, le numéro un soviétique est reçu à Paris par les principaux dirigeants politiques français. À la proposition qui lui est faite à cette occasion d'ouvrir une négociation directe avec Moscou sur les armements nucléaires de la France, François Mitterrand répond par la négative, en même temps qu'il évoque l'« actualité des dispositions d'Helsinki » concernant aussi bien la sécurité en Europe que « le respect des Droits de l'Homme et des libertés fondamentales, y compris la liberté de pensée, de conscience, de religion ou de conviction ». L'atmosphère toutefois est cordiale, et surtout le chef de l'État profite de la circonstance pour confirmer son opposition au projet de « guerre des étoiles » du président Reagan.

La création de ce bouclier antimissiles lui paraît en effet non seulement contraire à l'esprit du traité ABM, par lequel les deux superpuissances s'engageaient en 1972 à ne pas déployer de système d'interception des vecteurs adverses au-dessus de leur propre territoire (à l'exception de deux sites), dans la logique de la dissuasion réciproque, mais de nature à produire effectivement un découplage entre la défense du sanctuaire américain et celle de l'Europe. Dans le discours prononcé à l'Élysée en présence de Gorbatchev, le 2 octobre 1985, François Mitterrand, qui vient de présenter à ses partenaires européens le projet de recherche *Eurêka*, condamne ainsi sans le nommer le programme IDS :

> « *C'est dire avec quelle attention nous observons ce qui se passe dans l'espace. Il est normal que l'homme moderne veuille s'en assurer la maîtrise. Et qu'il cherche à connaître les secrets de la nature qui lui échappent encore. Je n'ignore pas non plus qu'il existe déjà une certaine 'militarisation de l'espace'. Mais la sagesse est que les traités sur les missiles antibalistiques, ou ABM, soient respectés et qu'à Genève les deux principales puissances trouvent les voies d'un compromis raisonnable pour tous.* »

Qu'il y ait eu un rééquilibrage de la politique de la France à l'égard des deux superpuissances à partir de 1984, cela ne fait guère de doute. Toutefois, de même que l'accusation d'« atlantisme » portée contre François Mitterrand par ses adversaires ou partenaires politiques (gaullistes et communistes) au début du septennat était pour le moins excessive, de même celle de « gorbymania » appliquée à l'*Ostpolitik* élyséenne après 1985 paraît relever du domaine de la polémique franco-française.

Plus difficile a été le rééquilibrage de la politique française au Proche-Orient. Dans l'opposition, François Mitterand — que certains diplomates arabes considéraient alors comme un « agent sioniste » — n'avait pas ménagé ses critiques à l'encontre de la politique menée par la France depuis 1967. Héritier d'une tradition d'amitié avec l'État hébreu qui avait concouru en 1956 à la décision du gouvernement de Guy Mollet d'intervenir à Suez aux côtés des Britanniques et des Israéliens, il va dans un premier temps multiplier les gestes d'apaisement envers Jérusalem.

Dès juillet 1981, il annule les dispositions prises par le gouvernement précédent concernant les clauses restrictives qui frappaient le commerce israélien. Il répudie la déclaration de Venise et se rend en Israël en mars 1982 : première visite d'un chef d'État français dans ce pays. Pourtant, il est loin d'approuver sans réserve la politique de l'État hébreu, et il ne se prive pas de le dire aux députés de la Knesset :

> « *Il est donc normal que j'aie, au nom de la France, une opinion sur les problèmes majeurs de votre région et que je la fasse connaître, étant admis une fois pour toutes que j'exprime cette opinion dans le respect des droits fondamentaux qui s'imposent à moi comme aux autres et dont le premier, me semble-t-il, est pour chacun l'irréductible droit de vivre.*

Ce droit, Mesdames et Messieurs, c'est le vôtre. Il est celui des peuples qui vous entourent. Et je pense, bien entendu, prononçant ces mots, aux Palestiniens de Gaza et de Cisjordanie, comme je pense, bien que les réalités juridiques et politiques ne soient pas les mêmes, au peuple du Liban ».

Ce droit des Palestiniens à vivre implique, ajoute François Mitterrand, qu'ils disposent d'une « patrie », laquelle peut, « le moment venu, signifier un État ». Quoique assorties de propos stigmatisant le refus de l'OLP de reconnaître le droit à l'existence d'Israël, ces paroles ne pouvaient que heurter les dirigeants israéliens. L'attitude adoptée par la France trois mois plus tard, lors de l'opération « Paix en Galilée » dirigée contre les Palestiniens installés au Liban va les conforter dans ce sentiment. Les soldats français de la FINUL participent en effet à deux reprises à l'évacuation des combattants palestiniens de Beyrouth : une première fois en septembre 1982, la seconde en décembre 1983, lorsque Yasser Arafat et ses derniers fidèles, menacés d'extermination par les Israéliens et les Syriens, quittent Tripoli sur un navire français. Dans l'intervalle, la presse française a été unanime à condamner les massacres perpétrés par les dissidents des milices phalangistes dans les camps palestiniens de Sabra et Chatila, avec la complicité tacite des hommes d'Ariel Sharon. Elle sera plus discrète l'année suivante à la suite des assassinats massifs commis contre la population chrétienne du Chouf.

Plus que le désir de voir les Palestiniens dotés d'une patrie, les contraintes énergétiques et géostratégiques font ainsi que la France mitterrandienne, comme celle de Georges Pompidou et de Valéry Giscard d'Estaing, penche plus ou moins nettement du côté des Arabes. Les ventes d'armes à destination de pays modérés, comme l'Arabie saoudite et l'Égypte, mais aussi d'États plus engagés dans la lutte contre Israël, comme l'Irak de Saddam Hussein, en guerre contre l'Iran depuis 1980, non seulement se poursuivent mais croissent en intensité et mobilisent des matériels de plus en plus sophistiqués. Dans le Maghreb, la France s'est efforcée de tenir la balance égale entre le Maroc, pays avec lequel elle entretient de bonnes relations depuis l'époque gaullienne en dépit des critiques formulées dans certains milieux à l'encontre du sultan Hassan II et de son régime (cf. le livre de Gilles Perrault, *Notre ami le roi*), et l'Algérie, où François Mitterrand s'est rendu en visite officielle en décembre 1981 et avec laquelle ont été signés, en juin 1982 et février 1983, un accord de coopération économique et un contrat d'achat de gaz portant sur plus de 9 milliards de m^3 par an, qui sera renouvelé pour 12 ans en 1989.

L'enchevêtrement des intérêts et la complexité des allégeances politiques, religieuses, ou simplement clientélistes, dans la plus grande partie de l'aire arabo-islamique, font qu'en dépit de ses options plutôt arabophiles, la France n'a pu éviter de se trouver impliquée dans les règlements de comptes entre les divers acteurs de la région, agissant le plus souvent par minorités religieuses et par organisations terroristes interposées. En octobre 1983, 58 parachutistes français cantonnés à Beyrouth sont tués dans l'explosion d'un camion-suicide : les auteurs de l'attentat appartiennent aux milices chiites pro-iraniennes. La France se trouvant alors engagée par ses livraisons d'armes de plus en plus abondantes aux côtés de Saddam Hussein, dans la guerre qui oppose ce dernier à l'Iran de Khomeyni, on suppose que ce pays est directement impliqué dans l'attentat, comme dans les enlèvements et la séquestration de plusieurs journalistes, diplomates et autres personnalités de nationalité française. Mais ces actions pouvaient tout aussi bien impliquer un autre « sponsor » du terrorisme international : la Syrie de Hafez el-Assad, elle aussi engagée au Liban et qui apprécie peu les efforts prodigués par la France pour l'empêcher de placer ce pays sous sa coupe.

Après les attentats isolés contre la synagogue de la rue Copernic (octobre 1980), les passants de la rue Marbeuf (avril 1982), le restaurant Goldenberg de la rue des Rosiers (août 1982), l'ingénieur général Audran (janvier 1985), dans lesquels se trouve impliqué tout un faisceau de groupes extrémistes et d'organisations terroristes (Jihad islamique, Fraction armée révolutionnaire libanaise, Comité de solidarité avec les prisonniers politiques arabes, Action directe, etc.), reliés aux dissidents de l'OLP et aux services secrets iraniens, irakiens, syriens ou libyens, la France fera l'objet en 1986 d'une vague terroriste sans précédent qui culminera le 17 septembre avec l'attentat de la rue de Rennes (5 morts, 53 blessés).

Il est difficile de dire de quel poids ont été les entreprises des groupes terroristes dans l'évolution de la politique française au Proche-Orient, et notamment dans les rapports avec la Syrie et avec l'Iran, dès lors que nous ne percevons aujourd'hui encore que la partie émergée de l'iceberg, à savoir les déclarations des responsables politiques français — toujours soucieux d'affirmer qu'ils ne céderont pas au chantage — et les réactions à chaud d'une opinion publique qui, même aux pires heures de l'automne 1986, ne s'est pas laissé gagner par la panique sécuritaire. Nous savons par exemple par les sondages que le Premier ministre Jacques Chirac n'a jamais eu une image aussi positive dans l'opinion de ses compatriotes qu'au lendemain du drame de la rue de Rennes. Il est clair néanmoins que confrontés au problème des otages et aux menaces contre les populations de l'hexagone, les responsables de la diplomatie française ont eu tendance à rééquilibrer par petites touches leur politique au Proche-Orient. La normalisation au coup par coup des rapports entre Paris et Téhéran, entre 1986 et 1988, dans un contexte où interfèrent constamment politique intérieure et politique étrangère, trouve ici une application évidente, sans que pour autant les grands principes et les intérêts majeurs soient oubliés.

Il est clair également que l'usage indirect de la terreur n'a pas toujours servi le commanditaire maladroit ou négligeant des limites à ne pas franchir. Croyant faire un cadeau à Jacques Chirac, jugé moins défavorable à leur cause que le président en exercice, les « sponsors » du Djihad islamique sont intervenus semble-t-il auprès de leurs protégés libanais pour que Jean-Paul Kauffmann et ses compagnons fussent libérés à la veille du second tour des présidentielles de 1988. Résultat : beaucoup de Français y ont vu une manœuvre électoraliste à laquelle ils n'ont pas voulu se laisser prendre et ont donné leur voix à François Mitterrand.

Ce très relatif réchauffement des relations franco-iraniennes, confirmé après la fin de la première cohabitation et la cessation des hostilités irano-irakiennes par le rétablissement des relations diplomatiques entre les deux pays, sera d'ailleurs de courte durée. Au moment où le président de la République s'apprêtait à entreprendre le voyage à Téhéran, l'assassinat en août 1991 dans sa résidence de la banlieue parisienne de l'ancien Premier ministre Chapur Bakhtiar (qui avait déjà été l'objet d'un attentat sur le territoire français en 1980), assassinat manifestement commandité par le pouvoir iranien, allait remettre en question la visite présidentielle.

Le chantier européen

Entré tardivement dans une famille politique qui avait continûment œuvré à la construction de l'Europe, François Mitterrand n'a pas manifesté d'entrée de jeu un enthousiasme débordant pour le développement des institutions européennes, de même que pour la coopération économique et politique entre les États membres de la Communauté des Dix. Il faut dire que le Parti socialiste, dont il avait dirigé les destinées depuis le Congrès d'Épinay, n'avait plus grand-chose de commun avec la SFIO des années 50. La présence en son sein d'une forte minorité animée par les amis de Jean-Pierre Chevènement et le rôle charnière joué par le CERES dans l'élaboration de la ligne du parti inclinaient ce dernier à prendre, au moins au niveau du verbe, des positions idéologiques tranchées — par exemple sur la nécessaire « rupture avec le capitalisme » — qui n'étaient guère conciliables avec le type de construction communautaire qui était en train de s'élaborer à Bruxelles.

Les premiers temps du septennat n'ont donc pas été très « européens », la France s'efforçant de rallier ses partenaires à l'idée d'un « espace social » communautaire dont l'un des premiers objectifs serait, entre autres réformes coûteuses, d'adopter la semaine de 35 heures. On conçoit que la proposition ait rencontré peu d'écho dans l'aréopage bruxellois, à un moment où la mode était plutôt au credo monétariste.

Dans ce domaine, comme dans beaucoup d'autres, l'expérience du pouvoir a eu tôt fait de dissiper les illusions des premiers mois. À l'heure de la mondialisation de l'économie, force était de constater que la France ne pouvait appliquer les remèdes keynésiens sur lesquels reposait la politique du gouvernement Mauroy si ses partenaires — qui étaient aussi ses concurrents — pratiquaient un jeu différent : à moins de se fermer au monde extérieur et de s'ériger en bunker face aux autres pays industrialisés. Qu'il y ait eu des voix, à gauche, pour prêcher cette « autre politique », sans jamais la définir très clairement, ne signifie pas qu'elle ait eu la moindre chance de réussite. Ce n'est en tout cas pas dans cette voie que s'est engagé le président de la République, et du coup l'« Europe » — avec ou sans « espace social » — est apparue comme la seule alternative possible à l'alignement pur et simple sur la superpuissance américaine. Confronté en mars 1983, au lendemain de la seconde dévaluation du franc, au dilemme de poursuivre dans la ligne adoptée par le gouvernement Mauroy, donc de devoir sortir du SME, ou de rentrer dans le rang, ce qui impliquait l'adoption par la France d'une politique de rigueur, François Mitterrand a tranché en faveur de la seconde solution, donc de l'Europe.

Au moment où les socialistes arrivent au pouvoir, l'un des problèmes qui se posent à l'Europe des Dix — la Grèce ayant adhéré à la CEE en 1979 — est son élargissement aux deux pays ibériques, sortis l'un et l'autre de la dictature au milieu de la décennie et candidats à l'entrée dans la Communauté. Sur le principe, tous les gouvernements sont d'accord et la France ne fait pas exception à la règle. Mais les décideurs, que ce soit Valéry Giscard d'Estaing ou François Mitterrand, doivent compter avec les réticences d'une partie de la classe politique, et surtout avec la vive résistance du Midi viticole et du monde de la pêche, directement menacés par la concurrence de leurs homologues d'outre-Pyrénées. Ils sont d'autant moins enclins à faire avancer les choses que la presse espagnole exprime sans ménagement les sentiments que lui inspirent les rebuffades françaises, le laxisme avec lequel Paris tolère les activités des terroristes basques, ou encore les actions menées par des commandos d'agriculteurs contre les camions espagnols de fruits ou de légumes.

La victoire du PSOE aux élections d'octobre 1982 et l'arrivée au pouvoir de Felipe Gonzales vont débloquer la situation et permettre à l'Espagne et au Portugal (il n'y avait aucun contentieux avec ce pays mais l'on avait décidé de lier le sort des deux États candidats) d'adhérer à la CEE. Les liens existant entre les deux partis au sein de l'Internationale socialiste ont incontestablement favorisé le rapprochement entre Paris et Madrid. En visite dans la capitale espagnole en juin 1984, le ministre de l'Intérieur Gaston Defferre a déclaré « qu'un terroriste n'était pas un réfugié politique », déclaration suivie d'un certain nombre d'expulsions d'activistes de l'ETA. La presse espagnole ayant fortement modéré ses propos, le gouvernement français cesse de freiner la négociation d'adhésion et se contente d'exiger des garanties qui sont examinées les unes après les autres et pour lesquelles il obtient dans l'ensemble satisfaction, qu'il s'agisse des fruits et légumes, du vin ou de la pêche. En juin 1985, le traité d'adhésion est signé et, le mois suivant, le roi Juan Carlos est accueilli très chaleureusement à Paris où est élaborée une déclaration commune que François Mitterrand qualifiera par la suite de « pacte d'amitié ». Le 1er juillet 1986, les deux pays ibériques entrent officiellement dans la CEE.

Venant après celle de la Grèce, l'adhésion de l'Espagne et du Portugal rendait théoriquement possible un rééquilibrage de l'Europe vers le sud, qui paraissait conforme au projet initial des socialistes. Lorsqu'ils étaient dans l'opposition, ces derniers n'avaient pas manqué en effet de manifester leurs réticences envers une conception de l'Europe fondée de manière quasi exclusive sur l'axe Paris-Bonn. Aussi, des contacts ont-ils été pris au début du premier septennat avec Londres et avec Rome pour tenter de trouver un contrepoids à l'envahissant compagnonnage allemand. Le fantasme récurrent d'une Allemagne surpuissante, toujours prête à se tourner vers l'Est et à imposer sa loi à une *Mitteleuropa* économiquement dépendante d'elle n'appartient pas seulement en effet à la culture politique de la droite nationaliste. Il est partagé par de larges secteurs de l'opinion hexagonale, y compris au sein de la famille socialiste. De là cette tentative de rééquilibrage vers le Nord et vers le Sud qui a vite déçu les espoirs de ses promoteurs. Dès 1983, il est clair que les principales avancées européennes se feront une fois encore sous l'égide du couple franco-allemand.

L'arrivée au pouvoir d'un chrétien-démocrate à Bonn n'en a pas modifié l'harmonie apparente, les différences politiques entre Helmut Kohl et François Mitterrand n'affectant pas plus les rapports entre les deux États qu'à l'époque où ceux-ci étaient dirigés par le libéral Giscard d'Estaing et le social-démocrate Helmut Schmidt. Paradoxe : le discours prononcé au Bundestag par le président français en janvier 1983 en faveur du déploiement des Pershing sur le territoire de la République fédérale est destiné à conforter les positions du chancelier chrétien-démocrate, en butte à une opposition socialiste qui a mis à l'écart son propre leader, Helmut Schmidt, promoteur de la double décision de l'OTAN. Dès lors, la France ayant opté pour une politique économique plus conforme au modèle libéral dominant, le lien privilégié entre Paris et Bonn redevient l'axe majeur de la construction européenne. En 1988, il sera consacré à l'occasion du 25e anniversaire du traité de l'Élysée par la création d'un Conseil franco-allemand de la Défense et d'un Conseil franco-allemand économique et financier.

Le tournant de la politique européenne de François Mitterrand, dans le sens d'un plus grand engagement en faveur de la construction communautaire, se situe au début de 1984, lorsque échoit à la France la présidence — pour six mois — des Conseils européens. En février, le fédéraliste italien Altiero Spinelli présente un projet de traité d'union qui envisage de confier au Parlement de Strasbourg l'investiture de la Commission, après présentation et approbation d'un programme, et de soumettre les décisions du Conseil au vote de la majorité absolue ou qualifiée. Ce projet n'aboutira pas mais, à la veille des élections européennes, et pour des raisons qui ne sont pas toutes de politique extérieure, le président français lui apporte son soutien. En juin, lors du sommet de Fontainebleau, les derniers obstacles qui, notamment dans le domaine budgétaire, s'opposaient à la conclusion de l'« Acte unique », sont levés grâce à l'action conjuguée d'Helmut Kohl et de François Mitterrand.

C'est toutefois lors du Conseil européen des 3 et 4 décembre à Luxembourg que les Dix sont parvenus à un accord sur la révision du traité de Rome, destiné à établir à la fin de 1992 un « espace économique sans frontières ». Curieusement baptisé « acte unique », le document qui donne naissance à l'« Union européenne » est signé le 17 février 1986. Il prévoit, outre l'ouverture au 1er janvier 1993 d'un marché unique dans lequel circuleront sans aucune entrave les individus, les capitaux, les marchandises et les services, l'extension du champ d'application du traité de Rome à la technologie et à l'environnement, la mise en œuvre d'une politique extérieure commune et l'introduction au Conseil de la procédure du vote à la majorité qualifiée. Objet d'un relatif consensus entre les partis, le traité sera ratifié en France lors de la première cohabitation.

Les années 1986-1992 sont marquées à la fois par la mise en œuvre de l'Acte unique, laquelle impliquait l'adaptation de la France aux contraintes du « grand marché intérieur » (ajustement des taux de TVA, harmonisation des normes techniques et des qualifications professionnelles, atténuation des restrictions s'appliquant aux échanges de la France avec les pays extérieurs à la Communauté, etc.), et par la préparation de l'étape ultérieure instituant une monnaie unique entre les États de l'Europe des Douze. En attendant, l'Assemblée nationale approuve à une large majorité, en juin 1991, la convention d'application des accords de Schengen, signés en 1985 par la France, la RFA et les trois pays du Benelux, et qui doivent en principe supprimer (ils ne le sont toujours pas) les contrôles aux frontières pour les ressortissants de la CEE.

Les événements de 1989 en Europe de l'Est vont avoir un effet contradictoire sur la politique européenne de la France, redevenue « socialiste » après les élections du printemps 1988. L'effondrement du communisme en RDA et la chute du mur de Berlin ont d'abord pris de court les décideurs français. Faisant écho aux propos élyséens, le ministre des Affaires étrangères, Roland Dumas, commence par déclarer devant l'Assemblée nationale, le 15 novembre 1989, que « le problème de la réunification de l'Allemagne » n'est pas, et ne peut être, « en raison des circonstances que vous connaissez un problème d'actualité », et le chef de l'État s'emploie sinon à interdire, du moins à freiner, le processus de réunification. Il rend visite aux dirigeants de la moribonde RDA. À l'approche des élections allemandes, il soutient le SPD, relativement hésitant devant les perspectives de retour à la « Grande Allemagne », contre le chancelier Kohl, qui fait au contraire de la réunification la grande affaire de son règne et qui va finalement l'emporter. Il multiplie les appels du pied du côté de Londres et de Washington, ainsi que de Varsovie et de Moscou. Volonté conservatrice d'un homme qui s'accommode somme toute assez bien de la division bipartite de l'Europe et de l'ordre qui en résulte depuis bientôt un demi-siècle ? Sans doute, mais ce sentiment n'est-il pas celui de la majorité des Français ? Pas tout à fait. Les sondages montrent que l'opinion hexagonale a, sur ce point, considérablement évolué au cours des quinze dernières années, et le pouvoir a tôt fait de prendre la mesure de ce renversement de la conjoncture psychologique à l'égard de l'Allemagne. Dès le 29 novembre, le même Roland Dumas qui considérait quinze jours plus tôt que la réunification n'était pas à l'ordre du jour, déclare devant l'Assemblée nationale que le gouvernement attache « une importance essentielle » aux déclarations du chancelier Kohl « selon lesquelles le processus de recouvrement de l'unité allemande devait être considéré dans le contexte de l'intégration européenne ».

Réunification allemande et relance européenne vont ainsi aller de pair, les dirigeants français ne voyant d'autre alternative à la renaissance d'une Allemagne restaurée dans la plénitude de sa souveraineté et dominant le continent par sa démographie, sa puissance industrielle et financière, son dynamisme commercial, sa situation géographique, que dans l'achèvement d'une intégration communautaire qui devait permettre d'arrimer solidement l'ancien Reich à la CEE renforcée et économiquement prospère. Autrement dit, Paris va s'efforcer d'obtenir qu'en échange de son adhésion au principe de la réunification, Bonn appuie ses initiatives en matière de création d'une monnaie commune et de mise en place de l'union politique.

De ce compromis entre les deux nations-pilotes de la construction européenne découlent les initiatives qui, en moins de deux ans, vont aboutir à la conclusion du traité de Maastricht. Parallèlement aux négociations qui se sont engagées en 1989 dans le but de définir les modalités de réalisation progressive d'une union économique et monétaire, le chancelier Kohl et le président Mitterrand proposent à leurs partenaires de convoquer une deuxième conférence intergouvernementale qui serait chargée de préparer un traité d'union politique. Le 6 décembre 1990, ils exposent dans une lettre commune les grandes lignes de leur projet, lequel insiste notamment sur l'affirmation du Conseil européen en tant qu'instance principale de décision et sur la mise en place du cadre d'une politique étrangère et de sécurité commune. Négocié au cours de l'année 1991, le traité est signé par les représentants des douze États membres le 7 février 1992. Il institue l'écu comme monnaie unique avant le 1er janvier 1999. Cette monnaie sera gérée par une banque centrale européenne, chargée prioritairement de la stabilité des prix et de la discipline budgétaire mais indépendante du pouvoir politique. La participation à l'union monétaire implique au préalable la convergence des politiques économiques et monétaires (dans le sens de la rigueur) et exclut par conséquent les pays qui, au terme du calendrier fixé n'auraient pas réussi à endiguer les tendances inflationnistes. Le traité de Maastricht institue d'autre part une citoyenneté de l'Union et confère le droit de vote et d'éligibilité aux élections municipales dans l'État-membre où réside tout citoyen de l'Union non ressortissant de cet État. Enfin, il dote la Communauté de compétences nouvelles en matière de culture, d'éducation, de santé publique, de police, de justice, de protection des consommateurs, etc., et il pose le principe de la mise en commun des politiques étrangères et de défense, l'UEO devant être développée en tant que matrice de la future défense de l'Union européenne.

François Mitterrand aurait souhaité que le document élaboré à Maastricht comportât un volet social inclus dans le texte même du traité. Mais le gouvernement conservateur britannique s'étant déclaré hostile à une charte sociale dont il répudiait l'inspiration socialiste, on dut se contenter d'introduire cette question en annexe, sous la forme d'un protocole spécifique qui ne liait que les onze États signataires, la Grande-Bretagne se trouvant dispensée d'en appliquer les clauses, parmi lesquelles figurait la procédure du vote à la majorité qualifiée en matière de conditions de travail, de consultation des travailleurs, de lutte contre l'exclusion, de conventions collectives européennes. Incontestablement, la contribution de la France a permis en ce domaine, très sensible chez certains de nos partenaires européens, des progrès non négligeables.

Encore fallait-il que le traité fût ratifié. En France, la question du droit de vote aux municipales impliquait une révision préalable de la Constitution. Celle-ci fut votée à une large majorité par les deux assemblées, mais François Mitterrand voulut que le texte fût soumis au pays par voie de référendum. Il en résulta, dans le courant de l'été 1992, une campagne tardive mais passionnée qui opposa la grande majorité des socialistes et de l'UDF et une large fraction des gaullistes (dont Jacques Chirac), partisans du « oui à Maastricht », aux communistes, à la petite cohorte chevènementiste du PS, au Front national de Jean-Marie Le Pen et à tous ceux qui, au sein du RPR, se réclamaient de l'orthodoxie gaullienne (de Michel Debré à Charles Pasqua et à Philippe Seguin) et refusaient d'introduire le principe de la supranationalité dans le fonctionnement des institutions communautaires.

Le « oui » ne fut acquis qu'à une petite majorité de 51 % des suffrages exprimés lors du scrutin du 20 septembre : ceux d'une France plus « moderniste », plus diplômée, plus citadine, moins touchée par les restructurations et le chômage que celle qui a répondu par la négative aux perspectives d'une union monétaire et politique dont beaucoup de Français se demandent si elle mérite les sacrifices qu'imposent, dans une conjoncture de croissance faible, les contraintes d'adaptation de notre économie.

La victoire de la droite aux élections législatives de mars 1993 et l'expérience d'une seconde cohabitation n'ont pas modifié les lignes directrices de la politique européenne de la France. Celle-ci — au moment où la Communauté prête accueille trois nouveaux membres (l'Autriche, la Suède et la Finlande, les Norvégiens ayant répondu « non » par référendum, en novembre 1994) — et continue de s'appuyer prioritairement sur l'axe Paris-Bonn. La première visite à l'étranger d'Édouard Balladur a été pour son homologue allemand, et les deux principaux acteurs de la cohabitation ne manquent pas une occasion de réaffirmer l'amitié entre les deux puissances riveraines du Rhin. Pourtant, leurs rapports ne sont plus tout à fait aussi sereins qu'à l'époque où, placée aux avant-postes de la défense du monde libre, l'Allemagne n'avait d'autre choix que celui du ferme arrimage au navire européen.

Sans doute, ce choix reste-t-il aujourd'hui celui de la majorité des Allemands. Mais il n'est pas nécessairement irréversible, et c'est pourquoi les principaux responsables politiques français, qu'ils soient de droite ou de gauche, considèrent qu'il n'y a pas d'alternative possible à la logique de Maastricht, aussi pesantes qu'en soient à court terme les conséquences sociales. À charge pour eux de les faire avaliser par une population qui reste très attachée au principe de la souveraineté nationale et continue de manifester une grande méfiance à l'égard des « technocrates de Bruxelles ». Ce qui implique d'une part que le volet social de la construction communautaire, dont la France a continûment défendu le principe, ne soit pas jeté aux oubliettes, et que soit accru, bien au-delà de ce que prévoient les accords de Maastricht, le caractère démocratique et public des mécanismes de décision communautaires : deux conditions dont la réalisation ne dépend que très partiellement de la volonté du gouvernement français, et qui, pourtant, conditionnent sans doute l'achèvement, au XXIe siècle, du chantier ouvert au début des années 50 par les « pères de l'Europe ».

La France dans le nouvel ordre international

Au-delà des grandes déclarations de principe et d'un discours humanitaire dont les applications sont au demeurant sélectives, l'activisme et le mondialisme de la politique extérieure française au cours des toutes dernières années s'expliquent, à bien des égards, par le souci qu'ont eu ses responsables de préserver l'héritage gaullien, autrement dit de permettre à la France de « tenir son rang » dans le système international en pleine mutation qui caractérise la dernière décennie de ce siècle.

Ce « rang » n'est pas simplement une vue de l'esprit, une métaphore destinée à compenser sur le terrain de la psychologie collective l'érosion de notre position internationale. Troisième puissance militaire et quatrième puissance industrielle et commerciale du monde, la France dispose grâce à sa force de dissuasion nucléaire, à son statut de membre permanent au Conseil de sécurité de l'ONU, à la place qu'elle occupe dans une communauté francophone qui rassemble aujourd'hui près d'une cinquantaine de pays, d'une influence qui n'est pas le simple reflet de sa dimension économique. Du maintien de cette situation privilégiée dépend notamment celui de l'équilibre du couple franco-allemand, dont nous venons de voir à quel point il conditionne l'avenir de la construction européenne.

La France se trouve ainsi conduite à assumer des responsabilités internationales qui ne coïncident pas toujours avec l'image qu'elle voudrait donner d'elle-même et avec le discours de ses dirigeants : classique distorsion entre la logique réalpoliticienne de la puissance et le messianisme forgé par toute une tradition humaniste et républicaine.

L'éclatement du bloc de l'Est a mis en relief la difficulté de la diplomatie française à concilier ces deux paramètres. L'effondrement du communisme en URSS et dans les autres démocraties populaires a été salué avec d'autant plus d'enthousiasme en France qu'il coïncidait avec le bicentenaire de la Révolution française et de la Déclaration des Droits de l'homme. Mais la politique élyséenne a suivi le processus avec quelque retard, privilégiant à chaque étape le souci de maintien d'une relative stabilité. De là le soutien accordé à Gorbatchev, tant sur le plan économique — avec la création de la Banque européenne pour la reconstruction et le développement et la nomination de Jacques Attali, conseiller spécial de François Mitterrand, à la tête de cette institution — que politique. De là la froideur avec laquelle le président français a reçu à l'Élysée son rival Boris Eltsine, la très grande prudence qu'il a manifestée lors du putsch communiste d'août 1991, son peu d'empressement à soutenir les nationalités en révolte contre le pouvoir soviétique puis russe, et finalement le ralliement à Eltsine après que ce dernier eut écarté Gorbatchev du pouvoir, sans doute parce qu'il représentait le moindre mal, à savoir la seule chance de ne pas voir l'ancien empire soviétique basculer dans le chaos des « nationalismes tribaux » ou chercher une issue à ses problèmes dans une dérive fascisante grosse de périls pour la paix du monde.

Les mêmes réflexes conservateurs ont fonctionné lors de l'implosion de la fédération yougoslave, l'Élysée jouant son maintien aussi longtemps que l'Allemagne n'a pas reconnu l'indépendance de la Slovénie et de la Croatie, proclamées en juin 1991, puis se résignant à emboîter le pas. Mais c'est surtout à propos de la Bosnie et de la politique de « purification ethnique » pratiquée dans ce pays par les milices serbes à l'encontre des populations musulmanes que la diplomatie française s'est trouvée prise entre les impératifs de la *Realpolitik*, qui inclinaient dans le sens de la non-intervention — la Serbie était à la fois traditionnellement liée à la

France et en mesure de constituer un pôle de stabilité dans cette région en pleine effervescence — et la nécessité d'accorder le comportement international de la France avec la rhétorique des droits de l'homme. Pas d'intervention directe donc contre les Serbes, à laquelle aussi bien les États-Unis que les partenaires européens de la France se sont d'ailleurs longtemps déclarés hostiles, mais l'envoi, sous l'égide des Nations unies, de plusieurs milliers de soldats (de loin le contingent le plus nombreux), déployés principalement dans la région de Sarajevo et investis d'une mission humanitaire qui sera remplie dans des conditions parfois extrêmement difficiles. Il a fallu attendre le début de 1994 pour que, à la suite d'un bombardement au canon qui a fait plusieurs dizaines de morts dans la capitale bosniaque, l'OTAN se décide à envoyer un ultimatum aux assiégeants serbes pour qu'ils retirent leur armement lourd des hauteurs dominant la ville.

C'est à un dilemme d'une autre nature que s'est trouvée confrontée la diplomatie française lors de la guerre du Golfe, au début de 1991. Ici pas de contradiction fondamentale entre défense des droits de l'homme d'une part et sauvegarde des intérêts français de l'autre, mais la nécessité de choisir entre deux conceptions de la politique mondialiste : celle qui relève des responsabilités que confère à notre pays son statut de membre permanent du Conseil de sécurité, et celle qui, dans le droit fil de la tradition gaullienne, privilégie son influence dans le Tiers Monde. Or, en optant pour l'intervention au Koweït aux côtés des États-Unis, la France a clairement choisi son camp, rompant au nom du respect du droit avec ses traditionnelles amitiés arabes et subordonnant ses intérêts régionaux au souci d'apparaître comme une puissance planétaire, partie prenante dans les négociations à venir sur les problèmes du Moyen-Orient. Elle a donc envoyé dans le Golfe une force aéronavale, en appui de la division « Daguet » qui sera engagée, en janvier 1991 dans les combats pour la libération du Koweït. Ceci, avec le soutien des partis du gouvernement et l'adhésion massive d'une opinion publique passablement manipulée par les médias. Seuls les communistes, l'état-major du Front national (mais pas les troupes), l'ultra gauche tiers-mondiste et pro-palestinienne, la petite légion des amis de Jean-Pierre Chevènement — qui démissionnera de son poste de ministre de la Défense lorsque s'engageront les opérations dans le Golfe —, et aussi quelques voix isolées au centre et dans les rangs gaullistes, prendront le contrepied de la politique gouvernementale, les uns par tradition pacifiste, les autres par anti-américanisme de principe, ou parce qu'ils reprochent à la diplomatie française de s'être purement et simplement alignée sur les positions de Washington.

S'il est excessif de parler d'alignement, ou comme au début du premier septennat de retour à l'atlantisme, il est vrai que la disparition du bloc de l'Est et l'effacement (sans doute provisoire) de la Russie prive la France de la possibilité de jouer un jeu de bascule entre l'Est et l'Ouest. De là, la distorsion entre la rhétorique verbale et la gesticulation de ses dirigeants, toujours prompts à dénoncer l'hégémonie américaine en matière de commerce extérieur et de pénétration culturelle — comme l'a montré la difficile négociation sur le GATT en 1993 — et leur propension à se comporter sur la plupart des points chauds du globe, que ce soit en Irak, en Somalie ou dans l'ex-Yougoslavie, en auxiliaires de la toute-puissante Amérique. C'est là une conséquence de la fin de la guerre froide. Le conflit larvé entre les deux Grands avait permis à la France de faire entendre sa voix sur un registre différent, et d'afficher ainsi une vocation mondialiste qui ne correspondait pas tout à fait à son statut de puissance moyenne. L'URSS ayant volé en éclats, elle se doit, pour « maintenir son rang », d'être effectivement présente sur un certain nombre de terrains, et elle ne peut le faire — sauf pour des opérations ponctuelles comme celle qui a eu lieu au Rwanda en avril 1994 — qu'en collaboration avec les États-Unis.

Sans doute y a-t-il des solutions de rechange à cette politique peu conforme au modèle gaullien. Celle qui consiste par exemple, sinon à adopter un profil bas en matière de politique internationale, du moins à faire coïncider celle-ci avec nos moyens réels, et à compenser ce moindre activisme par un militantisme humanitaire qui débouche sur ce que Bernard Kouchner et beaucoup d'autres ont appelé le « devoir d'ingérence » dans les affaires des États qui ne respectaient pas les droits de l'homme. La France socialiste s'y est appliquée au début de la décennie 1990, non sans effets négatifs pour ses intérêts matériels. En Chine par exemple, où ayant condamné les excès de la répression, elle s'est vue supplantée économiquement par ses principales concurrentes — États-Unis, Allemagne, Japon, Grande-Bretagne, Italie —, moins soucieuses qu'elle du respect des libertés « formelles ». D'où le virage effectué par le gouvernement cohabitationniste d'Édouard Balladur et le double langage adopté par les responsables de la diplomatie française lors de leur visite dans ce pays au printemps 1994 : le « trop c'est trop » d'Alain Juppé, ministre des Affaires étrangères, après l'arrestation de deux dissidents à Shangaï, et les propos apaisants du Premier ministre expliquant à ses interlocuteurs chinois que la France se préoccupait d'entretenir des relations avec des « États », non avec des « régimes ».

L'autre possibilité réside dans l'arrimage au navire européen, sans la prétention d'en être l'unique pilote, et avec l'espoir de voir celui-ci développer une véritable identité sur la scène internationale. « La France est notre patrie, l'Europe notre avenir », disait François Mitterrand lors de la campagne pour la ratification du traité de Maastricht en 1992. Belle formule, mais dont la réalisation exigera sans doute beaucoup d'efforts, et pas seulement de la part des habitants de l'hexagone, pour dépasser, dans le respect de l'identité de chacun, l'attachement exclusif à l'État-nation.

Conclusion
Générale

En cette fin du XXe siècle, après avoir subi de plein fouet deux guerres mondiales, avoir traversé deux crises mondiales, où en est la France affrontée à cette grande aventure de la modernisation autour de laquelle se sont organisées les grandes parties de cet ouvrage ? À cette question simple, il n'est pas facile de donner une réponse catégorique tant les références du jugement varient selon qu'on se place dans une vision à long terme ou qu'on examine, de manière plus conjoncturelle, les difficultés et les inévitables reclassements subis par le pays. Globalement, toutefois, il apparaît que la déploration permanente sur le déclin ou la décadence française qui alimente le discours national n'est nullement justifiée. Sans doute, la France du XXe siècle a-t-elle subi des crises graves : elle s'est enlisée dans les années trente dans une crise aux multiples facettes qui l'a fait douter de la validité de ses choix, exaltés à l'excès au début du siècle, elle a roulé au fond de l'abîme durant la Seconde Guerre mondiale, elle a connu la longue impuissance politique d'une IVe République incapable de surmonter les défis de l'après-guerre, elle subit encore aujourd'hui les effets d'une longue dépression qui dure depuis un quart de siècle et dont les effets menacent la construction sociale qu'elle élabore depuis l'aube du XXe siècle. Pour autant, peut-on affirmer que le XXe siècle a vu une décadence française ?

S'il est une leçon que le siècle paraît apporter, c'est celle de l'extraordinaire aptitude des Français à surmonter les épreuves que, comme tous les peuples, ils subissent. Et, au total, derrière les crises et les difficultés, la France du XXe siècle a réussi l'aventure de la modernisation, c'est-à-dire la participation aux modèles d'évolution les plus performants dans tous les domaines que fournit chaque période de l'histoire.

Sur le plan international, la France est-elle encore une grande puissance en cette fin du XXe siècle ? Sans doute son poids n'est-il en rien comparable à celui des États-Unis et ne détermine-t-elle pas le sort du monde, comme elle a pu le faire, concurremment avec d'autres États, dans des périodes antérieures de l'histoire. Il n'en reste pas moins qu'elle compte sur l'échiquier mondial et qu'elle est l'un des États européens qui a le plus précocement pris conscience que, face aux vastes États-continents, l'Europe ne pourrait compter qu'en s'organisant. Le rôle moteur qu'elle joue dans la construction européenne est à cet égard éclairant de sa volonté d'avoir, en collaboration avec les autres membres de l'Union européenne, voix au chapitre de l'organisation du monde. Puissance nucléaire, ayant des positions sur tous les continents, quatrième puissance économique du monde, puissance commerciale de premier ordre, la France joue un rôle international important, même s'il n'est plus prépondérant. Sur le plan intérieur, le bilan n'est pas davantage négligeable. Le modèle politique dont elle se flattait au début du siècle, celui d'une République parlementaire assurant la liberté du citoyen et la prépondérance de la représentation nationale à travers celle de l'Assemblée élue au suffrage universel a subi de plein fouet le choc des crises nées de l'impuissance de l'exécutif à affronter les problèmes du siècle. À beaucoup d'égards, l'histoire de la France du XXe siècle est celle d'un long débat entre République parlementaire et autoritarisme politique, les IIIe et IVe Républiques d'une part, Vichy de l'autre figurant les deux pôles de cette dialectique. Toutefois, l'étrange construction institutionnelle de la Ve République, monstre juridique s'il en est, tentant de juxtaposer l'autorité de l'exécutif et les libertés des citoyens paraît vaille que vaille, et peut-être contre toute attente, avoir résolu la quadrature du cercle, aboutissant après plusieurs décennies à ce fait inédit dans l'histoire française d'institutions que personne ne paraît contester.

Le même diagnostic pourrait s'appliquer à la modernisation économique du pays. Le retard de l'économie française, les lamentations sur les moindres performances de l'économie nationale font partie d'un discours récurrent ; peut-être d'ailleurs ne sont-elles pas dépourvues de fondement sur le court terme. Il reste que l'économie française paraît s'être adaptée mieux que d'autres, du moins à long terme, à l'évolution de la conjoncture et aux innovations technologiques. Sans doute le rôle non négligeable de l'État, en dépit des professions de foi libérales dans les années trente ou aujourd'hui, n'est-il pas pour rien dans ce diagnostic. Il reste que la France fait partie des nations les plus riches du monde, que le travail et la productivité des Français ne sont guère inférieurs à ceux des autres grandes nations industrielles et que, de la seconde révolution industrielle à cette troisième révolution industrielle que les technologies de pointe font naître sous nos yeux, ils n'ont manqué aucun des grands rendez-vous de l'histoire économique moderne.

Or, tout du moins jusqu'en ces dernières années du siècle, cette modernisation économique s'est opérée avec le souci de maintenir et de respecter la cohésion sociale. La France a largement participé à la mise sur pied d'un modèle européen de démocratie libérale mariant, grâce à l'intervention d'un État correcteur des inégalités sociales, les principes du libéralisme (propriété privée, initiative individuelle, économie de marché) avec un système de protection sociale tentant de garantir la masse des citoyens contre les aléas de l'existence. À cet égard, le solidarisme qui définit dès la fin du XIXe siècle le projet social des Républicains continue à inspirer la politique sociale de la fin du siècle où l'État-Providence constitue la grande originalité du modèle européen par rapport à celui des autres aires du monde libéral.

Peut-être est-ce finalement dans le domaine culturel que le bilan est le moins faste. Sans doute la France participe-t-elle largement à la massification des pratiques culturelles qui est la marque des grands pays industriels modernes, mais c'est très largement du monde anglo-saxon que viennent désormais les modèles qui les nourrissent. La France du XXe siècle a certes eu son lot de grands créateurs dans les domaines de la littérature, de la peinture, de la musique, des sciences exactes, de la biologie, voire de ces sciences humaines dont l'émergence marque l'après-1945 mais son rôle semble se limiter à cette culture de l'élite intellectuelle dont il est vrai que l'influence se mesure sur le long terme plutôt que par les taux d'écoute des médias audiovisuels.

Pour autant, parce qu'elle s'est trouvée, tout au long du siècle, immergée dans une mondialisation croissante, la France a connu de l'aube à la fin du XXe siècle, toutes les crises et les mises en question qui ont marqué les grands pays du monde et spécifiquement les États européens. La Première Guerre mondiale l'a saignée à blanc, la seconde a posé la question de sa survivance comme État indépendant. La crise des années trente a paru condamner son économie à un processus de mort par asthénie. Son modèle politique de démocratie libérale a été menacé par le fascisme dans l'entre-deux-guerres, par le contre-modèle communiste après la Seconde Guerre mondiale. Enfin, elle subit aujourd'hui plus que d'autres pays industriels le poids d'un chômage qu'aucune politique ne paraît devoir enrayer. C'est sans doute dans ce dernier défi que réside l'enjeu majeur de cette fin du XXe siècle : la France parviendra-t-elle à préserver le modèle social élaboré et consolidé depuis 1945 alors que paraît se profiler une antinomie entre croissance économique et protection sociale. C'est la solution de ce dilemme qui est aujourd'hui le principal problème français de la fin du siècle, la renonciation à l'un de ses termes ne pouvant manquer de précipiter la France dans des convulsions aux conséquences incalculables et sa prolongation entretenant une crise de représentation, génératrice d'alternances politiques en cascade. La France saura-t-elle le surmonter ? La réponse appartient au XXIe siècle.

CHRONOLOGIE

PREMIÈRE PARTIE

1900
14 avril	Inauguration de l'Exposition universelle.
6 mai	Elections municipales.
19 juillet	Mise en service du premier tronçon du métro parisien.

1901
Mai	Fondation de l'Alliance républicaine démocratique.
Juin	Fondation du Parti républicain, radical et radical-socialiste.
1er juillet	Loi sur les Associations.
Juillet	Fondation de l'Action libérale populaire.
Décembre	Création de la Banque française pour le commerce et l'industrie.
	Publications de *L'Etape* de Paul Bourget et de *Crainquebille* d'Anatole France.

1902
27 février	Création de *Pelléas et Mélisande*.
24 mai	Fondation du Parti socialiste français.
27 avril-11 mai	Le Bloc des gauches remporte les élections législatives.
6 juin	Emile Combes, président du Conseil.
Juin	Accord secret franco-italien.
Septembre	Fondation du Parti socialiste de France.
Novembre	L'emprunt italien est admis à la Bourse de Paris.
	Publication de *L'Immoraliste* d'André Gide, de l'ouvrage d'Alfred Loisy *L'Evangile et l'Eglise* et du premier tome de *Jean-Christophe* de Romain Rolland.

1903
Mai	Voyage à Paris du roi d'Angleterre Edouard VII.
Juillet	Premier Tour de France.
	L'emprunt ottoman pour la construction du chemin de fer de Bagdad est admis à la Bourse de Paris.
	Voyage à Londres du président Loubet.
Octobre	Voyage à Paris du roi d'Italie Victor-Emmanuel III.
	Publication du tome I de l'*Histoire de France* de Lavisse.

1904
8 avril	Signature du pacte d'Entente cordiale avec l'Angleterre.

1345

18 avril	Premier numéro de *L'Humanité*.
Avril	Voyage à Rome du président Loubet.
12 juin	Paribas accède au marché marocain.
5 juillet	Loi interdisant l'enseignement à tous les congréganistes.
30 juillet	Rupture des relations diplomatiques avec le Vatican.
28 octobre	Début de l'«Affaire des fiches».
15 novembre	Démission du général André, ministre de la Guerre.

1905

18 janvier	Démission du ministre Combes.
24 janvier	Maurice Rouvier, président du Conseil.
Mars	Loi ramenant à deux ans la durée du service militaire.
31 mars	Discours de Guillaume II à Tanger et début de la première crise marocaine.
23-26 avril	Création du parti socialiste SFIO.
6 juin	Démission du ministre des Affaires étrangères, Delcassé.
29 juin	Journée de travail du 8 heures dans les mines.
Novembre	Edouard Herriot élu maire de Lyon.
9 décembre	Vote de la loi de Séparation de l'Eglise et de l'Etat.
	Cézanne peint *Les grandes baigneuses*.

1906

17 janvier	Armand Fallières est élu président de la République.
11 février	Par l'encyclique *Vehementer Nos*, le Pape Pie X condamne la Loi de Séparation.
10 mars	Catastrophe de Courrières.
14 mars	Jean-Marie Sarrien, président du Conseil;
	Georges Clemenceau ministre de l'Intérieur.
7 avril	La conférence d'Algésiras donne satisfaction à la France dans l'affaire marocaine.
6-20 mai	Succès du Bloc des Gauches aux élections législatives.
12 juillet	La Cour de Cassation proclame l'innocence de Dreyfus.
13 juillet	Loi sur le repos hebdomadaire obligatoire.
Juillet	Encyclique *Gravissimo Officii* interdisant aux catholiques de constituer des associations culturelles.
Octobre	Charte d'Amiens.
25 octobre	Georges Clemenceau, président du Conseil.
Décembre	L'Etat rachète le chemin de fer de l'Ouest.
	Bergson publie *L'Evolution créatrice*.

1907

7 février	Projet Caillaux d'impôt sur le revenu.
8 mars	Grève des ouvriers électriciens de Paris.
Mai-juin	Agitation des viticulteurs du Languedoc; mutinerie du 17e de ligne.
Octobre	Congrès de Nancy du Parti radical qui adopte un programme officiel.
	Picasso peint *Les Demoiselles d'Avignon*.

1908

3-10 mai	Elections municipales.
27-30 juillet	Sanglants incidents de Draveil et de Villeneuve-Saint-Georges.
1er août	Arrestation des secrétaires de la CGT.
7 octobre	Crise bosniaque (l'Autriche-Hongrie annexe la Bosnie-Herzégovine).

1909

9 février	Accord franco-allemand sur le Maroc.
Mars	Grève des postiers.
17 juillet	Léon Jouhaux élu secrétaire général de la CGT.
24 juillet	Aristide Briand forme son premier ministère.
25 juillet	Traversée en avion de la Manche par Blériot.
10 octobre	Discours de Briand à Périgueux.
	Maurice Barrès publie Colette *Baudoche*.
	Matisse peint *La Danse*.
	Représentations des Ballets russes au Châtelet.

1910

5 avril	Loi sur les retraites ouvrières et paysannes.
24 avril-8 mai	Elections législatives.
25 août	Le pape condamne le *Sillon*.
10-17 octobre	Grève des cheminots.
3 novembre	Second ministère Briand.

1911

2 mars	Ernest Monis, président du Conseil.
Avril	Révélation du scandale politico-financier de la N'Goko Sangha.
27 juin	Joseph Caillaux, président du Conseil.
1er juillet	Affaire d'Agadir qui ouvre la seconde crise marocaine.
4 novembre	Convention franco-allemande qui règle la seconde crise marocaine.

1912

14 janvier	Raymond Poincaré, président du Conseil.
30 mars	Traité de protectorat franco-marocain.
5-12 mai	Elections municipales.
	Paul Claudel publie *L'Annonce faite à Marie* et Charles Péguy *Les Tapisseries*.

1913

17 janvier	Raymond Poincaré est élu président de la République.
21 janvier	Troisième ministère Briand.
22 mars	Louis Barthou, président du Conseil.
29 mai	Représentation du *Sacre du printemps* au Théâtre des Champs-Elysées.
19 juillet	La Chambre adopte la Loi de Trois Ans.
10 août	Incidents de Saverne et tension franco-allemande.
9 décembre	Gaston Doumergue, président du Conseil. Création de la Fédération des gauches. Publication du *Grand Meaulnes* (Alain-Fournier), d'*Alcools* (Apollinaire), de *La collline inspirée* (Barrès), de *Du côté de chez Swann* (Marcel Proust). Maurice Ravel compose *Ma mère l'Oye*.

1914

25 février	Le Sénat repousse le projet d'impôt sur le revenu.
17 mars	Mme Caillaux assassine Calmette, directeur du *Figaro*; Démission de Joseph Caillaux, ministre des Finances.
26 avril-10 mai	Succès de la gauche aux élections législatives.
9 juin	Alexandre Ribot, président du Conseil.
13 juin	René Viviani, président du Conseil.
28 juin	Assassinat à Sarajevo de l'archiduc héritier d'Autriche, François-Ferdinand.
15 juillet	Départ pour la Russie de Poincaré et Viviani. Vote de l'impôt sur le revenu.
23 juillet	Ultimatum autrichien à la Serbie.
27 juillet	Manifestations syndicalistes contre la guerre.
28 juillet	Acquittement de Mme Caillaux. L'Autriche-Hongrie déclare la guerre à la Serbie.
29 juillet	Réunion à Bruxelles du Bureau socialiste international.
30 juillet	Mobilisation générale en Russie.
31 juillet	Ultimatum allemand à la Russie et à la France. Assassinat à Paris de Jean Jaurès.
1er août	Mobilisation générale en France.
2 août	Ultimatum de l'Allemagne à la Belgique.
3 août	L'Allemagne déclare la guerre à la France.
4 août	Le Royaume-Uni déclare la guerre à l'Allemagne. Message de Poincaré proclamant l'«Union sacrée».
5 août	Suppression de la libre convertibilité de la monnaie. Moratoire des loyers. Allocation aux familles des mobilisés.
19-20 août	La percée française en Lorraine échoue.
21-23 août	La France perd la «bataille des frontières».
26 août	Remaniement du gouvernement Viviani où entrent des socialistes et des modérés.
29 août	Départ du gouvernement pour Bordeaux.

6-9 septembre	Bataille de la Marne.
22-23 septembre	Romain Rolland publie *Au-dessus de la mêlée*.
23 décembre	Le Parlement réuni en session extraordinaire.

1915

Février-mars	Echec d'une tentative de percée française en Champagne.
22 avril	Première utilisation des gaz asphyxiants près d'Ypres.
26 avril	Traité de Londres entre l'Italie et les Alliés.
Mai-juin	Echec d'une tentative de rupture du front en Artois.
15 mai	Naissance d'une minorité socialiste hostile à la guerre.
18 mai	Le socialiste Albert Thomas nommé Sous-Secrétaire d'Etat à l'Artillerie et à l'Equipement militaire.
23 mai	L'Italie entre en guerre aux côtés des Alliés.
25 septembre 6 octobre-	Echec d'une tentative française de percée en Champagne.
25 septembre- 11 octobre	Echec d'une tentative française de percée en Artois.
5-8 septembre	Conférence internationale des coalistes hostiles à la guerre à Zimmerwald en Suisse.
1er octobre	Débarquement d'un corps expéditionnaire à Salonique.
29 octobre	Quatrième gouvernement Briand.

1916

Janvier	Organisation des minoritaires de gauche hostiles à la guerre au sein d'un *Comité pour la reprise des relations internationales* et d'un *Comité de défense syndicaliste*.
21 février	Début de la bataille de Verdun.
9 mars	Accords Sykes-Picot sur le partage des colonies turques du Proche-Orient entre la France et l'Angleterre.
Avril	Conférence des minoritaires socialistes hostiles à la guerre à Kienthal en Suisse.
Juin	Premier comité secret à la Chambre des députés.
Juillet	Début d'une offensive française sur la Somme.
5 juillet	Premier numéro du *Canard enchaîné*.
3 août	*L'Œuvre* commence la publication en feuilleton du *Feu* d'Henri Barbusse.
20 août	La Roumanie entre en guerre aux côtés des Alliés.
12 décembre	Remaniement du gouvernement Briand.
Décembre	Fin des batailles de Verdun et de la Somme.
25 décembre	Le général Joffre reçoit la dignité de maréchal de France et est remplacé à la tête des armées par le général Nivelle.

1917

8 janvier	Grève dans la haute couture parisienne.
31 janvier	Les Allemands déclenchent la guerre sous-marine totale.
20 mars	Alexandre Ribot remplace Briand à la tête du gouvernement.
8-15 mars	Révolution à Pétrograd et chute du tsarisme.
2 avril	Entrée en guerre des Etats-Unis.
16 avril	Début de l'offensive Nivelle au Chemin-des-Dames.
Avril-juin	Vague d'actes d'indiscipline et de mutinerie dans l'armée française.
Mai-juin	Vague de grèves en France.
15 mai	Pétain remplace Nivelle comme généralissime des armées françaises.
22 juillet	Clemenceau attaque à la Chambre le ministre de l'Intérieur, Jean-Louis Malvy.
1er août	Appel à une paix blanche du pape Benoit XV.
2 août	Le catholique Denys Cochin quitte le gouvernement qu'il accuse d'anticléricalisme.
31 août	Démission du ministre de l'Intérieur, Malvy.
12 septembre	Formation du gouvernement Painlevé sans participation socialiste. Rupture de l'Union sacrée.
Octobre	Défaite des Italiens à Caporetto.
6 novembre	Prise du pouvoir en Russie par les bolcheviks.
16 novembre	Formation du second gouvernement Clemenceau.
22 novembre	Malvy est déféré en Haute-Cour.
15 décembre	Signature de l'armistice de Brest-Litovsk entre l'Allemagne et la Russie.

1918

8 janvier	Le président américain Wilson fait connaître ses buts de guerre dans les *Quatorze Points*.
14 janvier	Arrestation de Joseph Caillaux.
3 mars	Paix de Brest-Litovsk entre l'Allemagne et la Russie.
21 mars	Offensive allemande en Picardie.
23 mars	Paris est bombardé par la *Grosse Bertha*.
9 avril	Offensive allemande en Flandre.
14 avril	Le général Foch nommé commandant en chef des forces alliées.
Mai	Grèves dans les usines d'armement.
27 mai	Offensive allemande au Chemin-des-Dames.
15 juillet	Offensive allemande en Champagne.
18 juillet	Début de la contre-offensive alliée.
28-29 juillet	Conseil national du Parti socialiste. Les pacifistes prennent la majorité.
4 août	La Haute-Cour condamne Malvy à cinq ans de bannissement.
8 août	Offensive alliée en Picardie.
15 septembre	Offensive de l'armée de Salonique.
29 septembre	La Bulgarie signe l'armistice.
Octobre	Epidémie de grippe espagnole.
4 octobre	Premières négociations d'armistice entre l'Allemagne et les Etats-Unis.
Octobre	Victoire italienne de Vittorio-Veneto sur les Autrichiens.
31 octobre	La Turquie signe l'armistice.
3 novembre	L'Autriche-Hongrie signe l'armistice.
9 novembre	Abdication de Guillaume II et proclamation de la République à Berlin.
11 novembre	L'Allemagne signe l'armistice.
13 décembre	Arrivée en France du président Wilson.

1919

18 janvier	Ouverture de la Conférence de la paix.
13 mars	L'Angleterre met fin aux accords monétaires de soutien du franc.
19-21 avril	Mutinerie sur les navires français en mer Noire.
23 avril	Journée de 8 heures.
28 juin	Signature à Versailles du traité de paix avec l'Allemagne.
Septembre	Marcel Proust reçoit le prix Goncourt pour *A l'ombre des jeunes filles en fleur*.
10 septembre	Traité de Saint-Germain-en-Laye avec l'Autriche.
2 novembre	Formation de la CFTC.
16 novembre	Le Bloc national remporte les élections législatives.
27 novembre	Traité de Neuilly avec la Bulgarie.

1920

17 janvier	Paul Deschanel est élu président de la République.
18 janvier	Démission de Clemenceau.
20 janvier	Formation du gouvernement Alexandre Millerand.
Février-mai	Vague de grèves (cheminots, mineurs).
Avril-mai	Occupation de villes allemandes.
4 juin	Traité de Trianon avec la Hongrie.
21 septembre	Démission de Paul Deschanel.
24 septembre	Alexandre Millerand élu président de la République.
25 septembre	Georges Leygues, président du Conseil.
11 novembre	Le soldat inconnu est inhumé sous l'Arc de Triomphe.
20-26 décembre	Congrès de la SFIO à Tours. La majorité décide de former le parti communiste SFIC.

1921

16 janvier	Aristide Briand forme son 7e gouvernement.
27 février	Ouverture de la conférence de Londres.
8 mars	Occupation de Düsseldorf, Ruhrort, Duisbourg.
5 mai	Fixation du montant et des modalités des Réparations.
16 mai	Le gouvernement nomme Charles Jonnart ambassadeur au Vatican.
29 octobre	Ouverture de la conférence de Washington.
10 novembre	Anatole France, prix Nobel de littérature.
27 décembre	Création de la CGTU.

1922

5-12 janvier	Conférence de Cannes.
12 janvier	Démission d'Aristide Briand.
15 janvier	Raymond Poincaré forme son second gouvernement.
6 février	Accord de Washington sur les armements navals.
25 février	Exécution de Landru.
10 avril	Ouverture de la Conférence de Gênes.
Octobre	Fondation de la Ligue de la République.

1923

1er janvier	Démission de L.O. Frossard, secrétaire général du Parti communiste.
11 janvier	Occupation de la Ruhr.
22 janvier	Assassinat de Marius Plateau, secrétaire général de l'Action française.
1er avril	Le service militaire est ramené à dix-huit mois.
25 septembre	Fin de la résistance passive dans la Ruhr.
14 octobre	Discours du président Millerand à Evreux.
5 décembre	Mort de Maurice Barrès.

1924

14 janvier	Première réunion du Comité Dawes. Début de la crise des changes.
31 janvier-2 février	Le congrès socialiste de Marseille accepte le Cartel des gauches.
8 février	Poincaré obtient les pleins pouvoirs financiers.
24 février	Vote de l'impôt du double-décime.
8 mars	Emprunt du gouvernement français à la Banque Morgan et début du «Verdun financier».
18 avril	Le gouvernement Poincaré accepte le plan Dawes.
11 mai	Victoire du Cartel des gauches aux élections législatives.
11 juin	Démission du président de la République Millerand.
13 juin	Gaston Doumergue est élu président de la République.
15 juin	Formation du premier gouvernement Herriot.
Juillet-août	Conférence de Londres.
1er octobre	L'Assemblée générale de la SDN adopte le Protocole de Genève.
29 octobre	La France reconnaît *de jure* l'Union soviétique.
Novembre	Création par Millerand de la Ligue républicaine nationale et résurrection de la Ligue des Patriotes.
23 novembre	Transfert au Panthéon des cendres de Jean Jaurès.
1er décembre	Parution de *La Révolution surréaliste*.

1925

Janvier	Création du Conseil national économique.
2 février	La Chambre supprime le budget de l'ambassade de France au Vatican.
11 mars	Manifeste des cardinaux et archevêque de France.
10 avril	Chute du gouvernement Herriot.
17 avril	Formation du second gouvernement Painlevé.
Avril	Abd-el-Krim pénètre au Maroc français.
12 juillet	Les projets financiers de Caillaux sont adoptés.
Août	Le maréchal Pétain prend la direction des opérations militaires dans le Rif. Lyautey démissionne de son poste de Résident général au Maroc.
20 septembre	Le Parti communiste demande un plébiscite en Alsace-Lorraine.
16 octobre	Pacte de Locarno.
27 octobre	Painlevé démissionne devant l'opposition des radicaux aux projets Caillaux.
29 octobre	Formation du 3e cabinet Painlevé.
30 octobre	Remplacement de Sarrail par Henry de Jouvenel comme Haut-Commissaire au Levant.
14 novembre	Première exposition surréaliste à Paris.
23-28 novembre	Chute du gouvernement Painlevé et formation du 8e gouvernement Briand.
16 décembre	Paul Doumier remplace Louis Loucheur au ministère des Finances.

1926

6-9 mars	Chute du 8e gouvernement Briand et formation du 9e gouvernement Briand (Raoul Péret aux Finances).
Avril-mai	Crise des changes.

1350

29 avril	Accord de Washington sur les dettes de guerre.
Mai	Fin de la réballion du Rif.
15-24 juin	Chute du 9e gouvernement Briand et formation du 10e gouvernement Briand (Joseph Caillaux aux Finances).
12 juillet	Accord franco-britannique sur les dettes de guerre.
16-17 juillet	Demande des pleins pouvoirs financiers par Caillaux. Herriot fait tomber le gouvernement.
20 juillet	Formation du second gouvernement Herriot.
21 juillet	Gouvernement d'union nationale présidé par Raymond Poincaré.
27 juillet	La Chambre vote la confiance au gouvernement Poincaré.
31 juillet	Adoption des projets financiers de poincaré.
10 août	Révision constitutionnelle créant la Caisse nationale d'amortissement.
8 septembre	Entrée de l'Allemagne à la SDN.
17 septembre	Entrevue Briand-Stresemann à Thoiry.
Octobre	Formation du Cartel de l'Acier.
14-16 octobre	Congrès radical de Bordeaux ; Maurice Sarraut remplace Herriot à la présidence du parti radical.
Novembre	Stabilisation de fait du franc.
10 décembre	Aristide Briand, prix Nobel de la Paix.
Décembre	Condamnation de l'Action française par le Saint-Siège.

1927

17 février	Accord franco-britannique sur les dettes de guerre.
Mars	Les Français évacuent la Sarre.
22 avril	Discours d'Albert Sarraut à Constantine contre le communisme.
Mai	Le service militaire est ramené à un an.
12 juillet	Le scrutin d'arrondissement est rétabli.
Octobre	Daladier élu président du Parti radical.
10 décembre	Henri Bergson prix Nobel de littérature.

1928

9 janvier	Le Parti communiste adopte la tactique «classe contre classe».
12 janvier	Arrestation de députés communistes.
Mars	Loi sur les Assurances sociales.
22-29 avril	L'Union nationale remporte les élections législatives.
25 juin	Le franc est officiellement stabilisé au cinquième de sa valeur de 1913.
13 juillet	Loi Loucheur sur les habitations à bon marché.
27 août	Le pacte Briand-Kellogg est ratifié.
4 novembre	Par le «coup d'Angers», les radicaux quittent l'Union nationale.
6 novembre	Chute du 4e gouvernement Poincaré.
8 novembre	Les députés autonomistes alsaciens sont déchus de leur mandat.
11 novembre	Formation du 5e gouvernement Poincaré.

1929

14-29 mars	Débat sur les congrégations missionnaires à la Chambre des députés.
31 mai	Signature du Plan Young sur les Réparations.
20-26 juillet	Ratification des accords sur les dettes de guerre entre la France et les alliés.
27 juillet	Démission de Raymond Poincaré.
29 juillet	Aristide Briand forme son 11e gouvernement.
Août	La conférence de La Haye décide l'évaluation anticipée de la Rhénanie.
5 septembre	Briand lance l'idée de fédération européenne.
22 octobre	Chute du gouvernement Briand.
24 octobre	Krach de Wall Street.
2 novembre	André Tardieu devient président du Conseil.
29 décembre	La Chambre approuve la construction de la ligne Maginot.

1930

3-20 janvier	Deuxième conférence de La Haye sur les Réparations.
17 février	Chute du gouvernement Tardieu.
21-25 février	Camille Chautemps forme un gouvernement renversé dès sa présentation à la Chambre.
2 mars	Formation du second gouvernement Tardieu.

27 mars	La Chambre approuve le Plan Young.
17 juin	Mémorandum français sur la fédération européenne.
30 juin	La France évacue la zone qu'elle occupait encore en Rhénanie.
Novembre	Affaire Oustric.
4 décembre	Chute du ministère Tardieu.
13 décembre	Formation du gouvernement Steeg.

DEUXIÈME PARTIE

1931

27 janvier	Pierre Laval, président du Conseil.
6 mai	Ouverture de l'Exposition coloniale de Vincennes.
13 mai	Paul Doumer est élu président de la République.
20 juin	Moratoire Hoover sur les Réparations et les dettes de guerre.
21 septembre	Dévaluation de la livre sterling.

1932

12-14 janvier	Chute du second ministère Laval et formation du troisième ministère Laval.
16-20 février	Chute du troisième ministère Laval et formation du troisième ministère Tardieu.
24 février	Ouverture de la conférence de Genève sur le désarmement.
11 mars	Loi sur les allocations familiales.
6 mai	Assassinat du président de la République, Paul Doumer.
8 mai	Victoire de la gauche aux élections législatives.
10 mai	Albert Lebrun est élu président de la République.
3 juin	Formation du troisième ministère Herriot.
19 juillet	La Conférence de Lausanne annule les Réparations.
26 novembre	Pacte de non-agression franco-soviétique.
14 décembre	Chute du ministère Herriot sur la question des dettes de guerre envers les Etats-Unis.
18 décembre	Formation du gouvernement Paul-Boncour.

1933

28-31 janvier	Chute du ministère Paul-Boncour et formation du premier gouvernement Daladier.
30 janvier	Hitler est nommé chancelier du Reich.
16 février	Signature du Pacte de la Petite-Entente.
19 février	Création de la Loterie nationale.
16-17 avril	Congrès socialiste d'Avignon et opposition Blum-Renaudel.
7 juin	Signature du Pacte à Quatre.
19 octobre	Hitler quitte la SDN.
24 octobre	Chute du gouvernement Daladier.
26 octobre	Formation du premier ministère Sarraut.
5 novembre	Les néo-socialistes sont exclus de la SFIO.
23-26 novembre	Chute du cabinet Sarraut et formation du second cabinet Chautemps.
29 décembre	Révélation de l'Affaire Stavisky.

1934

8 janvier	Mort de Stavisky.
26 janvier	Signature du pacte germano-polonais.
27-30 janvier	Démission du ministère Chautemps et formation du second cabinet Daladier.
6 février	Emeute sanglante place de la Concorde.
7 février	Démission du ministère Daladier.
9 février	Formation du ministère de trêve de Doumergue.
12 février	Grève générale et manifestations antifascistes.
3 mars	Création du Comité de vigilance des intellectuels antifascistes.
30 juin	« Nuit des longs couteaux » en Allemagne.
25 juillet	Assassinat en Autriche du chancelier Dollfuss et tentative de putsch nazi.
27 juillet	Pacte d'unité d'action socialo-communiste.
2 août	Mort de Hindenburg. Hitler devient Reichsführer.
18 septembre	L'Union soviétique entre à la SDN.

9 octobre	Assassinat à Marseille du roi Alexandre de Yougoslavie et du ministre français des Affaires étrangères Louis Barthou.
7-13 novembre	Chute du ministère Doumergue et constitution du ministère Flandin.

1935

7 janvier	Signature à Rome des accords franco-italiens.
13 janvier	Plébiscite sarrois favorable au rattachement à l'Allemagne.
18 janvier	Le général Gamelin devient vice-président du Conseil supérieur de la guerre à la place du général Weygand.
16 mars	Rétablissement du service militaire obligatoire en Allemagne.
14 avril	Pacte de Stresa.
2 mai	Signature du Pacte d'assistance mutuelle franco-soviétique.
5-12 mai	Elections municipales favorables à la gauche.
31 mai-1er juin	Chute du ministère Flandin et formation du gouvernement Bouisson.
4-7 juin	Chute du ministère Bouisson et formation du quatrième cabinet Laval.
18 juin	Accord naval anglo-allemand.
14 juillet	Défilé et serment du Rassemblement populaire.
16 juillet	Décrets-lois Laval mettant en œuvre la déflation.
3 octobre	Les Italiens envahissent l'Ethiopie.
6 décembre	Dissolution des milices armées des ligues.

1936

12 janvier	Publication de la plate-forme du Rassemblement populaire.
20 janvier	Après la démission d'Herriot en décembre 1935, Daladier est élu président du Parti radical.
22 janvier	Retrait des ministres radicaux et chute du cabinet Laval.
24 janvier	Formation du second ministère Sarraut.
13 février	Agression contre Léon Blum et dissolution des ligues.
16 février	Le *Frente Popular* remporte les élections en Espagne.
6 mars	Réunification de la CGT.
7 mars	Hitler remilitarise la Rhénanie.
26 avril-3 mai	Victoire électorale du Front populaire.
mai-juin	Grèves avec occupations d'usines.
5 juin	Formation du gouvernement Léon Blum.
7 juin	Accords Matignon.
11-12 juin	Lois sur les conventions collectives, les congés payés, la semaine de quarante heures.
18 juin	Dissolution des ligues.
21 juin	Création du Parti social français.
2 juillet	Loi portant à 14 ans l'âge de la scolarité obligatoire.
18 juillet	Soulèvement contre la République espagnole.
24 juillet	Réforme de la Banque de France.
1er août	Blum propose la « non-intervention » en Espagne.
11 août	Loi sur la nationalisation des industries de guerre.
15 août	Loi sur l'Office du blé.
9 septembre	Accords Viénot sur l'indépendance de la Syrie.
26 septembre	Dévaluation du franc.
18 novembre	Suicide de Roger Salangro.
31 décembre	Loi sur l'arbitrage obligatoire.

1937

13 février	Léon Blum annonce une « pause » dans les réformes.
16 mars	Fusillade de Clichy.
24 mai	Inauguration de l'Exposition internationale de Paris.
21 juin	Chute du ministère Blum et constitution du troisième gouvernement Chautemps.
30 juin	Dévaluation du franc.
31 août	Constitution de la SNCF.
11 septembre	Attentats de la « Cagoule » à Paris.
11 décembre	L'Italie quitte la SDN.
24 décembre	Le pape dénonce par l'encyclique *Mit Brennender Sorge* les persécutions religieuses en Allemagne nazie.

1938

13-17 janvier	Chute du troisième ministère Chautemps et constitution d'un quatrième cabinet Chautemps sans la SFIO.
10 mars	Démission du cabinet Chautemps.
11-13 mars	Invasion de l'Autriche par Hitler et proclamation de l'*Anschluss*.
13 mars	Formation du second gouvernement Blum.
8 avril	Démission du gouvernement Blum.
10 avril	Formation du troisième gouvernement Daladier.
21 août	Discours de Daladier : « Il faut remettre la France au travail. »
15 septembre	Début de la crise des Sudètes.
30 septembre	Signature des Accords de Munich.
4 octobre	Le Parlement ratifie les Accords de Munich.
27 octobre	Le congrès radical met fin au Front populaire.
12 novembre	Eclatement du Comité national du Rassemblement populaire.
13 novembre	Décrets-lois Reynaud.
30 novembre	Echec de la grève générale déclenchée par la CGT.
24-25 décembre	Congrès national extraordinaire de la SFIO à Montrouge.

1939

2 janvier	Daladier commence un voyage en Corse et en Afrique du Nord.
15 mars	Hitler envahit la Bohême-Moravie transformée en protectorat.
5 avril	Réélection d'Albert Lebrun à la présidence de la République.
13 avril	La France et la Grande-Bretagne promettent à la Grèce et à la Roumanie leur aide en cas d'agression.
17 mai	Accord militaire franco-polonais.
22 mai	Signature du Pacte d'Acier entre l'Allemagne et l'Italie.
27 juin	La Chambre adopte la Représentation proportionnelle.
28 juillet	Code de la Famille.
29 juillet	Prorogation de la Chambre des députés.
1er septembre	Mobilisation générale ; l'Allemagne envahit la Pologne.
2 septembre	La Chambre vote les crédits de guerre.
3 septembre	La Grande-Bretagne et la France déclarent la guerre au Reich.
27 septembre	Dissolution du Parti communiste français et des organisations qui lui sont liées.
8 octobre	Arrestation de députés communistes.

1940

20 janvier	La Chambre vote la déchéance des députés communistes.
20-22 mars	Démission de Daladier et formation du gouvernement Paul Reynaud.
10 mai	Attaque allemande à l'ouest.
13 mai	Percée allemande à Sedan.
18 mai	Remaniement ministériel : Philippe Pétain, vice-président du Conseil.
19 mai	Weygand remplace Gamelin comme généralissime.
5 juin	Remaniement du gouvernement Reynaud ; le général de Gaulle est nommé sous-secrétaire d'Etat à la Défense nationale et à la Guerre.
10 juin	L'Italie déclare la guerre à la France. Le gouvernement quitte Paris.
14 juin	Les Allemands entrent dans Paris.
16 juin	Démission de Paul Reynaud. Pétain, président du Conseil.
17 juin	Pétain demande l'armistice ; de Gaulle part pour Londres.
18 juin	Appel du général de Gaulle à la BBC.
22 juin	Signature de l'armistice franco-allemand à Rethondes.
23 juin	Laval et Marquet entrent au gouvernement Pétain.
28 juin	De Gaulle reconnu par le gouvernement britannique comme « chef des Français libres ».
3 juillet	Les Britanniques bombardent la flotte française de Mers el-Kébir.
10 juillet	L'Assemblée nationale donne les pouvoirs constituants au maréchal Pétain.
11-12 juillet	Promulgation des quatre premiers « Actes constitutionnels ».
22 juillet	Les Nouvelles-Hébrides se rallient à la France Libre.
13 août	Dissolution des sociétés secrètes.
16 août	Mise en place des « Comités provisoires d'organisation ».
26-28 août	Ralliement de l'Afrique équatoriale française à la France libre.

29 août	Création de la Légion française des combattants.
17 septembre	Le rationnement des produits alimentaires est instauré.
23-25 septembre	Echec de la France libre devant Dakar.
3 octobre	Statut des Juifs.
24 octobre	Entrevue Pétain-Hitler à Montoire.
27 octobre	De Gaulle crée le Conseil de défense de l'Empire.
11 novembre	Manifestation d'étudiants et de lycéens à Paris.
1er décembre	Christian Pineau fait paraître *Libération-Nord*.
13 décembre	Révocation et arrestation de Pierre Laval.
14 décembre	Pierre-Etienne Flandin, ministre des Affaires étrangères.
15 décembre	Parution de *Résistance* publié par le groupe du Musée de l'Homme.

1941

22 janvier	Création du Conseil national de Vichy.
28 janvier	Le groupe du Musée de l'Homme est démantelé. Henri Frenay renforce le Mouvement de Libération nationale.
1er février	Déat et Deloncle créent le Rassemblement national populaire.
9 février	Démission de Pierre-Etienne Flandin. L'amiral Darlan est nommé vice-président du Conseil, ministre des Affaires étrangères.
10 février	L'amiral Darlan remplace Laval comme dauphin du Maréchal.
29 mars	Xavier Vallat est nommé Commissaire aux Questions juives.
13 mai	Entrevue Hitler-Darlan.
15 mai	Création du Front national.
26 mai-9 juin	Grève des mineurs du Nord et du Pas-de-Calais.
27-28 mai	Signature des « Protocoles de Paris ».
2 juin	Deuxième statut des Juifs.
8 juin	Les Britanniques et les FFL entrent en Syrie.
22 juin	L'Allemagne envahit l'URSS.
7 juillet	Premier numéro de *Libération-Sud*. Création de la Légion des volontaires français contre le bolchevisme (LVF).
18 juillet	Pierre Pucheu, ministre de l'Intérieur.
26 juillet	Assassinat de Marx Dormoy.
12 août	Discours du « Vent mauvais ».
14 août	Création des Sections spéciales.
21 août	Attentat du métro Barbès.
29 août	Premières exécutions d'otages.
24 septembre	Constitution à Londres du Comité national français.
4 octobre	Promulgation de la Charte du Travail.
novembre	Fondation du mouvement *Combat* et du journal du même nom.
décembre	Publication de *Témoignage chrétien* et de *Franc-Tireur*.
12 décembre	Naissance du Service d'ordre légionnaire (SOL).
24 décembre	Les Forces françaises libres rallient Saint-Pierre-et-Miquelon.

1942

18 janvier	Jean Moulin est parachuté en France.
19 février	Ouverture du procès de Riom.
février	Fondation de Ceux de la Résistance.
27 mars	Départ du premier convoi de « déportés raciaux ».
28 mars	Christian Pineau gagne Londres pour rencontrer le général de Gaulle.
mars	Naissance des Francs-Tireurs et Partisans français.
15 avril	Suspension du procès de Riom.
18 avril	Après la démission de Darlan, Laval devient chef du gouvernement.
1er mai	D'Astier de la Vigerie se rend à Londres.
6 mai	Darquier de Pellepoix commissaire aux Questions juives.
26 mai-11 juin	Bataille de Bir Hakeim.
16 juin	Laval lance la « Relève ».
juin	Publication du premier *Cahier de l'OCM*.
14 juillet	La « France libre » se transforme en « France combattante ».
16-17 juillet	Rafle du « vel' d'Hiv' ».
16 octobre	Création d'un comité de coordination des mouvements de résistance zone sud.

11 novembre	Les Allemands envahissent la zone sud.
15 novembre	Darlan prend le pouvoir en Afrique du Nord.
27 novembre	La flotte de Toulon se saborde.
décembre	Sortie des *Visiteurs du soir* de Marcel Carné.
8 décembre	Première de *La Reine morte* de Montherlant.
24 décembre	Assassinat de Darlan.
26 décembre	Le général Giraud devient Haut-Commissaire civil et militaire en Afrique du Nord.

1943

26 janvier	Les trois principaux mouvements de zone sud fusionnent dans les MUR.
30 janvier	Création de la Milice.
16 février	Trois classes de jeunes gens mobilisées pour le Service du travail obligatoire (STO).
5 avril	Vichy livre à l'Allemagne Blum, Daladier, Mandel, Reynaud et Gamelin.
27 mai	Création du Conseil national de la Résistance.
3 juin	Création du Comité français de Libération nationale (CFLN).
21 juin	Arrestation de Jean Moulin.
août	Georges Bidault est élu président du CNR.
13 septembre	Débarquement en Corse.
2 octobre	De Gaulle seul président du CFLN.
3 novembre	Séance inaugurale de l'Assemblée consultative d'Alger.
13 novembre	Pétain suspend l'exercice de ses fonctions.
27 novembre	Première à Paris du *Soulier de satin* de Paul Claudel.
2 décembre	Assassinat de Maurice Sarraut.
29 décembre	Création des FFI.

1944

1er janvier	Darnand, secrétaire général au Maintien de l'ordre.
5 janvier	Les MUR se transforment en Mouvement de Libération nationale par intégration de mouvements de zone nord.
6 janvier	Philippe Henriot secrétaire d'Etat à l'Information et à la Propagande.
27 janvier	Première d'*Antigone* de Jean Anouilh.
15 mars	Programme du Conseil national de la Résistance.
16 mars	Marcel Déat secrétaire d'Etat au Travail.
26 mars	Miliciens et Allemands donnent l'assaut au maquis de Glières.
2 avril	Massacre d'Ascq.
21 avril	Ordonnance du CFLN sur l'organisation des pouvoirs publics en France libérée. Droit de vote aux femmes.
2 juin	Le CFLN se transforme en Gouvernement provisoire de la République française (GPRF).
6 juin	Débarquement allié en Normandie.
10 juin	Massacre d'Oradour-sur-Glane.
13 juin	Darnand secrétaire d'Etat à l'Intérieur.
20 juin	Assassinat de Jean Zay.
28 juin	Philippe Henriot est abattu par des Résistants.
7 juillet	Assassinat de Georges Mandel.
21-23 juillet	Les Allemands et la Milice donnent l'assaut au maquis du Vercors.
15 août	Débarquement en Provence.
19-25 août	Insurrection et libération de Paris.
2 septembre	Premier Conseil des ministres du GPRF à Paris.
28 octobre	Dissolution des Milices patriotiques.
23 novembre	Leclerc libère Strasbourg.
26 novembre	Constitution du MRP.
27 novembre	Retour de Thorez à Paris.
10 décembre	Signature à Moscou du pacte franco-soviétique.

TROISIÈME PARTIE

1944

14 décembre	Nationalisation des houillères du Nord et du Pas-de-Calais.
18 décembre	Premier numéro du *Monde*.

1945

16 janvier	Nationalisation des usines Renault.
25 janvier	Conférence de Yalta où la France n'est pas invitée.
6 février	Exécution de l'écrivain Robert Brasillach.
22 février	Ordonnance sur les comités d'entreprise.
9 avril	Nationalisation de Gnôme-et-Rhône et d'Air France.
26 avril	Retour de Pétain en France.
29 avril-13 mai	Elections municipales.
8 mai	Capitulation allemande. Massacres de Sétif.
16 mai	La France reçoit un siège de membre permanent au Conseil de sécurité de l'ONU.
5 juin	La France obtient une zone d'occupation en Allemagne.
25 juin	Création de l'UDSR.
23 juillet-15 août	Procès et condamnation du maréchal Pétain.
6 août	La première bombe atomique est lancée sur Hiroshima.
15 août	Capitulation du Japon.
20 août	Proclamation de la République du Viêt-nam.
4-19 octobre	Ordonnances sur la Sécurité sociale.
4-15 octobre	Procès et exécution de Laval.
5 octobre	Leclerc débarque à Saïgon.
21 octobre	Référendum constitutionnel et élections à l'Assemblée constituante.
21 novembre	Formation du gouvernement de Gaulle.
2 décembre	Nationalisation de la Banque de France et des grandes banques de dépôt.
21 décembre	Création du Commissariat général au Plan.
26 décembre	Dévaluation du franc.

1946

20 janvier	Démission du général de Gaulle.
23 janvier	Charte du Tripartisme.
26 janvier	Gouvernement Félix Gouin.
6 mars	Accords Sainteny-Hô Chi Minh.
8 avril	Nationalisation du gaz et de l'électricité.
25 avril	Nationalisation des grandes compagnies d'assurances.
5 mai	Le projet constitutionnel est rejeté par référendum.
16 mai	Loi sur les Comités d'entreprise.
17 mai	Loi créant les Charbonnages de France.
2 juin	Election de la seconde Assemblée constituante.
12 juin	Création du CNPF.
16 juin	Discours du général de Gaulle à Bayeux.
23 juin	Gouvernement Georges Bidault.
4 septembre	Guy Mollet devient secrétaire général de la SFIO.
22 septembre	Discours du général de Gaulle à Épinal.
13 octobre	La nouvelle Constitution adoptée par référendum.
19 octobre	Statut de la fonction publique.
octobre	Présentation de la 4 CV Renault au Salon de l'Auto.
10 novembre	Elections législatives.
23 novembre	Bombardement d'Haïphong par les Français.
24 novembre-8 décembre	Elections au Conseil de la République.
27 novembre	Adoption du Plan Monnet.
16 décembre	Gouvernement Léon Blum.
19 décembre	Insurrection de Hanoï.
23 décembre	Loi sur les conventions collectives.

1947

16 janvier	Vincent Auriol élu président de la République.
28 janvier	Gouvernement Paul Ramadier.
30 mars	Début de l'insurrection de Madagascar.
7 avril	Le général de Gaulle fonde le RPF.
25 avril	Début de la grève des usines Renault.

5 mai	Paul Ramadier révoque les ministres communistes.
27 août	Adoption du statut de l'Algérie.
25 septembre	Conférence de Pologne du Kominform.
19-26 octobre	Victoire du RPF aux élections municipales.
novembre	Grande vague de grèves.
19-22 novembre	Démission du ministère Ramadier et formation du gouvernement Schuman.
19 décembre	Force ouvrière quitte la CGT.

1948

25 janvier	Dévaluation du franc et blocage des billets.
20-27 février	Coup de Prague.
17 mars	Signature du Pacte de Bruxelles.
4-11 avril	Elections en Algérie.
avril	Nouvelle vague de grèves.
16 avril	Naissance de l'OECE.
19-24 juillet	Démission du gouvernement Robert Schuman et formation du gouvernement André Marie.
25 août	Naissance du « Mouvement de la Paix ».
27-31 août	Chute du gouvernement André Marie et formation du second gouvernement Robert Schuman.
11 septembre	Démission du gouvernement Schuman et formation du ministère Henri Queuille.
septembre-novembre	Vague de grèves violentes.
11 octobre	Le gouvernement rappelle des réservistes.
15 décembre	Mise en route de Zoé, première pile atomique française.

1949

24 janvier	Début du procès Kravchenko.
29 janvier	Création d'un Conseil de l'Europe.
24 mars	Picasso dessine la « Colombe de la paix ».
4 avril	Signature à Washington du Pacte Atlantique.
27 avril	Dévaluation du franc.
27 juillet	Ratification du Pacte Atlantique.
19 septembre	Dévaluation du franc.
6-27 octobre	Démission du gouvernement Queuille et formation du gouvernement Bidault.
30 novembre	Suppression du Haut-Commissariat au Ravitaillement.
30 décembre	Accords franco-vietnamiens de la baie d'Along.

1950

11 février	Institution du SMIG et loi sur la liberté des salaires.
18 mars	Appel de Stockholm du Mouvement de la Paix.
28 avril	Révocation de Frédéric Joliot-Curie du Commissariat à l'Energie atomique.
9 mai	Déclaration Schuman sur le pool européen du charbon et de l'acier.
24 juin	Démission du gouvernement Bidault et formation d'un second ministère Queuille.
4-13 juillet	Démission du gouvernement Queuille et formation d'un gouvernement René Pleven.
12 septembre	Création par Jean-Paul David de l'organisation anticommuniste « Paix et liberté ».
3-8 octobre	Défaite française de Cao Bang en Indochine.
19 octobre	Pierre Mendès France critique la politique française en Indochine.
26 octobre	Projet Pleven de Communauté européenne de défense (CED).
6 décembre	Le général de Lattre de Tassigny est nommé Haut-Commissaire en Indochine.

1951

5-26 janvier	Crise au Maroc entre le Sultan et le général Juin.
8 février	Accords franco-tunisiens.
28 février-9 mars	Démission du gouvernement Pleven et formation du troisième ministère Queuille.
18 avril	Naissance de la CECA.
7 mai	Adoption de la loi électorale sur les appartements.
17 juin	Elections législatives.
10 juillet-8 août	Démission du gouvernement Queuille et formation du second gouvernement Pleven.
16 juillet	Mort du maréchal Pétain à l'île d'Yeu.
28 août	Le général Guillaume remplace Juin comme Résident général au Maroc.

21 septembre	Lois Marie-Barangé sur l'aide à l'enseignement privé.
19 décembre	Le gaz naturel de Lacq commence à jaillir.

1952

7-17 janvier	Chute du gouvernement Pleven et formation du gouvernement Edgar Faure.
11 janvier	Mort du général de Lattre.
29 février-6 mars	Chute du gouvernement Edgar Faure et investiture d'Antoine Pinay.
26 mars	Arrestation des ministres tunisiens.
26 mai	Emprunt Pinay.
27 mai	Signature à Paris du traité de CED.
28 mai	Manifestation communiste à Paris contre le général Ridgway.
24 juin	Inauguration de la ligne électrifiée Paris-Lyon.
8 juillet	Adoption de l'échelle mobile des salaires.
12 septembre	Hirsch nommé Commissaire général au Plan.
16 septembre	« Affaires Marty et Tillon » au PCF.
25 octobre	Inauguration du barrage de Donzère-Mondragon.
7-8 décembre	Emeutes de Casablanca.
23 décembre	Démission du gouvernement Pinay.

1953

7 janvier	Gouvernement René Mayer.
12 janvier	Ouverture à Bordeaux du procès des meurtriers d'Oradour.
25 février	De Gaulle prend position contre la CED.
6 mai	De Gaulle rend leur liberté aux élus du RPF.
14 mai	Création de l'hebdomadaire *L'Express*.
21 mai	Démission du gouvernement Mayer.
26 mai	Les parlementaires gaullistes fondent l'Union républicaine d'Action sociale (URAS).
4 juin	Investiture manquée de Pierre Mendès France.
26 juin	Formation du gouvernement Laniel.
22 juillet	Création à Saint-Céré du mouvement Poujade.
août	Grève générale des services publics.
20 août	Déposition du sultan du Maroc.
11 octobre	Les agriculteurs barrent les routes.
4-8 décembre	Sommet occidental aux Bermudes.
23 décembre	Le modéré René Coty est élu, au 13e tour, président de la République.

1954

1er février	L'abbé Pierre lance sa campagne en faveur des sans-logis.
5 février	Le camp retranché de Diên Biên Phû est encerclé par le Viêt-minh.
4 avril	Laniel et Pleven conspués place de l'Etoile.
26 avril	Ouverture de la conférence de Genève.
7 mai	Chute du camp retranché de Diên Biên Phû.
12 juin	Chute du gouvernement Laniel.
18 juin	Mendès France devient Président du Conseil.
20 juillet	Accords de Genève qui mettent fin à la guerre d'Indochine.
31 juillet	Discours de Carthage promettant l'autonomie interne à la Tunisie.
13 août	Vote de pouvoirs spéciaux au gouvernement en matière économique.
30 août	L'Assemblée nationale rejette la CED.
18 septembre	Début de l'« affaire des fuites ».
21 octobre	Accord avec l'Inde sur l'évacuation des comptoirs français.
3-23 octobre	Accords de Londres et de Paris sur le réarmement allemand et la création de l'Union de l'Europe occidentale.
1er novembre	Début de l'insurrection en Algérie.
30 novembre	Vote de la petite réforme constitutionnelle, la « réformette ».
30 décembre	Ratification des accords de Paris.

1955

25 janvier	Jacques Soustelle est nommé Gouverneur général de l'Algérie.
6 février	Chute du ministère Mendès France.
25 février	Second gouvernement Edgar Faure.
2 avril	Vote de l'état d'urgence en Algérie.

18-24 avril	Conférence de Bandoung.
27 mai	Adoption du IIe Plan.
1er-3 juin	Conférence de Messine sur la relance de la construction européenne.
3 juin	La Tunisie reçoit l'autonomie interne.
juin-août	Grèves à Nantes et Saint-Nazaire.
24 août	Rappel de réservistes en Algérie.
15 septembre	Accord salarial chez Renault.
13 octobre	Jean Monnet crée le Comité d'action pour l'Europe.
5 novembre	Mohammed V est rétabli sur le trône du Maroc.
29 novembre	Le gouvernement Edgar Faure est renversé.
2 décembre	Dissolution de l'Assemblée nationale.
8 décembre	Formation, pour les élections, du Front républicain.

1956

2 janvier	Elections législatives.
7 janvier	Mise en route de la pile atomique de Marcoule.
5 février	Investiture du gouvernement Guy Mollet.
6 février	Voyage de Guy Mollet à Alger.
9 février	Robert Lacoste ministre-résident en Algérie.
28 février	Institution de la 3e semaine de congés payés.
7 mars	Indépendance du Maroc.
12 mars	L'Assemblée nationale vote les pouvoirs spéciaux en Algérie.
20 mars	Indépendance de la Tunisie.
23 mars	Loi-cadre Defferre sur l'évolution des territoires d'outre-mer.
26 juillet	Nasser nationalise le canal de Suez.
28 septembre :	Première électricité nucléaire à Marcoule.
22 octobre	Interception de l'avion transportant Ben Bella et les dirigeants du FLN.
23-30 octobre	Insurrection de Budapest.
5-7 novembre	Expédition de Suez.

1957

7 janvier	Le général Massu, nommé responsable de l'ordre à Alger.
25 mars	Signature du traité de Rome créant la Communauté économique européenne.
21 mai	Chute du gouvernement Guy Mollet.
12 juin	Investiture du gouvernement Bourgès-Maunoury.
21 juin	Disparition de Maurice Audin en Algérie.
12 août	Dévaluation déguisée du franc (opération 20%).
15 septembre	Achèvement de la ligne Morice en Algérie.
30 septembre	Chute du gouvernement Bourgès-Maunoury.
7 octobre	Albert Camus, prix Nobel de littérature.
5 novembre	Investiture du gouvernement Félix Gaillard.

1958

1er janvier	Entrée en vigueur du Marché commun.
11 janvier	Le pétrole du Sahara parvient à Philippeville.
31 janvier	Vote de la loi-cadre sur l'Algérie.
8 février	Bombardement du village tunisien de Sakhiet Sidi-Youssef.
17 février	Proposition de « bons offices » anglo-américains dans l'affaire d'Algérie.
15 avril	Chute du gouvernement Félix Gaillard.
13 mai	Investiture du gouvernement Pflimlin, prise du gouvernement général à Alger et formation du Comité de Salut public.
15 mai	Le général Salan fait appel au général de Gaulle — Communiqué du général de Gaulle.
19 mai	Conférence de presse du général de Gaulle.
28 mai	Démission de Pflimlin — Manifestation antifasciste à Paris.
1er juin	Investiture du général de Gaulle.
2 juin	Vote des pleins pouvoirs au général de Gaulle.

QUATRIÈME PARTIE

1958

2 juin	L'Assemblé investit le général de Gaulle.
4-7 juin	Voyage de De Gaulle à Alger : « Je vous ai compris ».
1er juillet	Nouveau voyage de De Gaulle en Algérie.
4 septembre	De Gaulle présente la nouvelle Constitution, place de la République.
24 septembre	Mémorandum sur le directoire à trois de l'OTAN.
28 septembre	Référendum sur l'adoption de la Constitution de la Ve République.
23 octobre	De Gaulle propose la « paix des braves ».
23-30 novembre	Elections législatives — Poussée de l'UNR, fort recul des communistes.
9 décembre	J. Chaban-Delmas président de l'Assemblée nationale.
21 décembre	De Gaulle est élu président de la République et de la Communauté avec 77,5 % des suffrages exprimés.
28 décembre	Dévaluation du franc — Création du « nouveau franc ».
Littérature	Interdiction de *La Question* d'H. Alleg.
	M. Duras, *Moderato Cantabile*.
	S. de Beauvoir, *Mémoires d'une jeune fille rangée*.
	C. Lévi-Strauss, *L'Anthropologie structurale*.
Cinéma	L. Malle, *Les Amants*.
	J. Tati, *Mon oncle*.

1959

6 janvier	Ordonnance prolongeant la scolarité jusqu'à 16 ans. Création d'un cycle d'observation dans les collèges.
9 janvier	Michel Debré, Premier ministre.
Mars	Retrait de l'OTAN de la flotte française de Méditerranée.
8-15 mars	Elections municipales : renforcement du PCF.
14 avril	Création de l'Union démocratique du travail (gaullistes de gauche).
19 juin	Saisie du livre *La Gangrène* qui dénonce l'emploi de la torture en Algérie.
16 septembre	Allocution du général de Gaulle favorable à l'autodétermination en Algérie.
19 septembre	G. Bidault et R. Duchet créent à Paris un « Rassemblement pour l'Algérie française ».
15 octobre	Attentat de l'Observatoire contre F. Mitterrand.
2 décembre	Grève des fonctionnaires. Rupture du barrage de Malpasset près de Fréjus : 400 morts.
23-24 décembre	Vote de la loi proposant un régime contractuel à l'enseignement privé. Démission du ministre de l'Education nationale, A. Boulloche.
Littérature	A. Robbe-Grillet, *Dans le Labyrinthe*.
	N. Sarraute, *Le Planétarium*.
	E. Ionesco, *Le Rhinocéros*.
Cinéma	C. Chabrol, *Le Beau Serge*
	— *Les Cousins*.
	A. Resnais, *Hiroshima mon amour*.
	F. Truffaut, *Les 400 coups*.

1960

4 janvier	Mort accidentelle d'Albert Camus.
13 janvier	Démission d'A. Pinay que remplace W. Baumgartner.
24 janv.-1er févr.	Semaine des barricades à Alger.
2 février	L'Assemblée vote les pleins pouvoirs au gouvernement pour un an.
5 février	Remaniement ministériel évinçant Soustelle et Cornut-Gentile, partisans de l'Algérie française.
13 février	Première explosion de la bombe A française à Reggane.
3-7 mars	« Tournée des popotes » du général de Gaulle en Algérie.
15-17 mars	De Gaulle refuse de convoquer l'Assemblée nationale en session extraordinaire comme le demandent 300 parlementaires pour discuter des problèmes agricoles.

23 mars-1 avril	Voyage en France de N. Khrouchtchev.
3 avril	Fondation du PSU.
31 mai	Grève des cheminots faisant suite à une vague d'agitation sociale et à de graves manifestations d'agriculteurs.
14 juin	Discours du général de Gaulle réaffirmant sa politique algérienne.
25-29 juin	Entretiens de Melun avec le FLN.
5 septembre	Conférence de presse de De Gaulle sur l'Algérie. Ouverture du procès du réseau Janson d'aide au FLN. « Déclaration des 121 » sur le droit à l'insoumission.
6 octobre	Manifeste des intellectuels favorables à l'Algérie française.
27 octobre	Manifestation des syndicats à la Mutualité pour la paix en Algérie.
4 novembre	De Gaulle évoque à la TV « l'Algérie algérienne » et annonce un référendum sur l'autodétermination.
10-13 novembre	Voyage de De Gaulle en Algérie.
9 décembre	De Gaulle en Algérie.
Juil.-déc.	Indépendance de l'Afrique francophone et de Madagascar.
Littérature	Ph. Sollers crée la revue *Tel Quel*.
	P. Klossovski, *Le Souffleur*.
	C. Simon, *La Route des Flandres*.
	Saint-John Perse (prix Nobel de littérature.
	J. Genet, *Le Balcon*.
Cinéma	J.-L. Godard, *A Bout de souffle*.
	P. Kast, *Le Bel Age*.
	J. Rouch, *Moi un noir*.
	J. Doniol-Valcroze, *L'eau à la bouche*.

1961

8 janvier	Référendum sur l'autodétermination : 75,26 % de « oui » en métropole.
23 février	Casanova et Servin, membres du bureau politique du PCF limogés.
2 mars	Acquittement des accusés présents au procès des barricades.
22-25 avril	Putsch des généraux à Alger.
15 mai	Jean XXIII publie l'Encyclique *Mater et Magistra*.
31 mai-2 juin	Visite en France du président Kennedy.
19-22 juillet	Bataille de Bizerte.
8 septembre	Attentat contre de Gaulle à Pont-sur-Seine.
11-12 septembre	Graves incidents à Oran et à Bab-el-Oued.
17 octobre	Manifestation musulmane à Paris. Au moins 100 morts.
1er novembre	Ben Bella entame une grève de la faim pour obtenir le statut de prisonnier politique.
Littérature	S. de Beauvoir, *La Force de l'âge*.
	F. Sagan, *Les Merveilleux nuages*.
	Décès de M. Merleau-Ponty.
	A Bourseiller monte *La Soumission* et *Les Chaises* d'E. Ionesco au Studio des Champs-Elysées.
Philosophie et Sciences sociales	M. Foucault, *Histoire de la folie à l'âge classique*.
	F. Fanon, *Les Damnés de la terre*.
BD	A. Uderzo, R Goscinny, *Astérix le gaulois*.
Cinéma	J. Demy, *Lola*.
	J. Rivette, *Paris nous appartient*.
	A. Resnais, *L'Année dernière à Marienbad*.
	J.-P. Melville, *Léon Morin prêtre*.
Musique	Grand succès du *Moïse et Aron* d'A. Schönberg au théâtre des Nations.

1962

Janvier	Les attentats de l'OAS se multiplient en métropole.
18 janvier	V. Giscard d'Estaing remplace W. Baumgartner aux Finances.

8 février	Manifestation anti-OAS : 8 morts à Paris au métro Charonne.
13 février	Manifestation de masse de la République au Père-Lachaise pour l'enterrement des morts du métro Charonne.
19 mars	Cessez-le-feu en Algérie au lendemain des Accords d'Evian.
23 mars	Emeutes à Bab-el-oued : 20 morts.
26 mars	Fusillade de la rue de l'Isly à Alger : 46 morts.
8 avril	Référendum sur l'approbation des Accords d'Evian : 90 % de oui.
13 avril	Le général Jouhaud est condamné à mort.
14 avril	Démission de Michel Debré. Georges Pompidou devient Premier ministre.
20 avril	Arrestation du général Salan.
Mai	Terreur en Algérie — 62 morts le 2 mai à Alger dans l'explosion d'une voiture piégée. Procès du général Salan qui est condamné à la détention à perpétuité.
15 mai	Dans une conférence de presse, de Gaulle rejette l'Europe intégrée. Démission des ministres MRP.
1er juillet	L'Algérie accède à l'indépendance.
22 août	Attentat du Petit-Clamart contre le général de Gaulle.
12 septembre	De Gaulle fait l'annonce d'un référendum sur l'élection du président de la République au suffrage universel.
5 octobre	L'Assemblée nationale vote la censure contre le gouvernement Pompidou.
10 octobre	Dissolution de l'Assemblée nationale.
28 octobre	Référendum sur l'élection du président de la République au suffrage universel : 62,25 % de oui (23 % d'abstentions).
18-25 novembre	Elections législatives. Raz-de-marée gaulliste au premier tour.
7 décembre	Remaniement du gouvernement Pompidou.
Littérature	M. Butor, *Mobile*. C. Ollier, *Le Maintien de l'ordre*. J.-M. G. Le Clézio, *Le Procès-verbal*.
Cinéma	J.-L. Godard, *Vivre sa vie*. A. Varda, *Cléo de 5 à 7*. C. Marker, *Cuba si*.
Sciences sociales	J. Fourastié, *Machinisme et bien-être*. J. Dumazedier, *Vers une civilisation du loisir*. C. Lévi-Strauss, *La Pensée sauvage*.

1963

3-4 janvier	Création de la Cour de Sûreté de l'Etat.
14 janvier	Dans une conférence de presse, de Gaulle rejette la candidature de la Grande-Bretagne au Marché commun.
Mars-avril	Grève des mineurs.
3 juin	Mort du pape Jean XXIII.
22 juin	Nuit de « Salut les copains » place de la Nation.
Juillet	Loi réglementant le droit de grève dans les services publics.
3 août	Décret créant les collèges d'enseignement secondaire.
12 septembre	Annonce du plan de stabilisation.
15 septembre	« Banquet des 1 000 » (en fait 1 200 hommes politiques allant des communistes au centre droit) pour amorcer un regroupement de l'opposition.
Octobre	*L'Express* lance la campagne en faveur de la candidature de « Monsieur X » (G. Defferre) à l'élection présidentielle.
27 novembre	Manifestation contre la force de frappe.
Littérature	R. Barthes, *Sur Racine*. Ch. Rochefort, *Stances à Sophie*. J.-L. Barrault monte *Oh ! les beaux jours* de S. Beckett.
Cinéma	B. Blier, *Hitler connais pas*. J.-L. Godard, *Le Petit soldat*. C. Marker, *Le joli mai*. A. Resnais, *Murielle*.

Musique et danse	M. Béjart triomphe au théâtre des Champs-Elysées en adaptant *Les Contes d'Hoffmann*.

1964

27 janvier	La France reconnaît la Chine communiste
1er-2 février	Congrès de la SFIO. La candidature Defferre est ratifiée.
8-15 avril	Elections cantonales. Effritement de l'UNR au profit de la gauche.
7-10 mai	Congrès du MRP : J. Lecanuet devient président du mouvement.
14-17 mai	Congrès du PCF : Waldeck-Rochet secrétaire général.
Mai	Vote du statut de l'ORTF.
7 juin	Création de la Convention des institutions républicaines.
12 juillet	Mort de Maurice Thorez.
23 juillet	Conférence de presse du général de Gaulle qui se félicite du succès du plan de stabilisation.
6-7 novembre	Congrès extraordinaire de la CFTC qui devient CFDT.
11 décembre	Grève générale du secteur public.
19 décembre	Transfert des cendres de Jean Moulin au Panthéon.

Littérature	J.-P. Sartre, *Les mots*.
	Ariane Mnouchkine fonde le Théâtre du Soleil.
Philosophie et Sciences sociales	C. Lévi-Strauss, *Le Cru et le Cuit* (*Mythologiques*, I).
	R. Barthes, *Essais critiques*.
	G. Deleuze, *Proust et les signes*.
Cinéma	J. Demy, *Les parapluies de Cherbourg*.
	A. Jessua, *La vie à l'envers*.
	F. Truffaut, *La peau douce*.
Musique et danse	Maria Callas triomphe dans *La Norma* de Bellini à l'Opéra de Paris.
Télévision	« Les femmes aussi » d'Eliane Victor.

1965

14-21 mars	Elections municipales favorables à l'opposition.
25-26 mars	Crise à l'Union des Etudiants communistes reprise en main par le PCF.
8 mai	G. Defferre propose la création d'une Fédération démocrate et socialiste allant des socialistes aux démocrates-chrétiens.
17-18 juin	Echec du projet de FDS.
1er juillet	La France pratique à Bruxelles la « politique de la chaise vide ».
9 septembre	F. Mitterrand candidat à la présidence de la République.
10 septembre	Création de la Fédération de la Gauche démocrate et socialiste (FGDS).
26 septembre	Elections sénatoriales. Confirmation du recul de la droite.
26 octobre	J. Lecanuet candidat à la présidence de la République.
29 octobre	Enlèvement du leader de l'opposition marocaine M. Ben Barka.
4 novembre	De Gaulle annonce sa candidature.
5-19 décembre	Elections présidentielles. De Gaulle en ballottage au premier tour l'emporte au second sur F. Mitterrand.

Littérature	G. Perec, *Les Choses* (prix Renaudot).
	F. Sagan, *La Chamade*.
	A. Sarrazin, *L'Astragale*.
	A. Robbe-Grillet, *La Maison de rendez-vous*.
Philosophie et Sciences sociales	P. Bourdieu, J.-C. Passeron, *Les Héritiers*.
	L. Althusser, *Pour Marx*.
Cinéma	P. Schoendorffer, *La 317e section*.
	R. Allio, *La Vieille dame indigne*.
	J.-L. Godard, *Pierrot le fou*.
Musique	O. Messiaen, *Et expecto resurrectionem mortuorum* exécuté en la cathédrale de Chartres en présence du général de Gaulle (20/6).

Variétés	France Gall, « Poupée de cire, poupée de son », Grand prix de l'Eurovision. Triomphe des Beatles au Palais des Sports (20/6).

1966

5 janvier	Remaniement du gouvernement Pompidou. Eviction de V. Giscard d'Estaing.
7 janvier	Création des Instituts universitaires de technologie.
2 février	Naissance du Centre démocrate.
Février	Les Républicains-Indépendants prennent leurs distances vis-à-vis de l'UNR.
12-13 mars	Assises de la Convention des Institutions républicaines. F. Mitterrand propose la constitution d'un contre-gouvernement.
30 avril-1er mai	Colloque de Grenoble.
Mai	F. Mitterrand rend publique la composition du contre-gouvernement.
Juin	Voyage du général de Gaulle en URSS.
22 juin	Réforme Fouchet de l'enseignement supérieur.
1er septembre	Discours de Phnom-Pehn.
Décembre	Accord de désistement FGDS-PC en vue des législatives de 1967.
20 décembre	Manifestation des aviculteurs bretons à Morlaix, qui s'achève en émeute.
Littérature	E. Charles-Roux, *Oublier Palerme* (prix Goncourt). J. Genêt, *Les Paravents*.
Philosophie et Sciences sociales	M. Foucault, *Les Mots et les choses*. J. Lacan, *Ecrits*.
Cinéma	C. Lelouch, *Un homme et une femme*. R. Bresson, *Au hasard Balthazar*. A. Resnais, *La guerre est finie*. J.-P. Melville, *Le deuxième souffle*. R. Vadim, *La Curée*. J. Rivette, *La Religieuse*.

1967

4-8 janvier	« Congrès de l'ouverture » du PCF.
10 janvier	Conférence de presse de V. Giscard d'Estaing : « Oui, mais... ».
22 février	Débat Mitterrand-Pompidou à Nevers.
27 février	Débat Pompidou-Mendès France à Grenoble.
5-12 mars	Elections législatives. La coalition Ve République n'a qu'une voix de majorité.
6 avril	G. Pompidou se succède à lui-même.
13 avril	Mise en route du Plan Calcul.
26 avril	Le Conseil des ministres demande l'autorisation à l'Assemblée nationale de légiférer par ordonnances. Démission d'E. Pisani.
17 mai	Grève générale et manifestations contre les pouvoirs spéciaux.
5-10 juin	Guerre des Six Jours.
11-16 juin	Congrès de la CGT. G. Séguy secrétaire général.
13 juillet	Création de l'ANPE.
26 juillet	De Gaulle à Montréal : « Vive le Québec libre ! ».
17 août	Ordonnances sur l'intéressement des salariés aux bénéfices de l'entreprise.
22 août	Ordonnances et décrets réformant la Sécurité sociale.
24 sept.-1er oct.	Elections cantonales. Progrès de la majorité et du PC.
Octobre	Vive agitation sociale.
23 novembre	V. Giscard d'Estaing, président de la commission des finances, s'abstient dans le vote du collectif budgétaire.
19 décembre	Vote de la loi Neuwirth autorisant la contraception.
Littérature	C. Etcherelli, *Elise ou la vraie vie* (prix Fémina). C. Simon, *Histoire* (prix Médicis). M. Tournier, *Vendredi ou les limbes du Pacifique*. J. Ricardou, *Problèmes du nouveau roman*. L. Aragon, *Blanche ou l'oubli*.

Philosophie et Sciences sociales	R. Aron, *Les Etapes de la pensée sociologique*.
	R. Barthes, *Systèmes de la mode*.
	E. Morin, *Une commune en France*.
Cinéma	E. Rohmer, *La Collectionneuse*.
	J. Tati, *Playtime*.
	M. Duras, *La Musica*.
	J.-L. Godard, *La Chinoise*.
Musique — Danse	M. Béjart, *Messe pour un temps présent*.
	G. Brassens Grand Prix de l'Académie française.
Variétés	J. Ferrat, *Cuba si* — Début de l'ascension de Mireille Mathieu, vogue de J. Dutronc.

1968

Janvier	Agitation lycéenne autour des Comités Viêt-nam. Premiers incidents à l'université de Nanterre.
Février	Manifestations contre la guerre du Viêt-nam. Grève des enseignants du secondaire.
22 mars	Occupation de la tour administrative à Nanterre. Le doyen suspend les cours.
Avril	Poursuite de l'agitation dans les universités et les lycées.
2 mai	Départ de G. Pompidou pour l'Iran. Fermeture de Nanterre.
3 mai	La police fait évacuer la Sorbonne.
	SNE-Sup et UNEF décident une grève illimitée.
10-11 mai	Nuit des barricades au Quartier latin. La FEN appelle à une grève générale pour protester contre la répression policière.
13 mai	Défilé des étudiants et des syndicats de la République à Denfert-Rochereau.
14-18 mai	Visite officielle du général de Gaulle en Roumanie.
20 mai	La France est paralysée par le plus vaste mouvement de grèves de son histoire.
25-27 mai	Négociations et accords de Grenelle.
28 mai	F. Mitterrand réclame la formation d'un gouvernement provisoire.
29 mai	De Gaulle « disparu » a rencontré le général Massu à Baden-Baden.
30 mai	Allocution de général de Gaulle. Défilé des gaullistes aux Champs-Elysées.
1er juin	Remaniement du gouvernement Pompidou.
5-7 juin	Reprise du travail à EDF, à la SNCF, à la RATP et aux PTT.
14-16 juin	Evacuation de la Sorbonne et de l'Odéon.
23-30 juin	Elections législatives. Raz-de-marée UDR.
10 juillet	M. Couve de Murville Premier ministre.
21 août	Les troupes du Pacte de Varsovie rétablissent « l'ordre socialiste » à Prague.
Octobre	Nouvelle agitation gauchiste à la Sorbonne et dans les lycées.
12 novembre	Vote de la loi d'orientation de l'enseignement supérieur.
23 novembre	De Gaulle rejette la dévaluation du franc.
5 décembre	Loi sur le droit syndical dans l'entreprise.

Littérature	B. Clavel, *Les Fruits de l'hiver* (prix Goncourt).
	M. Yourcenar, *L'Œuvre au noir*.
	A. Cohen, *Belle du seigneur*.
Philosophie et Sciences sociales	M. Dufrenne, *Pour l'Homme*.
	La traduction en français de *L'Homme unidimensionnel* d'H. Marcuse est le best-seller de l'année.
	M. Serres, *Hermès*, T. 1.
Cinéma	F. Truffaut, *Baisers volés*.
	J.-L. Godard, *Week-End*.
Musique	Triomphe de la pop-music en France dans la foulée de la contestation étudiante et de la lutte contre la guerre du Viêt-nam.

1969

Janvier	Agitation étudiante et lycéenne.
17 janvier	En visite privée à Rome, G. Pompidou fait savoir qu'il serait éventuellement candidat à l'élection présidentielle.

22 janvier	De Gaulle se déclare résolu à remplir son mandat jusqu'à son échéance normale.
3 février	A. Poher rejette la réforme du Sénat.
Mars-avril	Développement de la campagne référendaire.
27 avril	Le « non » l'emporte au référendum.
28 avril	Démission du général de Gaulle.
10 mai	Départ de De Gaulle pour l'Irlande.
15 juin	G. Pompidou est élu président de la République avec 57,5 % des suffrages exprimés contre 42,5 % à Poher.
21 juin	J. Chaban-Delmas, Premier ministre. V. Giscard d'Estaing revient aux finances.
11-13 juillet	La SFIO devient « Parti socialiste » au congrès d'Issy-les-Moulineaux.
8 août	Dévaluation du franc.
16 septembre	J. Chaban-Delmas expose devant l'Assemblée nationale son projet de « nouvelle société ».
Novembre	Vive agitation sociale.
24 décembre	Affaire des « vedettes de Cherbourg ».
Littérature	F. Marceau, *Creezy* (prix Goncourt). R. Vailland, *Ecrits intimes*.
Cinéma	Costa-Gravas, *Z*. E. Rohmer, *Ma Nuit chez Maud*. F. Truffaut, *L'enfant sauvage*. N. Kaplan, *La Fiancée du pirate*.
Variétés	*Hair* triomphe avec Julien Clerc.

1970

Janvier	L'agitation étudiante persiste, notamment à Nanterre.
4-8 février	Congrès du PCF à Nanterre : Garaudy exclu du Bureau politique. G. Marchais secrétaire général adjoint.
8-15 mars	Elections cantonales : gains de la majorité du PCF (près de 29% des suffrages au 1er tour) et du PSU.
9 mars	G. Nicoud appelle les commmerçants à la grève de l'impôt.
14 mars	Démission du doyen Ricœur à Nanterre.
19-24 mars	Manifestations des camionneurs et des commerçants.
8 avril	Grève générale des commerçants.
30 avril	L'Assemblée vote la loi « anticasseur ».
Mai	Procès Le Dantec/Le Bris, directeurs de *La Cause du peuple*.
8 mai	Attaque de l'épicerie de luxe Fauchon par un commando maoïste.
27-28 mai	Vive agitation au Quartier latin.
19-20 juin	Invité au congrès du Parti socialiste, F. Mitterrand préconise une union de la gauche.
26 juin	J.-P. Sartre est interpellé en distribuant *La Cause du peuple*. Il est aussitôt relâché.
Septembre	29 gauchistes emprisonnés (dont A. Geismar) font la grève de la faim.
20-22 octobre	A. Geismar condamné à 18 mois de prison.
29 octobre	L'épiscopat français prend position contre le commerce des armes.
9 novembre	Mort du général de Gaulle.
15-20 novembre	*Hara-Kiri*, interdit à la vente aux moins de 18 ans et à l'affichage. La même équipe lance *Charlie-Hebdo*.
13 décembre	La Convention des Institutions républicaines approuve le projet de F. Mitterrand de fusion avec le PS.
Littérature	M. Tournier, *Le Roi des Aulnes* (prix Goncourt). M. Déon, *Les Poneys sauvages* (prix Interallié). S. de Beauvoir *La Vieillesse*. A. London, *L'Aveu*.
Philosophie et Sciences sociales	J. Baudrillart, *La Société de consommation*. M. Crozier, *La Société bloquée*. F. Jacob, *La Logique du vivant*. J. Monod, *Le Hasard et la nécessité*. M. Foucault, *L'Ordre du discours*.

Cinéma	C. Sautet, *Les Choses de la vie*.
	E. Rohmer, *Le Genou de Claire*.
	J.-P. Melville, *L'Aveu*.
Musique	P. Henry compose *Ceremony*, première messe électronique avec un groupe anglais de pop-music.

1971

Janvier	Création d'un ministère de l'Environnement.
Mars	Journée d'action des policiers dans la rue. Agitation lycéenne.
9 mars	Meeting d'Ordre nouveau au Palais des Sports. Violents affrontements avec les gauchistes.
14-21 mars	Elections municipales. Stabilité en voix.
22 avril	Le Sénat décide de rendre public le rapport de la Commission d'enquête sur La Villette.
11-13 juin	Congrès du Parti socialiste à Epinay. F. Mitterrand est élu Premier secrétaire.
Juillet	La presse rend publics les scandales de la Garantie foncière et du Patrimoine foncier.
26 septembre	Elections sénatoriales favorables à la majorité.
9 octobre	M. Poniatowski propose une « grande fédération » des centristes.
12 octobre	G. Marchais présente le « programme pour un gouvernement démocratique d'union populaire ».
17 octobre	J.-J. Servan-Schreiber président du Parti radical.
Novembre	G. Pompidou grâcie Paul Touvier, chef de la Milice de Lyon. L'événement passe inaperçu.
Décembre	Forte agitation dans les lycées.
Littérature	J. Laurent, *Les Bêtises* (prix Goncourt).
	A. Malraux, *Les Chênes qu'on abat*.
Philosophie et Sciences sociales	C. Lévi-Strauss, *L'homme nu*.
	I.D. Illich, *Une Société sans école*.
Cinéma	J. Ophüls, A. de Sédouy, Harris, *Le Chagrin et la pitié*.
	M. Drach, *Elise ou la vraie vie*.
	L. Malle. *Le Souffle au cœur*.

1972

11 janvier	Publication du programme de gouvernement du PS.
19 janvier	*Le Canard enchaîné* publie les déclarations d'impôt de J. Chaban Delmas.
25 février	Le jeune militant gauchiste Pierre Overney est tué d'un coup de revolver par un vigile de la Régie. Le 4 mars, ses obsèques rassemblent 100 000 personnes.
23 avril	Référendum sur l'Europe : 40 % d'abstentions et 7 % de bulletins blancs. 67,7 % de « oui ».
26 juin	Accord de programme commun PCF/PS en vue des prochaines législatives.
5 juillet	Démission de J. Chaban-Delmas. P. Messmer, Premier ministre.
6 septembre	Le gouvernement fait connaître son plan social.
13-17 décembre	Congrès du PCF. G. Marchais secrétaire général.
Littérature	S. de Beauvoir, *Tout compte fait*.
Philosophie et Sciences sociales	G. Deleuze, F. Guattari, *Capitalisme et schizophrénie*, *L'Anti-Œdipe*.
Cinéma	M. Pialat, *Nous ne vieillirons pas ensemble*.
	C. Sautet, *César et Rosalie*.
	E. Rohmer, *L'amour l'après-midi*.
Musique	Y. Xenakis, *Polytope*.

1973

1er janvier	P. Messmer présente à Provins le programme de la majorité.
6 février	Incendie du CES Pailleron à Paris : 21 morts.
4-11 mars	Elections législatives. PC et PS font à peu près jeu égal au 1er tour. UDR, RI et CDP ont la majorité des sièges avec une minorité de voix.

Avril	Nombreuses manifestations de lycéens contre la loi Debré (supprimant les sursis longs).
2 avril	Edgar Faure président de l'Assemblée nationale.
3 avril	P. Messmer se succède à lui-même.
5 mai	Manifestation en faveur de la liberté de l'avortement.
22-24 juin	Congrès du PS. Lutte de tendances menée par le CERES. F. Mitterrand réélu Premier secrétaire.
28 juin	Le gouvernement dissout Ordre nouveau et la Ligue communiste.
14 août	La police fait évacuer l'usine Lip à Besançon.
23-30 septembre	Elections cantonales. Progression du PS au dépens du PC et de la majorité.
Octobre	Assemblée et Sénat optent pour la réduction de 7 ans à 5 ans du mandat présidentiel. Mais G. Pompidou annule la convocation du congrès.
19 octobre	Vote de la loi Royer.
15 novembre	Grève générale des commerçants.
4 décembre	Découverte de micros dans les locaux du *Canard Enchaîné*.
14 décembre	Par 255 voix contre 212 l'Assemblée décide de renvoyer en Commission le projet de loi sur l'avortement.
Littérature	M. Déon, *Le Taxi mauve*.
Philosophie et Sciences sociales	S. Moscovici, *La Société dénaturée*. E. Morin, *Le Paradigme perdu : la nature humaine*. N. Elias, *La Civilisation des mœurs*.
Cinéma	M. Ferreri, *La Grande Bouffe*. J. Eustache, *La Maman et la putain*. F. Truffaut, *La Nuit américaine*. Y. Boisset, *RAS*.
Musique	R. Liebermann, directeur de l'Opéra de Paris.

1974

26 janvier	La motion de censure déposée par la gauche est repoussée.
4 février	Projet de décentralisation de l'ORTF présenté par Marceau Long.
1er mars	Formation du 3e cabinet Messmer.
8 mars	P. Messmer inaugure l'aéroport Charles de Gaulle.
8 mars	Manifestations étudiantes et lycéennes contre le projet Fontanet.
4 avril	Décès de Georges Pompidou.

CINQUIÈME PARTIE

1974

5-19 mai	Valéry Giscard d'Estaing est élu président de la République.
27 mai	Jacques Chirac, Premier ministre.
28 juin	Loi abaissant à 18 ans la majorité civile et politique.
16 juillet	Création d'un secrétariat d'État à la Condition féminine.
23 juillet	L'ORTF est remplacée par 7 sociétés autonomes.
Juillet-août	Agitation dans les prisons.
21 octobre	La saisine du Conseil Constitutionnel est à 60 sénateurs ou 60 députés.
Octobre-décembre	Grève des PTT.
Décembre	Jacques Chirac élu secrétaire général de l'UDR.
20 décembre	Vote de la loi Veil sur l'Interruption volontaire de grossesse.

1975

10 janvier	Première de l'émission littéraire *Apostrophes* sur Antenne 2, animée par Bernard Pivot.
29 avril	Loi sur la généralisation de la Sécurité Sociale à l'ensemble des activités professionnelles.
28 mai	Modification du statut de Paris qui aura désormais un maire.
18 juin	Adoption de la loi facilitant le divorce.
20 juin	Loi Haby réformant l'enseignement secondaire.

21 août	Mort de deux gendarmes mobiles lors d'une prise d'otage à Aleria (Corse).
Novembre	Le nombre des chômeurs dépasse un million.

1976

4 février	Congrès du PCF qui abandonne l'idée de dictature du prolétariat.
15 mars	Retrait du franc français du Serpent monétaire européen.
8 avril	Peugeot prend le contrôle de Citroën.
15 avril	Adoption d'un projet de surrégénateur Super-Phénix.
21 mai	Congrès constitutif du Centre des démocrates-sociaux.
23 juin	Loi sur la taxation des plus-values du Capital.
25 août	Démission de Jacques Chirac ; Raymond Barre Premier ministre.
15 septembre	Impôt de solidarité nationale contre la sécheresse.
22 septembre	Plan Barre de lutte contre l'inflation.
11 octobre	Publication du livre du président Giscard d'Estaing *Démocratie moderne*.
5 décembre	L'UDR se transforme en RPR sous la présidence de Jacques Chirac.
24 décembre	Assassinat à Paris de l'ancien ministre Jean de Broglie.

1977

7 janvier	Roland Barthes inaugure au Collège de France la chaire de sémiologie littéraire.
27 février	Occupation par les catholiques traditionalistes de l'église Saint-Nicolas-du-Chardonnet.
13-20 mars	Élections municipales en France ; Jacques Chirac devient maire de Paris ; poussée de la gauche qui devient majoritaire en voix.
19 mai	Création du Parti républicain qui remplace la formation des Républicains-Indépendants.
31 juillet	Heurts violents à Creys-Malville entre des manifestants anti-nucléaires et la police ; un mort, une centaine de blessés.
21-23 septembre	Rupture de l'union de la gauche sur la « réactualisation » du Programme commun.

1978

7 janvier	Programme de Blois de la majorité.
21 janvier	L'Algérie nationalise cinq sociétés pétrolières françaises.
27 janvier	Discours du président de la République à Verdun-sur-le-Doubs : « le bon choix ».
1er février	Création de l'Union pour la démocratie française (UDF)
12-19 mars	Élections législatives ; la droite reste majoritaire.
16 mars	Marée noire en Bretagne provoquée par le naufrage du pétrolier *Amoco Cadiz*.
31 mars	Raymond Barre confirmé comme Premier ministre.
3 avril	Jacques Chaban-Delmas, président de l'Assemblée nationale.
17 mai	Libération des prix industriels en France.
19 mai	La France envoie des parachutistes à Kolwezi (Zaïre) afin d'évacuer les populations civiles après l'attaque de rebelles katangais venus d'Angola.
19 mai	Rapport Nora-Minc sur *L'informatisation de la société*
10 août	Peugeot-Citroën rachète les usines françaises, britanniques et espagnoles de Chrysler.
20 septembre	Le Conseil des ministres adopte le plan de restructuration de la sidérurgie.
9 octobre	Mort du chanteur et compositeur Jacques Brel.
4 décembre	Création du système monétaire européen.
6 décembre	Appel de Cochin de Jacques Chirac dénonçant la politique européenne de Valéry Giscard d'Estaing.

1979

24 février	Manifestations à Longwy contre le plan de restructuration de la sidérurgie.
17 mars	Accord CNPF-syndicats sur l'indemnisation de chômage.
23 mars	« Marche sur Paris » des sidérurgistes : 200 blessés.
6 avril	Ouverture du congrès de Metz du PS : François Mitterrand l'emporte sur Michel Rocard.
26 juin	Le paquebot *France* est revendu à un armateur norvégien.
1er juillet	Libération du prix du livre.
10 octobre	*Le Canard enchaîné* révèle les dons de diamants de l'ex-empereur Bokassa au président Giscard d'Estaing.

30 octobre	Suicide du ministre du Travail Robert Boulin.
Novembre-décembre	Les députés RPR refusent de voter le budget.

1980

6 mars	Marguerite Yourcenar, première femme élue à l'Académie française.
15 avril	Mort de Jean-Paul Sartre.
30 avril	Adoption en Conseil des ministres de la loi « sécurité et liberté » présentée par le Garde des Sceaux Alain Peyrefitte.
3 octobre	Attentat antisémite contre la synagogue de la rue Copernic à Paris : 4 morts et une vingtaine de blessés.
22 octobre	Mise en liquidation judiciaire de l'entreprise stéphanoise Manufrance.
24 décembre	Le maire et les élus communistes de Vitry-sur-Seine détruisent, à l'aide d'une pelleteuse, un foyer d'immigrés.

1981

2 février	Mgr Lustiger succède au cardinal Marty comme archevêque de Paris.
26 avril-10 mai	Élection présidentielle : François Mitterrand est élu président de la République.
21 mai	Pierre Mauroy, Premier ministre.
22 mai	Dissolution de l'Assemblée nationale.
23 mai	Ouverture au grand Palais du premier Salon du Livre.
3 juin	Augmentation du SMIC, du minimum vieillesse, des allocations familiales.
21 juin	Le Parti socialiste remporte la majorité absolue aux élections législatives.
23 juin	Quatre ministres communistes entrent dans le gouvernement Mauroy.
29 juillet	Suppression de la Cour de sûreté de l'État.
18 septembre	Abolition de la peine de mort.
23 octobre	Ouverture du Congrès socialiste de Valence qui demande une radicalisation de l'action du gouvernement.
26 octobre	Adoption du projet de loi sur les nationalisations.
16 novembre	Yvon Gattaz, président du CNPF.
26 novembre	Abrogation de la loi « anticasseurs ».
29 novembre	Le ministre des Finances, Jacques Delors, demande une « pause » sociale.
10 décembre	Grève des médecins hospitaliers pour exiger le maintien du secteur privé dans les hôpitaux.

1982

13 janvier	Semaine de 39 heures et cinquième semaine de congés payés.
28 janvier	Adoption de la loi sur la décentralisation.
5 février	Adoption du nouveau statut de la Corse.
24 février	Naissance du premier « bébé éprouvette » français par fécondation *in vitro*.
21 mars	Succès de l'opposition aux élections cantonales.
25 mars	Adoption des ordonnances sur la retraite à soixante ans, le travail à temps partiel, l'insertion et la formation professionnelle des jeunes.
12 juin	Réajustement des monnaies européennes ; le franc est dévalué de 5,75 %.
18 juin	Henri Krasucki succède à Georges Séguy comme secrétaire général de la CGT.
29 juillet	Promulgation de la loi sur l'audiovisuel qui met fin au monopole d'État et crée la Haute Autorité.
9 août	Attentat antisémite contre le restaurant Goldenberg rue des Rosiers : six morts et vingt-deux blessés.
13 septembre	Manifestation de 15 000 chefs de petites et moyennes entreprises contre la politique gouvernementale.
12 octobre	Manifestation des commerçants et artisans à Paris contre la politique du gouvernement.

1983

19 janvier	Maurice Papon inculpé de crimes contre l'humanité.
Février-mars	Agitation des étudiants en médecine contre les projets de réforme de leurs études. Grève des internes et chefs de clinique contre le projet de réforme hospitalière.
6-13 mars	Élections municipales ; important recul de la gauche.
21 mars	Crise monétaire ; le franc est dévalué.
25 mars	Plan de rigueur économique qui traduit le choix par la France de la voie libérale et de la poursuite de l'intégration européenne.

24 mai	Manifestation d'étudiants et d'enseignants contre les projets de réforme de l'enseignement supérieur.
3 juin	Manifestation de policiers à Paris après la mort de deux de leurs collègues tués dans une fusillade.
25 septembre	Mise en service du dernier tronçon de la ligne TGV qui met Lyon à deux heures de Paris.
3 décembre	Arrivée à Paris de la marche contre le racisme.

1984

22 janvier	Manifestation de l'enseignement catholique à Bordeaux pour la défense de l'école privée.
21 février	Grève des transporteurs routiers qui bloquent les routes.
4 mars	500 000 à 800 000 personnes manifestent à Versailles pour la défense de l'école privée.
16 mars	Le ministre de l'Éducation nationale fait connaître ses projets de réforme de l'enseignement privé.
13 avril	Manifestations à Paris des sidérurgistes lorrains contre les projets de restructuration du gouvernement.
24 mai	Adoption par l'Assemblée nationale du projet de loi Savary sur l'enseignement privé.
17 juin	Élections européennes : la gauche recule ; percée du Front national.
24 juin	Un million de manifestants à Paris contre la loi gouvernementale sur l'enseignement privé.
12 juillet	François Mitterrand retire la loi sur l'enseignement privé.
17 juillet	Démission de Pierre Mauroy ; Laurent Fabius, Premier ministre le 18 ; les communistes quittent le gouvernement.
19 juillet	Jacques Delors devient président de la Commission européenne.
6 septembre	Le Parti communiste quitte la majorité.
16 novembre	Le nombre de chômeurs dépasse 2,5 millions.
20 décembre	Les députés communistes votent contre le budget.

1985

25 janvier	Lancement du plan « Informatique pour tous ».
13 février	Plan de réforme de l'enseignement primaire marquant le retour aux méthodes traditionnelles.
3 mars	Adoption du scrutin proportionnel pour les élections législatives entraînant la démission de Michel Rocard du gouvernement.
30 avril	Adoption d'un projet de loi sur la Nouvelle-Calédonie où des troubles se produisent.
22 mai	Edgard Pisani nommé ministre de la Nouvelle-Calédonie.
10 juillet	Explosion du *Rainbow Warrior* dans le port d'Auckland qui aboutit à la mise en cause d'agents des services secrets français.
4 décembre	Visite à Paris du chef de l'État polonais, le général Jaruzelski, qui provoque de nombreuses critiques et le « trouble » du Premier ministre.
21 décembre	Ouverture par le fantaisiste Coluche du premier « Restaurant du cœur ».

1986

19 février	Robert Badinter nommé président du Conseil constitutionnel en remplacement de Daniel Mayer.
16 mars	L'opposition de droite remporte les élections législatives et les élections régionales.
20 mars	Jacques Chirac, Premier ministre d'un gouvernement RPR-UDF. Début de la « cohabitation ».
28 avril	Révélation du scandale du « Carrefour du développement ».
20 mai	Rétablissement du scrutin majoritaire pour les élections législatives.
8 juin	Suppression de l'autorisation administrative de licenciement.
14 juin	Concert de SOS-Racisme place de la Bastille devant 100 000 personnes.
Juillet	Série d'attentats organisés par *Action directe*.
31 juillet	Adoption de la loi sur les privatisations que le président de la République avait refusé de promulguer par ordonnance.
2 août	Le gouvernement résilie les concessions accordées aux chaînes de télévision privée, La 5 et TV6.

7 août	Adoption de trois lois sur la sécurité et de la loi sur les conditions d'entrée et de séjour des étrangers en France.
Septembre	Vague d'attentats terroristes à Paris.
18 octobre	101 Maliens expulsés de France par charter spécial.
24 octobre	Adoption du projet de loi sur le redécoupage électoral que le chef de l'État avait refusé de promulguer par ordonnance.
17 novembre	Assassinat de Georges Besse, PDG de la régie Renault.
21 novembre	L'Assemblée nationale autorise le gouvernement à ratifier l'Acte unique européen.
22 novembre	Grève générale des étudiants contre le projet de réforme de l'enseignement supérieur du ministre Alain Devaquet.
	Violentes manifestations d'étudiants et de lycéens à Paris et en province.
1er décembre	Inauguration du Musée d'Orsay.
5 décembre	Malgré le retrait de certains points de la loi Devaquet, nouvelles manifestations d'étudiants à Paris au cours desquelles un étudiant frappé par la police trouve la mort.
17 décembre	Le président de la République refuse de signer une ordonnance sur l'aménagement du temps de travail.

1987

Janvier	Grèves à la SNCF, à la RATP, à EDF qui entraînent, à l'appel du RPR, des manifestations d'usagers.
14 février	Lancement de l'Airbus A 320.
21 février	Arrestation des responsables d'*Action directe*.
23 février	Attributions des 5e et 6e chaînes de télévision à des groupes privés.
24 mars	Signature du contrat de construction du parc d'attractions Euro-Disneyland à Marne-la-Vallée.
4 avril	Attribution de la moitié du capital de TF1 au groupe Francis Bouygues.
6 mai	Jean-Marie Le Pen propose d'expulser des milliers d'immigrés pour diminuer le chômage et d'isoler les malades atteints du sida.
11 mai	Ouverture à Lyon du procès de Klaus Barbie, ancien chef de la Gestapo de cette ville.
14 mai	Michel Noir, ministre du Commerce extérieur appelle dans *Le Monde* à s'opposer aux idées de l'extrême droite, même au risque de perdre les élections.
11 juin	Adoption du projet de loi sur l'aménagement du temps de travail.
4 juillet	Klaus Barbie condamné à la réclusion criminelle à perpétuité.
13 septembre	98,3 % des électeurs de Nouvelle-Calédonie se prononcent pour le maintien du territoire dans la République.
19 octobre	Krach boursier.

1988

7 janvier	Propositions de réforme du Code de la nationalité par la Commission Marceau Long.
24 avril	Premier tour des élections présidentielles : François Mitterrand devance Jacques Chirac ; effondrement du Parti communiste et percée de Jean-Marie Le Pen (14,4 % des voix).
4 mai	Libération de quatre otages français au Liban.
5 mai	Épilogue sanglant d'une prise d'otages en Nouvelle-Calédonie.
8 mai	François Mitterrand, réélu président de la République.
12 mai	Michel Rocard, Premier ministre.
14 mai	Dissolution de l'Assemblée nationale.
12 juin	Les socialistes obtiennent la majorité relative des sièges dans la nouvelle Assemblée nationale.
26 juin	Accord de Matignon sur l'avenir de la Nouvelle-Calédonie.
28 juin	Entrée de centristes et de représentants de la « société civile » dans le gouvernement Rocard.
14 septembre	Adoption d'un ensemble de mesures contre le chômage.
29 septembre	Début des manifestations d'infirmières à Paris.
12 octobre	Adoption du projet de loi sur le Revenu minimum d'insertion (RMI).
6 novembre	Adoption par référendum de la loi sur l'avenir de la Nouvelle-Calédonie.
11 novembre	Extension du mouvement de grève des postes.
28 novembre	Grèves à la RATP.

1989

Janvier	Révélation de scandales d'initiés touchant des milieux proches du pouvoir.

17 janvier	Présentation par le ministre de l'Éducation nationale Lionel Jospin de son plan de revalorisation du métier d'enseignant.
Février	Mouvement de grève du personnel pénitentiaire.
4 février	Marc Blondel élu secrétaire général de Force ouvrière.
Mars	Grève des fonctionnaires corses.
12-19 mars	Élections municipales : progrès de la gauche.
29 mars	Inauguration de la pyramide du Louvre.
12 avril	Fixation près du pont de Tolbiac du site de la future bibliothèque de France.
24 mai	Arrestation de Paul Touvier, chef de la Milice de Lyon.
24 mai	François Mitterrand annonce l'annulation partielle de la dette publique des pays africains à l'égard de la France.
18 juin	Élections européennes ; forte abstention et succès de la liste RPR-UDF conduite par Valéry Giscard d'Estaing.
14 juillet	Fêtes du bicentenaire de la Révolution ; énorme succès des fêtes parisiennes.
6 octobre	Début de l'affaire des « foulards islamiques ».
13 octobre	Michel Rocard présente un plan de réhabilitation de l'Ile-de-France.

1990

10 janvier	Début de la grève des internes et chefs de clinique des hôpitaux qui dure jusqu'en mars.
9 février	Accord sur la modernisation de la grille de la fonction publique.
11 février	Au RPR, une motion Chirac-Juppé l'emporte sur une motion Séguin-Pasqua qui réunit 31 % des votes.
15 février	Plan de réorganisation de l'école élémentaire.
23 février	Accord Renault-Volvo.
4 mars	Création par Jean-Pierre Soisson de « France unie ».
15-18 mars	Congrès de Rennes du Parti socialiste qui voit les courants se déchirer.
2 avril	La banque de France abaisse son taux directeur.
10 mai	Profanation des tombes juives au cimetière de Carpentras. Vaste mouvement de protestation.
23 mai	Plan de développement des universités.
15 juin	Plan national pour l'environnement du ministre Brice Lalonde.
30 juin	Adoption de la loi renforçant les sanctions contre le racisme.
7 juillet	Le groupe Bernard Tapie prend le contrôle d'Adidas.
27 août	Le Parlement approuve la fermeté de la position française dans la crise du Golfe déclenchée par l'invasion du Koweit par l'Irak.
3 octobre	Le Conseil des ministres approuve la création d'une Contribution sociale généralisée (CSG).
6 octobre	Scènes d'émeute à Vaulx-en-Velin après la mort d'un jeune motard.
15 octobre	Début des manifestations des lycéens parisiens contre l'insécurité.
12 novembre	Manifestation à Paris de 100 000 lycéens suivie de violences opérées par des « casseurs ». Lionel Jospin et le chef de l'État reçoivent des délégations.
24 novembre	Adoption d'un nouveau statut de la Corse.
4 décembre	Création d'un ministère de la Ville confié à Michel Delebarre.
13 décembre	Mme Hélène Carrère d'Encausse est élue à l'Académie française.

1991

3 janvier	Attentats en Corse.
14 janvier	Rejet par le Conseil de sécurité de l'ONU du plan de paix français pour éviter une guerre dans le Golfe.
16 janvier	Début de l'offensive aérienne des Alliés contre l'Irak.
29 janvier	Démission du ministre de la Défense Jean-Pierre Chevènement opposé à la politique française dans le Golfe. Il est remplacé par Pierre Joxe.
24 février	Début de l'offensive terrestre en Irak qui dure jusqu'au 28 février.
26 mars	Violentes émeutes des jeunes « beurs » à Sartrouville.
15 mai	Démission du Premier ministre Michel Rocard à la demande du président de la République. Il est remplacé par Mme Édith Cresson.
25 mai	Nouvelle flambée de violences dans les banlieues.
8 juin	Émeutes en banlieue parisienne.
9 juillet	Mme Cresson annonce une politique plus ferme à l'égard des demandeurs d'asile.

21 septembre	Valéry Giscard d'Estaing relance le débat sur l'immigration en proposant de substituer le « droit du sang » au « droit du sol ».
Octobre	Violentes manifestations d'agriculteurs atteints par l'effondrement des cours.
10 octobre	Grèves et manifestations à Paris des infirmières, des assistantes sociales et des professionnels du spectacle.
21 octobre	Inculpations dans l'affaire de la contamination d'hémophiles par le virus du sida.
17 novembre	Manifestation à Paris de 400 000 professionnels de la santé.
9 décembre	Signature de l'accord de Maastricht.

1992

9 janvier	Laurent Fabius est élu Premier secrétaire du PS en remplacement de Pierre Mauroy.
15 janvier	Relance de l'affaire Urba-Sages sur le financement clandestin du PS.
22 janvier	Henri Emmanuelli remplace Laurent Fabius à la présidence de l'Assemblée nationale.
29 janvier	Crise politique à la suite de l'hospitalisation à Paris de Georges Habache, chef de l'organisation terroriste FPLP.
31 janvier	Louis Viannet élu secrétaire général de la CGT.
29 février	Les élections cantonales confirment le recul du PS qui perd 6 conseils généraux.
19 mars	Journée de protestation des étudiants contre les projets de réforme universitaire de Lionel Jospin.
22 mars	Élections régionales marquées par un net recul du PS qui ne conserve qu'une présidence de Conseil régional.
2 avril	Démission de Mme Cresson. Pierre Bérégovoy Premier ministre.
12 avril	La Cinq cesse d'émettre. Ouverture du parc Euro-Disneyland.
13 avril	Vive émotion après la décision de non-lieu de la Chambre d'accusation de Paris dans l'affaire Paul Touvier.
6 mai	Scission de la Fédération de l'Éducation nationale.
23 mai	Inculpé « d'abus de biens sociaux et de recel », le ministre de la Ville, Bernard Tapie remet sa démission.
26 mai	Le chômage atteint 10 % de la population active.
29 juin	Projet de réforme des lycées.
29 juin	Manifestations des transporteurs routiers contre le permis à points.
12 juillet	Michel Rocard désigné comme « candidat naturel » du PS à l'élection présidentielle de 1995.
14 septembre	M. Emmanuelli, ancien trésorier du PS inculpé de recel et de complicité de trafic d'influence.
28 septembre	Début des émissions d'Arte, chaîne culturelle franco-allemande.
23 octobre	Condamnation de deux des responsables de la transfusion sanguine impliqués dans l'affaire du sang contaminé. Offensive de l'opposition pour faire comparaître, en Haute-Cour, le Premier ministre de l'époque Laurent Fabius et deux de ses ministres.
1er novembre	Entrée en vigueur de la loi Evin contre le tabagisme.
9 novembre	M. Mitterrand annonce un projet de révision constitutionnelle.
27 novembre	La Cour de Cassation renvoie Paul Touvier devant la justice.
19 décembre	Adoption du nouveau code de procédure pénale et du projet de loi contre la corruption.
23 décembre	Adoption d'un texte annulant les procédures de licenciement non accompagnées d'un plan de reclassement.
24 décembre	Retour de Bernard Tapie au gouvernement.

1993

1er février	Le juge Jean-Pierre révèle l'existence d'un prêt sans intérêt d'un million consenti au Premier ministre Pierre Bérégovoy par le financier Roger-Patrice Pelat.
5 février	La Commission d'instruction de la Haute-Cour déclare prescrits les faits invoqués contre Laurent Fabius et ses ministres dans l'affaire du sang contaminé.
13 février	Le ministre du Travail, Martine Aubry, lance un débat sur le partage du temps de travail.
17 février	Michel Rocard propose un « big-bang » politique.
15 mars	Le nombre de chômeurs dépasse la barre des trois millions.
21-28 mars	Élections législatives : lourde défaite du PS qui tombe à 17,4 % et 57 députés.
29 mars	Démission de Pierre Bérégovoy. Édouard Balladur, Premier ministre d'un gouvernement RPR-UDF.

2 avril	Philippe Séguin élu président de l'Assemblée nationale.
3 avril	Le Comité directeur du PS met en minorité Laurent Fabius et crée une direction provisoire présidée par Michel Rocard.
1er mai	Suicide de l'ancien Premier ministre Pierre Bérégovoy.
10 mai	Programme de redressement économique du gouvernement fondé sur la lutte contre les déficits.
25 mai	Correctif au plan de redressement : mesures de relance financées par un emprunt.
26 mai	Le Conseil des ministres adopte un large plan de privatisations.
2 juin	Le Conseil des ministres adopte un projet de loi tendant vers une « immigration zéro ».
24 juin	Réforme du code de la nationalité.
6 juillet	Première inculpation dans l'affaire de corruption lors du match OM-Valenciennes dont les péripéties vont se prolonger des mois durant.
10 juillet	Adoption du projet de loi sur les contrôles d'identité.
16-17 juillet	Institution d'une journée nationale de commémoration en hommage aux juifs victimes de la rafle du Vel'd'Hiv' en 1942.
19 juillet	Révision constitutionnelle modifiant la Haute-Cour de justice et le Conseil supérieur de la magistrature.
4 octobre	Succès de la privatisation de la BNP.
18-26 octobre	Grève à Air France contre le plan de redressement du PDG Bernard Attali qui démissionne.
22-24 octobre	Michel Rocard élu premier secrétaire du PS.
16-23 novembre	Succès de la privatisation de Rhône-Poulenc.
18 novembre	Inauguration de l'aile Richelieu du Grand Louvre.
19 novembre	Révision de la Constitution sur le problème du droit d'asile.
14-15 décembre	Accord sur le commerce international dans le cadre du GATT entre les États-Unis et l'Union européenne.
20 décembre	Adoption précipitée par le Parlement de la révision de la loi Falloux permettant aux collectivités locales de financer le patrimoine immobilier des établissements privés.

1994

Janvier	Manifestation des défenseurs de l'École publique contre la révision de la loi Falloux.
Mars	Manifestation contre le Contrat d'Insertion professionnelle (Smig jeunes).
Mai	Inauguration du tunnel sous la Manche.
Juin	Intervention française au Rwanda.
Juin	Éviction de Michel Rocard de la direction du Parti socialiste.
Août	Capture du terroriste Carlos.
Septembre	Révélations sur le passé de François Mitterrand.

BIBLIOGRAPHIE

PREMIÈRE PARTIE

Ouvrages généraux
C. AMBROSI et A. AMBROSI, *La France, 1870-1981*, Paris, Masson, 1981.

J.-J. BECKER et S. BERSTEIN, *Victoire et frustrations (1914-1929)*, Paris, Seuil, 1990, tome 12 de la *Nouvelle Histoire de France contemporaine*.

F. BÉDARIDA, J.-M. MAYEUR, J.-L. MONNERON, A. PROST, *Cent ans d'esprit républicain*, Tome V de l'*Histoire du peuple français*, Nouvelle Librairie de France, 1965.

G. et S. BERSTEIN, *La Troisième République, les noms, les thèmes, les lieux*, Paris, M.A., 1987.

D. BORNE et H. DUBIEF, *La crise des années trente (1929-1938)*, tome 13 de la *Nouvelle Histoire de la France contemporaine*, Paris, Seuil, 1989.

F. CARON, *La France des patriotes, 1851-1918*, Paris, Fayard, 1985.

J.-B. DUROSELLE, *La France et les Français, 1900-1914*, Paris, Ed. Richelieu, 1972.

J.-B. DUROSELLE, *La France et les Français, 1914-1920*, Paris, Ed. Richelieu, 1972.

Y. LEQUIN (sous la direction de), *Histoire des Français, XIXe-XXe siècles*, Paris, A. Colin, 3 vol., 1983-1984.

M. REBERIOUX, *La République radicale ? (1898-1914)*, Paris, Seuil, 1975, tome 11 de la *Nouvelle Histoire de la France contemporaine*.

R. RÉMOND (avec la collaboration de J.-F. SIRINELLI), *Notre Siècle, 1918-1988*, Paris, Fayard, 1988.

Aspects économiques
J.-Ch. ASSELAIN, *Histoire économique de la France*, Paris, Seuil, 2 vol., 1984.

H. BONIN, *Histoire économique de la France depuis 1880*, Paris, Masson, 1988.

H. BONIN, *L'argent en France depuis 1880, banquiers, financiers, épargnants*, Paris, Masson, 1989.

F. BRAUDEL, E. LABROUSSE (sous la direction de), *Histoire économique et sociale de la France*, tome 4, 2 vol., Paris, PUF, 1980.

F. CARON, *Historique économique de la France (XIXe-XXe siècles)*, Paris, A. Colin, 1981.

J. NÉRÉ, *Les crises économiques du XIXe siècle*, Paris, A. Colin, 1989.

A. SAUVY, *Histoire économique de la France entre les deux guerres*, Paris, Fayard, 1965-1972, tomes 1 et 3.

Aspects sociaux
M. AGULHON (sous la direction de), *La ville de l'âge industriel. Le cycle haussmannien (1840-1940)*, Paris, Seuil, 1984.

Ph. Ariès, *Histoire des populations françaises*, Paris, Seuil, 1971.

P. Barral, *Les agrariens français de Méline à Pisani*, Paris, Colin, 1968.

M. Bouvier-Ajam, *Histoire du travail en France depuis la Révolution*, Paris, Librairie générale de Droit et de Jurisprudence, 1969.

J. Bron, *Histoire du mouvement ouvrier français*, Paris, Les Editions ouvrières, 1968.

A. Dewerpe, *Le monde du travail en France, 1800-1950*, Paris, Colin, 1989.

E. Dolleans, *Histoire du mouvement ouvrier*, Paris, Colin, 1936-1953.

J. Dupâquier (sous la direction de), *Histoire de la population française*, Paris, PUF, 1988, Tome 3, *De 1789 à 1914*, Tome 4, *De 1914 à nos jours*.

G. Dupeux, *La société française, 1789-1970*, Paris, Colin, 1973.

A. Fourcaut, *Bobigny, banlieue rouge*, Paris, Editions ouvrières - Presses de la FNSP, 1986.

N. Green, *Les travailleurs immigrés juifs à la Belle Époque*, Paris, Fayard, 1985.

G. Lefranc, *Histoire du mouvement ouvrier en France des origines à nos jours*, Paris, Montaigne, 1946.

G. Le Moigne, *L'immigration en France*, PUF (« Que sais-je ? »), 1986.

Y. Lequin (sous la direction de), *La mosaïque France. Histoire des étrangers et de l'immigration en France*, Paris, Larousse, 1988.

P. Milza et M. Amar, *L'immigration en France de A à Z*, Paris, A. Colin, 1990.

A. Moulin, *Les paysans dans la société française. De la Révolution à nos jours*, Paris, Seuil, 1988.

G. Noiriel, *Les ouvriers dans la société française, XIXe-XXe siècles*, Paris, Seuil, 1986.

G. Noiriel, *Le creuset français. Histoire de l'immigration, XIXe-XXe siècles*, Paris, Seuil, 1988.

M. Perrot, *Le mode de vie des familles bourgeoises*, Paris, 1961.

P. Pierrard, *L'Eglise et les ouvriers en France*, Paris, Hachette, 1984.

P. Sorlin, *La Société française*, T. 1, *1840-1914* ; T. 2, 1914-1968, Paris, Arthaud, 1969-1971.

E. Weber, *La fin des terroirs. La modernisation de la France rurale*, Paris, Fayard, 1983.

Vie politique et forces politiques

J.-J. Becker et S. Berstein, *Histoire de l'anticommunisme en France*, T. 1, *1917-1940*, Paris, Olivier Orban, 1987.

J.-J. Becker, *La France en guerre*, Bruxelles, Complexe, 1988.

S. Berstein, *Histoire du parti radical*, Paris, Presses de la FNSP, 2 vol., 1980-1982.

G. et E. Bonnefous, *Histoire politique de la Troisième République*, Paris, PUF, 1960-1967, tomes 2, 3, 4, 5.

J.-P. Brunet, *Histoire du PCF*, PUF (« Que sais-je ? »), 1982.

J.-P. Brunet, *Histoire du socialisme en France (de 1871 à nos jours)*, Paris, PUF (« Que sais-je ? »), 1989.

J.-N. Jeanneney, *Leçon d'histoire pour une gauche au pouvoir. La faillite du Cartel (1924-1926)*, Paris, Seuil, 1977.

J.-M. Mayeur, *Des partis catholiques à la démocratie chrétienne (XIXe-XXe siècles)*, Paris, Colin, 1980.

J.-M. Mayeur, *La vie politique sous la Troisième République (1870-1940)*, Paris, Seuil, 1984.

P. Milza, *Fascisme français. Passé et présent*, Paris, Flammarion, 1987.

R. Rémond, *Les droites en France*, Paris, Aubier, 1982.

R. Soucy, *Le fascisme français, 1924-1933*, Paris, PUF, 1989.

Z. Sternhell, *Ni droite ni gauche. L'idéologie fasciste en France*, Paris, Seuil, 1983.

E. Weber, *L'Action française*, Paris, Stock, 1964.

M. Winock, *La fièvre hexagonale. Les grandes crises politiques, 1871-1968*, Paris, Calmann-Lévy, 1986.

Aspects culturels

J. Charpentreau et F. Vernillat, *La chanson française*, Paris, 1971.

A. Compagnon, *La Troisième République des Lettres, de Flaubert à Proust*, Paris, 1983.

J.-P. Crespelle, *Les maîtres de la Belle Epoque*, Paris, 1966.

M. Crubellier, *Histoire culturelle de la France, XIXe-XXe siècles*, Paris, 1974.

G. Duby et R. Mandrou, *Histoire de la civilisation française*, T. 2, XVIIe-XXe siècle, Paris, Colin, 1958.

G. Dumur (sous la direction de), *Histoire des spectacles*, Paris, 1965.

R. Duval, *Histoire de la radio en France*, Paris, 1980.

R. Girardet, *Le nationalisme français, 1871-1914*, réédition Paris, Seuil, 1983.

J.-M. Mayeur (sous la direction de), *L'Histoire religieuse de la France. Problèmes et méthodes*, Paris, 1975.

M. Nadeau, *Histoire du surréalisme*, Paris, rééd. 1970.

P. Ory, *Les expositions universelles de Paris*, Paris, 1982.

P. Ory, Chapitre 4 et 5 de l'*Histoire des Français, XIXe-XXe siècles*, sous la direction de Y. Lequin, Tome III, *Les citoyens et la démocratie*, Paris, Colin, 1984.

P. Ory et J.-F. Sirinelli, *Les intellectuels en France, de l'Affaire Dreyfus à nos jours*, Paris, Colin, 1986.

J. Ozouf, *Nous les maîtres d'école. Autobiographies d'instituteurs de la Belle Epoque*, Paris, 1967.

M. Rheims, *La sculpture au XIXe siècle*, Paris, 1972.

G. Sadoul, *Le cinéma français*, Paris, 1962.

Aspects internationaux

J.-C. Allain, *Agadir, 1911*, Paris, Publications de la Sorbonne, 1976.

D. Artaud, *La question des dettes interalliées et la reconstruction de l'Europe (1917-1929)*, Thèse multigraphiée, Université de Lille III, 1976.

J. Bariety, *Les relations franco-allemandes après la Première Guerre mondiale, 1918-1924*, Paris, Pedone, 1977.

J.-J. Becker, *1914, Comment les Français sont entrés dans la guerre*, Paris, Presses de la FNSP, 1977.

J. Bouvier, R. Girault & J. Thobie, *L'impérialisme à la française, 1914-1960*, Paris, La Découverte, 1986.

J.-B. Duroselle, *Histoire diplomatique de 1919 à nos jours*, Paris, Dalloz, 10e édition, 1990.

J. Ganiage, *L'expansion coloniale de la France sous la IIIe République, 1871-1914*, Paris, 1968.

R. Girault, *Emprunts russes et investissements français en Russie, 1887-1914*, Paris, Colin, 1973.

R. Girault, *Diplomatie européenne et impérialismes, 1871-1914*, Paris, Masson, 1979.

R. Girault et R. Frank, *Turbulente Europe et nouveaux mondes, 1914-1941*, Paris, Masson, 1988.

J.-N. Jeanneney, *François de Wendel en République*, Paris, Seuil, 1976.

A. Kaspi, *Le temps des Américains, 1917-1919*, Paris, Publications de la Sorbonne, 1976.

P. Milza, *Les relations internationales de 1871 à 1914*, Paris, Colin, 1968.

P. Milza, *Français et Italiens à la fin du XIXe siècle*, Rome, Ecole française de Rome, 2 vol., 1981.

Y.-H. Nouailhat, *France et Etats-Unis, août 1914 - avril 1917*, Paris, Publications de la Sorbonne, 1979.

R. Poidevin, *Les relations économiques et financières entre la France et l'Allemagne de 1898 à 1914*, Paris, Pedone, 1969.

R. Poidevin et J. Bariety, *Les relations franco-allemandes, 1815-1975*, Paris, Colin, 1977.

G.-H. Soutou, *L'or et le sang. Les buts de guerre économiques de la Première Guerre mondiale*, Paris, Fayard, 1989.

M. Tacel, *La France dans le monde du XXe siècle*, Paris, Masson, 1989.

J. Thobie, *Intérêts et impérialisme français dans l'Empire ottoman (1895-1914)*, Paris, 1977.

DEUXIÈME ET TROISIÈME PARTIES

Ouvrages généraux

R. Rémond (avec la collaboration de J.-F. Sinirelli), *Notre Siècle 1918-1988*, Paris, Fayard, 1988.

M. Agulhon, *La République, de 1880 à nos jours*, Paris, Hachette, 1990 (Histoire de France, Hachette, tome 5).

Y. Lequin (sous la direction de), *Histoire des Français, XIXe-XXe siècles*, Paris, A. Colin, 3 volumes, 1983-1984.

G. et S. Berstein, *La Troisième République, les noms, les thèmes, les lieux*, Paris, MA, 1987.

S. Berstein, *La France des années trente*, Paris, A. Colin, 1988 (coll. « Cursus »).

D. Borne et A. Dubief, *La Crise des années 30 (1929-1938)*, Paris, Seuil, 1989 (Nouvelle Histoire de la France contemporaine, tome 13).

J.-P. AZÉMA, *De Munich à la Libération 1938-1944*, Paris, Seuil (Nouvelle Histoire de la France contemporaine, tome 14).

J.-P. RIOUX, *La France de la IVe République 1 — L'ardeur et la nécessité 1944-1952 ; 2 — L'expansion et l'impuissance 1952-1958*, Paris, Seuil, 1980-1983 (Nouvelle Histoire de la France contemporaine, tomes 15 et 16).

Vie politique et forces politiques

J.-M. MAYEUR, *La Vie politique sous la IIIe République 1870-1940*, Paris, Seuil, 1984.

J.-J. BECKER et S. BERSTEIN, *Histoire de l'anticommunisme en France*, t. I, *1917-1940*, Paris, Olivier Orban, 1987.

J.-J. BECKER, *Le Parti communiste veut-il prendre le pouvoir ? La stratégie du PCF de 1930 à nos jours*, Paris, Seuil, 1981.

J.-P. BRUNET, *Histoire du PCF*, Paris, PUF, 1982 (coll. « Que sais-je ? »).

J.-P. BRUNET, *Histoire du socialisme en France (de 1871 à nos jours)*, Paris, PUF, 1989 (coll. « Que sais-je ? »).

S. BERSTEIN, *Histoire du parti radical*, 2 volumes, Paris, Presses de la FNSP, 1980-1982.

J.-M. MAYEUR, *Des partis catholiques à la démocratie-chrétienne (XIXe-XXe siècles)*, Paris, A. Colin, 1980.

P. MILZA, *Fascismes français, Passé et présent*, Paris, Flammarion, 1987.

R. RÉMOND, *Les Droites en France*, Paris, Aubier, 1982.

Z. STERNHELL, *Ni droite ni gauche, L'idéologie fasciste en France*, Paris, Seuil, 1983 ; Complexe, 1987.

E. WEBER, *L'Action française*, Paris, Stock, 1964.

Ph. WILLIAMS, *La Vie politique sous la IVe République*, Paris, A. Colin, 1971.

J. CHAPSAL, *La Vie politique en France de 1940 à 1948*, Paris, PUF, 1984.

M. WINOCK, *La Fièvre hexagonale, Les grandes crises politiques, 1871-1968*, Paris, Calmann-Lévy, 1986.

M. WINOCK, *Nationalisme, antisémitisme et fascisme en France*, Paris, Seuil, 1990, coll. « Points-Histoire ».

Les événements et les périodes

S. BERSTEIN, *Le 6 février 1934*, Paris, Gallimard-Julliard, 1975 (coll. « Archives »).

L. BODIN et J. TOUCHARD, *Front populaire, 1936*, Paris, A. Colin, 1985 (coll. « L'histoire par la presse »).

G. DUPEUX, *Le Front populaire et les élections de 1936*, Paris, A. Colin, 1969.

G. LEFRANC, *Histoire du Front Populaire*, Paris, Payot, 1964.

G. LEFRANC, *Juin 36*, Paris, Julliard, 1966 (coll. « Archives »).

P. RENOUVIN et R. RÉMOND (sous la direction de), *Léon Blum, chef de gouvernement*, Actes du colloque de la Fondation nationale des Sciences politiques, Paris, A. Colin, 1965.

R. RÉMOND et J. BOURDIN (sous la direction de), *Edouard Daladier, chef de gouvernement*, Paris, Presses de la FNSP, 1977.

R. RÉMOND et J. BOURDIN (sous la direction de), *La France et les Français en 1938-1939*, Paris, Presses de la FNSP, 1978.

Y. DURAND, *La France dans la Seconde Guerre mondiale 1939-1945*, Paris, A. Colin, 1989 (coll. « Cursus »).

G. ROSSI-LANDI, *La drôle de guerre, La vie politique en France 2 septembre 1939-10 mai 1940*, Paris, A. Colin, 1971.

F. BÉDARIDA, *La Stratégie secrète de la drôle de guerre — Le conseil suprême interallié*, Paris, Presses de la FNSP, 1979.

E. JÄCKEL, *La France dans l'Europe de Hitler*, Paris, Fayard, 1968.

R. PAXTON, *La France de Vichy*, Paris, Seuil, 1972.

M. COINTET, *Le Conseil national de Vichy, 1940-1944*, Paris, Aux amateurs de livres, 1989.

H. ROUSSO, *La Collaboration*, MA Editions, 1987.

P. LABORIE, *L'Opinion française sous Vichy*, Paris, Seuil, 1990.

H. MICHEL, *Histoire de la Résistance en France*, Paris, PUF, 1962 (coll. « Que sais-je ? »).

H. MICHEL, *Histoire de la France libre*, Paris, PUF, 1963 (coll. « Que sais-je ? »).

F. BÉDARIDA et J.-P. RIOUX (sous la direction de), *Pierre Mendès France et le mendésisme*, Paris, Fayard, 1985.

J.-P. RIOUX (sous la direction de), *La Guerre d'Algérie et les Français*, Paris, Fayard, 1990.

Aspects économiques

J.-C. ASSELAIN, *Histoire économique de la France*, Paris, Seuil, 2 vol., 1984 (coll. « Points-Histoire »).
H. BONIN, *Histoire économique de la France depuis 1880*, Paris, Masson, 1988.
H. BONIN, *L'Argent en France depuis 1880, banquiers, financiers, épargnants*, Paris, Masson, 1989.
F. BRAUDEL, E. LABROUSSE (sous la direction de), *Histoire économique de la France*, tome 4, second volume 1914 (années 1880-1950) et tome 4, troisième volume (années 1950 à nos jours), Paris, PUF, 1980 et 1982.
H. BONIN, *Histoire économique de la IVe République*, Paris, Economica, 1987.
F. CARON, *Histoire économique de la France (XIXe-XXe siècles)*, Paris, A. Colin, 1981.
J.-F. ECK, *Histoire de l'économie française depuis 1945*, Paris, A. Colin, 1988 (coll. « Cursus »).
J.-M. JEANNENEY, *Force et faiblesses de l'économie française 1945-1959*, Paris, A. Colin, 1961.
J. GUYARD, *Le Miracle français*, Paris, Seuil, 1965.
J. NERE, *Les Crises économiques au XXe siècle*, Paris, A. Colin, 1989 (coll. « Cursus »).
A. SAUVY, *Histoire économique de la France entre les deux guerres*, Paris, Fayard, 1967-1972, tomes 2 et 3.
J.-P. THOMAS, *Les Politiques économiques au XXe siècle*, Paris, A. Colin, 1990 (coll. « Cursus »).

Aspects démographiques et sociaux

A. ARMENGAUD, *La population en France au XXe siècle*, Paris, PUF, 1965.
PH. ARIES, *Histoire des populations françaises*, Paris, Seuil, 1971.
P. BARRAL, *Les Agrariens français de Méline à Pisani*, Paris, A. Colin, 1968.
F. BÉDARIDA, J.-M. MAYEUR, J.-L. MONNERON, A. PROST, *Histoire du peuple français. Cent ans d'esprit républicain*, tome 5, Paris, Nouvelle librairie de France, 1967.
A. DAUMARD, *Les Bourgeois et la bourgeoisie en France depuis 1815*, Paris, Aubier, 1987.
A. DEWERPE, *Le Monde du travail en France, 1800-1950*, Paris, A. Colin, 1989.
G. DUBY et PH. ARIÈS, *Histoire de la vie privée*, tome 5, sous la direction de Gérard VINCENT et Antoine PROST, Paris, Seuil, 1987.
J. DUPAQUIER (sous la direction de), *Histoire de la population française*, tome 4, *De 1914 à nos jours*, Paris, PUF, 1988.
G. DUPEUX, *La Société française, 1789-1970*, Paris, A. Colin, 1973.
A. FOURCAUT, *Bobigny, banlieue rouge*, Paris, Editions ouvrières, Presses de la FNSP, 1986.
G. GERVAIS, M. JOLLIVET et Y. TAVERNIER, *Histoire de la France rurale*, tome 4, *La fin de la France paysanne de 1914 à nos jours*, Paris, Seuil, 1977.
Histoire de la France urbaine, tomes 4 (M. AGULHON, dir.) et 5 (M. RONCAYOLO, dir.), Paris, Seuil, 1983-1985.
Y. LEQUIN (sous la direction de), *La Mosaïque France. Histoire des étrangers et de l'immigration en France*, Paris, Larousse, 1988.
P. MILZA et M. AMAR, *L'Immigration en France au XXe siècle*, Paris, A. Colin, 1990.
P. MILZA (sous la direction de), *Les Italiens en France de 1914 à 1940*, Ecole française de Rome, 1986.
O. MILZA, *Les Français devant l'immigration*, Bruxelles, Complexe, 1988.
A. MOULIN, *Les Paysans dans la société française. De la Révolution à nos jours*, Paris, Seuil, 1988.
G. NOIRIEL, *Le Creuset français. Histoire de l'immigration, XIXe-XXe siècles*, Paris, Seuil, 1988.
G. NOIRIEL, *Les Ouvriers dans la société française, XIXe-XXe siècles*, Paris, Seuil, 1986.
G. NOIRIEL, *Longwy. Immigrés et prolétaires, 1880-1980*, Paris, PUF, 1984.
J. PONTY, *Polonais méconnus*, Paris, Publications de la Sorbonne, 1988.
R. SCHOR, *L'Opinion française et les étrangers, 1919-1939*, Paris, Publications de la Sorbonne, 1985.
P. SORLIN, *La Société française*, tome 2, *1914-1968*, Paris, Arthaud, 1971.

Aspects culturels et religieux

P. ALBERT et A.-J. TUDESQ, *Histoire de la radio-télévision*, Paris, PUF, « Que sais-je ? », 1981.
M. AMAR, *Nés pour courir. Sport, pouvoirs et rébellions, 1944-1958*, Grenoble, PUG, 1987.
C. BELLANGER, J. GODECHOT, P. GUIRAL et F. TERROU (sous la direction de), *Histoire générale de la presse française*, tomes 4 et 5, Paris, PUF, 1974-1976.

L. BERTRAND-DORLÉAC, *Histoire de l'art, Paris - 1940-1944. Ordre national, traditions et modernités*, Paris, Publications de la Sorbonne, 1986.

A. CHEBEL D'APPOLLONIA, *Histoire politique des intellectuels en France (1944-1954)*, 2 vol., Bruxelles, Complexe, 1991.

R. CHIRAT, *Le Cinéma des années de guerre*, Paris, Hatier, 1983.

R. CHIRAT, *La IVe République et ses films*, Paris, Hatier, 1985.

A. COUTROT et F.-G. DREYFUS, *Les Forces religieuses dans la société française*, Paris, A. Colin, 1965.

M. CRUBELLIER, *Histoire culturelle de la France, XIXe-XXe siècles*, Paris, A. Colin, 1974.

F. GARÇON, *De Blum à Pétain. Cinéma et société française (1936-1944)*, Paris, Le Cerf, 1984.

J.-P. JEANCOLAS, *Quinze ans d'années trente. Le cinéma des Français, 1929-1944*, Paris, Stock, 1983.

H.-R. LOTTMAN, *La Rive gauche, du front populaire à la guerre froide*, Paris, Seuil, 1981, rééd. « Points-Histoire », 1984.

J.-L. LOUBET DEL BAYLE, *Les non-conformistes des années 30. Une tentation de renouvellement de la pensée politique française*, Paris, Seuil, 1969.

J.-M. MAYEUR (sous la direction de), *L'Histoire religieuse de la France. Problèmes et méthodes*, Paris, 1975.

P. MIQUEL, *Histoire de la radio et de la télévision*, Paris, Perrin, 1984.

M. NADEAU, *Histoire du surréalisme*, Paris, rééd., Seuil, 1970.

P. ORY, chapitre 5 de l'*Histoire des Français, XIXe-XXe siècles*, sous la direction d'Yves Lequin, tome 3, Paris, A. Colin, 1984.

P. ORY, *L'Aventure culturelle française, 1945-1989*, Paris, Flammarion, 1989.

P. ORY et J.-F. SIRINELLI, *Les Intellectuels en France, de l'Affaire Dreyfus à nos jours*, Paris, A. Colin, 1986.

A. PROST, *L'enseignement en France, 1800-1967*, Paris, A. Colin, 1968.

J.-P. RIOUX (sous la direction de), *La Vie culturelle sous Vichy*, Bruxelles, Complexe, 1990.

G. SADOUL, *Le Cinéma français*, Paris, 1962.

J.-F. SIRINELLI, *Génération intellectuelle. Khâgneux et normaliens dans l'entre-deux-guerres*, Paris, Fayard, 1988.

J.-F. SIRINELLI, *Intellectuels et passions françaises : manifestes et pétitions au XXe siècle*, Paris, Fayard, 1990.

J. VERDÈS-LEROUX, *Au service du parti. Le parti communiste, les intellectuels et la culture (1944-1956)*, Paris, Fayard - Editions de Minuit, 1983.

M. WINOCK, *Histoire politique de la revue « Esprit », 1930-1950*, Paris, Seuil, 1975.

Aspects internationaux

A. ADAMWAITE, *France and the Coming of the Second World War, 1938-1939*, Londres, Frank Cass, 1977.

G. DE CARMOY, *Les Politiques extérieures de la France, 1944-1966*, Paris, La Table Ronde, 1967.

J. DOISE et M. VAÏSSE, *Diplomatie et outil militaire*, Paris, Imprimerie nationale, 1987.

J.-E. DREIFORT, *Yvon Delbos and the Quai d'Orsay. French Foreign Policy during the Popular Front*, Univ. Press of Kansas, 1971.

J. DROZ, *Histoire de l'antifascisme en Europe, 1923-1939*, Paris, La Découverte, 1985.

J.-B. DUROSELLE, *Histoire diplomatique de 1919 à nos jours*, Paris, Dalloz.

J.-B. DUROSELLE, *La Décadence, 1932-1939*, Paris, Imprimerie nationale, 1979, réédité au Seuil en « Points Histoire ».

J.-B. DUROSELLE, *L'Abîme, 1939-1945*, Paris, Imprimerie nationale, 1982, réédité au Seuil en « Points Histoire ».

R. FRANKESTEIN, *Le Prix du réarmement français, 1935-1939*, Paris, Publications de la Sorbonne, 1982.

P. GERBET, *La Construction de l'Europe*, Paris, Imprimerie nationale, 1983.

R. GIRAULT et R. FRANK, *Turbulente Europe et nouveaux mondes*, Paris, Masson, 1989.

A. GROSSER, *La Politique extérieure de la IVe République*, Paris, A. Colin.

A. GROSSER, *Affaires extérieures. La politique extérieure de la France, 1944-1984*, Paris, Flammarion, 1984.

A. GROSSER, *Les Occidentaux. Les pays d'Europe et les Etats-Unis depuis la guerre*, Paris, Fayard, 1978.

J.-N. JEANNENEY, *François de Wendel en République, l'argent et le pouvoir, 1914-1940*, Paris, Seuil, 1976.

La France et l'Allemagne entre deux guerres mondiales, Acte du colloque de l'Université de Nancy II, 1987.

P. MILZA, *Le Fascisme italien et la presse française, 1920-1940*, Bruxelles, Complexe, 1987.

D.W. PIKE, *La France et la guerre d'Espagne, 1936-1939*, Paris, PUF, 1975.
M. TACEL, *La France et le monde au XXe siècle*, Paris, Masson, 1989.
M. VAÏSSE, *Sécurité d'abord. La politique française en matière de désarmement, 1930-1934*, Paris, Publications de la Sorbonne, 1981.

QUATRIÈME PARTIE

Outils de travail

G. VINCENT, *Les Français, 1945-1975. Chronologie et structures d'une société*, Paris, Masson, 1977.

M. BELLOC et al., *Chronologies, 1946-1973*, Paris, Hachette, 1974.

Annuaire statistique de la France, un volume par an, Paris, Imprimerie nationale.

INSEE, *Le Mouvement économique en France, 1949-1979, séries longues macro-économiques*, Paris, Imprimerie nationale, 1983.

L'Année politique, un volume par an, PUF, puis Editions du Moniteur.

R. LASSERRE (sous la direction de), *La France contemporaine guide bibliographique et thématique*, Tübingen, Niemeyer,1978.

Ch. DE GAULLE, *Discours et Messages*, Paris, Plon : T. III *Avec le renouveau, mai 1958-juillet 1962*, 1970 — T. IV *Pour l'effort 1962-1965*, 1970 — T. V *Vers le terme, 1966-1969*, 1970.

Ch. DE GAULLE, *Lettres, Notes et Carnets*, Paris, Plon : *Juin 1958-décembre 1960*, 1985 — *1961-1963*, 1986 — *Janvier 1964-juin 1966*, 1987 — *Juillet 1966-avril 1969*, 1987.

Ouvrages généraux sur la France (de 1958 au milieu des années 1970)

Y. LEQUIN (sous la direction de), *Histoire des Français XIXe-XXe siècle*. 1. *Un peuple et son pays* — 2. *La société* — 3. *Les Français et la démocratie*, Paris, A. Colin, 1983-1984.

F. BÉDARIDA, J.-M. MAYEUR, J.-L. MONNERON, A. PROST, *Cent ans d'esprit républicain*, T. V de l'*Histoire du peuple français*, Paris, Nouvelle Librairie de France, 1965.

R. RÉMOND (avec la collaboration de J.-F. SIRINELLI), *Notre siècle, 1918-198* , T. VI de l'*Histoire de France* sous la direction de J. Favier, Paris, Fayard, 1988.

B. DROZ & A. ROWLEY, *Histoire générale du XXe siècle*, 2. *Depuis 1950* — 3. *Expansion et indépendances, 1950-1973*, Paris, Seuil, « Points Histoire », 1987.

S. BERSTEIN, *La France de l'expansion.* 1. *La République gaullienne, 1958-1969*, Paris, Seuil, T. 17 de la *Nouvelle histoire de la France contemporaine*, 1989.

Ouvrages généraux sur la Ve République

J. CHAPSAL, *La Vie politique sous la Ve République*, 1. *1958-1974*, Paris, PUF, 1987.

H. PORTELLI, *La Politique en France sous la Ve République*, Paris, Grasset, 1987.

P. VIANSSON-PONTÉ, *Histoire de la République gaullienne*. 1. *La fin d'une époque, mai 1958-juillet 1962* — 2. *Le Temps des orphelins, août 1962-1969*, Paris, Fayard, 1970-1971.

J.-L. MONNERON, A. ROWLEY, *Les 25 ans qui ont transformé la France*, T. VI de l'*Histoire du peuple français*, Nouvelle Librairie de France, 1986.

Les Années de Gaulle, 1958-1974, numéro spécial de *L'Histoire*, n° 102, juil-août 1987.

De Gaulle, le régime, la classe politique

J. LACOUTURE, *De Gaulle*, 2. *Le Politique*, 3. *Le Souverain*, Paris, Seuil, 1985-1986.

L. NOEL, *Comprendre de Gaulle*, Paris, Plon, 1972.

J.-R. TOURNOUX, *La Tragédie du Général*, Paris, Plon, 1967.

A. de BOISSIEU, *Pour servir le Général, 1946-1970*, Paris, Plon, 1982.

C. FOUCHET, *Mémoires d'hier et de demain*. 1. *Au service du général de Gaulle*. — 2. *Les Lauriers sont coupés*, Paris, Plon, 1971-1973.

E. BURIN DES ROZIERS, *Retour aux sources : 1962, l'année décisive*, Paris, Plon, 1986.

De Gaulle et Malraux, Colloque organisé par l'Institut Charles de Gaulle, 13-15 novembre 1986, Paris, Plon, coll. « Espoir », 1987.

S. COHEN, *Les Conseillers du président : de Charles de Gaulle à Valéry Giscard d'Estaing*, Paris, PUF, 1980.

IFOP, *Les Français et de Gaulle*, présentation et commentaires de Jean Charlot, Paris, Plon, 1971.

O. DUHAMEL & J.-L. PARODI (sous la direction de), *La Constitution de la Ve République*, Paris, Presses de la FNSP, 1965.

J.-L. QUERMONNE, *Le Gouvernement de la France sous la Ve République*, Paris, Dalloz, 1980.

S. SUR, *Le Système politique de la Ve République*, Paris, PUF, « Que Sais-je ? », 1983.

D. MAUS, *Documents pour servir à l'histoire de l'élaboration de la Constitution*, Paris, La Documentation française, 1987.

P. AVRIL, *Le Régime politique de la Ve République*, Paris, LGDJ, 1967.

Organisations et forces politiques

R. RÉMOND, *Les Droites en France*, Paris, Aubier, 1982.

A. CHEBEL D'APPOLLONIA, *L'Extrême Droite en France de Maurras à Le Pen*, Bruxelles, Complexe, « Questions au XXe siècle », 1988.

P. MILZA, *Fascisme français. Passé et présent*, Paris, Flammarion, 1987 (réédité et complété dans la collection « Champs », 1991).

J.-C. COLLIARD, *Les Républicains-indépendants. Valéry Giscard d'Estaing*, Paris, PUF, 1971.

J. CHARLOT, *Le Phénomène gaulliste*, Paris, Fayard, 1970.

J. CHARLOT, *L'UNR, étude du pouvoir au sein d'un parti politique*, Paris, Presses de la FNSP, 1967.

J. TOUCHARD, *Le Gaullisme, 1940-1969*, Paris, Seuil, 1978.

J.-Th. NORDMANN, *Histoire des radicaux (1820-1973)*, Paris, La Table Ronde, 1974.

J.-M. MAYEUR, *Des partis catholiques à la démocratie chrétienne (XIXe-XXe siècle)*, Paris, A. Colin, coll. « U », 1980.

E.F. CALLOT, *Un Parti politique de la démocratie chrétienne en France, le MRP*, Paris, Rivière, 1978.

O. DUHAMEL, *La Gauche et la Ve République*, Paris, PUF, 1980.

H. PORTELLI, *Le Socialisme français tel qu'il est*, Paris, PUF, 1980.

H. HAMON & P. ROTMAN, *La Deuxième Gauche, histoire intellectuelle et politique de la CFDT*, Paris, Ramsay, 1982.

M. ROCARD et al., *Le PSU et l'avenir socialiste de la France*, Paris, Seuil, 1969.

J.-B. BRUNET, *Histoire du PCF*, Paris, PUF, « Que sais-je ? », 1982.

Ph. ROBRIEUX, *Histoire intérieure du parti communiste. 2. 1945-1972. De la Libération à l'avènement de Georges Marchais*, Paris, Fayard, 1981.

J.-J. BECKER, *Le Parti communiste veut-il prendre le pouvoir ?*, Paris, Seuil, 1981.

F.-O. GIESBERT, *François Mitterrand ou la Tentation de l'histoire*, Paris, Seuil, 1977.

F. MITTERRAND, *Le Coup d'Etat permanent*, Paris, Plon, 1964.

F. MITTERRAND, *Ma part de vérité*, Paris, Fayard, 1969.

F. BÉDARIDA & J.-P. RIOUX (sous la direction de), *Pierre Mendès France et le mendésisme*, Paris, Fayard, 1985.

P. MENDÈS FRANCE, *Pour une République moderne, 1955-1962*, T. 4 des *Œuvres complètes*, Paris, Gallimard, 1987.

Élections

F. BON, *Les Elections en France, histoire et sociologie*, Paris, Seuil, 1978.

A. LANCELOT, *Les Elections sous la Ve République*, Paris, PUF, 1983.

F. GOGUEL, *Chroniques électorales*, 2. *La Cinquième République du général de Gaulle*, 3. *La Cinquième République après de Gaulle*, Paris, Presses de la FNSP, 1983.

Guerre d'Algérie - Décolonisation

B. DROZ & E. LEVER, *Histoire de la Guerre d'Algérie*, Paris, Seuil, « Points Histoire », 1982.

Ch.-R. AGERON, *Histoire de l'Algérie contemporaine, 1830-1970*, Paris, PUF, 1970.

L. TERRENOIRE, *De Gaulle et l'Algérie, témoignages pour l'histoire*, Paris, Fayard, 1964.

J. Soustelle, *L'Espérance trahie (1958-1961)*, Paris, Ed. de l'Alma, 1962.
B. Tricot, *Les Sentiers de la paix en Algérie (1958-1962)*, Paris, Plon, 1972.
R. Buron, *Carnets politiques de la guerre d'Algérie*, Paris, Plon, 1965.
R. Girardet, *La Crise militaire française, 1945-1962*, Paris, A. Colin, 1964.
P.-M. De la Gorce, *La France et son armée*, Paris, Fayard, 1963.
M. Vaisse, *Alger, le putsch des généraux*, Bruxelles, Complexe, 1983.
H. Hamon & P. Rotman, *Les Porteurs de valises. La résistance française à la guerre d'Algérie*, Paris, Albin Michel, 1979.
H. Alleg, *La Question*, Paris, Ed. de Minuit, 1958.
P. Vidal-Naquet, *La Torture dans la République*, Paris, Ed. de Minuit, 1972.
P. Vidal-Naquet, *L'Affaire Audin*, Paris, Ed. de Minuit, 1958.
OAS parle, Paris, Julliard, coll. « Archives », 1964.
F. Bédarida & J.-P. Rioux (sous la direction de), *Les Français et la guerre d'Algérie*, Paris, Fayard, 1991.
J.-P. Rioux et J.F. Sirinelli (sous la direction de), *La guerre d'Algérie et les intellectuels français*, Bruxelles, Complexe, « Questions au XXe siècle », 1991.

Economie et société

F. Braudel & E. Labrousse (sous la direction de), *Histoire économique et sociale de la France*, T. IV, *L'Ere industrielle et la société d'aujourd'hui (siècle 1880-1980)*, 3e vol. *Années 1950 à nos jours*, Paris, PUF, 1982.
M. Parodi, *L'Economie et la société française depuis 1945*, Paris, A. Colin, 1981.
H. Bonin, *Histoire économique de la France depuis 1880*, Paris, Masson, 1988.
J.-Ch. Asselain, *Histoire économique de la France du XVIIIe siècle à nos jours*, T. II, *De 1919 à la fin des années 1970*, Paris, Seuil, 1984.
J. Guyard, *Le Miracle français*, Paris, Seuil, 1970.
J. Fourastié, *La civilisation de 1960*, Paris, PUF, « Que sais-je ? », 1949.
J. Fourastié, *Les Trente Glorieuses ou la Révolution invisible de 1946 à 1975*, Paris, Fayard, 1979.
E. Malinvaud, J.-J. Carré, P. Dubois, *La Croissance française*, Paris, Seuil, 1972.
Ph. Brachet, *L'Etat-patron. Théories et réalités. Le rôle des entreprises publiques en France depuis la Libération*, Paris, Skyros, 1974.
H. Rousso (sous la direction de), *De Monnet à Massé*, Paris, IHTP-CNRS, 1986.
J. Chombart de Lauwe, *L'Aventure agricole de la France de 1945 à nos jours*, Paris, PUF, 1979.
A. Cotta, *Inflation et croissance en France depuis 1962*, Paris, PUF, 1974.
A. Prate, *Les Batailles économiques du général de Gaulle*, Paris, Plon, 1978.
P. Sorlin, *La Société française*, Paris, Arthaud, 1969, T. II.
J. Beaujeu-Garnier, *La Population française*, Paris, A. Colin, « U2 », 1982.
M. Gervais, M. Jollivet, Y. Tavernier, *La Fin de la France paysanne*, T. IV de l'*Histoire de la France rurale* (sous la direction de G. Duby), Paris, Seuil, 1985.
M. Roncayolo (sous la direction de), *La Ville d'aujourd'hui*, T. V de l'*Histoire de la France urbaine* (sous la direction de G. Duby), Paris, Seuil, 1985.
J. Dupaquier (sous la direction de), *Histoire de la population française*, T. IV, *De 1914 à nos jours*, Paris, PUF, 1988.
Y. Lequin (sous la direction de), *La Mosaïque France. Histoire des étrangers et de l'immigration en France*, Paris, Larousse, 1988.
P. Milza & M. Amar, *L'immigration en France au XXe siècle*, Paris, A. Colin, 1990.
G. Noiriel, *Le Creuset français. Histoire de l'immigration, XIXe-XXe siècles*, Paris, Seuil, 1988.
O. Milza, *Les Français devant l'immigration*, Bruxelles, Complexe, « Questions au XXe siècle », 1988.
D. Borne, *La société française depuis 1945*, Paris, A. Colin, 1988.
J. Baudrillard, *La Société de consommation : ses mythes, ses structures*, Paris, Gallimard, 1974 (1e éd. 1970).
P. Birnbaum, *Les Sommets de l'Etat. Essai sur l'élite du pouvoir en France*, Paris, Seuil, 1977.
P. Birnbaum, *La Classe dirigeante française*, Paris, PUF, 1978.
A. Moulin, *Les Paysans dans la société française. De la Révolution à nos jours*, Paris, Seuil, 1988.

G. Noiriel, *Les Ouvriers dans la société française*, Paris, Seuil, 1988.
H. Weber, *Le parti des patrons, le CNPF (1946-1986)*, Paris, Seuil, 1986.
J. Capdevielle & R. Mouriaux, *Les Syndicats ouvriers en France*, Paris, A. Colin, 1970.
A. Barjonet, *La CGT*, Paris, Seuil, 1968.
A. Bergounioux, *Force ouvrière*, Paris, PUF, « Que sais-je ? », 1982.
Y. Tavernier, *Le Syndicalisme paysan, FNSEA et CNJA*, Paris, A. Colin, 196.
L. Boltanski, *Les Cadres*, Paris, Ed. de Minuit, 1982.
A. Prost, *Histoire de l'enseignement en France (1800-1967)*, Paris, A. Colin, coll. « U », 1968.
L. Roussel, *le Mariage dans la société française*, Paris, INED, 1975.
C. Thelot, *Tel père, tel fils ? Position sociale et origine familiale*, Paris, Dunod, 1982.
M. Winock, *Chronique des années soixante*, Paris, Seuil, 1987.

Questions internationales — Défense

A. Grosser, *Affaires extérieures. La politique de la France 1944-1984*, Paris, Flammarion, 1984.
A. Grosser, *La Politique extérieure de la Ve République*, Paris, Seuil, 1965.
J.-B. Duroselle, *Histoire diplomatique de 1919 à nos jours*, Paris, Dalloz, 1971.
Ph.-G. Cerny, *Une politique de grandeur*, Paris, Flammarion, 1986.
G. De Carmoy, *Les Politiques extérieures de la France, 1944-1966*, Paris, La Table Ronde, 1967.
L. Hamon (sous la direction de), *L'Elaboration de la politique étrangère*, Paris, PUF, 1969.
P. Gerbet, *La Construction de l'Europe*, Paris, Imprimerie nationale, 1983.
E. Jouve, *Le général de Gaulle et la Construction de l'Europe, 1940-1966*, LGDJ, 1967.
G. Gozard, *De Gaulle face à l'Europe*, Paris, Plon, 1976.
J. Binoche, *De Gaulle et les Allemands*, Bruxelles, Complexe, « Questions au XXe siècle », 1990.
J.-B. Duroselle, *La France et les Etats-Unis des origines à nos jours*, Paris, Seuil, 1976.
M. Ferro, *De Gaulle et l'Amérique, une amitié tumultueuse*, Paris, Plon, 1973.
R. Poidevin & J. Bariety, *Les Relations franco-allemandes, 1815-1975*, Paris, A. Colin, 1977.
M. Tacel, *La France et le monde au XXe siècle*, Paris, Masson, 1989.
S. Cohen, *De Gaulle, les gaullistes et Israël*, Paris, A. Moreau, 1974.
M. Couve de Murville, *Une politique étrangère, 1958-1969*, Paris, Plon, 1971.
J. Doise & M. Vaisse, *Diplomatie et outil militaire, 1871-1969*, Paris, Imprimerie nationale, 1987 (éd. de poche, Seuil, 1991).
R. Lothar, *La Politique militaire de la Ve République*, Paris, Presses de la FNSP, 1976.

1968

A. Dansette, *Mai 68*, Paris, Plon, 1971.
E. Morin, C. Lefort, C. Castoriadis, *Mai 68 : la brèche, suivi de vingt ans après*, Bruxelles, Complexe, 1988.
Mai 68, Numéro spécial de la revue *Pouvoirs*, n° 39, 1986.
H. Hamon & Ph. Rotman, *Génération*, T. I, *Les Années de rêve* — T. II, *Les Années de poudre*, Paris, Seuil, 1987-1988.
R. Aron, *La Révolution introuvable, réflexions sur la révolution de mai*, Paris, Julliard, 1968.
M. Crozier, *La Société bloquée*, Paris, Seuil, 1970.
A. Touraine, *Le Mouvement de mai ou le communisme utopique*, Paris, Seuil, 1968.
Ph. Alexandre, J. Tubiana, *L'Elysée en péril, 2-30 mai 1968*, Paris, Fayard, 1969.
M. Winock, *La Fièvre hexagonale. Les grandes crises politiques, 1871-1968*, Paris, Calmann-Lévy, 1986 (rééd. Seuil, « Points Histoire », 1987).

Les Années Pompidou

Ph. Alexandre, *Le Duel De Gaulle-Pompidou*, Paris, Tallandier, 1970.
G. Pompidou, *Pour rétablir une vérité*, Paris, Flammarion, 1982.
E. Roussel, *Pompidou*, Paris, J.-C. Lattès, 1984.
M. Jobert, *Mémoires d'avenir*, Paris, Grasset, 1976.

Culture et pratiques culturelles de masse

P. ALBERT & A.-J. TUDESQ, *Histoire de la radio-télévision*, Paris, PUF, « Que sais-je ? », 1981.

C. BELLANGER, J. GODECHOT, P. GUIRAL, F. TERROU, *Histoire générale de la presse française*, T. IV et V, Paris, PUF, 1974-1976.

M. CRUBELLIER, *Histoire culturelle de la France, XIXe-XXe siècles*, Paris, A. Colin, 1974.

P. MIQUEL, *Histoire de la radio et de la télévision*, Paris, Perrin, 1984.

P. ORY, *L'Aventure culturelle française, 1945-1989*, Paris, Flammarion, 1989.

P. ORY, *L'Entre-deux-Mai*, Paris, Seuil, 1983.

P. ORY & J.-F. SIRINELLI, *Les Intellectuels en France, de l'Affaire Dreyfus à nos jours*, Paris, A. Colin, 1986 (2e éd. 1992).

J.-F. SIRINELLI, *Intellectuels et passions françaises : manifestes et pétitions au XXe siècle*, Paris, Fayard, 1990.

J.-P. RIOUX & J.-F. SIRINELLI, *La Guerre d'Algérie et les intellectuels français*, Bruxelles, Complexe, « Questions au XXe siècle », 1991.

M. MARTIN, *Le Cinéma français depuis la guerre*, Paris, Edilig, 1984.

R. PREDAL, *Le Cinéma français depuis 1945*, Paris, Nathan Université, 1991.

J.-P. JEANCOLAS, *Le Cinéma des Français*, Paris, Stock, 1979.

G. VANNIER, *Histoire de la littérature française. Le XXe siècle*, 2. *1945-1988*, Paris, Bordas, 1988.

Notre histoire. Matériaux pour servir à l'histoire intellectuelle de la France, 1953-1987, Numéro spécial du *Débat*, n° 50, mai-août 1988.

P. YONNET, *Jeux, modes et masses, 1945-1985*, Paris, Gallimard, 1985.

R. BARTHES, *Mythologies*, Paris, Seuil, 1957.

J. BONIFACE, *Art de masse et grand public. La consommation culturelle en France*, Paris, Les Editions ouvrières, 1961.

L. DOLLOT, *Culture individuelle et culture de masse*, Paris, PUF, « Que sais-je ? », 1974.

J. DUMAZEDIER & C. GUINCHAT, *La Sociologie du loisir. Tendances actuelles et bibliographie (1945-1965)*, La Haye, Mouton, 1969.

J. DUMAZEDIER & M. IMBERT, *Espace et loisir dans la société française d'hier et de demain*, Paris, Centre de recherche d'urbanisme, 1967.

J. DUMAZEDIER, *Révolution culturelle du temps libre, 1968-1988*, Paris, Méridiens/Klincksieck, 1988.

J. DUMAZEDIER, *Vers une civilisation du loisir ?*, Paris, Seuil, 1962 (nouvelle édition, 1972).

E. GILSON, *La société de masse et sa culture*, Paris, Vrin, 1967.

J. GRITTI, *Culture et techniques de masse*, Paris, Casterman, 1967.

E. MORIN, *L'Esprit du temps*, 1. *Névrose* — 2. *Nécrose*, Paris, Grasset, 1962 (nouvelle édition 1975).

E. MORIN, *Journal de Californie*, Paris, Seuil, 1970.

J.-F. REVEL, *Contrecensures : politique, religion, culture de masse*, Paris, J.-J. Pauvert, 1966.

Problèmes religieux

J.-M. MAYEUR (sous la direction de), *Histoire religieuse de la France. Problèmes et méthodes*, Paris, 1975.

A. COUTROT & F.-G. DREYFUS, *Les Forces religieuses dans la société française*, Paris, A. Colin, 1965.

G.C. HOLVY, Y.M. HILAIRE, *Histoire religieuse de la France contemporaine*, T. III, 1930-1988, Toulouse, Privat, 1988.

CINQUIÈME PARTIE

(On se reportera à la bibliographie indiquée à la fin du tome IV de l'*Histoire de la France au XXe siècle*. Seuls des compléments sont indiqués ici)

J.-L. MONNERON, A. ROWLEY, *Les 25 ans qui ont transformé la France* T. VI de l'*Histoire du Peuple Français*, Paris, Nouvelle Librairie de France, 1986.

B. DROZ, A. ROWLEY, *Histoire générale du XXe siècle, Deuxième partie : depuis 1950-4. Crises et mutations de 1973 à nos jours*, Paris, Éditions du Seuil, 1992.

J. CHAPSAL, *La vie politique sous la Ve République*, 2-*1974-1987*, Paris, PUF, 1987.

H. PORTELLI, *La Ve République*, Paris, Grasset- Le livre de poche, 1994.

J.-M. JEANNENEY (sous la direction de), *L'économie française depuis 1967. La traversée des turbulences mondiales*, Paris, Seuil, 1989.

J.-F. ECK, *La France dans la nouvelle économie mondiale*, Paris, PUF, 1994.

A. GÉLÉDAN (sous la direction de), *Le bilan économique des années Mitterrand 1981-1993*, Paris, Le Monde Éditions, 1993.

Y. GAUTHIER, *La crise mondiale de 1973 à nos jours*, Bruxelles, Éditions Complexe, 1989.

A. BERGOUNIOUX, G. GRUNBERG, *Le long remords du pouvoir, Le parti socialiste français 1905-1992*, Paris, Fayard, 1992.

N. MAYER et P. PERRINEAU, *Le Front national à découvert*, Paris, Presses de la FNSP, 1989.

M. WINOCK (sous la direction de), *Histoire de l'extrême droite en France*, Paris, Seuil, 1993.

J.-F. SIRINELLI (sous la direction de), *Histoire des droites*, 3 volumes, Paris, Gallimard, 1992. *Vingtième siècle*, Revue d'histoire, « Les cultures politiques », numéro spécial, octobre-décembre 1994.

INSEE. *La Société française – Données sociales, 1993,* Paris, INSEE, 1994.

O. DUHAMEL, Jérôme JAFFRÉ, *SOFRES Opinion publique*, Paris, Gallimard, 1984, 1985, 1986.

O. DUHAMEL, Jérôme JAFFRÉ, *SOFRES, L'état de l'opinion*, Paris, Seuil, 1987, 1988, 1989, 1990, 1991, 1992, 1993, 1994.

S. COHEN, *La Monarchie nucléaire*, Paris, Hachette, 1986.

S. COHEN, *La Défaite des généraux – Le Pouvoir politique et l'armée sous la Ve République*, Paris, Fayard, 1994.

INDEX

Abbas, Ferhât, 566, 693, 823, 837, 840, 842, 872, 881, 882
Abd-el-Krim, Mohammed Ibn, 1350
Abderhamane Farès, 1060
Abelin, Pierre, 910, 1128
Abernon, d', 247
Abetz, Otto, 546, 629, 644
Achard, Marcel, 446
Acheson, Dean, 768
Adam, Henri-Georges, 801
Adamov, Arthur, 804, 1014, 1023
Adda, Jacques, 1103
Adenauer, Konrad, 240, 250, 768, 771, 779, 782, 1069, 1083, 1084, 1305
ADG, 1261
Adjani, Isabelle, 1278, 1279
Adler, Laure, 1272
Adorno, Theodor W., 1038, 1040
Ailleret, Charles, 1073, 1075, 1077, 1078
Ajar, Emile, voir Gary, Romain, 1032
Alain, Emile-Auguste Chartier, dit, 30, 424, 431, 510, 592, 700, 799, 813, 833, 841, 848
Alain-Fournier, Henri Alban Fournier, dit, 328, 1347
Alexandre (de Yougoslavie), 160, 361, 370, 459, 539, 672, 942, 1132, 1283, 1353
Alexandre III, 127
Alibert, Raphaël, 600, 604
Allain, Jean-Claude, 170
Allain, Marcel, 131
Allal el-Fassi, 499
Alleg, Henri, 847, 1057, 1361
Allégret, Yves, 807
Almereyda, 207
Althusser, Louis, 1036, 1038, 1040, 1151, 1283, 1364
Amar, Marianne, 811, 812
Andigné, Geoffroy d', 477
André, général, 45, 47, 1346

André, Max, 692
Andreu, Pierre, 429
Andrieu, Claire, 658, 717
Anka, Paul, 1018
Anouilh, Jean, 446, 623, 803, 1031, 1356
Anquetil, Jacques, 1048
Anthony, Richard, 550, 771, 969, 1018, 1047
Antier, Paul, 662
Apollinaire, Guillaume, Wilhelm Apollinaris de Kostrowitsky, dit, 125, 132, 328, 333, 1347
Aragon, Louis, 334, 361, 426, 433, 788, 791, 794, 795, 797, 1031, 1365
Archipenko, Alexandre, 124
Argenlieu, Thierry d', 680
Arletty, Bathlat Léonie, dite, 1271
Arman, 1027
Armand, Louis, 593, 609, 778, 952, 966, 1079
Aron, Raymond, 755, 785, 786, 795, 1034, 1283
Aron, Robert, 605
Arp, Hans, 334
Arrabal, Fernando, 1023
Artaud, Denise, 243, 249
Asselain, Jean-Charles, 960, 962
Astier de la Vigerie, Emmanuel d', 634, 637, 1355
Astruc, Alexandre, 1024
Astruc, Gabriel, 127
Attali, Jacques, 1336, 1376
Aubert, Roger, 115
Audiard, Michel, 807
Audiat, Pierre, 441
Audiberti, Jacques, 1023
Audin, Maurice, 847, 1360
Audran, général, 1327
Aulard, Alphonse, 210
Auric, Georges, 331, 437, 438
Auriol, Vincent, 265, 372, 464, 497, 498, 504, 507, 508, 513, 514, 555, 674, 678, 698, 703, 707, 1357
Autant-Lara, Claude, 807

Auteuil, Daniel, 1279
Aymé, Marcel, 424, 433, 798
Azéma, Jean-Pierre, 589, 598, 626, 627, 632
Aznavour, Charles, 809
Bachelard, Gaston, 422, 423
Bacon, Paul, 872, 1056
Badinter, Robert, 1163, 1166, 1193, 1372
Badoglio, maréchal Pietro, 541
Bainville, Jacques, 36
Baker, Joséphine, 327
Bakhtiar, Chapour, 1328
Bakst, Lev Samoïlevitch Rosenberg, dit Léon, 125
Balanchine, George, 437
Balasko, Josiane, 1277
Balavoine, Daniel, 1258
Baldy, Robert, 174
Balfour, Arthur James, 163
Balladur, Édouard, 1189, 1191, 1207, 1209, 1211, 1213, 1217, 1236, 1259, 1335, 1338, 1375
Balladur, Jean, 1045
Bao Dai, 693, 694
Barangé, Charles, 697
Barbé, Henri, 358, 462, 463
Barbu, Marcel, 904, 905, 913
Barbusse, Henri, 330, 360, 426, 486, 571, 1348
Bardèche, Maurice, 431
Bardet, Jacques, 1029
Barnaud, 604
Baroncelli, Maurice, 338
Barrachin, Edmond, 686, 697
Barral, Pierre, 102
Barrault, Jean-Louis, 623, 803, 804, 1011, 1023, 1028, 1031, 1363
Barre, Raymond, 1140, 1142, 1145, 1148, 1150, 1153, 1160, 1168, 1182, 1186, 1188, 1192, 1194, 1196, 1204, 1264, 1293, 1297, 1300, 1304, 1370
Barrès, Maurice, 36, 121, 173, 174, 185, 209, 210, 317, 328, 1346, 1347, 1350
Bartali, Gino, 443
Barthélemy, Joseph, 466, 604, 611, 625
Barthes, Roland, 1021, 1036, 1037, 1281, 1283, 1363, 1364, 1366, 1370
Barthou, Louis, 40, 52, 55, 376, 535, 540, 542, 1347, 1353
Barzach, Michèle, 1194
Basch, Victor, 632
Bastid, Paul, 505
Bataille, Henri, 123, 129, 363, 423, 464, 1141, 1348, 1362
Baty, Gaston, 332, 446
Baudot, M., 621
Baudouin, Paul, 508, 599
Baumel, Jacques, 875
Baumgartner, Wilfrid, 559, 1361, 1362
Bayet, Paul, 1012
Bayle, François, 469, 1028
Baylet, Jean, 834
Baylot, Préfet, 856
Bayrou, François, 1209
Bazaine, Jean, 623, 800, 1287
Bazin, Hervé, 1032
Bazin, René, 75
Beatles, 1018, 1365

Beaudouin, Eugène, 1029
Beauvoir, Simone de, 783, 784, 787, 788, 790, 797, 1010, 1014, 1031, 1255, 1282, 1361, 1362, 1367, 1368
Bécaud, Gilbert, 809
Bechet, Sydney, 1019
Bech, Joseph, 778
Beck, colonel Joseph, 184, 582, 684
Becker, Jacques, 184, 462, 592, 623, 646, 682, 806, 807, 1019, 1024
Beckett, Samuel, 799, 1022, 1023, 1363
Bédarida, François, 583, 589, 627, 818, 828
Bedel, Maurice, 794, 1310
Bedouce, Albert, 497
Begin, Menahem, 1305
Behrens, Peter, 325
Béjart, Maurice, 1028, 1364, 1366
Belin, Eugène, 136
Belin, René, 502, 591, 604, 611
Bell, Dr., 229, 838, 839, 841, 882
Bellon, Loleh, 1289
Bellonte, Maurice, 336
Belmondo, Jean-Paul, 1026, 1278, 1279
Ben Badis, 837
Ben Bella, 1362
Benda, Julien, 791, 794
Ben Djelloul, D^r, 566
Benès, Edouard, 574, 576, 577, 581
Ben Gourion (David Grin), 774, 775, 1088
Ben Khedda, 882
Benoist, Alain de, 1285
Benoist, Jean-Marie, 1284
Benoît, Pierre, 330, 434, 786
Béraud, Henri, 119, 501, 785
Bérégovoy, Pierre, 1173, 1175, 1181, 1182, 1196, 1203, 1205, 1207, 1211, 1228, 1232, 1321, 1375, 1376
Berg, Alban, 437
Bergeron, André, 1240
Bergery, Gaston, 454, 467, 486, 587, 604
Bergounioux, Alain, 510
Bergson, Henri, 50, 114, 115, 331, 423, 432, 1037, 1346, 1351
Berl, Emmanuel, 160, 163, 166, 168, 170, 172, 176, 178, 179, 216, 236, 237, 239, 240, 247, 248, 287, 327, 427, 444, 529, 536, 539, 545, 549, 552, 556, 557, 575, 581, 582, 585, 586, 601, 689, 690, 761, 763, 764, 795, 800, 1040, 1041, 1069, 1085, 1332, 1349
Berliet, Marius, 97, 202, 314, 627, 717
Bernanos, Georges, 331, 425, 432, 433, 435, 1034
Bernard, Henry, 1029
Bernard, Raymond, 338
Bernard, Tristan, 129
Berne, Jacques, 1126
Bernhardt, Sarah, 128, 129, 132, 804
Bernstein, Henry, 129, 332
Berri, Claude, 1274, 1279
Berry, Richard, 62, 1278
Bertaux, 170
Berthelot, Philippe, 247, 532
Berthoin, 819, 872
Bertillon, Adolphe, 85
Bertillon, Jacques, 85

Bertrand Dorléac, Laurence, 614, 800
Bertrand, Louis, 95, 545
Besnard, Pierre, 310
Besson, Colette, 1048
Besson, Luc, 1274, 1279, 1280
Bethmann-Hollweg, chancelier, 236
Beuve-Méry, Hubert, 1015
Beveridge, Lord William Henry, 721
Beyen, J.W., 778
Bezançon, Michel, 1045
Biaggi, Jean-Baptiste, 851, 853
Bichelonne, 605
Bidault, Georges, 639, 644, 659, 661, 672, 673, 678, 681, 688, 690, 694, 701, 704, 705, 707, 751, 766, 849, 850, 884, 885, 1057, 1356, 1358, 1361
Bigeard, général Maurice, 1137
Billères, René, 834, 849
Bill, Max, 436, 789, 796
Billot, 165
Billotte, général Pierre, 668
Billoux, François, 660, 678
Birnbaum, Pierre, 30, 523, 1002
Bismarck, Otto Eduard Leopold Bismarck-Schönhausen, 161, 164, 166, 178, 225
Bissière, Roger, 800
Blain, Gérard, 1025, 1026
Blanchard, Claude, 441
Blanchonnet, 337
Blanchot, Maurice, 429
Blanc, Michel, 528, 750, 763, 1277
Blanqui, Auguste, 42
Blériot, Louis, 133, 1346
Bleustein, Marcel, 442
Blier, Bertrand, 1019, 1276, 1279, 1363
Blin, Roger, 1023
Bloc, André, 801
Bloch, Charles, 548, 573, 578
Bloch, Jean-Richard, 426
Blomberg, maréchal Werner von, 530, 571
Blondel, Jules, 551
Blondel, Marc, 1241, 1374
Blondel, Maurice, 116
Blond, Georges, 431, 1277
Blondin, Antoine, 798, 1015, 1057
Bloy, Léon, 121
Bluche, François, 1015
Blum, Léon, 250, 356, 363, 365, 373, 384, 386, 427, 452, 464, 466, 495, 501, 504, 510, 512, 518, 522, 524, 547, 551, 553, 555, 559, 566, 569, 571, 572, 591, 593, 604, 607, 626, 658, 660, 678, 680, 707, 722, 724, 725, 755, 756, 806, 828, 1353, 1354, 1356, 1357
Bluwal, Marcel, 1048, 1272
Bobet, Louison, 813
Bois, 325
Boisrond, Michel, 1278
Boisset, Yves, 1016, 1275, 1369
Boiteux, Jean, 813
Bokassa, Jean-Bedel, 1153, 1310, 1370
Böll, Heinrich, 799
Bolling, Claude, 1019
Bongo, Omar, 1317
Bonnal, général, 186

Bonnard, Abel, 545
Bonnard, Pierre, 124, 131, 331
Bonnaure, Gaston, 459
Bonneau, général, 188
Bonnefous, Edouard, 901
Bonnet, Christian, 1128
Bonnet, Georges, 514, 515, 521, 574, 577, 586, 592, 599
Bordeaux, Henry, 330, 786
Borel, Emile, 257
Borgeaud, Henri, 826
Boris, Georges, 357, 722, 788, 792, 1016, 1019, 1031, 1336
Borne, Dominique, 438, 829, 1005, 1043
Borne, Etienne, 429
Borotra, Jean, 337, 443, 613
Bory, Jean-Louis, 562, 1014
Bosch, Juan, 1087
Botecchia, 443
Bothorel, Jean, 1125
Bouchard, 436
Bouchardeau, Huguette, 1154, 1155
Boudon, Raymond, 1281, 1286
Bouglione, 130
Bouisson, Fernand, 475, 1353
Boukharine, Nicolai Ivanovitch, 358, 461
Boulanger, général Georges, 29
Boulez, Pierre, 1028
Boulganine, maréchal Nikolaï Alexandrovitch, 775, 776, 1074, 1078
Boulin, Robert, 1141, 1153, 1371
Boulloche, André, 1056, 1361
Bourdan, Pierre, 812
Bourdelle, Antoine, 125, 127, 331
Bourderon, Albert, 208
Bourdet, Claude, 671, 850, 1011, 1013
Bourdieu, Pierre, 1001, 1031, 1286, 1364
Bourgeois, Léon, 33, 110, 196, 197, 314, 348, 445, 829
Bourgès-Maunoury, Maurice, 774, 775, 780, 824, 827, 834, 845, 848, 849, 859, 1013, 1015, 1360
Bourget, Paul, 121, 328, 459, 1318, 1345
Bourguiba, Habib, 252, 499, 565, 692, 701
Bourguinat, Henri, 1111, 1118
Bourvil, André Raimbourg, dit, 1277
Boussac, Marcel, 202, 272, 280, 314
Boussard, Isabel, 610
Boutang, Pierre, 791
Bouthillier, Yves, 599, 605
Boutmy, Emile, 98
Boutroux, Emile, 114
Bouvier, Jean, 66
Bouygues, Francis, 1000, 1373
Bovy, Berthe, 132
Bozon, Gilbert, 813, 815
Bracke, Alexandre Desrousseaux, dit, 346, 362, 464
Brandt, Willy, 1095, 1164
Braque, Georges, 124, 331, 435, 438, 800, 1287
Brasillach, Robert, 424, 425, 429, 431, 432, 545, 627, 647, 786, 787, 1357
Brassens, Georges, 809, 1018, 1047, 1366
Brasseur, Pierre, 446, 804
Braudel, Fernand, 561

1391

Braun, Théo, 1198
Brecht, Bertolt, 437, 803, 804
Brejnev, Léonide Illitch, 1086, 1090, 1092, 1151, 1301, 1303, 1312
Brel, Jacques, 809, 1370
Bresson, Robert, 623, 1024, 1277, 1365
Breton, André, 334, 426, 433, 1011, 1014
Breuer, Marcel, 1045
Brialy, Jean-Claude, 1025, 1026
Briand, Aristide, 32, 42, 46, 49, 50, 53, 55, 185, 196, 197, 210, 211, 216, 237, 238, 245, 251, 254, 258, 349, 351, 352, 368, 369, 374, 376, 377, 381, 382, 387, 388, 397, 449, 450, 466, 525, 530, 538, 543, 765, 1346, 1351
Brieux, Eugène, 123, 129
Brinon, Fernand de, 546
Briquet, Georges, 442
Brisson, Henri, 158
Brisville, Jean-Claude, 1289
Broca, Philippe de, 1278, 1279
Brockdorff-Rantzau, 229
Broglie, prince Louis de, 50, 333, 422, 435, 1143, 1153, 1370
Bromberger, Merry, 854
Brossolette, Claude-Pierre, 1129
Brown, George, 1081
Bruant, Aristide, 130
Brugnon, 337, 443
Brune, Charles, 685, 700
Bruneteau, Bernard, 967
Brunetière, Ferdinand, 116
Brunet, Jean-Paul, 503, 660
Brüning, chancelier Heinrich, 527, 528, 540
Bruno, G., 136
Brunschvicg, Léon, 423
Bryen, Camille, 800
Bucard, Marcel, 471, 503, 546, 627
Buchalet, 1074
Buffet, Bernard, 801, 1276, 1287
Bülow, chancelier von, 167, 169, 176, 229
Burin des Roziers, Etienne, 963
Buron, Robert, 819
Butor, Michel, 799, 1020, 1022, 1288, 1363
Cachin, Marcel, 209, 355, 371
Caillaux, Henriette, 179
Caillaux, Joseph, 40, 48, 51, 53, 55, 143, 170, 171, 208, 351, 374, 545, 1347, 1349, 1351
Caillavet, Gaston Arman de, 129
Caillebotte, Gustave, 123
Calas, Raoul, 684
Calder, Alexander, 436
Caldwell, Erskine Preston, 792
Calmette, Gaston, 53
Calvino, Italo, 799
Cambon, Paul, 156, 164
Campinchi, César, 586, 598
Camus, Albert, 788, 789, 796, 1360, 1361
Camus, Marcel, 1016, 1275
Canguilhem, Georges, 1287
Capitant, René, 678, 685, 928
Carax, Leos, 1280
Carcopino, Jérôme, 986
Cardinal, Marie, 1282
Cardot, général, 186

Carette, Julien, 1271
Carné, Marcel, 445, 623, 807, 1356
Carné, Michel, 1019
Carnot, Adolphe, 39
Carnot, Sadi, 39
Carol, Martine (Mourer), 807
Caron, Christine, 815, 1048
Carpentier, Georges, 337
Carter, Jimmy, 1110, 1302, 1305, 1311
Cartier, Raymond, 810
Casanova, Laurent, 795, 1362
Caserio, Santo Jeronimo, 91
Cassan, Urbain, 1029, 1303
Cassou, Jean, 1011
Castelnau, général de, 188, 371, 384
Castelot, André, 1048
Castoriadis, 796
Castro, Fidel, 1314, 1315
Catroux, général Georges, 840, 841
Cau, Jean, 131, 1015, 1282
Cavalier, Alain, 173, 1025
Cavanna, François, 309, 570, 1289
Cayatte, André, 807, 1019, 1275
Cayrol, Jean, 1022
Caziot, Pierre, 604, 610
Céline, Louis-Ferdinand, 330, 433, 435, 786, 798, 1277
Célor, Pierre, 358, 462, 463
Cendrars, Blaise, 441
Cerdan, Marcel, 813, 815
Ceretti, Nonce, 352
Cerny, Philip G., 1052
Cervi, Gino, 807
César, César Baldaccini, dit, 598, 1027, 1276, 1287
Cesbron, Gilbert, 1034
Cézanne, Paul, 124, 1346
Chaban-Delmas, Jacques, 686, 819, 832, 834, 849, 853, 856, 875, 887, 933, 935, 940, 942, 945, 1091, 1104, 1124, 1128, 1152, 1157, 1163, 1210, 1361, 1367, 1368, 1370
Chabrol, Claude, 1025, 1276, 1279
Chack, Paul, 786
Chadourne, Marc, 441
Chagall, Marc, 126, 335, 800, 1287
Chalandon, Albin, 1189
Challe, 774, 881, 883, 1054, 1059
Chambeiron, Robert, 670
Chamberlain, Joë, 163
Chamberlain, Neville, 529
Chambrun, Charles de, 537, 551
Champetier de Ribes, Paul, 517, 518, 661, 678
Chanel, Coco, 318, 319
Chaplin, Sir Charles Spencer, 132
Chardonne, Jacques, 331, 786, 1370
Charles-Roux, Edmonde, 1032, 1289, 1365
Charlot, Jean, 667, 668, 686, 875, 1274, 1277
Charpentier, Alexandre, 127
Charron, Robert, 813
Châtaigneau, Yves, 693
Chateaubriand, François-René, vicomte de, 1080
Châteaubriant, Alphonse de, 545, 785
Chateau, René, 215, 330, 604
Chatelet, François, 875, 913

1392

Chatiliez, Étienne, 1278
Chats sauvages, les, 1018
Chaussettes noires, les, 1018
Chautemps, Camille, 411, 449, 457, 460, 474, 483, 497, 514, 518, 524, 572, 573, 583, 599, 1351, 1354
Chebel d'Appollonia, Ariane, 791, 798
Chéreau, Patrice, 1274, 1279, 1289
Chéret, Jules, 131
Chéron, Henri, 40, 397, 405, 409
Chevalier, Jacques, 604
Chevalier, Louis, 90
Chevalier, Maurice, 130, 337, 447
Chevènement, Jean-Pierre, 1137, 1151, 1154, 1165, 1172, 1174, 1176, 1181, 1182, 1201, 1313, 1319, 1328, 1337, 1374
Chévigné, Pierre de, 855
Cheysson, Claude, 1163, 1314, 1316, 1318, 1323
Chiappe, Jean, 475, 476
Chirac, Jacques, 942, 1124, 1125, 1127, 1128, 1130, 1132, 1136, 1138, 1141, 1143, 1144, 1147, 1152, 1155, 1157, 1170, 1171, 1186, 1188, 1190, 1196, 1199, 1207, 1209, 1212, 1213, 1259, 1264, 1291, 1293, 1296, 1298, 1304, 1311, 1327, 1328, 1334, 1369, 1370, 1372, 1373
Choltitz, général Dietrich von, 643
Churchill, Sir Winston, 599, 633, 637, 638, 704, 750, 752, 753, 758, 765, 767, 769, 1085
Ciano, comte Caleazzo, 557, 579, 587
Citroën, André, 202, 272, 274, 276, 280, 314, 404, 559, 743
Clair, René, 334, 440, 445, 658, 717, 807, 810, 1276
Claudel, Paul, 116, 121, 123, 250, 331, 434, 623, 792, 798, 1034, 1279, 1347, 1356
Claudius-Petit, Eugène, 833, 849
Clavel, Bernard, 1282, 1366
Clemenceau, Georges, 48, 55, 196, 212, 213, 216, 346, 348, 1346
Clemenceau, Michel, 662, 678
Clémentel, Etienne, 197, 201, 213, 372, 373
Clément, René, 197, 201, 213, 372, 373, 463, 807
Clouzot, Henri-Georges, 623, 807
Cochet, 337, 443
Cochin, Denys, 143, 196, 680, 694, 1152, 1157, 1304, 1348, 1370
Cochran, Eddy, 1018
Cocteau, Jean, 129, 327, 330, 332, 334, 434, 441, 446, 807, 1011, 1023
Cogniot, Georges, 793
Cohen, Albert, 1032, 1288
Cohen, Benny, 1265
Cohen, Samy, 1313, 1320
Cohn-Bendit, Daniel, 916
Cointet, Jean-Paul, 612, 634
Cointet, Michèle, 602, 604, 612, 614, 632
Colin, Roland, 99, 102, 103, 119, 149, 150, 307, 402, 493, 590, 593, 601, 609, 759, 829, 831, 875, 1000, 1006, 1010, 1043, 1103
Collange, Gérald, 1103
Collard, Cyril, 1280
Collinet, Michel, 795
Colombier, Michel, 128, 1028

Colson, 561
Coluche, Colucci Michel, dit, 1247, 1258, 1277
Combes, Emile, 44, 48, 55, 196, 197, 1345, 1346
Comert, Pierre, 547
Comte, Auguste, 112, 113
Contarini, 254, 255
Conte, Arthur, 427, 939, 1276
Copeau, Jacques, 123, 128
Copeau, Pascal, 671
Coppée, François, 116
Coquelin, Constant, 129
Corbin, Charles, 550
Cordier, Daniel, 639
Corneau, Alain, 1260, 1275, 1276
Cornilleau, Gérard, 1114
Cornut-Gentile, 888, 1361
Corum, B., 814
Costa-Gavras, Gavras Constantin, dit, 1275
Coste-Floret, Paul, 672
Coston, Henry, 607
Cot, Jean-Pierre, 1170, 1316, 1317, 1319
Cot, Pierre, 459, 466, 478, 490, 497, 505, 670
Coty, François Spoturno, dit François, 335, 472
Coty, René, 704, 707, 766, 818, 827, 833, 848, 854, 858, 871, 1359
Coubertin, Pierre de, 133, 815
Coudenhove-Kalergi, comte de, 256, 257, 551, 765
Couderc, Roger, 1048
Coulondre, Robert, 586, 587
Courbet, Gustave, 794
Courtade, Pierre, 796, 797
Courteline, Georges Moinaux, dit, 123, 129, 173
Courtine, Henri, 813
Courtin, René, 716
Cousteau, Pierre-Antoine, 431
Coutrot, Aline, 609
Couve de Murville, Maurice, 755, 872, 897, 910, 923, 924, 931, 945, 953, 1051, 1366
Crépeau, Michel, 1152, 1153, 1155
Cresson, Édith, 1169, 1203, 1205, 1228, 1235, 1374, 1375
Croissant, Klaus, 1306
Croisset, Francis de, 434
Crouzet, François, 66, 147
Crozier, Michel, 935, 1035, 1367
Cruppi, Jean, 170
Csáky, 124
Cuno, chancelier, 238, 240
Cuny, Alain, 1014
Curel, François de, 123
Curtis, Jean-Louis, 798
Dacko, David, 1310
Daladier, Edouard, 379, 381, 410, 454, 457, 467, 475, 476, 478, 479, 482, 483, 486, 490, 492, 493, 497, 499, 504, 505, 512, 513, 516, 522, 524, 535, 570, 571, 574, 579, 582, 587, 590, 592, 593, 598, 599, 607, 626, 721, 1351, 1352, 1354, 1356
Dalimier, Albert, 459
Dali, Salvador, 334, 425, 800
Dalou, Jules, 119
Damia, 130, 447
Dandieu, Arnaud, 429, 430

1393

Dante, Durante Alighieri, dit, 1080, 1282, 1367
Daoud, Abou, 1144
Daquin, Louis, 805, 806
Darblay, Famille, 97
Darc, Mireille Algroz, dite, 151, 1277
Darien, Georges, 173
Darlan, amiral François, 604, 605, 608, 621, 629, 631, 638, 851, 1355, 1356
Darnand, Joseph, 612, 631, 647, 1356
Darquier de Pellepoix, Henri, 606, 625, 630, 1355
Dary, René (Antoine Mary), 807
Dassault, Marcel, 1076
Dasté, Jean, 802
Daudet, Léon, 36, 212
Daumard, Adeline, 97
Daum, Paul, 127, 325
Dautresme, 92
Dautry, Raoul, 324
David, Jean-Paul, 700, 808, 815, 1310, 1311, 1358
Dawes, général, 241, 242, 244, 251, 369, 377, 1350
Dean, James Byron, dit, 768, 1280
Déat, Marcel, 384, 386, 463, 466, 510, 559, 587, 612, 624, 627, 631, 632, 1355, 1356
Debatisse, Michel, 966
Debray, Régis, 1037, 1039, 1286, 1313, 1314
Debré, Michel, 686, 853, 871, 873, 876, 887, 889, 891, 897, 899, 907, 913, 921, 929, 934, 953, 966, 967, 1051, 1054, 1057, 1063, 1064, 1125, 1152, 1154, 1155, 1181, 1287, 1334, 1361, 1363, 1369
Debury, Roger ou Rossignol, Georges, 85
Debussy, Claude, 125
Decaux, André, 1048
Defferre, Gaston, 834, 835, 848, 875, 876, 901, 903, 931, 932, 945, 1062, 1165, 1330, 1360, 1363, 1364
Deglane, Henry, 337
Dejean, Louis, 436
Dekobra, Maurice, 434
Delaunay, Robert, 124, 436
Delaunay, Sonia, 436
Delaye, E., 312
Delbecque, Léon, 853, 855
Delbos, Yvon, 481, 497, 505, 551, 552, 572, 573
Delcassé, Théophile, 158, 169, 171, 185, 196, 1346
Deléage, André, 429
Delebarre, Michel, 1183, 1374
Deleuze, Gilles, 1282, 1287, 1364, 1368
Delivet, Pierre, 689
Delmas, André, 545, 591, 1368
Delon, Alain, 1278
Deloncle, Eugène, 502, 546, 1355
Delors, Jacques, 998, 1163, 1168, 1172, 1174, 1175, 1181, 1182, 1213, 1371, 1372
Delouvrier, Paul, 722, 881
Delumeau, Jean, 1012
Demangeon, Albert, 219
Demouzon, 1261
Dempsey, Jack, 337
Demy, Jacques, 1025, 1362, 1364
Deneuve, Dorléac Catherine, dite, 1278, 1279
Deniau, Jean-François, 1293

Denis, Maurice, 123, 124, 127
Déon, Michel, 798, 1367, 1369
Depardieu, Gérard, 1277, 1279
Depreux, Edouard, 848, 873
Depussé, 1030
Derain, André, 124, 435, 800
Deroulède, Paul, 30
Derrida, Jacques, 1287
Descamps, Eugène, 999
Descaves, Lucien, 120, 173
Deschamps, Christo et Gérard, 1027
Deschanel, Paul, 100, 349, 1349
Desgranges, Henri, 133
Desgraupes, Pierre, 1048
Désir, Harlem, 1225, 1258
Des Isnards, Charles, 477
Desnos, Robert, 334, 433
Despiau, Charles, 436
Dessau, Paul, 437
Deval, Jacques, 446
Devaquet, Alain, 1193, 1258, 1373
Dewerpe, A., 307
Dhavernas, Henri, 609
Diaghilev, Serge de, 125
Dides, Jean, 856
Dimitrov, Georges, 427
Dobler, Jean, 549
Doillon, Jacques, 1274, 1276, 1279
Doise, Jean, 1074
Dollé, Jean-Paul, 1284
Dollfuss, chancelier Engelbert, 538, 1352
Doméla, 437
Doniol-Valcroze, Jacques, 1025, 1276, 1362
Donnay, Maurice, 129
Don Quichotte, 1091
Dorgelès, Roland, 330, 1015, 1057
Doriot, Jacques, 359, 485, 487, 503, 624, 627, 632
Dormoy, Marx, 514, 624, 1355
Dorten, J.A., 240
Doucet, Jacques, 128, 318
Doumenc, général André, 585
Doumergue, Gaston, 53, 55, 196, 368, 374, 411, 475, 478, 480, 483, 488, 536, 540, 931, 1347, 1350, 1352, 1353
Doumer, Paul, 47, 454, 483, 1352
Doyen, 750
Drach, Michel, 1275, 1368
Dranem, Armand Ménard, dit, 130
Drax-Plumkett, amiral Sir Reginald A.R., 585
Drecoll, 318
Dreyfus, capitaine Alfred, 30, 48
Dreyfus, Pierre, 1163
Drieu La Rochelle, Pierre, 431, 432, 545, 627, 786
Drivier, Léon, 436
Droz, Bernard, 836
Drumont, Edouard, 139, 851
Druon, Maurice, 941
Dubail, général, 188
Dubief, Henri, 438
Dubillard, Roland, 1023
Dubreuil, Charlotte, 1274
Dubuffet, Jean, 623
Ducasse, A., 217
Duchamp, Marcel, 124

Duchemin, René, 511
Duchet, Roger, 703, 849, 850, 1361
Duclos, Jacques, 683, 700, 931, 932, 945
Ducrlet, Roger, 337
Ducrocq, Georges, 174
Dufoix, Georgina, 1202
Dufy, Raoul, 124, 326, 332, 435
Duhamel, Georges, 330, 433
Duhamel, Jacques, 901, 910, 930, 936, 1092, 1125, 1127
Duhamel, Marcel, 792
Dukas, Paul, 437
Dulles, John Foster, 771, 774, 776, 824, 1066
Dullin, Charles, 332, 446, 623, 802
Dumas, Roland, 131, 1181, 1196, 1317, 1318, 1332
Dumayet, Pierre, 1048
Dumazedier, Joffre, 811, 1043, 1363
Dumont, René, 1124, 1126
Dunois, Amédée, 357
Dupâquier, Jacques, 142
Dupeux, Georges, 99, 115, 493
Dupuy, Jean, 40
Duquesne, Jacques, 608
Durafour, Michel, 1141, 1196
Durand-Ruel, 123
Durand, Yves, 590, 614, 620, 621
Duras, Marguerite, 788, 799, 1014, 1022, 1057, 1277, 1288, 1289, 1361, 1366
Durey, Louis, 331, 437
Durkheim, Emile, 113
Duroselle, Jean-Baptiste, 97, 98, 112, 223, 256, 540, 542, 544, 558, 577, 580, 584
Durrel, Lawrence, 799
Duvau, Georges, 429
Duverger, Maurice, 831
Duvivier, Julien, 445, 807
Eboué, Félix, 634
Eden, Sir Anthony, 550, 572, 573, 750, 771, 776
Edouard VII, 1345
Ehrard, Ludwig, 1084
Eichtal, Eugène d', 85
Einstein, Albert, 50, 333
Eisenhower, Dwight David, 642, 704, 750, 776, 1066, 1069
Eisler, Hans, 437
Elgey, Georgette, 668
Eliot, Thomas Stearns, 799
Ellenstein, Jean, 1151
Eltsine, Boris, 1336
Eluard, Paul, 334, 426, 784, 788, 793, 794, 797
Ely, Général, 476, 774, 855, 1074
Enrico, Robert, 1278
Erhard, Ludwig, 778
Eribon, Didier, 1037
Ernst, Max, 334, 437
Erzberger, Mathias, 229
Estève, Maurice, 800
Etiemble, René, 796
Etienne, Eugène, 40, 159
Eustache, Jean, 1276, 1369
Evola, Julius, 1285
Fabius, Laurent, 1151, 1174, 1175, 1180, 1184, 1191, 1197, 1200, 1202, 1205, 1207, 1211, 1212, 1320, 1324, 1372, 1375, 1376
Fabrègues, Jean de, 429, 430, 469
Fabre-Luce, Alfred, 545
Fabre, Robert, 1151
Fabre, Saturnin, 446
Fadeïev, Alexandre, 794
Fajardie, 1261
Falkenhayn, général von, 194
Falley, M., 135
Fallières, Armand, 32, 52, 55, 931, 1346
Fanon, Frantz, 1035, 1039, 1362
Farge, Yves, 672
Farman, Henri, 133
Farrère, Claude, 330
Faucon, Philippe, 1280
Faure, Edgar, 691, 698, 700, 701, 707, 731, 737, 738, 747, 778, 819, 824, 828, 830, 831, 833, 836, 845, 849, 852, 853, 859, 875, 876, 906, 924, 926, 937, 967, 971, 986, 1124, 1127, 1152, 1359, 1360, 1369
Faure, Félix, 31, 35
Fauré, Gabriel, 125
Faure, Jacques, 852
Faure, Maurice, 834, 835, 849, 901, 904, 908, 1196
Faure, Paul, 209, 356, 361, 362, 464, 497, 514, 524, 545, 591, 604, 670
Fayard, 92, 102, 131, 223, 228, 341, 414, 445, 479, 523, 559, 626, 647, 661, 667, 668, 793, 818, 836, 854, 1010, 1012, 1275, 1301, 1312, 1320
Faye, Jean-Pierre, 814, 1022
Fernando, 130, 1023
Ferrari, Luc, 1028
Ferrat, Jean, 1047, 1366
Ferré, Léo, 809, 1047
Ferro, Marc, 843, 1273
Ferry, Jules, 143, 144, 154, 156, 292, 1030, 1182
Ferry, Luc, 1259
Feyder, Jacques, 338
Filipacchi, Daniel, 1017, 1020
Filipachi, Henri, 809
Finkielkraut, Alain, 1286
Fiszbin, Henri, 1151
Fiterman, Charles, 1162
Fitoussi, Jean-Paul, 1114
Fitzgerald, Scott, 335
Flammarion, Camille, 131, 222, 473, 829, 1020, 1037, 1052, 1091
Flandin, Pierre-Etienne, 479, 480, 483, 517, 540, 541, 545, 548, 550, 565, 573, 592, 602, 629, 638, 662, 1353, 1355
Flaubert, Gustave, 789
Flers, Robert Pellevé de la Motte-Ango, marquis de, 129
Fleurant, Gabriel dit Fleurant-Agricola, 304
Foccart, Jacques, 1064, 1294, 1309
Foch, maréchal, 190, 214, 216, 223, 239, 1349
Fokine, Michel, 125
Fontaine, André, 680, 1086, 1324, 1331
Fontanet, Joseph, 901, 910, 931, 934, 1092, 1125, 1138, 1153, 1369
Ford, Gerald, 1295
Ford, Henry, 272

1395

Forner, Alain, 1040
Forsé, Michel, 1114
Forster, 582
Fort, Paul, 52, 128, 131, 167, 665, 997, 1072, 1073, 1171, 1313
Foucault, Michel, 1036, 1037, 1259, 1281, 1283, 1286, 1287, 1362, 1365, 1367
Fouchet, Christian, 819, 822, 921, 937, 986, 1080, 1082, 1124, 1365
Fouet, Monique, 1103
Fougère, 559, 745
Fougeron, André, 623, 793, 801
Fourastié, Jean, 947, 1035, 1101, 1363
Fourcade, Jean-Pierre, 1128, 1129, 1134, 1136, 1139, 1141
Fourcaut, Annie, 308
Fournier, Pierre, 1282
Fourquin, Guy, 1014
Frachon, Benoît, 310, 358, 462, 492, 684, 997
Fragson, 130
France, Anatole, 120, 128, 328, 1345
Franchet d'Esperey, général, maréchal Louis, 205, 216, 344, 502
Francis, Ahmed, 823, 837
Francis, Robert, 429
Franck, Bernard, 798
Franco, général Francisco, 505, 553, 556, 583, 757, 775
François-Ferdinand, archiduc, 178, 1347
François-Marsal, Frédéric, 367
François-Poncet, Jean, 1293
Frank, Hans, 556, 557
Franklin-Bouillon, Henri, 379
Franquin, 811
Fratellini, Famille, 130
Frédéric-Dupont, Edouard, 686, 697, 698
Fréhel, Marguerite Boulc'h, dite, 130, 447
Frenay, Henri, 634, 637, 765, 1355
French, maréchal de, 190
Fresnay, Pierre, 446
Freud, Sigmund, 50, 1036, 1042, 1281
Freundlich, 437
Freycinet, Charles Louis de, 97, 196, 197
Frey, Roger, 849, 853, 875
Fried, Eugen, 229, 358, 463
Friedmann, Georges, 305, 426
Friedmann, Milton, 1110
Fritsch, 571
Frot, Eugène, 478, 486, 587
Funès, Louis de, 1277
Funk, Walther, 571
Gabin, Moncorgé Jean, dit, 807, 1271, 1278
Gaillard, Félix, 845, 846, 848, 849, 853, 859, 954, 1075, 1360
Gaillot, mgr Jacques, 1264
Galey, Louis-Emile, 429
Gallé, Emile, 127
Galley, Robert, 1128
Galliffet, général de, 42
Gallimard, Gaston, 30, 123, 429, 476, 601, 611, 716, 783, 790, 792, 1044, 1090, 1229
Gallois, général Pierre, 1077
Gallo, Max, 546, 1286
Gallouédec, 136, 137, 140

Gambetta, Léon, 110, 158, 160, 165, 169
Gambiez, général Fernand, 1059
Gamelin, général Maurice, 516, 538, 550, 593, 598, 1353, 1354, 1356
Gance, Abel, 338, 445
Gandhi, Mahatma, 329, 428
Garat, Henri, 446
Garaud, Marie-France, 942, 1124, 1131, 1138, 1154, 1155
Garaudy, Roger, 791, 1037, 1367
Garden, Maurice, 141
Garin, Maurice, 133
Garrel, Philippe, 1276
Garros, Roland, 133, 1270
Gary, Romain, 1032
Gasnier-Duparc, Alphonse, 497
Gasperi, Alcide de, 768
Gasser, Jules, 678
Gauguin, Paul, 124
Gaulle, général Charles de, 598, 599, 621, 633, 634, 637, 640, 643, 646, 651, 655, 657, 659, 661, 668, 671, 673, 679, 681, 683, 685, 686, 695, 697, 698, 706, 707, 714, 715, 717, 722, 747, 749, 755, 757, 782, 787, 818, 833, 845, 851, 853, 859, 862, 863, 867, 868, 871, 900, 904, 907, 910, 913, 918, 921, 923, 935, 937, 941, 943, 944, 947, 956, 958, 960, 962, 965, 967, 969, 971, 975, 978, 983, 998, 1031, 1048, 1055, 1057, 1076, 1078, 1088, 1090, 1093, 1096, 1097, 1141, 1145, 1291, 1296, 1305, 1306, 1316, 1318, 1320, 1354, 1357, 1359, 1367, 1369
Gaulle, Pierre de, 686, 814
Gaumont, Léon, 71, 132
Gauthier, Yves, 1105, 1109
Gautier, Jean-Jacques, 1023
Gaxotte, Pierre, 424, 431
Gay, Francisque, 385
Gazier, Albert, 834, 848
Geldof, Bob, 1258
Gélin, Daniel, 804
Gémier, Firmin, 500, 803
Genet, Jean, 799, 1023, 1282, 1362
Genevoix, Maurice, 330
Georges, Pierre, dit le colonel Fabien, 624
Géraud, André (Pertinax), 547
Gerbet, Pierre, 1080
Gerlier, 605, 608
Gervex, Henri, 119
Giacometti, 437
Gide, André, 123, 250, 328, 329, 360, 426, 427, 433, 545, 791, 792, 798, 1345
Gignoux, Claude-Joseph, 511, 527, 559
Gilioli, Emile, 801
Gillouin, René, 604
Gilson, 796
Gilson, René, 1274
Gimond, Marcel, 436
Gingembre, Léon, 994
Giono, Jean, 434, 545, 592, 786, 1031
Giovanni, José, 1278
Girardet, Raoul, 83, 140, 428, 473, 1015
Giraud, André, 1189
Giraudeau, Bernard, 1278

Giraudoux, Jean, 332, 434, 446, 545, 571
Girault, René, 150, 151, 561, 562
Girault, Suzanne, 358
Giraut, Jean, 1277
Giroud, Françoise, 820, 1129, 1255
Giscard d'Estaing, Valéry, 896, 900, 907, 910, 929, 931, 934, 937, 938, 941, 942, 953, 963, 965, 974, 1092, 1095, 1124, 1130, 1135, 1136, 1139, 1141, 1153, 1155, 1157, 1170, 1185, 1188, 1197, 1207, 1212, 1291, 1297, 1299, 1303, 1305, 1312, 1322, 1324, 1326, 1329, 1331, 1362, 1365, 1367, 1369, 1370, 1374, 1375
Glaoui, 827
Godard, Jean-Luc, 1016, 1025, 1040, 1044, 1274, 1277, 1279, 1362, 1364, 1366
Goerdeler, Carl Friedrich, 578
Goering, Hermann, 543, 552, 571, 572
Goethe, Johann Wolfgang von, 1080
Goetze, Roger, 956
Gogue, François, 686
Goguel, François, 831, 1161
Gohier, Urbain, 173
Goitschel, Marielle, 1048
Goldman, Jean-Jacques, 1258
Goldmann, Lucien, 1022
Goldmann, Pierre, 1040
Gomulka, Wladyslaw, 1086
Goncourt, Edmond et Jules Huot de, 120, 329, 789, 797, 1032, 1349, 1365, 1368
Gonzales, Felipe, 1330
Gonzalez, Julio, 437
Gorbatchev, Mikhaïl, 1323, 1325, 1336
Gorin, Jean, 436, 437
Gorki, Alexis Maximovitch Pechkov, dit Maxime, 123
Gouin, Félix, 669, 679, 707, 755, 1357
Goupil, Romain, 1274
Gouraud, général Henri, Joseph, Eugène, 233
Goy, Jean, 545
Gracq, Julien, 1032
Gramsci, Antonio, 1040, 1285
Grandmaison, colonel de, 186
Grandval, Gilbert, 760
Granet, Marie, 635
Granger, Gilles-Gaston, 1287
Granier-Deferre, Pierre, 1278
Grasset, Eugène, 127, 608, 1125, 1284
Gravier, Jean-François, 746, 971
Gréco, Juliette, 788, 809, 1044
Green, Julien, 1034
Green, Nancy, 92
Grémillon, Jean, 445
Grévy, Jules, 28, 31, 32
Gribius, général, 853
Griffuelhes, Victor, 38, 108, 109
Gris, Juan, 124
Gropius, Walter, 1029
Grosser, Alfred, 759, 1091, 1093
Groult, Benoîte, 1283
Grumberg, Jean-Claude, 1289
Guariglia, 587
Guattari, Félix, 1282, 1368
Guderian, général Heinz, 593

Guéhenno, Jean, 427, 801, 812, 1011
Guérin, Jules, 31
Guesde, Jules, 42, 43, 47, 51, 93, 184, 196, 356, 362
Guevarra, Ernesto, dit Che, 1313
Guichard, Olivier, 853, 934, 971, 1132, 1141
Guillaumat, Pierre, 872, 1075
Guillaume, François, 1169
Guillaume, général, 1358
Guillaume II, 159, 160, 163, 168, 170, 177, 179, 236, 1346, 1349
Guillaumet, 336
Guillevic, Eugène, 794
Guimard, Hector, 127
Guimard, Paul, 1032
Guiringaud, Louis de, 1293
Guitry, Lucien, 129
Guitry, Sacha, 129, 332, 446, 807
Gurvitch, Georges, 1011
Guyot, Yves, 85
Habermas, Jürgen, 1038, 1040
Habré, Hissène, 1317
Haby, René, 986, 1128, 1129, 1136, 1369
Hacha, Emile, 581
Haedens, Kléber, 798, 1032
Haig, général, 215
Hains, Raymond, 1027
Halbwachs, Maurice, 306, 307
Halifax, Lord Edward F.L. Wood, 572, 573, 584, 587
Hallstein, Walter, 1079, 1081
Halluin, Henri d', dit Dorgères, 304
Hallyday, Johnny, 1018
Hamilton, Alastair, 429
Hanau, Marthe, 458
Hanotaux, Gabriel, 159, 160, 165
Hansenne, Marcel, 813
Hansi, 174
Harmel, Léon, 85
Hartung, Hans, 800
Hassan II, 1326
Hautecloque, Jean de, 693, 701
Hautecœur, Louis, 613
Hayek, Friedrich von, 1110
Hébert, père Marcel, 116
Heerdt, Jean de, 813
Heidegger, Martin, 423
Helsey, Edouard, 441
Hemingway, Ernest, 335
Hendricks, Barbara, 1272
Henlein, Konrad, 574, 576, 577
Henriot, Philippe, 604, 627, 631, 1356
Henry, Noël, 549
Henry, Pierre, 1028
Héraud, Guy, 1126
Herbin, Auguste, 124, 436
Hermant, Abel, 173
Hermet, Guy, 554
Hernu, Charles, 829, 902, 1185, 1319, 1320
Herriot, Edouard, 197, 242, 245, 250, 253, 257, 258, 265, 267, 346, 363, 365, 368, 370, 376, 378, 379, 452, 454, 457, 467, 475, 478, 483, 489, 490, 493, 508, 512, 521, 529, 532, 533, 538, 542, 553, 568, 569, 592, 593, 600, 607,

644, 662, 670, 672, 684, 692, 829, 1346, 1350, 1353
Hervé, Gustave, 51, 173, 1202
Hervieu, Paul, 129
Heurgon, Jacques, 1014
Heynemann, Laurent, 1275
Hindenburg, maréchal Paul von, 194, 207, 229, 236, 528, 1352
Hirsch, Etienne, 722, 738, 739, 825, 1359
Hitler, Adolf, 424, 441, 464, 476, 482, 486, 517, 519, 521, 524, 527, 530, 533, 535, 540, 543, 545, 550, 552, 557, 571, 573, 575, 583, 585, 587, 589, 590, 592, 598, 626, 630, 633, 643, 658, 757, 773, 1019, 1352, 1354, 1363
Hitz, Robert, 84
Hoare, Samuel, 547, 572
Hô Chi Minh, Nguyên Ai Quôc, dit, 253, 565, 680, 682, 693, 694
Hodza, 577
Hoffmann, Johannes, 760
Hoffmann, Stanley, 829
Holstein, baron von, 167, 168
Honegger, Arthur, 331, 437, 438
Hoover, Hubert, 406, 528, 531, 540
Hopkins, Harry, 751, 753
Horkheimer, Max, 1038, 1040
Houphouët-Boigny, Félix, 835, 872, 1062, 1063
Hubert-Lacombe, Patricia, 806
Humbert, Eugène, 84, 154, 207
Hussein, Saddam, 1118, 1311, 1312, 1326, 1327
Husserl, Edmund, 423
Huysmans, Georges Charles dit Joris-Karl, 116, 120, 121
Ibert, Jacques, 438
Ibsen, Henrik, 123, 446
Illitch, Ivan, 1282
Ionesco, Eugène, 799, 804, 1022, 1361, 1362
Isvolsky, 176
Ivoi, Paul d', 174, 1062, 1063
Izard, George Emile, 429, 659
Jäckel, Eberhard, 626, 628
Jacob, Max, 116, 125
Jacquinot, Louis, 679, 872
Jaffré, Jérôme, 1161
Jambet, Christian, 1284
Jamesquist, 1026
Jammes, Francis, 116
Jankélévitch, Vladimir, 1286
Janvier, Ludovic, 913, 1023
Jany, Alex, 813
Japy, Famille, 97
Jardin, Jean, 429, 1288
Jarry, Alfred, 123
Jaruzelski, général, 1185, 1324
Jaurès, Jean, 42, 43, 48, 49, 51, 53, 55, 56, 114, 181, 183, 185, 246, 370, 466, 1159, 1347, 1350
Jazy, Michel, 815, 1048
Jdanov, Andrëi A., 683, 761, 794, 801, 804, 1026
Jeanneney, Jean-Marcel, 888, 907, 921, 925, 927, 937, 949, 962, 965, 1056, 1141
Jeanneney, Jean-Noël, 243, 373, 601
Jeanneney, Jules, 475, 600, 601, 644
Jeanneret, Charles-Edouard, voir Le Corbusier, 325

Jean, Raymond, 1022
Jean, René, 304
Jeanson, Francis, 885, 1015, 1057
Jean-Zay, Madeleine, 670
Jèze, Gaston, 545
Jobert, Michel, 941, 1051, 1091, 1093, 1095, 1160, 1174, 1175, 1294
Joffre, maréchal, 143, 186, 188, 190, 193, 197, 199, 811, 1348
Johnson, Lyndon Baines, 1068, 1087
Joliot-Curie, Frédéric, 1358
Joliot-Curie, Irène, 794
Joliot, Frédéric, 1011
Jonnart, Charles, 352, 1349
Jospin, Lionel, 1151, 1196, 1197, 1201, 1204, 1205, 1211, 1374, 1375
Jouhaud, Edmond, 883, 892, 1059, 1060, 1363
Jouhaux, Léon, 38, 109, 184, 185, 203, 208, 311, 343, 354, 492, 505, 684, 685, 1346
Journiac, René, 1294
Jouvenel, Bertrand de, 386, 441, 466
Jouvenel, Henry de, 504, 534, 537, 1350
Jouvet, Louis, 332, 445, 446, 799, 804
Joxe, Louis, 881, 921
Joxe, Pierre, 1163, 1181, 1319, 1374
Jugnot, Gérard, 1277
Juillet, Pierre, 942, 1124, 1131, 1138
Juin, maréchal Alphonse, 692, 701, 823, 1015, 1059, 1358
Julien, Charles-André, 136, 310, 445, 791, 794, 807, 836, 1032
Julliard, Jacques, 476, 673, 684, 836
July, Serge, 1040
Jünger, Ernst, 799
Juppé, Alain, 1209, 1338
Kadhafi, colonel Muammar al, 1093, 1310, 1317
Kafka, Franz, 803
Kahn, Cédric, 1280
Kahnweiler, Daniel-Henri, 125
Kanapa, Jean, 791, 796
Kandinsky, Wassily, 436, 800
Kaspar, Jean, 1239, 1240
Kast, Pierre, 1025, 1362
Kauffmann, Jean-Paul, 1328
Kayser, Jacques, 385, 466, 490
Kedward, Harry Roderick, 636
Keir-Hardie, 181
Keita, Mobido, 1063
Keitel, Wilhelm, 571
Kellogg, Franck Billings, 377
Kemal, Mustapha, 232
Kennedy, John F., 1065, 1067, 1080, 1299, 1362
Kerenski, Alexandre Fédorovitch, 501
Kérillis, Henri de, 579
Kessel, Joseph, 434, 441
Keynes, John Maynard, 233, 237, 1110
Khomeiny, ayatollah Ruhollah, 1111, 1311
Khrouchtchev, Nikita S., 1069, 1078, 1362
Kiderlen-Wächter, 170
Kierkegaard, Sören, 423
Killy, Jean-Claude, 1048
Kirkpatrick, Jeane, 1315
Kirsch, Martin, 1294

Kisling, Moïse, 126
Kissinger, Henry A., 1095, 1301, 1323
Kitchener, général, 162
Klee, Paul, 124, 800
Klein, Yves, 1027
Klotz, Louis-Lucien, 204, 260, 261, 351
Koechlin, Charles, 438
Kœnig, Pierre, 819, 824, 827
Kohl, chancelier Helmut, 1323, 1330, 1333
Koltès, Bernard-Marie, 1289
Kouchner, Bernard, 1040, 1259, 1338
Krasucki, Henri, 1239, 1371
Kravchenko, Victor, 1358
Krivine, Alain, 931, 932, 945, 1040, 1123, 1126
Kuisel, Richard F., 611, 716
Kun, Bela, 344
Laberthonnière, Lucien, 114, 116
Labonne, Erik, 692
Laborie, Pierre, 622
Labro, Jean, 1045
Labrousse, Ernest, 561
Lacan, Jacques, 1036, 1037, 1281, 1283, 1365
La Chambre, Guy, 27, 577, 586, 1350
Lachelier, Jules, 114
Lacoste, amiral, 1185
Lacoste, Robert, 834, 841, 848, 852, 854, 875, 1057, 1360
Lacouture, Jean, 830, 1086
Lacroix, Jean, 429, 1012
Lacroix-Riz, Annie, 682, 762, 806
Lafay, Bernard, 901
Laffitte, Jean, 797
Laforgue, Jules, 128
Lagaillarde, Pierre, 851, 883, 1058
Lagrange, Léo, 500, 802
Laguerre, Bernard, 606
Laguiller, Arlette, 1123, 1126, 1154, 1155
Lahaye, Jean-Luc, 1258
Lajoinie, André, 1264
Lalonde, Brice, 1154, 1155, 1374
Lalou, Etienne, 808
Lambert-Ribot, Alfred, 559
Lamoureux, Lucien, 511
Lamour, Philippe, 429, 746
Lancelot, Alain, 833
Landini, 546
Landowski, Paul, 331
Landru, Henri, 336, 1350
Langevin, Paul, 424, 467
Lang, Jack, 1163, 1205, 1267
Langle de Cary, général de, 188
Langlois, général, 186
Lang, Michel, 1278
Laniel, Joseph, 698, 700, 701, 703, 705, 707, 737, 875, 1074, 1359
Lanoir, 110
Lanrezac, général, 188, 190
Lansdowne, Henry Charles Keith Petty Fitzmaurice, 163
Lanvin, 318
Lanvin, Gérard, 1278
Lanzmann, Claude, 1014, 1273
Lapie, Pierre-Olivier, 429
Larbaud, Valéry, 123

Lardreau, Guy, 1284
La Rocque, lieutenant-colonel François de, 471, 473, 478, 502, 503, 528, 604, 635, 662
Laroque, Pierre, 721
Lasteyrie, Charles de, 265
Lattre de Tassigny, général Jean-Marie Gabriel de, 694, 705
Laubreaux, Alain, 431
Laurencin, Marie, 331
Laurens, J.P., 119
Laurent, Fernand, 568
Laurent, Jacques, 798, 1032
Laurent, Jeanne, 802, 803
Laurent, Raymond, 661
Lautner, Georges, 1277, 1278
Laval, Pierre, 257, 381, 383, 412, 415, 418, 449, 451, 456, 469, 474, 477, 479, 481, 483, 489, 504, 525, 527, 528, 538, 543, 546, 548, 559, 581, 587, 592, 599, 602, 621, 624, 626, 629, 632, 635, 644, 647, 1352, 1355, 1357
Lavanant, Dominique, 1277
Lavilliers, Bernard, 1260
Lavisse, Ernest, 113, 210, 1345
Layton, Walter, 529
Lazareff, Pierre, 1048
Lazarus, 438
Leahy, William, 637, 638
Léaud, Jean-Pierre, 1026, 1276
Le Bargy, 132
Lebas, Jean-Baptiste, 362, 465, 497
Lebecq, Georges, 476, 477
Le Béguec, Gilles, 689
Leblanc, Maurice, 131
Le Bris, Michel, 1282, 1367
Lebrun, Albert, 454, 475, 478, 483, 497, 513, 514, 517, 521, 524, 593, 599, 601, 1352, 1354
Lecache, Bernard, 467
Lecanuet, Jean, 901, 904, 910, 913, 930, 1125, 1128, 1141, 1145, 1364
Lecat, 1138
Leclerc, Annie, 1282
Leclerc, Edouard, 1000
Leclerc, général Philippe-Marie de Hauteclocque, dit, 634, 642, 644, 680, 1356, 1357
Le Clézio, J.-M.G., 1032, 1288, 1363
Lecoin, Louis, 592
Lecoq, Charles, 130
Le Corbusier, Charles-Edouard Jeanneret, dit, 126, 325, 1028
Lecourt, Robert, 1037
Leducq, André, 443
Lefebvre, Henri, 1014
Lefebvre, mgr Marcel, 1263
Lefranc, Georges, 496
Legendre, Jean, 736
Léger, Fernand, 338, 435, 800
Lehideux, 604
Leiris, Michel, 1282
Lejeune, Max, 774, 1057
Le Léap, Alain, 700
Lelouch, Claude, 1044, 1275, 1277, 1279, 1365
Lemaître, Jules, 129
Lemarque, Francis, 1016, 1047
Lemnitzer, général, 1078

1399

Lénine, Vladimir Illitch Oulianov, dit, 206, 253, 310, 344, 355, 461, 510
Léon XIII, 45, 116, 117
Léotard, Philippe, 1189, 1209
Le Pen, Jean-Marie, 851, 1015, 1124, 1126, 1127, 1177, 1194, 1196, 1220, 1261, 1264, 1334, 1373
Lepercq, 714
Lequin, Yves, 119, 299, 570
Lerner, Henri, 952
Leroux, Gaston, 131
Leroy-Beaulieu, Paul, 85
Le Roy, Edouard, 114, 116, 529, 536, 539, 576, 773
Leroy-Ladurie, Jacques, 610
Letourneau, Jean, 692
Lévêque, Jean-Maxime, 952, 963
Lever, Evelyne, 836
Levinas, Emmanuel, 1287
Lévi-Strauss, Claude, 1011, 1035, 1036, 1281, 1361, 1363, 1364, 1368
Lévy, Bernard-Henri, 1284
Lévy-Brühl, Lucien, 113
Lévy, Jean-Pierre, 635
Lévy-Leboyer, Maurice, 59, 66, 151, 563
Lewis, 561
Lewis, John, 1036
Leygues, Georges, 349, 376, 1349
Lherbier, Marcel, 338
Lhermitte, Thierry, 1277
Lhote, André, 124
Lichtenberger, André, 174
Linder, Max, 132
Lindon, Jérôme, 1014, 1020
Linhart, Robert, 1037
Lipovetsky, Gilles, 1286
Lipsi, Morice, 801
Litvinov, Maxime, 542, 575, 584
Loiseau, Gustave, 124
Loisy, Alfred, 116, 1345
Londres, Albert, 336, 441
Longchambon, 669
Longuet, Jean, 208, 209, 354, 356, 361
Lopez, Raymond, 1029, 1314
Lorenzi, Stellio, 1048
Loriot, 357
Losfeld, Eric, 1014
Loti, Pierre, 328
Loubet del Bayle, Jean-Louis, 428
Loubet, Emile, 31, 32, 44, 46, 55, 164, 166, 469, 931, 1345, 1346
Loucheur, Louis, 272, 309, 314, 374, 378, 1350, 1351
Luchaire, Jean, 546, 627
Ludendorff, général Erich, 214, 215, 236
Lugné-Poe, Aurélien Lugné, dit, 123, 128
Luguet, André, 804
Luirard, Monique, 622
Lumière, Auguste et Louis, 71, 132
Luns, Joseph, 1079, 1080
Luther, Martin, 757
Lux, Guy, 1047
Lyautey, maréchal Louis Hubert Gonzalve, 197, 252, 369, 1350

Lyotard, Jean-François, 1284
Mabire, Jean, 1285
MacDonald, James Ramsay, 244, 533, 535
Mâche, François-Bernard, 1028
Macherey, 1037
Mac-Mahon, maréchal Edme, Patrice, Maurice, comte de, 27, 28
Macmillan, Harold, 1066, 1067, 1081, 1082
Mac Orlan, Pierre, 330
Macquet, Michel, 815
Madaule, Jacques, 1011
Madelin, Alain, 1189
Madonna, 1223, 1259
Maës, 443
Maeterlinck, Maurice, 123, 125, 126
Magne, Antonin, 336, 443
Magnin, 39
Magritte, René, 800
Mahé de La Villeglé, Jacques, 1027
Mailly, Jean de, 1030, 1297
Maire, Edmond, 242, 1239, 1240
Mairey, A., 135
Majorelle, Louis, 127
Malec, Ivo, 1028
Malhuret, Claude, 1194
Mallarmé, Stéphane, 125, 128
Malle, Louis, 1024, 1025, 1277, 1279, 1361, 1368
Mallet-Joris, Françoise, 1020, 1289
Mallet, Serge, 995
Malraux, André, 360, 425, 427, 432, 434, 784, 792, 794, 798, 871, 895, 921, 1023, 1030, 1031, 1090, 1125, 1267, 1368
Malvy, Louis, 207, 212, 213, 349, 370, 1348, 1349
Mancel, abbé, 304
Mandel, Georges, 451, 518, 586, 598, 599, 607, 632, 633, 1356
Mandiargues, André-Pieyre de, 1014
Manessier, Alfred, 800, 1287
Mangin, général, 146, 215
Mangin, Louis, 774
Mansholt, 967
Marais, Jean, 807
Marc, Alexandre, 429, 765
Marcelin, Albert, 48
Marchais, Georges, 1151, 1154, 1155, 1197, 1304, 1312, 1367, 1368
Marchand, commandant, 162, 163
Marchandeau, Paul, 479, 518, 519, 577, 583, 586
Marcilhacy, Pierre, 904, 905, 913
Marcoussis, Louis Markus, dit, 126
Marcuse, Herbert, 917, 1038, 1042, 1366
Marette, Jacques, 875
Margueritte, Paul, 120
Margueritte, Victor, 173, 320, 592
Marie, André, 688, 707, 1358
Marie-Barangé, 1359
Marinetti, Filippo Tommasso, 126
Marin, Louis, 376, 639
Marion, Paul, 545, 626
Maritain, Jacques, 116, 429, 1034
Marjolin, Robert, 722, 1079
Marker, Chris, 1274, 1363
Marley, Bob, 1260
Marmin, Michel, 1285

Maroselli, André, 679
Marquet, Adrien, 466, 565, 599
Marrane, Georges, 875, 913
Marrou, Henri, 429, 1012
Marrou, Henri-Irénée, 1012
Marseille, Jacques, 144, 145, 285, 397, 561, 563, 1120
Martel, Robert, 851, 1057
Martinaud-Deplat, Léon, 478, 700, 829, 831
Martin du Gard, Roger, 123, 331, 424, 434, 1011
Martinet, Gilles, 850, 1013
Martin, Henri, 35, 119, 805
Martino, 779
Marty, André, 344, 683, 1359, 1371
Marx, Karl, 208, 514, 624, 797, 1036, 1037, 1042, 1364
Masaryck, Tomas Garrigue, 574
Mascolo, Dionys, 1011
Maspero, François, 1014, 1015
Massé, Pierre, 998
Massigli, René, 549, 550
Massis, Henri, 174, 604, 757
Massu, général Jacques, 841, 854, 855, 882, 921, 1058, 1360, 1366
Mathon, Eugène, 313
Matisse, Henri, 123, 124, 332, 435, 436, 799, 1026, 1287, 1346
Maufra, Maxime, 124
Maulnier, Thierry, 424, 429, 430, 469, 795
Maupassant, Guy de, 96, 120
Mauriac, Claude, 796, 1022
Mauriac, François, 331, 786, 798, 921, 1010, 1011, 1031
Maurin, général Joseph, 541, 549
Maurois, André (Emile Herzog), 331, 434, 441
Mauroy, Pierre, 1151, 1160, 1162, 1167, 1173, 1175, 1177, 1180, 1183, 1197, 1200, 1210, 1313, 1314, 1317, 1318, 1321, 1323, 1329, 1371, 1372, 1375
Maurras, Charles, 36, 173, 328, 385, 501, 603, 607, 786
Maxence, Jean-Pierre, 469
Maxence, Robert, 429
Mayer, Daniel, 658, 660, 671, 848, 873, 1372
Mayer, René, 688, 692, 698, 703, 707, 730, 732, 739, 765, 827, 831, 849, 1359
Mayeur, Jean-Marie, 117
Mayrisch, Emile, 250, 533
M'Ba, 1064
McNamara, Robert, 1065, 1067
Medrano, 130
Méhaignerie, Pierre, 1189, 1196, 1209
Meir, Golda (Meyerson), 774
Mélandri, Pierre, 762
Méline, Jules, 63, 97, 102, 196, 197
Melville, Jean-Pierre, 807, 1273, 1278, 1362, 1365, 1368
Mendès France, Pierre, 490, 568, 607, 694, 705, 707, 713, 715, 722, 746, 747, 755, 770, 771, 778, 780, 817, 836, 839, 841, 848, 849, 858, 859, 873, 875, 894, 908, 909, 920, 931, 935, 971, 1012, 1074, 1359, 1365
Mendras, Henri, 1229, 1233, 1235, 1244, 1271
Menthon, François de, 661, 670, 672

Mercier, Ernest, 202, 272, 384, 404, 650
Merleau-Ponty, Maurice, 788, 796, 1362
Mermaz, Louis, 1163
Mermoz, Jean, 336
Merrheim, Alphonse, 108, 208
Méry, général, 1140, 1296, 1297
Messager, André, 130
Messali Hadj, 253, 565, 693, 837, 838, 983
Messiaen, Olivier, 438, 1028, 1364
Messinger, Sylvie, 607
Messmer, Pierre, 897, 910, 939, 941, 945, 1051, 1124, 1125, 1127, 1138, 1368, 1369
Meunier, Pierre, 670
Meyer, Arthur, 97
Meyer, J., 217
Michard, 337
Michelet, Edmond, 679, 686, 802
Michel, Henri, 597, 634, 635
Milhaud, Darius, 331, 437, 438
Milhau, Jacques, 1037
Millerand, Alexandre, 42, 94, 105, 106, 185, 190, 195, 196, 198, 203, 238, 239, 346, 349, 351, 365, 367, 384, 1349, 1350
Mille, Raoul, 1026
Miller, Arthur, 805
Miller, Henry, 335
Millet, Kate, 1282
Millman, Richard, 338
Mills, Flossie, 327
Mimoun, Alain, 813
Minaux, André, 801
Miou-Miou, Sylvette Héry, dite, 1275, 1279
Miquel, général, 853
Mirbeau, Octave, 120
Mireille, 446, 1277
Miró, Joan, 334, 425, 437, 800, 810
Missoffe, François, 921
Mistinguett, Jeanne Bourgeois, dite, 130, 337
Mistler, Jean, 466, 478
Mitchell, Eddy, 1018, 1047
Mitterrand, François, 701, 819, 823, 831, 832, 834, 839, 848, 849, 852, 873, 875, 876, 896, 901, 908, 913, 920, 935, 940, 1123, 1124, 1126, 1127, 1137, 1151, 1154, 1157, 1159, 1160, 1166, 1175, 1180, 1186, 1195, 1196, 1208, 1213, 1291, 1313, 1316, 1318, 1322, 1326, 1328, 1331, 1333, 1334, 1336, 1339, 1361, 1364, 1376
Moatti, Serge, 1272
Mobutu, maréchal, 1310, 1317
Moch, Jules, 684, 855
Mocky, Jean-Pierre, 1275
Modigliani, Amédéo, 126, 335
Mohammed V, 692, 701, 827
Moinier, général, 170
Mollet, Guy, 671, 682, 773, 775, 780, 828, 829, 831, 833, 836, 840, 842, 844, 845, 848, 850, 851, 853, 855, 857, 859, 871, 873, 876, 887, 889, 901, 903, 907, 1074, 1325, 1357, 1360
Monatte, Pierre, 108, 208, 310, 357
Mondrian, Pieter, dit Piet, 436, 800
Mönick, Emmanuel, 559, 714, 755, 872
Monis, Ernest, 55, 170, 1347
Monmousseau, Gaston, 310, 353, 354

1401

Monnerot, Jules, 795
Monnerville, Gaston, 704, 893
Monnet, Georges, 467, 497, 514
Monnet, Jean, 639, 679, 691, 712, 722, 725, 755, 767, 777, 779, 1066, 1092, 1292, 1303, 1360
Monnier, Robert, 545
Monory, René, 1148, 1189
Montagnon, Barthélemy, 466
Montand, Yves, 793, 805, 809, 1016, 1018, 1047, 1275, 1277, 1278
Montherlant, Henry Hillon de, 425, 623, 786, 798, 1031, 1356
Montigny, Jean, 545
Montjoie, 968
Monzie, Anatole de, 253, 373, 565, 577, 583, 586, 592
Morand, Paul, 330, 434, 786, 1031
Mordacq, Général, 214
Moreau, Gustave, 123
Moreau, Jeanne, 1026
Morel, 556
Morgenthau, Henry, 757
Morice, André, 801, 849, 850, 901, 1360
Morin, Edgar, 788, 881, 1004, 1011, 1019, 1362, 1366, 1369
Morris, 811
Moulay-Hafid, Sultan, 170
Moulin, Annie, 300
Moulin de Labarthète, Henri du, 604
Moulin, Jean, 555, 637, 639, 1159, 1355, 1356, 1364
Mouloudji, Marcel, 1016
Moulton, 561
Mounet-Sully, Jean Sully, dit, 132
Mounier, Emmanuel, 424, 429, 468, 784, 785, 791
Mouraviev, 162
Mousnier, Roland, 1014, 1015
Moutet, Marius, 499, 514, 681
Moysset, Henri, 604, 612
Mucha, Alfons, 128
Muller, Émile, 1124, 1126, 1127
Müller, Hermann, 229
Mun, Albert de, 38, 240, 445, 519, 521, 523, 556, 561, 563, 574, 578, 580, 582, 583, 586, 704, 1144, 1270, 1305
Mussolini, Benito, 247, 255, 313, 471, 481, 522, 534, 541, 547, 551, 556, 557, 578, 579, 586, 587, 627
Mutter, André, 855
Nadolny, 531
Naegelen, Marcel-Edmond, 693, 703, 837
Nantes, abbé G. de, 1263
Naquet, 84
Nasser, Gamal Abdel, 773, 775, 842, 1088, 1360
Negroni, François de, 1286
Nemo, Philippe, 1284
Nénot, Henri-Paul, 119
Neto, Agostinho, 1310
Neurath, Konstantin, baron von, 533, 571
Nguyên Ai Quôc, 565
Nguyen Thai Hoc, 252
Nicholson, Ben, 436
Nicolas II, 132

Nicoud, Gérard, 929, 994, 1367
Nietzsche, Friedrich, 114, 115
Nijinski, Vatslav Fomitch, 125
Nimier, Roger, 798, 1015, 1057
Nivelle, général Robert, Georges, 194, 197, 205, 1348
Nixon, Richard M., 1092, 1103, 1123, 1295, 1299, 1301
Nizan, Paul, 423, 426, 432, 434, 435
Nohain, Jean, 1047
Noiret, Philippe, 1278
Noiriel, Gérard, 91, 296, 570
Noir, Michel, 193, 231, 253, 344, 546, 752, 1062, 1194, 1373
Nora, Simon, 968
Nord, Pierre, 313, 570, 635, 637, 659, 690, 741, 1015
Norman, Jessie, 1272
Notat, Nicole, 1239
Nougaro, Claude, 793, 1018, 1047
Nourrissier, François, 1032
Novick, Peter, 645
Nucci, Christian, 1317
Nuytten, Bruno, 1279
Ohnet, Georges, 121
Ollier, Claude, 1020, 1363
Oriola, Christian d', 813
Oriola, Jonquères d', 813
Orlando, Vittorio Emanuele, 222
Ornano, Michel d', 1128, 1144, 1298
Ortiz, Joseph, 851, 883, 1057
Ortoli, François-Xavier, 924, 968, 1092
Ory, Pascal, 119, 120, 154, 434, 500, 801, 1010, 1020, 1029, 1043, 1282
Osuky, Stefan, 576
Ouedeï, Goukouni, 1317
Ould Daddah, Mokhtar, 835
Oury, Gérard, 1277, 1278
Ouvrard, 130
Overney, Pierre, 1282, 1368
Paganon, Joseph, 481
Pagnol, Marcel, 1279
Painlevé, Paul, 205, 209, 212, 214, 216, 364, 368, 369, 373, 374, 376, 1348, 1350
Pams, Jules, 52, 213
Papen, Franz von, 250, 533, 534
Papon, Maurice, 983, 1148, 1371
Paquin, Mme, 128
Pariset, Bernard, 813
Parmegiani, Bernard, 1028
Parodi, M., 804, 1000
Pasqua, Charles, 1189, 1196, 1206, 1209, 1211, 1334
Passeron, J.-C., 1001, 1031, 1364
Pasteur, Louis, 72
Patenôtre, Raymond, 407, 559
Paul-Boncour, Joseph, 361, 363, 364, 376, 457, 464, 483, 532, 534, 536, 538, 555, 571, 1352
Paul de Yougoslavie, 624
Paulhan, Jean, 786
Pauwels, Louis, 1285
Pavarotti, Luciano, 1269, 1272
Pavese, Cesare, 799
Pedroncini, Guy, 205

Péguy, Charles, 51, 116, 121, 173, 174, 328, 1034, 1347
Pelletan, Camille, 47, 52
Pelletier, Jacques, 1196
Pelletier, préfet, 872
Pelloutier, Fernand, 108
Penne, Guy, 1317
Perec, Georges, 1004, 1022, 1364
Peres, Shimon, 774, 775
Péret, Raoul, 374, 451, 458, 1350
Périer, François, 31, 804
Périllier, Louis, 693
Perrault, Gilles, 1326
Perret, Auguste, Gustave, Claude, 126, 127, 324, 325
Perreux, Gabriel, 217, 441
Perrin, Francis, 778
Perrot, Marguerite, 98
Perrot, Michelle, 93
Peschanski, Yves, 603, 619
Pétain, maréchal Philippe, 205, 206, 215, 252, 369, 502, 516, 536, 538, 556, 596, 598, 605, 608, 611, 612, 621, 625, 629, 631, 633, 638, 647, 655, 1348, 1350, 1354, 1356, 1358
Petit-Breton, 133
Petitfils, Christian, 1130
Petra, Yvon, 813
Petsche, Maurice, 688, 730, 732, 739
Peugeot, Famille, 97
Peyerimhoff, 559
Peyrefitte, Alain, 921, 1166, 1171, 1371
Peyrouton, 638
Pflimlin, Pierre, 827, 834, 849, 854, 855, 857, 859, 872, 876, 887, 891, 896, 1360
Philipe, Gérard, 803, 805, 807
Philippot, Michel, 1028
Piaf, Edith, Gassion Giovanna, dite, 1047
Pialat, Maurice, 1276, 1368
Picabia, Francis, 334, 338
Picard, Gilbert, 1015
Picasso, Pablo, 124, 125, 331, 425, 435, 436, 438, 795, 799, 1026, 1287, 1346, 1358
Pichon, Stephen, 169, 176, 213
Pichot, 545
Picquart, général Georges, 48
Pierre, abbé, 809, 1231, 1247, 1359
Pierre II, 624
Piétri, François, 545
Pie X, 116
Pignon, Edouard, 623, 801
Pilhes, René-Victor, 1032
Pilsudski, maréchal Joseph, 543
Pinay, Antoine, 698, 700, 703, 707, 734, 735, 781, 827, 844, 855, 856, 872, 954, 1359
Pineau, Christian, 637, 774, 781, 834, 835, 1355
Pingaud, Bernard, 1037
Pinget, Robert, 1020, 1022
Piot, Jean, 565
Piou, Jacques, 38
Pirandello, Luigi, 332, 446, 803
Pirès, Gérard, 1278
Pisani, Edgard, 102, 900, 967, 1365, 1372
Pisar, Samuel, 1300
Piscator, 804
Pitoëff, Sacha, 332, 446
Pivert, Marceau, 464, 496, 504, 505, 509, 517, 554
Pivot, Bernard, 1281, 1369
Placido, Michele, 1272
Planchon, Roger, 804, 1289
Planquette, Robert, 130
Pleven, René, 688, 691, 695, 697, 707, 714, 722, 769, 771, 833, 849, 896, 931, 934, 1074, 1092, 1358, 1359
Plisnier, Charles, 426
Poher, Alain, 930, 932, 945, 1091, 1367
Poincaré, Henri, 114
Poincaré, Raymond, 40, 52, 55, 175, 182, 184, 212, 238, 267, 348, 349, 375, 449, 452, 1347, 1350, 1351
Poiret, Paul, 318, 326
Poirier, Léon, 338
Poisson, Pierre, 436
Polin, Pierre Paul Marsales, dit, 130
Pollet, Jean-Daniel, 1278
Pomaret, Charles, 577
Pompidou, Georges, 867, 890, 891, 893, 897, 899, 906, 907, 911, 913, 917, 921, 923, 924, 926, 929, 945, 947, 948, 950, 953, 963, 965, 967, 970, 974, 975, 998, 1009, 1028, 1049, 1051, 1072, 1073, 1091, 1093, 1095, 1097, 1098, 1101, 1104, 1123, 1124, 1131, 1138, 1141, 1154, 1160, 1189, 1291, 1294, 1295, 1301, 1303, 1306, 1326, 1363, 1365, 1369
Poncet, André, 429
Poniatowski, Michel, 937, 941, 1128, 1130, 1141, 1143, 1145, 1368
Pons, Bernard, 131, 1189
Ponty, Janine, 292, 570
Popesco, Elvire, 446
Portillo, Lopez, 1314
Porto-Riche, Georges de, 129
Potemkine, Wladimir, 542
Pottier, Henry, 1029
Potut, Georges, 466
Pouget, Emile, 108
Poujade, Pierre, 828, 829, 872, 874, 1359
Poulenc, Francis, 274, 331, 404, 437, 1164
Poulidor, Raymond, 1048
Pourrat, Henri, 330, 434
Prat, Jean, 335, 688, 692, 872, 1043, 1048
Pratolini, Vasco, 799
Presley, Elvis, 1018
Pressard, Georges, 460
Pressemane, Adrien, 362
Prévert, Jacques, 433, 435, 445, 784, 788
Prinetti, 166
Prost, Antoine, 340, 341, 612, 717, 986
Proust, Marcel, 123, 329, 331, 1347, 1349, 1364
Prouvé, Jean, 127, 1029
Prouvé, Victor, 127
Prouvost, Jean, 440, 442, 810
Proux, M., 1029
Psichari, Ernest, 51, 116, 174, 328
Pucheu, Pierre, 604, 626, 638, 1355
Pujazon, Raphaël, 813
Pujo, Maurice, 36
Puvis de Chavannes, Pierre Cecil, 120

1403

Puymaigre, 477, 478
Queffélec, Henri, 1034, 1288
Queneau, Raymond, 784, 1032
Questiaux, Nicole, 1173
Queuille, Henri, 639, 687, 689, 695, 696, 707, 849, 1358
Quilès, Paul, 1151, 1319
Quilliot, Roger, 661, 1166, 1190
Racamond, Julien, 310, 492
Radiguet, Raymond, 330
Raimondi, Ruggiero, 1269
Raimond, Jean-Bernard, 1189, 1318
Raimu, Jules Muraire, dit, 445, 446
Ralaimongo, 252
Ralite, Jack, 1165
Ramadier, Paul, 463, 466, 515, 518, 519, 675, 677, 678, 680, 682, 685, 688, 692, 707, 730, 763, 768, 812, 834, 1357, 1358
Ramuz, Charles-Ferdinand, 434
Rapp, Bernard, 245, 478, 560, 1223, 1279, 1281, 1360
Rappeneau, Jean-Paul, 1274, 1278
Rathenau, Walter, 237
Rath, Ernst von, 580
Rausch, Jean-Marie, 1198
Ravel, Maurice, 123, 125, 331, 437, 1347
Ray, Man, 438
Raynaldy, Eugène, 474
Raysse, Martial, 1027
Reagan, Ronald, 1110, 1188, 1314, 1315, 1321, 1324
Rebatet, Lucien, 431, 785
Rébérioux, Madeleine, 117
Rebeyrolle, Paul, 801
Redfern, 126
Régnier, Marcel, 481
Reibel, Guy, 1028
Reichenbach, François, 1260
Reich, Wilhelm, 1038, 1042
Rémond, René, 445, 473, 518, 522, 854, 1012
Rémy, Pierre-Jean, 1032
Renan, Ernest, 51, 112
Renard, Jules, 120
Renaud, 1275, 1279
Renaudel, Pierre, 345, 354, 356, 361, 363, 364, 463, 466
Renaud, Jean, 472
Renaud, Madeleine, 803, 1031
Renault, Gilbert, dit colonel Rémy, 635
Renault, Louis, 97
Renoir, Jean, 317, 338, 435, 438, 445, 1273
Renouvier, Charles, 114
Renouvin, Bertrand, 1124, 1126
Resnais, Alain, 1014, 1025, 1361, 1363, 1365
Restany, Pierre, 1026, 1027
Revel, Jean-François, 1014, 1286
Revers, 694
Rey, Etienne, 174
Reynaud, Paul, 407, 509, 517, 520, 522, 548, 558, 559, 586, 593, 598, 599, 607, 633, 688, 766, 767, 873, 875, 893, 1354
Ribbentrop, Joachim von, 546, 571, 580, 585, 587, 629
Ribière, Henri, 659

Ribot, Alexandre, 85, 197, 203, 212, 216, 1347, 1348
Ribot, Théodule, 113
Ricardou, Jean, 1020, 1022, 1288, 1365
Richard, Pierre, 1277
Richer, Philippe, 591
Richier, Germaine, 334, 437
Ricœur, Paul, 1287, 1367
Ridgway, général, 700, 1359
Rigoulot, Charles, 337
Rimbaud, Arthur, 128
Riou, Gaston, 466
Rioux, Jean-Pierre, 614, 622, 802, 818, 828, 836, 1010, 1012, 1017, 1104
Rip, 446, 1278
Rippy, J.F., 152
Rist, Charles, 508, 529
Riva, Emmanuelle, 798, 1026
Rivers, Dick, 1018
Rivet, Paul, 424, 1012
Rivette, Jacques, 1025, 1277, 1362, 1365
Rivière, Jacques, 123
Robbe-Grillet, Alain, 799, 1014, 1020, 1021, 1288, 1361, 1364
Robert, Yves, 1277, 1279
Robic, Jean, 813
Robineau, Georges, 266
Robin, Gabriel, 1294
Robin, Paul, 84
Rocard, Michel, 931, 932, 945, 1123, 1137, 1151, 1154, 1162, 1165, 1175, 1181, 1186, 1196, 1203, 1207, 1211, 1213, 1228, 1370, 1372, 1376
Rochant, Éric, 1280
Roche, Emile, 386, 466, 512, 513, 545, 742, 918, 1152, 1265, 1366
Rochefort, Christiane, 1032, 1289, 1363
Rodin, Auguste, 125
Rohmer, Eric, 1025, 1276, 1279, 1366, 1368
Roll, 119
Rolland, Romain, 114, 123, 173, 250, 329, 360, 427, 438, 486, 500, 1345, 1348
Rolling Stones, 1018
Rol-Tanguy, colonel Henri, 643
Romains, Jules, 123, 331, 424, 545, 1015, 1057
Romier, Lucien, 604, 612
Rommel, maréchal Erwin, 630, 634
Roosevelt, Franklin Delano, 578, 637, 638, 643, 750, 753, 758, 821, 1085
Rops, Daniel, 429
Roques, général, 196
Rosenberg, Ethel et Julius, 804
Rosier, Michel, 1265, 1274, 1327, 1371
Rosmer, Alfred, 357
Rosny, Joseph-Henri, 120
Rosselli, Carlo et Nello, 546, 571
Rossi, Constantin, dit Tino, 445, 446
Rossif, Frédéric, 1273
Rossignol, Dominique, 607
Rossignol, Georges, voir Debury, Roger, 85, 476
Rossi-Landi, Guy, 593
Rossinot, André, 1189
Rostand, Edmond, 129
Rostand, Jean, 1011

Rotman, Patrick, 1015, 1272, 1273
Rouault, Georges, 116, 121, 123, 800, 1287
Roubaud, Louis, 441
Rouch, Jean, 1025, 1362
Rouff, 128
Rougemont, Denis de, 429, 795
Rouleau, Raymond, 805
Rousse, Henry, 130
Roussel, Albert, 123, 331, 437, 438
Rousset, David, 796
Rousso, Henry, 611, 614, 632, 647
Rouvier, Maurice, 40, 47, 55, 97, 168, 169, 1346
Roux, Emile, 72
Rowley, Anthony, 969
Roy, Claude, 276, 545, 679, 750, 788, 1014, 1032, 1305
Royer, Jean, 1124, 1126, 1127, 1369
Royet, colonel, 174
Rozier, Jacques, 1025
Rucart, Marc, 497
Rudelle, Odile, 33, 854
Rueff, Jacques, 508, 559, 872, 889, 952, 955, 956, 958, 962, 963, 966, 973, 1072
Ruffey, général, 188
Ruhlmann, 326
Runciman, Lord, 576
Russell, 1039
Sabbagh, Pierre, 808
Sacazan, 474
Sagan, Françoise, 799, 1015, 1020, 1057, 1289, 1362, 1364
Sainteny, Jean , 680
Saint-Exupéry, Antoine de, 434
Saint-Granier, 130, 442
Saint-Léger, Alexis (Saint-John Perse, dit), 434, 532, 547, 1362
Saint, Lucien, 157, 252
Saint-Phalle, Niki de, 1027
Saint-Pierre, Michel de, 45, 325, 1015, 1057
Sakharov, Andreï, 1323
Salacrou, Armand, 446
Salan, général, 854, 856, 881, 883, 884, 892, 1059, 1360, 1363
Salazar, Antonio de Oliveira, 764, 982
Salengro, Roger, 497, 501, 1353
Saliège, 608
Salisbury, Robert Arthur Talbot Gascoyne Cecil, 163
Salmon, André, 125
Sancho Pança, 1091
Sangnier, Marc, 116
Sanguinetti, Alexandre, 942, 1132
Sanjurjo, général José, 553
Santelli, Claude, 808
Sapritch, Alice, 1277
Sarrail, général, 190, 197, 206, 252, 369, 1350
Sarrailh, Jean, 812
Sarraut, Albert, 361, 365, 377, 378, 457, 482, 483, 496, 1351
Sarraute, Nathalie, 799, 1014, 1020, 1021, 1288, 1361
Sarraut, Maurice, 336, 379, 632, 1351, 1356
Sartre, Jean-Paul, 423, 435, 623, 784, 788, 791, 794, 797, 804, 885, 1011, 1014, 1015, 1023, 1031, 1032, 1035, 1037, 1039, 1057, 1259, 1282, 1283, 1286, 1364, 1367, 1371
Sauckel, Fritz, 631
Sauerwein, Jules, 441
Sauguet, Henri, 438
Saupique, Georges, 436
Sautet, Claude, 805, 1014, 1044, 1275, 1276, 1368
Sauvagnargues, Jean, 1128, 1129, 1311
Sauvy, Alfred, 400, 414, 415, 559
Savary, Alain, 841, 848, 873, 1166, 1170, 1176, 1177, 1181, 1191
Scapini, Georges, 545, 587
Schacht, Dr Hjalmar, 552, 571
Schacht, Horace Greely Hjalmar, 240, 248, 504, 552
Schaeffer, Pierre, 1028
Schiaparelli, Elsa, 318
Schleicher, Kurt von, 530, 531
Schlumberger, Jean, 123
Schmidt, Helmut, 1302, 1305, 1331
Schmitt, Florent, 331, 437
Schneider, Famille, 78, 97, 202, 229, 256, 277, 403, 404, 562, 563
Schneider, Heinrich, 781
Schönberg, Arnold, 331, 437, 1362
Schor, Ralph, 291, 568
Schrader, 136, 137, 140
Schröder, Gerhard, 1084
Schuckert, S.A., 241
Schumann, Maurice, 661, 668, 891, 934, 1051, 1091
Schuman, Robert, 684, 688, 690, 692, 707, 760, 767, 768, 1079, 1082, 1084, 1091, 1358
Schuschnigg, Kurt von, 572, 573
Scieur, 443
Scorsese, Martin, 1264
Sebag, Jean-Claude, 1126
Seguin, Philippe, 1334, 1376
Séguy, Georges, 919, 920, 997, 1365, 1371
Sellier, Henri, 309, 497
Sellier, Louis, 463
Selves, Justin de, 171
Sémard, Pierre, 310, 357, 358, 462
Sembat, Marcel, 184
Semprun, Jorge, 1275
Senghor, Léopold Sedar, 835, 1063
Sennep, 527
Sennet, Mack, 318
Serisé, Jean, 1129
Serres, Michel, 1235, 1287, 1366
Sérusier, Paul, 124
Servan-Schreiber, Jean-Jacques, 820, 1070, 1071, 1125, 1127, 1128, 1145, 1368
Servin, Marcel, 683, 1362
Seuphor, Michel, 436
Seurat, Georges, 123
Séverac, Jean-Baptiste, 362, 464
Seyss-Inquart, Arthur, 572
Shakespeare, William, 803
Sharon, Ariel, 1326
Sheila, 1047
Siégel, Maurice, 809
Siegfried, Jules, 40, 320
Siegfried, Mme Jules, 332, 550

Signac, Paul, 123
Signoret, Simone, 805, 1014, 1057
Silone, Ignazio, 799
Simon, Claude, 1014, 1020, 1022
Simone, 129
Simonin, Albert, 807
Simon, John, 572
Simon, Michel, 1271
Simon, Paul, 661
Simon, Pierre-Henri, 429, 1012
Sirat, René-Samuel, 1265
Sirinelli, Jean-François, 341, 445, 470, 523, 1010, 1012, 1038, 1282
Sitruk, Joseph, 1265
Sixte de Bourbon-Parme, Prince, 211
Soisson, Jean-Pierre, 1137, 1145, 1198, 1374
Soljenitsyne, Alexandre, 1283
Sollers, Philippe, 1022, 1288, 1362
Somoza, Anastasio, 1315
Sorel, Georges, 108, 115, 173
Soucy, Robert J., 472
Soupault, Philippe, 334
Souplex, Raymond, 442
Soury, Jules, 139
Sourza, Jane, 442
Soustelle, Jacques, 697, 823, 827, 839, 840, 850, 853, 855, 875, 884, 888, 930, 1057, 1059, 1359, 1361
Soutine, Chaïm, 335
Soutou, Georges, 228, 229, 235
Souvarine, Boris, 357
Souvestre, Pierre, 131
Spaak, Paul-Henri, 767, 768, 778, 780, 1079, 1080, 1082
Spengler, Oswald, 1285
Spinasse, Charles, 497, 604
Spinelli, Altiero, 768, 1331
Spoerri, Daniel, 1027
Staël, Nicolas de, 800, 1287
Staline, Joseph V.D., 358, 424, 489, 542, 583, 584, 646, 658, 682, 704, 751, 752, 758, 770, 779, 794, 797, 1010, 1040, 1085
Stavisky, Alexandre, 459, 460, 474, 476, 1352
Steeg, Théodore, 449, 483, 1352
Steinbeck, John, 792
Stein, Gertrude, 126
Stéphane, Roger, 1013
Sternhell, Zeev, 429
Stil, André, 793, 797
Stinnes, 236
Stoleru, Lionel, 1130
Stravinsky, Igor Féodorovitch, 125, 331, 435, 437
Stresemann, Gustav, 240, 245, 251, 258, 369, 377, 525, 527, 530, 532
Strindberg, August, 123, 446
Suarez, Georges, 785
Sudreau, Pierre, 1055, 1136, 1145
Suffert, Georges, 1012
Sun Yat Sen, 252
Susini, Jean-Jacques, 1057
Szekely, Pierre, 801
Tabouis, Geneviève, 547
Tacel, Max, 564, 580
Tailleferre, Germaine, 331, 437

Taine, Hippolyte, 112, 120
Taittinger, Jean, 929
Taittinger, Pierre, 384, 477
Tallandier, 131
Tanguy-Prigent, Robert, 688, 730
Tapie, Bernard, 1259, 1374, 1375
Tarde, Alfred de, 174
Tardieu, André, 284, 381, 397, 449, 450, 452, 455, 458, 469, 479, 483, 531, 1351
Tasca, Angelo, 603
Taslitzky, Boris, 801
Tati, Jacques, 1024, 1278, 1361, 1366
Tavernier, Bertrand, 1276
Taylor, Alan John P., 584, 587
Taylor, Frederick Winslow, 305
Tchekhov, Anton Paulovitch, 446
Tchernenko, Constantin Oustinovitch, 1323
Téchiné, André, 1276
Teichova, Alice, 562, 563
Teitgen, Pierre-Henri, 661
Témime, Emile, 570
Ténot, Frank, 1017
Terrenoire, Louis, 686
Téry, Gustave, 84
Tessier, Gaston, 312
Tharaud, Frères, 330
Thatcher, Margaret, 1110, 1188, 1306
Théas, 608
Thibaudeau, Jean, 1022
Thibaudet, Albert, 123
Thobie, Jacques, 151, 157
Thomas, Abel, 774
Thomas, Albert, 196, 197, 201, 203, 207, 343, 344, 356, 361, 1348
Thorez, Maurice, 358, 462, 463, 485, 488, 489, 493, 498, 517, 592, 646, 660, 678, 682, 683, 797, 829, 872, 1356, 1364
Tillon, Charles, 660, 683, 1359
Tinguely, Jean, 1027
Tiso, 581
Tissier, 459
Tixier-Vignancour, Jean-Louis, 604, 904, 913
Tomasini, René, 937
Tombalbaye, François, 1064, 1310
Torrès-Garcia, 436
Touchard, Jean, 428, 831
Toulouse-Lautrec, Henri Marie de, 131
Touré, Sékou, 1063, 1317
Tournier, Michel, 1032, 1288, 1365, 1367
Tournon, 325
Toutée, 997
Treint, Albert, 357, 358
Trenet, Charles, 442, 446, 809, 1018, 1045, 1047
Trigano, Gilbert, 1045
Trintignant, Jean-Louis, 1278
Triolet, Elsa, 797
Trochu, abbé, 304
Trocquer, Yves Le, 257
Truffaut, François, 1025, 1273, 1276, 1279, 1361, 1364, 1366, 1367, 1369
Truman, Harry, 681, 726, 750, 755, 758, 761
Turmel, Louis, 207
Tzara, Tristan, 333, 334
Unamuno, Miguel de, 250

Uri, Pierre, 605, 609, 722, 801
Utrillo, Maurice, 331
Vacher de Lapouge, 139
Vadim, Roger, 1252, 1365
Vailland, Roger, 797, 805, 1367
Vaillant-Couturier, Paul, 438
Vaillant, Edouard, 42, 181, 788
Vaïsse, Maurice, 1074
Valéry, Paul, 123, 329, 433, 434
Valla, Jean-Claude, 1285
Vallat, Xavier, 604, 606, 625, 1355
Vallin, Charles, 604
Vallon, Louis, 636, 937
Valois, Georges, 385, 386, 471, 849
Valverde, José, 805
Vandenberg, 764
Vandervelde, Emile, 247
Van Dongen, Cornelis T.M., dit Kees, 124
Van Every, 815
Varda, Agnès, 1024, 1025, 1274, 1277, 1363
Varenne, Alexandre, 361, 363, 370, 672
Varney, Louis, 130
Vartan, Sylvie, 1018, 1047
Vasarely, Victor, 800
Vaugeois, Henri, 36
Vautier, René, 1016
Vauxcelles, Louis, 124
Veber, François, 1278
Védrines, Jules, 133, 336
Veil, Simone, 1128, 1133, 1152, 1153, 1177, 1209, 1252, 1304, 1369
Vénard, Claude, 801
Vendroux, Jacques, 937
Venizelos, Eleuthérios, 206
Ventura, Lino (Borrini), 807
Ventura, Ray, 447
Vercors, Bruller Jean, dit, 642, 801, 805, 1014, 1356
Verdès-Leroux, Jeannine, 793
Verdier, Robert, 848, 873
Verhaeren, Emile, 126
Verlaine, Paul, 125, 128
Vermeil, Edmond, 757
Verne, Jules, 113
Vernet, Madeleine, 85, 556
Verneuil, Henri, 807, 1278
Vian, Boris, 788, 792, 1016, 1019, 1031
Viannet, Louis, 1239, 1375
Viansson-Ponté, Pierre, 880
Vibraye, marquis de, 96
Vicariot, André, 1029
Vidal de la Blache, Paul, 113
Vidalenc, Jean, 596
Vidal, Gaston, 451
Vidal-Naquet, Pierre, 1014, 1282
Viénot, Pierre, 499, 533, 1353
Vietto, René, 336, 443
Vigo, Jean, 338, 435, 438, 439
Vilar, Jean, 802, 804
Villain, Raoul, 183
Villemain, 813
Villiers, Georges, 720

Villiers, Philippe de, 1206
Villon, Jacques, 124
Vinaver, Michel, 1289
Vincent, René, 429
Viollette, Maurice, 370, 497, 500, 516
Viollis, Andrée, 441
Virot, Alex, 442
Vital, Jean-Jacques, 809, 1047
Vitez, Antoine, 1289
Vittorini, Elio, 799
Viviani, René, 42, 48, 55, 56, 179, 180, 182, 196, 210, 216, 1347
Vlaminck, Maurice de, 124
Voisin, André, 765
Volcker, Paul, 1110
Vollard, Ambroise, 123
Voltaire, François-Marie Arouet dit, 789
Vorochilov, maréchal Kliment E., 585
Vuillard, Edouard, 124, 127
Wahl, Jean, 423
Waldeck-Rousseau, Pierre M.R., 31, 39, 42, 45, 47, 55, 94, 106, 107
Walter, Bruno, 437
Wargnier, Régis, 1279
Warhol, Andy, 1026
Weber, Eugen, 102
Weber, Henri, 1252, 1259
Webern, Anton, 437
Weill, Kurt, 437
Wendel, Famille de, 69, 78, 97, 274, 403, 1000
Weygand, général Maxime, 516, 538, 598, 599, 605, 609, 612, 630, 851, 1353, 1354
Willette, Adolphe, 131
Wilson, 28, 216, 222, 224, 225, 231, 233, 1081, 1349
Winock, Michel, 468, 987
Wolikow, Serge, 462, 463
Wols, Alfred, 800
Worth, Charles-Frédéric, 128
Wright, Gordon, 102
Wurmser, André, 426
Xenakis, Iannis, 1028, 1368
Yanne, Jean, 1276
Ybarnegaray, Jean, 609
Yonnet, Paul, 1044
Youlou, Fulbert, 835, 1062
Yourcenar, Marguerite, 1032, 1288, 1366, 1371
Zale, Tony, 814
Zappy Max, 809
Zay, Jean, 466, 490, 497, 500, 586, 599, 607, 632, 1356
Zazzo, René, 1014
Zeeland, Paul Van, 559
Zeller, André, 883, 1059
Zevaco, Michel, 131
Zidi, Claude, 1277, 1278
Zinoviev, Grigori Ievseïevitch, 358, 461
Zirnheld, Jules, 312
Zitrone, Léon, 808
Zola, Emile, 120, 789, 794
Zyromski, Jean, 363, 464, 505, 554

Achevé d'imprimer
en février 1995
sur les presses
de Clays,
Suffolk, U.K.

Illustration de couverture :
Fernand Léger,
14 juillet.
© Sabam - Bruxelles 1995

La photocomposition de cet ouvrage
a été réalisée par ERASMUS (Belgique)

n° 563